Band 2

Artikel 137–248

Hans von der Groeben
Hans von Boeckh †
Jochen Thiesing
Claus-Dieter Ehlermann

Kommentar zum EWG-Vertrag

Dritte neubearbeitete Auflage

Schriftleitung: Jörn Pipkorn

Autoren: Norbert Andel, Christof von Arnim, Christoph Bail, Jürgen Becker, Manfred Beschel, Hans-Friedrich Beseler, Bengt Beutler, Roland Bieber, Albert Bleckmann, Hans-Wolfram Daig, Jürgen Erdmenger, Wolfgang Ernst, John Forman, Peter Gilsdorf, Karl Gleichmann, Ortwin Gottsmann, Jürgen Grunwald, Otto Harnier, Winfried Heck, Rainer Hellmann, Meinhard Hilf, Ingfried F. Hochbaum, Peter Karpenstein, Wolfgang Kiemel, Léon Klein, Ludwig Krämer, Hansjörg Kretschmer, Heinrich Matthies, Werner Meng, Bernhard Molitor, Joachim Müller-Borle, Ernst-Ulrich Petersmann, Jörn Pipkorn, Klaus Pöhle, Franz Rösch, Dieter Rogalla, Helmut Schmitt von Sydow, Hans-Eike von Scholz, Meinhard Schröder, Helmuth Schröter, Günter Schuster, Ivo E. Schwartz, Jürgen Schwarze, Wolfgang Stabenow, Jochen Streil, Hans Claudius Taschner, Jochen Thiesing, Peter Troberg, Rolf Wägenbaur, Paul Wäldchen, Albrecht Weber, Manfred Zuleeg

Nomos Verlagsgesellschaft
Baden-Baden

3. Auflage 1983
 ISBN 3–7890–0789–7

Inhaltsverzeichnis

Liste der Artikel und ihrer Bearbeiter

Einleitung	Hans von der Groeben
Art. 1 bis 3	Manfred Zuleeg
Art. 4	Roland Bieber
Art. 5	Albert Bleckmann
Art. 6	Manfred Zuleeg
Art. 7 und 8	Albert Bleckmann
Art. 9 bis 29	Manfred Beschel
Art. 30 bis 36	Rolf Wägenbaur
Art. 37	Ingfried F. Hochbaum
Art. 38 bis 47	Ortwin Gottsmann
Art. 48 bis 51	Peter Karpenstein
Art. 52 bis 66	Peter Troberg
Art. 67 bis 73	Wolfgang Kiemel
Art. 74 bis 84	Jürgen Erdmenger
Art. 85	Helmuth Schröter/Christoph Bail
Art. 86 bis 89	Helmuth Schröter
Art. 90	Ingfried F. Hochbaum
Art. 91 bis 94	Jochen Thiesing
Art. 95 bis 99	Norbert Andel
Art. 100	Hans Claudius Taschner
Art. 101 und 102	Jörn Pipkorn
Vorb. Art. 103 bis 109	Bernhard Molitor
Art. 103	Manfred Zuleeg
Art. 104	Bernhard Molitor
Art. 105 bis 109	Manfred Zuleeg
Art. 110 bis 114	Wolfgang Ernst/Hans-Friedrich Beseler
Art. 115	Hansjörg Kretschmer
Art. 116	Wolfgang Ernst/Hans-Friedrich Beseler
Art. 117	Jörn Pipkorn
Art. 118 bis 122	John Forman
Art. 123 bis 128	Wolfgang Stabenow
Art. 129 und 130 und Satzung der Europäischen Investitionsbank	Joachim Müller-Borle
Art. 131 bis 136	Jürgen Becker
Vorb. Titel I des Fünften Teils	Otto Harnier
Art. 137	Klaus Pöhle
Art. 138 bis 144	Roland Bieber
Art. 145 bis 154	Otto Harnier

Art. 155 bis 163	Helmut Schmitt von Sydow
Art. 164 bis 177	Hans-Wolfram Daig
Art. 178	Peter Gilsdorf/Hans-Wolfram Daig
Art. 179	Dieter Rogalla/Hans-Wolfram Daig
Art. 180 bis 192	Hans-Wolfram Daig
Art. 193 bis 198	Jochen Thiesing
Art. 199 bis 209	Winfried Heck
Art. 210	Jürgen Schwarze
Art. 211	Jürgen Grunwald
Art. 212	Dieter Rogalla
Art. 213 und 214	Jürgen Grunwald
Art. 215	Peter Gilsdorf
Art. 216 bis 219	Jochen Thiesing
Art. 220	Ivo E. Schwartz
Art. 221	Jochen Thiesing
Art. 222	Ingfried F. Hochbaum
Art. 223 bis 225	Heinrich Matthies
Art. 226	Christof von Arnim
Art. 227	Jochen Thiesing
Art. 228 bis 231	Meinhard Schröder
Art. 232 bis 234	Ernst-Ulrich Petersmann
Art. 235	Ivo E. Schwartz
Art. 236	Christof von Arnim
Art. 237	Werner Meng
Art. 238	Jürgen Becker
Art. 239 und 240	Meinhard Hilf
Art. 241 bis 247	Jochen Thiesing
Art. 248	Albrecht Weber
Protokoll über den Innerdeutschen Handel	Franz Rösch
Grundrechtsschutz	Bengt Beutler
Energiepolitik	Hans-Eike von Scholz
Wissenschafts- und Technologiepolitik	Günter Schuster
Industriepolitik	Rainer Hellmann
Europäische Aktiengesellschaft	Karl Gleichmann
Regionalpolitik	Paul Wäldchen
Umweltpolitik	Ludwig Krämer
Verbraucherpolitik	Léon Klein
Register der Entscheidungen des Europäischen Gerichtshofes	Jochen Streil

Fünfter Teil

Die Organe der Gemeinschaft

Titel I
Vorschriften über die Organe

Vorbemerkung zu den Artikeln 137 bis 198

Literaturhinweise

1. Allgemeine Literatur
(Siehe auch das allgemeine Literaturverzeichnis zu Beginn des Kommentars)
Buerstedde, Sigismund, Der Ministerrat im konstitutionellen System der Europäischen Gemeinschaften, Brügge 1964
Friauf, Karl Heinrich, Die Staatenvertretung in supranationalen Gemeinschaften, Marburg 1960
Gerbet, Pierre – Pepy, Daniel (Hrsg.), La décision dans les Communautés européennes, Brüssel 1969
Hallstein, Walter, Die Europäische Gemeinschaft, 5. Aufl., Düsseldorf 1979
Henig, Stanley, Power and Decision in Europe, London 1980
Hilf, Meinhard, Die Organisationsstruktur der Europäischen Gemeinschaften, Berlin – Heidelberg – New York 1982
Houben, P.-H.J.M., Les Conseils des Ministres des Communautés européennes, Leiden 1964
Lawaars, R.H., Lawfulness and legal force of Community decisions, Leiden 1973
Louis,J.-V., Die Rechtsordnung der Europäischen Gemeinschaften, Brüssel-Luxemburg 1980
Nicolaysen, Gert, Europäisches Gemeinschaftsrecht, Stuttgart 1979
Noël, Emile, Die Organe der Europäischen Gemeinschaften, Luxemburg 1979
ders., So funktioniert Europa, 2. Auflage, Baden-Baden 1979
ders., Les rouages de l'Europe, Brüssel – Paris 1979
Sasse, Christoph, Regierungen, Parlamente, Ministerrat. Entscheidungsprozesse in der Europäischen Gemeinschaft, Bonn 1975
Sattler, Andreas, Die Europäischen Gemeinschaften an der Schwelle zur Wirtschafts- und Währungsunion, Tübingen 1972
Wagner, Heinz, Grundbegriffe des Beschlußrechts der Europäischen Gemeinschaften, KSE, Bd. 5, 1965
2. Allgemeine Dokumentation
Tindemans, Leo, Die Europäische Union, Bericht an den Europäischen Rat; BullEG, Beilage 1/76 (zitiert: Tindemans-Bericht)
Vedel, Georges u. a., Bericht der ad-hoc-Gruppe für die Prüfung der Frage einer Erweiterung der Befugnisse des Europäischen Parlaments; BullEG, Beilage 4/72 (zitiert: Vedel-Bericht)
Bericht des Dreierausschusses (Bericht der drei Weisen) über die Europäischen Organe erstellt von *Biesheuvel, Barend – Dell' Edmund – Marjolin, Robert;* erschienen beim Amt für amtliche Veröffentlichungen der EG, Luxemburg 1980
Schlußfolgerungen des Europäischen Rates zum Bericht des Dreierausschusses (1980); erschienen beim Amt für amtliche Veröffentlichungen der EG, Luxemburg 1981
3. Literatur zur Europäischen Politischen Zusammenarbeit
Davignon, Etienne, Origine et signification de la Coopération européenne, in: Liber Amicorum De Raeymaeker, Brüssel 1978
Lindemann, Beate, EG-Staaten und Vereinte Nationen, Die Politische Zusammenarbeit der Neun in den UN-Hauptorganen, München 1978
Rummel, Reinhardt – Wessels, Wolfgang (Hrsg.), Die Europäische Politische Zusammenarbeit, Bonn 1978

Schoutheete, Philippe de, La coopération politique européenne (mit Vorwort von Etienne Davignon), Paris – Brüssel 1980

4. Literatur zum Europäischen Rat

Dondelinger, Jean, Le Conseil européen, Brüssel 1975 (hektographiert)

Tindemans, Leo, Le Conseil européen: un premier bilan, quelques réflexions, mélanges Fernand Dehousse, Brüssel – Paris 1979, Bd. 2, S. 167 ff.

Wessels, Wolfgang, Der Europäische Rat, Bonn 1980

Inhaltsübersicht

I. Aufbau des Fünften Teils einschließlich späterer Änderungen

1. Aufbau und Inhalt

1 Während in den vorhergehenden Teilen des Vertrages die Grundsätze und Ziele, die Grundlagen und die Politik der Gemeinschaft zur Verwirklichung des Gemeinsamen Marktes umrissen sind, handelt der *Fünfte Teil von den Organen, die den Gemeinsamen Markt errichten und verwalten sollen,* sowie den diesen Organen zur Verfügung stehenden *Handlungsformen und finanziellen Mitteln,* also vom institutionellen System der Gemeinschaft.

Die Untergliederung und die Überschriften des Fünften Teils erscheinen etwas willkürlich, da tatsächlich nur das *Kapitel 1 des Titels I* die Zusammensetzung und die allgemeinen Aufgaben der *Organe* beschreibt.

Kapitel 2 mit der Überschrift »Gemeinsame Vorschriften für mehrere Organe« legt die *Handlungsformen* für den Rat und die Kommission und ihre Wirkung gegenüber den Adressaten dieser Organhandlungen fest.

Kapitel 3 behandelt den *Wirtschafts- und Sozialausschuß,* dem allerdings kein Organcharakter zukommt.

Der *Titel II* mit der Überschrift »Finanzvorschriften« enthält die *haushaltsrechtlichen Vorschriften* für die Gemeinschaft. In diesem Titel ist auch der seit 1977 tätige *Rechnungshof* behandelt.[1] Die *Europäische Investitionsbank* hingegen findet sich in einem anderen Rahmen (vgl. Art. 129 ff.).

2. Änderungen und Ergänzungen

2 a) *Die Identität der Organe für die drei Gemeinschaften* ist durch zwei Abkommen herbeigeführt worden. Durch das Abkommen über gemeinsame Organe für die Europäischen Gemeinschaften sind *ein Parlament* und *ein Gerichtshof* für alle drei Gemeinschaften eingesetzt worden.[2] Durch den »Vertrag zur Einsetzung eines gemeinsamen Rates und einer gemeinsamen Kommission der Europäischen Gemeinschaften« (Fusionsvertrag) sind auch diese Organe nunmehr für die drei Gemeinschaften identisch.[3] Die Zusammenlegung ist zur Vorbereitung einer Vereinigung der drei Gemeinschaften, aber auch zur Verringerung des Verwaltungsaufwands erfolgt.[4] Die gemeinsamen Organe üben ihre *Befugnisse* jeweils *nach Maßgabe* desjenigen *Gründungsvertrages,* in dessen

1 Siehe dazu unten Rn. 15 und Art. 206.

2 BGBl. 1957 II S. 1156; dieses Abkommen ist zusammen mit den Romverträgen am 1. 1. 1958 in Kraft getreten.

3 ABl. 1967 Nr. 152 S. 2; der Vertrag wurde am 8. 4. 1965 unterzeichnet und ist am 1. 7. 1967 in Kraft getreten.

4 Art. 32 FusV, dazu *Ipsen,* a.a.O. (Allg. Literaturverzeichnis), 6/41; *Teitgen* in: Novelles, a.a.O., Nr. 27 ff.

sachlichem Anwendungsbereich sie tätig werden, sowie nach Maßgabe des Fusionsvertrages aus (vgl. Art. 1 Abs. 2 und 9 Abs. 2 FusV).

3 b) *Alle vier Organe* haben seit der Gründung der Gemeinschaften wiederholt *Änderungen bezüglich ihrer Zusammensetzung und Größe erfahren,* so durch Art. 10 und 32 des Fusionsvertrages, Art. 10 ff. der Beitrittsakte von 1972 und Art. 10 ff. der Beitrittsakte von 1979 (Einzelheiten bei den betreffenden Artikeln).

4 c) Auch *Änderungen der Finanzvorschriften* hat es wiederholt gegeben. Titel II des Fünften Teils ist 1971 durch den Beschluß des Rates über die »Ersetzung der Finanzbeiträge der Mitgliedstaaten durch eigene Mittel der Gemeinschaft und durch die Verträge von 1970 und 1975 zur Änderung bestimmter Finanzvorschriften« geändert worden (Einzelheiten bei Art. 199 ff.).

II. Das institutionelle Gefüge der Gemeinschaften

1. Die institutionelle Struktur der Römischen Verträge (EWGV, EAGV) im Vergleich zum Pariser Vertrag (EGKSV)

5 Die institutionelle Struktur des EWG-Vertrags findet ihren Niederschlag in Titel I, Kapitel 1 des Fünften Teiles. Hier werden die *Zusammensetzung* und das *Zusammenwirken* sowie die *grundsätzlichen Aufgaben* der Organe festgelegt.[4a] Diese Organe sind entsprechend Art. 4 Abs. 1 EWGV in Verbindung mit den Art. 1 und 9 des Fusionsvertrages

- das Europäische Parlament, in den Verträgen Versammlung genannt
- der Rat
- die Kommission
- der Gerichtshof.

Der EAG-Vertrag (Art. 3 Abs. 1) folgt dem Beispiel des EWG-Vertrages. Beide Verträge weichen jedoch vom EGKS-Vertrag ab, der folgende Anordnung wählt: Kommission (früher Hohe Behörde), Versammlung, Rat, Gerichtshof. Diese Abweichung im Aufbau spiegelt eine unterschiedliche institutionelle Konzeption wider. Während im EWG-Vertrag der Rat mit den wesentlichen politischen und wirtschaftlichen Entscheidungsbefugnissen ausgestattet ist, spielt er in den Bestimmungen des EGKS-Vertrages eine verhältnismäßig bescheidene Rolle mit überwiegend beratenden Funktionen.[5] Hingegen ist nach dem EGKS-Vertrag das zentrale supranationale Organ Kommission mit umfassenden Entscheidungsbefugnissen ausgestattet. Ein Grund ist auch, daß der

4a Zum Vergleich mit internationalen Organisationen *Hilf*, a.a.O., S. 224 ff m.w.N.
5 Vgl. unten Rn. 18.

EWG-Vertrag überwiegend ein *Rahmenvertrag* mit der entsprechenden Fülle von wichtigen durch die Organe zu treffenden Ermessensentscheidungen ist, während der EGKS-Vertrag mehr den Charakter eines abgeschlossenen Normengefüges hat. Eine *Souveränitätsübertragung* solchen Ausmaßes war nur durch eine intensive Mitwirkung und Kontrollmöglichkeit der Mitgliedstaaten bezüglich des Ausbaus und der Entwicklung der EWG zu erreichen. Dementsprechend wurde hier der Ministerrat mit den wesentlichen Entscheidungsbefugnissen ausgestattet.[6] Außer den genannten Institutionen gibt es als Hilfsorgane den Wirtschafts- und Sozialausschuß sowie den Rechnungshof.[7]

2. *Funktionsteilung zwischen Rat und Kommission*

6 a) *Die Zuweisung der Befugnisse* an Rat und Kommission beruht auf einer *Funktionsteilung* zwischen beiden Organen. Maßgeblich für die Einsetzung verschiedener Gemeinschaftsorgane war *nicht in erster Linie das Gewaltenteilungsprinzip* im herkömmlichen Sinne[7a] oder sonst die Idee der *»checks and balances«* oder eines anderen rechtspolitischen Postulats, sondern die Funktionsfähigkeit des zu schaffenden Gemeinsamen Marktes durch Arbeitsteilung bei gleichzeitigem Ausgleich zwischen dem zentralen, d. h. dem Gemeinschaftsinteresse, und den Partikularinteressen. Diesen Aspekten trägt vor allem die Funktionsteilung zwischen der Kommission und dem Rat Rechnung.[8] Zwischen beiden Organen besteht ein genereller permanenter Spannungszustand, der nur im konkreten Einzelfall durch Beschlüsse, an deren Zustandekommen beide Organe beteiligt sind, aufgelöst wird. Die Weiterentwicklung der Gemeinschaft erfolgt daher, wenn man einmal von der Rolle des Europäischen Rates absieht[9], im wesentlichen durch einen fortlaufenden dialektischen Prozeß zwischen diesen beiden Organen, die sich – verfassungsrechtlich gesehen – auf gleicher Ebene gegenüberstehen.[10] Seit einiger Zeit wird das Europäische Parlament in wachsendem Umfang, insbesondere in finanzwirksamen Angelegenheiten, in diesen Prozeß einbezogen.[11] Das Bild wäre jedoch unvollkommen, wenn nicht zugleich auch auf die Aspekte der Kooperation zwischen Rat und Kommission, wie sie z. B. Art. 152 und Art. 15 FusV vorsehen, hingewiesen würde. Denn

6 Eingehend Art. 145 Rn. 1 ff.; zum Ganzen auch *Krawielicki,* in: Festschrift für Möhring, München und Berlin 1965, S. 483 ff.; *Münch, F.,* in: Festschrift für Schätzel, Düsseldorf 1960, S. 339 ff.; *Jaenicke, G.,* Der übernationale Charakter der Europäischen Wirtschaftsgemeinschaft, in: ZaöRV 1958, S. 169 ff.; *Rigaux* in: Novelles a.a.O., Nr. 82; *Louis,* a.a.O., S. 47 ff.

7 Siehe dazu unten Rn. 14 ff.

7a Vgl. *Zulegg,* Art. 1 Rn. 49; *Bieber,* Art. 4 Rn. 1 f.

8 Diese Funktionsteilung ist jedoch nicht mit derjenigen zwischen der Gemeinschaft und den Mitgliedstaaten gleichzusetzen (vgl. *Ipsen,* a.a.O., 11/5–10; *Hahn,* Funktionsteilung im Verfassungsrecht der europäischen Organisationen, Baden-Baden 1977, S. 42 ff., 126 ff. m.w.N.). Zum Prinzip der Funktionsfähigkeit EuGH – Fischerei 804/79 – Slg. 1981, 1074 sowie *Ipsen,* a.a.O., 10/40.

9 Zum Europäischen Rat s. unten Rn. 30 ff.

10 Vgl. *Bleckmann,* a.a.O., S. 29.

11 Dieser Prozeß ist nicht abgeschlossen; vgl. unten Rn. 10 bis 12.

die Organe bleiben einem gemeinsamen Ganzen, nämlich den Vertragszielen, verpflichtet.[12]

7 b) *Die Rolle des Rates* wird zu Recht immer wieder als die des eigentlichen *Entscheidungsorgans* herausgestellt.[12a] Dem *Gemeinschaftsorgan Rat,* das sich aus Regierungsvertretern der Mitgliedstaaten zusammensetzt, ist die Aufgabe der politischen Beschlußfassung zugewiesen.[13] Tatsächlich werden die *Mitgliedstaaten* durch ihre Präsenz im Rat in größerem Umfang, als es der Status des Rates als Gemeinschaftsorgan erkennen läßt, in das Verfahren der Beschlußfassung eingeschaltet. Diese Einschaltung verläuft jedoch – und das ist wesentlich – in *normativen Bahnen;* sie ist institutionalisiert.[14] Es ist indessen unverkennbar, daß die schon nach der Konzeption des Vertrages überragende Stellung des Rates *im Laufe der Entwicklung noch erheblich an Bedeutung gewonnen* hat, und zwar vor allem zu Lasten der Kommission. Dies ist einerseits durch die Praxis des Rates geschehen, Beschlüsse in der Regel nur bei *Einstimmigkeit* zu fassen, womit der Rat in die Nähe eines reinen Ausgleichsinstruments nationaler Interessen gerät. Gerade die damit einhergehende Verminderung der Entscheidungsfähigkeit dieses Organs macht sein Gewicht besonders spürbar: Ohne Einstimmigkeit im Rat bewegt sich – mit Ausnahme der Verabschiedung des Haushalts – kaum etwas Wesentliches in der Gemeinschaft. Ist aber Einstimmigkeit gegeben, verliert der Kommissionsvorschlag an Bedeutung.[15] Bedeutsam für die derzeitige Rolle des Rates ist andererseits der Umstand, daß er sich in immer stärkerem Ausmaß mit der Ausarbeitung relativ unbedeutender *Durchführungsmaßnahmen* belastet, anstatt diese im Wege des Art. 155 UAbs. 4 auf die Kommission zu übertragen.

Der wachsenden Bedeutung des Rates steht also eine verminderte Effizienz gegenüber.[16] Diese verloren gegangene politische Effizienz hat u. a. zur Bildung des Europäischen Rates geführt.[17]

Obwohl der Rat seine Aufgabe häufig durch den *Erlaß von Rechtsvorschriften* wahrnimmt, sollte man es *vermeiden,* ihn *als Legislative* der Gemeinschaft zu bezeichnen, da sich mit diesem Begriff Vorstellungen hinsichtlich parlamentarischer Gesetzgebungstätigkeit verbinden, die hier unzutreffend sind.[18]

12 *Sasse, Ch.,* Kommission und Rat – konstitutionelle Rivalen oder funktionale Partner? in: EuR 1972, S. 348 f. m.w.N., *Dewost* in: *Mégret* u.a., a.a.O., S. 7; *Bieber,* in: Gedächtnisschrift Sasse, Baden-Baden 1981, S. 327 m.w.N.

12a Vgl. *Everling,* Das Europäische Gemeinschaftsrecht im Spannungsfeld von Politik und Wirtschaft, FS Kutscher, Baden-Baden 1981, S. 155 ff., 181; *Louis,* a.a.O., S. 34 ff.

13 Art. 2 FusV, früher Art. 146 EWGV; über die Gründe oben Rn. 5 mit Nachweisen.

14 Vgl. *Wagner,* a.a.O., S. 182 ff.; *Ipsen,* a.a.O., 13/14. Nicht zuletzt deswegen wird die Gemeinschaft auch als Rechtsgemeinschaft bezeichnet; vgl. *Everling,* a.a.O. (Fn. 12a), S. 160 ff., 172 ff.; *Louis,* a.a.O., S. 33 ff.

15 Vgl. unten Rn. 21 und Art. 149 Rn. 2; ähnlich der *Vedel-Bericht,* a.a.O., S. 26 ff.

16 *Ehlermann, C.-D.,* Problèmes institutionnels actuels de la Communauté, in: CDE 1972, S. 258 ff.

17 Siehe dazu unten Rn. 31.

18 Weitere Einzelheiten über die Stellung des Rates bei Art. 145 Rn. 1 ff. und Art. 146 Rn. 1 ff.; *Friauf,* a.a.O., S. 4 ff; allgemein zur Wahrnehmung von Partikularinteressen in internationalen Organisationen *Seidl-Hohenveldern,* Intern. Organisationen, Köln – Berlin – Bonn 1979, Rn. 1110 ff.

8 c) *Die Kommission verkörpert* demgegenüber in gewissem Umfang die *zentralen Interessen der Gemeinschaft.* Sie trägt für die Anwendung des Vertrages und das Funktionieren des Gemeinsamen Marktes Sorge und nimmt das Gemeinschaftsinteresse notfalls gegen das Interesse von Mitgliedstaaten wahr, was ihr durch die *unabhängige Stellung ihrer Mitglieder* sowie die Art. 169 ff. ermöglicht wird.[19] Sie wird daher treffend auch als *Motor der Gemeinschaft und Hüterin des Vertrages* bezeichnet. Sie ist das eigentliche europäische Organ.[20] Der Vertrag sieht jedoch auch vor, daß diese funktionelle Gegenüberstellung der beiden Organe zu Beschlüssen führt, in die das Gemeinschaftsinteresse *und* die Partikularinteressen gleichermaßen Eingang gefunden haben: Durch ihr *Vorschlagsrecht* ist die Kommission maßgeblich am Zustandekommen von Beschlüssen mit externer Wirkung beteiligt. Der Kommissionsvorschlag ist in der Regel Voraussetzung für ein Tätigwerden des Rates überhaupt. Er kann nur einstimmig geändert werden (Einzelheiten bei Art. 149).

Im übrigen hat die Kommission *vorwiegend ausführende und verwaltende Aufgaben,* die ihr vom Vertrag zugewiesen oder vom Rat gemäß Art. 155 Unterabs. 4 übertragen werden. Für Bereiche, die bereits durch den Vertrag einer weitgehenden Regelung unterliegen, kann die Kommission Vorschriften erlassen.[21] Deswegen, vor allem aber wegen ihres Vorschlagsrechts, kann sie *nicht schlechthin als Exekutivorgan* bezeichnet werden.[22]

9 d) Vorstehendes ist bedeutsam als *Vorbild für die Kompetenzverteilung im sekundären Gemeinschaftsrecht.* Trotz der engen Zusammenarbeit zwischen Rat und Kommission ist eine *klare Trennung* der Funktionen und Kompetenzen im Hinblick auf das sekundäre Gemeinschaftsrecht *unerläßlich.* Da das *Kräfteverhältnis zwischen Rat und Kommission* nicht verändert werden darf[23], müssen sich kompetenzgewährende Normen im sekundären Gemeinschaftsrecht eng am Vorbild des Vertrages orientieren. Der *Rat darf keine im wesentlichen politischen Entscheidungsbefugnisse* auf die Kommission *übertragen,* noch darf er sich Entscheidungen vorbehalten, die vorwiegend technisch-administrativer Natur sind. *In der Praxis* ergeben sich freilich *Schwierigkeiten.* Denn das vorstehend umrissene Funktionsteilungsprinzip liegt nur selten so klar zu Tage wie das Gewaltenteilungsprinzip im Staatsrecht der westlichen Demokratien. Beiden Organen sind identische Handlungsformen zugewiesen (Art. 189); vor allem aber ist der Begriff der grundsätzlichen politischen oder wirtschaftlichen Entscheidung nicht genau und allgemeinverbindlich zu

19 Vgl. Art. 155 EWGV und Art. 10 FusV, früher Art. 157 EWGV; *Zuleeg,* Das Recht der Europäischen Gemeinschaften im innerstaatlichen Bereich, KSE, Bd. 9, 1969, S. 42.
20 Vgl. *Hallstein,* a.a.O., S. 82; *Wohlfarth* u.a., a.a.O. (Allg. Literaturverzeichnis), Art. 155 Anm. 1.
21 Vgl. z. B. Art. 10 Abs. 1 Unterabs. 2 i.V.m. Art. 189.
22 Vgl. *Ipsen,* a.a.O., 13/3 ff.
23 EuGH – Meroni 9/56 – Slg. 1958, 1 ff., 44; Fischerei 804/79, Slg. 1981, 1074.

definieren.[24] Ein und derselbe Verhandlungsgegenstand hat für einen Mitgliedstaat technische, für einen anderen jedoch durchaus politische Bedeutung. In der Praxis wird jedes von einem Mitgliedstaat als politisch bezeichnetes Problem vom Rat als solches behandelt, mit der Folge, daß Kompetenzzuweisungen im sekundären Gemeinschaftsrecht in einem *mit der Konzeption des Vertrages nicht immer zu vereinbarenden* Umfang im Wege der Selbstermächtigung an den Rat erfolgen.[25]

3. Das Europäische Parlament

10 a) *Die allgemeine Stellung des Parlaments* ist nur in Ansätzen denen eines der nationalen Parlamente vergleichbar. Wie diese besteht das Parlament, in den Gründungsverträgen »Versammlung« genannt, aus *Vertretern der Völker* der in der Gemeinschaft zusammengeschlossenen Staaten.[25a] Sie wurden erstmals im Juni 1979 *direkt gewählt.* Die Stellung des Parlaments ist im Vergleich zum EGKS-Vertrag insgesamt gestärkt worden. Auch hat das Europäische Parlament im Bereich des *Haushaltsrechts* seit 1971 und 1977 *entscheidende Zuständigkeiten* erhalten[26], aber *legislative Befugnisse fehlen* ihm bisher völlig. Im übrigen übt es im wesentlichen *Beratungs- und Kontrollbefugnisse* aus (Art. 137). Das *politische Gewicht seiner Stellungnahmen* ist unbestritten. Für eine *demokratische Legitimierung* der Gemeinschaft reichen die Tätigkeiten und Befugnisse des Parlaments jedoch nicht aus, vor allem, wenn man bedenkt, in welchem Umfang den nationalen Parlamenten Befugnisse entzogen und auf den Ministerrat, der sich aus nationalen Exekutive-Vertretern zusammensetzt, übertragen worden sind.[27] Der Umstand, daß der einzelne Minister bzw. seine Regierung weitgehend der Kontrolle

24 Vgl. den Bericht von *Jozeau-Marigné,* Dok. EP n° 110/1967 sowie die Entschließung des Parlaments im ABl. 1967 Nr. 268 S. 7 unter Nr. 1a): »... Texte, in denen eine politische Entscheidung für die Gemeinschaft festgelegt wird, ..., die die Tätigkeit der Gemeinschaft in einem bestimmten Sinne ausrichten und somit die Erfüllung der in den Verträgen festgelegten Aufgaben der Gemeinschaft beeinflussen.«

25 Vgl. unten Rn. 20 bis 24 und Art. 148 Rn. 12; *Constantinesco, L.-J.,* Die Institutionen der Gemeinschaft an der Schwelle der 80er Jahre, in: EuR 1981, S. 218. Der Europäische Rat hat in seinen Schlußfolgerungen zum Bericht des Dreier-Ausschusses a.a.O. den Rat dazu angehalten, mehr Befugnisse auf die Kommission zu übertragen, nachdem bereits der Tindemans-Bericht a.a.O., S. 34, eine entsprechende Forderung aufgestellt hatte. Ein Erfolg in der Praxis ist bisher nicht sichtbar.

25a Zur Direktwahl vgl. *Bieber,* Art. 138 Rn. 1 ff. Zum folgenden eingehend *Pöhle,* Vorbemerkung zu Art. 137 bis 144, Rn. 2 ff. und Art. 137 Rn. 3 ff., 11 ff.

26 Einzelheiten bei *Hack,* Art. 203 mit Erläuterungen.

27 Besondere Bedeutung ist dem intensiven Bestreben des direkt gewählten Parlaments beizumessen, seine institutionelle Stellung aufzuwerten, vgl. dazu insbesondere die Entschließungen des E.P. vom 6.–10. 7. 1981 (Abl. 1981 Nr. C 234 S. 48 ff). Zum Ganzen auch den Vedel-Bericht, a.a.O., S. 30 ff.; *Meier, G.,* Die Organe der EWG im Stadium der Wirtschafts- und Währungsunion, in: NJW 1972, S. 1593 ff.; *Zuleeg, M.,* Die Anwendbarkeit des parlamentarischen Systems auf die Europäischen Gemeinschaften, in: EuR 1972, S. 1 ff.; *Kohler, B.,* Direkte Wahlen zum Europäischen Parlament, in: EA 1971, S. 727 ff.; *Fuss, E.-W.,* Positionsstärkung des Europäischen Parlaments, in: EuR 1972, S. 358 ff.; *Bieber* in: *Beutler* u. a., a.a.O., Nr. 4.1.; *Grunewald,* EuR 1982, S. 254 ff.

durch das nationale Parlament unterliegt, mindert allerdings dieses demokratische Defizit.

11 b) *Dem Rat gegenüber* hat das Parlament *vor allem beratende Funktion.* Es wird von diesem zu den von der Kommission vorgelegten Vorschlägen gehört, und zwar meist auch dann, wenn der Vertrag dies nicht ausdrücklich vorsieht.[28] Die Stellungnahmen des Parlaments binden den Rat nicht. Gedenkt der Rat *wesentlich von der Substanz* des Kommissionsvorschlags abzuweichen, dann muß er das Parlament zu dem von ihm erarbeiteten Entwurf erneut konsultieren.[29] 1970 hat sich der Rat dem Parlament gegenüber verpflichtet, diesem auf Wunsch seine Gründe darzulegen, wenn er beabsichtigt, bei einem Rechtsetzungsakt von *allgemeiner Tragweite* und ins Gewicht fallenden finanziellen Auswirkungen von der Stellungnahme des Parlaments abzuweichen. Diese Übung ist 1975 durch eine gemeinsame Erklärung des Parlaments, des Rates und der Kommission zum sogenannten *Konzertierungsverfahren* ausgebaut worden mit dem Ziel, in einem Konzertierungsausschuß, unter Teilnahme der Kommission, die Standpunkte einander anzunähern. Die Einflußnahme des Parlaments auf die Rechtssetzungsakte des Rates wird durch die Existenz dieses Verfahrens, selbst wenn es im konkreten Fall nicht zur Anwendung kommt, erheblich gestärkt.[30] Seit der Änderung des Haushaltsverfahrens durch Vertrag vom 22. Juli 1975 besitzt das Parlament ein echtes Mitentscheidungsrecht über den Haushalt der EG. Es bildet gemeinsam mit dem Rat die »Haushaltsbehörde«.[31] Am 30. Juni 1982 haben das Parlament, der Rat und die Kommission eine gemeinsame Erklärung zur Gewährleistung einer besseren Abwicklung des Haushaltsverfahrens angenommen, durch die die in der Vergangenheit aufgetretenen interinstitutionellen Differenzen, insbesondere über obligatorische und nichtobligatorische Ausgaben der Gemeinschaft, verhindert werden sollen.[31a]

Eine *Beteiligung* des Parlaments am *Rechtssetzungsverfahren der EGKS* ist in diesem Umfang *nicht vorgesehen.* Jedoch hat das Recht des Parlaments, ein Mißtrauensvotum gegenüber der Kommission abzugeben, ein besonderes Gewicht, da im Rahmen des EGKS-Vertrages die Kommission das eigentliche Entscheidungsorgan ist.[32] Bedeutsam

28 Diese Praxis besteht bereits seit 1960; eingehend zum Verhältnis Rat – Parlament *Glaesner, H.-J.*, Mögliche Konfliktzonen zwischen den Gemeinschaftsorganen, in: EuR 1981, S. 9 ff. m.w.N.; *Bieber,* Die Ausgaben der EG, in: EuR 1982, S. 115 ff.

29 Die Nichtanhörung zumindest, wo sie vom Vertrag vorgeschrieben ist, stellt einen Formfehler i.S.d. Art. 173 Abs. 1 dar; vgl. EuGH – Chemiefarma, 41/69 – Slg. 1970, S. 661 ff. und Isoglucose 138 und 139/80 – Slg. 1980, S. 3333 ff. mit Anm. *Beutler,* EuR 1981, S. 55 ff. m.w.N. und *Quintin,* RMC 1981, S. 5 ff.; Einzelheiten bei *Daig,* Art. 173 Rn. 59 ff.

30 ABl. 1975 Nr. C 89 S. 1; zum Konzertierungsverfahren *Glaesner* (a.a.O., Fn. 28), S. 17 ff.; *ders.,* Das Konzertierungsverfahren zwischen Rat und Europäischem Parlament, in: Integration 1981, S. 22 ff.; *Beutler,* Gedächtnisschrift Sasse, Baden-Baden 1981, S. 331 ff.; *Bieber* ebenda, S. 327 ff.; vgl. auch *Bieber,* Art. 140, Rn. 14 ff.

31 ABl. 1977 Nr. L 359 S. 1; Einzelheiten bei *Glaesner,* a.a.O. (Fn. 28), S. 11 ff.

31a Vgl. Agence Europe N° 3402 vom 1. 7. 1982, S. 5 f.; *Bieber,* a.a.O. (Fn. 28), S. 124 ff.

32 Vgl. Art. 24 Abs. 2 EGKSV sowie oben Rn. 5 und unten Rn. 18.

ist ferner das Recht des Parlaments, über Abänderungen von Kommissionsbefugnissen mitzuentscheiden (Art. 95 Abs. 4 EGKSV).

Eine förmliche allgemeine *Kontrolle des Rates* oder gar ein Mißtrauensvotum gegen diesen gibt es hingegen nicht; jedoch unterwirft sich der Rat dadurch einer gewissen Kontrolle, daß er die an ihn gerichteten *schriftlichen und mündlichen Anfragen* beantwortet. Die Außenminister haben erstmals im November 1981 geschlossen an einer Sitzung des Parlaments teilgenommen. Der Ratspräsident stellt sich dem Parlament regelmäßig in Fragestunden.[33] Von besonderer praktischer Bedeutung ist die Teilnahme des Ratspräsidenten auch an Sitzungen der Parlamentsausschüsse.

12 c) *An Kommissionsakten* ist eine *Mitwirkung des Parlaments* nicht vorgesehen, denn angehört wird das Parlament vom Rat. An den Arbeiten der Parlamentsausschüsse über die Kommissionsvorschläge nehmen aber die zuständigen Kommissionsbeamten teil. Ähnliches gilt für die Debatten im Plenum, an denen der zuständige Kommissar teilnimmt. Dieser intensive Meinungsaustausch zwischen den beiden Organen findet seinen Niederschlag in der förmlichen Stellungnahme des Parlaments gegenüber dem Rat. Die Kommission arbeitet die Substanz dieser Stellungnahme in der Regel in einen förmlichen *geänderten Vorschlag* ein, für den die von Art. 149 Abs. 1 vorgesehenen Bindungswirkung gilt.[34]

Die *Kontrollbefugnisse* des Parlaments *gegenüber der Kommission* werden zunächst durch das mündliche und schriftliche Fragerecht gemäß Art. 140 Abs. 3 festgelegt. Sie finden ihren stärksten Ausdruck im Recht, diese durch ein *Mißtrauensvotum* geschlossen zum Rücktritt zu zwingen.[35] Nicht nur das Bestreben der Kommission, mit dem Parlament zusammen ein *Gegengewicht gegen den Rat* zu bilden, sondern auch Art. 144 erklären das gute Zusammenwirken dieser beiden Organe. Allerdings hat der im Januar 1982 neugewählte Parlamentspräsident angekündigt, daß seine Institution die Lücke, die die Kommission durch zu zögernden Gebrauch ihrer Befugnisse schaffe, versuchen werde auszufüllen.[36] Eine wichtige *Kontrollbefugnis gegenüber der Kommission* ergibt sich aus dem Recht, dieser Entlastung zur Ausführung des Haushaltsplans zu erteilen (Art. 206 b).[36a]

33 Eingehend zum Ganzen *Glaesner,* a.a.O. (Fn 28), S. 9ff.; *Läufer, Th.,* Das Europäische Parlament als Partner im interinstitutionellen Dialog – Law in the Making?, in: Integration 1979, S. 19 ff.; eine Reihe von praktischen Beispielen der Zusammenarbeit Rat – Parlament gibt der »Achtundzwanzigste Überblick über die Tätigkeit des Rates«, S. 13–22.

34 Vgl. Art. 149 Rn. 2

35 Art. 144 EWGV, Art. 114 EAGV und Art. 24 EGKSV; bei der Bildung der neuen Kommission ist das Parlament jedoch nicht beteiligt; vgl. auch *Draetta, U.,* I rapporti tra Parlamento Europeo e Commissione, in: Riv. dir. eur. 1979, S. 215ff. sowie *Bieber,* Art. 140 Rn. 13 und Art. 144 Rn. 1ff.

36 Vgl. die Antrittsrede des Präsidenten *Dankert* in »Ausführliche Sitzungsberichte des Europäischen Parlaments«, 20. 1. 1982, S. 29.

36a Vgl. die Anmerkungen von *Heck* zu Art. 206b sowie *Rüping, U.,* Die parlamentarische Haushaltskontrolle in den Europäischen Gemeinschaften und deren Mitgliedstaaten, in: EuR 1982, S. 213ff.

4. Der Europäische Gerichtshof

13 Nur hinsichtlich der rechtsprechenden Gewalt ist die herkömmliche Gewaltenteilung eingehalten. Der Gerichtshof wahrt das Recht bei der *Auslegung und Anwendung des Vertrages* (Art. 164). Zu diesem Zweck besitzt er eine Reihe ausschließlicher Zuständigkeiten, deren wichtigste sich aus den Art. 169 ff. ergeben. Im übrigen sind auch die *Gerichte der Mitgliedstaaten* zur Auslegung und Anwendung des Gemeinschaftsrechts berufen (Art. 183). Sie können oder müssen jedoch im Wege der *Vorabentscheidung* nach Art. 177 vom Gerichtshof Fragen der Auslegung des Gemeinschaftsrechts sowie der *Gültigkeit von Handlungen der Gemeinschaftsorgane* beantworten lassen. Hierdurch soll die Einheitlichkeit der Rechtsprechung zum Gemeinschaftsrecht sichergestellt werden.[37]

5. Der Wirtschafts- und Sozialausschuß

14 Dieser Ausschuß hat nach Art. 4 Abs. 2 EWGV und Art. 3 Abs. 2 EAGV die Aufgabe, den *Rat und die Kommission beratend zu unterstützen.* Er ist für EWG und EAG identisch und besteht aus Vertretern der verschiedenen Gruppen des wirtschaftlichen und sozialen Lebens (Art. 193 Abs. 2). Der Ausschuß wird, ähnlich dem Parlament, vom Rat zu den Kommissionsvorschlägen auch dann konsultiert, wenn eine Konsultationspflicht nicht vorgeschrieben ist. Darüber hinaus wird er von beiden Organen häufig gebeten, zu Fragen von gemeinschaftlichem Interesse Stellung zu nehmen (vgl. Art. 198). Obwohl der sachliche Wert der Stellungnahmen und Berichte des Ausschusses unbestritten ist, wird ihnen mitunter nicht die erforderliche Aufmerksamkeit zu Teil.[38]

Der Beratende Ausschuß nach Art. 18 EGKSV hat ähnliche Aufgaben, übt seine Funktion der Konzeption der EGKS entsprechend aber nur gegenüber der Kommission (früher der Hohen Behörde) aus.

6. Der Rechnungshof

15 Zur besseren *Kontrolle der steigenden Ausgaben der Gemeinschaft* wurde durch Vertrag vom 22. 7. 1975 ein Rechnungshof mit umfassenden Befugnissen und erheblichen politischen Einflußmöglichkeiten eingesetzt.[39] Er hat seine Funktionen 1977 aufgenommen. Die Bezeichnung »Rechnungshof« will Bedeutung und *Unabhängigkeit* dieses Hilfsorgans unterstreichen, das im übrigen aber nicht über rechtsprechende Befugnisse verfügt.

Dem Rechnungshof obliegt die *externe Kontrolle* des Gesamthaushalts der Gemeinschaft und des Finanzgebarens ihrer Institutionen (Verwaltungsaufwand, Fondsausgaben,

37 Einzelheiten und Nachweise bei *Daig* in den Anmerkungen zu Art. 164 ff.
38 Einzelheiten und Nachweise in den Anmerkungen zu Art. 193 ff. und bei *Hilf* a.a.O., S. 20 ff.
39 ABl. 1977 Nr. L 359 S. 1.

Subventionen etc.). Die Institutionen behalten jedoch gleichzeitig ihre *internen Kontrollen* bei.[40] Zur Erfüllung seiner Aufgaben verfügt der Rechnungshof über einen gut ausgestatteten *Verwaltungsapparat,* womit er auch die von den Mitgliedstaaten für die Gemeinschaft vorgenommenen Maßnahmen wie Zollerhebungen und Ausfuhrerstattungen für Agrarprodukte am Ort der Handlung nachprüfen kann. Er tut dies in *Verbindung mit den nationalen Kontrollorganen.*
Jährlich wird ein Gesamtbericht vorgelegt und zusammen mit den Antworten der Organe im Amtsblatt veröffentlicht. Ferner kann der Rechnungshof von sich aus oder auf Antrag eines Organs Stellungnahmen zu bestimmten Fragen abgeben.[41]

7. Weitere Hilfsorganismen

16 Zur Unterstützung des Rates und der Kommission sind zahlreiche *Ausschüsse* geschaffen worden, die aber *nicht die Stellung von Organen* haben,[41a] so der Währungsausschuß (Art. 105 Abs. 2), der Verkehrsausschuß (Art. 83) und der Sozialfonds-Ausschuß (Art. 124). Eine Reihe weiterer bedeutender Ausschüsse sind bei Art. 153 Anm. 2 angegeben. Sie sind in der Regel auf Wunsch der Kommission zu deren Unterstützung eingesetzt worden. Diese Ausschüsse haben beratende Funktion und vermögen folglich nicht in das Beschlußfassungsverfahren der Gemeinschaften einzugreifen. Eine Ausnahme bilden die *Verwaltungsausschüsse.*[42] Eine Sonderstellung nimmt der *Ausschuß der Ständigen Vertreter* ein, der die Ratsbeschlüsse vorbereitet.[42a]

III. Beschlußfassung

1. Typische Beschlußfassungsverfahren

17 a) *Das Zusammenspiel der Organe nach dem EWG-Vertrag und dem EAG-Vertrag* in der Willensbildung und bei der Beschlußfassung läßt sich schematisch etwa folgendermaßen darstellen.[43]

- Die *Kommission* arbeitet, meist mit Hilfe von Sachverständigen aus den Mitgliedstaaten, einen Vorschlag aus und übermittelt ihn dem Rat.

40 Vgl. *Ehlermann, C.D.*, Der Europäische Rechnungshof, Baden-Baden 1976, S. 10ff.

41 *Brück, W. – Kühne, H.*, Die Neuregelung der Finanzkontrolle der Europäischen Gemeinschaften, in: DöV 1977, S. 23ff.; *Sacchettini, A.*, La Cour des Comptes, in: RMC 1977, S. 344ff.; vgl. auch *Hilf*, a.a.O.; S. 17ff.

41a Einzelheiten, insbesondere hinsichtlich der Einordnung in die Organisationsstruktur, bei *Hilf*, a.a.O., S. 24ff und *Strohmaier, Peter*, Die Befugnis von Rat und Kommission der Europäischen Gemeinschaft zur Einsetzung von Ausschüssen, Diss. Saarbrücken 1972.

42 Dazu Schmitt von Sydow, Art. 155 Rn. 48ff.

42a Siehe hierzu Art. 4 FusV, früher Art. 151 Abs. 2 EWGV mit Anmerkungen und unten Rn. 25.

43 Einzelheiten und Nachweise bei *Ipsen*, a.a.O., 23/1ff.; *Schloh*, in: Einführung in die Rechtsfragen der europäischen Integration, Bonn 1969, S. 84ff.; *Constantinesco*, a.a.O., Nr. 459ff.

- Der *Rat* holt in der Regel die Stellungnahmen des *Europäischen Parlaments und des Wirtschafts- und Sozialausschusses* ein.
- Die *Kommission* nimmt die Stellungnahmen, insbesondere des Parlaments, häufig zum Anlaß, einen *geänderten Vorschlag* gem. Art. 149 Abs. 2 vorzulegen.
- Der *Rat* berät über den – gegebenenfalls geänderten – Vorschlag zunächst auf *Expertenebene* (Arbeitsgruppen aus Ministerialbeamten), dann auf *Botschafterebene* (Ausschuß der Ständigen Vertreter)[44]; schließlich über die offen gebliebenen Probleme auf *Ministerebene;* formell bindende Beschlüsse können nur von den Ministern selbst gefaßt werden.
- Die *Kommission* nimmt auf allen Ebenen an den Beratungen teil und kann bis zur endgültigen Beschlußfassung des Rates ihren Vorschlag ändern.
- Der *Rat* beschließt endgültig nach Maßgabe der Art. 148, 149 Abs. 1 EWGV (Art. 118, 119 Abs. 1 EAGV), wobei allerdings von der Möglichkeit, Mehrheitsbeschlüsse zu fassen, zur Zeit nahezu kein Gebrauch gemacht wird.[45]

18 b) Das *Zusammenwirken der EGKS-Organe* ist demgegenüber durch die starke Stellung der *Kommission,* der früheren Hohen Behörde, bestimmt. Sie ist das *eigentliche Entscheidungsorgan,* wohingegen der Rat sowie ein Beratender Ausschuß von der Kommission meist nur konsultiert werden.[46] Dieses Prinzip ist jedoch insbesondere für Eingriffe zur *Behebung krisenhafter Marktstörungen* durch Überproduktion oder eine Mangellage durchbrochen (vgl. Art. 58 und 59). Das in diesen beiden Artikeln gewählte Beschlußfassungsverfahren stellt die beiden Organe gleichwertig nebeneinander, versucht aber, eine gegenseitige Blockierung zu vermeiden, was dann nicht klappt, wenn der Rat keine Krisenbeschlüsse faßt. Eine *Gewichtsverlagerung zugunsten des Rates,* wie sie in der Verfassungswirklichkeit des EWG-Vertrages zu beobachten ist, *läßt sich* bei der EGKS insgesamt *bisher nicht in gleichem Maße feststellen,*[47] wenn auch die Kommission in verstärktem Maße darum bemüht ist, ihre Entscheidungen von den Ratsmitgliedern politisch mittragen zu lassen.

Das *Parlament* wirkt – abgesehen von dem besonderen Fall des Art. 95 – an der Beschlußfassung nicht mit, hat jedoch ähnliche Kontrollbefugnisse wie nach dem EWG-Vertrag.[48]

2. *Abstimmung im Rat nach der Konzeption des EWG-Vertrages*

19 Die in den Kompetenznormen vorgesehenen *Mehrheiten bei Ratsbeschlüssen sind von besonderer Bedeutung für das institutionelle Gefüge und die Dynamik der Gemeinschaft.* Die fortschreitende Integration hätte erlauben sollen, daß das Einstimmigkeitsprinzip als

44 Zu diesen beiden Ebenen sowie zum AStV Art. 4 FusV, früher Art. 151 mit Anmerkungen.
45 Vgl. unten Rn. 20 bis 22.
46 Vgl. oben Rn. 6 bis 9.
47 A.A. *Henig,* a.a.O., S. 18.
48 Vgl. Art. 22ff. EGKSV und oben Rn. 10 bis 12.

Regel nach der ersten Stufe der Übergangszeit[48a] überflüssig werde und dem Mehrheitsprinzip Platz mache. Durch diese *gleitenden Abstimmungsverfahren* zeigt sich deutlich der Wille der Vertragsschließenden, wonach sich die Gemeinschaft von einer anfänglich überwiegend internationalen zu einer mehr und mehr supranationalen Staatengemeinschaft entwickeln sollte. *Mehrheitsentscheidungen* sind nicht nur als Möglichkeit, sondern als Notwendigkeit gedacht, mit deren Hilfe die Gemeinschaft trotz ihrer Erweiterungen und trotz wachsender Aufgaben ihre *Handlungsfähigkeit* nicht nur behalten, sondern sogar verbessern sollte. Allerdings war man bei der Konzipierung dieses Abstimmungssystems wohl davon ausgegangen, daß die erheblichen wirtschaftlichen und sozialen Unterschiede zwischen den Mitgliedstaaten rascher verringert werden würden und so Mehrheitsentscheidungen in großem Umfang für alle annehmbar würden. Diese Homogeneität ist jedenfalls bisher nicht eingetreten.[49] Auch wurde das Beharren zumindest einiger Mitgliedstaaten auf ihrer Souveränität unterschätzt. Ausnahmen von dieser Konzeption stellen die besonders wichtigen generalklauselartig gefaßten Ermächtigungsnormen wie Art. 100, 103 und 235 dar. Hier ist immer Einstimmigkeit vorgesehen.

Mit der Anwendung des Mehrheitsprinzips sollte zugleich die Rolle der supranationalen Kommission aufgewertet werden, denn das Vorschlagsrecht kommt erst bei Mehrheitsentscheidungen voll zum Tragen.[50]

Vorstehend dargestellte Konzeption entspricht seit langem *nicht* mehr *der derzeitigen realen Gemeinschaftsverfassung,* ohne daß die nachstehend skizzierte Verfassungswirklichkeit als Verstoß gegen die normative Gemeinschaftsverfassung gewertet werden könnte.[51]

3. Praxis der Einstimmigkeit und ihre Folgen

20 a) In der *Praxis* herrscht das *Einstimmigkeitsprinzip,* d. h. das *Konsensprinzip* ist weitgehend an die Stelle rechtsförmlicher Entscheidungsprozesse getreten. Die *Erwartungen der Theorie haben sich nicht erfüllt.* Das *Kräfteverhältnis hat sich* seit etwa 1965 *zugunsten des Rates* verschoben, was besonders deutlich durch die faktische Außerkraftsetzung des Mehrheitsprinzips im Rat durch den sogenannten *Luxemburger Kompromiß* vom Januar 1966 zum Ausdruck kommt.[51a] Dieser Kompromiß hat folgenden Wortlaut:

»I. Stehen bei Beschlüssen, die mit Mehrheit auf Vorschlag der Kommission gefaßt

48a Zur Übergangszeit *Bleckmann,* Art. 8 Rn. 1 ff.

49 Dazu *Everling, U.,* Struktur und Funktionieren der erweiterten Gemeinschaft, in: EuR 1978, S. 1 ff., 8 ff.

50 Vgl. Art. 149 Rn. 1; *Wirsing, E.,* Aufgaben und Stellung der Kommission in der Verfassungsstruktur der EWG, in: EA 1964, S. 77 ff., 81; zum Ganzen *Hallstein,* a.a.O., S. 81 ff.; *Mégret,* in: *Gerbet – Pepy* (Hrsg.), a.a.O., S. 27.

51 Vgl. *Grabitz,* Gedächtnisschrift Sasse, Baden-Baden 1981, S. 108 ff.

51a Zu Ausnahmen von dieser Praxis s. Art. 148 Rn. 3.

werden können, sehr wichtige Interessen eines oder mehrerer Partner auf dem Spiel, so werden sich die Mitglieder des Rats innerhalb eines angemessenen Zeitraums bemühen, zu Lösungen zu gelangen, die von allen Mitgliedern des Rats unter Wahrnehmung ihrer gegenseitigen Interessen und der Interessen der Gemeinschaft gemäß Art. 2 des Vertrages angenommen werden können.

II. Hinsichtlich des vorstehenden Absatzes ist die französische Delegation der Auffassung, daß bei sehr wichtigen Interessen die Erörterung fortgesetzt werden muß, bis ein einstimmiges Einvernehmen erzielt worden ist.

III. Die sechs Delegationen stellen fest, daß in der Frage, was geschehen solle, wenn die Verständigungsbemühungen nicht vollständig zum Ziel führen, weiterhin unterschiedliche Meinungen bestehen.

IV. Die sechs Delegationen sind jedoch der Auffassung, daß diese unterschiedlichen Meinungen nicht verhindern, daß die Arbeiten der Gemeinschaft nach dem normalen Verfahren wieder aufgenommen werden.«[52]

Dieser Kompromiß war im Anschluß an die französische Nichtteilnahme an Ratssitzungen im Jahre 1965 notwendig geworden.[52a]

21 b) Die faktische Anwendung des Einstimmigkeitsprinzips führte zugleich zu einer *Abwertung des Vorschlagsrechts* der Kommission, das nur durch die konkrete Möglichkeit von Mehrheitsbeschlüssen seine volle Wirkung entfalten kann.[53] Rechtlich ist diese Situation niemals anerkannt worden.[54]

Diese Abwertung des Vorschlagsrechts hat zugleich die Möglichkeiten für die Kommission, Kompromißlösungen nicht nur zu entwerfen, sondern auch durchzusetzen, stark beeinträchtigt. Die Rolle des Wegbereiters solcher Lösungen wird in wachsendem Maße vom *Vorsitz* wahrgenommen, der sogenannte *package-deals* vorschlägt. Das sind politische Lösungen, die dadurch erreicht werden, daß ein Staat bereit ist, Positionen zu bestimmten Punkten aufzugeben, wenn er sich dafür in anderen Punkten durchsetzen kann, ohne daß notwendigerweise ein Sachzusammenhang zwischen beiden Positionen besteht. Es liegt auf der Hand, daß dieses Verfahren die Mitgliedstaaten zum Aufbau oft sehr durchsichtiger Verhandlungspositionen verleitet. Auch hieran zeigt sich, daß die

52 BullEG Nr. 3/1966, S. 8ff.
52a Zur unmittelbaren Vorgeschichte der »Politik des leeren Stuhls« *Gottsmann,* Art. 43 Rn. 5.
53 Vgl. Art. 149 Rn. 2.
54 Vgl. *Kaiser, J.H.,* Das Europarecht in der Krise der Gemeinschaften, in: EuR 1966, S. 4ff.; *Ophüls, C.F.,* Die Mehrheitsbeschlüsse der Räte in den Europäischen Gemeinschaften, in: EuR 1966, S. 193ff.; *Hallstein,* Festschrift für Ophüls, Karlsruhe 1965, S. 9f.; *Mosler, H.,* National- und Gemeinschaftsinteressen im Verfahren des EWG-Ministerrates, in: ZaöRV 1966, S. 1ff.; *Bellanger, F.,* Contribution à l'étude de la nature juridique des »accords de Luxembourg«, in: Nederlands Tijdschrift voor internationaal recht 1968, S. 179ff.; *Torelli,* in: *Gerbet,* a.a.O., S. 83ff.; *Ipsen,* a.a.O., 23/19ff.; *Sattler,* a.a.O., S. 132ff.

Arbeiten im Rat mehr und mehr den Charakter zwischenstaatlicher Verhandlungen annehmen.[55]

22 c) *Sachlich* führt der Zwang, Einstimmigkeit zu erzielen, zu einer *Verlangsamung des materiellen Integrationsprozesses.* Entscheidungen sind kaum anders als auf einem eher *kleinen gemeinsamen Nenner* möglich. Diese Entwicklung wird verstärkt auf der Ebene des Ausschusses der Ständigen Vertreter.[56] Wiederholte *Anläufe, Mehrheitsentscheidungen* wieder mehr Raum zu geben, haben die derzeitige Praxis nicht erschüttern können.[57] Dabei muß festgehalten werden, daß die *Praxis* noch wesentlich *enger* ist, *als* dies der zitierte *Kompromiß* vorsieht. Es wird zu vieles für ein »wichtiges Interesse« gehalten, was ein Experte auf Gruppenebene vertritt[58] und später dem Ständigen Vertreter in die Weisung oder dem Minister auf den Sprechzettel schreibt.

Positiv kann man an der derzeitigen Praxis feststellen, daß die rechtliche Möglichkeit, Mehrheitsbeschlüsse zu fassen, die Kompromißbereitschaft der in die Minderheit geratenen Staaten steigert. Der politische Takt gebietet nicht nur die Vermeidung von Kampfabstimmungen. Er gebietet ebenfalls, daß die Minderheit, oft nur ein Staat, die Geduld der Mehrheit nicht unangemessen in Anspruch nimmt.

Der *Europäische Rat* äußert sich in seinen Schlußfolgerungen zu dem Bericht des Dreier-Ausschusses nicht, obwohl er bereits durch den *Tindemans-Bericht*[59] dazu aufgefordert wurde, Impulse zugunsten der Anwendung des Mehrheitsprinzips zu geben.[60] Die damit sichtbar gewordene *Schwäche im Beschlußfassungsverfahren* der Gemeinschaft ist aber *nur teilweise eine Krise der Institutionen.* In Wirklichkeit handelt es sich um Divergenzen zwischen den Mitgliedstaaten hinsichtlich der allgemeinen Zielvorstellungen zur europäischen Integration und der politischen und wirtschaftspolitischen Absichten in den einzelnen Sachbereichen.[61]

55 Vgl. *Baldi, C.*, Istituzionalizzazione dei vertici, cooperazione intergovernativa e sovranazionalità comunitaria, in: Riv. dir. eur. 1980, S. 135 f.; weitere Einzelheiten bei Art. 147 insbesondere Rn. 4 und Art. 149.

56 Siehe dazu unten Rn. 25.

57 Vgl. die Pariser Erklärung, BullEG 12/1974, S. 7 ff.; dazu *Sasse,* a.a.O., S. 138 ff.

58 *Dewost, J.-L.*, Les relations entre le Conseil et la Commission dans le processus de décision communautaire, in: RMC 1980, S. 289 ff., 292 f.

59 BullEG, Beilage 1/76, S. 34.

60 Wenig überzeugend der Bericht des Dreier-Ausschusses, a.a.O., S. 46.

61 Eingehend *Constantinesco* (a.a.O., Fn. 25), S. 203 ff.; Bericht des Dreier-Ausschusses, a.a.O., S. 31 ff.; *Sasse,* KSE, Bd. 22, 1973, S. 61 ff.; *Everling, U.*, Überlegungen zum Fortgang der europäischen Integration, in: EA 1979, S. 737 ff., 739 ff.; *ders.,* a.a.O. (Fn. 14), S. 169 ff.; *Weinstock, U.*, Les conseils (rapport introductif), in: Semaine de Bruges 1980 sur »Les institutions de la Communauté au seuil des années 1980 – à la recherche des nouveaux équilibres«, Brügge 1981, S. 53 ff. m.w.N., *ders.,* Beilage 7/81 zur Wochenzeitung »Das Parlament«, S. 4 ff.; *Henig,* a.a.O., S. 21 ff.

4. Impulse zur Überwindung des Einstimmigkeitsprinzips

23 a) Eine überraschende Ausnahme der vorstehende dargestellten Praxis bilden die *Agrarpreisverordnungen vom Mai 1982,* die gegen die Stimmen des Vereinigten Königreichs beschlossen wurden. Das Vereinigte Königreich blockierte deren endgültige Annahme durch den Rat, um seine Forderung bezüglich einer Revision seiner Beitragspflichten zum EG-Haushalt durchzusetzen. Dieses Junktim wurde von der Mehrheit der übrigen Delegationen nicht anerkannt, die Verordnungen mit den erforderlichen 45 Ja-Stimmen angenommen. In den Beschlüssen kann eine bedeutsame Ausnahme vom Einstimmigkeitsprinzip gesehen werden, die möglicherweise zu einer Weiterentwicklung des Luxemburger Kompromisses in dem Sinne führt, daß sich ein Staat mit Veto-Wirkung auf seine vitalen Interessen nur berufen kann, wenn dem nicht ebenso wichtige Interessen der Gemeinschaft als Ganzem entgegenstehen.[62] Auch wenn an dem Kriterium des vitalen Interesses festgehalten werden wird, haben diejenigen Staaten, die sich an der Überstimmung beteiligten, mit darüber befunden, ob die Situation wirklich von vitalem Interesse für das Vereinigte Königreich war. Mit anderen Worten: Ein Mitgliedstaat kann möglicherweise in Zukunft nicht mehr absolut unilateral erklären, ob seine vitalen Interessen beeinträchtigt sind. Die Vitalität des Interesses muß von anderen Mitgliedstaaten anerkannt werden.

23a b) Auch das *Fischerei-Urteil* des Gerichtshofs vom 5.5.1981[62a] wird seine Wirkungen u.a. auf die Praxis einiger Mitgliedstaaten, Ratsbeschlüsse durch Verweigerung ihrer Zustimmung oft jahrelang zu verhindern, nicht verfehlen. Denn der Gerichtshof hat für Bereiche, in denen die *Zuständigkeit auf die Gemeinschaft* übergegangen ist, den Mitgliedstaaten das Recht abgesprochen, anstelle der fehlenden Ratsmaßnahmen kraft eigener Zuständigkeit einseitige staatliche Maßnahmen zu treffen. Das heißt für ihn indessen nicht, daß die Mitgliedstaaten überhaupt nicht tätig werden können. Ihre Maßnahmen treffen sie jedoch als *Sachwalter des gemeinsamen Interesses.* Die Voraussetzungen, unter denen sie ergehen können, müssen anhand aller verfügbaren rechtlichen Gesichtspunkte bestimmt werden, und es müssen dabei *Strukturprinzipien, die der Gemeinschaft zugrunde liegen,* berücksichtigt werden. Diese Prinzipien verlangen, daß die Gemeinschaft unter allen Umständen imstande bleibt, ihren Verantwortlichkeiten unter Beachtung der im Vertrag geforderten *wesentlichen Gleichgewichtsverhältnisse* nachzukommen. Der Gerichtshof zieht hierzu die Art. 5, 7 und 155 heran und kommt zu dem Ergebnis, das solche staatlichen Maßnahmen nur in *Zusammenarbeit und mit Billigung der Kommission* ergehen können. Die Kommission hat daraufhin die rechtliche Verbindlichkeit ihrer Vorschläge in der besprochenen Lage beansprucht.[62b]

62 Zu weiteren Ausnahmen vgl. Art. 148 Rn. 3.
62a Rs. 804/79 – Slg. 1981, 1045 ff.
62b ABl. 1981 Nr. C 224 S. 1.

Darüber hinaus ist aus dem Urteil eine allgemeine ungeschriebene Geschäftsführungsbefugnis der Kommission bei Handlungsunfähigkeit des Rates in Notstandssituationen angenommen worden.[62c] Eine solche läßt sich jedoch aus dem Urteil nicht herleiten. Sie würde im Gegenteil die Strukturprinzipien der Gemeinschaft und insbesondere die Gleichgewichtsverhältnisse, auf denen das Urteil ausdrücklich aufbaut, verletzen. Jedoch sind Hoffnungen der Mitgliedstaaten, sie könnten durch die Verhinderung von Ratsmaßnahmen Spielraum für eigene, nicht-gemeinschaftsbezogene Maßnahmen bewahren, zunichte gemacht worden. Dies könnte sie zu einer konstruktiveren Haltung im Rat veranlassen.

24 c) Impulse der Abmilderung des Einstimmigkeitsprinzips werden auch von der dem Europäischen Rat zur Annahme vorgelegten *Europäischen Akte,* die auf eine deutsch-italienische Initiative zurückgeht, ausgehen.[63] Es ist vorgesehen, daß derjenige Mitgliedstaat, der sich auf »wesentliche nationale Interessen« beruft, dies schriftlich begründen muß, was ihn erheblichem politischem Druck aussetzt. Jedoch ist nicht damit zu rechnen, daß der Rat, wie es von einigen Staaten gewünscht wird, dann während der folgenden Sitzung über den Punkt beschließen *muß*.

Die Akte soll im übrigen einer weiteren *Stärkung des Europäischen Parlaments* und dem Ausbau der *Europäischen Union* sowie der *Europäischen Politischen Zusammenarbeit* (EPZ) dienen.[64]

5. Der Ausschuß der Ständigen Vertreter

25 Die durch das faktisch wirksame Einstimmigkeitsprinzip gegebene Entscheidungsschwäche des Rates führt dazu, diesem Beschlußentwürfe möglichst dann gar nicht mehr vorzulegen, wenn nicht eine begründete Hoffnung auf eine Einigung besteht. Hierüber wird in dem dem Rat nachgeordneten Ausschuß der Ständigen Vertreter befunden, der die Aufgabe hat, die *Arbeiten des Rates vorzubereiten* und die ihm vom Rat übertragenen Aufträge auszuführen.[65] Der Ausschuß, dem von Arbeitsgruppen zugearbeitet wird, ist seinerseits bemüht, in oft langwierigen Verhandlungen Einigkeit zu erzielen, ist jedoch dazu naturgemäß noch weniger in der Lage als der Rat selbst. Denn der Ständige

62c Vgl. die Nachweise bei *Schwarze, J.,* Ungeschriebene Geschäftsführungsbefugnisse für die Kommission bei Untätigkeit des Rates?, in: EuR 1982, S. 133 ff., 138; *Schwarze* selbst verneint die von ihm gestellte Frage nach einer eingehenden Analyse des Urteils; ähnlich *Timmermanns, C.W.A.,* SEW 1982, S. 121 f.

63 Initiatoren waren die Außenminister *Genscher* und *Colombo.* Der in EA 1982, S. D 50 abgedruckte Entwurf ist teilweise überholt, ein neuer Entwurf bisher nicht veröffentlicht.

64 Zum Ganzen *Le Lorrain, B.,* L'initiative Genscher-Colombo: un projet d'organisation de l'Europe de la seconde génération?, in: RMC 1982, S. 64 ff.

65 Art. 4 FusV, früher Art. 151 EWGV; s. dort Rn. 1 ff.

Vertreter kann kaum die politische und verfassungsrechtliche Verantwortung für etwaige Konzessionen übernehmen, so opportun diese auch sein mögen. Er hängt von Weisungen aus den Hauptstädten ab, die meist aus der *Ministerialbürokratie* kommen. Der verantwortliche Minister wird, wenn überhaupt, erst in einem sehr späten Stadium der Verhandlungen befaßt. Der politische Druck und der Einigungswille, der in Verhandlungen des Ausschusses durchaus spürbar wird, wird in den Hauptstädten naturgemäß in einem weitaus geringeren Maße empfunden, obwohl die meisten Ständigen Vertreter viel daran setzen, diesen Druck zu vermitteln. Dieser kommt erst dann voll zum Tragen, wenn der Minister und seine Spitzenbeamten selbst im Rat sitzen. Hinzu kommt, daß nunmehr Erwartungen der Öffentlichkeit erfüllt werden müssen, während die Ebene Ausschuß – Ministerialbürokratie von der Öffentlichkeit weitgehend unbemerkt arbeitet.[66] Schließlich ist darauf hingewiesen worden, daß das Bewußtsein einer Organverantwortung eigentlich nur im Rat selbst entstehen kann.[67]

Dieser *starke Einfluß der dem Rat nachgeordneten Instanzen,* d. h. letztlich der Ministerialbürokratien, ist u. a. auch ursächlich dafür, daß im sekundären Gemeinschaftsrecht festgelegte *technische und administrative Aufgaben* in immer größerem Maße *beim Rat verbleiben,* anstatt im Wege des Art. 155 Unterabs. 4 auf die Kommission übertragen zu werden.[68]

6. Beschlüsse der im Rat vereinigten Vertreter der Regierungen der Mitgliedstaaten und Staatsverträge

26 Die Gründungsverträge kennen eine Reihe von Vorschriften, die nicht das Gemeinschaftsorgan *Rat,* sondern die *Mitgliedstaaten* zur *Beschlußfassung* auffordern.[69] Da die zu regelnden Materien gewöhnlich in engem Zusammenhang mit dem Funktionieren der Gemeinschaft oder ihrer Organe stehen, werden diese Beschlüsse im Rahmen des Rates und gewöhnlich auch unter Mitarbeit der Kommission ausgearbeitet. Die eigentliche Beschlußfassung geschieht jedoch unter *Rückgriff auf die völkerrechtliche Handlungsfähigkeit der Staaten* und die dazu gehörigen *Handlungsformen* wie Abkommen, Vertrag

66 Die Langwierigkeit des Entscheidungsprozesses auf dieser Ebene kann nur in geringem Maße dem Ausschuß und seinen Mitgliedern angelastet werden, die in der Regel den Gemeinschaftsbelangen sehr aufgeschlossen gegenüberstehen und ein enormes Arbeitspensum erfüllen. Abgesehen von reellen Sachdifferenzen läßt sich immer wieder beobachten, wie beharrlich in den Hauptstädten an den einmal eingenommenen Positionen festgehalten wird und wie wenig die Interessen der Partnerländer und die der Gemeinschaft zur Kenntnis genommen werden. Einzelheiten bei Art. 4 FusV, früher Art. 151, Rn. 2. ff.

67 Vgl. Dok. EP 1962–63 Nr. 74, Ziff. 125 f.; 1966–67, Nr. 110, Ziff. 20 und 1966–67, Nr. 18, Ziff. 17; *Hilf* a.a.O., S. 29 ff.; *Ipsen,* a.a.O., 13/8–11 m.w.N.

68 Zum Ganzen der Vedel-Bericht, a.a.O., S. 28, *Constantinesco* (a.a.O., Fn. 25), S. 217 ff.; Einzelheiten und Nachweise bei Art. 4 FusV, früher Art. 151 EWGV, Rn. 1. a.E.

69 Vgl. z. B. Art. 20, 158, 167, 220, 224 EWGV.

(mit oder ohne Ratifikationsvorbehalt), Austausch von Erklärungen, etc.[70] Es herrscht das Einstimmigkeitsprinzip. Die Mitgliedstaaten können entsprechende Handlungen grundsätzlich auch ohne vertragliche Ermächtigung vornehmen.[71] Eine ausdrückliche vertragliche Ermächtigung ist daher zugleich als Aufforderung zu werten.

Die Frage, ob solche Handlungen *dem Gemeinschaftsrecht zuzuordnen* sind, läßt sich nur von Fall zu Fall beantworten. Notwendige Akte innerhalb des gemeinschaftlichen Gefüges wie z. B. die Ernennung der Kommissionsmitglieder (Art. 11 FusV, früher Art. 158) sind wohl dem Gemeinschaftsrecht zuzuordnen, während Abkommen z. B. nach Art. 220 durchaus als völkerrechtliche Akte qualifiziert werden können.[72] Rechtlich relevant wird ihre Einordnung unter zwei Aspekten. Einmal stellt sich die Frage der *Auslegung durch den Gerichtshof* der Gemeinschaften. Diese Frage wird meist dadurch gelöst, daß die Zuständigkeit des Gerichtshofs ausdrücklich festgelegt wird.[73] Zum anderen ist häufig umstritten, ob eine beabsichtigte *Maßnahme als Organbeschluß* z. B. auf der Grundlage des Art. 235 ergehen kann bzw. muß oder ob, mangels einer vertraglichen Ermächtigung, auf die Form eines Abkommens zurückgegriffen werden muß. Bietet der Vertrag eine geeignete Rechtsgrundlage, dann erscheint es ausgeschlossen, auf die völkerrechtlichen Instrumente zurückzugreifen.[74] Jedenfalls dürfen die hier besprochenen Beschlüsse und Abkommen in keinem Fall die vertraglichen Zielsetzungen beeinträchtigen oder gar die Gründungsverträge abändern.[75,76]

70 Vgl. *Ipsen,* a.a.O. 22/4 sowie die Systematisierung der uneigentlichen Ratsbeschlüsse bei *Kaiser,* Festschrift für Ophüls, Karlsruhe 1965 S. 108 ff.

71 Sie haben dies z. B. getan zur Regelung des gegenseitigen Beistandes der Zollverwaltungen (BGBl. 1969 II S. 66), bezüglich des Gemeinschaftspatentabkommens (ABl. 1976 Nr. L 17 S. 1 ff.) und bezüglich des Abkommens über das auf vertragliche Schuldverhältnisse anzuwendende Recht (ABl. 1980 Nr. L 266).

72 Vgl. z. B. *Bebr, G.,* Acts of Representatives of the Governments of the Member States, in: SEW 1966, S. 537; *Kaiser,* a.a.O. (Fn. 70) S. 121; für eine generelle Zuordnung zum Gemeinschaftsrecht *Wagner,* a.a.O., S. 239.

73 Vgl. z. B. die Protokolle über die Zuweisung der Zuständigkeit an den Gerichtshof zur Auslegung der in Anwendung des Art. 220 EWGV geschlossenen Übereinkommens, Sonderbeilage 4/71 – Anlage zum BullEG 7-1971 sowie ABl. 1978 Nr. L 304 S. 97.

74 Vgl. *Louis,* a.a.O., S. 68, sowie die Referate und Diskussionsbeiträge zur Tagung der Wissenschaftlichen Gesellschaft für Europarecht über den Art. 235 EWGV, wiedergegeben in EuR Sonderheft 1966: *Schwartz,* S. 27 ff., 38; *Sasse,* ebd., S. 70; *Matthies,* ebd., S. 70; *Everling,* ebd., S. 20 u. 69, will diese Sperrwirkung des Art. 235 auf die vom Vertrag bereits konkretisierten Ziele begrenzt wissen; ähnlich *Krieger,* ebd., S. 70. Die Kommission hat z. B. Verordnungsvorschläge betreffend das Statut für eine Europäische Aktiengesellschaft (S.E.) und ein Europäisches Markenrecht auf Art. 235 gestützt; einige Mitgliedstaaten halten hingegen Abkommen für erforderlich.

75 Das ergibt sich bereits aus den Art. 5 und 236; ebenso *Ipsen,* a.a.O., 22/7 gegen *Wagner,* a.a.O., S. 237, 242.

76 Eingehend zum Ganzen auch *Schermers, H.G.,* Besluiten van de Vertegenwoordigers der Lid-Staten; Gemeenschapsrecht?, in: SEW 1966, S. 545 ff.; *Pescatore, P.,* Remarques sur la nature juridique des »Décisions des Représentants des Gouvernements des Etats membres réunis au Conseil, in: SEW 1966, S. 579 ff.; *Louis,* in: Novelles, a.a.O., Nr. 1173–1185.

IV. Europäische Politische Zusammenarbeit (EPZ)

1. *Gegenstand der EPZ im Verhältnis zur EG*

27 In der EPZ wird die *Außenpolitik der zehn EG-Mitgliedstaaten koordiniert,* um auch auf außenpolitischem Gebiet, das von den Gemeinschaftsverträgen weitgehend ausgespart wird, soweit wie möglich eine gemeinsame Politik und Handlungsfähigkeit zu erreichen. *Die Ziele und Methoden* der EPZ wurden von den Außenministern der Sechs im Anschluß an den Haager Gipfel von 1969 erarbeitet und im Luxemburger Bericht von Oktober 1970 niedergelegt.[77] Eine Verbesserung und Erweiterung der Zusammenarbeit erfolgte durch die Gipfel von Paris (1972), Kopenhagen (1973) und London (Oktober 1981). Der sog. Londoner Bericht der Außenminister an die Staats- und Regierungschefs regelt die Zusammenarbeit auf den verschiedenen Ebenen in sehr eingehender Form und gibt damit zugleich ein umfassendes Bild über die Organisation der EPZ.[77a] Es besteht eine – politisch, nicht aber rechtlich verbindliche – *Verpflichtung* der Mitgliedstaaten *zu gegenseitiger Konsultation* in allen wichtigen Fragen der Außenpolitik, bevor sie ihre eigene Haltung endgültig festlegen. Darüber hinaus hat diese Zusammenarbeit das Ziel, gemeinsame Positionen zu formulieren oder Erklärungen abzugeben. Auch wurde von den Außenministern in ihrem Kopenhagener Bericht hervorgehoben, daß EG und EPZ gleichermaßen zum europäischen Einigungsprozeß, d. h. einer Europäischen Union, beitragen sollen. Die EPZ ist damit als *außenpolitische Ergänzung* der EG anzusehen; sie muß insbesondere die Folgen und Wirkungen der Gemeinschaftspolitiken beachten.

2. *Struktur und Arbeitsweise*

28 Die eigentliche Arbeit der EPZ wird vom *Politischen Komitee* geleistet, in dem die politischen Direktoren der Außenministerien vertreten sind. Es ist von der Ebene her dem Ausschuß der Ständigen Vertreter der EG vergleichbar und läßt sich wie dieser von *Arbeitsgruppen* zuarbeiten. Je nach Notwendigkeit, aber grundsätzlich jährlich viermal, treten die *Außenminister* zusammen, um auf der Grundlage der Arbeiten des Komitees über wichtige internationale Fragen zu beraten und, wenn möglich, zu gemeinsamen Ergebnissen zu kommen. Besonders wichtige Themen werden dem *Europäischen Rat* vorgelegt, dessen Tagungen die Außenminister vorbereiten.[77b] Die Ergebnisse der EPZ,

77 Vgl. Erklärungen der Pariser Gipfelkonferenz, Nr. 16; Einzelheiten und Nachweise bei *Scheuner, U.,* Perspektiven einer Europäischen Union, in: EuR 1976, S. 193 ff., mit Bezug auf den *Tindemans*-Bericht, a.a.O., *Allen – Wallace,* in: *Rummel – Wessels,* a.a.O., S. 53 ff. Die Texte, auch der nachfolgend erwähnten Erklärungen und Schlußfolgerungen sind abgedruckt im BullEG für die betreffenden Jahre sowie in: »Texte zur Europäischen Politischen Zusammenarbeit (EPZ)«, herausgegeben vom Presse- und Informationsamt der Bundesregierung, 4. Aufl., Bonn 1980 – erscheint auch in englischer und französischer Sprache.

77a Abgedruckt in EA 1982, S. D 45 ff. und BullEG Nr. 11/1981, S. 7 ff.

77b Vgl. dazu unten Rn. 30.

auf welcher Ebene auch immer sie erzielt wurden, werden über die Außenministerien den *Botschaften der Mitgliedstaaten* in Drittstatten übermittelt, die damit in die EPZ einbezogen werden. Sie setzen die EPZ damit überall in der Welt fort, wo sie sich – oft unter Teilnahme des Delegationsleiters der EG, einem Kommissionsbeamten also – koordinieren oder gemeinsame Demarchen unternehmen. Damit ist die EPZ ein Modell kollektiver Diplomatie.[78]

Die *Organisation* und sachliche Vorbereitung der Arbeit erfolgt im wesentlichen durch den Mitgliedstaat, der den *Vorsitz* innehat. Da die EPZ über kein ständiges Sekretariat verfügt und die Kommission nur eine sehr begrenzte Rolle spielt, ist der *Vorsitz* weitgehend allein verantwortlich für die sachliche Vorbereitung und den organisatorischen Ablauf der Sitzungen im Rahmen der EPZ. Der Vorsitz wird von demjenigen Staat wahrgenommen, der auch in der EG turnusmäßig den Vorsitz innehat.[79]

3. Verhältnis zu den Organen der EG

29 Der anfänglich betonte *Dualismus* zwischen EG und EPZ ist zugunsten einer immer engeren *Verflechtung* aufgegeben worden. Das gewollte komplementäre Wirken beider macht eine intensive Zusammenarbeit ihrer Organe erforderlich. Dies geschieht vor allem dadurch, daß die *Kommission* durch die EPZ zu Stellungnahmen aufgefordert wird. Sie ist – nach anfänglichem Widerstand einiger Mitgliedstaaten – seit Mitte der siebziger Jahre auf den Sitzungen des Komitees, der Minister und auch des Europäischen Rates vertreten. Umgekehrt wird der *Rat der EG* mit den Arbeitsergebnissen der EPZ befaßt, soweit dies für die Gemeinschaft von Interesse ist.[80] Der Rat kann zudem die Organe der EPZ auffordern, Studien über die Auswirkungen bestimmter Gemeinschaftsvorhaben auszuarbeiten. Die *Verflechtung* wird besonders deutlich durch die teilweise Personalunion in den Organen. Diese wird bereits auf Ministerebene sichtbar: Die Außenminister halten formelle Ratstagungen (EG) und EPZ-Konferenzen häufig während ein und derselben Sitzung ab, wie dies ausdrücklich vom 2. Pariser Gipfel vorgesehen wurde.

78 Vgl. *von der Gablentz, O.,* Luxembourg Revisited or the Importance of European Political Cooperation, in: CMLR 1979, S. 685 ff., 688 ff.; *Davignon,* a.a.O., S. 9; vgl. auch 7. und 8. des Londoner Berichts. (Fn. 77a)

79 Vgl. Art. 2 FusV, früher Art. 146 EWGV; Einzelheiten über Funktion und Arbeitsweise der EPZ bei *Schoutheete,* a.a.O., S. 37 ff.

80 Bemerkenswert in diesem Zusammenhang ist die VO Nr. 877/82 des Rates über die Unterbrechung von Importen aus Argentinien. Im ersten Erwägungsgrund bezieht der Rat sich ausdrücklich auf den im Rahmen der EPZ gefaßten Beschluß, daß gegenüber Argentinien wirtschaftliche Maßnahmen zu ergreifen sind (ABl. 1982 Nr. L 102 S. 1).

Dieser an sich begrüßenswerte Pragmatismus fördert jedoch sicherlich die vorhandene Tendenz des Gemeinschaftsorgans Rat, noch mehr mit zwischenstaatlichen Methoden zu arbeiten.[81] Vollkommen wird diese Verflechtung auf der Ebene des *Europäischen Rates,* der, wie er im Kommuniqué des 2. Pariser Gipfels unter Nr. 3 erklärt, als Institution der EG *und* der EPZ zusammentritt.[82]

Trotz dieses Zusammenwachsens der koordinierten Außenpolitiken der Mitgliedstaaten und den Außenbeziehungen der Gemeinschaft bleibt eine *institutionelle Unterscheidung erforderlich:* Die Außenbeziehungen der Gemeinschaft werden auf der Grundlage der Verträge von deren Organen wahrgenommen und sind damit staatlicher Zuständigkeit entzogen. Die EPZ bleibt intergouvernementale Koordinierung, die keinesfalls in Zuständigkeiten der Gemeinschaft einbrechen darf.[83]

Dem *Europäischen Parlament* gegenüber hat der Pariser Gipfel von 1974 die Beantwortung der Fragen, die von den Abgeordneten in bezug auf die Tätigkeit der EPZ an die Präsidentschaft gerichtet werden, beschlossen. Zu diesem Zweck trifft sich der Außenminister des Vorsitzlandes vierteljährlich mit dem Politischen Ausschuß des Parlaments.[84] Im übrigen hat erstmals im Dezember 1981 die Vorsitzende des Europäischen Rates vor dem Parlament einen Bericht gegeben, wie das der Londoner Bericht von 1981 unter Punkt 11a vorsieht.[84a]

Der *Ausschuß der Ständigen Vertreter* hält sich im Rahmen der EPZ naturgemäß sehr zurück, denn auf seiner Ebene arbeitet bereits das Politische Komitee.[85]

V. Der Europäische Rat

1. Zusammensetzung und Entwicklung

30 Im Europäischen Rat sind die Staats- und Regierungschefs sowie die Minister für auswärtige Angelegenheiten sowie der Präsident und ein Mitglied der Kommission vereinigt.[86] Er tagt in der Regel dreimal im Jahr, und zwar einmal im jeweiligen Vorsitzland und einmal in Brüssel. Seit 1969 war es zu regelmäßigen Treffen dieses

81 Vgl. oben Rn. 21.
82 BullEG 12/1974, S. 7ff.; *Wessels,* a.a.O., S. 332ff. m.w.N.; zum Verhältnis Europäischer Rat – EPZ unten Rn. 36. Vgl. auch die Europäische Akte, oben Rn. 24.
83 Einzelheiten bei *da Fonseca-Wollheim, H.,* Zehn Jahre Europäische Politische Zusammenarbeit (EPZ), in: Integration 1981, S. 47ff., 51ff. *Bonavincini,* in: *Rummel – Wessels* (Hrsg.), a.a.O., S. 75ff.; *Blumann, C.,* Le Conseil européen, in: RTDE 1976, S. 13ff., *Schoutheete,* a.a.O., S. 37ff.
84 Vgl. auch Art. 45ff. GO Parlament; ferner *Läufer* (a.a.O., Fn. 33), S. 25.
84a A.a.O. (Fn. 77a).
85 Vgl. *Bonavincini,* a.a.O., S. 89ff.
86 Vgl. den Entwurf für die Europäische Akte, a.a.O. (Fn. 63). Als Staatschef nimmt nur der Präsident der französischen Republik teil.

Gremiums gekommen, die allgemein als *Gipfeltreffen* bezeichnet wurden. Die seit 1975 geltende Bezeichnung »Europäischer Rat« sollte die Funktion dieser Treffen verdeutlichen und sie zugleich als etwas eher Routinemäßiges, Undramatisches erscheinen lassen.[87] Allerdings stiftet die Bezeichnung wegen ihrer Ähnlichkeit mit dem Europarat und dem Rat der Europäischen Gemeinschaften (im folgenden Ministerrat genannt) noch heute Verwirrung.

2. *Funktion und Aufgaben*

31 Die seit 1975 geltende Bezeichnung sowie die diversen Erklärungen dieses Gremiums legen es nahe, den Europäischen Rat im wesentlichen als *Institution der Gemeinschaft* anzusehen.[88] Er greift jedoch durch seine Funktion im Rahmen der Europäischen Politischen Zusammenarbeit (EPZ) über eine solche hinaus. Im Entwurf für die Europäische Akte wird seine Rolle wie folgt definiert:

»Im Hinblick auf die Verwirklichung der Europäischen Union geht der Europäische Rat wie folgt vor:

- Er verleiht dem europäischen Aufbauwerk einen allgemeinen politischen Impuls;
- er legt die Ausrichtung fest, die das europäische Aufbauwerk fördert, und erteilt die allgemeinen politischen Leitlinien für die Europäischen Gemeinschaften und die Europäische Politische Zusammenarbeit;
- er berät über die Fragen der Europäischen Union in ihren verschiedenen Aspekten und wacht über deren Kohärenz;
- er eröffnet der Zusammenarbeit weitere Tätigkeitsbereiche;
- er bringt den gemeinsamen Standpunkt in Fragen der Außenbeziehungen feierlich zum Ausdruck.

Wird der Europäische Rat in den unter die Zuständigkeit der Europäischen Gemeinschaften fallenden Bereichen tätig, so tritt er als Rat im Sinne der Verträge auf.«

Dies entspricht weitgehend der bisherigen Praxis, außer daß der Europäische Rat bisher noch nicht als beschlußfassender Ministerrat aufgetreten ist und dies auch in Zukunft kaum tun wird. Die fragliche Klausel dürfte mehr Verwirrung stiften als Klarheit schaffen. Es besteht auch ein Widerspruch zu der oben unter Rn. 30 im ersten Satz wiedergegebenen Aussage des Entwurfs für die Europäische Akte; denn Kommissionsmitglieder können nicht Mitglieder des Rates sein.

Der Europäische Rat ist denn auch weniger als rechtliche, sondern mehr als *politische*

87 Zur Vorgeschichte und Gründung des Europäischen Rates eingehend *Wessels*, a.a.O., S. 15–132 m.w.N.; *Fontaine*, Le rôle de Jean Monnet dans la genèse du Conseil européen, in: RMC 1979, S. 357.

88 Vgl. z. B. das Schlußkommuniqué des 2. Pariser Gipfels von 1974, BullEG 12/1974, S. 7ff., die Erklärung von London vom 29. und 30. 6. 1977, agence europe vom 2. 7. 1977, S. 4.

Institution zu werten, wofür schon die Tatsache spricht, daß er sich auf keinerlei rechtlich verbindlichen Gründungsakt stützt.[89] Er füllt ein tatsächlich bestehendes, politisches Vakuum aus.[90] Dies scheint auf einen konzeptionellen Fehler der Verträge zurückzugehen. Denn Ministerrat und Kommission waren von Anfang an nicht wirklich in der Lage, eine Rolle zu spielen, die nur von einem mit den höchsten politischen Befugnissen ausgestatteten Gremium wahrgenommen werden kann. Das können aber nur die Regierungschefs selbst, nicht ihre Minister sein. Der Ministerrat hätte in politischer Hinsicht mehr tun können als er tatsächlich getan hat; aber die Konstituierung des Europäischen Rates wäre damit nicht überflüssig geworden.[91] Aufgrund dieser besonderen und eigenständigen Rolle des Europäischen Rates stellt sich die Frage nach seinem *institutionellen Verhältnis zu den Gemeinschaftsorganen Ministerrat, Kommission und Parlament.*

3. *Verhältnis zu den Gemeinschaftsorganen*

32 a) *Gegenüber dem Ministerrat* hat der Europäische Rat eine *politisch verbindliche Orientierungsbefugnis.* Rechtlich verbindliche Weisungen hingegen kann nur jeder Regierungschef entsprechend seiner nationalen Verfassung an seine Minister geben. Im übrigen ist es den Regierungschefs nicht verwehrt, in der *Rolle des Ministerrats* aufzutreten und – unter voller Respektierung der vertraglichen Regelungen (Vorschlagsrecht der Kommission, Anhörung des Parlaments etc.) – rechtsverbindliche Beschlüsse z. B. im Sinne von Art. 189 zu fassen. Denn die Regierungschefs sind, wie es Art. 2 FusV vorschreibt, Regierungsmitglieder.[92] Allerdings ist er für diese Zeit dann nicht die Institution sui generis »Europäischer Rat«. Er ist dann der Rat und unterliegt z. B. auch den Art. 173 ff.[93] Im übrigen bleibt der Ministerrat für förmliche Beschlüsse im Rahmen der Verträge voll zuständig. Der Europäische Rat kann ihm daher nicht als Alibi für eigene Versäumnisse dienen. Die Rolle des Europäischen Rates im Rahmen der EG wird von der Öffentlichkeit noch immer weitgehend falsch verstanden. Sie erwartet zu Unrecht immer wieder spektakuläre verbindliche Beschlüsse.

33 b) Gegenüber der *Kommission* verbietet sich schon aus deren *unabhängiger Stellung* heraus eine wie auch immer geartete Weisungsbefugnis (Art. 10 FusV, früher Art. 157).

89 Ähnlich zum Ganzen *Sasse,* Regierungen, Parlamente, Ministerrat, S. 211 ff.; *Dewost,* a.a.O., S. 107 ff., 381 ff.; *di Parisi, N.,* Conferenze al vertice e Consiglio Europeo: un tentativo di sistemazione giuridica, in: Riv. dir. eur. 1977, S. 25 ff., 46 ff. m.w.N.; *Baldi* (a.a.O., Fn. 55), S. 138 ff. m.w.N.

90 Vgl. *Tindemans,* a.a.O., S. 167 f.; *Dondelinger,* a.a.O., S. 4 ff.

91 Vgl. *Weinstock, U.,* Wie kann der Entscheidungsprozeß in der Gemeinschaft verbessert werden? Zum Bericht der »Drei Weisen«, in: Integration 1980, S. 60 ff., 63; anders *Cerexhe, E.* La problématique institutionelle des Communautés, in: RMC 1980, S. 285.

92 Auch hinsichtlich des Präsidenten der Französischen Republik dürften sich keine Zweifel ergeben, da er der höchste Repräsentant der Exekutive ist.

93 Ähnlich *Dewost,* a.a.O., S. 381 ff.

Dennoch wird die Kommission, deren Präsident *an den Arbeiten des Europäischen Rates teilnimmt,* den Impulsen, die von diesem ausgehen, nach Möglichkeit Rechnung tragen. Sie darf dies jedoch nach ihrem Verfassungsauftrag nicht, wenn sie darin einen Integrationsrückschritt oder gar eine Vertragsverletzung sieht. Sicher büßt die Kommission durch den Europäischen Rat etwas von ihrem *Initiativmonopol* ein. Das allein ihr zustehende formelle Vorschlagsrecht wird ihr jedoch nicht genommen. Ihr Initiativrecht wird sie in hinreichendem Maße im Europäischen Rat selbst ausüben, so daß ihr *politisches Gewicht* insgesamt *eher wieder gestärkt* ist. Im übrigen zeigt sich, daß sich beide Institutionen vom Gedanken des Art. 15 FusV leiten lassen.[94]

34 c) Die Kontakte zwischen dem Europäischen Rat und dem *Parlament* hatten bisher einen rein informativen Charakter.[95] Während das Parlament naturgemäß versucht, stärkeren Einfluß auf die Beratungen und Schlußfolgerungen des Europäischen Rates zu bekommen[96], ist seitens des Europäischen Rates eine deutliche Zurückhaltung zu beobachten.[97] Jedoch hat erstmals im Dezember 1981 die Vorsitzende des Europäischen Rates vor dem Parlament einen Bericht gegeben. Interessant ist der Hinweis, der Europäische Rat sei – zumindest aus französischer Sicht – auch deswegen geschaffen worden, um gegebenenfalls ein Gegengewicht gegen das direkt gewählte Parlament zu bilden.[98] Das Ende der durch die Direktwahlen in Gang gekommenen Aufwertung des Parlaments läßt sich in der Tat schwer voraussagen.

4. Arbeitsweise

35 Um seiner Funktion gerecht zu werden, muß der Europäische Rat sich ständig ein *genaues Bild über die Lage* in den für die Gemeinschaft und ihre Mitgliedstaaten wichtigsten Bereichen (Außenbeziehungen, Wirtschaft, Währung, Arbeitsmarkt) machen, dies auch, um krisenhaften Entwicklungen nicht unvorbereitet gegenüber zu stehen. Von dem meist sehr intensiv und offen gepflegten Meinungsaustausch gehen Impulse nicht nur auf die Gemeinschaftsorgane, sondern auch auf die nationalen Politiken aus, so daß der Europäische Rat jedenfalls auch ein *Koordinierungsgremium* ist.

Der Umstand, daß der Europäische Rat sich *nicht* als Entscheidungsorgan gebärdet, macht eine detaillierte Beschäftigung mit Sachfragen unnötig. Sie ist nicht Aufgabe der Regierungschefs und würde diesen nicht genügend Zeit für die spontane Diskussion der

94 Vgl. *Ehlermann, C.-D.,* Das schwierige Geschäft der Kommission, in: EuR 1981, S. 335 ff., 354 ff. m.w.N.; *Noël,* in: Nature et évolution des institutions de la CE, Paris 1980 (Veröffentlichung der association nationale des docteurs en droit) S. C 39; *Wessels,* a.a.O., S. 309 ff. m.w.N.; gegenteiliger Ansicht: *Blumann* (a.a.O., Fn. 83), S. 11 ff.; *Lauwaars, R.H.,* The European Council, in: CMLR, 1977, S. 25 ff., 40.

95 Vgl. *Läufer* (a.a.O., Fn. 33), S. 25 ff.

96 Vgl. den Bericht von *Lord Reay,* Dok. EP Nr. 148/1978.

97 Vgl. *Wessels,* a.a.O., S. 316 ff. m.w.N.

98 *Everling, U.,* in: Gedächtnisschrift Sasse, Baden-Baden 1981, Bd. 1, S. 35 ff.

großen politischen Themen lassen.[99] Der *flexiblen und pragmatischen Arbeitsweise* des Europäischen Rates entspricht die *Vorbereitung und Organisation* seiner Tagungen, die durch die Außenminister als Rat *und* EPZ-Organismus und durch die Ständigen Vertreter erfolgt, wobei wegen des Fehlens eines ständigen Sekretariats und der systematischen Erstellung von Arbeitsunterlagen durch die Kommission dem *Vorsitz* eine besondere Aufgabe und Verantwortung zukommt.[100]

Mit Recht wird immer wieder die vage und zu unverbindliche Art der *Niederlegung und Verbreitung der Tagungsergebnisse oder Schlußfolgerungen* kritisiert.[101] Ob man diese Abwesenheit von greifbaren, einigermaßen konkretisierten und damit politisch verbindlichen Schlußfolgerungen als Ausdruck des besonderen Vertrauens zwischen den Beteiligten werten kann, erscheint fraglich.[102]

5. Verhältnis zur EPZ

36 Der Europäische Rat ist zugleich das *oberste Organ der EPZ.* Seine Schaffung bedeutet insofern auch eine substantielle Sachveränderung des Integrationsprozesses. Dieser beschränkt sich nun nicht mehr auf die Sachgebiete der Gründungsverträge, sondern dadurch, daß die außenpolitische Zusammenarbeit in letzter Instanz von einem Gremium, das im wesentlichen eine Gemeinschaftsinstitution ist, ausgeübt wird, wird sie selbst zu einer Sache der Gemeinschaft.[103]

99 Vgl. *Weinstock, U.,* Vorschläge zur Belebung des Ministerrats der Europ. Gemeinschaft, in: EA 1981, S. 47 ff., 53.
100 Vgl. *Wessels,* a.a.O., S. 258 ff. m.w.N.
101 Vgl. *Tindemans,* a.a.O., S. 169; *Weinstock* (a.a.O., Fn. 91), S. 64 f.
102 So aber *Noël,* rouages, a.a.O., S. 54 f.
103 Vgl. *Ipsen, H.P.,* Marginalien zum Europäischen Rat, in: EuR 1981, S. 309 ff., 312 ff. m.w.N.

Kapitel 1
Die Organe

Abschnitt 1
Die Versammlung

Vorbemerkung zu den Artikeln 137 bis 144

Inhaltsübersicht

I. Entwicklungsstufen des Europäischen Parlaments

1 Am 10.9.1982 ist es 30 Jahre her, daß das EP in der Gestalt der Gemeinsamen Versammlung der EGKS seine Arbeit aufgenommen hat. In diesen 30 Jahren hat es verschiedene Entwicklungen durchlaufen, die teilweise in deutlich abgrenzbaren Stufen vor sich gegangen sind, wobei die erste Direktwahl des EP am 7. und 10.6.1979 eine dieser Stufen bildete.

1. Von der EGKS zur EWG/EAG

2 Das Parlament der EGKS umfaßte nur *78 Abgeordnete* und sah sich einer Exekutive gegenüber, der Hohen Behörde, die mit außerordentlich starken Rechten ausgestattet war. Dagegen waren die Befugnisse des Besonderen Ministerrates ähnlich gering entwickelt wie diejenigen der Gemeinsamen Versammlung. Immerhin wirkte die Gemeinsame Versammlung konstitutiv an der sogenannten kleinen Vertragsrevision (vgl. Art. 95 Abs. 4 EWGV) mit und ihr Präsident war gleichberechtigtes Mitglied der

Haushaltsbehörde, des Ausschusses der 4 Präsidenten, für die administrativen Ausgaben.

Bei Abschluß der Römischen Verträge wurde einer Forderung der Gemeinsamen Versammlung Rechnung getragen und eine einzige Versammlung für die 3 EG geschaffen (vgl. Art. 1 des Abkommens über Gemeinsame Organe für die Europäischen Gemeinschaften), die sich den Namen Europäisches Parlament zulegte.

Mit Inkrafttreten der Römischen Verträge am 1. 1. 1958 erhöhte sich die Zahl der Abgeordneten auf 142. Der Zuständigkeitsbereich des EP erweiterte sich zum einen auf das sachlich eng umschriebene Gebiet der Kernenergie im Bereich des Vertrages zur Gründung der Europäischen Atomgemeinschaft (EAGV) und zum anderen auf den erheblich umfangreicheren, alle Wirtschaftssektoren umfassenden Bereich des Vertrages zur Gründung der Europäischen Wirtschaftsgemeinschaft (EWG). Die Vorschläge zum Aufbau eines Gemeinsamen Marktes waren der Kommission anvertraut, während die eigentliche Gesetzgebungsfunktion beim Rat lag. Anders als bei der EGKS sah sich das EP einem starken Rat gegenüber, dessen Kompetenzen im legislativen und exekutiven Bereich ständig zunahmen, wie dies insbesondere mit der großen institutionellen EG-Krise (1965 bis 1966) deutlich wurde.[1]

Im legislativen Bereich gestand der EWGV dem EP nur ein Konsultationsrecht zu, das nicht immer obligatorisch ist. Anders als bei der kleinen Vertragsrevision der EGKS (vgl. Art. 95 Abs. 4 EGKSV) wirkt das EP bei der Ergänzung der Kompetenzzuweisungen des EWG-Vertrags (Art. 235) nur beratend mit. So essentielle Vorgänge wie die Revision des Vertrages (Art. 236) oder die Assoziierung dritter Staaten (Art. 238) erfordern nur die (unverbindliche) Anhörung des EP; für die Aufnahme neuer Mitglieder (Art. 237) ist nicht einmal diese erforderlich.

2. *Die Entwicklung des Budgetrechts*

3 Die Errichtung einer Zollunion und eines gemeinsamen Agrarmarktes führten zur logischen Konsequenz, die an der gemeinsamen Außengrenze anfallenden Einnahmen aus Zöllen und Agrarabschöpfungen der Gemeinschaft als eigene Einnahmen zuzuführen. Die beabsichtigte Verselbständigung des Gemeinschaftsbudgets von Beiträgen der Mitgliedstaaten führte zur politischen Forderung, dem EP die Entscheidungsbefugnis über das Gemeinschaftsbudget einzuräumen.

Im Vertrag vom 22. 4. 1970 und den damit verbundenen Entschließungen und Erklärungen hat ein Kompromiß seinen Niederschlag gefunden, der dem EP umfassende, aber nicht alleinige Haushaltsrechte gewährt. 5 Jahre später ist dieser Kompromiß in einem

1 Vgl. *Harnier*, Gemeinsame Vorbemerkung zu Titel I des Fünften Teils Rn. 5.

neuen Vertrag vom 25. 7. 1975 ergänzt und verdeutlicht worden (Ablehnung des Gesamthaushalts).[2]

Sofort nach seiner Direktwahl hat das EP von seinen Haushaltsrechten nachdrücklich Gebrauch gemacht: im Dezember 1979 lehnte es den Haushalt 1980 ab; im Dezember 1980 erhöhte es das Haushaltsvolumen durch Ergänzung des Haushalts 1981 durch einen Nachtragshaushalt für 1980.

3. Organisatorische Auswirkungen der Erweiterungen und der Direktwahl

4 Infolge des Beitritts Großbritanniens, Irlands und Dänemarks zur EG vergrößerte sich die Mitgliederzahl des EP von 142 auf *198* Abgeordnete. Seine erste Direktwahl verursachte eine wesentlich größere Ausdehnung auf *410* Abgeordnete und mit dem Beitritt Griechenlands am 1. 1. 1981 auf 434 Abgeordnete.

Die Erweiterung von 6 auf erst 9, dann 10 Mitgliedstaaten brachte zugleich eine Zunahme der Verhandlungssprachen des EP von 4 auf 7 mit sich. Neben der Erhöhung des Aufwands für Dolmetscher, Übersetzer, Vervielfältigung usw. stellte die Zunahme der Mitglieder und der Verhandlungssprachen immer wieder die Frage nach dem Tagungsort von Ausschüssen und Plenum. An allen 3 Arbeitsorten des EP (Brüssel, Luxemburg, Straßburg) sind neue Gebäude entstanden, wobei sich gegenwärtig eine Konzentration auf Brüssel und Straßburg abzeichnet.

4. Bedeutung der ersten Direktwahl

5 Der Beschluß und Akt des Rates vom 20. 9. 1976 zur ersten Direktwahl des EP am 7. und 10. 6. 1979 beruhen auf den Vorschlägen des EP vom 14. 1. 1974, dem einzigen Fall einer formellen Gesetzesinitiative des EP, die mit dieser erfolgreichen Anwendung nicht ausgeschöpft ist.[3]

Der Zwang, ein (vorerst nationales) besonderes Wahlrecht zur Direktwahl des EP zu schaffen, belebte die Wahlrechtsdiskussion in vielen Mitgliedstaaten und übt einen Druck auf Annäherung der Wahlsysteme sowohl auf europäischer wie nationaler Ebene aus, was zu einer größeren politischen Kohärenz der EG führen kann.[4]

Mit der ersten Volkswahl haben die Mitglieder des EP ihre Legitimation unmittelbar von den rund 180 Millionen Wahlberechtigten der EG erhalten. Dieses neue Element dürfte das bisherige Verhältnis der Gemeinschaftsorgane zueinander nicht unangetastet lassen.

2 Vgl. *Heck* zu Art. 203 Rn. 1 bis 5.
3 Vgl. Rn. 42 zu Art. 138.
4 Vgl. HER I A 16 S. f.

Das Verhältnis des Europäischen Parlaments zu den Parlamenten der Mitgliedstaaten wird in mehrfacher Beziehung berührt, am stärksten durch den Wegfall des obligatorischen Charakters des Doppelmandats und durch dessen erheblichen zahlenmäßigen Rückgang.[5] Vielfache Arbeitsbeziehungen scheinen nunmehr an die Stelle der früheren strukturellen Verbindung zu treten.

5. Das Europäische Parlament beschreitet den Rechtsweg

6 Während das Europäische Parlament früher mehrfach beabsichtigte, gerichtlich gegen Untätigkeiten des Rates vorzugehen, ist das direkt gewählte Europäische Parlament zur Tat geschritten und zwei beim EuGH gegen den Rat in der gleichen Sache anhängigen Rechtsstreitigkeiten auf Seiten der beiden Kläger beigetreten.[6]
Weitere Anzeichen sprechen dafür, daß sich das Europäische Parlament nicht scheuen wird, gegebenenfalls den Rechtsweg zu beschreiten, um einer beabsichtigten Verkürzung seiner Rechte entgegenzutreten.

6. Neue Geschäftsordnung

7 Das Europäische Parlament hat einen umfassenden Gebrauch von der ihm in Art. 142 eingeräumten Organisationsgewalt gemacht und am 4. 5. 1981 eine neue Geschäftsordnung in Kraft gesetzt.

II. Parallelentwicklungen

8 Die Entwicklung des Europäischen Parlaments ist über die engen Grenzen des Vertrages vielfach hinweggegangen. So ergab sich in der Praxis eine Ausdehnung des Kontrollrechts auf den Rat.[7] Vom Entstehen der Europäischen Politischen Zusammenarbeit an wurde das Europäische Parlament als einziges Organ der EG einbezogen und konnte auf diese Weise eine wichtige Klammer zwischen beiden Organisationsebenen bilden.

III. Zukunftsperspektive

9 Die Erwartungen, das direkt gewählte Europäische Parlament würde sich im Sturmschritt die ihm noch fehlenden Kompetenzen erobern, haben sich als unrealistisch erwiesen. In den 2 1/2 Jahren nach der Direktwahl hat das Europäische Parlament bereits bewiesen, daß es die europäische Integration und sich selbst voranbringen will, dabei Konflikte (mit

5 Vgl. Rn. 30f. zu Art. 138.
6 EuGH – Isoglukose-Produktionsquoten, 138 und 139/79 – Slg. 1980, 3125ff., 3393ff.
7 Vgl. Rn. 26 bis 33 zu Art. 137.

Rat, einzelnen Regierungen) nicht scheut und bereit ist, neue Wege zu beschreiten (Streitbeitritt im Isoglukose-Rechtsstreit).

Zugleich ist festzustellen, daß allgemein das institutionelle Gefüge der EG insgesamt und der Rat insbesondere als reformbedürftig angesehen werden. Eine Verstärkung der Stellung des Europäischen Parlaments ist der Generalnenner fast aller Äußerungen, Pläne, Forderungen von Politikern in Regierungsfunktion, auch wenn nur vereinzelt die Übertragung von Kompetenzen konkret angesprochen wird. Die Entwicklungsaussichten des Europäischen Parlaments sind deshalb mittel- und langfristig als positiv zu bezeichnen.

Artikel 137 [Aufgaben]

Die Versammlung besteht aus Vertretern der Völker der in der Gemeinschaft zusammengeschlossenen Staaten; sie übt die Beratungs- und Kontrollbefugnisse aus, die ihr nach diesem Vertrag zustehen.

Literaturhinweise

Bieber, Roland, Organe der erweiterten Europäischen Gemeinschaften: das Parlament, Baden-Baden 1974 (Schriften Europäische Wirtschaft, Bd. 73)

Bubba, Elena, La mission du Parlement européen, Heule 1972 (Cours 1969. Université internationale de sciences comparées, Centre international d'études et de recherches européennes)

Burban, Jean-Louis – Ginestet, Pierre, Le Parlement Européen. 4e éd. entièrement refondue, Paris 1981 (Que sais-je?, 858)

Chiti-Batelli, Andrea, I poteri del Parlamento europeo, Firenze 1979

Cocks, Barnett, The European Parliament. Structure, procedure and practice, London 1973

Europa (Das) der zweiten Generation, Gedächtnisschrift für Christoph Sasse. (Red.: Roland Bieber, Dietmar Nickel. Hrsg. Roland Bieber u.a.) Bd. 1 Baden-Baden, Bd. 2 Kehl a.Rh., Straßburg 1981

Europäisches Parlament, Amtliches Handbuch des Europäischen Parlaments, Bad Honnef 1980

dass., Das Europäische Parlament, Handbuch für Europäische Wirtschaft: Zuständigkeit und Befugnisse, Wahlrecht, Geschäftsordnung, Statut, Wahlergebnisse, Gremien, Biographien und Abbildungen der Abgeordneten, Baden-Baden 1982

dass., Organisationsschema der Dienste des Europäischen Parlaments und seiner Fraktionen, Luxemburg 1978

dass., Generaldirektion parlamentarische Dokumentation und Information. Die eigenen Mittel der Europäischen Gemeinschaften und die Haushaltsbefugnisse des Europäischen Parlaments; die Ratifizierungsdebatten; Vorwort von Walter *Behrendt,* Einleitung von Georges *Spenale,* Luxemburg 1971

dass., Generaldirektion Wissenschaft und Dokumentation. Die Haushaltsbefugnisse des Europäischen Parlaments (Dok. PE 49.730), Luxemburg 1977

dass., Generaldirektion parlamentarische Dokumentation und Information. Die Eigenmittel der Gemeinschaften und die Haushaltsbefugnisse des Europäischen Parlaments; Vorwort von Mario *Scelba,* Einleitung von Georges *Spenale,* Luxemburg 1970

Fuss, Ernst-Werner, Positionsstärkung des Europäischen Parlaments. Zum Vedel-Bericht und zu anderen Vorschlägen für die institutionelle Reform der Gemeinschaften, in: EuR 1972, Nr. 4, S. 358–374

Grabitz, Eberhard, Der Parlamentarismus in der europäischen Dimension. 10 Thesen, Beiträge aus der Arbeit der Europäischen Akademie Berlin, 1977, S. 13–18

Grabitz, Eberhard – Läufer, Thomas, Das Europäische Parlament, Bonn 1980

Herman, Valentine – Lodge, Juliet, The European Parliament and the European Community. London 1978

Kapteyn, P.J.G., The European Parliament, the Budget, and Legislation in the Community, in: CMLR 1972, Nr. 4, S. 386–410

Kohler, Adolf, Zusammensetzung und Aufgaben des Europäischen Parlaments, in: Transnational Oktober 1976, S. 14–22

Kohler, Beate, Der Abgeordnete als Vertreter des europäischen Volkes? Die Demokratietheorie vor der Bewährungsprobe, in: EuR 1978, Nr. 4, S. 333–350

Kundoch, Harald Giselbert, Die Konstituierung des Europäischen Parlaments. Zur Reform des Berufungsverfahrens der Abgeordneten. Mit einem Vorwort von Fernand *Dehousse,* Köln 1974, KSE, Bd. 23

Manzanares, Henri – Quentin, Jean-Pierre, Pourquoi un Parlement européen? Paris 1979

Nassmacher, Karl-Heinz, Demokratisierung der Europäischen Gemeinschaften, Bonn 1972 (Europäische Schriften des Bildungswerks Europäische Politik, 29/30)

Noël, Emile, So funktioniert Europa, 2. Aufl., Baden-Baden 1979

Patijn, Schelto, De uitbreiding von de bevoegdheden van het Europese Parlement; Thesis Utrecht 1973

Rasmussen, Erik, Das Europäische Parlament, die nationalen Parlamente und das Prinzip der Ministerverantwortlichkeit. (Symposium über europäische Integration und die Zukunft der Parlamente in Europa) Luxemburg 1975, S. 246–261

Reichel, Peter, Bundestagsabgeordnete in europäischen Parlamenten. Zur Soziologie des europäischen Parlamentariers. Opladen 1974 (Studien zur Sozialwissenschaft, Bd. 26)

Reif, Karlheinz – Schmitt, Hermann – Schubert, Klaus, Deutsche Abgeordnete im Europäischen Parlament; wer sind und was wollen die Deutschen im Europäischen Parlament?, in: ZParl. 1979, Nr. 3, S. 332–354

Schaub, Alexander, Die Anhörung des Europäischen Parlaments im Rechtsetzungsverfahren der EWG, Inaugural - Dissertation, Bonn 1970

Vedel, Georges, Bericht über die Rolle der parlamentarischen Institution bei der europäischen Integration. (Symposium über die europäische Integration und die Zukunft der Parlamente in Europa) Luxemburg 1975, S. 275–286

Vinci, Enrico, Il Parlamento Europeo, Firenze 1980 (Pianeta Europa)

Wessels, Wolfgang, Zur Strategie des direkt gewählten Parlaments – auf der Suche nach einer Rolle für das Europäische Parlament, in: Integration 1979, Nr. 3, S. 110–124

Zuleeg, Manfred, Die Anwendbarkeit des parlamentarischen Systems auf die Europäischen Gemeinschaften, in: EuR 1972, Nr. 1, S. 1–15

ders., The Parliamentary System and the European Communities (Basic problems of the European Community) Oxford 1975, S. 110–126

Inhaltsübersicht

I. Von der Versammlung zum Europäischen Parlament

1 1. Der aus dem französischen übernommene Begriff »Versammlung« (vgl. Nationalversammlung) bedeutet – ohne abwertenden Beigeschmack – Parlament im heutigen Sinne, so daß jegliche Schlußfolgerung vorschnell wäre, der Vertrag selbst würde kein richtiges Parlament vorsehen.

2 2. Mit Entschließung vom 30. 3. 1962[1] gab sich die Versammlung in den damaligen 4 Amtssprachen den Namen »Europäisches Parlament«, was für die deutsche und niederländische Sprache schon seit 1958 gegolten hatte. Mit der Erweiterung der Gemeinschaft 1973 und 1981 wurde diese Bezeichnung in die englische, dänische und griechische Sprache übernommen.

Die Bezeichnung Europäisches Parlament hat sich allgemein durchgesetzt, auch wenn der Terminus des Vertrages weiterhin von einzelnen Regierungen benutzt wird. Der Gerichtshof der Europäischen Gemeinschaften verwandte durchgehend den Begriff »Europäisches Parlament« in seinem Urteil in den Rechtssachen 137/79 und 138/79.[2]

3 3. Mit dieser selbständigen Namensgebung bekundet das Europäische Parlament seinen politischen Willen, die Aufgaben einer Volksvertretung wahrzunehmen und gegebenenfalls konstitutiv tätig zu werden. Für dieses Vorgehen konnte das Europäische Parlament die Tatsache in Anspruch nehmen, daß es – vom Gerichtshof abgesehen – als einziges Organ eine Zuständigkeit für die drei Europäischen Gemeinschaften erhielt. Es trat an die Stelle der Gemeinsamen Versammlung des Montan-Vertrags und übernahm die Zuständigkeiten und Befugnisse von EWG- und EAG-Vertrag. (Art. 1 und 2 des Abkommens über gemeinsame Organe für die Europäischen Gemeinschaften).

4 4. Absichten der Außenminister von 1957, eine organische Verbindung zwischen verschiedenen europäischen Versammlungen dadurch herzustellen, daß grundsätzlich die Hälfte der Mitglieder des Europäischen Parlaments zugleich Mitglieder der parlamentarischen Versammlung des Europarates und der WEU-Versammlung seien, scheiterten am Selbstverständnis der nationalen Parlamente wie des Europäischen Parlaments.

Nur ganz vereinzelt ist es zu Doppelmitgliedschaften gekommen. Während das Verhältnis des Europäischen Parlaments zur parlamentarischen Versammlung des Europarates eine wechselvolle, beide Seiten nicht zufriedenstellende und noch nicht abgeschlossene Entwicklung durchlaufen hat, obwohl eine Vertragsbestimmung (vgl. Art. 230) eine Pflicht zum Handeln vorsieht, stellt der Vertrag zwischen Europäischem Parlament und WEU-Versammlung keinerlei formelle Kontakte her. Viele Jahre lang gab es hierzu auch keinerlei Anlaß, da das Europäische Parlament sich vor allem wirtschaftlichen und die WEU-Versammlung sich fast ausschließlich verteidigungs- und sicherheitspolitischen

1 ABl. 1962 Nr. 1045 S. 1045/62.
2 Vgl. Fn. 6 der Vorbemerkung zu den Art. 137 bis 144.

Fragen zuwandte. Erst nachdem das Europäische Parlament begann, sich verstärkt außenpolitischen Fragen einschließlich der Sicherheits- und Rüstungspolitik zuzuwenden, wurde im Dezember 1981 von der WEU-Versammlung der Wunsch nach Austausch von Beobachtern und Gründung eines gemeinsamen Ausschusses[3] vorgebracht. Das Europäische Parlament ist hierauf nicht eingegangen. Die Zulassung von Beobachtern (mit oder ohne Rederecht) würde das Europäische Parlament von seinem Weg abbringen, sich in die Richtung der Stellung der nationalen Parlamente zu entwickeln.

II. Das Europäische Parlament als Volksvertretung

5 Wenn das Europäische Parlament »aus Vertretern der Völker der in der Gemeinschaft zusammengeschlossenen Staaten« zu bestehen hat, so wird damit nicht die Forderung erhoben, daß alle ethnischen Volksgruppen der EG durch Abgeordnete vertreten zu sein haben.

Vielmehr ist an das Staatsvolk der jeweiligen Mitgliedstaaten gedacht, die im Sinne der repräsentativen Demokratie durch Abgeordnete vertreten sein sollen.[4]

6 1. Die Mitglieder des Europäischen Parlaments sind folglich Volks-, nicht Regierungsvertreter und »weder an Aufträge noch an Weisungen gebunden«, wie es nunmehr durch Art. 4 Abs. 1 Satz 2 des Direktwahlaktes vom 20. 9. 1976 verdeutlicht wird.

Damit wird das Europäische Parlament als Vertretung der Völker – die Bezeichnung Volksvertretung wäre mangels eines einzigen EG-Staatsvolks nicht völlig korrekt – dem Rat (vgl. Art. 2 FusV) als Vertretung der Regierungen der Mitgliedstaaten gegenübergestellt. Der Vertrag konstruiert auf diese Weise keinen Gegensatz, wohl aber eine Zuordnung zu unterschiedlichen »Auftraggebern«, was notwendigerweise zu Interessengegensätzen führen muß. Ebenso eindeutig ist die Zuordnung für das 3. politische Organ der Gemeinschaft, der Kommission (vgl. Art. 155), die hauptsächlich die Interessen der Gemeinschaft wahrzunehmen hat.

7 2. Das Europäische Parlament befindet sich gegenüber der Kommission in einer bevorzugten Situation: es hat die Interessen der Völker vor allem gegenüber dem Rat zu vertreten, in dessen Funktion die Interessen der Gemeinschaft wie der einzelnen Mitgliedstaaten zu einem Ausgleich gebracht werden sollen. Der Rat als Vertretung der Mitgliedstaaten leitet seine Legitimation – indirekt – von denselben Völkern ab, die das Europäische Parlament durch Volkswahl unmittelbar legitimiert haben. Vor der

3 »European Union and WEU«, Report submitted on behalf of the general Affairs Committee, by Mr. *De Poi,* Rapporteur of the Assembly of Western European Union, Twenty-Seventh ordinary Session (Second Part). Dok. 894, 9. 11. 1981. Ziff. 1 (a + b) der draft order on European Union and WEU.

4 Vgl. *Bieber* zu Art. 138 Rn. 32.

Direktwahl saßen die Mitglieder des Europäischen Parlaments aufgrund des Doppelmandats zugleich in nationalen Parlamenten, denen gegenüber die Regierungen direkt verantwortlich sind. Zumindest theoretisch hätte deshalb der Einfluß auf den Rat größer sein können. Mit der Direktwahl hat sich die Legitimation des Europäischen Parlaments verstärkt und sein Weg zur Quelle dieser Legitimation erheblich verkürzt; sie wird nicht länger von Wahlen zu nationalen Parlamenten abgeleitet. Diese qualitative Veränderung des Europäischen Parlaments stärkt seine Position gegenüber Rat und Kommission. Auch der Gerichtshof wird diese Veränderung im Konfliktfalle berücksichtigen müssen.

8 3. Die Gegenüberstellung »Vertretung der Völker« und »Vertretung der Regierungen« ist bei der Interpretation und Ausübung der Befugnisse von Rat und Europäischem Parlament in Betracht zu ziehen. Auch ohne Legitimationsverstärkung durch Volkswahl stellt sich die Frage, ob dem Regierungsorgan ein so viel höherer Rang als der Volksvertretung zusteht, wie es in der Praxis der Fall war.

9 4. Mit der Einbeziehung der Völker mittels eines eigenen Repräsentativorgans in den Prozeß der wirtschaftlichen Integration wurde die Stufe der üblichen zwischenstaatlichen Organisation verlassen und die neuartige Stufe der Gemeinschaft betreten. Auch wenn diese nicht klar definiert und jedenfalls unterhalb der Stufe des Bundesstaates anzusiedeln ist, wurde mit der Schaffung des parlamentarischen Organs ein dynamisches Element eingebaut, was eine Weiterentwicklung der Gemeinschaft und seiner föderativen Ansätze erwarten ließ. Die Wahl des Europäischen Parlaments nach einem sich vereinheitlichenden System zum gleichen Zeitpunkt durch 10 Staatsvölker bildet ein sehr starkes dynamisches und zugleich förderatives Element (vgl. Art. 138).

10 5. Vor der Direktwahl kam dieser Bestimmung im Verbund mit Art. 138 Abs. 1 eine Sperrfunktion insofern zu, als nur Mitglieder von Volksvertretungen ins Europäische Parlament delegiert werden konnten. Dies schloß Mitglieder des – nicht gewählten – britischen Oberhauses ein, ließ dagegen Vertreter des deutschen Bundesrates oder des luxemburgischen Staatsrates nicht zu.

III. Beratungsbefugnisse

11 Im engeren Sinne ist die Beratungskompetenz auf die Normsetzung innerhalb der EG, im weiteren Sinne auf die Beeinflussung der anderen Organe, insbesondere Rat und Kommission, ausgerichtet.[4a]

4a Vgl. zum Folgenden *Harnier*, Vorbemerkung zu Titel I des Fünften Teils (Art. 137 ff.) Rn. 10 ff. und Art. 149 Rn. 3.

1. Gesetzgebung

12 a) Wie die nationalen Parlamente hat das Europäische Parlament Anteil an der Gesetzgebung der Gemeinschaft, die mit dem Vorschlag der Kommission beginnt und – im Falle der erfolglosen Anfechtung – mit der Bestätigung durch den Gerichtshof der Europäischen Gemeinschaften abschließt. Im Verhältnis zu den umfassenden Gesetzgebungskompetenzen der nationalen Parlamente ist der Anteil des Europäischen Parlaments wesentlich geringer. Es erläßt nicht die Normen, sondern wirkt lediglich beratend an der EG-Normsetzung mit; seine Stellungnahme ist für den Rat nicht verbindlich. Diese Situation wurde innerhalb des Europäischen Parlaments schon lange vor der ersten Direktwahl als unbefriedigend, ja schlechthin unerträglich angesehen. Der starke Legitimationsschub durch die erste Volkswahl der Mitglieder des Europäischen Parlaments führt zu einem sich zunehmend verstärkenden Druck des Europäischen Parlaments auf Erhöhung seines Anteils an der Rechtsetzung der EG.[5]

13 b) Insgesamt ist eine positive Entwicklung zu verzeichnen, sowohl in den 25 Jahren seit Bestehen des Vertrages wie vor allem seit der ersten Auflage dieses Kommentars.

Dies gilt vor allem für das Recht des Europäischen Parlaments auf Anhörung zu den Vorschlägen der Kommission zum Erlaß von Rechtsakten der EG. Bei enger Auslegung des Art. 137 dürfte das Europäische Parlament nur dann seine Beratungsbefugnis ausüben, wenn es in diesem Vertrag vorgesehen ist. Zwar gibt es für alle wesentlichen Politik-Bereiche (z. B. Art. 43 Abs. 2 Unterabs. 3 für die gemeinsame Agrarpolitik) eine entsprechende Pflicht zur Anhörung des Europäischen Parlaments, aber nicht jeder Rechtsakt muß hierauf gestützt werden.

14 c) Die Gefahr, etwa nur zu den Grundverordnungen angehört zu werden, blieb Theorie, denn dem Europäischen Parlament wurde schon sehr bald als der Volksvertretung Respekt dadurch gezollt, daß es in Ergänzung zur obligatorischen Anhörung auch fakultativ angehört wurde. Diese, dem Konsultationsrecht des Wirtschafts- und Sozialausschusses entnommene Unterscheidung (vgl. Art. 198 Abs. 1) hat im Verhältnis zum Rat an Bedeutung verloren, denn der Rat ist bemüht, das Europäische Parlament zu allen wesentlichen und insbesondere zu neuen Rechtsetzungsakten anzuhören. So stieg die Zahl der jährlich abgegebenen Stellungnahmen von 91 (1970) auf 187 (1974) und betrug 1981 220.

Eine Ausnahme bilden allein Durchführungsverordnungen technischer Natur, die überwiegend von der Kommission erlassen werden. Für eine Entscheidung des Gerichtshofs der EG könnte die Unterscheidung in obligatorische und fakultative Anhörung nach wie vor von Bedeutung sein.

5 Bericht *Hänsch* im Namen des Politischen Ausschusses (1-206/81), am 9. 7. 1981 angenommene Entschließung (ABl. 1981 Nr. C 234 S. 52) mit den Kapiteln Information (Ziff. 3–6), Konsultation (Ziff. 7–15), Konzertierung (Ziff. 16 + 17); Haushaltsverfahren (Ziff. 18–25).

15 d) Obwohl es die vom Vertrag gewählte Formulierung »nach Anhörung der Versammlung« offen läßt, ob das Europäische Parlament vom Rat oder von der Kommission konsultiert wird, geht die Anhörung des Europäischen Parlaments allein vom Rat aus. Er beschließt die Anhörung des Europäischen Parlaments und eröffnet sie mit einer Bitte um Stellungnahme an das Europäische Parlament. Der Präsident des Europäischen Parlaments weist den Rechtsetzungsvorschlag der Kommission einem federführenden und einem oder mehreren mitberatenden Ausschüssen zu. Das Plenum berät und beschließt dann gegebenenfalls Änderungsvorschläge zur Vorlage der Kommission sowie die Entschließung des Europäischen Parlaments, in der Kommission und Rat zur Übernahme der Änderungsvorschläge des Europäischen Parlaments oder zur Ausarbeitung neuer, weiterreichender Vorschläge usw. aufgefordert werden. 1974 wurden 508 Änderungsanträge behandelt und 167 schließlich angenommen. 6 Jahre später (1980) wurden 2684 Änderungsanträge behandelt, was einen Anstieg um 528,3 % bedeutet, und davon 658 angenommen. Diese Änderungsanträge beziehen sich allerdings auch auf die erheblich gestiegenen Initiativentschließungen.

Mit der formellen Übermittlung der Stellungnahme des Europäischen Parlaments und der Kenntnisnahme durch den Rat ist die »Anhörung« des Europäischen Parlaments abgeschlossen.

Die neue Geschäftsordnung des Europäischen Parlaments vom 4. 5. 1981[6] erlaubt es den Ausschüssen, Stellungnahmen zu Vorlagen der Kommission allein oder überwiegend technischen Charakters in letzter Instanz zu beschließen (Art. 33). Von dieser Möglichkeit zur Entlastung der Tagesordnung des Plenums ist bisher nicht Gebrauch gemacht worden.

Dagegen nimmt die Anzahl der Stellungnahmen ohne Bericht (1981: 26) oder ohne Debatte (1981: 22) zu.

16 e) In einer Zwischenbilanz läßt sich die Entwicklung des Konsultationsrechts wie folgt charakterisieren. Das Europäische Parlament hat im Laufe der Jahrzehnte sichergestellt, daß es zu denjenigen Gesetzesvorlagen konsultiert wird, die es selbst für wichtig hält. Andererseits hält es sich als Vertretung der Völker für berechtigt, selbst zu entscheiden, welches Maß an Aufmerksamkeit und welche Form es seinen Stellungnahmen zuteil werden läßt, zumal die politische Bedeutung der geplanten Rechtsakte sehr unterschiedlich ist.

17 f) Die Nichtanhörung des Europäischen Parlaments in den vom Vertrag vorgesehenen Fällen stellt die Verletzung einer wesentlichen Formvorschrift im Sinne von Art. 173 des Vertrages dar und führt zur Nichtigkeit des angefochtenen Rechtsaktes, wie der Gerichtshof der EG am 29. 10. 1980 noch einmal dargelegt hat (Rs. 137/79 und 138/79[7]).

6 Vgl. *Bieber* zu Art. 142 Rn. 6.
7 Siehe Fn. 6 der Vorbemerkung zu den Art. 137 bis 144.

In seiner Urteilsbegründung (Ziff. 33) unterstreicht der Gerichtshof das »grundlegende demokratische Prinzip«, »nach dem die Völker durch eine Versammlung ihrer Vertreter an der Ausübung der hoheitlichen Gewalt beteiligt sind«. Dieses Prinzip sei zwar in der EG nur in beschränktem Umfang durchgesetzt, jedoch ermögliche die Anhörung dem Parlament »eine wirksame Beteiligung am Gesetzgebungsverfahren der Gemeinschaft«.

18 g) Um diese Wirksamkeit ist es allerdings noch nicht sehr gut bestellt, wenn im gleichen Urteil (Ziff. 34) hervorgehoben werden muß, daß es nicht genügt, wenn der Rat das Parlament um Stellungnahme ersucht. Es müsse vielmehr »seiner Auffassung tatsächlich Ausdruck« verleihen können. Mit anderen Worten: seine Stellungnahme muß »gehört«, d. h. entgegengenommen werden. Damit wird die Stellungnahme noch lange nicht »erhört«, d. h. vom Rat in den Rechtsetzungsakt übernommen. Die Volksvertretung kann jedoch erwarten, daß der Rat ihre Argumente zur Kenntnis nimmt und sich mit ihnen auseinandersetzt. Dies sollte er vor allem dann tun, wenn die Kommission ihren ursprünglichen Vorschlag den Wünschen des Parlaments entsprechend ändert, weil dann die Vertretung des Gemeinschaftsinteresses und die Vertretung der Völker hinter dieser geänderten Fassung stehen.

19 h) Dem Recht auf Anhörung steht eine Pflicht des Europäischen Parlaments gegenüber, seine Stellungnahme abzugeben. Wann und wie es dies tut, steht weitgehend, aber nicht völlig in seinem Belieben.

20 aa) Das Parlament hat sich mit Recht Versuchen des Rates widersetzt, ihm eine Frist zur Abgabe seiner Stellungnahme setzen zu können. Diese Gleichsetzung mit dem Wirtschafts- und Sozialausschuß wäre unangemessen gewesen (vgl. Art. 198 Abs. 2). Das Europäische Parlament ist kein Hilfsorgan von Rat und Kommission, sondern gleichrangig, wenn auch nicht gleichberechtigt. Es muß selber bestimmen können, welchen Zeitraum die Bearbeitung der einzelnen Vorlagen erfordert. In der Regel waren dies 3 Monate, aber es hat auch Ausnahmen gegeben, vor allem im Gesellschaftsrecht, bei denen Jahre für die endgültige Stellungnahme gebraucht wurden. Vom politischen Organ Parlament konnte bisher mit Recht erwartet werden, daß es selbst erkannte, welche Vorlage eilbedürftig war.

Die Möglichkeit einer Lahmlegung der EG-Normsetzung durch das Parlament hat sich bisher nicht gestellt. Sie ist im Zusammenhang mit der neuen Geschäftsordnung des Parlaments (Art. 36) und im Isoglukose-Rechtsstreit[7] wieder erörtert worden und beleuchtet zwei extreme Positionen. Da der Rat in diesem Rechtsstreit noch den Standpunkt vertrat, er genüge seiner Pflicht zur Konsultation, wenn er das Parlament um seine Stellungnahme ersuche, verwundern Überlegungen innerhalb des Europäischen Parlaments nicht, durch Hinauszögern der Stellungnahme politischen Druck auf Rat und

Kommission auszuüben, wenn es auf den Inhalt der Stellungnahme ohnehin nicht ankomme.

Bei diesem Organstreit um die Erhöhung des Anteils des Europäischen Parlaments an der Normsetzung der EG sollte vom Parlament nicht außer acht gelassen werden, daß es nur in einem Extremfall zur Blockierung der Gesetzgebung berechtigt sein könnte, wenn die Interessen der Völker der Gemeinschaft nur auf diese Weise wirksam verteidigt werden können. Der Rat muß sich entgegenhalten lassen, daß er Gesetzgebungsvorhaben oft über viele Jahre blockiert und daß die Kommission regelmäßig beim Rat unerledigt gebliebene Vorschläge wieder zurücknimmt, zu denen das Parlament seine Stellungnahme abgegeben hat.

21 bb) Seine Zustimmung zu einem geplanten Rechtsetzungsakt kann das Europäische Parlament mit einem Satz (»begrüßt den Vorschlag der Kommission«) zum Ausdruck bringen. Die Ablehnung und Änderungsvorschläge zu den einzelnen Normen werden begründet. Die Gestaltungsfreiheit des Parlaments hinsichtlich Länge, Form und parlamentarische Usancen (z. B. mit oder ohne Debatte) findet ihre Grenze dann, wenn der Wille des Parlaments nicht mehr einwandfrei zum Ausdruck kommt.

Die Konsultation richtet sich grundsätzlich an das ganze Parlament, so daß die Stellungnahme vom Plenum – gegebenenfalls stillschweigend – abgegeben werden muß, wie immer die Arbeit an der Stellungnahme selbst verteilt und die Verantwortung für ihren Inhalt delegiert worden ist. Insofern bestehen Bedenken dagegen, daß die Stellungnahme eines Ausschusses zur Stellungnahme des Parlaments werden kann, ohne das Plenum passiert zu haben, auch wenn dieses die Delegation an den Ausschuß bei Konsultationen »vorwiegend technischer Art ohne allgemeinen Bezug« (Art. 33 der Geschäftsordnung) vorgenommen und seine Stellungnahme in öffentlicher Sitzung – wie das Plenum – beschlossen hat. Bisher ist von dieser Möglichkeit der neuen Geschäftsordnung noch nicht Gebrauch gemacht worden.

Generell dürfen jedoch die formellen Anforderungen an das Parlament nicht größer sein als an den Rat, dem eigentlichen Gemeinschaftsgesetzgeber, der Rechtsetzungsakte als A-Punkte beschließt, die vorher fast ausschließlich auf Beamtenebene beraten worden sind.

2. Beratung in anderen Bereichen

22 a) Die Fortschritte in der Integration und die wirtschaftliche Potenz der EG zwangen dieser zunehmend eine politische Rolle auf. Beschränkte sich dies anfangs auf solche Drittstaaten, die mit der Gemeinschaft in engere Beziehungen treten wollen (Beitritt, Assoziierung, Handels- und Kooperationsabkommen usw.), so trat die Außenpolitik insgesamt mit Beginn (1971) der Europäischen Politischen Zusammenarbeit (EPZ) hinzu,

die formal außerhalb der EG von den Außenministern der Mitgliedstaaten gehandhabt wird.[8]

23 b) Das Europäische Parlament sah von Anfang an seine Aufgabe darin, Rat und Kommission bei der Entwicklung einer Assoziations- und Beitrittskonzeption zu unterstützen. Das Entstehen von Militärregimen in Griechenland (1967) und in der Türkei (1980) erforderten nach Auffassung des Parlaments ein Überdenken des Assoziationsverhältnisses mit diesen Staaten. Bei der EPZ bildete das Europäische Parlament von Beginn an die Verbindung zwischen der EG und dieser neuen Ebene intergouvernementaler Zusammenarbeit, denn ihm wird zweimal jährlich Bericht erstattet, viermal jährlich ein vertrauliches Kolloquium mit seinem Politischen Ausschuß geführt. Die Außenminister stellen sich den Fragen des Parlaments und seiner Mitglieder. Aktuelle Ereignisse wie Krisen in oder um Afghanistan, Polen, Falkland-Inseln usw. führten sofort zu Debatten und Stellungnahmen des Europäischen Parlaments.

24 c) Das Europäische Parlament versucht mit seinen Debatten über und Entschließungen zu politischen Ereignissen und Fragen einerseits den Willen der von ihm vertretenen Völker zu artikulieren und andererseits auf die Haltung von Kommission, Rat, den betroffenen Regierungen und die öffentliche Meinung Einfluß zu nehmen. Zwar ist diese Art der Beratung in keinem Artikel des Vertrages ausdrücklich vorgesehen, sie ergibt sich jedoch aus der Stellung des Parlaments als Volksvertretung. Zugleich kommt ihr eine Integrationsfunktion bei der Herausbildung einer öffentlichen Meinung der EG zu und entspricht deshalb der Zielsetzung der Präambel des Vertrages (»die Grundlagen für einen immer engeren Zusammenschluß der europäischen Völker zu schaffen.«).

25 d) Während das Europäische Parlament beim Abschluß von Beitrittsverträgen bisher nicht beteiligt ist – weder Anhörung noch Ratifikation –, ist im Laufe der Jahre für Assoziations- und andere Verträge das Luns-Westerterp-Verfahren entwickelt worden, das eine vertrauliche Information der zuständigen Parlamentsausschüsse vor und während der Verhandlungen ermöglicht.[9] Zugleich findet eine formelle Anhörung des Parlaments statt.

IV. Die Kontrollbefugnisse

26 1. Der Plural der Vertragsvorschrift deutet an, daß es sich schon nach dem Vertrag nicht nur um einen einzigen Kontrollmechanismus handelt. Tatsächlich haben die Kontrollbe-

8 Vgl. *Harnier,* Vorbemerkung zu Titel I des Fünften Teils Rn. 27 ff.
9 Vgl. *Schröder* zu Art. 228 Rn. 16 und *Ernst* zu Art. 113 Rn. 14.

fugnisse des Europäischen Parlaments vor allem inhaltlich, aber auch in bezug auf das Objekt eine vielfältige Ausgestaltung erfahren.

27 2. Der Vertrag verpflichtet die Kommission, dem Europäischen Parlament einen Gesamtbericht zu erstatten (vgl. Art. 143) und Fragen des Europäischen Parlaments oder seiner Mitglieder zu beantworten (vgl. Art. 140). Als Sanktionsmöglichkeit sieht Art. 144 vor, daß der Kommission vom Europäischen Parlament das Mißtrauen ausgesprochen werden kann (vgl. Art. 144).

28 a) Die Fragen gliedern sich in schriftliche Anfragen, mündliche Anfragen mit oder ohne Aussprache, eingebracht von einer Fraktion oder einer Gruppe von Abgeordneten (vgl. Art. 42 und 43 der Geschäftsordnung). Hinzugetreten ist die Fragestunde nach britischem Vorbild, an die sich eine Aussprache anschließen kann, was den Rahmen der Kontrollmaßnahmen erweitert (vgl. Art. 44 und 45 Geschäftsordnung).

29 b) Nicht erwähnt vom Vertrag – weil offenbar als selbstverständlich unterstellt – wird die Tatsache, daß die Kommission den Fachausschüssen des Europäischen Parlaments laufend durch Mitglieder oder hohe Beamte Rede und Antwort steht.

30 c) Die Kontrolle über die Ausführung des Haushalts der Gemeinschaft ist in der Praxis verfeinert, intensiviert und auch rechtlich ausgebaut worden. In diesem Teil des Haushaltsrechts ist die Stellung des Europäischen Parlaments mit der Einsetzung des Rechnungshofes (Art. 206 und 206a) verstärkt, denn dieser hat das Europäische Parlament bei der Ausübung seines politischen Haushaltskontrollrechts zu unterstützen (vgl. 206a Ziff. 4 letzter Abs.). Die neue Geschäftsordnung (Art. 52) sieht die Möglichkeit vor, der Kommission die Entlastung zu verweigern, was eine weitere Sanktionsmöglichkeit darstellen würde. 1982 wurde die Entlastung für die Ausführung des Haushalts 1980 aufgeschoben.

31 3. Der Vertrag gesteht dem Europäischen Parlament Kontrollbefugnisse nur gegenüber der Kommission zu, denn der Rat wird vom Europäischen Parlament lediglich »nach Maßgabe seiner Geschäftsordnung jederzeit« (Art. 140) gehört. Obwohl die Dispositionsgewalt danach ausschließlich beim Rat liegt, haben sich Praxis und Rechtslage anders entwickelt. Schritt für Schritt hat sich der Rat bereit gefunden, schriftliche und mündliche Fragen des Europäischen Parlaments oder seiner Mitglieder zu beantworten. Er unterwarf sich auch den besonderen, allein vom Europäischen Parlament festgelegten Regeln der Fragestunde, die dem Ratspräsidenten keine Möglichkeit lassen, seine Antwort auf Zusatzfragen jeweils mit seinen 9 Kollegen abzustimmen. Die Zahl der an den Rat gestellten und von diesem beantworteten schriftlichen Fragen stieg bis auf 371 (1980) und ist seitdem wieder rückläufig (1981: 210). Die mündlichen Anfragen für die Fragestunde sind dagegen erheblich angestiegen: 1979: 43; 1981: 267. Kein Vertrag verpflichtet den Rat zu dieser Praxis. Er hat sich hierzu in Briefen an die wechselnden

Präsidenten des Europäischen Parlaments bereitgefunden.[10] Diese vom Europäischen Parlament formell entgegengenommenen Willenserklärungen des Rates haben eine Rechtsqualität, die zwar unter dem Vertragsrang bleibt, aber eine einseitige Rücknahme durch den Rat rechtlich ausschließt, auch wenn sie politisch möglich sein sollte. Vom Rat ist sorgfältig gesammelt worden, wozu er sich in welcher Form gegenüber dem Europäischen Parlament verpflichtet hat.

32 4. Zum Rat sind mit Beginn der »Europäischen Politischen Zusammenarbeit«[11] die Außenminister hinzugetreten, die ebenfalls Fragen (1981: 37 schriftliche und 109 mündliche Fragen) des Europäischen Parlaments bzw. seiner Mitglieder beantworten. Rechtsgrundlage hierfür sind Berichte der Außenminister über die Europäische Politische Zusammenarbeit von 1970, 73 und 81.

33 5. Über den von der Kommission dem Europäischen Parlament zu erstattenden Gesamtbericht erhält das Europäische Parlament Einblick in die Tätigkeit der anderen Organe und Institutionen der Gemeinschaft. Diese indirekte Kenntnisnahme kann die politischen Aktionen des Europäischen Parlaments bereichern, gesteht ihm jedoch keine Kontrollbefugnisse etwa über den Gerichtshof zu.

V. Initiativrecht

34 1. Das Europäische Parlament besitzt formell nicht das Recht, in einem durchformulierten Entwurf dem Gemeinschaftsgesetzgeber Rechtsnormen vorzuschlagen. Im Bereich der EG steht der Kommission praktisch ein Monopol hinsichtlich der Gesetzesinitiative zu.[12] Bekanntlich überlassen auch die nationalen Parlamente das Initiativrecht zunehmend der Exekutive mit ihrem umfangreichen Verwaltungsapparat, haben aber das Recht behalten, Gesetze aus ihrer Mitte einzubringen.

35 2. Als einzige Ausnahme gesteht der Vertrag dem Europäischen Parlament zu, »Entwürfe für allgemeine unmittelbare Wahlen nach einem einheitlichen Verfahren« auszuarbeiten (vgl. Art. 138 Abs. 3). Da dieses Initiativrecht mit dem Beschluß und Akt vom 20. 9. 1976 nicht ausgeschöpft wurde, gilt es noch immer fort.[13] Mit Art. 13 des Direktwahlaktes kam ein weiteres formelles Initiativrecht mit Vertragsrang hinzu, das inhaltlich mit demjenigen des Art. 138 Abs. 3 nicht identisch ist. Es ergänzt es vielmehr.[14]

10 Vgl. Schreiben des amtierenden Ratspräsidenten *De Keersmaeker* vom 8. 4. 1982 an den Präsidenten des Europäischen Parlaments (BullEP Nr. 11 vom 10. 5. 1982 – PE 78 554), in dem detailliert die Reaktionen des Rates auf die einzelnen Wünsche des Europäischen Parlaments dargelegt werden, wie sie in der ersten gemeinsamen Sitzung der Außenminister der Mitgliedstaaten der EG und des Erweiterten Präsidiums des Europäischen Parlaments vom 17. 11. 1981 vorgebracht worden waren.

11 Vgl. *Harnier*, Vorbemerkung zu Titel I des Fünften Teils.

12 Vgl. *Schmitt von Sydow* zu Art. 155 Rn. 26 ff.; *Harnier*, Art. 149 Rn. 1 ff.

13 Vgl. hierzu *Bieber*, Art. 138 Rn. 42.

14 Vgl. hierzu *Bieber*, Art. 138 Rn. 41.

36 3. Abgesehen vom formellen Initiativrecht des Art. 138 Abs. 3 hat sich das Europäische Parlament von Anfang an für befugt gehalten, Möglichkeiten zur Lösung aktueller wirtschaftlicher, sozialer usw. Probleme zu erörtern, auch wenn hierzu keine konkreten Vorschläge der Kommission vorlagen. In der Regel enthielten diese substantiierten »Initiativ«-Berichte des Europäischen Parlaments den politischen Auftrag an die Kommission, von ihrem Initiativrecht in bestimmter Weise Gebrauch zu machen. In dieser Weise ist das Europäische Parlament vielfach aktiv geworden, sowohl in Einzelaktionen, wie dasselbe Thema variierend und vertiefend erneut aufgreifend.

Als herausragendes Beispiel für die 2. Form kann hier die Regionalpolitik genannt werden, die schließlich von Kommission, Rat und Europäischem Rat als eigenständiges politisches Feld übernommen wurden. Auch eine Konzeption für die Assoziierung (Art. 238) oder Aufnahme (Art. 237) von Drittstaaten konnte das Europäische Parlament beisteuern.

37 4. Der große Legitimationsschub durch die erste Direktwahl dürfte von vielen Mitgliedern des Europäischen Parlaments dahin interpretiert werden, daß politische Konzeptionen des Europäischen Parlaments von der Kommission in verabschiedungsreife Vorschläge gegossen und vom Rat juristisch verbindlich sanktioniert werden müssen. Das Fehlen eines formellen Initiativrechts wird nicht als Mangel sondern als Element der Arbeitsteilung zwischen den Organen empfunden.

GEMEINSAME ERKLÄRUNG

des Europäischen Parlaments, des Rates und der Kommission

(Amtsblatt der Europäischen Gemeinschaften Nr. C 89 vom 22. 4. 1975 S. 1)

DAS EUROPÄISCHE PARLAMENT, DER RAT UND DIE KOMMISSION –
in Erwägung nachstehender Gründe:

Ab 1. Januar 1975 wird der Haushalt der Gemeinschaft vollständig aus eigenen Mitteln der Gemeinschaft finanziert.

Für die Durchführung dieser Regelung wird das Europäische Parlament mit erweiterten Haushaltsbefugnissen ausgestattet.

Die Erweiterung der Haushaltsbefugnisse des Europäischen Parlaments muß mit einer wirksamen Beteiligung dieses Organs an dem Verfahren der Ausarbeitung und Annahme der Entscheidungen verbunden sein, die für den Haushalt der Europäischen Gemeinschaften wichtige Ausgaben oder Einnahmen nach sich ziehen –

KOMMEN WIE FOLGT ÜBEREIN:

1. Es wird ein Konzertierungsverfahren zwischen dem Europäischen Parlament und dem Rat unter aktiver Mitwirkung der Kommission eingeführt.

2. Das Verfahren kann für die gemeinschaftlichen Rechtsakte von allgemeiner Tragweite angewandt werden, die ins Gewicht fallende finanzielle Auswirkungen haben und deren Erlaß nicht schon auf Grund früherer Rechtsakte geboten ist.

3. Die Kommission gibt bei der Vorlage eines Vorschlags an, ob der betreffende Rechtsakt nach ihrer Ansicht Gegenstand des Konzertierungsverfahrens sein könnte. Das Europäische Parlament kann bei Abgabe seiner Stellungnahme die Eröffnung dieses Verfahrens verlangen; auch der Rat ist hierzu befugt.

4. Das Verfahren wird eingeleitet, wenn die in Absatz 2 vorgesehenen Kriterien gegeben sind und wenn der Rat beabsichtigt, von der Stellungnahme des Europäischen Parlaments abzuweichen.

5. Die Konzertierung findet in einem »Konzertierungsausschuß« staat, der sich aus dem Rat und Vertretern des Europäischen Parlaments zusammensetzt. Die Kommission nimmt an den Arbeiten des Konzertierungsausschusses teil.

6. Ziel des Verfahrens ist es, Einvernehmen zwischen dem Europäischen Parlament und dem Rat herbeizuführen.
   Das Verfahren sollte normalerweise höchstens drei Monate dauern, ausgenommen Fälle, in denen der betreffende Rechtsakt vor einem bestimmten Zeitpunkt

genehmigt werden muß oder in denen dringende Gründe vorliegen; in diesen Fällen kann der Rat eine angemessene Frist festlegen.

7. Wenn eine hinreichende Annäherung der Standpunkte der beiden Organe erreicht ist, kann das Europäische Parlament eine neue Stellungnahme abgeben; danach beschließt der Rat endgültig.

Geschehen zu Brüssel am 4. März 1975

(Unterschriften)

Artikel 138 [Zusammensetzung der Versammlung, Mandat der Abgeordneten]

(1) (aufgehoben)

(2) (aufgehoben)

(3) Die Versammlung arbeitet Entwürfe für allgemeine unmittelbare Wahlen nach einem einheitlichen Verfahren in allen Mitgliedstaaten aus.
Der Rat erläßt einstimmig die entsprechenden Bestimmungen und empfiehlt sie den Mitgliedstaaten zur Annahme gemäß ihren verfassungsrechtlichen Vorschriften.

Absatz 1 und Absatz 2 wurden mit Wirkung vom 1. 7. 1978 durch Art. 14 des Akts zur Einführung allgemeiner unmittelbarer Wahlen der Abgeordneten der Versammlung (»Akt vom 20. September 1976«) aufgehoben und durch nachfolgende Bestimmungen ersetzt:

AKT ZUR EINFÜHRUNG ALLGEMEINER UNMITTELBARER WAHLEN DER ABGEORDNETEN DER VERSAMMLUNG[1]

Artikel 1

Die Abgeordneten der Völker der in der Gemeinschaft vereinigten Staaten in der Versammlung werden in allgemeiner, unmittelbarer Wahl gewählt.

Artikel 2[2]

Die Zahl der in jedem Mitgliedstaat gewählten Abgeordneten wird wie folgt festgesetzt:

Belgien	24,
Dänemark	16,
Deutschland	81,
Griechenland	24,
Frankreich	81,
Irland	15,
Italien	81,
Luxemburg	6,
Niederlande	25,
Vereinigtes Königreich	81.

1 ABl. 1976 Nr. L 278 S. 1.
2 Neufassung gemäß Art. 10 der Akte über die Bedingungen des Beitritts Griechenlands vom 28. 5. 1979 (abgedruckt im Anhang B dieses Kommentars).

Artikel 3

(1) Die Abgeordneten werden auf fünf Jahre gewählt.

(2) Diese fünfjährige Wahlperiode beginnt mit der Eröffnung der ersten Sitzung nach jeder Wahl.

Sie wird nach Maßgabe von Artikel 10 Absatz 2 Unterabsatz 2 verlängert oder verkürzt.

(3) Das Mandat eines Abgeordneten beginnt und endet zu gleicher Zeit wie der in Absatz 2 genannte Zeitraum.

Artikel 4

(1) Die Abgeordneten geben ihre Stimmen einzeln und persönlich ab. Sie sind weder an Aufträge noch an Weisungen gebunden.

(2) Die Abgeordneten genießen die Vorrechte und Befreiungen, die nach dem Protokoll über die Vorrechte und Befreiungen der Europäischen Gemeinschaften im Anhang zum Vertrag zur Einsetzung eines gemeinsamen Rates und einer gemeinsamen Kommission der Europäischen Gemeinschaften für die Mitglieder der Versammlung gelten.

Artikel 5

Die Mitgliedschaft in der Versammlung ist vereinbar mit der Mitgliedschaft im Parlament eines Mitgliedstaats.

Artikel 6

(1) Die Mitgliedschaft in der Versammlung ist unvereinbar mit der Eigenschaft als
- Mitglied der Regierung eines Mitgliedstaats;
- Mitglied der Kommission der Europäischen Gemeinschaften;
- Richter, Generalanwalt oder Kanzler des Gerichtshofs der Europäischen Gemeinschaften;
- Mitglied des Rechnungshofs der Europäischen Gemeinschaften;
- Mitglied des Beratenden Ausschusses der Europäischen Gemeinschaft für Kohle und Stahl oder Mitglied des Wirtschafts- und Sozialausschusses der Europäischen Wirtschaftsgemeinschaft und der Europäischen Atomgemeinschaft;

- Mitglied von Ausschüssen und Gremien, die auf Grund der Verträge über die Gründung der Europäischen Gemeinschaft für Kohle und Stahl, der Europäischen Wirtschaftsgemeinschaft und der Europäischen Atomgemeinschaft Mittel der Gemeinschaften verwalten oder eine dauernde unmittelbare Verwaltungsaufgabe wahrnehmen;
- Mitglied des Verwaltungsrats oder des Direktoriums oder Bediensteter der Europäischen Investitionsbank;
- im aktiven Dienst stehender Beamter oder Bediensteter der Institutionen der Europäischen Gemeinschaften oder der ihnen angegliederten fachlichen Gremien.

(2) Ferner kann jeder Mitgliedstaat nach Artikel 7 Absatz 2 innerstaatlich geltende Unvereinbarkeiten festlegen.

(3) Die Abgeordneten der Versammlung, auf die im Laufe der in Artikel 3 festgelegten fünfjährigen Wahlperiode die Absätze 1 und 2 Anwendung finden, werden nach Artikel 12 ersetzt.

Artikel 7

(1) Die Versammlung arbeitet gemäß Artikel 21 Absatz 3 des Vertrages über die Gründung der Europäischen Gemeinschaft für Kohle und Stahl, Artikel 138 Absatz 3 des Vertrages zur Gründung der Europäischen Wirtschaftsgemeinschaft und Artikel 108 Absatz 3 des Vertrages zur Gründung der Europäischen Atomgemeinschaft den Entwurf eines einheitlichen Wahlverfahrens aus.

(2) Bis zum Inkrafttreten eines einheitlichen Wahlverfahrens und vorbehaltlich der sonstigen Vorschriften dieses Akts bestimmt sich das Wahlverfahren in jedem Mitgliedstaat nach den innerstaatlichen Vorschriften.

Artikel 8

Bei der Wahl der Abgeordneten der Versammlung kann jeder Wähler nur einmal wählen.

Artikel 9

(1) Die Wahl zur Versammlung findet zu dem von jedem Mitgliedstaat festgelegten Termin statt, der in einen für alle Mitgliedstaaten gleichen Zeitraum von Donnerstagmorgen bis zu dem unmittelbar nachfolgenden Sonntag fällt.

(2) Mit der Ermittlung des Wahlergebnisses darf erst begonnen werden, wenn die Wahl in dem Mitgliedstaat, dessen Wähler innerhalb des in Absatz 1 genannten Zeitraum als letzte wählen, abgeschlossen ist.

(3) Sollte ein Mitgliedstaat für die Wahl zur Versammlung eine Wahl in zwei Wahlgängen vorsehen, so muß der erste Wahlgang in den in Absatz 1 genannten Zeitraum fallen.

Artikel 10

(1) Der in Artikel 9 Absatz 1 genannte Zeitraum wird für die erste Wahl vom Rat nach Anhörung der Versammlung einstimmig näher bestimmt.

(2) Die folgenden Wahlen finden in dem entsprechenden Zeitraum des letzten Jahres der in Artikel 3 genannten fünfjährigen Wahlperiode statt.

Erweist es sich als unmöglich, die Wahlen während dieses Zeitraums in der Gemeinschaft abzuhalten, so setzt der Rat nach Anhörung der Versammlung einstimmig einen anderen Zeitraum fest, der frühestens einen Monat vor und spätestens einen Monat nach dem sich aus vorstehendem Unterabsatz ergebenden Zeitraum liegen darf.

(3) Unbeschadet des Artikels 22 des Vertrages über die Gründung der Europäischen Gemeinschaft für Kohle und Stahl, des Artikels 139 des Vertrages zur Gründung der Europäischen Wirtschaftsgemeinschaft und des Artikels 109 des Vertrages zur Gründung der Europäischen Atomgemeinschaft tritt die Versammlung, ohne daß es einer Einberufung bedarf, am ersten Dienstag nach Ablauf eines Monats ab dem Ende des in Artikel 9 Absatz 1 genannten Zeitraums zusammen.

(4) Die Befugnisse der scheidenden Versammlung enden mit der ersten Sitzung der neuen Versammlung.

Artikel 11

Bis zum Inkrafttreten des in Artikel 7 Absatz 1 vorgesehenen einheitlichen Wahlverfahrens prüft die Versammlung die Mandate der Abgeordneten. Zu diesem Zweck nimmt die Versammlung die von den Mitgliedstaaten amtlich bekanntgegebenen Wahlergebnisse zur Kenntnis und befindet über die Anfechtungen, die gegebenenfalls auf Grund der Vorschriften dieses Akts – mit Ausnahme der innerstaatlichen Vorschriften, auf die darin verwiesen wird – vorgebracht werden könnten.

Artikel 12

(1) Bis zum Inkrafttreten des nach Artikel 7 Absatz 1 einzuführenden einheitlichen Wahlverfahrens und vorbehaltlich der sonstigen Vorschriften dieses Akts legt jeder Mitgliedstaat für den Fall des Freiwerdens eines Sitzes während der in Artikel 3 genannten fünfjährigen Wahlperiode die geeigneten Verfahren fest, um diesen Sitz für den verbleibenden Zeitraum zu besetzen.

(2) Hat das Freiwerden seine Ursache in den in einem Mitgliedstaat geltenden innerstaatlichen Vorschriften, so unterrichtet dieser Mitgliedstaat die Versammlung hierüber, die davon Kenntnis nimmt.

In allen übrigen Fällen stellt die Versammlung das Freiwerden fest und unterrichtet den Mitgliedstaat hierüber.

Artikel 13

Sollte es sich als erforderlich erweisen, Maßnahmen zur Durchführung dieses Akts zu treffen, so trifft der Rat diese Maßnahmen einstimmig auf Vorschlag der Versammlung und nach Anhörung der Kommission, nachdem er sich in einem Konzertierungsausschuß, dem der Rat sowie Abgeordnete der Versammlung angehören, um ein Einvernehmen mit der Versammlung bemüht hat.

Artikel 14

Artikel 21 Absätze 1 und 2 des Vertrages über die Gründung der Europäischen Gemeinschaft für Kohle und Stahl, Artikel 138 Absätze 1 und 2 des Vertrages zur Gründung der Europäischen Wirtschaftsgemeinschaft und Artikel 108 Absätze 1 und 2 des Vertrages zur Gründung der Europäischen Atomgemeinschaft treten an dem Tag außer Kraft, an dem die erste nach Maßgabe dieses Akts gewählte Versammlung gemäß Artikel 10 Absatz 3 zusammentritt.

Artikel 15

Dieser Akt ist in dänischer, deutscher, englischer, französischer, irischer, italienischer und niederländischer Sprache abgefaßt, wobei jeder Wortlaut gleichermaßen verbindlich ist.

Die Anhänge I bis III sind Bestandteil dieses Akts.

Eine Erklärung der Regierung der Bundesrepublik Deutschland ist diesem Akt beigefügt.

Artikel 16

Die Bestimmungen dieses Akts treten an dem ersten Tag des Monats in Kraft, der auf den Erhalt der letzten in dem Beschluß genannten Mitteilungen folgt.

Geschehen zu Brüssel am zwanzigsten September neunzehnhundertsechsundsiebzig.

ANHANG I

Die dänischen Behörden können die Zeitpunkte bestimmen, an denen die Wahlen der Mitglieder der Versammlung in Grönland stattfinden.

ANHANG II

Das Vereinigte Königreich wird die Vorschriften dieses Akts nur auf das Vereinigte Königreich anwenden.

ANHANG III

Erklärung zu Artikel 13

In bezug auf das Verfahren, das im Konzertierungsausschuß anzuwenden ist, wird vereinbart, die Nummern 5, 6 und 7 des Verfahrens heranzuziehen, das durch die gemeinsame Erklärung des Europäischen Parlaments, des Rates und der Kommission vom 4. März 1975[3] festgelegt worden ist.

Erklärung der Regierung der Bundesrepublik Deutschland

Die Regierung der Bundesrepublik Deutschland erklärt, daß der Akt zur Einführung allgemeiner unmittelbarer Wahlen der Mitglieder des Europäischen Parlaments auch für das Land Berlin gilt.

Mit Rücksicht auf die bestehenden Rechte und Verantwortlichkeiten Frankreichs, des Vereinigten Königreichs Großbritannien und Nordirland und der Vereinigten Staaten

3 ABl. 1975 Nr. C 89 S. 1.

von Amerika wird das Berliner Abgeordnetenhaus die Abgeordneten für diejenigen Sitze wählen, welche innerhalb des Kontingents der Bundesrepublik Deutschland auf das Land Berlin entfallen.

Literaturhinweise

Axt, Heinz-Jürgen, Direktwahlen zum Europäischen Parlament, ein Weg zu mehr Demokratie?, in: Blätter für deutsche und internationale Politik 1978, S. 1098–1111

Bangemann, Martin – Bieber, Roland, Die Direktwahl – Sackgasse oder Chance für Europa? 2. Aufl., Baden-Baden 1979

Bieber, Roland, Funktion und Grundlagen direkter Wahlen zum Europäischen Parlament im Jahre 1978, in: ZParl. 1976, S. 228–245

ders., Der Abgeordnetenstatus im Europäischen Parlament, in: EuR 1981, S. 124 ff.

Burban, Jean-Louis, Le Parlement Européen et son élection, Brüssel 1979

Constantinesco, Leontin-Jean, Das direkt gewählte Parlament, Bilanz und Perspektiven, in: *Bieber, u.a.,* Gedächtnisschrift Sasse, Baden-Baden 1981, Bd. I, S. 247 ff.

Dehousse, Fernand, Vers des élection européennes, Studia Diplomatica, Nr. 1, Brüssel 1976, S. 65–86

Favoreu, Louis – Philip, Loic, Election au suffrage universel direct des membres de l'Assemblée européenne, in: Revue de droit public, Nr. 1, 1977, S. 129–180

Grabitz, Eberhard – Meyer, Thomas, u.a., Europawahlgesetz, Kommentar, Bonn 1979

Hrbek, Rudolf, Das deutsche Wahlgesetz zum Europäischen Parlament in der Parteienkontroverse, in: ZParl. 1978, S. 168–179

Jacqué, Jean-Paul, Das französische Parlament vor den allgemeinen und direkten Wahlen zum Europäischen Parlament, in: Integration, Nr. 3, 1978, S. 90–102

Kohler, Beate – Magiera, Siegfried – Partsch, Josef, Die politischen Parteien im Demokratisierungsprozeß der Gemeinschaft, Kolloquium der Wissenschaftlichen Gesellschaft für Europarecht, Bad Ems 1978, in: EuR 1978, S. 293 ff., 311 ff., 333 ff.

Müller-Graff – Peter-Christian, Die Direktwahl des Europäischen Parlaments, Genese und Perspektiven, 2. Aufl. Tübingen 1979

Oppermann, Thomas – Kilian, Wolfgang, Vergangenheit und Zukunft des Europäischen Parlaments, in: EuR 1981, S. 366 ff.

Patijn, Schelto, L'élection du Parlement européen au suffrage universel direct, Rapport, 8eme Colloque de l'I.E.J.I., Liège, 25 mars 1976, (Acte du 8eme Colloque de l'I.E.J.E., Liège 1976, S. 131–162)

Paulin, Bernard – Forman, John, L'élection du Parlement européen au suffrage universel direct, in: CDE 1976, Nr. 5–6, S. 506–536

Sasse – Brew – Georgel u.a., The European Parliament; Towards a uniform procedure for direct elections, Florence/Luxemburg 1982

Schreiber, Wolfgang – Schrötter, Hans-Jörg, Die Wahl des Europäischen Parlaments in der Bundesrepublik Deutschland, Bonn 1978

Spénale, Georges, Les élections au suffrage universel direct au Parlement européen, Studia diplomatica, Brüssel 1976, Nr. 4, S. 427–442

Steed, Michael, Twelve into one – the effect of using diverse procedures for the first European Parliamentary elections, in: *Bieber* u.a., Gedächtnisschrift Sasse, Baden-Baden 1981, Bd. I, S. 287 ff.

Inhaltsübersicht

I. Zusammensetzung des Parlaments

1. Wahl der Abgeordneten

a) Geschichte der Direktwahl

1 Das EP besteht seit dem Beitritt Griechenlands und nach den dort im Oktober 1981 abgehaltenen Wahlen aus 434 unmittelbar gewählten Abgeordneten. Die erste Wahl fand in den übrigen Mitgliedstaaten am 7. bis 10. 6. 1979 statt. Zuvor waren die Abgeordneten aus der Mitte der staatlichen Parlamente ernannt worden.[1] Der EGKSV (Art. 21) hatte es ursprünglich jedem Staat überlassen, ob er seine Delegation direkt wählen oder aus der Mitte des jeweiligen staatlichen Parlaments entsenden ließ. Durch Art. 2 des Abkommens über Gemeinsame Organe[1a] wurde die alternative Entsendungsmöglichkeit zugunsten des exklusiven, allerdings vorläufigen, Systems der Entsendung und des Prinzips der einheitlichen Direktwahl als dem Endzustand beseitigt.

Kein Staat hat während der Geltungsdauer des alten Art. 21 EGKSV von der Wahlmöglichkeit Gebrauch gemacht. Von 1952 bis 1978 wurden daher stets Abgeordnete der nationalen Parlamente in das EP entsandt. In einzelnen Staaten waren zulässige aber erfolglose Versuche unternommen worden, bei Gelegenheit nationaler Wahlen auch die jeweilige, aus dem nationalen Parlament zu entsendende Delegation unmittelbar wählen zu lassen.[2]

1 Siehe dazu unten Rn. 29. – Zu den Einzelheiten s. Anm. II zu Art. 138 der Vorauflage und *Bieber,* Organe der Erweiterten Europäischen Gemeinschaften – Das Parlament, Baden-Baden 1974, S. 107 ff.

1a HER I A 10, S. 89.

2 Dazu *Bieber,* a.a.O., S. 131 ff.; *Kundoch,* Die Konstituierung des Europäischen Parlaments, zur Reform des Berufungsverfahrens, Köln 1974.

2 Der Übergang vom System der Entsendung zur Direktwahl der Abgeordneten vollzog sich nach einem besonderen, in Art. 138 Abs. 3 EWGV festgelegten Verfahren.[3] In diesem – ursprünglich einzigen – Fall der Gemeinschaftsrechtsetzung besitzt das EP selbst das Initiativrecht. Die Vorlage bedarf zur Wirksamkeit des einstimmigen Beschlusses des Rates und der anschließenden Billigung durch die Mitgliedstaaten »gemäß ihren verfassungsrechtlichen Vorschriften«.

Es handelt sich dabei um ein gegenüber Art. 236 EWGV spezielles Vertragsänderungsverfahren, das gleichzeitig Durchführung und – zumindest bei gleichzeitiger Änderung der Sitzverteilung – Änderung der Verträge darstellt und daher richtigerweise die Zustimmung der EG und der Mitgliedstaaten erfordert.[4]

3 Das EP hat erstmals am 17. 5. 1960 den »Entwurf eines Abkommens betreffend die Wahl des Europäischen Parlaments in allgemeiner unmittelbarer Wahl«[5] vorgelegt.

Im Zuge der Erweiterung 1971 sah das EP sich veranlaßt, sein Projekt zu überprüfen. Am 14. 1. 1975 ersetzte es den Entwurf von 1960 durch einen modifizierten Vorschlag (»Entwurf Patijn«).[6]

Nachdem der Europäische Rat bereits am 9./10. 12. 1974 in Paris erklärt hatte, die Wahlen sollten 1978 stattfinden,[7] konnte der Rat am 20. 9. 1976 den Entwurf verabschieden und den Mitgliedstaaten zur Annahme empfehlen. Größere Probleme (und die einzige wesentliche Abweichung vom Vorschlag des Parlaments) hatte nur die Sitzverteilung verursacht.[8]

Nach Abschluß der Ratifizierungsgesetzgebung beschloß der Rat am 25. 7. 1978 gemäß Art. 10 Abs. 1 des Direktwahlaktes als Datum für die erste Direktwahl den 7. bis 10. Juni 1979.[9]

4 Der am 20. 9. 1976 vom Rat beschlossene Text zeichnet sich durch Besonderheiten aus, die ihn gegenüber sonstigen Rechtsakten der Gemeinschaft abheben: Während das Parlament vorgeschlagen hatte, durch Beschluß des Rates solle den Mitgliedstaaten ein *Vertrag* zur Einführung der Direktwahl vorgelegt werden, hat der Rat eine juristische Kennzeichnung des den Staaten unterbreiteten Textes vermieden und ihn lediglich »Akt« genannt. Der Text wurde gleichzeitig von den Mitgliedern des Rates und den Vertretern der Mitgliedstaaten unterzeichnet. Damit nimmt er eine Zwitterstellung zwischen einem echten Gemeinschafts-Rechtsakt und einer völkerrechtlichen Vereinbarung ein. Gleich-

3 Dazu unten Rn. 42.
4 A.A. *Bleckmann,* Lehrbuch, S. 33.
5 ABl. 1960 S. 814.
6 ABl. 1975 Nr. C 32 S. 15. Text und Begründung sind abgedruckt bei *Bangemann – Bieber,* a.a.O., S. 180 ff.
7 Schlußkommuniqué Ziff. 12, abgedruckt in: HER I/A 13/6, S. 3.
8 Siehe die Übersicht unten Rn. 28.
9 ABl. 1978 Nr. L 205 S. 75.

wohl ist der Akt nach Grundsätzen des Gemeinschaftsrechts zu beurteilen. Bestandteile dieses Aktes wurden drei Anhänge, beigefügt ist eine Erklärung der Bundesrepublik (zu Berlin). Außerdem gehören drei Erklärungen des Rates zum Protokoll der Sitzung vom 20. 9. 1976 (betreffend bestimmte Vorbehalte Dänemarks und die Zuständigkeit des EuGH) zu den verabschiedeten Texten.

b) Wahlgrundsätze Direktwahl

5 Die Wahl findet noch nicht nach einem vollständig einheitlichen Verfahren im Sinne von Art. 138 Abs. 3 EWGV bzw. Art. 7 Abs. 1 des Aktes statt. Einstweilen legt der Akt nur wenige, auf EG-Ebene gültige Wahlrechtsgrundsätze fest und überläßt im übrigen den Mitgliedstaaten die Ausgestaltung des Wahlsystems (Art. 7 Abs. 2 Akt). Damit wird nicht etwa gegen den fortgeltenden Wortlaut von Art. 138 Abs. 3 EWGV verstoßen, sondern das allgemeine Prinzip des EG-Rechts einer stufenweisen Verwirklichung eines Vertragsziels angewandt.[10]

6 Art. 1 legt den Grundsatz der *allgemeinen, unmittelbaren* Wahl fest. Die Grundsätze bedeuten, daß die Wahlen im gesamten Wahlgebiet der EG stattfinden und daß die Wähler unmittelbar die Zusammensetzung des Parlaments bestimmen.[11] Diese aus Art. 138 Abs. 3 entnommene Formulierung soll den Gegensatz zur Entsendung aus der Mitte der staatlichen Parlamente kennzeichnen, nicht jedoch einen – gar abschließenden – Katalog von allgemeingültigen Wahlrechtsprinzipien aufstellen[12] oder auf die wegen des unterschiedlichen Verhältnisses von Mandatszahl zu Einwohnerzahl der Mitgliedstaaten[13] fehlende Gleichheit des Stimmgewichts hinweisen. Innerhalb der vom Wahlverfahren unabhängigen Sitzverteilung müssen die allgemein gültigen Grundsätze demokratischer Wahlen, nämlich *freie, gleiche* und *geheime* Wahl[14] auch für die Wahlen zum EP angewandt werden.

7 Von dem Grundsatz der unmittelbaren Wahl gab es seit 1979 zwei rechtlich zweifelhafte Ausnahmen: Art. 24 des Beitrittsvertrages mit Griechenland gestattete für eine Übergangszeit die Entsendung einer griechischen Delegation in das EP, die nicht aus Wahlen hervorgegangen war, ohne daß ein förmliches Verfahren zur – vorübergehenden – Änderung des Akts eingeleitet worden wäre. Außerdem gestattet das irische Wahlgesetz die Benennung von Nachfolgern für einen frei gewordenen EP-Sitz, die nicht aus Wahlen hervorgegangen sind. Das Gesetz verstößt insoweit gegen Art. 1 des Akts.[15]

10 Siehe EuGH, 81/72 – Slg. 1973, 575.
11 Erläuterungen zu Art. 1 des Entwurfs des deutschen Ratifikationsgesetzes, BT-Drucks. 8/360. Siehe auch *Paulin – Forman* in: CDE 1976, S. 506 ff. (S. 519).
12 Vgl. Art. 38 Abs. 1 GG.
13 Siehe unten Rn. 27 f.
14 Siehe *Maunz – Düring – Herzog – Scholz,* Kommentar zum Grundgesetz, München, Anm. 32 ff. zu Art. 38.
15 Siehe unten Rn. 14 bis 16.

8 Die praktisch bedeutsamste Bestimmung zum Wahlverfahren enthält einstweilen Art. 7 Abs. 2 des Akts. Danach regelt sich die Wahl der Abgeordneten nur insoweit nach EG-Recht, als der Akt ausdrücklich Bestimmungen enthält. Mangels spezieller Regelungen gelangt staatliches Recht zur Anwendung. Es obliegt den Mitgliedstaaten gemäß Art. 5 EWGV, die erforderlichen Rechtsakte zu beschließen. Tatsächlich haben alle Mitgliedstaaten besondere Europawahlgesetze erlassen.[16] Eine ungewöhnlich anmutende Vorschrift stellt das in Art. 8 des Akts enthaltene Verbot der doppelten Stimmabgabe dar. Niemand soll z. B. in zwei verschiedenen Staaten abstimmen können. Es handelt sich hierbei nicht etwa um ein strafrechtlich bewehrtes, an den Einzelnen gerichtetes Verbot, sondern um ein Gebot an die Mitgliedstaaten, das Art. 7 Abs. 2 näher konkretisiert. Jedoch hat diese Vorschrift den Erlaß widersprüchlicher Regelungen in den Mitgliedstaaten zum aktiven Wahlrecht nicht verhindern können.[17]

9 Bedeutsam für die Einheitlichkeit der Legislaturperiode, vor allem aber den politischen Symbolwert der Wahl, ist ein identischer Zeitpunkt der Wahl. Art. 9 Abs. 1 legt hierzu einen Zeitraum von 4 Tagen fest. Damit soll gleichzeitig die Wahrung der Tradition einer Wahl an Sonntagen in manchen Staaten sowie an Werktagen in anderen Staaten ermöglicht werden. Die in Art. 9 Abs. 2 enthaltene Bestimmung über den Zeitpunkt der Ermittlung des Wahlergebnisses rechtfertigt sich aus der langen Wahldauer. Sie soll Rückwirkungen aus der Bekanntgabe des Wahlergebnisses in einem Staat auf das Wahlverhalten in einem anderen Staat verhindern. Freilich erzeugt die Verzögerung der Bekanntgabe des Wahlergebnisses wiederum praktische Probleme.

10 Die in Art. 9 Abs. 3 enthaltene Regelung für den Wahlzeitpunkt in Staaten mit zwei Wahlgängen hätte nur bei Ausdehnung des für staatliche Wahlen in Frankreich geltenden Systems auf die Europawahl Bedeutung erlangt. Da jedoch auch das französische Wahlgesetz für die EP-Wahl nur einen Wahlgang vorsieht, ist diese Vorschrift bisher nicht angewandt worden.

11 Der Termin der ersten Direktwahl (7. bis 10. 6. 1979) wurde aufgrund von Art. 10 Abs. 1 durch einen gesonderten Beschluß des Rates nach Anhörung des EP festgelegt.[18] Im Prinzip finden die nachfolgenden Wahlen in jeweils fünfjährigem Abstand während des gleichen Zeitraums statt, jedoch kann der Rat in Ausnahmefällen diesen Termin um einen Monat vorziehen oder verschieben. Die Gründe dieser Unmöglichkeit werden nicht näher bezeichnet. Auch wenn auf die »Gemeinschaft« Bezug genommen wird, Schwierigkeiten in einem Mitgliedstaat (z. B. Feiertage) also nicht als Grund einer Verschiebung zu genügen scheinen, erscheint eine so enge Interpretation kaum gerechtfertigt. Tatsächlich sind kaum Ereignisse vorstellbar, die innerhalb der gesamten EG die Wahl an dem ursprünglich vorgesehenen Zeitpunkt ausschließen.

16 Siehe unten Rn. 17 bis 26.
17 Siehe die Übersicht in: Das Europäische Parlament, 2. Aufl., Baden-Baden 1982, S. 73.
18 Beschluß vom 25. 7. 1978, ABl. 1978 Nr. L 205 S. 75.

12 Die Vorschrift des Art. 10 Abs. 3 über das erstmalige Zusammentreten des neu gewählten Parlaments war erforderlich, um die Lücke zu schließen, die sich sonst zwischen der Wahl im Juni und dem vertraglich vorgesehenen Datum der Konstituierung (Art. 139, s. dort) aufgetan hätte. Zweifelhaft ist allerdings, ob neben Art. 10 Abs. 3 noch ein Bedarf für Art. 139 Abs. 1 besteht, da die Sitzungsperiode des Parlaments nach der Konstituierung bis zur Konstituierung des nächsten Parlaments de facto nicht endet, sondern nur aufgrund von Beschlüssen des EP unterbrochen wird.[19]

13 Durch die Vorschrift des Art. 10 Abs. 4 wird die Tätigkeit des EP erstmals einer zeitlichen Begrenzung unterworfen. Allerdings bedeutet dies kein Prinzip der »Diskontinuität« parlamentarischer Tätigkeit, also des Wegfalls der Rechtswirkungen von noch nicht abgeschlossenen Gesetzgebungsvorhaben.

Der Begriff »Befugnisse« umschreibt nur die Rechte des Parlaments zum Tätigwerden im Sinne der ihm vertraglich zugewiesenen Aufgaben. Art. 10 Abs. 4 bezeichnet nach seinem Wortlaut den Zeitpunkt, in dem dieses Recht eines durch Wahlen abgelösten Parlaments endet. Er definiert jedoch nicht die Rolle des Parlaments im *Außenverhältnis,* also gegenüber Rat, Kommission (und gegebenenfalls EuGH). *Das heißt, der Einfluß des Faktors »Neuwahlen« bzw. »Zeit« auf Verhältnisse des Parlaments zu den übrigen Organen wird in Art. 10 Abs. 4 nicht geregelt.*[19a] Ausgehend von der besonderen Stellung des EP im Vertragsgefüge bestand dafür auch kein Bedarf. Da das Parlament nicht ausschließlicher Gesetzgeber ist und es bisher kein Initiativrecht im formellen Sinne besitzt, können Änderungen seiner Zusammensetzung nicht dazu dienen, auf demokratische Weise Korrekturen in einem Gesetzgebungsprozeß herbeizuführen. Der Sinn des Prinzips der Diskontinuität besteht aber gerade darin, eine wesentliche formale Voraussetzung für derartige Korrekturen zu erfüllen. Wegen im Verfassungssystem der EG dem Parlament grundsätzlich fehlender Möglichkeit zu derartigen Korrekturen, ist daher auch das Prinzip der Diskontinuität entbehrlich.

c) Mandatsprüfung

14 Gemäß Art. 11 des Aktes wird das amtliche Ergebnis der Wahl zum EP durch die jeweils zuständigen Behörden der Mitgliedstaaten festgestellt. Im allgemeinen sind diese identisch mit den für die Feststellung des Ergebnisses staatlicher Wahlen zuständigen Instanzen (In der Bundesrepublik: Bundeswahlausschuß, vgl. § 18 Abs. 4 EuWG). Das EP nimmt die ihm amtlich von den Mitgliedstaaten mitgeteilten Ergebnisse zur Kenntnis. Wer diese Mitteilung jeweils vorzunehmen hat, ergibt sich nicht aus dem Akt, sondern richtet sich nach innerstaatlichem Recht (In der Bundesrepublik: Präsident des Bundestages, vgl. § 20 Satz 2 EuWG).

Für die eigentliche Wahlprüfung gelten zwei getrennte Verfahren, je nachdem, ob ein

19 Siehe Rn. 5 f. zu Art. 139.
19a Das gleiche gilt für Art. 116 GO-EP.

Anfechtungsgrund auf dem Akt oder auf innerstaatlichem Recht beruht.[20] Nur soweit eine Verletzung des Akts gerügt wird, besteht gemäß Art. 11 Akt eine materielle Zuständigkeit des EP. Hier kommt insbesondere die Feststellung einer möglichen Unvereinbarkeit gemäß Art. 6 Abs. 1 Akt in Betracht. Die von Art. 6 der GO des EP statuierte allgemeine Kompetenz des EP zur Mandatsprüfung beschränkt sich im übrigen auf die Ordnungsmäßigkeit der Mitteilung über die Wahl eines Abgeordneten. Eine Überschneidung staatlicher und gemeinschaftlicher Mandatsprüfungskompetenz wurde 1981 sichtbar, als Nachfolger einiger ausgeschiedener irischer Abgeordneter in das EP entsandt wurden, die nicht aus allgemeiner unmittelbarer Wahl hervorgegangen, sondern gemäß Art. 15 des irischen Wahlgesetzes vom irischen Parlament benannt worden waren. Im EP wurde die Bestätigung der Mandate unter Hinweis auf Art. 1 Akt zunächst angezweifelt; da sich das EP jedoch nicht für befugt hielt, im Wege des Wahlprüfungsverfahrens die Übereinstimmung eines staatlichen Wahlgesetzes mit dem Akt zu überprüfen, erkannte es schließlich die Mandate an.[21] Diese restriktive Interpretation dürfte dem Sinn von Art. 11 entsprechen. Zwingend geboten ist sie jedoch nicht, da der Akt Vorrang über das staatliche Durchführungsgesetz besitzt und vom EP daher staatliches Recht nur insoweit zu beachten ist, als es nicht eindeutig gegen den Wortlaut des Akts verstößt. § 15 des irischen Wahlgesetzes bildet einen derartigen Verstoß.

15 Dem Wortlaut von Art. 12 Abs. 2, 2. Unterabs. ist nicht eindeutig zu entnehmen, ob das EP über ein Ermessen verfügt, wenn es das Freiwerden eines Sitzes, z. B. aufgrund einer Mandatsniederlegung, feststellt. Tatsächlich wurde im Februar 1982 angesichts der Mandatsniederlegung des französischen Abgeordneten Clément im EP zum Teil die Auffassung vertreten, das EP könne die Feststellung des Freiwerdens verweigern.[22] Zutreffend ist das EP zur Prüfung befugt, ob die Willenserklärung, mit der ein Mandat niedergelegt wird, keine formalen Mängel aufweist. Darüber hinausgehende Bewertungen stehen dem EP jedoch nicht zu. Bei formal eindeutigem Sachverhalt wäre das Unterlassen der Feststellung eines frei gewordenen Sitzes vertragswidrig.

16 Die Prüfung der Wahl auf ihre Übereinstimmung mit deutschem Wahlrecht erfolgt gemäß § 26 EuWG durch den Bundestag mit der Möglichkeit der Beschwerde zum BVerfG.[23]

Eine besondere ausdrückliche Zuständigkeit des EuGH besteht nicht. Sofern ein nationales Gericht in einem Verfahren zu der Auffassung gelangt, daß eine mögliche Verletzung des Gemeinschaftsrechts, insbesondere des Akts vorliegt, dann hätte es gemäß Art. 177 EWGV dem EuGH die Angelegenheit zur Prüfung vorzulegen. Dagegen ist eine Zuständigkeit des EuGH bisher nicht gegeben, wenn sich ein Betroffener gegen einen Beschluß des Europäischen Parlaments im Wahlprüfungsverfahren wenden

20 So wurde aufgrund einer Wahlanfechtung das Wahlergebnis in Frankreich nachträglich durch Entscheidung des Conseil d'Etat vom 22. 10. 1979 korrigiert.
21 Siehe Bericht *Chambeiron,* Dok.EP 1-540/81.
22 Vhdlg. EP, ABl. Anh. 1-280/1982, S. 34 ff.
23 Zur Wahlprüfung in den übrigen Mitgliedstaaten, s. unten Rn. 17 bis 26.

möchte. Denn die Verträge sehen bisher nur das Klagerecht einzelner gegen Rechtsakte von Kommission oder Rat, nicht aber des Parlaments vor.

d) Einzelheiten des Wahlverfahrens nach staatlichem Recht[24]

Wahlsystem

17 Acht Staaten verwenden ein Verhältniswahlsystem.[25] Großbritannien verwendet ein Mehrheitswahlsystem (wobei für Nordirland ebenfalls Verhältniswahl gilt), Irland verwendet ein Mischsystem.

Wahlgebietseinteilung

18 Bei fünf Staaten (Dänemark, Frankreich, Griechenland, Luxemburg, Niederlande) bildet der gesamte Staat ein einheitliches Wahlgebiet. Vier weitere Staaten (Belgien, Irland, Italien, Großbritannien) haben das Staatsgebiet in mehrere Wahlgebiete aufgeteilt. In der Bundesrepublik besteht eine Wahlmöglichkeit für die Parteien, entweder in kleineren Einheiten (der Bundesländer) oder im gesamten Staatsgebiet einheitlich Kandidatenlisten aufzustellen.

Stimmenverrechnung

19 Von den acht Staaten, die nach dem Verhältniswahlsystem wählen, wenden sechs Staaten das System d'Hondt für die Verrechnung der Stimmen und die Zuteilung der Mandate an (Belgien, Dänemark, Deutschland, Frankreich, Luxemburg, Niederlande). In Griechenland und Italien werden die Sitze nach dem Wahlzahlverfahren (System »Hare«) in Irland nach dem System der übertragbaren Einzelstimme zugeteilt.

Aktives Wahlrecht

20 Das Wahlalter beträgt in neun Staaten 18 Jahre, in Griechenland 20 Jahre. Das Wahlrecht ist in sechs Staaten auf die jeweiligen Staatsangehörigen beschränkt. In Irland dürfen auch die dort ansässigen Bürger der anderen EG-Staaten wählen. In den Niederlanden besitzen die dort ansässigen Bürger aus anderen EG-Staaten das Wahlrecht, sofern sie andernfalls vom Wahlrecht ausgeschlossen wären. In Großbritannien besitzen dort ansässige Iren das aktive Wahlrecht.

24 Zum EP-Wahlrecht in Deutschland s. insbesondere *Grabitz – Meyer,* Europa-Wahlrecht, Bonn 1979 und *Partsch, Karl. J.,* Das Wahlverfahren und sein Einfluß auf die Legitimation des Europäischen Parlaments, in: EuR 1978, S. 293 ff.

25 Sperrklauseln bestehen in Frankreich und der Bundesrepublik, vom BVerfG gebilligt durch Beschluß vom 22. 5. 1979, EuGRZ 1979, S. 320 ff., = DVBl 1979, S. 550 ff., hierzu auch *Bleckmann,* Nochmals: Europawahlgesetz verfassungskonform?, in: DÖV 1979, S. 503, *Hahlen,* Europawahlgesetz verfassungskonform?, in: DÖV 1979, S. 282 ff., S. 503 ff. *Murswiek,* Die Verfassungswidrigkeit der 5 %-Sperrklausel im Europawahlgesetz, in: JZ 1979, S. 48 ff.

Im übrigen ist das Wahlrecht in Griechenland, Großbritannien und Irland auf die in diesen Staaten wohnenden Bürger beschränkt (erweitert nur auf Beamte und Militärangehörige im Ausland für Großbritannien).

Dänemark, Deutschland, Luxemburg und die Niederlande gewähren das aktive Wahlrecht nur denjenigen ihrer im Ausland lebenden Staatsbürger, die sich in einem EG-Staat aufhalten. Belgien, Frankreich und Italien räumen allen ihren im Ausland lebenden Staatsbürgern das Wahlrecht ein, dabei fordert Italien für Staatsbürger, die außerhalb der EG wohnen, die Rückkehr in den Heimatstaat zur Stimmabgabe. Belgien knüpft die Wahlberechtigung für diesen Personenkreis an den Fortbestand eines Wohnsitzes in Belgien.

Passives Wahlrecht

21 In vier Staaten beträgt das Mindestalter 21 Jahre (Belgien, Irland, Luxemburg, Großbritannien). In drei Staaten (Griechenland, Italien, Niederlande) ist ein Mindestalter von 25 Jahren für die Wählbarkeit erforderlich. Im übrigen gelten 18 Jahre für Deutschland und Dänemark, 23 Jahre für Frankreich. Durchgehend ist das passive Wahlrecht an die Staatsbürgerschaft des jeweiligen Staates geknüpft.

Kandidatenaufstellung

22 In vier Staaten ist die Einreichung von Kandidaturen Parteien und parteiähnlichen Organisationen vorbehalten. (Dänemark, Deutschland, Griechenland, Niederlande). In den übrigen Staaten ist nur eine bestimmte Anzahl von Unterschriften für eine Kandidatur und in einigen Fällen (Frankreich, Irland, Niederlande, Großbritannien) zusätzlich die Stellung einer Kaution erforderlich. In Irland kann ein Kandidat sich selbst nominieren.

Bedeutung der Listenreihenfolge

23 In zwei Staaten kann die Reihenfolge der Kandidaten auf einer Liste durch die Wähler *nicht* beeinflußt werden (Deutschland, Frankreich). In fünf Staaten ist eine Veränderung der Reihenfolge *innerhalb* der Liste möglich (Belgien, Dänemark, Griechenland, Italien, Niederlande); in Luxemburg können zusätzlich auch Kandidaten aus verschiedenen Listen gewählt werden. (In Irland und Großbritannien werden die Stimmen den Kandidaten individuell gegeben).

Besetzung freier Sitze

24 In sechs Staaten werden freie Sitze aus der jeweiligen *Liste* (gegebenenfalls nach Umstellung aufgrund der für die einzelnen Kandidaten abgegebenen Stimmen) vom ersten der jeweils nicht berücksichtigten Kandidaten besetzt. In Belgien und Deutschland werden freie Sitze durch den *Ersatzkandidaten* besetzt, in Deutschland wird hilfsweise auf die Listenreihenfolge zurückgegriffen. In Großbritannien finden *Nachwahlen* statt, in Irland wird ein freier Sitz durch *Parlamentsbeschluß* besetzt.

Wahlzeitpunkt

25 Wahl am Donnerstag: DK – Irl – NL – UK.
Wahl am Sonntag: B – BRD – Gr – I – L.

Wahlprüfung

26 Eine Wahlprüfung durch die jeweiligen *Parlamente* ist in Belgien, Dänemark, Deutschland, Luxemburg und den Niederlanden vorgesehen. Eine *gerichtliche* Wahlprüfung ist in Frankreich, Griechenland, Irland, Italien und Großbritannien sowie in Deutschland zusätzlich zu der parlamentarischen Prüfung möglich.

2. Sitzverteilung auf die Mitgliedstaaten

27 Die Vertretung der Mitgliedstaaten in den einzelnen EG-Institutionen ist unterschiedlich geregelt: Zwischen dem Extrem klassischer, völkerrechtlich geprägter formaler Gleichheit der Staaten im Rat (und im Rechnungshof) und der nach der Bedeutung des Industriezweigs der Staaten im Beratenden Ausschuß der EGKS[26] stehen Kommission und EuGH, in deren Zusammensetzung nach »großen« und »kleinen« Staaten differenziert wird, sowie das EP, in dem die Sitzverteilung seit 1979 am weitesten einer proportionalen Vertretung der Einwohner der Mitgliedstaaten angenähert ist. Gleichwohl bildet auch die durch Art. 2 des Akts vorgenommene Änderung von Art. 138 Abs. 2 noch immer eine Kompromißformel zwischen einer gleichgewichtigen Vertretung der Staaten (was sich in der Gleichbehandlung der »großen« Staaten und der relativ großen Zahl Luxemburger Abgeordneter äußert) und einer nach Einwohnerzahl differenzierten Abgeordnetenzahl (wofür die größere Vermehrung der Abgeordnetenzahl für die einwohnerstarken Staaten im Verhältnis zu kleinen und mittleren Staaten ein Indiz ist).

Die gegenwärtige Sitzverteilung beruht in ihrem Ausgangspunkt auf Vorschlägen, die 1948 im Gefolge des »Haager Kongresses« ausgearbeitet wurden und zur Sitzverteilung in der Parlamentarischen Versammlung des Europarates führten. Die ursprünglich für das EP geltende Sitzverteilung wurde durch Verdopplung der Sitze der EG-Mitgliedstaaten im Europarat erreicht.

Grundprinzipien dieses Modells waren die gleichmäßige Vertretung der »großen« Staaten, eine Mindestvertretung Luxemburgs, die den drei größeren luxemburgischen Parteien mindestens einen Sitz ermöglichte und die Übereinstimmung der Größe der

26 Siehe Art. 18 EGKSV.

Delegation aus den BENELUX-Staaten mit der eines »großen« Staates. Die beiden erstgenannten Prinzipien gelten fort.

28 Obwohl nicht zwingend vertraglich geboten, schlug das Parlament in beiden seiner Entwürfe eine Vergrößerung der ursprünglich vertraglich vorgesehenen Mitgliederzahl vor. Dies wurde im Hinblick auf die Gesamtzahl der Abgeordneten mit parlamentarischen Arbeitserfordernissen und im Hinblick auf die Größe der einzelnen staatlichen Delegation damit begründet, daß nur eine hinreichend große Anzahl von zu Wählenden das Interesse an der Wahl wecken könnte. Die Diskussion um die Neuverteilung der Sitze erwies sich im Rat als das einzige wesentliche Problem der Einführung der Direktwahl. Eine Vielzahl von Modellen wurde neben dem Vorschlag des EP von den Regierungen der Mitgliedstaaten eingebracht,[27] diese reichten von einer Beibehaltung des status quo bis zu einer nuancierten Verdoppelung der bis dahin gültigen Sitzzahl.

Mitglied-staaten	bisher. Sitzvert.	Multi-plikator	neue Sitzverteil.	Einwohner-zahl Mio	%
BR Deutschland			81	62	24
Frankreich			81	52,5	20,4
Großbritannien	36	2,25	81	56	21,7
Italien			81	55,4	21,5
Belgien			24*	9,8	3,8
Niederlande	14	1,75	25	13,5	5,3
Griechenland	–	–	24	9,7	3,8
Dänemark			16*	5,0	2,0
Irland	10	1,5	15	3,1	1,2
Luxemburg	6	6	0,4	0,1	
	198		434	266,0	100,0

* ein belgischer Sitz (25) an Dänemark (15)

27 Die einzelnen Modelle sind dargestellt und erläutert bei *Bangemann – Bieber,* a.a.O., S. 60ff. und 230ff.

Das schließlich beschlossene neue System beruhte auf dem Grundsatz einer abgestuften Multiplikation der bisherigen Sitzzahl. Dadurch wurde – mit Ausnahme Dänemarks – die zuvor gültige Gewichtung gleichgroßer Staaten erhalten. Die Vertretung Griechenlands wurde ab 1981 entsprechend derjenigen des einwohnergleichen Belgiens bemessen.

3. Das bis 1979 gültige Verfahren der Entsendung

29 Vor dem ersten Zusammentreten des direkt gewählten Parlaments am 17. 7. 1979 bestand das EP gemäß Art. 138 Abs. 1 aus »Abgeordneten, die nach einem von jedem Mitgliedstaat bestimmten Verfahren von den Parlamenten aus ihrer Mitte ernannt« wurden. Das Mandat im EP war also nicht originär, sondern aus einem staatlichen Parlamentsmandat *abgeleitet.*[28]

Das Verfahren zur Auswahl der Abgeordneten in den einzelnen Parlamenten war den jeweiligen Staaten überlassen. Staaten mit einem Zwei-Kammer-System, entsandten Mitglieder beider Häuser. Die Delegationen aller Mitgliedstaaten spiegelten annähernd proportional die jeweiligen innerstaatlichen Mehrheitsverhältnisse wider.

Den nationalen Parlamenten oblag mit der Entsendung auch die Bestimmung des Zeitpunktes, an dem die Delegation zum EP erneuert wurde. Ursprünglich sah Art. 21 EGKSV eine jährliche Erneuerung der Delegation vor. Später hat sich die Praxis herausgebildet, die Delegation jeweils nach Neuwahlen neu zu benennen. Das EP unterlag damit einem stetigen Prozeß der Veränderung seiner Zusammensetzung, kannte also keine, dem Ablauf einer Wahlperiode vergleichbare Unterbrechung seiner Kontinuität. Daraus erklärte sich auch die Vorschrift in Art. 4 Abs. 2 GO alter Fassung, daß ein nicht mehr einem nationalen Parlament angehörender Abgeordneter bis zu 6 Monaten weiterhin dem EP angehören konnte. Dadurch sollte die Zeitspanne bis zur Ernennung eines Nachfolgers überbrückt werden.

Das durch Entsendung gebildete Europäische Parlament umfaßte seit der 1973 erfolgten Erweiterung 198 Abgeordnete.

28 Zu den damit verbundenen Problemen s. *Bieber, Roland,* Organe der erweiterten Europäischen Gemeinschaft – Das Parlament, Baden-Baden 1974, S. 107 ff.

II. Verbindung mit den Parlamenten der Mitgliedstaaten

30 Die Beziehungen zwischen EP und staatlichen Parlamenten erfuhren in den Verträgen keine selbständige, auf eine funktionelle Verflechtung abzielende Regelung. Bis zur Direktwahl ergab sich eine Verbindung aus der individuellen Identität von EP-Mandat und staatlichem Mandat. Diese Verflechtung behinderte anscheinend eine anhand funktioneller Kriterien entwickelte Zusammenarbeit beider parlamentarischer Ebenen. Zwar fanden vereinzelte Konferenzen der Präsidenten der Parlamente der Mitgliedstaaten statt, eine organisierte Zusammenarbeit der Parlamente erfolgte jedoch nicht.[29] Dies ist zum Teil mit einem Emanzipationsbedürfnis des EP und einer nur geringen Bereitschaft staatlicher Parlamente zu erklären, die Ausübung vermeintlich exklusiver Befugnisse mit dem EP zu koordinieren. Die Direktwahl löste Veränderungstendenzen aus, da Art. 5 des Akts die obligatorische Verknüpfung beider parlamentarischer Ebenen aufhob.

Hinter der knappen Formulierung in Art. 5 des Akts »Die Mitgliedschaft in der Versammlung *ist vereinbar* mit der Mitgliedschaft im Parlament eines Mitgliedstaates« verbirgt sich ein Kompromiß zwischen der orthodoxen, nach völliger Unabhängigkeit von nationalen Banden strebenden, Einschätzung des Parlaments und der Auffassung, nur eine zwingende Mitgliedschaft der EP-Abgeordneten im jeweiligen nationalen Parlament könne Konflikte zwischen beiden Bereichen vermeiden. Bezeichnenderweise gingen die Bestrebungen in der zuletzt genannten Variante von Dänemark aus, wo nicht zuletzt wegen des ungewöhnlich starken Einflusses des Marktausschusses im Parlament auf den dänischen Vertreter im Rat[30] die Befürchtung bestand, eine vom heimischen Parlament unabhängige Delegation könnte eine vom Folketing abweichende Politik in EG-Fragen betreiben.

Die Ablehnung der obligatorischen Trennung beider parlamentarischer Ebenen erfolgte bei der Beratung des EG-Entwurfs im Plenum am 14. 1. 1975, als ein entsprechender Antrag des Rechtsausschusses[31] im wesentlichen mit der Begründung zurückgewiesen wurde, diese Frage solle der Regelung durch ein einheitliches Wahlverfahren vorbehalten bleiben. Dieses Argument dürfte in erster Linie taktischer Natur gewesen sein, da schon zu diesem Zeitpunkt zu vermuten war, die politische Praxis werde zwanglos die Trennung herbeiführen, ohne dabei Ausnahmeerfordernisse auszuschließen. Tatsächlich gehören Mitte 1982 noch 51 Mitglieder des EP gleichzeitig einem staatlichen Parlament an.[32]

29 Dazu im einzelnen *Pöhle, Klaus,* Konferenz der europäischen Parlamentspräsidenten, in: ZParl. 1977, S. 448.

30 Dazu *Sasse, Christoph,* Regierungen, Parlamente, Ministerrat, Entscheidungsprozesse in der Europäischen Gemeinschaft, Bonn 1975, S. 109 ff.

31 »Die Eigenschaft eines Abgeordneten des Europäischen Parlaments ist ab Inkrafttreten des gemäß Art. 7 Ziff. 1 anzunehmenden Verfahrens mit der Mitgliedschaft in dem Parlament eines Mitgliedstaates nicht vereinbar«.

32 Zum Verhältnis zwischen Art. 5 und Art. 6 Abs. 2 s. unten Rn. 40.

31 Seit 1979 hat eine auf die funktionellen Bedürfnisse beider Parlamentsebenen bezogene Betrachtungsweise eingesetzt. Diese beziehen sich im wesentlichen auf folgende Bereiche:[33]

- Leistungen staatlicher Parlamente für die EP-Abgeordneten des jeweiligen Staates (Diäten, einzelne Dienstleistungen),
- Beziehungen der jeweiligen parlamentarischen Ausschüsse,
- Beziehungen zwischen dem Parlamentspräsidenten im Rahmen der »Konferenz der Parlamentspräsidenten« und nachgeordnet Beziehungen auf Ebene der Generalsekretariate,
- Beziehungen auf der Ebene der Fraktionen.[34]

Im übrigen begründet Art. 7 Abs. 2 des Akts eine Zuständigkeit der Mitgliedstaaten, d. h. der mitgliedstaatlichen Parlamente, für die Ausgestaltung des Wahlrechts zur Direktwahl und damit eine zwangsläufige Verbindung beider parlamentarischer Ebenen. Allerdings ist diese Verbindung ebenso formaler Natur geblieben wie die durch Ratsbeschluß den staatlichen Parlamenten zugewiesene Zuständigkeit für die Beschlußfassung über die Diäten der EP-Abgeordneten.[35] Weder horizontal zwischen Parlamenten der Mitgliedstaaten noch vertikal zwischen staatlichen Parlamenten und EP erfolgte zu diesen Gegenständen eine Koordination.

III. Der Status der Abgeordneten

1. Die Abgeordneten als Vertreter der Völker

32 Schon vor der unmittelbaren Wahl verdeutlichte Art. 137, daß die Abgeordneten keine Vertreter der Staaten sind. Daher üben sie keinerlei offizielle Funktion im Verkehr zwischen Völkerrechtssubjekten aus. Ihr Verhalten kann dem Rechtssubjekt »Staat« nicht zugerechnet werden. Vielmehr besitzen sie seit der Wahl ein autonomes und unabgeleitetes Mandat, dessen Bedeutung nicht in einer »Vertretung« im Rechtssinne, sondern in der Artikulation und Umsetzung eines Willens der Völker liegt. Andererseits sind sie auch nicht Vertreter »des« oder »eines« europäischen Volkes, ihr Mandat hat also nicht eine gemeinsame Legitimationsquelle, sondern sie vertreten *die Völker* der in der Gemeinschaft zusammengeschlossenen Staaten.[36] Die unterschiedlichen Legitimations-

33 Siehe Entschließung des EP vom 9. 7. 1981, ABl. 1981 Nr. C 234 S. 58 ff. Dazu: *Ferdinand, Horst,* Die Beziehungen zwischen dem Europäischen Parlament und den nationalen Parlamenten, in: Aus Politik und Zeitgeschichte, B 7/81, S. 22 ff.

34 Im Bezug auf das Verhältnis EP-Bundestag und EP-Bundesrat. *Schoof, Eberhard* und *Raderschall, Ulrich*, in: Zeitschrift für Parlamentsfragen 1982, Nr. 2, S. 199 ff., S. 204 ff.

35 Siehe *Bieber, Roland,* in: EuR 1981, S. 124 ff. (S. 134).

36 Siehe *Kohler, Beate,* Der Abgeordnete als Vertreter des europäischen Volkes? Die Demokratietheorie vor der Bewährungsprobe, in: EuR 1978, S. 333 ff. Siehe auch EuGH-Roquette und Maizena,138 und 139/79 – Slg. 1980, 3360.

quellen[37] fließen zusammen[38] in der Gemeinsamkeit der Zugehörigkeit zu einem Organ. Die Trennung beider Ebenen ist für die Betrachtung des Status der Abgeordneten bedeutsam, denn dieser Status enthält eine aus seinem Mandats*erwerb* abzuleitende und daher je nach Mitgliedstaat verschiedene sowie eine aus seiner Funktion, der Zugehörigkeit zum EP, abzuleitende und daher gemeinsame Komponente.

Da die Trennungslinie zwischen dem Begriffspaar staatlich/gemeinschaftlich verläuft, markiert sie zugleich ein unaufgelöstes Spannungsverhältnis zwischen dem an staatliche, politische Macht- und Parteistrukturen gebundenen Mandats*erwerb* und der gemeinschaftlichen Mandats*ausübung,* die diesen staatlichen Strukturen zuwiderläuft. Erst in sehr langen Zeiträumen wachsende gemeiname politische Strukturen, ein einheitliches Wahlsystem und das subjektive Empfinden einer »europäischen Identität« neben oder gar vor staatlicher Identifikation könnte diese Dialektik auflösen. Ansätze einer Minderung dieses Gegensatzes, z. B. durch Lösung des aktiven Wahlrechts von der Staatsangehörigkeit, sind zu beobachten (EP-Wahlrecht in Irland und den Niederlanden und der Entwurf des EP vom 10. 3. 1982[38a]).

Die Abweichung zwischen den deutschen Fassungen von Art. 137 EWGV (»... in der Gemeinschaft *zusammengeschlossene* Staaten«) und Art. 1 des Akts (»... in der Gemeinschaft *vereinigte* Staaten«) beruht auf einem Übersetzungsfehler im Sekretariat des Rates. Der Entwurf des Parlaments enthielt diese Passage noch nicht. In dem später als Beratungstext dienenden Entwurf französischer Sprache entsprach der Wortlaut von Art. 1 der Formulierung in Art. 137 (»Etats réunis«). Die Gemeinschaft bildet nach zutreffend genauem französischen Sprachgebrauch noch keine »Etats unis« – »Vereinigte Staaten«.

33 Auf dem Hintergrund von Mandatserwerb und -ausübung umfassen Regelungen über den Status von Abgeordneten eine Vielzahl von Normen. Diese reichen von den parlamentarischen Rechten (z. B. Rederecht) bis hin zu Rechten gegenüber den Mitgliedstaaten (z. B. bei strafprozessualen Maßnahmen). Der Akt regelt die Gegenstände Mandatsdauer (Art. 3), Immunitäten, Privilegien und Unabhängigkeit (Art. 4) sowie Unvereinbarkeiten (Art. 6). Auch die Zulassung der Möglichkeit einer gleichzeitigen Mitgliedschaft enthält über den institutionellen Aspekt der Beziehungen zwischen den Parlamenten eine individuelle, statusbezogene Komponente.

Weitere, insbesondere den materiellen Status der Abgeordneten regelnden Bestimmungen könnten auf der Grundlage von Art. 13 Akt beschlossen werden. Dies ist jedoch bisher nicht geschehen. Statt dessen gilt ein Konglomerat aus staatlichen Normen (mit

37 Siehe *Sasse, Christoph,* Eine Gemeinschaft – Neun Legitimitäten. Eine Skizze zur Machtverteilung in der EG, in: ZParl. 1978, S. 254 f.

38 Dies wird in der – im übrigen sehr scharfsinnigen – Analyse von *Fenner, Peter,* Grenzen einer Europäisierung der Parteien, in: PVS 1981, S. 26 ff., übersehen.

38a Siehe dazu unten Rn. 41.

zweifelhafter Ermächtigungsgrundlage) und Normen auf EG-Ebene, die in Ausübung des Selbstorganisationsrechts auf der Grundlage von Art. 142 erlassen wurden.[39]

2. Mandatsdauer

34 Die Dauer des Mandats eines Abgeordneten steht selbständig neben der Sitzungsperiode des Parlaments (s. Art. 3 und Art. 10 Akt). Nur insoweit besteht eine Verknüpfung, als die Mandatsdauer den Zeitraum parlamentarischer Sitzungen nicht überschreiten kann. Daher beginnt das Mandat eines EP-Abgeordneten noch nicht mit der Feststellung seiner Wahl, sondern erst mit dem Zeitpunkt (nicht dem Tag) der Eröffnung der ersten Plenarsitzung des EP nach einer Wahl. Für einen nachträglichen Mandatserwerb enthält Art. 3 keine eindeutige Regelung bezüglich des Mandatsbeginns. Als äußerste Grenze gilt lediglich, daß ein Mandat nicht beginnen kann, bevor nicht das Vormandat eindeutig beendet ist, also bevor nicht das EP vom Freiwerden eines Sitzes förmlich Kenntnis genommen hat bzw. das Freiwerden eines Sitzes gemäß Art. 12 Abs. 2 Akt festgestellt hat. In analoger Anwendung von Art. 3 Abs. 2 Akt beginnt das Mandat mit der ersten EP-Sitzung nach der förmlichen Mitteilung des Nachfolgers an das EP. Die Wahlprüfung durch das EP ist für den Mandatsbeginn nicht konstitutiv. Alle Mandate enden spätestens mit dem Zusammentritt eines neu gewählten Parlaments, doch kann ein Mandat auch durch einseitige Willenserklärung oder Tod des Inhabers vorzeitig beendet werden (Art. 7 Abs. 1 GO EP).

3. Immunitäten, Privilegien und sonstige Rechte

35 Die formale Unabhängigkeit der Mitglieder wird durch Art. 4 auf zweifache Weise gewährleistet. Absatz 1 verbietet Bindungen an Aufträge und Weisungen. Diese Definition des freien Mandats entspricht übereinstimmenden Grundsätzen der parlamentarischen Demokratien. Das deutsche Europa-Abgeordnetengesetz[40] wiederholt diese Grundsätze und betont überdies die ausschließliche Bindung der Abgeordneten an ihr Gewissen. Diese formal gesicherte Unabhängigkeit schließt jedoch auch im EP in der Regel nicht Rückbindungen der Abgeordneten in Fraktionen, europäische Parteibünde und staatliche Parteien aus. Wegen der geringen Homogenität der Europäischen Fraktionen – und damit geringerer »Fraktionsdisziplin« – wirken auf den einzelnen Abgeordneten im EP allerdings geringere faktisch-politische Zwänge. Die Grenzen der Unabhängigkeit des Mandats im EP zeigt ein von der Fraktion der »Europäischen Demokraten für den Fortschritt« praktiziertes System der Mandatsrotation. Danach scheinen die französischen Mitglieder dieser Fraktion systematisch nach jeweils einem

39 Siehe Rn. 1 zu Art. 142.
40 EuAbgG vom 6. 4. 1979 i.d.F. vom 22. 9. 1980, BGBl. I S. 1752.

Jahr ihr Mandat niederzulegen.[41] Diese Praxis läßt die Abhängigkeit der individuellen Mandatsausübung von einem übergreifenden, nicht nur politisch wirksamen – und damit vertragswidrigen – Willen vermuten.

36 Der Gewährleistung der Unabhängigkeit der Mitglieder dienen weiterhin die Bestimmungen des Protokolls über Vorrechte und Befreiungen, auf die Art. 4 Abs. 2 verweist. Im einzelnen gehören dazu: Schutz vor Strafverfolgung wegen des Abstimmungsverhaltens oder wegen Äußerungen im Parlament (»Indemnität«, Art. 9 des Protokolls). Die Indemnität beginnt mit dem Zeitpunkt der Wirksamkeit des Mandats, dauert jedoch auch nach Beendigung des Mandats fort. Sie kann nicht aufgehoben werden.[42] Die Indemnität umfaßt nicht nur Schutz vor strafrechtlichen, sondern auch vor zivilrechtlichen Sanktionen.

37 Auch der *Schutz vor Strafverfolgung während der Mandatsdauer* (»Immunität«) ist schon bisher für die Mitglieder des EP im Protokoll garantiert. Anders aber als die vergleichbaren innerstaatlichen Immunitätsregelungen[43] umfaßt der Sonderstatus der EP-Mitglieder zwei komplementäre Schutzbereiche. Während Art. 10 Abs. 1 Buchst. a Protokoll durch einfache Verweisung eine Gleichstellung zwischen den in einem Mitgliedstaat gewählten EP-Mitgliedern und den Mitgliedern des (Zentral-)Parlaments dieses Mitgliedstaates herbeiführt, enthält Art. 10 Abs. 1 Buchst. b eine materielle Immunitätsregelung, die in den jeweils restlichen EG-Mitgliedstaaten gilt. Die letztgenannte Vorschrift stellt das eigentlich Besondere, das aus den Funktionsbedingungen des EP abzuleitende gemeinschaftliche Element des Abgeordnetenstatus dar. Inhaltlich bildet diese Bestimmung ein Hindernis für jede Art von strafrechtlicher Verfolgung und von Freiheitsbeschränkung, sofern nicht ein Abgeordneter auf frischer Tat ergriffen wurde.

Mag diese Regelung auch den praktischen Vorteil einheitlicher Immunitätsregelungen für Abgeordnete einer Staatsangehörigkeit, im EP und im jeweiligen Zentralparlament mit der Garantie eines gemeinschaftsweiten Schutzes für die EP-Mitglieder kombinieren, so stehen ihr doch einige Nachteile gegenüber. Zunächst kann in Einzelfällen die in dem jeweiligen Herkunftsstaat gewährte Immunität hinter der durch Art. 10 Abs. 2 Protokoll für den Bereich der übrigen Staaten eingeräumten Immunität zurückbleiben. Dies ist zum Beispiel der Fall bei niederländischen und britischen Abgeordneten des EP, da in diesen Staaten eine Befreiung von strafrechtlicher Verantwortlichkeit nicht besteht. Auch wenn dieses Ergebnis im Interesse eines gleichen Mindeststandards für alle EP-Mitglieder nicht befriedigt, läßt es sich doch aus der Überlegung rechtfertigen, daß das Schutzbedürfnis

41 Sog. »Drehtürenverfahren«, vgl. hierzu *Luchaire, François,* »Qui est le juge des élections européennes?«, in: Le Monde vom 14. 6. 1979 und Vhdlg. des EP, ABl. Anh. 1-280/1982, S. 34 ff., Bericht *Sieglerschmidt* Dok. EP 1–398/82.

42 Argumentum e contrario zu Art. 10 des Protokolls.

43 Z. B. Art. 46 Abs. 2 GG für Mitglieder des Bundestages.

eines EP-Mitglieds außerhalb des Staates, in dem es gewählt wurde und in dem es seine politische Verantwortung besitzt, wahrscheinlich größer ist.

Schwerwiegender sind dagegen die mit der Aufhebung der Immunität verbundenen Probleme. Gemäß Art. 10 Abs. 3 ist das EP befugt, die Unverletztlichkeit eines seiner Mitglieder aufzuheben. Man könnte fragen, ob sich diese Befugnis auch auf den Fall erstreckt, in dem staatliches Immunitätsrecht zur Anwendung gelangt (Art. 10 Abs. 1 Buchst. a). Das Parlament müßte in diesem Fall nach materiellem und formellem innerstaatlichen Recht verfahren, dies aber stellt nicht auf die Erfordernisse des EP ab. Außerdem besteht die Gefahr widersprüchlicher Entscheidungen, wenn ein Abgeordneter gleichzeitig einem staatlichen Parlament und dem EP angehört. Wortlaut und Systematik des Art. 10 erstrecken allerdings die Aufhebungsbefugnis des EP auf beide in Art. 10 Abs. 1 genannten Formen der Immunität. Auch betrafen sämtliche an das EP bisher gerichteten Anträge auf Aufhebung der Immunität Abgeordnete aus Staaten, in denen der Antrag gestellt worden war. Insofern ist die Aufhebungsbefugnis des Europäischen Parlaments auch für nach staatlichem Recht gewährte Immunität anerkannt.

Nach der Wahl hat sich die Zahl der Aufhebungsanträge erheblich vermehrt und damit das eingangs geschilderte Problem der zweifachen Immunität verdeutlicht.

Umstritten war zeitweilig die Dauer der Immunität der EP-Mitglieder (»Während der Dauer der Sitzungsperiode der Versammlung...«).[44] Aus dem Wortlaut von Art. 139 EWGV, Art. 1 der GO sowie der parlamentarischen Praxis ergibt sich jedoch eindeutig, daß die Sitzungsperiode jeweils während der gesamten Mandatsdauer, längstens also der fünfjährigen Wahlperiode dauert.

38 Als eine EP-spezifische Besonderheit gegenüber dem jeweiligen innerstaatlichen Abgeordnetenstatus gilt das Prinzip der *Freizügigkeit* für Reisen von EP-Abgeordneten innerhalb der EG. Allerdings befreit Art. 8 Abs. 1 des Protokolls nur die Reise »zum und vom Tagungsort der Versammlung« von allen verwaltungsmäßigen und sonstigen Beschränkungen. Selbst wenn man den Terminus »Tagungsort« extensiv auslegt und hierunter auch Arbeitsorte der Organe des Parlaments faßt, ist die derzeit gültige Freizügigkeitsgarantie zu gering, gerade weil sie ein zentrales Element des EP-Abgeordnetenstatus bildet. Denn Reisen, die zwar in Ausübung des Mandats erfolgen (z. B. Teilnahme an einer öffentlichen Veranstaltung), aber nicht die Teilnahme an den Arbeiten des Plenums oder seiner Organe bezwecken, unterliegen den allgemeinen, für die EG-Bürger geltenden Bestimmungen für Einreise und Aufenthalt. Dies bedeutet z. B. – wie auch tatsächlich schon geschehen –, daß einem EP-Mitglied in einem solchen Fall unter Berufung auf die öffentliche Sicherheit und Ordnung die Einreise verweigert werden kann.

44 EuGH – Fohrmann und Krier, 101/63 – Slg. 1964, 423.

39 Wesentliches Element eines Abgeordnetenstatus sind Gehalts- und Versorgungsregeln für die Abgeordneten. Hierfür bestehen auf Ebene der EG allerdings nur rudimentäre Beschlüsse, da der Rat mangels Einigungsfähigkeit diese Frage an die Staaten zurückverwiesen hat.[45] In den Mitgliedstaaten wurden daraufhin EP-Abgeordnetengesetze beschlossen, die inhaltlich eine weitgehende Parallelität mit den für die Mitglieder der staatlichen Zentralparlamente geltenden finanziellen Status herbeiführen.

Ergänzend hierzu hat das EP Leistungen beschlossen, die dazu bestimmt sind, den mit der Mandatsausübung verbundenen Aufwand zu decken. Rechtsgrundlage dieser Beschlüsse ist Art. 142. Der EuGH hat die Zulässigkeit derartiger Maßnahmen und ihre Autonomie gegenüber staatlichem Recht (z. B. Steuergesetzen) hervorgehoben.[46]

4. Unvereinbarkeiten

40 Gemäß Art. 6 des Akts sind zwei Arten von Unvereinbarkeiten zu unterscheiden:

Unvereinbarkeiten mit Ämtern auf der Ebene der Gemeinschaft, die in Abs. 1 ausdrücklich bezeichnet sind und sonstige Unvereinbarkeiten, die sich gemäß Abs. 2 aus staatlichem Recht ergeben.

Unter den auf EG-Ebene bezeichneten Unvereinbarkeiten ist die Bedeutung der Begriffe »Regierung eines Mitgliedstaates« sowie »Gremien, die Mittel der Gemeinschaften verwalten .....« nicht ganz eindeutig.

Als Regierung eines Mitgliedstaates ist richtigerweise nur die jeweilige Zentralregierung anzusehen, da ihre Mitglieder gemäß Art. 2 FusV dem Rat angehören können[47] und insoweit ein Interessenwiderstreit vermieden werden soll. Daher können z. B. Mitglieder deutscher Länderregierungen oder belgischer Regionalregierungen gleichzeitig dem EP angehören.

Problematisch ist die Abgrenzung zwischen unvereinbarer Verwaltungstätigkeit von (vereinbarer) Beratungstätigkeit bestimmter Gremien der EG. Kriterium dürfte hierbei die unmittelbare Entscheidungsbefugnis über die Verwendung von Mitteln der EG sein. Daher ist z. B. die Mitgliedschaft im Verwaltungsrat des Europäischen Zentrums für die Berufsförderung[48] nicht mit der Mitgliedschaft im EP vereinbar.

Die in Art. 6 aufgezählten Tätigkeiten bezeichnen keine *Unwählbarkeiten.* Daher ist es

45 Siehe dazu *Bieber,* in: EuR 1981, S. 134.
46 EuGH – Lord Bruce, 208/80 – Slg. 1981, 2205.
47 So die Begründung zu der inhaltsgleichen Formulierung des EP-Vorschlages von 1960, in: »Für allgemeine direkte Wahlen zum Europäischen Parlament«, Dokumentensammlung, Luxemburg 1969, S. 53.
48 Errichtet durch VO/Rat vom 10. 2. 1975, ABl. 1975 Nr. L 39 S. 1.

zulässig, trotz Ausübung dieser Tätigkeit für das EP zu kandidieren. Erst die Annahme der Wahl verpflichtet zu ihrer Aufgabe.

Unklar ist das Verhältnis von Art. 6 Abs. 2 zu Art. 5, also die Frage, ob die Befugnis der Mitgliedstaaten zur Festlegung innerstaatlicher Unvereinbarkeiten auch die Möglichkeit umfaßt, die Vereinbarkeit eines staatlichen Parlamentsmandats mit einem Mandat im EP auszuschließen. Das griechische Wahlgesetz vom 2. 7. 1981 enthält in § 2 Abs. 3 ein derartiges Verbot der Doppelmitgliedschaft. Das Verbot ist durch Art. 6 Abs. 2 des Akts gedeckt. Art. 5 des Akts steht dem nicht entgegen, denn die Entstehungsgeschichte von Art. 5 läßt erkennen, daß die dort zugelassene Doppelmitgliedschaft nur eine, allein das EP betreffende *Möglichkeit* auf der Ebene der EG schaffen sollte und sie nur einen Kompromiß gegenüber der weitergehenden Forderung nach völligem Verbot der Mandatskumulation im EP darstellt.[49]

IV. Ergänzende Vorschriften

41 Art. 13 des Akts enthält ein ungewöhnliches Verfahren zum Erlaß ergänzender Vorschriften. Dabei wurde Art. 235 EWGV zum Vorbild genommen. Allerdings bestehen zwei wesentliche Unterschiede. Zum einen besitzt das EP hier – als Besonderheit des EG-Rechts – ein Initiativrecht; weiterhin wurde erstmals das Konzertierungsverfahren[50] zwischen den Organen formell in ein Rechtsetzungsverfahren einbezogen.

Die Regelung bezieht sich nicht etwa nur auf die Durchführung der ersten Direktwahl, sondern kann herangezogen werden, wann immer der Erlaß ergänzender Vorschriften erforderlich wird.

Praktische Bedeutung könnte die Norm insbesondere als Grundlage für Beschlüsse über Diätenregelungen für die EP-Mitglieder oder für gemeinsame Wahlkampfregeln erlangen. Allerdings hat das EP bisher keinerlei Vorschläge auf der Grundlage von Art. 13 dem Rat unterbreitet.

V. Das weiter vereinheitlichte Wahlverfahren

42 Gemäß Art. 138 Abs. 3 EWGV und Art. 7 Abs. 1 des Akts obliegt es dem Parlament, den Entwurf eines einheitlichen Wahlverfahrens auszuarbeiten. Der Übergang vom Plural (»Entwürfe« in Art. 138) zum Singular (»Entwurf« in Art. 7) bedeutet keine inhaltliche Reduzierung des parlamentarischen Vorschlagsrechts. Inzwischen besteht Einmütigkeit, daß ein einheitliches Wahlverfahren in mehreren Etappen erreicht werden kann und daß

49 Siehe oben Rn. 30.
50 Siehe dazu *Beutler, Bengt,* in: Gedächtnisschrift Sasse, Bd. I, Baden-Baden 1981, S. 311 ff.

daher bis zum Erreichen dieses definitiven Zustands das Vorschlagsrecht des EP fortdauert.

Das EP beschloß am 10. 3. 1982 auf der Grundlage von Art. 7 Abs. 1 einen Vorschlag »zur Annahme verschiedener Bestimmungen eines einheitlichen Wahlverfahrens . . .«.[51] Darin wird kein vollständig vereinheitlichtes Wahlsystem vorgeschlagen, sondern nur empfohlen, einige, allerdings zentrale, Elemente zu vereinheitlichen. Dazu gehören vor allem

- die Festlegung eines Verhältniswahlsystems mit Wahlen in Mehrmannwahlkreisen (zwischen 3 und 15 Sitze),
- die Einräumung des passiven Wahlrechts in dem jeweiligen Aufenthaltsstaat auch für EG-Bürger, die nicht die Staatsangehörigkeit dieses Staates besitzen, jedoch mindestens seit 5 Jahren ansässig sind. Inkonsequent hat das EP dem gleichen Personenkreis das aktive Wahlrecht verweigert.

Es ist wenig wahrscheinlich, daß dieser Entwurf so rechtzeitig vom Rat und den Mitgliedstaaten verabschiedet wird, daß er bereits für die Wahl 1984 angewandt werden kann.

Der entsprechende Ratsbeschluß bedürfte, in gleicher Weise wie der Akt vom 20. 9. 1976, der Zustimmung der Mitgliedstaaten.[52]

Artikel 139 [Sitzungen]

Die Versammlung hält jährlich eine Sitzungsperiode ab. Sie tritt, ohne daß es einer Einberufung bedarf, am zweiten Dienstag des Monats März zusammen.

Die Versammlung kann auf Antrag der Mehrheit ihrer Mitglieder sowie auf Antrag des Rates oder der Kommission zu einer außerordentlichen Sitzungsperiode zusammentreten.

Literaturhinweise

s. bei Artikel 137

51 Siehe Bericht *Seitlinger*, Dok.EP 1-988/81/A, Entschließung vom 10. 3. 1982, ABl. 1982 Nr. C 87 S. 61.

52 Siehe oben Rn. 2.

Inhaltsübersicht

I. Sitzungsperiode

1. Begriff

1 Die Bezeichnung »Sitzungsperiode« umschreibt einen längeren Zeitraum parlamentarischer Tätigkeit, wobei Anfang und Ende abgrenzbar sein müssen. Seinem Inhalt nach bezieht sich der Begriff auf Sitzungen »der Versammlung«, also des Plenums. Dauer, Häufigkeit und Zeitpunkt von Sitzungen der Organe des Parlaments (Ausschüsse, Fraktionen, Präsidium) richten sich allein nach dem internen Organisationsrecht des Parlaments.

Während einer Sitzungsperiode muß das EP nicht ständig Sitzungen abhalten. Der Begriff bezeichnet vielmehr den Zeitraum, in dem Sitzungen zulässigerweise stattfinden *können.*

Gleichwohl enthält die Formulierung in Art. 139 auch eine Verpflichtung des EP, tatsächlich zu Beginn einer Sitzungsperiode zusammenzutreten. Im übrigen jedoch ergeben sich die Pflichten des EP aus Art. 4, 137, in Verbindung mit der jeweiligen konkreten Vertragsnorm. Daher besteht eine allgemeine Pflicht zu Plenarsitzungen, um zu Vorlagen des Rates Stellung zu nehmen und eine spezielle Pflicht zu Sitzungen im Rahmen der vertraglich festgelegten Termine des Haushaltsverfahrens.

2 Nicht ganz eindeutig ist, ob der Vertrag die Dauer der Sitzungsperiode vorschreibt. Art. 139 Abs. 1 Satz 1 kann gleichermaßen in dem Sinne einer Mindestanzahl von Sitzungsperioden (»eine«) wie im Sinne der Jährlichkeit der Sitzungsperiode gedeutet werden. Eine Verpflichtung zu ganzjähriger Sitzungsperiode ist dem Vertrag jedenfalls nicht zu entnehmen, da sonst Abs. 2 sinnlos wäre. In den Grenzen eines Minimums von jährlichen Sitzungstagen und eines Maximums einer ganzjährig dauernden Sitzungsperiode besitzt das EP demnach selbst die Befugnis, die Dauer seiner Sitzungsperiode festzulegen.[1] In diesem Rahmen und auf der Grundlage der Ermächtigung des Art. 142 hat das EP seine Sitzungsperiode auf den gesamten Zeitraum zwischen der vertraglich vorgeschriebenen Eröffnung, d. h. den zweiten Dienstag im März und den 2. Montag des

1 EuGH – Wagner/Fohrmann, Krier, 101/63 – Slg. 1964, 423. A.A. unzutreffend *Foyer* in: Le Monde vom 21. 10. 1980, S. 11.

Monats März des folgenden Jahres ausgedehnt. Es hält also *eine* Sitzungsperiode von jährlicher Dauer ab.

Innerhalb dieser Sitzungsperiode werden die Zeiten effektiver Sitzung als »Tagung« und die einzelnen Tage als »Sitzungstage« bezeichnet.[2] Die Tagungen dauern üblicherweise eine Woche und finden, bis auf den August, in monatlichem Rhythmus statt. Zeiträume zwischen den einzelnen Tagungen werden als »Unterbrechungen der Sitzungsperiode« bezeichnet.

3 Die Ausdehnung der Sitzungsperiode auf ein ganzes Jahr entfaltet Rechtswirkungen auf zwei Gebieten. Zunächst ist damit vereinfacht möglich, das Plenum zu Tagungen einzuberufen. Art. 139 Abs. 2 sieht Tagungen *außerhalb* der Sitzungsperiode auf Antrag von Mitgliedern nur dann vor, wenn mindestens die Mehrheit der (tatsächlichen) Mitgliederzahl diesen Antrag unterstützt. Während einer Sitzungsperiode genügt für den Antrag gemäß Art. 5 Abs. 2 GO ein Drittel der Mitglieder. Außerdem kann das Erweiterte Präsidium die vom Plenum in der Regel auf ein Jahr im voraus beschlossenen Termine der Wiederaufnahme der Sitzungsperiode in besonderen Fällen ändern.

Eine weitere, an den Begriff »Sitzungsperiode« geknüpfte Rechtsfolge ergibt sich aus Art. 10 des Protokolls über die Vorrechte und Befreiungen.[3] Danach besitzen die Mitglieder während der Sitzungsperiode Immunität vor Strafverfolgung. Zutreffend hat der EuGH den Terminus des Protokolls anhand des Vertragstexts und der GO des EP interpretiert.[4] Im Ergebnis dauert die Immunität der EP-Mitglieder somit ununterbrochen während der gesamten Zugehörigkeit zum EP.

4 An den *Beginn* der Sitzungsperiode ist gemäß Art. 17 FusV der Zeitpunkt der jährlichen Veröffentlichung des Gesamtberichtes der Kommission geknüpft, d. h. der Bericht ist einen Monat vor diesem Termin zu veröffentlichen.

Die GO verbindet mit dem Beginn der Sitzungsperiode die Ernennung eines Berichterstatters über die Tätigkeit des EP für den Europarat.[5] Die Terminierung dieser anachronistischen Verpflichtung ist nicht vertraglich geboten.[6]

5 Der Wortlaut von Art. 139 Abs. 1 und der übereinstimmenden Artikel von EAG- und EGKS-Vertrag beruht auf Art. 27 Abs. 1 FusV.[7] Zuvor sah Art. 22 des EGKSV als Zeitpunkt des Zusammentritts ohne Einberufung den zweiten Dienstag des Monats Mai und als Ende der jährlichen Sitzungsperiode das »laufende Rechnungsjahr«, d. h. den 30. Juni desselben Jahres vor. Art. 139 EWGV und Art. 109 EAGV bezeichneten

2 Art. 9 Abs. 1 GO.
3 Hier abgedruckt im Anschluß an Art. 218.
4 Siehe oben Fn. 1.
5 Art. 107 Abs. 1.
6 Vgl. Art. 2 des Protokolls (EGKSV) über die Beziehungen zum Europarat; HER IV A 15, S. 1.
7 Abgedruckt im Anhang B dieses Kommentars.

dagegen den Beginn der Sitzungsperiode auf den 3. Dienstag des Monats Oktober. Einen Endtermin enthielten diese beiden Verträge jedoch nicht. Daher hatte das EP bereits während der Geltung dieses Wortlauts der Verträge eine ganzjährige Sitzungsperiode festgelegt.

2. Verhältnis zu Artikel 10 Abs. 3 Direktwahl

6 Der Direktwahlakt verpflichtet in Art. 10 Abs. 3 das EP, am ersten Dienstag nach Ablauf eines Monats nach seiner Wahl zusammenzutreten. Diese Vorschrift, die nur alle fünf Jahre praktische Bedeutung erlangt, widerspricht nur scheinbar der in Art. 139 enthaltenen Regelung.

Art. 10 Abs. 3 des Direktwahlakts dient dazu, einen eindeutigen Übergang von den Befugnissen des jeweils alten auf das neu gewählte Parlament zu markieren. Gleichzeitig soll ein frühzeitiger Beginn der Tätigkeit des neuen Parlaments sichergestellt werden.

Art. 139 Abs. 1 bezweckt dagegen, wie oben Rn. 2 ausgeführt, die Gewährleistung einer Mindestsitzungsdauer des Parlaments. Der Termin des 2. Dienstag im März hat dabei keine selbständige Bedeutung, er ist vielmehr in Verbindung mit der jährlichen Sitzungsperiode als ihr Beginn anzusehen. Beide Bestimmungen haben somit ihre Existenzberechtigung, auch wenn damit in Wahljahren zwei vertraglich vorgeschriebene Sitzungen stattfinden.

7 In der Praxis hat allerdings von der jährlichen Sitzung im März auf die erste Sitzung nach einer Wahl eine parlamentsinterne Verschiebung der Gewichte stattgefunden. Vor der Wahl wurde die März-Sitzung als »konstituierend« für die interne Parlamentsorganisation angesehen. Es fanden Wahlen des Präsidenten und der Vizepräsidenten statt, die Ausschußmitglieder wurden ernannt und die Ausschußvorsitzenden gewählt. Diese nicht vertraglich gebotene Gepflogenheit verlor ihren Sinn mit der Notwendigkeit, nach Wahlen zum Parlament auch die Gremien des Parlaments neu zu wählen. Um nicht bereits neun Monate nach Konstitutierung des gewählten Parlaments die Organe neu bestimmen zu müssen, sieht die GO seit ihrer Revision nach der Wahl vor, daß Präsident, Vizepräsidenten und Quaestoren für zweieinhalb Jahre gewählt werden (also für die jeweils halbe Wahlperiode). Die Mitglieder, Vorsitzenden und stellvertretenden Vorsitzenden der Ausschüsse werden für den gleichen Zeitraum gewählt.[8]

Die für das interne Funktionieren des Parlaments bedeutsamen Sitzungen finden somit in zweieinhalbjährigem Rhythmus im Juli und im Januar statt. Indirekt geht damit von Art. 10 Abs. 3 des Direktwahlakts eine Wirkung aus, die Art. 139 Abs. 1, 2 praktisch überflüssig macht.

8 Art. 92 Abs. 1 i.V.m. Art. 98 Abs. 1 GO.

II. Außerordentliche Sitzungsperiode

8 Die Bedeutung des in Art. 139 Abs. 2 bezeichneten Begriffs der »außerordentlichen Sitzungsperiode« bestand ursprünglich darin, daß Rat, Kommission und auch eine Mehrheit der Mitglieder außerhalb der normalen Sitzungsperiode Tagungen des EP verlangen konnten, sofern diese Sitzungsperiode auf einen kürzeren Zeitraum als ein Jahr begrenzt war. Doch auch nach Wegfall dieser Begrenzung hat Art. 139 Abs. 2 seine Bedeutung behalten.[9] Wenn nämlich Rat und Kommission die Befugnis besitzen, sogar außerhalb einer Sitzungsperiode das EP einzuberufen, so steht ihnen diese Befugnis erst recht während einer Sitzungsperiode zu. Trotz der Terminologie des Art. 139 Abs. 2, bilden solche Tagungen dann außerordentliche Tagungen des EP. Die GO läßt den unterschiedlichen Charakter noch anklingen, indem sie in Art. 9 Abs. 5 Einberufungen zu derartigen Tagungen als »ausnahmsweise« bezeichnet.

Mögliche Gründe für ein Verlangen des Rates oder der Kommission nach einer außerordentlichen Tagung können z. B. in der Dringlichkeit eines Rechtsetzungsvorhabens liegen. Im allgemeinen wird dann das EP aus eigener Initiative zusammentreten. Doch sind Situationen denkbar, in denen die Dringlichkeit einer Angelegenheit zwischen Rat und EP unterschiedlich beurteilt wird. Dann gewinnt, wie vom EuGH in der Rs. 138 und 139/79 betont,[10] die Befugnis des Rates, eine Tagung des EP zu verlangen, eine eigene Bedeutung.

In der Praxis sind förmliche Ersuchen des Rates auf eine Sondertagung bisher nicht gestellt worden. Statt dessen ergehen häufig Anträge auf die dringliche Behandlung eines Konsultationsersuchens. Doch bezieht sich diese dringliche Behandlung dann stets auf bereits vorgesehene Tagungen.

III. Praxis

9 Die Tagungsdauer des EP nimmt zu. Im Jahre 1981 trat das Plenum an 63 Tagen, verteilt auf 13 Tagungen, zusammen. Es nahm während dieser Tagungen 122 Initiativberichte, 147 Entschließungen mit Stellungnahme zu geplanten Rechtsakten des Rates, 63 Entschließungen und 10 Entschließungen mit unverzüglicher Abstimmung an.

Regelmäßige Bestandteile von Plenarsitzungen sind Fragestunden an Rat, Kommission und die Außenminister der Mitgliedstaaten (Art. 44 GO) und die Berichte der Kommission über die Weiterbehandlung der Entschließungen des EP. Im Durchschnitt hält das EP während einer Tagung zu 25 Themen Aussprachen ab.

Nicht unproblematisch ist die, nach dem Vorbild der italienischen Verfassung (Art. 72

9 A.A. *Pöhle, Klaus,* Anm. II in der Vorauflage.
10 EuGH – Roquette und Maizena, 138 und 139/79 – Slg. 1980, 3361.

Abs. 3) seit 1981 neu in die GO aufgenommene Möglichkeit, die abschließende Beratung und Abstimmung über einen Text in den Ausschüssen vornehmen zu lassen (Art. 33 GO). Da nicht immer Abgeordnete aus allen Mitgliedstaaten in den Ausschüssen vertreten sind, kann die Legitimation von Ausschußentscheidungen eingeschränkt sein.

10 Der Tagungsort des EP wird in den Verträgen nicht festgelegt. Er wäre lediglich Teil eines Beschlusses der Regierungen über den Sitz der Organe gemäß Art. 216.[11] Von wenigen Ausnahmen abgesehen, tagte das EP zwischen 1952 und 1967 in Straßburg. Von 1967 bis 1981 hielt das EP auch Tagungen in Luxemburg ab. Dies lag nahe, weil das Generalsekretariat des EP in Luxemburg untergebracht ist und weil dem EP dort 1974 und 1980 ein jeweils auf die Größe des erweiterten Parlaments zugeschnittener Plenarsaal zur Verfügung gestellt worden war.

Eine Reduzierung der drei Arbeitsorte des Parlaments (Straßburg, Plenum; Luxemburg, Generalsekretariat; Brüssel, Ausschüsse und Fraktionen) bewirkte diese Entscheidung freilich nicht. Daher beschloß das EP im Juli 1981 im Interesse der Rationalisierung seiner Tätigkeit, Plenarsitzungen zukünftig nur noch in Straßburg, Ausschußsitzungen in der Regel nur noch in Brüssel abzuhalten und die Arbeitsweise seines Generalsekretariats entsprechend anzupassen.[12] Die Regierung Luxemburgs sah diese Entschließung als eine Verletzung der Vorrechte der Mitgliedstaaten zur Festlegung eines Sitzes der EG-Organe gemäß Art. 216 EWGV an und erhob gegen diese Entschließung Klage beim EuGH gemäß Art. 38 EGKSV.[13] Sowohl hinsichtlich ihrer Zulässigkeit als auch in bezug auf ihre Begründetheit bestehen gegen diese Klage erhebliche Bedenken.

Die GO betont in Art. 10 eine Selbstverständlichkeit, die Abhaltung der Tagungen und Sitzungen der Ausschüsse an dem Ort, der als Sitz der Organe, also gemäß Art. 216, bezeichnet wurde.[14] Das EP räumt sich außerdem das Recht ein, Tagungen außerhalb [dieses] seines Sitzes abzuhalten. Mangels einer Festlegung des Sitzes der EG-Organe ist Art. 10 GO bisher nur von theoretischer Bedeutung.

Artikel 140 [Präsident und Präsidium, Beziehungen zu Kommission und Rat]

Die Versammlung wählt aus ihrer Mitte ihren Präsidenten und ihr Präsidium.

Die Mitglieder der Kommission können an allen Sitzungen teilnehmen und müssen auf ihren Antrag im Namen der Kommission jederzeit gehört werden.

11 Hierzu *Bieber, Roland,* Die Gemeinschaft ohne Hauptstadt, Rechtsfolgen eines Provisoriums, in: EuR 1974, S. 168 ff.
12 Entschließung vom 9. 7. 1981, ABl. 1981 Nr. C 234 S. 22.
13 Rs. 230/81, ABl. 1981 Nr. C 221 S. 3.
14 Siehe Rn. 4 zu Art. 142.S. 1.

Die Kommission antwortet mündlich oder schriftlich auf die ihr von der Versammlung oder von deren Mitgliedern gestellten Fragen.

Der Rat wird nach Maßgabe seiner Geschäftsordnung von der Versammlung jederzeit gehört.

Literaturhinweise

s. bei Artikel 137

Inhaltsübersicht

I. Einleitung

1 Diese Vorschrift betrifft zwei sachlich völlig unabhängige Materien. Überdies ist ihr Regelungsgehalt sehr gering, so daß in bezug auf die Wahl und die Funktion von Präsident und Präsidium ergänzend die GO herangezogen werden muß. Insoweit bildet Art. 140 eine Spezialvorschrift zu Art. 142. Im Hinblick auf den Rat enthält Art. 140 kein internes Organisationsrecht des EP. Er stellt vielmehr einen Anwendungsfall der allgemeinen Kooperationspflicht der Organe dar.[1] Das gleiche gilt, mit Ausnahme von Art. 140 Abs. 2 für die Kommission.

Das Verhältnis zur Kommission und zum Rat wird längst durch Absprachen, Briefwechsel und gemeinsame Erklärungen wesentlich umfassender geregelt, als es die Formulierung in Art. 140 vermuten läßt.

1 Vgl. Art. 15 FusV und allgemein: *Bieber, Roland,* Kooperation und Konflikt, Elemente einer Theorie des internen Organisationsrechts der EG, in: *Bieber – Bleckmann* u.a., Gedächtnisschrift Sasse, Bd. I, Baden-Baden 1981, S. 324.

II. Präsident, Befugnisse

2 Der Präsident des EP hat eine dreifache Funktion:

- Er leitet intern im Rahmen der GO sämtliche Arbeiten des EP und seiner Organe (Art. 18 Abs. 1 bis 3 GO);
- er vertritt das EP nach außen (Art. 18 Abs. 4 GO) und
- er besitzt eine unmittelbar aus dem Vertrag abgeleitete autonome Stellung bei der Feststellung des EG-Haushaltsplans (Art. 203 Abs. 7 EWGV).

Die Befugnisse des Präsidenten im Rahmen der Sitzungsorganisation können gemäß Art. 19 der GO auf einen Vizepräsidenten übertragen werden. Die Befugnisse zur Außenvertretung sind gemäß Art. 18 Abs. 4 übertragbar. In diesem Fall muß der Präsident nicht notwendigerweise durch einen Vizepräsidenten vertreten werden. Er kann insoweit auch durch andere Abgeordnete oder auch Beamte des Generalsekretariats vertreten werden (z. B. in gerichtlichen Angelegenheiten).

Da die Feststellung des Haushaltsplans von keiner der beiden Ermächtigungen zur Übertragung von Befugnissen erfaßt wird, ist unklar, ob insoweit ein höchstpersönliches Recht des Präsidenten besteht. Da die Funktion des Präsidenten auch im Rahmen des Art. 203 EWGV dem EP als Organ der Verträge zuzuordnen ist, muß auch eine Übertragung der Befugnisse, analog zu Art. 19 GO, auf einen Vizepräsidenten zulässig sein. Unabhängig davon stellt sich die Frage der Justiziabilität dieser Akte des Präsidenten. Wegen der eigenen Rechtswirkung der Feststellung sollte auch eine gerichtliche Nachprüfung möglich sein.

3 Der Präsident kann vor Ablauf seiner Amtszeit nicht abberufen werden. Dieser Umstand deutet auf die gering entwickelte selbständige politische Stellung des Präsidenten hin. Zwar werden Präsidenten des EP üblicherweise in kontroverser Abstimmung über Kandidaten verschiedener politischer Herkunft gewählt, doch gelten sie mit ihrer Wahl als Vertreter des gesamten Parlaments und somit der unmittelbaren politischen Auseinandersetzung entzogen. Anders als z. B. dem Speaker des britischen Unterhauses ist dem Präsidenten aber eine Beteiligung an den parlamentarischen Arbeiten nicht verwehrt. Beteiligt er sich an Aussprachen, so hat er den Vorsitz während der Dauer der Aussprache abzugeben. Im übrigen gehört es zu der – auch politisch definierten – Funktion des Präsidenten, sich für die Interessen des Gesamtparlaments einzusetzen.

III. Präsidium, Befugnisse

4 Die Vertragsvorschrift über die Wahl eines Präsidiums bildet gleichzeitig Ermächtigung und Verpflichtung des EP, sich mit diesem Organ auszustatten. Zwar fehlt jeglicher

Hinweis in den Verträgen über Aufgaben oder Zusammensetzung dieses Gremiums, doch lassen sich darüber aus der ausdrücklichen vertraglichen Erwähnung einige Folgerungen ableiten. Zunächst soll der Präsident des EP offenbar nicht das einzige Leitungsorgan des EP sein. Somit sind die präsidialen Befugnisse zwischen Präsidium und Präsident aufzuteilen. Außerdem ist das Präsidium notwendigerweise ein aus mehreren Personen zusammengesetztes Gremium. Dies erlaubt die Schlußfolgerung auf das Erfordernis einer Vertretung der verschiedenen Gruppen des Parlaments, nach Fraktionen und/oder nach Staatsangehörigkeit. Über diesen vertraglich gebotenen Mindestrahmen hinaus bleibt die nähere Festlegung der GO des EP überlassen. Das EP hat das Präsidium stets – entsprechend den Vorbildern staatlicher Parlamente – als die Versammlung der Stellvertreter des Präsidenten bei seinen sitzungsleitenden Aufgaben gemäß Art. 18 GO angesehen. Im übrigen hat es von seiner Befugnis zur Präzisierung der Rolle des Präsidiums im Laufe seiner Entwicklung auf unterschiedliche Weise Gebrauch gemacht.[2] Dabei hat es neben das Präsidium weitere Gremien, das *Erweiterte Präsidium* und das *Kollegium der Quästoren*[3] gestellt. Diese Tendenz zur Ausgliederung einzelner Aufgaben erklärt sich neben den gewachsenen internen Organisationsproblemen auch aus der Spannung, der ein Gremium ausgesetzt ist, das gleichzeitig Fraktionen und Mitgliedstaaten repräsentieren soll und dessen Mitglieder die für die Sitzungsleitung erforderliche Neutralität wahren sollen.

5 Seit der GO-Reform 1981 obliegen dem Präsidium:

- Verwaltungsaufgaben im Hinblick auf Mitglieder (Art. 4 GO, Art. 22 Abs. 2 GO);
- Organisatorische Beschlüsse in bezug auf das Generalsekretariat des EP (Art. 22 Abs. 3 GO und – in mangelhafter Redaktion nahezu textgleich: Art. 113 Abs. 3 GO), u.a. die Ernennung des Generalsekretärs (Art. 113 Abs. 1 GO);
- Vorbereitende Beschlüsse für die Tätigkeit der Ausschüsse (Sitzungsort, Art. 10 Abs. 3 GO; Zusammensetzung: Art. 92 GO; Kompetenzverteilung: Art. 94 GO; Untersuchungsausschüsse: Art. 95 GO);
- Erlaß einer internen Finanzordnung (Art. 115 Abs. 1 GO) und Aufstellung des EP-Haushaltsvorentwurfs (Art. 114 Abs. 1, 2 GO).

6 Das Präsidium ist ebenso wie das Erweiterte Präsidium und die Quästoren gemäß Art. 25 Abs. 2 GO verpflichtet, Anfragen der Mitglieder zu seinen Arbeiten zu beantworten. Die Antworten werden im Bulletin des EP veröffentlicht.

2 Vgl. *Bieber, Roland,* Organe der erweiterten Europäischen Gemeinschaften – Das Parlament, Baden-Baden 1974, S. 155 ff.

3 Siehe dazu Rn. 7 f.

IV. Erweitertes Präsidium, Quästoren, Befugnisse

7 Das um die Fraktionsvorsitzenden erweiterte Präsidium hat im Laufe der Entwicklung des EP als »Erweitertes Präsidium« die wesentlichen Steuerungsfunktionen innerhalb des EP an sich gezogen. Erst seit 1972 ist dieses Gremium formell durch die GO sanktioniert. Die GO-Reform 1981 hat in Art. 24 Abs. 2 und 3 durch eine Umschreibung der Befugnisse in allgemeinen Begriffen (»entscheidet in Fragen der internen Organisation des Parlaments und den Fragen der internen Organisation des Parlaments und den Fragen zu Beziehungen zu Institutionen und Organisationen außerhalb der Gemeinschaft« und »über die Beziehungen zu den anderen Organen und Institutionen der Gemeinschaft«) den Vorrang des Erweiterten Präsidiums vor dem Präsidium verdeutlicht. Darüber hinaus weist die GO diesem Gremium als Aufgaben zu:

- Änderung des Termins von Plenartagungen, Einberufung des Parlaments (Art. 9 Abs. 4, 5 GO);
- Regelungen für Anfragen (Art. 42 Abs. 1, 2, 6; Art. 43 Abs. 1, 5; Art. 44 Abs. 1 GO);
- Aufstellung des Entwurfs der Tagesordnung (Art. 55 Abs. 1 GO);
- Feststellung des Vorentwurfs des EP-Haushaltsplans (Art. 24 Abs. 4; Art. 114 Abs. 2 GO).

Die Sitzungen von Präsidium und Erweitertem Präsidium werden vom Präsidenten einberufen und geleitet. Eine Geschäftsordnung dieser Gremien besteht bisher nicht.

8 An Vorbildern im französischen, italienischen und belgischen Parlament ausgerichtet, besteht seit 1977 das Kollegium der Quästoren. Dieses Gremium war zunächst aus drei Vizepräsidenten gebildet. Seit 1979 umfaßt das Kollegium 5 Mitglieder, die unmittelbar vom Plenum gewählt werden. Die Quästoren gehören dem Präsidium (und dem Erweiterten Präsidium) mit beratender Stimme an.

Sie sind mit Verwaltungs- und Finanzaufgaben betraut, die die Mitglieder direkt betreffen (Art. 20 GO). Dazu gehören u.a. Regeln über Kostenerstattungen und sonstige Leistungen an die Mitglieder. Die Einzelheiten der Zuständigkeiten der Quästoren ergeben sich aus »Leitlinien«, die vom Präsidium erlassen werden.[4]

V. Amtszeiten und Zusammensetzung

9 Die Verträge enthalten keine Bestimmungen über die Amtszeit von Präsident, Präsidium etc. Vor der Direktwahl bestand die Übung, die Mandatsdauer von Amtsträgern an die

4 Veröffentlicht im BullEP Nr. 49/1981.

jährliche Sitzungsperiode zu binden und jeweils im März jeden Jahres Neuwahlen abzuhalten.

Dabei bestand Einverständnis, die Mandate der Amtsträger 2 Jahre dauern zu lassen, so daß nach einem Jahr zumeist nur eine Bestätigung der Mandate erfolgte.

Nach der Direktwahl wurde 1979 die GO mit dem Ziel geändert, einheitlich für Präsident, Vizepräsidenten und Quästoren eine Mandatsdauer von zweieinhalb Jahren, also der halben Wahlperiode des EP festzulegen (Art. 16 Abs. 1 GO). In der Praxis wurden nach Ablauf der zweieinhalb Jahre der ersten Wahlperiode eine große Zahl von Mandaten nicht erneuert. Die Amtszeit der Fraktionsvorsitzenden ist im Prinzip unabhängig und nicht durch die GO geregelt. In der Praxis folgt sie dem Erneuerungsrhythmus der Organe des EP.

Muß ein Vizepräsident oder Quästor ersetzt werden, so benennt die Fraktion, der der Ausscheidende angehört hat, einen Nachfolger, der im Amt bleibt, bis formell ein Nachfolger gewählt ist (Art. 17 GO). Ein ausscheidender Präsident wird bis zur Wahl des Nachfolgers durch den ersten Vizepräsidenten ersetzt.

10 Der Umstand, daß Art. 140 ein Präsidium bezeichnet, deutet auf eine Mehrheit von Mitgliedern in diesem Leitungsgremium. Dabei kommt als Kriterium für Mitgliedschaft nur die Fraktionsangehörigkeit und/oder die Staatsangehörigkeit in Betracht. Das Präsidium umfaßt gemäß Art. 14, 15 GO zwölf Vizepräsidenten. Dem Erweiterten Präsidium gehören derzeit sieben Fraktionsvorsitzende sowie ein Beobachter der Fraktionslosen an. Außerdem nehmen die fünf Quästoren an den Sitzungen mit beratender Stimme teil.

Art. 12 Abs. 3 GO enthält das Gebot, bei Wahlen zu diesen Gremien *»insgesamt* einer gerechteren Vertretung nach Mitgliedstaaten und politischen Richtungen« Rechnung zu tragen. Tatsächlich spiegeln die Leitungsgremien des EP in ihrer Gesamtheit eine sorgfältige Balance zwischen einer angemessenen Vertretung der verschiedenen Kräfte im EP sowie einer Mindestvertretung der Mitgliedstaaten.

VI. Beziehungen zur Kommission

11 Art. 140 Abs. 2 und 3 regeln nur einen Ausschnitt der Beziehungen zwischen Kommission und EP. Unter Beschränkung des parlamentarischen Selbstorganisationsrechts räumt Art. 140 Abs. 2 den Mitgliedern der Kommission ein Anwesenheits- und Rederecht bei den Sitzungen des Parlaments ein. Im Hinblick auf Art. 155 Unterabs. 3 EWGV ist dieses Recht als eine Verpflichtung zu interpretieren. Da die Vorbereitung der Tätigkeit des EP in den Ausschüssen auf interne Organisationsbeschlüsse zurückgeht und nicht durch den Vertrag geboten ist, beschränken sich diese Rechte der Kommission auf Sitzungen des

Plenums.[5] An den Sitzungen der Ausschüsse besteht kein Anwesenheitsrecht, jedoch kann »die Kommission« (nicht nur Mitglieder, sondern auch Beamte) auf Einladung des Vorsitzenden eines Ausschusses teilnehmen (Art. 104 Abs. 3 GO).

Erklärungen von Mitgliedern der Kommission vor dem EP sind »im Namen der Kommission« abzugeben. Äußerungen im eigenen Namen, die nicht von der Kommission gebilligt sind, dürfen nicht abgegeben werden.

In der Praxis nimmt stets mindestens ein Mitglied der Kommission aktiv an den Plenarsitzungen des EP teil.

12 Auf der Grundlage dieses allgemeinen Anhörungsrechts der Kommission und bekräftigt durch die Erklärung der Gipfelkonferenz von 1972[6] hat sich eine Vielzahl wechselseitiger Beziehungen entwickelt. Diese betreffen die (vertraglich nicht gebotene) Konsultation des EP im EGKS-Bereich, die frühzeitige Unterrichtung des EP über Rechtsetzungsvorhaben der Kommission, die Bereitschaft, kurzfristig über die Haltung der Kommission zu Änderungswünschen des EP zu Rechtsetzungsprojekten Stellung zu nehmen.[7]

Darüber hinaus versucht das EP, Einfluß auf die Zusammensetzung der Kommission zu erlangen und die Kommission zu veranlassen, parlamentarische Entwürfe als eigene Vorschläge für Rechtsakte zu übernehmen.[8]

Problematisch ist die seit 1981 in Art. 36 der GO enthaltene Bestimmung, wonach sich das EP die Möglichkeit vorbehält, die Abgabe einer Stellungnahme zu einem Konsultationsersuchen des Rates zu verzögern, wenn die Kommission den Änderungswünschen des EP nicht nachkommen will. Zwar unterliegt die Abgabe einer Stellungnahme des EP keinen Fristen, doch wäre es unzulässig, die Stellungnahme an die Erfüllung bestimmter Bedingungen durch andere Organe zu knüpfen.

13 Die Beantwortung von Fragen einzelner Mitglieder, Gruppen von Abgeordneten oder (ganz ausnahmsweise) des Gesamtparlaments, hat sich zu einem bedeutenden Kontrollinstrument des EP entwickelt. Die verschiedenen Fragearten verfeinerten sich im Verlauf der Entwicklung des EP. Nach der GO-Reform 1981 sind zu unterscheiden:

- Mündliche Anfragen mit Aussprache (Art. 42 GO),

5 A.A. *Pöhle, Klaus,* Anm. 2 a zu Art. 140 in der Vorauflage.
6 HER I/A 13/4, Ziff. 15.
7 Vgl. Mitteilung der Kommission an das EP, Dok.KOM (73)999 vom 30. 5. 1973 über »Praktische Maßnahmen zur Stärkung der Kontrollbefugnisse des Parlaments und zur Verbesserung der Beziehungen zwischen dem Parlament und der Kommission«, abgedruckt bei *Bieber,* (s. oben Fn. 2, S. 185 ff.). Siehe auch: Mitteilung der Kommission vom 7. 10. 1981 über »Die Beziehungen zwischen den Institutionen der Gemeinschaft«, Bull. EG, Beilage 3/82.
8 Vgl. Bericht *van Miert,* Dok.EP 1-207/1981, Entschließung EP vom 9. 7. 1981, ABl. 1981 Nr. C 234 S. 64.

- Mündliche Anfragen ohne Aussprache (Art. 43 GO),
- Anfragen im Rahmen der Fragestunde (Art. 44 GO),
- Schriftliche Anfragen (Art. 46 GO).

In den ersten zwei Jahren nach der Direktwahl (1979 bis 1981) hat das EP an Rat und Kommission 80 mündliche Anfragen gemäß Art. 42/43 GO, 1600 Anfragen in der Fragestunde und 4649 schriftliche Anfragen gestellt.

Schriftliche Anfragen werden mit der Antwort im ABl. Teil C veröffentlicht. Erteilt die Kommission innerhalb eines Monats keine Antwort, so wird die Anfrage danach veröffentlicht (Art. 46 Abs. 2,3 GO).

VII. Beziehungen zum Rat

14 Abgesehen vom Haushaltsverfahren[9] enthält Art. 140 Satz 4 die einzige Bestimmung der Verträge über das Verhältnis zwischen EP und Rat. Damit offenbart sich ein nicht ausreichend geklärtes Verständnis der Vertragsautoren für die Problematik der Beziehung zwischen einem aus Abgeordneten und einem aus Regierungsvertretern gebildeten Organ, wobei das Spannungsverhältnis durch die klassischem Parlamentsverständnis widersprechende Zuweisung der Gesetzgebungsbefugnisse an das Organ der Regierungsvertreter noch verstärkt wird. In der Praxis tendiert das Verhältnis beider Organe zu einer Minderung dieser Spannungen und zu einer Verstärkung und Nuancierung der Beziehungen über das vertragliche Minimum hinaus. Besonders seit der Direktwahl richtet das EP seine Aufmerksamkeit auf die vermehrte Teilhabe an Rechten des Rates. Damit verstärkt sich allerdings auch die Möglichkeit von Konflikten, bis hin zur gerichtlichen Auseinandersetzung.[10]

15 Art. 140 Satz 4 räumt dem Rat ein Recht auf Anhörung durch das EP ein und weist die Bestimmung der Einzelheiten der GO des Rates zu. Damit ist zunächst nur das Recht des Rates festgelegt, im Plenum des EP Erklärungen abzugeben. Ob darüber hinaus *Mitglieder* des Rates, also Vertreter von Regierungen, die nicht die Präsidentschaft im Rat innehaben, sich im Plenum des EP oder vor seinen Ausschüssen äußern dürfen, richtet

9 Art. 203 EWGV.

10 Vgl. die Auseinandersetzung zwischen beiden Organen in den »Isoglukose-Fällen« (EuGH – 138, 139/79 – Slg. 1980, 3333). Dazu *Beutler, Bengt,* Anm. in EuR 1981, S. 55 und *Glaesner, Hans-J.,* Mögliche Konfliktzonen zwischen den Gemeinschaftsorganen, in: EuR 1981, S. 9ff. Siehe auch die Klage des Rates gegen das EP vom 19. 2. 1982 wegen des Haushaltsplans 1982 (Rs. 72/1982), ABl. 1982 Nr. C 72 S. 7. Die Klage wurde im Juli 1982 zurückgezogen. Allgemein zum Verhältnis Europäisches Parlament – Rat s. *Harnier*, Vorbemerkung zu Titel I des Fünften Teils (vor Art. 137) Rn. 11.

sich allein nach der GO bzw. nach ad hoc-Beschlüssen des EP. In der Praxis hat das EP derartige Äußerungen akzeptiert.

Nachdem es der Rat jahrelang, unter Verletzung von Art. 5 FusV, unterlassen hatte, sich eine GO zu geben, bestimmt seit 1979 Art. 19 dieser GO, daß der Rat auf Fragen des EP antwortet. Damit wird allerdings lediglich eine seit 1958 bestehende Praxis sanktioniert. Mitunter gilt dieses Fragerecht des EP als Beleg für ein EG-internes Gewohnheitsrecht.[11] Das gleichförmige und auf einen Rechtsbindungswillen deutende Verhalten des Rates könnte jedoch ebenso als eine Ausprägung allgemeiner Kooperationspflichten zwischen den Organen gedeutet werden.[12]

Die GO des EP behandelt Anfragen an Rat und Kommission im Prinzip gleichartig.[13] Allerdings verfügt der Rat über eine längere Frist zur Beantwortung von Fragen. Seit der Gipfelkonferenz von 1974 wurde dem EP auch das Recht zugestanden, Fragen an die Konferenz der Außenminister, die im Rahmen der außenpolitischen *Zusammenarbeit* zusammentreten, zu stellen.[14]

16 Über die Beantwortung von parlamentarischen Anfragen hinaus hat sich der Rat zu folgenden Maßnahmen gegenüber dem EP verpflichtet:

- Jährliches Exposé über die Tätigkeit des Rates,[15]
- Berichte über Ratstagungen,[16]
- Berichte und Kolloquien im Rahmen der außenpolitischen Zusammenarbeit,[16]
- Ausweitung des Konsultationsrechts,[17]
- Unterrichtung des EP über Weiterbehandlung der Stellungnahmen des EP,[18]

11 *Constantinesco,* Das Recht der europäischen Gemeinschaften, Bd. I, Ziff. 390.
12 Siehe *Bieber, Roland,* a.a.O., Fn. 1.
13 Siehe oben Rn. 13.
14 Schlußkommuniqué Ziff. 4 = HER I/A 13/6.
15 Siehe Vermerk des Rates an das EP vom 16. 10. 1973, Bull EP Nr. 34/73, abgedruckt bei *Bieber,* s. oben Fn. 2, S. 197 ff.
16 Ratsdokument Nr. 1631/1974 abgedruckt in »Das Europäische Parlament«, 2. Aufl. Baden-Baden 1982, S. 16.
17 Siehe oben Fn. 16, S. 18, auch Schreiben des Ratsvorsitzenden *de Keersmaeker* an das EP vom 8. 4. 1982, BullEP Nr. 11/1982, S. 53.
18 Siehe oben Fn. 16, S. 19. Vgl. Art. 39 GO.

– Verstärkte Beteiligung des EP am Abschluß internationaler Abkommen der EG,[19]

– Konzertierungsverfahren.[20]

17 Grundsätzlich angelegte Reformvorstellungen im Verhältnis der Organe zielen auf eine Verstärkung der Mitwirkungsrechte des EP an den Gesetzgebungsrechten des Rates. Vorgeschlagen wird insbesondere ein parlamentarisches Zustimmungsrecht zu geplanten Rechtsakten.[21] Außerdem strebt das EP eine unmittelbare und förmliche Beziehung zum Europäischen Rat an.[22] Der Auftritt der britischen Premier-Ministerin Margaret Thatcher vor dem EP im Dezember 1981 schuf hierfür einen bedeutsamen Präzedenzfall.

Artikel 141 [Beschlußfassung]

Soweit dieser Vertrag nichts anderes bestimmt, beschließt die Versammlung mit der absoluten Mehrheit der abgegebenen Stimmen.

Die Geschäftsordnung legt die Beschlußfähigkeit fest.

Literaturhinweise

s. bei Artikel 137

Inhaltsübersicht

19 Siehe oben, Fn. 16, S. 27 ff.

20 Siehe *Beutler, Bengt,* Rechtsfragen des Konzertierungsverfahrens in: *Bieber – Bleckmann u.a.,* Gedächtnisschrift Sasse, Bd. I, Baden-Baden 1981, S. 311 ff. und Schlußfolgerungen des Europäischen Rates vom 1./2. 12. 1980, Dok. EP Nr. 71. 642 sowie Vorschläge der Kommission vom 18. 12. 1981, Dok. KOM(81)816 def.

21 Siehe Bericht der ad hoc-Gruppe für die Prüfung der Frage einer Erweiterung der Befugnisse des Europäischen Parlaments – Bericht *Vedel* = BullEG, Beilage 4/1972 und Bericht *Hänsch,* Dok.EP Nr. 1-216/1981, Entschließung vom 9. 7. 1981, ABl. 1981 Nr. C 234 S. 52.

22 Siehe Bericht *Antoniozzi* über die Rolle des EP in seinen Beziehungen zum Europäischen Rat vom 25. 11. 1981, Dok.EP Nr. 1-739/81.8. 4. 1982, BullEP Nr. 11/1982, S. 53.

I. Vorbemerkung, Mehrheitsregel und Beschlußfähigkeit

1 Nach Art. 141 sind zwei Regelungsbereiche der Beschlußfassung zu unterscheiden:

Abs. 1 betrifft die Anforderungen, die der Vertrag selbst an die Rechtswirksamkeit einer Äußerung des Parlaments stellt. Abs. 2 stellt klar, daß die Bedingungen, die für das Zustandekommen eines Parlamentsbeschlusses gegeben sein müssen, vom EP in der GO festzulegen sind.

Aus dieser Unterscheidung wird deutlich, daß allein die Geschäftsordnung bestimmt, wann das Parlament beschlußfähig ist. Soweit also an anderer Stelle der Verträge spezielle Mehrheiten für die Wirksamkeit parlamentarischer Beschlüsse genannt sind,[1] dürfen diese Mehrheitsregeln nicht als Quorum angesehen werden.

II. Mehrheitsregel

1. Grundsatz

2 Als Grundsatz des rechtswirksamen Zustandekommens eines Parlamentsbeschlusses bezeichnet Abs. 1 die »absolute Mehrheit«. Dies ist eine Stimme mehr als die Hälfte der abgegebenen Stimmen. Rechtsakte des Parlaments können demnach – von Sonderfällen abgesehen – vertragsgemäß zustandegekommen sein, auch wenn sich nur eine kleine Anzahl von Abgeordneten an der Abstimmung beteiligt hat. Diese für Autorität und Legitimation der parlamentarischen Beschlüsse nicht unproblematische Regelung erleichtert jedoch wesentlich die parlamentarische Willensäußerung in den Bereichen, in denen das EP nur ein Recht zur Stellungnahme besitzt.

In der Praxis beruhen die meisten Parlamentsbeschlüsse auf der Zustimmung der einfachen Mehrheit der Anwesenden.

3 Mit der mehrheitlichen Annahme eines Beschlusses im Plenum sind aber noch nicht alle Wirksamkeitsvoraussetzungen erfüllt. Die förmliche Annahme des Protokolls der Sitzung muß noch hinzutreten. Da die Annahme im allgemeinen an einem anderen Tag erfolgt, tritt die Wirkung des Rechtsaktes erst mit diesem Zeitpunkt ein. Andererseits bedarf es wegen der Öffentlichkeit der parlamentarischen Beschlußfassung nicht erst der Veröffentlichung im Amtsblatt der EG, um einem Rechtsakt Wirksamkeit zu verleihen.[2] Dies gilt zumindest gegenüber den offiziell bei den Beratungen des EP anwesenden Organen Rat und Kommission.

1 Siehe unten Rn. 4.
2 Abweichung zu Art. 191 EWGV.

2. *Ausnahmen der Mehrheitsregel*

4 Der Vertrag legt an sieben Stellen höhere Mehrheiten fest:

a) Beschlüsse zur Annahme (und Änderung) der Geschäftsordnung gemäß Art. 142 bedürfen der Mehrheit der *Mitglieder,* d. h. der tatsächlich dem EP angehörenden Abgeordneten. Im Idealfall sind dies 218 Mitglieder. In der Regel liegt die tatsächliche Mitgliederzahl wegen vorzeitigen Ausscheidens einzelner Abgeordneter (z. B. durch Tod oder Mandatsniederlegung) niedriger.

b) Gemäß Art. 144 Abs. 2 ist für ein wirksames Mißtrauensvotum eine doppelte Mehrheit erforderlich. Diese muß die Mehrheit der tatsächlich dem Parlament angehörenden Mitglieder umfassen und gleichzeitig zwei Drittel der Abstimmenden bilden. Bei einer idealen Mitgliederzahl von 434 Abgeordneten[3] bedarf also ein Mißtrauensantrag zur Annahme mindestens 218 Stimmen. Liegt die Anzahl der Abstimmenden über 327 (218 = 2/3), so erhöht sich die erforderliche Anzahl der »ja«-Stimmen entsprechend.

c) Gemäß Art. 203 Abs. 4 kann das EP den Haushaltsentwurf in bezug auf nicht-obligatorische Ausgaben mit der Mehrheit der Stimmen seiner Mitglieder, also wiederum der tatsächlichen Mitgliederzahl, ändern.

d) Art. 203 Abs. 6 sieht vor, daß Änderungen des Rates am Haushaltsentwurf vom EP mit der Mehrheit der Stimmen der Mitglieder und drei Fünftel der abgegebenen Stimmen geändert oder abgelehnt werden können.

e) Mit der gleichen Mehrheit wie für einen Mißtrauensantrag erforderlich, kann das EP schließlich den gesamten Haushaltsplan ablehnen (Art. 203 Abs. 8).

f) Die Festsetzung eines neuen Höchstsatzes der nicht-obligatorischen Ausgaben erfordert gemäß Art. 203 Abs. 9 die gleiche parlamentarische Mehrheit wie Art. 203 Abs. 6 (s. oben d)).

g) Art. 204 sieht für die Genehmigung von nicht-obligatorischen Ausgaben bei Fehlen eines Haushaltsplans das gleiche Mehrheitserfordernis wie Art. 203 Abs. 6 (s. oben d)) vor.

5 Das EP hat in seiner GO zusätzliche Mehrheitserfordernisse festgelegt. Diese gelten für

a) Beschlüsse über Tagungen außerhalb des Sitzes (tatsächliche Mitgliederzahl = Art. 10 Abs. 2 GO).

b) Anträge auf Verweigerung der Entlastung der Kommission für die Haushaltsausführung gemäß Art. 206 (tatsächliche Mitgliederzahl = Art. 52 Abs. 2 GO).

c) Ausschluß der Öffentlichkeit (zwei Drittel der abgegebenen Stimmen = Art. 63 GO).

3 Mitgliederstand 1982.

Da es sich hierbei jeweils um Beschlüsse zur internen Organisation der parlamentarischen Arbeit handelt, sind diese Abweichungen von dem in Art. 141 Abs. 1 statuierten Grundsatz der einfachen Mehrheit durch die Geschäftsordnungsautonomie gemäß Art. 142 gedeckt.

III. Abstimmungsarten

6 Abstimmungen im EP erfolgen grundsätzlich offen (Art. 76 Abs. 1 GO). Allerdings kann[4] auf Antrag von mindestens einem Fünftel der Mitglieder die Abstimmung geheim stattfinden (Art. 79 Abs. 2). Bei Wahlen ist grundsätzlich geheime Abstimmung vorgesehen.

Die vier wichtigsten Abstimmungsarten sind

- Handzeichen (Art. 76 Abs. 1 GO),
- Aufstehen oder Sitzenbleiben (Art. 76 Abbs. 2 GO),
- Namentliche Abstimmung (Art. 77 Abs. 2 GO),
- Elektronische Abstimmung (Art. 78 GO).

Da bei der elektronischen Abstimmung nur das ziffernmäßige Ergebnis festgehalten wird (Art. 78 Abs. 2 GO) und somit das Abstimmungsverhalten einzelner Abgeordneter oder Fraktionen nicht mehr erkennbar ist, wird der Grundsatz der offenen Abstimmung bedenklich eingeschränkt. Auch ohne förmliche Abstimmung kann ein Beschluß des EP, z. B. durch eine Feststellung des Präsidenten, wonach kein Widerspruch gegen die Annahme erhoben wurde, zustande kommen.

Ein Mitglied kann sich bei einer Abstimmung nicht vertreten lassen (Art. 75 GO). Mit diesem Verbot wird die in Art. 4 des Direktwahlakts statuierte Unabhängigkeit der Mitglieder näher umschrieben.

IV. Beschlußfähigkeit

7 Gemäß Art. 141 Abs. 2 legt das EP selbst die Voraussetzungen für seine Beschlußfähigkeit fest. Das EP verfügt damit über die bedeutsame Befugnis, seine Tätigkeit entsprechend den konkreten Arbeitsumständen, vor allem in bezug auf die Möglichkeiten der Abgeordneten zur Teilnahme an den Sitzungen zu gestalten.

Diese Bestimmung ist angesichts der weit gefaßten Formulierung der Geschäftsordnungsautonomie in Art. 142 zwar entbehrlich, sie dient aber der Klarstellung, daß in den Verträgen selbst keine Regeln über die Beschlußfähigkeit enthalten sind.

4 Über diesen Antrag wird zunächst mit einfacher Mehrheit entschieden.

Die Beschlußfähigkeit bezieht sich auf nahezu alle *Abstimmungen. Beraten* kann das EP jederzeit, und es ist nicht zulässig, unter Berufung auf fehlende Beschlußfähigkeit, eine Beratung zu unterbrechen. Auch die für den Verlauf der parlamentarischen Arbeiten wesentlichen Beschlüsse zur Festlegung der Tagesordnung und zur Genehmigung des Sitzungsprotokolls können nicht wegen fehlender Beschlußfähigkeit verhindert werden (Art. 71 Abs. 1 GO).

8 Das EP ist gemäß Art. 71 Abs. 2 GO beschlußfähig, ist also befugt, über eine Vorlage abzustimmen, wenn mindestens ein Drittel der ihm tatsächlich angehörenden Mitglieder (im Plenum) anwesend sind (im Idealfall also 145 Mitglieder). Für die Gültigkeit einer Abstimmung kommt es jedoch nicht darauf an, ob diese Zahl von Mitgliedern wirklich anwesend war oder an der Abstimmung teilnahm, da Art. 71 Abs. 3 eine Legalvermutung zugunsten der Beschlußfähigkeit begründet. Nur wenn *vor* Beginn einer Abstimmung auf Antrag von mindestens zehn Mitgliedern eine Abstimmung über die Feststellung der Beschlußfähigkeit ergeben hat, daß kein Drittel der Abgeordneten anwesend ist, wird die Abstimmung über den anstehenden Punkt der Tagesordnung auf die nächste Sitzung verschoben. Das Quorum für rechtswirksame Abstimmungen liegt niedriger als in den meisten Mitgliedstaaten. Dort umfaßt es zumeist die Hälfte der Mitglieder.[5] Da die Teilnahme an den Sitzungen des EP von den meisten Abgeordneten längere Reisen erfordert, ist die Erreichung eines Quorums höheren und z. T. unwägbaren Risiken ausgesetzt.

Die Feststellung der Beschlußfähigkeit gilt nur für die jeweilige Abstimmung. Bei festgestellter Beschlußfähigkeit geht das EP zum nächsten Punkt der Tagesordnung über. Für diesen gilt erneut die Vermutung der Beschlußfähigkeit. Ergänzend zu dem Minderheitenrecht auf Feststellung der Beschlußfähigkeit verfügt der Präsident gemäß Art. 71 Abs. 5 über dieses Feststellungsrecht bei offensichtlich nicht mehr hinreichend repräsentativer Anwesenheit, also bei einer Präsenz von weniger als zehn Mitgliedern.

Für Abstimmungen in den Ausschüssen gilt gemäß Art. 103 Abs. 1 die Vermutung der Beschlußfähigkeit nicht. Nur dann kann in einem Ausschuß gültig abgestimmt werden, wenn mindestens ein Viertel der Ausschußmitglieder tatsächlich anwesend ist. Wird jedoch eine formelle Feststellung der Beschlußfähigkeit verlangt (von einem Sechstel der Mitglieder des Ausschusses), dann ist eine Abstimmung sogar nur gültig, wenn an ihr die absolute Mehrheit der Mitglieder des Ausschusses teilnimmt.

5 Vgl. Art. 64 der italienischen Verfassung.

Artikel 142 [Geschäftsordnung, Veröffentlichungen]

Die Versammlung gibt sich ihre Geschäftsordnung; hierzu sind die Stimmen der Mehrheit ihrer Mitglieder erforderlich.

Die Verhandlungsniederschriften der Versammlung werden nach den Bestimmungen dieser Geschäftsordnung veröffentlicht.

Literaturhinweise

s. bei Artikel 137

Inhaltsübersicht

I. Geschäftsordnungsrecht, Allgemeines

1 Gemäß Art. 142 Abs. 1 EWGV (112 Abs. 1 EAGV; 25 Abs. 1 EGKSV) besitzt das Europäische Parlament die Befugnis, sich autonom eine Geschäftsordnung zu geben. Darin findet das für die EG-Institutionen in unterschiedlichem Ausmaß geltende Prinzip des Selbstorganisationsrechts seinen Ausdruck. Dieses Prinzip besagt, daß eine Institution im Rahmen der ihr zugewiesenen Zuständigkeiten und Befugnisse das Recht besitzt, selbständig die Art und Weise der Erfüllung der ihr zugewiesenen Aufgaben zu regeln.

Diese Ermächtigungsgrundlage der Verträge beinhaltet also nicht nur die Befugnis zum Erlaß von Geschäftsordnungsrecht im engen Sinne, d. h. der Regeln für den Ablauf der Sitzungen.[1] Art. 142 bildet vielmehr eine allgemeine Kompetenznorm zum Erlaß aller für das Funktionieren des Organs erforderlichen Maßnahmen.[2]

Ihre Grenze findet die Nutzung von Art. 142 lediglich in entgegenstehenden Spezialvorschriften der Verträge. Dies gilt für die jährliche Sitzungsperiode (Art. 139 EWGV,

1 Unzutreffend daher die Äußerungen der britischen Regierung vor dem EuGH in der Rs. 208/80 (Lord Bruce), Slg. 1981, 2205.

2 Grundlegend hierzu: *Kapteyn, P.J.G.*, l'Assemblée commune de la Communauté européenne du Charbon et de l'Acier, Leyden 1962, S. 125 ff.

Art. 10 Abs. 3 Akt), die Wahl von Präsident und Präsidium (Art. 140 Abs. 1 EWGV), erforderliche Mehrheiten (Art. 141 EWGV) und die Veröffentlichung der Protokolle (Art. 142 Abs. 2 EWGV).

Außerdem können Beschlüsse des EP auf der Grundlage von Art. 142 nicht die vertraglichen Zuständigkeiten erweitern oder die Befugnisse des EP einseitig verändern. Auch bleibt die Nutzung des Selbstorganisationsrechts der allgemeinen Pflicht der Organe zur Zusammenarbeit im Interesse einer Verwirklichung der Vertragsziele untergeordnet. Dies bedeutet negativ, daß jedes Organ Maßnahmen zu unterlassen hat, die ein anderes Organ bei der Wahrnehmung seiner Aufgaben behindern würde. Positiv ist aus dieser Kooperationspflicht die Zulässigkeit – und Rechtswirksamkeit zwischen den beteiligten Organen – von Inter-organ-Vereinbarungen über die Art der Aufgabenerfüllung der Organe zu entnehmen.[3] Der Kriterien des Gewohnheitsrecht – insbesondere der Übung mit Rechtsbindungswillen – bedarf es zwischen den Organen insoweit nicht.

2 Das Geschäftsordnungsrecht steht im Rang unterhalb der Verträge. Im einzelnen ist jedoch die Rechtsnatur, insbesondere der Grad der Verbindlichkeit und die Justiziabilität dieses internen Organisationsrecht noch nicht hinreichend geklärt.

Geschäftsordnungen der Institutionen gehören nicht zu den in Art. 189 aufgezählten Rechtshandlungen der Organe, gleichwohl können sie vom EuGH zumindest insoweit überprüft werden, als sie dazu bestimmt sind, Rechtswirkungen zu erzeugen. Gleiches gilt für das aufgrund der Geschäftsordnungsautonomie einseitig von einem Organ oder in Verbindung mit anderen Organen erlassene Recht.

II. Inhalt der Geschäftsordnung

3 In Anwendung des Organisationsrechts legt das EP Häufigkeit, Dauer und Tagesordnung seiner Plenarsitzungen selbst fest. Es hat sich in Ausschüssen und Fraktionen organisiert und sich ein Generalsekretariat gegeben.

Grundlage der Beratungen im Plenum sind in der Regel Berichte eines der 18, nach Sachgebieten aufgeteilten *Ausschüsse,* zu den dem EP unterbreiteten Vorschlägen und

3 Hierzu im einzelnen: *Bieber, Roland,* Kooperation und Konflikt, Elemente einer Theorie des internen Organisationsrechts der EG, in: Gedächtnisschrift Sasse, Bd. I, S. 327, Baden-Baden 1981.

Initiativen.[4] Die Ausschüsse tagen nicht öffentlich (Art. 104 Abs. 2 GO). Ausnahmen von diesem Grundsatz, z. B. für öffentliche Anhörungen, sind zulässig.

In der zentralen Rolle, die das EP den Fraktionen einräumt, kommt der politische Anspruch des Parlaments zum Ausdruck, unterschiedliche Ziele und Interessen nicht nur zwischen Staaten, sondern auch zwischen den einzelnen Gruppen innerhalb der Staaten zu artikulieren und in Mehrheitsentscheidungen umzuformen.

Die für die Bildung einer Fraktion erforderliche Mindestzahl von Abgeordneten ist variabel festgelegt, je nachdem, aus wie vielen Staaten diese Abgeordneten stammen: kommen die Abgeordneten alle aus einem Staat, so sind 21 Mitglieder erforderlich. Kommen die Mitglieder aus zwei Staaten, so genügen 15 Mitglieder. Bei drei oder mehr Mitgliedstaaten reichen 10 Mitglieder für die Bildung einer Fraktion.[5]

Im März 1982 bestanden folgende Fraktionen:

- Sozialistische Fraktion,
- Fraktion der Europäischen Volkspartei (Christlich-demokratische Fraktion),
- Fraktion der Europäischen Demokraten,
- Fraktion der Kommunisten und Nahestehenden,
- Liberale und demokratische Fraktion,
- Fraktion der Europäischen Demokraten für den Fortschritt,
- Fraktion für die technische Koordinierung und Verteidigung der unabhängigen Gruppen und Abgeordneten.

In den Fraktionen bereitet sich die eigentliche politische Willensbildung des EP vor. Freilich weisen die jeweiligen Standpunkte der Fraktionen selten die gleiche Prägnanz wie in einem nationalen Parlament auf. Das liegt unter anderem daran, daß ein politischer Unterbau der Fraktionen – europäische Parteibünde – nur rudimentär vorhanden ist.

4 Art. 32 Abs. 3 und Art. 92 bis 105 GO. Während der zweiten Hälfte der ersten Wahlperiode des EP (1982 bis 1984) bestehen folgende Ausschüsse:
(1) Politischer Ausschuß; (2) Landwirtschaftsausschuß; (3) Haushaltsausschuß; (4) Ausschuß für Wirtschaft und Währung; (5) Ausschuß für Energie und Forschung; (6) Ausschuß für Außenwirtschaftsbeziehungen; (7) Rechtsausschuß; (8) Ausschuß für soziale Angelegenheiten und Beschäftigung; (9) Ausschuß für Regionalpolitik und Raumordnung; (10) Ausschuß für Verkehr; (11) Ausschuß für Umweltfragen, Volksgesundheit und Verbraucherschutz; (12) Ausschuß für Jugend, Kultur, Bildung, Information und Sport; (13) Ausschuß für Entwicklung und Zusammenarbeit; (14) Ausschuß für Haushaltskontrolle; (15) Ausschuß für Geschäftsordnung und Petitionen; (16) Wahlprüfungsausschuß; (17) Untersuchungsausschuß über die Lage der Frau; (18) Ausschuß für Institutionelle Angelegenheiten.

5 Art. 26 GO.

Die Fraktionen besitzen als Teile des EP keine eigene Rechtsfähigkeit.[6]

Dem gemäß Art. 113 GO geschaffenen Generalsekretariat kommt erhebliche Bedeutung für die Vorbereitung der Arbeiten der parlamentarischen Gremien zu. Es umfaßt derzeit ca. 2500 Bedienstete. Davon arbeitet ein großer Teil unmittelbar oder mittelbar für den Sprachendienst.

4 Aufgrund des Selbstorganisationsrechts beschließt das EP auch über den Arbeitsort des Plenums und seiner Organe. Allerdings besteht die Zuständigkeit der Regierungen der Mitgliedstaaten für die Festlegung eines Sitzes der Institutionen fort. Es ist nicht ganz geklärt, ob – und gegebenenfalls in welchen Grenzen – aus dem Fehlen eines entsprechenden Regierungsbeschlusses gemäß Art. 216 autonome Maßnahmen der Organe zulässig werden.

Soweit dies für das Funktionieren der Organe unerläßlich ist, wird man eine Befugnis der Organe, hier des EP auf der Grundlage von Art. 142, annehmen können, seine Tätigkeit so zu organisieren, daß damit einerseits einer Festlegung des Sitzes gemäß Art. 216 nicht vorgegriffen und andererseits die Verpflichtung zur wirtschaftlichen Haushaltsführung gemäß Art. 206a nicht verletzt wird. Die Verteilung der parlamentarischen Aktivitäten auf drei Orte (Ausschußsitzungen in Brüssel, Plenartagungen in Straßburg, Sitz des Generalsekretariats in Luxemburg)[7] dürfte dem letztgenannten Kriterium kaum genügen. Versuche des EP zur räumlichen Straffung seiner Arbeiten[8] bewirkten nach – juristisch kaum haltbarer – Auffassung der Regierung Luxemburgs eine Überschreitung des Selbstorganisationsrechts zu Lasten der Vorrechte der Regierungen der Mitgliedstaaten.[9] Tatsächlich dürfte das Selbstorganisationsrecht auch dann in Anspruch genommen werden können, wenn die Mitgliedstaaten ihre vertraglich eingeräumten Befugnisse nicht wahrgenommen haben und dadurch eine wesentliche Behinderung der Organe entsteht.

5 Ebenfalls im Rahmen der – allerdings nicht ausdrücklich benannten – Ermächtigungsnorm des Art. 142 hat das Präsidium des EP Kostenerstattungsregelungen für die Mitglieder getroffen.[10] Ursprünglich beruhte die Ermächtigung hierzu auf Beschlüssen

6 EuGH – Schertzer, 25/68 – Slg. 1977, 1729.

7 Siehe *Bieber, Roland,* Die Gemeinschaft ohne Hauptstadt, Rechtsfolgen eines Provisoriums, in: EuR 1974, S. 168 ff.

8 Entschließung vom 7. 1981, ABl. 1981 Nr. C 234 S. 22.

9 EuGH – Luxemburg / Europ. Parlament; 203/81 – ABl. 1981 Nr. C 221 S. 3. Ein Urteil in der Sache ist bis zum Oktober 1982 noch nicht ergangen.

10 Hierzu gehören: Reisekosten zu den Arbeitsorten des EP; Aufenthaltskosten/Tagegelder; Pauschale Reisekostenerstattung zur Wählerbetreuung; Kostenerstattung für Auslandsreisen (in der EG) im Rahmen eines Höchstbetrages; Bürokostenpauschale; Zulage für die Einstellung eines Assistenten; Lebens-, Unfall-, Diebstahlversicherung, Hinterbliebenenversorgung.

des Plenums.[11] Seit der GO-Reform 1981 ergibt sich die Ermächtigung aus Art. 22 Ziff. 2 GO. Diese Beschlüsse gehören zum materiellen Geschäftsordnungsrecht.

6 Die erste Fassung der GO stammt vom 13. 1. 1953. Das Parlament hat diese Fassung mehrfach geändert, eine Neufassung vom 27. 6. 1962 ist im ABl. 1962 Nr. 97 S. 2437 und im BGBl. 1963 II S. 92 veröffentlicht worden. Auch diese Fassung hat mehrere Änderungen erfahren; bis 1981 galt die Neufassung vom 10. 11. 1967 (ABl. 1967 Nr. 280). Auch diese GO wurde laufend ergänzt bzw. geändert. So erfolgte im Zusammenhang mit der ersten Erweiterung die Einführung der Fragestunde. Der Ausbau der Haushaltsbefugnisse und die Einführung des Konzertierungsverfahrens bewirkten weitere Änderungen.

Nach der Direktwahl erfolgte eine vollständige Revision und Neufassung. Nachdem zunächst die Rechtsstellung der Fraktionen im November 1979 neu definiert worden war, beschloß das Europäische Parlament am 26. 3. 1981 seine neu gefaßte GO, die den Bedürfnissen des vergrößerten und gewählten Parlaments sowie seiner veränderten institutionellen Stellung Rechnung tragen soll. Schwerpunkte der Änderung liegen im Bereich der Plenarsitzungen (Straffung der Tagesordnung z. B. durch die Möglichkeit der Delegation von Plenarbefugnissen an Ausschüsse – Art. 33 –, durch die Möglichkeit der Begrenzung von Abstimmungserklärungen – Art. 80), des Konsultationsverfahrens (Art. 32, 35 bis 37) sowie der Aufgaben der innerparlamentarischen Organe (Art. 4, 25, 55). Die Neufassung trat am 4. 5. 1981 in Kraft.[12]

Die jetzt gültige GO ist in 17 Kapitel eingeteilt. Teil der GO sind zwei Anlagen über »Durchführungsverfahren für die Prüfung des Gesamthaushaltsplans der Europäischen Gemeinschaften und der Nachtragshaushaltspläne« sowie »Leitlinien zur Durchführung der Fragestunde gemäß Art. 44«.

III. Änderung der Geschäftsordnung

7 Annahme und Änderung der GO erfordern »die Stimmen der Mehrheit« der Mitglieder. Diese mit Art. 144 übereinstimmende Formulierung läßt nicht eindeutig erkennen, ob damit die Mehrheit der vertraglichen Mitgliederzahl (derzeit also 218 Mitglieder) oder die Mehrheit der jeweils dem Parlament tatsächlich angehörenden Mitglieder gelten soll.

Es besteht kein sachliches Erfordernis auf die vertragliche Mitgliederzahl abzustellen. Vielmehr spricht das zum Teil komplizierte Verfahren zur Benennung des Nachfolgers eines ausgeschiedenen Mitglieds dafür, ein Quorum für Beschlüsse allein anhand der

11 Beschluß vom 3. 7. 1972, ABl. 1972 Nr. C 82 S. 7.
12 ABl. 1981 Nr. C 90 S. 48.

jeweils tatsächlich dem EP angehörenden Mitglieder festzulegen.[13] Das EP hat sich diese Auslegung formell zu eigen gemacht.[14]

Ist nach Auffassung des Präsidenten die Auslegung einzelner GO-Bestimmungen erforderlich, so wird gemäß Art. 111 GO der zuständige Ausschuß des EP befaßt. Gegen die vom Ausschuß vorgeschlagene Auslegung können eine Fraktion oder mindestens 10 Mitglieder Einspruch erheben. In diesem Fall entscheidet das Plenum mit einfacher Mehrheit. Wird kein Einspruch erhoben, oder weist das Parlament den Einspruch zurück, so wird die entsprechende Auslegung wirksam. Die Auslegung wird dadurch aber nicht zum formellen Geschäftsordnungsrecht. Sie kann jederzeit mit einfacher Mehrheit geändert werden.

IV. Veröffentlichung der Verhandlungen des EP

8 Der Vertrag begründet – im Vollzug des Prinzips der Öffentlichkeit parlamentarischer Tätigkeit – eine Veröffentlichungspflicht für die Verhandlungen des EP. Das Parlament ist befugt, die Einzelheiten der Veröffentlichung selbst festzulegen. Diese allgemeine Ermächtigung in Art. 142 Abs. 2 steht unter dem Vorbehalt, daß der öffentliche Zugang zu den Protokollen des EP tatsächlich gewährleistet ist. Daher sind diese Protokolle in allen Amtssprachen zu verfassen und in geeigneter Weise zu verbreiten.

Gemäß Art. 89 und Art. 90 der GO ist zu unterscheiden zwischen dem Sitzungsprotokoll (das die Beschlüsse des Parlaments und die Namen der Redner enthält) und dem ausführlichen Sitzungsbereich (der den Wortlaut der Reden enthält).

Das Sitzungsprotokoll ist formell vom Plenum zu genehmigen (Art. 89 Abs. 2, 3, GO). Erst mit der Genehmigung werden die darin enthaltenen Willenserklärungen des Parlaments rechtswirksam. Das Protokoll wird im Amtsblatt der EG, Serie C, veröffentlicht.

Der ausführliche Sitzungsbericht, d. h. der Wortlaut der Ausführungen, erfährt keine Billigung durch das Plenum. Er wird anhand der Tonbandaufzeichnungen der Reden hergestellt und als Anhang (fortlaufend nummeriert) zum Amtsblatt veröffentlicht.

13 Auf die tatsächliche Anwesenheit kommt es dabei nicht an.
14 Beschluß des EP gemäß Art. 111 GO vom 20. 11. 1981, ABl. 1981 Nr. C 327 S. 77.

Artikel 143 [Jährlicher Gesamtbericht]

Die Versammlung erörtert in öffentlicher Sitzung den jährlichen Gesamtbericht, der ihr von der Kommission vorgelegt wird.

Literaturhinweise

s. bei Artikel 137

Inhaltsübersicht

I. Berichtspflicht der Kommission

1 Nach der ursprünglichen Vertragskonzeption sollten die parlamentarischen Kontrollrechte sich allein auf die Kommission erstrecken und auf zwei Säulen beruhen, den Fragen gemäß Art. 141 EWGV und dem jährlichen Gesamtbericht. Das Recht zur Prüfung des Gesamtberichts besteht nach allen drei Verträgen (vgl. Art. 24 Abs. I EGKSV, Art. 113 EAGV); eine ausdrückliche Verpflichtung der Kommission zur Vorlage dieses Berichts ergibt sich aus Art. 18 FusV (zuvor Art. 156 EWGV, 125 EAGV, 17 EGKSV). Dort wird auch der Zeitpunkt der Veröffentlichung (spätestens einen Monat vor Beginn der Sitzungsperiode des Parlaments, d. h. jeweils Anfang Februar jeden Jahres) festgelegt. Während der alleinigen Geltung des EGKSV und der damals anders beginnenden Sitzungsperiode, war der Gesamtbericht jeweils im Mai vorzulegen. Außerdem konnte aufgrund der ursprünglichen Fassung des EGKSV nur in Verbindung mit der Beratung über den Gesamtbericht ein Mißtrauensvotum eingebracht werden. Diese Regelung ist 1965 ebenso entfallen, wie die getrennte Abfassung je eines Berichts für die einzelnen Gemeinschaften. EWGV und EAGV sahen ein Junktim von Mißtrauensvotum und Gesamtbericht nie vor.

2 Der Inhalt der Berichtspflicht wird nur im Hinblick auf den Sozialbericht durch Art. 122 EWGV näher bezeichnet, sonst jedoch der Kommission zur Ausgestaltung überlassen.

Die (seit 1966 fortlaufend numerierten) Gesamtberichte bilden eine umfassende Übersicht der Tätigkeit der gesamten Gemeinschaft. Allerdings handelt es sich dabei mehr um eine Bilanz von Fakten als um ein politisches Dokument. Dies wird unter anderem daran deutlich, daß der Gesamtbericht nicht nur die Tätigkeit der Kommission selbst, sondern auch die der anderen Institutionen ausführlich dokumentiert.

Gemäß Art. 122 EWGV legt die Kommission mit dem Gesamtbericht einen besonderen Bericht »über die Entwicklung der sozialen Lage in der Gemeinschaft« vor. Als gesonderten Bericht unterbreitet sie weiterhin seit 1972 jährlich dem EP einen Bericht

»über die Lage der Landwirtschaft in der Gemeinschaft«[1] und seit 1971 einen Bericht »über die Wettbewerbspolitik der Gemeinschaft«.[2] Schließlich unterbreitet die Kommission dem Parlament (und dem Rat) gemäß Art. 205a EWGV einen jährlichen Haushaltsbericht. Dieser Bericht bildet die Grundlage der Entscheidung über die Entlastung der Kommission für die Haushaltsführung gemäß Art. 206b EWGV. Er wird in einem gesonderten Verfahren beraten.[3] Handelt es sich bei den vorgenannten Berichten der Kommission um Sonderformen der allgemeinen Berichtspflicht an das Parlament gemäß Art. 18 FusV und Art. 143 EWGV, so lassen sich die entsprechend vom Rat gegenüber dem EP eingegangenen Verpflichtungen zur Mitteilung über die Grundzüge seiner »Tätigkeit des abgelaufenen Jahres« nicht unmittelbar aus den Verträgen ableiten.[4]

II. Verfahren im Parlament

3 Die Verträge verpflichten das Parlament, den Gesamtbericht zu erörtern. Dies muß in »öffentlicher« Sitzung geschehen. Weitergehende Konsequenzen einer parlamentarischen Beratung, z. B. die Vorlage eines Berichts, eine Abstimmung, oder Verfahrensvorschriften, die über die Selbstverständlichkeit der öffentlichen Beratung hinausgingen, enthalten die Verträge nicht. Diese Flexibilität hat sich als zweckmäßig erwiesen, denn das Interesse von Abgeordneten und Öffentlichkeit verlagerte sich allmählich weg von der nachträglichen Kontrolle über die Tätigkeit der Kommission hin zu dem Versuch, das zukünftige Verhalten der Kommission zu beeinflussen. Die Kommission kommt diesem Bestreben entgegen und legt seit 1972 gleichzeitig mit dem Gesamtbericht programmatische Erklärungen über die Politik während des laufenden Jahres vor. Darauf konzentriert sich in der Praxis die parlamentarische Aufmerksamkeit.

Während zwischen 1960 und 1974 ein Generalberichterstatter über den Gesamtbericht der Kommission ernannt wurde, der aus den Stellungnahmen der betroffenen Ausschüsse einen Bericht für das Plenum zu verfassen hatte, ist seither die »automatische« Berichterstattung abgeschafft. Nunmehr sieht Art. 29 der GO[5] vor, daß die verschiedenen Teile des Gesamtberichts an die zuständigen Ausschüsse verteilt werden, doch betont Art. 29 Ziff. 3 auf ungewöhnliche Weise, daß die Ausschüsse »nicht unbedingt« Bericht erstatten müßten. Will sich ein Ausschuß äußern, so hat er sich eines der Verfahren zur

1 Vgl. »Erklärung betreffend das System zur Festsetzung der Agrarpreise der Gemeinschaft« in der Schlußakte vom 22. 1. 1972 zum Beitritt Dänemarks, Großbritanniens und Irlands, HER I A 12, S. 164.
2 Vgl. Erklärung des Mitglieds der Kommission, *Albert Borschette*, vom 7. 6. 1971, Vhdlg. EP. ABl. Anh. 139, S. 25.
3 Siehe Art. 52 GO.
4 Vermerk des Rates an das EP vom 16. 10. 1973, BullEP Nr. 34/1973, Text in »Das Europäische Parlament«, 2. Aufl. Baden-Baden 1982, S. 16.
5 Identisch mit der seit 1976 gültigen Fassung von Art. 20 der vor 1981 gültigen GO.

Berichterstattung zu bedienen, die in der GO vorgesehenen sind (z. B. Initiativbericht gemäß Art. 102 GO mit Genehmigung des Präsidiums).

4 In der Praxis erfolgt kaum noch eine Berichterstattung zu Teilen des Gesamtberichts durch einzelne Ausschüsse. Daher beschränkt sich die »Erörterung« im Sinne von Art. 143 EWGV auf die parlamentarische Aussprache, die sich unmittelbar an die Vorlage des Berichts und des jährlichen Aktionsprogramms durch den Kommissionspräsidenten während der Februar-Plenarsitzung anschließt.[6]

Das Verfahren genügt noch den Anforderungen des Begriffes »erörtert« in Art. 143. Die Kommission könnte möglicherweise eine erhöhte parlamentarische Aufmerksamkeit für den Bericht erlangen – und Prüfungsmöglichkeit des Parlaments nach Art. 143 EWGV ihren Sinn zurückgeben –, wenn sie einen wesentlich verkürzten, dafür jedoch politisch akzentuierten Bericht vorlegte.

Artikel 144 [Mißtrauensantrag]

Wird wegen der Tätigkeit der Kommission ein Mißtrauensantrag eingebracht, so darf die Versammlung nicht vor Ablauf von drei Tagen nach seiner Einbringung und nur in offener Abstimmung darüber entscheiden.

Wird der Mißtrauensantrag mit der Mehrheit von zwei Dritteln der abgegebenen Stimmen und mit der Mehrheit der Mitglieder der Versammlung angenommen, so müssen die Mitglieder der Kommission geschlossen ihr Amt niederlegen. Sie führen die laufenden Geschäfte bis zur Ernennung ihrer Nachfolger gemäß Artikel 158 weiter.

Literaturhinweise

Bieber, Roland, Das parlamentarische Mißtrauensvotum in den Europäischen Gemeinschaften, in: NJW 1973, S. 405 ff.
Grabitz, Eberhard – Läufer, Thomas, Das Europäische Parlament, Bonn 1980, S. 153 f., S. 376
Reister, Erwin, Bemerkungen zum ersten parlamentarischen Mißtrauensvotum in den EG, in: ZParl. 1973, S. 208 ff.

Inhaltsübersicht

6 Z. B. Vhdlg. EP vom 16. und 17. 2. 1982, ABl. Anh. Nr. 1–280, S. 53 ff., S. 107 ff.

I. Einleitung

1 Die Befugnis eines Organs, aus politischen Gründen die Mitglieder eines anderen Organs zur Niederlage ihrer Ämter zu zwingen, unterstreicht die politische Natur beider Organe. Im *zwischenstaatlichen* Bereich verdeutlicht sie überdies die staatsähnliche Natur des jeweiligen Systems insofern, als die Befugnis des Europäischen Parlaments zur Annahme eines Mißtrauensantrags der parlamentarischen Verantwortlichkeit von Regierungen ähnelt.[1] Der Vergleich ist wegen der nur teilweisen Identität der Funktionen beider Organe mit staatlichen Modellen zwar nur mit Vorbehalt zu ziehen. Hinzu kommt, daß die politische Zusammensetzung der Kommission wegen der Ernennung durch die Regierungen der Mitgliedstaaten keineswegs den Mehrheitsverhältnissen im EP entspricht. Dennoch bildet diese Vorschrift – ähnlich wie die Bestimmung über die Einführung der Direktwahlen (Art. 138) – ein Instrument zur Verwirklichung eines parlamentarischen Systems in der EG. Daß sich dabei mit der Verlagerung der Gewichte von Kommission auf Rat im EWGV und EAGV gegenüber dem EGKSV eine Minderung der Bedeutung des Mißtrauensantrags ergeben hat, trifft zwar zu, wurde aber nicht zwingend durch die jüngeren Verträge geboten[2], sondern folgte aus dem Niedergang der Rolle der Kommission in der Praxis.[3] Außerdem verbreiterten die jüngeren Verträge die Nutzungsmöglichkeiten eines Mißtrauensantrags erheblich dadurch, daß die in Art. 24 EGKSV ursprünglich enthaltene Voraussetzung einer Verknüpfung mit der Diskussion des Jahresberichts der Hohen Behörde entfiel. Durch Art. 27 Abs. 2 FusV sind die Voraussetzungen einem Mißtrauensantrags im Sinne der bereits in EWGV und EAGV enthaltenen Regelung vereinheitlicht worden.

2 Neben der Bedeutung des Mißtrauensantrags als Ansatz zu einem parlamentarischen Regierungssystem der EG steht seine Funktion als Garant der Kontrollbefugnisse des EP gegenüber der Kommission. Unabhängig von der tatsächlichen Nutzung verfügt das EP durch die latente Drohung eines Mißtrauensvotums über ein Mittel, mit dem es die Art und Weise beeinflussen kann, in der die Kommission ihren Informationspflichten gegenüber dem EP nachkommt. Auch wenn bisher nur wenige Anträge eingebracht und keiner vom EP angenommen wurde[4], sollte daraus nicht auf die relative Bedeutungslosigkeit dieser Vorschrift geschlossen werden.[5]

3 Das Hauptproblem der Bestimmung des Art. 144 besteht darin, daß Art. 144 dem EP nur

1 Art. 67 GG; Art. 15 dänische Verfassung; Art. 49, 50 französische Verfassung; Art. 94 italienische Verfassung.

2 *Constantinesco, Leontin-Jean,* a.a.O., S. 4605, s. auch *Grabitz – Läufer,* Das Europäische Parlament, S. 153, Fn. 187.

3 Siehe dazu insbesondere *Ehlermann, C.D.,* Das schwierige Geschäft der Kommission, in: EuR 1981, S. 335 ff.

4 Siehe unten Rn. 8.

5 So aber *Constantinesco,* a.a.O., *Grabitz – Läufer,* S. 154; *Bleckmann,* Europarecht, S. 40.

ein negatives Recht einräumt und für die Ernennung einer neuen Kommission nach einem Mißtrauensvotum die ausschließlichen Rechte der Mitgliedstaaten[6] fortbestehen.[7]

Folgerichtig wurden vom EP verschiedene Versuche unternommen, um die Wirkungsmöglichkeiten eines Mißtrauensvotums zu erhöhen. Diese zielen einerseits darauf ab, das Parlament an der Ernennung der Kommission zu beteiligen und andererseits Mißtrauensanträge gewissermaßen »aufzuspalten« und sie nur gegen einzelne Mitglieder der Kommission zu richten.

Für die Form, in der das EP an der Ernennung der Mitglieder der Kommission mitwirken könnte, wurden verschiedene Modelle vorgeschlagen. Diese reichen von einer Anhörung des EP-Präsidiums[8] über ein Vetorecht des Plenums gegen die beabsichtigte Ernennung eines Präsidenten[9] bis hin zur Wahl der gesamten Kommission durch das EP.[10] Ohne Zweifel würde die Verwirklichung dieser Absichten bereits in ihrer schwächsten Form die Bedeutung des Mißtrauensvotums wesentlich erhöhen. Anzeichen für eine Verwirklichung bestehen bis 1982 allerdings nicht.

Im EP wurde auch erwogen, Mißtrauensanträge gegen einzelne Mitglieder der Kommission einzubringen.[11] Für derartige Anträge dürften Mehrheiten einfach zu erlangen sein. Angesichts des Wortlauts von Art. 144 könnte ein solcher Antrag, selbst wenn er mit den dort geforderten Mehrheiten angenommen worden wäre, nur die in Art. 144 vorgesehenen Rechtsfolgen herbeiführen und müßte dazu die Voraussetzung erfüllen, daß das Verhalten eines Mitglieds der gesamten Kommission als »Tätigkeit« zugerechnet werden kann. Andernfalls beschränkte sich ein derartiges Votum auf eine politische Deklamation. Die Zulässigkeit derartiger Anträge ist jedenfalls zu bejahen.[12]

Zur Verstärkung der politischen Bindung der Kommission an das Parlament würde auch die Änderung der Praxis gehören, wonach die Kommission ihren gemäß Art. 10 FusV gebotenen Amtseid vor dem EuGH abzulegen hat. Es wäre durchaus zulässig, den Amtseid vor dem EP zu leisten.[13]

6 Art. 11 FusV.
7 Siehe unten Rn. 6 und 7.
8 EP-Bericht *Rey* über die Beziehungen zwischen EP und Kommission im Hinblick auf ihre Neuwahl, ABl. 1980 Nr. C 117 S. 53. Deutsch-italienischer Vorschlag für eine Europäische Akte (»Genscher-Colombo-Plan«) vom 7. 11. 1981, BullEP Nr. 50/1981, S. 35.
9 Bericht der ad-hoc Gruppe für die Prüfung der Frage einer Erweiterung der Befugnisse des Europäischen Parlaments (»Bericht VEDEL»), BullEG, Beilage 4/1972, S. 59; ebenso Bericht *Tindemans* über die Europäische Union vom 29. 12. 1975, BullEG Nr. 1/1976, Kap. V,D,2.
10 *Dahrendorf, Ralf,* Third Jean Monnet Lecture, Florence, 26. 11. 1979, Europäisches Hochschulinstitut, S. 21 f.
11 *Palmer, Michael,* The European Parliament, Oxford 1981, S. 124.
12 *Ipsen,* a.a.O., S. 331.
13 Vgl. Entschließungsantrag der Abgeordneten *Hänsch, Schmidt u. a.,* Dok. EP 1-336/81.

II. Voraussetzungen eines Mißtrauensantrags

4 Die Verträge legen Form und Voraussetzungen eines Mißtrauensantrags nicht abschließend fest. Die GO des EP enthält in Art. 30 ergänzende Bestimmungen. Darin war u. a. ursprünglich vorgesehen, daß ein einzelner Abgeordneter einen Mißtrauensantrag einbringen kann. Diese Voraussetzung wurde 1973 erschwert. Nunmehr ist lediglich eine Fraktion bzw. ein Zehntel der tatsächlich dem EP angehörenden Mitglieder antragsberechtigt (Art. 30 Ziff. 1 GO).

Der Antrag muß schriftlich eingereicht werden, als »Mißtrauensantrag« bezeichnet sein und eine Begründung enthalten. Der Antrag kann in der üblichen Form parlamentarischer Initiativen (vgl. Art. 47 GO) als Entschließungsantrag vorgelegt werden. Sind die Gründe des Antrags hinreichend ausführlich eingearbeitet, so erübrigt sich eine selbständige Begründung. Zu den Formvorschriften gehört weiterhin die Übersetzung in alle Amtssprachen, die Verteilung an alle Abgeordneten und die Unterrichtung der Kommission. Die mangelnde Einhaltung dieser Form berechtigt die Vertagung einer Abstimmung zu verlangen, führt jedoch nicht zur Nichtigkeit, wenn dennoch abgestimmt wird.

5 Detaillierter als Art. 144 Abs. 1 regelt Art. 30 Abs. 3 GO den Zeitplan für die Beratungen des Antrags. Danach darf die Beratung frühestens 24 Stunden nach dem Zeitpunkt beginnen, in dem der Präsident den Eingang des Antrags den Abgeordneten mitgeteilt hat. Da nach der Neufassung der GO seit 1981 der Präsident auch während der Unterbrechung der Sitzungsperiode dazu verpflichtet ist, den Antrag den Abgeordneten mitzuteilen, kann die Beratung eines Mißtrauensantrags in diesem Fall nunmehr unmittelbar mit Wiederaufnahme der Sitzungsperiode beginnen, sofern die Mitteilung des Präsidenten mindestens 24 Stunden zurückliegt. Nach einer weiteren Frist von 48 Stunden darf frühestens über den Antrag abgestimmt werden. Mit dieser Art der Fristfestlegung hält sich das EP im Rahmen des in Art. 144 Abs. 1 genannten Begriffes »drei Tage«. Vor 1981 hatte der ursprünglich in der GO verwandte Terminus »Kalendertage« in Verbindung mit der frühestmöglichen Bekanntgabe des Eingangs eines Antrags zu Beginn einer Plenarsitzung bewirkt, daß über einen Mißtrauensantrag nur am Freitag einer Sitzungsperiode abgestimmt werden konnte, sofern seine Behandlung sich nicht über zwei Sitzungsperioden erstrecken sollte.

Zum Erfolg führt der Antrag erst, wenn er in öffentlich-namentlicher Abstimmung die Mehrheit von zwei Dritteln der abgegebenen Stimmen erhalten hat und damit gleichzeitig die Mehrheit der Mitglieder des Parlaments zustimmt (Art. 144 Abs. 2 und Art. 30 Ziff. 4 GO).[14]

14 Zur Berechnung der Mehrheiten s. oben Rn. 4 zu Art. 141.

III. Rechtsfolgen eines Mißtrauensvotums

6 Die Rechtsfolgen eines mit der erforderlichen Mehrheit angenommenen Mißtrauensvotums ergeben sich aus Art. 144 Abs. 2 EWGV. Danach müssen die Mitglieder der Kommission geschlossen ihr Amt niederlegen. Sie führen die laufenden Geschäfte bis zur Ernennung ihrer Nachfolger weiter. Durch die Beschränkung der Aktivitäten einer gestürzten Kommission auf die »laufenden« Geschäfte wird deutlich, daß zwar die Tätigkeit der Gemeinschaften nicht unterbrochen, wohl aber auf die Abwicklung bereits eingeleiteter Maßnahmen und Entscheidungen administrativen Charakters begrenzt ist. Die Ausübung des Initiativrechts dürfte in aller Regel nicht zu den »laufenden Geschäften« zu zählen sein.[15]

7 Die Verträge nennen keine Frist für die Bestellung der Nachfolgerin einer gestürzten Kommission und sie enthalten keine Bestimmungen über weitere, außerhalb der Verpflichtung zum Rücktritt und zur Führung der laufenden Geschäfte liegende Rechtsfolgen eines erfolgreichen Mißtrauensvotums. Art. 144 Abs. 3 EWGV verweist bezüglich der Ernennung der nachfolgenden Kommission umfassend auf Art. 11 des Fusionsvertrages. Für die Regelung der Nachfolge besteht also kein Unterschied zwischen dem regelmäßigen Ablauf einer Amtszeit und deren vorzeitigem Ende. Durch den Mißtrauensantrag kann das Parlament den Mitgliedstaaten den Weg zu einer vorzeitigen Neubestellung der Kommission ebnen, während sonst bei Ausscheiden einzelner Kommissare lediglich ein Nachfolger für die verbleibende Amtsperiode ernannt wird.[16] Die entscheidende Konsequenz dieser Verweisung auf Art. 11 FusV liegt in Abs. 2 Satz 2. Danach ist die Wiederernennung der bisherigen Mitglieder zulässig.

Die Regierungen der Mitgliedstaaten können damit die durch ein Mißtrauensvotum gestürzte Kommission in der gleichen Zusammensetzung wieder bestellen.

Angesichts der dem EP durch die Direktwahl zugewachsenen Legitimation erschiene ein derartiges Verhalten der Regierungen allerdings als rechtsmißbräuchlich und daher als ein Verstoß gegen Art. 5 EWGV.[17]

IV. Praxis

8 Das EP hat bis zum Oktober 1982 noch nie einen Mißtrauensantrag angenommen. Allerdings wurden ihm zwischen 1972 und 1977 vier Anträge vorgelegt:

15 Für eine weitere Interpretation der fortdauernden Befugnisse der Kommission: *Quadri* u. a., a.a.O., Art. 144, Anm. 4; *Wohlfarth* u.a., a.a.O., Art. 159, Anm. 4.
16 Art. 12 Abs. 2 FusV.
17 Die noch herrschende gegenteilige Ansicht (zuletzt: *Grabitz – Läufer,* S. 154) berücksichtigt nicht hinreichend die aufgrund der Direktwahl eingetretenen Veränderungen in der Stellung des EP.

- Der erste Antrag des Abgeordneten *Spénale* vom 16. 11. 1972 beinhaltete den Vorwurf an die Kommission, nicht rechtzeitig Vorschläge für erweiterte Haushaltsbefugnisse des EP vorgelegt zu haben. Der Antrag wurde noch vor einer Abstimmung am 12. 12. 1972 zurückgezogen.
- Der zweite Antrag des Abgeordneten *Kirk* (im Namen der Europäischen Konservativen Fraktion) vom 13. 5. 1976 betraf die Politik der Kommission in bezug auf die Milchpulverüberschüsse. Über den Antrag wurde am 16. 6. 1976 abgestimmt, er erreichte die für seine Annahme erforderliche Mehrheit nicht.
- Der dritte Antrag wurde von dem Abgeordneten *Aigner* im Namen der EVP am 13. 12. 1976 wegen unzureichender Unterrichtung des EP-Haushaltskontrollausschusses eingereicht. Der Antrag wurde am 16. 12. 1976 vor der Abstimmung zurückgezogen.
- Der vierte Mißtrauensantrag wurde am 10. 3. 1977 von dem Abgeordneten *de la Malène* im Namen der Europäischen Demokraten für den Fortschritt eingereicht. Er bezog sich auf die Lagerung von Agrarprodukten. Die Abstimmung am 23. 3. 1977 erbrachte nicht die für eine Annahme erforderliche Mehrheit.

Nach der Direktwahl ist zwar noch kein Antrag gemäß Art. 144 vorgelegt worden, doch hat die Konfliktbereitschaft des EP insgesamt erheblich zugenommen. Die Ablehnung des Haushaltsplans für 1980[18], die gemäß Art. 203 Ziff. 8 an ähnliche Voraussetzungen gebunden ist, beweist überdies, daß die erforderlichen Mehrheiten im EP gefunden werden können. Die Wahrscheinlichkeit eines erfolgreichen Mißtrauensantrags ist damit erheblich gestiegen.

18 ABl. 1980 Nr. C 4 S. 36.

Abschnitt 2
Der Rat

Vorbemerkung

Seit dem Inkrafttreten des Vertrages zur Einsetzung eines gemeinsamen Rates und einer gemeinsamen Kommission (Fusionsvertrag) am 1. 7. 1967 gibt es nur noch *einen für* alle drei Gemeinschaften zuständigen Rat.

Art. 1 FusV lautet:

»Es wird ein Rat der Europäischen Gemeinschaften, im folgenden der Rat genannt, eingesetzt. Dieser Rat tritt an die Stelle des Besonderen Ministerrates der Europäischen Gemeinschaft für Kohle und Stahl, des Rates der Europäischen Wirtschaftsgemeinschaft und des Rates der Europäischen Atomgemeinschaft.

Er übt die diesen Organen zustehenden Befugnisse und Zuständigkeiten aus nach Maßgabe des Vertrages über die Gründung der Europäischen Gemeinschaft für Kohle und Stahl und der Verträge zur Gründung der Europäischen Wirtschaftsgemeinschaft und der Europäischen Atomgemeinschaft sowie dieses Vertrages.«

Da nicht die drei Gemeinschaften »fusionierten«, sondern die Räte und Kommissionen bzw. die Hohe Behörde, bleiben die Verträge selbständig nebeneinander bestehen und sind maßgebend für die Befugnisse der Organe, die, je nach Gründungsvertrag, sehr unterschiedlich geartet sein können. Auswirkungen auf die Organbefugnisse ergeben sich jedoch im Haushaltsbereich, denn es gibt gemäß Art. 20 FusV – abgesehen von den operationellen Mitteln der EGKS – nur noch einen Haushalt für die drei Gemeinschaften, der nach einem einheitlichen Verfahren verabschiedet wird.[1]

Artikel 145 [Allgemeine Aufgaben des Rates]

Zur Verwirklichung der Ziele und nach Maßgabe dieses Vertrages
- **sorgt der Rat für die Abstimmung der Wirtschaftspolitik der Mitgliedstaaten;**
- **besitzt der Rat eine Entscheidungsbefugnis.**

Literaturhinweise

Die zitierten Werke sind weitgehend in den Literaturhinweisen zur Vorbemerkung zu Titel I des Fünften Teils (vor Art. 137) oder im allgemeinen Literaturverzeichnis dieses Kommentares

1 Vgl. Vorbemerkung zu Titel I des Fünften Teils (vor Art. 137), insbesondere Rn. 1 bis 4 und 11.

aufgeführt. Soweit dies nicht geschehen ist, finden sich die Fundstellen in den jeweiligen Fußnoten.
Bezüglich der *Koordinierung der Wirtschaftspolitik* s. die umfangreichen Literaturhinweise zu den Art. 103 ff.

Inhaltsübersicht

I. Institutionelle Stellung und Aufgabe des Rates

1. Ausbau der Gemeinschaft

1 Die Bestimmung nennt in allgemeiner Form die *Aufgaben und Befugnisse* des Rates. Entsprechend der Stellung des Rates im EGKS-Vertrag enthält dort Art. 26 nichts über Entscheidungsbefugnisse.[1a]
Die Bedeutung des Rates, insbesondere seine Funktion als das Gemeinschaftsorgan, durch das die Interessen der Mitgliedstaaten in den Beschlußfassungsprozeß der Gemeinschaftsorgane einfließen, ist – sowohl nach der Konzeption des Vertrages als auch nach der aktuellen Praxis – in den Vorbemerkungen zu Art. 137 ff. dargestellt worden. Desgleichen ist dort auf den außergewöhnlichen Umfang der Ratsbefugnisse, der seine Hauptursache in dem Rahmencharakter des EWG-Vertrages hat, hingewiesen worden.[1b] Der Ausbau der Gemeinschaft kann nach der Konzeption der Verträge nur durch Beschlüsse des politischen Entscheidungsorgans Rat erfolgen. In der Tat sind diesem seit dem Ende der Übergangszeit (31. 12. 1969) im wesentlichen keine anderen Grenzen gesetzt als die Notwendigkeit, auf den verschiedenen Sachgebieten eine gemeinsame Politik zu definieren.[2] Die Gründerstaaten betrauten mit der Ausfüllung des vertraglichen

1a Vgl. dazu Vorbemerkung zu Titel I des Fünften Teils (vor Art. 137) Rn. 5 und 18.
1b Vgl. Vorbemerkung zu Titel I des Fünften Teils (vor Art. 137) Rn. 5 ff. und 19 ff. und *Louis,* J.-V., a.a.O., S. 47 ff.
2 Vedel-Bericht, a.a.O., S. 24.

Rahmens »ihr« Organ, um sich so den entscheidenden Einfluß auf die künftige Entwicklung der Gemeinschaft zu sichern.

Die Stellung des Rates und Natur und Umfang seiner Aufgaben und Befugnisse lassen sich nicht wirklich ohne eine Gegenüberstellung mit dem zentralen Gemeinschaftsorgan Kommission und deren Befugnisse begreifen.[3] Dieser ist in den Fällen der Rahmenausfüllung das Recht zugewiesen worden, dem Rat Vorschläge zu machen (Art. 149), wohingegen sie in vom Vertrag bereits weitgehend geregelten Bereichen wie der Verwaltung der Zollunion oder dem Wettbewerbsrecht Entscheidungsbefugnisse hat, um für die Anwendung des Gemeinschaftsrechts zu sorgen (Art. 155 Unterabs. 1).

2. Außenbeziehungen

2 Der Rat und der Ausschuß der Ständigen Vertreter (vgl. Art. 4 FusV, früher Art. 151 EWGV) verwenden mehr als die Hälfte ihrer Arbeit auf den Bereich der Außenbeziehungen der Gemeinschaft (mit Drittstaaten und internationalen Organisationen), was dem Ausbau der Gemeinschaft im Inneren nicht unbedingt förderlich ist.[4]

II. Grenzen der Aufgaben und Befugnisse

1. Verwirklichung der Ziele des Vertrages

3 Der Rat wird, wie es die Vorschrift eingangs klarstellt, *zur Verwirklichung der Ziele des Vertrages* tätig. Diese Wendung unterstreicht die *Verpflichtung* des Rates, als Gemeinschaftsorgan das Seine zur Erreichung dieser Ziele beizutragen. Zugleich aber verpflichtet sie ihn, nicht über diese *Grenzen* hinauszugehen oder etwas anderes anzustreben als die sich aus dem Vertrag ergebenden Ziele.

Unter diesen Zielen sind vor allem die in Art. 2 und 3 genannten zu verstehen, sowie diejenigen, die für die einzelnen Sachgebiete ausdrücklich genannt sind, wie dies z. B. Art. 39 für die gemeinsame Agrarpolitik tut.[5] Jedoch können sich solche Ziele auch aus dem Geist des Vertrages oder bestimmter Vorschriften entnehmen lassen, wie z. B. der Schutz der natürlichen Umwelt des Menschen, der Schutz seiner individuellen Freiheit etc. Die Präambel zum Vertrag ist, wie bei völkerrechtlichen Verträgen üblich, zur

3 Vorbemerkung zu Titel I des Fünften Teils (vor Art. 137) Rn. 6 bis 9.

4 Die Arbeiten zum Ausbau des inneren Marktes werden demgegenüber hauptsächlich auf Gruppenebene geleistet, vgl. Art. 4 FusV, früher Art. 151 Rn. 8; vgl. ferner *Noël – Etienne* in: *Gerbet – Pepy*, a.a.O., S. 36; von den Außenbeziehungen der Gemeinschaft zu unterscheiden ist die Europäische Politische Zusammenarbeit, dazu Vorbemerkung zu Titel I des Fünften Teils (vor Art. 137) Rn. 25 ff.; Einzelheiten bei den Art. 228 und 238.

5 Weitere derartige Ziele finden sich z. B. in den Art. 29, 104, 110, 117 und 123.

Ermittlung dieser Ziele mit heranzuziehen.[6] Bei *Verstößen gegen die Vertragsziele* ist der Weg für eine Klage nach Art. 173 Abs. 1 offen. Jedoch wird man dem Rat in der Auslegung der Vertragsziele einen sehr weiten Ermessensspielraum zugestehen müssen.[7]

2. Maßgabe des Vertrages

4 *Der Rat kann die ihm zugewiesenen Aufgaben nur nach Maßgabe des Vertrages* erfüllen. Diese Wendung, die sich auch in Art. 4 Abs. 1 und Art. 189 Abs. 1 findet, macht deutlich, daß Art. 145 Unterabs. 1 keine kompetenzgewährende Norm ist. Der Rat kann nur aufgrund *begrenzter Einzelermächtigungen,* die in anderen Artikeln des Vertrages niedergelegt sind, verbindliche Maßnahmen, z. B. im Sinne des Art. 189 erlassen. Solche Befugnisse können jedoch auch implied powers sein oder sich aus Art. 235 ergeben.[8]

III. Abstimmung der Wirtschaftspolitiken

1. Begriff der Koordinierung

5 Als erste allgemeine schlagwortartig zusammengefaßte Aufgabe des Rates nennt Art. 145 Unterabs. 1 die *Abstimmung der Wirtschaftspolitik der Mitgliedstaaten* (französisch: *coordination des politiques économiques générales des Etats membres*). Er präzisiert damit Art. 6 Abs. 1. Der Rat ist das Forum, in dem und durch das diese Abstimmung vorgenommen wird. Die Abstimmung bzw. Koordinierung i. S. des Art. 145 besteht in der *Verabredung eines gleichgerichteten Verhaltens* oder *gleicher Zielvorstellungen* der Mitgliedstaaten bezüglich einer bestimmten Materie. Diese Koordinierung geschieht in einer *rechtlich unverbindlichen Form* durch Empfehlungen, Aufforderungen oder Schlußfolgerungen des Rates oder auch nur als Ergebnis von Diskussionen im Rahmen des Rates.

Art. 145 Unterabs. 1 enthält eine *Aufgabe und Generalermächtigung* für den Rat. *Gegenüber* anderen Vertragsvorschriften, die ebenfalls eine Koordinierung zum Gegenstand haben, wie Art. 103 und 105, ist er als *lex generalis* anzusehen. Eine Abgrenzung ist auch nötig gegenüber *Maßnahmen der Harmonisierung* und *Rechtsangleichung,* z. B. auf der Grundlage des Art. 100, sowie gegenüber den Richtlinien zur *Koordinierung* des

6 Vgl. z. B. das Rechtsgutachten des StIGH Bd. 13, S. 14 ff.; der in der Präambel erwähnte Schutz der Freiheit muß auch die Freiheit im Inneren, d. h. die Freiheit des Einzelnen erfassen.

7 Einzelheiten bezüglich der Ziele bei Art. 235 Rn. 57 ff.

8 Dazu Art. 235 Rn. 18 ff.; allgemein zum Prinzip der begrenzten Einzelermächtigung Art. 4 Rn. 2; *Rabe,* Das Verordnungsrecht der EWG, Hamburg 1963, S. 70 ff., 156; *Mégret* in: *Ganshof van der Meersch* u. a., Les Novelles, a.a.O., Nr. 662 ff.; *Tizzano, A.,* Lo sviluppo delle competenze materiali delle Comunità Europe, in: Riv. dir. eur. 1981, S. 139 ff., 145 m.w.N.; Zweifel an der Existenz dieses Prinzips bei *Everling, U.,* Die allgemeine Ermächtigung der Europäischen Gemeinschaft zur Zielverwirklichung nach Art. 235 EWG-Vertrag, in: EuR Sonderheft 1976, S. 2 ff., 17.

Gesellschaftsrechts auf der Grundlage des Art. 54 Abs. 3 g). Diese Maßnahmen sind, wie auch solche, die auf Art. 235 gestützt werden, keine Koordinierungen im Sinne des Art. 145; denn für alle diese Maßnahmen hat der Rat eine echte Regelungsbefugnis i. S. des Art. 145 Unterabs. 2.[9]

2. Koordinierungsgegenstand

6 Als *Koordinierungsgegenstand* nennt Art. 145 die *Wirtschaftspolitik (politique économique générale)* der Mitgliedstaaten. Eine exakte *positive Definition* des Koordinierungsgegenstandes erscheint kaum möglich. Es könnten hierunter diejenigen Maßnahmen eines Mitgliedstaates verstanden werden, die geeignet sind, dessen wirtschaftliche Entwicklung signifikant zu beeinflussen. Diese staatlichen Maßnahmen sollen koordiniert werden.

Negativ ließe sich der Koordinierungsgegenstand dahingehend umschreiben, daß von ihm nur die wirtschaftlichen Bereiche erfaßt werden, für die die Mitgliedstaaten zuständig geblieben sind. Dies ist der Fall für die *allgemeine Wirtschaftspolitik* im engeren Sinne sowie für die *Bereiche konkurrierender Zuständigkeit,* soweit die Gemeinschaft von ihrer Regelungsbefugnis noch keinen Gebrauch gemacht hat.

3. Notwendigkeit der Koordinierung

7 Die vom Vertrag den Gemeinschaftsorganen zugewiesenen Regelungsbefugnisse erfassen, wie sichtbar wurde, nicht die Gesamtheit der Materien im Wirtschaftsbereich. Damit besteht die Gefahr einer ungleichen Entwicklung oder gar einer Auseinanderentwicklung der national gelenkten Wirtschaften, was zwangsläufig die Funktionsfähigkeit des Gemeinsamen Marktes beeinträchtigen, wenn nicht gar bedrohen würde. Dies zu verhindern ist Zweck der Koordinierung. Genügt die Koordinierung nicht, um die genannten Gefahren von der Gemeinschaft abzuwenden, dann ist zu prüfen, ob die Voraussetzungen für ein regelndes Eingreifen auf der Grundlage des Art. 235 gegeben sind.

4. Theoretische Vorläufigkeit der Koordinierung

8 Die *Koordinierungsgegenstände* und damit die entsprechende Aufgabe des Rates sind nach dem Willen des Vertrages jedenfalls nur *vorübergehender Natur.* Dies ist für die *Bereiche konkurrierender Zuständigkeiten* ohne weiteres deutlich. Hier soll die Koordinierung eine Vorstufe zur Regelung darstellen. Der Rat würde sich nicht vertragskonform verhalten, d. h. er würde seinen Integrationsauftrag nicht erfüllen, wenn er es bei einer Koordinierung beließe, wo die Ziele der Gemeinschaft durch eine regelnde Maßnahme besser erreicht würden, wobei als Rechtsgrundlage wiederum auch Art. 235 und implied powers heranzuziehen sind. Der Rat würde sich andernfalls seiner Befugnisse zugunsten der Mitgliedstaaten begeben.

9 Zur Koordinierung durch verbindliche Maßnahmen *Everling*, Die Europäischen Gemeinschaften nach der Gipfelkonferenz, in: Integration, 1978, S. 133 ff. m.w.N. und a.a.O. (Fn. 8), S. 8 ff.

Vorstehendes gilt im Prinzip auch hinsichtlich der *allgemeinen Wirtschaftspolitik.* Denn es gibt keine Vertragsvorschrift, die festlegt, daß die Gemeinschaft nur partielle und sektorielle wirtschaftliche Zuständigkeiten haben soll. Zwar könnte gerade Art. 145 Unterabs. 1 zu der Annahme führen, den Mitgliedstaaten sei die Zuständigkeit für die allgemeine Wirtschaftspolitik definitiv vorbehalten. Dem würden jedoch die erklärten Ziele des Vertragswerkes entgegen stehen: Art. 2 sieht eine schrittweise Annäherung der Wirtschaftspolitiken vor, ohne daß ersichtlich wäre, daß dieser Konvergenzprozeß irgendwann angehalten werden sollte. Im Gegenteil: das übergeordnete in der Präambel ausgedrückte Ziel bleibt die *Vereinigung der Volkswirtschaften als Grundlage für den Zusammenschluß der europäischen Völker.*[10]

5. Koordinierung zwischen der Gemeinschaft und den Mitgliedstaaten

9 Eine Koordinierung zwischen der Gemeinschaft einerseits und den Mitgliedstaaten andererseits findet ebenfalls statt, ist aber nicht das eigentliche Anliegen von Art. 145 Unterabs. 1. Eine *solche Koordinierung ist erforderlich,* weil, wie sich aus den vorhergehenden Anmerkungen ergibt, auf dem Gebiet der Wirtschaftspolitik eine klare Trennung zwischen Gemeinschaftszuständigkeiten und solchen der Mitgliedstaaten nicht möglich und die Grenze zwischen beiden ständig in Bewegung ist. Eine umfassende gemeinsame Wirtschaftspolitik ist daher nur durch das Zusammenwirken der Mitgliedstaaten mit den Organen der Gemeinschaft zu erwarten. *Diese Koordinierung* findet *ebenfalls im Rahmen des Rates* statt. Da die *Kommission* wie üblich an den Arbeiten des Rates teilnimmt, wird in der Praxis nicht immer sichtbar, ob es sich um eine Koordinierung zwischen den Mitgliedstaaten oder um eine solche zwischen der Gemeinschaft und den Mitgliedstaaten handelt. Eine Koordinierung enthält in der Regel beide Elemente. Daß sie nicht auf ein rein mitgliedstaatliches Zusammenwirken beschränkt sein soll, ergibt sich im übrigen auch aus Art. 6 und den Art. 103 bis 109.

6. Der Rat und andere Koordinierungsgremien

10 Die Betrauung des Rates mit den Koordinierungsaufgaben ist aufgrund seiner spezifischen Stellung als *Gemeinschaftsorgan, in dem die Mitgliedstaaten vertreten* sind, und

10 A.A. *Everling* (a.a.O., Fn. 8), S. 20 m.w.N., der z.B. in der Schaffung der Wirtschafts- und Währungsunion einen qualitativen Sprung der Gemeinschaft sehen würde, dem Art. 235 nicht als Grundlage dienen kann; vgl. auch *Everling, U.,* Die Koordinierung der Wirtschaftspolitik der Europäischen Wirtschaftsgemeinschaft als Rechtsproblem, Tübingen 1964, S. 19ff.
Die hier vertretene These findet eine Stütze in Art. 103 am Beispiel des Kerns jeder Wirtschaftspolitik, nämlich der Konjunkturpolitik. Nach Abs. 1 ist sie Angelegenheit der Mitgliedstaaten. Der Rat wird aber in Abs. 2 ermächtigt, auf Vorschlag der Kommission einstimmig die der Lage entsprechenden Maßnahmen zu treffen und damit Gemeinschaftsrecht zu setzen, was von den Mitgliedstaaten, wie in anderen vertraglichen Bereichen, auszuführen ist; vgl. auch Art. *Zuleeg,* Art. 103 Rn. 23ff.

aufgrund seiner politischen Funktionen folgerichtig.[11] Wie üblich werden die Arbeiten des Rates auch hier vom Ausschuß der Ständigen Vertreter vorbereitet.[12]

Ein Koordinierungseffekt wird häufig auch *außerhalb des formellen Rahmens* einer Ratssitzung etwa durch die Treffen der Finanz- bzw. Wirtschaftsminister erzielt.[13]

Für *spezifische Aspekte der Wirtschaftspolitik* wie Konjunktur, Währung, Beschäftigung, Forschung, Regionalpolitik etc. hat der Rat *besondere Gremien* meist aus hohen Beamten geschaffen, die ihm zuarbeiten, in großem Umfang aber auch selbst koordinierende Tätigkeiten entfalten.[14]

Auch der *Europäische Rat* befaßt sich in zunehmendem Maße *zum Zwecke der Koordinierung* mit wirtschafts- und beschäftigungspolitischen Themen.[15]

IV. Entscheidungsbefugnisse

1. Umfang der Befugnisse

11 Neben der Sorge für eine Koordinierung der Wirtschaftspolitik hebt Art. 145 in seinem Unterabs. 2 die Entscheidungsbefugnis des Rates hervor. Dadurch wird die *allgemeine Stellung des Rates als das maßgebliche Entscheidungsorgan* der Gemeinschaft deutlich gemacht.[16] Entscheidungen sind hier nicht im technischen Sinne des Art. 189 Abs. 4 zu verstehen. Sie umfassen alle in Art. 189 genannten Handlungsformen. Die Entscheidungsbefugnis umfaßt darüber hinaus alle Beschlüsse, die vom Rat in Übereinstimmung mit dem Vertrag getroffen werden. Art. 145 grenzt die Befugnisse des Rates zugleich ein: Da er keine Ermächtigung enthält, sind Umfang und Art der Entscheidungsbefugnis aus der jeweils einschlägigen Einzelermächtigung zu entnehmen.[17] Ihre Ausübung muß unter Beachtung der Vertragsziele erfolgen.[18]

2. Verbindlichkeit der Beschlüsse

12 Die Vorschrift unterstreicht zugleich die Verbindlichkeit der Ratsbeschlüsse, soweit diese Verbindlichkeit ersichtlich gewollt ist.[19] Ist ein Beschluß nach den Regeln des Vertrages rechtsgültig zustande gekommen, sind alle Betroffenen, insbesondere auch die Mitgliedstaaten, an ihn gebunden. Diese können keine staatsinternen Gründe wie fehlende

11 Vgl. dazu oben Rn. 1 mit weiteren Verweisen.
12 Dazu Art. 4 FusV, früher Art. 151, mit Anmerkungen.
13 Dazu Art. 146 Rn. 4.
14 Vgl. dazu Aufzählung in der Fn. 24 zu Art. 4 FusV, früher Art. 151, Rn. 9.
15 Zum Europäischen Rat s. Vorbemerkung zu Titel I des Fünften Teils (vor Art. 137) Rn. 30 ff.
16 Vgl. oben Rn. 1 und Vorbemerkung zu Titel I des Fünften Teils (vor Art. 137) Rn. 20 bis 22.
17 Siehe oben Rn. 4.
18 Siehe oben Rn. 3.
19 Vgl. Art. 189 mit Anmerkungen.

Weisungen, Verstoß gegen Fachzuständigkeiten, Verletzung der Gewaltenteilung oder der bundesstaatlichen Ordnung etc. gegen die Gültigkeit eines Ratsbeschlusses anführen.[20]

Artikel 146 [Zusammensetzung und Vorsitz]

Der Rat besteht aus Vertretern der Mitgliedstaaten. Jede Regierung entsendet eines ihrer Mitglieder.
Der Vorsitz wird von den Mitgliedstaaten des Rates nacheinander in der alphabetischen Reihenfolge der Mitgliedstaaten für je sechs Monate wahrgenommen.

Durch den Fusionsvertrag* (Art. 7) aufgehoben und wie folgt neu geregelt:

Artikel 2 FusV**

Der Rat besteht aus den Vertretern der Mitgliedstaaten. Jede Regierung entsendet eines ihrer Mitglieder.
Der Vorsitz wird von den Mitgliedern des Rates nacheinander für je sechs Monate wahrgenommen, und zwar in folgender Reihenfolge der Mitgliedstaaten: Belgien, Dänemark, Deutschland, Griechenland, Frankreich, Irland, Italien, Luxemburg, Niederlande, Vereinigtes Königreich.

Literaturhinweise

Die zitierten Werke sind weitgehend in den Literaturhinweisen zur Vorbemerkung zu Titel I des Fünften Teils (vor Art. 137) oder im allgemeinen Literaturverzeichnis dieses Kommentares aufgeführt. Soweit dies nicht geschehen ist, finden sich die Fundstellen in den jeweiligen Fußnoten.

Inhaltsübersicht

20 Vgl. *Ipsen*, a.a.O., 2/12.

* Vertrag zur Einsetzung eines Gemeinsamen Rates und einer Gemeinsamen Kommission der Europäischen Gemeinschaften (67/443 EWG; 67/27 Euratom) vom 8. 4. 1965 (ABl. 1967 Nr. 152 S. 2; BGBl. 1967 II S. 1454).

** Art. 2 Abs. 2 FusV von Art. 11 der Beitrittsakte von 1972 i.V.m. Art. 5 des Anpassungsbeschlusses vom 1. 1. 1973 und Art. 11 der Beitrittsakte von 1979.

I. Stellung der Ratsmitglieder

1. Vertreter der Staaten und Organmitglieder

1 Die *Mitglieder des Gemeinschaftsorgans »Rat«* sind nach Abs. 1 Vertreter der sie entsendenden *Mitgliedstaaten.* Darin kommt die vom Rat ausgeübte doppelte Funktion zum Ausdruck. Als *Vertreter der Mitgliedstaaten* handeln seine Mitglieder entsprechend internem Verfassungsrecht im Interesse und gegebenenfalls nach Weisungen der Organe des von ihnen vertretenen Staates, d. h. normalerweise Weisungen der Regierung. Als Mitglieder des Rates sind sie *Angehörige eines Organs* der Gemeinschaft und als solche dem Wohle der Gemeinschaft verpflichtet. Sie können in dieser Eigenschaft auch dann Beschlüsse mitfassen, wenn sie keine Weisungen haben, oder zu solchen in Widerspruch geraten. Die Wirksamkeit eines Ratsbeschlusses wird dadurch nicht berührt.[1] Eine Korrekturmöglichkeit durch einen Ratifikationsvorbehalt gibt es im Beschlußfassungsverfahren des Rates nicht. Das sich in Widerspruch zu seinen Weisungen setzende Ratsmitglied kann allerdings auf nationaler Ebene (durch Regierung oder Parlament) zur Verantwortung gezogen werden. Hierbei dürfen jedoch weder die Verpflichtung des Rates, als Gemeinschaftsorgan dem Gemeinschaftsinteresse zu dienen, noch die Verpflichtungen der Mitgliedstaaten zu gemeinschaftsfreundlichem Handeln gem. Art. 5 außer Betracht bleiben. Die Art der *vorausgehenden innerstaatlichen Willensbildung* ist im übrigen ausschließlich Sache der Mitgliedstaaten.[2]

2. Entsendung durch die Regierung

2 Nur *Regierungsmitglieder* können Ratsmitglieder sein, denn jede Regierung entsendet eines ihrer Mitglieder (Abs. 1, Satz 2). Es steht jedem Mitgliedstaat frei zu entscheiden, welches Regierungsmitglied er entsenden will. *Staatssekretäre,* auch die nichtparlamentarischen der Bundesrepublik, werden nach einer schon im Rahmen der EGKS ständig geübten Praxis als Mitglieder ihrer Regierung angesehen, obwohl sie nach Art. 62 GG

1 *Wohlfarth* u.a., a.a.O., Art. 146, Anm. 1; *Ipsen,* a.a.O., 13/14 ff. m.w.N.

2 Siehe dazu *Sasse,* a.a.O., S. 19 ff. m.w.N.; *Holtz* u.a. in: *Gerbert - Pepy* (Hrsg.), a.a.O., S. 167 ff.; *Henig,* a.a.O., S. 35 ff.; über die Besonderheiten dieser Willensbildung in der Bundesrepublik vgl. *Ch. Sasse,* Bundesrat und Europäische Gemeinschaft, in: Der Bundesrat als Verfassungsorgan und politische Kraft, Darmstadt 1974; *E. Birke,* Die deutschen Bundesländer in den Europ. Gemeinschaften, Berlin 1973; *U. Oetting,* Bundestag und Bundesrat im Willensbildungsprozeß der Europ. Gemeinschaften, Berlin 1973; *K. Oberthür,* Die Bundesländer im Entscheidungssystem der EG, in: Integration 1978, S. 58 ff. m.w.N.; *Holch,* Der Bundesrat zur Rechtssetzung der EWG, in: EuR 1967, S. 217 ff. mit Beispielen.

nicht Mitglieder der Bundesregierung sind.[3] Die *Ständigen Vertreter* hingegen, die oft an Stelle von Ministern an den Ratssitzungen teilnehmen, oder hohe Beamte, können zwar an den Arbeiten des Rates teilnehmen und die Haltung ihres Staates darlegen, aber insbesondere von der förmlichen Beschlußfassung und Abstimmung sind sie ausgeschlossen. Der betreffende Staat kann sich juristisch wirksam nur durch eine *Stimmrechtsübertragung* auf ein anderes Ratsmitglied nach Art. 150 vertreten lassen.[4]

3. Ressortzuständigkeiten – Fachräte

3 Die innerstaatlichen *Ressortzuständigkeiten* haben maßgeblichen Einfluß auf die Zusammensetzung der Delegationen bei den einzelnen Ratstagungen, d. h. auf die Entstehung sogenannter *Fachräte.*[5] In spezifisch außenpolitischen Angelegenheiten, aber auch in Fragen von allgemeiner Bedeutung, werden die Mitgliedstaaten üblicherweise von den *Außenministern* vertreten. Im letzteren Fall spricht man vom *Allgemeinen Rat.* Diesem ist zudem durch die Schlußfolgerungen des Europäischen Rates zum Bericht des Dreierausschusses über die Europäischen Organe[6] eine *impulsgebende und koordinierende* Rolle hinsichtlich der gesamten Ratstätigkeiten durch Bezugnahme auf das sogenannte *Marlia-Verfahren* zugewiesen worden.[7] Dieses Verfahren, in der Villa Marlia in Rom 1975 abgesprochen und vom Rat formell bestätigt, sieht vor, daß das Generalsekretariat für jeden Außenministerrat eine Note mit dem Stand der Arbeiten der einzelnen *Fachräte* vorbereitet, deren Punkte geprüft und diskutiert werden können.[8]

Die *Zusammensetzung einer Delegation* ist ausschließlich Sache des entsendenden Staates. Mitunter setzt sich eine Delgation aus mehreren Ministern zusammen, z. B. dem *Finanz- und Wirtschaftsminister.* Eine Besonderheit stellt der aus *Außen- und Finanzministern* zusammengesetzte Rat dar, der einmal jährlich über die allgemeine Haushaltslage der Gemeinschaft berät, ohne jedoch in das förmliche Haushaltsverfahren nach Art. 203 einzugreifen. Er geht auf einen Beschluß des Europäischen Rates von Rom im Dezember

3 Vgl. *Ipsen,* a.a.O., 13/2 m.w.N.; *Houben,* a.a.O., S. 126.
4 Vgl. *Sattler, A.,* Die Entwicklung der Gemeinschaft von ihrer Gründung bis zum Ende der EWG-Übergangszeit, in: JöR n.F. Bd. 19, 1970, S. 1 ff., 100; *Bleckmann,* a.a.O., S. 16.
5 1980 hat der Rat in folgenden Zusammensetzungen getagt (in Klammern die Anzahl der Tagungen): Landwirtschaft (14), Außenbeziehungen (13), Wirtschafts- und Finanzfragen (9), Fischerei (7), Haushalt (3), Energie (2), Verkehr (2), Umweltschutz (2), Arbeit und Sozialfragen (2), Steuerfragen (1), Erziehung (1), wirtschaftliche Zusammenarbeit und Entwicklungshilfe (1), Vorbereitung des AKP–EWG-Rates (1), Vorbereitung des Assoziierungsrates EWG-Türkei (1). Für 1981 ergibt sich ein ähnliches Bild; angesichts der Krise im Stahlbereich haben jedoch zwei spezifische Stahlräte stattgefunden.
6 Siehe Dokumentation zur Vorbemerkung zu Titel I des Fünften Teils (vor Art. 137).
7 BullEG 11/1975, S. 96.
8 Zur Rolle der Außenminister im Rahmen der EPZ vgl. Vorbemerkung zu Titel I des Fünften Teils (vor Art. 137) Rn. 25.

1975 zurück.[9] Häufig tagen *zwei Fachräte gleichzeitig*, was aber nichts daran ändert, daß *der Rat* de jure als einheitliches Organ handelt.

Diese *Mehrgleisigkeit* des Rates ist einerseits einer homogenen und *reibungslosen Beschlußfassung* eher hinderlich. Sie wird durch die koordinierende Tätigkeit des allgemeinen Rates der Außenminister und des Europäischen Rates nur unvollkommen korrigiert.[10] Jedoch darf andererseits die *integrierende Wirkung* gerade *dieser Fachräte* nicht übersehen werden. Sie erlauben es den Ministern, die Probleme der Nachbarländer besser zu verstehen und machen deutlich, daß die *Europapolitik keine Außenpolitik* ist.[11]

4. Tagungen außerhalb des üblichen Rahmens

4 Da sich Minister der zehn Mitgliedstaaten häufig auch außerhalb des üblichen Brüsseler oder Luxemburger Rahmens treffen, stellt sich die *Frage,* wann solche Treffen *Ratsqualität* haben oder informell sind. Ein anderer Tagungsort als Brüssel oder Luxemburg ist zwar ein Indiz für ein informelles Treffen, aber nicht mehr, denn es gibt keine Regel, die es dem Rat vorschreibt, ausschließlich in diesen Städten zu tagen.[12] Eine *Ratstagung* ist *immer dann* anzunehmen, wenn sie als solche vom amtierenden Präsidenten einberufen wurde, die Tagesordnung Themen enthält, die in die Zuständigkeit der Gemeinschaft fallen und die Verfahren des Rates eingehalten werden. Letzteres bedeutet auch Anwesenheit der Kommission, außer wenn der Rat ausdrücklich anders entscheidet (Art. 3 Abs. 2 GO Rat), und des Sekretariats. Ob der Rat öffentlich oder im engsten Rahmen tagt, ist dabei unerheblich.

Als *informell sind* hingegen solche *Tagungen* anzusehen, die von vornherein als solche angelegt sind wie die vierteljährlichen Treffen der Finanzminister, die halbjährlichen Treffen der Landwirtschaftsminister oder gewisse Treffen der Außenminister. Auch wenn bei diesen Treffen mitunter ganz konkret über Maßnahmenentwürfe gesprochen wird, die sich vor dem Rat befinden, ja selbst wenn über sie beschlossen werden sollte, haben diese Beschlüsse nur politische Bedeutung. Sie müssen in der vorgeschriebenen Form vom Rat nachgeholt werden, um Rechtsverbindlichkeit zu erlangen. Wegen der mit diesen informellen Treffen verbundenen *Rechtsunsicherheit* und eventuellen Aufweichung der vertraglich fixierten Gemeinschaftsverfahren sollte von ihnen nach Möglichkeit abgesehen werden. Sie bieten grundsätzlich nichts, was nicht auch im Rat möglich wäre.[13]

9 BullEG 11/1975, S. 8; zum Europ. Rat Vorbemerkung zu Titel I des Fünften Teils (vor Art. 137) Rn. 30ff.

10 Vgl. *Dewost* in: *Mégret* u.a., a.a.O., S. 115ff.; *ders.,* Les relations entre le Conseil et la Commission dans le processus de décision communautaire, in: RMC 1980, S. 289ff., 292f.

11 Vgl. *Hallstein,* a.a.O., S. 88; *Weinstock,* Wie kann der Entscheidungsprozeß in der Gemeinschaft verbessert werden? Zum Bericht der »Drei Weisen«, in: Integration 1980, S. 70f.

12 Vgl. auch Art. 3 FusV, früher Art. 147 Rn. 2.

II. Vorsitz

1. *Bestimmung des Vorsitzes*

5 Wer den *Vorsitz im Rat* führt, ergibt sich aus Art. 2 Abs. 2 FusV und aus Art. 133 Abs. 1 der Beitrittsakte von 1979. Der Vorsitz wird im halbjährigen Turnus, jeweils vom 1. Januar zum 30. Juni und vom 1. Juli zum 31. Dezember, von einem Mitgliedstaat wahrgenommen. Die dabei angewandte *alphabetische Reihenfolge* bestimmt sich nach der Bezeichnung jedes Landes in seiner eigenen Sprache. Am 1. 1. 1981 (Beitrittsdatum Griechenlands) übernahmen die Niederlande turnusgemäß den Vorsitz, gefolgt am 1. 7. 1981 vom Vereinigten Königreich, am 1. 1. 1982 von Belgien usw. Die Regelung betreffend den Ratsvorsitz ist zugleich Vorbild für die *dem Rat nachgeordneten* Instanzen, insbesondere den Ausschuß der Ständigen Vertreter, und die von diesem eingesetzten Arbeitsgruppen.[14] Sie ist es auch für den Europäischen Rat[15] und die Europäische Politische Zusammenarbeit[16] sowie die im Rat vereinigten Vertreter der Regierungen der Mitgliedstaaten.[17] Über Rechte und Pflichten sowie die wachsende Bedeutung des Vorsitzes vgl. nachfolgend Art. 3 FusV, früher Art. 147, mit Anmerkungen.

2. *Vertretung im Vorsitz*

6 Eine Vertretung im Vorsitz ist zwar nicht vorgesehen, kann aber bei allseitigem Einvernehmen ohne weiteres erfolgen. In den wenigen praktisch gewordenen Fällen, vor allem auf der Ebene der Arbeitsgruppen, hat die zukünftige Präsidentschaft den Vorsitz übernommen (z. B. Niederlande für Luxemburg).

3. *Ständiger Vorsitz*

7 Von der Regelung des Absatzes 2 kann – außer im Falle der unter 6. behandelten ad hoc-Vertretung – nur abgewichen werden, wenn damit nicht der Sinn der Vorschrift, eine ausgewogene Einflußnahme eines jeden Mitgliedstaates auf die Arbeiten im Rat sicherzustellen, unterlaufen wird. Dies ist dann nicht zu befürchten, wenn bestimmte, in ihrem Tätigkeitsbereich genau umgrenzte Expertengruppen von einem ständigen Vorsitzenden geleitet werden, dessen Fachkenntnisse und Disponibilität genützt werden

13 Vgl. *Mortelsmans,* The Extramural Meetings of the Ministers of the Member States of the Community, in: CMLR 1974, S. 62; *Dewost* in: *Mégret* u.a., a.a.O., S. 115.
14 Vgl. Art. 16 Abs. 4 GO Rat sowie Art. 4 FusV, früher Art. 151 mit Anmerkungen.
15 Vorbemerkung zu Titel I des Fünften Teils (vor Art. 137) Rn. 30.
16 Vorbemerkung zu Titel I des Fünften Teils (vor Art. 137) Rn. 27.
17 Vorbemerkung zu Titel I des Fünften Teils (vor Art. 137) Rn. 26.

sollen. Die Praxis macht von dieser Möglichkeit derzeit keinen Gebrauch. Etwas anderes gilt bei der Ausarbeitung von Abkommen, z. B. auf der Grundlage von Art. 220. Hier setzt der Ausschuß der Ständigen Vertreter sehr wohl ständige Vorsitzende ein.[18]

Artikel 147 [Einberufung]

Der Rat wird von seinem Präsidenten aus eigenem Entschluß, auf Antrag eines seiner Mitglieder oder der Kommission einberufen

Durch den Fusionsvertrag* (Art. 7) aufgehoben und wie folgt neu geregelt:

Artikel 3 FusV
Der Rat wird von seinem Präsident aus eigenem Entschluß, auf Antrag eines seiner Mitglieder oder der Kommission einberufen.

Literaturhinweise
Die zitierten Werke sind weitgehend im Literaturhinweis und der Dokumentation zur Vorbemerkung zu Titel I des Fünften Teils (vor Art. 137) sowie im allgemeinen Literaturverzeichnis dieses Kommentares aufgeführt. Soweit dies nicht geschehen ist, finden sich die Fundstellen in den jeweiligen Fußnoten. Im übrigen sind zu nennen:
Ayral, Michel, La Présidence du Conseil des CE, in: RMC 1975, S. 163 ff.
Edwards, Geoffrey – Wallace, Helen, Die Präsidentschaft im Ministerrat. Eine zentrale Rolle im Entscheidungsprozeß der EG und der EPZ, Bonn 1978 (erscheint auch in englischer Sprache)
Weinstock, Ulrich, Wie kann der Entscheidungsprozeß in der Gemeinschaft verbessert werden? Zum Bericht der »Drei Weisen«, in: Integration 1980, S. 60 ff.

Inhaltsübersicht

18 Dies ist z. B. geschehen für das sog. Exäquatur-Abkommen (ABl. 1978 Nr. L 304 S. 1) und das derzeit in Ausarbeitung befindliche Konkurs-Abkommen.
* Vertrag zur Einsetzung eines Gemeinsamen Rates und einer Gemeinsamen Kommission der Europäischen Gemeinschaften (67/443 EWG; 67/27 Euratom) vom 8. 4. 1965 (ABl. 1967 Nr. 152 S. 2; BGBl. 1967 II S. 1454).

I. Aufgaben und Stellung des Vorsitzenden

1. Einberufung des Rates – Tagungstermine

1 *Der Vorsitzende*[1] kann den Rat auf *eigene Initiative* einberufen. Dies wird er nur in dringenden Fällen tun. Tatsächlich sind die Termine meist Monate im voraus bekannt. Denn der künftige Vorsitzende unterbreitet einige Monate vor Amtsantritt – Art. 1 Abs. 2 GO Rat sieht sieben Monate vor – *Terminvorschläge* für das gesamte Halbjahr seines Vorsitzes auf die sich die Ratsmitglieder meist durch stillschweigende Zustimmung einigen. Diese Vorschläge können geändert oder ergänzt werden, erweisen sich jedoch meist als realistisch; denn aus der langen Erfahrung weiß man, in welchen Abständen die einzelnen Fachräte[2] unter Berücksichtigung der sachlichen Notwendigkeiten, insbesondere einer eingehenden Vorbereitung der Sitzung in den Hauptstädten, bei der Kommission und im Ausschuß der Ständigen Vertreter[3], aber auch der personellen Möglichkeiten und Terminschwierigkeiten sinnvoll tagen können. Etwaige Schwierigkeiten werden gewöhnlich vom Ausschuß der ständigen Vertreter behoben. Die *Einberufung des Rates* durch den Vorsitz auf *Antrag eines seiner Mitglieder oder der Kommission* ist selten. Auch in diesen Fällen steht es im Ermessen des Vorsitzenden, ob er den Rat sofort oder nach angemessener Frist – etwa nach Konsultation der übrigen Ratsmitglieder und der Kommission – einberuft. In bestimmten Fällen *muß* der Vorsitz den Rat *innerhalb einer gewissen Frist* zusammentreten lassen.[4] Die *Kommission* ist, wenn der Rat nicht ausdrücklich anders entscheidet, *zur Teilnahme* an den Ratstagungen *einzuladen.* Die Rats- und Kommissionsmitglieder ziehen zu ihrer Unterstützung Beamte heran.[5] *Technisch* erfolgt die Einberufung durch ein vom *Generalsekretär* gezeichnetes Fernschreiben.[6]

2. Tagungsorte

2 Die *üblichen Tagungsorte* des Rates sind Brüssel und, in den Monaten April, Juni und Oktober, Luxemburg.[7] Jedoch ist der Rat grundsätzlich frei, an jedem anderen Ort der Welt zu tagen, vorausgesetzt, das betreffende Drittland erhebt keine Einwände. So hat er z.B. in Tokio 1973, Washington 1974 und Kingston 1974 getagt. Dies kann opportun

1 Über die Bestimmung des Vorsitzlandes s. Art. 2 Abs. 2 FusV, früher Art. 146 Rn. 5.
2 Vgl. Art. 2 FusV, früher Art. 146 Rn. 3.
3 Dazu Art. 4 FusV, früher Art. 151 EWGV mit Anmerkungen.
4 Zum Beispiel tritt er nach Art. 3 Abs. 1 der Verordnung Nr. 653/68 binnen drei Tagen nach der offiziellen Bekanntmachung der Änderung der Währungsparität durch einen Mitgliedstaat zusammen, um zu entscheiden, ob der Wert der Europäischen Rechnungseinheit zu ändern ist.
5 Vgl. Art. 3 GO Rat.
6 Siehe dazu unten Rn. 9.
7 Art. 2 des Beschlusses der Vertreter der Regierungen der Mitgliedstaaten über die vorläufige Unterbringung bestimmter Organe und Dienststellen der Gemeinschaften; ABl. 1967 Nr. 152 S. 18.

sein, wenn es um die Haltung der Gemeinschaft oder der Mitgliedstaaten auf internationalen Wirtschaftskonferenzen, z. B. im Rahmen des GATT, geht oder eine gemeinsame Haltung im Rahmen von Assoziierungsräten eingenommen werden muß.[8]

3. Tagesordnung

3 Das *Aufstellen* der vorläufigen Tagesordnung für eine bestimmte Sitzung erfolgt zwar formell durch den *Vorsitzenden,* geschieht in der *Praxis* jedoch häufig im Rahmen der *vorbereitenden Arbeiten.* Damit wird zugleich weitgehend dem Umstand Rechnung getragen, daß jedes *Ratsmitglied* sowie die *Kommission* die *Einschreibung* von Punkten *verlangen* kann (Art. 2 GO Rat). Der Rat hat seinem Vorsitzenden jedoch 1977 das Recht eingeräumt, *verspätet* eingereichte oder *unbedeutende Punkte* zurückzuweisen. In diesem Sinne hat auch der Europäische Rat 1980 bestimmt, daß die Tagesordnungen des Rates nur eine begrenzte Anzahl wichtiger Punkte umfassen dürfen.[9] Nur in dringenden Fällen wird der Vorsitz nach pflichtgemäßem Ermessen alleine über die vorläufige Tagesordnung entscheiden. Jedenfalls ist erster Tagesordnungspunkt immer die Annahme der Tagesordnung. Die *vorläufige Tagesordnung* soll den Ratsmitgliedern und der Kommission spätestens *zehn Tage vor Beginn der Sitzung* übersandt werden, die erforderlichen *Unterlagen* zwölf Tage, Fristen, die in der Praxis häufig nicht einzuhalten sind, da die Vorbereitungen vor allem auf der Ebene der Ständigen Vertreter oft bis zu den Ratssitzungen weitergehen.[10]

Die Tagesordnung enthält sogenannte *A- und B-Punkte.* Erstere sollen vom Rat ohne Diskussion angenommen werden, da bei den Vorarbeiten bereits vollständige Einigung erzielt wurde. Werden Vorbehalte von irgendeiner Seite geltend gemacht, wird der A-Punkt in der Regel von der Tagesordnung gestrichen, falls der Rat nicht mit einfacher Mehrheit anders entscheidet.[11]

4. Verhandlungsleitung

4 Die *Verhandlungen* innerhalb des Rates – dies gilt auch für die dem Rat nachgeordneten Instanzen – werden *vom Vorsitzenden geleitet.* Hierin besteht seine wesentlichste und zugleich schwierigste Aufgabe. Er muß die dem Amt innewohnende *Objektivität* wahren und alles darein setzen, die Arbeiten zu einem für die Gemeinschaft positiven Ergebnis zu führen. Die *Position des Vorsitzlandes* wird von dessen Delegation, nicht vom Vorsitzenden vorgetragen. Dessen Amt kann ihn mitunter dazu veranlassen, eine andere Haltung als die der Delegation einzunehmen. Durch seine Leitungsbefugnisse, insbesondere die Bestimmung des Verhandlungsgegenstandes und die Formulierung der zu

8 Vgl. auch Art. 2 FusV, früher Art. 146 Rn. 4 bezüglich informeller Tagungen.
9 Siehe Dokumentation zur Vorbemerkung zu Titel I des Fünften Teils (vor Art. 137).
10 Zum Ganzen *Ayral,* RMC 1975, S. 163 ff.
11 Zum Ganzen Art. 2 und 8 GO Rat; vgl. auch Art. 148 Rn. 9 und 10 sowie Art. 4 FusV, früher Art. 151, Rn. 7.

klärenden Fragen hat der Vorsitzende beachtlichen Einfluß auf Tempo und Gelingen der *Verhandlungen.* Dazu bedarf es einer besonders intensiven Vorbereitung, nicht nur des einzelnen Vorsitzenden auf die von ihm zu behandelnden Dossiers, sondern der gesamten Präsidentschaft, die durch interne *vertikale und horizontale Koordinierung* sicherstellen muß, daß Doppelarbeit oder gar gegenläufige Tendenzen bei der Zielsetzung und den Prioritäten der zahlreichen im Rahmen des Rates arbeitenden Gremien vermieden werden.

Häufig unterbreitet der Vorsitzende aus eigener Initiative, unterstützt vom Sekretariat[12], oder im Zusammenspiel mit der Kommission *Kompromißvorschläge,* denen in der Regel ein erhebliches Gewicht eigen ist.[13] In der Tat ist die Rolle des *»package-brokers«* eine wichtige Funktion des Präsidenten, die dann am wirksamsten und für die Gemeinschaft nützlichsten ist, wenn er sie zusammen mit der Kommission spielt.

5. *Wachsende Bedeutung des Vorsitzes*

5 Das Amt der Präsidentschaft ist im Laufe der Entwicklung für den Fortgang der Arbeiten des Rates und damit für die gesamte Gemeinschaft immer wichtiger geworden.[14] Dies hängt mit der wachsenden Bedeutung des Rates, dem bisher eine *abnehmende Bedeutung* der Kommission gegenüber steht[15], mit dem enormen *Anwachsen des Arbeitspensums,* sowie mit der *Erweiterung der Gemeinschaft* auf nunmehr zehn Mitgliedstaaten zusammen. Die Bedeutung der Präsidentschaft wird u. a. dann besonders spürbar, wenn sie schlecht ausgeübt wird. *Institutionell bedenklich* wird diese wachsende Bedeutung des Vorsitzes dann, wenn sie das Initiativrecht der Kommission in Frage stellt.

In Anbetracht der *Anforderungen,* die dieses Amt stellt, aber auch in Anbetracht der Initiativmöglichkeiten, die es bietet, sollte von den Mitgliedstaaten erwartet werden, daß sie den Vorsitz auf allen Ratsebenen mit den bestqualifizierten Personen besetzen, was vor allem für die kleineren Mitgliedstaaten oft eine besondere Anstrengung bedeutet. Im übrigen gehen die einzelnen Mitgliedstaaten die Aufgaben des Vorsitzes in sehr unterschiedlicher Weise an, dies entsprechend ihrer nationalen Tradition und politischen Zielsetzungen.[16]

12 Siehe unten Rn. 8.

13 Vgl. *Noël, E. – Etienne, H.,* Zur Entwicklung der Europäischen Institutionen: Der Ausschuß der Ständigen Vertreter und die Vertiefung der Gemeinschaften, in: EuR 1972, S. 137 ff., 150 f.

14 Der Europäische Rat hat in seinen Schlußfolgerungen zum Bericht des Dreierausschusses unter B. 3. in diesem Sinne ausgeführt:
»Die herausragende Rolle des Vorsitzes, der auf sämtlichen Ebenen vom Generalsekretariat unterstützt wird, besteht insbesondere in der Organisation der Arbeiten, der Aufstellung der Tagesordnungen für den Rat, der Überwachung des Fortgangs der Arbeiten innerhalb der Arbeitsgruppen und der Koordinierung der Beratungen in den einzelnen Gremien, um auf diese Weise für die Kohärenz der Entscheidungen des Rates zu sorgen.«

15 Vgl. Vorbemerkung zu Titel I des Fünften Teils (vor Art. 137) Rn. 6 bis 9 und 25.

16 Einzelheiten bei *Edwards – Wallace,* a.a.O., S. 55 ff.; *Henig,* a.a.O., S. 29 ff.

6. Sonstige Aufgaben

6 Der *Vorsitzende handelt für den Rat.* Im Bereich der *Außenbeziehungen* liegt die Vertretung der Gemeinschaft zwar in der Regel bei der Kommission. Sind jedoch auch Zuständigkeiten der Mitgliedstaaten betroffen oder herrscht hierüber Streit, nimmt der Ratspräsident, eventuell zusammen mit dem Präsidenten der Kommission, die Vertretung der Gemeinschaft wahr, eine Aufgabe mit ständig wachsender Bedeutung.[17] Er unterhält die nötigen *Kontakte zu den übrigen Organen.* Insbesondere tritt er im Namen des Rates vor dem Europäischen Parlament auf, wo er regelmäßig zu Beginn seiner Amtsperiode einen Bericht »über die Lage der Gemeinschaft« und seine Vorstellungen, diese zu verbessern, abgibt. Die für den Rat bestimmten Schreiben werden an ihn gerichtet. Er unterzeichnet zusammen mit dem Generalsekretär die erlassenen Rechtsakte im Namen des Rates und notifiziert sie gegebenenfalls.[18] Die Notifizierung ist 1981 auf den Generalsekretär und von diesem auf die zuständigen Generaldirektoren im Sekretariat übertragen worden.

7. Öffentlichkeit – Berufsgeheimnis

7 Die *Tagungen* des Rates und der ihm nachgeordneten Instanzen sind *nicht öffentlich,* um die ohnehin meist sehr schwierigen Verhandlungen nicht weiter zu erschweren. Der Rat kann aber ausdrücklich anders entscheiden.[19] Die Regelung ist umstritten und wird vor allem immer wieder von Abgeordneten des Europäischen Parlaments kritisiert, die darauf hinweisen, daß mit der Funktion des Rates als Rechtssetzungsorgan die Öffentlichkeit seiner Arbeiten einhergehen müsse, wie dies sonst für alle Legislativen der westlichen Welt selbstverständlich ist. In der Tat bringt diese Nicht-Öffentlichkeit die Gemeinschaft und ihre Rechtsakte dem Bürger nicht näher. Allerdings würde die Öffentlichkeit der Ratsdebatten möglicherweise eine Emotionalisierung der Standpunkte mit sich bringen, was der Gemeinschaft und ihren Institutionen derzeit kaum zuträglich wäre. Denkbar ist jedoch auch, daß die Herstellung der Öffentlichkeit, etwa durch die Zulassung einer Delegation des Parlaments, den Einigungswillen des Rates bzw. die Kompromißbereitschaft seiner Mitglieder positiv beeinflußt.

Die Beratungen unterliegen grundsätzlich dem *Berufsgeheimnis* (Art. 18 GO Rat). Allerdings ist zu beobachten, daß dieser Grundsatz sehr häufig vor allem von den nationalen Delegierten verletzt wird, die ihre Positionen durch Konsultationen der

17 Vgl. *Schröder*, Art. 228 Rn. 7

18 Einzelheiten in der GO Rat, insbesondere in den Art. 9 bis 20; eingehend *Edwards – Wallace,* a.a.O., S. 18ff., 34ff.; *Weinstock,* Wie kann der Entscheidungsprozeß in der Gemeinschaft verbessert werden? Zum Bericht der Drei Weisen, in: Integration 1980, S. 67ff.

19 Art. 3 Abs. 1 GO Rat; der Rat hat die Öffentlichkeit, soweit ersichtlich, bisher nur einmal zugunsten von Filmarbeiten einer britischen Fernsehgesellschaft über die Gemeinschaftsarbeit hergestellt.

betroffenen Wirtschaftskreise absichern wollen. Dies ist dann nicht zu beanstanden, wenn die Positionen der anderen Delegationen nicht offengelegt werden.

Die *derzeitige Praxis zur Frage der Öffentlichkeit der Ratsarbeiten ist unbefriedigend.* Zum einen kommt die Lobby über die nationalen Delegierten häufig rascher in den Besitz von Zwischenergebnissen der Arbeiten im Rahmen des Rates als die Abgeordneten des Parlaments. Zum anderen besteht ein echtes Bedürfnis, den Stand der legislativen Arbeiten der Öffentlichkeit in geeigneter Weise zugänglich zu machen, ohne dadurch zu illegalen Praktiken greifen zu müssen. Dies könnte in Normalfällen, für die kein besonderes Geheimhaltungsbedürfnis besteht, durch die Veröffentlichung geeigneter Zwischenberichte geschehen.[20]

II. Das Generalsekretariat des Rates

1. Sachaufgaben

8 Der Rat wird von einem Generalsekretariat unterstützt, das einem Generalsekretär untersteht (vgl. Art. 17 GO Rat). Schon seit 1958, also vor dem Inkrafttreten des Fusionsvertrages, hat es für die drei Räte nur ein Generalsekretariat gegeben. Die Sekretariatsbeamten sind, wie die Beamten der anderen Gemeinschaftsinstitutionen, dem Statut der Beamten der Europäischen Gemeinschaften unterworfen.[21]

Wichtigste Aufgabe des Sekretariats ist es, für den Rat und die ihm nachgeordneten Gremien *Arbeitsunterlagen* zu erstellen, ohne die eine kontinuierliche Arbeit nicht denkbar ist. An den Sitzungen nehmen Beamte des Sekretariats teil und arbeiten anschließend ein Dokument aus, in dem die Positionen der Delegationen und die Ergebnisse der Sitzung zusammenfassend wiedergegeben werden. Diese Dokumente, deren Original meist in französischer Sprache verfaßt wird, werden in die übrigen Amtssprachen übersetzt und dienen als Unterlage für die Weiterführung der Arbeiten. Es versteht sich von selbst, daß hierbei mit größter *Unparteilichkeit* gearbeitet werden muß. Die Sekretariatsbeamten verfügen jedoch über einen gewissen *Ermessensspielraum* bezüglich der Art und des Umfangs der Wiedergabe. Nur von den *Ratssitzungen* selbst werden eigentliche *Protokolle* hinsichtlich der gefaßten Beschlüsse oder Schlußfolgerungen und etwaiger förmlicher Erklärungen des Rates, der Kommission oder einzelner Delegationen angefertigt (Art. 7 GO Rat).

Die Sekretariatsbeamten müssen den Ratsgremien, insbesondere aber *dem Vorsitz, beratend zur Seite stehen.* Sie sorgen trotz des halbjährlich wechselnden Vorsitzes für die

20 Eingehend zum Ganzen *Sasse,* a.a.O., S. 199 ff.
21 Dazu Art. 24 FusV, früher Art. 212 EWGV, mit Anmerkungen.

nötige Kontinuität der Arbeiten und gewinnen dadurch Einfluß auf deren Gestaltung. Die wachsenden Aufgaben der Präsidentschaft lassen es dieser in immer stärkerem Maße angezeigt erscheinen, auf die Kenntnisse der Sekretariatsbeamten hinsichtlich der Sach- und Verfahrensfragen zurückzugreifen. Besondere Bedeutung kommt hierbei den Stellungnahmen des *Juristischen Dienstes* zu, die dieser frei von Weisungen ausarbeitet. Er vertritt den Rat auch in Rechtsstreitigkeiten vor dem Europäischen Gerichtshof.[22]

2. Technische Aufgaben

9 Das Sekretariat hat ferner die Aufgabe, den *Vorsitz in technischer Hinsicht zu entlasten,* z. B. durch die Organisation von Sitzungen mittels Versendung von Einberufungsfernschreiben, Tagesordnungen, Arbeitsunterlagen usw.; das gilt auch für *Koordinierungssitzungen* betreffend die Haltung der Mitgliedstaaten im Rahmen internationaler Organisationen, Konferenzen etc. Zu diesen technischen Aufgaben gehört auch die Veranlassung der *Veröffentlichung* oder die *Notifizierung* von Ratsakten usw. (Art. 2, 7, 13 und 15 GO Rat). Das Generalsekretariat verwaltet ferner die *Archive des Rates,* in denen in der Regel auch die *Abkommen* zwischen den Mitgliedstaaten, z. B. nach Art. 220 EWGV sowie die dazugehörigen *Ratifizierungsurkunden* hinterlegt werden. Dementsprechend notifiziert der Generalsekretär den Unterzeichnerstaaten die Hinterlegung und den Tag des *Inkrafttretens* der betreffenden Abkommen. Entsprechendes gilt auch für Assoziierungsabkommen. Der weitaus größte Arbeitsanfall für das Sekretariat wird jedoch durch die *Siebensprachigkeit* des Apparats verursacht. Ohne diese wären von den ca. 1600 Sekretariatsbediensteten (Januar 1982) etwa drei Viertel entbehrlich.

3. Der Generalsekretär

10 Das Sekretariat wird von einem Generalsekretär geleitet, der *vom Rat durch einstimmigen Beschluß ernannt* wird. Neben den üblichen *Aufgaben und Befugnissen* einer *Anstellungsbehörde*[23] sind dem Generalsekretär fest umrissene Aufgaben zugewiesen, wie z. B. die Erstellung des *Entwurfs des Haushaltsvoranschlages* für die Ausgaben des Rates sowie die Verwaltung der dem Rat zur Verfügung gestellten Mittel (Art. 17 Abs. 3 und 4 GO Rat).

Die besondere Rolle des Generalsekretärs und damit des Sekretariats wird durch die Erwägungsgründe deutlich, die der Rat seinem Beschluß vom 26. September 1980 zur

22 Zum Ganzen *Dewost,* in: *Mégret* u.a., a.a.O., S. 371 f. m.w.N.; *Edwards – Wallace,* a.a.O., S. 25 f.; *Mégret* in: *Ganshof van der Meersch* u. a., Les Novelles, a.a.O., N° 726 ff.; *Vignes* in: *Gerbet–Pepy,* a.a.O., S. 75 ff.

23 Vgl. Art. 2 des Beamtenstatuts.

Ernennung eines neuen Generalsekretärs vorangestellt hat.[24] Aus diesen Erwägungsgründen geht hervor, daß die *Rolle des Generalsekretärs auch politischer Natur* sein soll und daß in ihr die Anfänge eines politischen Sekretariats liegen. Diese Erweiterung der Funktionen gegenüber denen früherer Generalsekretäre geht unter anderem auf eine deutsche Initiative zurück.

24 Beschluß des Rates vom 26.9.1980 zur Ernennung des Generalsekretärs des Rates der Europäischen Gemeinschaften (80/918/EWG, Euratom, EGKS):
»... Die Arbeitsweise des Rates erfordert
– eine größere Kontinuität in der Arbeit des Rates über den ständigen Wechsel im Vorsitz hinweg,
– eine bessere Koordinierung der Arbeiten des Rates in seinen verschiedenen Zusammensetzungen,
– eine verstärkte Kohärenz der Arbeiten der nachgeordneten Gremien des Rates,
– anhaltende Bemühungen darum, daß aufgrund vorbereitender Fühlungnahmen mit den Delegationen mehr Ratsbeschlüsse durch Kompromiß zustandekommen, ...
Das Sekretariat des Rates hat die Aufgabe, dem Rat im allgemeinen und dem Vorsitz im besonderen bei der Erfüllung ihrer Aufgaben zur Seite zu stehen.
Für die notwendigen Verbesserungen in der Arbeitsweise des Rates ist die Funktion des Generalsekretärs von großer Bedeutung – ...«
ABl. 1980 Nr. L 261 S. 16.

Artikel 148 [Allgemeine Regeln für die Beschlußfassung]

(1) Soweit in diesem Vertrag nichts anderes bestimmt ist, beschließt der Rat mit der Mehrheit seiner Mitglieder.

(2)[1] Ist zu einem Beschluß des Rates die qualifizierte Mehrheit erforderlich, so werden die Stimmen der Mitglieder wie folgt gewogen:

Belgien	**5**
Dänemark	**3**
Deutschland	**10**
Griechenland	**5**
Frankreich	**10**
Irland	**3**
Italien	**10**
Luxemburg	**2**
Niederlande	**5**
Vereinigtes Königreich	**10**

Beschlüsse kommen zustande, wenn dafür mindestens abgegeben werden:

- **fünfundvierzig Stimmen in den Fällen, in denen die Beschlüsse nach diesem Vertrag auf Vorschlag der Kommission zu fassen sind;**
- **fünfundvierzig Stimmen, welche die Zustimmung von mindestens sechs Mitgliedern umfassen, in allen anderen Fällen.**

(3) Die Stimmenthaltung von anwesenden oder vertretenen Mitgliedern steht dem Zustandekommen von Beschlüssen des Rates, zu denen Einstimmigkeit erforderlich ist, nicht entgegen.

Literaturhinweise

Die zitierten Werke sind weitgehend in den Literaturhinweisen zur Vorbemerkung zu Titel I des Fünften Teils (vor Art. 137) oder im allgemeinem Literaturverzeichnis dieses Kommentares aufgeführt. Soweit dies nicht geschehen ist, finden sich die Fundstellen in den jeweiligen Fußnoten.

1 Art. 148 Abs. 2 wurde durch Art. 14 der Beitrittsakte von 1972 i.V.m. Art. 8 des Anpassungsbeschlusses und Art. 14 der Beitrittsakte von 1979 neu gefaßt.

Inhaltsübersicht

I. Abstimmungsarten

1. Bedeutung der Abstimmungsregelung

1 Die Bestimmung regelt die Beschlußfassung des Rates. Sie stimmt wörtlich mit Art. 118 EAGV überein. Sie entspricht Art. 28 EGKSV.[1a]

Art. 148 nennt vier verschiedene Arten der Beschlußfassung:

- die einfache Mehrheit (Abs. 1),
- die qualifizierte Mehrheit (Abs. 2),
- die doppelt qualifizierte Mehrheit (Abs. 2),
- die Einstimmigkeit (Abs. 3).

Art. 148 bezieht sich nicht nur auf Beschlüsse in der Form des Art. 189, sondern er gilt für *alle Handlungen des Rates,* soweit dafür nicht in Spezialvorschriften besondere Mehrheiten vorgesehen sind, wie z. B. in Art. 44 Abs. 6. Er gilt *nicht für* Vereinbarungen zwischen den *im Rat vereinigten Vertretern der Regierungen der Mitgliedstaaten* sowie sonstige Vereinbarungen zwischen den Mitgliedstaaten.[2] Die Abstimmungsregelungen des Art. 148 gehören neben der Verbindlichkeit von Organbeschlüssen und deren möglicher unmittelbarer Anwendbarkeit zu den *herausragenden Verfassungsmerkmalen,* die die Gemeinschaft von internationalen Organisationen unterscheiden, da dort verbindliche Mehrheitsentscheidungen sowie eine unmittelbare Anwendbarkeit in

1a Siehe dazu unten Rn. 15.
2 Vgl. Vorbemerkung zu Titel I des Fünften Teils (vor Art. 137) Rn. 26.

der Regel nicht vorgesehen sind. Die Gemeinschaft wird daher oft als Herrschaftsverband charakterisiert.[3]

2. Einfache Mehrheit

2 Bei Abstimmungen über mit einfacher Mehrheit zu fassende Beschlüsse verfügt jedes der derzeit zehn Mitglieder über eine Stimme. Es müssen sich also sechs von ihnen für den Beschluß aussprechen. Die einfache Mehrheit scheint durch die Formulierung des Abs. 1 bei der Beschlußfassung des Rates die Regel zu sein. In Wirklichkeit ist die *einfache Mehrheit die Ausnahme,* denn der Vertrag bestimmt in den meisten Fällen, daß ein Beschluß einstimmig oder mit qualifizierter Mehrheit zustandekommt. Wird die Stimmenzahl aber nicht präzisiert, so reicht die einfache Mehrheit aus. Sie ist im wesentlichen für *formale Beschlüsse* vorgesehen.[4] Des weiteren können *Verfahrensfragen* mit einfacher Mehrheit beschlossen werden, doch ist sie auch für einige sachlich bedeutsame Maßnahmen vorgesehen, so für die Richtlinien und Verordnungen zur Herstellung der Freizügigkeit der Arbeitnehmer (Art. 49) und die Regelung des Auskunftsrechts (Art. 213). Die *kleineren Staaten* können, anders als vor der ersten Erweiterung der Gemeinschaft, die größeren überstimmen. Zur *Stimmenthaltung* vgl. unten Rn. 6.

3. Qualifizierte Mehrheit

3 Ein mit qualifizierter Mehrheit zu fassender Beschluß ist dann zustande gekommen, wenn die in Absatz 2, Unterabs. 2, erster Anstrich vorgesehene *Anzahl von fünfundvierzig Ja-Stimmen* erreicht ist. Die qualifizierte Mehrheit ist die am häufigsten vorgesehene Form der Beschlußfassung. Sie sollte nach dem ursprünglichen Willen der vertrag–schließenden Staaten auch die bedeutsamste sein. In vielen Fällen sollte sie nach der ersten oder zweiten Stufe der Übergangszeit an die Stelle der Einstimmigkeit treten. Diese Regelung birgt *institutionelle Aspekte,* die jedoch wegen der Praxis der Einstimmigkeit bisher weitgehend *Verfassungstheorie* blieben.[5] Wichtige Ausnahmen von der Praxis der Einstimmigkeit stellen die Haushaltsbeschlüsse sowie die vierte Gesellschaftsrichtlinie über die Jahresabschlüsse von Kapitalgesellschaften dar, bei deren Annahme sich Belgien bewußt überstimmen ließ. Besonders bedeutungsvoll ist die Annahme der Agrarpreisverordnungen vom Mai 1982. Hier könnte sich eine Hinwen-

3 *Wagner,* a.a.O., S. 165; *Ophüls, C.F.,* Die Mehrheitsbeschlüsse der Räte in den Europäischen Gemeinschaften, in: EuR 1966, S. 193 ff.; *Ipsen,* a.a.O., 23/12; vgl. aber auch unten Rn. 8 und Vorbemerkung zu Titel I des Fünften Teils (vor Art. 137) Rn. 20 bis 22 über die Praxis der Einstimmigkeit.

4 So z. B. in Art. 152, 153, 173 und 236 sowie in Art. 5 FusV.

5 Dazu Vorbemerkung zu Titel I des Fünften Teils (vor Art. 137) Rn. 17 ff.

dung zum Mehrheitsprinzip bzw. eine Weiterentwicklung des Luxemburger Kompromisses abzeichnen.[6]

Im Unterschied zur einfachen Mehrheit gilt bei der qualifizierten Mehrheit eine *Stimmenwägung,* die sich am *wirtschaftlichen und politischen Gewicht* sowie der Einwohnerzahl der einzelnen Mitgliedstaaten orientiert. Sie bringt allerdings relative Vorteile für die kleineren Mitgliedstaaten, deren Stimmanteile im Verhältnis zur tatsächlichen Größe ihrer Bevölkerung und ihres Wirtschaftspotentials deutlich erhöht sind. Neben dem Einfluß der völkerrechtlichen Tradition, jedem souveränen Staat das gleiche Stimmrecht zu geben, und neben der Notwendigkeit, ein verhältnismäßig einfaches System zu finden, hat dabei die Annahme eine Rolle gespielt, eine Stärkung der kleineren Staaten würde diese zusammen mit der Kommission zu einer vermittelnden Rolle bei Meinungsverschiedenheiten zwischen den größeren Staaten befähigen. Auch sollten die Interessen der kleineren Staaten auch dann nicht einfach übergangen werden können, wenn sich die größeren einig sind. (Diese erreichen zusammen 40 anstatt der erforderlichen 45 Stimmen; zum Schutz der Minderheit vgl. auch unten Rn. 4.) Das gewählte System kann dazu führen, daß die qualifizierte Mehrheit bereits durch die Ja-Stimmen von fünf Mitgliedstaaten erreicht ist, während die einfache Mehrheit immer die Zustimmung von sechs Mitgliedstaaten erfordert. Weitere *Folgen der Stimmenwägung* sind, daß *zwei* größere Staaten das Zustandekommen eines Mehrheitsbeschlusses verhindern können. Will *ein* größerer Staat einen Beschluß verhindern, dann braucht er hierzu die Unterstützung durch mindestens zwei, eventuell drei kleinere Staaten. Die Stimmenwägung ist im Vergleich zu internationalen Institutionen eine Neuheit.

4. *Doppelt qualifizierte Mehrheit*

4 Abs. 2 Unterabs. 2, zweiter Anstrich sieht eine doppelt qualifizierte Mehrheit im Rat vor, wenn ein Beschluß gefaßt werden kann, *ohne* daß ein *Kommissionsvorschlag* Beschlußfassungsvoraussetzung ist. In diesen Fällen müssen zusätzlich zu dem Erfordernis der 45 Stimmen mindestens sechs Staaten mit Ja stimmen. Dieser Regelung liegt die Überlegung zugrunde, daß Kommissionsvorschläge normalerweise gut ausgewogen sind, d. h. das Interesse der Gemeinschaft *und* ihrer Mitgliedstaaten im Auge haben. Das Interesse der kleineren Staaten ist durch ihre starke Repräsentanz in der Kommission[7] in Verbindung mit Art. 149 Abs. 1 gewahrt, wonach der Rat von Kommissionsvorschlägen nur einstimmig abweichen kann. Fehlen diese Garantien, dann ist es folgerichtig, die Balance zwischen dem Gemeinschaftsinteresse und dem Interesse der Mitgliedstaaten in der dargestellten Weise zu sichern.[8]

6 Dazu Vorbemerkung zu Titel I des Fünften Teils (vor Art. 137) Rn. 23f.
7 Vgl. Art. 10 FusV, früher Art. 156 EWGV.
8 Die doppelt qualifizierte Mehrheit ist vorgesehen in Art. 108 Abs. 2 und 3, 109 Abs. 3, Art. 114, 126, 203 sowie Art. 6 FusV.

5. Einstimmigkeit

5 Das Einstimmigkeitserfordernis ist Gegenstand des Abs. 3. *Es ist nach der Konzeption des Vertrages die Ausnahme.* In der Praxis ist es jedoch – nicht zuletzt aufgrund des Luxemburger Kompromisses vom Januar 1966 – die Regel.[9]

Einstimmigkeit ist *vorgesehen* vor allem für:

- Beschlüsse von *grundsätzlicher politischer Bedeutung* (z. B. Art. 8, 237 und 238);
- Beschlüsse aufgrund von *weit gefaßten Ermächtigungsnormen,* die es nicht zulassen, vorauszusehen, welche Interessen der einzelnen Mitgliedstaaten besonders berührt werden könnten (z. B. Art. 84, 99, 100 und 235);
- Beschlüsse während einer oder mehrerer Stufen der *Übergangszeit,* nach deren Ablauf die qualifizierte Mehrheit vorgesehen ist (z. B. Art. 43 Abs. 2, 54 Abs. 2, 62 Abs. 2, 69, 75, 87, 101, 111 Abs. 3, 112 Abs. 1 Unterabs. 2);[10]
- Beschlüsse, durch die der Rat einen *Vorschlag* der Kommission *ändert* (Art. 149). In diesem Falle dient die Einstimmigkeit vor allem der Verfestigung des Gemeinschaftsinteresses.[11]

II. Stimmenthaltung und Abwesenheit

1. Stimmenthaltung

6 Bei *einstimmig zu fassenden Beschlüssen* steht die Stimmenthaltung entsprechend der Aussage des Art. 148 Abs. 3 dem Zustandekommen eines Ratsbeschlusses nicht entgegen, wenn alle Mitglieder anwesend oder nach Art. 150 vertreten sind. Demnach kann *ein einstimmiger Beschluß* durch eine Ja-Stimme zustande kommen. Art. 148 Abs. 3 hat *Auswirkungen auf Art. 149 Abs. 1,* der die Abweichung von einem Vorschlag der Kommission durch das Erfordernis der Einstimmigkeit erschweren will.[12]

Stimmenthaltung bei einfacher oder qualifizierter Mehrheit kann, wie sichtbar wurde, eine Beschlußfassung leichter verhindern als bei Einstimmigkeit; denn es müssen immer mindestens fünf Staaten 45 Ja-Stimmen abgeben.

2. Abwesenheit bei vorgeschriebener Einstimmigkeit

7 Die Abwesenheit von Ratsmitgliedern ohne ordnungsgemäße Vertretung *bei einstimmig zu fassenden Beschlüssen* hat grundsätzlich Ungültigkeit zur Folge. Die Formulierung des Abs. 3 kann insoweit zu Mißverständnissen Anlaß geben. Sie soll zum Ausdruck bringen, daß bei der Abstimmung alle Mitglieder *anwesend oder* gem. Art. 150 dadurch

9 Vgl. Vorbemerkung zu Titel I des Fünften Teils (vor Art. 137) Rn. 20ff.
10 Siehe Vorbemerkung zu Titel I des Fünften Teils (vor Art. 137) Rn. 19.
11 Vgl. Art. 149 Rn. 1.
12 Vgl. Art. 149 Rn. 2 und 6.

ordnungsgemäß vertreten sein müssen, daß sie ihr Stimmrecht auf ein anderes Ratsmitglied übertragen haben.[13] Die *Abwesenheit,* aus welchen Gründen auch immer, kann *rechtlich weder als Nein-Stimme* noch als Enthaltung gewertet werden. Von dem in Abs. 3 enthaltenen Grundsatz kann eine *Ausnahme* nur *im* Falle *des Gesetzgebungsnotstandes zugelassen werden:* Abwesenheit darf nicht zu schwerem Schaden für die Gemeinschaft führen. Denn oberstes Gebot für die Gemeinschaft ist die Aufrechterhaltung ihrer Funktionsfähigkeit.[14] Erfordert diese, daß ein Beschluß gefaßt wird, und ist das Kriterium der Dringlichkeit gegeben, so kann ein grundsätzlich einstimmig zu fassender Beschluß auch zustande kommen, wenn ein oder auch mehrere Mitgliedstaaten durch *Krieg* oder *höhere Gewalt* an der Stimmabgabe gehindert sind. Auch *andauernde und vorsätzliche Weigerung,* an der Abstimmung teilzunehmen, um dadurch die Tätigkeit der Gemeinschaft lahmzulegen, vermag einen Beschluß nicht zu verhindern, wenn im Verzug Gefahr für lebenswichtige Interessen der Gemeinschaft oder der übrigen Mitgliedstaaten liegt. Bestimmungen des Vertrages können nicht dazu herangezogen werden, den Vertragszweck in Frage zu stellen. Dies ergibt sich im übrigen auch aus Art. 5 Abs. 2.[15] Wie das Beschlußfassungsverfahren im Falle eines Gesetzgebungsnotstandes aussehen könnte, ist offen und müßte unter anderem nach Grundsätzen der nationalen Verfassungsrechte ermittelt werden.[16] Jedenfalls sollten die so getroffenen Maßnahmen, soweit geeignet, nur einen bis zur Wiederherstellung der Funktionsfähigkeit des Rates vorläufigen Charakter haben.

3. Abwesenheit bei möglichen Mehrheitsbeschlüssen

8 Die *Abwesenheit bei Mehrheitsentscheidungen* muß differenziert betrachtet werden. Zunächst ist auch hier festzuhalten, daß eine Abwesenheit im hier besprochenen Sinne dann nicht vorliegt, wenn ein Ratsmitglied sich durch ein anderes gemäß Art. 150 vertreten läßt. Im übrigen muß *grundsätzlich,* wie bei der Abwesenheit bei Einstimmigkeitsbeschlüssen, an der *Ungültigkeit* des Beschlusses festgehalten werden. Denn der Rat ist ein *Kollegialorgan* aus Vertretern *aller Mitgliedstaaten* (Art. 2 Abs. 1 FusV). Die Meinungsbildung und Beschlußfassung dieses Organs ohne die Anwesenheit bzw. Vertretung aller Mitglieder ist daher als im Prinzip fehlerhaft anzusehen. Daran vermag

13 Dazu Art. 150 Rn. 3.

14 Vgl. EuGH – Costa/Enel, 6/64 – Slg. 1964, 1251 ff. und Fischerei, 804/79 – Slg. 1981, 1074; Einzelheiten und Nachweise bei *Ipsen,* a.a.O., 10/45; gegen jede Ausnahme *Dewost* in: *Mégret* u.a., a.a.O., S. 117.

15 Vgl. auch nachstehend Rn. 8.

16 Jedenfalls erscheint es angebracht, in diesen Fällen den Einfluß anderer Verfassungsorgane, insbesondere des Parlaments und der Kommission zu stärken, wie das entsprechend im Verfassungsrecht der Mitgliedstaaten vorgesehen ist, vgl. z. B. Art. 81 GG. Auf Gemeinschaftsebene ist das Problem u. a. von *G. Meier,* Die Organe der EWG im Stadium der Wirtschafts- und Währungsunion, NJW 1972, S. 1593 ff., 1595 ff. m.w.N. angesprochen. Zum Ganzen auch das in Fn. 14 zitierte Fischerei-Urteil sowie Vorbemerkung zu Titel I des Fünften Teils (vor Art. 137) Rn. 23.

auch der Umstand nichts zu ändern, daß der Vertrag für die Abstimmung selbst kein quorum vorschreibt und nur die Ja-Stimmen gezählt werden.[17] Jedoch darf auch hier die Abwesenheit, aus welchen Gründen auch immer, Beschlüssen, die für die Funktionsfähigkeit der Gemeinschaft unerläßlich und unaufschiebbar sind, nicht entgegen stehen. Ob diese Voraussetzungen des *Gesetzgebungsnotstandes* gegeben sind, ist für jeden Einzelfall zu entscheiden.[18] Die *Schwelle zur Gültigkeit* ist hier jedoch niedriger anzusetzen *als bei der Einstimmigkeit.* Denn im allgemeinen sind Beschlüsse, für die der Vertrag Mehrheitsentscheidungen vorsieht, für die Mitgliedstaaten weniger einschneidend als solche, für die Einstimmigkeit vorgeschrieben ist. Bei der vorzusehenden Abwägung im Einzelfall sind alle relevanten Umstände zu berücksichtigen, so z. B. auch die Anzahl der Abwesenden und die Gründe für die Abwesenheit.[19]

III. Abstimmung in der Praxis

1. Abstimmung nach Diskussion (B-Punkte)

9 Verhandelt wird im Rat nur über solche Punkte, die unter der Rubrik B (= Punkte für die Diskussion) in die Tagesordnung aufgenommen worden sind. Eine wirkliche *Abstimmung* über sie ist in der Ratspraxis eine *Seltenheit,* da die Ratsbeschlüsse in der Regel *einstimmig* gefaßt werden. Dazu bedarf es aber keiner Abstimmung, sondern es genügt, daß der oder die noch zögernden Staaten ihre Vorbehalte zurückziehen, woraufhin der Vorsitzende die Annahme feststellt.[20]

Häufig erfolgt die *Rücknahme von Vorbehalten* jedoch nicht in der Ratssitzung selbst, sondern sie wird *nachträglich* gegenüber dem Generalsekretariat oder dem Präsidenten erklärt. Ähnliches gilt für die *Zustimmung ad referendum.* Dies geschieht, wenn das betreffende Ratsmitglied vor seiner endgültigen Zustimmung noch Kontakt mit seiner Regierung aufnehmen will. Diese Praxis wird nicht als fehlerhaft angesehen. Der Vertrag enthält keine Vorschriften über die Modalitäten der Stimmabgabe. Zweifelhaft ist jedoch, daß als Zeitpunkt der Annahme die Ratssitzung, nicht die Zustimmung des letzten der Ratsmitglieder angenommen wird. Für die Fälle, in denen es doch einmal zu einer förmlichen Abstimmung kommt, sei auf Art. 5 der Geschäftsordnung des Rates verwiesen.[21]

17 Abs. 2 Unterabs. 2; vgl. auch Art. 150 Rn. 1.
18 Vgl. oben Rn. 7.
19 Ähnlich zum Ganzen *Dewost* in: *Mégret* u.a., a.a.O., S. 117f.
20 Zur Problematik der Einstimmigkeitspraxis Vorbemerkung zu Titel I des Fünften Teils (vor Art. 137) Rn. 20 bis 22.
21 Danach stimmen die Ratsmitglieder in der alphabetischen Reihenfolge der Mitgliedstaaten gemäß Art. 2 FusV ab, beginnend mit dem Mitglied, das nach dieser Reihenfolge auf das den Vorsitz führende Mitglied folgt.

2. Annahme ohne Diskussion (A-Punkte)

10 Der Großteil der Ratsmaßnahmen wird aber nicht nur ohne Abstimmung, sondern auch ohne Diskussion angenommen. Es handelt sich dabei um die sogenannten *A-Punkte auf der Tagesordnung des Rates;* das sind in der Regel Maßnahmenentwürfe, über die von den dem Rat nachgeordneten Instanzen vollkommene Einigung erzielt wurde. Insbesondere solche Maßnahmen, über die bereits früher vom Rat Einigkeit in der Sache erzielt wurde, die aber noch einer textlichen Überarbeitung durch die juristischen Sprachsachverständigen bedürfen, werden dem Rat (nun ein zweites Mal und endgültig) zur formellen Annahme als A-Punkte vorgelegt.

Aber auch solche Entwürfe, für die sich auf der Ebene der Ständigen Vertreter die vorgeschriebene *qualifizierte Mehrheit* ergeben hat, können zu A-Punkten werden, dann nämlich, wenn die in die Minderheit geratenen Delegationen sich damit begnügen, ihr Negativvotum im Ratsprotokoll wiederzufinden, im übrigen aber damit einverstanden sind, daß der Punkt den Rat zwecks Annahme ohne Diskussion passiert. Damit wird eine »offene« Abstimmung vermieden. Bis zu diesem Augenblick können sie, sowie jede andere Delegation und die Kommission eine Diskussion verlangen, wodurch der Punkt aus der Liste der A-Punkte fällt und vom Rat oder dem Ausschuß der Ständigen Vertreter erneut beraten werden muß.[22]

3. Schriftliches Verfahren

11 Von erheblicher Bedeutung für die Praxis ist die Beschlußfassung durch *schriftliche Abstimmung,* die für dringende Angelegenheiten vorgesehen ist und nur angewendet werden kann, wenn alle Ratsmitglieder einverstanden sind (Art. 6 GO Rat). Die *Zustimmung der Kommission* zum schriftlichen Verfahren ist dann erforderlich, wenn die Abstimmung einen Gegenstand betrifft, mit dem sie den Rat befaßt hat. Dies muß *nicht* durch einen förmlichen Vorschlag geschehen sein.[23]

Das schriftliche Verfahren wird vor allem für häufig wiederkehrende *Routinebeschlüsse,* die in der Regel keiner Diskussion bedürfen, verwendet. So beschließt der Rat die Konsultation des Parlaments sowie des Wirtschafts- und Sozialausschusses, und die Ernennung (Akkreditierung) von Diplomaten aus Drittstaaten bei den Gemeinschaften auf diesem Wege. Das schriftliche Verfahren wird auch dann gewählt, wenn in einer dringlichen Angelegenheit die zu beschließenden Texte feststehen, aber noch nicht alle Ratsmitglieder in der Lage sind, definitiv zuzustimmen, z. B. weil sie zuerst die Zustimmung ihrer Regierung einholen möchten. Dies darf aber nicht den Umstand verwischen, daß es rechtlich auf die Zustimmung des Ratsmitglieds, nicht auf die

22 Siehe Art. 2 Abs. 6 GO Rat; vgl. *Salmon* in: *Gerbet – Pepy,* a.a.O., S. 67; *Noël – Etienne,* ebenda S. 43, *Dewost* in: *Mégret* u.a., a.a.O., S. 126, 143.
23 A.A. *Dewost* in: *Mégret* u.a., a.a.O., S. 146.

Zustimmung von Regierungen ankommt.[24] Die Praxis einiger Mitgliedstaaten, ihre Antwort im Namen der Regierung oder gar nur der zuständigen Behörden mitzuteilen, ist insofern fehlerhaft.

Die *technische Abwicklung* des Verfahrens erfolgt durch ein *Fernschreiben seitens des Generalsekretärs* im Namen des Vorsitzes, in dem auch eine Frist für die Antwort gesetzt ist, sowie ein Antwort-Fernschreiben seitens der Ständigen Vertreter. Bleibt bei angemessener Frist die Zustimmung eines Ratsmitgliedes aus, dann kann der Beschluß nur unter denselben Voraussetzungen als angenommen gelten, die ihn auch im mündlichen Verfahren trotz Abwesenheit gültig sein ließen.[25]

IV. Abstimmungsregelungen im sekundären Gemeinschaftsrecht

1. Zulässigkeit der Abstimmungsvereinfachung

12 Der Vertrag geht davon aus, daß der Rat in seinen Maßnahmen, vor allem in seinen Verordnungen, nicht selbst alle für eine reibungslose Anwendung erforderlichen Details regelt, sondern in *kompetenzgewährenden Normen* die Kommission mittels *Delegation* gemäß Art. 155 Unterabs. 4 zum Erlaß von Anwendungs- und Durchführungsvorschriften ermächtigt. Der Rat ist jedoch bisher bezüglich solcher Befugnisübertragungen auf die Kommission – zumindest was die Bedeutung der übertragenen Befugnisse betrifft – äußerst zurückhaltend gewesen.[26] Er hat es vorgezogen, sich *selbst zu ermächtigen* und gegebenenfalls das *Beschlußfassungsverfahren* zu *vereinfachen.* Während das Erfordernis eines Kommissionsvorschlags niemals in Zweifel gezogen wurde, geschah dies wohl bezüglich der Anhörung des Parlaments und des Wirtschafts- und Sozialausschusses. Jedoch auch hier hat sich inzwischen weitgehend die Ansicht durchgesetzt, Ratsbeschlüsse seien im allgemeinen *per definitionem* von solcher Wichtigkeit, daß diese beiden Organe immer zu konsultieren seien.[27] Dem Rat bleibt es aber im Falle der Selbstermächtigung unbenommen, einen Mehrheitsbeschluß vorzusehen, obwohl die primär kompetenzgewährende Norm, z. B. Art. 99, 100 und 235, Einstimmigkeit vorsieht. Dies würde der im Vertrag angelegten Integrationsdynamik entsprechen.[28] Voraussetzung ist allerdings, daß die Gründe, die zur Vorsehung der Einstimmigkeit geführt haben, weggefallen sind. Die weiteren Ratsmaßnahmen müssen also eine Durchführung bzw. nähere Ausgestaltung der getroffenen Grundentscheidungen zum Gegenstand haben. Beispielhaft für diese Entwicklung sind die auf Art. 43 Abs. 2 gestützten Grundverord-

24 Vgl. Art. 2 FusV, früher Art. 146 Rn. 1.
25 Vgl. oben Rn. 7 und 8.
26 Vgl. Vorbemerkung zu Titel I des Fünften Teils (vor Art. 137) Rn. 7 und 9 und Art. 155 Rn. 42.
27 Einzelheiten und Ausnahmen bei Art. 149 Rn. 3.
28 Vgl. Vorbemerkung zu Titel I des Fünften Teils (vor Art. 137) Rn. 19.

nungen über die Agrarmarktordnungen und die sich daran anschließenden weiteren Ratsverordnungen.[29]

2. Unzulässigkeit der Abstimmungserschwerung

13 Umgekehrt kann der Rat im sekundären Gemeinschaftsrecht das *Beschlußfassungsverfahren nicht erschweren.* Er kann dann keine Einstimmigkeitsbeschlüsse vorsehen, wenn die zugrundeliegende Vertragskompetenz selbst Mehrheitsentscheidungen genügen läßt, da dies der oben erwähnten dem Vertrag innewohnenden Dynamik widersprechen würde. Für die Abstimmung selbst sind die Regeln des Art. 148 auch im sekundären Gemeinschaftsrecht verbindlich.

V. Abstimmung im EAG- und EGKS-Vertrag

1. EAG-Vertrag

14 Art. 118 EAGV gleicht wörtlich dem Art. 148 EWGV. Vorstehendes gilt daher auch für die Abstimmungsregeln und -praktiken im Bereich der EAG.

2. EGKS-Vertrag

15 Förmliche Beschlüsse des Rates im Bereich des EGKS-Vertrages sind der Struktur dieses Vertrages entsprechend selten, da der Rat dort in der Regel von dem Entscheidungsorgan Kommission (früher Hohe Behörde) angehört wird.[30] In bestimmten Fällen bedarf ein Kommissionsakt jedoch der förmlichen Zustimmung des Rates oder der Rat ist selbst Entscheidungsorgan.[31] Die Abstimmungsregeln hierfür enthält Art. 28 EGKSV in einer verhältnismäßig differenzierten Form.

Der in *Abs. 2* erwähnte Vorschlag, zu dem der Rat seine Zustimmung geben muß, ist nicht ein solcher im Sinne des EWG-Vertrages. Insbesondere kann der Rat den Kommissionsvorschlag nicht von sich aus ändern. Die Zustimmung ist erfolgt, wenn die absolute Mehrheit der Mitgliedstaaten – derzeit also 6 – zustimmen, wobei unter den zustimmenden Staaten zwei, in Patt-Situationen drei sein müssen, die je ein Achtel des Gesamtwertes der Kohle- und Stahlproduktion der Gemeinschaft umfassen.

Die Regelung bezüglich der Stimmenthaltung bei einstimmig zu fassenden Beschlüssen

29 Zum Ganzen EuGH – Köster, 25/70 – Slg. 1970, 1161, 1172 mit Anm. *Ehlermann,* EuR 1971, S. 250 ff.; *Lauwaars,* a.a.O., S. 203; *Ipsen,* a.a.O. 20/48; *Everling, U.,* Zur Errichtung nachgeordneter Behörden der Kommission der EWG, in: Festschrift für C.F. Ophüls, Karlsruhe 1965, S. 33 ff.; ausführlich und mit Nachweisen aus dem sekundären Gemeinschaftsrecht der Bericht des Rechtsausschusses des EP, Dok. EP Nr. 115 vom 30. 9. 1968, S. 6 ff.

30 Vgl. Vorbemerkung zu Titel I des Fünften Teils (vor Art. 137) Rn. 5 und 18.

31 Vgl. z. B. Art. 58 EGKSV.

entspricht gemäß *Abs. 3* der des EWG-Vertrages. Die oben in Rn. 6ff. gemachten Ausführungen auch bezüglich der Abwesenheit können daher entsprechend gelten.

Gemäß *Abs. 4* werden die Stimmen der Mitgliedstaaten für Beschlüsse nach Art. 78, 78b) und 78e) Abs. 9 nach dem auch später in Art. 148 Abs. 2 gebrauchten Schlüssel gewogen.

Artikel 149 [Beschlußfassung auf Vorschlag der Kommission]

Wird der Rat kraft dieses Vertrages auf Vorschlag der Kommission tätig, so kann er Änderungen dieses Vorschlags nur einstimmig beschließen.

Solange ein Beschluß des Rates nicht ergangen ist, kann die Kommission ihren ursprünglichen Vorschlag ändern, insbesondere in den Fällen, in denen die Versammlung zu diesem Vorschlag gehört wurde.

Literaturhinweise

Die zitierten Werke sind in den Literaturhinweisen zur Vorbemerkung zu Titel I des Fünften Teils (vor Art. 137) oder im allgemeinen Literaturverzeichnis dieses Kommentares aufgeführt. Soweit dies nicht geschehen ist, finden sich die Fundstellen in den jeweiligen Fußnoten.

Inhaltsübersicht

I. Institutionelle Bedeutung der Vorschrift

1. *Initiativrecht der Kommission*

1 Die Bestimmung betrifft die *Vorschläge der Kommission an den Rat.* Sie stimmt wörtlich mit Art. 119 EAGV überein; der EGKS-Vertrag enthält keine entsprechende Bestimmung, da die Kommission (früher Hohe Behörde) im Regelfall selbst die Rechtssetzungsbefugnisse ausübt.[1]

Art. 149 Abs. 1 ist von zentraler Bedeutung für das Zusammenwirken von Rat und Kommission. Dem *Recht der Kommission, Vorschläge zu machen,* steht die Pflicht des Rates gegenüber, *Beschlüsse nur auf der Grundlage dieser Vorschläge* zu fassen, d. h. der Vorschlag ist, wenn er vom Vertrag vorgeschrieben ist, Verfahrensvoraussetzung. Damit hat die Kommission – bis auf die Fälle, in denen Ermächtigungsnormen auf einen Vorschlag verzichten – das *ausschließliche Initiativrecht.* Der Rat kann die Kommission jedoch auffordern, ihm Vorschläge zu unterbreiten.[1a] Die Vorschläge umfassen neben dem eigentlichen Text der zu treffenden Maßnahmen auch die Erwägungsgründe und die Rechtsgrundlage.

2. *Bindung des Rates*

2 Das Initiativrecht der Kommission wird dadurch verstärkt, daß der Rat deren Vorschläge nur *einstimmig ändern* kann. Diese Regelung soll der Kommission eine außerordentlich starke Stellung geben; denn bei der vom Vertrag als Regelfall gedachten mehrheitlichen Beschlußfassung durch den Rat würde sie bedeuten, daß die Kommission die mit ihren Vorschlägen verfolgten Ziele schon dann durchsetzen kann, wenn sie die erforderliche Mehrheit der Mitgliedstaaten hinter sich hat.[2]

Allerdings muß darauf hingewiesen werden, daß die *Praxis des Rates, Beschlüsse* in der Regel ohnehin *nur einstimmig* zu fassen, die Bedeutung der Kommissionsvorschläge hinsichtlich ihrer inhaltlichen Bindung stark reduziert, weil im wesentlichen nicht mehr als die Bindung an die Identität des vorgeschlagenen Gegenstandes übrigbleibt.[3] Sie werden vom Rat oft mehr als Denkansätze und Diskussionsgrundlagen, denn als Gesetzesentwürfe behandelt, was mitunter aber auch auf die unzureichende Ausarbeitung einzelner Vorschläge zurückzuführen ist.[4] Immerhin bleibt, daß die Kommission *Änderungen* eines

1 Vgl. Art. 14 und 28 EGKSV sowie Vorbemerkung zu Titel I des Fünften Teils (vor Art. 137) Rn. 5 und 17 f.

1a Vgl. Art. 152; die Bedeutung der Vorschläge im Zusammenwirken der Gemeinschaftsorgane ist in der Vorbemerkung zu Titel I des Fünften Teils (vor Art. 137) Rn. 8, 12 und 19 dargestellt. Vgl. ferner *Pöhle*, Art. 137 Rn. 11 ff. und *Schmitt von Sydow*, Art. 155 Rn. 23 ff mit stärkerer Hervorhebung der verfassungs-theoretischen Aspekte des Vorschlagsrechts.

2 U. a. damit wurde die Qualifizierung der Gemeinschaft als supranational begründet, s. *Jaenicke,* Der übernationale Charakter der Europäischen Wirtschaftsgemeinschaft, in: ZaöRV 1958, Bd. 19, S. 176, 343.

3 Vgl. unten Rn. 5.

4 Vgl. *Sasse,* a.a.O., S. 137 und 160 ff. m.w.N.

Vorschlages schon dann *verhindern kann,* wenn sie von einem Mitgliedstaat unterstützt wird. Sie würde damit aber in der Regel die beabsichtigte Maßnahme für den Rat überhaupt unannehmbar machen. Denn sie hat, so gesehen sogar die Möglichkeit, den Rat an einer mehrheitlichen Beschlußfassung zu hindern. Auch wenn die Ziele des Art. 149 Abs. 1 als nicht erreicht gelten müssen, so setzt er die Kommission doch in die Lage, aktiv am Willensbildungsprozeß des Rates teilzunehmen und mit Nachdruck zwischen den im Rat widerstreitenden Interessen zu vermitteln.[5]

II. Behandlung des Vorschlags durch den Rat

1. Konsultation

3 Ehe der Rat einen ihm vorgelegten Vorschlag prüft bzw. durch die ihm nachgeordneten Instanzen prüfen läßt, beschließt er, in der Regel im Wege des schriftlichen Verfahrens[6], das Europäische Parlament und den Wirtschafts- und Sozialausschuß zu konsultieren, und zwar bereits seit 1960 in der Regel auch dann, wenn eine Konsultation vertraglich nicht vorgeschrieben ist. Es ist anzunehmen, daß diese Selbstbindung des Rates durch ständige Übung inzwischen ein entsprechendes Recht des Parlaments begründet hat. Dies erweist sich insofern nicht als ideale Lösung, als das Parlament, ein politisches Organ, in zunehmendem Maße mit Vorschlägen zu technischen Durchführungsmaßnahmen überschwemmt wird, als Folge davon, daß der Rat sich den Erlaß solcher Maßnahmen vorbehält, anstatt sie gemäß Art. 155 Unterabs. 4 auf die Kommission zu übertragen.[7] Ausnahmen von quasi automatischer Anhörung ergeben sich für Routinebeschlüsse von untergeordneter Bedeutung, wie die Gehaltsanpassungen für die Bediensteten der EG und die Ernennung von Ausschußmitgliedern. Eine Konsultationspflicht entfällt auch dann, wenn eine Maßnahme unvermittelt getroffen werden muß, um sinnvoll zu sein. Solche gesetzgebungsnotstandsähnlichen Situationen können sich z. B. im Währungsbereich, aber auch infolge einer plötzlich veränderten außenpolitischen Lage ergeben.[8] Dies gilt sicher dann, wenn eine Anhörung vom Vertrag nicht ausdrücklich vorgeschrieben ist, sondern die Anhörungspflicht auf der erwähnten Selbstbindung des Rates beruht. Es muß aber auch dann gelten, wenn die Anhörung vorgeschrieben ist und der Fall eines echten Gesetzgebungsnotstands vorliegt, d. h. wenn die Blockierung der Beschlußfähigkeit des Rates durch das Parlament zu einem schweren andauernden Schaden für die Gemeinschaft führen würde. Es ist jedoch im Einzelfall abzuwägen, ob das Parlament nicht gerade in die Lage gesetzt werden soll, einen Ratsbeschluß zu verhindern. Ferner muß der Rat alles getan haben, um rechtzeitig eine Stellungnahme des Parlaments zu bekommen.

5 Vgl. *Ipsen,* a.a.O., 14/20 und 23 und *Wohlfarth* u. a., a.a.O., Art. 149 Anm. 1 mit Hinweisen auf die Geschichte der Vorschrift.

6 Vgl. Art. 148 Anm. 11; eingehend zum Ganzen *Glaesner, H.-J.,* Mögliche Konfliktzonen zwischen den Gemeinschaftsorganen, in: EuR 1981, S. 9ff., 14ff.

7 Vgl. Art. 148 Rn. 12.

8 Vgl. die VO über die Unterbrechung von Importen aus Argentinien (VO Nr. 877/82; ABl. 1982 Nr. L 102 S. 1).

Dabei ist es unerheblich, ob das Parlament nicht in der Lage ist, eine Stellungnahme abzugeben oder diese willentlich verweigert. Im übrigen muß der Rat auch bei wichtigen Vorhaben eine Stellungnahme abwarten, auch wenn diese manchmal sehr lange auf sich warten läßt. Sonst liegt ein Formfehler i. S. des Art. 173 Abs. 1 zumindest dann vor, wenn der Vertrag die Anhörung vorschreibt.[9] Zu erwägen ist in solchen Fällen, ob der Rat, die Kommission oder ein Mitgliedstaat, nachdem das Parlament vor allem nach den Direktwahlen zweifellos eine institutionelle Aufwertung erfahren hat, nicht entsprechend dem Gedanken des Art. 175 Klage auf Feststellung einer Vertragsverletzung durch das Parlament erheben kann. Das Parlament hätte, im Sinne seiner weiteren Aufwertung, alles Interesse daran, seine Passivlegitimation zu bejahen.[10] Jedenfalls liegt es nicht im Interesse der Rechtssicherheit, daß der Rat die Blockierung nur dadurch aufheben kann, daß er die Maßnahme ohne Stellungnahme des Parlaments trifft. Denn a priori läßt sich nicht sagen, wie der Gerichtshof bei einer Anfechtungsklage gegen die so getroffene Ratsmaßnahme entscheiden würde. Außer in sehr dringenden Fällen werden die Ergebnisse der Konsultation und gegebenenfalls ein geänderter Vorschlag der Kommission abgewartet, *ehe die Arbeiten* beim Rat, meist auf Arbeitsgruppenebene, *beginnen.*[11]

2. Änderung und Ergänzung des Vorschlags

4 *Der Rat,* das ergibt sich ebenfalls aus Art. 149 Abs. 1, *hat das Recht, Vorschläge* durch Umformulierungen, Streichungen und Ergänzungen *einstimmig* zu *ändern.* Die Standpunkte der einzelnen Mitgliedstaaten sind aufgrund ihrer Interessen und Traditionen oft so weit voneinander entfernt, daß es der Kommission trotz sorgfältiger Vorbereitung der Vorschläge unmöglich ist, Lösungen zu präsentieren, die für alle Mitgliedstaaten annehmbar sind und trotzdem einen Fortschritt gegenüber dem status quo darstellen. Diese Lösungen müssen dann durch die Verhandlungen im Rat bzw. den ihm nachgeordneten Gremien gefunden werden.[12] Meinungsverschiedenheiten gibt es mitunter auch hinsichtlich der *vorgeschlagenen Rechtsgrundlage* einer bestimmten Maßnahme. Diese ist von Bedeutung für das Verfahren, insbesondere den Abstimmungsmodus im Rat oder die obligatorische Konsultation des Europäischen Parlaments und des Wirtschafts- und Sozialausschusses. Die Änderung der Rechtsgrundlage durch den Rat unterliegt den gleichen Regeln wie textliche Änderungen.[13] Überschriften und Titel nehmen an den Rechtswirkungen weder des Kommissionsvorschlags noch der verabschiedeten Ratsmaß-

9 EuGH – Chemiefarma, 41/69 – Slg. 1970, 661 ff. und 138 und 139/80, Slg. 1980, 3333 ff. mit Anm. *Beutler,* EuR 1981, S. 49 ff. und *Quintin,* RMC 198, S. 5 ff., vgl. *Daig,* Art. 173 Rn. 60.

10 Enger *Daig,* Art. 175 Rn. 13; zur Problematik von Rechtsstreiten zwischen Rat und Parlament s. *Glaesner* (a.a.O., Fn. 6), S. 19 ff. und *Pöhle,* Art. 137 Rn. 17 ff.

11 Nicht zutreffend *Bieber* in: *Beutler* u.a., a.a.O., Nr. 4.2.2; vgl. auch Vorbemerkung zu Titel I des Fünften Teils (vor Art. 137) Rn. 11.

12 Vgl. Art. 4 FusV, früher Art. 151, Rn. 7 f.

13 Vgl. oben Rn. 2 und unten Rn. 6.

nahme teil. Die Kommission nimmt an allen Arbeiten im Rahmen des Rates teil und kann ihre Vorschläge bis zur Annahme ebenfalls ändern oder zurückziehen.[14]

3. Grenzen für Änderungen

5 Der Rat muß bei Änderungen der Kommissionsvorschläge die *Grenzen* respektieren, die sich *aus den Rechten anderer Institutionen* ergeben. Diese Grenzen ergeben sich einmal aus dem *Vorschlagsrecht* der Kommission und der von ihm ausgehenden *Bindung an den Gegenstand des Vorschlags.*[15] Eine Änderung liegt nicht nur in der Wahl anderer als der von der Kommission vorgeschlagenen Lösungen, sondern auch in der nur teilweisen Annahme eines Vorschlags, soweit der Rest zu diesem ein *minus, nicht* aber ein *aliud* darstellt oder in der Hinzufügung von Vorschriften. *Änderungsgrenzen* ergeben sich im übrigen auch aus der *Konsultationspflicht:* Gedenkt der Rat wesentlich von der Substanz des Vorschlags und der Stellungnahme abzuweichen, dann muß er das Parlament zu dem von ihm erarbeiteten Entwurf erneut konsultieren.[16] Das Verhalten des Rates ist gem. Art. 173, gegebenenfalls gem. Art. 175, nachprüfbar.

4. Abstimmung über die Änderung

6 Das *Einstimmigkeitserfordernis* des Art. 149 Abs. 1 bezieht sich nur auf die Änderung selbst. Es unterliegt den Regeln des Art. 148 Abs. 3. Der in der für die zu beschließende Maßnahme insgesamt herangezogenen Ermächtigungsnorm vorgesehene Abstimmungsmodus bleibt unberührt.[17] Eine gesonderte Abstimmung über Änderungen ist wegen des de facto herrschenden Einstimmigkeitsprinzips jedoch z. Z. weitgehend gegenstandslos.[17a]

5. Untätigkeit oder Zurückweisung

7 Grundsätzlich muß dem Rat wegen seiner *politischen Funktion* ein *weites Ermessen* darüber zuerkannt werden, wann und ob er überhaupt einen Kommissionsvorschlag annehmen will. Normalerweise ist er nicht gehalten, seine diesbezügliche Absicht kundzutun. Er zieht sich, wenn er von anderer Seite für verpflichtet gehalten wird, positiv zu entscheiden, eventuell eine Untätigkeitsklage nach Art. 175 EWGV zu, d. h. der

14 Vgl. unten Rn. 8 ff.
15 Vgl. oben Rn. 2.
16 Vgl. EuGH, a.a.O.(Fn. 9); vgl. ferner oben Rn. 3 und Vorbemerkung zu Titel I des Fünften Teils (vor Art. 137) Rn. 11.
17 Vgl. *Wohlfarth* u.a., a.a.O., Art. 149 Anm. 1, a.A. *Dewost,* a.a.O., S. 132.
17a Vgl. Vorbemerkung zu Titel I des Fünften Teils (vor Art. 137) Rn. 20 ff.

Gerichtshof kann nachprüfen, ob der Rat seinen Ermessensspielraum mißbraucht hat.[18]

Liegt dem Vorschlag eine *gebundene Ermächtigung* zugrunde, d. h. eine solche, die eine Verpflichtung des Rates enthält, bestimmte Maßnahmen – eventuell innerhalb einer bestimmten Frist – zu erlassen, dann tut der Rat im Sinne einer größeren rechtlichen und politischen Klarheit gut daran, den entsprechenden Vorschlag durch förmlichen Beschluß zurückzuweisen, um so der Kommission frühzeitig die Möglichkeit zu eröffnen, die Nachprüfung dieses Beschlusses gemäß Art. 173 zu veranlassen. Dem steht nicht entgegen, daß der Vertrag diese Möglichkeit nicht ausdrücklich erwähnt.[19]

III. Änderung und Rücknahme des Vorschlags durch die Kommission (Art. 149 Abs. 2)

1. Formelle Änderungen

8 Die Kommission wird zwar in erster Linie ihren Vorschlag verteidigen, kann diesen aber jederzeit bis zur Annahme durch den Rat ändern, ergänzen oder zurückziehen. Sie bleibt Herrin des Vorschlags. Eine förmliche Änderung kann nur durch das *Organ selbst, nicht* dessen *Dienststellen* herbeigeführt werden. Der *geänderte Vorschlag* tritt an die Stelle des ursprünglichen Vorschlags, der damit hinfällig wird. Häufig legt die Kommission einen geänderten Vorschlag vor, um der *Stellungnahme* vor allem des *Europäischen Parlaments* Rechnung zu tragen. Jedoch können sie auch neue sachliche Erkenntnisse oder die Absicht, eine Einigung im Rat zu erleichtern, zu diesem Schritt veranlassen. In den letztgenannten Fällen muß der Rat dann prüfen, ob eine erneute Konsultation des Europäischen Parlaments und des Wirtschafts- und Sozialausschusses nötig ist. Er folgt dabei meist der Anregung der Kommission, die gegebenenfalls in ihrem Übermittlungsschreiben auf die Notwendigkeit einer Konsultierung hinweist. Die Verantwortung bleibt jedoch beim Rat. Auch hier gilt, daß zu einer erneuten Konsultation dann keine Veranlassung besteht, wenn der ursprüngliche Vorschlag als Ganzes gesehen in seiner Substanz nicht geändert worden ist.[20]

2. Beiträge der Dienststellen der Kommission und der Kommissionsmitglieder

9 Von besonderer Bedeutung für den Fortgang der Arbeiten im Rahmen des Rates sind die von den beteiligten *Dienststellen der Kommission* in den verschiedenen Verhandlungsphasen vorgelegten *Kompromißtexte* und *Lösungsvorschläge,* ohne die in der Tat eine Einigung zwischen den Delegationen der Mitgliedstaaten weitaus schwieriger zu

18 Nach *Dewost* in: *Mégret* u.a., a.a.O., S. 134, geht der Rat in diesem Fall keinerlei juristisches Risiko ein; vgl. dagegen *Daig*, Art. 175 Rn. 30 m.w.N.

19 Vgl. *Dewost* in: *Mégret* u.a., a.a.O., S. 134 und *Daig*, Art. 175 Rn. 23.

20 Vgl. auch oben Rn. 5 und Vorbemerkung zu Titel I des Fünften Teils (vor Art. 137) Rn. 11 m.w.N.

erreichen wäre. Sie müssen aufgrund ihres Verfassungsauftrags den bequemen Weg von Minimallösungen vermeiden.

Diese Beiträge der Dienststellen der Kommission sind *keine Vorschlagsänderungen.* Rechtlich maßgebend bleibt der von der Kommission formell vorgelegte – gegebenenfalls von ihr selbst ebenso formell geänderte – Vorschlag. Die von den Dienststellen der Kommission präsentierten Kompromißlösungen und -texte nehmen an der Rechtsnatur des Vorschlags mit den Folgen des Art. 149 Abs. 1 erst in dem Augenblick teil, wo sie sich die Kommission als Organ zu eigen macht. Dies geschieht oft während der Ratssitzungen mit der Zustimmung der anwesenden Kommissionsmitglieder zu den dem Rat zur Annahme vorgelegten Texten. *Kommissionsintern* mag diese Vorschlagsänderung *zunächst dann fehlerhaft* sein, wenn sie nicht durch eine Ermächtigung nach Art. 27 Abs. 1 der Geschäftsordnung gedeckt ist, denn die Kommission beschließt mit der Mehrheit ihrer Mitglieder.[21] Dieser vorläufige Mangel wird jedoch durch die konkludente *Zustimmung* der nicht anwesenden Kommissionsmitglieder *ex tunc* geheilt. Eine Vorschlagsänderung ist jedoch rechtlich nur dann erforderlich, *wenn der Rat* über die betreffenden Maßnahmen *mehrheitlich beschließen* will. Nur dann muß die Kommission ihren Vorschlag, zumindest eine logische Sekunde vor dem Ratsbeschluß, entsprechend ändern.[22]

3. *Zusätzliche Vorschläge*

10 Das *Vorschlagsrecht* der Kommission wird durch die Vorlage eines Vorschlags zu einer bestimmten Materie *nicht verbraucht.* Die Kommission kann zu demselben Gegenstand weitere Vorschläge machen. Dies geschieht oft, um die getroffenen Ratsmaßnahmen im Lichte der gemachten Erfahrungen ändern, ergänzen oder aufheben zu lassen. Der Rat kann die von ihm auf Vorschlag der Kommission getroffenen Maßnahmen nämlich nicht von sich aus ändern oder aufheben. Auch hierzu bedarf es eines Kommissionsvorschlags.

4. *Rücknahme von Vorschlägen*

11 Abgesehen von den Fällen einer gebundenen Ermächtigung, steht es der Kommission jederzeit bis zur Annahme ihres Vorschlags frei, diesen zurückzuziehen, wenn sie nach pflichtgemäßem Ermessen zu der Auffassung kommt, daß der Vorschlag ihrem Auftrag

21 Art. 27 Abs. 1 GeschO Kommission i.d.F. vom 23. 7. 1975 lautet: »Die Kommission kann – unter der Voraussetzung, daß der Grundsatz kollegialer Verantwortlichkeit voll und ganz gewahrt bleibt – ihre Mitglieder ermächtigen, in ihrem Namen und vorbehaltlich ihrer Kontrolle eindeutig umschriebene Maßnahmen der Geschäftsführung und der Verwaltung zu treffen.«

22 Ähnlich *Noël* in: *Gerbet – Pepy,* a.a.O., S. 53 zum Ganzen *Sattler,* a.a.O., S. 143 ff. sowie das Europäische Parlament in Dok. EP Nr. 74/1962–63, Ziff. 123 und 118/1966–67, Ziff. 17; ebenso *Alting von Geusau, F.A.M.,* La procédure de décision des Communautés européennes, in: CDE 1966, S. 227 ff., 245; abweichend *Ipsen,* a.a.O., 23/7.

aus Art. 155 nicht oder nicht mehr entspricht. Sie kann den Vorschlag *auch während der Ratsverhandlungen* zurücknehmen, wenn sich ein Ratsbeschluß abzeichnet, den die Kommission nicht akzeptieren will. Dem Rat wäre damit die Möglichkeit genommen, wirksam zu beschließen.[23] Dies ergibt sich zwar nicht unmittelbar aus dem Wortlaut des Abs. 2, der im Gegenteil eher auf den Ausschluß einer Rücknahme schließen läßt. Dieses Rücknahmerecht ist jedoch die notwendige Kehrseite des Vorschlagsrechts. Jedoch darf die Kommission ihren sicher sehr weiten Ermessensspielraum nicht mißbrauchen. Die Rücknahme muß als *actus contrarius* zum Vorschlag durch einen Kommissionsbeschluß bzw. eine Ermächtigung gem. Art. 27 GO (Kommission) gedeckt sein. Der Rat oder jeder sonst Aktivlegitimierte kann darauf mit den Mitteln der Art. 152, 173 bzw. 175 reagieren.

Artikel 150 [Übertragung des Stimmrechts]

Jedes Mitglied kann sich das Stimmrecht höchstens eines anderen Mitglieds übertragen lassen.

Literaturhinweise

Die zitierten Werke sind in den Literaturhinweisen zur Vorbemerkung zu Titel I des Fünften Teils (vor Art. 137) oder im allgemeinen Literaturverzeichnis dieses Kommentars aufgeführt. Soweit dies nicht geschehen ist, finden sich die Fundstellen in den jeweiligen Fußnoten.

Inhaltsübersicht

I. Übertragung des Stimmrechts

1. Wirkungen

1 Die Bestimmung behandelt die *Übertragung des Stimmrechts*. Sie stimmt mit Art. 120 EAGV und Art. 28 Abs. 5 EGKSV überein.

Sie soll sicherstellen, daß der Rat auch dann seine *Beschlußfähigkeit* behält, *wenn* einer oder mehrere *Mitgliedstaaten nicht durch* ein *Regierungsmitglied* vertreten sein können.

23 Enger bezügl. des Rücknahmerechts *Dewost* in: *Mégret* u.a., a.a.O., S. 135f.

Wenn mehr als fünf Ratsmitglieder fehlen, kann jedenfalls ein *einstimmiger Beschluß* nicht zustande kommen, da jedes Ratsmitglied sich nur das Stimmrecht eines anderen Mitglieds übertragen lassen kann und Abwesenheit im übrigen das Zustandekommen eines Beschlusses hindert.[1] *Mehrheitsbeschlüsse* könnten hingegen rein rechnerisch auch dann gefaßt werden, wenn weniger als fünf Ratsmitglieder anwesend sind, diese aber zusammen mit den ihnen übertragenen Stimmen 45 oder mehr Stimmen einbringen. Quora sind nicht vorgeschrieben. Jedoch muß der Rat, um wirksam beschließen zu können, ordnungsgemäß besetzt sein, d. h. alle Mitglieder müssen anwesend sein oder entsprechend Art. 150 dafür gesorgt haben, daß ihre Haltung in den eigentlichen Akt der Beschlußfassung eingebracht werden kann. Daraus ergibt sich ein *quorum implicite* von mindestens fünf physisch anwesenden Ratsmitgliedern.[2]

Das *Stimmrecht geht uneingeschränkt über.* Etwaige an die Übertragung geknüpfte *Bedingungen,* dieses nur in einem bestimmten Sinne auszuüben, sind *rechtlich nicht verbindlich,* d. h. ein Ratsbeschluß wird nicht deswegen unwirksam, weil das übertragene Stimmrecht anders als im Sinne des Übertragenden ausgeübt wurde.[3]

2. Form

2 Die *Übertragung* kann *formlos* erfolgen. Die bis 1979 gültige vorläufige Geschäftsordnung des Rates sah eine schriftliche Vollmachtserteilung vor, die beim Generalsekretariat zu hinterlegen war. Die neue Geschäftsordnung verzichtet auf diese Vorschrift.[4] Aus Gründen der Klarheit und Rechtssicherheit sollte jedoch eine schriftliche Erklärung oder eine für den Präsidenten und die anderen Ratsmitglieder wahrnehmbare mündliche Erklärung abgegeben werden. Von der Übertragungsmöglichkeit ist wiederholt Gebrauch gemacht worden.

II. Vertretung eines Ratsmitglieds bei den Verhandlungen

1. Wirkung

3 Die *Übertragung* des Stimmrechts ist *zu unterscheiden* von der *Vertretung* eines abwesenden Ratsmitglieds durch einen *hohen Beamten* des betreffenden Mitgliedstaates, meist den Ständigen Vertreter[5] (vgl. Art. 4 GO). Ein Stimmrecht steht diesem jedoch nicht zu, weil er kein Ratsmitglied im Sinne des Art. 2 FusV, früher Art. 146, ist. *Staatssekretäre,* auch die beamteten, werden nach ständiger Übung als Ratsmitglieder

1 Vgl. Art. 148 Abs. 3 sowie dort Rn. 7f. zu Fragen der Abwesenheit.
2 Vgl. Art. 148 Rn. 8; im Ergebnis ebenso *Dewost* in: *Mégret* u.a., a.a.O., S. 137; *Bleckmann,* a.a.O., S. 19.
3 Zum Ganzen *Sattler* (a.a.O., Fn. 4 zu Art. 146), S. 100 ff.
4 Vgl. jeweils Art. 5 Abs. 2 der genannten Geschäftsordnungen.
5 Art. 4 FusV, früher Art. 151 EWGV.

angesehen.[6] Die Vertretung kann zusammen mit der Stimmrechtsausübung einem anderen Ratsmitglied überlassen werden. Jedoch ist auch bei Abwesenheit eines Ratsmitgliedes in aller Regel eine Delegation des betreffenden Mitgliedstaates anwesend, die die Verhandlungen führen kann.

2. Form

4 Die Verhandlungsvertretung durch Delegationsmitglieder, die nicht die Qualität von Ratsmitgliedern haben, bedarf keinerlei Erklärung oder gar Form. Sie wird durch Abwesenheit des Ratsmitglieds und die Sprecherrolle eines anderen Delegationsmitglieds manifest.

Artikel 151 [Geschäftsordnung, Vertreterausschuß]

Der Rat gibt sich eine Geschäftsordnung.
Diese Geschäftsordnung kann die Einsetzung eines Ausschusses aus Vertretern der Mitgliedstaaten vorsehen. Der Rat bestimmt die Aufgabe und die Zuständigkeit dieses Ausschusses.

Durch den Fusionsvertrag* (Art. 7) aufgehoben und wie folgt neu geregelt:

Artikel 4 FusV
Ein Ausschuß, der sich aus den Ständigen Vertretern der Mitgliedstaaten zusammensetzt, hat die Aufgabe, die Arbeiten des Rates vorzubereiten und die ihm vom Rat übertragenen Aufträge auszuführen.
Artikel 5 FusV
Der Rat gibt sich eine Geschäftsordnung.

Literaturhinweise

Die zitierten Werke sind weitgehend in den Literaturhinweisen und der Dokumentation zur Vorbemerkung zu Titel I des Fünften Teils (vor Art. 137) oder im allgemeinen Literaturverzeichnis in diesem Kommentar aufgeführt. Soweit dies nicht geschehen ist, finden sich die Fundstellen in den jeweiligen Fußnoten.

Zusätzlich zu nennen sind:
Mangas Martin, Aracelli, La participation du Comité des Représentants Permanents au processus de décision communautaire, in: CDE 1980, S. 25ff.
Noël, Emile, Der Ausschuß der Ständigen Vertreter, in: EuR 1967, S. 24ff.
Noël, Emile – Etienne, Henri, Zur Entwicklung der Europäischen Institutionen: Der Ausschuß der

6 Vgl. Art. 2 FusV, früher Art. 146 EWGV, Rn. 2.
* Vertrag zur Einsetzung eines Gemeinsamen Rates und einer Gemeinsamen Kommission der Europäischen Gemeinschaften (67/443 EWG; 67/27 Euratom) vom 8. 4. 1965 (ABl. 1967 Nr. 152 S. 2; BGBl. 1967 II S. 1454).

Ständigen Vertreter und die Vertiefung der Gemeinschaften, in: EuR 1972, S. 137 ff.
Salmon, Jean, Le rôle des représentations permanentes in: *Gerbet – Pepy* (Hrsg.), La décision dans les Communautés Européennes, Brüssel 1969, S. 57 ff.
Strohmaier, Peter, Die Befugnis von Rat und Kommission der Europäischen Gemeinschaft zur Einsetzung von Ausschüssen, Diss. Saarbrücken 1972
Tortora de Falco, Fulvio, Il Comitato dei Rappresentanti permanenti dei Trattati istitutivi alla prassi communitaria, Neapel 1980
Van der Meulen, Jan, Het Comité van Permanente Vertegenwoordigers in de Europese Gemeenschappen, in: Liber Amicorum de Raeymaeker, Leuven 1978

Inhaltsübersicht

I. Der Ausschuß der Ständigen Vertreter und der Sonderausschuß der Landwirtschaft

1. Entstehung und Zusammensetzung

1 Der *Ausschuß der Ständigen Vertreter* (AStV) wurde durch Ratsbeschluß vom 25. 1. 1958 während der 1. Tagung des EWG-Ministerrates für die EWG und die EAG als *ratsinterne Instanz* eingesetzt. Seit Inkrafttreten des Fusionsvertrages 1967 nimmt er auch Funktionen im Bereich des EGKS-Vertrages wahr. Er setzt sich aus den *Ständigen Vertretern der Mitgliedstaaten* zusammen. Diese stehen im Range von *Botschaftern* und leiten zugleich die Ständige Vertretung, die jeder Mitgliedstaat bei den Gemeinschaften unterhält. Der Ausschuß besteht aus zwei Gremien, deren eines die Botschafter selbst und deren anderes deren *Stellvertreter* bilden. Die Botschafter (sog. *Zweiter Teil*) befassen sich vorwiegend mit Fragen außenpolitischer Tragweite, während die Stellvertreter (sog. *Erster Teil*) überwiegend Fragen des Inneren Marktes mit mehr technischen und wirtschaftlichen Aspekten bearbeiten. Der deutsche Vertreter im Ersten Teil kommt traditionsgemäß aus dem Wirtschaftsministerium, der britische aus dem Department of Trade, die der übrigen Staaten in der Regel aus den Außenministerien.

Bereits 1960 wurde – ebenfalls durch Ratsbeschluß – der *Sonderausschuß Landwirtschaft* geschaffen, der die Funktionen des AStV im Agrarbereich mit Ausnahme der Fischereipolitik und der die Marktorganisationen betreffenden Währungsfragen wahrnimmt.[1] Er setzt sich aus hohen Beamten der Landwirtschaftsministerien zusammen. Da er in Funktion und Zusammensetzung dem AStV ähnelt, gelten die nachfolgenden Anmerkungen entsprechend auch für ihn.

2. Der Ständige Vertreter

2 Die Rolle und Arbeitsweise des Ausschusses der Ständigen Vertreter kann nur durch die Stellung und Tätigkeit des Ständigen Vertreters selbst richtig begriffen werden. Sie erschöpft sich nicht in seiner Tätigkeit als Mitglied des Ausschusses. *Zuallererst* ist er beauftragt, die *Interessen seines Landes* bei der Gemeinschaft zu vertreten und *umgekehrt* seine *Regierung* ständig über Entwicklungen innerhalb der Gemeinschaft zu *informieren.* Er ist daher treffend als »der Gehilfe, das Auge und das Ohr seiner Regierung« charakterisiert worden.[2] Obwohl es eine Fülle direkter Kontakte zwischen der Kommission und ihren Dienststellen und den Hauptstädten gibt, läuft nur selten etwas Wesentliches an der Ständigen Vertretung vorbei, die somit die eigentliche *Informationsdrehscheibe zwischen* Brüssel und der Hauptstadt ist. Hinzu kommen die regelmäßigen *Kontakte zwischen den Ständigen Vertretern* in- und außerhalb des Ausschusses. Dieser einzigartige Informationsstand erlaubt es dem Ständigen Vertreter, *Einfluß auf die Willensbildung* nicht nur in Brüssel, sondern auch in seiner *Hauptstadt,* d. h. letztlich auf die ihn bindenden *Weisungen* zu nehmen.[3] Er spielt insoweit die Rolle eines klassischen Botschafters.[4]

Der Ständige Vertreter ist zugleich der *Leiter der* Ständigen Vertretung, einer einer *Botschaft vergleichbaren* Einrichtung. Er hat die üblicherweise an eine solche Stellung geknüpften *internen* Aufgaben und Befugnisse. Die *Beamten* der Vertretung kommen nicht nur aus den Außenministerien, sondern aus den Ministerien für Wirtschaft, Landwirtschaft, Finanz, Verkehr etc. Sie nehmen zusammen mit den Ressortexperten an den Sitzungen auf Gruppenebene teil und halten die nötigen Kontakte zu ihren Ministerien, aber auch zu den Dienststellen der Kommission. Die von den Gemeinschaftsinstitutionen erstellten *Dokumente* werden an die Ständigen Vertretungen verteilt, die für eine Übermittlung an die Hauptstädte verantwortlich sind.[5]

1 Vgl. Art. 5 Abs. 4 des Beschlusses der im Rat vereinigten Vertreter der Regierungen der Mitgliedstaaten der EWG über die beschleunigte Verwirklichung der Vertragsziele, ABl. 1960 S. 1217.
2 Vgl. *Houben,* a.a.O., S. 142.
3 Siehe dazu unten Rn. 3.
4 *Van der Meulen,* Liber Amicorum de Raeymaeker, S. 446 ff.; Einzelheiten und Nachweise bei *Tortora de Falco,* a.a.O., S. 75 ff.
5 Zum Ganzen *Henig,* a.a.O., S. 35 ff.; *Noël,* a.a.O., S. 24 ff.

3. Weisungsgebundenheit

3 Der einzelne Ständige Vertreter hängt von *Weisungen aus seiner Hauptstadt* ab. Diese Weisungen werden in der Regel in den zuständigen Ministerien erstellt und orientieren sich naturgemäß nahezu ausschließlich am nationalen Interesse. Das übergeordnete Gemeinschaftsinteresse mag gesehen werden, schlägt sich aber aus Gründen der Verhandlungstaktik kaum in den Weisungen nieder. Dies macht die Verhandlungen im Ausschuß nicht nur langwierig und zum Teil fruchtlos[6], sondern bedeutet auch eine Wendung hin zu *zwischenstaatlichen Verhandlungen.* Diese rigide Abhängigkeit der Ständigen Vertreter von den Ministerialbürokratien erfährt nur teilweise einen Ausgleich durch die Möglichkeit bzw. Pflicht des Ständigen Vertreters, aktiven *Einfluß auf den Inhalt* der an ihn gerichteten *Weisungen* zu nehmen. Er bemüht sich zwar einerseits um die angemessene Wahrnehmung der nationalen Interessen, versucht aber andererseits die nationalen Verwaltungen von überzogenen Positionen abzubringen, wobei er aufgrund seiner besonders qualifizierten Einschätzung der Lage oft selbst konstruktive und realitätsbezogene Anregungen hinsichtlich der ihm zu gebenden Weisungen macht. Hierzu ist er vom *Europäischen Rat* ausdrücklich aufgefordert.[7] Diese zweite Funktion setzt ein vertrauensvolles Zusammenwirken zwischen den Ausschußmitgliedern voraus[8], was im allgemeinen gegeben ist.

4. Aufgaben und Stellung des Ausschusses beim Zustandekommen eigentlicher Ratsbeschlüsse

4 Der Ausschuß hat gemäß Art. 4 FusV die *Aufgabe, die Arbeiten des Rates vorzubereiten.* Er spielt damit eine ganz *wesentliche Rolle im Beschlußfassungsverfahren des Rates.*[9] Ihm obliegt es, die vom Rat zu treffenden Maßnahmen möglichst zur Entscheidungsreife zu bringen, bzw. die politische Fragestellung für den Rat herauszuarbeiten und sie von technischen Fragen zu trennen, die auf seiner Ebene zu lösen sind. Er übt damit eine Filterfunktion aus.

Der Ausschuß selbst, der im Rahmen der *Organisationsgewalt des Rates* entstanden ist, hat *keinen Organcharakter* und – abgesehen von Sonderfällen[10] – *keine* förmliche *Entscheidungsbefugnis.*[10a] Er kann lediglich materiell vorentscheiden. Rechtsverbindlich

6 Siehe dazu unten Rn. 7.
7 Schlußfolgerungen des Rates vom 1./2. 12. 1980, a.a.O., Punkt B 1.b); ähnlich zum Ganzen *Weinstock,* Wie kann der Entscheidungsprozeß in der Gemeinschaft verbessert werden? Zum Bericht der »Drei Weisen«, in: Integration 1980, S. 68ff.
8 Vgl. *Van der Meulen* in: *Ganshof van der Meersch* u.a., Les Novelles a.a.O., Nr. 724; *Salmon,* a.a.O., S. 57ff.
9 Vgl. dazu Vorbemerkung zu Titel I des Fünften Teils (vor Art. 137) Rn. 25. *Dewost* in: *Mégret* u.a., a.a.O., S. 368ff.
10 Vgl. unten Rn. 5.
10a Er gehört zu *Hilfs*»organinternen Organteilen« (vgl. *Hilf,* a.a.O., S. 111ff.).

– etwa im Sinne des Art. 189 – kann eine Maßnahme nur vom Rat selbst beschlossen werden. Eine *Delegation von Entscheidungsbefugnissen* seitens des Rates ist vom Vertrag nicht vorgesehen und auch angesichts der strengen Voraussetzungen, denen eine solche Delegation in den Rechtsordnungen der Mitgliedstaaten unterliegt, ohne Vertragsänderung als unzulässig anzusehen.[11] Dem entspricht die Wortwahl des Art. 4 FusV, der ein *Mandat,* nicht aber eine Delegation von Befugnissen vorsieht.[12] *De facto,* materiell, ist der Ausschuß jedoch längst ein *Entscheidungsorgan,* was insofern bedenklich ist, als er noch weniger als der Rat der Kontrolle durch das Europäische Parlament und die nationalen Parlamente unterliegt.[13]

Die Wendung des Art. 4 FusV, wonach der *Ausschuß die ihm vom Rat übertragenen Aufgaben auszuführen* hat, bedeutet, daß er an Weisungen des Rates gebunden ist. Insbesondere kommt es häufig vor, daß der Rat sich über die Grundsätze einer Maßnahme einigt, die Ausarbeitung und Formulierung im einzelnen dann aber dem Ausschuß überläßt. Der Rat faßt jedoch danach, gegebenenfalls als A-Punkt, den förmlichen Beschluß.

5. *Sonstige Aufgaben*

5 Neben seiner Tätigkeit im Rahmen des eigentlichen Beschlußfassungsverfahrens der Gründungsverträge fallen dem Ausschuß eine Reihe weiterer Aufgaben zu. So obliegt ihm die *Koordinierung der Positionen,* die die Mitgliedstaaten *im Rahmen internationaler Organisationen* oder *Konferenzen* einnehmen, soweit dies nicht durch die Minister geschieht. Ferner spielt der Ausschuß eine bedeutende Rolle bei der *Aushandlung von Abkommen mit Drittländern,* indem er die aus Art. 113, 228 und 238 abgeleitete Richtlinienkompetenz des Rates wahrnimmt, soweit diese keiner förmlichen Ratsbeschlüsse bedürfen.[14]

Im übrigen ist die *Teilnahme an* der Arbeit und Beschlußfassung der *Assoziierungsräte,*[14a] die auf Botschafterebene stattfinden können, meist Aufgabe des Ausschusses. Hier liegt eindeutig eine *Delegation von Befugnissen* vor, die jedoch, da sie nicht das eigentliche Beschlußfassungsverfahren der Gemeinschaft betrifft, als zulässig anzusehen ist. Sie erfolgt auf der Grundlage völkerrechtlich gültiger ratifizierter Verträge, ist also kein

11 *Wohlfarth* u.a., a.a.O., Art. 151, Anm. 3; *Mégret, J.,* Les Conseils des Communautés européennes, in: AFDI 1961, S. 632ff., 645; *Van der Meulen,* a.a.O., Nr. 699ff.; *Cartou,* Communautés européennes, Nr. 101; *Harnier*, Kompetenzverteilung und Kompetenzübertragung zwischen Rat und Kommission unter Berücksichtigung der Einsetzung von Hilfsorganen im Recht der EWG, Diss. Saarbrücken, 1969, S. 91ff.; auch Art. 4 Abs. 1 EWGV spricht gegen eine Delegationsmöglichkeit.

12 Zur Abgrenzung von Delegation und Mandat *Harnier,* a.a.O. (Fn. 11), S. 142ff.

13 Vgl. *Mangas Martin,* a.a.O., S. 46 ff. m.w.N.

14 Einzelheiten bei *Schröder*, Art. 228 Rn. 9ff. und bei *Noël – Etienne,* a.a.O., S. 148ff.; *Hilf,* a.a.O., S. 30.

14a Dazu *Hilf*, a.a.O., S 185ff., 188

internes Gemeinschaftsrecht.[15] Die Beschlüsse der Assoziierungsräte binden nur die Vertragsparteien. Sie sind keine Rechtsakte der Gemeinschaft.

6. Zunehmende Bedeutung des Ausschusses

6 Der Ausschuß der Ständigen Vertreter hat von Anbeginn an eine *fortlaufende Aufwertung* erfahren, so zunächst in Art. 4 FusV in Vergleich mit Art. 151 EWGV, später durch Punkt 7 des Kommuniqués des 2. Pariser Gipfels von 1974[16], zuletzt – im Dezember 1980 – durch die Schlußfolgerungen des Europäischen Rates zum Bericht der Drei Weisen über die Europäischen Organe[17], wo es u. a. heißt, daß den Ständigen Vertretern eine größere Entscheidungsbefugnis und weitgefaßte flexible Weisungen (*instructions larges et souples*) zu erteilen sind. In der Praxis ist davon bisher wenig zu spüren. Der Ausschuß bleibt das Nadelöhr zwischen der technischen Vorbereitungs- und der politischen Entscheidungsebene.[18] Die *zunehmende Bedeutung* des Ausschusses hat bisher nicht zu einer *zunehmenden Effizienz* geführt. Diese könnte eventuell durch die Schaffung eines »Dritten Teils« des Ausschusses gesteigert werden.[19] Allerdings müßte dann durch klare Aufgabenzuweisungen und die nötige Koordinierung sichergestellt werden, daß eine solche Erweiterung nicht kontraproduktiv wirkt. Auch vermag sie nicht die Hauptursache für den festgestellten Entscheidungsengpaß, nämlich die mangelnde Beweglichkeit der den nationalen Interessen zu sehr verhafteten Ministerialbürokratien, zu beseitigen.

7. Arbeitsweise des Ausschusses

7 Die beiden Gremien des AStV und der Sonderausschuß Landwirtschaft halten normalerweise wöchentlich je eine Sitzung ab, die sich oft auf zwei Tage erstreckt. Die Tagesordnung umfaßt nicht selten 30 Punkte, wodurch der Engpaß auf diesem Beratungsniveau sichtbar wird. Zwangsläufig beeinträchtigt dieses Pensum die Gründlichkeit der Diskussion, die mitunter kaum über den Vortrag der jeweiligen Weisungen hinausgeht. In der objektiven Arbeitsüberlastung des Ausschusses liegt auch die Ursache für die Versuchung, weniger dringliche Dossiers vor sich herzuschieben oder sie an die ad-hoc-Gruppen, die sich aus den zuständigen Beamten der Ständigen Vertretungen zusammensetzen, zu verweisen, ohne daß diesen die entsprechenden Orientierungen gegeben werden. *Arbeitsgrundlage* sind in der Regel die vom Generalsekretariat des

15 Vgl. auch *Van der Meulen,* in: *Ganshof van der Meersch* u.a., Les Novelles, a.a.O., Nr. 700.

16 BullEG 12/1974, S. 7 ff.

17 Siehe Dokumentation zur Vorbemerkung zu Titel I des Fünften Teils (vor Art. 137).

18 Vgl. *Sasse,* a.a.O., S. 183 ff.; *Dewost* in: *Mégret* u.a., a.a.O., S. 369, *Noël* in: Nature et évolution des institutions de la CEE 1980, S. C 38 ff.; *Ehlermann,* Das schwierige Geschäft der Kommission, in: EuR 1981, S. 335 ff., 346.

19 Siehe oben Rn. 1; vgl. *Weinstock, U.,* Vorschläge zur Belebung des Ministerrats der EG, in: EA 1981, S. 47 ff., 51; dies wird nicht zuletzt von den Ständigen Vertretern selbst und ihren Stellvertretern sehr zurückhaltend aufgenommen, die ihre privilegierte Position nicht geschmälert sehen möchten, s. auch folgende Rn.

Rates[19a] erstellten Berichte der dem Ausschuß zuarbeitenden Expertengruppen, in denen die offen gebliebenen Probleme dargestellt werden.[20]

Der *Ausschuß berichtet* seinerseits nach Abschluß seiner Arbeiten *an den Rat.* Sind alle Probleme bezüglich einer zu treffenden Maßnahme gelöst, dann beschließt der Rat diese ohne Diskussion.[21] Offen gebliebene Fragen werden vom Rat auf der Grundlage des Berichtes des Ausschusses behandelt, der ebenfalls vom Generalsekretariat erstellt wird.

8. *Arbeitsgruppen*

8 Der Ausschuß der Ständigen Vertreter hat seinerseits in Ausübung seiner Organisationsgewalt eine Reihe von *Arbeitsgruppen* eingesetzt, die ihm zuarbeiten.[22] *Hauptaufgabe* dieser Gruppen, die sich aus Beamten der zuständigen staatlichen Stellen, in der Regel der Ministerien, zusammensetzen, ist es, die dem Rat vorgelegten *Vorschläge* zu prüfen und einer Entscheidungsreife nahezubringen. Diese Gruppen legen ihre Ergebnisse sowie die auf ihrer Ebene offen gebliebenen Fragen mittels eines vom Generalsekretariat erstellten Berichts dem Ausschuß vor. Meist zeigt sich bereits auf Gruppenebene, ob der Kommissionsvorschlag annehmbar ist und wie die endgültige Maßnahme aussehen wird. Es kommt auf diesem Niveau bereits zu Blockierungen, weil die Experten ihre Meinungen und Interessen oft für wichtige Interessen ihres Landes halten und die politischen Instanzen (Ausschuß der Ständigen Vertreter und Rat) zu spät oder gar nicht korrigierend eingreifen.[23] Letzteres wiederum ist oft auf Versäumnisse der Präsidentschaft und des Generalsekretariats zurückzuführen, die diese Instanzen rechtzeitig und angemessen informieren müßten.

9. *Sonstige Gremien*

9 Neben dem Ausschuß der Ständigen Vertreter hat der Rat eine Reihe weiterer Ausschüsse eingesetzt, die zwar gehalten sind, eng mit ihm zusammenzuarbeiten, tatsächlich aber eine *erhebliche Unabhängigkeit* genießen. Ihre Aufgabe besteht meist

19a Vgl. Art. 3 FusV, früher Art. 147 Rn. 8 ff.
20 Siehe unten Rn. 8.
21 Sog. A-Punkte auf der Tagesordnung des Rates; vgl. Art. 148 Rn. 10.
22 So gibt es z. B. Gruppen für Verkehr, Umweltschutz, Wirtschaftsfragen, Energie, Soziale Fragen etc. sowie eine ganze Reihe von ad-hoc- und Untergruppen.
23 Vgl. *Dewost* in: *Mégret* u.a., a.a.O., S. 370; *ders.,* Les relations entre le conseil et la commission dans le processus de décision communautaire, in: RMC 1980, S. 293 f.; *Ayral, M.,* Essai de classification des groupes et comités, in: RMC 1975, S. 330 ff., 335; *Sasse,* a.a.O., S. 167 ff. m.w.N.; *Weinstock, U.,* Vorschläge zur Belebung des Ministerrats der Europ. Gemeinschaft, in: EA 1981, S. 47 ff.; vgl. auch Vorbemerkung zu Titel I des Fünften Teils (vor Art. 137) Rn. 22 a.E.

darin, die Koordinierungsaufgaben des Rates vorzubereiten oder selbst koordinierend tätig zu werden.[24] Diese Ausschüsse stellen in erster Linie eine wirksame Entlastung des Ausschusses der Ständigen Vertreter auf sehr spezifischen Gebieten, nicht aber eine besorgniserregende Umgehung desselben dar.[25]

II. Die Geschäftsordnung des Rates

1. Annahme und wesentlicher Inhalt

10 Der 1967 in Kraft getretene Fusionsvertrag wiederholt in seinem Art. 5 die Aufforderung an den Rat, sich eine Geschäftsordnung zu geben, wie dies vordem schon Art. 151 Abs. 1 EWGV getan hatte. Der Rat ist dieser Aufforderung durch Beschluß vom 24. 7. 1979 nachgekommen.[26] Die Geschäftsordnung ist an die Stelle der vorläufigen – nicht veröffentlichten – Geschäftsordnung getreten, die sich der Rat zu Beginn seiner Tätigkeit gegeben hat und hat den für Geschäftsordnungen typischen Inhalt. Dabei wiederholt sie z. T. vertragliche Bestimmungen. Insbesondere regelt sie den Zusammentritt, das Aufstellen der Tagesordnung, Abstimmungs- und Verfahrensfragen, Vertretung und Stimmrechtsübertragung, Eingangs- und Schlußformeln der typischen Ratsakte, die Bekanntgabe dieser Akte, die Teilnahme der Kommission an Ratstagungen , die grundsätzliche Nichtöffentlichkeit der Sitzungen, die Rolle des Generalsekretariats etc. Auf eine Reihe von Vorschriften der Geschäftsordnung wurde insbesondere bei der Darstellung der Rolle des Vorsitzenden und des Sekretariats in der Anmerkung zu Art. 146 und Art. 3 FusV, früher Art. 147 hingewiesen.

2. Organinterne Wirkung

11 Die Geschäftsordnung, wiewohl ein *Beschluß des Rates,* ist kein verbindlicher Organakt mit Außenwirkung. Außenstehende, auch nicht die anderen Organe und insbesondere die Kommission, können sich nicht auf sie berufen. Sie entfaltet nur *organinterne Wirkungen.* Ein Ratsmitglied kann sich jedoch unter Berufung auf die Geschäftsordnung

24 Vgl. dazu Art. 145 Rn. 12; zu erwähnen sind insbesondere der Ausschuß für Wirtschaftspolitik (ABl. 1974 Nr. L 63 S. 21), der Beratende Währungsausschuß (Art. 105 Abs. 2; ABl. 1958 S. 390), der Ausschuß der Zentralbankpräsidenten (ABl. 1964 S. 1206; dieser und die vorgenannten Ausschüsse erfahren eine eingehende Würdigung bei *Molitor* in der Vorbemerkung zu den Art. 103 ff.); der Ständige Ausschuß für Beschäftigungsfragen (ABl. 1970 Nr. L 279 S. 25), der Ausschuß für wissenschaftliche und technische Forschung (ABl. 1974 Nr. C 7 S. 2) und der Energieausschuß (der ihn einsetzende Ratsbeschluß vom 30. 1. 1974 wurde nicht veröffentlicht).

25 Anders *Sasse,* a.a.O., S. 186 ff.; vgl. auch *Tortora de Falco,* a.a.O., S. 133 ff.; zur Problematik der Einsetzung von Ausschüssen insbesondere *Strohmaier*, a.a.O., S. 21 ff.

26 ABl. 1979 Nr. L 268 S. 1.

weigern, an den Verhandlungen oder der Beschlußfassung teilzunehmen, wenn die Geschäftsordnung verletzt wird. Nachträglich kann er einen *Beschluß* mit dieser Begründung jedoch *nicht anfechten,* wenn er den betreffenden Beschluß mitgetragen hat, denn die Geschäftsordnung enthält, soweit sie nicht die vertraglichen Bestimmungen wiederholt, kein zwingendes Recht. Jedenfalls wäre bei einstimmigen Beschlüssen eine ad-hoc-Änderung der verletzten GO-Vorschrift anzunehmen. Im übrigen wäre in einem solchen Falle der Gesichtspunkt des *venire contra factum proprium* zu prüfen.

Artikel 152 [Untersuchungsaufträge an die Kommission]

Der Rat kann die Kommission auffordern, die nach seiner Ansicht zur Verwirklichung der gemeinsamen Ziele geeigneten Untersuchungen vorzunehmen und ihm entsprechende Vorschläge zu unterbreiten.

Literaturhinweise

Die zitierten Werke sind weitgehend in den Literaturhinweisen zur Vorbemerkung zu Titel I des Fünften Teils (vor Art. 137) oder im allgemeinen Literaturverzeichnis dieses Kommentars aufgeführt. Soweit dies nicht geschehen ist, finden sich die Fundstellen in den jeweiligen Fußnoten.

Inhaltsübersicht

I. Geeignete Untersuchungen

1. Inhalt der Aufforderung

1 Die Bestimmung regelt das *Recht des Rates,* die *Kommission aufzufordern, Untersuchungen* vorzunehmen und ihm *Vorschläge* zu unterbreiten. Sie stimmt wörtlich mit Art. 122 EAGV überein. Art. 26 Abs. 3 EGKSV weicht dem institutionellen Gefüge der EGKS entsprechend ab.[1]

Die Aufforderung des Rates an die Kommission, Untersuchungen vorzunehmen, kann sich auf *alle Gebiete erstrecken, für die die Gemeinschaft zuständig ist,* also auch auf

1 Vgl. Vorbemerkung zu Titel I des Fünften Teils (vor Art. 137) Rn. 5 und 18.

Gebiete, für die die Kommission nicht ausdrücklich ein Vorschlagsrecht besitzt.[1a] Sie kann mit einfacher Mehrheit beschlossen werden (Art. 148 Abs. 1). Die Untersuchung soll der *Verwirklichung gemeinsamer Ziele* dienen. Auch wenn man dem Wortlaut entsprechend davon ausgehen könnte, daß es sich um *gemeinsame Ziele* des Rates und der Kommission handelt, kann im Ergebnis nichts anderes gemeint sein als die *Gemeinschaftsziele,* auf die sich die geglücktere Formulierung des Art. 235 bezieht[2], sowie andere aus den einzelnen Vertragsbestimmungen sich ergebende Ziele. Die Untersuchungen müssen *nach Ansicht des Rates* zur Verwirklichung dieser Ziele geeignet sein. Die Aufforderung ist verbindlich.[3] Auch wenn über Sinn und Zweck solcher Untersuchungen Meinungsverschiedenheiten zwischen den Organen bestehen, ist die *Kommission gehalten,* die Untersuchungen nach bestem Vermögen in objektiver Weise durchzuführen. Damit wird erreicht, daß der Rat zur Beschaffung der für seine Willensbildung erforderlichen Informationen auch auf den bei der Kommission geschaffenen Beamtenapparat mit allen seinen Möglichkeiten, insbesondere auch der des Auskunftsrechts nach Art. 213, zurückgreifen kann.

2. Zweck der Untersuchungen

2 Der Rat fordert Untersuchungen oft dann an, wenn er sich ein Bild über die *Notwendigkeit* oder die *Opportunität* von Gemeinschaftsmaßnahmen oder Koordinierungen nationaler Politiken machen will. Diese Untersuchungen bilden oft die Vorstufe von Programmen bzw. Vorschlägen zu konkreten Maßnahmen. Untersuchungen werden auch angefordert, um Zweifel an der Opportunität und den Auswirkungen bereits vorgeschlagener oder sogar angenommener Maßnahmen zu klären. Das *Recht der Kommission,* aus *eigener Initiative* Untersuchungen durchzuführen oder Vorschläge auszuarbeiten, wird durch Art. 152 *nicht berührt.*

II. Vorschläge

1. Verbindlichkeit der Aufforderung

3 Der Rat kann in der Regel Beschlüsse erst auf Vorschlag der Kommission fassen. Dieses Initiativrecht der Kommission könnte zu einer Blockierung des Rates dadurch führen, daß die Kommission in bestimmten Fällen Vorschläge nicht vorlegt. Dem soll Art. 152 entgegenwirken. Das dem Rat darin zugewiesene Recht, die Kommission entsprechend aufzufordern, hätte nur wenig Sinn, wenn die Aufforderung unverbindlich wäre.[4] (Dafür spricht auch die Wahl der Worte »demander« und »chiedere« im französischen bzw.

1a Vgl. *Wohlfarth* u.a., a.a.O., Art. 152 Anm. 3.
2 Vgl. dort Rn. 1a und Art. 145 Rn. 3.
3 Vgl. unten Rn. 3.
4 Ähnlich *Wohlfarth* u.a., a.a.O., Art. 152, Anm. 1; *Quadri* u.a., a.a.O., Art. 152, Anm. 2; a.A. *Ipsen,* a.a.O., 13/13.

italienischen Text). Die Aufforderung wird mit einfacher Mehrheit beschlossen (Art. 148 Abs. 1). Im übrigen ist die Frage ohne besondere Bedeutung, da der Rat gemäß Art. 175 Abs. 1 oder ggfs. gemäß Art. 173 Abs. 1 gegen die Kommission Klage erheben kann.[5] Ein *Weigerungsrecht der Kommission* kann nur dann angenommen werden, wenn diese mit dem vom Rat gewünschten Vorschlag gegen Vertragsziele verstoßen würde, also z.B. desintegrierende Maßnahmen vorschlagen soll.

2. Unverbindlichkeit bezüglich des Inhalts

4 Der Rat kann der Kommission *keine Weisungen bezüglich des Inhalts* der Vorschläge erteilen. Denn er ist ihr nicht übergeordnet und hat daher ihr gegenüber – von einzelnen Ausnahmen abgesehen (z. B. Art. 111 Nr. 2, 113 Abs. 3) – kein Weisungsrecht. Die Erteilung von Weisungen würde auch der *unabhängigen Stellung der Kommission* widersprechen.[6] Der Rat läßt die Kommission jedoch in der Regel wissen, welche Orientierung der angeforderte Vorschlag haben sollte, damit eine allgemeine Zustimmung möglich ist.

Artikel 153 [Regelung der Rechtsstellung der Ausschüsse]

Der Rat regelt nach Stellungnahme der Kommission die rechtliche Stellung der in diesem Vertrag vorgesehenen Ausschüsse.

Literaturhinweis

Lauwaars, R.H., Auxiliary Organs and Agencies in the E.E.C., in: CMLR 1979, S. 365 ff.

Inhaltsübersicht

I. Die Ausschüsse

1. Im Vertrag genannte Ausschüsse

1 Bei den hier genannten *Ausschüssen* handelt es sich um den in Art. 105 Abs. 2 vorgesehenen Währungsausschuß, den nach Art. 83 gebildeten Sachverständigenausschuß für Verkehrsfragen, die Ausschüsse zur Unterstützung der Kommission bei

5 *Rabe,* Das Verordnungsrecht der EWG, Hamburg 1963, S. 24.
6 Vgl. *Schmitt von Sydow,* Art. 10 FusV, früher Art. 157, Rn. 7.

Zollverhandlungen mit dritten Ländern nach Art. 111 Abs. 2 und für Zoll- und Handelsabkommen nach Ablauf der Übergangszeit nach Art. 113 Abs. 3, den Ausschuß zur Unterstützung der Kommission bei der Verwaltung des Europäischen Sozialfonds gemäß Art. 124 Abs. 2 und den Kontrollausschuß (Art. 206 Abs. 2). Der *Wirtschafts- und Sozialausschuß* hingegen gibt sich nach Art. 196 Abs. 2 seine Geschäftsordnung mit einstimmiger Genehmigung des Rates selbst. Die Bestimmung bezieht sich ausdrücklich nur auf die im Vertrag genannten Ausschüsse. Sie ist jedoch richtungsweisend für eine Reihe *anderer Ausschüsse,* die der Rat auf verschiedenen Gebieten im Rahmen des *sekundären Gemeinschaftsrechts* eingesetzt hat.

2. Ausschüsse im sekundären Gemeinschaftsrecht

2 Der Rat hat im *Rahmen des sekundären Gemeinschaftsrechts eine Reihe von Ausschüssen* eingesetzt, die vom Vertrag nicht ausdrücklich vorgesehen waren, so z. B. den Ausschuß für Kartell- und Monopolfragen[1], den Technischen Ausschuß[2], den Ständigen Agrarstrukturausschuß[3], die Verwaltungsausschüsse im Agrarbereich[4] etc. Die Befugnisse des Rates hierzu werden, soweit ersichtlich, nicht bezweifelt. Auch wenn der *Errichtungsakt* dieser Ausschüsse häufig in Verordnungs- oder Richtlinienvorschriften untergebracht ist, sind diese spezifischen Vorschriften als *Beschlüsse sui generis* im Sinne von Art. 153 zu betrachten, die der Rat mit einfacher Mehrheit (Art. 148 Abs. 1) treffen könnte. Die genannten Vorschriften haben in der Tat meist *Satzungscharakter.* Da sie von der Kommission vorgeschlagen werden, ist auch das Erfordernis einer Stellungnahme seitens dieses Organs erfüllt. Weitere Ausschüsse und Gremien sind in der Fußnote 24 zu Art. 4 FusV, früher Art. 151, genannt.

II. Inhalt und Zustandekommen der Satzungen

1. Inhalt

3 Der Rat regelt die rechtliche Stellung der Ausschüsse durch den Erlaß der für sie maßgebenden *Satzungen.* In diesen Satzungen werden vor allem die *Aufgaben* der Ausschüsse, ihre *Organisation* und *Funktionsweise* sowie die *Stellung ihrer Mitglieder* und *Vorsitzenden* geregelt. Ferner wird die Zusammenarbeit mit den Gemeinschaftsorganen – gegebenenfalls auch mit staatlichen Stellen – geregelt, wobei z. B. auch Konsultationspflichten der Organe bzw. Anhörungsrechte der Ausschüsse verbindlich festgelegt werden können. Die *Arbeitsweise* dieser Ausschüsse wird jedoch üblicherweise nicht in der vom Rat zu beschließenden Satzung, sondern in der *Geschäftsordnung* geregelt, die sich jeder Ausschuß geben kann, auch wenn dies in der Satzung nicht ausdrücklich

1 Art. 10 der VO Nr. 17, ABl. 1962 S. 204.
2 Art. 31 bis 41 der VO Nr. 15, ABl. 1961 S. 1073.
3 Entscheidung des Rates in ABl. 1962 S. 2892.
4 Vgl. z. B. Art. 25 ff. der VO Nr. 19, ABl. 1962 S. 933.

vorgesehen sein sollte.[5] Die Geschäftsordnung darf der Satzung jedoch nicht zuwiderlaufen.

2. Zustandekommen

4 Die Satzungen werden durch *Beschluß des Rates* erlassen. Diese Beschlüsse sind keine Entscheidungen im Sinne des Artikels 189, haben aber verbindlichen Charakter. Der Rat kann gemäß Art. 148 Abs. 1 mit einfacher Mehrheit beschließen. Er muß zuvor die *Stellungnahme der Kommission* einholen. Andernfalls läge eine Verletzung wesentlicher Formvorschriften im Sinne des Art. 173 Abs. 1 vor. Der Rat ist durch diese Stellungnahme nicht gebunden (Art. 189 Abs. 5). Da die Satzungen normative Vorschriften enthalten können, werden sie im *Amtsblatt der EG* veröffentlicht. Der Errichtungsakt und die Satzung können in ein und demselben *Ratsbeschluß sui generis* enthalten sein.[6]

Artikel 154 [Festsetzung von Bezügen]

Der Rat setzt mit qualifizierter Mehrheit die Gehälter, Vergütungen und Ruhegehälter für den Präsidenten und die Mitglieder der Kommission sowie für den Präsidenten, die Richter, die Generalanwälte und den Kanzler des Gerichtshofes fest. Er setzt mit derselben Mehrheit alle sonstigen als Entgelt gezahlten Vergütungen fest.

Durch den Fusionsvertrag* (Art. 7) aufgehoben und wie folgt neu geregelt:

Artikel 6 FusV

Der Rat setzt mit qualifizierter Mehrheit die Gehälter, Vergütungen und Ruhegehälter für den Präsidenten und die Mitglieder der Kommission sowie für den Präsidenten, die Richter, die Generalanwälte und den Kanzler des Gerichtshofes fest. Er setzt mit derselben Mehrheit alle sonstigen als Entgelt gezahlten Vergütungen fest.

Literaturhinweise

Vgl. die Literaturhinweise zur Vorbemerkung zu Titel I des Fünften Teils (vor Art. 137).

5 Vgl. z. B. Art. 9 der Satzung des Verkehrsausschusses, ABl. 1958 S. 509 ff.
6 Siehe oben Rn. 2.
* Vertrag zur Einsetzung eines Gemeinsamen Rates und einer Gemeinsamen Kommission der Europäischen Gemeinschaften (67/443 EWG; 67/27 Euratom) vom 8. 4. 1965 (ABl. 1967 Nr. 152 S. 2; BGBl. 1967 II S. 1454).

I. Betroffener Personenkreis

1. Regelung für Kommission und Gerichtshof

1 Der Rat ist seiner Verpflichtung gegenüber dem *in Satz 1 genannten Personenkreis* nach dem Inkrafttreten des Fusionsvertrages durch die Verordnungen Nr. 422/67/EWG und 5/57/EURATOM vom 28. 7. 1967[1] nachgekommen. Im folgenden wurden die Vergütungen jährlich durch Änderungsverordnungen angepaßt. Unter *Vergütung* sind nicht nur die in der Vorschrift genannten zu verstehen, sondern *alle* als Gegenleistung für geleistete Dienste gezahlten *Entgelte,* also z. B. auch Reisekosten, Aufwandsentschädigungen, Auslandszulagen, Trennungsentschädigungen, Familienzuschläge, Kindergeld, Erziehungsbeihilfe etc. Die Befugnisse des Rates beschränken sich nicht auf ein reines Festsetzen von Zahlen. Vielmehr kann der Rat gegebenenfalls auch *Modalitäten* bezüglich der *Anspruchsentstehung* festlegen; so hat er z. B. eine Mindestdienstzeit für die Entstehung eines Ruhegehaltsanspruchs vorgeschrieben. Das Gleiche gilt für die Errechnung der Höhe des Anspruchs.

2. Regelung für andere Personenkreise

2 *Satz 2* dehnt die Befugnisse des Rates auf alle Personen aus, die *Dienste im Hinblick auf das institutionelle Funktionieren der Gemeinschaft* erbringen. Dazu gehören vor allem die Mitglieder des Wirtschafts- und Sozialausschusses sowie anderer *Ausschüsse* und *Hilfsorgane,* soweit ihre Gehälter und sonstigen Vergütungen nicht direkt von den Mitgliedstaaten gezahlt werden. Die *Bezüge der Beamten und Bediensteten* der Gemeinschaft sind in dem für diese geltenden Statut, d. h. durch eine Verordnung auf der Rechtsgrundlage des Art. 24 FusV, früher Art. 212 EWGV, festgesetzt worden.[2] Der Rat hätte die Regelung der Beamtengehälter auch auf Art. 6 FusV stützen können.

II. Verfahren

Doppelt qualifizierte Mehrheit

3 Der Ratsbeschluß ergeht ohne förmlichen Kommissionsvorschlag. Nach Art. 148 Abs. 2 Unterabs. 2 ist für sein Zustandekommen eine doppelt qualifizierte Mehrheit, nämlich 45 Stimmen von mindestens sechs Mitgliedstaaten erforderlich. Art. 24 FusV, früher Art. 212, den der Rat zur Festsetzung der Beamtengehälter als Rechtsgrundlage heranzieht, sieht einen Kommissionsvorschlag und demgemäß die einfach qualifizierte Mehrheit nach Art. 148 Abs. 1 Unterabs. 1 vor.[3]

1 ABl. 1967 Nr. 187 S. 1.

2 ABl. 1968 Nr. L 56 S. 1, vgl. auch Art. 24 FusV., früher Art. 212, mit Anmerkungen und *Rogalla, D.*, Dienstrecht der Europäischen Gemeinschaften, Köln–Berlin–Bonn–München 1981, S. 142 ff.

3 Vgl. Art. 148 Rn. 3 und 4.

Abschnitt 3
Die Kommission

Artikel 155 [Aufgaben]

Um das ordnungsgemäße Funktionieren und die Entwicklung des Gemeinsamen Marktes zu gewährleisten, erfüllt die Kommission folgende Aufgaben:

- **für die Anwendung dieses Vertrags sowie der von den Organen aufgrund dieses Vertrags getroffenen Bestimmungen Sorge zu tragen;**
- **Empfehlungen oder Stellungnahmen auf den in diesem Vertrag bezeichneten Gebieten abzugeben, soweit der Vertrag dies ausdrücklich vorsieht oder soweit sie es für notwendig erachtet;**
- **nach Maßgabe dieses Vertrags in eigener Zuständigkeit Entscheidungen zu treffen und am Zustandekommen der Handlungen des Rates und der Versammlung mitzuwirken;**
- **die Befugnisse auszuüben, die ihr der Rat zur Durchführung der von ihm erlassenen Vorschriften überträgt.**

Literaturhinweise

(Siehe auch die Hinweise vor Artikel 137)

Cartou, Louis, Le rôle de la Commission, in: La décision dans les Communautés européennes, Colloque de l'Association pour le développement de la Science politique européenne, organisé par l'Institut d'Etudes politiques de Lyon, Brüssel 1969, S. 1 ff.
Congrès Européen de l'Association Nationale des Docteurs en Droit, Berichte zum Thema Rat-Kommission, in: Droit et Economie 1980, Nr. 35
Davignon, Etienne, Renforcement de la Communauté européenne: Le rôle de la Commission, in: Studia Diplomatica 1979, S. 465 ff.
Draetta, Ugo, La Commissione delle Communità europee, Mailand 1974
Ehlermann, Claus-Dieter, Das schwierige Geschäft der Kommission, in: EuR 1981, S. 335 ff.
Europakolleg Brügge, Les Institutions de la Communauté au seuil des années quatre-vingt – A la recherche de nouveaux équilibres, Brügge, 6. bis 8.11.1980
Ipsen, Hans Peter, Die EG-Kommission in der Reformdiskussion, in: Festschrift für *Hans-Jürgen Schlochauer,* Berlin, New-York 1981, S. 813 ff.
Knöpfle, Robert, Die Kommission der Europäischen Gemeinschaften, in: Integration 1970, S. 81 ff.
Levy, Jean-Pierre, L'Exécutif Européen dans la Communauté Européenne du Charbon et de l'Acier et dans la Communauté Economique Européenne, Diss. Strassburg 1959
Nicolajsen, Lars, Kommissionens stilling i EF's besluitningsproces, in: Okonomie og politik, Kopenhagen 1977, S. 126 ff.

Peterson, Robert L., Perspectives in the Commission of the European Economic Community: Attitude and Integration, Yale University 1968
Schmitt von Sydow, Helmut, Organe der erweiterten Europäischen Gemeinschaften – Die Kommission, Baden-Baden 1980
von Schroeter, Henning, Montan-Behörde und EWG-Kommission, Leitbild und Bewährung, Göttingen 1963
Wirsing, Erich, Aufgaben und Stellung der Kommission in der Verfassungsstruktur der Europäischen Wirtschaftsgemeinschaft, in: *Zellentin,* Formen der Willensbildung in den europäischen Organisationen, Frankfurt/Main 1965

Inhaltsübersicht

I. Überblick

1 Wie bei den anderen drei Verfassungsorganen der EWG leitet der Vertrag auch den Abschnitt über die Kommission mit einem Artikel ein, der die Funktion des Organs schlagwortartig zusammenfaßt. Während sich aber die Art. 137, 145 und 164 in einer lediglich deklaratorischen Wiederholung anderweitig präzisierter Aufgaben erschöpfen, öffnet Art. 155 zusätzlich die Tür zu neuen Aufgaben, die der Vertrag anderweitig nicht angesprochen hat. Diese konstitutiven Elemente finden sich im zweiten Unterabsatz über das Recht, Empfehlungen und Stellungnahmen abzugeben, sowie im vierten Unterabsatz, der die Möglichkeit schafft, der Kommission die Durchführung der vom Rat erlassenen Vorschriften zu übertragen.

2 Als Ziel der Kommissionstätigkeit nennt Art. 155 das ordnungsgemäße Funktionieren und die Entwicklung des Gemeinsamen Marktes. Der Begriff des Gemeinsamen Marktes ist dabei nicht auf die vier Grundfreiheiten des Waren-, Personen-, Dienstleistungs- und Kapitalverkehrs beschränkt, sondern umfaßt die Gesamtheit der Aufgaben der Wirt-

schaftsgemeinschaft.[1] Im übrigen liegt der Sinn der Beschreibung der Kommissionsziele in Art. 155 weniger in einer Beschränkung der Kommissionsaufgaben als in einer Orientierung der einzuschlagenden Richtung. Diese Zielvorgabe kann zum Beispiel bei der Abwägung zwischen Individual- und Gemeinschaftsinteressen eine Rolle spielen.[2]

3 Die Kommission hat 4 Aufgaben: sie ist Hüterin des Gemeinschaftsrechts, Motor der Integration, Entscheidungs- und Ausführungsorgan sowie Sprecherin der Gemeinschaft nach innen und außen. Da Art. 155 allerdings nach mehr formaljuristischen als nach politischen Kriterien vorgeht, stimmen die 4 Unterabsätze des Artikels nicht unmittelbar mit den 4 Aufgaben überein. Lediglich die Hüterrolle deckt sich mit einem Unterabsatz, nämlich dem ersten. Dagegen sind die Befugnisse, die der Kommission ihre Rolle als Motor der Integration ermöglichen, im zweiten und dritten Unterabsatz angesprochen. Die Entscheidungsbefugnisse sind im dritten und vierten Unterabsatz danach gesondert, ob es sich um eigene oder um übertragene Befugnisse handelt. Die Kommissionsaufgabe als Sprecherin der Gemeinschaft ergibt sich nicht aus Art. 155, sondern erst aus Art. 156 sowie aus anderen, verstreuten Vorschriften wie Art. 113, 211 und 229.

II. Hüterin der Verträge

1. Gegenstand der Überwachung

4 Wie in der EGKS[3] und der EAG[4] so sorgt die Kommission auch im Bereich der EWG für die korrekte Anwendung des Gemeinschaftsrechts.[5] Maßstab sind der Vertrag sowie die von den Gemeinschaftsorganen aufgrund des Vertrages geschaffenen Bestimmungen.[6] Überwacht werden alle, die einen Verstoß gegen das Gemeinschaftsrecht begehen könnten. Das sind Personen, Mitgliedstaaten und Gemeinschaftsorgane.

5 Das Verhalten der Mitgliedstaaten in den Gemeinschaftsorganen, vornehmlich das Auftreten der einzelnen Regierungsvertreter im Rat, entzieht sich grundsätzlich der juristischen Gemeinschaftsaufsicht. Die Kommission kann zwar ein Vertragsverstoßver-

1 *Smit - Herzog,* a.a.O. (Allg. Literaturverzeichnis), Anm. 155.04; vgl. *Beutler u.a.,* a.a.O. (Allg. Literaturverzeichnis), S. 41.
2 Siehe unten Rn. 17f.
3 Vgl. Art. 88 EGKSV.
4 Art. 124 EAGV.
5 Zum folgenden insbesondere *Audretsch, H.A.H.,* Supervision in European Community Law, Observance by the Member States of Their Treaty Obligations – a treatise on International and Supra-National Supervision, Amsterdam and New York 1978; *Kovar, Robert,* La Commission, Gardienne des Traités, in: La Commission des Communautés européennes et l'élargissement de l'Europe, Brüssel 1974, S. 9ff.; *Much, Walter,* La Commission, Gardienne des Traités ebd., S. 85ff.; *Rinoldi, Dino,* I poteri di vigilanza e controllo della Commissione delle Communità Europee, in: Realtà economica, Mailand 1978, S. 11ff.
6 Siehe *Daig,* Art. 189 Rn. 7ff.

fahren einleiten, wenn ein Mitgliedstaat einer eventuellen Pflicht zur Teilnahme und Mitarbeit nicht nachkommt, sie kann aber keinen Minister zu einem ihr genehmen Votum zwingen.

6 Ihre eigenen Akte überprüft die Kommission im Rahmen einer vorbeugenden Kontrolle bereits während ihres internen Willensbildungsprozesses. Diese Aufgabe übernimmt der Juristische Dienst der Kommission, dem alle rechtserheblichen Vorhaben zur Stellungnahme vorgelegt werden müssen, und dessen maßgeblicher Einfluß weit über die Rolle nationaler Justizministerien und Rechtsabteilungen hinausgeht.

2. Formen der Überwachung

7 Vorbeugen ist das beste Mittel, um für die korrekte Anwendung des Gemeinschaftsrechts Sorge zu tragen. Vorbeugen heißt zunächst, alle Personen, die mit dem Gemeinschaftsrecht in Berührung kommen könnten, über ihre Rechte und Pflichten zu informieren. Die Presse- und Informationsbüros der Kommission in den Mitgliedstaaten sowie die zuständigen zentralen Kommissionsdienststellen widmen sich dieser Aufgabe vor allem mit Broschüren und Informationsveranstaltungen.[7] Der Juristische Dienst läßt sich besonders die Kontakte zu Richtern, Rechtsanwälten und Verwaltungsjuristen angelegen sein. Das Gemeinschaftsrecht ist in eine CELEX genannte Datenbank mehrsprachig eingespeichert und seit 1982 auch für Außenstehende abrufbar. Zum Vorbeugen gehört auch das Vorsehen von Krisensituationen und deren rechtzeitige Abwehr durch Maßnahmen der Regional-, Sozial- und Strukturpolitik, bevor der gefährdete Staat sich genötigt sieht, die Notbremse eines Vertragsverstoßes zu ziehen; deshalb rechnen einige Autoren die Kompetenzen der Kommission bezüglich der Anwendung von Schutzklauseln zur Hüterrolle der Kommission.[8]

8 Die Aufsichtstätigkeit setzt eine genaue Kenntnis der allgemeinen Rechtsordnung der Mitgliedstaaten und des konkreten Verhaltens der überwachten Personen und Organe voraus. Nach Art. 213 kann die Kommission zur Erfüllung der ihr übertragenen Aufgaben alle erforderlichen Auskünfte einholen und alle erforderlichen Nachprüfungen vornehmen.[9] Nach Art. 5 Abs. 1 sind die Mitgliedstaaten gehalten, der Gemeinschaft die Erfüllung ihrer Aufgaben zu erleichtern. Für die korrekte Anwendung des Gemeinschaftsrechts zu sorgen, ist eine dieser Aufgaben der Gemeinschaft; sie wird von der Kommission wahrgenommen, und die Mitgliedstaaten müssen ihr dabei behiflich sein. Wenn ein Mitgliedstaat der Kommission die erforderlichen Auskünfte zur Prüfung eines vermuteten Vertragsverstoßes nicht rechtzeitig übermittelt, so liegt darin ein zusätzlicher Vertragsverstoß. Weitere spezifische Informationspflichten der Mitgliedstaaten ergeben sich aus dem Vertrag und aus dem sekundären Gemeinschaftsrecht; so müssen die

7 Siehe Rn. 13 zu Art. 156.
8 *Kovar,* (a.a.O., Fn. 5), S. 9 und 65 ff.; *Much* (a.a.O., Fn. 5), S. 101 ff.
9 *Porteu de la Morandière, H.,* Le pouvoir d'information de la Commission, in: RMC 1971, S. 300 ff.

Unternehmen bestimmte Alleinvertriebsverträge notifizieren und die Mitgliedstaaten ihre staatlichen Beihilfen vor der Auszahlung überprüfen lassen.[10] In Rechtsangleichungsrichtlinien wird neuerdings systematisch die Pflicht der Mitgliedstaaten verankert, ihre Umsetzungsmaßnahmen der Kommission anzuzeigen.[11] Ermittlungen außerhalb des Territoriums der Gemeinschaft sind vom Gemeinschaftsrecht her zulässig; wieweit das Drittland sie dulden muß, bestimmt sich nach Völkerrecht.

9 Dem Informationsrecht entspricht eine Geheimhaltungspflicht. Gemäß Art. 214 sind die Mitglieder der Organe der Gemeinschaft, die Mitglieder der Ausschüsse sowie die Beamten und sonstigen Bediensteten der Gemeinschaft verpflichtet, auch nach Beendigung ihrer Amtstätigkeit Auskünfte, die ihrem Wesen nach unter das Berufsgeheimnis fallen, nicht preiszugeben.

10 In der Praxis bilden Beschwerden, die an keine Form gebunden sind und von jedermann vorgetragen werden können, die bedeutendste Quelle beim Aufspüren von Vertragsverstößen, zumal wenn man auch die mittelbaren Beschwerden einbezieht, nämlich parlamentarische Anfragen und kritische Presseberichte. Beschwerden der Mitgliedstaaten werden in der Praxis nicht von einzelnen Fachbehörden, sondern von der Ständigen Vertretung dieses Staates im Namen ihrer Regierung erhoben.

3. Mittel der Berichtigung

11 86 % der Verstoßakten gegen Mitgliedstaaten werden auf der Ministerialebene zwischen den Dienststellen der Kommission und den Ständigen Vertretungen der Mitgliedstaaten erledigt. Wenn in den verbleibenden 14 % die Kommission auf Regierungsebene von Kommissar zu Minister unter förmlicher Bezugnahme auf Art. 169 »Gelegenheit zur Äußerung gibt«, dann garantiert die Seltenheit dieses Vorgehens, daß beim angesprochenen Mitgliedstaat die gewünschte Aufmerksamkeit geweckt wird. Bringt der Mitgliedstaat innerhalb der gesetzten Frist – normalerweise ein Monat – keine Argumente vor, die die Zweifel an der Rechtmäßigkeit seines Handelns zerstreuen, so rügt die Kommission in der zweiten Stufe des Verfahrens den Mitgliedstaat durch Abgabe einer begründeten Stellungnahme. Soweit kommt es bei etwa 5 % der Akten. Die begründete Stellungnahme setzt erneut eine, normalerweise einmonatige Frist, innerhalb derer der Mitgliedstaat der Stellungnahme nachkommen soll. Fristverlängerung wird grundsätzlich nur noch gewährt, wenn die angesprochene Regierung den Verstoß zugibt und Abhilfe verspricht. Immerhin werden auf diese Weise 99 % der Fälle gelöst. Nur eine von hundert Akten erreicht die dritte und letzte Verfahrensstufe, die Klage vor dem Gerichtshof nach

10 Art. 4 der VO Nr. 17 (ABl. 1962 Nr. 204 S. 63); Art. 23 Abs. 3 EWGV. Weitere Informationspflichten finden sich in Art. 14 Ziff. 6, 15 Ziff. 1, 31 Abs. 2, 72, 73 Ziff. 2, 109 Ziff. 2, 111 Ziff. 5, 115 Abs. 2 EWGV; 5, 16, 33, 37, 42, 55, 70, 79 bis 85, 103, 104 Abs. 2, 194, Abs. 2 EAGV; 54 Abs. 3, 65 Abs. 3, 66 Abs. 4, 67 Abs. 1, 75 EGKSV.

11 *Ayral, Michel,* La transposition des directives dans les droits nationaux, in: RMC 1978, S. 411 ff. (417).

Art. 169 Abs. 2. Die Seltenheit der Klagen soll verhindern, daß Vertragsverstöße zu einem alltäglichen Kavaliersdelikt werden und Urteile nicht die aufsehenerregende Ausnahme bleiben.

12 Die Zahl der Vertragsverstoßverfahren nach Art. 169 ist mit den Jahren gestiegen. Wurden 1960 nur 20 Verfahren eingeleitet, so waren es 1970 bereits 50 und 1980 240. 1981 wurden 243 Vertragsverstoßverfahren begonnen; davon betrafen 75 % die Nichtanwendung von Richtlinien und 25 % sonstige Vertragsverstöße. Nach Sachgebieten aufgegliedert, betreffen 55 % der Vertragsverstöße den Binnenmarkt, 14 % den Umwelt- und Verbraucherschutz, 10 % die Zollunion und 7 % die Landwirtschaft. Insgesamt wurde bis Ende 1981 in 1407 Mahnschreiben den Mitgliedstaaten Gelegenheit zur Äußerung gegeben, gab die Kommission 574 begründete Stellungnahmen ab, erhob sie 164 Klagen beim Gerichtshof und erließ der Gerichtshof 80 Urteile.

13 Gegenüber Unternehmen, die den gemeinschaftlichen Wettbewerbsregeln zuwiderhandeln, erläßt die Kommission »Entscheidungen«, die jene dann vor dem Gerichtshof angreifen können.[12] Eine erste Verfahrensstufe mit „Gelegenheit zur Äußerung« schreibt nur das Kartellrecht der Montanunion ausnahmsweise vor.[13] Eine Mischform zwischen beiden Verfahrenstypen findet sich im EWG-Vertrag für die Berichtigung unstatthafter Beihilfen.[14] Hier erläßt die Kommission nach ergebnislosem Ablauf der ersten Stufe zwar eine »Entscheidung«. Kommt der gerügte Staat dieser Entscheidung nicht nach, so ist es in der dritten Stufe aber wieder die Kommission – oder ein betroffener Partnerstaat –, die als Klägerin auftritt.

14 Der Aufgabe der Kommission als Hüterin der Verträge entspricht es, daß sie darüber hinaus allen Vorabentscheidungsverfahren vor dem Gerichtshof beitreten kann[15] und daß Mitgliedstaaten gegen andere Mitgliedstaaten erst dann vor dem Gerichtshof klagen können, wenn sie vorher die Kommission mit dem angeblichen Vertragsverstoß befaßt haben.[16]

15 Gegenüber dem Rat geben nur die Römischen Verträge der Kommission Klagemöglichkeiten; im EGKS-Vertrag ist es bekanntlich im Regelfall nicht der Rat, sondern die Kommission, die legislativ und exekutiv auftritt, und deren Handlungen oder Untätigkeit zu überwachen sind.

16 Sanktionen gegen Mitgliedstaaten oder gegen den Rat sehen die Römischen Verträge im Gegensatz zum EGKS-Vertrag[17] nicht vor; stellt der Verurteilte den Vertragsverstoß nicht ab, so kann die Kommission höchstens ein neues Verfahren, diesmal wegen

12 Z.B. Art. 3 Abs. 1 VO Nr. 17.
13 Art. 66 § 5 Abs. 2 EGKSV.
14 Art. 93 Abs. 2 EWGV.
15 Art. 20 Abs. 2 Satzung EuGH.
16 Art. 170 Abs. 2.
17 Art. 88 Abs. 3 EGKSV.

Verstoßes gegen Art. 171, einleiten. Gegenüber Marktbürgern kann die Kommission nach dem Recht aller drei Gemeinschaften Geldbußen und Zwangsgelder nichtstrafrechtlicher Art und Verzugszuschläge verhängen.[18]

4. Ziel der Überwachung

17 Art. 155 nennt als Ziel der Gemeinschaftsaufsicht das »ordnungsgemäße Funktionieren und die Entwicklung des Gemeinsamen Marktes«; nirgends spricht er von dem Schutz der Belange des einzelnen Bürgers. Dennoch ist die Gemeinschaftsaufsicht kein Selbstzweck, sondern hat stets die in der Präambel genannte Besserung der Lebens- und Beschäftigungsbedingungen der Bevölkerung als Leitlinie vor Augen. So wie das Gesamtinteresse der Bevölkerung auch die Individualinteressen der einzelnen Bürger umfaßt, so umfaßt die Pflicht der Kommission, für die korrekte Anwendung des Gemeinschaftsrechts Sorge zu tragen, auch den Schutz des Einzelbürgers vor Schaden, der ihm aus den Vertragsverstößen anderer erwachsen kann.

18 Allerdings kann der Bürger nicht beanspruchen und nicht darauf vertrauen, daß die Kommission immer und sofort mit einer Aufsichtsklage eingreift.[19] Die Kommission ist zwar grundsätzlich zum Einschreiten verpflichtet;[20] sie besitzt aber im EWG-Vertrag[21] einen erheblichen Ermessensspielraum über die Prioritäten der verschiedenen Verstoßakten und über die angemessensten Mittel zur Beseitigung der Vertragsverstöße. Sie kann es aus Gründen des Funktionierens und der Entwicklung des Gemeinsamen Marktes vorziehen, die Zahl der Aufsichtsklagen nach Art. 169 gering zu halten, und die Bürger zu Vorabentscheidungsanträgen nach Art. 177 zu ermuntern. Art. 177 verzahnt die neue Rechtsordnung Europas mit der fest etablierten Rechtssprechungsstruktur der Mitgliedstaaten und führt zu unmittelbar vollziehbaren Urteilen der nationalen Gerichte. Dagegen bedürfen Vertragsverstoßverfahren nach Art. 169 noch zusätzlicher Akte, Regierungsverordnungen oder Parlamentsgesetze, um in der Praxis rechtskräftig und vollziehbar zu werden. Im Vorlageverfahren kann die Kommission aus einer Stellung als objektiver Makler heraus ihre föderalisierenden Ansichten unbeschwerter vortragen als im Verstoßverfahren, wo sie als streitlustiger und parteiischer Kläger auftreten muß.[22]

III. Motor der Integration

19 Unterabs. 2 gibt der Kommission das Recht und die Pflicht, Empfehlungen und Stellungnahmen abzugeben, und zwar nicht nur, soweit der Vertrag dies ausdrücklich

18 Im Rahmen von Art. 187 und 172 EWGV sowie von Art. 47 III, 50 § 3, 54 VI, 58 § 4, 59 § 7, 64, 65 § 5, 66 § 5 IV, V, 66 § 61, 66 § 7, 68 § 6, 91 EGKSV.

19 *Audretsch* (a.a.O., Fn. 5), S. 131; *Tizzano* in: *Quadri* u.a., a.a.O. (Allg. Literaturverzeichnis), Anm. 6 zu Art. 169.

20 *Daig,* Art. 169 Rn. 52 f.; *Smit - Herzog,* a.a.O., Anm. 155.05.

21 Anders der EGKSV in Art. 35 i.V.m. Art. 88.

22 *Ehlermann,* a.a.O., S. 361.

vorsieht, sondern ganz allgemein, soweit es die Kommission für notwendig erachtet. Hierin liegt ein konstitutives Element des Art. 155.

20 Natürlich ist diese Kommissionsbefugnis thematisch auf das Tätigkeitsfeld der EWG eingeschränkt, und natürlich sind Empfehlungen und Stellungnahmen nach Art. 189 nicht verbindlich. Dennoch sollten diese Aktionsmittel nicht unterschätzt werden, wenn sie beispielsweise zur Bildung eines politischen Grundkonsenses in den Bereichen, in denen der Vertrag keine präzisen Handlungsaufträge gegeben hat, eingesetzt oder wenn sie im Wettkampf zwischen politischen und wirtschaftlichen Gruppen als Argument verwandt werden.[23]

21 Als »Motor«[24] der Gemeinschaft wird die Kommission hauptsächlich wegen ihres Initiativmonopols im Vorschlagsverfahren bezeichnet. Auch wenn die Öffentlichkeit dabei den Vorhaben zur Weiterentwicklung der Gemeinschaft mehr Aufmerksamkeit schenkt als den Initiativen zur Verwaltung bestehender Politiken, sollte nicht übersehen werden, daß die Kommission auch als Hüterin der Verträge und bei der Ausübung ihrer zahlreichen Handlungs- und Durchführungsbefugnisse motorisch und dynamisch die Integration vorwärts treiben kann.[25]

IV. Mitwirkung an den Handlungen anderer Organe

1. Überblick

22 Gemäß Unterabs. 3 wirkt die Kommission nach Massgabe des Vertrages am Zustandekommen der Handlungen des Rates und der Versammlung mit. Häufigste und wichtigste Form der Mitwirkung ist das Vorschlagsverfahren, das der Vertrag in 63 konkreten Einzelermächtigungen vorschreibt.[26] In anderen Fällen bindet der Vertrag Ratskompetenzen lediglich an eine »Empfehlung«,[27] eine »Stellungnahme«,[28] eine »Anhörung«[29] oder einen »Bericht«[30] der Kommission. Der Dialog zwischen Rat und Kommission hat sich inzwischen zu einem Trialog zwischen Rat, Kommission und Parlament entwickelt,

23 Vgl. die belgische Regierungskrise vom Herbst 1981 und die vorhergehende Empfehlung der Kommission zur belgischen Budget- und Wirtschaftspolitik, ABl. 1981 Nr. L 228 S. 29.
24 *Hallstein, Walter,* Der unvollendete Bundesstaat, Düsseldorf 1969, S. 56. Allgemein zur Stellung der Kommission im institutionellen System der Gemeinschaften s. auch *Harnier,* Vorbemerkung zu Titel I des Fünften Teils (Art. 137 ff.) Rn. 5 ff., 17 ff. m.w.N.
25 *Davignon,* a.a.O., S. 468 f.; *Ehlermann,* a.a.O., S. 348 f.
26 Aufstellung bei *Schmitt von Sydow,* Kommission, S. 47 ff.
27 Art. 105 Abs. 1; 108 Abs. 1; 109 Abs. 2; 111 Abs. 2; 113 Abs. 3.
28 Art. 126 und 153.
29 Art. 195 Abs. 2; 236.
30 Art. 8 Abs. 3.

generell durch das 1975 vereinbarte Konzertierungsverfahren,[31] speziell durch das Haushaltsverfahren gemäß der Neufassung des Artikels 203, demzufolge Rat und Parlament als gemeinsame Haushaltsbehörde auf der Grundlage eines »Vorentwurfs« der Kommission tätig werden.[32]

2. Das Vorschlagsverfahren im Vertrag

a) Historische Entstehung

23 Sinn des Vorschlagsverfahrens ist es, eine gemeinsame Beteiligung des Rates, der die zentrifugalen Interessen der Mitgliedstaaten vertritt, und der Kommission, welche die zentripetalen Interessen der Gemeinschaft vertritt, bei der Beschlußfassung zu gewährleisten.[33]

24 Im älteren EGKS-Vertrag werden dabei die integrationsfreundlichen Aspekte stärker zur Geltung gebracht. Zwar gibt es auch im EGKS-Vertrag in einigen Bereichen ein Vorschlagsverfahren,[34] im Regelfall aber obliegt die Beschlußfassung der überstaatlichen Hohen Behörde und werden die nationalen Interessen durch das Erfordernis der Ratszustimmung gewahrt. In der Praxis verlagerten sich die Gewichte bald auf den Rat, über dessen Willen sich die Hohe Behörde sogar in den Fällen nicht hinwegsetzte, in denen sie die alleinige Entscheidungsbefugnis hatte.

25 Die Entwicklung des Beschlußverfahrens im Alltag der Montanunion ist einer der Gründe, weshalb die Römischen Verträge die Stellung des Rates sehr viel stärker in den Vordergrund stellen. Ein zweiter Grund liegt in der allumfassenden Zuständigkeit der Römischen Verträge, die keinen Bereich des Wirtschaftslebens auslassen. Der EWG-Vertrag konnte nicht alles selber regeln, sondern nur die Verfahren für zukünftige Beschlußfassungen festlegen. So ist es verständlich, daß die Mitgliedstaaten sich nicht jeden Einflusses begeben wollten und dementsprechend die Stellung des Rates stärkten. Ein dritter Grund rührt aus den Erfahrungen beim Scheitern der geplanten Europäischen

31 ABl. 1975 Nr. C 89 S. 1.

32 Siehe *Heck,* Art. 203 Rn. 6.

33 Zum folgenden insbesondere *Gazzo, Emanuele,* Le pouvoir d'initiative de la Commission, in: La Commission des Communautés européennes et l'élargissement de l'Europe, Brüssel 1974, S. 117 ff.; *Noël, Emile,* Le pouvoir d'initiative de la Commission, ebd., S. 131 ff.; *Pinder, John,* Le rôle politique de la Commission, ebd., S. 279 ff.; *Siotis, Jean,* Le rôle politique de la Commission, ebd., S. 285 ff.; *Spinelli, Altiero,* Le rôle politique de la Commission, ebd., S. 275 ff.; *Vedel, Georges,* La responsabilité politique de la Commission, ebd., S. 235 ff.; *Dewost, Jean Louis,* Les relations entre le Conseil et la Commission dans le processus de décision communautaire, in: RMC 1980, S. 289 ff.; *Sasse, Christoph,* Kommission und Rat – konstitutionelle Rivalen oder funktionale Partner, in: EUR 1972, S. 341 ff.; *van Miert, Karel,* Les aspects politiques de la pratique du droit de proposition de la Commission des Communautés européennes, in: Chron. pol. étr. 1969, S. 205 ff. mit weiteren Nachweisen in Fn. 4. Vgl. zur Praxis auch *Harnier*, Art. 148 Rn. 3 ff.

34 Art. 59 § 2 und 5 EGKSV.

Verteidigungsgemeinschaft 1954; die Autoren der Römischen Verträge vermieden es um jeden Preis, die Gegner mächtiger supranationaler Institutionen zu provozieren.

b) Initiativmonopol der Kommission

26 Ohne einen Vorschlag der Kommission kann der Rat nicht tätig werden. Das Vorschlagsmonopol der Kommission gibt ihr ein Instrument in die Hand, die inhaltliche Ausgestaltung und den Rhythmus der Gemeinschaftsarbeit in den betreffenden Bereichen nach ihrem politischen Willen zu bestimmen.

27 Zwei Bindungen des Vorschlagsmonpols gibt es, die aber keine Aufweichung, sondern nur eine Begrenzung bedeuten. Zum einen legen häufig Vorschriften des Vertrags oder des abgeleiteten Gemeinschaftsrechts Fristen fest, innerhalb derer die Kommission Vorschläge vorzulegen habe. Zum anderen gibt Artikel 152 dem Rat das Recht, die Kommission aufzufordern, bestimmte Untersuchungen vorzunehmen und entsprechende Vorschläge zu unterbreiten. Diese Vorschriften verleihen jedoch dem Rat kein subsidäres Initiativrecht, das im Falle einer eventuellen Passivität der Kommission zum Tragen käme.[35]

28 Das Vorschlagsmonopol gibt der Kommission die politisch belangreiche Macht, den Inhalt eines Vorschlages, den Zeitpunkt seiner Vorlage und seine eventuelle Verknüpfung mit anderen Vorschlägen zu bestimmen. Der Inhalt des Vorschlages ist nicht etwa Frucht des einsamen Beschlusses eines realitätsfernen Eurokraten, sondern wird meist in eingehenden Beratungen mit den beteiligten Wirtschaftskreisen und vor allem den zuständigen Fachbeamten der nationalen Regierungen erarbeitet. Den Zeitpunkt eines Vorschlages bestimmen zu können, gibt der Kommission einen beachtlichen Spielraum für Überlegungen politischer Taktik. Die Verknüpfung eines Vorschlages mit anderen Vorschlägen zu einem Paket ist nicht immer sachlogisch; in einer perfekten Gemeinschaft mit idealen Akteuren wäre dieses Verfahren sicherlich überflüssig, aber bei dem jetzigen Stand der Integration kann die Verbindung mehrerer Streitfragen zu einer Neutralisierung der einzelnen Probleme führen und das aktive Interesse aller Mitgliedstaaten wecken.

29 Der Vorschlag der Kommission ist kein interner Verwaltungsentwurf, den man gegebenenfalls in den Irrwegen der Bürokratie versanden lassen kann. Er wird – trotz französischer Bedenken in der Krise 1965 – veröffentlicht und in den meisten Fällen vom Rat auch dem Parlament und dem Wirtschafts- und Sozialausschuß zur Stellungnahme vorgelegt. Die öffentliche Diskussion über den Vorschlag gewinnt eine gewisse Eigendynamik, die auch am Rat und seinen Mitgliedern nicht spurlos vorübergeht, sondern sie unter Entscheidungsdruck setzen kann.

35 Vgl. *Harnier,* Art. 152 Rn. 3.

c) Änderungsbefugnis des Rates

30 Die Vorlage eines Kommissionvorschlags ist nicht nur Grundbedingung für jegliches Tätigwerden des Rates, der Inhalt des Vorschlags steckt auch die Grenzen der Handlungsbefugnis des Rates ab.

31 Will der Rat den Vorschlag in seiner ursprünglichen Form verabschieden, so reicht dazu die in der jeweiligen vertraglichen Einzelkompetenz vorgesehene Mehrheit. Das ist zuweilen die Einstimmigkeit, sehr oft aber auch die qualifizierte Mehrheit, und zwar auch in so wichtigen Bereichen wie der Landwirtschaft oder der Handelspolitik. Will der Rat auch nur ein Komma im Kommissionsvorschlag abändern, so kann er dies nicht mehr mit der normalerweise vorgesehenen Mehrheit tun, sondern ist auf die Einstimmigkeit aller seiner Mitglieder angewiesen. Die Einstimmigkeit erlaubt ihm freilich nicht, den Kommissionsvorschlag völlig neu zu formulieren; seine Befugnisse sind auf ein »Ändern« des Vorschlags beschränkt.

32 Bis zur endgültigen Beschlußfassung des Rates behält die Kommission die volle Herrschaft über ihren Vorschlag. Art. 149 Abs. 2 gewährt ihr die Flexibilität, in jedem Stadium des Vorschlagsverfahrens eine die frühere Fassung konsumierende Änderung vorzunehmen. Sie kann sich damit den Meinungsäußerungen der Ratsmitglieder anpassen und ihren Vorschlag so lange umformen, bis ihr die qualifizierte Mehrheit sicher ist. Um der Wahrnehmung der Änderungskompetenz durch den Rat zuvorzukommen, reicht es andererseits, daß die Kommission einen Mitgliedstaat voll auf ihrer Seite weiß.

d) Ergebnis

33 So wie das Vorschlagsverfahren in den Römischen Verträgen vereinbart ist, verleiht es der Kommission eine starke dem Rat ebenbürtige Stellung.

34 Im Vergleich zum Zustimmungsverfahren des EGKS-Vertrages scheint die Stellung der Kommission zwar geschwächt. Aber in beiden Verfahren liegt das Initiativmonopol nach wie vor immer bei der Kommission. In beiden Verfahren kann die Kommission nicht alleine entscheiden, sondern ihr Vorhaben muß vom Rat gutgeheißen werden. Geändert hat sich nur die Befugnis zur Verkündung des Rechtsakts: während in der Montanunion der Präsident der Kommission oder sein Vertreter den Text unterschreibt und veröffentlicht, ist es nach den Römischen Verträgen der Präsident des Rates. Für den Rechtsunterworfenen macht es wenig Unterschied, ob Gemeinschaftsvorschriften vom Rat oder von der Kommission stammen, soweit sie sich nur auf den Vertrag gründen. Juristisch sind beide Arten von Maßnahmen gleichwertig, was sich auch in der durchlaufenden Numerierung im Amtsblatt manifestiert.

35 Ohne die starke Stellung des Kommissionsvorschlags wären Mehrheitsentscheidungen in der Gemeinschaft wohl kaum vorstellbar. Der Kommission, die dem Gemeinschaftsin-

teresse aller Staaten verpflichtet ist, kommt die Aufgabe zu, den Schutz insbesondere kleinerer Mitgliedstaaten, die im Rat überstimmt zu werden drohen, zu gewährleisten.

3. Das Vorschlagsverfahren in der Praxis

36 Nun ist aber in der Praxis der Europäischen Wirtschaftsgemeinschaft – wie in der Europäischen Gemeinschaft für Kohle und Stahl – die Stellung des Rates stärker, als es die Lektüre der Verträge vermuten läßt.

37 Der wesentliche Grund hierfür wird vielfach in dem Bestreben des Rates gesehen, sooft wie möglich Einstimmigkeit zu erreichen. Daran ist richtig, daß der Vorschlag der Kommission seine starke Stellung verliert, wenn der Rat mit Einstimmigkeit beschließt und dementsprechend Änderungen am Vorschlag der Kommission vornehmen kann. Wenn die Vertreter der Mitgliedstaaten mit dieser Geisteshaltung in die Beratungen gehen, dann wird der Kommissionsvorschlag zu einem bloßen Entwurf, der zur Disposition der Mitgliedstaaten steht.

38 Es wäre aber falsch, die Schlüssel zum Kräfteverhältnis zwischen Rat und Kommission allein in der Mehrheitsfrage zu sehen. Zum einen wurde in der Europäischen Gemeinschaft für Kohle und Stahl die Mehrheitsregel im Rat normal angewandt, und doch geriet die EGKS 1959 in eine schwere Krise, weil der Rat seine Zustimmung zu einem Kohlebeschluß der Hohen Behörde versagte; schuld war nicht ein Veto, sondern einfach das Fehlen einer Mehrheit im Rat. Auf der anderen Seite wird die Einstimmigkeit in der EWG nicht erst seit dem Luxemburger Kompromiß vom 28.1.1966 gehandhabt, sondern war bis dahin während der ersten beiden Stufen der Übergangszeit das vom Vertrag vorgesehene Normalverfahren. Trotz dieser Einstimmigkeitsregel im Rat hat die Kommission in jenen Jahren beträchtliche Erfolge erreichen können. Wenn solche Erfolge heute ausbleiben, dann vor allem, weil der taufrische Grundkonsens des Vertrages, das europäische Raumbewußtsein der Ratsmitglieder und die Schwäche des Nationalismus inzwischen mit der tiefgreifenden Veränderung der wirtschaftlichen und politischen Landschaft Westeuropas geschwunden sind. Das eigentliche Opfer der Entscheidungsschwäche des Rates ist die Kommission. Sie hat deshalb ein fundamentales Interesse an der Konsensbildung und der Effizienz eines starken Rates.[36]

36 *Ehlermann*, a.a.O., S. 353 und 364.

V. Eigene Handlungsbefugnisse

39 Der Vertrag gewährt der Kommission 61 eigenständige Handlungsbefugnisse.[37] Sie lassen sich in drei Gruppen einteilen, nämlich Finanzmaßnahmen, allgemeingültige Feststellungen und konkrete Genehmigungen. Dazu kommen ihre Vertretungsbefugnisse als Sprecherin der Gemeinschaft.[38] Vor allem auf dem Gebiet der Beihilfen übt die Kommission eine wichtige Legalitäts- und Opportunitätskontrolle aus und kann den betreffenden Mitgliedstaaten aufgeben, unstatthafte Beihilfen innerhalb einer von der Kommission bestimmten Frist aufzuheben oder umzugestalten.[39] Diesem Genehmigungsvorbehalt kommt deswegen besondere Bedeutung zu, weil die Beihilfen ein wesentliches Element beispielsweise der einzelstaatlichen Industriepolitiken sind, ein Element, dem die Gemeinschaft umsomehr Beachtung schenken muß, als sie kaum über andere rechtliche Einflußmöglichkeiten verfügt.

40 Eine der wichtigsten Genehmigungskompetenzen der Kommission besteht in der Möglichkeit, die Mitgliedstaaten gegebenenfalls zu ermächtigen, unter Abweichung vom normalen Gemeinschaftsrecht Schutzmaßnahmen zu ergreifen. Im wesentlichen enthält der EWG-Vertrag elf solcher Schutzklauseln,[40] von denen die Art. 115 und 226 die bekanntesten sind; fünf weitere des EGKS-Vertrages runden das Bild ab.[41] Da in 15 dieser 16 Bestimmungen die Kommission zum Erlaß der Ermächtigung zuständig ist,[42] läßt sich somit aus den Verträgen das Verfassungsprinzip ableiten, daß die EG-Schutzklauseln in den Zuständigkeitsbereich der Kommission fallen.[43] Die Kompetenz, Abweichungen vom Gemeinschaftsrecht zu genehmigen, ist eine Ergänzung der Kommissionsrolle als Hüterin des Gemeinschaftsrechts.[44] Mehr als der Rat oder gar der einzelne Mitgliedstaat bietet die Kommission die Gewähr für Unabhängigkeit, Unparteilichkeit und ständige Präsenz.

37 Aufstellung bei *Schmitt von Sydow,* Kommission, S. 56 ff. Zum folgenden insbesondere *Olivier, Gérard,* Les pouvoirs de gestion de la Commission, in: La Commission des Communautés européennes et l'élargissement de l'Europe, Brüssel 1974, S. 157 ff.; *Mitchell, John D.B.,* Les pouvoirs de gestion de la Commission, ebd., S. 181 ff.; *Haase, Jan Reimer,* Die Kompetenzen der Kommission im Verordnungsrecht der Europäischen Wirtschaftsgemeinschaft, Frankfurt a.M. 1965; *Paulin, Bernard,* Les pouvoirs de gestion de la Commission, in: Les institutions de la Communauté au seuil des années quatre-vingt – A la recherche de nouveaux équilibres, Brügge 1980.

38 Siehe unten Rn. 57.

39 Art. 93.

40 Art. 17, Abs. 4; 25 Abs. 2; 27; 37 Abs. 3; 73 Abs. 1; 91 Abs. 1; 103 Abs. 4; 107 Abs. 2; 108 Abs. 3; 115 Abs. 1; 226 Abs. 2.

41 Vgl. Art. 29, 73 und 74 EAGV.

42 Ratskompetenz in Art. 103 Abs. 4 EWGV. Im Stufenverfahren der Art. 73 Abs. 1 und Art. 108 Abs. 3 kann der Rat freilich die von der Kommission ausgesprochene Ermächtigung widerrufen.

43 *Noël, Emile – Amphoux, Jean,* Les Commissions, in: *Ganshof van der Mersch,* a.a.O., Ziff. 571. *Constantinesco,* a.a.O., S. 307 f. und 388.

44 *Kovar* (a.a.O., Fn. 5), S. 65 ff.; *Much* (a.a.O., Fn. 5), S. 101 ff.

41 Neben den Entscheidungsbefugnissen, die im Vertrag ausdrücklich vorgesehen sind, stehen der Kommission nach einhelliger Meinung auch solche Befugnisse zu, bei deren Fehlen die ausdrücklich vorgesehenen Befugnisse sinnlos erschienen oder nicht in vernünftiger und zweckmäßiger Weise zur Anwendung gelangen könnten.[45] Das gilt insbesondere im Organisationsbereich.[46] Darüber hinaus hat sich die Kommission 1980 gezwungen gesehen, die Geschäfte der Gemeinschaft anstelle des Rates dort weiterzuführen, wo der Rat sich trotz der Unabdingbarkeit eines Gemeinschaftshandelns als unfähig erwiesen hat, die ihm zukommenden Beschlüsse zu fassen.[47]

VI. Übertragene Befugnisse

42 Die überwiegende Zahl der Rechtsakte der Kommission gründet sich nicht unmittelbar auf die Verträge, sondern auf Verordnungen, Richtlinien und Entscheidungen des Rates. Das Prinzip der Unterscheidung zwischen Grund- und Durchführungsvorschriften und deren mengenmäßiges Verhältnis zueinander finden sich in der Praxis aller Mitgliedstaaten der Gemeinschaft. Darin erschöpft sich indes auch schon die Parallele zwischen dem Gemeinschaftsrecht und den nationalen Verfassungen. Von der Gleichheit der Bedürfnisse und der Handlungstypen auf eine Gleichheit der Ausgestaltung des Delegationsverfahrens schließen zu wollen, wäre wegen des originellen Verhältnisses zwischen Rat und Kommission nicht nur voreilig, sondern auch verhängnisvoll, weil dadurch die vom Vertrag garantierten Mechanismen eines gerechten Interessenausgleichs und einer effizienten Willensbildung gefährdet würden.

1. Rechtsnatur

43 Nach anfänglichen Meinungsverschiedenheiten über die Bedeutung des Unterabs. 1[48] hat sich die Ansicht durchgesetzt, daß Unterabs. 4 des Art. 155 eine Rechtsgrundlage, ja eine

45 Vgl. die Erläuterungen von *Schwartz* zu Art. 235.

46 *Strohmaier, Peter,* Die Befugnis von Rat und Kommission der Europäischen Gemeinschaften zur Einsetzung von Ausschüssen, Diss. Saarbrücken 1972, S. 198f.

47 VO(EWG) Nr. 846/80 der Kommission vom 2.4.1980, ABl. 1980 Nr. L 91 S. 1; VO (EWG) Nr. 1390/80 der Kommission vom 1.6.1980, ABl. 1980 Nr. L 136 S. 1. Dazu EuGH – Staple Dairy Products, 84/81 – noch nicht veröffentlicht. Vgl. *Schwarze, Jürgen,* Ungeschriebene Geschäftsführungsbefugnisse für die Kommission bei Untätigkeit des Rates?, in: EuR 1982, S. 133ff; *Editorial Comments,* Inactivity of the Council: Implied power for the Commission, in: CMLR 1981, S. 267ff. Vgl. auch *Harnier,* Vorbemerkung zu Titel I des Fünften Teils (vor Art. 137) Rn. 23b.

48 Die Auffassung, Unterabs. 1 konstituiere eine generelle Rechtsetzungskompetenz der Kommission wurde insbesondere vertreten von *Kraushaar, Reinhold,* Zur Kompetenz der Kommission der Europäischen Gemeinschaften zum Erlaß von Verordnungen, in: DÖV 1959, S. 726ff.; aber auch von *Bärmann, Johannes,* Die Europäischen Gemeinschaften und die Rechtsangleichung, in: JZ 1959, S. 553ff. (556); und von *Schulz, Günther,* Entwicklungsformen internationaler Gesetzgebung, Göttingen 1960, S. 94.

Einladung, für neue Kompetenzen der Kommission darstellt.[49] Außerhalb von Art. 155 ist wegen des Prinzips der begrenzten Einzelermächtigung[50] eine Kompetenzübertragung nicht zulässig; denn soweit eine einschlägige Norm wie Art. 155 existiert, muß man sich an sie und an die Voraussetzungen, die sie aufstellt, halten.[51]

44 Dennoch ist Unterabs. 4 keine selbständige Rechtsgrundlage für Kompetenzübertragungen. Im System der begrenzten Einzelermächtigung gibt Unterabs. 4 nur einen konstitutiven Hinweis auf die extensive Auslegungsmöglichkeit, das immer da, wo der Rat zum Erlaß von Vorschriften ermächtigt ist, diese Ermächtigung auch die Möglichkeit mit umfaßt, der Kommission einzelne Durchführungsbefugnisse zu übertragen.

45 Dementsprechend kann die Übertragung von Durchführungsbefugnissen nur im normalen Zusammenwirken der für den Erlaß der Grundvorschrift kompetenten Organe erfolgen. Die anschließende Ausübung der übertragenen Befugnisse ist freilich nicht mehr den Beschränkungen der Ratsposition – insbesondere der Pflicht zur Anhörung von Parlament oder Wirtschafts- und Sozialausschuß – unterworfen. Der Rat delegiert also auf die Kommission nicht eine eigene Kompetenz, sondern er handelt insoweit für die gesamte Gemeinschaft zusammen mit allen an der Regelung der betreffenden Materie beteiligten Organe und überträgt eine Gemeinschaftskompetenz in die alleinige Zuständigkeit der Kommission. Unterabs. 4 regelt nicht die Delegation von Ratsbefugnissen, sondern die Zuweisung von Gemeinschaftsbefugnissen.

46 Die vom Rat ausgesprochenen Zuweisungen können nur durch eine ranggleiche Norm aufgehoben werden. Die Rücknahme einer Befugniszuweisung, die im Vorschlagsverfah-

49 EuGH – Rey Soda/Cassa Conguaglio Zucchero, 23/75 – Slg. 1975, 1279; *Däubler, Wolfgang,* Die Delegation von Rechtsetzungsbefugnissen im Recht der EWG, in: DVBl. 1966, S. 660 ff. (S. 661); *Noël, Emile – Etienne, Henri,* Quelques considérations sur la déconcentration et la délégation du pouvoir de décision dans la Communauté Economique Européenne, in: RMC 1967, S. 127 ff. (S. 128); *Maas, Herman H.,* Delegatie van bevoegdheid in de Europese Gemeenschappen, in: SEW 1967, S. 2 f.; *Jozeau-Marigné, Léon,* Bericht im Namen des Rechtsausschusses über die Gemeinschaftsverfahren zur Durchführung des abgeleiteten Gemeinschaftsrechts, Europäisches Parlament, Sitzungsdokumente 1968–1969, Dok. EP Nr. 115 vom 30.9.1968, S. 10 f.; *Torrelli, M.,* Phénomènes de déconcentration et de décentralisation dans la Communauté Economique Européenne, Brüssel 1969, S. 12; *Louis, Jean-Victor,* Delegatie van bevoegdheit in de Europese Gemeenschappen, in: SEW 1978, S. 802 ff.; *Smit - Herzog,* a.a.O., Anm. 155.20; *Schindler, Peter,* Zur Problematik der Delegation von Organzuständigkeiten zum Erlaß von Verordnungen und Richtlinien im Recht der Europäischen Wirtschaftsgemeinschaft, Diss. Mannheim, 1970, S. 61 mit weiteren Nachweisen.

50 Siehe *Harnier,* Art. 145 Rn. 4.

51 *Haase* (a.a.O., Fn. 37); S. 78; *Schindler* (a.a.O., Fn. 49), S. 80; *Smit - Herzog,* a.a.O., Anm. 155.20. A.M. *Strohmaier* (a.a.O., Fn. 46), S. 189 Fn. 3; *Everling, Ulrich,* Zur Errichtung nachgeordneter Behörden der Kommission der Europäischen Wirtschaftsgemeinschaft, in: Festschrift *Ophüls,* Karlsruhe 1965, S. 33 ff. (S. 35).

ren bewilligt wurde, ist nur auf neuen Vorschlag der Kommission möglich.[52] Da der Rat die Delegation nicht einseitig widerrufen kann, hat die Kommission die neuen Befugnisse als eigene und nicht nur ad usum erhalten. Parallel dazu bestehen bei sinnvoller Auslegung des Art. 155 die alten Kompetenzen fort, für die dasjenige Beschlußverfahren weitergilt, das im Vertrag grundsätzlich für das betreffende Sachgebiet vorgesehen ist.[53]

47 Die Kompetenzzuweisung kann an Bedingungen geknüpft werden; denn wenn der Kommission gewisse Durchführungsbefugnisse ganz übertragen werden können, so ist das erst recht mit weniger umfassenden, eingeschränkten Befugnissen möglich.[54] Insbesondere pflegt der Rat die wichtigsten der neuen Kompetenzen der Kommission an die Anhörung eines Ausschusses aus Vertretern der nationalen Verwaltungen zu binden.

2. Die Ausschußverfahren[55]

48 Verwaltungs- und Regelungsausschußverfahren sind alle diejenigen Beschlußverfahren der Europäischen Wirtschaftsgemeinschaft, bei denen die Kommission nach Anhörung

52 *Däubler* (a.a.O., Fn. 49), S. 661; *Morand, Charles-Albert,* La législation dans les Communautés européennes, Paris 1968, S. 257; *Seidel, Martin,* Das Verwaltungsausschußverfahren bei der Europäischen Gemeinschaft, Europa-Informationen 6/69, Gustav-Stresemann-Institut Bergisch-Gladbach 1969, S. 37 ff. (S. 38); *Torrelli* (a.a.O., Fn. 49), S. 33 f.; *Merkel, Jochen,* Rat und Kommission im Rechtsetzungsverfahren der Europäischen Wirtschaftsgemeinschaft, Quakenbrück 1964, S. 98 f.; *Wirsing, Erich,* a.a.O., S. 49 ff. (S. 68). A.M. *Schindler* (a.a.O., Fn. 49), S. 210; *Rabe, Hans-Jürgen,* Das Verordnungsrecht der Europäischen Wirtschaftsgemeinschaft, Hamburg 1963, S. 112 Fn. 52; *Haase* (a.a.O., Fn. 37), S. 93.

53 *Möller, Wolfdietrich,* Die Verordnung der Europäischen Gemeinschaften, Göttingen 1967, S. 90.

54 *Rabe* a.a.O., Fn. 52), S. 26; *Strohmaier* (a.a.O., Fn. 46), S. 93; *Perissich, Riccardo,* Gli eurocrati tra realtà e mitologia, Rapporto sulla Commissione Rey, Bologna 1970, S. 37; *Lasalle, Claude,* Les comités et l'évolution institutionelle de la CEE, in: CDE 1968, S. 395 ff. (S. 405); *van Miert, Karel,* Van de beheerscomités naar de sogenaamde comités van regelende aard, in: Int. Spect. 1970, S. 282 ff. (S. 288). Vgl. EuGH (a.a.O., Fn. 49).

55 Zum folgenden insbesondere *Harnier, Otto,* Kompetenzverteilung und Kompetenzübertragung zwischen Rat und Kommission unter Berücksichtigung der Einsetzung von Hilfsorganen im Recht der EWG, Diss. 1969; *Bertram, Christoph,* Das Verwaltungsausschußverfahren, Ein neuartiges Rechtsetzungsverfahren der Europäischen Wirtschaftsgemeinschaft, Diss. Bonn, 1967; *Seidel* (a.a.O., Fn. 52); *Torrelli* (a.a.O., Fn. 49); *Etaix, Marie-Anne,* und *Benet, Yves,* Les comités de gestion et les comités de réglémentation dans la Communauté économique européenne, Centre universitaire d'études des Communautés européennes, Paris 1970;

eines – bereits bestehenden oder eigens geschaffenen – Ausschusses aus nationalen Beamten rechtsverbindliche Maßnahmen treffen kann, wenn diese Maßnahmen der Stellungnahme des Ausschusses entsprechen. Stehen die Maßnahmen im Widerspruch zur Auffassung eines Quorums der Ausschußmitglieder und beharrt die Kommission dennoch auf ihrem Vorhaben, so fällt die Entscheidungskompetenz an den Rat, der binnen einer bestimmten Frist eingreifen darf. Im Ausschuß werden die Stimmen der Mitgliedstaaten wie im Rat nach Art. 148 Abs. 2 gewogen.

49 Das *Verwaltungsausschußverfahren,* so wie es 1962 im Agrarbereich eingeführt worden und dort immer noch am weitesten verbreitet ist, zeichnet sich dadurch aus, daß die Kommission ungeachtet der negativen Stellungnahme des Ausschusses ihre Maßnahme durchführen kann und daß diese Maßnahme bestehen bleibt, wenn sie nicht vom Rat durch eine andere Entscheidung ersetzt wird; außerdem wird nur bei diesem Ausschußverfahren die »graue Zone», d.h. die Situation, daß der Ausschuß keine Stellungnahme mit Zwei-Drittel-Mehrheit abgibt, in ihrer Wirkung einer positiven Stellungnahme des Ausschusses gleichgestellt.[56]

50 Im *Regelungsausschußverfahren* verliert die Kommission dagegen ihre Entscheidungskompetenz, wenn der Ausschuß eine negative oder gar keine Stellungnahme abgibt; die Kommission kann die von ihr gewünschte Maßnahme nur noch dem Rat als Vorschlag unterbreiten. Zum Ausgleich enthalten die Regelungsausschußverfahren, und nur sie, eine Bestimmung über die Auffangkompetenz der Kommission für den Fall, daß sich der Rat im Rekurs auf keine eigene Lösung einigen kann und die entscheidungsbedürftige Frage ohne jegliche Gemeinschaftsregelung zu bleiben droht. Das besondere Regelungsausschußverfahren unterscheidet sich vom allgemeinen Regelungsausschußverfahren darin, daß der Rat die Auffangkompetenz der Kommission mit einfacher Mehrheit blockieren kann. Das allgemeine Regelungsausschußverfahren gibt es seit 1968 insbesondere im Bereich des Zollrechts[57] und der Anpassung von Harmonisierungsrichtlinien an den technischen Fortschritt. Das besondere Regelungsausschußverfahren ist im Juli 1968 für den Veterinär-, Pflanzenschutz- und Futtermittelbereich festgelegt worden;[58] es ist danach nicht mehr neu eingeführt worden, seitdem die Kommission im Oktober 1968 im

Strohmaier (a.a.O., Fn. 46); *Lasalle* (a.a.O., Fn. 54); *van Miert* (a.a.O., Fn. 54); *Schmitt von Sydow, Helmut,* Die Verwaltungs- und Regelungsausschußverfahren der Europäischen Wirtschaftsgemeinschaft, Heule/Brüssel/Namur 1973. Weitere Literaturhinweise in Fn. 19 bei Rn. 18 zu Art. 162.

56 Beispiel: Art. 25 bis 27 der VO Nr. 120/67/EWG des Rates für die gemeinsame Marktorganisation für Getreide, ABl. 1967 Nr. 117 S. 2269 ff.

57 Beispiel: Art. 12 bis 14 der VO (EWG) Nr. 802/68 des Rates über die gemeinsame Begriffsbestimmung für den Warenursprung, ABl. 1968 Nr. L 148 S. 1 ff.

58 Beispiel: Art. 12 bis 13 der Neufassung der Richtlinie Nr. 64/432/EWG des Rates zur Regelung viehseuchenrechtlicher Fragen beim innergemeinschaftlichen Handelsverkehr mit Rindern und Schweinen, ABl. 1972 Nr. L. 179 S. 1 ff.

Parlament versprochen hat, sie werde in Zukunft keine Verfahren dieses Types mehr akzeptieren oder gar vorschlagen.[59]

51 Allen anfänglichen Befürchtungen zum Trotz haben die Ausschußverfahren zu einer erheblichen Stärkung der Kommission beim Erlaß von Durchführungsmaßnahmen geführt. Ungeachtet ihrer – historisch bedingten – Namen verwalten und regeln die Ausschüsse außer ihrer Tagesordnung nichts; alle Rechtsakte mit Außenwirkung werden entweder von der Kommission oder vom Rat getroffen. Auch die Rekursmöglichkeit des Rates hat den Machtzuwachs der Kommission weder theoretisch[60] noch praktisch[61] gemindert; ob sie auf eine Maßnahme verzichtet oder auf ihrem Vorhaben besteht und dabei den Rat zum Zuge kommen läßt, entscheidet die Kommission ganz allein.

52 Bei den Abstimmungsergebnissen ist die überwältigende Zahl zustimmender Stellungnahme auffallend. Seit 1962 gaben die Verwaltungsausschüsse in 21 868 Abstimmungen 20 163 (92,2 %) befürwortende Stellungnahmen ab, in 1 696 Fällen (7,8 %) gab es keine Stellungnahme, und nur in 9 Fällen (0,04 %) lehnte ein Ausschuß den Kommissionsentwurf ab. Dabei kommt in der Statistik noch nicht einmal zum Ausdruck, daß die große Mehrzahl dieser Voten einstimmig erfolgte. Gleichzeitig fällt auf, daß die Zahl negativer Stellungnahmen umso geringer ist, je größer die Zahl der Sitzungen und Abstimmungen eines Ausschusses ist.

53 Im Ergebnis besteht heute Einmütigkeit darüber, daß die in den Ausschußverfahren vorgesehene Rekurskompetenz des Rates mit dem EWG-Recht vereinbar ist. Zur Begründung hat es im Laufe der Zeit sechs verschiedene Lösungsansätze gegeben, die alle an mehr oder weniger häßlichen Schönheitsfehlern krankten:[62] Die Rekurskompetenz sei eine Analogie zum Stufenverfahren der Art. 73 und 108; eine Analogie zu Ausnahmebestimmungen ist aber unzulässig. Der Begriff der gemeinsamen »Organisation« im Sinne des Art. 40 erlaube die Schaffung neuer Beschlußverfahren; diese Theorie hat mit der Ausweitung der Ausschußverfahren über den Landwirtschaftsbereich hinaus an Anziehungskraft verloren. Bei einer ablehnenden Stellungnahme des Ausschusses falle die Kompetenz an den Rat zurück; da die neuen Kompetenzen aber von der Gemeinschaft und nicht vom Rat stammen, können sie auch nicht an den Rat zurückfallen. Art. 155 Unterabs. 4 gebe dem Rat eine allgemeine Kompetenz zur Durchführung von sekundärem Gemeinschaftsrecht; dagegen sprechen aber Wortlaut und systematische Stellung des Art. 155. Die Rekurskompetenz sei eine Vertragsergänzung im Sinne von Art. 235; die Autoren des Verfahrens haben sich aber insoweit nicht auf Art. 235 berufen. Die

59 *Rey, Jean,* in: Verhandlungen des Europäischen Parlaments, Sitzungsperiode 1968–1969, Anhang zum ABl. Nr. 106 vom September/Oktober 1968, S. 173 f.
60 Siehe Rn. 24 zu Art. 162.
61 *Schmitt von Sydow* (a.a.O., Fn. 55), S. 82 ff. und 94 ff.
62 Eingehend *Schmitt von Sydow* (a.a.O., Fn. 55), S. 180 ff.

Rekurskompetenz sei inzwischen Gewohnheitsrecht; das Europäische Parlament hat aber stets und hartnäckig gegen seine Ausschaltung in der Rekursphase protestiert.

54 Der Gerichtshof der Europäischen Gemeinschaften hat 1970 in drei Urteilen die Vereinbarkeit des Verwaltungsausschußverfahrens mit dem EWG-Vertrag bejaht.[63] Statt den Anträgen von Generalanwalt, Rat und Kommission zu folgen und die Verwaltungsausschußverfahren ausschließlich auf Art. 155 zu stützen, gründen sich die Urteile freilich – neben einem Hinweis auf die in allen Mitgliedstaaten anerkannten Rechtsauffassungen – auf zwei gleichwertige Säulen, nämlich die ständige Praxis der Gemeinschaftsorgane und das allgemeine Rechtssetzungssystem des Vertrages. Art. 155 Unterabs. 4 dient lediglich als ein, wenn auch wichtiger, Ansatz bei der Erforschung des allgemeinen Rechtssetzungssystems der Gemeinschaft und der Unterscheidung zwischen Grundvorschriften und Durchführungsvorschriften. Nur die vereinfachten Durchführungskompetenzen der Kommission, nicht aber die Rekurskompetenz des Rates, leitet der Gerichtshof direkt aus Art. 155 ab.

VII. Sprecherin der Gemeinschaft

55 Die Aufgabe der Kommission, nach innen und außen im Namen der Gemeinschaft zu sprechen, beruht auf einer Vielzahl von verstreuten Einzelermächtigungen und ist nach Umfang und Ausgestaltung eher durch pragmatische Vielfalt als durch institutionelle Konsequenz gekennzeichnet. Das mag erklären, warum diese wichtige Rolle der Kommission in der Literatur fast völlig mit Stillschweigen übergangen wird.

56 Für die völkerrechtliche Außenvertretung ist die Kommission insbesondere kraft der Art. 113 und 228 (Handelsabkommen) sowie der Art. 229 bis 231 (Zusammenarbeit mit den Vereinten Nationen, deren Fachorganisationen, dem GATT und sonstigen internationalen Organisationen) zuständig.[64] Die bei der Gemeinschaft akkreditierten Botschafter – es sind inzwischen 118 – überreichen ihr Beglaubigungsschreiben zwar in zweifacher Ausfertigung an den Rat und die Kommission; die laufenden Geschäfte werden aber von der Kommission wahrgenommen. Auch im Bereich des aktiven Gesandtschaftsrechts sind die Außenvertretungen der Kommission für sämtliche Beziehungen der Gemeinschaft zu den Drittländern und internationalen Organisationen zuständig.

63 EuGH – Einfuhr- und Vorratsstelle/Köster, 25/70 – Scheer/Einfuhr- und Vorratsstelle, 30/70 – Einfuhr- und Vorratsstelle/Henck – Slg. 1970, 1161 ff. Zustimmend *Ehlermann,* Urteilsanmerkung, in: EUR 1971, S. 250 ff. Ablehnend *Schindler,* Urteilsanmerkung, in: DVBl. 1971, S. 356 ff.

64 Dazu *Wohlfarth, Ernst,* Le rôle de la Commission dans les négociations, In: La Commission des Communautés européennes et l'élargissement de l'Europe, Brüssel 1974, S. 207 ff.; *Rey, Jean,* Le rôle de la Commission dans les négociations, ebd., S. 221 ff.; *Rosenbach, Georg,* Status und Vertretung der Europäischen Gemeinschaften in internationalen Organisationen, München 1979, S. 48 ff.

57 Zivilrechtlich vertritt die Kommission grundsätzlich die Gemeinschaft bei der Ausübung von deren Rechts- und Geschäftsfähigkeit.[65] Sie ist es also, die im Namen der Gemeinschaft Anleihen aufnimmt, Grundstücke kauft und vor Gericht klagt, auch wenn von der Sache her ein anderes Gemeinschaftsorgan betroffen sein mag. Die politische Vertretungsbefugnis der Kommission knüpft an den Jahresbericht an, den sie gemäß Art. 156 über die Tätigkeit der gesamten Gemeinschaft zu veröffentlichen hat. Nur die Kommission ist aufgerufen, einen Gesamtbericht vorzulegen. Nur sie, nicht etwa der Rat, kann durch ein Mißtrauensvotum des Parlamentes gestürzt werden.[66] Die Kommission verkörpert die Gemeinschaft und ist für das Ganze verantwortlich.

Artikel 156 [Gesamtbericht]

Die Kommission veröffentlicht jährlich, und zwar spätestens einen Monat vor Beginn der Sitzungsperiode der Versammlung, einen Gesamtbericht über die Tätigkeit der Gemeinschaft.

Durch den Fusionsvertrag* (Art. 19) aufgehoben und wie folgt neu geregelt:

Artikel 18 FusV

Die Kommission veröffentlicht jährlich, und zwar spätestens einen Monat vor Beginn der Sitzungsperiode der Versammlung, einen Gesamtbericht über die Tätigkeit der Gemeinschaften.

Inhaltsübersicht

65 Art. 211. Zu den haushaltsrechtlichen Einschränkungen s. *Grunwald* zu Art. 211 Rn. 13ff.
66 Vgl. die Erläuterungen von *Bieber* zu Art. 144.
* Vertrag zur Einsetzung eines Gemeinsamen Rates und einer Gemeinsamen Kommission der Europäischen Gemeinschaften (67/443 EWG; 67/27 Euratom) vom 8.4.1965 (ABl. 1967 Nr. 152 S. 2; BGBl. 1967 II S. 1454).

I. Frühere Regelungen

1 Art. 156 EWGV und Art. 18 des Fusionsvertrages stimmen wörtlich überein, bis auf die Tatsache, daß in Art. 18 von den Gemeinschaft*en* nunmehr in der Mehrzahl statt in der Einzahl die Rede ist. Während früher die Tätigkeiten jeder der drei Gemeinschaften in einem besonderen Bericht behandelt wurden, gibt es seit 1967 einen einzigen Gesamtbericht. Insofern hat der Fusionsvertrag nicht nur zu einer Fusion der Organe, sondern auch der Aufgaben geführt.

2 Art. 125 EAGV war mit Art. 156 EWGV gleichlautend. Art. 17 EGKSV wich nur geringfügig ab, indem er besonders darauf hinwies, daß in den Gesamtbericht die Verwaltungsausgaben der EGKS aufzunehmen seien. Dieser Zusatz ist vom Fusionsvertrag, der die Finanzvorschriften der Montanunion wesentlich verfeinert hat,[1] nicht in den neuen Text übernommen worden. In der Praxis gehen die Gesamtberichte nach wie vor auf die Finanz- und Haushaltsfragen ausführlich ein.

II. Adressat des Berichtes

3 Die Kommission hat den Bericht gemäß Artikel 143 dem Parlament vorzulegen, das ihn in öffentlicher Sitzung erörtert. Der Bericht, den das Parlament vor allem als Rechenschaftsbericht auffaßt[2] und dessen Vorlage die Kommission mit einer Art Regierungserklärung verbindet,[3] kann Anlaß für einen Mißtrauensantrag nach Art. 144 werden. Im EGKS-Vertrag war ursprünglich sogar vorgesehen, daß ein Mißtrauensantrag nur aufgrund des Jahresberichtes eingebracht werden könne.[4] Insofern sind die Vertragsvorschriften über den Gesamtbericht ein wesentliches Element des Verhältnisses von Parlament und Kommission.[5]

4 Dennoch erwähnt Art. 156 das Parlament eher beiläufig. Eigentlicher Adressat des Berichtes ist die Öffentlichkeit; denn Art. 156 bestimmt, daß der Bericht »veröffentlicht« werden muß, und Art. 143, daß er in »öffentlicher« Sitzung erörtert werden soll.

III. Inhalt des Berichtes

5 Der Bericht gilt der Tätigkeit der gesamten Gemeinschaft. Er ist nicht nur ein Rechenschaftsbericht der Kommission vor dem Europäischen Parlament,[6] sondern dient

1 Art. 78 bis 78f. EGKSV i.d.F. des Art. 21 FusV.
2 *Bieber* zu Art. 143 Rn. 3.
3 Siehe unten Rn. 12.
4 Art. 24 Abs. 2 EGKSV.
5 *Bieber* zu Art. 143 Rn. 3.
6 Siehe oben Rn. 3.

auch der umfassenden Information der gesamten Öffentlichkeit. Die Kommission darf sich also nicht auf die Beschreibung ihrer eigenen Initiativen und Erfolge beschränken, sondern muß die Reaktionen der anderen Organe – einschließlich des Wirtschafts- und Sozialausschusses – und deren eigenständige Handlungen in den Bericht einbeziehen. Das gilt vor allem bei Meinungsverschiedenheiten zwischen den Organen.

6 Der Umfang des Gesamtberichtes hat sich bei knapp 400 Seiten eingependelt. Der Bericht ist mehr als eine Chronik denn als eine politische Analyse gemeint. Dennoch bemüht sich die Kommission, einen Überblick über die Politik in den einzelnen Sektoren zu geben und die Kontinuität der Organe und deren Aktionen insbesondere im Zusammenhang mit den vorhergehenden Gesamtberichten hervorzuheben. Für die an weiteren Einzelheiten interessierten Leser enthält der Bericht Verweise auf das monatliche Bulletin der Gemeinschaften, das Amtsblatt, die Rechtsprechung des Gerichtshofes sowie sonstige offizielle Quellen, soweit sie in allen Amtssprachen vorliegen. Lesenswert sind vor allem die »Wesentlichen Entwicklungen«, die den Kapiteln und wichtigen Abschnitten vorangestellt werden; darin werden die politischen, wirtschaftlichen, sozialen Beweggründe und Auswirkungen der nachfolgenden Texte in den größeren Zusammenhang gestellt.

7 Der Bericht enthält gewöhnlich vier Kapitel. Das I. Kapitel ist der allgemeinen Einleitung, den institutionellen Fragen und der Finanzierung der Gemeinschaftstätigkeiten gewidmet. Das umfangreiche II. Kapitel behandelt in etwa 15 Abschnitten alle internen Politiken zum Aufbau der Gemeinschaft. Das III. Kapitel gilt den auswärtigen Beziehungen und gegebenenfalls den Erweiterungsverhandlungen. Das IV. Kapitel unterrichtet über die Entwicklung des Gemeinschaftsrechts; es ist auch als Sonderdruck erhältlich.

IV. Zeitplan

8 Der Bericht ist jährlich zu erstatten. Der erste Bericht der gemeinsamen EG-Kommission 1967 betraf ein Rumpfjahr von neun Monaten. Alle nachfolgenden Berichte haben ein volles Kalenderjahr vom 1. Januar bis zum 31. Dezember abgehandelt.

9 Der Gesamtbericht ist spätestens einen Monat vor Beginn der Sitzungsperiode der Versammlung vorzulegen. Da das Parlament gemäß seiner Geschäftsordnung am zweiten Dienstag des Monats März eines jeden Jahres zusammentritt,[7] ist der Bericht also spätestens am zweiten Dienstag – in Schaltjahren Montag – des Februar vorzulegen.

10 Um diese Termine einzuhalten, entwerfen die fachlich zuständigen Kommissionsdienststellen bereits im Oktober des Berichtsjahres ihre Beiträge, aus denen das Generalsekretariat im November eine Rohfassung des Gesamtberichtes zusammenstellt, die zunächst

7 Art. 9 Abs. 2 der Geschäftsordnung des Europäischen Parlaments.

nur zehn Monate abhandelt. Die Dienststellen nehmen Anfang Dezember zur Rohfassung Stellung und liefern ergänzende Beiträge über die jüngste Entwicklung. Das Generalsekretariat legt den endgültigen Entwurf in den ersten Januartagen vor. Die Kommission beschließt noch vor Monatsmitte, gewöhnlich im schriftlichen Verfahren.

11 Der Aufforderung des Art. 156 war die EWG-Kommission mit 10 Jahresberichten nachgekommen. Die gemeinsame Kommission der Europäischen Gemeinschaften hat 1982 ihren 15. Gesamtbericht seit der Fusion vorgelegt.

V. Sonstige Berichterstattung

12 Im Umfeld des Gesamtberichtes veröffentlicht die Kommission eine Reihe weiterer Dokumente. Bei der Vorlage des Gesamtberichtes an das Europäische Parlament hält der Präsident der Kommission gewöhnlich eine »Programmrede« für das kommende Jahr, die einer Regierungserklärung vergleichbar ist, und deren Einzelheiten in einem »ergänzendem Memorandum« erläutert werden. Entsprechend einer am 7.6.1971 im Parlament eingegangenen Verpflichtung legt die Kommission außerdem jährlich einen Bericht über die Wettbewerbspolitik vor. Gemäß der »Erklärung betreffend das System zur Festsetzung der Agrarpreise der Gemeinschaft« in der Beitrittsakte vom 22.1.1972 übermittelt die Kommission dem Parlament Jahresberichte über die Lage der Landwirtschaft. Schließlich veröffentlicht die Kommission Jahresberichte über die Entwicklung der sozialen Lage; Art. 122 verpflichtet die Kommission bereits, in den Gesamtbericht ein besonderes Kapitel zu diesem Thema aufzunehmen.

13 Auch zwischen den Jahresberichten ist die Kommission zur Unterrichtung der Öffentlichkeit aufgerufen. Schon vor der Fusion gab es einen für alle drei Gemeinschaften gemeinsamen Presse- und Informationsdienst, aus dem 1967 die Generaldirektion Presse und Information der gemeinsamen Kommission gebildet wurde. Priorität wird der Informationsarbeit in den Mitgliedstaaten eingeräumt . Dazu hat die Kommission in den zwölf Hauptstädten der Mitgliedstaaten und Beitrittskandidaten Presse- und Informationsbüros eingerichtet. Nebenstellen gibt es in Berlin, Belfast, Cardiff, Edinburg und Mailand. Außerhalb der Gemeinschaft wurden Presse- und Informationsbüros den diplomatischen Vertretungen der Kommission in Genf, Washington, New York, Ottawa, Caracas, Tokyo und Bangkok beigeordnet. Auch diese Büros informieren über die Tätigkeit der gesamten Gemeinschaft und nicht nur über die Kommission.

14 Der kurzfristigen Information über aktuelle Entwicklungen der Gemeinschaft dient seit 1961 eine gesonderte Sprechergruppe. Sie veranstaltet jeden Werktag um 12 Uhr ein Pressebriefing und etwa einmal pro Woche eine größere Pressekonferenz. Brüssel hat sich neben Washington und New York zu einem der wichtigsten Pressezentren der Welt entwickelt. 1981 waren 340 Journalisten bei der Kommission akkreditiert.

Artikel 157 [Zusammensetzung der Kommission; Pflichten der Mitglieder]

(1) Die Kommission besteht aus neun Mitgliedern, die aufgrund ihrer allgemeinen Befähigung ausgewählt werden und volle Gewähr für ihre Unabhängigkeit bieten müssen.

Die Zahl der Mitglieder der Kommission kann vom Rat einstimmig geändert werden.

Nur Staatsangehörige der Mitgliedstaaten können Mitglieder der Kommission sein.

Nicht mehr als zwei Mitglieder der Kommission dürfen dieselbe Staatsangehörigkeit besitzen.

(2) Die Mitglieder der Kommission üben ihre Tätigkeit in voller Unabhängigkeit zum allgemeinen Wohl der Gemeinschaft aus.

Sie dürfen bei der Erfüllung ihrer Pflichten Anweisungen von einer Regierung oder einer anderen Stelle weder anfordern noch entgegennehmen. Sie haben jede Handlung zu unterlassen, die mit ihren Aufgaben unvereinbar ist. Jeder Mitgliedstaat verpflichtet sich, diesen Grundsatz zu achten und nicht zu versuchen, die Mitglieder der Kommission bei der Erfüllung ihrer Aufgaben zu beeinflussen.

Die Mitglieder der Kommission dürfen während ihrer Amtszeit keine andere entgeltliche oder unentgeltliche Berufstätigkeit ausüben. Bei der Aufnahme ihrer Tätigkeit übernehmen sie die feierliche Verpflichtung, während der Ausübung und nach Ablauf ihrer Amtstätigkeit die sich aus ihrem Amt ergebenden Pflichten zu erfüllen, insbesondere die Pflicht, bei der Annahme gewisser Tätigkeiten oder Vorteile nach Ablauf dieser Tätigkeit ehrenhaft und zurückhaltend zu sein. Werden diese Pflichten verletzt, so kann der Gerichtshof auf Antrag des Rates oder der Kommission das Mitglied je nach Lage des Falles gemäß Artikel 160 seines Amtes entheben oder ihm seine Ruhegehaltsansprüche oder andere an ihrer Stelle gewährte Vergünstigungen aberkennen.

Durch den Fusionsvertrag* (Art. 19) aufgehoben und wie folgt neu geregelt:

Artikel 10 FusV**

(1) Die Kommission besteht aus vierzehn Mitgliedern, die aufgrund ihrer allgemeinen Befähigung ausgewählt werden und volle Gewähr für ihre Unabhängigkeit bieten müssen.

* Vertrag zur Einsetzung eines Gemeinsamen Rates und einer Gemeinsamen Kommission der Europäischen Gemeinschaften (67/443/EWG; 67/27/Euratom) vom 8.4.1965 (ABl. 1967 Nr. 152 S. 2; BGBl. 1967 II S. 1454).

** Art. 10 Abs. 1 des Fusionsvertrages in der Fassung des Art. 11 der Beitrittsakte von 1979.

Die Zahl der Mitglieder der Kommission kann vom Rat einstimmig geändert werden.

Nur Staatsangehörige der Mitgliedstaaten können Mitglieder der Kommission sein.

Der Kommission muß mindestens ein Staatsangehöriger jedes Mitgliedstaats angehören, jedoch dürfen nicht mehr als zwei Mitglieder der Kommission dieselbe Staatsangehörigkeit besitzen.

(2) Die Mitglieder der Kommission üben ihre Tätigkeit in voller Unabhängigkeit zum allgemeinen Wohl der Gemeinschaft aus.

Sie dürfen bei der Erfüllung ihrer Pflichten Anweisungen von einer Regierung oder einer anderen Stelle weder anfordern noch entgegennehmen. Sie haben jede Handlung zu unterlassen, die mit ihren Aufgaben unvereinbar ist. Jeder Mitgliedstaat verpflichtet sich, diesen Grundsatz zu achten und nicht zu versuchen, die Mitglieder der Kommission bei der Erfüllung ihrer Aufgaben zu beeinflussen.

Die Mitglieder der Kommission dürfen während ihrer Amtszeit keine andere entgeltliche oder unentgeltliche Berufstätigkeit ausüben. Bei der Aufnahme ihrer Tätigkeit übernehmen sie die feierliche Verpflichtung, während der Ausübung und nach Ablauf ihrer Amtstätigkeit die sich aus ihrem Amt ergebenden Pflichten zu erfüllen, insbesondere die Pflicht, bei der Annahme gewisser Tätigkeiten oder Vorteile nach Ablauf dieser Tätigkeit ehrenhaft und zurückhaltend zu sein. Werden diese Pflichten verletzt, so kann der Gerichtshof auf Antrag des Rates oder der Kommission das Mitglied je nach Lage des Falles gemäß Artikel 13 seines Amtes entheben oder ihm seine Ruhegehaltsansprüche oder andere an ihrer Stelle gewährte Vergünstigungen aberkennen.

Literaturhinweise

Condorelli Braun, Nicole, Commissaires et juges dans les Communautés européennes, Paris 1972
Jaenicke, Günther, Die Sicherung des übernationalen Charakters der Organe internationaler Organisationen, in: ZaöRV 14 (1951/52), S. 46 ff.
Rhein, Eberhard, Ernennung und Zusammensetzung der EG-Kommission, Überlegungen zu einer Reform, in: Eur.Arch. 1982, S. 145 ff.
van Miert, Karel, Benoeming van voorzitter en leden van de Europese Commissie, in: Int. Spect., Band XXVI, S. 1678 ff.

Inhaltsübersicht

I. Inhalt

1 Wie schon Art. 157 bestimmt auch Art. 10 des Fusionsvertrages die Zahl, die Ernennungskriterien und die Pflichten der Kommissionsmitglieder; außerdem spricht er an die Mitgliedstaaten das Verbot aus, die Kommissionsmitglieder zu beeinflussen. Nicht geregelt sind in Art. 10 das Ernennungsverfahren,[1] die Rechte der Kommissionsmitglieder[2] und deren Gehälter.[3]

2 Art. 10 des Fusionsvertrages stimmt weitgehend mit Art. 157 überein, so wie schon Art. 157 EWGV mit Art. 9 EGKSV und Art. 126 EAGV übereingestimmt hatte – mit der Ausnahme, daß im EGKS-Vertrag die Aufgaben der Kommissionsmitglieder mit dem beschreibenden Zusatz »supranational« geschmückt waren.[4]

II. Ernennungskriterien

1. Staatsangehörigkeit

3 Nur Staatsangehörige der Mitgliedstaaten können Mitglieder der Kommission sein. Das bedeutet positiv, daß jedes Mitglied der Kommission die Staatsangehörigkeit zumindest eines Mitgliedstaates besitzen muß, wobei Doppelstaatsangehörigkeit nicht schadet. Die Voraussetzung der Staatsangehörigkeit gilt nur für die Mitglieder der Kommission, nicht aber für die Beamten und sonstigen Bediensteten der Dienststellen, von denen knapp 100 aus Drittländern kommen.[5]

4 Der Kommission muß mindestens ein Staatsangehöriger eines jeden Mitgliedstaates angehören. Diese Vorschrift des Fusionsvertrages fand sich nicht im EWG-Vertrag und erst recht nicht im Euratom-Vertrag, wo die Kommission der Sechsergemeinschaft aus

1 Art. 158 EWGV, jetzt Art. 11 FusV.
2 Art. 20 des Protokolls über Vorrechte und Befreiungen der Europäischen Gemeinschaften.
3 Art. 154 EWGV, jetzt Art. 6 FusV.
4 Siehe unten Rn. 15.
5 *Schmitt von Sydow, Helmut,* Organe der erweiterten Europäischen Gemeinschaften – Die Kommission, Baden-Baden 1980, S. 124 f. und 127.

nur fünf Mitgliedern bestand; notwendigerweise war also ein Mitgliedstaat – in der Praxis war dies Luxemburg – nicht in der Kommission vertreten. Auch wenn die Euratom-Regelung inzwischen weggefallen ist, so zeigt sie als Präzedenzfall doch, daß der derzeitigen Vorschrift über die regionale Herkunft der Kommissionsmitglieder nicht der Rang eines unumstößlichen Verfassungsprinzipes zukommt. Nur die Mitglieder des Rates, nicht die der Kommission sind Vertreter ihres Heimatstaates.

5 Höchstens zwei Mitglieder der Kommission dürfen dieselbe Staatsangehörigkeit besitzen. Diese Bestimmung, die offenbar auch im Falle der doppelten Staatsangehörigkeit greift, will regionale Übergewichte bei der Meinungsbildung innerhalb der Kommission vermeiden. In der Praxis kommen je zwei Kommissare aus den vier großen Mitgliedstaaten Deutschland, Frankreich, Italien und Großbritannien, während je ein Kommissionsmitglied die Staatsangehörigkeit eines der sechs anderen Staaten besitzt.

2. Qualifikation

6 Die Mitglieder der Kommission werden aufgrund ihrer »allgemeinen Befähigung« ausgewählt. Die eigentliche Bedeutung dieses lapidaren Begriffes liegt in dem Verzicht auf Fachwissen und spezielle Befähigung. Da die Kommission ein Kollegialorgan ist und die Ressortverteilung nicht in allen Einzelheiten vorausgesehen werden kann,[6] werden ihre Mitglieder im Hinblick auf ihre Verantwortung für die gesamte Kommissionstätigkeit ausgewählt.

7 Die Mitglieder der Kommission müssen volle Gewähr für ihre Unabhängigkeit bieten. Sowohl Art. 10 des Fusionsvertrages als auch das Protokoll über Vorrechte und Befreiungen[7] enthalten eine Reihe von Vorschriften, welche die aktive und passive Unabhängigkeit der Kommissionsmitglieder erleichtern.

8 Die politische Zugehörigkeit der Kandidaten fließt als Auswahlkriterium natürlich in den Ernennungsvorgang ein.[8] Dabei entsteht zwar die Möglichkeit einer Kollision zwischen dem parteipolitischen Interesse der Regierungsvertreter und der vertraglich postulierten Unabhängigkeit der Kommissionsmitglieder, die auch in parteipolitischer und ideologischer Hinsicht nur ihrem eigenen Urteil verpflichtet sein sollen. Dieser Konflikt hat aber die Berufung der einzelnen Kommissionen nie ernsthaft gefährdet, noch negative Auswirkungen auf die Kommissionsarbeit gehabt. Im übrigen wird der politische Proporz zuweilen auch durch Ausgleich über die Landesgrenzen hinweg gewahrt oder gar durch die fachliche und politische Qualität eines Kandidaten überspielt.[9]

6 Siehe unten Art. 162 Rn. 8.
7 Art. 12 bis 15 und 18 i.V.m. Art. 20 des Protokolls.
8 *Condorelli Braun,* a.a.O., S. 82 ff; *van Miert,* a.a.O., S. 1681 ff.
9 van Miert, a.a.O., S. 1682.

III. Zahl

9 Ursprünglich bestanden die EWG-Kommission und die Hohe Behörde der EGKS aus jeweils neun Mitgliedern, die Euratom-Kommission hatte fünf Mitglieder. Der Fusionsvertrag erhöhte für eine Übergangszeit von drei Jahren die Zahl der Mitglieder der gemeinsamen Kommission auf 14; danach gehörten nur noch neun Mitglieder der Kommission an. Der Erweiterung der Gemeinschaft um Großbritannien, Dänemark, Irland und Griechenland wurde mit der Erhöhung der Mitgliederzahl auf zunächst 13, dann 14 Rechnung getragen.

10 Damit ist der der ursprünglichen Zahl von neun Mitgliedern zugrundeliegende Kompromiß zwischen Supranationalität und dem Bedürfnis nach nationaler Repräsentanz fortgeführt worden. In der Praxis kommen nämlich je zwei Kommissionsmitglieder aus den vier großen Mitgliedstaaten und je eines aus den sechs kleinen.

11 Eine Gruppe von fünf unabhängigen Persönlichkeiten unter dem Vorsitz des Niederländers *Spierenburg* empfahl 1979, die Zahl der Kommissionsmitglieder auf je eine Person pro Mitgliedstaat zu verringern.[10] Trotz beachtlicher Argumente im Hinblick auf die Süderweiterung sowie auf die Ressortaufteilung, die Willensbildung und die Verfassungsstellung der Kommission war dieser Anregung bisher kein Erfolg beschieden.

12 Die Zahl der Mitglieder der Kommission kann vom Rat einstimmig geändert werden. Es ist also nicht nötig, ein zeitraubendes Vertragsänderungsverfahren einzuleiten.

IV. Pflichten der Kommissionsmitglieder

1. Allgemeine Pflichten

13 Bei der Aufnahme ihrer Tätigkeit übernehmen die Kommissionsmitglieder die feierliche Verpflichtung, die sich aus ihrem Amt ergebenden Pflichten zu erfüllen. Im Gegensatz zu der Regelung für die Richter und Generalanwälte des Gerichtshofes[11] ist keine Eidesleistung vorgeschrieben. In der Praxis findet eine Feierstunde vor dem Gerichtshof in Anwesenheit der Justizminister der Mitgliedstaaten statt. Vorher haben die Kommissionsmitglieder in der ersten Sitzung, an der sie teilnehmen, bereits eine entsprechende Erklärung abgegeben.

14 Die Mitglieder der Kommission üben ihre Tätigkeit »in voller Unabhängigkeit« und »zum

10 *Spierenburg, Dirk,* Vorschläge für eine Reform der Kommission der Europäischen Gemeinschaften und ihrer Dienststellen, Brüssel 1979, S. 10 ff., Ziffer 37 ff.; ebenso *Rhein,* a.a.O., S. 147 ff.

11 Art. 2 und 8 der Satzung des Gerichtshofes der Europäischen Wirtschaftsgemeinschaft. Vgl. Art. 9 und 12 Abs. 2 sowie Art. 4 der Satzung i.V.m. Art. 3 § 3 der Verfahrensordnung des Gerichtshofes.

allgemeinen Wohl der Gemeinschaft« aus. Damit ist nicht nur die persönliche Unabhängigkeit der Kommissare gemeint, sondern auch die institutionelle Unabhängigkeit der Kommission insbesondere gegenüber den anderen Gemeinschaftsorganen und gegenüber den Mitgliedstaaten.[12] Hinweise, wie das allgemeine Wohl zu verstehen ist, bieten die Zielsetzung und die Präambel des Vertrages; es ist weder das Interesse eines einzelnen Staates, noch die Summe der nationalen Interessen.

15 Die Mitglieder der Kommission haben jede Handlung zu unterlassen, die mit ihren Aufgaben unvereinbar ist. Diese Vorschrift, die eine Selbstverständlichkeit ausdrückt, geht auf Art. 9 des EGKS-Vertrages zurück, der die Aufgaben freilich mit dem Beiwort »supranational« sehr viel deutlicher beschrieb. Die Römischen Verträge und der Fusionsvertrag übernahmen den Text des Art. 9 wortwörtlich, bis eben auf das Wort »supranational«.[13] Rechtlich hat dies dennoch zu keiner Änderung des Charakters der Gemeinschaften, der Kommission und der Aufgaben der Kommissionsmitglieder geführt.[14]

2. Besondere Pflichten

16 Die Kommissionsmitglieder dürfen Anweisungen von einer Regierung oder einer anderen Stelle weder anfordern nocht entgegennehmen.[15] Dieses Verbot steht jedoch einem offenen, produktiven Kontakt zwischen den Kommissionsmitgliedern und ihren Heimatregierungen nicht entgegen, wenn dadurch das Wohl der Gemeinschaft gefördert wird.[16] Das Verbot an die Kommissionsmitglieder, keine Weisungen anzunehmen, wird durch das Verbot an die Mitgliedstaaten, keine Weisungen zu erteilen, ergänzt.[17].

17 Die Mitglieder der Kommission dürfen während ihrer Amtszeit keine andere entgeltliche oder unentgeltliche Berufstätigkeit ausüben. Diese Vorschrift dient der Arbeitskraft und vor allem der wirtschaftlichen Unabhängigkeit der Kommission. Solange dieses Ziel

12 *Panebianco,* in: *Quadri* u.a., a.a.O., Anm. 5 zu Art. 157; *Steiger, Heinhard,* Die Unabhängigkeit der Rechtsetzung der Europäischen Gemeinschaften, Diss. Münster 1964; *von Hippel, Götz,* La séparation des pouvoirs dans les Communautés européennes, Diss. Nancy 1963, S. 23.

13 *Jaenicke, Günter,* Der übernationale Charakter der Europäischen Wirtschaftsgemeinschaft, in: Festgabe für *Alexander N. Makarov,* ZaöRV 1958, S. 153 ff. (154); *Schumacher, Nestor,* Entstehen und Festwerden eines Sonderwortschatzes der europäischen Integration. Eine onomasiologische Untersuchung des sogenannten »europäischen Sprachgebrauchs« im politischen und institutionellen Bereich, Diss. Lüttich 1968–1969, S. 191.

14 *Jaenicke* (a.a.O., Fn. 12), S. 154 ff.; *Levy, Jean-Pierre,* »L'Exécutive Européenne« dans la Communauté Européenne du Charbon et de l'Acier et dans la Communauté Economique Européenne, Diss. Straßburg 1959, S. 156 f.; *Smit-Herzog,* a.a.O., Anm. 157.05; *Constantinesco,* a.a.O., S. 373 f.; *Tizzano* in: *Quadri* u.a., a.a.O., Anm. 7 zu Art. 9 CECA.

15 Beispiele für Grenzfälle aus der Praxis bei *Smit-Herzog*, a.a.O., Anm. 157.05.

15 *Grimaux,* in: Droit des Affaires, Marché Commun, Anm. 9 zu Art. 155–163. Vgl. unten Rn. 24.

17 Siehe unten Rn. 23.

gewahrt wird, ist es möglich, die kategorische Strenge des Vertragstextes zu relativieren.[18] So nimmt die Kommission keinen Anstoß daran, wenn ihre Mitglieder im Rahmen von Lehre und Wissenschaft, von politischen oder kulturellen Oranisationen im Gemeininteresse tätig werden. Insbesondere kann man es den Kommissaren kaum verweigern , sich in aktivem Wahlkampf um ein öffentliches Amt zu bewerben; in der Praxis gewährt die Kommission dem Kandidaten für diese Zeit eine Art von unbezahltem Urlaub.

18 Nach Ablauf ihrer Kommissionstätigkeit müssen die Mitglieder bei der Annahme gewisser Tätigkeiten oder Vorteile ehrenhaft und zurückhaltend sein. Art. 9 des EGKS-Vertrages ging in dieser Hinsicht noch weiter, indem er den Mitgliedern der Hohen Behörde eine Karenzzeit von drei Jahren auferlegte, während derer sie keine mittelbare oder unmittelbare Tätigkeit in der Montanindustrie aufnehmen durften. Bei dem allumspannenden Aufgabenbereich der Wirtschaftsgemeinschaft konnte diese Vorschrift schlecht übernommen werden, wollte man die Kommissare nicht eines großen Teils ihrer beruflichen Entfaltungsmöglichkeiten berauben.[19]

19 Weitere Pflichten der Kommissionsmitglieder finden sich außerhalb von Art. 10 des Fusionsvertrages. Genannt seien die Geheimhaltungspflicht[20] und die Pflicht, bis zur Neubesetzung im Amt zu bleiben.[21]

3. Sanktionen

20 Verletzt ein Kommissionsmitglied seine Pflichten aus Art. 10 des Fusionsvertrages, so können ihm seine Ruhegehaltsansprüche oder andere an ihrer Stelle gewährte Vergünstigungen aberkannt werden, oder er kann seines Amtes enthoben werden.

21 Nur der Gerichtshof kann diese Sanktionen aussprechen. Er wird freilich nicht von Amts wegen tätig, sondern auf Antrag des Rates oder der Kommission als Kollegialorgan. Das Parlament, die Mitgliedstaaten oder die Opfer der Pflichtverletzung sind nicht antragsberechtigt.

22 Obwohl es sich um eine Kann-Vorschrift handelt, darf der Gerichtshof, wenn er einmal befaßt ist, eine Pflichtverletzung nicht ungesühnt lassen;[22] er kann aber je nach Lage des Falles zwischen den genannten Sanktionen wählen. Politischen Ermessensspielraum haben dagegen der Rat und die Kommission, wenn sie entscheiden, ob sie beim Gerichtshof ein Verfahren beantragen wollen.[23]

18 *Ipsen,* a.a.O., 14/4; *Smit – Herzog,* a.a.O., Anm. 157.06; *Condorelli Braun,* a.a.O., S. 22f.
19 *Smit – Herzog,* a.a.O., Anm. 157.06.
20 Art. 214.
21 Siehe unten Rn. 9 zu Art. 159.
22 Siehe unten Rn. 8 zu Art. 160.
23 Siehe unten Rn. 6 zu Art. 160.

V. Pflichten der Mitgliedstaaten

23 Die Mitgliedstaaten haben sich in Art. 10 des Fusionsvertrages verpflichtet, den Grundsatz der Unabhängigkeit der Kommission zu achten und insbesondere nicht zu versuchen, die Mitglieder der Kommission bei der Erfüllung ihrer Aufgaben zu beeinflussen.[24] Dies ist nicht nur eine Frage des politischen Stils, sondern eine Grundlage des Verfassungssystems der Gemeinschaft. Die Individualinteressen der Mitgliedstaaten werden im Rat vertreten, nicht in der Kommission.

24 Entgegen seinem Wortlaut verbietet Art. 10 nicht die Beeinflussung schlechthin, sondern nur bestimmte Methoden.[25] Es kann den Mitgliedstaaten nicht verwehrt sein, die Kommission von der Richtigkeit ihrer Argumente zu überzeugen, und schon aus sprachlichen Gründen ist es verständlich, bei einem Angehörigen des eigenen Staates anzusetzen. Verboten sind aber Weisungen und Pressionen, die ihre Kraft nicht aus besseren Argumenten, sondern aus vorgeblicher Überordnung oder der Androhung von Übel beziehen. Geschützt sind die Kommissare nicht nur bei der Erfüllung konkreter Aufgaben, sondern in ihrer gesamten Stellung. Es ist den Mitgliedstaaten deshalb verwehrt, etwa nach einem Regierungswechsel einem Kommissionsmitglied den Abschied nahezulegen, um einem Kandidaten der neuen Couleur Platz zu machen. So wenig die Kommissare Vertreter der Mitgliedstaaten sind, so wenig sind sie Vertreter der Mitgliedsregierungen.

Artikel 158 [Ernennung der Mitglieder; Amtszeit]

Die Mitglieder der Kommission werden von den Regierungen der Mitgliedstaaten im gegenseitigen Einvernehmen ernannt.

Ihre Amtszeit beträgt 4 Jahre. Wiederernennung ist zulässig.

Durch den Fusionsvertrag* (Art. 19) aufgehoben und wie folgt neu geregelt:

24 Vgl. Art. 5.
25 *Grimaux* (a.a.O., Fn. 15); *Smit-Herzog*, a.a.O., Anm. 157.05.20.
* Vertrag zur Einsetzung eines Gemeinsamen Rates und einer Gemeinsamen Kommission der Europäischen Gemeinschaften (67/443/EWG; 67/27/Euratom) vom 8.4.1965 (ABl. 1967 Nr. 152 S. 2; BGBl. 1967 II S. 1454).

Artikel 11 FusV

Die Mitglieder der Kommission werden von den Regierungen der Mitgliedstaaten im gegenseitigen Einvernehmen ernannt.

Ihre Amtszeit beträgt vier Jahre. Wiederernennung ist zulässig.

Literaturhinweise

s. bei Artikel 157

Inhaltsübersicht

I. Unterschiede zum EGKS-Vertrag

1 Art. 11 des Fusionsvertrages stimmt wörtlich mit den entsprechenden Vorschriften der Römischen Verträge überein. Dagegen wurden in der Montanunion nur acht der neun Mitglieder der Hohen Behörde von den Regierungen der Mitgliedstaaten im gegenseitigen Einvernehmen ernannt. Das neunte Mitglied wurde von den acht anderen kooptiert. Die Amtszeit betrug sechs Jahre, wobei alle zwei Jahre die Amtszeit von einem Drittel der Mitglieder der Hohen Behörde endete. Kam bei der Ernennung keine Einstimmigkeit zustande, so reichte unter Umständen eine Fünfsechstelmehrheit aus.[1]

II. Ernennungsverfahren

2 Die Ernennung der Mitglieder der EG-Kommission erfolgt durch die Regierungen der Mitgliedstaaten. Die Ausschaltung des Rates im Ernennungsverfahren unterstreicht die Unabhängigkeit der Kommission vom Rat und hebt ihre Gleichberechtigung neben diesem hervor. Diese vertraglich beabsichtigte saubere Trennung wird freilich durch die politische Praxis relativiert, in der die Ratsmitglieder mit den die Kommissionsmitglieder bestellenden Regierungsvertretern personengleich sind.

3 Die Ernennung setzt gegenseitiges Einvernehmen voraus. Das ist mehr als Einstimmigkeit, denn Einstimmigkeit kann auch bei Stimmenthaltungen erreicht werden. Jede

1 Art. 9 und 10 EGKSV.

Regierung kann also die Ernennung eines ihr nicht genehmen Kandidaten verhindern. Zu spektakulären Abstimmungen und Vetos ist es bisher nur deswegen nicht gekommen, weil nach diplomatischen Sondierungen nur solche Kanditaten präsentiert werden, denen die Zustimmung der anderen Mitgliedstaaten sicher ist. Die eigentliche Auseinandersetzung findet also im Vorfeld des Ernennungsverfahrens statt, wobei die Konsultationen keine bloße Formalität sind, wie unter anderem die Ablehnung von *Walter Hallstein* 1967 sowie die Wiederernennung von *Sicco Mansholt* 1970 zeigen.[2]

4 Das Ernennungsverfahren läuft in der Praxis zweistufig ab. Jede Regierung wählt zunächst ihren Kandidaten aus, wobei neben persönlicher und fachlicher Qualifikation auch die Gewißheit, daß der Kandidat den anderen Regierungen genehm ist, eine Rolle spielt. Diesen Kandidaten schlägt sie dann den anderen Regierungsvertretern vor, mit denen zusammen sie die offizielle Ernennung vornimmt.

5 Zum Einfluß des designierten Präsidenten auf die Wahl der übrigen Kommissionsmitglieder s. Rn. 7 zu Art. 161.

6 Die Kommission nimmt mit der – annahmebedürftigen – Ernennung ihrer Mitglieder ihre Tätigkeit auf; maßgebend ist nicht das Datum der Ernennungsurkunde, sondern der von den Regierungsvertretern bestimmte Zeitpunkt, an dem die Ernennung wirksam werden soll. Mit der Wirksamkeit der Ernennung übernimmt die Kommission ferner die ihr vom Vertrag übertragenen Aufgaben, d.h., sie tritt in die entsprechenden organschaftlichen Pflichten ein.

III. Amtszeit

7 Die Amtszeit der Mitglieder der Kommission beträgt im Regelfall vier Jahre.

8 Abweichungen sind möglich. So wurde die Amtszeit der Mitglieder der ehemaligen Hohen Behörde, Euratom-Kommission und EWG-Kommission auf das Inkrafttreten des Fusionsvertrages abgestimmt.[3] Die erste Amtszeit der gemeinsamen Kommission der Europäischen Gemeinschaft betrug nur drei Jahre.[4] Die zweite Amtszeit endete vorzeitig nach dreieinhalb Jahren aus Anlaß der Norderweiterung.[5]

2 *Condorelli Braun,* a.a.O., S. 220 ff. Ausführliche Beispiele bei *van Miert,* a.a.O., S. 1681 ff.
3 Art. 32 Abs. 2 Fus.V, abgedruckt im Anhang B dieses Kommentars.
4 Art. 32 Abs. 1 FusV, abgedruckt im Anhang B dieses Kommentars.
5 Gemäß Art. 141 Abs. 1 Satz 2 der Akte über die Beitrittsbedingungen und die Anpassungen der Verträge vom 22.1.1972.

IV. Wiederernennung

9 Wiederernennung ist, auch mehrmals, zulässig. Das fördert die Kontinuität der Kommissionsarbeit, gerade im Vergleich zum Rat, dessen Mitglieder häufig wechseln und der nicht ständig tagt.

10 In der Praxis wurde bisher etwa die Hälfte der Mitglieder der Kommission am Ende einer Vierjahresperiode ausgewechselt, während die andere Hälfte wiederernannt wurde. Mehrfach wiederernannt wurde zum Beispiel der Belgier *Albert Coppé*, welcher der Hohen Behörde der EGKS während ihrer gesamten Existenz angehörte und anschließend noch bis 1973 Mitglied der gemeinsamen Kommission der Europäischen Gemeinschaften war. Derzeit dienstältestes Mitglied ist der Deutsche *Wilhelm Haferkamp*, der seit der Fusion 1967 Mitglied der EG-Kommission ist.

Artikel 159 [Beendigung des Amtes]

Abgesehen von den regelmäßigen Neubesetzungen und von Todesfällen endet das Amt eines Mitgliedes der Kommission durch Rücktritt oder Amtsenthebung.

Für das ausscheidende Mitglied wird für die verbleibende Amtszeit ein Nachfolger ernannt. Der Rat kann einstimmig entscheiden, für diese Zeit einen Nachfolger nicht zu ernennen.

Außer im Falle der in Artikel 160 geregelten Amtsenthebung bleiben die Mitglieder der Kommission bis zur Neubesetzung ihres Sitzes im Amt.

Durch den Fusionsvertrag* (Art. 19) aufgehoben und wie folgt neu geregelt:

Artikel 12 FusV

Abgesehen von den regelmäßigen Neubesetzungen und von Todesfällen endet das Amt eines Mitglieds der Kommission durch Rücktritt oder Amtsenthebung.

Für das ausscheidende Mitglied wird für die verbleibende Amtszeit ein Nachfolger ernannt. Der Rat kann einstimmig entscheiden, für diese Zeit einen Nachfolger nicht zu ernennen.

Außer im Falle der in Artikel 13 geregelten Amtsenthebung bleiben die Mitglieder der Kommission bis zur Neubesetzung ihres Sitzes im Amt.

* Vertrag zur Einsetzung eines Gemeinsamen Rates und einer Gemeinsamen Kommission derEuropäischen Gemeinschaften (67/443/EWG; 67/27/Euratom) vom 8.4.1965 (ABl. 1967 Nr. 152 S. 2; BGBl 1967 II S. 1454).

Inhaltsübersicht

I. Frühere Regelungen

1 Art. 12 des Fusionsvertrages stimmt mit den entsprechenden Regelungen der Römischen Verträge überein.[1] Gegenüber dem EGKS-Vertrag weicht er nur geringfügig ab.[2]

II. Beendigung des Amtes

2 Die Aufzählung der Beendigungsgründe in Art. 12 ist abschließend, wenn man zum »Rücktritt« auch den durch ein parlamentarisches Mißtrauensvotum erzwungenen Rücktritt zählt. Insgesamt gibt es fünf Beendigungsgründe:

a) *Ablauf der normalen Amtszeit* von vier Jahren.[3]

b) *Tod.* Tod ist das Erlöschen jeder Lebensäußerung eines Organismus (allgemeiner Tod).[4] Zwei Mitglieder der Kommission sind bisher im Amt verstorben, nämlich 1958 *Michel Rasquin* und 1981 *Finn O. Gundelach.*

c) *Amtsenthebung.* Sie hat der EWG-Vertrag in Art. 160 geregelt.[5]

d) *Rücktritt,* der häufigste Grund für die vorzeitige Beendigung des Amtes. Er wird den für die Ernennung zuständigen Regierungen der Mitgliedstaaten schriftlich mitgeteilt; eine Abschrift wird gewöhnlich dem Rat und dem Parlament zugesandt. Der Rücktritt kann politisch oder persönlich motiviert sein, und zwar auch mit solchen Gründen, die beim Nichtrücktritt zur Amtsenthebung führen würden. Häufiger Rücktrittsgrund ist die

1 Art. 128 EAGV.
2 Art. 12 Abs. 3 EGKSV. Keine Ernennung eines Nachfolgers, wenn die verbleibende Amtszeit unter drei Monaten lag.
3 Art. 11 Abs. 2 FusV. Vgl. Rn. 7 zu Art. 158.
4 Vgl. Rn. 2 zu Art. 160 (Dauerhafte Bewußtlosigkeit).
5 Jetzt Art. 13 FusV.

Kandidatur für ein politisches Amt im Heimatstaat.[6] Zu den Kommissionsmitgliedern, die bislang ihren Rücktritt eingereicht haben, gehören *Malvestiti, Petrilli, Caron, Colonna di Paliano, Smoquina, Malfatti, Deniau, Dahrendorf, Cheysson* und *O'Kennedy.*

e) *Erzwungen* werden darf der Rücktritt nur durch das Parlament, nämlich im Wege des Mißtrauensvotums nach Art. 144.[7]

III. Ernennung der Nachfolger

3 Für das ausscheidende Mitglied wird gemäß Abs. 2 ein Nachfolger ernannt. Mit dem Begriff Ausscheiden sind in diesem Zusammenhang nur Tod, freiwilliger Rücktritt oder Amtsenthebung gemeint. Art. 12 Abs. 2 gilt nicht für den Ablauf der normalen Amtszeit und auch nicht für die Amtsniederlegung nach einem parlamentarischen Mißtrauensvotum; denn in diesen beiden Fällen wird die Neubesetzung aufgrund Art. 11 FusV, früher Art. 158 EWGV, fällig, auf den auch Art. 144 verweist.

4 Da Art. 12 keine Vorschriften über das Verfahren der Ernennung aufstellt, gelten die normalen Regeln des Art. 158.[8] Der Nachfolger wird also von den Regierungen der Mitgliedstaaten im gegenseitigen Einvernehmen ernannt.[9]

5 Der Vertrag eröffnet die Möglichkeit, von der Bestellung eines Nachfolgers für die verbleibende Amtszeit abzusehen. Die Entscheidung hierüber obliegt dem Rat, der einstimmig beschließt, und nicht etwa den Regierungen der Mitgliedstaaten im gegenseitigen Einvernehmen; das entspricht der Regelung des Art. 157,[10] derzufolge die Zahl der Mitglieder der Kommission vom Rat einstimmig geändert werden kann. Einen Nachfolger nicht zu ernennen, ist erwägenswert, wenn die verbleibende Amtszeit kurz ist.

6 In der Regel entstammt der Nachfolger dem Heimatstaat seines Vorgängers. Dies ist aber nicht vorgeschrieben, solange nur die allgemeinen Bestimmungen über die Staatsangehörigkeit beachtet werden.[11] Bei seinem Eintritt in die Kommission übernimmt der Nachfolger nicht die interne Stellung seines Vorgängers. Er wird einfaches Kommissionsmitglied; zum Präsidenten oder Vizepräsidenten kann er nur aufgrund eines zusätzlichen Beschlusses ernannt werden.[12] Er übernimmt auch nicht die speziellen Aufgabenbereiche

6 *Condorelli Braun, Nicole,* Commissaires et juges dans les Communautés européennes, Paris 1972, S. 188 ff.
7 Vgl. *Bieber,* Erläuterungen zu Art. 144.
8 Jetzt Art. 11 Abs. 1 FusV.
9 Siehe Rn. 2 ff. zu Art. 158.
10 Jetzt Art. 10 Ziff. 1 Abs. 2 FusV.
11 Vgl. Rn. 3 ff. zu Art. 157.
12 Siehe Rn. 9 zu Art. 161.

seines Vorgängers; vielmehr entscheidet die Kommission als Kollegialorgan erneut über die Aufgabenverteilung zwischen allen Mitgliedern.[13]

7 Der Nachfolger wird für die verbleibende Amtszeit seines Vergängers ernannt, also bis zur regelmäßigen Neubesetzung, die alle vier Jahre stattfindet.

IV. Übergangszeit

8 Der Vorgänger bleibt gemäß Abs. 3 bis zur Ernennung des Nachfolgers im Amt. Diese Vorschrift greift vor allem im Falle des freiwilligen Rücktritts. Sie gilt nicht im Falle der Amtsenthebung, wie Art. 12 selber bestimmt, und sie kann nicht im Falle des Todes gelten. Art. 12 betrifft ebenfalls nicht die Amtsniederlegung nach einem Mißtrauensvotum; denn dann führen die Mitglieder die Geschäfte kraft der Spezialvorschrift des Art. 144 Abs. 2 EWGV, nicht kraft des Art. 12 FusV fort.[14] Dagegen wendet die herrschende Meinung Art. 12 im Falle einer verspäteten Neubesetzung nach Ablauf der normalen Amtszeit an; diese Auslegung folgt zwar nicht zwingend aus dem Wortlaut und dem Aufbau des Art. 12, sie dient aber der Kontinuität der Kommissionsarbeit.[15] So führten der Präsident und die Vizepräsidenten, deren Mandat im Januar 1966 auslief, ihre Ämter bis zu Einsetzung der fusionierten Kommission im Juli 1967 fort.

9 Das Verbleiben im Amt ist nicht nur ein Recht, sondern vor allem eine Pflicht des rücktrittswilligen Kommissionsmitgliedes. Ihm kann im Interesse des Gleichgewichts und der Kontinuität im Kollegialorgan Kommission zugemutet werden, eine gewisse Zeit zu warten, bis ein Nachfolger gefunden ist. Was zumutbar ist, bestimmt sich freilich nicht nur nach den Schwierigkeiten, einen Nachfolger zu finden, sondern auch nach der Bedeutung und der Eilbedürftigkeit des neuen Amtes. Wann immer die Grenzen der Zumutbarkeit erreicht sein mögen, es scheint kein Mittel zu geben, die Mitgliedstaaten zur zeitigen Ernennung eines Nachfolgers zu zwingen.[16] In der Praxis hat sich die Kommission neuerdings damit beholfen, daß sie dem scheidenden Mitglied unbezahlten Urlaub gewährte.

10 Während der Übergangszeit gelten die Handlungsbefugnisse und die Rechtstellung der Kommission und ihrer Mitglieder vorbehaltlos fort und sind nicht auf die Abwicklung der laufenden Geschäfte beschränkt.[17] Das folgt sowohl aus dem Zweck des Art. 12 FusV als auch aus dem Vergleich zu Art. 144 EWGV.

13 Vgl. Rn. 8 zu Art. 162.

14 Vgl. Rn. 3 zu Art. 159.

15 Skeptisch *Grimaux,* Droit des Affaires, Marché Commun, Paris, Anm. 8 zu Art. 155–163.

16 Die Suche nach einem Nachfolger für *Giuseppe Caron,* der im Mai 1963 die Kommission verließ, dauerte über 1 Jahr.

17 *Noël – Amphoux,* Les Commissions, in: *Ganshof van der Meersch,* a.a.O., Ziff. 534. Zurückhaltend *Wohlfarth* u.a., a.a.O., Anm. 4 zu Art. 159.

V. Werdegang ehemaliger Mitglieder

11 So unterschiedlich wie die Herkunft ist auch die weitere berufliche Karriere der Kommissionsmitglieder.[18] Einige sind in höchste Ämter berufen worden, zum Beispiel als Staatspräsident *(Hillery)*, Premierminister *(Barre)* oder Außenminister *(Simonet, Malfatti, Cheysson)*.

Artikel 160 [Amtsenthebung]

Jedes Mitglied der Kommission, das die Voraussetzungen für die Ausübung seines Amtes nicht mehr erfüllt oder eine schwere Verfehlung begangen hat, kann auf Antrag des Rates oder der Kommission durch den Gerichtshof seines Amtes enthoben werden.

In diesem Falle kann der Rat durch einstimmige Entscheidung dieses Mitglied vorläufig von seinen Dienstpflichten entbinden und die Stelle besetzen, bis der Gerichtshof entschieden hat.

Auf Antrag des Rates oder der Kommission kann der Gerichtshof das Mitglied vorläufig von seinen Dienstpflichten entbinden.

Durch den Fusionsvertrag* (Art. 19) aufgehoben und wie folgt neu geregelt:

Artikel 13 FusV

Jedes Mitglied der Kommission, das die Voraussetzungen für die Ausübung seines Amtes nicht mehr erfüllt oder eine schwere Verfehlung begangen hat, kann auf Antrag des Rates oder der Kommission durch den Gerichtshof seines Amtes enthoben werden.

18 Eingehend: *Gazzo, Lidia,* Flight from Brussels, in: Vision, November 1978, S. 15 ff.; *Condorelli Braun* (a.a.O., Fn. 6.), S. 194 ff.

* Vertrag zur Einsetzung eines Gemeinsamen Rates und einer Gemeinsamen Kommission der Europäischen Gemeinschaften (67/443/EWG; 67/27/Euratom) vom 8.4.1965 (ABl. 1967 Nr. 152 S. 2; BGBl. 1967 II S. 1454).

Inhaltsübersicht

I. Frühere Regelungen

1 Art. 13 des Fusionsvertrages entspricht der früheren Regelung des Art. 12 EGKS-Vertrag. Dagegen enthielten die Römischen Verträge zwei zusätzliche Bestimmungen: Zum einen konnte der Rat durch einstimmige Entscheidung das vom Amtsenthebungsverfahren betroffene Mitglied vorläufig von seinen Dienstpflichten entbinden und die Stelle besetzen, bis der Gerichtshof entschieden hatte; diese Bestimmung verfälschte das Kräftegleichgewicht zwischen Rat und Kommission.[1] Zum zweiten konnte der Gerichtshof auf Antrag das Kommissionsmitglied vorläufig von seinen Dienstpflichten entbinden. Beide Vorschriften sind in den Fusionsvertrag nicht aufgenommen worden, was den Gerichtshof zwingt, das Verfahren mit der gebotenen Eile – aber unter Wahrung der gebotenen Sorgfalt – durchzuführen.

II. Gründe für die Amtsenthebung

1. Voraussetzungen für das Amt

2 Ein Kommissionsmitglied kann seines Amtes enthoben werden, wenn er die Voraussetzungen für die Ausübung seines Amtes nicht mehr erfüllt. Einige dieser Voraussetzungen sind in Art. 10 Abs. 1 FusV aufgezählt, nämlich die Staatsangehörigkeit, die allgemeine Befähigung und die volle Gewähr für Unabhängigkeit.[2] Diese Aufzählung ist nicht abschließend, hinzukommen kann jeder andere Grund, der ein Mitglied objektiv an der ordnungsgemäßen Ausübung seines Amtes hindert, unabhängig von einer etwaigen Schuld. Hier ist insbesondere an Krankheit zu denken. Das einzige Kommissionsmitglied, das bisher seines Amtes enthoben wurde, ist der Wettbewerbskommissar *Borschette,* der 1976 anläßlich einer Parlamentssitzung in Straßburg einen Gehirnschlag erlitt und nach mehrmonatiger Bewußtlosigkeit verstarb. Aufgrund der ärztlichen Diagnose wurde *Borschette* noch vor seinem Tode des Amtes enthoben und durch einen Nachfolger ersetzt.[3]

1 *Paolini – Panebianco* in: *Quadri* u.a., a.a.O., Anm. 2 zu Art. 160.
2 Siehe Rn. 3 ff. zu Art. 157.
3 BullEG 7/8–1976, Ziff. 2443.

3 Politische Meinungsverschiedenheiten sind kein Grund für eine Amtsenthebung, sondern höchstens für ein Mißtrauensvotum nach Art. 144. Ein Mißtrauensantrag, zu dem allein das Parlament befugt ist, richtet sich gegen die gesamte Kommission als Kollegialorgan und nicht gegen individuelle Mitglieder.

2. Schwere Verfehlung

4 Ein Kommissionsmitglied kann seines Amtes enthoben werden, wenn es eine schwere Verfehlung begangen hat. Eine Verfehlung setzt Schuld voraus, nicht aber Strafbarkeit. Ob eine Verfehlung schwer ist, bestimmt sich nach den Umständen. Eine Verfehlung ist vor allem die Verletzung der Amtspflichten, so wie sie insbesondere in Art. 10 des Fusionsvertrages aufgezählt sind, der ja auch auf Art. 13 verweist.

III. Verfahren

1. Antrag

5 Voraussetzung für die Amtsenthebung ist ein Antrag des Rates oder der Kommission. Die Anträge werden mit der normalen, also einfachen Mehrheit beschlossen.[4] Innerhalb der Kommission scheint es dem Mitglied, gegen das sich der Antrag richtet, nicht verwehrt zu sein, sich an der Abstimmung zu beteiligen.

6 Rat und Kommission haben einen politischen Ermessensspielraum, ob sie einen Antrag stellen wollen. Zwar sollte die Kommission nicht aus falsch verstandenem Corpsgeist oder aus Rücksicht auf den Heimatstaat ein unfähiges Mitglied in ihrer Mitte dulden; aber sie darf andere Mittel der Selbstreinigung versuchen, bevor sie das schwere Geschütz einer Amtsenthebung auffährt.

7 Andere Organe oder die Mitgliedstaaten sind nicht antragsberechtigt. Die Vertragsautoren haben zwar vorgesehen, daß die Kommission von den Mitgliedstaaten – im gegenseitigen Einvernehmen – ernannt wird,[5] die Unabhängigkeit der Kommission verbietet es aber, den Mitgliedstaaten einzeln oder zusammen das Recht zu geben, die Kommission zu entlassen.

2. Entscheidung

8 Die Amtsenthebung kann nur vom Gerichtshof ausgesprochen werden. Ein Ermessensspielraum steht, auch wenn Art. 13 als Kann-Vorschrift formuliert ist, nur den Antragstellern Rat und Kommission zu, nicht aber dem Gerichtshof. Liegt ein Antrag vor und sind die Voraussetzungen des Art. 13 objektiv erfüllt, so muß der Gerichtshof die Amtsenthebung aussprechen.

4 Art. 148 Abs. 1; Art. 163 Abs. 1 (jetzt Art. 17 Abs. 1 FusV).
5 Art. 158, jetzt Art. 11 FusV.

9 Die Amtsenthebung ist sofort wirksam. Für das ausscheidende Mitglied wird für die verbleibende Amtszeit ein Nachfolger ernannt. Im Gegensatz zu der normalen Regelung des Art. 12 FusV bleibt der freiwerdende Sitz bis zur Ernennung des Nachfolgers verständlicherweise leer.[6]

10 Die Wahl der Sanktionsmittel ist begrenzt. Der Gerichtshof kann sich im Rahmen des Art. 13 nur für oder gegen die Amtsenthebung aussprechen. Weniger strenge Sanktionen in weniger schweren Fällen stehen ihm lediglich im Rahmen des Art. 10 zur Verfügung, demzufolge er auf eine Kürzung der Ruhegehaltsansprüche oder andere Vergünstigungen erkennen darf.[7] Abschreckend wirkt die Amtsenthebung vor allem auf die Kommissionsmitglieder, die noch in der Kommission arbeiten und dort bleiben wollen. Gegen jemanden, der bereits eine anderweitige Karriere vorbereitet oder der eine Amtsverfehlung erst nach der Amtszeit begeht, greift die Aberkennung der Ruhegehaltsansprüche oder anderer Vergünstigungen sicher besser.[8]

Artikel 161 [Präsident und Vizepräsident]

Der Präsident und die beiden Vizepräsidenten der Kommission werden aus deren Mitgliedern für zwei Jahre nach dem Verfahren ernannt, das für die Ernennung der Mitglieder der Kommission vorgesehen ist. Wiederernennung ist zulässig.

Außer im Falle einer allgemeinen Neubesetzung erfolgt die Ernennung nach Anhörung der Kommission.

Endet das Amt des Präsidenten und der Vizepräsidenten durch Rücktritt, Amtsenthebung oder Tod, so wird es für die verbleibende Amtszeit gemäß Absatz 1 neu besetzt.

Durch den Fusionsvertrag* (Art. 19) aufgehoben und wie folgt neu geregelt:

Artikel 14 FusV

Der Präsident und die fünf Vizepräsidenten der Kommission werden aus deren Mitgliedern für zwei Jahre nach dem Verfahren ernannt, das für die Ernennung der Mitglieder der Kommission vorgesehen ist. Wiederernennung ist zulässig.

6 Art. 12 Abs. 3 FusV. Siehe Rn. 8 zu Art. 159.
7 Siehe Rn. 20 zu Art. 157.
8 *Grimaux,* Droit des Affaires, Marché commun, Paris, Anm. 12 zu Art. 155–163.
* Vertrag zur Einsetzung eines Gemeinsamen Rates und einer Gemeinsamen Kommission der Europäischen Gemeinschaften (67/443/EWG; 67/27/Euratom) vom 8.4.1965 (ABl. 1967 Nr. 152 S. 2; BGBl. 1967 II S. 1454).

Außer im Falle einer allgemeinen Neubesetzung erfolgt die Ernennung nach Anhörung der Kommission.

Endet das Amt des Präsidenten und der Vizepräsidenten durch Rücktritt, Amtsenthebung oder Tod, so wird es für die verbleibende Amtszeit gemäß den vorstehend festgelegten Bedingungen neu besetzt.

Literaturhinweise

s. bei Artikel 157

Inhaltsübersicht

I. Zahl

1 Der EWG-Vertrag sah ursprünglich zwei Vizepräsidenten vor, der Fusionsvertrag erhöhte auf drei, 1967 wurde Kommissionsmitglied *Mansholt* ad personam zum vierten Vizepräsidenten ernannt[1] und bei der Norderweiterung ist die Zahl auf fünf erhöht worden.[2]

2 Politisch läßt sich die Zahl aus dem Wunsch erklären, jedem der großen Mitgliedstaaten und je einem Mitgliedstaat aus dem Kreis der Benelux-Länder und aus dem Kreis der Beitrittsländer entweder einen Präsidenten oder einen Vizepräsidentenposten zu gewähren.[3] Juristisch ist solches Proporzdenken unerheblich, und in der Praxis ist es durch die individuelle Qualität der Kandidaten überspielt worden. So kommen in der derzeitigen Kommission sowohl der Präsident als auch ein Vizepräsident aus den Benelux-Staaten, während die Beitrittsländer nur einfache Kommissionsmitglieder stellen.

1 ABl. 1967 Nr. 152 S. 21.
2 Art. 16 der Akte über die Beitrittsbedingungen und die Anpassungen der Verträge vom 22.1.1972.
3 Vgl. Rn. 10 zu Art. 157.

II. Stellung

3 Die Kommission ist als Kollegialorgan angelegt.[4] So verleihen weder die Verträge, die zu diesem Punkt schweigen, noch die Geschäftsordnung dem Präsidenten oder den Vizepräsidenten herausragende Machtbefugnisse. Der Präsident sitzt lediglich den Beratungen der Kommission vor, und ihm werden protokollarische Aufgaben - z.B. die Akkreditierung von Botschaftern - und horizontale Zuständigkeiten - Generalsekretariat und Juristischer Dienst - vorrangig zugeteilt. Die Aufgabe der Vizepräsidenten erschöpft sich in der Vertretung des Präsidenten; bei der Ressortverteilung haben sie nicht mehr Rechte als die übrigen Mitglieder.

4 Allerdings verlangt die Kohäsion eines Kollegiums, dessen Mitglieder ohne gemeinsame Ideologie und ohne gemeinsame Vergangenheit in einer von außen oktroyierten großen Koalition aufeinander treffen, einen starken Präsidenten. Mangels hierarchischer Befugnisse kommen dessen persönlicher Autorität und Führungsfähigkeit maßgebliche Bedeutung zu. Auch die Wirkungskraft der Kommission nach außen hängt entscheidend von der Statur des Präsidenten ab, besonders im Europäischen Rat und auf den Gipfeltreffen der westlichen Industrienationen. Das Erfordernis der persönlichen Ebenbürtigkeit mit Regierungschefs verengt den Kreis der potentiellen Kommissionspräsidenten auf eine winzige Gruppe von Politikern.[5]

III. Ernennungsverfahren

5 Die Ernennung des Präsidenten und der Vizepräsidenten erfolgt grundsätzlich im gleichen Verfahren wie die Ernennung der Kommissionsmitglieder, also durch die Mitgliedstaaten im gegenseitigen Einvernehmen.[6] Zunächst müssen die Mitglieder der Kommission ernannt werden und dann aus ihrer Mitte der Präsident und die Vizepräsidenten.

6 Dabei ist die Kommission - außer im Falle einer allgemeinen Neubesetzung - anzuhören. Die Anhörung ist nicht der Kommission als solcher, der ja auch die zu Ernennenden angehören, zu gewähren, sondern den einzelnen Mitgliedern.[7] Es kommt also nicht zu einer mehrheitlich beschlossenen Stellungnahme der Kommission.

7 Die vom Vertrag geforderte Ernennungsreihenfolge wird zwar förmlich beachtet, das eigentliche politische Sondierungs- und Auswahlverfahren stellt diese Reihenfolge jedoch häufig auf den Kopf, indem zunächst Einigkeit über den Präsidenten und dann erst über

4 Art. 1 der Geschäftsordnung der Kommission. Vgl. Rn. 7 zu Art. 162.
5 *Ehlermann, Claus-Dieter,* Das schwierige Geschäft der Kommission, in: EuR 1981, S. 335 ff. (342 f.).
6 Art. 158 Abs. 1, jetzt Art. 11 Abs. 1 FusV.
7 A.M. *Paolini* in: *Quadri* u.a., a.a.O., Anm. 2 zu Art. 161.

die weiteren Mitglieder gefunden wird.[8] Seit dem *Tindemans-Bericht*[9] über die Europäische Union wird außerdem versucht, dem designierten Präsidenten besondere Mitsprachemöglichkeiten bei der Auswahl der übrigen Kommissionsmitglieder einzuräumen. Das gibt diesem zwar einen gewissen politischen Einfluß auf die Homogenität und Arbeitsfähigkeit der Kommission, kann aber auch das Arbeitsklima zu Beginn einer neuen Kommission belasten, dann nämlich, wenn die Regierungen einen Kandidaten trotz des bekannten Widerspruchs des designierten Präsidenten ernennen.

IV. Amtszeit

8 Die Amtszeit des Präsidenten und der Vizepräsidenten beträgt zwei Jahre. Wiederernennung ist zulässig, auch mehrmals; von dieser Möglichkeit wird häufig Gebrauch gemacht, weil sich die Amtszeit von zwei Jahren in der Praxis als recht kurz erwiesen hat. Wird ein Präsident oder Vizepräsident nicht wiederernannt, so fällt er in die Stellung eines einfachen Kommissionsmitgliedes zurück und gehört als solcher der Kommission bis zum Ende der normalen Amtszeit von vier Jahren an.

9 Scheidet ein Präsident oder Vizepräsident aus, so wird ein Nachfolger für die verbleibende Amtszeit ernannt.[10] Dabei ist zu unterscheiden zwischen dem Nachfolger im Amte als Kommissionsmitglied und dem Nachfolger im Amte als Präsident oder Vizepräsident. So wurde 1972, als der italienische Präsident *Malfatti* vorzeitig zurücktrat, der bisherige Vizepräsident *Mansholt* zum Präsidenten ernannt. *Malfattis* Nachfolger als Kommissionsmitglied wurde der Italiener *Scarascia Mugnozza;* er wurde auf den Vizepräsidentenposten ernannt, der durch die Beförderung *Mansholts* freigeworden war.[11]

Artikel 162 [Zusammenarbeit mit dem Rat; Geschäftsordnung]

Der Rat und die Kommission ziehen einander zu Rate und regeln einvernehmlich die Art und Weise ihrer Zusammenarbeit.

Die Kommission gibt sich eine Geschäftsordnung, um ihr ordnungsmäßiges Arbeiten und das ihrer Dienststellen nach Maßgabe dieses Vertrags zu gewährleisten. Sie sorgt für die Veröffentlichung dieser Geschäftsordnung.

8 *van Miert, Karel,* Benoeming van voorzitter en leden van de Europese Commissie, in: Int. Spect. Band XXVI, S. 1678ff. (1688ff.).
9 Vom 29.12.1975; BullEG 1976, Beilage 1.
10 Vgl. Art. 159 Abs. 2, jetzt Art. 12 Abs. 2 FusV.
11 *Smit – Herzog,* a.a.O., Anm. 161.07.

Durch den Fusionsvertrag* (Art. 19) aufgehoben und wie folgt neu geregelt:

Artikel 15 FusV

Der Rat und die Kommission ziehen einander zu Rate und regeln einvernehmlich die Art und Weise ihrer Zusammenarbeit.

Artikel 16 FusV

Die Kommission gibt sich eine Geschäftsordnung, um ihr ordnungsgemäßes Arbeiten und das ihrer Dienststellen nach Maßgabe der Verträge über die Gründung der Europäischen Gemeinschaft für Kohle und Stahl, zur Gründung der Europäischen Wirtschaftsgemeinschaft und zur Gründung der Europäischen Atomgemeinschaft sowie dieses Vertrages zu gewährleisten. Sie sorgt für die Veröffentlichung dieser Geschäftsordnung.

Literaturhinweise

s. bei Artikel 155

Inhaltsübersicht

I. Frühere Regelungen

1 Die Regelung des Fusionsvertrages stimmt mit dem früheren Art. 162 inhaltlich überein. Es wurden allerdings zwei redaktionelle Änderungen vorgenommen. Zum einen verweist

* Vertrag zur Einsetzung eines Gemeinsamen Rates und einer Gemeinsamen Kommission der Europäischen Gemeinschaften (67/443/EWG; 67/27/Euratom) vom 8.4.1965 (ABl. 1967 Nr. 152 S. 2; BGBl. 1967 II S. 1454).

die Regelung nunmehr auf alle drei Gemeinschaftsverträge, zum anderen ist die Behandlung der Zusammenarbeit zwischen Rat und Kommission einerseits und der internen Organisation der Kommission andererseits jetzt sinnvollerweise auf zwei getrennte Artikel aufgeteilt worden.

II. Zusammenarbeit zwischen Rat und Kommission[1]

2 Weder Art. 162 EWGV noch Art. 15 des Fusionsvertrages haben zu einer globalen Regelung der Zusammenarbeit zwischen Rat und Kommission geführt. Auch der sogenannte Luxemburger Kompromiß, an dem die Kommission nicht beteiligt war, ist insofern ohne politischen oder juristischen Wert. Dagegen ist die Zusammenarbeit in einer Vielzahl von Einzelbestimmungen Fall für Fall angesprochen und konkretisiert worden. Dies ist insbesondere im Rahmen des Vorschlagsverfahrens – nach Art. 155 3. Unterabs. wirkt die Kommission am Zustandekommen der Handlungen des Rates mit[2] – und der Übertragung von Durchführungsbefugnissen – die der Rat gemäß Art. 155 4. Unterabs. vornehmen kann[3] – geschehen. Auch die Geschäftsordnungen von Rat und Kommission sind auf eine vertrauensvolle Zusammenarbeit ausgerichtet.

3 Die Kommission nimmt grundsätzlich an allen Arbeiten und Sitzungen des Rates teil. Das gilt nicht nur für die Arbeiten der Minister, sondern auch für die Arbeiten der Ständigen Vertreter und der Arbeitsgruppen des Rates. Am Verhandlungstisch nimmt die Kommission gegenüber der Präsidentschaft Platz, was den gleichberechtigten Dialog zwischen Rat und Kommission erleichtert. Ratsvertreter nehmen an den Sitzungen der Kommissionsmitglieder nicht teil, sie werden aber gegebenenfalls zu Beratungen der Dienststellen und Ausschüsse der Kommission eingeladen.

4 Die Kommission hat ein fundamentales Interesse an einem starken Rat.[4] Die öffentliche Meinung mißt, wenn auch nicht zu Recht, den Erfolg und die Daseinsberechtigung der Kommission weniger an deren Leistung als Hüterin der Verträge, als Verwaltungsorgan oder als Sprecherin der Gemeinschaft, als vielmehr am Erfolg oder Mißerfolg der Kommissionsvorschläge zur Weiterentwicklung der Gemeinschaft.[5] Dazu braucht die Kommission den Konsens und die Entscheidungsfreudigkeit des Rates. So wie der *Hallstein*-Kommission die Bereitschaft des Rates zur vertrauensvollen, schnellen Willens-

1 Dazu *Noël, Emile – Etienne, Henri,* Quelques aspects des rapports et de la collaboration entre le Conseil et la Commission, in: La décision dans les Communautés européennes, Brüssel 1969, S. 33 ff.; *Sasse, Christoph,* Kommission und Rat, konstitutionelle Rivalen oder funktionelle Partner? in: EuR 1972, S. 341 ff.

2 Siehe oben Rn. 22 ff. zu Art. 155.

3 Siehe oben Rn. 42 ff. zu Art. 155.

4 Siehe oben Rn. 38 zu Art. 155.

5 *Ehlermann, Claus-Dieter,* Das schwierige Geschäft der Kommission, in: EuR 1981, S. 335 ff. (S. 348).

bildung gutgeschrieben worden ist, so wird ihren Nachfolgerinnen die Schwerfälligkeit des Rates angelastet. Nur gemeinsam können beide Organe ihre Kraft, ihren Einfluß und ihr Ansehen der frühen sechziger Jahre wiederfinden.[6]

III. Geschäftsordnung

5 Die 1967 geschaffene gemeinsame Kommission der drei Europäischen Gemeinschaften ist dem Auftrag des Artikels 16 des Fusionsvertrages insofern nachgekommen, als sie bei ihrem Amtsantritt beschloß, vorläufig die wesentlichen Bestimmungen der Geschäftsordnung ihrer Vorgängerin, der EWG-Kommission, anzuwenden.[7] Es handelt sich um die Art. 1 bis 12 und 24 bis 28 der Geschäftsordnung der Kommission der EWG vom 31.1.1963. Bei dieser vorläufigen Geschäftsordnung ist es bis heute geblieben. Der ursprüngliche Text ist zwar wiederholt geändert worden, es handelt sich dabei aber nicht um wichtige Neuorientierungen, sondern lediglich um Anpassungen insbesondere an die vergrößerte Zahl der Kommissionsmitglieder nach der Erweiterung der Gemeinschaft im Jahre 1973 und 1981. Die ursprüngliche Geschäftsordnung und die Änderungsbeschlüsse sind im Amtsblatt, wenn auch verstreut, veröffentlicht worden.[8]

6 Zu den Beschlußverfahren, wie sie in der Geschäftsordnung festgelegt sind und sich in der Praxis entwickelt haben, s. Rn. 5 bis 15 zu Art. 163.

IV. Interner Aufbau[9]

1. Kommissionsmitglieder

7 Die Kommission handelt gemäß Art. 1 der Geschäftsordnung als Kollegium. Dieser

6 *Ehlermann* (a.a.O., Fn. 5), S. 353.
7 Art. 1 des Beschlusses 67/426/EWG vom 6.7.1967, ABl. 1967 Nr. 147 S. 1.
8 ABl. 1963 Nr. 17 S. 181; 1970 Nr. L 145 S. 28; 1973 Nr. L 7 S. 1; 1975 Nr. L 199 S. 43; 1981 Nr. L 8 S. 16. Text abgedruckt in HER I A 62/1, S. 3 ff.
9 Dazu *Pasquali, Giampiero,* L'organizzazione amministrativa della Comunitá Economica Europea, Diss. Florenz 1967/68; *Knöpfle, Robert,* Die Kommission der Europäischen Gemeinschaften, in: Integration 1970, S. 81 ff.; *Michelmann, Hans J.,* Organizational effectiveness in a multinational bureaucracy: The case of the Commission of the European Communities, Diss. Indiana 1975; *Axline, W. Andrew,* European Community Law and Organizational Development, New York 1968; *Commer, Heinz – Weinstock, Ulrich,* Leviathan in Brüssel?, Verwaltung und Beamte der Europäischen Gemeinschaft, in: Eur.Arch. 1975, S. 227 ff.; *Du Marteau, Vilma,* Eurocrazia e presenza italiana, Rom 1972; *Peterson, Robert L.,* European Bureaucrats in European Regional Organizations: Attitudes and Administrative Structures, in: Rev. int. sc. adm. 1970, S. 333 ff.; *Poullet, Edouard - Gérard, Deprez,* Struktur und Macht der EG-Kommission, Bonn 1976; *Scheuer, Hans - Weinstock, Ulrich,* Administrative Strukturen der Europäischen Gemeinschaft, Ein Programm zur Revitalisierung der Brüsseler Bürokratie, Bonn 1977; *Spierenburg, Dirk,* Vorschläge für eine Reform der Kommission der Europäischen Gemeinschaften und ihrer Dienststellen, Brüssel 1979.

Grundsatz trägt maßgeblich zur Qualität und zur politischen Glaubwürdigkeit der Kommissionsarbeit bei.

8 Das hindert die Kommission nicht daran, ihren Mitgliedern spezielle Aufgabenbereiche zuzuweisen. Die Schwierigkeiten der Ressortverteilung, die weder von den Verträgen noch von den Mitgliedern vorbestimmt wird, sondern vom Kollegium selber auszuhandeln ist, liegt darin, die Aufgaben der Kommission in genügend viele Ressorts aufzuteilen und diese dann den einzelnen Kommissaren, die wegen ihrer allgemeinen Befähigung, nicht aber im Hinblick auf ein bestimmtes Fachgebiet ausgewählt worden sind, gleichgewichtig und einvernehmlich zuzuordnen. Umso erstaunlicher ist es, wie zügig diese Art der Regierungsbildung in der bisherigen Praxis immer wieder bewältigt wurde.[10]

9 Dennoch stößt die Verwirklichung des Kollegialprinzips im Alltag auf eine Reihe objektiver Hindernisse.[11] Zu den Schwierigkeiten der Ressortverteilung und der daraus folgenden Aufsplitterung der Dienststellen gesellen sich eine Reihe externer Faktoren, die aus dem mangelnden Konsens zwischen den Mitgliedstaaten, dem fehlenden institutionellen Leitbild und den Spannungen herrühren, die zwischen dem dem Konkordanzmodell verschriebenen Rat und dem eine Konfliktstrategie verfolgenden Parlament zwangsläufig entstehen. Hinzu kommt die ständig wachsende Belastung der Kommissionsmitglieder, insbesondere durch Verwaltungsaufgaben.[12] Die Kohäsion des Kollegiums, dessen Mitglieder weder eine gemeinsame Ideologie noch eine gemeinsame Vergangenheit eint und die in einer von außen oktroyierten großen Koalition aufeinander treffen, hängt somit entscheidend von den Führungsqualitäten des Präsidenten ab, der allein auf seine persönliche Autorität angewiesen ist.

2. *Kabinette*

10 Alle Kommissionsmitglieder haben von der durch Artikel 15 der Geschäftsordnung gebotenen Möglichkeit Gebrauch gemacht, sich von einem Kabinett unterstützen zu lassen.[13] Die personelle Ausstattung der Kabinette wird von der Kommission jeweils zu Beginn ihrer Amtsperiode festgelegt. Jedes Kabinett besteht derzeit aus fünf Beamten des Höheren Dienstes; dem Kabinett des Präsidenten gehört ein weiterer Beamter des Höheren Dienstes an. Die Kabinettsmitglieder werden auf Vorschlag des jeweiligen Kommissars, der in seiner Auswahl frei ist, vom Präsidenten der Kommission ernannt und auch entlassen; ihre Amtszeit endet mit der »ihres« Kommissars.

10 Vgl. *Noël, Emile,* So funktioniert Europa, Baden-Baden 1978, S. 58f.
11 *Ehlermann* (a.a.O., Fn. 5), S. 339ff.
12 Vgl. Rn. 9 zu Art. 163.
13 *Krenzler, Horst Günter,* Die Rolle der Kabinette in der Kommission der Europäischen Gemeinschaften, in: EuR 1974, S. 75ff.

11 Wirksamkeit und Macht der Kabinette hängen im Einzelfall vom Arbeitsstil des Kommissionsmitgliedes ab. Die Gefahr ist nicht von der Hand zu weisen, daß die Kabinette sich aus ihrer dienenden Funktion lösen und sich unterhalb der Kommission als politisch nicht verantwortliches Entscheidungsgremium etablieren.[14] Auf der anderen Seite ist die Unfähigkeit der Kommissionsmitglieder evident, ohne Unterstützung durch eine derartige Institution, die ihnen aufgrund des Kollegialprinzips zugewiesenen Aufgaben wahrzunehmen.

3. Dienststellen

12 Die Dienststellen der Kommission werden in Art. 16 des Fusionsvertrages nur kurz erwähnt. Ihr Aufbau und ihre Aufgaben ergeben sich aus der Geschäftsordnung der Kommission und aus der Praxis. Die Kommission veröffentlicht ihren Organisationsplan.[15] Derzeit gibt es neben dem Generalsekretariat und dem Juristischen Dienst 20 Generaldirektionen und 8 Sonderdienste, die jeweils einem der 14 Kommissionsmitglieder direkt unterstellt sind.[16]

13 Die Dienststellen werden im Regelfall von einem Generaldirektor der Besoldungsgruppe A1 geführt. Jedem Generaldirektor unterstehen mehrere Direktionen. Die Direktion besteht aus mehreren Abteilungen, welche die Grundeinheit der Organisationsstruktur in der Kommission darstellen und aus denen die Referentenentwürfe kommen. Die personelle Ausstattung der Abteilung richtet sich nach deren Arbeitsanfall und nach dem aktuellen Stellenwert für die Kommissionspolitik. Von Extremen abgesehen besteht eine Abteilung normalerweise aus 5 bis 10 A- und B-Beamten und 2 bis 3 Sekretärinnen.

14 Die Kommission läßt den Aufbau und die Auslastung der einzelnen Dienststellen regelmäßig von Organisationsfachleuten, den sogenannten *screening-groups,* durchleuchten. Außerdem gibt sie von Zeit zu Zeit Gutachten in Auftrag, wie die Kommission insgesamt den künftigen Bedürfnissen, Prioritäten und Arbeitsbelastungen organisatorisch und personalpolitisch am besten gerecht werden kann. So schlug 1979 eine Gruppe von fünf unabhängigen Persönlichkeiten unter dem Vorsitz des Botschafters *Spierenburg*

14 *Spierenburg* (a.a.O., Fn. 9), S. 19ff., Ziff. 55ff.

15 Graphische Darstellung bei *Schmitt von Sydow,* Kommission, S. 99ff.

16 GD I Auswärtige Beziehungen; GD II Wirtschaft und Finanzen; GD III Binnenmarkt und gewerbliche Wirtschaft; GD IV Wettbewerb; GD V Beschäftigung, soziale Angelegenheiten und Bildung; GD VI Landwirtschaft; GD VII Verkehr; GD VIII Entwicklung; GD IX Personal und Verwaltung; GD X Information – Sprechergruppe; GD XI Umwelt, Verbraucherschutz und nukleare Sicherheit; GD XII Wissenschaft, Forschung und Entwicklung – Gemeinsame Forschungsstelle; GD XIII Informationsmarkt und Innovation; GD XIV Fischerei; GD XV Finanzinstitutionen und Steuerfragen; GD XVI Regionalpolitik; GD XVII Energie; GD XVIII Kredit und Investitionen; GD XIX Haushalt; GD XX Finanzkontrolle.
Generalsekretariat; Juristischer Dienst; Gemeinsamer Dolmetscher-Konferenzdienst; Statistisches Amt; Dienst der Zollunion; Euratom-Versorgungsagentur; Sicherheitsbüro; Amt für amtliche Veröffentlichen der Europäischen Gemeinschaften.

vor, die Zahl der Generaldirektionen auf ein knappes Dutzend zu verringern, die Rolle der Generaldirektoren durch Zuweisung eines größeren Teils der Repräsentations- und Verhandlungsaufgaben der Kommissare aufzuwerten, die Vielzahl der Abteilungen und Sonderdienste abzubauen und deren Leitern mehr Managementfähigkeiten abzuverlangen.[17]

4. Arbeitsbedingungen

15 Der Stellenplan der Kommission für 1981 umfaßte 8 828 Dauer- und 342 Zeit-Planstellen, die aus Verwaltungsmitteln finanziert werden. Hinzu kommen 2 593 Dauer- und 160 Zeit-Planstellen, die aus Forschungsmitteln finanziert werden, sowie 284 Dauer-Planstellen für das Amt für amtliche Veröffentlichungen.

16 61 % des Kommissionspersonals arbeiten derzeit in Brüssel, 21 % in den Forschungszentren Ispra, Karlsruhe, Geel und Petten, 15 % in Luxemburg und 13 % in den Außenbüros und Delegationen der Kommission. Wegen der nur provisorisch gelösten Sitzfrage ist die Kommission nicht Eigentümerin, sondern nur Mieterin der Gebäude, in denen ihre Dienststellen untergebracht sind und von denen das Berlaymont in Brüssel das bekannteste ist.

17 Vierzehn Prozent der Planstellen im Verwaltungshaushalt der Kommission sind dem Sprachendienst zugeteilt. Darüber hinaus müssen die meisten Fachbeamten ständig in einer Fremdsprache arbeiten und fertigen die Übersetzungen kürzerer oder eiliger Texte meist selbst an, ohne den Sprachendienst zu bemühen. Dieser wiederum gibt 10 % der Übersetzungs- und 23 % der Dolmetscherarbeit an Dritte außerhalb des Hauses. Die Kommission hat 1981 ihren Dolmetscherdienst, der traditionell nicht nur im Rahmen der Kommission, sondern auch beim Rat, beim Wirtschafts- und Sozialausschuß und bei der Europäischen Investitionsbank für alle mündlichen Übersetzungen sorgt, in einen selbständigen »Gemeinsamen Dolmetscher- und Konferenzdienst« umgewandelt. Jährlich werden 75 000 Dolmetschertage geleistet und 600 000 Seiten schriftlich übersetzt. Insgesamt werden die finanziellen Belastungen, die der Kommission aus ihrer Vielsprachigkeit erwachsen, auf 33 % der Verwaltungsausgaben geschätzt; beim Rat und beim Parlament sind es je 60 %.[18]

17 *Spierenburg* (a.a.O., Fn. 9), S. 10 ff., Ziff. 37 ff.

18 *Nyborg, Kai,* Bericht im Namen des Ausschusses für Geschäftsordnung und Petitionen über die Vielsprachigkeit der Europäischen Gemeinschaft, Dok. EP Nr. 1-306/82 vom 21.6.1982, S. 31.

V. Ausschüsse[19]

1. *Beschreibung*

18 Die Notwendigkeit, auf den Sachverstand von Dritten zurückgreifen zu können, hat im Laufe der Jahre zur Schaffung von immer mehr Ausschüssen geführt, deren Menge und Formenvielfalt sich bei der Gründung der Gemeinschaft noch niemand vorzustellen vermochte. 1960 gab es etwa 100, 1970 etwa 700 und heute über 1000 Ausschüsse, Gruppen und Untergruppen bei der Kommission.[20] Etwa drei Viertel setzen sich aus nationalen und europäischen Beamten zusammen; bei den restlichen sind private Sachverständige, Wirtschaftsvertreter oder Sozialpartner beteiligt.

19 Die verwirrende Vielfalt an Ausschüssen und Ausschußnamen[21] darf nicht darüber hinwegtäuschen, daß alle Ausschüsse ausschließlich beratende Befugnisse haben. Kein Ausschuß kann Entscheidungen mit Drittwirkung erlassen, der Kommission ein bestimmtes Verhalten vorschreiben oder sich an den Rat oder die Öffentlichkeit wenden. Auch Verwaltungs-, Regelungs-, Lenkungs- und Programmausschüsse verwalten, regeln, lenken und programmieren nicht, sondern beschränken sich auf Diskussionen und Stellungnahmen.

2. *Politische Würdigung*

20 Für eine sinnvolle und wirklichkeitsnahe Gestaltung der gemeinschaftlichen Politiken und Rechtsakte ist der gegenseitige Gedankenaustausch mit den Betroffenen unabdingbar.

19 Dazu *Genton, Jacques,* Les organes auxiliaires, in: *Ganshof van der Meersch,* a.a.O., S. 255 ff.; *XXX,* Les organes subsidiaires dans la Communauté Economique Européenne, in: AFDI VIII (1962), S. 772 ff.; *Lasalle, Claude,* Les comités et l'évolution institutionnelle de la CEE, in: CDE 1968, S. 395 ff.; *Maas, Herman H.,* The Administrative Commission for the Social Security of Migrant Workers, An Institutional Curiosity, in: CMLR 1966/67, 4, S. 51 ff.; *Koopmans, T.,* Heptagonale constructies. De wisselwerking tussen nationale en bovennationale administraties in de Europese Gemeenschappen, in: Besluitvorming in de Europese Gemeenschappen: Theorie en praktijk, Deventer 1968, S. 63 ff.; *Schmitt von Sydow, Helmut,* Die Zusammenarbeit nationaler und europäischer Beamter in den Ausschüssen der Kommission, in: EuR 1974, S. 62 ff.; *Cayre, Geneviève,* La collaboration entre les services de la Commission et les administrations des Etats membres des Communautés européennes, L'exemple des comités agricoles, Diss. Montpellier 1974; *Etaix, Marie-Anne - Yves Benet,* Les comités de gestion et les comités de réglementation dans la Communauté économique européenne, Centre universitaire d'études des Communautés européennes, Paris 1970; *van Miert, Karel,* Van de beheerscomités naar de sogenaamde comités van regelende aard, in: Int. Spect. 1970, S. 282 ff.; *Strohmeier, Peter,* Die Befugnis von Rat und Kommission der Europäischen Gemeinschaften zur Einsetzung von Ausschüssen, Diss. Saarbrükken 1972. Weitere Literaturhinweise in Fn. 55 bei Anm. 48 zu Art. 155.

20 Eine Liste der Ständigen Ausschüsse ist im BullEG, Beilage 2/80 veröffentlicht.

21 *Ayral, Michel,* Essai de classification des groupes et comités, in: RMC 1975, S. 330 ff.

Die Ausschußarbeit erlaubt es der Kommission, die Zahl ihrer Beamten in vernünftigen Grenzen zu halten und trägt maßgeblich zur Öffnung des Horizonts der Ausschußmitglieder und zu ihrem Verständnis für die gegenseitige Abhängigkeit der nationalen Verwaltungen und Politiken bei. Die Erfahrung hat in der Tat gezeigt, daß die nationalen Beamten mit der wachsenden Häufigkeit ihrer Besuche in Brüssel gemeinschaftsfreundlicher und selbst integriert werden.[22]

21 Bedenklich ist die Tendenz der Ausschußmitglieder, die anstehenden Probleme unter Technikern zu lösen und den politischen Spitzen wenig Meinungsverschiedenheiten zu Ohren kommen zu lassen. Die überlasteten Kommissare bedürfen schon eines inneren Rucks oder eines äußeren Anstoßes, wenn sie eine Vorlage genauer studieren oder gar zurückweisen wollen, die von den zuständigen Dienststellen als problemlos, weil von den Vertretern aller Mitgliedstaaten akzeptiert, vorgestellt wird.

3. Juristische Würdigung

22 Der EWG-Vertrag nennt nur vier Ausschüsse zur Unterstützung der Kommission;[23] eine ausdrückliche Ermächtigung zur Schaffung weiterer Ausschüsse fehlt. Sie ist dennoch zulässig. Die Kommission hat in einer Vielzahl von Normen das Recht erhalten, Beschlüsse zu fassen und Vorschläge zu machen. Die Befugnis zur Beschlußfassung enthält grundsätzlich das Recht, Ausschüsse zur Vorbereitung dieser Beschlußfassung zu bilden.[24]

23 Im Regelfall beruft die Kommission ihre Hilfsorgane in internen, oft formlosen Beschlüssen. Etwa hundert Gremien wurden dagegen nicht von der Kommission, sondern vom Rat bei der Kommission eingesetzt, und es steht nicht im Belieben der Kommission, ob sie einen derart institutionalisierten Ausschuß auflösen oder seine Rechte zurückschneiden will. Auf der anderen Seite aber kann auch der Rat alle Ausschüsse, die im Vorschlagsverfahren geschaffen wurden, nicht ohne weiteres ihrer Funktion entheben. Die Mitgliedstaaten haben sich auf diese Weise im Sinne der Art. 5 und 162 zu größerer Mitarbeit bei den Gemeinschaftsaufgaben verpflichtet.

24 In vielen Verfahren zur Durchführung des abgeleiteten Gemeinschaftsrechts ist der Kommission die Anhörung bestimmter institutionalisierter Ausschüsse zwingend vorgeschrieben. Die rechtliche Stellung der Kommission ist dadurch nicht geschwächt, denn die Anhörungsverpflichtung beschränkt nicht die Rechtsposition, die der Kommission

22 Beispiel bei *Agid, Philippe,* Le développement des mécanismes institutionnels de la Communauté Economique Européenne, L'exemple des Comités de gestions agricoles, Paris 1966, S. 20.
23 Art. 83, 105 Abs. 2, 113 Abs. 3, 124 Abs. 2.
24 Vgl. Rn. 41 zu Art. 155.

unmittelbar durch den Vertrag zugestanden wurde. Die Anhörungspflicht ist vielmehr als Bedingung an die neuen Befugnisse geknüpft worden, die der Kommission insbesondere im Zusammenhang mit den Verwaltungs- und Regelungsausschüssen zusätzlich anvertraut wurden.[25] Trotz ihrer – historisch bedingten – Namen verwalten und regeln diese Ausschüsse außer ihrer Tagesordnung nichts; alle Rechtsakte mit Außenwirkung werden entweder von der Kommission oder vom Rat getroffen. Die Ausschüsse können sich niemals selber an den Rat wenden und ihn mit einem strittigen Entwurf befassen; ob sie auf eine Maßnahme verzichtet oder auf ihrem Vorhaben besteht und dabei den Rat zum Zuge kommen läßt, entscheidet die Kommission allein. Die Zulässigkeit dieser Verfahren und der Anhörungsrechte der Ausschüsse ist eine Frage der Auslegung der Befugnisübertragung nach Art. 155 Unterabs. 4, nicht aber der Zulässigkeit der Einsetzung der Ausschüsse.

VI. Nachgeordnete Behörden[26]

25 Entgegen der herrschenden Meinung der sechziger Jahre scheint sich heute die Ansicht durchzusetzen, daß eine Delegation von Kommissionsbefugnissen auf nachgeordnete Einrichtungen möglich ist, wenn die fünf folgenden Voraussetzungen beachtet werden: Die Delegation darf sich nur auf die Vorbereitung oder Durchführung von Beschlüssen beziehen. Die Kommission darf nicht weitergehende Befugnisse übertragen, als sie selbst hat. Die Kommission darf den nachgeordneten Einrichtungen keinen Beurteilungs- oder Ermessensspielraum belassen. Die Übertragung muß unter der Kontrolle und Verantwortlichkeit der Kommission bleiben. Das institutionelle Gleichgewicht der Europäischen Gemeinschaft darf nicht verfälscht werden.

26 1973 schuf der Rat den Europäischen Fonds für währungspolitische Zusammenarbeit,[27] 1975 das Europäische Zentrum für die Förderung der Berufsausbildung[28] und die Europäische Stiftung für die Verbesserung der Lebens- und Arbeitsbedingungen[29] sowie 1981 die Europäische Agentur für Zusammenarbeit.[30] Als Rechtsgrundlage für diese

25 Dazu Rn. 48 ff. zu Art. 155.

26 Dazu *Everling, Ulrich,* Zur Errichtung nachgeordneter Behörden der Kommission der Europäischen Wirtschaftsgemeinschaft, in: Zur Integration Europas, Festschrift für *Carl Friedrich Ophüls,* Karlsruhe 1965, S. 33 ff.; *Holderbaum, Klaus,* Chancen für eine europäische Kartellbehörde? in: EuR 1967, S. 116 ff.; *Hilf, Meinhard,* Die abhängige juristische Person des Europäischen Gemeinschaftsrechts, in: ZaöRV 1976, S. 551 ff.; *Priebe, Reinhard,* Entscheidungsbefugnisse vertragsfremder Einrichtungen im Europäischen Gemeinschaftsrecht, Baden-Baden 1979.

27 ABl. 1973 Nr. L 89 S. 2.

28 ABl. 1975 Nr. L 39 S. 1.

29 ABl. 1975 Nr. L 139 S. 1.

30 ABl. 1981 Nr. L 328 S. 1.

Behörden wurde Art. 235 EWG-Vertrag gewählt. Das hat zur Folge, daß die neuen Behörden nicht von der Kommission allein, sondern vom Rat auf Vorschlag der Kommission geschaffen worden sind. Da aber ihre Aufgabe darin besteht, die Kommission zu unterstützen, können sie als nachgeordnete Behörden der Kommission angesehen werden.

Artikel 163 [Beschlußfassung]

Die Beschlüsse der Kommission werden mit der Mehrheit der in Artikel 157 bestimmten Anzahl ihrer Mitglieder gefaßt.
Die Kommission kann nur dann wirksam tagen, wenn die in ihrer Geschäftsordnung festgesetzte Anzahl von Mitgliedern anwesend ist.

Durch den Fusionsvertrag* (Art. 19) aufgehoben und wie folgt neu geregelt:

Artikel 17 FusV

Die Beschlüsse der Kommission werden mit der Mehrheit der in Artikel 10 bestimmten Anzahl ihrer Mitglieder gefaßt.
Die Kommission kann nur dann wirksam tagen, wenn die in ihrer Geschäftsordnung festgesetzte Anzahl von Mitgliedern anwesend ist.

Inhaltsübersicht

I. Ausarbeitung von Entwürfen

1 Jede anfallende Arbeit wird in der Regel einer Abteilung, der tragenden Einheit im organisatorischen Aufbau der Kommissionsverwaltung, zugeordnet.[1] Beson-

* Vertrag zur Einsetzung eines Gemeinsamen Rates und einer Gemeinsamen Kommission der Europäischen Gemeinschaften (67/443/EWG; 67/27/Euratom) vom 8.4.1965 (ABl. 1967 Nr. 152 S. 2; BGBl. 1967 II S. 1454).

dere Bedeutung wird der Beteiligung der anderen betroffenen Dienststellen und insbesondere des Juristischen Dienstes zugemessen. Alle Schriftstücke sind grundsätzlich in Französisch, Deutsch und Englisch vorzulegen; Schriftstücke zur Weitergabe an andere Organe oder nach außen sind in sämtlichen Amtssprachen der Gemeinschaft einzureichen.[2]

2 Gruppenarbeit der Kommissionsmitglieder kann die Sitzungen des Kollegiums vorbereiten oder entlasten, vornehmlich bei übergreifenden Problemkreisen, die den Zuständigkeitsbereich mehrerer Kommissare berühren.[3] Je nach der Art des Mandats der Gruppe bestimmt die Kommission, ob der Teilnehmerkreis auf die von ihr bezeichneten Kommissionsmitglieder beschränkt bleiben soll (geschlossene Gruppe) oder ob außerdem noch andere Kommissionsmitglieder auf Wunsch an den Sitzungen teilnehmen dürfen (offene Gruppe).

II. Mündliche Beratung

1. Vorbereitung

3 Die Kommission tritt in der Regel an jedem Mittwoch um 10 Uhr im 13. Stock des Berlaymontgebäudes in Brüssel zusammen. Zu zeitlichen und örtlichen Abweichungen und zu Sondersitzungen kann es kommen, wenn dies die Umstände erfordern, z.B. weil die Kommissare wegen einer Sitzung des Parlamentes oder des Rates in Luxemburg oder Straßburg weilen. 1981 hat die Kommission 79 Sitzungen abgehalten.

4 Der Entwurf der Tagesordnung wird vom Generalsekretär auf Weisung des Präsidenten erstellt, und am Donnerstag der Vorwoche verteilt. Am Montag vor der Sitzung werden die anstehenden Themen gewöhnlich von den Kabinettchefs unter dem Vorsitz des Generalsekretärs vorgeprüft. Haben sich die Kabinettschefs in ihren Beratungen über einen der Kommission zu unterbreitenden Entwurf hinlänglich geeinigt, so kann der Präsident in der Kommissionssitzung vorschlagen, über diesen Vorschlag der Kabinettchefs ohne Aussprache zu beschließen.

2. Beschlußfähigkeit

5 Art. 17 des Fusionsvertrages, der inhaltlich voll mit Art. 163 EWG-Vertrag übereinstimmt, verweist auf die Geschäftsordnung der Kommission. Dort ist festgelegt, daß die

1 Vgl. Rn. 13 zu Art. 162.
2 Vgl. Art. 217 und 248.
3 Art. 14 der Geschäftsordnung (abgedruckt in HER I A 62/1, S. 3 ff.). Kritisch *Spierenburg, Dirk,* Vorschläge für eine Reform der Kommission der Europäischen Gemeinschaften und ihrer Dienststellen, Brüssel 1979, S. 9 f., Ziff. 34 ff.

Kommission beschlußfähig ist, wenn mindestens acht Mitglieder anwesend sind.[4] Bei weniger als acht Anwesenden ist zwar eine Beratung, nicht aber eine Beschlußfassung möglich. Das ergibt sich nicht nur aus dem Quorum für die Beschlußfähigkeit, sondern auch daraus, daß die Beschlüsse der Kommission nicht mit der Mehrheit der anwesenden, sondern mit der Mehrheit der vertragsgemäßen Mitglieder gefaßt werden.

6 Abwesende Kommissare können nicht vertreten werden, jedoch kann ein Kabinettsmitglied an der Sitzung teilnehmen und die Meinung des anwesenden Kommissars vortragen.[5] Die Kabinettsmitglieder haben dabei allerdings kein Stimmrecht.

3. Beschlußfassung

7 Die Beschlüsse der Kommission werden mit einfacher Mehrheit gefaßt. Maßgeblich ist die im Vertrag vorgesehene Gesamtzahl der Kommissionsmitglieder und nicht die Zahl der anwesenden Mitglieder. Die Mehrheit beträgt also derzeit acht von vierzehn Stimmen.

8 Trotz des vertraulichen Charakters der Kommissionsberatungen ist bekannt, daß die Kommission verhältnismäßig selten mit Mehrheit beschließt. Eine Abstimmung trägt einen gewissen Kampfcharakter und ist deswegen vor allem da angebracht, wo individuelle Gruppen oder Personen selbständig und unabhängig einander gegenüberstehen. Die Kommission dagegen ist auf Geschlossenheit angewiesen, wenn sie wirksam handeln und nicht innerlich gelähmt sein will. Das Wissen um diesen Zusammenhalt erleichtert es den Kommissionsmitgliedern, die bei einer eventuellen Abstimmung unterlegen sind, das Ergebnis mit zu verantworten. So ist in Einzelfällen bekannt geworden, daß Kommissare eine Kommissionsmeinung, gegen die sie vorher intern gestimmt hatten, später mit Vehemenz und Überzeugungskraft im Rat und in der Öffentlichkeit vertreten haben.

III. Schriftliche Verfahren

9 Der Arbeitsanfall bei der Kommission macht es unmöglich, alle Beschlüsse in mündlicher Beratung zu fassen. 1981 hat die Kommission 6044 Rechtsakte gesetzt, 651 Vorschläge, Empfehlungen oder Entwürfe von Rechtsakten dem Ministerrat vorgelegt und außerdem 181 Mitteilungen, Memoranden und Berichte verabschiedet. Schon in den 60er Jahren hat die Kommission deshalb auf das Instrument der schriftlichen Verfahren zurückgegriffen. Mit ihm kann ein Kommissionsmitglied die Zustimmung seiner Kollegen einholen, indem er den Entwurf durch das Generalsekretariat verteilen läßt. Der Entwurf gilt als

4 Art. 6 der Geschäftsordnung i.d.F. der Entscheidung 81/2/Euratom, EGKS, EWG der Kommission vom 6.1.1981, ABl. 1981 Nr. L 8 S. 16.

5 Art. 9 Abs. 2 der Geschäftsordnung.

angenommen, wenn bis zum Ablauf der im Begleitvermerk gesetzten Frist – gewöhnlich fünf Arbeitstage – kein Kommissionsmitglied Vorbehalte geltend gemacht hat.

10 Die Mitglieder der Kommission erhalten vom Generalsekretariat täglich und dann noch einmal wöchentlich eine Aufstellung der Beschlüsse, die am Vortage bzw. in der Vorwoche im schriftlichen Verfahren gefaßt worden sind. In jeder Mittwochssitzung nimmt die Kommission von der wöchentlichen Liste förmlich Kenntnis und fügt sie dem Protokoll der Kommissionssitzung als Anhang bei.

11 Die Notwendigkeit einer Arbeitsentlastung der Kommissionsmitglieder fand ihren Ausdruck in der steigenden Beliebtheit des schriftlichen Verfahrens. Ende der 60er Jahre kamen ungefähr 80 % der Kommissionsbeschlüsse im schriftlichen Verfahren zustande. Heute werden lediglich 5 % der Kommissionsbeschlüsse, nämlich die bedeutungsvollsten und diskussionswürdigsten, in mündlicher Sitzung getroffen. Die restlichen Entscheidungen werden nur noch zu einem Viertel im schriftlichen Verfahren getroffen; denn seit einigen Jahren haben die sogenannten Zeichnungsermächtigungen mehr und mehr den Platz der schriftlichen Verfahren und vor allem der beschleunigten schriftlichen Verfahren übernommen.

IV. Zeichnungsermächtigungen

12 Die schriftlichen Verfahren entlasten die Kommission nicht ausreichend, da sie nur die mündlichen Diskussionen verkürzen, aber immer noch voraussetzen, daß jeder Kommissar die Vorlage durcharbeiten und voll mitverantworten muß. Bereits die Geschäftsordnung der EWG-Kommission vom 9. Januar 1963 sah deshalb in Artikel 27 vor: »Die Kommission kann ihre Mitglieder und ihre Beamten ermächtigen, auf den Gebieten ihrer jeweiligen Zuständigkeit unter Verantwortlichkeit der Kommission ganz oder teilweise die zur Vorbereitung oder Durchführung der Kommissionsbeschlüsse erforderlichen Maßnahmen, insbesondere finanzieller Art, zu treffen.«

13 Die Kommission hat von dieser Möglichkeit reichlich Gebrauch gemacht, zunächst im Rahmen der Kartellverordnung Nr. 17 und der Festsetzung landwirtschaftlicher Ausfuhrerstattungen und Einfuhrabschöpfungen, später im Rahmen der Anti-Dumping-Verfahren, der handelspolitischen Überwachung und der Schutzklausel des Artikels 115 EWGV. Heute werden fast drei Viertel der Kommissionsbeschlüsse nicht mehr vom Kollegium, sondern im Rahmen der Zeichnungsermächtigung getroffen.

14 Die Übertragung von Befugnissen der Kommission an einzelne ihrer Mitglieder oder gar an Beamte ist in den 60er Jahren auf Kritik gestoßen.[6] Denn hier droht der Grundsatz der

6 *Schindler, Peter,* Zur Problematik der Ermächtigung einzelner Mitglieder der Kommission der EWG bzw. der EG zum Erlaß von Verordnungen auf agrarrechtlichem Gebiet, in: DVBl. 1970, S. 605 ff.

Kommission als Kollegialorgan angetastet zu werden. Diese Kritik trug dem Unterschied zwischen Zuständigkeitsübertragung und interner Zeichnungsermächtigung nicht genügend Rechnung. Der Gerichtshof der Europäischen Gemeinschaft hat 1972 in der Rechtssache *Geigy* bestätigt, daß die Zeichnungsermächtigung als eine interne Geschäftsverteilungsmaßnahme der Kommission zulässig ist.[7]

15 Die Kommission ihrerseits hat sich 1975 in einem internen Grundsatzbeschluß die Grenzen und die Kriterien der Zeichnungsermächtigungen genauer abgesteckt.[8] Außerdem legt sie bei den einzelnen Zeichnungsermächtigungen meistens fest, daß ihr periodisch Bericht erstattet werden muß und daß die Ermächtigung nur für einen bestimmten Zeitraum, in der Regel sechs Monate, gilt. Im übrigen unterrichtet das Generalsekretariat täglich in einem Vermerk die Mitglieder der Kommission über die am Vortage gefaßten Beschlüsse. Die Kommission nimmt auf ihrer wöchentlichen Sitzung davon formell Kenntnis.

7 EuGH - Geigy, 52/69 – Slg. 1972, 787.
8 Beschluß vom 23.7.1975.

Abschnitt 4
Der Gerichtshof

Vorbemerkung zu den Artikeln 164 bis 188

Literaturhinweise

(Siehe auch die Hinweise zu den einzelnen Artikeln dieses Abschnitts, insbesondere zu Art. 164.)

Basse, Hermann, Das Verhältnis zwischen der Gerichtsbarkeit des Gerichtshofes der Europäischen Gemeinschaften und der deutschen Zivilgerichtsbarkeit, Berlin 1967

Bebr, Gerhard, Judicial Control of the European Communities, London 1962

Brinkhorst, L. J. - Schermers, H. G., Judicial Remedies in the European Communities. A Case Book, Deventer 1969

Bülow, Erich, Überlegungen für eine Weiterentwicklung des Rechts der Gemeinschaftsgerichtsbarkeit, in: EuR 1980, S. 307–328

Catalano, Nicola, Manuel de droit des Communautés européennes, 2. Aufl., Paris 1965

Colin, Jean-Pierre, Le Gouvernement des Juges dans les Communautés européennes, Bd. I: Les fonctions de la Cour de Justice des Communautés européennes, Bd. II: La politique jurisprudentielle de la Cour de Justice des Communautés européennes, Nancy 1963

Daig, Hans-Wolfram, Die Rechtsprechung des Gerichtshofes der Europäischen Gemeinschaften zur unmittelbaren Wirkung von EWG-Bestimmungen auf die Rechtsbeziehungen zwischen Mitgliedstaaten und Gemeinschaftsbürgern, in: EuR 1970, S. 1–31

ders., Die Gerichtsbarkeit in der europäischen Wirtschaftsgemeinschaft und der europäischen Atomgemeinschaft, in: AöR 1958, S. 132–208

De Laubadère, André, Traits généraux du contentieux administratif des Communautés européennes, Recueil des Cours de l'Académie de droit international, Band 111, Leiden 1964, I, S. 531–601

Donner, A. M., Les rapports entre la compétence de la Cour de Justice des Communautés européennes et les tribunaux internes, Recueil des Cours de l'Académie de droit international, Band 115, Leiden 1965, II, S. 5–58

Eversen, H. J. – Sperl, H., Europäische Rechtsprechung 1953–1962, (Nachtragsbände jährlich ab 1963, letzter Band 1976), Köln 1962–1976

F. I. D. E. (Fédération internationale pour le droit européen), Reports of the Ninth Congress, 25–27 September 1980, Band I, Remedies for breach of Community Law, London 1980

Frohn, Rainer, Anforderungen an Verfassung und Verfahrensordnung des EuGH – Bisherige Rechtsprechung und neue Aufgaben, in: EuR 1980, S. 383–389

Goergmaier, Dietmar, Stellung und Rechtsprechung des Gerichtshofs der Europäischen Gemeinschaften, in: DÖV 1981, S. 360–366

Green, Andrew Wilson, Political Integration by Jurisprudence. The work of the Court of Justice of the European Communities in European Political Integration, Leiden 1969

Gutsche, Martin, Die Bindungswirkung der Urteile des Europäischen Gerichtshofes, Göttingen 1967

Harford, Heiner, Die Jurisdiktion der Europäischen Gemeinschaften. Zur extraterritorialen Wirkung des Gemeinschaftsrechts, Frankfurt/M. 1977

Herrmann, Hans Joachim, Die Entwicklung des Rechtsschutzes in der europäischen Gerichtsbarkeit, in: RabelsZ 1981, S. 413–426

Ipsen, Hans Peter, Der Europäische Gerichtshof im Tindemans-Bericht – Carl Hermann Ule zum 70. Geburtstag, in: DVBl. 1977, S. 128–132

Knopp, Werner, Über die Aufgabenteilung zwischen dem Europäischen Gerichtshof und den nationalen Gerichten bei der Auslegung des Gemeinschaftsrechts, in: Festschrift für Philipp Möhring zum 65. Geburtstag, München usw. 1965, S. 449–481
Kutscher, Hans, Der Gerichtshof der Europäischen Gemeinschaften, EuGRZ 1978, S. 503–507
Lecourt, Robert, Le juge devant le Marché Commun, Genf 1970
ders., La Cour de Justice des Communautés européennes vue de l'intérieur, in: Festschrift zum 70. Geburtstag von Hans Kutscher, Baden-Baden 1981, S. 261–272
Lord Mackenzie Stuart, A. J., The European Communities and the Rule of Law, London 1977
Migliazza, Alessandro, La Corte di Giustizia delle Comunità Europee. Estratto da Studi Urbinati – Anno XXVII (1958–1959), Nuova serie A Nr. 11, Mailand
Oppermann, Thomas – Hiermaier, Werner, Zur Einführung: Das Rechtsschutzsystem des EWG-Vertrages, in: JuS 1980, S. 782–790
Petzold, Herbert, Die Gewaltenteilung in den Europäischen Gemeinschaften, Göttingen 1966
Riese, Otto, Über den Rechtsschutz von Privatpersonen und Unternehmen in der Europäischen Wirtschaftsgemeinschaft, in: Probleme des Europäischen Rechts – Festschrift für Walter Hallstein zu seinem 65. Geburtstag, Frankfurt/M. 1966, S. 414–430
ders., Über den Rechtsschutz innerhalb der Europäischen Gemeinschaften, in: EuR 1966, S. 24–54
Rigaux, F., Le pouvoir d'appréciation de la Cour de Justice des Communautés européennes à l'égard des faits, in: Miscellanea W. J. Ganshof van der Meersch, Band I, Brüssel 1972
Scheingold, Stuart A., The Rule of Law in European Integration, New Haven usw. 1965
Schlochauer, Hans-Jürgen, Die Zuständigkeiten des Gerichtshofes der Europäischen Gemeinschaften, in: Zur Integration Europas, Festschrift für Ophüls, Karlsruhe 1965, S. 167–191
ders., Der Gerichtshof der Europäischen Gemeinschaften als Integrationsfaktor, in: Festschrift für Walter Hallstein zu seinem 65. Geburtstag, Frankfurt/M. 1966
Steindorff, Ernst, Rechtsschutz und Verfahren im Recht der europäischen Gemeinschaften, Baden-Baden 1964
Tizzano, Antonio, La Corte di Giustizia delle Comunità Europee, Band I, Neapel 1967
Ule, Carl Hermann, Der gerichtliche Rechtsschutz des Einzelnen gegenüber der vollziehenden Gewalt in den Europäischen Gemeinschaften, Köln usw. 1970, Gerichtsschutz gegen die Exekutive Nr. 2: Länderberichte, S. 1179–1216
ders., Empfiehlt es sich, die Bestimmungen des europäischen Gemeinschaftsrechts über den Rechtsschutz zu ändern und zu ergänzen?, in: Verhandlungen des 46. Deutschen Juristentages, Band I (Gutachten) Teil 4, München 1966
Valentine, D. G., The Court of Justice of the European Communities, Band I und II, London 1965
Warner, J.-P., Die Entwicklung der Tätigkeit des Europäischen Gerichtshofes, in: Gerichtshof der Europäischen Gemeinschaften, Begegnung von Justiz und Hochschule am 27.–28. September 1976, Luxemburg 1976, S. V-3 – V-23
Zuleeg, Manfred, Das Recht der Europäischen Gemeinschaften im innerstaatlichen Bereich, Köln 1969
Zweigert, Konrad, Empfiehlt es sich, Bestimmungen über den Rechtsschutz zu ändern? – Hauptreferat. Zehn Jahre Rechtsprechung des Gerichtshofes der Europäischen Gemeinschaften, Köln usw. 1965, S. 580–597

Übersicht über den Inhalt der Artikel 164 bis 188

Abschnitt 4 umfaßt zwei Gruppen von Vorschriften, nämlich eine Gruppe, die sich auf die Gerichtsverfassung und auf das Gerichtsverfahren, und eine zweite Gruppe, die sich auf die verschiedenen Klagearten und ihre materiellen Grundlagen beziehen.

Zur ersten Gruppe gehören die Art. 164 bis 168 und 185 bis 188, nämlich: Aufgaben des Gerichtshofs (164), Zusammensetzung (165), Aufgaben der Generalanwälte (166), Ernennung der Richter und Generalanwälte – Präsidium des Gerichtshofs (167), Kanzler (168), Aussetzung des Vollzugs von Maßnahmen eines Organs (185), sonstige einstweilige Anordnungen (186), Vollstreckbarkeit der Urteile (187), Satzung des Gerichtshofs – Erlaß einer Verfahrensordnung (188).

Zur zweiten Gruppe sind die Art. 169 bis 184 zu zählen, nämlich: Feststellungsklagen der Kommission gegen Mitgliedstaaten wegen Vertragsverletzung (169), Feststellungsklagen eines Mitgliedstaates gegen einen anderen Mitgliedstaat wegen Vertragsverletzung (170), Pflichten eines Mitgliedstaates aus einem gegen ihn ergangenen Urteil (171), Klagen im Verfahren mit unbeschränkter Rechtsprechung wegen Zwangsmaßnahmen (172), Anfechtungsklagen (173), Wirkung des Nichtigkeitsurteils (174), Untätigkeitsklagen (175), Pflichten eines nach Artikel 173 oder 175 verurteilen Organs (176), Vorabentscheidungen (177), Schadensersatzklagen (178), Klagen der Bediensteten der Gemeinschaft (179), Klagen im Zusammenhang mit der Tätigkeit der Europäischen Investitionsbank (180), Klagen auf Grund von Schiedsklauseln in privatrechtlichen oder öffentlich-rechtlichen Verträgen oder auf Grund von zwischenstaatlichen Schiedsverträgen (181–182), Kompetenzabgrenzung gegenüber den nationalen Gerichten (183), inzidente Nachprüfung von Verordnungen des Rates und Kommission (184).

Artikel 164 [Aufgaben]

Der Gerichtshof sichert die Wahrung des Rechts bei der Auslegung und Anwendung dieses Vertrages.

Literaturhinweise

(Siehe zunächst die Literaturhinweise zur Vorbemerkung zu den Artikeln 164 bis 188)

Auslegungsmethoden

Bernhardt, Rudolf, Zur Auslegung des europäischen Gemeinschaftsrechts, in: Festschrift zum 70. Geburtstag von Hans Kutscher, Baden-Baden 1981, S. 17–24

Bredimas, Anna, Methods of interpretation and Community Law, Amsterdam usw. 1978, S. 1–219

Capotorti, Francesco, Sulla interpretazione uniforme dei Trattati europei, in: Riv. dir. int. 1960, S. 3–25

Chevallier, Roger-Michel, Methods and Reasoning of the European Court in its Interpretation of Community Law, in: CMLR 1964, S. 21–35

Daig, Hans-Wolfram, Zu Rechtsvergleichung und Methodenlehre im Europäischen Gemeinschaftsrecht, in: Festschrift für Konrad Zweigert, Tübingen 1981, S. 395–415

Dumon, F., Die Rechtsprechung des Gerichtshofes. Kritische Prüfung der Auslegungsmethoden, in: Gerichtshof der Europäischen Gemeinschaften. Begegnung von Justiz und Hochschule am 27. und 28. September 1976 – Berichte, Luxemburg o. J., S. III-1 – III-164

Fallon, Denis, Droit communautaire et droit comparé, in: Miscellanea W. J. Ganshof van der Meersch, Band II 1972, S. 943–956
Friauf, Karl Heinrich, Die Notwendigkeit einer verfassungskonformen Auslegung im Recht der westeuropäischen Gemeinschaften, in AöR 1960, S. 224–235
Hamson, C., Methoden der Auslegung. Kritische Wertung der Ergebnisse, in: Gerichtshof der Europäischen Gemeinschaften a. a. O. (oben bei *Dumon*), S. II-1 - II-30
Kreibaum, Gerd, Die Auslegung des Vertrages zur Begründung der Europäischen Wirtschaftsgemeinschaft (EWG), in: Zeitschrift für schweizerisches Recht 1964, S. 163–195
Kutscher, Hans, Thesen zu den Methoden der Auslegung des Gemeinschaftsrechts, aus der Sicht eines Richters, in: Gerichtshof der Europäischen Gemeinschaften, a. a. O. (oben bei *Dumon*), S. I-1 - I-56
McMahon, J. F., The Court of Justice of the European Communities. Judicial Interpretation and International Organization, British Yearbook of International Law 1961, S. 320–350
Migliazza, Alessandro, L'attività interpretativa della Corte di Giustizia delle Comunità sopranazionali europee, in: Comunicazioni e studi 1958–59, S. 351–391
Monaco, Riccardo, Auslegungsgrundsätze des Gerichtshofes, in: Zehn Jahre Rechtsprechung des Gerichtshofs der Europäischen Gemeinschaften, Köln usw. 1965, S. 177–186
Ophüls, Carl Friedrich, Über die Auslegung des Europäischen Gemeinschaftsrechts, in: Festgabe für Müller-Armack, Berlin 1961, S. 279–290
Zuleeg, Manfred, Die Auslegung des Europäischen Gemeinschaftsrechts, in: EuR 1969, S. 97–108

Rechtsquellen

Lord Mackenzie Stuart, A. J., - Warner, J. P., Judicial Decision as a Source of Community Law, in: Festschrift zum 70. Geburtstag von Hans Kutscher, Baden-Baden 1981, S. 273–281
Migliazza, Alessandro, La jurisprudence de la Cour de Justice des Communautés européennes et le problème des sources du droit, in: Annuaire de l'Association des auditeurs et anciens auditeurs de l'Académie de droit international 1961, S. 96–107
Ophüls, Carl Friedrich, Quellen und Aufbau des Europäischen Gemeinschaftsrechts, in: NJW 1963, S. 1697–1701
Pescatore, Pierre, L'ordre juridique des Communautés européennes – Etudes des sources du droit communautaire, Lüttich 1971
Reuter, Paul, La Cour de Justice des Communautés européennes et le droit international, in: Recueil d'études de droit international en hommage à Paul Guggenheim, Genf 1968, S. 665–686

Allgemeine Rechtsgrundsätze

Cassoni, Giuseppe, I principi generali comuni agli ordinamenti degli Stati membri quale fonte sussidiaria del diritto applicato dalla Corte di Giustizia delle Comunità Europee, Mailand 1959
Lecheler, Hellmut, Der Europäische Gerichtshof und die allgemeinen Rechtsgrundsätze, Berlin 1971
Meessen, Karl-Mathias, Zur Theorie allgemeiner Rechtsgrundsätze des internationalen Rechts: Der Nachweis allgemeiner Rechtsgrundsätze des Europäischen Gemeinschaftsrechts, Jahrbuch für internationales Recht 1974, S. 283–306
Zweigert, Konrad, Les principes généraux du droit des Etats membres, in: Les Novelles – Droit des Communautés européennes, Brüssel 1969

Grundrechte insbesondere

Bernhardt, R., Probleme eines Grundrechtskatalogs für die Europäischen Gemeinschaften, in: Bericht der Kommission vom 4. Februar 1976, BullEG, Beilage 5/76, S. 19–69
Börner, Bodo, Deutsche Grundrechte und Gemeinschaftsrecht, in: NJW 1976, S. 2041–2048
Dauses, Manfred A., Zur neueren Grundrechtsproblematik in der EG, in: JZ 1980, S. 293–298

Fuss, Ernst-Werner, Rechtsstaatliche Bilanz der Europäischen Gemeinschaften, in: Festschrift für Küchenhoff, Berlin 1972, S. 781–803
Golsong, Heribert, Grundrechtsschutz im Rahmen der Europäischen Gemeinschaften, in: EuGRZ 1978, S. 346–352
Hilf, Meinhard, Die gemeinsame Grundrechtserklärung des Europäischen Parlaments, des Rates und der Kommission vom 5. April 1977, in: EuGRZ 1977, S. 158–161
Karpenstein, Peter, Die Entwicklung des Gemeinschaftsrechts, Kapitel II: Grundrechte, in: EuR 1978, S. 374–379
Kommission der EG, Der Schutz der Grundrechte bei der Schaffung und Fortentwicklung des Gemeinschaftsrechts, in: Bericht der Kommission vom 4. Februar 1976, BullEG, Beilage 5/76, S. 3–18
Küchenhoff, Dietrich, Grundrechte und europäisches Staatengemeinschaftsrecht, in: DÖV 1963, S. 161–167
Pernice, Ingolf, Grundrechtsgehalte im europäischen Gemeinschaftsrecht, Baden-Baden 1979
Pescatore, Pierre, Die Menschenrechte und die europäische Integration, in: Integration – Vierteljahresschrift zur Europaforschung 1969, S. 103–136
ders., Fundamental Rights and Freedoms in the System of the European Communities, in: American Journal of International Law 1970, S. 343–351
Riegel, Reinhard, Zum Problem der allgemeinen Rechtsgrundsätze und Grundrechte im Gemeinschaftsrecht, in: NJW 1974, S. 1585–1590
Scheuner, Ulrich, Der Grundrechtsschutz in der Europäischen Gemeinschaft und die Verfassungsrechtsprechung, in: AöR 1975, S. 30–52
Weber, Albrecht, Grundrechte im europäischen Beamtenrecht, in: Beamtenrecht 1978, S. 326–333

Vgl. auch *Beutler,* Die Bedeutung des Grundrechtsschutzes, Anhang C dieses Kommentars, und die dort aufgeführte Literatur.

Inhaltsübersicht

I. Vergleich mit EAG- und EGKS-Recht

1 Art. 164 EWGV entspricht wörtlich Art. 136 EAGV, während Art. 31 EGKSV sich von diesen Bestimmungen dadurch unterscheidet, daß er hinter »dieses Vertrages« anfügt: » . . . und der Durchführungsvorschriften«. Der Unterschied ist jedoch bedeutungslos, da der EuGH selbstverständlich auch im EWG-Bereich nicht nur über die Einhaltung des

Vertrages (= »primäres Gemeinschaftsrecht«), sondern auch über die Beachtung und die Rechtmäßigkeit der von den Organen auf der Grundlage des Vertrages erlassenen Akte (= »sekundäres Gemeinschaftsrecht«) zu wachen hat. Positiv-rechtlich ergibt sich dies aus Art. 173, der als Klagegrund u. a. die »Verletzung dieses Vertrages *oder einer bei seiner Durchführung anzuwendenden Rechtsnorm«* anführt, sowie aus Art. 177 Abs. 1 Buchst. b), wonach der EuGH zuständig ist, »über die Gültigkeit und die Auslegung der Handlungen der Organe der Gemeinschaft« vorab zu entscheiden.

II. Bedeutung und Funktion von Artikel 164

2 1. a) Art. 164 umschreibt allgemein die Aufgaben des EuGH. Er begründet weder eine Einzelzuständigkeit des EuGH im Sinne eines bestimmten Verfahrenstyps[1] noch eine allumfassende Zuständigkeit für sämtliche Rechtsstreitigkeiten, die das Gemeinschaftsrecht oder die Gemeinschaft betreffen oder berühren. Vielmehr hat der EuGH grundsätzlich nur diejenigen Zuständigkeiten, die sich ausdrücklich aus dem Vertrag oder den auf dessen Grundlage erlassenen Vorschriften (zu denen z. B. auch aufgrund von Art. 220 geschlossene Abkommen gehören!) ergeben. Dieses »Enumerationsprinzip« läßt sich mehrfach positiv-rechtlich belegen:

- *für alle Organe* aus Art. 4 Abs. 1, wonach jedes Organ nur »nach Maßgabe der ihm in diesem Vertrag zugewiesenen Befugnisse« handeln darf, sowie aus Art. 235, der für die Schaffung neuer, d. h. im Vertrag nicht vorgesehener Befugnisse ein besonderes Rechtsetzungsverfahren vorsieht, freie richterliche Rechtsfortbildung somit auf diesem Gebiet ausschließt;

- *für den EuGH insbesondere* aus Art. 177, der zutreffend von der Voraussetzung ausgeht, daß – in den von ihm gezogenen Grenzen – auch die Gerichte der Mitgliedstaaten für die Auslegung und die Anwendung des Gemeinschaftsrechts zuständig sind; ferner aus Art. 183, wonach Streitsachen, in denen die Gemeinschaft Partei ist, der Zuständigkeit der mitgliedstaatlichen Gerichte nur dann entzogen sind, wenn der Vertrag dem EuGH insoweit Zuständigkeit verleiht.

3 b) »Implied powers« des EuGH können dennoch nicht ausgeschlossen werden; ohne die grundsätzliche Bejahung derartiger Befugnisse kann keine Rechtsordnung funktionieren. Richtig ist aber, daß solche »powers«, jedenfalls was den EuGH betrifft, nur unter streng begrenzten Voraussetzungen angenommen werden können:

- die den mitgliedstaatlichen Gerichten zustehenden Befugnisse dürfen nicht geschmälert werden;

- es darf sich nicht um gewissermaßen »selbständige« Befugnisse – also solche von

1 *Kovar,* Les accords liant les Communautés européennes etc., in: RMC 1974, S. 357.

»verfassungsdurchbrechender« Tragweite – handeln, sondern nur um den zwingend gebotenen Ausbau eindeutig gegebener Zuständigkeiten;

– das »implied power« muß sich auf Streitigkeiten beschränken, die nach dem System des Vertrags »typisch« in den Bereich der Gemeinschaftsgerichtsbarkeit fallen, dergestalt daß bei Verneinung dieser Befugnisse die ernsthafte Gefahr drohen würde, daß infolge eines negativen Kompetenzkonflikts schutzwürdige Situationen schutzlos bleiben würden (Grundrechtsverletzung!).

4 2. Obwohl Art. 164 nach dem Gesagten keine Kompetenznorm ist, hat er nicht lediglich deklaratorische Bedeutung; er spielt vielmehr für die Auslegung des Gemeinschaftsrechts eine wichtige Rolle.

Wie sein Aufbau und sein Wortlaut zeigen, werden »Recht« und »Vertrag« nicht einfach gleichgesetzt. Dahinter steht die Erkenntnis, daß »jede internationale und jede überstaatliche Rechtsordnung (wie auch jede nationale Rechtsordnung) einer Ergänzung durch allgemeine Rechtsgrundsätze bedarf«.[2] Bei der Entwicklung dieser Grundsätze hat der EuGH an die allgemeinen Vorstellungen anzuknüpfen, welche die Völker der Mitgliedstaaten und die demokratische und zivilisierte Völkergesamtheit überhaupt in unserer Zeit mit Begriff, Wesen, Wert und Funktion des »Rechtes« verbinden. Art. 164 enthält hiernach den Auftrag an den EuGH, Lücken des geschriebenen Rechts dergestalt auszufüllen, daß Methode und Resultat dieser ergänzenden Rechtsfindung vor den Forderungen der »Rechtlichkeit« bestehen können.[3]

5 3. Die ausdrückliche Betrauung des EuGH mit der Aufgabe, das Gemeinschaftsrecht in seinen eigenen Endentscheidungen auszulegen und dem nationalen Richter auf Anfrage bindende Hinweise für diese Auslegung zu geben (Art. 177), wie überhaupt Existenz und umfangreiche Kompetenzausstattung des EuGH dokumentieren, daß das Gemeinschaftsrecht letztlich nur durch Richterspruch verbindlich interpretiert werden kann. Für »authentische Interpretation« ist nur im engeren Sinne dieses Begriffes Raum, d. h. es steht den zur Rechtsetzung berufenen Stellen wie jedem Gesetzgeber frei, in ihre Normierungen Legaldefinitionen der dort verwendeten Ausdrücke aufzunehmen. Dagegen fehlt den Mitgliedstaaten (einzeln wie insgesamt) und den nicht richterlichen Gemeinschaftsorganen die Kompetenz, in Streitfällen bindend zu entscheiden, wie das Gemeinschaftsrecht auszulegen sei.

2 *Bernhardt*, a. a. O., S. 50; es versteht sich daher von selbst, daß »das Bestehen eines Rechtssatzes ... durch die Tatsache, daß er dem geschriebenen Recht nicht angehört, für sich allein nicht ausgeschlossen [wird]« (EuGH – Merlini/Hohe Behörde, 108/63 – Slg. 1965, XI-1, 15).

3 Vgl. EuGH – Algera u. a./Gemeinsame Versammlung, 7/56 und 3 bis 7/57 – Slg. 1957, 118. Der EuGH stellte zunächst fest, daß der EGKSV zu einer bestimmten Frage keine Vorschriften enthalte, und fuhr dann fort, »um sich nicht dem Vorwurf einer Rechtsverweigerung auszusetzen«, sei er »verpflichtet, diese Frage von sich aus unter Berücksichtigung der in Gesetzgebung, Lehre und Rechtsprechung der Mitgliedstaaten anerkannten Regeln zu entscheiden«. – Siehe im übrigen unten Rn. 13 bis 25.

Art. 164 wohnt insofern ein beschränkendes Element inne, als er den Hinweis enthält, daß der EuGH grundsätzlich nur die *Rechtmäßigkeit* des Handelns oder Unterlassens der betroffenen Prozeßparteien nachprüfen kann, nicht dagegen dessen *Zweckmäßigkeit* oder *Billigkeit*;[4] vgl. auch Art. 173 Abs. 1 Satz 1. Auch soweit er ausnahmsweise die zuletzt genannten Gesichtspunkte seiner Entscheidung zugrundelegen darf – so bei Klagen wegen Verhängung von Zwangsmaßnahmen nach Art. 172 –, muß er bestrebt sein, im Geiste der Rechtlichkeit zu judizieren; er muß prüfen, welche der denkbaren Lösungen dem Geist und den Zielen des Vertragsrechts am besten entspricht, und hat darauf zu achten, daß die von ihm in mehreren vergleichbaren Fällen getroffenen Zweckmäßigkeits- und/oder Billigkeitsentscheidungen insgesamt auf einheitlichen, untereinander vereinbaren Kriterien beruhen.

III. Vom EuGH im EWG-Bereich auszulegendes, anzuwendendes und/oder zu beachtendes Recht

1. Einleitende Bemerkungen

6 a) Welches ist die vom EuGH zu »schützende« Rechtsordnung? Es liegt nahe, hierauf schlagwortartig mit dem Begriff »Gemeinschaftsrecht« zu antworten. Das wäre jedoch unbefriedigend. Erstens wird dieser Begriff in den Verträgen nirgends verwendet und entbehrt deshalb der normativen Kraft. Zweitens läßt sich zwar nicht über den Kernbereich dieses Begriffes streiten, wohl aber u. U. über seine Randbezirke.

Es erscheint vernünftig, unter »Gemeinschaftsrecht« jedenfalls zu verstehen:

- das geschriebene Recht der Gründungsverträge einschließlich der diese Verträge ändernden oder ergänzenden Maßnahmen;

- die von den Gemeinschaftsorganen aufgrund der Verträge erlassenen Akte;

- die mehr oder weniger »allgemeinen« ungeschriebenen Rechtsgrundsätze, die der EuGH zur Ergänzung des Gemeinschaftsrechts zu entwickeln hat.

Dagegen dürfen oder sollten dem »Gemeinschaftsrecht« – jedenfalls im engeren Sinne – insbesondere nicht zugerechnet werden:

- Abkommen, Vereinbarungen usw. zwischen der Gemeinschaft und/oder den Mitgliedstaaten einerseits und Dritten andererseits. Das erscheint ohne weiteres einsichtig,

4 *Daig*, Gerichtsbarkeit, S. 150; zustimmend *Wohlfarth* u. a., a. a. O. (Allg. Literaturverzeichnis); Anm. 1 zu Art. 164.

wenn diese Dritten außerhalb der Gemeinschaft stehen[5] (Nichtmitgliedstaaten; internationale Organisationen), gilt aber auch für Vereinbarungen zwischen der Gemeinschaft und Angehörigen der Mitgliedstaaten (Kaufverträge usw.), da diese nach dem Recht des zuständigen Mitgliedstaates zu beurteilen sind;[6]

– in den Verträgen nicht vorgesehene Abkommen zwischen Mitgliedstaaten, mögen sie auch mit dem Vertragsrecht in Zusammenhang stehen;

– nationale Ausführungsvorschriften zu den Verträgen und den Akten der Gemeinschaftsorgane.[7]

Offen bleibt hiernach insbesondere, ob die in Art. 220 EWGV vorgesehenen Übereinkommen zwischen den Mitgliedstaaten unmittelbar dem Gemeinschaftsrecht zugerechnet werden sollten.[8] *Dafür* läßt sich geltend machen, daß diese Übereinkommen kraft ausdrücklichen Auftrags den Vertrag ausführen und auf dessen Ziele bezogen sind. *Dagegen* könnte sprechen, daß diese Ausführung in den Händen der *Mitgliedstaaten* liegt und daß es ungereimt erscheinen könnte, Übereinkommen zwischen diesen Staaten als Gemeinschaftsrecht anzusehen, dagegen Durchführungsmaßnahmen einzelner Mitgliedstaaten zum Gemeinschaftsrecht von dieser Qualifizierung auszunehmen, wie dies geboten erscheint[9] (vgl. den vorhergehenden Absatz). Dieses Argument ist jedoch nicht unbedingt überzeugend, da die von einem bestimmten Mitgliedstaat erlassenen Vorschriften eben nur in diesem Staat gelten, die genannten Übereinkommen dagegen tendenziell in der gesamten Gemeinschaft (Art. 3 Nr. 2 der Beitrittsakte, wonach die »neuen« Mitgliedstaaten sich verpflichten, den aufgrund von Art. 220 EWGV unterzeichneten Abkommen beizutreten). Letzten Endes sollten die genannten Übereinkommen daher als Bestandteil des Gemeinschaftsrechts *im weiten Sinne* angesehen werden.

7 b) Diese Ausführungen deuten bereits an, daß »Gemeinschaftsrecht« nicht identisch ist mit der Summe derjenigen Prinzipien und Normen, denen der EuGH gegebenenfalls Beachtung zu verschaffen hat, m. a. W. daß der Begriff »Recht« in Art. 164 nicht gleichbedeutend ist mit »Gemeinschaftsrecht«. Er ist einerseits *weiter:* wenn der EuGH nach Art. 173, 177 oder 184 die Rechtmäßigkeit des Handelns des Rates oder der Kommission prüft, so muß er gegebenenfalls z. B. auch Abkommen mit dritten Staaten,

5 A. A. anscheinend *Reuter,* a. a. O., S. 668 ff., der jedoch die hier aufgeworfene Frage mit der Frage vermengt, ob der EuGH gegebenenfalls die Verletzung solcher Abkommen zu sanktionieren hat. Das ist zu bejahren (vgl. oben Rn. 7), zwingt aber nicht zu der künstlichen Konstruktion, Rechtsbeziehungen zwischen der Gemeinschaft und Externen, die der Hoheitsgewalt der Gemeinschaft nicht unterliegen, als »Gemeinschaftsrecht« zu bezeichnen (was würden wohl die auswärtigen Vertragspartner zu solch expansivem Vokabular sagen?).

6 Siehe die Anmerkungen zu Art. 181.

7 Ebenso *Ipsen,* Gemeinschaftsrecht, a. a. O., S. 6.

8 Vgl. zum Stand der Meinungen *Schwartz,* Übereinkommen zwischen den EG-Staaten: Völkerrecht oder Gemeinschaftsrecht?, in: Festschrift für Wilhelm G. Greve, Baden-Baden 1981, S. 556 ff. sowie Kommentierung zu Art. 220 Rn. 75 bis 94.

9 Vgl. die vorhergehenden Absätze.

welche die Gemeinschaft binden, als Prüfungsmaßstab heranziehen.[10] Andererseits ist er *enger:* so sind die Mitgliedstaaten nicht verpflichtet, für die Auslegung und Anwendung der – nach der hier vertretenen Auffassung dem Gemeinschaftsrecht zuzurechnenden – aufgrund von Art. 220 geschlossenen Abkommen die Zuständigkeit des EuGH vorzusehen (allerdings ist eine solche Regelung zweckmäßig).

8 c) Vom *Bestand* des vom EuGH zu *schützenden* Rechts sind diejenigen Rechtsordnungen und Rechtselemente zu unterscheiden, die zwar außerhalb jenes Rechts stehen, jedoch als *Quellen* für die Entwicklung ungeschriebener Prinzipien und Normen des zu schützenden Rechts in Betracht kommen: so z. B. die nationalen Rechtsordnungen der Mitgliedstaaten oder die EMRK für die Erarbeitung allgemeiner Rechtsgrundsätze einschließlich des Schutzes der Grundrechte.

9 d) Mitgliedstaatliches Recht muß der EuGH nicht nur im obigen Sinne beachten, sondern anwenden, wenn das Gemeinschaftsrecht – was eher die Ausnahme ist – hierauf verweist.[11]

10 e) Auslegungs- und Anwendungskompetenz fallen nicht stets zusammen. So kann der EuGH in Interpretationssachen nach Art. 177 das Gemeinschaftsrecht zwar auslegen, muß aber dessen Anwendung auf den konkreten Fall dem staatlichen Richter überlassen. Umgekehrt besitzt er dort, wo er innerstaatliches Recht zur Kenntnis zu nehmen oder anzuwenden hat, keine eigentliche Interpretationszuständigkeit, sondern muß die diesem Recht von den nationalen Gerichten gegebene Auslegung hinnehmen. Entsprechend muß er sich verhalten, wenn er gemeinschaftsexternes internationales Recht heranzuziehen hat: geht es z. B. um die EMRK, hat er sich an die Judikatur des Straßburger Gerichtshofs zu halten.

2. *Primäres Gemeinschaftsrecht*

a) *Geschriebenes Vertragsrecht*

11 aa) Hierzu zählen zunächst der EWGV einschließlich der ihm beigefügten Protokolle (vgl. Art. 239) sowie alle ratifizierten Verträge, die das ursprüngliche Vertragswerk ändern oder aus Anlaß des Beitritts weiterer Staaten anpassen.

10 Vgl. EuGH – International Fruit Company/Produktschap, 21-24/72 – Slg. 1972, 1227 ff. (GATT).

11 Beispiele: die innerstaatlichen Vorschriften über die Zulassung von Anwälten und gegebenenfalls Hochschullehrern als Prozeßvertreter (vgl. Art. 17 Abs. 1, 2, 5 EWG-Satzung sowie EuGH – Nold/Hohe Behörde, 18/57 – Slg. 1958–59, 111); die Verweisung des EurBSt. auf nationales Eherecht (vgl. EuGH – Meinhardt/Kommission, 24/71 – Slg. 1972, 276 ff.). – Soweit weder eine Verweisung vorliegt noch davon ausgegangen werden kann, daß das Gemeinschaftsrecht die Regelung einer offenen Frage den Mitgliedstaaten überlassen hat, können diese die Lücken des Gemeinschaftsrechts nicht nach ihrem nationalen Recht ausfüllen: EuGH – Hannoversche Zucker/Hauptzollamt, 159/73 – Slg. 1974, 129.

11a Problematisch ist die Zuordnung der im EWGV verschiedentlich vorgesehenen Rechtshandlungen des Rates, durch welche der Vertrag punktuell geändert oder ergänzt wird.

Für die Qualifizierung als primäres Gemeinschaftsrecht spricht die Tatsache, daß diese Handlungen mit ihrem Inkrafttreten Bestandteil des Vertragswerks werden. Für die Zuweisung zum sekundären Gemeinschaftsrecht ließe sich anführen, daß jene Handlungen von einem Gemeinschaftsorgan vorgenommen werden. Die Entscheidung für die eine oder die andere Lösung hat nicht nur theoretische Bedeutung, da sekundäres Gemeinschaftsrecht rangniedriger ist als primäres, seine Gültigkeit (Rechtmäßigkeit) daher an diesem gemessen werden kann, während innerhalb des geschriebenen Primärrechts eine solche Rangordnung nicht anzunehmen ist.[12]

Unter Berücksichtigung dieser Überlegungen wird man jedenfalls sagen dürfen, daß diejenigen Handlungen des Rates, die für ihr Inkrafttreten der Ratifizierung durch die Mitgliedstaaten bedürfen (Beispiele: Art. 138 Nr. 3, Art. 201 Abs. 3), Bestandteil des *primären* Gemeinschaftsrechts sind,[13] da ihr entscheidender Geltungsgrund nicht der Erlaß durch den Rat, sondern der »Gesamtakt« der Ratifizierung ist. Dagegen fallen Maßnahmen, die der Rat aus eigener Machtvollkommenheit trifft (Beispiele: Art. 126, 165 Abs. 4, 166 Abs. 3), notgedrungen unter den Begriff »Handlungen (Handeln) der Organe der Gemeinschaft« und sind daher gemäß Art. 173 Abs. 1, 177 Abs. 1 Buchst. b) grundsätzlich gerichtlich überprüfbar; sie müssen daher dem *sekundären* Gemeinschaftsrecht zugerechnet werden. (Auf einem anderen Blatt steht freilich, daß die in Art. 165 Abs. 4, 166 Abs. 3 vorgesehenen Akte nur auf Antrag des EuGH ergehen können, so daß eine solche »Überprüfung« praktisch nicht in Betracht kommt.)

11b Rechtssätze, die der EuGH in einer gemäß Art. 177 getroffenen Vorabentscheidung als Vertragsinhalt feststellt, gehören ebenfalls in die hier behandelte Kategorie.[14]

11c Das geschriebene Vertragsrecht ist im Prinzip oberste Richtschnur jeglicher Rechtsfindung durch den EuGH. Auch wenn das von diesem auszulegende und/oder anzuwendende Recht ausnahmsweise nicht Gemeinschaftsrecht ist,[15] wie z. B. in den Fällen der Art. 181, 182, darf er niemals eine Vorschrift oder Klausel anwenden, die mit dem Vertrag unvereinbar ist.

12 bb) Das geschriebene Vertragsrecht ist als einheitliche, in formaler Betrachtung durchweg ranggleiche Rechtsmasse anzusehen. Es ginge daher nicht an, innerhalb des EWGV Normen mit »Verfassungsrang« und solche mit Rang eines »einfachen Gesetzes« voneinander zu trennen, dergestalt daß »vertragswidrige Vertragsnormen« denkbar wären. Etwaige Widersprüche oder Ungereimtheiten sind somit im Wege der Interpre-

12 Siehe unten Rn. 12.
13 Siehe auch oben Rn. 11.
14 BVerfG, Beschluß vom 25. 7. 1979, 2 BvL 6/77, EuR 1980, S. 71.
15 Siehe oben Rn. 6.

tation auszuräumen.[16] Jede Vorschrift des Vertrages kann also grundsätzlich zur Auslegung jeder anderen Vorschrift herangezogen werden, d. h. zugleich interpretierende und zu interpretierende Norm sein. Richtig ist allerdings, daß die Funktion der »interpretierenden« (richtungweisenden) Norm den grundlegenden Bestimmungen des EWGV – insbesondere dessen Art. 2 bis 7 – in weit stärkerem Maß zufallen muß als den Detailvorschriften.[17]

b) Allgemeine Grundsätze des Gemeinschaftsrechts und »allgemeine Rechtsgrundsätze«

13 aa) Die in der Überschrift verwandten Begriffe decken sich nicht durchweg mit dem Begriff des »ungeschriebenen Rechts«. Einerseits kann auch ein das Prädikat »allgemein« verdienendes Prinzip seinen Niederschlag in einer Vorschrift des positiven Rechts gefunden haben (Beispiele: Grundrechtskataloge mancher Verfassungen);[18] andererseits gehören dem ungeschriebenen Recht auch Sätze an, die sich auf eng umgrenzte Spezialgebiete beziehen.

14 bb) Zwischen »allgemeinen Grundsätzen des Gemeinschaftsrechts« und »allgemeinen Rechtsgrundsätzen« sollte deutlich unterschieden werden.[19] Erstere beziehen sich auf Probleme, die dem Gemeinschaftsrecht spezifisch sind, und müssen daher ausschließlich aus Geist und System des EWGV entwickelt werden.[20] Letztere, von denen im folgenden allein die Rede sein soll, stellen dagegen die Antwort auf Fragen dar, die in allen vergleichbaren Rechtsordnungen auftauchen, also in gewissem Sinne mit dem Recht

16 In diesem Sinne hat der EuGH (zum EGKSV) betont, es könne »sich nicht darum handeln«, verschiedene Vertragsbestimmungen »zueinander in Gegensatz zu bringen, sondern nur darum, sie gleichzeitig ins Auge zu fassen, um sie sinnvoll anzuwenden«: Groupement des industries sidérurgiques luxembourgeoises/Hohe Behörde, 7/54 und 9/54, Slg. 1955–56, 90.

17 Ähnlich *Chevallier*, a. a. O., S. 30.

18 Es ist daher mindestens ungenau, wenn *Weber*, a. a. O., S. 329, die Grundrechte den »ungeschriebenen allgemeinen Rechtsgrundsätzen der Mitgliedstaaten« zurechnet.

19 Was leider nicht immer geschieht. So weist *Pescatore*, (Der gerichtliche Schutz der Grundrechte – Bericht über die Rechtslage in der Gemeinschaft, VII. Internationalen Kongreß über europäisches Recht, Brüssel 1975, S. 6) darauf hin, daß der EuGH anfangs die Grundrechte als Bestandteil der »allgemeinen Grundsätze der Gemeinschaftsrechtsordnung« bezeichnet, später aber den »allgemeinen Rechtsgrundsätzen« zugerechnet hat (vgl. einerseits EuGH – Stauder/Stadt Ulm, 29/69 – Slg. 1969, 425; andererseits EuGH – Internationale Handelsgesellschaft/Einfuhr- und Vorratsstelle, 11/70 – Slg. 1970, 1135). Mit Recht bevorzugt *Pescatore* die zweite Variante. In der späteren Rechtsprechung taucht aber die erste wieder auf: vgl. EuGH – Belbouab/Bundesknappschaft, 10/78 – Slg. 1978, 1925.

20 Beispiel: das für das Wirtschafts- und speziell das Agrarrecht der EWG maßgebende Prinzip der »Gemeinschaftspräferenz«; vgl. EuGH – Beus/Hauptzollamt, 5/67 – Slg. 1968, 147. – Auch der vom EuGH in ständiger Rechtsprechung betonte Vorrang des Gemeinschaftsrechts vor entgegenstehendem nationalem Recht ist ein »allgemeiner Grundsatz des Gemeinschaftsrechts«.

schlechthin zu tun haben; bei der Entwicklung solcher Grundsätze ist daher auf gemeinschaftsexterne Erkenntnismittel zurückzugreifen.

15 cc) Die vom EuGH festgestellten »allgemeinen Rechtsgrundsätze« sind so zahlreich, daß wir uns – abgesehen von den Grundrechten, denen ein besonderer Abschnitt zu widmen ist – mit wenigen beliebig herausgegriffenen Beispielen begnügen müssen:[21]

– »Nach einem allgemein anerkannten Grundsatz sind Gesetzesänderungen, soweit nichts Abweichendes bestimmt ist, auf die künftigen Wirkungen unter dem alten Recht entstandener Sachverhalte anwendbar«.[22]

– Es ist ein »in allen Ländern der Gemeinschaft anerkannter Rechtsgrundsatz anzuwenden, wonach eine schriftliche Willenserklärung wirksam wird, sobald sie ordnungsgemäß in den Machtbereich des Empfängers gelangt ist«.[23]

– »Nach einem in den Rechtsordnungen der Mitgliedstaaten allgemein anerkannten Grundsatz« ist der Anspruch aus ungerechtfertigter Bereicherung »nur dann begründet, wenn der Kläger einen der behaupteten Bereicherung der Gegenpartei entsprechenden Vermögensnachteil erlitten [hat]«.[24]

16 dd) Der Begriff der »allgemeinen Rechtsgrundsätze« ist umstritten.[25] Das geschriebene Völkerrecht verwendet ihn als Definition einer seiner Rechtsquellen (Art. 38 (1) (c) der Satzung des Internationalen Gerichtshofs: »general principles of law recognized by civilized nations«). Die Auslegung dieser Bestimmung durch die internationalen Gerichte ist für das Gemeinschaftsrecht wenig hilfreich, da deren Rechtsprechung sich dieser Quelle bisher nur sehr zögernd bedient hat. Im Gegensatz hierzu hat der EuGH, wie bereits ausgeführt, häufig Anlaß gehabt, auf »allgemeine Rechtsgrundsätze« zurückzugreifen, um die Lücken des Gemeinschaftsrechts zu schließen, ein Indiz dafür, daß unser Begriff im Gemeinschaftsrecht eine umfassendere Bedeutung hat.

Unter »allgemeinen Rechtsgrundsätzen« wird man im Gemeinschaftsrecht im wesentlichen solche Grundsätze, Regeln usw. zu verstehen haben, die – in mehr oder weniger konkreter Ausformung, »geschrieben« oder von Rechtsprechung und Lehre entwickelt – Bestandteil des Rechts der Mitgliedstaaten (oder jedenfalls einzelner Mitgliedstaaten) sind und der Lösung von Problemen dienen, mit denen in gleicher oder vergleichbarer Weise auch das Gemeinschaftsrecht fertig werden muß. Die Frage nach dem »Geltungs-

21 Wegen weiterer Beispiele s. *Daig,* Rechtsvergleichung, S. 413 f. Anm. 20. – Wie nicht verwunderlich, geschieht es nicht selten, daß die Nachforschungen zu dem Ergebnis führen, ein allen mitgliedstaatlichen Rechtsordnungen gemeinsamer Rechtsgrundsatz bestehe *nicht;* vgl. etwa EuGH – IFG/Kommission, 68/77 – Slg. 1978, 370 (»höhere Gewalt«).

22 EuGH – Bauche/Franz. Zollverwaltung, 96/77 – Slg. 1978, 400; ebenso schon EuGH – Westzucker/Einfuhr- und Vorratsstelle, 1/73 – Slg. 1973, 729.

23 EuGH – A. L. M. A./Hohe Behörde, 8/56 – Slg. 1957, 200.

24 EuGH – Danvin/Kommission, 26/67 – Slg. 1968, 480.

25 Vgl. hierzu und zum folgenden *Bredimas,* a. a. O., S. 124 f.

grund« dieser Grundsätze im Gemeinschaftsrecht hat die Literatur stark beschäftigt; insbesondere sind angeführt worden: Art. 164 EWGV; Art. 215 Abs. 2 EWGV als Ausdruck einer allgemeinen methodischen Anweisung zur Lückenfüllung; der gemeinsame Kern der mitgliedstaatlichen Rechtsordnungen als eigentliche Basis der Gemeinschaften.[26] Alle diese Erklärungen haben an sich ihre Berechtigung; doch kann die Entscheidung für den einen oder den anderen Geltungsgrund Einfluß auf die Methode der Rechtsfindung haben. Geht man z. B. von Art. 215 Abs. 2 aus (»allgemeine Rechtsgrundsätze, die den Rechtsordnungen der Mitgliedstaaten gemeinsam sind«), so könnte die Folgerung naheliegen, das Gemeinschaftsrecht müsse oder dürfe nur Grundsätze rezipieren, die *allen* Mitgliedstaaten gemeinsam sind; stützt man sich dagegen auf Art. 164, so erscheint es berechtigt, notfalls auch an die Ordnungen *einzelner* Mitgliedstaaten anzuknüpfen. Die zweite Lösung verdient den Vorzug. Als ihre Anhänger dürften insbesondere alle Autoren zu gelten haben, die der Auffassung sind, der EuGH sei nicht gehalten, seiner Entscheidung das gemeinsame Minimum der nationalen Lösungen, ihr arithmetisches Mittel oder die von einer Mehrheit der Rechtsordnungen getragene Lösung zugrundezulegen, sondern müsse »wertende Rechtsvergleichung« (»critical comparison«) betreiben.[27]

c) Insbesondere: Grundrechte

17 aa) Wie bereits ausgeführt, rechnet der EuGH in ständiger Rechtsprechung die Grundrechte zu den »allgemeinen Grundsätzen des Gemeinschaftsrechts« oder – besser – zu den »allgemeinen Rechtsgrundsätzen«, deren Beachtung er zu sichern hat.[28] Das bedeutet nicht, daß die Gemeinschaft *unmittelbar* an die grundrechtlichen Inhalte der Rechtsordnung eines jeden Mitgliedstaates gebunden wäre.[29] Eine solche These würde schon an der Tatsache scheitern, daß die Gemeinschaft, von Fällen einer klaren Verweisung abgesehen, nicht formal an innerstaatliches Recht gebunden sein kann; im übrigen wäre sie impraktikabel.

Der EuGH hat jedoch bei der Entwicklung und Sicherung des – eigenständigen – gemeinschaftsrechtlichen Grundrechtsschutzes »von den gemeinsamen Verfassungsüberlieferungen der Mitgliedstaaten auszugehen«.[30] Wörtlich heißt das, daß er mindestens den

26 Vgl. die Urteilsanmerkung von *Schweitzer,* NJW 1976, S. 470.

27 So mit Recht *Kutscher,* a. a. O., S. I-30 f.; *Zweigert,* a. a. O., S. 444; *Bredimas,* a. a. O., S. 126. Überdies ergibt sich aus dem zitierten Wortlaut von Art. 215 Abs. 2 – der anderenfalls tautologisch wäre –, daß sich jedenfalls im Gemeinschaftsrecht der Begriff der »allgemeinen Rechtsgrundsätze« nicht mit dem terminus »Grundsätze, die dem Recht *der* Mitgliedstaaten gemeinsam sind« deckt.

28 Vgl. außer den bereits zitierten Urteilen etwa EuGH – Nold/Kommission, 4/73, – Slg. 1974, 507; Hauer/Rheinland-Pfalz, 44/79, Slg. 1979, 3744 f.

29 EuGH – Stork/Hohe Behörde, 1/58 – Slg. 1958–59, 63 f.; Internationale Handelsgesellschaft/Einfuhr- und Vorratsstelle, 11/70, Slg. 1970, 1135; *Friauf,* a. a. O., S. 227. Vgl. auch *Beutler,* Die Bedeutung des Grundrechtsschutzes, Anhang C dieses Kommentars.

30 EuGH Rs. 4/73, a. a. O. (Fn. 28), S. 507; ähnlich schon in der Rs. 11/70, a. a. O. (Fn. 29).

Schutz zu gewähren hat, den *jede* mitgliedstaatliche Ordnung in vergleichbaren Fällen gewährt. Doch wird man sich mit einem solchen Minimum nicht begnügen dürfen, sich vielmehr – gemäß dem Prinzip der »wertenden Rechtsvergleichung«[31] – prinzipiell an den höchsten Schutzmaßstab halten müssen, »weil man sich schwerlich vorstellen kann, wie das Gemeinschaftsrecht sein Ansehen bewahren könnte, wenn es das in dem einen oder anderen Staat als wesentlich betrachtete Schutzniveau unterschreiten sollte«.[32] Ein solches eher »maximalistisches« Vorgehen ist auch deshalb angezeigt, weil zwischen den einzelnen mitgliedstaatlichen Rechtsordnungen z. T. wesentliche Unterschiede existieren, sowohl was den »Katalog« der anerkannten Grundrechte betrifft als auch hinsichtlich der Intensität des Schutzes.[33]

18 bb) Weitherzigkeit ist auch in Bezug auf den gemeinschaftsrechtlichen Begriff der »Grundrechte« angebracht. Dieser darf weder auf wirtschaftsrechtliche Prinzipien[34] noch auf diejenigen Rechte und rechtlich zu schützenden Positionen eingeengt werden, die herkömmlich und überall als »Grundrechte« (»Menschenrechte«, »Freiheitsrechte«) bezeichnet werden, sondern sollte sich überdies auf grundrechtsähnliche Rechtsprinzipien erstrecken, welche die historischen Grundrechte konkretisieren, praktisch also auf alle fundamentalen Grundsätze, die nicht nur technische Bedeutung, sondern einen ausgeprägt ethischen Gehalt haben (Beispiel: Vertrauensschutz).

19 cc) Obwohl die Dinge z. T. noch in Fluß sind, kann schon jetzt behauptet werden, daß das Gemeinschaftsrecht und die Rechtsprechung des EuGH nicht nur ausreichenden,

31 Siehe oben Rn. 16.

32 GA *Mayras,* Slg. 1978, 1510, unter Berufung auf *Pescatore* (Communication à la conférence parlementaire sur les droits de l'Homme, Wien 1971). Ähnlich schon früher GA *Warner* Slg. 1976, 1236: Jedes Grundrecht, das auch nur in der Verfassung *eines* Mitgliedstaates anerkannt und geschützt werde, müsse auch im Gemeinschaftsrecht anerkannt und geschützt werden, da zu unterstellen sei, daß kein Mitgliedstaat bei der Übertragung von Hoheitsrechten auf die Gemeinschaft dieser die Befugnis eingeräumt habe, »Recht zu setzen unter Verstoß gegen die von der eigenen Verfassung geschützten Grundrechte«.

33 So hat z. B. eine von GA *Mayras* – vgl. Slg. 1972, 1298 – vorgenommene Untersuchung ergeben, daß der Grundsatz »ne bis in idem« von Mitgliedstaat zu Mitgliedstaat unterschiedliche Tragweite hat, was die Berücksichtigung ausländischer Strafverfolgungen anbelangt. *Bernhardt,* a. a. O., S. 65 weist darauf hin, daß, abgesehen vom Strafrecht, von einem klaren und strengen, gerichtlich überprüfbaren Gebot rückwirkender Gesetzgebung eigentlich nur in der Bundesrepublik die Rede sein könne.

34 Es ist zwar richtig, daß die Organe der Gemeinschaft am ehesten mit Grundrechten in Kollision kommen können, die im Wirtschaftsleben eine besondere Rolle spielen (Eigentum, Vertrauensschutz, Freiheit der wirtschaftlichen Betätigung usw.), und daß diese Erkenntnis zur Feststellung einer Diskrepanz führt, nämlich zwischen dem Umfang (und der gelegentlichen Aufgeregtheit) jedenfalls der deutschen Diskussion einerseits, andererseits der tatsächlichen Gefahr nachweislicher Verletzungen der wichtigsten – weil unmittelbar auf Persönlichkeitsschutz und Menschenwürde bezogenen – Grundrechte durch die Gemeinschaft. Die Erfahrung hat jedoch gezeigt, daß die Gemeinschaftspraxis mitunter überraschend auch mit derartigen Grundrechten konfrontiert wird: vgl. EuGH – Prais/Rat, 130/75 – Slg. 1976, 1598 f. (Religions- und Bekenntnisfreiheit).

sondern intensiven Grundrechtsschutz ermöglichen und gewähren. Für einen ausführlichen Nachweis fehlt der Raum; hier nur einige Hinweise:

20 Das geschriebene EWG-Recht enthält bereits, wenn es auch den Begriff »Grundrecht« nicht verwendet, nicht wenige Grundrechtsverbürgungen für allgemeinere oder speziellere Sachverhalte. So finden sich Diskriminierungsverbote[35] insbesondere in Art. 7, 40 Nr. 3 Abs. 2, 48 ff., 52 ff., 59 ff., 119 EWGV; VerfO des EuGH und wettbewerbsrechtliche Verordnungen tragen Sorge für angemessenes rechtliches Gehör; Art. 24 a EurBSt, erkennt die Vereinigungsfreiheit an; usw.

21 Der EuGH hat bereits zahlreiche Grundrechte und grundrechtsähnliche Prinzipien als Bestandteil des Gemeinschaftsrechts anerkannt und nicht selten ihre Verletzung gerügt. Dabei ist zu betonen, daß:

- es nicht auf die Wortwahl, sondern auf die Sache ankommt; ein Grundrecht kann auch dann wirksam geschützt werden, wenn das Gericht es nicht als solches bezeichnet, sondern z. B. den Ausdruck »allgemeiner Rechtsgrundsatz« verwendet;

- ein Grundrecht als anerkannt zu gelten hat, wenn der EuGH die Rüge der Verletzung dieses Grundrechts prüft (sei es auch mit negativem Ergebnis), sie also nicht a limine mit der Begründung abweist, ein solches Recht sei nicht Bestandteil der Gemeinschaftsordnung;

- die Liste der bisher anerkannten Grundrechte offen ist; etwa noch fehlende Rechte sind lediglich bisher nicht prozessual im Spiel gewesen.

Anerkannt sind bisher mit Sicherheit: Gleichheitsgrundsatz; Eigentum, Freiheit der Berufstätigkeit einschließlich der wirtschaftlichen Dispositionsfreiheit, rechtliches Gehör, »ne bis in idem«, Vertrauensschutz, Rechtssicherheit, Gerechtigkeit, Verhältnismäßigkeit, Vereinigungsfreiheit, Religions- und Bekenntnisfreiheit.[36]

22 Die Grundrechtsdiskussion in der Bundesrepublik wird zumeist einseitig unter dem Gesichtspunkt des Schutzes der Bürger gegen Übergriffe der *Gemeinschaften* geführt. Übersehen wird dabei, daß das Gemeinschaftsrecht in der ihm vom EuGH gegebenen Ausprägung nicht selten auch Hilfe gegen grundrechtswidrige Maßnahmen der *Mitglied-*

35 Wie *Riegel,* a. a. O., S. 1587, zutreffend betont, *erweitern* diese Verbote z. T. den innerstaatlichen Grundrechtsschutz, indem sie die Gleichstellung des Gemeinschaftsausländers mit dem Inländer fordern.

36 Vgl. die umfassenden Rechtsprechungsnachweise bei *Dauses,* a. a. O., S. 294.

staaten zu gewähren vermag.[37] So stellen die aufgrund von Art. 48 ff. erlassenen Vorschriften, welche die ausländerpolizeilichen Befugnisse der Mitgliedstaaten begrenzen und deren Recht einschränken, sich auf die öffentliche Sicherheit und Ordnung zu berufen, die »besondere Ausprägung« eines in der EMRK verankerten menschenrechtlichen Grundsatzes dar.[38] Die hinsichtlich des Arbeitsentgelts durch private oder öffentliche Arbeitgeber diskriminierte Frau kann sich vor den Gerichten der Mitgliedstaaten auf Art. 119 EWGV berufen.[39]

23 Das in den letzten Jahren zu beobachtende »steigende Grundrechtsbewußtsein der Gemeinschaftsorgane«[40] kommt insbesondere in der »Gemeinsamen Erklärung des Europäischen Parlaments, des Rates und der Kommission vom 5. 4. 1977 zum Grundrechtsschutz in der EG«[41] zum Ausdruck. Die genannten Organe »unterstreichen« hierin »die vorrangige Bedeutung, die sie der Achtung der Grundrechte beimessen«, und versichern, daß sie diese Rechte »bei der Ausübung ihrer Befugnisse und bei der Verfolgung der Ziele der Europäischen Gemeinschaften beachten und . . . dies auch in Zukunft tun [werden]«. Wenn diese Erklärung auch nicht in dem Sinn konstitutiv ist, daß sie dem Bürger Rechte gewähren würde, die er nicht schon vorher hatte,[42] so ist sie doch geeignet, die grundrechtsfreundliche Auslegung des Gemeinschaftsrechts zu verstärken.[43]

24 Von Bedeutung ist schließlich, daß der EuGH – erstmals im Rutili-Urteil und dann häufig später – auch die EMRK als Erkenntnis- und damit Rechtsquelle herangezogen hat, was ihm dadurch erleichtert wurde, daß diese Konvention inzwischen von allen Mitgliedstaaten ratifiziert worden ist. In formaler Hinsicht ist die Gemeinschaft zwar an die EMRK

37 »Zumindest in dem Maße, in dem das Grundrecht, dessen Verletzung behauptet wird, mit dem Schutz eines wirtschaftlichen Rechtes verknüpft werden kann, das zum spezifischen Gegenstand des Vertrages gehört« (GA *Trabucchi,* Slg. 1976, 1207). Selbstverständlich können die Gemeinschaftsorgane nicht ultra vires handeln, auch nicht, um Grundrechte zu schützen. So ist es Sache der Mitgliedstaaten, die Gleichheit von Mann und Frau auf den von Art. 119 EWGV nicht erfaßten Gebieten zu sichern. Wenn der EuGH gelegentlich bestimmte Vertragsnormen dahin ausgelegt hat, sie untersagten die Schlechterstellung des Gemeinschaftsausländers, nicht des Inländers, so ist das keine einseitige Handhabung des Gleichheitssatzes, sondern Ausdruck der Tatsache, daß es den *Mitgliedstaaten* zukommt, dafür Sorge zu tragen, daß auch der Inländer vor Diskriminierungen geschützt wird. Vgl. auch *Karpenstein,* a. a. O., S. 376 ff.

38 EuGH – Rutili/Minister des Inneren, 36/75 – Slg. 1975, 1232.

39 EuGH – Defrenne/Sabena, 43/75 – Slg. 1976, 481. Überhaupt ist in diesem Zusammenhang auf die ständige Rechtsprechung des EuGH hinzuweisen, wonach die Mehrzahl der gemeinschaftsrechtlichen Normen Drittwirkung hat, dergestalt daß der Einzelne berechtigt ist, sich vor den nationalen Gerichten gegen die Verletzung dieser Normen durch die öffentliche Hand zu wehren. Mit dieser Judikatur hat der EuGH überhaupt erst einen vollständigen Rechtsschutz zugunsten der Gemeinschaftsbürger sichergestellt – eine durchaus »grundrechtsrelevante« Pioniertat.

40 *Weber,* a. a. O., S. 326.

41 ABl. 1977 Nr. C 103 S. 1.

42 *Hilf,* a. a. O., S. 160.

43 *Karpenstein,* a. a. O., S. 374 f.

ebensowenig »gebunden« wie an die einzelnen mitgliedstaatlichen Verfassungsrechte;[44] die Konvention ist jedoch ein wichtiger Anknüpfungspunkt für die Ermittlung der den Mitgliedstaaten gemeinsamen Rechtsvorstellungen.[45]

25 Es ist richtig, daß der EuGH gelegentlich »Wasser in den Wein« gegossen hat, indem er etwa feststellte, die Gewährleistung der Grundrechte müsse sich »in die Struktur und die Ziele der Gemeinschaft einfügen«.[46] Das rechtfertigt aber nicht die Befürchtung, der Grundrechtsschutz in der Gemeinschaft werde »letztlich in ein Nichts zerrinnen«.[47] Der EuGH wollte lediglich die Selbstverständlichkeit vermerken, »daß die gemeinsame Überlieferung, die sich bis dahin in der Auseinandersetzung mit den Problemen des staatlichen Lebens herausgebildet hatte, den besonderen Anforderungen eines multinationalen Gebildes angepaßt werden muß«.[48]

d) Allgemeine Regeln des Völkerrechts

26 aa) Ob das Gemeinschaftsrecht dem Völkerrecht zugerechnet werden muß oder aber eine von diesem unabhängige Rechtsordnung darstellt, ist umstritten.[49] Die Mehrheitsmeinung dürfte wohl dahin gehen, daß es zwar einen hohen Grad an Eigenständigkeit aufweise, sich aber dem »allgemeinen« Völkerrecht nicht völlig entziehe.

Die Frage hat nicht nur theoretische Bedeutung, da die allgemeinen Regeln des Völkerrechts in dem einen Falle für die Gemeinschaft unmittelbar verbindlich wären, in den anderen dagegen allenfalls eine Orientierungshilfe darstellen würden.

27 bb) Die hier vertretene Meinung geht dahin, daß das Gemeinschaftsrecht in *formaler* Hinsicht als Bestandteil des Völkerrechts anzusehen ist, weil es auf völkerrechtlichen Verträgen beruht, die Gemeinschaft sich nicht zu einem Staat verdichtet hat und die Verträge nicht nur, aber auch Rechtsbeziehungen zwischen typischen Völkerrechtssubjekten geschaffen oder vorgesehen haben. Zuzugeben ist allerdings, daß die Richtigkeit dieser Meinung vom Selbstverständnis des Völkerrechts abhängt, anders ausgedrückt

44 GA *Trabucchi* Slg. 1976, 1206; *Bernhardt,* a. a. O., S. 51; *Schwarze,* Die EWG in ihren völkerrechtlichen Beziehungen, in: NJW 1979, S. 461. A. A. *Schweitzer* in seiner Anmerkung zum Rutili-Urteil, in: NJW 1976, S. 469; *Pescatore* (oben Fn. 19) S. 32 f.

45 *Bernhardt,* a. a. O.,

46 EuGH – Internationale Handelsgesellschaft/Einfuhr- und Vorratsstelle, 11/70 – Slg. 1970, 1135; vgl. auch Nold/Kommission, 4/73 – Slg. 1974, 507 f.

47 So *Rupp,* Zur bundesverfassungsgerichtlichen Kontrolle des Gemeinschaftsrechts am Maßstab der Grundrechte, in: NJW 1974, 2154.

48 *Pescatore* (oben Fn. 19) S. 6.

49 Noch EuGH – Van Gend en Loos/Niederländische Finanzverwaltung, 26/62 – Slg. 1963, 25 spricht von einer »neuen Rechtsordnung des Völkerrechts«. Vorsichtiger EuGH – Costa/E. N. E. L., 6/64 – Slg. 1964, 1269: »Zum Unterschied von gewöhnlichen internationalen Verträgen hat der EWG-Vertrag eine eigene Rechtsordnung geschaffen . . .« Vgl. auch die Literaturnachweise bei *Pescatore,* International Law and Community Law, in: CMLR 1970, S. 168 Anm. 5.

davon, ob die zeitgenössische Definition des Völkerrechts weit genug ist, um so eigenständige Gebilde wie die Gemeinschaften zu erfassen.

Diese formale Zuordnung ändert nichts daran, daß das Völkerrecht in der Praxis der Gemeinschaft zwar keine ganz unwesentliche Rolle spielt, zur übergroßen Mehrheit der gemeinschaftsrechtlichen Fragen jedoch nichts beitragen kann, weil die meisten Alltagsfragen des Gemeinschaftsrechts, soweit sie sich nicht aus diesem selbst beantworten lassen, so beschaffen sind, daß Lösungsmodelle viel eher im nationalen Recht der Mitgliedstaaten als im Völkerrecht zu finden sind.[50] Überdies enthält das allgemeine Völkerrecht verhältnismäßig wenig ius cogens, läßt also für die Schaffung partikulären, u. U. höchst eigenständigen Völkervertragsrechts breiten Spielraum.

28 cc) In der Rechtsprechung des EuGH und den Schlußanträgen seiner Generalanwälte sind Bezugnahmen auf das allgemeine Völkerrecht oder das Völkervertragsrecht zwar nicht überaus häufig, aber auch nicht ausgesprochen selten. Beispiele: die Lehre von den »implied powers«;[51] der Grundsatz, wonach ein Staat, der eine in Widerspruch zu seinen Rechten aus einem früheren Vertrag stehende neue Verpflichtung eingeht, ipso facto darauf verzichtet, diese Rechte auszuüben, soweit dieser Verzicht zur Erfüllung der neuen Verpflichtung notwendig ist;[52] die Bindung der Gemeinschaft u. U. sogar an völkerrechtliche Verträge – hier: GATT –, bei denen sie nicht Partner ist;[53] das Prinzip, wonach ein Staat seinen eigenen Angehörigen die Einreise in sein Hoheitsgebiet nicht verweigern darf;[54] die Grenzen der extraterritorialen Anwendung von Kartellrecht;[55] Fälle, in denen eine Gemeinschaftsverordnung sich auf ein außergemeinschaftliches völkerrechtliches Abkommen stützt;[56] usw. Auch die Bezugnahme auf die EMRK[57] gehört in diesen Zusammenhang.

3. *Sekundäres Gemeinschaftsrecht*

29 a) Unter »sekundärem Gemeinschaftsrecht« (auch als »abgeleitetes Gemeinschaftsrecht« bezeichnet) i. e. S. hat man die von den Gemeinschaftsorganen aufgrund des Vertrages erlassenen verbindlichen Akte zu verstehen, insbesondere die Verordnungen, Richtlinien und Entscheidungen des Rates und der Kommission, aber auch sonstige gemeinschaftsinterne Rechtshandlungen dieser Organe sowie *außerprozessuale* Maßnahmen des EuGH (VerfO!). Soweit derartige Vorschriften mit dem Vertrag vereinbar sind,

50 Vgl. *Zweigert,* a. a. O., S. 442 f.
51 EuGH – Fédération charbonnière/Hohe Behörde, 8/55 – Slg. 1955–56, 312.
52 EuGH – Kommission/Italien, 10/61 – Slg. 1962, 22 f.; vgl. auch EuGH – Burgoa, 812/79 – Slg. 1980, 2802.
53 EuGH – International Fruit Company/Produktschap, 21 bis 24/72 – Slg. 1972, 1228.
54 EuGH – Van Duyn/Home Office, 41/74 – Slg. 1974, 1351.
55 GA *Mayras,* Slg. 1972, 702.
56 GA *Warner* Slg. 1978, 199 f.
57 Siehe oben Rn. 24.

sind deren Adressaten (und auch deren Autoren, solange sie diese Vorschriften nicht ordnungsgemäß, d. h. unter Einhaltung des für den Erlaß des ursprünglichen Aktes vorgeschriebenen Verfahrens, aufgehoben haben) an sie gebunden; der EuGH hat sie gegebenenfalls anzuwenden und für ihre Befolgung zu sorgen.[58]

Geht man von der hier vertretenen Auffassung aus,[59] wonach die in Art. 220 EWGV bezeichneten Übereinkommen zwischen den Mitgliedstaaten Bestandteil des Gemeinschaftsrechts sind, so wird man diese Übereinkommen ebenfalls dem sekundären Gemeinschaftsrecht zuzurechnen haben, da davon auszugehen ist, daß ihre Bestimmungen mit denen des EWGV vereinbar sein müssen. Das gleiche muß für sonstige Abkommen gelten, die im Vertrag vorgesehen sind *und* entweder zwischen den Mitgliedstaaten oder zwischen diesen und der Gemeinschaft zu schließen sind. Vereinbarungen mit Außenstehenden fallen dagegen nicht hierher, da sie überhaupt nicht als Bestandteil des Gemeinschaftsrechts anzusehen sind, unbeschadet der Tatsache, daß der EuGH gegebenenfalls auch den Schutz solcher Vereinbarungen zu gewährleisten hat.[60]

Schließlich können zum Sekundärrecht auch ungeschriebene Rechtsgrundsätze gehören, die sich aus Inhalt, Begründung, Zielen, Kontext usw. des geschriebenen Sekundärrechts gewinnen lassen.

30 b) Das sekundäre Gemeinschaftsrecht steht im Rang ausnahmslos unter dem Vertrag. Für die Maßnahmen der Gemeinschaftsorgane folgt das schon daraus, daß der Vertrag in einem qualitativ höherwertigen Verfahren (Ratifizierung durch die Gesetzgebungsorgane aller Mitgliedstaaten) zustandegekommen ist und daß der hierin zum Ausdruck gekommene gemeinsame Wille der beteiligten Völker nicht durch die Gemeinschaftsorgane unterlaufen werden kann. Bestätigt wird die hier vertretene Auffassung durch Art. 173 Abs. 1, Art. 177 Abs. 1, die ganz allgemein jedes »Handeln« des Rates oder der Kommission beziehungsweise jede »Handlung« der Organe der Gemeinschaft für Nichtigkeitsklage oder Gültigkeitsprüfung freigeben.

Daß auch die vorerwähnten Übereinkommen oder Abkommen rangniedriger sind als der Vertrag, ergibt sich daraus, daß sie auf dessen Grundlage geschlossen werden, der Verwirklichung der Vertragsziele zu dienen bestimmt sind und streng von den *Änderungsverträgen* unterschieden werden müssen, für die Art. 236 die alleinige Rechtsgrundlage abgibt. Dagegen wird man den genannten Übereinkommen oder Abkommen einen höheren Rang zubilligen müssen als dem sonstigen Sekundärrecht.

58 Wegen der Zuordnung derjenigen Rechtshandlungen des Rates, welche den Vertrag punktuell ändern oder ergänzen, s. oben Rn. 11 a.

59 Vgl. oben Rn. 6.

60 Vgl. oben Rn. 7. – Derartige Vereinbarungen dürften im Rang über dem sekundären Gemeinschaftsrecht stehen (*Schwarze*, a. a. O., S. 461).

31 c) Innerhalb dieses sonstigen Sekundärrechts sind weitere Abstufungen erforderlich. Verordnungen, als Normen »allgemeiner Geltung« (Art. 189 Abs. 2), gehen Richtlinien und Entscheidungen vor, gleichgültig wer die jeweiligen Urheber der miteinander zu vergleichenden Akte sind. Aus der Tatsache, daß es im allgemeinen der Kommission obliegt, die vom Rat beschlossenen grundlegenden Maßnahmen auszuführen, kann nicht gefolgert werden, daß *jeder* Akt des Rates *jedem* Akt der Kommission vorginge; diese Auffassung wäre mit dem Grundsatz der Gleichrangigkeit der Organe unvereinbar. Ebensowenig wäre die Annahme zutreffend, daß ein Organ durch eine Entscheidung oder Richtlinie einer von ihm selbst erlassenen Verordnung derogieren dürfte, es sei denn, es hätte sich diese Befugnis in der Verordnung ausdrücklich vorbehalten.

Die Rechtsetzung in der Gemeinschaft geht im allgemeinen so vor sich, daß der Rat eine Grundverordnung erläßt, die dann kraft in ihr ausgesprochener Ermächtigung durch Ausführungsverordnungen der Kommission (mitunter – im Agrarrecht – auch des Rates selbst) konkretisiert wird; diese Verordnungen können ihrerseits die Durchführung durch weitere Kommissionsverordnungen vorsehen, so daß ein vielschichtiges Rechtssystem entsteht. Es dürfte unbestreitbar sein, daß der Verfasser von Ausführungsvorschriften an die Vorschriften gebunden ist, die er »ausführt«, auch wenn diese von ihm selbst stammen. Allerdings können gelegentlich Zweifel darüber entstehen, ob zwei vom gleichen Organ stammende Verordnungen zueinander in einem Über- und Unterordnungsverhältnis stehen, oder ob sie auf der gleichen Ebene liegen und im Konfliktsfall daher nach der Regel »lex posterior derogat legi priori« zu behandeln sind. Hier wird man auf Wortlaut und Inhalt der beteiligten Vorschriften zurückgreifen, insbesondere prüfen müssen, ob die spätere Verordnung ausweislich ihrer Präambel »auf Grund« der früheren erlassen wurde. Einen wichtigen Anhaltspunkt liefert u. a. auch das bei der Rechtsetzung eingeschlagene Verfahren; so kann der Rat z. B. einer Verordnung, die er nach Anhörung des Europäischen Parlaments erlassen hat, nicht durch eine Verordnung derogieren, die – ob ordnungsgemäß oder nicht – ohne eine solche Anhörung ergangen ist.

32 d) Unverbindliche Verlautbarungen der für die Gemeinschaft handelnden Stellen sind kein »Recht«, das »angewandt« werden könnte. Das gilt insbesondere für die vom Rat oder der Kommission abgegebenen Stellungnahmen und Empfehlungen (vgl. Art. 189 Abs. 5).

4. *Gewohnheitsrecht*

33 Die Möglichkeit, daß sich Gewohnheitsrecht bildet, kann in keiner Rechtsordnung und somit auch nicht im Gemeinschaftsrecht ausgeschlossen werden.[61]

Viel für sich hat die Meinung von *Fuß*,[62] derzufolge manche Grundsätze bereits so fest in

61 *Zweigert*, a. a. O., S. 441 f.
62 A. a. O., S. 794.

der Rechtsprechung des EuGH verankert sind, daß sie, soweit sie nicht auf geschriebenem Recht beruhen, den Charakter von Gewohnheitsrecht angenommen haben.

IV. Auslegung und Anwendung

34 Art. 164 unterscheidet zwischen »Auslegung« und »Anwendung«. Zur Abgrenzung dieser Begriffe siehe des näheren die Anmerkungen zu Art. 177; vorliegend mag die summarische Feststellung genügen, daß »Auslegung« die abstrakte, nicht ausdrücklich fallbezogene Ermittlung eines Norminhalts bezeichnet, »Anwendung« dagegen die Feststellung, daß dieser Norminhalt den in concreto zu beurteilenden Sachverhalt erfaßt oder nicht erfaßt (Subsumtion). Die »Anwendung« schließt somit die – im Streitfall u. U. durch Beweiserhebung zu gewinnende – Feststellung der maßgeblichen Tatsachen ein. Was den Terminus »Auslegung« betrifft, so läßt sich im Rahmen einer allgemeinen Rechtslehre gewiß darüber streiten, ob er im Sinne einer sauberen wissenschaftlichen Begriffsbildung lediglich als genaue Ermittlung des Inhalts geschriebener Worte und Sätze oder darüber hinaus zugleich als Ausfüllung von Gesetzeslücken verstanden werden sollte. Vorliegend haben wir es jedoch mit einem positivierten »Auslegungs-« Begriff zu tun, der nicht nach den Bedürfnissen der Rechtsdogmatik, sondern nach den Erfordernissen der Praxis zu interpretieren ist; hiernach kann es nicht zweifelhaft (und dürfte allgemein anerkannt) sein, daß Art. 164 dem EuGH auch den Auftrag erteilt hat, die – im Gemeinschaftsrecht wie in allen Rechtsordnungen unvermeidlichen – Lücken des Gesetzes zu schließen.

Der EuGH hat also im Regelfall das für ihn bindende Recht nicht nur »auszulegen«, sondern auch »anzuwenden«, was sich im übrigen ohnehin aus dem Inhalt der seine Tätigkeit regelnden Kompetenznormen ergibt: die Feststellung etwa, daß ein Mitgliedstaat durch ein bestimmtes Tun oder Unterlassen seine Verpflichtungen gegenüber der Gemeinschaft verletzt hat (Art. 169 bis 171), ist typische Rechtsanwendung. Eine Ausnahme gilt nur im Rahmen von 177: wenn ein staatliches Gericht nach der Auslegung gemeinschaftsrechtlicher Regeln fragt, hat sich der EuGH darauf zu beschränken, den Inhalt dieser Regeln festzustellen, während die Subsumtion des dem Ausgangsverfahren zugrundeliegenden Sachverhalts unter die dergestalt verdeutlichte Regel Sache des nationalen Richters bleibt.

Artikel 165 [Zusammensetzung]

Der Gerichtshof besteht aus elf Richtern.

Der Gerichtshof tagt in Vollsitzungen. Er kann jedoch aus seiner Mitte Kammern mit je drei oder fünf Richtern bilden, die bestimmte vorbereitende Aufgaben erledigen oder

bestimmte Gruppen von Rechtssachen entscheiden; hierfür gelten die Vorschriften einer besonderen Regelung.

In allen Fällen, in denen Rechtssachen zur Entscheidung stehen, die auf Antrag eines Mitgliedstaats oder eines Organs der Gemeinschaft anhängig sind, tagt der Gerichtshof in Vollsitzungen; das gleiche gilt für die im Wege der Vorabentscheidung zu entscheidenden Fragen, die ihm gemäß Artikel 177 vorgelegt werden, sofern nicht nach der Verfahrensordnung eine Kammer des Gerichtshofes zuständig ist.

Auf Antrag des Gerichtshofes kann der Rat einstimmig die Anzahl der Richter erhöhen und die erforderlichen Anpassungen der Absätze 2 und 3 und des Artikels 167 Absatz 2 vornehmen.

Literaturhinweise

Bächle, Hans Ulrich, Die Rechtsstellung der Richter am Gerichtshof der Europäischen Gemeinschaften, Berlin 1961, S. 1–149

Bülow, Erich, Überlegungen für eine Weiterentwicklung der Gemeinschaftsgerichtsbarkeit, in: EuR 1980, S. 307–328

Inhaltsübersicht

I. Entwicklungsgeschichte

1 1. Die Zahl der Richter betrug ursprünglich sieben.

Die dem Vertrag über den Beitritt Dänemarks, Irlands, Norwegens und des Vereinigten Königreichs beigefügte »Akte über die Beitrittsbedingungen und die Anpassungen der Verträge«[1] sah in ihrem Art. 17 zunächst eine Erhöhung der Richterzahl auf elf vor. Da der Beitritt Norwegens nicht zustandekam, erging am 1. 1. 1973 ein Beschluß des Rates,[2] der den genannten Art. 17 sowie Art. 165 Abs. 1 EWGV dahin änderte, daß der EuGH

1 ABl. 1972 Nr. L 73 S. 14; HER I A 12, S. 15.
2 ABl. 1973 Nr. L 2 S. 1; vgl. auch HER I A 12, S. 179.

sich nunmehr aus neun Richtern zusammensetzte. Intern verständigten sich die Regierungen dahin, daß jeder der damals neun Mitgliedstaaten einen Richter »stellte«.

Gemäß Art. 16 der dem Vertrag über den Beitritt Griechenlands beigegebenen Akte über die Beitrittsbedingungen und die Anpassungen der Verträge[3] nahm der Rat eine Erhöhung der Richterzahl auf zehn vor.[4] Bereits am 30. 3. 1981 beschloß er jedoch mit Rücksicht auf den wachsenden Arbeitsanfall eine Erhöhung auf elf.[5] Gegenwärtig »stellt« Frankreich zwei Richter, jeder der übrigen neun Mitgliedstaaten je einen; die Absicht geht jedoch offenbar dahin, die elfte Richterstelle abwechselnd mit Angehörigen verschiedener Mitgliedstaaten zu besetzen.[6]

2 2. Nach der ursprünglichen Fassung von Art. 165 Abs. 3 fielen Vorabentscheidungssachen ausnahmslos in die Zuständigkeit des Plenums. Die jetzige Fassung, die es nach Maßgabe der VerfO ermöglicht, derartige Sachen einer Kammer zuzuweisen, beruht auf einem Beschluß des Rates vom 26. 11. 1974.[7]

II. Vergleich mit EAG- und EGKS-Recht

3 Abgesehen von den Nummern der Vertragsartikel, auf die jeweils Bezug genommen wird, entspricht die jetzige Fassung von Art. 165 EWGV wörtlich den jetzigen Fassungen von Art. 137 EAGV und Art. 32 EGKSV.

III. Zahl und Rechtsstellung der Richter

4 1. Wie aus den Ausführungen oben Rn. 1 hervorgeht, bestand der EuGH – mit Ausnahme der kurzen Zeitspanne zwischen den Beschlüssen des Rates vom 22. 12. 1980 und 30. 3. 1981 – stets aus einer ungeraden Zahl von Richtern. In der Tat entspricht nur eine solche Zusammensetzung dem Geist der Verträge. Denn einerseits ist es zwar nicht erforderlich (vgl. Art. 15 Satz 3 EWG-Satzung), aber aus der Sicht der Vertragschließenden erwünscht, daß *sämtliche* Richter an den Plenarsitzungen mitwirken; andererseits

3 ABl. 1979 Nr. L 291 S. 17; HER I A 12, S. 223.
4 Beschluß vom 22. 12. 1980, ABl. 1980 Nr. L 380 S. 6.
5 ABl. 1981 Nr. L 100 S. 20.
6 Indirekt wird diese Absicht in den Erwägungen sowie in Art. 3 des Beschlusses vom 30. 3. 1981 deutlich, wonach die Amtszeit des Richters, »der zum erstenmal die durch diesen Beschluß geschaffene Stelle besetzt«, bereits am 6. 10. 1982 abläuft, »um das Funktionieren des vorgesehenen Systems der Neubesetzung zu gewährleisten«; der Beschluß weicht somit von der allgemeinen Regel des Art. 167 Abs. 1 EWGV ab, der eine Ernennung auf sechs Jahre vorsieht. Vgl. auch die Antwort des Rates auf die schriftliche Anfrage Nr. 2165/80 des Abgeordneten *van Miert* (ABl. 1981 Nr. C 165 S. 19). wo es heißt, diese Stelle werde »zuerst« mit einem französischen Staatsangehörigen besetzt.
7 ABl. 1974 Nr. L 318 S. 22. Vgl. auch unten Rn. 8.

kann der EuGH »nur in der Besetzung mit einer ungeraden Zahl von Richtern rechtswirksam entscheiden« (Art. 15 Satz 1 der Satzung; vgl. auch Art. 26 § 1 VerfO), womit sichergestellt werden soll, daß sich bei kontroversen Beratungen klare Mehrheiten bilden können.

Abgesehen hiervon stand die Zahl der Richter stets in einem deutlichen Bezug zur Zahl der jeweiligen Mitgliedstaaten: sie war entweder mit ihr identisch oder um 1 höher. Das entspricht dem Wunsch der Regierungen, zu ermöglichen, daß jeder Mitgliedstaat durch mindestens *einen* Richter »vertreten« ist.[8]

5 2. Für die Rechtsstellung der Richter sind insbesondere folgende Vorschriften maßgebend: Art. 165 bis 167 EWGV; Art. 2 bis 7, 13 EWG-Satzung; Art. 6 FusV; Art. 21 i. V. m. Art. 12 bis 15, 18 PrivProt; Art. 2 bis 4, 6, 28 § 4 VerfO.

IV. Plenum und Kammern

6 1. »Vollsitzungen« sind grundsätzlich solche, an denen sämtliche elf Richter teilnehmen. Plenarentscheidungen sind jedoch auch gültig, wenn sie von neun oder sieben Richtern getroffen wurden; vgl. Art. 15 Sätze 1 und 2 EWG-Satzung, Art. 26 § 1 VerfO.

7 2. Die Verteilung der richterlichen Tätigkeit zwischen Plenum und Kammern hat im Laufe der Jahre zugunsten der Kammerzuständigkeit einen Wandel durchgemacht.[9] Der rapide Anstieg des Geschäftsanfalls in Verbindung mit der wiederholten Erhöhung der Richterzahl[10] ließen in zunehmendem Maße eine Regelung als unzweckmäßig erscheinen, die im Ergebnis dazu führte, daß die Plenarentscheidung die Regel, die Kammerentscheidung die Ausnahme war.

a) Ursprünglich war Art. 165 Abs. 2 und 3 so gefaßt, daß nicht nur – wie noch heute – Klagen von Mitgliedstaaten und Gemeinschaftsorganen, sondern auch Vorlagen staatlicher Gerichte ausnahmslos vom Plenum zu entscheiden waren; die Möglichkeit, kraft »einer besonderen Regelung« – d. h. praktisch: in der VerfO – eine Kammer für zuständig zu erklären, bestand demnach nur für Verfahren, die von Einzelpersonen eingeleitet wurden. Von dieser Möglichkeit machte die VerfO jedoch nur für Klagen von Gemeinschaftsbediensteten Gebrauch. Klagen von Unternehmen fielen – und fallen bis zum heutigen Tage – dagegen in die Zuständigkeit des Plenums. Das dürfte sich dadurch erklären, daß solche Klagen – insbesondere Nichtigkeitsklagen nach Art. 173 – häufig weitgehend dieselben prozessualen und materiellen Rechtsfragen aufwerfen wie entspre-

8 Siehe allerdings Rn. 5 zu Art. 167.
9 Vgl. hierzu *Bülow,* a. a. O., S. 312 ff.
10 Vgl. oben Rn. 1.

chende Klagen der Mitgliedstaaten oder der Gemeinschaftsorgane, für die eine obligatorische Zuständigkeit des Plenums besteht.

8 b) Das Bedürfnis nach Entlastung des Plenums machte sich vor allem für die zahlenmäßig immer mehr ansteigenden und nicht selten minder gewichtige Fragen betreffenden Vorabentscheidungssachen geltend. Demgemäß faßte der Rat auf Antrag des EuGH am 26. 11. 1974 den bereits erwähnten Beschluß, Art. 165 Abs. 3 im Sinne der heutigen Fassung zu ändern, die es der VerfO überläßt, bestimmte Vorlagesachen den Kammern zuzuweisen.

Von dieser Befugnis machten die Verfasser der VerfO vom 4. 12. 1974[11] Gebrauch, indem sie in deren Art. 95 § 1 bestimmten, daß »Rechtssachen, die im wesentlichen technischer Natur sind oder Fragen betreffen, in denen bereits eine ständige Rechtsprechung vorliegt«, vom EuGH an die Kammern verwiesen werden konnten. Die Verweisung kam jedoch nicht in Betracht, wenn ein Mitgliedstaat von der Möglichkeit Gebrauch machte, gemäß Art. 20 EWG-Satzung einen Schriftsatz einzureichen oder schriftliche Erklärungen abzugeben, »es sei denn, daß dieser Staat einen gegenteiligen Willen bekundet«, oder wenn ein Gemeinschaftsorgan in seinen gemäß dieser Vorschrift abgegebenen Erklärungen ausdrücklich verlangte, »daß der Gerichtshof über die Rechtssache in Vollsitzung entscheidet«.

9 c) Diese Regelung führte jedoch nicht zu einer fühlbaren Entlastung des Plenums, weil sie den Kreis der verweisungsfähigen Sachen zu eng gezogen hatte und überdies den EuGH schon dann nötigte, in Vollsitzung zu entscheiden, wenn ein Mitgliedstaat von seinem Äußerungsrecht Gebrauch machte und es hierbei – sei es auch absichtslos – unterließ, sein Einverständnis mit einer Kammerentscheidung zu bekunden.

Die am 12. 9. 1979 neben anderen Änderungen der VerfO beschlossene Neufassung von Art. 95[12] brachte eine entscheidende Verbesserung; hiernach ist die Verweisung nur noch dann ausgeschlossen, wenn:

- »die Schwierigkeit oder die Bedeutung der Rechtssache oder besondere Umstände eine Entscheidung des Gerichtshofs in Vollsitzung erfordern«
  oder

- ein Mitgliedstaat oder ein Gemeinschaftsorgan eine Plenarentscheidung verlangt.

Auf dieser Grundlage konnten 1980 von den 75 abgeschlossenen Vorlagesachen immerhin 36 durch die Kammern entschieden werden.

10 3. Wie sich aus dem Wortlaut von Art. 165 ergibt, ist der EuGH nicht verpflichtet, Kammern zu bilden; er hat jedoch von dieser Möglichkeit stets Gebrauch gemacht.

11 ABl. 1974 Nr. L 350 S. 1.
12 ABl. 1979 Nr. L 238 S. 3.

Die Zahl der Kammern ist nicht begrenzt; jede von ihnen darf jedoch nur aus drei oder fünf Richtern bestehen, also aus einer ungeraden Zahl.[13] Die Regelung schließt nicht aus, daß ein Richter mehreren Kammern angehört; ebensowenig, daß der Präsident in einer Kammer mitwirkt.

Die früheren Fassungen der VerfO legten die Zahl der Kammern und von deren Mitgliedern jeweils fest. Diese Methode hatte den Nachteil, daß jede diesbezügliche Änderung der Genehmigung des Rates bedurfte (Art. 188 EWGV). Der oben Rn. 9 erwähnte Beschluß vom 12. 9. 1979 brachte auch insoweit eine Verbesserung: nunmehr begnügt sich Art. 9 VerfO mit der Feststellung, daß der EuGH gemäß Art. 165 Abs. 2 EWGV und den insoweit gleichlautenden Vorschriften der beiden anderen Verträge Kammern bildet, deren Besetzung im ABl. veröffentlicht und Kriterien festlegt, nach denen sich die Verteilung der Rechtssachen auf die Kammern zu richten hat. Er ist damit in der Lage, aus eigener Machtvollkommenheit die Zahl der Kammern zu erhöhen oder zu vermindern, anstelle einer Dreierkammer eine Fünferkammer zu bilden usw.

Aufgrund dieser Neuregelung hat der EuGH mit Wirkung vom 7. 10. 1979 zunächst drei Kammern mit je drei Richtern gebildet; von den damals neun Richtern einschließlich des Präsidenten gehörte damit jeder Richter einer Kammer an. Die Erhöhung der Richterzahl auf elf gab Anlaß zu einer Neuregelung; mit Wirkung vom 7. 10. 1981 hat der EuGH zwar beschlossen, wiederum drei Kammern zu bilden, jedoch mit der Maßgabe, daß der Präsident keiner Kammer angehört; ein Richter wurde einer der – prinzipiell aus je 3 Mitgliedern bestehenden – Kammern als viertes (Reserve-)Mitglied zugeteilt.[14]

11 4. Das Wort »oder« in Art. 165 Abs. 2 Satz 2 ist mißverständlich, da es den Verfassern der VerfO freisteht, den Kammern *sowohl* »vorbereitende Aufgaben« *als auch* die Entscheidung über »bestimmte Gruppen von Rechtssachen« zu übertragen, was sie auch getan haben.[15]

12 a) »Vorbereitende Aufgaben« sind – legt man eine weder übermäßig restriktive noch übermäßig extensive Auslegung zugrunde – solche, die nicht die Endentscheidung im Hauptverfahren betreffen, vielmehr *vor* dieser Entscheidung ergehen und ihr nicht vorgreifen. Unter diesen Begriff fallen daher jedenfalls folgende Tätigkeiten, für welche die VerfO eine (ausschließliche oder konkurrierende) Zuständigkeit der Kammern vorgesehen hat:

- *Beweiserhebungen.* Allerdings steht es in Plenarsachen dem EuGH frei, die Beweisaufnahme selbst durchzuführen oder hiermit statt der Kammer den Berichterstatter zu beauftragen (Art. 44 § 2, 45 § 3, 46 § 1 VerfO); in der Praxis sprechen gute Gründe dafür, von der ersten dieser drei Möglichkeiten Gebrauch zu machen, da es mit allgemeinen Rechtsgrundsätzen schwer vereinbar wäre, Richter am Endurteil

13 Wegen der ratio dieser Vorschrift vgl. oben Rn. 4.
14 ABl. 1981 Nr. C 265 S. 3.
15 Siehe die folgenden Absätze.

mitwirken zu lassen, die z. B. eine entscheidungserhebliche Zeugenaussage nicht selbst gehört haben.

- *Gewährung, Versagung oder Entziehung des Armenrechts.* Hierfür besteht eine ausschließliche Zuständigkeit der Kammern: Art. 76 §§ 3, 4 VerfO.
- *Entscheidungen über Anträge auf Erlaß einer einstweiligen Anordnung.* Die VerfO sieht allerdings insoweit eine Kammerzuständigkeit in Plenarsachen überhaupt nicht vor – hier wird entweder der Präsident oder, kraft Übertragung durch diesen, das Plenum tätig: Art. 85 VerfO –, in Kammersachen nur für den Fall, daß es sich um eine dienstrechtliche Streitigkeit handelt und der Präsident seine Entscheidungsbefugnis auf die Kammer überträgt: Art. 96 § 2 VerfO.

Nach der hier vertretenen Auffassung könnte die VerfO – was bisher nicht geschehen ist – den Kammern z. B. auch die Entscheidung über Anträge auf Zulassung als Streithelfer übertragen.

13 b) Die Wendung »bestimmte Gruppen von Rechtssachen entscheiden« zielt in erster Linie auf Endurteile über »Typen« von Klagen oder vergleichbaren Rechtsbehelfen, die sich gegenüber anderen Rechtsbehelfen durch ihren Gegenstand und/oder durch die Person des Klägers (bei Vorlagesachen: der vorlageberechtigten Stelle) und/oder des Beklagten deutlich abgrenzen lassen. Die gegenwärtig in diesem Sinne den Kammern überantworteten Prozeß-»Gruppen« sind die dienstrechtlichen Klagen sowie gewisse Vorabentscheidungssachen;[16] die Kammern können derartige Sachen dem Plenum vorlegen (Art. 95 § 4 n. F. VerfO), was jedoch nur selten geschieht. – Wenn Art. 95 § 3 VerfO verfügt, daß über dienstrechtliche Klagen »*eine* ... in jedem Jahr neu zu bestimmende Kammer« entscheidet, so schließt dieser Wortlaut nach der Praxis des EuGH nicht aus, daß die Zuständigkeit für derartige Klagen auf *mehrere* Kammern verteilt wird; das empfiehlt sich auch, um Spezialisierungen zu vermeiden und die Arbeitslast aller Richter möglichst gleichmäßig zu halten.

Die VerfO hat den Begriff »Gruppen von Rechtssachen« weit ausgelegt, indem sie hierunter nicht nur Haupt-, sondern auch Anschlußverfahren versteht: so befinden die Kammern über Streitigkeiten wegen der erstattungsfähigen Kosten (Art. 74 § 1 VerfO).

V. Erhöhung der Richterzahl

14 1. Art. 165 Abs. 4 sieht – in Abweichung von der Grundregel des Art. 236 – ein vereinfachtes Verfahren für die hier in Betracht gezogenen Änderungen des Vertrages

16 Vgl. oben Rn. 7, 9.

vor. Hierdurch wird es ermöglicht, bei erhöhter Inanspruchnahme des EuGH verhältnismäßig rasch Abhilfe zu schaffen.

Rechtsgrundlage für die Erhöhung der Richterzahl kann jedoch nicht nur Art. 165 Abs. 4 sein, dessen Anwendung einen Antrag des EuGH voraussetzt, sondern auch ein Vertrag über den Beitritt neuer Staaten, der ohne Zutun des EuGH eine solche Erhöhung vorsieht, um jedem Mitgliedstaat die Entsendung mindestens *eines* Richters zu ermöglichen.[17]

15 Der Rat kann nur die Zahl der »Planstellen« erhöhen; die Ernennung der neuen Richter bleibt der Gesamtheit der Regierungen vorbehalten (Art. 167 Abs. 1).

2. Eine Erhöhung der Richterzahl ist jedenfalls solange nicht unproblematisch, als eine immer noch große Anzahl von Rechtssachen durch das Plenum zu entscheiden ist. Man kann sich nämlich fragen, ob nicht von einer gewissen Grenze ab die größere Mitgliederzahl eines richterlichen Gremiums den Entscheidungsprozeß so schwerfällig macht, daß entweder die Dauer der Verfahren zu- oder die Qualität der Rechtsprechung abnimmt.[18]

Artikel 166 [Generalanwälte]

Der Gerichtshof wird von fünf Generalanwälten unterstützt.

Der Generalanwalt hat in völliger Unparteilichkeit und Unabhängigkeit begründete Schlußanträge zu den dem Gerichtshof unterbreiteten Rechtssachen öffentlich zu stellen, um den Gerichtshof bei der Erfüllung seiner in Artikel 164 bestimmten Aufgabe zu unterstützen.

Auf Antrag des Gerichtshofes kann der Rat einstimmig die Anzahl der Generalanwälte erhöhen und die erforderlichen Anpassungen des Artikels 167 Absatz 3 vornehmen.

Literaturhinweise

Bülow, Erich, Überlegungen für eine Weiterentwicklung der Gemeinschaftsgerichtsbarkeit, in: EuR 1981, S. 307–328

17 Vgl. oben Rn. 1.
18 Vgl. *Bülow,* a. a. O., S. 313 f., 322, 324 f., der jene Grenze grundsätzlich bei 7 bis 9 Mitgliedern ansetzt.

Inhaltsübersicht

I. Entwicklungsgeschichte

1 Vor dem Beitritt der drei nordeuropäischen Staaten gab es beim EuGH zwei Generalanwälte (GA), einen Deutschen und einen Franzosen.

Art. 18 der Beitrittsakte sah eine Erhöhung dieser Zahl auf drei vor; jedoch war in einer der Schlußakte zu den Beitrittserklärungen beigefügten »Gemeinsamen Erklärung« von vornherein vorgesehen, daß der Rat auf Antrag des EuGH die Zahl der GA auf vier erhöhen könne. Dies geschah durch Beschluß des Rates vom 1. 1. 1973, der den genannten Art. 18 sowie Art. 166 Abs. 1 EWGV entsprechend änderte.[1] In der anschließenden Phase »stellte« jeder der vier »großen« Mitgliedstaaten (Deutschland, Frankreich, Italien, Vereinigtes Königreich) je einen GA.

Durch Beschluß vom 30. 3. 1981[2] hat der Rat die Zahl der GA mit Rücksicht auf den wachsenden Arbeitsanfall beim EuGH auf fünf erhöht. Dieser fünfte GA ist derzeit ein Niederländer; die Absicht geht jedoch offenbar dahin, die fünfte Stelle abwechselnd mit Angehörigen verschiedener Mitgliedstaaten – vermutlich der »kleineren« Staaten – zu besetzen.[3]

II. Vergleich mit EAG- und EGKS-Recht

2 Abgesehen von den Nummern der Vertragsartikel, auf die jeweils Bezug genommen wird, entspricht die jetzige Fassung von Art. 166 EWGV wörtlich den jetzigen Fassungen von Art. 138 EAGV und Art. 32 a EGKSV.

1 ABl. 1973 Nr. L 2 S. 1; vgl. auch HER I A 12, S. 180 i. V. m. I A 12, S. 22.
2 ABl. 1981 Nr. L 100 S. 21.
3 Indirekt wird diese Absicht in den Erwägungen sowie in Art. 3 des Beschlusses vom 30. 3. 1981 deutlich, wonach die Amtszeit des GA, »der zum erstenmal die durch diesen Beschluß geschaffene Stelle besetzt«, bereits am 6. 10. 1985 abläuft, »um das Funktionieren des vorgesehenen Systems der Neubesetzung zu gewährleisten«; der Beschluß weicht somit von der allgemeinen Regel des Art. 167 Abs. 1 ab, der eine Ernennung auf sechs Jahre vorsieht. Vgl. auch die Antwort des Rates auf die schriftliche Anfrage Nr. 2165/80 des Abgeordneten *Van Miert* (ABl. 1981 Nr. C 165 S. 19), wo es heißt, diese Stelle werde »zuerst« mit einem niederländischen Staatsangehörigen besetzt.

III. Bedeutung der Generalanwälte

3 Die dem französischen Recht entnommene Einrichtung der GA hat sich sehr bewährt. Sie rechtfertigt sich vor allem durch die Überlegung, daß der EuGH stets in erster und letzter Instanz entscheidet.[4] Nicht zuletzt aus diesem Grunde erschien es zweckmäßig, eine unabhängige Institution zu schaffen, deren Vertreter ebenfalls richterlich geprägt sind und den Richtern wie der Öffentlichkeit vor der Beratung ihre Auffassung zu den anhängigen Rechtssachen vorzutragen haben. Diese »Schlußanträge«, die in der amtlichen Sammlung im Anschluß an die zugehörigen Entscheidungen des EuGH abgedruckt werden, sind eine Fundgrube wertvoller Stellungnahmen zu Fragen des Gemeinschaftsrechts; sie können angesichts der besonderen Vertrautheit der GA mit der Rechtsprechung ihres Hauses als Erkenntnisquelle Vorrang selbst vor den angesehensten Werken der Literatur beanspruchen. Sie sind fast stets ausführlicher als die – zumeist knapp gehaltenen – Entscheidungsgründe des EuGH und vermögen somit, soweit der EuGH sich ihnen anschließt, zusätzlichen Aufschluß über die Motive der gerichtlichen Entscheidungen zu geben. Da der GA seine Auffassung vorträgt, bevor der EuGH sich festgelegt hat, ist er häufig genötigt, hilfsweise Fragen zu erörtern, die sich *seiner* Ansicht nach nicht stellen (z. B. auf die Begründetheit einzugehen, obwohl er die Klage für unzulässig hält). Daher enthalten viele Schlußanträge Ausführungen zu Problemen, die der EuGH bisher nicht entschieden hat.

Besondere Hervorhebung verdienen die oft sehr ausführlichen rechtsvergleichenden Erörterungen in den Schlußanträgen.[5]

IV. Rechtsstellung und Aufgaben der Generalanwälte

4 Die GA sind wie die Richter »Mitglieder des Gerichtshofes«, wie sich Art. 3 AbkGemOrg entnehmen läßt, der für die »Bestellung seiner Mitglieder« (d. h. der des EuGH) auch auf den nur von den GA handelnden Art. 166 EWGV verweist. Hieraus folgt freilich nicht, daß die GA stets mitgemeint wären, wenn eine Bestimmung »den Gerichtshof« erwähnt; das zeigt schon Art. 165 Abs. 1 in Verbindung mit Art. 166 Abs. 1, wonach »der Gerichtshof« aus elf Richtern »besteht« und von den GA »unterstützt« wird.

Nach dem ursprünglichen Text der VerfO folgten die GA im Rang den Richtern nach; die jetzige Fassung (Art. 6) sieht demgegenüber eine einheitliche Rangordnung vor, wonach jedes dienstältere – bei gleichem Dienstalter: lebensältere – Mitglied, ob Richter oder GA, jedem dienstjüngeren im Rang vorgeht.

4 Damit wird weder behauptet, daß der GA die fehlende erste Instanz »ersetzen« könne, noch bestritten, daß die Schaffung einer solchen Instanz für gewisse Streitigkeiten zur Entlastung des EuGH angezeigt erscheinen mag; vgl. *Bülow,* a. a. O., S. 315 f., 319.

5 Vgl. *Daig,* Rechtsvergleichung (Literaturhinweise zu Art. 164) S. 413 f., Anm. 20.

5 Abgesehen von den bereits genannten Vorschriften ergeben sich Rechtsstellung und Aufgaben der GA insbesondere aus: Art. 167 EWGV; Art. 2 bis 8 EWG-Satzung; Art. 6 FusV; Art. 21 i. V. m. Art. 12 bis 15, 18 PrivProt; Art. 2 bis 6, 10, 26 § 3, 27 § 7, 28 §§ 2 und 4 sowie zahlreichen weiteren Bestimmungen der VerfO.

6 Ursprünglich sah die VerfO vor, daß jeder GA einer Kammer zugeteilt wurde und daß der Präsident des Gerichtshofes für jede Rechtssache den GA aus der Mitte der Kammer bestimmte, der die Sache für die Zwecke einer etwaigen Beweiserhebung zugewiesen worden war. Nunmehr sieht § 10 VerfO in der Fassung des Änderungsbeschlusses vom 12. 9. 1979[6] vor, daß der – vom EuGH auf jeweils ein Jahr zu wählende – *Erste GA* über die Zuweisung der Rechtssachen an die GA entscheidet; die GA gehören nicht mehr einer bestimmten Kammer an. Diese elastischere Regelung ist zu begrüßen, da sie eine gleichmäßigere Auslastung der einzelnen GA gewährleistet und die Autonomie der Generalanwaltschaft verstärkt.

Artikel 167 [Ernennung der Richter und Generalanwälte – Präsidium des Gerichtshofes]

Zu Richtern und Generalanwälten sind Persönlichkeiten auszuwählen, die jede Gewähr für Unabhängigkeit bieten und in ihrem Staat die für die höchsten richterlichen Ämter erforderlichen Voraussetzungen erfüllen oder Juristen von anerkannt hervorragender Befähigung sind; sie werden von den Regierungen der Mitgliedstaaten im gegenseitigen Einvernehmen auf sechs Jahre ernannt.

Alle drei Jahre findet eine teilweise Neubesetzung der Richterstellen statt. Sie betrifft abwechselnd sechs und fünf Richter.

Alle drei Jahre findet eine teilweise Neubesetzung der Stellen der Generalanwälte statt. Sie betrifft abwechselnd zwei und drei Generalanwälte.

Die Wiederernennung ausscheidender Richter und Generalanwälte ist zulässig.

Die Richter wählen aus ihrer Mitte den Präsidenten des Gerichtshofes für die Dauer von drei Jahren. Wiederwahl ist zulässig.

6 ABl. 1979 Nr. L 238 S. 1.

Inhaltsübersicht

I. Vergleich mit EGKS- und EAG-Recht

1 Art. 167 entspricht wörtlich Art. 32b EGKSV und Art. 139 EAGV.

II. Voraussetzungen für die Ernennung von Richtern und Generalanwälten

2 1. Die zu Ernennenden müssen »jede Gewähr für Unabhängigkeit bieten«. Der Begriff der »Unabhängigkeit« dürfte hier in einem weiteren Sinne zu verstehen sein als in Art. 166 und zugleich die dort erwähnte »Unparteilichkeit« umschließen. Der zu Ernennende muß seiner sittlichen Persönlichkeit nach die Gewähr dafür bieten, daß er bei seiner richterlichen oder generalanwaltlichen Tätigkeit nur seinem Rechtsgewissen folgt und sich nicht von sachfremden Erwägungen leiten läßt. Die Verfasser der Vorschrift dürften vor allem an die »Unabhängigkeit« gegenüber der Regierung des Heimatstaates gedacht haben, die auf Ernennung und eventuelle Wiederernennung einen entscheidenden Einfluß hat; gefordert wird jedoch eine unabhängige Haltung schlechthin, also z. B. auch im Verhältnis zur Industrie, zu einer politischen Partei usw.

Die Bestimmung schließt jedoch in keiner Weise aus, daß der Kandidat vor seiner Ernennung hauptamtlich oder gelegentlich für Personen oder Stellen gearbeitet hat, die vor dem EuGH als Parteien auftreten. Daher bestehen z. B. keine rechtlichen Bedenken gegen die Ernennung von Mitgliedern oder hohen Beamten einer Regierung oder eines Gemeinschaftsorgans oder von Professoren oder Anwälten, die bereits vor dem EuGH plädiert haben (ständige Regierungspraxis); es ist sogar erwünscht, daß im EuGH auch Persönlichkeiten wirken, die in derartigen Funktionen Erfahrungen gesammelt haben. Ausschlaggebend sind einzig die moralischen Qualitäten des Betroffenen.

3 2. Abgesehen hiervon muß der zu Ernennende auch beruflich-fachlichen Ansprüchen genügen:

a) In erster Linie wird verlangt, daß die Betroffenen »*in ihrem Staat* die für die höchsten richterlichen Ämter erforderlichen Voraussetzungen erfüllen«. Hierin liegt grundsätzlich eine Verweisung auf die nationalen Rechtsordnungen. In der Bundesrepublik wird man unter »höchsten richterlichen Ämtern« nicht nur das Amt eines Richters am Bundesverfassungsgericht, sondern ebenfalls das Amt eines Richters an einem der in Art. 95 Abs. 1 GG erwähnten fünf »obersten Gerichtshöfe« zu verstehen haben.

Bestehen in einem Mitgliedstaat mehrere höchste Gerichte und hat der Gesetzgeber für die Ernennung von Richtern des einen oder des anderen Gerichts unterschiedliche Voraussetzungen aufgestellt, so dürfte es genügen, daß der Betroffene jedenfalls die Voraussetzungen für *eines* der in Betracht kommenden Gerichte erfüllt.

Der Ausdruck »die höchsten richterlichen Ämter« bezieht sich auf die Gesamtheit der Richterämter an den obersten gerichtlichen Instanzen, nicht lediglich auf die Ämter der Gerichtspräsidenten.

4 b) Auch wer in seinem Heimatstaat nicht die Qualifikation für ein höchstes Richteramt aufweist, kann zum Richter oder Generalanwalt bestellt werden, wenn er ein »Jurist von anerkannt hoher Befähigung« ist. Von dieser Vorschrift sollte allerdings – wenn überhaupt – nur sehr sparsam und nur zugunsten schlechthin überragender Persönlichkeiten Gebrauch gemacht werden.

5 c) Im Gegensatz zu dem, was für die Kommission gilt (vgl. Art. 10 Abs. 1 Unterabs. 3 FusV), ist nicht ausdrücklich vorgeschrieben, daß die Richter oder Generalanwälte Staatsangehörige eines Mitgliedstaates sein müssen. Dieser – sicherlich bewußte – Regelungsverzicht ist aber schwerlich darauf zurückzuführen, daß den Verfassern des Vertrages die staatliche Zugehörigkeit der Mitglieder des EuGH gleichgültig gewesen wäre; bestimmend dürfte vielmehr der Wunsch gewesen sein, »optisch« auszudrücken, daß der Richter oder Generalanwalt *noch* weniger als ein Kommissionsmitglied in der Öffentlichkeit als »Vertreter« »seines« Staates gewertet werden darf.

Theoretisch folgt aus diesem Vergleich, daß auch Angehörige von Nicht-Mitgliedstaaten ernannt werden dürften. Praktisch wurden jedoch stets nur Staatsangehörige der Mitgliedstaaten ernannt. Das mag in erster Linie sogenannte »politische« Gründe gehabt haben; es entspricht aber auch dem Interesse der Rechtspflege, daß der EuGH in seiner Gesamtheit die Kenntnis aller mitgliedstaatlichen Rechtsordnungen in sich vereint, da deren Inhalte bei der Auslegung und Anwendung des Gemeinschaftsrechts häufig berücksichtigt werden müssen, z. B. wenn es gilt, die Lücken dieses Rechts durch die Ermittlung allgemeiner Rechtsgrundsätze zu schließen.

Allerdings haben die Parteien vor dem EuGH nicht die Gewißheit, stets einen Richter ihrer Nationalität auf der Richterbank vorzufinden, da Plenarentscheidungen auch von neun oder sieben Richtern getroffen werden können,[1] die – in ihrer Bedeutung gestiegenen – Kammerentscheidungen gar nur von fünf oder drei (derzeit: drei) Richtern.[2]

1 Vgl. Rn. 1 zu Art. 165.
2 Vgl. Rn. 7 ff. zu Art. 165.

III. Ernennungsverfahren; Amtsdauer

6 1.a) Richter und Generalanwälte werden nicht einseitig von »ihrer« Regierung ernannt, sondern von der Gesamtheit der Regierungen der Mitgliedstaaten; in der Praxis bedeutet dies, daß die von den einzelnen Regierungen jeweils vorgeschlagenen Persönlichkeiten der Zustimmung der anderen Regierungen bedürfen.

7 b) Die Amtsdauer für Richter und Generalanwälte beträgt grundsätzlich jeweils sechs Jahre. Aus den nachstehend dargelegten Gründen ließ und läßt sich dieses Prinzip jedoch nicht lückenlos durchführen:

- Gemäß Art. 167 Abs. 2, 3 hat alle drei Jahre eine teilweise Neubesetzung der Stellen stattzufinden; die Amtsdauer ist daher so zu bemessen, daß alle drei Jahre zum gleichen Datum die Amtszeit eines Teiles – aber eben nur eines Teiles – der Richter und Generalanwälte abläuft.[3] Bei der Konstituierung des Gerichtshofes der Europäischen Gemeinschaften (7. 10. 1958) war es daher notwendig, für einen Teil der Richter und Generalanwälte die erste Amtszeit bereits am 6. 10. 1961, also nach *drei* Jahren, ablaufen zu lassen, während die Amtszeiten der übrigen Mitglieder am 6. 10. 1964, also nach *sechs* Jahren, endeten.
- Die späteren »Ablauftermine« lagen und liegen dementsprechend am 6. 10. 1967, 1970, 1973, 1976, 1979, 1982 usw. Bei Erhöhungen der Zahl der Richter und Generalanwälte infolge des Beitritts neuer Mitgliedstaaten oder aufgrund eines Antrags des EuGH mußte – und muß künftig – die erste Amtszeit der auf die neugeschaffenen Stellen ernannten Mitglieder so bemessen werden, daß sie an einem dieser Termine ablief (abläuft), was regelmäßig zur Folge hat(te), daß diese erste Amtszeit weniger als sechs Jahre betrug (beträgt).[4]

8 2.a) Art. 167 Abs. 2 und 3 wurden im Laufe der Jahre jeweils dann geändert, wenn sich die Gesamtzahl der Richter und Generalanwälte erhöhte; die Zahl der von den dreijährigen Neubesetzungen betroffenen Mitglieder wurde jeweils so festgesetzt, daß sie entweder die Hälfte der Richter und/oder der Generalanwälte betrug oder – bei ungerader Gesamtzahl – diese Hälfte um 1 über- oder unterschritt.

9 b) Wenn Art. 167 Abs. 2 und 3 von einer »teilweisen Neubesetzung« sprechen, so ist das nicht dahin zu verstehen, daß die Regierungen verpflichtet wären, nach Ablauf der Amtszeit eines Mitglieds eine *andere* Persönlichkeit als Nachfolger zu ernennen; das ergibt sich daraus, daß gemäß Art. 167 Abs. 4 ausscheidende Richter und Generalanwälte

3 Wegen der Gründe für diese »Überlappungsregelung«, die keine Ausnahme duldet, s. unten Rn. 9.

4 So bestimmt der Beschluß des Rates vom 30. 3. 1981, durch den eine elfte Richterstelle geschaffen wurde (ABl. 1981 Nr. L 100 S. 20), daß die Amtszeit des Richters, der diese Stelle zum ersten Mal besetzt, am 6. 10. 1982 abläuft; diese Amtszeit begann am 1. 4. 1981 (Beschluß der Regierungsvertreter vom 30. 3. 1981, ABl. 1981 Nr. L 100 S. 18).

wiederernannt werden können (was häufig geschehen ist). Gemeint ist lediglich, daß sich das Amt nicht stillschweigend verlängert, sondern daß jeweils ein förmlicher (Wieder-)Ernennungsbeschluß erforderlich ist.

Da andererseits jedoch keine Pflicht zur Wiederernennung besteht und es jedem Amtsträger freisteht, auf eine Wiederernennung zu verzichten, erschien es zweckmäßig, für alle Fälle dafür zu sorgen, daß nicht eine zu große Zahl von Richtern und/oder Generalanwälten zum gleichen Zeitpunkt definitiv ausscheiden, wodurch die Kontinuität der Rechtsprechung Schaden nehmen oder der Arbeitsrhythmus des EuGH leiden könnte. Deswegen sehen die Abs. 2 und 3 von Art. 167 vor, daß die Amtszeiten nicht gleichzeitig ablaufen, sondern einander »überlappen«. Sieht man von Todesfällen, Rücktritten oder Amtsenthebungen ab, so ist damit sichergestellt, daß nach jedem der dreijährlich wiederkehrenden Stichtage (stets ein 6. Oktober[5]) mindestens sechs oder fünf Richter und zwei oder drei Generalanwälte im Amt verbleiben.

IV. Wahl und Rechtsstellung des Präsidenten

10 1. Die Wahl des Präsidenten findet jeweils unmittelbar nach der teilweisen Neubesetzung der Richterstellen gemäß Art. 167 Abs. 2 EWGV statt; endet die Amtszeit des Präsidenten vor ihrem regelmäßigen Ablauf, so wird das Amt für die verbleibende Zeit neu besetzt (Art. 7 §§ 1, 2 VerfO).

11 2. Ausnahmsweise war der erste Präsident des EuGH von den Regierungen der Mitgliedstaaten im gemeinsamen Einvernehmen zu ernennen (Art. 244 Abs. 1 EWGV).

12 3. Der Präsident hat auf dem wichtigsten Gebiet, dem der Mitwirkung an den vom Plenum zu fällenden Urteilen, lediglich die Stellung eines primus inter pares. Wenn Art. 27 § 5 VerfO bestimmt, daß »die Meinung, auf die sich die *Mehrheit der Richter* ... geeinigt hat, ... für die Entscheidungen des Gerichtshofes maßgebend [ist]«, so folgt hieraus, daß die Stimme des Präsidenten nicht mehr zählt als diejenige eines jeden anderen Richters.

Der Präsident ist auch nicht der Vorgesetzte, insbesondere nicht der Disziplinarvorgesetzte, der Richter und Generalanwälte; so kann z. B. nicht er, sondern nur das gesamte Kollegium einen Richter oder Generalanwalt seines Amtes entheben oder seiner Ruhegehaltsansprüche für verlustig erklären (Art. 6 Abs. 1 EWG-Satzung).

Die Rechtsprechung obliegt dem Plenum oder den Kammern; als »Einzelrichter« wird der Präsident nur im Verfahren wegen Erlasses einer einstweiligen Anordnung tätig: vgl. Art. 36 EWG-Satzung; Art. 84 § 2, 85, 89, 96 VerfO. Dagegen obliegen ihm wichtige

5 Vgl. oben Rn. 7.

prozeßleitende Funktionen, wie dies bereits allgemein in Art. 8 VerfO zum Ausdruck kommt, wonach der Präsident »die rechtsprechende Tätigkeit des Gerichtshofes [leitet]«; insbesondere bestimmt er in jeder Plenarsache den Berichterstatter und setzt die Fristen für die Einreichung von Schriftsätzen fest. Vgl. wegen dieser und anderer Aufgaben Art. 16, 30, 34 EWG-Satzung; Art. 9, 25, 26, 28, 35, 40 bis 42, 44, 47, 49, 53 bis 57, 59, 62, 66, 67, 76, 84, 91, 93, 94, 107, 108, 110 VerfO; Art. 5 ZusVerfO; Art. 6, 13 DienstanwK.

Ferner leitet der Präsident die Verwaltung des Gerichtshofes (Art. 8 VerfO) und ist der höchste Dienstvorgesetzte aller Beamten und sonstigen Bediensteten dieses Organs (Art. 11 EWG-Satzung). Wegen weiterer administrativer Funktionen siehe Art. 5, 8 EWG-Satzung; Art. 4, 12, 14, 15, 17, 20, 23 VerfO.

13 4. In Rechtssachen, die von einer Kammer zu entscheiden sind, übt der Kammerpräsident die verfahrensleitenden Befugnisse des Gerichtspräsidenten aus (Art. 9 § 4 VerfO).

Artikel 168 [Kanzler]

Der Gerichtshof ernennt seinen Kanzler und bestimmt dessen Stellung.

I. Vergleich mit EAG- und EGKS-Recht

1 Art. 168 entspricht wörtlich Art. 140 EAGV und Art. 32c EGKSV.

II. Aufgaben und Rechtstellung des Kanzlers

2 1. Die Funktionen des Kanzlers schließen zugleich diejenigen eines Urkundsbeamten, eines Generalsekretärs und eines Personal- und Verwaltungschefs in sich. Die Fülle dieser Kompetenzen vermag den hohen Rang zu rechtfertigen, den der EWGV dem Kanzler schon dadurch zubilligt, daß er ihn eigens erwähnt; in diesem Zusammenhang ist auch zu berücksichtigen, daß der internationale, mehrsprachige Charakter des EuGH die Besetzung des Amtes mit einer sprach- und weltgewandten, vielseitigen und durchsetzungsfähigen Persönlichkeit erfordert.

Der Kanzler steht im Rang zwar unter den Richtern und GA, jedoch über den höchsten Beamten der Gemeinschaft. Ebenso wie die Mitglieder des EuGH ist er nicht »Beamter«, sondern Amtsträger; er wird nicht auf Lebenszeit, sondern jeweils für sechs Jahre ernannt (Wiederernennung ist zulässig: Art. 12 § 4 VerfO), und die Vorschriften des Beamtenstatuts der Gemeinschaften sind auf ihn nicht anwendbar. Seine Rechtsstellung ist in zahlreichen Punkten derjenigen der Richter und GA angeglichen, hebt sich aber in anderer Beziehung deutlich von ihr ab: so wird er nicht von den Regierungen, sondern vom EuGH ernannt; bei der eigentlichen Rechtsfindung wirkt er nicht mit, ist also auch nicht an der Abfassung der Urteile beteiligt.

Der Kanzler ist kein autonomes Organ des EuGH, sondern hat dessen Weisungen zu befolgen. Praktisch verbleibt ihm jedoch in Verwaltungssachen ein nicht unerheblicher Handlungsspielraum.

Was Rechtsstellung und Aufgaben des Kanzlers betrifft, so liegt deren Regelung – entgegen dem Wortlaut von Art. 168 – nicht völlig im Ermessen des EuGH; auch FusV, EWG-Satzung und PrivProt enthalten hierzu einige Vorschriften, welche der Gerichtshof in seiner VerfO zwar ergänzen, aber nicht abändern konnte (vgl. Art. 44 EWG-Satzung).[1]

3 2. Für die allgemeine Rechtsstellung des Kanzlers sind im wesentlichen noch folgende Vorschriften heranzuziehen: Art. 6 FusV; Art. 9, 13 EWG-Satzung; Art. 12 bis 15, 18, 21 PrivProt; Art. 3, 6, 11 VerfO.

Die umfassenden Aufgaben des Kanzlers lassen sich in vereinfachender Betrachtung drei verschiedenen Gebieten zuordnen. Der Kanzler hat erstens Pflichten und Befugnisse *verfahrensrechtlicher* Natur, d. h. solche, die unmittelbar den Gang einer bestimmten anhängigen Rechtssache betreffen. Zweitens erfüllt er Funktionen, die man als *gerichtsorganisatorisch* bezeichnen kann (hierher zählt insbesondere die Herausgabe der Entscheidungssammlung.) Drittens übt er *administrative* Tätigkeit aus, wie sie in gleicher oder vergleichbarer Weise auch bei anderen Gemeinschaftsorganen anfällt. Wegen Einzelheiten wird auf Art. 1, 18 bis 20, 30 bis 34 EWG-Satzung sowie auf VerfO, ZusVerfO und DienstanwK verwiesen.

Artikel 169 [Aufsichtsklage]

Hat nach Auffassung der Kommission ein Mitgliedstaat gegen eine Verpflichtung aus diesem Vertrag verstoßen, so gibt sie eine mit Gründen versehene Stellungnahme hierzu ab; sie hat dem Staat zuvor Gelegenheit zur Äußerung zu geben.

Kommt der Staat dieser Stellungnahme innerhalb der von der Kommission gesetzten Frist nicht nach, so kann die Kommission den Gerichtshof anrufen.

1 Siehe unten Rn. 3.

Literaturhinweise

Audretsch, H. A. H., Supervision in European Community Law, Utrecht 1978, S. 1–285

Baumann, Peter, Die Klage der Kommission gegen Mitgliedstaaten wegen Vertragsverletzung gemäß Art. 169 EWGV, in: Probleme des europäischen Gemeinschaftsrechts, Wien 1976, S. 265–284

Cahier, Philippe, Le recours en constatation de manquements des Etats membres devant la Cour des Communautés européennes, in: CDE 1967, S. 123–162

Däubler, Wolfgang, Die Klage der EWG-Kommission gegen einen Mitgliedstaat, in: NJW 1968, S. 325–331

Ehlermann, C. D., Die Verfolgung von Vertragsverletzungen der Mitgliedstaaten durch die Kommission, in: Festschrift zum 70. Geburtstag von Hans Kutscher, Baden-Baden 1981, S. 135–153

Eynard, Sergio F., L'article 169 du traité de Rome: Douze ans d'application de la procédure d'infraction à l'égard des Etats membres de la C. E. E., in: Rivista di diritto europeo 1970, S. 99–125

Ferrière, Georges, Le contrôle de la légalité des actes étatiques par la Cour de Justice des Communautés européennes, Paris 1968, S. 1–143

Karpenstein, Peter, Zur Wiedergutmachung von Vertragsverstößen der Mitgliedstaaten gegen das Gemeinschaftsrecht, in: DVBl. 1977, S. 61–70

Louis, J.-V., Ordre public communautaire et intérêts des Etats dans la procédure de constatation de manquements, in: Miscellanea W. J. Ganshof van der Meersch, Band II, Brüssel 1972, S. 225–239

Mertens de Wilmars, J. – Verougstraete, I. M., Proceedings against Member States for failure to fulfil their obligations, in: CMLR 1970, S. 385–406

Millarg, Eberhard, Keine Staatshaftung für gemeinschaftsrechtswidrige Gesetzgebung?, in: ZRP 1977, S. 224–226

Rasquin, Gérard, Les manquements des Etats membres des Communautés européennes devant la Cour de Justice, Heule 1964, S. 1–39

Inhaltsübersicht

I. Vergleich mit EAG- und EGKS-Recht

1 1. Während Art. 141 EAGV wörtlich ebenso lautet wie Art. 169 EWGV, trifft Art. 88 EGKSV eine erheblich abweichende Regelung.

Ist die Kommission (früher: Hohe Behörde) der Auffassung, ein Mitgliedstaat habe seine Verpflichtungen verletzt, so hat sie dies durch Entscheidung festzustellen, allerdings – insofern besteht Übereinstimmung mit dem EWGV – erst, nachdem sie dem Staat Gelegenheit zur Äußerung gegeben hat. In der Entscheidung ist dem Staat eine Frist zu setzen, innerhalb deren er seine Verpflichtung zu erfüllen hat. Binnen zwei Monaten nach Zustellung der Entscheidung kann der Staat »Klage im Verfahren mit unbeschränkter Ermessensnachprüfung«[1] erheben; vorbehaltlich einer etwaigen Aussetzung der Vollstreckung durch den EuGH hat eine solche Klage jedoch, wie aus Art. 39 EGKSV folgt, keine aufschiebende Wirkung.[2] Hat der Staat seine Verpflichtung innerhalb der gesetzten Frist nicht erfüllt »oder ist seine Klage abgewiesen worden«, so kann die Kommission mit Zustimmung des Rates bestimmte Sanktionen treffen. Wegen dieser Sanktionen kann der betroffene Staat wiederum binnen einer Frist von zwei Monaten Klage erheben. Erweisen sich die Sanktionen als wirkungslos, so berichtet die Kommission hierüber an den Rat.

2 2. Die Unterschiede sind augenfällig:

- Nach EWG-Recht ist die Verlautbarung, durch welche die Kommission ihre Auffassung kundtut, eine »Stellungnahme«, also ein unverbindlicher Akt, den der betroffene Staat nicht angreifen kann und durch dessen Nichtbefolgung er sich keiner zusätzlichen Pflichtverletzung schuldig macht. Nicht dem Staat, sondern der Kommission wird die Klägerrolle zugeschoben; eine etwaige Säumnis bei der Ergreifung gerichtlicher Schritte geht somit zu Lasten der Gemeinschaft, nicht des Staates. Anders als im EGKS-Bereich kann nur der EuGH bindend feststellen, daß das Gemeinschaftsrecht verletzt wurde (vgl. Art. 171).
- Art. 169 ff. EWGV sehen keinerlei gegen den sich pflichtwidrig verhaltenden Staat zu verhängende Sanktionen vor, sondern beschränken sich auf die Feststellung, daß der Staat im Falle seines Unterliegens die sich aus dem Urteil des EuGH ergebenden Maßnahmen zu ergreifen hat (Art. 171).

3. Bei dem Entschluß, die EGKS-Regelung nicht zu übernehmen, könnten verschiedene Überlegungen eine Rolle gespielt haben:

- die Erwartung, daß sich eine Einigung häufig im vorgerichtlichen Verfahren werde erzielen lassen, wodurch die öffentliche »Anprangerung« des betroffenen Staates

1 Siehe zu diesem Begriff die Erläuterungen zu Art. 172.
2 EuGH – Bundesrepublik/Hohe Behörde, 3/59 – Slg. 1960, 135 f.

vermieden[3] und der EuGH entlastet würde;[4] diesem Gedanken entspricht die starke Betonung und Formalisierung des Vorverfahrens, die noch deutlicher in Art. 170 Abs. 3 zum Ausdruck kommt;

- die Vorstellung, daß das EWG-Recht den Staaten umfangreichere und deshalb auch öfter mehrdeutige Verpflichtungen auferlege als der Montanvertrag, so daß die Gefahr der schuldlosen Fehlinterpretation – sowohl durch die Kommission als auch durch den betroffenen Staat – größer und häufiger, eine sorgfältige Aufklärung daher im allgemeinen nützlich sein werde;
- der Wunsch, mit Rücksicht auf das Prestige der Staaten die bindende Feststellung einer Vertragsverletzung dem EuGH als dem mit höchster Autorität ausgestatteten Organ zu überlassen, sowie durch Verlängerung des bis zu dieser Feststellung verstreichenden Zeitraums dem Staat die Möglichkeit zu geben, sein Verhalten zu überdenken und gegebenenfalls über eine längere Vorbereitungsfrist für die Beseitigung des rechtswidrigen Zustandes zu verfügen.

Auf das wiedererstarkte Selbstbewußtsein der Staaten dürfte die Tatsache zurückzuführen sein, daß der EWGV sogar an die etwaige Mißachtung des Urteils des EuGH keinerlei Sanktionen knüpft; ja es fehlt selbst eine Vorschrift des Inhalts, daß die Kommission bei hartnäckigem »Ungehorsam« des betroffenen Staates dem Rat zu berichten habe (was ihr freilich offiziös auch im EWG-Bereich nicht versagt sein kann). Da nicht anzunehmen ist, daß die Staaten sich bewußt eine Hintertür für ungestrafte dauernde Vertragsverletzungen offenhalten wollten, ist davon auszugehen, daß die Vertragschließenden unterstellt haben, eine mit der Autorität des EuGH bindend festgestellte Zuwiderhandlung werde stets unverzüglich abgestellt werden.[5] Die Konstruktion der Art. 169 ff. zeigt nach alledem, welch wichtige Funktion dem EuGH zufällt und daß das gute Funktionieren der Gemeinschaft ganz überwiegend vom Rechtsbewußtsein der Mitgliedstaaten abhängt.

3 Vergleicht man die EGKS- mit der EWG-Regelung unter rechtspolitischen Gesichtspunkten und im Lichte der bisherigen Erfahrung, so wird man kaum von einer verringerten Effizienz sprechen können. Das EWG-Verfahren ist zwar schwerfällig und wird, wenn der betroffene Staat sich renitent zeigt, längere Zeit brauchen, um den vertragskonformen Zustand (wieder)herzustellen; in den überwiegenden Fällen aber, in

3 So dem Sinne nach auch *Däubler,* a. a. O., S. 327; *Tizzano,* in: *Quadri* u. a., a. a. O., Anm. 3 zu Art. 169.

4 Den Zweck der Entlastung betont auch *Nass,* Anmerkung zum Urteil des EuGH vom 10. 3. 1970 in der Rs. 7/69, in: DVBl. 1970, S. 617.

5 Ebenso *Wohlfarth* u. a., a. a. O. (Allg. Literaturverzeichnis), Anm. 1 zu Art. 171. Übersichten darüber, ob und in welcher Frist die betroffenen Staaten den Feststellungsurteilen des EuGH nachgekommen sind, finden sich in den Antworten der Kommission auf verschiedene schriftliche Anfragen von Abgeordneten des Europäischen Parlaments (vgl. etwa ABl. 1970 Nr. C 138 S. 12 f.; 1975 Nr. C 138 S. 20 f.; 1981 Nr. C 88 S. 28; 1981 Nr. C 168 S. 9). Hieraus ist u. a. ersichtlich, daß nach dem Stand vom 1. 6. 1981 insgesamt nur zwei Fälle zu verzeichnen waren, in denen die Kommission den EuGH wegen Nichtvollzugs des Urteils erneut zu befassen hatte.

denen keine mala fides vorliegt, ist es dank seiner Elastizität wohl besser geeignet, ein vertrauensvolles Klima zwischen Kommission und Staaten zu gewährleisten. Es darf auch nicht übersehen werden, daß die in Art. 88 EGKSV vorgesehenen Sanktionen kein sonderlich wirksames Drohmittel darstellen und zudem insofern bedenklich sind, als sie den – mit echtem »Gemeinschafts«-Recht schwerlich vereinbaren – Retorsionsgedanken in sich bergen.[6]

II. Wesen, Bedeutung und Gegenstand der Aufsichtsklage

4 1. Vorverfahren und Klage nach Art. 169 sind die Mittel, die der Vertrag der Kommission zur Verfügung stellt, damit diese *im Verhältnis zu den Mitgliedstaaten* ihrer Pflicht aus Art. 155 genügen kann, »für die Anwendung dieses Vertrages sowie der von den Organen aufgrund dieses Vertrages getroffenen Bestimmungen Sorge zu tragen«. Im Rechtsschutzgefüge des EWGV nimmt der in Art. 169 geregelte Prozeßtyp insofern eine Sonderstellung ein, als er – abgesehen von Art. 93 Abs. 2 Satz 2 und Art. 225, die zwar ein von Art. 169 abweichendes Verfahren vorsehen, ansonsten jedoch systematisch als Unterfälle dieser Vorschrift anzusehen sind[7] – den einzigen Fall umfaßt, in dem ein Organ der Gemeinschaft unmittelbar durch den Vertrag ermächtigt wird, vor dem EuGH gegen einen Mitgliedstaat zu klagen; zwar ist die gleiche Parteienkonstellation auch im Rahmen von Art. 181 denkbar, jedoch nur, wenn die Gemeinschaft mit dem beklagten Staat einen besonderen Vertrag geschlossen hat und dieser eine Schiedsklausel enthält, die den EuGH im Streitfall für zuständig erklärt.

Gleichzeitig handelt es sich um den praktisch wichtigsten der Fälle, in denen nach EWG-Recht einem Staat vor dem Gerichtshof die Rolle des Beklagten zufällt: die Staaten haben von ihrem Recht nach Art. 170, gegen einen der ihren zu klagen, bisher nur selten Gebrauch gemacht; Klagen Privater gegen einen Mitgliedstaat, wie sie im EGKS-Bereich aufgrund von Art. 16 des Protokolls über die Vorrechte und Befreiungen der EGKS ausnahmsweise möglich waren,[8] dürften nach der Aufhebung dieses Protokolls durch Art. 28 Abs. 2 FusV nicht mehr statthaft sein.

5 2. Das Verfahren nach Art. 169 ff. ist allerdings nicht der einzige Weg, der dazu führen kann, daß die Unvereinbarkeit nationaler Maßnahmen mit dem Gemeinschaftsrecht gerichtlich festgestellt wird. Vielmehr sind auch die Gerichte der Mitgliedstaaten befugt und verpflichtet – gegebenenfalls aufgrund einer vom EuGH gemäß Art. 177 gegebenen (»abstrakten«) Auslegung des Gemeinschaftsrechts –, eine entsprechende Feststellung zu treffen und gemeinschaftsrechtswidrige Normen des staatlichen Rechts in concreto jedenfalls dann unangewendet zu lassen, wenn sie unmittelbar zugunsten des Einzelnen

6 Siehe zu diesem Punkt Rn. 9 zu Art. 171.
7 Vgl. unten Rn. 54 bis 56.
8 Vgl. EuGH – Humblet/Belgien, 6/60 – Slg. 1960, 1169 ff.

wirken. Beide Prozeduren sind voneinander unabhängig; erst in ihrer Gesamtheit ermöglichen sie einen hinreichenden Schutz des Gemeinschaftsrechts gegen staatliche Übergriffe, da in den einen Fällen die Kommission, in den anderen die benachteiligte Privatperson als erste den Verstoß aufgreift. Der EuGH hat daher von Anbeginn an betont, daß die Existenz des Verfahrens nach Art. 169 ff. das Recht des Einzelnen, sich vor dem staatlichen Richter mit Erfolg auf den Verstoß eines Mitgliedstaates zu berufen, nicht ausschließt;[9] umgekehrt hat das genannte Verfahren seine Berechtigung unabhängig von diesem Recht,[10] so daß der betroffene Staat eine Aufsichtsklage nicht mit der Behauptung abwehren kann, sie sei überflüssig, da das Gemeinschaftsrecht entgegenstehendes nationales Recht ohnehin verdränge.

6 3. Wie aus Art. 171 hervorgeht, handelt es sich um eine Feststellungsklage.[11] Prinzipiell können die Anträge der Kommission und das ihnen stattgebende Urteil nur die Feststellung zum Gegenstand haben, der beklagte Staat habe durch ein bestimmtes Verhalten gegen eine bestimmte Norm des Gemeinschaftsrechts verstoßen. Insbesondere ist der EuGH nicht befugt:

- eine nationale Norm für rechtswidrig zu erklären;[12]
- die beanstandete Norm aufzuheben;[13]
- den Staat förmlich zur Beseitigung des rechtswidrigen Zustandes zu verurteilen (was auch nicht nötig ist, da sich diese Pflicht bereits aus Art. 171 ergibt);
- sich zu Prinzip und Umfang einer etwaigen Schadensersatzpflicht zu äußern.[14]

Diese Ausführungen dürfen allerdings nicht dahin verstanden werden, daß es Kommission und EuGH schlechthin verwehrt wäre, im Verfahren nach Art. 169 ff. die Pflicht des beklagten Staates zur Beseitigung des rechtswidrigen Zustandes zu konkretisieren.[15] Das kann ohne Verstoß gegen die im vorigen Absatz genannten Regeln z. B. dadurch geschehen, daß die Kommission in ihrer Stellungnahme – vorausgesetzt, der Staat ist auch

9 EuGH – Van Gend & Loos/Niederländische Finanzverwaltung, 26/62 – Slg. 1963, 26.

10 Vgl. GA *Reischl,* Slg. 1974, 374 ff.; GA *Mayras,* Slg. 1980, 1111.

11 Ebenso *Ule,* Gutachten, a. a. O. (Literaturhinweise zur Vorbemerkung) S. 48.

12 GA *Reischl,* Slg. 1979, 2946.

13 *Nass,* a. a. O. (oben Fn. 4) S. 616.

14 Vgl. *Karpenstein,* a. a. O., S. 64, der mit Recht betont, die Kommission habe im Verfahren nach Art. 169 ff. ausschließlich Interessen der *Gemeinschaft* wahrzunehmen (ebenso *Louis,* a. a. O., S. 237) und es sei Sache der geschädigten Privaten, etwaige Schadensersatzansprüche vor den staatlichen Instanzen geltend zu machen (so sinngemäß auch die Kommision in ihrer Antwort auf die schriftliche Anfrage Nr. 45/77 des Abgeordneten *Jahn,* ABl. 1977 Nr. C 191 S. 25). Das bedeutet freilich nicht, daß das Gemeinschaftsrecht derartigen Ansprüchen völlig gleichgültig gegenüberstünde; ein staatlicher Richter kann den EuGH sehr wohl mit der Frage befassen, inwieweit das Gemeinschaftsrecht Einfluß auf die Wiedergutmachungspflichten der Staaten nimmt. Siehe auch Rn. 6 bis 8 zu Art. 171.

15 EuGH – Kommission/Bundesrepublik, 70/72 – Slg. 1973, 829.

zu diesem Punkt gehört worden – die Zuwiderhandlung dahin definiert, daß der Staat einen bestimmten Verstoß begangen *und* es unterlassen habe, die zu dessen Beseitigung kraft Gemeinschaftsrechts[16] notwendigen (näher zu bezeichnenden) Maßnahmen zu treffen; der EuGH mag dann die Feststellung auch dieses »sekundären« Verstoßes in sein Urteil aufnehmen. Besteht der »primäre« Verstoß in einem Unterlassen, so ist es sogar notwendig, genau anzugeben, was der Staat hätte tun müssen.

7 4. Was den Umfang der Nachprüfungsbefugnis des EuGH angeht, so ist er durch Sinn und Zweck der Aufsichtsklage vorgezeichnet. Es geht entweder um Rechtsfragen oder um tatsächliche Fragen oder um beides; für Zweckmäßigkeitserwägungen, moralische Wertungen oder außerrechtliches Billigkeitsdenken bleibt kein Raum. Der EuGH hat zunächst – falls hierüber Streit besteht – zu ermitteln, ob der Beklagte sich tatsächlich so verhalten hat, wie es die Kommission behauptet. Weiterhin obliegt es ihm gegebenenfalls, die gemeinschaftsrechtliche Vorschrift auszulegen, deren Verletzung dem Beklagten vorgeworfen wird. Schließlich hat er zu untersuchen, ob das dem Staat zur Last gelegte Verhalten einen Verstoß gegen den klaren oder im Wege der Auslegung ermittelten Inhalt des Gemeinschaftsrechts darstellt; anders als in Verfahren nach Art. 177 kann und muß er hier also über die Vereinbarkeit konkreter innerstaatlicher Maßnahmen mit dem Gemeinschaftsrecht entscheiden.[17]

Liegt das beanstandete Verhalten, wie häufig, im Erlaß oder in der Aufrechterhaltung einer bestimmten innerstaatlichen Norm (Gesetz, Verordnung usw.), so muß der EuGH deren Inhalt feststellen. Hierbei hat er jedoch diesen Inhalt soweit er mehrdeutig ist, nicht im Wege »verbindlicher« Auslegung zu ermitteln; abgesehen davon, daß er hiermit seine Kompetenz überschreiten würde, kommt es für das Vorliegen oder Nichtvorliegen eines Verstoßes einzig darauf an, wie die innerstaatlichen Stellen jene Norm tatsächlich verstanden und angewandt haben.

Die Frage nach der zulässigen causa petendi bereitet ebenfalls keine Schwierigkeiten, sondern beantwortet sich ohne weiteres aus der Natur der Sache. Die Kommission kann sich nur auf wirkliche oder vermeintliche Verletzungen *des Gemeinschaftsrechts* – nicht sonstiger Rechtsordnungen – berufen, die ihrer Ansicht nach dem beklagten Staat als Hoheitsträger zuzurechnen sind. Darauf, ob der Verstoß schuldhaft begangen wurde, braucht der EuGH nicht einzugehen. Wie GA *Mayras*[18] zutreffend ausgeführt hat, geht es hier weder um die »Verantwortlichkeit« des Mitgliedstaates i. S. des allgemeinen Völkerrechts noch um eine »Verurteilung«, sondern um die »objektive Feststellung eines Zustandes«; das etwaige Verschulden kann höchstens in einem vor den nationalen Gerichten anzustrengenden Schadensersatzprozeß eine Rolle spielen.

16 Nicht »kraft der Stellungnahme«, die als nicht verbindlicher Akt keine zusätzlichen Verpfichtungen zu begründen vermag; vgl. unten Rn. 20.
17 Vgl. EuGH – Costa/E. N. E. L., 6/64 – Slg. 1964, 1268.
18 Slg. 1980, 1113.

III. Voraussetzungen für die Zulässigkeit der Aufsichtsklage

Die nachstehende Aufzählung ist nicht notwendigerweise erschöpfend.

1. Aktiv- und Passivlegitimation

8 Die Klage muß von der Kommission erhoben werden und sich gegen den betroffenen Mitgliedstaat als solchen richten.

Geklagt werden kann nur gegen Mitgliedstaaten, nicht gegen assoziierte Staaten.[19]

2. Rechtsgrund der Klage

9 Die Kommission als Klägerin muß der »Auffassung« sein, daß der beklagte Staat »gegen eine Verpflichtung aus diesem Vertrag verstoßen« hat; sie muß m. a. W. die Überzeugung haben und vortragen, daß ein solcher Verstoß vorliegt. Die Klage wäre also unzulässig, wenn die Kommision etwa vortrüge, sie sei ihrer Sache nicht sicher und lege Wert auf Klärung ihrer Zweifel durch den EuGH.

3. Ordnungsmäßige Durchführung des Vorverfahrens

a) Allgemeines

10 Das obligatorische, in mehreren Etappen verlaufende außergerichtliche Vorverfahren ist ein wesentliches Charakteristikum der Klagen nach Art. 169 und Art. 170. Obgleich die Anhörung des beschuldigten Staates ein essentiale dieses Vorverfahrens ist, wird man dessen ratio nicht in erster Linie in der Überlegung zu sehen haben, daß ein Verstoß eines Mitgliedstaates gegen das Gemeinschaftsrecht nicht festgestellt werden darf, ohne daß dieser Staat zuvor Gelegenheit zur Rechtfertigung erhalten hatte; diese Sicherheit hätte der Staat ohnehin, da die endgültige Feststellung eines solchen Verstoßes, falls weiterhin Streit besteht, dem EuGH obliegt, der gehalten ist, dem Beklagten angemessenes rechtliches Gehör zu gewährleisten. Der tiefere Sinn des Vorverfahrens liegt vielmehr in der Erwartung der Vertragschließenden, die Erörterung der Streitpunkte werde häufig dazu führen, daß der eine oder der andere Teil überzeugt werde und es somit nicht erforderlich sei, gerichtliche Schritte zu ergreifen.[20] Wahrscheinlich sind die Gründerstaaten auch davon ausgegangen, daß die Streitfragen nicht selten komplizierte Sachverhalte betreffen würden, angesichts derer die Rechtswidrigkeit (oder Rechtmäßigkeit) der von der Kommission beanstandeten Verhaltensweisen nicht offensichtlich ist, so daß es unangebracht erschiene, wollte die Kommission sogleich das schwerste Geschütz auffahren. Schließlich gestattet der außergerichtliche Meinungsaustausch es den Betei-

19 Ebenso *Tizzano* in: *Quadri* u. a., a. a. O. (Allg. Literaturverzeichnis), Anm. 2 zu Art. 170.
20 Daß diese Erwartung sich bewahrheitet hat, bestätigt *Karpenstein,* a. a. O., S. 61. Siehe auch oben Rn. 3.

ligten auch, gemeinsam Mittel und Wege zu finden, die es dem betroffenen Staat ermöglichen, einen von ihm als solchen anerkannten vertragswidrigen Zustand so zu beseitigen, daß keine Störungen im innerstaatlichen Bereich eintreten.

Das Vorverfahren dient nach alledem nicht lediglich den Interessen des betroffenen Staates, sondern zugleich denen der Gemeinschaft. Hat ein Vorverfahren überhaupt nicht stattgefunden, so ist die Klage unzulässig.

b) »Gelegenheit zur Äußerung«

11 aa) »Die Gelegenheit zur Äußerung ist für den betroffenen Mitgliedstaat – selbst wenn er glaubt, von ihr keinen Gebrauch machen zu sollen – eine vom Vertrag gewollte wesentliche Garantie; daß sie geboten wird, ist eine wesentliche Formvoraussetzung der Ordnungsmäßigkeit des Verfahrens auf Feststellung einer Pflichtverletzung eines Mitgliedstaats«.[21]

Die Zulässigkeit der Klage hängt allerdings nicht davon ab, ob sich der Staat tatsächlich zu den von der Kommission vorgebrachten Beanstandungen geäußert *hat,* sondern ob er sich hierzu hätte äußern *können;* nimmt er die gebotene Gelegenheit nicht wahr, so treffen die Nachteile ihn.[22] Nicht voll überzeugend sind daher insofern die Überlegungen des EuGH zur Auslegung des – in dem hier interessierenden Punkt gleichlautenden – Art. 88 EGKSV: nicht jede von der Auffassung der Hohen Behörde (Kommission) abweichende Stellungnahme eines Mitgliedstaates sei eine »Äußerung« im Sinne dieser Vorschrift; vorliegend habe die Hohe Behörde bestimmte Schreiben der betroffenen Regierungen zu Unrecht als derartige »Äußerungen« angesehen; die Entscheidungen, mit denen die Hohe Behörde bestimmte Verstöße der beteiligten Staaten festgestellt hatte, müßten deshalb aufgehoben werden.[23] Die Kommission kann erwarten, daß der von ihr auf einen wirklichen oder vermeintlichen Verstoß aufmerksam gemachte Mitgliedstaat sich in seiner Antwort zu dieser konkreten Rüge äußert; weicht er aus oder verlagert er das Thema, so kann er später nicht mit der Behauptung gehört werden, er habe sich nicht äußern können.

12 bb) Einzelheiten über das Anhörungsverfahren enthält Art. 169 nicht. Man wird davon auszugehen haben, daß die Kommission den beteiligten Staat schriftlich befaßt; hierbei hat sie deutlich zu machen, daß sie ein Verfahren nach Art. 169 einleitet.[24] Die

21 EuGH – Kommission/Italien, 31/69 – Slg. 1970, 34.

22 Ebenso *Tizzano* in: *Quadrí* u. a., a. a. O., Anm. 4 zu Art. 169; vgl. auch EuGH – Italien/Kommission, 13/63 – Slg. 1963, 378: dort ging es zwar um eine Nichtigkeitsklage, doch gelten die Ausführungen dieses Urteils sinngemäß auch vorliegend. Dagegen scheint das oben (Fn. 12) angeführte Urteil 7/69 (S. 117 f.) das Anhörungsrecht für unverzichtbar zu halten.

23 Italien/Hohe Behörde, 20/59 – Slg. 1960, 715 f.; Niederlande/Hohe Behörde, 25/59 – Slg. 1960, 788 f.

24 So auch *Tizzano* in: *Quadrí* u. a., a. a. O., Anm. 4 zu Art. 169.

Kommission muß den Staat mit allen Rügen bekannt machen, die sie gegen ihn offiziell zu erheben gedenkt, wenn es im Vorverfahren zu keiner Bereinigung kommt, und ihm eindeutig und vollständig zu erkennen geben, auf welche rechtlichen und tatsächlichen Erwägungen sie diese Rügen stützt.[25] Dem Staat muß eine angemessene Frist für das Vortragen von Gegenvorstellungen eingeräumt werden; die Bemessung des Zeitraums richtet sich nach den Umständen.

13 cc) Will die Kommission nach der Einleitung des Anhörungsverfahrens weitere Vorwürfe erheben oder neue rechtliche Gesichtspunkte geltend machen, so muß sie dafür Sorge tragen, daß der betroffene Staat sich auch hierzu ausreichend äußern kann.[26]

14 dd) Die Einleitung des Verfahrens ist kein verbindlicher Rechtsakt,[27] kann also nicht mit der Nichtigkeitsklage angegriffen werden.

15 ee) Der Anspruch auf ausreichendes rechtliches Gehör bringt es mit sich, daß die Kommission im gerichtlichen Verfahren keine Vorwürfe nachschieben kann, die nicht Gegenstand des Vorverfahrens waren. Grundsätzlich ist daher eine Klage abzuweisen, wenn die Kommission deren Gegenstand dahin ändert, daß es nicht mehr um die ursprünglich beanstandete Regelung geht, sondern um Maßnahmen, durch welche der beklagte Staat während des gerichtlichen Verfahrens jene Regelung abgeändert hat, zu deren Vereinbarkeit mit dem Gemeinschaftsrecht er sich jedoch nicht in einem Vorverfahren äußern konnte.[28] *Nass* billigt diese Rechtsprechung in seiner Urteilsanmerkung,[29] weil im vorliegenden Falle die neue Regelung »anders geartet« gewesen sei als die frühere, plädiert aber mit Recht für die Ansicht, daß die Einleitung eines weiteren Verfahrens nach Art. 169 ff. dann nicht erforderlich sei, wenn »die neue nationale Regelung trotz formal unterschiedlichen gesetzlichen Zusammenhangs materiell offensichtlich mit der früheren Regelung identisch [ist]«.

c) Abgabe einer Stellungnahme und Fristsetzung durch die Kommission

16 Nachdem der Staat Gelegenheit zur Äußerung erhalten hatte, muß die Kommission »eine mit Gründen versehene Stellungnahme« abgeben; aus Art. 169 Abs. 2 ergibt sich mittelbar, daß in der Stellungnahme dem Staat eine Frist zur Beseitigung des von der Kommission behaupteten Verstoßes zu setzen ist.

25 Ebenso *Däubler,* a. a. O., S. 327.
26 So auch *Däubler,* a. a. O., S. 327; wohl auch GA *Roemer,* Slg. 1960, 732. Daher kann GA *Gand* (Slg. 1965, 1144 f.) nicht gefolgt werden, soweit seine Auffassung dahin zu verstehen sein sollte, die Kommission könne bis zur Abgabe ihrer Stellungnahme ihre Ansicht jederzeit ändern, ohne eine erneute Anhörung vorzunehmen.
27 EuGH – Lütticke u. a./Kommission, 48/65 – Slg. 1966, 39 f.
28 EuGH – Kommission/Italien, 7/69 – Slg. 1970, 118.
29 DVBl. 1970, S. 618.

17 aa) Solange eine Stellungnahme nicht abgegeben wurde, kann die Kommission keine Klage erheben. Das bedeutet aber nicht, daß sie in jedem Falle gezwungen wäre, das von ihr eingeleitete Verfahren mit einer Stellungnahme abzuschließen. Schon aus dem Wortlaut von Art. 169 Abs. 1 geht hervor, daß eine Stellungnahme nur erforderlich ist, wenn die Kommission auch nach Anhörung des betroffenen Staates an ihrer Überzeugung festhält, es liege ein Verstoß vor. Selbst in diesem Falle wird man ihr jedoch das Recht zubilligen müssen, auf eine förmliche Feststellung zu verzichten, wenn der beteiligte Staat sich bereit erklärt hat, die ihm zur Last gelegten Handlungen oder Unterlassungen abzustellen, und die hierzu notwendigen Maßnahmen unverzüglich durchführt.

18 bb) Anders als sonstige »Stellungnahmen« (argumentum e contrario aus Art. 190) ist die hier vorgesehene »mit Gründen zu versehen«. Fehlt jegliche Begründung, oder ist die Begründung in wesentlichen Punkten unklar, widersprüchlich oder unvollständig, so wäre eine spätere Klage als unzulässig abzuweisen, was der Kommission allerdings nicht das Recht nehmen würde, die Versäumnisse zu bereinigen und anschließend erneut zu klagen. Rechtliche oder tatsächliche Irrtümer sind kein Begründungsmangel, sondern betreffen die *Begründetheit der Klage.*

Die Begründungspflicht erfordert, daß die Stellungnahme klar erkennen läßt, gegen welche Vorschrift(en) der Staat verstoßen haben soll, welches Verhalten den angeblichen Verstoß begründet und welche Erwägungen dazu geführt haben, dieses Verhalten als Verstoß gegen die betroffene Vorschrift zu qualifizieren.[30]

Andererseits ist zu berücksichtigen, daß der Abgabe der Stellungnahme ein Anhörungsverfahren vorausgegangen ist, in dem die Kommission – wenn sie korrekt vorgegangen ist – alle jene Punkte bereits genau dargelegt hatte. Deswegen muß es als zulässig angesehen werden, wenn die Stellungnahme wegen Einzelheiten in klarer Form auf den bisherigen Schriftverkehr verweist.

In Zweifelsfällen ist auf den Sinn von Art. 169 zurückzugreifen: der betroffene Staat muß genau wissen, was er zu tun hat, um der Aufforderung der Kommission nachzukommen, und welche Klagegründe und Argumente auf ihn zukommen, wenn er der Stellungnahme keine Folge leistet.

19 cc) Die Stellungnahme darf keine Rügen enthalten, die nicht Gegenstand des Vorverfahrens waren.[31] Das bedeutet nicht nur, daß die Kommission in ihrer Stellungnahme dem Staat kein Verhalten vorwerfen darf, das sie ihm nicht schon vorher zur Last gelegt hatte, sondern auch, daß sie nicht neue rechtliche Gesichtspunkte einführen darf, indem sie z. B. geltend macht, das beanstandete Verhalten verstoße noch gegen weitere, bisher nicht erwähnte Vorschriften.

30 Vgl. EuGH – Kommission/Italien, 7/61 – Slg. 1961, 716.
31 Vgl. EuGH – Kommission/Italien, 45/64 – Slg. 1965, 1137 f.

20 dd) Diese in der Stellungnahme gesetzte Frist darf nicht in allgemeinen Wendungen (»unverzüglich« o. ä.) ausgedrückt werden, sondern muß ein präzises Datum angeben.

Sinn der Fristsetzung ist, dem Staat eine letzte Gelegenheit zu geben, ein gerichtliches Verfahren zu vermeiden. Diese Funktion kann sie nur erfüllen, wenn die Frist realistisch bemessen wird. Die Kommission darf zwar keine übertriebene Großzügigkeit an den Tag legen, schon deswegen nicht, weil der Verstoß in dem Augenblick, in dem die Stellungnahme ergeht, normalerweise bereits geraume Zeit bestanden haben wird. Sie muß die Zeitspanne jedoch so kalkulieren, daß der betroffene Staat bei gutem Willen und Anspannung aller Kräfte tatsächlich in der Lage ist, seiner Pflicht bis zu dem genannten Datum nachzukommen. Bis zu einem gewissen Grad wird die Kommission daher auch spezifischen Gegebenheiten des betroffenen Staates Rechnung tragen müssen,[32] z. B. der etwaigen Tatsache, daß das Parlament aufgelöst und Neuwahlen ausgeschrieben wurden; sie kann und muß aber andererseits davon ausgehen, daß der Staat die Bereinigung des gemeinschaftsrechtswidrigen Zustandes als Eilsache behandelt, und braucht sich von ihm daher nicht auf die »übliche« Dauer der Durchführung von Maßnahmen der in Betracht kommenden Art verweisen zu lassen.

Ist die Frist zu kurz bemessen, so muß der Staat zunächst versuchen, bei der Kommission eine angemessene Verlängerung durchzusetzen. Gelingt das nicht, so stellt sich die Frage, ob und bejahendenfalls mit welchem Ergebnis der Staat vor dem EuGH die Kürze der Frist geltend machen kann. Daß sich die Frage nicht grundsätzlich verneinen läßt, folgt schon aus der – sei es auch eher theoretischen – Überlegung, daß eine Frist offensichtlich unrealistisch sein kann. Richtiger Ansicht nach dürfte es sich hier nicht um eine Frage der Begründetheit der Klage handeln, sondern um eine solche der Zulässigkeit: der objektive Verstoß des Staates bestand ja bereits bei Einleitung des Vorverfahrens, »entsteht« also nicht erst mit Ablauf der Frist. Damit ist – in Abweichung von der vom Verf. in der früheren Auflage des HEW vertretenen Auffassung – nicht gesagt, daß dem EuGH in solchen Fällen nichts anderes übrigbliebe als die Klage wegen Unzulässigkeit abzuweisen, was der Verfahrensökonomie u. V. abträglich wäre. Er könnte sich z. B. gegebenenfalls auf den Standpunkt stellen, eine realistisch bemessene Frist wäre zu einem Zeitpunkt abgelaufen, in dem das gerichtliche Verfahren anhängig war, und die Art der Erledigung dieses Verfahrens davon abhängig machen, ob der Staat spätestens zu diesem Zeitpunkt die Rechtslage bereinigt hat.

21 Die »Stellungnahme« ist gemäß Art. 189 Abs. 5 nicht verbindlich,[33] obwohl sie – als Prozeßvoraussetzung – rechtlich relevant ist. Der betroffene Staat kann sie daher weder mit der Nichtigkeitsklage angreifen, noch kann er der späteren Klage der Kommission die selbständige Rüge entgegenhalten, die Stellungnahme beruhe auf Irrtümern, denn »die

32 Ebenso sinngemäß *Däubler*, a. a. O., S. 327.
33 EuGH – Lütticke u. a./Kommission, 48/65 – Slg. 1966, 39 f.

Prüfung der Begründetheit dieser Stellungnahme fällt mit der Prüfung der Begründetheit der Klage selbst zusammen«.[34]

Aus dieser Unverbindlichkeit folgt weiterhin, daß die Stellungnahme keine zusätzlichen Pflichten des betroffenen Staates begründen kann (auch die Versäumung der in der Stellungnahme gesetzten Frist ist keine zusätzliche Pflichtverletzung, sondern lediglich Prozeßvoraussetzung). Zwar ist die Kommission (anders noch die vorige Auflage des Kommentars wohl berechtigt, sich dazu zu äußern, in welcher Weise der Staat seinen Verstoß zu beseitigen hat (verpflichtet hierzu kann sie nicht sein, da sich diese Weise häufig von selbst verstehen wird). Wählt der Staat aber andere Mittel, so verletzt er nicht schon deswegen seine Pflicht, weil er der Kommission nicht gefolgt ist; entscheidend ist allein, ob er den Verstoß im Ergebnis abgestellt hat.

Aus Vorstehendem ergibt sich ferner, daß der Erlaß eines verbindlichen Rechtsaktes nicht als Einleitung oder Durchführung eines Verfahrens nach Art. 169 angesehen werden kann und daß die Frist, die ein solcher Rechtsakt etwa setzt, nicht mit der in diesem Artikel vorgesehenen Frist verwechselt werden darf.[35]

4. Nichtbefolgung der Stellungnahme innerhalb der gesetzten Frist

22 Die Klage kann erst erhoben werden, wenn die in der Stellungnahme gesetzte Frist abgelaufen ist, ohne daß der betroffene Staat die Beanstandungen behoben hätte.

Hat der Staat innerhalb der Frist nur einen Teil der ihm zur Last gelegten Zuwiderhandlungen abgestellt, so ist die Klage nur in Ansehung des restlichen Teils zulässig.

5. Identität zwischen Gegenstand der Klage und Gegenstand des Vorverfahrens

23 Das Vorverfahren würde seinen Sinn verlieren, wenn die Kommission die Klage auch auf Vorwürfe stützen könnte, zu denen sich der beklagte Staat zuvor nicht äußern konnte und die nicht Gegenstand der Stellungnahme waren. Die Kommission kann daher vor dem EuGH keine Rügen nachschieben; glaubt sie zwischenzeitlich weitere Verstöße festgestellt zu haben, muß sie insoweit ein neues Verfahren nach Art. 169 einleiten.[36]

6. Inhalt der Klageschrift

24 Mit der Aufsichtsklage kann nur die Feststellung beantragt werden, daß der beklagte Staat einen oder mehrere Verstöße gegen das Gemeinschaftsrecht begangen habe. Unzulässig wäre daher z. B. das Begehren, der EuGH möge dem Beklagten aufgeben, das

34 EuGH – Kommission/Frankreich, 6 und 11/69 – Slg. 1969, 542.

35 Vgl. EuGH – Niederlande/Hohe Behörde, 9/61 – Slg. 1962, 479f. (zum EGKS-Recht). Zum Einfluß der in einem Rechtsakt gesetzten Frist auf die Durchführung der Aufsichtsklage vgl. unten Rn. 45.

36 Siehe auch oben Rn. 20.

beanstandete Verhalten abzustellen, oder gar die inkriminierten Maßnahmen aufzuheben.[37]

Für den sonstigen obligatorischen Inhalt der Klageschrift gelten hier wie stets die Vorschriften von Art. 38 § 1 VerfO. Auch vorliegend ist ein Mindestmaß an Klarheit und Substantiierung zu fordern. Die Klageschrift muß eindeutig erkennen lassen, welche Verhaltensweisen die Kommission beanstandet, gegen welche Normen des Gemeinschaftsrechts diese Verhaltensweisen verstoßen haben sollen und aus welchen Gründen dies nach Ansicht der Kommision der Fall ist.

7. Klagefrist

25 Eine Frist ist für die Aufsichtsklage nicht vorgeschrieben, abgesehen davon, daß die Klage nicht vor Ablauf der dem Staat gesetzten Bereinigungsfrist erhoben werden kann. Demnach hat der Zeitpunkt, den die Kommission für die Klageerhebung wählt, grundsätzlich keinen Einfluß auf die Zulässigkeit.[38] Offensichtlich wollten die Vertragschließenden der Kommission einen erheblichen Spielraum zugestehen, der es ihr beispielsweise gestattet, zuzuwarten, wenn der Staat – sei es auch verspätet – bereits die ersten Maßnahmen getroffen hat, um die Zuwiderhandlung abzustellen.

Allerdings wird man *Däubler*[39] darin Recht geben müssen, daß die Kommission ihr Klagerecht einbüßt, wenn sie derart lange Zeit untätig bleibt, daß der Mitgliedstaat nach Treu und Glauben mit einem gerichtlichen Verfahren schlechthin nicht mehr zu rechnen brauchte.

8. Rechtsschutzinteresse

26 a) Der Grundsatz, daß die Erhebung oder Weiterverfolgung einer Klage unzulässig ist, wenn sie dem Kläger auch im Falle des Obsiegens keinen von der Rechtsordnung anzuerkennenden Nutzen bringen kann, muß wegen seiner ratio – Verhinderung mißbräuchlicher oder jedenfalls überflüssiger Inanspruchnahme der Justiz – für alle Prozeßarten gelten, auch im Gemeinschaftsrecht. Richtig ist jedoch, daß sich die Tragweite dieses Grundsatzes von Verfahren zu Verfahren unterscheidet. Was speziell die Aufsichtsklagen betrifft, so ist zu beachten, daß die Kommission mit ihnen die

37 Näheres s. oben Rn. 6.
38 EuGH – Kommission/Italien, 7/68 – Slg. 1968, 642; *Wohlfarth* u. a., a. a. O., Anm. 5 zu Art. 169; *Tizzano* in *Quadrí* u. a., a. a. O., Anm. 6 zu Art. 169; *Ule* (oben Fn. 11) S. 45.
39 A. a. O., S. 328.

Interessen der *Gemeinschaft* wahrnimmt[40] und daß diese Interessen umfassend zu verstehen sind.

27 b) Wird der Verstoß spätestens bis zum Ablauf der in der Stellungnahme gesetzten Frist behoben, so entfällt bereits nach dem Wortlaut von Art. 169 eine wesentliche Prozeßvoraussetzung (übrigens ein weiterer Beleg dafür, daß diese Vorschrift nur dem öffentlichen Interesse dienen soll). Andererseits ist die Kommission kraft ihrer Verpflichtung aus Art. 155 gehalten, das gerichtliche Verfahren solange fortzusetzen, als die Zuwiderhandlung nicht *völlig* abgestellt ist.[41]

Weiterhin dürfte nicht zu bestreiten sein, daß die Kommission (unbeschadet ihrer Pflicht zu zügigem Vorgehen) *berechtigt* ist, von einer Klage abzusehen, die einen bei Klageerhebung bereits – wenn auch verspätet – abgestellten Verstoß betreffen würde, oder eine Klage nach Beseitigung des Verstoßes zurückzunehmen.[42] Nach alledem geht es im Grunde nur darum, ob und bejahendenfalls wann die Kommission den Prozeß einleiten oder weiterbetreiben *darf,* nachdem der Verstoß völlig abgestellt wurde; hierzu die folgenden Ausführungen.

28 c) aa) Es läßt sich weder behaupten, das Rechtsschutzinteresse entfalle *stets,* wenn der Verstoß bei Klageerhebung beseitigt war, noch, es entfalle *nie,* wenn er erst nach Eintritt der Rechtshängigkeit beseitigt wurde.[43] Gegen die erste These spricht schon, daß nach dem Wortlaut von Art. 169 die Kommission grundsätzlich klagen »kann«, wenn die Zuwiderhandlung nicht innerhalb der gesetzten Frist (also offenbar auch, wenn sie zwischen Fristablauf und Befassung des EuGH) beendet wurde. Der zweiten These stehen die oben Rn. 26 dargelegten prinzipiellen Erwägungen entgegen. Letztlich kommt es also darauf an, für beide Fälle einheitliche Kriterien zu erarbeiten. Diese Kriterien

40 Allerdings auch *nur* diese Interessen, nicht zugleich diejenigen der Privaten an einem Feststellungsurteil, das ihnen als Handhabe für gerichtliche Schritte gegen den betroffenen Staat dienen kann (vgl. oben Fn. 14). Es befremdet deshalb, wenn der EuGH (Kommission/Italien, 39/72 – Slg. 1973, 112) das Rechtsschutzinteresse u. a. darauf stützen will, daß das Urteil die Grundlage für eine Haftung des Staates gegenüber dem Einzelnen bilden könne; das ist auch deswegen nicht schlüssig, weil nach dieser These das Rechtsschutzinteresse selbst bei »Durchziehen« einer gegenstandslos gewordenen Klage stets gegeben wäre, was offenbar auch der EuGH nicht annimmt (s. die folgenden Ausführungen im Text). Allerdings stellt das Urteil nur auf den Fall ab, daß der Staat die Erfüllung einer Verpflichtung verzögert oder endgültig ablehnt. Aber in einem solchen Fall versteht sich jenes Interesse ohnehin von selbst.

41 EuGH a. a. O. (oben Fn. 40) sowie Kommission/Frankreich, 167/73 – Slg. 1974, 369; ebenso *Oppermann - Hiermaier,* Zur Einführung: Das Rechtsschutzsystem des EWG-Vertrages, in: JuS 1980, S. 786.

42 Ebenso (in Bezug auf die Rücknahme der Klage) EuGH – Frankreich/Kommission, 15 und 16/76 – Slg. 1979, 339; GA *Capotorti,* Slg. 1979, 317 f. Wenn EuGH und GA hier von einem Ermessen der Kommission sprechen, so stehen dem freilich Bedenken entgegen, da der Gesichtspunkt des etwa fehlenden Rechtsschutzinteresses damit ausgeschaltet wird.

43 So aber anscheinend GA *Lagrange,* Slg. 1961, 736; GA *Mayras,* Slg. 1973, 179.

müssen vielleicht umso strenger gehandhabt werden, je früher der Verstoß abgestellt wurde; ein grundsätzlicher Unterschied zwischen dem Interesse an der Klage*erhebung* und dem an der Klage*verfolgung* läßt sich jedoch nicht erkennen, es sei denn, man huldige einer formalistischen Betrachtungsweise.

29 bb) Ausgangspunkt muß das Ziel der Aufsichtsklage sein. Das ist jedenfalls die Beseitigung des konkreten Verstoßes. Soweit es sich hierin erschöpfen sollte, müßte gefolgert werden, daß mit der vollständigen Beendigung der Zuwiderhandlung die (weitere) Inanspruchnahme des EuGH in keinem Fall gerechtfertigt sei. Das wird man jedoch nicht annehmen können, der Kommission vielmehr zubilligen müssen, daß sie auch auf die Gefahr einer etwaigen Wiederholung des Verstoßes – durch den gleichen oder einen anderen Staat – achten muß.[44] Das Rechtsschutzinteresse ist daher zu bejahen, wenn und solange der betroffene Staat, mag er den Verstoß auch »um des lieben Friedens willen« abgestellt haben, den Rechtsstandpunkt der Kommission bestreitet.[45]

Bedenklich erscheint es dagegen, darauf abzustellen, daß das angestrebte Urteil für die Interpretation des Gemeinschaftsrechts durch nationale Gerichte bedeutsam werden und Vorlageverfahren ersparen könne.[46]

Ebensowenig läßt sich behaupten, das Interesse bestehe fort, solange der Staat nicht zugleich sämtliche Folgen des Verstoßes beseitigt habe; dem ist entgegenzuhalten, daß

- Gegenstand der Aufsichtsklage zumeist nur der ursprüngliche Verstoß sein wird, nicht außerdem die Pflicht zur Beseitigung sämtlicher Folgen, die u. U. geraume Zeit in Anspruch nehmen kann;

- das Argument in einen circulus vitiosus mündet, da sich Umfang und Inhalt der Folgenbeseitigungspflicht möglicherweise zum großen Teil gerade erst aus dem

44 *Nass* (oben Fn. 4) S. 617. Es muß sich freilich um eine *akute* Gefahr handeln; eine *theoretische* besteht wohl fast immer.

45 In *diesem* Sinne ist der Ansicht von GA *Reischl* (Slg. 1974, 375) zuzustimmen, wonach das Interesse gegeben ist, wenn zwischen den Parteien Streit über eine wichtige Frage des Gemeinschaftsrechts besteht; das Wörtchen »wichtig« deutet übrigens darauf hin, daß das Rechtsschutzinteresse u. U. je nach der Bedeutung der umstrittenen Fragen unterschiedlich beurteilt werden muß.

46 So *Nass,* a. a. O. (oben Fn. 44). Mit dieser Begründung ließe sich das »Durchziehen« jedes »an sich« erledigten Prozesses – nicht nur der Aufsichtsklage – rechtfertigen, ja sogar – entgegen dem klaren Wortlaut des Vertrages – die Erhebung der Aufsichtsklage trotz Abstellung des Verstoßes während des Vorverfahrens oder die Vorlage nicht entscheidungserheblicher Interpretationsfragen durch staatliche Gerichte (Art. 177). Der EuGH ist jedoch keine Gutachterinstanz für denkbare zukünftige Fälle, sondern hat jeweils einen konkreten Streit zu entscheiden. Vgl. auch oben Fn. 40.

Feststellungsurteil des EuGH (s. Art. 171) oder aus Urteilen ergeben können, die der EuGH auf spätere, an das Feststellungsurteil anknüpfende Vorlagen der nationalen Gerichte erläßt.

30 cc) Soweit ersichtlich, hat der EuGH das Rechtsschutzinteresse zwar stets sehr wohlwollend beurteilt, aber klar zu erkennen gegeben, daß es sich nicht in allen Fällen von selbst versteht.[47]

9. *Verfahrensvorschriften im engeren Sinne*

31 Weitere Zulässigkeitsvoraussetzungen ergeben sich aus EWG-Satzung und VerfO.[48]

IV. Voraussetzungen für die Begründetheit der Aufsichtsklage

32 Zusammenfassend kann gesagt werden, daß die Klage begründet ist, wenn die von der Kommission behaupteten Tatsachen zutreffen und wenn sich aus diesen Tatsachen ein Verstoß gegen das Gemeinschaftsrecht ergibt, der dem beklagten Mitgliedstaat zuzurechnen ist. Für die Richtigkeit der behaupteten Tatsachen ist die Kommission beweispflichtig.[49]

1. *Verstoß »eines Mitgliedstaates«*

33 a) Art. 169ff. fassen den Fall ins Auge, daß »ein Mitgliedstaat« gegen das Gemeinschaftsrecht verstoßen hat. In der Perspektive der Gemeinschaft sind die Staaten als Handlungseinheiten anzusehen. Folgerichtig hat der EuGH ausgeführt:

»Die Verpflichtungen aus dem Vertrag obliegen den Staaten als solchen, und die Verantwortlichkeit eines Mitgliedstaats nach Artikel 169 besteht unabhängig davon,

47 EuGH – Kommission/Italien, 7/61 – Slg. 1961, 715f. äußert sich zwar zunächst im Sinne eines absoluten Rechts der Kommission zur Weiterverfolgung der Klage, stellt aber schließlich fest, »im vorliegenden Falle« bestehe das Interesse fort. In EuGH – Kommission/Frankreich, 26/69 – Slg. 1970, 577 heißt es, da der Verstoß bei Klageerhebung praktisch beendet gewesen war, »muß der Gerichtshof prüfen, ob für diese Klage noch ein ausreichendes Rechtsschutzinteresse besteht«; das wurde anscheinend deswegen bejaht, weil mit einem Wiederaufleben des Verstoßes zu rechnen war. Ein späteres Urteil stellt offenbar darauf ab, daß der Verstoß noch nicht vollständig behoben worden sei (Kommission/Italien, 69/77 – Slg. 1978, 1756). EuGH – Kommission/Belgien, 2/78 – Slg. 1979, 1783f. weist die Einrede der Unzulässigkeit ebenfalls nicht a limine zurück, sondern untersucht zunächst die gegebene Sachlage.

48 Siehe Rn. 31 zu Art. 173.

49 Vgl. EuGH – Kommission/Italien, 31/69 – Slg. 1970, 36.

welches Staatsorgan durch sein Handeln oder Unterlassen den Verstoß verursacht hat, selbst wenn es sich um ein verfassungsmäßig unabhängiges Organ handelt«.[50]

»Ein Mitgliedstaat« verletzt daher das Gemeinschaftsrecht, wenn eines seiner Organe oder eine seiner Behörden, dem oder der es nach innerstaatlichem Recht zukommt, die in Betracht kommende gemeinschaftsrechtliche Pflicht wahrzunehmen, Handlungen vornimmt oder Unterlassungen begeht, welche gegen diese Pflicht verstoßen. Urheber der Verletzung kann hiernach sowohl das Parlament als auch die Regierung oder eine nachgeordnete Behörde sein; in föderativ gegliederten Staaten wie der Bundesrepublik hat der Bund auch für Verstöße der föderierten Staaten (Länder) einzustehen.

33 a b) Ein besonderes Wort ist in diesem Zusammenhang den staatlichen Gerichten zu widmen. Daß auch diese einen Verstoß i. S. von Art. 169 ff. begehen können, dürfte unbestritten sein.[51] Ein solcher Verstoß kann insbesondere vorliegen, wenn ein höchstinstanzliches Gericht seine Vorlagepflicht nach Art. 177 Abs. 3 mißachtet, abr auch wenn ein Gericht gleich welcher Instanz gemeinschaftsrechtswidrig entscheidet. Allerdings ist, worauf GA *Warner* und die Kommission a. a. O. zutreffend hinweisen, insoweit in mehrfacher Hinsicht Vorsicht geboten:

- In *rechtlicher* Hinsicht ist darauf Bedacht zu nehmen, daß auch die nationalen Gerichte zur Auslegung und Anwendung des Gemeinschaftsrechts berufen sind, ja daß sie insoweit sogar eine stärkere Stellung haben als die Kommission. Diese kann daher ein Verfahren nach Art. 169 nicht schon dann in Gang setzen, wenn sie einen staatlichen Richterspruch für falsch hält. Vielmehr muß ein Widerspruch zu einer gefestigten Rechtsprechung des EuGH vorliegen, und dieser Widerspruch muß so eindeutig sein, daß er sich nur durch »offensichtliche Unkenntnis oder eine bewußte Haltung«[52] – praktisch also durch grobe Fahrlässigkeit oder Vorsatz – erklären läßt. Hinzuzufügen ist, daß selbst in diesem Fall ein nicht rechtskräftiges Urteil einer Unterinstanz kein Anlaß zum Einschreiten sein kann; das können nur *definitive* Verstöße.
- In *politischer* Hinsicht ist auf die Unabhängigkeit der Gerichte sowie darauf Bedacht zu nehmen, daß nach allgemeinen, auch von der Gemeinschaft anzuerkennenden Grundsätzen ein rechtskräftiges Urteil nur ausnahmsweise und in eng begrenzten Fällen nachträglich kassiert werden kann. »Der« Mitgliedstaat wäre also (Einzelhei-

50 Kommission/Belgien, 77/69 – Slg. 1970, 243; Kommission/Italien, 52/75 – Slg. 1976, 285; ständige Rechtsprechung. Der beklagte Staat kann somit z. B. nicht mit der Einrede gehört werden, die Regierung habe dem Parlament einen Gesetzesentwurf vorgelegt, könne ihm aber keine Weisungen erteilen (EuGH, a. a. O.; sinngemäß ebenso EuGH – Kommission/Italien, 8/70 – Slg. 1970, 966 f.).

51 GA *Warner,* Slg. 1975, 1186 f.; *Däubler,* a. a. O., S. 326 f.; *Oppermann - Hiermaier,* a. a. O. (oben Fn. 41) S. 785; Antwort der Kommission auf die schriftliche Anfrage Nr. 608/78 des Abgeordneten *Krieg,* ABl. 1979 Nr. C 28 S. 9 (unter Hinweis auf frühere Antworten auf derartige Anfragen).

52 So mit Recht die Kommission, a. a. O. (oben Fn. 51).

ten könnte freilich nur eine rechtsvergleichende Untersuchung erbringen, für die hier der Raum fehlt) normalerweise wohl kaum in der Lage, in *dieser* Weise die Konsequenzen aus einem Feststellungsurteil des EuGH zu ziehen; ein solches Urteil könnte sich lediglich auf künftige Fälle auswirken. Weiterhin würde auch der EuGH – der sich, wie die Erläuterungen zu Art. 177 zeigen, im Umgang mit den nationalen Kollegen um ein Höchstmaß an comitas bemüht – in eine peinliche Lage gebracht. Schließlich darf nicht übersehen werden, daß Art. 177 den Untergerichten die Möglichkeit gibt, die Rechtsprechung »ihres« höchsten Gerichts durch Vorlage an den EuGH in Frage zu stellen und sich dergestalt der bindenden Kraft der Vorabentscheidung zu bedienen, um eine gemeinschaftsrechtswidrige höchstrichterliche Judikatur zu »unterlaufen«.

Das Fazit: Nur bei wiederholter, systematischer Mißachtung einer gefestigten Rechtsprechung des EuGH sollte die Kommission zum schweren Geschütz des Art. 169 greifen.

34 c) Schwierigkeiten können sich auch bei öffentlichen Unternehmen ergeben. Soweit diese gegen eine Norm verstoßen, die sich unmittelbar an »Unternehmen« wendet und unter diesen Begriff auch öffentliche Unternehmen subsumiert, dürfte für ein Vorgehen nach Art. 169 dann kein Raum sein, wenn das Gemeinschaftsrecht der Kommission besondere Handhaben bietet, um die Zuwiderhandlung abzustellen. Anderenfalls wird man ihr gestatten müssen, Art. 169 anzuwenden, da sonst die Gefahr bestünde, daß die Gemeinschaft gegen Verstöße der Genannten überhaupt nichts unternehmen könnte.

Zuwiderhandlungen privater Unternehmen und sonstiger Privatpersonen sind den Mitgliedstaaten nicht zuzurechnen; ein Vorgehen nach Art. 169 ff, ist insoweit nur zulässig, wenn der Mitgliedstaat kraft Gemeinschaftsrechts verpflichtet ist, gegen solche Zuwiderhandlungen vorzugehen, und dies unterlassen hat. Anders ist die Lage, wenn ein Mitgliedstaat Maßnahmen ergreift, welche die volle Wirksamkeit von Vorschriften (z. B. Art. 85, 86 EWGV) beeinträchtigen, die sich an Unternehmen wenden;[53] hier verstößt der Staat gegen seine allgemeine Pflicht aus Art. 5 EWGV.

2. *Verstoß gegen eine Verpflichtung »aus diesem Vertrag«*

35 a) Die Worte »Verpflichtung aus diesem Vertrag« sind weit auszulegen. Die Kommission ist befugt und verpflichtet, jeglichen Verstoß gegen das Gemeinschaftsrecht aufzugreifen, mag es sich um geschriebenes oder ungeschriebenes, primäres oder sekundäres Recht handeln. Positivrechtlich kann als Beleg für diese – von der Praxis des EuGH längst bestätigte – Auslegung vor allem Art. 155 herangezogen werden, wonach es der Kommission obliegt, für die Anwendung des Vertrages »sowie der von den Organen aufgrund dieses Vertrages getroffenen Bestimmungen Sorge zu tragen«.

53 GA *Reischl*, Slg. 1977, 2166.

36 b) Daß ein Verstoß auch gegeben ist, wenn ein Mitgliedstaat ein im Verfahren nach Art. 169 ff. ergangenes Urteil des EuGH unbeachtet läßt, folgt bereits aus dem Wortlaut von Art. 171.[54]

37 c) Abkommen, welche die Gemeinschaft mit Dritten schließt, können jedenfalls dann Prüfungsmaßstab sein, wenn der EWGV den Abschluß derartiger Abkommen vorsieht (Art. 228 Nr. 2), anderenfalls nur, wenn die Gemeinschaft die Mitgliedstaaten durch das Abkommen verpflichten konnte und wollte. Abkommen der Mitgliedstaaten untereinander oder mit Dritten bleiben prinzipiell außer Betracht; eine Ausnahme muß gelten, wenn das Abkommen in Erfüllung einer gemeinschaftsrechtlichen Pflicht geschlossen wurde (Beispiel: Art. 220).

Nicht zu verwechseln mit der Frage, ob Verstöße *gegen* ein Abkommen Anlaß zur Aufsichtsklage geben können, ist die – zu bejahende[55] – Frage, ob ein Mitgliedstaat *durch den Abschluß* eines Abkommens seine Pflichten verletzen kann.

38 d) Ein Verstoß gegen von den Mitgliedstaaten erlassene Durchführungsvorschriften zum Gemeinschaftsrecht ist für die Kommission nur dann relevant, wenn er zugleich das Gemeinschaftsrecht verletzt.

39 e) Bei streng logischer Betrachtung müßte man sagen, daß ein Verstoß nicht vorliegt, wenn ein Mitgliedstaat eine von einem Gemeinschaftsorgan erlassene Ausführungsvorschrift verletzt, die ihrerseits mit primärem Gemeinschaftsrecht unvereinbar ist. Der konsequenten Verwirklichung dieses Gedankens steht jedoch entgegen, daß die Mitgliedstaaten sämtliche Rechtsakte des Rates und der Kommission mit der Nichtigkeitsklage nach Art. 173 angreifen können, so daß es ihnen grundsätzlich nicht gestattet sein kann, im Verfahren nach Art. 169 einredeweise die Rechtswidrigkeit der nach Ansicht der Kommission verletzten Vorschrift geltend zu machen, obwohl sie die Frist zur Erhebung der Nichtigkeitsklage versäumt hatten.[56]

3. Tatbestand der »Pflichtverletzung«; Exkulpationsmöglichkeiten?

40 Aus den folgenden Ausführungen, insbesondere den zitierten Urteilen des EuGH, geht hervor, daß an die Erfüllung der mitgliedstaatlichen Verpflichtungen strenge Maßstäbe anzulegen sind; die mitunter scheinbar schockierende Härte erklärt und rechtfertigt sich gerade dadurch, daß es, wie schon ausgeführt, auf ein Verschulden nicht ankommt.

54 EuGH – Kommission/Italien, 48/71 – Slg. 1972, 533; Kommission/Frankreich, 24 und 97/80 – Slg. 1980, 1331.

55 EuGH – Gutachten 1/75 – Slg. 1975, 1361.

56 So wohl auch EuGH – Bundesrepublik/Hohe Behörde, 3/69 – Slg. 1960, 138 f. (zum EGKS-Recht); Kommission/Frankreich, 6 und 11/69 – Slg. 1969, 539 f. Dem letztgenannten Urteil ist allerdings zu entnehmen, daß sich der EuGH das Recht vorbehält, von Amts wegen nachzuprüfen, ob der Organakt, um den es geht, mit einem schwerwiegenden Mangel (hier: Unzuständigkeit) behaftet ist.

41 a) Der Verstoß kann in einem Handeln oder in einem Unterlassen begründet sein. Der erste Fall liegt z. B. vor, wenn der Staat ein mit dem Gemeinschaftsrecht unvereinbares Gesetz erläßt, der zweite etwa, wenn er eine Norm nicht aufhebt oder ändert, obwohl sie mit einer später in Kraft getretenen Vorschrift des Gemeinschaftsrechts unvereinbar ist.[57]

42 b) Auf ein Verschulden kommt es nicht an.[58]

43 c) Ein Verstoß besteht fort, solange er nicht vollständig beseitigt ist; »weitgehende« Beseitigung genügt nicht.[59]

44 d) Bei der Frage, auf welchen Zeitpunkt es dafür ankommt, ob ein Verstoß vorliegt, ist zwischen Beginn und Beendigung des Verstoßes zu unterscheiden:

- Der *Beginn* der Zuwiderhandlung hängt insbesondere davon ab, von welchem Zeitpunkt ab die verletzte Verpflichtung wirksam wurde. Setzt die Vorschrift, um die es geht, den Mitgliedstaaten eine Frist für die Erfüllung ihrer Verpflichtungen, so versteht sich von selbst, daß der Verstoß erst mit Ablauf der Frist beginnen kann. Weniger sicher erscheint, ob der beklagte Staat mit der Einrede gehört werden kann, die Frist sei zu kurz bemessen. Der EuGH hat eine solche Einrede gegenüber einer Richtlinie mit der (wohl verallgemeinerungsfähigen) Begründung zurückgewiesen, der Staat hätte die Möglichkeit gehabt, auf eine Verlängerung der Frist hinzuwirken.[60]
  Wurde eine ausdrückliche Frist nicht gesetzt, so ist im Zweifel davon auszugehen, daß die Verpflichtung unverzüglich zu erfüllen war; eine – notfalls durch Auslegung zu bestimmende – »vernünftige« Frist wird jedoch bei Handlungspflichten stets anzunehmen sein.

- *Beendet* ist ein Verstoß, wenn die gerügte Verletzung vollständig abgestellt wurde,[61] nicht etwa erst, wenn sämtliche Folgen beseitigt wurden.
  Aus früheren Ausführungen ergibt sich, daß die hier erörterte Frage mehr prozeß- als materiellrechtliche Bedeutung hat. Wurde die Beanstandung vor Ablauf der gemäß Art. 169 Abs. 2 gesetzten Frist behoben, so fehlt eine Prozeßvoraussetzung; wurde sie später, jedoch vor Erlaß des Urteils des EuGH abgestellt, so kommt das Problem des

57 Vgl. EuGH – Kommission/Italien, 31/69 – Slg. 1970, 33f.

58 Siehe oben Rn. 6.

59 EuGH – Kommission/Italien, 91/79 – Slg. 1980, 1105.

60 Kommission/Italien, 52/75 – Slg. 1976, 284f. Der EuGH hätte hinzufügen können, daß der Staat als Mitglied des Rates von vornherein in der Lage ist, Einfluß auf die Bemessung der in den Rechtsakten dieses Organs vorgesehenen Fristen zu nehmen. Eine offensichtlich zu kurze Frist dürfte übrigens einen mit der Nichtigkeitsklage angreifbaren Rechtsfehler darstellen.

61 Für den Vollzug einer Richtlinie, die dazu bestimmt ist, in Rechtsvorschriften umgesetzt zu werden, genügt es nicht, wenn sie lediglich in der Verwaltungspraxis befolgt wird: EuGH – Kommission/Belgien, 102/79 – Slg. 1980, 1486.

Rechtsschutzinteresses – Gegenstandslosigkeit oder Gegenstandsloswerden der Klage – ins Spiel.[62]

45 e) Eine Pflichtverletzung liegt auch vor, wenn die verletzte Norm dem Staat zwar einen Ermessensspielraum zubilligt, dessen Grenzen aber eindeutig überschritten wurden. Rügt die Kommission z. B. die Nichtbeachtung einer Richtlinie, so kann sie nicht geltend machen, der Staat habe das falsche Mittel gewählt, wohl aber, er habe das gesetzte Ziel verfehlt (vgl. Art. 189 Abs. 3).

46 f) Das Verhalten eines Mitgliedstaates kann nicht bloß wegen seines – für sich betrachteten – Inhalts, sondern auch wegen seiner Wirkungen zu beanstanden sein (vgl. Art. 5, wonach die Mitgliedstaaten alle Maßnahmen zu unterlassen haben, »welche die Verwirklichung der Ziele dieses Vertrages gefährden könnten«). Umgekehrt ist jedoch eine Aufsichtsklage nicht schon deswegen unbegründet, weil das objektiv rechtswidrige Verhalten des Staates keine nachteiligen Wirkungen auf das Funktionieren des Gemeinsamen Marktes gehabt hat.[63]

47 g) »Ein Mitgliedstaat kann sich nicht auf Bestimmungen, Übungen oder Umstände seiner internen Rechtsordnung berufen . . ., um damit die Nichtbeachtung von Verpflichtungen und Fristen zu rechtfertigen, die in den Richtlinien der Gemeinschaft festgelegt sind«;[64] das gilt selbst, wenn die das Hindernis bildenden Bestimmungen Verfassungsrang haben.[65]

48 h) Ein Mitgliedstaat kann sich nicht mit Erfolg darauf berufen, daß andere Mitgliedstaaten ihren Verpflichtungen ebenfalls nicht nachgekommen seien.[66]

62 Die Feststellung von GA *Mayras* (Slg. 1973, 179), »für die Beurteilung der Frage, ob ein Staat gegen seine vertraglichen Verpflichtungen verstoßen hat, [sei] auf die Klageerhebung als den entscheidungserheblichen Zeitpunkt abzustellen«, bezieht sich nicht auf das (materielle) Problem, durch welche Vorgänge ein Verstoß beendet wird, sondern auf das (prozessuale) Problem, von welcher Verfahrensphase ab eine etwaige Beendigung verfahrensrechtlich irrelevant wird. Das gleiche gilt für die – von *Mayras* stark abweichende – Bemerkung von GA *Reischl* (Slg. 1978, 890), wonach es »für die Entscheidung des Rechtsstreits auf den Sachstand im Zeitpunkt der mündlichen Verhandlung anzukommen hat«. – Siehe auch oben Rn. 25 bis 29.

63 EuGH – Kommission/Niederlande, 95/77 – Slg. 1978, 871; ebenso GA *Reischl,* a. a. O., S. 877.

64 Ständige Rechtsprechung; vgl. etwa EuGH – Kommission/Italien, 163/78 – Slg. 1979, 3841; Kommission/Italien, 91/79 – Slg. 1980, 1106 (Schwierigkeiten wegen vorzeitiger Beendigung der Legislaturperiode). Siehe auch EuGH – Kommission/Vereinigtes Königreich, 128/78 – Slg. 1979, 429; Kommission/Italien, 42/80 – Slg. 1980, 3640; ferner GA *Mayras,* Slg. 1979, 435 f. (die Gemeinschaft kann einen Mitgliedstaat nicht aus Billigkeitsgründen von seinen Verpflichtungen freistellen). Ein Ansatzpunkt dafür, daß sich der EuGH vorbehält, in Extremfällen milder zu entscheiden, könnte im Urteil Kommission/Italien, 8/70 – Slg. 1970, 967 gefunden werden (»jedenfalls kann sich . . . ein Mitgliedstaat nicht mit Hinderungsgründen rechtfertigen, die . . .«).

65 EuGH – Kommision/Italien, 100/77 – Slg. 1978, 886.

66 EuGH – Kommission/Italien, 52/75 – Slg. 1976, 284 f.; Steinike & Weinlig/Bundesrepublik, 78/76 – Slg. 1977, 613.

49 i) Ein Verstoß liegt auch dann vor, wenn der Staat die Kommission gebeten hatte, das beanstandete Verhalten zu genehmigen, die Genehmigung aber noch nicht erteilt war.[67]

50 j) Für die Frage, ob ein Verstoß gegeben ist, kommt es nicht nur auf den Inhalt der staatlichen Vorschriften an, sondern auch auf die tatsächliche Praxis,[68] mag diese sogar mit innerstaatlichem Recht unvereinbar sein.

51 k) Der Verstoß gegen den Akt eines Gemeinschaftsorgans wird nicht dadurch hinfällig, daß der betroffene Staat diesen Akt fristgemäß mit der Nichtigkeitsklage angegriffen hat, da Klagen vor dem EuGH keine aufschiebende Wirkung haben (Art. 185). Die Kommission könnte also auch in diesem Falle ein Verfahren nach Art. 169 in Gang setzen. Allerdings wird sie möglicherweise zweckmäßiger daran tun, zunächst den Ausgang der Nichtigkeitsklage abzuwarten, da deren Erfolg jenem Verfahren den Boden entziehen würde. Entschließt sie sich dennoch, nach Art. 169 vorzugehen, und kommt es zur Aufsichtsklage, bevor der EuGH über die Nichtigkeitsklage entschieden hat, so könnte man sich fragen, ob der beklagte Staat im Aufsichtsprozeß mit der Behauptung gehört werden kann, der Akt, dessen Nichtbefolgung ihm vorgeworfen wird, sei rechtswidrig. Diese Frage dürfte allerdings weitgehend akademischer Natur sein; der EuGH kann sich ihr entziehen, indem er zunächst über die Nichtigkeitsklage entscheidet. Hat diese Erfolg, so steht zugleich rechtskräftig fest, daß der behauptete Verstoß nicht (mehr) vorliegt, weil ja die betroffene Norm ex tunc aufgehoben wurde; die Kommission wird ihr Verfahren nach Art. 169 einstellen. Wird die Nichtigkeitsklage abgewiesen, so kann und wird die Kommission dieses Verfahren fortsetzen; es versteht sich ohne weiteres, daß dem beklagten Staat alsdann sämtliche Einreden gegen die Rechtmäßigkeit des Aktes abgeschnitten sind: auf diejenigen, die er schon im Nichtigkeitsprozeß geltend gemacht hat, kann er sich nicht mehr berufen, weil der EuGH rechtskräftig im gegenteiligen Sinne entschieden hat; neuen Einreden kann die Kommission a limine mit Recht entgegenhalten, daß es dem Beklagten im Verfahren nach Art. 169 nicht gestattet sein kann, Angriffs- und Verteidigungsmittel ins Feld zu führen, die er im Nichtigkeitsprozeß – der hierfür der richtige Ort gewesen wäre – vorzubringen versäumt hat. Ist der angefochtene Akt eine Verordnung, so folgt zwar aus dem Wortlaut von Art. 184 prinzipiell, daß sich auch solche Parteien auf deren Unanwendbarkeit berufen können, die Gelegenheit zu unmittelbarer Anfechtung dieser Verordnung gehabt hätten. Es kann aber trotz der allgemeinen Fassung dieser Vorschrift schwerlich angenommen werden, daß sie es einem Betroffenen, *der die Verordnung erfolglos angegriffen hatte,* in einem späteren Prozeß gestattete, neue Rechtsmängel geltend zu machen.

67 EuGH – Kommission/Luxemburg und Belgien, 2 und 3/62 – Slg. 1962, 879 f.; GA *Roemer* – Slg. 1962, 896; *Däubler,* a.a.O., S. 326.

68 Vgl. EuGH – Kommission/Italien, 10/61 – Slg. 1962, 22 (»tatsächlich angewandte Zollsätze«).

V. Pflicht zur Einleitung eines Vorverfahrens und zur Klageerhebung?

52 1. Geht man vom Wortlaut des Art. 169 aus, so scheint die Kommission *verpflichtet* zu sein, ein Vorverfahren einzuleiten und mit einer Stellungnahme abzuschließen, wenn sie der Auffassung ist (und dabei bleibt), daß ein Verstoß vorliegt, während es in ihrem *Ermessen* stünde (»*kann* . . . den Gerichtshof anrufen«), die Angelegenheit gerichtlich weiterzuverfolgen.

Ein solches Ergebnis wäre jedoch widersinnig, da es unökonomisch und dem Ansehen der Kommission abträglich wäre, wenn sie auf halben Wege stehenbliebe und eine Mißachtung ihrer Stellungnahme hinnähme. Die Frage kann daher nur lauten, ob die Kommission ausnahmslos gehalten ist, jedem Verstoß nachzugehen, oder ob sie in bestimmten Fällen auf die Einleitung eines Vorverfahrens (und damit zwangsläufig auf gerichtliche Schritte) verzichten darf.

53 2. Prinzipiell ist die Frage im Sinne der ersten Alternative zu beantworten.[69] Das ergibt sich bereits aus der in Art. 155 vorgesehenen Verpflichtung der Kommission, für die Beachtung des Gemeinschaftsrechts »Sorge zu tragen«. Außerdem könnte die Zuerkennung eines breiten Ermessensspielraums in der Praxis den Eindruck entstehen lassen, die Kommission schone bestimmte Mitgliedstaaten auf Kosten anderer; auch wer einen solchen Spielraum annimmt, wird daher mindestens einräumen müssen, daß bei gleichartigen Verstößen mehrerer Mitgliedstaaten die Kommission nur die Wahl hat, entweder gegen alle oder gegen keinen »Delinquenten« einzuschreiten.

Ausnahmen sind anzuerkennen:

- für ausgesprochene Bagatellfälle;
- in erheblichem Umfang für Verstöße innerstaatlicher *Gerichte;*[70]
- wenn die Kommission (insbesondere in einer ernsten Krise der Gemeinschaft) nach gewissenhafter Prüfung zu dem Ergebnis kommt, daß Klage und Feststellungsurteil die Lage verschlimmern und/oder die Autorität des EuGH aufs Spiel setzen würden. Hier mögen politische Mittel besser zum Ziele führen. Erweisen sie sich aber trotz größter Geduld als nutzlos, muß die Kommission schließlich dennoch den Weg des Art. 169 beschreiten, da sie keine Rechtswidrigkeit, schon gar nicht eine grobe, ad calendas Graecas hinnehmen darf.

69 Streitig; wie hier *Wohlfarth* u. a., a. a. O., (oben N. 4) Anm. 3 zu Art. 169; *Oppermann - Hiermaier* (oben Fn. 41) S. 780 Anm. 45; a. A. *Tizzano* in: *Quadrí* u. a., a. a. O., Anm. 6 zu Art. 169; *Däubler*, a. a. O., S. 329.

70 Siehe oben Rn. 33.

VI. Ausnahmen von Artikel 169

54 1. In einigen Fällen sieht der Vertrag Abweichungen von dem in Art. 169 geregelten Verfahren vor. Zwei Gruppen von Vorschriften sind hier zu unterscheiden:

a) In bestimmten Fällen hat die Kommission, wenn sie eine Zuwiderhandlung feststellt, zunächst einen *verbindlichen* Rechtsakt zu erlassen.

So hat sie durch Entscheidung festzustellen, daß ein Staat, der eine unzulässige Beihilfe gewährt oder eine zulässige Beihilfe mißbräuchlich anwendet, diese Maßnahme binnen einer bestimmten Frist aufzuheben oder umzugestalten hat; kommt der Staat der Entscheidung nicht innerhalb der gesetzten Frist nach, »so kann die Kommission oder jeder betroffene Staat in Abweichung von den Artikeln 169 und 170 den Gerichtshof unmittelbar anrufen« (Art. 93 Abs. 2 Unterabs. 1, 2). Diese Entscheidung darf hiernach nicht als Bestandteil eines Vorverfahrens nach Art. 169 angesehen werden.

Art. 97 Abs. 2 bestimmt, daß die Kommission »geeignete Richtlinien oder Entscheidungen« zu erlassen hat, wenn die Durchschnittssätze der Einfuhrumsatzsteuer oder der Ausfuhrrückvergütung, die ein Mitgliedstaat im Rahmen eines Systems der kumulativen Mehrphasensteuer erhebt, nicht den Grundsätzen der Artikel 95 und 96 entsprechen; eine Bezugnahme auf Art. 169 enthält Art. 97 Abs. 2 nicht, so daß anzunehmen ist, daß die Kommission bei Nichtbeachtung ihrer Richtlinien oder Entscheidungen zunächst das in Art. 169 geregelte Vorverfahren einzuleiten hat.

55 b) In dem in Art. 225 Abs. 2 vorgesehenen Fall kann die Kommission den EuGH »unmittelbar anrufen«.

56 2. In den Fällen der Art. 93 und 225 ist die Kommission somit *befugt,* auf die Einleitung und Durchführung des in Art. 169 vorgesehenen außergerichtlichen Vorverfahrens zu verzichten. Ob sie zu diesem beschleunigten Vorgehen zugleich *verpflichtet* ist, dürfte von den Umständen des Einzelfalls abhängen. Jedenfalls muß sie sorgfältig prüfen, welches der beiden in Betracht kommenden Verfahren schnelleren oder nachhaltigeren Erfolg verspricht.

Wegen weiterer Einzelheiten wird auf die Erläuterungen zu den genannten Artikeln verwiesen.[71]

Artikel 170 [Klagen eines Mitgliedstaates gegen einen anderen wegen Verletzung des Gemeinschaftsrechts]

Jeder Mitgliedstaat kann den Gerichtshof anrufen, wenn er der Auffassung ist, daß ein anderer Mitgliedstaat gegen eine Verpflichtung aus diesem Vertrag verstoßen hat.

71 Vgl. zum Verhältnis zwischen den Verfahren nach Art. 169 und Art. 93 auch EuGH – Kommission/Italien, 72/79 – Slg. 1980, 1547; s. ferner GA *Warner,* Slg. 1974, 724.

Bevor ein Mitgliedstaat wegen einer angeblichen Verletzung der Verpflichtungen aus diesem Vertrag gegen einen anderen Staat Klage erhebt, muß er die Kommission damit befassen.
Die Kommission erläßt eine mit Gründen versehene Stellungnahme; sie gibt den beteiligten Staaten zuvor Gelegenheit zu schriftlicher und mündlicher Äußerung in einem kontradiktorischen Verfahren.
Gibt die Kommission binnen drei Monaten nach dem Zeitpunkt, in dem ein entsprechender Antrag gestellt wurde, keine Stellungnahme ab, so kann ungeachtet des Fehlens der Stellungnahme vor dem Gerichtshof geklagt werden.

Literaturhinweise

s. bei Artikel 169

Inhaltsübersicht

I. Vergleich mit EAG- und EGKS-Recht

1 1. Art. 142 EAGV entspricht wörtlich Art. 170 EWGV.

2 2. Die korrespondierenden Vorschriften des Rechtes der Montanunion sind Art. 89 Abs. 1 EGKSV sowie Art. 41, 42 EGKS-Satzung. Vergleicht man diese Regelung mit derjenigen der Art. 170, 171 EWGV, so ergeben sich in einigen Punkten sachliche Unterschiede, während sich in anderen Punkten herausstellen dürfte, daß beide Verträge trotz unterschiedlicher Formulierungen zu dem gleichen Ergebnis kommen:

3 a) Art. 89 EGKSV bezieht sich allgemein auf »jeden Streit unter Mitgliedstaaten über die Anwendung dieses Vertrages«, könnte also ein weiteres Anwendungsfeld haben als Art. 170, der lediglich einen Streit darüber betrifft, ob ein Mitgliedstaat seine Verpflichtungen verletzt hat.

4 b) Nach Art. 89 EGKSV kann ein Mitgliedstaat gegen einen anderen nur klagen, wenn der zwischen den Beteiligten entstandene Streit »nicht durch ein anderes in diesem Vertrag vorgesehenes Verfahren erledigt werden kann«. Das bedeutet praktisch, daß der Mitgliedstaat, der die Vertragsverletzung eines anderen Mitgliedstaates festgestellt haben will, zunächst versuchen muß, die Kommission zum Erlaß einer Entscheidung nach Art. 88 Abs. 1 EGKSV zu bewegen, möglicherweise sogar mit dem Druckmittel einer Untätigkeitsklage nach Art. 35 EGKSV; wird eine solche Entscheidung rechtskräftig oder ergibt sich aus dem auf die Untätigkeitsklage ergangenen Urteil des EuGH, daß eine Zuwiderhandlung des anderen Staates vorliegt und die Kommission daher verpflichtet ist, eine solche Entscheidung zu erlassen, so wird der »Streit« zwischen den beiden Staaten normalerweise »erledigt« sein.

Art. 170 sieht zwar auch die obligatorische Einschaltung der Kommission vor, erspart dem rechtssuchenden Staat jedoch derartige Umwege, indem er ihn zur Klage gegen den anderen Staat ermächtigt, wenn die Kommission nicht binnen drei Monaten nach Befassung eine dem Antrag des rechtssuchenden Staates entsprechende Stellungnahme abgegeben hat. Deswegen wird man anzunehmen haben, daß nach EWG-Recht ein Staat mangels Rechtsschutzinteresses – da ihm ja der Rechtsbehelf des Art. 170 zur Verfügung steht – die Kommission nicht mit der Untätigkeitsklage zu einem Vorgehen nach Art. 169 zwingen kann.

5 c) Nach EWG-Recht ist der Kanzler des EuGH nicht verpflichtet, die anderen Mitgliedstaaten eigens darüber zu unterrichten, daß ein Rechtsstreit zwischen zwei Mitgliedstaaten anhängig ist. Praktisch besteht jedoch kein Unterschied, da der Kanzler allgemein dafür zu sorgen hat, daß über jede Klage eine Mitteilung im Amtsblatt veröffentlicht wird (Art. 15 § 6 VerfO; Art. 25 Buchst. a DienstanwK).

d) Der EWGV bestimmt nicht eigens, daß dritte Mitgliedstaaten sich an dem Verfahren beteiligen können, das ein Mitgliedstaat gegen einen anderen anhängig gemacht hat. Das ergibt sich aber eindeutig aus der allgemeinen Vorschrift von Art. 37 Abs. 1 EWG-Satzung, wonach die Mitgliedstaaten »einem« – das heißt: jedem – »bei dem Gerichtshof anhängigen Rechtsstreit beitreten [können]«, und zwar, wie der Vergleich mit Absatz 2 dieses Artikels zeigt, ohne ein spezifisches Interesse am Ausgang des Rechtsstreits glaubhaft machen zu müssen.

e) Die Vorschrift von Art. 42 EGKS-Satzung, wonach die in dem Urteil des EuGH gegebene *Auslegung* gegen den intervenierenden Mitgliedstaat wirkt, hat keine Parallele im EWG-Recht. Ihre Tragweite ist im übrigen dunkel, da Art. 89 Abs. 1 EGKSV von einem Rechtsstreit über die *Anwendung* des Vertrages spricht; »Auslegung« ist, im Gegensatz zur »Anwendung«, ein abstrakter, nicht speziell fallbezogener Denkvorgang. In diesem Sinne kann weder für die eine noch für die andere Rechtsordnung angenommen werden, daß die Auslegung, die der EuGH in diesem oder jenem Prozeß einer bestimmten Vorschrift gibt, die Beteiligten (einschließlich des EuGH selbst) für alle

Zeiten bindet. Auf der anderen Seite versteht sich von selbst, daß die Rechtskraft eines jeden Urteils des EuGH auch für und gegen etwaige Intervenienten wirkt.

II. Wesen und Bedeutung der Klagen nach Artikel 170

6 1. Die Klagen gemäß Art. 170 ähneln in wichtigen Punkten den »Aufsichtsklagen« der Kommission nach Art. 169, was der Vertrag bereits äußerlich dadurch zum Ausdruck bringt, daß er beide Rechtsbehelfe unmittelbar hintereinander erwähnt und Tenor sowie Folgen eines der Klage stattgebenden Urteils einheitlich in Art. 171 regelt. In dem einen wie in dem anderen Fall ist ein außergerichtliches Verfahren vorgeschaltet, das dem beschuldigten Staat Gelegenheit gibt, sich zu den gegen ihn erhobenen Vorwürfen zu äußern, und den Beteiligten die Möglichkeit eröffnet, den Streit ohne Anrufung des EuGH beizulegen. Auch hier handelt es sich um eine Feststellungklage, die, wenn sie Erfolg hat, den beklagten Staat dazu nötigt, »die Maßnahmen zu ergreifen, die sich aus dem Urteil des Gerichtshofes ergeben« (Art. 171). Diese Gleichheiten oder Ähnlichkeiten rechtfertigen es, vorbehaltlich der Besonderheiten von Art. 170 zunächst eine generelle Verweisung auf die Ausführungen zu Art. 169 vorzunehmen.

Ein wesentlicher verfahrensrechtlicher Unterschied liegt darin, daß ein Staat, der gegen einen anderen Staat nach Art. 170 vorgehen will, zunächst einen Dritten – nämlich die Kommission – einzuschalten hat. Hierdurch soll zweierlei erreicht werden. Erstens wird es der Kommission ermöglicht, auch von solchen Verstößen offiziell Kenntnis zu erlangen, die sie nicht selbst entdeckt hat, und auch in diesem Fall ihrer Aufgabe gemäß Art. 155 gerecht zu werden; auf diese Weise wird der psychologische Druck auf den beschuldigten Staat verstärkt. Zweitens – dies für den Fall, daß die Vorwürfe nicht berechtigt sind – wird die Kommission in die Lage versetzt, durch ihre Autorität denjenigen Staat, der sie angerufen hat, von einer Klage abzuhalten, die keinen Erfolg verspricht. Anders als im Rahmen von Art. 169, wo sie von vornherein »Partei« ist, fällt der Kommission hier gleichsam die Rolle eines »Schiedsrichters« zu, der allerdings den Streit nicht – auch nicht »erstinstanzlich« – verbindlich entscheiden, kraft seines Prestiges jedoch bewirken kann, daß beide beteiligten Staaten sich seiner Auffassung anschließen.

Die Mitgliedstaaten sind nicht – wie die Kommission – verpflichtet, darüber zu wachen, daß jeder andere Staat das Gemeinschaftsrecht einhält.[1] Anders als die Kommission sind sie auch nicht gehalten, das Vorverfahren einzuleiten, wenn sie zu der Überzeugung gelangt sind, daß einer der ihren einen Verstoß begangen hat; ebensowenig trifft sie eine Verpflichtung, Klage zu erheben, wenn die Kommission das tatsächlich eingeleitete Vorverfahren mit einer Stellungnahme abschließt, die den behaupteten Verstoß bestätigt.

1 Ebenso *Wohlfarth* u. a., a. a. O. (Allg. Literaturverzeichnis), Anm. 1 zu Art. 170.

7 2. Unabhängig von Vorstehendem liegt die Bedeutung von Art. 170 darin, daß er für Streitigkeiten zwischen Mitgliedstaaten, soweit es sich um Verstöße gegen das Gemeinschaftsrecht handelt, die ausschließliche Zuständigkeit des EuGH vorsieht, wie durch Art. 219 vollends klargestellt wird: »Die Mitgliedstaaten verpflichten sich, Streitigkeiten über die Auslegung oder Anwendung dieses Vertrags nicht anders als hierin vorgesehen zu regeln«..

8 Klagen eines Mitgliedstaats gegen einen anderen sind allerdings gemäß Art. 182 EWGV auch aufgrund eines Schiedsvertrags möglich. Ein solcher Vertrag ist jedoch, soweit es sich um unter Art. 170 fallende Streitigkeiten handelt, weder erforderlich noch zulässig. Für eine Schiedsklausel nach Art. 182 ist nur insoweit Raum, als sie Streitigkeiten betrifft, für deren Entscheidung der EuGH »von Hause aus« nicht zuständig wäre.

3. Während Klagen aufgrund von Art. 169 den EuGH schon häufiger beschäftigt haben, sind Klagen nach Art. 170 selten. Das dürfte daran liegen, daß die Staaten dazu neigen, einander aus politischen Rücksichten zu schonen und das Vorgehen wegen Vertragsverletzungen der hierzu ohnehin verpflichteten Kommission zu überlassen.

III. Voraussetzungen für die Zulässigkeit einer Klage nach Artikel 170

1. Aktiv- und Passivlegitimation

9 Die Klage kann nur von einem Mitgliedstaat oder von mehreren Mitgliedstaaten gemeinsam erhoben werden. Sie muß sich gegen einen anderen Mitgliedstaat richten.[2]

2. Rechtsgrund der Klage

10 Siehe Rn. 9 zu Art. 169.

3. Ordnungsmäßige Durchführung des Vorverfahrens

a) Befassung der Kommission

11 Gelangt ein Mitgliedstaat zu der Auffassung, daß ein anderer Mitgliedstaat das Gemeinschaftsrecht verletzt habe, so kann er den EuGH nicht unmittelbar anrufen,[3] sondern muß zunächst die Kommission befassen. Wie aus Art. 170 Abs. 4 hervorgeht, ist die Befassung als Antrag auf Abgabe einer Stellungnahme anzusehen. Da dieser Antrag den Lauf einer Frist auslöst – der beschuldigende Staat kann Klage erheben, wenn die Kommission drei Monate nach Eingang des Antrags keine Stellungnahme abgegeben hat –, muß er, ähnlich wie eine Klageschrift, gewissen formalen Anforderungen genügen. So muß das Befassungsschreiben zunächst klar zu erkennen geben, daß sein Urheber ein

2 Siehe im übrigen Rn. 8 zu Art. 169.
3 Wegen Ausnahmen s. unten Rn. 26.

Verfahren nach Art. 170 einzuleiten beabsichtigt. Weiterhin ist zu verlangen, daß der beschuldigende Staat darlegt, welche Handlungen oder Unterlassungen beanstandet werden, gegen welche Grundsätze oder Vorschriften des Gemeinschaftsrechts diese Handlungen oder Unterlassungen nach Ansicht des beschuldigenden Staates verstoßen und aus welchen Gründen dies der Fall sein soll. Soweit das Befassungsschreiben diesen Anforderungen nicht genügt, hat die Kommission auf Vervollständigung hinzuwirken; die Dreimonatsfrist beginnt in diesem Fall erst zu laufen, wenn die vervollständigenden Angaben bei der Kommission eingegangen sind.

b) Gelegenheit zur Äußerung

12 Ist ein ordnungsmäßiger Antrag eingegangen, so hat die Kommission den beteiligten Staaten zunächst »Gelegenheit zu schriftlicher und mündlicher Äußerung in einem kontradiktorischen Verfahren« zu geben.

13 aa) Damit wird zunächst festgestellt, daß es der Kommission obliegt, das Vorverfahren zu leiten, insbesondere die Fristen für die Einreichung von Schriftsätzen, die Zahl der auszutauschenden Schriftsätze und den Termin für die mündliche Debatte zu bestimmen.

Liest man Art. 170 Abs. 3 für sich allein, so kommt man zu der Schlußfolgerung, daß die Kommission diese Maßnahmen nach ihrem Ermessen zu treffen habe (das lediglich durch die Notwendigkeit gebunden wäre, eine vollständige Anhörung der beteiligten Staaten zu gewährleisten). In Wirklichkeit steht die Kommission aber unter Zeitdruck: Einerseits gibt Art. 170 zu erkennen, daß eine Klage nicht erhoben werden soll, wenn die Kommission nicht zuvor ihre Stellungnahme abgegeben hat; andererseits jedoch gewährt er das Klagerecht auch für den Fall, daß die Kommission binnen drei Monaten nach Befassung keine Stellungnahme abgegeben hat. Hierin liegt zwar kein theoretischer, aber möglicherweise ein praktischer Widerspruch; es ist jedenfalls dann, wenn es um komplizierte Fragen geht, schwer zu sehen, wie innerhalb solch kurzer Zeitspanne ein Verfahren ablaufen soll, daß eine – jeweils »kontradiktorische« – mündliche und schriftliche Phase sowie außerdem eine Überlegungsfrist für die Ausarbeitung einer begründeten Stellungnahme in sich schließt.

Man wird daher anzunehmen haben, daß die Kommission berechtigt ist, die Einlassungsfristen sehr knapp zu bemessen, und daß den prozessualen Vorschriften von Art. 170 Abs. 3 grundsätzlich Genüge getan wird, wenn sie den schriftlichen Teil des Verfahrens mit einer einmaligen Entgegnung des beschuldigten Staates (ohne weiteren Austausch von Schriftsätzen) für abgeschlossen erklärt und anschließend sofort Termin für die mündliche Verhandlung anberaumt. Allerdings dürfte sie nicht *verpflichtet* sein, in dieser Weise vorzugehen. Es könnte ihr nicht vorgeworfen werden, wenn sie aus triftigen Gründen die Dreimonatsfrist überschreitet. Auch in diesem Falle würde zwar das Recht des beschuldigenden Staates, nach fruchtlosem Ablauf dieser Frist unverzüglich Klage zu erheben, nicht berührt; ein »nobile officium« würde ihm jedoch nahelegen, von diesem Recht keinen Gebrauch zu machen, sondern die Stellungnahme der Kommission abzuwarten und so das Seinige dazu beitragen, daß der Streit außergerichtlich beigelegt werden kann.

Schließlich wird man den Beteiligten auch die Möglichkeit eröffnen müssen, die Dreimonatsfrist in gemeinsamem Einvernehmen zu verlängern.

14 bb) Das von der Kommission geleitete Vorverfahren darf sich nur auf solche Verhaltensweisen des beschuldigten Staates erstrecken, mit denen der beschuldigende Staat die Kommission befaßt hatte. Will die Kommission weitere Verstöße aufgreifen, so muß sie selbst ein besonderes Verfahren nach Art. 169 einleiten.

15 cc) Eine Besonderheit von Art. 170 gegenüber Art. 169 liegt darin, daß die Erfüllung einer wichtigen Prozeßvoraussetzung, nämlich der ordnungsgemäßen Durchführung des Vorverfahrens, nicht nur vom eventuellen späteren Klager, sondern mindestens ebenso stark von einem Dritten, nämlich der Kommission, abhängt. Hieraus ergibt sich die Überlegung, daß das Klagerecht nicht durch Säumnisse oder Verfahrensmängel geschmälert werden darf, die dieser Dritte zu vertreten hat. Dieser Gedanke kommt klar in Art. 170 Abs. 4 zum Ausdruck, wonach der beschuldigende Staat auch dann Klage erheben kann, wenn die – an sich vorgeschriebene – Stellungnahme nicht innerhalb einer bestimmten Frist erfolgt. In Analogie hierzu ist anzunehmen, daß die Klage nicht deswegen unzulässig sein kann, weil (eine Stellungnahme zwar erfolgt ist, aber) die Anhörung des beschuldigten Staates aus Gründen, die nicht von dem beschuldigenden Staat, sondern von der Kommission zu vertreten sind, Mängel aufweist. Im Hinblick auf die zitierte Vorschrift wird man auch schwerlich annehmen können, daß der beschuldigende Staat bei Vermeidung der Unzulässigkeit einer späteren Klage verpflichtet wäre, etwaige Säumnisse der zur Leitung des Vorverfahrens berufenen Kommission dadurch auszugleichen, daß er seinerseits die Initiative dieses Verfahrens an sich reißt; es wäre im übrigen mit der Gleichberechtigung der Staaten und der comitas gentium unvereinbar, dem beschuldigenden Staat die Befugnis oder die Pflicht zuzusprechen, dem beschuldigten Staat Fristen zu setzen, ihn zu einer mündlichen Verhandlung zu laden usw.

Richtig ist, daß diese Auffassung die Anhörungsgarantie des Art. 170 schwächer erscheinen läßt als diejenige des Art. 169. Das ist aber die unvermeidliche Folge einer vernünftigen Abwägung der beteiligten Interessen; im übrigen mag man sich dabei beruhigen, daß sie sorgfältige Anhörung des beschuldigten Staates jedenfalls im Verfahren vor dem EuGH gewährleistet ist. Bedauerlich bleibt freilich, daß Art. 170 seine Funktion, auf eine außergerichtliche Bereinigung des Streitfalls hinzuwirken, nicht schon durch seine innere Automatik erfüllen kann, sondern nur dadurch, daß der beschuldigende Staat freiwillig auf seine Befugnis verzichtet, schon zu einem relativ frühen Zeitpunkt Klage zu erheben.

c) Stellungnahme der Kommission oder fruchtloses Verstreichen der Dreimonatsfrist

16 aa) Eine weitere Voraussetzung für die Zulässigkeit von Klagen eines Mitgliedstaates gegen einen anderen ist, daß die Kommission »eine mit Gründen versehene Stellungnahme« abgegeben oder »binnen drei Monaten nach dem Zeitpunkt, in dem ein entsprechender Antrag gestellt wurde, keine Stellungnahme« erlassen hat.

Das bedeutet u. a., daß der beschuldigende Staat Klage erheben kann, sobald die Kommission eine Stellungnahme abgegeben hat, mag dies auch vor Ablauf der Dreimonatsfrist geschehen sein.

Der deutsche Text könnte Zweifel daran aufkommen lassen, wann die Dreimonatsfrist zu laufen beginnt: die Worte »nach dem Zeitpunkt, in dem ein entsprechender Antrag gestellt wurde« lassen nicht eindeutig erkennen, ob mit diesem »Antrag« in jedem Fall die »Befassung« gemäß Art. 170 Abs. 2 gemeint ist oder ob die Verfasser der Vorschrift davon ausgegangen sind, daß ein Antrag auf Erlaß einer Stellungnahme auch nach der Befassung, also von dieser gesondert, gestellt werden kann. Die französische, italienische und niederländische Fassung sprechen jedoch für die Lösung im Sinne der ersten Alternative; überdies ist die »Befassung« nach Aufbau und Sinn des Artikels offensichtlich darauf angelegt, ein mit einer Stellungnahme abzuschließendes kontradiktorisches Vorverfahren einzuleiten.

17 bb) Zur Rechtsnatur der »Stellungnahme« als eines nicht bindenden und daher auch nicht mit der Nichtigkeitsklage angreifbaren Aktes wird auf Rn. 20 zu Art. 169 verwiesen. Für eine solche Klage besteht auch kein Bedarf, da der beschuldigende Staat nach einer ihm ungünstigen Stellungnahme den EuGH *gemäß Art. 170* anrufen kann.

18 cc) Der notwendige Inhalt der Stellungnahme wird durch den Gegenstand der »Befassung« festgelegt. Die Kommission hat ihre Auffassung darüber zu äußern, ob die von dem beschuldigten Staat erhobenen Vorwürfe gerechtfertigt sind oder nicht, und hat diese Auffassung zu begründen. Wegen der an die Begründung zu stellenden Anforderungen siehe Rn. 17 zu Art. 169.

Da das Verfahren nach Art. 170 von einem Mitgliedstaat eingeleitet wird, kann nur dieser den Streitgegenstand bestimmen. Die Kommission kann also nicht von sich aus einzelne der erhobenen Vorwürfe in ihrer Stellungnahme mit Stillschweigen übergehen, sondern muß für jede einzelne Handlung oder Unterlassung des beschuldigten Staates, die der beschuldigende Staat angegriffen hat, feststellen, ob sie rechtmäßig ist oder nicht; umgekehrt darf die Stellungnahme keine Vorwürfe enthalten, die der beschuldigende Staat nicht erhoben oder die er fallen gelassen hat.

Entspricht die Stellungnahme nicht den vorstehend dargelegten Anforderungen, so kann dies allerdings grundsätzlich die Zulässigkeit einer späteren Klage nicht beeinträchtigen. Da diese auch erhoben werden kann, wenn überhaupt keine Stellungnahme binnen drei Monaten abgegeben wurde, muß sie erst recht statthaft sein, wenn innerhalb dieser Frist nur eine unzulängliche Stellungnahme erfolgt war. Soweit die Stellungnahme Verstöße feststellt, die nicht Gegenstand der Befassung waren, vermag sie allerdings kein Klagerecht zu eröffnen: der nach Art. 170 klagende Mitgliedstaat kann nur solche Verletzungen geltend machen, mit denen er die Kommission rechtswirksam befaßt hatte.

4. *Identität zwischen Gegenstand der Klage und Gegenstand des Vorverfahrens.*

19 Wie aus dem bisher Dargelegten hervorgeht, kann mit einer Klage nach Art. 170 nur die Feststellung der Rechtswidrigkeit solcher Verhaltensweisen des beklagten Staates beantragt werden,

- die Gegenstand einer wirksamen Befassung gemäß Art. 170 Abs. 2 waren;
- deren Rechtmäßigkeit oder Rechtswidrigkeit die Kommission in einer ordnungsmäßigen »Stellungnahme« festgestellt hatte,
  oder
- zu deren Rechtmäßigkeit oder Rechtswidrigkeit sich die Kommission innerhalb von drei Monaten nach Befassung entweder überhaupt nicht oder nur in einer den formalen Anforderungen nicht genügenden »Stellungnahme« geäußert hatte.

5. *Inhalt der Klageschrift*

20 Siehe Rn. 23 zu Art. 169.

6. *Klagefrist; Verwirkung*

21 Ebensowenig wie Art. 169 sieht Art. 170 eine Frist für die Erhebung der Klage vor. Die Frage, ob das Klagerecht verwirkt werden kann, wird man vorliegend selbst dann bejahen müssen, wenn man sie für die Aufsichtsklagen nach Art. 169 verneint. Diese unterschiedliche Beurteilung folgt daraus, daß Mitgliedstaaten im Gegensatz zur Kommission nicht verpflichtet sind, gegen Verstöße anderer Mitgliedstaaten vorzugehen.

Verwirkung tritt ein, wenn der beklagte Staat aus dem Verhalten des klagenden Staates, eventuell in Verbindung mit sonstigen Umständen, nach Treu und Glauben den Schluß ziehen konnte, daß dieser Staat sein Klagerecht nicht mehr geltend machen würde. Das ist einmal dann der Fall, wenn der Staat ausdrücklich erklärt, auf dieses Klagerecht zu verzichten, und seit dieser Erklärung keine wesentlichen neuen Tatsachen hinzugetreten sind. Es ist weiterhin der Fall, wenn der klagende Staat sich während eines längeren Zeitraums nach der Stellungnahme der Kommission oder dem fruchtlosen Ablauf der in Art. 170 Abs. 4 vorgesehenen Dreimonatsfrist völlig passiv verhalten hat, ohne daß Umstände vorliegen, welche die Annahme nahelegten, daß diese Passivität auch andere

Gründe haben könnte als die stillschweigende Absicht, ein für allemal auf das Klagerecht zu verzichten.

7. *Rechtsschutzinteresse*

22 a) Der klagende Staat braucht nicht nachzuweisen, daß der gerügte Verstoß ihm einen Nachteil zugefügt habe oder zuzufügen drohe. Die Vertragschließenden sind ersichtlich davon ausgegangen, daß das allgemeine Interesse eines jeden Unterzeichnerstaates an der korrekten Beachtung des von ihm mitgeschaffenen Vertragswerks eine Klage wegen Verletzung des Gemeinschaftsrechts ipso facto rechtfertigt.[4] Diese Auffassung ergibt sich auch als argumentum e contrario aus Art. 93 Abs. 3, wonach in dem dort geregelten Fall »jeder *betroffene* Staat« den Gerichtshof unmittelbar anrufen kann; das Wort »betroffen« fehlt in Art. 170 sicherlich nicht zufällig.

23 b) Ebenso wie bei den Aufsichtsklagen nach Art. 169 stellt sich auch hier die Frage, ob die Klage selbst dann erhoben werden kann, wenn der beanstandete Zustand bereits behoben wurde, und ob sie bei Vermeidung nachträglicher Unzulässigkeit nicht zurückgenommen werden muß, wenn die Beseitigung im Laufe des gerichtlichen Verfahrens erfolgt.

Hierzu ist zunächst auf Rn. 25 bis 29 zu Art. 169 zu verweisen, jedoch hinzuzufügen, daß das Rechtsschutzinteresse vorliegend strenger zu beurteilen ist. Daß man der Kommission, die zum Einschreiten gegen Vertragsverletzugnen (und, soweit möglich, zur Verhinderung denkbarer künftiger Verletzungen) *verpflichtet* ist, u. U. ein Interesse an der Feststellung eines zwischenzeitlich abgestellten Vertoßes zubilligen muß, besagt nicht ipso facto, daß für klagende Mitgliedstaaten das Gleiche gelten müßte. Man wird daher nur in eng zu begrenzenden Ausnahmefällen annehmen können, daß ein Mitgliedstaat trotz Beseitigung des von ihm beanstandeten Verstoßes die Feststellungsklage erheben oder fortsetzen kann – etwa dann, wenn folgende Voraussetzungen *kumulativ* gegeben sind: der beklagte Staat bestreitet, daß sein früheres Verhalten rechtswidrig gewesen sei; es besteht ernsthafte Gefahr, daß dieser Staat den seinerzeitigen Verstoß wiederholt; dem klagenden Staat würde hieraus ein Nachteil entstehen.

8. *Verfahrensvorschriften im engeren Sinne*

24 Weitere Zulässigkeitsvoraussetzungen ergeben sich aus EWG-Satzung und VerfO; siehe Rn. 31 zu Art. 173.

4 Ebenso *Tizzano* in: *Quadrí* u. a., a. a. O. (Allg. Literaturverzeichnis), Anm. 2 zu Art. 170.

IV. Voraussetzungen für die Begründetheit einer Klage nach Artikel 170

25 Siehe Rn. 31 ff. zu Art. 169.

V. Ausnahmen von Artikel 170

26 Art. 93 Abs. 2, 225 Abs. 2 regeln Fälle, in denen auf das Vorverfahren gemäß Art. 170 verzichtet und der EuGH unmittelbar angerufen werden kann;[5] Die Befugnis zu diesem beschleunigten Vorgehen wird in Art. 225 »einem Mitgliedstaat« - d. h. jedem anderen Mitgliedstaat - zugesprochen, in Art. 93 jedoch nur »jedem betroffenen Staat«. Im letztgenannten Fall können also nur diejenigen Staaten, die selbst - oder deren Wirtschaftsbürger - durch die in Rede stehende Beihilfe einen Nachteil erlitten haben oder zu erleiden drohen, Klage erheben, ohne zuvor die Kommission gemäß Art. 170 befaßt zu haben.

Die Staaten, die nach den genannten Bestimmungen den EuGH unmittelbar anrufen *können, müssen* dies nicht tun; es steht ihnen frei, stattdessen das in Art. 170 vorgesehene Vorverfahren einzuleiten. Ihre Wahlmöglichkeit ist weniger eingeengt als diejenige der Kommission weil - wie schon hervorgehoben - die Staaten im Gegensatz zur Kommission ohnedies nicht verpflichtet sind, gegen Verstöße ihrer Partner gerichtlich vorzugehen.

Wegen weiterer Einzelheiten wird auf die Erläuterungen zu Art. 93 und 225 verwiesen.

Artikel 171 [Folgen von Urteilen gegen Staaten]

Stellt der Gerichtshof fest, daß ein Mitgliedstaat gegen eine Verpflichtung aus diesem Vertrag verstoßen hat, so hat dieser Staat die Maßnahmen zu ergreifen, die sich aus dem Urteil des Gerichtshofs ergeben.

Literaturhinweise

s. bei Artikel 169

Inhaltsübersicht

5 Siehe im einzelnen Rn. 54 bis 56 zu Art. 169.

I. Vergleich mit EAG- und EGKS-Recht

1 1. Art. 143 EAGV entspricht wörtlich Art. 171 EWGV.

2 2. Im EGKS-Recht kann Art. 171 keine Parallele haben. Ist die Kommission (früher: Hohe Behörde) der Auffassung, ein Mitgliedstaat habe den Vertrag verletzt, so hat sie mit einem bindenden Rechtsakt (»Entscheidung«) zu reagieren; ein gerichtlicher Streit zwischen den Beteiligten darüber, ob der behauptete Verstoß tatsächlich vorliegt, müßte daher die Form einer Nichtigkeitsklage des betroffenen Staates gegen diese Entscheidung annehmen; wird diese Klage als unbegründet abgewiesen, so steht damit – ebenso wie wenn die Kommission mit ihrer auf Grund von Art. 169 erhobenen Aufsichtsklage durchdringt – definitiv fest, daß der Verstoß begangen wurde und abzustellen ist.[1]

Was die Klagen eines Mitgliedstaates gegen einen anderen betrifft, so präzisiert Art. 89 EGKSV nicht, ob sie als Klagen auf Feststellung einer Vertragsverletzung erhoben werden müssen (was zulässig sein dürfte) oder – was angesichts der weiten Fassung der Vorschrift naheliegt – auch Anträge anderer Art enthalten können. Ein dem Kläger Recht gebendes Feststellungsurteil dürfte die gleichen Wirkungen zeitigen wie sie Art. 171 EWGV für die von einem klagenden Staat erstrittenen Urteile vorsieht.

II. Tenorierung der Urteile

3 Art. 171 legt die Urteilsformel für den Fall fest, daß eine Klage der Kommission auf Grund von Art. 169 oder die Klage eines anderen Mitgliedstaates nach Art. 170 Erfolg hat. Der EuGH kann lediglich die von ihm angenommene Verletzung des Gemeinschaftsrechts feststellen, nicht dagegen die – sich ohnedies aus Art. 171 ergebende – Verpflichtung des beklagten Staates aussprechen, den Verstoß abzustellen. Erst recht ist es ihm verwehrt, die beanstandete nationale Maßnahme selbst aufzuheben oder abzuändern.[2] Der EuGH muß den festgestellten Verstoß genau bezeichnen (was allerdings ergänzend auch in den Urteilsgründen geschehen kann), damit der beklagte Staat unmißverständlich erkennt, welche Maßnahmen er zu ergreifen hat. Gegebenenfalls ist auch zu präzisieren, zu welchem Zeitpunkt der Verstoß begonnen und bis zu welchem Zeitpunkt er angehalten hat.

Nach Auffassung von *Wohlfarth*[3] ist der EuGH außerdem befugt, dem unterlegenen Staat

1 Vgl. auch Rn. 1 bis 3 zu Art. 169.

2 Vgl. EuGH – Humblet/Belgien, 6/60 – Slg. 1960, 1184 (zum EGKS-Recht) sowie die bei *Eversen - Sperl*, a. a. O. (Literaturhinweise zur Vorbemerkung) 1967 unter Nr. 2721 abgedruckte Entscheidung des Tribunal de Première Instance de Bruxelles: »Attendu que les autorités législatives nationales seules peuvent procéder à l'abrogation des dispositions jugées contraires au traité, ou à leur modification adéquate . . .«. Siehe auch Rn. 6 zu Art. 169.

3 A. a. O., Anm. 2 zu Art. 171. A. A. *Tizzano* in *Quadri* u. a., a. a. O., Anm. 1 zu Art. 171.

im einzelnen vorzuschreiben, welche Maßnahmen er zu ergreifen hat. Diese Ansicht findet jedoch nicht nur im Wortlaut von Art. 171 keine Stütze, sondern ist auch deswegen bedenklich, weil sie dazu führen könnte, daß sich der EuGH in verfassungsrechtliche Interna des betroffenen Staates einmischt. Sicherlich ist *Wohlfarth* zuzugeben, daß ein klärendes Wort in der angedeuteten Richtung mitunter geeignet sein könnte, künftige Streitigkeiten zu vermeiden. Dem steht jedoch gegenüber, daß der EuGH normalerweise keine (erschöpfende) Kenntnis davon haben wird, welche innerstaatlichen Folgen die Zuwiderhandlung gezeitigt hat, so daß er nur unvollständige Hinweise zu geben vermöchte, die den gefährlichen e-contrario-Schluß nahelegen könnten, außer den von ihm vorgeschriebenen Maßnahmen brauche der betroffene Staat keine weiteren zu ergreifen.

III. Rechtswirkung der Urteile

4 1. Gemäß Art. 171 hat der unterlegene Staat »die Maßnahmen zu ergreifen, die sich aus dem Urteil des Gerichtshofes ergeben«. Diese Vorschrift besagt einerseits Selbstverständliches, da Gerichtsurteile stets bindend sind; andererseits ist sie insofern mißverständlich, als sie den Schluß nahelegt, die aus der rechtskräftigen Feststellung eines Verstoßes resultierenden Verpflichtungen könnten und müßten dem Urteil allein entnommen werden. Ein solcher Schluß wäre jedoch falsch; es bedarf vielmehr zusätzlich der Entwicklung allgemeiner Regeln.

5 2. Ein im Verfahren nach Art. 169ff. ergangenes Urteil hat (abgesehen vom Fall der Klageabweisung) die begangene Verletzung festzustellen und so genau wie möglich zu definieren. Aus Tenor und Entscheidungsgründen eines solchen Urteils »ergibt« sich *jedenfalls* – unbeschadet etwaiger weitergehender Konsequenzen[4] –, daß der betroffene Staat den dergestalt präzisierten rechtswidrigen Zustand ex nunc durch einen rechtmäßigen Zustand zu ersetzen hat, und zwar unverzüglich.[5] Hat er z. B. ein mit dem Gemeinschaftsrecht unvereinbares Gesetz erlassen oder aufrechterhalten, so muß er dieses Gesetz so schnell wie möglich aufheben oder ändern; hat er eine gebotene Rechtsetzung unterlassen, ist er verpflichtet, das Versäumte in kürzester Frist nachzuholen; war die Zuwiderhandlung in dem »tatsächlichen« Verhalten von Verwaltungsstellen begründet, so hat er diesen Stellen sofort entsprechende Anweisungen zu erteilen; usw. »Unverzüglich« bedeutet »ohne schuldhaftes Zögern«. Die Frist richtet sich daher nach

4 Siehe unten Rn. 6 bis 8.
5 *Karpenstein,* a. a. O. (Literaturhinweise zu Art. 169) S. 64. Vgl. auch EuGH – Kommission/Frankreich, 24 und 97/80 – Slg. 1980, 1333: »Der betroffene Mitgliedstaat ist . . . allein aufgrund des die Pflichtverletzung feststellenden Urteils gehalten, alle geeigneten Maßnahmen zur Beseitigung der Pflichtverletzung zu ergreifen, ohne dem ein wie immer geartetes Hindernis entgegensetzen zu können.«

den Umständen des Einzelfalls, mit der Maßgabe, daß der Mitgliedstaat zu zügigem Vorgehen verpflichtet ist.

Der oben[6] dargelegte Grundsatz, daß die Pflichten, die das Gemeinschaftsrecht »den Mitgliedstaaten« auferlegt, sich an jedes zuständige Organ und jede zuständige Behörde dieser Staaten wenden, gilt auch für die hier zu erörternde Beseitigungspflicht. Daher hat *jede* öffentliche Stelle des »verurteilten« Mitgliedstaates das Ihre zu tun, um dem Urteil des EuGH zu alsbaldiger Wirksamkeit zu verhelfen. Diese Verpflichtung trifft also nicht nur diejenige Stelle, die den Verstoß begangen hat, sondern jede Stelle, die kraft ihrer Kompetenz in der Lage ist, zur Wiederherstellung eines rechtmäßigen Zustandes beizutragen. So sind z. B. die Verwaltungsbehörden gehalten, etwa beanstandete Vorschriften ab sofort nicht mehr anzuwenden; auf die formelle Abschaffung dieser Vorschriften dürfen sie nicht warten.[7]

6 3. Die gleiche Pflicht trifft die nationalen Gerichte. Da das Gemeinschaftsrecht die Anwendung aller mit ihm unvereinbaren innerstaatlichen Maßnahmen ausschließt,[8] hat der Richter in jedem Rechtsstreit, der nach Verkündung des Urteils des EuGH zu entscheiden ist und in dem es auf die Wirksamkeit solcher Maßnahmen ankommt, davon auszugehen, daß diese auch vor ihrer formellen Aufhebung oder Änderung unanwendbar sind;[9] eine Ausnahme könnte nur insofern gelten, als die verletzten Vorschriften nicht unmittelbar zugunsten der Einzelnen wirken. Diese Folgerungen ergeben sich a fortiori aus der Tatsache, daß der genannte Richter – eventuell nachdem er dem EuGH gemäß Art. 177 die einschlägigen Interpretationsfragen vorgelegt hatte – sogar dann verpflichtet ist, mit dem Gemeinschaftsrecht unvereinbares innerstaatliches Recht im Einzelfall nicht anzuwenden, wenn ein Urteil des EuGH, das eine solche Unvereinbarkeit feststellt, noch gar nicht ergangen war, die Unvereinbarkeit vielmehr »nur« durch jenen Richter konstatiert werden konnte.

Diese Hinweise erschöpfen allerdings die Problematik nicht, vor die sich die nationalen Gerichte in derartigen Fällen gestellt sehen können. Wie steht es z. B., wenn eine zu Unrecht erhobene Abgabe zurückgefordert oder eine Schadensersatzklage u. a. auf die Gemeinschaftsrechtswidrigkeit einer staatlichen Maßnahme gestützt wird? Hier ist auf Grundsätze zurückzugreifen, die der EuGH in jüngerer Zeit entwickelt hat und die sich

6 In den Rn. 32, 33 zu Art. 169.

7 Vgl. EuGH – Kommission/Italien, 48/71 – Slg. 1972, 534 f. Umgekehrt genügt es aber nicht, auf diese Pflicht zur Nichtanwendung zu vertrauen; der Staat ist außerdem verpflichtet, die Rechtslage formell zu bereinigen, da anderenfalls die Weiteranwendung der rechtswidrigen Vorschriften zu befürchten ist (GA *Roemer,* Slg. 1972, 538).

8 Ständige Rechtsprechung; vgl. etwa EuGH – Lück/Hauptzollamt, 34/67 – Slg. 1968, 373.

9 Ebenso sinngemäß *Wohlfarth* u. a., a. a. O., Anm. 1 zu Art. 171.

dahin zusammenfassen lassen, da sich die Behandlung derartiger Ansprüche in Ermangelung einer gemeinschaftsrechtlichen Regelung prinzipiell nach nationalem Recht richtet, das Gemeinschaftsrecht jedoch insofern eingreift, als Kläger, die eine Verletzung dieses Rechtes geltend machen, nicht ungünstiger gestellt werden dürfen als solche, die eine Klage gleicher Art auf einen Verstoß gegen innerstaatliches Recht stützen, und als die mitgliedstaatlichen Rechtsordnungen die Ausübung der Rechte, die das Gemeinschaftsrecht den Einzelnen unmittelbar verleiht, nicht »praktisch unmöglich machen« dürfen.[10]

7 4. a) Die Frage, ob der Verstoß und seine folgen ex tunc oder nur ex nunc zu beseitigen sind, muß schon aus Gründen der Rechtslogik prinzipiell – unbeschadet der nicht unerheblichen Ausnahmen[11] – im erstgenannten Sinn beantwortet werden; hinzu kommt, daß die ex-nunc-Lösung die Mitgliedstaaten zu Verstößen ermuntern könnte, indem sie es ihnen u. U. gestatten würde, die jahrelang aus einem rechtswidrigen Verhalten erzielten Vorteile definitiv »einzuheimsen«.[12]

Wenn es richtig sein sollte, daß die Kommission sich in der Mehrzahl der Fälle mit einer Regularisierung ex nunc begnügt,[13] so muß das nicht bedeuten, daß sie die obige

10 Vgl. etwa EuGH – Just/Ministerium für das Steuerwesen, 68/79 – Slg. 1980, 523; Amministrazione delle Finanze/Denkavit Italiana, 61/79 – Slg. 1980, 1226; GA *Reischl,* Slg. 1980, 531 mit zahlreichen weiteren Rechtsprechungsnachweisen. Dieser Grundsatz besagt z. B., daß die Mitgliedstaaten nicht gehindert sind, Klagen auf Rückforderung gemeinschaftsrechtswidrig erhobener Abgaben nur innerhalb bestimmter Fristen zuzulassen oder die Haftung des Staates für erlittenen Schaden von einem Verschulden abhängig zu machen, vorausgesetzt daß diese Regelungen keinen Unterschied zwischen Verstößen gegen Gemeinschaftsrecht und Verstößen gegen nationales Recht machen, jedenfalls keinen Unterschied zum Nachteil des Gemeinschaftsrechts. Im gleichen Sinne auch *Millarg,* a. a. O. (Literaturhinweise zu Art. 169) S. 224 ff., der das Beispiel anführt, daß ein Mitgliedstaat die Haftung für legislatives Unrecht auf Fälle beschränken würde, in denen die Rechtswidrigkeit »mit Gesetzeskraft« festgestellt wurde; eine solche Regelung würde, wie der Autor zutreffend feststellt, das Gemeinschaftsrecht benachteiligen, weil den Urteilen des EuGH eine solche Kraft nicht zukommt.

11 Siehe unten Rn. 8.

12 Die Rechtsprechung dürfte auf dem hier vertretenen Standpunkt stehen, jedenfalls soweit es um zu Unrecht erhobene oder gewährte Geldleistungen (Abgaben, Beihilfen usw.) geht. So schon (für das EGKS-Recht) EuGH – Humblet/Belgien, 6/60 – Slg. 1960, 1185. In EuGH – Kommission/Bundesrepublik, 70/72 – Slg. 1973, 829 heißt es, der Vertrag ziele darauf ab, »daß Verstöße und deren Folgen für Vergangenheit und Zukunft tatsächlich beseitigt werden«. Sinngemäß ebenso GA *Roemer,* Slg. 1972, 539; GA *Reischl,* Slg. 1977, 1021 f.; GA *Warner,* Slg. 1979, 2218 f.; a. A. GA *Mayras,* Slg. 1980, 1440 (»ein . . . vom Gerichtshof festgestellter Verstoß [wird] lediglich für die Zukunft beseitigt«). Die Feststellungen des Urteils EuGH – Kommission/Italien, 48/71 – Slg. 1972, 535 zeigen, daß auch der beklagte Staat von einer ex-tunc-Verpflichtung ausgegangen war.

13 So *Karpenstein,* a. a. O., S. 62 f.

Auffassung nicht teilt, sondern könnte darin begründet sein, daß sie – zu Recht oder zu Unrecht – annimmt, es stehe in ihrem Ermessen, auf ein (neues) Verfahren nach Art. 169 ff. zu verzichten, wenn der betroffene Staat die Folgen des Verstoßes (zwar nicht ex tunc, aber immerhin) für die Zukunft beseitigt habe.[14]

8 b) Richtig ist allerdings, daß es nicht selten unmöglich oder unzumutbar sein wird, sämtliche Folgen des Verstoßes rückwirkend zu beseitigen.[15] Man denke etwa an Export- oder Importgeschäfte, die wegen eines unzulässigen Verbots nicht zustandegekommen sind, oder daran, daß der Rückforderung zu Unrecht gezahlter Beihilfen Grundsätze wie der des Vertrauensschutzes entgegenstehen können; die Ansicht von *Karpenstein*,[16] eine wirkliche Wiedergutmachung sei im Grunde nur möglich, wenn die Vertragsverletzung in der rechtswidrigen Erhebung von Abgaben o. ä. oder in der Vorenthaltung an sich geschuldeter Beträge bestanden habe, hat daher einiges für sich. Im übrigen ist – wie Art. 174 Abs. 2 EWGV zeigt – dem Gemeinschaftsrecht der Gedanke nicht fremd, daß man sich u. U. mit dem Bestehenbleiben einzelner Folgen einer Rechtswidrigkeit abfinden muß.

Wenn *Tizzano*[17] behauptet, aus dem Urteil des EuGH könne sich eine Schadensersatzpflicht ergeben, so ist das nur insofern richtig, als die Feststellung, der beklagte Staat habe sich rechtswidrig verhalten, den nationalen Richter bindet; im übrigen richten sich Prinzip und Umfang eines solchen Anspruchs nach staatlichem Recht, wenn auch mit den oben in Rn. 9 dargelegten Einschränkungen.

9 5. Wegen des Sachzusammenhangs ist schließlich kurz auf die von *Bleckmann*[18] aufgeworfene Frage einzugehen, ob als ultima ratio – d. h. wenn der Mitgliedstaat trotz

14 Ob die Ausführungen von GA *Lagrange* (Slg. 1961, 735) im Sinne eines solchen Ermessens zu verstehen sind, erscheint fraglich. Wörtlich genommen beziehen sie sich nicht auf die Ausführung des Urteils, sondern darauf, was die Kommission in ihrer Stellungnahme nach Art. 169 fordern kann oder muß. Dazu ist anzumerken, daß diese Stellungnahme in erster Linie der Feststellung des »primären« Verstoßes dient, nicht dagegen zugleich der Feststellung eines etwaigen »sekundären« Verstoßes, der darin liegen würde, daß nicht alle Folgen des »primären« Verstoßes beseitigt wurden. Eine solche zusätzliche Feststellung kann der Kommission zwar nicht grundsätzlich verwehrt sein; die Kommission ist aber in der Tat berechtigt, hiervon abzusehen, wenn sich anderenfalls das auf die gerichtliche Feststellung des »primären« Verstoßes zielende Verfahren zu lange verzögern würde. Ihr Recht, in einem späteren Verfahren den »sekundären« Verstoß aufzugreifen, bleibt in diesem Fall unberührt.

15 So auch *Karpenstein,* a. a. O., S. 65, der eine solche Beseitigung auf die Fälle beschränken will, daß ihr keine zwingenden Hindernisse entgegenstehen »oder« daß der EuGH auf die Klage der Kommission einen gerade in der Nichtbeseitigung der eingetretenen Folgen liegenden Verstoß festgestellt hat. Dem ist freilich entgegenzuhalten, daß der EuGH einen solchen Verstoß vernünftigerweise nicht behaupten kann, wenn zwingende Hindernisse gegeben waren: ultra posse nemo obligatur.

16 A. a. O., S. 63.

17 In: *Quadrí* u. a., a. a. O., Anm. 2 zu Art. 169, Anm. 2 zu Art. 171.

18 Zwangsmittel im Gemeinsamen Markt, in: RIW/AWD 1978, S. 91 ff.

wiederholter »Verurteilung« durch den EuGH renitent bleibt – Repressalien zulässig seien. *Bleckmann* verneint ein solches Recht zutreffend für die Gemeinschaft, will es aber aufgrund der Prinzipien des allgemeinen Völkerrechts den anderen Mitgliedstaaten zubilligen. Dem wird man schwerlich folgen dürfen, da dies dazu führen könnte, daß »les Etats membres, de représailles en contre-représailles, en reviendraient aux rapports de force habituels entre Etats – la loi de la jungle – et la Communauté européenne disparaîtrait«.[19]

10 6. Die Rechtskraft von Urteilen nach Art. 169 ff. dürfte nach den üblichen Grundsätzen zu beurteilen sein. Sie erstreckt sich auf die Feststellung, daß das in Rede stehende Verhalten des beklagten Staates mit dem Gemeinschaftsrecht unvereinbar war, nicht aber auf die Interpretation, die der EuGH den einschlägigen gemeinschaftsrechtlichen Vorschriften gegeben hat. In persönlicher Hinsicht wirkt das Urteil zunächst für und gegen die Parteien sowie etwaige Intervenienten, darüber hinaus aber auch zugunsten von Dritten, die vor einem Richter des betroffenen Staates zutreffend geltend machen, das inkriminierte Verhalten dieses Staates habe zu ihrem Nachteil Normen des Gemeinschaftsrechts verletzt, die unmittelbarer Drittwirkung fähig sind.[20]

11 7. Ist die Kommission der Auffassung, daß der betroffene Staat »die für den Vollzug eines Urteils erforderlichen Maßnahmen nicht ergriffen hat« oder daß »die gegebenenfalls zu diesem Zweck ergriffenen Maßnahmen den sich aus dem Urteil ergebenden Verpflichtungen nicht entsprechen«, so kann – besser: muß – sie erneut nach Art. 169 vorgehen.[21]

Artikel 172 [Unbeschränkte Rechtsprechung bei Klagen wegen Zwangsmaßnahmen]

Die vom Rat auf Grund dieses Vertrages erlassenen Verordnungen können hinsichtlich der darin vorgesehenen Zwangsmaßnahmen dem Gerichtshof eine Zuständigkeit übertragen, welche die Befugnis zu unbeschränkter Ermessensnachprüfung und zur Änderung oder Verhängung solcher Maßnahmen umfaßt.

19 *Maurice Delarue,* La difficile percée du »droit européen«, in: »Le Monde« vom 5.5.1981.
20 Siehe oben Rn. 6.
21 EuGH – Kommission/Frankreich, 24 und 97/80 – Slg. 1980, 1331; indirekt besagt das Urteil, daß zur Bestimmung von Inhalt und Umfang dieser Vollzugspflicht nicht nur der Tenor, sondern auch die Entscheidungsgründe des Urteils heranzuziehen sind.

Literaturhinweise

Barthels, Oskar, Befugnisse und Zwangsmittel der EGKS- und EWG-Organe gegenüber Mitgliedstaaten und Unternehmen, in: EurWi 1961, S. 6–10

Jescheck, Hans Heinrich, Die Strafgewalt übernationaler Gemeinschaften, in: Zeitschrift für die gesamte Strafrechtswissenschaft 1953, S. 496–518

Levasseur, Georges, Les sanctions dans le traité constitutif du Marché Commun. in: Les Problèmes Juridiques et Economiques du Marché Commun, Colloque des Facultés de Droit, Lille 1959, S. 95–119

Motzo, Giovanni, Mesures répressives et sanctions administratives dans l'organisation de la Communauté européenne, in: Bollettino dell'Istituto di Studi Europei »Alcide De Gasperi«, anno III (1968), S. 12–19

Mulder, A., De dwangmiddelen in het verdrag tot instelling van de Europese Economische Gemeenschap, in: SEW 1957, S. 244–252

Plouvier, Liliane, Le contentieux de pleine juridiction devant la Cour de Justice des Communautés européennes, in: RMC 1974, S. 365 ff.

Inhaltsübersicht

I. Vergleich mit EGKS- und EAG-Recht

1 Art. 172 EWGV hat in den beiden anderen Verträgen keine wörtliche Entsprechung; am nächsten kommen ihm Art. 36 EGKSV und Art. 144 EAGV.

1. Art. 36 Abs. 2 EGKSV (auf den übrigens Art. 66 Abs. 6 Unterabs. 2 dieses Vertrages sowie Art. 43 Abs. 2 EGKS-Satzung wegen der dort beeichneten Sanktionen verweisen) gewährt den durch »finanzielle Sanktionen« und »Zwangsgelder« Betroffenen unmittelbar einen »recours de pleine juridiction« (»Klage im Verfahren mit unbeschränkter Ermessensnachprüfung«), überläßt also die Regelung nicht – wie Art. 172 EWGV – den Ausführungsvorschriften. Die Klagen nach Art. 36 dürften praktisch den gleichen Regeln unterliegen wie diejenigen, die auf Grund einer gemäß Art. 172 erlassenen Ratsverordnung erhoben werden, es sei denn, der Rat würde im Einzelfall das ausmaß der »pleine juridiction« einschränken. Allerdings fehlt in Art. 172 eine Bestimmung des Inhalts von Art. 36 Abs. 3: »Die Kläger können zur Begründung dieser Klage nach Maßgabe des

Artikels 33 Absatz 1 des Vertrages geltend machen, daß die Entscheidungen und Empfehlungen, deren Nichtbeachtung ihnen zum Vorwurf gemacht wird, fehlerhaft sind.« Ein sachlicher Unterschied dürfte sich hieraus jedoch nicht ergeben. Sowohl im EGKS- wie im EWG-Recht (vgl. Art. 184 EWGV und die Anmerkungen hierzu) muß der Grundsatz gelten, daß eine solche Inzidentrüge stets, aber auch nur dann, erhoben werden kann, wenn der Betroffene den Akt, wegen dessen Mißachtung Zwangsmaßnahmen (Sanktionen) gegen ihn verhängt worden sind, entweder nicht unmittelbar mit der Nichtigkeitsklage angreifen konnte – insbesondere weil es sich um eine »allgemeine Entscheidung« nach EGKS-Recht oder eine »Verordnung« nach EWG-Recht handelte – oder zulässigerweise unmittelbar mit der Nichtigkeitsklage angegriffen hat.

2 2. Art. 144 Buchst. b) EAGV gewährt dem EuGH eine »compétence de pleine juridiction« für Klagen »von Personen oder Unternehmen wegen Zwangsmaßnahmen«, die von der Kommission gemäß Art. 83 EAGV verhängt worden waren. Der EuGH hat hier praktisch die gleichen Vollmachten, wie sie ihm die aufgrund von Art. 172 EWGV erlassenen Verordnungen übertragen können. Der Unterschied zwischen diesen Verordnungen und Art. 83 EAGV besteht lediglich darin, daß die letztgenannte Bestimmung keine Geldbußen und Zwangsgelder vorsieht, sondern Maßnahmen wie »Verwarnung«, »Entzug besonderer Vorteile« usw.

II. Die Bedeutung von Artikel 172

3 1. Um die Tragweite von Art. 172 würdigen zu können, muß in erster Linie auf die französische Fassung zurückgegriffen werden, welche die hier geregelte Befugnis mit dem terminus »compétence de pleine juridiction« bezeichnet und damit an einen Ende des 19. Jahrhunderts von *Laferrière* geprägten zentralen Begriff des französischen Verwaltungsprozeßrechts anknüpft. Rechtsstreitigkeiten (contentieux) »de pleine juridiction« sind als Gegensatz zum »contentieux de l'annulation« zu verstehen, dessen klassisches Beispiel im Gemeinschaftsrecht Art. 173 EWGV ist. »Dans le contentieux de l'annulation, les pouvoirs du juge sont limités au droit d'annuler les actes entachés d'illégalité sans que le juge administratif ait le pouvoir de les réformer et de leur substituer sa propre décision, alors que dans le contentieux de pleine juridiction ils comportent l'exercice d'un arbitrage complet de fait et de droit . . .«[1]

Die Bedeutung von Art. 172 liegt somit in erster Linie darin, daß er die Möglichkeit schafft, dem EuGH über das übliche Maß hinausgehende Kompetenzen zu verleihen; wegen dieses Schwerpunktes hat die Vorschrift ihren Platz mit Recht im Abschnitt »Gerichtshof«.

1 *Plouvier,* a. a. O., S. 365 f.

4 2. »Zwangsmaßnahmen« (z. B. Geldbußen oder Zwangsgelder) sind individuelle Akte, die an eine bestimmte Person gerichtet werden und diese beschweren. Es handelt sich also um »Entscheidungen« i. S. von Art. 189 Abs. 4. Gäbe es Art. 172 nicht, so wäre davon auszugehen, daß die Betroffenen jene Akte nach Maßgabe von Art. 173 nur mit der »gewöhnlichen« Nichtigkeitsklage angreifen könnten, mit der Folge, daß dem EuGH nur zwei Entscheidungsmöglichkeiten zu Gebote stünden, nämlich die Klage abzuweisen oder den angefochtenen Akt für nichtig zu erklären. Es würde ferner mit sich bringen, daß der EuGH ein der Klage stattgebendes Urteil lediglich darauf stützen dürfte, daß die Entscheidung, welche die »Zwangsmaßnahme« angeordnet hat, mit einem der vier in Art. 173 Abs. 1 aufgezählten *Rechts*mängel behaftet sei; Maßstäbe wie Zweckmäßigkeit, Angemessenheit, Richtigkeit wirtschaftlicher Prognosen, allgemeine Billigkeit usw. könnten grundsätzlich nicht herangezogen werden. In keinem Falle könnte der EuGH sein Ermessen an die Stelle desjenigen der beklagten Behörde setzen; er könnte lediglich feststellen, daß die Behörde ihr Ermessen mißbraucht oder überschritten habe.

Ein solches Instrumentarium wäre in dem hier interessierenden Bereich unzulänglich und würde den Gemeinschaftsrichtern Befugnisse vorenthalten, die ihren nationalen Kollegen traditions- und sachgemäß zustehen. Es gehört zum herkömmlichen Aufgabenkreis des Richters, daß er Strafen, Bußen oder sonstige Sanktionen, die eine andere Instanz festgesetzt hat, nicht nur bestätigen oder kassieren, sondern auch ändern kann. Die Zuerkennung derartiger Befugnisse an den Richter mag zwar – jedenfalls wenn es darum geht, daß der Richter eine von der *Verwaltung* auferlegte Sanktion ändert – eine Abweichung vom Prinzip der Gewaltenteilung zum Inhalt haben, das ansonsten auch im Gemeinschaftsrecht deutlich zum Ausdruck kommt. Sie ist aber notwendig, weil Sanktionen – auch nicht strafrechtlicher Natur – in der Öffentlichkeit als Unwert-Urteil über den »Delinquenten« verstanden werden, zu dessen Gunsten daher gewährleistet sein muß, daß eine unparteiische Instanz das entscheidende Wort nicht nur über das »Ob«, sondern auch über das »Wieviel« seiner Maßregelung sprechen kann.

Ist der Richter aber ermächtigt, eine von der Verwaltung festgesetzte Sanktion zu ändern oder gar – wie es jedenfalls die deutsche Fassung von Art. 172 als möglich hinstellt (gemeint ist offenbar: auf Antrag der Verwaltung) – selbst zu »verhängen«, so folgt aus dieser erweiterten Zuständigkeit, daß er sich bei deren Ausübung nicht auf die Kontrolle der Rechtmäßigkeit zu beschränken braucht, ja nicht einmal beschränken *kann.* Ob im konkreten Fall eine Geldbuße in Höhe von x oder aber in Höhe von y angemessen erscheint, ist kaum jemals eine reine Rechtsfrage. Sicherlich hat der Richter, der sich über die angemessene Höhe der Buße schlüssig werden will, auch ungeschriebene Rechtsnormen zu bedenken, so z. B. den Gleichheitsgrundsatz oder die Regel, daß das Strafmaß u. a. von der Schwere des Verstoßes abhängt; letztlich aber darf und muß er seiner Intuition vertrauen. Die Verfasser des deutschen Textes haben nach alledem jedenfalls im Prinzip das Richtige getroffen, indem sie die knapp gefaßten Begriffe der anderen Versionen (»compétence de pleine juridiction« usw.) mit einer Formel umschrieben haben, die sich sowohl auf die denkbaren *Inhalte* der Entscheidungen des EuGH (»Änderung oder Verhängung solcher Maßnahmen«) als auch auf den *Umfang der Kontrollbefugnis* (»unbeschränkte Ermessensnachprüfung)« bezieht.

5 3. Nicht sicher ist dagegen, ob die deutsche Fassung inhaltlich durchweg mit den anderen Fassungen übereinstimmt und ob diese untereinander in Einklang stehen. Die französische, italienische und niederländische Version bezeichnen die in Betracht kommenden Befugnisse mit knappen Begriffen (»compétence de pleine juridiction«; »competenza giurisdizionale anche di merito«, »volledige rechtsmacht«), während die deutsche Version zu einer detaillierten Umschreibung greift. Man kann wohl mit Sicherheit annehmen, daß der französische Text von Art. 172 entwicklungsgeschichtlich das »Original« darstellt, die drei übrigen dagegen »Übersetzungen« sind. Das rechtfertigt aber nicht die Folgerung, daß die Vorschrift die Rechtsfigur der »pleine juridiction« unverändert aus dem französichen Recht übernommen hätte. Dagegen spricht bereits, daß alle Fassungen des Vertrages »gleichermaßen verbindlich« sind (Art. 248); im übrigen passen viele der von der französischen Rechtsordnung mit jenem Begriff verknüpften Vorstellungen und Regelungen nicht in die Landschaft des Gemeinschaftsrechts.[2]

Zur Ermittlung von Inhalt und Grenzen der Befugnisse, die der Rat dem EuGH gemäß Art. 172 übertragen kann, wird man daher wohl zunächst auf Grundzüge und Bedürfnisse des Gemeinschaftsrechts abzustellen haben und nationale Regelungen nur in zweiter Linie heranziehen dürfen.

6 4. a) Unter »Zwangsmaßnahmen« sind nicht nur Maßnahmen zu verstehen, die – wie z. B. Zwangsgelder – den Betroffenen zu einem bestimmten künftigen Verhalten nötigen sollen, sondern auch solche, die eine Sühne für vergangenes Verhalten darstellen, insbesondere Geldbußen. Diese Auffassung wird dadurch bekräftigt, daß die französische, italienische und niederländische Fassung von Art. 172, aber auch die deutsche Version von Art. 25 der VO Nr. 11 vom 27. 6. 1960[3] den allgemeinen Begriff »Sanktionen« verwenden.

7 b) Die Sanktionen, von denen Art. 172 handelt, haben keinen strafrechtlichen Charakter, sondern gehören dem Recht der Ordnungswidrigkeiten an. Das ergibt sich schon daraus, daß der EWGV selbst unmittelbar keine Sanktionen androht, sondern lediglich den Rat ermächtigt, in den von ihm zu erlassenden Verordnungen derartige Maßnahmen vorzusehen (vgl. außer Art. 172 auch Art. 87 Nr. 2 Buchst. a); es kann aber

2 So unterliegen die im Verfahren »de pleine juridiction« erhobenen Klagen in der Regel dem Anwaltszwang (*Malville,* Les recours devant le Conseil d'Etat, Juris-classeur administratif 1969, fasc. 619, S. 8), während es im Gemeinschaftsrecht für diese Frage nicht auf die Klageart, sondern darauf ankommt, welcher Personengruppe die betroffene Partei angehört (Art. 17 EWG-Satzung); der französische Richter pflegt nur im Verfahren »de pleine juridiction« die unterlegene Partei in die Kosten zu verurteilen (*Malville,* a. a. O., S. 9), während der EuGH dies grundsätzlich stets zu tun hat (Art. 69 § 2 Abs. 1 VerfO); usw.

3 ABl. 1960 S. 1121.

nicht angenommen werden, daß die Vertragschließenden die Ausübung einer so wesentlichen Befugnis wie sie die Androhung echter Kriminalstrafen darstellen würde, einem Organ überlassen hätten, das weder ein Parlament ist noch von einem Parlament kontrolliert wird. Im übrigen betreffen die Verstöße, deretwegen Sanktionen in Betracht kommen, wirtschaftsrechtliche Normen, bei deren Verletzung den Beteiligten in der Regel das sittliche Unrechtsbewußtsein fehlen wird. Nicht ethische Werte, sondern ordnungspolitische Zielvorstellungen sind die geschützten Rechtsgüter.

8 c) Zwangsmaßnahmen i. S. von Art. 172 können nur gegen Privatpersonen verhängt werden; für den Fall, daß Mitgliedstaaten gegen das Gemeinschaftsrecht verstoßen, sehen Art. 169 ff. ein besonderes Verfahren vor.

9 5. Abgesehen von den aufgrund von Art. 172 erlassenen Vorschriften sieht das Gemeinschaftsrecht wörtlich oder der Sache nach eine »compétence de pleine juridiction« noch in anderen Fällen vor: vgl. Art. 37, Art. 88 Abs. 2 und 4 EGKSV; Art. 22 Abs. 3, Art. 91 Abs. 1 Satz 2 EurBSt.

III. Inhalt und Grenzen der Befugnisse, die dem EuGH nach Artikel 172 verliehen werden können

10 Die Erweiterung der richterlichen Befugnisse, die der »contentieux de pleine juridiction« mit sich bringt, vollzieht sich auf zwei Ebenen: erweiterte Entscheidungsbefugnis und, als Voraussetzung hierfür, erweitertes Nachprüfungsrecht.[4]

1. Entscheidungsbefugnisse

11 a) Wie bereits hervorgehoben, sind die von der Verwaltung verhängten Sanktionen »Entscheidungen« im Sinne von Art. 189, gegen die normalerweise nur die Nichtigkeitsklage gemäß Art. 173 gegeben wäre; der Urteilstenor könnte hiernach nur auf Abweisung der Klage oder auf Nichtigerklärung lauten. Art. 172 schafft die Möglichkeit, dem EuGH überdies die Kompetenz zur *Änderung* von Sanktionsentscheidungen zu übertragen, wie sich aus dem deutschen Text wörtlich, aus den anderen sinngemäß ergibt.

Die Gemeinschaftspraxis bestätigt diese Auffassung:

- So stellt Art. 17 der (Wettbewerbs-)VO Nr. 17[5] fest, daß der EuGH die aufgrund dieser Verordnung festgesetzten Geldbußen und Zwangsgelder »aufheben, herabsetzen oder erhöhen« kann. Hervorgehoben zu werden verdient, daß die französische Fassung dieses Artikels zunächst den Begriff »pleine juridiction au sens de l'article 172 du traité« verwendet und durch die nachfolgende Aufzählung der Entscheidungsmög-

4 Vgl. *Plouvier,* a. a. O., S. 366.
5 ABl. 1962 S. 204.

lichkeiten (»elle« – d. h.: la Cour – »peut supprimer, réduire ou majorer l'amende ou l'astreinte infligée«) zu erkennen gibt, was unter »pleine juridiction« zu verstehen sei.

- Der EuGH hat dementsprechend mehrfach Geldbußen, welche die Kommission wegen Verstößen gegen das EWG-Wettbewerbsrecht verhängt hatte, herabgesetzt.[6] In einer das EGKS-Recht betreffenden Sache hat er ausdrücklich festgestellt, daß die »pleine juridiction« die Befugnis zur Änderung der angefochtenen Entscheidung in sich schließe;[7] wieder in einer anderen EGKS-Sache hat er die Fristen, nach deren Ablauf die festgesetzten Zwangsgelder wirksam wurden, zugunsten der Betroffenen verlängert.[8]

12 b) Problematisch erscheint, ob dem EuGH nach Art. 172 auch die Befugnis zur reformatio in peius (insbsondere zur Erhöhung der von der Kommission verhängten Geldbußen und Zwangsgelder) verliehen werden kann. Diese u. a. von GA *Mayras*[9] vertretene Auffassung, von der auch der Rat in dem bereits zitierten Art. 17 der VO Nr. 17 ausgegangen ist, findet sicherlich eine Stütze im deutschen Wortlaut von Art. 172, der allgemein von »Änderung« spricht, und scheint auch im Einklang mit dem Sinn einer »pleine juridiction« zu stehen.

Der EuGH hat sich, soweit ersichtlich, zu der Frage bisher nicht geäußert,[10] in der Praxis jedoch bisher Änderungen von Zwangsmaßnahmen stets nur *zugunsten* der Betroffenen vorgenommen.

Der Annahme einer »Verböserungsbefugnis« stehen schwerwiegende Bedenken entgegen:

- Mit der Verschärfung einer Zwangsmaßnahme würde der EuGH ultra petita gehen. Der Kläger wird sie selbstverständlich nicht beantragen; aber auch die beklagte Verwaltung, die ja den von ihr erlassenen Akt zu verteidigen hat, wird kein Interesse daran haben (und zugebilligt erhalten können), die Änderung dieses Aktes zu beantragen und damit gegen sich selbst zu plädieren.

- Ohne den Ergebnissen einer vollständigen rechtsvergleichenden Umschau vorzugrei-

6 Vgl. etwa EuGH – Chemiefarma/Kommission, 41/69 – Slg. 1970, 705 (Punkt 3 des Tenors); Hoffmann-La Roche/Kommission, 85/76, Slg. 1979, 558.

7 EuGH – A. L. M. A./Hohe Behörde, 8/56 – Slg. 1957, 202.

8 EuGH – Acciaierie San Michele u. a./Hohe Behörde, 2–10/63 – Slg. 1963, 744 f.

9 Slg. 1975, 1391.

10 Einen gewissen Anhaltspunkt für die im folgenden vertretene Auffassung könnte jedoch EuGH – A. L. M. A./Hohe Behörde, 8/56 – Slg. 1957, 202 bieten, wo (zum EGKS-Recht) ausgeführt wird: »Der Gerichtshof wäre im übrigen selbst dann, wenn ein solcher Antrag« – nämlich auf Herabsetzung der Buße – »nicht ausdrücklich gestellt sein sollte, ermächtigt, eine unangemessen hohe Geldbuße herabzusetzen; eine solche Entscheidung würde nicht über die gestellten Anträge hinausgehen, sondern liefe vielmehr darauf hinaus, daß der Klage teilweise stattgegeben würde«.

fen, kann doch gesagt werden, daß heutiges Rechtsdenken der reformatio in peius nicht unbedingt positiv gegenübersteht, jedenfalls die Möglichkeit eines solches Vorgehens nicht als selbstverständlich ansieht.[11]

13 c) Folgt man der deutschen Fassung von Art. 172, so könnte der Rat dem EuGH auch die Befugnis übertragen, Zwangsmaßnahmen zu »verhängen«. Eine solche Befugnis hätte zur Voraussetzung, daß die Exekutive – praktisch die Kommission – eine solche Maßnahme nicht selbst treffen dürfte, sondern beim EuGH gegen den eventuellen Delinquenten auf Verhängung einer Zwangsmaßnahme bestimmter Art und bestimmten Umfangs klagen müßte, also gewissermaßen die Rolle eines Staatsanwalts zu übernehmen hätte. Gegen eine solche Interpretation sprechen jedoch schwerwiegende Gründe:

- Die von Art. 172 ins Auge gefaßten Sanktionen heben lediglich ordnungspolitischen Charakter. Es liegt daher in ihrer Natur, daß sie vorbehaltlich ihrer Kontrolle durch den EuGH, von der Gemeinschafts*exekutive* zu verhängen sind.

- Die bisherige Ratspraxis zu Art. 172 geht ebenfalls von dieser Kompetenzverteilung aus.[12] Besonders bezeichnend ist Art. 17 VO Nr. 17 in seiner französischen Fassung: »La Cour de Justice statue avec compétence de pleine juridiction au sens de l'article 172 du traité sur les recours intentés contre les décisions par lesquelles la Commission fixe une amende ou une astreinte; elle peut supprimer, réduire ou majorer l'amende ou l'astreinte infligée.« Offenbar wurde der Begriff »pleine juridiction« hier so aufgefaßt, daß er Klagen der Kommission auf Verhängung einer Sanktion nicht einschließt.

- Die Verfasser der deutschen Version von Art. 91 Abs. 1 Satz 2 EurBSt haben »compétence de pleine juridiction« übersetzt mit »Befugnis zu unbeschränkter Ermessensnachprüfung einschließlich der Befugnis zur Aufhebung oder Änderung der getroffenen Maßnahmen«; davon, daß der EuGH auf eine Klage der Verwaltung hin eine Maßnahme gegen einen Bediensteten verhängen könnte, ist keine Rede.

14 d) Nach französischer Auffassung ist der mit einer »compétence de pleine juridiction« ausgestattete Richter nicht nur befugt, einen angefochtenen Akt zu ändern, sondern kann im Tenor seines Urteils auch sonstige Entscheidungen treffen, z. B. die Maßnahme der Verwaltung durch eine eigene ersetzen, bestehende Verpflichtungen feststellen, die Verwaltung zur Zahlung einer Geldsumme – insbesondere als Schadensersatz –

11 Vgl. z. B. § 72 Abs. 2 Satz 2 des deutschen Gesetzes über Ordnungswidrigkeiten vom 24. 5. 1968 (BGBl. I S. 481): »Das Gericht darf von der im Bußgeldentscheid getroffenen Entscheidung nicht zum Nachteil des Betroffenen abweichen«. § 331 StPO untersagt der Rechtsmittelinstanz, ein Strafurteil zum Nachteil des Angeklagten zu ändern, »wenn lediglich der Angeklagte, zu seinen Gunsten die Staatsanwaltschaft oder sein gesetzlicher Vertreter Berufung eingelegt hat« (was praktisch zugleich ein ultra-petita-Verbot impliziert!).

12 Siehe die bereits erwähnten VO.en Nr. 11 (Art. 17, 18, 25) und 17 (Art. 15 bis 17).

verurteilen usw.[13] Soweit für Entscheidungen dieser Art vorliegend ein Bedürfnis besteht, wird man grundsätzlich anzunehmen haben, daß der Rat dem EuGH entsprechende Befugnisse übertragen kann, z. B. die Befugnis, die Kommission zur Rückerstattung bereits gezahlter Geldbußen oder Zwangsgelder nebst Zinsen zu verurteilen oder die Frist, nach deren Ablauf die festgesetzten Zwangsgelder verwirkt sind, anders festzusetzen als es die Kommission getan hat,[14] unrichtige Feststellungen der Verwaltung im Urteilstenor richtigzustellen[15] usw. Allerdings dürfte Art. 172 keine Grundlage für Regelungen abgeben, welche die traditionelle Aufgabenverteilung zwischen Exekutive und dritter Gewalt geradezu auf den Kopf stellen würden.

15 e) Der »recours de pleine juridiction« ist, jedenfalls im Gemeinschaftsrecht, kein »aliud«, sondern ein »plus« gegenüber der Nichtigkeitsklage; der EuGH kann die angefochtene Entscheidung auch schlicht annulieren, und die Betroffenen können auch im Rahmen eines »recours de pleine juridiction« geltend machen, die Entscheidung sei rechtlich fehlerhaft.[16] Umgekehrt wird der EuGH eine Nichtigerklärung aber auch nur darauf stützen können, daß die Entscheidung mit einem oder mehreren der vier in Art. 173 aufgezählten Rechtsmängel behaftet sei; für außerrechtliche Erwägungen ist insoweit kein Raum. Diese können dagegen zum Zuge kommen, soweit der Kläger – ausschließlich oder hilfsweise – die Herabsetzung des Betrages der Busse oder des Zwangsgeldes beantragt.[17] Das bedeutet jedoch nicht, daß ein solcher Antrag nicht auch auf rein rechtliche Erwägungen gestützt werden könnte, z. B. darauf, daß die Kommission bei der Definition des vorwerfbaren Verhaltens teilweise von unrichtigen Tatsachen ausgegangen sei.[18]

2. Nachprüfungsbefugnisse

16 a) Die erweiterte Nachprüfungsbefugnis ist die notwendige Vorbedingung der erweiterten Entscheidungsbefugnis: die tatsächlichen Feststellungen, die zur Begründung eines im Rahmen der »pleine juridiction« ergangenen Urteils erforderlich sind, machen u. U. umfassendere Ermittlungen und Überlegungen nötig als die Feststellungen, die eine reine Nichtigerklärung stützen. Anders ausgedrückt: soweit ein Gericht ausnahmsweise Ermessens*entscheidungen* fällen kann, muß es auch die Ermessens*ausübung* der vorgeordneten Instanz (hier: der Kommission) uneingeschränkt kontrollieren, d. h.diese

13 *Odent,* Contentieux administratif, Paris 1970–71, S. 1033, 1041; *Bonneau,* Pouvoirs du juge, Juris-classeur administratif 1967, fasc. 632, S. 5.
14 Vgl. das oben Fn. 8 zitierte Urteil.
15 Vgl. z. B. EuGH – Chemiefarma/Kommission, 41/69 – Slg. 1970, 705; Buchler/Kommission, 44/69, Slg. 1970, 766; Boehringer/Kommission, 45/69, Slg. 1970, 813 (jeweils Punkt 2 des Tenors).
16 Vgl. EuGH – Acciaierie San Michele u. a./Hohe Behörde, 2 bis 10/63 – Slg. 1963, 739 ff.
17 Näheres unten Rn. 17.
18 Vgl. etwa EuGH – Hoffmann–La Roche/Kommission, 85/76 – Slg. 1979, 557 unter c).

Ausübung auch auf juristisch »an sich« irrelevante, weil Bereichen wie Zweckmäßigkeit, Billigkeit usw. angehörende Irrtümer untersuchen können.

17 b) Die Ratsverordnungen, welche Zwangsmaßnahmen vorsehen, können somit (und tun es auch) den EuGH ermächtigen, alle Tatsachen zu ermitteln (und zur Grundlage seines Urteils zu machen), welche die Entscheidung z. B. darüber ermöglichen:

- ob die Kommission die Schwere des Verstoßes richtig eingeschätzt hat;[19]
- ob die Geldbuße die wirtschaftliche Leistungsfähigkeit des gemaßregelten Unternehmens übersteigt;[20]
- ob die Sanktion in einem angemessenen Verhältnis zu den Folgen des Verstoßes steht;[21]
- wie schwer der Anteil des Klägers an einer gemeinschaftlich mit anderen Personen begangenen Zuwiderhandlung wiegt.[22]

In derartigen Fällen setzt der Richter sein Ermessen tatsächlich an die Stelle desjenigen der Kommission. Insofern ist es berechtigt, wenn Art. 172 den Ausdruck »unbeschränkte Ermessensnachprüfung« verwendet. Auch nach französischem Recht ist der »recours de pleine juridiction« u. a. dadurch gekennzeichnet, daß der Richter nicht nur die »légalité« der angegriffenen Maßnahme prüfen, sondern diese auch auf sonstige Mängel (»erreurs d'appréciation«) hin untersuchen kann.[23] Das gleiche gilt für die »competenza di merito« des italienischen Rechts; hier kontrolliert der Verwaltungsrichter außer der »legittimità« auch die Übereinstimmung des angefochtenen Aktes mit außerrechtlichen Kriterien wie »giudizi tecnici, valutazioni di equità e di opportunità amministrativa, apprezzamento di fatti suscettibili di varia valutazione tenuti presenti nel provedere«.[24]

Von selbst versteht sich, daß der EuGH bei der Bemessung der Sanktion nicht über ein weiteres Ermessen verfügt als die Verwaltung, sondern an die gleichen rechtlichen Schranken gebunden ist wie diese, also z. B. die Schwere des Verstoßes nicht unberücksichtigt lassen darf.

Soweit der EuGH die bloße Änderung der angefochtenen Sanktion erwägt, ist er ausnahmsweise befugt, seine wirtschaftlichen Prognosen an die Stelle derjenigen der Exekutive zu setzen, also z. B. sein Urteil auf die Feststellung zu stützen, die Kommission habe die mutmaßlichen Auswirkungen der Zuwiderhandlung auf das Marktgeschehen zu pessimistisch beurteilt. Allerdings ist anzunehmen, daß er sich in dieser Hinsicht freiwillig eine gewisse Zurückhaltung auferlegt; die Art. 173 zugrundeliegende ratio, daß die

19 Vgl. z. B. EuGH – Macchiorlatti Dalmas/Hohe Behörde, 1/59 – Slg. 1958 bis 59, 444 f.
20 Vgl. etwa EuGH – (gleiche Parteien), 21/64 – Slg. 1965, 262 f.
21 EuGH Rs. 1/59 a. a. O., S. 445.
22 Vgl. EuGH – Buchler/Kommission, 44/69 – Slg. 1970, 765.
23 *Odent,* (oben Fn. 13) S. 1271.
24 *Sandulli,* Manuale di diritto amministrativo, 10. Aufl., Neapel 1970, S. 796.

Kommission für ökonomische Vorausbeurteilungen besser gerüstet ist als ein Gericht, trifft naturgemäß auch hier zu.

Artikel 173 [Nichtigkeitsklage]

Der Gerichtshof überwacht die Rechtmäßigkeit des Handelns des Rates und der Kommission, soweit es sich nicht um Empfehlungen oder Stellungnahmen handelt. Zu diesem Zweck ist er für Klagen zuständig, die ein Mitgliedstaat, der Rat oder die Kommission wegen Unzuständigkeit, Verletzung wesentlicher Formvorschriften, Verletzung dieses Vertrags oder einer bei seiner Durchführung anzuwendenden Rechtsnorm oder wegen Ermessensmißbrauchs erhebt.

Jede natürliche oder juristische Person kann unter den gleichen Voraussetzungen gegen die an sie ergangenen Entscheidungen sowie gegen diejenigen Entscheidungen Klage erheben, die, obwohl sie als Verordnung oder als eine an eine andere Person gerichtete Entscheidung ergangen sind, sie unmittelbar und individuell betreffen.

Die in diesem Artikel vorgesehenen Klagen sind binnen zwei Monaten zu erheben; diese Frist läuft je nach Lage des Falles von der Bekanntgabe der betreffenden Handlung, ihrer Mitteilung an den Kläger oder in Ermangelung dessen von dem Zeitpunkt an, zu dem der Kläger von dieser Handlung Kenntnis erlangt hat.

Literaturhinweise

(Siehe auch die Hinweise zur Vorbemerkung zu den Artikeln 164 bis 188)

Bandilla, Rüdiger, Das Klagerecht der Mitgliedstaaten der Europäischen Gemeinschaften gegen Durchgriffsakte, Hamburg 1965

Bebr, Gerhard, La Cour de Justice: recours en annulation et en carence, in: Les Novelles: Droit des Communautés européennes, Brüssel 1969, S. 309–331

Bleckmann, Albert, Zum Ermessensmißbrauch im europäischen Gemeinschaftsrecht, in: Festschrift zum 70. Geburtstag von Hans Kutscher, Baden-Baden 1981, S. 25–41

Catalano, Nicola, Les voies de recours ouvertes aux personnes physiques ou morales contre les actes non réglementaires de la Commission C. E. E., in: SEW 1965, S. 526–566

Clever, Friedrich, Ermessensmißbrauch und détournement de pouvoir nach dem Recht der Europäischen Gemeinschaften im Licht der Rechtsprechung ihres Gerichtshofes, Berlin 1967

Daig, Hans-Wolfram, Zum Klagerecht von Privatpersonen nach Art. 173 Abs. 2 EWG –, 146 Abs. 2 EAG-Vertrag, in: Festschrift für Otto Riese, Karlsruhe 1964, S. 187–210

Fikentscher, Wolfgang – Hoffmann, Gerhard, Einfluß der Form eines Rechtsaktes der Europäischen Gemeinschaftsorgane auf den Rechtsschutz vor dem Gerichtshof der Europäischen Gemeinschaften, in: SEW 1964, S. 289–307

Fuß, Ernst-Werner, Klagebefugnis Privater gegen die an einen Mitgliedstaat gerichtete Entscheidung der EWG-Kommission – EuGHE XI, 547, in: JuS 1967, S. 552–561

Knöpfle, Robert, Das Klagerecht Privater vor dem Gerichtshof der Europäischen Gemeinschaften, in: NJW 1959, S. 553–556

Koch, Klaus, Die Klagebefugnis Privater gegenüber europäischen Entscheidungen gemäß Art. 173 Abs. 2 EWG-Vertrag, Frankfurt a. M. usw. 1981

Mathijsen, P. S. R. F., Nullité et annulabilité des actes des institutions européennes, in: Miscellanea W. J. Ganshof van der Meersch, Vol. I, Brüssel 1972

Mertens de Wilmars, J., Annulation et appréciation de validité dans le traité CEE: convergence ou divergence?, in: Festschrift zum 70. Geburtstag von Hans Kutscher, Baden-Baden 1981, S. 283–300

Migliazza, Alessandro, Azioni e provvedimenti di annulamento nel sistema della Corte di Giustizia delle Comunità Europee, in: Rivista trimestrale di diritto e procedura civile 1960, S. 1482–1552

Neri, Sergio, Le recours en annulation dans les Communautés européennes: rôle et limites, in: RMC 1967, S. 452–465

Poch, Peter, Das Klagerecht von Privatpersonen nach Art. 173 Abs. 2 EWGV, in: Probleme des europäischen Gemeinschaftsrechts, Wien 1976, S. 285–294

Rasquin, Gérard – Chevallier, Roger-Michel, L'article 173, alinéa 2 du traité C. E. E., in: RTDE 1966, S. 31–46

Rupprecht, Wilfried, Die Nachprüfungsbefugnis des Europäischen Gerichtshofes gegenüber Ermessenshandlungen der Exekutive in der Montanunion und der Europäischen Wirtschaftsgemeinschaft, Wilhelmshaven 1963

Schwarze, Jürgen, Rechtsschutz Privater gegenüber normativen Rechtsakten im Recht der EWG, in: Festschrift für Hans-Jürgen Schlochauer, Berlin usw. 1981, S. 927–946

Steindorff, E., Die Nichtigkeitsklage in den Verträgen der Europäischen Gemeinschaften, in: De individuele rechtsbescherming in de Europese Gemeenschappen, Antwerpen usw. 1967, S. 50–67

Valentine, D. G., The Jurisdiction of the Court of Justice of the European Communities to Annul Executive Action, in: British Yearbook of International Law 1960, S. 174–222

Wegmann, Manfred, Die Nichtigkeitsklage gegen Normativakte der Europäischen Gemeinschaften, Berlin 1976

Wolters, Adrien, Les recours en annulation devant la Cour de Justice des Communautés européennes, in: Revue de droit international et de droit comparé 1960, S. 165–184

Inhaltsübersicht

I. Vergleich mit EAG- und EGKS-Recht

Während Art. 146 EAGV wörtlich mit Art. 173 EWGV übereinstimmt, ergeben sich gegenüber dem EGKSV teils äußerliche, teils substantielle Unterschiede.

1. Aktivlegitimation

1 Soweit es sich um Klagen gegen die *Kommission* (Hohe Behörde) handelt, können sie nach EGKS- wie nach EWG-Recht vom Rat und von den Mitgliedstaaten erhoben werden. Der Kreis der übrigen Klageberechtigten ist dagegen unterschiedlich umschrieben: Art. 33 EGKSV nennt ausschließlich Unternehmen und Unternehmensverbände, während Art. 173 EWGV von »natürlichen und juristischen Personen« spricht. Nach den bisherigen Erfahrungen läßt sich freilich nicht sagen, daß die Aktivlegitimation durch diese allgemeine Formulierung praktisch erweitert worden wäre. Vielmehr gestattet der gegenwärtige Stand des EWG-Rechts die Behauptung, daß hier wie im EGKS-Recht aus dem Kreis der »Privaten« praktisch nur Unternehmen und Unternehmensverbände von den Entscheidungen der Kommission in einer Weise betroffen werden können, die ein Klagerecht auslöst. Theoretisch kann allerdings nicht ausgeschlossen werden – dies dürfte einer der Gründe für die abweichende Terminologie in Art. 173 sein –, daß Durchführungsvorschriften zum EWGV auch sonstige Privatpersonen in die Rolle des Adressaten eines Aktes der Kommission oder des von einem solchen Akt »unmittelbar und individuell« Betroffenen versetzen. Im übrigen stellt die Begriffsbestimmung des EWG-Rechts klar, daß nur derjenige als Kläger auftreten darf, der nach den Bestimmungen seines Heimatstaates rechts- oder jedenfalls parteifähig ist.

Klagen gegen den *Rat* können nach EGKS-Recht nur von den Mitgliedstaaten und der Kommission erhoben werden, gemäß Art. 173 dagegen auch von (sonstigen) »natürlichen und juristischen Personen«. Auch insofern fällt freilich der Unterschied zwischen beiden Verträgen praktisch nicht sonderlich ins Gewicht, da sich die für den EWG-Bereich erlassenen rechtlich bindenden Verlautbarungen des Rates in der Regel als Verordnungen oder Richtlinien darstellen und deswegen Klagen von Privaten grundsätzlich nicht zugänglich sind.

2. Passivlegitimation

2 Art. 38 EGKSV gewährt die Nichtigkeitsklage auch gegen die Beschlüsse des Europäischen Parlaments; gemäß Art. 173 EWGV können dagegen nur Rat oder Kommission beklagte Partei sein.

3. Natur der anfechtbaren Akte

3 Soweit sich die Nichtigkeitsklage gegen Maßnahmen der *Kommission* richtet, müssen diese sich nach EGKS-Recht als allgemeine Entscheidungen, individuelle Entscheidungen oder »Empfehlungen« darstellen (in der Sprache des EWGV also als Verordnungen, Entscheidungen oder Richtlinien). Art. 173 nimmt dagegen ganz allgemein auf das »Handeln« der Kommission Bezug und ermöglicht damit Nichtigkeitsklagen auch wegen solcher rechtlich bindender Akte, die sich unter keine dieser Kategorien subsumieren lassen.

Was die Klagen gegen den *Rat* betrifft, so stimmen beide Verträge insofern überein, als sowohl der Begriff »Beschlüsse« (Art. 38 EGKSV) als auch der Ausdruck »Handeln« (Art. 173 EWGV) offenbar sämtliche rechtlich bindenden Maßnahmen des Rates decken sollen.

4. Klagegründe

4 Wer gegen die *Kommission* klagt, kann sowohl nach EGKS- als auch nach EWG-Recht sämtliche überhaupt in Betracht kommenden Klagegründe geltend machen, nämlich Unzuständigkeit, Verletzung wesentlicher Formvorschriften, Verletzung des Vertrges oder einer bei seiner Durchführung anzuwendenden Rechtsnorm, Ermessensmißbrauch. (Eine Ausnahme gilt lediglich bei Klagen von Privaten wegen »allgemeiner Entscheidungen« des EGKS-Rechts.[1]) Dies trifft auch für Klagen gegen den *Rat* nach EWG-Recht zu, während Art. 38 EGKSV hier nur die Berufung auf Unzuständigkeit oder Verletzung wesentlicher Formvorschriften zuläßt.

5. Einschränkungen des Klagerechts der Privaten

5 Beide Rechtsordnungen schränken die Klagebefugnis der Privatpersonen gegenüber derjenigen der Mitgliedstaaten und der Gemeinschaftsorgane erheblich ein; die für diese Begrenzung maßgebenden Gesichtspunkte weisen jedoch eine Reihe z. T. praktisch erheblicher Unterschiede auf:

a) Nur nach EWG-Recht steht den Privaten die Nichtigkeitsklage gegen den Rat zu.[2]

1 Siehe unten Rn. 6.
2 Siehe oben Rn. 2.

6 b) »Allgemeine Entscheidungen« der Kommission können gemäß Art. 33 Abs. 2 EGKSV von Privatpersonen nur dann erfolgreich angefochten werden, wenn sie »ihnen gegenüber einen Ermessensmißbrauch darstellen«. Seinem Wortlaut nach ist Art. 173 Abs. 2 EWGV noch einschränkender: »natürliche und juristische Personen« haben, wie es scheint, gegen Verordnungen überhaupt kein Klagerecht; sie können lediglich eine »als Verordnung ergangene« 'Entscheidung angreifen, die sie unmittelbar und individuell betrifft.

Bei näherem Zusehen erweist sich freilich, daß das EWG-Recht eher großzügiger ist als das EGKS-Recht. Wie die Praxis gezeigt hat, setzt die zitierte Vorschrift des Montanvertrages kaum überwindbare Schranken, weil sie die drei anderen sonst anerkannten Klagegründe (Unzuständigkeit, Formverletzung, Verletzung des Vertrages) ausschaltet[3] und nur Ermessensmißbrauch gelten läßt, also einen Tatbestand der Fehlerhaftigkeit, der – jedenfalls im Gemeinschaftsrecht – ein besonders enges Anwendungsfeld hat und in der Regel am schwersten zu beweisen ist. Eine zusätzliche Beschränkung ergibt sich daraus, daß der Ermessensmißbrauch gerade »gegenüber« dem Kläger begangen worden sein muß; dies wird vielfach dahin gedeutet, daß Art. 33 Abs. 2 nur zum Zuge komme, wenn die Hohe Behörde (Kommission) das unzulässige Ziel verfolgt habe, gerade dem Kläger einen Nachteil zuzufügen, es sich also im Grunde um eine getarnte individuelle Entscheidung handele. Dieser Sachverhalt würde nach EWG-Recht unter den Tatbestand der »als Verordnung ergangenen«, den Kläger unmittelbar und individuell betreffenden Entscheidung fallen und somit hier ebenfalls ein Klagerecht auslösen. Ein solches Recht entsteht bei richtiger Auslegung von Art. 173 überdies aber auch dann, wenn der als »Verordnung« deklarierte Akt gar nicht auf den einzelnen Marktbürger »zielte« (also nicht mit Ermessensmißbrauch behaftet ist), sondern sich lediglich bei objektiver Analyse ergibt, daß dieser Bürger von dem Akt, oder von einzelnen seiner Bestimmungen, individuell und unmittelbar betroffen ist.[4] Folgerichtig gestattet Art. 173 dem Kläger auch bei der Anfechtung von Pseudoverordnungen die Berufung auf *alle* vier Klagegründe des Gemeinschaftsrechts.

7 c) Inhaltlich ungünstiger als im Montanrecht ist dagegen die Lage desjenigen, der einen Individualakt anfechten will. Wie sich aus dem – bei Abweichungen den Ausschlag gebenden – französischen Text von Art. 33 Abs. 2 EGKSV ergibt, der von »décisions individuelles les concernant« spricht, hängt das Klagerecht der Unternehmen und Verbände gegen diese Entscheidungen nur davon ab, ob der private Kläger von der Entscheidung *überhaupt* betroffen ist. Die deutsche Übersetzung (» . . . gegen die sie individuell betreffenden Entscheidungen . . . «) ist falsch, da es im Gegensatz zu Art. 173 Abs. 2 EWGV nur auf die individuelle Natur *des Rechtsaktes,* nicht auf diejenige *des Betroffenseins* ankommt. Ein weiterer Unterschied liegt darin, daß der EWGV überdies

3 EuGH – Fédération Charbonnière/Hohe Behörde, 8/55 – Slg. 1955 bis 56, 226.
4 Siehe auch unten Rn. 43 ff.

ein unmittelbares Betroffensein fordert, während dem EGKSV diese Voraussetzung fremd ist.

Richtet sich die »individuelle Entscheidung« des EGKS-Rechts oder ihr Pendant, die »Entscheidung« des EWG-Rechts, direkt an einen Privaten, so sind die Rechtsfolgen in beiden Verträgen gleich: der Betroffene hat ein Klagerecht. Dagegen divergieren die Lösungen für den Fall, daß ein Privater einen individuellen Rechtsakt angreifen will, der sich an eine andere Person wendet. Das EGKS-Recht öffnet hier die Pforten viel weiter, da es sich damit begnügt, daß der Kläger durch die Entscheidung irgendwie in seinen Rechten oder Interessen beeinträchtigt wird oder werden kann, ohne danach zu fragen, ob die Beeinträchtigung durch den Erlaß der Entscheidung unmittelbar eingetreten ist und ob sie den Kläger speziell oder lediglich in seiner Eigenschaft als Angehöriger einer bestimmten Gruppe trifft. Dementsprechend hat der EuGH der Klage eines niederländischen Bergbauunternehmens wegen der Weigerung der Hohen Behörde stattgegeben, gegen die Bundesrepublik Deutschland wegen der Einführung und Aufrechterhaltung einer verbotenen Subventionierung des deutschen Bergbaus vorzugehen,[5] im EWG-Bereich würde eine vergleichbare Klage schon daran scheitern, daß der Kläger nicht individuell betroffen ist, sondern als einer von mehreren im Wettbewerb mit den Begünstigten stehenden Produzenten.

6. Umfang des Nachprüfungsrechts

8 a) Art. 33 Abs. 1 EGKSV enthält folgende Bestimmung:

»Die Nachprüfung des Gerichtshofes darf sich jedoch nicht auf die Würdigung der aus den wirtschaftlichen Tatsachen oder Umständen sich ergebenden Gesamtlage erstrecken, die zu den angefochtenen Entscheidungen oder Empfehlungen geführt hat, es sei denn, daß der Kommission zum Vorwurf gemacht wird, sie habe ihr Ermessen mißbraucht oder die Bestimmungen des Vertrages oder irgendeiner bei seiner Durchführung anzuwendenden Rechtsnorm offensichtlich verkannt.« In Art. 173 EWGV fehlt eine entsprechende Vorschrift.

Das Schweigen des EWGV ist kein Redaktionsversehen, sondern hat seine Gründe und Folgen. Um diesbezüglich Klarheit zu erlangen, bedarf es zunächst der Ermittlung des Sinns der zitierten Vorschrift.

9 b) Daß der EuGH jene »Würdigung« nicht »nachprüfen« kann, besagt in verständlicherer Ausdrucksweise, daß er nicht die Gleichung aufstellen darf: falsche »Würdigung« = Rechtswidrigkeit. Er darf also nicht eine von ihm vorgenommene Beurteilung an die Stelle derjenigen setzen, welche der Rat oder die Kommission vorgenommen hat, sondern hat diese Beurteilung als *rechtlich* korrekt hinzunehmen. Aber welchen Gegenstand haben diese vom Richter zu akzeptierenden »Würdigungen«? Art. 33 Abs. 1

5 Gezamenlijke Steenkolenmijnen/Hohe Behörde, 30/59 – Slg. 1961, 38 f.

EGKSV gibt die Antwort: die sich »aus den wirtschaftlichen Tatsachen oder Umständen ergebende Gesamtlage, die zu den angefochtenen Entscheidungen oder Empfehlungen geführt hat«. »Gesamtlage« ist die sachlich durchaus treffende Übersetzung des französischen Wortes »situation«. Der Richter hat sehr wohl zu prüfen, ob die *einzelnen* »Tatsachen« oder »Umstände«, die von dem beklagten Organ als feststehend angenommen wurden, der Realität entsprechen. Ebensowenig kann es ihm grundsätzlich verwehrt sein, der Frage nachzugehen, ob die »Tatsachen« oder »Umstände« – zwischen beiden Begriffen gibt es keine scharfe Trennungslinie – korrekt unter die anzuwendende Norm subsumiert wurden. Nun ist aber jeder Wirtschaftsverwaltung die Aufgabe gestellt, aus einer Fülle von Einzeldaten im gegebenen Fall *zusammenfassende Schlüsse* zu ziehen und auf deren Grundlage lenkend und korrigierend in den Geschehensablauf einzugreifen. Diese Schlüsse stellen sich insbesondere als komplexe ökonomische Werturteile und noch häufiger als Prognosen dar.

Derartige »Gesamt«-Beurteilungen sollen aus zwei Gründen dem Interventionsorgan vorbehalten bleiben: erstens ist dieses nach der Vorbildung seiner Mitglieder, nach der beruflichen Ausrichtung seines Personals und auf Grund des ihm zur Verfügung stehenden Apparats hierzu im allgemeinen befähigter als ein Gericht; zweitens wäre der auch das Gemeinschaftsrecht beherrschende Grundsatz der Gewaltenteilung aufgehoben, wenn der EuGH in breitestem Umfang als »höhere Instanz« gegenüber der Wirtschaftsverwaltung zu fungieren hätte.

Der EGKSV hat damit das aus dem deutschen Verwaltungsrecht bekannte Problem der »unbestimmten Rechtsbegriffe« (besser: »Gesetzesbegriffe«) dahin entschieden, daß die Aufnahme eines Begriffes in das positive Gemeinschaftsrecht *nicht* ipso facto bedeutet, der EuGH habe die Subsumierung wirtschaftlicher Sachverhalte unter diesen Begriff in vollem Umfang zu kontrollieren. Die Grenze zwischen der bloßen Tatsachensubsumtion und der »Würdigung einer Gesamtlage« wird mitunter nicht ganz leicht zu ziehen sein; im großen und ganzen dürfte das Fingerspitzengefühl jedoch den richtigen Weg weisen.

Art. 33 Abs. 1 EGKSV gewährt dem EuGH weitergehende Befugnisse für den Fall, daß über den Vorwurf des Ermessensmißbrauchs oder der »offensichtlichen« Vertragsverletzung zu entscheiden ist. Diese Ausnahmeregelung darf nicht so verstanden werden, als ob die bloße Geltendmachung einer derartigen Rüge den EuGH ermächtigte oder gar verpflichtete, die angefochtene Maßnahme ohne jede Einschränkung auf ihre ökonomische »Richtigkeit« hin zu untersuchen. Vielmehr dürften folgende Überlegungen ausschlaggebend gewesen sein:

– Ermessensmißbrauch liegt vor, wenn die Verwaltung ein anderes Ziel verfolgt hat als dasjenige, das sie anzustreben gehalten war. Ein Indiz für ein solches »détournement de pouvoir« kann insbesondere darin zu finden sein, daß die Verwaltung ökonomische »Würdigungen« (Wertungen, Prognosen, Wahl des Mittels usw.) angestellt hat, die zwar zu dem legitimen Ziel nicht passen, wohl aber zu der vom Kläger behaupteten illegitimen Zwecksetzung. Soweit – und nur soweit – eine kritische Überprüfung jener Würdigungen notwendig ist, um die Begründetheit oder Unbegründetheit der Rüge feststellen zu können, muß der EuGH im Interesse eines ordnungsmäßigen und vollständigen Rechtsschutzes hierzu befugt sein.

– Was die »offensichtliche« Verletzung des Gemeinschaftsrechts betrifft, so ist damit der Fall gemeint, daß die betroffene Norm zwar der Hohen Behörde (Kommission) einen gerichtsfreien Beurteilungs- oder Handlungsspielraum gewährt, dieser aber so eindeutig überschritten wurde, daß es für eine entsprechende Feststellung keines gesteigerten ökonomischen Sachverstandes bedarf. Unzweckmäßigkeit oder »Erstaunlichkeit« steigern sich hier zur Rechtswidrigkeit, die z. B. darin liegen kann, daß die beanstandete Maßnahme gegen die Logik verstößt, allgemeine Erfahrungssätze mißachtet, grob unbillig ist oder einen »unbestimmten« Begriff auf Fälle anwendet, für die er »offensichtlich« nicht gedacht war.

10 c) Aus der Nichtaufnahme des eingangs zitierten Satzes in den EWGV kann nicht gefolgert werden, daß all diese Überlegungen – die sich z. T. ohnedies aus der Natur der Sache ergeben – vorliegend keine Gültigkeit beanspruchen könnten; dies umso weniger als Art. 173 EWGV betont, der EuGH habe (nur) die *Rechtmäßigkeit* des Handelns von Rat und Kommission zu überwachen, und somit in Erinnerung ruft, daß er auch im EWG-Bereich nur der Hüter des *Rechts* sein soll, nicht derjenige der Zweckmäßigkeit oder der ökonomischen Richtigkeit. Dementsprechend hat die Rechtsprechung auch für die EWG anerkannt, daß »die Kommission bei der Wahrnehmung ihrer Aufgaben zu schwierigen Wertungen wirtschaftlicher Sachverhalte gezwungen [ist]. Die gerichtliche Nachprüfung dieser Wertungen muß dem Rechnung tragen und sich deshalb auf die Richtigkeit der ihnen zugrundeliegenden Tatsachen und deren Subsumtion unter die Begriffe des geltenden Rechts beschränken. Sie hat sich in erster Linie auf die Begründung der Entscheidungen zu erstrecken, aus der hervorgehen muß, auf welche Tatsachen und Erwägungen sich jene Wertungen stützen.«[6] Ein anderes Urteil hebt den »weiten Entscheidungsspielraum« der Kommission hervor, von dem allerdings »nach Maßgabe der Gemeinschaftsziele Gebrauch zu machen« sei.[7]

In jüngerer Zeit hat sich die Formel eingebürgert, daß die Exekutive bei der Beurteilung eines komplexen wirtschaftlichen Sachverhalts über einen weiten Ermessensspielraum verfüge und der Richter insoweit nur nachprüfen könne, ob das handelnde Organ keinen offensichtlichen Irrtum oder Ermessensmißbrauch begangen oder die Grenzen jenes Spielraums offensichtlich überschritten habe.[8]

6 EuGH – Grundig und Consten/Kommission, 56 und 58/64 – Slg. 1966, 396.
7 EuGH – Italien/Kommission, 1/69 – Slg. 1969, 284.
8 Vgl. etwa EuGH – Balkan-Import-Export/Hauptzollamt, 55/75 – Slg. 1976, 30; ähnlich schon EuGH – Deuka/Einfuhr- und Vorratsstelle, 5/75 – Slg. 1975, 770. Insbesondere sind der Überprüfbarkeit dadurch Grenzen gesetzt, daß es nicht Sache des EuGH sein kann, wirtschaftliche Prognosen aufzustellen: GA *Warner,* Slg. 1975, 558.

Der Unterschied gegenüber Art. 33 Abs. 1 EGKSV sollte nach alledem nicht überschätzt werden. Er liegt vor allem darin, daß der EuGH nicht gezwungen ist, mit dem zu subtilen Auslegungsbemühungen nötigenden Begriff der »Würdigung der aus den wirtschaftlichen Tatsachen oder Umständen sich ergebenden Gesamtlage« zu operieren, sondern – im Rahmen des richterlichen Takts und der allgemein anerkannten Aufgabenteilung zwischen Exekutive und Rechtsprechung – frei ist, wo er die Scheidelinie zwischen überprüfbaren und unüberprüfbaren Entscheidungselementen ziehen will. Diese Grenzziehung wird weiterhin nicht mehr abstrakt-generell davon abhängig gemacht, welcher Angriffsmittel sich der Kläger bedient, wodurch die sachgemäßere Berücksichtigung des jeweiligen Einzelfalls ermöglicht wird. Schließlich hängt der Umfang der Kontrollbefugnis des Gerichtshofes nicht mehr davon ab, ob der Kläger sich auf schlichte oder auf »offensichtliche« Vertragsverletzung beruft; auch dies ist zu begrüßen, da Anfechtungskläger ohnedies dahin tendieren, die von ihnen angeführten Rechtswidrigkeiten als »offensichtlich« hinzustellen.

II. Allgemeines zu Artikel 173

11 Die in Art. 173 vorgesehenen Klagen zielen, wie sich aus Art. 174 ergibt, auf die Nichtigerklärung der betroffenen Handlung. Sie werden daher am besten als »Nichtigkeitsklagen« bezeichnet; dementsprechend lautet der gängige französische Ausdruck »recours en annulation«. Die verschiedentlich begegnenden Bezeichnungen »Anfechtungsklage« und »Aufhebungsklage« sind jedoch ebenfalls als korrekt anzuerkennen.

Die Nichtigkeitsklage ist eine Gestaltungs-, keine Feststellungsklage. Das ihr stattgebende Urteil konstatiert nicht eine ohnedies bestehende »Nichtigkeit«, sondern beseitigt – ex tunc – die Geltung, die auch einem rechtswidrigen Akt zukommt, solange und soweit er nicht von seinem Urheber oder vom EuGH aus der Welt geschafft wurde. Der Klageantrag hat deshalb dahin zu lauten, der EuGH möge den angefochtenen Rechtsakt für nichtig erklären (oder: aufheben).

Theoretisch ist freilich im Gemeinschaftsrecht wie im nationalen Bereich ein Handeln denkbar, das sich zwar den Anschein eines Rechtsaktes gibt, aber so offensichtlich abwegig ist, daß es von vornherein kienen Gehorsam beanspruchen kann und daher als ipso facto nichtig (nicht lediglich als vernichtbar) angesehen werden muß. Praktisch hat sich jedoch ein solcher Fall im Gemeinschaftsrecht bisher nicht ergeben: auch künftig ist kaum mit seinem Eintreten zu rechnen. Daß das Gemeinschaftsrecht im Zweifel einen lediglich vernichtbaren, nicht einen schlechthin nichtigen Akt annimmt, unterstellt auch der EuGH.[9] Diese Auffassung kann sich im übrigen auf die ausdrückliche Aufnahme des Tatbestands der Unzuständigkeit in den Katalog der Rechtsmängel stützen, handelt es

9 Algera u. a./Gemeinsame Versammlung, 7/56 und 3 bis 7/57 – Slg. 1957, 126: der Erlaß eines Verwaltungsaktes begründe die Vermutung von dessen Gültigkeit.

sich hier doch um einen besonders schwerwiegenden und die Annahme der Nichtigkeit ab ovo eigentlich am ehesten nahelegenden Fehler.

III. Voraussetzungen für die Zulässigkeit der Klage

Die nachstehenden Ausführungen erheben keinen Anspruch auf Vollständigkeit, dürften aber die wesentlichen Zulässigkeitsvoraussetzungen erfassen.

1. Allgemeine Voraussetzungen

a) Aktivlegitimation

12 Der Kläger muß ein Mitgliedstaat, der Rat, die Kommission oder eine »natürliche oder juristische Person« sein.[10] Unter »Mitgliedstaaten« sind die Signatarstaaten als Ganzes zu verstehen, nicht Gliedstaaten wie die deutschen Länder oder Körperschaften wie die italienischen Regionen;[11] diese können jedoch als »natürliche oder juristische Personen« i. S. von Art. 173 Klage erheben.

Eine gemeinschaftliche Klage mehrerer Personen ist zulässig, wenn sie gegen ein und dieselbe Maßnahme gerichtet ist oder wenn die Anträge inhaltsgleiche oder die Kläger in gleicher Weise betreffende Maßnahmen zum Gegenstand haben.[12]

b) Passivlegitimation

13 aa) Nach dem Wortlaut von Art. 173 kommen als Beklagte nur der Rat oder die Kommission in Betracht, nicht also das Europäische Parlament, der EuGH und die im Vertrag vorgesehenen oder auf seiner Grundlage geschaffenen Hilfsorgane (Wirtschafts- und Sozialausschuß usw.); anders verhält es sich bei dienstrechtlichen Klagen gemäß Art. 179.

Im Zeitpunkt des Abschlusses dieses Beitrags waren beim EuGH zwei gegen das Parlament gerichtete Nichtigkeitsklagen anhängig.[13] Nach den vorliegenden Informationen ist die Klage des Großherzogtums Luxemburg in erster Linie auf Art. 38 EGKSV gestützt, der es den Mitgliedstaaten eindeutig gestattet, »die Beschlüsse der Versammlung« anzufechten; nur hilfsweise beruft sich die Klägerin auf Art. 173 EWGV, Art. 146

10 Siehe zu diesem Begriff unten Rn. 32 und 33.
11 *Tizzano* in: *Quadri* u. a., a. a. O. (Allg. Literaturverzeichnis), Anm. 15 zu Art. 173.
12 EuGH – Filippo u. a./Kommission, 28 und 19/64 – Slg. 1965, 1045.
13 Großherzogtum Luxemburg/Europäisches Parlament, Rs. 230/81, eingegangen am 7. 8. 1981 (»Sitzstreit«); Rat/Europäisches Parlament, Rs. 72/82, eingegangen am 19. 2. 1982 (»Haushaltsstreit«).
Vgl. zu den oben bezeichneten Fragen auch *Pescatore,* Reconnaissance et contrôle judiciaire des actes du Parlement européen, in: RTDE 1978, S. 581–594.

EAGV. Der Rat stützt dagegen seine Klage von vornherein auf die letztgenannten Artikel und macht insbesondere geltend: die Nichterwähnung des Parlaments in diesen Vorschriften erkläre sich dadurch, daß dem Parlament ursprünglich keine Befugnisse zur Vornahme von Rechtshandlungen zugestanden hätten; nunmehr jedoch verfüge es über solche – haushaltsrechtliche – Befugnisse (vgl. Art. 203 EWGV, Art. 177 EAGV, Art. 78 EGKSV, jeweils in ihrer gegenwärtigen Fassung); es gehe aber nicht an, die Rechtshandlungen des Parlaments gegenüber denjenigen des Rates und der Kommission dadurch zu privilegieren, daß man sie der gerichtlichen Kontrolle entziehe.

Da die hier aufgeworfenen Fragen sub iudice stehen, wird auf eine eigene Stellungnahme verzichtet.

13a bb) Die Klage ist gegen dasjenige Organ zu richten, das die beanstandete Maßnahme getroffen hat und daher in erster Linie für sie verantwortlich ist. Hat also z. B. der Rat entsprechend dem Vorschlag der Kommission eine Verordnung erlassen, so kann nur er, nicht zugleich die Kommission, verklagt werden.

13b cc) Eine Nichtigkeitsklage kann u. U. auch dann erhoben werden, wenn die in Betracht kommende Maßnahme nicht von den Mitgliedern des Rates oder der Kommission selbst beschlossen wurde, sondern von einer untergeordneten Stelle, etwa einer Generaldirektion. In einem solchen Fall ist zwar die Möglichkeit gegeben, daß die Maßnahme schon deshalb fehlerhaft ist, weil diese Stelle keine oder keine so weitgehende Entscheidungsvollmacht hatte, oder weil ihr eine solche Vollmacht zu Unrecht übertragen wurde. Diese Mängel stehen jedoch für sich allein nicht der Annahme entgegen, daß im Rechtssinne ein »Handeln« des betroffenen Organs vorliegt;[14] letzteres ist vielmehr dann durchaus der Fall, wenn jene Stelle nach objektiver Auslegung den Willen hatte, einen verbindlichen Akt zu erlassen, und wenn der Adressat den Eindruck haben mußte, der Urheber habe im Einverständnis mit dem eigentlich zuständigen Organ gehandelt oder dieses habe sich den Akt nachträglich zu eigen gemacht.

c) Natur des angefochtenen Aktes

14 aa) Die angefochtene Verlautbarung muß sich als »Handeln« des Rates oder der Kommission darstellen. Ist der Kläger weder ein Staat noch ein Gemeinschaftsorgan, so muß jene Verlautbarung überdies den Charakter einer »Entscheidung« haben und entweder an den Kläger gerichtet sein oder ihn aus sonstigen Gründen unmittelbar und individuell betreffen.[15]

15 bb) Der Ausdruck »Handeln« ist nicht glücklich, da er, abgesehen von den in Art. 173 Abs. 1 Satz 1 ausdrücklich ausgenommenen Verlautbarungen, jegliche Art des Tätigwerdens einzubeziehen scheint. Der italienische und französische Text (»atto«, »acte«)

14 Ebenso *Tizzano* in: *Quadri* u. a., a. a. O., Anm. 4 zu Art. 173.

15 Näheres s. unten Rn. 43 ff.

verdeutlicht jedoch, daß Willenskundgebungen von einer gewissen Förmlichkeit, Nachdrücklichkeit und Endgültigkeit gemeint sind. Daher scheiden insbesondere rein vorbereitende Akte aus.[16]

Eine schärfere Abgrenzung wird möglich, wenn man sich vergegenwärtigt, daß die eigens ausgeklammerten »Empfehlungen« und »Stellungnahmen« gemäß Art. 189 Abs. 5 »nicht verbindlich« sind und daß Art. 173 Abs. 1 Satz 1 andererseits die von Art. 189 vorgenommene Aufzählung verbindlicher Akte (»Verordnungen«, »Richtlinien«, »Entscheidungen«) nicht übernimmt, sondern sich mit einer eher negativen Umschreibung begnügt. Daraus wird man entnehmen müssen, daß der Begriff des »Handelns« über die vorgenannten Typen hinaus alle Maßnahmen umfaßt, »die dazu bestimmt sind, eine Rechtswirkung zu erzeugen«, und zwar »ohne Unterschied ihrer Rechtsnatur oder Form«.[17]

Andererseits wird anzunehmen sein, daß auch solche unverbindlichen Äußerungen, die sich nicht als »Empfehlung« oder »Stellungnahme« darstellen, nicht zum Gegenstand einer Nichtigkeitsklage gemacht werden können. Es wäre schwer verständlich, wenn atypische Maßnahmen in den Anwendungsbereich von Art. 173 einbezogen wären, die ziemlich häufigen Empfehlungen und Stellungnahmen dagegen nicht. Außerdem trifft die ratio der Vorschrift auch hier zu, nämlich daß niemandem ein rechtlich relevantes Interesse daran zuerkannt werden kann, eine Verlautbarung aus der Welt zu schaffen, die weder seine Rechte schmälert noch ihm Pflichten auferlegt.

Zur Abgrenzung zwischen »verbindlichen« und »unverbindlichen« Akten siehe die Anmerkungen zu Art. 189.[18]

16 cc) Der hier in Übereinstimmung mit dem EuGH vertretene umfassende Begriff des »Handelns« setzt freilich voraus, daß Rat und Kommission gelegentlich auch solche mit Rechtswirkung ausgestatteten Maßnahmen erlassen können (oder sogar müssen), die sich nicht in die Nomenklatur des Artikels 189 einfügen. Die Praxis hat bewiesen, daß diese Voraussetzung zutrifft. Das soeben zitierte Urteil hatte erstmalig über eine von der Kommission gegen den Rat erhobene Nichtigkeitsklage zu entscheiden. Angefochten war ein »Beschluß« des Rates über die Aushandlung und den Abschluß des Europäischen Übereinkommens über die Arbeit der Fahrzeugbesatzungen im internationalen Straßenverkehr. Der EuGH stellte zunächst fest, die Qualifikation dieses Beschlusses hänge davon ab, ob die Zuständigkeit für Aushandlung und Abschluß des Abkommens im fraglichen Zeitpunkt bei der Gemeinschaft gelegen habe oder ob der »Beschluß« als

16 *Bebr,* Judicial Control, a. a. O. (Literaturhinweise zur Vorbemerkung) S. 71; der Autor widerspricht sich aber selbst, wenn er meint, der Rat könne die ihm von der Kommission unterbreiteten Vorschläge mit der Nichtigkeitsklage angreifen.

17 EuGH – Kommission/Rat, 22/70 – Slg. 1971, 277.

18 Beispiel für einen Fall, in dem nach Ansicht des EuGH kein »Handeln« der Kommission vorlag und die Nichtigkeitsklage deshalb unzulässig war: EuGH – Exportation des Sucres/Kommission, 132/77 – Slg. 1978, 1070f.; vgl. auch GA *Mayras,* a. a. O., S. 1075ff.

»Ausdruck einer Koordinierung der Ausübung der von den Mitgliedstaaten zurückbehaltenen Zuständigkeiten durch diese Staaten anzusehen ist«. Nachdem es diese Frage im ersteren Sinne entschieden hat, fährt das Urteil fort, der »Beschluß« habe hinsichtlich des Ziels und des Verfahrens der Verhandlungen »eine verbindliche Verhaltensregel für die Organe und die Mitgliedstaaten« aufgestellt, die sich später auch auf den Inhalt einer für den gleichen Sektor erlassenen Ratsverordnung habe auswirken sollen; ferner habe er »Bestimmungen getroffen, die zu Abweichungen von dem im Vertrag für Verhandlungen mit Drittstaaten und Vertragsabschlüsse vorgesehenen Verfahren führen konnten«. Daher habe er »sowohl in den Beziehungen der Gemeinschaft zu dritten Staaten als auch in den Beziehungen der Organe zueinander bestimmte Rechtswirkungen erzeugt«.

Die Entscheidung zeigt, daß auch scheinbare Interna der Gemeinschaftsexekutive, vor allem im Verhältnis der beiden hieran beteiligten Organe untereinander, rechtlich bindende »Handlungen« i. S. von Art. 173 Abs. 1 Satz 1 darstellen können; u. U. genügt sogar die bloße Selbstbindung, wenn sie die Befugnisse eines anderen Organs verletzt. Weiterhin lehrt das Urteil, daß auf einer Ratstagung gefaßte »Beschlüsse« dann nicht unter Art. 173 fallen, wenn sie nicht vom Rat als Gemeinschaftsorgan, sondern von der Gesamtheit der Mitgliedstaaten getroffen wurden – eine subtil anmutende, aber notwendige Unterscheidung.

17 dd) Daß die »Empfehlungen« und »Stellungnahmen« – und damit auch stillschweigend sonstige unverbindliche Verlautbarungen – aus dem Kreis der anfechtbaren Akte herausgenommen wurden, dürfte sich auf die Annahme gründen, daß es insoweit an einem Rechtsschutzbedürfnis fehle. Dagegen läßt sich weder behaupten, daß Empfehlungen und Stellungnahmen begriffsnotwendig nicht rechtswidrig sein könnten, noch daß Erlaß und eventuelle Nichtbefolgung einer derartigen Maßnahme die Rechtslage niemals zu ändern vermöchten. So kann etwa eine Empfehlung gegen den Vertrag verstoßen, wenn sie zu einem gemeinschaftsrechtswidrigen Verhalten rät. Weiterhin bestimmt z. B. Art. 102 Abs. 2 in Verbindung mit Art. 101, daß die Nichtbefolgung der dort vorgesehenen Empfehlung durch den betroffenen Mitgliedstaat die Rechte der Gemeinschaft gegenüber den anderen Mitgliedstaaten einschränkt. Auch Abgabe, Unterlassung oder Erfolglosigkeit einer »Stellungnahme« können eine neue rechtliche Situation schaffen, wie die besonders einprägsamen Beispiele in Art. 169 Abs. 1, 170 Abs. 3 zeigen.

d) Klagegründe

18 Die Klage muß auf Unzuständigkeit, Verletzung wesentlicher Formvorschriften, Verletzung des Vertrages oder einer bei dessen Durchführung anzuwendenden Rechtsnorm und/oder Ermessensmißbrauch gestützt sein.[19] Die Summe dieser vier Tatbestände läßt sich mit der Wendung »Verstoß gegen geschriebenes oder ungeschriebenes, von Rat und Kommission zu beachtendes und vom EuGH zu schützendes Recht« kennzeichnen. Für

19 Zu diesen Begriffen im einzelnen unten Rn. 56ff.

die Zulässigkeit genügt es, daß das Vorliegen eines oder mehrerer derartiger Verstöße schlüssig angeführt wird, d. h. daß ein solcher Verstoß tatsächlich vorliegen würde, wenn das Vorbringen des Klägers ganz oder teilweise zuträfe; ob es wirklich zutrifft, ist dagegen eine Frage der Begründetheit.[20] Daß der Kläger den geltendgemachten Mangel ausdrücklich unter einen jener vier Begriffe subsumiert, ist nicht erforderlich. »Es reicht aus, wenn das Vorbringen des Klägers seinem Inhalt nach den Klagegrund erkennen läßt, ohne diesen außerdem in der Sprache des Vertrages ausdrücklich zu bezeichnen; Voraussetzung ist jedoch, daß aus der Klageschrift deutlich genug hervorgeht, welcher der im Vertrag genannten Klagegründe geltend gemacht wird.«[21] Ebenso ist es unschädlich, wenn der Betroffene die falsche Bezeichnung wählt (also z. B. ein bestimmtes Verhalten als »Ermessensmißbrauch« rügt, obwohl es sich, seine Rechtswidrigkeit unterstellt, als »Verletzung des Vertrages« i. S. von Art. 173 Abs. 1 darstellen würde). Wie das zuletzt zitierte Urteil klarstellt und sich auch aus Art. 38 § 1 VerfO ergibt, wo mindestens eine »kurze Darstellung der Klagegründe« gefordert wird, reicht es dagegen nicht aus, wenn der Kläger die Klagegründe, sei es auch in der Sprache des Vertrages, lediglich abstrakt aufzählt, ohne die wesentlichsten Merkmale des behaupteten Mangels anzugeben.

Die Nichtigkeitsklage kann u. U. auch darauf gestützt werden, daß eine der unmittelbar angefochtenen Maßnahme zugrundeliegende, mit der Nichtigkeitsklage nicht angegriffene Maßnahme mit einem oder mehreren jener vier Mängel behaftet sei.[22]

e) Klageantrag

19 Der Klageantrag muß auf Nichtigerklärung (Aufhebung) der angefochtenen Maßnahme lauten. Abweichend formulierte Anträge (z. B. auf Feststellung der Rechtswidrigkeit eines Organaktes) führen jedoch dann nicht zur Unzulässigkeit, wenn das Gesamtvorbringen des Klägers ihre Umdeutung in einen zulässigen Antrag gestattet.

f) Klagefristen

20 Die Klage muß innerhalb der in Art. 173 Abs. 3 festgesetzten Zweimonatsfrist erhoben worden sein.

aa) Wie e contrario aus Art. 42 Abs. 2 EWG-Satzung hervorgeht, handelt es sich um eine Ausschlußfrist, mit deren Ablauf das Klagerecht verlorengeht, es sei denn, der Betroffene weist nach, daß ein Zufall oder ein Fall höherer Gewalt vorliegt, was z. B. dann zutrifft, wenn die Klageschrift erst mehrere Tage nach ihrem Eintreffen am Sitzort des Gerichtshofes in dessen Besitz gelangt.[23] Die Einhaltung der Klagefrist ist von Amts

20 Vgl. EuGH – ASSIDER/Hohe Behörde, 3/54 – Slg. 1954 bis 55, 146.
21 EuGH – Fives Lille Cail/Hohe Behörde, 19/60 etc. – Slg. 1961, 644.
22 Näheres s. die Erläuterungen zu Art. 184.
23 EuGH – Simet u. a./Hohe Behörde, 25 und 26/65 – Slg. 1967, 56.

wegen zu beachten; sie »[unterliegt] nicht der Verfügung der Parteien oder des Gerichts«,[24] denn »die Sicherheit der Rechtsstellungen und Rechtsverhältnisse erfordert . . ., daß der Bestand der diese Rechtsstellungen und Rechtsverhältnisse regelnden Verfügungen der Gemeinschaftsorgane nicht auf unabsehbare Zeit in Frage gestellt werden darf«.[25] Es hilft dem Kläger daher nicht, wenn das beklagte Organ sich ausdrücklich oder stillschweigend mit der Überschreitung der Frist einverstanden erklärt.[26]

21 bb) Für die Ermittlung des Tages, an dem die Zweimonatsfrist zu laufen *beginnt,* sind außer Art. 173 Abs. 3 EWGV noch Art. 80 § 1, 81 § 1 VerfO heranzuziehen; unzweifelhaft handelt es sich hier um eine »gerichtliche Frist« i. S. von Art. 80 § 1. Während der Vertrag regelt, an welche Vorgänge anzuknüpfen ist (»Bekanntgabe der betreffenden Handlung« usw.), stellt die Verfahrensordnung nähere rechnerische Relationen zwischen dem Tag dieses Vorgangs und dem eigentlichen »dies a quo« auf. So bestimmt Art. 80 § 1 VerfO allgemein, daß gerichtliche Fristen »unter Ausschluß des Tages zu berechnen [sind], auf den das Ereignis fällt, mit dem die Frist beginnt«. Art. 81 § 1 VerfO, der für die Nichtigkeitsklagen gilt, lautet: »Die Fristen für die Erhebung von Klagen gegen Maßnahmen der Organe beginnen am Tage nach der Bekanntgabe an den Betroffenen oder, wenn die Maßnahme veröffentlicht wird, am fünfzehnten Tag nach ihrem Erscheinen im Amtsblatt der Europäischen Gemeinschaften.«

Insgesamt werfen diese Vorschriften eine Reihe nicht durchweg einfacher Auslegungsprobleme auf, die zudem noch – jedenfalls wenn man von der deutschen Fassung der Texte ausgeht – durch die Uneinheitlichkeit der Terminologie erschwert werden. Sie bedürfen daher eingehender Erörterung.

22 Art. 173 Abs. 3 unterscheidet zwischen drei Formen der Kenntniserlangung: »Bekanntgabe der betreffenden Handlung«; »Mitteilung [dieser Handlung] an den Kläger«; sonstige Kenntniserlangung:

– *»Bekanntgabe«* ist gleichbedeutend mit »Veröffentlichung«,[27] wie aus nachstehenden Erwägungen folgt:
Im französischen und italienischen Text entsprechen dem Wort »Bekanntgabe« die Ausdrücke »publication« und »pubblicazione«, deren Sinn wiederum eindeutig dem des deutschen Ausdrucks »Veröffentlichung« korrespondiert. – Art. 191, der u. a. die Form des Zur-Kenntnis-Bringens regelt, verwendet in seinem deutschen Text das Wort »veröffentlichen«; diesem entsprechen in den anderen Fassungen die Verben »publier«, »pubblicare«, »bekendmaken«; diese Verben gehören jeweils zum gleichen Wortstamm wie die in Art. 173 Abs. 3 – als Äquivalent für »Bekanntgabe« –

24 EuGH – Müller/Kommission, 4/67 – Slg. 1967, 497.
25 EuGH – Mosthaf/Kommission, 34/65 – Slg. 1966, 797.
26 EuGH – Nebe/Kommission, 24/69 – Slg. 1970, 152.
27 Ebenso *Wohlfarth* u. a., a. a. O., Anm. 11 zu Art. 173.

gebrauchten Substantive »publication«, »pubblicazione« und »bekendmaking«. – Auch abgesehen von diesen Wortlaut-Argumenten ist davon auszugehen, daß die Verfasser von Art. 173 Abs. 3 diese Vorschrift auf Art. 191 abgestimmt, d. h. sich auf die dort vorgesehenen Verlautbarungsformen bezogen haben; das kann aber nur bedeuten, daß die »Bekanntgabe der betreffenden Handlung« (Art. 173 Abs. 3) der »Veröffentlichung« (Art. 191 Abs. 1) und die »Mitteilung an den Kläger« (Art. 173 Abs. 3) der »Bekanntgabe« der betroffenen Rechtsakte an diejenigen, »für die sie bestimmt sind« (Art. 191 Abs. 2), entspricht. Daß die Verfasser des deutschen Textes das Wort »Bekanntgabe« nacheinander für verschiedene Sachverhalte gebraucht haben, ändert nichts an der Richtigkeit der hier vertretenen Auffassung.
Aus Art. 191 ergibt sich, daß Verordnungen im ABl. zu veröffentlichen sind, während Richtlinien und Entscheidungen bereits durch die Mitteilung an den eigentlichen Adressaten wirksam werden. In der Praxis werden allerdings auch die letztgenannten Rechtsakte oft publiziert. Insgesamt ist hieraus zu folgern, daß unter »Bekanntgabe« i. S. von Art. 173 Abs. 3 grundsätzlich die – obligatorische oder freiwillige – Veröffentlichung im ABl. zu verstehen ist.

- Unter *»Mitteilung an den Kläger«* ist, wie sich aus Vorstehendem ergibt, die in Art. 191 Abs. 2 vorgesehene individuelle Bekanntmachung zu verstehen.

- Der Satzteil in Art. 173 Abs. 3 *»oder in Ermangelung dessen von dem Zeitpunkt an, zu dem der Kläger von dieser Handlung Kenntnis erlangt hat«* zielt insbesondere auf den Fall, in dem der Rechtsakt weder veröffentlicht noch dem Kläger individuell zur Kenntnis gebracht wurde, ein Vorgehen, das dann rechtmäßig ist, wenn es sich um eine Richtlinie oder Entscheidung handelt, die nicht im Sinne von Art. 191 Abs. 2 für den Kläger »bestimmt« ist, mag sie ihn auch in seinen Interessen berühren.

23 Ist die Maßnahme, deren Anfechtung erwogen wird, eine Verordnung, die – wie es Art. 191 Abs. 1 vorschreibt – veröffentlicht wurde, so beginnt die Klagefrist am fünfzehnten Tage nach Erscheinen der Verordnung im ABl. zu laufen (Art. 81 § 1 VerfO); trägt das ABl. z. B. das Datum vom 3. Juni, so ist »dies a quo« mithin der 18. Juni. Auf den Tag des Erlasses der Verordnung kommt es nicht an, ebensowenig auf den für deren Inkrafttreten bestimmten oder sich, in Ermangelung einer solchen Bestimmung, automatisch aus Art. 191 Abs. 2 ergebenden Zeitpunkt.

24 Ist die Maßnahme, deren Anfechtung erwogen wird, eine Richtlinie oder Entscheidung, die gemäß Art. 191 Abs. 2 dem Adressaten individuell bekanntgegeben wurde, ohne überdies veröffentlicht und/oder Dritten ebenfalls individuell bekanntgegeben worden zu sein, so beginnt die Klagefrist für den Adressaten am Tag nach dieser Bekanntgabe zu laufen (Art. 81 § 1 VerfO); entsteht durch die Schuld des handelnden Organs ein Zweifel darüber, an welchem Tag die Bekanntgabe erfolgt ist, so muß der Zweifel dem Kläger zugutekommen.[28]

Für einen Dritten, der ebenfalls ein Klagerecht hat, trifft hier der dritte Tatbestand von Art. 173 Abs. 3 zweiter Halbsatz zu: Anknüpfungspunkt ist der Tag, an dem er von Existenz und Inhalt der Maßnahme auf sonstigem Wege »Kenntnis erlangt hat«. Diese Kenntniserlangung ist – im Sinne von Art. 80 § 1 VerfO – »das Ereignis, mit dem die Frist beginnt«; weiterhin ergibt sich aus dieser Vorschrift, daß bei der Berechnung der Frist der Tag der Kenntniserlangung nicht mitzuzählen ist. Hat der Dritte also z. B. am 16. Oktober von Existenz und Inhalt der Entscheidung Kenntnis erlangt, so läuft die Frist vom 17. Oktober 00.00 Uhr ab. – Zu beachten ist, daß Art. 173 Abs. 3 nicht ergänzend hinzufügt: »oder Kenntnis hätte erlangen können (müssen)« Aus diesem Schweigen ist jedenfalls zu folgern, daß dem Betroffenen nicht jede im üblichen Sinne »schuldhafte« Verzögerung der Selbstunterrichtung vorgehalten werden kann; Treu und Glauben sowie die Rücksicht auf die Rechtssicherheit gebieten allerdings, ausgesprochen grobe Saumseligkeiten nicht durchgehen zu lassen.

25 cc) Für die Ermittlung des Tages, an dem die Klagefrist *abläuft,* sind gegebenenfalls Art. 80 § 2 VerfO sowie Art. 1 der Anlage II zur VerfO heranzuziehen. Nach der erstgenannten Vorschrift endet eine Frist, deren »dies ad quem« bei normaler Berechnung auf einen Sonntag oder gesetzlichen Feiertag fallen würde, mit dem Ablauf des nächstfolgenden Werktages. Aus der zweiten der genannten Bestimmungen – die ebenfalls anwendbar ist, weil es sich vorliegend um eine »Verfahrensfrist« im Sinne dieser Bestimmung handelt – geht hervor, daß die Zweimonatsfrist sich für Kläger, die ihren gewöhnlichen Aufenthalt nicht im Staate Luxemburg haben, um zwei Tage bis zu einem Monat verlängert, je nach dem Land, in dem der Kläger residiert.

g) Kein Umgehungsversuch

26 Mit der Nichtigkeitsklage dürfen nicht Ziele verfolgt werden, für deren Erreichung der Vertrag andere Rechtsbehelfe vorsieht, gleichgültig ob diese dem Kläger (noch) zu Gebote stehen oder nicht. Die Klage darf also nicht nur der Form nach unter Art. 173 fallen, sondern muß auch materiell das eigentliche Ziel einer Nichtigkeitsklage verfolgen. So hat der EuGH gelegentlich festgestellt, ein Beteiligter könne nicht die Nichtigerklärung einer die Anerkennung einer Ersatzpflicht ablehnenden »Entscheidung« begehren und damit den Unterschied zur Schadensersatzklage verwischen.[29]

28 EuGH – SNUPAT/Hohe Behörde, 32 und 33/58 – Slg. 1958 bis 59, 310f.
29 EuGH – SNUPAT/Hohe Behörde, 42 und 49/59 – Slg. 1961, 154f.; vgl. auch EuGH – Vloeberghs/Hohe Behörde, 9 und 12/60 – Slg. 1961, 463.

h) Rechtsschutzinteresse

27 Der Kläger muß ein rechtlich relevantes, schutzwürdiges Interesse daran haben, die Klage zu erheben und die Annullierung des angefochtenen Aktes zu erreichen.

aa) An dieser Voraussetzung fehlt es zunächst dann, wenn der Akt den Kläger nicht beschwert,[30] d. h. ihn entweder überhaupt nicht betrifft oder ihm keinen Nachteil zufügt.

Eine Beschwer liegt auch dann nicht vor, wenn die angegriffene Maßnahme dem Kläger zwar nachteilig ist, jedoch lediglich eine frühere Rechtshandlung gleichen Inhalts bestätigt und der Kläger diese Rechtshandlung seinerzeit nicht angefochten hat, obwohl er hierzu befugt gewesen wäre.[31] Auch eine bestätigende Entscheidung kann jedoch zum Gegenstand einer Nichtigkeitsklage gemacht werden, wenn seit dem Erlaß der bestätigten Entscheidung »eine neue Tatsache [eingetreten ist], die geeignet ist, die für den Erlaß des ursprünglichen Aktes maßgebend gewesenen Umstände und Voraussetzungen zu ändern«.[32] Ein Nichtigkeitsurteil stellt nach Ansicht des EuGH eine »neue Tatsache« nur für die von dem aufgehobenen Akt unmittelbar betroffenen Personen dar. Ein Dritter, der von einem individuellen Akt gleichen Inhalts betroffen wurde, kann somit nach ursprünglicher Versäumung der Klagefrist nicht gegen einen späteren, die Aufhebung des Aktes ablehnenden und diesen somit bestätigenden Akt mit der Begründung Klage erheben, der EuGH habe in dem zwischenzeitlichen ergangenen Urteil erstmalig zu einer bestimmen Rechtsfrage Stellung genommen und diese in einem dem jetzigen Kläger günstigen Sinn geklärt.[33]

28 bb) Am Rechtsschutzinteresse kann es ferner fehlen, wenn der Kläger einen zulässigen Antrag gleichen Inhalts bereits in einer anderen Klage gestellt hat.[34] Das gleiche gilt, wenn die Nichtigerklärung des beschwerenden Aktes nicht geeignet wäre, dem Kläger den erstrebten Vorteil zu verschaffen.[35]

29 cc) Die Begriffe »Interesse« und »Beschwer« haben allerdings je nachdem unterschiedliche Tragweite, ob die Klage von einem Gemeinschaftsorgan beziehungsweise einem Mitgliedstaat oder ob sie von einer »natürlichen oder juristischen Person« erhoben wird.

30 Vgl. EuGH – Fournier/Kommission – Slg. 1970, 272.

31 Ständige Rechtsprechung; vgl. etwa EuGH – Metro/Kommission, 26/76 – Slg. 1977, 1900 (hier wird allerdings nicht von fehlendem Rechtsschutzinteresse, sondern von »Gegenstandslosigkeit« der Klage gesprochen).

32 Urteil 42 und 49/59 a. a. O., S. 158; ebenso EuGH – Nebe/Kommission, 24/69 – Slg. 1970, 152, wo anerkannt wird, daß nicht nur eine Veränderung der tatsächlichen, sondern auch eine solche der rechtlichen Lage die geschilderte Folge haben kann.

33 EuGH – Müller/Rat, 43/64 – Slg. 1965, 536.

34 EuGH – Ley/Kommission, 12 und 29/64 – Slg. 1965, 167.

35 Das trifft z. B. dann zu, wenn feststeht, daß der angefochtene Akt trotz Begründungsmangels ohne rechtlichen oder tatsächlichen Irrtum mit dem gleichen Inhalt erneut erlassen werden könnte: EuGH – Morello/Kommission, 9/76 – Slg. 1976, 1422.

Für den letztgenannten Personenkreis ergibt sich aus dem Erfordernis des »unmittelbaren und individuellen« Betroffenseins (Art. 173 Abs. 2), daß die angegriffene Handlung einen spezifischen Bezug zum Kläger haben muß. Kann der Privatmann somit nur aus »egoistischen« Gründen klagen, so ist die Ausgangslage für Rat, Kommission und Mitgliedstaaten eine grundlegend andere. Der Kommission ist durch Art. 155 der ausdrückliche Auftrag erteilt, »für die Anwendung dieses Vertrages . . . Sorge zu tragen«, und zwar gegenüber jedermann einschließlich des Rates; die bloße Tatsache, daß der Rat das Gemeinschaftsrecht verletzt hat, rechtfertigt daher eine Klage der Kommission gegen dieses Organ, gleichgültig ob der beanstandete Akt die Befugnisse der Kommission beeinträchtigt oder nicht. Dem Rat mußte angesichts seiner überragenden verfassungsrechtlichen Stellung ein ebenso weitgespanntes Interesse an der Rechtmäßigkeit des Handelns der Kommission zugebilligt werden. Was die Mitgliedstaaten betrifft, so sind sie keine gewöhnlichen »Untertanen« der Gemeinschaft, sondern [tragen] durch ihre Mitgliedschaft im Rat auch die Verantwortung für die Wahrung der wesentlichen Interessen der Gemeinschaft.[36]

Klagen eines Organs gegen das andere werden daher nur in seltenen Ausnahmefällen wegen fehlenden Rechtsschutzinteresses unzulässig sein; so lehnte der EuGH die Einwendung des Rates ab, die Kommission treffe wegen früherer Versäumnisse eine Mitverantwortung.[37]

Nach Auffassung des EuGH[38] kann auch ein Mitgliedstaat, dessen Vertreter im Rat einem Akt dieses Organs vorbehaltlos zugestimmt hat, gegen den Akt Nichtigkeitsklage erheben, da – so ist die lapidare Begründung zu verstehen – Art. 173 insoweit keine Einschränkungen enthalte. Das überzeugt nicht. Will man überhaupt ein solches »venire contra factum proprium« zulassen, so muß man diese Großzügigkeit schon eingehender begründen, indem man etwa darauf abstellt, daß die Geschäftslast des Rates es seinen Mitgliedern nicht stets gestatte, sämtliche auf der Tagesordnung stehende Beschlüsse eingehend auf ihre Rechtmäßigkeit zu untersuchen.

i) Rechtskraft

30 Die Klage darf nicht dahin zielen, die Rechtskraft einer früheren Entscheidung des EuGH in Frage zu stellen.[39]

j) Prozessuale Zulässigkeitserfordernisse

31 Weitere Zulässigkeitsvoraussetzungen ergeben sich aus Art. 17, 19 EWG-Satzung sowie Art. 38 VerfO.

36 EuGH – Niederrheinische Bergwerke A. G./Hohe Behörde, 2 und 3/60 – Slg. 1961, 310.
37 EuGH – Kommission/Rat, 22/70 – Slg. 1971, 279.
38 Italien/Rat, 166/78 – Slg. 1979, 2596.
39 EuGH – Van Eick/Kommission, 57/70 – Slg. 1971, 619.

2. Besondere Voraussetzungen für die Klagen »natürlicher oder juristischer Personen«

a) Begriff der »natürlichen oder juristischen Person«

32 aa) Der Begriff »natürliche und juristische Person« ist in einem umfassenden Sinne zu verstehen.[40] Das ergibt sich erstens aus dem Wort »jede«, zweitens aus einem Vergleich mit Art. 33 Abs. 2 EGKSV, der nur »Unternehmen« und deren »Verbände« zur Erhebung der Nichtigkeitsklage berechtigt. Allerdings treten auch im EWG-Bereich in der Regel nur Unternehmen oder Unternehmensverbände als Kläger auf.

Was den terminus »natürliche Person« betrifft, so bedarf es keiner besonderen Erläuterungen. Anzumerken ist lediglich, daß hierunter nicht nur Angehörige von Mitgliedstaaten fallen; das Klagerecht hängt nicht einmal davon ab, ob der Kläger seinen Wohnsitz oder gewöhnlichen Aufenthalt in einem Mitgliedstaat hat. Entscheidend ist allein, ob er von einer Gemeinschaftsentscheidung unter den in Art. 173 Abs. 2 genannten Voraussetzungen betroffen ist. In diese Lage können auch Ausländer und Nichtresidenten gelangen; sinnfälligstes Beispiel ist das Kartellrecht der EWG, das die Gemeinschaften zum Vorgehen gegen sämtliche sich auf den Gemeinsamen Markt auswirkenden wettbewerbsfeindlichen Praktiken ermächtigt, mögen deren Urheber auch außerhalb des Gemeinschaftsgebiets ansässig sein.

Ähnliches gilt für den Begriff der »juristischen Person«. Er ist nicht als eigenständiger Terminus des Gemeinschaftsrechts aufzufassen, sondern verweist auf diejenige Rechtsordnung, die jeweils darüber zu befinden hat, ob eine bestimmte Personenvereinigung Rechtspersönlichkeit besitzt.[41] Mit dieser Maßgabe umschließt er alle Körperschaften, Verbände, Kapitalgesellschaften usw. des öffentlichen wie des privaten Rechts, denen die Rechtsordnung, der sie unterstehen, den Status der Rechtspersönlichkeit verliehen hat. Diese Ordnung kann diejenige eines Staates (nicht nur eines Mitgliedstaates) sein, aber auch das Völkerrecht, insbesondere das Völkervertragsrecht. Daher gehören hierher auch die durch die Gemeinschaftsverträge oder auf ihrer Grundlage geschaffenen juristischen Personen, z. B. die Europäische Investitionsbank (vgl. Art. 129 Abs. 1 EWGV). Auch die Länder der Bundesrepublik werden von dem hier auszulegenden Begriff erfaßt; ausgeschlossen sind lediglich die Mitgliedstaaten und die Gemeinschaft selbst, da insoweit Art. 173 Abs. 1 als lex specialis vorgeht. Es kommt in diesem Zusammenhang nicht darauf an, ob es wahrscheinlich oder überhaupt rechtlich zulässig ist, daß der Rat und die Kommission Entscheidungen treffen, die sich an diesen oder jenen der vorstehend Genannten richten oder ihn aus sonstigen Gründen individuell und unmittelbar betreffen; entscheidend ist, daß nach dem Grundgedanken der Vorschrift jeder »juristischen Person«, in deren Interessenkreis der Rat oder die Kommission

40 Ebenso *Tizzano,* in: *Quadri* u. a., a. a. O., Anm. 19 zu Art. 173.
41 *Tizzano,* a. a. O. (Fn. 40).

eingreift – mag das Organ hierzu generell befugt sein oder nicht – der Rechtsweg zum EuGH offenstehen muß.

Da es vorliegend in erster Linie nicht um die Rechts-, sondern um die Parteifähigkeit geht, wird man den Begriff der »juristischen Person« extensiv dahin zu interpretieren haben, daß er nicht nur auf das materielle, sondern zugleich auf das Prozeßrecht der in Betracht kommenden Rechtsordnungen verweist. Soweit nach diesen Rechtsordnungen bestimmte Personenvereinigungen zwar nicht die Fähigkeit besitzen, Träger selbständiger materieller Rechte und Pflichten zu sein, wohl aber diejenige, vor Gericht als Kläger aufzutreten (Beispiele aus dem deutschen Recht: offene Handelsgesellschaften und Kommanditgesellschaften gemäß §§124 Abs. 1, 161 Abs. 22 HGB; Gewerkschaften[42]), muß diesen Vereinigungen daher auch im Rahmen von Art. 173 EWGV ein Klagerecht zugebilligt werden. Wer dagegen nach seinem heimischen Recht nur die passive Parteifähigkeit besitzt (so gemäß §50 Abs. 2 ZPO der nicht rechtsfähige Verein), kann auch vor dem EuGH nicht als Kläger auftreten; eine abweichende Meinung ließe sich nur rechtfertigen, wenn man im Gegensatz zu den obigen Ausführungen annähme, Art. 173 Abs. 2 habe einen autonomen gemeinschaftsrechtlichen Begriff der »juristischen Person« schaffen wollen. Erst recht kann als Kläger nicht auftreten, wer nach der maßgeblichen Rechtsordnung weder aktiv noch passiv parteifähig ist, also etwa eine deutsche Gesellschaft des bürgerlichen Rechts oder eine Unternehmensgesamtheit (Konzern), die aus mehreren juristisch selbständigen, jedoch voneinander wirtschaftlich abhängigen Firmen besteht. In diesem Sinne hatte der EuGH schon für das EGKS-Recht entschieden, daß sich der dortige Unternehmensbegriff »mit dem Rechtsbegriff der natürlichen oder juristischen Personen [deckt], denn der Vertrag verwendet jenen Begriff in der Hauptsache zu dem Zweck, die Träger gemeinschaftlicher Rechte und Pflichten zu bezeichnen«,[43] weswegen innerhalb eines Konzerns das Klagerecht nur dem formal betroffenen Unternehmen zustehe, auch wenn »[dessen] Willensbildung durch von außen kommende Richtlinien bestimmt wird«.[44] Dies muß a fortiori im EWG-Recht gelten, das ausdrücklich auf den Status der »natürlichen oder juristischen Person« abstellt.

33 bb) Von der soeben erörterten Problematik unabhängig ist die Frage, ob Unternehmens*verbände* – vorausgesetzt, sie haben den Status einer juristischen Person – auch dann als Kläger auftreten können, wenn sie zwar nicht als solche von dem angegriffenen Rechtsakt »betroffen« wurden, aber die Interessen betroffener Mitglieder wahrzunehmen gedenken, die ihrerseits im gegebenen Fall ein Klagerecht hätten. Für das EGKS-Recht

42 Vgl. BGHZ 42, 210. In der bisherigen Rechtsprechung des EuGH ging es allerdings stets um gewerkschaftliche Zusammenschlüsse *der europäischen Beamten;* die Parteifähigkeit wurde hier nicht unter Hinweis auf eine bestimmte nationale Rechtsordnung bejaht, sondern auf der Grundlage des Dienstrechts der Gemeinschaften. Vgl. EuGH – Gewerkschaftsbund u. a./Rat, 175/73 – Slg. 1974, 925; s. ferner GA *Reischl,* Slg. 1975, 413.

43 EuGH – SNUPAT/Hohe Behörde, 42 und 49/59 – Slg. 1961, 164.

44 EuGH – Klöckner-Werke u. a./Hohe Behörde, 17 und 20/61 – Slg. 1962, 687f.; vgl. auch Acciaierie e Ferriere di Solbato, 50/65 – Slg. 1966, 521.

scheint der Gerichtshof die Frage – mit Recht – bejaht zu haben.[45] Im EWG-Bereich muß jedoch nicht notwendigerweise das Gleiche gelten; der Wortlaut von Art. 173 Abs. 2 dürfte jedenfalls einer solchen »Prozeßstandschaft« nicht günstig sein, weil er die Verbände nicht erwähnt und auf ein spezifisches Betroffensein in *eigener Sache* deutet. Dennoch sollte auch hier der traditionellen Funktion der Wirtschaftsverbände Rechnung getragen werden (die auch darin liegen kann, ihren Mitgliedern als Gegenleistung für etwaige Beiträge gegebenenfalls das mit einem Prozeß verbundene Kostenrisiko abzunehmen), freilich ebenfalls mit der Maßgabe, daß hierdurch nicht die von Art. 173 gewollten Einschränkungen umgangen werden. Ein solcher Verband ist daher insoweit als klageberechtigt anzusehen, als er mit seiner Klage satzungsgemäß und ausschließlich die Interessen eines oder mehrerer Unternehmen wahrnimmt, die ihrerseits wegen des angegriffenen Aktes Klage erheben könnten; wie *Bebr*[46] mit Recht ausführt, ist es nicht erforderlich, daß *alle* Mitglieder des klagenden Verbandes in ihren Interessen benachteiligt sind. Diese Auffassung ist auch deswegen vertretbar, weil sie den Kreis der »klagefähigen Fälle« nicht ausweitet, sondern es lediglich gestattet, daß ein Prozeß,den ein Unternehmen zulässigerweise anhängig machen könnte, stattdessen von dem zuständigen Unternehmensverband geführt wird; um Mißbrauch auszuschließen, mag man den Nachweis verlangen, daß der Verband im Einverständnis mit dem (den) betroffenen Unternehmen vorgeht.

b) Angreifbare Akte

34 Während Mitgliedstaaten, Rat und Kommission jedes rechtsverbindliche »Handeln« mit der Nichtigkeitsklage angreifen können, ist die Klagebefugnis sonstiger Personen auf *Entscheidungen*[47] beschränkt, die eine der folgenden Voraussetzungen erfüllen:

- sie müssen entweder an den Kläger ergangen sein
  oder
- »als Verordnung« – d. h. im Gewande eines sich an eine unbestimmte Vielzahl wendenden Aktes – erlassen worden sein, jedoch den Kläger unmittelbar und individuell betreffen
  oder
- an eine andere Person gerichtet worden sein, jedoch den Kläger in der soeben gekennzeichneten Weise betreffen.

45 EuGH – ASSIDER/Hohe Behörde, 3/54 – Slg. 1954 bis 55, 146.

46 A. a. O., S. 78.

47 Zu den Gründen, aus denen der EWGV das Klagerecht Privater gegen echte Verordnungen ausgeschlossen hat, s. *Schwarze,* a. a. O., S. 931 ff., der im übrigen (a. a. O., S. 937 ff.) zutreffend darauf hinweist, daß das fehlende Klagerecht durch die Möglichkeiten ausgeglichen wird, die Art. 177, 178 mit 215, 184 bieten.

aa) An den Kläger ergangene Entscheidungen

35 Unter »Entscheidung« i. S. von Art. 173 ist nicht etwa jeder verbindliche Rechtsakt zu verstehen, also etwa auch eine Verordnung;[48] der Begriff hat vielmehr hier den gleichen rechtstechnischen Sinn wie in Art. 189, wie sich auch aus der in Art. 173 begegnenden Rechtsfigur der »als Verordnung« ergangenen Entscheidung ergibt.

Wegen der Abgrenzung der »Entscheidungen« von den sonstigen Rechtsakten sowie von den unverbindlichen Verlautbarungen siehe im einzelnen die Anmerkungen zu Art. 189.

Nach der ständigen Rechtsprechung des EuGH hängt die Rechtsnatur eines Aktes – und damit auch die Frage, ob ein Akt als »Entscheidung« i. S. von Art. 173, 189 EWGV zu qualifizieren ist – letztlich nicht von der Bezeichnung ab, die ihm sein Autor verliehen hat, sondern von seinem Gegenstand und Inhalt, also von objektiven Merkmalen.[49]

36 »Ergangen« ist eine Entscheidung grundsätzlich »an« denjenigen oder diejenigen, den (die) sie »bezeichnet«, d. h. ausdrücklich als Adressaten angibt, wozu die erlassende Stelle gemäß Art. 189 Abs. 4 verpflichtet ist. Die Verben »ergehen an« (Art. 173 Abs. 2), »gerichtet sein an« (a. a. O.), »bezeichnen« (Art. 189 Abs. 4) und »bestimmt sein für« (Art. 191 Abs. 2) besagen durchweg das Gleiche, wie insbesondere aus der niederländischen Fassung hervorgeht, die einheitlich das Verbum »richten tot« verwendet.[50]

Die von der Gemeinschaft getroffenen Entscheidungen schließen regelmäßig mit dem Satz »Diese Entscheidung ist an . . . gerichtet«. Unterbleibt ein solcher Hinweis versehentlich, so wird man dennoch demjenigen ein Klagerecht zubilligen müssen, der nach dem eindeutigen Inhalt der Entscheidung durch diese verpflichtet werden soll (und, wenn Unklarheiten über die Person des Adressaten nicht bestehen, auch in dem hier genannten Fall tatsächlich verpflichtet wird, vorausgesetzt, daß die Entscheidung ihm ordnungsgemäß bekanntgegeben wurde). Die unmittelbare Verbindlichkeit der Entscheidungen für ihre Adressaten, wie sie sich aus Art. 189 Abs. 4 ergibt, ist denn auch die ratio für die diesen Personen, auch wenn es sich nicht um Mitgliedstaaten oder Gemeinschaftsorgane handelt, unbedingt zuerkannte Befugnis zur Erhebung der Nichtigkeitsklage.

37 Wird eine Regelung, die als Verordnung hätte ergehen müssen, in der Form einer Entscheidung erlassen, so steht dem Adressaten ein Klagerecht zu; eine Umdeutung in eine Verordnung wäre unstatthaft, da dem handelnden Organ nicht die Möglichkeit

48 Vgl. EuGH – Confédération nationale u. a./Rat, 16 und 17/62 – Slg. 1962, 978.
49 Vgl. etwa EuGH – Fédération nationale de la boucherie u. a./Rat, 19 bis 22/62 – Slg. 1962, 1020.
50 Ebenso *Wohlfarth* u. a., a. a. O. (Allg. Literaturverzeichnis), Anm. 4 zu Art. 173; vgl. auch EuGH – Plaumann/Kommission, 25/62 – Slg. 1963, 238.

zugestanden werden darf, sich unter Berufung auf sein fehlerhaftes Handeln der richterlichen Prüfung zu entziehen.[51]

bb) Entscheidungen, die »als Verordnung« ergangen sind[51a]

38 Unter einer »als Verordnung ergangenen Entscheidung« hat man vornehmlich Rechtsakte zu verstehen, die sich zwar in das äußere Gewand einer Verordnung kleiden (also mit der Überschrift »Verordnung« versehen sind und sich möglicherweise außerdem den Anstrich einer allgemeinen Regelung geben), sich bei objektiver Analyse jedoch als Entscheidungen oder jedenfalls entscheidungsgleiche Maßnahmen erweisen. Das ergibt sich aus den anderen Fassungen noch klarer als aus der deutschen: *»sous l'apparence* d'un règlement«; »pur *apparendo* come un regolamento«; »in de *vorm* van een verordening« usw.[52] Ob diese Diskrepanz zwischen Schein und Sein auf Arglist, Fahrlässigkeit, unverschuldeten Irrtum oder gar auf Unvermeidlichkeiten der Rechtsetzungstechnik zurückgeht, macht für das Klagerecht keinen Unterschied.[53]

Zu den für die Abgrenzung der Verordnungen von den Entscheidungen maßgebenden Kriterien siehe die Anmerkungen zu Art. 189. Schon hier ist jedoch auf einige wichtige Feststellungen des EuGH hinzuweisen:[54]

Entscheidend ist, daß der Verordnung gemäß Art. 189 »allgemeine Geltung« zukommt. Daher kommt es darauf an, welche Rechtswirkungen die angefochtenen Maßnahmen »erzeugen sollen oder tatsächlich erzeugen«. Eine Verordnung liegt hiernach dann vor, wenn der betroffene Akt »auf objektiv bestimmte Sachverhalte anwendbar ist und Rechtswirkungen für allgemein und abstrakt umrissene Personengruppen zeitigt«. Eine Maßnahme verliert ihren Charakter als Verordnung »nicht dadurch, daß sich diejenigen Personen, auf die sie in einem gegebenen Zeitpunkt anzuwenden ist, der Zahl nach oder sogar namentlich mit mehr oder weniger großer Genauigkeit bestimmen lassen, sofern nur feststeht, daß die Maßnahme nach ihrer Zweckbestimmung aufgrund eines objektiven Tatbestandes rechtlicher oder tatsächlicher Art anwendbar ist, den sie bestimmt«. Ebensowenig wird der Verordnungscharakter einer Maßnahme dadurch

51 Für das deutsche Recht sinngemäß ebenso BVerwGE 18, 1 (Leitsatz).

51a Siehe zu den nachstehenden Ausführungen auch Rn. 43, 49 ff.

52 Vgl. auch EuGH – Compagnie française commerciale/Kommission, 63/69 – Slg. 1970, 210: »Es ist ... zu prüfen, ob die mit der Klage angefochtenen Vorschriften nur dem äußeren Anschein nach eine Verordnung darstellen, in Wahrheit aber eine die Klägerin betreffende individuelle Entscheidung sind.«

53 Unrichtig daher *Bebr,* a. a. O., S. 55 f., 76, 77, 101, der den hier behandelten Tatbestand auf den Fall beschränkt, daß das Organ ermessensmißbräuchlich eine Scheinverordnung erläßt, um eine individuelle Maßnahme zu verschleiern.

54 Vgl. zu den folgenden Ausführungen insgesamt: Urteil 63/69, a. a. O., S. 211; EuGH – Compagnie française commerciale/Kommission, 64/69 – Slg. 1970, 226; Compagnie d'approvisionnement/Kommission, 65/69 – Slg. 1970, 234; Koninklijke Scholten Honig/Rat und Kommission, 101/76 – Slg. 1977, 806 ff.; UNICME/Rat, 123/77 – Slg. 1978, 852.

beseitigt, daß sie sich auf die einzelnen Rechtsunterworfenen unterschiedlich auswirkt, denn »es gehört im Gegenteil zum Wesen einer allgemeinen Vorschrift, daß ihre einheitliche Anwendung die Betroffenen je nach den Besonderheiten ihrer Lage oder Tätigkeit verschieden berühren kann«.

Trotz dieser einschränkenden Ausführungen sind die Fälle nicht ganz selten, in denen den Klägern der Nachweis gelungen ist, daß der angegriffene, als Verordnung bezeichnete Akt in Wahrheit Entscheidungscharakter hatte. So hatte der EuGH[55] sich mit einer »Verordnung« zu befassen, die ausschließlich dazu bestimmt war, das Schicksal von Anträgen zu regeln, die bis zu einem bestimmten, vor Erlaß der »Verordnung« liegenden Zeitpunkt gestellt worden waren und mit denen Importeure von den nationalen Behörden die Genehmigung der Einfuhr für Obst und Gemüse aus dritten Ländern begehrt hatten. »Die Anzahl der Anträge, welche die Verordnung betreffen konnte, stand also bei deren Erlaß fest. Es konnte kein neuer Antrag hinzukommen. Nach der Gesamtmenge, für die Anträge eingereicht worden waren, wurde der Prozentsatz bestimmt, zu dem diesen Anträgen stattgegeben werden konnte. Daher entschied die Kommission, auch wenn sie nur die beantragte Gesamtmenge zur Kenntnis genommen hatte, über das weitere Schicksal der einzelnen bereits gestellten Anträge, indem sie für den fraglichen Zeitraum die Fortgeltung der durch Artikel 1 der Verordnung Nr. 565/70 eingeführten Regelung anordnete. Hieraus folgt, daß Artikel 1 der Verordnung Nr. 983/70 keine Vorschrift allgemeiner Geltung im Sinne von Artikel 189 Absatz 2 des Vertrages ist, sondern in ein Bündel individueller, von der Kommission in die Form einer Verordnung gekleideter Entscheidungen . . . aufgegliedert werden muß, von denen jede einzelne die Rechtsstellung des jeweiligen Antragstellers berührt und die daher die Klägerinnen individuell betreffen.« Auf den ersten Blick scheint dieses Urteil der im vorhergehenden Absatz wiedergegebenen Judikatur zu widersprechen. Bei näherem Zusehen ist dies jedoch nicht der Fall. Ausschlaggebend ist für den EuGH, ob die wirkliche oder vermeintliche Verordnung sich ihrem Inhalt nach *ausschließlich* auf eine feststehende Zahl *abgeschlossener* Sachverhalte bezieht, m. a. W. ob die Möglichkeit, daß während der Geltungsdauer der »Verordnung« neue, unter diesen Rechtsakt fallende Sachverhalte hinzutreten, sogar theoretisch ausgeschlossen ist. Eine solche *eindeutig vergangenheitsbezogene Maßnahme* hat nach Auffassung des EuGH Entscheidungscharakter.

39 Der EuGH geht in ständiger Rechtsprechung zutreffend davon aus, daß die rechtliche Qualifizierung eines Organaktes nicht notwendigerweise für dessen sämtliche Einzelbestimmungen einheitlich ausfallen muß: es könne vielmehr »geschehen, daß eine im ganzen als Verordnung anzusehende Maßnahme dennoch Bestimmungen enthält, die dergestalt an bestimmte Personen gerichtet sind, daß diese im Sinne von Art. 173 Abs. 2 des

55 EuGH – International Fruit Company u. a./Kommission, 41 bis 44/70 – Slg. 1971, 420 ff., insbesondere 422.

Vertrages individualisiert werden«.[56] Eine solche Mischregelung stellt nicht ipso facto eine Unregelmäßigkeit dar, jedenfalls dann nicht, wenn sie aufgrund einer übergeordneten Ermächtigungsnorm ergeht, die zum Erlaß sowohl von Verordnungen als auch von Entscheidungen berechtigt; man kann von den Gemeinschaftsorganen nicht stets verlangen, daß sie eine Gesamtheit von untereinander eng zusammenhängenden Vorschriften je nach deren »Verordnung«- oder »Entscheidungs«-charakter in äußerlich getrennte Akte aufgliedern, womit der Rechtsklarheit u. U. ein schlechter Dienst erwiesen würde. Das legitime Rechtsschutzbedürfnis der Privatpersonen erfordert es jedoch, daß diese in derartigen Fällen jeden »Verordnungsteil mit Entscheidungscharakter« angreifen dürfen.

40 Art. 173 muß so verstanden werden, daß *echte* Verordnungen dem Angriff der »natürlichen und juristischen Personen« entzogen sind,[57] weil sie diese per definitionem nicht »individuell« (wenn auch durchaus »unmittelbar«!) betreffen können. In Zweifelsfällen wäre hiernach zunächst zu prüfen, ob der angefochtene Akt eine echte Verordnung darstellt; bejahendenfalls brauchte dann nicht mehr untersucht zu werden, ob der Akt den Kläger unmittelbar und individuell betrifft (ersteres wäre gleichgültig, da jedenfalls *eine* Zulässigkeitsvoraussetzung fehlt; letzteres wäre begrifflich ausgeschlossen). Der EuGH geht in der Tat mitunter in dieser Weise vor;[58] in anderen Fällen dagegen läßt er die Rechtsnatur des Aktes dahingestellt und führt aus, daß »es genügt festzustellen, ob die Klägerinnen von dieser Handlung tatsächlich unmittelbar und individuell betroffen sind«.[59] Diese Konstruktion könnte den Schluß nahelegen, der EuGH halte es im Gegensatz zu der hier vertretenen Meinung für möglich, daß auch eine Bestimmung mit *echtem* Verordnungscharakter die von ihr erfaßten Personen individuell betrifft. Das ist jedoch nicht anzunehmen; wahrscheinlicher ist, daß der EuGH aus Gründen der Urteilsökonomie jeweils denjenigen Aspekt zuerst prüft, der in concreto die geringeren Schwierigkeiten bietet.

cc) Entscheidungen, die »als an eine andere Person gerichtete Entscheidung« ergangen sind

41 Art. 173 Abs. 2 nennt zwei Fälle, in denen »natürliche oder juristische Personen« Entscheidungen, deren Adressaten sie nicht sind, die sie aber »unmittelbar und individuell betreffen«, mit der Nichtigkeitsklage angreifen können. Der erste Fall – die

56 EuGH – Industria Molitoria Imolese u. a./Rat, 30/67 – Slg. 1968, 183. Ähnlich bereits EuGH – Confédération nationale u. a./Rat, 16 und 17/62 – Slg. 1962, 979, wo überdies klar zugestanden wird, daß eine Maßnahme, die einzelne Vorschriften mit Entscheidungscharakter aufweist, insgesamt »mit Recht« als Verordnung bezeichnet worden sein kann. Vgl. ferner im gleichen Sinne EuGH – CAM/Kommission, 100/74 – Slg. 1975, 1403.

57 *Schwarze*, a. a. O., S. 931.

58 Vgl. etwa Koninklijke Scholten Honig/Rat und Kommission, 101/76 – Slg. 1977, 806 ff.

59 So etwa in den Rechtssachen Union syndicale/Rat, 72/74 – Slg. 1975, 409; UNICME/Rat, 123/77 – Slg. 1978, 851.

»als Verordnung« ergangene Entscheidung – wurde bereits behandelt; wie ausgeführt, geht es dabei um Rechtsakte, die gleichsam an »falscher Aufmachung« leiden, bei denen m. a. W. Schein und Sein auseinanderklaffen. Liest man die Formulierung des zweiten, nachstehend zu erörternden Tatbestands – der *»als* eine an eine andere Person gerichtete Entscheidung ergangenen Entscheidung« –, so scheint es sich zunächst um ähnlich geartete Sachverhalte zu handeln; man gewinnt den Eindruck, die Verfasser der Vorschrift hätten ausschließlich Entscheidungen im Auge gehabt, die eigentlich an den Kläger hätten gerichtet werden müssen, in Wahrheit jedoch – aus welchen Gründen immer – an eine andere Person gerichtet wurden. Es wird sich jedoch herausstellen, daß die Vorschrift zwar diesen Fall miterfaßt, hauptsächlich aber auf andere, praktisch wichtigere Vorkommnisse gemünzt ist.

Wie bereits ausgeführt, besagen die Wendungen »ergehen an« (Art. 173 Abs. 2), »gerichtet sein an« (ibidem), »bezeichnen« (Art. 189 Abs. 4) und »bestimmt sein für« (Art. 191 Abs. 2) durchweg das Gleiche. Wenn es in Art. 189 Abs. 4 heißt »Die Entscheidung ist . . . für diejenigen verbindlich, die sie *bezeichnet«,* so könnte dieser Satz daher ebensogut gelesen werden: »Die Entscheidung ist . . . für diejenigen verbindlich, an die sie *gerichtet ist«* (so sehr klar der niederländische Text: » . . . tot wie *zij uitdrukkelijk is gericht«).* Nun ergibt sich aber die Person, für welche eine Entscheidung im eigentlichen Sinne »verbindlich« sein soll, in erster Linie aus dem objektiven Inhalt der Entscheidung. Spricht diese z. B. aus, die Bundesrepublik Deutschland werde ermächtigt, gewisse Einfuhren aus anderen Mitgliedstaaten zu unterbinden, so steht eindeutig fest, daß Adressat der Entscheidung die Bundesrepublik Deutschland ist, selbst wenn im Einzelfall die (in der Praxis der Gemeinschaft übliche) zusätzliche Feststellung »Diese Entscheidung ist an (hier: die Bundesrepublik Deutschland) gerichtet« versehentlich unterblieben ist. Es ist also schwer vorstellbar, daß eine Entscheidung jemals den Eindruck erweckt, an eine andere Person gerichtet zu sein als an diejenige, an die sie objektiv gerichtet ist. Sollte dieser Fall wider Erwarten eintreten, so wäre er freilich durch die hier zu besprechende Bestimmung erfaßt; da er aber, wie gezeigt, höchst unwahrscheinlich ist, kann nicht angenommen werden, daß diese Bestimmung nur und gerade ihn anvisiert.[60] Es ist vielmehr davon auszugehen, daß die Verfasser vor allem an die nachstehend geschilderten, in der Praxis häufig begegnenden Situationen gedacht haben.

Die von den Gemeinschaftsorganen, hauptsächlich von der Kommission, zu erlassenden Entscheidungen »betreffen« oft, wenn nicht stets, zwei verschiedene Personenkreise, und zwar in unterschiedlicher Intensität. Gibt die Kommission z. B. dem Antrag auf Freistellung eines Kartells von Art. 85 Abs. 1 EWG statt, oder verwirft sie ihn, so »richtet« sich diese Entscheidung zwar nur an die Antragsteller; sie zeitigt jedoch »Reflexwirkungen« im Verhältnis zwischen jedem der Antragsteller und privaten Dritten, die sich – je nach dem Inhalt der Entscheidung – auf die Nichtigkeit der Kartellabsprache berufen dürfen oder aber deren Gültigkeit hinnehmen müssen. Ermächtigt die Kommis-

60 *Tizzano,* in: *Quadri* u. a., a. a. O., Anm. 20 zu Art. 173.

sion einen Mitgliedstaat, Anträge von Importeuren auf Erteilung von Einfuhrlizenzen abzulehnen, so ist Adressat dieser Entscheidung der genannte Staat; darüber hinaus werden aber alle Unternehmen betroffen, die an derartigen Einfuhren interessiert sind. In derartigen Fällen kann selbstverständlich keine Rede davon sein, daß die Kommission verpflichtet wäre, die Drittbetroffenen namentlich aufzuzählen, zumal die genaue Feststellung ihrer Zahl und Identität häufig unmöglich, mindestens impraktikabel wäre, dennoch sollen diese Dritten ein Klagerecht haben, wenn sie nicht nur irgendwie, sondern »unmittelbar und indivuduell« betroffen sind.

42 Zum Begriff »andere Person« hat der EuGH ausgeführt, Wortlaut und Sinn dieses Ausdrucks rechtfertigten »die weiteste Auslegung«;[61] damit trat das Urteil der Ansicht entgegen, Privatpersonen könnten gegen Entscheidungen, deren Adressaten sie nicht sind, nur dann klagen, wenn diese Entscheidungen an andere Privatpersonen, nicht aber, wenn sie an einen Mitgliedstaat gerichtet seien.

c) Art des Betroffenseins

aa) Allgemeines

43 »Unmittelbar und individuell betroffen« kann selbstverständlich nur sein, wer überhaupt »betroffen« ist, d. h. zum Kreis derjenigen gehört, in deren rechtlich relevante Interessen die Entscheidung eingreift oder einzugreifen geeignet ist.[62]

44 »Unmittelbares« und »individuelles« Betroffensein sollten grundsätzlich getrennt geprüft werden, was der EuGH oft, aber leider nicht stets tut.

Es ist zwar richtig, daß beide Voraussetzungen mitunter aus den gleichen oder aus eng verwandten Gründen bejaht oder verneint werden müssen (letzteres etwa dann, wenn der betroffene Akt erstens der Ausführung durch die Mitgliedstaaten bedarf und diesen ein gewisses Ermessen beläßt, zweitens von vornherein klar ist, daß die Ausführungsvorschriften allgemeinen Charakter haben müssen). Dennoch geht es nicht an, beide Tatbestände zu einer übergeordneten begrifflichen Einheit verschmelzen zu wollen. Einmal sind »unmittelbares Betroffensein« und »individuelles Betroffensein« nicht nur sprachlich zwei verschiedene Dinge (es läßt sich sehr wohl vorstellen, daß ein Akt einzelne Personen unmittelbar, aber nicht individuell betrifft; der umgekehrte Fall ist freilich schwer denkbar). Zum zweiten ist die ratio legis nicht die gleiche:

- Das Kriterium der »Unmittelbarkeit« will verhindern, daß lediglich *potentiell* Betroffene den EuGH anrufen[63] – vielleicht überflüssigerweise, weil der spätere Ausführungsakt so beschaffen sein kann, daß er die Rechte oder Interessen des Klägers gar nicht berührt, oder jedenfalls verfrüht, weil noch offen ist, in welcher

61 EuGH – Plaumann/Kommission, 25/62 – Slg. 1963, 237.
62 Vgl. EuGH – Exportation des sucres/Kommission, 88/76 – Slg. 1977, 726f.
63 *Schwarze*, a. a. O., S. 936.

Weise der Akt diese Rechte und Interessen berühren wird. Soweit die Ausführung den Mitgliedstaaten obliegt, sollen außerdem die Grundsätze der Zuständigkeitsverteilung zwischen EuGH und staatlichen Gerichten gewahrt bleiben. Jenes Kriterium weist also bei näherer Betrachtung einen deutlichen Bezug zu bestimmten allgemeinen Grundsätzen des Gemeinschaftsrechts oder allgemeinen Rechtsgrundsätzen auf: Rechtsschutzinteresse, Rechtssicherheit, Grenzen der Befugnisse der Gemeinschaftsorgane usw.

- Dagegen soll das Kriterium der »Individualität« lediglich verhindern, daß jeder der – in einer aus nunmehr zehn Mitgliedstaaten bestehenden Gemeinschaft möglicherweise überaus zahlreichen – Betroffenen einen normativen Rechtsakt zu Fall bringen kann, mit unübersehbaren Konsequenzen für das Funktionieren der Gemeinschaft.

bb) »Unmittelbares« Betroffensein

45 »Unmittelbares« Betroffensein bedeutet streng genommen, daß die angefochtene Entscheidung den Kläger ipso facto benachteiligen *muß,* es also nicht genügt, daß sie ihn benachteiligen *kann,* falls weitere Umstände hinzutreten. Das Kriterium spielt insbesondere bei Entscheidungen eine Rolle, die an einen Mitgliedstaat gerichtet sind, sich jedoch auf die Rechte oder Interessen einzelner Wirtschaftsbürger dieses Staates auswirken beziehungsweise auswirken können (z. B. die einem Staat erteilte Ermächtigung, bestimmte Einfuhren zu verhindern, wodurch der Importhandel betroffen wird). So gesehen handelt es sich, wie GA *Roemer*[64] ausgeführt hat, um etwas anderes als einen bloßen »Maßstab für die Intensität des Betroffenseins. [Der Tatbestand der ›Unmittelbarkeit‹] muß vom System des Vertrages und von der Struktur der Gemeinschaftsordnung her . . . verstanden werden. Wesentliches Merkmal der Gemeinschaft ist . . . der Umstand, daß über den staatlichen Instanzen die Gemeinschaftsorgane stehen mit Befugnissen, die zum Teil unmittelbar in den Bereich der Mitgliedstaaten hineinwirken, zum Teil aber auch begrenzt und in der Realisierung bestimmter Anliegen auf die Mitwirkung der Mitgliedstaaten angewiesen sind«. So geschieht es häufig, daß bestimmte Einzelfälle oder Einzelfallgruppen gleichsam zweiphasig geregelt werden: in der ersten Phase werden die Gemeinschaftsorgane tätig; indem sie einem Mitgliedstaat Gebote oder Verbote auferlegen, Erlaubnisse erteilen oder verweigern; in der zweiten Phase führt der betroffene Staat die ihm erteilten Anweisungen (durch Handeln oder Unterlassen) aus, macht er von der erteilten Ermächtigung Gebrauch oder verzichtet er darauf, sich dieser Ermächtigung zu bedienen. Diese Zweistufigkeit kan dazu führen, daß die Entscheidung der Gemeinschaft die Benachteiligung bestimmter Wirtschaftsbürger lediglich »vorbereitet«, sie als möglich, wahrscheinlich oder sicher voraussehen läßt, daß diese Benachteiligung jedoch erst durch einen Ausführungsakt des Mitgliedstaats definitiv eintritt. In

64 Slg. 1963, 254 f.

solchen Fällen *kann* es an der von Art. 173 Abs. 2 geforderten »Unmittelbarkeit« fehlen; wie alsbald deutlich werden wird, *muß* dies jedoch nicht der Fall sein.

46 Bei der Abgrenzung des »unmittelbaren« von dem bloß »mittelbaren« Betroffensein ist von der ratio der hier zu erörternden Einschränkung des Klagerechts auszugehen. Sie liegt in der richtigen, mindestens rechtspolitisch vertretbaren Auffassung, daß ein Rechtsschutzbedürfnis nur (aber immerhin dann) anzunehmen ist, wenn *feststeht* (nicht schon, wenn es *möglich erscheint*), daß die Entscheidung die Interessen des Klägers beeinträchtigt, m. a. W., der Gerichtshof soll nur heilend, nicht auch vorbeugend tätig werden können. In diesem Sinne führt ein Urteil des EuGH aus (Hervorhebung nicht im Original), »die Tatsache allein, daß eine Maßnahme *geeignet ist*, die auf dem betroffenen Markt bestehenden Wettbewerbsverhältnisse [scil.: zum Nachteil des Klägers] zu beeinflussen«, rechtfertige nicht die Annahme, der Kläger werde durch diese Maßnahme unmittelbar betroffen.[65]

In der Regel werden Entscheidungen, die sich an einen Mitgliedstaat richten, die rechtliche und tatsächliche Position von dessen Bürgern nur insoweit »betreffen«, als sie die Ausübung der Kompetenzen regeln, welche dieser Staat gegenüber seinen Bürgern besitzt; also dem Staat befehlen, verbieten oder gestatten, bestimmte Handlungen, die in seine – wenn auch möglicherweise gemeinschaftsrechtlich eingeengte – Zuständigkeit fallen, gegenüber dem betroffenen Bürger vorzunehmen. Hierbei ist zwischen Geboten oder Verboten (einschließlich der Versagung beantragter Ermächtigungen), Ermächtigungen und (nachträglichen) Genehmigungen zu unterscheiden.

Bei *Gebots- oder Verbotsentscheidungen* steht die Benachteiligung des Bürgers und damit dessen »unmittelbares« Betroffensein fest, wenn folgende Voraussetzungen erfüllt sind:

- Der Staat ist bei korrekter Ausführung der Entscheidung (die stets zu unterstellen ist) gezwungen, eine dem Kläger nachteilige Maßnahme zu treffen oder eine dem Kläger günstige Maßnahme zu unterlassen, ihm verbleibt also insoweit keinerlei Ermessensspielraum.
- Es ist mit Sicherheit oder großer Wahrscheinlichkeit anzunehmen, daß der Staat ohne die Entscheidung die nachteilige Maßnahme unterlassen oder die günstige Maßnahme getroffen hätte: sei es, weil er hierzu verpflichtet gewesen wäre, sei es, weil er seinen diesbezüglichen Willen mit hinreichender Deutlichkeit und Festigkeit zu erkennen gegeben hatte.

»Unmittelbares« Betroffensein liegt demnach einmal dann vor, wenn die Entscheidung dem staatlichen Adressaten keinen Ermessensspielraum beläßt, dieser Adressat also

65 Eridania/Kommission, 10 und 18/68 – Slg. 1969, 482.

seinem Ausführungsakt nur einen einzigen – den Interessen des Klägers abträglichen – Inhalt geben kann.[66]

Nicht anders ist die Rechtslage, wenn die Maßnahme des Rates oder der Kommission dem Mitgliedstaat zwar die Wahl zwischen Handlungen verschiedenen Inhalts überläßt, jedoch jede dieser Handlungen dem Kläger – wenn auch vielleicht in unterschiedlicher Intensität – nachteilig sein muß.

Der Zufügung eines Nachteils (also der Verschlechterung der rechtlichen oder tatsächlichen Lage des Klägers) ist die Versagung eines Vorteils (also die Nichtverbesserung dieser Lage) gleichzustellen, wenn der Kläger ohne die Entscheidung einen Anspruch auf eine solche Verbesserung gehabt hätte oder mindestens mit großer Wahrscheinlichkeit auf die Verbesserung hätte hoffen dürfen, weil der Staat hierzu ursprünglich berechtigt war und eine entsprechende Absicht mit hinreichender Deutlichkeit und Festigkeit zu erkennen gegeben hatte. Das wird nicht selten anzunehmen sein, wenn der Staat die Gemeinschaft gebeten hatte, ihn zu einer dem Kläger günstigen Maßnahme zu ermächtigen (und ihm diese Ermächtigung verweigert wurde). Freilich läßt es sich ebenso gut vorstellen, daß der Staat die Ermächtigung gewissermaßen nur »auf Vorrat« beantragt hatte, ohne sich bereits darüber schlüssig geworden zu sein, ob er von ihr überhaupt oder gar zugunsten des Klägers Gebrauch machen würde; in diesem Falle fehlt es an der in Rede stehenden Prozeßvoraussetzung.[67] Hat die angefochtene Entscheidung den Mitgliedstaat lediglich dazu *ermächtigt,* künftig dem Kläger nachteilige Maßnahmen zu treffen, so liegt es nahe, dem Kläger entgegenzuhalten, der Staat sei nicht verpflichtet, von der Ermächtigung Gebrauch zu machen; tue er es, so beruhe die Beeinträchtigung auf seinem freien Willen, also nicht »unmittelbar« auf der Entscheidung der Gemeinschaft.[68] Diese Einwendung wird jedoch nicht immer durchgreifen, wie folgende Entscheidung zeigt.[69] Eine deutsche Behörde hatte dem Kläger, der eine Einfuhrlizenz beantragt hatte, geantwortet, sie beabsichtige, den Antrag abzulehnen, sobald sie im Besitze einer entsprechenden Ermächtigung der Kommission sein würde; insbesondere im Hinblick auf diesen Antrag (und denjenigen einer anderen Firma) erbat und erhielt sie diese Ermächtigung und lehnte den Antrag des Klägers noch vor der Klageerhebung ab. Der EuGH bejahte das unmittelbare Betroffensein; mit Recht, denn es wäre weltfremd gewesen, angesichts

66 Vgl. hierzu EuGH – International Fruit Company/Kommission, 41 bis 44/70 – Slg. 1971, 421 f., wo die »Unmittelbarkeit« für einen Akt bejaht wurde, mit dem die Kommission die Voraussetzungen, unter denen die Mitgliedstaaten bestimmte Einfuhrlizenzen erteilen oder versagen mußten, so detailliert geregelt hatte, daß der Vollzug dieser Regelung durch die Staaten im Einzelfall eine bloße Formalität darstellte. Anders ist dagegen die Lage, wenn dem Mitgliedstaat für seine »Genehmigungspolitik« ein Spielraum verbleibt: vgl. EuGH – UNICME/Rat, 123/77 – Slg. 1978, 851 f.

67 Vgl. EuGH – Alcan u. a./Kommission, 69/69 – Slg. 1970, 394, wo offenbar davon ausgegangen wurde, daß nicht feststand, wie der betroffene Mitgliedstaat sich verhalten hätte, wäre ihm die streitige Ermächtigung erteilt worden.

68 Vgl. EuGH – Usines de Beauport u. a./Rat, 103 bis 109/78 – Slg. 1979, 25.

69 EuGH – Bock/Kommission, 62/70 – Slg. 1971, 907 f.

dieser eindeutigen Absichtsbekundungen rein theoretisch auf die Tatsache abzustellen, daß die deutschen Behörden berechtigt gewesen wären, sich eines anderen zu besinnen.

Entscheidungen, welche eine dem Kläger nachteilige staatliche Maßnahme *nachträglich genehmigen,* erfüllen die in Rede stehende Voraussetzung jedenfalls dann, wenn – was in aller Regel der Fall sein wird – diese Genehmigung von Gemeinschaftsrechts wegen erforderlich war, um die Rechtmäßigkeit jener Maßnahmen herbeizuführen oder aufrechtzuerhalten.[70] Zwar ist es richtig, daß der Nachteil hier zunächst »unmittelbar« durch das Vorgehen des Staates entstanden ist; der Genehmigungsentscheidung muß jedoch die gleiche »Unmittelbarkeit« zuerkannt werden, weil sie die Ungültigkeit oder lediglich vorläufige Gültigkeit der Nachteilszufügung in (definitive) Gültigkeit umgewandelt und somit die Beeinträchtigung der klägerischen Interessen besiegelt.

47 Die bisherigen Darlegungen gelten sinngemäß auch für Klagen, die eine Privatperson wegen einer Entscheidung erhebt, die sich nicht an einen Mitgliedstaat, sondern an eine andere Privatperson wendet. Untersagt die Kommission z. B. mehreren in einem Kartell zusammengeschlossenen Aktiengesellschaften, jeweils die gleichen Personen zu Vorstandsmitgliedern zu bestellen, so ist jede Person »unmittelbar betroffen«, die bisher den Vorständen zweier oder mehrerer der beteiligten Firmen angehörte und ohne die Entscheidung weiterhin angehört hätte.

Genehmigt die Kommission eine Vereinbarung, mit der Produzenten einander das Recht einräumen, einschränkende Maßnahmen gegenüber Vertriebsunternehmen zu treffen, so sind diese Unternehmen dann »unmittelbar betroffen«, wenn die Kartellpartner ihren Willen, von diesen Rechten im Falle der Genehmigung der Vereinbarungen Gebrauch zu machen, mit hinreichender Deutlichkeit und Festigkeit zu erkennen gegeben haben.

48 »Unmittelbares« Betroffensein liegt eindeutig vor, wenn der Akt selbst die endgültige Regelung enthält, also z. B. einer bestimmten Gruppe von Marktteilnehmern für bestimmte Ausfuhren die Erhöhung eines Erstattungsbetrages versagt[71] oder für eine Reihe namentlich genannter Unternehmen nach Maßgabe bestimmter Kriterien Grundquoten festsetzt.[72]

cc) »Individuelles« Betroffensein

49 Die »Entscheidungen« des EWG-Rechts haben, insbesondere im Vergleich zu den Verordnungen, einen (relativ) »individuellen« Charakter. Abweichend von EGKS-Recht genügt dieser Umstand jedoch nicht, um ein Klagerecht des drittbetroffenen Privaten

70 EuGH – Töpfer u. a./Kommission, 106 und 107/63 – Slg. 1965, 555 ff.
71 EuGH – CAM/Kommission, 100/74 – Slg. 1975, 1403.
72 EuGH – Roquette Frères/Rat, 138/79 – Slg. 1980, 3356 mit der Begründung, ein solcher Akt enthalte bereits die Anwendung der von ihm aufgestellten Kriterien.

auszulösen, vielmehr muß auch die Art und Weise seines »Betroffenseins« individuellen Charakter aufweisen.

Die Frage, wann dies der Fall ist, hat der EuGH wie folgt beantwortet: »Wer nicht Adressat einer Entscheidung ist, kann nur dann geltend machen, von ihr individuell betroffen zu sein, wenn die Entscheidung ihn wegen bestimmter persönlicher Eigenschaften oder besonderer, ihn aus dem Kreis aller übrigen Personen heraushebender Umstände berührt und ihn daher in ähnlicher Weise individualisiert wie den Adressaten«.[73]

50 Nicht erforderlich ist, daß der Kläger als einziger Dritter betroffen wurde.[74]

51 Die umgekehrte Frage, ob »individuelles Betroffensein« *ipso facto* vorliegt, wenn der Kläger als einziger Dritter von der Entscheidung benachteiligt wurde, hat der EuGH zwar bisher nicht expressis verbis entschieden. Er scheint jedoch zu einer verneinenden Antwort zu neigen. So hat er ausgeführt: »Im vorliegenden Fall wird die Klägerin durch die umstrittene Entscheidung in ihrer Eigenschaft als Importeur von Clementinen betroffen, also im Hinblick auf eine kaufmännische Tätigkeit, die jederzeit durch jedermann ausgeübt werden kann und daher nicht geeignet ist, die Klägerin gegenüber der angefochtenen Entscheidung in gleicher Weise zu individualisieren wie den Adressaten.«[75] Freilich ist zu vermuten, daß es in der Bundesrepublik im fraglichen Zeitpunkt außer der Klägerin noch andere Firmen gab, die sich mit dem Import von Clementinen befaßten; die Wendung »Tätigkeit, die jederzeit durch jedermann ausgeübt werden *kann«* legt jedoch die Verutung nahe, daß der EuGH nicht anders entschieden hätte, wenn die Klägerin die einzige deutsche Firma gewesen wäre, die dieser Tätigkeit nachging. Diese Vermutung wird durch ein späteres Urteil erhärtet: »Der rein zufällige Umstand, daß es nur die Klägerin für zweckmäßig gehalten hat, an dem in der angefochtenen Entscheidung genannten Geltungstage« – die Dauer der Anwendbarkeit der Entscheidung war auf 24 Stunden begrenzt – »einen Antrag auf eine Einfuhrlizenz zu stellen, ist nicht geeignet, die Klägerin aus dem Kreis der übrigen Importeure herauszuheben und im Sinne von Art. 173 . . . zu individualisieren«.[76] Absichernd weist das Urteil allerdings darauf hin, daß die in Rede stehende Entscheidung sich nicht nur auf die Einfuhr, sondern auch auf die Ausfuhr der betroffenen Erzeugnisse beziehe; als ausschlaggebend dürfte der EuGH diesen Gesichtspunkt jedoch nicht angesehen haben,

73 So schon EuGH – Plaumann/Kommission, 25/62 – Slg. 1963, 238 und später ständig mit der gleichen oder einer ähnlichen Formulierung; vgl. etwa EuGH – Union syndicale/Rat, 72/74 – Slg. 1975, 409; CAM/Kommission, 100/74 – Slg. 1975, 1403; Exportation des sucres/Kommission, 88/76 – Slg. 1977, 726.

74 So stillschweigend EuGH – Töpfer u. a./Kommission, 106 und 107/63 – Slg. 1965, 556; ebenso spätere Urteile.

75 Urteil 25/62, a. a. O., S. 238 f.

76 EuGH – Getreide-Import/Kommission, 38/64 – Slg. 1965, 285.

da er die Klägerin letztlich nur zur Gesamtheit der (potentiellen) *Importeure* in Bezug setzt.

52 Eindeutig ist, daß nach der Auffassung des EuGH eine Entscheidung, die sich auf die Wirtschaftsbürger mehrerer Mitgliedstaaten auswirkt, von einem Privaten nicht schon deswegen angefochten werden kann, weil er innerhalb *seines* Staates der einzige Betroffene ist. Die Kommission hatte die französische Regierung ermächtigt, bei der Einfuhr von Glukose aus anderen Mitgliedstaaten Ausgleichsabgaben zu erheben. Hiergegen klagte ein belgisches Unternehmen, das sein individuelles Betroffensein daraus ableitete, daß es als einzige Firma seines Landes wirtschaftlich daran interessiert sowie willens und in der Lage sei, während der Geltungsdauer der Entscheidung nennenswerte Mengen Glukose aus Belgien nach Frankreich zu exportieren. Der EuGH entschied, selbst wenn dies zutreffen sollte, sei die Rechtsauffassung der Klägerin abzulehnen, da die Entscheidung für französische Einfuhren aus allen Mitgliedstaaten, nicht nur aus Belgien gelte; es gehe aber nicht an, den Markt eines Mitgliedstaates vom übrigen gemeinsamen Markt »künstlich [abzutrennen]«.[77]

53 Wenn der EuGH schon in Fällen wie den vorstehend geschilderten das Vorliegen der hier zu besprechenden Prozeßvoraussetzung verneint hat, so mußte er es erst recht dann tun, wenn der jeweilige Kläger einem unübersehbaren Kreis von Betroffenen angehört, dessen Angehörige sich nach Zahl und Identität entweder gar nicht oder nur unter Aufbietung unverhältnismäßiger Anstrengungen feststellen ließen, und dessen Zusammensetzung sich während der Geltungsdauer der Entscheidung nicht nur in theoretischer, sondern auch in praktischer Betrachtung verändern kann. So wurde eine Klage als unzulässig abgewiesen, weil die beanstandeten Vorschriften »nicht die Interessen bestimmter, genannter oder doch identifizierbarer Personen [betreffen], sondern die ganzen Gruppen von Verbrauchern und Händlern, die abstrakt bezeichnet ... sind«.[78]

54 Nach den bisherigen Ausführungen könnte es fast scheinen, als ob sich der Tatbestand des »individuellen Betroffenseins« so gut wie nie erfüllen ließe. Dieser Eindruck wäre jedoch falsch. So bejahte der EuGH das Vorliegen dieses Tatbestands mit der Begründung, die gerügte Entscheidung betreffe »nur die Importeure, die im Laufe des 1. Oktober 1963 Einfuhrlizenzen beantragt hatten. Diese Importeure waren schon vor dem 4. Oktober, dem Tag des Erlasses der angefochtenen Entscheidung, der Zahl und der Person nach feststellbar. Die Kommission konnte wissen, daß ihre Entscheidung nur die Interessen und die Rechtsstellung dieser Importeure berührte. Bei dieser Sachlage waren die genannten Importeure, darunter die Klägerinnen, im Verhältnis zu allen anderen

77 EuGH – Glucoseries Réunies/Kommission, 1/64 – Slg. 1964, 895 f.

78 EuGH – Industria Molitoria Imolese u. a./Rat, 30/67 – Slg. 1968, 183. Ähnlich die Feststellung, die Bestimmung eines agrarrechtlichen Referenzpreises betreffe die Kläger nicht individuell, sondern richte sich »an eine Vielheit von Gemeinschaftsangehörigen«, da ein solcher Preis ein »allgemeines Kriterium« darstelle (EuGH – Sgarlata u. a./Kommission, 40/64 – Slg. 1965, 312).

Personen in ähnlicher Weise individualisiert wie die Adressaten einer Entscheidung«.[79]

Insgesamt ergibt sich aus dieser Rechtsprechung, daß der EuGH die Zulässigkeit einer Klage dann – und, wie es scheint, nur dann – bejaht, wenn Zahl und Identität der von der angegriffenen Entscheidung oder Pseudo-Verordnung Betroffenen schon bei Vornahme des Aktes endgültig und objektiv feststanden,[80] gleichgültig ob das handelnde Organ diese Zahl und diese Identität ermittelt hatte oder nicht. Praktisch handelt es sich um Fälle, in denen die Beteiligten bereits vor Erlaß der Maßnahme, insbesondere durch Stellen eines Antrags, aus der anonymen Masse der potentiell Interessierten herausgetreten waren und sich gewissermaßen in ein »besonderes Rechtsverhältnis« zu ihren nationalen Behörden oder zur Gemeinschaft begeben hatten. Der Tatbestand des »individuellen Betroffenseins« erweist sich hiernach als vergangenheitsbezogen; die »Individualisierung« kann nur durch Vorgänge erfolgen, die vor dem Zeitpunkt liegen, zu dem die Maßnahme beschlossen wurde.

IV. Voraussetzungen für die Begründetheit der Klage

1. Allgemeines

55 Die Nichtigkeitsklage ist begründet, wenn der angefochtene Akt mit einem oder mehreren Mängeln behaftet ist, der oder die unter einen der vier in Art. 173 aufgezählten Tatbestände des fehlerhaften Verwaltungshandelns fallen, und wenn der oder die Mängel

- entweder vom Kläger geltend gemacht
  oder
- da von Amts wegen zu beachten, vom Gerichtshof ex officio aufgegriffen wurde(n).

79 Urteil 106 und 107/63, a. a. O.; ähnlich die Urteile in den Rs. 41 bis 44/70 (a. a. O., S. 422) und 62/70 (a. a. O., S. 907). Der EuGH spricht hier von einem »Bündel individueller Entscheidungen« (Urteil 41 bis 44/70) oder einer »Sammelentscheidung« (NTN Toyo Bearing/Rat, 113/77 – Slg. 1979, 1205). Im letztgenannten Fall war die Rechtslage besonders eindeutig, da die »Verordnung« die von ihr Betroffenen namentlich aufführte.

80 So daß nicht einmal theoretisch noch ein weiterer Betroffener nachträglich hinzukommen könnte: *Schwarze,* a. .a. O., S. 937.
Vgl. auch die interessanten Ausführungen von *Fuß,* Rechtssatz und Einzelakt im Europäischen Gemeinschaftsrecht, in: NJW 1964, S. 946 ff., der als maßgebliches Abgrenzungskriterium die »Bestimmtheit oder Unbestimmtheit der Zahl« postuliert, dagegen das Kriterium der »Bestimmbarkeit« ablehnt.

2. *Die einzelnen Tatbestände des fehlerhaften Verwaltungshandelns*

a) *Unzuständigkeit*

56 aa) Die Auslegung des Begriffs »Unzuständigkeit« dürfte im allgemeinen keine nennenswerten Schwierigkeiten bereiten, da hierbei an in allen Mitgliedstaaten anerkannte Grundgedanken angeknüpft werden kann. Der Rat oder die Kommission verwirklichen diesen Tatbestand, wenn sie eine Befugnis ausüben, die ihnen durch das Gemeinschaftsrecht nicht verliehen wurde, wobei es nicht darauf ankommt, ob diese Befugnis einem anderen Gemeinschaftsorgan, den Mitgliedstaaten oder überhaupt niemandem zusteht.

Hierbei ist allerdings zu berücksichtigen, daß auch für das Gemeinschaftsrecht in begrenztem Umfang »implied powers« anzuerkennen sind: »Der Gerichtshof hält, ohne sich dabei an eine extensive Auslegung zu begeben, die Anwendung einer sowohl im Völkerrecht als auch im innerstaatlichen Recht allgemein anerkannten Auslegungsregel für zulässig, wonach die Vorschriften eines völkerrechtlichen Vertrages oder eines Gesetzes zugleich diejenigen Vorschriften beinhalten, bei deren Fehlen sie sinnlos wären oder nicht in vernünftiger und zweckmäßiger Weise zur Anwendung gelangen könnten«.[81] Freilich hat sich die etwaige Bejahung stillschweigend verliehener Kompetenzen in engen Grenzen zu halten. Anderenfalls würde die Vorschrift von Art. 4 Abs. 1 letzter Satz EWGV ausgehöhlt, wonach »jedes Organ« – lies: »nur« – »nach Maßgabe der ihm in diesem Vertrag zugewiesenen Befugnisse [handelt]«. Außerdem ist Art. 235 zu beachten, der ein besonderes Rechtsetzungsverfahren für den Fall vorsieht, daß »ein Tätigwerden der Gemeinschaft erforderlich [erscheint], um im Rahmen des Gemeinsamen Marktes eines ihrer Ziele zu verwirklichen, und . . . in diesem Vertrag die hierfür erforderlichen Befugnisse nicht vorgesehen [sind]«; soll diese Bestimmung nicht umgangen werden, so wird man »implied powers« nur insoweit annehmen können, als es sich um Kompetenzen handelt, die sich zwangsläufig aus einer eindeutig vorgesehenen Befugnis ergeben und sich an diese gewissermaßen anlehnen.

57 bb) Keine Unzuständigkeit, sondern eine »Verletzung wesentlicher Formvorschriften« liegt vor, wenn das an sich zum Tätigwerden berufene Organ es pflichtwidrig unterläßt, vor dem Erlaß des betroffenen Aktes andere Stellen anzuhören oder in sonstiger Weise mitwirken zu lassen; entscheidend ist nicht, wer mitzuwirken hatte, sondern wem es zukam, die Maßnahme zu treffen. Weiterhin läßt sich von Unzuständigkeit nicht reden, wenn das Organ lediglich die Grenzen einer ihm an sich zustehenden Befugnis überschreitet.

58 cc) Verleiht der EuGH dem Rat eine Verordnungskompetenz, so bedeutet das nicht, daß alle Einzelheiten der in Rede stehenden Materie vom Rat selbst geregelt werden müssen. Es genügt, wenn der Rat »die wesentlichen Grundzüge« festlegt; im übrigen steht

81 EuGH – Fédération charbonnière de la Belgique/Hohe Behörde, 8/55 – Slg. 1955 bis 56, 312.

es ihm frei, Durchführungsvorschriften selbst zu erlassen oder aber die Kommission hiermit zu beauftragen.[82]

b) Verletzung wesentlicher Formvorschriften

59 aa) Nur die Verletzung »wesentlicher« Formvorschriften – welcher Begriff auch Verfahrensregeln einschließt[83] – berechtigt zur Nichtigkeitsklage. Die Formulierung dieses Tatbestandes in Art. 173 verführt zu dem Schluß, daß die Formvorschriften des Gemeinschaftsrechts sich ein für allemal in »wesentliche« und »unwesentliche« gliedern, mit der Maßgabe, daß ein Verstoß gegen jene stets, ein Verstoß gegen diese niemals zur Aufhebung führen könne. Diese Auffassung ist jedoch abzulehnen. Wie sich aus den nachstehenden Ausführungen ergibt, kann die Verletzung ein und derselben Norm je nach Lage der Umstände des Einzelfalls gravierend sein oder nicht; besser würde es daher heißen »wesentliche Verletzung von Formvorschriften«. Richtig ist allerdings, daß es unter den in Betracht kommenden Bestimmungen solche gibt, deren Mißachtung in der Mehrzahl der Fälle zur Aufhebung führen muß, und solche, bei denen dies eher selten der Fall sein wird.

60 bb) Sieht man von den Bestimmungen über die Form der Bekanntmachung ab, so wird man die hier einschlägigen Normen – ohne unbedingten Anspruch auf Vollständigkeit – in drei Gruppen einteilen können:

In die erste Gruppe gehören die Regeln für die Vorbereitung der Willensbildung, vor allem diejenigen Bestimmungen oder Rechtsprinzipien, welche die vorherige Einschaltung anderer Gemeinschaftsorgane oder sonstiger Stellen fordern, also z. B. anordnen: daß der Rat »auf Vorschlag der Kommission und nach Anhörung der Versammlung« tätig zu werden hat;[84] daß der Wirtschafts- und Sozialausschuß angehört werden muß; daß den Beteiligten vor Erlaß eines Rechtsaktes eine Frist zur Äußerung zu setzen ist (in derartigen Fällen liegt eine Formverletzung auch dann vor, wenn der Akt vorgenommen wird, bevor die Frist abgelaufen ist und die Beteiligten sich geäußert haben); daß eine Maßnahme nur auf Antrag eines Mitgliedstaates ergehen kann; daß Unternehmen und Personen, gegen welche die Kommission ein Bußgeldverfahren durchführt, die Möglichkeit haben müssen, »schriftlich und mündlich zu den ihnen gegenüber von der Kommission berücksichtigten Beschwerdepunkten Stellung zu nehmen«;[85] usw. Ebenfalls

82 EuGH – Scheer/Einfuhr- und Vorratsstelle, 30/70 – Slg. 1970, 1209.
83 *Ule*, Gutachten, a. a. O. (Literaturhinweise zur Vorbemerkung) S. 23.
84 Hat der Rat das Parlament um Stellungnahme ersucht und ist das Parlament dem Ersuchen nicht nachgekommen, so entlastet dieses Säumnis den Rat nicht ipso facto von seiner Verpflichtung; er muß überdies dartun, daß er alle Möglichkeiten ausgeschöpft hat, um die Stellungnahme zu erlangen (EuGH – Roquette Frères/Rat, 138/79 – Slg. 1980, 3360 f.).
85 EuGH – Chemiefarma/Kommission, 41/69 – Slg. 1970, 690.

hierher gehört der Fall, daß das andere Organ oder die andere Stelle zwar eingeschaltet wurde, jedoch seinerseits gegen bedeutsame Formvorschriften verstoßen hat.[86]

Verstöße gegen derartige Vorschriften werden in aller Regel als »wesentlich« anzusehen sein, weil normalerweise nicht ausgeschlossen werden kann, daß die Rechtshandlung anders ausgefallen wäre, wenn die zur Mitwirkung berufenen Personen oder Stellen zu Wort gekommen wären. Bedarf ein Akt einer solchen Zustimmung, so gilt das gleiche für spätere Maßnahmen, welche diesen Akt ändern, es sei denn, daß die Änderungen »nicht grundlegende Punkte betreffen«.[87]

61 Die zweite Gruppe umfaßt die für das eigentliche Beschlußverfahren geltenden Vorschriften: vorgeschriebene Schriftform, Quorum usw. So verletzt der Rat z. B. eine wesentliche Formvorschrift, wenn er mit einfacher Mehrheit beschließt, obwohl qualifizierte Mehrheit oder gar Einstimmigkeit vorgeschrieben ist.

62 In die dritte Gruppe gehören Bestimmungen über die äußere Gestaltung der verbindlichen Verlautbarungen. Die wesentlichsten Vorschriften dieser Art. enthält Art. 190 EWGV, wonach Verordnungen, Richtlinien und Entscheidungen

- »mit Gründen zu versehen [sind]«
  und
- »auf die Vorschläge und Stellungnahmen Bezug [zu nehmen haben], die nach diesem Vertrag eingeholt werden müssen«.

Die versehentliche Unterlassung einer solchen Bezugnahme dürfte allerdings in der Regel keinen »wesentlichen« Verstoß darstellen; entscheidend ist letztlich, ob der Vorschlag oder die Stellungnahme tatsächlich eingeholt wurde, was sich gegebenenfalls im Rechtsstreit nachweisen ließe. Begründungsmängel – von kleineren Unstimmigkeiten abgesehen[88] – werden dagegen in der Praxis meistens zur Nichtigerklärung führen müssen. Wegen Einzelheiten zu Begriff und Erscheinungsformen des Begründungsmangels siehe die Anmerkungen zu Art. 190.

Als Formvorschriften sind auch diejenigen Bestimmungen anzusehen, die den Gebrauch der verschiedenen Amtssprachen regeln. Diese Bestimmungen haben erhebliche politische und psychologische Bedeutung; ihre Verletzung ist aber nur dann als »wesentlich« anzusehen, wenn nicht von der Hand gewiesen werden kann, daß sie den Betroffenen in concreto daran gehindert hat, von dem Inhalt des Schriftstücks ausreichend Kenntnis zu nehmen, und daß diese Informationslücke einen Einfluß auf den Inhalt des angefochtenen Aktes gehabt hat.[89]

86 Vgl. EuGH – Morina/Parlament, 21/65 – Slg. 1965, 1370 (Verstoß eines Prüfungsausschusses gegen die Begründungspflicht).
87 EuGH – Lemmerz-Werke/Hohe Behörde, 111/63 – Slg. 1965, 919.
88 Vgl. etwa EuGH-Urteil 111/63, a. a. O., S. 915 (»geringfügiges Redaktionsversehen«).
89 Vgl. EuGH-Urteil 41/69, a. a. O.

c) Verletzung des Vertrages oder einer bei seiner Durchführung anzuwendenden Rechtsnorm

63 aa) Gegenüber den speziellen und relativ eng umgrenzten Tatbeständen der Unzuständigkeit, der Formverletzung und des Ermessensmißbrauchs ist die »Verletzung dieses Vertrags oder einer bei seiner Durchführung anzuwendenden Rechtsnorm« gleichsam der Auffangtatbestand für alle Verstöße, die sich nicht unter einen jener drei anderen Begriffe subsumieren lassen. Die gewählte Umschreibung ist wenig treffend, da unzuständiges Handeln, Mißachtung von Formvorschriften und Verfolgung unzulässiger Ziele selbstverständlich auch eine Verkennung »dieses Vertrags« oder sonstigen Gemeinschaftsrechts darstellen. Sie ist auch deswegen nicht glücklich, weil das Wort »Rechts*norm*« den unrichtigen Eindruck erwecken könnte, als ob ungeschriebenes Recht (insbesondere allgemeine Rechtsgrundsätze) oder »Individualakte« der Gemeinschaftsorgane (Richtlinien, Entscheidungen) nicht den Gegenstand einer mit der Nichtigkeitsklage angreifbaren Verletzung bilden könnten.

Zusammenfassend wird man sagen können, daß unter den Tatbestand der »Verletzung dieses Vertrages oder einer bei seiner Durchführung anzuwendenden Rechtsnorm« jeder Verstoß gegen geschriebenes oder ungeschriebenes, primäres oder sekundäres, von den Gemeinschaftsorganen zu beachtendes Recht fällt, der nicht einem der drei anderen Tatbestände des Art. 173 Abs. 1 zuzuordnen ist. Empfehlungen, Stellungnahmen und sonstige unverbindliche Verlautbrungen sind und enthalten dagegen keine »Rechtsnormen«; sie verpflichten niemanden und können daher auch durch niemanden – nicht einmal durch ihren Urheber! – »verletzt« werden.

Auch ein Irrtum über Tatsachen kann eine Rechtsverletzung darstellen, wenn es sich um eine »wesentliche Fehlbeurteilung« handelt.[90] Das ist vor allem dann der Fall, wenn das Organ zu Unrecht angenommen hat, die tatsächlichen Voraussetzungen für die Anwendbarkeit der in Betracht kommenden Vorschriften überhaupt oder für den Erlaß eines Aktes gerade *dieses* Inhalts seien gegeben, oder wenn nicht ausgeschlossen werden kann, daß das Organ bei richtiger Ermittlung des relevanten Sachverhalts von seinem Ermessen in einem anderen, dem Kläger günstigeren Sinne Gebrauch gemacht hätte.

64 bb) Die von Rat und Kommission getroffenen verbindlichen Maßnahmen stellen selbst Gemeinschaftsrecht dar. Sie sind daher nur rechtswidrig, wenn sie sich mit generell höherrangigem oder im Einzelfall aus sonstigen Gründen zu respektierenden früheren Gemeinschaftsrecht nicht vereinbaren lassen.

d) Ermessensmißbrauch

65 Die Begriffe »Ermessensmißbrauch«, »détournement de pouvoir« usw. sind den nationalen Rechtsordnungen entnommen, vor allem dem deutschen Recht und dem

90 Vgl. EuGH-Urteil 111/63 a. a. O., S. 911.

Recht der französischsprachigen Mitgliedstaaten. Art. 173 scheint daher prinzipiell auf die Gesamtheit dieser Rechtsinhalte zu verweisen und nicht etwa die Entwicklung eines völlig eigenständigen EWG-rechtlichen Begriffs des »Ermessensmißbrauchs« zu postulieren, für den im übrigen kein Bedarf bestünde.

Allerdings stimmen diese Rechtsinhalte untereinander nicht durchweg überein, so daß jene Verweisung zu einer kritischen Auswahl nötigt. Während die klassische französische Lehre unter »détournement de pouvoir« im wesentlichen versteht, daß die Behörde mit ihrer Maßnahme ein Ziel verfolgt, das sie im gegebenen Fall nicht anstreben durfte, zieht die deutsche Auffassung die Grenzen weiter, indem sie Ermessensmißbrauch ganz allgemein dann annimmt, wenn die Verwaltung von gesetzwidrigen Erwägungen ausgegangen ist, ihr Ermessen nicht im Sinne der gesetzlichen Ermächtigung gehandhabt hat usw.; die Definitionen gehen z. T. auseinander, wie denn dem deutschen Begriff »Ermessensmißbrauch« überhaupt eine gewisse Unschärfe anzuhaften scheint.

Bei der Interpretation von Art. 173 sollte im großen und ganzen der (enge) französische Begriff des »détournement de pouvoir« zugrundegelegt werden,[91] da eine Ausdehnung des hier zu erörternden Tatbestandes auf sonstige Fälle von Ermessensfehlgebrauch rechtspolitisch nicht nur nicht erforderlich, sondern möglicherweise sogar nachteilig wäre. Sie ist nicht erforderlich, weil die in Betracht kommenden Sachverhalte sich ohne weiteres unter den umfassend angelegten Tatbestand der »Verletzung dieses Vertrages oder einer bei seiner Durchführung anzuwendenden Rechtsnorm« subsumieren lassen – der dann allerdings auch entsprechend großzügig zu interpretieren ist – und weil der Umfang des Klagerechts so oder so der gleiche ist. Sie wäre ferner bedenklich, weil angesichts des pejorativen Klangs der Ausdrücke »Mißbrauch«, »détournement« usw. die Tendenz besteht, an den Nachweis eines Ermessensmißbrauchs besonders hohe Anforderungen zu stellen; die hieraus resultierende Gefahr, daß tadelhaftes Verhalten mitunter sanktionslos bleibt, sollte dadurch klein gehalten werden, daß der Begriff »Ermessensmißbrauch« restriktiv interpretiert wird.[92]

91 So grundsätzlich auch der EuGH; vgl. das Urteil Küster/Parlament, 123/75 – Slg. 1976, 1710. Allerdings wird gelegentlich statt von »Ziel« oder »Zweck« auch von »Gründen« gesprochen (vgl. EuGH – Ditterich/Kommission, 86/77 – Slg. 1978, 1864 ff.); ein sachlicher Unterschied dürfte hierin jedoch – jedenfalls nach der Vorstellung des EuGH – nicht zu erblicken sein.

92 Fälle, in denen das Vorliegen eines Ermessensmißbrauchs bejaht wurde, sind nicht nur wegen der diesem Begriff gezogenen engen Grenzen, sondern auch wegen der Beweisschwierigkeiten außerordentlich selten. Vgl. für eine solche Ausnahme EuGH – Giuffrida/Rat, 105/75 – Slg. 1976, 1402 f.; nicht zufällig ging es hier um Dienstrecht.

Artikel 174 [Inhalt der Urteile in Nichtigkeitssachen]

Ist die Klage begründet, so erklärt der Gerichtshof die angefochtene Handlung für nichtig.

Erklärt der Gerichtshof eine Verordnung für nichtig, so bezeichnet er, falls er dies für notwendig hält, diejenigen ihrer Wirkungen, die als fortgeltend zu betrachten sind.

Literaturhinweise

s. bei Artikel 173

Inhaltsübersicht

I. Vergleich mit EAG- und EGKS-Recht

1 Art. 174 EWGV entspricht wörtlich Art. 147 EAGV. Dagegen lautet Art. 34 Abs. 1 Satz EGKSV: »Im Fall der Nichtigerklärung verweist der Gerichtshof die Sache an die Hohe Behörde zurück.« Eine solche Vorschrift ist überflüssig, da ohnedies kein Zweifel daran besteht, daß die Tätigkeit des EuGH mit dem die Nichtigerklärung enthaltenden Urteil beendet ist und es nunmehr – wie Art. 176 Abs. 1 EWGV, insoweit in Übereinstimmung mit Art. 34 Abs. 1 Satz 2 EGKSV, denn auch feststellt – dem Organ, dessen Maßnahme für nichtig erklärt worden ist, obliegt, »die sich aus dem Urteil des Gerichtshofes ergebenden Maßnahmen zu ergreifen«.[1]

II. Voraussetzungen und Inhalt von »Nichtigkeitsurteilen«

2 1. Der EuGH hat den angefochtenen Rechtsakt oder die angefochtenen Einzelbestimmungen des betroffenen Rechtsaktes für nichtig zu erklären, wenn die Klage »begründet« ist; selbstverständlich muß sie zunächst einmal zulässig sein.

1 Siehe hierzu die Erläuterungen zu Art. 176.

Das Urteil kann, wenn die Klage nicht abgewiesen wird, nur auf Nichtigerklärung lauten. Für sonstige Entscheidungsinhalte (Feststellungen usw.) ist bei reinen Nichtigkeitsklagen grundsätzlich kein Raum. Insbesondere kann der EuGH dem unterlegenen Organ nicht vorschreiben, welche Maßnahmen es aufgrund des Urteils zu ergreifen hat,[2] geschweige denn selbst entsprechende Maßnahmen treffen.[3] Vielmehr ist es gemäß Art. 176 Sache des beklagten Organs selbst, die Konsequenzen aus dem Urteil zu ziehen.

3 2. a) Für den Fall, daß der EuGH eine Verordnung für nichtig erklärt, sieht Art. 174 Abs. 2 jedoch vor, daß er, »falls er dies für notwendig hält«, in seinem Urteil diejenigen Wirkungen der Verordnung bezeichnet, »die als fortgeltend zu betrachten sind«.

Die Sonderregelung erklärt sich aus der den Verordnungen eigentümlichen Natur. Gemäß Art. 189 hat die Gemeinschaftsverordnung »allgemeine Geltung«, »ist in allen ihren Teilen verbindlich und gilt unmittelbar in jedem Mitgliedstaat«. Das bedeutet insbesondere, daß Verordnungen normativen Charakter haben, in aller Regel einheitliche Regelungen für sämtliche Mitgliedstaaten treffen und somit u. U. für eine große Zahl von Personen Verbindlichkeiten und Rechte schaffen. Schon aus diesen Gründen hat die Nichtigerklärung einer Verordnung weitreichende Folgen; hinzu kommt, daß dem Erlaß einer Verordnung zumeist eine Reihe von Ausführungsmaßnahmen allgemeiner und/oder individueller Art (Durchführungsverordnungen »zweiten Grades«, Richtlinien, Entscheidungen) folgen, deren Rechtmäßigkeit prinzipiell mit derjenigen der ihnen zugrundeliegenden Ermächtigungs- oder Befehlsnorm steht und fällt. Im Interesse von Rechtssicherheit, Vertrauensschutz und ähnlicher Rechtswerte schafft nun Art. 174 Abs. 2 die Möglichkeit, Wirkungen bestehen zu lassen, die aufgrund der für nichtig erklärten Verordnung eingetreten waren und die bei Anwendung strenger Rechtslogik (»A mal Null = Null«) als hinfällig, da ohne gültige Grundlage entstanden, angesehen werden müßten.

4 b) Der EuGH hat bisher von der ihm eingeräumten Möglichkeit nicht allzu häufig Gebrauch gemacht; so etwa bei der Aufhebung einer die Versorgungsbezüge der Gemeinschaftsbeamten regelnden Verordnung.[4] Es ist jedoch darauf hinzuweisen, daß nach der jüngeren Rechtsprechung Art. 174 Abs. 2 auf Ungültigerklärungen gemäß

2 EuGH – Geitling u. a./Hohe Behörde, 2/56 – Slg. 1957, 36.

3 EuGH – SNUPAT/Hohe Behörde, 42 und 49/59 – Slg. 1961, 174.

4 Kommission/Rat, 81/72 – Slg. 1973, 586. Als Grund wurde angegeben, daß »die Kontinuität in der Besoldungsregelung« gewahrt werden müsse. Das Urteil macht von Art. 174 Abs. 2 einen sehr weitgehenden Gebrauch, da es sich nicht nur auf vergangene Wirkungen bezieht, sondern anordnet, »daß die für nichtig erklärten Artikel *weiterhin* [Hervorhebung durch Verf.] ihre Wirkungen erzeugen, bis der Rat aufgrund dieses Urteils eine neue Verordnung erlassen hat«. Offenbar sollte verhindert werden, daß es auch nur vorübergehend an einer Rechtsgrundlage für die Zahlung der Dienstbezüge fehlte. Prinzipiell ist jedoch daran festzuhalten, daß unsere Vorschrift »im wesentlichen die Befugnis des Gerichtshofs betrifft, die Rückwirkung der Nichtigerklärung zu begrenzen, um damit vor allem auf wohlerworbene Rechte Rücksicht zu nehmen« (GA *Trabucchi,* Slg. 1976, 238).

Art. 177 analog anwendbar ist (siehe die Anmerkungen zu diesem Artikel). Da Verordnungen öfter auf dem Wege des Artikels 177 »zu Fall gebracht werden« als durch Nichtigerklärungen, ist damit zu rechnen, daß der in Art. 174 Abs. 2 enthaltene Rechtsgedanke künftig an praktischer Bedeutung gewinnen wird.

5 c) Ein Ausspruch gemäß Art. 174 Abs. 2 kann auch dann ergehen, wenn keine der Parteien einen diesbezüglichen Antrag gestellt hat. Das ergibt sich bereits aus den Worten »falls er dies für notwendig hält«. Hinzu kommen praktische Erwägungen. Wie schon hervorgehoben, berühren Verordnungen und die zu ihnen ergangenen Ausführungsmaßnahmen zumeist einen Kreis von Betroffenen, der weit über die Parteien des Nichtigkeitsverfahrens hinausgeht; deshalb wird man schwerlich damit rechnen können, daß sich diese Parteien oder auch nur eine von ihnen zum Sachwalter jener – ihnen möglicherweise gar nicht bekannten – Drittinteressen machen.

Ein gemäß Art. 174 ohne Antrag ergehender Ausspruch des EuGH läge im übrigen nicht ultra petita, sondern hätte eine ähnliche Tragweite wie ein Urteil, das der Klage teilweise stattgibt. Denn wenn der EuGH einzelne Wirkungen der Verordnung als fortgeltend bezeichnet, so bleibt er formal hinter dem Begehren des Klägers zurück, das in dem hier angenommenen Fall als Antrag auf einschränkungslose, alle üblichen Folgen einschließende Nichtigerklärung gedeutet werden muß. Erst recht erhält das beklagte Organ weniger, als es angestrebt hat, nämlich die völlige Aufrechterhaltung der Verordnung.

6 d) Aus Art. 174 Abs. 2 darf nicht gefolgert werden, daß sämtliche Wirkungen einer aufgehobenen Verordnung, die vom EuGH nicht ausdrücklich als fortgeltend bezeichnet wurden, ausnahmslos als hinfällig anzusehen wären. Ein solcher genereller Wille kann dem EuGH, wenn er eine Verordnung »einschränkungslos« aufhebt, schon deswegen schwerlich unterstellt werden, weil er normalerweise keine erschöpfende Kenntnis der Gesamtheit jener Wirkungen haben wird. Überdies können allgemeine Rechtsgrundsätze mit Grundrechtsrang, die auch bei der Ausführung von Nichtigkeitsurteilen zu beachten sind (Rechtssicherheit, Vertrauensschutz), der rigorosen Beseitigung sämtlicher Folgen im Wege stehen.[5]

III. Tragweite und Folgen von »Nichtigkeitsurteilen«

7 1. Die einen Rechtsakt für nichtig erklärende gerichtliche Entscheidung ist ein Gestaltungsurteil, da es die Rechtslage ändert. Bis zum Erlaß des Urteils war der Akt ungeachtet seiner Fehlerhaftigkeit als voll wirksam anzusehen (es sei denn, seine Durchführung wäre durch einstweilige Anordnung ausgesetzt worden), da ordnungsgemäß erlassene Maßnahmen, solange sie nicht zurückgenommen, aufgehoben oder für nichtig erklärt worden sind, die Vermutung der Gültigkeit für sich haben. Nach der – ex

5 Siehe auch oben Rn. 3.

tunc wirkenden – Aufhebung ist der Akt dagegen grundsätzlich »als ungeschehen anzusehen«; die Parteien finden sich »in die Lage zurückversetzt, die vor [dem für nichtig erklärten Akt] bestand«.[6] Aus den Ausführungen oben Rn. 3 und 6 ergibt sich allerdings, daß dieser Grundsatz, was Verordnungen betrifft, erheblichen Einschränkungen unterworfen ist.

8 2. Was die Folgen der Nichtigerklärung betrifft, so ergibt sich zunächst aus Art. 176, daß das beklagte Organ »die sich aus dem Urteil des Gerichtshofes ergebenden Maßnahmen zu ergreifen« hat; siehe hierzu die Anmerkungen zu Art. 176. Da die Aufhebung eines Rechtsaktes ihrer Natur nach erga omnes wirkt, sind aber u. U. auch dritte Stellen gehalten, tätig zu werden. Wird beispielsweise eine Verordnung des Rates für nichtig erklärt, so wird man die Kommission und/oder die Mitgliedstaaten im Prinzip als verpflichtet ansehen müssen, die auf der Grundlage dieser Verordnung erlassenen Ausführungsmaßnahmen – die zwar formell von der Annullierung nicht erfaßt wurden, jedoch ihre rechtliche Basis verloren haben – nicht mehr anzuwenden, im Interesse der Rechtsklarheit förmlich außer Kraft zu setzen und erforderlichenfalls durch neue, rechtmäßige Maßnahmen zu ersetzen.

Artikel 175 [Untätigkeitsklage]

Unterläßt es der Rat oder die Kommission unter Verletzung dieses Vertrages, einen Beschluß zu fassen, so können die Mitgliedstaaten und die anderen Organe der Gemeinschaft beim Gerichtshof Klage auf Feststellung dieser Vertragsverletzung erheben.

Diese Klage ist nur zulässig, wenn das in Frage stehende Organ zuvor aufgefordert worden ist, tätig zu werden. Hat es binnen zwei Monaten nach dieser Aufforderung nicht Stellung genommen, so kann die Klage innerhalb einer weiteren Frist von zwei Monaten erhoben werden.

Jede natürliche oder juristische Person kann nach Maßgabe der Absätze 1 und 2 vor dem Gerichtshof Beschwerde darüber führen, daß ein Organ der Gemeinschaft es unterlassen hat, einen anderen Akt als eine Empfehlung oder eine Stellungnahme an sie zu richten.

Literaturhinweise

Bebr, Gerhard, La Cour de Justice – recours en annulation et en carence, in: Les Novelles: Droit des Communautés européennes, Brüssel 1969, S. 309–331

6 EuGH – Kommission/Rat, 22/70 – Slg. 1971, 279.

Czasche, Hedda, Die Untätigkeitsklage vor dem Europäischen Gerichtshof, Göttingen 1969
Reuter, Emile, Le recours en carence de l'article 175 du traité de la C. E. E. dans la jurisprudence de la Cour de Justice des Communautés Européennes, in: CDE 1972, S. 159–174
Roemer, Karl, Die Untätigkeitsklage im Recht der Europäischen Gemeinschaften, in: SEW 1966, S. 1–15

Inhaltsübersicht

I. Vergleich mit EGKS- und EAG-Recht

1 Art. 175 EWGV entspricht wörtlich Art. 148 EAGV; die wesentlichsten (äußerlichen oder sachlichen) Abweichungen von Art. 35 EGKSV bestehen in folgendem:

1. Art. 35 EGKSV konstruiert die Untätigkeitsklage als Unterart der Nichtigkeitsklage, indem er – nicht selten dem wirklichen Willen des betroffenen Organs zuwider – fingiert, dieses habe zwei Monate nach fruchtloser Befassung den Antrag des Betroffenen durch stillschweigende Entscheidung abgelehnt. Will der EuGH der Klage stattgeben, so hat er daher diese ablehnende »Entscheidung« aufzuheben. Art. 175 gewährt dagegen eine Feststellungsklage, deren Erfolg sich in einem die Rechtswidrigkeit der gerügten Unterlassung konstatierenden – die Rechtslage also nicht umgestaltenden – Tenor widerspiegeln würde. Die ratio für die abweichende Regelung der Verträge von Rom dürfte in der Erkenntnis liegen, daß die Fiktion von Art. 35 EGKS-Vertrag allzu gekünstelt anmutet.

2 2. Was die zulässigen Klagegründe anbetrifft, so ändert die deutliche Ausrichtung von Art. 35 EGKSV auf den die Nichtigkeitsklage regelnden Artikel 33 des gleichen Vertrages nichts daran, daß Untätigkeitsklagen nach dem einen wie nach dem anderen Vertrag mit Rücksicht auf die Natur der Sache weder auf Unzuständigkeit noch auf Verletzung wesentlicher Formvorschriften gestützt werden können.

Umgekehrt ist davon auszugehen, daß der Klagegrund der »Verletzung dieses Vertrages« trotz des Schweigens von Art. 175 auch Verletzungen der Durchführungsbestimmungen umfaßt.

Die Rüge des Ermessensmißbrauchs kommt bei Untätigkeitsklagen logischerweise nur in Betracht, wenn der Erlaß der begehrten Maßnahme im Ermessen des betroffenen Organs stand. Für den Fall, daß dieses Ermessen »mißbraucht« wurde, gewährt Art. 35 Abs. 2 EGKSV ebenfalls die Untätigkeitsklage, während Art. 175 EWGV schweigt. Dennoch ist anzunehmen, daß eine sachliche Abweichung nicht vorliegt.

3 3. Während nach EGKS-Recht nur Unterlassungen der Kommission gerügt werden können, sind hier Kommission *und* Rat denkbare Beklagte; dementsprechend kann u. U. auch die Kommission als Klägerin auftreten.

4 4. Nach Artikel 35 EGKSV kann – gleichgültig, wer der Kläger ist – nur das Unterbleiben einer »Entscheidung« oder einer »Empfehlung« beanstandet werden, also von Maßnahmen, die in der einen oder anderen Weise bindend sind (vgl. Art. 14 EGKSV.

Art. 175 EWGV verwendet dagegen im Hinblick auf die Klagen von Staaten und Gemeinschaftsorganen den untechnischen allgemeinen Begriff »Beschluß« und bezieht damit auch unverbindliche sowie solche bindenden Handlungen ein, die im Typenkatalog von Art. 189 EWGV nicht vorgesehen sind. Privatpersonen können nach Art. 175 Abs. 3 geltend machen, daß das beklagte Organ »es unterlassen hat, einen anderen Akt als eine Empfehlung oder eine Stellungnahme an sie zu richten«. Damit sind Akte, die keinen Bezug zur individuellen Lage des Klägers haben, ausgeschlossen. In diesem Punkt ist das EWG-Recht enger als das EGKS-Recht. Die Worte »je nach Lage des Falles« in Art. 35 Abs. 1 EGKSV müssen nämlich dahin verstanden werden, daß sie hinsichtlich des Umfangs des Klagerechts auf Art. 33 des gleichen Vertrages verweisen; nach dem maßgeblichen französischen Text dieser Vorschrift (»décisions et recommandations individuelles les concernant«) hängt die Zulässigkeit einer von einem Privaten erhobenen Nichtigkeitsklage jedoch allein vom individuellen *Charakter* der angegriffenen Entscheidung oder Empfehlung ab, während es nicht darauf ankommt, ob diese Maßnahme außerdem einen individuellen *Bezug* zur Lage des Klägers hat. Dagegen geht das EWG-Recht möglicherweise insofern weiter, als Gegenstand der Untätigkeitsklage eines Privaten nicht nur die Unterlassung einer »Entscheidung« sein könnte, sondern auch diejenige eines nicht in Art. 189 typisierten Aktes, der im Falle seines Ergehens die Interessen des Klägers in besonderer Weise berührt hätte. Eine Verkürzung ergibt sich andererseits wiederum daraus, daß das Ausbleiben von »Richtlinien« i. S. des EWG-Rechts (die den »Empfehlungen« des EGKS-Rechts entsprechen) von Privaten praktisch nicht gerügt werden kann, weil diese Akte nur an Mitgliedstaaten adressiert werden und ihrer Natur nach wohl kaum jemals konkret und spezifisch in den Interessenbereich einzelner Privatpersonen eingreifen können.

5 5. Die Klagefrist beginnt auch im Rahmen von Art. 175 zwei Monate nach Befassung des Organs zu laufen; sie beträgt jedoch nicht *einen,* sondern *zwei* Monate, in Anlehnung an die entsprechende Regelung in Art. 173 Abs. 3 EWGV.

II. Allgemeines zur Untätigkeitsklage

6 1. Die Untätigkeitsklage des Art. 175 EWGV hat – trotz unterschiedlicher Ausgestaltung im einzelnen – Parallelen im Verwaltungsrecht aller Mitgliedstaaten. Sie ergänzt die in Art. 173 vorgesehene Nichtigkeitsklage, indem sie es den Betroffenen gestattet, auch gegen rechtswidrige *Unterlassungen* der Gemeinschaftsorgane gerichtlich vorzugehen, und kann somit ein geeignetes Mittel darstellen, um diese Organe anzuhalten, ihren Handlungspflichten ohne schuldhaftes Zögern nachzukommen; diese Funktion wird durch Art. 176 Abs. 1 bekräftigt, wonach »das Organ, ... dessen Untätigkeit als vertragswidrig erklärt worden ist, die sich aus dem Urteil des Gerichtshofs ergebenden Maßnahmen zu ergreifen« hat. Die ratio für Art. 175 liegt in der selbstverständlichen Tatsache, daß der Vertrag und seine Durchführungsbestimmungen häufig eine Handlungspflicht von Rat und Kommission vorsehen, deren Verletzung ebenso sehr ein Verstoß gegen das Gemeinschaftsrecht ist wie die Vornahme eines rechtswidrigen Aktes. In moralisch-politischer Hinsicht wird Passivität – wie jeder langjährige Kenner der Gemeinschaft weiß – häufig sogar schwerer wiegen als fehlerhaftes Tätigwerden. Man muß es daher bedauern, daß die Vertragschließenden die Untätigkeitsklage, vor allem diejenige der Privaten, als ein mit kniffligsten Hürden durchsetztes Hindernisrennen ausgestaltet haben, mit dem praktischen Ergebnis, daß die wenigen seit Bestehen der EWG auf Grund von Art. 175 erhobenen Klagen ohne Ausnahme als unzulässig abgewiesen werden mußten, obwohl es an Anlässen für begründete Beschwerden wohl kaum gefehlt haben dürfte.

7 2. Von der Verpflichtungsklage des deutschen Rechts unterscheidet sich die Untätigkeitsklage insofern, als der EuGH das beklagte Organ nicht förmlich zum Erlaß der in Rede stehenden Maßnahme verurteilen kann; der praktische Unterschied ist jedoch gering, da sich eine entsprechende Verpflichtung aus Art. 176 ergibt.

Daß der EuGH erst recht nicht befugt ist, die gewünschte Maßnahme selbst zu treffen, versteht sich ohne weiteres.

8 3. Wenn oben gesagt wurde, daß die Untätigkeitsklage die Nichtigkeitsklage »ergänzt«, so läßt sich doch schwerlich behaupten, beide Vorschriften regelten »denselben Rechtsbehelf«, da »der Begriff der anfechtbaren Maßnahme . . . in den Artikeln 173 und 175 der gleiche [ist]«.[1] Dem steht schon sprachlich entgegen, daß Art. 175 sich nicht auf »anfechtbare«, sondern auf unterlassene Maßnahmen bezieht. Richtig ist lediglich, daß im Laufe eines auf eine spätere Untätigkeitsklage abzielenden Befassungsverfahrens eine Situation entstehen kann, in der eine solche Klage nicht mehr notwendig oder sogar nicht mehr zulässig wäre, weil der Betroffene seine Rechte oder Interessen nunmehr mit der *Nichtigkeitsklage* wahren *kann* oder gar – bei Vermeidung von Rechtsverlust – wahren *muß* (etwa wenn das befaßte Organ tatsächlich einen Akt des gewünschten Typs erläßt, dieser aber dem Betroffenen nachteilig ist; oder wenn die Ablehnung des Antrags auf Erlaß eines Aktes eine nach Art. 173 anfechtbare Handlung darstellt).

Da das zitierte Urteil auf die Klage einer Privatperson hin ergangen war, der sowohl nach Art. 173 als auch nach Art. 175 nur beschränkte Abwehrmöglichkeiten zur Verfügung standen, dürfte der EuGH mit der oben wiedergegebenen Formulierung auf die Kongruenz dieser Beschränkungen abgezielt, d. h. (zutreffend) gemeint haben, Privatpersonen könnten nur die Unterlassung solcher Akte beanstanden, die sie nach Art. 173 mit der Nichtigkeitsklage angreifen können.

III. Voraussetzungen für die Zulässigkeit der Untätigkeitsklage

9 Die Zulässigkeitsvoraussetzungen sind nicht für alle in Betracht kommenden Kläger durchweg die gleichen. Wortlaut und Aufbau von Art. 175 zeigen vielmehr, daß die in den beiden ersten Absätzen aufgestellten Bedingungen teils für sämtliche Kläger gelten, teils besondere Bedeutung für klagende Mitgliedstaaten und Gemeinschaftsorgane haben, während das Klagerecht (sonstiger) »natürlicher oder juristischer Personen« zusätzlich davon abhängt, ob die unterlassene Maßnahme ein »Akt« gewesen wäre, der an den Kläger hätte »gerichtet« werden müssen und sich nicht als »Empfehlung« oder »Stellungnahme« dargestellt hätte.

1. Allgemeine Voraussetzungen

a) Aktivlegitimation

10 aa) Klageberechtigt sind zunächst die Mitgliedstaaten sowie (sonstige) »natürliche und juristische Personen«. Diese Begriffe haben vorliegend die gleiche Bedeutung wie in Art. 173, so daß auf die Anmerkungen zu dieser Vorschrift verwiesen werden kann.

11 bb) Eine Klagebefugnis steht ferner »den anderen Organen der Gemeinschaft« zu. Diese Wendung ist in mehrfacher Hinsicht unglücklich gefaßt. Einmal klingt sie so, als ob

1 So aber EuGH – Chevalley/Kommission, 15/70 – Slg. 1970, 979.

Rat und Kommission kein Klagerecht zustünde, obwohl in Anlehnung an Art. 173 davon auszugehen ist, daß der Rat gegen die Kommission und diese gegen den Rat die Untätigkeitsklage erheben kann. Zum zweiten müßte man, nähme man jene Wendung wörtlich, widersinnigerweise auch dem EuGH ein Klagerecht zuerkennen.

12 Sehr problematisch und umstritten ist dagegen die Frage, ob dem Parlament ein Klagerecht zusteht.[2] Nach dem Wortlaut von Art. 175 Abs. 1 wäre die Frage zu bejahen, da das Parlament im Verhältnis zu den im gleichen Absatz ausdrücklich genannten Stellen unzweifelhaft ein »anderes Organ« ist. Dem läßt sich allerdings entgegenhalten, daß der Wortlaut dieses Absatzes aus den soeben genannten Gründen unzuverlässig ist.

Ein systematischer Vergleich mit Art. 173 EWGV bringt zunächst das begreifliche Argument hervor, es sei nicht einzusehen, weshalb dem Parlament die Untätigkeits-, nicht aber die Nichtigkeitsklage zustehen solle. Hierauf läßt sich aber mit der Gegenfrage erwidern, weshalb die Vertragschließenden in Art. 173 eine Formel gewählt haben, die das Klagerecht des Parlaments eindeutig ausschließt, in dem räumlich so naheliegenden und sachlich eng verwandten Art. 175 dagegen nicht. Auch die systematische Interpretation gestattet daher keine eindeutigen Rückschlüsse auf die Vorstellungen der Vertragsschließenden.

Der mitunter begegnende Einwand, es sei unüblich, Parlamenten das Auftreten vor Gericht zu gestatten, trifft nicht ins Schwarze, weil das Europäische Parlament einstweilen noch kein echtes Gesetzgebungsorgan ist, so daß seine Ausstattung mit einer Klagebefugnis das wünschenswerte Gleichgewicht zwischen der relativen Macht der verschiedenen Gemeinschaftsorgane fördern und nicht stören würde. Schwerer wiegt die Überlegung, ob es einen vernünftigen Sinn hat, dem Parlament die Untätigkeitsklage zu gewähren, die Nichtigkeitsklage dagegen zu versagen. Geht man an diese Frage rein rechtsdogmatisch heran, so scheint eher eine verneinende Antwort nahezuliegen. Betrachtet man dagegen die Verfassungswirklichkeit der EWG, so sieht das Ergebnis anders aus. Die Gemeinschaft leidet wohl kaum an einem Zuviel, sondern eher an einem Zuwenig an Initiative; ihr Rhythmus krankt eher an einem »Zulangsam« als an einem »Zuschnell«. Unter diesen Umständen ist es zwar vielleicht in theoretischer Hinsicht befremdlich, in praktischer Hinsicht aber durchaus plausibel, dem Parlament gerade dann eine *rechtliche* Waffe in die Hand zu geben, wenn es darum geht, Rat oder Kommission zu gebotenem Handeln zu zwingen.

Als Ergebnis ist somit festzustellen, daß auch das Europäische Parlament wegen der Untätigkeit des Rates oder der Kommission Klage erheben kann.

2 *Dafür:* Amtliche Erläuterungen der Bundesregierung zu Art. 175; *Roemer,* a. a. O., S. 41; ferner *Daig,* Gerichtsbarkeit, (s. Literaturhinweise zur Vorbemerkung) S. 178; *Bebr,* Judicial Control (s. Literaturhinweise zur Vorbemerkung) S. 121 f.; *Wohlfarth* u. a., a. a. O., Anm. 1 zu Art. 175, – *Dagegen: Tizzano* in: *Quadri* u. a., a. a. O., Anm. 6 B zu Art. 175.

b) Passivlegitimation

13 Die Klage kann nach dem Wortlaut von Art. 175 nur gegen die Kommission oder den Rat gerichtet werden. Es bleibt abzuwarten, ob der EuGH in den gegenwärtig bei ihm anhängigen einschlägigen Prozessen[3] die Passivlegitimation des Parlaments für Nichtigkeitsklagen bejaht und, falls dies geschieht, welche Konsequenzen sich hieraus für die Interpretation von Art. 175 ergeben könnten.

c) »Beschluß«-Charakter des unterlassenen Aktes

14 aa) Befassungsschreiben und Klage müssen die gewünschte Maßnahme genau umschreiben. Auf Grund dieser Ausführungen hat der EuGH im Rahmen der Zulässigkeitsprüfung zu untersuchen, ob die Maßnahme, wäre sie ergangen, ein »Beschluß« i. S. von Art. 175 gewesen wäre (bei den Klagen von Privatpersonen kommt es außerdem noch darauf an, ob sich der etwaige »Beschluß« als »Akt« dargestellt hätte, der an den Kläger »zu richten« und weder eine Empfehlung noch eine Stellungnahme gewesen wäre). Der EuGH muß also einen rein hypothetischen, nur in der Vorstellung des Betroffenen existierenden Akt rechtlich qualifizieren, was auch dann auf Schwierigkeiten stoßen kann, wenn der Betroffene seiner Substantiierungspflicht hinreichend nachgekommen ist.

15 bb) Der Terminus »Beschluß« weicht von den Ausdrücken ab, mit denen andere Vorschriften dieses Abschnitts die Verlautbarungen von Rat und Kommission allgemein umschreiben (»Handeln«: Art. 173 Abs. 1, 176 Abs. 1; »Handlung«: Art. 173, Abs. 3, Art. 177 Abs. 1 Buchst. b; »Akt«: Art. 175 Abs. 3). Diese Abweichung kennzeichnet auch die französische, italienische und niederländische Fassung von Art. 175 Abs. 1: die Wendungen »s'abstient de *statuer«;* »si astengano dal *pronunciarsi«; »besluit«* kehren in keiner anderen Bestimmung wieder. Aus dieser Wortwahl ist zu schließen, daß der Begriff »Beschluß« und seine fremdsprachlichen Entsprechungen weit auszulegen sind.

Sie umfassen nicht nur die verbindlichen Rechtsakte (Verordnungen, Richtlinien, Entscheidungen), sondern auch Empfehlungen und Stellungnahmen. Daß der französische Text (»statuer«) allein auf verpflichtende Maßnahmen zu zielen scheint, kann nicht ins Gewicht fallen. Erstens lauten die anderen drei Fassungen allgemeiner; zweitens haben die Autoren an anderen Stellen (Art. 173 Abs. 1, Art. 175 Abs. 3) Empfehlungen und Stellungnahmen ausdrücklich aus dem Rechtsschutzsystem herausgenommen, woraus zu folgern ist, daß sie sie vorliegend einbeziehen wollten. Schließlich spricht für die hier vertretene Auffassung die schlichte Tatsache, daß auch das Unterlassen einer *solchen* Verlautbarung das Recht verletzt.[4]

3 Vgl. Rn. 13 zu Art. 173; vgl. auch *Harnier,* Art. 149 Rn. 3.

4 Wie hier *Bebr,* a. a. O., S. 120; *Daig,* a. a. O., S. 179; *Roemer,* a. a. O., S. 41 f.; *Wohlfarth* u. a., a. a. O., Anm. 1 zu Art. 175.

Der Grundsatz der weiten Auslegung führt ferner dazu, auch solche – verbindlichen oder unverbindlichen – Handlungen als »Beschlüsse« im Sinne von Art. 175 Abs. 1 anzuerkennen, die sich nicht in die Nomenklatur des Artikels 189 einordnen lassen, soweit Rat oder Kommission zu ihrer Vornahme verpflichtet sind.[5]

d) Ist die tatsächliche »Verletzung dieses Vertrages »Zulässigkeits- oder Begründetheitsvoraussetzung?

16 GA *Gand*[6] scheint die Auffassung zu vertreten, die Untätigkeitsklage sei auch dann als *unzulässig* abzuweisen, wenn feststeht, daß das beklagte Organ nicht verpflichtet war, den gewünschten »Beschluß« zu fassen. Diese Frage gehört jedoch zur Prüfung der *Begründetheit;* die gegenteilige Ansicht würde praktisch dazu führen, daß sämtliche Erfolgsvoraussetzungen der Untätigkeitsklage in die Kategorie der Zulässigkeit fielen, m. a. W. daß jede zulässige Klage ipso facto begründet wäre. Ein solches Ergebnis steht aber in Widerspruch zu allgemeinen Grundprinzipien des Prozeßrechts. Nach natürlicher Betrachtungsweise ist eine Untätigkeitsklage zulässig, wenn der Kläger in concreto befugt ist, die behauptete Säumnis des beklagten Organs gerichtlich geltend zu machen, und ist sie begründet, wenn die Säumnis tatsächlich vorliegt.

e) Vorherige Befassung des betroffenen Organs

17 aa) Gemäß Art. 175 Abs. 2 ist die Untätigkeitsklage nur zulässig, »wenn das in Frage stehende Organ zuvor aufgefordert worden ist, tätig zu werden«. Ähnlich wie dem beschuldigten Mitgliedstaat im Falle der Art. 169, 170 soll hier dem betroffenen Organ zunächst Gelegenheit gegeben werden, den Streitfall außergerichtlich zu bereinigen.

Selbstverständlich hat auch über Art. 175 hinaus jedermann die Möglichkeit, Rat und Kommission seine Wünsche vorzutragen; ist die Eingabe hinreichend klar und seriös, so trifft diese Organe das nobile officium, ihr nachzugehen. Aus der Vielzahl der hiernach denkbaren Befassungen heben sich die vorliegenden »Aufforderungen« dadurch heraus, daß der Antragsteller sich durch sie ein Klagerecht schaffen kann, wenn sein Antrag bestimmten Erfordernissen genügt und die übrigen Prozeßvoraussetzungen gegeben sind.

18 bb) Die Aufforderung unterliegt zwar, als außerprozessuale Willenserklärung, nicht den für die etwaige spätere Klageschrift geltenden Vorschriften. Dennoch stehen Form und Inhalt der Befassung nicht im Belieben des Betroffenen, sondern müssen gewissen Mindestanforderungen genügen, bei deren Nichtbeachtung die Befassung nicht den ihr

5 Ebenso *Wohlfarth* u. a., a. a. O.; ähnlich *Roemer,* a. a. O.: »zumindest alle rechtsverbindlichen und mit Rechtswirkungen ausgestatteten Maßnahmen«.
6 Slg. 1970, 822.

von Art. 175 zugedachten Zweck erfüllen und somit auch nicht die Zulässigkeit einer späteren Klage begründen könnte. Im einzelnen gilt folgendes:

- Schriftform ist zwar nicht vorgeschrieben, aber schon deswegen dringend anzuraten, weil es dem Kläger andernfalls schwerfallen könnte, der Bestimmung von Art. 19 Abs. 2 EWG-Satzung nachzukommen, wonach er – bei Vermeidung eines die Zulässigkeit verneinenden Urteils; vgl. Art. 38 §§ 4 und 7 VerfO – der Klageschrift »eine Unterlage [beizufügen hat], aus der sich der Zeitpunkt der [in Art. 175] genannten Aufforderung ergibt«.
- Der Auffordernde muß eindeutig zum Ausdruck bringen, daß er den Erlaß eines »Beschlusses« wünscht, und die begehrte Maßnahme mit der gleichen Deutlichkeit bezeichnen, wie dies in einer etwaigen späteren Klageschrift zu geschehen hätte.
- Nach der Rechtsprechung des EuGH zu Art. 35 EGKSV, die insoweit auch vorliegend Gültigkeit beanspruchen kann, liegt der Sinn der Befassungspflicht u. a. darin, »den Betreffenden zu zwingen, die [Behörde] davon in Kenntnis zu setzen, daß er gegen ihre etwaige Unterlassung rechtlich vorgehen würde, wodurch die [Behörde] genötigt wird, innerhalb einer bestimmten Frist zu der Rechtmäßigkeit ihres Nichteingreifens Stellung zu nehmen«.[7] Der Betroffene muß also einwandfrei zu erkennen geben, daß sein Gesuch eine Aufforderung im Sinne von Art. 175 darstellt.

19 cc) Die Befassung selbst ist an keine ausdrückliche Frist gebunden. Mit dem EuGH[8] ist jedoch anzunehmen, daß der Betroffene durch zu langes Zuwarten seine Klagebefugnis verwirken kann.

f) Fehlendes »Stellungnehmen« binnen zwei Monaten nach Befassung

20 aa) Die Untätigkeitsklage ist nur zulässig, wenn das beklagte Organ nicht innerhalb von zwei Monaten, nachdem es zum Tätigwerden aufgefordert worden war, »Stellung genommen« hat. Der EuGH hat (zu Art. 35 EGKSV) ausgesprochen, daß das Vorliegen dieser Prozeßvoraussetzung von Amts wegen zu prüfen ist.[9] Gemeint ist nicht etwa der Erlaß einer »Stellungnahme« i. S. von Art. 189; das folgt schon daraus, daß ein »Stellungnehmen« i. S. von Art. 175 Abs. 2 Satz 2 offensichtlich auch und gerade dann vorliegt, wenn das befaßte Organ den gewünschten »Beschluß« – welcher Begriff nicht nur, und nicht einmal in erster Linie, »Stellungnahmen« im technischen Wortsinn umfaßt – innerhalb von zwei Monaten tatsächlich trifft.

21 bb) Ein »Stellungnehmen« liegt nur vor, wenn das zum Tätigwerden aufgeforderte Organ auf den Antrag überhaupt reagiert. Die entscheidende Frage ist, ob *jede* Reaktion den Tatbestand des »Stellungnehmens« erfüllt, und verneinendenfalls, welchen Inhalt die

7 EuGH – Gezamenlijke Steenkolenmijnen/Hohe Behörde, 17/57 – Slg. 1958 bis 59, 27.
8 Niederlande/Kommission, 59/70 – Slg. 1971, 653.
9 SNUPAT/Hohe Behörde, 32 und 33/58 – Slg. 1958 bis 59, 313.

Antwort des Rates oder der Kommission haben muß, um als »Stellungnehmen« i. S. von Art. 175 Abs. 2 Satz 2 angesehen werden zu können. Für die Antwort bietet schon der Wortlaut der Vorschrift wesentliche Anhaltspunkte; ausschlaggebend ist jedoch ihr Sinn.

Am deutlichsten ist die niederländische Fassung (»haar standpunt nog niet heeft bepaald« = »ihren Standpunkt noch nicht festgelegt hat«). Noch klarer als in den drei übrigen Fassungen wird damit ausgedrückt, daß das befaßte Organ seinen Willen, die begehrte Handlung vorzunehmen oder nicht vorzunehmen, unmißverständlich und endgültig geäußert haben muß. Diese Auslegung wird durch den Sinn der in Rede stehenden Bestimmung bekräftigt. In diesem Zusammenhang muß man sich zunächst vergegenwärtigen, daß das »Stellungnehmen« des Organs eine etwa bestehende Befugnis zur Erhebung der Untätigkeitsklage beendet (oder, wenn man will, eine Befugnis, die anderenfalls entstanden wäre, am Entstehen hindert). Diese Verschlechterung der prozessualen Position des Antragstellers bedarf, da sie ohne dessen Zutun eingetreten und daher nicht von ihm zu vertreten ist, eines Ausgleichs. Ein solcher Ausgleich kann nur darin liegen, daß dem Antrag entweder entsprochen wird oder daß ein Bescheid ergeht, gegen den der Antragsteller mit der Nichtigkeitsklage vorgehen kann. Jede andere Interpretation ist abzulehnen, da sie es dem befaßten Organ gestatten würde, zugleich bei seiner Säumnis zu beharren und den Antragsteller jeglichen Rechtsschutzes zu berauben.

Die vorstehenden Überlegungen gehen von dem Fall eines Betroffenen aus, dem bei fehlenden »Stellungnahmen« die Untätigkeitsklage zur Verfügung gestanden hätte. Anders liegen die Dinge, wenn der Betroffene einen »Beschluß« begehrt, auf dessen Erlaß *er* keinen Anspruch hat (mag das Unterbleiben des »Beschlusses« auch objektiv rechtswidrig sein), also z. B. wenn eine Privatperson beanstandet, daß die Kommission es unterlassen habe, eine Richtlinie an alle Mitgliedstaaten zu richten. Eine solche »Befassung« kann nicht die Befugnis zur Erhebung der Untätigkeitsklage begründen, gleichviel wie das »befaßte« Organ hierauf reagiert; ebensowenig kann der »Befassende« einen ablehnenden Bescheid mit der Nichtigkeitsklage angreifen, da es ihm anderenfalls gestattet wäre, die Unzulässigkeit der Untätigkeitsklage zu umgehen.

22 Ein »Stellungnehmen« – und mehr als dies – liegt naturgemäß vor, wenn der Rat oder die Kommission den gewünschten Akt binnen von zwei Monaten erläßt. In diesem Fall wird die Beschwerde des Antragstellers gegenstandslos; für eine Untätigkeitsklage besteht kein Anlaß mehr.

23 Lehnt das Organ – gleichviel mit welcher Begründung und ob überhaupt unter Angabe von Gründen – es ausdrücklich ab, die beantragte Maßnahme zu erlassen, so hat es ebenfalls »Stellung genommen«.[10] Man hätte sich zwar durchaus eine Regelung vorstellen

10 EuGH – Nordgetreide/Kommission, 42/71 – Slg. 1972, 110; GA *Dutheillet de Lamothe,* Slg. 1970, 983 f.; *Bebr,* a. a. O., S. 120; *Tizzano* in: *Quadri* u. a., a. a. O., Anm. 8 zu Art. 175.

können, die auch in diesem Falle die Untätigkeitsklage gewähren würde; in gewissem Sinne wäre eine solche Regelung sogar folgerichtig gewesen, da die eigentliche »Untätigkeit«, die Art. 175 ins Auge faßt, nämlich die Unterlassung des begehrten Aktes, nach wie vor fortbesteht; war diese Unterlassung rechtswidrig, so wird der rechtswidrige Zustand selbstverständlich nicht dadurch beseitigt, daß der Rat oder die Kommission sich ausdrücklich weigert, ihm ein Ende zu setzen. Die Vertragschließenden sind aber offensichtlich von der Vorstellung ausgegangen, daß die Untätigkeitsklage nur ein Notbehelf sei, der zurückzutreten habe, wenn der Betroffene sein Ziel mit der Nichtigkeitsklage erreichen könne.

Das ist vorliegend der Fall, denn man tut Art. 173 keine Gewalt an, wenn man die Auffassung vertritt, daß die ausdrückliche Weigerung, eine bestimmte Maßnahme zu treffen, einen angreifbaren Akt darstellt. Sie läßt sich ohne Künstelei unter den weitgespannten Begriff des »Handelns« i. S. von Art. 173 Abs. 1 subsumieren, weil sie einen Willensbildungsprozeß – wenn auch sozusagen negativ – abschließt und weil ihr auch die »Verbindlichkeit« nicht abgesprochen werden kann, stellt sie sich doch als förmliche Bescheidung eines ebenso förmlichen Antrags dar.

24 Alle sonst denkbaren Äußerungen des befaßten Organs sind kein »Stellungnehmen«, weil sie die Haltung des Organs – jedenfalls dem Antragsteller gegenüber – nicht verbindlich festlegen, sondern Hintertüren offenlassen. Die Befugnis, die Untätigkeitsklage zu erheben, bleibt also z. B. erhalten, wenn das befaßte Organ dem Antragsteller wörtlich oder sinngemäß erklärt, der Antrag werde geprüft.[11]

25 cc) Die Zweimonatsfrist, binnen deren das befaßte Organ »Stellung zu nehmen« hat, kann erst zu laufen beginnen, wenn der Antrag bei dem Organ eingegangen ist, also nicht bereits mit dem Datum der Absendung. Das ergibt sich aus einer Reihe von Überlegungen:

- Nach dem Wortlaut von Art. 175 Abs. 2 läuft die Frist von der »Aufforderung« an. Die »Aufforderung« ist eine Willenserklärung, die nach allgemein anerkannten Grundsätzen erst Wirkungen auslöst, wenn sie dem Empfänger zugegangen ist.
- Diese Grundsätze kommen auch im positiven EWG-Recht zum Ausdruck; vgl. Art. 173 Abs. 3 EWGV, Art. 81 § 1 VerfO.
- Das befaßte Organ muß die – ohnehin knapp bemessene – Zweimonatsfrist möglichst voll ausschöpfen können.

26 Das Klagerecht entsteht, wenn das Organ »binnen zwei Monaten nach dieser Aufforderung nicht Stellung genommen [hat]«. Es fragt sich, ob diese (negative) Voraussetzung schon dann erfüllt ist, wenn eine als »Stellungnehmen« anzusehende Verlautbarung dem

11 Auch nach Ansicht von GA *Gand,* Slg. 1970, 822 sind Zwischenbescheide kein »Stellungnehmen«.

Befassenden nicht innerhalb von zwei Monaten *zugegangen* ist, oder ob das Organ die Untätigkeitsklage auch dadurch ausschalten kann, daß es innerhalb dieser Frist wenigstens über den Inhalt der Verlautbarung abschließend entscheidet (Variante: oder die Verlautbarung absendet). Im Interesse der Rechtssicherheit wird man der ersten Lösung den Vorzug geben müssen. Der fruchtlose Ablauf der Befassungsfrist löst die Klagefrist aus; der Betroffene bedarf eindeutiger Anhaltspunkte, um diese Frist richtig berechnen zu können, und darf daher nicht auf interne Vorgänge des befaßten Organs verwiesen werden, von denen er normalerweise keine Kenntnis haben kann.

g) Klagegegenstand und -antrag

27 aa) Bei Vermeidung der Unzulässigkeit darf die Klage keinen anderen Gegenstand haben als die vorherige Aufforderung, da diese sonst ihren Sinn einbüßen würde.[12]

Der Kläger kann also weder ein maius noch ein aliud fordern, höchstens ein minus (Fallenlassen einzelner Beschwerdepunkte).

28 bb) Der allgemeine Grundsatz, wonach es dem Kläger obliegt, in seinen Anträgen das Klageziel klar zu umschreiben, bedeutet vorliegend, daß der Untätigkeitskläger die seiner Ansicht nach zu Unrecht unterbliebene Maßnahme hinreichend deutlich zu bezeichnen hat. Diese Notwendigkeit ergibt sich auch daraus, daß es andernfalls schwierig sein könnte, die Identität zwischen dem Gegenstand der Aufforderung und demjenigen der Klage nachzuweisen, die zu den Prozeßvoraussetzungen gehört.

h) Klagegründe

29 aa) Art. 175 spricht nur von einer »Verletzung dieses Vertrages«; im Gegensatz zu Art. 173 unterläßt er es, im einzelnen aufzuzählen, welche Verhaltensweisen den Tatbestand der Rechtswidrigkeit erfüllen. Es besteht aber kein vernünftiger Grund für die Annahme, daß der Gesamtbegriff der Rechtswidrigkeit hier weitergespannt wäre als in Art. 173. Er ist vielmehr enger, da »Unzuständigkeit« und »Verletzung wesentlicher Formvorschriften« bei einer schlichten Unterlassung nach den Gesetzen der Logik nicht in Betracht kommen können.

30 bb) Man könnte aus dem Wortlaut von Art. 175 sogar folgern, daß – im Sinne der Nomenklatur von Art. 173 – die Untätigkeitsklage nur auf »Verletzung dieses Vertrages oder einer bei seiner Durchführung anzuwendenden Rechtsnorm« gestützt werden könne, nicht auf Ermessensmißbrauch; zu dieser Folgerung könnte auch ein e-contrario-Schluß aus Art. 35 EGKSV verleiten, der den Ermessensmißbrauch ausdrücklich

12 Vgl. EuGH – Lacroix/Kommission, 30/68 – Slg. 1970, 309 f. und Leitsatz 1 hierzu (a. a. O. 301). Der Grundgedanke dieses Urteils, wonach die vorherige Beschwerde eines Beamten nur dann die Klagefrist nach Art. 91 EurBSt wahrt, wenn sie die gleichen Beschwerdepunkte betrifft, läßt sich auch vorliegend heranziehen.

erwähnt. Es ist aber nicht einzusehen, weshalb ein Kläger keinen Erfolg haben sollte, der (was praktisch freilich nicht leicht vorstellbar ist) nachzuweisen imstande wäre, daß der Rat oder die Kommission den gewünschten Beschluß (zwar nur treffen konnten, nicht mußten, aber) aus Erwägungen unterlassen haben, die den Tatbestand des Ermessensmißbrauchs erfüllen.[13]

i) Klagefrist

31 Die Klagefrist – die zweite der beiden in Art. 175 Abs. 2 vorgesehenen, aufeinander folgenden Zweimonatsfristen – beginnt zu laufen, falls und nachdem die erste dieser Fristen, nämlich die Befassungsfrist, verstrichen ist, ohne daß das zum Tätigwerden aufgeforderte Organ »Stellung genommen« hätte. Sie ist eine »gerichtliche Frist« im Sinne von Art. 80 § 1 VerfO und eine »Verfahrensfrist« im Sinne von Art. 1 der Anlage II zur VerfO.

j) Rechtsschutzinteresse

32 aa) Gemeinschaftsorgane und grundsätzlich auch Mitgliedstaaten brauchen kein spezifisches Interesse am Erlaß des begehrten Beschlusses nachzuweisen; sie sind, falls der Beschluß nicht ergeht, durch ihre verfassungsmäßige Stellung als (Mit-)Garanten der Rechtlichkeit des Verhaltens der Gemeinschaft ipso facto zur Erhebung der Untätigkeitsklage legitimiert.

Sonstige natürliche oder juristische Personen können ohnehin nur klagen, wenn der beantragte Akt an *sie* zu richten gewesen wäre. Damit fallen allgemeine Klagebefugnis und Rechtsschutzinteresse insoweit zusammen.

33 bb) Das Interesse an der Erhebung oder Weiterverfolgung der Untätigkeitsklage entfällt nicht nur dann, wenn der beantragte Beschluß ergeht, sondern auch, wenn der Rat oder die Kommission stattdessen einen mit der Nichtigkeitsklage angreifbaren Bescheid erteilen.

34 cc) Das Rechtsschutzinteresse dürfte nicht ipso facto entfallen, wenn nicht auszuschließen ist, daß der begehrte »Beschluß« dem Kläger nachteilig sein würde. Erstens kann ein Betroffener ein legitimes Interesse daran haben, daß die Rechtslage geklärt wird, sei es auch in einer für ihn nicht (in jeder Hinsicht) vorteilhaften Weise. Zweitens sind »Beschlüsse« denkbar, die den Betroffenen sowohl begünstigen als auch belasten (etwa die mit Auflagen verbundene Freistellung einer wettbewerbsbeschränkenden Vereinbarung vom Verbot des Art. 85). Drittens vermag normalerweise weder der Kläger – auch wenn er seiner Spezifizierungspflicht genügt – noch der EuGH ein bis ins kleinste detailliertes Bild der zu erlassenden Regelung zu entwerfen, so daß in der Regel

13 Ebenso *Bebr,* a. a. O., S. 128 f.; *Daig,* a. a. O., S. 179; *Roemer,* a. a. O., S. 48; *Tizzano,* in: *Quadri* u. a., a. a. O., Anm. 5 zu Art. 175.

offenbleiben wird, ob diese Regelung den Kläger in einzelnen Punkten »beschweren« würde.

k) Keine Umgehung der Unzulässigkeit anderer Klagen

35 Unter dem Deckmantel der Untätigkeitsklage dürfen nicht Ziele verfolgt werden, für deren Erreichung der EWG-Vertrag andere Rechtsbehelfe vorsieht, insbesondere solche, die dem Kläger nicht oder nicht mehr zu Gebote stehen. So wäre es z. B. unzulässig, daß ein Privatmann das Unterbleiben einer Verlautbarung beanstandet, welche die Kommission nicht hätte erlassen können, ohne sich dazu zu äußern, ob ein Mitgliedstaat gegen das Gemeinschaftsrecht verstoßen hat, denn eine derartige Feststellung kann gerichtlich nur mit der Aufsichtsklage (Art. 169, 170) angestrebt werden, die den Privaten nicht zusteht und für die überdies ein besonderes Verfahren vorgesehen ist.

2. Besondere Voraussetzungen für die Klagen »natürlicher oder juristischer Personen«

36 a) Sonstigen »natürlichen oder juristischen Personen«[14] steht »nach Maßgabe der Absätze 1 und 2« ebenfalls die Befugnis zur Erhebung der Untätigkeitsklage zu. Die oben abgehandelten Zulässigkeitsvoraussetzungen gelten also auch für diesen Kreis von Rechtssubjekten. Allerdings tritt eine weitere wichtige Einschränkung hinzu: ebenso wie die Nichtigkeitsklage der genannten Personen auf die Anfechtung von Akten beschränkt ist, die einen individuellen Bezug zum Kläger aufweisen, können Private mit der Untätigkeitsklage nur rügen, daß der Rat oder die Kommission es unterlassen habe, »einen anderen Akt als eine Empfehlung oder eine Stellungnahme an sie zu richten«.

Damit scheiden – nach dem Sinn der Vorschrift – zunächst sämtliche *unverbindlichen* Akte aus, auch soweit sie stricto sensu nicht als »Empfehlungen« oder »Stellungnahmen« anzusehen wären.

Weiterhin entfallen grundsätzlich alle Akte, die entweder überhaupt nicht oder nicht individuell an den Kläger zu richten gewesen wären (z. B. Richtlinien an Mitgliedstaaten oder echte Verordnungen,[15] die den Kläger zwar auch betroffen hätten, aber nicht individuell, sondern nur in seiner Eigenschaft als Angehöriger einer abstrakt definierten Gruppe). Eine Ausnahme sollte jedoch für Entscheidungen gemacht werden, die zwar an einen Dritten zu richten gewesen wären, den Kläger jedoch unmittelbar und individuell betroffen hätten (Parallele zum Rechtsschutz nach Art. 173).

37 b) Der EuGH hat also auf die Untätigkeitsklage eines Privatmanns hin zu prüfen,

14 Siehe zu diesem Begriff Rn. 42 und 33 zu Art. 173.

15 Vgl. EuGH – Holtz/Rat, 134/73 – Slg. 1974, 10, wo hinzugefügt wird, ein Privater könne auch nicht die Unterlassung eines Verordnungsvorschlags des Rates rügen, da ein solcher Vorschlag Bestandteil des Verfahrens sei, das zum Erlaß einer Verordnung führe.

welche Rechtsnatur der begehrte »Akt« gehabt hätte, wenn er erlassen worden wäre.[16] Hierbei muß er sich zwar insofern an das Vorbringen des Klägers anlehnen, als er sich grundsätzlich an *dessen* Vorstellungen hinsichtlich Gegenstand, Zweck und Adressaten der geforderten Handlung zu halten hat; diese Elemente sind ja Gegenstand des Klageantrags, den der EuGH nicht von sich aus abändern darf. Dagegen ist der EuGH nicht an die *rechtliche Qualifizierung* jener Handlung durch den Kläger gebunden, sondern hat nach dem Grundsatz »iura novit curia« selbständig und nach objektiven Kriterien zu entscheiden, unter welche Kategorie die vom Kläger beschriebene Maßnahme zu subsumieren gewesen wäre, wobei er nicht nur die vom Kläger betonten Merkmale, sondern auch die zwangsläufigen Nebenwirkungen der Handlung zu berücksichtigen hat.

38 c) Die Klage ist nicht nur dann abzuweisen, wenn die Maßnahme sich als »Empfehlung« oder »Stellungnahme« i. S. von Art. 189 dargestellt hätte, sondern auch, wenn sie zwar unter eine andere Kategorie gefallen, aber nicht an den Kläger »zu richten« gewesen wäre; hierdurch wird es Privatpersonen insbesondere verwehrt, das Unterbleiben von Verordnungen und Richtlinien zu rügen.

IV. Voraussetzungen für die Begründetheit der Untätigkeitsklage

39 Begründet ist eine Untätigkeitsklage, wenn die *materielle* Rechtsbehauptung des Klägers – nämlich, daß das beklagte Organ verpflichtet gewesen sei, den begehrten Beschluß zu erlassen – zutrifft.

Ein Verstoß im Sinne von Art. 175 liegt allerdings nicht schon dann vor, wenn feststeht, daß das beklagte Organ die begehrte Verlautbarung *irgendwann* erlassen muß; es kommt vielmehr auch darauf an, *bis zu welchem Zeitpunkt* es spätestens hätte tätig werden müssen. Soweit ihm keine positivrechtlichen Fristen gesetzt waren, wird die Wahl des Zeitpunkts im allgemeinen im pflichtgemäßen Ermessen des Organs stehen, wobei zumeist auch objektive Sachzwänge (erforderliche Vorbereitungszeit usw.) eine Rolle spielen werden.

Artikel 176 [Folgen der Urteile nach Art. 173, 175]

Das Organ, dem das für nichtig erklärte Handeln zur Last fällt oder dessen Untätigkeit als

16 Entsprechende Untersuchungen finden sich u. a. bei GA *Roemer,* Slg. 1972, 116; GA *Reischl,* Slg. 1974, 13 ff. sowie in EuGH – Chevalley/Kommission, 15/70 – Slg. 1970, 980; Nordgetreide/Kommission, 42/71 – Slg. 1972, 110 f.

vertragswidrig erklärt worden ist, hat die sich aus dem Urteil des Gerichtshofes ergebenden Maßnahmen zu ergreifen.

Diese Verpflichtung besteht unbeschadet der Verpflichtungen, die sich aus der Anwendung des Artikels 215 Absatz 2 ergeben.

Literaturhinweise

s. bei Artikel 173 und 175

Inhaltsübersicht

I. Vergleich mit EAG- und EGKS-Recht

1 Art. 149 EAGV entspricht praktisch wörtlich Art. 176 EWGV. Die Unterschiede zum EGKS-Recht liegen in folgendem:

1. Art. 176 EWGV erwähnt eigens, daß das beklagte Organ auch aus einem Urteil, welches eine pflichtwidrige *Untätigkeit* feststellt, die gebotenen Folgerungen zu ziehen habe. Der EGKS-Vertrag (Art. 34 Abs. 1 Sätze 2 bis 3, Abs. 2) regelt dagegen nur die Maßnahmen, welche die Hohe Behörde nach einem *Nichtigkeits*urteil treffen muß. Das erklärt sich daraus, daß der EGKSV das Schweigen der Hohen Behörde (Kommission) auf eine Aufforderung zum Tätigwerden hin als stillschweigende ablehnende Entscheidung und dementsprechend die Untätigkeitsklage als Unterfall der Nichtigkeitsklage konstruiert hat (vgl. Art. 35 Abs. 3 EGKSV).

2 2. Was die Frage betrifft, ob und wann der ursprüngliche Erlaß eines später für nichtig erklärten Rechtsaktes oder die pflichtwidrige Untätigkeit Schadensersatzansprüche auslösen, so begnügt sich Art. 176 Abs. 2 EWGV mit der lakonischen Feststellung, daß die Verpflichtung, »die sich aus dem Urteil des Gerichtshofes ergebenden Maßnahmen zu treffen«, »unbeschadet der Verpflichtungen [besteht], die sich aus der Anwendung des Artikels 215 Abs. 2 ergeben«, der Bestimmung also, wonach »im Bereich der außervertraglichen Haftung . . . die Gemeinschaft den durch ihre Organe oder Bediensteten in

Ausübung ihrer Amtstätigkeit verursachten Schaden nach den allgemeinen Rechtsgrundsätzen [ersetzt], die den Rechtsordnungen der Mitgliedstaaten gemeinsam sind«. Dagegen verweist Art. 34 Abs. 1 Sätze 2 bis 3, Abs. 2 EGKSV nicht auf die allgemeine Ersatzpflichtnorm in Art. 40 dieses Vertrages, sondern trifft eine selbständige Regelung, die als lex specialis zu Art. 40 EGKSV anzusehen ist (vgl. dessen Abs. 1: »Vorbehaltlich der Bestimmungen des Artikels 34 Absatz 1 . . .«). Einzelne Formulierungen scheinen darauf hinzudeuten, daß die Schadensersatzpflicht enger bemessen sein soll, wenn das schadenstiftende Ereignis der Erlaß eines rechtswidrigen und deshalb aufgehobenen Aktes war, als in sonstigen Fällen; mit Sicherheit läßt sich dies den umständlich verklausulierten und schwer durchschaubaren Bestimmungen von Art. 34 allerdings nicht entnehmen.

Jedenfalls verdient die klare und einfache Vorschrift von Art. 176 Abs. 2 entschieden den Vorzug, da nicht einzusehen ist, weshalb Voraussetzungen, Inhalt und Umfang eines etwaigen Schadensersatzanspruchs vorliegend grundsätzlich anders geartet sein sollten als in anderen Fällen schuldhafter Schadensverursachung.

II. Verpflichtungen des unterlegenen Gemeinschaftsorgans

1. Allgemeines

3 a) Das unterlegene Organ hat »die sich aus dem Urteil des Gerichtshofes ergebenden Maßnahmen zu ergreifen«.

aa) Die »Urteilsanalyse«, die das Organ hiernach anzustellen hat, darf sich nicht auf den Tenor beschränken, sondern muß die Entscheidungsgründe einbeziehen. So kann es im Falle der Aufhebung eines Aktes ausschlaggebend sein, aus welchem Rechtsgrund der EuGH wie geschehen entschieden hat; treffend GA *Lagrange:* »Das Urteil kann eine ganze Stufenfolge verschiedener Rechtswirkungen auslösen; je nachdem ob lediglich die Begründung [scil.: des aufgehobenen Aktes] unzureichend ist . . . oder ob eine materielle Rechtswidrigkeit festgestellt wird, die jeden etwaigen erneuten Erlaß ähnlicher Maßnahmen ausschließt«.[1]

4 bb) Art. 176 meint nicht Maßnahmen, deren Erlaß das Urteil ausdrücklich angeordnet hätte. Zu einer solchen Anordnung ist der EuGH in den hier interessierenden Fällen überhaupt nicht befugt; es ist vielmehr »Sache der Exekutive, dem Urteil [die entsprechenden] Rechtsfolgen zu entnehmen«.[2] Auch die Feststellung gemäß Art. 175, daß das beklagte Organ in einem bestimmten Sinne hätte tätig werden müssen, kann – aus rechtlichen wie aus praktischen Gründen – den Einzelinhalt der nunmehr zu treffenden Maßnahme nicht vorwegnehmen.

1 Slg. 1961, 77.
2 GA *Lagrange,* Slg. 1961, 79.

Das bedeutet freilich nicht, daß es dem EuGH verwehrt wäre, sich in den *Motiven* zu den Konsequenzen eines der Klage stattgebenden Urteils zu äußern. Hierzu kann er etwa dann gezwungen sein, wenn er sich mit der Einrede des fehlenden Rechtsschutzinteresses auseinandersetzen und sich in diesem Rahmen darüber auszusprechen hat, ob ein obsiegendes Urteil dem Kläger tatsächlich einen Vorteil bringen würde.

5 cc) Aus dem knappen Wortlaut von Art. 176 darf nicht gefolgert werden, daß sich *sämtliche* Rechtsfolgen des Urteils stets *aus diesem selbst, und nur aus ihm,* ergäben.

Einer solchen Annahme steht bereits entgegen, daß die Ausführungen der Parteien im Nichtigkeits- oder Untätigkeitsprozeß sich normalerweise auf die Frage der Rechtmäßigkeit oder Rechtswidrigkeit des kritisierten Tuns oder Unterlassens beschränken werden, während die Folgen, die dieses Tun oder Unterlassen verursacht hat (und damit auch der Umfang einer etwaigen Beseitigungspflicht) entweder gar nicht oder nur nebenbei behandelt werden. Auch soweit der EuGH berechtigt ist, sich zu diesen Fragen vorweg zu äußern,[3] kann er es daher normalerweise nicht erschöpfend tun. Hinzu kommt, daß die Gesamtheit der von jenem Tun oder Unterlassen ausgelösten Wirkungen – man denke an Verordnungen, die in einen unübersehbaren Bereich von Interessenlagen und Rechtsbeziehungen »hineinregieren« – oft auch den Parteien nicht von vornherein voll bewußt sein wird.

Überdies können sich Inhalt und Umfang der von Art. 176 bezeichneten Verpflichtung nicht nur nach Maßgabe des Urteils bestimmen, das ja nur einen *Einzelfall* entscheidet; es sind vielmehr außerdem die *allgemeinen* Prinzipien und Normen des Gemeinschaftsrechts heranzuziehen, insbesondere die allgemeinen Rechtsgrundsätze einschließlich der Verpflichtung zum Schutz der Grundrechte (Gleichheitssatz, Vertrauensschutz, usw.).

6 dd) Das beklagte Organ hat somit nach Erlaß des Urteils »manche Nüsse zu knacken«, zumal es bisher in Rechtsprechung und Lehre des Gemeinschaftsrechts an einer in sich geschlossenen »Folgenbeseitigungstheorie« zu fehlen scheint. Ein (begrenzter) Ermessensspielraum wird grundsätzlich anzunehmen sein. Entsteht Streit darüber, ob das Organ seiner Pflicht aus Art. 176 nachgekommen ist, kann in einem neuen Rechtsstreit darüber entschieden werden.[4] Daß der Hinweis auf diese Möglichkeit den auf Prozeßökonomie bedachten Juristen nicht befriedigen kann, bedarf keiner Erörterung; man kann nur hoffen, daß der EuGH in die Lage versetzt wird, schrittweise wenigstens die wichtigsten Grundfragen der Folgenbeseitigung zu klären.

7 ee) Die Pflicht, aus dem Urteil bestimmte Konsequenzen zu ziehen, trifft nicht nur das unterlegene Organ, sondern »alle, die es angeht«, also jedenfalls – im Rahmen ihrer jeweiligen Zuständigkeiten – auch die übrigen Gemeinschaftsorgane und die Behörden der Mitgliedstaaten; das hat z. B. praktische Bedeutung für die Nichtigerklärung einer

3 Vgl. oben Rn. 4.
4 Vgl. EuGH – Hoogovens/Hohe Behörde, 14/61 – Slg. 1962, 543f.

Verordnung des Rates, auf deren Grundlage Kommission oder Mitgliedstaaten Ausführungsvorschriften erlassen hatten.

8 b) Die Verpflichtung, die durch das Urteil gebotenen Konsequenzen zu ziehen, »besteht unbeschadet der Verpflichtungen, die sich aus der Anwendung des Artikels 215 Abs. 2 ergeben«. Diese Vorschrift stellt folgendes klar:

- Auch (vielleicht sollte man sagen: gerade) ein für nichtig erklärter Akt oder die als pflichtwidrig bezeichnete Unterlassung eines Aktes kann eine Schadensersatzpflicht begründen.
- Ein durch ein solches Tun oder Unterlassen verursachter Schaden wird nicht notwendigerweise durch ein dem Kläger Recht gebendes Urteil nach Art. 173 oder 175 völlig beseitigt.
- Die Pflicht, gegebenenfalls Schadensersatz zu leisten, deckt sich nicht unbedingt mit der Pflicht, »die sich aus dem Urteil ergebenden Maßnahmen zu treffen«. Diese Feststellung würde im übrigen wegen der Natur der Sache auch dann gelten, wenn es Art. 176 Abs. 2 nicht gäbe. Zwar kann ein der Klage stattgebendes Nichtigkeits- oder Untätigkeitsurteil die Basis für einen Schadensersatzanspruch liefern, insoweit für einen solchen Anspruch die Rechtswidrigkeit des Tuns oder Unterlassens Voraussetzung ist. Ein solcher Anspruch ergibt sich aber weder dem Prinzip noch erst recht dem Umfang nach unmittelbar und ausschließlich aus dem Urteil; es müssen zahlreiche weitere Faktoren hinzukommen (Vorliegen eines Schadens, adäquater Kausalzusammenhang, Frage des mitwirkenden Verschuldens usw.). Art. 176 Abs. 2 appelliert an die Initiative des beklagten Organs und stellt auf dessen Kenntnisstand ab. Rat und Kommission können aber nicht in allen Einzelheiten wissen, ob, wem und in welcher Höhe ein zu ersetzender Schaden entstanden ist; wer Schadensersatz will, muß sich selbst melden.[5]

2. Verpflichtungen bei Nichtigerklärung einer Handlung gemäß Artikel 173

9 a) Ein gemäß Art. 173 ergehendes, der Klage stattgebendes Urteil schafft den angegriffenen Akt rückwirkend aus der Welt; es tritt also *grundsätzlich* die gleiche Rechtslage ein, die bestehen würde, wenn der Akt niemals erlassen worden wäre.[6] Außerdem stellt ein solches Urteil in seinen tragenden Gründen fest, daß und weshalb der Akt rechtswidrig war. An diese beiden Faktoren ist stets für die Beantwortung der Frage anzuknüpfen, welche Maßnahmen das Organ nunmehr zu treffen hat (und selbstverständlich auch dafür, welche Maßnahmen es zu unterlassen hat). Diese Maßnahmen können von Fall zu Fall unterschiedlich sein; sie richten sich vor allem nach dem Inhalt der

5 Siehe im übrigen die Erläuterungen zu Art. 178 und 215.
6 Siehe allerdings Rn. 7 ff. zu Art. 174.

aufgehobenen Handlung und nach den Konsequenzen, die sie vor dem Erlaß des Urteils gezeitigt hatte.

Prinzipiell hat das unterlegene Organ *nach Maßgabe seiner rechtlichen und praktischen Möglichkeiten und unter Berücksichtigung seiner sonstigen Verpflichtungen* alles zu tun, um die auf der Grundlage der für nichtig erklärten Handlung eingetretenen Folgen zu beseitigen. Dieses Prinzip wird in bedeutendem Umfang durchbrochen, wenn der EuGH gemäß Art. 174 Abs. 2 anordnet, daß bestimmte Wirkungen einer für nichtig erklärten Verordnung »als fortgeltend zu betrachten sind«, oder wenn Treu und Glauben, Vertrauensschutz und ähnliche Gesichtspunkte bei Abwägung der beteiligten legitimen Interessen gebieten, einzelne Folgen bestehen zu lassen.

10 b) Die Rechtsprechung ist eher vorsichtig. So hat der EuGH festgestellt, es sei in erster Linie Sache des betroffenen Organs, zu entscheiden, ob die Folgen des aufgehobenen Aktes ex tunc oder ex nunc zu beseitigen sind.[7]

3. Verpflichtungen bei Feststellung der Pflichtwidrigkeit einer Unterlassung gemäß Artikel 175

11 Hat der EuGH gemäß Art. 175 festgestellt, daß das beklagte Organ verpflichtet gewesen wäre, auf einem bestimmten Gebiet tätig zu werden, so hat er damit die unterbliebene Maßnahme nicht etwa selbst vorgenommen; er wäre gar nicht befugt, in dieser Weise an die Stelle des zuständigen Organs zu treten. Aus dem Urteil »ergibt« sich daher, daß das Organ die unterbliebene Maßnahme unverzüglich nachzuholen hat, es sei denn, daß dies aufgrund der zwischenzeitlich eingetretenen Entwicklung rechtlich unmöglich oder praktisch sinnlos geworden ist.

Hinsichtlich des Typus der vorzunehmenden Handlung (Verordnung, Entscheidung usw.) sowie ihres Gegenstandes wird das Urteil in der Regel Feststellungen enthalten, an die das Organ gebunden ist. Dagegen wird sich derartigen Urteilen nicht entnehmen lassen, welchen Inhalt die zu treffende Regelung im einzelnen haben soll oder nicht haben darf, da hierüber nicht im Rahmen einer Untätigkeitsklage entschieden werden kann.

7 Rs. 14/61, a. a. O., S. 543 f. Die Nicht(mehr)anwendung *ex nunc* dürfte allerdings das Minimum des zu Fordernden darstellen: so ist das betroffene Organ z. B. gehalten, eine spätere, die aufgehobene Entscheidung bestätigende Entscheidung zurückzunehmen oder zumindest unangewendet zu lassen: EuGH – Bode/Kommission, 45 und 49/70 – Slg. 1971, 476.

Artikel 177 [Vorabentscheidungen]

Der Gerichtshof entscheidet im Wege der Vorabentscheidung

a) über die Auslegung dieses Vertrags,

b) über die Gültigkeit und die Auslegung der Handlungen der Organe der Gemeinschaft,

c) über die Auslegung der Satzungen der durch den Rat geschaffenen Einrichtungen, soweit diese Satzungen dies vorsehen.

Wird eine derartige Frage einem Gericht eines Mitgliedstaates gestellt und hält dieses Gericht eine Entscheidung darüber zum Erlaß seines Urteils für erforderlich, so kann es diese Frage dem Gerichtshof zur Entscheidung vorlegen.

Wird eine derartige Frage in einem schwebenden Verfahren bei einem einzelstaatlichen Gericht gestellt, dessen Entscheidungen selbst nicht mehr mit Rechtsmitteln des innerstaatlichen Rechts angefochten werden können, so ist dieses Gericht zur Anrufung des Gerichtshofes verpflichtet.

Literaturhinweise

Arendt, Ernest, La procédure selon l'article 177 du traité instituant la Communauté économique européenne (Rapport général, XXIe Congrès de l'Union internationale des Avocats, Arnheim 1965), in: SEW 1965, S. 385–420

Basse, Hermann, Das Verhältnis zwischen der Gerichtsbarkeit des Gerichtshofs der Europäischen Gemeinschaften und der deutschen Zivilgerichtsbarkeit, Berlin 1964

Bebr, Gerhard, Article 177 of the EEC Treaty in the Practice of the National Courts, in: ICLQ 1977, S. 241 ff.

Buxbaum, Richard M., Article 177 of Rome Treaty as a Federalizing Device, in: Stanford Law Review 1969, S. 1041–1057

Constantinesco, L., Zur Vorlage nationaler Instanzgerichte an den Europäischen Gerichtshof (Art. 177 Abs. 2 EWGV), in: AWD 1967, S. 125–130

Daig, Hans-Wolfram, Aktuelle Fragen der Vorabentscheidungen nach Artikel 177 EWGV, unter besonderer Berücksichtigung von Rechtsprechung und Praxis des Gerichtshofes der Europäischen Gemeinschaften, in: EuR 1968, S. 259–294, 371–388

ders., Auslegung und Anwendung von Artikel 177 EWG-Vertrag durch den Gerichtshof der Europäischen Gemeinschaften, in: Festschrift zum 70. Geburtstag von Hans Kutscher, Baden-Baden 1981, S. 194–203

Dauses, Manfred A., Das Vorabentscheidungsverfahren nach Art. 177 EWGV, in: JZ 1979, S. 125–129

Dumon, Frédéric, La Cour de Justice: Questions préjudicielles, in: Les Novelles, Droit des Communautés européennes, Brüssel 1969, S. 341–366

Ehle, Dietrich, Sind Vorlagebeschlüsse gemäß Art. 177 Abs. 2 EWGV beschwerdefähig?, in: NJW 1963, S. 2202–2204

Feige, Konrad, Bundesverfassungsgericht und Vorabentscheidungskompetenz des Gerichtshofs der Europäischen Gemeinschaften, in: AöR 1975, S. 530–561

Friedrich, Klaus, Auswirkungen von Vorabentscheidungen auf das Vorbringen der Beteiligten im Finanzgerichtsprozeß, in: RIW/AWD 1976, S. 577–580

Goose, Peter Ernst, Einschränkung der Vorlagebefugnis nach Art. 177 Abs. 2 EWGV durch die Rechtsmittelgerichte?, in: RIW 1975, S. 660–663

Guggemos, Alfred, Die Vorlagepflichten deutscher Gerichte an das Bundesverfassungsgericht und an den Gerichtshof der Europäischen Gemeinschaften, Dissertation Regensburg 1971

Habscheid, Walter J., Der deutsche Richter und der Europäische Gerichtshof. Bemerkungen zur Dogmatik und Praxis des Vorlageverfahrens gemäß Art. 177 EWGV, in: Festschrift für Von der Heydte, Bd. I., Berlin 1977, S. 205–222

Joutsamo, Kari, The Role of Preliminary Rulings in the European Communities, Helsinki 1979

Knopp, Werner, Über die Aufgabenteilung zwischen dem Europäischen Gerichtshof und den nationalen Gerichten bei der Auslegung des Gemeinschaftsrechts, in: Festschrift für Philipp Möhring, München usw. 1965, S. 449–481

Merchiers, Laurent, Bericht im Namen des Rechtsausschusses über die Probleme der Anwendung von Artikel 177 des EWG-Vertrages, in: Dok. EP 1969–1970, 94, S. 1–29

Mertens de Wilmars, J., Annulation et appréciation de validité dans le traité CEE: convergence ou divergence?, in: Festschrift zum 70. Geburtstag von Hans Kutscher, Baden-Baden 1981, S. 283–300

Mok, R. – Johannes, Hartmut, Schiedsgerichtsbarkeit und EWG-Vertrag, in: AWD 1960, S. 125–130

Paetow, Hans, Das Verfahren nach Artikel 177 des EWG-Vertrages (Deutscher Bericht, XXIe Congrès de l'Union internationale des Avocats, Arnheim 1965), in: SEW 1965, S. 421–436

Pepy, André, Le rôle des juridictions nationales dans l'application de l'article 177 et la jurisprudence de la Cour de Justice, in: CDE 1966, S. 21–39

Riegel, Reinhard, Der EuGH als gesetzlicher Richter i. S. Art. 101 Abs. 1 Satz 2 GG im Vorlageverfahren nach Art. 177 EWGV?, in: RIW/AWD 1976, S. 413–416

Schumann, Ekkehard, Das Verhältnis des deutschen Richters zum Gerichtshof der Europäischen Gemeinschaften, in: ZZP 1965, S. 77–130

Selmer, Peter, Zur Entscheidungserheblichkeit der Gültigkeitsfrage bei der Vorlage nach Art. 177 des EWG-Vertrages, in: AWD 1968, S. 424–427

Skouris, Wassilios, Probleme der Vorlage gemäß Art. 177 EWGV aus der Sicht des griechischen Rechts, in: EuR 1980, S. 22–35

Tomuschat, Christian, Die gerichtliche Vorabentscheidung nach den Verträgen über die Europäischen Gemeinschaften, Köln usw. 1964

ders., La Justice – c'est moi. Zum Cohn-Bendit-Urteil des französischen Conseil d'Etat vom 22. 12. 1978, in: EuGRZ 1979, S. 257–261.

Zehetner, Franz, Zum Vorlagerecht nationaler Gerichte an den Gerichtshof der Europäischen Gemeinschaften, in: EuR 1975, S. 113–128

Inhaltsübersicht

I. Vergleich mit EAG- und EGKS-Recht

1 1. Art. 177 EWGV entspricht Art. 150 EAGV, jedoch mit der Abweichung, daß der EuGH nach dieser Vorschrift für die Auslegung der Satzungen der durch den Rat geschaffenen Einrichtungen zuständig ist, »soweit diese Satzungen nicht etwas anderes bestimmen«. Das Schweigen einer solchen Satzung begründet also nach EAG-Recht die Zuständigkeit des EuGH, nach EWG-Recht schließt es sie dagegen aus.

2 2. Im EGKS-Recht hat Art. 177 keine genaue Entsprechung; zum Vergleich lassen sich lediglich Art. 41 und 65 § 4 EGKSV heranziehen.

Die erstgenannte Vorschrift bestimmt allgemein, daß der EuGH »allein . . . , und zwar im Wege der Vorabentscheidung, über die Gültigkeit von Beschlüssen der Hohen Behörde und des Rates [entscheidet], falls bei einem Streitfall vor einem staatlichen Gericht diese Gültigkeit in Frage gestellt wird«. Damit steht fest, daß kein staatliches Gericht – weder unterer noch höchster Instanz – von der Ungültigkeit eines derartigen Beschlusses ausgehen darf, ohne daß es diese Frage dem EuGH vorgelegt und von diesem eine bejahende Antwort erhalten hätte; demgegenüber scheint der Wortlaut von Art. 177 Abs. 2 den Untergerichten die Befugnis zuzuerkennen, ohne Befragung des EuGH die Ungültigkeit von Handlungen der Gemeinschaftsorgane festzustellen und dementsprechend zu judizieren.[1] Trotz jener weitergespannten Fassung hat Art. 41 EGKSV in der Praxis kaum eine Rolle gespielt, was darauf zurückzuführen sein dürfte, daß die Verschränkung von Gemeinschaftsrecht und nationalem Recht im Montanbereich unverhältnismäßig geringer ist als im Bereich der EWG, wo die Mitgliedstaaten zahlreiche Ausführungsvorschriften zu erlassen haben, deren Rechtmäßigkeit von derjenigen der ihnen zugrundeliegenden Gemeinschaftsakte abhängen kann.

Nach Art. 65 § 4 EGKSV ist »vorbehaltlich der bei dem Gerichtshof zu erhebenden Klagen . . . die Hohe Behörde ausschließlich zuständig, darüber zu entscheiden, ob [Vereinbarungen oder Beschlüsse von Unternehmen oder Unternehmensverbänden mit

1 Siehe jedoch unten Rn. 24.

den kartellrechtlichen Bestimmungen des genannten Artikels] in Einklang stehen«. Diese Vorschrift – die den EuGH nur ein einziges Mal beschäftigt hat[2] – unterscheidet sich von Art. 177 EWGV vornehmlich in folgenden Punkten:

- Sie bezieht sich ausschließlich auf Kartellrecht.

- Sie sieht ein *zweistufiges* Vorabentscheidungsverfahren vor: das nationale Gericht muß zunächst die Hohe Behörde – heute: die Kommission – befassen, gegen deren Entscheidung den Betroffenen wiederum die beim EuGH einzulegende Nichtigkeitsklage zusteht.

- Sie ermächtigt den EuGH nicht nur zur Auslegung, sondern auch zur Anwendung des Gemeinschaftsrechts.

II. Allgemeines zu Artikel 177

3 1. Die Vorabentscheidungen nach Art. 177 EWGV sind nicht mit dem gleichnamigen Institut des deutschen Prozeßrechts (vgl. z. B. § 304 ZPO) zu verwechseln. Sie haben zwar mit diesem gemeinsam, daß sie über einzelne Vorfragen eines einheitlichen Prozesses »vorab«, d. h. zeitlich und materiell vom Endurteil getrennt, befinden. Ihre Besonderheit liegt aber darin, daß das »vorab« entscheidende Gericht – hier: der EuGH – nicht mit dem Gericht des Endurteils – hier: einem staatlichen Gericht – identisch ist.

4 2. Diese Feststellung weist zugleich auf einen Unterschied, der Art. 177 gegenüber allen übrigen EWG-Zuständigkeiten des EuGH kennzeichnet: während dieser sonst in der Regel von einer Partei gegen eine Partei, also kontradiktorisch, befaßt wird, ist es hier der *nationale Richter,* dessen Vorlage die Rechtshängigkeit beim EuGH begründet und – soweit die aufgeworfenen Fragen zulässig sind – das Thema der Vorabentscheidung in einer für alle Beteiligten bindenden Weise festlegt. »Das Verfahren nach Art. 177 . . . ist kein Streitverfahren zur Entscheidung eines Rechtstreits, sondern ein besonderes Verfahren, das es den Gerichten der Mitgliedstaaten ermöglicht, die Auslegung von Bestimmungen des Gemeinschaftsrechts zu beantragen, die auf vor ihnen anhängige Streitsachen anzuwenden sind«.[3]

Hieraus folgt insbesondere, daß:

- die Themen der Vorabentscheidung durch das vorlegende Gericht bestimmt werden, so daß der EuGH »nicht eine Frage beantworten [kann], die ihm nicht gestellt worden

2 Stork/Hohe Behörde, 1/58 – Slg. 1958-59, 50 ff.
3 EuGH – Costa/E. N. E. L., 6/64 – Slg. 1964, 1309.

ist«,[4] erst recht aber die Parteien des Ausgangsverfahrens und sonstige im Verfahren nach Art. 177 Äußerungsberechtigte am Bestand der Vorlagefragen nichts ändern, insbesondere nicht »beantragen« können, eine Frage für gegenstandslos zu erklären oder zusätzliche Fragen zu beantworten;[5]

- die Parteien des Ausgangsverfahrens wie alle übrigen Äußerungsberechtigten »keinerlei Initiativrechte« besitzen, lediglich berechtigt sind, ihre Meinung zu bekunden, weder intervenieren noch beigeladen werden können und nicht über ein Antragsrecht auf Auslegung (Art. 40 EWG-Satzung) oder Ergänzung einer Vorabentscheidung verfügen.[6]

5 3. Die Befassung des EuGH stellt sich als bloßer Ausschnitt eines Gesamtverfahrens dar, das vor dem staatlichen Gericht beginnt und endet. Der EuGH hat nicht über den vom Kläger geltend gemachten Anspruch zu entscheiden, sondern über gemeinschaftsrechtliche Vorfragen, die das vorlegende Gericht für entscheidungserheblich hält.

Der EuGH ist keine »höhere Instanz« gegenüber den nationalen Gerichten. Er »ist somit niemals berechtigt, ein innerstaatliches Urteil aufzuheben; der staatliche Richter soll über das Gemeinschaftsrecht *vor,* nicht *nach* seiner Entscheidung belehrt werden«.[7]

6 4. Art. 177, der für den staatlichen Richter »zwingendes Recht« ist,[8] sieht ein »besonderes Verfahren« der »Zusammenarbeit des Gerichtshofs mit den staatlichen Gerichten« vor.[9] Er geht »von einer klaren Trennung der Aufgaben ... aus«;[10] dieses »sehr [spezielle] Gebiet richterlichen Zusammenwirkens ... [ist] dadurch gekennzeichnet ..., daß staatliches Gericht und Gerichtshof – jeweils in den Grenzen der eigenen Zuständigkeit – gemeinsam und unmittelbar zur Rechtsfindung beizutragen haben«.[11]

Zweck von Art. 177 ist es, »die einheitliche Anwendung des Gemeinschaftsrechts zu gewährleisten«, indem er für einheitliche Auslegung sorgt.[12] Art. 177 ist »von entscheidender Bedeutung dafür, daß das vom Vertrag geschaffene Recht wirklich gemeinsames

4 GA *Warner,* Slg. 1976, 856, mit der berechtigten Einschränkung, daß der EuGH nicht streng an den – mitunter nicht glücklichen – Wortlaut der vom nationalen Gericht formulierten Fragen gebunden ist.
5 Vgl. EuGH – Hessische Knappschaft/Singer, 44/65 – Slg. 1965, 1275; Grassi/Ital. Finanzverwaltung, 5/72 – Slg. 1972, 448. Das Recht des EuGH, freiwillig auf Anregungen einzugehen, bleibt allerdings unberührt.
6 Vgl. insgesamt EuGH – Costa/E. N. E. L., 6/64 – Slg. 1964, 1309 f.; 44/65, a. a. O.; Becher/Hauptzollamt, 13/67 – Slg. 1968, 297; De Cicco/LVA Schwaben, 19/68 – Slg. 1968, 716 f.; Rheinmühlen/Einfuhr- und Vorratsstelle, 6/71 – Slg. 1971, 719 f.; Bollmann/Hauptzollamt, 62/72 – Slg. 1973, 275.
7 *Daig,* Aktuelle Fragen, a. a. O., S. 262.
8 EuGH – Rheinmühlen/Einfuhr- und Vorratsstelle, 166/73 – Slg. 1974, 38.
9 EuGH – Costa/E. N. E. L., 6/64 – Slg. 1964, 1309.
10 EuGH – Albatros/Sopéco, 20/64 – Slg. 1965 (XI – 3), 8.
11 EuGH – Schwarze/Einfuhr- und Vorratsstelle, 16/65 – Slg. 1965, 1165.
12 EuGH Urteil 16/65, a. a. O.; Molkerei-Zentrale/Hauptzollamt, 28/67 – Slg. 1968, 232.

Recht bleibt«, hat zu garantieren, daß es »in allen Mitgliedstaaten . . . immer die gleiche Wirkung hat« und gibt »dem nationalen Richter die Möglichkeit . . . , die Schwierigkeiten auszuräumen, die sich aus der Notwendigkeit ergeben können, dem Gemeinschaftsrecht im Rahmen der Rechtsordnungen der Mitgliedsstaaten zur vollen Geltung zu verhelfen«.[13] Die Vorlage*pflicht* soll »verhindern, daß sich in einem Mitgliedstaat eine nationale Rechtsprechung herausbildet, die mit den Normen des Gemeinschaftsrechts nicht in Einklang steht«.[14]

7 5. Art. 177 setzt voraus, daß die Einzelnen sich in nationalen Prozessen auf die Akte der Gemeinschaftsorgane berufen können.[15] Er erweitert den – eingeschränkten – Rechtsschutz, den Art. 173 den Privaten gewährt, indem er es ihnen gestattet, wirksam die Gültigkeit von Akten zu bestreiten, gegen die ihnen die Nichtigkeitsklage nicht zur Verfügung stand. Häufig geschieht dies in der Weise, daß der betroffene Einzelne vor den Gerichten seines Landes einen formell gegen eine nationale Durchführungsmaßnahme gerichteten Rechtsstreit einleitet und sich auf die Ungültigkeit des die Grundlage dieser Maßnahme bildenden Gemeinschaftsaktes beruft.[16]

8 6. Öffentliche Maßnahmen oder private Praktiken dürfen nicht dazu führen, daß Art. 177 seiner Wirkung beraubt oder zu sachfremden Zwecken mißbraucht wird:

- Mitgliedstaaten dürfen die unmittelbare Geltung vom Gemeinschaftsverordnungen nicht dadurch unterlaufen, daß sie diese durch nationales Gesetz in innerstaatliches Recht »transformieren«. Dieser Grundsatz gewinnt vorliegend spezielle Bedeutung, da derartige Praktiken »die Normadressaten über den Gemeinschaftscharakter einer Rechtsnorm im unklaren (lassen)« und somit geeignet sind, die dem EuGH durch Art. 177 verliehene Zuständigkeit »zu beschneiden«.[17]

- Vorlagerecht oder -pflicht sowie die Verpflichtung der staatlichen Gerichte, das Gemeinschaftsrecht – gegebenenfalls nach Maßgabe einer Vorabentscheidung des EuGH – korrekt, ohne Einschränkung und unmittelbar anzuwenden, dürfen nicht durch eine Regelung oder Praxis behindert werden, welche die Untergerichte an die rechtliche Beurteilung des übergeordneten Gerichts bindet[18] oder die Gerichte nötigt, die Beseitigung einer mit dem Gemeinschaftsrecht unvereinbaren Vorschrift »auf gesetzgeberischem Wege oder durch irgendein anderes verfassungsrechtliches Verfahren (zu) beantragen oder (abzuwarten)«, anstatt – wozu sie kraft des Vorrangs des

13 EuGH – Rheinmühlen/Einfuhr- und Vorratsstelle, 166/73 – Slg. 1974, 38.
14 EuGH – Hoffmann-La Roche/Centrafarm, 107/76 – Slg. 1977, 972.
15 EuGH – Grad/Finanzamt, 9/70 – Slg. 1970, 838.
16 Vgl. etwa EuGH – Amylum u. a./Rat und Kommission, 116 und 124/77 – Slg. 1979, 3560.
17 EuGH – Variola/Amministratione delle Finanze, 34/73 – Slg. 1973, 990.
18 EuGH – Rheinmühlen/Einfuhr- und Vorratsstelle, 166/73 – Slg. 1974, 38 f.

Gemeinschaftsrechts gehalten sind – unmittelbar zu entscheiden, daß die Vorschrift unanwendbar ist.[19]

- Die Verteilung der Kompetenzen zwischen EuGH und staatlichen Gerichten kann nicht »durch Vereinbarungen zwischen Privatpersonen geändert werden, mit denen die Gerichte zur Einholung einer Vorabentscheidung verpflichtet werden sollen, indem ihnen die Möglichkeit zur unabhängigen Ausübung der in Art. 177 Abs. 2 eingeräumten Beurteilungsbefugnis genommen wird.[20]

9 7. a) Art. 177 steht innerstaatlichen Rechtsmitteln gegen den Vorlagebeschluß nicht entgegen,[21] eine Auffassung, die allerdings von einem Teil der deutschen Literatur[22] und einem der Generalanwälte des EuGH[23] bekämpft wird. Diese Kritik ist verständlich, aber letztlich nicht berechtigt:

- Ein generelles Rechtsmittelverbot würde einen derart einschneidenden Eingriff in die Organisations- und Verfahrensnormen der innerstaatlichen Gerichte darstellen, daß es angesichts des Schweigens des EWGV in diesen nur dann »hineingelesen« werden könnte, wenn anderenfalls Sinn und Zweck von Art. 177 ausgehöhlt würden.[24]

- Das ist aber nicht der Fall. Es gibt Rechtsmittelgründe (Irrtum über Tatsachen oder die Auslegung nationalen Rechts), die das Gemeinschaftsrecht überhaupt nicht berühren und in die es sich daher nicht einmischen darf. Aber selbst wenn das Rechtsmittel auf Verkennung des Gemeinschaftsrechts gestützt wird, muß dies statthaft sein, weil auch das höherinstanzliche Gericht zur Auslegung dieses Rechts berufen ist; seine eventuelle Vorlagepflicht nach Art. 177 Abs. 3 bleibt unberührt.

Unvereinbar mit Art. 177 wäre es lediglich, wenn nationales Recht oder nationale Gerichtspraxis es zuließen, daß Rechtsmittel mit Erfolg auf die Behauptung gestützt werden könnten, das erkennende Gericht hätte von seinem *Ermessen,* den EuGH

19 EuGH – Ital. Finanzverwaltung/Simmenthal, 106/77 – Slg. 1978, 643 ff.

20 EuGH – Mattheus/Doego, 93/78 – Slg. 1978, 2210.
Dieser Gesichtspunkt wird in einem bisher nicht veröffentlichten, dem Verfasser nur in der französischen Fassung vorliegenden Urteil vom 16. 12. 1981 erneut unterstrichen (Rs. 244/80, Foglia/Novello, Rn. 18 der Entscheidungsgründe), wo es heißt, der EuGH sei nicht zuständig für die Beantwortung von Auslegungsfragen »qui lui seraient posées par les parties en vue d'amener la Cour à prendre position sur certains problèmes de droit communautaire qui ne répondent pas à un besoin objectif inhérent à la solution d'un contentieux«.

21 Ständige Rechtsprechung; vgl. etwa EuGH – De Geus/Bosch, 13/61 – Slg. 1962, 109 f.; Rheinmühlen/Einfuhr- und Vorratsstelle, 146/73 – Slg. 1974, 148.

22 Siehe etwa *Tomuschat,* La justice – c'est moi, S. 258 f.; *Goose,* a. a. O., S. 662; *Riegel* in: RIW/AWD 1976, S. 110.

23 GA *Warner,* Slg. 1974, 44.

24 Vgl. GA *Mayras,* Slg. 1974, 69 f.

anzurufen oder nicht, einen »unzweckmäßigen« Gebrauch gemacht; dieses Ermessen darf in der Tat nicht angetastet werden.[25]

10 b) Solange ein Vorlagebeschluß nicht aufgehoben wurde, bleibt der EuGH mit der Rechtssache befaßt; er braucht mit seiner Entscheidung nicht zu warten, bis der Beschluß rechtskräftig geworden ist.[26] Teilt das Gericht mit, das Rechtsmittel habe die Aussetzung der »Vollstreckung« des Beschlusses zur Folge, so setzt der EuGH seine Entscheidung ebenfalls aus;[27] umgekehrt entspricht er einem etwaigen Wunsch, das Verfahren ungeachtet des Rechtsmittels fortzuführen.[28]

III. Voraussetzungen für das Vorlagerecht und die Entscheidungspflicht des EuGH

1. Vorlageberechtigte Stellen

11 a) Nur ein »Gericht eines Mitgliedstaates« ist vorlageberechtigt; damit scheiden von vornherein aus: die Parteien des Ausgangsverfahrens;[29] die Organe der Gemeinschaft; Verwaltungsbehörden der Mitgliedstaaten;[30] Gerichte dritter Staaten oder internationale Gerichtshöfe.

Andererseits ist jedes mitgliedstaatliche Gericht »ohne Unterschied«[31] zur Vorlage befugt; gefordert wird nur, daß die Anrufung im Rahmen einer »richterlichen Tätigkeit« vorgenommen wird.[32] Ist diese Voraussetzung erfüllt, so kommt es weder auf die Art des Ausgangsverfahrens noch darauf an, in welchem Verfahrensabschnitt sich das Gericht zur Vorlage entschlossen hat; auch Strafprozesse, summarische, Eil- und/oder nicht »streiti-

25 Vgl. *Tomuschat,* La justice – c'est moi, S. 258f.
26 Vgl. die bereits zitierten Urteile in den Rs. 13/61, 146/73 und 106/77.
27 Vgl. EuGH – Chanel/Cepeha, 31/68 – Slg. 1970, 404.
28 Vgl. EuGH – Belgische Radio en Televisie/SABAM, 127/73 – Slg. 1974, 61f.
29 EuGH – Wöhrmann u.a./Kommission, 31 und 33/62 – Slg. 1962, 1042f.; Hessische Knappschaft/Singer, 44/65 – Slg. 1965, 1275.
30 GA *Gand,* Slg. 1966, 611; *Tomuschat,* Vorabentscheidung, S. 32, 39f.; *Schumann,* a.a.O., S. 100, der zutreffend betont, daß solche Behörden den EuGH auch dann nicht befassen können, wenn sie bei ihrer Tätigkeit Unabhängigkeit genießen.
31 EuGH – Rheinmühlen/Einfuhr- und Vorratsstelle, 166/73 – Slg. 1974, 38.
32 EuGH – Politi/Ital. Finanzministerium, 43/71 – Slg. 1971, 1048; Birra Dreher/Amministratione delle Finanze, 162/73 – Slg. 1974, 212. Ein Richter kann daher den EuGH nicht in eigener Sache befassen: vgl. EuGH – Ersuchen des diensthabenden Richters des Tribunal d'instance de Hayange, 105/79 – Slg. 1979, 2257f. (Der EuGH erklärte sich hier allerdings aus anderen Gründen für »unzuständig«).
Neuerdings hat der EuGH (Borker, 138/80 – Slg. 1980, 1977) eine Vorlage einer französischen Rechtsanwaltskammer zurückgewiesen, nicht weil diese überhaupt kein Gericht sei (die Frage blieb offen), sondern weil sie in concreto nicht mit einem »Rechtsstreit« befaßt war.

ge« Verfahren[33] können zur Vorlage berechtigen, auch wenn eine Anhörung der Gegenpartei nicht vorgesehen ist oder noch nicht vorgenommen wurde.[34]

12 b) Der Begriff »Gericht eines Mitgliedstaates« ist gemeinschaftsrechtlich, also einheitlich zu interpretieren; ob die vorlegende Stelle dieser Interpretation gerecht wird, kann allerdings nur unter Heranziehung des staatlichen Rechts beurteilt werden.[35]

Der genannte Begriff wirft zwei Probleme auf, die theoretisch leichter zu trennen sind als praktisch:

- Welche Voraussetzungen müssen erfüllt sein, damit von einem »Gericht« gesprochen werden kann?

- Was bedeutet »Gericht *eines Mitgliedstaates*«?

Zur ersten Frage ist zu bemerken, daß von einem »Gericht« jedenfalls nur dann die Rede sein kann, wenn die Mitglieder des betroffenen Spruchkörpers im Rahmen ihrer Entscheidungsbefugnis völlige Unabhängigkeit genießen, wenn die Rechtsordnung des in Betracht kommenden Mitgliedstaates den nicht fristgemäß angefochtenen Entscheidungen des Spruchkörpers bindende Kraft bemißt, und wenn der Spruchkörper verpflichtet ist, nach Recht und Gesetz zu entscheiden.

Vom Standpunkt des Gemeinschaftsrechts aus ist die letztgenannte Voraussetzung besonders wichtig, da es Wortlaut, Sinn und Zweck von Art. 177 widersprechen würde, die Vorlagebefugnis auch dann anzuerkennen, wenn die befassende Stelle nach den für sie geltenden Regeln befugt wäre, das geltende Recht – und damit auch die gemäß Art. 177 bindende Vorabentscheidung des EuGH – beiseitezuschieben, um »nach Billigkeit« zu entscheiden. Schon aus diesem Grunde dürfte daher die vielerörterte[36] Frage nach der Vorlagebefugnis von Schiedsgerichten in einer erheblichen Zahl von Fällen zu verneinen sein.

Wie die Rechtsprechung des EuGH zeigt, genügt es jedoch nicht, daß der vorlegende Spruchkörper die vorstehend genannten Voraussetzungen erfüllt. Versucht man, die beiden bisher ergangenen (möglicherweise) einschlägigen Vorabentscheidungen zur

33 Z. B. ein Verfahren der freiwilligen Gerichtsbarkeit: GA *Mayras,* Slg. 1974, 1212 f.

34 Ständige Rechtsprechung; vgl. etwa EuGH – Simmenthal/Ital. Finanzverwaltung, 70/77 – Slg. 1978, 1469.

35 Vgl. GA *Gand,* Slg. 1966, 611; *Daig,* Zu Rechtsvergleichung und Methodenlehre im Europäischen Gemeinschaftsrecht, in: Festschrift für Konrad Zweigert, Tübingen 1981, S. 401.

36 Vgl. etwa *Mok – Johannes,* a. a. O., passim; *Schumann,* a. a. O., S. 101; *Cohn* in: AWD 1966, S. 432 f.; *Haardt* in: CMLR 1966-67, S. 441 ff.; *Storm* in: CDE 1967, S. 311 ff.; *Daig,* Aktuelle Fragen, S. 268 ff.

»Schiedsgerichtsfrage«[37] im Sinne einer widerspruchsfreien Judikatur zu interpretieren, so ist als Ergebnis festzuhalten, daß es nach Ansicht des EuGH wesentlich darauf ankommt, ob die Beteiligten im Streitfall verpflichtet sind, etwaige Rechtsstreitigkeiten vor den betroffenen Spruchkörper zu bringen (so im Fall Vaassen-Göbbels) oder ob sie vor Abschluß ihrer Vereinbarung die Möglichkeit gehabt hätten, die Entscheidung über solche Streitigkeiten »den ordentlichen Gerichten zu überlassen« (so im Nordsee-Fall). Außerdem stellt der EuGH darauf ab, ob »zwischen dem [den Ausgangsrechtsstreit bildenden] Schiedsgerichtsverfahren und dem allgemeinen Rechtsschutzsystem in dem betroffenen Mitgliedstaat [eine] hinreichend enge Beziehung besteht, um den Schiedsrichter als ›Gericht eines Mitgliedstaates‹ im Sinne von Art. 177 bezeichnen zu können«. So die Formulierung im Nordsee-Fall, wo diese »hinreichend enge Beziehung« verneint wurde; im Vaassen-Göbbels-Fall wurde dagegen die Vorlagebefugnis u. a. mit dem Hinweis bejaht, daß staatliche Behörden bei der Errichtung des »Scheidsgerecht« und bei der Gestaltung von dessen Verfahrensordnung mitgewirkt hatten und daß der zuständige Minister die Mitglieder und den Vorsitzenden des »Scheidsgerecht« zu ernennen hatte.

So betrachtet, ist die Rechtsprechung des EuGH zwar in sich schlüssig und beruht auf einer vertretbaren, wenn auch restriktiven, Auslegung des Begriffes »Gericht eines Mitgliedstaates«, nämlich im Sinne von »der Hoheitsgewalt des betroffenen Mitgliedstaates zuzurechnender Spruchkörper«. Dennoch ist das Ergebnis enttäuschend, weil der EuGH sich hierdurch der Möglichkeit begeben hat, auf einem praktisch vielleicht wichtigen Sektor die richtige Auslegung und Anwendung des Gemeinschaftsrechts durchzusetzen.

2. *Vorlagefähige Fragen*

a) *Allgemeines*

13 Art. 177 kennt zwei Arten zulässiger Fragen, nämlich solche nach der »Auslegung« bestimmter Normenkreise und solche nach der »Gültigkeit« von Akten der Gemeinschaftsorgane. Von selbst versteht sich, daß der nationale Richter in ein und demselben Entscheidungsersuchen Fragen beider Kategorien aufwerfen darf, zumal die »Gültigkeit« (= Rechtmäßigkeit) eines Organaktes häufig von der interpretativen Ermittlung seines Inhalts abhängen wird.

37 EuGH – Vaassen-Göbbels/Beamtenfonds, 61/65 – Slg. 1966, 601 f.; Nordsee Deutsche Hochseefischerei/Reederei Mond Hochseefischerei Nordstern u. a., 102/81, Urteil vom 23. 3. 1982, Rn. 7 bis 16 (bei Abschluß dieses Beitrags noch nicht veröffentlicht). Im ersten Fall (in dem die Vorlagebefugnis *bejaht* wurde) stammte die Vorlage von einem Spruchkörper, der – auf niederländisch – die Bezeichnung »Scheidsgerecht« trug, obwohl sich darüber streiten ließ, ob er mit einem echten Schiedsgericht viel gemein hatte (vgl. GA *Gand,* Slg. 1966, 612). Im zweiten Fall (wo die Vorlagebefugnis *verneint* wurde) war der EuGH vom Präsidenten des Hanseatischen Oberlandesgerichts Bremen »in seiner Eigenschaft als Schiedsrichter« befaßt worden.

Die vom EuGH für reine *Auslegungs*fragen stets betonte Maxime, er könne nach Art. 177 nicht über die *Anwendung* von Gemeinschaftsrecht auf einen Einzelfall befinden,[38] trifft für die Prüfung der *Gültigkeit* eines Gemeinschaftsaktes nicht zu. Da diese Gültigkeit an höherrangigen Prinzipien und Normen zu messen ist, enthält die Feststellung, ein von einem EWG-Organ erlassener Akt sei rechtmäßig oder rechtswidrig, stets eine Anwendung dieses höherrangigen Rechts auf einen konkreten Fall, nämlich eben auf den betroffenen einzelnen Akt.

b) Fragen der »Auslegung«

aa) Allgemeines

14 Der Begriff »Auslegung« ist selbst auslegungsbedürftig,[39] wie denn überhaupt Art. 177, nicht anders als jede sonstige Vorschrift des EWG-Rechts, Gegenstand der Exegese sein kann.[40]

Für die Interpretation dieses Begriffs kommt es nicht in erster Linie auf die nicht notwendigerweise einheitlichen Definitionen an, welche Rechtsprechung und Lehre innerhalb der verschiedenen Disziplinen des innerstaatlichen Rechts oder des Völkerrechts dem terminus »Auslegung« gegeben haben. Vielmehr ist davon auszugehen, daß hier ein positivierter Auslegungsbegriff vorliegt, der eine bestimmte Funktion zu erfüllen hat und daher im Hinblick auf Sinn und Zweck von Art. 177 interpretiert werden muß. »Unser terminus ist ein genuiner Begriff des Gemeinschaftsrechts, dem sich schon deswegen keinerlei Verweisungen auf andere Ordnungen entnehmen lassen, weil von seinem Verständnis die – letzten Endes nur einheitlich und daher allein vom Gerichtshof zu bestimmenden – Grenzen zwischen der Zuständigkeit dieses Gerichtshofes und derjenigen der staatlichen Gerichte abhängen.«[41] Soweit der EuGH die Grenzen der Auslegung überschreiten würde, wäre der nationale Richter an die Vorabentscheidung nicht gebunden.

bb) Gegenstände der präjudiziellen Auslegung durch den EuGH

15 Gemäß Art. 177 Abs. 1 können drei Normengruppen zum Gegenstand eines Auslegungsersuchens gemacht werden, nämlich »dieser Vertrag«, die »Handlungen der Organe der Gemeinschaft« und die »Satzungen der durch den Rat geschaffenen Einrichtungen«, soweit diese Satzungen eine solche Kompetenz vorsehen.

Unzulässig wäre hiernach ein Antrag, der unmittelbar oder mittelbar auf die Interpretation innerstaatlichen Rechts oder eines außerhalb des EWG-Bereichs liegenden völker-

38 Vgl. unten Rn. 19ff.
39 EuGH – De Geus/Bosch, 13/61 – Slg. 1962, 110.
40 GA *Gand,* Slg. 1966, 611.
41 *Daig,* Aktuelle Fragen, S. 280; s. a. GA *Gand,* Slg. 1966, 611; GA *Lagrange,* Slg. 1964, 1282f.

rechtlichen Vertrags zielen würde.[42] Wohl aber erstreckt sich die Auslegungsbefugnis auf Abkommen, die zwar nicht dem Gemeinschaftsrecht angehören, jedoch die Gemeinschaft binden, wie das GATT.[43]

6 Unter »diesem Vertrag« sind zugleich die dem EWGV beigefügten Zusatzprotokolle (vgl. Art. 239) sowie – da »Auslegung« im Sinne von Art. 177 auch die Schließung von Lücken des positiven Rechts umfaßt – die im Gemeinschaftsbereich geltenden ungeschriebenen Prinzipien zu verstehen, soweit sie gleichen Rang wie das eigentliche Vertragsrecht haben.

7 Was den Begriff »Handlungen der Organe der Gemeinschaft« betrifft, so umschließt der terminus »Organe« auch den EuGH selbst. Dieser kann somit ersucht werden, seine VerfO auszulegen;[44] dagegen läßt sich schwerlich annehmen, daß die formelle Auslegung seiner eigenen Entscheidungen Gegenstand einer Vorlage nach Art. 177 sein kann.[45]

Der Ausdruck »Handlung« hat hier prinzipiell den gleichen Sinn wie in Art. 173 Abs. 3, 174 Abs. 1 und wie der Ausdruck »Handeln« (Art. 173 Abs. 1 Satz 1, Art. 176 Abs. 1).

Er umfaßt zunächst sämtliche rechtsverbindlichen Maßnahmen, auch wenn sie weder Verordnungen, Entscheidungen oder Richtlinien i. S. von Art. 189 darstellen.[46] Darüber hinaus erstreckt er sich auch auf die in dieser Bestimmung genannten »Empfehlungen« und »Stellungnahmen«.[47] Demgegenüber kann nicht eingewendet werden, diese Akte seien nicht verbindlich, so daß sich begrifflich nicht von ihrer »Gültigkeit« oder »Ungültigkeit« sprechen lasse und auch nicht vorstellbar sei, daß die Auslegung einer solchen Verlautbarung in einem nationalen Rechtsstreit entscheidungserheblich werde. Einer solchen Auffassung müßte entgegengehalten werden, daß auch Empfehlungen und Stellungnahmen (richtige oder unrichtige) Rechtsauffassungen zum Ausdruck bringen können; hat der betroffene Mitgliedstaat im Vertrauen auf die Korrektheit einer dergestalt geäußerten Auffassung bestimmte verbindliche Maßnahmen getroffen, so mag durchaus ein sinnvoller Rechtsstreit darüber entstehen, ob die Empfehlung oder

42 Ständige Rechtsprechung, vgl. etwa: EuGH – Frilli/Belgien, 1/72 – Slg. 1972, 466; FOR/Vereinigte Kammgarnspinnereien, 54/72 – Slg. 1973, 204; Capolongo/Maya, 77/72 – Slg. 1973, 622 (der EuGH könne nationale Vorschriften »auch auf die Gefahr hin nicht würdigen, daß die Antwort den Besonderheiten des Falles nur unvollkommen gerecht wird«); Vanderweghe u. a./Berufsgenossenschaft, 130/73 – Slg. 1973, 1333; Saieva/Caisse de compensation, 32/76 – Slg. 1976, 1530.

43 Vgl. EuGH – International Fruit Company u. a./Produktschap, 21-24/72 – Slg. 1972, 1228f.

44 EuGH – Bollmann/Hauptzollamt, 62/72 – Slg. 1973, 274.

45 Sicherlich bleibt es dem staatlichen Richter unbenommen, erneut vorzulegen, wenn eine Vorabentscheidung keine hinreichende Klarheit geschaffen hat (EuGH – Milch-, Fett- und Eierkontor/Hauptzollamt, 29/68 – Slg. 1969, 178). Das sollte – und kann – jedoch in Form eines ergänzenden Ersuchens um Auslegung der betroffenen Vorschrift – nicht des Urteils selbst – geschehen; vgl. *Daig,* Auslegung und Anwendung, S. 199 Anm. 52.

46 Vgl. etwa EuGH – Schlüter/Hauptzollamt, 9/73 – Slg. 1973, 1160 (»Entschließung« des Rates).

47 Vgl. EuGH – Van Ameyde/UCI, 90/76 – Slg. 1977, 1121ff.

Stellungnahme sich im Rahmen des Gemeinschaftsrechts gehalten hat (z. B. wenn dem Mitgliedstaat Amtspflichtverletzung vorgeworfen wird und er sich auf die Verlautbarung des betroffenen Gemeinschaftsorgans beruft).

Nach der ständigen Rechtsprechung des EuGH[48] zählen zu den auslegungsfähigen »Handlungen« auch die von der Gemeinschaft geschlossenen Abkommen.

18 Für die Auslegung der Satzung einer vom Rat im EWG-Bereich geschaffenen Einrichtung ist der EuGH nur zuständig, wenn der auszulegende Text eine entsprechende Regelung enthält. Diese Einschränkung kann jedoch dann nicht gelten, wenn die Satzung vom Rat selbst festgelegt worden ist; denn in diesem Falle fällt ihre Fixierung unter den Begriff »Handlungen der Organe der Gemeinschaft«.

Art. 177 Abs. 1 Buchst. c erfaßt nicht diejenigen Einrichtungen, die der Vertrag selbst ins Leben gerufen hat. Ist die Satzung einer solchen Einrichtung Bestandteil des Vertrages, wie dies bei der Europäischen Investitionsbank zutrifft (vgl. Art. 239 EWGV i. V. m. Abschnitt I, Nr. 2 der Schlußakte zum Vertrag), so fällt ihre Auslegung unter Art. 177 Abs. 1 Buchst. a.[49]

cc) »Auslegung« und »Anwendung«

19 Art. 164 weist dem EuGH allgemein die Aufgabe zu, die Wahrung des Rechts »bei der Auslegung *und Anwendung* dieses Vertrages« zu sichern. Dem entspricht es, daß die Mehrzahl der gemeinschaftlichen Gerichtsverfahren den EuGH nicht nur zur Auslegung des EWG-Rechts, sondern zugleich zu dessen Anwendung auf den konkreten Einzelfall nötigt (so z. B. wenn er eine bestimmte Maßnahme eines Mitgliedstaats oder eines Gemeinschaftsorgans annulliert oder für rechtswidrig erklärt).

Dagegen erwähnt Art. 177 den Begriff »Anwendung« nicht. Das bedeutet freilich nicht, daß die Vorabentscheidungen das Gemeinschaftsrecht *niemals* »anwenden«, sondern stets nur »auslegen« dürften. Vielmehr ist in dieser Hinsicht zwischen Gültigkeits- und (reinen) Auslegungsvorlagen zu unterscheiden. Hat der EuGH sich zur »Gültigkeit« einer Gemeinschaftsmaßnahme zu äußern, so wird er sich nicht immer darauf beschränken können, den abstrakten Inhalt dieser Maßnahmen zu ermitteln und an dem in gleicher Weise festgestellten abstrakten Inhalt ranghöherer Normen des Gemeinschaftsrechts zu messen, sondern häufig prüfen müssen, ob die ihm unterbreitete Handlung nicht etwa deswegen rechtswidrig ist, weil ihre Urheber von unzutreffenden Tatsachen ausgegangen sind. Das »Gegeneinanderhalten« konkreter Tatsachen und abstrakter Norminhalte

48 Vgl. etwa Haegeman/Belgien, 181/73 – Slg. 1974, 460 (Begründung: in Kraft getretene Abkommen bildeten einen integrierenden Bestandteil der Gemeinschaftsrechtsordnung); Gutachten 1/76 – Slg. 1977, 761 ff. Die betroffenen Drittstaaten oder internationalen Organisationen können allerdings an die Vorabentscheidung nicht gebunden sein, es sei denn, sie hätten sich der Gerichtsbarkeit des EuGH unterworfen.

49 *Tomuschat,* Vorabentscheidung, S. 86.

überschreitet aber die Grenze zwischen »Auslegung« und »Anwendung«, ganz abgesehen davon, daß auch die Feststellung, die Norm Y vertrage sich nicht mit der ranghöheren Norm X, eine »Anwendung« der Norm X auf den »Einzelfall« Y darstellt.

Die bewußte Ausklammerung des »Anwendungs«-Vorgangs hat daher nur für diejenigen Fälle Bedeutung, in denen die Vorlage lediglich um *Auslegung* des Gemeinschaftsrechts ersucht.

20 Die Abgrenzung zwischen »Auslegung« und »Anwendung« ist nicht so schwierig, wie mitunter behauptet wird.

Die Auslegung nimmt »in generalisierender Weise die Deutung von Sinn und Zweck« – zu ergänzen wäre: »und Inhalt« – »]einer] Vorschrift in der Art der Festlegung zusätzlicher allgemeiner Regeln [vor]«, auch wenn ihr Inhalt »dabei limitiert ist im Hinblick auf eine bestimmte Problemstellung, auf einen oder mehrere Aspekte aus einem umfassenden Fragenkreis«.[50] »Durch die Auslegung ... wird erläutert und erforderlichenfalls verdeutlicht, in welchem Sinn und mit welcher Tragweite [die betroffene] Vorschrift seit ihrem Inkrafttreten zu verstehen und anzuwenden ist oder gewesen wäre«.[51]

Was unter »Anwendung« zu verstehen wäre, hat der EuGH überaus häufig kasuistisch dargelegt:

- Der EuGH kann weder das innerstaatliche Recht noch den Sachverhalt, der dem Ausgangsverfahren zugrundeliegt, unter die Normen des Gemeinschaftsrechts subsumieren, also z. B. nicht: über die Gültigkeit konkreter nationaler Vorschriften, insbesondere ihre Vereinbarkeit mit dem Gemeinschaftsrecht befinden;[52] Tatfragen klären, über tatsächliche Streitfragen entscheiden oder den Sachverhalt in anderer Weise werten;[53] eine Vorlage mit der Begründung zurückweisen, das befassende Gericht sei für die Entscheidung des Ausgangsrechtsstreits nicht zuständig oder dem Kläger fehle das Rechtsschutzinteresse;[54] prüfen, ob der vom nationalen Richter vorgetragene Sachverhalt zutrifft;[55] die »Tatbestandsmerkmale einer von einem ... Mitgliedstaat eingeführten Steuer am Gemeinschaftsrecht messen«[56] usw.;
- Der EuGH hat jedoch in ständiger Rechtsprechung klargestellt, der vorlegende Richter dürfe seine Fragen »konkret« – d. h. auch so, daß sie scheinbar auf Anwendung zielen – formulieren; wegen der Notwendigkeit, zu einer zweckdienli-

50 GA *Roemer,* Slg. 1966, 310.
51 EuGH – Amministrazione delle Finanze/Denkavit Italiana, 61/79 – Slg. 1980, 1223.
52 EuGH – Casagrande/Landeshauptstadt München, 9/74 – Slg. 1974, 778; Rewe-Zentrale/Hauptzollamt, 45/75 – Slg. 1976, 193; Officier van Justitie/Van den Hazel, 111/76 – Slg. 1977, 908.
53 EuGH – Merluzzi/Caisse primaire, 80/71 – Slg. 1972, 180; Van der Hulst's Zonen/Produktschap, 51/74 – Slg. 1975, 92.
54 EuGH – De Cicco/LVA Schwaben, 19/68 – Slg. 1968, 716.
55 EuGH – Oehlschläger/Hauptzollamt, 104/77 – Slg. 1978, 797.
56 EuGH – Grad/Finanzamt, 9/70 – Slg. 1970, 841.

chen Auslegung zu gelangen, sei es gerechtfertigt, daß er darlege, »innerhalb welches konkreten rechtlichen Rahmens die erbetene Auslegung erfolgen soll«; es genüge, daß es die Vorlagefrage dem EuGH gestatte, ohne nennenswerte Schwierigkeiten und eindeutig »aus dem gesamten von dem einzelstaatlichen Gericht vorgelegten Material« diejenigen – zulässigen – Fragen herauszuarbeiten, auf die es dem nationalen Richter ersichtlich ankommt.[57]

dd) »Auslegung« und Lückenschließung

21 Der »Auslegungs»-Begriff des Art. 177 umfaßt auch die Lückenschließung, soweit die zu entscheidende Frage dem EWG-Recht angehört.[58] Erstens würde es Sinn und Zweck von Art. 177 widersprechen, eine derart heikle, besondere Vertrautheit mit dem Gemeinschaftsrecht erfordernde Aufgabe dem EuGH zu entziehen. Zweitens könnte der EuGH – der ja für die erschöpfende Beantwortung der ihm gestellten Fragen alle einschlägigen Elemente des EWG-Rechts heranziehen muß – dem anfragenden Richter anderenfalls u. U. nur Bruchstücke liefern. Schließlich würde die Notwendigkeit, zwischen (»zulässigen«) Auslegungs- und (»unzulässigen«) Lückenproblemen zu unterscheiden, angesichts der engen Verschränkung beider Komponenten der Rechtsfindung die beteiligten Stellen zu mühsamen Unterscheidungen zwingen, ohne daß der Aufwand einen vernünftigen Sinn hätte.

ee) »Auslegung« und Feststellung eines klaren Norminhalts

22 Die Frage, ob es Norminhalte geben kann, die »klar« und deshalb nicht »auslegungsbedürftig« sind, und wann dies gegebenenfalls zutrifft, stellt sich mit aller Schärfe nur im Bereich der Vorlage*pflicht* und ist daher in Zusammenhang mit dieser zu erörtern.[59] Soweit ein nationales Gericht lediglich befassungs*berechtigt* ist, mag es bei seiner »(Nicht-)Vorlagepolitik« zwar jeweils darauf abstellen, ob ernstliche objektive Zweifel an der Tragweite der in Betracht kommenden Vorschrift bestehen. Selbst wenn es diese Frage zu Unrecht verneint, hat es damit im Ergebnis das Gemeinschaftsrecht nicht verletzt, da dieses die Vorlage ohnehin in das Ermessen der unteren und mittleren Instanzen stellt.

57 Vgl. insgesamt etwa EuGH – Henck/Hauptzollamt, 12/71 – Slg. 1971, 750f.; Pigs Marketing Board/Redmond, 83/78 – Slg. 1978, 2368; Vereniging etc./Eldi Records, 106/79 – Slg. 1980, 1147. Auf diese Weise war der EuGH nur selten gezwungen, festzustellen, die Angaben des vorlegenden Gerichts seien zu lückenhaft, um eine sachgerechte Antwort zu ermöglichen (so in der Rechtssache Benedetti/Munari, 52/76 – Slg. 1977, 182), oder gar, die Vorlagefragen lägen eindeutig außerhalb des Rahmens von Art. 177 (so das Urteil in der Sache Adlerblum/Caisse nationale, 93/75 – Slg. 1975, 2151 f.).

58 Ebenso *Tomuschat,* Vorabentscheidung, S. 78f.; FG Hamburg (bei EuGH – Stier/Hauptzollamt, 31/67 – Slg. 1968, 354) sowie – stillschweigend – die ständige Rechtsprechung des EuGH.

59 Siehe unten Rn. 40ff.

c) Fragen der »Gültigkeit«

aa) Allgemeines

23 Fragen nach der »Gültigkeit der Handlungen der Organe der Gemeinschaft« werden oft gleichzeitig solche nach der Auslegung der betroffenen Handlung und der einschlägigen Bestimmungen des höherrangigen Rechts sein, an dem diese Gültigkeit zu messen ist (Schema: Hat der Rechtsakt X den und den Inhalt? Wenn ja, durfte ein Akt dieses Inhalts erlassen werden?).

24 Nach dem Wortlaut von Art. 177 erstreckt sich die Befugnis der unteren und mittleren Gerichte, ohne vorherige Befassung des EuGH selbständig zu entscheiden, nicht nur auf Interpretations-, sondern auch auf Gültigkeitsfragen. Hiernach wäre ein solches Gericht nicht nur berechtigt, entgegen den von einer oder beiden Parteien geäußerten Zweifeln von der Gültigkeit des in Betracht kommenden Gemeinschaftsaktes auszugehen,[60] – was nicht bestritten werden kann – sondern sogar befugt, die Gültigkeit von sich aus zu verneinen und den Akt dementsprechend unangewendet zu lassen. Diese Auffassung wird in der Tat von der wohl herrschenden Meinung vertreten.[61] Hiergegen wendet sich mit Recht *Constantinesco*.[62] Der Wortlaut von Art. 177 hat hier gegenüber der Überlegung zurückzutreten, daß das eigenmächtige Beiseiteschieben eines Gemeinschaftsaktes einen schweren Eingriff in einen fremden Hoheitsbereich darstellt, der mit den Grundgedanken des EWGV nicht vereinbar ist. Wenn es ausschließlich Sache des EuGH ist, einen Organakt der Gemeinschaft für nichtig zu erklären, so kann auch nur ihm die Befugnis zustehen, die Rechtswidrigkeit eines solchen Aktes festzustellen. Das Gemeinschaftsrecht kann in allen Mitgliedstaaten nur einheitlich gelten oder nicht gelten.

bb) Begriff der »Gültigkeit«

25 Daß Art. 177 von »Gültigkeit« (»validité«) spricht, während Art. 173 den Ausdruck »Rechtmäßigkeit« (»légalité«) verwendet, könnte den Umkehrschluß nahelegen, vorliegend seien nur solche Fragen gemeint, welche die rechtliche *Existenz* der streitigen Maßnahme beträfen (z. B. ob diese schon oder noch in Kraft sei, ob sie wegen grober

60 Allerdings ist dem FG Hamburg (RIW/AWD 1978, S. 681), darin zuzustimmen, daß eine Vorlage auch dann gerechtfertigt sein kann, wenn zwar das Gericht keine Zweifel an der Gültigkeit hat, aber »eine Vielzahl von Betroffenen die Gültigkeit einer Handlung mit nicht ohne weiteres von der Hand zu weisenden Argumenten in Frage stellt«.

61 Dafür insbesondere *Tomuschat,* Vorabentscheidung, S. 57 ff. (freilich mit Bedenken) und die ständige Rechtsprechung des VG Frankfurt/M.: s. AWD 1967, S. 71 sowie die bei *Eversen – Sperl* (s. Literaturhinweise zur Vorbemerkung zu den Art. 164 bis 188) 1969 Nr. 3688, 3689, 3805 wiedergegebenen Urteile.

62 AWD 1967, S. 125 ff.

Mängel bei der Willensbildung und -kundmachung als Nichtakt angesehen werden müsse, usw.)

Diese Auffassung wäre jedoch abzulehnen, da es »wenig adäquat erscheinen [müßte], ein Verfahren von der Gewichtigkeit des Artikels 177 mit Beteiligung aller Mitgliedstaaten und Plenarsitzung des Gerichtshofes in Gang zu setzen, nur um ein gerichtliches Gutachten über den *formellen* Rechtsbestand eines Aktes zu erreichen, das in der Form einer Rechtsauskunft häufig auch von der Exekutive selbst mit Zuverlässigkeit erlangt werden könnte«.[63]

Daß der EuGH »Gültigkeit« im Sinne von »Rechtmäßigkeit« versteht, läßt sich durch seine ständige Praxis belegen, aber auch durch Äußerungen wie: die Ordnungsmäßigkeit sei in beiden Fällen »unter jeweils gleichen Voraussetzungen« zu prüfen; Art. 177 enthalte keine Einschränkung der Gründe, aus denen die Gültigkeit in Frage gestellt werden könne, die Prüfung dürfe sich also auf alle in Betracht kommenden Aspekte erstrekken.[64]

cc) Gegenstand und Umfang der Gültigkeitsprüfung

26 Gegenstand der Gültigkeitsprüfung sind die »Handlungen der Organe der Gemeinschaft«.[65]

Aus den Ausführungen oben[66] folgt, daß der EuGH im Verfahren der Gültigkeitsprüfung allen vier in Art. 173 aufgezählten Rechtsmängeln nachgehen darf. Die Tatbestände dieser Mängel sind in beiden Verfahren in gleicher Weise abzugrenzen; was dort rechtswidrig ist, kann hier nicht rechtmäßig sein.

Die Gültigkeit eines Aktes hängt insbesondere von dessen Vereinbarkeit mit *höherrangigen* Normen ab. Hiernach kann z. B. eine Entscheidung der Kommission wegen Verstoßes gegen eine Verordnung desselben Organs, eine Ausführungsverordnung der Kommission wegen Unvereinbarkeit mit einer Grundverordnung des Rates und diese wiederum wegen Verletzung des Vertrages ungültig sein. Zu den höherrangigen Elementen können aber auch ungeschriebene Prinzipien gehören.

27 Allerdings kann, wie im Falle des Art. 173, die Rechtmäßigkeit nur am Gemeinschaftsrecht gemessen werden, einschließlich »externer« Grundsätze oder Normen, welche die

63 GA *Roemer* Slg. 1964, 42 ff.
64 EuGH – Einfuhr- und Vorratsstelle/Köster, 25/70 – Slg. 1970, 1171 f.; International Fruit Company/Produktschap, 21-24/72 – Slg. 1972, 1227. Hieraus folgt, ,,daß der Gültigkeitsprüfung, um die der Gerichtshof auf Grund eines Vorabentscheidungsersuchens angegangen werden kann, nach Inhalt und Umfang grundsätzlich keine engeren Grenzen gezogen sind als im Falle einer Nichtigkeitsklage« (GA *Trabucchi,* Slg. 1975, 438). Vgl. auch EuGH – Schlüter/Hauptzollamt, 9/73 – Slg. 1973, 1156 f.
65 Siehe zu diesem Begriff oben Rn. 17.
66 Rn. 25.

Gemeinschaft binden. So ist es zwar begrifflich ausgeschlossen, daß ein Organakt eine einzelne nationale Verfassung verletzt; dagegen kann er mit Prinzipien (insbesondere Grundrechten) unvereinbar sein, welche aus den gemeinsamen Verfassungsüberlieferungen der Mitgliedstaaten in das Gemeinschaftsrecht eingeflossen sind.[67] Auch Regeln des Völkerrechts, insbesondere des Völkervertragsrechts, können Prüfungsmaßstab sein, vorausgesetzt, daß sich der einzelne auf sie berufen kann.[68]

28 Nicht unproblematisch ist die Gültigkeitsprüfung, wenn eine etwaige Ungültigerklärung einer Partei zugute kommen würde, die den betroffenen Akt nicht fristgemäß nach Art. 173 angefochten hatte, obwohl sie hierzu befugt gewesen wäre. Nach Auffassung von GA *Mayras*[69] ist die Gültigkeitsprüfung in einem solchen Fall ausgeschlossen. Der EuGH ist offenbar anderer Auffassung. So hat er zwar festgestellt, ein Mitgliedstaat, der die Anfechtungsklage versäumt habe, könne sich nicht später gemäß *Art. 184 EWGV* auf die Unanwendbarkeit des betroffenen Aktes berufen, zugleich aber eingeräumt, daß »die Gültigkeit eines Gemeinschaftsrechtsaktes . . . trotz des Ablaufs der in Art. 173 Abs. 3 festgelegten Frist im Wege des Vorabentscheidungsverfahrens nach Art. 177 . . . in Frage gestellt werden [kann]«, da dieses Verfahren »ausschließlich an den Bedürfnissen der innerstaatlichen Gerichte ausgerichtet ist«, besonderen Zwecken diene und besonderen Regeln unterliege.[70] Diese Begründung vermag nicht voll zu befriedigen. Art. 177 dient letztlich nicht »Bedürfnissen« der Gerichte, sondern dem Rechtsschutz der Parteien; erklärt der EuGH durch Vorabentscheidung einen Akt für ungültig, so ist das vorlegende Gericht verpflichtet, diesen Akt nicht anzuwenden, wodurch eben auch eine Partei begünstigt werden kann, welche die Anfechtungsfrist versäumt hatte. Im Ergebnis wird man jedoch dem EuGH zustimmen müssen, da es schwierig sein kann, im Ausgangsrechtsstreit die Vorfrage zu klären, ob die betroffene Partei anfechtungsberechtigt gewesen wäre: der nationale Richter wird vielleicht zögern, sich in diese Vorfrage einzuschalten; der etwa nach Art. 177 befaßte EuGH müßte sich auf abstrakte interpretative Äußerungen zum Klagerecht beschränken, da er die Grenze zur »Anwendung« überschreiten würde, wenn er die Frage nach dem seinerzeitigen Klagerecht bejahte oder verneinte.

29 Macht der Einzelne vor dem staatlichen Richter die Ungültigkeit eines Rechtsaktes geltend, so hängt die Relevanz seines Vorbringens davon ab, ob er sich auf die höherrangige Norm berufen kann, gegen die jener Akt verstoßen haben soll.[71] In

67 Vgl. EuGH – Internationale Handelsgesellschaft/Einfuhr- und Vorratsstelle, 11/70 – Slg. 1970, 1135; Hauer/Rheinland-Pfalz, 44/79 – Slg. 1979, 3745.

68 So hat der EuGH wiederholt die Bindung der EWG an das GATT bejaht, die Drittwirkung der angezogenen Vorschriften dieses Abkommens dagegen verneint; vgl. die Urteile 21 bis 24/72, a. a. O., S. 1227 ff.; 9/73, a. a. O.

69 Slg. 1977, 2381.

70 Kommission/Belgien, 156/77 – Slg. 1978, 1896 f.

71 So noch EuGH – Grad/Finanzamt, 9/70 – Slg. 1970, 838 f.; anders anscheinend EuGH – Mazzalai/Ferrovia del Renon, 111/75 – Slg. 1976, 665 f.

Zweifelsfällen sollte daher der staatliche Richter den EuGH zunächst nach dieser Drittwirkung fragen und nur für den Fall einer bejahenden Antwort die Frage nach der Gültigkeit stellen.

3. *Entscheidungserheblichkeit*

30 a) Die *subjektive* Entscheidungserheblichkeit ist Voraussetzung für die Zulässigkeit einer Vorlage, da aus dem klaren Wortlaut von Art. 177 hervorgeht, daß der staatliche Richter den EuGH nur befassen kann, wenn er die erbetene Entscheidung »zum Erlaß seines Urteils für erforderlich [hält]«.[72]

31 b) aa) Was die *objektive* Entscheidungserheblichkeit angeht – also die Frage, ob jene »subjektive« Meinung des staatlichen Richters zutrifft –, so hat der EuGH in ständiger Rechtsprechung betont, daß ihm – anders als dem BVerfG für die diesem unterbreiteten Vorlagen[73] – insoweit kein Nachprüfungsrecht zustehe, wie sich aus Art. 177 selbst sowie daraus ergebe, daß der vorlegende Richter wegen seiner umfassenden Kenntnis des Sachverhalts hierzu besser in der Lage sei.[74]

Der Sache nach nicht anderes ist es, wenn der EuGH feststellt: er habe Gründe und Zwecke der Vorlage nicht zu kontrollieren oder gar zu beanstanden; nur das staatliche Gericht habe darüber zu befinden, »ob die gemeinschaftsrechtlichen Vorschriften oder Begriffe, deren Auslegung beantragt wird, tatsächlich auf den konkreten Fall anwendbar sind«; der EuGH sei nicht befugt, zu prüfen, ob an der gestellten Frage noch ein gegenwärtiges Interesse bestehe oder ob sie gegenstandslos geworden sei; er könne eine Vorlage nicht mit der Begründung zurückweisen, die auszulegende Richtlinie gelte nicht unmittelbar.[75]

32 bb) Uneingeschränkte Geltung kann dieser Grundsatz allerdings nur insoweit beanspruchen, als der EuGH die Erheblichkeit der Vorlage nicht aus Gründen zurückweisen darf, die im nationalen Recht liegen oder tatsächlicher Art sind. Dagegen räumt der EuGH selbst ein, daß er seine Augen nicht vor einer Verkennung des Gemeinschaftsrechts

72 Vgl. EuGH – De Cicco/LVA Schwaben, 19/68 – Slg. 1968, 716.

73 Vgl. etwa BVerfGE 18, 305 [308] m. w. Nachweisen; 22, 39 [42] unter Hinweis auf § 80 Abs. 2 BVerfGGes.

74 Vgl. etwa EuGH – Van Gend en Loos/Niederl. Finanzverwaltung, 26/62 – Slg. 1963, 24; Salgoil/Ital. Außenhandelsministerium, 13/68 – Slg. 1968, 690; Portelange/Smith Corona u. a., 10/69 – Slg. 1969, 315 f.; Tedeschi/Denkavit, 5/77 – Slg. 1977, 1573 f.; Pigs Marketing Board/Redmond, 83/78 – Slg. 1978, 2368.

75 Vgl. insgesamt die in der vorigen Note angeführten Urteile 26/62, 6/64, 13/68 und 10/69 sowie EuGH – Politi/Ital. Finanzministerium, 43/71 – Slg. 1971, 1048; Mazzalai/Ferrovia del Renon, 111/75 – Slg. 1976, 666; Staatl. Finanzverwaltung/Simmenthal, 106/77 – Slg. 1978, 643.

verschließen darf, dessen zutreffende Auslegung und Anwendung durch die staatlichen Gerichte Art. 177 ja gerade erleichtern soll.[76]

In diesen Zusammenhang gehören auch die häufigen Fälle, in denen der EuGH die Formulierung der vorgelegten Fragen mit sanfter Hand korrigiert, um diejenigen Punkte herauszuarbeiten, auf die es dem befassenden Gericht ankommt oder ankommen muß, oder feststellt, die auf *eine* der Fragen erteilte Antwort mache *andere* Fragen gegenstandslos.[77]

4. Sonstige Fragen

33 a) Die Form der Befassung ist nicht vorgeschrieben.[78]

34 b) Zielen »Auslegungsfragen« in Wahrheit auf eine Gültigkeitsprüfung, so hat der EuGH sie »sogleich zu bescheiden, anstatt das vorlegende Gericht zu einem Formalismus zu nötigen, der das Verfahren nach Art. 177 nur verzögern würde und mit dessen Wegen unvereinbar wäre«.[79]

35 c) Daß eine Vorlage wie eine Klage an der »exceptio obscuri libelli« scheitern kann, versteht sich von selbst. Der EuGH zeigt insofern freilich Großzügigkeit; zwar moniert er

76 Demgemäß macht er eine Einschränkung für den Fall, daß die auszulegende Vorschrift »offensichtlich irrtümlich« herangezogen wurde: Urteil 13/68, a. a. O. sowie Belbouab/Bundesknappschaft, 10/78 – Slg. 1978, 1923, wo geprüft wurde, ob die Prämissen der Vorlage mit dem Gemeinschaftsrecht in Einklang standen. Wie hier sehr entschieden auch GA *Roemer,* Slg. 1973, 92, 210; *Schumann,* a. a. O., S. 108. Neuerdings hat der EuGH in dem oben – Fn. 20 – zitierten Urteil in der Rs. 244/80 (Rn. 16 bis 21 der Entscheidungsgründe) betont: zwar müsse er im weitesten Umfang die Auffassung des nationalen Richters respektieren, wonach die vorgelegten Fragen für diesen entscheidungserheblich seien; es sei jedoch unerläßlich, daß der Richter diese Auffassung begründe, soweit sich die Gründe nicht eindeutig aus den Akten ergäben; der EuGH müsse nämlich prüfen können, ob die Beantwortung der Fragen angesichts der »conditions dans lesquelles [la Cour] est saisie par le juge national« mit den dem EuGH zugewiesenen Aufgaben vereinbar sei, insbesondere ob sie nicht außerhalb seiner Zuständigkeit läge. Besondere Wachsamkeit müsse der EuGH an den Tag legen, wenn er im Rahmen eines Rechtsstreits zwischen Privaten mit einer Frage befaßt werde, die darauf abziele, dem vorlegenden Gericht ein Urteil über die Vereinbarkeit von Maßnahmen eines anderen Mitgliedstaates – d. h. nicht desjenigen Staates, bei dem dieses Gericht ressortiert – mit dem Gemeinschaftsrecht zu ermöglichen (a. a. O., Rn. 19, 23 bis 31 der Entscheidungsgründe).

77 Vgl. auch Äußerungen wie: es sei Aufgabe des EuGH, »den rechtlichen Rahmen zu umreißen, in den sich die erbetene Auslegung einfügen soll«, um »zu einer zweckdienlichen Auslegung . . . zu gelangen« (EuGH – Union laitière normande/French Dairy Farmers, 244/78 – Slg. 1979, 2681); es sei »dem Gerichtshof vorbehalten, aus sämtlichen von dem nationalen Gericht angeführten Umständen die Elemente des Gemeinschaftsrechts herauszulösen, die mit Rücksicht auf den Verfahrensgegenstand auszulegen oder auf ihre Gültigkeit zu beurteilen sind« (EuGH – Providence agricole de la Champagne/ONIC, 4/79 – Slg. 1980, 2843; Maiseries de Beauce/ONIC, 109/79 – Slg. 1980, 2903).

78 EuGH – De Geus/Bosch, 13/61 – Slg. 1962, 110. Allerdings muß klar erkennbar sein, daß die Vorlage von einem hierzu befugten Gericht beschlossen wurde.

79 EuGH – Schwarze/Einfuhr- und Vorratsstelle, 16/65 – Slg. 1965, 1165.

gelegentlich die »unscharfe Fassung« der Fragen, das Fehlen einer »klar formulierten Frage« usw., stellt aber auch in solchen Fällen zumeist fest, der Gegenstand des Ersuchens sei hinreichend erkennbar.[80] Nur selten finden sich Äußerungen wie: »Wegen dieser fehlenden näheren Angaben ist eine sachgerechte Beantwortung der Fragen nicht möglich.«[81]

36 d) Zwar ist es erwünscht, daß das vorlegende Gericht sich mit dem Sach- und Streitstand auseinandersetzt, seine Fragen möglichst begründet und nicht einfach den Fragenkatalog einer Partei kritiklos »abschreibt«. Mängel in dieser Hinsicht machen die Vorlage jedoch nicht unzulässig.[82]

37 e) Ein Instanzgericht kann den EuGH nicht nur dann um Vorabentscheidung ersuchen, wenn es erstmals mit einer Sache befaßt ist, sondern auch, wenn sich die Sache nach Aufhebung eines Urteils eines erstinstanzlichen Gerichts »im zweiten Rechtsgang befindet«.[83]

37 a f) Gelegentlich hat der EuGH die erbetene Vorabentscheidung aus Gründen abgelehnt, die zwar den Ausdruck »Verfahrensmißbrauch« nicht enthalten; der Sache nach jedoch einen solchen Mißbrauch feststellen; in beiden Fällen lag es auf der Hand, daß die Parteien keinen echten Rechtsstreit führen, sondern das Instrument der Klage vor dem nationalen Gericht und des Vorlageverfahrens nach Art. 177 dazu benutzen wollten, in gemeinsamem Einvernehmen bestimmte Ziele zu verfolgen.[84]

IV. Voraussetzungen für die Vorlagepflicht gemäß Artikel 177 Abs. 3[85]

1. Vorlagepflichtige Gerichte

38 a) Vorlagepflichtig ist nach Art. 177 Abs. 3 jedes Gericht, »dessen Entscheidungen selbst [sic!] nicht mehr mit Rechtsmitteln des innerstaatlichen Rechts angefochten werden können«. Die hauptsächliche Streitfrage, die sich aus dieser Bestimmung ergibt, ist, ob hiermit lediglich solche Gerichte gemeint sind, die *in allgemeiner Betrachtung* die höchste Instanz verkörpern, also z. B. in Deutschland BGH, BFH usw. (abstrakte Theorie), oder

80 Vgl. etwa Cadillon/Höss, 1/71 – Slg. 1971, 356; Luxemb. Staatsanwaltschaft/Muller, 10/71 – Slg. 1971, 729.

81 So EuGH – Benedetti/Munari, 52/76 – Slg. 1977, 182.

82 GA *Reischl,* Slg. 1978, 2011 f.

83 EuGH – Rheinmühlen/Einfuhr- und Vorratsstelle, 146/73 – Slg. 1974, 147 f.

84 Vgl. EuGH – Mattheus/Doego, 93/78 – Slg. 1978, 2210; Foglia/Novello, 104/79 – Slg. 1980, 757 ff. Siehe auch oben Rn. 8 sowie Fn. 20.

85 Die das deutsche Recht betreffende Frage, ob der EuGH, soweit eine Vorlagepflicht besteht, »gesetzlicher Richter« i. S. von Art. 101 Abs. 1 Satz 2 GG ist (bejahend *Gert Meier* in: NJW 1971, 2123), hat das BVerfG wiederholt offen gelassen: Beschluß vom 9. 6. 1971, 2 BvR 225/69, NJW 1971, 2122 ff.; Beschluß vom 13. 2. 1978, 2 BvR 1347/76, EuR 1978, 279. Vgl. zu dieser Frage *Riegel* in: RIW/AWD 1976, S. 413 ff.

ob damit auch solche Spruchkörper gemeint sind, die im Einzelfall aus besonderen Gründen – z. B. mit Rücksicht auf die Höhe des Streitwerts – zur letztinstanzlichen Entscheidung berufen sind, etwa ein Oberlandesgericht (konkrete Theorie). Der Wortlaut der zitierten Wendung (»dessen Entscheidungen«) spricht sicherlich für die abstrakte Theorie. Dem Sinn von Art. 177 Abs. 3 entspricht jedoch allein die konkrete Theorie, der hiernach der Vorzug zu geben ist.[86] Der abstrakten Auffassung ist entgegenzuhalten, daß sie an ein äußerliches, der Willkür nicht entbehrendes Merkmal (»Rang und Würde«) anknüpft, während es doch vor allem darauf ankommt, zu gewährleisten, daß jeder Rechtsstreit, dessen Ausgang von Fragen des Gemeinschaftsrechts abhängt, letztlich vor eine zur Anrufung des EuGH verpflichtete Stelle und damit vor den EuGH selbst gebracht werden kann.

Unabhängig davon, ob man sich für die abstrakte oder die konkrete Theorie entschließt, ist unbestritten davon auszugehen, daß Art. 177 Abs. 3 unter »Rechtsmitteln« nicht außergewöhnliche Rechtsbehelfe (wie die deutsche Verfassungsbeschwerde) versteht; anderenfalls käme man z. B. für Deutschland zu dem seltsamen Ergebnis, daß nur das Bundesverfassungsgericht vorlagepflichtig wäre.

39 b) Die überwiegende Meinung geht mit Recht davon aus, daß gegebenenfalls auch das Bundesverfassungsgericht als ein in letzter Instanz entscheidendes echtes Gericht zur Vorlage verpflichtet ist.[87]

2. Vorlagepflicht auch für »klare« oder »geklärte« Fragen?

40 a) Art. 177 Abs. 3 macht die Vorlagepflicht, von der Qualität des betroffenen Gerichts abgesehen, davon abhängig, daß sich »eine derartige Frage« – d. h. eines der in Abs. 1 dieses Artikels bezeichneten »Auslegungs«- und »Gültigkeits«-Probleme – dem prinzipiell vorlagepflichtigen Gericht »stellt«, also von ihm in concreto für (möglicherweise) relevant erachtet wird. Freilich muß es eine »Frage« sein, welcher Begriff ein Mindestmaß an Zweifel, an Unsicherheit voraussetzt. Daher liegt die Überlegung nahe, daß eine Vorlage überflüssig sein kann, wenn und soweit der Inhalt der als anwendbar in Betracht kommenden gemeinschaftsrechtlichen Norm und/oder deren »Gültigkeit« oder »Ungültigkeit« von vornherein über jeden Zweifel erhaben zu sein scheint. Es fragt sich deshalb, ob Art. 177 dahin zu verstehen ist, daß er eine derartige »Klarheit« als möglich anerkennt und die in seinem Abs. 3 bezeichneten Gerichte für diesen Fall von der Befassung des EuGH entbindet.

41 b) Soweit es sich um die »Gültigkeit« eines Organaktes handelt, läßt sich diese Frage verhältnismäßig leicht beantworten. Da ohnehin eine – freilich widerlegbare – Vermutung für die Rechtmäßigkeit des Handelns der Gemeinschaftsorgane spricht, braucht ein

86 Ebenso *Schumann,* a. a. O., S. 102 f.
87 BVerfGE 52, S. 187 ff. (= EuR 1980, 68 ff.); *Feige,* a. a. O., S. 533 f. (mit weiteren Nachweisen S. 533 Anm. 19).

Gericht höchster Instanz, das keine Zweifel an der Gültigkeit eines von ihm anzuwendenden Aktes hegt, den Gerichtshof nicht zu befassen.[88] Die gegenteilige Auffassung würde im übrigen angesichts der überaus zahlreichen Fälle, in denen das Gemeinschaftsrecht für den Ausgang innerstaatlicher Streitigkeiten von Bedeutung ist, zu einer Überschwemmung des EuGH mit sachlich entbehrlichen Vorlagen führen. Hat das Gericht dagegen Zweifel an der Gültigkeit, so muß es vorlegen. Das Gleiche gilt, wenn es von der Ungültigkeit überzeugt ist, ja sogar, wenn es diese für offenkundig hält; anderenfalls könnte der EuGH die ihm durch Art. 177 zugewiesene Funktion nicht erfüllen, für eine möglichst einheitliche Anwendung (oder Nichtanwendung!) des EWG-Rechts in *allen* Mitgliedstaaten zu sorgen.

42 c) Geht es um die *Auslegung* des Gemeinschaftsrechts, so ist die Rechtslage schwieriger. In Anlehnung an den klassischen Satz »in claris non fit interpretatio« gehen wohl alle höchstinstanzlichen Gerichte der Mitgliedstaaten von der Auffassung aus, die Vorlagepflicht entfalle bei »klaren« Rechtsfragen.[89]

In Anbetracht der Tatsache, daß die Vorlagepflicht »gerade solche Gerichte trifft, denen höchster Rang und damit die besondere Befähigung zuerkannt wurde, das Richtige, Überzeugende, ›Klare‹ ausfindig zu machen«,[90] wird man wohl anerkennen müssen, daß der »Auslegungs«-Begriff des Art. 177 solche Fragen nicht umschließt, auf die es für jeden erfahrenen und unbefangenen Juristen vernünftigerweise nur *eine* Antwort geben kann.

Daß dieser Fall – vor allem bei Streitpunkten, die bis in die höchste Instanz gelangen – relativ häufig gegeben wäre, dürfte freilich zu bezweifeln sein. Die Fälle, in denen unter Berufung auf die angebliche »Klarheit« der betroffenen Vorschrift gegen die Vorlagepflicht verstoßen, die »Klarheit« m. a. W. offensichtlich zu Unrecht angenommen wurde, sind anscheinend nicht selten.[91] Sie ließen sich reduzieren, wenn die höchstinstanzlichen Gerichte anerkennen würden, daß von einem möglichst »objektivierten« Klarheitsbegriff auszugehen ist.[92] So ist z. B. die Tatsache, daß keines der Gerichtsmitglieder Zweifel hegt, dann unerheblich, wenn andere Gerichte (des gleichen Staates oder anderer

88 Ebenso im Ergebnis *Ferrari – Bravo* in: *Quadri* u. a., a. a. O., Anm. 7 zu Art. 177; *Tomuschat,* Vorabentscheidung, S. 119.

89 So etwa der VII. Senat des BFH in seinem Urteil vom 22. 10. 1975, VII R 105/73 (RIW/AWD 1976, S. 115): Vorlagepflicht nur, »wenn sich für [den Senat] eine Zweifelsfrage hinsichtlich der Auslegung einer Gemeinschaftsvorschrift ergibt, d. h. wenn deren Wortlaut ernstlich mehr als eine Auslegung als möglich erscheinen läßt«. – Die französischen Gerichte huldigen – im gleichen Sinne – der sogen. »Acte clair« – Theorie, offenbar unter dem Einfluß von *Laferrières* bekanntem Satz, echte Interpretation sei nur erforderlich angesichts einer »difficulté réelle . . . de nature à faire naître un doute dans un esprit éclairé«) (vgl. etwa Cour de Cassation, Chambre criminelle, Dalloz-Sirey 1966, Nr. 35, Jurisprudence, S. 597; EuR 1967, S. 152; kritisch zu dieser Theorie *Prill* in: EuGRZ 1980, S. 217 f.).

90 *Daig,* Aktuelle Fragen, S. 287.

91 Vgl. die Beispiele bei *Daig,* a. a. O., S. 288 ff.

92 Vgl. *Daig,* a. a. O., S. 286 ff.; zustimmend *Merchiers,* a. a. O., S. 21.

Mitgliedstaaten) – oder gar der EuGH! – anders entschieden haben als es dem in concreto betroffenen Gericht vorschwebt.[93]

43 d) Hat der EuGH den in betracht kommenden Punkt bereits in einer früheren Rechtssache – nicht notwendigerweise in einer Vorlagesache – geklärt und trägt das an sich vorlagepflichtige Gericht keine Bedenken, die dortige Rechtsauffassung zu übernehmen, so entspricht es dem Auslegungsprivileg, das Art. 177 dem EuGH zuerkennt, jenen Punkt als nicht mehr auslegungs- und daher nicht mehr vorlagebedürftig anzusehen; was geklärt wurde, kann als klar gelten.[94]

3. *Eilverfahren*

44 Im Eilverfahren entfällt die Vorlagepflicht auch dann, wenn die Entscheidung nicht anfechtbar ist, vorausgesetzt allerdings, daß die gleiche Frage in einem »anschließenden Hauptverfahren« erneut zur Sprache gebracht werden kann.[95]

V. Wirkungen der Vorabentscheidungen

1. *Wirkungen im Ausgangsrechtsstreit*

45 Aus dem Begriff der »Vorabentscheidung« wie aus dem Sinn von Art. 177 ergibt sich eindeutig, daß die gemäß dieser Bestimmung erlassenen Urteile – nach Maßgabe ihres Tenors *und* ihrer Entscheidungsgründe[96] – nicht nur das vorlegende Gericht binden, sondern auch alle anderen mit dem Ausgangsrechtsstreit künftig befaßten Instanzen, also sowohl die Rechtsmittelgerichte, denen das auf Grund der Vorabentscheidung ergangene Urteil unterbreitet wird, als auch untere Instanzen, an welche diese Gerichte die Sache etwa zurückverweisen würden, ja sogar das BVerfG, wenn es mit dem Ausgangsrechtsstreit im Verfahren wegen inzidenter Normenkontrolle befaßt wird.[97]

Der EuGH hat diese Bindungswirkung vornehmlich für seine Auslegungsurteile betont;[98] die Bindung an Urteile über die Gültigkeit muß jedoch mindestens ebenso stark sein, da es insoweit nicht lediglich um die Handhabung, sondern um den Bestand der gemeinschaftsrechtlichen Regeln geht.

93 Ebenso *Schumann,* a. a. O., S. 108 f., der andererseits mit Recht betont, nicht jede in der *Lehre* geäußerte abweichende Auffassung zwinge zur Vorlage.
94 Ständige Rechtsprechung; vgl. etwa EuGH – Dingemans/Sociale Verzekeringsbank, 24/64 – Slg. 1964, 1391.
95 EuGH – Hoffmann-La Roche/Centrafarm, 107/76 – Slg. 1977, 972 ff.
96 EuGH – Bosch/Hauptzollamt, 135/77 – Slg. 1978, 859.
97 BVerfG Beschluß vom 25. 7. 79, 2 BvL 6/77, EuGRZ 1979, S. 551; ebenso *Feige,* a. a. O., S. 535 ff.
98 EuGH – Milch-, Fett- und Eierkontor/Hauptzollamt, 29/68 – Slg. 1969, 178; Benedetti/Munari, 52/76 – Slg. 1977, 183.

2. Wirkungen in künftigen Rechtsstreitigkeiten

a) Einleitende Bemerkungen

46 Die Frage, ob und inwieweit Gerichte, die später in *anderen* Rechtssachen tätig werden, an frühere Vorabentscheidungen gebunden sind, läßt sich nicht auf einfache Weise beantworten. Theoretisch kommen drei Lösungsschemata – zwei extreme und ein mittleres – in Betracht:

- Die eine extreme Lösung wäre die »automatische« Bindung. Hiernach würden die Vorabentscheidungen des EuGH auch für alle künftigen Streitigkeiten Rechtskraftwirkungen entfalten; die staatlichen Gerichte wären verpflichtet, sich »blind« an diese Entscheidungen zu halten; jede erneute Vorlage mit dem Ziel, den EuGH zur Überprüfung seiner Judikatur zu bewegen, wäre unzulässig.
- Das andere Extrem wäre die totale Bindungslosigkeit: die nationalen Gerichte wären ohne Einschränkung befugt, anders als der EuGH zu entscheiden.
- Die mittlere Lösung bestünde darin, daß die staatlichen Gerichte (nur) die Wahl hätten, entweder die Judikatur des EuGH zu übernehmen oder diesen mit dem Ziel zu befassen, eine Änderung dieser Judikatur zu erreichen.

Es empfiehlt sich, diese Lösungsmodelle für Auslegungs- und Gültigkeitsentscheidungen getrennt zu prüfen.

b) Auslegungsentscheidungen

47 aa) Was Auslegungsentscheidungen betrifft, so ist zunächst festzuhalten, daß der EuGH selbst an seine frühere Auslegung nicht gebunden ist. Daher scheidet die erste Lösung – »automatische« Bindung – aus, weil sie u. u. zur »Verewigung« einer Judikatur führen würde, an welcher der EuGH selbst nicht mehr festhalten möchte.[99]

Daß der EuGH diese Auffassung teilt, läßt sich indirekt mit einem Urteil belegen, in dem er sich eingehend mit den sachlichen Einwendungen auseinandersetzt, die das vorlegende Gericht gegen eine frühere Vorabentscheidung erhoben hatte; er akzeptiert also, daß ein staatliches Gericht ihn um Überprüfung seiner Rechtsprechung bittet.[100]

48 bb) Abzulehnen ist aber auch die andere Extremlösung (totale Bindungslosigkeit).

Für höchstinstanzliche Gerichte scheidet sie schon deshalb aus, weil eine Meinungsverschiedenheit zwischen einem solchen Gericht und dem EuGH das Bestehen einer echten Auslegungsfrage dartut und damit die Vorlagepflicht begründet.[101]

99 Vgl. GA *Lagrange,* Slg. 1963, 91 f.
100 Molkerei-Zentrale/Hauptzollamt, 28/67, Slg. 1968, 230 ff.
101 Siehe oben Rn. 42.

Für Untergerichte ist die Lage nur scheinbar anders, in Wirklichkeit jedoch die gleiche. Judizieren sie – ohne Vorlage – abweichend vom EuGH, so liefern sie der benachteiligten Partei einen Berufungs- und/oder Revisionsgrund; kommt die Sache vor das letztinstanzliche Gericht, wird dieses entweder unter Übernahme der Rechtsprechung des EuGH das Urteil der vorhergehenden Instanz aufheben oder aber den EuGH erneut anrufen, mit dem Ergebnis, daß die hierauf ergehende Vorabentscheidung nunmehr wiederum alle mit dem Ausgangsrechtstreit befaßten Gerichte bindet. Ein staatliches Unter- oder Mittelgericht, das wie geschildert vorgeht, verstößt somit gegen das Prinzip der Prozeßökonomie.

49 cc) Es bleibt somit nur die Mittellösung: nicht nur die höchstinstanzlichen, sondern auch die übrigen Gerichte haben entweder die Rechtsprechung des EuGH ohne Vorlage zu übernehmen oder diesem erneut vorzulegen; tertium non datur.

Der EuGH hat sich zu dem hier erörterten Problem zwar nicht direkt geäußert, dürfte aber von der vorliegend vertretenen Auffassung ausgehen. Das läßt sich e contrario daraus folgern, daß er sich in Ausnahmefällen für befugt ansieht, in einem Auslegungsurteil die Möglichkeit, sich künftig auf dieses Urteil zu berufen, zeitlich einzuschränken.[102] Damit wird vorausgesetzt, daß sich prinzipiell auch in künftigen Rechtsstreitigkeiten jeder Betroffene auf ein solches Urteil berufen kann und mit Erfolg berufen können muß.

c) Entscheidungen über die Gültigkeit

aa) Entscheidungen, die sich zugunsten der Gültigkeit aussprechen

50 Ist der EuGH von der Ungültigkeit nicht überzeugt, so pflegt er dem betroffenen Akt keine »totale Absolution« zu erteilen, sondern auszusprechen, die Prüfung der Frage habe nichts ergeben, was die Gültigkeit des Aktes beeinträchtigen könne; damit läßt er die Möglichkeit offen, »daß in einer anderen Sache ein neuer Gesichtspunkt vorgebracht werden könnte, der zur Ungültigkeit der Handlung führt«.[103]

Stellt sich ein nationales Gericht in einem künftigen Rechtsstreit die Frage, ob die Ungültigkeit des Aktes nicht aus Gründen zu bejahen ist, die der EuGH bereits *verworfen* hatte, so ist die Lage die gleiche wie bei Auslegungsurteilen, weil die oben[104] angeführten Überlegungen sinngemäß auch hier zutreffen. Das Gericht muß sich also entweder dem EuGH anschließen oder vorlegen.

Geht es um etwaige Ungültigkeitsgründe, die der EuGH *nicht* geprüft hatte, so entfällt zwar die Bindungswirkung. Höchstinstanzliche Gerichte sind jedoch auch in diesem Falle

102 Vgl. EuGH – Defrenne/Sabena, 43/75 – Slg. 1976, 480, 482 (Punkt 5 des Tenors); Amministrazione delle Finanze/Mireco, 826/79 – Slg. 1980, 2573.

103 GA *Warner,* Slg. 1978, 1740.

104 Rn. 47 ff.

kraft Art. 177 Abs. 3 zur Vorlage verpflichtet; unterinstanzliche sind es dann, wenn man sich der oben Rn. 24 vertretenen Ansicht anschließt, daß ganz allgemein kein nationales Gericht ohne vorherige Befragung des EuGH von der Ungültigkeit eines Gemeinschaftsaktes ausgehen darf.

bb) Entscheidungen, welche die Ungültigkeit feststellen

51 Hier ergibt sich ein Antagonismus zwischen reiner Rechtslogik und praktischer Vernunft.

Folgt man jener allein, so wäre der Ausgangspunkt, daß eine Ungültigerklärung begrifflich etwas anderes ist als eine – per definitionen erga omnes wirkende, weil den betroffenen Akt beseitigende – Nichtigerklärung. Man käme dann zwar nicht zwangsläufig zu der vor längerer Zeit von GA *Gand*[105] vertretenen Auffassung, daß eine die Ungültigkeit feststellende Vorabentscheidung nur »inter partes« wirke, so daß Dritte sich nicht auf die Ungültigkeit berufen könnten; dem stünde einmal entgegen, daß eine Ungültigerklärung auch von dem betroffenen Organ (das nicht »Partei« war) nicht ignoriert werden kann,[106] zum zweiten, daß die Bindungswirkung eines die Ungültigkeit feststellenden Urteils nicht schwächer sein kann als diejenige einer Auslegungsentscheidung oder eines sich zu Gunsten der Gültigkeit aussprechenden Urteils. Dagegen müßte man sich der von GA *Warner*[107] mit interessanten Gründen entwickelten Meinung anschließen, daß alle nationalen Gerichte, nicht aber der EuGH selbst, an die Ungültigerklärung gebunden wären; das liefe praktisch darauf hinaus, die oben für Auslegungs- und »positive« Gültigkeitsentscheidungen postulierte Mittellösung auch vorliegend zu akzeptieren.

52 Diese Konzeption ließe sich vielleicht theoretisch halten; praktisch erscheint sie jedoch nicht brauchbar. Es kann nämlich als *sicher* unterstellt werden, daß der EuGH von einer die Ungültigkeit feststellenden Entscheidung künftig niemals abweichen wird, vielmehr bei erneuter Befragung aus Gründen der Rechtssicherheit und um des Gleichheitsprinzips willen jene Entscheidung *stets* bestätigen würde. Außerdem wird das betroffene Organ, schon um Schadensersatzansprüche und Rechtsunsicherheit zu vermeiden (also ganz abgesehen von der Frage, ob ihm eine entsprechende Verpflichtung obliegt), den beanstandeten Akt so rasch wie möglich »aus dem Verkehr« ziehen.

Mit etwas Drastik läßt sich sagen: Ein für nichtig erklärter Akt ist tot; ein für ungültig erklärter Akt liegt in der Agonie.

Nach alledem kann nur die Auffassung richtig sein, daß ein die Ungültigkeit aussprechendes Urteil sämtliche nationalen Gerichte zwingt, künftig ohne erneute Befragung des

105 Slg. 1965, 1182.
106 Siehe unten Rn. 53.
107 Slg. 1977, 1662 ff.

EuGH »automatisch« von der Ungültigkeit des Aktes auszugehen (was die Frage nicht präjudiziert, welche Konsequenzen aus der Ungültigkeit zu ziehen sind).

Auch der EuGH geht offensichtlich davon aus, daß sich die Wirkungen eines Ungültigkeitsurteils mindestens nicht grundlegend von denen eines Nichtigkeitsurteils unterscheiden. Anderenfalls wäre es schwer verständlich, weshalb er sich vorbehält, bei Ungültigkeitserklärungen Art. 174 Abs. 2 EWGV analog anzuwenden, d. h. festzustellen, daß bestimmte Wirkungen des beanstandeten Aktes fortbestehen.[108]

53 Die bisherigen Ausführungen betrafen die Pflichten *der nationalen Gerichte;* es ist aber offensichtlich, daß eine Ungültigerklärung auch für *das betroffene Gemeinschaftsorgan* Konsequenzen auslösen muß.

Diese bestehen jedenfalls darin, daß das Organ die beanstandete Maßnahme so schnell wie möglich formell aufzuheben hat – schon mit Rücksicht auf die Rechtssicherheit, aber auch weil damit zu rechnen ist, daß die Maßnahme künftig vom EuGH und den nationalen Gerichten nicht mehr angewendet wird.

Ferner besteht eine Folgenbeseitigungspflicht, für welche im Prinzip die gleichen Kriterien gelten wie im Falle eines für nichtig erklärten Rechtsakts,[109] wenngleich anzuerkennen ist, daß die einschränkenden Gesichtspunkte der Rechtssicherheit, des Vertrauensschutzes usw. hier noch größeres praktisches Gewicht haben werden, weil zwischen Erlaß des Aktes und Urteil des EuGH vorliegend in der Regel eine längere Zeitspanne verstrichen sein wird.

Die Ungültigerklärung begründet jedoch nicht ipso facto die Haftung für durch den fehlerhaften Akt entstandenen Schaden.[110]

Artikel 178 [Schadenersatzklagen]

Der Gerichtshof ist für Streitsachen über den in Artikel 215 Absatz 2 vorgesehenen Schadensersatz zuständig.

108 Vgl. EuGH – Providence agricole de la Champagne/ONIC, 4/79 – Slg. 1980, 2853, 2855 (Punkt 2 des Tenors); Maïseries de Beauce/ONIC, 109/79 – Slg. 1980, 2913, 2915 (Punkt 2 des Tenors); Roquette Frères/Franz. Zollverwaltung, 145/79 – Slg. 1980, 2946, 2948 (Punkt 3 des Tenors).

109 Siehe die Anmerkungen zu Art. 176.

110 EuGH – Bayerische HNL u. a./Rat und Kommission, 83 und 94/76, 4, 15 und 40/77 – Slg. 1978, 1224. Vgl. auch Rn. 9 unten.

Literaturhinweise

s. bei Artikel 215

Inhaltsübersicht

I. Vorbemerkung

1 Art. 178 ist eine bloße Zuständigkeitsnorm; er beschränkt sich darauf, dem EuGH eine Kompetenz zur Entscheidung über gewisse Schadensersatzklagen zu verleihen; hinsichtlich der *materiellen* Voraussetzungen des Schadensersatzanspruchs verweist er dagegen auf Art. 215 Abs. 2.

Dieser Aufgliederung entspricht es, die materiellrechtlichen (also die *Begründetheit* von Schadensersatzklagen betreffenden) Fragen – Schadensbegriff, Kausalzusammenhang, Verschuldensproblem, Begriff der »allgemeinen Rechtsgrundsätze, die den Rechtsordnungen der Mitgliedstaaten gemeinsam sind«, usw. – ausschließlich unter Art. 215 zu behandeln. Aber auch Fragen der Zuständigkeit und Zulässigkeit sowie andere Verfahrensfragen sind weitgehend mit den Sachfragen verknüpft und werden daher im jeweiligen Sachzusammenhang im Rahmen der Erläuterung des Art. 215 behandelt, auf den verwiesen wird. Der systematischen Übersicht halber wurden die verschiedenen Zulässigkeitsvoraussetzungen im folgenden jedoch zusammengefaßt.

II. Abgrenzung zur Zuständigkeit staatlicher Gerichte

2 Da die Zuständigkeit des EuGH nur für die außervertragliche Haftung nach Art. 215 Abs. 2 gilt, nicht jedoch für die vertragliche Haftung sowie für die außervertragliche Haftung außerhalb der in Ausübung der Amtstätigkeit verursachten Schäden, ist die Abgrenzung, die eine Reihe komplexer Fragen aufwirft,[1] für die Kompetenzfrage von

1 Vgl. Art. 215 Rn. 4, 5 und 25 bis 30.

besonderer Bedeutung. Auch in anderen Fällen muß generell vorab geprüft werden, ob der Kläger nach der nunmehr herrschenden Rechtsprechung des EuGH nicht vorab auf eine Inanspruchnahme des staatlichen Rechtsweges zu verweisen ist.[2]

III. Vergleich mit EAG- und EGKS-Recht

3 1. Das EAG-Recht stimmt mit dem EWG-Recht in allen vorliegend interessierenden Punkten überein. Art. 151, 188 EAGV entsprechen Art. 178, 215 EWGV; die in Art. 44 EAG-Satzung getroffene Regelung der Verjährung weicht nicht von der Regelung in Art. 43 EWG-Satzung ab.

4 2. Für das EGKS-Recht ist folgendes zu bemerken:

Sedes materiae – sowohl für Fragen der Zulässigkeit als auch für solche der Begründetheit von Schadensersatzklagen – sind Art. 34, 40 EGKSV. Die Verjährung ist in Art. 40 EGKS-Satzung geregelt.

Die Analyse der beiden erstgenannten Vorschriften wirft wegen deren komplizierter Struktur und verwirrenden Vokabulars (»Wiedergutmachung«, »Entschädigung«, »Schadenersatz«) Probleme auf, deren detaillierte Erörterung den Rahmen dieses Kommentars sprengen würde. Es läßt sich aber jedenfalls behaupten, daß hinsichtlich der Abgrenzung der Zuständigkeiten des EuGH von denjenigen der staatlichen Gerichte keine Unterschiede zwischen EGKS- und EWG-Recht bestehen. Beide Rechtsordnungen beruhen auf dem Prinzip der ausschließlichen Zuständigkeit des EuGH für Streitigkeiten über die außervertragliche Haftung der Gemeinschaft.

Dagegen liegt ein wesentlicher Unterschied darin, daß der EWGV bezüglich des Verfahrensablaufs nicht nach Haftungsgründen differenziert, während der EGKSV in seinem Art. 34 eine »Lex specialis« (gegenüber der »Lex generalis« von Art. 40 EGKSV) für den Fall enthält, daß das die Haftung auslösende Verhalten in einem für nichtig erklärten Akt der Hohen Behörde (Kommission) begründet ist.

IV. Zulässigkeitsfragen

5 Vorab ist darauf hinzuweisen, daß es bei einem Teil der hier aufgeworfenen Fragen zweifelhaft sein kann, ob sie die Zulässigkeit oder die Begründetheit der Klage betreffen. Sie werden aber vorsorglich hier behandelt, da sie, wenn sie sich stellen, jedenfalls in

2 Vgl. hierzu Art. 215 Rn. 73 ff. sowie, hinsichtlich akzessorischer Ansprüche, Rn. 57. – Vgl. zu den Abgrenzungsfragen insbesondere das Urteil EuGH – Granaria / Hoofdproduktschap, 101/78 – Slg. 1979 S. 623.

limine litis beantwortet werden müssen, also bevor der Gerichtshof auf die materielle Berechtigung des geltend gemachten Schadensersatzanspruchs eingeht.

1. Aktivlegitimation

6 Der Kl. muß aktivlegitimiert sein.[3]

2. Passivlegitimation

7 Das beklagte Organ muß passivlegitimiert sein. Passivlegitimiert ist nach der Rechtspr. des EuGH dasjenige Organ, dem das die Haftung begründende Verhalten der Gemeinschaft zuzurechnen ist; auch mehrere Organe können demnach passivlegitimiert sein.[4] Dementsprechend ist die Klage – obwohl sie auf Verurteilung der Gemeinschaft zielt – gegen dasjenige Organ zu richten, das nach Auffassung des Klägers den Schaden verursacht hat; auch eine gegen mehrere Organe gerichtete Klage ist daher zulässig, wenn der Kläger vorträgt, daß der Schaden auf Handlungen oder Unterlassungen all dieser Organe zurückzuführen sei. Probleme können sich ergeben, wenn sich herausstellt, daß die behauptete Amtspflichtverletzung nicht dem allein beklagten Organ, sondern einem anderen Organ zugerechnet werden muß. Für eine Klageabweisung spräche, daß die Klage gegen ein Organ gerichtet worden ist, das für die Versäumnisse anderer Organe nicht verantwortlich ist, und daß das andere Organ sich im Prozeß nicht äußern, in Ermangelung entsprechender prozeßrechtlicher Vorschriften auch nicht von Amts wegen beigeladen werden könnte. Gegen diese Auffassung spricht jedoch zunächst, daß der Wortlaut von Art. 215 die Gemeinschaft als unteilbares Ganzes auffaßt und – unbeschadet der Parteifähigkeit der Organe – nur die Gemeinschaft Rechtspersönlichkeit besitzt; sie stellt also eine Handlungseinheit dar und bildet überdies (vgl. Art. 199) auch haushaltsrechtlich eine Einheit, was bei auf Leistung einer Geldsumme zielenden Klagen nicht übersehen werden darf. Gegen diese Auffassung sprechen auch Gesichtspunkte der Prozeßökonomie und des Rechtsschuttzes, da gerade die Frage der Zurechenbarkeit oft von komplexen, dem Kläger schwer zugänglichen institutionellen Fragen abhängt. Grundsätzlich sollte daher die Klage in derartigen Fällen nicht wegen fehlender Passivlegitimation abgewiesen werden, sondern gegebenenfalls von Amts wegen dem tatsächlich passivlegitimierten Organ zustellt werden.[5]

3 Vgl. Art. 215 Rn. 21 ff.
4 Vgl. Art. 215 Rn. 15 und 16.
5 Die Praxis des EuGH tendiert zur Großzügigkeit; selbst in Fällen, in denen der Kl. nur die Gemeinschaft verklagt hat, ohne das verantwortliche Organ ausdrücklich zu benennen, ist eine nachträgliche Präzisierung gestattet worden. Allerdings fehlt es hierzu bisher an klaren verfahrensrechtlichen Regelungen.

3. *Substantierung der Klage*

8 Wie alle Klagen muß auch die Schadensersatzklage hinreichend substantiert sein, nämlich den Erfordernissen des Art. 38 der VerfO entsprechen.

Die Klageschrift muß also die wesentlichen haftungsbegründenden Tatsachen mit hinreichender Deutlichkeit enthalten, d. h. insbesondere die Gründe, die nach Ansicht des Kl. für eine Rechtswidrigkeit der Handlung, den Eintritt eines Schadens und den Ursachenzusammenhang entsprechen. Ein besonderes Eingehen auf die zusätzlichen haftungsbegründenden Voraussetzungen – Ausübung der Amtstätigkeit, Schutznormverletzung und gegebenenfalls eine qualifizierte Rechtsverletzung – dürfte nicht erforderlich sein, da es sich hierbei um schwierige rechtliche Beurteilungen der Verhaltensweise des Organs handelt, die den Rahmen einer Zulässigkeitsprüfung von vornherein überschreiten würde.

Hinsichtlich der Darlegung des Schadens und der Kausalität ist der EuGH im Rahmen der Zulässigkeitsprüfung nicht formalistisch. Zwar mangelt ein »auf irgendeine Schadensersatzleistung« gerichteter Antrag der notwendigen Bestimmtheit und ist deshalb als unzulässig abzuweisen.[6] Das bedeutet aber nicht notwendigerweise, daß der Schaden schon in der Klageschrift beziffert werden müßte, sofern sich seine Art und sein Umfang im wesentlichen aus dem Zusammenhang ermitteln läßt; Einzelheiten können – gegebenenfalls nach Erlaß eines Zwischenurteils – in einem späteren Verfahrensabschnitt nachgetragen werden.[7]

Auch Klagen, gerichtet auf die Feststellung zukünftiger Schäden, sind unter gewissen Voraussetzungen zulässig.[8] Zu verlangen ist in diesem Falle jedoch auf der Zulässigkeitsebene, daß die Wahrscheinlichkeit des künftigen Schadens und der Ursachenzusammenhang mit der beanstandeten Verhaltensweise des Organs »plausibel« gemacht werden.

4. *Verhältnis zu anderen Rechtsbehelfen*

9 Die Klage ist nicht von den besonderen Zulässigkeitsvoraussetzungen der Klagen nach Art. 173 und 175 abhängig.[9] Sie ist jedoch unzulässig, wenn das im wesentlichen gleiche Ergebnis unter Inanspruchnahme von Rechtsschutzbehelfen vor staatlichen Behörden oder Gerichten erreicht werden könnte oder hätte werden können.[10] Das gleiche muß auch gelten, wenn der Schaden durch eine Klage nach Art. 173 bzw. Art. 175 abgewendet

6 Vgl. EuGH-Zuckerfabrik Schöppenstedt/Rat, 5/71 – Slg. 1971 S. 984.
7 Vgl. Art. 215 rn. 60 und 87 sowie Fn. 207.
8 Vgl. Art. 215 Rn. 58.
9 So jedenfalls seit der Schöppenstedt-Rechtsprechung des EuGH (Fn. 6). Diese Rechtsprechung ist durch die nachfolgende Rechtsprechung, nach der die Kl. auf die vorrangige Ausnützung staatlicher Rechtsbehelfe verwiesen werden, nicht in Frage gestellt. – Vgl. auch Art. 215.
10 Vgl. Art. 215 Rn. 59.

werden könnte oder hätte werden können.[11] Eine Subsidiarität im Verhältnis zur Haftung von Mitgliedstaaten wegen eigenständiger Amtsfehler dieser bei der Durchführung des Gemeinschaftsrechts ist dagegen abzulehnen.[12]

5. Klagefrist; Verjährung

10 Die Einhaltung dieser Verjährungsfrist sowie, gegebenenfalls, der dort genannten Zweimonatsfrist, für die Klageerhebung nach Befassung des Organs ist nach der neueren Rechtspr. offenbar als Zulässigkeitsvoraussetzung zu betrachten.[13]

6. Klagen von Bediensteten

11 Besondere Zulässigkeitsvoraussetzungen gelten für Schadensersatzklagen von Bediensteten.[14]

V. Verfahrensfragen anderer Art

12 Es wird verwiesen auf die Erläuterung zu Art. 215 Rn. 85 ff.

Artikel 179 [Dienstrechtliche Streitigkeiten]

Der Gerichtshof ist für alle Streitsachen zwischen der Gemeinschaft und deren Bediensteten innerhalb der Grenzen und nach Maßgabe der Bedingungen zuständig, die im Statut der Beamten festgelegt sind oder sich aus den Beschäftigungsbedingungen für die Bediensteten ergeben.

Literaturhinweise

Charret, Christian, Le contentieux de la fonction publique d'après la jurisprudence de la Cour de Justice des Communautés Européennes (Thèse), Lyon 1967

Euler, August Martin, Europäisches Beamtenstatut, Kommentar zum Beamtenstatut der EWG und EAG, KSE, Bd. 4a bis 4c, Köln usw. 1966

Henrichs, Helmut, Die Rechtsprechung des Europäischen Gerichtshofs in Personalsachen, in: EuR 1980, S. 134–153a

Holtz, Theodor, Handbuch des Europäischen Dienstrechts (Loseblattsammlung), Baden-Baden, Jahrgänge 1963 bis 1968

11 Vgl. Art. 215 Rn. 73 ff.
12 Vgl. Art. 215 Rn. 80.
13 Vgl. im einzelnen Art. 215 Rn. 86.
14 Vgl. Art. 215 Rn. 84.

Käser, Jörg, Kündigungsrechtsstreit zwischen Europäischer Investitionsbank und Angestellten (Anmerkung zu den Urteilen des EuGH in der Rs. 110/75), in: RIW/AWD 1977, S. 289–291
Lassalle, Claude, Aspects de la fonction publique européenne, in: Revue Générale de Droit International Public 1965, S. 682–741
Partsch, Karl-Josef, Die Rechtsbeziehungen zwischen den Europäischen Bediensteten und ihren Anstellungsgemeinschaften, in: DÖV 1961, S. 281–290
Rogalla, Dieter, Dienstrecht der Europäischen Gemeinschaften, Köln usw. 1981

Inhaltsübersicht

I. Allgemeines zu Artikel 179

1 Nach seinem Wortlaut stellt Art. 179 EWGV allein auf die Bediensteten der EWG ab, er bedürfte aber insoweit einer Berichtigung. Tatsächlich ist der EuGH gemäß dem bei Art. 212 EWGV zitierten Art. 24 FusV[1] für alle Streitsachen zwischen den drei Gemeinschaften und *allen* ihren Bediensteten zuständig. Dies ist allerdings nur für die EKGS hervorzuheben, da im Art. 152 EAGV eine wörtlich übereinstimmende Parallelvorschrift zu Art. 179 EWGV besteht.

2 Die Bestimmung (»Streitsachen zwischen ...«) läßt Bedienstete und Organe in beiden Prozeßrollen, also als Kläger und Beklagte zu. Bisher sind aber nur Bedienstete als Kläger aufgetreten.[2] Dies erklärt sich aus der öffentlich-rechtlichen und bindenden Qualität aller Maßnahmen des Dienstherren.[3]

Anders als in den sonstigen Prozessen vor dem EuGH sind die in Art. 179 erwähnten Bediensteten rechtlich und wirtschaftlich von den Organen der EG abhängig. In den sonstigen Prozessen geht es zumeist um wirtschaftsrechtliche Konflikte zwischen der Gemeinschaft und solchen Personen, die zwar in bestimmtem Umfang deren Hoheitsgewalt unterliegen (Mitgliedstaaten; sonstige »natürliche und juristische Personen«), deren amtliche, geschäftliche oder berufliche Tätigkeit sich jedoch in breiten Räumen unbeeinflußt von der Existenz der Gemeinschaft und dem Inhalt des Gemeinschaftsrechts abspielt; oder es geht um Streitigkeiten zwischen Organen. Vorliegend handelt es sich dagegen um Streitsachen, die im inneren Dienstbereich entstehen und die individuelle Rechtsstellung eines Beamten oder sonstigen Bediensteten betreffen. Daß diese

1 Vgl. unten Rn. 12 sowie Rn. 15 zu Art. 212.
2 Vgl. Rn. 14 zu Art. 212.
3 Ausnahmen s. unten Rn. 11.

Streitsachen der Kompetenz des EuGH überantwortet wurden, dürfte seinen Grund in der Überlegung haben, daß außenstehende Gerichte nicht in gleichem Maße über den erforderlichen Einblick in die Besonderheiten des europäischen Dienstes verfügen können. Aber auch die Eigenständigkeit des Europäischen Öffentlichen Dienstes, rechtlich losgelöst von den Mitgliedstaaten, muß eine wichtige Rolle gespielt haben.

3 Art. 179 beschränkt sich darauf, die von ihm erfaßten Rechtsstreitigkeiten im Hinblick auf die »Parteikonstellation« abzugrenzen, indem er die prinzipielle Zuständigkeit des EuGH für »alle Streitsachen zwischen der Gemeinschaft und deren Bediensteten« begründet. Die Einzelheiten der prozessualen und materiellen Rechtsposition für die hier fraglichen Streitsachen ergeben sich damit aus den insoweit speziellen Vorschriften der Verträge sowie der ausdrücklich in Art. 179 erwähnten Rechtsakte, des »Statuts« (EurBSt.) und der Beschäftigungsbedingungen (BSB).[4]

Natürlich eröffnen hierzu das Vorschlagsrecht der Kommission sowie die Beschlußbefugnis des Rates potentielle Ermessensspielräume. Art. 179 spricht ausdrücklich von »Grenzen« und »Bedingungen«. Im Gegensatz zur Auffassung von *Holtz*[5] erscheint dieser Ermessensspielraum jedoch durchaus auf die Konkretisierung der Basis und der Grundgedanken der Verträge »ausgerichtet« zu sein. Allenfalls können besondere Gegebenheiten des Dienstrechts Abweichungen hiervon begründen.[6]

Weiterhin könnte der Rat die Zuständigkeit des EuGH nicht für einen wesentlichen Teil der in Betracht kommenden Rechtssachen ausschließen. Anderenfalls bestünde die Gefahr, daß das Personal insoweit rechtsschutzlos gestellt würde, da der Rat nicht »oberster Gemeinschaftsgesetzgeber« ist und ultra vires handeln würde, wenn er den staatlichen Gerichten »überstaatliche« – »europäische« Zuständigkeiten zuschöbe.

Endlich folgt aus dem auch die Gemeinschaftsordnung beherrschenden Grundsatz der Rechtsstaatlichkeit,[7] daß den Beamten und Angestellten ein angemessener, dem heutigen Stand in den Mitgliedstaaten entsprechender Rechtsschutz zu sichern ist: die Pflicht der Gemeinschaft zur Wahrung der Grundrechte muß auch dem Personal zugutekommen, denn »charity begins at home«.

4 Besonders wichtig und aktuell ist die Frage, ob das dem Rat durch Art. 179 eingeräumte Ermessen auch die Errichtung eines Verwaltungsgerichts einschließt, das in erster Instanz über die in Rede stehenden Streitigkeiten befinden würde. Dies ist zu bejahen, solange die Zuständigkeit des EuGH voll erhalten bleibt, also dann, wenn gegen die Entscheidungen des Verwaltungsgerichts bezüglich der Tatsachen und auch des angewandten Rechts Rechtsmittel gegeben sind.

4 Vgl. hierzu ausführlich *Rogalla* zu Art. 212, besonders Rn. 12 und 14 ff.
5 A.a.O., Vorbemerkung zu Art. 91, S. 533.
6 A.a.O., S. 534.
7 Vgl. *Beutler,* Grundrechtsschutz, Anhang C dieses Kommentars, Rn. 44 und 45.

Der derzeit vorliegende Vorschlag der Kommission[8] geht allerdings nur von einem auf Rechtsfragen beschränkten Rechtsmittel an den EuGH in zweiter Instanz aus. Gerade in dieser Lösung sieht die Kommission den Entlastungseffekt für den EuGH in diesem Bereich.

Ob der Wortlaut von Art. 179 (»innerhalb der Grenzen und nach Maßgabe der Bedingungen«) den Kommissionsvorschlag trägt, müßte ohnehin der EuGH ggf. selbst entscheiden. Aufgrund seiner bisherigen vor allem auch formenstrengen Rechtsprechung zu Personalsachen[9] sind große Zweifel an dieser Tragfähigkeit zu äußern.

Hinzukommen allgemein quasi »verfassungsrechtliche« Überlegungen über die Organisationsgewalt des Rates. Geht sie so weit, daß der Rat eine im Vertrag nicht vorgesehene richterliche Instanz schaffen darf? Wäre es nicht unbedenklicher, zur Entlastung des EuGH (und zur »Entgiftung« schwelender Konflikte) einen unabhängigen, wenn auch nicht mit richterlichen Befugnissen ausgestatteten »Ombudsman« vorzuschalten? Dies müßte im EurBSt. selbst geschehen und nicht nur – wie derzeit bei der Kommission – als »praxisnahes« Angebot.

5 Gemäß Art. 95 § 2 VerfO entscheidet über die in Art. 179 behandelten Klagen »eine vom Gerichtshof in jedem Jahr neu zu bestimmende Kammer«. Der Ausdruck »*eine* Kammer« ist nicht wörtlich zu nehmen: der EuGH pflegt die dienstrechtlichen Streitigkeiten[10] im Interesse einer ausgewogenen Arbeitsbelastung auf sämtliche Kammern zu verteilen; die Zuständigkeiten der einzelnen Kammern richtet sich danach, welches Organ Beklagter ist.

Die Kammer kann das Plenum befassen (Art. 95 § 3 VerfO), was gelegentlich geschieht, wenn grundlegende Fragen zu entscheiden sind, so z. B. ob Art. 179 auch für Streitigkeiten zwischen der EIB und ihrem Personal gilt.[11]

Eine weitere Besonderheit ist, daß in dienstrechtlichen Streitigkeiten auch das obsiegende Organ seine Kosten grundsätzlich selbst zu tragen hat, es sei denn, der Bedienstete habe seine Klage »ohne angemessenen Grund oder böswillig« erhoben. Vgl. Art. 70 i. V. m. Art. 69 § 3 Abs. 2 VerfO.

II. Zu Umfang und Grenzen der Zuständigkeit des EuGH nach Artikel 179

6 Neben der »Parteikonstellation«[12] regelt die Vorschrift aber auch den Sachbezug

8 Vgl. dazu *Rogalla,* Art. 212 Rn. 8 und 32.
9 Vgl. Art. 212 Rn. 43.
10 Festgelegt durch die – mehrfach geänderte – VO (EWG, Euratom, EGKS) Nr. 259/68, ABl. 1968 Nr. L 56 S. 1, insbesondere Art. 90 und 91 des EurBSt.
11 Vgl. EuGH – Mills/Investitionsbank, 110/75 – Slg. 1976, 967 ff. sowie unten Rn. 9.
12 Siehe oben Rn. 3.

(»Streitsache«). Beamtenstatut (EurBSt.) und Beschäftigungsbedingungen (BSB) sind zwar unvollständig, aber doch eindeutig als wichtigste Rechtsgrundlagen bezeichnet. Es geht dabei um Auslegung, Anwendung oder Gültigkeit dieser Vorschriften. In ihrer jetzigen Fassung beruhen sie auf der Ratsverordnung 259/68. Hinzukommen jene Vorschriften, die zwar kein formeller Bestandteil, die nach Zweck und Inhalt ihnen zuzuordnen sind. Dazu gehören z. B. insbesondere Ratsverordnungen über das vorzeitige Ausscheiden aus dem Dienst[13] oder solche, die bestimmte Artikel des EurBSt. und der BSB außer Kraft setzen, wenn es um die Eingliederung von Bediensteten aus der EG neu beigetretenen Mitgliedstaaten geht.[13a]

7 Trotz des Wortlauts von Art. 179 ist nicht »die Gemeinschaft« Prozeßpartei; die Bediensteten haben ihre Klagen vielmehr gegen das jeweils betroffene Organ zu richten,[14] d. h. gegen das Organ, dem das beanstandete Verhalten (Rechtsakt, Unterlassung, Amtsfehler) formal zuzurechnen ist. Daher kann eine Klage, welche die Nichtigerklärung einer Maßnahme des Rates bezweckt, nicht gegen die Kommission gerichtet werden, auch wenn diese an der Maßnahme mitgewirkt hat[15] oder Dienstherr des Klägers ist.

8 Der Begriff »Organ«, den Art. 179 wohlweislich nicht verwendet, muß hier in einem weiten Sinne verstanden werden. Er umschließt nicht nur die »Organe« im engeren Sinne des Art. 4 EWGV – also Parlament, Rat, Kommission und EuGH –, sondern auch den Wirtschafts- und Sozialausschuß sowie den Rechnungshof; Art. 1 Abs. 2 EurBSt. hat diese Gremien daher einbezogen. Es kann demnach ein Beamter des EuGH ausdrücklich auch gegen diesen als Organ klagen.

13 EuGH – Reinarz/Kommission und Rat, 48/76 – Slg. 1977, 297. Vgl. auch *Rogalla* zu Art. 212 Rn. 11.

13a 1973 – Vereinigtes Königreich, Dänemark, Irland, vgl. Verordnung (Euratom, EGKS, EWG) Nr. 2530/72 des Rates vom 4. 12. 1972, ABl. 1972 Nr. L 272 S. 1; 1981 Griechenland, vgl. Verordnung (EGKS, EWG, EURATOM) Nr. 662/82 vom 22. 3. 1982, ABl 1982 Nr. L 78 S. 1.

14 EuGH – Müller/Räte der EWG und der EAG, 28/64 – Slg. 1965, 338, wo zu Recht ausgeführt wird, die Klage könne nicht gegen die »Anstellungsbehörde« gerichtet werden. Gemäß Art. 2 EurBSt. »[bestimmt] jedes Organ ..., wer in seinem Dienstbereich die der Anstellungsbehörde im Statut übertragenen Befugnisse ausübt«; hieraus ergibt sich, daß die »Anstellungsbehörde« nicht mit dem »Organ« identisch ist, sondern durch eine Dienststelle des Organs verkörpert wird und in dessen Namen handelt. Wenn ein späteres Urteil (EuGH – Ooms/Kommission, 48/79 – Slg. 1979, 3123) dennoch ausführt, Klagen seien gegen die Anstellungsbehörde zu richten, so liegt hierin keine Änderung der Rechtsprechung.

15 EuGH a.a.O. (Rs. 48/79); vgl. auch *Henrichs*, a.a.O., S. 135 f. Umgekehrt muß ein Bediensteter, der sich durch eine individuelle Entscheidung seines Dienstherrn beschwert fühlt, *diesen* verklagen, auch wenn er rügen will, die Entscheidung beruhe auf einer fehlerhaften Verordnung des Rates.
Allerdings zeigt sich der EuGH großzügig, wenn das Zusammenwirken mehrerer Organe in einem so komplizierten Verfahren vor sich gegangen war, daß es für den Betroffenen schwer erkennbar ist, an wen er sich zu halten hat, vgl. EuGH – Asmussen/Kommission und Rat, 50/74 – Slg. 1975, 1013.

9 Nach der Rechtsprechung des EuGH ist der Begriff »Gemeinschaft« in Art. 179 so auszulegen, daß er die EIB »als eine vom Vertrag vorgesehene und mit der Rechtspersönlichkeit ausgestattete Gemeinschaftseinrichtung« umfaßt.[16] Der EuGH mußte diese Konzeption unmittelbar auf Art. 179 stützen,[17] da EuRBSt. und BSB die EIB nicht einbeziehen, mangels einer Kompetenz des Rates zur Regelung der Rechtsverhältnisse des Bankpersonals.

10 Das »betroffene Organ« ist auch dann der »richtige Beklagte«, wenn die beanstandeten Maßnahmen dem eigenen Vorbringen des Klägers nicht eigentlich diesem Organ zur Last fallen, sondern einem bei oder von ihm gebildeten Gremium, demgegenüber das Organ kein – oder kein unbeschränktes – Weisungsrecht hat. Zu nennen sind in diesem Zusammenhang insbesondere Prüfungsausschüsse, die im Rahmen von Stellenausschreibungen tätig werden, ferner die Personalvertretung.[18] Der Aufhänger von Klagen, mit denen Rechtsverstöße dieser »jurys« (Prüfungsausschüsse) geltend gemacht werden, ist allerdings in der Regel der das Wettbewerbsverfahren (»concours«) abschließende Ernennungsbeschluß des Organs.

11 Kläger kann gemäß Art. 91 Abs. 1 EurBSt. und der Verweisung in Art. 46, 73, 83 BSB jeder sein, auf den Statut und Beschäftigungsbedingungen Anwendung finden.[19] Dazu gehören, kraft Definition oder aufgrund von EuGH-Urteilen vor allem die Bediensteten auf Zeit, Hilfskräfte und Sonderberater, ehemalige Beamte und sonstige Bedienstete[20] sowie Versorgungsberechtigte,[21] Bewerber für eine Einstellung bei den Gemeinschaften[22] einschl. örtlicher Bediensteter, die sich ausdrücklich auf Rechte aus dem EurBSt. oder den BSB berufen (sie unterliegen ja gemäß Art. 79 BSB in der Regel örtlichem Recht).[23]

16 EuGH – Mills/Investitionsbank, 110/75 – Slg. 1976, 967 f.

17 In der Vorauflage war die Zuständigkeit des EuGH im Ergebnis ebenfalls bejaht, jedoch auf Art. 41 der Personalordnung der Bank gestützt worden, der eine entsprechende Zuständigkeit vorsieht. Der EuGH ist auf diese Möglichkeit jedoch nicht eingegangen. Dagegen hat er als Hilfsargument Art. 22 PrivProt herangezogen, demzufolge dieses Protokoll auch für die Mitglieder der Organe der Bank und das Bankpersonal gilt.
Die sonstigen Fragen des genannten Prozesses hat der EuGH, wie nicht anders möglich, nach Maßgabe der Personalordnung der Bank entschieden. Vgl. zu der hier angeschnittenen Problematik auch *Käser*, a.a.O.

18 Vgl. EuGH – De Dapper u. a./Parlament, 54/75 – Slg. 1976, 1386 ff. Hier ging es um Unregelmäßigkeiten bei der Wahl zur Personalvertretung; der EuGH stützte die Entscheidung, sich für zuständig zu erklären, allerdings auch darauf, das betroffene Organ sei berechtigt und verpflichtet, einzuschreiten, wenn der Anschein derartiger Unregelmäßigkeiten entstünde.

19 Vgl. dazu *Rogalla*, Art. 212 Rn. 43 ff.

20 Vgl. EuGH – Marenco u. a./Kommission, 81 bis 88/74 – Slg. 1975, 1255; Reinarz/Kommission und Rat, 48/76, Slg. 1977, 296 f.

21 So stillschweigend EuGH – Meinhardt/Kommission, 24/71 – Slg. 1972, 276 f.

22 Vgl. EuGH – Vandewywere/Parlament, 23/64 – Slg. 1965, 227.

23 Vgl. Art. 81 BSB sowie *Henrichs*, a.a.O., S. 137. – Siehe auch EuGH – Bellintani u. a./Kommission, 116/78 – Slg. 1979, 1599.

Gewerkschaften und Berufsverbände[24] können Beitrittsrechte geltend machen zu einem dienstrechtlichen Streit gemäß Art. 37 Abs. 2 Satzung des EuGH (EWG) und bei Vorliegen der Voraussetzungen nach Art. 173 Abs. 2 Nichtigkeitsklage erheben, wenn nicht lediglich allgemeine Interessen der von ihnen vertretenen Beamten betroffen sind.

Auch auf Organe finden EurBSt. und BSB Anwendung. Sie könnten auch Klage erheben; die öffentlich-rechtliche Ausgestaltung ihrer Beschlüsse erspart ihnen das jedoch. Eine Ausnahme enthält Art. 19 der Haushaltsordnung.[25]

12 Soweit Art. 179 und die auf seiner Grundlage ergangenen Bestimmungen eingreifen, sind sie leges speciales gegenüber sonstigen Rechtsschutznormen des Gemeinschaftsrechts. So können z. B. Schadensersatzansprüche, die im Dienstverhältnis wurzeln, nicht gemäß Art. 178, 215 geltend gemacht werden.[26]

Der EuGH scheint mindestens theoretisch die Möglichkeit nicht auszuschließen, daß ein Bediensteter, weil Art. 179 und die zugehörigen Durchführungsvorschriften seinen Fall nicht treffen, aufgrund von Art. 173 vorgeht.[27] Dem steht aber entgegen, daß nach dieser Bestimmung nur gegen Rat oder Kommission geklagt werden kann, die Bediensteten der übrigen Gemeinschaftsbehörden somit leer ausgehen würden.[28]

Artikel 180 [Streitsachen mit Bezug auf die Europäische Investitionsbank]

Der Gerichtshof ist nach Maßgabe der folgenden Bestimmungen zuständig in Streitsachen über

a) die Erfüllung der Verpflichtungen der Mitgliedstaaten aus der Satzung der Europäischen Investitionsbank. Der Verwaltungsrat der Bank besitzt hierbei die der Kommission in Artikel 169 übertragenen Befugnisse;

b) die Beschlüsse des Rates der Gouverneure der Bank. Jeder Mitgliedstaat, die Kommission und der Verwaltungsrat der Bank können hierzu nach Maßgabe des Artikels 173 Klage erheben;

c) die Beschlüsse des Verwaltungsrats der Bank. Diese können nach Maßgabe des Artikels 173 nur von Mitgliedstaaten oder der Kommission und lediglich wegen

24 Zu deren Klagerecht vgl. *Rogalla*, Art. 212 Rn. 51.

25 Beschluß Nr. 73/91 (EGKS, EWG, Euratom) des Rates vom 25. 4. 1973, ABl. 1973 Nr. L 116 S. 1.

26 EuGH – Meyer-Burckhardt/Kommission, 9/75 – Slg. 1975, 1181; Reinarz/Kommission und Rat, 48/76 – Slg. 1977, 298.

27 Vgl. EuGH – Jacquemart/Rat und Kommission, 114/77 – Slg. 1978, 1711 f.; Ooms/Kommission, 48/79 – Slg. 1979, 3123.

28 Vgl. EuGH – De Lacroix/Gerichtshof, 91/76 – Slg. 1979, 229.

Verletzung der Formvorschriften des Artikels 21 Absätze 2 und 5 bis 7 der Satzung der Investitionsbank angefochten werden.

Literaturhinweise

Mosconi, Franco, La Banca europea per gli investimenti (Aspetti giuridici), Padua 1976

Inhaltsübersicht

I. Allgemeines

1 1. Die Europäische Investitionsbank wird nur im EWGV erwähnt; dementsprechend fehlt es in EGKSV und EAGV an Bestimmungen, mit denen sich Art. 180 vergleichen ließe.

2 2. Die grundlegenden Bestimmungen über Rechtsnatur, Zusammensetzung, Aufgaben, Befugnisse und Funktionsweise der Bank finden sich im wesentlichen in Art. 129, 130 EWGV sowie in dem diesem Vertrag als Anlage beigefügten »Protokoll über die Satzung der Europäischen Investitionsbank« (nachstehend abgekürzt »EIB-Satzung«). Es wird daher insoweit auf die Erläuterungen zu den genannten Vertragsartikeln verwiesen.

Folgende Regelungen sind im vorliegenden Zusammenhang ergänzend hervorzuheben:

3 a) Die Bank »besitzt Rechtspersönlichkeit« (Art. 129 Abs. 1 EWGV). Diese Bestimmung wird durch Art. 28 Abs. 1 EIB-Satzung ergänzt, wonach die Bank »in jedem Mitgliedstaat die weitestgehende Rechts- und Geschäftsfähigkeit [besitzt], die juristischen Personen nach dessen Rechtsvorschriften zuerkannt wird«, und »insbesondere bewegliches und unbewegliches Vermögen erwerben und veräußern sowie vor Gericht stehen [kann]«.

4 b) »Über Rechtsstreitigkeiten zwischen der Bank einerseits und ihren Gläubigern,

Kreditnehmern oder dritten Personen andererseits entscheiden die zuständigen Gerichte der einzelnen Staaten vorbehaltlich der Zuständigkeiten, die dem Gerichtshof zuerkannt sind« (Art. 29 Abs. 1 EIB-Satzung). Damit wird zum Ausdruck gebracht, daß der EuGH hier wie stets für diejenigen Streitigkeiten ausschließlich zuständig ist, die ihm durch den Vertrag oder aufgrund des Vertrages zugewiesen wurden, daß aber die Bank – ebenso wie die Gemeinschaft gemäß Art. 183 EWGV – hinsichtlich sonstiger Streitsachen, bei denen sie Partei ist, der innerstaatlichen Gerichtsbarkeit unterliegt.

Dem EuGH vorbehalten sind nicht nur die in Art. 180 EWGV aufgezählten Rechtssachen, bei denen es sich praktisch um Interna der Bank handelt; in Betracht kommen ferner:

- Vorabentscheidungen aufgrund von Art. 177 Abs. 1 Buchst. a) EWGV. Nationale Gerichte können dem EuGH entscheidungserhebliche Fragen vorlegen, welche die Auslegung der für die Tätigkeit der Bank maßgeblichen Bestimmungen des Vertrags betreffen.
  Dagegen können Gültigkeit und Auslegung der Handlungen der Bankorgane nicht gemäß Art. 177 Abs. 1 Buchst. b) EWGV zum Gegenstand einer Vorabentscheidung gemacht werden, weil die Bank kein »Organ der Gemeinschaft« ist (vgl. Art. 4 EWGV).

- Streitigkeiten aus Verträgen, in denen die Bank gemäß Art. 29 Abs. 2 Satz 2 EIB-Satzung mit ihrem Partner die Zuständigkeit des EuGH vereinbart hat.

- Streitigkeiten zwischen der Bank und deren Personal, die sich auf das einzelne Anstellungsverhältnis beziehen (Art. 41 der Personalordnung der Bank.[1]).

Untätigkeitsklagen nach dem Vorbild von Art. 175 sind dagegen nicht vorgesehen. Was etwaige Schadensersatzklagen betrifft, so dürfte Art. 215 nicht anwendbar sein, da dort nur von der Ersatzpflicht der »Gemeinschaft« die Rede ist, die Bank als selbständige juristische Person jedoch von der Gemeinschaft unterschieden werden muß. Derartige Klagen sind daher, soweit sie sich gegen die Bank richten, gem. Art. 29 Abs. 1 EIB-Satzung vor dem zuständigen nationalen Gericht zu erheben.

5 c) Die »Finanzregelungen« für den Europäischen Entwicklungsfonds machen es der Kommission zur Pflicht, dafür Sorge zu tragen, daß in den Finanzierungsabkommen die Zuständigkeit des EuGH für Streitigkeiten festgelegt wird, die sich zwischen der EWG oder der Bank einerseits und den Empfängern der aus Mitteln des Fonds gewährten Hilfen andererseits über Auslegung oder Durchführung der Abkommen ergeben.[2]

1 Dieser Artikel ist in der vom EuGH herausgegebenen Textsammlung, Aufl. 1975, S. 60 f. abgedruckt. – Vgl. Rn. 10 zu Art. 179.

2 Vgl. Art. 55 der Finanzregelung 1963, erlassen bei VO Nr. 64/356/EWG des Rates (ABl. 1964 S. 1498); Art. 64 der Finanzregelung 1969 (ABl. 1971 Nr. L 31 S. 1).

II. Die in Artikel 180 vorgesehenen Streitsachen

1. Streitsachen nach Artikel 180 Buchst. a)

6 a) Art. 180 Buchst. a) gewährt dem Verwaltungsrat »die der Kommission in Artikel 169 übertragenen Befugnisse«, um die Mitgliedstaaten, notfalls durch Klageerhebung vor dem EuGH, zur Erfüllung ihrer Verpflichtungen aus der EIB-Satzung anzuhalten. Diese Aufsichtspflicht gegenüber den Bankmitgliedern ist in der Satzung bei der Aufzählung der allgemeinen Kompetenzen des Verwaltungsrats nicht eigens aufgeführt; sie liegt jedoch auf einer Linie mit der diesem Organ durch Art. 11 Abs. 1 Unterabs. 1 EIB-Satzung gestellten Aufgabe, zu gewährleisten, »daß die Führung der Geschäfte der Bank« mit dem geltenden Recht in Einklang steht.

Die Verweisung auf Art. 169 bezieht sich naturgemäß nicht nur auf die Befugnisse, welche der Kommission nach dieser Bestimmung zustehen, sondern auch auf die hiermit verbundenen Pflichten. Art. 180 Buchst. a kann nur so verstanden werden, daß der Verwaltungsrat, wenn er gegen einen Mitgliedstaat vorgehen will, in jeder Hinsicht die gleiche prozessuale Stellung hat wie die Kommission in dem in Art. 169 geregelten Fall; auch die Position des beschuldigten Staates und die Funktionen des EuGH sind in beiden Fällen die gleichen. Der Verwaltungsrat ist also grundsätzlich nicht nur berechtigt, sondern auch verpflichtet, tätig zu werden, wenn er einen Verstoß annimmt; er hat dem betroffenen Staat Gelegenheit zur Äußerung zu geben und erst danach eine – mit Gründen versehene – Stellungnahme abzugeben, wenn er bei seiner Auffassung verharrt; in der Stellungnahme hat er dem Staat eine Frist zur Beseitigung des rechtswidrigen Zustands zu setzen; prinzipiell kann er erst nach fruchtlosem Verlauf der Frist Klage erheben.[3]

Wegen des engen Zusammenhangs zwischen Art. 169 und Art. 171 EWGV gilt vorliegend auch die letztgenannte Vorschrift. Der EuGH hat, wenn er der Klage stattgeben will, ein Feststellungsurteil zu erlassen; der unterlegene Staat hat »die Maßnahmen zu ergreifen, die sich aus dem Urteil des Gerichtshofes ergeben«.[4]

7 b) Da die EIB-Satzung als ein dem Vertrag im gegenseitigen Einvernehmen der Mitgliedstaaten beigefügtes Protokoll »Bestandteil dieses Vertrages« ist, steht jedem Mitgliedstaat gem. Art. 170 Abs. 1 EWGV das Recht zu, den EuGH anzurufen, wenn er der Auffassung ist, daß ein anderer Staat gegen eine Verpflichtung aus der Satzung verstoßen hat. Schwierigkeiten ergeben sich allerdings daraus, daß Art. 170 auch für diesen Fall die vorherige Einschaltung der *Kommission* vorsieht, obwohl es näher läge, in Analogie zu Art. 180 Buchst. a den *Verwaltungsrat* der Bank auch insofern an die Stelle der Kommission treten zu lassen. Dieser Analogieschluß dürfte in der Tat berechtigt sein. Den Artikeln 169 und 170 liegt der gemeinsame Gedanke zugrunde, daß vor jeder

3 Wegen weiterer Einzelheiten s. die Anmerkungen zu Art. 169.
4 Siehe hierzu im einzelnen die Anmerkungen zu Art. 171.

Anrufung des EuGH wegen eines durch einen Staat begangenen Verstoßes die Kommission als das im Regelfall zur Überwachung der Einhaltung der Vertragsbestimmungen berufene Organ tätig werden soll, weil ihre Autorität eine gewisse Chance dafür bietet, daß der Verstoß abgestellt wird, ohne daß der EuGH bemüht werden muß. Wenn nun ausnahmsweise eine andere Stelle – hier: der Verwaltungsrat der Bank – die der Kommission in Art. 169 zugewiesenen Funktionen zu übernehmen hat, so ist es daher nur folgerichtig, daß er auch im Rahmen von Art. 170 an die Stelle der Kommission tritt. Es wäre im übrigen schwer einzusehen, weshalb der Verwaltungsrat zwar über die einschneidende Befugnis zur Klageerhebung verfügen, nicht aber die »sanftere« Funktion des neutralen arbiter wahrnehmen sollte. Schließlich spricht für die hier vertretene Auffassung auch, daß die Aufteilung einer im Grunde – von der Materie her gesehen – einheitlichen Aufgabe auf zwei verschiedene Instanzen höchst unzweckmäßig wäre; die Vertragschließenden haben offensichtlich gewünscht, daß sich der Verwaltungsrat als die bankrechtlich besonders kompetente Stelle auf die Überwachung der EIB-Satzung »spezialisiert« und die Kommission in diesem Punkt entlastet.

2. Streitsachen nach Artikel 180 Buchst. b)

8 a) Aufgrund dieser Bestimmung können die Mitgliedstaaten, die Kommission und der Verwaltungsrat der Bank gegen die »Beschlüsse« des Rates der Gouverneure »nach Maßgabe des Artikels 173« Klage erheben. Das Klagerecht der Mitgliedstaaten rechtfertigt sich durch deren Eigenschaft als Mitglieder der Bank, dasjenige der Kommission dadurch, daß dieses Organ gemäß Art. 155 Unterabs. 1 »für die Anwendung dieses Vertrages ... Sorge zu tragen« hat, also von Hause aus auch berufen ist, darüber zu wachen, daß die Organe der Bank die für ihre Tätigkeit maßgebenden Bestimmungen des Gemeinschaftsrechts beachten. Was den Verwaltungsrat betrifft, so wurde bereits ausgeführt, daß die Banksatzung ihm eine ähnliche Stellung zuweist wie der Vertrag der Kommission; das Klagerecht des Verwaltungsrats gegen Maßnahmen des Rats der Gouverneure entspricht daher der Befugnis der Kommission, gemäß Art. 173 Klage wegen der Handlungen des Rats der Europäischen Gemeinschaften zu erheben.

Private oder öffentliche Unternehmen können die Beschlüsse des Rates der Gouverneure nicht angreifen. Soweit diese Beschlüsse allgemeiner Natur sind (wie der Erlaß allgemeiner Richtlinien für die Kreditpolitik der Bank: Art. 9 Abs. 2 EIB-Satzung) oder die Unternehmen jedenfalls nicht unmittelbar oder nicht individuell betreffen (wie die Entscheidung, daß die Mitgliedstaaten der Bank Sonderdarlehen zu gewähren haben: Art. 6 Abs. 1, Art. 9 Abs. 3 Buchst. b) EIB-Satzung), entspricht diese Einschränkung der in Art. 173 EWG-Vertrag in Bezug auf das Klagerecht der »natürlichen oder juristischen Personen« getroffenen Regelung. Gelegentlich hat der Rat der Gouverneure aber auch Maßnahmen zu treffen, die sich direkt zugunsten oder zum Nachteil einzelner Unternehmen auswirken; so wenn er aufgrund von Art. 18 Abs. 1 Unterabs. 2 durch Ausnahmegenehmigungen Darlehen für Investitionsvorhaben gewährt, die ganz oder teilweise außerhalb der europäischen Hoheitsgebiete der Mitgliedstaaten durchzuführen sind, oder wenn er eine solche Genehmigung verweigert. Daß den betroffenen Unternehmen auch insoweit das Klagerecht versagt wurde, dürfte sich daher aus dem Wunsch erklären, die Politik der Bank der Kontrolle von Privatpersonen zu entziehen.

Die Gerichte der einzelnen Staaten sind gemäß Art. 29 Abs. 1 EIB-Satzung für »Rechtsstreitigkeiten zwischen der Bank einerseits und ihren Gläubigern, Kreditnehmern oder dritten Personen andererseits« zuständig, jedoch vorbehaltlich der dem EuGH zuerkannten Kompetenzen. Dieser Vorbehalt bedeutet nicht nur, daß die gemäß Art. 180 EWGV Klageberechtigten die dort vorgesehenen Klagen lediglich vor dem EuGH erheben können; er besagt außerdem, daß die sich aus dieser Bestimmung ergebenden Einschränkungen des Klagerechts nicht durch Anrufung der nationalen Gerichte umgangen werden dürfen. Ein Unternehmen, das sich durch einen Beschluß des Rats der Gouverneure beschwert fühlt, kann daher nicht etwa bei einem solchen Gericht Anfechtungsklage erheben. Überhaupt dürfte Art. 29 Abs. 1 EIB-Satzung ganz oder überwiegend privatrechtliche Streitigkeiten im Auge haben, insbesondere solche aus von der Bank geschlossenen Verträgen, wegen Schadensersatzes oder wegen ungerechtfertigter Bereicherung.

9 b) Der Begriff »Beschluß« umfaßt sämtliche Handlungen des Rats der Gouverneure, die – sei es auch nur im Innenverhältnis – Rechtswirkungen zu erzeugen bestimmt sind. Das Problem des logischen Verhältnisses dieses Sammelbegriffs zu den in Art. 189 EWGV aufgezählten Einzelformen verbindlicher Rechtsakte (Verordnungen, Richtlinien, Entscheidungen) stellt sich hier nicht (anders als beim Begriff des »Handelns« nach Art. 173 Abs. 1[5]), da Art. 189 nur für das Tätigwerden des Rates oder der Kommission gilt.

10 c) Die Worte nach »Maßgabe des Artikels 173« bedeuten, daß sämtliche einschlägigen Bestimmungen dieses Artikels anwendbar sind. Der EuGH kann also grundsätzlich nur die Rechtmäßigkeit, nicht auch die Zweckmäßigkeit der Beschlüsse des Rats der Gouverneure überprüfen; die Klage kann nur auf Unzuständigkeit, Verletzung wesentlicher Formvorschriften, Verletzung des Vertrages oder einer bei seiner Durchführung anzuwendenden Rechtsnorm und/oder Ermessensmißbrauch gestützt werden; sie muß innerhalb der in Art. 173 Abs. 2 bezeichneten Frist erhoben werden usw. Wegen weiterer Einzelheiten wird auf die Anmerkungen zu Art. 173 verwiesen.

Nicht anwendbar ist Art. 173 Abs. 2, der von dem – eingeschränkten – Klagerecht der (sonstigen) »natürlichen oder juristischen Personen« handelt. Es ist vielmehr davon auszugehen, daß Mitgliedstaaten, Kommission und Verwaltungsrat der Bank in gleichem Umfang klagen können wie dies Art. 173 Abs. 1 für Mitgliedstaaten und Gemeinschaftsorgane vorsieht; somit kommt es nicht darauf an, ob der angegriffene Beschluß

5 Siehe die Anmerkungen zu Art. 173.

allgemeiner oder individueller Natur ist, ob er an den Kläger gerichtet war und ob er diesen unmittelbar und individuell betrifft.

3. Streitsachen nach Artikel 180 Buchst. c)

11 Aufgrund dieser Bestimmung können die Mitgliedstaaten und die Kommission die Beschlüsse des Verwaltungsrats der Bank nach »Maßgabe des Artikels 173« vor dem EuGH anfechten.[6] Art. 173 ist jedoch vorliegend nicht in vollem Umfang anwendbar; vielmehr kann der Kläger lediglich die Verletzung der Formvorschriften von Art. 21 Abs. 2, 5–7 EIB-Satzung rügen (die damit implicite als »wesentliche« Formvorschriften im Sinne von Art. 173 Abs. 1 anerkannt sind). Da diese Vorschriften sich ausschließlich auf Entscheidungen über die dem Verwaltungsrat vorgelegten Darlehens- und Bürgschaftsanträge beziehen, ergibt sich insofern eine weitere Einschränkung, als sonstige Beschlüsse des Verwaltungsrats der Anfechtung gemäß Art. 180 Buchst. c) nicht unterliegen.

Die Klage kann demnach nur darauf gestützt werden:

- daß die Bank es versäumt habe, den Antrag der Kommission und/oder dem Mitgliedstaat, in dessen Hoheitsgebiet das Vorhaben durchgeführt werden soll, zur Stellungnahme vorzulegen (Art. 21 Abs. 2 Unterabs. 1 EIB-Satzung);

- daß die Bank das betroffene Vorhaben in einem Zeitpunkt als genehmigt behandelt habe, in dem die zweimonatige Frist für die Abgabe der vorerwähnten Stellungnahmen noch nicht abgelaufen war (Art. 21 Abs. 2 Unterabs. 2 EIB-Satzung);

- daß der Verwaltungsrat das Darlehen oder die Bürgschaft lediglich mit Mehrheit (also nicht einstimmig) gewährt habe, obwohl das Direktorium oder die Kommission eine negative Stellungnahme abgegeben hätten (Art. 21 Abs. 5, 6 EIB-Satzung);

- daß sich das von der Kommission benannte Mitglied des Verwaltungsrats bei der Abstimmung der Gewährung oder Versagung des Darlehens oder der Bürgschaft nicht der Stimme enthalten habe, obwohl die Kommission zuvor eine negative Stellungnahme abgegeben hatte (Art. 21 Abs. 6 EIB-Satzung);

- daß der Verwaltungsrat das Darlehen oder die Bürgschaft gewährt habe, obwohl Direktorium und Kommission sich negativ geäußert hätten (Art. 21 Abs. 7 EIB-Satzung).

6 Wegen der Tragweite dieser Verweisung s. oben Rn. 10.

Artikel 181 [Zuständigkeit kraft von der Gemeinschaft vereinbarter Schiedsklausel]

Der Gerichtshof ist für Entscheidungen aufgrund einer Schiedsklausel zuständig, die in einem von der Gemeinschaft oder für ihre Rechnung abgeschlossenen öffentlich-rechtlichen oder privatrechtlichen Vertrag enthalten ist.

Literaturhinweise

Bleckmann, Albert, Die öffentlich-rechtlichen Verträge der EWG, in: NJW 1978, S. 464–467

Inhaltsübersicht

I. Allgemeines

1 1. Art. 181 EWGV, der wörtlich Art. 42 EGKSV und Art. 153 EAGV entspricht, hebt sich in doppelter Hinsicht von den meisten übrigen Vorschriften ab, welche Zuständigkeiten des EuGH vorsehen. Erstens verschafft er diesem eine der wenigen Gelegenheiten, gegebenenfalls auch Privatrecht anzuwenden; zweitens ist er neben Art. 182 die einzige Vorschrift des Vertrages, die es den Beteiligten freistellt, ob sie bestimmte Streitigkeiten dem EuGH oder aber einer anderen Stelle unterbreiten wollen.[1]

2 2. Der Ausdruck »Schiedsklausel« darf nicht zu der Annahme verleiten, daß der EuGH als »Schiedsgericht« tätig würde, also sein Verfahren nach freiem Ermessen bestimmen könnte. Maßgebend sind vielmehr die Vorschriften der VerfO. Dies geht bereits teilweise aus Art. 38 § 6 VerfO hervor: »Wird eine Klage gemäß Artikel ... 181 ... des EWG-Vertrags erhoben, so ist mit der Klageschrift eine Ausfertigung des von der Gemeinschaft oder für ihre Rechnung abgeschlossenen öffentlich-rechtlichen oder privatrechtlichen Vertrages ... einzureichen.« Damit wird klargestellt, daß der EuGH durch eine »Klageschrift« befaßt werden muß, die zugleich den übrigen Bestimmungen des genannten Artikels zu entsprechen hat; vgl. auch Art. 38 § 7, Art. 39 VerfO. Da die VerfO den hier erörterten Rechtssachen keine weiteren besonderen Vorschriften widmet, ist nach ihrer Systematik anzunehmen, daß der EuGH auch hier an seine allgemeinen Verfahrensnormen gebunden ist.

3 3. Da die Vereinbarung einer Schiedsklausel der hier in Betracht kommenden Art freiwillig ist, bleiben die Partner berechtigt, eine solche Klausel ausdrücklich oder

1 Vgl. zu Inhalt und Umfang der Rechts- und Geschäftsfähigkeit der Gemeinschaft *Grunwald* zu Art. 211 Rn. 7 bis 9.

stillschweigend wieder aufzuheben. Eine stillschweigende Aufhebung in gemeinsamem Einvernehmen ist z. B. dann anzunehmen, wenn einer der Beteiligten vor dem »an sich« zuständigen nationalen Gericht klagt und der Gegner keine Unzuständigkeitseinrede erhebt.

Hat der EuGH durch Endurteil entschieden, so sind die Parteien an diese Entscheidung gebunden. Sie können also nicht wirksam vereinbaren, den Fall nunmehr erneut – diesmal durch die »an sich« zuständige nationale Instanz – gerichtlich entscheiden zu lassen; das angerufene Gericht müßte eine solche Klage im Hinblick auf die Rechtskraft des Urteils des EuGH als unzulässig abweisen.

4 4. Wenn Verträge auch an sich »frei« ausgehandelt werden, so wird die Gemeinschaft durch Art. 181 dennoch nicht gehindert, den Abschluß einer Vereinbarung mit einem Dritten davon abhängig zu machen, daß dieser der Fixierung einer den EuGH für kompetent erklärenden Schiedsklausel zustimmt. Mitunter legt sich die Gemeinschaft sogar intern eine entsprechende Verpflichtung auf. So heißt es etwa in Art. 64 der vom Rat erlassenen »Finanzregelung« für den aufgrund des Internen Abkommens über die Finanzierung und Verwaltung der Hilfe der Gemeinschaft errichteten Europäischen Entwicklungsfonds (1969):[2] »Die Kommission trägt dafür Sorge, daß in dem Finanzierungsabkommen festgelegt wird, 1. daß der [EuGH] zuständig ist für Streitigkeiten, die sich zwischen der Europäischen Wirtschaftsgemeinschaft oder der [Europäischen Investitions-] Bank einerseits und den Empfängern der aus Mitteln des Fonds gewährten Hilfen andererseits über die Auslegung und Durchführung der genannten Finanzierungsabkommen ergeben«.

An dieser Bestimmung fällt übrigens auf, daß sie auch auf Schiedsklauseln in Verträgen zielt, die von der *Europäischen Investitionsbank* mit Dritten abgeschlossen werden. Der Rat hat also entweder Art. 181 dahin interpretiert, daß der Begriff »Gemeinschaft« auch die Bank umfaßt, oder sich auf den Standpunkt gestellt, daß die Zuständigkeit des EuGH auch durch Schiedsklauseln oder Schiedsverträge begründet werden kann, die außerhalb des Rahmens von Art. 181, 182 liegen, weil sie weder von der Gemeinschaft oder für ihre Rechnung noch zwischen Mitgliedstaaten vereinbart wurden. Die erstgenannte Interpretation ist durchaus systemgerecht, weil die Bank ohnehin in einer Reihe wichtiger Fälle der Jurisdiktion des EuGH unterliegt.[3] Die letztgenannte Auffassung würde dagegen schwerwiegenden Bedenken begegnen. Aus Art. 183 folgt nämlich eindeutig, daß es nicht

2 ABl. 1971 Nr. L 31 S. 1. Vgl. auch Art. 25 der VO Nr. 5 des Rates vom 3. 12. 1958 »zur Festlegung der Einzelheiten für die Anforderung und Überweisung der Finanzbeträge sowie für die Haushaltsregelung und die Verwaltung der Mittel des Entwicklungsfonds für die überseeischen Länder und Hoheitsgebiete« (ABl. 1958 S. 681; 1959 S. 186); nach dieser Bestimmung haben Entscheidungen über die Genehmigung von Vorhaben und die Zuweisung von Mitteln anzuordnen, daß für Streitigkeiten zwischen der Gemeinschaft und den Zuwendungsempfängern der EuGH zuständig ist.

3 Siehe Art. 180 und die Erläuterungen dazu.

im Belieben der jeweils Beteiligten liegt, den einzelstaatlichen Gerichten[4] Zuständigkeiten zu entziehen, um sie dem EuGH zu übertragen, sondern daß dem EuGH nur diejenigen Kompetenzen zukommen, die ihm der Vertrag unmittelbar verleiht oder für die er jedenfalls – wie in Art. 181, 182 – eine ausdrückliche Rechtsgrundlage schafft. Die Systematik der Vorschriften des Abschnitts »Gerichtshof« bekräftigt diese Auffassung: Art. 183 folgt nicht zufällig unmittelbar auf diejenigen Bestimmungen, die von Schiedsklauseln und Verträgen handeln; er besagt somit auch, daß nur die in Art. 181, 182 bezeichneten Klauseln und Verträge den EuGH ins Spiel bringen können.[5]

5 5. Art. 181 gestattet es auch, die Zuständigkeit des EuGH nicht von vornherein obligatorisch zu dekretieren, sondern ein anderes Verfahren vorzuschalten und es einer vertraglich vorgesehenen öffentlichen Stelle im Einzelfall zu überlassen, ob sie die Streitigkeit selbst beilegen oder aber den EuGH befassen will.[6]

6 6. Aus einem Schreiben des Generaldirektors des Juristischen Dienstes der Kommission an den Kanzler des EuGH vom 23. 5. 1977 geht hervor, daß die Kommission häufig von der Möglichkeit des Art. 181 Gebrauch macht, insbesondere bei Verträgen von großer Bedeutung, bei Serienverträgen mit Partnern verschiedener Nationalität oder wenn bei Anrufung eines innerstaatlichen Gerichts – vor allem in Nichtmitgliedstaaten – Schwierigkeiten zu befürchten wären. Anwendungsfälle sind z. B.: Forschungsverträge; Bürgschafts- oder Darlehensverträge zwischen EWG einerseits und Europäischer Investitionsbank oder Mitgliedstaaten andererseits; Darlehen, welche die Kommission ihren Bediensteten für Zwecke des Wohnungsbaus gewährt; Dienstleistungsverträge mit privaten Firmen; Vereinbarungen mit Versicherungsgesellschaften (Vorsorge gegen Unfälle und Berufskrankheiten) usw.[7]

4 Oder, wie hinzuzufügen ist, sonstigen über- oder internationalen Gerichtshöfen.

5 Aus den Art. 7 der »Internen Abkommen« zur Durchführung der Assoziationsabkommen zwischen der EWG und einer Reihe afrikanischer Staaten (ABl. 1970 Nr. L 282 S. 44, 80) läßt sich eine gegenteilige Auffassung nicht entnehmen. Dort ist zwar nicht nur von Streitigkeiten die Rede, die – von der Person der Beteiligten her gesehen – unter Art. 181 und 182 fallen könnten (solche zwischen der Gemeinschaft und einem Mitgliedstaat oder zwischen Mitgliedstaaten), sondern auch von solchen, die sich nicht in diesen Rahmen fügen (nämlich Streitigkeiten »zwischen Organen der Gemeinschaft»). Wenn es aber dann weiter heißt, solche Streitigkeiten seien »auf Antrag der betreibenden Partei dem [EuGH] *nach Maßgabe des Vertrages und des Protokolls über die Satzung des Gerichtshofes* ...... [vorzulegen]«, so ergibt sich aus diesem Wortlaut, daß die genannten Artikel 7 keine Schiedsregelung enthalten, sondern – je nach Lage des Falles – auf Art. 169 bis 171, 173, 175 EWGV verweisen.

6 So Art. 25 Nr. 2 des Assoziationsabkommens mit der Türkei (ABl. 1964 S. 3687): Beschlüsse des Assoziationsrats.

7 Wegen weiterer typischer von der Gemeinschaft abgeschlossener Verträge, für welche die Vereinbarung einer Schiedsklausel in Betracht kommt, vgl. *Grunwald* zu Art. 211 Rn. 10 und 11.

II. Voraussetzungen für die Zuständigkeit des EuGH

7 1. a) Die Schiedsklausel muß »in einem von der Gemeinschaft oder für ihre Rechnung abgeschlossenen öffentlich-rechtlichen oder privatrechtlichen Vertrag enthalten« sein.

Da Art. 181 keine weiteren Einschränkungen enthält, ist davon auszugehen, daß die Gemeinschaft oder die für ihre Rechnung handelnden Stellen in jedem Vertrag, den sie mit Dritten schließen, die Zuständigkeit des EuGH für die Entscheidung von Streitigkeiten vereinbaren können, die zwischen den Beteiligten über die Auslegung oder Anwendung dieses Vertrages entstehen. Hierher gehören zunächst einmal völkerrechtliche Abkommen (einschließlich Verwaltungsabkommen), welche die Gemeinschaft mit ihren Mitgliedstaaten, einem dritten Staat oder einer internationalen Organisation schließt (z. B. aufgrund von Art. 113, 114, 238 EWGV; allerdings wird die Einfügung einer entsprechenden Klausel gegenüber Außenstehenden, die nicht der Hoheitsgewalt der Gemeinschaft unterliegen, nicht stets durchsetzbar sein.[8]

8 b) Es muß sich um Verträge handeln, die »von der Gemeinschaft oder für ihre Rechnung« geschlossen wurden. Die Worte »für ihre Rechnung« dürften hauptsächlich auf Abmachungen zielen, bei denen ein Organ der Gemeinschaft oder eine sonstige in das Gefüge der Gemeinschaft eingegliederte, rechtlich unselbständige Stelle (z. B. der Wirtschafts- und Sozialausschuß) als Partner auftritt; sie erfassen aber z. B. auch Kaufverträge, die ein Kommissionär im eigenen Namen, aber für Rechnung der EWG abschließt. In Abweichung von der in der vorigen Auflage vertretenen Auffassung wird man auch Verträge einbeziehen können, die von der Europäischen Investitionsbank, in ihrem Namen oder für ihre Rechnung geschlossen werden.[9]

9 c) Verträge, welche die Gemeinschaft und die Mitgliedstaaten gemeinsam mit dritten Staaten geschlossen haben, dürften ebenfalls unter Art. 181 fallen (und, wenn es um Streitigkeiten zwischen Mitgliedstaaten über die Auslegung und Anwendung der getroffenen Vereinbarung geht, zugleich von Art. 182 erfaßt werden); soweit in derartigen Fällen eine Einigung über die Zuständigkeit des EuGH politisch möglich ist, steht ihr rechtlich nichts im Wege.

10 2. Es fällt auf, daß Art. 181 von einer in einem Vertrag enthaltenen »Schieds*klausel*« spricht, Art. 182 dagegen von einem »Schieds*vertrag*«.[10] Wahrscheinlich sind die Vertragschließenden davon ausgegangen, daß die in Art. 182 erwähnten Streitigkeiten zwischen Mitgliedstaaten gelegentlich auch einen anderen Gegenstand haben können als zwischen den Beteiligten abgeschlossene Verträge. Jedenfalls macht der Vergleich deutlich, daß die Zuständigkeit des EuGH gemäß Art. 181 nur wirksam begründet werden kann, wenn sie sich auf einen zwischen den Beteiligten über *materielle* Fragen

8 Vgl. die – unvollständige – Aufzählung oben Rn. 6.
9 Vgl. oben Rn. 4.
10 Siehe auch die Anmerkungen zu Art. 182.

geschlossenen Vertrag bezieht; die Beteiligten können also nicht durch bloßen *Schiedsvertrag* die Kompetenz des EuGH zur Schlichtung außervertraglicher Streitfälle (z. B. wegen Schadensersatzes) festlegen.

11 3. Ist die Schiedsklausel aus irgendwelchen Gründen nichtig, so ist die Zuständigkeit des EuGH nicht wirksam begründet worden; allerdings obliegt es dem EuGH, wenn er dennoch angerufen wird, über die Frage der eventuellen Nichtigkeit zu entscheiden, wobei er die Frage der Gültigkeit oder Nichtigkeit notfalls von Amts wegen prüfen muß.[11] Die Rechtsordnung, nach welcher sich Gültigkeit oder Unwirksamkeit der Schiedsklausel beurteilt, ist grundsätzlich diejenige, der der Vertrag als Ganzes unterliegt; siehe jedoch die folgenden Ausführungen.

12 4. Die Vertragschließenden können die Zuständigkeit des EuGH nicht in einer Weise begründen, die diesen nötigen würde, gegen zwingende Grundsätze und Normen des Gemeinschaftsrechts zu verstoßen. So darf sich die Schiedsklausel insbesondere nicht auf Streitigkeiten erstrecken, für welche die Zuständigkeit des Gerichtshofes bereits in anderen Vorschriften des Vertrages – oder in Vorschriften, die aufgrund des Vertrages erlassen worden sind – vorgesehen ist; noch weniger darf sie solchen Vorschriften unmittelbar oder mittelbar derogieren. Das folgt aus dem Grundgedanken von Art. 219 EWGV; wenn dort den *Mitgliedstaaten* verboten wird, Streitigkeiten über die Auslegung oder Anwendung des Vertrages anders als hierin vorgesehen zu regeln, so gilt dies analog für die *Gemeinschaft;* ja es gilt sogar a fortiori, da die Mitgliedstaaten in gemeinsamem Einvernehmen den Vertrag ändern können (Art. 236), die Gemeinschaft dagegen nicht.

Da der EuGH stets in letzter Instanz tätig wird – und im übrigen wegen des hohen Ranges dieser Institution –, wäre es ein unzulässiger Verstoß gegen das »Verfassungsrecht« der Gemeinschaft, wenn eine Schiedsklausel vorsähe, daß der EuGH in erster Instanz anzurufen und daß gegen seine Entscheidungen ein bei einer anderen Stelle einzulegendes Rechtsmittel gegeben sei. Dagegen dürfte es umgekehrt statthaft sein, eine andere Stelle als erste Instanz zu bestimmen und zu vereinbaren, daß deren Entscheidungen vor dem EuGH im Wege der Berufung oder Revision angefochten werden können; eine solche Regelung würde nicht aus dem Rahmen des Gemeinschaftsrechts fallen, weil sie immerhin ein Vorbild hätte, nämlich Art. 18 Abs. 2 EAGV, wonach der EuGH gegen Entscheidungen des in Abs. 1 dieses Artikels vorgesehenen Schiedsausschusses angerufen werden kann.

13 5. Art. 181 fordert zwar nicht ausdrücklich das Bestehen einer Streitigkeit; doch muß diese Voraussetzung aus dem Begriff »*Schieds*klausel« herausgelesen werden. Die Beteiligten können also den EuGH z. B. nicht mit hypothetischen Zweifelsfragen befassen, gutachtliche Äußerungen über gemeinsame Pläne verlangen, oder beantragen,

11 GA *Mayras* Slg. 1976, 1824.

einen von ihnen übereinstimmend vertretenen, jedoch von Dritten bestrittenen Rechtsstandpunkt zu bestätigen.

14 6. Dem Erfordernis von Art. 38 § 6 VerfO, wonach der Klageschrift eine Ausfertigung der Schiedsklausel beigefügt werden muß, ist auch dann Genüge getan, wenn ein – sei es auch nicht unterschriebener – Vertragsentwurf sowie der hierauf bezogene Schriftwechsel vorgelegt wird und wenn beide Parteien darüber einig sind, daß sie die Zuständigkeit des EuGH vereinbart haben.[12]

III. Art der in Betracht kommenden Streitigkeiten

15 Wenn Art. 181 verlangt, daß die Schiedsklausel in einem bestimmten Vertrag »enthalten« ist, so begrenzt er damit zugleich den Kreis der Streitsachen, für welche die Beteiligten die Zuständigkeit des EuGH vereinbaren können. Es muß sich um Streitigkeiten handeln, welche die sich aus der Tatsache des Vertragsabschlusses oder dem Inhalt des Vertrages für die Parteien ergebenden Pflichten und Rechte betreffen.

In diesem Rahmen steht es den Parteien grundsätzlich frei, zu bestimmen, welche Streitfälle unter die Schiedsklausel fallen sollen. Dementsprechend hängt es von der Formulierung der Klausel, von der Rechtsnatur des Vertrages sowie von dessen Inhalt ab, welche Arten von Ansprüchen geltend gemacht werden können, welche Klagetypen demgemäß in Betracht kommen und über welche Entscheidungskompetenzen der EuGH verfügt. Klagen auf Erfüllung oder auf Schadensersatz wegen Nichterfüllung sind ebenso denkbar wie solche auf Feststellung oder Unterlassung; auch Streitigkeiten aus der Abwicklung eines gescheiterten Vertrages (z. B. wegen ungerechtfertigter Bereicherung) würden nicht aus dem Rahmen von Art. 181 fallen.[13] Zu achten ist lediglich darauf, daß dem EuGH keine Tätigkeit angesonnen wird, die völlig außerhalb herkömmlicher richterlicher Aufgaben liegt.

IV. Anwendbares materielles Recht

16 Der EuGH muß den ihm unterbreiteten Vertrag in erster Linie aus dessen Wortlaut, Geist, Zweck und Systematik auslegen. Versagen diese Kriterien, so stellt sich die Frage, nach welcher Rechtsordnung die Vertragslücken auszufüllen sind. Hierauf läßt sich nicht einheitlich antworten. Handelt es sich um ein völkerrechtliches Abkommen, so ist das allgemeine Völkerrecht heranzuziehen, es sei denn, die Beteiligten hätten ausdrücklich vereinbart, daß Zweifelsfragen nach Billigkeit zu beurteilen seien. Regelt der Vertrag

12 Vgl. EuGH – Pellegrini/Kommission, 23/76 – Slg. 1976, 1818; GA *Mayras* Slg. 1976, 1825.
13 Vgl. auch (zu Art. 42 EGKSV) EuGH – Bourgaux/Gemeinsame Versammlung, 1/56 – Slg. 1955 bis 56, 458.

private Rechtsverhältnisse, so wird man der Parteiautonomie einen gewissen Spielraum belassen müssen; das entspricht einer allgemein anerkannten Regel und ergibt sich auch aus folgender Überlegung: wenn die Beteiligten darin frei sind, ob sie überhaupt den EuGH für zuständig erklären wollen, so müssen sie auch – freilich in gewissen Grenzen – darüber befinden dürfen, welcher Rechtsordnung sie ihren Vertrag unterwerfen wollen. Dementsprechend können sie auf das Recht eines Mitgliedstaates oder eines dritten Staates verweisen. Hiergegen kann nicht eingewendet werden, der EuGH habe »normalerweise« nicht nationales Recht anzuwenden; Art. 181 ist eben kein »Normalfall«.[14] Schließlich dürften die Beteiligten auch berechtigt sein, zu vereinbaren, daß der EuGH nach Billigkeit entscheiden solle.

Zweifelhaft ist die Lage, wenn eine privatrechtliche Vereinbarung weder die anzuwendende Rechtsordnung bezeichnet noch zwingend auf *eine* bestimmte Rechtsordnung hinweist (etwa, weil an dem Vertrag außer der Gemeinschaft mehrere Personen beteiligt sind, die verschiedenen Staaten angehören). Zwei Lösungen kommen in Betracht. Die erste würde darin liegen, daß der EuGH das internationale Privatrecht des »beteiligten« Staates (d. h. des Staates, dem der Vertragspartner der Gemeinschaft angehört oder mit dem er besonders verbunden ist) – oder, wenn mehrere Staaten in dieser Weise »beteiligt« sind, die gemeinsamen Grundsätze der internationalen Privatrechte dieser Staaten – über den »hypothetischen Parteiwillen« anwendet und hiernach das Vertragsstatut bestimmt. Die zweite Lösung würde darin bestehen, daß das Schweigen der Partner in Verbindung mit der Tatsache, daß sie die Zuständigkeit des EuGH vereinbart haben, als stillschweigende Verweisung auf die den Zivilrechtsordnungen der Mitgliedstaaten gemeinsamen materiellen Rechtsgrundsätze gedeutet wird. Diese Lösung ist im Prinzip die bessere; gehört der Vertragspartner der Gemeinschaft einem dritten Staat an, so wird man allerdings auch dessen Rechtsordnung einbeziehen müssen.

Artikel 182 [Zuständigkeit kraft Schiedsvertrags zwischen Mitgliedstaaten]

Der Gerichtshof ist für jede mit dem Gegenstand dieses Vertrags in Zusammenhang stehende Streitigkeit zwischen Mitgliedstaaten zuständig, wenn diese bei ihm aufgrund eines Schiedsvertrags anhängig gemacht wird.

14 In dem oben Fn. 12 zitierten Urteil (a.a.O., S. 1819) hat der EuGH, dem Parteiwillen entsprechend, italienisches Recht angewendet.

Literaturhinweise

Mok, M.R., The Interpretation by the European Court of Justice of Special Conventions between the Member States, in: CMLR 1971, S. 485–494

Inhaltsübersicht

I. Allgemeines

1 1. Art. 182 stimmt wörtlich mit Art. 154 EAGV und fast wörtlich mit Art. 89 Abs. 2 EGKSV überein. Er ist neben Art. 181 die einzige Vorschrift des Vertrages, die es den Beteiligten freistellt, ob sie bestimmte Streitigkeiten dem EuGH oder aber einer anderen Stelle unterbreiten wollen. Er steht nicht mit der Charta der Vereinten Nationen in Widerspruch, da deren Art. 95 es den Mitgliedern dieser Organisation gestattet, die Entscheidung über künftige Streitfälle anderen Gerichten als dem Internationalen Gerichtshof zu übertragen.

2 2. Ungeachtet des Ausdrucks »Schiedsvertrag« wird der EuGH vorliegend nicht als »Schiedsgericht« tätig. Rn. 2 zu Art. 181 gilt sinngemäß; der dort erwähnte Art. 36 § 6 VerfO nennt auch die unter Art. 182 fallenden Rechtssachen und gibt damit zu erkennen, daß der EuGH sein Verfahren nicht nach freiem Ermessen bestimmen kann, sondern seine VerfO anzuwenden hat.

3 3. Die Mitgliedstaaten sind nicht verpflichtet, für Streitigkeiten der hier in Betracht kommenden Art die Kompetenz des EuGH zu vereinbaren. Art. 219 findet keine Anwendung, da er die »Vertragsfreiheit« der Mitgliedstaaten nur für Streitigkeiten »über die Auslegung oder die Anwendung dieses Vertrages« einschränkt, während Art. 182 sich auf »mit dem Gegenstand dieses Vertrages in Zusammenhang stehende« Streitfälle bezieht.[1]

Da der Abschluß eines Schiedsvertrages freiwillig ist, können die Partner einen solchen Vertrag ausdrücklich oder stillschweigend wieder aufheben.[2]

1 Siehe aber unten Rn. 5.
2 Siehe auch Rn. 3 zu Art. 181.

II. Voraussetzungen für die Zuständigkeit des EuGH

4 1. Die Zuständigkeit des EuGH muß durch »Schiedsvertrag« begründet worden sein. Schriftform ist zwar nicht ausdrücklich vorgesehen, muß aber wohl aus Beweisgründen in der Regel verlangt werden, da der EuGH nur wirksam angerufen werden kann, wenn über Bestehen und Umfang seiner Zuständigkeit hinreichende Klarheit herrscht. Jedenfalls muß das Einvernehmen über diese Punkte bereits im Zeitpunkt der Klageerhebung vorliegen; es genügt nicht, daß einer der beteiligten Staaten Klage erhebt und der andere in der Klagebeantwortung durch Verhandlung zur Hauptsache stillschweigend zu erkennen gibt, daß er die Zuständigkeit des EuGH bejaht.

Soll die Zuständigkeit des EuGH für Streitigkeiten über die Auslegung und Anwendung eines zwischen den beteiligten Staaten geschlossenen Abkommens begründet werden, so ist der Vorschrift von Art. 182 auch Genüge getan, wenn in dieses Abkommen eine entsprechende Klausel aufgenommen wird; einen gesonderten Schiedsvertrag zu verlangen, wäre sinnloser Formalismus.

5 2. Der Schiedsvertrag muß sich auf eine »mit dem Gegenstand dieses Vertrages in Zusammenhang stehende« Streitigkeit beziehen. Die genaue Abgrenzung dieses Begriffs kann schwierig sein, sollte aber großzügig vorgenommen werden.

Ausgeschlossen sind Streitigkeiten darüber, ob einer der beteiligten Staaten gegen das eigentliche Gemeinschaftsrecht verstoßen hat: für die Regelung derartiger Fälle ist das Verfahren von Art. 170 zwingend vorgeschrieben; Art. 219 verbietet eine Umgehung dieses Verfahrens, selbst durch einen Schiedsvertrag gemäß Art. 182. Daß auch im Falle eines solchen Vertrags der EuGH zuständig wäre, ist kein Gegenargument, da Art. 219 nicht nur die Zuständigkeiten des EuGH, sondern auch die im EWGV vorgesehenen Verfahren sichern will, z. B. die Einschaltung der Kommission nach Art. 170. Hauptsächlich dürfte Art. 182 Streitigkeiten im Auge haben, die nicht die Durchführung des eigentlichen Gemeinschaftsrechts betreffen, aber immerhin einen klaren Bezug zu diesem aufweisen. Zu denken ist vor allem an Abkommen, deren Abschluß der EWGV – so nach Art. 220 –,[3] selbst anregt, welche die Beteiligten im Hinblick auf Existenz oder Inhalt sonstiger Vorschriften des Gemeinschaftsrechts beschlossen haben oder in denen sie auf solche Vorschriften Bezug nehmen; daß das Abkommen eine Materie betrifft, welche auch vom Gemeinschaftsrecht erfaßt wird (z. B. Handelspolitik), dürfte für sich allein nicht genügen. In Zweifelsfällen könnte die Überlegung als Maßstab dienen, ob das Abkommen nach den Vorstellungen der Vertragschließenden auch – und zwar mit diesem Inhalt – getroffen worden wäre, wenn es das Gemeinschaftsrecht nicht gäbe.

6 3. Der Schiedsvertrag muß rechtsgültig sein. Da er völkerrechtlicher Natur ist und das Völkerrecht nur wenige, selten eintretende Fälle der Unwirksamkeit eines Vertrages

3 *Wohlfarth* u.a., a.a.O. (Allg. Literaturverzeichnis), Anm. 1 zu Art. 182; *Ipsen*, a.a.O. (Allg. Literaturverzeichnis), S. 239.

kennt, kommt dieser Feststellung allerdings höchstens insofern wesentliche praktische Bedeutung zu, als der Vertrag nicht gegen zwingende Regeln des Gemeinschaftsrechts verstoßen darf.

7 4. Der Schiedsvertrag muß zwischen (zwei oder mehreren) Mitgliedstaaten abgeschlossen worden sein.

8 5. Nur »Streitigkeiten« können dem EuGH unterbreitet werden.[4]

III. In Betracht kommende Klageanträge und Entscheidungsinhalte

9 Welche Arten von Anträgen der klagende Mitgliedstaat stellen und welche Inhalte demgemäß der Tenor der vom EuGH aufgrund von Art. 182 erlassenen Urteile haben kann, hängt in erster Linie von der Formulierung des Schiedsvertrages und dem Gegenstand der Streitigkeit ab. Da diese mit Rücksicht auf die Personen der Beteiligten dem (allgemeinen oder partikulären) Völkerrecht angehört, ist die Dispositionsfreiheit der beteiligten Staaten lediglich insofern eingeengt, als dem EuGH keine Tätigkeit angesonnen werden kann, die eindeutig aus dem – weitgespannten – Rahmen der üblichen Praxis der internationalen Gerichtshöfe herausfällt.

IV. Anwendbares materielles Recht

10 Betrifft die Streitigkeit einen *Vertrag* zwischen den beteiligten Staaten, so hat der EuGH diesen in erster Linie aus dessen Wortlaut, Geist, Zweck und Systematik auszulegen. Versagen diese Kriterien, oder geht es um einen außervertraglichen Streitfall, so ist im Zweifel (d. h. wenn die Partner des Schiedsvertrages nicht zulässigerweise Abweichendes vereinbart haben) anzunehmen, daß allgemeines oder partikuläres Völkerrecht zum Zuge kommen soll. Soweit Gemeinschaftsrecht eingreift, ist dieses jedoch stets zu beachten; wer auf gemeinschaftsrechtlicher Grundlage einen Schiedsvertrag abschließt, kann nicht gültige Abreden treffen, die diesem Recht widersprechen.

V. Wirkungen von Urteilen nach Artikel 182

11 Gemäß Art. 187, 192 sind Urteile des Gerichtshofes nur vollstreckbar, wenn sie eine Zahlung auferlegen, gegenüber Staaten jedoch nicht einmal dann. Daher können Urteile, die aufgrund von Art. 182 ergehen, niemals vollstreckbar sein;[5] sie haben lediglich die in Art. 171 vorgesehene Wirkung, nämlich daß der unterlegene Staat die sich aus ihnen

4 Siehe zu diesem Begriff Rn. 13 zu Art. 181.
5 Ebenso *Wohlfarth* u.a., a.a.O., Anm. 2 zu Art. 182.

ergebenden Maßnahmen zu treffen hat. Unterläßt er dies, so liegt ein Verstoß gegen das Gemeinschaftsrecht vor; zwar gehört der Gegenstand des Schiedsvertrages diesem Recht per definitionem nicht an, wohl aber die Regel, daß die Urteile des EuGH zu befolgen sind. Gegen einen solchen Verstoß können nunmehr die Kommission und die übrigen Mitgliedstaaten, insbesondere der betroffene andere Staat, nach Art. 169 oder 170 vorgehen

Artikel 183 [Kompetenzabgrenzung gegenüber den nationalen Gerichten]

Soweit keine Zuständigkeit des Gerichtshofs aufgrund dieses Vertrags besteht, sind Streitsachen, bei denen die Gemeinschaft Partei ist, der Zuständigkeit der einzelstaatlichen Gerichte nicht entzogen.

Inhaltsübersicht

I. Vergleich mit EGKS- und EAG-Recht

1 Art. 183 EWGV entspricht wörtlich Art. 155 EAGV. Im EGKSV fehlt eine entsprechende Bestimmung. Art. 6 dieses Vertrags stellt jedoch fest, daß die Gemeinschaft in jedem Mitgliedstaat die »weitestgehende Rechts- und Geschäftsfähigkeit« besitzt, »die juristischen Personen dieses Staates zuerkannt ist« und daß sie insbesondere »klagen und verklagt werden [kann]« (sinngemäß ebenso Art. 211 EWGV). Bereits hieraus folgt, daß auch die EGKS der Zuständigkeit der nationalen Gerichte nicht entzogen ist. Im übrigen ist davon auszugehen, daß der in Art. 183 ausgedrückte Grundsatz auch das EGKS-Recht beherrscht.[1]

1 So offenbar auch BGHZ 30, 77, wonach die Zuständigkeit der nationalen Gerichte zur Anwendung des Gemeinschaftsrechts nur insofern ausgeschlossen ist, als der EGKSV ein Gemeinschaftsorgan, insbesondere den EuGH, ausdrücklich oder stillschweigend für ausschließlich zuständig erklärt.

II. Zur Abgrenzung der Zuständigkeit des EuGH von derjenigen der nationalen Gerichte

2 1. Die Worte »soweit keine Zuständigkeit des Gerichtshofs aufgrund dieses Vertrages besteht« verdeutlichen, daß sämtliche Zuständigkeiten, die dem EuGH durch den Vertrag oder durch auf der Grundlage des Vertrages erlassene Bestimmungen oder getroffene Vereinbarungen verliehen wurden, ausschließlicher Natur sind, es also eine konkurrierende Kompetenz nicht geben soll.[2] Das folgt im übrigen auch aus der Überlegung, daß wahlweise Zuständigkeiten die Rechtssicherheit und die Einheitlichkeit der Rechtsprechung gefährden würden; selbst wenn es Art. 183 nicht gäbe, müßte daher das von ihm aufgestellte Prinzip Geltung beanspruchen.

Soweit dem EuGH die Entscheidung bestimmter Streitfälle im Vertrag oder aufgrund des Vertrages übertragen wurde, können die an einer konkreten Streitigkeit beteiligten Personen nicht ein anderes Gericht anrufen oder die Zuständigkeit eines Schiedsgerichts vereinbaren; eine in Widerspruch hierzu angerufene Instanz müßte sich für unzuständig erklären. Diese Auffassung ergibt sich aus den im vorigen Absatz angestellten Überlegungen sowie aus Art. 219, wonach sich »die Mitgliedstaaten verpflichten..., Streitigkeiten über die Auslegung oder Anwendung dieses Vertrages nicht anders als hierin vorgesehen zu regeln«.

3 2. Art. 181, 182 enthalten keine Ausnahme von diesen Regeln. Es ist zwar richtig, daß sie es den Beteiligten überlassen, ob sie die Zuständigkeit des EuGH begründen oder ihre Streitigkeiten auf andere Weise der Erledigung zuführen wollen. Die Beteiligten können aber nicht wahlweise die Anrufung des EuGH und diejenige sonstiger Instanzen vorsehen, da der Vertrag stets eine eindeutige Grenzziehung wünscht.[3] Solange die Schiedsklausel oder der Schiedsvertrag besteht, ist ausschließlich der EuGH zuständig; allerdings bleiben die Beteiligten jederzeit berechtigt, die Klausel oder den Vertrag aufzuheben und damit diese Zuständigkeit entfallen zu lassen. Hat der EuGH entschieden, so können sie jedoch den gleichen Streitfall nicht mehr einer anderen Instanz unterbreiten, auch nicht dem »von Hause aus« zuständigen nationalen Gericht.

Auch Art. 177 Abs. 2 kann nicht als Ausnahme von der Regel angesehen werden, wonach eine konkurrierende Zuständigkeit ausgeschlossen ist. Zwar steht es hiernach den nationalen Gerichten, die nicht als höchste Instanz tätig sind, frei, eine gemeinschaftsrechtliche Vorfrage selbst zu entscheiden oder aber den EuGH hiermit zu befassen. Art. 177 geht jedoch davon aus, daß das Hauptverfahren zulässigerweise bei dem betroffenen staatlichen Gericht anhängig gemacht wurde und nur dort anhängig gemacht werden konnte.

2 *Daig,* Gerichtsbarkeit (Literaturhinweise zur Vorbemerkung) S. 159; *Wohlfarth* u.a., a.a.O., Anm. 1 zu Art. 183.

3 *Daig* (oben Fn. 2) S. 159.

4 3. Art. 183 verleiht den nationalen Gerichten keine Zuständigkeit, sondern setzt die sich aus den einzelstaatlichen Rechtsordnungen ergebenden Kompetenzen voraus. Die Verfasser der Vorschrift hegten offenbar die Zuversicht, daß für jede rechtsschutzwürdige Situation zugunsten der Gemeinschaft oder derjenigen, die gegen die Gemeinschaft vorgehen wollen, ein Rechtsweg zur Verfügung stehen würde, sei es vor dem EuGH, sei es vor den Gerichten des in Betracht kommenden Mitgliedstaates. Bisher scheint sich in der Tat niemals ein negativer Kompetenzkonflikt ergeben zu haben, doch läßt sich dies nicht für alle Zukunft ausschließen; ebenso läßt sich u. U. ein positiver Kompetenzkonflikt vorstellen. Dafür, wie derartige Probleme zu lösen sind, enthält der Vertrag keine oder nur wenige Anhaltspunkte. Mit Sicherheit läßt sich allerdings wohl sagen, daß die »Kompetenz-Kompetenz« beim EuGH liegt, mit der Folge, daß der nationale Richter an eine Entscheidung des EuGH gebunden ist, die dessen Zuständigkeiten bejaht oder verneint. Das folgt erstens aus dem Vorrang, den man der übernationalen Gerichtsbarkeit zuerkennen muß, zweitens aus der Notwendigkeit einer einheitlichen Abgrenzung der Zuständigkeit des EuGH gegenüber derjenigen der Gerichte *aller* Mitgliedstaaten, drittens daraus, daß die Frage, ob in concreto eine Zuständigkeit des EuGH besteht, nach Gemeinschaftsrecht zu beantworten ist (was sich auch aus Art. 183 entnehmen läßt).

5 4. Fraglich ist, wie sich der EuGH zu verhalten hat, wenn ihm eine Rechtssache unterbreitet wird, die bereits einem nationalen Gericht vorgelegen hatte und in der dieses seine Zuständigkeit bejaht oder verneint hat.

Hat das Gericht die Klage wegen fehlender eigener Zuständigkeit als unzulässig abgewiesen, so ist der EuGH hieran zwar insofern gebunden, als er die Auslegung respektieren muß, die der staatliche Richter seiner eigenen Rechtsordnung gegeben hat. Dagegen kann der EuGH nicht an die etwaige Feststellung gebunden sein, *seine* Zuständigkeit sei gegeben; hierüber hat er allein zu befinden. Hält er sich für unzuständig, so hat er die Klage abzuweisen. Allerdings könnte es im Einzelfall geboten sein, zunächst zu prüfen, ob sich nicht eine großzügige Auslegung der Kompetenzvorschriften des Gemeinschaftsrechts empfiehlt, um eine totale Rechtsverweigerung zu vermeiden. Voraussetzung für eine solche Großzügigkeit ist allerdings, daß eine nach allgemeinen Grundsätzen rechtsschutzbedürftige Situation vorliegt und daß die Streitsache dem Gemeinschaftsrecht angehört oder mit ihm in hinreichend engem Zusammenhang steht.

Hat ein nationales Gericht seine Zuständigkeit bejaht und zur Hauptsache rechtskräftig entschieden, befaßt aber einer der Beteiligten nachträglich den EuGH, weil er nunmehr den Standpunkt vertritt, dieser sei zuständig, so kommen zwei Lösungen in Betracht, falls der EuGH ebenfalls dieser Auffassung ist. Er könnte die Klage mit Rücksicht auf die Rechtskraft des nationalen Urteils als unzulässig abweisen; er könnte andererseits dieses Urteil ignorieren und zur Sache entscheiden. Welches Vorgehen richtig ist, dürfte davon abhängen, ob das betroffene nationale Prozeßrecht einem Urteil, das auf einem derartigen Irrtum beruht, dennoch Wirkung zuerkennt. Ist dies der Fall, so muß sich der

EuGH wohl um der Rechtssicherheit willen mit dem Irrtum abfinden; versagt das nationale Recht dagegen derartigen Urteilen jede Wirkung, so hat er sich für zuständig zu erklären, da er auf diese Weise dem Gemeinschaftsrecht zur Durchsetzung verhelfen kann, ohne einen echten Kompetenzkonflikt heraufzubeschwören.

6 5. Der Grundsatz, daß die Gemeinschaft der Gerichtsbarkeit der nationalen Gerichte nicht entzogen ist, wird durch die Vorschriften des PrivProt eingeschränkt (vgl. insbesondere dessen Art. 1, 2, 9, 10, 12).

Artikel 184 [Inzidente Normenkontrolle]

Ungeachtet des Ablaufs der in Artikel 173 Absatz 3 genannten Frist kann jede Partei in einem Rechtsstreit, bei dem es auf die Geltung einer Verordnung des Rates oder der Kommission ankommt, vor dem Gerichtshof die Unanwendbarkeit dieser Verordnung aus den in Artikel 173 Absatz 1 genannten Gründen geltend machen.

Literaturhinweise

Bebr, Gerhard, Judical Remedy of Private Parties against Normative Acts of the European Communities: The role of the Exception of Illegality, in: CMLR 1966, S. 7–31

Ehle, Dietrich, Inzidenter Rechtsschutz gegen Handlungen der Europäischen Gemeinschaftsorgane, in: MDR 1964, S. 719–722

Louis, Jean Victor, De l'exception d'illégalité dans la jurisprudence de la Cour des Communautés Européennes, in: La Revista de Derecho, Jurisprudencia y Administración, apartado del tomo 62 (1965) S. 113–126

Schwarze, Jürgen, Rechtsschutz Privater gegenüber normativen Rechtsakten im Recht der EWG, in: Festschrift für Hans-Jürgen Schlochauer, Berlin usw. 1981, S. 927–946

Inhaltsübericht

I. Vergleich mit EAG- und EGKS-Recht

1 Art. 184 EWGV entspricht wörtlich Art. 156 EAGV. Der EGKSV sieht dagegen die Inzidentrüge lediglich für Klagen wegen der Festsetzung von finanziellen Sanktionen oder

Zwangsgeldern vor; hier gestattet Art. 36 Abs. 3 den Klägern, »zur Begründung ... nach Maßgabe des Artikels 33 Absatz 1 des Vertrages« – also der Bestimmung über die Nichtigkeitsklage – »geltend [zu] machen, daß die Entscheidungen und Empfehlungen, deren Nichtbeachtung ihnen zum Vorwurf gemacht wird, fehlerhaft sind«. Der EuGH hat jedoch in ständiger Rechtsprechung – gelegentlich unter Berufung auf Art. 184 EWGV, Art. 156 EAGV – daran festgehalten, daß die zitierte Vorschrift auch im Rahmen des EGKS-Rechts einen allgemeinen Grundsatz ausdrücke, also auch außerhalb von Art. 36 zum Zuge komme.[1]

II. Allgemeines zu Artikel 184

2 1. Art. 184 gestattet es den vor dem EuGH auftretenden Parteien, sich auf die Rechtswidrigkeit einer Verordnung zu berufen, die in dem in Betracht kommenden Rechtsstreit zwar nicht unmittelbar mit der Nichtigkeitsklage angegriffen wurde, von deren Ordnungsmäßigkeit jedoch der Ausgang dieses Verfahrens abhängt (»Einrede der Rechtswidrigkeit«). Damit ist gleichzeitig klargestellt, daß der EuGH zur inzidenten Normenkontrolle befugt ist.

Art. 184 hebt einen allgemeinen Rechtsgrundsatz hervor, der auch dann Gültigkeit hätte, wenn diese ausdrückliche Vorschrift nicht bestünde. Wenn er anerkennt, daß es u. U. »auf die Geltung einer Verordnung des Rates oder der Kommission ankommt«, dann geht er von der Prämisse aus, daß ein Betroffener sich auf die etwaige Ungültigkeit der Verordnung berufen kann und der EuGH dieser Rüge nachgehen muß. Auch der EuGH hat seinerzeit festgestellt, Art. 36 EGKS, der eine vergleichbare Norm enthält, drücke ein allgemeines Prinzip aus, nämlich »daß rechtswidrige allgemeine Entscheidungen nicht auf Unternehmen angewandt und daß aus solchen Entscheidungen für diese Unternehmen keine Pflichten hergeleitet werden dürfen«.[2]

In der Tat ist es ohne weiteres einleuchtend, daß die mangelnde Rechtmäßigkeit des Grundaktes ipso facto die hierzu ergangenen Ausführungsmaßnahmen »infiziert«.

3 2. Art. 184 gewährt keine selbständige Klage, die derjenigen des Art. 173 parallel liefe. »Sein Wortlaut und sein Aufbau lassen vielmehr erkennen, daß er die Unanwendbarerklärung einer Verordnung nur in einem vor dem Gerichtshof selbst aufgrund einer anderen Bestimmung des Vertrages anhängig gemachten Verfahren vorsieht, und zwar lediglich incidenter und mit begrenzter Wirkung. Vor allem aus der Verweisung auf die in Art. 173 vorgesehenen Fristen ist zu entnehmen, daß Art. 184 nur innerhalb vor dem Gerichtshof anhängiger Prozesse anwendbar ist und keine Umgehung der in jener Bestimmung vorgeschriebenen Klagefristen gestattet. Art. 184 hat also nur den Zweck,

1 Vgl. etwa EuGH – Meroni/Hohe Behörde, 9/56 – Slg. 1958, 26 f.
2 EuGH-Urteil 9/56, a.a.O., S. 26.

den Rechtsunterworfenen gegen die Anwendung rechtswidriger Verordnungen zu schützen, ohne daß dabei der Bestand der – durch den Ablauf der Klagefristen von Art. 173 unanfechtbar gewordenen – Verordnungen selbst in Frage gestellt würde«.[3] Unzulässig wäre es also, eine Klage lediglich auf Art. 184 zu stützen und mit ihr die Feststellung der Unanwendbarkeit oder gar die Nichtigerklärung der Verordnung zu begehren. Art. 184 kommt lediglich in Verfahren zum Zuge, die aufgrund anderer Bestimmungen anhängig gemacht wurden und in denen jene Feststellung nicht Klageziel, sondern Klagemittel ist; die Einrede der Rechtswidrigkeit ist »eine besondere Art der Klagebegründung«.[4]

4 3. Art. 184 erwähnt nur den Fall, daß eine Partei die Unanwendbarkeit »geltend macht«, läßt also offen, ob der EuGH gegebenenfalls auch von Amts wegen Rechtsmängel einer Verordnung incidenter aufgreifen darf. Das ist zu bejahen. Der EuGH hat sich in ständiger Praxis für befugt angesehen, im Rahmen von Nichtigkeitsklagen auch von Amts wegen Mängel des angefochtenen Aktes aufzugreifen; es wäre nicht einzusehen, weshalb ihm dies dann verwehrt sein sollte, wenn der Mangel darin besteht, daß die unmittelbar angegriffene Maßnahme auf einer rechtswidrigen Verordnung beruht. Entscheidend ist in dem einen wie in dem anderen Fall lediglich, ob es sich um einen Fehler handelt, der zu schwer wiegt, als daß der EuGH, der gemäß Art. 164 für die Wahrung des Rechts zu sorgen hat, seine Augen vor ihm verschließen könnte.

Die Richtigkeit der vorstehend vertretenen Auffassung wird durch die Rechtsprechung bestätigt. In einem Fall, der zwar das EGKS-Recht betraf, jedoch auch vorliegend von Bedeutung ist, hatte die Klägerin der von ihr angegriffenen individuellen Entscheidung Rechtsmängel vorgeworfen, die sich nach dem Klagevortrag jedoch objektiv nicht aus dieser Entscheidung, sondern aus einer ihr zugrundeliegenden allgemeinen Entscheidung ergaben. Zwar hatte die Klägerin sich nicht ausdrücklich und nach der Auffassung des EuGH auch nicht stillschweigend auf die Rechtswidrigkeit dieser allgemeinen Entscheidung berufen. Der EuGH führte jedoch aus: »Da es . . . unangebracht erscheint, Zweifel darüber bestehen zu lassen, ob die [betroffene allgemeine Entscheidung], soweit sie den vorliegenden Rechtsstreit berührt, rechtswidrig ist, hält es der Gerichtshof in jedem Fall für erforderlich, die Begründetheit [des in Betracht kommenden Vorwurfs] zu prüfen«.[5]

3 EuGH – Wöhrmann u. a. /Kommission, 31 und 32/62 – Slg. 1962, 1042.

4 GA *Reischl,* Slg. 1979, 821. Allerdings ist zu betonen, daß diese Einrede gegebenenfalls auch einem *Beklagten* zustehen kann, wenngleich die Fälle, in denen sich ein *Kläger* hierauf beruft, weitaus häufiger sind.

5 Societé des Fonderies de Pont-à-Mousson/Hohe Behörde, 14/59 – Slg. 1958/59, 492. Vgl. auch EuGH – Kommission/Frankreich, 6 und 11/69 – Slg. 1969, 540, wo der EuGH dem Einwand nachging, die inzident gerügte Gemeinschaftsentscheidung sei auf einem Gebiet ergangen, das

5 4. Art. 184 gilt nur für Verfahren »vor dem Gerichtshof«. Damit ist aber nicht gesagt, daß sich eine Partei nicht auch vor einem nationalen Gericht auf die Rechtswidrigkeit einer Verordnung (oder eines sonstigen Rechtsaktes) berufen könnte. Andernfalls hätte die Vorschrift von Art. 177 keinen Sinn, wonach der staatliche Richter dem EuGH die Frage nach der »Gültigkeit« einer »Handlung« eines Gemeinschaftsorgans vorlegen kann oder muß, wenn dieser Richter »eine Entscheidung darüber zum Erlaß seines Urteils für erforderlich [hält]«. Sicherlich können die Parteien des Ausgangsverfahrens eine solche Vorlage nicht erzwingen; aber Art. 177 macht dennoch deutlich, daß die nationalen Gerichte eine gegen einen Gemeinschaftsakt gerichtete Inzidentrüge grundsätzlich nicht als unzulässig behandeln dürfen.

6 5. Art. 184 bestätigt – wie auch Art. 173, 177 –, daß jede Verordnung als rechtswirksam gelten muß, so lange ein zuständiges Gericht sie nicht für nichtig erklärt oder als ungültig oder unanwendbar bezeichnet hat.[6]

III. Umfang der Zulässigkeit der Inzidentrüge

7 1. Art. 184 spricht allgemein von »einem Rechtsstreit, bei dem es auf die Geltung einer Verordnung des Rates oder der Kommission ankommt«, und gestattet die Geltendmachung der Unanwendbarkeit dieser Verordnung »vor dem Gerichtshof«. Aus der Gesamtheit dieser Bestimmungen folgt, daß Art. 184 für alle Verfahren gilt, die zulässigerweise vor dem EuGH anhängig gemacht wurden;[7] auf einem anderen Blatt steht, daß die Grenzen der Zulässigkeit der Inzidentrüge sich in machen Verfahrensarten stärker bemerkbar machen als in anderen.

Demgegenüber kann aus der Bezugnahme von Art. 184 auf Art. 173 Abs. 3 nicht geschlossen werden, die Inzidentrüge komme nur bei Nichtigkeitsklagen in Betracht. Der Hinweis auf die in der letztgenannten Bestimmung vorgesehene Frist besagt lediglich, daß

ausschließlich in die Zuständigkeit der Mitgliedstaaten falle; zwar war der Einwand von einer Partei vorgebracht worden, doch wird man annehmen müssen, daß der EuGH ihn ex officio aufgegriffen hat, da die Inzidentrüge dieser Partei in concreto an sich nicht zustand (siehe unten Rn. 11 und Fn. 14; vgl. auch GA *Roemer,* Slg. 1969, 551).

6 EuGH – Granaria/Hoofdproduktschap, 101/78 – Slg. 1979, 636.

7 Also z. B. auch für Schadensersatzklagen (vgl. EuGH – Merkur/Kommission, 43/72 – Slg. 1973, 1069 f.) oder dienstrechtliche Streitigkeiten (vgl. EuGH – Sabbatini/Parlament, 20/71 – Slg. 1972, 350 f.). Allerdings paßt der Ausdruck »Unanwendbarkeit« nicht auf Schadensersatzklagen, da es insoweit nicht um die »Anwendung« der Verordnung geht; das Art. 184 zugrundeliegende Prinzip muß jedoch auch hier zum Zuge kommen.

Art. 184 keine Ausnahme von dieser Fristenregelung enthält, es also jedenfalls nicht gestattet, eine Verordnung oder einen auf dieser beruhenden individuellen Rechtsakt auch nach Ablauf der genannten Frist mit der Nichtigkeitsklage anzugreifen. Richtig ist allerdings, daß in der Praxis Nichtigkeitsklagen gegen einen aufgrund einer Verordnung erlassenden Individualakt, mit denen die Rechtswidrigkeit der Verordnung incidenter geltend gemacht wird, den Hauptanwendungsfall von Art. 184 bilden.

8 2. a) Daß die Inzidentrüge gegen Verordnungen jedenfalls – und gerade – denjenigen Betroffenen zugutekommt, denen gegen die Verordnung kein Klagerecht nach Art. 173 zustand – also den in Absatz 2 dieses Artikels genannten »natürlichen und juristischen Personen« –, ist selbstverständlich. Art. 184 gehört insoweit – zusammen mit Art. 177, 178, 215 – zu den Rechtsschutznormen, die einen gewissen Ausgleich für die Beschränkung des Klagerechts der Privaten nach Art. 173 schaffen sollen.

9 b) Problematisch erscheint dagegen, ob sich auch Mitgliedstaaten, Rat und Kommission auf die Unanwendbarkeit einer Verordnung berufen können, obwohl sie ja nach Art. 173 zur Klage befugt gewesen wären.

Zunächst scheint die Verneinung der Frage nahezuliegen. Die Rechtsordnung der EWG beruht, wie alle Rechtsordnungen, auf dem Grundsatz, daß jeder, der eine Klagefrist – aus welchen Gründen immer – versäumt hat, das Versäumte nicht auf Umwegen nachholen kann;[8] der EuGH hat dieses Prinzip, auch im Rahmen von Art. 184, mehrfach betont.[9] Dennoch wird man unsere Frage zu bejahen haben:

- Dafür spricht bereits der Wortlaut von Art. 184 (»jede Partei«).

- Vor allem aber fällt ins Gewicht, daß insbesondere die Mitgliedstaaten durchaus eine schutzwürdiges Interesse daran haben können, sich auf die Unanwendbarkeit einer von ihnen ursprünglich nicht angegriffenen Verordnung zu berufen, »weil die einer allgemeinen Regelung anhaftenden Mängel vielfach erst bei ihrer Anwendung auf den Einzelfall mit Deutlichkeit sichtbar werden«.[10] Inzidentrügen gegen Verordnungen sind daher anders zu beurteilen als solche gegen Individualakte, deren etwaige Mängel den Betroffenen in der Regel sofort deutlich werden.[11]

8 Anders liegt der Fall. daß ein Mitgliedstaat oder ein Gemeinschaftsorgan die betroffene Verordnung rechtzeitig mit der Nichtigkeitsklage angegriffen hat und in einem Parallelrechtsstreit die Unanwendbarkeit der Verordnung inzidenter geltend macht; daß dies zulässig sein muß, bedarf keiner näheren Erläuterung.

9 Vgl. z. B. EuGH – Wöhrmann u. a./Kommission, 31 und 33/62 – Slg. 1962, 1042.

10 Ga *Roemer,* Slg 1966, 494. Ob der EuGH sich dieser Meinung anschließen würde, ist freilich zweifelhaft, da er die Funktion von Art. 184 zu betonen pflegt, einen Ausgleich für das Fehlen eines Klagerechts nach Art. 173 zu schaffen; vgl. die unten – Rn. 10 – zitierten Ausführungen des Urteils 92/78. Siehe jedoch unten Fn. 15.

11 Siehe allerdings unten Rn. 11.

10 3. Es fragt sich, ob Art. 184 ungeachtet seines Wortlauts auch auf andere Akte als Verordnungen anwendbar ist.

a) Art. 184 ist »der Ausdruck eines allgemeinen Rechtsgrundsatzes, der jeder Partei das Recht gewährleistet, zum Zwecke der Nichtigerklärung einer sie unmittelbar und individuell betreffenden Entscheidung die Gültigkeit derjenigen früheren Rechtshandlungen der Gemeinschaftsorgane zu bestreiten, welche die Rechtsgrundlage für die angegriffene Entscheidung bilden, falls die Partei nicht das Recht hatte, gemäß Art. 173 EWGV unmittelbar gegen diese Rechtshandlungen zu klagen, deren Folgen sie nunmehr erleidet, ohne daß sie ihre Nichtigerklärung hätte beantragen können. Das Anwendungsgebiet [von Art. 184] muß sich deshalb auf diejenigen Rechtshandlungen der Gemeinschaftsorgane erstrecken, die, obwohl nicht in Form einer Verordnung ergangen, gleichartige Wirkung wie eine Verordnung entfalten... Diese weite Auslegung von Art. 184 ergibt sich aus der Notwendigkeit, den durch Abs. 2 des Art. 173 von der direkten Klage gegen Rechtshandlungen allgemeinen Charakters ausgeschlossenen Personen dann die Möglichkeit einer Rechtmäßigkeitskontrolle zu gewährleisten, wenn Durchführungsentscheidungen ergehen, die sie unmittelbar und individuell betreffen.«[12]

Die zitierte Entscheidung wendete diese Grundsätze zugunsten der klagenden Firma auf von der Kommission veröffentlichte Ausschreibungen über den Verkauf landwirtschaftlicher Erzeugnisse an, die keine »Verordnungen im strengen Sinne« darstellten. Hiernach bleibt offen, ob die ausdehnende Auslegung einem Privaten auch dann zugute kommen muß, wenn es sich um Akte handelt, die zwar nicht verordnungsähnlich sind, aber ebenfalls von dem betroffenen Einzelnen nicht direkt hätten angegriffen werden können. Die Rechtslogik nötigt zu einer bejahenden Antwort. Solche Fälle werden allerdings, wenn überhaupt, nur selten auftreten. Was z. B. Richtlinien betrifft, so sind sie normalerweise durch Akte (auch Individualakte) der *Mitgliedstaaten* zu konkretisieren; gegen diese Akte muß sich der Betroffene gegebenenfalls vor den *nationalen Gerichten* wehren. Vor diesen kann er zwar die Rechtswidrigkeit der Richtlinie geltend machen; kommt es zur Vorlage nach Art. 177, so kann er jedoch dieses Argument nur dann vorbringen, wenn der staatliche Richter es in seinen Vorlagefragen aufgegriffen hat, da es den Parteien des Ausgangsverfahrens nicht zusteht, das Thema der Vorlage von sich aus zu erweitern,[13] auch nicht unter Berufung auf Art. 184.

11 b) Ein Mitgliedstaat kann die Inzidentrüge nicht wegen einer an ihn gerichteten Entscheidung erheben, die er nicht rechtzeitig nach Art. 173 angegriffen hat.[14]

12 EuGH – Simmenthal/Kommission, 92/78 – Slg. 1979, 800.
13 Vgl. Rn. 4 zu Art. 177.
14 EuGH – Kommission/Belgien, 156/77 – Slg. 1978, 1896 f.; ebenso GA *Mayras*, Slg. 1978, 1909. Diese Judikatur wird allerdings dadurch ein wenig abgemildert, daß der EuGH sich vorbehält, im Verfahren nach Art. 169 ff. die Frage nach besonders schwerwiegenden Mängeln der Entscheidung, deren Mißachtung dem beklagten Staat vorgeworfen wird, ex officio aufzugreifen: vgl. EuGH – Kommission/Frankreich, 6 und 11/69 – Slg. 1969, 540 (Unzuständigkeit!).

Damit ist noch nicht entschieden, ob diese Rüge einem Mitgliedstaat gegebenenfalls gegenüber Entscheidungen zusteht, die *nicht* an ihn gerichtet waren. Dagegen spricht, daß er auch solche Entscheidungen direkt angreifen kann; dafür streiten Überlegungen, die mit den oben Rn. 9 angestellten verwandt sind: direktes Vorgehen gegen Akte, die den hypothetischen Kläger nicht unmittelbar belasten oder zu belasten scheinen, sollte nicht ermutigt werden; wer nicht Adressat einer Entscheidung ist, hat normalerweise keinen Anlaß, diese Entscheidung unverzüglich auf etwaige Rechtsmängel »abzuklopfen«.

12 4. Art. 184 gestattet es nicht, die Anwendbarkeit *irgendeiner* Verordnung – oder, soweit prinzipiell zulässig, *irgendeines* sonstigen Rechtsaktes – zu bestreiten; der gerügte Akt muß vielmehr »mittelbar oder unmittelbar auf den Sachverhalt anwendbar sein, der den Gegenstand der Klage bildet«.[15]

13 5. Soweit die Inzidentrüge zulässig ist, kann sie auf sämtliche in Art. 173 Abs. 1 genannte Rechtsgründe gestützt werden.[16]

IV. Wirkungen einer erfolgreichen Geltendmachung der Inzidentrüge

14 1. Stellt der EuGH auf die Rüge einer Partei hin oder von Amts wegen die »Unanwendbarkeit« eines Rechtsaktes, insbesondere einer Verordnung, fest, auf dessen Geltung es für die Entscheidung des konkreten Rechtsstreits ankommt, so hat er nicht etwa den incidenter beanstandeten Akt für nichtig zu erklären, sondern lediglich die gebotenen Konsequenzen für die Entscheidung über den eigentlichen Streitgegenstand zu ziehen, also z. B. die auf den rechtswidrigen Vorschriften der Verordnung beruhende angefochtene Entscheidung aufzuheben. Die Feststellung der »Unanwendbarkeit« gehört überhaupt nicht in den Tenor, sondern in die Entscheidungsgründe, da sie Angriffsmittel, nicht Klageziel ist – ein nicht unerheblicher Unterschied zur Feststellung der »Ungültigkeit« nach Art. 177, die im Tenor auszusprechen ist. Bei der Beurteilung der Wirkungen eines die »Unanwendbarkeit« aussprechenden Urteils im Vergleich zu denen einer die »Ungültigkeit« konstatierenden Vorabentscheidung sollte dieser Umstand nicht unbeachtet bleiben.

15 2. a) EuGH und Generalanwälte haben mehrfach wörtlich oder sinngemäß betont, eine Unanwendbarkeitsfeststellung wirke nicht erga omnes, sondern nur inter partes; sie

15 EuGH – Italien/Rat, 32/65 – Slg. 1966, 487. Interessant ist, daß der EuGH das Vorbringen des klagenden Staates nicht a limine mit der Begründung abgewiesen hat, Mitgliedstaaten könnten sich – wegen ihres allgemeinen Klagerechts nach Art. 173 – überhaupt nicht inzidenter auf Mängel von Verordnungen berufen. Dieses Urteil liefert also ein Indiz dafür, daß der EuGH sich eine solche Auffassung nicht zu eigen macht; wegen der Gegenindizien s. oben Fn. 10.

16 EuGH – Meroni/Hohe Behörde, 9/56 – Slg. 1958, 27 f. (für Art. 36 EGKSV, aber auf das EWG-Recht übertragbar).

stelle den Bestand des durch Ablauf der Klagefristen nach Art. 173 unanfechtbar gewordenen Aktes nicht in Frage.[17]

Das ist insofern richtig, als – um das Hauptbeispiel herauszugreifen – ein Urteil, das den angefochtenen Akt für nichtig erklärt, nur hinsichtlich dieser Nichtigerklärung erga omnes wirkt, nicht auch hinsichtlich der Gründe, auf die es seine Entscheidung stützt.

Zutreffend ist auch, daß ein solches Urteil nicht bereits abgelaufene Klagefristen neu eröffnen kann. Ein Beteiligter, der es versäumt hatte, eine *ihn* betreffende individuelle Entscheidung anzugreifen und dabei die in Betracht kommende Inzidentrüge vorzubringen, kann nicht später die Nichtigkeitsklage gegen jene Entscheidung erheben, nur weil der EuGH die auf die gleiche Inzidentrüge gestützte, rechtzeitig eingereichte Klage eines »wachsameren« Beteiligten positiv beschieden hat.[18]

16 b) Mit dem Begriffspaar »erga omnes« – »inter partes« lassen sich aber die vorliegend auftauchenden Fragen nicht vollständig beantworten.

Es ist als wahrscheinlich, ja sicher, zu unterstellen, daß der EuGH – selbst abgesehen von seiner allgemeinen Neigung, von einem einmal beschrittenen Weg nicht mehr abzugehen – schon aus Gründen der Rechtssicherheit und des Gleichheitsprinzips auch künftig von der Rechtswidrigkeit des betroffenen Aktes ausgehen wird, soweit eine im Rahmen einer zulässigen Klage zulässigerweise erhobene Inzidentrüge die Frage aufwirft.

Schon deswegen, aber auch um eventuellen Schadensersatzansprüchen zuvorzukommen, wird das betroffene Organ genötigt sein, die beanstandete Vorschrift so bald wie möglich von sich aus aufzuheben oder abzuändern.[19]

Artikel 185 [Keine aufschiebende Wirkung von Klagen; Aussetzung des Vollzugs von Maßnahmen der Organe]

Klagen bei dem Gerichtshof haben keine aufschiebende Wirkung. Der Gerichtshof kann jedoch, wenn er es den Umständen nach für nötig hält, die Durchführung der angefochtenen Handlung aussetzen.

17 Vgl. etwa EuGH – Wöhrmann u. a./Kommission, 31 und 33/62 – Slg. 1962, 1042; Kortner-Schots u. a./Rat u. a., 15/73 etc. – Slg. 1974, 191; GA *Mayras,* Slg. 1973, 1079.

18 Urteil 15/73, a.a.O.

19 Ebenso *Schwarze,* a.a.O., S. 938f., der allerdings meint, eine entsprechende *Rechts*pflicht träfe das Organ nicht; das ist aber höchst zweifelhaft.

Artikel 186 [Sonstige einstweilige Anordnungen]

Der Gerichtshof kann in den bei ihm anhängigen Sachen die erforderlichen einstweiligen Anordnungen treffen.

Literaturhinweise

Ehle, Dietrich, Die einstweilige Anordnung nach dem EWG-Vertrag, in: AWD/RIW 1964, S. 39–43
Slusny, Marcel, Les mesures provisoires dans la jurisprudence de la Cour de Justice des Communautés Européennes, in: Revue belge de Droit international 1967, S. 127–153
Van den Heuvel, H., De omvang van het kort geding voor het Hof van Justitie van de Europese Gemeenschappen, in: SEW 1970, S. 131–141

Inhaltsübersicht

I. Vergleich mit EGKS- und EAG-Recht

1 1. Während Art. 158 EAGV wörtlich mit Art. 186 EWGV übereinstimmt, weicht Art. 157 EAGV von Art. 185 EWGV insofern ab, als er die Feststellung, daß Klagen beim EuGH keine aufschiebende Wirkung haben, durch die Wendung einschränkt »soweit dieser Vertrag nichts anderes bestimmt«. In der Tat räumt Art. 83 Nr. 2 Abs. 2 EAGV den Klagen, die gegen die Entscheidungen der Kommission über die Verhängung der in Nr. 1 des gleichen Artikels vorgesehenen Zwangsmaßnahmen erhoben werden, ausnahmsweise aufschiebende Wirkung ein; der EWGV enthält dagegen keine spezielle Ausnahmevorschrift zu seinem Art. 185 Satz 1.

2 2. Art. 39 EGKSV entspricht sinngemäß der Summe der Artikel 185 und 186 EWGV, mit der Ausnahme, daß er keine Bestimmung enthält, aus der ausdrücklich hervorginge, daß auch andere einstweilige Anordnungen als solche, welche die Durchführung einer angefochtenen Handlung aussetzen, nur im Rahmen eines anhängigen Hauptverfahrens

ergehen können. Ein sachlicher Unterschied besteht dennoch nicht, da Art. 39 EGKSV im gleichen Sinne zu verstehen sein dürfte; hiervon sind offensichtlich auch die Verfasser von Art. 83 § 1 Abs. 2 VerfO ausgegangen.

II. Allgemeines zu Artikel 185 und 186

3 1. Art. 185 und 186 bilden untereinander eine logische Einheit, weswegen sie hier zusammenfassend behandelt werden. Da auch die in Art. 185 Satz 2 vorgesehene Aussetzung der Durchführung einer angefochtenen Handlung ihrer Natur nach eine »einstweilige Anordnung« ist, stellt sie einen Unterfall des in Art. 186 allgemein geregelten Tatbestandes dar.

4 2. Die beiden Artikel werden durch Art. 36 EWG-Satzung und Art. 83 bis 88, 96 VerfO ergänzt. Nachstehend wird eine Übersicht des wesentlichen Inhalts dieser Vorschriften gegeben.

- Ein Antrag auf Aussetzung des Vollzugs einer Handlung (Art. 185) ist nur zulässig, wenn der Antragsteller diese Handlung durch Klage beim EuGH angefochten hat. Sonstige einstweilige Anordnungen (Art. 186) können nur von einer Partei eines beim EuGH anhängigen Rechtsstreits beantragt werden und müssen sich auf diesen beziehen.
- Die Anträge müssen den Streitgegenstand bezeichnen, »die Umstände anführen, aus denen sich die Dringlichkeit ergibt«, und »die Notwendigkeit der beantragten Anordnung in tatsächlicher und rechtlicher Hinsicht glaubhaft ... machen«.
- Prinzipiell obliegt es dem Präsidenten des EuGH, über derartige Anträge zu entscheiden. Er kann jedoch die Entscheidung dem Plenum übertragen, das »unter Zurückstellung aller anderen Rechtssachen« zu erkennen hat.
  Beziehen sich die Anträge auf eine – grundsätzlich in die Zuständigkeit der Kammern fallende – dienstrechtliche Streitigkeit, so hat der Präsident des EuGH die Wahl, selbst zu entscheiden, die Entscheidung der zuständigen Kammer zu übertragen oder das Plenum zu befassen.
- Die Entscheidung ergeht durch Beschluß, der unanfechtbar ist, jedoch jederzeit wegen veränderter Umstände abgeändert oder aufgehoben werden kann.
  Die Abweisung eines Antrags hindert den Antragsteller nicht, einen weiteren, auf neue Tatsachen gestützten Antrag zu stellen.[1]

1 Überhaupt steht es dem Betroffenen frei, im Laufe des Hauptverfahrens mehrere Anträge hintereinander zu stellen, z. B. um die Verlängerung einer in einer früheren einstweiligen Anordnung gesetzten Frist zu erreichen. Vgl. EuGH – Kali-Chemie/Kommission, 20/74 R II – Slg. 1974, 788 f.

- Der Beschluß »stellt nur eine einstweilige Regelung dar und greift der Entscheidung des Gerichtshofes zur Hauptsache nicht vor«.

5 3. Systematisch gehört auch Art. 192 Abs. 4 EWGV in den vorliegenden Zusammenhang, da die Aussetzung der Zwangsvollstreckung von Entscheidungen des Rates oder der Kommission, oder von Urteilen des EuGH (vgl. Art. 187) grundsätzlich ebenfalls vorläufigen Charakter hat. EWG-Satzung und VerfO treffen dementsprechend einheitliche Regelungen für Anträge gemäß Art. 185 Satz 2, 186 und 192 Abs. 4 (vgl. insbesondere Art. 36 Abs. 1 EWG-Satzung sowie Art. 89 VerfO, der den die Zwangsvollstreckung aussetzenden Beschluß als »einstweilige Anordnung« bezeichnet).

6 4. Die praktische Bedeutung der hier erläuterten Vorschriften ist sehr groß. Besonders in dienstrechtlichen Streitigkeiten und in Wettbewerbssachen, neuerdings auch in Verfahren der Kommission gegen Mitgliedstaaten, wird der EuGH häufig mit Anträgen nach Art. 185, 186 befaßt. Nicht selten sieht sich der Präsident veranlaßt, die Entscheidung wegen ihrer Tragweite dem Plenum zu überlassen.

III. Kein Suspensiveffekt von Klagen

7 1. Die Feststellung in Art. 185 Abs. 1, daß vor dem EuGH erhobene Klagen »keine aufschiebende Wirkung« haben (fehlender Suspensiveffekt), bezieht sich, wie der zweite Satz dieses Artikels (»jedoch«; »angefochtene Handlung«) deutlich macht, vor allem auf Klagen, mit denen gemäß Art. 173 oder im Rahmen der aufgrund von Art. 179 erlassenen dienstrechtlichen Bestimmungen die Nichtigerklärung von Maßnahmen eines Gemeinschaftsorgans begehrt wird. Gemeint ist, daß die Tatsache einer solchen Klageerhebung an dem streitigen Rechtsverhältnis zwischen Kläger und beklagtem Organ nichts ändert, auch nicht provisorisch für die Dauer des Prozesses. Der Kläger bleibt weiterhin bis zum Endurteil im Hauptprozeß (und, falls dies für ihn ungünstig lautet, natürlich auch darüber hinaus) verpflichtet, die in dem angefochtenen Akt enthaltenen Gebote und Verbote zu befolgen und die Ausübung der in diesem Akt anderen Personen, insbesondere den Organen der Gemeinschaft, zuerkannten Befugnisse zu dulden. Will er diese Wirkungen ganz oder teilweise verhindern, muß er versuchen, eine einstweilige Anordnung i. S. von Art. 185 Satz 2 zu erstreiten.

8 2. Art. 185 Satz 1 gilt allerdings allgemein, also nicht nur für Anfechtungsklagen.[2] In dieser Allgemeinheit besagt er, daß der Kläger seine materielle Position in bezug auf den geltend gemachten Anspruch nicht durch die bloße Tatsache der Anrufung des EuGH zu verbessern vermag. Wer gemäß Art. 175 die Untätigkeit eines Gemeinschaftsorgans rügt, kann nicht sofort verlangen, daß dieses Organ auch nur das Geringste tut, um die begehrte Maßnahme vorzubereiten, geschweige denn in Angriff zu nehmen. Wer auf der

2 Ebenso *Wohlfarth* u. a., a.a.O., Anm. 1 zu Art. 185.

Grundlage von Art. 178, 215 Schadensersatz fordert, kann nicht schon deswegen erwarten, daß die Gemeinschaft das Handeln oder Unterlassen, das ihr zum Vorwurf gemacht wird, nicht konsequent fortsetzt. Klagt die Kommission oder ein anderer Mitgliedstaat gemäß Art. 169, 170 gegen einen bestimmten Mitgliedstaat auf Feststellung eines Verstoßes gegen das Gemeinschaftsrecht, so ändert diese Klage an den Rechten und Pflichten des beklagten Staates nicht das Geringste: entweder der behauptete Verstoß besteht tatsächlich, und dann ist alles, was auf dessen Grundlage geschieht, ohnehin objektiv rechtswidrig; oder der Verstoß ist nicht gegeben, und dann vermag auch die Klageerhebung nichts daran zu ändern, daß der Staat berechtigt ist, bei dem beanstandeten Verhalten zu verharren.

IV. Voraussetzungen und Inhalt einstweiliger Anordnungen

1. Allgemeines und Verschiedenes

9 a) Die in Art. 185, 186 vorgesehenen Entscheidungen sind dadurch gekennzeichnet, daß sie nur eine provisorische Regelung treffen und in einem Verfahren ergehen, das mit Rücksicht auf die – jedenfalls aus der Sicht des Antragstellers gegebene – Dringlichkeit der beantragten Maßnahme Eilcharakter trägt und elastisch ausgestattet ist. Was den möglichen Inhalt jener Entscheidungen – vor allem derjenigen, die aufgrund von Art. *186* ergehen – betrifft, so ist die Skala, wie die Praxis zeigt,[3] hier viel weiter als bei den einer Klage stattgebenden Endurteilen des EuGH. Allerdings ist, wie alsbald deutlich werden wird, die Freiheit des »Eilrichters« nicht unerheblichen Schranken unterworfen. Der EuGH wird vorliegend im wesentlichen administrativ und nicht judizierend tätig. Die hieraus resultierende Durchbrechung der »verfassungsrechtlichen« Grundsätze über die Abgrenzung der Kompetenzen zwischen den Organen der Gemeinschaft rechtfertigt sich dadurch, daß die getroffenen Anordnungen lediglich provisiorischen Charakter haben. Damit ist aber zugleich gesagt, daß der EuGH keine Maßnahmen treffen darf, die ihrer Natur oder ihren Wirkungen nach den Rahmen des »Provisorischen« sprengen, indem sie über das vertretbare Maß hinaus in die Befugnisse der Verwaltung eingreifen, die Rechtslage endgültig verändern, die Entscheidung in der Hauptsache präjudizieren, zum Vorteil oder zum Nachteil einzelner Beteiligter eine Sachlage schaffen, die auch dann nicht mehr rückgängig gemacht werden könnte, wenn sie sich als mit dem Urteil in der Hauptsache unvereinbar herausstellen sollte; usw. In diesem Sinne hat der EuGH (oder sein Präsident) z. B. festgestellt, daß er keine Anordnung treffen dürfe, die

3 Siehe unten Rn. 22 und 23.

- darauf hinausliefe, daß der Richter anstelle der Verwaltung entschiede;[4]
- praktisch unwiderruflich wäre und die Richter in der Hauptsache »vor vollendete Tatsachen stellen würde«;[5]
- der (allein vom Richter der Hauptsache zu treffenden) Entscheidung vorgriffe, ob das Hauptverfahren eine Nichtigkeits- oder aber eine Untätigkeitsklage zum Gegenstand hat;[6]
- dem Antragsteller die Möglichkeit gäbe, praktisch das mit der Hauptklage angestrebte Ergebnis zu erreichen, obwohl deren Schicksal noch ungewiß ist;[7]
- das »vertraglich vorgesehene Gleichgewicht zwischen den Organen« beseitigen und dazu führen würde, daß der Richter der einstweiligen Anordnung »anstelle der Kommission eine Aufgabe [wahrnehmen würde], für die unter der Kontrolle des Gerichtshofes in erster Linie diese zuständig ist, zumal sie für deren Wahrnehmung über die erforderlichen Sachinformationen verfügt«;[8]
- nicht nur die Aussetzung des Vollzugs der streitigen Maßnahmen, »sondern – wenn auch nur als vorläufige Regelung – deren vollständige Umkehrung bedeuten und damit das Hauptverfahren gegenstandslos machen [würde]«;[9]
- die Wirkungen eines bereits durchgeführten Vollzugs rückgängig machen würde und damit über eine Aussetzung des Vollzugs hinausginge.[10]

4 EuGH – Fruit- en Groentenimporthandel/Kommission, 71/74 R und RR – Slg. 1974, 1033 f. (keine Aussetzung des Vollzugs einer Entscheidung, mit der die Kommission eine Freistellung vom Kartellverbot des Art. 85 EWGV abgelehnt hatte, da eine solche Aussetzung zur Folge hätte, daß das umstrittene Kartell bis zum Erlaß des Urteils in der Hauptsache als vorläufig gültig anzusehen wäre). Im gleichen Sinne schon EuGH – Bundesrepublik/Kommission, 50/69 R – Slg. 1969, 450 f. (keine Aussetzung des Vollzugs einer Entscheidung, mit der die Kommission eine Genehmigung verweigert hatte, da der EuGH anderenfalls die Genehmigung praktisch selbst erteilen würde).

5 EuGH – Könecke/Kommission, 44/75 R – Slg. 1975, 641.

6 EuGH – National Carbonising Company/Kommission, 109/75 R – Slg. 1975, 1201 f.

7 EuGH – Könecke/Kommission, 44/75 R – Slg. 1975, 641. Hier hatte die antragstellende Firma im Hauptverfahren eine Verordnung angegriffen und begehrte im Eilverfahren die Aussetzung des Vollzugs bestimmter Vorschriften dieser Verordnung. Der Präsident des EuGH war der Auffassung, daß einem solchen Antrag nur stattgegeben werden könne, wenn – was vorliegend nicht der Fall sei – eindeutig feststehe, daß die Verordnung den Antragsteller unmittelbar und individuell betreffe; anderenfalls – so muß der Beschluß verstanden werden – würde der dem Hauptverfahren vorbehaltenen Entscheidung darüber vorgegriffen, ob die Klage zulässig sei. Siehe zu diesem Gesichtspunkt unten Rn. 18 bis 21.

8 A.a.O. (oben Fn. 6) S. 1202. Dementsprechend gibt der Beschluß der Kommission auf, »die einstweiligen Maßnahmen zu treffen, die sie für unbedingt erforderlich hält«.

9 EuGH – Lacroix/Gerichtshof, 91/76 R – Slg. 1976, 1564; ähnlich EuGH – Salerno/Kommission, 4/78 R – Slg. 1978, 2.

10 EuGH – Nachi Fujikoshi u. a./Rat, 121/77 R – Slg. 1977, 2110 f. (Rückerstattung von Beträgen, die bereits aufgrund des streitigen Rechtsaktes gezahlt worden waren).

10 b) Der Antragsteller darf nur seine eigenen Interessen wahrnehmen; ein Vorbringen, mit der er die Interessen Dritter geltend macht, hat daher außer Betracht zu bleiben.[11]

11 c) Während die Aussetzung des Vollzugs einer »angefochtenen« Handlung praktisch nur in Betracht kommt, wenn das Hauptverfahren eine Nichtigkeitsklage zum Gegenstand hat, können die in Art. 186 genannten einstweiligen Anordnungen in Bezug auf Hauptverfahren jeglicher Art ergehen, also z. B. auch auf Verfahren gegen einen Mitgliedstaat nach Art. 169 ff.[12]

12 d) Das Eilverfahren ist gegenüber dem Hauptverfahren subsidiär, wie sich bereits darin zeigt, daß es ein Hauptverfahren zur Voraussetzung hat und daß sein Gegenstand sich auf den des Hauptverfahrens beziehen muß (Art. 185 Satz 2, 186 EWGV; Art. 83 § 1 Abs. 2 VerfO). Deshalb kann eine einstweilige Anordnung dem Antragsteller nicht weitergehende Vorteile einräumen als diejenigen, die sich aus dem für ihn günstigsten Ausgang des Hauptverfahrens ergeben würden,[13] oder ihm »einen zusätzlichen Vorteil verschaffen, der mit dem Gegenstand der Klage oder den damit zusammenhängenden Nachteilen nichts zu tun hätte«.[14] Umgekehrt können im Eilverfahren keine Anträge gestellt werden, die gleichzeitig Gegenstand des Hauptverfahrens sind.[15]

13 e) Die einstweilige Anordnung darf zwar grundsätzlich nicht über die gestellten Anträge hinausgehen, also z. B. eine längere als die erbetene Frist bewilligen. Dagegen muß der

11 EuGH – Ley/Kommission, 12 und 29/64 R – Slg. 1965, 184; Küster/Parlament, 22/75 R – Slg. 1975, 278.

12 GA *Reischl*, Slg. 1977, 953. Ebenso die Praxis des EuGH: vgl. die Beschlüsse in den Rs. 31/77 R und 53/77 R, Kommission/Vereinigtes Königreich, Slg. 1977, 925; 61/77 R, Kommission/Irland, Slg. 1977, 1414. Diese Beschlüsse belegen im übrigen, daß einstweilige Anordnungen nicht nur an Gemeinschaftsorgane und Privatpersonen gerichtet werden können, sondern auch an Mitgliedstaaten; die gegenteilige Ansicht von GA *Mayras* (Slg. 1977, 934 ff.) findet im Vertrag keine Stütze.
Die hier vertretene Auffassung gestattet es, einen Mitgliedstaat zur Aussetzung der im Hauptverfahren beanstandenen Maßnahmen zu zwingen, ohne auf die nicht überzeugende Konstruktion von *Wohlfarth* u. a., a.a.O., Anm. 1, 2 zu Art. 185 zurückgreifen müssen, wonach vorliegend Art. 185 Satz 2 zum Zuge käme, weil die Kommission die Maßnahme des Mitgliedstaats »angefochten« habe.

13 Vgl. EuGH – Leroy/Hohe Behörde, 35/62 und 16/63 R – Slg. 1963, 465 (letzter Absatz). In extremen Fällen kann allerdings eine einstweilige Anordnung »Konsequenzen vorwegnehmen, von denen [die Antragstellerin] als feststehend annimmt, daß sie sich aus einem für sie günstigen Urteil in der Hauptsache ergeben würden« (EuGH – Plaumann/Kommission, 25/62 R 1 – Slg. 1963, 275).

14 EuGH – Exportation des Sucres/Kommission, 88/76 R – Slg. 1976, 1587 f.

15 Vgl. EuGH – Prakash/Kommission, 65/63 R – Slg. 1965, 772.

Richter des Eilverfahrens die Befugnis haben, andere als die beantragten Maßnahmen zu erlassen, vorausgesetzt, daß sie dem Antragsteller keinen stärkeren Schutz gewähren und dem Antragsteller oder Dritten keine einschneidenderen Beschränkungen oder Nachteile auferlegen.

2. »Dringlichkeit« und »Notwendigkeit« der beantragten Anordnung; Interessenabwägung

14 a) Die prozessuale Vorschrift, wonach der Antragsteller »Dringlichkeit« und »Notwendigkeit« der beantragten einstweiligen Anordnung dartun muß (Art. 83 § 2 VerfO) hat zugleich materiellrechtliche Bedeutung, indem sie wichtige Voraussetzungen für den Erlaß einer solchen Anordnung bezeichnet.

»Dringlichkeit« und »Notwendigkeit« lassen sich nicht scharf voneinander trennen; es macht schon sprachlich Mühe, sich vorzustellen, daß eine Maßnahme »dringlich«, aber nicht »notwendig«, oder »notwendig«, aber nicht »dringlich« sei. Man wird am besten beide Begriffe zu *einem* Gedanken verschmelzen, der dahin lautet, daß dem Antragsteller ernste Nachteile entstehen würden, wenn keine einstweilige Anordnung erginge, und daß gerade die beantragte Anordnung unerläßlich erscheint, um diese Nachteile abzuwenden.

15 b) Die Prüfung der hier erörterten Voraussetzungen steht in engem Zusammenhang mit den Folgen, die sich ergeben (oder nicht ergeben), wenn der Antragsteller in der Hauptsache obsiegt oder aber unterliegt. Eine einstweilige Anordnung darf nur ergehen, wenn nicht nur glaubhaft gemacht ist, daß dem Antragsteller bei Abweisung seines Antrags ernste rechtliche oder tatsächliche Nachteile erwachsen würden, sondern überdies, daß diese Nachteile auch dann nicht ausgeräumt werden können, wenn dem Antragsteller in der Hauptsache Genugtuung widerfährt.[16]

Es versteht sich jedoch, daß der EuGH die Situation des Antragsgegners ebenso sorgfältig zu bedenken hat.[17] Im Zweifel wird er sich zu fragen haben, welche Nachteile schwerer wiegen:

16 Der EuGH bezeichnet diese Sachlage mit Wendungen wie »nicht wiedergutzumachende Rechtsnachteile«, »dem Antragsteller in seinen Rechten und Interessen schweren oder nicht wiedergutzumachenden Schaden [zufügen]« usw. Vgl. etwa EuGH – Europaemballage und Continental Can/Kommission, 6/72 R – Slg. 1972, 160; Vellozzi/Kommission, 62/74 R – Slg. 1974, 897. Ein solcher Schaden kann z. B. darin liegen, daß ohne die erbetene Anordnung die betriebliche Zukunft des antragstellenden Unternehmes irreparabel beeinträchtigt würde: EuGH – Kali-Chemie/Kommission, 20/74 R – Slg. 1974, 339.

17 Z. B. ist bei Eilanträgen in dienstrechtlichen Sachen darauf zu achten, daß die Tätigkeit der Dienststellen des beklagten Organs nicht ernstlich beeinträchtigt wird; vgl. EuGH – Gutmann/Kommission, 29/66 R – Slg. 1967, 328.

- diejenigen, die dem Antragsteller bei Ablehnung des Antrags selbst dann definitiv erwachsen würden oder könnten, wenn er in der Hauptsache obsiegte,

  oder

- diejenigen, die dem Antragsgegner bei Erlaß der beantragten Anordnung selbst dann definitiv entstehen würden oder könnten, wenn der Antragsteller mit der Klage im Hauptverfahren nicht durchdränge.

Diese Abwägung hat nicht nur das relative Gewicht der denkbaren Nachteile zu berücksichtigen, sondern auch die relative Wahrscheinlichkeit ihres Eintritts. Dem Richter der einstweiligen Anordnung wird somit mehr konstruktive Phantasie abverlangt als dem Richter des Hauptverfahrens; er sieht sich einer ihm von Hause aus fremden, typisch administrativen Aufgabe gegenüber, bei der Zweckmäßigkeitserwägungen eine noch größere Rolle spielen als rechtliche.

16 c) Der EuGH hat aber nicht nur die Interessen der Prozeßbeteiligten, sondern auch diejenigen Dritter in seine Überlegungen einzubeziehen – nicht obwohl, sondern gerade weil diese Dritten (von einer, auch in Eilsachen nach der ständigen Praxis des EuGH zulässigen Intervention abgesehen) im Verfahren wegen Erlasses einer einstweiligen Anordnung nicht gehört werden können.

Derartige Erwägungen spielen in der Rechtsprechung eine erhebliche Rolle, weil der (begreifliche) »Egozentrismus« vieler Antragsteller diese nicht selten dazu verführt, Anordnungen zu erbitten, die bestimmten Gruppen – mitunter sogar einer unabsehbaren Zahl – von Dritten erhebliche Nachteile zufügen könnten.[18]

17 d) Aus dem Vorbringen des Antragstellers selbst oder aus offenkundigen Tatsachen kann sich ergeben, daß die behauptete Dringlichkeit und Notwendigkeit nicht vorliegen: so, wenn aus der in der Hauptsache angegriffenen Entscheidung resultiert, daß diese ohnehin nicht sofort vollzogen werden kann;[19] weil damit zu rechnen ist, daß der EuGH in

18 Vgl. EuGH – Istituto Chemioterapico und Commercial Solvents/Kommission, 6 und 7/73 R – Slg. 1973, 359; Johnson & Firth Brown/Kommission, 3/75 R – Slg. 1975, 6 (Gläubiger der Antragstellerin); De Dapper u. a./Parlament, 54/75 R – Slg. 1975, 841 (die Gesamtheit der Beamten des beklagten Organs würde für geraume Zeit jeglicher Vertretung innerhalb der Organisation beraubt); Metro/Kommission, 26/76 R – Slg. 1976, 1356 (die beantragte Anordnung würde die Aussetzung aller Rechtsbeziehungen mit der Gesamtheit einer großen Gruppe von Händlern zur Folge haben); Nachi Fujikoshi u. a./Rat, 121/77 R – Slg. 1977, 2111 (Belastung der Haushalte der Mitgliedstaaten); Salerno/Kommission, 4/78 R – Slg. 1978, 4 (Nachteile für die zu den streitigen Auswahlverfahren zugelassenen Bewerber); Simmenthal/Kommission, 92/78 R – Slg. 1978, 1136 (mit der wichtigen Feststellung, daß – wenn überhaupt – ein schwerwiegender Eingriff in Rechte, welche die Gemeinschaftsordnung Dritten verleiht, nur zu rechtfertigen sei, wenn anderenfalls die Existenz der Antragstellerin bedroht wäre); Simmenthal/Kommission, 243/78 R – Slg. 1978, 2400 (die Anordnung würde wegen ihrer Tragweite und möglichen Auswirkungen »gänzlich außer Verhältnis zu dem Interesse der Antragstellerin« stehen).

19 EuGH – Europaemballage und Continental Can/Kommission, 6/72 R – Slg. 1972, 159 f.

angemessener Frist über die Klage im Hauptverfahren entscheiden wird;[20] wenn der Antragsteller zu erkennen gibt, daß er bereit ist, sich mit noch größeren Schwierigkeiten abzufinden als denjenigen, die er mit seinem Antrag ausräumen will.[21]

3. Keine Präjudizierung der Entscheidung in der Hauptsache

18 a) Der Beschluß, mit dem eine einstweilige Anordnung getroffen wird – ebenso natürlich ein den Antrag abweisender Beschluß – »greift der Entscheidung des Gerichtshofes in der Hauptsache nicht vor« (Art. 36 EWG-Satzung; Art. 86 § 4 VerfO). Ist damit gesagt, daß er ihr nicht vorgreifen *kann* oder daß er ihr nicht vorgreifen *darf*? Oder ist beides gemeint?

19 b) Mit Sicherheit erhebt sich aus dem zitierten Satz, wie im übrigen aus der Natur der Sache, zunächst einmal, daß das zur Entscheidung in der Hauptsache berufene Gremium – Plenum oder Kammer – an die rechtlichen und tatsächlichen Ausführungen des Beschlusses nicht gebunden ist. Dies gilt unabhängig davon, welche Stelle den Beschluß erlassen hat, also z. B. auch dann, wenn er vom Plenum getroffen wurde, da die ratio in jedem Fall die gleiche ist: eine provisorische Regelung, die notwendig ohne vertiefende Prüfung des Sachverhalts und der Rechtslage ergeht und spätestens mit Verkündung der Entscheidung in der Hauptsache außer Kraft tritt, vermag den Inhalt dieser Entscheidung nicht vorwegnehmen.

20 c) Damit sind jedoch nicht alle Fragen geklärt. Der Richter des Eilverfahrens kann sich in einem Dilemma befinden. Einerseits muß er apodiktische Aussagen zu Fragen vermeiden, die in der Hauptsache eine Rolle spielen; daß derartige Aussagen den Richter der Hauptsache nicht binden, ändert nichts daran, daß sie ihn in eine psychologisch mißliche Lage bringen können. Andererseits bringt es gerade die Pflicht zur Abwägung der für und gegen den beantragten Beschluß sprechenden Umstände mit sich, daß der Richter des Eilverfahrens solchen Fragen nicht stets aus dem Wege gehen kann, z. B. der Frage nach den mutmaßlichen Aussichten der Klage im Hauptverfahren: je geringer diese Aussichten sind, desto mehr Gründe können dagegen sprechen, dem Kläger (Antragstel-

20 EuGH, a.a.O., (oben Fn. 19) 160. Umgekehrt kann allerdings eine solche Erwartung auch *zugunsten* des Antragstellers ins Gewicht fallen, nämlich wenn sich hieraus ableiten läßt, daß die Anordnung die Interessen des Antragsgegners nicht nennenswert beeinträchtigen würde; vgl. EuGH – Kali-Chemie/Kommission, 20/74 R – Slg. 1974, 339.

21 EuGH – Geist/Kommission, 61/76 R – Slg. 1976, 1351.

ler) durch eine einstweilige Anordnung eine »Atempause« zu verschaffen.[22] Doch sollten derartige Erwägungen vorsichtig formuliert werden, was auch zumeist geschieht.[23] In völlig eindeutigen Fällen wird man es allerdings dem »Eilrichter« nicht verwehren können, die offensichtliche Begründetheit, Unbegründetheit oder Unzulässigkeit der Hauptklage deutlich in die Waagschale zu werfen.[24]

21 d) Da es im Eilverfahren, wie dargelegt, um einen Vergleich der den einzelnen Beteiligten jeweils drohenden Nachteile geht, muß der Beschluß sich unter Umständen auch mit den Folgen auseinandersetzen, die sich bei Obsiegen oder Unterliegen des Klägers in der Hauptsache ergeben würden.[25] Dagegen dürfen grundsätzlich keine Anordnungen ergehen, die nach Inhalt und Wirkung den Ausgang des Hauptverfahrens *materiell* völlig oder in erheblichem Umfang vorwegnähmen, dergestalt, daß die etwa obsiegende Gegenpartei praktisch nur einen Pyrrhussieg erringen würde.

22 Zu weitgehend GA *Reischl,* Slg. 1977, 953: »Grundvoraussetzung« für den Erlaß einer einstweiligen Anordnung sei, »daß eine gewisse Wahrscheinlichkeit dafür besteht, daß die Klage in der Hauptsache begründet ist«. Statt von »Wahrscheinlichkeit« sollte man von »ernsthafter Möglichkeit« sprechen.

23 So heißt es etwa in EuGH – von Lachmüller u. a./Kommission, 43 bis 45/59 – Slg. 1960, 1024, die Begründetheit der Klage sei »nicht offensichtlich«. Anderwärts wird ausgeführt, die erbetene Anordnung könnte nur ergehen, »wenn die Klage im Hauptprozeß prima facie als offensichtlich begründet erscheint. Der Vortrag der Parteien im Hauptprozeß gestattet aber beim derzeitigen Streitstand noch kein Urteil über die Erfolgsaussichten der Klage« (EuGH – Prakash/Kommission, 65/63 R – Slg. 1965, 772). Gut die Formulierung in EuGH – Johnson & Firth Brown/Kommission, 3/75 R – Slg. 1975, 6: »Auch wenn die Klage *bei summarischer Prüfung der Klagegründe* nicht offensichtlich unbegründet erscheint...« (die – von uns – hervorgehobene salvatorische Klausel macht klar, worauf es ankommt). Vgl. schließlich auch EuGH – Kommission/Irland, 61/77 R – Slg. 1977, 940, wo ausgeführt wird, es bestünden »ernstliche Zweifel« an der Rechtmäßigkeit der im Hauptverfahren von der Kommission beanstandeten nationalen Maßnahmen.
Noch zurückhaltender neuerdings EuGH – Suss/Kommission, 186/80 R – Slg. 1980, 3506 (über eine eng mit der Hauptsache zusammenhängende Frage kann nur das für die Hauptsache zuständige Gericht entscheiden). Vgl. ferner EuGH – Reichardt/Kommission, 174/80 R – Slg. 1980, 2667 f. zu der Frage, auf welche Aspekte sich der Richter des Eilverfahrens zu beschränken hat, wenn sich der Antragsteller auf die Rechtswidrigkeit der im Hauptverfahren angegriffenen Entscheidung beruft.

24 Erst recht ist dieser Richter befugt, seinen Beschluß auf unbestrittene oder eindeutig erwiesene Tatsachen zu stützen, auch wenn diese für das Hauptverfahren maßgeblich sind. Siehe etwa EuGH – Kommission/Vereinigtes Königreich, 31/77 R und 53/77 R – Slg. 1977, 922 ff. (Nichtbeachtung einer Entscheidung der Kommission durch den betroffenen Mitgliedstaat).

25 Vgl. EuGH – De Dapper u. a./Parlament, 54/75 R – Slg. 1975, 841.

4. Denkbare Inhalte einstweiliger Anordnungen

22 a) Sofern die den bisherigen Darlegungen zu entnehmenden Grenzen beachtet werden, kann der EuGH jede Entscheidung treffen, die ihm geeignet erscheint, die geltend gemachten Interessen wirksam, jedoch mit einem Minimum an Nachteilen für Antragsgegner und Dritte, zu schützen. Hervorzuheben ist, daß das Ermessen des Eilrichters auch die Befugnis umschließt, eine dem Antragsteller günstige Anordnung mit Auflagen oder Bedingungen zu verbinden. So kann er bestimmen: daß die Anwendung einer angefochtenen Bestimmung ausgesetzt wird, »sofern und solange« der Antragsteller für die Erfüllung bestimmter Verpflichtungen Sicherheit leistet;[26] daß die antragstellenden Kartellmitglieder bis zur Entscheidung in der Hauptsache die im Kartellvertrag vorgesehenen Geldbußen nicht verhängen dürfen;[27] daß ein bestimmtes Unternehmen, falls es Aktien eines anderen erwirbt, einstweilen keinen Gebrauch von seinem Stimmrecht macht.[28]

23 b) Nachstehend einige Beispiele für den Inhalt einstweiliger Anordnungen:

- Verlängerung der in der angefochtenen Entscheidung gesetzten Fristen (statt der beantragten völligen Aussetzung);[29]
- Gebot an die Kommission, »alle geeigneten Maßnahmen [zu treffen], um sicherzustellen, daß die derzeitigen Verhältnisse [bis zu einem bestimmten Datum] unverändert bleiben«;[30]
- Hinterlegung von Stimmzetteln bei der Kanzlei des EuGH;[31]
- Anweisung an die Kommission, gegenüber den zuständigen nationalen Behörden die Rechtslage klarzustellen;[32]
- Gebot an einen Mitgliedstaat, unverzüglich die Anwendung einer bestimmten Beihilfe einzustellen;[33]

26 Vgl. etwa EuGH – NTN Toyo Bearing u. a./Rat, 113/77 und 113/77 R-Int. – Slg. 1977, 1726.
27 EuGH – Fruit-en Groentenimporthandel/Kommission, 71/74 R und RR – Slg. 1974, 1034.
28 EuGH – Johnson & Firth Brown/Kommission, 3/75 R – Slg. 1975, 7. Das Verbot richtete sich zwar an einen Dritten; dieser war jedoch dem Eilverfahren als Intervenient beigetreten. An unbeteiligte Dritte kann der EuGH keine Anordnungen richten; freilich ist nicht auszuschließen, daß ihre Interessen im Zuge der »Reflexwirkung« berührt wurden. Siehe jedoch oben Rn. 16.
29 EuGH – Istituto Chemioterapico und Commercial Solvents/Kommission, 6 und 7/73 R – Slg. 1973, 359 f.
30 EuGH – Miles Druce/Kommission, 160 und 170/73 R II – Slg. 1974, 284.
31 EuGH – De Dapper/Parlament, 54/75 R – Slg. 1975, 841.
32 EuGH – Exportation des Sucres/Kommission, 88/76 R – Slg. 1976, 1587 f.
33 EuGH – Kommission/Vereinigtes Königreich, 31/77 R und 53/77 R – Slg. 1977, 925.

- Beauftragung der Parteien, dem EuGH über das Ergebnis ihrer Verhandlungen zu berichten;[34]

- Anweisung an einen Mitgliedstaat, vorläufig die Anwendung bestimmter Verordnungen auszusetzen, verbunden mit der Ermächtigung, bestimmte andere Maßnahmen zu treffen.[35]

Artikel 187 [Vollstreckbarkeit der Urteile]

Die Urteile des Gerichtshofes sind gemäß Artikel 192 vollstreckbar.

Literaturhinweise

s. bei Artikel 192

Inhaltsübersicht

I. Vergleich mit EGKS- und EAG-Recht

1 1. Art. 44 EGKSV weicht von Art. 187 EWGV insoweit ab, als er von »Entscheidungen« und nicht von »Urteilen« spricht, gemeint ist jedoch das gleiche.[1] Daß er ausdrücklich betont, die Entscheidungen seien »im Gebiet der Mitgliedstaaten« vollstreckbar, begründet ebenfalls keinen Unterschied; diese Einschränkung gilt auch im EWG-Recht, wie indirekt aus Art. 192 Abs. 2 Satz 2 EWGV hervorgeht.

Soweit allerdings Art. 192 EWGV hinsichtlich des bei der Zwangsvollstreckung anwendbaren Verfahrens von der ihm korrespondierenden Vorschrift von Art. 92 EGKSV abweicht,[2] übertragen sich die Unterschiede auch auf Art. 187 EWGV im Verhältnis zu Art. 44 EGKSV, da dieser auf Art. 92 des gleichen Vertrages verweist.

34 EuGH – Kommission/Irland, 61/77 R – Slg. 1977, 943.
35 A.a.O. (oben Fn. 34) 1414.
1 Vgl. unten Rn. 5.
2 Siehe hierzu Rn. 2 zu Art. 192.

2 2. Art. 159 EAGV entspricht praktisch wörtlich Art. 187 EWGV. Fraglich kann sein, ob sich für die Vollstreckbarkeit von Urteilen des EuGH ein Unterschied daraus ergibt, daß Art. 164 EAGV, auf den Art. 159 dieses Vertrages verweist, nicht den Satz enthält »Die Entscheidungen des Rates oder der Kommission, die eine Zahlung auferlegen, sind vollstreckbare Titel; dies gilt nicht gegenüber Staaten« (so aber Art. 192 Abs. 1 EWGV, auf den Art. 187 dieses Vertrages verweist). Die Frage ist sicherlich insofern zu verneinen, als sich auch nach EWG-Recht die Vollstreckbarkeit nicht auf gerichtliche Entscheidungen beschränkt, die zu einer Zahlung verurteilen.[3] Problematisch könnte lediglich sein, ob im EAG-Recht anders als im EWG-Recht eine Vollstreckung auch gegenüber Staaten möglich sein soll; das ist jedoch zu verneinen.

II. Inhalt und Tragweite von Artikel 187

3 1. Art. 187 erklärt die Urteile des EuGH für vollstreckbar, und zwar »gemäß Art. 192«, der die Zwangsvollstreckung von Entscheidungen des Rates und der Kommission zum Gegenstand hat.

Die Verweisung bezieht sich in erster Linie auf die Verfahrensvorschriften in Art. 192 Abs. 2 bis 4; insoweit ist daher auf die Anmerkungen zu diesen Vorschriften zu verweisen. Sie erstreckt sich aber darüber hinaus auch auf die Bestimmungen in Art. 192 Abs. 1, wonach eine Vollstreckung gegenüber Staaten ausgeschlossen ist.[4] Diese Auslegung wird durch Art. 171 bekräftigt, wonach der auf die Klage der Kommission oder eines anderen Mitgliedstaates hin unterlegene Staat selbst die erforderlichen Konsequenzen aus dem Urteil des EuGH zu ziehen hat.

Vollstreckungstitel sind nach Art. 187 allgemein »die Urteile des Gerichtshofes«, nach Art. 192 nur »Entscheidungen des Rates oder der Kommission, *die eine Zahlung auferlegen*«. Diese Gegenüberstellung zeigt, daß die in der letztgenannten Bestimmung enthaltene Beschränkung auf Zahlungsanordnungen für die Urteile nicht gilt; dafür spricht auch, daß der französische Text von Art. 187 »gemäß« mit »dans les conditions« wiedergibt, die Definition der vollstreckbaren Titel aber nichts mit den »Bedingungen« (d. h. den Modalitäten) der Zwangsvollstreckung zu tun hat.[5] Richtig ist allerdings, daß Entscheidungen des EuGH, die eine Zahlungsverpflichtung feststellen (insbesondere den Betrag der erstattungsfähigen Kosten festsetzen), *praktisch* den Hauptteil der Anwen-

3 Siehe unten Rn. 3.

4 Ebenso die *Amtlichen Erläuterungen der Bundesregierung* zu Art. 187; *Daig,* Gerichtsbarkeit, a.a.O., (Literaturhinweise zur Vorbemerkung) S. 163; *Wohlfarth* u.a., a.a.O., Anm. 1 zu Art. 187.

5 So auch die oben Fn. 4 genannten Autoren.

dungsfälle von Art. 187 darstellen werden, zumal da sonstige Entscheidungen des EuGH ihrer Natur nach häufig keiner Zwangsvollstreckung bedürfen oder einer solchen nicht zugänglich sind.

4 2. Der Auffassung, daß auch Urteile gegen Organe der Gemeinschaft nicht vollstreckbar seien,[6] kann in dieser Allgemeinheit nicht zugestimmt werden. Zwar ist es richtig, daß Urteile, die einen Gemeinschaftsakt für nichtig erklären oder die Pflichtwidrigkeit einer Unterlassung des Rates oder der Kommission feststellen, ihrer Natur nach (mit Ausnahme der Verurteilung in die Prozeßkosten) einer Zwangsvollstreckung nicht zugänglich sind, ganz abgesehen davon, daß es gemäß Art. 176 Abs. 1 ohnehin Sache des beklagten Organs ist, ein derartiges Urteil zu vollziehen. Wird dagegen ein Gemeinschaftsorgan – insbesondere etwa im Schadensersatzprozeß (Art. 178, 215) oder in dienstrechtlichen Verfahren (Art. 179) – zu einer Geldleistung verurteilt und kommt es seiner Verpflichtung nicht nach (was freilich praktisch schwer vorstellbar ist), so ist die Zwangsvollstreckung nicht ausgeschlossen. Das läßt sich indirekt Art. 1 PrivProt entnehmen, wonach »die Vermögensgegenstände und Guthaben der Gemeinschaften ... ohne Ermächtigung des Gerichtshofes nicht Gegenstand von Zwangsmaßnahmen der Verwaltungsbehörden oder Gerichte sein [dürfen]«; *mit* einer solchen Ermächtigung können sie es also sehr wohl sein. Dafür, daß diese Bestimmung nur auf die Zwangsvollstreckung von Urteilen *nationaler Gerichte* gemünzt sei, fehlt jeder Anhaltspunkt; es wäre auch erstaunlich, wenn das Gemeinschaftsrecht derartigen Urteilen einschneidendere Wirkungen zugebilligt hätte als den Entscheidungen des EuGH. Abgesehen von alledem folgt die hier dargelegte Auffassung auch daraus, daß Art. 192 Abs. 1 ausdrücklich nur die Zwangsvollstreckung gegen *Staaten* ausschließt, die Gemeinschaftsorgane dagegen nicht erwähnt; das Schweigen zu einer so naheliegenden Frage kann schwerlich als Versehen gedeutet werden.

5 3. Nicht nur »Urteile«, sondern auch sonstige Entscheidungen des EuGH, soweit sie einer Zwangsvollstreckung zugänglich sind, gehören zu den vollstreckbaren Titeln,[7] also z. B. einstweilige Anordnungen (vgl. Art. 86 § 2 VerfO), Kostenfestsetzungsbeschlüsse (vgl. Art. 74 § 2 VerfO) oder Kostenentscheidungen in Beschlüssen, mit denen ein Rechtsstreit auf andere Weise als durch Urteil erledigt wird (vgl. etwa Art. 69 § 4 VerfO).

6 4. Soweit Entscheidungen des EuGH – z. B. Urteile, die eine von der Kommission verhängte Geldbuße herabsetzen – die geschuldete Summe beziffern, folgt aus ihrer Vollstreckbarkeit, daß der Umfang der Verbindlichkeit durch den in Landeswährung ausgedrückten Betrag bestimmt wird, nicht durch den etwa außerdem angegebenen

6 *Amtliche Erläuterungen,* a.a.O.

7 Ebenso die oben (Fn. 4) genannten Autoren. Auch die VerfO steht auf dem Boden dieser Auffassung (s. deren im Text erwähnte Bestimmungen).

Betrag in Rechnungseinheiten (RE; jetzt »ECU«), da die Rechnungseinheit keine Währung ist, in der Zahlungen vorgenommen und Verbindlichkeiten ohne weiteres vollstreckt werden können.[8]

Artikel 188 [Satzung – Verfahrensordnung]

Die Satzung des Gerichtshofes wird in einem besonderen Protokoll festgelegt.
Der Gerichtshof erläßt seine Verfahrensordnung. Sie bedarf der einstimmigen Genehmigung des Rates.

Literaturhinweise

Jung, Hans, Änderungen der Verfahrensordnung des Gerichtshofs der Europäischen Gemeinschaften, in: EuR 1980, S. 372–382

Inhaltsübersicht

I. Vergleich mit EAG- und EGKS-Recht

1 1. Art. 188 EWGV entspricht wörtlich Art. 160 EAGV. Der EGKSV erwähnt lediglich die Satzung des Gerichtshofes, indem er feststellt, daß sie durch ein Zusatzprotokoll zu diesem Vertrag festgelegt wird (Art. 45). Von der VerfO ist erst in diesem Protokoll die Rede, dessen Art. 44 in seinen beiden ersten Sätzen wörtlich mit Art. 188 Abs. 2 EWGV übereinstimmt.

2 a) Obwohl gemäß Art. 3, 4 AbkGemOrg die Zuständigkeiten, welche die drei Gemeinschaftsverträge »dem« Gerichtshof übertragen, durch einen einzigen Gerichtshof – den seit 1958 bestehenden Gerichtshof der Europäischen Gemeinschaften – ausgeübt werden, haben die Vertragschließenden keine einheitliche Satzung ausgearbeitet, sondern die EGKS-Satzung (mit den sich aus Art. 4 Nr. 2 des genannten Abkommens

8 EuGH – Générale Sucrière u. a./Kommission, 41, 43 und 44/73 – Slg. 1977, 462; GA *Warner,* Slg. 1977, 468.

ergebenden Änderungen) bestehen lassen und für EWG- und EAG-Bereich je eine gesonderte Satzung geschaffen. Dies erschien im Hinblick auf die Eventualität erforderlich, daß der eine oder der andere der neuen Verträge mangels Ratifizierung nicht in Kraft treten würde.

3 b) EWG- und EAG-Satzung, die im gleichen Zeitraum entstånden sind, gleichen einander (abgesehen davon, daß jede von ihnen jeweils auf denjenigen Vertrag verweist, dessen Bestandteil sie bildet) wörtlich; die einzige Ausnahme besteht darin, daß Art. 20 EAG-Satzung keine Entsprechung in der EWG-Satzung hat, weil er ein besonderes Klageverfahren regelt, die eine Besonderheit des Euratomrechts bilden. Demnach stimmen Art. 1 bis 19, 20 bis 46 EWG-Satzung mit Art. 1 bis 19, 21 bis 47 EAG-Satzung überein.

4 c) Für den Vergleich mit der EGKS-Satzung und deren Verhältnis zu den beiden anderen Satzungen wird auf die Darlegungen von *Wolf* im HER verwiesen.

5 2. Im Gegensatz zu den Satzungen besteht nur eine einzige VerfO. Diese ist somit gemeinsames Recht aller Gemeinschaften; soweit erforderlich, geht sie allerdings auf die Besonderheiten eines jeden der drei Vertragswerke ein (vgl. z. B. Art. 101, 103, 105 bis 107).

II. Satzung des Gerichtshofes der EWG (EWG-Satzung)

6 1. Die EWG-Satzung ist, wie sich aus Art. 239 EWGV ergibt, »Bestandteil dieses Vertrages« und steht daher mit diesem auf gleicher Rangstufe, was bedeutet, daß es begrifflich ausgeschlossen ist, irgendeine ihrer Bestimmungen wegen angeblicher Unvereinbarkeit mit dem eigentlichen Vertragstext als rechtswidrig anzusehen; etwaige Widersprüche sind im Wege der Interpretation auszuräumen.

7 2. In ihrer Thematik – Rechtsstellung der Mitglieder, Organisation des EuGH, Verfahrensregeln – gleicht die Satzung der VerfO; sie enthält diejenigen Vorschriften, mit denen die Gründerstaaten den Vertragstext nicht belasten wollten, die sie jedoch nicht der VerfO – und damit der Federführung (Art. 188 Abs. 2) des EuGH[1] – überlassen konnten (z. B. Grundfragen des Status der Richter und GA) oder wollten (z. B. fundamentale Verfahrensbestimmungen).

III. Die Verfahrensordnung des Gerichtshofes (VerfO)

8 1. Die VerfO des seinerzeitigen Gerichtshofes der EGKS konnte nach Inkrafttreten der Verträge von Rom nicht unverändert bestehen bleiben, da sie deren Besonderheiten

1 Vgl. unten Rn. 9.

naturgemäß nicht Rechnung trug. Demgemäß bestimmte Art. 244 Abs. 2 EWGV (ebenso Art. 212 Abs. 2 EAGV), daß der neukonstituierte Gerichtshof der Europäischen Gemeinschaften »binnen drei Monaten nach Aufnahme seiner Tätigkeit seine Verfahrensordnung [festzulegen]« hatte. Obwohl diese Vorschriften formal nicht das EGKS-Recht betrafen, bestand bei allen Beteiligten Übereinstimmung darüber, daß sie vernünftigerweise als Auftrag zum Erlaß einer für alle drei Gemeinschaften einheitlichen neuen VerfO zu verstehen waren.

Diese erste VerfO des neukonstituierten Gerichtshofes wurde am 3. 3. 1959 erlassen. Nach dem Beitritt Dänemarks, Irlands und des Vereinigten Königreichs war es gemäß Art. 142 Nr. 4 der Beitrittsakte erforderlich, die VerfO »anzupassen«. Dies geschah nicht in der Form eines punktuellen Änderungsbeschlusses, sondern – wohl aus Gründen der Rechtsklarheit – durch Erlaß einer neuen VerfO,[2] die allerdings auf weite Strecken die Regelung ihrer Vorgängerin bestehen ließ. Diese neue VerfO wurde wiederholt geändert[3]; in jüngster Zeit wurde eine diese Änderungen berücksichtigende, nicht rechtsverbindliche »kodifizierte« Fassung veröffentlicht.[4]

9 2. Der EuGH »erläßt« die VerfO, die jedoch der einstimmigen Genehmigung des Rates bedarf; dieses Verfahren gilt nicht nur für den erstmaligen Erlaß, sondern zugleich für jede künftige Änderung.

Diese Form des Zusammenwirkens der beiden genannten Organe bedeutet nicht nur, daß der EuGH den endgültigen Text formell »feststellt« und als eigenen Rechtsakt veröffentlicht, sondern vor allem, daß er bei der Ausarbeitung der Vorschriften »federführend« ist; das Verfahren spielt sich so ab, oder sollte sich so abspielen, daß der EuGH einen fertigen begründeten Entwurf vorlegt und der Rat, wenn überhaupt, nur punktuelle Kritik äußert, nicht aber vollständige Gegenentwürfe produziert (vgl. auch Art. 244 Abs. 2 EWGV: »Der Gerichtshof legt . . . seine Verfahrensordnung fest«). Zwar gibt die Genehmigungspflicht dem Rat theoretisch die Möglichkeit, seine Vorstellungen bis ins Kleinste durchzusetzen; praktisch jedoch liegt der Schwerpunkt der Rechtsetzungskompetenz beim EuGH, dem entscheidender Einfluß auf Thematik und Einzelinhalt der VerfO zukommt. Solange die Gemeinschaft nicht über ein mit echten legislativen Befugnissen ausgestattetes Parlament verfügt, ist in der Tat kein Organ zur Festlegung der Einzelbestimmungen ihres Prozeßrechts berufener als der EuGH. Andererseits ist es allerdings, wie ein Blick auf die nationalen Rechtsordnungen zeigt, keineswegs

2 VerfO vom 4. 12. 1974, ABl. 1974 Nr. L 350 S. 1; HER I A 63/1, S. 99 ff.
3 Siehe ABl. 1979 Nr. L 238 S. 1, ABl. 1981 Nr. L 199 S. 1 und 3. Wegen einiger wichtiger Änderungspunkte vgl. Rn. 9, 10 zu Art. 165, Rn. 6 zu Art. 166 sowie *Jung*, a.a.O.
4 ABl. 1982 Nr. C 39 S. 1 ff.

ungewöhnlich, sondern eher die Regel, daß den Gerichten für den Erlaß von Verfahrensvorschriften keine oder nur eine eingeschränkte Mitwirkungsbefugnis zugestanden wird; in vergleichender Betrachtung genießt der EuGH somit eine relativ starke Autonomie.

Das Genehmigungsprivileg des Rates erklärt sich einmal dadurch, daß zahlreiche Verfahrensbestimmungen die Rechte und Pflichten der Prozeßparteien – oft sogar intensiv – berühren und daß die Gefahr allzu »egozentrischer« Rechtsetzung bestünde, würde man die Regelung des »Prozeßrechtsverhältnisses« zwischen Gericht und Parteien allein dem Gericht überlassen. Weiterhin ist darauf hinzuweisen, daß gemäß Art. 44 EWG-Satzung »die in Artikel 188 dieses Vertrages vorgesehene Verfahrensordnung ... außer den nach dieser Satzung zu erlassenden Bestimmungen alle sonstigen Vorschriften [enthält], die für die Anwendung dieser Satzung und erforderlichenfalls für ihre *Ergänzung* notwendig sind«. Die EWG-Satzung ist integrierender Bestandteil des EWG-Vertrages;[5] ihre eventuelle »Ergänzung« kann daher nicht dem EuGH allein überlassen bleiben.

10 3. Außer der VerfO hat der EuGH noch folgende prozessuale Vorschriften erlassen:

- die »Zusätzliche Verfahrensordnung« (ZusVerfO);[6]
- die »Dienstanweisung für den Kanzler« (DienstanwK).[7]

11 4. Als von einem Gemeinschaftsorgan erlassene Vorschrift gehört die VerfO dem sekundären Gemeinschaftsrecht an und steht somit im Rang unter den Verträgen. Als »Verordnung« i.S. von Art. 189 EWGV kann man sie nicht bezeichnen, weil derartige Akte diesem Artikel zufolge nur von Rat oder Kommission erlassen werden können. Sie steht den Verordnungen aber nahe, weil sie wie diese »allgemeine Geltung« hat, »in allen ihren Teilen verbindlich« ist und »unmittelbar in jedem Mitgliedstaat gilt« (Art. 189 Abs. 2).

Mit der Nichtigkeitsklage kann sie nicht angegriffen werden, weil sie weder vom Rat noch von der Kommission herrührt (vgl. Art. 173 Abs. 1 EWGV). Dagegen zählt sie zu den »Handlungen der Organe der Gemeinschaft« i.S. von Art. 177 Abs. 1, b) EWGV, so daß der EuGH im Wege der Vorabentscheidung über ihre Auslegung[8] und folgerichtig auch über ihre Gültigkeit entscheiden kann. Was Art. 184 EWGV betrifft, so ist er seinem

5 Siehe oben Rn. 6.

6 Erlassen am 4. 12. 1974 (ABl. 1974 Nr. L 350 S. 29); geändert am 16. 9. 1981 (ABl. 1981 Nr. L 282 S. 1). Eine diese Änderung berücksichtigende, nicht rechtsverbindliche »kodifizierte« Fassung ist in ABl. 1982 Nr. C 39 S. 31 ff. abgedruckt.

7 Erlassen am 4. 12. 1974 (ABl. 1974 Nr. L 350 S. 33); eine (unveränderte) nicht rechtsverbindliche »kodifizierte« Fassung ist in ABl. 1982 Nr. C 39 S. 35 ff. abgedruckt.

8 EuGH – Bollmann/Hauptzollamt, 62/72 – Slg. 1973, 274.

Wortlaut nach auf die VerfO nicht anwendbar, weil er die Einrede der Rechtswidrigkeit nur gegen »Verordnungen des Rates oder der Kommission« gewährt; doch wird man den diesem Artikel zugrundeliegenden Gedanken insofern analog heranziehen können, als es einer Partei gestattet sein muß, die »Unanwendbarkeit« einer mit primärem Gemeinschaftsrecht unvereinbaren Bestimmung der VerfO erfolgreich geltend zu machen.

PROTOKOLL

über die Satzung des Gerichtshofes der Europäischen Wirtschaftsgemeinschaft

vom 17. April 1957 (BGBl. II S. 1166 vom 19. 8. 1957)

DIE HOHEN VERTRAGSPARTEIEN DES VERTRAGES ZUR GRÜNDUNG DER EUROPÄISCHEN WIRTSCHAFTSGEMEINSCHAFT –

IN DEM WUNSCH, die in Artikel 188 dieses Vertrags vorgesehene Satzung des Gerichtshofes festzulegen –

HABEN zu diesem Zweck zu ihren Bevollmächtigten ERNANNT:

SEINE MAJESTÄT DER KÖNIG DER BELGIER:

Baron J. Ch. SNOY et d'OPPUERS. Generalsekretär des Wirtschaftsministeriums, Leiter der belgischen Delegation bei der Regierungskonferenz;

DER PRÄSIDENT DER BUNDESREPUBLIK DEUTSCHLAND:

Herrn Professor Dr. Carl Friedrich OPHUELS, Botschafter der Bundesrepublik Deutschland, Leiter der deutschen Delegation bei der Regierungskonferenz;

DER PRÄSIDENT DER FRANZÖSISCHEN REPUBLIK:

Herrn Robert MARJOLIN, ordentlicher Professor der Rechte, stellvertretender Leiter der französischen Delegation bei der Regierungskonferenz;

DER PRÄSIDENT DER ITALIENISCHEN REPUBLIK:

Herrn V. BADINI CONFALONIERI, Unterstaatssekretär für Auswärtige Angelegenheiten, Leiter der italienischen Delegation bei der Regierungskonferenz;

IHRE KÖNIGLICHE HOHEIT DIE GROSSHERZOGIN VON LUXEMBURG:

Herrn Lambert SCHAUS, Botschafter des Großherzogtums Luxemburg, Leiter der luxemburgischen Delegation bei der Regierungskonferenz;

IHRE MAJESTÄT DIE KÖNIGIN DER NIEDERLANDE:

Herrn J. LINTHORST HOMAN, Leiter der niederländischen Delegation bei der Regierungskonferenz;

DIESE SIND nach Austausch ihrer in guter und gehöriger Form befundenen Vollmachten

über folgende Bestimmungen ÜBEREINGEKOMMEN, die dem Vertrag zur Gründung der Europäischen Wirtschaftsgemeinschaft als Anhang beigefügt sind.

Artikel 1

Für die Errichtung und die Tätigkeit des durch Artikel 4 dieses Vertrags geschaffenen Gerichtshofes gelten die Bestimmungen dieses Vertrages und dieser Satzung.

TITEL I

Die Richter und die Generalanwälte

Artikel 2

Jeder Richter leistet vor Aufnahme seiner Amtstätigkeit in öffentlicher Sitzung den Eid, sein Amt unparteiisch und gewissenhaft auszuüben und das Beratungsgeheimnis zu wahren.

Artikel 3

Die Richter sind keiner Gerichtsbarkeit unterworfen. Hinsichtlich ihrer in amtlicher Eigenschaft vorgenommenen Handlungen, einschließlich ihrer mündlichen und schriftlichen Äußerungen, steht ihnen diese Befreiung auch nach Abschluß ihrer Amtstätigkeit zu.

Der Gerichtshof kann die Befreiung durch Plenarentscheidung aufheben.

Wird nach Aufhebung der Befreiung ein Strafverfahren gegen einen Richter eingeleitet, so darf dieser in jedem Mitgliedstaat nur vor ein Gericht gestellt werden, das für Verfahren gegen Richter der höchsten Gerichte dieses Mitgliedstaates zuständig ist.

Artikel 4

Die Richter dürfen weder ein politisches Amt noch ein Amt in der Verwaltung ausüben.

Sie dürfen keine entgeltliche oder unentgeltliche Berufstätigkeit ausüben, es sei denn, daß der Rat ausnahmsweise von dieser Vorschrift Befreiung erteilt.

Bei der Aufnahme ihrer Tätigkeit übernehmen sie die feierliche Verpflichtung, während der Ausübung und nach Ablauf ihrer Amtstätigkeit die sich aus ihrem Amt ergebenden Pflichten zu erfüllen, insbesondere die Pflicht, bei der Annahme gewisser Tätigkeiten oder Vorteile nach Ablauf dieser Tätigkeit ehrenhaft und zurückhaltend zu sein.

Im Zweifelsfalle entscheidet der Gerichtshof.

Artikel 5

Abgesehen von den regelmäßigen Neubesetzungen und von Todesfällen endet das Amt eines Richters durch Rücktritt.

Bei Rücktritt eines Richters ist das Rücktrittsschreiben an den Präsidenten des Gerichtshofes zur Weiterleitung an den Präsidenten des Rates zu richten. Mit der Benachrichtigung des letzteren wird der Sitz frei.

Mit Ausnahme der Fälle, in denen Artikel 6 Anwendung findet, bleibt jeder Richter bis zum Amtsantritt seines Nachfolgers im Amt.

Artikel 6

Ein Richter kann nur dann seines Amtes enthoben oder seiner Ruhegehaltsansprüche oder anderer an ihrer Stelle gewährten Vergünstigungen für verlustig erklärt werden, wenn er nach einstimmigem Urteil der Richter und Generalanwälte des Gerichtshofes nicht mehr die erforderlichen Voraussetzungen erfüllt oder den sich aus seinem Amt ergebenden Verpflichtungen nicht mehr nachkommt. Der Betroffene wirkt bei der Beschlußfassung nicht mit.

Der Kanzler bringt den Präsidenten der Versammlung und der Kommission die Entscheidung des Gerichtshofs zur Kenntnis und übermittelt sie dem Präsidenten des Rates.

Wird durch eine solche Entscheidung ein Richter seines Amtes enthoben, so wird sein Sitz mit der Benachrichtigung des Präsidenten des Rates frei.

Artikel 7

Endet das Amt eines Richters vor Ablauf seiner Amtszeit, so wird es für die verbleibende Amtszeit neu besetzt.

Artikel 8

Die Artikel 2 bis 7 finden auf die Generalanwälte Anwendung.

TITEL II

Organisation

Artikel 9

Der Kanzler leistet vor dem Gerichtshof den Eid, sein Amt unparteiisch und gewissenhaft auszuüben und das Beratungsgeheimnis zu wahren.

Artikel 10

Der Gerichtshof regelt die Vertretung des Kanzlers für den Fall seiner Verhinderung.

Artikel 11

Dem Gerichtshof werden Beamte und sonstige Bedienstete beigegeben, um ihm die Erfüllung seiner Aufgaben zu ermöglichen. Sie unterstehen dem Kanzler unter Aufsicht des Präsidenten.

Artikel 12

Der Rat kann durch einstimmigen Beschluß auf Vorschlag des Gerichtshofes die Ernennung von Hilfsberichterstattern vorsehen und ihre Stellung bestimmen. Die Hilfsberichterstatter können nach Maßgabe der Verfahrensordnung berufen werden, an der Bearbeitung der beim Gerichtshof anhängigen Sachen teilzunehmen und mit dem Berichterstatter zusammenzuarbeiten.

Zu Hilfsberichterstattern sind Persönlichkeiten auszuwählen, die jede Gewähr für Unabhängigkeit bieten und die erforderlichen juristischen Befähigungsnachweise erbringen; sie werden vom Rat ernannt. Sie leisten vor dem Gerichtshof den Eid, ihr Amt unparteiisch und gewissenhaft auszuüben und das Beratungsgeheimnis zu wahren.

Artikel 13

Die Richter, die Generalanwälte und der Kanzler sind verpflichtet, am Sitz des Gerichtshofes zu wohnen.

Artikel 14

Der Gerichtshof übt seine Tätigkeit ständig aus. Die Dauer der Gerichtsferien wird vom Gerichtshof unter Berücksichtigung der dienstlichen Erfordernisse festgesetzt.

Artikel 15[1]

Der Gerichtshof kann nur in der Besetzung mit einer ungeraden Zahl von Richtern rechtswirksam entscheiden. Die in Vollsitzungen getroffenen Entscheidungen des Gerichtshofes sind gültig, wenn sieben Richter anwesend sind. Die Entscheidungen der Kammern sind nur dann gültig, wenn sie von drei Richtern getroffen werden; bei Verhinderung eines Richters einer Kammer kann nach Maßgabe der Verfahrensordnung ein Richter einer anderen Kammer herangezogen werden.

Artikel 16

Die Richter und Generalanwälte dürfen nicht an der Erledigung einer Sache teilnehmen, in der sie vorher als Bevollmächtigte, Beistände oder Anwälte einer der Parteien tätig gewesen sind oder über die zu befinden sie als Mitglied eines Gerichts, eines Untersuchungsausschusses oder in anderer Eigenschaft berufen waren.

Glaubt ein Richter oder Generalanwalt bei der Entscheidung oder Untersuchung einer bestimmten Sache aus einem besonderen Grund nicht mitwirken zu können, so macht er davon dem Präsidenten Mitteilung. Hält der Präsident die Teilnahme eines Richters oder Generalanwalts an der Verhandlung oder Entscheidung einer bestimmten Sache aus einem besonderen Grund für unangebracht, so setzt er diesen hiervon in Kenntnis.

Ergibt sich bei der Anwendung dieses Artikels eine Schwierigkeit, so entscheidet der Gerichtshof.

Eine Partei kann den Antrag auf Änderung der Zusammensetzung des Gerichtshofes oder einer seiner Kammern weder mit der Staatsangehörigkeit eines Richters noch damit begründen, daß dem Gerichtshof oder einer seiner Kammern kein Richter ihrer Staatsangehörigkeit angehört.

1 Geändert durch Beitrittsakte vom 22. 1. 1972, ABl. (Sonderausgabe) 1972 Nr. L 73 S. 5.

TITEL III

Verfahren

Artikel 17

Die Staaten sowie die Organe der Gemeinschaft werden vor dem Gerichtshof durch einen Bevollmächtigten vertreten, der für jede Sache bestellt wird; der Bevollmächtigte kann sich der Hilfe eines Beistands oder eines Anwalts bedienen, der in einem Mitgliedstaat zugelassen ist.

Die anderen Parteien müssen durch einen Anwalt vertreten sein, der in einem Mitgliedstaat zugelassen ist.

Die vor dem Gerichtshof auftretenden Bevollmächtigten, Beistände und Anwälte genießen nach Maßgabe der Verfahrensordnung die zur unabhängigen Ausübung ihrer Aufgaben erforderlichen Rechte und Sicherheiten.

Der Gerichtshof hat nach Maßgabe dieser Verfahrensordnung gegenüber den vor ihm auftretenden Beiständen und Anwälten die den Gerichten üblicherweise zuerkannten Befugnisse.

Hochschullehrer, die Angehörige von Mitgliedstaaten sind, deren Rechtsordnung ihnen gestattet, vor Gericht als Vertreter einer Partei aufzutreten, haben vor dem Gerichtshof die durch diesen Artikel den Anwälten eingeräumte Rechtsstellung.

Artikel 18

Das Verfahren vor dem Gerichtshof gliedert sich in ein schriftliches und ein mündliches Verfahren.

Das schriftliche Verfahren umfaßt die Übermittlung der Klageschriften, Schriftsätze, Klagebeantwortungen und Erklärungen und gegebenenfalls der Repliken sowie aller zur Unterstützung vorgelegten Belegstücke und Urkunden oder ihrer beglaubigten Abschriften an die Parteien sowie an diejenigen Organe der Gemeinschaft, deren Entscheidungen Gegenstand des Verfahrens sind.

Die Übermittlung obliegt dem Kanzler in der Reihenfolge und innerhalb der Fristen, welche die Verfahrensordnung bestimmt.

Das mündliche Verfahren umfaßt die Verlesung des von einem Berichterstatter vorgelegten Berichts, die Anhörung der Bevollmächtigten, Beistände und Anwälte und der Schlußanträge des Generalanwalts durch den Gerichtshof sowie gegebenenfalls die Vernehmung von Zeugen und Sachverständigen.

Artikel 19

Die Klageerhebung bei dem Gerichtshof erfolgt durch Einreichung einer an den Kanzler zu richtenden Klageschrift. Die Klageschrift muß Namen und Wohnsitz des Klägers, die Stellung des Unterzeichnenden, die Partei, gegen welche die Klage erhoben wird, und den Streitgegenstand angeben sowie die Anträge und eine kurze Darstellung der Klagegründe enthalten.

Ihr ist gegebenenfalls der Wortlaut des Aktes beizufügen, dessen Nichtigerklärung beantragt wird, oder in dem in Artikel 175 dieses Vertrags geregelten Fall eine Unterlage, aus der sich der Zeitpunkt der in dem genannten Artikel vorgesehenen Aufforderung ergibt. Sind der Klageschrift diese Unterlagen nicht beigefügt, so fordert der Kanzler den Kläger auf, sie innerhalb einer angemessenen Frist beizubringen; die Klage kann nicht deshalb zurückgewiesen werden, weil die Beibringung erst nach Ablauf der für die Klageerhebung vorgeschriebenen Frist erfolgt.

Artikel 20

In den in Artikel 177 dieses Vertrages geregelten Fällen obliegt es dem Gericht des Mitgliedstaates, das ein Verfahren aussetzt und den Gerichtshof anruft, diese Entscheidung dem Gerichtshof zu übermitteln. Der Kanzler des Gerichtshofes stellt diese Entscheidung den beteiligten Parteien, den Mitgliedstaaten und der Kommission zu und außerdem dem Rat, sofern die Gültigkeit oder Auslegung einer Handlung des Rates streitig ist.

Binnen zwei Monaten nach dieser Zustellung können die Parteien, die Mitgliedstaaten, die Kommission und gegebenenfalls der Rat beim Gerichtshof Schriftsätze einreichen oder schriftliche Erklärungen abgeben.

Artikel 21

Der Gerichtshof kann von den Parteien die Vorlage aller Urkunden und die Erteilung aller Auskünfte verlangen, die er für wünschenswert hält. Im Falle einer Weigerung stellt der Gerichtshof dies ausdrücklich fest.

Der Gerichtshof kann ferner von den Mitgliedstaaten und den Organen, die nicht Parteien in einem Rechtsstreit sind, alle Auskünfte verlangen, die er für die Regelung dieses Rechtsstreits erforderlich erachtet.

Artikel 22

Der Gerichtshof kann jederzeit Personen, Personengemeinschaften, Dienststellen, Ausschüsse oder Einrichtungen seiner Wahl mit der Abgabe von Gutachten betrauen.

Artikel 23

Zeugen können nach Maßgabe der Verfahrensordnung vernommen werden.

Artikel 24

Nach Maßgabe der Verfahrensordnung kann der Gerichtshof gegenüber ausbleibenden Zeugen die den Gerichten allgemein zuerkannten Befugnisse ausüben und Geldbußen verhängen.

Artikel 25

Zeugen und Sachverständige können unter Benutzung der in der Verfahrensordnung vorgeschriebenen Eidesformel oder in der in der Rechtsordnung ihres Landes vorgesehenen Weise eidlich vernommen werden.

Artikel 26

Der Gerichtshof kann anordnen, daß ein Zeuge oder Sachverständiger von dem Gericht seines Wohnsitzes vernommen wird.

Diese Anordnung ist gemäß den Bestimmungen der Verfahrensordnung zur Ausführung an das zuständige Gericht zu richten. Die in Ausführung des Rechtshilfeersuchens abgefaßten Schriftstücke werden dem Gerichtshof nach denselben Bestimmungen übermittelt.

Der Gerichtshof übernimmt die anfallenden Auslagen; er erlegt sie gegebenenfalls den Parteien auf.

Artikel 27

Jeder Mitgliedstaat behandelt die Eidesverletzung eines Zeugen oder Sachverständigen wie eine vor seinen eigenen in Zivilsachen zuständigen Gerichten begangene Straftat. Auf Anzeige des Gerichtshofes verfolgt er den Täter vor seinen zuständigen Gerichten.

Artikel 28

Die Verhandlung ist öffentlich, es sei denn, daß der Gerichtshof von Amts wegen oder auf Antrag der Parteien aus wichtigen Gründen anders beschließt.

Artikel 29

Der Gerichtshof kann während der Verhandlung Sachverständige, Zeugen sowie die Parteien selbst vernehmen. Für die letzteren können jedoch nur ihre bevollmächtigten Vertreter mündlich verhandeln.

Artikel 30

Über jede mündliche Verhandlung ist ein vom Präsidenten und vom Kanzler zu unterschreibendes Protokoll aufzunehmen.

Artikel 31

Die Terminliste wird vom Präsidenten festgelegt.

Artikel 32

Die Beratungen des Gerichtshofes sind und bleiben geheim.

Artikel 33

Die Urteile sind mit Gründen zu versehen. Sie enthalten die Namen der Richter, die bei der Entscheidung mitgewirkt haben.

Artikel 34

Die Urteile sind vom Präsidenten und vom Kanzler zu unterschreiben. Sie werden in öffentlichen Sitzungen verlesen.

Artikel 35

Der Gerichtshof entscheidet über die Kosten.

Artikel 36

Der Präsident des Gerichtshofes kann nach einem abgekürzten Verfahren, das erforderlichenfalls von einzelnen Bestimmungen dieser Satzung abweichen kann und in der Verfahrensordnung geregelt ist, über Anträge auf Aussetzung gemäß Artikel 185 dieses Vertrages, auf Erlaß einstweiliger Anordnungen gemäß Artikel 186 oder auf Aussetzung der Zwangsvollstreckung gemäß Artikel 192 Absatz 4 entscheiden.

Bei Verhinderung des Präsidenten wird dieser durch einen anderen Richter nach Maßgabe der Verfahrensordnung vertreten.

Die von dem Präsidenten oder seinem Vertreter getroffene Anordnung stellt eine einstweilige Regelung dar und greift der Entscheidung des Gerichtshofes in der Hauptsache nicht vor.

Artikel 37

Die Mitgliedstaaten und die Organe der Gemeinschaft können einem bei dem Gerichtshof anhängigen Rechtsstreit beitreten.

Dasselbe gilt für alle anderen Personen, die ein berechtigtes Interesse am Ausgang eines bei dem Gerichtshof anhängigen Rechtsstreits glaubhaft machen; ausgenommen davon sind Rechtsstreitigkeiten zwischen Mitgliedstaaten, zwischen Organen der Gemeinschaft oder zwischen Mitgliedstaaten und Organen der Gemeinschaft.

Mit den auf Grund des Beitritts gestellten Anträgen können nur die Anträge einer Partei unterstützt werden.

Artikel 38

Stellt der ordnungsmäßig geladene Beklagte keine schriftlichen Anträge, so ergeht gegen ihn Versäumnisurteil. Gegen dieses Urteil kann binnen einem Monat nach Zustellung Einspruch eingelegt werden. Der Einspruch hat keine Aussetzung der Vollstreckung aus dem Versäumnisurteil zur Folge, es sei denn, daß der Gerichtshof anders beschließt.

Artikel 39

Mitgliedstaaten, Organe der Gemeinschaft und alle sonstigen natürlichen und juristischen Personen können nach Maßgabe der Verfahrensordnung in den dort genannten Fällen Drittwiderspruch gegen ein Urteil erheben, wenn dieses Urteil ihre Rechte beeinträchtigt und in einem Rechtsstreit erlassen worden ist, an dem sie nicht teilgenommen haben.

Artikel 40

Bestehen Zweifel über Sinn und Tragweite eines Urteils, so ist der Gerichtshof zuständig, dieses Urteil auf Antrag einer Partei oder eines Organs der Gemeinschaft auszulegen, wenn diese ein berechtigtes Interesse hieran glaubhaft machen.

Artikel 41

Die Wiederaufnahme des Verfahrens kann beim Gerichtshof nur dann beantragt werden, wenn eine Tatsache von entscheidender Bedeutung bekannt wird, die vor Verkündung des Urteils dem Gerichtshof und der die Wiederaufnahme beantragenden Partei unbekannt war.

Das Wiederaufnahmeverfahren wird durch eine Entscheidung des Gerichtshofes eröffnet, die das Vorliegen der neuen Tatsache ausdrücklich feststellt, ihr die für die Eröffnung des Wiederaufnahmeverfahrens erforderlichen Merkmale zuerkennt und deshalb den Antrag für zulässig erklärt.

Nach Ablauf von zehn Jahren nach Erlaß des Urteils kann kein Wiederaufnahmeverfahren mehr gestellt werden.

Artikel 42

In der Verfahrensordnung sind besondere den Entfernungen Rechnung tragende Fristen festzulegen.

Der Ablauf von Fristen hat keinen Rechtsnachteil zur Folge, wenn der Betroffene nachweist, daß ein Zufall oder ein Fall höherer Gewalt vorliegt.

Artikel 43

Die aus außervertraglicher Haftung der Gemeinschaft hergeleiteten Ansprüche verjähren in fünf Jahren nach Eintritt des Ereignisses, das ihnen zugrunde liegt. Die Verjährung wird durch Einreichung der Klageschrift beim Gerichtshof oder dadurch unterbrochen, daß der Geschädigte seinen Anspruch vorher gegenüber dem zuständigen Organ der Gemeinschaft geltend macht. In letzterem Fall muß die Klage innerhalb der in Artikel 173 vorgesehenen Frist von zwei Monaten erhoben werden; gegebenenfalls findet Artikel 175 Absatz 2 Anwendung.

Artikel 44

Die in Artikel 188 dieses Vertrags vorgesehene Verfahrensordnung des Gerichtshofes enthält außer den nach dieser Satzung zu erlassenden Bestimmungen alle sonstigen Vorschriften, die für Anwendung dieser Satzung und erforderlichenfalls für ihre Ergänzung notwendig sind.

Artikel 45

Durch einstimmigen Beschluß kann der Rat die Bestimmungen dieser Satzung ergänzen, um sie den Notwendigkeiten anzupassen, die sich aus den gemäß Artikel 165 Absatz 4 dieses Vertrags getroffenen Maßnahmen ergeben.

Artikel 46

Der Präsident des Rates lost unmittelbar nach der Eidesleistung die Richter und Generalanwälte aus, deren Stellen nach Ablauf der ersten drei Jahre gemäß Artikel 167 Absatz 2 und 3 dieses Vertrages neu besetzt werden.

ZU URKUND DESSEN haben die unterzeichneten Bevollmächtigten ihre Unterschriften unter dieses Protokoll gesetzt.

Geschehen zu Brüssel,

am siebzehnten April neunzehnhundertsiebenundfünfzig.

(Unterschriften)

VERFAHRENSORDNUNG

des Gerichtshofes der Europäischen Gemeinschaften

vom 4. Dezember 1974

(Amtsblatt der Europäischen Gemeinschaften Nr. L 350 vom 28. 12. 1974 S. 1),
in der kodifizierten Fassung vom 15. Februar 1982
(Amtsblatt Nr. C 39 S. 1) vom 15. Februar 1982
mit den Änderungen aufgrund nachstehender Rechtsakte:

1. Änderungen der Verfahrensordnung des Gerichtshofes der Europäischen Gemeinschaften vom 12. September 1979 (Amtsblatt Nr. L 238 vom 21. September 1979 S. 1)

2. Änderung der Verfahrensordnung des Gerichtshofes der Europäischen Gemeinschaften vom 27. Mai 1981 (Amtsblatt Nr. L 199 vom 20. Juli 1981 S. 1)

3. Beschluß des Gerichtshofes vom 11. März 1981 zur Änderung der Anlagen I und II zur Verfahrensordnung (Amtsblatt Nr. L 199 vom 20. Juli 1981 S. 3)

Inhalt

EINGANGSBESTIMMUNG

Artikel 1

In dieser Verfahrensordnung werden bezeichnet:

- der Vertrag über die Gründung der Europäischen Gemeinschaft für Kohle und Stahl als »EGKS-Vertrag«
- das Protokoll über die Satzung des Gerichtshofes der Europäischen Gemeinschaft für Kohle und Stahl als »EGKS-Satzung«
- der Vertrag zur Gründung der Europäischen Wirtschaftsgemeinschaft als »EWG-Vertrag«
- das Protokoll über die Satzung des Gerichtshofes der Europäischen Wirtschaftsgemeinschaft als »EWG-Satzung«
- der Vertrag zur Gründung der Europäischen Atomgemeinschaft als »EAG-Vertrag«
- das Protokoll über die Satzung des Gerichtshofes der Europäischen Atomgemeinschaft als »EAG-Satzung«

In dieser Verfahrensordnung umfaßt der Ausdruck »Organ« die Organe der Europäischen Gemeinschaften sowie die Europäische Investitionsbank.

ERSTER TITEL
Aufbau des Gerichtshofes

ERSTES KAPITEL
Die Richter und Generalanwälte

Artikel 2

Die Amtszeit eines Richters beginnt mit dem in der Ernennungsurkunde bestimmten Tag. In Ermangelung einer solchen Bestimmung beginnt die Amtszeit mit dem Ausstellungstag der Urkunde.

Artikel 3

§ 1

Die Richter leisten vor Aufnahme ihrer Tätigkeit in der ersten öffentlichen Sitzung des Gerichtshofes, an der sie nach ihrer Ernennung teilnehmen, folgenden Eid:

»Ich schwöre, daß ich mein Amt unparteiisch und gewissenhaft ausüben und das Beratungsgeheimnis wahren werde.«

§ 2

Unmittelbar nach der Eidesleistung unterzeichnen die Richter eine Erklärung, in der sie die feierliche Verpflichtung übernehmen, während ihrer Amtszeit und nach deren Beendigung die sich aus ihrem Amt ergebenden Pflichten zu erfüllen, insbesondere die Pflicht, bei der Übernahme gewisser Tätigkeiten und der Annahme von Vorteilen nach Beendigung ihrer Amtszeit ehrenhaft und zurückhaltend zu sein.

Artikel 4

Hat der Gerichtshof darüber zu entscheiden, ob ein Richter nicht mehr die für sein Amt erforderlichen Voraussetzungen erfüllt oder den sich aus diesem Amt ergebenden Verpflichtungen nicht mehr nachkommt, so fordert der Präsident den Betroffenen auf, sich hierzu vor dem Gerichtshof zu äußern; dieser tagt hierbei in nichtöffentlicher Sitzung, an der der Kanzler nicht teilnimmt.

Artikel 5

Die Artikel 2, 3 und 4 finden auf die Generalanwälte entsprechende Anwendung.

Artikel 6

Die Rangordnung der Richter und Generalanwälte bestimmt sich ohne Unterschied nach ihrem Dienstalter.

Bei gleichem Dienstalter bestimmt sich die Rangordnung nach dem Lebensalter.

Ausscheidende Richter und Generalanwälte, die wiederernannt werden, behalten ihren bisherigen Rang.

ZWEITES KAPITEL
Der Präsident des Gerichtshofes und die Bildung der Kammern

Artikel 7

§ 1

Sogleich nach der Neubesetzung von Richterstellen gemäß den Artikeln 32b des EGKS-Vertrags, 167 des EWG-Vertrags und 139 des EAG-Vertrags wählen die Richter aus ihrer Mitte den Präsidenten des Gerichtshofes auf drei Jahre.

§ 2

Endet die Amtszeit des Präsidenten des Gerichtshofes vor ihrem regelmäßigen Ablauf, so wird das Amt für die verbleibende Zeit neu besetzt.

§ 3

Die in diesem Artikel vorgesehenen Wahlen sind geheim. Gewählt ist der Richter, der die absolute Mehrheit der Stimmen erhält. Erreicht keiner der Richter die absolute Mehrheit, so findet ein zweiter Wahlgang statt, in dem gewählt ist, wer die meisten Stimmen auf sich vereinigt. Bei Stimmengleichheit gilt der an Lebensjahren Älteste als gewählt.

Artikel 8

Der Präsident leitet die rechtsprechende Tätigkeit und die Verwaltung des Gerichtshofes; er führt den Vorsitz in den Sitzungen und bei den Beratungen.

Artikel 9

§ 1

Der Gerichtshof bildet gemäß den Vorschriften der Artikel 32 Absatz 2 des EGKS-Vertrags, 165 Absatz 2 des EWG-Vertrags und 137 Absatz 2 des EAG-Vertrags Kammern und teilt ihnen die Richter zu.

Die Besetzung der Kammern wird im *Amtsblatt der Europäischen Gemeinschaften* veröffentlicht.

§ 2

Sogleich nach Eingang der Klageschrift weist der Präsident des Gerichtshofes die Rechtssache zu etwaigen Beweiserhebungen einer Kammer zu und bestimmt aus ihrer Mitte den Berichterstatter.

§ 3

Der Gerichtshof legt Kriterien fest, nach denen sich die Verteilung der Rechtssachen auf die Kammern in der Regel richtet.

§ 4

Für das Verfahren vor den Kammern gelten die Bestimmungen dieser Verfahrensordnung entsprechend.

In den Rechtssachen, für deren Entscheidung die Kammern zuständig sind, übt der Kammerpräsident die Befugnisse des Präsidenten des Gerichtshofes aus.

Artikel 10

§ 1

Der Gerichtshof wählt jeweils auf ein Jahr die Kammerpräsidenten und einen Ersten Generalanwalt.

Die Bestimmungen des Artikels 7 §§ 2 und 3 gelten entsprechend.

Das Ergebnis der Wahlen nach diesem Paragraphen wird im *Amtsblatt der Europäischen Gemeinschaften* veröffentlicht.

§ 2

Der Erste Generalanwalt entscheidet sogleich nach der Bestimmung des Berichterstatters durch den Präsidenten über die Zuweisung der Rechtssachen an die Generalanwälte. Er trifft bei Abwesenheit oder Verhinderung eines Generalanwalts die erforderlichen Maßnahmen.

Artikel 11

Ist der Präsident des Gerichtshofes abwesend oder verhindert oder sein Amt unbesetzt, so werden seine Aufgaben gemäß der in Artikel 6 festgesetzten Rangordnung von einem der Kammerpräsidenten wahrgenommen.

Sind der Präsident des Gerichtshofes und die Kammerpräsidenten gleichzeitig verhindert oder ihre Ämter gleichzeitig unbesetzt, so werden die Aufgaben des Präsidenten gemäß der in Artikel 6 festgesetzten Rangordnung von einem der übrigen Richter wahrgenommen.

DRITTES KAPITEL
Die Kanzlei

ERSTER ABSCHNITT
Kanzler und Hilfskanzler

Artikel 12

§ 1

Der Gerichtshof ernennt seinen Kanzler.

Der Präsident bringt den Mitgliedern des Gerichtshofes zwei Wochen vor dem für die Ernennung vorgesehenen Zeitpunkt die eingegangenen Bewerbungen zur Kenntnis.

§ 2

Die Bewerbungen müssen genaue Angaben über Alter, Staatsangehörigkeit, akademische Grade, Sprachkenntnisse, gegenwärtige und frühere Tätigkeit sowie über die etwaigen gerichtlichen und internationalen Erfahrungen der Bewerber enthalten.

§ 3

Auf die Ernennung des Kanzlers findet Artikel 7 § 3 entsprechende Anwendung.

§ 4

Der Kanzler wird für die Dauer von sechs Jahren ernannt. Wiederernennung ist zulässig.

§ 5

Auf die Beeidigung des Kanzlers findet Artikel 3 entsprechende Anwendung.

§ 6

Der Kanzler kann seines Amtes nur enthoben werden, wenn er nicht mehr die erforderlichen Voraussetzungen erfüllt oder den sich aus seinem Amt ergebenden Verpflichtungen nicht mehr nachkommt; der Gerichtshof entscheidet, nachdem er dem Kanzler Gelegenheit zur Äußerung gegeben hat.

§ 7

Endet die Amtszeit des Kanzlers vor ihrem regelmäßigen Ablauf, so ernennt der Gerichtshof einen neuen Kanzler für die Dauer von sechs Jahren.

Artikel 13

Der Gerichtshof kann einen oder mehrere Hilfskanzler ernennen, die den Kanzler unterstützen und ihn nach Maßgabe der in Artikel 15 bezeichneten Dienstanweisung vertreten; die für die Ernennung des Kanzlers geltenden Vorschriften finden entsprechende Anwendung.

Artikel 14

Sind der Kanzler und die Hilfskanzler abwesend oder verhindert oder ihre Stellen gleichzeitig unbesetzt, so beauftragt der Präsident einen Beamten mit der vorübergehenden Wahrnehmung der Geschäfte des Kanzlers.

Artikel 15

Der Gerichtshof erläßt auf Vorschlag des Präsidenten die Dienstanweisung für den Kanzler.

Artikel 16

§ 1

Die Kanzlei führt unter Aufsicht des Kanzlers ein Register, das der Präsident mit seinem Namenszug versieht; in das Register sind alle schriftlichen Vorgänge der einzelnen Rechtssachen einschließlich der Anlagen zu den Schriftsätzen fortlaufend einzutragen, und zwar in der Reihenfolge, in der sie anfallen.

§ 2

Der Kanzler vermerkt die Eintragung im Register auf der Urschrift und, wenn die Parteien dies beantragen, auf den vorgelegten Abschriften.

§ 3

Die Eintragung im Register und die im vorhergehenden Paragraphen vorgesehenen Vermerke stellen öffentliche Urkunden dar.

§ 4

Die Vorschriften über die Registerführung werden in der in Artikel 15 bezeichneten Dienstanweisung festgelegt.

§ 5

Jeder, der hieran Interesse hat, kann das Register bei der Kanzlei einsehen und nach Maßgabe einer vom Gerichtshof auf Vorschlag des Kanzlers zu erlassenden Gebührenordnung Abschriften oder Auszüge erhalten.

Jede Partei kann außerdem nach Maßgabe der Gebührenordnung Abschriften von Schriftsätzen sowie Ausfertigungen von Urteilen und sonstigen gerichtlichen Entscheidungen erhalten.

§ 6

Über jede Klage wird eine Mitteilung im *Amtsblatt der Europäischen Gemeinschaften* veröffentlicht, die den Tag der Eintragung der Klageschrift in das Register, Namen und Wohnsitz der Parteien, den Streitgegenstand und den Klageantrag sowie die Angabe der geltend gemachten Klagegründe und die wesentlichen Argumente enthält.

§ 7

Sind der Rat oder die Kommission nicht Partei einer Rechtssache, so übermittelt ihnen der Gerichtshof eine Abschrift der Klageschrift und der Klagebeantwortung mit Ausnahme der diesen Schriftsätzen beigefügten Anlagen, damit das betreffende Organ feststellen kann, ob die Unanwendbarkeit eines seiner Rechtsakte im Sinne des Artikels 36 Absatz 3 des EGKS-Vertrags, des Artikels 184 des EWG-Vertrags oder des Artikels 156 des EAG-Vertrags geltend gemacht wird.

Artikel 17

§ 1

Der Kanzler hat im Auftrag des Präsidenten alle eingehenden Schriftstücke entgegenzunehmen und sie zu übermitteln oder aufzubewahren sowie für die Zustellungen zu sorgen, die diese Verfahrensordnung vorsieht.

§ 2

Der Kanzler steht dem Gerichtshof, den Kammern, dem Präsidenten und den übrigen Richtern bei allen Amtshandlungen zur Seite.

Artikel 18

Der Kanzler verwahrt die Siegel. Er ist für das Archiv verantwortlich und sorgt für die Veröffentlichungen des Gerichtshofes.

Artikel 19

Vorbehaltlich der Bestimmungen der Artikel 4 und 27 ist der Kanzler bei allen Sitzungen des Gerichtshofes und der Kammern zugegen.

ZWEITER ABSCHNITT
Sonstige Dienststellen

Artikel 20

§ 1

Die Beamten und sonstigen Bediensteten des Gerichtshofes werden nach den Vorschriften über die Rechtsstellung des Personals ernannt.

§ 2

Die Beamten leisten vor Aufnahme ihrer Tätigkeit vor dem Präsidenten in Gegenwart des Kanzlers folgenden Eid.:

»Ich schwöre, daß ich das mir vom Gerichtshof der Europäischen Gemeinschaften anvertraute Amt pflichtgetreu, verschwiegen und gewissenhaft ausüben werde.«

Artikel 21

Der Gerichtshof legt auf Vorschlag des Kanzlers den Aufbau seiner Dienststellen fest und ändert ihn gegebenenfalls ab.

Artikel 22

Der Gerichtshof richtet einen Sprachendienst ein, dessen Angehörige eine angemessene juristische Ausbildung und gründliche Kenntnisse in mehreren Amtssprachen des Gerichtshofes aufweisen müssen.

Artikel 23

Die allgemeine Verwaltung des Gerichtshofes einschließlich Finanzverwaltung und der Buchführung wird im Auftrag des Präsidenten vom Kanzler wahrgenommen, dem ein leitender Verwaltungsbeamter zur Seite steht.

VIERTES KAPITEL
Die Hilfsberichterstatter

Artikel 24

§ 1

Der Gerichtshof schlägt gemäß Artikel 16 der EGKS-Satzung und 12 der EWG- und EAG-Satzungen die Ernennung von Hilfsberichterstattern vor, wenn ihm dies für die Bearbeitung der anhängigen Rechtssachen notwendig erscheint.

§ 2

Den Hilfsberichterstattern obliegt es insbesondere, den Präsidenten im Verfahren wegen einstweiliger Anordnungen und die Berichterstatter bei der Erfüllung ihrer Aufgaben zu unterstützen.

§ 3

Sie unterstehen bei der Ausübung ihres Amtes dem Präsidenten des Gerichtshofes, dem Präsidenten einer Kammer oder einem Berichterstatter.

§ 4

Vor Aufnahme ihrer Tätigkeit leisten die Hilfsberichterstatter vor dem Gerichtshof den in Artikel 3 vorgesehenen Eid.

FÜNFTES KAPITEL
Geschäftsgang des Gerichtshofes

Artikel 25

§ 1

Der Präsident bestimmt den Termin für die Sitzungen des Gerichtshofes.

§ 2

Die Kammerpräsidenten bestimmen den Termin für die Sitzungen ihrer Kammer.

§ 3

Der Gerichtshof und die Kammern können einzelne Sitzungen an einem anderen Ort als dem Sitz des Gerichtshofes abhalten.

Artikel 26

§ 1

Ergibt sich infolge Abwesenheit oder Verhinderung eine gerade Zahl von Richtern, so nimmt der Richter, der das niedrigste Dienstalter im Sinne von Artikel 6 hat, an den Beratungen nicht teil.

§ 2

Stellt sich nach Einberufung des Gerichtshofes heraus, daß die für die Beschlußfähigkeit erforderliche Zahl von sieben Richtern nicht erreicht wird, so vertagt der Präsident die Sitzung bis zu dem Zeitpunkt, zu dem der Gerichtshof beschlußfähig ist.

§ 3

Wird in einer Kammer die für die Beschlußfähigkeit erforderliche Zahl von drei Richtern nicht erreicht, so benachrichtigt der Kammerpräsident den Präsidenten des Gerichtshofes; dieser bestimmt einen anderen Richter, durch den die Kammer ergänzt wird.

Artikel 27

§ 1

Die Beratungen des Gerichtshofes und der Kammern sind nicht öffentlich.

§ 2

An der Beratung nehmen nur die Richter teil, die bei der mündlichen Verhandlung zugegen waren, sowie gegebenenfalls der Hilfsberichterstatter, der mit der Bearbeitung der Rechtssache beauftragt ist.

§ 3

Jeder Richter, der an der Beratung teilnimmt, trägt seine Auffassung vor und begründet sie.

§ 4

Auf Antrag eines Richters wird jede Frage, bevor sie zur Abstimmung gelangt, in einer von ihm gewünschten Sprache niedergelegt und dem Gerichtshof oder der Kammer schriftlich übermittelt.

§ 5

Die Meinung, auf die sich die Mehrheit der Richter nach der abschließenden Aussprache geeinigt hat, ist für die Entscheidung des Gerichtshofes maßgebend. Die Richter stimmen in der umgekehrten Reihenfolge der in Artikel 6 festgelegten Rangordnung ab.

§ 6

Meinungsverschiedenheiten über Gegenstand, Fassung und Reihenfolge der Fragen oder die Auslegung der Abstimmung entscheidet der Gerichtshof oder die Kammer.

§ 7

An Sitzungen des Gerichtshofes über Verwaltungsfragen nehmen die Generalanwälte mit beschließender Stimme teil. Der Kanzler ist zugegen, sofern der Gerichtshof nichts anderes bestimmt.

§ 8

Tagt der Gerichtshof in Abwesenheit des Kanzlers, so wird ein etwa erforderliches Protokoll von dem Richter aufgenommen, der das niedrigste Dienstalter im Sinne von Artikel 6 hat; das Protokoll wird vom Präsidenten und von dem betreffenden Richter unterzeichnet.

Artikel 28

§ 1

Vorbehaltlich einer besonderen Entscheidung des Gerichtshofes werden die Gerichtsferien wie folgt festgesetzt:

- vom 18. Dezember bis zum 10. Januar;
- vom Sonntag vor Ostern bis zum zweiten Sonntag nach Ostern;
- vom 15. Juli bis zum 15. September.

Das Amt des Präsidenten wird während der Gerichtsferien am Sitz des Gerichtshofes in der Weise wahrgenommen, daß der Präsident mit dem Kanzler in Verbindung bleibt oder daß er einen Kammerpräsidenten oder einen anderen Richter mit seiner Vertretung beauftragt.

§ 2

In dringenden Fällen kann der Präsident die Richter und Generalanwälte während der Gerichtsferien einberufen.

§ 3

Der Gerichtshof hält die am Ort seines Sitzes geltenden gesetzlichen Feiertage ein.

§ 4

Der Gerichtshof kann den Richtern und Generalanwälten in begründeten Fällen Urlaub gewähren.

SECHSTES KAPITEL
Sprachenregelung

Artikel 29

§ 1

Die Verfahrenssprachen sind Dänisch, Deutsch, Englisch, Französisch, Griechisch, Irisch, Italienisch und Niederländisch.

§ 2

Der Kläger wählt die Verfahrenssprache, soweit die nachstehenden Vorschriften nichts anderes bestimmen:

a) Ist die Klage gegen einen Mitgliedstaat oder gegen eine natürliche oder juristische Person gerichtet, die einem Mitgliedstaat angehört, so ist die Amtssprache dieses Staates Verfahrenssprache; bestehen mehrere Amtssprachen, so ist der Kläger berechtigt, eine von ihnen zu wählen.

b) Auf gemeinsamen Antrag der Parteien kann der Gerichtshof für das ganze Verfahren oder einen Teil desselben eine andere der in Absatz 1 genannten Sprachen als Verfahrenssprache zulassen.

c) Auf Antrag einer Partei kann der Gerichtshof nach Anhörung der Gegenpartei und des Generalanwalts abweichend von den Bestimmungen unter a) und b) eine andere der in Absatz 1 genannten Sprachen ganz oder teilweise als Verfahrenssprache zulassen; der Antrag kann nicht von einem Organ der Europäischen Gemeinschaften gestellt werden.

In den in Artikel 103 bezeichneten Fällen ist die Sprache des innerstaatlichen Gerichts, welches den Gerichtshof anruft, Verfahrenssprache.

§ 3

Die Verfahrenssprache ist insbesondere bei den mündlichen Ausführungen und in den Schriftsätzen der Parteien einschließlich aller Anlagen sowie in den Protokollen und Entscheidungen des Gerichtshofes anzuwenden.

Urkunden, die in einer anderen Sprache abgefaßt sind, ist eine Übersetzung in der Verfahrenssprache beizugeben.

Bei umfangreichen Urkunden kann die vorgelegte Übersetzung auf Auszüge beschränkt werden. Der Gerichtshof oder die Kammer kann jedoch jederzeit von Amts wegen oder auf Antrag einer Partei eine ausführliche oder vollständige Übersetzung verlangen.

Abweichend von diesen Bestimmungen dürfen sich die Mitgliedstaaten ihrer eigenen Amtssprache bedienen, wenn sie einem beim Gerichtshof anhängigen Rechtsstreit als Streithelfer beitreten oder sich an einem der in Artikel 103 bezeichneten Vorabentscheidungsverfahren beteiligen. Dies gilt sowohl für Schriftstücke als auch für mündliche Erklärungen. Der Kanzler veranlaßt in jedem Fall die Übersetzung in die Verfahrenssprache.

§ 4

Erklären Zeugen oder Sachverständige, daß sie sich nicht hinlänglich in einer der in Absatz 1 genannten Sprachen ausdrücken können, so kann ihnen der Gerichtshof oder die Kammer gestatten, ihre Erklärungen in einer anderen Sprache abzugeben. Der Kanzler veranlaßt die Übersetzung in die Verfahrenssprache.

§ 5

Der Präsident des Gerichtshofes und die Kammerpräsidenten können sich bei der Leitung der Verhandlung statt der Verfahrenssprache einer anderen der in Absatz 1 genannten Sprachen bedienen; die gleiche Befugnis haben der Berichterstatter hinsichtlich des Vorberichts und des Sitzungsberichts, die Richter und Generalanwälte für ihre Fragen in der mündlichen Verhandlung und der Generalanwalt für seine Schlußanträge. Der Kanzler veranlaßt die Übersetzung in die Verfahrenssprache.

Artikel 30

§ 1

Auf Ersuchen eines Richters oder des Generalanwalts oder auf Antrag einer Partei veranlaßt der Kanzler, daß die vor dem Gerichtshof oder der Kammer abgegebenen schriftlichen oder mündlichen Äußerungen in die in Artikel 29 Absatz 1 genannten Sprachen, die gewünscht werden, übersetzt werden.

§ 2

Die Veröffentlichungen des Gerichtshofes erscheinen in den in Artikel 1 der Verordnung Nr. 1 des Rates genannten Sprachen.

Artikel 31

Verbindlich ist die Fassung in der Verfahrenssprache oder, falls der Gerichtshof gemäß Artikel 29 eine andere Sprache zugelassen hat, die Fassung in dieser Sprache.

SIEBENTES KAPITEL
Rechte und Pflichten der Bevollmächtigten, Beistände und Anwälte

Artikel 32

§ 1

Die Bevollmächtigten der Staaten oder Organe sowie die Beistände und Anwälte, die vor dem Gerichtshof oder vor einer von diesem um Rechtshilfe ersuchten Gerichtsbehörde auftreten, können wegen mündlicher und schriftlicher Äußerungen, die sich auf die Rechtssache oder auf die Parteien beziehen, nicht gerichtlich verfolgt werden.

§ 2

Bevollmächtigte, Beistände und Anwälte genießen ferner folgende Vorrechte und Erleichterungen:

a) Schriftstücke und Urkunden, die sich auf das Verfahren beziehen, dürfen weder durchsucht noch beschlagnahmt werden. Im Streitfall können die Zoll- oder Polizeibeamten derartige Schriftstücke und Urkunden versiegeln; diese werden unverzüglich dem Gerichtshof übermittelt und in Gegenwart des Kanzlers und des Beteiligten untersucht.

b) Bevollmächtigte, Beistände und Anwälte haben Anspruch auf die Zuteilung ausländischer Zahlungsmittel, die zur Erfüllung ihrer Aufgaben notwendig sind.

c) Bei Reisen, die zur Erfüllung ihrer Aufgaben erforderlich sind, unterliegen sie keinerlei Beschränkungen.

Artikel 33

Die im vorhergehenden Artikel genannten Vergünstigungen kommen den Berechtigten nur dann zugute, wenn sie ihre Eigenschaft nachgewiesen haben; diesen Nachweis erbringen

a) die Bevollmächtigten durch eine von dem vertretenen Staat oder Organ ausgestellte Urkunde; der Staat oder das Organ übermittelt dem Kanzler unverzüglich eine Abschrift dieser Urkunde;

b) die Beistände und Anwälte durch einen vom Kanzler unterschriebenen Ausweis. Die Gültigkeit dieses Ausweises ist auf eine bestimmte Zeit begrenzt; sie kann je nach der Dauer des Verfahrens verlängert oder verkürzt werden.

Artikel 34

Die in Artikel 32 genannten Vergünstigungen werden ausschließlich im Interesse der geordneten Durchführung des Verfahrens gewährt.

Der Gerichtshof kann die Befreiung von gerichtlicher Verfolgung aufheben, wenn der Fortgang des Verfahrens nach seiner Auffassung hierdurch nicht beeinträchtigt wird.

Artikel 35

§ 1

Verletzt ein Beistand oder Anwalt die Würde des Gerichtshofes durch sein Verhalten gegenüber dem Gerichtshof, einer Kammer, einem Richter, einem Generalanwalt oder dem Kanzler oder mißbraucht er seine Befugnisse, so kann er jederzeit nach Anhörung des Generalanwalts durch Beschluß des Gerichtshofes oder der Kammer vom Verfahren ausgeschlossen werden; dem Betroffenen ist Gelegenheit zur Verteidigung zu geben.

Der Beschluß ist sofort vollstreckbar.

§ 2

Wird ein Beistand oder Anwalt ausgeschlossen, so setzt der Präsident der betroffenen Partei eine Frist zur Bestellung eines anderen Beistands oder Anwalts; bis zum Ablauf dieser Frist tritt eine Unterbrechung des Verfahrens ein.

§ 3

Die in Anwendung dieses Artikels getroffenen Entscheidungen können wieder aufgehoben werden.

Artikel 36

Die Bestimmungen dieses Kapitels finden entsprechende Anwendung auf Universitätsprofessoren, die gemäß Artikel 20 der EGKS-Satzung und 17 der EWG- und EAG-Satzungen das Recht haben, vor dem Gerichtshof aufzutreten.

ZWEITER TEIL
Allgemeine Verfahrensvorschriften

ERSTES KAPITEL
Schriftliches Verfahren

Artikel 37

§ 1

Die Urschrift jedes Schriftsatzes ist vom Bevollmächtigten oder vom Anwalt der Partei zu unterzeichnen.

Mit diesem Schriftsatz und allen darin erwähnten Anlagen werden fünf Abschriften für den Gerichtshof und je eine Abschrift für jede andere am Rechtsstreit beteiligte Partei eingereicht. Die Partei beglaubigt die von ihr eingereichten Abschriften.

§ 2

Die Organe haben innerhalb der vom Gerichtshof festgesetzten Fristen von jedem Schriftsatz Übersetzungen in den anderen in Artikel 1 der Verordnung Nr. 1 des Rates genannten Sprachen vorzulegen. Paragraph 1 Absatz 2 findet entsprechende Anwendung.

§ 3

Jeder Schriftsatz ist mit Datum zu versehen. Für die Berechnung der Verfahrensfristen ist nur der Tag des Eingangs bei der Kanzlei maßgebend.

§ 4

Mit jedem Schriftsatz ist gegebenenfalls ein Aktenstück einzureichen, das die Urkunden, auf die sich die Partei beruft, sowie ein Verzeichnis dieser Urkunden enthält.

§ 5

Werden von einer Urkunde mit Rücksicht auf deren Umfang nur Auszüge vorgelegt, so ist die Urkunde oder eine vollständige Abschrift hiervon bei der Kanzlei zu hinterlegen.

Artikel 38

§ 1

Die in Artikel 22 der EGKS-Satzung und 19 der EWG- und EAG-Satzungen bezeichnete Klageschrift muß enthalten:

a) Namen und Wohnsitz des Klägers;

b) die Bezeichnung des Beklagten;

c) den Streitgegenstand und eine kurze Darstellung der Klagegründe;

d) die Anträge des Klägers;

e) gegebenenfalls die Bezeichnung der Beweismittel.

§ 2

In der Klageschrift ist ferner für die Zwecke des Verfahrens eine Zustellungsanschrift am Ort des Gerichtssitzes anzugeben. Hierbei ist eine Person zu benennen, die ermächtigt ist und sich bereit erklärt hat, die Zustellungen entgegenzunehmen.

§ 3

Der Anwalt, der als Beistand oder Vertreter einer Partei auftritt, hat bei der Kanzlei eine Bescheinigung zu hinterlegen, aus der hervorgeht, daß er in einem Mitgliedstaat als Anwalt zugelassen ist.

§ 4

Mit der Klageschrift sind gegebenenfalls die in Artikel 22 Absatz 2 der EGKS-Satzung und 19 Absatz 2 der EWG- und EAG-Satzungen bezeichneten Unterlagen einzureichen.

§ 5

Juristische Personen des Privatrechts haben mit der Klageschrift ferner

a) ihre Satzung einzureichen;

b) den Nachweis vorzulegen, daß die Prozeßvollmacht ihres Anwalts von einem hierzu Berechtigten ordnungsgemäß ausgestellt ist.

§ 6

Wird eine Klage gemäß Artikel 42 und 89 des EGKS-Vertrags, 181 und 182 des EWG-Vertrags oder 153 und 154 des EAG-Vertrags erhoben, so ist mit der Klageschrift eine Ausfertigung der Schiedsklausel des von der Gemeinschaft oder für ihre Rechnung abgeschlossenen öffentliche-rechtlichen oder privat-rechtlichen Vertrages oder des zwischen den beteiligten Mitgliedstaaten abgeschlossenen Schiedsvertrags einzureichen.

§ 7

Entspricht die Klageschrift nicht den Bestimmungen der §§ 2 bis 6, so setzt der Kanzler dem Kläger eine angemessene Frist zur Behebung des Mangels oder zur Beibringung der vorgeschriebenen Unterlagen. Kommt der Kläger dieser Aufforderung vor Ablauf der Frist nicht nach, so entscheidet der Gerichtshof nach Anhörung des Generalanwalts, ob die Nichtbeachtung dieser Formvorschriften die Unzulässigkeit der Klage zur Folge hat.

Artikel 39

Die Klageschrift wird dem Beklagten zugestellt. In dem in Artikel 38 § 7 bezeichneten Fall erfolgt die Zustellung nach Behebung des Mangels oder nach Feststellung des Gerichtshofes, daß die Klage nicht wegen Verletzung der Vorschriften des genannten Artikels unzulässig ist.

Artikel 40

§ 1

Innerhalb eines Monats nach Zustellung der Klageschrift hat der Beklagte eine Klagebeantwortung einzureichen. Diese muß enthalten:

a) Namen und Wohnsitz des Beklagten;

b) die tatsächliche und rechtliche Begründung;

c) die Anträge des Beklagten;

d) gegebenenfalls die Bezeichnung der Beweismittel.

Artikel 38 §§2 bis 5 finden entsprechende Anwendung.

§ 2

Auf begründeten Antrag des Beklagten kann der Präsident die in § 1 bezeichnete Frist verlängern.

Artikel 41

§ 1

Klageschrift und Klagebeantwortung können durch eine Erwiderung des Klägers und eine Gegenerwiderung des Beklagten ergänzt werden.

§ 2

Der Präsident bestimmt die Fristen für die Einreichung dieser Schriftsätze.

Artikel 42

§ 1

Die Parteien können in der Erwiderung oder in der Gegenerwiderung noch Beweismittel benennen. Sie haben die Verspätung zu begründen.

§ 2

Im übrigen können neue Angriffs- und Verteidigungsmittel im Laufe des Verfahrens nicht mehr vorgebracht werden, es sei denn, daß sie auf rechtliche oder tatsächliche Gründe gestützt werden, die erst während des schriftlichen Verfahrens zutage getreten sind.

Macht eine Partei im Laufe des schriftlichen Verfahrens derartige Angriffs- und Verteidigungsmittel geltend, so kann der Präsident auch nach Ablauf der gewöhnlichen Verfahrensfristen aufgrund eines Berichtes des Berichterstatters und nach Anhörung des Generalanwalts der Gegenpartei eine Frist zur Stellungnahme setzen.

Die Entscheidung über die Zulässigkeit des Vorbringens bleibt dem Endurteil vorbehalten.

Artikel 43

Der Gerichtshof kann jederzeit nach Anhörung der Parteien und des Generalanwalts die Verbindung mehrerer anhängiger Rechtssachen für die Zwecke des schriftlichen oder mündlichen Verfahrens oder einer gemeinsamen Entschließung beschließen, wenn sie den gleichen Gegenstand betreffen und miteinander in Zusammenhang stehen. Er kann die Verbindung wieder aufheben.

Artikel 44

§ 1

Nach Eingang der in Artikel 41 § 1 bezeichneten Gegenerwiderung bestimmt der Präsident den Zeitpunkt, bis zu dem der Berichterstatter einen Vorbericht abzugeben hat. Der Bericht enthält Vorschläge zu der Frage, ob Beweiserhebungen oder andere vorbereitende Maßnahmen erforderlich sind, sowie zur etwaigen Verweisung der Rechtssache an die gemäß Artikel 9 § 2 bestimmte Kammer.

Der Gerichtshof entscheidet über die Vorschläge des Berichterstatters nach Anhörung des Generalanwalts.

Das gleiche gilt:

a) wenn die Erwiderung oder Gegenerwiderung nicht bis zum Ablauf der in Artikel 41 § 2 bezeichneten Frist eingereicht wird;

b) wenn die betreffende Partei erklärt, daß sie auf die Einreichung einer Erwiderung oder Gegenerwiderung verzichtet.

§ 2

Ordnet der Gerichtshof eine Beweisaufnahme an, die nicht vor ihm selbst stattfinden soll, so beauftragt er die Kammer mit ihrer Durchführung.

Beschließt der Gerichtshof, von einer Beweisaufnahme abzusehen, so bestimmt der Präsident den Termin für die Eröffnung der mündlichen Verhandlung.

ZWEITES KAPITEL
Beweisaufnahme

ERSTER ABSCHNITT
Allgemeine Bestimmungen

Artikel 45

§ 1

Der Gerichtshof bezeichnet nach Anhörung des Generalanwalts durch Beschluß die Beweismittel und die zu beweisenden Tatsachen. Der Beschluß wird den Parteien zugestellt.

§ 2

Unbeschadet der Bestimmungen der Artikel 24 und 25 der EGKS-Satzung, 21 und 22 der EWG-Satzung sowie 22 und 23 der EAG-Satzung sind folgende Beweismittel zulässig:

a) persönliches Erscheinen der Parteien;

b) Einholung von Auskünften und Vorlegung von Urkunden;

c) Vernehmung von Zeugen;

d) Begutachtung durch Sachverständige;

e) Einnahme des Augenscheins.

§ 3

Der Gerichtshof kann die von ihm angeordneten Beweiserhebungen selbst vornehmen oder den Berichterstatter mit ihrer Durchführung beauftragen.

Der Generalanwalt nimmt an der Beweisaufnahme teil.

§ 4

Gegenbeweis und Erweiterung des Beweisantritts bleiben vorbehalten.

Artikel 46

§ 1

Die Kammer, die mit der Beweisaufnahme beauftragt ist, hat die dem Gerichtshof gemäß Artikel 45 und 47 bis 53 zustehenden Befugnisse; die Befugnisse des Präsidenten des Gerichtshofes werden in diesem Falle vom Kammerpräsidenten ausgeübt.

§ 2

Artikel 56 und 57 finden auf das Verfahren vor der Kammer entsprechende Anwendung.

§ 3

Die Parteien können der Beweisaufnahme beiwohnen.

ZWEITER ABSCHNITT
Ladung und Vernehmung von Zeugen und Sachverständigen

Artikel 47

§ 1

Der Gerichtshof kann von Amts wegen oder auf Antrag der Parteien nach Anhörung des Generalanwalts die Vernehmung von Zeugen über bestimmte Tatsachen anordnen. Die Tatsachen sind in dem Beschluß aufzuführen.

Der Gerichtshof lädt die Zeugen von Amts wegen oder auf Antrag der Parteien oder des Generalanwalts.

Die Partei hat in ihrem Antrag die Tatsachen zu bezeichnen, über die die Vernehmung stattfinden soll, und die Gründe anzugeben, welche die Vernehmung rechtfertigen.

§ 2

Die Zeugen werden aufgrund eines Beschlusses des Gerichtshofes geladen; dieser Beschluß muß folgende Angaben enthalten:

a) Namen, Vornamen, Stellung und Anschrift der Zeugen;

b) die Bezeichnung der Tatsachen, über welche die Zeugen zu vernehmen sind;

c) gegebenenfalls einen Hinweis auf die Anordnungen des Gerichtshofes über die Erstattung der den Zeugen entstehenden Kosten sowie auf die Strafen, die gegen ausbleibende Zeugen verhängt werden können.

Der Beschluß ist den Parteien und den Zeugen zuzustellen.

§ 3

Der Gerichtshof kann die Ladung von Zeugen, deren Vernehmung von einer Partei beantragt wird, davon abhängig machen, daß die Partei bei der Gerichtskasse einen Vorschuß in bestimmter Höhe zur Deckung der voraussichtlichen Kosten hinterlegt.

Zeugen, die von Amts wegen geladen werden, erhalten von der Gerichtskasse die erforderlichen Vorschüsse.

§ 4

Der Präsident weist die Zeugen nach Feststellung ihrer Identität darauf hin, daß sie die Richtigkeit ihrer Aussagen nach den Vorschriften dieser Verfahrensordnung zu versichern haben.

Die Zeugen werden vom Gerichtshof vernommen; die Parteien sind hierzu zu laden. Der Präsident kann auf Antrag der Parteien oder von Amts wegen nach Beendigung der Aussage Fragen an die Zeugen richten.

Die gleiche Befugnis steht den übrigen Richtern und dem Generalanwalt zu.

Mit Erlaubnis des Präsidenten können die Vertreter der Parteien Fragen an die Zeugen richten.

§ 5

Der Zeuge leistet nach Beendigung seiner Aussage folgenden Eid:

> »Ich schwöre, daß ich die Wahrheit, die ganze Wahrheit und nichts als die Wahrheit gesagt habe.«

Der Gerichtshof kann nach Anhörung der Parteien auf die Vereidigung des Zeugen verzichten.

§ 6

Der Kanzler erstellt ein Protokoll, das die Zeugenaussagen wiedergibt. Das Protokoll wird von dem Zeugen und vom Kanzler unterzeichnet. Es stellt eine öffentliche Urkunde dar.

Artikel 48

§ 1

Zeugen, die ordnungsgemäß geladen sind, haben der Ladung Folge zu leisten.

§ 2

Erscheint ein ordnungsgemäß geladener Zeuge nicht, so kann der Gerichtshof ihn zu einer Geldstrafe bis zu 250 EWA-Rechnungseinheiten verurteilen und die erneute Ladung auf Kosten des Zeugen anordnen.

Die gleiche Strafe kann gegen einen Zeugen verhängt werden, der ohne berechtigten Grund die Aussage, die Eidesleistung oder gegebenenfalls die feierliche Versicherung an Eides Statt verweigert.

§ 3

Die Strafe kann nur aufgehoben werden, wenn der Zeuge berechtigte Entschuldigungsgründe vorbringt.

§ 4

Auf die Vollstreckung der nach diesem Artikel verhängten Strafen oder sonstigen Maßnahmen finden Artikel 44 und 92 des EGKS-Vertrags, 187 und 192 des EWG-Vertrags sowie 159 und 164 des EAG-Vertrags entsprechende Anwendung.

Artikel 49

§ 1

Der Gerichtshof kann die Erstattung eines Gutachtens durch einen Sachverständigen anordnen. In dem Beschluß ist der Sachverständige zu benennen, sein Auftrag genau zu umschreiben und eine Frist für die Erstattung des Gutachtens zu bestimmen.

§ 2

Der Sachverständige erhält eine Abschrift des Beschlusses sowie die zur Erfüllung seines Auftrags erforderlichen Unterlagen. Er untersteht dem Berichterstatter, der bei den Ermittlungen des Sachverständigen anwesend sein kann und über den Fortgang der Arbeiten auf dem laufenden zu halten ist.

§ 3

Auf Antrag des Sachverständigen kann der Gerichtshof die Vernehmung von Zeugen anordnen; Artikel 47 findet entsprechende Anwendung.

§ 4

Der Sachverständige hat sich nur zu den Punkten zu äußern, die sein Auftrag ausdrücklich bezeichnet.

§ 5

Nach Eingang des Gutachtens kann der Gerichtshof die Anhörung des Sachverständigen anordnen; die Parteien sind hierzu zu laden.

Mit Erlaubnis des Präsidenten können die Vertreter der Parteien Fragen an den Sachverständigen richten.

§ 6

Nach Erstattung des Gutachtens leistet der Sachverständige vor dem Gerichtshof folgenden Eid:

> »Ich schwöre, daß ich meinen Auftrag unparteiisch und nach bestem Wissen und Gewissen erfüllt habe.«

Der Gerichtshof kann nach Anhörung der Parteien auf die Vereidigung des Sachverständigen verzichten.

Artikel 50

§ 1

Lehnt eine Partei einen Zeugen oder Sachverständigen wegen Unfähigkeit, Unwürdigkeit oder aus sonstigen Gründen ab oder verweigert ein Zeuge oder Sachverständiger die Aussage, die Eidesleistung oder die feierliche Versicherung an Eides Statt, so entscheidet der Gerichtshof.

§ 2

Die Ablehnung ist binnen zwei Wochen nach Zustellung des Beschlusses, durch den der Zeuge geladen oder der Sachverständige ernannt worden ist, zu erklären; die Erklärung muß die Ablehnungsgründe und die Bezeichnung der Beweismittel enthalten.

Artikel 51

§ 1

Zeugen und Sachverständige haben Anspruch auf Erstattung ihrer Reise- und Aufenthaltskosten. Die Gerichtskasse kann ihnen einen Vorschuß auf diese Kosten gewähren.

§ 2

Zeugen haben ferner Anspruch auf Entschädigung für Verdienstausfall, Sachverständige auf Vergütung ihrer Tätigkeit.

Die Gerichtskasse zahlt die Entschädigung oder Vergütung aus, nachdem der Zeuge oder Sachverständige seiner Pflicht genügt hat.

Artikel 52

Der Gerichtshof kann nach Maßgabe der in Artikel 111 bezeichneten zusätzlichen Verfahrensordnung auf Antrag der Parteien oder von Amts wegen Ersuchen um Rechtshilfe bei der Vernehmung von Zeugen oder Sachverständigen ergehen lassen.

Artikel 53

§ 1

Der Kanzler nimmt über jede Sitzung ein Protokoll auf. Das Protokoll wird vom Präsidenten und vom Kanzler unterzeichnet. Es stellt eine öffentliche Urkunde dar.

§ 2

Die Parteien können die Protokolle und Sachverständigengutachten bei der Kanzlei einsehen und auf ihre Kosten Abschriften erhalten.

DRITTER ABSCHNITT
Abschluß der Beweisaufnahme

Artikel 54

Nach Abschluß der Beweisaufnahme bestimmt der Präsident den Termin für die Eröffnung der mündlichen Verhandlung, es sei denn, daß der Gerichtshof beschließt, den Parteien zuvor eine Frist zur schriftlichen Stellungnahme zu setzen.

Ist eine solche Frist gesetzt, so erfolgt die Terminbestimmung nach deren Ablauf.

DRITTES KAPITEL
Mündliche Verhandlung

Artikel 55

§ 1

Unbeschadet des Vorrangs der gemäß Artikel 85 zu erlassenden Entscheidungen erkennt der Gerichtshof über die bei ihm anhängigen Rechtssachen jeweils in der Reihenfolge, in der die Beweisaufnahme abgeschlossen wird. Bei gleichzeitigem Abschluß der Beweisaufnahme für mehrere Rechtssachen bestimmt sich die Reihenfolge nach dem Tag der Eintragung der Klageschriften in das Register.

In besonderen Fällen kann der Präsident anordnen, daß eine Rechtssache mit Vorrang entschieden wird.

§ 2

Der Präsident kann auf gemeinsamen Antrag der Parteien anordnen, daß eine Rechtssache, in der die Beweisaufnahme abgeschlossen ist, zurückgestellt wird. Fehlt es an einer Übereinstimmung der Parteien, so legt der Präsident dem Gerichtshof die Frage zur Entscheidung vor.

Artikel 56

§ 1

Der Präsident eröffnet und leitet die Verhandlung; ihm obliegt die Aufrechterhaltung der Ordnung in der Sitzung.

§ 2

Wird die Öffentlichkeit ausgeschlossen, so darf der Inhalt der mündlichen Verhandlung nicht veröffentlicht werden.

Artikel 57

Der Präsident kann in der Verhandlung Fragen an die Bevollmächtigten, Beistände oder Anwälte der Parteien richten.

Die gleiche Befugnis steht den übrigen Richtern und dem Generalanwalt zu.

Artikel 58

Die Parteien können nur durch Bevollmächtigte, Beistände oder Anwälte verhandeln.

Artikel 59

§ 1

Am Schluß der mündlichen Verhandlung stellt der Generalanwalt seine Schlußanträge und begründet sie.

§ 2

Nach den Schlußanträgen erklärt der Präsident die mündliche Verhandlung für geschlossen.

Artikel 60

Der Gerichtshof kann jederzeit nach Anhörung des Generalanwalts eine Beweisaufnahme oder die Wiederholung und Erweiterung einer früheren Beweiserhebung anordnen. Er kann mit der Ausführung die Kammer oder den Berichterstatter beauftragen.

Artikel 61

Der Gerichtshof kann nach Anhörung des Generalanwalts die Wiedereröffnung der mündlichen Verhandlung anordnen.

Artikel 62

§ 1

Der Kanzler nimmt über jede mündliche Verhandlung ein Protokoll auf. Das Protokoll wird vom Präsidenten und vom Kanzler unterzeichnet. Es stellt eine öffentliche Urkunde dar.

§ 2

Die Parteien können die Protokolle bei der Kanzlei einsehen und auf ihre Kosten Abschriften erhalten.

VIERTES KAPITEL
Urteile

Artikel 63

Das Urteil enthält:

- die Feststellung, daß es vom Gerichtshof erlassen ist;
- den Tag der Verkündung;
- die Namen des Präsidenten und der übrigen Richter, die bei der Entscheidung mitgewirkt haben;
- den Namen des Generalanwalts;
- den Namen des Kanzlers;
- die Bezeichnung der Parteien;
- die Namen der Bevollmächtigten, Beistände oder Anwälte;
- die Anträge der Parteien;
- die Feststellung, daß der Generalanwalt gehört worden ist;
- eine kurze Darstellung des Sachverhalts;
- die Entscheidungsgründe;
- die Urteilsformel einschließlich der Entscheidung über die Kosten.

Artikel 64

§ 1

Das Urteil wird in öffentlicher Sitzung verkündet; die Parteien sind hierzu zu laden.

§ 2

Der Präsident, die übrigen Richter, die an der Beratung teilgenommen haben, und der Kanzler unterzeichnen die Urschrift des Urteils, die sodann mit einem Siegel versehen und in der Kanzlei hinterlegt wird; den Parteien wird eine beglaubigte Abschrift zugestellt.

§ 3

Der Kanzler vermerkt auf der Urschrift des Urteils den Tag der Verkündung.

Artikel 65

Das Urteil wird mit dem Tage seiner Verkündung rechtskräftig.

Artikel 66

§ 1

Unbeschadet der Bestimmungen über die Auslegung von Urteilen kann der Gerichtshof Schreib- und Rechenfehler und offenbare Unrichtigkeiten von Amts wegen oder auf Antrag einer Partei binnen zwei Wochen nach Urteilsverkündung berichtigen.

§ 2

Der Kanzler benachrichtigt die Parteien, die innerhalb einer vom Präsidenten bestimmten Frist schriftlich Stellung nehmen können.

§ 3

Der Gerichtshof entscheidet nach Anhörung des Generalanwalts in nichtöffentlicher Sitzung.

§ 4

Die Urschrift des Beschlusses, der die Berichtigung ausspricht, wird mit der Urschrift des berichtigten Urteils verbunden. Ein Hinweis auf den Beschluß ist am Rande der Urschrift des berichtigten Urteils anzubringen.

Artikel 67

Hat der Gerichtshof einen einzelnen Punkt der Anträge oder die Kostenentscheidung übergangen, so kann jede Partei innerhalb eines Monats nach Zustellung des Urteils dessen Ergänzung beantragen.

Der Antrag wird der Gegenpartei zugestellt; der Präsident setzt dieser eine Frist zur schriftlichen Stellungnahme.

Nach Eingang dieser Stellungnahme und nach Anhörung des Generalanwalts entscheidet der Gerichtshof darüber, ob der Antrag zulässig und begründet ist.

Artikel 68

Der Kanzler sorgt für die Veröffentlichung einer Sammlung der Rechtsprechung des Gerichtshofes.

FÜNFTES KAPITEL
Prozeßkosten

Artikel 69

§ 1

Der Gerichtshof entscheidet über die Kosten im Endurteil oder in dem Beschluß, der das Verfahren beendet.

§ 2

Die unterliegende Partei ist auf Antrag zur Tragung der Kosten zu verurteilen.

Besteht der unterliegende Teil aus mehreren Personen, so entscheidet der Gerichtshof über die Verteilung der Kosten.

§ 3

Der Gerichtshof kann die Kosten ganz oder teilweise gegeneinander aufheben, wenn jede Partei teils obsiegt, teils unterliegt oder wenn ein außergewöhnlicher Grund gegeben ist.

Der Gerichtshof kann auch der obsiegenden Partei die Kosten auferlegen, die sie der Gegenpartei ohne angemessenen Grund oder böswillig verursacht hat.

§ 4

Nimmt eine Partei die Klage oder einen Antrag zurück, so wird sie zur Tragung der Kosten verurteilt, es sei denn, daß die Rücknahme durch das Verhalten der anderen Partei gerechtfertigt ist.

Stellt die andere Partei keinen entsprechenden Antrag, so werden die Kosten gegeneinander aufgehoben.

§ 5

Erklärt der Gerichtshof die Hauptsache für erledigt, so entscheidet er über die Kosten nach freiem Ermessen.

Artikel 70

In den Verfahren nach Artikel 95 § 3 tragen die Organe ihre Kosten selbst; Artikel 69 § 3 Absatz 2 bleibt unberührt.

Artikel 71

Die notwendigen Aufwendungen einer Partei für die Zwangsvollstreckung sind ihr von der Gegenpartei zu erstatten; maßgebend ist die Gebührenordnung des Staates, in dem die Vollstreckung stattfindet.

Artikel 72

Das Verfahren vor dem Gerichtshof ist kostenfrei, soweit nachstehend nichts anderes bestimmt ist:

a) Der Gerichtshof kann nach Anhörung des Generalanwalts Kosten, die vermeidbar gewesen wären, der Partei auferlegen, die sie veranlaßt hat.

b) Kosten für Schreib- und Übersetzungsarbeiten, die nach Ansicht des Kanzlers das gewöhnliche Maß überschreiten, hat die Partei, die diese Arbeiten beantragt hat, nach Maßgabe der in Artikel 16 § 5 bezeichneten Gebührenordnung zu erstatten.

Artikel 73

Unbeschadet der Bestimmungen des vorhergehenden Artikels gelten als erstattungsfähige Kosten:

a) Leistungen an Zeugen und Sachverständige gemäß Artikel 51;

b) Aufwendungen der Parteien, die für das Verfahren notwendig waren, insbesondere Reise- und Aufenthaltskosten sowie die Vergütung der Bevollmächtigten, Beistände oder Anwälte.

Artikel 74

§ 1

Streitigkeiten über die erstattungsfähigen Kosten entscheidet die mit der Rechtssache befaßte Kammer auf Antrag einer Partei und nach Anhörung der Gegenpartei sowie des Generalanwalts durch unanfechtbaren Beschluß.

§ 2

Die Parteien können eine Ausfertigung des Beschlusses zum Zwecke der Vollstreckung beantragen.

Artikel 75

§ 1

Die Zahlungen der Gerichtskasse werden in der Währung des Landes geleistet, in dem der Gerichtshof seinen Sitz hat.

Auf Antrag des Berechtigten werden die Zahlungen in der Währung des Landes geleistet, in dem die zu erstattenden Auslagen entstanden, oder die Handlungen vorgenommen worden sind, in Ansehung derer die Zahlung geschuldet wird.

§ 2

Sonstige Schuldner leisten ihre Zahlungen in der Währung ihres Heimatstaats.

§ 3

Allen Umrechnungen ist der amtliche Wechselkurs zugrunde zu legen, der am Zahlungstag in dem Land gilt, in welchem der Gerichtshof seinen Sitz hat.

SECHSTES KAPITEL
Armenrecht

Artikel 76

§ 1

Ist eine Partei außerstande, die Kosten des Verfahrens ganz oder teilweise zu bestreiten, so kann ihr auf Antrag jederzeit das Armenrecht bewilligt werden.

Mit dem Antrag sind Unterlagen einzureichen, aus denen sich die Bedürftigkeit des Antragstellers ergibt, insbesondere ein Armutszeugnis der zuständigen Behörde.

§ 2

Wird der Antrag vor der Klage eingereicht, die der Antragsteller erheben will, so ist deren Gegenstand kurz darzulegen.

Der Antrag unterliegt nicht dem Anwaltszwang.

§ 3

Der Präsident bestimmt den Berichterstatter. Die Kammer, der dieser angehört, entscheidet nach Eingang der schriftlichen Stellungnahme der Gegenpartei sowie nach Anhörung des Generalanwalts, ob das Armenrecht zu versagen oder ganz oder teilweise zu bewilligen ist. Das Armenrecht ist zu versagen, wenn die beabsichtigte Rechtsverfolgung offensichtlich aussichtslos ist.

Die Entscheidung ergeht ohne Angabe von Gründen durch unanfechtbaren Beschluß.

§ 4

Die Kammer kann das Armenrecht jederzeit von Amts wegen oder auf Antrag entziehen, wenn sich die Voraussetzungen, unter denen es bewilligt wurde, im Laufe des Verfahrens ändern.

§ 5

Wird das Armenrecht bewilligt, so streckt die Gerichtskasse die Kosten vor.

In der Kostenentscheidung des Endurteils kann die Einziehung aufgrund der Bewilligung des Armenrechts vorgestreckter Beträge zugunsten der Gerichtskasse angeordnet werden.

Der Kanzler treibt diese Beträge von der Partei ein, die zu ihrer Erstattung verurteilt worden ist.

SIEBENTES KAPITEL
Außergerichtliche Erledigung und Klagerücknahme

Artikel 77

Einigen sich die Parteien über die streitigen Fragen, bevor der Gerichtshof entschieden hat, und erklären sie, daß sie auf die Geltendmachung ihrer Ansprüche verzichten, so ordnet der Gerichtshof die Streichung der Rechtssache im Register an.

Diese Bestimmung findet keine Anwendung auf Rechtssachen im Sinne von Artikel 33 und 35 des EGKS-Vertrags, 173 und 175 des EWG-Vertrags sowie 146 und 148 des EAG-Vertrags.

Artikel 78

Nimmt der Kläger durch schriftliche Erklärung gegenüber dem Gerichtshof die Klage zurück, so ordnet der Gerichtshof die Streichung der Rechtssache im Register an.

ACHTES KAPITEL
Zustellungen

Artikel 79

§ 1

Die in dieser Verfahrensordnung vorgesehenen Zustellungen werden vom Kanzler in der Weise veranlaßt, daß dem Zustellungsbevollmächtigten des Empfängers eine Abschrift des betreffenden Schriftstücks entweder auf dem Postweg durch Einschreiben mit Rückschein übermittelt oder gegen Quittung übergeben wird.

Die Abschriften werden vom Kanzler ausgefertigt und beglaubigt, es sei denn, daß sie gemäß Artikel 37 § 1 von den Parteien eingereicht werden.

§ 2

Der Aufgabe- und der Rückschein oder die Quittung sind mit der Urschrift des zugestellten Schriftstücks zu verbinden.

NEUNTES KAPITEL
Fristen

Artikel 80

§ 1

Die im EGKS-, EWG- und EAG-Vertrag, in den Satzungen des Gerichtshofes und in dieser Verfahrensordnung vorgesehenen gerichtlichen Fristen sind unter Ausschluß des Tages zu berechnen, auf den das Ereignis fällt, mit dem die Frist beginnt.

Der Lauf einer Frist wird durch die Gerichtsferien nicht gehemmt.

§ 2

Fällt das Ende einer Frist auf einen Sonntag oder gesetzlichen Feiertag, so endet die Frist mit dem Ablauf des nächstfolgenden Werktags.

Der Gerichtshof stellt ein Verzeichnis der gesetzlichen Feiertage auf, das im *Amtsblatt der Europäischen Gemeinschaften* zu veröffentlichen ist.

Artikel 81

§ 1

Die Fristen für die Erhebung von Klagen gegen Maßnahmen der Organe beginnen am Tag nach der Bekanntgabe an den Betroffenen oder, wenn die Maßnahme veröffentlicht wird, am fünfzehnten Tag nach ihrem Erscheinen im *Amtsblatt der Europäischen Gemeinschaften*.

§ 2

Der Gerichtshof setzt mit Rücksicht auf die räumliche Entfernung zusätzliche Verfahrensfristen fest; diese Entscheidung ist im *Amtsblatt der Europäischen Gemeinschaften* zu veröffentlichen.

Artikel 82

Aufgrund dieser Verfahrensordnung festgesetzte Fristen können von der anordnenden Stelle verlängert werden.

DRITTER TEIL
Besondere Verfahrensarten

ERSTES KAPITEL
Aussetzung des Vollzugs oder der Zwangsvollstreckung und sonstige einstweilige Anordnungen

Artikel 83

§ 1

Anträge auf Aussetzung des Vollzugs von Maßnahmen eines Organs im Sinne der Artikel 39 Absatz 2 des EGKS-Vertrags, 185 des EWG-Vertrags und 157 des EAG-Vertrags sind nur zulässig, wenn der Antragsteller die betreffende Maßnahme durch Klage beim Gerichtshof angefochten hat.

Anträge auf sonstige einstweilige Anordnungen im Sinne der Artikel 39 Absatz 3 des EGKS-Vertrags, 186 des EWG-Vertrags und 158 des EAG-Vertrags sind nur zulässig, wenn sie von einer Partei eines beim Gerichtshof anhängigen Rechtsstreits gestellt werden und sich auf diesen beziehen.

§ 2

Die in § 1 genannten Anträge müssen den Streitgegenstand und die Umstände anführen, aus denen sich die Dringlichkeit ergibt; ferner ist die Notwendigkeit der beantragten Anordnung in tatsächlicher und rechtlicher Hinsicht glaubhaft zu machen.

§ 3

Der Antrag ist mit besonderem Schriftsatz einzureichen und muß den Vorschriften der Artikel 37 und 38 entsprechen.

Artikel 84

§ 1

Der Antrag wird der Gegenpartei zugestellt; der Präsident setzt ihr eine kurze Frist zur schriftlichen oder mündlichen Stellungnahme.

§ 2

Der Präsident kann eine Beweisaufnahme anordnen.

Er kann dem Antrag stattgeben, bevor die Stellungnahme der Gegenpartei eingeht. Diese Entscheidung kann später auch von Amts wegen abgeändert oder aufgehoben werden.

Artikel 85

Der Präsident entscheidet selbst oder überträgt die Entscheidung dem Gerichtshof.

Ist der Präsident abwesend oder verhindert, so findet Artikel 11 entsprechende Anwendung.

Wird die Entscheidung dem Gerichtshof übertragen, so erkennt dieser unter Zurückstellung aller anderen Rechtssachen und nach Anhörung des Generalanwalts. Artikel 84 findet entsprechende Anwendung.

Artikel 86

§ 1

Die Entscheidung ergeht durch unanfechtbaren Beschluß, der mit Gründen zu versehen ist. Der Beschluß wird den Parteien unverzüglich zugestellt.

§ 2

Die Vollstreckung des Beschlusses kann davon abhängig gemacht werden, daß der Antragsteller eine Sicherheit leistet, deren Höhe und Art nach Maßgabe der Umstände festzusetzen sind.

§ 3

Die einstweilige Anordnung kann befristet werden. In Ermangelung einer ausdrücklichen Befristung tritt sie mit der Verkündung des Endurteils außer Kraft.

§ 4

Der Beschluß stellt nur eine einstweilige Regelung dar und greift der Entscheidung des Gerichtshofes zur Hauptsache nicht vor.

Artikel 87

Auf Antrag einer Partei kann der Beschluß jederzeit wegen veränderter Umstände abgeändert oder aufgehoben werden.

Artikel 88

Die Abweisung eines Antrags auf einstweilige Anordnung hindert den Antragsteller nicht, einen weiteren, auf neue Tatsachen gestützten Antrag zu stellen.

Artikel 89

Die Vorschriften dieses Kapitels finden entsprechende Anwendung auf Anträge, die gemäß Artikel 44 und 92 des EGKS-Vertrags, 187 und 192 des EWG-Vertrags sowie 159 und 164 des EAG-Vertrags gestellt werden und auf Aussetzung der Zwangsvollstreckung von Entscheidungen des Gerichtshofes oder von Maßnahmen anderer Organe gerichtet sind.

In dem Beschluß, der dem Antrag stattgibt, wird der Zeitpunkt festgesetzt, zu dem die einstweilige Anordnung außer Kraft tritt.

Artikel 90

§ 1

Anträge gemäß Artikel 81 Absätze 3 und 4 des EAG-Vertrags müssen

a) Namen und Wohnsitz der Personen oder Unternehmen angeben, die der Überwachungsmaßnahme unterworfen werden sollen;

b) Gegenstand und Zweck der Überwachungsmaßnahme bezeichnen.

§ 2

Der Präsident entscheidet durch Verfügung. Artikel 86 findet entsprechende Anwendung.

Ist der Präsident abwesend oder verhindert, so findet Artikel 11 entsprechende Anwendung.

ZWEITES KAPITEL
Prozeßhindernde Einreden und Zwischenstreit

Artikel 91

§ 1

Will eine Partei eine Vorabentscheidung des Gerichtshofes über eine prozeßhindernde Einrede oder einen Zwischenstreit herbeiführen, so hat sie dies mit besonderem Schriftsatz zu beantragen.

Der Schriftsatz muß außer dem Antrag dessen tatsächliche und rechtliche Begründung enthalten; Unterlagen, auf die sich die Partei beruft, sind beizufügen.

§ 2

Unmittelbar nach Eingang des Schriftsatzes bestimmt der Präsident eine Frist, innerhalb deren die Gegenpartei schriftlich ihre Anträge zu stellen und zu begründen hat.

§ 3

Über den Antrag wird mündlich verhandelt, sofern der Gerichtshof nichts anderes bestimmt.

§ 4

Nach Anhörung des Generalanwalts entscheidet der Gerichtshof über den Antrag oder behält die Entscheidung dem Endurteil vor.

Verwirft der Gerichtshof den Antrag oder behält er die Entscheidung dem Endurteil vor, so bestimmt der Präsident neue Fristen für die Fortsetzung des Verfahrens.

Artikel 92

§ 1

Ist der Gerichtshof für eine bei ihm gemäß Artikel 38 § 1 erhobene Klage offensichtlich unzuständig, so kann er die Klage durch begründeten Beschluß als unzulässig abweisen. Diese Entscheidung kann bereits vor der Übermittlung der Klageschrift an die beklagte Partei ergehen.

§ 2

Der Gerichtshof kann jederzeit von Amts wegen prüfen, ob unverzichtbare Prozeßvoraussetzungen fehlen; er entscheidet hierüber gemäß Artikel 91 §§ 3 und 4.

DRITTES KAPITEL
Streithilfe

Artikel 93

§ 1

Anträge auf Zulassung als Streithelfer können nur innerhalb einer Frist von drei Monaten nach der Veröffentlichung der in Artikel 16 § 6 bezeichneten Mitteilung gestellt werden.

§ 2

Der Antrag muß enthalten:

a) die Bezeichnung der Rechtssache;

b) die Bezeichnung der Parteien;

c) Namen und Wohnsitz des Antragstellers;

d) die Gründe, aus denen sich das berechtigte Interesse des Antragstellers am Ausgang des Rechtsstreits ergibt; Artikel 37 der EWG-Satzung und 38 der EAG-Satzung bleiben unberührt;

e) die Anträge, die der Unterstützung oder Bekämpfung der Anträge einer Partei zu dienen bestimmt sind;

f) die Bezeichnung der Beweismittel sowie die Unterlagen, auf die sich der Antragsteller beruft;

g) die Benennung eines Zustellungsbevollmächtigten am Ort des Gerichtssitzes.

Für die Vertretung des Streithelfers gelten Artikel 20 Absätze 1 und 2 der EGKS-Satzung und 17 der EWG- und EAG-Satzungen.

Artikel 37 und 38 dieser Verfahrensordnung finden entsprechende Anwendung.

§ 3

Der Antrag wird den Parteien des Hauptverfahrens zugestellt. Der Gerichtshof gibt diesen Gelegenheit zur schriftlichen oder mündlichen Stellungnahme und entscheidet nach Anhörung des Generalanwalts durch Beschluß.

§ 4

Gibt der Gerichtshof dem Antrag statt, so sind dem Streithelfer alle den Parteien zugestellten Schriftstücke zu übermitteln. Der Gerichtshof kann jedoch auf Antrag einer Partei geheime oder vertrauliche Unterlagen von der Übermittlung ausnehmen.

§ 5

Der Streithelfer muß den Rechtsstreit in der Lage annehmen, in der dieser sich zur Zeit des Beitritts befindet.

Der Präsident setzt dem Streithelfer eine Frist zur schriftlichen Begründung seiner Anträge.

VIERTES KAPITEL
Versäumnisurteil und Widerspruch

Artikel 94

§ 1

Reicht der Beklagte, gegen den ordnungsgemäß Klage erhoben ist, seine Klagebeantwortung nicht form- und fristgerecht ein, so kann der Kläger Versäumnisurteil beantragen.

Der Antrag wird dem Beklagten zugestellt. Der Präsident bestimmt den Termin für die Eröffnung der mündlichen Verhandlung.

§ 2

Vor Erlaß eines Versäumnisurteils prüft der Gerichtshof nach Anhörung des Generalanwalts, ob die Klage ordnungsgemäß erhoben und zulässig ist, und ob die Anträge des Klägers begründet erscheinen. Er kann eine Beweisaufnahme anordnen.

§ 3

Das Versäumnisurteil ist vollstreckbar. Der Gerichtshof kann die Vollstreckung aussetzen, bis über einen gemäß § 4 erhobenen Widerspruch entschieden ist, oder sie davon abhängig machen, daß der Antragsteller eine Sicherheit leistet, deren Höhe und Art nach Maßgabe der Umstände festzusetzen sind; wird kein Widerspruch erhoben oder wird der Widerspruch verworfen, so ist die Sicherheit freizugeben.

§ 4

Gegen das Versäumnisurteil kann Widerspruch erhoben werden.

Der Widerspruch ist innerhalb eines Monats nach Zustellung des Urteils zu erheben; Artikel 37 und 38 finden entsprechende Anwendung.

§ 5

Nach der Zustellung des Widerspruchs setzt der Präsident der Gegenpartei eine Frist zur schriftlichen Stellungnahme.

Auf das weitere Verfahren finden Artikel 44 ff. entsprechende Anwendung.

§ 6

Der Gerichtshof entscheidet durch Urteil, gegen das weiterer Widerspruch nicht zulässig ist.

Die Urschrift dieses Urteils wird mit der Urschrift des Versäumnisurteils verbunden. Ein Hinweis auf das Urteil ist am Rande der Urschrift des Versäumnisurteils anzubringen.

FÜNFTES KAPITEL
Verweisung von Rechtssachen an die Kammern

Artikel 95

§ 1

Der Gerichtshof kann die ihm gemäß Artikel 103 vorgelegten Vorabentscheidungssachen an die Kammern verweisen, sofern nicht die Schwierigkeit oder die Bedeutung der Rechtssache oder besondere Umstände eine Entscheidung des Gerichtshofes in Vollsitzung erfordern; das gleiche gilt für Klagen natürlicher oder juristischer Personen, die diese gemäß Artikel 33 Absatz 2, Artikel 34 Absatz 2, Artikel 35, Artikel 36 Absatz 2, Artikel 40 Absätze 1 und 2 und Artikel 42 des EGKS-Vertrags, Artikel 172, Artikel 173 Absatz 2, Artikel 175 Absatz 3, Artikel 178 und Artikel 181 des EWG-Vertrags und Artikel 144, Artikel 146 Absatz 2, Artikel 148 Absatz 3, Artikel 151 und Artikel 153 des EAG-Vertrags erhoben haben.

§ 2

Die Entscheidung über die Verweisung trifft der Gerichtshof am Schluß des schriftlichen Verfahrens auf der Grundlage des Vorberichts des Berichterstatters und nach Anhörung des Generalanwalts.

Die Verweisung ist nicht zulässig, wenn ein am Verfahren beteiligter Mitgliedstaat oder ein am Verfahren beteiligtes Organ der Gemeinschaften verlangt, daß der Gerichtshof über die Rechtssache in Vollsitzung entscheidet. Am Verfahren beteiligt im Sinne dieser Bestimmung sind Mitgliedstaaten oder Organe, die in dem Rechtsstreit Partei oder Streithelfer sind oder die im Rahmen eines der in Artikel 103 bezeichneten Vorabentscheidungsverfahren schriftliche Erklärungen eingereicht haben.

§ 3

Über Klagen von Beamten und sonstigen Bediensteten gegen ein Organ entscheidet eine vom Gerichtshof in jedem Jahr neu zu bestimmende Kammer; dies gilt nicht für Anträge auf einstweilige Anordnungen. Diese Zuständigkeit läßt die im Falle eines Zusammenhangs zwischen bestimmten Rechtssachen zu treffenden Maßnahmen unberührt.

§ 4

Die Kammer kann eine Rechtssache, für deren Entscheidung sie zuständig ist, in jedem Stadium des Verfahrens dem Gerichtshof vorlegen.

Artikel 96

§ 1

Wird in einem Rechtsstreit der in Artikel 95 § 3 bezeichneten Art eine einstweilige Anordnung beantragt und ist der Präsident abwesend oder verhindert, so vertritt ihn der zuständige Kammerpräsident.

§ 2

Unbeschadet der in Artikel 85 vorgesehenen Befugnis kann der Präsident die Entscheidung über einen Antrag auf einstweilige Anordnung der zuständigen Kammer übertragen.

SECHSTES KAPITEL
Außerordentliche Rechtsbehelfe

ERSTER ABSCHNITT
Drittwiderspruchsklage

Artikel 97

§ 1

Auf die Drittwiderspruchsklage finden Artikel 37 und 38 entsprechende Anwendung; die Klage muß ferner enthalten:

a) die Bezeichnung des angefochtenen Urteils;

b) die Angabe, in welchen Punkten dieses Urteil die Rechte des Dritten beeinträchtigt;

c) die Gründe, aus denen der Dritte nicht in der Lage war, sich am Hauptverfahren zu beteiligen.

Die Klage ist gegen sämtliche Parteien des Hauptverfahrens zu richten.

Ist das Urteil im *Amtsblatt der Europäischen Gemeinschaften* veröffentlicht, so muß die Klage binnen zwei Monaten nach dieser Veröffentlichung erhoben werden.

§ 2

Auf Antrag des Dritten kann die Vollstreckung des angefochtenen Urteils ausgesetzt werden. Die Bestimmungen des ersten Kapitels des dritten Titels finden entsprechende Anwendung.

§ 3

Wird der Klage stattgegeben, so ist das angefochtene Urteil entsprechend zu ändern.

Die Urschrift des auf die Drittwiderspruchsklage ergangenen Urteils ist mit der Urschrift des angefochtenen Urteils zu verbinden. Ein Hinweis auf das Urteil ist am Rande der Urschrift des angefochtenen Urteils anzubringen.

ZWEITER ABSCHNITT
Wiederaufnahme des Verfahrens

Artikel 98

Die Wiederaufnahme des Verfahrens ist binnen drei Monaten nach dem Tag zu beantragen, an dem der Antragsteller Kenntnis von der Tatsache erhalten hat, auf die er seinen Antrag stützt.

Artikel 99

§ 1

Auf den Antrag finden Artikel 37 und 38 entsprechende Anwendung. Der Antrag muß ferner enthalten:

a) die Bezeichnung des angefochtenen Urteils;

b) die Angabe der Punkte, in denen das Urteil angefochten wird;

c) die Bezeichnung der Tatsachen, die dem Antrag zugrunde liegen;

d) die Benennung der Beweismittel für das Vorliegen von Tatsachen, welche die Wiederaufnahme rechtfertigen, und für die Wahrung der in Artikel 98 genannten Frist.

§ 2

Der Antrag ist gegen sämtliche Parteien des Rechtsstreits zu richten, in dem das angefochtene Urteil ergangen ist.

Artikel 100

§ 1

Aufgrund der schriftlichen Stellungnahme der Parteien und nach Anhörung des Generalanwalts entscheidet der Gerichtshof in nichtöffentlicher Sitzung durch Urteil über die Zulässigkeit des Antrags, ohne der Entscheidung in der Hauptsache vorzugreifen.

§ 2

Gibt der Gerichtshof dem Antrag statt, so tritt er erneut in die Prüfung der Hauptsache ein und entscheidet durch Urteil gemäß den Bestimmungen dieser Verfahrensordnung.

§ 3

Die Urschrift des abändernden Urteils ist mit der Urschrift des abgeänderten Urteils zu verbinden. Ein Hinweis auf das Urteil ist am Rande der Urschrift des abgeänderten Urteils anzubringen.

SIEBENTES KAPITEL
Klagen gegen Entscheidungen des Schiedsausschusses

Artikel 101

§ 1

Die in Artikel 18 Absatz 2 des EAG-Vertrags bezeichneten Klagen müssen enthalten:

a) Namen und Wohnsitz des Klägers;

b) die Stellung des Unterzeichnenden;

c) die Bezeichnung der angegriffenen Entscheidung des Schiedsausschusses;

d) die Bezeichnung der Gegenparteien;

e) eine kurze Darlegung des Sachverhalts;

f) die Anträge und die Klagegründe des Klägers.

§ 2

Artikel 37 §§ 3 und 4 sowie 38 §§ 2, 3 und 5 finden entsprechende Anwendung.

Mit der Klage ist eine beglaubigte Abschrift der angefochtenen Entscheidung einzureichen.

§ 3

Unmittelbar nach Eingang der Klage fordert der Kanzler die Akten der Rechtssache bei der Kanzlei des Ausschusses an.

§ 4

Auf das Verfahren finden Artikel 39, 40 und 55 ff. entsprechende Anwendung.

§ 5

Der Gerichtshof entscheidet durch Urteil. Hebt er die Entscheidung des Ausschusses auf, so kann er die Sache an den Ausschuß zurückverweisen.

ACHTES KAPITEL
Auslegung von Urteilen

Artikel 102

§ 1

Für Anträge auf Auslegung von Urteilen gelten Artikel 37 und 38 entsprechend. Der Antrag muß ferner bezeichnen:

a) das auszulegende Urteil;

b) die Stellen, deren Auslegung beantragt wird.

Er ist gegen sämtliche Parteien des Rechtsstreits zu richten, in dem das Urteil ergangen ist.

§ 2

Der Gerichtshof gibt den Parteien Gelegenheit zur Stellungnahme; er entscheidet nach Anhörung des Generalanwalts durch Urteil.

Die Urschrift des auslegenden Urteils ist mit der Urschrift des ausgelegten Urteils zu verbinden. Ein Hinweis auf das Urteil ist am Rande der Urschrift des ausgelegten Urteils anzubringen.

NEUNTES KAPITEL
Vorlagen zur Vorabentscheidung und andere Auslegungsanträge

Artikel 103

§ 1

In den in Artikel 20 der EWG-Satzung und 21 der EAG-Satzung bezeichneten Fällen finden Artikel 43 ff. dieser Verfahrensordnung entsprechende Anwendung, nachdem die in den genannten Artikeln 20 und 21 vorgesehenen Schriftsätze oder schriftlichen Erklärungen eingegangen sind.

Das gleiche gilt, wenn diese Äußerungen nicht innerhalb der in den genannten Artikeln 20 und 21 bezeichneten Frist eingegangen sind, oder wenn die Parteien des Ausgangsverfahrens, die Mitgliedstaaten, die Kommission und gegebenenfalls der Rat erklären, daß sie hierauf verzichten.

§ 2

Die Bestimmungen des § 1 gelten entsprechend für Vorabentscheidungsvorlagen nach dem Protokoll betreffend die Auslegung des Übereinkommens vom 29. Februar 1968 über die gegenseitige Anerkennung von Gesellschaften und juristischen Personen durch den Gerichtshof und nach dem Protokoll betreffend die Auslegung des Übereinkommens vom 27. September 1968 über die gerichtliche Zuständigkeit und die Vollstreckung gerichtlicher Entscheidungen in Zivil- und Handelssachen durch den Gerichtshof, beide Protokolle unterzeichnet in Luxemburg am 3. Juni 1971, sowie für Anträge nach Artikel 4 des letztgenannten Protokolls.

Die Bestimmungen des Absatzes 1 gelten auch für etwaige in anderen Übereinkommen vorgesehene Vorabentscheidungsvorlagen.

§ 3

Im Fall des Artikels 41 des EGKS-Vertrags wird die Vorlageentscheidung den Parteien des Ausgangsverfahrens, den Mitgliedstaaten, der Hohen Behörde und dem Besonderen Ministerrat zugestellt.

Binnen zwei Monaten nach dieser Zustellung können die im vorigen Absatz genannten Beteiligten Schriftsätze einreichen oder schriftliche Erklärungen abgeben.

Sind diese Schriftsätze oder Erklärungen eingegangen oder ist die im vorigen Absatz bestimmte Frist verstrichen, finden die Vorschriften der Artikel 43 ff. dieser Verfahrensordnung Anwendung.

Artikel 104

§ 1

Die Entscheidungen der nationalen Gerichte im Sinne von Artikel 103 werden den Mitgliedstaaten in der Originalfassung zusammen mit einer Übersetzung in der Amtssprache des Empfängerstaats übermittelt.

§ 2

Hinsichtlich der Vertretung und des persönlichen Erscheinens der Parteien des Ausgangsverfahrens in den Vorabentscheidungsverfahren trägt der Gerichtshof den vor den nationalen Gerichten, die ihn angerufen haben, geltenden Verfahrensvorschriften Rechnung.

§ 3

Die Entscheidung über die Kosten des Vorabentscheidungsverfahrens ist Sache des nationalen Gerichts.

In besonderen Fällen kann der Gerichtshof im Rahmen des Armenrechts eine Beihilfe bewilligen, um es einer Partei zu erleichtern, sich vertreten zu lassen oder persönlich zu erscheinen.

ZEHNTES KAPITEL
Verfahren gemäß Artikel 103 bis 105 des EAG-Vertrags

Artikel 105

§ 1

Anträge nach Artikel 103 Absatz 3 des EAG-Vertrags sind in vier beglaubigten Ausfertigungen einzureichen. Sie werden der Kommission zugestellt.

§ 2

Mit dem Antrag sind der Entwurf des Abkommens oder der Vereinbarung, die Stellungnahme der Kommission gegenüber dem betroffenen Staat sowie alle sonstigen Unterlagen einzureichen.

Die Kommission hat sich innerhalb einer Frist von zehn Tagen, die vom Präsident nach Anhörung des betroffenen Staates verlängert werden kann, zu dem Antrag zu äußern.

Eine beglaubigte Abschrift dieser Äußerung wird dem Staat zugestellt.

§ 3

Unmittelbar nach Eingang des Antrags bestimmt der Präsident den Berichterstatter; der Erste Generalanwalt bestimmt den Generalanwalt sogleich nach der Bestimmung des Berichterstatters.

§ 4

Die Entscheidung ergeht nach Anhörung des Generalanwalts in nichtöffentlicher Sitzung.

Die Bevollmächtigten oder die Beistände des betroffenen Staates und der Kommission sind auf ihren Antrag zu hören.

Artikel 106

§ 1

Auf die in Artikel 104 letzter Absatz und 105 letzter Absatz des EAG-Vertrags bezeichneten Fälle finden Artikel 37 ff. entsprechende Anwendung.

§ 2

Der Antrag wird dem Staat zugestellt, dem der Antragsgegner angehört.

ELFTES KAPITEL
Gutachten

Artikel 107

§ 1

Anträge des Rates auf Gutachten gemäß Artikel 228 des EWG-Vertrags werden der Kommission zugestellt. Entsprechende Anträge der Kommission werden dem Rat und den Mitgliedstaaten zugestellt. Anträge eines Mitgliedstaats werden dem Rat, der Kommission und den übrigen Mitgliedstaaten zugestellt.

Der Präsident setzt den Empfängern dieser Zustellungen eine Frist zur schriftlichen Stellungnahme.

§ 2

Das Gutachten kann sich sowohl auf die Vereinbarkeit des beabsichtigten Abkommens mit dem EWG-Vertrag als auch auf die Zuständigkeit der Gemeinschaft oder eines ihrer Organe für den Abschluß eines solchen Abkommens erstrecken.

Artikel 108

§ 1

Unmittelbar nach Eingang des Antrags gemäß Artikel 107 bestimmt der Präsident den Berichterstatter.

§ 2

Der Gerichtshof gibt nach Anhörung der Generalanwälte in nichtöffentlicher Sitzung ein mit Gründen versehenes Gutachten ab.

§ 3

Das Gutachten wird vom Präsidenten, von den übrigen an der Beratung beteiligten Richtern sowie vom Kanzler unterzeichnet und dem Rat, der Kommission und den Mitgliedstaaten zugestellt.

Artikel 109

Anträge auf Stellungnahme des Gerichtshofes gemäß Artikel 95 Absatz 4 des EGKS-Vertrags sind von der Hohen Behörde und vom Besonderen Ministerrat gemeinsam einzureichen.

Die Stellungnahme ergeht in entsprechender Anwendung von Artikel 108. Sie wird der Hohen Behörde, dem Besonderen Ministerrat und dem Europäischen Parlament zugestellt.

SCHLUSSBESTIMMUNGEN

Artikel 110

§ 1

Wer als Zeuge oder Sachverständiger vor dem Gerichtshof zur Eidesleistung aufgefordert wird, wird vom Präsidenten ermahnt, seine Aussage wahrheitsgemäß zu machen bzw. seinen Antrag unparteiisch und nach bestem Wissen und Gewissen zu erfüllen, und wird von ihm über die in der Gesetzgebung seines Heimatstaats vorgesehenen strafrechtlichen Folgen einer Verletzung dieser Pflicht belehrt.

§ 2

Der Zeuge leistet den Eid entweder gemäß Artikel 47 Absatz 5 Unterabsatz 1 oder in den Formen der Gesetzgebung seines Heimatstaats.

Erlaubt das Heimatrecht dem Zeugen in Gerichtsverfahren, neben dem Eid oder anstelle des Eides eine dem Eid gleichgestellte Erklärung abzugeben, so kann er diese Erklärung unter den Bedingungen und nach den Formen der Rechtsvorschriften seines Heimatstaats abgeben.

Kennt das Heimatrecht des Zeugen weder einen Eid noch eine solche Erklärung, so verbleibt es bei der Belehrung gemäß Absatz 1.

§ 3

Für Sachverständige gilt Absatz 2 entsprechend, wobei jedoch auf Artikel 49 Absatz 6 erster Unterabsatz statt auf Artikel 47 Absatz 5 erster Unterabsatz dieser Verfahrensordnung Bezug genommen wird.

Artikel 111

Unbeschadet der Bestimmungen der Artikel 188 des EWG-Vertrags und 160 des EAG-Vertrags erläßt der Gerichtshof im Benehmen mit den beteiligten Regierungen eine zusätzliche Verfahrensordnung über das von ihm auf folgenden Gebieten einzuschlagende Verfahren:

a) Rechtshilfeersuchen;

b) Armenrecht;

c) Anzeigen des Gerichtshofes wegen Eidesverletzungen von Zeugen und Sachverständigen gemäß Artikel 28 der EGKS- und EAG-Satzungen sowie 27 der EWG-Satzung.

Artikel 112

Diese Verfahrensordnung tritt an die Stelle der Verfahrensordnung des Gerichtshofes der Europäischen Gemeinschaften vom 3. März 1959 in der Fassung des Beschlusses des Gerichtshofes vom 11. November 1959 (ABl. Nr. 2 vom 18. 1. 1960, S. 17/60).

Artikel 113

Diese Verfahrensordnung ist in den in Artikel 29 Absatz 1 genannten Sprachen verbindlich. Sie wird im *Amtsblatt der Europäischen Gemeinschaften* veröffentlicht.

ANLAGE I
Beschluß über die gesetzlichen Feiertage

Artikel 1

Gesetzliche Feiertage im Sinne von Artikel 80 § 2 der Verfahrensordnung sind:

- der Neujahrstag,
- der Ostermontag,
- der 1. Mai,
- Christi Himmelfahrt,
- der Pfingstmontag,
- der 23. Juni,
- der 24. Juni, wenn der 23. Juni ein Sonntag ist,
- der 15. August,
- der 1. November,
- der 25. Dezember,
- der 26. Dezember.

Die in Absatz 1 genannten gesetzlichen Feiertage sind die Feiertage, die am Sitz des Gerichtshofes gelten.

Artikel 2

Die Bestimmungen von Artikel 80 § 2 der Verfahrensordnung finden keine Anwendung auf andere als die in Artikel 1 dieses Beschlusses genannten Feiertage.

Artikel 3

Dieser Beschluß tritt als Anlage I zur Verfahrensordnung gleichzeitig mit dieser in Kraft.

Er ist im *Amtsblatt der Europäischen Gemeinschaften* zu veröffentlichen.

ANLAGE II
Beschluß über die Verlängerung der Verfahrensfristen mit Rücksicht auf die räumliche Entfernung

Artikel 1

Mit Ausnahme der Fälle, in denen die Parteien ihren gewöhnlichen Aufenthalt im Großherzogtum Luxemburg haben, werden die Verfahrensfristen mit Rücksicht auf die Entfernung verlängert, und zwar

- für Belgien um zwei Tage,
- für Deutschland, das europäische Gebiet der Französischen Republik und das europäische Gebiet des Königreichs der Niederlande um sechs Tage,
- für das europäische Gebiet des Königreichs Dänemark, die Republik Griechenland, Irland, die Italienische Republik und das Vereinigte Königreich um zehn Tage,
- für die anderen Länder und Gebiete Europas um zwei Wochen,
- für die sonstigen Länder, Departements und Gebiete um einen Monat.

Artikel 2

Dieser Beschluß tritt als Anlage II zur Verfahrensordnung gleichzeitig mit dieser in Kraft.

Er ist im *Amtsblatt der Europäischen Gemeinschaften* zu veröffentlichen.

Kapitel 2
Gemeinsame Vorschriften für mehrere Organe

Vorbemerkung zu den Artikeln 189 bis 192

I. Einleitende Bemerkungen

1 Die Überschrift des vorliegenden Kapitels ist wenig prägnant, da die Art. 189 bis 192 lediglich den Rat und die Kommission betreffen.

2 Wie die bisherige Praxis des EuGH und der staatlichen Gerichte gezeigt hat, ist Art. 189 eine der bedeutsamsten Vorschriften nicht nur des Kapitels, zu dem er gehört, sondern des EWGV insgesamt. Zwar ist der Vertrag als ideelle und rangmäßige Einheit konzipiert, so daß es abwegig wäre, ihn unter Verwendung nationaler, insbesondere deutscher, Rechtsbegriffe formell in »ranghöhere Verfassungsnormen« und »rangniedrigere Gesetzesnormen« aufzugliedern. Er enthält aber eine Reihe von Vorschriften, die sich wegen ihrer grundlegenden Bedeutung als materielles Verfassungsrecht bezeichnen lassen. Hierzu ist Art. 189 mindestens teilweise zu rechnen, weil ihm unmittelbar oder mittelbar wichtige Aussagen über die Rechtsetzungsgewalt der Gemeinschaft und das Verhältnis zwischen Gemeinschaftsrecht und nationalem Recht zu entnehmen sind.

3 Die übrigen Bestimmungen des vorliegenden Kapitels lassen sich eher dem allgemeinen Verwaltungsrecht (Art. 190, 191) und dem Verwaltungsprozeßrecht (Art. 192) der EWG zurechnen. Art. 192, der die Zwangsvollstreckung von Gemeinschaftsentscheidungen regelt, ist bisher wenig ins Blickfeld getreten. Art. 190, 191 haben dagegen die Rechtsprechung häufiger beschäftigt; dies gilt vor allem für die in der erstgenannten Vorschrift festgelegte Begründungspflicht, deren Verletzung häufig von Klägern behauptet wird.

II. Übersicht über den Inhalt der einzelnen Bestimmungen

4 Art. 189 zählt die wichtigsten Verlautbarungen auf, mit denen Rat und Kommission an die Öffentlichkeit treten – Verordnungen, Richtlinien, Entscheidungen, Empfehlungen und Stellungnahmen – und bezeichnet ihre wesentlichen Merkmale.

Art. 190 schreibt vor, daß die Verordnungen, Richtlinien und Entscheidungen der Kommission und des Rates mit Gründen zu versehen sind und auf die nach den Bestimmungen des Vertrages einzuholenden Vorschläge und Stellungnahmen Bezug zu nehmen haben.

Art. 191 bestimmt, in welcher Form Verordnungen, Richtlinien und Entscheidungen bekanntzumachen sind und zu welchem Zeitpunkt sie in Kraft treten.

Art. 192 stellt fest, daß die Entscheidungen des Rates und der Kommission, die anderen Personen als Staaten Zahlungen auferlegen, vollstreckbare Titel sind. Ferner enthält er Vorschriften über Einzelheiten der Zwangsvollstreckung: diese hat nach dem Zivilprozeßrecht des Staates zu erfolgen, auf dessen Gebiet sie stattfindet; die Vollstreckungsklausel ist – nachdem eine auf die Echtheit des Titels beschränkte Prüfung vorausgegangen ist – von einer nationalen Behörde zu erteilen, die der betreffende Staat bestimmt; die Zwangsvollstreckung wird alsdann dadurch eingeleitet, daß die betreibende Partei die zuständige innerstaatliche Stelle unmittelbar anruft; sie kann nur durch eine Entscheidung des Gerichtshofes der Gemeinschaft ausgesetzt werden, wohingegen die hierzu berufenen nationalen Organe für die Prüfung der Ordnungsmäßigkeit der Vollstreckungsmaßnahmen zuständig sind.

Artikel 189 [Nomenklatur und Merkmale der verschiedenen Verlautbarungsformen]

Zur Erfüllung ihrer Aufgaben und nach Maßgabe dieses Vertrages erlassen der Rat und die Kommission Verordnungen, Richtlinien und Entscheidungen, sprechen Empfehlungen aus oder geben Stellungnahmen ab.

Die Verordnung hat allgemeine Geltung. Sie ist in allen ihren Teilen verbindlich und gilt unmittelbar in jedem Mitgliedstaat.

Die Richtlinie ist für jeden Mitgliedstaat, an den sie gerichtet wird, hinsichtlich des zu erreichenden Ziels verbindlich, überläßt jedoch den innerstaatlichen Stellen die Wahl der Form und der Mittel.

Die Entscheidung ist in allen ihren Teilen für diejenigen verbindlich, die sie bezeichnet.

Die Empfehlungen und Stellungnahmen sind nicht verbindlich.

Literaturhinweise

André, Achim, Artikel 189 Absatz 3 EWG-Vertrag als politische Norm, in: EuR 1969, S. 191–201

Börner, Bodo, Die Entscheidungen der Hohen Behörde, Tübingen 1965

Boulouis, Jean, L'applicabilité directe des directives. A propos d'un arrêt Cohn-Bendit du Conseil d'Etat, in: RMC 1979, S. 104–110

Carstens, Karl, Der Rang europäischer Verordnungen gegenüber deutschen Rechtsnormen, in: Festschrift für Otto Riese, Karlsruhe 1964, S. 65–81

Crétien, Yves, L'application directe des dispositions de certaines directives, in: RMC 1971, S. 231–237

Dumon, F., La formation de la règle de droit dans les Communautés européennes, in: Revue internationale de droit comparé 1960, S. 75–107
Economides, Constantin P.: Le pouvoir de décision des organisations internationales européennes, Leiden 1964
Everling, Ulrich, Die ersten Rechtssetzungsakte der Organe der Europäischen Gemeinschaften, in: BB 1959, S. 52 ff.
Fuss, Ernst Werner, Rechtssatz und Einzelakt im Europäischen Gemeinschaftsrecht, in: NJW 1964, S. 327–331, 945–951, 1600–1604.
ders., Die »Richtlinie« des Europäischen Gemeinschaftsrechts, in: DVBl. 1965, S. 378–384
Glaesner, Hans J., Mögliche Konfliktzonen zwischen den Gemeinschaftsorganen, in: EuR 1981, S. 9–22
Grabitz, Eberhard, Entscheidungen und Richtlinien als unmittelbar wirksames Gemeinschaftsrecht. Zur Analyse der Leber-Pfennig-Urteile des Europäischen Gerichtshofs, in: EuR 1971, S. 1 ff.
ders., Gemeinschaftsrecht bricht nationales Recht, Hamburg 1966
Kaiser, Joseph H., Die im Rat vereinigten Vertreter der Regierungen der Mitgliedstaaten, in: Zur Integration Europas, Karlsruhe 1965, S. 107–124
Kraushaar, Reinhold, Zur Kompetenz der Kommission der Europäischen Gemeinschaften zum Erlaß von Verordnungen, in: DÖV 1959, S. 726–731
Kreplin, Joachim, Die Richtlinie als Instrument zur Rechtsangleichung nach Art. 100 EWG-Vertrag, in: NJW 1965, S. 467–471
Lagrange, Maurice, Le pouvoir de décision dans les Communautés Européennes: théorie et réalité. in: RTDE 1967, S. 1–29
Louis, Jean-Victor, Les règlements de la Communauté Economique Européenne, Brüssel 1969
Mertens de Wilmars, J., Het onderscheid tussen beschikking en reglement in het legaliteits-contentieux van de EEG, in: Tijdschrift voor Bestuurswetenschappen en Publiekrecht 1970, S. 440 ff.
Moeller, Wolfdietrich, Die Verordnung der Europäischen Gemeinschaften, Göttingen 1967
Monaco, Riccardo, Natura e efficacia dei regolamenti delle Communità Europee, in: Riv. dir. int. 1961, S. 393–408
Morand, Charles Albert, Les recommandations, les résolutions et les avis du droit communautaire, in: CDE 1970, S. 623–644
Oldekop, Dieter, Die Richtlinien der EWG, Göttingen 1968
Ophüls, Carl Friedrich, Les règlements et les directives dans les traités de Rome, in: CDE 1966, S. 3–20
Pescatore, Pierre, Remarques sur la nature juridique des »décisions des représentants des Etats membres réunis au sein du Conseil«, in: SEW 1966, S. 579–586
Rabe, Hans Jürgen, Das Verordnungsrecht der Europäischen Wirtschaftsgemeinschaft, Hamburg 1963
Rambow, Gerhard, Probleme bei der Durchführung von Richtlinien der EWG, in: DVBl. 1968, S. 445–454
Riegel, Reinhard, Überlegungen zum Problem EG-Richtlinien und nationale Rahmenkompetenz, in: EuR 1976, S. 79–90
Schatz, Ulrich, Zur rechtlichen Bedeutung von Art. 189 Absatz 3 EWG-Vertrag für die Rechtsangleichung durch Richtlinien, in: NJW 1967, S. 1694–1697
Schlochauer, Hans-Jürgen, Das Verhältnis des Rechts der Europäischen Wirtschaftsgemeinschaft zu den nationalen Rechtsordnungen der Mitgliedstaaten, Arch.VR 1963, S. 1–34
Schuster, Helmut-Ernst, Die EWG-Richtlinie. Ihre Funktion für die europäische Integration, Verbesserung der Kontrollmöglichkeiten der Kommission bei ihrer Umsetzung in nationales Recht, Frankfurt/M. 1977
Thierfelder, Rainer, Die Entscheidung im EWG-Vertrag, Hamburg 1968.
Tosato, Gian Luigi, I regolamenti delle Comunità Europee, Mailand 1965
von Meibom, H., Die Rechtsetzung durch die Organe der Europäischen Gemeinschaften, in: BB 1959, S. 127–131

Wägenbaur, Rolf, Ist die Unterscheidung zwischen Verordnungen, Richtlinien und Entscheidungen nach Art. 189 EWG-Vertrag hinfällig geworden? in: DVBl. 1972, S. 244–247
Wagner, Heinz, Grundbegriffe des Beschlußrechts der Europäischen Gemeinschaften. Köln 1965
Wohlfarth, Ernst, Europäisches Recht. Von der Befugnis der Organe der Europäischen Wirtschaftsgemeinschaft zur Rechtsetzung, in: Jb. für internationales Recht 1960, S. 12–32
Zuleeg, Manfred, Das Recht der Europäischen Gemeinschaften im innerstaatlichen Bereich, Köln usw. 1969
ders., Die Rechtswirkung europäischer Richtlinien, in: Zschr. für Unternehmens- und Gesellschaftsrecht 1980, S. 466–485

Inhaltsübersicht

I. Vergleich mit EAG- und EGKS-Recht

1 1. Art. 189 EWGV entspricht wörtlich Art. 161 EAGV.

2 2. Die Nomenklatur des EGKSV, die sich in erster Linie aus dessen Art. 14 ergibt, weicht von derjenigen des Art. 189 EWGV ab:

a) Art. 14 EGKSV kennt nicht den Begriff der »Verordnung«, sondern nur denjenigen der »Entscheidung«. Aus Art. 15 Abs. 2, der von Entscheidungen spricht, die »einen Einzelfall« [betreffen], ergibt sich aber bereits die wichtige Unterscheidung zwischen »individuellen Entscheidungen« und »allgemeinen Entscheidungen«, die in Art. 33 Abs. 2 (die maßgebliche französische Fassung ist hier klarer als die deutsche) ausdrücklich getroffen wird. Die – vom EWGV vermiedene – Inkonsequenz der Terminologie wird offenbar, wenn man feststellt, daß der EGKSV verschiedentlich in Einzelbestimmungen (Art. 65 § 3, Art. 66 § 1) den Begriff »Verordnung« verwendet, ohne ihn in seinem »allgemeinen Teil« (zu dem Art. 14, 15 gehören) erwähnt, geschweige denn verdeutlicht zu haben.

Ob hiernach zwischen »Verordnungen« und »allgemeinen Entscheidungen« des EGKS-Rechts überhaupt ein rechtlich relevanter Unterschied gemacht werden kann, ist zweifelhaft und dürfte wohl zu verneinen sein. So wird man z.B. nicht annehmen können, daß die dem Rat und den Mitgliedstaaten durch Art. 33 Abs. 1 gegen sämtliche »Entscheidungen« der Hohen Behörde – ob allgemein oder individuell – gewährte Nichtigkeitsklage die »Verordnungen« der Art. 65, 66 ausschließt. Beim Vergleich mit dem EWG-Recht wird man zwischen dessen »Verordnungen« und den »allgemeinen Entscheidungen« (einschließlich der »Verordnungen«) des EGKS-Rechts wohl weitgehend ein Gleichheitszeichen setzen und mit *Ipsen*[1] annehmen können, daß auch letztere in der Regel allgemeine (d.h. auf *sämtliche* Mitgliedstaaten bezogene) und stets unmittelbare (d.h. keines nationalen Transformierungsaktes bedürfende) Geltung haben; daß sie überdies, wie die EWG-Verordnungen, »in allen ihren Teilen verbindlich« sind, ergibt sich aus Art. 14 EGKS-Vertrag. Zu Recht weist *Ipsen* allerdings darauf hin, daß der EuGH in seinen früheren Jahren einer nur *einen* Mitgliedstaat betreffenden Entscheidung der Hohen Behörde »allgemeine« Qualität zugesprochen hat;[2] in der EWG würde einem solchen Akt dagegen das Prädikat »Verordnung« nur ausnahmsweise zuerkannt werden können (vgl. Art. 189 Abs. 2: »Die Verordnung ... gilt unmittelbar *in jedem* Mitgliedstaat«).

3 b) Aus dem oben Gesagten ergibt sich, daß die »individuellen Entscheidungen« des Montanrechts im EWG-Recht als »Entscheidungen« zu qualifizieren wären, allerdings mit der Maßgabe, daß das EWG-Recht Akte kennt, die an *alle* Mitgliedstaaten gerichtet

1 A.a.O., S. 447 f.
2 EuGH – Fédération Charbonnière/Hohe Behörde, 8/55 – Slg. 1955/56, 223.

sind und dennoch als »Entscheidung« bezeichnet werden, während sie im EGKS-Recht den »allgemeinen Entscheidungen« zuzurechnen wären.

4 c) Die »Empfehlungen« des EGKS-Rechts unterscheiden sich diametral von den gleichnamigen Akten des EWG-Rechts. Art. 14 Abs. 3 definiert sie als Akte, die »hinsichtlich der von ihnen bestimmten Ziele verbindlich [sind], ... jedoch denen, an die sie gerichtet sind, die Wahl der für die Erreichung dieser Ziele geeigneten Mittel [überlassen]«. Damit entsprechen sie nach Funktion und Verbindlichkeitsgrad den »Richtlinien« des Art. 189 EWGV.

Ein bedeutsamer Unterschied ergibt sich jedoch daraus, daß diese »Richtlinien« nur an Mitgliedstaaten ergehen können (Art. 189 Abs. 3), die »Empfehlungen« des EGKSV dagegen auch an Wirtschaftsbürger (Beispiel: Art. 68 § 2).

Eine weitere Verschiedenheit liegt darin, daß der EGKSV in seinem den Rechtsschutz regelnden Art. 33 normativ zwischen »allgemeinen« und »individuellen« Empfehlungen trennt, während das EWG-Recht eine solche Differenzierung formell nicht vornimmt; allerdings gestattet es dem Rat und der Kommission, Richtlinien sowohl an einzelne als auch an alle Mitgliedstaaten zu erlassen.

5 d) An unverbindlichen Verlautbarungen kennt der EGKSV nur die »Stellungnahmen«. Der EWGV zählt dagegen »Empfehlungen« und »Stellungnahmen« auf; diese Unterscheidung dürfte weniger auf streng-rechtliche als auf sprachlich-soziologische Überlegungen zurückgehen: eine »Empfehlung« entspringt der Eigeninitiative des sie erlassenden Organs, eine »Stellungnahme« reagiert auf fremde Initiative.[3]

6 3. Art. 189 EWGV erkennt die Befugnis, die von ihm aufgezählten Verlautbarungen zu erlassen, dem Rat und der Kommission zu; Art. 14 EGKSV stellt nur für die Hohe Behörde dieser Gemeinschaft (an deren Stelle gemäß Art. 9 FusV nunmehr die Kommission der Europäischen Gemeinschaften getreten ist) eine Typologie der Handlungsformen auf. Soweit der Rat im Montanbereich tätig wird, werden seine Verlautbarungen – eher beiläufig und ohne Definitionsversuch – als »Beschlüsse« bezeichnet (vgl. etwa Art. 28 letzter Abs., Art. 38 Abs. 1 EGKSV).

II. Allgemeines zu Artikel 189

1. Die Bedeutung von Artikel 189 im System des Vertrages

7 a) Art. 189 konstituiert kein generelles Recht zum Erlaß von Verlautbarungen der von ihm aufgezählten Arten. Er setzt vielmehr prinzipiell voraus, daß der Vertrag und die auf seiner Grundlage getroffenen Maßnahmen kasuistisch regeln, wann die Gemeinschaft tätig werden darf und welcher Form(en) von Akten sie sich hierbei bedienen kann oder

3 *Ipsen* a.a.O., S. 460.

muß (vgl. die Wendung »Zur Erfüllung ihrer Aufgaben und nach Maßgabe dieses Vertrags« in Art. 189 Abs. 1). Hervorzuheben ist allerdings, daß jedenfalls die Kommission bei der Abgabe von Empfehlungen und Stellungnahmen, also der in Art. 189 genannten *unverbindlichen* Verlautbarungen, nicht an eine ausdrückliche Ermächtigungsnorm gebunden ist (Art. 155).

Die Bedeutung der Vorschrift liegt darin, daß sie die wichtigsten Verlautbarungsformen nicht nur aufzählt, sondern nach Tragweite, denkbaren Adressaten und Rechtsfolgen definiert. Damit präzisiert sie zugleich den Inhalt der zahllosen materiellen Bestimmungen des Gemeinschaftsrechts, die Rat oder Kommission berechtigen oder verpflichten, »Verordnungen«, »Entscheidungen« usw. zu erlassen; soweit diese Bestimmungen die Verlautbarungsform nicht ausdrücklich vorschreiben, sondern zu allgemeinen Wendungen greifen wie »festsetzen«, »beschließen« usw., vermögen die Definitionen des Artikels 189 u.U. Aufschluß darüber zu geben, welcher Rechtsform(en) sich das betroffene Organ zu bedienen hat.

Dennoch erschöpft sich Art. 189 nicht in Aussagen zum allgemeinen Verwaltungsrecht der Gemeinschaft, sondern ist teilweise »verfassungsrechtlicher« Natur. Dies trifft vor allem für seine Feststellungen über Geltungskraft und Wirkungsweise der Verordnungen zu. Hier wird vollends deutlich, daß zu den Subjekten des EWG-Rechts nicht nur die Gemeinschaft, deren Organe und die Mitgliedstaaten gehören, sondern auch die vom Regelungsbereich der EWG erfaßten Bürger, und daß Rat und Kommission in die Rechts- und Interessensphäre der Einzelnen mit »unmittelbarer«, d.h. vor allem keines nationalen Transformationsaktes bedürfender Wirkung eingreifen können.

8 b) Verordnungen, Richtlinien und Entscheidungen sind »verbindlich«, d.h. sie schaffen einklagbare Rechte und Pflichten. Sie werden daher zutreffend – im Verhältnis zum »primären« Gemeinschaftsrecht des Vertrages und der auf gleicher Ranghöhe mit diesem stehenden ungeschriebenen Grundsätze – als »sekundäres Gemeinschaftsrecht« bezeichnet. Dieser zusammenfassende Ausdruck darf freilich nicht darüber hinwegtäuschen, daß es auch innerhalb dieses Sekundärrechts Rangunterschiede gibt.[4]

9 c) Art. 189 gilt nur für Handlungen des Rates und der Kommission. Akte anderer Gemeinschaftsorgane sind daher – jedenfalls im technischen Sinne – niemals »Verordnungen«, »Richtlinien« usw. Das schließt nicht aus, daß sie gelegentlich analog behandelt werden können. So wird man z.B. von der VerfO des EuGH sagen können, daß sie wie eine Verordnung in allen ihren Teilen verbindlich ist und unmittelbar in jedem Mitgliedstaat gilt.

4 Vgl. unten Rn. 15 bis 17; s. auch Rn. 31 zu Art. 164.

2. Die Unvollständigkeit der Nomenklatur von Artikel 189

10 a) Die Nomenklatur des Art. 189 ist nicht vollständig. Es ist nicht nur theoretisch vorstellbar, sondern praktisch erwiesen, daß Rat und Kommission mitunter zu rechtlich relevanten Verlautbarungen ermächtigt sind, die sich nicht in die Schemata der genannten Bestimmungen einfügen lassen.

Im Bereich der unverbindlichen Akte wird sich das Problem i.a. nicht mit sonderlicher Schärfe stellen, da Rechtsschutz und Rechtssicherheit normalerweise nicht gefährdet werden, wenn man die Begriffe »Empfehlung« und »Stellungnahme« weit auslegt. Das gilt freilich dann nicht, wenn die Abgabe einer derartigen Verlautbarung vorgeschrieben ist oder bestimmte Rechtswirkungen auslöst. Dagegen wird es zumeist von wesentlicher Bedeutung sein, ob ein Akt, der dazu bestimmt (oder, sei es selbst ohne oder gegen den Willen des erlassenden Organs, objektiv geeignet) ist, Verbindlichkeiten zu schaffen, als Verordnung, Richtlinie, Entscheidung oder aber als Akt »sui generis« zu qualifizieren ist. Hiervon kann u.a. abhängen, ob Private diesen Akt anfechten können (Art. 173), ob gegen ihn die Inzidentrüge zulässig ist (Art. 184), ob er innerhalb der Mitgliedstaaten unmittelbar wirkt (Art. 189), ob er der Begründungspflicht unterliegt (Art. 190) und wie es mit Veröffentlichungspflicht und Inkrafttreten steht (Art. 191). Freilich wird man annehmen können, daß die genannten Vorschriften mitunter auch auf »atypische« Rechtsakte analog anwendbar sind, sofern diese eine relativ enge Verwandtschaft zu Verordnungen, Richtlinien oder Entscheidungen aufweisen. Auch der EuGH akzeptiert die Möglichkeit atypischer Akte, indem er aus dem von Art. 173 verwendeten allgemeinen Begriff der »Handlung« (»acte«) zutreffend folgert, die Anfechtungsklage sei gegen alle Akte zulässig, die Rechtswirkungen zu erzeugen bestimmt sind, ob ihr Typus in Art. 189 erwähnt werde oder nicht.[5]

11 b) Eine gute Zusammenstellung der Kategorien »sonstiger« Rechtsakte gibt *Ipsen*.[6] Er nennt im wesentlichen:

- die Beschlüsse der »im Rat vereinigten Vertreter der Mitgliedstaaten«; die Besonderheit dieser Beschlüsse erweist sich allerdings schon daran, daß jenes Gremium rechtlich nicht mit dem Rat identisch ist;
- Rechtshandlungen, die über stufenweise Integrationsschritte befinden, vertraglich nicht vorgesehene Befugnisse regeln oder den Vertrag fortentwickeln bzw. ändern (vgl. z.B. Art. 126);
- Handlungen organisatorischer und sonstiger innerdienstlicher Natur;
- Fiskalhandlungen;
- Programme;

5 EuGH – Kommission/Rat, 22/70 – Slg. 1971, 277.
6 A.a.O., S. 466 ff.

- Handlungen, welche die Beziehungen zu Drittstaaten und internationalen Organisationen betreffen;[7]
- Akte, die Bestandteile von Willensbildungsvorgängen der Gemeinschaftsorgane sind.

Spiegelbildlich zu dieser negativen Aufzählung läßt sich zusammenfassend – wenn auch nicht ohne Ungenauigkeit – sagen, daß Verordnungen, Richtlinien und Entscheidungen im wesentlichen dazu bestimmt sind, hoheitlich das Verhalten von Mitgliedstaaten und Marktbürgern definitiv zu regeln. Dagegen treten »atypische« Rechtsakte stärker in den Vordergrund, wenn Rat oder Kommission sich ausschließlich »nach innen« wenden (aneinander, an dritte Organe oder Hilfsorgane der EWG, an die Mitgliedstaaten in ihrer Eigenschaft als konstituierende Elemente des Organs »Rat«); wenn die Gemeinschaft in völkerrechtlichen Verkehr mit Dritten (Nichtmitgliedstaaten, internationalen Organisationen) tritt, die ihrer Hoheitsgewalt nicht unterliegen; wenn die Geltungskraft einzelner Bestimmungen des Vertrages modifiziert wird; endlich wenn ein Akt nur eine von mehreren Etappen eines als Einheit aufzufassenden Gesamt-Entscheidungsvorgangs markiert.

3. Rangfragen innerhalb des Gemeinschaftsrechts

a) »Primäres« und »sekundäres« Gemeinschaftsrecht

12 aa) Die Rechtsakte, mit welchen sich Rat und Kommission gemäß den einzelnen Bestimmungen des Vertrages an die Außenwelt zu wenden haben oder wenden können, und deren wichtigste Typen in Art. 189 aufgezählt sind, weisen nach Form, Gegenstand, Tragweite und Adressaten untereinander die mannigfachsten Unterschiede auf, die im einzelnen noch zu behandeln sein werden. Ein wesentliches formelles Merkmal ist ihnen allen jedoch gemeinsam: Sie stehen im Rang unter dem Vertrag und unterliegen dessen Bindungen; denn jedes Organ hat stets »nach Maßgabe der ihm in diesem Vertrag zugewiesenen Befugnisse« zu handeln (Art. 4 Abs. 1). Dies gilt selbst dann, wenn es sich um Akte handelt, die den Vertrag ergänzen oder ändern oder ihm zeitweilig derogieren.[8] Denn auch in diesen Fällen ist der Umfang der Änderungsbefugnis begrenzt und erstreckt sich jedenfalls nicht auf die grundlegenden Prinzipien, Ziele und Funktionselemente des Vertragswerks, wie der Blick auf Art. 235 zeigt (und wie sich e contrario aus Art. 236 ergibt, der das Verfahren regelt, welches einzuschlagen ist, wenn eine beliebige, gegenständlich nicht begrenzte Vertragsänderung angestrebt wird).

7 Vgl. für viele den im ABl. 1970 Nr. L 59 S. 34 ff. abgedruckten, den Abschluß eines Abkommens betreffenden »Beschluß« des Rates, der dort als »nicht veröffentlichungsbedürftiger Rechtsakt« gekennzeichnet wurde; freilich wurde in anscheinend gleichgelagerten Fällen der Abschluß eines Abkommens durch Verordnung beschlossen.

8 Vgl. z.B. Art. 14 Abs. 7, 115 Abs. 1; s. auch EuGH – Bock/Kommission, 62/70 – Slg. 1971, 909.

13 bb) Außer dem Vertrag gehen dem Sekundärrecht auch die ebenfalls dem »primären« Gemeinschaftsrecht zuzurechnenden allgemeinen Grundsätze des Gemeinschaftsrechts und allgemeinen Rechtsgrundsätze einschließlich der Grundrechte vor.[9]

14 cc) Die Unterlegenheit des Sekundärrechts gegenüber dem Vertrag manifestiert sich nicht nur in der harten Form der Vernichtbarkeit, Ungültigkeit oder Unanwendbarkeit vertragswidriger Organakte (vgl. Art. 173, 177, 184), sondern auch (und zunächst!) darin, daß solche Akte, wo angängig, vertragskonform auszulegen sind. So hat der EuGH ausgesprochen, daß mehrdeutige Verordnungsnormen »im Lichte« der einschlägigen Ermächtigungsvorschriften des Vertrages[10] zu interpretieren sind und – sinngemäß – daß Begriffe des Sekundärrechts im Zweifel dieselbe Bedeutung haben wie gleichlautende Begriffe des Vertrages.[11]

b) Das Verhältnis der Organakte untereinander

15 aa) Im Verhältnis der verschiedenen Rechtsakte untereinander ergeben sich weitere Abstufungen. Soweit ein Rechtsakt normativen Charakter hat – wie dies vor allem für die Verordnungen zutrifft –, geht er nicht nur den *individuellen* Rechtsgestaltungsakten, insbesondere den Entscheidungen, im Rang vor, sondern auch solchen anderen *Normen,* die zu ihm im Verhältnis der Durchführungs- zur Ermächtigungsvorschrift stehen, mögen sie auch vom gleichen Organ erlassen worden sein.[12] Darüber hinaus gilt ganz allgemein der Satz, daß grundlegende Rechtsakte im Zweifel den Vorrang vor denjenigen Maßnahmen haben, die zu ihrer Konkretisierung und Durchführung bestimmt sind; vgl. etwa Art. 13 Abs. 2 Satz 3 (Richtlinien der Kommission, welche bestimmte Richtlinien des Rates »zugrundezulegen« haben).

16 bb) Schwierigkeiten bereitet die Frage, welche Rechtslage sich ergibt, wenn ein späterer Rechtsakt mit einem früheren nicht in Einklang steht und beide Verlautbarungen gleichrangig erscheinen. Hat die erlassende Stelle ihren Willen, den früheren Akt zu ändern, nicht förmlich kundgetan, so fragt sich, ob der Satz »lex posterior derogat legi priori« gelten soll oder ob auch hier von der Verletzung einer bei der Durchführung des Vertrages anzuwendenden Rechtsnorm zu sprechen ist. Man wird mehrere Fälle unterscheiden müssen:

Zunächst ist klarzustellen, daß angesichts der Verteilung der Kompetenzen auf Rat und Kommission und der Gleichberechtigung beider Organe – die nicht dadurch berührt wird, daß die Kommission gemäß Art. 155 Unterabs. 1 und 4 häufig Vorschriften des Rates durchzuführen hat – keine dieser beiden Stellen (falls nicht im Einzelfall etwas anderes

9 Vgl. hierzu Rn. 13 bis 25 zu Art. 164.
10 EuGH – Ciechelski/Caisse Régionale u.a., 1/67 – Slg. 1967, 250.
11 EuGH – Milch-, Fett- und Eierkontor/Hauptzollamt, 25/67 – Slg. 1968, 330.
12 Ebenso EuGH – Tradax/Einfuhr- und Vorratsstelle, 38/70 – Slg. 1971, 155: eine Durchführungsverordnung kann die Grundverordnung nicht ändern.

bestimmt ist) berechtigt ist, die von der jeweils anderen Stelle erlassenen Vorschriften abzuändern – nicht einmal ausdrücklich, und daher erst recht nicht »stillschweigend«. Daher ist *Ipsen*[13] darin zuzustimmen, daß eine von der Kommission auf Grund einer unmittelbaren Vertragsermächtigung erlassene Verordnung auf gleicher Ranghöhe steht wie Verordnungen des Rates.

Es wäre aber auch unrichtig, im übrigen »Rat« gleich »Rat« und »Kommission« gleich »Kommission« zu setzen. Die einzelnen Ermächtigungsnormen sehen für das Zustandekommen von Organakten durchaus unterschiedliche Verfahren vor. Manche Akte können nur nach Stellungnahme der Betroffenen oder nach Anhörung bestimmter Organe oder Hilfsorgane (Versammlung, Wirtschafts- und Sozialausschuß usw.) ergehen; der Rat kann häufig nur »auf Vorschlag der Kommission« handeln; bestimmte Beschlüsse des Rates bedürfen der Einstimmigkeit, für andere genügt die einfache oder die qualifizierte Mehrheit. Diese Voraussetzungen gelten – wenn nicht zulässigerweise eine abweichende Regelung getroffen wurde – nicht nur für die *erste* auf dem betreffenden Gebiet ergehende Regelung, sondern grundsätzlich auch für alle folgenden, also mindestens für jede substantielle Änderung. Es dürfte daher kaum zu bezweifeln sein, daß ein Akt, für dessen Erlaß »mildere« Vorschriften gelten, nicht einen Akt abzuändern vermag, der an »strengere« formelle Voraussetzungen geknüpft ist: so kann z.B. eine Rechtshandlung des Rates, die nicht der Mitwirkung der Kommission bedarf, sich nicht in Widerspruch zu einem früheren Akt des Rates setzen, der auf Vorschlag der Kommission zustandegekommen ist usw. Anders liegt der Fall freilich, wenn eine Ermächtigungsnorm *für eine spätere Stufe der Vertragsverwirklichung* (vgl. Art. 8 Abs. 1 Unterabs. 2) mildere Verfahrensvorschriften vorsieht: wenn z.B. Art. 54 Abs. 2 bestimmt, daß der Rat »bis zum Ende der ersten Stufe einstimmig und danach mit qualifizierter Mehrheit« gewisse Richtlinien erläßt, so liegt hierin das grundsätzliche Einverständnis der Vertragsschließenden damit, daß die während der ersten Stufe einstimmig in Kraft gesetzten Richtlinien später mit qualifizierter Mehrheit geändert werden.

Somit reduziert sich die Frage nach der Zulässigkeit einer »stillschweigenden« Abänderung auf solche Fälle, in denen die spätere Rechtshandlung den gleichen Rang besitzt wie die frühere, vom gleichen Organ herrührt und im gleichen – oder doch jedenfalls nicht in einem »milderen« – Verfahren erlassen wurde. Hier wird man wohl nicht unbedingt behaupten können, daß spätere Akte, die von früheren abweichen, stets als Verstoß gegen diese letzteren und niemals als (zulässig) stillschweigende Abänderung zu qualifizieren wären. Ebensowenig wird man freilich die absolut gegenteilige These aufstellen dürfen: es kommt weitgehend auf den Einzelfall an. Ein Verstoß wird z.B. regelmäßig dann gegeben sein, wenn der spätere Rechtsakt sich mit einem auf einem ganz anderen Gebiet erlassenen früheren Akt in Widerspruch setzt, da in einem solchen Falle eher ein Versehen als ein bewußter Änderungswille anzunehmen ist.

13 A.a.O., S. 448.

17 cc) Die etwaige Höherrangigkeit eines Organaktes gegenüber einem anderen manifestiert sich auch darin, daß der erstere bei der Auslegung des letzteren heranzuziehen ist[14] und daß Begriffe des Ausführungsaktes grundsätzlich in dem Sinne zu verstehen sind, in dem sie der Grundakt verwendet.[15]

4. Das Verhältnis zwischen Organakten und innerstaatlichen Rechtsordnungen

a) Allgemeines

18 aa) Bei der Behandlung des Verhältnisses von Organakten zu innerstaatlichen Rechtsnormen und Einzelakten steht vor allem die Rangfrage im Vordergrund. Sie läßt sich in vereinfachender Darstellung und unter einstweiliger Ausklammerung des Verfassungsrechts so formulieren: Wenn nationales Recht (sei es ein Verwaltungsakt, sei es eine Rechtsnorm bis hinauf zum Gesetz) mit einem von Rat oder Kommission erlassenen Rechtsakt gleich welchen Typs in Widerspruch steht, welches Recht hat dann zu weichen? Falls die Antwort zugunsten des Gemeinschaftsrechts ausfällt: in welcher Weise setzt sich dessen Vorrang durch?

19 bb) Daß sich die Gemeinschaftsmaßnahmen *überhaupt* gegenüber widerstreitendem innerstaatlichem Recht durchsetzen, ergibt sich zweifelsfrei aus Art. 169 bis 171. Die letztgenannte Bestimmung macht es jedem Mitgliedstaat, zu dessen Lasten der Gerichtshof einen Verstoß »gegen eine Verpflichtung aus diesem Vertrag« festgestellt hat, zur Pflicht, »die Maßnahmen zu ergreifen, die sich aus dem Urteil des Gerichtshofes ergeben«. Liegt der Verstoß nicht in einem schlichten Unterlassen, sondern in der Aufrechterhaltung oder dem nachträglichen Erlaß eines gegen das Gemeinschaftsrecht verstoßenden Aktes (Gesetz, Verordnung, »arrêté«, »decreto«, Verwaltungsakt oder welche Handlungsformen immer die mitgliedstaatlichen Rechtsordnungen kennen mögen), so hat das zuständige Organ des betroffenen Staates den Akt aufzuheben, mindestens nicht anzuwenden.[16] Trotz der Wendung »Verpflichtung aus *diesem Vertrag*« gilt das auch dann, wenn die verletzte Vorschrift dem *sekundären* Gemeinschaftsrecht angehört, was sich u.a. aus Art. 5 Abs. 1 ergibt, der ständigen Praxis des EuGH entspricht und mittlerweile unstreitig sein dürfte.

Diese Erkenntnisse gestatten die Formulierung »Nationales Recht *weicht* (auch) dem sekundären Gemeinschaftsrecht«, reichen jedoch nicht aus, um die Behauptung aufzustellen, daß (auch) sekundäres Gemeinschaftsrecht das entgegenstehende nationale Recht *»bricht«*. Das ist nämlich nur dann der Fall, wenn sich sagen läßt, daß der staatliche Richter widerstreitende nationale Vorschriften unangewendet zu lassen hat, anders ausgedrückt: wenn er jede Partei (und vor allem Privatpersonen) mit der Behauptung zu hören hat, nationales Recht verstoße zu ihrem Nachteil gegen Gemeinschaftsrecht. Hier

14 Vgl. EuGH – Einfuhr- und Vorratsstelle/Köster, 25/70 – Slg. 1970, 1174.
15 Vgl. etwa EuGH – Compagnie continentale/Hoofdproduktschap, 58/70 – Slg. 1971, 171.
16 Siehe auch die Erläuterungen zu Art. 171.

könnte man – mit einer treffenden Formulierung von *Ipsen* – von einer »dinglichen« Wirkung des Gemeinschaftsrechts einschließlich der Organakte sprechen statt von einer bloß »obligatorischen«, wie sie Art. 171 auslöst; mit anderen Worten: die EWG-Ordnung würde sich nicht mit einem einklagbaren Anspruch auf Änderung oder Aufhebung gemeinschaftswidriger Maßnahmen begnügen, sondern kraft ihrer bloßen Existenz diesen Maßnahmen die Geltung nehmen.

20 cc) Eine solche »dingliche«, d.h. unmittelbare Vorrangwirkung hat der EuGH von vornherein für solche Bestimmungen *des Vertrages,* also des *primären* Gemeinschaftsrechts angenommen, die geeignet sind, eine derartige Wirkung zu erzeugen,[17] d.h. folgende Voraussetzungen erfüllen:[18]

- Die Norm muß hinreichend klar und eindeutig sein.
- Ihre Ausführung darf nicht an eine materielle Bedingung geknüpft sein.
- Die Norm muß »vollständig« sein, d.h.: »Sie muß für sich allein als rechtliche Regelung genügen. Ihre Anwendung darf also nicht von weiteren Maßnahmen abhängen, die im Ermessen der Gemeinschaftsorgane oder der Mitgliedstaaten liegen«.[19]

Die Frage, ob – und bejahendenfalls in welcher Weise – sich auch die in Art. 189 aufgezählten verbindlichen Organakte (also das *sekundäre* Gemeinschaftsrecht) in dieser Weise gegenüber nationalem Recht durchsetzen, das mit ihnen unvereinbar ist, soll nachstehend für Verordnungen, Entscheidungen und Richtlinien getrennt untersucht werden.

b) Verordnungen

21 Bereits das oben erwähnte COSTA/ENEL-Urteil hatte zur Begründung seiner These vom unmittelbaren Vorrang des *primären* Gemeinschaftsrechts – um den es in dieser Rechtssache allein ging – u.a. Art. 189 herangezogen und ausgeführt, die Bestimmung, wonach die Verordnung »verbindlich« ist und »unmittelbar in jedem Mitgliedstaat gilt«, »wäre ohne Bedeutung, wenn die Mitgliedstaaten sie durch Gesetzgebungsakte, die den gemeinschaftsrechtlichen Normen vorgingen, einseitig ihrer Wirksamkeit berauben könnten«. Ein späteres Urteil, bei dem die Wirkung einer bestimmten *Verordnung* die zentrale Frage war, stellte unmißverständlich fest: »Schon nach ihrer Rechtsnatur und ihrer Funktion im Rechtsquellensystem des Gemeinschaftsrechts erzeugt [die Verordnung] . . . unmittelbare Wirkungen und ist als solche geeignet, für die Einzelnen Rechte zu begründen, zu deren Schutz die nationalen Gerichte verpflichtet sind. Infolgedessen steht

17 Bahnbrechend EuGH – Van Gend & Loos/Niederländische Finanzverwaltung, 26/62 – Slg. 1963, 24 f. – und vor allem Costa/ENEL, 6/64, Slg. 1964, 1269 ff.

18 Vgl. auch die Übersicht bei GA *Mayras* – Slg. 1974, 659 ff.

19 GA *Mayras* (a.a.O., Fn. 18).

die Wirkung, die den Verordnungen nach Art. 189 zukommt, der Anwendung aller – auch jüngeren – gesetzgebenden Maßnahmen entgegen, die mit den Verordnungsbestimmungen unvereinbar sind«; der nationale Richter dürfe derartige Maßnahmen nicht anwenden.[20]

Damit ist gesagt, daß grundsätzlich jede Verordnungsbestimmung auch jüngerem nationalen Recht, selbst solchem mit Gesetzesrang, unmittelbar vorgeht. Dieser Auffassung ist beizupflichten. Die in dem zuletzt genannten Urteil gegebene, auf die Funktion der Verordnungen abstellende Begründung ist im übrigen überzeugender als die Anrufung des Wortlauts von Art. 189. Denn dieser besagt für sich genommen nicht mehr, als daß Verordnungen, um die ihnen zugedachte Wirkung auszulösen, keines innerstaatlichen Inkorporierungsaktes bedürfen und daß sie Rechte und Pflichten für jeden begründen, in dessen wirtschaftlichen oder sozialen Interessenkreis sie ihrem Inhalt nach eingreifen. Da diese Merkmale aber selbstverständlich auch innerstaatlichen Normen zukommen, erschöpft sich die Bedeutung von Art. 189 in der Aussage, daß den Verordnungen des Rates und der Kommission *keine geringere* Geltungskraft zukommen soll als den Normensetzungen der staatlichen Organe. Daß ihnen darüber hinaus *eine höhere* Geltungskraft innewohnt, ergibt sich nicht aus Art. 189, sondern aus Wesen, Verfassung, Funktion und Sinn der Gemeinschaft. Wie schon das Studium des Vertrages erweist und die Praxis bestätigt, sind Rat und Kommission befugt und verpflichtet, unzählige Verordnungen zu erlassen. Die Gemeinschaft würde daher nicht oder nur höchst unzulänglich funktionieren, wenn diese für ihr gesamtes Territorium geltenden Normen durch Maßnahmen einzelner Staaten außer Kraft gesetzt werden könnten. Die Gemeinschaftsverordnungen müssen daher auch *jüngeren* nationalen Gesetzen oder Verordnungen vorgehen, die mit ihnen unvereinbar sind. Abgesehen davon, daß der Erlaß solcher Normen einen moralisch schwerer wiegenden Verstoß darstellt als die – möglicherweise auf bloßer Unaufmerksamkeit beruhende – Aufrechterhaltung einer ursprünglich rechtmäßigen nationalen lex prior, ist die Anwendung des Grundsatzes »lex posterior derogat legi priori« auf das Verhältnis von Gemeinschaftsrecht und nationalem

20 EuGH – Politi/Ital. Finanzministerium, 43/71 – Slg. 1971, 1049; ähnlich EuGH – Marimex/Ital. Finanzminister, 84/71 – Slg. 1972, 96; seitdem ständige Rechtsprechung. Die Tragweite dieser Feststellungen hat der EuGH u.a. wie folgt präzisiert: »Handelt es sich um Forderungen gegen den Staat, so entstehen diese Rechte, wenn die in der Verordnung vorgesehenen Voraussetzungen erfüllt sind, ohne daß ihre Ausübung innerstaatlich von anderen als den möglicherweise aufgrund der Verordnung selbst erforderlichen Durchführungsvorschriften abhängig gemacht werden könnte«, das innerstaatliche Rechtssystem muß »die in Art. 189 vorgesehenen unmittelbaren Wirkungen dergestalt durchgreifen lassen ..., daß sich die Einzelnen auf die Gemeinschaftsverordnungen berufen können, ohne daß ihnen Vorschriften oder Praktiken der innerstaatlichen Rechtsordnungen entgegengehalten werden dürften« (EuGH – Leonesio/Ital. Ministerium für Landwirtschaft, 93/71 – Slg. 1972, 294 ff.). Die unmittelbare Wirkung einer Verordnung hängt auch nicht davon ab, daß eine vom nationalen Recht etwa vorgesehene Bekanntgabe erfolgt ist, wenn die Anwendung der Verordnung keine solche Bekanntgabe erfordert (EuGH – Belgien/Cobelex, 20/72 – Slg. 1972, 1061 f.).

Recht logisch unhaltbar. Wie *Ipsen*[21] überzeugend nachgewiesen hat, paßt der Satz nur auf die Abfolge von Normen, die *ein und derselbe* Autor gesetzt hat; hier kann in der Tat unterstellt werden, daß dieser Autor die von ihm früher erlassenen Vorschriften aufheben oder abändern wollte, wozu er ja auch befugt ist. Vorliegend entfällt dagegen die innere Berechtigung des lex-posterior-Prinzips, weil die Gemeinschaft einerseits, die Mitgliedstaaten andererseits, verschiedene Hoheitsgewalten mit deutlich voneinander abgegrenzten Kompetenzen verkörpern. Die hier abgelehnte Auffassung würde im übrigen zu wirtschaftlichen Ungleichbehandlungen (nicht selten gerade zum Nachteil der Angehörigen des rechtswidrig handelnden Staates, wie die Praxis zeigt) führen; gerade die besonders grundrechtsbewußten deutschen Gerichte sollten sich dies stets vor Augen halten.

Dem Urteil 43/71 läßt sich indirekt entnehmen, daß Fälle denkbar sind, in denen eine Verordnungsbestimmung keine (oder vorerst keine) unmittelbare Wirkung entfaltet: vgl. die Wendung, wonach die Verordnung »*als solche geeignet* [ist], für die Einzelnen Rechte zu begründen«, sowie die Tatsache, daß der Tenor des Urteils die unmittelbare Wirkungskraft der zur Diskussion gestellten *konkreten* Verordnungsvorschrift feststellt, also keine *generelle* Aussage enthält. In der Tat müssen auch Verordnungen, damit sich der Einzelne auf sie berufen kann, die oben (Rn. 20) aufgezählten Voraussetzungen erfüllen. Schreiben sie z.B. den Mitgliedstaaten vor, bis zu einem festgesetzten Zeitpunkt bestimmte den Bürgern günstige Maßnahmen zu treffen, so lösen sie zwar u.U. (zeitlich) »unmittelbare« Verpflichtungen für die Staaten aus (nämlich unverzüglich mit der Vorbereitung dieser Maßnahmen zu beginnen); der Bürger kann die Nichterfüllung jedoch erst dann geltend machen, wenn jener Zeitpunkt verstrichen ist. Möglich ist ferner, daß eine Grundverordnung wegen ihrer Unbestimmtheit unmittelbare Drittwirkungen erst dann auslöst, wenn sie durch die in ihr vorgesehenen Ausführungsvorschriften konkretisiert wurde, oder daß sie den staatlichen Behörden einen gerichtlich nicht überprüfbaren Ermessensspielraum beläßt.[22]

c) Entscheidungen

22 Nach der Rechtsprechung des EuGH kann auch der Vorrang von Entscheidungen unmittelbar zugunsten des Bürgers wirken, auch wenn diese an einen Mitgliedstaat gerichtet sind.

So heißt es in einem insoweit grundlegenden Urteil vom 6.10.1970:[23] »Zwar gelten nach Art. 189 Verordnungen unmittelbar und können infolgedessen schon wegen ihrer Rechtsnatur unmittelbare Wirkungen erzeugen. Hieraus folgt indessen nicht, daß andere in diesem Artikel genannte Kategorien von Rechtsakten niemals ähnliche Wirkungen

21 Aktuelle Fragen des Gemeinschaftsrechts, Stuttgart 1965, S. 23ff.
22 Vgl. GA *Roemer* – Slg. 1972, 301, 303.
23 EuGH – Grad/Finanzamt, 9/70 – Slg. 1970, 838. Vgl. auch EuGH – UNIL-IT/Staatliche Finanzverwaltung, 30/75 – Slg. 1975, 1428 sowie GA *Reischl* – Slg. 1975, 1434f.

erzeugen könnten. Namentlich die Bestimmung, daß Entscheidungen in allen ihren Teilen für den Adressaten verbindlich sind, erlaubt die Frage, ob sich auf die durch die Entscheidung begründete Verpflichtung nur die Gemeinschaftsorgane gegenüber dem Adressaten berufen können oder ob ein solches Recht gegebenenfalls allen zusteht, die ein Interesse an der Erfüllung dieser Verpflichtung haben. Mit der den Entscheidungen durch Art. 189 zuerkannten verbindlichen Wirkung wäre es,unvereinbar, grundsätzlich auszuschließen, daß betroffene Personen sich auf die durch die Entscheidung auferlegte Verpflichtung berufen können. Insbesondere in den Fällen, in denen etwa die Gemeinschaftsbehörden einen Mitgliedstaat oder alle Mitgliedstaaten durch Entscheidung zu einem bestimmten Verhalten verpflichten, würde die nützliche Wirkung (›effet utile‹) einer solchen Maßnahme abgeschwächt, wenn die Angehörigen dieses Staates sich vor Gericht hierauf nicht berufen und die staatlichen Gerichte sie nicht als Bestandteil des Gemeinschaftsrechts berücksichtigen könnten. Zwar können die Wirkungen einer Entscheidung andere sein als diejenigen einer in einer Verordnung enthaltenen Vorschrift; dieser Unterschied schließt jedoch nicht aus, daß das Endergebnis , nämlich das Recht des Einzelnen, sich auf die Maßnahme vor Gericht zu berufen, gegebenenfalls das gleiche sein kann wie bei einer unmittelbar anwendbaren Verordnungsvorschrift.«

Diese Ausführungen sind klar und überzeugend. Die vom EuGH entwickelte »Drittwirkungstheorie« beruht auf Überlegungen, die von der formalen Rechtsnatur der betroffenen Vorschrift – Vertragsnorm; Verordnung; Entscheidung; Richtlinie – grundsätzlich unabhängig sind. Eine ganz andere, rein tatsächliche Frage ist es, ob die Voraussetzungen, die eine Vorschrift erfüllen muß, um die geschilderten Wirkungen zugunsten des Einzelnen zu zeitigen, bei dem einen Vorschriftentyp häufiger gegeben sein werden als bei dem anderen.

d) Richtlinien

23 Nach der ebenfalls durch ein Urteil aus dem Jahre 1970 eingeleiteten Rechtsprechung[24] können auch Richtlinien die hier erörterten Wirkungen zeitigen.

Das erscheint auf den ersten Blick erstaunlich. Nach Art. 189 haben Richtlinien dem Mitgliedstaat, an den sie gerichtet sind, »die Wahl der Form und der Mittel« zu überlassen, ihm also insoweit einen Ermessensspielraum einzuräumen; andererseits hat der EuGH die Direktwirkung gemeinschaftsrechtlicher Vorschriften u.a. von dem Fehlen eines solchen Spielraums abhängig gemacht.[25]

Bei näherem Zusehen ist jedoch die Rechtsprechung des EuGH weder in sich widersprüchlich noch mit der in Art. 189 gegebenen Definition der Richtlinie unverein-

24 EuGH – S.A.C.E./Ital. Finanzministerium, 33/70 – Slg. 1970, 1223 f. Vgl. für die spätere Rechtsprechung etwa EuGH - Nederlandse Ondernemingen/Inspecteur der Invoerrechten en Accijnzen, 51/76 – Slg. 1977, 126 f.; Delkvist/Anklagemyndigheden, 21/78, Slg. 1978, 2340.

25 Vgl. etwa EuGH – Salgoil/Ital. Außenhandelsministerium, 13/68 – Slg. 1968, 692.

bar; überdies ist sie zutreffend. Um sich dies klarzumachen, muß man sich folgendes vergegenwärtigen:

- Auch Richtlinien sind gemäß Art. 189 »verbindlich«. Wenn die Vorschrift diese Verbindlichkeit auf das zu erreichende Ziel »beschränkt«, so muß man sich vor Augen halten, daß Richtlinien den Zweck verfolgen, die Rechtsordnungen der Mitgliedstaaten auf den in Betracht kommenden Gebieten im Verhältnis zueinander zu vereinheitlichen oder mindestens anzugleichen. Diese Wirkung kann aber nur erreicht werden, wenn die Richtlinie ihr Ziel mit äußerster Präzision beschreibt und insoweit eben gerade keinen oder keinen wesentlichen Ermessensspielraum bestehen läßt.

- Andererseits wäre es völlig falsch zu meinen, die Drittwirkung eines Normenkomplexes (z.B. »der« Richtlinie xy) können nur pauschal bejaht oder pauschal verneint werden. Vielmehr ist für jede einzelne Norm des Komplexes – ja u.U. für jedes Element einer solchen Norm! – getrennt zu prüfen, ob die Voraussetzungen der Direktwirkung vorliegen. Es ist z.B. durchaus denkbar, daß ein und derselbe Artikel – des Vertrages oder eines sekundären Aktes –, ja sogar ein und derselbe Satz eines Artikels in bestimmten Punkten drittwirkungsfähig ist, in anderen dagegen nicht.

- Nach alledem verliert eine Richtlinie ihren Charakter als solche nicht dadurch, daß sich feststellen läßt, sie belasse in bestimmten Punkten den Mitgliedstaaten kein Ermessen, sei also insoweit hinreichend eindeutig und »vollständig«, um sich zur unmittelbaren Anwendung zugunsten der Einzelnen zu eignen. Wenn den Mitgliedstaaten z.B. in einer Richtlinie vorgeschrieben wird, ihre Gesetzgebung so zu gestalten, daß sie EWG-Ausländer nur aus Gründen ausweisen dürfen, die in deren persönlichen Verhalten liegen, so ist sehr wohl vorstellbar, daß sich in einem von einem staatlichen Gericht zu entscheidenden Fall eindeutig feststellen läßt, der betroffene Staat habe zum Nachteil des Beteiligten gegen die genannte Verpflichtung verstoßen, ohne daß der Staat sich insoweit auf einen Ermessensspielraum berufen könnte; damit ist nicht gesagt, daß die Richtlinie *in ihrer Gesamtheit* unmittelbare Wirkungen erzeugt.[26]

  Man wird daher nicht behaupten können, die Rechtsprechung des EuGH habe den Unterschied zwischen Verordnungen, Richtlinien und Entscheidungen verwischt. Richtig ist vielmehr, daß die bei der wechselseitigen Abgrenzung dieser Handlungstypen unbestreitbar zu erkennenden Unschärfen in der Natur der Sache begründet sind.

e) Organakte und innerstaatliches Verfassungsrecht

24 Die bisherigen Erörterungen haben das Verhältnis der Organakte zu den höchstrangigen nationalen Grundsätzen und Normen, dem Verfassungsrecht, bewußt beiseite gelassen.

26 Vgl. EuGH – Van Duyn/Home Office, 41/74 – Slg. 1974, 1349.

Es wäre vermessen, diese heikle und komplexe Frage auf dem beschränkten hier zur Verfügung stehenden Raum erschöpfend oder auch nur befriedigend beantworten zu wollen. Einige fragmentarische Gedanken seien jedoch nachstehend vorgetragen.

25 aa) Die Gemeinschaftsorgane sind nur dem Gemeinschaftsrecht verpflichtet und können daher per definitionem nicht gegen die Normen eines bestimmten nationalen Rechts »verstoßen« – also auch nicht gegen die Verfassung dieses oder jenes Mitgliedstaates.[27] Die gegenteilige Auffassung wäre im übrigen impraktikabel. Wollte man etwa annehmen, die Gemeinschaft wäre formal an das deutsche Grundgesetz gebunden, so wäre die logische Folge, daß sie in gleicher Weise den Verfassungen der anderen neun Mitgliedstaaten verpflichtet wäre; die Bundesrepublik kann selbstverständlich keine Vorzugsbehandlung beanspruchen. Bedenkt man weiterhin, daß die reale Gestalt eines Rechtssystems in erheblichem Umfang durch die Rechtsprechung der für dessen Auslegung zuständigen Gerichte bestimmt wird, so muß man vernünftigerweise annehmen, daß Bindung an eine bestimmte Rechtsordnung zugleich Bindung an den jeweiligen Stand der zugehörigen (höchstrichterlichen) Judikatur bedeutet, die stets evolutiv ist und Schwankungen unterworfen sein kann. Die Vorstellung, die Gemeinschaftsorgane und insbesondere der EuGH wären dergestalt an die »Entwicklungskurven« von zehn Rechtsprechungssystemen gebunden, grenzt ans Absurde.

26 bb) Umgekehrt führen die Gründe, aus denen der Vorrang des Gemeinschaftsrechts vor nationalem Recht bejaht werden muß, in logischer Betrachtung dazu, diesen Vorrang auch im Verhältnis zum nationalen Verfassungsrecht anzunehmen. Daß widersprechendes nationales Recht dem Gemeinschaftsrecht zu weichen hat, folgt ja nicht aus irgendeiner »höheren Würde« des Gemeinschaftsrechts und braucht daher nicht so pathetisch begründet zu werden wie dies mitunter geschieht. Es ergibt sich vielmehr ganz nüchtern daraus, daß das Gemeinschaftsrecht seinem Wesen nach, aber auch im Interesse der von ihm betroffenen Staaten und Bürger, in seinem gesamten Territorium nur einheitlich gelten und angewandt werden kann. Der EuGH ist – und fühlt sich – verpflichtet, diese Konzeption, notfalls rigoros, durchzusetzen; er handelt hierbei genau genommen nicht einmal in »freier Rechtsschöpfung«, sondern verwirklicht pflichtgemäß die Konzeption, die sich aus Vertragswerk und »common sense« ablesen läßt, ohne daß es hierzu eines Übermaßes an konstruktiver Phantasie bedürfte.

27 cc) Diese Feststellungen bilden zwar die Grundlage der hier anzustellenden Erörterungen; wir dürfen jedoch bei ihnen nicht stehenbleiben. Einmal läßt sich nicht übersehen, daß der staatliche Richter in einen Pflichtenkonflikt gerät, wenn er feststellen zu müssen glaubt, daß korrekte Anwendung des Gemeinschaftsrechts und korrekte Anwendung der eigenen Verfassung in concreto nicht miteinander vereinbar sind. Zum zweiten ist

27 Nach der Rechtsprechung des BVerfG können Verordnungen des Rates und der Kommission nicht mit der Verfassungsbeschwerde angegriffen werden, da sie keine Akte der deutschen öffentlichen Gewalt sind; vgl. BVerfG, Beschluß vom 18.10.1967, 1 BvR 248/63 – 1 BvR 216/67, DVBl. 1968, S. 466.

zuzugeben, daß die lapidare Behauptung, auch die »banalste« Gemeinschaftsverordnung habe absoluten Vorrang selbst vor grundlegenden Verfassungsnormen, in dieser Form nicht zu befriedigen vermag.

28 Es besteht jedoch kein Anlaß, die Situation zu dramatisieren. In rein *tatsächlicher* Hinsicht läßt sich zunächst sagen, daß angesichts der begrenzten Regelungszuständigkeit der Gemeinschaft – und auch weil die Mitgliedstaaten durch ihre Mitwirkung an den Verordnungen und Richtlinien des Rates, also an der grundlegenden »Gemeinschaftsgesetzgebung«, die Möglichkeit haben, für die »Schonung« ihrer Verfassungen zu sorgen – die Gefahr häufiger Konflikte offensichtlich nicht gegeben ist. In *rechtlicher* Beziehung ist hinzuzufügen, daß es mehr als einen Ansatzpunkt gibt, Konfliktsmöglichkeiten der geschilderten Art im Wege umsichtiger Auslegung vorzubeugen, eine Aufgabe, die sowohl den staatlichen Gerichten als auch dem EuGH zufällt. Hierzu folgende Überlegungen:

Der in Bundesstaaten geltende Grundsatz, wonach sich der Bund »länderfreundlich« und die Länder »bundesfreundlich« zu verhalten haben, muß mutatis mutandis auch im Gemeinschaftsrecht gelten, obwohl die Gemeinschaft kein Bundesstaat ist. Die nationalen Verfassungen müssen also »gemeinschaftsfreundlich« ausgelegt werden (positiv-rechtliches Argument u.a.: Art. 5 EWGV). Aber auch das Gemeinschaftsrecht muß insofern »mitgliedstaatsfreundlich« interpretiert werden, als es den Gemeinschaftsorganen nicht gestattet sein kann, das reibungslose Funktionieren wesentlicher Prinzipien auch nur eines staatlichen Verfassungsrechts zu gefährden (was bisher, soweit ersichtlich, auch niemals geschehen ist).

Das Postulat der »gemeinschaftsfreundlichen« Auslegung der staatlichen Verfassungen besagt insbesondere, daß die nationalen Gerichte in Fällen denkbarer Konflikte:

- sich die Frage stellen müssen, ob die in Betracht kommende Verfassungsnorm nicht dahin zu interpretieren ist, daß sie sich lediglich auf rein innerstaatliche, nicht dagegen auf »internationale« Sachverhalte bezieht;
- jede Möglichkeit ausschöpfen müssen, den EuGH gemäß Art. 177 Gelegenheit zu richtungweisender Rechtsprechung zu geben, wobei sie die ihnen am Herzen liegenden Probleme in aller Offenheit darlegen sollten;
- größtes Verständnis für die Notwendigkeit der einheitlichen Geltung und Anwendung des Gemeinschaftsrechts zeigen.

Was speziell die Grundrechte anbelangt, so kann weitgehend auf die Ausführungen in Rn. 17ff. zu Art. 164 verwiesen werden. Wie dort dargelegt wurde, ist bei der Entwicklung und Sicherung des gemeinschaftsrechtlichen Grundrechtsschutzes »von den gemeinsamen Verfassungsüberlieferungen der Mitgliedstaaten auszugehen«, wobei im Falle von Divergenzen prinzipiell der höchste in irgendeinem Mitgliedstaat geltende Maßstab zugrunde zu legen ist. Diese Rechtsfindungsprinzipien gestatten und gebieten insoweit die »Rezeption« wesentlicher Rechtsvorstellungen der einzelnen nationalen Verfassungen in das primäre Gemeinschaftsrecht. Wenn anfangs festgestellt wurde, daß in *formaler* Hinsicht sogar das sekundäre Gemeinschaftsrecht selbst gegenüber nationalem Verfassungsrecht Vorrang beanspruchen kann, so zeigen die vorstehenden Überlegungen, daß die Dinge in *materieller* Hinsicht praktisch weitgehend umgekehrt liegen.

Zusammenfassend kann daher gesagt werden, daß sich die Gefahr eines Konfliktes zwischen Gemeinschaftsrecht und mitgliedstaatlichem Verfassungsrecht weitestgehend ausräumen läßt, wenn beide Rechtsordnungen »aufeinanderhin« statt »voneinanderweg« interpretiert werden: Rechtsharmonie als Auslegungsziel.

f) Durchführungsmaßnahmen der Mitgliedstaaten

29 Die Rechtsakte der Gemeinschaftsorgane bedürfen häufig der Ausführung durch die Mitgliedstaaten. Diese sind zwar frei, die hierfür zuständigen Organe zu bestimmen;[28] Form und Verfahren der Vollziehung richten sich nach nationalem Recht.[29] Die Vollzugsmaßnahmen dürfen sich jedoch nicht mit materiellem Gemeinschaftsrecht in Widerspruch setzen, also z.B. nicht den Anwendungsbereich einer Verordnung durch Ausnahmeregelungen beeinträchtigen,[30] ihre Anwendung von zusätzlichen Voraussetzungen abhängig machen,[31] Gemeinschaftsrecht durch eigene Rechtsvorschriften wiederholen, abändern oder unter dem Deckmantel der Auslegung ergänzen.[32] Soweit die Gemeinschaft allerdings die Mitgliedstaaten lediglich ermächtigt hat, bei Vorliegen gewisser Mindesvoraussetzungen ihren Bürgern bestimmte Vergünstigungen zu gewähren, ist nichts dagegen einzuwenden, wenn einzelne Staaten hiervon zwar Gebrauch machen, jedoch zusätzliche Voraussetzungen aufstellen.[33]

Ganz allgemein richtet sich der Umfang des Ermessensspielraums, der den Staaten bei der Ausführung von Akten des Rates und der Kommission verbleibt, nach dem notfalls durch Auslegung zu ermittelnden Inhalt jener Akte. Zu weit wird man jenen Spielraum nicht ansetzen dürfen, da anderenfalls die Gefahr der Ungleichbehandlung der Wirtschaftsbürger von einem Land zum anderen besteht.

Die Rechtswidrigkeit von Gemeinschaftsakten »infiziert« auch die innerstaatlichen Durchführungsbestimmungen. Doch bleiben solche Bestimmungen dann ordnungsgemäß, wenn sie auch nach Wegfall des rechtswidrigen Grundaktes nicht mit dem Gemeinschaftsrecht kollidieren und durch das nationale Recht gedeckt sind.

28 EuGH – International Fruit Company/Produktschap, 51–54/71 – Slg. 1971, 1116.
29 EuGH – Fleischkontor/Hauptzollamt, 39/70 – Slg. 1971, 58.
30 EuGH – Granaria/Produktschap, 18/72 – Slg. 1972, 1172.
31 Anders, wenn der Gemeinschaftsverordnung eine derartige Ermächtigung zu entnehmen ist; vgl. EuGH – Bussone/Ital. Landwirtschaftsministerium, 31/78 – Slg. 1978, 2444.
32 GA *Warner* – Slg. 1978, 127 mit zahlreichen Rechtsprechungsnachweisen.
33 Vgl. EuGH – Rheinmühlen/Einfuhr- und Vorratsstelle, 6/71 – Slg. 1971, 836.

In dem Maße, in dem die Mitgliedstaaten Rechtsetzungskompetenzen auf die Gemeinschaft übertragen haben und diese hiervon Gebrauch gemacht hat, entfällt die Befugnis der Mitgliedstaaten, die betroffene Materie autonom zu regeln[34] oder – sei es auch gemeinsam handelnd – gegenüber dritten Staaten Verpflichtungen einzugehen, welche die von der Gemeinschaft erlassenen Vorschriften in ihrer Wirkung beeinträchtigen oder in ihrer Tragweite ändern; die Vertragschließungskompetenz liegt insofern nunmehr bei der Gemeinschaft.[35]

5. Zur Wahlfreiheit zwischen mehreren Arten von Verlautbarungen

30 Während der Vertrag in einigen Fällen ausdrücklich vorschreibt, daß eine bestimmte Regelung *nur* in dieser oder *nur* in jener Form getroffen werden darf (Beispiele: Art. 13 Abs. 2 Satz 2; Art. 33 Abs. 2 Unterabs. 2), stellt er in anderen Zusammenhängen die Wahl des Eingriffsmittels in das Ermessen des Rates beziehungsweise der Kommission. Verschiedentlich geschieht dies ausdrücklich (vgl. z.B. Art. 87 Abs. 1 Unterabs. 1: Verordnungen oder Richtlinien; Art. 97 Abs. 2: Richtlinien oder Entscheidungen; Art. 43 Abs. 2, Unterabs. 3: Verordnungen, Richtlinien oder Entscheidungen); in anderen Fällen ist der Wille der Vertragschließenden, die Exekutive der Gemeinschaft nicht auf eine bestimmte Rechtsform festzulegen, aus der Verwendung allgemeiner Ausdrücke wie »Vorschriften«, »Maßnahmen« usw. zu entnehmen.[36]

In den letztgenannten Fällen soll das betreffende Organ also insbesondere entscheiden können, ob eine allgemeine, für alle Mitgliedstaaten einheitliche Vorschrift (Verordnung, allgemeine Richtlinie), oder der Erlaß einer Reihe von Einzelakten, welche der besonderen Lage der verschiedenen Staaten Rechnung tragen (Entscheidungen, individuelle Richtlinien), oder schließlich eine Kombination beider Verfahren (Verordnung plus individuelle Durchführungsakte) die zweckmäßigste Lösung darstellt. Es soll ferner darüber befinden können, ob im konkreten Fall einer Richtlinie oder einer – in allen Teilen bindenden – Verordnung oder Entscheidung der Vorzug zu geben ist.

Das den Organen hiernach zugestandene Ermessen ist jedoch nicht schrankenlos, sondern an bestimmte Regeln gebunden. So setzt das – auch dem EWG-Recht zugrunde zu legende – Prinzip, wonach Gleiches gleich, Ungleiches ungleich zu behandeln ist, der freien Wahl zwischen einheitlicher Allgemein- und individueller Sondervorschrift u.U. Grenzen. Weiterhin wird man die Auffassung nicht von der Hand weisen können, daß dem Vertrag wie jeder rechtsstaatlich bestimmten Ordnung der Grundsatz immanent ist, daß unter mehreren zur Verwirklichung des angestrebten Ziels geeigneten Mitteln dasjenige zu wählen ist, das den Rechtsunterworfenen am wenigsten belastet; m.a.W. der

34 EuGH – Hauptzollamt/Krohn, 74/69 – Slg. 1970, 459.

35 EuGH – Kommission/Rat, 22/70 – Slg. 1971, 275; vgl. auch EuGH – Hauptzollamt/Bollmann, 40/69 – Slg. 1970, 80.

36 Ebenso *Everling,* a.a.O., S. 52. Vgl. auch EuGH – Balkan-Import–Export/Hauptzollamt 5/73 – Slg. 1973, 1110.

hoheitliche Eingriff darf nicht intensiver sein, als es die Umstände erfordern. Die Anwendung dieses Leitgedankens kann es der Verwaltung im Einzelfall zu Pflicht machen, eine Richtlinie statt einer Verordnung oder Entscheidung zu erlassen.[37]

III. Die einzelnen in Artikel 189 genannten Typen von Rechtsakten

1. *Allgemeines*

31 Art. 189 zählt Verordnungen, Richtlinien, Entscheidungen, Empfehlungen und Stellungnahmen auf. Die drei erstgenannten Rechtsakte sind »verbindlich«, jedoch in unterschiedlichem Umfang. Die *Verordnung* »hat allgemeine Geltung«, ist »in allen ihren Teilen verbindlich« und »gilt unmittelbar in jedem Mitgliedstaat«. Die *Richtlinie* »ist für jeden Mitgliedstaat, an den sie gerichtet wird, hinsichtlich des zu erreichenden Ziels verbindlich«, überläßt es jedoch den Staaten und ihren Organen, die zur Verwirklichung dieses Zieles geeigneten Formen und Mittel zu bestimmen. Die *Entscheidung* endlich »ist in allen ihren Teilen für diejenigen verbindlich, die sie bezeichnet«. – Von den *Empfehlungen* und *Stellungnahmen* wird lediglich festgestellt, daß sie nicht verbindlich sind.

Der Ausdruck »verbindlich« darf nicht in dem Sinne verstanden werden, daß es zu den Wesensmerkmalen der Verordnungen, Richtlinien und Entscheidungen gehörte, ausschließlich oder überwiegend aus Geboten und Verboten zu bestehen, welche sich auf das Verhalten des oder der Adressaten beziehen. Erstens verpflichten die »verbindlichen« Akte auch ihren Urheber, darüber hinaus die gesamte Gemeinschaft; solange sie nicht außer Kraft getreten sind, haben die Gemeinschaftsorgane sie zu respektieren und besitzen die Betroffenen unter gewissen Voraussetzungen ein im Klagewege durchsetzbares Recht auf ein solches Verhalten. Zweitens können die genannten Akte den Destinataren auch *Rechte* verleihen; eine Verordnung z.B., welche den Mitgliedstaaten die Verpflichtung auferlegt, bestimmte den Gemeinschaftsbürgern günstige Maßnahmen vorzunehmen, gewährt diesen Bürgern ein Recht auf diese Maßnahmen.

2. *Die Verordnungen*

32 a) Unter den von Rat und Kommission erlassenen Rechtsakten beherrschen die Verordnungen – vor allem auf dem Agrarsektor – weitgehend das Bild, und zwar nicht nur qualitativ (d.h. wegen ihrer richtungweisenden Funktion), sondern auch quantitativ. In der Lehre und auch in der nationalen Rechtsprechung sind immer wieder Versuche unternommen worden, die EWG-Verordnungen mit den Rechtsformen zu vergleichen, die dem Juristen aus seinem heimischen Bereich vertraut sind, sie also z.B. den »Gesetzen« oder den deutschen »Rechtsverordnungen« gleichzustellen. Solange diese

37 Ähnlich *Everling*, a.a.O., S. 53.

Bemühungen ein rein erkenntnistheoretisches Ziel verfolgen, ist gegen sie nichts einzuwenden; sie sind sogar wissenschaftlich notwendig. Trugschlüsse entstehen jedoch, wenn an derartige Vergleiche Schlußfolgerungen geknüpft werden wie diese: »Der Staatsbürger der Bundesrepublik kann ... den Artikel 189 nur dahin verstehen, daß die vom Rat der EWG erlassenen ›Verordnungen‹ nach den Maßstäben des Grundgesetzes als Rechtsverordnungen anzusehen seien«.[38] Abgesehen davon, daß es für die Interpretation eines *gemeinschaftsrechtlichen* Begriffs nicht nur darauf ankommen kann, wie ihn die Bürger *eines* Mitgliedstaates verstehen, verkennt ein solcher Einordnungsversuch folgendes:

- Die Gemeinschaft ist kein Staat; andererseits steht sie – in den Grenzen ihrer spezifischen Kompetenzen – nachweisbar (Art. 169 ff. EWG-Vertrag!) *über* den Mitgliedstaaten. Ihre Normenhierarchie in die Begriffskategorien der innerstaatlichen Normenhierarchie zu pressen, liefe daher darauf hinaus, Hoheitsträger völlig verschiedener Art, Funktion und Wirkungsmöglichkeit miteinander gleichzusetzen.

- Wer die Gemeinschaftsverordnungen den deutschen Rechtsverordnungen gleichstellt, stempelt damit – immer im Sinne der deutschen Typologie – den EWGV zum (einfachen) »Gesetz«; für eine »Verfassung« wäre kein Raum, obwohl der Vertrag durchaus Vorschriften mit Verfassungscharakter enthält. Darüber hinaus wäre ein derartiger Vergleich, wie *Ipsen*[39] zutreffend bemerkt, verfänglich, weil er zu der Folgerung verführt, die innerstaatlichen Gesetze seien ranghöher als die Verordnungen der EWG.

- Ebenso bedenklich wäre es aber, diese Verordnungen als »Gesetze« zu qualifizieren.[40] Für Ausführungsverordnungen läßt sich dies von vornherein nicht vertreten; bei den vom Rat erlassenen Grundverordnungen birgt eine solche Qualifizierung die Gefahr in sich, daß aus dem Gesetzesbegriff gefolgert wird, die Zustimmung zu Art. 189 sei grundgesetzwidrig, weil die »Gesetze« der Gemeinschaft nicht von einer Volksvertretung beschlossen würden.

Unbeschadet dieser Ausführungen ist jedoch einzuräumen, daß jedenfalls die Grundverordnungen des Rates ihrem Inhalt nach häufig Regelungen treffen, die im innerstaatlichen Bereich vom Gesetzgeber getroffen zu werden pflegen. So ist es zu verstehen, daß

38 FinG Rheinland-Pfalz, Beschluß vom 14.11.1963, bei *Eversen – Sperl*, Europäische Rechtsprechung, Köln 1963, Nr. 1424; vgl. auch a.a.O., Nrn. 1425, 1426.

39 A.a.O., S. 449.

40 So wohl VG Frankfurt a.M. Urteil vom 26.11.1965, bei *Eversen – Sperl* a.a.O. (Fn. 38), 1968 Nr. 3128: der Rat sei »kein reines Exekutivorgan, sondern in beträchtlichem Ausmaß auch Gesetzgebungsorgan«; besser dagegen dasselbe Gericht in seinem Beschluß vom 24.11.1971, a.a.O., 1971, Nr. 4368: die EWG-Verordnungen seien keine deutschen Gesetze, sondern eigene Rechtsnormen der Gemeinschaft.

der EuGH die den Verordnungen vergleichbaren »allgemeinen Entscheidungen« des EGKS-Rechts als quasi-legislatorische Maßnahmen bezeichnet hat.[41]

33 b) Die Verordnungen werden von Art. 189 durch folgende Merkmale gekennzeichnet:

- Sie haben »allgemeine Geltung«.[42]
- Sie sind »in allen ihren Teilen verbindlich«.[43]
- Sie gelten »unmittelbar«.[44]
- Sie gelten »in jedem Mitgliedstaat«.[45]

34 aa) Im Anschluß an *Ipsen* läßt sich unter »allgemeiner Geltung« verstehen, daß die Verordnung normativen Charakter hat, d.h. als Typus dazu bestimmt ist (und im Einzelfall geeignet sein muß), Rechtswirkungen für eine unbestimmte Vielzahl von Sachverhalten und Personen zu ermöglichen, wenn auch nicht notwendigerweise auszulösen. Für die EWG-Verordnungen gilt, was der Gerichtshof von den »allgemeinen Entscheidungen« des EGKS-Rechts festgestellt hat, nämlich, daß sie »in abstrakter Form die Voraussetzungen für ihre Anwendung [festlegen]«.[46] Ein Rechtsakt, der lediglich vergangenheitsbezogen ist, es also bereits im Zeitpunkt seines Erlasses – sei es auch indirekt – gestattet, die von ihm Betroffenen nach Identität und Zahl abschließend festzustellen, ist keine Verordnung, sondern ein Bündel von Individualakten, also »Entscheidungen«.[47]

Auf die Dauer der Anwendbarkeit kommt es nicht an. Die Kommission bezeichnet z.B. ihre zahlreichen jeweils nur für einen kurzen Zeitraum – mitunter einen einzigen Tag – geltenden Abschöpfungsfestsetzungen auf dem Agrarsektor durchaus zu Recht als Verordnungen. Ebensowenig ist es erforderlich, daß die geregelte wirtschaftliche Materie umfassend ist; Verordnungen können z.B. auch in alleiniger Ansehung eines ganz bestimmten, eng definierten Erzeugnisses ergehen.

Die Verordnung löst Rechte und Pflichten für jeden aus, den sie nach Inhalt und Zweckbestimmung angeht; das werden stets nicht nur Mitgliedstaaten und Gemeinschaftsorgane, sondern auch Marktbürger sein.

Ipsen[48] will aus den Worten »allgemeine Geltung« zugleich eine Kollisionsregel

41 EuGH – Fédération Charbonnière/Hohe Behörde, 8/55 – Slg. 1955–56, 227; Nold/Hohe Behörde, 18/57, Slg. 1958–59, 112.
42 Siehe hierzu unten Rn. 34.
43 Siehe hierzu unten Rn. 35.
44 Siehe hierzu unten Rn. 36.
45 Siehe hierzu unten Rn. 37.
46 Wirtschaftsvereinigung Eisen und Stahl u.a./Hohe Behörde, 13/57 – Slg. 1958, 297.
47 Näheres unten Rn. 62.
48 A.a.O., S. 450.

herauslesen, die den Vorrang des sekundären Gemeinschaftsrechts vor dem nationalen Recht begründet. Diese Folgerung läßt sich jedoch überzeugender aus Struktur und Funktion der Gemeinschaft ableiten.[49]

35 bb) Daß die Verordnung als »in *allen* ihren Teilen verbindlich« bezeichnet wird, soll sie von den Richtlinien abheben, die nur ein Ziel festsetzen, ihren Adressaten, den Mitgliedstaaten, jedoch die Wahl der Mittel überlassen.

Verbindlichkeit bedeutet »rechtliche Gehorsamspflicht und rechtliche Berufungsmöglichkeit«;[50] derjenige, dem die Verordnung Rechte oder Befugnisse einräumt, kann – je nachdem vor dem EuGH oder vor dem zuständigen nationalen Gericht – den Anspruch geltend machen, daß diejenigen Personen oder Stellen, denen die Verordnung die korrespondierenden Pflichten auferlegt hat, diesen auch tatsächlich nachkommen.

36 cc) Die Verordnung gilt »unmittelbar«, d.h. kraft ihres Erlasses; einer Mitwirkung der Mitgliedstaaten in Form eines Inkorporierungsaktes bedarf es nicht. Den Mitgliedstaaten wäre es freilich nicht verwehrt, in ihren amtlichen Mitteilungsblättern auf neu erlassene Gemeinschaftsverordnungen hinzuweisen oder diese sogar abzudrucken; sie dürfen hierbei nur nicht den Eindruck erwecken, als ob erst Hinweis oder Abdruck der betroffenen Verordnung Geltungskraft verliehen.[51]

37 dd) Die Verordnung gilt »in jedem Mitgliedstaat«. Jedes dieser drei Worte ist bedeutungsvoll.

Das Wörtchen »in« bringt – in Verbindung mit der Wendung »allgemeine Geltung« – zum Ausdruck, daß Verordnungen nicht lediglich *»für«* die Mitgliedstaaten gelten, d.h. nur diesen Rechte und Pflichten auferlegen, sondern *innerhalb* des staatlichen Bereichs Wirkungen zu entfalten bestimmt sind, daß sie sich m.a.W. auch an die Bürger der Mitgliedstaaten wenden. Ein Akt, der sich erkennbar nur an die Mitgliedstaaten richtet, die Sphäre der Wirtschafts- und Sozialbürger dagegen überhaupt nicht berührt, kann daher, wie immer er bezeichnet wurde, nicht als Verordnung angesehen werden.

Daß Verordnungen in »jedem« Mitgliedstaat gelten sollen, legt die Vermutung nahe, daß nur solche Rechtsakte echte Verordnungen darstellen, die *allen* Mitgliedstaaten und den Bürgern *aller* Mitgliedstaaten etwas zu sagen haben, und zwar jeweils das Gleiche zu sagen haben. Soweit wird man jedoch nicht gehen dürfen. Es ist zwar richtig, daß es in theoretischer wie in praktischer Betrachtung zu den *typischen* Merkmalen der Verord-

49 Vgl. oben Rn. 18ff.
50 A.a.O., S.450f.
51 Vgl. EuGH – Zerbone/Amministrazione delle Finanze, 94/77 – Slg. 1978, 115f.: die Mitgliedstaaten »dürfen ... keine Handlungen vornehmen, durch die die gemeinschaftliche Rechtsnatur eine Rechtsvorschrift und die sich daraus ergebenden Wirkungen den Einzelnen verborgen würden«.

nungen gehört, Regelungen für das gesamte Territorium der EWG zu treffen;[52] daß dieses Merkmal zugleich *unabdingbar* sei, wird sich jedoch kaum behaupten lassen. Der Vertrag selbst, allgemeine Rechtsgrundsätze – wie etwa der Satz, wonach Ungleiches ungleich zu behandeln ist, oder das Prinzip der Verhältnismäßigkeit – und die wirtschaftliche Vernunft können die Gemeinschaftsorgane nötigen, in eine umfassende Verordnung Ausnahmevorschriften für einzelne Mitgliedstaaten und die Bürger einzelner Mitgliedstaaten einzubauen. Soweit derartige Vorschriften tatsächlich bestimmt und geeignet sind, Rechte und Pflichten auch der Einzelnen zu begründen, und soweit sie nicht lediglich eine bestimmbare Zahl abgeschlossener Sachverhalte betreffen, weisen sie die *entscheidenden* Charakteristika der Verordnungen auf und partizipieren sie daher am Verordnungscharakter des Gesamtaktes. In extremen Fällen sind sogar echte Verordnungen denkbar, die ausschließlich einem einzelnen Mitgliedstaat gewidmet sind, insbesondere wenn der Vertrag selbst den Weg hierzu weist; freilich muß der Rechtsakt den soeben genannten wesentlichen Voraussetzungen genügen. Ein Beispiel bildet die Rechtsverordnung Nr. 541/70 über die Landwirtschaft des Großherzogtums Luxemburg,[53] die u.a. auf Art. 1 Abs. 2 Unterabs. 2 des einen Bestandteil des Vertrages bildenden, ausdrücklich den Erlaß einer »Verordnung« vorsehenden Protokolls betreffend das Großherzogtum Luxemburg gestützt ist.

Daß den Verordnungen die Funktion zugedacht ist, in den *Mitgliedstaaten* anwendbar zu sein, führt zu der Folgerung, daß Rechtsakte, die ausschließlich die Innenbeziehungen der Gemeinschaft regeln – also lediglich die Gemeinschaft(en) als Ganzes, ihre Organe und Hilfsorgane, die Mitgliedstaaten in ihrem Verhältnis zur Gemeinschaft und/oder die Bediensteten der Gemeinschaften betreffen – keine Verordnungen sein können. Daher könnte es auf den ersten Blick unzulässig erscheinen, daß EurBSt und BeschBed als Verordnung ergangen sind; man wird das jedoch deswegen gutzuheißen haben, weil diese Vorschriften gelegentlich auch Außenstehende betreffen (so die Pensionsregelung die Familienangehörigen oder die Bestimmungen über das Rekrutierungsverfahren die gemeinschaftsfremden Bewerber).

3. *Die Richtlinien*

8 a) Die Richtlinien schreiben den Empfängern lediglich das zu erreichende Ziel vor, überlassen ihnen aber die Wahl des modus procedendi. Ihr Sinn liegt darin, daß sie es gestatten, den Eingriffen in das innerstaatliche Rechts- und Wirtschaftsgefüge eine mildere Form zu geben, insbesondere es den Mitgliedstaaten zu ermöglichen, bei der Durchführung der Aufträge der Gemeinschaft nationalen Besonderheiten Rechnung zu

52 Vgl. EuGH – Kommission/Irland, 61/77 – Slg. 1978, 447: »Die Verordnungen haben grundsätzlich als auf der Grundlage des Vertrages ergriffene Organhandlungen den gleichen geographischen Anwendungsbereich wie der Vertrag selbst.«

53 ABl. 1970 Nr. L 68 S. 3f.

tragen.[54] Die Vertragsschließenden sind hier mit Recht davon ausgegangen, daß die tiefgreifende Umgestaltung der nationalen Ordnungen, die die Verwirklichung des Vertrages mit sich bringt, es häufig erforderlich macht, jedem Staat – der naturgemäß der beste Kenner seiner eigenen Gegebenheiten ist – das Urteil darüber zu überlassen, wie sich nationale und übernationale Notwendigkeiten am besten miteinander vereinbaren lassen, vor allem aber auch, welcher rechtstechnische Weg zur Vollziehung der von den Gemeinschaftsorganen gesetzten Normen eingeschlagen werden muß.

Ipsen[55] stellt zu Recht fest, daß die Richtlinien eine typische, keine nationalen Entsprechungen vorfindende Figur des Gemeinschaftsrechts sind.

39 b) Richtlinien können, wie Art. 189 zweifelsfrei zum Ausdruck bringt, nur an Mitgliedstaaten ergehen.

Fraglich ist, ob es begriffsnotwendig nur »individuelle« d.h. an bestimmte einzelne Mitgliedstaaten adressierte, oder auch »allgemeine«, also in gleicher Weise für alle Mitgliedstaaten bestimmte Richtlinien geben kann. Der Wortlaut (»für jeden Mitgliedstaat, an den sie gerichtet wird«, »tout Etat membre destinataire«) ist nicht von erschöpfender Klarheit: der Singular deutet auf die erste, das Wort »jeden« auf die zweite These. Logische Erwägungen sprechen jedoch überwiegend dafür, daß es auch allgemeine Richtlinien geben kann. Erstens ist zu bedenken, daß gerade die *Ziele*, auf deren Festlegung sich die Richtlinien zu beschränken haben, oft einer einheitlichen Definition bedürfen, *Mittel und Form* dagegen je nach den Gegebenheiten des einzelnen Staates gewählt werden müssen. Zweitens besteht bei der Formulierung unterschiedlicher Richtlinien für jeden Mitgliedstaat die Gefahr von Diskriminierungen. Drittens ist darauf hinzuweisen, daß die entscheidenden Unterschiede zwischen Verordnung und Richtlinie in der Intensität der Bindung und im Kreis der denkbaren Adressaten liegen; eine Verwischung der Grenzen zwischen Verordnung und Richtlinie ist von der hier vertretenen Auffassung daher nicht zu befürchten.

Unter den »innerstaatlichen Stellen« versteht Art. 189 diejenigen Verfassungsorgane und Behörden, die nach dem Recht des betroffenen Staates zuständig sind, die Weisung der Gemeinschaft auszuführen.

Im Gegensatz zu Entscheidungen, die den Adressaten auch begünstigen können (insbesondere im Wege der Ermächtigung), sind Richtlinien stets belastend.[56]

54 Ähnlich *Fuss,* »Richtlinie«, S. 379, der diesen Typ »indirekter Rechtsetzung« wie folgt charakterisiert: »Von der Machtfülle her gesehen soll die Richtlinienkompetenz ... ein Minus gegenüber der Verordnungsgewalt darstellen: man wollte die Hoheitsbefugnisse der Mitgliedstaaten schonen und ihnen einen gewissen Betätigungsspielraum belassen.«

55 A.a.O., S. 455. Wegen der Hauptanwendungsgebiete der Richtlinien – z.B. Angleichung der mitgliedstaatlichen Rechts- und Verwaltungsvorschriften, die sich unmittelbar auf das Funktionieren des Gemeinsamen Marktes auswirken, (Art. 100) – siehe *Fuss*, »Richtlinie«, S. 379.

56 *Ipsen,* a.a.O., S. 459.

40 c) Der Begriff der Richtlinie und daher auch die korrekte Anwendung der Richtlinienkompetenz der EWG-Organe sind problematisch. Das zeigt sich zunächst einmal an der Schwierigkeit, »Ziel« einerseits, »Form« und »Mittel« andererseits voneinander abzugrenzen (übrigens bemerkt *Ipsen*[57] treffend, daß die Autoren statt »Ziel« besser »Ergebnis« gesagt hätten; gemeint ist, um eine gelungene französische Wendung zu gebrauchen, »une obligation de résultat«). Man wird bei der Interpretation der genannten Ausdrücke nicht allzu »philologisch« verfahren dürfen, sondern flexibel sein müssen, indem man darauf abstellt, ob das handelnde Organ, soweit es *nur* zum Erlaß von Richtlinien ermächtigt war, den staatlichen Adressaten in seiner Handlungsfreiheit nicht mehr eingeengt hat, als es durch Wortlaut und Zweck der Ermächtigungsnorm geboten war. Hiernach läßt sich sagen, daß dem Begriff der »Richtlinie« eine prononcierte Anweisung an Rat und Kommission innewohnt, den Grundsatz der Verhältnismäßigkeit hoheitlicher Eingriffe zu beachten. Aber dieser Grundsatz gilt auch sonst; auch »Entscheidungen« wollen und dürfen die Form- und Verfahrensvorschriften der mitgliedstaatlichen Adressaten nicht antasten; andererseits sind auch Richtlinien, wenn sie sich an alle Staaten wenden und eine Angleichung oder gar Vereinheitlichung der nationalen Vorschriften bezwecken, zu handfester Deutlichkeit genötigt. Nach alledem ist, soweit die Gemeinschaft sich an die Staaten wendet, eine scharfe begrifflich Trennung zwischen Richtlinien und Entscheidungen theoretisch möglich, praktisch aber schwierig.[58]

41 d) Das eindeutige Profil des Begriffs »Richtlinie« wird schließlich dadurch beeinträchtigt, daß gelegentlich (s. Art. 113 Abs. 3 Unterabs. 2) von »Richtlinien« des Rates an die Kommission die Rede ist. Derartige Direktiven fallen nicht unter den Begriff der »Richtlinien« nach Art. 189, da diese – wie dargelegt – sich begriffsnotwendig an Mitgliedstaaten richten. Man wird jedoch die Definition, die der letztgenannte Artikel gibt, auch in derartigen Fällen insoweit nutzbar machen können, als sich aus ihr ableiten läßt, daß der Rat der Kommission nicht in allen Einzelheiten die Hände binden darf.

42 e) Der EuGH hat wiederholt die Bedeutung der korrekten Beachtung von Richtlinien einschließlich der von ihnen gesetzten Fristen unterstrichen:

- »Die gewissenhafte Befolgung einer Richtlinie ist gerade darum so wichtig, weil die Vollzugsmaßnahmen dem Ermessen der Mitgliedstaaten überlassen sind mit der Folge, daß Rechtshandlungen dieser Art wirkungslos bleiben müssen, wenn die gesteckten Ziele nicht in den gesetzten Fristen erreicht werden. Haben also im Hinblick auf die Mitgliedstaaten, an die sie gerichtet sind, die Bestimmungen einer Richtlinie keine weniger zwingende Wirkung als sonstige Vorschriften des Gemein-

57 A.a.O., S. 458.

58 *Fuss,* »Richtlinien«, S. 380, weist zutreffend darauf hin, daß die Gemeinschaftspraxis sowohl sehr allgemein gehaltene als auch sehr detaillierte Richtlinien kennt. Zahlreiche Autoren sind mit Recht der Auffassung, daß Richtlinien, soweit notwendig, sehr weit in die Einzelheiten gehen dürfen; vgl. die Nachweise bei *Fuss,* a.a.O., Anm. 41.

schaftsrechts, dann kommt eine derartige Wirkung erst recht Bestimmungen zu, die Fristen für die Durchführung der vorgesehenen Maßnahmen enthalten; wären nämlich nach dem Ablauf dieser Fristen noch immer unterschiedliche Regelungen in den Mitgliedstaaten anwendbar, so könnte dies zu Diskriminierungen führen«.[59]

- »Die verbindliche Wirkung der Richtlinie verpflichtet sämtliche Mitgliedstaaten zur Einhaltung der darin gesetzten Fristen, damit deren einheitlicher Vollzug in der gesamten Gemeinschaft gewährleitstet ist.«[60]

4. Die Entscheidungen

43 a) Die Entscheidungen sind das typische Mittel zur Regelung von Einzelfällen; sie lassen sich bis zu einem gewissen Grade mit den Verwaltungsakten des deutschen Rechts vergleichen. Von den Verordnungen unterscheiden sie sich dadurch, daß sie sich an eine begrenzte Zahl namentlich bezeichneter Personen wenden,[61] von den Richtlinien dadurch, daß sie nicht nur an Mitgliedstaaten, sondern auch an Marktbürger gerichtet werden und daß sie auch die Mittel und Wege zur Realisierung des in ihnen enthaltenen Befehls vorschreiben können.

Eine Entscheidung, die sich an einen oder mehrere Mitgliedstaaten wendet, kann *innerhalb* des betroffenen Staates durchaus *allgemeine* – d.h. nicht auf namentlich bezeichnete oder individuell bestimmbare Unternehmen oder Personen beschränkte – Bedeutung haben. Häufig wird der »Befehl«, welcher der Entscheidung innewohnt, nur dadurch zu befolgen sein, daß der betroffene Mitgliedstaat seine Gesetze oder Verordnungen ändert, also normative Regeln erläßt. Hier zeigt sich die Relativität der Maßstäbe: was sub specie communitatis individuell erscheint, kann sub specie rei publicae generell sein.

44 b) Die Entscheidung ist »für diejenigen verbindlich, die sie bezeichnet«; in der Praxis geschieht diese Bezeichnung durch die Formel »Diese Entscheidung ist an . . . gerichtet«. Unterbleibt diese Bezeichnung versehentlich, geht aber aus dem Inhalt der Entscheidung klar hervor, für wen sie Rechte und/oder Pflichten begründen soll, so liegt dennoch Verbindlichkeit vor; die gegenteilige Auffassung wäre formalistisch.

»Bezeichnet« ist nicht mit »erwähnt« gleichzusetzen. So läßt sich z.B. vorstellen, daß eine Entscheidung Personen oder Personenkreise erwähnt oder auf sie anspielt, die von dem (den) eigentlichen Destinatar(en) verschieden sind und nicht einzeln aufgezählt zu werden brauchen, was oft gar nicht möglich sein wird. Man denke z.B. an die einem Mitgliedstaat erteilte Ermächtigung, Anträgen von Importeuren auf Einfuhrlizenzen

59 EuGH – Kommission/Italien, 52/75 – Slg. 1976, 284.

60 EuGH – Kommission/Italien, 10/76 – Slg. 1976, 1365. Ebenso GA *Reischl* – Slg. 1976, 1368: die fristgemäße Ausführung ist wichtig, damit nicht von Mitgliedstaat zu Mitgliedstaat »eine uneinheitliche Rechtslage« entsteht.

61 Vgl. EuGH – Plaumann/Kommission, 25/62 – Slg. 1963, 238.

stattzugeben oder sie abzulehnen. Die »Verbindlichkeit« einer Entscheidung – im *weiten* Sinne des Wortes – kann sich auch auf derartige Dritte erstrecken. Diesen wird zwar unmittelbar nichts befohlen, verboten oder erlaubt; ihr Rechts- und Interessenkreis kann aber dennoch einschneidend betroffen sein.

45 c) Auch Entscheidungen haben, wie Verordnungen, unmittelbare Geltung gegenüber denen, die sie angehen.[62] Das zeigt sich formal darin, daß eine an eine Privatperson gerichtete Entscheidung (etwa die Feststellung eines Verstoßes gegen das EWG-Kartellrecht) für ihre Wirksamkeit keines innerstaatlichen »Transformierungsaktes« bedarf.

5. *Die Empfehlungen und Stellungnahmen*

46 a) Der Begriff »Empfehlung« hat gegenüber dem EGKS-Recht einen Bedeutungswandel durchgemacht: dort sind Empfehlungen hinsichtlich des Ziels verbindlich, entsprechen also den Richtlinien des EWG-Rechts, hier sind sie in allen ihren Elementen unverbindlich. Dagegen haben die »Stellungnahmen« des EWG-Rechts ihre Unverbindlichkeit mit ihren montanrechtlichen Namensschwestern gemeinsam. Kennzeichnende Konsequenz des Mangels an rechtsgestaltender Kraft ist, daß der Kommission ausdrücklich durch Art. 155 Unterabs. 2 das Recht verliehen wurde, Empfehlungen und Stellungnahmen auch dann abzugeben, wenn der Vertrag ihr hierzu keine ausdrückliche Ermächtigung erteilt hat, sie es jedoch »für notwendig erachtet«.

Welche spezifischen Aufgaben die Empfehlungen, welche die Stellungnahmen erfüllen sollen, läßt sich nur aus dem Studium des gesamten Vertrages entnehmen.

47 b) Die *Empfehlungen* richten sich im Normalfall an die Mitgliedstaaten, doch sieht der Vertrag auch Empfehlungen an private Wirtschaftssubjekte vor (so z.B. an die »Urheber« von Dumping-Praktiken, Art. 91 Abs. 1 Unterabs. 1). Sinn dieser Verlautbarungen ist es, den Adressaten ein bestimmtes Verhalten nahezulegen, ohne sie zu binden. Die Vertragsschließenden dürften von der Erwartung ausgegangen sein, daß das Ansehen der Gemeinschaftsorgane und ihre umfassende, über die nationalen Wirtschaftssektoren hinausreichende Übersicht und Sachkenntnis vielfach bewirken werden, daß die Betroffenen einem ihnen erteilten Rat freiwillig nachkommen; ein Beispiel für diese Funktion beratender Koordinierung liefert Art. 27 Satz 2.

Eine Empfehlung kann auch dort gemeint sein, wo der Vertragstext eine synonyme Wendung gebraucht, z.B. das Wort »vorschlagen« (s. etwa Art. 93 Abs. 1 Satz 2).

Verschiedentlich ist von »Empfehlungen« der Kommission an den Rat die Rede (vgl. z.B. Art. 105 Abs. 1 Unterabs. 2); sie heben sich vor allem von den »Vorschlägen« ab, die die Kommission in zahlreichen Fällen dem Rat zu unterbreiten hat und denen eine gewisse

62 *Ipsen*, a.a.O., S. 453.

Verbindlichkeit nicht abgesprochen werden kann (vgl. Art. 149 Abs. 1); um echte Empfehlungen im Sinne von Art. 189 dürfte es sich nicht handeln.

48 c) Während die Empfehlungen dadurch gekennzeichnet sind, daß sie auf die Initiative desjenigen Organs zurückgehen, das sie ausspricht, und daß sie dem Adressaten ein bestimmtes Verhalten nahelegen, enthalten die *Stellungnahmen* häufig eine Meinungsäußerung zu fremder Initiative[63] (s. z.B. Art. 153, Art. 237 Abs. 1 Satz 2) und stellen sich oft als Beurteilung einer gegenwärtigen Lage, bestimmter Vorgänge usw. dar (s. etwa Art. 72 Satz 2). In der Regel werden sie von der Kommission abgegeben und bilden sie Elemente des Zustandekommens verbindlicher Akte, verschiedentlich auch Prozeßvoraussetzungen (s. die folgenden Ausführungen).

49 d) »Unverbindlich« ist nicht mit »rechtlich irrelevant« gleichzusetzen.[64] Zwar können Rat und Kommission in einer Empfehlung oder Stellungnahme keinem Dritten bindende Vorschriften machen; für diese Organe selbst aber besteht, soweit sich aus dem Vertrag nichts Abweichendes ergibt, die Pflicht, die vorgesehenen Stellungnahmen und Empfehlungen auszusprechen; unterlassen sie dies, so kann gemäß Art. 175 Abs. 1 die Untätigkeitsklage erhoben werden. Und ein weiteres: Auch eine Stellungnahme oder Empfehlung kann sich in Widerspruch zum Vertrag setzen, nämlich wenn sie ausdrücklich oder stillschweigend einen Zustand oder ein Verhalten als vertragskonform hinstellt, der (das) diese Qualifikation nicht verdient.

An die Abgabe oder Nichtabgabe einer Empfehlung oder Stellungnahme sind im übrigen häufig konkrete Rechtsfolgen geknüpft. So bestimmt beispielsweise Art. 102 Abs. 2, daß, wenn eine gemäß Abs. 1 Satz 2 dieses Artikels von der Kommission ausgesprochene Empfehlung von dem betroffenen Mitgliedstaat nicht befolgt wird, gewisse in Art. 101 bezeichnete Maßnahmen zu Lasten der anderen Mitgliedstaaten nicht getroffen werden dürfen; nach Art. 91 Abs. 2 kann die Kommission einen Staat ermächtigen, Schutzmaßnahmen gegen Dumping-Praktiken zu treffen, die trotz Empfehlung nicht eingestellt wurden. Gemäß Art. 170 Abs. 2 bis 4 kann ein Mitgliedstaat gegen einen anderen Mitgliedstaat wegen dessen angeblicher Vertragsverletzung nur klagen, wenn die Kommission zuvor eine Stellungnahme abgegeben oder innerhalb einer bestimmten Frist nicht abgegeben hat; die Stellungnahme ist hier also u.U. Prozeßvoraussetzung, ihr Fehlen kann zur Abweisung der Klage wegen Unzulässigkeit führen. Ähnlich kann die Kommission gemäß Art. 169 den EuGH wegen einer durch einen Mitgliedstaat begangenen Vertragsverletzung nur dann anrufen, wenn sie zuvor eine Stellungnahme abgegeben hat und diese unbeachtet geblieben ist; freilich ist hier nicht die Nichtbefolgung der Stellungnahme, sondern die behauptete Vertragsverletzung sachlicher Klagegrund. Ist für den Erlaß einer Verlautbarung des Rates die vorherige Stellungnahme der Kommission vorgeschrieben, so ist ein ohne eine solche Stellungnahme ergangener

63 Ebenso *Ipsen,* a.a.O., S. 460.
64 So auch *Ipsen,* a.a.O., S. 459 ff.

Rechtsakt nicht ordnungsgemäß zustandegekommen und kann wegen Verletzung wesentlicher Formvorschriften gemäß Art. 173 Abs. 1 Satz 2 mit der Anfechtungsklage angegriffen werden.

0 e) Der »Unverbindlichkeit« entspricht die Unanfechtbarkeit (Art. 173 Abs. 1). Sie besteht ungeachtet der Tatsache, daß auch Empfehlungen und Stellungnahmen von erheblicher wirtschaftlicher Tragweite sein können.

IV. Abgrenzungsprobleme

1. Die wechselseitige Abgrenzung der in Artikel 189 genannten Rechtsakte

a) Die Bedeutung der Abgrenzung

1 Die Praxis der Gemeinschaften hat bestätigt, was bereits aus nationaler Erfahrung bekannt war: die Qualifizierung der Rechtshandlungen, ihre Zuordnung zu diesem oder jenem Begriff, gehört zu den nicht selten begegnenden Streitfragen.

Die Grenzziehung, die in diesem Abschnitt vorzunehmen ist, ist in zweifacher Hinsicht von Bedeutung. Erstens ermöglicht sie im Einzelfall die Feststellung, ob das betreffende Organ rechtmäßig gehandelt, d.h. wirklich die ihm vorgeschriebene Rechtsform gewählt hat; zweitens sind an das Vorliegen dieser oder jener Form durchaus unterschiedliche Rechtsfolgen geknüpft.

2 aa) Der Vertrag schreibt an zahlreichen Stellen vor, welche Rechtsnatur die vom Rat oder der Kommission auf bestimmten Gebieten und unter bestimmten Voraussetzungen zu treffenden Maßnahmen oder abzugebenden Meinungsäußerungen aufweisen müssen. Auch dort, wo den Organen ein grundsätzliches Optionsrecht zugestanden ist, können im Einzelfall allgemeine Prinzipien (insbesondere der Grundsatz der Verhältnismäßigkeit) der Wahlfreiheit Grenzen setzen.

Verstößt der Rat oder die Kommission gegen die vorstehend genannten Grundsätze, so ist der Vertrag verletzt. Diese Verletzung ist besonders schwer und kommt der Unzuständigkeit mindestens nahe, wenn das betroffene Organ durch die Wahl einer strengeren oder weitergehenden Rechtsform das Gebot mißachtet, »nach Maßgabe der ihm in diesem Vertrag zugewiesenen Befugnisse« (Art. 4 Abs. 1) zu handeln. So ist es z.B. ein unzulässiger Übergriff in die Zuständigkeiten der Mitgliedstaaten, wenn statt einer Richtlinie eine Verordnung oder Entscheidung erlassen wird. Die Organe handeln aber auch rechtswidrig, wenn sie zu einer »milderen« Form greifen, wo ausschließlich die »strengere« Form vorgesehen ist, also etwa eine Richtlinie anstatt einer Verordnung erlassen; der EWGV enthält keine dem Art. 14 Abs. 5 EGKSV entsprechende Generalklausel, wonach die Befugnis zum Erlaß einer »Entscheidung« (in der Sprache des EWGV: einer Verordnung oder Entscheidung) stets auch das Recht in sich schließt, sich auf eine »Empfehlung« (in der Sprache des EWGV: eine Richtlinie) zu beschränken.

Zwar ist in solchen Fällen der unmittelbar Betroffene in der Regel nicht »beschwert«, sondern vielmehr »begünstigt«; jedoch können Dritte ein legitimes Interesse daran haben, daß die Exekutive mit der gebotenen Energie vorgeht.

Selbst wenn aber dem Rat oder der Kommission im konkreten Fall das Recht zugestanden werden muß, zwischen – beispielsweise – einer Richtlinie und einer Entscheidung zu wählen, so kann es doch eine gegebenenfalls zur Nichtigerklärung führende Rechtswidrigkeit darstellen, wenn der Rechtsakt – um bei obigem Beispiel zu bleiben – etwa als »Richtlinie« bezeichnet ist, objektiv aber eine Entscheidung darstellt. Es ist nämlich sehr wohl vorstellbar, daß eine derartige Verlautbarung objektiv unklar, widersprüchlich und impraktikabel ist und somit einen Verstoß gegen die Denkgesetze darstellt: Mit der Überschrift »Richtlinie« wird gesagt, die Wahl der Mittel stehe dem Adressaten frei, der Inhalt jedoch besagt das Gegenteil.

53 bb) Die wichtigsten Rechtsfolgen, die sich an das Vorliegen dieser oder jener Rechtsform knüpfen, seien nachstehen in einer Übersicht zusammengefaßt; diese zeigt, daß es sich hier vor allem um Unterschiede im Umfang des Rechtsschutzes handelt:

Verordnungen:

- Nur bei der Nichtigerklärung einer *Verordnung* ist dem EuGH das Recht zugestanden, erforderlichenfalls »diejenigen ihrer Wirkungen [zu bezeichnen], die als fortgeltend zu betrachten sind« (Art. 174 Abs. 2).
- Nach dem Wortlaut von Art. 184 besteht das Recht einer Partei, die »Unanwendbarkeit« eines Aktes incidenter auch dann geltend zu machen, wenn die Frist zur Erhebung der Anfechtungsklage gegen diesen Akt verstrichen ist, nur dann, wenn es sich bei diesem Akt um eine *Verordnung* handelt.
- Nur für *Verordnungen* ist die Veröffentlichung im Amtsblatt vorgeschrieben (Art. 191 Abs. 1 Satz 1).
- Für das Inkrafttreten von *Verordnungen* gelten besondere Vorschriften (Art. 191 Abs. 1 Satz 2).

Entscheidungen:

- Andere Personen als Staaten oder Gemeinschaftsorgane können nur *Entscheidungen* des Rates und der Kommission angreifen (Art. 173 Abs. 2).
- Nur gewisse *Entscheidungen* des Rates oder der Kommission stellen vollstreckbare Titel dar (Art. 192 Abs. 1).

Entscheidungen und Richtlinien:

- Für die Bekanntgabe und das Wirksamwerden dieser Rechtsakte gelten besondere Vorschriften (Art. 191 Abs. 2).

Stellungnahmen und Empfehlungen:

- Gegen *Stellungsnahmen und Empfehlungen* kann die Anfechtungsklage nicht erhoben werden (Art. 173 Abs. 1 Satz 2).
- Andere Personen als Mitgliedstaaten oder Gemeinschaftsorgane können gegen die Unterlassung von *Stellungnahmen und Empfehlungen* nicht mit der Untätigkeitsklage vorgehen (Art. 175 Abs. 3).
- *Stellungnahmen und Empfehlungen* kann die Kommission auch dann abgeben, wenn sie hierzu nicht ausdrücklich ermächtigt ist (Art. 155 Unterabs. 2).

b) Allgemeine Gesichtspunkte für die Abgrenzung

54 aa) Zweifel an der Natur eines Rechtsaktes werden sich im EWG-Recht selten daraus ergeben, daß die erlassende Stelle es versäumt hat, klar zum Ausdruck zu bringen, wie *sie* diesen Akt qualifiziert. Während der Montanvertrag durch die nicht sonderlich glückliche Einheitsbezeichnung »Entscheidung« häufig das Problem aufwirft, ob die Hohe Behörde selbst diesen oder jenen – schlicht als »Entscheidung« bezeichneten – Rechtsakt als »allgemein» oder »individuell« ansah, hat der EWGV in begrüßenswerter Weise jeder Kategorie von Rechtsakten einen besonderen Namen gegeben. Die Praxis zeigt, daß Rat und Kommission sich hierdurch jeweils mit Recht veranlaßt sahen, »Farbe zu bekennen«.

Eine solche Bezeichnung muß jedoch der wirklichen Rechtsnatur des in Frage stehenden Aktes nicht zwangsläufig entsprechen und bindet den EuGH nicht. Der Einwand, der Urheber eines Rechtsaktes müsse am besten wissen, ob er eine Verordnung, eine Entscheidung usw. erlassen wollte, wird schon durch den Vertrag selbst widerlegt, der – wie Art. 173 Abs. 2 dartut – z.B. mit der Möglichkeit von Entscheidungen rechnet, die »als Verordnung« ergangen sind. Im übrigen ist es selbstverständlich, daß es keinem Organ gestattet sein kann, durch die – sei es auch gutgläubige – Verwendung einer falschen Bezeichnung seine Befugnisse zu überschreiten, seine Pflichten zu versäumen oder den Rechtsschutz der Betroffenen zu schmälern.

Die gewählte Bezeichnung ist freilich nicht schlechthin unbeachtlich. Sie ist ein Indiz unter anderen für die Ermittlung der objektiven Rechtsnatur; in Grenzfällen mag sie den Ausschlag geben. Worauf es aber wesentlich ankommt, ist der Sinngehalt der Verlautbarung, wie ihn die Adressaten nach Treu und Glauben unter Berücksichtigung aller Umstände (u.U. auch der Vorgeschichte) verstehen mußten. Bleiben auch hiernach mehrere Deutungen offen, so kann freilich der Fall eintreten, daß der EuGH zu einer anderen Auffassung kommt als zu derjenigen, die der Betroffene ohne Fahrlässigkeit zugrundegelegt hat. Auch in diesem Fall geht eine unpräzise Ausdrucksweise zu Lasten des Urhebers der Äußerung. Dies bedeutet insbesondere, daß auch dem obsiegenden Organ die Kosten des Rechtsstreits ganz oder teilweise aufzuerlegen sind, wenn jene Undeutlichkeiten den Kläger zu der (irrigen) Annahme eines Anfechtungsrechtes veranlassen konnten.[65] Die Rechtsprechung des EuGH hat sich durchweg auf der oben skizzierten Linie gehalten; sie hat zwar stets auch geprüft, was für einen Rechtsakt die Hohe Behörde erlassen *wollte,* ist aber nicht von dem Grundsatz abgewichen, daß »die rechtliche Qualifizierung einer Maßnahme vor allem von ihrem Gegenstand und Inhalt abhängt«.[66]

55 bb) Im Zusammenhang mit diesen Gesichtspunkten steht ein anderer Aspekt des Qualifikationsproblems. Die Art. 189ff. enthalten bestimmte Aussagen über Voraussetzungen und rechtliche Folgen des Vorliegens der einzelnen Verlautbarungsformen. Es wird nicht immer leicht sein zu entscheiden, ob ein bestimmter Umstand zu den Voraussetzungen oder zu den Folgen zu rechnen ist, deutlicher: ob ein festgestellter Mangel dazu führen muß, (z.B.) eine echte, aber u.U. fehlerhafte Verordnung oder eine Nichtverordnung, also eine Richtlinie oder Entscheidung, anzunehmen. So kann man etwa fragen, wie es zu halten sei, wenn eine als »Verordnung« bezeichnete Maßnahme mehr Sonderregelungen für einzelne Mitgliedstaaten als allgemeine Vorschriften enthält. Liegt hier in Wahrheit ein Bündel von Entscheidungen vor, oder gar eine Mischform, die zu Unrecht eine einheitliche Bezeichnung und äußere Gestalt erhalten hat? – Eine weitere Fragenreihe: Verordnungen sind zu veröffentlichen, für Richtlinien und Entscheidungen genügt die Bekanntgabe. Läßt sich nun sagen, *weil* ein Rechtsakt nicht veröffentlicht wurde, könne er denknotwendig keine Verordnung darstellen? Die Frage ist grundsätzlich zu verneinen, da es sich hier nicht um ein essentiale des Verordnungs*begriffs* handelt; es kann vielmehr eine – unter Verletzung von Formvorschriften ergangene – echte Verordnung vorliegen. Immerhin läßt sie Wahl der Kundmachungsform u.U. einen Schluß auf den Willen der erlassenden Stelle zu, der – wie erwähnt – zu den zulässigen Auslegungskriterien gehört.

Die vorstehend gestellten oder angedeuteten Fragen werden sich häufig nur im Einzelfall lösen lassen; hierfür bedarf es jedoch gewisser Orientierungspunkte. Als solcher ist zunächst der in der modernen Verwaltungsrechtswissenschaft anerkannte Grundsatz heranzuziehen, daß die termini Rechtsverordnung, Verwaltungsakt usw. – und demzufolge auch unsere Kategorien – Zweckschöpfungen sind. Einer der Hauptzwecke ist die Sicherung eines angemessenen Rechtsschutzes. Es ist daher durchaus legitim, bei auf der Grenze zwischen Verordnung und Entscheidung liegenden Rechtsakten, die einschnei-

65 Vgl. EuGH – Geitling u.a./Hohe Behörde, 16–18/59 – Slg. 1960, 65f.

66 Ständige Rechtsprechung; vgl. etwa das vorgenannte Urteil sowie EuGH – Elz/Hohe Behörde, 22 und 23/60 – Slg. 1961, 408; Confédération nationale u.a./Rat, 16 und 17/62 – Slg. 1962, 978.

dend und unmittelbar in den Rechts- und Interessenkreis bestimmter Personen eingreifen, die Frage zu stellen, ob es nicht der Billigkeit entspricht, sie als Entscheidungen zu qualifizieren und damit diesen Personen ein Klagerecht einzuräumen.[67]

56 cc) In gewissem Sinne als unechtes Abgrenzungsproblem kann man den Fall bezeichnen, daß eine von ihrem Urheber einheitlich – also unter einer gemeinsamen Bezeichnung (z.B. »Verordnung Nr. 100«) und mit fortlaufender Numerierung der Artikel – präsentierte Verlautbarung in Wahrheit heterogene Elemente zusammenfaßt, von denen – beispielsweise – einige Verordnungs-, andere Entscheidungscharakter aufweisen. Auch hier gilt der Grundsatz, daß der Richter nicht an das Schema der erlassenden Stelle gebunden ist – nicht einmal insoweit, daß er gezwungen wäre, eine solche Gesamtregelung ebenfalls einheitlich zu qualifizieren. Er ist also nicht gehindert, etwa einzelne Bestimmungen als Verordnung, andere als Entscheidung anzusehen.

Allerdings darf dieses Recht zur Nichtbeachtung der *äußeren* Einheit nicht dahin verstanden werden, daß es auch die Zerreißung einer *inneren* Einheit gestatte. Allgemeine Regeln und individuelle Ausnahmen können in einem so engen Sinnzusammenhang stehen, daß es allein vernünftig ist, die *Gesamtheit* dieser Vorschriften als »Regel« anzusehen. Auch diese Betrachtungsweise darf allerdings den Rechtsschutz nicht schmälern; belastet die Ausnahme einen einzelnen, so muß ihm gestattet sein, sie anzufechten, auch wenn ihm gegen die Gesamtregelung wegen ihres allgemeinen Charakters an sich kein Klagerecht zusteht. Art. 173 Abs. 2, der den »natürlichen oder juristischen Personen« das Recht einräumt, auch gegen »als Verordnungen« erlassene Entscheidungen mit der Anfechtungsklage vorzugehen, kann hier unmittelbare oder analoge Anwendung finden, da mindestens der in ihm enthaltene Rechtsgedanke auch auf solche Fälle paßt, in denen eine Regelung, die *materiell* Entscheidungscharakter besitzt, *zulässigerweise* in das Gewand einer Verordnung gekleidet wurde.

57 dd) Ein abändernder oder aufhebender Rechtsakt wird in der Regel an der Rechtsnatur des abgeänderten oder aufgehobenen Rechtsaktes teilhaben.[68]

58 ee) Ein und dieselbe Willenskundgebung – genauer: ein und dieselbe Einzelbestimmung

67 Vgl. BGH/ZZP 1959 S. 209: »Ob eine behördliche Anordnung unter den Begriff des Verwaltungsaktes einzuordnen ist, bestimmt sich nach dem Ziel, das der Gesetzgeber erreichen wollte, als er sich dieses Begriffes bediente, und nach dem Zweck, den der Begriff innerhalb der Verwaltungsrechtsordnung erfüllen soll. Für die Zweckbestimmung des Begriffes Verwaltungsakt ist im Rahmen der Verwaltungsgerichtsbarkeit das Rechtsschutzbedürfnis des Bürgers wesentlich«.

68 Vgl. EuGH – SIMET u.a./Hohe Behörde, 36/58 etc. – Slg. 1958–59, 368; Zuckerfabrik Watenstedt/Rat, 6/68 – Slg. 1968, 621.

einer solchen Kundgebung – kann nicht im Verhältnis zu einzelnen Beteiligten eine andere Rechtsnatur aufweisen als im Verhältnis zu anderen.[69]

59 ff) Der EuGH hat gelegentlich entschieden, die Ablehnung einer individuellen Entscheidung (des EGKS-Rechts) sei selbst eine individuelle Entscheidung.[70] Das ist zutreffend, läßt sich aber nicht dahin verallgemeinern, daß z.B. die Weigerung, einen bestimmten Gegenstand durch Verordnung zu regeln, selbst Verordnungscharakter habe. Eine solche These wäre künstlich. Es bedarf ihrer auch nicht, um zu vermeiden, daß ein Privater eine solche – auf seinen Antrag hin erfolgte – Weigerung mit der Nichtigkeitsklage angreifen könnte, obwohl er nach dem klaren Wortlaut von Art. 175 Abs. 3 die Unterlassung einer Verordnung nicht mit der Untätigkeitsklage rügen kann; hier greift bereits die Überlegung ein, daß offensichtliche Gesetzesumgehungen unzulässig sind.

c) Einzelfragen

60 Theoretisch stellt sich das Abgrenzungsproblem zwischen jeder der fünf Verlautbarungsformen und jeder anderen. Nachstehend fassen wir jedoch nur die wichtigsten Beziehungen ins Auge.

aa) Verordnungen und Entscheidungen

61 Geht man vom Wortlaut von Art. 189 aus, so ergibt sich als gemeinsames Merkmal beider Handlungsformen, daß sie in allen ihren Teilen verbindlich sind, während die Unterschiede darin liegen, daß:

- die Verordnung »allgemeine Geltung« hat, während die Entscheidung nur diejenigen bindet, »die sie bezeichnet«;
- die Verordnung »unmittelbar in jedem Mitgliedstaat gilt«; für die Entscheidungen fehlt ein vergleichbarer – sei es gleichlautender, sei es gegenteiliger – Hinweis.

Der EuGH mißt dem *ersten* Kriterium mit Recht entscheidende Bedeutung zu, wenn es darum geht, ob ein Rechtsakt als Verordnung oder aber als Entscheidung zu qualifizieren ist.[71]

62 Unter »allgemeiner Geltung« ist zu verstehen, daß der in Betracht kommende Rechtsakt »auf objektiv bestimmte Sachverhalte anwendbar ist und Rechtswirkungen für allgemein und abstrakt umrissene Personengruppen zeitigt«;[72] es geht also um die »Generalität«

69 EuGH – Nold/Hohe Behörde, 18/57 – Slg. 1958–59, 112. Ebenso *Ipsen,* a.a.O., S. 453; vgl. auch GA *Lagrange* – Slg. 1961, 73. Im gleichen Sinne betont *Fuss,* Rechtssatz, S. 946, das Verhältnis von Rechtssatz und Einzelakt sei »kontradiktorisch« in dem Sinne, daß eine hoheitliche Handlung nur der einen oder der anderen Kategorie angehören könne.

70 Gezamenlijke Steenkolenmijnen/Hohe Behörde, 38/59 – Slg. 1961, 38.

71 Vgl. etwa EuGH –Koninklijke Scholten Honig/Rat und Kommission, 101/76 – Slg. 1977, 806.

72 Urteil 101/76 (a.a.O., Fn. 71), S. 807.

sowohl der ins Auge gefaßten Anwendungsfälle als auch des betroffenen Personenkreises. Indem sie auf die »allgemeine Geltung« abstellen, »machen sich die Gemeinschaftsverträge die für eine rechtsstaatliche Rechtsordnung unentbehrliche Begriffsunterscheidung zwischen allgemeiner Norm und Einzelregelung zu eigen und nehmen den rechtsstaatlichen Rechtssatzbegriff auf, wie er in sämtlichen Mitgliedstaaten der Europäischen Gemeinschaften gehandhabt wird«.[73]

Die Praxis hat gezeigt, daß die Anwendung dieser an sich klaren Kriterien in Grenzfällen auf Schwierigkeiten stoßen kann, da sich hinter einer generell-abstrakt formulierten Vorschrift durchaus eine Einzelfallregelung verbergen kann.

Der EuGH hat zunächst versucht, dieses Problems mit wechselnden Definitionen Herr zu werden,[74] die insgesamt nicht voll befriedigen: Kann man sich mit der Abstraktheit der Umschreibung des betroffenen Personenkreises zufriedengeben, wo es doch kein sonderlich schweres Formulierungsproblem ist, selbst eine nachweisbar als einzige betroffene Person in abstrakter Sprache zu erfassen? Ist der Gesichtspunkt der »Bestimmbarkeit« brauchbar? Soll dieser Begriff nur den Fall bezeichnen, in dem sich Zahl und Identität der Betroffenen bereits aus dem Text des Rechtsakts entnehmen lassen, oder auf den Fall, daß erst – aber immerhin – sorgfältige, womöglich mühsame Erhebungen eine lückenlose Namensliste der Betroffenen ergeben können? Kann es darauf ankommen, ob das handelnde Organ bei seiner Willensbildung an bestimmte Einzelpersonen gedacht oder sich lediglich eine abstrakte Gruppe vorgestellt hat?

Die spätere Rechtsprechung hat größere Klarheit geschaffen:

- Ein als »Verordnung« bezeichneter Akt bezog sich auf diejenigen Mengen eines bestimmten Erzeugnisses, für die während eines *vor* dem Erlaß des Aktes liegenden Zeitraums individuelle Anträge auf Einfuhrlizenzen gestellt worden waren. Der EuGH sah es als wesentlich an, daß hiernach »die Anzahl der Anträge, welche die

73 *Fuss,* Rechtssatz, S. 945.

74 Vgl. etwa EuGH – Industria Molitoria Imolese u.a./Rat 30/67 – Slg. 1968, 183 (keine Entscheidung, wenn die Rechtshandlung »nicht die Interessen bestimmter, genannter oder doch identifizierbarer Personen [betrifft], sondern die ganzer Gruppen von Verbrauchern und Händlern, die abstrakt bezeichnet sind«; Fédération nationale de la Boucherie u.a./Rat, 19 bis 22/62 – Slg. 1962, 1020 f. (die Verordnung hat »wesentlich normativen Charakter und [ist] nicht auf eine begrenzte Zahl namentlich bezeichneter oder doch bestimmbarer Adressaten anwendbar, sondern auf in ihrer Gesamtheit und abstrakt umrissene Personenkreise«; ein Rechtsakt ist prinzipiell eine Verordnung, wenn er die Personenkreise, für die er Rechtswirkungen erzeugt, »in allgemeiner und abstrakter Form ins Auge faßt«); Alcan/Kommission, 69/69 – Slg. 1970, 393 (eine Entscheidung liegt insoweit vor, als bestimmte Personen von dem Akt »unmittelbar und individuell betroffen werden«); Compagnie française commerciale/Kommission, 64/69 – Slg. 1970, 226 (der Verordnungscharakter entfällt nicht dadurch, »daß es möglich ist, die Anzahl oder sogar die Identität der Rechtssubjekte, auf welche die Maßnahme zu einem gegebenen Zeitpunkt anwendbar ist, mehr oder weniger genau zu bestimmen; es muß nur feststehen, daß diese Anwendung aufgrund einer in der Maßnahme in Zusammenhang mit deren Zielsetzung umschriebenen objektiven Rechts- oder Sachlage erfolgt«).

Verordnung betreffen konnte, bei deren Erlaß [feststand],« so daß kein neuer Antrag hinzukommen konnte. Daher sei die zu prüfende Bestimmung »keine Vorschrift allgemeiner Geltung«, sondern »ein Bündel individueller Entscheidungen«.[75]

– Entscheidend ist nicht die Möglichkeit, die Betroffenen nach Zahl und Namen mehr oder weniger genau zu bestimmen, »sofern nur feststeht, daß die Maßnahme nach ihrer Zweckbestimmung aufgrund eines objektiven Tatbestands rechtlicher oder tatsächlicher Art anwendbar ist, den sie bestimmt«.[76]

Hieraus läßt sich die Folgerung ziehen, daß eine Entscheidung jedenfalls dann vorliegt, wenn – und insoweit als – der Rechtsakt ausschließlich »vergangenheitsbezogen« ist, wenn und insoweit also m.a.W. sogar theoretisch ausgeschlossen ist, daß während der Geltungsdauer des Aktes weitere Sachverhalte entstehen, die ebenfalls unter den Akt fallen, oder der Kreis der betroffenen Personen sich erweitert.[77] Die uns beschäftigende Grenzziehung hat also »irgendwie« mit der Prämisse zu tun, daß sich vergangene Geschehnisse erschöpfend feststellen lassen, Prognosen dagegen unsicher sind.

Mit diesen Erkenntnissen werden sich die meisten Streitfälle lösen lassen, allerdings in einer Weise, die mit Rechtssicherheit mehr zu tun hat als mit Gerechtigkeit.[78]

Soweit im Einzelfall dennoch Zweifel verbleiben, könnte das vom EuGH gebrauchte Stichwort »Zweckbestimmung« eine Rolle spielen. Es käme dann darauf an, ob das handelnde Organ eine allgemeine, »gruppenbezogene«, oder aber eine spezielle, »personenbezogene« Maßnahme treffen *wollte* (wobei die zweite Hypothese nicht schon deshalb bejaht werden müßte, weil – wie häufig – sehr »konkrete« Vorkommnisse den Anlaß zu der Regelung gegeben haben).

63 Daß das geregelte *Sachgebiet,* gemessen am gesamten Anwendungsbereich des Vertrages, spezieller Natur ist, schließt den Verordnungscharakter nicht aus.[79] Ebensowenig steht es

75 EuGH – International Fruit Company/Kommission, 41 bis 44/70 – Slg. 1971, 422. Noch deutlicher ist der Entscheidungscharakter einer »Verordnungs«-Bestimmung, welche die von ihr betroffenen Unternehmen namentlich aufzählt; vgl. EuGH – NTN Toyo Bearing/Rat, 113/77 – Slg. 1979, 1191, 1205 (»Sammelentscheidung«).

76 Urteil 101/76 (a.a.O., Fn. 71), S. 808.

77 Ebenso GA *Reischl* – Slg. 1977, 812; *Fuss,* Rechtssatz, S. 947.

78 Das hier angedeutete Unbehagen richtet sich nicht gegen die Praxis der Gemeinschaftsorgane oder die Rechtsprechung des EuGH, sondern letztlich gegen das Begriffsystem des Vertrages. De lege lata kann (vielleicht hier und da etwas präziser oder um eine Nuance großzügiger, aber) in der Substanz nicht anders judiziert werden. Nur eine Vertragsänderung – auf die zu hoffen allerdings kaum realistisch wäre – vermöchte hier Remedur zu schaffen. Sie könnte etwa zwischen »Grundverordnungen« und »Ausführungsverordnungen« unterscheiden – eine Unterscheidung, die weniger Sophismen nötig machen würde als die gegenwärtigen Differenzierungen – und das Tor für die direkte Anfechtung von Ausführungsverordnungen allen Betroffenen weit öffnen.

79 Vgl. auch EuGH – Zuckerfabrik Watenstedt/Rat, 6/68 – Slg. 1968, 621, wonach dieser Charakter nicht deswegen entfällt, weil für ein bestimmtes Erzeugnis eine Regelung getroffen wurde, die von der für andere Erzeugnisse getroffenen Regelung abweicht.

grundsätzlich der Annahme einer Verordnung entgegen, daß die Rechtshandlung dazu bestimmt ist, eine vorübergehende Situation zu regeln, und demgemäß von vornherein befristet ergeht. Auch daß eine Regelung »ins einzelne gehende und festumrissene, auf verschiedene Situationen anwendbare Vorschriften enthält, steht zu [ihrer] allgemeinen Natur ... nicht im Widerspruch«.[80]

64 Nicht ganz leicht zu entscheiden ist die Frage, ob Rechtshandlungen, die sich an alle Mitgliedstaaten (aber nur an diese) wenden, den Verordnungen oder den Entscheidungen zuzurechnen sind. Man ist zunächst geneigt, im ersteren Sinne zu antworten, da eine Regelung, die für alle Staaten in gleicher Weise gelten soll, durchaus normativer Natur zu sein scheint. Bei näherem Zusehen wird man aber wohl doch mit *Wohlfarth*[81] und der Praxis der Gemeinschaftsorgane anzunehmen haben, daß der Vertrag für diesen Fall an Entscheidungen gedacht hat:

Erstens erscheinen die Mitgliedstaaten im Verhältnis zu der unübersehbaren Zahl potentieller Adressaten von Rechtshandlungen der Gemeinschaft immer noch als »Einzelne«. *Zweitens* kam es den Verfassern von Art. 189 offenbar vor allem darauf an, die unmittelbare Geltung »in« (nicht nur »für«) jedem Mitgliedstaat zum entscheidenden Kriterium der Verordnung zu machen. Die Befugnis, eine Verordnung zu erlassen, bedeutet das Recht, in allen Mitgliedstaaten gleichsam über den Kopf der zur Normgebung an sich berufenen nationalen Körperschaften hinweg unmittelbar Recht zu setzen. Zwischen einem solchen Akt und einer Maßnahme, die sich nur an die Staaten selbst wendet, mußte in der Optik der Vertragschließenden ein fundamentaler Unterschied bestehen, der auch eine terminologische Zäsur rechtfertigte.

65 Wer eine Rechtshandlung des Rates oder der Kommission darauf zu prüfen hat, ob sie eine Verordnung oder eine Entscheidung ist, wird zunächst ermitteln müssen, ob die Destinatare individuell oder nach Gattungsmerkmalen umschrieben sind; diese Kriterien klingen deutlich auch in Art. 173 Abs. 2 an, wo von Entscheidungen die Rede ist, die *»obwohl sie als Verordnung* ... ergangen sind, [den Kläger] unmittelbar und *individuell* betreffen«. Hiernach liegt stets dann eine Entscheidung vor, wenn derjenige – oder diejenigen; ein und dieselbe Entscheidung kann durchaus auch *mehrere* Einzelfälle regeln –, an den oder an die sich die Rechtshandlung unmittelbar wendet, dem oder denen sie Pflichten auferlegt oder Rechte verleiht, namentlich bezeichnet ist (sind). Daß darüber hinaus auch Akte, die den von ihnen erfaßten Personenkreis allgemein umschreiben, u.U. Entscheidungen darstellen können, ergibt sich aus dem früher Gesagten.

Hiernach liegt eine Entscheidung z.B. vor, wenn der betreffende Rechtsakt »einzig und allein für eine besondere Tätigkeit einer namentlich bezeichneten öffentlichen Stelle

80 EuGH – Fédération Charbonnière/Hohe Behörde, 8/55 – Slg. 1955–56, 223.
81 EWG-Kommentar, Anm. 11 zu Art. 189.

gilt«[82] oder wenn durch ihn »über konkrete Beschlüsse bestimmter einzelner Unternehmen befunden wurde«.[83] Ausnahmsweise können Akte, die nur *einen* oder *einzelne* Mitgliedstaaten betreffen, dennoch Verordnungen darstellen.[84] Voraussetzung ist allerdings, daß sie dazu bestimmt und geeignet sind, nicht nur für die jeweils betroffenen Staaten, sondern auch für einen im Zeitpunkt des Erlasses nicht abschließend feststellbaren Kreis von Angehörigen dieser Staaten Rechte und/oder Pflichten zu erzeugen.

66 Wie steht es mit Rechtshandlungen, die zwar grundsätzlich und im ganzen überstaatlichen Charakter haben, jedoch für einzelne Mitgliedstaaten Sonderregelungen vorsehen? Müssen sie, mangels »vollständiger Allgemeinheit«, als Entscheidungen angesehen werden? Dies läßt sich nicht absolut bejahen. Man wird vielmehr zu prüfen haben, ob die Ausnahmen lediglich die Regel »bestätigen« – *d.h. in ihrer Eigenschaft als Regel bestätigen!* – oder ob sie einen derartigen Umfang einnehmen, daß es sich in Wahrheit um ein Bündel von Entscheidungen handelt. Denkbar ist auch, daß einzelne Elemente eines äußerlich als Einheit erscheinenden Rechtsaktes Verordnungs-, andere Entscheidungscharakter haben.[85] Schließlich sei noch darauf hingewiesen, daß die namentliche Erwähnung bestimmter oder auch aller Staaten den Verordnungscharakter jedenfalls dann nicht beseitigt, wenn die betreffende Regelung ein Netzwerk von Verpflichtungen im Verhältnis der verschiedenen Staaten und deren Bürgern zueinander schafft, das sich als ein organisches Ganzes darstellt: auch eine solche einheitliche Regelung »gilt in jedem Mitgliedstaat«.

Daß eine Verordnung nicht deswegen ihren Charakter einbüßt, weil sie sich in den einzelnen Mitgliedstaaten unterschiedlich auswirkt, dürfte außer Zweifel stehen, da es anderenfalls kaum echte Verordnungen gäbe.[86] Das gleiche gilt, wenn eine allgemeine Verlautbarung für einzelne Staaten ohne praktische Bedeutung ist, etwa weil diese über keine Produktion auf dem betreffenden Sektor verfügen.

bb) Verordnungen und Entscheidungen einerseits, Richtlinien andererseits

67 Wie oben (Rn. 39) dargelegt, gibt es sowohl »allgemeine« als auch »individuelle« Richtlinien. Daher gilt es einmal, die allgemeinen Richtlinien von den Verordnungen, und zum anderen, die individuellen Richtlinien von den Entscheidungen zu sondern. Die Grundsätze, nach denen dabei zu verfahren ist, sind jedoch im wesentlichen für jeden dieser beiden Sektoren die gleichen.

Der Angelpunkt des Problems der Abgrenzung der Richtlinien ist die Bestimmung der

82 EuGH – Groupement des industries sidérurgigues luxembourgeoises/Hohe Behörde, 7 und 9/54 – Slg. 1955–56, 87.
83 EuGH – Nold/Hohe Behörde, 18/57 – Slg. 1958–59, 112.
84 Siehe oben Rn. 37; a.A. *Ipsen,* a.a.O., S. 452.
85 Ebenso EuGH – Confédération nationale u.a./Rat, 16 und 17/62 – Slg. 1962, 979 und später.
86 Sinngemäß ebenso EuGH – Zuckerfabrik Watenstedt/Rat, 6/68 – Slg. 1968, 621; Compagnie française commerciale/Kommission, 63/69 – Slg. 1970, 211.

Begriffe »Ziel« einerseits, »Form« und »Mittel« andererseits. Theoretisch ist es nicht schwer, das Wesen dieser Phänomene zu kennzeichnen. »Ziel« ist statisch zu verstehen: es ist ein rechtlicher, wirtschaftlicher und/oder sozialer Gesamtzustand. Die Zielsetzung wird normalerweise in der Herbeiführung eines erwünschten künftigen – und damit in der Beseitigung oder Änderung eines unerwünschten gegenwärtigen – Zustandes bestehen; sie kann aber auch in der Aufrechterhaltung der bestehenden Verhältnisse liegen. »Form« und »Mittel« bezeichnen die Wege, auf denen diese Ergebnisse erreicht werden können; es handelt sich hier einmal um die *Rechtstechnik* (insbesondere etwa die Frage, ob der Mitgliedstaat den Gesetzgeber bemühen oder zu Verordnungen, innerdienstlichen Weisungen, Verwaltungsakten usw. greifen soll), zum anderen um die *wirtschafts- und sozialpolitische Methode.* Dazu, was in dieser Hinsicht als Ziel, was als Mittel zu gelten hat, muß in erster Linie der gesunde Menschenverstand befragt werden: Abstraktionen wären hier weitgehend unfruchtbar. Einige wenige Regeln lassen sich jedoch aufstellen.

Wertvolle Anhaltspunkte ergibt der Vertrag selbst; was er als »Ziel«, »Zweck« usw. bezeichnet oder erkennbar macht, ist auch »Ziel« im Sinne von Art. 189, selbst dann, wenn es sich nur um Zwischenziele handelt, die im Verhältnis zu den Endzielen ihrerseits die Rolle des »Mittels« spielen. – Eine Fristsetzung zur Verwirklichung des Auftrages betrifft im Zweifel das Ziel, da sie dieses verdeutlicht. – Die bloße Aufhebung einer bestimmten nationalen Rechtsnorm (vergleiche z.B. Art. 73 Abs. 2 Satz 3) ist kein »Ziel«, da diesem Begriff die Vorstellung anhaltender komplexer Bemühungen immanent ist; eine entsprechende Anordnung ist daher stets eine Entscheidung. Ergibt sich aus der Rechtsordnung oder der Wirtschaftslage des betroffenen Mitgliedstaates, daß diesem praktisch nur *ein* Weg offensteht, um dem ihm erteilten Auftrag zu entsprechen, so entfällt hierdurch grundsätzlich nicht der Richtliniencharakter; die Kommission oder der Rat ist ja lediglich verpflichtet, keine *gemeinschaftsrechtlichen* Bindungen hinsichtlich des einzuschlagenden Weges zu schaffen.

Schließlich ist zu betonen, daß es zulässig und rechtlich unerheblich sein dürfte, wenn die Kommission oder der Rat in der Richtlinie gewisse Mittel und Wege nahelegt, sie aber eindeutig als unverbindlich bezeichnet.

Richtlinien wenden sich, wie erwähnt, nur an Mitgliedstaaten; richtlinienartige – d.h. die Wahl des Mittels anheimstellende – Vorschriften sind aber auch gegenüber sonstigen Personen denkbar. Mit Rücksicht auf die unmißverständliche Sprache des Art. 189 sowie auf den Umstand, daß sich keine der im Vertrag ausdrücklich vorgesehenen Richtlinien nach dem Zusammenhang der betreffenden Vorschriften als zwangsläufig an Privatpersonen zu richtende Maßnahme darstellt, wird man derartige Rechtsakte jedoch als Verordnungen oder Entscheidungen zu qualifizieren haben.

cc) Verordnungen, Richtlinien und Entscheidungen einerseits, Empfehlungen und Stellungnahmen andererseits

68 Hier handelt es sich, insgesamt genommen, um die Abgrenzung der verbindlichen von den unverbindlichen Rechtshandlungen. Im wesentlichen tauchen in diesem Zusammenhang die gleichen Fragen auf wie bei der Abgrenzung der rechtserheblichen von den informellen Verlautbarungen, so daß auf die Darlegungen unten Rn. 79ff. verwiesen werden kann. Da jedoch auch die Abgabe oder Nichtabgabe einer Empfehlung oder Stellungnahme von rechtlicher Bedeutung sein kann, ist es denkbar, daß der hier erörterte Aspekt des Qualifikationsproblems gelegentlich besondere Bedeutung gewinnt.

Im großen und ganzen ist es schwer vorstellbar, daß der erlassenden Stelle auf diesem Gebiet Mißgriffe unterlaufen, da die jeweiligen Voraussetzungen, unter denen verbindliche beziehungsweise unverbindliche Verlautbarungen erlassen werden können oder müssen, sowohl durch die Gliederung und den Wortlaut des Vertrages als auch durch die Natur der Anlässe klar voneinander gesondert sind. Allenfalls ist denkbar, daß eine Empfehlung durch ihre allzu dezidierte Tonart in den Bereich insbesondere der Richtlinien überzugreifen scheint. Alsdann kommt es, wie stets, auf den objektiven Inhalt an: ergibt dieser, daß die Adressaten gebunden sein sollen – wovon der Fall zu unterscheiden ist, daß auf bereits bestehende Verpflichtungen hingewiesen wird! –, so liegt in Wahrheit eine Richtlinie, Entscheidung usw. vor. Eine Bindung ist insbesondere dann anzunehmen, wenn für den Fall der Nichtbefolgung der Empfehlung Nachteile angedroht werden,[87] es sei denn, der Vertrag selbst sehe derartige Konsequenzen vor, wie dies z.B. im Falle des Art. 102 Abs. 2 zutrifft.

Aus der Rechtsprechung des EuGH ist hervorzuheben:

- Ersucht ein Privatmann die Kommission, sich dazu zu äußern, wie er sich im Falle eines noch nicht aufgetretenen, aber künftig denkbaren Konfliktes zwischen seinem nationalen Recht und dem Gemeinschaftsrecht verhalten solle, so wäre eine solche Äußerung keine Entscheidung, sondern eine Stellungnahme.[88]
- Gemäß Art. 15 Abs. 6 der VO Nr. 17 des Rates vom 6.2.1962[89] kann die Kommission, wenn sie wegen des Verdachts wettbewerbsfeindlicher Praktiken ein Verfahren eingeleitet hat, den betroffenen Unternehmen »mitteilen«, daß sie aufgrund vorläufiger Prüfung der Auffassung ist«, das Kartellverbot des Art. 85 Abs. 1 sei übertreten worden und eine Befreiung nach Art. 85 Abs. 3 sei »nicht gerechtfertigt«. Eine solche »Mitteilung« stellt nach Ansicht des EuGH eine Entscheidung, keine Stellungnahme dar.[90] Dem ist vor allem aus dem – vom EuGH nicht genannten – Grund beizupflichten, daß die »Mitteilung« die Rechtslage der Betroffenen insofern

87 Ebenso *Ipsen,* a.a.O., S. 462.
88 EuGH – Chevalley/Kommission, 15/70 – Slg. 1970, 980.
89 ABl. 1962 S. 204.
90 Cimenteries Cementbedrijven u.a./Kommission, 8 bis 11/66 – Slg. 1967, 122ff.

einschneidend ändert, als die Kommission nunmehr auch wegen solcher Handlungen Geldbußen verhängen kann, die sich im Rahmen der in der Anmeldung der Handlungen dargelegten Tätigkeit halten und vor der abschließenden Entscheidung (aber nach der »Mitteilung«) begangen wurden. Der EuGH stellt hingegen darauf ab, daß die »Mitteilung« trotz ihrer Vorläufigkeit eine »Würdigung wirtschaftlicher und rechtlicher Zusammenhänge« voraussetze. Festzuhalten ist danach, daß auch eine im Rahmen eines noch nicht abgeschlossenen Verfahrens ergehende provisorische Verlautbarung u.U. eine Entscheidung darstellen kann.

2. Das Verhältnis zwischen den in Artikel 189 bezeichneten Rechtsakten und gewissen unbestimmten Begriffen des Vertrages

69 Art. 189 verwendet für die Verlautbarungen, die er aufzählt, keinen Oberbegriff. Dafür finden sich jedoch zusammenfassende Bezeichnungen wie »Handeln«, »Akt«, »Vorschriften« usw. in anderen Bestimmungen des Vertrages; nicht selten begegnen wir auch verbalen Wendungen wie »festsetzen«, »beschließen« usw. Es muß daher der Versuch unternommen werden zu klären, in welchem logischen Verhältnis diese Ausdrücke zu den Rechtsformen des Artikels 189 stehen.

70 a) Auf allgemeine Oberbegriffe stößt man vor allem im Abschnitt über den EuGH, wo sie dazu dienen, den Umfang des Klagerrechts der Beteiligten und/oder der Zuständigkeit des EuGH abzustecken – ein Umstand, der die praktische Wichtigkeit der hier vorgenommenen Untersuchung beweist. So sprechen Art. 173, 174, 176, 177, 185 vom »Handeln« oder den »Handlungen«, Art. 175 Abs. 1 und 3 von den – unterlassenen – »Beschlüssen« oder »Akten« des Rates oder der Kommission. Diese Begriffe umfassen nicht nur die in Art. 189 aufgezählten Typen, sondern alle rechtlich verbindlichen Maßnahmen der genannten Organe; der terminus »Beschluß« erstreckt sich darüber hinaus auch auf unverbindliche Verlautbarungen. Wegen Einzelheiten wird auf die Anmerkungen zu den zitierten Artikeln verwiesen.

71 b) An verschiedenen Stellen des Vertrages wird dem Wort »Entscheidung« eine Bedeutung beigelegt, die mit derjenigen, die ihm Art. 189 gibt, entweder offensichtlich (so z.B. in Art. 145, wo von der »Entscheidungsbefugnis« des Rates die Rede ist; s. ferner Art. 103 Abs. 3) oder möglicherweise nicht übereinstimmt (so in Art. 44 Abs. 4 Unterabs. 1, 92 Abs. 3 Buchst. d, 155 dritter Gedankenstrich); bezeichnenderweise verwenden die fremdsprachlichen Fassungen, insbesondere die niederländische, hier häufig nicht den technischen Ausdruck des Art. 189 (»décision«, »decisione«, »beschikking«), sondern sprechen von »mesures«, »measures«, »misure«, »besluit« bzw. »beslissing« oder »maatregelen«. Man wird in solchen Fällen grundsätzlich anzunehmen haben, daß hier jedenfalls bindende Maßnahmen gemeint sind – denn »entscheiden« heißt ja auch: die Rechtslage gestalten –, daß aber diese Maßnahmen nicht »Entscheidungen« stricto sensu zu sein brauchen.

72 c) In zahlreichen Fällen werden Maßnahmen, zu denen Rat oder Kommission ermächtigt oder verpflichtet sind, mit allgemeinen Ausdrücken – häufig Verbalkonstruktionen – umschrieben, die sich nicht ohne weiteres unter eine oder mehrere bestimmte Kategorien subsumieren lassen. Als Beispiele – die sich vermehren ließen – seien folgende Zitate angeführt: »regelt ... die Methoden der Zusammenarbeit« (Art. 10 Abs. 2 Unterabs. 1); »*erläßt* für den Handelsverkehr zwischen den Mitgliedstaaten *Vorschriften*« (Art. 10 Abs. 2 Unterabs. 2); »*setzt* der Rat ... die Sätze des Gemeinsamen Zolltarifs *fest*« (Art. 20 Abs. 3); »*beschließt* der Rat ... *objektive Grundsätze*«(Art. 44 Abs. 3 Unterabs. 1); »*stellt* der Rat ... *ein allgemeines Programm auf*« (Art. 54 Abs. 1 Unterabs. 1 Satz 1, Art. 63 Abs. 1 Unterabs. 1 Satz 1). Ob diese Wendungen auf rechtlich bindende »Handlungen« zielen, ob sie nur eine oder mehrere bestimmte Arten von Rechtsakten gestatten, und schließlich, ob sie Maßnahmen im Auge haben, die sich nicht in das Schema des Art. 189 einfügen lassen, kann nicht für jeden dieser Begriffe einheitlich festgelegt werden; maßgeblich ist der natürliche Sprachgebrauch in Verbindung mit dem jeweiligen Textzusammenhang.[91]

Diese Kriterien ergeben jedenfalls für die oben aufgezählten Beispiele durchweg, daß die Verfasser des Vertrages nicht an Empfehlungen oder Stellungnahmen, sondern an bindende Akte oder wenigstens an deren Vorstufe gedacht haben; dies trifft sogar für eine in sich selbst so wenig eindeutige Formulierung zu wie die »Aufstellung eines allgemeinen Programms«, wie die Vorschriften über den Inhalt dieser Programme zeigen; allerdings bedürfen die Programme einer Konkretisierung durch Richtlinien (vgl. Art. 54 Abs. 1 Unterabs. 2, 3; Art. 63 Abs. 1 Unterabs. 2, 3). – Daß die Begriffe »Verordnung«, »Richtlinie« oder »Entscheidung« in den genannten Bestimmungen nicht verwendet wurden, dürfte weniger auf eine bestimmte Absicht als auf mangelnde Koordinierung bei den Verhandlungen zurückzuführen sein. Man wird in der Regel, wenn auch nicht stets, annehmen können, daß Rat oder Kommission in den vorbezeichneten Fällen verpflichtet sind, zu einer der in Art. 189 aufgezeichneten Rechtsformen zu greifen oder zwischen mehreren von ihnen zu wählen.

In Ergänzung der vorstehenden Bemerkungen sei betont, daß in verschiedenen der hier in Betracht gezogenen Fälle die Rechtsnatur des betreffenden Aktes eindeutig ist oder, umgekehrt, bestimmte Handlungsformen nicht in Betracht kommen. Als Beispiel mag Art. 73 Abs. 2 Satz 3 dienen, der die Kommission ermächtigt, zu »entscheiden«, daß ein Mitgliedstaat eine bestimmte Maßnahme »zu ändern oder aufzuheben hat«. Die Anordnung der *Aufhebung* stellt unzweifelhaft eine »in allen ihren Teilen« verbindliche Einzelmaßnahme und damit eine Entscheidung dar; das Gebot der *Änderung* ist ebenso als Richtlinie wie als Entscheidung vorstellbar, keinesfalls aber als Verordnung. Um eine Verordnung handelt es sich dagegen offensichtlich bei den »Durchführungsvorschriften« betreffend den Europäischen Sozialfonds (Art. 127), da diese die Voraussetzungen für die Gewährung von Zuschüssen »im einzelnen« – also nicht, wie bei den Richtlinien, lediglich

91 Ebenso im Ergebnis *Ipsen,* a.a.O., S. 462.

in großen Zügen – regeln sollen und da sie u.a. »die Arten von Unternehmen«, deren Arbeitnehmern Beihilfen gewährt werden können, zu bestimmen, also allgemeine, abstrakte Normen festzulegen haben.

3. Die Abgrenzung zwischen den in Artikel 189 aufgezählten Rechtsakten und sonstigen rechtlich bindenden Organakten

73 Soweit diese Abgrenzung – die wir von vornherein auf diejenigen Akte des Art. 189 beschränken, welche Rechte und Pflichten schaffen, also auf die Verordnungen, Richtlinien und Entscheidungen – im Einzelfall problematisch werden sollte, hat sie sich an bestimmten Wesenselementen zu orientieren, die den Verordnungen, Richtlinien und Entscheidungen gemeinsam sind.

a) Verordnungen, Richtlinien und Entscheidungen sind begrifflich an bestimmte Urheber gebunden, nämlich an Rat und Kommission. Sie sind daher von solchen Akten zu unterscheiden, die Rat und/oder Kommission in Zusammenarbeit mit anderen Organen erlassen (z.B. von der Feststellung des Haushaltsplans, an der das Parlament maßgebend beteiligt ist; vgl. Art. 203), oder die allein von anderen Organen oder Hilfsorganen der Gemeinschaft kraft eigener Hoheitsbefugnis zu erlassen sind: so z.B. von der VerfO des EuGH oder von den Beschlüssen der Organe der Europäischen Investitionsbank (vgl. Art. 180 sowie das Protokoll über die Satzung dieser Bank). Auch die *Genehmigung* der vorgenannten VerfO durch den Rat ist keine Verordnung des Rates, da ihre Notwendigkeit nichts daran ändert, daß die Verfahrensordnung vom EuGH festgelegt wird (Art. 244 Abs. 2), schwerpunktmäßig also einen Willensakt des EuGH darstellt. Entsprechendes gilt für die Genehmigung der Geschäftsordnung des Wirtschafts- und Sozialausschusses (Art. 196 Abs. 2).

74 b) Verordnungen, Richtlinien und Entscheidungen schaffen ein System von Rechten und Pflichten im Verhältnis zwischen den verschiedenen Rechtssubjekten des EWG-Rechts, d.h. im wesentlichen der Gemeinschaft selbst, ihren Organen und Hilfsorganen, den Mitgliedstaaten sowie den juristischen und natürlichen Personen, die der Hoheitsgewalt eines Mitgliedstaates unterstehen. Daher gehören solche Rechtshandlungen nicht hierher, die der Gemeinschaft im Verhältnis zu *sonstigen* Rechtssubjekten Rechte und Pflichten beilegen, z.B. Abkommen mit dritten Staaten und internationalen Organisationen.

75 c) Verordnungen, Richtlinien und Entscheidungen im Sinne von Art. 189 werden zwar häufig, wenn nicht stets, *auch* Befugnisse und Verpflichtungen ihrer Urheber oder anderer Gemeinschaftsorgane und -hilfsorgane normieren. Wie die Definitionen des Art. 189 deutlich machen, liegt ihr Wesen jedoch darin, daß sie sich vor allem an Personen wenden, die zwar der Hoheitsgewalt der Gemeinschaft unterworfen sind, aber außerhalb des Kreises jener unmittelbaren Träger der Gemeinschaftverfassung stehen.

Jene Rechtsakte sind daher zu unterscheiden von solchen Rechtshandlungen, die ausschließlich das institutionelle »Innenleben« der Gemeinschaft und/oder ihrer Organe zu regeln bestimmt sind.

76 d) Verordnungen, Richtlinien und Entscheidungen sind öffentlich-rechtlicher Natur und ergehen als einseitige Willenskundgebung eines Trägers hoheitlicher Befugnisse. Dadurch unterscheiden sie sich von öffentlich- oder privatrechtlichen Verträgen, Abkommen, Vereinbarungen usw., welche die Gemeinschaft oder eines ihrer Organe mit einem Dritten auf der Basis der Gleichberechtigung schließt, mag dieser Dritte auch in anderer Beziehung der Hoheitsgewalt der Gemeinschaft unterliegen; Beispiele hierfür sind Kauf- und Mietverträge, aber auch Abkommen zwischen der Gemeinschaft und einem Mitgliedstaat.

77 e) Verordnungen, Richtlinien und Entscheidungen sind gewissermaßen »vollständige« Rechtsakte; mit ihrem Erlaß findet ein auf Rechtssetzung oder Rechtsgestaltung gerichtetes Verfahren seinen Abschluß. Im Gegensatz hierzu stehen grundsätzlich solche Rechtshandlungen, die lediglich eine einzelne Phase eines solchen Verfahrens beenden, wie dies insbesondere für die Vorschläge der Kommission an den Rat zutrifft. In den weiteren Zusammenhang dieser Überlegungen gehört auch die Feststellung, daß Prozeßhandlungen eines Organs – einschließlich des Beschlusses, den EuGH mit einer Rechtssache zu befassen – ebenfalls Rechtsakte sui generis sind.

78 f) Verordnungen, Richtlinien und Entscheidungen stehen nicht nur in formeller, sondern auch in materieller Hinsicht rangmäßig unter dem Vertrag, womit gesagt ist, daß sie geändert, aufgehoben oder widerrufen werden oder daß sie durch Zeitablauf außer Kraft treten können. Verschiedentlich sieht der Vertrag jedoch Rechtshandlungen des Rates vor, die in *materieller* Hinsicht insofern auf der gleichen Stufe wie der Vertrag stehen, als sie dazu bestimmt sind, der Rechtsordnung der Gemeinschaft *endgültig* ein neues Gesicht zu geben. Hierher gehört z.B. die »Feststellung« des Rates nach Art. 8 Abs. 3, die den Übergang von der ersten zur zweiten Stufe des Vertrages auslöst und damit völlig neue Rechtsgrundlagen für die Tätigkeit der Gemeinschaft in Kraft setzt, was sich insbesondere darin manifestiert, daß von diesem Zeitpunkt an auf zahlreichen Gebieten die Beschlüsse des Rates nicht mehr der Einstimmigkeit, sondern lediglich der qualifizierten Mehrheit bedürfen (vgl. etwa Art. 33 Abs. 8). Diese »Feststellung« ist keine Stellungnahme, da sie nicht unverbindlich ist; mit den Richtlinien und Empfehlungen hat sie von vornherein nichts gemein; eine Entscheidung stellt sie wegen ihrer allgemeinen Tragweite ebenfalls nicht dar. So ließe sie sich, wolle man im Rahmen des Art. 189 bleiben, allenfalls als Verordnung qualifizieren. Dem steht jedoch entgegen, daß Verordnungen ein System von Rechten und Pflichten begründen; außerdem erhellt der Sondercharakter jener Rechtshandlung aus Art. 8 Abs. 4, wonach die Feststellung des Rates nur durch den Spruch einer Schiedsstelle für unwirksam erklärt – also nicht gemäß Art. 173 mit der Anfechtungsklage angegriffen – werden kann.

Soweit dem Rat die Ermächtigung erteilt wurde, den Vertrag faktisch zu ändern, mindestens zu ergänzen oder einzuschränken (vgl. z.B. Art. 38 Abs. 3, Art. 55 Abs. 2, Art. 126), wird man die gemäß dieser Ermächtigung getroffenen Maßnahmen schwerlich als Verordnungen ansehen können, da sie – wie die im vorhergehenden Absatz erwähnten Akte – (zwar nicht formell, aber) materiell auf der gleichen Stufe stehen wie der Vertrag selbst.

4. Die Abgrenzung der verbindlichen Rechtsakte von den formellen Äußerungen

79 a) Aus der Notwendigkeit, der Verwaltung ein Minimum an Bewegungsfreiheit zu erhalten, ergibt sich ebenso wie aus der praktischen Erfahrung die Folgerung, daß nicht jede Absichts- oder Meinungskundgebung einer Behörde, selbst wenn sie sich zu Rechtsfragen äußert, als verbindlicher – somit gerichtlich angreifbarer – Rechtsakt angesehen werden kann, sondern daß die Gemeinschaftsorgane mitunter Anlaß haben oder sehen, Äußerungen von sich zu geben, die (als bloße Informationen, »innerdienstliche Anweisungen«, Ankündigungen, Diskussionsbeiträge, vorläufige Fixierung von Standpunkten usw.) weder bestimmt noch geeignet sind, unmittelbare Rechtsfolgen zu zeitigen, und gegen die daher eine Nichtigkeitsklage mangels Rechtsschutzinteresses nicht zulässig sein kann. Die Praxis des EuGH hat gezeigt, daß Streitigkeiten darüber, ob eine Verlautbarung dieser oder jener Kategorie zuzuordnen ist, nicht selten sind; sie hat ferner erwiesen, daß die Abgrenzung häufig problematisch ist und sich abstrakten Definitionen wenn nicht völlig entzieht, so doch jedenfalls schwer erschließt. Nachstehend sollen daher lediglich die wichtigsten Gesichtspunkte herausgestellt werden, während auf eine allumfassende These verzichtet wird.

80 b) Von vornherein hervorzuheben ist, daß sich das Abgrenzungsproblem überwiegend für das Verhältnis der informellen Äußerungen zu den *Entscheidungen,* also den individuellen, in allen ihren Elementen verbindlichen Akten stellt, und daß es (abgesehen vom Dienstrecht) praktisch weit häufiger die Kommission als den Rat betrifft. Verlautbarungen, die Anlaß zu Zweifeln geben, entstehen in aller Regel dann, wenn die Kommission als das mit den administrativen Alltagsgeschäften der Gemeinschaften betraute Organ im Zuge eines von ihr eingeleiteten Verfahrens oder der Bearbeitung von Eingaben sich einzelnen Beteiligten – praktisch öfter Wirtschaftsbürgern als Mitgliedstaaten – gegenüber knapp und peremptorisch zu einem konkreten Sachverhalt äußert. Wenn ihr eine Kundmachung »herausrutscht«, die – vielleicht ohne oder gegen ihren Willen, aber aufgrund zwingender objektiver Kriterien – als Rechtsakt qualifiziert werden muß, wird es sich kaum jemals um eine Verordnung oder Richtlinie handeln.

Ziemlich häufig pflegt sich das Qualifikationsproblem im Beamtenrecht der Gemeinschaften – und hier für sämtliche Organe – zu stellen, da die Kontakte zwischen Dienstherrn und Bediensteten besonders dicht und im ganzen weniger formalisiert sind als diejenigen zwischen den Gemeinschaften einerseits, Mitgliedstaaten und Wirtschaftsbürgern andererseits.

81 c) Die hier zu erörternde Grenzziehung ist kein »l'art pour l'art« , sondern hat – allgemein wie im Einzelfall – wesentliche praktische Folgen, die bei der Erarbeitung der maßgeblichen Prinzipien nicht außer acht gelassen werden dürfen.

Liegt objektiv ein Rechtsakt vor, versäumt aber der von ihm nachteilig Betroffene die Klagefrist, weil er die Verlautbarung irrtümlich für unverbindlich und deshalb für unangreifbar hält, so kann er sich in späteren Rechtsstreitigkeiten nicht mehr auf die Rechtswidrigkeit des Aktes berufen. Handelt es sich umgekehrt um eine informelle Äußerung, die der Betroffene irrtümlich als verbindlich ansieht, so muß eine etwa erhobene Nichtigkeitsklage als unzulässig abgewiesen werden; der Belastung mit den Kosten entgeht der Kläger nur, wenn der EuGH zu dem Schluß kommt, daß das beklagte Organ den Irrtum durch seine mißverständliche Ausdrucksweise hervorgerufen und damit die Kosten der Gegenpartei »ohne angemessenen Grund ... verursacht hat« (Art. 69 § 3 Abs. 2 VerfO). Auch wenn der Kläger die Kosten zu tragen hat, bringt ihm der verlorene Prozeß freilich einen gewissen Nutzen; er kann sich künftig dem beklagten Organ gegenüber darauf berufen, daß der EuGH die Unverbindlichkeit der Verlautbarung bescheinigt und somit zumindest indirekt festgestellt hat, daß die Verlautbarung ihm, dem Kläger, keinen rechtlichen Nachteil gebracht hat. Dieser Nutzen darf jedoch nicht allzu hoch veranschlagt werden. Hat eine Behörde einmal in relativ dezidierter Form, wenn auch »unverbindlich«, zu erkennen gegeben, daß sie in einer bestimmten Frage einen ihr selbst vorteilhaften, dem Adressaten dagegen nachteiligen Standpunkt einnimmt – und um solche Fälle handelt es sich hier! –, so wird sie, wie die Erfahrung lehrt, in aller Regel diesen Standpunkt in künftigen, nunmehr »verbindlichen« Akten aufrechterhalten. De facto geht also auch von »unverbindlichen«, dem Adressaten *ungünstigen* Verlautbarungen eine erhebliche (Selbst-)Bindungswirkung aus.

Umgekehrt neigen Behörden freilich dazu, ihre dem Adressaten *günstigen* Äußerungen – z.B. (scheinbare oder wirkliche) Zusagen –, soweit und solange irgend angängig, als unverbindlich hinzustellen; der Wunsch, sich nicht vorzeitig seiner Entscheidungsfreiheit zu begeben, ist hier oft stärker als das Bestreben, sich nicht zu desavouieren. Dieser Aspekt kann jedoch in diesem Zusammenhang vernachlässigt werden, weil der Adressat Kundmachungen, die ihm günstig sind, schon wegen fehlenden Rechtsschutzinteresses nicht mit der Nichtigkeitsklage angreifen kann und wird; das vorliegend zu erörternde Abgrenzungsproblem stellt sich daher in der Praxis ganz überwiegend nur bei belastenden Äußerungen.

Wägt man auf Grund der vorstehenden Ausführungen die legitimen Interessen der Beteiligten ab, so kommt man zu dem Ergebnis, daß *im Zweifel* das Vorliegen eines Rechtsaktes eher bejaht als verneint werden sollte. Diese Auffassung trägt den Interessen des Betroffenen Rechnung, ohne die Verwaltung unzumutbar zu belasten. Die Verwaltung wird zu eindeutiger Ausdrucksweise angehalten (womit ihr nichts Übertriebenes aufgebürdet wird); sie wird insbesondere dazu veranlaßt, das etwaige Fehlen eines Bindungswillens und die dementsprechende Vorläufigkeit ihrer Haltung jeweils ausdrücklich zu betonen. Hierdurch wird nicht nur einer sonst drohenden Rechtsunsicherheit vorgebeugt, unter welcher der Bürger mehr leiden würde als die Verwaltung; es wird überdies der Verwaltung psychologisch erleichtert, ihren ursprünglichen Standpunkt zugunsten des Betroffenen zu modifizieren, wenn gute Gründe hierfür sprechen. Allerdings hat die hier vertretene Auffassung den Nachteil, daß mit dem Klagerecht zugleich die »Klagelast« erweitert, d.h. die Gefahr der Rechtseinbuße durch Versäumung der Klagefrist erhöht wird. Das muß jedoch in Kauf genommen werden, da dem wiederum der Vorteil gegenübertritt, daß der Betroffene in einem relativ frühen Stadium die Möglichkeit erhält, gerichtlich klären zu lassen, ob die Auffassung der Verwaltung zutrifft.

2 d) Das wichtigste Merkmal, das den bindenden Rechtsakt von der informellen Äußerung unterscheidet, ist, wie schon zum Ausdruck gebracht, die Tatsache, daß er bestimmt und geeignet ist, unmittelbare rechtliche Wirkungen zu zeitigen. Dies kann in der verschiedensten Weise geschehen. Ein bindender Rechtsakt allgemeiner Natur (insbesondere eine Verordnung) liegt dann vor, wenn entweder neue Normen gesetzt oder alte Normen geändert, eingeschränkt, ergänzt oder außer Kraft gesetzt werden; analog hierzu liegt ein bindender Rechtsakt individueller Art (z.B. eine Entscheidung) vor, wenn Rechte oder Pflichten einzelner Beteiligter begründet, modifiziert oder aufgehoben werden. Gemeinsam ist allen diesen Fällen, daß eine neue Rechtslage geschaffen wird. Eine informelle Äußerung, ein Nichtakt, dagegen ist dann gegeben, wenn der bisherige Bestand an Rechtsnormen und individuellen Rechtsverhältnissen keinerlei Veränderung erfährt.

Durchaus im Sinne der obigen Ausführungen hat der EuGH festgestellt:

- Entscheidungen müßten »erkennbar dazu bestimmt sein, ihren Adressaten Rechte zu gewähren oder Pflichten aufzuerlegen«;[92] sie müßten »Rechtswirkungen hervorzurufen bestimmt sein«,[93] d.h. »rechtliche Wirkungen normativer oder individueller Art auslösen«;[94]
- eine Erklärung, die »weder eine allgemeine Regel [aufstellt] noch ... einen abschließenden Eingriff in individuelle Interessen [bedeutet]«, sei keine Entscheidung;[95]
- in der Mitteilung, die von dem Betroffenen aufgeworfenen Fragen würden geprüft, sei keine Entscheidung zu erblicken;[96]
- die in der Begründung einer anderen Entscheidung enthaltene Feststellung, daß die

92 Usines Emile Henricot u.a./Hohe Behörde, 23, 24 und 52/63 – Slg. 1963, 484.
93 Compagnie des Forges de Châtillon/Hohe Behörde, 54/65 – Slg. 1966, 544.
94 Geitling u.a./Hohe Behörde, 16 bis 18/59 – Slg. 1960, 65.
95 SNUPAT/Hohe Behörde, 42 und 49/59 – Slg. 1961, 154.
96 Urteil 42 und 49/59 (a.a.O., Fn. 95), S. 156.

Hohe Behörde sich bei künftigen Entscheidungen auf dem gleichen Gebiet von bestimmten Gesichtspunkten leiten lassen werde, stelle »lediglich eine Ankündigung dar, welche die Hohe Behörde für die Zukunft nicht bindet und keineswegs ausschließt, daß sie ihren oben dargelegten Standpunkt nach eingehender Prüfung späterer Anträge der Beteiligten ändert; zu einer solchen Prüfung wäre sie im übrigen gegebenenfalls verpflichtet«.[97]

Wie unsicher freilich mitunter die Grenzziehung ist, zeigt ein Vergleich zwischen dem zuletzt genannten Urteil und einer früheren Entscheidung.[98] Hier wurde ein Schreiben der Hohen Behörde als Entscheidung angesehen, das den Entzug von Vergünstigungen für den Fall androhte, daß bestimmte Voraussetzungen eintreten würden; die Hohe Behörde habe »in unzweideutiger Weise festgelegt, wie sie sich von nun ab [in dem genannten Fall] verhalten werde ... Mit anderen Worten, sie hat eine Regel aufgestellt, die im gegebenen Fall angewendet werden kann.«

83 e) Das Vorliegen eines rechtsverbindlichen Aktes kann nicht schon deswegen bejaht (verneint) werden, weil sich im Laufe des Rechtsstreits nachweisen läßt, daß der Urheber der Verlautbarung einen solchen Akt erlassen (nicht erlassen) *wollte.* Das ergibt sich vor allem aus nachstehenden Erwägungen.

Es entspricht Treu und Glauben sowie allgemein anerkannten Auslegungsprinzipien, daß jeder am Rechtsverkehr Teilnehmende seine Äußerungen so gegen sich gelten lassen muß, wie der Adressat sie vernünftigerweise verstehen mußte. Ein innerer Wille, der nicht mit hinreichender Deutlichkeit in Erscheinung getreten ist, verdient rechtlich keine Beachtung. Überdies kann der menschliche »Wille« schwanken; erst recht gilt dies für Behörden, deren »Wille« in der Regel durch eine Mehrzahl von Personen gebildet wird und deren personelle Zusammensetzung sich im Laufe der Zeit verändern kann. So läßt es sich z.B. nicht ausschließen, daß der Urheber einer behördlichen Äußerung diese nicht als Rechtsakt verstehen wollte, daß aber später andere maßgebliche Vertreter der Behörde einen abweichenden Standpunkt einnehmen und dem Adressaten entgegenhalten, er haben wegen jener Äußerung nicht fristgemäß zu den vorgesehenen Rechtsbehelfen gegriffen und müsse daher ihre »bindende« Wirkung gegen sich gelten lassen.

Die Vorschriften des Gemeinschaftsrechts sehen mitunter Verlautbarungen vor, die sie zwar nicht ausdrücklich als »Entscheidungen« (»Verordnungen«, »Richtlinien«) kennzeichnen, an deren Ergehen sie jedoch rechtlich relevante Folgen knüpfen; ein treffendes Beispiel sind die »Mitteilungen« nach Art. 15 Abs. 6 VO 17, die der EuGH zutreffend als »Entscheidungen« ansah.[99] Kennzeichen eines Rechtsaktes ist aber eben, daß er die Rechtslage verändert; tritt eine solche Änderung kraft Gesetzes ein, so kann es daher auf

97 Urteil 16 bis 18/59 (a.a.O., Fn. 94), S. 64.
98 EuGH – Fédération charbonnière/Hohe Behörde, 8/55 – Slg. 1955–56, 224.
99 Näheres oben Rn. 68.

die subjektive Willensrichtung des Urhebers der Verlautbarung nicht ankommen. – Allerdings ist einzuräumen, daß der Vertrag mitunter an Äußerungen, die er ausdrücklich als nicht bindend bezeichnet (vgl. Art. 189 Abs. 5), Rechtsfolgen knüpft, so z.B. an die in Art. 91 Abs. 1 Unterabs. 1 vorgesehenen Empfehlungen (vgl. Unterabs. 2 der Vorschrift). Diese Fälle sind jedoch als Ausnahmen zu verstehen.

Schließlich ist auf die bereits zitierte Rechtsprechung des EuGH hinzuweisen, wonach sich die Rechtsnatur einer Verlautbarung vor allem aus deren Gegenstand und Inhalt, also aus objektiven Kriterien, ergibt. Das gilt nicht nur für die Qualifizierung eines Rechtsaktes als Verordnung, Entscheidung usw., sondern auch für die Abgrenzung der Rechtsakte von den formlosen Äußerungen. Daher kann als Entscheidung allein eine Verlautbarung gelten, deren Adressaten eindeutig feststellen können, daß ein derartiger Rechtsakt vorliegt; dies erfordern die schutzwürdigen Interessen der Betroffenen.

Artikel 190 [Pflicht zur Begründung und zur Bezugnahme auf einzuholende Äußerungen]

Die Verordnungen, Richtlinien und Entscheidungen des Rates und der Kommission sind mit Gründen zu versehen und nehmen auf die Vorschläge und Stellungnahmen Bezug, die nach diesem Vertrag eingeholt werden müssen.

Literaturhinweise

Maas, Hermann H., Vorm en motivering van handelingen van de instellingen der Europese Gemeenschappen, in: SEW 1965, S. 1–17
Schranz, Guy, De motiveringsplicht en het recht van de Europese Gemeenschappen, in: Rechtskundig Weekblad 1966, Spalten 281–302

(Siehe ferner die Literaturhinweise zu Artikel 189.)

Inhaltsübersicht

I. Vergleich mit EAG- und EGKS-Recht; Allgemeines zu Artikel 190

1 1. Art. 190 EWGV entspricht wörtlich Art. 162 EAGV. Art. 15 EGKSV enthält eine sinngemäß gleiche Regelung, allerdings mit der Abweichung, daß diese auf die – unverbindlichen – Stellungnahmen ausgedehnt wird.

2 2. Art. 190 ist in seinen *beiden* Teilen eine Formvorschrift. Eine Mißachtung seiner Bestimmungen fällt daher grundsätzlich unter den Begriff »Verletzung wesentlicher Formvorschriften« (Art. 173 Abs. 1). Nach der hier vertretenen Ansicht[1] ist dieser Begriff jedoch im Sinne von »wesentliche Verletzung von Formvorschriften« zu verstehen. Bei der Prüfung einer auf Art. 190 gestützten Rüge ist daher nicht darauf abzustellen, ob die in Art. 190 aufgestellten Erfordernisse »wesentlich« sind, sondern ob die etwaige Mißachtung eines dieser Erfordernisse *in concreto* als »wesentlich« angesehen werden muß. Die gegenteilige Meinung würde (da Art. 190 die »Wesentlichkeit« schwerlich abgesprochen werden kann) dazu führen, daß jeder noch so unbedeutende Begründungsmangel – oder die Tatsache, daß Rat oder die Kommission es versehentlich unterlassen haben, auf (tatsächlich eingeholte!) Vorschläge oder Stellungnahmen Bezug zu nehmen – automatisch die Rechtswidrigkeit des betroffenen Aktes zur Folge haben müßte.

II. Die Begründungspflicht

1. Inhalt der Begründungspflicht

3 Dieser Inhalt läßt sich am besten durch die Aufzählung der drei denkbaren Formen der Pflichtverletzung veranschaulichen:

- *Fehlen* jeglicher Begründung;
- *quantitativ* unzureichende (lückenhafte) Begründung. Sie liegt vor, wenn entscheidende Überlegungen fehlen, so daß – zu Recht oder zu Unrecht – der »Verdacht« entsteht, daß der Akt – oder einzelne seiner Bestimmungen – der tatsächlichen oder rechtlichen Grundlage ermangelt.[2]

1 Siehe Rn. 59 zu Art. 173.

2 Vgl. EuGH – Acciaieria e Tubificio di Brescia/Hohe Behörde, 31/59 – Slg. 1960, 181: ». . . die tatsächlichen Umstände, welche die Maßnahme tragen, in rechtlich ausreichendem Maße darlegen«. – Eine unzureichende Begründung steht einer fehlenden Begründung gleich (EuGH – Nold/Hohe Behörde, 18/57 – Slg. 1958/59, 116). – »Die Begründung . . . ist zureichend, wenn die Beteiligten ihr die wesentlichen tatsächlichen und rechtlichen Erwägungen entnehmen können, auf die sich [das beklagte Organ] stützt« (EuGH – Mandelli/Kommission, 3/67 – Slg. 1968, 47).

3 Vgl. EuGH – Italien/Kommission, 1/69 – Slg. 1969, 285: »Die Begründung muß klar und unzweideutig die Gründe erkennen lassen, auf denen die Maßnahme beruht.«

– *qualitativ* unzureichende Begründung. Sie ist gegeben, wenn entscheidende Punkte der Begründung unklar oder mehrdeutig formuliert sind[3] oder in Widerspruch zu anderen entscheidenden Begründungspunkten oder zum Inhalt des Aktes stehen.[4] Eine fehlerhafte Begründung ist von einer falschen, d. h. materiell unrichtigen Begründung zu unterscheiden. Ergibt sich aus den Erwägungen des handelnden Organs, daß dieses von unrichtigen tatsächlichen Feststellungen oder von einer irrigen Rechtsansicht ausgegangen ist, so liegt – i. S. von Art. 173 – keine »Verletzung wesentlicher Formvorschriften« vor, sondern eine »Verletzung dieses Vertrages oder einer bei seiner Durchführung anzuwendenden Rechtsnorm«.[5]

2. Sinn und Zweck der Begründungspflicht

4 Welche Anforderungen an die Begründung allgemein zu stellen sind und ob im Einzelfall eine – selbst knappe oder nicht besonders glücklich gefaßte – Begründung als ausreichend anzusehen ist, läßt sich nur befriedigend beantworten, wenn man sich Rechenschaft über den Sinn der Begründungspflicht ablegt.

5 a) Diese hat zunächst die Funktion, die Gemeinschaftsbehörden zur Selbstkontrolle anzuhalten.[6] Wer gezwungen ist, die Gründe seines Handelns schriftlich niederzulegen, ist besser gegen die Gefahr unüberlegter oder mangelhaft durchdachter Aktionen geschützt.

Weiterhin dient jene Pflicht dem Eigeninteresse des handelnden Organs. Eine klare und erschöpfende Begründung erleichtert die richtige Auslegung und Anwendung des Aktes, was dadurch belegt wird, daß der EuGH bei der Interpretation des sekundären Gemeinschaftsrechts überaus häufig auf die Begründungserwägungen zurückgreift.

4 In diesem Sinne verlangt der EuGH »Schlüssigkeit« (Bundesrepublik/Kommission, 24/62 – Slg. 1963, 155) oder »Folgerichtigkeit« (Chemiefarma/Kommission, 41/69 – Slg. 1970, 693). Vgl. wegen eines Falles, in dem ein Widerspruch in der Begründung zur Ungültigerklärung einer Verordnung führte, das »Butterfahrtenurteil« vom 7. 7. 1981 (EuGH – REWE Handelsgesellschaft Nord u. a./HZA Kiel, 158/80 – Slg. 1981, 1833 f.). Der EuGH hielt diesen Widerspruch für besonders schwerwiegend, weil er eine Vorschrift betraf, die eine Ausnahme von einem wesentlichen Grundsatz der gemeinsamen Agrarpolitik vorsah; er stellte fest, daß sich »demnach« aus der Begründung »keine Rechtsgrundlage« für diese Vorschrift ergebe. Hieraus dürfte sich die Erkenntnis ableiten lassen, daß an Klarheit, Folgerichtigkeit und Ausführlichkeit einer Begründung besonders strenge Anforderungen zu stellen sind, wenn es um die Rechtfertigung einer Bestimmung geht, deren Vereinbarkeit mit höherrangigem Recht prima facie zweifelhaft erscheinen kann.

5 Daher liegt kein *Form*verstoß vor, wenn die handelnde Stelle »Gesichtspunkte außer acht gelassen hat, die sie – zu Recht oder zu Unrecht – für die Sache als unerheblich ansah«: EuGH im Urteil Chemiefarma, a.a.O. (oben Fn. 4).

6 So treffend *Ipsen,* a.a.O., S. 517.

6 b) Der Schwerpunkt der ratio legis liegt jedoch in der Wahrung der legitimen Interessen der Adressaten.[7] Wenn Art. 173 in Verbindung mit Art. 190 es diesen gestattet, einen Rechtsakt wegen Begründungsmangels – womöglich sogar *nur* aus diesem Grunde – anzugreifen, dann hat diese Regelung nur einen Sinn, wenn man davon ausgeht, daß eine mangelhafte Begründung den Adressaten im Rechtsinne beschweren kann.

Hier stößt man auf eine logische Schwierigkeit. Ein – unterstellt: belastender – Rechtsakt »beschwert« den Adressaten letzten Endes nur, wenn er *materiell* rechtswidrig ist. Es wäre höchst unökonomisch und liefe auf die Begünstigung purer Rechthaberei hinaus, wolle man es den Rechtssuchenden gestatten, einen Akt zu Fall zu bringen, von dem feststünde, daß er seinem Inhalt nach rechtlich einwandfrei ist und auch bei korrekter Begründung keinen anderen Inhalt gehabt hätte. Die Konsequenz wäre dann nämlich, daß der für nichtig erklärte Rechtsakt, nunmehr mit tadelfreier Begründung aber ansonsten unverändert, erneut erlassen würde und eine etwa wiederholte Nichtigkeitsklage erfolglos sein müßte. Fazit: unnötiger Aufwand und Zeitverlust für alle Beteiligten.

Damit kommen wir zum entscheidenden Punkt. Ein Begründungsmangel ist nur dann (aber stets dann) rechtlich relevant, wenn sich nicht ausschließen läßt:

- entweder (wichtig bei Ermessensentscheidungen!), daß der Rechtsakt bei korrekter Begründung einen anderen, dem Kläger günstigeren Inhalt gehabt hätte (die Beweislast liegt insofern beim beklagten Organ);
- oder daß sich hinter dem formellen ein materieller Mangel verbirgt.

7 c) Nach der Rechtsprechung des EuGH soll die Begründungspflicht ferner dem EuGH »die richterliche Nachprüfung der [Rechtsakte] ... in vollem Umfang ... ermöglichen«.[8]

Diese – im Prinzip richtige – Feststellung könnte zu Mißverständnissen führen. Im Gegensatz zu den Adressaten (potentiellen Klägern), die sich innerhalb kurzer Frist schlüssig werden müssen, ob sie den Rechtsakt angreifen wollen, verfügt der EuGH über Mittel und Zeit, die es ihm häufig gestatten werden, die durch die Begründung geschaffenen oder nicht ausgeräumten Zweifel oder Unklarheiten völlig zu beseitigen, mit dem Ergebnis, daß er sich über den Begründungsmangel hinwegsetzen und, je

7 Vgl. aus jüngerer Zeit das oben – Fn. 4 – erwähnte »Butterfahrtenurteil«, a.a.O., S. 1833: Art. 190 verlange, daß in den dort bezeichneten Rechtsakten »die Gründe, die das Organ zu ihrem Erlaß veranlaßt haben, so dargelegt werden, daß ... den Mitgliedstaaten sowie deren etwa beteiligten Staatsangehörigen die Unterrichtung darüber ermöglicht wird, in welcher Weise die Gemeinschaftsorgane den Vertrag angewandt haben«.

8 EuGH – Nold/Hohe Behörde, 18/57 – Slg. 1958/59, 114 (ständige Rechtsprechung; vgl. neuerdings das oben – Fn. 4 – erwähnte »Butterfahrtenurteil«, a.a.O., S. 1833).

nachdem, den Akt entweder wegen *materieller Mängel* aufheben oder aber als *materiell rechtmäßig* bestätigen kann.

Die Erfahrung zeigt, daß die Rechtsprechung häufig in dieser Weise vorgeht. Auch die im Laufe der Jahre gewachsene Tendenz des EuGH, die Anforderungen an die Begründungspflicht herabzusetzen und selbst höchst lakonische Begründungen zu »retten«, verfolgt offenbar das gleiche Ziel, nämlich Prozeßökonomie.[9]

Der begreiflichen Enttäuschung der Betroffenen kann der EuGH dadurch entgegenwirken, daß er dem beklagten Organ trotz Obsiegens die Kosten auferlegt, wenn sich feststellen läßt, daß der Kläger aus seiner Sicht guten Grund hatte, den angefochtenen Akt für fehlerhaft zu halten.

Im übrigen ist den Betroffenen anzuraten, eine Nichtigkeitsklage, wenn irgend möglich, niemals ausschließlich auf Begründungsfehler zu stützen, sondern diese Rüge nur hilfsweise, d. h. zur Rechtfertigung der Behauptung *materieller* Rechtsfehler zu erheben.

3. *Einzelfragen*

8 Geht man die umfangreiche Judikatur zu Art. 190 durch, so stellt man fest, daß der EuGH zwar auf der strikten Einhaltung bestimmter Minimalanforderungen besteht, andererseits aber darauf bedacht ist, den Bogen nicht zu überspannen. Diese letztere Tendenz ist in den letzten Jahren mit zunehmender Stärke in Erscheinung getreten, was sicherlich darauf zurückzuführen sein dürfte, daß die Zahl der von Rat und Kommission zu erlassenden Akte gewaltig angestiegen ist und diesen Organen daher eine übergroße Ausführlichkeit nicht mehr zugemutet werden kann.

Folgende Gesichtspunkte lassen sich herausstellen:

9 a) Die prinzipiellen Anforderungen an die Begründung werden dahin umschrieben, daß diese (nur) die Erwägungen erkennen lassen muß, »die für das Verständnis des Gedankengangs erforderlich sind, der die Beklagte zu ihrer Entscheidung geführt hat; dies kann durchaus in knapper Form geschehen . . .«.[10]

9 Siehe oben Rn. 6.

10 EuGH – Bundesrepublik/Kommission, 24/62 – Slg. 1963, 155; ähnlich EuGH – Hoogovens/Hohe Behörde, 14/61 – Slg. 1962, 552: »die für die Urteilsbildung der Hohen Behörde maßgebenden Faktoren«. Auf das Recht, sich bündig auszudrücken und auf das Wesentliche zu beschränken, weist z. B. auch EuGH – Macchiorlatti Dalmas/Hohe Behörde, 30/65 – Slg. 1966, 77 hin.

10 b) Der Umfang der Begründungspflicht hängt von der Rechtsnatur der in Betracht kommenden Maßnahme ab.[11]

11 c) Praktische Gesichtspunkte – Eilbedürftigkeit, Umfang der zu berücksichtigenden Materialien usw. – können ebenfalls zugunsten des handelnden Organs ins Gewicht fallen. So hat der EuGH entschieden, daß die Anforderungen, die an wöchentlich ergehende Entscheidungen zur Feststellung der Frei-Grenze-Preise für Agrargüter zu stellen sind, »den tatsächlichen Möglichkeiten sowie den technischen und zeitlichen Bedingungen angepaßt werden [müssen], unter denen die Entscheidung ergeht. Eine spezifizierte Begründung der einzelnen Frei-Grenze-Preise ... würde bedeuten, daß für mehrere hundert festzusetzende Preise die von exportierenden Mitgliedstaaten mitgeteilten oder von den Dienststellen der Kommission gesammelten Daten veröffentlicht und ausgewertet werden müßten. Angesichts der Kürze der für den Erlaß der Entscheidung vorgesehenen Frist einerseits und der Zahl der festzusetzenden Preise andererseits könnte der ... Mechanismus in diesem Fall nicht ordnungsgemäß funktionieren, da Vorbereitung und Abfassung einer derartigen Begründung soviel Zeit in Anspruch nehmen würde, daß die Preisfestsetzung Gefahr liefe, bei ihrer Bekanntgabe schon teilweise überholt zu sein ...«.[12]

12 d) Häufig geht dem Erlaß des Rechtsaktes ein Vorverfahren voraus, in dem Adressaten wie handelndes Organ eingehende Gelegenheit hatten, ihre Auffassungen darzulegen. Alsdann muß es dem Organ gestattet sein, auf die Ausbreitung von Überlegungen zu verzichten, die den Betroffenen längst bekannt sind. Dementsprechend wird man es häufig als zulässig anzusehen haben, daß die Behörde ihre Motivierung durch Verweisung – die freilich klar sein muß – auf frühere, den Betroffenen bekannte Akte abkürzt. Überhaupt bedarf es keiner gesonderten Begründungserwägungen, wenn sich die Umstände und Überlegungen, die zu einer bestimmten Regelung geführt haben,

11 Ständige Rechtsprechung; vgl. etwa EuGH – Beus/Hauptzollamt, 5/67 – Slg. 1968, 144. Dort heißt es weiter, die Begründung einer *Verordnung* könne sich darauf beschränken, »die Gesamtlage anzugeben, die zum Erlaß der Maßnahme geführt hat, und die allgemeinen Ziele zu bezeichnen, die mir ihr erreicht werden sollen. Daher kann nicht verlangt werden, daß sie die mitunter sehr zahlreichen und weit verzweigten tatsächlichen Umstände im einzelnen anführt, auf deren Grundlage die Verordnung ergangen ist, und noch weniger, daß sie diese Umstände mehr oder weniger vollständig würdigt«. Ähnlich schon EuGH – Geitling u. a./Hohe Behörde, 2/56 – Slg. 1957, 37: für einen Artikel, der »Teil einer komplexen« Entscheidung ist, kann keine selbständige und erschöpfende Begründung verlangt werden; »eine ausreichende Begründung kann sich aus dem Zusammenhang aller zur Gesamtentscheidung herangezogenen Feststellungen ergeben«. Siehe auch neuerdings EuGH – Welding/Hauptzollamt, 87/78 – Slg. 1978, 2467 f.; Ga *Capotorti*, Slg. 1978, 2475; EuGH – Italien/Rat, 166/78 – Slg. 1979, 2597.

12 EuGH – Schwarze/Einfuhr- und Vorratsstelle, 16/65 – Slg. 1965, 1167.

eindeutig aus früheren Maßnahmen ergeben, mit denen diese Regelung in engem Zusammenhang steht.[13]

Die hier und vom EuGH vertretene Auffassung, wonach dem Informationsstand der Betroffenen Rechnung zu tragen ist, führt nicht selten dazu, daß bei ausschließlich für Mitgliedstaaten bestimmten Akten geringere Ansprüche an die Motivierung zu stellen sind als bei Akten, die sich an Marktbürger werden; wie *Ipsen*[14] zutreffend bemerkt, sind die Staaten zumeist an der Erzeugung von Rechtshandlungen der EWG beteiligt oder werden im Zuge von Vorverhandlungen über Absichten und Vorstellungen der Gemeinschaftsorgane unterrichtet, abgesehen davon, daß sie über Erkenntnismittel verfügen, die den Marktbürgern fehlen.[15] Aus entsprechenden Gründen hat der EuGH übrigens in einem Sonderfall – Klage der Kommission gegen den Rat wegen eines nicht unter die Kategorien von Art. 189, 190 fallenden Aktes – ausgesprochen, eine Begründung sei in casu überhaupt nicht (!) erforderlich gewesen, weil die Kommission bereits durch ihre Teilnahme an den Vorarbeiten des Rates alle Rechtsgarantien erhalten habe, die Art. 190 Dritten sichern wolle.[16]

13 e) Die Begründung erfüllt ihren Zweck, wenn der Urheber der Maßnahme *seine* Auffassung darlegt. Er ist dagegen nicht gehalten, sich mit abweichenden Ansichten auseinanderzusetzen, die im Laufe des Verwaltungsverfahrens von den Adressaten der Maßnahme oder von anhörungsberechtigten Gremien (Ausschüssen usw.) geäußert worden waren, oder gar mit Einwänden, die möglicherweise gegen die Maßnahme erhoben werden könnten.[17] Entsprechend braucht er, wenn er auf der Grundlage einer mehrere denkbare Zielsetzungen nennenden Vorschrift handelt, sich nicht zu denjenigen Zielen zu äußern, die er im konkreten Fall glaubte außer acht lassen zu können.[18]

14 Relativ streng wird man bei Entscheidungen sein müssen, welche ein Kartell genehmigen, eine solche Genehmigung ablehnen oder gar eine Zuwiderhandlung gegen Art. 85 oder 86 EWGV mit einer Geldbuße ahnden, weil derartige Entscheidungen zu »schwierigen Wertungen wirtschaftlicher Sachverhalte« nötigen; die Begründung muß erkennen lassen, »auf welche Tatsachen und Erwägungen sich jene Wertungen stützen«.[19]

13 Vgl. zu alledem EuGH – Nold/Hohe Behörde, 18/57 – Slg. 1958/59, 115; Macchiorlatti Dalmas/Hohe Behörde, 1/63 – Slg. 1963, 678; SOREMA/Hohe Behörde, 67/63 – Slg. 1964, 352; Schwarze/Einfuhr- und Vorratsstelle, 16/65 – Slg. 1965, 1166; Deuka/Einfuhr- und Vorratsstelle, 78/74 – Slg. 1975, 431; An Bord Bainne/Landwirtschaftsminister, 92/77 – Slg. 1978, 715; Eridania u. a./Minister für Landwirtschaft u. a., 230/78 – Slg. 1979, 2766 f.; Ga *Reischl* Slg. 1978, 1262.

14 Oben Fn. 6, S. 517 f.

15 Vgl. EuGH – Niederlande/Kommission, 13/72 – Slg. 1973, 39.

16 EuGH – Kommission/Rat, 22/70 – Slg. 1971, 282 f.

17 Vgl. etwa EuGH – ISA/Hohe Behörde, 4/54 – Slg. 1954/55, 208; Consten und Grundig/Kommission, 56 und 58/64 – Slg. 1966, 386; De Wendel/Kommission, 29/67 – Slg. 1968, 417; Van Landewyck/Kommission, 209 bis 215 und 218/78 – Slg. 1980, 3244.

18 EuGH – Bundesrepublik/Kommission, 34/62 – Slg. 1963, 314 f.

19 EuGH – Consten und Grundig/Kommission, 56 und 58/64 – Slg. 1966, 396; vgl. auch Präsident/Hohe Behörde, 36/59 etc. – Slg. 1960, 922.

Allerdings brauchen Genehmigungsentscheidungen nur den wesentlichen Inhalt der zu prüfenden Vereinbarungen wiederzugeben und nicht für jede einzelne Klausel darzulegen, weshalb sie mit dem Vertrag vereinbar ist.[20] Gelegentlich hat der EuGH eine Entscheidung, die eine derartige Genehmigung wiederrief, wegen Begründungsmangels aufgehoben: »Die angefochtene Entscheidung stellt nicht fest, daß die Vereinbarung infolge einer Änderung der Verhältnisse die Voraussetzungen für ihre Genehmigung nicht mehr erfülle; ebensowenig läßt sie erkennen, daß die Folgen der Vereinbarung zu für ihre Genehmigung geforderten Bedingungen in Widerspruch stehen.«[21]

III. Die Pflicht zur Bezugnahme auf die einzuholenden Vorschläge und Stellungnahmen

15 1. Mit »Vorschlägen« sind im wesentlichen die Vorschläge der Kommission an den Rat gemeint, die ein zentrales Rechtsinstitut der Gemeinschaftsverfassung darstellen; sie werden freilich nicht, wie die deutsche Fassung ungenau sagt, »eingeholt«, sondern geben den Anstoß zum Tätigwerden des Rates (s. insbesondere Art. 149). Die vom Rat auf Vorschlag der Kommission erlassenen Rechtsakte haben somit in der Eingangsformel zu vermerken, daß der Vorschlag erfolgt ist.

16 2. Der Ausdruck »Stellungnahme« ist ebenfalls ungenau; es muß gelesen werden: »Stellungnahmen und Anhörungen«. Nur selten umschreibt der Vertrag die unverbindlichen Äußerungen anderer Gremien, die das handelnde Organ etwa einholen muß, mit dem Wort »Stellungnahme« (so z. B. in Art. 126); sehr häufig ist dagegen eine »Anhörung« – insbesondere der Versammlung und/oder des Wirtschafts- und Sozialausschusses – vorgesehen. Man wird im übrigen wohl noch weiter gehen und Art. 190 in dem Sinne auszulegen haben, daß der Rat und die Kommission gehalten sind, ihren Verordnungen, Richtlinien und Entscheidungen Hinweise auf *jede* vom Vertrag vorgeschriebene Mitwirkung Dritter beizugeben, ohne Rücksicht auf die Form dieser Mitwirkung.

17 3. Die »Bezugnahme« stellt die amtliche Feststellung dar, daß die vorgeschriebenen Anhörungen vorgenommen wurden. Man kann somit in gewissem Sinne von einer »öffentlichen Beglaubigung« sprechen, welche die Vermutung begründet, daß die betroffenen anderen Stellen mitgewirkt haben und daß dies ordnungsgemäß geschehen ist. Diese Vermutung ist jedoch widerlegbar; das Vorhandensein der Bezugnahme enthebt den EuGH nicht der Prüfung, ob die betreffenden Angaben der Wahrheit entsprechen, da es Sinn der Vorschläge, Stellungnahmen, Anhörungen usw. ist, eine

20 EuGH – Niederlande/Hohe Behörde, 66/63 – Slg. 1964, 1173, 1175.
21 EuGH – SOREMA/Hohe Behörde, 67/73 – Slg. 1964, 352 f.

»sorgfältige und umsichtige Vorbereitung der beabsichtigten Maßnahmen [zu gewährleisten]«.[22]

18 4. Ist die Bezugnahme versehentlich unterblieben, obwohl die in Betracht kommende Stelle nachweislich ordnungsgemäß mitgewirkt hat, so wäre es formalistisch, die streitige Maßnahme als rechtswidrig anzusehen.

Umgekehrt muß das *tatsächliche* Unterbleiben der Mitwirkung grundsätzlich stets zur Nichtig- (Ungültig-)erklärung führen, da in der Regel nicht auszuschließen sein wird, daß der betroffene Akt bei Beachtung der Mitwirkungspflicht anders ausgefallen wäre.[23]

Anders kann die Lage sein, wenn das handelnde Organ alles Zumutbare getan hat, um die geforderte Stellungnahme usw. einzuholen, die zur Mitwirkung berufene Stelle jedoch aus Nachlässigkeit, bösem Willen und dergleichen ihre Mitwirkung versagt oder nicht innerhalb angemessener Frist vorgenommen hat. Mitwirkungs*recht* ist zugleich Mitwirkungs*pflicht*: Verschleppungsmanöver und ausgesprochene Säumigkeit dürfen nicht honoriert werden.

19 5. Die erlassende Stelle ist nicht verpflichtet zu vermerken, in welchem Sinne sich die konsultierten Gremien geäußert haben.[24]

20 6. Die Pflicht, vor Erlaß von Maßnahmen auf einem bestimmten Gebiet ein anderes Organ oder eine andere Stelle – hier: das Parlament – anzuhören, erstreckt sich jedenfalls auf die einschlägige Grundverordnung, jedoch nicht auf Ausführungsvorschriften, die nicht über den Vollzug der Prinzipien der Grundverordnung hinausgehen.[25]

Artikel 191 [Bekanntmachung und Inkrafttreten der Verordnungen, Richtlinien und Entscheidungen]

Die Verordnungen werden im Amtsblatt der Gemeinschaft veröffentlicht. Sie treten zu dem durch sie festgelegten Zeitpunkt oder andernfalls am zwanzigsten Tag nach ihrer Veröffentlichung in Kraft.

Die Richtlinien und Entscheidungen werden denjenigen, für die sie bestimmt sind, bekanntgegeben und werden durch diese Bekanntgabe wirksam.

22 EuGH – Niederlande/Hohe Behörde, 6/54 – Slg. 1954/55, 233.
23 Vgl. auch oben Rn. 6.
24 Siehe oben Rn. 13.
25 EuGH – Eridania u. a./Minister für Landwirtschaft u. a., 230/78 – Slg. 1979, 2764 ff. u. a./Minister für Landwirtschaft u. a., 230/78 – Slg. 1979, 2766 f.; Ga *Reischl* Slg. 1978, 1262.

Literaturhinweise

s. bei Artikel 189

Inhaltsübersicht

I. Vergleich mit EAG- und EGKS-Recht

1 1. Art. 191 EWGV entspricht wörtlich Art. 163 EAGV. Der Vergleich mit dem EGKSV ergibt folgendes:

Für diejenigen »Entscheidungen« und »Empfehlungen« der Hohen Behörde (Kommission), die nicht »einen Einzelfall betreffen« – also für die allgemeinen Entscheidungen und Empfehlungen – heißt es in Art. 15 Abs. 3 EGKSV, daß die Veröffentlichung für die Anwendung der Maßnahme »genügt«. Auf den ersten Blick könnte man hiernach geneigt sein anzunehmen, die Verfasser hätten die Veröffentlichung als Minimalanforderung angesehen, es aber – im Gegensatz zu dem, was aus dem klaren Wortlaut von Art. 191 EWGV hinsichtlich der Verordnungen hervorgeht – zulassen wollen, daß allgemeine Entscheidungen usw. den Betroffenen individuell bekanntgegeben werden. Dem steht jedoch entgegen, daß auch die »allgemeinen Entscheidungen« usw. sich zumeist an einen Personenkreis wenden werden, der, jedenfalls theoretisch, jederzeit erweiterungsfähig ist. Das Verfahren der individuellen Bekanntgabe »an jeden Betroffenen« wäre daher kaum praktikabel und überdies mit schwer erträglichen Unsicherheitsmomenten belastet.

2 2. Der EGKSV enthält keine Vorschriften darüber, zu welchem Zeitpunkt allgemeine Entscheidungen und Empfehlungen der Hohen Behörde sowie Beschlüsse des Rates in Kraft treten; er überläßt diese Frage offenbar den von der Hohen Behörde gemäß Art. 15 Abs. 4 zu erlassenden Ausführungsbestimmungen und, was den Rat betrifft, dessen Entschließung von Fall zu Fall (vgl. Art. 28 letzter Abs. EKGSV). Art. 6 der Entscheidung Nr. 22/60 der Hohen Behörde[1] lehnt sich an Art. 191 Abs. 1 EWGV an, jedoch mit der sprachlichen Abweichung, daß ein Rechtsakt, der das Datum seines

1 ABl. 1960 S. 1248.

Inkrafttretens nicht ausdrücklich festsetzt, am zwanzigsten Tag »nach dem Ausgabetag der betreffenden Nummer des Amtsblatts« in Kraft tritt.

3 3. Was die Form der Bekanntmachung der nicht veröffentlichungsbedürftigen Rechtsakte der Hohen Behörde betrifft, so schreibt Art. 15 Abs. 2 EGKSV die »Zustellung« vor, während Art. 191 EWGV den Ausdruck »bekanntgegeben« gebraucht; der französische Text *beider* Verträge verwendet jedoch den Ausdruck »notification«. Man wird sich an die einheitliche französische Ausdrucksweise zu halten haben und demgemäß davon ausgehen können, daß ein sachlicher Unterschied zwischen EGKS- und EWG-Recht nicht besteht, sondern daß die eine wie die andere Rechtsordnung die gleiche Form vorschreibt oder zuläßt. Aus Art. 4 der vorerwähnten Entscheidung Nr. 22/60, der für Individualakte die »Zustellung« durch Einschreiben mit Rückschein oder Übergabe gegen Quittung vorschreibt, kann selbst dann nichts Gegenteiliges entnommen werden, wenn man die Auffassung vertritt, daß dem Begriff der »notification« (»Notifizierung«) ein solcher Formzwang nicht innewohnt, denn Art. 15 Abs. 1 EGKSV – wie auch Art. 191 Abs. 2 EWGV – stellt es den betroffenen Organen frei, sich strengeren Bindungen zu unterwerfen, als die Verträge selbst sie fordern.

II. Bekanntmachung und Inkrafttreten der Verordnungen

4 1. Die Verordnungen werden im »Amtsblatt der Gemeinschaft« veröffentlicht, d. h. in dem durch die Entscheidung des Rates vom 6. 10. 1958[2] gegründeten, vom Amt für amtliche Veröffentlichungen der Europäischen Gemeinschaften in Luxemburg herausgegebenen »Amtsblatt der Europäischen Gemeinschaften«, das in allen Amtssprachen erscheint, und zwar seit 1968 in den getrennten Ausgaben »L« und »C«.[3] Die Ausgabe »L« (von »legislatio«) enthält die Rechtsvorschriften; unter ihnen stehen an erster Stelle die veröffentlichungsbedürftigen Rechtsakte und hier wiederum die Verordnungen.

5 2. Die Veröffentlichung ist zwingend vorgeschrieben; sie kann nicht durch eine – im übrigen untunliche[4] – individuelle Bekanntgabe ersetzt werden.

6 3. Als Tag der Veröffentlichung ist in keinem Fall der Tag anzusehen, an dem die Verordnung beschlossen wurde, sondern – nach Maßgabe der folgenden Ausführungen – entweder der Tag, auf den die betreffende Nummer des Amtsblatts datiert ist, oder der Tag des tatsächlichen Erscheinens.

7 a) Nach der Rechtsprechung des EuGH ist Art. 191 »dahin auszulegen, daß, falls nichts Gegenteiliges bewiesen wird, eine Verordnung in der gesamten Gemeinschaft als an dem Datum veröffentlicht anzusehen ist, das auf derjenigen Nummer des Amtsblatts vermerkt

2 ABl. 1958 S. 390.
3 Vgl. die Mitteilung ABl. 1969 Nr. L 30, dritt- und vorletzte Umschlagseite.
4 Siehe oben Rn. 1.

ist, die den Text dieser Verordnung enthält«.[5] Das Urteil stellt klar, daß es sich um eine widerlegbare Vermutung handelte, die sich darauf stützt, daß das Amt für amtliche Veröffentlichungen »vom Rat ausdrücklich Anweisungen erhalten [hat], sicherzustellen, daß das auf der einzelnen Nummer des Amtsblatts erscheinende Veröffentlichungsdatum dem Datum entspricht, an dem diese Nummer bei dem Amt in allen Amtssprachen der Allgemeinheit tatsächlich zur Verfügung steht«. Werde jedoch im Einzelfall der Nachweis erbracht, daß beide Daten nicht übereinstimmen, so sei »das tatsächliche Veröffentlichungsdatum maßgebend. Denn nach einem grundlegenden Prinzip der Gemeinschaftsrechtsordnung darf ein hoheitlicher Rechtsamt den Bürgern nicht entgegengehalten werden, bevor sie die Möglichkeit haben, von diesem Rechtsakt Kenntnis zu nehmen«.

Diesen Darlegungen läßt sich sogleich die Antwort auf die Frage entnehmen, welches Datum maßgeblich ist, wenn nicht nur das Datum des Amtsblatts mit demjenigen der »tatsächlichen Veröffentlichung« nicht übereinstimmt, sondern überdies die Daten der »tatsächlichen Veröffentlichung« für die Ausgaben in den verschiedenen Amtssprachen auseinandergehen. In diesem Fall ist das *letzte* dieser Daten maßgebend. Auf das *erste* kann es nicht ankommen, weil anderenfalls die Bürger einzelner Mitgliedstaaten diskriminiert würden; andererseits würde es auch nicht angehen, für jeden Mitgliedstaat jeweils auf die tatsächliche Veröffentlichung »seines« Amtsblatts abzustellen, da »die Einheit und die einheitliche Geltungs des Gemeinschaftsrechts [voraussetzen], daß das Inkrafttreten einer Verordnung, soweit nicht ausdrücklich etwas anderes bestimmt ist . . ., in allen Mitgliedstaaten zum gleichen Zeitpunkt erfolgt«.[6]

8 b) Die Frage, ob unter »tatsächlicher Veröffentlichung« (»tatsächlicher Verfügbarkeit«) die Verfügbarkeit des Amtsblatts beim *Amt für amtliche Veröffentlichungen* oder aber *in den Mitgliedstaaten* zu verstehen ist, hat GA *Reischl*[7] mit guten Gründen im Sinne der ersten Alternative beantwortet.

9 4.a) Das handelnde Organ ist grundsätzlich frei, das Datum des Inkrafttretens der Verordnung zu bestimmen;[8] es kann hierfür sogar das Datum der Veröffentlichung wählen, allerdings mit der Maßgabe, daß es »ein berechtigtes Rechtssicherheitsbedürfnis beeinträchtigen [würde], wenn das sofortige Inkrafttreten grundlos angeordnet würde«.[9]

Eine solche Anordnung läßt sich also nur durch zwingende Interessen der Gemeinschaft rechtfertigen (z. B. dadurch, daß eine zu lange Frist zwischen Veröffentlichung und

5 EuGH – Racke/Hauptzollamt, 98/78 – Slg. 1979, 85 und 88 (Punkt 2 des Tenors); vgl. zu den folgenden Ausführungen auch S. 84 f. des gleichen Urteils sowie EuGH – Exportation des Sucres/Kommission, 88/76 – Slg. 1977, 727.

6 A.a.O., S. 85.

7 Slg. 1979, 96.

8 EuGH – Westzucker/Einfuhr- und Vorratsstelle, 57/75 – Slg. 1973, 341.

9 EuGH – Neumann/Hauptzollamt, 17/67 – Slg. 1967, 611.

Inkrafttreten »Umgehungsmanöver« der Betroffenen begünstigen könnte, welche die Ziele der Gemeinschaft ernsthaft gefährden könnten[10]). Daß hier strenge Maßstäbe gelten müssen, ergibt sich indirekt aus der Bestimmung von Art. 191, wonach eine Verordnung bei Fehlen einer Datumsangabe erst zwanzig (!) Tage später in Kraft tritt.

10 b) Unzulässig wäre es, eine Verordnung *vor* dem Datum ihrer Veröffentlichung *in Kraft treten* zu lassen.[11] Davon zu unterscheiden ist allerdings die Frage, ob Rat und Kommission bestimmen dürfen, daß die Verordnung von einem früheren Datum ab *anwendbar* ist,[12] d. h. sich auch auf Sachverhalte erstreckt, die vor ihrer Veröffentlichung entstanden sind. Nach Ansicht des EuGH und seines Generalanwalts schließt das Gemeinschaftsrecht nicht jede Möglichkeit einer rückwirkenden Regelung aus.[13] Das ist ohne weiteres einleuchtend, soweit es sich um begünstigende Maßnahmen handelt. Geht es dagegen um belastende Maßnahmen, so wird man jedenfalls davon ausgehen müssen, daß hier noch strengere Maßstäbe zu gelten haben als in dem oben Rn. 9 behandelten Fall, weil hier das Prinzip des Vertrauensschutzes – das (auch) im Gemeinschaftsrecht Grundrechtsrang hat[14] – in noch weit stärkerem Maße eingreift. Man wird daher eine Rückwirkung nur als zulässig ansehen können, wenn die Betroffenen nach Treu und Glauben mit einem solchen Eingriff rechnen mußten. Abgesehen hiervon sind bestimmte rückwirkende Eingriffe absolut unstatthaft, so insbesondere die Anordnung, daß eine Bestimmung, die Geldbußen vorsieht, auch auf Handlungen anwendbar sei, die vor der Veröffentlichung dieser Bestimmung vorgenommen wurden (»nulla poena sine lege«). Ganz allgemein gilt, daß eine Verordnung, die rechtsgestaltenden Charakter hat, keine rückwirkende Kraft haben kann.[15]

Eine besondere Lage ist allerdings gegeben, wenn Rat oder Kommission gezwungen sind, die Konsequenzen aus einem Urteil des EuGH zu ziehen, das eine Verordnung für

10 Vgl. den von GA *Mayras*, Slg. 1973, 354 geschilderten Sachverhalt.

11 A. A. anscheinend EuGH – Neumann/Hauptzollamt, 17/67 – Slg. 1967, 611. Es fragt sich allerdings, ob hier nicht eine Verwechslung mit rückwirkender *Anwendbarkeit* vorliegt (s. die folgenden Ausführungen im Text). Ein rückwirkendes *Inkrafttreten* wäre nämlich nicht nur unstatthaft, sondern auch unsinnig, da es bedeuten würde, daß die in der Verordnung ausgesprochenen Gebote schon zu einem Zeitpunkt hätten befolgt werden müssen, zu dem sie noch gar nicht bekannt waren. Jedenfalls ergibt sich nunmehr eindeutig aus den zitierten Ausführungen des EuGH in der Rs. 98/78, daß die rückwirkende Inkraftsetzung ausgeschlossen ist.

12 Das geschieht mitunter: vgl. EuGH – Racke/Hauptzollamt, 98/78 – Slg. 1979, 72 linke Spalte (Tatbestand des Urteils).

13 EuGH – Exportation des Sucres/Kommission, 88/76 – Slg. 1977, 727; GA *Reischl*, Slg. 1979, 96 ff.

14 Vgl. Rn. 21 zu Art. 164.

15 EuGH – Siemers/Hauptzollamt, 30/71 – Slg. 1971, 928. Hier ging es um eine Verordnung, welche die Voraussetzungen für die Einreihung unter eine Tarifnummer näher regelte; der EuGH erklärte bündig, die Verordnung könne »auf die Tarifierung vor ihrem Inkrafttreten eingeführter Waren nicht angewandt werden«.

ungültig (Art. 177) oder unanwendbar (Art. 184) erklärt hat. Da es hier um die Wahrung des Rechts geht und nicht um Zweckmäßigkeitserwägungen, wird man es dem betroffenen Organ nicht absolut verwehren können, eine neue Verordnung zu erlassen, die den von der alten Verordnung Betroffenen rückwirkend gewisse Nachteile zufügt; ja man wird sich sogar fragen dürfen, ob das Organ nicht u. U. hierzu verpflichtet ist. Einen Anhaltspunkt für die Lösung dieser Fragen, die hier nicht vertieft werden können, bietet Art. 174 Abs. 2, wonach der EuGH sogar für von ihm für nichtig erklärte Verordnungen entscheiden kann, daß einzelne ihrer Wirkungen als fortgeltend zu betrachten sind. Dieser Rechtsgedanke, der offensichtlich dem Vertrauensschutz dient, muß erst recht in den hier erörterten Fällen zum Zuge kommen.

11 5.a) Unter »Inkrafttreten« ist das Entfalten normativer Wirkungen zu verstehen, praktisch also das Entstehen der sich aus der Verordnung ergebenden Rechte und Pflichten. Wie sich bereits aus dem Wortlaut von Art. 191 ergibt, sind »Veröffentlichung« und »Inkrafttreten« verschiedene Vorgänge.

12 b) Den vorhergehenden Ausführungen ist ferner zu entnehmen, daß »Inkrafttreten« und »Anwendbarkeit« ebenfalls keine identischen Begriffe sind. Ein Rechtsakt kann grundsätzlich erst dann »befolgt« oder »mißachtet« werden, wenn er in Kraft getreten ist; aber er kann – mit den sich aus dem früher Gesagten ergebenden Einschränkungen – auf Vorgänge oder Sachverhalte anwendbar sein, die sich vor seinem Inkrafttreten abgespielt haben oder entstanden sind.

13 6. Aus Art. 191 i. V. m. Art. 189 folgt, daß Verordnungen »allein aufgrund ihrer Veröffentlichung im Amtsblatt« und zu dem kraft Gemeinschaftsrechts geltenden Datum in Kraft treten. Die Mitgliedstaaten dürfen daher eine Gemeinschaftsverordnung nicht in der Weise vollziehen, daß sie für ihr Gebiet dieses Datum hinausschieben oder auch nur durch mißverständliche Regelungen Unsicherheit über den Zeitpunkt des Inkrafttretens schaffen.[16]

14 7. Eine Verordnung, die angewandt würde, ohne veröffentlicht worden zu sein, wäre nicht rechtswidrig, sondern inexistent.[17] Sie kann daher nicht mit der Nichtigkeitsklage angegriffen werden und braucht es auch nicht, weil niemand verpflichtet ist, eine »nicht geltende Vorschrift« zu befolgen.

15 8. Für die Berechnung der in Art. 191 Abs. 1 vorgesehenen zwanzigtägigen Frist gelten die Bestimmungen der VO (EWG, EURATOM) Nr. 1182/71 des Rates.[18] Hiernach wird das Datum der Veröffentlichung nicht mitgezählt, was sich im übrigen auch aus dem Wortlaut von Art. 191 ergibt; die Verordnung tritt mit Beginn der ersten Stunde des zwanzigsten Tages nach jenem Datum in Kraft, und zwar – wie Art. 4 Abs. 1 in

16 EuGH – Kommission/Italien, 39/72 – Slg. 1973, 113.
17 Ebenso *Ipsen*, a.a.O., S.464; *Rabe*, a.a.O., S. 28.
18 ABl. 1971 Nr. L 124 S. 1.

Verbindung mit Art. 3 Abs. 4 zu entnehmen ist – ohne Rücksicht darauf, ob dieser oder der vorhergehende Tag ein Samstag, Sonntag oder Feiertag ist.

16 9. Das Datum der Veröffentlichung hat auch im Hinblick auf den Beginn der Klagefrist Bedeutung (vgl. Art. 173 Abs. 3 EWGV, Art. 81 § 1 VerfO).

III. Bekanntmachung und Inkrafttreten der Richtlinien und Entscheidungen

17 1. Richtlinien und Entscheidungen sind denjenigen bekanntzugeben, »für die sie bestimmt sind«. »Bestimmt« ist gleichbedeutend mit »an sie ergangen« (Art. 173 Abs. 2), »an den [die Richtlinie] gerichtet wird« (Art. 189 Abs. 3) und »die [die Entscheidung] bezeichnet« (Art. 189 Abs. 4); alle diese Wendungen meinen den eigentlichen Adressaten, nicht aber Personen, die der Rechtsakt lediglich erwähnt oder deren Rechts- oder Interessenkreis er im Wege der Reflexwirkung berührt, mögen sie auch i. S. von Art. 173 Abs. 2 »unmittelbar und individuell betroffen sein«.

18 2. Maßgebend für das Wirksamwerden ist die »Bekanntgabe«, also die individuelle Mitteilung. Wie aus den Ausführungen oben Rn. 3 hervorgeht, wird man sich angesichts der Pluralität der Wendungen, mit denen die verschiedenen Vorschriften der Verträge in ihrer deutschen Fassung diesen Vorgang bezeichnen, in erster Linie an den Sinn des französischen Wortes »notification« halten müssen. Ein Vergleich des deutschen Textes von Art. 79 § 1 VerfO mit dem französischen zeigt, daß als Aequivalent für die dort förmlich geregelten »Zustellungen« der Ausdruck »signification« gebraucht wird, was – in Verbindung mit dem Schweigen von Art. 191 und der Nichtverwendung des Wortes »Zustellung« in der deutschen Fassung dieser Vorschrift – den Schluß gestattet, daß die in dem genannten Art. 79 alternativ vorgeschriebenen Formen – Übermittlung durch Einschreiben mit Rückschein oder Übergabe gegen Quittung – vorliegend nicht obligatorisch sind. Mit Rücksicht auf die Tragweite der Verlautbarungen der Gemeinschaftsorgane, das hieraus resultierende Bedürfnis nach Klarheit, die Bedeutung der in Frage stehenden Interessen und den Rang der Institutionen der Gemeinschaft wird man allerdings anzunehmen haben, daß lediglich die *schriftliche* Übermittlung die Wirksamkeit einer Richtlinie oder Entscheidung begründet. Ausnahmen wird man, wenn überhaupt, nur in besonderen Eilfällen und bei rein begünstigenden Akten zulassen dürfen. Die Richtigkeit dieser Auffassung wird auch durch Art. 19 Abs. 2 Satz 1 EWG-Satzung bestätigt, wonach einer Anfechtungsklage der Wortlaut des angefochtenen Aktes beizufügen ist; ferner ist zu berücksichtigen, daß die Anforderungen des Art. 190 – ausreichende Begründung; Bezugnahme auf eingeholte Stellungnahmen – sich bei vernünftiger Betrachtungsweise nur mit einem schriftlich fixierten Akt vertragen.

Mehr als eine schlichte schriftliche Übermittlung wird freilich nicht gefordert. Die Aufgabe zur Post als gewöhnliche Sendung – also ohne Einschreiben – ist als im Rechtssinne ausreichend anzusehen. Aus Gründen der Beweissicherung dürfte es sich jedoch dringend empfehlen, zu einer der in dem vorerwähnten Art. 79 VerfO vorgesehenen Mittel zu greifen. Letzten Endes kommt es für die Ordnungsmäßigkeit der Bekanntgabe allein darauf an, ob der Akt dem Adressaten zugegangen und dieser in die Lage versetzt worden ist, von ihr Kenntnis zu nehmen; der Adressat kann sich nicht darauf berufen, daß er die Kenntnisnahme verweigert hat.[19]

19 3. Die genaue Festlegung des Zeitpunktes, zu dem die Bekanntgabe erfolgt, der Übermittlungsvorgang also abgeschlossen ist, hat nicht nur im Hinblick auf das Entstehen der in der Verlautbarung auferlegten Pflichten oder eingeräumten Rechte Bedeutung, sondern auch deswegen, weil in diesem Augenblick die Anfechtungsfrist zu laufen beginnt (vgl. Art. 173 Abs. 3 des Vertrages sowie Art. 81 § 1 VerfO). Da niemand gehalten sein kann, Gebote zu befolgen, die er nicht kennt oder kennen muß, werden die Richtlinien und Entscheidungen erst – aber bereits dann – wirksam, wenn das Schriftstück, das sie enthält, »ordnungsgemäß in den Machtbereich des Empfängers gelangt ist«,[20] also einer Person ausgehändigt wurde, die der Absender oder die mit der Übermittlung ordnungsgemäß beauftragte Person (Postbeamter, Gerichtsvollzieher usw.) nach den Erklärungen oder dem Verhalten des Empfängers für empfangsbevollmächtigt halten durfte.

20 4. Vor der Bekanntgabe sind Richtlinien und Entscheidungen rechtlich nicht existent.[21] Erfolgt die Bekanntgabe nur gegenüber einem Teil desjenigen Personenkreises, für den der Akt im Sinne von Art. 191 »bestimmt« ist, so wird er zunächst nur – aber immerhin – für und gegen diejenigen wirksam, denen er vorschriftsmäßig zur Kenntnis gebracht wurde. Die übrigen Beteiligten brauchen den Akt grundsätzlich nicht zu beachten, auch wenn sie auf andere Weise von ihm Kenntnis erhalten haben (allerdings läßt sich nicht ausschließen, daß Treu und Glauben im Einzelfall zu einem anderen Ergebnis führen können). Man wird ihnen aber auch gestatten müssen, den Akt freiwillig als für sie wirksam »anzuerkennen« und gegebenenfalls fristgemäß (d.h. innerhalb von zwei Monaten nach Kenntniserlangung; vgl. Art. 173 Abs. 2) anzufechten.

21 5. Wie der EuGH entschieden hat,[22] berühren Unregelmäßigkeiten bei der Zustellung einer Entscheidung deren Rechtmäßigkeit nicht, sondern können höchstens unter bestimmten Voraussetzungen verhindern, daß die Klagefrist zu laufen beginnt. Hat der Kläger – so heißt es in diesem Urteil weiter – vollständige Kenntnis vom Wortlaut der Entscheidung erlangt und fristgemäß von seinem Klagerecht Gebrauch gemacht, so ist es unerheblich, ob die Zustellung fehlerhaft war.

22 6. Eine Zustellung ist nur wirksam, wenn der zugestellte Text in dei Sprache des

19 EuGH – Europemballage und Continental Can/Kommission, 6/72 – Slg. 1973, 241.
20 EuGH – A.L.M.A./Hohe Behörde, 8/56 – Slg. 1957, 200.
21 Vgl. auch oben Rn. 14.
22 Geigy/Kommission, 52/69 – Slg. 1972, 828.

Adressaten abgefaßt ist; jedoch ist es unschädlich, wenn *außerdem* auch die Fassungen in anderen Amtssprachen zugestellt werden.[23]

23 7. Die Pflicht zur Bekanntgabe läßt das Recht des handelnden Organs, die in Frage stehende Verlautbarung *außerdem* im ABl. zu veröffentlichen, grundsätzlich unberührt; so auch Art. 4 Abs. 2 der bereits erwähnten Entscheidung Nr. 22/60. Daraus, daß in Einzelfällen das Recht, eine Entscheidung zu veröffentlichen, ausdrücklich fixiert wird (vgl. z. B. Art. 89 Abs. 2 Satz 2 EWGV), kann nicht e contrario abgeleitet werden, daß in allen anderen Fällen eine Veröffentlichung unzulässig wäre. Vielmehr sind derartige Sonderregelungen, wie das angeführte Beispiel – es handelt sich um Entscheidungen, welche eine Zuwiderhandlung gegen die kartell- und monopolrechtlichen Bestimmungen des Vertrages feststellen – zeigt, als Ausnahme zu einem enger zu fassenden Grundsatz anzusehen, nämlich daß die Veröffentlichung zu unterbleiben hat, wenn sie dem Betroffenen einen unzumutbaren Nachteil zufügen (z. B. seinen wirtschaftlichen oder moralischen Kredit schädigen oder seine Geschäftsgeheimnisse preisgeben) würde.[24] Mitunter ist die Veröffentlichung sogar vorgeschrieben.[25]

Im übrigen ist aus dem Aufbau von Art. 191 zu entnehmen, daß die Veröffentlichung – selbst wenn sie zusätzlich vorgeschrieben oder empfehlenswert ist – die Bekanntgabe niemals ersetzen kann. Dies folgt auch aus der Überlegung, daß die individuelle Bekanntgabe außer der Vermittlung der Kenntnis von dem Willen der Verwaltung auch noch eine andere Funktion zu erfüllen hat, nämlich durch die Auswahl der Adressaten vollends klar zu machen, wen die erlassende Stelle durch den Rechtsakt unmittelbar berechtigen oder verpflichten will. Ergeht freilich ein materiell eine Entscheidung oder Richtlinie darstellender Akt als »Verordnung« und wird er – vom Standpunkt des handelnden Organs aus durchaus konsequent – veröffentlicht statt notifiziert, so ist er nicht a limine unwirksam, sondern läßt zunächst die in ihm stipulierten Pflichten und Rechte entstehen.

Weichen der notifizierte und der veröffentlichte Text voneinander ab, so ist nur die Fassung des ersteren maßgeblich.[26]

Artikel 192 [Zwangsvollstreckung]

Die Entscheidungen des Rates oder der Kommission, die eine Zahlung auferlegen, sind vollstreckbare Titel; dies gilt nicht gegenüber Staaten.

23 EuGH – Suiker Unie u. a./Kommission, 40/73 etc. – Slg. 1975, 1954.
24 Vgl. EuGH – Chemiefarma/Kommission, 41/69 – Slg. 1970, 695; Francolor/Kommission, 54/69 – Slg. 1972, 874 f.
25 Beispiel: Art. 21 VO Nr. 17 (ABl. 1962 S. 204); abgedruckt im Anschluß an Art. 87 dieses Kommentars.
26 EuGH – Consten und Grundig/Kommission, 56 und 58/64 – Slg. 1966, 385.

Die Zwangsvollstreckung erfolgt nach den Vorschriften des Zivilprozeßrechts des Staates, in dessen Hoheitsgebiet sie stattfindet. Die Vollstreckungsklausel wird nach einer Prüfung, die sich lediglich auf die Echtheit des Titels erstrecken darf, von der staatlichen Behörde erteilt, welche die Regierung jedes Mitgliedstaates zu diesem Zweck bestimmt und der Kommission und dem Gerichtshof benennt.

Sind diese Formvorschriften auf Antrag der die Vollstreckung betreibenden Partei erfüllt, so kann diese die Zwangsvollstreckung nach innerstaatlichem Recht betreiben, indem sie die zuständige Stelle unmittelbar anruft.

Die Zwangsvollstreckung kann nur durch eine Entscheidung des Gerichtshofes ausgesetzt werden. Für die Prüfung der Ordnungsmäßigkeit der Vollstreckungsmaßnahmen sind jedoch die einzelstaatlichen Rechtsprechungsorgane zuständig.

Literaturhinweise

Ollers-Frahm, Karin, Zur Vollstreckung der Entscheidungen internationaler Gerichte im Völkerrecht, in: ZaöRV 1976, S. 654–679

Osterheld, Horst, Die Vollstreckung von Entscheidungen der Europäischen Gemeinschaft für Kohle und Stahl in der Bundesrepublik Deutschland, Frankfurt a. M. 1955

Runge, Ch., Die Zwangsvollstreckung aus Entscheidungen der europäischen Gemeinschaften, in: AWD 1962, S. 337–339

Schütze, Rolf A., Die Nachprüfung von Entscheidungen des Rates, der Kommission und des Gerichtshofes nach Art. 187, 192 EWG-Vertrag, in: NJW 1963, S. 2204–2205

Inhaltsübersicht

I. Vergleich mit EAG- und EGKS-Recht

1 1. Gegenüber dem EAGV sind lediglich zwei Abweichungen festzustellen:

– Art. 164 EAGV enthält keine dem Art. 192 Abs. 1 EWGV entsprechende Vorschrift, läßt also die Frage offen, welche Rechtsakte des Rates und der Kommission vollstreckbare Titel darstellen.

- Gemäß Art. 164 EAGV haben die Regierungen die nationale Behörde, die zur Erteilung der Vollstreckungsklausel ermächtigt ist, nicht nur der Kommission und dem EuGH, sondern auch dem in Art. 18 EAGV bezeichneten Schiedsausschuß mitzuteilen.

2 2. Von Art. 92 EGKSV unterscheidet sich Art. 192 EWGV in einer Reihe von Punkten; zum Teil bestehen jene Unterschiede jedoch nur darin, daß hier ausdrücklich Norminhalte festgelegt werden, die sich implicite auch für den Montanvertrag ergeben:

- entsprechend der verfassungsrechtlichen Struktur des EWGV werden auch »Entscheidungen« des Rates in den Kreis der vollstreckbaren Titel einbezogen; nach EGKS-Recht war dies nicht möglich, da dieses Recht dem Rat keine Zuständigkeit für derartige Maßnahmen verleiht;
- der deutsche Text von Art. 92 EGKSV spricht von »Entscheidungen . . ., die geldliche Verpflichtungen enthalten«; hiermit ist jedoch nichts anderes gemeint als mit der Wendung »die eine Zahlung auferlegen«, wie auch die französischen Fassungen zeigen, die in beiden Fällen von »obligations pécuniaires« sprechen;
- Art. 92 EGKSV überläßt, wie es scheint, jedem Mitgliedstaat die Wahl unter seinen verschiedenen Vollstreckungsverfahren; Art. 192 EWGV dagegen stellt ausdrücklich auf das Zivilprozeßrecht ab;
- Art. 92 EGKSV verlangt – vor der Erteilung der Vollstreckungsklausel – die Prüfung der Echtheit »der Urschrift der Entscheidungen« (der französische Text spricht freilich nicht von »Urschrift«); Art. 192 EWGV fordert die Prüfung der Echtheit »des Titels«. Da »Titel« und »Entscheidung« im Sinne beider Artikel jedoch dasselbe bedeuten, ist ein praktischer Unterschied nicht vorhanden;
- während Art. 92 EGKSV vorschreibt, daß die Vollstreckungsklausel durch einen *Minister* zu erteilen ist, räumt Art. 192 EWGV den Regierungen einen weiteren Spielraum ein, da er lediglich die Bestimmung einer »staatlichen Behörde« verlangt;
- Art. 92 EGKSV enthält keine besonderen Bestimmungen über den Fortgang des Verfahrens nach Erteilung der Vollstreckungsklausel; Art. 192 EWGV dagegen präzisiert, daß nunmehr die »die Vollstreckung betreibende Partei« am Zuge ist, der es obliegt, die zuständige Stelle unmittelbar anzurufen;
- während Art. 92 EGKSV zu diesem Punkt schweigt, ordnet Art. 192 EWGV eigens an, daß für die Prüfung der Ordnungsmäßigkeit der Vollstreckungsmaßnahmen die Organe der nationalen Rechtsprechung zuständig sind.

II. Zum Begriff der Zwangsvollstreckung

3 Unter »Zwangsvollstreckung« ist im EWG-Recht das gleiche zu verstehen wie im deutschen Recht, nämlich die Verwirklichung eines Rechtsanspruchs mit Hilfe staatlicher Zwangsmittel.

Gegenüber der Vorauflage ist zu präzisieren, daß die Zwangsvollstreckung (»exécution forcée«) einen Unterfall des »Vollzugs« (im Sprachgebrauch von Art. 185 EWGV: der »Durchführung«; französisch stets: »exécution«) darstellt. »Vollzug« ist somit der umfassendere Begriff; er umschließt, worauf *Osterheld*[1] zutreffend hinweist, nicht nur Maßnahmen des Verfahrensrechts, sondern auch solche des materiellen Rechts, z. B. die Konkretisierung eines Rechtsaktes durch Ausführungsvorschriften, kurzum aller Handlungen, die der vollen Verwirklichung der zu »vollziehenden« Norm zu dienen bestimmt sind. Wird der Vollzug einer Maßnahme ausgesetzt, so ist damit auch die Zwangsvollstreckung ausgeschlossen.[2]

III. Die vollstreckbaren Titel

4 1.a) Vollstreckbar sind nach Art. 192 nur »Entscheidungen des Rates oder der Kommission«.

»Entscheidung« ist hier im streng technischen Sinne des Art. 189 gemeint. Richtlinien scheiden begriffsnotwendig aus, da sie sich an Mitgliedstaaten wenden (Art. 189 Abs. 3) – denen gegenüber laut Art. 192 Abs. 1 keine vollstreckbaren Zahlungsaufforderungen in Betracht kommen – und da sie den Adressaten die Wahl der Mittel überlassen, was auf Zahlungsaufforderungen nicht paßt. Was die Verordnungen anbelangt, so können sie zwar für bestimmte Fälle die Auferlegung einer Zahlungsverpflichtung vorsehen (vgl. etwa Art. 172), nicht aber eine solche Verpflichtung konkret begründen, da sie allgemeiner, abstrakter Natur sind, während ein vollstreckungsfähiger »Zahlungsbefehl« den Zahlungspflichtigen bezeichnen muß, also individuellen Charakter trägt.

5 b) Maßnahmen der Versammlung kommen schon nach dem Wortlaut von Art. 192 nicht in Betracht, darüber hinaus auch deswegen nicht, weil keine der diesem Organ zugewiesenen Befugnisse unmittelbar oder mittelbar das Recht der Auferlegung konkreter Zahlungsverpflichtungen in sich schließt. Dagegen erfaßt Art. 192 wegen der in Art. 187 ausgesprochenen Verweisung auch Entscheidungen des EuGH; diese Verweisung hat nicht nur für diejenigen Entscheidungen Bedeutung, die Zahlungen auferlegen, sondern für alle Verurteilungen, die nach dem Zivilprozeßrecht des betreffenden Staates vollstreckungsfähig sind.[3] Zu den richterlichen Anordnungen finanziellen Inhalts zählen

1 A.a.O., S. 23.
2 Vgl. unten Rn. 25.
3 Siehe auch Rn. 3 zu Art. 187.

vor allem Kostenentscheidungen, aber auch Verurteilungen zu Schadensersatz sowie Urteile, die gemäß Art. 172 den Betrag einer von den Exekutivorganen verhängten Geldbuße reduzieren und damit endgültig festsetzen. Gemäß Art. 38 Satz 3 EWG-Satzung, 94 § 3 VerfO sind auch Versäumnisurteile vollstreckbar.

c) Was Rat und Kommission betrifft, so bleibt die Eigenschaft des vollstreckbaren Titels denjenigen Anordnungen vorbehalten, die einer *namentlich bestimmten Person* eine konkrete Zahlungsverpflichtung auferlegen (nicht lediglich, wie manche Verordnungen, eine allgemeine Zahlungspflicht begründen). Das erklärt sich weder daraus, daß nur derartige Verbindlichkeiten einer Vollstreckung zugänglich wären, noch daß sie den überwiegenden Teil der Verpflichtungen ausmachten, die sich aus dem Gemeinschaftsrecht für andere Personen als Staaten ergeben können; beides trifft nicht zu. Die Gründe jener Beschränkung dürften vielmehr folgende sein: erstens kann angenommen werden, daß die sonstigen Entscheidungen der Exekutivorgane, soweit sie sich an andere Personen als Staaten richten, häufig gestaltender oder feststellender Natur sein werden, ihre »Vollstreckung« also bereits in sich tragen; zweitens ist – soweit diese Voraussetzung nicht zutrifft – zu vermuten, daß die Schöpfer des Vertrages es jedenfalls für praktikabler hielten, einen etwaigen Ungehorsam jener Personen durch Geldbußen oder Zwangsgelder zu ahnden und die Erfüllung der in Frage stehenden Verpflichtungen somit durch die zusätzliche Auferlegung geldlicher Verbindlichkeiten durchzusetzen, deren Vollstrekkung die geringsten Komplikationen schafft.

2. Unmittelbar sind Entscheidungen der in Art. 192 Abs. 1 bezeichneten Art im Vertrag nicht vorgesehen. Doch wird der Rat durch Art. 172 generell ermächtigt, in seinen Verordnungen »Zwangsmaßnahmen« – zu denen vor allem Geldbußen und Zwangsgelder gehören werden – anzudrohen; Art. 87 Abs. 1 Buchst. a erteilt eine derartige Ermächtigung speziell für das Gebiet des Rechtes gegen Wettbewerbsbeschränkungen.

Die Vollstreckbarkeit setzt voraus, daß die Zahlungsaufforderung inhaltlich klar, unbedingt und endgültig ist. Zahlungspflichtiger und Anspruchsberechtigter müssen deutlich bezeichnet werden, die zu entrichtende Geldsumme ist zu beziffern und muß auf eine bestimmte Währung lauten.[4] Die Angabe einer Zahlungsfrist ist dagegen vollstrekkungsrechtlich nicht erforderlich; fehlt sie, so ist anzunehmen, daß die Verbindlichkeit sofort fällig ist.

Aus alledem ergeben sich wichtige Folgerungen. So kann z. B. eine bloße Ankündigung – z. B. die Androhung eines Zwangsgeldes in bestimmter Höhe, falls der Betroffene nicht ein bestimmtes Verhalten an den Tag legt – von vornherein keinen vollstreckbaren Titel darstellen. Das gleiche gilt für Entscheidungen, aus denen zwar allenfalls die »Eingeweihten« – zu denen die Vollstreckungsbehörden der Mitgliedstaaten nicht gerechnet werden können! – die genaue Höhe der geforderten Summe vermittels mehr oder weniger

4 Also nicht auf Rechnungseinheiten (RE, jetzt ECU;); vgl. EuGH – Générale Sucrière u. a./Kommission, 41, 43 und 44/73 – Slg. 1977, 462; GA *Warner*, Slg. 1977, 468.

komplizierter Berechnungen ablesen können, die aber keine präzise Endziffer nennt. Ergibt sich, daß der Wille, einen vollstreckbaren Akt zu setzen, in Wahrheit nicht endgültig ist – wird z. B. der Betroffene aufgefordert, eine bestimmte Summe zu zahlen *oder* seine Einwendungen bei der erlassenden Stelle geltend zu machen – so liegt ebenfalls kein vollstreckbarer Titel vor. Ungeachtet des Wortlauts von Art. 192, wonach die zur Erteilung der Vollstreckungsklausel berufene Stelle nur die Echtheit des Titels nachprüfen darf, wird man diese Stelle, wenn ihr eine derart unvollkommene Entscheidung vorgelegt wird, für berechtigt erachten müssen, vor Erteilung der Klausel Gegenvorstellungen bei dem in Frage kommenden Gemeinschaftsorgan zu erheben und auf eine Klarstellung hinzuwirken.

Ähnliche Überlegungen drängen sich zunächst auf, wenn nach dem Inhalt des Vollstreckungstitels die Vollstreckung von dem Eintritt einer bestimmten Tatsache abhängen soll. Doch ist die Rechtslage hier eine andere: derartige Titel sind nach nationalem Recht zulässig, und das Bedürfnis hierfür besteht auch bei gewissen gemeinschaftsrechtlichen Sachverhalten. So sieht Art. 94 § 3 VerfO vor, daß der Gerichtshof die Vollstreckung aus Versäumnisurteilen davon abhängig machen kann, daß der Antragsteller eine bestimmte Sicherheit leistet; das Gleiche gilt gemäß Art. 86 § 2 VerfO bei einstweiligen Anordnungen. Derartige Anordnungen stellen die nationalen Behörden keinesfalls vor unlösbare Probleme. Die Vollstreckungsklausel ist ohne weiteres zu erteilen, und der Gläubiger hat (in Deutschland gemäß § 751 Absatz 2 ZPO) durch öffentliche oder öffentlich-beglaubigte Urkunden nachzuweisen, daß die Sicherheit wie verlangt geleistet worden ist.

8 3. Die Entscheidungen der Gemeinschaftsorgane sind, wie aus Sinn und Inhalt von Art. 192 klar hervorgeht, als Vollstreckungstitel des *inländischen* Zivilprozeßrechts anzusehen, nicht also als »ausländische« Leistungsbefehle im Sinne von § 722 ZPO (die nach dieser Vorschrift zusätzlich des Vollstreckungsurteils eines deutschen Gerichts bedürften).

Die Vollstreckbarkeit tritt nicht erst dann ein, wenn die betroffene Entscheidung »rechtskräftig« geworden, d. h. die in Art. 173 Abs. 3 vorgesehene gerichtliche Anfechtungsfrist verstrichen ist, ohne daß Klage erhoben wurde. Dies ergibt sich vor allem aus Art. 185, wonach »Klagen bei dem Gerichtshof« – wozu auch Klagen gegen vollstreckbare Entscheidungen gehören – keine aufschiebende Wirkung haben. Soll die Vollstreckung ausgesetzt werden, so bedarf es einer richterlichen Entscheidung. Freilich tragen Rat oder Kommission das Risiko eines beschleunigten Vorgehens; haben sie die Zwangsvollstreckung durchgeführt und wird die den vollstreckbaren Titel begründende Entscheidung später durch den EuGH aufgehoben, so kann das handelnde Organ – abgesehen von der selbstverständlichen Pflicht zur Herausgabe des Erlangten – unter Umständen, ähnlich wie im deutschen Recht nach § 717 ZPO, gemäß Art. 215 Abs. 2 gehalten sein, den dem Vollstreckungsschuldner entstandenen Schaden zu ersetzen; allerdings verringern sich die Aussichten einer solchen Klage, wenn der Schuldner von seinem Recht, die Aussetzung der Zwangsvollstreckung zu beantragen, keinen Gebrauch gemacht hat. In den meisten Fällen, zumal wenn es sich nicht um einen notorisch böswilligen Schuldner handelt, wird es jedenfalls empfehlenswert sein, daß die Behörde den Ablauf der Anfechtungsfrist beziehungsweise die Entscheidung des EuGH abwartet, bevor sie zu Vollstreckungsmaßnahmen schreitet; dies scheint auch die ständige Praxis der Kommission zu sein.

9 4. Entscheidungen, die »gegenüber Staaten« ergehen, unterliegen nicht der Zwangsvollstreckung.

a) Es fällt auf, daß hier von »Staaten«, nicht – wie sonst im Vertrag – von »Mitgliedstaaten« die Rede ist. Man kann sich daher fragen, ob eine Zwangsvollstreckung nach den Maßstäben des Art. 192 auch gegen dritte Staaten ausgeschlossen sein soll. Unrealistisch ist diese Fragestellung deswegen nicht, weil immerhin denkbar ist, daß ein Nichtmitglied sich privatwirtschaftlich auf dem Gebiet eines Mitgliedstaates betätigt und in Verbindung mit dieser Tätigkeit zulässigerweise in den Bereich hoheitlicher Maßnahmen der Gemeinschaftsorgane gerät. Soweit die Zwangsvollstreckung in das inländische Vermögen eines Drittstaates nach den allgemeinen Grundsätzen des Völkerrechts unzulässig ist, kann sie auch nach Gemeinschaftsrecht von vornherein nicht in Betracht kommen, da es ausgeschlossen ist, daß die Vertragschließenden die Gemeinschaftsorgane zu völkerrechtswidrigen Handlungen ermächtigen wollten. Aber auch im übrigen dürfte die eingangs gestellte Frage zu verneinen sein, da die Verwendung des Ausdrucks »Staat« (statt »Mitgliedstaat«) kaum einen lapsus linguae darstellen wird.

10 b) Daß die Staaten ausdrücklich ausgenommen sind, hat seinen Grund keinesfalls darin, daß Entscheidungen der Exekutivorgane, welche finanzielle Verpflichtungen eines Staates aussprechen, nicht denkbar wären; das Gegenteil trifft zu. Ebensowenig ist die ratio legis darin zu erblicken, daß eine Zwangsvollstreckung gegen den Fiskus rechtlich undenkbar wäre (vgl., als positiv-rechtlichen Gegenbeweis, § 882 a ZPO). Ausschlaggebend dürfte vielmehr die Rücksicht auf den besonderen Rang der Staaten gewesen sein. Will die Gemeinschaft – das bedeutet in diesem Falle: die Kommission – die finanzielle Leistung eines Staates erzwingen, mit der dieser ihrer Meinung nach in Verzug geraten ist, so muß sie das – in extremis zu einem Urteil des EuGH führende – Verfahren nach Art. 169 einschlagen. Unterliegt der Staat im Rechtsstreit, so steht gemäß Art. 171 endgültig fest, daß er zur Leistung der Zahlungen verpflichtet ist; weitere Vollstreckungsmaßnahmen – abgesehen von einer erneuten Klage nach Art. 169 – sind nicht vorgesehen.

10a 5. Soweit es um die Durchsetzung von Zahlungsansprüchen geht, die auf einem von der Gemeinschaft geschlossenen *Vertrag* beruhen, muß die Gemeinschaft die zuständigen Gerichte bemühen; der Erlaß einer Entscheidung, die eine Zahlung auferlegen und nach Art. 192 einen vollstreckbaren Titel darstellen würde, ist ausgeschlossen.[5]

5 Vgl. *Grunwald* zu Art. 211 Rn. 32.

IV. Die Durchführung der Zwangsvollstreckung

11 1. Die Zwangsvollstreckung erfolgt »nach den Vorschriften der Zivilprozeßordnung des Staates, in dessen Hoheitsgebiet sie stattfindet«, in der Bundesrepublik also nach dem 8. Buch der ZPO.

Damit ist für das Recht der EWG eine Frage entschieden, die Art. 92 Abs. 2 EGKSV – der lediglich vom »Verfahrensrecht« der Mitgliedstaaten spricht – offengelassen hatte. In der Literatur war daher für den Bereich der Bundesrepublik die Meinung vertreten worden,[6] daß die Vollstreckung der Entscheidungen der Hohen Behörde und des Montan-Gerichtshofes ebenfalls nach einem der verschiedenen Verwaltungs-Vollstrekkungsverfahren erfolgen könne und daß die Regelung der Reichsabgabenordnung hierfür am geeignetsten sei. Wieweit dies zutrifft, mag dahinstehen; jedenfalls ist nicht zu verkennen, daß die Begriffe »Zwangsvollstreckung«, »Vollstreckungstitel« und »Vollstreckungsklausel« eher der Sprache des Zivilprozeßrechts angehören. Die Regelung des EWGV erscheint daher durchaus folgerichtig; sie ist auch zweckmäßig, da die Regeln der zivilprozessualen Zwangsvollstreckung, jedenfalls was den deutschen Rechtsraum betrifft, am besten durchgebildet sind und – weil sie sich an das materielle *Zivilrecht* anlehnen – dem Betroffenen auch einen besonders wirksamen Rechtsschutz sichern.

Freilich sind gewisse Nachteile nicht zu übersehen. Der Vollstreckungsbetrieb der ZPO ist ein Antragsverfahren, in welchem der Gläubiger die Vermögensgegenstände zu bezeichnen hat, in die vollstreckt werden soll (Einzelvollstreckung); auf die Schwierigkeiten, die sich hierdurch für übernationale Organe als Vollstreckungsgläubiger ergeben können, weist *Osterheld*[7] zutreffend hin. Eine gewisse Anomalie liegt auch darin, daß der EuGH als Vollstreckungsgläubiger – in welcher Rolle er sich, ungeachtet der grundsätzlichen Kostenfreiheit seines Verfahrens, dann befinden kann, wenn er gemäß Art. 72 VerfO einer Partei solche Kosten auferlegt, »die vermeidbar gewesen wären« oder durch außergewöhnlich umfangreiche Schreib- und Übersetzungsarbeiten entstanden sind[8] – einem Privatmann gleichgestellt wird, während die deutschen Gerichte den Vorzug genießen, daß sie bei der Betreibung ihrer eigenen Kosten als Gläubiger und Vollstreckungsorgan in einem fungieren (vgl. § 2 der Justizbeitreibungsordnung). Es ist jedoch verständlich, daß die Vertragschließenden eine Konstruktion vermeiden wollten, in welcher ein Organ der Gemeinschaft gleichsam hierarchisch den nationalen Vollstrekkungsorganen übergeordnet worden wäre.

6 *Osterheld,* a.a.O., S. 70ff., insbesondere S. 76ff.
7 A.a.O., S. 74.
8 Hat dagegen der EuGH Geldbußen herabgesetzt, welche die Kommission verhängt hatte, so dürfte die *Kommission* Vollstreckungsgläubigerin sein. Daß diese den gleichen Standpunkt zu vertreten scheint, könnte dem Tatbestand des oben Fn. 4 zitierten Urteils indirekt entnommen werden.

2 2. Die Zwangsvollstreckung findet jeweils dort statt, wo sich der Gegenstand befindet, in den vollstreckt werden soll; dies wird meistens – muß aber nicht unbedingt – das gleiche Land sein, in dem der Vollstreckungsschuldner seinen Wohn- oder Geschäftssitz hat.

In Einzelfällen kann freilich der locus executionis zweifelhaft sein, so wenn Geldforderungen oder andere Vermögensrechte (z. B. Anteilrechte an einer Gesellschaft) gepfändet werden sollen und der Schuldner seinen Wohnsitz in einem anderen Land hat als der oder die Drittschuldner, oder wenn der Schuldner mehrere Wohnsitze oder keinen festen Wohnsitz hat. Da Art. 192 das Zivilprozeßrecht der Mitgliedstaaten grundsätzlich nicht ändert, sondern lediglich auf es verweist, muß der Gläubiger eines gemeinschaftsrechtlichen Vollstreckungstitels etwaige Begrenzungen hinnehmen, die das nationale Recht seinen Vollstreckungsbehörden setzt.

3 3. »Die Vollstreckungsklausel wird nach einer Prüfung, die sich lediglich auf die Echtheit des Titels erstrecken darf, von der staatlichen Behörde erteilt, welche die Regierung jedes Mitgliedstaates zu diesem Zweck bestimmt und der Kommission und dem Gerichtshof benennt.«

a) Nach deutschem Zivilprozeßrecht ist die Vollstreckungsklausel dazu bestimmt zu bescheinigen, daß der in Frage stehende Schuldtitel (nicht nur seiner Natur nach zu den Vollstreckungstiteln gehört, sondern auch) in concreto vollstreckt werden kann, insbesondere daß das betreffende Urteil rechtskräftig oder vorläufig vollstreckbar ist. Aus diesem Grunde ist die Erteilung der Vollstreckungsklausel in die Hände von Personen gelegt, die – wie der Urkungsbeamte des Prozeßgerichts – kraft ihrer dienstlichen Tätigkeit und ihres Einblicks ohne weiteres in der Lage sind zu beurteilen, ob jene Voraussetzungen gegeben sind.

Vorliegend ist die Situation dagegen weitgehend eine andere. Die nationale Behörde, welche die Klausel erteilen soll, wäre möglicherweise nicht in der Lage, mit Sicherheit zu ermitteln, ob der Vollstreckung trotz Vorliegens eines Titels von Gemeinschaftsrechts wegen Hinternisse entgegenstehen. Auf der anderen Seite sind derartige Hindernisse zwar nicht ausgeschlossen – wie gleich zu zeigen sein wird –, werden aber doch von geringerer Häufigkeit sein als im nationalen Recht. Die Endurteile des EuGH ergehen in letzter Instanz, werden also mit ihrer Verkündung rechtskräftig. Was die Entscheidungen des Rates und der Kommission anbetrifft, so sind sie, ohne daß es einer besonderen Erklärung bedürfte oder daß das betreffende Organ verpflichtet wäre, Sicherheit zu leisten, ebenfalls sofort vollstreckbar.

4 b) Allerdings gibt es auch im Gemeinschaftsrecht vollstreckbare Titel, die einer späteren Revision unterliegen und daher in gewissem Sinne provisorischer Art sind, so daß sich cum grano salis von einer »vorläufigen Vollstreckbarkeit« sprechen läßt. Hierzu zählen zunächst die Entscheidungen des Rates und der Kommission, solange die Anfechtungsfrist gemäß Art. 173 Abs. 3 läuft; ferner die einstweiligen Anordnungen des EuGH sowie die Versäumnisurteile (vgl. zu letzteren Art. 38 EWG-Satzung, Art. 94

VerfO; bezeichnenderweise heißt es dort aber: »Das Versäumnisurteil ist *vollstreckbar«, nicht: »vorläufig vollstreckbar«*).

Die Notwendigkeit, gegebenenfalls Nachteilen vorzubeugen, die dem Schuldner daraus entstehen können, daß aus Titeln, die nachträglich hinfällig werden, voreilig vollstreckt wird, haben die Verfasser des Vertrages ebenso gesehen wie der EuGH bei der Ausarbeitung der Verfahrensordnung. Der EuGH ist daher befugt:

- die Zwangsvollstreckung aus Entscheidungen des Rates oder der Kommission auszusetzen, wenn diese Entscheidungen mit einer Klage angefochten wurden;[9]
- die Vollstreckung einer einstweiligen Anordnung oder eines Versäumnisurteils davon abhängig zu machen, daß der Antragsteller Sicherheit leistet (Art. 86 § 2, 94 § 3 Satz 2 VerfO);
- die Vollstreckung eines Versäumnisurteils auszusetzen, bis über einen etwaigen Einspruch (Widerspruch) entschieden ist (Art. 94 § 3 Satz 2 VerfO).

Wie hat sich nun die für die Erteilung der Klausel zuständige nationale Behörde zu verhalten, wenn ihr ein vollstreckbarer Titel vorgelegt wird, der seiner Natur nach nicht »endgültig« ist? Da sie nur die »Echtheit« des Titels nachprüfen darf, muß sie grundsätzlich die Klausel ohne weiteres auf die ihr übermittelte Ausfertigung setzen. Ist die Vollstreckung – was regelmäßig aus dem Titel selbst hervorgehen wird – von einer Sicherheitsleistung abhängig gemacht, so wird der Gläubiger, der die Vollstreckung einleiten will, den Vollstreckungsorganen nachzuweisen haben, daß er dieser Auflage nachgekommen ist. Ist die Vollstreckung ausgesetzt, *ohne* daß dies aus dem Titel selbst hervorgeht, so kann der Schuldner ebenfalls nicht gegen die Erteilung der Klausel opponieren (denn die hierfür zuständige Behörde ist weder berechtigt noch verpflichtet, von sich aus Nachforschungen in dieser Richtung anzustellen), sondern muß seine Einwendungen geltend machen, sowie ihm bekannt wird, daß die Vollstreckung eingeleitet wurde. Ist dagegen der Aussetzungsbeschluß im Titel selbst enthalten oder hat ihn der EuGH der für die Klausel zuständigen Behörde vorsorglich und rechtzeitig zugestellt, so wird man hierin ein Ersuchen zu erblicken haben, die Klausel einstweilen nicht zu erteilen.

15 c) Die ratio der hier vorgesehenen Vollstreckungsklausel ist nach alledem nicht die gleiche wie im deutschen Zivilprozeßrecht. Man wird sie einmal in dem Wunsch zu erblicken haben, den Ablauf der Vollstreckung aus Gemeinschaftstiteln an den nationalen Verfahrensgang anzupassen, zum andern in der Absicht, einer dritten Stelle die Nachprüfung der Echtheit des Titels zu ermöglichen, zum dritten vielleicht auch in dem Streben nach reinlicher Scheidung der übernationalen von den nationalen Kompetenzen, das dazu führt, den eigentlichen »Befehl« an die Vollstreckungsorgane, nunmehr

9 Näheres unten Rn. 25.

gemäß dem Auftrag des Gläubigers ihres Amtes zu walten, in die Hände einer nationalen Stelle zu legen.

16 d) Der Wortlaut der Vollstreckungsklausel bleibt der nationalen Regelung überlassen; er darf jedoch nicht einschränkender sein als bei nationalen Vollstreckungstiteln. Für die Bundesrepublik wird es zweckmäßig sein, auf § 725 ZPO zurückzugreifen, was selbstverständlich voraussetzt, daß das betreffende Gemeinschaftsorgan der zuständigen innerstaatlichen Behörde zuvor eine Ausfertigung des vollstreckbaren Titels übermittelt hat.

7 4. Unter »Echtheit« wird gemeinhin die Tatsache verstanden, daß die Urkunde tatsächlich von demjenigen herrührt, von dem sie herzurühren vorgibt. Wenn man unterstellt, daß stets eine ranghohe Persönlichkeit des betreffenden Organs, also mindestens der Kanzler des EuGH, der Generalsekretär des Rates usw. der für die Erteilung der Vollstreckungsklausel zuständigen Behörde die Ausfertigung der zu vollstreckenden Entscheidung notifizieren wird, so hat jene Behörde demnach zu prüfen, ob es sich wirklich um die Unterschrift des zuständigen Amtsträgers handelt; ist dies der Fall, so besteht die Gewähr, daß die Entscheidung wie bezeugt erlassen wurde.

Doch wird man die Prüfungsbefugnis nicht auf eine bloße Unterschriftskontrolle beschränken dürfen; wenn die »Echtheit des Titels« geprüft werden soll, so liegt darin auch der Auftrag, sich davon zu überzeugen, daß es sich wirklich um einen nach Gemeinschaftsrecht vollstreckbaren Titel handelt.

Es wäre auch unvernünftig, der für die Erteilung der Vollstreckungsklausel zuständigen Behörde das Recht zu verweigern, den Urheber des Titels auf etwaige Unklarheiten aufmerksam zu machen, welche die Vollstreckung faktisch erschweren oder unmöglich machen würden, z. B. das Fehlen einer unzweideutigen Bezifferung der zu leistenden Zahlung. Doch liegen derartige Bedenken außerhalb der Echtheitsprüfung; sie können daher nicht in eine förmliche Verweigerung der Klausel münden, sondern müssen in Zusammenarbeit zwischen den beteiligten nationalen und übernationalen Stellen ausgeräumt werden.

Dagegen hat jede Ermittlung darüber zu unterbleiben, ob die Entscheidung zu Recht erlassen, ob sie angefochten, ob die Zwangsvollstreckung durch den Gerichtshof ausgesetzt, ob die Zahlung inzwischen geleistet wurde, ob die Entscheidung mit dem innerstaatlichen ordre public vereinbar ist.[10]

10 *Ipsen*, a.a.O., S. 535; a. A. *Schütze* in: NJW 1963, S. 2204.

18 5. Die Regierungen sind in der Auswahl der Behörde frei, die sie mit der Erteilung der Vollstreckungsklausel betrauen wollen.

In der Bundesrepublik ist der Minister der Justiz zuständig.[11]

19 6. Die Zwangsvollstreckung wird nicht »automatisch« in Gang gesetzt; ihre Vorbereitung (Erwirkung der Vollstreckungsklausel) wie ihre Einleitung stehen vielmehr im Belieben des Vollstreckungsgläubigers. Gläubiger ist der Rat oder die Kommission – richtiger: die Gemeinschaft, vertreten durch den Rat oder die Kommission –, sofern es sich um Entscheidungen dieser Organe handelt. Was die Entscheidungen des EuGH betrifft, so ist Gläubiger diejenige Prozeßpartei, die die richterliche Entscheidung gegenüber der anderen Partei ein Recht zuerkennt (also z. B. der Beklagte, wenn der Kläger in die Prozeßkosten verurteilt worden ist). In Sonderfällen kann auch der EuGH selbst Vollstreckungsgläubiger sein.[12]

V. Aussetzung der Zwangsvollstreckung und Prüfung der Ordnungsmäßigkeit der Vollstreckungsmaßnahmen

20 1. Für die Aussetzung der Zwangsvollstreckung ist der EuGH ausschließlich zuständig. Es ist darauf hinzuweisen, daß gemäß Art. 36 Abs. 1 und 2 EWG-Satzung auch der Präsident des EuGH oder sein Stellvertreter befugt ist, die Zwangsvollstreckung auszusetzen.

Systematisch stehen derartige Maßnahmen wegen ihres vorläufigen Charakters in einer gewissen Parallele zur Aussetzung des Vollzugs (der »Durchführung«) von Maßnahmen der Gemeinschaftsorgane, sowie zu den sonstigen einstweiligen Anordnungen des EuGH oder seines Präsidenten; vgl. Art. 185, 186 EWG-Vertrag, Art. 36 EWG-Satzung.

21 2. Art. 192 trennt die »Aussetzung der Zwangsvollstreckung« von der »Prüfung der Ordnungsmäßigkeit der Vollstreckungsmaßnahmen«; für jene ist der EuGH zuständig, für diese sind es die innerstaatlichen Gerichte.

a) Die Praxis hat gezeigt, daß diese Kompetenzzuweisungen im Einzelfall problematisch werden können. In einer EGKS-Sache hatte der EuGH die von der Klägerin den Streithelferinnen zu erstattenden Kosten festgesetzt; die Klägerin beantragte anschließend, die Zwangsvollstreckung aus diesem Beschluß »für unzulässig zu erklären«, da ihre Verpflichtung durch Aufrechnung, mindestens aber durch Erlaß oder Verzicht der Gegenseite erloschen sei. Der EuGH wies den Antrag als unzulässig ab, da er gemäß Art. 92 Abs. 3 EGKSV lediglich für Anträge auf Aussetzung zuständig sei, während das

11 Vgl. die Bekanntmachung über die Zuständigkeit für die Erteilung der Vollstreckungsklausel zu Entscheidungen von Organen der Europäischen Wirtschaftsgemeinschaft und der Europäischen Atomgemeinschaft vom 3. Februar 1961, BGBl. II S. 50.

12 Siehe oben Rn. 11.

Zwangsvollstreckungsverfahren im übrigen »in die Zuständigkeit der staatlichen Organe« falle. Es sei daher deren Aufgabe, »etwaige Streitigkeiten zu regeln, die sich im Laufe der Zwangsvollstreckung ergeben, wobei die Vollstreckbarkeit der betreffenden Entscheidungen unberührt bleibt«.[13]

Diese Entscheidung wurde dem EuGH möglicherweise dadurch erleichtert, daß Art. 92 EGKSV nur die Zuständigkeit des EuGH – nämlich zur Aussetzung – erwähnt, über die Kompetenzen der nationalen Gerichte dagegen schweigt, was in der Tat den Schluß nahelegt, daß sämtliche Anträge, die nicht auf Aussetzung zielen, von diesen Gerichten zu entscheiden sind, welches immer ihr Gegenstand sein mag. Bei Art. 192 EWGV dagegen könnte sich die Schwierigkeit ergeben, daß ein Antrag weder die Aussetzung noch die »Ordnungsmäßigkeit der Vollstreckungsmaßnahmen« betrifft, jedenfalls wenn man diesen Begriff wörtlich auffaßt, unter ihn also nur Fälle subsumiert wie den, daß der Schuldner geltend macht, die Vollstreckungsmaßnahme hätte sich auf einen unpfändbaren Gegenstand erstreckt, daß ein Dritter sich gegen die Pfändung einer Sache mit der Behauptung wehrt, er sei deren Eigentümer oder habe an ihr ein Pfandrecht; usw. Man hätte sich also bei Anträgen wie dem in der Rechtssache Nold gestellten – der nicht eine unkorrekte Durchführung der Vollstreckung beanstandete, sondern den materiellen Anspruch bestritt, der gegebenenfalls im Wege der Vollstreckung befriedigt werden sollte – zu fragen, ob sie ihrem Gegenstand nach der Aussetzung oder aber der »Prüfung der Ordnungsmäßigkeit der Vollstreckungsmaßnahmen« näherkommen; je nach dem Ergebnis wären sie kraft Analogie der Zuständigkeit des EuGH oder derjenigen des staatlichen Richters zuzuweisen.

Trotz des unterschiedlichen Wortlauts der Verträge ist mit Rücksicht auf die Natur der Sache davon auszugehen, daß die Kompetenzverteilung in beiden Gemeinschaftsordnungen die gleiche ist, der EuGH also auch einen entsprechenden EWG-Fall nicht anders entschieden hätte. Daher muß auf der Grundlage des EWG-Rechts geprüft werden, ob der zitierte Beschluß Billigung verdient.

2 b) Für eine bejahende Antwort könnte zunächst sprechen, daß die Feststellung der Unzulässigkeit der Zwangsvollstreckung wegen ihres definitiven Charakters etwas grundlegend anderes ist als die – eine provisorische Maßnahme darstellende – Aussetzung; insofern scheint sich ein Analogieschluß von der Kompetenz zur Aussetzung auf die Kompetenz zur Unzulässigerklärung zu verbieten. Dem ließe sich freilich ein argumentum a minore ad maius entgegenhalten: wenn schon jene provisorische Maßnahme dem EuGH vorbehalten ist, müßte er dann nicht erst recht für die definitive Maßnahme ausschließlich zuständig sein? Abgesehen hiervon: läßt sich überhaupt sagen, der EuGH sei nur für Entscheidungen über eine Aussetzung kompetent, obwohl doch das Verfahren wegen Aussetzung lediglich subsidiären Charakter hat, nämlich im Verhältnis zu einem Hauptverfahren, aus dessen abschließender Entscheidung sich definitiv ergibt,

13 EuGH – Nold/Ruhrkohle, 4/74 – Slg. 1977, 3 (Beschluß).

ob eine Vollstreckung zulässig ist oder nicht, und obwohl die Annahme mindestens naheliegt, daß für dieses Hauptverfahren das gleiche Gericht zuständig sein muß?

Um aus dieser Sackgasse herauszukommen, muß man sich vergegenwärtigen, daß es sich im vorliegenden Fall um einen Rechtsstreit zwischen *Privaten* handelte, für den der EuGH grundsätzlich nicht zuständig ist. Zwar wurde die Verbindlichkeit des Antragstellers gegenüber dem Antragsgegner durch eine Entscheidung des EuGH begründet; sie war aber dennoch mit Rücksicht auf die Personen der Beteiligten privatrechtlicher Natur; Einwendungen aus Aufrechnung, Verzicht usw. beurteilen sich daher nicht nach Gemeinschaftsrecht, sondern nach dem für das in Rede stehende Rechtsverhältnis »kompetenten« nationalen Recht, dessen Auslegung und Anwendung dem staatlichen Richter überlassen bleiben muß.

Im Ergebnis ist daher der Beschluß des EuGH richtig. Die Begründung geht dagegen in ihrer Allgemeinheit zu weit. Es läßt sich nämlich nicht behaupten, daß die nationalen Gerichte auch für einen Rechtsstreit zwischen einem Privaten und einem *Gemeinschaftsorgan* zuständig wären, in dem der Private geltend macht, die von diesem Organ betriebene oder angedrohte Zwangsvollstreckung sei unzulässig, weil er bereits bezahlt habe, aufrechnen könne, das Organ ihm die Schuld erlassen habe usw. Ein solcher Rechtsstreit gehört dem Gemeinschaftsrecht an, weil er eine Verbindlichkeit betrifft, die auf Gemeinschaftsrecht beruht, öffentlich-rechtlicher Natur ist und sich auf die Hoheitsgewalt der Gemeinschaft gegenüber ihren Bürgern bezieht.

23 c) Damit wird jedoch nicht behauptet, daß der EuGH über *alle* Vollstreckungsstreitigkeiten zwischen der Gemeinschaft und einer Privatperson zu befinden hätte. Soweit es nur um die Art und Weise der Durchführung der Vollstreckung geht, nicht um den zu befriedigenden materiellen Anspruch, sind – nach dem klaren Wortlaut von Art. 192 – die staatlichen Gerichte zuständig.

aa) Als Ergebnis ist somit festzuhalten: Der EuGH ist zuständig:

- stets für die Aussetzung der Vollstreckung;
- außerdem für Streitigkeiten über das Fortbestehen des materiellen Anspruchs, der durch die Vollstreckung befriedigt werden soll, wenn es sich um die Vollstreckung aus einer Entscheidung der Gemeinschaft handelt und die Gemeinschaft Vollstreckungsgläubiger ist.

bb) Die nationalen Gerichte sind zuständig:

- für alle Streitigkeiten über die Art und Weise der Durchführung der Zwangsvollstreckung;
- für Streitigkeiten über das Fortbestehen des materiellen Anspruchs, der durch die Vollstreckung befriedigt werden soll, soweit diese Streitigkeiten nicht unter aa) fallen.

cc) Offen bleibt einstweilen, ob dem EuGH nicht noch weitere, von aa) und bb) nicht erfaßte Zuständigkeiten zukommen, die sich daraus ergeben könnten, daß das Aussetzungsverfahren ein Hauptverfahren voraussetzt.[14]

24 3.a) Die VerfO regelt die hier interessierenden Anträge in einem Kapitel mit der Überschrift »Aussetzung des Vollzugs oder der Zwangsvollstreckung und sonstige einstweilige Anordnungen« (Art. 83 ff.). Art. 89 bestimmt, daß die Vorschriften dieses Kapitels – die sich zunächst, soweit es sich um EWG-Recht handelt, nur mit Anträgen befassen, die auf Grund von Art. 185 oder 186 EWGV gestellt werden – »entsprechende Anwendung« auf Anträge auf Aussetzung der Zwangsvollstreckung finden. Darin liegt u. a. eine Verweisung auf Art. 83 § 1 VerfO, wonach ein Antrag auf Aussetzung des Vollzugs einer Maßnahme nur zulässig ist, wenn der Antragsteller die Maßnahme durch Klage beim EuGH angefochten hat, ein Antrag auf eine sonstige einstweilige Anordnung nur, wenn er von einer Partei eines beim EuGH anhängigen Rechtsstreits gestellt wird und sich auf diesen bezieht.

Damit wird zunächst verdeutlicht, daß auch die Aussetzung der Zwangsvollstreckung nur eine provisorische Maßnahme ist, und daß das entsprechende Verfahren subsidiären Charakter gegenüber einem Hauptverfahren trägt, aus dessen Endentscheidung sich – ausdrücklich oder implizit, aber jedenfalls endgültig – ergeben muß, ob eine Zwangsvollstreckung stattfinden darf oder nicht. Das heißt aber auch, daß dem Betroffenen ein solches Hauptverfahren zur Verfügung stehen *muß*; es würde auf Rechtsverweigerung hinauslaufen, wenn an sich stichhaltige Anträge auf Aussetzung mit der Begründung abgewiesen werden könnten, einerseits sei der Aussetzungsantrag subsidiär, andererseits stehe aber ein »primärer« Rechtsbehelf nicht zur Verfügung.

Aber welcher Art ist dieses Hauptverfahren? Die Frage muß getrennt behandelt werden, je nachdem, ob es sich um Entscheidungen des Rates und der Kommission (unten b) oder um solche des EuGH (unten c) handelt.

25 b)aa) Unproblematisch ist die Lage, wenn es um eine Entscheidung des Rates oder der Kommission geht, die einer juristischen oder natürlichen Person eine Zahlung an die Gemeinschaft auferlegt, und diese Person die Entscheidung für rechtswidrig hält.

Eine solche Entscheidung betrifft die genannte Person unmittelbar und individuell, so daß sie hiergegen beim EuGH Nichtigkeitsklage erheben kann. Sie *muß* dies auch getan haben, wenn sie – im Nebenverfahren – die Aussetzung der Zwangsvollstreckung erreichen will (vgl. die zitierten Bestimmungen der VerfO). Allerdings dürfte es genügen, wenn sie gemäß Art. 185 ganz allgemein die Aussetzung des Vollzugs der Entscheidung beantragt; eine Maßnahme, die nicht einmal »vollzogen« werden darf, kann erst recht nicht zwangsvollstreckt werden.

Wörtlich genommen, kann nur eine bereits begonnene Zwangsvollstreckung »ausgesetzt«

14 Siehe hierzu unten Rn. 24 bis 30.

werden. Man wird es aber für zulässig ansehen müssen, daß der Betroffene sich *vorsorglich* gegen eine *eventuelle* Zwangsvollstreckung zur Wehr setzt.

Die praktische Bedeutung der hier erörterten Möglichkeit dürfte gering sein. Bei den in Betracht kommenden Entscheidungen wird es sich fast stets um von der Kommission verhängte Geldbußen oder Zwangsgelder handeln; die Kommission hat es sich jedoch zur Regel gemacht, die Zwangsvollstreckung aus ihren Entscheidungen zu unterlassen, wenn und solange diese Gegenstand einer anhängigen Nichtigkeitsklage sind.

26 bb) Hat der Betroffene eine fristgemäße Klage unterlassen oder ist er mit seiner Klage unterlegen, so kann er sich gegen eine eventuelle Zwangsvollstreckung nicht mehr mit der Behauptung wehren, die in Rede stehende Entscheidung sei rechtswidrig; da ihm insofern kein Hauptverfahren zur Verfügung steht, kann er auch keinen auf ein solches Angriffsmittel gestützten Aussetzungsantrag stellen.

27 Will der Betroffene Einwendungen gegen das Fortbestehen des materiellen Anspruchs der Gemeinschaft vorbringen (Zahlung, Verzicht usw.), so folgt aus dem oben Rn. 22, 23 Gesagten, daß hierüber nur der EuGH entscheiden kann. Der Betroffene muß in diesem Fall zunächst den Rat oder die Kommission ersuchen, die Vollstreckung zu unterlassen; hat er keinen Erfolg, dürften ihm, je nachdem, die Nichtigkeitsklage gegen die ablehnende Antwort oder die Untätigkeitsklage zur Verfügung stehen. Das Prinzip der Subsidiarität eines etwaigen Aussetzungsantrags ist damit gewahrt.

28 Will der Betroffene die Art und Weise der Zwangsvollstreckung rügen, so geht aus früheren Erwägungen[15] hervor, daß er ein solches »Hauptverfahren« bei den nationalen Gerichten anhängig machen muß. Auch in einem solchen Fall kann er aber ein Interesse daran haben, außerdem die Aussetzung der Vollstreckung zu beantragen. Der EuGH könnte dem schwerlich entgegenhalten, zwar sei er allein für die Aussetzung zuständig, könne sie aber nicht anordnen, wenn der Antragsteller, sei es auch zulässigerweise, die nationalen Gerichte – also nicht den EuGH – mit der Hauptsache befaßt habe. Die VerfO bietet eine gute Handhabung gegen eine solche Rechtsverweigerung, indem sie in Art. 89 bestimmt,[16] daß für Anträge auf Aussetzung der Zwangsvollstreckung die Vorschriften über Anträge auf sonstige einstweilige Anordnungen *»entsprechende Anwendung«* finden; das ermöglicht es, Anträge der erstgenannten Art auch dann zuzulassen, wenn ein Hauptverfahren vor dem *nationalen* Richter anhängig gemacht wurde und werden mußte.

29 c)aa) Was die Entscheidungen des EuGH betrifft, so sind sie grundsätzlich stets unanfechtbar. Als Hauptverfahren, in dem eine solche Entscheidung in Frage gestellt werden kann, kommen lediglich Verfahren wegen Drittwiderspruchsklagen (Art. 39 EWG-Satzung, Art. 97 VerfO) oder Wiederaufnahme (Art. 41 EWG-Satzung; Art. 98 ff.

15 Siehe oben Rn. 22 und 23.
16 Siehe oben Rn. 24.

VerfO) in Betracht. Wer solche Verfahren in Gang setzt, kann – hierüber dürfte kein Zweifel bestehen – zugleich die Aussetzung der streitigen Entscheidung begehren.

30 bb) Schwierigkeiten kann dagegen die Frage bereiten, wie sich ein Betroffener zu verhalten hat, der sich, ohne die Ordnungsmäßigkeit der vollstreckbaren Entscheidung des EuGH zu bestreiten, *aus anderen Gründen* (Erlöschen der Zahlungsverpflichtung; Unregelmäßigkeiten bei der Durchführung der Zwangsvollstreckung usw.) gegen die Vollstreckung wehren will.

Soweit für seine Einwendungen die *nationalen Gerichte* zuständig sind, bestehen auch vorliegend keine Bedenken dagegen, daß er diese Gerichte anruft, sich jedoch wegen der einstweiligen Aussetzung der Zwangsvollstreckung an den – allein zuständigen – EuGH wendet.[17]

Ist dagegen – wie in bestimmten oben Rn. 22, 23 genannten Fällen und aus den dort angeführten Gründen – *der EuGH* für die Entscheidung auch über die »Hauptsache« zuständig, so entsteht ein Dilemma, weil weder der Vertrag einschließlich der EWG-Satzung noch die VerfO eine solches – nicht nur vor dem Gerichtshof anzustrengendes, sondern auch *»gegen«* ihn zu richtendes – Hauptverfahren vorsieht. Ein solches Verfahren *muß* es aber geben können, da anderenfalls eine schutzwürdige Situation schutzlos bliebe. Die Regeln dieses Verfahrens müssen in Ermangelung ausdrücklicher Vorschriften rechtsschöpferisch entwickelt werden; zu denken ist etwa an einen Antrag auf Feststellung, daß eine Zwangsvollstreckung unzulässig sei.

17 Siehe oben Rn. 22, 23 und 28.

Kapitel 3
Der Wirtschafts- und Sozialausschuß

Vorbemerkung zu den Artikeln 193 bis 198

Literaturhinweise

Bernard, Nadine – Laval, Claude – Nys, André, Le Comité économique et social, Brüssel 1972

Brüske, H.-G., Der Wirtschafts- und Sozialausschuß der Europäischen Gemeinschaften. Die institutionalisierte Interessenvertretung als Faktor der europäischen Integration, Rheinfelden 1979

Degrave, J., La représentation des interêts professionels au sein des Communautés européennes. Mémoire, 1963

Fischer, Fritz, Die institutionalisierte Vertretung der Verbände in der Europäischen Wirtschaftsgemeinschaft, Hamburg 1965

Hallstein, Walter, Der Wirtschafts- und Sozialausschuß als Faktor der europäischen wirtschafts- und sozialpolitischen Integration. Gewerkschaft, Wirtschaft und Gesellschaft, 1963

Neunreither, Karlheinz, Wirtschaftsverbände im Prozeß europäischer Integration in: Politische Dimensionen der europäischen Gemeinschaftsbildung, Köln 1968, S. 358

Pflaumer, G., Der Wirtschafts- und Sozialausschuß im Rahmen der Europäischen Gemeinschaften, in: NJW 1966, S. 285

Pohle, Wolfgang, Beratend für Rat und Kommission tätig. Die Aufgabe des Europäischen Wirtschafts- und Sozialausschusses, in: EurWi 1960, S. 11

Rittstieg, Helmuth, Wirtschaftsverbände und EG, Hamburg 1966

Rosenberg, Ludwig, Tätigkeit und Bedeutung des Wirtschafts- und Sozialausschusses. BullEWG 1961, Heft 3, S. 5

Wirtschafts- und Sozialausschuß (Hrsg.), Die Europäischen Interessenverbände und ihre Beziehungen zum Wirtschafts- und Sozialausschuß, Brüssel 1980

Zellentin, Gerda, Der Wirtschafts- und Sozialausschuß der EWG und EURATOM, Straßburg 1962

Inhaltsübersicht

1 Die Aufgabe des Wirtschafts- und Sozialausschusses ist in Art. 4 Abs. 2 bestimmt. Er soll den Rat und die Kommission beratend unterstützen. Nach den amtlichen Erläuterungen der Bundesregierung soll die Errichtung des Wirtschafts- und Sozialausschusses gewährleisten, daß bei den Beschlüssen der Organe der Gemeinschaft die verschiedenen Wirtschaftszweige und Gesellschaftsschichten der Bevölkerung ihre Ansichten zur Geltung bringen können. Er muß den Vertretern der verschiedenen Gruppen des wirtschaftlichen und sozialen Lebens eine angemessene Vertretung sichern (Art. 193, Art. 195 Nr. 1 Abs. 2). Auf diese Weise soll erreicht werden, daß Kommission und Rat über die Meinung der betroffenen Kreise zu Rechtsetzungsvorhaben der Gemeinschaft unterrichtet werden, und daß beide Organe einen unmittelbaren Zugang zu diesen Kreisen erhalten.[1]

2 Die Vorschriften des Vertrages werden durch die Bestimmungen der vom Ausschuß erlassenen Geschäftsordnung ergänzt, die der einstimmigen Genehmigung durch den Rat bedarf, Art. 196 Abs. 2.

3 In Art. 20 Abs. 5 der mit einstimmiger Genehmigung des Rates erlassenen revidierten GO von 1974 ist dem Ausschuß das Recht eingeräumt worden, aus eigener Initiative Stellungnahmen zu allen Fragen abzugeben, die die Aufgaben der Europäischen Wirtschaftsgemeinschaft und der Europäischen Atomgemeinschaft betreffen. EWG und Euratom sehen – anders als Art. 19 Abs. 4 EGKSV für den Beratenden Ausschuß der EGKS – ein eigenes Initiativrecht nicht vor.

4 Der Wirtschafts- und Sozialausschuß gehört nicht zu den Organen der Gemeinschaft, die in Art. 4 Abs. 1 abschließend aufgezählt sind. Die Vorschriften über den Wirtschafts- und Sozialausschuß haben deshalb ihren Platz im Vertrag nach den gemeinsamen Vorschriften für mehrere Organe (Art. 189 bis 192) gefunden. Er wird aber bei der Anwendung des Beamtenstatuts den Organen der Gemeinschaft gleichgestellt, soweit nichts anderes bestimmt ist.[2]

5 Die Mitglieder des Ausschusses sind nach Art. 214 verpflichtet, auch nach Beendigung ihrer Amtstätigkeit Auskünfte, die ihrem Wesen nach unter das Berufsgeheimnis fallen, nicht preiszugeben.

6 Nach Art. 215 Abs. 2 haftet die Gemeinschaft für durch ihre *Organe* in Ausübung ihrer *Amtstätigkeit* verursachte Schäden. Obwohl der Wirtschafts- und Sozialausschuß nicht zu den in Art. 4 Abs. 1 aufgezählten Organen der Gemeinschaft gehört, würde es nicht der Funktion des Art. 215 entsprechen, wenn man aus diesem formalen Grunde die außervertragliche Haftung der Gemeinschaft für die Tätigkeit des Wirtschafts- und Sozialausschusses von vornherein ausschlösse. Allerdings ist kaum anzunehmen, daß sich aus der beratenden Tätigkeit des Ausschusses haftungsbegründende Tatbestände im

1 *Bieber*, in: *Beutler* u.a., a.a.O. (Allg. Literaturhinweis), S. 134.
2 Art. 1 Abs. 2 des Beamtenstatuts, VO Nr. 259/68; HER I A 67/11, S. 1, 79. Vgl. *Rogalla,* Art. 212 Rn. 12.

Sinne von Art. 215 ergeben könnten, selbst wenn man diese Tätigkeit als »Amtstätigkeit« im Sinne dieser Vorschrift qualifiziert.[3]

7 Die Mitglieder des Ausschusses gehören einem »beratenden Organ« im Sinne von Art. 11 Abs. 2 des Protokolls über die Vorrechte und Befreiungen der Europäischen Gemeinschaften vom 8.4.1965[4] an. Ihnen stehen deshalb während der Ausübung ihrer Tätigkeit und auf der Reise zum und vom Tagungsort die gleichen Vorrechte, Befreiungen und Erleichterungen zu wie den Vertretern der Mitgliedstaaten, die an den Arbeiten der Organe der Gemeinschaft teilnehmen. (Vgl. auch Art. 54 GO.)

8 Durch Art. 21, 143 des am 22.1.1972 unterzeichneten Beitrittsvertrages zwischen den bisherigen Mitgliedstaaten einerseits und Dänemark, Irland und dem Vereinigten Königreich andererseits, der am 1.1.1973 in Kraft getreten ist, wird die Vertretung der neuen Mitgliedstaaten im Wirtschafts- und Sozialausschuß geregelt.[5]

9 Die Akte über die Bedingungen des Beitritts der Republik Griechenland und die Anpassungen der Verträge vom 28.5.1979 regelt die Vertretung Griechenlands im Wirtschafts- und Sozialausschuß in ihren Art. 17 und 136.[6]

10 Der EWGV hat für eine Reihe von Gebieten die Bildung besonderer Ausschüsse vorgesehen, die Rat und Kommission bei ihrer Tätigkeit unterstützen sollen und zwar

- den beratenden Verkehrsausschuß, Art. 83,
- den beratenden Währungsausschuß, Art. 105 Abs. 2,
- den Ausschuß für Zollverhandlungen mit dritten Ländern (während der Übergangszeit), Art. 111 Abs. 2,
- den Ausschuß für Handelsvertragsverhandlungen mit dritten Ländern (nach Ablauf der Übergangszeit), Art. 113 Abs. 3,
- den Ausschuß zur Verwaltung des Europäischen Sozialfonds, Art. 124 Abs. 2.

Bei der in Art. 43 Abs. 2, 3 vorgesehenen Errichtung gemeinsamer Marktorganisationen für die Landwirtschaft sind für die einzelnen Marktorganisationen Verwaltungsausschüsse eingesetzt worden, in denen ein Vertreter der Kommission, der an Abstimmungen nicht teilnimmt, den Vorsitz führt. Dieser unterbreitet dem Ausschuß Entwürfe für zu treffende Maßnahmen zur Stellungnahme.[7]

3 Vgl. *Gilsdorf*, Art. 215 Rn. 18.
4 ABl. 1967 Nr. 152 S. 13, BGBl. 1965 II S. 1482; in diesem Werk Text nach Art. 218.
5 Siehe Art. 194 Rn. 2.
6 Vgl. Art. 194 Rn. 3.
7 Zu den Verwaltungsausschüssen in der Landwirtschaft vgl. *Schmitt von Sydow* zu Art. 155 Rn. 48 ff.

11 Neben diesen Ausschüssen haben Rat und Kommission in Ausübung ihrer Organisationsgewalt eine große Anzahl von beratenden Ausschüssen, Studien- und Arbeitsgruppen ins Leben gerufen, um sich auf den verschiedensten Tätigkeitsgebieten unterrichten und beraten zu lassen. Zahl, Aufgaben und Organisation dieser Gremien sind vielfach einem sehr häufigen Wechsel unterworfen. Während die Ausschüsse eine Dauereinrichtung sind, hängt die Lebensdauer der Gruppen von den Problemen ab, zu denen sie konsultiert werden, so daß sie ganz unterschiedlich ist. Die Kommission selbst verfügt deshalb nicht über eine präzise und erschöpfende Übersicht.[8]

12 Die starke Vermehrung derartiger Gremien hat zwar zur Folge, daß die beratende Funktion des Wirtschafts- und Sozialausschusses verwässert und undurchsichtiger wird.[9] Gleichwohl bleibt der Ausschuß wegen seiner den gesamten Anwendungsbereich des EWGV und des EuratomV umfassenden Zuständigkeit das wichtigste Beratungsgremium der Gemeinschaften. Dazu trägt bei, daß Rat und Kommission weitgehend von der Möglichkeit Gebrauch machen, den Ausschuß auch in Fällen anzuhören, in denen die Verträge dies nicht vorschreiben, und daß der Ausschuß seit der mit einstimmiger Genehmigung des Rates 1974 vorgenommenen Revision seiner GO aus eigener Initiative Stellungnahmen abgeben kann.[10] Das Gewicht der Stellungnahmen wird schließlich dadurch verstärkt, daß im Ausschuß die verschiedensten Gruppen und Interessenten einschließlich der Verbraucher vertreten sind, deren gemeinsame Auffassung in den Stellungnahmen zum Ausdruck kommt.

13 Der Ausschuß nimmt auch die Aufgaben wahr, die dem Wirtschafts- und Sozialausschuß durch Art. 3 Abs. 2, Art. 165 bis 170 EuratomV übertragen sind. Diese Vorschriften stimmen weitgehend mit den entsprechenden Vorschriften des EWGV überein, vgl. die nachstehenden Erläuterungen zu den Art. 193 bis 198. Nach Art. 134 EuratomV ist bei der Kommission ein Ausschuß für Wissenschaft und Technik mit beratender Aufgabe errichtet.

14 Der Ausschuß nimmt dagegen nicht die Aufgaben wahr, die der Beratende Ausschuß der EGKS nach Art. 18 EGKSV zu erfüllen hat. Auf seinem Arbeitsgebiet hat der Beratende Ausschuß insofern eine stärkere Stellung als der Wirtschafts- und Sozialausschuß, als er schon aufgrund des EGKSV ein selbständiges Initiativrecht besitzt und als er seine GO ohne Einwilligung des Rates erlassen kann.[11] Der Struktur des EGKSV entsprechend steht der Beratende Ausschuß nur der Kommission (früher der Hohen Behörde) »zur Seite«. (Art. 7). Eine Anhörung durch den Rat sieht der EGKSV nicht vor.

15 Art. 193 regelt die Errichtung und Zusammensetzung des Wirtschafts- und Sozialaus-

8 Antwort der Kommission auf die Anfrage Nr. 1318/77 des Abg. *Petersen*, ABl. 1978 Nr. C 137 S. 32, *Constantinesco*, a. a. O. (Allg. Literaturverzeichnis), Tz. 369 S. 445.
9 *Constantinesco*, a.a.O., Tz. 428, S. 493.
10 Vgl. oben Rn. 3.
11 Art. 18 Abs. 5 EGKSV. Vgl. HER IV A 20, S. 1.

schusses, Art. 194 setzt die Zahl der Mitglieder fest, während Art. 195 das Verfahren für die Ernennung der Mitglieder ordnet. Die Art. 196 und 197 befassen sich mit der inneren Ordnung des Wirtschafts- und Sozialausschusses (Wahl des Präsidiums, Erlaß der Geschäftsordnung, Errichtung und Aufgaben von fachlichen Gruppen und Unterausschüssen). Art. 198 enthält Bestimmungen über die Anhörung des Wirtschafts- und Sozialausschusses durch den Rat oder die Kommission.

Artikel 193 [Errichtung des Ausschusses]

Es wird ein Wirtschafts- und Sozialausschuß mit beratender Aufgabe errichtet.

Der Ausschuß besteht aus Vertretern der verschiedenen Gruppen des wirtschaftlichen und sozialen Lebens, insbesondere der Erzeuger, der Landwirte, der Verkehrsunternehmer, der Arbeitnehmer, der Kaufleute und Handwerker, der freien Berufe und der Allgemeinheit.

Literaturhinweise

s. Vorbemerkung zu den Artikeln 193 bis 198

Inhaltsübersicht

1 Der Wirtschafts- und Sozialausschuß kann nur eine beratende Tätigkeit ausüben; er wird nur auf Antrag des Rates oder der Kommission einberufen (Art. 196 Abs. 3). In einer Reihe von Fällen sind Rat und Kommission verpflichtet, den Ausschuß zu hören[1].

2 Die Mitglieder des Ausschusses werden auf Grund von Vorschlägen der Mitgliedstaaten (Art. 195 Abs. 1) vom Rat ernannt (Art. 194).

3 Eine vielseitige Zusammensetzung des Ausschusses ist vorgesehen, damit er seine Aufgabe erfüllen kann, Rat und Kommission zu unterstützen; siehe auch Art. 195 Abs. 1 Unterabs. 2. Bei der Verteilung der Sitze ist der Rat nur insofern gebunden, als nach

1 Siehe Art. 198 Abs. 1 Satz 1 und Art. 198 Rn. 1.

Art. 194 eine bestimmte Zahl von Staatsangehörigen jedes Mitgliedstaates zu ernennen ist. Bei der Verteilung der Vertreter auf die verschiedenen Gruppen des wirtschaftlichen und sozialen Lebens hat der Rat im Rahmen von Art. 193 Abs. 2 freie Hand. Im allgemeinen gehören je ein Drittel den Gruppen der Arbeitgeber und Arbeitnehmer an, während das letzte Drittel aus »Sonstigen« (Landwirten, Verkehrsunternehmern, Kaufleuten, Handwerkern, Gelehrten, Angehörigen freier Berufe) besteht. Zu den Vertretern der »Allgemeinheit« gehören auch Vertreter der Verbraucher; die Ansicht, daß darunter in *erster Linie* Vertreter der Verbraucher zu verstehen seien, geht jedoch zu weit.[2]

4 Art. 165 EuratomV unterscheidet sich von Art. 193 nur dadurch, daß der letzte Halbsatz von Satz 2 fehlt. Da nach Art. 5 des Abkommens über gemeinsame Organe[3] ein einziger Ausschuß die Aufgaben ausübt, die EWGV und EuratomV dem Wirtschafts- und Sozialausschuß übertragen, hat dieser Unterschied keine praktische Bedeutung.

5 Die Mitglieder des Beratenden Ausschusses nach Art. 18 EGKSV, der der Hohen Behörde – an deren Stelle nach Art. 9 des FusionsV die Kommission getreten ist – »zur Seite steht«,[4] werden nach Art. 18 Abs. 2 EGKSV durch den Rat ernannt. Der Beratende Ausschuß setzt sich aus einer gleichen Anzahl von Vertretern der Erzeuger, der Arbeitnehmer sowie der Verbraucher und Händler zusammen, die innerhalb des Ausschusses drei Gruppen bilden.

Artikel 194 [Zusammensetzung des Ausschusses]

Die Zahl der Mitglieder des Ausschusses wird wie folgt festgesetzt:

Belgien	**12**
Dänemark	**9**
Deutschland	**24**
Frankreich	**24**
Griechenland	**12**
Irland	**9**
Italien	**24**
Luxemburg	**6**
Niederlande	**12**
Vereinigtes Königreich	**24**

2 Vgl. die Antwort des Rates auf die schriftliche Anfrage Nr. 781/76 des Abg. *Willi Müller*, ABl. 1977 Nr. C 168 S. 2.

3 BGBl. 1957 II S. 1156; HER I A 10, S. 89, 93.

4 Im französischen Text, der nach Art. 100 EGKSV allein verbindlich ist: »assistée«.

Die Mitglieder des Ausschusses werden vom Rat durch einstimmigen Beschluß auf vier Jahre ernannt. Wiederernennung ist zulässig.
Sie werden für ihre Person ernannt und sind an keine Weisungen gebunden.

Literaturhinweise

s. Vorbemerkung zu den Artikeln 193 bis 198

Inhaltsübersicht

1 Der Ausschuß setzt sich aus insgesamt 156 Mitgliedern zusammen. Im Vergleich zum Beratenden Ausschuß der EGKS, der aus mindestens 60 und höchstens 84 Mitgliedern besteht, könnte die Zahl der Mitglieder verhältnismäßig hoch erscheinen. Es ist aber zu berücksichtigen, daß der Vertrag im Gegensatz zum EGKSV grundsätzlich alle Wirtschaftsgebiete erfaßt, daß den verschiedenen Gruppen des wirtschaftlichen und sozialen Lebens aus allen Mitgliedstaaten eine angemessene Vertretung zu sichern ist (Art. 195 Abs. 1 Unterabs. 2), und daß der Ausschuß auch die im Eurotom-Vertrag vorgesehenen Aufgaben zu erfüllen hat.[1]

2 Durch Art. 21 des Beitrittsvertrages[2] i. d. F. des Anpassungsbeschlusses vom 1. 1. 1973[2a] haben Dänemark und Irland je 9 und Großbritannien 24 Mitglieder erhalten. Außerdem ist die Zahl der luxemburgischen Mitglieder auf 6 erhöht worden, so daß den drei Gruppen Arbeitgeber, Arbeitnehmer und Sonstige[2b] (vgl. Art. 193 Rn. 3) jetzt je 2 luxemburgische Mitglieder angehören können. Die Amtszeit der neu ernannten Mitglieder endete zur gleichen Zeit wie die Amtszeit der zum Zeitpunkt des Beitritts im Amt befindlichen Mitglieder (Art. 143 des Beitrittsvertrages), d. h. am 21. 9. 1974.

3 Die Akte über die Bedingungen des Beitritts der Republik Griechenland und die Anpassungen der Verträge vom 28. 5. 1979[3] weist Griechenland 12 Sitze im Wirtschafts- und Sozialausschuß zu. Die Zahl aller Mitglieder ist damit auf 156 gestiegen. Die Amtszeit

1 Siehe Vorbemerkung zu den Art. 193 bis 198 Rn. 3.
2 ABl. 1972 Nr. L 73 S. 5; HER I A 12, S. 1.
2a ABl. 1973 Nr. L 2 S. 1; HER I A 12, S. 177.
2b Vgl. Art. 193 Rn. 3.
3 ABl. 1979 Nr. L 291 S. 17; HER I A 12, S. 223.

der neu ernannten griechischen Mitglieder endete zur gleichen Zeit wie die Amtszeit der zum Zeitpunkt des Beitritts (1. 1. 1981) im Amt befindlichen Mitglieder, d. h. am 18. 9. 1982. (Art. 136 Satz 2 der Beitrittsakte).

4 Die Mitglieder des Ausschusses werden für ihre Person ernannt und sind an keine Weisungen gebunden, d. h., daß die Mitglieder des Ausschusses unabhängig sind. »Allerdings ist zu bemerken, daß diese Mitglieder die verschiedenen Gruppen des wirtschaftlichen und sozialen Lebens vertreten sollen, d. h. faktische Organisationen, die sich dort Gehör verschaffen. Da die Mitglieder für ihre Person ernannt werden, ist es nur natürlich, daß die Mitgliedsstaaten Kandidaten auswählen, die für die betreffenden Kreise und Organisationen in hohem Maße repräsentativ sind, damit die Stellungnahmen des Ausschusses mit der für die erfolgreiche Erfüllung seiner beratenden Funktion im gemeinschaftlichen Entscheidungsprozeß gebotenen Qualität und Autorität abgegeben werden.»[4]

5 a) Der Vertrag enthält keine Vorschriften über eine vorzeitige Beendigung der Mitgliedschaft.

b) Nach Art. 55 GO des Ausschusses[5] (s. Art. 196 Abs. 2) endet das Amt eines Ausschußmitgliedes durch Erlöschen des Mandats, Rücktritt, Amtsenthebung, Tod oder höhere Gewalt. Der Rücktritt ist von dem betreffenden Mitglied dem Präsidenten des Ausschusses schriftlich mitzuteilen. Dieser unterrichtet den Präsidenten des Rates, wenn das Amt durch Rücktritt, Amtsenthebung, Tod oder höhere Gewalt endet.

c) Eine Amtsenthebung durch den Rat ist in Art. 48 Abs. 2 GO für den Fall vorgesehen, daß ein Ausschußmitglied, ohne sein Stimmrecht – nach Art. 49 GO – zu übertragen und ohne anerkannten Grund, an mehr als drei aufeinanderfolgenden Tagungen nicht teilnimmt. In diesem Fall kann der Präsident des Ausschusses nach Anhörung des Präsidiums und nach Aufforderung an das betreffende Mitglied, seine Abwesenheit zu begründen, den Rat ersuchen, das Mitglied seines Mandats zu entheben. Da der Rat die Mitglieder des Ausschusses einstimmig ernennt (Art. 194 Abs. 2 des EWGV, Art. 166 Abs. 2 des EuratomV), wird man annehmen müssen, daß er auch eine Amtsenthebung nur einstimmig beschließen kann.

d) Weder die Verträge noch die GO enthalten sonstige Vorschriften darüber, unter welchen Voraussetzungen ein Mitglied seines Amtes enthoben werden kann. Dagegen bestimmt Art. 13 des Fusionsvertrages, daß jedes Mitglied der Kommission. das die Voraussetzungen für die Ausübung seines Amtes nicht mehr erfüllt oder eine schwere Verfehlung begangen hat, auf Antrag des Rates oder der Kommission durch den Gerichtshof seines Amtes enthoben werden kann. Ein Richter des Gerichtshofes

4 Vgl. die Antwort der Kommission vom 29.9.1978 auf die schriftliche Anfrage Nr. 439/78 des Abg. *Howell*, ABl. 1978 Nr. C 251 S. 25. Die Fortdauer der Mitgliedschaft im Ausschuß hängt aber nicht von der Fortdauer der Zugehörigkeit zu bestimmten Organisationen ab.

5 ABl. 1974 Nr. L 228 S. 1; HER I A 65/1 S. 1.

kann nach Art. 6 des Protokolls über die Satzung des Gerichtshofes[6] seines Amtes enthoben werden, wenn er nach einstimmigem Urteil der Richter und Generalanwälte des Gerichtshofs nicht mehr die erforderlichen Voraussetzungen erfüllt oder den sich aus seinem Amt ergebenden Verpflichtungen nicht mehr nachkommt. Bei einem Mitglied des Wirtschafts- und Sozialausschusses ist letzteres in dem oben erwähnten Fall des Art. 48 Abs. 2 GO anzunehmen. Man wird aber darüber hinaus eine Amtsenthebung dann für zulässig ansehen müssen, wenn das Mitglied eine schwere Verfehlung begangen hat, z. B. indem es sich für seine Stimmabgabe im Ausschuß oder in einer fachlichen Gruppe Vorteile hat versprechen oder gewähren lassen. Handlungen, die ein Mitglied außerhalb seines Amtes begeht, können eine Amtsenthebung rechtfertigen, wenn sie eine weitere Mitwirkung des Mitgliedes bei der Erfüllung der Aufgaben des Ausschusses als für die Gemeinschaft untragbar erscheinen lassen. Dies wird grundsätzlich anzunehmen sein, wenn ein Mitglied wegen einer vorsätzlich begangenen erheblichen Verletzung des allgemeinen Strafrechts verurteilt wird.

e) Der Verlust der Staatsangehörigkeit eines der Mitgliedstaaten bildet ebenfalls einen Grund zur Amtsenthebung. Zwar sagt der Vertrag – anders als Art. 10 Abs. 1 Satz 3 des Fusionsvertrages[7] für die Mitglieder der Kommission – nicht ausdrücklich, daß nur Staatsangehörige der Mitgliedstaaten Mitglieder des Wirtschafts- und Sozialausschusses sein können. Aus Art. 195 Abs. 1 Satz 1 ist aber zu schließen, daß der Besitz der Staatsangehörigkeit eines Mitgliedstaates Voraussetzung für die Ernennung zum Mitglied und für die Zugehörigkeit zum Ausschuß ist.[8]

f) Schließlich wird man das Amt eines Ausschußmitglieds als unvereinbar mit der Zugehörigkeit zu einem der Organe der Gemeinschaften (Parlament, Rat, Kommission, Gerichtshof, Rechnungshof) und mit der Tätigkeit als Beamter oder sonstiger Bediensteter der Gemeinschaften ansehen müssen. Dies ist jetzt durch eine vom Ausschuß mit Genehmigung des Rates beschlossene Änderung von Art. 55 GO (ABl. 1982 Nr. L 19 S. 36) festgelegt worden. Nach der Neufassung des Art. 55 ist das Amt eines Ausschußmitgliedes ferner mit der Eigenschaft als Mitglied einer Regierung, eines nationalen Parlamentes oder des Verwaltungsrates der Europäischen Investitionsbank unvereinbar. Nimmt ein Mitglied des Ausschusses seine Wahl oder Ernennung zu einem derartigen Amt an, so bildet dies einen Grund, es seines Amtes als Mitglied des Wirtschafts- und Sozialausschusses zu entheben. Allerdings ist

6 BGBl. 1957 II S. 1166; abgedruckt im Anschluß an Art. 188.

7 ABl.1967 Nr. 152 S. 1; abgedruckt im Anhang B dieses Kommentars.

8 *A. A. Wohlfarth.* Art. 194 Anm. 2. Man wird vielmehr sogar annehmen müssen, daß ein Ausschußmitglied, das seine bisherige Staatsangehörigkeit verliert, dem Ausschuß auch dann nicht mehr angehören könnte, wenn es die Staatsangehörigkeit eines *anderen Mitgliedstaates* erwürbe. Anderenfalls würde sich nämlich das in Art. 194 festgelegte Zahlenverhältnis von Vertretern der einzelnen Mitgliedstaaten verändern.

anzunehmen, daß ein Mitglied in derartigen Fällen seinen Rücktritt erklären wird, wie dies in der Praxis bereits geschehen ist.

g) Entscheidungen des Rates über eine Amtsenthebung können nach den allgemeinen Vorschriften (Art. 173 des EWGV, Art. 146 des EuratomV) durch Klage vor dem Gerichtshof angefochten werden.

h) Ein Fall höherer Gewalt liegt vor, wenn ein Mitglied dauernd unfähig ist, seine Amtspflichten zu erfüllen, z, B, durch andauernde geistige oder körperliche Erkrankung.

6 Art. 166 EuratomV stimmt wörtlich mit Art. 194 überein.

7 a) Durch Art. 22 der Beitrittsakte 1972[9] ist die Zahl der Mitglieder des Beratenden Ausschusses nach Art. 18 EGKSV von mindestens 30 auf mindestens 60 und von höchstens 51 auf höchstens 84 erhöht worden. Auf Grund von Art. 138 der Beitrittsakte Griechenland[10] sind zusätzlich drei griechische Mitglieder ernannt worden; die Höchstzahl von 84 Mitgliedern ist damit erreicht worden. Die Mitglieder des Beratenden Ausschusses werden durch den Rat persönlich und für die Dauer von zwei Jahren ernannt. Sie sind nicht an Aufträge oder Weisungen der Organisationen gebunden, die sie benannt haben.

b) Eine Beendigung der Mitgliedschaft im Beratenden Ausschuß sieht Art. 15 GO[11] für den Fall vor, daß ein Mitglied sechs Monate den Vollsitzungen des Ausschusses fernbleibt, ohne um Urlaub nachgesucht zu haben. Im übrigen enthalten weder EGKSV noch GO Bestimmungen über das Ende der Mitgliedschaft. Insoweit ist auf die oben[12] dargelegten Erwägungen zu verweisen.

Artikel 195 [Auswahl der Mitglieder]

(1) Zur Ernennung der Mitglieder des Ausschusses legt jeder Mitgliedstaat dem Rat eine Liste vor, die doppelt so viele Kandidaten enthält wie seinen Staatsangehörigen Sitze zugewiesen sind.

Die Zusammensetzung des Ausschusses muß der Notwendigkeit Rechnung tragen, den verschiedenen Gruppen des wirtschaftlichen und sozialen Lebens eine angemessene Vertretung zu sichern.

(2) Der Rat hört die Kommission. Er kann die Meinung der maßgeblichen europäischen Organisationen der verschiedenen Zweige des Wirtschafts- und Soziallebens einholen, die an der Tätigkeit der Gemeinschaft interessiert sind.

9 ABl. 1972 Nr. L 73; HER I A 12, S. 1, 23.
10 ABl. 1979 Nr. L 291 S. 17; HER I A 12, S. 223, 286.
11 ABl. 1981 Nr. C 286 S. 1; HER IV A 20, S. 1.
12 Rn. 5 Buchst. d) und e).

Literaturhinweise

s. Vorbemerkung zu den Artikeln 193 bis 198

Inhaltsübersicht

1 Die Aufstellung der Vorschlagsliste ist eine Aufgabe, die der Regierung jedes Mitgliedstaates obliegt. Es ist den Regierungen überlassen, in welcher Weise sie ihre Vorschlagslisten aufstellen, vor allem ob und welche innerstaatlichen Organisationen sie bei der Auswahl der Kandidaten anhören wollen.

2 Zur Zusammensetzung des Ausschusses siehe auch Art. 193 Rn. 3.

3 Der Rat muß die Kommission hören, bevor er nach Art. 194 Abs. 2 über die Ernennung von Mitgliedern beschließt. Er kann außerdem die Meinung der in Abs. 2 Satz 2 genannten Organisationen einholen. In Betracht kommen die in den einzelnen Mitgliedstaaten bestehenden Verbände der verschiedenen Gruppen des wirtschaftlichen und sozialen Lebens, insbesondere der in Art. 193 Abs. 2 genannten Gruppen sowie der Verbraucher.

4 Art. 167 EuratomV stimmt wörtlich mit Art. 195 überein.

5 Nach Art. 18 Abs. 3 des EGKSV bestimmt der Rat die maßgebenden Erzeuger- und Arbeitnehmerorganisationen, auf die er die zu besetzenden Sitze verteilt.[1] Jede Organisation soll eine Liste aufstellen, die für jeden der Organisation zugewiesenen Sitz zwei Kandidaten enthält. Die Ernennung erfolgt auf Grund dieser Liste.

Artikel 196 [Geschäftsordnung]

Der Ausschuß wählt aus seiner Mitte seinen Präsidenten und sein Präsidium auf zwei Jahre.

1 Vgl. den Beschluß des Rates (82/29/EGKS) über die Bestimmung der maßgebenden Organisationen, denen es obliegt, Listen der Kandidaten für den Beratenden Ausschuß des EGKS aufzustellen, ABl. 1982 Nr. L 310 S. 26.

Er gibt sich seine Geschäftsordnung; sie bedarf der einstimmigen Genehmigung des Rates.

Der Ausschuß wird von seinem Präsidenten auf Antrag des Rates oder der Kommission einberufen.

Literaturhinweise

s. Vorbemerkung zu den Artikeln 193 bis 198

Inhaltsübersicht

1 Der Vertrag bestimmt lediglich, daß der Ausschuß seinen Präsidenten und sein Präsidium aus seiner Mitte wählt. Nähere Bestimmungen über das nach jeder vierjährigen Neubesetzung tätig werdende Alterspräsidium enthält Art. 1 GO. Die Bestimmungen über die Wahl und Zusammensetzung des Präsidiums finden sich in Art. 3 bis 7 GO. Nach Art. 5 Abs. 3 wird der Präsident abwechselnd unter den Vertretern der Arbeitgeber, der Arbeitnehmer und der sonstigen Gruppen des wirtschaftlichen und sozialen Lebens gewählt[1], es sei denn, daß der Ausschuß vorher mit Zweidrittelmehrheit anders beschließt. Die Vize-Präsidenten werden unter den zwei wirtschaftlichen und sozialen Gruppen gewählt, denen der Präsident nicht angehört (Art. 3 Abs. 4).

2 Das Präsidium besteht aus 24 Mitgliedern einschließlich des Präsidenten und zwei Vizepräsidenten.[2] Dem Präsidium obliegt es, die Arbeiten des Ausschusses und seiner Organe, d. h. seiner fachlichen Gruppen und Unterausschüsse zu verfolgen (Art. 8 GO). Der Präsident ist ermächtigt, mit Unterstützung der übrigen Mitglieder des Präsidiums die Arbeiten des Ausschusses zu leiten. Er nimmt die Beziehungen zum Rat und zur Kommission wahr (Art. 9 GO).
Nach Art. 56 GO wird der Ausschuß von einem Sekretariat unterstützt, das von einem Generalsekretär geleitet wird. Der Präsident des Ausschusses kann ein eigenes Sekretariat beanspruchen (Art. 58 GO). Die Ausübung der Befugnisse bei der Ernen-

1 Siehe Art. 193 Rn. 3.
2 Art. 5 Abs. 1 GO i. d. F. des Beschlusses vom 10.12.1980, ABl. 1981 Nr. L 127 S. 22; HER I A 65/1, S. 1, 3.

nung von Beamten und sonstigen Bediensteten des Ausschusses ist in Art. 57 GO geregelt.

3 Der Ausschuß hat die GO nach dem in ihrem Art. 61 vorgesehenen Verfahren[2a] mehrfach geändert. Zur Zeit gilt die am 13. 6. 1974 in Kraft getretene Fassung.[2b] Durch Beschluß vom 2./3. 7. 1980[3] hat der Ausschuß Art.16 und 43 neu gefaßt und Art. 16 a eingefügt, durch Beschluß vom 10. 12. 1980 Art. 5 geändert.[4] Die revidierte GO ist in drei Titel eingeteilt. Titel I (Art. 1 bis 19) behandelt die Organisation, Titel II (Art. 20 bis 44) die Tätigkeit des Ausschusses. Titel III (Art. 45 bis 61) enthält »Allgemeine Bestimmungen«. Die GO umfaßt eine Reihe von Bestimmungen materiellen Inhalts, die auch in eine Satzung des Ausschusses im Sinne von Artikel 153 des Vertrages hätten aufgenommen werden können. Der Wirtschafts- und Sozialausschuß hat jedoch mit einstimmiger Genehmigung der Räte beider Gemeinschaften (Art. 196 Abs. 2 des EWGV, Art. 168 Abs. 2 des EuratomV) auch seine Organisation in der GO geregelt. Diese Lösung war vor allem deshalb geboten, weil eine dem Art. 153 des EWGV entsprechende Vorschrift im EuratomV fehlt.

4 Der Ausschuß ist nach Art. 38 GO beschlußfähig, wenn mehr als die Hälfte seiner Mitglieder anwesend ist. Er beschließt nach Art. 45 mit der absoluten Mehrheit der gültigen Stimmen, es sei denn, daß die GO etwas anderes bestimmt. Nach Art. 52 GO verhandeln der Ausschuß und seine Organe, d. h. das Präsidium, die fachlichen Gruppen und Unterausschüsse (vgl. Art. 8 GO) grundsätzlich nicht öffentlich. Auf Beschluß des Ausschusses können jedoch bestimmte Beratungen mit Zustimmung des betroffenen Organs für öffentlich erklärt werden (Art. 52 Abs. 2 GO). Der Präsident des Ausschusses kann ferner bestimmten Personen Zuhörerausweise für Plenarsitzungen erteilen, die jedoch nicht zur Anwesenheit bei für vertraulich erklärten Beratungen berechtigen (Art. 52 Abs. 4 GO). Die Stellungnahmen des Ausschusses und dazu gehörige Unterlagen können nach der in Art. 51 GO enthaltenen Regelung veröffentlicht werden.

5 Die Mitglieder des Rates und der Kommission können nach Art. 53 GO an den Sitzungen des Ausschusses und seiner Organe teilnehmen und das Wort ergreifen. Bevollmächtigte Beamte des Rates und der Kommission können an den Sitzungen des Ausschusses und seiner Organe teilnehmen und von dem Präsidenten bzw. Vorsitzenden um Beantwortung etwaiger Fragen aus ihrem Zuständigkeitsbereich ersucht werden (Art. 53 Abs. 2 GO). Nach Art. 134 Abs. 5 und 6 der früheren GO[5] durften die Beamten nur an sie gerichtete technische Fragen beantworten. Der einstimmigen Genehmigung des Rates bedürfen auch Beschlüsse über eine Änderung der GO. Nach Art. 61 GO beschließt der Ausschuß mit der absoluten Mehrheit seiner Mitglieder, ob die GO teilweise oder ganz zu revidieren

2a Vgl. unten Rn. 5.
2b ABl. 1974 Nr. L 228 S. 1; HER I A 65/1, S. 1.
3 ABl. 1980 Nr. L 366 S. 30.
4 ABl. 1981 Nr. L 127 S. 22.
5 ABl. 1959 S. 439.

ist. Bejahendenfalls beauftragt er eine »ad hoc« Arbeitsgruppe, einen entsprechenden Bericht und eine Neufassung anzufertigen. Auf Grund dieser Unterlagen beschließt er mit der absoluten Mehrheit seiner Mitglieder über die Annahme der neuen Bestimmungen.

6 Nach Art. 20 Abs. 1 GO beruft der Präsident allein den Ausschuß ein, wenn Stellungnahmen auszuarbeiten sind, um die der Rat oder die Kommission ersucht haben. Die alleinige Zuständigkeit des Präsidenten besteht also sowohl dann, wenn der Rat oder Kommission den Ausschuß nach den Vorschriften des Vertrages anhören *müssen*[5a] als auch, wenn sie ihn nach Art. 198 Abs. 1 Satz 2 anhören *wollen*, ohne dazu verpflichtet zu sein.
In den in Art. 20 Abs. 2 und 3 umschriebenen Fällen (Vorbereitung oder Fortsetzung bestimmter Untersuchungen) hat der Präsident den Ausschuß im Benehmen mit dem Präsidium einzuberufen.
Schließlich kann der Präsident nach Art. 20 Abs. 4 GO den Ausschuß auf Vorschlag seines Präsidiums und mit Zustimmung der Mehrheit seiner Mitglieder einberufen, um *aus eigener Initiative* Stellungnahmen zu allen Fragen abzugeben, die die Aufgaben von EWG und Euratom betreffen. Ein solches Initiativrecht, das den Vorschriften des Vertrages nicht zu entnehmen ist, war vom Ausschuß seit langem angestrebt worden. Es ist bei der Revision der GO im Jahre 1974 mit der nach Art. 196 Abs. 2 erforderlichen einstimmigen Genehmigung des Rates eingeführt worden.[6]

7 Art. 168 EuratomV stimmt wörtlich mit Art. 196 überein.

8 a) Nach Art. 18 Abs. 4 EGKSV ernennt der Beratende Ausschuß aus seiner Mitte seinen Präsidenten und die Mitglieder seines Büros für die Dauer eines Jahres. Dem Büro gehören außer dem Präsidenten zwei Vizepräsidenten und sechs weitere Mitglieder an (Art. 3 § 1 GO).

b) Nach Art. 18 Abs. 5 gibt sich der Ausschuß eine Geschäftsordnung. Der Ausschuß hat die GO 1960[7] zunächst durch die GO 1974[8] ersetzt.[9] Er bedarf zum Erlaß der GO nicht der Genehmigung des Rates. Der Beratende Ausschuß wird von seinem Präsidenten oder auf Antrag der Kommission (Hohen Behörde) oder der Mehrheit seiner

5a Vgl. Art. 198 Rn. 1.

6 Der Ausschuß gibt seitdem nicht selten Stellungnahmen aus eigener Initiative ab, vgl. z. B.
zur Europäischen Union, ABl. 1975 Nr. C 270 S. 1; HER I A 16/5, S. 1,
zum Schutz der Menschenrechte, ABl. 1980 Nr. C 353 S. 1,
zu den Wirtschafts- und Handelsbeziehungen zwischen der Gemeinschaft und Japan, ABl. 1981 Nr. C 230 S. 14,
zur Automobilindustrie, ABl. 1981 Nr. C 230 S. 18,
zur Situation und den Problemen der Behinderten, ABl. 1981 Nr. C 230 S. 38.

7 In der zuletzt geltenden Fassung abgedruckt ABl. 1969 Nr. L 40 S. 1.

8 ABl. 1974 Nr. C 32 S. 1; HER IV A 20, S. 1.

9 Am 6. 3. 1981 hat der Ausschuß einen neuen Text genehmigt, der im ABl. 1981 Nr. C 286 S. 1 (vom 9. 11. 1981) veröffentlicht worden ist, HER IV A 20, S. 1.

Mitglieder zur Beratung über eine bestimmte Frage einberufen, Art. 19 Abs. 4 EGKSV. Er besitzt also im Gegensatz zum Wirtschafts- und Sozialausschuß[10] bereits nach dem Vertrage ein eigenes Initiativrecht. Für eine Änderung der GO bedarf es einer Mehrheit von zwei Dritteln der Mitglieder des Ausschusses (Art. 16 GO).

c) An den Vollsitzungen des Ausschusses können Mitglieder der Kommission und die von ihnen bestimmten Beamten auf ihren Wunsch das Wort ergreifen. Die Vollsitzungen sind nicht öffentlich. (Art. 12 GO). In den Vollsitzungen werden die Berichte, Stellungnahmen und Entschließungen des Ausschusses abgefaßt und genehmigt. (Art. 5 GO).

Artikel 197 [Fachliche Gruppen und Unterausschüsse]

Der Ausschuß umfaßt fachliche Gruppen für die Hauptsachgebiete dieses Vertrages.

Er enthält insbesondere je eine fachliche Gruppe für die Landwirtschaft und für den Verkehr; auf diese finden die Sonderbestimmungen der Titel über die Landwirtschaft und den Verkehr Anwendung.

Die fachlichen Gruppen werden im Rahmen des allgemeinen Zuständigkeitsbereichs des Ausschusses tätig. Sie können nicht unabhängig vom Ausschuß gehört werden.

Innerhalb des Ausschusses können ferner Unterausschüsse eingesetzt werden; diese haben über bestimmte Fragen oder auf bestimmten Gebieten Entwürfe von Stellungnahmen zur Beratung im Ausschuß auszuarbeiten.

Die Geschäftsordnung bestimmt die Art und Weise der Zusammensetzung und regelt die Zuständigkeit der fachlichen Gruppen und Unterausschüsse.

Literaturhinweise

s. Vorbemerkung zu den Artikeln 193 bis 198

Inhaltsübersicht

10 Vgl. oben Rn. 3.

1 a) Die Bildung fachlicher Gruppen für die Hauptsachgebiete des Vertrages dient der Erfüllung der Aufgabe, Rat und Kommission auf den verschiedenen Gebieten beratend zu unterstützen (Art. 4 Abs. 2). Der Vertrag selbst schreibt die Bildung fachlicher Gruppen nur für die Landwirtschaft und den Verkehr vor. Nach Art. 10 GO umfaßt der Ausschuß fachliche Gruppen für die Hauptsachgebiete des EWGV und des EuratomV. Auf Vorschlag des Präsidenten oder auf Vorschlag von wenigstens 30 Mitgliedern kann der Ausschuß erforderlichenfalls weitere fachliche Gruppen bestellen.

Zur Zeit bestehen folgende Fachgruppen:

- Landwirtschaft,
- Verkehr und Kommunikationsmittel,
- Energie und Atomfragen,
- Wirtschafts- und Finanzfragen,
- Industrie, Handel, Handwerk und Dienstleistungen,
- Sozialfragen,
- Außenbeziehungen,
- Regionale Entwicklung,
- Umweltschutz, Gesundheitswesen und Verbrauch.

b) Die fachlichen Gruppen können naturgemäß nur innerhalb der dem Ausschuß übertragenen Zuständigkeit tätig werden. Rat und Kommission können sich nur an den Wirtschafts- und Sozialausschuß als Gesamtheit wenden und nicht einzelne fachliche Gruppen unabhängig vom Gesamtausschuß hören. Hierdurch soll gesichert werden, daß Rat und Kommission ihren Beschlüssen nicht nur die Ansicht der zuständigen fachlichen Gruppe, sondern auch die abgewogene Meinung aller im Gesamtausschuß vertretenen Gruppen zugrunde legen. Dem Rat und der Kommission werden nach Art. 198 Abs. 3 sowohl die Stellungnahmen des Ausschusses in seiner Gesamtheit als auch der zuständigen fachlichen Gruppe übermittelt. Wegen des Verfahrens bei der Ausarbeitung und Übermittlung von Berichten und Stellungnahmen der fachlichen Gruppen siehe Art. 29 bis 31 und 33 GO. Eine Besonderheit gilt nur für die fachliche Gruppe Landwirtschaft, die nach Art. 47 der Kommission »zur Verfügung steht«, um die Beratungen des Wirtschafts- und Sozialausschusses auf dem Gebiete der Landwirtschaft vorzubereiten. Auch für diese Gruppe gilt aber die Regel, daß sie nicht unabhängig vom Gesamtausschuß nach Art. 198 Abs. 1 gehört werden kann.

c) Die GO hat die in Art. 197 Abs. 5 vorbehaltenen Bestimmungen für die fachlichen Gruppen in Art. 10 bis 16 getroffen. Nach Art. 11 GO werden die Mitgliederzahl und die generelle Zusammensetzung der fachlichen Gruppen vom Ausschuß auf Vorschlag der Mitgliedstaaten und der verschiedenen Gruppen des wirtschaftlichen und sozialen Lebens innerhalb des Ausschusses festgelegt. Jeder Fachgruppe gehören mindestens 30 und höchstens 60 Mitglieder an. Es obliegt diesen Fachgruppen, zu den ihnen nach Art. 22, 23 oder 24 der GO überwiesenen Gegenständen einen Bericht und eine Stellungnahme auszuarbeiten. Mitglieder der fachlichen Gruppen können nur die Mitglieder des Ausschusses sein; jedoch auf Vorschlag ihres Vorstands mit Zustimmung des Ausschußpräsidenten den nach Art. 14 GO bestellten Berichterstatter und gegebenenfalls seine Mitberichterstatter ermächtigen, einen Sachverständigen hinzuzuziehen, soweit sich dies für die Arbeit als unerläßlich erweist.

2 Die Einsetzung von Unterausschüssen dient der Vorbereitung für die Beschlüsse des Ausschusses. Die Arbeiten der Unterausschüsse stellen eine innere Angelegenheit des Wirtschafts- und Sozialausschusses dar und sind nur als Entwürfe von Stellungnahmen anzusehen. Sie werden deshalb nicht nach Art. 198 Abs. 3 dem Rat und der Kommission übermittelt. Die fachlichen Gruppen können ferner Studiengruppen einsetzen, deren Vorsitzenden und Mitglieder sie wählen (Art. 14 GO). Die Zusammensetzung und das Verfahren der Unterausschüsse sind in Art. 17 GO näher geregelt. Die Vorschriften über die fachlichen Gruppen finden auf die Unterausschüsse entsprechende Anwendung (Art. 17 Abs. 6).

Ein Mitglied des Ausschusses, das verhindert ist, an den Beratungen des Ausschusses teilzunehmen, kann sich bei den Arbeiten der Studiengruppen, denen es angehört, durch einen Stellvertreter vertreten lassen (Art. 16 GO), die Mitglieder der Fachgruppen und Studiengruppen können sich von einem Assistenten begleiten lassen, der an den Beratungen teilnimmt, und zwar im Falle der Fachgruppen ohne Stimmrecht (Art. 16a GO).

3 Auf die fachlichen Gruppen für die Landwirtschaft und den Verkehr, deren Errichtung Abs. 2 vorschreibt, finden die Sonderbestimmungen der Titel über die Landwirtschaft (Art. 38 bis 47) und den Verkehr (Art. 75 bis 84) Anwendung. Für die fachliche Gruppe Landwirtschaft bedeutet dies nach Art. 47, daß sie der Kommission »zur Verfügung« steht, um die Beratungen des Wirtschafts- und Sozialausschusses hinsichtlich der ihm im Titel Landwirtschaft übertragenen Aufgaben vorzubereiten. Dazu gehört vor allem die Anhörung des Ausschusses zu den Vorschlägen der Kommission für die Gestaltung und Durchführung der gemeinsamen Agrarpolitik (Art. 43 Abs. 2). Auf Grund von Art. 47 kann sich die Kommission unmittelbar an die Fachgruppe Landwirtschaft wenden, ohne den gesamten Ausschuß zu beteiligen. Dies ändert aber nichts daran, daß auch die Fachgruppe Landwirtschaft nicht unabhängig vom gesamten Ausschuß gehört werden kann, d. h., daß sie keine selbständigen Stellungnahmen abgeben darf.[1]

In Art. 83 schreibt der Vertrag die Bildung eines beratenden Ausschusses für Verkehrsfragen vor, den die Kommission nach Bedarf anhört. Die Befugnisse der fachlichen Gruppe Verkehr des Wirtschafts- und Sozialausschusses bleiben hiervon unberührt. (Art. 83 Satz 2).

4 Art. 169 EuratomV sieht im Abs. 1 lediglich vor, daß der Wirtschafts- und Sozialausschuß in fachliche Gruppen gegliedert werden kann, ohne die Errichtung von bestimmten Fachgruppen vorzuschreiben. Im übrigen stimmt Art. 169 EuratomV mit Art. 197

1 Ebenso *Glaesner* in: *Wohlfarth* u. a., a. a. O. (Allg. Literaturverzeichnis), Art. 47, Anm. 1, s. auch oben Rn. 1b.

überein. Das Abkommen über gemeinsame Organe schreibt aber in Art. 5 Abs. 2 vor, daß der Ausschuß eine fachliche Gruppe für die Gebiete oder Fragen umfassen muß, die dem EuratomV unterliegen. Der Ausschuß hat eine Fachgruppe für Energie und Atomfragen gebildet, vgl. die Aufstellung oben Rn. 1.

5 Die Vorschriften des EGKSV über den Beratenden Ausschuß enthalten keine dem Art. 197 entsprechenden Regelungen über die Errichtung von fachlichen Gruppen oder Unterausschüssen. Die GO[2] (Art. 4) sieht aber vor, daß der Ausschuß ständige oder besondere Unterausschüsse einsetzen kann, die die Vollsitzungen des Ausschusses vorzubereiten haben (Art. 10 GO).Die Unterausschüsse leiten die Ergebnisse ihrer Arbeiten dem Büro des Ausschusses zu. Dieser kann die Vorlage an den Unterausschuß zurückverweisen, wenn nach seiner Ansicht die zu behandelnde Frage nicht genügend geklärt erscheint. (Art. 2 § 9 GO). In den Sitzungen der Unterausschüsse können sich die Mitglieder von technischen Beratern begleiten lassen, auch können die Unterausschüsse Sachverständige hinzuziehen. (Art. 11 GO).

Artikel 198 [Anhörung des Ausschusses]

Der Ausschuß muß vom Rat oder der Kommission in den in diesem Vertrag vorgesehenen Fällen gehört werden. Er kann von diesen Organen in allen Fällen gehört werden, in denen diese es für angebracht halten.

Wenn der Rat oder die Kommission es für notwendig erachten, setzen sie dem Ausschuß für die Vorlage seiner Stellungnahme eine Frist; diese beträgt mindestens zehn Tage, vom Eingang der Mitteilung beim Präsidenten des Ausschusses an gerechnet. Nach Ablauf der Frist kann das Fehlen einer Stellungnahme unberücksichtigt bleiben.

Die Stellungnahmen des Ausschusses und der zuständigen fachlichen Gruppe sowie ein Bericht über die Beratungen werden dem Rat und der Kommission übermittelt.

Literaturhinweise

s. Vorbemerkung zu den Artikeln 193 bis 198

Inhaltsübersicht

2 ABl. 1974 Nr. C 72 S. 1; HER IV A 20, S. 1.

1 Die Anhörung des Wirtschafts- und Sozialausschusses durch die Kommission oder den Rat ist in folgenden Fällen vorgeschrieben:

Gemeinsame Agrarpolitik (Art. 43 Abs. 2),
Freizügigkeit der Arbeitnehmer (Art. 49),
Niederlassungsfreiheit (Art. 54 Abs. 1, 2),
Freiheit der Dienstleistungen (Art. 63 Abs. 1, 2),
Verkehrspolitik (Art. 75 Abs. 1),
Beseitigung von Diskriminierungen auf dem Verkehrsgebiet (Art. 79 Abs. 3),
Angleichung der Rechtsvorschriften (Art. 100 Abs. 2),
Soziale Fragen (Art. 118 Abs. 3),
Soziale Sicherheit (Art. 121),
Europäischer Sozialfonds (Art. 126, 127, 128).

In den Fällen der Art. 54, 63, 75, 100, 126 und 127 ist außer dem Ausschuß auch das Parlament zu hören.

In den Fällen, in denen der Ausschuß gehört werden muß, müssen die Verordnungen, Richtlinien und Entscheidungen des Rates und der Kommission auf die Stellungnahmen des Wirtschafts- und Sozialausschusses Bezug nehmen (Art. 190).

2 Unterlassen es Rat oder Kommission, den Ausschuß in einem Falle anzuhören, in dem der Vertrag die Anhörung vorschreibt, so stellt dies die Verletzung einer wesentlichen Formvorschrift im Sinne von Art. 173 Abs. 1 Satz 2 dar, die zur Nichtigkeit des mit dem Formmangel behafteten Rechtsaktes führen kann.[1]

3 Rat und Kommission haben das Recht, sich in allen Fällen, in denen sie es für angebracht halten, vom Wirtschafts- und Sozialausschuß beraten zu lassen, d. h., in allen Fällen, in denen die Anhörung nicht durch die in Rn. 1 aufgezählten Vorschriften des Vertrages ohnehin angeordnet ist. Rat und Kommission haben von dieser Möglichkeit in erheblichem Umfang Gebrauch gemacht.[2] Nach Art. 20 Abs. 4 der revidierten GO kann der Ausschuß auch aus eigener Initiative Stellungnahmen abgeben, vgl. dazu Art. 196 Rn. 3.

4 Die Vorschrift ermächtigt den Rat und die Kommission, dem Ausschuß eine Frist zur Äußerung zu setzen. Für diesen Fall sehen Art. 46, 47 GO ein besonderes Dringlichkeitsverfahren vor. Wenn nach Ablauf der Frist von mindestens zehn Tagen die Stellungnahme des Ausschusses nicht vorliegt, können der Rat oder die Kommission auch dann beschließen, wenn die Anhörung des Ausschusses im Vertrag vorgeschrieben ist (Rn. 1).

1 Allgemeine Meinung: *Bieber* in: *Beutler* u. a., a. a. O. (Allg. Literaturverzeichnis), S. 134; *Constantinesco,* a. a. O., Tz. 363; (S. 440); *Ipsen,* a. a. O., S. 440; *Wohlfarth* u. a., a. a. O., Art. 198 Anm. 1. Vgl. auch EuGH – Roquette und Maizena / Rat, 138 und 139/79 – Slg. 1980, 3333 = EuR 1981, S. 49 mit Anm. von *Beutler.* (Fehlende Stellungnahme des EP beim Erlaß der VO Nr. 1293/79, ABl. 1979 Nr. L 162 S. 10 durch den Rat.)

2 Im Laufe des Jahres 1981 hat der Rat den Ausschuß in 39 Fällen in Anwendung der Verträge und in 60 Fällen fakultativ angehört. Antwort auf die Anfrage Nr. 1467/81 des Abgeordneten *Provan*, ABl. 1982 Nr. C 82 S. 26.

Die Fristsetzung ist nur zulässig, wenn der Rat oder die Kommission sie für notwendig erachten. Die Entscheidung hierüber ist in das pflichtgemäße Ermessen von Rat oder Kommission gestellt. Sie würden dem Vertrag zuwiderhandeln, wenn sie dem Wirtschafts- und Sozialausschuß in nicht dringenden Fällen eine so kurze Frist setzen würden, daß es dem Ausschuß unmöglich gemacht würde, seine beratende Aufgabe sachgemäß zu erfüllen. Ein solches Vorgehen würde im Ergebnis einer Nichtanhörung des Ausschusses gleichkommen. Gibt der Ausschuß seine Stellungnahme nicht innerhalb der gesetzten Frist ab, kann das Fehlen einer Stellungnahme unberücksichtigt bleiben.[3]

5 Die Stellungnahmen des Ausschusses umfassen zwei Teile. Der erste Teil enthält die Angabe der Rechtsgrundlage der Stellungnahme und des bei ihrer Ausarbeitung angewandten Verfahrens sowie eine Begründung. Der zweite Teil enthält die Auffassung des Ausschusses zu dem jeweiligen Beratungsgegenstand in seiner Gesamtheit sowie besondere Bemerkungen zu den einzelnen Punkten des Beratungsgegenstandes (Art. 43 GO).

6 Da der Vertrag vorschreibt, daß die Stellungnahmen und der Bericht über die Beratungen dem Rat und der Kommission zu übermitteln sind, ohne zu unterscheiden, ob der Rat oder die Kommission (nach Abs. 1 Satz 1 oder Satz 2) den Wirtschafts- und Sozialausschuß angehört haben, sind Stellungnahmen und Bericht stets beiden Organen zuzuleiten, ohne daß es darauf ankommt, von welchem Organ das Ersuchen an den Ausschuß stammt. In den meisten Fällen haben der Rat und die Kommission nach den Vorschriften des Vertrages ohnehin beim Erlaß von Verordnungen, Richtlinien oder Entscheidungen zusammenzuwirken. Auch abgesehen hiervon dient es der Förderung der Zusammenarbeit zwischen dem Rat und der Kommission (Art. 15 des Fusionsvertrages), daß beide über die Stellungnahmen des Wirtschafts- und Sozialausschusses unterrichtet werden. Nach Artikel 44 GO werden außer den vom Ausschuß angenommenen Stellungnahmen die Berichte und Stellungnahmen der fachlichen Gruppen sowie das Protokoll über die Tagung des Plenums dem Rat und der Kommission übermittelt. Auf Grund von Art. 51 GO veröffentlicht der Ausschuß seine Stellungnahmen im Amtsblatt Teil C.

7 Art. 170 EuratomV stimmt mit Art. 198 wörtlich überein. Der EurtomV schreibt die Beteiligung des Ausschusses durch Rat oder Kommission in folgenden Fällen vor:

- Übermittlung einer allgemeinen Übersicht über die Forschungs- und Ausbildungsprogramme (Art. 7 Abs. 5),
- Stellungnahme zur Gründung von Schulen für die Ausbildung von Fachkräften (Art. 9 Abs. 1),
- Stellungnahme zur Ausarbeitung, zur Überprüfung oder Ergänzung der Grundnormen für den Gesundheitsschutz (Art. 31 Abs. 1 und Art. 32),
- Stellungnahme zu hinweisenden Programmen für Investitionen (Art. 40),
- Stellungnahme zu Änderungen der Liste der Indusriezweige, die Investitionsvorhaben anzeigen müssen (Art. 41),

3 Vgl. z. B. die Präambel zur VO Nr. 3021/81 des Rates vom 19. 10. 1981, ABl. 1981 Nr. 302 S. 8 und zur RL 81/858, ABl. 1981 Nr. L 319 S. 19.

- Stellungnahme zu Richtlinien zur Beseitigung von Beschränkungen des Zugangs zu qualifizierten Beschäftigungen auf dem Kerngebiet (Art. 96),
- Stellungnahme zu Richtlinien zur Erleichterung des Abschlusses von Versicherungsverträgen zur Deckung der Gefahren auf dem Kernkraftgebiet (Art. 98).

8 a) Der EGKSV schreibt die Anhörung des Beratenden Ausschusses durch die Kommission in folgenden Fällen vor: (Eine Anhörung durch den Rat ist im EGKSV nicht vorgesehen.)

- Veröffentlichung der allgemeinen Ziele und Programme (Art. 46 Abs. 5),
- Schaffung von gemeinsamen finanziellen Einrichtungen (Art. 53),
- Finanzierung von Forschungsvorhaben (Art. 55),
- Finanzierung von Programmen zur Schaffung neuer Betätigungsmöglichkeiten (Art. 56),
- Einführung und Beendigung von Erzeugungsquoten bei offensichtlichen Krisen (Art. 58),
- Feststellung einer ernsten Mangellage und Einführung von Beschränkungen für die Ausfuhr (Art. 59),
- Bezeichnung diskriminierender Praktiken bei der Preisfestsetzung (Art. 60),
- Festsetzung von Höchst- und Mindestpreisen (Art. 61),
- Genehmigung von Ausgleichszahlungen (Art. 62),
- Maßnahmen bei Störung der Wettbewerbsbedingungen durch Maßnahmen eines Mitgliedstaates (Art. 67),
- Maßnahmen bei ungewöhnlich niedrigen Löhnen (Art. 68),
- Empfehlungen zur Einführung von mengenmäßigen Beschränkungen bei der Einfuhr (Art. 74 i. V. m. Art. 58),
- Erlaß von Entscheidungen oder Empfehlungen in im Vertrag nicht vorgesehenen Fällen (Art. 95).

b) Würde die Kommission in einem dieser Fälle die Anhörung des Beratenden Ausschusses unterlassen, so würde sie eine wesentliche Formvorschrift im Sinne von Art. 33 EGKSV verletzen. Eine solche Unterlassung könnte deshalb ein Nichtigkeitsurteil des Gerichtshofs zur Folge haben, Art. 34 EGKSV.[4]

c) Die Kommission kann den Beratenden Ausschuß in allen Fällen freiwillig anhören, in denen sie es für angebracht hält, Art. 19 Abs. 1 Satz 1 EGKSV.

d) Wenn die Kommission es für erforderlich hält, kann sie dem Beratenden Ausschuß zur Abgabe seiner Stellungnahme eine Frist setzen, die nicht kürzer als zehn Tage sein darf, Art. 19 Abs. 3 EGKSV.[5]

e) Die Kommission unterbreitet dem Beratenden Ausschuß die allgemeinen Ziele und Programme, die sie auf Grund des Art. 46 EGKSV festgelegt hat; sie unterrichtet ihn laufend über die allgemeinen Richtlinien ihrer Tätigkeit auf Grund der Art. 54

4 Vgl. oben Rn. 2.
5 Vgl. hierzu oben Rn. 4.

(Investitionsprogramme), 65 (Kartellverbot) und 66 (Zusammenschlußkontrolle), Art. 19 Abs. 2 EGKSV. Diese Unterrichtung bietet dem Beratenden Ausschuß nicht selten Anlaß, aus eigener Initiative[6] Stellungnahmen zur Politik der Kommission auf dem Gebiet von Kohle und Stahl abzugeben.[7]

f) Der Ausschuß übermittelt die Protokolle der Vollsitzungen nebst Anlagen, insbesondere Berichte, Stellungnahmen oder Entschließungen, über die in den Vollsitzungen abgestimmt worden ist, dem Präsidenten der Kommission und dem Vorsitzenden des Rates (Art. 19 Abs. 5 EGKSV).

6 Vgl. Art. 196 Rn. 5.

7 Vgl. z. B. die Stellungnahme zur industriellen Umstrukturierung und die auf Gemeinschaftsebene erforderlichen Maßnahmen, ABl. 1979 Nr. C 311 S. 2 sowie den Bericht über mittel- und langfristige Aussichten der Steinkohle in der Gemeinschaft, ABl. 1979 Nr. C 161 S. 3. (HER I A 121/20, S. 31), die Entschließungen zum 4. Ergonomieprogramm für den Steinkohlenbergbau und die Eisen- und Stahlindustrie, ABl. 1980 Nr. C 161 S. 4 und über die Verwirklichung der Ziele einer Kohlepolitik der Gemeinschaft, ABl. 1980 Nr. C 161 S. 3. Ferner die Stellungnahmen zur Steigerung der Verwendung von Kohle in anderen Industrien, ABl. 1981 Nr. C 161 S. 2 (HER I A 121/20, S. 45), zu sozialen Problemen in der Stahlindustrie, ABl. 1981 Nr. C 188 S. 4 sowie zur Sozialpolitik im Rahmen der EGKS, ABl. 1981 Nr. C 196 S. 2.

Titel II
Finanzvorschriften

Vorbemerkung zu den Artikeln 199 bis 209

Literaturhinweise

Audretsch, H.A.H. Europees budgetrecht in ontwikkeling, in: Nederlands Juristenblad 1978, S. 665
Bernardini, Guido, Les interventions financières communautaires: essai de bilan, in: RMC 1978, S. 492
Bieber, Roland, Die Ausgaben der Europäischen Gemeinschaften, in: EuR 1982, S. 115
Biehl, Dieter, Zur Rolle der öffentlichen Finanzen in der Europäischen Integration, in: Integration 2/78, hrsg. vom Institut für europäische Politik, Bonn
Denton, Geoffrey, Finanzföderalismus und der Haushalt der Europäischen Gemeinschaften, in: Integration 1/79, hrsg. vom Institut für europäische Politik, Bonn
Druker, Financing the European Communities, Leyden 1975
Fabritius, Hans, Zur Finanzpolitik der Europäischen Gemeinschaften, Wiesbaden 1975
Franzmeyer, Fritz – Seidel, Bernhard, Überstaatlicher Finanzausgleich und europäische Integration, Bonn 1976
Gerhard, Dieter, Die Verteilung der Finanzgewalt in den Europäischen Gemeinschaften in ihrer Bedeutung für die Entwicklung der Gemeinschaften, Köln 1965
Henke, Klaus-Dirk, Europäische Integration als Problem des Finanzausgleichs, in: Wirtschaftsdienst 1980, S. 24
Isaac, Guy – Hen Christian, Les nouveautés du droit financier et budgétaire des Communautés en 1977, in: RTDE 1978, S. 647
Jackson, Robert, Reforming the European Budget. With a Foreword by James Scott-Hopkins, London 1981
Kommission der EG, Das Finanzwesen der Europäischen Gemeinschaften, Europäische Dokumentation, 1973/4
dies., Vorentwurf des Gesamthaushaltsplans der Europäischen Gemeinschaften für das Haushaltsjahr 1979, BullEG, Beilage 6/78
dies., Bericht der Sachverständigengruppe zur Untersuchung der Rolle der öffentlichen Finanzen bei der Europäischen Integration, Brüssel/Luxemburg 1977
Kotte, Detlef, Wirkungen zwischenstaatlicher Finanztransfers in der EG auf Konjunktur und Zahlungsbilanz, Europäische Hochschulschriften, V, Bd. 267, Frankfurt/M. 1980
Langeheine, Bernd, Das Haushaltsrecht der Europäischen Gemeinschaften, Tagung für Rechtsvergleichung 1981, in: EuR 1982, S. 175
Marius, Europäische Gemeinschaften im Haushaltsdilemma, in: Öffentliche Wirtschaft und Gemeinwirtschaft 1980, S. 6
Mohr, Elske, Die Finanzprobleme der Gemeinschaft, in: IFO-Schnelldienst 8/1980, S. 5
Nottelmann, Angela, Der Haushalt der Europäischen Gemeinschaften, Probleme und Reformvorstellungen, Hamburg 1982
Reister, Erwin, Haushalt und Finanzen der Europäischen Gemeinschaften, Baden-Baden 1975
Riccioli, Francesco D., La copertura finanziaria dei regolamenti communitari, in: Riv. dir. eur. 1980, S. 3
Schmidt, Hermann, Das Haushaltsrecht der Europäischen Wirtschaftsgemeinschaft und der Europäischen Atomgemeinschaft, Bulletin des Presse- und Informationsamtes der Bundesregierung 1961, S. 23 ff.
Schüler, Manfred, Die vierte Ebene: Haushalts- und finanzpolitische Probleme der Europäischen Gemeinschaften, in: Eur.Arch. 1974, S. 45
Scott, Gay, A Guide to European Community Grants and Loans, Bedfordshire 1980

Selmer, Peter, Zur bundesstaatlichen Lastenverteilung bei der Anwendung von Geldleistungsvorschriften der Europäischen Gemeinschaft. Das Europa der zweiten Generation, Baden-Baden 1981, S. 229.
Sopwith, Charles, Legal aspects of the community budget, in: CMLR 1980, S. 315
Strasser, Daniel, Die Finanzen Europas, Bonn 1979
ders., Histoire bugdétaire des Communautés européennes expliquée en chiffres, in: RMC 1977, S. 44–59 und 97–104
Tesauro, Giuseppe, Il bilancio delle Communità Europee, in: Diritto communitario e degli scambi internazionali 1980, S. 57
Tugendhat, Christopher, Europa-Ideale und Geld, in: Eur.Arch. 1978, S. 581
ders., Some Thoughts on the European Communities Budget, in: Inter Economics 1980, S. 59
Van der Meulen, Joseph, Quelques considerations concernant les finances et le droit budgetaire dans les Communautés Européennes, Brüssel 1966
Wallace, Helen, Budgetary Politics, The Finances of the European Communities, London 1980 (Studies on Contemporary Europe, 1)
Wartenweiler, Roland, Ungleichgewichte in den EG-Finanzstrukturen, in: Eur.Arch. 1980, S. 251
Wirtschafts- und Sozialausschuß der EG, Die Tätigkeit der Europäischen Gemeinschaften unter Einsatz ihrer Finanzinstrumente, Baden-Baden 1980
Zellentin, Gerda, Budgetpolitik und Integration. Finanzautonomie und Haushaltskontrolle in den Europäischen Gemeinschaften, Köln 1965

Inhaltsübersicht

I. Die Finanzkompetenzen der Gemeinschaft

1. Die vertraglichen Finanzkompetenzen

1 Bei Gründung der Gemeinschaft sahen sich die Vertragsparteien vor die Aufgabe gestellt, die Gemeinschaft mit einer Finanzkompetenz auszustatten, deren sie zur Erfüllung ihrer Sachaufgaben bedarf. Das Verhältnis zwischen Sachkompetenz und Finanzkompetenz ist ein Problem, vor das sich die Mitgliedstaaten bei Errichtung eines staatlichen Zusammenschlusses stets gestellt sehen. Die Lösung besteht im Idealfalle in der Übereinstimmung von Sachkompetenzen und Finanzkompetenz, was allerdings einen weit fortgeschrittenen Integrationsstand voraussetzt.

2 Gemessen an diesem Idealbild hat die Finanzkompetenz, wie sie der Gemeinschaft im Vertrag zugeordnet ist, einen beschränkten Charakter. Im Unterschied zu ihren Schwestergemeinschaften EGKS und Euratom, die auf ihren Teilbereichen über relativ weitgehende finanzielle Zuständigkeiten verfügen, steht der umfassenden wirtschafts- und sozialpolitischen Zuständigkeit der EWG nach dem Vertrag nur ein begrenztes und – gemessen an dem Aufgabenkreis der Gemeinschaft – unausgeglichenes finanzielles Betätigungsfeld gegenüber. Der Vertrag selbst sieht nur die folgenden finanziellen Betätigungen vor:

die Europäische Investitionsbank, die durch Vergabe von Krediten zu einer ausgewogenen und reibungslosen Entwicklung des Gemeinsamen Marktes beitragen soll (Art. 130);

den Europäischen Sozialfonds, dessen Aufgabe es ist, die berufliche Verwendbarkeit und Freizügigkeit der Arbeitskräfte zu fördern (Art. 123 ff.);

den oder die Ausrichtungs- oder Garantiefonds für die Landwirtschaft, die es ermöglichen sollen, die Ziele der gemeinsamen Agrarpolitik zu erreichen (Art. 40 Abs. 4; s. auch Art. 41 Buchst. a);

den Entwicklungsfonds für die überseeischen Länder und Hoheitsgebiete, der für den Zeitraum von 1958 bis 1962 Finanzhilfen an die damals von Mitgliedstaaten noch abhängigen Gebiete vergab (Art. 136; Durchführungsabkommen über die Assoziierung der überseeischen Länder und Hoheitsgebiete mit der Gemeinschaft). Nach dem Selbständigwerden der meisten dieser Gebiete fand dieser Fonds seine Fortsetzung in den Europäischen Entwicklungsfonds.[1] Rechtsgrundlage ihrer Leistungen sind hinsichtlich der noch abhängigen Gebiete Beschlüsse des Rates auf der Grundlage von Art. 136, hinsichtlich der selbständigen Staaten Abkommen über die Assoziierung oder Koopera-

1 Siehe Rn. 3 zu Art. 199.

tion dieser Staaten mit der EWG.[2] Im Rahmen dieser Abkommen wird die Finanzhilfe entweder von der Gemeinschaft gewährt – und zwar aufgrund einer ihr mit dem ratifizierten Abkommen verliehenen Befugnis – oder die Hilfe wird gemeinsam von den Mitgliedstaaten vergeben. Im letzteren Fall handelt es sich rein rechtlich nicht um eine finanzielle Leistung der Gemeinschaft als solcher. Möglich sind auch gemischte Abkommen, an denen sich sowohl die Gemeinschaft als auch die Mitgliedstaaten – jeweils entsprechend ihrer Zuständigkeit – beteiligen.[3]

2. Die Erweiterung der Finanzkompetenzen

3 Eine andere Frage ist, ob die im Vertrag ausdrücklich aufgeführten finanziellen Zuständigkeiten der Gemeinschaft einen abschließenden Charakter haben. Im Sinne verfassungsrechtlicher und verfassungspolitischer Klarheit liegt es immer, die Finanzkompetenzen der Gemeinschaft ausdrücklich zu normieren. Nur insoweit tritt die Übertragung von Hoheitsbefugnissen durch die gesetzgebenden Körperschaften der Mitgliedstaaten eindeutig hervor. Dies spricht dafür, eine Erweiterung der Finanzkompetenzen der Gemeinschaft nur im Wege der Vertragsänderung zuzulassen. Andererseits besteht bei einem Vertrag, mit dem ein Integrationsprozeß eingeleitet wird, das integrationspolitische Bedürfnis nach einer Ergänzungsklausel, die den zeitraubenden Weg der Vertragsänderung erspart. Tatsächlich kennt der EWG-Vertrag in Art. 235 eine solche Bestimmung. Die Staats- und Regierungschefs der erweiterten Gemeinschaft haben auf der Pariser Gipfelkonferenz vom Oktober 1972 beschlossen, von dieser Möglichkeit verstärkt Gebrauch zu machen.[4]

4 In Ausführung dieses Beschlusses wurde inzwischen auch die finanzielle Kompetenz der Gemeinschaft über die im Vertrag vorgesehene Befugnis hinaus erweitert. Dies gilt vor allem für das Gebiet der Forschung und Entwicklung,[5] der Energiepolitik,[6] der finanziellen Zusammenarbeit mit nicht assoziierten Entwicklungsländern[7] und der Regionalpolitik mit der Einrichtung des Regionalfonds im Jahr 1975.[8]

5 Sehen wir in der Finanzstruktur der Gemeinschaft ein Spiegelbild des Integrationsprozesses, so stellen sich die Versuche, die Finanzkompetenz der Gemeinschaft über Art. 235

2 ABl. 1964 Nr. 93 S. 1431, HER I A 59/2, S. 3; ABl. 1970 Nr. L 282 S. 2, HER I A 59/3, S. 13 und ABl. 1973 Nr. L 288 S. 1; ABl. 1976 Nr. L 25 S. 1 und Nr. L 176 S. 8; ABl. 1980 Nr. L 347 S. 1 und ABl. 1982 Nr. L 24 S. 1.
3 *Deringer-Sedemund*, Europäisches Gemeinschaftsrecht, in: NJW 1980, S. 1198.
4 Ziff. 15 am Ende der Erklärung der Pariser Gipfelkonferenz, Bulletin der Bundesregierung Nr. 148/1092 S. 1763 ff.
5 Siehe z. B. ABl. 1981 Nr. L 376 S. 38.
6 Siehe z. B. ABl. 1978 Nr. L 158 S. 1.
7 Siehe z. B. ABl. 1981 Nr. L 373 S. 11.
8 ABl. 1975 Nr. L 73 S. 49.

zu erweitern, als eine Zwischenphase dar, die ihre Ursache in der ungenügenden Ausstattung der Gemeinschaft mit Finanzkompetenzen hat. Bei einem weiteren erfolgreichen Verlauf des Integrationsprozesses wird eine grundlegende Neuabgrenzung der Finanzkompetenzen der Gemeinschaft und der Mitgliedstaaten im Wege der Vertragsänderung unumgänglich sein.

3. Umfang der Finanzkompetenzen

6 Die Finanzkompetenzen der Gemeinschaft sind in den einzelnen Bereichen unterschiedlich stark ausgebildet. Zum Teil sind die finanziellen Interventionen der Gemeinschaft rein akzessorisch zu finanziellen Maßnahmen der Mitgliedstaaten. Die Gemeinschaft beschränkt sich hier darauf, sich an finanziellen Maßnahmen der Mitgliedstaaten mit einem bestimmten Anteil zu beteiligen. Dies trifft z. B. auf die Tätigkeit des Sozialfonds, des Regionalfonds und der Abteilung Ausrichtung des EAGFL zu. Im besten Fall wird hier über die finanzielle Einschaltung der Gemeinschaft eine Koordinierung der Sachpolitiken erreicht, wie z. B. bei bestimmten Agrarstrukturmaßnahmen. Auf anderen Gebieten stehen Leistungen der Gemeinschaft neben finanziellen Maßnahmen der Mitgliedstaaten, die auf das gleiche Ziel gerichtet sind, so z. B. auf dem Gebiet der Entwicklungshilfe. Nur auf einem, vom Volumen her allerdings ins Gewicht fallenden Gebiet, nämlich bei den Agrarmarktausgaben, besitzt die Gemeinschaft im Rahmen der bestehenden Marktordnungen die ausschließliche Finanzkompetenz.

Im Agrarmarktbereich sind die Ausgaben der Gemeinschaft an die Stelle der Aufwendungen der Mitgliedstaaten getreten. Der Grund liegt darin, daß die Agrarmarktpolitik eine voll integrierte Gemeinschaftspolitik ist, die einzige, die es bisher gibt.

II. Die Finanzquellen der Gemeinschaft

7 In engstem Zusammenhang mit den Finanzkompetenzen der Gemeinschaft steht die Frage ihrer Finanzquellen. Es liegt auf der Hand, daß es für eine eigenständige Wahrnehmung der finanziellen Aufgaben der Gemeinschaft von entscheidender Bedeutung ist, ob und in welchem Umfang sie dabei in der Beschaffung der notwendigen Finanzierungsmittel unabhängig ist.

1. Die ursprüngliche Finanzbeitragsregelung

8 Der Vertrag selbst hat der Gemeinschaft keine unmittelbaren Einnahmequellen eröffnet. Er hat vielmehr ein System von Finanzbeiträgen vorgesehen (Art. 200), wie es bei internationalen Organisationen üblich ist, regelmäßig aber auch am Anfang föderativer Zusammenschlüsse steht. Es ist die einfachste Form der Finanzierung von Gemeinschafts-

aufgaben. Sein Kennzeichen ist die starke finanzielle Abhängigkeit der Gemeinschaft von den Mitgliedstaaten, denen ihre finanzielle Autonomie weitgehend belassen wird.

Für die Mitgliedstaaten steht bei einem System von Finanzbeiträgen naturgemäß die Höhe ihres Beitragsanteils im Mittelpunkt des Interesses. Da alle finanziellen Leistungen der Gemeinschaft von einem gemeinsamen Interesse getragen sind, hätte es nahegelegen, daß sie alle nach einem Beitragsschlüssel umgelegt werden. Dem war aber nicht so. Für die verschiedenen Zweckbestimmungen waren vielmehr unterschiedliche Aufbringungsschlüssel entweder bereits im Vertrag vorgesehen oder vom Rat oder den Mitgliedstaaten vereinbart. Der deutsche Beitragsanteil schwankte dabei – im Rahmen der Sechsergemeinschaft – zwischen 28 und 34 vH. Allgemein läßt sich sagen, daß für die Bestimmung des Beitragsschlüssels bei den Verwaltungsausgaben mehr politische Gesichtspunkte (insbes. wegen der Rückwirkung auf die Stimmenwägung bei Mehrheitsentscheidungen im Rat), für die operativen Ausgaben mehr wirtschaftliche Gesichtspunkte (Relation der Bruttosozialprodukte der Mitgliedstaaten) ausschlaggebend waren.

2. Die Übertragung eigener Einnahmen

9 Wenn der Vertrag selbst der Gemeinschaft noch keine Eigenmittel erschloß, so enthielt er doch in Art. 201 einen Ansatz dafür, mit der Fortentwicklung der Gemeinschaft das System der Finanzbeiträge durch ein System der Eigeneinnahmen abzulösen. Angesichts der Rückwirkungen dieses Schrittes auf die Finanzwirtschaft der Mitgliedstaaten ließ der Vertrag dafür nicht einen Beschluß der Gemeinschaftsorgane genügen, sondern band die Erschließung eigener Mittel an die Annahme durch die Mitgliedstaaten gemäß ihren verfassungsrechtlichen Vorschriften.

10 Der von den Mitgliedstaaten ratifizierte Beschluß des Rates vom 21. 4. 1970 über die Ersetzung der Finanzbeiträge der Mitgliedstaaten durch eigene Mittel der Gemeinschaften[9] hat der Gemeinschaft eigene Finanzquellen eröffnet. Die Finanzbeiträge wurden stufenweise durch Eigenmittel abgelöst. Vom 1. 1. 1975 an sollte der Haushaltsplan der Gemeinschaften vollständig aus eigenen Mitteln finanziert werden. Als solche Eigeneinnahmen hat der Beschluß vom 21. 4. 1970 die Zölle und Agrarschöpfungen ausgewählt, sozusagen die geborenen eigenen Einnahmen der auf der Zollunion und dem Gemeinsamen Agrarmarkt beruhenden Gemeinschaft. Zölle und Abschöpfungen sollten von 1975 an durch Mehrwertsteuereinnahmen ergänzt werden, wobei sich die Höhe der von den Mitgliedstaaten an die Gemeinschaft abzuführenden Mehrwertsteuereinnahmen nach einem alljährlich im Haushaltsverfahren festzulegenden Satz einer einheitlichen steuerlichen Bemessungsgrundlage richtet, der 1 vH dieser Bemessungsgrundlage nicht überschreiten darf. Wegen der Verzögerung der Verabschiedung und Anwendung der Vorschriften über die Bemessungsgrundlage leisteten die Mitgliedstaaten aber noch bis 1978 zur Finanzierung des durch Zölle und Abschöpfungen nicht gedeckten Teils des

9 ABl. 1970 Nr. L 94 S. 19; HER I A 66/3, S. 1.

Haushaltsplans Finanzbeiträge nach dem BSP-Schlüssel. 1979 führte die Mehrheit der Mitgliedstaaten erstmals Mehrwertsteuereinnahmen auf der Basis der Bemessungsgrundlage an die Gemeinschaft ab, während die restlichen Mitgliedstaaten noch Finanzbeiträge leisteten. Erst von 1980 an wurde die Mehrwertsteuerfinanzierung generell angewendet und damit die Vollfinanzierung des Gemeinschaftshaushalts mit Eigenmitteln erreicht.

Mit dem 1 vH.-Plafond besteht für die Mehrwertsteuereinnahmen der Gemeinschaften eine Obergrenze, die allerdings angesichts der jährlichen Wachstumsrate der Bemessungsgrundlage einen dynamischen Charakter hat. Eine Erhöhung der Obergrenze von 1 vH ist nur im Verfahren des Art. 201 möglich, bedarf also der Ratifizierung durch die Mitgliedstaaten.

3. Die Finanzautonomie der Gemeinschaft

11 Ohne Zweifel kommt die Gemeinschaft mit dieser Erschließung eigener Mittel in den Genuß einer erhöhten finanziellen Autonomie. Wie weit diese Autonomie reicht, hängt letztlich von der Wechselwirkung zwischen Finanzbedarf und Finanzierungsmasse ab. Der Gemeinschaftshaushalt hat sich inzwischen dem 1 vH.-Plafond stark angenähert. Im Jahr 1982 hat die Gemeinschaft zur Deckung ihres Finanzbedarfs 0,925 vH der Höchstgrenze von 1 vH der Bemessungsgrundlage benötigt. Damit sind einer weiteren Ausdehnung der finanziellen Aufgaben der Gemeinschaft (etwa über Art. 235) oder auch einer stärkeren Ausfüllung der bestehenden Kompetenzen durch die zur Verfügung stehenden Eigenmittel Grenzen gesetzt. Zölle und Abschöpfungen lassen sich nicht nach fiskalischen Gesichtspunkten variieren. Ihre Sätze werden unter handels- und agrarpolitischen Gesichtspunkten festgelegt. Für die Mehrwertsteuereinnahmen besteht eine, wenn auch dynamische Höchstgrenze. Die Schranken der finanziellen Selbständigkeit der Gemeinschaft liegen darin, daß sie weder die Höhe der ihr zufließenden Mittel ohne Einschränkung selbst bestimmen – im Gegensatz etwa zur Regelung der EGKS-Umlage (Art. 49 EGKS-Vertrag) – noch sich selbst weitere Eigenmittel beschaffen kann. Letztlich müssen aber bei jeder Staatengemeinschaft die Finanzquellen, die immer nur beschränkt vorhanden sind, auf die Gemeinschaft und die Mitgliedstaaten aufgeteilt werden. Die Abgrenzung der Zugriffsmöglichkeiten ist eine Frage des Integrationsstandes. Eine wesentliche Vermehrung der Finanzquellen der Gemeinschaft ließe sich auch nur bei gleichzeitiger Neuverteilung der finanziellen Aufgaben zugunsten der Gemeinschaft rechtfertigen, d. h. unter Entlastung der Mitgliedstaaten. Gerade in diesem Sinne wäre eine eindeutige Abgrenzung der finanziellen Aufgaben zwischen Gemeinschaft und Mitgliedstaaten wünschenswert. Art. 235 mag in einem gewissen Umfang zur Erweiterung der finanziellen Aufgaben der Gemeinschaft herangezogen werden können. Eine größere Ausdehnung ihrer Finanzkompetenzen setzt aber sicherlich eine Neudefinition der finanziellen Aufgabenverteilung zwischen Gemeinschaft und Mitgliedstaaten im Wege der Vertragsänderung voraus.

III. Die Verwaltung der Gemeinschaftsfinanzen

12 Die finanziellen Betätigungen der Gemeinschaft und der Mitgliedstaaten, wie sie in Rn. 1 bis 6 geschildert sind, werden unterschiedlich durchgeführt. Teils finden sie ihren Niederschlag im Haushaltsplan der Gemeinschaft, teils werden sie außerhalb des Haushaltsplans abgewickelt.

1. Verwaltung außerhalb des Gemeinschaftshaushalts

13 Die Europäische Investitionsbank besitzt eigene Rechtspersönlichkeit; sie steht daher außerhalb der Haushaltswirtschaft der Gemeinschaft.[10]

Die Europäischen Entwicklungsfonds werden nach Art eines Sondervermögens behandelt. Für sie gelten besondere finanzwirtschaftliche Bestimmungen. Die Mittel werden von der Kommission oder der Europäischen Investitionsbank verwaltet.[11] In die Entscheidungen über die Vergabe der Mittel an die Begünstigten sind aber regelmäßig die Mitgliedstaaten eingeschaltet.

2. Ausgaben des Gemeinschaftshaushalts

14 Vom Haushaltsplan der Gemeinschaft erfaßt werden dagegen die Verwaltungsausgaben, der Sozialfonds, der Agrarfonds und die aufgrund des Art. 235 beschlossenen Ausgaben, seit 1977 – abgesehen vom Entwicklungsfonds – auch die Entwicklungshilfeleistungen der Gemeinschaft. Diese Ausgaben des Haushaltsplans unterliegen der allgemeinen Haushaltswirtschaft der Gemeinschaft, deren Rahmen in den Finanzvorschriften des Vertrags abgesteckt ist. Die Art. 199 bis 209 regeln die Grundzüge der Haushaltswirtschaft:

Artikel 199	Haushaltsplan der Gemeinschaft
Artikel 200 und 201	Einnahmen der Gemeinschaft
Artikel 202	Ausgaben der Gemeinschaft
Artikel 203 und 203a	Haushaltsbewilligungsverfahren
Artikel 204	Nothaushaltsverfahren
Artikel 205	Ausführung des Haushalts
Artikel 205a	Rechnungslegung

10 *Harrop, J.*, The European Investment Bank, in: Quarterly Rev. 1978, S. 18.
11 Siehe Internes Abkommen von 1979 über die Finanzierung und Verwaltung der Hilfe der Gemeinschaft (ABl. 1980 Nr. L 347 S. 210).

Artikel 206 und 206a	Rechnungsprüfung
Artikel 206b	Entlastung
Artikel 207 und 208	Leistung der Finanzbeiträge und Transfergeschäfte
Artikel 209	Erlaß ergänzender Haushaltsvorschriften

3. Die Beteiligung der Organe am Gemeinschaftshaushalt

15 Die Beteiligung der Organe der Gemeinschaft an den haushaltswirtschaftlichen Funktionen stellt sich in großen Zügen wie folgt dar: Das Europäische Parlament und der Rat sind die Haushaltsbewilligungsorgane.

Die Kommission führt den Haushalt – unter Beteiligung der anderen Organe der Gemeinschaft – aus. Sie stellt auch den Vorentwurf des Haushaltsplans auf.

Die Rechnungsprüfung liegt in den Händen des Rechnungshofs.

Das Haushaltsbewilligungsverfahren im besonderen

16 Besonders problematisch bei dieser Rollenverteilung ist das Verhältnis von Rat und Parlament bei der Haushaltsbewilligung.

Entsprechend der für die Gemeinschaft zunächst vorgesehenen Finanzierung über Finanzbeiträge der Mitgliedstaaten hatten die vertragschließenden Parteien das Budgetrecht in die Hände des Rates als des förderativen Organs der Gemeinschaft gelegt. Das Europäische Parlament konnte zwar Änderungsvorschläge zu den vom Rat aufgestellten Haushaltsentwurf machen, die aber für den Rat nicht verbindlich waren. Abgesehen von dieser Einschaltung des Europäischen Parlaments bestand nur eine indirekte parlamentarische Kontrolle insofern, als die Regierungen ihre Stimmabgabe bei der Verabschiedung des Haushaltsplanes der Gemeinschaft ihren Parlamenten gegenüber politisch zu verantworten hatten.

17 Diese Regelung, die auf eine viel kritisierte Alleinherrschaft des Rats im Budgetverfahren hinauslief, wurde 1971 erstmals gleichzeitig mit der Erschließung eigener Mittel für die Gemeinschaft geändert, ein zweites Mal 1977. Im Wege der Vertragsänderung[12] wurde das Haushaltsbewilligungsverfahren (Art. 203) neu geordnet. Dabei wurde nun aber nicht die Vorrangstellung des Rates durch diejenige des Europäischen Parlaments ersetzt,

12 Siehe Rn. 6 bis 14 zu Art. 203.

sondern das Budgetrecht wurde – nach einer Übergangsphase von 1971 bis 1974 (Art. 203 a) – gewissermaßen zwischen den beiden Organen aufgeteilt. Das Europäische Parlament übt es für die rechtlich nicht zwingenden Ausgaben aus, der Rat für die rechtlich zwingenden Ausgaben. Diese Regelung erklärt sich daraus, daß der Rat nach wie vor das Legislativorgan der Gemeinschaft ist. Die 1971 vorgenommene Neuverteilung der Kompetenzen war nämlich auf das Budgetverfahren beschränkt, die Rechtssetzungsbefugnis blieb davon unberührt. Die Kompetenz zum Erlaß von Rechtsakten steht nach dem Vertrag weitgehend dem Rat zu, das Parlament ist auf ein bloßes Anhörungsrecht beschränkt. Mit der Konstruktion der Aufteilung des Budgetrechts wollte man ein Auseinanderfallen des Rechts zur Regelung materieller Tatbestände mit finanzieller Tragweite und des Rechts zur Bewilligung entsprechender Mittel vermeiden. Tatsächlich beruht aber auch ein Großteil der Ausgaben, denen keine Rechtsansprüche gegenüberstehen, auf Rechtsakten. Längerfristig läßt sich das Problem der Inkongruenz von Legislativ- und Haushaltsbefugnissen nur dadurch lösen, daß auch dem Parlament Legislativrechte zuerkannt werden. Eine weitere wesentliche Stärkung der Haushaltsbefugnisse des Parlaments setzt eine Neuregelung des Legislativverfahrens der Gemeinschaft voraus. Aber auch dann wird man angesichts der föderativen Struktur der Gemeinschaft auf eine Mitwirkung des Rates im Legislativ- und Haushaltsbewilligungsverfahren nicht verzichten können.

IV. Die Beziehungen zu der Finanzwirtschaft der EAG und der EGKS

1. Ursprüngliche Regelung

18 Die Haushaltswirtschaft der Gemeinschaft stand von Anfang an in engen Beziehungen zu der Finanzwirtschaft der beiden anderen Sechsergemeinschaften, der EAG und der EGKS. Dies ergab sich vor allem aus der Notwendigkeit der gemeinschaftlichen Finanzierung der den drei Gemeinschaften seit Gründung der EWG und EAG gemeinsamen Organe und Einrichtungen, des Parlaments, des Gerichtshofs und des Sekretariats der Räte (s. insbes. das Abkommen über gemeinsame Organe für die Europäischen Gemeinschaften). Für diese gemeinschaftliche Finanzierung waren angesichts der unterschiedlichen Struktur der Finanzwirtschaft der drei Gemeinschaften besondere, recht komplizierte Vorkehrungen erforderlich. Zwar stimmten die Haushaltswirtschaft der EWG und EAG weitgehend überein; die Unterschiede waren praktisch auf die besondere Regelung der operativen Ausgaben der EAG beschränkt, die in dem Forschungs- und Investitionshaushalt dieser Gemeinschaft zu veranschlagen waren (Art. 174 Abs. 2 des EAG-Vertrags). Die Finanzwirtschaft der EGKS aber wies eine abweichende Struktur auf. Im Haushaltsplan dieser Gemeinschaft, dem sogenannten Haushaltsvoranschlag, wurden im wesentlichen nur die Verwaltungsausgaben veranschlagt. Auch war das Haushaltsbewilligungsrecht anders als bei der EWG und EAG ausgestaltet, was seinen Grund in der unterschiedlichen Finanzierung hatte. Während für die Finanzierung der EWG und EAG Finanzbeiträge vorgesehen waren, verfügte die EGKS von Anfang an über eine eigene Steuerhoheit und erhob zur Bestreitung ihrer Ausgaben eine Umlage auf die Erzeugung von Kohle und Stahl. Ihr Haushaltsbewilligungsorgan war ein Ausschuß, der sich aus den Präsidenten ihrer vier Organe zusammensetzte, und nicht der Rat wie bei der EWG und der EAG.

2. Fussionsvertrag

19 Eine gewisse Vereinheitlichung der Finanzwirtschaft der drei Gemeinschaften hat der Vertrag zur Einsetzung eines gemeinsamen Rates und einer gemeinsamen Kommission der Europäischen Gemeinschaften (Art. 20 bis 23 dieses Vertrags) gebracht, der am 1. 7. 1967 in Kraft getreten ist[13] (im folgenden Fusionsvertrag genannt). Da mit der Einsetzung des gemeinsamen Rates und der gemeinsamen Kommission alle Organe der drei Gemeinschaften zu gemeinsamen Organen wurden, erhielten auch sämtliche Verwaltungsausgaben einen gemeinsamen Charakter. Der sich daraus ergebenden Notwendigkeit einer gemeinsamen Veranschlagung dieser Verwaltungsausgaben hat der Fusionsvertrag durch die Einführung eines »Haushaltsplans der Europäischen Gemeinschaften« Rechnung getragen. In diesem neuen Haushaltsplan ging der Haushaltsplan der EWG in vollem Umfang auf, bei den beiden anderen Gemeinschaften dagegen nur die Verwaltungshaushaltspläne; die operativen Ausgaben der EAG und die entsprechenden Einnahmen wurden zunächst weiterhin in dem Forschungs- und Investitionshaushaltsplan veranschlagt, die nicht verwaltungsmäßigen Einnahmen der EGKS und ihre operativen Ausgaben finden weiterhin keinen haushaltsmäßigen Niederschlag,[14] abgesehen von einem Beitrag der EGKS aus der Umlage zum Haushaltsplan der Europäischen Gemeinschaften.

20 Die für die Aufstellung, Ausführung und Kontrolle des Haushaltsplans der Gemeinschaften notwendige Übereinstimmung der Haushaltsbestimmungen der drei Verträge hat der Fusionsvertrag durch die Angleichung der EGKS-Vorschriften an den EWG- und EAG-Vertrag hergestellt. Er hob die besonderen Haushaltsvorschriften der EGKS in Art. 78 des EGKS-Vertrags auf und fügte in diesen Vertrag neue Bestimmungen über einen Verwaltungshaushaltsplan dieser Gemeinschaft ein, die mit den Vorschriften des EWG-Vertrags über den EWG-Haushaltsplan und den Vorschriften des EAG-Vertrags über den EAG-Verwaltungshaushaltsplan in Übereinstimmung stehen. Einen weiteren Schritt zur Vereinheitlichung der Finanzwirtschaft der drei Gemeinschaften brachte der am 1. 1. 1971 in Kraft getretene Vertrag zur Änderung bestimmter Haushaltsvorschriften der Verträge zur Gründung der Europäischen Gemeinschaften und des Vertrags zur Einsetzung eines gemeinsamen Rates und einer gemeinsamen Kommission der Europäi-

13 ABl. 1967 Nr. 152 S. 2; abgedruckt im Anhang B dieses Kommentars.

14 Der sogen. EGKS-Funktionshaushaltsplan beschränkt sich auf eine Gegenüberstellung von Vorausschätzungen des Finanzbedarfs und der Einnahmen (s. z. B. ABl. 1981 Nr. L 374 S. 28). Er wird von der Kommission beschlossen.

schen Gemeinschaften.[15] Mit diesem Vertrag wurde das Haushaltsbewilligungs- und das Entlastungsverfahren der drei Gemeinschaften neu geregelt, gleichzeitig aber auch der Forschungs- und Investitionshaushalt der EAG in den Haushaltsplan der Gemeinschaften einbezogen. Mit Art. 10 des Vertrags erhielt Art. 20 Abs. 1 des Fusionsvertrags folgende Neufassung:

»Die Verwaltungsausgaben der Europäischen Gemeinschaft für Kohle und Stahl und die betreffenden Einnahmen, die Einnahmen und Ausgaben der Europäischen Wirtschaftsgemeinschaft sowie die Einnahmen und Ausgaben der Europäischen Atomgemeinschaft mit Ausnahme derjenigen der Versorgungsagentur und der gemeinsamen Unternehmen werden nach Maßgabe der jeweiligen Vorschriften der Verträge zur Gründung dieser drei Gemeinschaften in den Haushaltsplan der Europäischen Gemeinschaften eingesetzt. Dieser Haushaltsplan ist in Einnahmen und Ausgaben auszugleichen und tritt an die Stelle des Verwaltungshaushaltsplans der Europäischen Gemeinschaft für Kohle und Stahl, des Haushaltsplans der Europäischen Wirtschaftsgemeinschaft sowie des Verwaltungshaushaltsplans und des Forschungs- und Investitionshaushaltsplans der Europäischen Atomgemeinschaft.«

21 Der gleichzeitig mit dem genannten Vertrag in Kraft getretene Beschluß des Rates vom 21. 4. 1970 über die Ersetzung der Finanzbeiträge der Mitgliedstaaten durch eigene Mittel der Gemeinschaften[16] führte auch für die EWG und EAG die Finanzierung mit Eigenmitteln ein. Er brachte somit wenigstens die Gleichartigkeit der Finanzquellen der drei Gemeinschaften, wenn auch auf die Gemeinschaften unterschiedliche Einnahmearten entfallen, nämlich auf die EGKS die Umlage, auf die EWG und EAG Zölle, Agrarabschöpfungen und Mehrwertsteuereinnahmen.

22 Der wünschenswerten vollen Vereinheitlichung der Finanzwirtschaft der drei Gemeinschaften stehen damit praktisch nur noch die Sonderregelung der operativen Ausgaben der EGKS und die besondere Einnahmeart dieser Gemeinschaft entgegen.

Mit dem Fusionsvertrag haben die Haushaltsbestimmungen des EWG-Vertrags nicht etwa ihre Geltung verloren; sie sind lediglich statt auf den EWG-Haushaltsplan nunmehr auf den Haushaltsplan der Gemeinschaften anzuwenden. Ihre letzte Fassung haben sie – in Übereinstimmung mit den entsprechenden Haushaltsvorschriften der EAG und der EGKS – durch den Vertrag zur Änderung bestimmter Finanzvorschriften der Gemeinschaftsverträge erhalten, der am 1. 6. 1977 in Kraft getreten ist.[17]

15 ABl. 1971 Nr. L 2 S. 1; HER I A 11, S. 215.
16 ABl. 1970 Nr. L 94 S. 19; HER I A 66/3, S. 1.
17 ABl. 1977 Nr. L 359 S. 1; HER I A 11, S. 227.

V. Die Haushaltswirklichkeit

23 Im staatlichen Bereich pflegt man den Haushalt als das Lebensbuch der Nation zu bezeichnen. Dies gilt für die Gemeinschaft und ihren Haushaltsplan nur mit Einschränkungen. Zwar läßt sich am Gemeinschaftshaushalt ablesen, daß in einem bestimmten Bereich, nämlich im Bereich der Agrarpolitik, die Integration weit vorangeschritten ist. Der Haushalt vermittelt aber angesichts der beschränkten Finanzkompetenz der Gemeinschaft keinen allgemeinen Überblick über den Integrationsstand in der Gemeinschaft.

Verglichen mit der Finanzverfassung klassischer Bundesstaaten stehen Finanzkompetenz und Finanzausstattung noch im Vorstadium eines föderalen Finanzsystems. Das Volumen des Haushaltsplans der Gemeinschaften, der zwar nicht alle, aber doch die meisten finanziellen gemeinschaftlichen Leistungen erfaßt, erreicht 1982 nur 0,90 % des Bruttoinlandsprodukts der Gemeinschaft. Nur bei verstärkter politischer Solidarität, einem größeren Konsens über gemeinsame Wertvorstellungen und einem entsprechendn institutionellen Ausbau sind wesentlich höhere Budgetvolumina mit einem größeren Umverteilungspotential denkbar. Solange diese Voraussetzungen nicht gegeben sind, wird die finanzielle Ausstattung der Gemeinschaft voraussichtlich im bisherigen, allerdings auch ganz beachtlichen Umfang wachsen.

1. Die Entwicklung der Ausgaben der Gemeinschaft

24 1958 startete die EWG mit einem Haushaltsvolumen von 44 Mio. DM. Als Folge des Beginns der Agrarfinanzierung stiegen die Ausgaben Mitte der sechziger Jahre steil an und erreichten 1 Mrd. DM. Wiederum bedingt durch die Agrarausgaben – von Mitte 1967 an übernahm die Gemeinschaft die Vollfinanzierung der Agrarmarktkosten[18] – wuchsen die Ausgaben in den folgenden Jahren sehr schnell. Anfang der siebziger Jahre betrug das Volumen des Haushaltsplans der Gemeinschaften, in dem 1968 der EWG-Haushaltsplan aufgegangen war, bereits 10 Mrd. DM. Eine Zäsur trat dann 1973 mit dem Beitritt von Dänemark, Großbritannien und Irland ein. Seitdem hat sich das Volumen des Gemeinschaftshaushalts wie folgt entwickelt (bis 1979 Ist-Ergebnis, 1980–1982 Soll; in Mio Haushaltsrechnungseinheiten:[19]

18 Siehe Rn. 9 bis 16 zu Art. 199.
19 1 RE 1973 bis 1977 = 3.66 DM. 1978 bis 1980 ERE: schwankende Kurse um 2.50 DM. Seit 1981 ECU: schwankende Kurse, Anfang 1982 2.45 DM.

	Gesamthaushalt	davon Agrarmarkt-ausgaben	in v.H.
1973	4641	3594	77
1974	5037	3390	67
1975	6214	4523	73
1976	7993	5587	70
1977	8483	6830	81
1978	12262	8679	71
1979	14373	10440	73
1980	16183	11315	70
1981	18434	11612	63
1982[20]	21984	13703	62

Der Personalbestand der Gemeinschaftsorgane

25 Für die Bewältigung ihrer Aufgaben stand den Institutionen 1982 folgendes Personal zur Verfügung (im Haushaltsplan genehmigte Dauerplanstellen):

Parlament	2931
Rat	1755
Kommission	
– Verwaltung	9853
– Forschung	2747
Gerichtshof	474
Rechnungshof	294
Wirtschafts- und Sozialausschuß	378

2. Zusammensetzung der Ausgaben des Gemeinschaftshaushalts

26 In der Verteilung der Haushaltsausgaben auf die einzelnen Gemeinschaftspolitiken spiegelt sich die partielle und punktuelle finanzielle Integration wider. Die obige Tabelle über die Haushaltsvolumina 1973 bis 1982 zeigt, daß innerhalb derAusgaben des Gemeinschaftshaushalts ein deutliches Übergewicht der Agrarmarktausgaben besteht. Der Anteil der übrigen Ausgabenbereiche bleibt dahinter weit zurück. Dabei haben diese Ausgaben – insb. die Sozial- und Strukturausgaben, die bis Mitte der siebziger Jahre ein Schattendasein geführt haben – in den letzten Jahren Boden gut gemacht. Im Haushaltsplan der Gemeinschaften 1982 verteilen sich die Ausgaben wie folgt (in Mio ECU):[21]

20 Ohne etwaige Nachtragshaushalte.
21 1 ECU 1982 = rd. 2.45 DM.

		v.H.
Verwaltung	1 108	5,04
Forschung, Energie, gewerbl. Wirtschaft	438	1,98
Sozialbereich	1'022	4,65
Regionalbereich	2 948	13,41
davon		
Regionalfonds	1 075	4,89
Sondermaßnahmen		
Großbritannien	1 654	7,52
Entwicklungshilfe	817	3,72
Erstattungen an die Mitgliedstaaten	1 140	5,18
Agrarbereich	14 533	66,10
davon		
Agrarmarktausgaben	13 703	62,33

a) Übergewicht der Agrarmarktausgaben

7 Der Vorrang der Agrarmarktausgaben ist letztlich darauf zurückzuführen, daß die Agrarmarktpolitik die einzige *vollintegrierte Politik* der Gemeinschaft ist. Sie ist auch die einzige Politik mit voller finanzieller Kompetenz der Gemeinschaft. Dieser hohe Integrationsgrad kann allerdings das hohe Volumen der Agrarmarktausgaben allein nicht rechtfertigen. Der Einsatz der Agrarmittel ist nicht als optimal zu bezeichnen. Insbesondere haben zu hoch festgesetzte Agrarpreise eine Überschußproduktion ausgelöst, die zu enormen Verwertungskosten geführt hat. Mit einer effizienteren Agrarpolitik könnte ein besseres Gleichgewicht unter den Gemeinschaftsausgaben erreicht und insbesondere die Umverteilungsfunktion des Gemeinschaftshaushalts unter dem Gesichtspunkt des unterschiedlichen Entwicklungsstandes der Volkswirtschaften der Mitgliedstaaten verbessert werden.[22]

b) Mitteltransfer über den Gemeinschaftshaushalt

8 Das Übergewicht der Agrarmarktausgaben hat zur Folge, daß sich der Mitteltransfer über den Gemeinschaftshaushalt vornehmlich danach richtet, wo die meisten Ausgabetatbestände der Agrarmarktordnungen anfallen. Bei dem Vergleich zwischen dem Finanzierungsanteil am Gemeinschaftshaushalt und dem Anteil an den Rückflüssen aus dem

22 *Parfitt, Trevor,* The Budget and the CAP: A community crisis averted, in: The World Today 1980, S. 313.

Gemeinschaftshaushalt schneiden daher die Mitgliedstaaten mit einer relativ hoch entwickelten Agrarproduktion und einem relativ hohen Anteil an Agrarerzeugnissen mit hohem Interventionsgrad am besten ab. Dies können die weniger wohlhabenden Mitgliedstaaten der Gemeinschaft sein, sind es aber – wie das Beispiel Großbritannien zeigt – nicht notwendigerweise. Zwar fließen die Struktur- und Sozialausgaben der Gemeinschaft in erster Linie diesen Ländern zu. Angesichts der relativ bescheidenen Höhe dieser Mittel reicht dieser Rückfluß aber nicht aus, um einen größeren Nettoverlust im Agrarmarktbereich auszugleichen.

c) Umverteilungsfunktion des Gemeinschaftshaushalts

29 Auf längere Sicht wird im Interesse einer ausgeglichenen Entwicklung der Gemeinschaft eine Korrektur des verzerrten Bildes, das sich aus der einseitigen Herausstellung der Landwirtschaft ergibt, unerläßlich sein. Die Gemeinschaft muß in ihrer finanziellen Betätigung andere Bereiche stärker berücksichtigen, die – wie etwa die Sozialpolitik und die Regionalpolitik – für ihr Funktionieren nicht weniger von Bedeutung sind. Sicherlich kann die Gemeinschaft im Bereich der Sozial- und Strukturpolitik nicht die gleiche Rolle übernehmen wie auf dem Gebiet der vollintegrierten Agrarmarktpolitik. Die soziale und strukturelle Entwicklung ist in erster Linie eine Aufgabe der Mitgliedstaaten, die Beiträge der Gemeinschaft können nur einen unterstützenden Charakter haben. Aber nur bei einer Verstärkung dieses Beitrags, die Hand in Hand mit der Eindämmerung der ständig steigenden Agrarmarktkosten gehen müßte, läßt sich ein ökonomisch sinnvoller Finanztransfer unter den Mitgliedstaaten erreichen. Der Vertrag kennt zwar keinen Finanzausgleich, der allgemein auf einen Ausgleich der unterschiedlichen wirtschaftlichen Leistungskraft der Mitgliedstaaten abzielt, sondern nur einen Finanztransfer im Rahmen einzelner Gemeinschaftspolitiken. Für einen solchen reinen Finanzausgleich fehlen sicherlich gegenwärtig noch die integrationspolitischen Voraussetzungen; er setzt einen gemeinsamen politischen Grundkonsens in den wesentlichen Existenzfragen voraus.[23] Es kann aber auch nicht der Sinn eines Finanztransfers im Rahmen von Gemeinschaftspolitiken sein, im Ergebnis auf das Gegenteil eines Finanzausgleichs hinauszulaufen. Immerhin ist in den letzten Jahren mit der starken Erhöhung der Sozial-, Regional- und Agrarstrukturausgaben ein Schritt in die richtige Richtung gemacht worden. Die in diesen Ausgaben zum Ausdruck kommende finanzielle Solidarität ist allerdings nur dann gerechtfertigt, wenn mit den gemeinsam finanzierten Maßnahmen Gemeinschaftsziele angestrebt werden.

23 *Everling,* Ausgleich der wirtschaftlichen und sozialen Unterschiede in der EG, in: Die Bank 1978, S. 571; *Reding, Kurt,* Zur Problematik eines Finanzausgleichs in der Europäischen Gemeinschaft, in: *Hans von der Groeben - Hans Möller,* Möglichkeiten und Grenzen einer Europäischen Union, Bd. 2, Baden-Baden 1976.

3. Belastungsausgleich als Folge »unannehmbarer Situationen«

30 Eine Umstrukturierung des Gemeinschaftshaushalts in Richtung auf eine Verstärkung seiner Umverteilungsfunktion – orientiert am ökonomischen Gefälle innerhalb der Gemeinschaft – ist die Voraussetzung dafür, daß in Zukunft sog. »unannehmbare Situationen« vermieden werden. Unter Berufung darauf, daß bei ihm eine solche Situation vorliegt, hat Großbritannien Ende der siebziger Jahre eine Entlastung seiner Beteiligung an der Finanzierung des Gemeinschaftshaushalts verlangt. Großbritannien hat auf seine hohe Nettobelastung verwiesen, die einem Mitgliedstaat, dessen BIP/Kopf unter dem Gemeinschaftsdurchschnitt liege, nicht zumutbar sei.

a) Berechnung von Nettolasten und Nettogewinnen

31 Die Nettoberechnung der finanziellen Belastung oder Begünstigung eines Mitgliedstaates wurde erstmals durch Art. 3 der Verordnung (EWG) Nr. 1172/76 über die Einführung eines Finanzmechanismus[24] in einem Rechtsakt der Gemeinschaft festgelegt. Bei dieser Nettorechnung werden die von einem Mitgliedstaat an die Gemeinschaft abgeführten Eigenmittel und die Ausgaben der Gemeinschaft in dem betr. Mitgliedstaat einander gegenübergestellt. Sind seine Leistungen an die Gemeinschaft höher als die Rückflüsse, die er aus dem Gemeinschaftshaushalt erhält, ist er Nettozahler, im entgegengesetzten Fall Nettoempfänger. Nach den Berechnungen der Kommission waren in den letzten Jahren nur Großbritannien und Deutschland Nettozahler, die anderen Mitgliedstaaten Nettogewinner.[25]

32 Sicherlich lassen sich gegen die Nettoberechnung gewichtige Argumente ins Feld führen.[26] Unzweifelhaft erschöpfen sich die Vor- und Nachteile, die aus der Mitgliedschaft in der Gemeinschaft folgen, nicht in dem Abschneiden eines Mitgliedstaates bei dem Mitteltransfer über den Gemeinschaftshaushalt. Die politischen und wirtschaftlichen Vorteile der Integration, die übrigens jedem Mitgliedstaat zugute kommen, lassen sich aber nur schwer quantifizieren. Wenn man die Betrachtung auf den Finanzaspekt beschränkt, der gewiß auch zur vollständigen Bewertung der Integration gehört, ist die Nettoberechnung noch der zuverlässigste quantifizierbare Indikator. Auch steht der Eigenmittelcharakter der Einnahmen der Gemeinschaft einer Nettoberechnung nicht entgegen. Er schließt – schon unter dem Gesichtspunkt der Beitragsgerechtigkeit[27] – nicht eine Bewertung der Anteile der Mitgliedstaaten an den abgeführten Eigenmitteln aus, also die Frage, in welchem Umfang die Eigenmittel in den einzelnen Mitgliedstaaten aufkommen.

24 ABl. 1976 Nr. L 131 S. 7. Siehe auch Art. 201 Rn. 26.

25 Monatsberichte der Deutschen Bundesbank, Januar 1982, S. 28; *Whitby, Martin,* The Net Cost and Benefit of EEC Membership, Ashford 1979; *Møller, Østrom,* Der Haushalt der EG, in: Eur.Arch. 1982, S. 231; *Seebohm, Eckard,* EG-Finanzen: Spiegelbild ungelöster Probleme der europäischen Integration, in: Wirtschaftdienst 1982, S. 177.

26 Siehe Art. 201 Rn. 7.

27 *Tonelli, Reno Maurizio,* Le juste retour: loi communautaire?, in: RMC 1981, S. 220.

b) Die britische Entlastung für 1980 und 1981

33 Der Rat hat sich jedenfalls dem britischen Anliegen nicht verschließen wollen. In seinem Beschluß vom 30. 5. 1980[28] hat er Großbritannien für 1980 und 1981 eine Entlastung gewährt, die nach den damaligen Schätzungen etwa 65 v.H. der britischen Nettozahlungen in diesen beiden Jahren betragen sollte.[29] Die Entlastung sollte teils über den Finanzmechanismus,[30] dessen Anwendungsvoraussetzungen zu diesem Zweck gelockert wurden, teils über zusätzliche Maßnahmen in Gestalt der Beteiligung der Gemeinschaft an der Finanzierung britischer Investitionsprogramme[31] durchgeführt werden. Tatsächlich war der Finanzmechanismus trotz der Auflockerung seiner Voraussetzungen nicht anwendbar, so daß die gesamte Entlastung über die zusätzlichen Maßnahmen erbracht wurde. Sicherlich wird es nicht bei der Entlastung Großbritanniens für die Jahre 1980 und 1981 bleiben, sie wird in den kommenden Jahren ihre Fortsetzung finden.[32]

c) Umstrukturierung des Gemeinschaftshaushalts

34 Unter Integrationsgesichtspunkten stellt die Konstruktion des Beschlusses vom 30. 5. 1980 eine Behelfslösung dar. Die gemeinschaftskonforme Lösung wäre die, die Gemeinschaftspolitiken so zu gestalten, daß der Gemeinschaftshaushalt eine an der unterschiedlichen wirtschaftlichen Leistungsfähigkeit der Mitgliedstaaten orientierte Umverteilungsfunktion erfüllen kann. Dabei kann es nicht nur um die Sicherung des Mitteltransfers zugunsten der weniger wohlhabenden Mitgliedstaaten gehen, sondern es muß gleichzeitig darauf geachtet werden, daß die Beteiligung der wohlhabenderen Mitgliedstaaten an der Finanzierung des Transfers über den Gemeinschaftshaushalt in einem ausgewogenen Verhältnis zueinander steht.

35 Der Rat hat bei seinem Beschluß vom 30. 5. 1980 den Behelfscharakter seiner Lösung durchaus gesehen. Er hat in Ziff. 7 seines Beschlusses der Kommission das Mandat erteilt, Vorschläge zu strukturellen Änderungen zu unterbreiten. Der Bericht der Kommission in Durchführung dieses Mandats liegt seit Mitte 1981 vor.[33]

28 ABl. 1980 Nr. C 158 S. 1.

29 Entlastungsbetrag für 1980 1 175 Mio ERE, für 1981 1 410 Mio ERE.

30 ABl. 1976 Nr. 131 S. 7, Änderung ABl. 1980 Nr. L 284 S. 1, s. auch Art. 201 Rn. 26.

31 ABl. 1980 Nr. L 284 S. 4.

32 *Jenkins, M.* Britain and the Community Budget: The End of a Chapter, in: CMLR 1980, S. 493;
Bywater, Marion, Le budget communautaire: Une perspective britannique, in: RMC 1979, S. 431;
Denton, Geoffrey, Der Beitrag Großbritanniens zum EG-Haushalt – eine Untersuchung aus britischer Sicht, in: Integration 1979, S. 149.

33 BullEG, Beilage 1/81;
Laborde, Francoise, Qu'est-ce que la restructuration?, in: RMC 1981, S. 105.

4. Gemeinschaftsleistungen außerhalb des Gemeinschaftshaushalts

36 Um einen vollständigen Überblick über die Finanzwirtschaft der Gemeinschaften zu bieten, sind nachstehend die außerhalb des Gemeinschaftshaushalts stehenden Gemeinschaftsleistungen aufgeführt (Mio ECU):[34]

5. Europäischer Entwicklungsfonds 1981 bis 1985	4 721
EGKS-Funktionshaushalt 1982[35]	308
Gemeinschaftsdarlehen 1980 (Mio ERE):[36]	
Europäische Investitionsbank[37]	3 125
EGKS	1 027
Euratom[38]	181
Neues Gemeinschaftsinstrument[39]	198

Artikel 199 [Grundsätze der Haushaltswirtschaft der Gemeinschaft]

Alle Einnahmen und Ausgaben der Gemeinschaft einschließlich derjenigen des Europäischen Sozialfonds werden für jedes Haushaltsjahr veranschlagt und in den Haushaltsplan eingesetzt.

Der Haushaltsplan ist in Einnahmen und Ausgaben auszugleichen.

Literaturhinweise

s. Vorbemerkung zu den Artikeln 199 bis 209

Inhaltsübersicht

34 1 ECU Anfang 1982 = rd. 2.45 DM.
35 ABl. 1981 Nr. L 374 S. 28.
36 1 ERE 1980 = rd. 2.50 DM.
37 Davon 371 Mio ERE außerhalb der Gemeinschaft. Gezeichnetes Kapital der Bank 14 400 Mio ECU. Gesamtausleihekapazität 36 000 Mio ECU (ABl. 1981 Nr. L 311 S. 2).
38 ABl. 1977 Nr. L 88 S. 9.
39 ABl. 1978 Nr. L 298 S. 9.

I. Allgemeines

1 Durch den Vertrag zur Einsetzung eines gemeinsamen Rates und einer gemeinsamen Kommission,[1] der am 1. 7. 1967 in Kraft getreten ist, wurde der Haushaltsplan der EWG durch den Haushaltsplan der Europäischen Gemeinschaften ersetzt. Neben dem Haushaltsplan der EWG gingen auch die Verwaltungshaushaltspläne der EAG und der EGKS, von 1971 an auch der Forschungs- und Investitionshaushaltsplan der EAG in den neuen Haushaltsplan auf (Art. 20 Abs. 1 des genannten Vertrages). Dieser umfaßt folglich nicht nur die Einnahmen und Ausgaben des früheren EWG-Haushaltsplans, sondern auch die Einnahmen und Ausgaben der früheren Haushaltspläne der beiden Schwestergemeinschaften (s. Art. 172 und Art. 174 des EAG-Vertrags, und Art. 78 Abs. 2 des EGKS-Vertrags). Art. 20 Abs. 1 des Vertrags zur Einsetzung eines gemeinsamen Rates und einer gemeinsamen Kommission bestimmt, daß diese Einnahmen und Ausgaben nach Maßgabe der jeweiligen Bestimmungen der Verträge zur Gründung der drei Gemeinschaften in den Haushaltsplan der Europäischen Gemeinschaften eingesetzt werden. Daraus folgt, daß die in Art. 199 und in den folgenden Artikeln niedergelegten Haushaltsgrundsätze auch auf den Haushaltsplan der Gemeinschaften anzuwenden sind. Diskrepanzen entstehen aus der Anwendung der Bestimmungen der drei Verträge auf einen Haushaltsplan nicht, weil die Vorschriften über die EAG-Haushaltspläne (Art. 171 ff. des EAG-Vertrags) und über den EGKS-Verwaltungshaushaltsplan (Art. 78 ff. des EGKS-Vertrags) mit den Art. 199 ff. übereinstimmen. Im übrigen schreibt Art. 20 Abs. 1 des Vertrags zur Einsetzung eines gemeinsamen Rates und einer gemeinsamen Kommission – wie Art. 199 Abs. 2 für den früheren EWG-Haushaltsplan – ausdrücklich vor, daß der Haushaltsplan der Europäischen Gemeinschaften in Einnahmen und Ausgaben auszugleichen ist.

II. Haushaltsrechtliche Grundsätze

1. Prinzip der Vollständigkeit

2 Art. 199 überträgt den auf der nationalen Ebene bewährten Grundsatz der *Vollständigkeit* des Haushaltsplans auf das Haushaltsrecht der Gemeinschaft. Durch den Zwang zur umfassenden Veranschlagung aller Einnahmen und Ausgaben soll gewährleistet sein, daß

1 Siehe Rn. 18 bis 22 der vorstehenden Vorbemerkung; HER I A 11, S. 19.

der Haushaltsplan jederzeit einen Überblick über die Gesamtheit der finanziellen Verhältnisse der Gemeinschaft vermittelt.

Die ausdrückliche Bestimmung, daß die Einnahmen und Ausgaben des Europäischen Sozialfonds (s. Art. 123 bis 128) in den allgemeinen Haushaltsplan der Gemeinschaft einzustellen sind, unterstreicht die Absicht des Vertrages, die Bildung von *Sonderfonds,* die in der Regel eine Tendenz zur haushaltswirtschaftlichen Selbständigkeit haben, zu vermeiden. Auch der mit der Verordnung Nr. 25 über die Finanzierung der gemeinsamen Agrarpolitik geschaffene Europäische Ausrichtungs- und Garantiefonds für die Landwirtschaft wird in den Haushaltsplan der Gemeinschaft eingestellt (s. Art. 1 Abs. 2 der Verordnung Nr. 25),[2] desgleichen der mit der Verordnung (EWG) 724/75 geschaffene Europäische Fonds für die regionale Entwicklung.[3]

3 Von diesem Grundsatz wurde allerdings bei Vertragsabschluß der Entwicklungsfonds für die überseeischen Länder und Hoheitsgebiete ausgenommen (s. Art. 1 bis 7 des Durchführungsabkommen über die Assoziierung der überseeischen Länder und Hoheitsgebiete mit der Gemeinschaft.[4]) Die Mittel des Fonds wurden nach einen besonderen Genehmigungsverfahren vergeben (s. Art. 5 des Durchführungsabkommens).

Auch die Europäischen Entwicklungsfonds, mit denen die Finanzhilfe der Gemeinschaft an die überseeischen Assoziierungspartner fortgesetzt wird, sind nicht Teil des Haushaltsplans der Gemeinschaft. Ebenso wurden die ersten Finanzhilfen für Griechenland und für die Türkei nicht vom Haushaltsplan der Gemeinschaft erfaßt. Seit 1977 werden aber – vom Entwicklungsfonds abgesehen – die Finanzhilfen an Länder außerhalb der Gemeinschaft in den Haushaltsplan eingestellt.

Autonome Gemeinschaftseinrichtungen

4 Das Prinzip der Vollständigkeit des Haushaltsplans schließt nicht aus, daß in besonders gelagerten Fällen Gemeinschaftseinrichtungen mit eigener Rechtspersönlichkeit und finanzieller Autonomie gegründet werden. Die Zweckmäßigkeit einer solchen Gründung kann sich aus der besonderen Natur der Aufgaben der Einrichtung ergeben, z. B. dann, wenn ihre Tätigkeit eine Flexibilität nach außen verlangt, die im Rahmen einer Verwaltung nur schwer zu erreichen ist. Allerdings erscheint bei der Gründung solcher Einrichtungen, die leicht ein finanzielles Eigenleben entwickeln und überdies die Haushaltstransparenz erschweren, große Zurückhaltung angebracht. Insbesondere rechtfertigen Dekonzentrationsbestrebungen allein nicht solche Gründungen; ihnen kann auch ohne finanzielle Selbständigkeit durch die Einräumung einer gewissen Verwaltungsautonomie Rechnung getragen werden. Gemeinschaftseinrichtungen mit eigener Rechtsper-

2 ABl. 1962 Nr. 30 S. 991; HER I A 44/7, S. 1.
3 ABl. 1975 Nr. L 73 S. 1; HER I A 122, S. 23.
4 HER I A 59/1, S. 1.

sönlichkeit sind das Europäische Zentrum für die Förderung der Berufsausbildung[5] und die Europäische Stiftung zur Verbesserung der Lebens- und Arbeitsbedingungen.[6] Zentrum und Stiftung verfügen über eigene Einnahmen- und Ausgabenpläne,[7] die von den Verwaltungsräten der beiden Einrichtungen festgestellt werden. Ihre finanzielle Selbständigkeit hat allerdings einen mehr formalen Charakter; denn, um ihre Ausgaben bestreiten zu können, sind sie auf Zuschüsse angewiesen, die ihnen im Haushaltsplan der Gemeinschaften bewilligt werden. Eine ähnliche Regelung ist für die ebenfalls rechtlich selbständige Europäische Agentur für Zusammenarbeit getroffen worden, die in die Verwaltung der Europäischen Entwicklungsfonds eingeschaltet ist.[8] Keine Gemeinschaftseinrichtungen im engeren Sinn sind Einrichtungen, die nicht durch einen Rechtsakt der Gemeinschaftsorgane, sondern durch Vereinbarungen der Mitgliedstaaten gegründet werden, wie z. B. das Europäische Hochschulinstitut in Florenz. Dies schließt nicht aus, daß sich die Gemeinschaft mit Zuschüssen an der Finanzierung beteiligt, wie sie auch an zahlreiche andere, außerhalb ihrer Institutionen stehende Stellen Zuschüsse gibt.

Mit dem Grundsatz der Vollständigkeit stehen andere Haushaltsgrundsätze in Zusammenhang. Es sind dies vor allem:

2. Das Bruttoprinzip

5 Einnahmen und Ausgaben sind voneinander getrennt und jeweils in voller Höhe im Haushaltsplan zu veranschlagen. Es dürfen weder Ausgaben von Einnahmen vorweg abgezogen noch Einnahmen auf Ausgaben vorweg angerechnet werden. Gewisse Abweichungen von diesem Grundsatz sind in Art. 22 der Haushaltsordnung vom 21. 12. 1977 für den Gesamthaushaltsplan der Europäischen Gemeinschaften[9] zugelassen.

3. Das Prinzip der Spezialität

6 Die Ausgaben sind nicht global, sondern nach genau festgelegten Zweckbestimmungen zu veranschlagen. Bei der Bewirtschaftung der Mittel sind die Organe an die Zweckbestimmung der Ansätze gebunden.

4. Weitere Haushaltsprinzipien

7 Für den Haushaltsplan der Gemeinschaft gelten ferner die Grundsätze der *Jährlichkeit*

5 ABl. 1975 Nr. L 39 S. 1.
6 ABl. 1975 Nr. L 139 S. 1.
7 Siehe z. B. ABl. 1982 Nr. L 32 S. 1 und 23.
8 ABl. 1981 Nr. L 328 S. 1.
9 ABl. 1977 Nr. L 356 S. 1; HER I A 66/1, S. 23.

und der *Vorherigkeit.* Die Einnahmen und Ausgaben werden für den Zeitraum eines Haushaltsjahres veranschlagt und im voraus bewilligt.

8 Der Grundsatz des *Haushaltsausgleichs* schreibt – rein formal gesehen – die zahlenmäßige Übereinstimmung der Einnahmen- und Ausgabenseite des Haushaltsplans der Gemeinschaft vor. Für den Zeitpunkt der Aufstellung des Haushaltsplans verbietet er, einen Haushaltsplan zu verabschieden, dessen Ausgaben nicht durch Einnahmen gedeckt sind. Wird der Haushaltsausgleich während eines Haushaltsjahres gefährdet, ist die Verabschiedung eines Nachtragshaushalts oder eines Berichtigungshaushalts[10] notwendig.

III. Die im Haushaltsplan veranschlagten Mittel

1. Rechtliche Voraussetzung von Gemeinschaftsausgaben

9 Wenn Art. 199 vorschreibt, daß alle Ausgaben der Gemeinschaft in den Haushaltsplan einzusetzen sind, stellt sich auf der anderen Seite die Frage, um welche Ausgaben es sich dabei handeln kann. Die Antwort darauf folgt aus dem Vertrag. Die Gemeinschaft kann nur insoweit finanzielle Maßnahmen ergreifen, als dies im Vertrag vorgesehen ist; denn nur in diesem Rahmen haben die Mitgliedstaaten ihr bei Abschluß des Vertrags das Recht zur finanziellen Betätigung eingeräumt und die sich daraus ergebenden Verpflichtungen übernommen. Dabei erwähnt der Vertrag nicht ausdrücklich die Kosten, die zwangsläufig aus der Existenz der Gemeinschaftsorgane folgen, also insbesondere die Verwaltungskosten. Diese Kosten sind ihrer Natur nach Gemeinschaftsausgaben. Anders ist die Situation bei den operationellen Ausgaben. Schon um einer möglichst klaren Abgrenzung der Finanzkompetenzen zwischen der Gemeinschaft und den Mitgliedstaaten willen bedarf es bei diesen Ausgaben einer ausdrücklichen Regelung. Der Vertrag sieht finanzielle Maßnahmen der Gemeinschaft im Bereich der Landwirtschaft (Art. 40 Abs. 4, 41 Buchst. a), des Sozialen (Art. 123 ff.) und der Entwicklungshilfe für die überseeischen Länder und Gebiete (Art. 136) vor. Will die Gemeinschaft darüber hinaus finanziell tätig werden, bedarf es eines Beschlusses nach Art. 235, der selbstverständlich nur dann möglich ist, wennd die in diesem Artikel genannten Voraussetzungen vorliegen. Unter dem Gesichtspunkt der klaren Abgrenzung der Finanzkompetenzen der Mitgliedstaaten und der Gemeinschaft ist die Anwendung des Art. 235 im finanziellen Bereich nicht unproblematisch. Bei der Prüfung, ob seine Voraussetzungen gegeben sind, sollten daher strenge Maßstäbe angelegt werden.

10 Abgesehen vom Anwendungsbereich des Art. 235 läßt sich aus den materiellen Bestimmungen des Vertrags allein keine Befugnis der Gemeinschaft herleiten, in den einzelnen Vertragsbereichen finanziell tätig zu werden. Auch schließen die Kompetenzen der Gemeinschaft, Abkommen mit dritten Staaten oder internationalen Organisationen

10 Siehe unten Rn. 17 und 18.

abzuschließen und Assoziierungen einzugehen, nicht die Berechtigung ein, damit finanzielle Leistungen der Gemeinschaft zu verbinden. Die Gemeinschaft besitzt beispielsweise keine allgemeine Befugnis, Finanzhilfen an entwicklungsbedürftige Länder zu vergeben. Die ihr auf diesem Gebiet eingeräumten Möglichkeiten sind auf die assoziierten überseeischen Länder und Gebiete beschränkt, die besondere Beziehungen zu Mitgliedstaaten unterhalten (s. Art. 1 bis 7 des Durchführungsabkommens über die Assoziierung der überseeischen Länder und Hoheitsgebiete mit der Gemeinschaft[11] und Art. 136 Abs. 2 des Vertrages). Wenn das finanzielle Betätigungsfeld der Gemeinschaft über den im Vertrag ausdrücklich vorgesehenen Rahmen und über den Anwendungsbereich des Art. 235 hinaus erweitert werden soll, müssen ihr die entsprechenden Befugnisse von den Mitgliedstaaten übertragen werden. Besteht beispielsweise die Absicht, im Rahmen eines Assoziierungsabkommen eine Finanzhilfe der Gemeinschaft an den Assoziierungspartner vorzusehen, so kann die Rechtsgrundlage dafür in der Weise geschaffen werden, daß die Mitgliedstaaten das Abkommen ratifizieren und damit die Gemeinschaft mit den erforderlichen Befugnissen ausstatten.

Der Schwerpunkt der finanziellen Aktivitäten der Gemeinschaft liegt bei den drei Fonds – Sozialfonds, Agrarfonds, Regionalfonds – und der Entwicklungshilfe. Im Haushaltsplan 1982 entfallen auf diese 4 Bereiche rd. 80% der Ausgaben der Gemeinschaft.

2. *Der Europäische Sozialfonds*

11 Der Europäische Sozialfonds hat den Zweck, innerhalb der Gemeinschaft die berufliche Verwendbarkeit und die örtliche und berufliche Freizügigkeit der Arbeitskräfte zu fördern (Art. 123 des Vertrags).

Der Vertrag enthält in Art. 125 eine Regelung der Aufgaben der Sozialfonds, gibt dem Rat aber in Art. 126 die Befugnis, diese Aufgaben neu zu bestimmen.

Von dieser Befugnis hat der Rat mit seinem Beschluß (71/66/EWG) vom 1. 2. 1971 über die Reform des Europäischen Sozialfonds Gebrauch gemacht.[12]

Der Fonds beteiligt sich an Sozialmaßnahmen im Rahmen der im Haushaltsplan verfügbaren Mittel. Er erstattet den Mitgliedstaaten 50 v.H., in einigen besonderen Fällen 60 v.H. ihrer Aufwendungen für die Maßnahmen.

Der besondere Aufbringungsschlüssel für diese Finanzbeiträge der Mitgliedstaaten zum Sozialfonds (Art. 200 Abs. 2) ist durch das neue Finanzierungssystem der Gemeinschaft gegenstandslos geworden.[13] Die in der ursprünglichen Fassung des Art. 203 in dessen Abs. 5 vorgesehene besondere Gewichtung der Stimmen bei der Beschlußfassung über

11 HER I A 59/1 S. 1.
12 ABl. 1971 Nr. L 28 S. 15; HER I A 57/1, S. 41; geändert durch Beschluß des Rates (EWG) 77/801 vom 20. 12. 1977, ABl. 1977 Nr. L 337 S. 8.
13 Siehe Erläuterungen zu Art. 200.

den sich auf den Sozialfonds beziehenden Teil des Haushaltsplans ist durch die Neufassung des Art. 203 entfallen.[14]

Im Haushaltsplan der Gemeinschaften 1982 sind für den Soziafonds 1 243 Mio ECU Verpflichtungsermächtigungen und 911 Mio ECU Zahlungsermächtigungen (4,15 % des Gesamthaushalts) veranschlagt.[15]

3. Der Europäische Ausrichtungs- und Garantiefonds für die Landwirtschaft (EAGFL)

12 In Art. 40 Abs. 4 sieht der Vertrag die Errichtung eines oder mehrerer Ausrichtungs- und Garantiefonds für die Landwirtschaft vor. Diese Fonds sollen es der gemeinsamen Agrarpolitik ermöglichen, ihre Ziele zu erreichen. Aufgrund dieser Vertragsbestimmung hat der Rat am 4. 4. 1962 die Verordnung Nr. 25 über die Finanzierung der gemeinsamen Agrarpolitik[16] erlassen, mit der ein Europäischer Ausrichtungs- und Garantiefonds für die Landwirtschaft geschaffen wurde. Die Verordnung Nr. 25 wurde für die Zeit bis zum 31. 12. 1970 durch die Verordnung Nr. 130/66 EWG[17] und durch die Verordnung Nr. 728/70/EWG[18] ergänzt. Die Bestimmungen über die Finanzierung der gemeinsamen Agrarpolitik für die Zeit vom 1. 1. 1971 an sind in der Verordnung Nr. 729/70/EWG enthalten.[19] Der Fonds ist Teil des Haushaltsplans der Gemeinschaft. Der Fonds hat folgende Tätigkeitsbereiche:

13 a) Aus der Abteilung »Garantie« des Fonds werden Ausgaben für Erstattungen bei der Ausfuhr landwirtschaftlicher Erzeugnisse nach Drittländern und für Interventionen zur Regulierung der Märkte innerhalb der Gemeinschaft finanziert, soweit diese Ausgaben Erzeugnisse betreffen, für die eine gemeinsame Marktorganisation mit finanzieller Verantwortung der Gemeinschaft besteht.

Seit dem 1. 1. 1971 werden die Ausfuhrerstattungen und die Binnenmarktinterventionen unmittelbar von der Gemeinschaft finanziert (Art. 1 und Art. 4 der Verordnung Nr. 729/70/EWG vom 21. 4. 1970.[20] Die Gemeinschaft stellt den Mitgliedstaaten die erforderlichen Mittel zur Verfügung (VO (EWG) Nr. 2697/70.[21]

14 b) Aus der Abteilung »Ausrichtung« des Fonds werden Strukturmaßnahmen im Agrarbereich finanziert. Entsprechend der nur koordinierenden Zuständigkeit der Gemeinschaft in der Strukturpolitik übernimmt die Abteilung Ausrichtung keine

14 Siehe die Erläuterungen zu Art. 203.
15 1 ECU = z. Zt. 2.45 DM.
16 ABl. 1962 Nr. 30 S. 991; HER I A 44/7, S. 1.
17 ABl. 1966 Nr. 165 S. 2695; HER I A 44/7, S. 53.
18 ABl. 1970 Nr. L 94 S. 9; HER I A 44/7, S. 83.
19 ABl. 1970 Nr. L 94 S. 13; HER I A 44/7, S. 93.
20 Vgl. Fn. 19.
21 ABl. 1970 Nr. L 285 S. 63; HER I A 44/7, S. 105.

Vollfinanzierung wie die Abteilung Garantie, sondern beteiligt sich nur an Aufwendungen der Mitgliedstaaten. Die Ausgaben der Abteilung Ausrichtung sind plafondiert. Gemäß der Verordnung (EWG) Nr. 929/79 des Rates vom 8. 5. 1979[22] wird der Gesamtbetrag der finanziellen Interventionen der Abteilung Ausrichtung vom Rat im Verfahren des Art. 43 Abs. 2 Unterabs. 3 des Vertrags jeweils für einen Fünfjahreszeitraum festgelegt. Die auf die einzelnen Haushaltsjahre entfallenden Teilbeträge werden im Haushaltsverfahren festgesetzt. Für einen ersten Fünfjahresabschnitt von 1980 bis 1984 wurde der Gesamtbetrag auf 3600 Mio ERE festgesetzt, der dann aus Anlaß des Beitritts Griechenlands auf 3755 Mio ECU[23] erhöht wurde.[24]

Die Ausgaben des Europäischen Ausrichtungs- und Garantiefonds für die Landwirtschaft machen bei weitem den stärksten Posten des Haushalts aus.[25]

In ihrer gegenwärtigen Ausgestaltung stellt insbesondere die Abteilung Garantie unter haushaltspolitischen Gesichtspunkten ein Problem dar. Ihr Ausgabenbedarf folgt aus der Anwendung der Agrarmarktordnungen. Die Möglichkeiten, bei der Verwaltung der Marktausgaben das Ausgabevolumen zu begrenzen, sind beschränkt. Sollen die Ausgaben über die sich aus dem Verwaltungsspielraum ergebenden Möglichkeiten hinaus begrenzt werden, um sie etwa in Einklang mit den Haushaltsansätzen zu halten, sind Änderungen der Agrarmarktregelungen notwendig.[26]

Im Haushaltsplan der Gemeinschaften für 1982 sind für den Agrarfonds veranschlagt (Mio ECU):[27]

Abteilung Garantie	13703	Zahlungsermächtigungen (62,33 v.H. des Gesamthaushalts)[28]
Abteilung Ausrichtung	781	Verpflichtungsermächtigungen
	780	ZE (3,55 v.H. des Gesamthaushalts)

22 ABl. 1979 Nr. L 117 S. 4.
23 1 ECU = z. Zt. 2.45 DM.
24 ABl. 1980 Nr. L 367 S. 1.
25 Siehe Rn. 23 bis 36 der Vorbemerkung zu den Art. 199 bis 209.
26 *Hartig, Hilmar,* EWG-Agrarfinanzierung als Entwicklungsfaktor für die Gemeinschaft. Bulletin des Presse- und Informationsamtes der Bundesregierung 1966, S. 887, 896 und 906; *Cordts, Georg,* Die Finanzierung der EWG-Agrarmarktordnungen, in: ZfZ 1968, S. 129; EAGFL. Bedeutung und Arbeitsweise. Kommission der EG, Brüssel 1978.
27 1 ECU = z. Zt. rd. 2.45 DM.
28 Davon 454 Mio ECU im Reservekapitel 100.

4. Regionalfonds

15 Der Europäische Fonds für regionale Entwicklung wurde durch die auf Art. 235 des Vertrages gestützte Verordnung (EWG) 724/75 des Rates vom 18. 3. 1975[29] geschaffen. Für die Zeit von 1978 an wurde diese Verordnung geändert durch die Verordnung (EWG) Nr. 214/79 des Rates vom 6. 2. 1979.[30] Der Fonds beteiligt sich – grundsätzlich im Rückerstattungsverfahren – an den Aufwendungen der Mitgliedstaaten für Investitionen im gewerblichen und im Infrastrukturbereich.

Im Unterschied zum Sozialfonds und zum Agrarfonds sind beim Regionalfonds feste Rückflußquoten für die einzelnen Mitgliedstaaten festgelegt, und zwar 1975 bis 1977 für das gesamte Fondsvolumen, ab 1978 für 95 % des Fondsvolumens. In diesen Rückflußquoten kommt wenigstens eine gewisse Konzentration der Leistungen des Fonds auf die weniger wohlhabenden Mitgliedstaaten zum Ausdruck:[31]

Griechenland	13
Irland	5,94
Italien	35,49
Großbritannien	23,80
Belgien	1,11
Dänemark	1,06
Deutschland	4,65
Frankreich	13,64
Luxemburg	0,07
Niederlande	1,24

Der Regionalfonds hat relativ rasch ein ansehnliches Volumen erreicht. Bei seiner Errichtung im Jahr 1975 waren für diesen Fonds 300 Mio RE[32] Verpflichtungsermächtigungen vorgesehen. Im Haushalt 1982 sind 1759 Mio ECU[32] veranschlagt (1 075 Mio ECU Zahlungsermächtigungen = 4,89 % des Gesamthaushalts).

29 ABl. 1975 Nr. L 73 S. 1.
30 ABl. 1979 Nr. L 35 S. 1; HER I A 122, S. 23.
31 ABl. 1980 Nr. L 349 S. 10.
32 1 RE = 3.66 DM, 1 ECU = z. Zt. 2.45 DM.

5. Zusammenarbeit mit den Entwicklungsländern

16 Neben den Fonds kommt den Ausgaben der Gemeinschaft für die Entwicklungshilfe eine wachsende Bedeutung zu. Im Haushalt der Gemeinschaften 1982 sind für die Zusammenarbeit mit den Entwicklungsländern 958 Mio ECU Verpflichtungsermächtigungen und 817 Mio ECU Zahlungsermächtigungen veranschlagt. Der Hauptteil entfällt auf die Nahrungsmittelhilfe mit 504 Mio ECU und auf die Leistungen aufgrund von Abkommen mit einzelnen Ländern mit 117 Mio ECU Zahlungsermächtigungen. Die letzteren Mittel werden erst seit 1977 im Haushaltsplan der Gemeinschaften veranschlagt. Außerhalb des Gemeinschaftshaushalts steht noch immer der Europäische Entwicklungsfonds, über den die Entwicklungshilfe der Gemeinschaft an mittlerweile über 60 afrikanische, karibische und pazifische Staaten und an die noch abhängigen Gebiete geleistet wird. Speziell bei den Abkommen mit Assoziations- und Kooperationspartnern vermittelt der Jahreshaushaltsplan nur einen Ausschnitt. Im folgenden sind daher die in der Vergangenheit abgeschlossenen und die noch laufenden Abkommen zusammengefaßt dargestellt (in Mio DM):[33]

	Mittel der Mitgliedstaaten/ Gemeinschaft	Mittel der Europäischen Investitionsbank
Entwicklungsfonds für die überseeischen Länder und Hoheitsgebiete 1958 bis 1962 (Durchführungsabkommen zum EWG-Vertrag)	2370	
2. Europäischer Entwicklungsfonds 1964 bis 1969[34]	2920	280
3. Europäischer Entwicklungsfonds 1970 bis 1975[35]	2914	322
4. Europäischer Entwicklungsfonds 1976 bis 1980[36]	7963	1008
5. Europäischer Entwicklungsfonds bis 1985[37]	11566	2205

33 Die Finanzhilfen wurden in unterschiedlichen Rechnungseinheiten ausgedrückt. Bei der Umrechnung wurden folgende Kurse zugrundegelegt: 1 EZU–RE 1958/60 = 4.20 DM; 1 US-Dollar, 1 RE 1961–69 = 4,– DM; 1 RE 1970–75 = 3.22 DM; 1ERE 1977 = 2.65 DM; sonst 1 ERE = 2.52 DM; 1 ECU = z. Zt. 2.45 DM.

34 ABl. 1964 Nr. 93 S. 1431.

35 ABl. 1970 Nr. L 282 S. 2.

36 ABl. 1976 Nr. L 25 S. 1 und 168, 1976 Nr. L 176 S. 8.

37 ABl. 1980 Nr. L 347 S. 1 – zuzüglich 180 Mio ECU Verwaltungskosten. Siehe auch ABl. 1982 Nr. L 24 S. 1.

	Mittel der Mitgliedstaaten/ Gemeinschaft	Mittel der Europäischen Investitionsbank
Griechenland		
1. Finanzhilfe 1962 bis 1975[38]	60	500
2. Finanzhilfe bis 1981[39]	139	592
Türkei		
1. Finanzhilfe 1964 bis 1969[40]	700	
2. Finanzhilfe 1973 bis 1976[41]	779	80
3. Finanzhilfe bis 1981[42]	554	227
4. Finanzhilfe[43]	919	551
Portugal		
Sonderhilfe 1976/77	80	398
1. Finanzhilfe bis 1983[44]	76	504
Vorbeitrittshilfe[45]	368	306
Zypern bis 1983[46]	25	50
Algerien	111	176
Marokko	186	141
Tunesien	136	103
Ägypten	194	234
Jordanien	55	45
Libanon	25	50
Syrien	66	86
Israel		75
alle bis 1981[47]		
Malta bis 1983[48]	25	40

38 ABl. 1963 Nr. 26 S. 294; HER I L 10, S. 99.
39 ABl. 1978 Nr. L 225 S. 1; HER I L 10, S. 127.
40 ABl. 1978 Nr. 217 S. 3695; HER I M 10, S. 49.
41 ABl. 1972 Nr. L 293 S. 3 und 1977 Nr. L 361 S. 1; HER I M 10, S. 111.
42 ABl. 1979 Nr. L 67 S. 14; HER I M 10, S. 171.
43 Noch nicht in Kraft getreten.
44 ABl. 1978 Nr. L 274 S. 1.
45 ABl. 1980 Nr. L 349 S. 1.
46 ABl. 1978 Nr. L 332 S. 1 und Nr. L 340 S. 7; HER I R 10, S. 49.
47 ABl. 1978 Nr. L 265 S. 2 und Nr. L 295 S. 35.
48 ABl. 1976 Nr. L 111 S. 67 und 1978 Nr. L 295 S. 35; HER I Q 10, S. 43.

IV. Nachtrags- und Berichtigungshaushaltspläne

17 Der Vertrag selbst erwähnt in Art. 199 nur den Jahreshaushaltsplan der Gemeinschaft. Art. 1 Abs. 5 der Haushaltsordnung sieht darüber hinaus vor, daß erforderlichenfalls Nachtrags- und Berichtigungshaushaltspläne festgestellt werden können. Nachtrags- und Berichtigungshaushaltspläne sollen nur bei Vorliegen unvermeidlicher, außergewöhnlicher oder unvorhersehbarer Umstände vorgelegt werden. Die Feststellung eines Nachtragshaushalts kommt für den Fall in Betracht, daß im Laufe eines Haushaltsjahres, für das der Jahreshaushaltsplan bereits vorliegt, ein zusätzlicher, unaufschiebbarer Ausgabebedarf entsteht, sei es, daß die für eine Zweckbestimmung veranschlagten Mittel nicht ausreichen, sei es, daß Ausgaben für eine Zweckbestimmung notwendig werden, die im Haushaltsplan nicht veranschlagt ist. Im ersteren Fall wird zwar vielfach durch eine Übertragung von Mitteln, die bei einem anderen Ansatz eingespart werden können, oder aber durch die Inanspruchnahme der Mittel für unvorhergesehene Ausgaben eine Abhilfe möglich sein.[49] Durch diese Maßnahmen wird sich aber nicht immer ein Mehrbedarf befriedigen lassen, so daß die Verabschiedung eines Nachtragshaushalts unumgänglich werden kann. Die in nationalen Haushaltsrechten verbreitete Möglichkeit, in einem vereinfachten Verfahren (in der Bundesrepublik bei Ausgaben des Bundes durch Zustimmung des Bundesfinanzministers) Ausgaben über eine bestehende Bewilligung hinaus (sog. »überplanmäßige« Ausgaben) zu bewilligen, kennen die Finanzvorschriften des Vertrages nicht. Auch für den anderen Fall, daß Ausgaben für eine im Haushaltsplan nicht berücksichtigte Zweckbestimmung erforderlich werden, sind in den nationalen Haushaltsrechten vielfach vereinfachte Bewilligungsverfahren vorgesehen; in der Bundesrepublik werden diese »außerplanmäßigen« Ausgaben ebenfalls zunächst nur durch den Bundesfinanzminister genehmigt, der allerdings – ebenso wie bei den überplanmäßigen Ausgaben – bei der Rechnungslegung die Genehmigung des Bundestages nachträglich einholen muß. Nach den haushaltsrechtlichen Vorschriften der Gemeinschaft dagegen kann einem Ausgabebedarf für eine Zweckbestimmung, die im Jahreshaushaltsplan nicht enthalten ist, nur durch einen Nachtragshaushalt abgeholfen werden.

18 Eine weitere besondere Form eines Haushaltsplans ist der *Berichtigungshaushaltsplan* (budget rectificatif). Die Haushaltsordnung definiert nicht die Abgrenzung zwischen Nachtrags- und Berichtigungshaushaltsplänen. Die Bewilligung zusätzlicher Ausgaben sollte immer Gegenstand eines Nachtragshaushalts sein. In einem Berichtigungshaushaltsplan können sonstige Korrekturen des Jahreshaushaltsplans vorgenommen werden, z. B. Änderungen auf der Einnahmeseite bei erheblichen Abweichungen zwischen Schätzung und tatsächlichem Aufkommen (s. Art. 16 Abs. 2 der Verordnung – EWG, Euratom, EGKS – Nr. 2891/77).[50]

49 Siehe Rn. 9 zu Art. 205.
50 ABl. 1977 Nr. L 336 S. 1; HER I A 66, S. 39.

Für Nachtrags- und Berichtigungshaushaltspläne gelten dieselben Grundsätze und – abgesehen von den Terminen – dasselbe Bewilligungsverfahren wie für den Jahreshaushaltsplan (s. Art. 203).

Artikel 200 [Finanzbeiträge]

(1) Die Einnahmen des Haushalts umfassen unbeschadet anderer Einnahmen die Finanzbeiträge der Mitgliedstaaten, die nach folgendem Aufbringungsschlüssel bestimmt werden:

Belgien	**7,9**
Deutschland	**28**
Frankreich	**28**
Italien	**28**
Luxemburg	**0,2**
Niederlande	**7,9**

(2) Die Finanzbeiträge der Mitgliedstaaten zur Deckung der Ausgaben des Europäischen Sozialfonds werden nach folgendem Aufbringungsschlüssel bestimmt:

Belgien	**8,8**
Deutschland	**32**
Frankreich	**32**
Italien	**20**
Luxemburg	**0,2**
Niederlande	**7**

(3) Die Aufbringungsschlüssel können vom Rat einstimmig geändert werden.

Literaturhinweise

s. Vorbemerkung zu den Artikeln 199 bis 209

Inhaltsübersicht

I. Grundsatz der Nonaffektation

1 Für die Einnahmeseite eines Haushalts gilt nach den herkömmlichen haushaltsrechtlichen Grundsätzen das Verbot der Zweckbindung (Grundsatz der Nonaffektation). Der Grundsatz besagt, daß alle Einnahmen als Deckungsmittel für die Gesamtheit des Ausgabenbedarfs dienen. Er gilt auch für den Haushaltsplan der Gemeinschaft (s. Art. 3 Abs. 1 Unterabs. 2 der Haushaltsordnung vom 21. 12. 1977 für den Gesamthaushaltsplan der Europäischen Gemeinschaften;[1] die Ausnahmen von dem Grundsatz regelt der Abs. 2 dieses Art.).

II. Nicht mehr anwendbare Finanzbeitragsregelungen

1. Inkrafttreten des Eigenmittelbeschlusses

2 Die Finanzbeitragsregelung des Art. 200 ist durch das Inkrafttreten des Beschlusses des Rates vom 21. 4. 1970 über die Ersetzung der Finanzbeiträge der Mitgliedstaaten durch eigene Mittel der Gemeinschaften[2] zum 1. 1. 1971 gegenstandslos geworden. Damit sind nicht nur die Beitragsregelungen der Abs. 1 und 2 entfallen, sondern auch diejenigen, die der Rat unter Anwendung von Art. 200 Abs. 3 für bestimmte Ausgabegruppen des Haushalts festgelegt hatte. Es waren dies insbesondere die Beitragsschlüssel zum EAGFL.[3]

3 Das in dem Beschluß vom 21. 4. 1970 festgelegte neue Finanzierungssystem sieht die Ablösung der Finanzbeiträge durch Eigeneinnahmen der Gemeinschaft vor, dies allerdings nicht sofort, sondern stufenweise in einer Übergangszeit von vier Jahren (1971 bis 1974). Für die Finanzbeiträge, die während dieser Übergangszeit zur Finanzierung des nicht durch Eigenmittel gedeckten Finanzbedarfs der Gemeinschaft zu leisten sind, wurde

1 ABl. 1977 Nr. L 356 S. 1; HER I A 66/1 S. 3.
2 ABl. 1970 Nr. L 94 S. 19; HER I A 66/3 S. 1.
3 Siehe ABl. 1962 Nr. 30 S. 991, 1966 Nr. 165 S. 2965, 1970 Nr. L 94 S. 9.

ein besonderer, von Art. 200 Abs. 1 und 2 abweichender Schlüssel festgelegt (Art. 3 Abs. 2 und 3 des Beschlusses; s. auch Art. 129 der Beitrittsakte).[4] Von 1975 an sollte der Haushalt der Gemeinschaften vollständig aus Eigenmitteln finanziert werden (Art. 4 Abs. 1 Unterabs. 1). Tatsächlich sah aber der Beschluß in Art. 4 Abs. 2 und 3 noch eine Restfinanzierung mit Finanzbeiträgen für den Fall vor, daß der Anteil der Gemeinschaft an den Mehrwertsteuereinnahmen, die ab 1975 neben die Zölle und Agrarabschöpfungen als Eigenmittel der Gemeinschaft treten sollten, ganz oder teilweise noch nicht verfügbar sein sollte. Dieser Fall ist eingetreten. Es verzögerte sich nämlich die Verabschiedung der Vorschriften zur Festlegung der einheitlichen steuerpflichtigen Bemessungsgrundlage, die als Berechnungsbasis für den Anteil der Gemeinschaft an den Mehrwertsteuereinnahmen dient und damit Voraussetzung für die Abführung der Mehrwertsteuereinnahmen an die Gemeinschaft ist. Bis 1978 wurde daher der durch Zölle und Agrarabschöpfungen nicht gedeckte Teil des Gemeinschaftshaushalts durch Finanzbeiträge finanziert. Diese Finanzbeiträge waren von den Mitgliedstaaten gemäß den Anteilen ihres Bruttosozialprodukts an der Summe der Bruttosozialprodukte aufzubringen. Auch im Jahr 1979 haben einige Mitgliedstaaten, die die Vorschriften über die Bemessungsgrundlage noch nicht anwandten, Finanzbeiträge nach dem BSP-Schlüssel geleistet. Für die Mehrzahl der Mitgliedstaaten galt aber 1979 erstmals vollständig die Eigenmittelregelung, von 1980 an dann für alle Mitgliedstaaten. Von den in Rn. 5 bis 7 aufgeführten Ausnahmen abgesehen, sind die Finanzbeiträge endgültig entfallen.

Die Eigenmittel dienen unterschiedslos zur Finanzierung aller Haushaltsausgaben (Art. 6 des Beschlusses). Die nach dem Beitragssystem für die einzelnen Ausgabegruppen geltenden unterschiedlichen Finanzierungsbeteiligungen sind damit entfallen.

2. *Verhältnis Finanzbeitragsregelung/Eigenmittelregelung*

4 Mit dem sich abzeichnenden Erreichen der Obergrenze der gegenwärtigen Eigenmittelausstattung[5] ist die Frage akut geworden, ob ungeachtet des Beschlusses vom 21. 4. 1970 auf Finanzbeiträge gemäß Art. 200 zurückgegriffen werden kann. Art. 4 Abs. 1 Unterabs. 1 des Eigenmittelbeschlusses besagt, daß der Haushalt der Gemeinschaften von 1975 an *vollständig* aus Eigenmitteln finanziert wird. Der Wille der Vertragsparteien war also, mit dem Beschluß vom 21. 4. 1970, der entsprechend Art. 201 Abs. 3 von den Mitgliedstaaten gemäß ihren verfassungsrechtlichen Vorschriften angenommen worden ist und damit die gleiche Rechtsqualität wie der Vertrag selbst erlangt hat, die bisherige Finanzbeitragsregelung voll und ganz abzulösen.

Zwar enthält Art. 4 Abs. 1 Unterabs. 1 des Eigenmittelbeschlusses die Klausel, daß der Gemeinschaftshaushalt vollständig aus eigenen Mitteln finanziert wird »unbeschadet der anderen Einnahmen«, dies jedenfalls in den Texten in den anderen Gemeinschaftsspra-

4 HER I A 12, S. 15.
5 Siehe Art. 201 Rn. 22.

chen (im französischen Text »sans préjudices des autres recettes«), während diese Klausel im deutschen Text – offensichtlich aufgrund eines Redaktionsversehens – fehlt. Mit diesen anderen Einnahmen sind aber nicht die Finanzbeiträge nach Art. 200 gemeint, die gerade durch die Eigenmittel ersetzt werden sollen. Darauf weist auch hin, daß Art. 4 des Eigenmittelbeschlusses als einzige auf die Dauer weiterhin anwendbare Finanzbeitragsregelung in seinem Abs. 6 die Finanzierung der EAG-Ergänzungsprogramme erwähnt. Im Umkehrschluß ist daraus zu entnehmen, daß abgesehen von dieser Ausnahme Finanzbeiträge nicht mehr zu Finanzierung des Gemeinschaftshaushalts herangezogen werden können. Im übrigen war der Hinweis auf andere Einnahmen schon in Art. 200 Abs. 1 enthalten, umfaßte in der Zeit der Anwendung dieser Vertragsbestimmung aber sicher keine Finanzbeiträge.[6] Ohne Änderung oder Ergänzung des Eigenmittelbeschlusses ist demnach eine Heranziehung von Finanzbeiträgen zur Finanzierung des Gemeinschaftshaushalts nicht zulässig.

Unter integrationspolitischen Gesichtspunkten würde der Rückgriff auf Finanzbeiträge gemäß Art. 200 zwar die der Gemeinschaft zur Verfügung stehende Finanzmasse erhöhen, zugleich aber den mit der Eigenmittelfinanzierung erreichten Grad der finanziellen Selbständigkeit wieder reduzieren. Gleichzeitig würden die institutionellen Änderungen des Haushaltsbewilligungsverfahrens, die mit dem Übergang zur Eigenmittelfinanzierung verbunden waren,[7] in ihrer inneren Berechtigung in Frage gestellt.

III. Fortgeltende Finanzbeitragsregelungen

1. Im Rahmen des neuen Finanzierungssystems

5 Vom Zeitpunkt der Vollfinanzierung des Gemeinschaftshaushalts mit Eigenmitteln an sieht der Beschluß vom 21. 4. 1970 nur noch einen Fall von Beitragsfinanzierung vor. Es sind dies die sog. Ergänzungsprogramme im Bereich der EAG-Forschung (Art. 4 Abs. 6 des Beschlusses). Da sich an diesen Ergänzungsprogrammen nicht alle Mitgliedstaaten beteiligen, sind sie von der Finanzierung mit den allgemeinen Deckungsmitteln des Gemeinschaftshaushalts ausgenommen worden. Die Beitragsschlüssel für die beteiligten Mitgliedstaaten werden jeweils ad-hoc für die einzelnen Ergänzungsprogramme festgesetzt.

6 Da Finanzbeiträge nur noch für die EAG-Ergänzungsprogramme zugelassen sind, im übrigen aber die Eigenmittel unterschiedslos zur Finanzierung der Gemeinschaftsausgaben herangezogen werden, ist es grundsätzlich nicht möglich, daß sich ein Mitgliedstaat von der Beteiligung an einer Gemeinschaftsaktion distanziert. Es können aber Konstruktionen gefunden werden, die zum gleichen Ergebnis führen, wie der folgende Fall zeigt.

6 Zum Begriff der anderen Einnahmen s. Rn. 9.
7 Siehe Art. 203 Rn. 2.

Im Rahmen der Einführung des Europäischen Währungssystems (EWS)[8] ist die Gewährung von Zinssubventionen für Gemeinschaftsdarlehen an die weniger wohlhabenden Mitgliedstaaten vorgesehen.[9] Großbritannien beteiligt sich gegenwärtig noch nicht voll am EWS. Bei der Bewilligung der Zinssubventionen in dem Berichtigungs- und Nachtragshaushaltsplan Nr. 1 für das Haushaltsjahr 1979[10] wurde das Problem in der Weise gelöst, daß auf der Ausgabenseite eine Ausgleichszahlung an Großbritannien ausgebracht wurde, die dem britischen Anteil an den Eigenmitteln des Gemeinschaftshaushalts, bezogen auf den Betrag der Zinssubventionen, entspricht. Eine derartige Lösung kann nur bei Sondermaßnahmen und nur aufgrund besonderer Umstände in Frage kommen. Wenn – worauf die Ausgleichszahlung hinausläuft – die finanzielle Beteiligung eines Mitgliedstaates an echten Gemeinschaftsaktion von seinem nationalen Interesse an dieser Aktion abhängig gemacht wird, ist im Grunde eine Gemeinschaftsfinanzierung nicht mehr möglich.

2. Außerhalb des Haushalts der Gemeinschaften

7 Der Geltungsbereich des Finanzierungssystems des Beschlusses vom 21. 4. 1970 ist auf den Haushalt der Gemeinschaften beschränkt. Beitragsregelungen für außerhalb dieses Haushalts stehende Ausgaben[11] gelten fort. Für diese Ausgaben wurden regelmäßig keine Beitragsschlüssel vereinbart, sondern Beiträge in absoluten Zahlen festgelegt. Dieser Aufbringungsmodus wurde für den Entwicklungsfonds für die überseeischen Länder und Hoheitsgebiete, für die Europäischen Entwicklungsfonds und für die ersten Finanzhilfen an die Türkei gewählt.[12] Rechnet man die Anteile der Mitgliedstaaten an der Aufbringung des jeweiligen Gesamtbetrages in Prozentsätze um, so ergibt sich folgenden Bild:

	2. Finanzhilfe Türkei[13]	5. Entwicklungsfonds[14]
Belgien	5,9	5,9
Dänemark	2,1	2,5
Deutschland	26,9	28,3
Frankreich	26,9	25,6
Irland	0,4	0,6
Italien	14,8	11,5
Luxemburg	0,1	0,2
Niederlande	5,9	7,4
Ver. Königreich	17,0	18,0

8 ABl. 1978 Nr. L 379 S. 2; HER I A 54/4, S. 2, in Kraft seit 13. 3. 1979.
9 ABl. 1979 Nr. L 200 S. 1 und 18.
10 ABl. 1979 Nr. L 124 S. 1.
11 Siehe Rn. 2 bis 8 zu Art. 199.
12 Siehe Vorbemerkung Rn. 1 bis 6 und Art. 199 Rn. 9 bis 16.
13 ABl. 1972 Nr. L 293 S. 3 und 1977 Nr. L 361 S. 1.
14 ABl. 1980 Nr. L 347 S. 210.

IV. Das Verhältnis der Einnahmequellen der drei Gemeinschaften

8 Der Beschluß vom 21.4.1970 beschränkt sich auf die Erschließung eigener Mittel zugunsten der EWG und EAG. Er läßt damit das besondere Finanzierungssystem der EGKS unberührt. Die EGKS verfügt über eigene Einnahmen in Gestalt der Umlagen, die auf die Erzeugung von Kohle und Stahl erhoben werden (Art. 49 des EGKS-Vertrags). Die Einführung des Haushaltsplans der Europäischen Gemeinschaften, der gemäß Artikel 20 Abs. 1 des Vertrags zur Einsetzung eines gemeinsamen Rates und einer gemeinsamen Kommisison[15] an die Stelle des Haushaltsplans der EWG, der Haushaltspläne der EAG und des Verwaltungshaushaltsplans der EGKS getreten ist, machte folglich eine Regelung des Verhältnisses der Beteiligung der beiden Finanzierungsquellen an der Deckung der Ausgaben des neuen Haushaltsplans notwendig. Dieses Problem ist in der Weise gelöst worden, daß als aus der Umlage aufzubringender EGKS-Anteil an den Einnahmen des Haushaltsplans der Europäischen Gemeinschaften ein fester Betrag festgesetzt wurde und zwar zunächst 18 Mio Rechnungseinheiten, ab 1978 5 Mio Rechnungseinheiten[16] (Art. 20 Abs. 2 des Vertrags zur Einsetzung eines gemeinsamen Rates und einer gemeinsamen Kommission).

9 Zusammengefaßt stellt sich die Aufbringung der Mittel für den Haushaltsplan der Gemeinschaften wie folgt dar (in Klammern ist jeweils die im Haushaltsplan der Gemeinschaften für 1982 veranschlagte Höhe der Einnahme in Mio ECU[17] angegeben):

Die Ausgaben werden gedeckt durch

- den Beitrag der EGKS aus dem Umlageaufkommen gemäß Art. 20 Abs. 2 des Vertrags zur Einsetzung eines gemeinsamen Rates und einer gemeinsamen Kommission,[18] (5),
- die »anderen Einnahmen« wie sie in Art. 200 Abs. 1 des EWG-Vertrags und in Art. 172 Abs. 1 des EAG-Vertrags zitiert werden (vgl. auch Art. 78 f des EGKS-Vertrags);[18] dabei handelt es sich vor allem um Einnahmen aus der Steuer, die zugunsten der Gemeinschaften von den Gehältern, Löhnen und anderen Bezügen ihrer Beamten und sonstigen Bediensteten erhoben wird (Art. 13, 20 und 21 des Protokolls über Vorrechte und Befreiungen der Europäischen Gemeinschaften;[19] s. auch die Verordnung (EWG, Euratom, EGKS) Nr. 260/68 des Rates zur Festlegung der

15 Siehe Vorbemerkung Rn. 18 bis 22.
16 Siehe z. B. ABl. 1979 Nr. L 23 S. 18.
17 1 ECU = z. Zt. 2.45 DM. – Haushaltsplan 1982 ABl. 1982 Nr. L 31 S. 1.
18 In der Fassung des Vertrages zur Änderung bestimmter Finanzvorschriften, ABl. 1977 Nr. L 359 S. 1; HER I A 11, S. 227.
19 HER I A 11, S. 103.

Bestimmungen und des Verfahrens für die Erhebung der Steuer zugunsten der Europäischen Gemeinschaften),[20] und um Verwaltungseinnahmen (z. B. aus dem Verkauf von Publikationen und der Veräußerung gemeinschaftseigener Gegenstände, Bankzinsen, Geldbußen) (150),

- den Ertrag aus der Aufnahme von Anleihen der EAG (Art. 172 Abs. 4 EAG-Vertrag) (–),
- die eigenen Mittel gemäß Art. 4 Abs. 1 des Beschlusses vom 21. 4. 1970, (21622),
- Finanzbeitrag Griechenland[21] (198),
- Finanzbeitrag EAG-Ergänzungsprogramme[22] (12).

Artikel 201 [Erschließung eigener Einnahmen der Gemeinschaft]

Die Kommission prüft, unter welchen Bedingungen die in Artikel 200 vorgesehenen Finanzbeiträge der Mitgliedstaaten durch eigene Mittel, insbesondere durch Einnahmen aus dem Gemeinsamen Zolltarif nach dessen endgültiger Einführung, ersetzt werden können.

Die Kommisison unterbreitet dem Rat diesbezügliche Vorschläge.

Nach Anhörung der Versammlung zu diesen Vorschlägen kann der Rat einstimmig die entsprechenden Bestimmungen festlegen und den Mitgliedstaaten zur Annahme gemäß ihren verfassungsrechtlichen Vorschriften empfehlen.

Literaturhinweise

André, Charles, Le nouvel instrument communautaire d'emprunts et de prêts, in: RMC 1980, S. 66
Bouquin, Jean-Paul, Les ressources propres des Communautés européennes, in: RMC 1978, S. 492
Couzinet, Jean-Francois, Les Communautés européennes et l'emprunt, in: RMC 1979, S. 55, 121 und 207
Emerson, M.R. – Scott, T.W.K., The Financial Mechanisms in the Budget of the European Community, in: CMLR 1977, S. 209
Geisst, Charles R., Raising International Capital: International Bond Markets and the European Institutions, Farnborough 1980
Kommisison der EG, Finanzierung des Gemeinschaftshaushalts – Künftige Methode, BullEG, Beilage 8/78
Nittka, Ulrich, Das Finanzierungssystem der Europäischen Gemeinschaften. Bochum 1979

20 ABl. 1968 Nr. 56 S. 8; HER I A 66/11, S. 5.
21 Siehe Art. 201 Rn. 25.
22 Siehe oben Rn. 5.

Inhaltsübersicht

I. Systeme der Eigenfinanzierung der Gemeinschaft

1. Art der Eigenmittel

1 Die eigenen Mittel der Gemeinschaft, die die Finanzbeiträge der Mitgliedstaaten ersetzen, können zweifacher Art sein:

a) Es können innerhalb der EWG neue Abgaben eingeführt werden, die der Gemeinschaft zufließen (vgl. die Umlage der EGKS, Art. 49 und 50 EGKS-Vertrag;[1] s. auch Art. 173 EAG-Vertrag); denkbar ist auch ein Gemeinschaftszuschlag zu einer nationalen Steuer, die dann allerdings innerhalb der Gemeinschaft harmonisiert sein muß;

b) bisherige Einnahmen der Mitgliedstaaten, wie z. B. die Einnahmen aus dem Gemeinsamen Zolltarif, werden auf die Gemeinschaft übertragen.

1 Siehe z. B. ABl. 1981 Nr. L 374 S. 26.

2. Abgrenzung Eigenmittel der Gemeinschaft/Einnahmen der Mitgliedstaaten

2 Unter dem Kriterium der Abgrenzung von Einnahmen der Mitgliedstaaten und eigenen Mitteln der Gemeinschaft lassen sich 2 Systeme unterscheiden:

2a a) ein *Trennsystem,* das von einer vollständigen Trennung der Einnahmen der beiden Ebenen ausgeht. Dabei können entweder bisherige Einnahmen der Mitgliedstaaten voll auf die Gemeinschaft übertragen oder neue Abgaben für die Gemeinschaft eingeführt werden. Die Gemeinschaft besitzt in diesem Fall die Ertragshoheit. Ihr wird als obere Ebene auch die Gesetzgebungshoheit zustehen. Über die Verwaltungshoheit wird sie jedenfalls insoweit verfügen, als sie, selbst bei Erhebung der Gemeinschaftssteuer durch nationale Dienststellen, die Einheitlichkeit der Erhebungsmethoden, z. B. durch Richtlinien, beeinflussen und die Erhebung auch kontrollieren kann.

3 b) ein *Mischsystem,* bei dem Gemeinschaft und Mitgliedstaaten am Aufkommen an einer Steuer partizipieren. Dies kann geschehen im Rahmen eines Steuerverbundes, bei dem sich die beiden Ebenen das Aufkommen teilen, oder in einem Zuschlagsystem, bei dem die Gemeinschaft einen Zuschlag zu einer nationalen Steuer erhebt. Im Mischsystem teilt die Gemeinschaft die Ertragshoheit mit den Mitgliedstaaten. Sowohl der Steuerverbund wie das Zuschlagsystem setzen zumindest eine harmonisierte Besteuerungsgrundlage – Steuertatbestand, Steuersubjekt –, nicht notwendigerweise einheitliche Steuersätze voraus. Jedenfalls hinsichtlich der Besteuerungsgrundlage wird der Gemeinschaft eine Gesetzgebungshoheit zustehen. Die Verwaltungshoheit liegt beim Mischsystem weitgehend bei den Mitgliedstaaten. Sowohl beim Verbundsystem wie beim Zuschlagsystem liegen keine »EG-Steuern« vor; beide Systeme stellen vielmehr unterschiedliche Zugriffsmöglichkeiten auf das vorhandene oder erzielbare Aufkommen bestimmter Steuern dar.

3. Auswirkungen auf die Finanzautonomie der Gemeinschaft

4 Es liegt auf der Hand, daß die finanzielle Selbständigkeit der Gemeinschaft in den beiden Systemen unterschiedlich ausgestaltet ist. Die Ergiebigkeit und die Variierbarkeit nach fiskalischen Gesichtspunkten der der Gemeinschaft zugeordneten Steuerquellen vorausgesetzt, ist sie bei einem Trennsystem am größten. Dem kommt am nächsten das Zuschlagsystem, wiederum die Variierbarkeit der Zuschläge nach dem Finanzbedarf der Gemeinschaft vorausgesetzt. Bei diesem System ist die Rivalität um die gleiche Steuerquelle besonders ausgeprägt. Sie besteht natürlich auch beim Verbundsystem, wird dort aber in einer auszuhandelnden Aufteilung des Steueraufkommens gelöst. Für die Gemeinschaft kommt es dabei entscheidend darauf an, welcher Spielraum ihr bei der Aufteilung des Steueraufkommens eingeräumt wird.

5 Denkbar ist auch, auf die Gemeinschaft mehrere Einnahmen zu übertragen, die teils dem Trennsystem, teils dem Mischsystem zuzuordnen sind. Da in diesem Fall davon

auszugehen ist, daß die unter das Trennsystem fallenden Einnahmen nicht ausreichen, um den Finanzbedarf der Gemeinschaft zu decken, ist insgesamt für das Ausmaß der finanziellen Selbständigkeit der Gemeinschaft die Ausgestaltung des Steuerverbunds oder des Steuerzuschlags bestimmend.

6 Unter integrationspolitischen Gesichtspunkten geht es darum, ein dem jeweiligen Integrationsstand entsprechendes Finanzierungssystem zu entwickeln. Der Spielraum reicht vom Finanzbeitragssystem – Zuweisungen von den Mitgliedstaaten an die Gemeinschaft – bis zum Trennsystem, bei dem die Gemeinschaft auf der einen, die Mitgliedstaaten auf der anderen Seite ihre Aufgaben jeweils selbstverantwortlich finanzieren. Die politische Wirklichkeit lehrt, daß der finanziellen Autonomie der einzelnen Ebenen in einem förderativen System immer Grenzen gesetzt sind. Das wird auch für die Gemeinschaft gelten.

4. *Beitragsgerechtigkeit*

7 Bei der Auswahl der Eigenmittel ist dem Gesichtspunkt der Beitragsgerechtigkeit Rechnung zu tragen. Die Verteilung des Aufkommens muß in etwa der wirtschaftlichen Leistungsfähigkeit der Mitgliedstaaten entsprechen. Einnahmen, die in den Mitgliedstaaten sehr unterschiedlich anfallen, scheiden als Eigenmittel aus.

II. Das Verfahren der Erschließung eigener Mittel

1. *Empfehlung des Rates, Annahme durch die Mitgliedstaaten*

8 Die Ersetzung der Finanzbeiträge durch eigene Mittel stellt eine Umgestaltung des Finanzierungsverfahrens der Gemeinschaft im Rahmen des Vertrages dar. Sie setzt eine entsprechende Übertragung der Abgabenhoheit der Mitgliedstaaten auf die Gemeinschaft voraus und hat Rückwirkungen auf die Finanzwirtschaft der Mitgliedstaaten. Die Erschließung eigener Einnahmen stellt überdies eine beträchtliche Stärkung der Gemeinschaftsidee dar. Angesichts dieser weitgehenden rechtlichen und politischen Bedeutung haben die vertragschließenden Parteien davon abgesehen, die Bestimmungen über die eigenen Einnahmen durch einen Rechtsakt der Gemeinschaft zu erlassen. Der Rat erteilt den Mitgliedstaaten lediglich eine Empfehlung, die nicht verbindlich ist (Art. 189 Abs. 5). Anders als im Falle der Vertragsänderung (Art. 236) schließen die Regierungen aber auch keine Vereinbarung, die der Zustimmung der Mitgliedstaaten im Wege der Ratifizierung bedarf. Der Rat handelt bei der Festlegung der Bestimmungen über die eigenen Einnahmen und bei der Empfehlung ihrer Annahme nicht als eine Konferenz von Vertretern der Regierungen, sondern als Organ der Gemeinschaft. Die Bestimmungen müssen von den Mitgliedstaaten im Wege harmonisierter Rechtssetzungsakte in Kraft gesetzt werden. Für die Bundesrepublik bedarf es dazu eines Gesetzes (Art. 24 Grundgesetz).

2. Inhalt des Übertragungsaktes

9 Die vom Rat festzulegenden Bestimmungen können einen verschiedenen Inhalt haben, je nachdem, ob zugunsten der Gemeinschaft eine neue Abgabe eingeführt oder ob bisherige Einnahmen der Mitgliedstaaten auf sie übertragen werden. Im ersten Fall müssen die Bestimmungen praktisch den Charakter eines Steuergesetzes haben, also die steuerrechtlich relevanten Merkmale (z. B. Steuerschuldner, Steuertatbestand, Steuerbemessung) enthalten. Im zweiten Fall kann sich der Rat damit begnügen, die Überführung des Ertrags einer bisher von den Mitgliedstaaten erhobenen Abgabe auf die Gemeinschaft festzulegen. Dies gilt freilich nur, wenn für die betreffende Abgabe bereits eine einheitliche Regelung besteht, wie es z. B. hinsichtlich der Steuerbemessung für die Einnahmen aus dem Gemeinsamen Zolltarif und die Abschöpfungen auf landwirtschaftliche Einfuhren aus Drittländern zutrifft. Bestehen dagegen für die zu übertragende Abgabe unterschiedliche Regelungen in den einzelnen Mitgliedstaaten, so müssen diese bei der Übertragung wenigstens in ihren Grundzügen vereinheitlicht werden.

10 Darüber hinaus wird die Einführung einer neuen Abgabe oder die Übertragung von Einnahmen auf die Dauer zwar nicht eine Vereinheitlichung, wohl aber eine Harmonisierung des Steuerverfahrensrechts (Zollverfahrensrecht) der Mitgliedstaaten notwendig machen. Da eine Erhebung durch die Gemeinschaftsorgane bei den als eigene Mittel in Frage kommenden Abgaben kaum zweckmäßig ist, weil sie den Aufbau eines eigenen Verwaltungsapparates erforderlich machen würde, dürften die eigenen Einnahmen von den Mitgliedstaaten erhoben werden. Die für die Erhebung geltenden Verfahrensvorschriften müssen dann allerdings wenigstens in großen Zügen einander angeglichen werden. Diese Angleichung hat ihre Rechtsgrundlage nicht in Art. 201, sondern in Art. 100 des Vertrages.

III. Das Finanzierungssystem des Beschlusses vom 21. 4. 1970

11 Der Rat hat in seinem Beschluß (70/243/EGKS, EWG, Euratom) vom 21. 4. 1970 über die Ersetzung der Finanzbeiträge der Mitgliedstaaten durch eigene Mittel der Gemeinschaft,[2] dessen Bestimmungen von den Mitgliedstaaten gemäß ihren verfassungsrechtlichen Vorschriften angenommen worden sind und der am 1. 1. 1971 in Kraft getreten ist, eine schrittweise Ersetzung der Finanzbeiträge durch Eigenmittel vorgesehen. Ein Belastungsausgleich war bis zur vollen Ablösung der Finanzbeiträge festgelegt, danach nur noch für 3 Jahre. Ergänzend hat der Rat 1976 einen sog. Finanzmechanismus beschlossen, der eine zu starke Belastung der wirtschaftlich schwächeren Mitgliedstaaten verhindern soll.[3]

2 ABl. 1970 Nr. L 94 S. 19; HER I A 66/3, S. 1.
3 Siehe unten Rn. 26 und 27.

1. Die Zwischenphase vom 1. 1. 1971 bis zum 31. 12. 1974

12 In der Zwischenphase flossen der Gemeinschaft folgende eigene Mittel zu:

a) in vollem Umfang die sog. »Agrarabschöpfungen«, nämlich Abschöpfungen und sonstige Abgaben auf den Warenverkehr mit Nichtmitgliedstaaten, die im Rahmen der gemeinsamen Agrarpolitik eingeführt worden sind oder noch eingeführt werden, sowie die Abgaben der gemeinsamen Marktorganisation für Zucker;

b) in steigendem Umfang die Zölle des Gemeinsamen Zolltarifs. Die Mitgliedstaaten hatten den Unterschied zwischen

im Jahre 1971 50 vH

im Jahre 1972 62,5 vH

im Jahre 1973 75 vH

im Jahre 1974 87,5 vH

des Gesamtbetrags der erhobenen Agrarabschöpfungen und Zölle und den Agrarabschöpfungen allein an die Gemeinschaft abzuführen (Art. 3 Abs. 1 des Beschlusses).

Die zum Ausgleich des Haushalts dann noch erforderlichen Mittel wurden durch Finanzbeiträge der Mitgliedstaaten nach einem besonderen Beitragsschlüssel aufgebracht (Art. 3 Abs. 2 des Beschlusses).

Die Schwankung des Anteils jedes Mitgliedstaates an den an die Gemeinschaft abzuführenden eigenen Mitteln und an den Finanzbeiträgen durfte jedoch gegenüber dem Vorjahr 1 vH nach oben und 1,5 vH nach unten nicht überschreiten. Für das Jahr 1971 dienten dabei als Bezugsgröße die Finanzbeiträge jedes Mitgliedstaates zum Haushalt 1970. Führte dieser Belastungsausgleich bei den einen oder anderen Mitgliedstaat zu einem Haushaltsfehlbetrag, so war dieser Fehlbetrag innerhalb der genannten Schwankungsbreite nach dem festen Beitragsschlüssel auf die anderen Mitgliedstaaten zu verteilen (Art. 3 Abs. 3 des Beschlusses).

2. Die Endphase vom 1. 1. 1975 an

13 In der Endphase wird der Haushalt vollständig aus eigenen Mitteln finanziert (Art. 4 Abs. 1 Unterabs. 1 des Beschlusses). Diese Mittel umfassen:

- die Agrarabschöpfungen,
- nunmehr in vollem Umfang auch die Zölle des Gemeinsamen Zolltarifs,
- Mehrwertsteuereinnahmen, die sich aus der Anwendung eines Satzes ergeben, der 1 vH einer – einheitlich für die Mitgliedstaaten festzulegenden – steuerpflichtigen

Bemessungsgrundlage[4] nicht überschreiten darf. Der Satz wird jährlich im Haushaltsverfahren festgesetzt (Art. 4 Abs. 1 Unterabs. 2 des Beschlusses). Ein etwaiger Einnahmeüberschuß wird auf die folgenden Haushaltsjahre übertragen (Art. 4 Abs. 5).

Vom 1. 1. 1975 bis zum 31. 12. 1977 durfte jedoch die jährliche Schwankung des Anteils jedes Mitgliedstaates gegenüber dem Vorjahr 2 vH nicht überschreiten. Trat eine Überschreitung ein, so erfolgten die erforderlichen Anpassungen innerhalb der Schwankungsbreite im Wege eines Finanzausgleichs zwischen den betreffenden Mitgliedstaaten (Art. 4 Abs. 1 des Beschlusses).

14 Falls die Vorschriften zur Festlegung der einheitlichen Bemessungsgrundlage am 1. 1. 1975 noch nicht in allen Mitgliedstaaten angewandt werden, sah der Beschluß eine Weiterfinanzierung mit Finanzbeiträgen vor, und zwar für alle Mitgliedstaaten, wenn die Vorschriften noch nicht wenigstens in drei Mitgliedstaaten angewandt werden, für die nicht anwendenden Mitgliedstaaten, wenn die Vorschriften wenigstens in 3 Mitgliedstaaten angewandt werden. Die Finanzbeiträge werden nach dem Anteil des Bruttosozialprodukts eines Mitgliedstaates an der Summe der Bruttosozialprodukte der Mitgliedstaaten festgelegt (Art. 4 Abs. 2 u. 3).

Dieser Fall ist tatsächlich eingetreten. Infolge der Verzögerung der Verabschiedung und Anwendung der Vorschriften über die einheitliche Bemessungsgrundlage (6. Richtlinie 77/388/EWG vom 17. 5. 1977 zur Harmonisierung der Rechtsvorschriften der Mitgliedstaaten über die Umsatzsteuer)[5] wurde der durch Zölle und Agrarmarktabschöpfungen nicht gedeckte Teil des Haushaltsplans der Gemeinschaften bis 1978 mit Finanzbeiträgen nach dem BSP-Schlüssel finanziert. Auch 1979 haben einige Mitgliedstaaten noch Finanzbeiträge geleistet, während die Mehrzahl erstmals Mehrwertsteuereinnahmen auf der Basis der gemeinsamen Bemessungsgrundlage abführte. Erst von 1980 an wurde die Mehrwertsteuer-Regelung voll angewendet.

Die Mitgliedstaaten haben die Wahl zwischen zwei Bemessungsmethoden für die an die Gemeinschaft abzuführenden Mehrwertsteuermittel:

- direkte Bemessung anhand der Angaben des Steuerzahlers, wie sie den nationalen Steuerverwaltungen gemacht werden,
- Bemessung nach dem gesamten Mehrwertsteuer-Aufkommen und einem geschätzten durchschnittlichen Steuersatz, woraus sich dann eine geschätzte Bemessungsgrundlage errechnet.[6]

4 Die Bemessungsgrundlage ist die Summe aller steuerpflichtigen Warenlieferungen und Dienstleistungen in der Endstufe.

5 ABl. 1977 Nr. L 145 S. 1; HER I A 51/2, S. 6.

6 Wegen der haushaltsmäßigen Behandlung der Eigenmittel in den Mitgliedstaaten s. ABl. 1980 Nr. C S. 17.

15 Die eigenen Einnahmen dienen unterschiedslos zur Finanzierung aller Ausgaben des Haushaltsplans der Gemeinschaften (Art. 5 des Beschlusses).

Die der Gemeinschaft zugewiesenen eigenen Mittel werden von den Mitgliedstaaten erhoben und der Kommisison zur Verfügung gestellt (Art. 6 des Beschlusses).

Die Einzelheiten dazu sind in der Verordnung (EWG, Euratom, EGKS) Nr. 2891/77 zur Durchführung des Beschlusses vom 21. 4. 1970 über die Ersetzung der Finanzbeiträge durch eigene Mittel der Gemeinschaften geregelt.[7] Siehe auch die Verordnung (EWG, Euratom/EGKS) Nr. 2892/77 über die Anwendung des Beschlusses vom 21. 4. 1970 auf die Mehrwertsteuer-Eigenmittel.[8]

3. Kriterien der Auswahl der Eigenmittel

16 Für die Auswahl der Zölle des Gemeinsamen Zolltarifs, der Agrarabschöpfungen und der Mehrwertsteuereinnahmen als eigene Mittel der Gemeinschaft sind mehrere Gesichtspunkte entscheidend gewesen. Die Zölle sind bereits im Vertrag selbst in Art. 201 Abs. 1 als besonders geeignete Einnahmequelle der Gemeinschaft hervorgehoben. Für die Abschöpfungen hat der Rat bereits im Jahre 1962 in Art. 2 Abs. 1 der Verordnung Nr. 25 über die Finanzierung der gemeinsamen Agrarpolitik[9] in Aussicht genommen, daß sie in der Endphase des Gemeinsamen Marktes (Art. 8 des Vertrags) der Gemeinschaft zufließen sollen. Die Eingangsabgaben auf Drittlandseinfuhren sind gewissermaßen die natürlichen eigenen Einnahmen einer Gemeinschaft, deren Kern in einer Zollunion besteht. Schließlich können nach der Herstellung des freien Warenverkehrs innerhalb der Gemeinschaft die Einnahmen aus dem Gemeinsamen Zolltarif und die Abschöpfungen den einzelnen Mitgliedstaaten nur noch mit gewissen Einschränkungen zugerechnet werden. Mit der Beseitigung der Binnenzollgrenzen ist nämlich nicht mehr gewährleistet, daß die auf eine Drittlandsware erhobenen Zölle oder Abschöpfungen auch tatsächlich dem Mitgliedstaat zugute kommen, dessen Verbraucher sie im Preis zu tragen haben. Die Drittlandsware kann z. B. in einem verkehrsgünstigen Mitgliedstaat eingeführt und dort verzollt, anschließend im freien Verkehr in einen anderen Mitgliedstaat zum Verbrauch gebracht werden. Üblicherweise werden aber die Eingangsabgaben – um eine doppelte Abfertigung zu vermeiden – zusammen mit der Einfuhrumsatzsteuer in dem Bestimmungsland erhoben.

17 Unter dem Gesichtspunkt einer gerechten Belastung der Mitgliedstaaten ist allerdings die Übertragung ihrer Zoll- und Abschöpfungseinnahmen auf die Gemeinschaft nicht unproblematisch. Die Einfuhrintensität ist für sich genommen kein Indiz für die wirtschaftliche Leistungskraft eines Mitgliedstaates. Seine Leistungskraft spiegelt sich dagegen in der Höhe seiner Mehrwertsteuereinnahmen – selbstverständlich unter der

7 ABl. 1977 Nr. L 336 S. 1; HER I A 66/3, S. 39.
8 ABl. 1977 Nr. L 336 S. 87; HER I A 66/3, S. 51.
9 ABl. 1962 Nr. 30 S. 991; HER I A 44/7, S. 1.

Voraussetzung einer einheitlichen Bemessungsgrundlage innerhalb der Gemeinschaft – besser wider. Allerdings begünstigt die Mehrwertsteuerübertragung Mitgliedstaaten mit einem relativ hohen Export und relativ hohen Investitionen, da diese nicht in die Bemessungsgrundlage eingehen. Mehrwertsteuereinnahmen boten sich auch deshalb als eigene Mittel der Gemeinschaft an, weil die Mehrwertsteuer die einzige größere Steuer ist, mit deren Harmonisierung begonnen worden war (vgl. die Richtlinien des Rates vom 11. 4. 1967).[10]

4. Finanzielle Autonomie

18 Der Beschluß vom 21. 4. 1970 stellt ohne Zweifel einen Schritt in die finanzielle Unabhängigkeit der Gemeinschaft dar. Sie unterliegt allerdings noch Einschränkungen. Für die Zölle und Agrarabschöpfungen steht der Gemeinschaft zwar sowohl die Gesetzgebungs- wie die Ertragshoheit zu; diese Einnahmen sind dem Trennsystem zuzurechnen,[11] auch wenn die Verwaltungshoheit weitgehend bei den Mitgliedstaaten verblieben ist.[12] Zölle und Abschöpfungen lassen sich aber nicht nach fiskalischen Gesichtspunkten variieren; ihre Erhebungssätze richten sich primär nach handels- und agrarpolitischen Gesichtspunkten. Für die Mehrwertsteuereinnahmen besteht die Obergrenze von 1 v.H. der Bemessungsgrundlage. Eine Erhöhung dieses Satzes setzt ein erneutes Ingangsetzen des Verfahrens nach Art. 201 voraus, also ein erneutes Einschalten der gesetzgebenden Körperschaften der Mitgliedstaaten.

Da für die Finanzbeiträge keine Limitierung festgelegt war, kann in der Obergrenze von 1 v.H. der Bemessungsgrundlage rein unter dem Gesichtspunkt der möglichen quantitativen Ausstattung der Gemeinschaft sogar ein Rückschritt gesehen werden. Immerhin stellt diese Obergrenze keine feste Größe dar; sie hat vielmehr angesichts des jährlichen Wachstums der Bemessungsgrundlage einen dynamischen Charakter.

19 Eine faktische Einschränkung der finanziellen Selbständigkeit der Gemeinschaft ergibt sich im übrigen bereits daraus, daß die Gemeinschaft und die Mitgliedstaaten innerhalb der Obergrenze von 1 vH der Bemessungsgrundlage um die Mehrwertsteuereinnahmen konkurrieren. Die Gemeinschaft hat zwar das Recht, den Satz voll auszuschöpfen. Soweit sie das aber nicht tut, verbleiben die dem nicht in Anspruch genommenen Teil des Satzes entsprechenden Mehrwertsteuereinnahmen den Mitgliedstaaten. Über die Ausschöpfung des Satzes wird im jährlichen Haushaltsverfahren entschieden, an dem der Rat maßgeblich beteiligt ist.[13] Dies führt bei der Festlegung der Höhe der Gemeinschaftsaus-

10 ABl. 1967 Nr. 71 S. 1301, 1303; HER I A 51/2, S. 1, 5.

11 Siehe oben Rn. 2.

12 Zum Problem der Kontrolle der Erhebung der Eigenmittel durch die Kommisison s. EuGH – Kommisison/Italien, 267/78 – Slg. 1980, 31.

13 Die Regelung stellt eine Art Steuerverbund dar, bei dem die Beteiligung der beiden Ebenen – Gemeinschaft und Mitgliedstaaten – am Mehrwertsteuer-Aufkommen innerhalb der 1 v.H. Grenze im Haushaltsverfahren konkretisiert wird.

gaben, aber auch schon im Vorfeld bei der Beschlußfassung des Rates über ausgabenwirksame Rechtsakte zu einem Interessenkonflikt zwischen der Gemeinschaft und den Mitgliedstaaten, ähnlich dem Interessenkonflikt, der das Finanzbeitragssystem charakterisiert. Für die nationalen Haushalte ist es unter dem Gesichtspunkt ihrer Belastung ziemlich gleichgültig, ob sie zur Finanzierung des durch Zölle und Agrarabschöpfungen nicht gedeckten Teils des Gemeinschaftshaushalts auf der Einnahmenseite durch Verlust von Mehrwertsteuereinnahmen oder auf der Ausgabenseite durch Leistung von Finanzbeiträgen herangezogen werden. In beiden Fällen erleiden sie einen Verlust öffentlicher Mittel, die für die nationale Finanzwirtschaft nicht mehr zur Verfügung stehen. Dem steht eine Entlastung nur insoweit gegenüber, als Gemeinschaftsausgaben an die Stelle nationaler Ausgaben treten.

20 Ein größeres Ausmaß an finanzieller Selbständigkeit würde die Gemeinschaft erst erlangen, wenn sie – ergänzend zu Zöllen und Agrarabschöpfungen – über eigene Steuern oder Zuschläge zu nationalen Steuern verfügen würde und deren Sätze ihrem Finanzbedarf anpassen könnte. Damit würde der Interessenkonflikt zwischen der Gemeinschaft und den Mitgliedstaaten wenigstens abgemildert. Letztlich ist aber in jedem föderalen System die Konkurrenz zwischen der Gemeinschaft und den Mitgliedstaaten um die begrenzten Finanzquellen unvermeidbar.

5. *Umverteilungsfunktion der Einnahmen*

21 Neuerdings wird die Forderung erhoben, in die Überlegungen über zusätzliche eigene Mittel auch das Kriterium der Verringerung der wirtschaftlichen Unterschiede zwischen den Mitgliedstaaten einzubeziehen, also die wohlhabenderen Mitgliedstaaten stärker zu belasten als die weniger wohlhabenden. Ob die Ausgestaltung der Eigenmittel der Gemeinschaft mit diesem Umverteilungseffekt belastet werden soll, ist zumindest zweifelhaft. Eine solche Regelung hätte Züge eines abstrakten, von Gemeinschaftspolitiken losgelösten Finanzausgleichs, für den die integrationspolitischen Voraussetzungen fehlen.[14] Dem präföderalen Stadium, in dem sich die Gemeinschaft befindet, würde es eher entsprechen, Maßnahmen zum Abbau des wirtschaftlichen Gefälles über die Ausgabenseite des Haushalts mit den damit verbundenen Einflußmöglichkeiten der Gemeinschaft zu ergreifen. Im übrigen ist aber auch festzustellen, daß sich die Differenzen zwischen den Anteilen der Mitgliedstaaten an den an die Gemeinschaft abzuführenden Eigenmitteln und ihrer wirtschaftlichen Leistungskraft, ausgedrückt in ihrem Anteil am Gemeinschafts-BIP, in Grenzen halten, wie die nachstehende Tabelle zeigt (1981, geschätzt):

14 *Everling*, Ausgleich der wirtschaftlichen und sozialen Unterschiede der EG, in: Die Bank 1978, S. 572.

	Finanzierungsanteil	BIP-Anteil
Belgien	5,42	3,97
Dänemark	2,04	2,32
Deutschland	28,86	27,73
Griechenland	1,86	1,64
Frankreich	19,86	23,23
Irland	0,83	0,67
Italien	12,67	14,23
Luxemburg	0,12	0,15
Niederlande	7,54	5,43
Vereinigtes Königreich	20,80	20,63

6. Volumen der Eigenmittel

22 Im Haushaltsjahr 1982 verteilen sich die Eigenmittel wie folgt auf die einzelnen Einnahmearten (in Mio ECU):[15]

Agrarabschöpfungen	2 685
Zölle	6 939
Mehrwertsteuereinnahmen	11 998[16]

Mittelfristig ist damit zu rechnen, daß der relative Anteil der Agrarabschöpfungen und Zölle an den Gesamteigenmitteln zurückgehen wird, da ihr Aufkommen voraussichtlich weniger stark wachsen wird als die Bemessungsgrundlage. Die jährliche Wachstumsrate der Eigenmittel insgesamt dürfte in den nächsten Jahren bei etwa 10 % liegen. Mit dem Betrag von 11 998 Mio ECU nahm die Gemeinschaft 1982 0,925 vH der Bemessungsgrundlage in Anspruch.

IV. Die Anwendung des Beschlusses vom 21. 4. 1970 auf die Beitrittsstaaten

1. Großbritannien, Dänemark und Irland

23 Diese drei Beitrittsstaaten haben bei ihrem Beitritt zur Gemeinschaft die Geltung des Finanzierungssystems des Beschlusses vom 21. 4. 1970 für sich anerkannt (Art. 127 der

15 1 ECU = z. Zt. 2.45 DM. – EG-Haushalt 1982 ABl. 1982 Nr. L 31 S. 1.

16 Die eigenen Einnahmen der EGKS treten an Bedeutung weit hinter die Eigenmittel des Gemeinschaftshaushalts zurück: Umlageaufkommen 1982 140 Mio ECU.

Akte über die Beitrittsbedingungen und die Anpassung der Verträge).[17] Dementsprechend unterliegen sie der Regelung über die eigenen Mittel, wobei die von den drei Staaten erhobenen Zoll- und Abschöpfungseinnahmen schon vor der vollständigen Anwendung des Gemeinsamen Zolltarifs und der gemeinsamen Agrarpolitik eigene Einnahmen der Gemeinschaft darstellen (Art. 128 der Beitrittsakte). Für die bis einschließlich 1974 zur Restfinanzierung noch erforderlichen Finanzbeiträge wurden Beitragsanteile der drei Staaten – in etwa den Anteilen ihrer Bruttosozialprodukte an dem summierten Bruttosozialprodukt der erweiterten Gemeinschaft im Jahr 1970 entsprechend – festgesetzt:

Dänemark	2,46 vH
Irland	0,61 vH
Vereinigtes Königreich	19,32 vH

Nach Abzug dieser Finanzbeiträge blieb es bei den ursprünglichen Mitgliedstaaten untereinander bei dem Aufbringungsschlüssel des Art. 3 Abs. 2 des Beschlusses vom 21. 4. 1970 (Art. 129 der Beitrittsakte).

24 Die sofortige volle Anwendung des Systems des Beschlusses vom 21. 4. 1970 erschien allerdings den Vertragsparteien nicht gerechtfertigt, weil sich die Vorteile des Gemeinsamen Marktes und z. T. auch die unmittelbaren Leistungen der Gemeinschaft erst allmählich zugunsten der drei neuen Mitgliedstaaten auswirkten. Den Beitrittsstaaten wurde daher eine Übergangszeit eingeräumt, innerhalb derer sie stufenweise in das Finanzierungssystem des Beschlusses vom 21. 4. 1970 hineinwuchsen.

Die eigenen Mittel und die Finanzbeiträge waren von ihnen in einem allmählich steigenden Umfang an die Gemeinschaft abzuführen, beginnend 1973 mit 45 vH des jeweils auf sie nach dem Beschluß vom 21. 4. 1970 entfallenden Finanzierungsanteils; 100 vH wurden im Jahre 1978 erreicht (Art. 130 der Beitrittsakte).

Selbst in den Jahren 1978 und 1979 bestanden noch Sicherungen, die ein sprunghaftes Ansteigen der Belastungen als Folge des Hineinwachsens in den vollen Finanzierungsanteil vermeiden sollten. In den beiden Jahren durfte sich der Anteil jedes der Beitrittsstaaten nur um zwei Fünftel bzw. vier Fünftel der Differenz zwischen dem 1977 tatsächlich erbrachten Anteil und der fiktiven unbeschränkten Beteiligung in diesem Jahr erhöhen (Art. 131). Die Anwendung dieser Vorschrift bereitete besondere Schwierigkeiten, weil sich beim Übergang von 1977 auf 1978 zugleich der Wechsel der Haushaltsrechnungseinheit[18] auf die Höhe der Finanzierungsanteile Irlands und des Vereinigten

17 ABl. 1972 Nr. L 73 S. 1; HER I A 12, S. 75.
18 Siehe Rn. 1 und 2 zu Art. 207.

Königreichs auswirkte. Das Problem wurde dadurch gelöst, daß die beiden Mitgliedstaaten die Eigenmittel in vollem Umfang an die Gemeinschaft abführen, aber von den sechs Alt-Mitgliedstaaten Ausgleichszahlungen – außerhalb des Gemeinschaftshaushalts – erhielten.

2. Griechenland

25 Für den Beitritt Griechenlands wurde in dem Beitrittsabkommen (Inkrafttreten: 1. 1. 1981) eine andere Übergangsregelung gewählt. Griechenland führt von seinem Beitritt an die Zölle, soweit sie dem Gemeinsamen Zolltarif entsprechen, und die Agrarabschöpfungen in vollem Umfang an die Gemeinschaft ab. Bis zur Einführung der gemeinschaftlichen Mehrwertsteuerregelung in Griechenland zahlt es des weiteren einen Finanzbeitrag nach dem BSP-Schlüssel; nach der Einführung führt es Mehrwertsteuereinnahmen nach denselben Regeln an die Gemeinschaft ab, die für die Neun gelten. Die Gemeinschaft erstattet aber Griechenland während einer Übergangszeit von fünf Jahren seine Finanzbeitrags- und Mehrwertsteuerleistungen zu einem prozentual sinkenden Anteil zurück:

70 % im Jahre 1981

50 % im Jahre 1982

30 % im Jahre 1983

20 % im Jahre 1984

10 % im Jahre 1985

Der Unterschied zu der Regelung beim Beitritt Dänemarks, Irlands und des Vereinigten Königreichs erklärt sich daraus, daß zwischenzeitlich das Eigenmittelsystem des Beschlusses vom 21. 4. 1970 in der Gemeinschaft voll angewandt wird. Allerdings stellt das Verfahren der vollen Leistung des Finanzbeitrags bzw. der Mehrwertsteuereinnahmen mit anschließender Rückerstattung eine unnötige Komplikation dar. Einfacher wäre es gewesen, wenn Griechenland diese Leistungen zu reduzierten, progressiven Sätzen hätte erbringen müssen.

V. Der sog. Finanzmechanismus

26 Die Übertragung der Zölle, Agrarabschöpfungen und Mehrwertsteuereinnahmen kann für einzelne Mitgliedstaaten bei Vorliegen bestimmter Voraussetzungen (relativ hohe Importe, relativ hoher Verbrauch) zu einem Finanzierungsanteil am Gemeinschaftshaushalt führen, der erheblich über ihrem Anteil am Bruttosozialprodukt der Gemeinschaft liegt. Auf Drängen des Vereinigten Königreichs hat der Rat mit der Verordnung (EWG)

Nr. 1172/76[19] einen sog. Finanzmechanismus beschlossen, der für diese Fälle eine Belastungskorrektur vorsieht, allerdings nur bei wirtschaftlich schwächeren Mitgliedstaaten. Übersteigen ihre Eigenmittelzahlungen um mehr als 10 % die Zahlungen, die sie bei Anwendung des BSP-Schlüssels zu leisten hätten, erhalten sie aus dem Gemeinschaftshaushalt eine Zuwendung, mit der ihnen im Ergebnis die Differenz teilweise erstattet wird, und zwar steigt der Erstattungssatz mit der Höhe der Überschreitung. Die Anwendung des Finanzmechanismus ist allerdings an bestimmte Bedingungen geknüpft, und auch die Höhe der Zuwendung unterliegt Einschränkungen:

1. BSP pro Kopf weniger als 85 % des Gemeinschaftsdurchschnitts.
2. Reale Wachstumsrate des Pro-Kopf-BSP weniger als 120 % der Durchschnittsrate in der Gemeinschaft.
3. Kein Nettogewinn beim Vergleich Zahlungen an Gemeinschaftshaushalt/Rückflüsse aus Gemeinschaftshaushalt.
4. Bei positiver Leistungsbilanz in den letzten drei Jahren wird der Erstattung nur die Differenz zwischen Mehrwertsteueranteil und BSP-Anteil zugrundegelegt.
5. Die Zuwendung darf nicht höher sein als
   - Nettoverlust aus Zahlungen/Rückflüsse
   - Mehrwertsteuerzahlung
   - 250 Mio. ERE oder 3 % des Haushaltsvolumens.

27 Der Finanzmechanismus ändert formell nicht den Beschluß vom 21. 4. 1970, da die betroffenen Mitgliedstaaten die Eigenmittel voll an die Gemeinschaft abführen. Im Ergebnis korrigiert er aber die Belastungen, die sich für die Mitgliedstaaten aus diesem Beschluß ergeben.

Die Geltung des Finanzmechanismus ist zunächst auf eine Versuchzeit von 7 Jahren (1976 bis 1982) begrenzt.

Der Finanzmechanismus ist bisher noch nicht zur Anwendung gekommen, da die Voraussetzungen dafür bei keinem Mitgliedstaat vorlagen.

VI. Andere Einnahmen der Gemeinschaft

1. Der Begriff der anderen Einnahmen in Art. 4 Abs. 1 des Beschlusses vom 21. 4. 1970

28 Art. 4 Abs. 1 Unterabs. 1 des Beschlusses vom 21. 4. 1970 enthält die Klausel, daß der Gemeinschaftshaushalt vollständig aus eigenen Mitteln finanziert wird »unbeschadet der anderen Einnahmen«, dies jedenfalls in den Texten der anderen Gemeinschaftssprachen

19 ABl. 1976 Nr. L 131 S. 7; HER I A 66/5, S. 1; geändert – nur für Großbritannien und nur für die Haushaltsjahre 1980 und 1981 – durch die Verordnung (EWG) Nr. 2743/80, ABl. 1980 Nr. L 41 S. 1.

(im französischen Text »sans préjudices des autres recettes«), während die Klausel im deutschen Text – offensichtlich aufgrund eines Redaktionsversehens – fehlt. Eine ähnliche Formulierung war bereits in den durch den Eigenmittelbeschluß gegenstandslos gewordenen Bestimmungen der Römischen Verträge über die Finanzbeitragsregelung enthalten (Art. 200 Abs. 1 EWG-Vertrag und Art. 172 Abs. 1 und 2 EAG-Vertrag). Unter diesen anderen Einnahmen waren die üblichen Verwaltungseinnahmen einschließlich der Steuer auf die Gehälter des Personals zu verstehen.[20] Es gibt kein Anzeichen dafür, daß die Vertragsparteien mit der Übernahme dieser Klausel in den Eigenmittelbeschluß ihren Anwendungsbereich erweitern wollten. Dies gilt insbes. für die Frage, ob Anleihen im EWG-Bereich und verschiedene im Rahmen der gemeinsamen Agrarpolitik eingeführte Abgaben unter die Formulierung »unbeschadet der anderen Einnahmen« subsumiert werden können.

2. Anleihen

28a Im Gegensatz zum EGKS-Vertrag (Art. 49) und zum EAG-Vertrag (Art. 172 Abs. 4) enthalten die Finanzbestimmungen des EWG-Vertrags und auch der Beschluß vom 21. 4. 1970 keine Vorschrift über die Aufnahme von Anleihen durch die Gemeinschaft. Der Grund dürfte darin liegen, daß im EWG-Vertrag in Gestalt der Europäischen Investitionsbank eine Gemeinschaftseinrichtung vorgesehen ist, die sich zum Zweck der Investitionsfinanzierung der Anleiheaufnahme bedient. Unter die Formulierungen »andere Einnahmen« in Art. 200 Abs. 1 EWG-Vertrag und »die anderen Einnahmen« in Art. 4 Abs. 1 Unterabs. 1 des Eigenmittelbeschlusses lassen sich Anleihen nicht subsumieren. Es spricht alles dagegen, daß die Vertragsparteien – im Gegensatz zur ausdrücklichen Erwähnung in den anderen Gemeinschaftsverträgen – ein so gewichtiges Finanzierungsinstrument mit dieser Globalklausel im EWG-Bereich hätten einführen wollen.

Aus der Nichterwähnung der Anleihefinanzierung in den Finanzbestimmungen des Vertrags ist zu schließen, daß Anleihen als allgemeine Deckungsmittel des Gemeinschaftshaushalts ausscheiden. Ihre Einführung würde eine Vertragsergänzung im Wege des Art. 201 oder eine Vertragsänderung im Wege des Art. 236 voraussetzen.

29 Eine andere Frage ist, ob die Gemeinschaft zur Durchführung bestimmter Maßnahmen im Einzelfall mit Anleihebefugnis ausgestattet werden kann. Tatsächlich haben die Gemeinschaftsorgane mehrfach von dieser Möglichkeit Gebrauch gemacht, erstmals mit den beiden Ratsverordnungen vom 17. 2. 1975 über Gemeinschaftsanleihen zur Finanzierung ölpreisbedingter Zahlungsbilanzdefizite der Mitgliedstaaten,[21] die ihre Fortsetzung in der Ratsverordnung vom 16. 3. 1981 zur Stützung der Zahlungsbilanzen der Mitgliedstaaten fand,[22] zum anderen mit dem Ratsbeschluß vom 16. 10. 1978 über die Aufnahme

20 Siehe Art. 200 Rn. 9.
21 ABl. 1975 Nr. L 46 S. 1, 3; HER I A 45 S. 1, 5.
22 ABl. 1981 Nr. L 73 S. 1.

von Anleihen zur Investitionsförderung in der Gemeinschaft.[23] Die Ermächtigung der Kommisison zur Anleiheaufnahme lautete im ersten Fall auf 3 Mrd. US-$ und 6 Mrd. ECU, im zweiten auf 1 Mrd. ERE. Die Anleiheaufnahme für spezifische Maßnahmen wirft die Frage ihrer haushaltsmäßigen Behandlung auf (wobei es allerdings im Fall der Gemeinschaftsanleihen zur Finanzierung von Zahlungsbilanzdefiziten fraglich ist, ob es sich überhaupt um eine budgetäre Aktion handelt). Hier widerstreiten prinzipielle und praktische Gesichtspunkte. Nach dem in Art. 199 zum Ausdruck gekommenen Grundsatz der Vollständigkeit des Haushaltsplans – alle Einnahmen und Ausgaben der Gemeinschaft sind in den Haushalt einzusetzen – müßten sowohl die Aufnahme der Anleihemittel (als zweckgebundene Einnahme) wie auch die Vergabe der Darlehen im Gemeinschaftshaushalt veranschlagt werden. Dagegen spricht die Bindung an bestimmte Maßnahmen und der Umstand, daß es sich im Grunde nur um durchlaufende Posten handelt; die aufgenommenen Anleihemittel werden nämlich konditionenkongruent an die Darlehensnehmer weitergegeben. Die Haushaltsordnung vom 21. 12. 1977[24] hat sich für eine sehr beschränkte Veranschlagung entschieden. Im Haushaltsplan werden nach Art. 16 der Haushaltsordnung lediglich Ansätze »zur Errinerung« ausgebracht, die nur valutiert werden sollen, wenn ein Darlehensnehmer seine Tilgungs- und Zinsleistungen nicht erbringt und folglich die Gemeinschaft aus ihren Mitteln die Verpflichtungen gegenüber dem Anleihegeber erfüllen muß. Die z.E.-Ansätze bringen also nur die Haftung der Gemeinschaft gegenüber dem Anleihegeber zum Ausdruck. Zusätzlich werden in einem Anhang zum Einzelplan der Kommisison, der aber nicht Beschlußteil des Haushaltsplans ist, die laufenden Kapitaltransaktionen und der Schuldendienst sowie die diesbezüglichen Angaben für das betreffende Haushaltsjahr wiedergegeben (s. z. B. Anlage II zum Einzelplan der Kommission im EG-Haushalt 1982).[25]
Die Bewilligung der Anleiheaufnahme und der Darlehensgewährung wird also nicht durch den Haushalt erteilt, sondern durch die auf Art. 235 gestützten Ratsbeschlüsse.

3. Besondere Abgaben im Rahmen der Agrarmarktpolitik

30 Neben den in Art. 2 Abs. 1 Buchst. a) des Beschlusses vom 21. 4. 1970 aufgeführten, auf die Gemeinschaft übertragenen Agrarabschöpfungen werden von der Gemeinschaft weitere Abgaben im Bereich der Agrarmarktpolitik erhoben. Es sind dies:

a) Die Währungsausgleichsbeträge, die im grenzüberschreitenden Verkehr erhoben werden, um die Unterschiede zwischen den nationalen Agrarpreisniveaus und dem Gemeinschaftspreisniveau auszugleichen (Verordnung (EWG) Nr. 974/71 vom 12. 5. 1971).[26]

23 ABl. 1978 Nr. L 298 S. 9; HER I A 146, S. 1. Siehe auch Sonderhilfe Italien – 1 Mrd. ECU – (ABl. 1981 Nr. L 37 S. 21).
24 ABl. 1977 Nr. L 356 S. 1; HER I A 66/1, S. 3.
25 ABl. 1982 Nr. L 31 S. 801.
26 ABl. 1971 Nr. L 106 S. 1; HER I A 44/17, S. 37; s. auch I A 66/6, S. 5.

b) die sog. Mitverantwortungsabgabe, mit der die Erzeuger von Milch zur Finanzierung der Ausgaben für dieses Produkt beitragen sollen (Verordnung (EWG) Nr. 1079/77 vom 17. 5. 1977)[27]; im Wirtschaftsjahr 1981/82 war für diese Abgabe ein Satz von 2,5 vH des Richtpreises für Milch festgelegt).

Beide Abgaben fallen nicht unter die Agrarabschöpfungen im Sinne des Artikels 2 Abs. 1 Buchst. a) des Beschlusses vom 21. 4. 1970, jedenfalls soweit sie im innergemeinschaftlichen Warenverkehr erhoben werden. Neben den Abgaben im Rahmen der Marktorganisation für Zucker sind Agrarabschöpfungen nur Abgaben auf den Warenverkehr mit Drittländern.

31 Die Einführung dieser Abgaben im Verordnungswege ohne Einhaltung des Verfahrens des Art. 201 begegnet Bedenken, dies umsomehr, als der Beschluß vom 21. 4. 1970 in seinem Art. 2 Abs. 2 bereits auf die Möglichkeit weiterer eigener Einnahmen aus Abgaben hinweist, die im Rahmen einer gemeinsamen Politik eingeführt werden, dafür aber ausdrücklich die Durchführung des Verfahrens des Art. 201 vorschreibt.[28] Dabei unterscheidet Art. 2 Abs. 2 nicht, ob diese Abgaben der Finanzierung des Haushalts oder der Verwirklichung einer Gemeinschaftspolitik dienen sollen. Schließlich werden auch die Zölle und Agrarabschöpfungen nicht in erster Linie zu Finanzierungszwecken, sondern zur Verwirklichung handels- und agrarpolitischer Zielsetzungen erhoben. Wenn die Abgaben im Rahmen der Marktorganisation für Zucker im Wege des Art. 201 auf die Gemeinschaft übertragen wurden, kann für Abgaben im Rahmen der Marktorganisation für Milch nichts anderes gelten. Wie das Beispiel der Zölle und Agrarabschöpfungen zeigt, kommt es bei der Erschließung eigener Mittel nicht darauf an, ob die betreffende Abgabe dazu bestimmt ist, an die Stelle der Finanzbeiträge der Mitgliedstaaten zu treten; auch Abgaben, die nicht Finanzierungszwecken dienen, können Finanzbeiträge ersetzen. Aus materiell-rechtlichen Bestimmungen, die den Gemeinschaftsorganen die Befugnis geben, die zur Durchführung der Politik erforderlichen Maßnahmen zu ergreifen, kann nicht das Recht zur Erhebung von Abgaben hergeleitet werden. Die Befugnis, Abgaben zu erheben, kann der Gemeinschaft nur im Wege des Art. 201 verliehen werden; die Aufzählung der Eigeneinnahmen in Art. 2 und 4 des Übertragungsbeschlusses vom 21. 4. 1970 hat einen abschließenden Charakter.

Der EuGH[29] hält dagegen die Mitverantwortungsabgabe für rechtmäßig. Er wertet sie als Bestandteil des Interventionssystems der Milchmarktordnung; ihre Einführung halte sich innerhalb des in den Art. 39 und 40 EWG-Vertrag gezogenen Rahmens und habe daher

27 ABl. 1977 Nr. L 131 S. 6.

28 Daraus ist im übrigen zu schließen, daß im Rahmen einer gemeinsamen Politik eingeführte Abgaben nicht unter den Begriff »der anderen Einnahmen« des Art. 4 Abs. 1 Unterabs. 1 des Beschlusses vom 21. 4. 1970 subsumiert werden können; ihre Einführung ist vielmehr nur nach dem Verfahren des Art. 201 zulässig.

29 EuGH – Mitverantwortungsabgabe Milch, 138/78 – Slg. 1979, 713; NJW 1979, S. 1769. Siehe auch *Bieber, Roland,* Anmerkung zu zwei Entscheidungen des Conseil Constitutionnel (Frankreich) vom 30. 12. 1977, in: EuR 1978 S. 370.

vom Rat im Verordnungsweg (gestützt auf Art. 43 EWG-Vertrag) beschlossen werden können.

32 Bedenklich ist auch die haushaltsmäßige Veranschlagung der beiden Abgaben. Sie erscheinen nicht auf der Einnahmeseite des Gemeinschaftshaushalts, sondern werden, um sie als Teil einer Agrarregelung auszuweisen, mit Ausgaben verrechnet. Die erhobenen Währungsausgleichsbeträge werden von den Ausgaben im Rahmen des Währungsausgleichs abgesetzt, das Aufkommen aus der Mitverantwortungsabgabe ist bei den Ausgaben für Milch als »negative Ausgabe« (Minderung der Ausgaben) ausgewiesen. Diese Veranschlagung widerspricht dem Bruttoprinzip[30] und dem Verbot der Zweckbindung von Einnahmen.[31]

30 Siehe Rn. 5 zu Art. 199.
31 Siehe Rn. 1 zu Art. 200.

BESCHLUSS

vom 21. April 1970

über die Ersetzung der Finanzbeiträge der Mitgliedstaaten durch eigene Mittel der Gemeinschaften

(70/243/EGKS, EWG, Euratom)
(Amtsblatt der Europäischen Gemeinschaften Nr. L 94 vom 28. 4. 1970 S. 19)

DER RAT DER EUROPÄISCHEN GEMEINSCHAFTEN –

gestützt auf den Vertrag zur Gründung der Europäischen Wirtschaftsgemeinschaft, insbesondere auf Artikel 201,

gestützt auf den Vertrag zur Gründung der Europäischen Atomgemeinschaft, insbesondere auf Artikel 173,

auf Vorschlag der Kommission,

nach Stellungnahme des Europäischen Parlaments,[1]

nach Stellungnahme des Wirtschafts- und Sozialausschusses,[2]

in Erwägung nachstehender Gründe:

Die vollständige Ersetzung der Finanzbeiträge der Mitgliedstaaten durch eigene Mittel der Gemeinschaften läßt sich nur schrittweise erreichen.

Nach Artikel 2 Absatz 1 der Verordnung Nr. 25 über die Finanzierung der gemeinsamen Agrarpolitik sollen in der Endphase des Gemeinsamen Marktes die Einnahmen aus den Agrarabschöpfungen der Gemeinschaft zufließen und für gemeinschaftliche Ausgaben verwendet werden.

In Artikel 201 des Vertrages zur Gründung der Europäischen Wirtschaftsgemeinschaft werden als eigene Mittel, welche die Finanzbeiträge der Staaten ersetzen können, ausdrücklich die Einnahmen aus dem Gemeinsamen Zolltarif nach dessen endgültiger Einführung genannt.

Die Auswirkungen, die sich durch die Übertragung der Einnahmen aus den Zöllen an die Gemeinschaften für die Haushaltspläne der Mitgliedstaaten ergeben, sind zu mildern; es ist eine Regelung vorzusehen, durch die sich die vollständige Übertragung innerhalb einer bestimmten Frist schrittweise erreichen läßt.

Die Einnahmen aus den Agrarabschöpfungen und den Zöllen reichen nicht zum

1 ABl. 1970 Nr. C 2 S. 13.
2 ABl. 1970 Nr. C 19 S. 23.

Ausgleich des Haushalts der Gemeinschaften aus; den Gemeinschaften sind daher außerdem Steuereinnahmen zuzuweisen; besonders geeignet sind die Einnahmen, die sich aus der Anwendung eines einheitlichen Satzes auf die für die Mitgliedstaaten einheitlich festgelegte steuerpflichtige Bemessungsgrundlage für die Mehrwertsteuer ergeben –

HAT FOLGENDE BESTIMMUNGEN FESTGELEGT, DIE ER DEN MITGLIEDSTAATEN ZUR ANNAHME EMPFIEHLT:

Artikel 1

Den Gemeinschaften werden zum Ausgleich ihres Haushalts nach Maßgabe der folgenden Artikel eigene Mittel zugewiesen.

Artikel 2

Ab 1. Januar 1971 stellen nach Maßgabe des Artikels 3 folgende Einnahmen eigene, in den Haushalt der Gemeinschaften einzusetzende Mittel dar:

a) Abschöpfungen, Prämien, Zusatz- oder Ausgleichsbeträge, zusätzliche Teilbeträge und andere Abgaben auf den Warenverkehr mit Nichtmitgliedstaaten, die von den Gemeinschaftsorganen im Rahmen der gemeinsamen Agrarpolitik eingeführt worden sind oder noch eingeführt werden, und Abgaben, die im Rahmen der gemeinsamen Marktorganisation für Zucker vorgesehen sind, nachstehend »Agrarabschöpfungen« genannt;
b) Zölle des gemeinsamen Zolltarifs und andere Zölle auf den Warenverkehr mit Nichtmitgliedstaaten, die von den Gemeinschaftsorganen eingeführt worden sind oder noch eingeführt werden, nachstehend »Zölle« genannt.

Eigene, in den Haushalt der Gemeinschaften einzusetzende Mittel sind ferner Einnahmen aus sonstigen, gemäß dem Vertrag zur Gründung der Europäischen Wirtschaftsgemeinschaft oder dem Vertrag zur Gründung der Europäischen Atomgemeinschaft im Rahmen einer gemeinsamen Politik eingeführten Abgaben, sofern das Verfahren des Artikels 201 des Vertrages zur Gründung der Europäischen Wirtschaftsgemeinschaft oder des Artikels 173 des Vertrages zur Gründung der Europäischen Atomgemeinschaft durchgeführt worden ist.

Artikel 3

(1) Ab 1. Januar 1971 werden die Einnahmen aus Agrarabschöpfungen in vollem Umfang in den Haushaltsplan der Gemeinschaften eingesetzt. Von diesem Zeitpunkt an

werden die Einnahmen aus Zöllen schrittweise in den Haushaltsplan der Gemeinschaften eingesetzt.

Der Betrag der Zölle, der jährlich durch jeden Mitgliedstaat den Gemeinschaften zugewiesen wird, ist gleich dem Unterschied zwischen einem Bezugsbetrag und dem Betrag der nach Unterabsatz 1 den Gemeinschaften zugewiesenen Agrarabschöpfungen. Ist dieser Unterschied negativ, so werden weder vom betreffenden Mitgliedstaat Zölle gezahlt noch von den Gemeinschaften Agrarabschöpfungen zurückgezahlt.

Der in Unterabsatz 3 genannte Bezugsbetrag ist

- im Jahre 1971 gleich 50 %
- im Jahre 1972 gleich 62,5 %
- im Jahre 1973 gleich 75 %
- im Jahre 1974 gleich 87,5 %
- ab 1. Januar 1975 gleich 100 %

des Gesamtbetrags der von jedem Mitgliedstaat erhobenen Agrarabschöpfungen und Zölle.

Die Gemeinschaften erstatten jedem Mitgliedstaat 10 % der gemäß den Unterabsätzen 1 bis 4 gezahlten Beträge als Erhebungskosten.

(2) Vom 1. Januar 1971 bis zum 31. Dezember 1974 werden die Finanzbeiträge der Mitgliedstaaten, die zum Ausgleich des Haushalts der Gemeinschaften erforderlich sind, nach folgendem Schlüssel verteilt:

– Belgien	6,8
– Deutschland	32,9
– Frankreich	32,6
– Italien	20,2
– Luxemburg	0,2
– Niederlande	7,3.

(3) Während des gleichen Zeitraums darf jedoch die jährliche Schwankung des Anteils jedes Mitgliedstaats an allen gemäß den Absätzen 1 und 2 gezahlten Beträgen gegenüber dem Vorjahr 1 % nach oben und 1,5 % nach unten nicht überschreiten, sofern diese Beträge im Rahmen von Unterabsatz 2 berücksichtigt werden. Für das Jahr 1971 dienen bei der Anwendung dieser Vorschrift als Bezugsgröße die Finanzbeiträge jedes Mitgliedstaats zum Gesamtbetrag der Haushalte für 1970, soweit diese Haushalte im Rahmen von Unterabsatz 2 berücksichtigt werden.

Bei der Durchführung von Unterabsatz 1 wird für jedes Haushaltsjahr folgendes berücksichtigt:

a) die Ausgaben im Rahmen der Zahlungsermächtigungen, die für das betreffende Haushaltsjahr für den Forschungs- und Investitionshaushaltsplan der Europäischen

Atomgemeinschaft beschlossen worden sind, mit Ausnahme der Ausgaben für die Ergänzungsprogramme;

b) die Ausgaben im Rahmen der Mittel des Europäischen Sozialfonds;

c) beim Europäischen Ausrichtungs- und Garantiefonds für die Landwirtschaft die Ausgaben im Rahmen der Mittel der Abteilung Garantie sowie der Abteilung Ausrichtung, mit Ausnahme der Mittel, die für Verbuchungszeiträume vor dem betreffenden Haushaltsjahr eingesetzt oder wiedereingesetzt worden sind. Für das Bezugsjahr 1970 handelt es sich um folgende Ausgaben:
   - für die Abteilung Garantie: Ausgaben, die in Artikel 8 der Verordnung (EWG) Nr. 728/70 des Rates vom 21. April 1970 zur Festlegung ergänzender Vorschriften für die Finanzierung der gemeinsamen Agrarpolitik genannt werden;
   - für die Abteilung Ausrichtung: Ausgaben in Höhe von 285 Mill. Rechnungseinheiten, die nach dem Aufbringungsschlüssel des Artikels 7 derselben Verordnung aufgeteilt werden;

   bei der Berechnung des Deutschland betreffenden Teils wird als Bezugsschlüssel ein Satz von 31,5 % zugrunde gelegt;

d) die übrigen Ausgaben im Rahmen der Mittel des Haushaltsplans der Europäischen Gemeinschaften.

Führt die Anwendung dieses Absatzes auf einen oder mehrere Mitgliedstaaten zu einem Fehlbetrag im Haushalt der Gemeinschaften, so wird dieser Fehlbetrag für das betreffende Jahr innerhalb der in Unterabsatz 1 festgelegten Schwankungsbreite nach dem in Absatz 2 festgelegten Aufbringungsschlüssel auf die anderen Mitgliedstaaten umgelegt. Das Verfahren wird im Bedarfsfall wiederholt.

(4) Die Finanzierung der Ausgaben für die gemeinsamen Forschungsprogramme der Europäischen Atomgemeinschaft aus eigenen Mitteln der Gemeinschaften schließt weder aus, daß die Ausgaben für Ergänzungsprogramme in den Haushaltsplan der Gemeinschaften eingesetzt werden, noch daß sie durch Finanzbeiträge der Mitgliedstaaten finanziert werden, deren Festsetzung nach einem besonderen Aufbringungsschlüssel erfolgt, der durch einstimmigen Beschluß des Rates festgelegt wird.

(5) Abweichend von diesem Artikel werden Mittel, die vor dem Haushaltsjahr 1971 in einen Haushaltsplan eingesetzt worden waren und die in einen späteren Haushaltsplan übertragen oder wiedereingesetzt werden, aus Finanzbeiträgen der Mitgliedstaaten nach den Aufbringungsschlüsseln finanziert, die bei der ersten Einsetzung dieser Mittel anwendbar waren.

Für die Mittel der Abteilung Ausrichtung, die zwar zum erstenmal in den Haushaltsplan 1971 eingesetzt werden, sich aber auf vor dem 1. Januar 1971 liegende Verbuchungszeiträume des Europäischen Ausrichtungs- und Garantiefonds beziehen, gilt der für die betreffenden Zeiträume vorgesehene Aufbringungsschlüssel.

Artikel 4

(1) Ab 1. Januar 1975 wird der Haushalt der Gemeinschaften vollständig aus eigenen Mitteln der Gemeinschaften finanziert.

Diese Mittel umfassen die in Artikel 2 genannten Einnahmen sowie Mehrwertsteuereinnahmen, die sich aus der Anwendung eines Satzes ergeben, der 1 % einer steuerpflichtigen Bemessungsgrundlage nicht überschreiten darf, welche einheitlich für die Mitgliedstaaten nach Gemeinschaftsvorschriften bestimmt wird. Dieser Satz wird im Rahmen des Haushaltsverfahrens festgesetzt. Ist jedoch zu Beginn eines Haushaltsjahres der Haushaltsplan noch nicht festgestellt worden, so bleibt bis zum Inkrafttreten eines neuen Satzes der zuletzt festgesetzte Satz anwendbar.

Vom 1. Januar 1975 bis zum 31. Dezember 1977 darf jedoch die jährliche Schwankung des Anteils jedes Mitgliedstaats gegenüber dem Vorjahr 2 % nicht überschreiten. Wird dieser Prozentsatz überschritten, so erfolgen die erforderlichen Anpassungen innerhalb dieser Schwankungsbreite auf dem Wege eines Finanzausgleichs zwischen den betreffenden Mitgliedstaaten, und zwar im Verhältnis zu dem von diesen Mitgliedstaaten getragenen Anteil an den Mehrwertsteuereinnahmen oder an den Einnahmen aus den in den Absätzen 2 und 3 genannten Finanzbeiträgen.

(2) Werden die Vorschriften zur Festlegung der einheitlichen steuerpflichtigen Bemessungsgrundlage für die Mehrwertsteuer am 1. Januar 1975 noch nicht in allen Mitgliedstaaten, aber zumindest in drei Mitgliedstaaten, angewandt, so wird abweichend von Absatz 1 Unterabsatz 2 der Finanzbeitrag jedes Mitgliedstaats, der noch nicht die einheitliche, steuerpflichtige Bemessungsgrundlage für die Mehrwertsteuer anwendet, zum Haushalt der Gemeinschaften gemäß dem Anteil seines Bruttosozialprodukts an der Summe der Bruttosozialprodukte der Mitgliedstaaten festgelegt; der Restbetrag des Haushalts wird durch die Einnahmen aus der Mehrwertsteuer gemäß Absatz 1 Unterabsatz 2 gedeckt, die in den übrigen Mitgliedstaaten erzielt werden. Diese Ausnahmeregelung wird unwirksam, sobald die Bedingungen des Absatzes 1 erfüllt sind.

(3) Werden die Vorschriften zur Festlegung der einheitlichen steuerpflichtigen Bemessungsgrundlage für die Mehrwertsteuer am 1. Januar 1975 noch nicht zumindest in drei Mitgliedstaaten angewandt, so wird abweichend von Absatz 1 Unterabsatz 2 der Finanzbeitrag jedes Mitgliedstaats zum Haushalt der Gemeinschaften gemäß dem Anteil seines Bruttosozialprodukts an der Summe der Bruttosozialprodukte der Mitgliedstaaten festgelegt. Diese Ausnahmeregelung wird unwirksam, sobald die Bedingungen des Absatzes 1 oder des Absatzes 2 erfüllt sind.

(4) Bruttosozialprodukt im Sinne der Absätze 2 und 3 ist das Bruttosozialprodukt zu Marktpreisen.

(5) Mit der vollständigen Anwendung des Absatzes 1 Unterabsatz 2 wird der etwa

entstehende Überschuß der eigenen Mittel der Gemeinschaften gegenüber den tatsächlichen Gesamtausgaben im Verlauf eines Haushaltsjahres auf das folgende Haushaltsjahr übertragen.

(6) Die Finanzierung der Ausgaben für die gemeinsamen Forschungsprogramme der Europäischen Atomgemeinschaft aus eigenen Mitteln der Gemeinschaften schließt weder aus, daß die Ausgaben für Ergänzungsprogramme in den Haushaltsplan der Gemeinschaften eingesetzt werden, noch daß sie durch Finanzbeiträge der Mitgliedstaaten finanziert werden, deren Festsetzung nach einem besonderen Aufbringungsschlüssel erfolgt, der durch einstimmigen Beschluß des Rates festgelegt wird.

Artikel 5

Die Einnahmen im Sinne von Artikel 2, von Artikel 3 Absätze 1 und 2 sowie von Artikel 4 Absätze 1 bis 5 dienen unterschiedslos zur Finanzierung aller im Haushalt der Gemeinschaften gemäß Artikel 20 des Vertrages zur Einsetzung eines gemeinsamen Rates und einer gemeinsamen Kommission der Europäischen Gemeinschaften ausgewiesenen Ausgaben.

Artikel 6

(1) Die Gemeinschaftsmittel im Sinne der Artikel 2, 3 und 4 werden von den Mitgliedstaaten gemäß den einzelstaatlichen Rechts- und Verwaltungsvorschriften erhoben, die gegebenenfalls zu diesem Zweck zu ändern sind. Die Mitgliedstaaten stellen diese Mittel der Kommission zur Verfügung.

(2) Unbeschadet der Rechnungsprüfung gemäß Artikel 206 des Vertrages zur Gründung der Europäischen Wirtschaftsgemeinschaft und der Kontrollmaßnahmen gemäß Artikel 209 Buchstabe c) dieses Vertrages erläßt der Rat auf Vorschlag der Kommission und nach Anhörung des Europäischen Parlaments einstimmig die Vorschriften über die Kontrolle der Erhebung der Einnahmen im Sinne der Artikel 2, 3 und 4, Vorschriften darüber, wie diese Einnahmen der Kommission zur Verfügung zu stellen und wie sie abzuführen sind, sowie die Durchführungsbestimmungen zu Artikel 3 Absatz 3 und zu Artikel 4.

Artikel 7

Dieser Beschluß wird den Mitgliedstaaten vom Generalsekretär des Rates der Europäischen Gemeinschaften bekanntgegeben und im Amtsblatt der Europäischen Gemeinschaften veröffentlicht.

Die Mitgliedstaaten teilen dem Generalsekretär des Rates der Europäischen Gemeinschaften unverzüglich den Abschluß der Verfahren mit, die nach ihren verfassungsrechtlichen Vorschriften zur Annahme dieses Beschlusses erforderlich sind.

Dieser Beschluß tritt am ersten Tag des Monats nach Eingang der letzten Mitteilung im Sinne von Absatz 2 in Kraft. Sind jedoch die in Artikel 12 des Vertrages zur Änderung bestimmter Haushaltsvorschriften der Verträge zur Gründung der Europäischen Gemeinschaften und des Vertrages zur Einsetzung eines gemeinsamen Rates und einer gemeinsamen Kommission der Europäischen Gemeinschaften vorgesehenen Ratifikationsurkunden nicht vor diesem Zeitpunkt in allen Mitgliedstaaten hinterlegt worden, so tritt dieser Beschluß am ersten Tag des Monats nach der Hinterlegung der letzten dieser Ratifikationsurkunden in Kraft.[3]

Geschehen zu Luxemburg am 21. April 1970

(Unterschrift)

3 Der Beschluß ist am 1. 1. 1971 für alle sechs Mitgliedstaaten in Kraft getreten.

Artikel 202 [Ausgabenseite des Haushaltsplans]

Die in den Haushaltsplan eingesetzten Ausgaben werden für ein Haushaltsjahr bewilligt, soweit die gemäß Artikel 209 festgelegte Haushaltsordnung nicht etwas anderes bestimmt.

Nach Maßgabe der aufgrund des Artikels 209 erlassenen Vorschriften dürfen die nicht für Personalausgaben vorgesehenen Mittel, die bis zum Ende der Durchführungszeit eines Haushaltsplans nicht verbraucht worden sind, lediglich auf das nächste Haushaltsjahr übertragen werden.

Die vorgesehenen Mittel werden nach Kapiteln gegliedert, in denen die Ausgaben nach Art oder Bestimmung zusammengefaßt sind; soweit erforderlich, werden die Kapitel nach der gemäß Artikel 209 festgelegten Haushaltsordnung unterteilt.

Die Ausgaben der Versammlung, des Rates, der Kommission und des Gerichtshofes werden unbeschadet einer besonderen Regelung für bestimmte gemeinsame Ausgaben in gesonderten Teilen des Haushaltsplans aufgeführt.

Literaturhinweise

s. Vorbemerkung zu den Artikeln 199 bis 209

Inhaltsübersicht

I. Haushaltsrechtliche Grundsätze

1. Allgemeines

1 In den Haushaltsplan einzusetzen sind nach Art. 199 grundsätzlich alle Ausgaben der Gemeinschaft.[1] Bis zur Einführung des Haushaltsplans der Europäischen Gemeinschaf-

1 Siehe aber Rn. 3 zu Art. 199.

ten durch Art. 20 Abs. 1 des Vertrags zur Einsetzung eines gemeinsamen Rates und einer gemeinsamen Kommission[2] wurden diese Ausgaben im Haushaltsplan der EWG veranschlagt. Seit 1968 finden sie – ebenso wie die Ausgaben der früheren Haushaltspläne der EAG (Art. 174 Abs. 1 des EAG-Vertrags) und des Verwaltungshaushaltsplans der EGKS (Art. 78 Abs. 2 des EGKS-Vertrags) – in dem neuen Haushaltsplan ihren Niederschlag.

Für die Ausgabenseite des Haushaltsplans gelten ebenso wie in den nationalen Haushaltsrechten bestimmte Grundsätze. Es sind dies vor allem die im folgenden aufgezählten Grundsätze.

2. Grundsatz der Spezialität

2 a) Grundsatz der *zeitlichen Spezialität.* Die Haushaltsausgaben werden für einen bestimmten Zeitraum bewilligt, nämlich für ein Haushaltsjahr (Art. 202 Abs. 1). Werden sie innerhalb dieses Zeitraums nicht ausgegeben, so verfallen sie, es sei denn, sie werden auf einen folgenden Zeitraum übertragen (Art. 202 Abs. 2). Die zeitliche Übertragung der Ausgaben stellt in gewisser Hinsicht eine Durchbrechung des Grundsatzes der zeitlichen Spezialität dar.

3 b) Grundsatz der *qualitativen Spezialität.* Die Ausgaben werden für einen bestimmten Zweck (Art. 202 Abs. 3) bewilligt. Für Zwecke, für die in dem Haushaltsplan kein Ansatz enthalten ist, dürfen keine Ausgaben geleistet werden. Entsteht während eines Haushaltsjahres die Notwendigkeit, Mittel für einen in dem Haushaltsplan nicht vorgesehenen Zweck auszugeben, bedarf es zuvor der Feststellung eines Nachtragshaushaltsplans.[3]

4 c) Grundsatz der *quantitativen Spezialität.* Für eine Zweckbestimmung werden Mittel nur in einer bestimmten Höhe bewilligt. Reichen die bewilligten Mittel für die Befriedigung des Ausgabenzwecks während eines Haushaltsjahres nicht aus, so kann entweder ein Nachtragshaushaltsplan[3] festgestellt oder aber es können bei anderen Ausgabenansätzen entbehrliche Mittel auf die unzureichende Ausgabenbewilligung übertragen werden (sachliche Übertragung, s. Art. 205 Abs. 3).

II. Der Grundsatz der Jährlichkeit im besonderen

5 Der Vertrag entscheidet sich für den Grundsatz der *Jährlichkeit* des Haushaltsplans (s. auch schon Art. 199 Abs. 1, ferner Art. 1 Abs. 2 der Haushaltsordnung für den

2 Siehe Vorbemerkung zu den Art. 199 bis 209 Rn. 18 bis 22.
3 Siehe Rn. 17 zu Art. 199.

Gesamthaushaltsplan der Europäischen Gemeinschaften).[4] Die jährliche Ausgabenbewilligung bezweckt vor allem eine Erleichterung der Haushaltspraxis und der Kontrolle. Bei Veranschlagung für einen Zwölfmonatsabschnitt kann mit einiger Sicherheit übersehen werden, welche Ausgabenansätze erforderlich sind.

1. Mehrjährige Vorausplanung

6 Getrennt von der Frage der Einjährigkeit oder Mehrjährigkeit des Haushaltsplans ist das Problem einer mehrjährigen Vorausplanung der Gemeinschaftsfinanzen zu sehen. Eine solche Vorausplanung ist Bestandteil einer modernen Haushaltspolitik; eine funktionsgerechte Gestaltung des öffentlichen Finanzgebarens ist ohne Übersicht über die künftige Entwicklung nicht denkbar. Einzelentscheidungen mit finanzieller Tragweite können nicht ohne Rücksicht auf die künftigen haushaltsmäßigen Auswirkungen getroffen werden; sie müssen sich vielmehr in einen Rahmen einpassen, der dem vertretbaren Finanzvolumen der nächsten Haushaltsjahre und der angestrebten Gewichtung der einzelnen finanziellen Betätigungen Rechnung trägt. Die Zahlen einer Vorausplanung sind naturgemäß mit Unsicherheitsfaktoren belastet, da sich die Entwicklung öffentlicher Einnahmen und Ausgaben nur in wenigen Fällen genau vorausschätzen läßt. Deshalb kann auch eine Vorausschau nicht automatisch ihren Niederschlag in den Haushaltsplänen der einzelnen Jahre finden, auf die sie sich bezieht. Sie stellt vielmehr einen Rahmen dar, innerhalb dessen bei der Aufstellung der Jahreshaushaltspläne Korrekturen notwendig werden.

Dem Erfordernis der Vorausplanung hat der Rat mit seinem Beschluß (70/244/EGKS, EWG, Euratom) vom 21. 4. 1970 über die mehrjährige finanzielle Vorausschau Rechnung getragen.[5] Um den Haushaltsplan der Gemeinschaften in den Rahmen mehrjähriger Vorausplanungen einzubauen, erstellt die Kommission jährlich eine finanzielle Vorausschau für die folgenden drei Haushaltsjahre, in der sowohl die finanziellen Folgen geltender Verordnungen und Beschlüsse wie diejenigen von Vorschlägen, welche die Kommission dem Rat unterbreitet hat, aufgezeigt werden. Der Rat beurteilt diese Vorausschau nach Stellungnahme des Europäischen Parlaments. Ferner prüft der Rat jedes Jahr die Übereinstimmung der Vorausschau mit den festgestellten Entwicklungen. Sobald sich abzeichnet, daß die Ausgaben einer Kategorie die Vorausschau erheblich übersteigen, legt die Kommission dem Rat einen Bericht vor und unterbreitet ihm Vorschläge für geeignete Gemeinschaftsmaßnahmen.

2. Verpflichtungs- und Zahlungsermächtigungen

7 Eine weitere Frage ist, wie die Veranschlagung von Mehrjahresvorhaben mit dem Prinzip der Jährlichkeit in Einklang gebracht werden kann. Die Haushaltsordnung vom

4 ABl. 1977 Nr. L 356 S. 1; HER I A 66/1, S. 3; Änderung s. ABl. 1979 Nr. L 160 S. 1.
5 ABl. 1970 Nr. L 94 S. 23; HER I A 66/3, S. 9.

21. 12. 1977 hat dieses Problem in der Weise gelöst, daß sie generell für Mehrjahresmittel Verpflichtungsermächtigungen (VE) eingeführt hat. Die VE ermöglichen das Eingehen rechtlicher Verpflichtungen, die nicht nur während des betreffenden Haushaltsjahres, sondern auch im Laufe der darauffolgenden Haushaltsjahre tatsächliche Ausgaben nach sich ziehen. Den VE stehen Zahlungsermächtigungen (ZE) gegenüber, mit denen die tatsächlichen Ausgaben eines Haushaltsjahres aufgrund von Verpflichtungen veranschlagt werden, die während dieses Haushaltsjahres und im Laufe früherer Haushaltsjahre eingegangen wurden. Bei diesem System liegt das Schwergewicht der Budgetentscheidung bei den VE. Die ZE ist die mehr oder weniger direkte Folge der Inanspruchnahme der VE. Ansätze, für die VE und ZE veranschlagt werden, werden als »getrennte Mittel« bezeichnet. Bei den »nicht getrennten Mitteln« bedarf es keiner Ermächtigung, Verpflichtungen für kommende Haushaltsjahre einzugehen. Bei ihnen fallen gewissermaßen VE und ZE zusammen.

III. Die zeitliche Übertragung

8 Abs. 2 des Art. 202 behandelt die *zeitliche Übertragung* der in einem Haushaltsjahr nicht verbrauchten Mittel auf das nächste Haushaltsjahr (wegen der sachlichen Übertragung von Haushaltsmitteln s. Art. 205 Abs. 3). Derartige Ausgabenreste treten in dem Haushaltsjahr, auf das sie übertragen werden, nicht mehr im Haushaltsplan in Erscheinung. Sie werden erst wieder in der Rechnung dieses Haushaltsjahres – allerdings gesondert – ausgewiesen. Die Übertragung von Ausgabenresten ist für die Haushaltspraxis von besonderer Problematik. Sie durchkreuzt sehr leicht das Bemühen um eine sparsame, geordnete Haushaltswirtschaft und eine wirksame Kontrolle. Andererseits besteht für die Verwaltungsstellen das Bedürfnis nach einer gewissen Elastizität bei der Vornahme der Ausgaben.

9 Der Vertrag selbst engt die Übertragung in zweifacher Hinsicht ein:

a) Personalausgaben sind von der Übertragung ausgeschlossen.

b) Die übrigen Ausgaben können nur auf das ihrer Bewilligung folgende Haushaltsjahr übertragen werden. Soweit sie am Ende dieses Haushaltsjahres noch nicht verbraucht sind, verfallen sie.

Die ergänzenden Vorschriften zu dieser Regelung sind in Art. 6 der Haushaltsordnung enthalten. Ähnlich wie die deutsche Bundeshaushaltsordnung unterscheidet Art. 6 zwischen einer automatischen und einer vom Haushaltsbewilligungsorgan zu billigenden Übertragung. Die Kriterien sind allerdings verschieden. Nach der Bundeshaushaltsordnung sind ihrer Natur nach übertragbar Ausgaben für Investitionen und Ausgaben aus zweckgebundenen Einnahmen; für die übrigen Ausgaben muß die Übertragbarkeit mit dem Haushaltsansatz selbst bewilligt werden. Die Haushaltsordnung beruht dagegen auf folgendem System:

a) Bei den Haushaltsansätzen, bei denen zwischen Verpflichtungsermächtigungen und Zahlungsermächtigungen unterschieden wird, werden nicht in Anspruch genommene Zahlungsermächtigungen automatisch auf das folgende Haushaltsjahr übertragen. Desgleichen bleiben nicht ausgenutzte Verpflichtungsermächtigungen für das folgende Haushaltsjahr verfügbar.

b) Bei den Haushaltsansätzen, bei denen nicht zwischen Verpflichtungsermächtigungen und Zahlungsermächtigungen unterschieden wird, können die Mittel auf das folgende Haushaltsjahr übertragen werden. Dabei ist aber die Übertragung solcher Mittel, über die keine Verpflichtung eingegangen wurde, von einer Genehmigung des Rates nach Anhörung des Parlaments abhängig. Das gleiche gilt für Mittel, für die erst nach dem 15. Dezember eine Verpflichtung eingegangen wurde.

Mit dieser Regelung wird sichergestellt, daß Verpflichtungen, die im Rahmen der Ausgabebewilligungen für das laufende Haushaltsjahr eingegangen wurden, aber an seinem Ende noch offen standen, erfüllt werden können. Andererseits soll durch das Erfordernis der Genehmigung des Rates verhindert werden, daß die Verwaltungsstellen gegen Ende des Haushaltsjahres über die noch unverbrauchten Mittel nicht unbedingt erforderliche Verpflichtungen für Lieferungen und Leistungen eingehen. Besonders strenge Maßstäbe wird der Rat an die Übertragung derjenigen Mittel anlegen müssen, über die noch keine Verpflichtungen eingegangen worden sind. Die nicht übertragenen Mittel verfallen.

10 In sachlicher Hinsicht bleiben die übertragenen Mittel ein Bestandteil des Haushaltsplanes, in dem sie bewilligt wurden. Der sachliche Abschluß dieses Haushaltsplans zieht sich also bis zur Verwendung der übertragenen Mittel bzw. bis zu ihrem Verfall hin; nach Abs. 2 des Art. 202 ist dieser Zeitpunkt spätestens am Ende des ihrer Bewilligung folgenden Haushaltsjahres erreicht. Von diesem sachlichen Abschluß ist der buchungsmäßige zu unterscheiden. In buchungsmäßiger Hinsicht schreibt Art. 5 der Haushaltsordnung eine Beendigung des Haushaltsplans zum Ende des Haushaltsjahres (mit einer Auslauffrist bis zum 15. Januar des folgenden Haushaltsjahres) vor. Die Frage, in welcher Rechnungsperiode eine Ausgabe nachzuweisen ist, entscheidet sich allein nach dem Tag ihrer Leistung (Kassenjahrsystem oder système de gestion). Die übertragenen Ausgabemittel werden in der Rechnung des Haushaltsjahres, auf das sie übertragen worden sind, gesondert nachgewiesen.

10a Übertragene Mittel können nicht auf einen Ansatz des laufenden Haushaltsplans übertragen werden. Dagegen spricht schon, daß sie sachlich dem Vorjahreshaushalt zuzurechnen sind. Ihre Übertragung hätte im übrigen zur Folge, daß das Volumen des laufenden Haushaltsplans erhöht würde; dies ist nur im Wege eines Nachtragshaushalts zulässig.

IV. Gliederung der Ausgabenseite des Haushaltsplans

11 Die Abs. 3 und 4 des Art. 202 befassen sich mit der Gliederung der Ausgaben des Haushaltsplans. Die Ausgaben jedes Organs werden in gesonderten Teilen des Haushaltsplans veranschlagt, die nach Art. 15 Abs. 1 der Haushaltsordnung die Bezeichnung »Einzelpläne« tragen. Diese nach dem *Organisationsprinzip* erfolgte Gliederung gilt auch für die Mittelbewirtschaftung.[6]

Die Gliederung innerhalb der Einzelpläne richtet sich nach dem *Realprinzip*. Zusammengefaßt werden Ausgaben, die gegenständlich zusammengehören. Dabei kommt der Genauigkeit der Zweckbestimmung eine ganz besondere Bedeutung zu. Ausgaben dürfen nicht nach größeren Gruppen, sondern müssen nach möglichst engen Zwecken zusammengefaßt werden, da andernfalls die mit der Haushaltsbewilligung beabsichtigte Bestimmung der Ausgaben weitgehend ausgehöhlt werden könnte.

Die Einzelheiten dazu sind in Art. 15 Abs. 2 der Haushaltsordnung geregelt. Oberste Gliederungseinheit über dem in Art. 202 Abs. 3 erwähnten Kapitel ist der Titel. Er dient der horizontalen Gliederung der Einzelpläne in Personalausgaben und größere Gruppen von Sachausgaben.

Einheiten der vertikalen Untergliederung des Titels sind Kapitel, Artikel und Posten, die die Ausgabengruppen nach immer enger werdenden Zweckbestimmungen zusammenfassen. Diese Zweckbestimmungen und die in ihnen enthaltenen Ansätze sind für die Leistung der Ausgaben verbindlich. Lediglich die unterste Gliederungseinheit, der Posten, ist nicht bindend; er dient nur der Schätzung des Gesamtbedarfs bei den einzelnen Artikeln.

12 Die eingehende Gliederung jedes Einzelplans dient nicht nur der Festlegung der Ausgaben für möglichst eng umgrenzte, verbindliche Zweckbestimmungen, sondern auch der Übersichtlichkeit und Klarheit. Um einen Einblick in die Finanzwirtschaft der Gemeinschaft zu gewinnen, bedarf es allerdings zusätzlicher Angaben. Neben dem für das laufende Haushaltsjahr bewilligten Ausgabebetrag sind auch die Bewilligungen des vorhergehenden Haushaltsjahres und die tatsächlichen Ausgaben des letzten abgeschlossenen Haushaltsjahres aufzuführen, damit die Entwicklung der Ausgaben festgestellt werden kann. Außerdem sind die Ausgabenansätze zu erläutern. Die entsprechenden Bestimmungen sind in dem Art. 16 der Haushaltsordnung enthalten.

Besonders eingehende Vorschriften bestehen für die Personalausgaben, die den größten Posten der Verwaltungsausgaben ausmachen. Art. 16 Abs. 2 Buchst. c) schreibt vor, daß jeder Einzelplan einen Stellenplan enthalten muß, in dem die Planstellen nach Laufbahngruppen und Besoldungsgruppen getrennt aufgeführt werden. Der Stellenplan ist für die Organe verbindlich.

6 Siehe Rn. 5 zu Art. 205.

Artikel 203 [Feststellung des Haushaltsplans]

(1) Das Haushaltsjahr beginnt am 1. Januar und endet am 31. Dezember.

(2) Jedes Organ der Gemeinschaft stellt vor dem 1. Juli einen Haushaltsvoranschlag für seine Ausgaben auf. Die Kommission faßt diese Voranschläge in einem Vorentwurf für den Haushaltsplan zusammen. Sie fügt eine Stellungnahme bei, die abweichende Voranschläge enthalten kann.

Dieser Vorentwurf umfaßt den Ansatz der Einnahmen und den Ansatz der Ausgaben.

(3) Die Kommission legt dem Rat den Vorentwurf des Haushaltsplans spätestens am 1. September des Jahres vor, das dem entsprechenden Haushaltsjahr vorausgeht.

Der Rat setzt sich mit der Kommission und gegebenenfalls den anderen beteiligten Organen ins Benehmen, wenn er von dem Vorentwurf abweichen will.

Der Rat stellt den Entwurf des Haushaltsplans mit qualifizierter Mehrheit auf und leitet ihn der Versammlung zu.

(4) Der Entwurf des Haushaltsplans ist der Versammlung spätestens am 5. Oktober des Jahres vorzulegen, das dem entsprechenden Haushaltsjahr vorausgeht.

Die Versammlung ist berechtigt, den Entwurf des Haushaltsplans mit der Mehrheit der Stimmen ihrer Mitglieder abzuändern und mit der absoluten Mehrheit der abgegebenen Stimmen dem Rat Änderungen dieses Entwurfs in bezug auf die Ausgaben vorzuschlagen, die sich zwingend aus dem Vertrag oder den aufgrund des Vertrages erlassenen Rechtsakten ergeben.

Hat die Versammlung binnen fünfundvierzig Tagen nach Vorlage des Entwurfs des Haushaltsplans ihre Zustimmung erteilt, so ist der Haushaltsplan endgültig festgestellt. Hat sie innerhalb dieser Frist den Entwurf des Haushaltsplans weder abgeändert noch Änderungen dazu vorgeschlagen, so gilt der Haushaltsplan als endgültig festgestellt.

Hat die Versammlung innerhalb dieser Frist Abänderungen vorgenommen oder Änderungen vorgeschlagen, so wird der Entwurf des Haushaltsplans mit den entsprechenden Abänderungen oder Änderungsvorschlägen dem Rat zugeleitet.

(5) Nachdem der Rat über den Entwurf des Haushaltsplans mit der Kommission und gegebenenfalls mit den anderen beteiligten Organen beraten hat, beschließt er unter folgenden Bedingungen:

a) Der Rat kann mit qualifizierter Mehrheit jede der von der Versammlung vorgenommenen Abänderungen ändern;

b) hinsichtlich der Änderungsvorschläge:

– führt eine von der Versammlung vorgeschlagene Änderung nicht zu einer Erhöhung des Gesamtbetrags der Ausgaben eines Organs, und zwar insbesondere

deswegen, weil die daraus erwachsende Erhöhung der Ausgaben ausdrücklich durch eine oder mehrere vorgeschlagene Änderungen ausgeglichen wird, die eine entsprechende Senkung der Ausgaben bewirken, so kann der Rat diesen Änderungsvorschlag mit qualifizierter Mehrheit ablehnen. Ergeht kein Ablehnungsbeschluß, so ist der Änderungsvorschlag angenommen;

– führt eine von der Versammlung vorgeschlagene Änderung zu einer Erhöhung des Gesamtbetrags der Ausgaben eines Organs, so kann der Rat mit qualifizierter Mehrheit diesen Änderungsvorschlag annehmen. Ergeht kein Annahmebeschluß, so ist der Änderungsvorschlag abgelehnt;

– hat der Rat nach einem der beiden vorstehenden Unterabsätze einen Änderungsvorschlag abgelehnt, so kann er mit qualifizierter Mehrheit entweder den im Entwurf des Haushaltsplans stehenden Betrag beibehalten oder einen anderen Betrag festsetzen.

Der Entwurf des Haushaltsplans wird nach Maßgabe der vom Rat angenommenen Änderungsvorschläge geändert.

Hat der Rat binnen fünfzehn Tagen nach Vorlage des Entwurfs des Haushaltsplans keine der von der Versammlung vorgenommenen Abänderungen geändert und sind die Änderungsvorschläge der Versammlung angenommen worden, so gilt der Haushaltsplan als endgültig festgestellt. Der Rat teilt der Versammlung mit, daß er keine der Abänderungen geändert hat und daß die Änderungsvorschläge angenommen worden sind. Hat der Rat innerhalb dieser Frist eine oder mehrere der von der Versammlung vorgenommenen Abänderungen geändert oder sind die Änderungsvorschläge der Versammlung abgelehnt oder geändert worden, so wird der geänderte Entwurf des Haushaltsplans erneut der Versammlung zugeleitet. Der Rat legt der Versammlung das Ergebnis seiner Beratungen dar.

(6) Die Versammlung, die über das Ergebnis der Behandlung über Änderungsvorschläge unterrichtet ist, kann binnen fünfzehn Tagen nach Vorlage des Entwurfs des Haushaltsplans mit der Mehrheit der Stimmen ihrer Mitglieder und mit drei Fünfteln der abgegebenen Stimmen die vom Rat an den Abänderungen der Versammlung vorgenommenen Änderungen ändern oder ablehnen und stellt demzufolge den Haushaltsplan fest. Hat die Versammlung innerhalb dieser Frist keinen Beschluß gefaßt, so gilt der Haushaltsplan als endgültig festgestellt.

(7) Nach Abschluß des Verfahrens dieses Artikels stellt der Präsident der Versammlung fest, daß der Haushaltsplan endgültig festgestellt ist.

(8) Die Versammlung kann jedoch mit der Mehrheit der Stimmen ihrer Mitglieder und mit zwei Dritteln der abgegebenen Stimmen aus wichtigen Gründen den Entwurf des Haushaltsplans ablehnen und die Vorlage eines neuen Entwurfs verlangen.

(9) Für alle Ausgaben, die sich nicht zwingend aus dem Vertrag oder den aufgrund des

Vertrages erlassenen Rechtsakten ergeben, wird jedes Jahr ein Höchstsatz festgelegt, um den die gleichartigen Ausgaben des laufenden Haushaltsjahres erhöht werden können.

Die Kommission stellt nach Anhörung des Ausschusses für Wirtschaftspolitik diesen Höchstsatz fest, der sich aus

– der Entwicklung des in Volumen ausgedrückten Bruttosozialprodukts in der Gemeinschaft,

– der durchschnittlichen Veränderung der Haushaltspläne der Mitgliedstaaten

und

– der Entwicklung der Lebenshaltungskosten während des letzten Haushaltsjahres ergibt.

Der Höchstsatz wird vor dem 1. Mai allen Organen der Gemeinschaft mitgeteilt. Diese haben ihn bei dem Haushaltsverfahren vorbehaltlich der Vorschriften der Unterabsätze 4 und 5 einzuhalten.

Liegt bei den Ausgaben, die sich nicht zwingend aus dem Vertrag oder den aufgrund des Vertrages erlassenen Rechtsakten ergeben, der Erhöhungssatz, der aus dem vom Rat aufgestellten Entwurf des Haushaltsplans hervorgeht, über der Hälfte des Höchstsatzes, so kann die Versammlung in Ausübung ihres Abänderungsrechts den Gesamtbetrag dieser Ausgaben noch bis zur Hälfte des Höchstsatzes erhöhen.

Ist die Versammlung, der Rat oder die Kommission der Ansicht, daß die Tätigkeiten der Gemeinschaft eine Überschreitung des nach dem Verfahren dieses Absatzes aufgestellten Satzes erforderlich machen, so kann in Übereinstimmung zwischen dem Rat und der Versammlung ein neuer Satz festgelegt werden; der Rat entscheidet mit qualifizierter Mehrheit, die Versammlung mit der Mehrheit der Stimmen ihrer Mitglieder und mit drei Fünfteln der abgegebenen Stimmen.

(10) Jedes Organ übt die ihm durch diesen Artikel übertragenen Befugnisse unter Beachtung der Vorschriften des Vertrages und der aufgrund des Vertrages erlassenen Rechtsakte aus, namentlich der Vorschriften, die die eigenen Mittel der Gemeinschaften und den Ausgleich von Einnahmen und Ausgaben betreffen.

Literaturhinweise

Bieber, Roland, Zur neuen Reform der EG-Finanzverfassung, in: NJW 1974, S. 2170.

Ehlermann, Claus-Dieter, Applying the New Budgetary Procedure for the First Time (Art. 203 of the EEC-Treaty), in: CMLR 1975, S. 325

Ehlermann, Claus-Dieter – Minch, Mary, Conflicts between Community Institutions within the Budgetary Procedure – Article 205 of the EEC Treaty, in: EuR 1981, S. 23

Glaesner, Hans-J., Mögliche Konfliktzonen zwischen den Gemeinschaftsorganen, in: EuR 1981, S. 11

Das Haushaltsverfahren der Europäischen Gemeinschaften und die Haushaltsbefugnisse ihrer einzelnen Organe, Deutscher Bundestag, Wissenschaftliche Dienste, Materialien Nr. 43, August 1976

Isaac, Guy, La rénovation des institutions financières des Communautés européennes depuis 1970, in: RTDE 1977, S. 736

Kapteyn, The European Parliament, The budget and legislation in the Community, in: CMLR 1972, S. 396

Magiera, Siegfried, Die Haushaltsbefugnisse des Europäischen Parlaments – Ansatz zur parlamentarischen Mitregierung auf Gemeinschaftsebene, in: FS Schlochauer, Berlin–Yew York 1981, S. 829ff., 841ff.

Pocar, Fausto, I poteri de bilancio e la posizione del Parlamento europeo fra le istituzioni communitarie: aspetti giuridicoistituzionali, in: RTDE 1981, S. 41

Reister, Erwin, Parlamentarisches Budgetrecht und Rechnungshof der Europäischen Gemeinschaften: Ornamentik oder Demokratisierung der gemeinschaftlichen Finanzverfassung?, in: EuR 1976, S. 74

Seeler, Hans-Joachim, Das direkt gewählte Europäische Parlament – ein neues Parlament?, in: EuR 1980, S. 206

Sopwith, Charles, Legal Aspects of the Community Budget, in: CMLR 1980, S. 315

Thormählen, Thies, Klassifikation der Ausgaben des Europäischen Regionalfonds, in: Wirtschaftsdienst 1975, S. 581

Tugendhat, Christopher, Der Haushalt der Europäischen Gemeinschaften im Widerstreit der Institutionen, in: Eur.Arch. 1980, S. 289

Inhaltsübersicht

I. Allgemeines

Art. 203 regelt das Haushaltsbewilligungsverfahren. Wie andere Haushaltsregelungen ist auch das Bewilligungsverfahren seit Inkrafttreten des Vertrags mehrfach geändert worden. Diese Änderungen haben ihren Grund zum einen in dem Bestreben nach Vereinheitlichung der Haushaltswirtschaft der drei Gemeinschaften, zum anderen in der Umverteilung der Gewichte von Parlament und Rat bei der Bewilligung des Gemeinschaftshaushalts.

1. Fusionsvertrag

1 Mit dem Vertrag zur Einsetzung eines gemeinsamen Rates und einer gemeinsamen Kommission der Europäischen Gemeinschaften,[1] der am 1. 7. 1967 in Kraft getreten ist, wurde der neue Haushaltsplan der Europäischen Gemeinschaften eingeführt (Art. 20 des genannten Vertrags), der den Haushaltsplan der EWG und die Verwaltungshaushaltspläne der EAG und der EGKS ersetzte. Dabei wurde das Haushaltsbewilligungsverfahren der Gemeinschaft nicht formell geändert. Das ursprünglich nur für den Haushaltsplan der EWG geltende Verfahren war vielmehr von nun an auf den Haushaltsplan der Gemeinschaften anzuwenden. Dies setzte naturgemäß eine Übereinstimmung der Haushaltsbewilligungsverfahren der drei Gemeinschaften voraus. Der Vertrag zur Einsetzung eines gemeinsamen Rates und einer gemeinsamen Kommission hat die Übereinstimmung in der Weise hergestellt, daß er mit seinem Art. 21 einen neuen Art. 78 in den EGKS-Vertrag eingefügt hat, der für die Bewilligung des Verwaltungshaushaltsplans der EGKS ein den Art. 203 des EWG-Vertrages und 177 des EAG-Vertrages entsprechendes Verfahren vorsah. Das Bewilligungsrecht für den Haushaltsplan der Gemeinschaften stand zunächst allein dem Rat zu. Das frühere Haushaltsbewilligungsorgan der EGKS, der Ausschuß der Präsidenten der Organe dieser Gemeinschaft (ehemals Art. 78 § 3 Abs. 2 EGKS-Vertrag), fiel weg. Im Sinne einer weiteren Vereinheitlichung der Haushaltswirtschaft der Gemeinschaften wurde später durch Art. 10 des am 1. 1. 1971 in Kraft getretenen Vertrages zur Änderung bestimmter Haushaltsvorschriften der Verträge zur Gründung der Europäischen Gemeinschaften und des Vertrags zur Einsetzung eines gemeinsamen Rates und einer gemeinsamen Kommission der Europäischen Gemeinschaften der Forschungs- und Investitionshaushaltsplan der EAG in den Haushaltsplan der Gemeinschaften einbezogen.[2] Der erste Haushaltsplan der Europäischen Gemeinschaften wurde für das Haushaltsjahr 1968 aufgestellt und festgestellt (Art. 35 Abs. 1 des Vertrags zur Einsetzung eines gemeinsamen Rates und einer gemeinsamen Kommission).

1 HER I A 11, S. 19; s. Vorbemerkung zu den Art. 199 bis 209 Rn. 18 bis 22.
2 ABl. 1971 Nr. L 2 S. 1; HER I A 11, S. 215.

2. Verstärkung des Budgetrechts des Parlaments

2 Zu einschneidenden Änderungen des Haushaltsbewilligungsverfahrens führte die Verstärkung des Budgetrechts des Parlaments in Zusammenhang mit der Änderung des Finanzierungssystems der Gemeinschaft. Art. 203 in seiner ursprünglichen Fassung sah ein Verfahren vor, bei dem das Haushaltsbewilligungsrecht letztlich allein dem Rat zustand. Das Europäische Parlament konnte zwar Änderungsvorschläge zu dem vom Rat aufgestellten Haushaltsentwurf vorlegen, diese waren aber für den Rat nicht verbindlich. Diese Regelung hatte ihren Grund einmal darin, daß der Rat das Legislativorgan der Gemeinschaft ist. Sie erklärte sich aber auch aus der Finanzierung der Gemeinschaft über Finanzbeiträge der Mitgliedstaaten (Art. 200).

3 Mit der Erschließung eigener Mittel der Gemeinschaft war insoweit der Grund für den Vorrang des Rates bei der Ausübung des Budgetrechts entfallen. Der Entwurf des Vertrags zur Änderung bestimmter Haushaltsvorschriften wurde in unmittelbarem Anschluß an den Beschluß des Rates (70/243/EGKS, EWG, Euratom) vom 21. 4. 1970 über die Ersetzung der Finanzbeiträge der Mitgliedstaaten durch eigene Mittel der Gemeinschaften[3] von den Vertretern der Regierungen der Mitgliedstaaten unterzeichnet, nämlich am 22. 4. 1970. Mit diesem Vertrag erhielt Art. 203 eine Neufassung, die allerdings erst von 1975 an galt. Für die Jahre von 1971 bis 1974 wurde als Übergangsbestimmung ein Art. 203 a in den Vertrag eingefügt. Ziel und Inhalt der Änderung war eine Neuregelung der Beteiligung von Rat und Europäischem Parlament an der Ausübung des Budgetrechts im Sinne einer Stärkung der Haushaltskompetenz des parlamentarischen Organs der Gemeinschaft. Dabei wurde das Ausmaß der Erweiterung der Budgetbefugnisse des Parlaments dem Rhythmus der Erschließung eigener Mittel angepaßt. Für die Jahre 1971 bis 1974, in denen neben eigenen Mitteln noch Finanzbeiträge der Mitgliedstaaten zur Finanzierung des Haushalts herangezogen wurden (Art. 3 des Beschlusses vom 21. 4. 1970), wurden dem Parlament in Art. 203 a geringere Befugnisse eingeräumt als für die Zeit von 1975 an, für die die vollständige Finanzierung des Haushalts aus Eigenmitteln vorgesehen war (Art. 4 Abs. 1 Unterabs. 1 des Beschlusses vom 21. 4. 1970).

4 Die von 1975 an geltende Regelung der Haushaltsbewilligung beruht erstmals auf dem Prinzip einer Aufteilung des Budgetrechts auf Parlament und Rat. Dem Rat wurde das letzte Wort zuerkannt für die Ausgaben, die sich zwingend aus dem Vertrag oder den aufgrund des Vertrags erlassenen Rechtsakten ergeben. Das Parlament erhielt die letzte Entscheidung für die nicht zwingenden Ausgaben, dies aber nur innerhalb eines jährlich nach objektiven Kriterien (Entwicklung des Bruttosozialprodukts in der Gemeinschaft und der Lebenshaltungskosten, durchschnittliche Veränderung der Haushaltspläne der Mitgliedstaaten) festzulegenden Höchstsatzes für die Steigerung dieser Ausgaben. Eine

3 ABl. 1970 Nr. L 94 S. 19; HER I A 66/3, S. 1.

Überschreitung dieses Höchstsatzes bedarf des Einvernehmens zwischen Parlament und Rat.

5 Seine jetzige Fassung erhielt Art. 203 durch den Vertrag zur Änderung bestimmter Finanzvorschriften der Verträge zur Gründung der Europäischen Gemeinschaften und des Vertrags zur Einsetzung eines gemeinsamen Rates und einer gemeinsamen Kommission der Europäischen Gemeinschaften, der am 1. 6. 1977 in Kraft getreten ist (Art. 12 dieses Vertrags;[4] entsprechend neugefaßt wurden die Art. 78 EGKS-Vertrag und 180 EAG-Vertrag). Die erneute Änderung des Art. 203 hatte wiederum eine Stärkung des Budgetrechts des Parlaments zum Ziel. Gegenüber der vorherigen Fassung des Art. 203 sind die Befugnisse des Parlaments vor allem in zwei Punkten erweitert worden:

a) Das Parlament kann aus wichtigen Gründen den ihm vom Rat vorgelegten Haushaltsentwurf global ablehnen und die Vorlage eines neuen Entwurfs verlangen.

b) Die sog. umgekehrte Mehrheit, die dem Rat die Ablehnung von Vorschlägen des Parlaments erschwert, wurde – in begrenztem Umfang – auch bei den zwingenden Ausgaben eingeführt: wirken diesbezügliche Änderungsvorschläge nicht ausgabenerhöhend, kann sie der Rat nur mit qualifizierter Mehrheit ablehnen.

Die Bestrebungen, dem Parlament darüber hinausgehende Befugnisse mit ausgabenerhöhender Wirkung einzuräumen, scheiterten an dem Einwand einiger Mitgliedstaaten, daß ein solches Initiativrecht ihren Parlamenten nicht zustehe.

II. Die Ausübung des Budgetrechts durch Parlament und Rat

1. Trennung von Legislativ- und Budgetrecht

6 Das Haushaltsbewilligungsverfahren, wie es jetzt in Art. 203 seinen Niederschlag gefunden hat, zeichnet sich durch eine ungewöhnliche Kompliziertheit aus. Darin kommt nicht nur die Schwierigkeit der politischen Entscheidung über eine Neuabgrenzung der Befugnisse zweier Gemeinschaftsorgane zum Ausdruck, die für eines von beiden mit einem kontinuierlichen Machtverlust verbunden ist. Die Problematik der Aufteilung des Budgetrechts liegt auch darin, daß damit Budgetbefugnis und Legislativbefugnis, die nach wie vor allein dem Rat zusteht, auseinanderfallen. Dieser Widerspruch ist nur scheinbar dadurch gelöst, daß dem Rat bei zwingenden Ausgaben das letzte Wort zusteht. Für den heutigen Gesetzgeber ist es kaum denkbar, daß er einen gesetzgeberischen Akt erläßt, ohne sich über die dadurch verursachten finanziellen Aufwendungen ein Bild zu machen, und dies auch dann, wenn der gesetzgeberische Akt keine Rechtsansprüche begründet.

4 ABl. 1977 Nr. L 359 S. 1; HER I A 11, S. 227.

Dies gilt erst recht für die Gemeinschaft, deren Rechtsakte regelmäßig das Ergebnis politischer Kompromisse sind. Zumindest beim gegenwärtigen Integrationsstand ist die Höhe der finanziellen Ausstattung – und damit der Be- und Entlastung der Mitgliedstaaten[5] – notwendigerweise Bestandteil des Kompromisses über die in einem Rechtsakt zu regelnde Maßnahme mit finanziellen Auswirkungen. Die Aufteilung des Budgetrechts, wie sie Art. 203 vorsieht, hat zur Folge, daß die mit dem Rechtsakt für eine Maßnahme beabsichtigte finanzielle Ausstattung und die im Haushaltsplan tatsächlich bewilligte finanzielle Ausstattung voneinander abweichen können. Diese Möglichkeit wird durch die Höchstsatzregelung für die nicht zwingenden Ausgaben in ihren volumenmäßigen Auswirkungen nur abgemildert, aber nicht beseitigt.

2. Höchstbeträge in Rechtsakten

7 Besonders deutlich wird dieses Problem bei der Auseinandersetzung zwischen Parlament und Rat darüber, ob in Rechtsakten mit nicht zwingenden Ausgaben Höchstbeträge (etwa für die Ausgaben eines Mehrjahreszeitraums) vorgesehen werden können. Es liegt auf der Hand, daß solche Höchstbeträge – häufig angewandt – das Budgetrecht des Parlaments für die nicht zwingenden Ausgaben aushöhlen können. Andererseits wäre es kaum verständlich, wenn die Gemeinschaft auf dieses Mittel der finanzpolitischen Planung, auf das alle modernen Staaten z. B. bei öffentlichen Interventionen im wirtschaftlichen und sozialen Bereich vielfach zurückgreifen, verzichten müßte. Die Aufnahme eines Höchstbetrages in einen Rechtsakt fällt in die gesetzgeberische Gestaltungsfreiheit; sie ist nirgends im Vertrag untersagt. Es ist z. B. nicht einzusehen, warum die bei Forschungsprogrammen im EAG-Bereich aufgrund des Art. 7 des EAG-Vertrags angewandte Höchstbetragsregelung bei den Forschungsprogrammen der EWG auf der Basis von Art. 235 EWG-Vertrag nicht zulässig sein soll.

Abgesehen von der grundsätzlichen Frage, ob eine sinnvolle Trennung zwischen Legislativ- und Budgetbefugnis möglich ist, birgt die Ausgestaltung des Bewilligungsverfahrens in Art. 203 vor allem noch in zwei Punkten Konfliktstoff zwischen Rat und Parlament in sich:

3. Zwingende und nicht zwingende Ausgaben

8 Die Abgrenzung zwischen zwingenden und nicht zwingenden Ausgaben bereitet nicht geringe Schwierigkeiten. Eine Ausgabe ist dann als zwingend anzusehen, wenn ihr ein Rechtsanspruch auf Leistung gegenübersteht, wie es durchweg im Bereich der Agrarmarktordnungen der Fall ist, oder, von der Gemeinschaft aus gesehen, wenn die Gemeinschaftsorgane bei Vorliegen bestimmter Bedingungen zur Leistung der Ausgabe verpflichtet sind. Zwingend sind Ausgaben, bei denen sowohl die Höhe wie die Leistungsvoraussetzungen fixiert sind. Aber auch wenn sich die Höhe der Ausgabe nicht

5 Siehe Rn. 19 zu Art. 201.

zwangsläufig aus dem betreffenden Rechtsakt (insbes. Verordnungen, Richtlinien, Beschlüsse und Entscheidungen des Rates und der Kommission) ergibt, aber aufgrund objektiver Kriterien doch bestimmbar ist, und auch dann, wenn bei der Entscheidung darüber, ob die für die Ausgabe erforderlichen Voraussetzungen erfüllt sind, ein an objektive Kriterien gebundenes Ermessen auszuüben ist, liegt eine zwingende Ausgabe vor. Zwingend sind ferner Ausgaben, bei denen die Leistung eines Betrages außerbudgetär festgelegt ist, selbst wenn bezüglich der Einzelheiten der Leistung Wahlmöglichkeiten gegeben sind. Sind etwa die Gemeinschaftsorgane verpflichtet, an einen Begünstigten (z. B. einen Mitgliedstaat oder ein Drittland) einen bestimmten Gesamtbetrag zu leisten, so ist diese Ausgabe auch dann zwingend, wenn hinsichtlich der Auswahl der zu fördernden Projekte oder Programme oder hinsichtlich des Beteiligungssatzes für die Gemeinschaftsorgane ein Ermessensspielraum besteht. Die Verpflichtung zur finanziellen Leistung steht in diesem Fall im Vordergrund, die Art und Weise der Durchführung hat nur eine sekundäre Bedeutung.

Nicht zwingend sind die Ausgaben, bei denen die vorstehend aufgeführten Kriterien nicht gegeben sind. Insbesondere sei darauf hingewiesen, daß die Festlegung eines Mehrjahresplafonds in einem Rechtsakt für sich genommen – d. h. sofern nicht sonstige Kriterien einer zwingenden Ausgabe vorliegen – einer Ausgabe keinen zwingenden Charakter verleiht. Innerhalb des Mehrjahreszeitraums haben die Haushaltsbewilligungsorgane bei der Festsetzung der Jahresansätze Flexibilität. Insgesamt gesehen müssen sie allerdings den in dem Rechtsakt festgelegten Höchstbetrag respektieren.

9 Letztlich ist für die Einstufung einer Ausgabe die rechtliche Interpretation des konkreten Rechtsakts maßgebend, auf dem sie beruht. Bei Auslegungsstreitigkeiten zwischen Parlament und Rat werden die beiden Organe versuchen müssen, das Zuordnungsproblem im gegenseitigen Einvernehmen im Rahmen des Haushaltsverfahrens zu lösen.

10 Die Einstufung einer Ausgabe ist nicht nur von Bedeutung für die Frage, ob Parlament oder Rat das letzte Wort haben. Sie hat auch maßgeblichen Einfluß auf den Erhöhungsspielraum im Rahmen des Höchstsatzes des Abs. 9 des Art. 203. Je mehr Ausgaben den nicht zwingenden Ausgaben zugeordnet werden, desto größer ist die Erhöhungsmarge, die sich aus der Anwendung des Höchstsatzes auf die Bezugsgröße »nicht zwingende Ausgaben des laufenden Haushaltsjahres« ergibt.

4. Der Vorrang der Höchstsatzentscheidung

11 Anlaß zu Meinungsverschiedenheiten zwischen Parlament und Rat bieten auch die Bestimmungen über den Höchstsatz für die nicht zwingenden Ausgaben.[6] Dies gilt besonders für den Fall unterschiedlicher Voten des Rates zu Einzelansätzen und zum Höchstsatz. Für die Entscheidung des Rates zu Abänderungen des Parlaments an

6 Siehe im einzelnen unten Rn. 28 bis 33.

Einzelansätzen nicht zwingender Ausgaben schreibt Art. 203 Abs. 5 Unterabs. 1 Buchstabe a die sog. umgekehrte Mehrheit vor (qualifizierte Mehrheit gegen die Abänderung des Parlaments, die bereits an 2 Mitgliedstaaten scheitern kann). Für die Anhebung des Höchstsatzes der nicht zwingenden Ausgaben bedarf es dagegen der positiven qualifizierten Mehrheit des Rates. Als Folge dieser unterschiedlichen Mehrheitsanforderungen ist es möglich, daß im Rat keine qualifizierte Mehrheit zustandekommt, um eine den Höchstsatz der nicht zwingenden Ausgaben überschreitende Abänderung des Parlaments abzulehnen, aber auch keine qualifizierte Mehrheit für eine entsprechende Anhebung des Höchstsatzes. Das Parlament kann zu dieser Situation beitragen, indem es mit seinen Änderungsvorschlägen und Abänderungen auf die unterschiedlichen Interessen der Mitgliedstaaten abzielt.

2 Die Regelung der nicht zwingenden Ausgaben beruht auf dem Prinzip der Einhaltung des Höchstsatzes. Abgesehen von dem Fall des Art. 203 Abs. 9 Unterabs. 4 kann der Höchstsatz nur überschritten werden, wenn ein neuer Satz festgelegt wird. Die Entscheidung über die Abänderung eines einzelnen Haushaltsansatzes muß daher hinter die Entscheidung zum Höchstsatz, die letztlich eine politische Entscheidung der Globalsteuerung der Haushaltsentwicklung der Gemeinschaft ist, zurücktreten. Dies geht auch daraus hervor, daß an die Entscheidung zur Anhebung des Höchstsatzes sowohl beim Parlament wie beim Rat erhöhte Mehrheitsanforderungen gegenüber der Entscheidung zu den einzelnen Abänderungen gestellt werden.[7]

5. *Haushalt als Konfliktbereich*

3 In den Unvollkommenheiten des Haushaltsbewilligungsverfahrens und insbesondere der Trennung von Budget- und Legislativbefugnis spiegeln sich letztlich die Spannungen des Integrationsprozesses wider. Sie sind für eine Übergangszeit hinnehmbar, führen aber auf die Dauer zu einem Machtkampf um das wahre Problem der Zuerkennung von Legislativbefugnissen an das Parlament auf dem falschen Schauplatz des Gemeinschaftshaushalts. Die gegenwärtigen Mängel des Bewilligungsverfahrens lassen sich nur dadurch beseitigen, daß auch dem Parlament Legislativrechte eingeräumt werden und letztlich die Budget- und Legislativbefugnisse des Parlaments und des Rates auf einen Nenner gebracht werden. Ein Anfang ist mit dem zwischen Parlament, Rat und Kommission vereinbarten Konzertierungsverfahren gemacht, das dem Parlament ein verstärktes Mitspracherecht bei Rechtsakten mit ins Gewicht fallenden finanziellen Auswirkungen einräumt, die letzte Entscheidung allerdings beim Rat beläßt.[8]

4 Aber auch das Konzertierungsverfahren hat nicht verhindern können, daß der Haushalt in den letzten Jahren regelmäßig zu einem Streitobjekt zwischen Parlament und Rat geworden ist. Das Bemühen des Parlaments, seine Budgetbefugnisse durch extensive

7 Siehe *Deringer-Sedemund,* Europäisches Gemeinschaftsrecht, in: NJW 1979, S. 1077.
8 ABl. 1975 Nr. C 89 S. 1; HER I A 66/3, S. 37.

Auslegung der Vertragsvorschriften zu erweitern und auch Einfluß auf das Legislativverfahren zu gewinnen,[9] ist beim Rat oder bei einzelnen Mitgliedstaaten auf Widerstand gestoßen. Die Auseinandersetzungen konnten erst nach monatelangen Kompromißverhandlungen beigelegt werden, was gewiß nicht dazu beigetragen hat, die gemeinschaftliche Tätigkeit auf der Basis des Haushalts mit der erforderlichen Sicherheit auszustatten.[10]

Ein neuer Anlauf, eine Grundlage für diese Sicherheit zu schaffen, wurde durch die Gemeinsame Erklärung von Parlament, Rat und Kommission vom 30. Juni 1982 unternommen. Sie wurde von den Präsidenten dieser drei Institutionen gemeinsam erarbeitet, nachdem der Rat den vom Parlament für 1982 verabschiedeten Haushalt als rechtswidrig erachtet und zum Gegenstand zweier – inzwischen zurückgezogener – Klagen gegen Parlament und Kommission gemacht hatte. In der Erklärung ist vorgesehen, daß die Beilegung künftiger Streitfälle in Beratungen der Präsidenten von Parlament, Rat und Kommission vorbereitet werden soll.[10a]

III. Das Bewilligungsverfahren im einzelnen

1. Ablauf des Budgetverfahrens

15 Das Verfahren des Art. 203 läuft in seiner Quintessenz darauf hinaus, daß der Rat das letzte Wort für die rechtlich zwingenden Ausgaben hat, das Parlament – jedenfalls innerhalb des Höchstsatzes – für die nicht zwingenden Ausgaben. Dabei ist es den beiden Organen aber nicht verwehrt, auch zu den der letzten Entscheidung des anderen Organs unterliegenden Ausgaben Stellung zu nehmen. Bei Meinungsverschiedenheiten kommt es zu einem Pendelverfahren zwischen Parlament und Rat, bis jedes Organ die seiner Entscheidung unterliegenden Ausgaben endgültig beschließt. Für die einzelnen Beschlüsse der beiden Organe im Rahmen dieses Verfahrens sind unterschiedliche Mehrheiten vorgesehen.

16 Dieses Verfahren mit je 2 Durchgängen des Haushaltsentwurfs bei Rat und Parlament wäre in seiner Kompliziertheit kaum ohne ständige Kontakte zwischen Parlament und Rat durchführbar. Tatsächlich haben die beiden Organe über die Vertragsbestimmungen hinaus eine enge Zusammenarbeit vereinbart: in jeder Phase des Verfahrens, von der

9 Siehe Art. 205 Rn. 3.

10 *Isaac, Guy,* Les finances communautaires (Année 1978 – 1er semestre 1979), in: RTDE 1980, S. 302; *Sopwith, Charles,* a.a.O., S. 333; *Strasser, Daniel,* Le budget 1979, Bilan d'une procédure, in: RMC 1979, S. 240; *ders.,* Le budget 1980. Environnement politique et financier etc., in: RMC 1980, S. 358; *Deringer-Sedemund,* Europäisches Gemeinschaftsrecht, in: NJW 1982, S. 1189; *Läufer, Thomas,* die Haushaltskonflikte der EG; Ratsallmacht und Parlamentsohnmacht?, in: Eur.Arch. 1981, S. 545; *Schmitz, Claus Walter,* Rechtsprobleme im EG-Nachtragshaushaltsplan Nr. 2 für 1980 und das Verhalten der Haushaltsorgane, in: EuR 1982, S. 179; *Tugendhat, Christopher,* Der Haushalt der Europäischen Gemeinschaften im Widerstreit der Institutionen, in: Eur.Arch. 1980, S. 291.

10a ABl. 1982 Nr. C 194 S. 1; abgedruckt in diesem Kommentar im Anschluß an die Kommentierung zu Art. 203.

Aufstellung des Haushaltsentwurfs bis zur endgültigen Feststellung, finden Aussprachen zwischen Parlament und Rat statt, die eine Annäherung der Standpunkte zum Ziel haben.

17 Im einzelnen läßt sich das Verfahren des Art. 203 wie folgt zusammenfassen:

Die Organe der Gemeinschaft und der Rechnungshof stellen vor dem 1. Juli einen Haushaltsvoranschlag für ihre Ausgaben auf; die Kommission faßt diese Voranschläge zu einem Vorentwurf des Haushaltsplans zusammen, der auch den Ansatz der Einnahmen umfaßt (Einzelheiten s. Art. 11 und 12 der Haushaltsordnung vom 21. 12. 1977).[11]

18 Die Kommission legt dem Rat den Vorentwurf spätestens am 1. September vor. Der Rat stellt den Entwurf des Haushaltsplans auf und leitet diesen bis spätestens 5. Oktober dem Europäischen Parlament zu (Einzelheiten s. Art. 13 der Haushaltsordnung).

19 Das Europäische Parlament kann in bezug auf den Haushaltsentwurf

- nicht zwingende Ausgaben abändern,
- zu zwingenden Ausgaben Änderungsvorschläge vorlegen.

Macht das Parlament innerhalb von 45 Tagen von diesen Möglichkeiten keinen Gebrauch:

endgültige Feststellung des Haushaltsplans.

Andernfalls: Rückgabe des Entwurfs an den Rat.

20 Der Rat kann

- die Abänderungen des Parlaments hinsichtlich der nicht zwingenden Ausgaben abändern

(d. h. wenn der Rat, der mit qualifizierter Mehrheit entscheidet, sich nicht gegen die Abänderung ausspricht, ist sie gebilligt; diese sog. umgekehrte Mehrheit soll die Durchsetzung von Abänderungen des Parlaments erleichtern; sie eröffnet die Möglichkeit einer Koalition zwischen dem Parlament und einer – an der Abänderung interessierten – Minderheit innerhalb des Rates, die im Extremfall aus nur 2 Mitgliedstaaten bestehen kann).

- die Änderungsvorschläge des Parlaments zu den zwingenden Ausgaben
  - sofern sie nicht zur Erhöhung der Gesamtausgaben eines Organs führen, ablehnen (sog. umgekehrte Mehrheit wie bei den Abänderungen; kommt im Rat keine qualifizierte Mehrheit gegen den Änderungsvorschlag zustande, ist er angenommen),

11 ABl. 1977 Nr. L 356 S. 1; HER I A 66, S. 3.

– sofern sie zu Erhöhungen der Gesamtausgaben eines Organs führen, annehmen (d. h. es ist eine qualifizierte Mehrheit für den Änderungsvorschlag notwendig; kommt diese nicht zustande, ist der Vorschlag abgelehnt).

Die Ablehnung von Ausgabekürzungen wird dem Rat also schwieriger gemacht als die Ablehnung von Ausgabeerhöhungen.

In beiden Fällen kann der Rat, wenn er einen Änderungsvorschlag des Parlaments abgelehnt hat, den ursprünglichen Betrag beibehalten oder einen anderen Betrag festsetzen.

Macht der Rat binnen 15 Tagen von diesen Möglichkeiten keinen Gebrauch, ist der Haushaltsplan endgültig festgestellt.

Andernfalls: erneute Zuleitung des Entwurfs an das Parlament.

21 Das Parlament entscheidet binnen 15 Tagen endgültig über die Änderungen, die der Rat an den Abänderungen des Parlaments zu den nicht zwingenden Ausgaben vorgenommen hat.

Die 2. Lesung des Parlaments konzentriert sich also auf den Teil der nicht zwingenden Ausgaben, dem der Rat nicht zugestimmt hat.

22 Die Ansätze, zu denen in diesem Pendelverfahren das jeweils andere Haushaltsorgan nicht Stellung genommen hat oder denen es zugestimmt hat, werden endgültig. Es werden in dem Budgetverfahren also progressiv diejenigen Ansätze festgeschrieben, die zwischen den beiden Haushaltsorganen unstreitig sind; sie stehen dann keinem der beiden Organe mehr zur Disposition.

2. *Die globale Ablehnung des Haushaltsentwurfs*

23 Neben der Möglichkeit der Stellungnahme zu Einzelansätzen hat das Parlament das Recht, den Haushalt global abzulehnen und die Vorlage eines neuen Entwurfs zu verlangen. In diesem Fall muß das Haushaltsbewilligungsverfahren ab initio nochmals durchgeführt werden. Insbes. muß die Kommission einen neuen Vorentwurf vorlegen. Auch wenn der Vorentwurf kein Vorschlag im Sinne von Art. 149 des Vertrags ist, kommt der Kommission auch im Budgetbewilligungsverfahren ein Initiativrecht zu, auf das nicht verzichtet werden kann.

3. *Die endgültige Feststellung des Haushalts*

24 Nach Abschluß des Bewilligungsverfahrens stellt der Präsident des Parlaments fest, daß der Haushaltsplan endgültig festgestellt ist. Die endgültige Feststellung kann etwaige Mängel des Haushaltsverfahrens nicht heilen.

4. *Fehlerhaft zustandegekommene Haushalte*

25 Ist der Haushalt fehlerhaft zustandegekommen, ist er nicht ipso iure nichtig, sondern nur anfechtbar,[12] und zwar im Wege einer Klage vor dem EuGH. Ob die Anfechtung sich gegen das Parlament oder seinen Präsidenten richten kann, ist allerdings zweifelhaft, da das Parlament in Art. 173 EWG-Vertrag nicht als passiv legitimiert aufgeführt ist. Die Anfechtung kann sich aber inzidenter gegen Akte richten, mit denen die Kommission den fehlerhaft zustande gekommenen Haushalt vollzieht.[13]

5. Der Haushalt als Rechtsakt

26 Der Haushalt ist ein Rechtsakt. Mit dem Haushaltsbeschluß wird der Satz der einheitlichen steuerpflichtigen Bemessungsgrundlage festgesetzt, nach dem sich die der Gemeinschaft zustehenden Mehrwertsteuermittel bestimmen (Art. 4 Abs. 1 Unterabs. 2 des Beschlusses vom 21. 4. 1970). Der Haushaltsbeschluß begründet also unmittelbar Rechte der Gemeinschaft und Pflichten der Mitgliedstaaten.

IV. Die Bewilligung eines Nachtragshaushalts

27 In der gleichen Form und – abgesehen von den Terminen – nach dem gleichen Verfahren wie der Haushaltsplan selbst werden Nachtragshaushaltspläne[14] vorgelegt, geprüft und festgestellt. Da mit einem Nachtragshaushalt ein unerwartet aufgetretener zusätzlicher Ausgabebedarf während eines Haushaltsjahres befriedigt werden soll, besteht für seine Verabschiedung in aller Regel eine besondere Eilbedürftigkeit. Die Haushaltsordnung schreibt daher im Art. 1 Abs. 5 vor, daß die zuständigen Stellen über Nachtragshaushaltspläne unter Berücksichtigung ihrer Dringlichkeit beraten sollen. Nach dem 1. September eines Haushaltsjahres, dem Zeitpunkt der Vorlage des Vorentwurfs des Haushaltsplans für das folgende Haushaltsjahr, darf der Vorentwurf eines Nachtragshaushaltsplans nicht mehr vorgelegt werden, da fraglich ist, ob er noch vor Ende des laufenden Haushaltsjahres festgestellt werden kann.

V. Der Höchstsatz für die Erhöhung der nicht zwingenden Ausgaben

1. Anwendung des Höchstsatzes

28 Für die nicht zwingenden Ausgaben wird alljährlich von der Kommission nach den in Art. 203 Abs. 9 Unterabs. 2 aufgeführten Kriterien vor dem 1. Mai ein Höchstsatz

12 *Daig* zu Art. 173 Rn. 1 bis 10.

13 *Pescatore, Pierre,* Reconnaissance et contrôle judiciaire des actes du Parlement européen, in: RTDE 1978, S. 581; *Pipkorn, Jörn,* Legal implications of the absence of the Community budget at the beginning of a financial year, in: CMLR 1981, S. 141 (143); *Deringer-Sedemund,* Europäisches Gemeinschaftsrecht, in: NJW 1982, S. 1190.

14 Siehe Art. 199 Rn. 17

festgesetzt, um den die für das kommende Haushaltsjahr beantragten nicht zwingenden Ausgaben gegenüber dem laufenden Haushaltsjahr erhöht werden können.

Der Höchstsatz ist sowohl auf die Verpflichtungsermächtigungen (VE) wie auf die Zahlungsermächtigungen (ZE)[15] anzuwenden. Da die ZE die mehr oder weniger direkte Folge der Inanspruchnahme der VE sind, würde eine Beschränkung des Höchstsatzes auf die ZE die Zielsetzung des Höchstsatzverfahrens illusorisch machen.

Den Höchstsatz haben alle am Haushaltsverfahren beteiligten Organe einzuhalten.

2. *Überschreitung des Höchstsatzes*

29 Die Überschreitung des Höchstsatzes ist nicht ausgeschlossen. Dabei ist zwischen den in den Unterabs. 4 und 5 des Abs. 9 geregelten Fällen zu unterscheiden.

30 Unterabs. 4 regelt den Fall, daß der Rat bei der Aufstellung des Haushaltsentwurfs die nicht zwingenden Ausgaben bereits über die Hälfte des Höchstsatzes – aber noch innerhalb des Höchstsatzes – erhöht. Das Parlament kann dann diese Ausgaben noch einmal um die Hälfte des Höchstsatzes steigern, in Höhe dieser Marge also den Höchstsatz überschreiten.

Für die Frage, ob und in welchem Umfang der Rat die Hälfte des Höchstsatzes überschritten hat, ist die Aufstellung des Haushaltsentwurfs maßgebend. Spätere Abänderungen der nicht zwingenden Ausgaben durch das Parlament gehen zu Lasten der Marge des Parlaments, auch wenn der Rat ihnen in der 2. Lesung zugestimmt hat.

31 Unterabs. 5 betrifft den Fall, daß die Kommission, der Rat oder das Parlament eine Überschreitung des Höchstsatzes für erforderlich halten. Ob dem stattgegeben wird, hängt davon ab, daß Rat und Parlament in Übereinstimmung einen neuen Satz festlegen. Dabei kann das Parlament gegenüber dem Ratsvorschlag auf einen noch höheren Satz drängen, der ihm die Chance einer zusätzlichen Erhöhung der nicht zwingenden Ausgaben eröffnet. Dagegen steht in diesem Fall – anders als bei Unterabs. 4 – dem Parlament nicht die Hälfte des Höchstsatzes autonom zur Verfügung. Das in Unterabs. 5 geregelte Verfahren der Festlegung eines neuen Satzes schließt die Anwendung von Unterabs. 4 aus. Wenn der Rat bei der Aufstellung des Haushaltsentwurfs bereits über den Höchstsatz hinausgeht, überschreitet er nicht die Hälfte des Höchstsatzes, sondern er schlägt dem Parlament die Festlegung eines neuen Satzes vor.

32 Liegen umgekehrt die vom Rat bei der Aufstellung des Haushaltsentwurfs vorgesehenen nicht zwingenden Ausgaben unter dem Volumen dieser Ausgaben im laufenden Haushaltsjahr, steht dem Parlament als Erhöhungsmarge der volle Höchstsatz zuzüglich

15 Art. 202 Rn. 7.

der Differenz zu den nicht zwingenden Ausgaben des laufenden Haushaltsjahres zur Verfügung.

33 Der Höchstsatz gilt für das ganze Haushaltsjahr. Wird er bei der Verabschiedung des Jahreshaushaltsplans nicht voll ausgeschöpft, kann mit einem Nachtragshaushalt der nicht ausgenutzte Teil in Anspruch genommen werden.

VI. Die Veröffentlichung der Haushaltspläne

34 Entsprechend den herkömmlichen haushaltsrechtlichen Grundsätzen gilt für den Haushaltsplan der Grundsatz der Öffentlichkeit. Die Veröffentlichung soll nicht nur das Vertrauen des Publikums in das Finanzgebaren der Gemeinschaft wecken, sondern sie soll auch das Interesse an der Vielfalt ihrer Aufgaben hervorrufen und unter Umständen zu einer berechtigten Kritik an der Ausgabenpolitik Anlaß geben. Art. 9 der Haushaltsordnung bestimmt, daß der Haushaltsplan und die Nachtrags- und Berichtigungshaushaltspläne im Amtsblatt der Europäischen Gemeinschaften zu veröffentlichen sind.[16]

16 Siehe z. B. ABl. 1982 Nr. L 31 S. 1. – Fundstelle der Haushaltspläne 1958 bis 1974, Vorauflage (Art. 203 V).

ENTSCHLIESSUNGEN UND ERKLÄRUNGEN, die auf der Ratstagung am 22. April 1970 in Luxemburg aus Anlaß des Abschlusses des Vertrages zur Änderung bestimmter Haushaltsvorschriften der Verträge zur Gründung der Europäischen Gemeinschaften und des Vertrages zur Einsetzung eines Gemeinsamen Rates und einer Gemeinsamen Kommission der Europäischen Gemeinschaften[1] zu Protokoll gegeben wurden (Auswahl)

– Entschließung über den Einzelplan »Europäisches Parlament« des Haushaltsplans während des von den Artikeln 78 A des EGKS-Vertrags, 203a des EWG-Vertrags und 177a des EAG-Vertrags erfaßten Zeitraums.

Der Rat verpflichtet sich, den Haushaltsvoranschlag für die Ausgaben des Europäischen Parlaments nicht zu ändern. Diese Verpflichtung gilt jedoch nur insoweit, als dieser Haushaltsvoranschlag die Gemeinschaftsvorschriften, insbesondere in bezug auf das Statut der Beamten und die Beschäftigungsbedingungen für die sonstigen Bediensteten sowie auf den Sitz der Organe, nicht berührt.

– Entschließung über die Rechtsakte der Gemeinschaft mit finanzieller Auswirkung und die Zusammenarbeit zwischen dem Rat und dem Europäischen Parlament

Damit das Europäische Parlament im Hinblick auf seine Stellungnahme zu gemeinschaftlichen Rechtsakten mit finanziellen Auswirkungen über die nötigen Angaben verfügt, ersucht der Rat die Kommission, den Vorschlägen, die er dem Europäischen Parlament übermitteln wird, Schätzungen über die finanziellen Auswirkungen dieser Rechtsakte beizufügen.

Der Rat verpflichtet sich, bei der Prüfung dieser Rechtsakte aufs engste mit dem Europäischen Parlament zusammenzuarbeiten und diesem die Gründe zu erläutern, die ihn gegebenenfalls dazu bewogen haben, von der Stellungnahme des Europäischen Parlaments abzuweichen.

– Entschließung über die Zusammenarbeit zwischen dem Rat und dem Europäischen Parlament im Rahmen des Haushaltsverfahrens

Im Einvernehmen zwischen dem Rat und dem Europäischen Parlament müssen die nötigen Maßnahmen getroffen werden, damit auf allen Ebenen eine enge Zusammenarbeit zwischen den beiden Organen in bezug auf das Haushaltsverfahren gewährleistet ist, insbesondere durch die Anwesenheit des amtierenden Präsidenten oder eines anderen Mitglieds des Rates bei der Erörterung des Entwurfs des Haushaltsplans im Europäischen Parlament.

1 ABl. 1971 Nr. L 2 S. 1.

Erklärungen

– **Zu Absatz 8 Unterabsatz 1 des Artikels 78 des EGKS-Vertrags, des Artikels 203 des EWG-Vertrags und des Artikels 177 des EAG-Vertrags**

Der Rat hat sich bei der Annahme dieser Vorschriften auf die Aufschlüsselung der Haushaltsausgaben gestützt, die in der vom Vorsitz am 3. Februar 1970 aufgestellten Liste dargelegt ist; er räumt jedoch ein, daß diese Aufschlüsselung entsprechend den Erfordernissen des Funktionierens der Gemeinschaften Änderungen erfahren kann.

– **Zu Absatz 8 Unterabsatz 2 der erwähnten Artikel**

Der Rat geht davon aus, daß die von der Kommission der Europäischen Gemeinschaften für die Ermittlung der Bezugswerte zu entwickelnde Berechnungsmethode unverändert bleiben wird.

– **Zu Absatz 7 des Artikels 78 a des EGKS-Vertrags, des Artikels 203 a des EWG-Vertrags und des Artikels 177 a des EAG-Vertrags**

Diese Vorschriften sind wie folgt auszulegen: Durch Änderungsvorschläge des Europäischen Parlaments, die eine Senkung der Ausgaben zur Folge haben, dürfen die aufgrund der Verträge erlassenen Rechtsakte nicht in Frage gestellt werden.

GEMEINSAME ERKLÄRUNG DES EUROPÄISCHEN PARLAMENTS, DES RATES UND DER KOMMISSION

vom 30. Juni 1982

über verschiedene Maßnahmen zur Gewährleistung einer besseren Abwicklung des Haushaltsverfahrens

(Amtsblatt der Europäischen Gemeinschaften Nr. C 194 vom 28. 7. 1982 S. 1)

DAS EUROPÄISCHE PARLAMENT, DER RAT UND DIE KOMMISSION –

in der Erwägung nachstehender Gründe:

Das ordnungsgemäße Funktionieren der Gemeinschaften erfordert eine ausgewogene Zusammenarbeit zwischen den Organen.

Es empfiehlt sich, unter Wahrung der in den Verträgen festgelegten Kompetenzen der einzelnen Organe der Gemeinschaften im gemeinsamen Einvernehmen verschiedene Maßnahmen zur Gewährleistung einer besseren Abwicklung des Haushaltsverfahrens gemäß Artikel 78 des Vertrages über die Gründung der Europäischen Gemeinschaft für Kohle und Stahl, Artikel 203 des Vertrages zur Gründung der Europäischen Wirtschaftsgemeinschaft und Artikel 177 des Vertrages zur Gründung der Europäischen Atomgemeinschaft zu treffen –

KOMMEN WIE FOLGT ÜBEREIN:

I. KLASSIFIZIERUNG DER AUSGABEN

1. Kriterien

Im Lichte dieser Vereinbarung und der von der Kommission für den ordentlichen Haushalt 1982 vorgeschlagenen Klassifizierung der Ausgaben verstehen die Organe unter obligatorischen Ausgaben diejenigen Ausgaben, die die Haushaltsbehörde in den Haushaltsplan einsetzen muß, um die Gemeinschaft in die Lage zu versetzen, ihren sich aus den Verträgen oder den aufgrund der Verträge ergangenen Rechtsakten ergebenden Verpflichtungen innerhalb und außerhalb der Gemeinschaft nachzukommen.

2. Anwendung auf der Grundlage der vorliegenden Vereinbarung

Die Klassifizierung der Haushaltslinien erfolgt nach Maßgabe der Anlage.[1]

1 Hier nicht mit abgedruckt, s. ABl. 1982 Nr. C 194 S. 5.

II. KLASSIFIZIERUNG NEUER HAUSHALTSLINIEN ODER BEREITS VORHANDENER HAUSHALTSLINIEN, DEREN RECHTSGRUNDLAGE GEÄNDERT WURDE

1. Ausgehend von den in Punkt I. dieser Erklärung enthaltenen Angaben erfolgt die Klassifizierung neuer Haushaltslinien und der entsprechenden Ausgaben auf Vorschlag der Kommission im gemeinsamen Einvernehmen der beiden Organe, die die Haushaltsbehörde bilden.

2. Der Vorentwurf des Haushaltsplans beinhaltet einen mit Gründen versehenen Vorschlag für die Klassifizierung jeder neuen Haushaltslinie.

3. Vermag eines der beiden Organe, die die Haushaltsbehörde bilden, den Klassifizierungsvorschlag der Kommission nicht zu akzeptieren, so wird die Meinungsverschiedenheit dem Präsidenten des Parlaments, dem Präsidenten des Rates und dem Präsidenten der Kommission im Rahmen einer Sitzung vorgelegt; letzterer übernimmt den Vorsitz.

4. Die Präsidenten der drei Organe bemühen sich, etwaige Meinungsverschiedenheiten vor der Erstellung des Entwurfs des Haushaltsplans auszuräumen.

5. Der Vorsitzende des Dreiseitendialogs erstattet in der vor der ersten Lesung durch den Rat stattfindenden Konzertierungssitzung der Organe Bericht und interveniert erforderlichenfalls in den im Rahmen der ersten Lesung stattfindenden Beratungen des Rates und des Parlaments.

6. Die vereinbarte Klassifizierung, die bis zum Erlaß des grundlegenden Rechtsaktes vorläufig ist, kann nach Erlaß und im Lichte dieses Rechtsaktes im gegenseitigen Einvernehmen geändert werden.

III. ZUSAMMENARBEIT ZWISCHEN DEN ORGANEN IM RAHMEN DES HAUSHALTSVERFAHRENS

1. Der vor der Erstellung des Entwurfs des Haushaltsplans durch den Rat vorgesehene Meinungsaustausch über die Auffassung des Parlaments zum Vorentwurf des Haushaltsplans der Kommission muß so rechtzeitig stattfinden, daß der Rat den Anregungen des Parlaments ordnungsgemäß Rechnung tragen kann.

2. a) Erweist sich im Verlauf des Haushaltsverfahrens, daß der Abschluß des Verfahrens davon abhängen könnte, daß für die Erhöhung der nicht-obligatorischen Ausgaben in gemeinsamem Einvernehmen ein neuer Satz für die Zahlungsermächtigungen und/oder ein neuer Satz für die Verpflichtungsermächtigungen festgesetzt werden muß – letzterer kann auf anderem Niveau als erstgenannter festgesetzt werden –, so treten die Präsidenten von Parlament, Rat und Kommission unverzüglich zusammen.

b) Unter Berücksichtigung der gegebenen Positionen wird sodann alles ins Werk gesetzt, um Lösungen zu ermitteln, die geeignet sind, die endgültige Zustimmung der beiden Organe, die die Haushaltsbehörde bilden, zu erhalten, damit die Feststellung des Haushaltsplans vor Ende des Jahres erfolgen kann.

c) Zu diesem Zweck verpflichten sich die Beteiligten, alles zu tun, damit dieser Termin, der für das ordnungsgemäße Funktionieren der Gemeinschaft von wesentlicher Bedeutung ist, eingehalten werden kann.

3. Falls jedoch vor dem 31. Dezember keine Einigung zustande kommt, verpflichtet sich die Haushaltsbehörde, sich weiterhin darum zu bemühen, daß das Haushaltsverfahren abgeschlossen und der Haushaltsplan vor Ende Januar festgestellt wird.

4. Die Vereinbarung der beiden Organe, die die Haushaltsbehörde bilden, über den neuen Satz legt fest, in welcher Höhe die nicht-obligatorischen Ausgaben im Haushaltsplan festgestellt werden.

5. Die Präsidenten von Parlament, Rat und Kommission tagen bei Bedarf und auf Antrag eines der Präsidenten, um:

- die Ergebnisse der Anwendung dieser Erklärung zu beurteilen;
- die anstehenden Fragen zu prüfen, um gemeinsame Lösungsvorschläge vorzubereiten, die den Organen vorzulegen sind.

IV. SONSTIGE FRAGEN

1. Der »Spielraum« des Parlaments – der mindestens der Hälfte des Höchstsatzes entspricht – wird vom Entwurf des vom Rat in erster Lesung erstellten Haushaltsplans an in Anspruch genommen, und zwar unter Berücksichtigung etwaiger Berichtigungsschreiben zu dem Entwurf.

2. Die Einhaltung des Höchstsatzes ist beim jährlichen Haushaltsplan sowie dem (oder den) Berichtigungs- und/oder Nachtragshaushaltsplan (Haushaltsplänen) geboten. Unbeschadet der Festsetzung eines neuen Satzes bleibt der gegebenenfalls nicht in Anspruch genommene Teil des Höchstsatzes für eine etwaige Verwendung im Rahmen der Prüfung eines Entwurfs eines Berichtigungs- und/oder Nachtragshaushaltsplans verfügbar.

3. a) Die in den geltenden Verordnungen festgesetzten Höchstbeträge werden eingehalten werden.

b) Um dem Haushaltsverfahren seine wirkliche Bedeutung zu geben, muß vermieden werden, daß Höchstbeträge auf dem Verordnungswege festgelegt und Beträge in den Haushaltsplan eingesetzt werden, die die tatsächlichen Ausführungsmöglichkeiten übersteigen.

c) Die Verwendung der in den Haushalt für neue bedeutende Gemeinschaftsaktionen eingesetzten Mittel kann nur nach Erlaß einer Grundverordnung erfolgen. Werden diese Mittel in den Haushaltsplan eingesetzt, bevor ein Verordnungsvor-

schlag vorliegt, so ist die Kommission ersucht, bis spätestens Ende Januar einen Vorschlag vorzulegen.
Der Rat und das Parlament verpflichten sich, alles zu tun, damit die betreffende Verordnung spätestens Ende Mai verabschiedet werden kann.
Kann die Verordnung zu diesem Termin jedoch nicht verabschiedet werden, so legt die Kommission Alternativvorschläge (Mittelübertragungen) vor, damit die betreffenden Mittel noch während des Haushaltsjahres verwendet werden können.

4. Die Organe stellen fest, daß das Verfahren für die Änderung der Haushaltsordnung im Gange ist und daß einige der Probleme in diesem Rahmen zur Lösung anstehen. Die Organe verpflichten sich, alles zu tun, damit dieses Verfahren möglichst bald abgeschlossen werden kann.

Geschehen zu Brüssel am 30. Juni 1982

(Unterschriften)

Artikel 203a [Feststellung des Haushaltsplans – Übergangsphase]

Abweichend von Artikel 203 gelten für die Haushaltspläne der Haushaltsjahre vor dem Haushaltsjahr 1975 folgende Vorschriften:

(1) Das Haushaltsjahr beginnt am 1. Januar und endet am 31. Dezember.

(2) Jedes Organ der Gemeinschaft stellt vor dem 1. Juli einen Haushaltsvoranschlag für seine Ausgaben auf. Die Kommission faßt diese Voranschläge in einem Vorentwurf für den Haushaltsplan zusammen. Sie fügt eine Stellungnahme bei, die abweichende Voranschläge enthalten kann.

Dieser Vorentwurf umfaßt den Ansatz der Einnahmen und den Ansatz der Ausgaben.

(3) Die Kommission legt dem Rat den Vorentwurf des Haushaltsplans spätestens am 1. September des Jahres vor, das dem entsprechenden Haushaltsjahr vorausgeht.

Der Rat setzt sich mit der Kommission und gegebenenfalls den anderen beteiligten Organen ins Benehmen, wenn er von dem Vorentwurf abweichen will.

Der Rat stellt den Entwurf des Haushaltsplans mit qualifizierter Mehrheit auf und leitet ihn der Versammlung zu.

(4) Der Entwurf des Haushaltsplans ist der Versammlung spätestens am 5. Oktober des Jahres vorzulegen, das dem entsprechenden Haushaltsjahr vorausgeht.

Die Versammlung ist berechtigt, dem Rat Änderungen des Entwurfs des Haushaltsplans vorzuschlagen.

Hat die Versammlung binnen fünfundvierzig Tagen nach Vorlage des Entwurfs des Haushaltsplans ihre Zustimmung erteilt oder keine Änderung des Entwurfs vorgeschlagen, so gilt der Haushaltsplans als endgültig festgestellt.

Hat die Versammlung innerhalb dieser Frist Änderungen vorgeschlagen, so wird der Entwurf des Haushaltsplans mit den entsprechenden Änderungsvorschlägen dem Rat zugeleitet.

(5) Nachdem der Rat über diesen Entwurf des Haushaltsplans mit der Kommission und gegebenenfalls mit den anderen beteiligten Organen beraten hat, stellt er den Haushaltsplan binnen dreißig Tagen nach Vorlage des genannten Entwurfs gemäß den nachstehenden Vorschriften fest.

Führt eine von der Versammlung vorgeschlagene Änderung nicht zu einer Erhöhung des Gesamtbetrags der Ausgaben eines Organs, und zwar insbesondere deswegen, weil die sich daraus ergebende Erhöhung der Ausgaben ausdrücklich durch eine oder mehrere vorgeschlagene Änderungen ausgeglichen wird, die eine entsprechende Senkung der Ausgaben zur Folge haben, so kann der Rat diesen Änderungsvorschlag mit qualifizierter

Mehrheit ablehnen. Ergeht kein Ablehnungsbeschluß, so ist der Änderungsvorschlag angenommen.

Führt eine von der Versammlung vorgeschlagene Änderung zu einer Erhöhung des Gesamtbetrags der Ausgaben eines Organs, so muß der Rat zur Annahme dieses Änderungsvorschlags mit qualifizierter Mehrheit entscheiden.

Hat der Rat einen Änderungsvorschlag nach Unterabsatz 2 abgelehnt oder nach Unterabsatz 3 nicht angenommen, so kann er mit qualifizierter Mehrheit entweder den im Entwurf des Haushaltsplans stehenden Betrag beibehalten oder einen anderen Betrag festsetzen.

(6) Nach Abschluß des Verfahrens dieses Artikels stellt der Präsident des Rates fest, daß der Haushaltsplan endgültig festgestellt ist.

(7) Jedes Organ übt die ihm durch diesen Artikel übertragenen Befugnisse unter Beachtung der Vorschriften des Vertrages und der aufgrund des Vertrages erlassenen Rechtsakte aus, namentlich der Vorschriften, die die eigenen Mittel der Gemeinschaften und den Ausgleich von Einnahmen und Ausgaben betreffen.

Art. 203 a ist durch den Vertrag zur Änderung bestimmter Haushaltsvorschriften der Verträge zur Gründung der Europäischen Gemeinschaften und des Vertrags zur Einsetzung eines gemeinsamen Rats und einer gemeinsamen Kommission der Europäischen Gemeinschaften in den EWG-Vertrag eingefügt worden (Art. 5 dieses Vertrags.[1] Dieser Vertrag ist am 1. 1. 1971 in Kraft getreten.[2]

Anders als das Haushaltsbewilligungsverfahren des Art. 203 unterscheidet der für die Zwischenphase bis zur Aufstellung des Haushaltsplans für das Haushaltsjahr 1975 geltende Art. 203 a nicht zwischen rechtlich zwingenden Ausgaben und nicht zwingenden Ausgaben. Er stellt vielmehr bei der Verteilung der Rollen von Rat und Europäischem Parlament im Bewilligungsverfahren darauf ab, ob ein Änderungsvorschlag des Parlaments zu dem vom Rat aufgestellten Haushaltsentwurf zu einer Erhöhung des Gesamtbetrags der Ausgaben eines Organs führt:

Ist dies nicht der Fall, bedarf es zur Ablehnung dieses Änderungsvorschlags eines mit qualifizierter Mehrheit zu fassenden Ratsbeschlusses (Prinzip der umgekehrten Mehrheit, die die Ablehnung eines Änderungsvorschlags durch den Rat erschwert).

Führt der Änderungsvorschlag dagegen zu einer Erhöhung, entscheidet der Rat darüber mit qualifizierter Mehrheit (d. h. kommt diese Mehrheit nicht zustande, ist der Änderungsvorschlag abgelehnt.)

1 ABl. 1971 Nr. L 2 S. 1; HER I A 11, S. 215.

2 Wegen der Gründe dieser Vertragsänderung und der damit verfolgten Ziele vgl. Rn. 1 bis 5 zu Art. 203.

Artikel 204 [Nothaushaltsrecht]

Ist zu Beginn eines Haushaltsjahres der Haushaltsplan noch nicht verabschiedet, so können nach der gemäß Artikel 209 festgelegten Haushaltsordnung für jedes Kapitel oder jede sonstige Untergliederung monatliche Ausgaben bis zur Höhe eines Zwölftels der im abgelaufenen Haushaltsplan bereitgestellten Mittel vorgenommen werden; die Kommission darf jedoch monatlich höchstens über ein Zwölftel der Mittel verfügen, die in dem in Vorbereitung befindlichen Entwurf des Haushaltsplans vorgesehen sind.

Der Rat kann mit qualifizierter Mehrheit unter Beachtung der sonstigen Bestimmungen des Absatzes 1 Ausgaben genehmigen, die über dieses Zwölftel hinausgehen.

Betrifft dieser Beschluß Ausgaben, die sich nicht zwingend aus dem Vertrag oder den aufgrund des Vertrages erlassenen Rechtsakten ergeben, so leitet der Rat ihn unverzüglich der Versammlung zu; die Versammlung kann binnen dreißig Tagen mit der Mehrheit der Stimmen ihrer Mitglieder und mit drei Fünftel der abgegebenen Stimmen einen abweichenden Beschluß über diese Ausgaben hinsichtlich des Teils fassen, der über das in Absatz 1 genannte Zwölftel hinausgeht. Dieser Teil des Ratsbeschlusses ist bis zu einer Entscheidung der Versammlung ausgesetzt. Hat die Versammlung nicht innerhalb der genannten Frist anders als der Rat entschieden, so gilt der Beschluß des Rates als endgültig erlassen.

In den Beschlüssen der Absätze 2 und 3 werden die zur Durchführung dieses Artikels erforderlichen Maßnahmen betreffend die Mittel vorgesehen.

Literaturhinweise

Pipkorn, Jörn, Legal Implications of the Absence of the Community Budget at the Beginning of a Financial Year, in: CMLR 1981, S. 141

Inhaltsübersicht

I. Allgemeines

1 Art. 204 ist durch den Vertrag zur Änderung bestimmter Finanzvorschriften der Verträge zur Gründung der Europäischen Gemeinschaften und des Vertrags zur Einsetzung eines gemeinsamen Rates und einer gemeinsamen Kommission der Europäischen Gemeinschaften (Art. 3 dieses Vertrags),[1] der am 1. 6. 1977 in Kraft getreten ist, geändert worden. Die Änderung war notwendig, um der gestiegenen Rolle des Parlaments im Haushaltsbewilligungsverfahren (Art. 203) Rechnung zu tragen. In der früheren Fassung des Art. 204 entschied allein der Rat über die Genehmigung von Ausgaben, die über ein Zwölftel hinausgehen. Nunmehr ist in diese Entscheidung das Parlament eingeschaltet, soweit es sich um nicht zwingende Ausgaben handelt.

II. Ausgaben im Nothaushaltsverfahren

1. Monatliche Zwölftel

2 Art. 204 trifft Vorkehrungen für den Fall, daß es nicht gelingt, den Haushaltsplan rechtzeitig vor Beginn des Haushaltsjahres endgültig festzustellen. Um für diesen Fall den finanziellen Fortbestand der Organe zu sichern, regelt Art. 204 ein Nothaushaltsrecht. Der Mittelbedarf ist auf Monatsraten abgestellt, gemessen an der Höhe der vorjährigen Haushaltsbewilligungen oder an den beantragten Ansätzen des neuen, noch in der Beratung befindlichen Haushaltsentwurfs, sofern sie unter denen des Vorjahrs liegen.

3 Art. 204 schreibt also eine doppelte Begrenzung vor, wobei jeweils die niedrigere von den beiden gilt. Maßgebend für die 2. Begrenzung ist der zu Beginn des Haushaltsjahres vorliegende Entwurf. Im Fall der globalen Ablehnung des Entwurfs durch das Parlament (Art. 203 Abs. 8) ist, da eine andere Bezugsgröße nicht zur Verfügung steht, von den in dem abgelehnten Entwurf vorgesehenen Mitteln auszugehen. Im neuen Haushaltsjahr beschlossene neue Haushaltsentwürfe sind bei der 2. Begrenzung nicht zu berücksichtigen, da andernfalls die im Nothaushaltsverfahren angebrachte kontinuierliche Zwölftelbereitstellung nicht gewährleistet wäre.[2]

4 Aus der 1. Begrenzung folgt, daß neue finanzielle Aktivitäten, die in dem in Vorbereitung befindlichen Haushaltsentwurf vorgesehen sind, im Nothaushaltsverfahren nicht in Angriff genommen werden können. Maßgebend für die 1. Begrenzung sind die am Ende des abgelaufenen Haushaltsjahres bei den einzelnen Ansätzen bereitgestellten Mittel; Veränderungen der ursprünglichen Ansätze durch Nachtrags- und Berichtigungshaushaltspläne sind folglich ebenso zu berücksichtigen wie etwaige Mittelübertragungen zwischen den Ansätzen während des abgelaufenen Haushaltsjahres. Nicht zu berücksichtigen sind dagegen die vom Vorvorjahr auf das Vorjahr übertragenen Mittel, da diese

1 ABl. 1977 Nr. L 359 S. 1; HER I A 11, S. 227.
2 *Pipkorn,* a.a.O., S. 152 bis 156.

Mittel in sachlicher Hinsicht Bestandteil des Haushaltsplans bleiben, in dem sie bewilligt wurden.[3]

2. Genehmigung zusätzlicher Ausgaben

5 Der Vertrag folgt damit dem im französischen Haushaltsrecht üblichen System des »douzième provisoire«. Die Zwölftelung führt allerdings zu einer Starrheit des Systems, die mit den Ausgabennotwendigkeiten bei einzelnen Ansätzen in Konflikt geraten kann. In den Abs. 2 und 3 ist daher die Möglichkeit der Genehmigung zusätzlicher Ausgaben vorgesehen. Diese Genehmigung ist Parlament und Rat vorbehalten. Regelmäßig wird die Initiative dazu von der Kommission ausgehen. Der Rat kann aber auch ohne vorhergehende Einschaltung der Kommission tätig werden. Auch hinsichtlich der nicht zwingenden Ausgaben ist zunächst ein Beschluß des Rates notwendig. Das Parlament kann ihn allerdings abändern, und zwar im Sinne einer Erhöhung als auch einer Verminderung, im letzten Fall bis zur Grenze des automatischen Zwölftels des Abs. 1.

6 Obergrenze für die Genehmigung zusätzlicher Ausgaben durch Rat und Parlament sind zwölf Zwölftel, wie sie sich aus der Anwendung des Abs. 1 ergeben. Eine darüber hinausgehende Genehmigung würde im Widerspruch zu dem Grundgedanken des Art. 204 stehen, daß im Nothaushaltsverfahren lediglich die zur Kontinuität der Gemeinschaftstätigkeit unabdingbar notwendigen Mittel bereitgestellt werden sollen, und zwar maximal bis zur Höhe der Vorjahresansätze. Die in Abs. 1 festgelegte Limitierung auf die im abgelaufenen Haushaltsplan bereitgestellten Mittel oder – wenn niedriger – auf die im Haushaltsentwurf vorgesehenen Mittel gilt auch für die Genehmigung von Ausgaben gemäß den Abs. 2 und 3. Die Genehmigung von Ausgaben, die über das Zwölftel hinausgehen, kann also nur bedeuten, daß die gemäß Abs. 1 limitierten Mittel in einem schnelleren Rhythmus bereitgestellt werden, als es dem monatlichen Zwölftel entspricht, nicht aber daß die Obergrenze des Abs. 1 überschritten werden kann.[4]

7 Die Einzelheiten regelt Art. 8 der Haushaltsordnung vom 21. 12. 1977.[5] Hervorzuheben ist, daß Art. 8 Mittelbindungen, die die verwaltungsinterne Voraussetzung für das

3 Siehe Art. 202 Rn. 10. Siehe auch *Pipkorn,* a.a.O., S. 151.

4 *Pipkorn,* a.a.O., S. 157. Entgegen *Pipkorn* – S. 161 – sind Mittelübertragungen (Art. 205 Abs. 2) im Nothaushaltsverfahren nicht zulässig. Mittelübertragungen dienen dazu, in einem verabschiedeten Haushalt einen zusätzlichen Ausgabebedarf bei einem Haushaltsansatz durch Einsparungen bei einem anderen Haushaltsansatz zu decken. Im Nothaushaltsverfahren kann ein das monatliche Zwölftel überschreitender Ausgabebedarf nur nach dem Verfahren der Abs. 2 und 3 des Art. 204 gedeckt werden, d. h. über Genehmigung zusätzlicher Ausgaben durch den Rat oder das Europäische Parlament, und dies unter Respektierung der Obergrenze von zwölf Zwölfteln der doppelten Begrenzung des Abs. 1.

5 ABl. 1977 Nr. L 356 S. 1. – Wegen der Besonderheiten, die sich im Nothaushaltsverfahren für die Agrarmarktausgaben ergeben, s. *Pipkorn,* a.a.O., S. 149.

Eingehen von Verpflichtungen der Gemeinschaft darstellen,[6] bis zu einem Viertel des Gesamtvolumens des letztjährigen Haushaltsplans zuläßt, wobei jedoch die für das laufende Haushaltsjahr beantragten Mittel nicht überschritten werden dürfen.

III. Bereitstellung der Mittel

1. Zölle und Agrarabschöpfungen

8 Die Finanzierung der Ausgaben im Nothaushaltsverfahren, die Abs. 4 von Art. 204 anspricht, bereitet der Gemeinschaft im Normalfall keine Schwierigkeiten, da sie über ausreichend eigene Mittel verfügt. Zölle und Agrarabschöpfungen werden nach dem üblichen Verfahren von den Mitgliedstaaten an die Kommission abgeführt.[7]

2. Mehrwertsteuermittel

9 Bei der Bereitstellung der Mehrwertsteuereinnahmen stellt sich die Frage, von welchem Satz der Ausschöpfung der steuerlichen Bemessungsgrundlage (Art. 4 Abs. 1 Unterabs. 2 des Eigenmittelbeschlusses vom 21. 4. 1970)[8] auszugehen ist. Dieser Satz wird im Haushaltsverfahren festgesetzt; von den auf der Basis dieses Satzes im Haushaltsplan festgelegten Mehrwertsteueranteilen führen die Mitgliedstaaten monatlich ein Zwölftel ab. Art. 4 Abs. 1 Unterabs. 2 des Eigenmittelbeschlusses bestimmt, daß – wenn zu Beginn eines Haushaltsjahres der Haushaltsplan noch nicht festgestellt ist – bis zum Inkrafttreten eines neuen Satzes der zuletzt festgesetzte Satz anwendbar ist. Daraus ist zu schließen, daß die Mitgliedstaaten während des Nothaushaltsverfahren monatlich ein Zwölftel ihrer im Haushaltsplan des Vorjahres festgelegten Mehrwertsteueranteile bereitstellen müssen. Nicht im Einklang damit steht Art. 10 Abs. 3 Unterabs. 4 der Verordnung Nr. 2891/77,[9] der die Abführung monatlicher Zwölftel auf der Basis der im Haushaltsentwurf festgelegten Mehrwertsteueranteile vorsieht. Diese Bestimmung der Verordnung Nr. 2891/77 kann gegenüber Art. 4 Abs. 1 Unterabs. 2 des Eigenmittelbeschlusses, der von den Mitgliedstaaten gemäß ihren verfassungsrechtlichen Vorschriften angenommen worden ist und damit praktisch die gleiche Rechtsqualität wie der Vertrag selbst hat, keinen Bestand haben.[10] Die monatliche Bereitstellung von Mehrwertsteuerzwölfteln auf der Basis des Vorjahressatzes ist überdies sachgerecht, da sich auch die monatlichen

6 Siehe Rn. 5 zu Art. 205.
7 Siehe Rn. 4 zu Art. 207.
8 ABl. 1970 Nr. L 94 S. 19; HER I A 66/3, S. 1.
9 ABl. 1977 Nr. L 336 S. 1; HER I A 66/3, S. 39.
10 A.A. *Pipkorn,* a.a.O., S. 164, der die Leistungen nach Art. 10 Abs. 3 Unterabs. 4 der Verordnung Nr. 2891/77 als Abschlagszahlungen auf die nach Inkrafttreten des neuen Satzes mit der Feststellung des Haushaltsplans abzuführenden Mehrwertsteuereinnahmen interpretiert.

Ausgabezwölftel gemäß Abs. 1 des Art. 204 nach dem Vorjahreshaushalt als der maximalen Begrenzung richten.

10 Ein Finanzierungsproblem entsteht allerdings dann, wenn Rat und Parlament nach den Abs. 2 und 3 des Art. 204 Ausgaben genehmigen, die über das Zwölftel hinausgehen. Abs. 4 schreibt deshalb vor, daß die Beschlüsse nach Abs. 2 und 3 auch die Finanzierung regeln müssen, d. h. erforderlichenfalls die Bereitstellung von Mehrwertsteuermitteln über das monatliche Zwölftel auf der Basis des Vorjahressatzes hinaus festlegen müssen.

Artikel 205 [Ausführung des Haushaltsplans]

Im Rahmen der zugewiesenen Mittel führt die Kommission den Haushaltsplan nach der gemäß Artikel 209 festgelegten Haushaltsordnung in eigener Verantwortung aus.

Die Beteiligung der einzelnen Organe bei der Vornahme ihrer Ausgaben wird in der Haushaltsordnung im einzelnen geregelt.

Die Kommission kann nach der gemäß Artikel 209 festgelegten Haushaltsordnung Mittel von Kapitel zu Kapitel oder von Untergliederung zu Untergliederung übertragen.

Literaturhinweise

Ehlermann, Claus-Dieter – Minch, Mary, Conflicts between Community Institutions within the Budgetary Procedure – Article 205 of the EEC Treaty, in: EuR 1981, S. 23

Tiedemann, Paul, Anm. zu EuGH – Deutschland/Kommission, 18/76 – Slg. 1979, 343, in: NJW 1979, S. 2459

Inhaltsübersicht

I. Haushaltsrechtliche Grundsätze

1 Für die Ausführung des Haushaltsplans der Gemeinschaft gelten ebenso wie für seine Aufstellung[1] bestimmte haushaltsrechtliche Grundsätze. Hervorgehoben seien die folgenden:

Die Verwendung der Haushaltsmittel wird von dem Grundsatz der *Sparsamkeit* und *Wirtschaftlichkeit* beherrscht. Ausgaben dürfen nur insoweit und nicht eher geleistet werden, als es zur wirtschaftlichen Haushaltsführung erforderlich ist. Dieser Grundsatz ist ausdrücklich in Art. 2 der Haushaltsordnung vom 21. 12. 1977[2] aufgestellt.

Für die Ausführung des Haushaltsplans gilt ferner der Grundsatz der Trennung von Anweisungsbefugnis und Rechnungsführung (s. Art. 17 Haushaltsordnung). Der Anweisungsbefugte erteilt die Annahme- und Auszahlungsanordnungen, der Rechnungsführer nimmt die Einzahlungen an und leistet die Auszahlungen. Der Rechnungsführer kann nur auf Anordnung des Anweisungsbefugten handeln. Andererseits kann der Anweisungsbefugte seine Annahme- und Auszahlungsanordnungen nicht selbst ausführen, sondern er muß die Ausführung dem Rechnungsführer überlassen.

II. Die Stellung der Organe bei der Ausführung des Haushalts

1. Aufgaben der Haushaltsausführung

2 Die Kommission ist als Exekutivorgan der Gemeinschaft für die *Haushaltsausführung* im weitesten Sinne verantwortlich. Ihr obliegt auch die zentrale Kassen- und Buchführung sowie die Rechnungslegung über die Vereinnahmung der Haushaltseinnahmen und die Verausgabung der Haushaltsausgaben, einschließlich der Erfassung und Verwaltung des Vermögens und der Schulden der Gemeinschaft.

Im Rahmen ihrer Generalzuständigkeit überträgt die Kommission den anderen Organen die Befugnisse, die zur Ausführung ihrer Einzelpläne erforderlich sind (Art. 18 Abs. 2 der Haushaltsordnung).

2. Verhältnis zwischen Haushalt und sachlichen Rechtsakten

3 Bei der Ausführung des Haushalts hat die Kommission nicht nur die Haushaltsordnung zu beachten, sondern auch die Vertragsbestimmungen und die aufgrund dieser Bestimmungen erlassenen Rechtsakte. Bei den Ausgaben des Agrarfonds sind z. B. die aufgrund des Art. 43, beim Sozialfonds die aufgrund des Art. 127 erlassenen Vorschriften einzuhalten. Für Ausgaben in Bereichen anderer Gemeinschaftspolitiken bedarf es des Erlasses von

1 Siehe die Erläuterungen zu Art. 199.
2 ABl. 1977 Nr. L356 S. 1; HER I A 66/1, S. 3.

Bestimmungen aufgrund von Art. 235, die nur getroffen werden können, wenn die Voraussetzungen für die Anwendung dieses Artikels vorliegen. Die Festlegung solcher Bestimmungen muß der Ausführung der Ausgaben vorangehen. Die Veranschlagung von Mitteln im Haushalt ist zwar eine notwendige Voraussetzung für die Leistung von Ausgaben, kann aber für sich genommen keine ausreichende Rechtsgrundlage für neue gemeinschaftspolitische Maßnahmen sein, über den Haushalt können keine Rechtsakte präjudiziert werden. Andernfalls würden über das Haushaltsverfahren die materiellen Vorschriften über die finanzielle Betätigung der Gemeinschaft unterlaufen. Eine Ausnahme von dem Grundsatz, daß Ausgaben nur aufgrund zuvor erlassener Rechtsakte ausgeführt werden können, besteht nur für solche Ausgaben, die sich zwangsläufig aus der Tätigkeit eines Gemeinschaftsorgans ergeben, also für die Ausgaben administrativen Charakters (sofern nicht auch dafür, wie z. B. für die Personalausgaben, materielle Bestimmungen existieren). Die Befugnis, diese Ausgaben zu tätigen, folgt bereits aus der Einrichtung der Gemeinschaftsorgane. Abgesehen von Ausgaben aufgrund dieser den Gemeinschaftsorganen inhärenten Befugnis ist aber die Ausführung von Ausgaben – über das im Vertrag selbst ausdrücklich festgelegte finanzielle Wirkungsfeld der Gemeinschaft (Art. 40 Abs. 4, Art. 123, Art. 136) hinaus – nur im Rahmen von Vorschriften möglich, die aufgrund des Art. 235 erlassen werden.

3. *Einschaltung von Ausschüssen in die Haushaltsausführung*

4 Eine andere Frage ist, ob in Rechtsakten, die eine finanzielle Betätigung der Gemeinschaft in einem bestimmten Bereich vorsehen, die Durchführung der Vorschriften und damit auch die Leistung der Ausgaben von der Einschaltung eines Ausschusses aus Regierungsvertretern abhängig gemacht werden kann. Gegen derartige Regelungen[3] wird mitunter der Einwand erhoben, daß dies ein Verstoß gegen Art. 205 darstellt, der der Kommission das Recht vorbehalte, den Haushalt auszuführen; allenfalls könnten derartige Ausschüsse reine Beratungsfunktionen ausüben. Art. 205 kann aber nicht isoliert von Art. 155 (letzter Anstrich) gesehen werden. Wenn der Rat der Kommission entsprechend dieser Vertragsvorschrift Durchführungsbefugnisse überträgt, seien sie mit Ausgaben verbunden oder nicht, kann er die Einzelheiten der Ausübung dieser Befugnisse regeln. Legt der Rat Wert darauf, daß die Durchführungsbefugnisse in enger Verbindung mit den Regierungen der Mitgliedstaaten ausgeübt werden, kann er zu diesem Zweck auch Ausschüsse aus Regierungsvertretern einsetzen, die in die Durchführung der betr. Maßnahme und in finanzielle Einzelentscheidungen eingeschaltet werden.[4]

3 Siehe z. B. ABl. 1964 Nr. 34 S. 586, 1978 Nr. L 158 S. 3, 1979 Nr. L 231 S. 1.
4 EuGH – Verwaltungsausschußverfahren, 22/70 – Slg. 1970, 1161; *Ehlermann – Minch*, a.a.O., S. 33.

III. Die Ausführung des Haushalts im einzelnen

1. Einnahmen und Ausgaben

5 Die Einzelheiten der Ausführung des Haushaltsplans sind in den Art. 17ff. der Haushaltsordnung enthalten. Danach vollzieht sich die Ausführung in folgenden Etappen:

Bei den Einnahmen:

1. Der Anweisungsbefugte stellt das Bestehen der Forderung der Gemeinschaft fest.
2. Der Anweisungsbefugte erteilt die Annahmeanordnung.
3. Der Rechnungsführer nimmt die Einnahmen an.

Bei den Ausgaben:

1. Für alle Maßnahmen, die zu einer Ausgabe zu Lasten des Haushalts führen können, ist eine Mittelbindung erforderlich.
2. Der Anweisungsbefugte stellt Bestehen, Höhe und Fälligkeit der Forderung des Zahlungsempfängers fest (Feststellung der Ausgaben).
3. Der Anweisungsbefugte weist den Rechnungsführer zur Auszahlung an (Anordnung der Ausgaben).
4. Der Rechnungsführer nimmt die Auszahlung vor.

Für die Mittelbindungen und die Leistung der Ausgaben sind die in den Untergliederungen des Haushaltsplans (Art. 202 Abs. 3) enthaltenen Zweckbestimmungen und Ansätze verbindlich (Grundsatz der qualitativen und quantitativen Spezialität). Mittelbindungen und Auszahlungen dürfen daher nur im Rahmen der bewilligten Haushaltsmittel vorgenommen werden. Eine Ausnahme von diesem Grundsatz stellt das dem französischen Haushaltsrecht entlehnte Institut der »anticipation« dar, das einen gewissen Vorgriff auf das dem laufenden Haushaltsjahr folgende Haushaltsjahr zuläßt. Nach Art. 7 der Haushaltsordnung können für laufende Verwaltungsausgaben, die ihrer Art nach am Anfang des Haushaltsjahres fällig werden, vom 15. November des laufenden Haushaltsjahres ab Mittelbindungen – mit einer höhenmäßigen Begrenzung – zu Lasten der für das kommende Haushaltsjahr vorgesehenen Mittel vorgenommen werden. Damit wird ein reibungsloser Übergang von einem Haushaltsjahr zum anderen sichergestellt.

2. Rechnungsführung

6 Der Rechnungsführer ist für die Verwaltung der Zahlungsmittel verantwortlich (Art. 20 der Haushaltsordnung). Der Rechnungsführer der Gemeinschaft besitzt gegenüber den Anordnungen des Anweisungsbefugten ein Weigerungsrecht (Art. 46 und 47 der Haushaltsordnung). Dieses Weigerungsrecht – und damit auch die Verantwortlichkeit des

Rechnungsführers – ist aber stark begrenzt. Der Grund für diese Begrenzung ist in der Einrichtung einer alle Ausgaben erfassenden internen Finanzkontrolle zu sehen (s. Art. 209). Bei der Ausführung des Haushaltsplans sind außerdem die Vorschriften über die Vergabe von Aufträgen für Lieferungen und Leistungen, die Führung von Bestandsverzeichnissen über das Vermögen und die Buchführung zu beachten.

IV. Die sachliche Übertragbarkeit

1. Zweck und Durchführung

7 Die Übertragbarkeit von Ausgabemitteln von Kapitel zu Kapitel oder von Untergliederung zu Untergliederung entspricht der Deckungsfähigkeit des deutschen Haushaltsrechts (auch sachliche Übertragung im Gegensatz zur zeitlichen genannt; im französischen Haushaltsrecht »virement«). Ihr Sinn ist es, einem während eines Haushaltsjahres bei einer Ausgabebewilligung eintretenden Mehrbedarf durch eine Einsparung an einer anderen Stelle des Haushaltsplans abzuhelfen. Sie stellt eine gewisse Durchbrechung der Grundsätze der qualitativen und quantitativen Spezialität dar, denen zufolge die Mittel nur für den bewilligten Zweck und nur in der bewilligten Höhe ausgegeben werden dürfen.[5] Die Übertragung der Mittel von einer Ausgabenbewilligung auf eine andere durch das den Haushaltsplan ausführende Organ muß begrenzt sein, weil sonst die Festlegung der Ausgabenbeträge bei der Haushaltsbewilligung illusorisch wäre.

8 Die Einzelheiten der sachlichen Übertragung sind in der Haushaltsordnung geregelt. Anders als die Bundeshaushaltsordnung, derzufolge die Deckungsfähigkeit – abgesehen von bestimmten Personalausgaben – von vornherein für die einzelnen Haushaltsansätze bewilligt sein muß, sieht diese Haushaltsordnung in ihrem Art. 21 von der Einschaltung der Haushaltsbewilligungsorgane der Gemeinschaft, Rat und Parlament (s. Art. 203), bei jeder Übertragung ab. Nur die Übertragung von Kapitel zu Kapitel unterliegt der Genehmigung der Haushaltsbewilligungsorgane; die Übertragung von Artikel zu Artikel (innerhalb eines Kapitels) wird von der Kommission genehmigt.

Über die Übertragung zwischen den größten Gliederungseinheiten der Einzelpläne der Organe, den Titeln, und den kleinsten Gliederungseinheiten, den Posten,[6] ist in Art. 21 nichts ausdrücklich gesagt. Da aber bereits die Übertragung zwischen Kapiteln der weitestgehenden Voraussetzung, der Genehmigung der Haushaltsbewilligungsorgane unterworfen ist, muß die Übertragung von Titel zu Titel notwendigerweise völlig ausgeschlossen sein. Andererseits ist daraus, daß nur die Übertragung von Artikel zu Artikel der Genehmigung der Kommission als dem für die Durchführung des Haushalts-

5 Siehe Art. 202 Rn. 3 und 4.
6 Siehe Art. 202 Rn. 11.

plans zuständigen obersten Organ[7] unterliegt, zu schließen, daß die Übertragung zwischen Posten von jedem Organ der Gemeinschaft vorgenommen werden kann.

2. Vorläufige Mittel und unvorhergesehene Ausgaben

9 Einen Sonderfall der sachlichen Übertragung regelt Art. 15 Abs. 4 der Haushaltsordnung. Danach kann jeder Einzelplan ein Kapitel für vorläufige Mittel und ein Kapitel für unvorhergesehene Ausgaben enthalten. Diese Mittel dürfen nur zur Verstärkung bereits im Haushaltsplan enthaltener Ausgabebewilligungen benutzt werden, auf die sie übertragen werden müssen. Diese Regelung ermöglicht es, einen bei einem Haushaltsansatz eintretenden Mehrbedarf ohne Einsparung bei einem anderen konkreten Ansatz zu befriedigen. Sie kommt der Einrichtung der überplanmäßigen Ausgaben des deutschen Haushaltsrechts[8] nahe, die ebenfalls der Verstärkung bestehender Ausgabebewilligungen dienen. Der Unterschied besteht darin, daß die überplanmäßigen Ausgaben in einem vereinfachten Verfahren zusätzlich zu dem bereits gegebenen Ansatz neu bewilligt werden, während die Mittel des Art. 15 bereits bewilligt sind und ihre Verwendung im Wege der Übertragung erfolgt. In diese Übertragung sind die Haushaltsbewilligungsorgane eingeschaltet, da es sich um eine solche von Kapitel zu Kapitel handelt.

V. Verwaltung von Gemeinschaftsmitteln durch die Mitgliedstaaten

10 Insbesondere im Bereich der Agrarmarktausgaben sind die Mitgliedstaaten in die Verwaltung der Gemeinschaftsmittel eingeschaltet. So bestimmt die VO Nr. 729/70/EWG über die Finanzierung der gemeinsamen Agrarpolitik,[9] daß die Agrarmarktausgaben vom EAGFL finanziert werden, dies aber in der Weise, daß die Kommission den Mitgliedstaaten die dafür erforderlichen Mittel zur Verfügung stellt, die sie ihrerseits an die Endbegünstigten auszahlen. In diesen Fällen stellt sich die Frage, wer das Risiko einer Fehlinterpretation des Gemeinschaftsrechts zu tragen hat, die Gemeinschaft oder der Mitgliedstaat. Diese Frage ist jedenfalls dann berechtigt, wenn die fragliche Interpretation des Gemeinschaftsrechts durch die Verwaltung des betroffenen Mitgliedstaates zwar möglicherweise weit, aber letztlich doch noch vertretbar ist.
Der EuGH[10] lehnt solche Zurechenbarkeitsüberlegungen ab und läßt allein maßgeblich sein, ob die Ausgabe nach seiner Intepretation im Einklang mit den Gemeinschaftsvorschriften steht. Beträge, die im Rahmen der gemeinsamen Marktorganisation auszuzahlen sich nationale Behörden zu Unrecht für ermächtigt hielten, gehen zu Lasten der Mitgliedstaaten. Diese Auffassung begründet der EuGH insbesondere damit, daß bei der Durchführung der gemeinsamen Agrarpolitik die Gleichheit zwischen den Marktbürgern

7 Siehe oben Rn. 1.
8 Siehe Art. 199 Rn. 17.
9 ABl. 1970 Nr. 294 S. 13; HER I A 44/7, S. 93.
10 EuGH – Deutschland/Kommission, 18/76 – Slg. 1979, 343; NJW 1979, S. 1095

der Mitgliedstaaten gewährleistet sein müsse, nationale Behörden könnten daher nicht über eine weitere Auslegung einer bestimmten Vorschrift die Marktbürger ihres Mitgliedstaates gegenüber denjenigen anderer Mitgliedstaaten begünstigen, in denen eine engere Auslegung vertreten werde.

Zu dieser Entscheidung des EuGH hat sich *Tiedemann*[11] mit Recht kritisch geäußert. Er weist daraufhin, daß letztlich maßgeblich sein müsse, ob die strittige Auslegung vertretbar gewesen sei. Nur wenn die Auslegung abwegig sei, könne die Ausgabe nicht der Gemeinschaft – hier dem Agrarfonds – angelastet werden.

Artikel 205 a [Rechnungslegung]

Die Kommission legt dem Rat und der Versammlung jährlich die Rechnung des abgelaufenen Haushaltsjahres für die Rechnungsvorgänge des Haushaltsplans vor. Sie übermittelt ihnen ferner eine Übersicht über das Vermögen und die Schulden der Gemeinschaft.

Literaaturhinweise

s. Vorbemerkung zu den Artikeln 199 bis 209

Inhaltsübersicht

I. Allgemeines

1 Art. 205 a wurde durch den Vertrag zur Änderung bestimmter Finanzvorschriften der Verträge zur Gründung der Europäischen Gemeinschaften und des Vertrags zur Einsetzung eines gemeinsamen Rates und einer gemeinsamen Kommission der Europäi-

11 A.a.O., S. 2459.

schen Gemeinschaften (Art. 14 dieses Vertrags)[1], der am 1. 6. 1977 in Kraft getreten ist, in den EWG-Vertrag eingefügt. Zuvor war die Rechnungslegung – inhaltlich nahezu gleichlautend – in Abs. 3 des früheren Art. 206 geregelt. Die Regelung in einem gesonderten Artikel dient der größeren Übersichtlichkeit. – Dem Art. 205 a des EWG-Vertrags entsprechen die Art. 78 d des EGKS-Vertrags und 179 a des EAG-Vertrags.

II. Durchführung der Rechnungslegung

2 Die Rechnungslegung dient dem Gesamtnachweis über den Vollzug des Haushaltsplans des abgelaufenen Haushaltsjahres. Um die Überprüfung zu erleichtern, muß die Rechnung dieselbe Form und Untergliederung wie der Haushalt selbst haben. In der Rechnung werden die während des abgelaufenen Haushaltsjahres eingegangenen Einnahmen und geleisteten Ausgaben ausgewiesen. Die Verwendung der auf das abgelaufene Haushaltsjahr aus dem vorhergegangenen Haushaltsjahr übertragenen Mittel ist gesondert nachzuweisen (s. Art. 6 Abs. 8 der Haushaltsordnung vom 21. 12. 1977).[2]

III. Vermögensübersicht

3 Da die Rechnung der Gemeinschaft lediglich den Vollzug des Haushaltsplans des abgelaufenen Haushaltsjahres wiedergibt, bedarf es zusätzlicher Angaben, um sich über die Vermögenssituation der Gemeinschaft zu unterrichten. Diesem Zweck dient die Übersicht über das Vermögen und die Schulden der Gemeinschaft (vgl. für das deutsche Haushaltsrecht Art. 114 Abs. 1 Grundgesetz).

Die Einzelheiten sind in den Artikeln 73 bis 77 der Haushaltsordnung geregelt.

Artikel 206 [Rechnungshof]

(1) Es wird ein Rechnungshof errichtet.

(2) Der Rechnungshof besteht aus zehn* Mitgliedern.

(3) Zu Mitgliedern des Rechnungshofes sind Persönlichkeiten auszuwählen, die in ihren

1 ABl. 1977 Nr. L 359 S. 1; HER I A 11, S. 227.
2 ABl. 1977 Nr. L 356 S. 1; HER I A 66/1, S. 3.
* Geändert durch Art. 18 der Beitrittsakte Griechenland, ABl. 1979 Nr. L 291 S. 1.

Ländern Rechnungsprüfungsorganen angehören oder angehört haben oder die für dieses Amt besonders geeignet sind. Sie müssen jede Gewähr für Unabhängigkeit bieten.

(4) Die Mitglieder des Rechnungshofes werden vom Rat nach Anhörung der Versammlung einstimmig auf sechs Jahre ernannt.

Vier Mitglieder des Rechnungshofes, die durch Los bestimmt werden, erhalten jedoch bei der ersten Ernennung ein auf vier Jahre begrenztes Mandat.

Die Mitglieder des Rechnungshofes können wiederernannt werden.

Sie wählen aus ihrer Mitte den Präsidenten des Rechnungshofes für drei Jahre. Wiederwahl ist zulässig.

(5) Die Mitglieder des Rechnungshofes üben ihre Tätigkeit in voller Unabhängigkeit zum allgemeinen Wohl der Gemeinschaft aus.

Sie dürfen bei der Erfüllung ihrer Pflichten Anweisungen von einer Regierung oder einer anderen Stelle weder anfordern noch entgegennehmen. Sie haben jede Handlung zu unterlassen, die mit ihren Aufgaben unvereinbar ist.

(6) Die Mitglieder des Rechnungshofes dürfen während ihrer Amtszeit keine andere entgeltliche oder unentgeltliche Berufstätigkeit ausüben. Bei der Aufnahme ihrer Tätigkeit übernehmen sie die feierliche Verpflichtung, während der Ausübung und nach Ablauf ihrer Amtstätigkeit die sich aus ihrem Amt ergebenden Pflichten zu erfüllen, insbesondere die Pflicht, bei der Annahme gewisser Tätigkeiten oder Vorteile nach Ablauf dieser Tätigkeit ehrenhaft und zurückhaltend zu sein.

(7) Abgesehen von den regelmäßigen Neubesetzungen und von Todesfällen endet das Amt eines Mitglieds des Rechnungshofes durch Rücktritt oder durch Amtsenthebung durch den Gerichtshof gemäß Absatz 8.

Für das ausscheidende Mitglied wird für die verbleibende Amtszeit ein Nachfolger ernannt.

Außer im Falle der Amtsenthebung bleiben die Mitglieder des Rechnungshofes bis zur Neubesetzung ihres Sitzes im Amt.

(8) Ein Mitglied des Rechnungshofes kann nur dann seines Amtes enthoben oder seiner Ruhegehaltsansprüche oder anderer an ihrer Stelle gewährter Vergünstigungen für verlustig erklärt werden, wenn der Gerichtshof auf Antrag des Rechnungshofes feststellt, daß es nicht mehr die erforderlichen Voraussetzungen erfüllt oder den sich aus seinem Amt ergebenden Verpflichtungen nicht mehr nachkommt.

(9) Der Rat setzt mit qualifizierter Mehrheit die Beschäftigungsbedingungen für den Präsidenten und die Mitglieder des Rechnungshofes fest, insbesondere die Gehälter,

Vergütungen und Ruhegehälter. Er setzt mit derselben Mehrheit alle sonstigen als Entgelt gezahlten Vergütungen fest.

(10) Die für die Richter des Gerichtshofes geltenden Bestimmungen des Protokolls über die Vorrechte und Befreiungen der Europäischen Gemeinschaften gelten auch für die Mitglieder des Rechnungshofes.

Literaturhinweise

Brück, Werner, Die Neuregelung der Finanzkontrolle der Europäischen Gemeinschaften, in: DÖV 1977, S. 23
Ehlermann, Claus-Dieter, Der Europäische Rechnungshof, Baden-Baden 1976
Ville, Jean-Louis, Contribution à l'étude de la Cour des comptes européenne. Mémoire de diplôme 1979 - 1980, Straßburg 1980

Inhaltsübersicht

I. Allgemeines

1 Art. 206 hat seine jetzige Fassung durch Art. 15 des Vertrags zur Änderung bestimmter Finanzvorschriften der Verträge zur Gründung der Europäischen Gemeinschaften und des Vertrags zur Einsetzung eines gemeinsamen Rates und einer gemeinsamen Kommission der Europäischen Gemeinschaften erhalten, der am 1. 6. 1977 in Kraft getreten ist.[1] Durch diesen Vertrag sind die Regelungen des früheren Art. 206 der besseren Übersichtlichkeit wegen auf 4 neue Vertragsbestimmungen aufgeteilt worden:

Artikel 205 a	Rechnungslegung
Artikel 206	institutionelle Vorschriften über den Rechnungshof
Artikel 206 a	Befugnisse des Rechnungshofs und Prüfungsverfahren
Artikel 206 b	Entlastung

2 Entsprechende Änderungen wurden in den beiden anderen Gemeinschaftsverträgen vorgenommen: Art. 78 d bis 78 g EGKS-Vertrag und Art. 179 a bis 180 b EAG-Vertrag.

1 ABl. 1977 Nr. L 359 S. 1; HER I A 11, S. 227.

Der in dem neuen Art. 206 vorgesehene Rechnungshof ist an die Stelle des früheren Kontrollausschusses getreten. Mit der Errichtung des Rechnungshofs haben die Vertragsparteien zum Ausdruck gebracht, daß sie der Rechnungsprüfung angesichts des Anwachsens der Gemeinschaftsaufgaben und der damit verbundenen Erweiterung der finanziellen Betätigung der Gemeinschaft eine erhöhte Bedeutung beimessen. Verglichen mit dem früheren Kontrollausschuß wurde in institutioneller Hinsicht die Stellung des Rechnungshofs stärker hervorgehoben. Durch den in den EWG-Vertrag neu eingefügten Art. 4 Abs. 3 wird der Rechnungshof nun auch in der institutionellen Grundbestimmung des Vertrags erwähnt. In Art. 206 selbst sind nunmehr die institutionellen Vorschriften über den Rechnungshof weit detaillierter geregelt als in seiner früheren Fassung hinsichtlich des Kontrollausschusses; damit haben insbesondere die Vorschriften über die Unabhängigkeit der Rechnungsprüfer, die früher in einem vom Rat erlassenen Statut des Kontrollausschusses enthalten waren,[2] Vertragsqualität erhalten. Zugleich wurden in sachlicher Hinsicht in dem neuen Art. 206 a die Befugnisse des Rechnungshofs, insbesondere für die Prüfung in den Mitgliedstaaten, präzisiert und ihm zusätzlich das Recht verliehen, neben seinem Jahresbericht jederzeit sowohl Stellungnahmen auf Antrag eines Organs abzugeben als auch aus eigener Initiative Bemerkungen zu besonderen Fragen vorzulegen. Damit ist ein Ansatzpunkt dafür geschaffen, daß sich der Rechnungshof über die nachträgliche Kontrolle der Rechnungsvorgänge hinaus bereits mit Maßnahmen der Verwaltung im Stadium der Entstehung oder der Durchführung befassen kann.

3 Von den Organen der Gemeinschaft und ihren Verwaltungsstellen aus gesehen übt der Rechnungshof eine externe Kontrolle aus. Zu unterscheiden davon ist die interne Finanzkontrolle, die von Bediensteten der Organe der Gemeinschaft ausgeübt wird und die vor allem die Aufgabe hat, verwaltungsintern die Ausgaben in ihrer Entstehung zu kontrollieren (Art. 209 Buchst. c). Während die Mitglieder des Rechnungshofs persönlich und sachlich völlig unabhängig sind, haben die Finanzkontrolleure innerhalb der Verwaltungshierarchie nur eine gewisse Sonderstellung; sie können sich zwar weigern, einer Einnahme oder Ausgabe zuzustimmen; die höchste Stelle ihres Organs kann sich aber über diese Weigerung hinwegsetzen.[3]

II. Einziger Rechnungshof für die drei Gemeinschaften

4 Der Rechnungshof prüft die Einnahmen und Ausgaben aller drei Gemeinschaften. Der frühere Kontrollausschuß war zunächst nur für die Einnahmen und Ausgaben der EWG und der EAG zuständig gewesen (s. Statut des Kontrollausschusses).[4] Für die Prüfung der Rechnung der EGKS war ein besonderer Rechnungsprüfer zuständig (Art. 78 § 6 Abs. 1

2 ABl. 1959 Nr. 46 S. 861.
3 Siehe Art. 209 Rn. 5.
4 ABl. 1959 Nr. 46 S. 861.

EGKS-Vertrag). Aber schon der Vertrag zur Einsetzung eines gemeinsamen Rates und einer gemeinsamen Kommission,[5] der am 1. 7. 1967 in Kraft getreten ist, setzte in seinem Art. 22 einen einzigen Kontrollausschuß der Europäischen Gemeinschaften ein, der die Befugnisse des Kontrollausschusses der EWG und EAG und des Rechnungsprüfers der EGKS übernahm, soweit sie die Verwaltungseinnahmen und -ausgaben dieser Gemeinschaft betrafen (Art. 21 des genannten Vertrags). Für die anderen Einnahmen der EGKS und für ihre operationellen Ausgaben blieb weiterhin der EGKS-Prüfer zuständig.

Im Sinne der zu begrüßenden Vereinheitlichung der Rechnungsprüfung änderte der Art. 27 des Vertrags zur Änderung bestimmter Finanzvorschriften der Verträge zur Gründung der Europäischen Gemeinschaften und des Vertrags zur Einsetzung eines gemeinsamen Rates und einer gemeinsamen Kommission der Europäischen Gemeinschaften,[6] der am 1. 6. 1977 in Kraft getreten ist, den Art. 22 des Fusionsvertrags dahingehend ab, daß die Befugnisse und Zuständigkeiten des durch Art. 78 e EGKS-Vertrag, Art. 206 EWG-Vertrag und Art. 180 EAG-Vertrag eingesetzten Rechnungshofs von einem gemeinsamen Rechnungshof der Europäischen Gemeinschaften wahrgenommen werden. Dieser Rechnungshof übernimmt die Zuständigkeiten des Kontrollausschusses der Europäischen Gemeinschaften und des Rechnungsprüfers der EGKS. Die Einzelheiten der Übernahme regelt Art. 28. Danach endet das Amt der Mitglieder des Kontrollausschusses und des Rechnungsprüfers mit der Hinterlegung des Berichts über das Rechnungsjahr, das dem Rechnungsjahr vorangeht, in dem die Mitglieder des Rechnungshofs ernannt werden. Die Mitglieder des Rechnungshofs sind im Oktober 1977 ernannt worden. Die Tätigkeit der früheren Kontrollorgane hat daher mit der Hinterlegung des Berichts über das Rechnungsjahr 1976 geendet. Schon die Prüfung der Rechnung des Haushaltsjahres 1977 fiel in die Zuständigkeit des neuen Rechnungshofs.

III. Zusammensetzung des Rechnungshof

5 Der Rechnungshof besteht – entsprechend der gegenwärtigen Anzahl der Mitgliedstaaten der Gemeinschaft – aus 10 Mitgliedern. Bei der Ernennung der Mitglieder des Rechnungshofs wurde je ein Angehöriger der Mitgliedstaaten berücksichtigt.

Der Kreis der Persönlichkeiten, aus denen die Mitglieder des Rechnungshofs auszuwählen sind, ist nicht auf Mitglieder der nationalen Rechnungsprüfungsorgane beschränkt; es können auch andere Persönlichkeiten ausgewählt werden, die für dieses Amt besonders geeignet sind.

5 ABl. 1967 Nr. 152 S. 1; HER I A 11, S. 19.
6 ABl. 1977 Nr. 359 S. 1; HER I A 11, S. 227.

Die Mitglieder des Rechnungshofes werden vom Rat nach Anhörung des Parlaments ernannt. Die Mitwirkung des Parlaments war bei der Beratung der Änderung des Art. 206 einer der zwischen Parlament und Rat umstrittenen Punkte. Schließlich hat der Rat dem Parlament bei der Übersendung des Entwurfs des Vertrags zur Änderung bestimmter Finanzvorschriften[7] zugesichert, daß er bei der Ernennung der Mitglieder des Rechnungshofs der Stellungnahme des Parlaments »weitgehend Rechnung tragen wird«.

Die Amtszeit der Mitglieder des Rechnungshofs beträgt sechs Jahre. Um die Möglichkeit eines Auswechselns aller Mitglieder am Ende ihrer Amtsperiode auszuschließen, werden aber bei der ersten Ernennung vier Mitglieder nur für vier Jahre ernannt. Damit wird die Kontinuität in der Amtsführung des Rechnungshofs sichergestellt.

6 Besonderes Gewicht mißt Art. 206 der persönlichen und sachlichen Unabhängigkeit der Mitglieder des Rechnungshofs bei. Sie können während ihrer Amtsperiode nur dann gegen ihren Willen ihres Amtes enthoben werden, wenn der Gerichtshof auf Antrag des Rechnungshofs eine entsprechende Entscheidung fällt. Der Sicherung ihrer Unabhängigkeit stehen andererseits gewisse Pflichten gegenüber, die die Mitglieder des Rechnungshofs zur Wahrung einer unparteiischen Amtsführung zu beachten haben; sie dürfen während ihrer Amtszeit keine andere entgeltliche oder unentgeltliche Tätigkeit ausüben, und auch nach Ablauf ihrer Amtszeit müssen sie sich bei der Annahme gewisser Tätigkeiten oder Vorteile ehrenhaft verhalten.

Die Amtsbezüge der Mitglieder des Rechnungshofs sind in der Verordnung (EWG, Euratom, EGKS) Nr. 2296/77 des Rates vom 18. 10. 1977 geregelt.[8]

Artikel 206 a [Rechnungsprüfung]

(1) Der Rechnungshof prüft die Rechnung über alle Einnahmen und Ausgaben der Gemeinschaft. Er prüft ebenfalls die Rechnung über alle Einnahmen und Ausgaben jedes von der Gemeinschaft geschaffenen Organs, soweit der Gründungsakt dies nicht ausschließt.

(2) Der Rechnungshof prüft die Rechtmäßigkeit und Ordnungsmäßigkeit der Einnahmen und Ausgaben und überzeugt sich von der Wirtschaftlichkeit der Haushaltsführung. Die Prüfung der Einnahmen erfolgt anhand der Feststellungen und der Zahlungen der Einnahmen an die Gemeinschaft.

Die Prüfung der Ausgaben erfolgt anhand der Mittelbindungen und der Zahlungen.

7 Siehe oben Rn. 1 bis 3.
8 ABl. 1977 Nr. L 268 S. 1.

Diese Prüfungen können vor Abschluß der Rechnung des betreffenden Haushaltsjahres durchgeführt werden.

(3) Die Prüfung wird anhand der Rechnungsunterlagen und erforderlichenfalls an Ort und Stelle bei den Organen der Gemeinschaft und in den Mitgliedstaaten durchgeführt. Die Prüfung in den Mitgliedstaaten erfolgt in Verbindung mit den einzelstaatlichen Rechnungsprüfungsorganen oder, wenn diese nicht über die erforderliche Zuständigkeit verfügen, mit den zuständigen einzelstaatlichen Dienststellen. Diese Organe oder Dienststellen teilen dem Rechnungshof mit, ob sie an der Prüfung teilzunehmen beabsichtigen.

Die Organe der Gemeinschaft und die einzelstaatlichen Rechnungsprüfungsorgane oder, wenn diese nicht über die erforderliche Zuständigkeit verfügen, die zuständigen einzelstaatlichen Dienststellen übermitteln dem Rechnungshof auf seinen Antrag hin jede für die Erfüllung seiner Aufgabe erforderliche Unterlage oder Information.

(4) Der Rechnungshof erstattet nach Abschluß eines jeden Haushaltsjahres einen Jahresbericht. Dieser Bericht wird den Organen der Gemeinschaft vorgelegt und im Amtsblatt der Europäischen Gemeinschaften zusammen mit den Antworten der Organe auf die Bemerkungen des Rechnungshofes veröffentlicht.

Der Rechnungshof kann ferner jederzeit seine Bemerkungen zu besonderen Fragen vorlegen und auf Antrag eines Organs der Gemeinschaft Stellungnahmen abgeben.

Er nimmt seine jährlichen Berichte oder seine Stellungnahmen mit der Mehrheit der Stimmen seiner Mitglieder an.

Er unterstützt die Versammlung und den Rat bei der Kontrolle der Ausführung des Haushaltsplans.

Literaturhinweise

s. bei Artikel 206

Inhaltsübersicht

I. Allgemeines

1 Art. 206 a wurde durch Art. 16 des Vertrags zur Änderung bestimmter Finanzvorschriften der Verträge zur Gründung der Europäischen Gemeinschaften und des Vertrags zur Einsetzung eines gemeinsamen Rates und einer gemeinsamen Kommission der Europäischen Gemeinschaften,[1] der am 1. 6. 1977 in Kraft getreten ist, in den EWG-Vertrag eingefügt. Der neue Artikel regelt die Befugnisse des Rechnungshofs und das Prüfungsverfahren. Entsprechende Bestimmungen waren in Art. 206 alter Fassung[2] enthalten. Verglichen mit diesen früheren Bestimmungen enthält Art. 206 a neben einer stärkeren Detaillierung und Präzisierung vor allem folgende Neuregelungen:

- Die Erstreckung der Prüfung des Rechnungshofs auf die von der Gemeinschaft geschaffenen Einrichtungen, sofern der Gründungsakt dies nicht ausschließt.
- Die Zusammenarbeit mit den nationalen Rechnungsprüfungsorganen und Dienststellen bei Prüfungen in den Mitgliedstaaten.
- Das Recht des Rechnungshofs, jederzeit seine Bemerkungen zu besonderen Fragen vorzulegen und auf Antrag eines Organs der Gemeinschaft Stellungnahmen abzugeben.

Dem Art. 206 a entsprechen die Art. 78 f EGKS-Vertrag und 180 a EAG-Vertrag.

Die Einzelheiten des Rechnungsprüfverfahrens sind in den Art. 78 bis 84 der Haushaltsordnung vom 21. 12. 1977 für den Gesamthaushaltsplan der Europäischen Gemeinschaften geregelt.[3]

II. Die Rechnungsprüfung im einzelnen

1. Umfang der Rechnungsprüfung

2 Der Prüfung des Rechnungshofs unterliegen alle Einnahmen und Ausgaben der Gemeinschaft. Sein Prüfungsrecht erstreckt sich darüber hinaus auf die von der Gemeinschaft geschaffenen Einrichtungen mit eigener Finanzwirtschaft, sofern dies nicht im Gründungsakt ausgeschlossen ist. In einer Erklärung im Anhang zu dem Vertrag zur Änderung bestimmter Finanzvorschriften[4] ist festgehalten, daß der Rechnungshof auch für die Prüfung der Maßnahmen des Europäischen Entwicklungsfonds, die nicht im Haushaltsplan der Europäischen Gemeinschaften veranschlagt werden,[5] zuständig ist.

1 ABl. 1977 Nr. L359 S. 1; HER I A 11, S. 227.
2 Siehe Art. 206 Rn. 2.
3 ABl. 1977 Nr. L356 S. 1; HER I A 66/1, S. 3.
4 Siehe oben Rn. 1.
5 Siehe Art. 199 Rn. 3.

Der Rechnungshof prüft nicht nur die Rechtmäßigkeit und Ordnungsmäßigkeit, sondern auch die Wirtschaftlichkeit der Maßnahmen. Die Prüfung kann schon vor Abschluß des Haushaltsjahres durchgeführt werden (s. Art. 79 der Haushaltsordnung vom 21. 12. 1977).

2. Verfahren der Rechnungsprüfung

3 Die Prüfung erfolgt bei den Einnahmen anhand der Feststellungsakte und der Zahlungen an die Gemeinschaft, bei den Ausgaben anhand der Mittelbindungen und der Zahlungen.[6] In einer Erklärung im Anhang zum Vertrag zur Änderung bestimmter Finanzvorschriften ist klargestellt, daß eine Prüfung der Eigeneinnahmen sich nicht auf die zugrundeliegenden materiellen Geschäfte erstreckt. Der Rechnungshof prüft daher nicht unmittelbar beim Abgabepflichtigen in den Mitgliedstaaten, sondern nur bei den für die Erhebung der Abgaben zuständigen nationalen Dienststellen. Dagegen erstreckt sich bei den Ausgaben die Prüfung auch auf die Verwendung der Gemeinschaftsmittel durch Stellen außerhalb der Organe, die diese Mittel als Subventionen erhalten. Um dieses Prüfungsrecht sicherzustellen, schreibt Art. 82 Abs. 6 der Haushaltsordnung vom 21. 12. 1977 vor, daß die Gewährung von Subventionen an Stellen außerhalb der Organe voraussetzt, daß der Subventionsempfänger der Verwendungsprüfung durch den Rechnungshof zustimmt.

4 Die Prüfung wird anhand der Rechnungsunterlagen durchgeführt, erforderlichenfalls aber auch an Ort und Stelle, und zwar sowohl bei den Gemeinschaftsorganen wie auch in den Mitgliedstaaten. Dabei arbeitet der Rechnungshof mit den nationalen Rechnungsprüfungsorganen oder mit den zuständigen nationalen Dienststellen zusammen, ist aber nicht an deren Zustimmung gebunden. Die nationalen Prüfungsorgane oder Dienststellen können an der Prüfung des Rechnungshofes teilnehmen. Sie sind genauso wie die Organe der Gemeinschaft verpflichtet, dem Rechnungshof auf seinen Antrag hin die für die Erfüllung seiner Aufgabe erforderlichen Unterlagen oder Informationen zur Verfügung zu stellen.

3. Jahresberichte und Stellungnahmen des Rechnungshofs

5 Nach Abschluß eines jeden Haushaltsjahres erstattet der Rechnungshof einen Jahresbericht, der den Organen der Gemeinschaft vorgelegt und zusammen mit deren Antworten auf die Prüfungsbemerkungen im Amtsblatt der Europäischen Gemeinschaften veröffentlicht wird.[7]

6 Neben seinem Jahresbericht kann der Rechnungshof aber *jederzeit* sowohl Stellungnahmen auf Antrag eines Organs abgegeben als auch aus eigener Initiative Bemerkungen zu

6 Siehe Art. 205 Rn. 5.
7 Siehe z.B. ABl. 1981 Nr. C 344 S. 1.

besonderen Fragen vorlegen. Bei einer engen Auslegung erschöpft sich die Besonderheit dieser Vorschrift darin, daß der Rechnungshof bei der Vorlage seiner Prüfungsergebnisse zu Einzelthemen nicht auf den Jahresbericht beschränkt ist. Bei einer weiteren Auslegung kann aus dieser Vorschrift aber auch gefolgert werden, daß der Rechnungshof – im Gegensatz zur Prüfung der Rechnungsvorgänge, die sich immer auf abgeschlossene Haushaltsmaßnahmen bezieht – hier nicht auf eine nachträgliche Kontrolle beschränkt ist, sondern sich auch mit Maßnahmen im Stadium der Entstehung oder der Durchführung befassen kann (mitlaufende Kontrolle, z. B. Wirtschaftlichkeitsgutachten). Die Möglichkeit, das Wissen und die Erfahrung des Rechnungshofs auch in diesen Fällen heranzuziehen, ist sicher zu begrüßen. Im gleichen Sinne liegt die Bestimmung, daß der Rechnungshof Parlament und Rat bei der Kontrolle der Ausführung des Haushaltsplans unterstützt.

Artikel 206 b [Entlastung]

Auf Empfehlung des Rates, der mit qualifizierter Mehrheit beschließt, erteilt die Versammlung der Kommission Entlastung zur Ausführung des Haushaltsplans. Zu diesem Zweck prüft sie nach dem Rat die in Artikel 205 a erwähnte Rechnung und Übersicht sowie den Jahresbericht des Rechnungshofes, dem die Antworten der kontrollierten Organe auf die Bemerkungen des Rechnungshofes beigefügt sind.

Literaturhinweise

Strasser, Daniel, La décharge: nouveau pouvoir du Parlement Européen, son application aux exercises 1977 et 1978, in: RMC 1981, S. 108

Inhaltsübersicht

I. Entlastungsbefugnis des EP

1 Art. 206 b wurde durch den Vertrag zur Änderung bestimmter Finanzvorschriften der Verträge zur Gründung der Europäischen Gemeinschaften und des Vertrags zur Einsetzung eines gemeinsamen Rates und einer gemeinsamen Kommission der Europäi-

schen Gemeinschaften (Art. 17 dieses Vertrags),[1] der am 1. 6. 1977 in Kraft getreten ist, in den EWG-Vertrag eingefügt. In seiner ursprünglichen Fassung sah der EWG-Vertrag in seinem Art. 206 Abs. 4 die alleinige Entlastung durch den Rat vor. Der Rat teilte seine Entscheidung lediglich dem Parlament mit. Bereits durch den ersten Vertrag zur Änderung bestimmter Haushaltsvorschriften der Verträge zur Gründung der Europäischen Gemeinschaften und des Vertrags zur Einsetzung eines gemeinsamen Rates und einer gemeinsamen Kommission der Europäischen Gemeinschaften (Art. 6 dieses Vertrags),[2] der am 1. 1. 1971 in Kraft getreten ist, wurde dieser Art. 206 Abs. 4 dahingehend geändert, daß Parlament und Rat gemeinsam der Kommission Entlastung erteilen. Mit der nunmehr in Art. 206 b vorgesehenen alleinigen Entlastung durch das Parlament sollen dessen Haushaltsrechte gestärkt werden. – Dem Art. 206 b des EWG-Vertrags entsprechen die Art. 78 g des EGKS-Vertrags und 180 b des EAG-Vertrags.

II. Durchführung der Entlastung

2 Vor der Entlastung prüfen der Rat und danach das Parlament anhand des Berichts des Rechnungshofs die Ausführung des Haushaltsplans. Kommt das Parlament zu dem Ergebnis, daß eine Haushaltsmaßnahme zu beanstanden ist, so kann es das betreffende Organ ersuchen, die Maßnahme nicht zu wiederholen oder – weitergehend – sie rückgängig zu machen bzw. abzuändern. Selbst regularisieren kann das Parlament die beanstandete Maßnahme eines anderen Organs nicht, weil es damit in die Zuständigkeit dieses Organs für die Ausführung des Haushaltsplans (Art. 205 Abs. 1 und 2) eingreifen würde. Die Organe sind aber gehalten, alle zweckdienlichen Maßnahmen zu treffen, um den in den Entlastungsbeschlüssen enthaltenen Bemerkungen Folge zu leisten. Das Parlament kann darüber hinaus im Zusammenwirken mit dem Rat bei Feststellung eines künftigen Haushaltsplans (Art. 203) durchsetzen, daß seiner Beanstandung nachgekommen wird. In besonders ernsten Fällen kann die Entlastung verweigert werden.

3 Wegen der Einzelheiten des Verfahrens der Entlastung s. Art. 85 der Haushaltsordnung vom 21. 12. 1977.[3] Die Entlastungsbeschlüsse werden im Amtsblatt der Europäischen Gemeinschaften veröffentlicht.[4]

1 ABl. 1977 Nr. L 359 S. 1; HER I A 11, S. 227.
2 ABl. 1971 Nr. L 2 S. 1.
3 ABl. 1977 Nr. L 356 S. 1; HER I A 66/1, S. 3.
4 Siehe z. B. ABl. 1980 Nr. L 180 S. 19.

III. Entlastung für Finanzgeschäfte außerhalb des Haushalts

4 Auch in den Finanzvorschriften für den Europäischen Entwicklungsfonds und die Gemeinschaftseinrichtungen, die außerhalb des Gemeinschaftshaushalts stehen,[5] ist eine Entlastung durch das Parlament vorgesehen.[6]

Artikel 207 [Rechnungseinheit des Haushaltsplans, Bereitstellung und Anlage der Finanzbeiträge]

Der Haushaltsplan wird in der Rechnungseinheit aufgestellt, die in der gemäß Artikel 209 festgelegten Haushaltsordnung bestimmt wird.

Die Mitgliedstaaten stellen der Gemeinschaft die in Artikel 200 Absatz (1) vorgesehenen Finanzbeiträge in ihrer Landeswährung zur Verfügung.

Die einstweilen nicht benötigten Mittel aus diesen Beiträgen werden bei den Schatzämtern der Mitgliedstaaten oder den von diesen bezeichneten Stellen hinterlegt. Während der Hinterlegungszeit behalten diese Mittel den am Tag der Hinterlegung geltenden Pariwert gegenüber der in Absatz (1) genannten Rechnungseinheit.

Diese einstweilen nicht benötigten Mittel können zu Bedingungen angelegt werden, welche die Kommission mit dem betreffenden Mitgliedstaat vereinbart. Die gemäß Artikel 209 festgelegte Haushaltsordnung bezeichnet die technischen Bedingungen für die Durchführung der Finanzgeschäfte des Europäischen Sozialfonds.

Literaturhinweise

Heck, Winfried, Die neue Rechnungseinheit, in: Wirtschaftsdienst 1978, II S. 87
Kees, Andreas, Die Rechnungseinheit als Finanzinstrument der Europäischen Gemeinschaften, in: EuR 1978, S. 122
Timmann, Hans-Jörg, Die Europäischen Rechnungseinheiten. Von der RE zum ECU, Baden-Baden 1979
Weinstock, Ulrich, Vom »Grünen Dollar« zur Gemeinschaftswährung – die Bedeutung der Rechnungseinheiten für die europäische Integration. Der Agrarsektor im Integrationsprozeß, Baden-Baden 1972

Inhaltsübersicht

5 Siehe Art. 209 Rn. 6.
6 Siehe z. B. ABl. 1981 Nr. L 331 S. 13, 17, 18.

I. Die Rechnungseinheit des Haushaltsplans

1 Als Rechnungseinheit des Haushaltsplans wird seit dem 1. 1. 1981 die ECU (European Currency Unit), die die seit 1978 geltende – wertgleiche – Europäische Rechnungseinheit (ERE) abgelöst hat, verwendet (Art. 10 der Haushaltsordnung vom 21. 12. 1977).[1] Für die Haushaltspläne 1958 bis 1960 diente zunächst der belgische Franken als Rechnungseinheit. Von 1961 bis 1977 galt eine Rechnungseinheit, deren Wert in einem bestimmten Feingoldgehalt (0,88867088 g Feingold, dem früheren Feingoldgehalt des US-Dollars) definiert war. Im System der festen Wechselkurse bestanden bestimmte Paritäten der Währungen der Mitgliedstaaten gegenüber dieser Rechnungseinheit; Paritätsänderungen (Auf- und Abwertungen) bedurften der Notifizierung an den Internationalen Währungsfonds (IWF). Nach dem Übergang zu floatenden Wechselkursen Anfang der siebziger Jahre behielten – da es zu keinen formellen Paritätsänderungen mehr kam – die zuletzt dem IWF angezeigten Paritäten ihre Geltung, obwohl sich die tatsächlichen Wechselkurse der Währungen der Mitgliedstaaten immer stärker davon entfernten. Diese Rechnungseinheit war längst überholt, als sie 1978 schließlich durch die ERE abgelöst wurde, an deren Stelle dann 1981 die im Europäischen Währungssystem verwandte ECU trat.

2 Der Wert der ECU wird durch einen gewichteten Korb der Währungen der Mitgliedstaaten bestimmt. In diesem Korb sind die 9 Währungen mit folgenden Beträgen vertreten:[2]

0,828	Deutsche Mark
0,0885	Pfund Sterling
1,15	französische Franken
109	italienische Lire
0,286	holländische Gulden
3,66	belgische Franken
0,14	luxemburgische Franken
0,217	dänische Kronen
0,00759	irische Pfund

Der Wert der ECU in einer Landeswährung entspricht der Summe der Gegenwerte dieser Beträge in der betreffenden Landeswährung. Die Kommission berechnet den Wert der ECU in den verschiedenen Landeswährungen auf der Basis der auf den Devisenmärkten täglich ermittelten Wechselkurse und veröffentlicht ihn laufend im Amtsblatt der Europäischen Gemeinschaften.[3]

Angesichts der täglichen Kursschwankungen der Landeswährungen, die sich allerdings seit der Einführung des Europäischen Währungssystems am 13. 3. 1979 in bestimmten

1 ABl. 1977 Nr. L 356 S. 1, Änderung ABl. 1980 Nr. L 345 S. 23; HER I A 66/1 S. 3.
2 Die griechische Drachme ist noch nicht in den Währungskorb einbezogen.
3 Siehe z. B. ABl. 1982 Nr. C 2 S. 1.

Grenzen halten müssen, ändert sich der Wert der ECU fortwährend. Die Umrechnung zwischen der ECU und den Landeswährungen erfolgt zum jeweiligen Tageskurs.[4]

Der Kurs der ECU drückt in etwa die durchschnittliche Entwicklung des Wertes der Währungen der Mitgliedstaaten aus. Der Vorteil der ECU ist ihre Aktualität; durch die tägliche Kursermittlung ist sichergestellt, daß der Wert der ECU in den Landeswährungen ständig den tatsächlichen Wechselkursverhältnissen entspricht. Allerdings bringen die permanenten Wertschwankungen auch Probleme bei der Ausführung des Haushaltsplans mit sich, da sich der Gegenwert der im Haushalt veranschlagten ECU-Beträge in den Landeswährungen, in denen die Gemeinschaft ihre Einnahmen erhält und den größten Teil ihrer Ausgaben leistet, nicht genau beziffern läßt.

II. Die Bereitstellung der Finanzbeiträge

3 Die Bestimmung, daß die Finanzbeiträge in Landeswährung zur Verfügung zu stellen sind, sollte den Mitgliedstaaten in Zeiten der Devisenknappheit die Erfüllung ihrer Beitragspflicht erleichtern. Die Bereitstellung in Landeswährung erspart nämlich den Transfer desjenigen Teils der Finanzbeiträge, der in dem zur Verfügung stellenden Staat selbst ausgegeben werden soll.

Mit der nahezu völligen Ablösung der Finanzbeiträge durch die Eigeneinnahmen[5] sind die Vorschriften über die Bereitstellung der Finanzbeiträge weitgehend gegenstandslos geworden. Die Bereitstellung und die Abführung der eigenen Mittel sind in der Verordnung (EWG, Euratom, EGKS) Nr. 2891/77 vom 19. 12. 1977 geregelt.[6]

III. Hinterlegung einstweilen nicht benötigter Mittel

4 Die eigenen Mittel werden von den Mitgliedstaaten festgestellt und auf Konten gutgeschrieben, die für die Kommission bei den Schatzämtern eingerichtet sind. Zölle und Agrarabschöpfungen werden der Kommission im Rhythmus der Erhebung gutgeschrieben. An Mehrwertsteuereinnahmen haben die Mitgliedstaaten monatlich ein Zwölftel ihrer am Haushaltsplan in ECU festgelegten Mehrwertsteuerzahlung bereitzustellen. Bei der Gutschrift auf den Konten der Kommission werden die ECU-Beträge zu dem unmittelbar vor dem jeweiligen Bereitstellungstermin geltenden Umrechnungskurs in Landeswährung umgerechnet.

Auch die Bestimmung des Art. 207 Abs. 3 ist mit der nahezu vollständigen Ablösung der Finanzbeiträge durch eigene Mittel der Gemeinschaft weitgehend gegenstandslos

4 Wegen weiterer Einzelheiten s. HER I A 66/6, S. 1 ff.
5 Siehe Art. 201 Rn. 13.
6 ABl. 1977 Nr. L 336 S. 1; HER I A 66/3, S. 39.

geworden.[5] Der Sinn dieser Vorschrift, zur Schonung der Mitgliedstaaten die hinterlegten Mittel erst bei Bedarf abzurufen, gilt aber auch im System der Eigenmittel. Nach Art. 12 der Verordnung Nr. 2891/77[6] verfügt die Kommission über die ihr bei den Schatzämtern der Mitgliedstaaten gutgeschriebenen eigenen Mittel, soweit dies zur Deckung ihres Kassenmittelbedarfs bei der Ausführung des Haushaltsplans notwendig ist.

IV. Die Währungsgarantie der Mitgliedstaaten

5 Mit der Ersetzung der Finanzbeiträge durch eigene Mittel der Gemeinschaft entfällt auch die in Abs. 3 des Art. 207 vorgesehene Währungsgarantie für die hinterlegten Beträge. Die Mitgliedstaaten erheben zwar noch die eigenen Einnahmen (in ihrer Landeswährung), sie tun dies aber auf Rechnung der Gemeinschaft. Mit dem System der Eigenmittel wäre eine Währungsgarantie der Mitgliedstaaten nicht vereinbar.

Auch für die der Kommission auf ihren Konten bei den Schätzämtern gutgeschriebenen Mehrwertsteuermittel[7] besteht keine Kursgarantie zum ECU-Wert im Zeitpunkt der Gutschrift. Größere Verluste oder Gewinne dürften aber der Gemeinschaft dadurch nicht entstehen, weil sich im ECU-System Auf- und Abwärtsentwicklungen der ECU-Werte in den verschiedenen Landeswährungen tendenziell gegenseitig ausgleichen.

Artikel 208 [Transfer von Guthaben der Gemeinschaft und Durchführung ihrer Finanzgeschäfte]

Die Kommission kann vorbehaltlich der Unterrichtung der zuständigen Behörden der betreffenden Mitgliedstaaten ihre Guthaben in der Währung eines dieser Staaten in die Währung eines anderen Mitgliedstaates transferieren, soweit dies erforderlich ist, um diese Guthaben für die in diesem Vertrag vorgesehenen Zwecke zu verwenden. Besitzt die Kommission verfügbare oder flüssige Guthaben in der benötigten Währung, so vermeidet sie, soweit möglich, derartige Transferierungen.

Die Kommission verkehrt mit jedem Mitgliedstaat über die von diesem bezeichnete Behörde. Bei der Durchführung ihrer Finanzgeschäfte nimmt sie die Notenbank des betreffenden Mitgliedstaates oder ein anderes von diesem genehmigtes Finanzinstitut in Anspruch.

7 Siehe oben Rn. 3 und 4.

Literaturhinweise

s. Vorbemerkung zu den Artikeln 199 bis 209

Inhaltsübersicht

I. Transfer von Guthaben der Gemeinschaft

1 Art. 208 Abs. 1 zielt darauf ab, nach Möglichkeit Störungen der Devisenmärkte zu vermeiden, die dadurch entstehen können, daß Guthaben der Gemeinschaft in der Währung eines Mitgliedstaates in die Währung eines anderen transferiert werden. Zulässig sind nur solche Transferierungen, die zur Verwendung der Mittel für die im Vertrag vorgesehenen Zwecke notwendig sind.

2 Im Gegensatz zu Art. 25 Abs. 2 der Satzung der Europäischen Investitionsbank[1] und zu Art. 182 Abs. 3 und 4 EAG-Vertrag besagt Abs. 1 dieses Artikels nichts über die Transferierung in die Währungen dritter Länder oder über die Aufbringung solcher Währungen durch die Mitgliedstaaten. Der Grund für diese unterschiedliche Regelung dürfte darin zu suchen sein, daß bei Vertragsschluß nur im Falle der Europäischen Investitionsbank und der EAG mit größeren Ausgaben in Währungen dritter Länder gerechnet wurde. Aus dem Schweigen des Abs. 1 kann nicht geschlossen werden, daß für die Gemeinschaft jede Ausgabe in der Währung eines dritten Landes unzulässig sein soll.

3 Die Vorstellung, die dieser Regelung zugrunde liegt, geht von einer Devisenknappheit bei allen oder einzelnen Mitgliedstaaten aus. Angesichts der seit Vertragsabschluß verbesserten Devisensituation der Mitgliedstaaten, die im Februar 1961 zur Erklärung der vollen Konvertibilität gemäß den Statuten des Internationalen Währungsfonds geführt hat, ist ihre praktische Bedeutung stark herabgemindert. Art. 31 der Haushaltsordnung vom 21. 12. 1977 für den Gesamthaushaltsplan der Europäischen Gemeinschaften[2] läßt es daher beispielsweise für die in Satz 1 vorgesehene Unterrichtung genügen, daß die Kommission vierteljährlich eine Aufstellung über die bereits durchgeführten Transferierungen vorlegt. Damit ist dem Wortlaut des Satzes 1 genüge getan. Die vertragschließen-

1 HER I A 58/1, S. 75.
2 ABl. 1977 Nr. L 356, S. 1; HER I A 66/3, S. 3.

den Parteien dürften allerdings an eine vorherige Unterrichtung gedacht haben, die es ihnen ermöglichen sollte, gegebenenfalls durch geeignete Maßnahmen eine Beunruhigung der Devisenmärkte zu verhindern.

II. Durchführung der Finanzgeschäfte

4 Unter Finanzgeschäften der Kommission sind sämtliche Geschäfte mit finanziellem Inhalt zu verstehen, nicht nur die Transfergeschäfte des Abs. 1. Der Abs. 2 hat gegenüber Abs. 1 eine selbständige Bedeutung. Darauf weist nicht nur sein Wortlaut hin, der auf Abs. 1 nicht Bezug nimmt, sondern auch der Umstand, daß die den Abs. 1 und 2 entsprechenden Vorschriften in der gleichzeitig mit dem Vertrag ausgearbeiteten Satzung der Europäischen Investitionsbank getrennt sind (Art. 25 Abs. 1 und Art. 15 der Satzung).[3]

Artikel 209 [Haushaltsrechtliche Vorschriften]

Der Rat legt einstimmig auf Vorschlag der Kommission und nach Anhörung der Versammlung und Stellungnahme des Rechnungshofes folgendes fest:

a) die Haushaltsordnung, in der insbesondere die Aufstellung und Ausführung des Haushaltsplans sowie die Rechnungslegung und Rechnungsprüfung im einzelnen geregelt werden;

b) die Einzelheiten und das Verfahren, nach denen die Haushaltseinnahmen, die in der Regelung über die eigenen Mittel der Gemeinschaften vorgesehen sind, der Kommission zur Verfügung gestellt werden, sowie die Maßnahmen, die zu treffen sind, um gegebenenfalls die erforderlichen Kassenmittel bereitzustellen;

c) die Vorschriften über die Verantwortung der anweisungsbefugten Personen und der Rechnungsführer sowie die entsprechenden Kontrollmaßnahmen.

Literaturhinweise

s. Vorbemerkung zu den Artikeln 199 bis 209

3 HER I A 58/1, S. 1.

Inhaltsübersicht

I. Die haushaltsrechtlichen Vorschriften der Gemeinschaft

1. Allgemeines

1 Wie auf zahlreiche andere Bereiche der Haushaltswirtschaft der Gemeinschaft hat sich das Inkrafttreten des Vertrags zur Einsetzung eines gemeinsamen Rates und einer gemeinsamen Kommission der Europäischen Gemeinschaften zum 1. 7. 1967[1] und die damit verbundene Einführung des Haushaltsplans der Europäischen Gemeinschaften auch auf die Anwendung des Art. 209 ausgewirkt. Für diesen neuen Haushaltsplan, der an die Stelle des bisherigen Haushaltsplans der EWG getreten ist, müssen naturgemäß einheitliche Bestimmungen bestehen, sei es eine einzige Haushaltsordnung, seien es inhaltlich übereinstimmende Haushaltsordnungen der drei Gemeinschaften. Grundlage dafür sind die übereinstimmenden Vorschriften der drei Gemeinschaftsverträge über den Erlaß der Haushaltsbestimmungen. Dem Art. 209 des EWG-Vertrags entsprach bereits vor dem 1. 7. 1967 der Art. 183 des EAG-Vertrags. Eine gleiche Bestimmung wurde durch Art. 21 des Vertrags zur Einsetzung eines gemeinsamen Rates und einer gemeinsamen Kommission als Art. 78 f in den EGKS-Vertrag eingefügt.

2 Seine jetzige Fassung erhielt Art. 209 durch den Vertrag zur Änderung bestimmter Finanzvorschriften der Verträge zur Gründung der Europäischen Gemeinschaften und des Vertrags zur Einsetzung eines gemeinsamen Rates und einer gemeinsamen Kommission der Europäischen Gemeinschaften,[2] der am 1. 6. 1977 in Kraft getreten ist. Inhaltsgleich mit Art. 209 ist der ebenfalls geänderte Art. 183 EAG-Vertrag; dem bisherigen Art. 78 f EGKS-Vertrag entspricht jetzt Art. 78 h.

Die wesentlichen Änderungen gegenüber der bisherigen Fassung:

a) Vor der Festlegung der Haushaltsvorschriften ist das Parlament anzuhören und die Stellungnahme des Rechnungshofs einzuholen. Damit wird der gestiegenen Bedeutung von Parlament und Rechnungshof im Haushaltsverfahren Rechnung getragen. Zusätzlich schreibt Art. 107 der Haushaltsorndung vom 21. 12. 1977 für den Gesamthaushaltsplan der Europäischen Gemeinschaften[3] vor, daß bei Änderungen der

1 Siehe Vorbemerkung zu den Art. 199 bis 209 Rn. 18 bis 22.
2 ABl. 1977 Nr. L 359 S. 1; HER I A 11, S. 227.
3 ABl. 1977 Nr. L 356 S. 1; HER I A 66/3, S. 3.

Haushaltsordnung das zwischen Parlament, Rat und Kommission vereinbarte Konzertierungsverfahren[4] Anwendung findet.

b) Buchstabe b stellte bisher auf die Leistung von Beiträgen der Mitgliedstaaten ab. Er ist der nunmehrigen Finanzierung der Gemeinschaft durch eigene Mittel angepaßt worden.

2. Die Vorschriften im einzelnen

3 Der Rat hat die in Art. 209 Buchst. a genannten Regelungen in der Haushaltsordnung vom 21. 12. 1977 für den Gesamthaushaltsplan der Europäischen Gemeinschaften festgelegt.[5]

Sondervorschriften sind in dieser Haushaltsordnung vorgesehen für

- die Forschungs- und Investitionsmittel (Art. 86 bis 94)
- den Europäischen Ausrichtungs- und Garantiefonds für die Landwirtschaft (Art. 95 bis 101)
- die Nahrungsmittelhilfe (Art. 102)
- das Amt für amtliche Veröffentlichungen der Europäischen Gemeinschaften (Art. 103).

4 Die Bestimmungen gemäß Buchst. b des Art. 209 sind in der Verordnung (EWG, EURATOM, EGKS) Nr. 2891/77 des Rates vom 19. 12. 1977 zur Durchführung des Beschlusses vom 21. 4. 1970 über die Ersetzung der Finanzbeiträge der Mitgliedstaaten durch eigene Mittel der Gemeinschaften festgelegt.[6]

Die Verordnung bestimmt, nach welchem Verfahren die eigenen Mittel von den Mitgliedstaaten festgestellt, für die Kommission bereitgestellt und von der Kommission abgerufen werden. Die Bereitstellung der nach der Einführung der eigenen Mittel noch verbleibenden Finanzbeiträge (Art. 4 Abs. 6 des Beschlusses vom 21. 4. 1970)[7] regelt Art. 28 der Haushaltsordnung vom 21. 12. 1977.[8]

Die zu Buchstabe c vorgesehenen Vorschriften über die Verantwortung der Anweisungs-

4 ABl. 1975 Nr. C 89 S. 1; HER I A 66/3, S. 37.

5 ABl. 1977 Nr. L 356 S. 1; HER I A 66/1, S. 3; Änderungen s. ABl. 1979 Nr. L 160 S. 1 und ABl. 1980 Nr. L 345 S. 23. Diese Haushaltsordnung ist am 1. 1. 1978 in Kraft getreten. – Wegen ihrer Vorläuferinnen s. ABl. 1959 Nr. 63 S. 1207, ABl. 1960 Nr. 83 S. 1939, ABl. 1967 Nr. 106 S. 2123, ABl. 1968 Nr. L 199 S. 1, ABl. 1969 Nr. 326 S. 34, ABl. 1972 Nr. L 298 S. 53 und S. 56, ABl. 1973 Nr. L 116 S. 1; im einzelnen s. HER I A 66/1, S. 3.

6 ABl. 1977 Nr. L 336 S. 1; HER I A 66/3, S. 39. – Wegen der Vorläuferin dieser Verordnung s. ABl. 1971 L 3 S. 1 und 1973 Nr. L 89 S. 1; HER I A 66/3, S. 19.

7 ABl. 1970 Nr. L 94 S. 19; HER I A 66/3, S. 1.

8 ABl. 1977 Nr. L 356 S. 1; HER I A 66/1, S. 3.

befugten und der Rechnungsführer sind in den Art. 68 bis 72 der Haushaltsordnung geregelt. In diesen Artikeln ist festgelegt, für welche Dienstverletzungen sich die genannten Personen disziplinarisch strafbar und schadensersatzpflichtig machen.

5 Unter den in Buchst. c angeführten Kontrollmaßnahmen dürfte die interne Kontrolle der Ausgaben zu verstehen sein. Im Gegensatz zu der Prüfung des Rechnungshofs (Art. 206) handelt es sich hierbei um eine vorherige Kontrolle, die von Angehörigen der Verwaltungsstellen der Gemeinschaft ausgeübt wird. Das Vorbild dieser Einrichtung findet sich im französischen Haushaltsrecht. In Frankreich sind für die interne Finanzkontrolle Beauftragte des Finanzministeriums zuständig, die in den einzelnen Fachministerien tätig werden.

In der Haushaltsordnung ist die interne Kontrolle in den Art. 19, 23, 24, 33 bis 35, 51 und 52 geregelt. Die Finanzkontrolleure sind bei der Erfüllung ihrer Aufgaben unabhängig (Art. 19). Ihre Prüfungstätigkeit hat vor allem den Sinn, die Ausgaben in ihrer Entstehung zu kontrollieren. Sie haben daher vor jeder Mittelbindung und vor jeder Anordnung einer Ausgabe[9] die Verfügbarkeit der Mittel, die Ordnungsmäßigkeit der beabsichtigten Ausgabe und ihre Übereinstimmung mit den geltenden Bestimmungen sowie der Einhaltung der Grundsätze der wirtschaftlichen Haushaltsführung zu bestätigen. Über ihre etwaige Weigerung kann allerdings unter gewissen Voraussetzungen aufgrund einer Entscheidung der höchsten Stelle des zuständigen Organs hinweggegangen werden (Art. 23, 24, 35 und 44 der Haushaltsordnung).

II. Sonstige finanzielle Durchführungsvorschriften

6 Nicht auf Art. 209 beruhen die finanzwirtschaftlichen Bestimmungen, die vom Rat für die Verwaltung des außerhalb des Haushaltsplans stehenden Europäischen Entwicklungsfonds[10] getroffen worden sind. Diese Bestimmungen sind für den 5. Fonds in seiner Finanzregelung enthalten.[11] Diese Finanzregelung hat ihre Grundlage in dem Internen Abkommen über die Finanzierung und Verwaltung der Hilfe der Gemeinschaft (Art. 28 des Abkommens).[12]

Auf Art. 209 gestützt sind dagegen die Finanzvorschriften für das Europäische Zentrum für die Förderung der Berufsbildung und für die Europäische Stiftung zur Verbesserung der Lebens- und Arbeitsbedingungen, die beide rechtliche Selbständigkeit besitzen.[13] Die Vorschriften für die Einnahmen- und Ausgabenpläne der beiden Einrichtungen lehnen sich stark an die Haushaltsordnung für den Gesamthaushaltsplan an.[14]

9 Siehe Art. 205 Rn. 5.
10 Siehe Art. 199 Rn. 3.
11 ABl. 1981 Nr. L 101 S. 12; wegen der Finanzregelungen für die vorausgehenden Fonds s. ABl. 1964 Nr. 93 S. 1498, 1971 Nr. L 31 S. 1 und 1976 Nr. L 229 S. 1.
12 ABl. 1980 Nr. L 347 S. 210.
13 Siehe Art. 199 Rn. 9.
14 ABl. 1976 Nr. L 164 S. 1 und 16.

Sechster Teil

Allgemeine und Schlußbestimmungen

Artikel 210 [Rechtspersönlichkeit der Gemeinschaft]

Die Gemeinschaft besitzt Rechtspersönlichkeit.

Literaturhinweise

Die *Außenbeziehungen* der Europäischen Gemeinschaft, KSE, Band 25, 1971
Bleckmann, Albert, Die Kompetenz der Europäischen Gemeinschaft zum Abschluß völkerrechtlicher Verträge, in: EuR 1977, S. 109–121
ders., Zur Verbindlichkeit des allgemeinen Völkerrechts für internationale Organisationen, in: ZaöRV 1977, S. 107–121
Bothe, Michael, Die Stellung der Europäischen Gemeinschaft im Völkerrecht, in: ZaöRV 1977, S. 122–137
Carl, Friedrich, Die Kompetenzverschiebungen zwischen Kommission und Rat der EWG auf dem Gebiet der Außenbeziehungen, Freiburg 1974
Dauses, Manfred A., Die Beteiligung der Europäischen Gemeinschaften an multilateralen Völkerrechtsabkommen, in: EuR 1979, S. 138–170
ders., Rechtliche Probleme der Abgrenzung der Vertragsschlußbefugnis der EG und der Mitgliedstaaten und die Auswirkung der verschiedenen Abgrenzungsmodelle, in: *Ress, Georg* (Hrsg.), Souveränitätsverständnis in den Europäischen Gemeinschaften, Schriftenreihe des Arbeitskreises Europäische Integration, Band 9, Baden-Baden 1980, S. 171–202
Die *Europäischen Gemeinschaften* im weltpolitischen und weltwirtschaftlichen Kräftefeld, Schriftenreihe des Arbeitskreises Europäische Integration, Band 4, Baden-Baden 1979
Geiger, Rudolf, Außenbeziehungen der Europäischen Wirtschaftsgemeinschaft und auswärtige Gewalt der Mitgliedstaaten, in: ZaöRV 1977, S. 640–667
Hasenpflug, Hajo (Hrsg.), Die EG-Außenbeziehungen, Hamburg 1979
Hermann, Rudolf, Das Abschlußverfahren völkerrechtlicher Verträge der Europäischen Gemeinschaften, Berlin 1973
Krück, Hans, Völkerrechtliche Verträge im Recht der Europäischen Gemeinschaften, Berlin 1977
Louis, Jean-Victor, Mise en oeuvre des obligations internationales de la Communauté dans les ordres juridiques de la Communauté et de ses Etats membres, in: Revue belge de droit international 1977, S. 122–143
Petersmann, Ernst U., Auswärtige Gewalt, Völkerrechtspraxis und Völkerrechtsbindungen der Europäischen Wirtschaftsgemeinschaft, in: ZaöRV 1975, S. 213–281
Rengeling, Hans-Werner, Zu den Befugnissen des Europäischen Parlaments zum Abschluß völkerrechtlicher Verträge im Rahmen der Gemeinschaftsverfassung, in: Staatsrecht – Völkerrecht – Europarecht, Festschrift für Hans-Jürgen Schlochauer, Berlin 1981, S. 877–898
Rosenbach, Georg, Status und Vertretung der Europäischen Gemeinschaften in internationalen Organisationen, München 1979
Sasse, Christoph, Zur auswärtigen Gewalt der Europäischen Wirtschaftsgemeinschaft, in: EuR 1971, S. 208–241
Sauvignon, Edouard, Les Communautés européennes et le droit de légation actif, in: RMC 1978, S. 176–191
Schwarze, Jürgen, Die EWG in ihren völkerrechtlichen Beziehungen, in: NJW 1979, S. 457–462
Tomuschat, Christian, Die auswärtige Gewalt der EWG erhält feste Konturen, in: EuR 1977, S. 157–164
Vedder, Christoph Wilhelm, Die auswärtige Gewalt des Europa der Neun, Göttingen 1980
Wurzbacher, Hartmut, Die Aufteilung von Vertragsabschlußkompetenzen zwischen der EWG und den Mitgliedstaaten, München 1973

Inhaltsverzeichnis

I. Supranationalität als Verfassungsprinzip des Europäischen Gemeinschaftsrechts

1 Die Europäische Wirtschaftsgemeinschaft unterscheidet sich sowohl von herkömmlichen internationalen Organisationen als auch von Staaten und Bundesstaaten. Als supranationale Gemeinschaft verfügt sie auf den ihr vertraglich zugewiesenen Gebieten über eigene, in den internen Rechtsbereich der Mitgliedstaaten hineinreichende Hoheitsrechte. Zu den Wesensmerkmalen ihres Rechtes gehören die Eigenständigkeit, die unmittelbare Wirkung und der Vorrang des Gemeinschaftsrechtes.

1. Eigenständigkeit

2 Die Eigenständigkeit des Europäischen Gemeinschaftsrechtes hat der Europäische Gerichtshof seit seinen grundlegenden Entscheidungen Van Gend & Loos und Costa/E.N.E.L. hervorgehoben.[1] Zwar beruht die Existenz der EWG auf einem völkerrechtlichen Vertrag. Dieser stellt aber darüber hinaus »gewissermaßen die

1 EuGH – Van Gend & Loos/Niederländische Finanzverwaltung, 26/62 – Slg. 1963, 25 und EuGH – Costa/E.N.E.L., 6/64 –Slg. 1964, 1269.

Verfassung der Gemeinschaft« dar.[2] Auf seiner Grundlage ist eine von der Staatsgewalt der Mitgliedstaaten geschiedene supranationale Gemeinschaftsgewalt errichtet worden, die durch besondere Organe ausgeübt wird.[3] Das von den Gemeinschaftsorganen gesetzte Recht wie auch die Normen des Vertrages selbst sind weder Völkerrecht noch Bestandteil des nationalen Rechts, sondern bilden eine eigenständige Rechtsordnung. Vom staatlichen Recht unterscheidet sich die Gemeinschaftsrechtsordnung insbesondere dadurch, daß sie nicht allumfassend ist. Die Gemeinschaft besitzt keine Kompetenz-Kompetenz, sondern nur die ihr durch den EWG-Vertrag zugewiesenen Befugnisse (Grundsatz der »compétence d'attribution«, vgl. Art. 4 Abs. 1 des EWGV).

2. Unmittelbare Wirkung

3 Die Gemeinschaft kann Recht setzen, das in den Mitgliedstaaten unmittelbare Wirkung besitzt, d. h. einer Transformation nicht mehr bedarf. Für die Verordnungen sagt Art. 189 Abs. 2 ausdrücklich, daß sie »unmittelbar in jedem Mitgliedstaat« gelten und damit unmittelbare Wirkung auch für den Einzelnen erzeugen können. Auch die auf den Einzelfall bezogenen Entscheidungen nach Art. 189 Abs. 4 gelten für den Adressaten unmittelbar. Darüber hinaus hat der EuGH anerkannt, daß unter näheren Voraussetzungen auch Richtlinien, an die Mitgliedstaaten gerichtete Entscheidungen sowie Normen des Vertrages selbst unmittelbare Wirkung haben können, so daß der Einzelne sich auf sie zu berufen vermag.[4]

3. Vorrang

4 Der Vorrang des Europäischen Gemeinschaftsrechtes bedeutet, daß Gemeinschaftsrecht durch nationales Recht weder aufgehoben noch abgeändert werden kann. Im Kollisionsfall geht es dem nationalen Recht vor. Der Vorrang des Gemeinschaftsrechts ist Voraussetzung für die Funktionsfähigkeit der Gemeinschaft. Diese erlaubt es nicht, daß die Geltung des Gemeinschaftsrechts, welche in der gesamten Gemeinschaft einheitlich sein soll, von der nationalen Gesetzgebung angetastet werden kann. Dies bedeutet nach der Rechtsprechung des EuGH, daß »jeder im Rahmen seiner Zuständigkeit angerufene staatliche Richter verpflichtet ist, das Gemeinschaftsrecht uneingeschränkt anzuwenden und die Rechte, die es den einzelnen verleiht, zu schützen, indem er jede möglicherweise entgegenstehende Bestimmung des nationalen Rechts, gleichgültig, ob sie früher oder später als die Gemeinschaftsnorm ergangen ist, unangewendet läßt«.[5]

2 BVerfGE 22, 296.

3 Für die Bundesrepublik erteilt Art. 24 Abs. 1 GG die verfassungsrechtliche Ermächtigung zur Beteiligung an der Gemeinschaftserrichtung.

4 Siehe dazu die Kommentierung zu Art. 189.

5 EuGH – Staatliche Finanzverwaltung/Simmenthal, 106/77 – Slg. 1978, 644. Dazu früher bereits EuGH – Costa/E.N.E.L., a.a.O. (Fn. 1), 1269 f. Zur Frage des Vorrangs vor den Grundrechten des Grundgesetzes vgl. BVerfGE 37/271 ff. sowie neuerdings BVerfGE 52/199 f. Dazu *Christian Tomuschat,* BVerfG contra EuGH – Friedensschluß in Sicht, in: NJW 1980, S. 2611 ff.

II. Die Völkerrechtssubjektivität der Gemeinschaft

5 Die durch ihre besondere supranationale Struktur und die Eigenständigkeit ihres Rechts gekennzeichnete Europäische Wirtschaftsgemeinschaft ist in vielfältiger Weise auf Kontakte und Beziehungen im internationalen Rechts- und Wirtschaftsverkehr angewiesen. Für die Teilnahme am völkerrechtlichen Verkehr muß sie Völkerrechtssubjektivität besitzen, d. h. die Fähigkeit, selbständiger Träger völkerrechtlicher Rechte und Pflichten zu sein. Die Völkerrechtssubjektivität ist nach allgemeinem Völkerrecht Voraussetzung der internationalen Handlungs-, insbesondere der Vertragsfähigkeit.[6] Es ist heute anerkannt, daß neben den Staaten als den ursprünglichen Völkerrechtssubjekten auch internationale Organisationen, zu denen aus der Sicht des allgemeinen Völkerrechts die supranationalen Europäischen Gemeinschaften zählen, als abgeleitete Völkerrechtssubjekte völkerrechtsfähig sein können.[7] Insbesondere hindert die für die Gemeinschaft typische funktionelle Beschränkung ihres Wirkungskreises grundsätzlich nicht, sie zu den Völkerrechtssubjekten zu rechnen.[8] Ob eine internationale Organisation Völkerrechtssubjekt ist, hängt davon ab, ob die Gründungsstaaten die Organisation mit völkerrechtlicher Rechtsfähigkeit ausstatten wollten.[9] Für die EWG bekundet Art. 210 diesen Willen ausdrücklich, wenn er der Gemeinschaft Rechtspersönlichkeit zuweist. Daß damit die Völkerrechtssubjektivität gemeint ist, ergibt sich aus der Gegenüberstellung zu Art. 211, der die zivilrechtliche Rechts- und Geschäftsfähigkeit im Rahmen der Binnenbeziehungen regelt. Die so verlautbarte Völkerrechtssubjektivität der Gemeinschaft gilt zunächst nur gegenüber den Mitgliedstaaten. Gegenüber Drittstaaten und anderen internationalen Organisationen wird die Völkerrechtsfähigkeit der Gemeinschaft erst durch Anerkennung wirksam.[10] Durch die Aufnahme diplomatischer Beziehungen mit mehr als hundert Staaten ist diese Anerkennung erfolgt.

III. Die Außenbeziehungen der Gemeinschaft

1. Der Umfang der gemeinschaftlichen Außenkompetenzen

6 Aus der Völkerrechtssubjektivität der EWG resultiert ihre völkerrechtliche Handlungsfähigkeit. In der Entscheidung Costa/E.N.E.L. hat der EuGH die »internationale Handlungsfähigkeit« der Gemeinschaft als eines ihrer Wesensmerkmale hervorgeho-

6 Vgl. *Alfred Verdross – Bruno Simma,* Universelles Völkerrecht, Berlin 1976, S. 200 ff., 348 ff., m.w.N.

7 Vgl. *Karl Zemanek,* Das Vertragsrecht der Internationalen Organisationen, Wien 1957, S. 18 ff.; *Verdross - Simma* (a.a.O., Fn. 6), S. 216 f.

8 *Hans Peter Ipsen,* a.a.O. (Allg. Literaturverzeichnis), S. 201.

9 Dazu *Rudolf Geiger* in: ZaöRV 1977, S. 649.

10 Vgl. *Ignaz Seidl-Hohenveldern,* Das Recht der Internationalen Organisationen einschließlich der Supranationalen Gemeinschaften, 3. Aufl., Köln 1979, S. 81 f. sowie *Christoph Wilhelm Vedder,* a.a.O., S. 6 f.

ben.[11] Die Handlungsbefugnis der Gemeinschaft auf dem Gebiet der Außenbeziehungen ist allerdings nicht unbegrenzt. Auch für die auswärtige Gewalt der EWG gilt das Prinzip der »compétence d'attribution«, der begrenzten Ermächtigung, wonach die Gemeinschaft nur über die Kompetenzen verfügt, die ihr der Vertrag zuweist. Demzufolge wurde früher, bis zum Erlaß des nach der Abkürzung des betreffenden Abkommens benannten AETR-Urteils des EuGH aus dem Jahre 1971, ganz überwiegend die Auffassung vertreten, die Gemeinschaft besitze eine Befugnis zum Abschluß völkerrechtlicher Verträge nur dort, wo der Vertrag sie ihr ausdrücklich einräume.[12]

a) Die ausdrücklichen Kompetenzen

7 Ausdrückliche Kompetenzen auf dem Gebiet der Außenbeziehungen sieht der EWG-Vertrag nur an einzelnen Stellen vor. So verleiht Art. 113 Abs. 3 der Gemeinschaft die Kompetenz, nach Ablauf der Übergangszeit im Bereich der gemeinsamen Handelspolitik Abkommen mit Drittstaaten zu schließen. Art. 238 enthält die Rechtsgrundlage für Assoziierungsabkommen der Gemeinschaft mit dritten Staaten, Staatenverbindungen oder internationalen Organisationen. Art. 229, 230 und 231 sehen für die Kommission bzw. die Gemeinschaft die Zusammenarbeit mit anderen internationalen Organisationen wie der UNO, dem GATT, dem Europarat und der OECD vor.[13]

8 Die Befugnis der Gemeinschaft, gemäß Art. 113 Verträge im Bereich der gemeinsamen Handelspolitik abzuschließen, ist ein ausschließliches Recht der Gemeinschaft, d. h. es besteht keine parallele oder konkurrierende Zuständigkeit der Mitgliedstaaten auf diesem Gebiet.[14] Der Umfang der Vertragsschließungskompetenz hängt naturgemäß davon ab, wie der Begriff der gemeinsamen Handelspolitik zu verstehen ist. Die in Art. 113 beispielhaft erwähnten Gegenstände und Instrumente der Außenhandelspolitik (Änderung von Zollsätzen, Abschluß von Zoll- und Handelsabkommen, Vereinheitlichung der Liberalisierungsmaßnahmen, Ausfuhrpolitik und handelspolitische Schutzmaßnahmen) sind nicht als abschließende Aufzählung gedacht.[15] Der EuGH beschränkt die dort vorgesehene Kompetenz der Gemeinschaft nicht auf den Einsatz klassischer Instrumente der Außenhandelspolitik wie den Abbau von Zollschranken, sondern legt sie

11 EuGH – Costa/E.N.E.L., a.a.O., S. 1269.

12 Nachweise dieser älteren Auffassung und Wiedergabe ihrer Argumente, insbesondere bei *Hans Krück*, a.a.O. (Fn. 1), S. 33.

13 Diese Zusammenarbeit ist im einzelnen sehr unterschiedlich ausgestaltet. Vgl. die tabellarische Übersicht hierzu bei *Georg Rosenbach,* Status und Vertretung der Europäischen Gemeinschaften in internationalen Organisationen, München 1979, S. 76ff.

14 EuGH – Gutachten »Lokale Kosten«, 1/75 – Slg. 1975, 1364; vgl. auch *Paul Weissenberg,* Die Kompetenz der Europäischen Wirtschaftsgemeinschaft zum Abschluß von Handels- und Kooperationsabkommen gemäß Art. 113 EWG-Vertrag, Berlin 1978, S. 116ff.

15 Vgl. m.w.N. *Christoph Sasse* in: Die Außenbeziehungen der Europäischen Gemeinschaft, KSE 25, S. 41.

weit aus. In seinem Kautschuk-Gutachten[16] stellt er fest: »Art. 113 darf ... nicht in einer Weise ausgelegt werden, die dazu führen würde, die gemeinsame Handelspolitik auf den Gebrauch der Instrumente zu beschränken, deren Wirkung ausschließlich auf die herkömmlichen Aspekte des Welthandels gerichtet ist. Eine so verstandene ›Handelspolitik‹ wäre dazu verurteilt, allmählich bedeutungslos zu werden«. Danach können aufgrund von Art. 113 auch Abkommen geschlossen werden, die, wie das Internationale Naturkautschuk-Übereinkommen, auf eine Regulierung des Weltmarktes abzielen. Die meisten internationalen Abkommen der Gemeinschaft nennen Art. 113 als Rechtsgrundlage.[17]

9 Die Assoziierungsabkommen nach Art. 238 können sich auf alle von dem EWG-Vertrag erfaßten Sachgebiete erstrecken. Im Falle einer Assoziierung europäischer Staaten kann ein späterer Beitritt zur Gemeinschaft beabsichtigt sein, wie dies beim Assoziierungsabkommen mit Griechenland der Fall war.[18] Auf der Grundlage von Art. 238 hat die Gemeinschaft zahlreiche völkerrechtliche Abkommen mit Entwicklungsländern geschlossen, darunter insbesondere das Lomé-Abkommen von 1975,[19] das mittlerweile erneuert wurde und nun als Abkommen Lomé II seit dem 1. 1. 1981 in Kraft ist.[20]

b) Das gemischte Abkommen

10 Für den Fall, daß die Gemeinschaftskompetenz, wie etwa beim Lomé-Abkommen,[21] nicht den gesamten Bereich der in dem Übereinkommen getroffenen Regelungen umfaßt, sondern daneben mitgliedstaatliche Kompetenzen berührt werden, hat die Praxis den Typ des sog. gemischten Abkommens[22] entwickelt, an dem die Gemeinschaft und die

16 EuGH – Gutachten »Internationales Naturkautschuk-Übereinkommen«, 1/78 – Slg. 1979, 2913. Weitere Einzelheiten zur gemeinsamen Handelspolitik in der Kommentierung zu Art. 113.

17 Siehe die Aufstellung bei *Hajo Hasenpflug,* a.a.O., S. 507 ff. sowie *Vedder,* a.a.O., S. 32 ff. Sämtliche von den Europäischen Gemeinschaften bis 1978 geschlossenen Verträge sind enthalten in der bisher achtbändigen »Sammlung der von den Europäischen Gemeinschaften geschlossenen Übereinkünfte«, Veröffentlichung durch das Amt für amtliche Veröffentlichungen der Europäischen Gemeinschaften.

18 Vgl. Art. 72 des Abkommens mit Griechenland vom 9. 7. 1961, ABl. 1963 S. 313. Der Beitritt Griechenlands erfolgte am 1. 1. 1981.

19 ABl. 1976 Nr. L 25, unterzeichnet am 28. 2. 1975, in Kraft getreten am 1. 4. 1975. Weitere Einzelheiten zu den Assoziierungsabkommen bei der Kommentierung zu Art. 238.

20 Zum Lomé-Abkommen s. insbesondere *Jürgen Becker,* Die Partnerschaft von Lomé, Baden-Baden 1979; zum materiellen Gehalt des Abkommens Lomé II s. *Klaus Meyer,* Die zweite Konvention von Lomé, in Eur.Arch. 1980, S. 11 ff.; *Carol Cosgrove Twitchett,* Lomé II – die Enttäuschungen der AKP-Länder, in: Eur.Arch. 1980, S. 81 ff. sowie *Katharina Focke,* Von Lomé I zu Lomé II, Amt für amtliche Veröffentlichungen der Europäischen Gemeinschaften, Luxemburg. Das Abkommen Lomé II ist abgedruckt in ABl. 1980 Nr. L 347.

21 Siehe dazu *Karl Meessen,* Das Abkommen von Lomé als gemischter Vertrag, in: EuR 1980, S. 36 ff.

22 Dazu grundsätzlich *Albert Bleckmann,* EuR 1976, S. 301 ff.; *Léontin-Jean Constantinesco,* a.a.O., S. 213 f.; *Manfred Dauses* in: *Georg Ress* (Hrsg.), Souveränitätsverständnis in den Europäischen Gemeinschaften, Baden-Baden 1980, S. 185 ff.

Mitgliedstaaten zu beteiligen sind. Im Gutachten über das Internationale Naturkautschuk-Übereinkommen hat der EuGH[23] eine vorsorgliche Beteiligung auch der Mitgliedstaaten an der Aushandlung des Abkommens aus dem Grunde zugelassen, weil die Frage der Übernahme der mit dem Abkommen verbundenen finanziellen Verpflichtungen unmittelbar durch die Mitgliedstaaten noch nicht abschließend geklärt war.

c) Das AETR-Urteil

11 Über die im EWG-Vertrag enthaltenen ausdrücklichen Vertragsabschlußkompetenzen wie Art. 113 und Art. 238 hinaus hat der EuGH seit dem AETR-Urteil auch stillschweigend verliehene Befugnisse der Gemeinschaft zum völkerrechtlichen Vertragsschluß anerkannt. Nach dem AETR-Urteil kann sich eine Vertragsschlußkompetenz der Gemeinschaft nicht nur im Wege einer ausdrücklichen Verleihung, »sondern auch aus anderen Vertragsbestimmungen und aus in ihrem Rahmen ergangenen Rechtsakten der Gemeinschaftsorgane« ergeben, und zwar »insbesondere in den Bereichen, in denen die Gemeinschaft zur Verwirklichung einer vom Vertrag vorgesehenen gemeinsamen Politik Vorschriften erlassen hat, die in irgendeiner Form gemeinsame Rechtsnormen vorsehen«.[24]

d) Die Folgeurteile

12 Das Erfordernis einer vorausgegangenen internen Rechtssetzung hat der EuGH später nicht mehr erwähnt. In seinem Gutachten zum Stillegungsfonds für die Binnenschiffahrt sieht er es für die Annahme stillschweigend gewährter völkerrechtlicher Befugnisse als ausreichend an, daß »die internen Maßnahmen der Gemeinschaft erst anläßlich des Abschlusses und der Inkraftsetzung des Vertrages ergriffen werden«. Die Kompetenz der Gemeinschaft zum völkerrechtlichen Vertragsschluß folgt danach »stillschweigend aus den die interne Zuständigkeit begründenden Bestimmungen des Vertrages, sofern die Beteiligung der Gemeinschaft an der völkerrechtlichen Vereinbarung notwendig ist, um eines der Ziele der Gemeinschaft zu erreichen«.[25] Der Standpunkt des EuGH zur Annahme einer Kompetenz auf dem Gebiete der auswärtigen Beziehungen läßt sich deshalb insgesamt dahingehend zusammenfassen, daß er, abgesehen von dem Fall einer ausdrücklichen vertraglichen Verleihung, der Gemeinschaft bereits immer dann eine Befugnis zum Vertragsschluß zugesteht, wenn das Gemeinschaftsrecht für die Gemeinschaftsorgane im Hinblick auf ein bestimmtes, vertraglich fixiertes Ziel im Innenverhältnis eine Handlungszuständigkeit begründet und zur Erreichung dieses Zieles sich eine völkerrechtliche Vereinbarung mit dritten Staaten als notwendig erweist.

23 EuGH – Gutachten »Internationales Naturkautschuk-Übereinkommen«, a.a.O. (Fn. 16), 2916 ff.
24 EuGH – Kommission/Rat (AETR-Urteil) 22/70 – Slg. 1971, 275.
25 EuGH – Gutachten »Stillegungsfonds für die Binnenschiffahrt« 1/76 – Slg. 1977, 756; vgl. auch EuGH – Kramer, verbundene Rechtssachen 3, 4 und 6/76 – Slg. 1976, 1279 ff.

e) Stellungnahme zu der Rechtsprechung des EuGH

13 Dieser Standpunkt des EuGH bedeutet keine Abkehr von dem Grundsatz der »compétence d'attribution«.[26] Denn dieser Grundsatz besagt nur, daß die Gemeinschaft bei ihrem Handeln auf die vertraglich zugewiesenen Ziele und Aufgabenbereiche beschränkt ist. Er steht der Wahl der Handlungsform des völkerrechtlichen Vertrages nicht entgegen, wenn sich eines der vertraglich fixierten Ziele nur durch Verträge mit Drittstaaten erreichen läßt.

14 Die Anerkennung stillschweigend verliehener Befugnisse zum völkerrechtlichen Vertragsschluß im Rahmen der vertraglich vereinbarten Ziele der Gemeinschaft steht auch in Übereinstimmung mit den allgemeinen Lehren des Völkerrechtes. Nach der völkerrechtlichen Theorie der »implied powers« werden einer internationalen Organisation auch ohne ausdrückliche Verleihung solche Befugnisse zuerkannt, die zur Erreichung ihres Organisationszweckes zwingend erforderlich sind.[27]

15 Schließlich steht Art. 228 Abs. 1 Satz 1 der Annahme stillschweigender Vertragsschlußbefugnisse der Gemeinschaft nicht entgegen. Denn Art. 228 Abs. 1 Satz 1 besagt nicht, wann ein Abkommen geschlossen werden darf, sondern nur, wie es abzuschließen ist, wenn keine anderen Verfahrensvorschriften zur Verfügung stehen. Von den durch die Rechtsprechung des EuGH anerkannten stillschweigend gewährten Vertragsschlußkompetenzen hat die Gemeinschaft in zahlreichen Abkommen Gebrauch gemacht.[28]

2. Das Verhältnis der Kompetenzen von Mitgliedstaaten und Gemeinschaft

16 Die Ausweitung der Außenkompetenzen der Gemeinschaft ruft insbesondere die Frage nach dem Verhältnis der Kompetenzen von Mitgliedstaaten und Gemeinschaft auf diesem Gebiet hervor. Sie ist bislang noch nicht hinreichend geklärt. Während der EuGH für das Gebiet der gemeinsamen Handelspolitik (Art. 113) von vornherein eine ausschließliche Kompetenz der Gemeinschaft zum Abschluß völkerrechtlicher Verträge angenommen hat,[29] hat er im übrigen, solange die Gemeinschaft ihre Kompetenzen noch nicht wahrgenommen hat, eine Befugnis der Mitgliedstaaten zum völkerrechtlichen Vertrags-

26 Dazu näher *Jürgen Schwarze* in: NJW 1979, S. 458f.

27 In dem Gutachten des Internationalen Gerichtshofs im Falle »Reparation for injuries suffered in the service of the United Nations«, I.C.J., Reports 1949, S. 182, heißt es, auf die UNO bezogen, insoweit: »Under international law, the Organization must be deemed to have those powers which, though not expressly provided in the Charter, are conferred upon it by necessary implication as being essential to the performance of its duties.« Vgl. dazu ferner *Seidl-Hohenveldern* (a.a.O., Fn .10), S. 249; *Zemanek* (a.a.O., Fn. 7), S. 22; *Verdross - Simma,* (a.a.O., Fn. 6), S. 350–394.

28 Siehe die Darstellungen bei *Vedder,* a.a.O., S. 144ff.

29 EuGH – Gutachten »Lokale Kosten«, a.a.O. (Fn. 14), 1364.

schluß bejaht.[30] Allerdings betont der EuGH insoweit den »Übergangscharakter« der Zuständigkeit der Mitgliedstaaten. Außerdem verpflichtet er sie, beim Vertragsschluß ihre bereits bestehenden Gemeinschaftsverpflichtungen zu beachten. Ob dadurch die vom EuGH selbst in seinem Gutachten über den Stillegungsfonds für die Binnenschiffahrt erwähnte Gefahr einer »unwiderruflichen Desintegration des Gemeinschaftswerkes«[31] im Falle völkerrechtlicher Verpflichtungen gegenüber Drittstaaten hinreichend gebannt ist, bleibt fraglich.[32]

3. *Einzelfragen der völkerrechtlichen Bindung*

17 Wie im Völkerrecht allgemein, gilt auch für die Gemeinschaft der Grundsatz »pacta sunt servanda«. Nach dem völkerrechtlichen Prinzip der beweglichen Vertragsgrenzen gelten die von der Gemeinschaft abgeschlossenen Verträge auch für die neu hinzugetretenen Mitgliedstaaten. Dies ergibt sich für Großbritannien, Dänemark und Irland einerseits sowie für Griechenland andererseits aus Art. 4 Abs. 1 der jeweiligen Beitrittsakte.[33]

a) *Artikel 234*

18 Insbesondere für die Neumitglieder stellt sich die Frage des Verhältnisses von Verträgen, die sie früher mit Drittstaaten abgeschlossen haben, zum EWG-Vertrag. Grundsätzlich werden die Verpflichtungen aus diesen Verträgen durch den EWG-Vertrag nicht berührt (Art. 234 Abs. 1). Wenn jedoch Bestimmungen des EWG-Vertrages einen Mitgliedstaat in Widerspruch zu Verpflichtungen aus früheren Verträgen bringen, so muß der Mitgliedstaat die Unvereinbarkeit zwischen diesen Verträgen und dem EWG-Vertrag beheben (Art. 234 Abs. 2 EWGV). Dies bedeutet in der Regel, daß die Mitgliedstaaten die früheren Verträge dem EWG-Vertrag anpassen müssen. Umgekehrt sind jedoch, so der EuGH, auch die Gemeinschaftsorgane verpflichtet, die Erfüllung der Pflichten, die sich für die Mitgliedstaaten aus früheren Übereinkünften ergeben, nicht zu behindern.[34]

b) *Nachfolge der EG in Verträge der Mitgliedstaaten*

19 Im Wege der Nachfolge kann die Gemeinschaft an völkerrechtliche Verträge der Mitgliedstaaten gebunden sein, die diese vor Inkrafttreten des EWG-Vertrages geschlossen haben. So hat der Gerichtshof eine Bindung der EWG an das GATT, das alle

30 Dazu EuGH – Kramer, a.a.O. (Fn. 25), 1312 und EuGH – Kommission/Irland, 61/77 – Slg. 1978, 449. Vgl. dazu aus der Literatur etwa *Pipkorn*, in: Beutler u.a., a.a.O. (Allg. Literaturverzeichnis), S. 423.

31 EuGH – Gutachten »Stillegungsfonds für die Binnenschiffahrt«, a.a.O., 760.

32 Dazu näher *Schwarze,* a.a.O., S. 460 m.w.N. Für eine ausschließliche Kompetenz insbesondere *Sasse,* a.a.O., S. 42 f. und *Geiger,* a.a.O., S. 662 f.

33 Vgl. ABl. 1972 Nr. L 73 S. 14 bzw. ABl. 1979 Nr. L 291 S. 17.

34 Vgl. EuGH – Strafverfahren gegen Juan C. Burgoa, 812/79 –Slg. 1980, 2803.

Mitgliedstaaten unterzeichnet haben, in dem Maße bejaht, in dem die Gemeinschaft auf dem Gebiet der Zoll- und Handelspolitik früher von den Mitgliedstaaten im Anwendungsbereich des GATT ausgeübte Befugnisse übernommen hat.[35] Die Gemeinschaft ist daher zur Beachtung der Vorschriften des GATT verflichtet.

4. Das Vertragsabschlußverfahren

20 Die Aushandlung und der Abschluß internationaler Abkommen der Gemeinschaft sind in Art. 228 EWGV geregelt. Danach werden die Abkommen von der Kommission ausgehandelt und vom Rat abgeschlossen. Art. 113 sieht für handelspolitische Abkommen eine Sonderregelung vor, die sich aber sachlich von derjenigen des Art. 228 nicht wesentlich unterscheidet.

21 Nach der Regelung des Vertrages ist die Beteiligung des Europäischen Parlaments am Abschluß völkerrechtlicher Verträge nur schwach ausgebildet. Lediglich bei den Assoziierungsabkommen gemäß Art. 238 ist eine förmliche Konsultation vorgesehen. Bei den Zoll- und Handelsabkommen (Art. 113, Art. 114) ist eine Pflicht zur Anhörung des Parlaments im Vertrag dagegen nicht statuiert. In der Praxis sind im Zusammenhang mit dem Abschluß völkerrechtlicher Abkommen jedenfalls bestimmte inoffizielle Unterrichtungsverfahren (»Luns«-Verfahren, »Luns-Westerterp«-Verfahren) eingeführt worden.[36] Zur Verstärkung der Rolle des Europäischen Parlaments beim Abschluß völkerrechtlicher Verträge liegen zahlreiche Reformvorschläge, insbesondere auch aus seinen eigenen Reihen, vor.[37]

22 Über die Form, in der ein internationales Abkommen vom Rat geschlossen wird, schweigt der EWG-Vertrag. Regelmäßig ergeht hier heute in der Praxis eine Verordnung des Rates, die den Vertragstext verlautbart.[38] *Hans Peter Ipsen* bezeichnet sie als »Bestätigungsverordnung«.[39]

5. Die Stellung der Abkommen in der Gemeinschaftsordnung

a) Interne Rechtswirkung und Rang

23 Was die interne Rechtswirkung und den Rang eines von der Gemeinschaft abgeschlossenen Vertrages im Gemeinschaftsrecht anbelangt, so spricht der EuGH davon, daß ein vom Rat abgeschlossenes Abkommen »einen integrierenden Bestandteil der Gemein-

35 EuGH – International Fruit Company/Produktschap voor groenten en fruit, 21–24/72 – Slg. 1972, 1227 f.

36 Dazu näher *Hans-Werner Rengeling,* a.a.O., S. 877 ff.

37 Vgl. die Aufstellung bei *Rengeling,* a.a.O., S. 883 f. Siehe dazu ferner zuletzt den Bericht des Politischen Ausschusses des Europäischen Parlaments (Berichterstatter *E. Blumenfeld)* vom 16. 11. 1981, EP Sitzungsdokumente 1-685/81.

38 *Rudolf Hermann,* a.a.O., S. 134 f.; *Ernst U. Petersmann,* a.a.O., 271 f.; *Jean-Paul Pietri* in: RTDE 1976, S. 196 f.

39 *Ipsen,* a.a.O., S. 176.

schaftsrechtsordnung« bilde.[40] Darüber, wie die im Ergebnis nahezu unstreitige Geltung und Anwendung völkerrechtlicher Verträge im Gemeinschaftsrecht und im innerstaatlichen Recht der Mitgliedstaaten dogmatisch zu begründen ist, bestehen erhebliche Meinungsunterschiede.[41] Den Vorzug dürfte diejenige Auffassung verdienen, die zu diesem Zweck auf Art. 228 Abs. 2 zurückgreift.[42] Diese Bestimmung, die ihrem Wortlaut nach die vom Rat geschlossenen Abkommen für die Organe der Gemeinschaft und für die Mitgliedstaaten für verbindlich erklärt, läßt sich durchaus über ihren Wortlaut hinaus so deuten, daß sie nicht nur deren Bindung, sondern auch die innergemeinschaftliche und innerstaatliche Anwendbarkeit der völkerrechtlichen Abkommen der Gemeinschaft ermöglicht. Diese Vorschrift ist auch ein entscheidender Beleg dafür, daß die völkerrechtlichen Verträge der Gemeinschaft Vorrang vor dem von den Gemeinschaftsorganen erlassenen sekundären Gemeinschaftsrecht beanspruchen können.[43] So sieht sich deshalb der EuGH in seiner Rechtsprechung zu Recht für befugt an, Verordnungen des Rates oder der Kommission auf ihre Vereinbarkeit mit den vorrangigen, von der Gemeinschaft geschlossenen oder diese jedenfalls verpflichtenden völkerrechtlichen Vereinbarungen zu kontrollieren.[44]

b) Rechtsstellung des Einzelnen

24 Für die Rechtsstellung des Einzelnen ist die Frage bedeutsam, ob sich für ihn aus den völkerrechtlichen Abkommen der Gemeinschaft Rechte ergeben können. Der EuGH hat in seiner Rechtsprechung den gemeinschaftsrechtlichen Grundsatz der unmittelbaren Anwendbarkeit bestimmter Vorschriften, jedenfalls prinzipiell, auch auf die Normen die Gemeinschaft bindender völkerrechtlicher Verträge übertragen.[45] Nur müssen die entsprechenden Vertragsnormen, wie auch sonst, eine eindeutige, zwingende Verpflichtung für die Gemeinschaft enthalten. Aus diesem Grunde hat er beispielsweise den Bestimmungen des GATT wegen ihrer »Geschmeidigkeit« – sie enthalten zahlreiche Ausnahmeklauseln und sehen im Konfliktsfall spezielle Verständigungsverfahren zwischen den beteiligten Staaten vor – im Ergebnis die unmittelbare Anwendbarkeit abgesprochen.[46] An anderer Stelle hat der EuGH aber bereits Rechte des Einzelnen aus

40 EuGH – Haegemann/Belgien, 181/73 – Slg. 1974, 460.

41 Einen Überblick über die verschiedenen Meinungen liefert *Krück*, a.a.O., S. 167f.

42 Vgl. *Ipsen,* a.a.O., S. 177; *Petersmann,* a.a.O., S. 272; *Michael d'Orville,* Die rechtlichen Grundlagen für die gemeinsame Zoll- und Handelspolitik der EWG, Köln 1973, S. 62; *Albert Bleckmann*, Die Position des Völkerrechts im inneren Rechtsraum der Europäischen Gemeinschaften, in: JIR 18 (1975), S. 302. – Im Fall Polydor, Rs. 270/80 – Urteil vom 9. 2. 1982, bislang unveröffentlicht, geht der EuGH bei der Auslegung des Freihandelsabkommens zwischen der EWG und Portugal ebenfalls von Art. 228 aus.

43 Vgl. *Constantinesco,* a.a.O., S. 219; *Krück,* a.a.O., S. 170 m.w.N.

44 EuGH – International Fruit Company, a.a.O., 1227f.; EuGH – Schlüter/Hauptzollamt Lörrach, 9/73 – Slg. 1973, 1156f.

45 Die einschlägige Rechtsprechung wird neuestens nachgewiesen bei *Ernst-Joachim Mestmäcker* in: Festschrift für Konrad Zweigert, Tübingen 1981, S. 687f.

46 EuGH – International Fruit Company, a.a.O. (Fn. 35), 1228f.; EuGH – Schlüter, a.a.O. (Fn. 44), 1157.

völkerrechtlichen Verträgen anerkannt, die dieser nun erfolgreich gegenüber entgegenstehenden nationalen Vorschriften geltend machen konnte.[47] Korrespondierend zu der zunehmenden völkerrechtlichen Aktivität der Gemeinschaft, hat er damit auch den Kreis der subjektiven Rechte des Gemeinschaftsbürgers erweitert. Das in Art. 62 des Abkommens von Lomé enthaltene Diskriminierungsverbot hat er allerdings mit Rücksicht auf den Wortlaut der Vorschrift und den Zweck des Abkommens im Zuge seiner Rechtsprechung nicht so ausgelegt, daß daraus für einen Jura-Studenten aus Madagaskar, der in Frankreich Jura studiert hatte, nach bestandenen Examina ein Recht auf Zulassung zur französischen Anwaltschaft folgte.[48]

6. Die völkerrechtliche Haftung

25 Anders als im Hinblick auf die Befugnis zum Abschluß völkerrechtlicher Verträge enthalten die Gemeinschaftsverträge – verständlicherweise – über die völkerrechtliche Haftung der Gemeinschaften für Handlungen ihrer Organe keine Regelungen. In dieser Frage ist bislang auch kein entscheidendes praktisches Interesse erkennbar geworden.[49] Aus ihrer Eigenschaft als Völkerrechtssubjekt folgt jedenfalls, daß die EWG Adressat eines völkerrechtlichen Haftungsanspruchs aus Vertrag oder Delikt sein kann.[50] Nach den prinzipiell auch auf die Gemeinschaft anwendbaren allgemeinen Grundsätzen über die völkerrechtliche Haftung Internationaler Organisationen für Schäden, die durch ihre Organe herbeigeführt worden sind, kommt neben der primären Haftung der Gemeinschaft eine Mithaftung der Mitgliedstaaten in Betracht. Diese Mithaftung gilt allerdings grundsätzlich nur subsidiär.[51] Insoweit ist zu berücksichtigen, daß die Gemeinschaft über eine besondere Finanzverfassung und eigene Einnahmen verfügt.[52]

47 Vgl. EuGH – Bresciani/Italienische Finanzverwaltung, 87/75 – Slg. 1976, 141. In diesem Fall hat der EuGH eine Bestimmung des Abkommens von Jaoundé für unmittelbar anwendbar erklärt. Vgl. aus der neuesten Rechtsprechung auch EuGH – Chatain, 65/79 – Slg. 1980, 1386 (unmittelbare Anwendbarkeit des Art. 13 des Freihandelsabkommens zwischen der Gemeinschaft und der Schweiz). Vgl. auch die bei *Ernst,* Art. 113 Rn. 46c angeführten Entscheidungen.

48 EuGH – Razanatsimba, 65/77 – Slg. 1977, 2239.

49 *Ipsen,* a.a.O., S. 203.

50 *Pipkorn* in: *Beutler* u.a., a.a.O., S. 420; *Constantinesco,* a.a.O., S. 223 f.; *Seidl-Hohenveldern,* (a.a.O., Fn. 10), S. 82 f.; *Friedrich Berber,* Lehrbuch des Völkerrechts, Bd. III, München 1977, S. 18 f.; *Olivier Jacot-Guillarmod,* Droit communautaire et droit international public, Genève 1979, S. 88 f.

51 *Pipkorn* in: *Beutler* u.a., a.a.O., S. 420; *Constantinesco,* a.a.O., S. 223 f.; weitergehend *Seidl-Hohenveldern,* Die völkerrechtliche Haftung für Handlungen internationaler Organisationen im Verhältnis zu Nichtmitgliedstaaten, in: ÖZÖffR 1961, 497 ff. (505), der im Falle der Anerkennung durch den Drittstaat eine eigene Haftung der Mitgliedstaaten verneint.

52 *Jean-Victor Louis,* Die Rechtsordnung der Europäischen Gemeinschaften, Brüssel 1980, S. 43 f.

7. *Die Prozeßfähigkeit im internationalen Rahmen*

26 Für die praktische Rechtsdurchsetzung kommt es weiter darauf an, ob die Gemeinschaft im internationalen Rahmen über Prozeßfähigkeit verfügt, also, ob sie vor internationalen Gerichten selbst klagen oder verklagt werden kann. Wenngleich der Gemeinschaft – wie auch sonst internationalen Organisationen – der Zugang zum IGH nicht eröffnet ist, da gemäß Art. 34 IGH-Statut dort nur Staaten klageberechtigt sind, steht ihr jedenfalls das Recht zu, sich im Rahmen der ihr zustehenden Vertragsschließungskompetenz einer internationalen Gerichtsbarkeit oder Schiedsgerichtsbarkeit zu unterwerfen.[53] Von der Möglichkeit, Schiedsklauseln zu vereinbaren, hat die Gemeinschaft in der Praxis auch bereits in verschiedenen Abkommen und Verträgen mit Drittstaaten Gebrauch gemacht.[54]

IV. Abgrenzungen und Vergleich

1. *Die Europäische Politische Zusammenarbeit (EPZ)*

27 Von den Außenbeziehungen der EWG ist die Europäische Politische Zusammenarbeit (EPZ) zu unterscheiden. Hauptzweck der EPZ ist die Abstimmung der Außenpolitiken der Mitgliedstaaten. So traten die Mitgliedstaaten etwa auf der KSZE gemeinsam auf; die EPZ führt auch den euro-arabischen Dialog.[55] Der wesentliche Strukturunterschied zwischen EWG und EPZ besteht darin, daß die EWG über besondere Gemeinschaftsorgane mit eigener supranationaler Entscheidungsgewalt verfügt, während die EPZ auf der Basis intergouvernementaler Zusammenarbeit stattfindet. Zwischen beiden Institutionen besteht aber jedenfalls faktisch eine Verklammerung.

28 So besitzen EWG und EPZ im Europäischen Rat, einem seit 1974 regelmäßig stattfindenden Treffen der Staats- und Regierungschefs, eine Art gemeinsames Dach.[56] Bei diesen Treffen können sowohl Entscheidungen in Gemeinschaftsmaterien wie auch im EPZ-Bereich getroffen werden. Ähnliches gilt für die regelmäßigen Treffen der Außenminister. Sie treten als Minister-Konferenz zusammen, wenn es um Fragen der

53 *Ernst Wohlfarth* u.a., a.a.O., Art. 228 Rn. 13; *Albert Bleckmann,* Europarecht, S. 265; *Jacot-Guillarmod* (a.a.O., Fn. 50), S. 90 ff.; *Seidl-Hohenveldern,* (a.a.O., Fn. 10), S. 188 ff.

54 Vgl. etwa Abkommen Lomé II, a.a.O. (Fn. 20) , Art. 176; Kooperationsabkommen zwischen der Europäischen Wirtschaftsgemeinschaft und Tunesien, ABl. 1978 Nr. L 265, Art. 51; Kooperationsabkommen zwischen der EG und der Volksrepublik Algerien, ABl. 1978 Nr. L 263, Art. 50. Dazu *Louis,* a.a.O., S. 43.

55 Vgl. zum außenpolitischen Tätigwerden der EPZ insbesondere *Hermann da Fonseca-Wollheim,* Zehn Jahre Europäische Politische Zusammenarbeit, in: Integration 2/81, S. 47 ff. sowie *Reinhard Rummel – Wolfgang Wessels* (Hrsg.), Die Europäische Politische Zusammenarbeit, Bonn 1978.

56 Zur Organisationsstruktur der EPZ s. das Schema bei *Heinz Kramer – Reinhard Rummel,* Gemeinschaftsbildung Westeuropas in der Außenpolitik, Baden-Baden 1978, S. 44. Zum Europäischen Rat grundlegend *Wolfgang Wessels,* Der Europäische Rat, Bonn 1980.

EPZ geht, und als Ministerrat, wenn sie über Gemeinschaftsfragen beraten. Es wechseln jedoch die nachgeordneten Beamten, so daß eine organisatorische Trennung weiterhin fortbesteht. Eine Koordinierung zwischen EPZ und EG-Aktivitäten wird weiter dadurch erreicht, daß die EG-Kommission an allen Sitzungen der EPZ auf Ministerebene teilnimmt. Auch das Europäische Parlament erfährt eine gewisse Beteiligung. Es kann Anfragen, schriftlich oder mündlich, mit oder ohne Aussprache, an den präsidierenden Außenminister der EPZ richten. Dieser gibt außerdem einmal jährlich dem Parlament einen mündlichen Rechenschaftsbericht, über den eine Aussprache stattfindet.

2. *EGKS-Vertrag*

29 Dem Art. 210 EWGV entsprechen wörtlich Art. 184 des Euratom-Vertrages und Art. 6 Abs. 1 des Montan-Vertrages. Wie beim EWG-Vertrag, zeigt die Gegenüberstellung zu Art. 185 EAGV, der die zivilrechtliche Rechtspersönlichkeit behandelt, daß in Art. 184 EAGV die Völkerrechtssubjektivität der Europäischen Atomgemeinschaft geregelt wird. Die Völkerrechtssubjektivität der Europäischen Gemeinschaft für Kohle und Stahl wird entsprechend zum EWG-Vertrag teilweise aus Art. 6 Abs. 1 EGKSV abgeleitet,[57] teilweise aber auch aus Art. 6 Abs. 2 EGKSV gefolgert,[58] der besagt: »Im zwischenstaatlichen Verkehr hat die Gemeinschaft die für die Durchführung ihrer Aufgaben und Erreichung ihrer Ziele erforderliche Rechts- und Geschäftsfähigkeit«. Im Ergebnis ist die Völkerrechtssubjektivität der Montanunion unbestritten.

30 Ausdrückliche Vertragsschlußbefugnisse enthält der Montan-Vertrag nicht. Zur Begründung völkerrechtlicher Handlungsbefugnisse der Gemeinschaft wird hier teilweise die Generalklausel des Art. 6 Abs. 2 allein als ausreichend angesehen, teilweise zusätzlich eine interne Handlungsermächtigung verlangt, die die Anwendung externer Maßnahmen nahelegt.[59]

3. *EAG-Vertrag*

31 Der Euratom-Vertrag enthält in Art. 101 EAGV eine allgemeine Ermächtigung der Europäischen Atomgemeinschaft zum Abschluß völkerrechtlicher Verträge im Rahmen ihrer Zuständigkeit. Im Euratom-Beschluß hat der EuGH festgestellt, daß die Europäische Atomgemeinschaft in dem Maße, in dem ihr der EAG-Vertrag Zuständigkeiten und Befugnisse zugewiesen hat, sie diese im internationalen Rechtsverkehr in vertraglich bindender Form wahrnehmen kann. Die Mitgliedstaaten können die Gemeinschaft durch internationale Vereinbarungen insoweit nicht mehr verpflichten.[60]

57 Vgl. *Eberhard Grabitz* in: Die Außenbeziehungen der Europäischen Gemeinschaft, in: KSE, Band 25, 1971, S. 50 f.
58 Vgl. *Pipkorn*, a.a.O. (Fn. 50), S. 417 f. und *Seidl-Hohenveldern* (a.a.O., Fn. 10), S. 45.
59 Vgl. dazu genauer *Krück*, a.a.O., S. 30 ff.
60 EuGH – Beschluß nach Art. 103 EAG-Vertrag, Beschluß 1/78 – Slg. 1978, 2179.

V. Das Gesandtschaftsrecht

32 Neben der prinzipiellen Befugnis zum Abschluß völkerrechtlicher Verträge steht der Gemeinschaft auch das aktive und passive Legationsrecht zu, also das Recht, Gesandte zu entsenden und zu empfangen und damit diplomatische Beziehungen zu Staaten und anderen internationalen Organisationen zu unterhalten.[61]

1. Das passive Legationsrecht

33 Das passive Legationsrecht wird von der Gemeinschaft in großem Umfang wahrgenommen. Derzeit sind 119 Staaten bei ihr vertreten.[62] Das passive Legationsrecht ist in Art. 17 des Protokolls über die Vorrechte und Befreiungen vom 8.4.1965 ausdrücklich vorausgesetzt. Dort heißt es, daß der Mitgliedstaat, in dessen Hoheitsgebiet sich der Sitz der Gemeinschaft befindet, den bei der Gemeinschaft akkreditierten Vertretungen dritter Staaten die üblichen diplomatischen Vorrechte und Befreiungen gewährt. Hinsichtlich des Empfanges diplomatischer Vertreter – über diese Frage war es zwischen Kommission und Rat zum Streit gekommen – gilt seit 1966 folgendes: Die Beglaubigungsschreiben der Leiter der Vertretungen dritter Staaten werden in zwei Urkunden gleichen Inhalts ausgefertigt. Davon ist ein Exemplar für den Präsidenten des Rates, das andere für den Präsidenten der Kommission bestimmt. Die Beglaubigungsschreiben werden dem Präsidenten des Rates und dem Präsidenten der Kommission am gleichen Tage ohne Zeremonie getrennt überreicht. Der Leiter der Vertretung gilt vom Tage der Überreichung seines Beglaubigungsschreibens an als akkreditiert und nimmt somit die Stellung eines Missionschefs ein.[63]

2. Das aktive Legationsrecht

34 Das aktive Legationsrecht wird dagegen von der Gemeinschaft selbst nicht wahrgenommen. Die Gemeinschaft als solche unterhält keine Vertretungen in Drittstaaten. Darauf hat der Rat ausdrücklich hingewiesen.[64] Es bestehen jedoch Außenstellen der Kommission u. a. in den Vereinigten Staaten (Washington), Japan (Tokio), Kanada (Ottawa), Lateinamerika (Caracas), Australien (Canberra), Jugoslawien (Belgrad), bei den internationalen Organisationen in Genf, New York, Wien und Paris sowie in rund 40 AKP-Staaten.[65] Diese Außenstellen der Kommission sind keine diplomatischen

61 Dazu *Seidl-Hohenveldern,* (a.a.O., Fn. 10), S. 42 und 86.

62 Stand 15. 6. 1981, vgl. die Veröffentlichung der Kommission, Corps diplomatique accrédité auprès des Communautés européennes. Die aktuelle Zahl ergibt sich jeweils aus den monatlichen Bulletins der Kommission der Europäischen Gemeinschaften.

63 Dieses Verfahren hat die Kommission in ihrer Antwort auf die Anfrage Nr. 78/66 bekanntgegeben in ABl. 1966 S. 4049–50.

64 Vgl. seine Antwort auf die parlamentarische Anfrage Nr. 400/73 in ABl. 1974 Nr. C 22, S. 14.

65 Vgl. den Organisationsplan der Kommission der Europäischen Gemeinschaften, Oktober 1980, S. 87 ff.

Vertretungen. Es wird ihnen aber üblicherweise von den Gastländern ein diplomatischer Status zuerkannt.[66] Neben der Kommission ist auch der Rat in Drittstaaten vertreten. Sein Repräsentant ist jeweils der Botschafter des Staates, der die Präsidentschaft im Ministerrat in Brüssel innehat. Die Vertretung wechselt also in sechsmonatigem Turnus.[67]

Artikel 211 [Rechts- und Geschäftsfähigkeit der Gemeinschaft]

Die Gemeinschaft besitzt in jedem Mitgliedstaat die weitestgehende Rechts- und Geschäftsfähigkeit, die juristischen Personen nach dessen Rechtsvorschriften zuerkannt ist; sie kann insbesondere bewegliches und unbewegliches Vermögen erwerben und veräußern sowie vor Gericht stehen. Zu diesem Zweck wird sie von der Kommission vertreten.

Literaturhinweise

s. bei Artikel 210

Inhaltsübersicht

I. Parallelvorschriften im Euratom- und EGKS-Vertrag

1 Art. 211 entspricht wörtlich Art. 185 Euratom-Vertrag und mit geringer Abweichung im Wortlaut Art. 6 Abs. 3 EGKS-Vertrag. Während im EWG- und Euratom-Vertrag die

66 Vgl. die Antwort der Kommission auf die Schriftliche Anfrage Nr. 9/77 in ABl. 1977 Nr. C 148 S. 49.

67 Vgl. *Edouard Sauvignon* in: RMC 1978, S. 179.

Feststellung der Rechtspersönlichkeit der Gemeinschaft in einem gesonderten Artikel (Art. 210 EWG-Vertrag, Art. 184 Euratom-Vertrag) erfolgt, faßt Art. 6 EGKS-Vertrag den Regelungsbereich »Rechtspersönlichkeit, Rechts- und Geschäftsfähigkeit« in einer einzigen Vorschrift zusammen. Diese enthält außerdem die im EWG- und Euratom-Vertrag ausgesparte ausdrückliche Statuierung der Rechts- und Geschäftsfähigkeit *»im zwischenstaatlichen Verkehr«* (Art. 6 Abs. 2 EGKS-Vertrag). Das Fehlen einer entsprechenden allgemeinen Bestimmung über die externe Rechts- und Geschäftsfähigkeit der Gemeinschaft im EWG- und Euratom-Vertrag dürfte seine Erklärung in den zahlreichen Spezialvorschriften der letztgenannten Verträge finden, welche den externen Status der Gemeinschaft gegenüber Drittstaaten und internationalen Organisationen hinreichend regeln (vgl. z. B. Art. 113, 228, 238 EWG-Vertrag).

II. Verhältnis zu Artikel 210

2 Voraussetzung für die Rechts- und Geschäftsfähigkeit jeder nicht natürlichen Person ist deren *Rechtspersönlichkeit,* d. h. ihre Eigenschaft als Rechtssubjekt. Diese wird für die EWG in Art. 210 festgestellt. Als konstituierendes Wesensmerkmal der Gemeinschaft ist sie *umfassend, einheitlich*[1] und *zeitlich unbegrenzt* (vgl. Art. 240 EWG-Vertrag). Im Gegensatz hierzu bestimmt sich der Umfang der *Rechts- und Geschäftsfähigkeit* der Gemeinschaft jeweils danach, in welchem *Rechtsraum* und unter welchem *Rechtssystem* sie handelt. Drei Fälle sind hier zu unterscheiden: zum ersten die Rechts- und Geschäftsfähigkeit der Gemeinschaft im *Völkerrechtsverkehr,* zum zweiten ihre Rechts- und Geschäftsfähigkeit im Rechtsraum von *Drittstaaten* und schließlich jene in den Rechtsordnungen der *Mitgliedstaaten.* Nur der letztgenannte Fall wird in Art. 211 geregelt; bezüglich der beiden erstgenannten wird auf die Rn. 5 zu Art. 210 bzw. auf Rn. 36 unten verwiesen.

III. Träger der Rechts- und Geschäftsfähigkeit

3 Art. 211 verleiht nur der Gemeinschaft (Art. 1), nicht aber ihren Organen (Art. 4 Abs. 1) Rechts- und Geschäftsfähigkeit[2] in jedem Mitgliedstaat.[3]

1 *Siehe Ipsen, Hans Peter,* a.a.O. (Allg. Literaturverzeichnis), Rn. 8/42 S. 203.

2 Siehe auch EuGH – Algera u. a. / Gemeinsame Versammlung, 7/56, 3–7/57 – Slg. 1957, 83 (121).

3 Zur Bezeichnung der Mitgliedstaaten und zur territorialen Geltung des Vertrages s. Art. 227. Zur Rechts- und Geschäftsfähigkeit internationaler Organisationen s. insbes.: *Seidl-Hohenveldern, Ignaz,* Das Recht der Internationalen Organisationen einschließlich der Supranationalen

Als im Vertrag genannte Einrichtung besitzt weiterhin nur noch die nach Art. 129 errichtete Europäische Investitionsbank in jedem Mitgliedstaat die weitestgehende Rechts- und Geschäftsfähigkeit, die juristischen Personen nach dessen Rechtsvorschriften zuerkannt wird (Art. 28 des Protokolls über die Satzung).

4 Rechts- und Geschäftsfähigkeit im selben Umfang besitzen ferner folgende *außervertragliche* Einrichtungen:

- der Europäische Fonds für währungspolitische Zusammenarbeit[4]
- das Europäische Zentrum für die Förderung der Berufsbildung[5]
- die Europäische Stiftung zur Verbesserung der Lebens- und Arbeitsbedingungen[6]
- die Europäische Agentur für Zusammenarbeit.[7]

Gemeinschaften, 3. Aufl., Köln – Berlin – Bonn – München 1979, S. 44ff., S. 88f.; *Beitzke, Günther,* Zivilrechtsfähigkeit von auf Staatsvertrag beruhenden internationalen Organisationen und juristischen Personen, in: Berichte der Deutschen Gesellschaft für Völkerrecht, Heft 9, Karlsruhe 1969, S. 77ff.; *Bernhardt, Rudolf – Miehsler, Herbert,* Qualifikation und Anwendungsbereich des internen Rechts internationaler Organisationen, in: Berichte der Deutschen Gesellschaft für Völkerrecht, Heft 12, Karlsruhe 1973, insbes. S. 11f., S. 66ff.; bes. ausführlich zum Thema: *Schlüter, Bernhard,* Die innerstaatliche Rechtsstellung der internationalen Organisationen, Köln – Berlin 1972, insbes. S. 18ff., S. 69ff., S. 119ff., S. 134ff.

4 Art. 6 seiner Satzung; s. Anhang zur Verordnung (EWG) Nr. 907/73 des Rates vom 3. 4. 1973 zur Errichtung eines Europäischen Fonds für währungspolitische Zusammenarbeit, ABl. 1973 Nr. L 89 S. 2.

5 Art. 1 Abs. 2 der Verordnung (EWG) Nr. 337/75 des Rates vom 10. 2. 1975 über die Errichtung eines Europäischen Zentrums für die Förderung der Berufsbildung, ABl. 1975 Nr. L 39 S. 1.

6 Art. 4 Abs. 1 Satz 2 der Verordnung (EWG) Nr. 1365/75 des Rates vom 26. 5. 1975 über die Gründung einer Europäischen Stiftung zur Verbesserung der Lebens- und Arbeitsbedingungen, ABl. 1975 Nr. L 139 S. 1.

7 Art. 2 Abs. 1 der Verordnung (EWG) Nr. 3245/81 des Rates vom 26. 10. 1981 über die Errichtung einer europäischen Agentur für Zusammenarbeit, ABl. 1981 Nr. L 328 S. 1.

Für die Errichtung weiterer außervertraglicher Einrichtungen mit voller Rechts- und Geschäftsfähigkeit hat die Kommission dem Rat Verordnungsvorschläge vorgelegt.[8]

5 Organisationsrechtlich ist die Gemeinschaft nach den Kategorien des deutschen Verwaltungsrechts als *juristische Person des öffentlichen Rechts* mit vorwiegend körperschaftlichen, aber auch anstaltsrechtlichen Zügen einzuordnen.[9] Als solche ist sie sowohl mit öffentlich-rechtlicher als auch zivilrechtlicher Rechts- und Geschäftsfähigkeit ausgestattet.[10]

6 Die Verleihung der Rechts- und Geschäftsfähigkeit im nationalen mitgliedstaatlichen Recht bedeutet nicht, daß die Gemeinschaft damit als juristische Person auch die *Nationalität* des jeweiligen Mitgliedstaates erwürbe. Als supranationale Organisation besitzt sie weder die Nationalität ihrer Mitgliedstaaten noch eine solche eigener Art.[11] Wegen Art. 211 genießt die Gemeinschaft gleichwohl in vollem Umfang die Stellung einer juristischen Person *nationalen Rechts,* so daß z. B. eine Anwendung mitgliedstaatlicher Bestimmungen, die für Nichtstaatsangehörige gelten, nicht in Frage kommt.[12]

IV. Inhalt und Umfang der Rechts- und Geschäftsfähigkeit

7 Rechtsfähigkeit ist die Fähigkeit, Träger von Rechten und Pflichten zu sein; Geschäftsfähigkeit ist die Fähigkeit, allgemein zulässige Rechtsgeschäfte durch Abgabe rechtserheblicher Willenserklärungen selbständig voll wirksam vornehmen zu können. Aufgrund ihrer Rechts- und Geschäftsfähigkeit ist die Gemeinschaft in der Lage, selbständig mit Rechtssubjekten in jedem Mitgliedstaat Rechtsgeschäfte abzuschließen, unabhängig davon, ob der jeweilige Partner eine natürliche oder eine juristische Person ist und ob letztere öffentlich-rechtlichen oder privatrechtlichen Charakter hat. Tritt die Gemeinschaft in derartige Rechtsbeziehungen mit nationalen Rechtssubjekten, so begibt sie sich in den jeweiligen nationalen Rechtsraum *und unterliegt wie ihr Partner den Vorschriften des nationalen Rechts.* Hierbei besitzt sie die »weitestgehende« Rechts- und Geschäftsfähigkeit, die juristischen Personen des betreffenden Mitgliedstaates nach nationalem Recht zuerkannt ist.

8 – Vorschlag der Kommission für eine Verordnung (EWG) des Rates über die Errichtung eines Instituts der Europäischen Gemeinschaften für Wirtschaftsanalyse und Forschung, ABl. 1975 Nr. C 258 S. 2.
– Vorschlag einer Verordnung (EWG) des Rates zur Errichtung einer Europäischen Ausfuhrbank, ABl. 1976 Nr. C 76 S. 2.
– Vorschlag für eine Verordnung (EWG) des Rates zur Errichtung einer Europäischen Agentur für handelspolitische Zusammenarbeit mit den Entwicklungsländern, ABl. 1976 Nr. C 256 S. 2.

9 *Ipsen,* a.a.O., Rn. 8/44 S. 204; zur öffentlich-rechtlichen Natur der Rechtspersönlichkeit der Gemeinschaften s. insbes. EuGH – von Lachmüller u.a. / Kommission, 43/59, 45/59, 48/59 – Slg. 1960, 965 (986); EuGH – Fiddelaar / Kommission, 44/59 – Slg. 1960, 1115 (1133).

10 Siehe auch *Constantinesco, Léontin-Jean,* a.a.O. (Allg. Literaturverzeichnis), Rn. 131 S. 225.

11 Zum »Non National Character« der Gemeinschaften s. *Smit, Hans – Herzog, Peter,* a.a.O., Art. 211 Anm. 211.05 S. 6–18, 6–19 m.w.N.

12 *Smit - Herzog,* a.a.O.

8 Das Attribut *weitestgehend* darf hierbei nicht im Sinne einer *materiellen* Meistbegünstigung[13], d. h. so verstanden werden, als wären auf die Gemeinschaft ipso jure die jeweils *inhaltlich* vorteilhaftesten Regeln des nationalen Rechts anzuwenden (z. B. hinsichtlich der Befreiung von gewissen Lasten, Gebühren, Form- und Fristerfordernissen, Versicherungspflichten usw.). Der Begriff »weitestgehend« stellt lediglich klar, daß die Rechtshandlungsfähigkeit der Gemeinschaft in den Mitgliedstaaten *keiner allgemeinen Vorabbeschränkung* unterliegt, wie dies etwa bei jenen internationalen Institutionen der Fall ist, die im Hoheitsgebiet ihrer Mitgliedstaaten nur jene Rechts- und Geschäftsfähigkeit genießen, »die zur Wahrnehmung ihrer Aufgaben und zur Verwirklichung ihrer Ziele erforderlich ist«.[14] Durch die Einräumung der »weitestgehenden« Rechts- und Geschäftsfähigkeit bewirkt Art. 211 zweierlei: zum einen braucht der jeweilige Geschäftspartner der Gemeinschaft nicht zu prüfen, ob die Vornahme des betreffenden Rechtsgeschäfts zur Wahrnehmung von Gemeinschaftsaufgaben oder zur Verwirklichung von Gemeinschaftszielen erforderlich ist; selbst wenn dies nicht der Fall wäre, würde die Rechtswirksamkeit des Geschäftes hieran nicht scheitern. Zum zweiten entzieht Art. 211 die Prüfung derselben Frage dem nationalen Richter, welchem es damit verwehrt ist, auf Rechtshandlungen der Gemeinschaft jene nationalen Grundsätze anzuwenden, die über die Wirksamkeit kompetenzüberschreitender Organhandlungen öffentlich-rechtlicher Institutionen befinden.[15]

9 Obgleich die Gemeinschaft somit kraft ihrer umfassenden Rechts- und Geschäftsfähigkeit in den Mitgliedstaaten zur rechtswirksamen Vornahme aller Rechtsgeschäfte befugt ist, befreit sie diese Fähigkeit nicht von den *Pflichtenbindungen,* denen sie nach dem EWG-Vertrag, dem Sekundärrecht und dem jeweiligen nationalen Recht unterliegt. Rechtsgeschäfte z. B., die gegen die Verträge oder gegen das Haushaltsrecht der Gemeinschaft verstoßen, sind dadurch zwar nicht *eo ipso* unwirksam, jedoch wird sich bei gemeinschaftsrechtswidrigem Inhalt ihre Erfüllung verbieten, mit der Folge, daß ggfs. Schadenersatz zu leisten ist.

Soweit die verletzte Gemeinschaftsrechtsnorm allerdings *Verbotscharakter* besitzt, dürfte ein Verstoß gegen sie nach deutschem Recht gemäß § 134 BGB die Nichtigkeit des Rechtsgeschäftes zur Folge haben.[16]

13 Mit anderer Bedeutung verwendet *Ipsen* (a.a.O., Rd. 8/44 S. 204) den Begriff der »Meistbegünstigungsklausel«.

14 Vgl. Art. 104 der Charta der Vereinten Nationen vom 26. 6. 1945 (u.a. abgedruckt in Sartorius II, 1 S. 27).

15 Siehe Leitsatz 1 BGHZ 20 S. 119:
»Rechtsgeschäfte, die eine juristische Person des öffentlichen Rechts durch ihre Organe außerhalb des durch Gesetz oder Satzung bestimmten Wirkungskreises der juristischen Person vornimmt, sind rechtsunwirksam.«

16 Die Frage, ob eine Verbotsnorm des Gemeinschaftsrechts als ein »gesetzliches Verbot« i.S. von § 134 BGB gelten kann, ist – soweit ersichtlich – bisher nicht untersucht worden. Sie dürfte aber wegen der unmittelbaren Geltung des Gemeinschaftsrechts zu bejahen sein.

V. Typische Rechtsgeschäfte im Rahmen des Artikels 211

10 Aus der Vielzahl möglicher Rechtsgeschäfte, zu deren Abschluß die Gemeinschaft nach Art. 211 befähigt ist, nennt die Vorschrift als Beispiel nur den Erwerb und die Veräußerung von beweglichem und unbeweglichem Vermögen. Da die Regierungen der Mitgliedstaaten bisher den (endgültigen) Sitz der Gemeinschaftsorgane nach Art. 216 nicht bestimmt haben, hat die Gemeinschaft, von unbedeutenden Ausnahmen abgesehen, unbewegliches Vermögen bislang weder erworben noch veräußert. Von entsprechend großer Wichtigkeit sind demgegenüber die nach Art. 211 abgeschlossenen Miet- und Erbpachtverträge über die Dienstgebäude der Organe. Ebenfalls bedeutsam sind die Geschäfte zur Beschaffung von Mobiliar und Bürobedarf sowie Verträge über die Reinigung und den Unterhalt der Dienstgebäude. Weiterhin sind zu nennen: Versicherungsverträge für die Gebäude und den Fuhrpark, Arbeitsverträge zur Anstellung von Ortskräften, Leasingverträge im Bereich der Datenverarbeitung, Studien- und Forschungsverträge, Gutachterverträge mit Experten und Forschungsinstituten, sowie Beförderungs- und Transportverträge. Das Spektrum der von der Gemeinschaft unter Art. 211 getätigten Geschäfte umfaßt damit nahezu sämtliche Vertragstypen wie Kauf-, Dienstleistungs-, Werk-, Arbeits-, Miet-, Leasing-, Autoren- und Versicherungsverträge.

Als *Verkäufer* betätigt sich die Gemeinschaft vornehmlich durch den Vertrieb ihres Amtsblattes (s. Art. 191 Abs. 1) und anderer Publikationen, welche durch das Amt für amtliche Veröffentlichungen der europäischen Gemeinschaften[16a] in Luxemburg herausgegeben werden. Eine weitere Einnahmequelle entsteht der Gemeinschaft im Bereich der Informatik durch die entgeltliche on-line Übermittlung von Information an Datenbanken im Rahmen der verschiedenen Informationssysteme (EURONET).[17]

16a Errichtet durch Beschluß des Europäischen Parlaments, des Rates, der Kommission, des Gerichtshofes und des Wirtschafts- und Sozialausschusses vom 16. 1. 1969 über die Einrichtung des Amtes für amtliche Veröffentlichungen der Europäischen Gemeinschaften, ABl. 1969 Nr. L 13 S. 19.

17 Auf der Grundlage der Entschließung des Rates und der im Rat vereinigten Vertreter der Mitgliedstaaten zur Koordinierung der Tätigkeit der Mitgliedstaaten auf dem Gebiet der wissenschaftlich-technischen Information und Dokumentation (WTID), angenommen auf der 157. Tagung des Rates am 24. 6. 1971 (ABl. 1971 Nr. C 122 S. 7), hat die Kommission in Zusammenarbeit mit den mitgliedstaatlichen Post- und Fernmeldeverwaltungen ein gemeinschaftliches Informationssystem errichtet, dessen Datenbanken den nationalen Behörden und der Öffentlichkeit zur Verfügung stehen.
Die nachstehenden Datenbanken sind der Allgemeinheit zugänglich (s. Antwort der Kommission auf die schriftliche Anfrage Nr. 1034/81, ABl. 1981 Nr. C 315 S. 16):
CELEX:
Datenbank über das Gemeinschaftsrecht.

11 Die *Rechtsnatur* des einzelnen Rechtsgeschäfts bestimmt sich hierbei nach der Rechtsordnung des Mitgliedstaates, dessen Recht Anwendung findet.[18] Überwiegend wird es sich danach um *privatrechtliche* Rechtsgeschäfte nach Art der fiskalischen Hilfsgeschäfte deutschen Rechts handeln.[19] Andererseits können nach Art. 211 abgeschlossene Verträge, wie Dienstverträge[20] und solche mit mitgliedstaatlichen Vertragspartnern des öffentlichen Rechts, dem *öffentlichen Recht* unterliegen.[21] Wie sich überdies aus Art. 181 ergibt, ist die Gemeinschaft zum Abschluß *öffentlich-rechtlicher Verträge* in der Lage. Dies gilt nicht nur für Vertragsabschlüsse auf dem Gebiet des Völkerrechts[22], sondern auch für Rechtsgeschäfte in den Mitgliedstaaten nach Art. 211.

Fortsetzung Fußnote 17
AGREP:
Laufendes Verzeichnis der landwirtschaftlichen Forschungsprojekte in der Europäischen Gemeinschaft.
EABS:
Euroabstracts: Untersuchungsberichte und Veröffentlichung von Forschungsergebnissen, die von EWG, EGKS und Euratom finanziert worden sind.
ENDOC:
Dokumentationszentrum auf dem Gebiet des Umweltschutzes in der Europäischen Gemeinschaft.
ENREP:
Gegenwärtig durchgeführtes Forschungsvorhaben über den Umweltschutz in der Europäischen Gemeinschaft.
TERMINALS:
Verzeichnis der mit Euronet kompatiblen Terminals.
CRONOS:
Datenbank für Wirtschafts- und Sozialstatistiken.
COMEXT-EUROSTAT:
Datenbank für den Außenhandel, deren Inbetriebnahme über Euronet für Anhang 1982 vorgesehen ist.
EURODICAUTOM:
Terminologische Datenbank (demnächst zugänglich).
Für weitere Einzelheiten s. Euronet Diane Ratgeber »Data Bases in Europe 1982«, B. P. 777 Luxemburg. Siehe auch Art. 213 Fn. 123.

18 Das anzuwendende Recht wird auf Betreiben der Gemeinschaft jeweils im Vertrag selbst bestimmt. Enthält ein Vertrag ausnahmsweise keine diesbezügliche Regelung, so gilt die Bestimmung der dem jeweiligen Geschäft zugrundegelegten *Verdingungsordnung* der Gemeinschaft, welche Bestandteil des Vertrages wird. Probleme der Ermittlung des anwendbaren Rechts nach den Regeln des internationalen Privatrechts stellen sich daher in der Praxis nicht.

19 Anders jedoch das französische Recht, wonach die »contrats administratifs« nicht dem Zivilrecht, sondern dem öffentlichen Recht zugeordnet werden. Zur fiskalischen Verwaltung s. *Wolff, Hans J. – Bachof, Otto,* Verwaltungsrecht I, 9. Aufl., München 1974, § 23 I S. 104 (105). Zu den Fiskalhandlungen der Gemeinschaft s. *Ipsen*, a.a.O., Rn. 22/25 ff. S. 479.

20 Siehe hierzu EuGH – von Lachmüller u.a. / Kommission, 43/59, 45/59, 48/59 – Slg. 1960, 965 (987); EuGH – Fiddelaar / Kommission, 44/59 – Slg. 1960, 115 (1134).

21 Siehe hierzu *Bleckmann, Albert,* Die öffentlich-rechtlichen Verträge der EWG, in: NJW 1978, S. 464; *ders.,* Der Verwaltungsvertrag als Handlungsmittel der Europäischen Gemeinschaften, in: DVBl. 1981, S. 889.

22 Siehe Art. 210 Rn. 20 bis 22.

12 Nicht unter Art. 211 fallen An- und Verkäufe *landwirtschaftlicher Erzeugnisse* in Anwendung der *Interventionsregelungen* der verschiedenen Marktordnungen. Hierbei handelt es sich um Rechtsgeschäfte eigener Art, deren Ausgestaltung dem landwirtschaftlichen Marktordnungsrecht vorbehalten ist.[23]

VI. Haushaltsrechtliche Bestimmungen über die Auftragsvergabe

13 Als Einrichtung der öffentlichen Verwaltung ist die Gemeinschaft bei der Vornahme von Rechtsgeschäften, welche Ausgaben bedingen, an die *Grundsätze der Sparsamkeit und Wirtschaftlichkeit der Haushaltsführung* gebunden (Art. 2 der Haushaltsordnung vom 21.12.1977[24] – i.f. HO). Hinsichtlich der Vergabe von Aufträgen über die Lieferung oder die Vermietung von Bürobedarf, Mobiliar und Material sowie Bau- und sonstige Leistungen werden diese Grundsätze in den Artikeln 50 bis 58 HO konkretisiert. Hiernach sind 4 Arten der Vertragsvergabe zu unterscheiden:

a) die Vergabe im *Preiswettbewerb* (Art. 50, 51 Abs. 1 HO),

b) die Vergabe im *Leistungswettbewerb* (Art. 50, 51 Abs. 2 HO sowie Art. 56 der Verordnung der Kommission vom 30.6.1975 mit Durchführungsbestimmungen zu einigen Vorschriften der Haushaltsordnung vom 25.4.1973[25] – i.f. DurchführungsVO),

c) die *freihändige Vergabe* (Art. 52 HO),

d) die *Vergabe gegen Rechnung* (Art. 57 HO).

14 Zu a) und b): Die Vergabe im *Preis- oder Leistungswettbewerb* stellt den Regelfall der Vertragsvergabe dar. In beiden Fällen geht dem Abschluß des Vertrages eine Ausschreibung[26] voraus. Diese ist *öffentlich,* wenn jeder Bewerber ein Angebot einreichen kann oder *beschränkt,* wenn nur solche Bewerber Angebote einreichen dürfen, deren Beteiligung aufgrund ihrer besonderen Qualifikation beschlossen ist. Im Preiswettbewerb wird der Zuschlag jenem Bieter erteilt, der das niedrigste gültige Angebot abgegeben hat, im Leistungswettbewerb wird jenes Angebot gewählt, das »hinsichtlich des Preises der Leistungen, der sich aus diesen ergebenden Betriebskosten, ihres technischen Wertes und ihrer Ausführungsfrist sowie der von jedem Bieter gebotenen fachlichen und finanziellen Sicherheiten als am vorteilhaftesten befunden wird« (Art. 51 Abs. 2 Satz 2 HO). Nach Abschluß eines jeden Ausschreibungsverfahrens wird allen Bietern mitgeteilt, wie über ihr Angebot entschieden wurde (Art. 62 DurchführungsVO).

23 Siehe hierzu *Gottsmann* zu Art. 40.
24 ABl. 1977 Nr. L 356 S. 1.
25 ABl. 1975 Nr. L 170 S. 1.
26 Zu den Einzelheiten des Ausschreibungsverfahrens s. Art. 55 bis 62 DurchführungsVO.

15 Neben den haushaltsrechtlichen Bestimmungen hat die Gemeinschaft als *öffentlich-rechtlicher* Auftraggeber die Richtlinie des Rates vom 26.7.1971 über die Koordinierung der Verfahren zur Vergabe öffentlicher Bauaufträge (71/305/EWG)[27] sowie die Richtlinie des Rates vom 21.12.1976 über die Koordinierung der Verfahren zur Vergabe öffentlicher Lieferaufträge (77/62/EWG)[28] anzuwenden. Die Beachtung der RL 71/305/EWG ist in Art. 58 HO ausdrücklich vorgeschrieben; die Anwendbarkeit der RL 77/62/EWG ergibt sich aus der analogen Anwendung dieser Bestimmung. Kernstück beider Richtlinien ist die Verpflichtung, Ausschreibungen von Aufträgen oberhalb bestimmter Schwellenwerte[29] im Amtsblatt der Europäischen Gemeinschaften zu veröffentlichen.[30]

Zu beachten ist weiterhin das im Rahmen des GATT ausgehandelte Übereinkommen über das öffentliche Beschaffungswesen, welches der Rat mit Beschluß vom 10. 12. 1979 (80/271/EWG) genehmigt hat.[31] Ihm unterliegen Lieferaufträge ab einem Schwellenwert von 140.000 ECU.[32]

16 Zu c): Die *freihändige Vergabe* eines Auftrages ist nach Art. 52 HO nur zulässig:

- wenn die Auftragssumme 6500 ECU nicht übersteigt;
- wenn die Auftragsvergabe so dringend ist, daß der mit einer Ausschreibung verbundene Zeitaufwand nicht tragbar ist;
- wenn Ausschreibungen ergebnislos geblieben sind oder kein Angebot zu annehmbaren Preisen erbracht haben;
- wenn aus technischen, sachlichen oder rechtlichen Gründen die Leistung nur von einem bestimmten Unternehmen ausgeführt werden kann;
- wenn es sich um einen Zusatzauftrag handelt, der technisch nicht vom Hauptauftrag getrennt werden kann.

27 ABl. 1971 Nr. L 185 S. 5.

28 ABl. 1977 Nr. L 13 S. 1. Siehe auch: *Pietzcker, Jost,* Rechtsbindungen der Vergabe öffentlicher Aufträge, in: AöR, Band 107, Heft 1, März 1982, S. 61 m.w.N.

29 – RL 71/305/EWG: 1.000.000 ECU (Art. 7)
– RL 77/62/EWG: 140.000 ECU (gemäß Art. 3 der Richtlinie des Rates vom 22. 7. 1980 zur Anpassung und Ergänzung der Richtlinie 77/62/EWG über die Koordinierung der Verfahren zur Vergabe öffentlicher Lieferaufträge hinsichtlich bestimmter öffentlicher Auftraggeber (80/767/EWG), ABl. 1980 Nr. L 215 S. 1).

30 Vgl. Art. 12 ff. RL 73/305/EWG; Art. 9 ff. RL 77/62/EWG. Die Veröffentlichung erfolgt in einem eigens hierfür eingerichteten Supplement zum Amtsblatt der EG (ABl. S).

31 ABl. 1980 Nr. L 71 S. 1(44–57).

32 Siehe Mitteilung der Kommission über den Wert der öffentlichen Lieferaufträge, die der Richtlinie 80/767/EWG des Rates vom 22. 7. 1980 und dem im Rahmen des GATT geschlossenen und durch den Beschluß 80/271/EWG des Rates vom 7. 12. 1979 angenommenen Übereinkommen unterliegen, ABl. 1981 Nr. C 1 S. 1. Zur Ersetzung der »Europäischen Rechnungseinheit« durch die Einheit »ECU« s. Art. 1 der Verordnung (EWG, EURATOM) Nr. 3308/80 des Rates vom 16. 12. 1980, ABl. 1980 Nr. L 345 S. 1.

17 Zu d): Aufträge können nach Art. 57 lediglich *gegen Rechnung* vergeben werden, wenn die voraussichtliche Vertragssumme 300 ECU[33] nicht übersteigt.

18 Unabhängig von der jeweiligen Art der Vertragsvergabe hat die Gemeinschaft neben der *Schriftform* (Art. 50 HO) das *Diskriminierungsverbot* des Art. 53 HO zu beachten, welches ihr untersagt, die Angehörigen der Mitgliedstaaten aufgrund ihrer Staatsangehörigkeit unterschiedlich zu behandeln.

19 Zur Sicherung der Vertragsdurchführung kann die Gemeinschaft nach Art. 56 HO von den Vertragspartnern eine *vorherige Sicherheitsleistung* verlangen.[34]

20 Über die Einhaltung der Vergabevorschriften durch die Organe der Gemeinschaft wacht nach Art. 54, 55 HO ein besonderer *Vergabebeirat,* welchem alle Aufträge, die 18.000 ECU übersteigen, zur Begutachtung vorzulegen sind.[35]

21 Alle von der Gemeinschaft erworbenen Gegenstände sind gemäß Art. 59 HO in laufende *Bestandsverzeichnisse* einzutragen.[36] Sollen bewegliche Sachen wieder veräußert werden, so ist dies nach Art. 60 HO zu veröffentlichen.[37]

22 Abweichend von den Ausführungen unter Rn. 16, 20 und 21 gelten für Verträge im *Forschungs- und Investitionsbereich* gemäß Art. 94 Abs. 4 bis 6 HO folgende Besonderheiten: Abweichend von Art. 52 a) HO ist die freihändige Vergabe zulässig, wenn die Auftragssumme bei wissenschaftlichem und technischem Material sowie bei Bauleistungen 30.000 ECU nicht überschreitet (Art. 94 Abs. 4 HO). Abweichend von Art. 54 HO werden folgende Aufträge nach Art. 94 Abs. 5 HO vor Entscheidung einem besonderen Vergabebeirat zur Stellungnahme vorgelegt:

- Aufträge mit wissenschaftlichem oder technischem Charakter, deren Summe 150.000 ECU übersteigt, und Kaufverträge über Grundstücke und Gebäude;
- Aufträge über Bürobedarf und Material ohne wissenschaftlichen oder technischen Charakter in Höhe von mehr als 30.000 ECU;
- Aufträge über Bürobedarf und Material ohne wissenschaftlichen oder technischen Charakter, deren Summe 10.000 ECU übersteigt und für die Art. 52 c), d) und e) HO gilt.

Schließlich brauchen Verkäufe von wissenschaftlichem und technischem Material nicht notwendig nach Art. 60 HO bekanntgemacht zu werden (Art. 94 Abs. 6 HO).

23 Obwohl nicht in allen Teilen auf Haushaltsrecht beruhend, ist in diesem Zusammenhang die *Verdingungsordnung* – Allgemeine Bestimmungen für die Vergabe von Leistungen

33 In Ausnahmefällen 750 ECU.

34 Zu den Einzelheiten s. Art. 68 bis 71 DurchführungsVO.

35 Zur Arbeitsweise des Vergabebeirats s. Art. 63 bis 67 DurchführungsVO.

36 Zu den Einzelheiten s. Art. 72 DurchführungsVO.

37 Zur Form der Bekanntgabe s. Art. 73 DurchführungsVO.

und Bauleistungen – zu nennen, welche als internes Dokument der Kommission den für den Vertrag zuständigen Dienststellen und ihren Vertragspartnern an die Hand gegeben wird.

Ihrer Rechtsnatur nach ist die Verdingungsordnung teils als *interne Dienstanweisung,* die eine gewisse Uniformität der von der Gemeinschaft abgeschlossenen Verträge gewährleisten soll, teils als *Allgemeine Geschäftsbedingung* einzuordnen. In der Regel wird ein Exemplar jeweils Bestandteil des Vertrages (ggfs. nach teilweiser Abänderung auf Wunsch des Partners oder Anpassung an die Besonderheiten des betreffenden Geschäftes). Geregelt werden insbesondere Fragen gewerblicher Schutzrechte, der Kündigung, Haftung, Erfüllung, Gefahrtragung, der Zahlungsbedingungen sowie das anwendbare Recht und das zuständige Gericht (soweit nichts anderes bestimmt ist, wird der Gerichtshof nach Art. 181 für zuständig erklärt).

VII. Steuerbefreiung der Gemeinschaft

24 Nach Art. 3 Abs. 1 des Protokolls über die Vorrechte und Befreiung der Europäischen Gemeinschaften sind die Guthaben, Einkünfte und sonstigen Vermögensgegenstände der Gemeinschaften von jeder *direkten Steuer* der Mitgliedstaaten befreit. Hinsichtlich der *indirekten Steuern und Verkaufsabgaben* sind die Mitgliedstaaten nach Art. 3 Abs. 2 des Protokolls gehalten, geeignete Maßnahmen für ihren *Erlaß* oder ihre *Erstattung* zu treffen, »wenn die Gemeinschaften für ihren Dienstbedarf größere Einkäufe tätigen, bei denen derartige Steuern und Abgaben im Preis enthalten sind«. In der Praxis hat sich bei den Mitgliedstaaten noch keine einheitliche Anwendung der letztgenannten Bestimmung, die vor allem die Mehrwertsteuer betrifft, durchgesetzt. Ein Teil der Mitgliedstaaten stellt Erwerbsgeschäfte der Gemeinschaften von vornherein von der Steuererhebung frei[38], während der andere Teil die Steuer nach Erhebung erstattet.[39]

25 Nach Art. 4 des Protokolls sind die Gemeinschaften weiterhin von Zöllen sowie Ein- und Ausfuhrverboten und -beschränkungen bezüglich der zu ihrem Dienstgebrauch bestimm-

38 Dies gilt für Belgien (ab 5.000 BFR), Frankreich (ohne Mindestbetrag), Italien (ab 100.000 LIT), Luxemburg (ab 10.000 Flux) und die Niederlande (ohne Mindestbetrag).

39 Dies gilt für die Bundesrepublik Deutschland (ohne Mindestbetrag), Dänemark (ab 1.200 DKR), Griechenland (ab 5.000 DRA), Irland (ab 50 £) und das Vereinigte Königreich (ab 50 £).

40 Gegenstände des *Dienstbedarfs* bzw. *Dienstgebrauchs* der Gemeinschaften i. S. von Art. 3 Abs. 2 und Art. 4 des Protokolls sind alle Gegenstände, die die Gemeinschaften zur Erfüllung der ihr rechtlich übertragenen Aufgaben benötigen, vom Bürobedarf bis hin zum technischen Großgerät im Forschungsbereich.

ten Gegenstände[40] befreit. Von besonderer Bedeutung ist hierbei die *Befreiung von der Einfuhrumsatzsteuer im innergemeinschaftlichen Güterverkehr.*[41]

VIII. Die Vertretung der Gemeinschaft im Rechtsverkehr

26 Die Vertretung der Gemeinschaft im Rechtsverkehr und vor Gericht wird nach Art. 211 Satz 2 von der Kommission wahrgenommen. Hierbei handelt es sich nicht um eine Vertretung im Sinne einer »Stellvertretung« (vgl. §§ 164 ff. BGB), sondern um die Vornahme von Rechtshandlungen des Gemeinschaftsorgans »Kommission« für die Gemeinschaft als solche.[42] Die Kommission wiederum handelt rechtstatsächlich durch den sachlich für das Geschäft zuständigen Kommissar bzw. durch einen von der Kommission ausdrücklich hierzu ermächtigten Bediensteten (i.d.R. den zuständigen Generaldirektor), der die im Rechtsverkehr erforderlichen Handlungen vornimmt.

Die Gemeinschaft kontrahiert damit als Vertragspartei in folgender (vollständiger) Form:

»Die Europäische Wirtschaftsgemeinschaft[43], vertreten durch die Kommission der Europäischen Gemeinschaften[44], diese vertreten durch Herrn Generaldirektor .....«

27 Der Grundsatz der *Alleinvertretung* der Gemeinschaft durch die Kommission wird allerdings durch Art. 205 Abs. 2 EWG-Vertrag i.V.m. Art. 18 Abs. 2 HO insoweit durchbrochen als dem Parlament, dem Rat, dem Gerichtshof und dem Rechnungshof die zur Ausführung ihrer haushaltsrechtlichen Einzelpläne erforderlichen Befugnisse von der Kommission »zuerkannt« (Art. 18 Abs. 2 HO) werden. Hierzu gehört in der Praxis, daß diese Organe im Rahmen der entsprechenden haushaltsrechtlichen Bewilligung ihre Bedarfsgeschäfte eigenständig vornehmen, d. h. die Gemeinschaft insoweit nicht von der

41 Vgl. Art. 14 Abs. 1 g) 2. Gedankenstrich und Art. 15 Ziff. 10 2. Gedankenstrich der sechsten Richtlinie des Rates vom 17. 5. 1977 zur Harmonisierung der Rechtsvorschriften der Mitgliedstaaten über die Umsatzsteuern – Gemeinsames Mehrwertsteuersystem: einheitliche steuerpflichtige Bemessungsgrundlage (77/388/EWG), ABl. 1977 Nr. L 145 S. 1.

42 Zum organisationsrechtlichen Begriff des »Organs« s. *Wolff, Hans J. – Bachof, Otto*, Verwaltungsrecht II, 4. Aufl. München 1976, § 74 S. 45 ff.

43 Betrifft der Vertragsgegenstand eine Materie, die dem Euratom- oder EGKS-Vertrag unterfällt, so erscheint hier als Vertragspartner die Europäische Atomgemeinschaft oder die Europäische Gemeinschaft für Kohle und Stahl. Bei Vertragsgegenständen, die zwei Verträgen unterfallen, werden jeweils beide Gemeinschaften genannt. Handelt es sich um eine Materie, die alle drei Verträge betrifft, so sind Vertragspartner »die Europäischen Gemeinschaften«.

44 Siehe Art. 9, 10 des Vertrages zur Einsetzung eines gemeinsamen Rates und einer gemeinsamen Kommission der Europäischen Gemeinschaften (Fusionsvertrag), ABl. 1967 Nr. 152 S. 2; abgedruckt im Anhang B dieses Kommentars.

Kommission, sondern vom jeweils handelnden Organ vertreten wird.[45] Diese Praxis findet ihre Entsprechung in der eigenständigen Einstellung von Personal durch ein jedes Organ gemäß Art. 212 (Art. 24 Abs. 1 Fusionsvertrag) i.V.m. den Bestimmungen des Statuts der Beamten der Europäischen Gemeinschaften und den Beschäftigungsbedingungen für die sonstigen Bediensteten dieser Gemeinschaften.[46]

28 Im *Schriftverkehr* mit ihren Geschäftspartnern in den Mitgliedstaaten hat sich die Gemeinschaft nach Art. 3 der Verordnung Nr. 1 des Rats der EWG vom 15. 4. 1958 zur Regelung der Sprachenfrage für die Europäische Wirtschaftsgemeinschaft[47] jeweils der Sprache des Mitgliedstaats zu bedienen, dessen Hoheitsgewalt der Partner untersteht.

IX. Die Gemeinschaft vor mitgliedstaatlichen Gerichten

29 Nach Art. 211 kann die Gemeinschaft in jedem Mitgliedstaat vor Gericht stehen. Die Vorschrift betrifft damit nicht Verfahren vor dem Gerichtshof, an denen die Gemeinschaft beteiligt ist (s. hierzu Art. 169 ff.), sondern ausschließlich solche vor mitgliedstaatlichen Gerichten gleich welcher Art. Jedoch schränken die Bestimmungen des Vertrages über den Gerichtshof den Anwendungsbereich von Art. 211 insoweit ein, als der Vertrag bestimmte Streitsachen der (ausschließlichen) Entscheidungsbefugnis des Gerichtshofs zuweist und sie damit den mitgliedstaatlichen Gerichten nach Art. 183 entzieht. Dies gilt insbesondere für Streitsachen, die die außervertragliche Haftung der Gemeinschaft (Art. 215 Abs. 2 i.V.m. Art. 178), Personalangelegenheiten (Art. 179) oder die Geschäftstätigkeit der Europäischen Investitionsbank (Art. 180) betreffen sowie für

45 Vgl. hierzu den Entwurf eines Art. 1 Abs. 3 vom 5. 12. 1956, dessen Satz 1 den folgenden Wortlaut hatte: »La Communauté est représentée par ses intitutions, chacune dans le cadre de ses attributions« (abgedruckt bei *Neri, S. – Sperl, H.,* Traité instituant la Communauté Economique Européenne: Travaux préparatoires, Déclarations interprétatives des six gouvernements, Documents parlémentaires, Luxembourg 1960, S. 405). Der vorstehende Entwurf, dessen Aufrechterhaltung an Einzelbudgets für jedes Organ gebunden war, wurde bei Annahme des Prinzips eines Einheitshaushalts zugunsten des jetzigen Art. 211 fallengelassen. Gleichwohl hat sich sein Geist in der heutigen Praxis gegen den Wortlaut von Art. 211 durchgesetzt. Vgl. auch Art. 6 Abs. 4 EGKS-Vertrag.

46 Siehe Art. 2 und 3 der Verordnung (EWG, Euratom, EGKS) Nr. 251/68 des Rates vom 29. 2. 1968, ABl. 1968 Nr. L 56 S. 1; zuletzt geändert durch die Verordnung (Euratom, EGKS, EWG) Nr. 3821/81, ABl. 1981 Nr. L 386 S. 1.

47 ABl. 1958 S. 385.

Vertragsstreitigkeiten, für die aufgrund einer Schiedsklausel der Gerichtshof zuständig ist (Art. 181).[48]

30 Mit der Fähigkeit »vor Gericht« zu stehen, ist die Gemeinschaft – in der Sprache des deutschen Prozeßrechts – partei- und prozeßfähig. Die Parteifähigkeit, d.h. die Fähigkeit, Subjekt eines Prozeßverhältnisses zu sein, entspricht im wesentlichen der Rechtsfähigkeit. Prozeßfähigkeit ist die Fähigkeit, Prozeßhandlungen wirksam vorzunehmen und entgegenzunehmen; sie entspricht der Geschäftsfähigkeit. Die Gemeinschaft kann damit Klägerin oder Beklagte, Haupt- oder Nebenintervenientin in Prozessen, Antragstellerin oder Antragsgegnerin in Arrestverfahren oder solchen auf Erlaß einer einstweiligen Verfügung, Beteiligte im Verfahren der freiwilligen Gerichtsbarkeit sowie Gläubigerin oder Schuldnerin in Mahn- oder Vollstreckungsverfahren sein.

31 Soweit die Gemeinschaft Verfahrenspartei vor mitgliedstaatlichen Gerichten ist, unterliegt sie den Vorschriften des nationalen Verfahrensrechts. Dies gilt auch hinsichtlich eines etwa bestehenden *Anwaltszwangs* und bezüglich der Bestimmungen über die *Verfahrenskosten.*[49] Die Anordnungsbefugnis der Gerichte wird jedoch durch Art. 1 des Protokolls über die Vorrechte und Befreiungen der Europäischen Gemeinschaften vom 8. 4. 1965 insoweit eingeschränkt, als die Räumlichkeiten und Gebäude der Gemeinschaften unverletzlich sind. Sie dürfen weder durchsucht, beschlagnahmt, eingezogen noch enteignet werden. Ferner dürfen die Vermögensgegenstände und Guthaben der Gemeinschaften ohne Ermächtigung des Gerichtshofes der EG nicht Gegenstand von *Zwangsmaßnahmen* der Gerichte sein.

32 Auch zur Durchsetzung vertraglicher oder auf Zivilrecht beruhender *Zahlungsansprüche* ist die Gemeinschaft allein auf den Rechtsweg und die Inanspruchnahme der Gerichte verwiesen. Der Erlaß einer *Entscheidung* des Rates oder der Kommission, die die Zahlung auferlegte und nach Art. 192 einen vollstreckbaren Titel darstellte, ist insoweit mangels gemeinschaftsrechtlich-hoheitlicher Rechtsgrundlage ausgeschlossen.

33 Wie die Vertretung der Gemeinschaft im Rechtsverkehr wird auch ihre Vertretung vor mitgliedstaatlichen Gerichten von der Kommission wahrgenommen (Art. 211 Satz 2). Soweit allerdings eines der drei anderen Gemeinschaftsorgane i. S. des Art. 4 speziell von

48 In der überwiegenden Anzahl der von den Gemeinschaften abgeschlossenen Verträge wird nach Art. 181 die Zuständigkeit des Gerichtshofs vereinbart (vgl. auch *Daig,* Rn. 6 zu Art. 181). Gleichwohl ist der Gerichtshof aufgrund dieses Artikels erstmalig im Dezember 1981 mit einem Zivilrechtsstreit befaßt worden (auf Klage der Kommission). Demgegenüber hat die Gemeinschaft in den letzten Jahren durchschnittlich in etwa 20 Fällen jährlich vor nationalen Gerichten in der Gemeinschaft und in Drittländern gestanden (vornehmlich vor Arbeitsgerichten in Auseinandersetzungen mit Ortskräften). Siehe auch die Antwort der Kommission auf die schriftliche Anfrage Nr. 301/81 des Abgeordneten *Tyrell:* ABl. 1981 Nr. C 186 S. 26.

49 Vgl. § 2 Abs. 1 des Gerichtskostengesetzes i.d.F. vom 15. 12. 1975 (BGBl. I S. 3047), der nur den Bund und die Länder sowie die nach Haushaltsplänen des Bundes oder eines Landes verwalteten öffentlichen Anstalten und Kassen von der Zahlung der Kosten in Verfahren vor den ordentlichen Gerichten und den Gerichten der Finanzgerichtsbarkeit befreit.

dem Rechtsstreit betroffen ist, erteilt die Kommission diesem i.d.R. eine besondere Ermächtigung zur Prozeßvertretung.[50] Damit kann in Einzelfällen nur die Kommission selbst das ihr durch Art. 211 verliehene Monopol der Vertretung der Gemeinschaft vor mitgliedstaatlichen Gerichten einschränken.

Grundsätzlich anders verhält es sich bei Verfahren vor dem Gerichtshof, wo z. B. in Personalsachen nach Art. 179 jeweils das Organ und sogar Hilfsorgan passiv legitimiert ist, gegen dessen Verhalten sich die Klage richtet.[51] Entsprechendes gilt in Fällen der Organhaftung (Art. 178 i.V.m. Art. 215 Abs. 2), wo jeweils die Gemeinschaft »durch das oder die Organe vertreten wird, denen das die Haftung auslösende Verhalten zur Last fällt«.[52]

X. Die Gemeinschaft in mitgliedstaatlichen Verwaltungsverfahren

34 Obgleich Art. 211 keine ausdrückliche Regelung über die aktive und passive Beteiligung der Gemeinschaft an *Verwaltungsverfahren* enthält, dürften für diese dieselben Grundsätze der Verfahrensfähigkeit und Vertretung gelten wie für die Beteiligung an Gerichtsverfahren.[53]

Ebenso wie den nationalen Gerichten ist den nationalen Verwaltungsbehörden die Anordnung einer Durchsuchung, Beschlagnahme, Einziehung oder Enteignung der Gebäude der Gemeinschaften nach Art. 1 des Protokolls über die Vorrechte und Befreiungen der Europäischen Gemeinschaften verwehrt. Aufgrund derselben Bestimmung dürfen die Vermögensgegenstände und Guthaben der Gemeinschaften ohne Ermächtigung des Gerichtshofes nicht Gegenstand von Zwangsmaßnahmen der Verwaltungsbehörden sein. Im übrigen handeln die Organe der Gemeinschaften und die verantwortlichen Behörden der beteiligten Mitgliedstaaten bei der Anwendung des Protokolls nach dessen Art. 19 in gegenseitigem Einvernehmen.

35 Außerhalb der Freistellungen durch das Protokoll über die Vorrechte und Befreiungen unterliegt die Gemeinschaft als Rechtssubjekt nach Art. 211 dem Verwaltungsrecht der Mitgliedstaaten, soweit dieses sachlich für juristische Personen des öffentlichen Rechts

50 Siehe Antwort der Kommission auf die schriftliche Anfrage Nr. 301/81 des Abgeordneten *Tyrell:* ABl. 1981 Nr. C 186 S. 26.

51 EuGH – Reynier und Erba / *Kommission,* 79 und 82/63 – Slg. 1964, 559 (575); EuGH – Müllers / *Wirtschafts- und Sozialausschuß,* 79/70 – Slg. 1971, 689; EuGH – Bernardi / *Europäisches Parlament,* 78/81 und 78/81 R – Slg. 1981, 1467.

52 EuGH – Wehrhahn/Rat, 63–69/72 – Slg. 1973, 1229 (1247).

53 Siehe oben Rn. 30, 31.

54 So unterliegen z. B. die Dienstgebäude der Gemeinschaft den am jeweiligen Sitz des Organs geltenden bau- und sicherheitsrechtlichen Vorschriften, die nuklearen Forschungsanlagen (EURATOM) den atomrechtlichen Haftungs- und Versicherungsbestimmungen.

gilt[54] und seine Anwendung auf die Gemeinschaft nicht im Widerspruch zu Art. 5 EWG-Vertrag oder anderen Normen des Gemeinschaftsrechts steht.[55]

XI. Die Rechts- und Geschäftsfähigkeit der Gemeinschaft in Drittstaaten

36 Inwieweit die Rechts- und Geschäftsfähigkeit der Gemeinschaft in dritten Staaten anerkannt wird, hängt von der Rechtsordnung des betreffenden Landes[56] und insbesondere den Regeln des internationalen Privatrechts ab.[57] In denjenigen Ländern, die die Gemeinschaft als Subjekt des Völkerrechts anerkennen[58], dürfte auch die (ausdrückliche oder stillschweigende) Anerkennung ihrer Rechts- und Geschäftsfähigkeit kaum auf Schwierigkeiten stoßen.[59] Selbst in den Staaten des COMECON zeigt sich nunmehr die Tendenz, die Gemeinschaft anzuerkennen, wie die Verhandlungen auf den Gebieten der Kooperation und der Fischereirechte belegen.[60]

Artikel 212 [Beamtenstatut und Beschäftigungsbedingungen]

Der Rat erläßt in Zusammenarbeit mit der Kommission und nach Anhörung der anderen beteiligten Organe einstimmig das Statut der Beamten sowie die Beschäftigungsbedingungen für die sonstigen Bediensteten der Gemeinschaft.

Nach Ablauf des vierten Jahres nach Inkrafttreten dieses Vertrages kann der Rat mit qualifizierter Mehrheit das Statut und die Beschäftigungsbedingungen auf Vorschlag der Kommission und nach Anhörung der anderen beteiligten Organe ändern.

Durch den Fusionsvertrag* (Art. 24 Abs. 2) aufgehoben und wie folgt neu geregelt:

55 Siehe hierzu auch *Ipsen,* a.a.O., Rn. 8/44 S. 204.
56 *Ipsen,* a.a.O., Rn. 8/49 S. 205.
57 *Constantinesco,* a.a.O., Rn. 134 S. 227.
58 Zur Völkerrechtsubjektivität der Gemeinschaft s. *Schwarze* zu Art. 210 Rn. 5.
59 Siehe auch *Wohlfarth* u. a., a.a.O., Art. 211 Rn. 3 S. 554.
60 Siehe z. B. das Übereinkommen über die künftige multilaterale Zusammenarbeit auf dem Gebiet der Fischerei im Nordostatlantik (ABl. 1981 Nr. L 227 S. 21), an dem neben der Gemeinschaft u. a. auch die Sowjetunion, Kuba, die Deutsche Demokratische Republik, Polen und Bulgarien beteiligt sind. Neben Textilabkommen mit Rumänien, Polen, Ungarn, Bulgarien und der Tschechoslowakei ist aus der letzten Zeit weiterhin das Abkommen zwischen der EWG und der Sozialistischen Republik Rumänien über den Handel mit gewerblichen Waren (ABl. 1980 Nr. L 352 S. 5) zu nennen.
* Vertrag zur Einsetzung eines Gemeinsamen Rats und einer Gemeinsamen Kommission der Europäischen Gemeinschaften (67/443 EWG; 67/27 Euratom) vom 8. 4. 1965 (ABl. 1967 Nr. 152 S. 2; BGBl. 1967 II S. 1454; abgedruckt im Anhang B dieses Kommentars).

Artikel 24 Abs. 1 FusV
Die Beamten und sonstigen Bediensteten der Europäischen Gemeinschaft für Kohle und Stahl, der Europäischen Wirtschaftsgemeinschaft und der Europäischen Atomgemeinschaft werden beim Inkrafttreten dieses Vertrages Beamte und sonstige Bedienstete der Europäischen Gemeinschaften und gehören der einzigen Verwaltung dieser Gemeinschaften an.
Der Rat erläßt auf Vorschlag der Kommission und nach Anhörung der anderen beteiligten Organe mit qualifizierter Mehrheit das Statut der Beamten der Europäischen Gemeinschaften und die Beschäftigungsbedingungen für die sonstigen Bediensteten dieser Gemeinschaften.

Für die Übergangszeit (vgl. dazu unten Rn. 5 und 6) galt Art. 25 des Fusionsvertrages:

Artikel 25 FusV
Bis zum Inkrafttreten des einheitlichen Statuts und der einheitlichen Beschäftigungsbedingungen nach Artikel 24 sowie der nach Artikel 13 des Protokolls im Anhang zu diesem Vertrag zu treffenden Regelung gelten für die vor Inkrafttreten dieses Vertrages eingestellten Beamten und sonstigen Bediensteten weiterhin die Bestimmungen, die bis dahin auf sie angewandt wurden.
Für die nach Inkrafttreten dieses Vertrages eingestellten Beamten und sonstigen Bediensteten gelten bis zum Vorliegen des einheitlichen Statuts und der einheitlichen Beschäftigungsbedingungen nach Artikel 24 sowie der nach Artikel 13 des Protokolls im Anhang zu diesem Vertrag zu treffenden Regelung die Bestimmungen für die Beamten und sonstigen Bediensteten der Europäischen Wirtschaftsgemeinschaft und der Europäischen Atomgemeinschaft.

Literaturhinweise

Bloch – Lefèvre, La Fonction Publique Internationale et Européenne, Paris 1963
Brinkmann, Theo, Für ein einheitliches öffentliches Dienstrecht, in: Gewerkschaftliche Monatshefte 1976, S. 419 ff.
Brückner, Ernst, Das Recht der Beamten der Europäischen Gemeinschaften, Godesberger Taschenbücher, Wiss. Reihe Nr. 4, Bonn-Bad Godesberg 1971
Bruns, Herbert, Das Beamtenstatut der Europäischen Gemeinschaften, in: ZBeamtenrecht, 1962, S. 310 ff. und 341 ff.
Bülow, Erich, Überlegungen für eine Weiterentwicklung des Rechts der Gemeinschaftsgerichtsbarkeit, in: EuR 1980, S. 307.
Busch, Jost-Dietrich, Dienstrecht der Vereinten Nationen, Köln 1981
Camponelle, Le droit d'action en justice des groupements, Bruxelles 1972, S. 399 ff.
Clemens, Adrian, Der Europäische Beamte und sein Disziplinarrecht, Leiden 1962 (besprochen von Wacke in RabelsZ 1964, S. 382 ff.).

Commer, Heinz – Weinstock, Ulrich, Leviathan in Brüssel, Verwaltung und Beamte der Europäischen Gemeinschaft, in: Eur.Arch. 1975, S. 227 ff.
Däubler, Wolfgang, Der Streik im öffentlichen Dienst, 2. Aufl., Tübingen 1971
Daussin, Armand, Vers une fonction publique européenne, in: Annuaire Européen 1958, Bd. VI, S. 112 ff.
Donath, Marcell von, Brüsseler Machenschaften: Dem Euro-Clan auf der Spur, 3. Aufl., Baden-Baden 1977
Dubois, Louis, Fonctionnaires des Communautés européennes, Commentaire de la jurisprudence de la Cour de Justice des Communautés européennes, in: RTDE 1975, S. 280 ff.
Euler, August, Europäisches Beamtenstatut. Kommentar zum Beamtenstatut der EWG und EAG, KSE, Bd. 4a bis 4c, Köln usw. 1966
Feindt, Erich, Aspekte der Demokratisierung, Mitbestimmung und Partizipation, in: ZBeamtenrecht 1979, S. 353 ff.
Fischer, Fritz, Die »Eurokratie« geht uns alle an. Auswirkungen der Verwaltungspraxis der Europäischen Gemeinschaften auf die Mitgliedstaaten, in: Eur.Arch. 1976, S. 717 ff.
Fischer, Wolfram – Lundgreen, Peter, The recruitment and training of administrativ and technical personnel, in: *Tilly, Charles* (Hrsg.), The formation of National States in Western Europa, Princeton 1975, S. 456 ff.
Gaudemet, Paul, Le Statut Juridique des Fonctionnaires Européens, in: Der Europäische Beamte 1955, S. 37 ff.
Getz, Heinrich – Jüttner, Heinrich, Personal in internationalen Organisationen, Baden-Baden 1972
Gröteke, Friedhelm, Euro-Beamte, Sechshundert klagen gegen Brüssel, in: Die Zeit Nr. 34 vom 15. 8. 1980
Hahn, Hugo J., Das Recht des internationalen öffentlichen Dienstes, Jahrbuch des Öffentlichen Rechts der Gegenwart 1973, S. 375 ff.
Henrichs, Helmut, Kritische Betrachtungen zum Personalreglement der Forschungszeitbediensteten der Europäischen Gemeinschaften, in: EuR 1979, S. 198 ff.
ders., Zur Berechnung der Beamtenversorgungsbezüge beim Zusammentreffen mit Versorgungsansprüchen aus der Verwendung bei zwischenstaatlichen oder überstaatlichen Einrichtungen (§ 56 BeamtVG), in: ZBeamtenrecht 1980, S. 168 ff.
ders., Die Rechtsprechung des Europäischen Gerichtshofes in Personalsachen, in: EuR 1980, S. 134 ff.
Henry, Gérald, La fonction publique européenne, Diss. Lausanne 1961
Herzog, Horst, Doppelte Loyalität, Berlin 1975
Hilf, Meinhard, Die abhängige Juristische Person des Europäischen Gemeinschaftsrechts, in: ZaöRV 1976, S. 551 ff.
Holtz, Theodor, Handbuch des Europäischen Dienstrechts (Loseblattsammlung), Baden-Baden, Jahrgänge 1963 bis 1968
ders., Die Europäischen Behörden und die nationalen Bürokratien. Probleme der Zusammenarbeit und Personalstruktur, in: Schriften des Forschungsinstituts der deutschen Gesellschaft für auswärtige Politik e. V., Bd. 33, S. 213 ff., München 1973
Kaiser, Joseph H. – Mayer, Franz – Ule, Carl H., Recht und System des öffentlichen Dienstes (Studienkommission für die Reform des öffentlichen Dienstrechts, Bd. 4), Baden-Baden 1973
Kern, Ernst, Aufgaben und Möglichkeiten eines supranationalen Beamtenrechts, in: DVBl. 1952, S. 741
ders., Die Rechtsstellung des europäischen Beamten, in: Der Europäische Beamte 1955, S. 49 ff.
ders., Europäische Beiträge für ein überstaatliches Beamtenrecht, Probleme des zwischenstaatlichen Dienstes. Der Öffentliche Dienst, Düsseldorf 1952, S. 204; 1953, S. 65.
ders., Europäische Verwaltung und Europäischer Dienst, in: ZBeamtenrecht 1958, S. 12
ders., Gegenwartsfragen des europäischen öffentlichen Dienstes, in: DVBl. 1958, S. 185 ff.
ders., Der europäische Dienst und das europäische Dienstrecht, in: Europäische Wirtschaft 1960, S. 90 ff., 471 ff.

ders., On the establishment of a European Civil Service, in: Revue internationale des Sciences administratives 1959, S. 21 ff.
Knöpfle, Robert, Organisation und Arbeitsweise der Gemeinsamen Kommission der Europäischen Gemeinschaften, in: EuR 1968, S. 30 ff.
Kordt, Erich, Auswahl und Ausbildung von Bediensteten der europäischen zwischenstaatlichen Organisationen, in: Der europäische Beamte 1955, S. 9 ff.
ders., »Beamte, europäische«, Wörterbuch des Völkerrechts, begr. von Strupp, hrsg. von *Schlochauer,* 2. Aufl. Bd. 1, Berlin 1960, S. 160
Krenzler, Horst Günther, Die Rolle der Kabinette in der Kommission der Europäischen Gemeinschaften, in: EuR 1974, S. 75 ff.
Kummer, Wolfgang, Die Problematik der Auswahlverfahren bei der Ernennung europäischer Beamter und die Rechtsstellung entsandter deutscher Beamter, in: EuR 1976, S. 31 ff.
Langavant, Emmanuel, Le fonctionnaire de la C.E.C.A. devant la Cour de Justice de Luxembourg – L'arrêt Kergall, in: Journal du Droit International 1956, S. 650 ff.
ders., L'arrêt Alegra et autres du 12 Juillet 1957 de la Cour de Justice de la C.E.C.A., in: Journal du Droit International 1958, S. 372 ff.
Langrod, Le recrutement de la fonction publique européenne demeure encore beaucoup improvisé, in: Le Monde Diplomatique (Paris) März 1955, S. 11
ders., La Fonction Publique Internationale, sa genèse, sa naissance, son évolution, Leiden 1963
Lasalle, Contribution à une Théoric dc la Fonction Publique Supranationale (Le Statut du personnel de la C.E.C.A.), in: Revue du Droit Publique et de la Science politique en France et à l'Etranger 1957, S. 474 ff.
Leistner, Georg, Das Koalitions- und Streikrecht der Beamten und sonstigen Bediensteten der Europäischen Gemeinschaften, in: DVBl. 1975, S. 281 ff.
Manzanares, Henri, Der europäische offentliche Dienst, in: DÖV 1971, S. 73
Meessen, Karl M., Zur Theorie der allgemeinen Rechtsgrundsätze: Der Nachweis allgemeiner Rechtsgrundsätze des Europäischen Gemeinschaftsrechts, in: Jahrbuch des Internationalen Rechts 1974, S. 283 ff.
Meyers, Clara, Een subjectief verhaal: The dure pressure group?, in: Nieuw Europa 1962, S. 136 ff.
Meyers, F., De rechtstoestand van de Europese ambtenaren, in: Tijdschrift voor Bestuurswetenschappen en Publiekrecht 1963, S. 224 ff.
Molitor, André, Vers und fonction publique européenne, in: Les Cahiers de Bruges 1957, S. 84 ff.
Molitor, M., Rapport à l'Assemblé Consultative du Conseil de l'Europe sur les mesures à prendre en vue de la création d'une fonction publique européenne, Strasbourg 1959, Dok. EP 1050
Nassmacher, Karl-H., Demokratisierung der Europäischen Gemeinschaften, in: Europa-Union, Bonn 1972
Oertzen, Hans Joachim von, Die Entsendung von Beamten in die Europäischen Gemeinschaften, in: DÖV 1966, S. 533
Ophüls, Friedrich, Ein Problem des europäischen Beamtenrechts – Eignungsprinzip oder Nationalitätenproporz?, in: DÖV 1964, S. 588 ff.
Partsch, Karl-Joseph, Die Rechtsbeziehungen zwischen den europäischen Bediensteten und ihren Anstellungsgemeinschaften, in: DÖV 1961, S. 281 ff.
Penninckx, W., Statuut van het personeel der Europese Gemeenschap voor Kolen en Staal, in: Tijdschrift voor Bestuurswetenschappen en Publiek Recht 1958, S. 37 f.
Plantey, Alain, Droit et pratique de la fonction publique internationale, Paris 1977
Pryce, Roy, Europe's New Civil Service, in: Civil Service Opinion, Oktober 1962, S. 238 ff.
Ramm, Thilo, Das Koalitions- und Streikrecht der Beamten, Köln 1970
Rengeling, Hans W., Rechtsgrundsätze beim Verwaltungsvollzug des Europäischen Gemeinschaftsrechts, KSE, Bd. 27, Köln 1977
Roblot, Daniel, Le recrutement des fonctionnaires des Communautés européennes, Paris 1979
Rogalla, Dieter, Dienstrecht der Europäischen Gemeinschaften, in: Hdb. des öffentlichen Dienstes, Bd. IV Teil 1, Köln 1981

ders., Beamtenmitsprache im Neuner-Europa, Schriftenreihe Europäische Wirtschaft, Bd. 90, Baden-Baden 1978
ders., Das Dienstrecht der Europäischen Gemeinschaften, in: Europäische Hefte, Schriftenreihe des Gustav-Stresemann-Instituts e. V. für europäische Bildungs- und Informationsarbeit, Bonn, 2. Aufl. 1972, Nr. 4, S. 93 ff.
ders., Beteiligung und Mitsprache im europäischen Dienstrecht, in: Festschrift für Wolfgang Hefermehl, Stuttgart 1972
ders., Juristen im Dienst der Europäischen Gemeinschaften, Berichte und Dokumente, in: JuS 1972, S. 419 ff.
ders., Zum Beruf des Europa-Beamten, in: ZfZ 1966, Nr. 5
ders., Das Dienstrecht der Europäischen Gemeinschaften, in: Kaiser-Mayer-Ule »Recht und System des öffentlichen Dienstes«, Bd. 4 der Studienkommission für die Reform des öffentlichen Dienstrechts, Baden-Baden 1973
ders., Partnerschaft durch Organbeschluß, in: EuR 1974, Nr. 4
ders., Landesbericht Belgien und Bericht Europäische Gemeinschaften, Band 7 der Schriftenreihe für Internationales und Vergleichendes Sozialrecht, Berlin 1982, S. 293 ff.
Samkalden, Enekele vragen betreffende een Europese bestuursdienst, in: Twee zienswiisen op het Europese ambt, Leiden 1962, S. 21 ff.
Sasse, Horst, Der Weltpostverein, Dokumente Bd. XXXI, Frankfurt 1959
Scheuer, Hand – Weinstock, Ulrich, Administrative Strukturen der Europäischen Gemeinschaft, Bonn 1977
Schick, Walter, Die »Konkurrentenklage« des Europäischen Beamtenrechts – Vorbild für das deutsche Recht, in: DVBl. 1975, S. 741 ff.
Schlichting, Europese Bureaucratie, in: Internationale Spectator 1958, S. 473 ff.
Schmitt-Glaser, Walter, Partizipation im öffentlichen Dienstrecht, in: DÖV 1974, S. 152 ff.
Schmitt von Sydow, Helmut, Die Zusammenarbeit nationaler und europäischer Beamter in den Ausschüssen der Kommission, in: EuR 1974, S. 62 ff.
Schröder, Meinhard, Der europäische Dienst im Spannungsfeld staatlicher und überstaatlicher Konzeption, in: ZBeamtenrecht 1974, S. 173 ff.
ders., Die »wohlerworbenen Rechte« der Bediensteten in der Rechtsprechung des Gerichtshofes der Europäischen Gemeinschaften, Godesberger Taschenbücher, Wiss. Reihe Nr. 1, Bonn-Bad Godesberg 1969
ders., Die dienstrechtliche Rechtsprechung des Gerichtshofes der Europäischen Gemeinschaften in den Jahren 1955–1971 (Teil 1 und 2), in: ZBeamtenrecht 1972, S. 15 ff., 35 ff.
Seidl-Hohenveldern, Ignaz, Das Recht der Internationalen Organisationen einschließlich der supranationalen Gemeinschaften,. 2. Aufl, Köln 1971
Speeckaert, G. B., La formation et le perfectionnement des fonctionnaires européens, in: Bulletin Associations Internationales 1956, S. 138 ff.
Streithaupt, Grundlagen und Gestaltungsformen des überstaatlichen Dienstes. Wie steht es um das Dienstrecht der Montanunion?, in: ZBeamtenrecht 1953, S. 105
Tilly, Charles (Hrsg.), The Formation of National States in Western Europe, Princeton 1975
Vandersanden, G. – Barav, A., Contentieux Communautaire, Bruxelles 1977
Weber, Albrecht, Die Grundrechte im Europäischen Beamtenrecht, in: ZBeamtenrecht 1978, S. 326 ff.
Wiese, Walter, Beamtenrecht, in: Hdb. des öffentlichen Dienstes, Bd. II Teil 1, Köln 1979

Dokumentation

Bericht der Studienkommission für die Reform des öffentlichen Dienstrechts, Baden-Baden 1973
BT-Drucks. 8/3893 vom 8. 4. 1980, Gehälter der Bediensteten der Europäischen Gemeinschaften, Antwort der Bundesregierung auf die Kleine Anfrage aus Drucks. 8/3797
Bericht des Dreier-Ausschusses an den Europäischen Rat über die Europäischen Organe, Brüssel Oktober 1979
Cougnon, Jean-Louis, Répertoire pratique de la jurisprudence de la Cour de Justice des Communautés européennes en matière de fonction publique européenne, compléments 1980
Statut der Beamten der Europäischen Gemeinschaften (EurBSt.) und Beschäftigungsbedingungen für die sonstigen Bediensteten der Europäischen Gemeinschaften (BSB), 1978, Stand: 3. Überarbeitung März 1981, zitiert: Textsammlung EurBSt.
Stellungnahmen des Europäischen Parlaments – Abgeordneter *Santer* – vom 23. 9. 1975, PE 41 825 S. 15 II B II
Vorschläge für eine Reform der Kommission der Europäischen Gemeinschaften und ihrer Dienststellen (unter Vorsitz von *Dirk Spierenburg*), »Spierenburgbericht«, internes Arbeitspapier der Kommission, Kommission, Brüssel 24. 9. 1979

Inhaltsübersicht

Vorbemerkung

Aus dieser Vorschrift und dem gleichlautenden Art. 186 EAGV leitet sich rechtlich der Europäische Bedienstete her. Er ist als Beamter oder Sonstiger Bediensteter Teil des Europäischen Öffentlichen Dienstes (EÖD). Inzwischen gibt es bei allen Organen der EG schon weit über 18 000 Europäische Bedienstete, doch ist ihr Tätigkeitsbereich leider noch auf die EG-Organe selbst beschränkt. Die Entwicklung zum EÖD in europäischen Oberbehörden (z. B. im geplanten »Europäischen Markenamt«) oder in teilintegrierten Arbeitsgruppen, die sich aus Angehörigen des EÖD sowie aus Beamten oder Angestellten mehrerer oder aller Mitgliedstaaten zusammensetzen, z. B. für »Waren- und Personenkontrollen«, ist erst im Anfang. Das Zentrum für die Berufsbildung in Berlin und die Stiftung für Arbeits- und Lebensbedingungen in Dublin sowie vor allem in Brüssel die neue Europäische Gesellschaft für Zusammenarbeit (EGZ) im Bereich des Lomé-Abkommens,[1] deuten den weiteren Weg an. Die Gefahr ist groß, daß auch der EÖD ein Eigenleben kultiviert. Ähnliche Beamten- und Angestelltenkörper internationaler Organisationen, z. B. die UN-»Familie« und die sog. koordinierten Organisationen, wie OECD, NATO u. ä., haben dies vorgemacht. Hier sollten Chancen in der europäischen Zusammenarbeit genutzt werden. *Busch*[2] hat darauf immer wieder hingewiesen. Nur durch kraftvolle neue Orientierungen kann dieser Gefahr entgegengewirkt werden. Das setzt Phantasie und Mut bei der EG-Kommission und politische Weitsicht bei den Spezialisten der Mitgliedstaaten voraus.

I. Geschichte des Europäischen Öffentlichen Dienstes (EÖD)

1. Stufen der Zusammenarbeit

1 Daten zur europäischen Zusammenarbeit sind Lückenbüßer. Sie erhellen aber auch die Hemmungen, einer Entwicklung Geschichte zuzumessen, bevor sie gesichert, wenigstens aber in ihrer Tendenz eindeutig erscheint. Jahrzehnte irgendeiner europäischen, ja internationalen Zusammenarbeit könnten doch genügen, meint man. Angesichts der Ergebnisse ist aber immer wieder Zweifel am Platze. Der Abriß einiger Schlüsseldaten ist deshalb Ersatz für die Geschichtsdarstellung der europäischen Zusammenarbeit.

a) 60 Jahre Völkerbund

2 Die internationale Bürokratie der Völker gilt als mit der Gründung des Völkerbundes am 10. 1. 1920 entstanden. Der erste internationale Beamte hätte also gerade sein sechzigjähriges Dienstjubiläum gefeiert.

1 Zu beiden ersteren *Rogalla,* Dienstrecht, S. 17, 18; zur EGZ vgl. ABl. 1981 Nr. L 328 S. 1.
2 A.a.O., vor allem S. 26 ff.

Zusammenschlüsse spezieller Art wie die Zentralkommission für die Rheinschiffahrt (1815), die Europäische Donaukommission (1865), der Allgemeine Telegrafenverein (1865) und der Weltpostverein (1874) hatten auch ständige Sekretariate. Die Rechtsstellung ihrer Bediensteten richtete sich nach dem Beamtenrecht des Sitzstaates des Sekretariats. Für den Weltpostverein z. B. war das die Schweiz.[2a] Auch die beschränkte Zielsetzung dieser Zusammenschlüsse läßt sie hier in den Hintergrund treten. Der Völkerbund sollte nicht nur einen kontinuierlichen Beitrag zur Völkerverständigung leisten, sondern sich auch um die Neugliederung Europas bemühen.[2b]

A. J. Balfour legte in seiner Rede vom 19. 5. 1920 das Grundprinzip des internationalen Beamtenverhältnisses dar, das Maßstab für alle internationalen Personalstatute geworden ist: »... les membres du Secrétariat une fois nommés, ne sont plus au service de leur pays d'origine, mais deviennent temporairement et exclusivement membres de la Société de Nations ...« (»Die Bediensteten des Sekretariats des Völkerbundes sind nicht mehr Diener ihres Herkunftslandes, sondern werden vorübergehend nur Bedienstete des Völkerbundes.«). Dieser sehr einleuchtende Satz wirft die Frage auf, nach welchem Rechtssystem das internationale Beamtenverhältnis gestaltet werden soll. Letzten Endes will kein Bediensteter auf die in seinem Nationalstaat geltenden Vorteile des Beamtentums verzichten (Beispiel: Ausschluß der sog. Doppelversorgung für Bedienstete der EG, die früher Beamte in der Bundesrepublik waren)[3]. Der mehrstaatliche Aspekt seines Tuns erfordert aber andererseits gemeinsame Regeln, die auch attraktiv sein müssen.

Eine Synthese der jeweils praktikabelsten Lösungen der verschiedenen kontinentaleuropäischen Beamtenrechte mußte an der Tatsache scheitern, daß dem anglo-amerikanischen Rechtssystem die Unterscheidung zwischen öffentlichem Recht und Privatrecht fremd ist. Die Ernennung eines Beamten aufgrund Verwaltungsakts ist unbekannt, vielmehr wird das Rechtsverhältnis durch Dienstverträge gestaltet. Dementsprechend schloß auch der Völkerbund mit seinen Bediensteten Personalverträge ab. Aber faktisch handelte es sich nach deutschem Rechtsverständnis um ein öffentlich-rechtliches Verhältnis, weil die Bediensteten sich mit einseitigen Vertragsänderungen durch den Völkerbund einverstanden erklären mußten.

b) 30 Jahre EGKS-Vertrag

3 Sein dreißigjähriges Jubiläum feiert der Beamte, der aufgrund des Vertrages über die Gründung der Europäischen Gemeinschaft für Kohle und Stahl am 23. 7. 1952 berufen wurde. Bis zur Einführung des Montanstatuts am 1. 7. 1956 wurde die Stellung der

2a Vgl. hierzu *Sasse*, a.a.O., S. 12, 32 ff., und zur Geschichte allgemein *Seidl-Hohenveldern*, a.a.O., S. 12 ff.

2b Hierzu *Brückner*, a.a.O., S. 12, wie schon vor ihm *Holtz*, Handbuch des Europäischen Dienstrechts, Vorbemerkung Pkt. 3 m. w. N.

3 Vgl. Fünftes Gesetz zur Änderung beamtenrechtlicher und besoldungsrechtlicher Vorschriften vom 19. 7. 1968, BGBl. I S. 848.

Bediensteten durch individuelle Personalverträge festgelegt. Das Montanstatut schließlich unterschied erstmals zwischen ernannten Beamten einerseits, für die abstrakte, jederzeit von der Behörde abänderbare Regelungen maßgeblich waren und für die eine bestimmte Laufbahn vorgesehen war. Ihnen gegenüber standen solche Bediensteten, mit denen individuelle Personalverträge abgeschlossen wurden.[4] Hierzu dürfte eine genaue Studie dessen, was aus dem Dienstrecht welches einzelnen Mitgliedstaates schon in das Montanstatut einging, ein interessantes Thema für Dissertationen sein.

Ob der Montanbeamte mehr italienisch, französisch oder deutsch geprägt war, läßt sich mit einem Wort nicht so genau feststellen wie der Übergang vom Personalvertrag zum Montanstatut. »Comparative analysis«, so warnen *Fischer* und *Lundgreen*,[5] sollte bei der Untersuchung des »development of a professional public service« mehr die gemeinsame Basis dafür unterstreichen: In allen europäischen Staaten war das der Einfluß des römischen Rechts und das Verwaltungsverfahren der mittelalterlichen Kirche.

c) Seit den Verträgen von Rom

4 Die Gemeinschaften, die die meisten europäischen Bediensteten beschäftigen, sind erst gut 20 Jahre alt. Am 1. 1. 1958 traten die Verträge zur Gründung der EWG[6] und der EAG[6] (EURATOM) in Kraft. Solange ihre Organe über kein eigenes Dienstrecht verfügten, wurde das Montanstatut entsprechend auf ihre Bediensteten angewandt. Die Verträge von Rom sahen jedoch in Art. 212 EWGV und 186 EAGV die Schaffung eines eigenen Dienstrechts vor, Demzufolge trat das Statut für die Beamten der Gemeinschaften sowie die BSB für die SonstBed. am 1. 1. 1962 in Kraft.

Um gravierende Unterschiede zwischen den europäischen Personalstatuten zu vermeiden, hatte man sich um eine Angleichung des Dienstrechts an das Montanstatut bemüht. Durch VO der Präsidenten der Organe der EGKS wurde das Beamtenstatut von der EGKS am 15. 2. 1962 übernommen, und zwar ebenfalls mit Wirkung vom 1. 1. 1962.

2. Entwicklung des Europäischen Dienstrechts

a) Vorphase

5 Die Vorphase beginnt mit dem ersten Schritt zur europäischen Zusammenarbeit im damaligen Sechser-Rahmen, also der Gründung der EGKS. Deren Personalstatut, das schon erwähnte Montanstatut von 1956, war Vorläufer des EurBSt. und hat es reichlich

4 Vgl. den Ansatz von *Euler*, a.a.O., S. 1 ff., 19, der jede Vorschrift mit der Vorgängerin im EGKS-Montanstatut vergleicht.
5 The recruitment and training of administrative and technical personnel, S. 457.
6 BGBl. 1957 II S. 753, bes. S. 766 (EWGV) und S. 1014 (EAGV).

befruchtet.[7] Dies festzustellen, verkleinert nicht die vierjährigen Mühen der Delegierten der Mitgliedstaaten zwischen 1958 und Ende 1961. Damals, eher zufällig infolge des Sechsmonatsturnus der Rats-Präsidentschaft, wurden die Arbeiten Ende 1961 unter Luxemburger Vorsitz abgeschlossen. Der Name des damaligen Ständigen Vertreters verdient hervorgehoben zu werden: *Albert Borschette*, Botschafter seines Landes in Brüssel, später viele Jahre Mitglied der Kommission der EG in Brüssel und u. a. besonders verantwortlich für das Ressort »Personal und Verwaltung«.

Nach dem Inkrafttreten des neuen EurBSt. und der BSB am 1. 1. 1962 – in jetzt zwei einander angenäherten Fassungen – ging es um die Überleitung der bestehenden Rechtsverhältnisse in die neuen Vorschriften und ihre erstmalige Anwendung auf Neueinstellungen. Dazu galten besondere Übergangsvorschriften. Gemäß Art. 102 I EurBSt. wurde bei jedem Organ ein Überleitungsausschuß gebildet, der die Überleitung jedes einzelnen Bediensteten in seiner jeweiligen Bg. und DA befürworten mußte. Zu den Überleitungsproblemen hat es eine Fülle von Rechtsprechung gegeben.[8]

b) Hauptphase

6 Während der Hauptphase leitet eine Höchstzahl von Bediensteten aller EG-Organe Rechtsansprüche aus einem inzwischen einheitlich geltenden EurBSt. her. Dieser Zustand wurde politisch vorbereitet durch die Verschmelzung der bis dahin selbständigen Exekutivbehörden, der drei Gemeinschaften, also Kommissionen und Hohe Behörde und Räte zu jeweils einem Organ. Der EuGH und die Versammlung waren schon vorher für alle Gemeinschaften gemeinsame Organe. Mit Inkrafttreten des FusV vom 1. 7. 1967 wurden die Beamten der EGKS, für die seit 1956 das EGKS-eigene Montanstatut und ab 1. 1. 1962 ein besonderes Statut der Beamten der EGKS gegolten hatte, und die Beamten der EWG und der EAG Beamte und sonstige Bedienstete der Europäischen Gemeinschaften (Art. 24 I FusV).

Auf dieser Rechtsgrundlage erließ der Rat in der VO EWG, Euratom, EGKS Nr. 259/68 vom 29. 2. 1968[9] das Statut der Beamten der EG (Art. 2) und die Beschäftigungsbedingungen für die sonstigen Bediensteten der EG (Art. 3), die zum 5. 3. 1968 wirksam wurden. Mit diesem nunmehr vereinheitlichten EurBSt. und den BSB verloren gleichzeitig die bisherigen Rechtsgrundlagen ihre Gültigkeit – vor allem VO Nr. 31 (EWG) und 11 (EAG) des Rates vom 18. 12. 1961[10] sowie die entsprechende VO des Ausschusses der vier Präsidenten der Organe der EGKS vom 15. 2. 1962 (nicht veröffentlicht).

7 Hierzu verdienstvoll vor allem *Euler*, a.a.O. Noch heute leiten sich Umkehrschlüsse für die Interpretation des EurBSt. gern aus dem Wortlaut des Montanstatuts ab.
8 Im einzelnen dazu *Rogalla,* Dienstrecht, S. 5 ff.
9 ABl. 1968 Nr. L 56 S. 1.
10 ABl. 1962 Nr. 45.

7 Immerhin waren auch bereits diese bisherigen Rechtsgrundlagen einmal recht wesentlich geändert worden. Dies geschah aufgrund des Vorschlags der damals noch selbständigen Kommissionen von EWG und EAG vom Juni 1964 (*Hallstein*-Kommission für die EWG und *Hirsch*-Kommission für die EAG, Dokument EWG-Kommission, 271. Sitzung, 1964) durch die VO Nr. 30/65 und 4/65 EURATOM der Räte vom 16. 3. 1965.[11]

Die Änderungen bezogen sich vor allem auf die Struktur der Grundgehaltstabellen und das System der Zulagen und Vergütungen. Es handelte sich aber nicht nur um eine Anpassung der Bezüge aufgrund der seit Anfang 1962, also während über dreier Jahre gestiegenen Lebenshaltungskosten oder der Entwicklung der Kaufkraft in den Mitgliedstaaten, an der auch die EG-Bediensteten hätten teilhaben sollen. Es war schon eine kleine Dienstrechtsreform, die diese Änderung mit Wirkung vom 1. 1. 1965 mit sich brachte:

- neue Paritäten für die Auszahlung der Dienstbezüge an anderen Dienstorten als Brüssel und Luxemburg; neuer Stichtag 1. 1. 1965.
- Verbesserung der Bemessungsgrundlage der 16prozentigen Auslandszulage; neuerdings vom Gesamtbetrag des Grundgehalts zu berechnen zuzüglich der . . . zustehenden Zulagen für den Familienvorstand und für unterhaltsberechtigte Kinder sowie Einführung eines monatlichen Mindestbetrages von 2 000 bfrs.
- Verbesserung der Gewährung zusätzlicher DA für das wissenschaftliche Personal (Art. 97).
- Verdoppelung der Reisetage bei Jahresurlaub und Dienstbefreiung (Anhang V, Art. 7).
- Verdoppelung der Erziehungszulage, wenn der Dienstort wenigstens 50 km von einer Europäischen Schule entfernt ist (Anhang VII, Art. 3).
- Einführung der vorübergehenden Pauschalzulage für Sekretariatspersonl (Anhang VII, Art. 4a).
- Verbesserung der jährlichen Pauschalvergütung für die Familienheimreise und Einführung einer Sonderregelung für Beamte mit Herkunftsort oder Ort der dienstlichen Verwendung außerhalb Europas (Anhang VII, Art. 8).
- Einführung von Mietzulage und Fahrtkostenzulage unter besonderen Bedingungen (Anhang VII, Art. 14 a und 14 b).

8 Zunächst erließen die Räte der drei Gemeinschaften die Verordnung zur Festlegung der Höhe und des Zeitraums der Gewährung der vorübergehenden Pauschalzulage für Sekretariatspersonal (für nur zwei Jahre mit Wirkung vom 1. 1. 1965).[12] Sie änderten

11 ABl. 1965 Nr. 47 S. 701.
12 VO Nr. 31/65 EWG, 5/65 Euratom der Räte vom 16. 3. 1965, ABl. 1965 Nr. 47 S. 708.

sodann durch eine Verordnung vom selben Tage[13] die Bestimmungen und das Verfahren für die Erhebung der Steuer zugunsten der Gemeinschaft. Diese Änderung bezog sich auf den Steuersatz, der bei der Versteuerung von Vergütung für Überstunden, für beschwerliche Arbeiten, für außergewöhnliche Dienstleistungen und für patentierte Erfindungen anzuwenden ist. Des weiteren wurden gem. Art. 64 und 65 die BK aufgrund der Lage zum 1. 7. 1964 festgesetzt.[14]

Die BK für Brüssel und Luxemburg lagen damals bei 100, Frankreich bei 108, Paris und Umland, Départements Seine und Seine-Oise bei 116, Italien und Deutschland bei 102 und die Niederlande bei 95, unter besonderer Berücksichtigung der Lebensbedingungen in Petten, einem Dienstort in Nordholland. Für Ispra (Dienstort nahe Varese, Oberitalien) wurde ein BK von 108 angewandt, davon 6 Punkte einstweilig.

9 Demgegenüber war Kapitel I der VO Nr. 259/68 des Rates vom 29. 2. 1968, das das heute noch gültige, vereinheitlichte EurBSt., und die BSB schuf und an die Lage nach der Verschmelzung der Organe anpaßte, im wesentlichen formellen Charakters. Art. 1 ließ das neue EurBSt. und die neuen BSB an die Stelle der bisherigen getrennten Texte treten. Art. 2 bestimmte die jeweiligen Änderungen im neuen Text der EurBSt. und Art. 3 die entsprechenden Änderungen für die neuen BSB.

Erwähnenswert sind davon vier Bereiche:

- Erweiterung der Befugnisse des Statusbeirats mit der Einführung einer Stellungnahme zu allen Vorschlägen zur Änderung des EurBSt. (Art. 10);
- Beschlußbefugnis für die Verwendung des Guthabens des früheren Versorgungsfonds der EGKS-Bediensteten gemäß Art. 83 des EGKS-Statuts (Art. 83 I 2 neu);
- Einführung einer Wahlmöglichkeit zwischen Pension und Abgangsgeld für Beamte, die vor dem 1. 7. 1969 – im Zusammenhang mit Sondermaßnahmen – endgültig aus dem Dienst ausscheiden und noch keine elf Dienstjahre abgeleistet haben (Art. 12 a in Anhang VIII);
- Übergangsmaßnahmen und Festschreibung der alten Ansprüche aus den Art. 93 bis 105 des Statuts der EGKS-Beamten, wenn für sie am 1. 1. 1962 Art. 92 dieses EGKS-Statuts anwendbar war, sie also damals im Dienst der EGKS standen.

c) Reformphase

10 In dieser dritten Phase schließlich vollzieht sich die technische Verfeinerung der EurBSt.

13 VO Nr. 32/65 EWG, 6/65 Euratom, ABl. 1965 Nr. 47 S. 709.

14 VO Nr. 33 und 34/65 EWG und 7 und 8/65 Euratom der Räte vom 16. 3. 1965, ABl. 1965 Nr. 47 S. 710.

und immer in analoger Anwendung auch der BSB. Ein Zeitraum von zwölf Jahren ist dabei zu überblicken, dem es nicht an erinnerungswürdigen Höhepunkten fehlt.

Hier die Kerngedanken:

- Verbesserung der Versorgungsordnung mit Wirkung vom 1. 7. 1972;
- Gleichberechtigung für die weiblichen Bediensteten, sowohl für die Auslandszulage, die Umbenennung der Haushaltszulage und die Umwandlung der vorübergehenden Pauschalzulage für Sekretariatspersonal in eine Dauerzulage, jeweils in Kraft getreten mit Wirkung vom 1. 3. 1973 – für die beiden ersteren – und mit Wirkung vom 4. 5. 1978 für die letztere;
- Erweiterung der Vertragsdauer für Bedienstete, die aus Forschungs- und Investitionsmitteln besoldet werden, mit Wirkung vom 30. 10. 1976;
- Maßnahmen zum vorzeitigen Ausscheiden aus dem Dienst aus Anlaß der Erweiterung der EG, für Beamte bis zu Bg. A 5 im Laufe des Kalenderjahres 1973[15] und für Beamte, die aus Forschungs- und Investitionsmitteln besoldet werden, ebenfalls bis zum 31. 12. 1973 und in Ausnahmefällen bis 30. 6. 1974;[16]
- schließlich Verbesserungen oder Klarstellungen der sozialen und finanziellen Bedingungen aufgrund der Vorschläge der Kommission vom 13. 6. 1974[17] und vom 1. 4. 1977 (Rechnungseinheit)[18] in der VO Nr. 3085/78 des Rates vom 21. 12. 1978, und zwar mit Wirkung vom 1. 4. 1979[19] sowie vom 30. 5. 1979 – Bereinigung der Grundgehälter[20] – mit Wirkung vom 1. 7. 1979 in der VO Nr. 160/80 des Rates vom 21. 1. 1980.[21]

Bei diesem Überblick sind einige Routinefragen außer acht geblieben, etwa:

- die regelmäßigen Anpassungen der Dienstreisetagegelder;
- die Erweiterung des Kreises der Anspruchsberechtigten für besondere Vergütungen,
- die Anpassung der Dienstbezüge, in letzter Zeit in der Regel zweimal jährlich.

Dies sind keine Reformen, sondern Maßnahmen zur Erhaltung der Grundbedingungen im EG-Dienstrecht.

15 VO Nr. 2530/72 des Rates vom 4. 12. 1972, ABl. 1972 Nr. 272 S. 1.
16 VO Nr. 1543/73 des Rates vom 4. 6. 1973, ABl. 1973 Nr. L 155 S. 1.
17 ABl. 1974 Nr. C 88 S. 25 – VO Nr. 912/78 des Rates vom 2. 5. 1978, ABl. 1978 Nr. L 119 S. 1.
18 ABl. 1977 Nr. C 99 S. 5.
19 ABl. 1978 Nr. L 369 S. 6.
20 ABl. 1979 Nr. C 191 S. 5.
21 ABl. 1980 Nr. L 20 S. 1.

d) »Unvollendetes«

11 Unvollendetes, vom Rat noch nicht Beschlossenes, gehört auch nicht zur Reformphase, sollte aber erwähnt werden. Hier warten vier bemerkenswerte Vorschläge der Kommission auf einen Ratsbeschluß, nämlich

- Änderung von EurBSt. und BSB mit dem Ziel, ein Verwaltungsgericht der EG zu errichten: Vorschlag der Kommission vom 4. 8. 1978[22]
- Änderung von EurBSt. und BSB insbesondere bezüglich sozialer und familienpolitischer Maßnahmen: Vorschlag der Kommission vom 31. 5. 1979;[23] eine entsprechende VO wird wohl Ende 1982 ergehen.
- Änderung von EurBSt. und BSB zur Einführung des vorgezogenen Ruhestandes, i. d. R. mit 60 statt 65 Jahren: Vorschlag der Kommission vom 13. 6. 1979.[24]

Hinzu kommt ein inzwischen vom Rat verabschiedeter Vorschlag der Kommission vom August 1980.[25] Er steht im Zusammenhang mit dem Beitritt Griechenlands und dem Bemühen der Organe, die Beweglichkeit und die schöpferischen Kräfte ihrer Mitarbeiter zu verbessern. Dieser Vorschlag beruht auf dem Spierenburg-Bericht. Er ermöglicht, für alle Organe insgesamt 20, Beamten der Bg. A 3, die mindestens 55 Jahre alt sind, zu finanziell vertretbaren Bedingungen endgültig aus dem Dienst auszuscheiden (vgl. VO (EGKS, EWG, EURATOM) Nr. 2150/82 des Rates vom 28. 7. 1982, ABl. Nr. L 228 vom 4. 8. 1982, S. 1). Im Zusammenhang damit will ein weiterer Vorschlag der Kommission, EurBSt. und BSB so umgestalten, daß die vorübergehende Einstellung von Außenbewerbern sei es als »Fachmanager« (Bg. A 3), sei es als BaZ (Bg. A 5/4), erleichtert wird.

II. Grundzüge des Europäischen Beamtenstatuts (EurBSt.) und der Beschäftigungsbedingungen für die Sonstigen Bediensteten der Europäischen Gemeinschaften (BSB)

1. EurBSt.

12 Das EurBSt. regelt die Rechtsverhältnisse der Beamten der EG. Den Beamtenbegriff definiert Art. 1 I EurBSt. wie folgt:

> »Beamter der Gemeinschaften im Sinne des Statuts ist, wer bei einem der Organe der Gemeinschaften durch eine Urkunde der Anstellungbehörde dieses Organs nach den

22 ABl. 1978, Nr. C 225, S. 6.
23 ABl. 1979 Nr. C 191 S. 1.
24 ABl. 1979 Nr. C 191 S. 9.
25 ABl. 1980 Nr. C 262 S. 4.

Vorschriften des Statuts unter Einweisung in eine Dauerplanstelle zum Beamten ernannt worden ist.«

Gemeint ist damit in erster Linie der Lebenszeitbeamte. Anwendbar ist das Statut aber – wenn auch teilweise mit einigen Besonderheiten – auch auf Beamte auf Probe, die ihre Probezeit ableisten, auf sog. »politische Beamte« der Bg. A 1 und A 2 sowie auf die Mitglieder von Organen der EG, wie z. B. die Mitglieder der Kommission und die Richter und Generalanwälte des EuGH.[26]

Das EurBSt. gliedert sich in neun Titel mit neun Anhängen. Von den Vorschriften verdienen folgende eine Erwähnung: Auf die allg. Vorschriften in Art. 1 bis 10a folgen in Art. 11 bis 26 die Rechte und Pflichten der Beamten. Art. 27 bis 54 regeln die Laufbahn mit Einstellung, dienstrechtliche Stellung, Beurteilung und Beförderung und Ausscheiden aus dem Dienst. Titel IV (Art. 55 bis 61) behandelt die Arbeitsbedingungen, Titel V (Art. 62 bis 85) die Besoldung und die sozialen Rechte. Regeln über Disziplinarrecht und Rechtsschutz finden sich in Art. 86 bis 91 und Sondervorschriften für die wissenschaftlichen und technischen Beamten in Art. 92 ff. Anhang I zum EurBSt. gibt einen Überblick über die Grundamtsbezeichnungen und Laufbahnen; Anhang II regelt Einzelheiten zur Zusammensetzung und Tätigkeit der zur Mitsprache der Bediensteten durch Art. 9 ff. EurBSt. geschaffenen Einrichtungen (wie z. B. Personalvertretung, Disziplinarrat). Erwähnenswert sind ferner Anhang VIII mit der Versorgungsordnung und Anhang IX mit der Disziplinarordnung für förmliche Disziplinarverfahren.

2. *BSB*

13 Die BSB gliedern sich in 4 Hauptteile, die den 4 Personengruppen entsprechen, die unter dem Begriff der Sonstigen Bediensteten zusammengefaßt sind: Bedienstete auf Zeit, Hilfskräfte, örtliche Bedienstete und Sonderberater. Ansonsten entspricht der Inhalt der BSB weitgehend dem des EurBSt. Eine gesetzestechnische Besonderheit ist hervorzuheben: die BSB verweisen häufig auf Bestimmungen aus dem EurBSt. und ordnen ihre entsprechende Anwendbarkeit an. Das führt zu einer Grundregel der Auslegung, nämlich, daß ohne eine solche Verweisung eine entsprechende Anwendung nicht in Betracht kommt.

III. Die Rechtsprechung des EuGH in Personalsachen (Überblick)

14 Gemäß Art. 179 EWGV, 152 EAGV, Art. 91 EurBSt. ist der EuGH u. a. zuständig »für alle Streitsachen zwischen der Gemeinschaft und deren Bediensteten« in Personalsachen.

26 Vgl. zum Beamtenbegriff eingehend *Rogalla,* Dienstrecht, S. 55 ff.

Einzelheiten zu diesem Verfahren legen Art. 90, 91 EurBSt. und Art. 46, 73 und 83 BSB für die sonstigen Bediensteten fest.[27]

Seit seiner Entstehung bis Mitte 1982 hat der EuGH fast 400 Entscheidungen in Personalsachen gefällt. Im Schnitt ist ungefähr jede vierte unter allen dem EuGH vorgelegten Rechtssachen eine Personalsache, und ca. jedes zweite der in der amtlichen Sammlung veröffentlichten Urteile ist ein Urteil in Personalsachen. Ungefähr 30 bis 35 % der Personalsachen gingen (teilweise) erfolgreich für das klagende Personal aus.[28]

Einige Gebiete, auf denen am häufigsten von Bediensteten geklagt wurde, sind z. B.:

Festsetzung des Gehalts und der Zulagen, Festsetzung der Versorgung, Nichtberücksichtigung von Bewerbern bei Einstellungsauswahl, internen Stellenausschreibungen, Beförderung, Einstufung, Probezeitberichte, dienstliche Beurteilungen und Disziplinarmaßnahmen.[29]

IV. Grundprinzipien in der Rechtsprechung des EuGH

1. Allgemeines

15 Art. 212 EWGV und Art. 186 EAGV bzw. Art. 24 FusV seit dem 1. 7. 1967 sind die grundlegenden Rechtsvorschriften für das Dienstrecht der EG. Sie enthalten indes nur Formvorschriften; für inhaltliche Aussagen wird auf EurBSt. und BSB verwiesen. Hier finden sich Detailregelungen, es fehlen jedoch sowohl ein Grundrechtskatalog oder eine Verweisung darauf als auch allgemeine Verwaltungsgrundsätze für die Behandlung der Bediensteten durch die Organe. Um hier bestimmte Grenzen und übergreifende Regelungen zu gewährleisten, hat insbesondere der EuGH in seiner Rechtsprechung einige allgemeine Rechtsgrundsätze entwickelt bzw. den verschiedenen nationalen Rechtssystemen entnommen und auf das Gemeinschaftsrecht angewendet. Einige dieser Grundsätze sind öffentlichrechtlicher Natur, wie z. B. der Gleichbehandlungsgrundsatz, das Diskriminierungsverbot, der Grundsatz des rechtlichen Gehörs mit der Pflicht zur Begründung belastender Entscheidungen, der Vertrauensschutz, die Fürsorgepflicht des Dienstherrn und das Prinzip der wohlerworbenen Rechte. Andere, wie z. B. der Grundsatz von Treu und Glauben, entstammen dem Zivilrecht, werden vom EuGH aber auch auf das Dienstrecht angewendet.

27 Zur Verfahrensordnung und Satzung des EuGH ist in demselben Verlag ein gesondertes Werk in Vorbereitung.

28 Siehe eingehend zu den statistischen Daten *Henrichs*, Die Rechtsprechung des Europäischen Gerichtshofes in Personalsachen, in: EuR 1980, 134 Fn. 4, 145 Fn. 94 a; *Rogalla*, Dienstrecht, S. 206, 259; vgl. außerdem Dok. EP Nr. 1–658/81 vom 30. 10. 1981.

29 Vgl. dazu *Henrichs*, EuR 1980, 134 (143).

2. *Konkretisierung der Rechtsgrundsätze*

a) *Eingang in das Gemeinschaftsrecht*

16 Eingang in das Gemeinschaftsrecht erhalten allgemeine Rechtsgrundsätze zunächst über Art. 164 EWGV (entspr. Art. 136 EAGV), wonach der EuGH die Wahrung des Rechtes bei der Auslegung und Anwendung dieser Verträge sichert. Diese Formulierung läßt erkennen, daß es über die Verträge hinaus noch ungeschriebenes von den Organen zu beachtendes Recht gibt. Weiterhin ist noch in Art. 215 Abs. 2 EWGV die Rede von allgemeinen Rechtsgrundsätzen, die den Rechtsordnungen der Mitgliedstaaten gemeinsam sind. Nach diesen ersetzt die Gemeinschaft im Bereich der außervertraglichen Haftung den durch ihre Organe oder Bedienstete in Ausübung ihrer Amtstätigkeit verursachten Schaden.

b) *Rang der Rechtsgrundsätze*

17 Entsprechend ihrem Charakter als ungeschriebenes Recht sind allgemeine Rechtsgrundsätze nur heranzuziehen, wenn es kein geschriebenes primäres Gemeinschaftsrecht gibt; dem rangniedrigeren sekundären Gemeinschaftsrecht gehen sie allerdings vor. Das hat der EuGH in seinem Urteil vom 31. 5. 1979 Rs. 156/78[30] zum Ausdruck gebracht. Hier hat der EuGH Art. 50 V EurBSt. für unanwendbar in seiner ausdrücklichen Fassung erklärt, falls seine Anwendung im Einzelfall diskriminierende Auswirkungen haben würde. Möglich bleiben soll aber eine Anwendung derart, daß daraus keine Diskriminierung entstehen kann.

Diese Methode entspricht der »verfassungskonformen Auslegung« im deutschen Verfassungsrecht: d. h. Gesetze, deren ausdrückliche Regelung nicht verfassungsgemäß sind, sind zunächst daraufhin zu überprüfen, ob sie nicht im Einklang mit der Verfassung ausgelegt werden können, bevor sie für nichtig erklärt werden.[31]

c) *Einzelne Rechtsgrundsätze*

18 Im folgenden sollen exemplarisch einige Fälle dargestellt werden, in denen ein einzelner allgemeiner Rechtsgrundsatz von besonderer Bedeutung gewesen ist.[32]

30 *Newth*/Kommission, 156/78 – Slg. 1979, 1941, 1953.

31 Vgl. zur Anwendung dieses Prinzips auch EuGH – Ariola/Kommission, 21/74 – Slg. 1975, 221, 229; EuGH – van den Broek/Kommission, 37/74 – Slg. 1975, 235, 245.

32 Eine ausführliche Darstellung der Rechtsprechung des EuGH zum Dienstrecht der EG unter Berücksichtigung auch der allgemeinen Rechtsgrundsätze hat der Autor auf den Stand bis April 1981 angefertigt: *Rogalla,* Dienstrecht, a.a.O. Für die Mithilfe bei der Anfertigung des Manuskripts zu diesem Beitrag sei hier Frau Referendarin Sabine Gumbert gedankt. – Vgl. auch die Zusammenfassung der Rechtsprechung des EuGH in Personalsachen von *H. Henrichs* in: EuR 1980, 134 mit besonderer Betonung der allgemeinen Rechtsgrundsätze.

aa) Gleichbehandlungsgrundsatz und Diskriminierungsverbot

Inhalt (allg.)

19 Der Gleichbehandlungsgrundsatz verpflichtet die Organe der EG dazu, gleiche oder vergleichbare Sachverhalte gleich zu behandeln. Ein Verstoß dagegen und damit eine Diskriminierung ist demnach dann gegeben, wenn solche Fälle ungleich behandelt werden.[33] Allerdings handelt es sich nach Ansicht des EuGH nicht um eine Verletzung des Gleichbehandlungsgrundsatzes, wenn einige Organe von einer rechtlichen *Möglichkeit* Gebrauch machen, andere aber nicht.[34] In den den Rs. 44, 46, 49/74 zugrunde liegenden Fällen ging es z. B. um die Frage der Besoldung auch für Streiktage, die die Kommission ablehnt (ebenso der WSA), während – mangels einer einheitlichen verbindlichen Regelung – andere Organe die Dienstbezüge weiterzahlen. Diese uneinheitliche Reaktion auf den Streik hat der EuGH gebilligt. Ebensowenig ist der Gleichbehandlungsgrundsatz verletzt, wenn einer Behörde durch eine Kann-Vorschrift ein Ermessensspielraum eingeräumt wird.[35]

Auf dem Gebiet der Besoldung

20 Im Berich der Besoldung kommt der Gleichbehandlungsgrundsatz darin zum Ausdruck, daß alle Beamten – gestaffelt nach Besoldungsgruppen und Dienstaltersstufen – nach der gleichen Grundgehaltstabelle bezahlt werden[36] (vgl. Art. 66 EurBSt.). Zuwendungen, die durch das dienstliche Interesse nicht gedeckt sind, dürfen nicht gewährt werden.[37] Der Gleichbehandlung aller vergleichbaren Bediensteten soll auch der Grundsatz der Entsprechung von Tätigkeit und Besoldungsgruppe dienen.[38]

Zulagen

21 Besondere Probleme ergeben sich immer wieder bei den Zulagen, die den Beamten zusätzlich zu ihrem Grundgehalt gewährt werden (vgl. Art. 62 III EurBSt.). Zunächst gibt es die Familienzulagen, die sich auf drei familiäre Bereiche erstrecken: Kinder (Kinderzulage, Art. 67 Ib, i. V. m. Art. 2 Anhang VII), Erziehung und Ausbildung (Erziehungszulage, Art. 67 I i. V. m. Art. 3 Anhang VII EurBSt.) und die Haushaltszulage (Art. 67 Ia i. V. m. Art. 1 Anhang VII EurBSt.). Ferner ist hier die Geburtenzulage gemäß Art. 74 EurBSt. zu nennen. Außerdem gibt es eine Auslands-,

33 EuGH – Pasetti/Kommission, 20/68 – Slg. 1969, 246; Bode u. a./Kommission, 63–75/70 – Slg. 1971, 549 ff., Rn. 8.
34 EuGH – Acton u. a./Kommission, 44, 46, 49/74 – Slg. 1975, 383 ff.; s. zum Streikrecht auch noch unten Rn. 52 ff.
35 EuGH – Brandau/Rat, 46/71 – Slg. 1972, 373 ff., Rn. 12.
36 EuGH – Bode u. a./Kommission, 63–75/70 – Slg. 1971, 549, 555.
37 EuGH – Bernardi/EP, 48/70 – Slg. 1971, 185, Rn. 27.
38 EuGH – Boursin/Hohe Behörde, 102/63 – Slg. 1964, 1506; Peutemann/Kommission, 797/79 – Slg. 1980, 3921; Krecké/Kommission, 59/129/80 – Urteil vom 9. 7. 1981, Rn. 64.

eine Expatriierungs- und eine Trennungszulage, bei denen sich die Probleme vor allem unter dem Gesichtspunkt der verschiedenen Dienstorte stellen,[39] schließlich gibt es noch eine Fahrtkosten- und eine Ausgleichszulage (Art. 8 Anhang VII EurBSt.), letztere bei vorübergehender, aber länger als 4 Monate andauernder Verwendung auf einen Dienstposten einer höheren Laufbahn derselben Laufbahngruppe.[40]

Die Schwierigkeiten bei den Familienzulagen ergeben sich oft aus besonderen familiären Situationen und aus Eigenheiten des nationalen Rechts.

In den Rs. 20 und 32/71[41] ging es um die Auslands- bzw. Haushaltszulage und gleichzeitig um die Gleichberechtigung von Mann und Frau.[42]

Beide Verfahren hatten die Frage zum Gegenstand, ob Beamtinnen auch nach ihrer Heirat noch weiterhin Anspruch auf diese Zulagen haben, die nur dem »Familienvorstand« (»chef de famille«) gewährt werden; ein Begriff aus dem französischen Rechtskreis. (Heute trifft das gem. Art. 1 II c) Anhang VII EurBSt. nur noch auf die Familienzulagen zu, nicht mehr jedoch nach einer Änderung von Art. 4 Anhang VII EurBSt. auf die Auslandszulage.) – Im Gegensatz zur Ansicht des EP sowie der Kommission und des Generalanwalts bejahte der EuGH diese Frage, da anderenfalls »eine willkürliche Ungleichbehandlung« vorliege; angesichts der heutigen sozialen Wirklichkeit könne man den Begriff des Familienvorstandes, sofern man ihn überhaupt beibehalte, nicht mehr automatisch auf den Mann fixieren.

Dienstorte

22 Eine Vielzahl von Problemen hat sich aus der Tatsache ergeben, daß es für EG-Bedienstete inzwischen fast 100 Dienstorte in aller Welt gibt; bei den Dienststellen außerhalb der Mitgliedstaaten handelt es sich in der Regel um Presse- und Informationsbüros oder Ständige Vertretungen der Kommission.[43] Unter diesen Dienstorten gibt es naturgemäß kaufkraftstarke und -schwache. Um die Kaufkraft der Dienstbezüge so zu gestalten, daß sie in allen Dienstorten für dieselbe Bg. und DA gleichbleibt, wird gem. Art. 64 I, II EurBSt. auf die Dienstbezüge ein BK angewandt, der sich in einem Prozentsatz ausdrückt und sich nach den »Lebensbedingungen am Ort der dienstlichen Verwendung« richtet.[43]

Zur Ermittlung der Kaufkraft innerhalb der Mitgliedstaaten wird auf die Kaufkraftvergleiche zurückgegriffen, die alle 5 Jahre auf der Basis eines gemeinsam festgelegten

39 Siehe dazu unten Rn. 31.

40 Siehe zu den Zulagen im einzelnen ausführlich *Rogalla,* Dienstrecht, S. 14 ff.

41 EuGH – Sabbatini-Bertoni/EP, 20/71 – Slg. 1972, 345, 352 und EuGH – Chollet-Baudin/Kommission, 32/71 – Slg. 1972, 363, 371.

42 Siehe dazu auch unten Rn. 36.

43 Vgl. dazu im einzelnen *Rogalla,* Dienstrecht, S. 159 ff.

Warenkorbes vom Statistischen Amt der EG und den Statistischen Ämtern der Mitgliedstaaten angestellt werden. In Staaten außerhalb der Gemeinschaft können sich noch andere Faktoren auf die Bedürfnisse und Kaufkraft auswirken, z. B. große Entfernung von Europa (Chile, Japan), allgemeines Sicherheitsrisiko (Chile, Libanon), Klima (Kanada/Afrika), soziale Anpassung (Japan). Um die Vergleichbarkeit der Kaufkraft zu gewährleisten, sieht Art. 65 II EurBSt. ein Anpassungsverfahren für die BK vor.

Ein weiteres Problem aus der Verschiedenheit der Dienstorte hat sich in dem der Rs. 156/78[44] zugrunde liegenden Fall ergeben. Ein britischer Beamter, der seit 1975 als Direktor der Bg. A 2 in Ispra tätig gewesen war, wurde 1977 gem. Art. 50 EurBSt. aus dienstlichen Gründen seines Postens enthoben. Da er bereits vorher in Belgien gewohnt hatte und dorthin zurückkehrte, beantragte er, ihm sein Abgangsgeld, auf das er gem. Art. 50 EurBSt. Anspruch hatte, in BF auszuzahlen. Dies verweigerte die Kommission, da Art. 50 EurBSt. die Auszahlung in der Währung des letzten Dienstortes unter Anwendung des BK des letzten Dienstortes vorsieht. Das hatte zur Folge, daß der Kläger ein etwa um 30 bis 35 % geringeres Abgangsgeld erhielt als ein vergleichbarer Beamter mit Brüssel als letztem Dienstort. Darin sah der EuGH eine durch sachliche Gründe nicht gerechtfertigte Diskriminierung und gab der Kommission auf, in einem solchen Falle zur Vermeidung der Diskriminierung die Vorschrift trotz ihres klaren Wortlautes nicht anzuwenden.[45] Der EuGH war der Meinung, ein anderes Ergebnis hätte »zu einer Verletzung eines höherrangigen Rechtsgrundsatzes« (Diskriminierung!) geführt. Mir erscheint dieses Ergebnis billig, wenn auch gewagt.

Währungsprobleme

23 Schwierigkeiten verursacht auch die Vielzahl von Währungen in der EG, in den Mitgliedstaaten allein 10, und die wechselnden Paritäten, insbesondere in der Zeit des Floatings der Wechselkurse – einerseits im Verhältnis zum US-Dollar, andererseits untereinander. Letzteres ist indes durch die Einführung eines Europäischen Währungssystems (EWS) unter Kontrolle gebracht worden.

Dienstbezüge (allg.)

24 Gemäß Art. 63 I EurBSt. lauten die Dienstbezüge der Beamten auf BF, ausgezahlt werden sie in der Währung desjenigen Landes, in dem der Beamte seine Tätigkeit ausübt. Für nicht in BF auszuzahlende Bezüge legt Art. 63 II EurBSt. den Wechselkurs für die Umrechnung fest. Gemäß Art. 63 III wird dieser anläßlich der jährlichen Überprüfung des Besoldungsniveaus jedes Jahr geändert.

44 EuGH – Newth/Kommission, 156/78 – Slg. 1979, 1941; vgl. dazu auch oben Rn. 17.
45 A.a.O., S. 1953.

Die im Bereich der Währungen auftauchenden Fragen münden alle in das Problem, wer das Kursrisiko zu tragen hat. Ziel mehrerer Ratsverordnungen zur Neuregelung der Frage, welcher Wechselkurs der jeweils maßgebende sein sollte.[46] Die Dienstbezüge aller Beamten sollen unabhängig vom Dienstort oder Wohnsitz die gleiche Kaufkraft besitzen, ein Ziel, das in Zeiten stark schwankender Währungen nicht immer voll zu erreichen ist. In der Rs. 28/74[47] hat der EuGH dann auch lapidar ausgesprochen, daß es »weder die Rechtswidrigkeit der« (damals) »geltenden Fassung des Art. 63 noch ihre Unanwendbarkeit im Sinne von Art. 184 EWGV« bedeute, wenn es dem Rat trotz aller Bemühungen, das EurBSt. den tatsächlichen Verhältnissen anzugleichen, nicht gelingt, die effektive Gleichheit der Dienstbezüge überall herzustellen. Ebensowenig stellt nach Ansicht des EuGH die bloße Tatsache, daß Beamte durch die Aufwertung der Währung eines Mitgliedstaates einen finanziellen Verlust erlitten haben, für sich allein eine »besonders schwierige Lage« im Sinne des Art. 76 EurBSt. dar, die Anspruch auf besondere Zuwendungen rechtfertigen könnte.[48] In diesem Verfahren hatten sich die Kläger – mehrere deutsche Beamte – auch auf den Grundsatz der Gleichbehandlung berufen mit der Begründung, sie erlitten infolge der Aufwertung der DM im Jahre 1969 finanzielle Verluste, da sie für ihre finanziellen Verpflichtungen in Deutschland nun einen größeren Teil ihrer in BF berechneten Dienstbezüge aufwenden müßten.

Der EuGH wies den geltend gemachten Anspruch auf automatische Ausgleichszahlungen in solchen Fällen zurück: durch solche Ausgleichszahlungen bei Wechselkursänderungen würden andere Beamte diskriminiert, die gerade nicht davon betroffen seien, denn Wechselkursschwankungen seien nur einer unter vielen Faktoren, die die Kaufkraft der Dienstbezüge beeinflußten. Ein Ausgleich nur für diesen Nachteil diskriminiere alle anderen Beamten, deren Gehälter anderen kaufkraftmindernden Faktoren ausgesetzt seien. Im übrigen sei im Besoldungsrecht der Gleichbehandlungsgrundsatz bereits dadurch hinreichend gewährleistet, daß alle Gehälter nach einer einheitlichen Tabelle und in derselben Währung berechnet würden.[49]

Soziale Sicherheit (insbesondere Krankenfürsorge)

25 Später hat der EuGH diesen rigorosen Standpunkt allerdings zugunsten der Einzelfallgerechtigkeit in einem Nebenbereich der Dienstbezüge etwas abgeschwächt. In der Rs. 256/78[50] ging es um die Erstattung von Krankheitskosten. Zur Veranschaulichung der vielfältigen Währungsprobleme folgt eine kurze Darstellung der einschlägigen Regelungen.

46 Vgl. dazu im einzelnen *Rogalla,* Dienstrecht, S. 169f.
47 EuGH – Gillet/Kommission, 28/74 – Slg. 1975, 463, 474.
48 EuGH – Bode u. a./Kommission, 63 bis 75/70 – Slg. 1971, 549, 555.
49 A.a.O., S. 555, 556; zu den vergleichbaren Besoldungsproblemen im Dienstrecht der Vereinten Nationen s. *Busch*, a.a.O., S. 156ff.
50 EuGH – Misenta/Kommission, 256/78 – Slg. 1980, 219.

Art. 72 EurBSt. legt die Grundlagen für die Krankenversicherung fest. Danach werden grundsätzlich 80 % der Aufwendungen erstattet, bei besonders schweren Leiden auch bis zu 100 %. Die Einzelheiten zur Sicherung im Krankheitsfalle sind in der »Regelung zur Sicherstellung der Krankheitsfürsorge für die Beamten des EG« enthalten.[51] Beispielsweise legen Art. 2, 3 und 4 der »Regelung« den Kreis der der Krankenfürsorge angeschlossenen Personen fest, Art. 9 gewährleistet die freie Wahl des Arztes und der Krankenanstalt, die Art. 11 bis 13 regeln das Verfahren für die Erstattung und die Fristen für die Geltendmachung der Ansprüche gegenüber dem Organ. Die Anhänge 1 und 2 zur »Regelung« enthalten Erstattungsgrenzen für einzelne ärztliche Leistungen.[52]

26 In der Rs. 256/78 wandte sich der Kläger gegen die Maßnahmen der Kommission zur Bewältigung der durch Wechselkursschwankungen aufgeworfenen Probleme bei Kostenerstattungen. Gemäß Art. 17 I Anhang VII zum EurBSt. werden den Beamten nämlich alle Beträge, auf die sie Anspruch haben, in der Währung des Landes ausgezahlt, in dem sie ihre Tätigkeit ausüben.

Nach einer Entscheidung der Kommission vom 6. 11. 1974 ist bei der Erstattung von Kosten, insbesondere von Krankheitskosten im Sinne des Art. 72 EurBSt., ein aktualisierter Wechselkurs anzuwenden, der jeweils in der Mitte eines Trimesters festgelegt wird. Für die Erstattung von Krankheitskosten in anderen Währungen als FB legte das Zentralbüro des Gemeinsamen Krankheitsfürsorgesystems deshalb fest, daß sowohl für die Umrechnung der Aufwendungen in FB wie auch für die Umrechnung der Erstattungen in andere Währungen der zur Zeit der *Leistung an den Arzt* gültige Wechselkurs anzuwenden sei. Dem Kläger, einem in Ispra/Italien beschäftigten Deutschen, waren in den Jahren 1976 bis 1977 in Deutschland Behandlungskosten entstanden, die er in DM bezahlte. Diese Summe wurde ihm im Januar 1978 in italienischen Lire erstattet, die er dann zum freien Wechselkurs auf sein Konto in Deutschland überwies.

Danach mußte er allerdings feststellen, daß er in DM nicht – wie es der Regelung in Art. 72 I EurBSt. entsprechen würde – 80 % seiner Aufwendungen erstattet bekommen hatte, sondern 326,– DM weniger, also tatsächlich nur ca. 70 %. Hierin sah er eine ungerechtfertigte Ungleichbehandlung der Beamten je nachdem, ob der Ort der ärztlichen Behandlung bzw. der Dienstort in einem Land mit starker oder mit schwacher Währung liege. Darin gab ihm der EuGH insofern Recht, als er die Kommission verpflichtete, entsprechend dem Grundsatz der Gleichbehandlung, bei der Erstattung von Krankheitskosten jeweils den dem Datum der Erstattung möglichst nahekommenden Wechselkurs anzuwenden. Der Gefahr von Währungsspekulationen seitens der Beamten durch verzögerte Einreichung der Erstattungsanträge sei durch das Aufstellen von Ausschlußfristen genügend vorgebeugt.[53]

51 Siehe Textsammlung EurBSt., Teil IV, S. 126 ff.
52 Vgl. im einzelnen dazu *Rogalla,* Dienstrecht, S. 175 ff.
53 A.a.O., S. 227.

Versorgung

27 Die Versorgung der EG-Beamten ist in den Art. 77 bis 84 i. V. m. Anhang VIII EurBSt. geregelt und erfaßt den Ruhestand wegen Erreichung der Altersgrenze, Dienstunfähigkeit und der Hinterbliebenenversorgung.[54] In diesem Bereich resultieren die Währungsprobleme in der Regel daraus, daß sich wegen einer Veränderung des Wohnsitzes beim Eintritt in den Ruhestand auch die Währung, in der die Pension gezahlt wird, und der anzuwendende BK ändern können. Allerdings haben die Beamten gemäß Art. 45 III und IV Anhang VIII EurBSt. die Wahl – jeweils für mindestens zwei Jahre verbindlich – zwischen der Währung des Herkunftslandes, derjenigen des Aufenthaltslandes und derjenigen des Landes, an dem das Organ, dem sie angehört haben, seinen Sitz hat. Dennoch kann die Änderung von Währung und BK nach absoluten Zahlen für den einzelnen Einbußen von bis zu 17,5 % zur Folge haben.

Darin liegt allerdings keine Verletzung des Gleichbehandlungsgrundsatzes, da das EurBSt. mit seinem System der BK eben nur einen Kaufkraftanspruch gibt, dessen Gleichmäßigkeit durch die BK und deren Anpassung gemäß Art. 65 EurBSt. als gesichert angesehen werden muß. Gegen dieses System richteten sich allerdings mehrere Klagen mit dem Argument, alle Ruhegehaltsempfänger, die als Beamte derselben Bg. und DA die gleichen Beträge in den Versorgungsfonds eingezahlt hätten (z. Zt. gemäß Art. 83 II EurBSt. 6,75 % des Grundgehalts), müßten auch – unabhängig von verschiedenen Währungen – die gleiche Pension bekommen, damit eine Gleichbehandlung gewährleistet sei.[55] Der EuGH brauchte sich zu dieser materiellrechtlichen Frage nicht zu äußern, da er sämtliche Klagen bereits als unzulässig abgewiesen hat.

Verlegt ein Versorgungsempfänger seinen Wohnsitz in ein Land außerhalb der EG, z. B. nach Kanada, und erleidet er durch die Umrechnung seiner Versorgungsbezüge von BF in kanadische Dollars finanzielle Einbußen, so wird durch die Anwendung der entsprechenden EG-Regelungen nicht das Menschenrecht auf freie Wahl des Wohnsitzes verletzt. Dazu der EuGH: Erstens gelten diese Vorschriften für alle (ehemaligen) EG-Beamten, und zweitens sind alle Versorgungsempfänger in vergleichbarer Situation gleichermaßen betroffen, so daß ferner keine Verletzung des Gleichbehandlungsgrundsatzes vorliegt.[56]

Nationale Herkunft

28 Gemäß Art. 7 EWGV ist im Geltungsbereich des Vertrages jede Diskriminierung aus

54 Vgl. im einzelnen dazu *Rogalla,* Dienstrecht, S. 180 ff.

55 EuGH – Bowden u. a./Kommission, 153/79 – Slg. 1981, 2111; Biller u. a./EP, 154-79 – Slg. 1981, 2125; Albini/Rat und Kommission, 33/80 – Slg. 1981, 2141; Curtis/Kommission, 167/80 – Zwischenurteil vom 4. 6. 1982, Slg. 1981, 1499.

56 EuGH – Reinarz/Kommission, 29/80 – Urteil vom 21. 5. 1981, Slg. 1981. 1311.

Gründen der Staatsangehörigkeit verboten. Dieser Grundsatz stellt eine Ausprägung des allgemeinen Gleichbehandlungsgrundsatzes dar.[57]

Geographisches Gleichgewicht

29 Im Bereich des EG-Dienstrechts prägt dieser Grundsatz u.a. Art. 27 EurBSt., wonach die Beamten »in bezug auf Befähigung, Leistung und Integrität höchsten Ansprüchen« genügen müssen und »unter den Staatsangehörigen der Mitgliedstaaten der Gemeinschaften auf möglichst breiter geographischer Grundlage auszuwählen« sind. Letzteres führt zur sog. »integrierten«, also »verzahnten« Arbeitsweise, d.h. es gibt keine Arbeitseinheiten, die mit Beamten nur einer Nationalität besetzt sind. Im Gegenteil: es soll so sein, daß z.B. die unmittelbaren Mitarbeiter des Generaldirektors einer anderen Nationalität angehören sollen als dieser und so fort, den ganzen Verwaltungsaufbau hindurch. Um hierbei das geographische Gleichgewicht mengenmäßig und nach Art und Schwere der Verantwortung in etwa zu wahren, wird überschlagsmäßig mit Prozentsätzen gearbeitet. Z. Zt. entfallen etwa je 18 % aller Bediensteten auf die vier großen Mitgliedstaaten und Benelux, die restlichen 10 % auf Dänemark, Irland und Griechenland zusammen.

Loyalität

30 Die nationale Herkunft der Beamten steht stets in einem gewissen Spannungsverhältnis mit ihrer Stellung als EG-Bedienstete. Gemäß Art. 11 I EurBSt. hat sich der Beamte »bei der Ausübung seines Amtes und in seinem Verhalten ausschließlich von den Interessen der Gemeinschaften leiten zu lassen; er darf von keiner Regierung, Behörde, Organisation oder Person außerhalb seines Organs Weisungen anfordern oder entgegennehmen«.

Die Sicherung der Loyalität ihrer Bediensteten ist ein spezifisches Problem internationaler und supranationaler Behörden. Die EG bietet ihren Beamten zu diesem Zweck ein attraktives Gehalt und ein gut ausgebautes soziales Netz. Dennoch besteht immer noch ein großer Teil der EG-Bediensteten aus entsandten nationalen Beamten; in höheren Ämtern übersteigt dieser Anteil teilweise 50 %. Die Beibehaltung der Beamtenstellung in der nationalen Verwaltung ist mit der Stellung als EG-Beamter vereinbar; es besteht dann eine Bindung an zwei Dienstherrn. Die EG gewährleisten ihre Personalhoheit aber dadurch, daß ihre Bediensteten z.B. für eine Entgegennahme von Vergütungen, Geschenken, Titeln etc. von anderen Stellen der Genehmigung der Anstellungsbehörde bedürfen.[58]

Aber für entsandte Beamte besteht auch die Möglichkeit, innerhalb der nationalen Verwaltung im DA aufzusteigen oder befördert zu werden.[59] Daraus kann sich natürlich

57 EuGH – Hochstrass/EuGH, 147/79 – Slg. 1980, 3005, 3019.
58 Vgl. zum Ganzen *Rogalla,* Dienstrecht, S. 125ff. m. w. N.
59 *Herzog*, a.a.O., S. 43.

dann die Gefahr ergeben, daß der Beamte von seiner nationalen Verwaltung zu illoyalem Verhalten gegenüber der EG veranlaßt wird. Ebenso gilt das nationale Disziplinarrecht weiter, so daß ein- und dieselbe Handlung disziplinarrechtliche Folgen sowohl von seiten der EG als auch des Mitgliedstaates zur Folgen haben kann. Andererseits ist die Mitarbeit von nationalen entsandten Beamten für den EÖD unverzichtbar. Sie bringen sowohl ihr Fachwissen und ihre Erfahrung aus bestimmten Sachgebieten und Verwaltungseinheiten mit ein als auch neue Impulse, die die oft etwas schwerfällige Eurokratie beleben können.

Wünschenswert ist auch ein Austausch in der anderen Richtung, daß nämlich erfahrene EG-Beamte in die nationalen Verwaltungen zurückkehren, um dort den Willen zur europäischen Zusammenarbeit zu stärken und etwa vorhandene Aversionen gegen die EG und nationalistische Denkweisen überwinden zu helfen. Dahingehende Vorschläge hat die Kommission im Dezember 1980 im Anschluß an den sog. *Spierenburg*-Bericht gemacht.[60] In diesem Bereich erwartet man künftig neue Initiativen der EG-Kommission.

Auslandszulage

31 Bedeutung hat die Staatsangehörigkeit auch auf finanziellem Gebiet, und zwar bei der Auslandszulage. Diese wird gemäß Art. 69 i. V. m. Art. 4 Anhang VII EurBSt. Beamten gewährt, die als Nicht-Staatsangehörige des Staates, in dem sie arbeiten, während eines sechs Monate vor ihrem Dienstantritt ablaufenden Zeitraums von 5 Jahren in eben diesem Staat weder ihre ständige hauptberufliche Tätigkeit ausgeübt noch ihren ständigen Wohnsitz gehabt haben, oder als Staatsangehörige des Staates, in dem sie arbeiten dort während eines bei Dienstantritt ablaufenden Zeitraums von 10 Jahren aus einem anderen Grund als der Ausübung einer Tätigkeit in einer Dienststelle eines Staates oder in einer internationalen Organisation ihren ständigen Wohnsitz nicht in diesem Staat gehabt haben (vgl. Art. 4 Anhang VII EurBSt.). Sie beträgt 16 % des Gesamtbetrages aus Grundgehalt, Haushalts- und Kinderzulage.

Der 10-Jahreszeitraum gemäß Art. 4 I b Anhang VII EurBSt. wird durch die Ableistung des Pflichtwehrdienstes im Heimatland nicht unterbrochen, da sich dadurch erstens automatisch nichts am ständigen Wohnsitz ändert, und außerdem anderenfalls ein Widerspruch zur Wertung der Art. 28 b) und 42 EurBSt. entstehen würde.[61]

32 Seit 1978 gibt es gemäß Art. 4 II Anhang VII EurBSt. für Beamte, die die Staatsangehörigkeit des Staates, in dem sie tätig sind, nicht besitzen, aber dennoch in diesem Staat gewohnt haben und daher die Voraussetzungen für die Auslandszulage nicht erfüllen, eine Expatriierungszulage, die einem Viertel der Auslandszulage entspricht. Sie soll die Nachteile ausgleichen, die trotz längerer Anwesenheit in einem Staat für

60 Vgl. dazu *Rogalla,* Dienstrecht, S. 233, 234, 82, 109 ff.

61 EuGH – Garganese/Kommission, 185/80 – Urteil vom 2. 7. 1981, Rn. 15 ff., Slg 1981, 1785.

Nicht-Staatsangehörige immer noch bestehen. Im Zusammenhang damit wurde durch die Rs. 147/79[62] die Frage aufgeworfen, ob die Staatsangehörigkeit als Anknüpfungspunkt für die Expatriierungszulage das rechtmäßige Kriterium sei. Das bestritt der Kläger mit dem Argument, die Lage derjenigen Beamten, die diese Zulage erhielten, unterscheide sich tatsächlich nicht von der Lage der Beamten, die sie nicht erhalten, so daß letztere diskriminiert würden. Diesen Einwand hat der EuGH zurückgewiesen und ausführlich dargelegt, daß es auch im Geltungsbereich des EWG-Vertrages immer noch Nachteile für Ausländer auf verschiedensten Gebieten gibt.[63]

In der Rs. 1322/79[64] zieht der Kläger das gesamte System der Auslandszulage in Zweifel, da hierbei – im Gegensatz zur Expatriierungszulage – nur auf den Wohnsitz und nicht auch auf die Staatsangehörigkeit abgestellt wird, obwohl doch auch Ausländer, die bereits längere Zeit in einem anderen Land als ihrem Heimatstaat ansässig gewesen seien, noch Schwierigkeiten aufgrund ihrer Nationalität hätten. Der EuGH schloß sich dieser Argumentation indes nicht an; nach seiner Ansicht beruhen die im EurBSt. getroffenen Differenzierungen auf sachlichen Erwägungen und sind daher nicht willkürlich.[65]

Vorrechte und Befreiungen

33 Zur Sicherung der für die EG zur Erfüllung ihrer Aufgaben nötigen Vorrechte und Befreiungen gibt es ein »Protokoll über Vorrechte und Befreiungen, das gemäß Art. 28 I 1 FusV Bestandteil desselben ist. Teil des Protokolls sind Regelungen über Vorrechte und Befreiungen für die Beamten und Sonstigen Bediensteten der EG, die diesen aber nur im Interesse der EG gewährt werden (Art. 23 I EurBSt., 11 I BSB). Gesichert werden soll letztlich die volle Unabhängigkeit der Gemeinschaften gegenüber den Mitgliedstaaten.

Zu diesem Zweck genießen die EG-Bediensteten einen diplomatenähnlichen Status. Nach Art. 12 des Protokolls haben sie z. B. folgende Rechte: sie sind befreit von der jeweiligen nationalen Gerichtsbarkeit bezüglich ihrer in amtlicher Eigenschaft vorgenommener Handlungen; von Einwanderungsbeschränkungen und Meldepflichten für Ausländer (auch für Familienmitglieder); sie genießen Erleichterungen auf dem Gebiet des Währungs- und Devisenrechts; bei Beginn bzw. Beendigung der Tätigkeit können sie ihre Wohnungseinrichtung und Gebrauchsgegenstände zollfrei ein- bzw. ausführen; auch können sie ein Kraftfahrzeug abgabenfrei einführen.[66] Für Mitglieder des EP enthalten die Art. 8 bis 10 des Protokolls besondere Vorschriften, z. B. bezüglich Reisefreiheit zum und vom Tagungsort, Immunität, Indemnität.

62 EuGH – Hochstrass/EuGH, 147/79 – Slg. 1980, 3005.
63 A.a.O., S. 3020, 3021.
64 EuGH – Vutera/Kommission, 1322/79 – Slg. 1981, 127.
65 A.a.O., S. 138.
66 Vgl. im einzelnen *Rogalla,* Dienstrecht, S. 45 ff.

Nach dem Urteil des EuGH in der Rs. 208/80[67] ist es nach EG-Recht (insbesondere nach dem Protokoll über Vorrechte und Befreiungen und unter dem Gesichtspunkt der Autonomie des EP) nicht zulässig, auf die Diäten der EP-Parlamentarier noch nationale Einkommensteuer zu erheben.[68] Dies gilt auch für »die durch Reisen und Aufenthalte im Interesse des Parlaments entstandenen und von diesem erstatteten tatsächlichen Kosten«, soweit die dafür vorgesehenen Vergütungen« nicht die angemessenen Grenzen einer Erstattung von Reise- und Aufenthaltskosten überschreiten. Entsprechend haben die Steuerbehörden auch keine Möglichkeit, derartige Nachweise zu verlangen.

Auswahlverfahren, Einstellung, Beförderung

34 Wesentliches Merkmal des EG-Beamten ist gemäß Art. 1 I EurBSt. die Einweisung in eine Dauerplanstelle. Um zu gewährleisten, daß diejenigen Personen in den EÖD kommen, die den in Art. 27 EurBSt. aufgestellten Erfordernissen am besten genügen, sehen Art. 28 ff. EurBSt. detaillierte Vorschriften für das Verfahren zur Besetzung freier Planstellen vor.

Zunächst hat die Anstellungsbehörde gemäß Art. 29 I a) EurBSt. zu prüfen, ob eine freie Planstelle im Wege der Beförderung oder Versetzung von Beamten innerhalb des Organs zu besetzen ist. Ist das mangels geeigneter Personen nicht der Fall, so ist gemäß Art. 29 I b) EurBSt. sodann die Möglichkeit eines internen Auswahlverfahrens innerhalb des Organs zu erörtern, um Beamten einen Wechsel in eine höhere Laufbahngruppe zu ermöglichen (Verfahren gemäß Anhang III EurBSt.). Die dritte Stufe ist gemäß Art. 29 I c) EurBSt. die Prüfung eventueller Übernahmeanträge von Beamten anderer EG-Organe. Erst wenn alle diese Erwägungen negativ ausgegangen sind, wird ein allgemeines Auswahlverfahren im ABlEG und in großen Zeitungen der Mitgliedstaaten ausgeschrieben.[69]

35 Der allgemeine Gleichheitsgrundsatz zeigt sich im Auswahlverfahren in Gestalt des Grundsatzes der Chancengleichheit aller Bewerber. Die Prüfungen müssen für alle Bewerber unter den gleichen äußeren Bedingungen stattfinden; bei schriftlichen Prüfungen ist es nach Ansicht des EuGH zur Gewährleistung der Vergleichbarkeit nötig, daß die Aufgaben alle gleich sind.[70] In diesem Fall ging es außerdem um die Frage, ob es Bewerbern zugemutet werden kann, an für sie religiösen Feiertagen ihre Prüfung abzulegen. Der EuGH hielt es für wünschenswert, daß die Anstellungsbehörde solche

67 Vorlageverfahren gemäß Art. 177 EWGV im Rechtsstreit zwischen *Lord Bruce of Donington / Eric Gordon Aspden*, Her Majesty's Inspector of Taxes, Entscheidung vom 15. 9. 1981, Rn. 23.

68 A.a.O., Rn. 11 ff., 17 ff., 23.

69 Hinsichtlich Einzelheiten zum Verfahren s. Anhang III zum EurBSt. sowie *Rogalla*, Dienstrecht, S. 88 ff.

70 EuGH – Prais/Rat, 130/75 – Slg. 1976, 1589, 1599.

Umstände berücksichtigt, sofern sie ihr rechtzeitig vorher mitgeteilt worden sind; sie sei aber nicht verpflichtet, einmal angesetzte Termine wegen Schwierigkeiten einzelner Bewerber wieder zu verlegen.

Bei zeitlich aufeinanderfolgenden, gleichartigen Auswahlverfahren müssen die gleichen Auswahlkriterien angewandt werden;[71] d. h. die gleichen obigen Kriterien müssen immer in gleicher Weise ausgelegt werden (z. B. »gleichwertige Berufserfahrung«). Es dürfen auch nicht tatsächliche mit fiktiven Auswahlkriterien verglichen werden.[72] Der Gleichheitsgrundsatz wird verletzt durch die Wahl eines Prüfungsthemas, das einen Bewerber besonders begünstigt, weil es ihm erlaubt, seine besondere Erfahrung zu nutzen, die er als Beamter auf Zeit bei der Wahrnehmung der mit der freien Planstelle verbundenen Tätigkeit gewonnen hat.[73] Auch bei der Einstufung bei der Einstellung müssen auf alle Beamten die gleichen Kriterien angewandt werden, ebenso bei der Beförderungsauswahl.[74]

Gleichbehandlung der Geschlechter

36 Art. 119 EWGV schreibt die Gleichbehandlung von Männern und Frauen in bezug auf das Arbeitsentgelt vor: gleiche Arbeit – gleicher Lohn. In bezug auf das Grundgehalt der EG-Beamten gibt es hier keine Schwierigkeiten: für alle gilt dieselbe Tabelle (s. Art. 66 EurBSt.).[75] Probleme haben sich allerdings bei verschiedenen Zulagen ergeben. Das Problem des »Haushaltsvorstandes« (»chef de famille«) bei der Kinderzulage wurde bereits schon oben Rn. 21 angesprochen.

Bei der Auslandszulage, für die die Staatsangehörigkeit von Bedeutung ist, hatte der EuGH in mehreren Verfahren sich mit der Frage der durch Heirat erworbenen (zweiten) Staatsangehörigkeit zu befassen. In zwei Fällen handelte es sich um Beamtinnen, die durch Heirat eine andere Staatsangehörigkeit erwarben, derentwegen ihnen die Kommission die Auslandszulage versagte. Darin erblickten sie eine Diskriminierung, zumal es im Recht keines Mitgliedstaates eine Regelung gibt, nach der Männer bei der Heirat mit einer Ausländerin deren Staatsangehörigkeit erwerben. In der Rs. 21/74[76] gab der EuGH der Klägerin Recht, da ihre durch Heirat erworbene Staatsangehörigkeit bei der Entscheidung über die Auslandszulage außer Betracht gelassen werden müsse. Allerdings hat der EuGH die Klage im ähnlich gelagerten Fall der Rs. 37/74[77] abgewiesen mit der

71 EuGH – Kobor/Kommission, 112/78 – Slg. 1979, 1573 ff., Rn. 11, 12.
72 EuGH – Küster/EP, 77/74 – Slg. 1975, 949.
73 EuGH – Martin/Kommission, 24/78 – Slg. 1979, 603 ff., Rn. 16, 21.
74 EuGH – Petersen/Kommission, 102/75 – Slg. 1976, 1777; Raponi/Kommission, 27/63 – Slg. 1964, 271, 294; für weitere Einzelfälle zu Auswahlverfahren, Beförderung etc. vgl. *Henrichs*, EuR 1980, 134, 148, Rn. 114; *Rogalla,* Dienstrecht, S. 87 ff.
75 Vgl. oben Rn 20; statistische Angaben zum Anteil der weiblichen EG-Bediensteten s. bei *Rogalla,* Dienstrecht, S. 237.
76 EuGH – Ariola/Kommission, 21/74 – Slg. 1975, 221, 228 f.
77 EuGH – van den Broek/Kommission, 37/74 – Slg. 1975, 235, 245.

Begründung, daß die Klägerin dort die Möglichkeit des Verzichts auf eine zweite zulagenschädliche Staatsangehörigkeit gehabt habe. Unter dem Gesichtspunkt der Gleichbehandlung von Mann und Frau befriedigt dieses Ergebnis wenig, wenn der Ehefrau zugemutet wird, aus rein finanziellen Gründen auf eine neue Staatsangehörigkeit zu verzichten, die ja aber auch unter dem Gesichtspunkt familiärer Bande gesehen werden muß.

1978 hat man zur Klärung dieser Fälle dem Art. 4 Anhang VII einen Abs. 3 hinzugefügt, nach dem eine ohne Möglichkeit des Verzichts durch Heirat erworbene Staatsangehörigkeit bei der Entscheidung über die Auslandszulage von Amts wegen außer Betracht zu lassen ist. In einem dritten ähnlich gelagerten Fall[78] kam es nicht zu einer Sachentscheidung, da die Klage bereits als unzulässig abgewiesen wurde.

bb) Vertrauensschutz, wohlerworbene Rechte

37 Unter dem Begriff des Vertrauensschutzes versteht man üblicherweise die Frage, wann der Inhaber einer Rechtsposition, die möglicherweise auch nicht der materiellen Rechtslage entspricht, schutzwürdigerweise und berechtigtermaßen auf ihren Fortbestand vertrauen darf. Der EuGH hat derartige Sachverhalte auch wiederholt unter dem Stichwort »Prinzip der wohlerworbenen Rechte« behandelt, ist dabei aber meist zu einem für die Kläger negativen Ergebnis gekommen. Z. B. kann nach Ansicht des EuGH die jahrelange Duldung eines statutswidrigen Zustandes (etwa die Verwendung einer Hilfskraft als »ständiger« Mitarbeiter) keinen Anspruch darauf begründen, diesen Zustand in einen rechtmäßigen zu überführen.[79]

Auch bei der fehlerhaften Gewährung von Dienstbezügen gewährt das Prinzip der »wohlerworbenen Rechte« keinen Anspruch auf Weiterzahlung für die Zukunft.[80] Hier gibt es im Gegenteil die Regelung des Art. 85 EurBSt., nach der ohne rechtlichen Grund gezahlte Beträge zurückzuerstatten sind, wenn der Empfänger den Mangel des rechtlichen Grundes der Zahlung kannte oder der Mangel so offensichtlich war, daß er ihn hätte kennen müssen. Sofern den Beamten Vorteile irgendwelcher Art geleistet worden sind, die mit der geltenden Rechtslage nicht im Einklang stehen, unterliegt zwar ihre Rückforderung für die Vergangenheit strengen Voraussetzungen bzw. ist bei anderen als finanziellen Vorteilen oft tatsächlich unmöglich. Jedoch soll nach Ansicht des EuGH die

78 EuGH – Gunella/Kommission, 33/72 – Slg. 1973, 475, 481 f.

79 EuGH – Fournier/Kommission, 18, 39/69 – Slg. 1970, 249, 261; s. aber auch Deshormes/Kommission, 17/78 – Slg. 1979, 189, Rn. 45 ff.

80 EuGH – Herpels/Kommission, 54/77 – Slg. 1978, 585, Rn. 37, 41; Elz/Kommission, 56/76 – Slg. 1976, 1097, Rn. 18, 20.

Rücknahme einer solchen begünstigenden Entscheidung mit Wirkung für die Zukunft stets möglich sein.[81]

cc) Fürsorgepflicht des Dienstherrn

38 Die Fürsorgepflicht des Dienstherrn gegenüber den Beamten wird vom EuGH auch für den EÖD als ein dem Art. 24 EurBSt. (Beistandspflicht) zugrunde liegender allgemeiner Rechtssatz anerkannt.[82] Außerdem kann man sie auch als Gegenstück zur Treuepflicht der Beamten ansehen, die ihrerseits schon sehr viel früher anerkannt war.[83]
Art. 24 I EurBSt. regelt in erster Linie die Beistandspflicht der EG für ihre Bediensteten gegenüber Angriffen von außen. Unter Umständen hat die Behörde einem ihrer Beamten aber auch Schutz gegen Angriff seitens seiner Kollegen zu gewähren; hierbei fällt allerdings auf der anderen Seite das Interesse des Dienstbetriebes besonders stark ins Gewicht.[84] Ferner verpflichtet Art. 24 II EurBSt. die Gemeinschaften zum Ersatz des Schadens, den der Beamte erlitten hat, und III und IV zur Erleichterung der beruflichen Fortbildung sowie zu ihrer Berücksichtigung beim Aufstieg innerhalb der Laufbahn.[85]
Anerkannt ist aber, daß aus der allgemeinen Fürsorgepflicht über Art. 24 EurBSt. hinaus noch Pflichten für die Gemeinschaften folgen können. Z. B. hielt der EuGH in der Rs. 53/72[86] die Kommission für verpflichtet, bei schweren Vorwürfen gegen die berufliche Ehrenhaftigkeit des Beamten die Anschuldigungen gründlich zu prüfen und gegebenenfalls das Erforderliche zur Wiederherstellung der verletzten Ehre zu tun.[87] Aus der Fürsorgepflicht i. w. S. folgt auch der Grundsatz der Amtshaftung der Anstellungsbehörde gegenüber ihren Bediensteten bei schuldhafter Verletzung behördlicher Sorgfaltspflichten.[88]

dd) Rechtliches Gehör, Begründungspflicht

39 Der Grundsatz rechtlichen Gehörs ist als Rechtssatz im Verwaltungsrecht aller

81 EuGH – Herpels/Kommission, 54/77 – Slg. 1978, 585, 598; Nachweise über weitere Einzelfälle zu Fragen des Vertrauensschutzes bei *Henrichs*, EuR 1980, 134, 149, 150 m. w. N. in den Fn. 122/130; *Rogalla,* Dienstrecht, S. 131 f., 168.
82 EuGH – Kuhner/Kommission, 33, 75/79 – Slg. 1980, 1677; Verhaaf/Kommission, 140/77 – Slg. 1978, 2117 ff., Rn. 11, 14.
83 Vgl. EuGH – Alfieri/EP, 3/66 – Slg. 1966, 653, 672.
84 Vgl. *Henrichs*, EuR 1980, 134, 149; EuGH – V./Kommission, 17/78 – Slg. 1979, 2093, 2102; ähnlich Bellintani/Kommission, 116/78 – Slg. 1979, 1585, 1600; List/Kommission, 124/78 – Slg. 1979, 2499, 2411; Arning/Kommission, 125/80 – Urteil vom 29. 10. 1981, Slg. 1981, 2539 insbes. zu organisatorischen Maßnahmen.
85 Vgl. dazu z. B. EuGH – Kruse/Kommission, 218/80 Urteil vom 22. 10. 1981.
86 EuGH – Guillot/Kommission, 53/72 – Slg. 1974, 791, 803.
87 Ähnlich EuGH – Verhaaf/Kommission, 140/77 – Slg. 1978, 2124 zur Verpflichtung, den Beamten aus dienstlichem Interesse in die Lage zu versetzen, persönliche Schwierigkeiten zu meistern.
88 Vgl. dazu *Henrichs*, EuR 1980, 134, 151 m. w. N.

Mitgliedstaaten anzuwenden und gilt auch im Dienstrecht der EG. Nach Ansicht des EuGH besagt er grundsätzlich, daß dem Bediensteten bei Maßnahmen, die seine Interessen erheblich berühren, die Möglichkeit eingeräumt werden muß, sich äußern zu können.[89] Das Recht der Anhörung soll aber nicht das Recht umfassen, sich bei der Anhörung durch einen Anwalt beraten zu lassen,[90] mit der Folge, daß die Behörde ggf. die Kosten dafür zu tragen hätte.

Mitteilungspflicht

40 Gemäß Art. 25 II EurBSt. ist dem Beamten jede Verfügung, die auf Grund des EurBSt. getroffen worden ist, unverzüglich mitzuteilen. Allerdings hat eine verspätete Mitteilung nicht die Rechtswidrigkeit der Maßnahme zur Folge, da die Mitteilung lediglich eine Formalität ist, die jedoch den Inhalt der Maßnahme unberührt läßt.[91]

Begründungspflicht

41 In gleicher Weise besteht bei diesen Maßnahmen – also insbesondere bei belastenden Verfügungen – auch eine Begründungspflicht[92] (Art. 25 II EurBSt.). Eine komplizierte Lösung der Begründungspflicht hat der EuGH für das Verfahren des Prüfungsausschusses geschaffen.[93] Zur Festlegung des Umfangs der Begründungspflicht sind einerseits das Ausmaß der Nachteile, die die zu treffende Maßnahme für den Beamten haben kann, zu berücksichtigen, und andererseits die Weite des Entscheidungsspielraums, den die Verwaltung auf dem betreffenden Gebiet hat. Je größer letzterer ist, desto kleiner ist der Umfang der Begründungspflicht.[94] Zudem ist für die Frage, ob die tatsächlich gegebene Begründung ausreichend ist, nicht nur auf das dem Betroffenen ausgehändigte Dokument abzustellen, sondern auch auf sonstige Umstände, aus denen der Beamte bereits Näheres erfahren hatte.[95]

Auch bei rein organisatorischen Maßnmahmen, wie z. B. der (häufigen!) Umorganisation einer Generaldirektion und der sich daraus ergebenden Neuverteilung der Aufgaben besteht eine Mitteilungs- und Anhörungspflicht. Da hier allerdings der Verwaltung im Rahmen ihrer Organisationsgewalt ein besonders weiter Entscheidungsspielraum

89 Vgl. dazu EuGH – de Briey/Kommission, 25/80 – Slg. 1981, 637, 646.
90 EuGH – Perinciolo/Rat, 124/75 – Slg. 1976, 1953.
91 EuGH – Arning/Kommission, 125/80 – Urteil vom 29. 10. 1981, Rn. 3.
92 EuGH – Oslizlok/Kommission, 34/77 – Slg. 1978, 1099 ff., Rn. 31, 35; Alvis/Rat, 32/62 – Slg. 1963, 102, 124 (Disziplinarmaßnahme); Mollet/Kommission, 75/77 – Slg. 1978, 897 ff., Rn. 20, 23; Moli/Kommission, 121/76 – Slg. 1977, 1971, Rn. 13, 19, 21 (Ablehnung eines Bewerbers wegen mangelnder körperlicher Eignung).
93 Vgl. dazu *Henrichs*, EuR 1980, 134, 151; *Rogalla*, Dienstrecht, S. 90 ff., 101.
94 EuGH – Kuhner/Kommission, 33, 75/79 – Slg. 1980, 1677; Arning/Kommission, 125/80 – Urteil vom 29. 10. 1981, Rn. 12.
95 EuGH – Arning/Kommission, 125/80 – Urteil vom 29. 10. 1981, Rn. 13.

zukommt,[96] ist das praktische Ergebnis der Anhörung des Beamten häufig gering, insbesondere dann, wenn seine Auffassung derjenigen entgegensteht, die die Verwaltung bei der Organisationsänderung zugrunde legen will.

ee) Treu und Glauben

42 Auch der Grundsatz von Treu und Glauben wird vom EuGH auf das EG-Dienstrecht angewandt, s. z. B. Rs. 43, 45 und 48/59,[97] wonach die Entlassung von Beamten und die Vertragsauflösung nach dem Grundsatz von Treu und Glauben durch das dienstliche Interesse gerechtfertigt sein muß.

ff) Rechtsschutz

43 Auf das Rechtsschutzsystem für die EG-Beamten wurde oben in Rn. 14 bereits eingegangen. Im Gegensatz zu dem recht ausführlich geregelten Rechtsschutzsystem steht allerdings seine in der Praxis für den einzelnen Rechtsschutzsuchenden eingeschränkte Effektivität. Diese ergibt sich aus der ausgesprochenen Formalienstrenge des EuGH, der eine Vielzahl von Klagen bereits als unzulässig abweist. In vielen dieser Fälle ist das in Art. 90 II EurBSt. vorgeschriebene Vorverfahren nicht ordnungsgemäß durchgeführt worden, bisweilen fehlt es an einer förmlichen Beschwerde i. S. d. Art. 90 II 1 EurBSt.,[98] oder die Beschwerde ist nicht fristgerecht innerhalb von drei Monaten gemäß Art. 90 II 2, 3 EurBSt. eingelegt worden.[99]

Sämtliche in Rn. 27 Fn. 55 erwähnte Klagen waren unzulässig, weil die Kommission die falsche Beklagte war, da nicht sie, sondern der Rat die Verordnungen 3085/78 und 3086/78 vom 21. 12. 1978 erlassen hatte und eine Klage gemäß Art. 91 EurBSt. nur gegen die AnstBeh. möglich ist. Durch diese Verordnungen war das bis dahin gültige System bei der Auszahlung der Pension hinsichtlich der verschiedenen Währungen und der jeweils anzuwendenden Wechselkurse neu geregelt worden; infolgedessen erlitten die Kläger finanzielle Einbußen. Aber auch eine Klage gegen den Rat gemäß Art. 173 EWGV scheiterte an der Nichteinhaltung der dort vorgeschriebenen Zweimonatsfrist. Ebensowenig kam für die Kläger der Weg über Art. 184 EWGV in Frage, da dieser keinen selbständigen Klageweg eröffnet, sondern lediglich eine Inzidenterprüfung innerhalb eines anderen Rechtsstreits ermöglicht.[100]

44 In diesen Fällen erhielten die Kläger aus formalen Gründen also letztlich keinen Rechtsschutz; ein Ergebnis, das unter dem Gesichtspunkt der Einzelfallgerechtigkeit

96 EuGH – Krecké/Kommission, 59, 129/80 – Urteil vom 9. 7. 1981, Rn. 46.
97 EuGH – von Lachmüller u. a./Kommission, 43, 45, 48/59 – Slg. 1960, 933.
98 So z. B. EuGH – Venus und Obert/Kommission und Rat, 783, 786/79 – Urteil vom 27. 10. 1981, Rn. 25 ff.
99 So z. B. EuGH – Schiavo/Rat, 122, 123/79 – Slg. 1981, 473, insbes. zum Beginn der Frist.
100 So z. B. EuGH – Albini/Kommission, 33/80 – Urteil vom 16. 7. 1981, Rn. 17.

sicherlich unbefriedigend ist. Andererseits ist diese Schwierigkeit aber nicht dem EG-Dienstrecht allein eigen; ähnliche Fälle gibt es z. B. auch im deutschen Verfassungs- und Verwaltungsrecht.

45 Ein Grund für die große Formalienstrenge des EuGH ist sicherlich seine starke Belastung; die Verfahrensdauer hat zunehmende Tendenz, zur Zeit beträgt sie ungefähr zwei Jahre. Zur Entlastung des EuGH hat die Kommission am 4. 8. 1978[101] dem Rat vorgeschlagen, ein Verwaltungsgericht der EG für Personalsachen zu errichten, das nach Durchführung des Antrags- und Beschwerdeverfahrens gemäß Art. 90, 91 EurBSt. dem EuGH als Instanz vorgeschaltet werden soll. Das Verwaltungsgericht soll die erste und zugleich auch letzte Tatsacheninstanz sein, der EuGH nur noch Revisionsinstanz.

Allerdings ist mit einem baldigen Ratsbeschluß über diesen Vorschlag nicht zu rechnen. Einerseits betrachten einige Mitgliedstaaten die Verstärkung des EuGH durch Einsetzung eines elften EuGH-Mitgliedes und eines fünften Generalanwalts für ausreichend, die möglicherweise steigende Zahl von Verfahren auch von seiten der EG-Bediensteten zu meistern. Andererseits besteht zwischen den Mitgliedstaaten Uneinigkeit darüber, ob die Errichtung eines Verwaltungsgerichts im Wege der Änderung des EurBSt. nicht mit Art. 179 EWGV in Widerspruch stehe.[102]

Das Für und Wider zur Tragfähigkeit von Art. 179 in diesem Zusammenhang wird bei *Daig/Rogalla* zu diesem Artikel erörtert, wobei die Skepsis solange überwiegt, wie der Vorschlag der Kommission die Zuständigkeit des EuGH für gewisse Beamtenklagen nur auf die Revision beschränkt, die Tatsachenfeststellung also auf der Ebene des VerwGH, der ersten Instanz endgültig bleibt.

Einen Ausweg böte allenfalls Art. 235 EWGV, und die Kommission müßte den Vorschlag zur Errichtung des Verwaltungsgerichts auf diese Vorschrift stützen. Immerhin stellt Art. 235 darauf ab, daß ein Tätigwerden der Gemeinschaft erforderlich sei, um im Rahmen des Gemeinsamen Marktes »eines ihrer Ziele zu verwirklichen«. Es fällt zwar schwer, das Vorliegen dieser Voraussetzungen im hier gegebenen Rahmen zu erkennen, also etwa als Ziel der Gemeinschaft im Rahmen des Gemeinsamen Marktes den verfeinerten Rechtsschutz für über 18 000 zwar hochqualifizierte, aber auch hochbezahlte Experten anzuvisieren. Zumindest handelt es sich um kein prioritäres Ziel. Zum Trost für den EuGH und seiner zuzugebenden Belastung sei hinsichtlich der Personalprozesse gesagt, daß die reichhaltige Rechtsprechung doch naturgemäß dazu führen muß, daß die Zahl der Klagen von Bediensteten langsam abnimmt, da die meisten Grundsatzfragen als geklärt gelten dürfen.

101 ABl. 1978 Nr. C 225 S. 6 ff.
102 Vgl. im einzelnen dazu *Rogalla,* Dienstrecht, S. 237 f.

d) Aktuelle Streitfragen

46 Aktuelle Streitfragen, in denen es insbesondere um den Gleichheitsgrundsatz geht, haben mit der Versorgung zu tun. Zum einen gibt es Probleme mit der Versorgung des Witwers einer EG-Beamtin. Anspruch auf Witwengeld hat nach der gegenwärtigen Rechtslage gemäß Art. 17 ff. Anhang VIII EurBSt. nur die *Witwe* eines Beamten. Der *Witwer* einer Beamtin erhält nur unter sehr engen Voraussetzungen eine Hinterbliebenenversorgung. (Art. 23 Anhang VIII EurBSt.):

- er darf nicht über eigene Einkünfte verfügen und
- er muß beim Tode seiner Ehefrau ein Gebrechen oder eine schwere Erkrankung nachweisen, durch die er dauernd erwerbsunfähig ist.

Es mehren sich nun die Fälle, daß Witwer von Beamtinnen Anspruch auf eine Hinterbliebenenversorgung erheben und sich dabei auf das Gleichbehandlungsgebot und das Diskriminierungsverbot stützen. Die EuGH wurde inzwischen mit zwei entsprechenden Fällen befaßt.[103]

Unter Berücksichtigung der *Newth*-Entscheidung[104] ist es nicht unwahrscheinlich und auch wünschenswert, daß der EuGH die gegenwärtige Regelung für rechtswidrig erklärt.[105] Für das deutsche Recht hat das BVerfG in seiner Entscheidung vom 12.3.1975[105a] die Ungleichheit von Witwer- und Witwenrenten für unvereinbar mit dem in Art. 3 GG niedergelegten Gleichheitsgrundsatz erklärt und den Gesetzgeber aufgefordert, bis 1984 eine verfassungsgemäße allgemeingültige Regelung zu schaffen. Im deutschen öffentlichen Dienst haben gemäß § 28 BVG Männer und Frauen bereits die gleichen Pensionsrechte.

47 Ein weiterer Fall, in dem es um Versorgungsprobleme geht, ist gerade entschieden worden.[106] Hierbei geht es um die Übertragung von Versorgungsanwartschaften beim Wechsel aus einem Privatunternehmen oder einer nationalen Verwaltung in den EÖD bzw. umgekehrt. Gemäß Art. 11 II Anhang VIII EurBSt. sind die Mitgliedstaaten verpflichtet, entsprechende Regelungen zu schaffen. Während es in mehreren Mitgliedstaaten damit keine Probleme gibt, haben das Königreich Belgien, die Niederlande, Frankreich und die Bundesrepublik Deutschland dieser Pflicht bisher noch nicht genügt.

In den Niederlanden, Frankreich und der Bundesrepublik sind entsprechende Rechtsanpassungen in Vorbereitung; Belgien weigert sich jedoch, dieser Pflicht nachzukommen. Im Urteil vom 20. 10. 1981[106] wurde Belgien vom EuGH im Verfahren nach Art. 173 EWGV wegen Verletzung der sich aus dem EWGV ergebenden Verpflichtungen

103 Vgl. ABl. 1982 Nr. C 72 S. 1 und Nr. C 113 S. 3.
104 EuGH – Newth/Kommission, 156/78 – Slg. 1979, 1941. – Siehe dazu auch oben Rn. 17.
105 Siehe dazu auch *Rogalla,* Dienstrecht, S. 187 f.
105a BVerfGE Bd. 39, S. 169.
106 EuGH – Kommission/Königreich Belgien, 137/80 – Urteil vom 20. 10. 1981 Slg. 1981, 2393.

verurteilt. Hier liegt also ein Fall vor, in dem EG-Recht nationales Recht bricht und ihm vorgeht (Art. 5 EWGV).

V. Kollektives Dienstrecht

48 Das kollektive Dienstrecht setzt sich aus zwei Hauptbestandteilen zusammen: dem Recht der Vereinigungen des Personals und seiner Mitsprache einerseits und dem Streikrecht andererseits.

1. Mitsprache des Personals

49 Die Organe zur Mitsprache des EG-Personals werden in Art. 9 I EurBSt. festgelegt: es gibt bei jedem Organ der EG eine Personalvertretung, einen Paritätischen Ausschuß, einen Disziplinarrat und einen Beurteilungsausschuß sowie für die gesamte EG einen Invaliditätsausschuß. Einzelheiten zur Bildung und Besetzung dieser Gremien sowie zu ihren Befugnissen finden sich in Anhang II zum EurBSt..

Die Befugnisse haben meist die Gestalt von Anhörungs- und Anregungsrechten, hauptsächlich auf sozialem Gebiet und bezüglich der Arbeitsbedingungen des Personals.[107]

50 Zur Wahrung der Interessen des EG-Personals haben sich drei Interessenvertretungen, d. h. Gewerkschaften und Berufsverbände gebildet, in denen ungefähr 8000 EG-Bedienstete organisiert sind. Ihre Aufgabe ist es, in allen das Personal betreffenden Fragen eine Abstimmung mit Kommission und Rat herzustellen und einen ständigen Dialog über alle Personalfragen zu führen.

51 Die Gewerkschaften und Berufsverbände sind eingeschränkt rechtsfähig; sie können eine Anfechtungsklage nach Art. 173 Abs. 2 EWGV erheben, soweit gegen sie selbst Entscheidungen ergangen sind. Das Beschwerde- und Klagerecht gemäß Art. 90, 91 EurBSt. haben sie allerdings nicht, es sei denn, sie sind von einer Maßnahme individuell betroffen. Eine »Popularklage« gibt es also auch hier nicht.[108]

2. Streik

52 Ob die EG-Bediensteten ein Streikrecht haben, ist streitig. Teilweise werden die Grundrechte einzelner Mitgliedstaaten als Basis für ein individuelles Grundrecht der EG-Beamten auf Streik angesehen, teilweise wird Art. 24a EurBSt. als Grundlage herangezogen, der die Koalitionsfreiheit garantiert.

107 Vgl. im einzelnen dazu *Rogalla,* Dienstrecht, S. 219 ff.; *ders.,* Beamtenmitsprache im Neuner-Europa.

108 Vgl. im einzelnen dazu *Rogalla,* Dienstrecht, S. 223 f. m. w. N.

Der EuGH hat sich ausdrücklich nicht zum Streikrecht geäußert, den Streik als »fait social« aber offenbar hingenommen. Hervorzuheben ist, daß der EuGH bei dieser Gelegenheit jedoch der Vorstellung der Kommission gefolgt ist, daß Teilnahme am Streik keinen Anspruch auf die auf diese Tage entfallende Besoldung gibt. Hierbei hat der EuGH sich auf die arbeitsrechtlichen Grundsätze der Fälligkeit von Arbeitsentgelt nur für Arbeitsleistung gestützt.[109] Eine ausdrückliche Anerkennung des Streikrechts kann man außerdem darin erblicken, daß die Kommission mit den Gewerkschaften und Berufsverbänden »Bestimmungen über Arbeitsniederlegungen« vereinbart hat, in denen z. B. Fristen für die Ankündigung von Kampfmaßnahmen und die Einrichtung von Notdiensten geregelt sind. Der Rat und das Europäische Parlament haben inzwischen ähnliche Vereinbarungen, die in der Gesamtbeurteilung die Frage in den Hintergrund treten lassen, ob es ein Streik*recht* gibt. Die Kommission hatte durch Vorschläge vom 13. 6. 1974 auf Einführung eines Art. 24 b in das EurBSt. hierzu eine feste Rechtsgrundlage schaffen wollen. Dieser Vorschlag hat aber beim Rat keine Mehrheit gefunden und gilt heute allgemein als erledigt. Es wird also weiter dabei bleiben: Sollten Tatsachen und Entwicklungen in den Beziehungen zwischen den EG-Organen und ihrem Personal dazu Anlaß geben, wird weiter mit Streiks gerechnet werden müssen.[110]

53 Grundlegende Auseinandersetzungen über Prinzipien bei den Dienstbezügen und der Notwendigkeit eines EÖD mit Streiks an der Jahreswende 1980/81 haben hier zu neuen Entwicklungen geführt, nämlich zur Verfeinerung der Konzertierungsverfahren zwischen den EG-Bediensteten und den EG-Behörden. Im Vordergrund steht dabei ein Konzertierungsausschuß mit 26 Mitgliedern. Er ist zusammengesetzt aus je zehn Vertretern der Mitgliedstaaten und der Gewerkschaften und Berufsverbände, sowie sechs Vertretern der beteiligten EG-Organe. Unter dem Vorsitz des Generalsekretärs des Rates nimmt an seinen Sitzungen auch ein Vertreter der Kommission als des in allen einschlägigen Personalfragen zuständigen Initiativ-Organs teil. Ziel des Konzertierungsausschusses ist es, eine möglichst weitgehende Annäherung der Standpunkte zwischen EG-Organen und Personalvertretern in allen Streitfragen zu erreichen. Der Bericht des Konzertierungsausschusses bereitet also die Beschlußfassung des Rates in das Personal betreffenden Fragen vor und stellt etwa verbleibende Streitfragen kurz dar. Diese Weiterentwicklung der Konzertierung hat zu einem Dialog und damit ganz wesentlich zur Befriedung der gelegentlich sehr bewegten Szene bei Interessengegensätzen zwischen den Ratsinstanzen und dem EG-Personal aller Organe geführt. Dies gilt natürlich besonders für die Probleme der Besoldung, nicht zuletzt auch deswegen, weil die EG-Bediensteten, noch vor den nationalen Öffentlichen Diensten, ein finanzielles Stabilitätsopfer von 12,7 % ihrer Netto-Dienstbezüge, sozial abgestuft und über fünf Jahre verteilt, mehr oder

109 EuGH – Acton u. a./Kommission, 44, 46, 49/74 – Slg. 1975, 383.
110 Vgl. im einzelnen zum Streikrecht *Rogalla,* Dienstrecht, S. 225 ff.

weniger einmütig akzeptiert haben.[111] Es soll die schwierige wirtschaftliche Lage in Europa Anfang der 80er Jahre auch in das Bewußtsein der Angehörigen des EÖD bringen.

VI. Entwicklungschancen im Europäischen Öffentlichen Dienst (EÖD)

54 Diese Erläuterungen lassen insoweit nur kurze Hinweise zu. Wichtig ist, daß sich neue Entwicklungen im EÖD mindestens zunächst in der Praxis erproben, bevor sie in geänderten Vorschriften des EurBSt. und der BSB Niederschlag finden. Dies gilt für das Kollektive Dienstrecht ganz besonders, wo die Anpassung der Vorschriften über die Personalvertretung überfällig geworden ist. Dies gilt aber auch im Besoldungsrecht, insbesondere angesichts eines mehr oder weniger weltweiten Netzes an Vertretungen der EG-Organe. Die Erweiterung des Personals des Europäischen Parlaments, nach der ersten Direktwahl seiner Mitglieder im Juni 1979, wird auch immer wieder die Frage nach Sondervorschriften für die Bediensteten des EP stellen. Es besteht die Hoffnung, daß ihnen so nachhaltig wie möglich, trotz aller scheinbaren Rechtfertigung entgegengetreten wird. Dies, obwohl in diesem oder jenem Mitgliedstaat Sonderrechte für das Personal der gesetzgebenden Körperschaften existieren im Vergleich zum ÖD ganz allgemein. Die besondere Lage des EÖD, ihre guten Dienstbezüge und soziale Ausstattung im Verhältnis zu der hier und da schwächeren Dynamik der Sachentwicklung in der EG, läßt sich nur in der Einheit des EÖD gegenüber mancher Kritik aus einzelnen Mitgliedstaaten halten. In dieser Einheit liegt auch die Chance, neue Entwicklungen etwa im Streikrecht im Dialog mit dem Personal, oder bei Rückgriff auf Zeitbedienstete für vier Jahre, als Modell zu erproben oder in dem einen oder anderen Mitgliedstaat zu nutzen. Insgesamt gesehen hat sich der EÖD in den zwanzig Jahren Anwendung des EurBSt. und des BSB vorteilhaft entwickelt. Einzelregelungen für diese oder jene Besonderheit, etwa in den zahlreicher gewordenen Außenvertretungen, sollten, notfalls mit Hilfe des EuGH, vor allem durch Interpretation geschaffen werden. Der Gesetzgeber im Rat, geschwächt durch den fast überall defensiven Charakter des ÖD in den Mitgliedstaaten, dürfte kaum die Kraft haben, solche Einzelfälle angemessen zu regeln, trotz etwaiger Vorschläge der Kommission. Am Sinn der Existenz des EÖD gibt es keine Zweifel, nur übermäßige Ausdehnung oder überhöhtes Privilegienbewußtsein könnten ihn gefährden. Damit er sich weiter bewähren kann, müssen sein weitgehend spezifischer Sachverstand erhalten und gefördert, seine Disziplin und Effizienz von allen Verantwortlichen immer wieder gefestigt werden. Nur dann kann die Chance genützt werden, die in der Vorbemerkung erwähnt ist: Langsame Entwicklung von Modellversuchen »verzahnter« Zusammenarbeit mit den nationalen ÖD.

111 Hierzu VO (EURATOM, EGKS, EWG) Nr. 3821/81 des Rates vom 15. 12. 1981, ABl. 1981 Nr. L 386 S. 1, für das Stabilitätsopfer und Beschluß des Rates vom 15. 12. 1981, ABl. 1981 Nr. L 386, S. 6, zur Festlegung des Verfahrens zur Angleichung der Dienstbezüge der EG-Bediensteten; die ursprüngliche Regelung vom 26. 6. 1976 wird hier abgeändert und bis zum 30. 6. 1991 festgeschrieben.

Artikel 213 [Auskunftsrecht]

Zur Erfüllung der ihr übertragenen Aufgaben kann die Kommission alle erforderlichen Auskünfte einholen und alle erforderlichen Nachprüfungen vornehmen; der Rahmen und die nähere Maßgabe hierfür werden vom Rat gemäß den Bestimmungen dieses Vertrages festgelegt.

Literaturhinweise zu den Artikeln 213 und 214

Dörinkel, Wolfram, Das Auskunfts- und Nachprüfungsrecht der EWG-Kommission in Kartellfällen, in: AWD des BB 1966, S. 422
Düwel, Peter, Das Amtsgeheimnis, Berlin 1965
Eckert, Dieter, Das Auskunftsrecht im Bereich der EWG, in: EurWi. 1960, S. 524, 547
Edward, D.A.O., The Professional Secret, Confidentiality and Legal Professional Privilege in the nine Member States of the European Community, Brüssel 1976
Everling, Ulrich, Zur Erhebung von Statistiken durch Organe der Europäischen Wirtschaftsgemeinschaft, in: BB 1961, S. 420
Fédération Internationale pour le Droit Européen (F.I.D.E.), Due process in the administrative procedure (Rechtsgarantien im Verwaltungsverfahren), Kopenhagen 1978
Gesellschaft für Rechtsvergleichung, Das Auskunftsrecht gegenüber Unternehmen und Unternehmenszusammenschlüssen innerhalb internationaler Gemeinschaften, Frankfurt a. M., Berlin 1964 (i. f. *Auskunftsrecht)*
Hanebuth, Klaus, Das Auskunftsrecht im europäischen Wirtschaftsrecht, Baden-Baden 1967
Hermanns, Ferdinand, Ermittlungsbefugnisse der Kartellbehörden nach deutschem und europäischem Recht, 2. Aufl., Köln 1978
Lietzmann, Heinrich, Das Auskunftsverlangen und das Berufsgeheimnis nach dem Montanunionvertrag, in: WuW 1957, S. 363
Porteu de la Morandiere, H., Les pouvoirs d'information de la Communauté, in: RMC. 1971, S. 300–305, 339–351, 391–401, 435–453
Thomä, Karl Eugen, Das Auskunftsverlangen im Recht der Europäischen Wirtschaftsgemeinschaft, in: EurWi. 1960, S. 423
Wieckmann, Hans-Joachim, Das Auskunftsersuchen im System kartellbehördlicher Eingriffsbefugnisse, Frankfurt/M., Bern 1977
Würdinger, Hans, Zum Auskunftsrecht der Organe der EGKS und der EWG gegenüber privaten Unternehmen, in: WuW 1964, S. 579

Inhaltsübersicht

I. Allgemeines

1 Zur Erfüllung ihrer Aufgaben nach Art. 155 ist die Kommission auf externe Informationen angewiesen. Diese fließen ihr über die Medien, die Mitgliedstaaten, Verbände,[1] Unternehmen, Privatpersonen und aus anderen Quellen zu. Soweit der auf diese Weise eingehende Datenstrom in besonderen Fällen dem Informationsbedürfnis der Kommission nicht genügt, stellt sich die Frage nach der Art und Weise der Beschaffung der benötigten Daten. Lassen sich diese aus tatsächlichen oder rechtlichen Gründen nicht auf freiwilliger Basis oder auf vertraglichem Wege beschaffen, so bedarf die Kommission eines Auskunftsrechts in *öffentlich-rechtlicher* Form, welches sie notfalls auch gegen den Willen der Betroffenen durchsetzen kann. Art. 213 räumt der Kommission ein solches Auskunftsrecht ein, jedoch nicht unmittelbar wie Art. 47 Abs. 1 EGKS-Vertrag, sondern erst im Rahmen und nach Maßgabe eines entsprechenden Rechtsaktes des Rates. Bedingt durch diese Zweistufigkeit der Ermächtigung erscheint Art. 213 weniger an die Kommission als vielmehr an den Rat adressiert, indem die Vorschrift bestimmt, unter welchen Voraussetzungen und nach welchen Kriterien dieser die Kommission zur Einholung von Auskünften und zur Vornahme von Nachprüfungen autorisieren darf.

2 Obwohl sedes materiae des Auskunftsrechts, ist Art. 213 nicht die einzige Vorschrift des Vertrages, auf deren Grundlage der Rat die Kommission zur Einholung von Auskünften ermächtigen kann. Als weitere Normen sind insbesondere Art. 43, 75, 79 und 87 aber auch Art. 103 und 235 zu nennen, welche jedoch insoweit unter dem Vorbehalt des Art. 213 stehen, als die dort festgelegten Grenzen des Auskunftsrechts der Kommission

1 Siehe hierzu: *Schwaiger, Konrad – Kirchner, Emil,* Die Rolle der Europäischen Interessenverbände, Baden-Baden 1981, S. 41 ff.

nicht durchbrochen werden dürfen.[2] Im übrigen ist die Frage nach dem Verhältnis zwischen Art. 213 und den vorstehend genannten Spezialvorschriften weitgehend theoretischer Natur. Selbst bei fehlender Erwähnung des Art. 213 in den Visa der entsprechenden Rechtsakte des Rates, erlaubt die Formulierung »gestützt auf den Vertrag zur Gründung der EWG, *insbesondere* auf Artikel ...«, die Vorschrift als Ermächtigungsgrundlage mitzitiert anzusehen.[3]

3 In der Rechtssetzungspraxis der Gemeinschaft lassen sich drei Arten von Auskunftsrechten unterscheiden: die *statistischen* Auskunftsrechte, welche die Einholung von Daten auf Gemeinschaftsebene zum Gegenstand haben und der Erstellung von Statistiken und der Aufstellung von Bilanzen und Übersichten dienen,[4] die *inquisitorischen* Auskunftsrechte, die zur Untersuchung und Regelung einzelner rechtlich relevanter Sachverhalte erforderlich sind[5] sowie schließlich die *sonstigen* Auskunftsrechte, bei denen es weder um allgemeine statistische Erhebungen noch um die rechtsförmige Aufklärung von Einzelfällen geht.

Obwohl Art. 213 zur Normierung aller drei Arten von Auskunftsrechten ermächtigt, hat der Rat bislang nur Rechtsakte, die der Kommission *statistische* Auskunftsrechte einräumen, *ausdrücklich* auf diesen Artikel gestützt.[6]

II. Parallelvorschriften im EGKS- und Euratom-Vertrag

4 Nach Art. 47 Abs. 1 *EGKS-Vertrag* kann die Hohe Behörde (gemäß Art. 9 Fusionsvertrag:[7] die Kommission) ohne weitere Rechtsakte des Rates unmittelbar die für die Erfüllung ihrer Aufgaben notwendigen Auskünfte einholen und die erforderlichen

2 Dies gilt hinsichtlich der Aufgabenbezogenheit und der Erforderlichkeit der Auskunft sowie der Bestimmung des Rahmens und der näheren Maßgabe des Auskunftsrechts durch den Rat. Siehe im übrigen: *Smit, Hans – Herzog, Peter*, a.a.O. (Allg. Literaturverzeichnis), Art. 213 Anm. 213.04, S. 6 bis 54 f.

3 Zum Verhältnis zwischen Art. 213 und speziellen Ermächtigungsnormen s. *Smit – Herzog*, a.a.O., Anm. 213.04, S. 6 bis 54 f.

4 Siehe hierzu unten Rn. 24.

5 Siehe hierzu unten Rn. 27.

6 Gleichwohl beruhen *nicht alle* statistischen Auskunftsrechte auf Rechtsakten, die ausdrücklich auf Art. 213 gestützt sind. So führt z. B. die Verordnung (EWG) Nr. 449/82 des Rates vom 15. 2. 1982 zur Durchführung einer Erhebung über die Struktur der landwirtschaftlichen Betriebe 1983 (ABl. 1982 Nr. L 59 S. 1) allein Art. 43 als Ermächtigungsgrundlage an. Des weiteren benennt das Visa der Verordnung (EWG) Nr. 1736/75 des Rates vom 24. 6. 1975 über die Statistik des Außenhandels der Gemeinschaft und des Handels zwischen ihren Mitgliedstaaten (ABl. 1975 Nr. L 183 S. 3) Art. 235 als Ermächtigungsgrundlage.

7 Vertrag zur Einsetzung eines gemeinsamen Rates und einer gemeinsamen Kommission der Europäischen Gemeinschaften vom 8. 4. 1965, ABl. 1967 Nr. 152 S. 2; abgedruckt im Anhang B dieses Kommentars.

Nachprüfungen vornehmen lassen.[8] Im Gegensatz zu Art. 213, der keine Aussagen über etwaige Sanktionen enthält, ermächtigt Art. 47 Abs. 3 EGKS-Vertrag die Kommission weiterhin ausdrücklich zur Festsetzung von Geldbußen und Zwangsgeldern gegen Unternehmen,[9] die sich ihren Verpflichtungen aus Kommissionsentscheidungen entziehen oder wissentlich falsche Auskünfte erteilen. Anders als Art. 213, der sowohl die Rechtsform der Auskunftsermächtigung durch den *Rat*, als auch die rechtliche Form des Auskunftsverlangens der *Kommission* offenläßt, bezeichnet Art. 47 Abs. 3 als Rechtsform die Entscheidung nach Art. 14 Abs. 1 und 2 EGKS-Vertrag. Besondere Vorschriften über Auskunftsrechte enthalten Art. 48 Abs. 3 und 4, Art. 54 Abs. 3, Art. 65 Abs. 3 und Art. 66 Abs. 4 EGKS-Vertrag. Nach Art. 86 Abs. 4 EGKS-Vertrag besitzen die mit Kontrollaufgaben betrauten Beamten der Kommission auf dem Gebiet der Mitgliedstaaten im vollen zur Durchführung ihrer Aufgaben erforderlichen Umfang Rechte und Befugnisse, die nach den Gesetzen dieser Staaten den Angehörigen ihrer Finanzverwaltungen zustehen.

5 Der *Euratom-Vertrag* enthält in Art. 187 eine mit Art. 213 wörtlich übereinstimmende Vorschrift. Daneben bestehen besondere Bestimmungen über Auskunftsrechte und -pflichten in Art. 41, 55, 78, 79, 81, 104 Abs. 2 und Art. 194 Abs. 2 Euratom-Vertrag.

III. Normierung des Auskunftsrechts durch den Rat

6 Nach Art. 213 ist die Kommission nur im Rahmen und nach Maßgabe einer Ermächtigung durch den Rat zur Einholung von Auskünften und zur Vornahme von Nachprüfungen befugt. In Abwesenheit entsprechender Rechtsvorschriften ist der Kommission daher jedes Auskunfts- und Nachprüfungsersuchen *in öffentlich-rechtlicher Form* verwehrt. Dieser Grundsatz gilt uneingeschränkt für Auskunftsbegehren gegenüber Privaten. Soweit es sich um Auskunftsverlangen an die Mitgliedstaaten handelt, gelten besondere Regeln.[10]

1. General- oder Spezialermächtigung

7 Die Vorschrift stellt es in das Ermessen des Rates zu entscheiden, ob der Kommission etwa durch eine allgemeine Auskunftsverordnung ein *generelles Auskunftsrecht* einzuräumen sei oder ob dieses Recht jeweils nur gegenständlich begrenzt erteilt werden soll. Bis

8 Siehe z. B. die Entscheidung Nr. 2795/80/EGKS der Kommission vom 31. 10. 1980 über die Dokumente, welche die Stahlunternehmen den mit der Sammlung von Informationen und Nachprüfungen oder Kontrollen auf dem Gebiet der Produktion und der EGKS-Umlagen betrauten Bediensteten oder Beauftragten der Kommission vorzulegen haben (ABl. 1980 Nr. L 291 S. 30).

9 Zum Begriff des Unternehmens s. Art. 80 EGKS-Vertrag.

10 Siehe unten Rn. 18.

zum Frühjahr 1982 hat der Rat der Kommission keine generelle Auskunftsermächtigung erteilt und es gibt Gründe zu der Annahme, daß dies auch in Zukunft nicht geschehen wird.[11]

8 Statt dessen hat der Rat zahlreiche Verordnungen und Richtlinien erlassen, die der Kommission ein Recht auf bestimmte, sachlich klar umrissene Informationen einräumen. Hierbei ist zwischen Rechtsakten zu unterscheiden, die das Auskunfts- und Prüfungsrecht im *Zusammenhang des jeweiligen Sachgebietes regeln* und solchen, die *unabhängig von konkreten Regelungen* allein die Sammlung von Daten statistischer Art zum Gegenstand haben. Während die erstgenannte Gruppe von Rechtsakten fast ausschließlich aus *Verordnungen* besteht, die auf die Ermächtigungsnorm zur Regelung des betreffenden Sachgebietes gestützt sind (Art. 43 Landwirtschaft, Art. 75, 79 Verkehr, Art. 87 Wettbewerb), setzt sich die zweite Gruppe aus *Verordnungen, Richtlinien und Entscheidungen* zusammen, die Art. 213 zur Rechtsgrundlage haben. Im Gegensatz zu den zumeist inquisitorischen Auskunftsrechten der ersten Kategorie sind die statistischen der zweiten fast immer zeitlich begrenzt, so daß bei fortbestehendem Informationsbedürfnis wiederholte Rechtsakte desselben Inhalts nach Art. 213 erlassen werden müssen.

2. Verfahren

9 Sowohl nach Art. 213 als auch aufgrund der Spezialvorschriften der Art. 43, 75, 79, 87 bedarf die Normierung des Auskunftsrechts eines Rechtsaktes des Rates. Die Einzelheiten des Rechtsetzungsverfahrens bestimmen sich nach der jeweils zugrunde liegenden Ermächtigungsnorm.

Nach Art. 213 werden der Rahmen und die nähere Maßnahme des Auskunftsrechts vom Rat »gemäß den Bestimmungen dieses Vertrages festgelegt«. Da die Vorschrift nichts anderes bestimmt, beschließt der Rat gemäß Art. 148 Abs. 1 mit der Mehrheit seiner Mitglieder. Obgleich ein Tätigwerden des Rates *auf Vorschlag der Kommission* nicht vorgesehen ist, werden fast alle Rechtsakte nach Art. 213 »auf Vorschlag der Kommission«[12] oder »nach Kenntnisnahme von dem Verordnungsentwurf der Kommission«[13] erlassen. Ebensowenig ist eine *Anhörung des Wirtschafts- und Sozialausschusses* und des *Parlaments* vorgeschrieben; gleichwohl holt der Rat in den meisten Fällen die

11 Siehe hierzu *Wohlfarth* in *Auskunftsrecht* S. 90f.

12 Siehe z.B. Verordnung (EWG) Nr. 311/76 des Rates vom 9. 2. 1976 über die Erstellung von Statistiken über ausländische Arbeitnehmer (ABl. 1976 Nr. L 39 S. 1).

13 Siehe z. B. Verordnung (EWG) Nr. 847/77 des Rates vom 25. 4. 1977 bezüglich einer in den Jahren 1977, 1978 und 1979 durchzuführenden Erhebung über die Verdienste der ständig in der Landwirtschaft beschäftigten Arbeiter (ABl. 1977 Nr. L 104 S. 5). Siehe auch Richtlinie des Rates vom 30. 7. 1964 zur Durchführung koordinierter jährlicher Erhebungen über Investitionen im produzierenden Gewerbe (ABl. 1964 S. 2193): »nach Kenntnisnahme von dem Entwurf der Kommission«.

Stellungnahme des Parlaments und des Wirtschafts- und Sozialausschusses ein (vgl. Art. 198 Abs. 1 Satz 2).[14]

Bezüglich der Verfahren nach Art. 43, 75, 79 und 87 wird auf den Wortlaut dieser Bestimmungen i. V. m. Art. 148 Abs. 1 verwiesen.

IV. Die Auskunftsrechte der anderen Organe und Hilfsorgane

Nach Art. 213 kann *nur die Kommission* die zur Erfüllung der ihr übertragenen Aufgaben erforderlichen Auskünfte einholen und Nachprüfungen vornehmen.

1. Rat

Soweit der Rat zur Erfüllung der ihm vertraglich zugewiesenen Aufgaben (Art. 145) externer Informationen bedarf, erlangt er sie durch seine Mitglieder, welche in ihrer Eigenschaft als Regierungsmitglieder nach Maßgabe der nationalen Vorschriften Zugang zu Informationen besitzen. Darüber hinaus kann der Rat die Kommission nach Art. 15 des Fusionsvertrages zu Rate ziehen, um bestimmte Auskünfte zu erlangen und nach Art. 206a Abs. 4 vierter Unterabs. den Rechnungshof um Unterstützung bei der Kontrolle der Ausführung des Haushaltsplanes ersuchen. Ebenso wie der Kommission steht es dem Rat nach Art. 198 Abs. 1 frei, in allen Fällen, in denen er dies für angebracht hält, den Wirtschafts- und Sozialausschuß um eine Stellungnahme zu ersuchen.

2. Gerichtshof

Der Gerichtshof kann gemäß dem Protokoll über seine Satzung[15] die Vorlage aller Urkunden und die Erteilung aller Auskünfte verlangen, die er für wünschenswert hält (Art. 21 Abs. 1 Satz 1 Satzung). Er kann weiterhin von den Mitgliedstaaten und den Organen, die nicht Parteien in einem Rechtsstreit sind, alle Auskünfte verlangen, die er zur Regelung des Rechtsstreits für erforderlich erachtet (Art. 21 Abs. 2 Satzung). Der Gerichtshof kann ferner jederzeit Personen, Personengemeinschaften, Dienststellen, Ausschüsse oder Einrichtungen seiner Wahl mit der Abgabe von Gutachten betrauen (Art. 22 Satzung) sowie schließlich Zeugen und Sachverständige vernehmen (Art. 23 und 25 Satzung).

14 Siehe z. B. Verordnung (EWG) Nr. 311/76 des Rates vom 9. 2. 1976 über die Erstellung von Statistiken über ausländische Arbeitnehmer (ABl. 1976 Nr. L 39 S. 1).

15 Protokoll über die Satzung des Gerichtshofs (EWG-Satzung) vom 17. 4. 1957; zur Beweisaufnahme s. Art. 45ff. der Verfahrensordnung vom 4. 12. 1974 (ABl. 1974 Nr. L 350 S. 1), zuletzt kodifiziert veröffentlicht im ABl. 1982 Nr. C 39 S. 2; beide abgedruckt im Anschluß an die Kommentierung zu Art. 188.

3. Parlament

13 Das Parlament übt die ihm obliegenden Beratungs- und Kontrollbefugnisse (Art. 137) vor allem durch mündliche und schriftliche Anfragen an die Kommission, den Rat oder an die Konferenz der Außenminister aus (Art. 42 bis 46 der Geschäftsordnung des Parlaments[16]). Die Anfragen müssen präzis formuliert sein und sich auf konkrete Punkte, nicht auf allgemeine Probleme beziehen (Art. 43 Abs. 3 Satz 1, Art. 46 Abs. 1 Satz 2 Geschäftsordnung). Darüber hinaus kann das Parlament bei der Kontrolle der Ausführung des Haushaltsplans nach Art. 206 Abs. 4 vierter Unterabs. Unterstützung des Rechnungshofs in Anspruch nehmen. Weitergehende direkte Auskunftsrechte, insbesondere solche gegenüber Privatpersonen oder Unternehmen, stehen dem Parlament nicht zu. Im Gegensatz zu nationalen Parlamenten[17] ist es daher auch nicht befugt, im Rahmen von Untersuchungen Zeugen und Sachverständige *vorzuladen* und sonstige richterliche Funktionen wahrzunehmen.[18] Gleichwohl ist das Parlament nicht gehindert, *Einladungen* auszusprechen, deren Annahme im Belieben des Adressaten steht. So kann auf Beschluß jedes Ausschusses »jede sonstige Person« eingeladen werden, an einer Sitzung teilzunehmen und dort das Wort zu ergreifen (Art. 104 Abs. 3 Satz 2 Geschäftsordnung). Ebensowenig dürfte es dem Parlament untersagt sein, im Zuge der Prüfung von Petitionen (Art. 108 ff. Geschäftsordnung) erforderlichenfalls klärende Fragen an den Petenten zu richten, deren Beantwortung jedoch wiederum nur freiwillig erfolgen kann.

4. Rechnungshof

14 Der durch Art. 15 des Vertrages zur Änderung bestimmter Finanzvorschriften[19] errichtete Rechnungshof (Art. 206) ist zur Wahrnehmung seiner ihm in Art. 206 a Abs. 1 und 2 übertragenen Aufgaben in besonderer Weise auf externe Erkenntnisquellen angewiesen. Nach Art. 206 Abs. 3 zweiter Unterabs. übermitteln die Organe der Gemeinschaft und die einzelstaatlichen Rechnungsprüfungsorgane bzw. die zuständigen einzelstaatlichen Dienststellen dem Rechnungshof auf seinen Antrag hin jede für die Erfüllung seiner Aufgaben erforderliche Unterlage oder Information. Nach Art. 82

16 I. d. F. vom 26. 3. 1981, ABl. 1981 Nr. C 90 S. 49.

17 Vgl. Art. 44 des Grundgesetzes, der dem Bundestag das Recht einräumt, Untersuchungsausschüsse einzusetzen, die in öffentlicher Verhandlung die erforderlichen Beweise erheben und Gerichte und Verwaltungsbehörden um Rechts- und Amtshilfe ersuchen können.

18 Zur Einsetzung und den Befugnissen der Untersuchungsausschüsse des Parlaments s. Art. 95 seiner Geschäftsordnung, s. auch kritisch *Grabitz, Eberhard – Läufer, Thomas,* Das Europäische Parlament, Bonn 1980, S. 83.

19 Vertrag zur Änderung bestimmter Finanzvorschriften der Verträge zur Gründung der Europäischen Gemeinschaften und des Vertrages zur Einsetzung eines gemeinsamen Rates und einer gemeinsamen Kommission der Europäischen Gemeinschaften vom 22. 7. 1975, ABl. 1977 Nr. L 359 S. 1; Zum Rechnungshof s. *Ehlermann, Claus-Dieter*, Der Europäische Rechnungshof, Baden-Baden 1976.

Abs. 6 der Haushaltsordnung[20] besitzt der Rechnungshof zur Kontrolle ordnungsgemäßer Verwendung von Subventionen weiterhin ein externes Auskunfts- und Prüfungsrecht gegenüber dem Empfänger der Zuwendungen.[21]

5. Wirtschafts- und Sozialausschuß

15 Dem Wirtschafts- und Sozialausschuß steht zur Erfüllung seiner beratenden Aufgabe (Art. 193 Abs. 1) ein Auskunftsrecht nicht zu. Er trägt aufgrund seiner personellen Zusammensetzung (s. Art. 193 Abs. 2) sein Informationspotential gleichsam in sich. Seine Mitglieder verfügen als Vertreter der verschiedenen Gruppen des wirtschaftlichen und sozialen Lebens in den Mitgliedstaaten über direkte Erkenntnisquellen in den von ihnen repräsentierten Bereichen.

6. Europäische Investitionsbank

16 Die durch Art. 129 errichtete Europäische Investitionsbank kann zur Wahrnehmung der ihr in Art. 130 übertragenen Aufgaben die allgemein banküblichen geschäftlichen Auskünfte einholen und die zur Prüfung von Darlehens- und Bürgschaftsanträgen erforderlichen Informationen über die Antragsteller und deren Projekte beschaffen.[22] Abgesehen von der Einholung der in Art. 21 des Protokolls über die Satzung der EIB vorgeschriebenen Stellungnahmen der Kommission und des betreffenden Mitgliedstaates, ermöglichen Art. 15 und 16 der Satzung im Rahmen der dort vorgesehenen Zusammenarbeit einen Informationsaustausch mit den zuständigen Behörden der Mitgliedstaaten, internationalen Organisationen sowie Bank- und Finanzinstituten der Länder, auf die sich die Geschäftstätigkeit der EIB erstreckt.

V. Auskunftsrechte der Kommission ohne Ermächtigung durch den Rat

17 Aus der in Art. 213 statuierten Angewiesenheit der Kommission auf den Rat folgt nicht, daß der Kommission außerhalb ermächtigender Rechtsakte des Rates eo ipso jedwedes Recht auf Information vorenthalten wäre. Dies ergibt sich u. a. schon daraus, daß der Vertrag an zahlreichen Stellen anstatt des Auskunftsrechts sein Gegenstück, die *Pflicht zur Unterrichtung der Kommission,* normiert.

20 ABl. 1977 Nr. L 356 S. 1.
21 Hierbei handelt es sich um ein vom Zuwendungsempfänger rechtsgeschäftlich einzuräumendes Recht.
22 Zur Europäischen Investitionsbank s. allgemein *Mégret, Jacques* u. a., a.a.O. (Allg. Literaturverzeichnis), Vol. 8, Banque européenne d'investissement.

1. Auskunftsverlangen an die Mitgliedstaaten

18 Abgesehen von jenen Artikeln, die die Mitgliedstaaten ausdrücklich zur Unterrichtung der Kommission verpflichten (vgl. Art. 14 Abs. 6, Art. 15 Abs. 1 Satz 2, Art. 31 Abs. 2 Satz 2, Art. 72, Art. 73 Abs. 2 Satz 2, Art. 93 Abs. 3 Satz 1, Art. 109 Abs. 2 Satz 1, Art. 111 Abs. 5 Satz 3, Art. 115 Abs. 2), sind die Mitgliedstaaten nach Art. 5 Abs. 1 Satz 2 gehalten, der Kommission die Erfüllung ihrer Aufgaben zu erleichtern, wozu auch die Erteilung von Auskünften gehört.[23] Solange der Rat der Kommission kein generelles Auskunftsrecht gegenüber den Mitgliedstaaten *nach Art. 213* einräumt, ergibt sich die Rechtspflicht der nationalen Regierungen zur Erteilung von Auskünften allgemein aus Art. 5 Abs. 1 Satz 2.[24] Aber auch wenn der Rat sich zur Normierung eines derartigen Auskunftsrechts nach Art. 213 entschließen sollte, müßte der Rechtsgedanke des Art. 5 Abs. 1 Satz 2 in dem zu erlassenden Rechtsakt Ausdruck finden, da der Rat über Art. 213 die vertragliche Verpflichtung der Mitgliedstaaten, der Kommission die Erfüllung ihrer Aufgaben *zu erleichtern*, nicht einschränken kann.[25]

2. Rechtsgeschäftlich begründete Auskunftsrechte

19 Nach Art. 211 besitzt die Gemeinschaft in jedem Mitgliedstaat die weitestgehende Rechts- und Geschäftsfähigkeit.[26] Sie kann öffentlich-rechtliche und privatrechtliche Verträge abschließen und wird zu diesem Zweck *von der Kommission* vertreten. Die Kommission ist damit rechtlich in der Lage, von öffentlich-rechtlichen Institutionen, Unternehmen, Verbänden und Privaten *auf vertraglicher Grundlage* Informationen und Auskünfte einzuholen.[27] Soweit der Kommission die gewünschten Daten nicht unentgeltlich übermittelt werden, bedarf es zum Abschluß eines Informationsvertrages der erforderlichen Haushaltsmittel für seine Finanzierung.

20 Die Grenzen einer solchen vertraglichen Informationsbeschaffung sind tatsächlicher und rechtlicher Art. *Tatsächlich* kann die Kommission von ihr nur dann Gebrauch machen, wenn und solange die entsprechenden Informationsträger zu freiwilliger Kooperation bereit sind.[28] *Rechtlich* stößt diese Praxis dann an ihre Grenzen, wenn die Kommission zur Erfüllung ihrer Aufgaben nicht nur eines informatorischen, sondern eines *inquisitorischen Auskunftsrechts in hoheitlicher Form* bedarf.[29] Im übrigen steht Art. 213 dem Abschluß

23 So auch *Thiesing* in der Vorauflage dieses Kommentars Art. 213 Rn. 10 S. 557.

24 Zweifelnd: *Smit – Herzog,* a.a.O., Art. 213 Anm. 213.03 S. 6 bis 54, Anm. 213.07 S. 6 bis 61.

25 Soweit eine derartige Verordnung das Auskunftsrecht der Kommission gegenüber den Mitgliedstaaten abschließend regeln sollte, wäre daher das strenge Kriterium der *Erforderlichkeit* der Auskunft im Sinne einer *Erleichterung* der Tätigkeit der Kommission abzuschwächen.

26 Siehe Art. 211 Rn. 3 ff.

27 Zu den Verträgen der Gemeinschaft s. auch: *Bleckmann, Albert,* Die öffentlich-rechtlichen Verträge der EWG, in: NJW 1978, S. 464; *ders.*, Der Verwaltungsvertrag als Handlungsmittel der Europäischen Gemeinschaften, in: DVBl. 1981, S. 889.

28 Zur Auskunft auf freiwilliger Basis s. insbes. *Hanebuth*, a.a.O., S. 61 ff.

29 Zur Auskunft aufgrund hoheitlichen Eingriffs s. *Hanebuth*, a.a.O., S. 64 ff.

von Informationsverträgen nicht entgegen, es sei denn, sie bezögen sich auf ein Datengebiet, dessen Erschließung schon abschließend durch einen Rechtsakt des Rates geregelt wäre. Auch das strenge Kriterium der *Erforderlichkeit der Information* des Art. 213 dürfte die Kommission nicht hindern, sich *rechtsgeschäftlich* Informationen zu verschaffen, die für ihre Arbeit lediglich zweckmäßig sind und ihr die Erfüllung ihrer Aufgaben erleichtern.

21 Im übrigen ist anzumerken, daß der Rat in Fällen, in denen eine Einigung über den Erlaß eines Rechtsaktes nach Art. 213 an tatsächlichen oder politischen Schwierigkeiten scheitert, die Kommission gleichwohl beauftragen kann, die betreffenden Informationen auf vertraglicher Grundlage zu beschaffen. Des weiteren hat es der Rat zuweilen für zweckmäßig erachtet, *vor Erlaß* eines Rechtsaktes die Datenerfassung auf einem bestimmten Gebiet durch die Kommission vermittels vertraglich gesammelter Informationen erproben zu lassen.

3. Auskunftsrechte außerhalb der Gemeinschaft

22 Da sich der räumliche Geltungsbereich von Rechtsakten des Rates auf das Gebiet der Gemeinschaft (Art. 227) beschränkt, kann der Rat weder nach Art. 213 noch aufgrund anderer spezieller Ermächtigungsnormen Rechtssubjekte in Drittstaaten einseitig hoheitlich zur Erteilung von Auskünften verpflichten.[30] Eine derartige Verpflichtung kann zugunsten der Gemeinschaft und der Kommission nur auf der Grundlage *völkerrechtlicher* oder *privatrechtlicher* Verträge begründet werden,[30a] deren Aushandlung und Abschluß sich nach den jeweils sachlich einschlägigen Vertragsbestimmungen richtet. Soweit der EWG-Vertrag den Abschluß von Abkommen zwischen der Gemeinschaft und einem oder mehreren *Staaten* oder einer *internationalen Organisation* vorsieht, werden diese Abkommen nach Art. 228 *von der Kommission ausgehandelt* und vorbehaltlich der Zuständigkeiten, welche die Kommission auf dem jeweiligen Gebiet besitzt, *durch den*

30 Die Probleme der extraterritorialen Einholung von Auskünften stellen sich insbesondere im *Wettbewerbs-* und *Antidumpingrecht* der Gemeinschaft. Zur Möglichkeit der Beschaffung von Informationen aus Drittländern im *Kartellbereich* s. insbes. *Kerse, C. S.,* EEC Antitrust Procedure, London 1981, Rn. 3.12 S. 66 ff. Zur »available facts doctrine« des Antidumpingrechts, welche es erlaubt, bei Verweigerung von Informationen Entscheidungen auf der Grundlage der verfügbaren Tatsachen zu treffen, s. *Beseler, Johannes-Friedrich,* Die Abwehr von Dumping und Subventionen durch die Europäischen Gemeinschaften, Baden-Baden 1980, S. 126; vgl. hierzu Art. 7 Abs. 7 b) der Verordnung (EWG) Nr. 3017/79 des Rates vom 20. 12. 1979 über den Schutz gegen gedumpte oder subventionierte Einfuhren aus nicht zur Europäischen Wirtschaftsgemeinschaft gehörenden Ländern (ABl. 1979 Nr. L 339 S. 1):

30a »Verweigern eine betroffene Partei oder ein Drittland den Zugang zu Informationsquellen oder erteilen sie nicht innerhalb eines angemessenen Zeitraums die erforderlichen Auskünfte oder behindern sie erheblich die Untersuchung, so können vorläufige oder endgültige positive oder negative Entscheidungen auf der Grundlage der verfügbaren Informationen getroffen werden.«
Zum deutschen Wettbewerbsrecht s. auch *Rehbinder, Eckard,* Extraterritoriale Wirkungen des deutschen Kartellrechts, Baden-Baden 1965.

Rat beschlossen.[31] Handelt es sich um Verträge mit *Unternehmen, Verbänden* oder *Privaten* in Drittstaaten, so ist die Kommission in entsprechender Anwendung von Art. 211 Satz 2 zum Abschluß befugt.[32]

4. Freiwillige Erteilung von Auskünften

23 Soweit der Kommission ein Auskunftsrecht weder nach Art. 213 noch aufgrund sonstiger Rechtsakte des Rates, noch im Rahmen der soeben unter a) bis c) dargestellten Möglichkeiten zusteht, ist sie auf freiwillige Erteilung von Auskünften angewiesen.[33] Die Bitte um freiwillige Gewährung einer Auskunft kann formlos schriftlich sowie mündlich an den Adressaten herangetragen werden und muß jeden Anschein einer Verpflichtung zur Antwort vermeiden. Solange die Kommission die Beantwortung ihrer Fragen dem Betroffenen ausdrücklich oder inzident anheimstellt und ihn damit auf die Freiwilligkeit einer Äußerung hinweist, ist es ihr andererseits unbenommen, ihr Interesse an der Auskunft zu betonen und – soweit dies sachlich zutrifft – ggfs. auch den Betroffenen auf sein eventuelles Eigeninteresse an einer Beantwortung hinzuweisen.

VI. Statistische Auskunftsrechte

24 Bis zum Frühjahr 1982 hat der Rat die Kommission auf der Grundlage von Art. 213 zu statistischen Erhebungen in folgenden Bereichen ermächtigt:[34] Löhne und Gehälter,

31 Siehe *Schröder* zu Art. 228 Rn. 5 bis 24.
32 Zur Rechts- und Geschäftsfähigkeit der Gemeinschaft in Drittstaaten s. Art. 211 Rn. 36.
33 Siehe hierzu *Hanebuth,* a.a.O., S. 61 ff.
34 Verordnung Nr. 10 zur Durchführung einer Lohnerhebung, ABl. 1960 Nr. 56 S. 1199
Verordnung Nr. 14 zur Durchführung einer Lohnerhebung, ABl. 1961 Nr. 55 S. 1054
Verordnung Nr. 28 zur Durchführung einer Lohnerhebung, ABl. 1962 Nr. 41 S. 1277
Verordnung Nr. 151 des Rates zur Durchführung von drei Lohnerhebungen im verarbeitenden Gewerbe, ABl. 1962 Nr. 133 S. 2841
Richtlinie des Rates vom 30. 7. 1964 zur Durchführung koordinierter jährlicher Erhebungen über Investitionen im produzierenden Gewerbe (64/475/EWG), ABl. 1964 Nr. 131 S. 2193
Verordnung Nr. 188/64/EWG des Rates vom 12. 12. 1964 zur Durchführung einer Erhebung über Struktur und Verteilung der Löhne in Industrie und Handel, ABl. 1964 Nr. 214 S. 3634
Verordnung Nr. 100/66/EWG des Rates vom 14. 7. 1966 zur Durchführung einer Lohnerhebung im Straßenverkehrsgewerbe, ABl. 1966 Nr. 134 S. 2538
Verordnung Nr. 101/66/EWG des Rates vom 14. 7. 1966 über die Durchführung einer Lohnerhebung in der Industrie, ABl. 1966 Nr. 134 S. 2540
VO (EWG) Nr. 1899/68 des Rates vom 26. 11. 1968 über die Durchführung einer Lohnerhebung in der Industrie einschließlich der Energiewirtschaft und der Wasserversorgung, ABl. 1968 Nr. L 289 S. 4
Richtlinie des Rates vom 8. 12. 1969 zur Erfassung des grenzüberschreitenden Güterkraftverkehrs im Rahmen einer Regionalstatistik (69/467/EWG), ABl. 1969 Nr. L 323 S. 7
Verordnung (EWG) Nr. 2053/69 des Rates vom 17. 10. 1969 über die Durchführung einer Lohnerhebung im Einzelhandel, im Bank- und im Versicherungsgewerbe, ABl. 1969 Nr. L 263 S. 8
Verordnung (EWG) Nr. 2259/71 des Rates vom 19. 10. 1971 über die Durchführung einer Lohnerhebung in der Industrie, ABl. 1971 Nr. L 238 S. 1

Fortsetzung Fußnote 34

Verordnung (EWG) Nr. 2395/71 des Rates vom 8. 11. 1971 zur Durchführung einer Lohnerhebung über Struktur und Verteilung von Löhnen und Gehältern in der Industrie, ABl. 1971 Nr. L 249 S. 52
Richtlinie des Rates vom 30. 5. 1972 zur Durchführung koordinierter Konjunkturstatistiken in der Industrie und im warenproduzierenden Handwerk (72/211/EWG), ABl. 1972 Nr. L 128 S. 28
Richtlinie des Rates vom 6. 6. 1972 zur Durchführung koordinierter jährlicher Erhebungen über die Tätigkeit der Industrie (72/221/EWG), ABl. 1972 Nr. L 133 S. 57
Verordnung (EWG) Nr. 1055/72 des Rates vom 18. 5. 1972 über die Mitteilung der Einfuhr von Kohlenwasserstoffen an die Kommission, ABl. 1972 Nr. L 210 S. 3
Verordnung (EWG) Nr. 1056/72 des Rates vom 18. 5. 1972 über die Mitteilung der Investitionsvorhaben von gemeinschaftlichem Interesse auf dem Erdöl-, Erdgas- und Elektrizitätssektor an die Kommission, ABl. 1972 Nr. L 120 S. 7
Verordnung (EWG) Nr. 2723/72 des Rates vom 19. 12. 1972 zur Durchführung einer Stichprobenerhebung über Arbeitskräfte, ABl. 1972 Nr. L 291 S. 35
Richtlinie des Rates vom 22. 11. 1973 zur Synchronisierung der allgemeinen Volkszählungen (73/403/EWG), ABl. 1973 Nr. L 347 S. 50
Verordnung (EWG) Nr. 812/73 des Rates vom 22. 3. 1973 zur Verschiebung des Zeitpunkts, in dem im Vereinigten Königreich die Verordnungen (EWG) Nr. 1055/72 über die Mitteilung der Einfuhr von Kohlenwasserstoffen an die Kommission und (EWG) Nr. 1056/72 über die Mitteilung der Investitionsvorhaben von gemeinschaftlichem Interesse und auf dem Erdöl, Erdgas- und Elektrizitätssektor an die Kommission angewendet werden, ABl. 1973 Nr. L 80 S. 1
Verordnung (EWG) Nr. 3192/73 des Rates vom 22. 11. 1973 über eine Arbeitskostenerhebung im Groß- und Einzelhandel, im Bank- und im Versicherungsgewerbe, ABl. 1973 Nr. L 326 S. 1
Verordnung (EWG) Nr. 178/74 des Rates vom 21. 1. 1974 zur Durchführung einer Erhebung über Struktur und Verteilung der Löhne und Gehälter im Groß- und Einzelhandel, im Bank- und im Versicherungsgewerbe, ABl. 1974 Nr. L 21 S. 2
Verordnung (EWG) Nr. 293/74 des Rates vom 30. 1. 1974 betreffend die für die Aufstellung umfassender Energiebilanzen für die Gemeinschaft bestimmten Informationen, ABl. 1974 Nr. L 32 S. 1
Verordnung (EWG) Nr. 677/74 des Rates vom 21. 3. 1974 zur Durchführung einer Erhebung über die Verdienste der ständig in der Landwirtschaft beschäftigten Arbeiter, ABl. 1974 Nr. L 83 S. 4
Verordnung (EWG) Nr. 2640/74 des Rates vom 15. 10. 1974 zur Durchführung einer Stichprobenerhebung über Arbeitskräfte, ABl. 1974 Nr. L 283 S. 3
Verordnung (EWG) Nr. 3254/74 des Rates vom 17. 12. 1974 zur Anwendung der Verordnung (EWG) Nr. 1055/72 »über die Mitteilung der Einfuhr von Kohlenwasserstoffen an die Kommission« auf die Erdölerzeugnisse der Tarifstellen 27.10 A, B, C I und C II des Gemeinsamen Zolltarifs, ABl. 1974 Nr. L 349 S. 1
Verordnung (EWG) Nr. 328/75 des Rates vom 10. 2. 1975 über die Durchführung einer Arbeitskostenerhebung der Industrie, ABl. 1975 Nr. L 37 S. 1
Verordnung (EWG) Nr. 388/75 des Rates vom 13. 2. 1975 über die Mitteilung der Ausfuhr von Kohlenwasserstoffen nach Drittländern an die Kommission, ABl. 1975 Nr. L 45 S. 1
Verordnung (EWG) Nr. 1103/75 des Rates vom 28. 4. 1975 zur Durchführung einer Erhebung über die Verdienste der ständig in der Landwirtschaft beschäftigten Arbeiter, ABl. 1975 Nr. L 110 S. 2
Verordnung (EWG) Nr. 1735/75 des Rates vom 24. 6. 1975 zur Änderung der Verordnung (EWG) Nr. 803/68 über den Zollwert der Waren, ABl. 1975 Nr. L 183 S. 1
Richtlinie des Rates vom 4. 5. 1976 über ein gemeinschaftliches Verfahren zur Unterrichtung und Konsultation über die Preise für Rohöl und Mineralölerzeugnisse in der Gemeinschaft (76/491/EWG), ABl. 1976 Nr. L 140 S. 4
Verordnung (EWG) Nr. 158/76 des Rates vom 20. 1. 1976 über das System zur Stabilisierung der Erlöse aus der Ausfuhr bestimmter Grundstoffe zugunsten der AKP-Staaten und der mit der

Fortsetzung Fußnote 34

Gemeinschaft assoziierten überseeischen Länder und Gebiete, ABl. 1976 Nr. L 18 S. 3
Verordnung (EWG) Nr. 311/76 des Rates vom 9. 2. 1976 über die Erstellung von Statistiken über ausländische Arbeitnehmer, ABl. 1976 Nr. L 39 S. 1
Verordnung (EWG) Nr. 1035/76 des Rates vom 30. 4. 1976 zur Durchführung einer Erhebung über die Verdienste der ständig in der Landwirtschaft beschäftigten Arbeiter, ABl. 1976 Nr. L 118 S. 3
Verordnung (EWG) Nr. 1215/76 des Rates vom 4. 5. 1976 zur Änderung der Verordnung (EWG) Nr. 1056/72 über die Mitteilung der Investitionsvorhaben von gemeinschaftlichem Interesse auf dem Erdöl-, Erdgas- und Elektrizitätssektor an die Kommission, ABl. 1976 Nr. L 140 S. 1
Verordnung (EWG) Nr. 1729/76 des Rates vom 21. 6. 1976 betreffend die Mitteilung von Informationen über die Energieversorgungslage der Gemeinschaft, ABl. 1976 Nr. L 198 S. 1
Verordnung (EWG) Nr. 2877/76 des Rates vom 23. 11. 1976 zur Durchführung einer Stichprobenerhebung über Arbeitskräfte, ABl. 1976 Nr. L 331 S. 1
Verordnung (EWG) Nr. 847/77 des Rates vom 25. 4. 1977 bezüglich einer in den Jahren 1977, 1978 und 1979 durchzuführenden Erhebung über die Verdienste der ständig in der Landwirtschaft beschäftigten Arbeiter, ABl. 1977 Nr. L 104 S. 5
Verordnung (EWG) Nr. 2478/77 des Rates vom 7. 11. 1977 über das System zur Stabilisierung der Erlöse aus der Ausfuhr bestimmter Grundstoffe zugunsten der AKP-Staaten und der mit der Gemeinschaft assoziierten überseeischen Länder und Gebiete und zur Aufhebung der Verordnung (EWG) Nr. 158/76, ABl. 1977 Nr. L 287 S. 1
Richtlinie des Rates vom 13. 2. 1978 zur Durchführung koordinierter Konjunkturstatistiken im Baugewerbe (78/166/EWG), ABl. 1978 Nr. L 52 S. 17
Richtlinie des Rates vom 12. 6. 1978 zur Erfassung des Güterkraftverkehrs im Rahmen einer Regionalstatistik (78/546/EWG), ABl. 1978 Nr. L 168 S. 29
Verordnung (EWG) Nr. 494/78 des Rates vom 6. 3. 1978 zur Durchführung einer Arbeitskostenerhebung in der Industrie, im Groß- und im Einzelhandel sowie im Bank- und Versicherungsgewerbe, ABl. 1978 Nr. L 68 S. 1
Richtlinie des Rates vom 26. 3. 1980 zur Ermächtigung der Französischen Republik, von der Richtlinie 73/403/EWG zur Synchronisierung der allgemeinen Volkszählungen abzuweichen (80/371/EWG), ABl. 1980 Nr. L 90 S. 44
Richtlinie des Rates vom 17. 11. 1980 über die statistische Erfassung des Güterverkehrs auf Binnenwasserstraßen (80/1119/EWG), ABl. 1980 Nr. L 339 S. 30
Richtlinie des Rates vom 4. 12. 1980 über die statistische Erfassung des Eisenbahngüterverkehrs im Rahmen einer Regionalstatistik (80/1177/EWG), ABl. 1980 Nr. L 350 S. 23
Verordnung (EWG) Nr. 1638/80 des Rates vom 24. 6. 1980 über das System zur Stabilisierung der Erlöse aus der Ausfuhr bestimmter Grundstoffe zugunsten der AKP-Staaten und der mit der Gemeinschaft assoziierten überseeischen Länder und Gebiete, ABl. 1980 Nr. L 163 S. 3
Verordnung (EWG) Nr. 3112/80 des Rates vom 27. 11. 1980 bezüglich einer Erhebung über die Verdienste der ständig in der Landwirtschaft beschäftigten Arbeiter, ABl. 1980 Nr. L 326 S. 6
Verordnung (EWG) Nr. 195/81 des Rates vom 20. 1. 1981 zur Durchführung einer Stichprobenerhebung über Arbeitskräfte im Frühjahr 1981, ABl. 1981 Nr. L 24 S. 1
Verordnung (EWG) Nr. 1596/81 des Rates vom 10. 6. 1981 zur Durchführung einer Arbeitskostenerhebung im produzierenden Gewerbe, im Groß- und im Einzelhandel sowie im Bank- und im Versicherungsgewerbe, ABl. 1981 Nr. L 159 S. 1
Richtlinie des Rates vom 10. 6. 1981 zur Abweichung von der Richtlinie 73/403/EWG zur Sychronisierung der allgemeinen Volkszählungen zugunsten der Italienischen Republik (81/421/EWG), ABl. 1981 Nr. L 165 S. 11
Entscheidung des Rates vom 23. 7. 1981 zur Durchführung eines Modellversuchs betreffend ein gemeinschaftliches System zur Information über Unfälle bei Verwendung bestimmter Erzeugnisse außerhalb beruflicher Tätigkeiten und des Straßenverkehrs (81/623/EWG), ABl. 1981 Nr. L 229 S. 1
Entscheidung des Rates vom 3. 12. 1981 zur Errichtung eines gemeinschaftlichen Informations-

Investitionen, Güterverkehr, Konjunktur, Energie, Arbeitskräfte, Arbeitskosten, STABEX, ausländische Arbeitnehmer.

Die wesentlichen Elemente der Statistikverordnungen sind jeweils die Bezeichnung der zu erhebenden Daten, die Feststellung des Erhebungszeitraums, die Wahl der Erhebungsmethode (zumeist Stichprobenverfahren) sowie die Feststellung der Verpflichtung der Betroffenen, die erforderlichen Auskünfte zu erteilen. Mit der tatsächlichen Durchführung der Erhebung werden die statistischen Ämter der Mitgliedstaaten beauftragt, die die Auskünfte nach Maßgabe der Kommission einholen, ggfs. überprüfen und an diese übermitteln. Die im Rahmen der Erhebung erteilten Einzelauskünfte dürfen nur für statistische Zwecke verwendet werden. Ihre Verwendung für steuerliche Zwecke und ihre Weitergabe an Dritte ist untersagt. Die Mitgliedstaaten haben die geeigneten Maßnahmen zu treffen, um Verstöße gegen die Verpflichtung zur Auskunftserteilung und gegen die Geheimhaltungspflicht zu ahnden. Die den Mitgliedstaaten durch die Erhebungen entstehenden Kosten gehen zum Teil zu Lasten des Haushaltes der Gemeinschaften; zum Teil erfolgt die Finanzierung ausschließlich aus Mitteln der Mitgliedstaaten.

Obgleich die Einholung *statistischer* Auskünfte durch die Zwischenschaltung der statistischen Ämter der Mitgliedstaaten in der Praxis *zweistufig* ausgestaltet ist, ständen einer *direkten* Erhebung der Daten durch die Kommission nach Art. 213 rechtlich keine Hindernisse im Wege. Im Gegensatz zum EGKS-Bereich, wo die Überschaubarkeit des Marktes der Kommission erlaubt, die erforderlichen Angaben direkt von den Unternehmen einzuholen bzw. Meldungen direkt entgegenzunehmen, dürften bei EWG-Statistiken unmittelbare Erhebungen durch die Kommission allerdings mit verwaltungstechnischen Schwierigkeiten verbunden sein.

25 Statistische Erhebungen, die durch Rechtsakte der Europäischen Gemeinschaften angeordnet sind, erfolgen in der Bundesrepublik Deutschland nach den Vorschriften des Gesetzes über die Statistik für Bundeszwecke (BStatG) vom 14. 3. 1980[35] – § 12 BStatG. Nach § 10 Abs. 1 BStatG sind alle natürlichen und alle juristischen Personen des

Fortsetzung Fußnote 34
systems zur Überwachung und Verringerung der Ölverschmutzung des Meeres (81/971/EWG), ABl. 1981 Nr. L 355 S. 52
Richtlinie des Rates vom 14. 12. 1981 zur Ermächtigung der Bundesrepublik Deutschland, von der Richtlinie 73/403/EWG zur Synchronisierung der allgemeinen Volkszählungen abzuweichen (81/1059/EWG), ABl. 1981 Nr. L 385 S. 33
Richtlinie des Rates vom 14. 12. 1981 zur Ermächtigung des Königreichs der Niederlande, von der Richtlinie 73/403/EWG zur Synchronisierung der allgemeinen Volkszählungen abzuweichen (81/1060/EWG), ABl. 1981 Nr. L 385 S. 34

35 BGBl. I S. 289.

Privatrechts sowie Personenhandelsgesellschaften und Körperschaften, Anstalten und Stiftungen des öffentlichen Rechts, Behörden und sonstige öffentliche Stellen des Bundes, der Länder, Gemeinden und Gemeindeverbände sowie deren Aufsicht unterstehenden Körperschaften, Anstalten und Stiftungen des öffentlichen Rechts ... zur Beantwortung der ordnungsgemäß angeordneten Fragen verpflichtet, soweit nicht die Antwort ausdrücklich freigestellt ist. Die Verpflichtung der Befragten, Auskunft zu erteilen, besteht gegenüber den mit der Durchführung der Bundesstatistiken amtlich betrauten Stellen und Personen (§ 10 Abs. 2 BStatG). Die Antwort ist wahrheitsgemäß, fristgerecht sowie kosten- und portofrei zu erteilen (§ 10 Abs. 3 BStatG).

VII. Inquisitorische Auskunftsrechte

26 Während im *Statistikbereich* zur Begründung des Auskunftsrechts der Kommission einerseits und der Auskunftspflicht der Dateninhaber andererseits im Prinzip ein einziger Rechtsakt der Gemeinschaft (die Statistikverordnung) ausreicht,[36] erfordert der inquisitorische Zugriff der Gemeinschaft auf ein einzelnes Unternehmen stets zwei Rechtsakte, eine Verordnung und eine Entscheidung. Die *Verordnung* räumt der Kommission ein Auskunftsrecht gegenüber einer Gruppe von potentiell Auskunftspflichtigen ein, ohne daß diesem Recht schon eine Pflicht des einzelnen Gruppenmitglieds zur Auskunftserteilung korrespondierte. Hierzu bedarf es stets eines weiteren Rechtsaktes, der als Einzelakt das jeweils betroffene Gruppenmitglied individualisiert und ihm gegenüber konkret das Auskunftsthema bezeichnet. Erst durch diesen zweiten Rechtsakt, die *Entscheidung*, wird eine Pflicht des Adressaten zur Auskunft über das bezeichnete Thema begründet.

27 Die in der Praxis wichtigsten inquisitorischen Auskunftsrechte der Kommission bestehen auf den Gebieten des Wettbewerbs, des Verkehrs und der Landwirtschaft. Die Befugnisse der Kommission in diesen Bereichen stützen sich im wesentlichen auf folgende Bestimmungen: Art. 11 ff. der Verordnung Nr. 17 des Rates vom 6. 2. 1962 Erste Durchführungsverordnung zu den Artikeln 85 und 86 des EWG-Vertrages;[37] Art. 11 ff. der Verordnung Nr. 11 über die Beseitigung von Diskriminierungen auf dem Gebiet der Frachten und Beförderungsbedingungen gemäß Artikel 79 Absatz (3) des Vertrages zur Gründung der Europäischen Wirtschaftsgemeinschaft vom 27. 6. 1960;[38] Art. 19 ff. der Verordnung vom 19. 7. 1968 über die Anwendung von Wettbewerbsregeln auf dem Gebiet des Eisenbahn-, Straßen- und Binnenschiffsverkehrs[39] sowie Art. 9 der Verord-

36 Siehe oben Rn. 24.
37 ABl. 1962 S. 204. Für eine Auskunftsentscheidung auf der Grundlage dieser Verordnung s. z. B. ABl. 1982 Nr. L 80 S. 36.
38 ABl. 1960 S. 1121.
39 ABl. 1968 Nr. L 175 S. 1.

nung (EWG) Nr. 729/70 des Rates vom 21.4.1970 über die Finanzierung der gemeinsamen Agrarpolitik.[40]

1. Verfahren

28 Anders als bei der Beschaffung statistischer Auskünfte, welche die Kommission über die Mitgliedstaaten bezieht, kann sie im inquisitorischen Verfahren ihr Auskunftsverlangen sowohl direkt an die Unternehmen und sonstigen Adressaten als auch an die zuständigen Stellen der Mitgliedstaaten richten und bei ihnen alle erforderlichen Auskünfte einholen (s. Art. 11 Abs. 1 VO Nr. 17, Art. 19 Abs. 1 VO Nr. 1017/68, Art. 11 VO Nr. 11). Ersucht die Kommission ein Unternehmen um die Erteilung von Auskünften, so übermittelt sie der zuständigen Behörde des Mitgliedstaates, in dessen Hoheitsgebiet sich der Sitz des Unternehmens befindet, gleichzeitig eine Abschrift des Auskunftsverlangens (Art. 11 Abs. 2 VO Nr. 17, Art. 19 Abs. 2 VO Nr. 1017/68, Art. 11 Abs. 3 VO Nr. 11). In ihrem Auskunftsersuchen weist die Kommission auf die Rechtsgrundlage und den Zweck des Verlangens sowie auf die für den Fall einer unrichtigen Auskunft vorgesehenen Zwangsmaßnahmen hin (Art. 11 Abs. 3 VO Nr. 17, Art. 19 Abs. 3 VO Nr. 1017/68). Wird die vom Unternehmen verlangte Auskunft innerhalb der von der Kommission festgesetzten Frist nicht oder nicht vollständig erteilt, so fordert die Kommission die Auskunft durch *Entscheidung* nach Art. 189 Abs. 4 EWG-Vertrag an. Diese ist nach Art. 190 EWG-Vertrag mit Gründen zu versehen. Sie bezeichnet die geforderten Auskünfte und setzt eine angemessene Frist für ihre Erteilung. Gleichzeitig weist sie auf vorgesehene Zwangsmaßnahmen sowie auf das Recht hin, vor dem Gerichtshof gegen die Entscheidung Klage zu erheben (Art. 173 Abs. 2 EWG-Vertrag) (vgl. Art. 11 Abs. 5 VO Nr. 17, Art. 19 Abs. 5 VO Nr. 1017/68). Gleichzeitig übermittelt die Kommission der zuständigen Behörde des Mitgliedstaates, in dessen Hoheitsgebiet sich der Sitz des Unternehmens befindet, eine Abschrift der Entscheidung (Art. 11 Abs. 6 VO Nr. 17, Art. 19 Abs. 6 VO Nr. 1017/68). Nach Art. 191 Abs. 2 EWG-Vertrag wird die Entscheidung mit ihrer Bekanntgabe an den Adressaten wirksam.

Die Schriftstücke, die die Kommission versendet, sind in der Sprache des Mitgliedstaates abzufassen, in dem der Empfänger seinen Sitz hat.[41] Für Fristen, Daten und Termine

40 ABl. 1970 Nr. L 94 S. 13; für Kontrollen im Agrarbereich s. weiterhin die Verordnung (EWG) Nr. 283/72 des Rates vom 7.2.1972 betreffend die Unregelmäßigkeiten und die Wiedereinziehung zu Unrecht gezahlter Beträge im Rahmen der Finanzierung der gemeinsamen Agrarpolitik sowie die Einrichtung eines einschlägigen Informationssystems, ABl. 1972 Nr. L 36 S. 1; s. auch die Richtlinie des Rates vom 27.6.1977 über die von den Mitgliedstaaten vorzunehmende Prüfung der Maßnahmen, die Bestandteil des Finanzierungssystems des Europäischen Ausrichtungs- und Garantiefonds für die Landwirtschaft, Abteilung Garantie, sind, ABl. 1977 Nr. L 172 S. 17.

41 Siehe Art. 3 der Verordnung Nr. 1 zur Regelung der Sprachenfrage für die Europäische Wirtschaftsgemeinschaft, ABl. 1958 S. 385.

gelten die Regelungen der Verordnung (EWG, Euratom) Nr. 1182/71 des Rates vom 3. 6. 1971 zur Festlegung der Regeln für die Fristen, Daten und Termine.[42]

2. Auskunftspflichtige

29 Abgesehen von den jeweils zuständigen Behörden der Mitgliedstaaten können zur Erteilung von Auskünften nur solche natürlichen oder juristischen Personen herangezogen werden, gegenüber denen die Kommission *kraft Ratsverordnung* ein Auskunftsrecht besitzt. Aus dem Kreis dieser Personen sind nur solche zur Auskunft verpflichtet, an die die Kommission eine förmliche Entscheidung nach Art. 189 Abs. 4 EWG-Vertrag richtet, wobei die Auskunftspflicht mit Bekanntgabe der Entscheidung an den Adressaten wirksam wird (Art. 191 Abs. 2 EWG-Vertrag). Schlichte Auskunftsverlangen ohne die Rechtsform einer Entscheidung sind nicht verbindlich. Werden sie dennoch beantwortet, muß die Auskunft zwar nicht vollständig aber gleichwohl richtig sein.[43]

30 Handelt es sich um Entscheidungen, die an Unternehmen gerichtet sind, so sind zur Erteilung der Auskunft die Inhaber der Unternehmen bzw. deren Vertreter, bei juristischen Personen, Gesellschaften und nicht rechtsfähigen Vereinen die nach Gesetz oder Satzung zur Vertretung berufenen Personen verpflichtet.[44]

31 An welche Adressaten *sachlich* eine Auskunftsentscheidung gerichtet werden darf, bestimmt sich jeweils nach Wortlaut, Sinn und Zweck der zugrunde liegenden Ratsverordnung. So können nach der VO Nr. 17 nicht nur Unternehmen, sondern auch Unternehmensvereinigungen zur Auskunft verpflichtet werden. Hierbei ist nicht erforderlich, daß sich die dem Auskunftsverlangen zugrunde liegende kartellrechtliche Untersuchung gegen den betreffenden Adressaten richtet. Auch von dritten unbeteiligten Unternehmen und Unternehmensvereinigungen kann die Kommission Auskünfte einholen, soweit dies im Einzelfall erforderlich ist.

32 Da sich die Regelungsbefugnis der Gemeinschaftsorgane auf das Gebiet der Gemeinschaft beschränkt, können Rechtssubjekte in Drittländern nicht durch gemeinschaftliche Rechtsakte zur Erteilung von Auskünften verpflichtet werden. Soweit sich Unternehmen mit Hauptsitz in einem Drittland allerdings in der Gemeinschaft wirtschaftlich betätigen und zu diesem Zwecke in der Gemeinschaft Niederlassungen unterhalten, unterliegen letztere der Auskunftspflicht. Darüber hinaus richtet sich die Zulässigkeit der Vornahme von Amtshandlungen gegenüber Rechtssubjekten in Drittstaaten nach den Regeln des Völkerrechts. Hiernach können die Gemeinschaftsorgane gegen natürliche und juristische Personen *in einem Drittland* nur dann *hoheitlich* vorgehen, wenn der Drittstaat dies gestattet. Da die Erteilung von Auskünften auf ein schlichtes Auskunftsverlangen hin

42 ABl. 1971 Nr. L 124 S. 1.

43 Im Falle einer falschen Auskunft können im Kartellrecht Geldbußen verhängt werden (s. unten Rn. 52).

44 Vgl. Art. 11 Abs. 4 VO Nr. 17; Art. 19 Abs. 4 VO Nr. 1017/68.

freiwillig ist, ist die Kommission insoweit nicht gehindert, sich an Rechtssubjekte in Drittstaaten zu wenden. Soweit die Kommission Auskünfte durch Entscheidungen einholt, verlagert sich das Problem im wesentlichen auf die Befugnis zur *Androhung* und *Anordnung* von *Sanktionen* im Falle der Nichtäußerung oder der Erteilung falscher Auskünfte. Ein hoheitliches Vorgehen dürfte in diesen Fällen insoweit gerechtfertigt sein, als sich der tatsächliche Zugriff der Kommission auf *Vermögenswerte* des Drittlandsunternehmens *innerhalb* der Gemeinschaft beschränkt.[45]

VIII. Nachprüfungen

33 Nach Art. 213 kann der Rat die Kommission nicht nur zur Einholung von Auskünften ermächtigen, sondern auch zur Vornahme von Nachprüfungen.[46] Der Rat hat von dieser letztgenannten Möglichkeit im Statistikbereich bisher keinen und auf dem Gebiet inquisitorischer Untersuchungen nur beschränkten Gebrauch gemacht (vgl. Art. 14 VO Nr. 17, Art. 21 VO Nr. 1017/68, Art. 14 Abs. 2, VO Nr. 11; Art. 9 VO Nr. 729/70). Das Nebeneinander von Auskunftsrecht und Nachprüfungsrecht der Kommission in Art. 213 und den vorstehend genannten Verordnungen gibt zunächst Anlaß zur Klärung des Verhältnisses beider Rechte zueinander.

1. Verhältnis zum Auskunftsrecht

34 Ausgehend vom Kriterium der Erforderlichkeit und dem Gebot der Verhältnismäßigkeit, welches den Einsatz des jeweils milderen Mittels verlangt,[47] ist im Schrifttum die Auffassung geäußert worden, daß eine Nachprüfung jeweils erst nach einem vorangegangenen Auskunftsverlangen statthaft sei.[48] Der EuGH hat diese Ansicht zurückgewiesen und festgestellt, daß Auskunfts- und Nachprüfungsbefugnisse unabhängig voneinander bestehen und ausgeübt werden können.[49] Dieser Rechtsauffassung ist zu folgen, denn sie allein ermöglicht der Kommission erforderlichenfalls ohne Vorankündigung und unter Ausnutzung des Überraschungseffektes auf Beweismaterial zuzugreifen.[50] Ein Nachprüfungsrecht, das sich dieses Effektes begäbe, leistete der Verdunkelungsgefahr Vorschub und stellte damit den Erfolg der Nachprüfungen von vornherein in Frage. Des weiteren wäre ein vorgeschaltetes Auskunftsverlangen dann überflüssig und verfehlt, wenn die Kommission schon aus anderen Quellen im Besitz aller erforderlichen Auskünfte ist und es nunmehr allein darum geht, ihre Richtigkeit zu überprüfen.

45 Siehe auch oben Rn. 22 und insbes. Fn. 30.
46 Siehe zu Nachprüfungen ausführlich: *Hanebuth,* a.a.O., S. 247 ff.
47 Siehe unten Rn. 40.
48 Siehe *Wohlfarth* u. a., a.a.O., Art. 213 Rn. 3 S. 559.
49 EuGH – Acciaieria e Tubificio di Brescia / Hohe Behörde, 31/59 – Slg. 1960, 159, 179.
50 So auch *Schröter* in der Vorauflage dieses Kommentars, Band 1, VO Nr. 17, Art. 14 Rn. 11 S. 949.

2. Befugnisse und Verfahren

35 Das Wettbewerbsrecht der Gemeinschaft verleiht den Bediensteten der Kommission gegenüber Unternehmen und Unternehmensvereinigungen zum Zwecke von Untersuchungen die Befugnis, die Bücher und sonstigen Geschäftsunterlagen zu prüfen, Abschriften oder Auszüge aus Büchern und Geschäftsunterlagen anzufertigen, mündliche Erklärungen an Ort und Stelle anzufordern sowie alle Räumlichkeiten, Grundstücke und Transportmittel der Unternehmen zu betreten.[51]

Die mit der Nachprüfung beauftragten Bediensteten der Kommission üben ihre Befugnisse unter Vorlage eines schriftlichen *Prüfungsauftrages* aus, in dem der Gegenstand und der Zweck der Nachprüfung bezeichnet sind und in dem auf die Zwangsmaßnahmen hingewiesen wird, die im Falle einer unvollständigen Vorlage der angeforderten Bücher und Geschäftsunterlagen verhängt werden können.[52] Wie bei der Einholung von Auskünften unterrichtet die Kommission die zuständige Behörde des Mitgliedstaates, in dessen Hoheitsgebiet die Nachprüfung vorgenommen werden soll, rechtzeitig vor der Nachprüfung über den Prüfungsauftrag und die Person der beauftragten Bediensteten.[53]

Ordnet die Kommission die Nachprüfungen in der Rechtsform einer *Entscheidung* nach Art. 189 Abs. 4 EWG-Vertrag an, so sind die betroffenen Unternehmen und Unternehmensvereinigungen zur Duldung der Untersuchungen rechtlich verpflichtet.[54] Die Entscheidung hat den Gegenstand und den Zweck der Nachprüfung zu bezeichnen und auf die vorgesehenen Zwangsmaßnahmen sowie auf das Recht hinzuweisen, vor dem Gerichtshof gegen die Entscheidung Klage zu erheben.[55] Vor Erlaß der Entscheidung hat die Kommission die zuständige mitgliedstaatliche Behörde anzuhören.[56] Angehörige dieser Behörde können aus eigener Initiative oder auf Antrag der Kommission die Bediensteten der Kommission bei der Vornahme der Untersuchungen unterstützen.[57]

3. Duldung der Nachprüfungen

36 Wie sich aus dem Vorstehenden ergibt, sind die Unternehmen erst dann zur Duldung der Untersuchungen verpflichtet, wenn ihnen eine entsprechende *Entscheidung* der Kommission zugegangen ist.[58] Der in seiner rechtlichen Bedeutung dem bloßen Auskunftsverlangen nach Art. 11 Abs. 2 VO Nr. 17 korrespondierende Prüfungsauftrag nach Art. 14

51 Art. 14 Abs. 1 VO Nr. 17; Art. 21 Abs. 1 VO Nr. 1017/68; hier abgedruckt im Anschluß an die Kommentierung von Art. 87.
52 Art. 14 Abs. 2 Satz 1 VO Nr. 17; Art. 21 Abs. 2 Satz 1 VO Nr. 1017/68.
53 Art. 14 Abs. 2 Satz 2 VO Nr. 17; Art. 21 Abs. 2 Satz 2 VO Nr. 1017/68.
54 Art. 14 Abs. 3 Satz 1 VO Nr. 17; Art. 21 Abs. 3 Satz 1 VO Nr. 1017/68.
55 Art. 14 Abs. 3 Satz 2 VO Nr. 17; Art. 21 Abs. 3 Satz 2 VO Nr. 1017/68.
56 Art. 14 Abs. 4 VO Nr. 17; Art. 21 Abs. 4 VO Nr. 1017/68.
57 Art. 14 Abs. 5 VO Nr. 17; Art. 21 Abs. 5 VO Nr. 1017/68.
58 Allgemein zum Erfordernis verbindlicher Organakte s. *Hanebuth*, S. 297 ff.

Abs. 2 VO Nr. 17 begründet daher noch keine Duldungspflicht, sondern lediglich dieVerpflichtung zur *vollständigen* Vorlage der verlangten Materialien für den Fall, daß sich das Unternehmen überhaupt zu einer Vorlage entschließt. Während aber die Kommission eine Auskunft erst dann durch Entscheidung anfordern kann, wenn das Auskunftsverlangen erfolglos geblieben ist,[59] kann sie auch *ohne vorherigen Prüfungsauftrag* die Unternehmen *unmittelbar durch Entscheidung* zur Duldung der Nachprüfung verpflichten, wenn der Zweck der Untersuchung dies erfordert (etwa bei Verdunkelungsgefahr).[60]

37 Der *Umfang* der Duldungspflicht ergibt sich komplementär aus den einzelnen Untersuchungsrechten der Kommission, nicht aber aus dem (fälschlichen) Verständnis von Dulden als passivem Beiseitestehen.[61] So folgt aus der Befugnis der Kommission, die Bücher und sonstigen Geschäftsunterlagen zu prüfen, die Verpflichtung des Unternehmens, den Prüfern Zugang zu den Geschäftsräumen zu gewähren[62] und die geforderten Materialien herbeizuschaffen.[63] Verlangt die Kommission, daß die Unternehmen ihr die geforderten Unterlagen zur Prüfung übersenden, so ist dieser Anordnung Folge zu leisten,[64] es sei denn, aus Gründen der Verhältnismäßigkeit ist eine Prüfung an Ort und Stelle geboten.[65]

Aus dem Recht der Kommission, Abschriften oder Auszüge aus Büchern und Geschäftsunterlagen herzustellen, ergibt sich für das Unternehmen lediglich die Verpflichtung, den Prüfern die Unterlagen für die Dauer der Anfertigung der Abschriften zu überlassen. Eine Pflicht zur Erleichterung dieser Arbeiten, etwa durch betriebseigene Anfertigung von Fotokopien, besteht nicht.[66]

Dem Recht auf Anforderung mündlicher Erklärungen an Ort und Stelle korrespondiert die Verpflichtung des Unternehmens, die gewünschten Erklärungen abzugeben.[67] Diese können nur der Erläuterung der geprüften Unterlagen dienen, nicht hingegen weitergehende Fragen ansprechen, die zum Gegenstand einer Auskunftsentscheidung gemacht werden müßten.[68] Entsprechend klar formuliert Art. 14 Abs. 2 Buchst. d) VO Nr. 11, der einen »Anspruch auf Anforderung jeder Erklärung *zu den Büchern und Geschäftsunterlagen*« einräumt.

59 Siehe oben Rn. 28.
60 Siehe auch *Schröter* (a.a.O. Fn. 50), Rn. 5 S. 947.
61 So auch *Schröter* (a.a.O. Fn. 50), Rn. 16 S. 951.
62 Siehe Art. 14 Abs. 1 Buchstabe d) VO Nr. 17, Art. 21 Abs. 1 Buchstabe d) VO Nr. 1017/68.
63 *Schröter* (a.a.O. Fn. 50), Rn. 14 S. 950.
64 EuGH – San Michele u. a. / Hohe Behörde, 11 und 13 bis 15/62 – Slg. 1962, 917 (943).
65 So etwa bei besonders umfangreichen Unterlagen.
66 Siehe *Schröter* (a.a.O. Fn. 50) Rn. 14 S. 950/951.
67 Zu Auskünften während der Nachprüfung s. insbes. *Hanebuth*, a.a.O., S. 271.
68 Allgemeine Ansicht, s. *Schröter* (a.a.O. Fn. 50), Rn. 15 S. 951 m. w. N.

4. Zusammenarbeit mit den Mitgliedstaaten

38 Sowohl bei der Einholung von Auskünften als auch bei der Vornahme von Nachprüfungen arbeiten die Kommission und die betreffenden Mitgliedstaaten eng zusammen.[69] So unterrichtet die Kommission die zuständigen Behörden des Mitgliedstaates über jeden ihrer Schritte[70] und beauftragt diese, wenn sie es für angezeigt hält, mit der Vornahme von Nachprüfungen.[71] Bedienstete der Kommission können die nationalen Beamten bei diesen Nachprüfungen unterstützen[72], wie umgekehrt die nationalen Beamten den Kommissionsbediensteten bei deren eigenen Untersuchungen Hilfe leisten können.[73] Widersetzt sich ein Unternehmen einer durch Entscheidung angeordneten Nachprüfung, so gewährt der betreffende Mitgliedstaat den beauftragten Bediensteten der Kommission die erforderliche Unterstützung, damit diese ihre Nachprüfungen durchführen können.[74]

IX. Grenzen des Auskunfts- und Nachprüfungsrechts

39 Schon der Wortlaut des Art. 213, wonach die Kommission zur *Erfüllung der ihr übertragenen Aufgaben* alle *erforderlichen* Auskünfte einholen und alle *erforderlichen* Nachprüfungen vornehmen kann, weist auf die immanenten Grenzen des Auskunfts- und Nachprüfungsrechtes hin.[75] Der Rahmen, der der Ausübung beider Rechte gezogen ist, ist sowohl vom Rat bei der Normierung der entsprechenden Befugnisse der Kommission als auch von dieser selbst bei dem Erlaß von Einzelakten in Anwendung und Vollzug der Ratsvorschriften zu beachten.

1. Gebot der Verhältnismäßigkeit

40 Jedes Auskunftsverlangen und erst recht jede Nachprüfung bedeutet einen Eingriff in die Individualsphäre des Betroffenen, den dieser nur dann hinzunehmen verpflichtet ist, wenn neben den jeweils vorgeschriebenen Rechtsförmlichkeiten[76] das Gebot der Verhältnismäßigkeit der Mittel gewahrt ist.[77] Erst im größeren Zusammenhang dieses

69 Vgl. allgemein Art. 10 VO Nr. 17; Art. 16 VO Nr. 1017/68; Art. 6 und Art. 7 Abs. 1 c) VO Nr. 3017/79.
70 Siehe u. a. Art. 14 Abs. 2 VO Nr. 11; Art. 11 Abs. 2 und 6 sowie Art. 14 Abs. 2 und 4 VO Nr. 17; Art. 19 Abs. 2 und 6 sowie Art. 21 Abs. 2 und 4 VO Nr. 1017/68.
71 Art. 13 Abs. 1 VO Nr. 17; Art. 20 Abs. 1 VO Nr. 1017/68.
72 Art. 13 Abs. 2 VO Nr. 17; Art. 20 Abs. 2 VO Nr. 1017/68.
73 Siehe Art. 14 Abs. 5 VO Nr. 17; Art. 21 Abs. 5 VO Nr. 1017/68.
74 Siehe Art. 14 Abs. 6 VO Nr. 17; Art. 21 Abs. 6 VO Nr. 1017/68.
75 Siehe hierzu auch *Smit – Herzog*, a.a.O., »Limits on the Commission's Right to gather Information«, Anm. 213.05, S. 6 bis 56 ff.
76 Diese ergeben sich aus der jeweiligen Ermächtigungsnorm.
77 Siehe EuGH – SA Buitoni / FORMA, 122/78 – Slg. 1979, 677; EuGH – Atalanta / Produktschap, 240/78 – Slg. 1979, 2137.

fundamentalen Rechtsprinzips gewinnt das Kriterium der »Erforderlichkeit zur Erfüllung der Aufgaben« seinen eigentlichen Sinn, denn ob eine Auskunft oder eine Nachprüfung von der Rechtsordnung als »erforderlich« anzuerkennen ist, läßt sich nur entscheiden, wenn die Belange der Kommission zu denen der Betroffenen in Beziehung gesetzt werden.[78] Eine Auskunft oder Nachprüfung kann hierbei nur dann als objektiv erforderlich erachtet werden, wenn die mit der Maßnahme verbundene Belastung des Betroffenen in einem angemessenen Verhältnis zur Bedeutung der Angelegenheit steht. So wäre es in keinem Falle angebracht, von einem Unternehmen teure und zeitraubende Nachforschungen zu verlangen, nur um eine relativ unbedeutende Auskunft zu erhalten. Erst recht wäre der Grundsatz der Verhältnismäßigkeit verletzt, wenn die Kommission schon über die gewünschten Angaben verfügt, sich aber eine Sichtung und Aufbereitung ihrer Materialien ersparen will und statt dessen die Auskunft bei Dritten einholt. Des weiteren dürfen die geforderten Auskünfte und die Nachprüfungen nicht weiter gehen, als der Zweck der Untersuchung dies verlangt.

2. *Auskunftsverweigerungsrecht*

41 Eine Berechtigung zur Auskunftsverweigerung im Einzelfall räumt das *Gemeinschaftsrecht ausdrücklich* nur den Mitgliedstaaten ein. Nach Art. 223 a) EWG-Vertrag ist ein Mitgliedstaat nicht verpflichtet, Auskünfte zu erteilen, deren Preisgabe seines Erachtens seinen wesentlichen *Sicherheitsinteressen* widerspricht.[79] Soweit der Mitgliedstaat einzelne Unternehmen in sein Schweigerecht einbezieht, dürfte die Kommission dies zu respektieren haben, da andernfalls eine Umgehung der Vorschrift möglich wäre.[80]

42 Eine weitere Grenze findet das Auskunftsrecht der Kommission in jenen nationalen Vorschriften, die den Angehörigen bestimmter Berufe verbieten, unbefugt *fremde* Geheimnisse zu offenbaren, die ihnen in ihrer jeweiligen beruflichen Eigenschaft anvertraut oder sonst bekanntgeworden sind.[81] Handelt es sich um *vertrauliche Korrespondenz zwischen Anwalt und Mandant,* so kann auch letzterer die Auskunft und Herausgabe verweigern, sofern der betreffende Schriftverkehr seiner *Rechtsverteidigung*

78 Zur Abwägung der Interessen der Kommission und denen des Betroffenen im Rahmen der Prüfung der Erforderlichkeit s. auch *Schröter* in der Vorauflage dieses Kommentars, Band 1, VO Nr. 17; Art. 14 Rn. 3 S. 946. Für eine scharfe Trennung des Prinzips der Verhältnismäßigkeit vom Kriterium der Erforderlichkeit spricht sich offenbar *Hanebuth,* a.a.O., S. 167 aus. *Ders.* zur Erforderlichkeit a.a.O., S. 122ff. und zum Grundsatz der Verhältnismäßigkeit S. 167ff.

79 Siehe *Matthies* zu Art. 223 Rn. 6 und 7.

80 Siehe auch Art. 11 Abs. 4 der VO Nr. 11, der das Auskunftsrecht der Kommission gegenüber den Regierungen *und Unternehmen* (Art. 11 Abs. 1) einschränkt, indem er generell bestimmt: »Eine Auskunft kann verweigert werden, wenn sie zur Preisgabe von Tatsachen führt, deren Mitteilung nach Ansicht eines Mitgliedstaates seinen wesentlichen Sicherheitsinteressen widerspricht.«

81 Siehe hierzu Art. 214 Fn. 3.

gegenüber der Kommission dient und der Anwalt zu ihm in keinem arbeitsrechtlichen Abhängigkeitsverhältnis steht.[82]

43 Weitergehende nationale Geheimhaltungsvorschriften bzw. Offenbarungsverbote können der Kommission nur insoweit entgegengehalten werden, als sie mit dem Gemeinschaftsrecht vereinbar sind.[83]

44 Ein Auskunftsverweigerungsrecht *gegenüber der Kommission* wegen *Gefahr der Selbstbezichtigung* ist weder in nationalen noch in gemeinschaftsrechtlichen Rechtsvorschriften vorgesehen.[84] Im Gegensatz zum deutschen Gesetz gegen Wettbewerbsbeschränkungen,[85] dessen § 46 Abs. 5 gegenüber den deutschen Kartellbehörden ein Recht zur Verweigerung der Auskunft auf solche Fragen gewährt, deren Beantwortung den zur Auskunft Verpflichteten bzw. seine Angehörigen der Gefahr strafgerichtlicher Verfolgung oder eines Verfahrens nach dem Ordnungswidrigkeitsgesetz aussetzen würde,[86] enthält die gemeinschaftsrechtliche Kartellverordnung keine Bestimmung, die den

82 Siehe EuGH – AM & S Europe Limited/Kommission, 155/79 – Urteil vom 18. 5. 1982, noch nicht veröffentlicht. Der Nachweis der Schutzfähigkeit der betreffenden Unterlagen ist durch Vorlage geeigneter Dokumente bzw. Auszüge zu führen. Hält die Kommission die vorgelegten Beweismittel für unzureichend, so ist sie nicht gehindert nach Art. 14 Abs. 3 VO Nr. 17 gegen das Unternehmen vorzugehen. Dieses kann seinerseits Klage beim Gerichtshof erheben, der im Falle der Schutzfähigkeit der Unterlagen nach Art. 185, 186 des Vertrages i. V. m. Art. 83 seiner Verfahrensordnung den Vollzug der angefochtenen Kommissionshandlungen aussetzen kann (s. hierzu insbes. Rn. 29–32 des o.a. Urteils). Zur Behandlung vertraulicher Unterlagen durch den Gerichtshof selbst s. EuGH – Celanese Chemical Company Inc./Rat und Kommission, 236/81 – Beschluß vom 30. 3. 1982, noch nicht veröffentlicht (Wortlaut des Tenors s. Art. 214 Fn. 55). Im übrigen hatte die Kommission schon in ihrer Antwort auf die schriftliche Anfrage Nr. 63/78 (ABl. 1978 Nr. C 188 S. 30) folgendes ausgeführt:
»Nach Artikel 14 der Verordnung Nr. 17/62 des Rates ist die Kommission befugt, alle Schreiben und sonstigen Geschäftsunterlagen eines Unternehmens oder einer Unternehmensvereinigung – einschließlich der Geschäftsunterlagen, die für dieses Unternehmen oder diese Unternehmensvereinigung von externen Anwälten oder Rechtsberatern erstellt worden sind – zu prüfen und Abschriften davon anzufertigen.
Das EG-Wettbewerbsrecht sieht keinen Schutz für Geschäftsunterlagen rechtlicher Art vor. In Anlehnung an die Regeln des Wettbewerbsrechts einiger Mitgliedstaaten ist die Kommission aus Gründen der Unparteilichkeit jedoch bereit, streng rechtliche Dokumente, die ausgearbeitet worden sind, um Rechtsgutachten zu den einzuhaltenden Rechtsnormen oder zur Vorbereitung und Durchführung der Verteidigung des betreffenden Unternehmens oder der betreffenden Unternehmensvereinigung zu erhalten oder zu erstellen, nicht als Beweis für etwaige Verstöße gegen die Wettbewerbsregeln der Gemeinschaft zu benutzen. Wenn der Kommission derartige Dokumente vorliegen, so fertigt sie davon keine Abschriften an.
Unter der Aufsicht des Gerichtshofes der Europäischen Gemeinschaften ist es Sache der Kommission, den Charakter der fraglichen Unterlagen zu beurteilen.«

83 Vgl. »Exegese des Rechts der Mitgliedstaaten« bei *Hanebuth*, a.a.O., S. 156 ff.

84 Vgl. zum Problemkreis Auskunftsverweigerung und Selbstbezichtigung *Hanebuth*, a.a.O., S. 160 ff.; *Hermanns*, a.a.O., S. 137 ff.; *Kerse*, a.a.O., Rn. 10.24 S. 276 f.

85 In der Neufassung vom 24. 9. 1980 (BGBl. I S. 1761).

86 Siehe hierzu *Müller, Heinz – Gießler, Peter – Scholz, Ulrich*, Kommentar zum Gesetz gegen Wettbewerbsbeschränkungen, 4. Aufl. Band 2, Frankfurt am Main 1981, § 46 Rn. 13 ff. S. 299 f.

gemeinschaftsrechtlich Auskunftspflichtigen ein entsprechendes Recht gegenüber der Kommission einräumte.[87] In Abwesenheit positiver Regelungen könnte das Auskunftsverweigerungsrecht wegen Gefahr der Selbstbezichtigung dann Eingang in die Gemeinschaftsrechtsordnung finden, wenn ihm der Charakter eines Grundrechts oder der Rang eines allgemeinen Rechtsprinzipes zuzuerkennen wäre. Da das Recht jedoch weder als Grundrecht in die Art. 1 bis 19 und 103, 104 des Grundgesetzes,[88] noch als Menschenrecht in den Art. 2 bis 18 der Konvention zum Schutze der Menschenrechte und Grundfreiheiten vom 7. 8. 1952[89] aufgenommen worden ist, ist es zweifelhaft, ob ihm eine derartige hochrangige Natur zuzumessen ist und sich der EuGH veranlaßt sähe, Auskunftspflichtige in einem *Verwaltungsverfahren* generell vor der Gefahr der Selbstbezichtigung zu schützen.[90] Andererseits ist nicht auszuschließen, daß der EuGH in besonderen Einzelfällen ein Auskunftsverweigerungsrecht wegen Gefahr der Selbstbezichtigung dann zuläßt, wenn ein Beharren der Kommission auf der Erteilung der Auskunft *unter Berücksichtigung der individuellen Fallkonstellation* gegen das Prinzip der *Verhältnismäßigkeit* verstoßen würde.[91]

87 Für die Schaffung klarer gemeinschaftsrechtlicher Vorschriften über die Auskunftsverweigerung s. insbes. Leitsatz Nr. 9 von *Wohlfarth* in: *Auskunftsrecht* S. 47. Zur deutschen Forderung nach der Aufnahme eines Zeugnisverweigerungsrechtes in die VO Nr. 11 s. *Everling,* a.a.O., S. 77. Zur Forderung des Parlaments nach Einfügung eines Aussageverweigerungsrechts bei Gefahr der Selbstbezichtigung in den jetzigen Art. 11 VO Nr. 17 s. die Schlußanträge von Generalanwalt *Warner* vom 20. 1. 1981 in der Rechtssache 155/79 (s. Fn. 82) – noch nicht veröffentlicht.

88 Grundgesetz vom 23. 5. 1949 (BGBl. S. 1).

89 BGBl. II S. 686; s. hierzu auch *Bartsch, Hans-Jürgen*, 25 Jahre europäischer Menschenrechtsschutz – Eine Bilanz – in: EuR 1979, S. 105 ff. (zur Aussageverweigerung s. insbes. S. 113).

90 Auch das deutsche Verwaltungsverfahrensgesetz vom 25. 5. 1976 (BGBl. I S. 1253) kennt für Verwaltungsverfahren kein allgemeines Auskunftsverweigerungsrecht wegen Gefahr der Selbstbezichtigung. Ebensowenig räumt die Abgabenordnung (AO) vom 16. 3. 1976 (BGBl. I S. 613) in § 103 den am Besteuerungsverfahren Beteiligten bzw. den für die Beteiligten auskunftspflichtigen Personen ein Auskunftsverweigerungsrecht bei Gefahr der Verfolgung wegen einer Straftat oder einer Ordnungswidrigkeit ein (zu den Mitwirkungspflichten der Beteiligten s. § 90 AO). Zwar ist die Mitwirkungspflicht des Beteiligten insoweit nicht durchsetzbar, als nach § 393 Abs. 1 Satz 2 AO Zwangsmittel gegen den Steuerpflichtigen unzulässig sind, wenn er dadurch gezwungen würde, sich selbst wegen einer von ihm begangenen Steuerstraftat oder Steuerordnungswidrigkeit zu belasten, jedoch *»können aus einem Verstoß gegen diese Pflicht die entsprechenden Folgerungen gezogen werden«* (s. Begründung RegE zu § 103 abgedruckt in: AO '77 Materialien zusammengestellt und bearbeitet von *Mittelsteiner, Karl-Heinz – Schaumburg, Harald*, Köln 1976, § 103 S. 137). Entsprechende Folgerungen dürften sich auch aufdrängen, wenn in einem Verfahren nach der VO Nr. 17 eine Auskunft unter Hinweis auf die Gefahr der Selbstinkriminierung verweigert werden würde. In einem solchen Falle bestände hinreichender Anlaß zu umgehenden Nachprüfungen an Ort und Stelle, wobei das Unternehmen seine Mitwirkung nicht mehr verweigern dürfte. Zur Ausübung des Aussageverweigerungsrechts juristischer Personen durch ihre Organe vgl. im übrigen BVerfG., BB 1975, S. 1315.

91 Siehe auch *Smit – Herzog*, a.a.O., Anm. 213.05 S. 6 bis 59.

3. Verwertungsverbote

45 Obwohl Verwertungsverbote das Auskunfts- und Nachprüfungsrecht der Kommission nicht einschränken, begrenzen sie doch dessen Wirkungen zum Schutze der Rechte der Betroffenen.[92] Drei Arten von Verwertungsverboten sind im wesentlichen zu unterscheiden: Speziell geregelte, solche, die sich allgemein aus der Verschwiegenheitspflicht nach Art. 214 EWG-Vertrag ergeben und schließlich das ungeschriebene Verbot der Verwertung rechtswidrig erlangter Beweismittel, soweit ein solches Verbot rechtlich anerkannt wird.

46 *Spezielle Verwertungsverbote* finden sich sowohl in statistischen als auch in inquisitorischen Auskunftsverordnungen. So sehen fast alle Statistikverordnungen vor, daß die im Rahmen der Erhebung erteilten Einzelauskünfte nur für statistische Zwecke verwendet werden dürfen und ihre Verwendung zu steuerlichen Zwecken sowie ihre Weitergabe an Dritte untersagt ist. In entsprechender Weise bestimmt Art. 20 der VO Nr. 17, daß die in Kartellrechtsverfahren erlangten Kenntnisse nur zu dem mit der Auskunft oder Nachprüfung verfolgten Zwecke verwertet werden dürfen.[93]

47 Auch in Abwesenheit spezieller Verwertungsverbote sind der Kommission aufgrund Art. 214 EWG-Vertrag alle Verwertungsarten verschlossen, die eine unbefugte Offenbarung von Auskünften mit sich brächten, die unter das *Berufsgeheimnis* fallen.[94]

48 Die Frage, ob und inwieweit die Kommission gehindert ist, Beweismittel zu verwerten, die sie sich widerrechtlich beschafft hat, ist im Gemeinschaftsrecht weder normativ noch gerichtlich geregelt und daher weitgehend offen. Für Untersuchungen der Kommission auf dem Gebiet des Wettbewerbsrechts leitet *Börner* aus dem zwingenden Charakter, der Einheitlichkeit und der Rechtsstaatlichkeit des Gemeinschaftsrechts sowie aus dem institutionellen Gleichgewicht den Grundsatz ab, daß die Kommission, wenn sie sich Beweise für einen Verstoß gegen das Wettbewerbsrecht der Gemeinschaften unter

92 Zu den Beweisverwertungsverboten s. *Hermanns*, a.a.O., S. 72 ff.

93 Ebenso: Art. 27 Abs. 1 VO Nr. 1017/68 und Art. 8 Abs. 1 VO Nr. 3017/79.

94 Soweit im Einzelfall der Grundsatz der Gewährung des rechtlichen Gehörs eine Offenlegung geheimer Informationen erfordern würde, hätte die Kommission auf die Verwertung dieser Information zu verzichten. Siehe hierzu EuGH – Hoffmann – La Roche & Co. AG. / Kommission, 85/76 – Slg. 1979, 461 (512 Rn. 14):
»Er (Art. 20 VO Nr. 17, der Art. 214 entspricht – *der Verf.*) gestattet ihr (der Kommission – *der Verf.*) ... nicht, zu Lasten eines in ein Verfahren nach der Verordnung Nr. 17 verwickelten Unternehmens Tatsachen, Umstände oder Unterlagen zu berücksichtigen, die sie ihrer Auffassung nach nicht weitergeben kann, wenn diese Weigerung die Möglichkeiten dieses Unternehmens beeinträchtigt, zum Vorliegen oder zur Tragweite dieser Umstände, zu diesen Unterlagen oder schließlich zu den daraus gezogenen Schlußfolgerungen der Kommission Stellung zu nehmen.«
Siehe zur Gewährung des rechtlichen Gehörs auch EuGH – Van Landewyck Sàrl u. a. / Kommission, 209 bis 215 und 218/78 – Slg. 1980, 3125 (3237 Rn. 39), s. weiterhin Art. 214 Rn. 19.

Verletzung der dafür geltenden Verfahrensregeln der Verträge verschaffe, die so erlangten Beweise grundsätzlich nicht verwerten dürfe.[95] Ob in einem schlichten *Verwaltungsverfahren ohne jeden Strafcharakter*[96] ein derart weitgehendes Beweisverwertungsverbot sachlich gerechtfertigt und rechtlich durchsetzbar ist, muß fraglich erscheinen. Abgesehen von der Möglichkeit einer Heilung des Verfahrensverstoßes durch eine fehlerfreie Wiederholung des Beweiserhebungsvorganges,[97] dürfte eine Verwertung der Beweise zumindest dann nicht verboten sein, wenn durch den Verfahrensfehler gemeinschaftsrechtlich garantierte Grundrechte des Unternehmens nicht verletzt worden sind.[98]

X. Sanktionen

49 Im Gegensatz zu Art. 47 Abs. 3 EGKS-Vertrag trifft Art. 213 keine Regelung über die Sanktionsbefugnis der Kommission für den Fall, daß sich die Betroffenen der Auskunftsentscheidung entziehen oder wissentlich falsche Auskünfte erteilen. *Daß* die Gemeinschaft gleichwohl ein Sanktionsrecht besitzt, ergibt sich aus ihrer hoheitlichen Natur;[99] die Befugnis zu seiner Ausübung im Rahmen des Art. 213 folgt aus dem Erfordernis, daß Auskunftsrechte der Kommission durchsetzbar sein müssen.[100] Der Rahmen und die nähere Maßgabe der Sanktionen werden vom Rat festgelegt.

95 *Börner, Bodo*, Das Beweisverwertungsverbot im Gemeinschaftsrecht – zur Methode der Gewinnung ungeschriebener Rechtssätze des Gemeinschaftsrechts, in: Hamburg. Deutschland. Europa, Beiträge zum deutschen und europäischen Verfassungs-, Verwaltungs- und Wirtschaftsrecht (Festschrift für *Hans-Peter Ipsen*), Tübingen 1977, S. 557 (575 f.).

96 Siehe Art. 15 Abs. 4 VO Nr. 17; vgl. auch Art. 19 VO Nr. 11; Art. 22 Abs. 4 VO Nr. 1017/68.

97 Zur Möglichkeit der Heilung von Verfahrensfehlern sogar noch im Verfahren vor dem Gerichtshof s. EuGH – Hoffmann – La Roche & Co. AG. / Kommission, 85/76 – Slg. 1979, 461 (S. 513 Rn. 15). Für den Bereich des deutschen Strafrechts s. zur Heilung von Verfahrensfehlern *Kleinknecht, Theodor*, Strafprozeßordnung, 35. Aufl., München 1981, Einl. Rn. 52 S. 10.

98 Dieser Schluß läßt sich indirekt auch aus dem o. a. Urteil (Fn. 97) Rn. 15 S. 513 ziehen, wonach, »Unregelmäßigkeiten ... nicht notwendig die Aufhebung der angefochtenen Entscheidung zur Folge (haben), wenn sie während des Verfahrens vor dem Gerichtshof geheilt worden sind, es sei denn, der Anspruch auf rechtliches Gehör bleibe trotz der späten Heilung verletzt.« Wenn somit selbst Grundrechtsverletzungen (wie hier die Verletzung des Anspruchs auf rechtliches Gehör) dann nicht zu Beweisverwertungsverboten (Aufhebung der Entscheidung) führen, wenn sie geheilt werden, dürften Verfahrensfehler, welche die Grundrechte des Betroffenen nicht einmal berühren, erst recht kein Beweisverwertungsverbot begründen. Vgl. zum Beweisverwertungsverbot im deutschen Recht BVerfGE 44 S. 353, insbes. dazu *Knauth, Alfons,* Beweisverwertungsverbot als Folge einer verfassungswidrigen Beschlagnahmeanordnung, in: JuS 1979, S. 359; BayObLG in: NJW 1974, S. 1342.

99 Siehe Art. 24 Abs. 1 des Grundgesetzes: »Der Bund kann durch Gesetz Hoheitsrechte auf zwischenstaatliche Einrichtungen übertragen.« Zur Ausstattung der Gemeinschaft mit Hoheitsrechten s. *Ipsen, Hans-Peter*, a.a.O., Rn. 2/9 ff. S. 53 ff.

100 Siehe hierzu auch *Smit – Herzog*, a.a.O., Anm. 213.09 S. 6 bis 62 f.

1. Sanktionen im Statistikbereich

50 Auf dem Gebiet der Statistik beauftragt der Rat die Mitgliedstaaten nicht nur mit der Einholung der Auskünfte, sondern überträgt ihnen auch die Sanktionsgewalt. Entsprechend sehen die Rechtsakte des Rates vor, daß die Mitgliedstaaten die geeigneten Maßnahmen treffen, um jeden Verstoß gegen die Verpflichtung zur Auskunftserteilung und gegen die Geheimhaltungspflicht zu ahnden.[101] Ebenfalls gebräuchlich sind Bestimmungen, nach denen für die Verfolgung von Zuwiderhandlungen die Rechtsvorschriften der Mitgliedstaaten für innerstaatliche Erhebungen gelten.[102]

2. Sanktionen bei inquisitorischen Auskünften und Nachprüfungen

51 Nach Art. 15 und 16 der VO Nr. 17 kann die Kommission im Kartellrecht Geldbußen und Zwangsgelder gegen Unternehmen und Unternehmensvereinigungen festsetzen.[103]

52 Eine *Geldbuße* kann nach Art. 15 Abs. 1 b) VO Nr. 17 dann angeordnet werden, wenn ein Unternehmen oder eine Unternehmensvereinigung vorsätzlich oder fahrlässig eine verlangte Auskunft unrichtig oder nicht innerhalb der durch Entscheidung gesetzten Frist erteilt. Das gleiche gilt, wenn bei Nachprüfungen die angeforderten Bücher oder sonstigen Geschäftsunterlagen nicht vollständig vorgelegt werden oder die in einer Entscheidung angeordnete Nachprüfung nicht geduldet wird (Art. 15 Abs. 1 c) VO Nr. 17). Die Geldbuße kann in Höhe von 100 bis 5 000 ECU[104] festgesetzt werden.[105] Sie besitzt *keinen Strafcharakter* (Art. 15 Abs. 4).[106]

53 Die Kommission kann weiterhin *Zwangsgelder* in Höhe von 50 bis 1 000 ECU für jeden Tag des Verzuges von dem in der Entscheidung bestimmten Zeitpunkt an festsetzen, um die Unternehmen und Unternehmensvereinigungen anzuhalten, eine Auskunft vollstän-

101 Siehe z. B. Art. 6 der Verordnung (EWG) Nr. 847/77 des Rates vom 25. 4. 1977 bezüglich einer in den Jahren 1977, 1978 und 1979 durchzuführenden Erhebung über die Verdienste der ständig in der Landwirtschaft beschäftigten Arbeiter, ABl. 1977 Nr. L 104 S. 5.

102 Nach § 14 BStatG (s. Rn. 25 und Fn. 35) handelt ordnungswidrig, wer vorsätzlich oder fahrlässig eine Auskunft nicht richtig, nicht vollständig oder nicht rechtzeitig erteilt. Die Ordnungswidrigkeit kann mit einer Geldbuße bis zu zehntausend Deutsche Mark geahndet werden.

103 Siehe hierzu *Kerse* (a.a.O., Fn. 30), »Fines and Penalties« Rn. 7.01 bis 7.50 S. 161 bis 195; *Winkler, Rolf,* Die Rechtsnatur der Geldbuße im Wettbewerbsrecht der Europäischen Wirtschaftsgemeinschaft, Tübingen 1971.

104 Zur Ersetzung der »Europäischen Rechnungseinheit« durch die Einheit »ECU« s. Art. 1 der Verordnung (EWG, EURATOM), Nr. 3308/80 des Rates vom 16. 12. 1980, ABl. 1980 Nr. L 345 S. 1.

105 Vgl. z. B. die Entscheidung der Kommission vom 25. 11. 1981 betreffend ein Verfahren nach Art. 15 der Verordnung Nr. 17 des Rates (IV/29.895 – Telos) – ABl. 1982 Nr. L 58 S. 19.

106 Zum mangelnden Strafcharakter von Geldbußen s. auch Art. 19 VO Nr. 11 und Art. 22 Abs. 4 VO Nr. 1017/68. Allgemein s. *Johannes, Hartmut,* Das Strafrecht im Bereich der Europäischen Gemeinschaften, in: EuR 1968, S. 63 ff.

dig und richtig zu erteilen und eine Nachprüfung zu dulden (Art. 16 Abs. 1 c) und d) VO Nr. 17).

54 Geldbußen *und* Zwangsgelder können – soweit die tatbestandlichen Voraussetzungen gegeben sind – im Zuge ein- und derselben Untersuchung gegen dasselbe Unternehmen verhängt werden, etwa wenn eine Auskunft zunächst nicht erteilt wird (Erzwingung der Auskunft durch Zwangsgeld) und sie sich dann als falsch herausstellt (Ahndung durch Geldbuße).[107]

55 Die Entscheidungen der Kommission, die Geldbußen oder Zwangsgelder gegenüber Unternehmen festsetzen, sind nach Art. 192 Abs. 1 EWG-Vertrag *vollstreckbare Titel*. Die Zwangsvollstreckung erfolgt nach den Vorschriften des Zivilprozeßrechts des Staates, in dessen Hoheitsgebiet sie stattfindet (Art. 192 Abs. 2 EWG-Vertrag).[108] Sie kann nur durch eine Entscheidung des Gerichtshofes ausgesetzt werden (Art. 192 Abs. 4).

XI. Rechtsschutz

56 Der Rechtsschutz gegen Auskunftsverlangen der *nationalen* Behörden auf dem Gebiet *statistischer Erhebungen* bestimmt sich nach dem jeweiligen nationalen Verwaltungs- und Verwaltungsprozeßrecht. Nach deutschem Recht sind rechtlich bindende Auskunftsbegehren Verwaltungsakte[109] und damit nach § 42 Verwaltungsgerichtsordnung[110] anfechtbar.

57 Entscheidungen der Kommission unterliegen nach Art. 173 und ggfs. Art. 172 EWG-Vertrag der Überprüfung durch den Gerichtshof.[111] Nach Art. 173 kann jeder Adressat einer Entscheidung der Kommission gegen diese Klage wegen Unzuständigkeit, Verletzung wesentlicher Formvorschriften, Verletzung des Vertrages oder einer bei seiner Durchführung anzuwendenden Rechtsnorm oder wegen Ermessensmißbrauch erheben.[112] Die Klage ist binnen zwei Monaten nach Bekanntgabe der Entscheidung

107 Zur gleichzeitigen Verhängung von Geldbuße und Zwangsgeld: auch *Kerse* (a.a.O, Fn. 30), Rn. 7.04 S. 162 f.

108 Zur Vollstreckung von Geldforderungen s. *Bebr, Gerhard*, Development of Judicial Control of the European Communities, The Hague / Boston / London 1981, S. 337 ff.

109 Siehe *Eyermann, Erich – Fröhler, Ludwig*, Verwaltungsgerichtsordnung, 8. Aufl., München 1980, § 42 Rn. 27 d S. 251.

110 Verwaltungsgerichtsordnung vom 21. 1. 1960 (BGBl. I S. 17).

111 Zum Rechtsschutzsystem der Gemeinschaften s. *Bebr* (a.a.O., Fn. 108).

112 Zur Anwendung und Bedeutung des Art. 173 im Kartellrecht s. insbes. *Kerse* (a.a.O., Fn. 30), Rn. 9.04 bis 9.25 S. 222 bis 234.

bei Gericht einzureichen (Art. 173 Abs. 3). Ist die Klage begründet, so erklärt der Gerichtshof die angefochtene Handlung für nichtig (Art. 174 Abs. 1).

58 Eine Möglichkeit zu uneingeschränkter Ermessensüberprüfung und ggfs. Ermäßigung von Geldbußen oder Zwangsgeldern bietet Art. 172.[113] Nach dieser Vorschrift können Ratsverordnungen hinsichtlich der in ihnen vorgesehenen Zwangsmaßnahmen dem Gerichtshof eine Zuständigkeit übertragen, welche die Befugnis zu unbeschränkter Ermessensnachprüfung und zur Änderung oder Verlängerung solcher Maßnahmen umfaßt. Art. 17 VO Nr. 17 enthält eine derartige Zuständigkeitsübertragung, so daß der Gerichtshof auf dem Gebiete des Kartellrechts von der Kommission festgesetzte Geldbußen oder Zwangsgelder aufheben, herabsetzen oder erhöhen kann.[114]

59 Nach Art. 185 haben Klagen bei dem Gerichtshof keine aufschiebende Wirkung. Der Gerichtshof kann jedoch, wenn er dies den Umständen nach für nötig hält, die Durchführung der angefochtenen Handlung aussetzen.

XII. Auskunftsrechte Dritter gegenüber der Kommission

60 Obgleich eine Art. 213 korrespondierende Vorschrift über das Auskunftsrecht Dritter gegenüber der Kommission im Vertrag nicht enthalten ist, kennt das Gemeinschaftsrecht zahlreiche Bestimmungen über die Information der Allgemeinheit und des Einzelnen durch die Organe der Gemeinschaften.[115]

Neben den allgemeinen Publikationspflichten nach Art. 191 (Veröffentlichung von Rechtsakten im Amtsblatt der EG), Art. 68 der Verfahrensordnung des Gerichtshofs (Veröffentlichung einer Sammlung der Rechtsprechung des Gerichtshofs), Art. 18 Fusionsvertrag (Alljährliche Veröffentlichung eines Gesamtberichtes über die Tätigkeit der Gemeinschaften), Art. 206 a Abs. 4 (Jahresbericht des Rechnungshofes mit den Antworten der Organe), sieht das Gemeinschaftsrecht zahlreiche spezielle Mitteilungs-

113 Zu Art. 172 im Kartellrecht s. ebenfalls *Kerse* (a.a.O., Fn. 30), Rn. 902f. S. 220.
114 Siehe ebenfalls Art. 25 Abs. 2 VO Nr. 11 und Art. 24 VO Nr. 1017/68.
115 Zur Informationspflicht von Verwaltungsbehörden s. allgemein: *Pipkorn, Jörn,* Auskunftsansprüche gegenüber Verwaltungsbehörden, in: DÖV 1970, S. 171; *ders.,* Transnationale Perspektiven behördlicher Informationspflichten, in: DÖV 1976, S. 340; *Badura* in *Erichsen, Hans-Uwe – Martens, Wolfgang*, Allgemeines Verwaltungsrecht, Berlin – New York 1975, S. 258. Zur Beratungs- und Auskunftspflicht im Einzelfall s. § 25 Verwaltungsverfahrensgesetz.

pflichten an die Allgemeinheit bzw. interessierte Kreise vor.[116] Einzelne Unternehmen besitzen gegenüber der Kommission u. a. einen Anspruch auf Auskunftserteilung nach Art. 47 Abs. 2 Satz 2 (Pflicht zur Veröffentlichung nützlicher Angaben) und Art. 54 Abs. 4 EGKS-Vertrag (Stellungnahme zu Investitionsplänen), Art. 2 VO Nr. 17 (Negativattest) und Art. 7 Abs. 4 VO Nr. 3017/79 (Auskunft im Antidumpingverfahren).

Weitere Auskunftsrechte Einzelner können sich überdies aus dem Erfordernis der Gewährung des rechtlichen Gehörs ergeben.[117] Wie der Gerichtshof in der Rechtssache 85/76[118] festgestellt hat, stellt »die Gewährung des rechtlichen Gehörs ... in allen Verfahren, die zu Sanktionen, namentlich zu Geldbußen und zu Zwangsgeldern führen können, einen fundamentalen Grundsatz des Gemeinschaftsrechts dar, der auch in einem Verwaltungsverfahren beachtet werden muß«.[119] Der Grundsatz des rechtlichen Gehörs gebietet, dem Betroffenen die jeweiligen Beschwerdepunkte – ggfs. gedrängt, aber stets klar – mitzuteilen und ihm Gelegenheit zu geben, im Laufe des Verwaltungsverfahrens zu ihnen Stellung zu nehmen.[120] Unabhängig von den vorstehenden Auskunftspflichten ist es weiterhin nicht ausgeschlossen, daß auch in Abwesenheit positiver Auskunftsrechte des Einzelnen eine Auskunft dann zu erteilen ist, wenn ihre Verweigerung ein Unterlassen darstellt, das den Vertrag verletzt und daher nach Art. 175 EWG-Vertrag zur Klageerhebung berechtigt.[121]

Mangels gemeinschaftsrechtlicher Regelungen ist die Frage, in welchem Umfang ein Auskunfts- und Informationsrecht der Presse und der Medien gegenüber den Gemeinschaftsorganen besteht,[122] bislang nicht abschließend zu beantworten. Gleichwohl ist festzustellen, daß die Informations- und Öffentlichkeitsarbeit der Gemeinschaft nicht

116 Siehe z. B. Art. 7 Abs. 1 a) VO Nr. 3017/79 (Bekanntgabe der Einleitung eines Antidumpingverfahrens – s. z. B. die Bekanntmachung in ABl. 1982 Nr. C 33 S. 2); Art. 9 Abs. 9 Verordnung (EWG) Nr. 3286/80 des Rates vom 4. 12. 1980 über die Einfuhrregelungen gegenüber Staatshandelsländern ABl. 1980 Nr. L 353 S. 1 (Mitteilung von Änderungen der Einfuhrregelung, s. z. B. Mitteilung in ABl. 1982 Nr. C 33 S. 2).

117 Siehe Art. 25 Abs. 1 VO Nr. 11; Art. 19 VO Nr. 17 i. V. m. Verordnung Nr. 99/63/EWG über die Anhörung nach Artikel 19 Absatz (1) und (2) der Verordnung Nr. 17 des Rates (ABl. 1963 S. 2268); Art. 26 VO Nr. 1017/68.

118 EuGH – Hoffmann – La Roche & Co. AG. / Kommission, 85/76 – Slg. 1979, 461 ff.

119 EuGH, a.a.O., S. 511 (Rn. 9).

120 EuGH, a.a.O., S. 512 (Rn. 10, 11); s. auch EuGH – Heintz van Landewyk Sàrl u. a., 209 bis 215 und 218/78 – Slg. 1980, 3125.

121 Siehe zum Verfahren nach Art. 175 *Bebr* (a.a.O., Rn. 108), S. 158 ff.

122 Offenbar beabsichtigt die Kommission in naher Zukunft auch nicht in dieser Richtung gemeinschaftsrechtliche Initiativen zu ergreifen: s. Antwort auf die schriftliche Anfrage Nr. 1168/81, ABl. 1982 Nr. C 12 S. 19; zum Auskunftsrecht der Presse s. allgemein: *Groß, Rolf,* Das Informationsrecht der Presse, in: ZBeamtenrecht 1977, S. 62.

hinter den Ansprüchen zurückbleibt, die an mitgliedstaatliche Behörden nach nationalem Recht gestellt werden.[123] Daß sich trotzdem bisweilen praktische Probleme des Zugangs zu bestimmten Informationen ergeben,[124] dürfte vor allem am fehlenden Verwaltungsunterbau der Gemeinschaften in den Mitgliedstaaten liegen.

Artikel 214 [Geheimhaltungspflicht]

Die Mitglieder der Organe der Gemeinschaft, die Mitglieder der Ausschüsse sowie die Beamten und sonstigen Bediensteten der Gemeinschaft sind verpflichtet, auch nach Beendigung ihrer Amtstätigkeit Auskünfte, die ihrem Wesen nach unter das Berufsgeheimnis fallen, nicht preiszugeben; dies gilt insbesondere für Auskünfte über Unternehmen sowie deren Geschäftsbeziehungen oder Kostenelemente.

Literaturhinweise

s. bei Artikel 213

123 Besonders hervorzuheben ist das Informationsangebot der Gemeinschaften an die Öffentlichkeit im Rahmen von EURONET (s. hierzu auch Art. 211 Fn. 16). Zu den Zukunftsperspektiven dieses gemeinschaftsweiten elektronischen Informationssystems s. insbes. den Beschluß des Rates vom 27. 7. 1981 zur Festlegung eines dritten Aktionsplans im Bereich der Information und Dokumentation (1981 bis 1983), ABl. 1981 Nr. L 220 S. 29 (s. Anhang: Euronet, a.a.O., S. 31); vgl. auch Antwort auf die schriftliche Anfrage Nr. 560/81, ABl. 1981 Nr. C 309 S. 3. Zur Funktion von Euronet s. Antwort auf die schriftliche Anfrage Nr. 670/81 (ABl. 1981 Nr. C 267 S. 52):
»EURONET ermöglicht den Zugang zu über 250 Datenbanken für die Bereiche der wissenschaftlichen, technischen, juristischen, sozialen und wirtschaftlichen Informationen. Diese Informationen sind bereits veröffentlicht worden ...
Benutzer von EURONET sind etwa 2000 in der Gemeinschaft ansässige Organisationen aus den Bereichen Industrie, Handel, Verwaltung, Forschung, Medizin, Ausbildung usw. Die Namen der Benutzer sind nur den nationalen Fernmeldebehörden bekannt, wie dies auch für die Teilnehmer der übrigen Dienstleistungen der Fernmeldebehörden üblich ist.
In EURONET sind nur Daten gespeichert, die für die Öffentlichkeit bereits verfügbar und ihr zugänglich sind; ausgenommen sind alle Angaben über das Privatleben der Staatsbürger.«
Zum Informationsrecht der Presse in den deutschen Ländern s. § 4 der Landespressegesetze, die der Presse gegenüber Behörden ein Recht auf Auskunft einräumen (zu den Einzelheiten s. *Löffler, Martin,* Presserecht, Band II, 2. Aufl. München 1968, LPG § 4 S. 78 ff.).

124 Siehe z. B. die schriftlichen Anfragen Nr. 1460/80 (ABl. 1981 Nr. C 78 S. 4) und Nr. 340/81 (ABl. 1981 Nr. C 264 S. 12).

Inhaltsübersicht

I. Allgemeines

1 Wie alle Einrichtungen der öffentlichen Verwaltung stehen auch die Organe der Gemeinschaften im Spannungsverhältnis zwischen Publizität und Verschwiegenheit, dem Informationsverlangen der Öffentlichkeit und der Schweigepflicht im Einzelfall.[1] Art. 214 regelt die Pflicht zur Verschwiegenheit, ohne jedoch zum Umkehrschluß zu zwingen, daß dort, wo das Schweigegebot endet, die Pflicht zur Information beginnt.[2]

2 Wie zahlreiche Parallelbestimmungen des nationalen Rechts,[3] schützt Art. 214 in erster Linie das Vertrauen der *Allgemeinheit* in die Verschwiegenheit amtlicher, hier gemeinschaftsrechtlicher Stellen. Ohne einen solchen Schutz wären *freiwillige* Mitteilungen an die Behörden in eigener Sache kaum zu erwarten. Soweit eine *Auskunftspflicht* besteht

1 Zur Geheimhaltungspflicht deutscher Verwaltungsbehörden vgl. §§ 30, 84 des Verwaltungsverfahrensgesetzes (VwVfG) vom 25. 5. 1976 (BGBl. I S. 1253). Zum Recht der Allgemeinheit auf Information vgl. *Groß, Rolf,* Das Informationsrecht der Presse, in: ZBeamtenrecht 1977, S. 62; *Pipkorn, Jörn,* Transnationale Perspektiven behördlicher Informationspflichten, in: DÖV 1976, S. 340.

2 Zur Informationspflicht der Gemeinschaft s. Art. 213 Rn. 60.

3 Siehe oben Fn. 1 sowie die Verschwiegenheitspflichten nach § 30 der Abgabenordnung (AO) vom 16. 3. 1976 (BGBl. I S. 613), § 35 des Sozialgesetzbuches vom 11. 12. 1975 (BGBl. I S. 3015), § 6 des Gesetzes über Steuerstatistiken vom 6. 12. 1966 (BGBl. I S. 665), § 139 b) Abs. 1 Satz 3 der Gewerbeordnung i. d. F. vom 1. 1. 1978 (BGBl. I S. 97), §§ 10, 101 Abs. 2 des Bundespersonalvertretungsgesetzes vom 15. 3. 1974 (BGBl. I S. 693), § 61 des Bundesbeamtengesetzes (BBG) i. d. F. vom 3. 1. 1977 (BGBl. I S. 3), § 9 des Kreditwesengesetzes i. d. F. vom 3. 5. 1976 (BGBl. I S. 1121), § 11 des Gesetzes über Statistik für Bundeszwecke vom 14. 3. 1980 (BGBl. I S. 289), §§ 94, 95, 97, 203, 353 b, 353 c, 353 d, 354, 355 des Strafgesetzbuches (StGB) i. d. F. vom 2. 1. 1975 (BGBl. I S. 1).

(sei es aufgrund einer Ratsnorm nach Art. 213 oder aufgrund anderer Rechtsvorschriften), bedarf diese zwingend der Ergänzung durch die Verschwiegenheitspflicht.

Art. 214 schützt darüber hinaus das Individualinteresse, aber auch das Gemeinschaftsinteresse an der Geheimhaltung bestimmter Tatsachen aus der Sphäre des Einzelnen, der Unternehmen, der Mitgliedstaaten und der Gemeinschaftsorgane selbst.

II. Parallelvorschriften im EGKS- und Euratom-Vertrag

1. EGKS-Vertrag

3 Nach Art. 47 Abs. 2 Satz 1 EGKS-Vertrag ist die Hohe Behörde (gemäß Art. 9, 10 des Fusionsvertrages: die Kommission[4]) verpflichtet, »Auskünfte, die ihrem Wesen nach unter das Berufsgeheimnis fallen, nicht bekanntzugeben; dies gilt insbesondere für Auskünfte über die Unternehmen, die ihre Geschäftsbeziehungen oder ihre Kostenelemente betreffen«. Art. 47 Abs. 4 EGKS-Vertrag gewährt den Unternehmen einen Anspruch auf Ersatz des Schadens, den sie dadurch erlitten haben, »daß die Hohe Behörde das Berufsgeheimnis verletzt hat«.

Der Begriff der Hohen Behörde in Art. 47 Abs. 2 Satz 1 EGKS-Vertrag dürfte nicht nur die eigentlichen *Mitglieder* dieses Organs (Art. 7 EGKS-Vertrag), d. h. nunmehr die Mitglieder der Kommission[5] umfassen, sondern auch alle *Beamten* und *sonstigen Bediensteten* ihrer Dienststellen, deren ordnungsgemäße Funktionserfüllung die Hohe Behörde nach Art. 16 Abs. 1 EGKS-Vertrag sicherzustellen hat.

2. Euratom-Vertrag

4 Während die Regelung des EGKS-Vertrages damit enger ist als die des Art. 214, geht die entsprechende Bestimmung des Euratom-Vertrages (Art. 194) erheblich weiter. Schon vom Wortlaut her wird nicht nur das Geheimhaltungsinteresse Dritter, sondern auch jenes der Atomgemeinschaft selber und das ihrer Mitgliedstaaten im Nuklear- und Verteidigungsbereich geschützt.[6] Weiterhin sind nicht nur die Mitglieder der Organe und Ausschüsse sowie die Beamten und Bediensteten der Gemeinschaft zur Geheimhaltung verpflichtet, sondern auch »alle anderen Personen, die durch ihre Amtstätigkeit oder durch ihre öffentlichen oder privaten Verbindungen mit den Organen oder Einrichtungen der Gemeinschaft oder mit den gemeinsamen Unternehmen[7] von den Vorgängen, Informationen, Kenntnissen, Unterlagen oder Gegenständen, die aufgrund der von

4 Vertrag zur Einsetzung eines gemeinsamen Rates und einer gemeinsamen Kommission der Europäischen Gemeinschaften vom 8.4.1965 (Fusionsvertrag), ABl. 1967 Nr. 152 S. 2; abgedruckt im Anhang B dieses Kommentars.

5 Art. 9, 10 Fusionsvertrag, a.a.O. (Fn. 4).

6 Zum Umfang und Grad des Geheimschutzes s. Art. 24 ff. Euratom-Vertrag.

7 Siehe Art. 45 bis 51 Euratom-Vertrag.

einem Mitgliedstaat oder einem Organ der Gemeinschaft erlassenen Vorschriften unter Geheimschutz stehen, Kenntnis nehmen oder Kenntnis erhalten«.

Nach Art. 194 Abs. 1 Euratom-Vertrag liegt die Verfolgung von Verstößen gegen die Geheimhaltungsvorschriften *bei den Mitgliedstaaten*, wobei jeder von ihnen sein eigenes Recht anwendet (je nach Art des Verstoßes entweder die Bestimmungen über den Schutz der Staatssicherheit oder jene über die Preisgabe von Berufsgeheimnissen).

Nach Art. 194 Abs. 3 haben die Organe der Atomgemeinschaft und ihre Einrichtungen sowie die gemeinsamen Unternehmen ferner die Geheimschutzbestimmungen anzuwenden, »die in dem Gebiet, in dem sie ihren Sitz haben, gelten«.

Trotz seines weitergehenden Schutzumfangs ist Art. 194 Euratom-Vertrag im Gegensatz zu Art. 47 Abs. 2 EGKS-Vertrag und Art. 214 als Schutznorm jedoch insofern imperfekt, als er nur solche Geheimnisse schützt, *die schon »aufgrund der von einem Mitgliedstaat oder einem Organ der Gemeinschaft erlassenen Vorschriften unter Geheimschutz stehen*«.

Hierbei bestimmt sich der Geheimschutz solcher Kenntnisse, deren Preisgabe den Verteidigungsinteressen der Mitgliedstaaten schaden kann, nach den Art. 24 ff. Euratom-Vertrag sowie den Bestimmungen der Verordnung Nr. 3 des Rates vom 31. 7. 1958,[8] welche gemäß Art. 217 Euratom-Vertrag innerhalb von 6 Monaten nach Inkrafttreten des Vertrages zu erlassen war.

III. Verschwiegenheitsverpflichtete

1. Mitglieder der Organe

5 Zur Verschwiegenheit verpflichtet sind zunächst die Mitglieder der in Art. 4 Abs. 1 bezeichneten Organe der Gemeinschaft. Hierzu gehören die Abgeordneten des Europäischen Parlaments (Art. 138), die Mitglieder des Rates (Art. 2 Fusionsvertrag) und der Kommission (Art. 9, 10 Fusionsvertrag) sowie die Richter, Generalanwälte und der Kanzler des Gerichtshofs (Art. 165 bis 168). Nicht zu den Organen i. S. des Art. 4 Abs. 1 zählt die nach Art. 129 errichtete Europäische Investitionsbank und der durch den Vertrag vom 22. 7. 1976[9] eingesetzte Rechnungshof (Art. 4 Abs. 3, Art. 206 bis 206 b).[10]

8 ABl. 1958 S. 406.

9 Vertrag zur Änderung bestimmter Finanzvorschriften der Verträge zur Gründung der Europäischen Gemeinschaften und des Vertrages zur Einsetzung eines gemeinsamen Rates und einer gemeinsamen Kommission der Europäischen Gemeinschaften vom 22. 7. 1975, ABl. 1977 Nr. L 359 S. 1.

10 Zum Status des Rechnungshofes s. *Ehlermann, Claus-Dieter*, Der Europäische Rechnungshof, Baden-Baden 1976, S. 23.

2. Mitglieder der Ausschüsse

6 Die Pflicht zur Verschwiegenheit besteht weiterhin für die Mitglieder der Ausschüsse. Sie erstreckt sich sowohl auf die Mitglieder der vertraglich vorgesehenen als auch auf jene der kraft Sekundärrechts errichteten Ausschüsse.[11] Unter die erste Kategorie fallen folgende Gremien:[12]

- der Wirtschafts- und Sozialausschuß (Art. 4 Abs. 2, Art. 193 ff.);
- der Beratende Ausschuß für Verkehrsfragen (Art. 83),
- der Beratende Währungsausschuß (Art. 105 Abs. 2),
- der besondere Ausschuß zur Unterstützung der Kommission bei Verhandlungen von Abkommen nach Art. 113 (Art. 113 Abs. 3, 2. Unterabs.),
- der Ausschuß zur Unterstützung der Kommission bei der Verwaltung des Europäischen Sozialfonds (Art. 124 Abs. 2),
- der Ausschuß der Ständigen Vertreter der Mitgliedstaaten (Art. 4 Fusionsvertrag),
- der Sonderausschuß Landwirtschaft.[13]

7 Durch Sekundärrecht sind in den Gemeinschaften zur Beratung und Unterstützung von Rat und Kommission zusätzlich über 200 ständige Ausschüsse eingerichtet worden.[14] Rechtlich lassen sich diese Ausschüsse in zwei große Gruppen einteilen, nämlich in Ausschüsse, deren Konsultierung im Rahmen des gemeinschaftlichen Rechtssetzungsverfahrens *zwingend vorgeschrieben* ist und Ausschüsse, deren Befassung *keinen obligatorischen Bestandteil* des Beschlußverfahrens darstellt.

Sämtliche Ausschüsse der erstgenannten Gruppe sind *vom Rat zur Unterstützung der Kommission* eingesetzt und bestehen aus Vertretern der Mitgliedstaaten, die unter dem Vorsitz der Kommission tagen (bei einigen wenigen Ausschüssen wird der Vorsitzende aus den Reihen des Ausschusses gewählt). Hierher gehören die landwirtschaftlichen Verwaltungsausschüsse,[15] die Durchführungsausschüsse,[16] die sog. Ad-hoc-Verfahrens-

11 Siehe hierzu: *Strohmaier, Peter,* Die Befugnis von Rat und Kommission der Europäischen Gemeinschaften zur Errichtung von Ausschüssen (Dissertation), Saarbrücken 1972; *Schmitt von Sydow, Helmut,* Organe der erweiterten Europäischen Gemeinschaften – Die Kommission, Baden-Baden 1980, S. 131 bis 185.

12 Siehe auch *Harnier* zu Art. 153 Rn. 1 und 2.

13 Eingesetzt durch Art. 5 Abs. 4 des Beschlusses der Vertreter der Regierungen der Mitgliedstaaten vom 21.5.1960 über die beschleunigte Verwirklichung der Vertragsziele, ABl. 1960 Nr. 58 S. 1217.

14 Siehe Ausschüsse des Rates und der Kommission, BullEG, Beilage 2/80; s. auch *Harnier* zu Art. 153 Rn. 2.

15 Siehe Bulletin (a.a.O., Fn. 14), S. 20, 21.

16 Siehe Bulletin (a.a.O., Fn. 14), S. 22, 23.

ausschüsse[17] und diverse beratende Ausschüsse bzw. Beiräte, deren Stellungnahme zwar erforderlich, aber rechtlich nicht zwingend von Einfluß auf das weitere Verfahren ist.[18]

Die zweite Kategorie von Ausschüssen läßt sich nach Art ihrer Zusammensetzung in *vier Untergruppen* aufteilen: Zunächst sind hier die aus *Vertretern der Mitgliedstaaten* zusammengesetzten Ausschüsse zu nennen. Sie sind sämtlich vom Rat eingesetzt worden und dienen entweder der Koordinierung der Positionen der Mitgliedstaaten, der Förderung der Zusammenarbeit zwischen ihnen und der Kommission oder zur Unterstützung der Kommission in einzelnen Aufgabenbereichen.[19]

Entsprechende Funktionen nehmen Ausschüsse der zweiten Untergruppe wahr, welche sich aus *Vertretern der Mitgliedstaaten und Repräsentanten der Gewerkschaften, Berufs- und Wirtschaftsverbände* zusammensetzen (Vorsitz zumeist Kommission).[20]

Eine dritte Untergruppe wird weiterhin von jenen Ausschüssen gebildet, die aus *Vertretern der Berufs- und Wirtschaftsverbände* bestehen und die die Kommission zu ihrer Unterstützung und Beratung autonom einsetzt. Der Vorsitzende wird aus den Reihen des Ausschusses gewählt.[21]

Die vierte Untergruppe besteht schließlich aus solchen Ausschüssen, die sich aus *Vertretern der Wissenschaft, wissenschaftlichen Sachverständigen oder anderen hochqualifizierten Persönlichkeiten* zusammensetzen (Der Vorsitzende wird zumeist aus den Reihen des Ausschusses gewählt).[22]

Zu den Ausschüssen i. w. S. gehören die sog. *Arbeitsgruppen* (groupes de travail) und *Sachverständigengruppen* (groupes d'experts) des Rates[23] und der Kommission.[24] Sie bestehen aus Vertretern der mitgliedstaatlichen Regierungen, die den Vorsitzenden aus den eigenen Reihen stellen (in den Ratsgruppen) oder unter Vorsitz der Kommission (in den Kommissionsgruppen) tagen. Gegenstand der Beratungen, die ggf. unter Hinzuziehung von Sachverständigen stattfinden, ist i. d. R. die Diskussion von Entwürfen für Rechtsakte der Kommission und des Rates.

8 Unabhängig von der Rechtsgrundlage, Aufgabe und Zusammensetzung des jeweiligen Ausschusses unterliegen alle Ausschußmitglieder in gleicher Weise der Verschwiegen-

17 Siehe Bulletin (a.a.O., Fn. 14), S. 24.
18 Siehe Bulletin (a.a.O., Fn. 14), S. 18, 19.
19 Siehe Bulletin (a.a.O., Fn. 14), S. 9 bis 13.
20 Siehe Bulletin (a.a.O., Fn. 14), S. 14.
21 Siehe Bulletin (a.a.O., Fn. 14), S. 15, 16.
22 Siehe Bulletin (a.a.O., Fn. 14), S. 17.
23 Siehe zu den Arbeitsgruppen bzw. Sachverständigengruppen des Rates auch *Ipsen, Hans Peter,* a.a.O., Rn. 13/11 S. 343 ff.; *Schmitt von Sydow* (a.a.O., Fn. 11), S. 133 ff.
24 Zu den Arbeitsgruppen der Kommission s. *Ipsen*, a.a.O., Rn. 14/11 S. 357 f., *Schmitt von Sydow* (a.a.O., Fn. 11), S. 133 ff.

heitspflicht nach Art. 214. Ob und in welchem Umfang darüber hinaus weitere spezielle Geheimhaltungspflichten bestehen, richtet sich nach dem Status des jeweiligen Mitglieds, z. B. als Beamter der Gemeinschaft, mitgliedstaatlicher Beamter oder als Privatperson.[25] Einer besonderen *Belehrung über die Schweigepflicht* bei Ernennung bzw. Einsetzung eines Ausschußmitgliedes bedarf es nicht, da Art. 214 unmittelbare Geltung besitzt. Soweit allerdings im Einzelfall eine Information, die kein Geheimnis im strengen Sinne darstellt, vertraulich behandelt werden soll,[26] ist hierauf vom Verantwortlichen besonders hinzuweisen.[27]

3. Beamte und sonstige Bedienstete der Gemeinschaft

9 In der Verpflichtung der Beamten und sonstigen Bediensteten der Gemeinschaft zur Verschwiegenheit liegt der *inhaltliche Schwerpunkt* des Art. 214, denn es ist in erster Linie dieser Personenkreis, der die externen Informationen der Gemeinschaft anfordert, entgegennimmt, sichtet, aufbereitet, auswertet und weiterleitet.

Mit den Begriffen *»Beamte und sonstige Bedienstete der Gemeinschaft«* verweist Art. 214 auf die Terminologie des früheren Art. 212, dessen Regelungen durch Art. 24 Fusionsvertrag ersetzt wurden.

Auf der Grundlage der beiden letztgenannten Artikel hat der Rat das Statut der Beamten und die Beschäftigungsbedingungen für die sonstigen Bediensteten[28] erlassen. Nach Art. 1 Abs. 1 des Statuts ist Beamter der Gemeinschaften, »wer bei einem Organ der Gemeinschaften durch eine Urkunde der Anstellungsbehörde dieses Organs nach den Vorschriften des Statuts unter Einweisung in eine Dauerplanstelle zum Beamten ernannt worden ist«. Der Wirtschafts- und Sozialausschuß und der Rechnungshof werden hierbei den Organen der Gemeinschaft (Art. 4 Abs. 1 EWG-Vertrag) gleichgestellt (Art. 1 Abs. 2 Statut).

25 Zu den speziellen Verschwiegenheitsgeboten s. unten Rn. 24 bis 26.

26 Siehe zum Begriff der »vertraulichen Behandlung« *Hanebuth*, Das Auskunftsrecht im europäischen Wirtschaftsrecht, Baden-Baden 1967, S. 213 ff.

27 Siehe z. B. Art. 10 des Beschlusses der Kommission vom 30. 7. 1981 zur Einsetzung eines wissenschaftlichen Veterinärausschusses, ABl. 1981 Nr. L 233 S. 32:
»Unbeschadet des Artikels 214 des EWG-Vertrags sind die Ausschußmitglieder verpflichtet, die ihnen während ihrer Tätigkeit im Ausschuß zur Kenntnis gelangten Mitteilungen nicht zu verbreiten, wenn der Vertreter der Kommission sie davon unterrichtet hat, daß die Stellungnahme zu einer vertraulich zu behandelnden Frage erbeten wurde.
In einem solchen Fall nehmen nur die Mitglieder des Ausschusses und die Vertreter der Kommission an der Sitzung teil.«

28 Siehe Art. 2 und 3 der Verordnung (EWG, Euratom, EGKS) Nr. 251/68 des Rates vom 29. 2. 1968, ABl. 1968 Nr. L 56 S. 1, zuletzt geändert durch die Verordnung (EWG, Euratom, EGKS) Nr. 3821/81, ABl. 1981 Nr. L 386 S. 1.

Der Begriff der *»sonstigen Bediensteten«* umfaßt nach Art. 1 der Beschäftigungsbedingungen für die sonstigen Bediensteten der Europäischen Gemeinschaften jeden Bediensteten, der von den Gemeinschaften durch Vertrag als Bediensteter auf Zeit, Hilfskraft, örtlicher Bediensteter oder Sonderberater eingestellt worden ist. Sowohl die Beamten als auch die sonstigen Bediensteten unterliegen gemäß Art. 17 und 19 des Statuts bzw. Art. 11 der Beschäftigungsbedingungen für sonstige Bedienstete besonderen Verschwiegenheitspflichten.[29]

4. Mitglieder der außervertraglichen Einrichtungen

10 Die Mitglieder, die Direktoren und das Personal der außervertraglichen Einrichtungen werden jeweils in den Gründungsakten des Rates zur Verschwiegenheit verpflichtet.[30]

5. Vertraglich beauftragte Privatpersonen

11 Vertraglich beauftragte Privatpersonen, die die Gemeinschaft vornehmlich ad hoc mit kurzfristigen Kontrollaufgaben im Transport-,[31] Wettbewerbs- und Stahlbereich[32] betraut, unterliegen, da sie i. d. R. nicht den Status eines sonstigen Bediensteten i. S. des Art. 1 der Beschäftigungsbedingungen für die sonstigen Bediensteten der EG erlangen, nicht der Schweigepflicht des Art. 214. Insoweit bedarf es zur Auferlegung des Verschwiegenheitsgebotes besonderer Bestimmungen[33] oder entsprechender vertraglicher Vereinbarungen.[34]

29 Siehe unten Rn. 25.

30 Art. 8 der Satzung im Anhang zur Verordnung (EWG) Nr. 907/73 des Rates vom 3. 4. 1973 zur Errichtung eines Europäischen Fonds für währungspolitische Zusammenarbeit, ABl. 1973 Nr. L 89 S. 2
Art. 14 der Verordnung (EWG) Nr. 337/75 des Rates vom 10. 2. 1975 über die Errichtung eines Europäischen Zentrums für die Förderung der Berufsbildung, ABl. 1975 Nr. L 39 S. 1
Art. 18 der Verordnung (EWG) Nr. 1365/75 des Rates vom 28. 5. 1975 über die Gründung einer Europäischen Stiftung zur Verbesserung der Lebens- und Arbeitsbedingungen, ABl. 1975 Nr. L 139 S. 1
Art. 16 der Verordnung (EWG) Nr. 3245/81 des Rates vom 26. 10. 1981 über die Errichtung einer europäischen Agentur für Zusammenarbeit, ABl. 1981 Nr. L 328 S. 1.

31 Nach Art. 14 Abs. 2 der Verordnung Nr. 11 über die Beseitigung von Diskriminierungen auf dem Gebiet der Frachten und Beförderungsbedingungen gemäß Artikel 79 Absatz (3) des Vertrages zur Gründung der Europäischen Wirtschaftsgemeinschaft (ABl. 1960 S. 1121) kann die Kommission »ihre Bediensteten *oder Sachverständige*« mit Kontrollen beauftragen.

32 Zur vertraglichen Heranziehung von Produktionsingenieuren und Sachverständigen zur Kontrolle des Quotensystems im Stahlbereich s. Schriftliche Anfrage Nr. 2005/80, ABl. 1981 Nr. C 103 S. 19.

33 Vgl. Art. 14 Abs. 3 VO Nr. 11 (s. Fn. 31).

34 Siehe hierzu Art. 211 Rn. 7.

IV. Geschützte Informationen

1. Allgemeines

12 Art. 214 verbietet dem dort bezeichneten Personenkreis »Auskünfte, die ihrem Wesen nach unter das Berufsgeheimnis fallen«, preiszugeben. Als besonders schutzwürdig hebt die Vorschrift »Auskünfte über Unternehmen sowie deren Geschäftsbeziehungen oder Kostenelemente« hervor.

Die Wahl des Begriffes »Auskunft« erweist sich als wenig glücklich. Zwei Deutungen sind möglich: zum einen kann der Begriff Auskunft auf Informationen abstellen, die der Verschwiegenheitsverpflichtete von Dritten oder über Dritte »als Auskunft« erhalten hat (*Auskunft als input*). In diesem Falle wäre das Verbot, sie »preiszugeben«, sprachlich korrekt, der Schutzumfang des Art. 214 jedoch äußerst schmal. Zum zweiten kann sich der Begriff »Auskunft« auf die Weitergabe von Informationen durch den Schweigepflichtigen, d. h. das »Geben einer Auskunft« beziehen (*Auskunft als output*). In diesem Falle wäre der Schutzzweck der Norm erfüllt, das Wort »preiszugeben« jedoch falsch gewählt.

Diese Doppeldeutigkeit des deutschen Textes wird in der gemäß Art. 248 gleichermaßen verbindlichen französischen Fassung vermieden. Dort lautet der Grundsatz eindeutig: ». . . sont tenus . . . de ne pas divulger les informations qui, par leur nature, sont couvertes par le secret professionnel«. Entsprechend muß auch der deutsche Text verstanden werden: *Verboten ist die Weitergabe aller Kenntnisse, die ihrem Wesen nach dem Amtsgeheimnis unterliegen.* Dieses Verbot gilt insbesondere, *aber nicht ausschließlich* für Kenntnisse über Unternehmen sowie deren Geschäftsbeziehungen oder Kostenelemente. Geschützt sind damit nicht nur die Geheimhaltungsinteressen Dritter (wie die der Unternehmen, anderer Organisationen oder Privater oder auch die der Mitgliedstaaten), sondern *auch die Geheimhaltungsinteressen der Gemeinschaft selber*, d. h. die ihrer Organe, Hilfsorgane, gleichgestellter Einrichtungen und Ausschüsse.

13 Quelle und Gegenstand der jeweiligen geschützten Kenntnisse können unterschiedlicher Art sein:

Zu *externen* Informationen besitzt jede Institution ihre eigenen Zugangsmöglichkeiten. Die *Kommission* kann Auskünfte über Art. 213 direkt einholen oder in sonstiger Weise empfangen; dem *Rat* steht die Möglichkeit offen, mittelbar über seine Mitglieder oder die Kommission Informationen über Dritte zu erlangen; das *Parlament* erhält Auskünfte mittelbar durch Anfragen an die Kommission nach Art. 140 Abs. 3 EWG-Vertrag und Art. 42 ff. seiner Geschäftsordnung[35] sowie direkt durch Einladung und Anhörung Dritter

35 I. d. F. vom 26. 3. 1981, ABl. 1981 Nr. C 90 S. 49.

in seinen Ausschüssen nach Art. 104 Abs. 3 Satz 2 seiner Geschäftsordnung und durch Entgegennahme von Petitionen nach Art. 108 ff. der Geschäftsordnung. Der *Europäische Gerichtshof* erhält seine Kenntnisse durch Schriftsätze, mündliche Vorträge und Beweismittel in den vor ihm anhängigen Verfahren.[36] Der *Rechnungshof* schließlich hat nach Art. 82 Abs. 6 der Haushaltsordnung im Rahmen der Verwendungsprüfung von Subventionen direkten Zugang zu den entsprechenden Unterlagen der Zuwendungsempfänger.[37]

Neben den Informationen aus externen Quellen, zu denen weiterhin die Mitteilungen der Mitgliedstaaten an die Kommission zählen, stellen sämtliche gemeinschafts- bzw. organ*internen* Vorgänge, Unterlagen, Informationen, Pläne und Absichten amtsinterne Erkenntnisquellen dar, welche dann unter das Amtsgeheimnis fallen, wenn ihr Schutz vor unbefugter Kenntnisnahme geboten ist.

2. *Amtsgeheimnis*

14 Art. 214 verbietet die Weitergabe solcher Informationen, die »ihrem Wesen nach unter das *Berufsgeheimnis* fallen«. Der Ausdruck »Berufsgeheimnis« ist, soweit er sich auf die in Art. 214 bezeichneten Amtsträger der Gemeinschaft bezieht, fehl am Platze und durch den Begriff des Amtsgeheimnisses zu ersetzen.[38] Lediglich in Bezug auf freiberufliche Ausschußmitglieder kommt ihm in Art. 214 eine terminologische Berechtigung zu.

15 Unter das *Amts*geheimnis fallen begrifflich nur solche Informationen, die dem Verschwiegenheitsverpflichteten *in seiner Eigenschaft als Amtsinhaber bzw. Ausschußmitglied* bekannt geworden sind. Hierzu gehören in erster Linie alle Informationen, die der Betreffende in Ausübung seines Dienstes bzw. Wahrnehmung seiner Ausschuß-Mitgliedschaft erhält. Hierher gehören aber auch alle außerdienstlich erlangten Kenntnisse, soweit sie den Verpflichteten als Amtsinhaber betreffen oder dienstlichen Bezug aufweisen.

36 Vgl. zur Auskunftspflicht der Parteien, der Mitgliedstaaten und der Organe Art. 21 des Protokolls über die Satzung des Gerichtshofs (EWG-Satzung) vom 17. 4. 1957; zur Beweisaufnahme s. Art. 45 ff. der Verfahrensordnung vom 4. 12. 1974 (ABl. 1974 Nr. L 350 S. 1), kodifiziert veröffentlicht in ABl. 1982 Nr. C 39 S. 2; beide abgedruckt im Anschluß an die Kommentierung zu Art. 188.

37 »Die Gewährung von Subventionen an Stellen außerhalb der Organe setzt voraus, daß der Empfänger der Subvention ihrer Verwendungsprüfung durch den Rechnungshof zustimmt« (Art. 86 Abs. 6 der Haushaltsordnung vom 21. 12. 1977 für den Gesamthaushaltsplan der Europäischen Gemeinschaften, ABl. 1977 Nr. L 356 S. 1).

38 So auch *Wohlfarth* u. a., a.a.O., § 214 Rn. 1 S. 563; *Smit, Hans – Herzog, Peter,* a.a.O., Vol. 5, Art. 214 Anm. 214.05 S. 6 bis 68.

16 Zum Amts*geheimnis* werden diese Informationen dann, wenn ihr Inhalt nur wenigen Personen bekannt ist und gleichzeitig ein Geheimhaltungsinteresse besteht.[39]

Das Erfordernis eines *engen Personenkreises* ist dann nicht gegeben, wenn die betreffenden Informationen offenkundig, d. h. allgemein bekannt oder zumindest allgemein zugänglich sind. Nicht geheimnisfähig sind damit amtliche Publikationen, Pressemitteilungen und sonstige Informationen an die Medien nach Veröffentlichung.

Ein *Geheimhaltungsinteresse* besteht in erster Linie dann, wenn das Bekanntwerden der Information zu einem *Schaden* für die Gemeinschaft, ihre Organe oder Dritte, wie die in Art. 214 besonders hervorgehobenen Unternehmen, führen kann.[40] Hierbei ist es gleichgültig, ob der zu befürchtende Schaden materieller oder immaterieller Art ist; in Bezug auf die Gemeinschaft und ihre Organe sowie Geheimnisse der Mitgliedstaaten dürfte ein politischer Schaden ausreichend sein.

Auch ohne die Möglichkeit eines Schadenseintritts besteht ein Geheimhaltungsinteresse, wenn die Information den *persönlichen Lebensbereich*, wie die familiären, wirtschaftlichen oder gesundheitlichen Verhältnisse des Schutzberechtigten betreffen. Eine Weitergabe solcher Informationen aus der Privatsphäre verstieße gegen das Grundrecht auf Menschenwürde, zu dessen Schutz die Gemeinschaftsordnung verpflichtet ist.[41]

Aus der »Privatsphäre« der Unternehmen sind in Art. 214 insbesondere die »Geschäftsbeziehungen« und »Kostenelemente« aufgeführt. Ein Geheimhaltungsinteresse besteht weiterhin an Erträgen, Umsätzen, Geschäftsstrategien und technischen Planungen, desgleichen an Produktionsverfahren und Forschungsergebnissen. Eine gewisse Einschränkung erfahren die Unternehmensinteressen jedoch durch gesetzliche Publizitäts-

39 »Ein Geheimnis ist eine nur einem geschlossenen oder schließbaren Personenkreis bekannte Tatsache, an deren Geheimhaltung ein – nicht notwendig berechtigtes – Interesse besteht.« Siehe *Düwel, Peter,* Das Amtsgeheimnis, Berlin 1965, S. 31.

40 Siehe auch *Smit – Herzog*, a.a.O., Anm. 214.05 S. 6 bis 68;
vgl. im übrigen Art. 8 Abs. 3 der Verordnung (EWG) Nr. 3017/79 des Rates vom 20. 12. 1979 über den Schutz gegen gedumpte oder subventionierte Einfuhren aus nicht zur Europäischen Wirtschaftsgemeinschaft gehörenden Ländern (ABl. 1979 Nr. L 339 S. 1):
»Informationen werden in der Regel dann als vertraulich betrachtet, wenn sich ihre Bekanntgabe wahrscheinlich in erheblichem Grade nachteilig auf den Auskunftsgeber oder die Informationsquelle auswirken würde.«

41 Vgl. die Gemeinsame Erklärung des Europäischen Parlaments, des Rates und der Kommission vom 5. 4. 1977 zum Grundrechtsschutz in der EG (ABl. 1977 Nr. C 103 S. 1); s. weiterhin die Übersicht »Grundrechte in der Rechtsprechung des EuGH« in *Beutler, Bengt* u. a., a.a.O., S. 182 f., *Pescatore, Pierre,* Bestand und Bedeutung der Grundrechte im Recht der Europäischen Gemeinschaften, in: EuR 1979, S. 1.

pflichten, wie sie nach deutschem Recht für Unternehmen einer gewissen Größenordnung durch das Publizitätsgesetz von 1969[42] vorgeschrieben sind.[43]

17 Schließlich schützt Art. 214 nur solche Informationen, die *»ihrem Wesen nach«* unter das Amtsgeheimnis fallen. Dieses zusätzliche Kriterium ist insofern entbehrlich, als das Amtsgeheimnis sich ohnehin nur auf *objektiv* geheimhaltungswürdige Informationen erstreckt. Ein überzogenes subjektives Geheimhaltungsinteresse des Betroffenen an objektiv nicht schutzwürdigen Informationen vermag daher in keinem Falle ein Amtsgeheimnis zu begründen.

V. Verbot der Preisgabe

1. Preisgabe

18 Art. 214 verbietet, die unter das Amtsgeheimnis fallenden Informationen *»preiszugeben«*. Dem Schutzzweck der Norm entsprechend ist unter Preisgabe *jede Art der Mitteilung an Dritte* zu verstehen, vom privaten Gespräch im kleinen Kreis bis hin zur öffentlichen Bekanntmachung. Die Offenbarung des Geheimnisses kann nicht nur durch mündliche oder schriftliche Äußerungen, sondern auch durch schlüssige Handlungen erfolgen, desgleichen durch die Ermöglichung der Kenntnisnahme durch unzureichende Verwahrung oder gar offene Zugänglichkeit von Akten und Unterlagen. Eine unerlaubte Preisgabe eines Geheimnisses ist auch dann gegeben, wenn dem Mitteilungsempfänger wider Erwarten sein Inhalt schon bekannt war.

Keine Preisgabe von Geheimnissen stellt die Veröffentlichung von Statistiken oder Übersichten dar, deren Darstellung keine Rückschlüsse auf einzelne Unternehmen oder Individuen zuläßt.[44] Ebensowenig werden Geheimnisse preisgegeben, wenn Informationen neutralisiert oder unter Schwärzung von Namen weitergegeben werden, vorausgesetzt, daß hierdurch eine Individualisierung der Betroffenen unmöglich wird.

42 Gesetz über die Rechnungslegung von bestimmten Unternehmen und Konzernen vom 15. 8. 1969 (BGBl. I S. 1189); zu weiteren Publizitätspflichten s. *Wiedemann, Herbert,* Gesellschaftsrecht, Band 1, München 1980, S. 500f.

43 Gemeinschaftsrechtlich müssen Unternehmen nach Art. 21 der Verordnung Nr. 17 (Kartell-VO) vom 17. 2. 1962 (ABl. 1962 S. 204) und nach Art. 28 der Verordnung (EWG) Nr. 1017/68 des Rates vom 19. 7. 1968 über die Anwendung von Wettbewerbsregeln auf dem Gebiet des Eisenbahn-, Straßen- und Binnenschiffsverkehrs (ABl. 1968 Nr. L 175 S. 1) die Veröffentlichung ihnen ggfs. nachteiliger Entscheidungen der Kommission hinnehmen: »Die Veröffentlichung erfolgt unter Angabe der Beteiligten und des wesentlichen Inhalts der Entscheidung; sie muß den berechtigten Interessen der Unternehmen an der Wahrung ihrer Geschäftsgeheimnisse Rechnung tragen.« Vgl. z. B. für die Verhängung einer Geldbuße gemäß Art. 15 der Kartell-VO: ABl. 1982 Nr. L 58 S. 19.

44 In diesem Sinne Art. 20 Abs. 3 der Kartell-VO (s. Fn. 43) und Art. 27 Abs. 3 der VO Nr. 1017/68 (s. Fn. 43). Siehe auch Art. 8 Abs. 5 VO Nr. 3017/79 (s. Fn. 40).

2. Ausnahmen vom Verbot der Preisgabe.

19 Als Verbotsnorm untersagt Art. 214 nur die *unbefugte* Preisgabe von Geheimnissen, auch wenn das Merkmal der Unbefugtheit nicht ausdrücklich im Wortlaut enthalten ist.[45] Die Offenbarung eines Geheimnisses ist unbefugt, wenn sie ohne die Erlaubnis des Schutzberechtigten[46] oder ohne ein sonstiges Recht zur Mitteilung erfolgt. Ein solches Recht zur Mitteilung kann aufgrund gesetzlicher Offenbarungspflichten bestehen[47] oder wenn ein anderes, höherrangiges Rechtsgut als das Geheimhaltungsinteresse dies erfordert.[48]

20 Problematisch ist der Umfang des Rechts zur Weitergabe geschützter Informationen *innerhalb* eines Organs und *zwischen* einzelnen Organen der Gemeinschaft. Aus Gründen der Funktionsfähigkeit des Organs ist eine *organinterne* Weitergabe geschützter Informationen innerhalb der sachlich mit der Angelegenheit befaßten Dienststellen insoweit zulässig, als die Bearbeitung des Vorgangs die Kenntnis des Geheimnisses erfordert.[49] Darüber hinaus ist eine Weitergabe der Information auch innerhalb desselben Organs unzulässig. Insbesondere läßt sich aus der *Verschwiegenheitspflicht der Organbediensteten* weder eine Erlaubnis noch ein Recht auf Mitteilung des Geheimnisses herleiten.[50]

45 Anders Art. 17 des Statuts, der die Mitteilung an Personen verbietet, »die nicht befugt sind, Kenntnis zu erhalten«.

46 Zur Erlaubniserteilung s. z. B. Art. 8 Abs. 2a VO Nr. 3017/79: »Der Rat, die Kommission und die Mitgliedstaaten sowie deren Bedienstete geben die Informationen, die sie bei Anwendung dieser Verordnung erhalten haben und die ihrer Natur nach vertraulich sind oder die von einer an einem Antidumping- oder Antisubventionsprüfungsverfahren beteiligten Partei vertraulich mitgeteilt werden, nicht bekannt, *es sei denn, daß die Partei, die die Information geliefert hat, ausdrücklich die Erlaubnis hierzu erteilt.*«

47 Vgl. hierzu für den deutschen Rechtsraum die Übersicht bei *Schönke, Adolf – Schröder, Horst*, Strafgesetzbuch, 19. Aufl., München 1978, § 203 Rn. 28 f. S. 1357.

48 Siehe hierzu *Schönke – Schröder* (a.a.O., Fn. 47), § 203 Rn. 30 ff. S. 1357 f. Zum Konflikt von Verschwiegenheitspflicht und Offenbarungspflicht im Rahmen der Gewährung rechtlichen Gehörs s. insbes. EuGH – Hoffmann – La Roche & Co. AG. / Kommission, 85/76 – Slg. 1979, 461 (511 bis 513 Rn. 9 bis 15); Anhörungsrechte Dritter, wie sie in Art. 19 Abs. 2 VO Nr. 17 vorgesehen sind, räumen kein Recht auf Erlangung vertraulicher Informationen ein: EuGH – Van Landewyck Sàrl u. a. / Kommission, 209 bis 215 und 218/78 – Slg. 1980, 3125 (3239 Rn. 46).

49 So auch *Smit – Herzog*, a.a.O., Anm. 214.06. S. 6 bis 70; s. auch Art. 8 Nr. 1 der Richtlinie des Rates vom 27. 6. 1977 über die von den Mitgliedstaaten vorzunehmende Prüfung der Maßnahmen, die Bestandteil des Finanzierungssystems des Europäischen Ausrichtungs- und Garantiefonds für die Landwirtschaft, Abteilung Garantie, sind (ABl. 1977 Nr. L 172 S. 17):
»Die Kenntnisse, die im Rahmen der in dieser Richtlinie vorgesehenen Prüfungen erlangt werden, unterliegen dem Berufsgeheimnis. Sie dürfen nicht an andere als diejenigen Personen weitergegeben werden, die aufgrund ihrer Tätigkeit in den Mitgliedstaaten oder in den Organen der Gemeinschaften davon im Hinblick auf die Durchführung dieser Tätigkeit Kenntnis erhalten müssen.«

50 Ähnlich *Smit – Herzog*, a.a.O., Anm. 214.06. S. 6 bis 69:
». . . it is clearly not permissible to disclose information to another official merely for the reason that he is covered by the rule against disclosing confidential information . . .«

Entsprechendes gilt für die Mitglieder von dem Organ beigeordneten Ausschüssen, die auch bei bestehender eigener Schweigepflicht nur die Mitteilung solcher Informationen verlangen können, die zur Erfüllung ihrer Aufgaben unbedingt erforderlich sind. Bei der Weitergabe von Geheimnissen an Ausschußmitglieder ist weiterhin zu berücksichtigen, inwieweit diese zusätzlich *sanktionsbewehrten* nationalen Geheimhaltungsvorschriften unterliegen.[51] Da Art. 214 allein keine Rechtsfolgen an seine Verletzung knüpft, ist bei einer Offenbarung von Geheimnissen an solchen Personen, die ihrerseits als Geheimnisträger gegen Art. 214 verstoßen könnten, *ohne daß dies zu Sanktionen straf- oder disziplinarrechtlicher Art führen würde*, äußerste Zurückhaltung geboten. Im Zweifel sind die entsprechenden Informationen zu neutralisieren oder zu generalisieren.

21 Auch bei der Weitergabe von Informationen *zwischen den Organen* der Gemeinschaft muß der Grundsatz gelten, daß eine Mitteilung geschützter Informationen nur insoweit zulässig ist, als ihre Kenntnis zur ordnungsgemäßen Erfüllung der Aufgaben des Empfangsorgans erforderlich ist.[52] Besondere Regeln gelten hierbei für die Beantwortung schriftlicher oder mündlicher *Anfragen des Parlaments* durch Rat oder Kommission. Da die mündlichen Verhandlungen des Parlaments und der Text schriftlicher Anfragen nebst Antworten im Amtsblatt veröffentlicht werden,[53] würde eine Offenbarung von Geheimnissen bei der Beantwortung von Anfragen deren indirekte Preisgabe und damit einen Verstoß gegen Art. 214 bedeuten. Soweit das Parlament zur Ausübung seiner Kontrollbefugnisse nach Art. 137 unverzichtbar Kenntnis von geschützten Informationen erlangen muß, steht es ihm frei zur Behandlung der Angelegenheit nach Art. 95 seiner Geschäftsordnung einen Untersuchungsausschuß einzusetzen, dessen nicht öffentliche Sitzungen (Art. 104 Abs. 2 Geschäftsordnung) eine Erörterung geheimer Informationen ermöglichen.[54]

In gleicher Weise kann vor dem *Gerichtshof* die Geheimhaltung gewahrt werden, indem von Amts wegen oder auf Antrag der Parteien die Öffentlichkeit ausgeschlossen wird (Art. 28 des Protokolls über die Satzung des Gerichtshofes der Europäischen Gemeinschaften). Ist dies der Fall, so darf nach Art. 56 § 2 der Verfahrensordnung des Gerichtshofes der Inhalt der mündlichen Verhandlung nicht veröffentlicht werden.[55]

51 Siehe hierzu unten Rn. 26.
52 Siehe oben Rn. 20.
53 Art. 46 Abs. 2, 89 Abs. 4, 90 Abs. 3 Geschäftsordnung.
54 Nach Art. 63 Geschäftsordnung kann auch das Plenum beschließen, nicht öffentlich zu verhandeln.
55 Zur vertraulichen Behandlung von Dokumenten durch den Gerichtshof s. EuGH – Celanese Chemical Company Inc. / Rat u. Kommission, 236/81 – Beschluß vom 30. 3. 1982, noch nicht veröffentlicht. Tenor vorläufig veröffentlicht im ABl. 1982 Nr. C 127 S. 3:
»1. Die Dokumente und Teile von Dokumenten, deren Vertraulichkeit von der Klägerin geltend gemacht worden und von den Beklagten anerkannt worden ist, werden vertraulich behandelt.
2. Der Präsident des Gerichtshofes entscheidet über jeden weiteren Antrag auf vertrauliche Behandlung von Dokumenten oder Teile von Dokumenten nach Prüfung der Schriftstücke

3. Dauer des Verbots der Preisgabe

22 Zur *Dauer* des Verbots der Preisgabe bestimmt Art. 214 lediglich, daß die zur Verschwiegenheit verpflichteten Personen Geheimnisse *auch nach Beendigung ihrer Amtstätigkeit* nicht offenbaren dürfen. Dies gilt jedoch nur insoweit, als das Geheimnis selbst fortbesteht. Wird es zwischenzeitlich mit oder ohne den Willen des Betroffenen (anderweitig) bekannt, entfällt mangels Fortbestandes des Geheimnisses auch das Verbot seiner Preisgabe.

Die sich aus dem Wortlaut des Art. 214 ergebende u. U. recht lange Schutzfrist dürfte in der Praxis vornehmlich für *fremde* Geheimnisse von Bedeutung sein, wie die von Unternehmen und Privatpersonen, soweit deren Geheimhaltungsinteresse andauert und über lange Zeiträume rechtlich geschützt ist.[56]

23 Anders als bei fremden Geheimnissen kann die Gemeinschaft bei *eigenen* Geheimnissen selbst die Dauer der Geheimhaltungsbedürftigkeit bestimmen. Maßgeblich ist hier das Geheimhaltungsinteresse *eines jeden Organs* an seinen internen Angelegenheiten; die Entscheidung über die Aufhebung der Geheimhaltung ist dienstlicher Natur und im Zweifel von der Behörden*leitung* zu treffen.

Gestützt auf Art. 235 hat die Kommission dem Rat am 24. 4. 1981 den Vorschlag einer Verordnung (EWG, Euratom) über die Anlage und Freigabe der historischen Archive der Europäischen Wirtschaftsgemeinschaft und der Europäischen Atomgemeinschaft vorgelegt.[57] Nach Art. 1 dieses Vorschlags legen die Gemeinschaften historische Archive an und machen sie der Öffentlichkeit nach Ablauf einer Frist von 30 Jahren nach Anfertigung des jeweiligen Schriftstückes zugänglich. Ausgenommen hiervon sind im wesentlichen Personalakten (Art. 2) und nicht freigegebenes geheimes Euratom-Schrift-

und Anhörung der Beklagten. Wird die vertrauliche Behandlung abgelehnt, so setzt er eine Frist fest, innerhalb der es der Klägerin freisteht, die Dokumente oder Teile von Dokumenten, die Gegenstand dieser Ablehnung sind, zurückzuziehen.

3. Die ganz oder teilweise als vertraulich anerkannten Dokumente sind in eine besondere Akte aufzunehmen, die ausschließlich den Hauptparteien und den Dienststellen des Gerichtshofes zugänglich ist. Es ist Sache der Klägerin, alle Dokumente und Teile von Dokumenten, deren Vertraulichkeit anerkannt ist, deutlich zu kennzeichnen und der Kanzlei Ausfertigungen in der gewünschten Anzahl zur Verfügung zu stellen.
4. Der Gerichtshof behält sich vor, Dokumente oder Teile von Dokumenten, die als vertraulich anerkannt sind, aus der Akte dann zu entfernen, wenn die Verwendung dieser Angaben mit der Öffentlichkeit der Begründung seiner Entscheidungen und der Schlußanträge des Generalanwalts unvereinbar wäre. In diesem Fall entscheidet der Gerichtshof aufgrund der Aktenlage nach Entfernung der in Frage stehenden Schriftstücke.«

56 Siehe z. B. § 203 Abs. 4 StGB, der die Verletzung von Privatgeheimnissen auch dann unter Strafe stellt, wenn der Täter das fremde Geheimnis erst nach dem Tode des Betroffenen unbefugt offenbart. Zur Anwendbarkeit von § 203 StGB s. jedoch unten Fn. 70.

57 ABl. 1981 Nr. C 132 S. 8; s. ebenfalls Vorschlag einer Entscheidung (EGKS) der Kommission über die Anlage und Freigabe der historischen Archive der Europäischen Gemeinschaft für Kohle und Stahl, ABl. 1981 Nr. C 132 S. 6.

gut (Art. 3). Hinsichtlich der Freigabe von Informationen, die dem *Berufs- oder Betriebsgeheimnis* unterlagen, sieht Art. 4 des Vorschlages folgende Regelung vor:

»(1) Schriftstücke und sonstiges Archivgut, die zu dem Zeitpunkt, zu dem sie an eines der Organe gerichtet wurden, unter das Berufs- oder Betriebsgeheimnis fielen, sind der Öffentlichkeit nach Ablauf der Frist von 30 Jahren nur zugänglich, wenn das Organ, an das das Schriftstück oder sonstiges Archivgut gerichtet wurde und bei dem die Einsichtnahme beantragt wird, der Ansicht ist, daß die betreffenden Schriftstücke und das sonstige Archivgut nicht mehr unter das Berufs- oder Betriebsgeheimnis fallen. Bestehen weiterhin Zweifel an der Notwendigkeit der Aufrechterhaltung des Schutzes gewisser Informationen, so kann die Freigabe nur mit Zustimmung der betreffenden Person oder des betreffenden Unternehmens gestattet werden.

(2) Sind die Schriftstücke und das sonstige Archivgut, bei denen sich eine Frage des Berufs- oder Betriebsgeheimnisses stellt, über einen Mitgliedstaat oder ein anderes Organ zu einem der Organe gelangt, so hat dieser Mitgliedstaat oder dieses andere Organ die in Absatz 1 vorgesehene Beurteilung vorzunehmen.«

Im Rahmen der allgemeinen Regeln des Verordnungsvorschlags bleibt im übrigen die Entscheidungsbefugnis eines jeden Organes gewahrt (s. insbesondere Art. 1 Abs. 1 und 4, Art. 3 Abs. 2, Art. 5 und 7 bis 9).

VI. Spezialvorschriften und Rechtsfolgen unbefugter Preisgabe

24 Im Gegensatz zu Art. 47 Abs. 4 EGKS-Vertrag und Art. 194 Abs. 1 Euratom-Vertrag sieht Art. 214 für den Fall seiner Verletzung keine Rechtsfolgen vor. Soweit jedoch ein Verstoß gegen Art. 214 gleichzeitig eine Verletzung anderer, *sanktionsbewehrter* Normen des Gemeinschaftsrechts oder des nationalen Rechts darstellt, ergeben sich die Rechtsfolgen aus diesen Spezialvorschriften.

1. Gemeinschaftsrechtliche Vorschriften

25 Als wichtigste *gemeinschaftsrechtliche* Bestimmungen sind zunächst die Art. 17 und 1ʳ des Statuts des Beamten der Europäischen Gemeinschaften[58] zu nennen, deren Verletzung

58 Siehe Fn. 28. Art. 17 und Art. 19 haben folgenden Wortlaut:
»Artikel 17
Der Beamte ist verpflichtet, über alle Tatsachen und Angelegenheiten, von denen er in Ausübung oder anläßlich seines Amtes Kenntnis erhält, strengstes Stillschweigen zu bewahren; es ist ihm untersagt, nicht veröffentlichte Schriftstücke oder Informationen in irgendeiner Form Personen

den Beamten der Verhängung einer Disziplinarmaßnahme nach Art. 86 des Statuts aussetzt.[59] *Sonstigen Beschäftigten* kann wegen Disziplinarverstößen nach Art. 49 der Beschäftigungsbedingungen für die sonstigen Bediensteten der Gemeinschaften – ggfs. unter Zufügung finanzieller Nachteile – fristlos gekündigt werden.

Weitere sanktionsbewehrte Verschwiegenheitspflichten sind in zahlreichen Statistikverordnungen der Gemeinschaft vorgesehen.[60] Die im Rahmen der jeweiligen Erhebungen erteilten Einzelauskünfte dürfen nur für statistische Zwecke verwendet werden. Ihre Verwertung zu steuerlichen Zwecken und ihre Weitergabe an Dritte ist untersagt.[61] Die

Fortsetzung Fußnote 58

mitzuteilen, die nicht befugt sind, davon Kenntnis zu erhalten. Diese Verpflichtung besteht für den Beamten auch nach seinem Ausscheiden aus dem Dienst.
Der Beamte darf Texte, die sich auf die Tätigkeit der Gemeinschaften beziehen, ohne Zustimmung der Anstellungsbehörde weder allein noch in Zusammenarbeit mit Dritten veröffentlichen oder veröffentlichen lassen. Die Zustimmung darf nur versagt werden, wenn die geplante Veröffentlichung geeignet ist, die Interessen der Gemeinschaften zu beeinträchtigen.
Artikel 19
Der Beamte darf die ihm bei seiner amtlichen Tätigkeit bekannt gewordenen Tatsachen nicht ohne Zustimmung seiner Anstellungbehörde vor Gericht vorbringen oder über sie aussagen. Die Zustimmung darf nur versagt werden, wenn die Interessen der Gemeinschaften es erfordern und die Versagung für den Beamten keine strafrechtlichen Folgen haben kann. Diese Verpflichtung besteht für den Beamten auch nach seinem Ausscheiden aus dem Dienst.
Absatz 1 gilt nicht für Beamte oder ehemalige Beamte, die in Sachen eines Bediensteten oder ehemaligen Bediensteten der drei Europäischen Gemeinschaften vor dem Gerichtshof der Europäischen Gemeinschaften oder vor dem Disziplinarrat eines Organs als Zeuge aussagen.«

59 Artikel 86
(1) Gegen Beamte oder ehemalige Beamte, die vorsätzlich oder fahrlässig die ihnen durch das Statut auferlegten Pflichten verletzen, kann eine Disziplinarstrafe verhängt werden.
(2) Disziplinarstrafen sind:
a) schriftliche Verwarnung,
b) Verweis,
c) zeitweiliges Versagen des Aufsteigens in den Dienstaltersstufen,
d) Einstufung in eine niedrigere Dienstaltersstufe,
é) Einstufung in eine niedrigere Besoldungsgruppe,
f) Entfernung aus dem Dienst, gegebenenfalls unter Kürzung oder Aberkennung des Anspruchs auf das nach dem Dienstalter bemessene Ruhegehalt,
g) wenn der Beamte endgültig aus dem Dienst ausgeschieden ist: vollständige oder teilweise Aberkennung der Versorgungsansprüche, die zeitweilig oder endgültig sein kann; dabei darf sich diese disziplinarische Bestrafung nicht auf die nach dem Beamten anspruchsberechtigten Personen auswirken.
(3) Ein und dieselbe Verfehlung kann nur eine Disziplinarstrafe nach sich ziehen.

60 Siehe hierzu Art. 213 Rn. 50.

61 Vgl. z. B. Art. 6 Satz 2 der Verordnung (EWG) Nr. 847/77 des Rates vom 25. 4. 1977 bezüglich einer in den Jahren 1977, 1978 und 1979 durchzuführenden Erhebung über die Verdienste der ständig in der Landwirtschaft beschäftigten Arbeiter (ABl. 1977 Nr. L 104 S. 5); vgl. im übrigen Art. 213 Rn. 24, 46.

Mitgliedstaaten sind gehalten, jeweils die geeigneten Maßnahmen zu treffen, um jeden Verstoß gegen die Geheimhaltung zu ahnden.[62]

Verschwiegenheitspflichten und Verwertungsverbote ohne begleitende Sanktionsregelungen sind ferner in Art. 20 der Kartellverordnung Nr. 17,[63] in Art. 27 der Verordnung (EWG) Nr. 1017/68[64] sowie in zahlreichen weiteren Verordnungen[65] normiert.

Soweit durch die Preisgabe eines Amtsgeheimnisses dem betroffenen Dritten ein Schaden zugefügt wird, hat die Gemeinschaft nach Maßgabe von Art. 215 Abs. 2 *Schadensersatz* zu leisten.[66] Trifft den handelnden Beamten ein schwerwiegendes Verschulden, so kann er von der Gemeinschaft nach Art. 215 Abs. 3 i. V. m. Art. 22 des Statuts im Regreßwege zum vollen oder teilweisen Ersatz des Schadens herangezogen werden.[67] Entsprechendes gilt für die sonstigen Bediensteten der Gemeinschaften.[68] Eine Befugnis zur Verhängung strafrechtlicher Sanktionen besitzen die Gemeinschaften nicht.[69]

2. Nationale Vorschriften

26 Die Verletzung von Privatgeheimnissen ist nach *nationalem* Recht unter Strafe gestellt. Ob und inwieweit allerdings im deutschen Recht die §§ 203 Abs. 2 Ziff. 1 und 2 (Verletzung von Privatgeheimnissen), 353 b (Verletzung des Dienstgeheimnisses) und 353 d StGB (Verbotene Mitteilungen über Gerichtsverhandlungen) auf die in Art. 214 genannten Personen anwendbar sind, hängt davon ab, ob diese als *»Amtsträger . . . nach deutschem Recht«* bzw. als *»für den öffentlichen Dienst besonders Verpflichtete«* i. S. der Legaldefinition des § 11 Abs. 1 Ziff. 2 und 4 StGB zu qualifizieren sind. In Übereinstimmung mit dem Schrifttum[70] ist dies für Bedienstete der Gemeinschaft zu verneinen, da der europäische öffentliche Dienst nicht deutschem Recht unterliegt[71] und überdies eine extensive Auslegung oder analoge Anwendung strafrechtlicher Normen

62 Siehe z. B. Art. 6 Satz 3 der VO Nr. 847/77 (s. Fn. 61), vgl. im übrigen Art. 213 Rn. 50.
63 Siehe oben Fn. 43.
64 Siehe ebenda
65 Siehe auch Art. 8 VO Nr. 3017/79.
66 Siehe *Gilsdorf* zu Art. 215 Rn. 91 ff.
67 Zum Rückgriff gegen Beamte s. *Gilsdorf* zu Art. 215 Rn. 93.
68 Zum Rückgriff gegen sonstige Bedienstete s. *Gilsdorf* zu Art. 215 Rn. 93.
69 Vgl. hierzu kritisch *Johannes, Hartmut*, Das Strafrecht im Bereich der Europäischen Gemeinschaften, in: EuR 1968, S. 63 ff.; zum Fehlen einer eigenen EG-Strafgewalt s. *Beutler* u. a., a.a.O., S. 178 f. Siehe im übrigen Art. 15 Abs. 4 Kartell-VO (s. Fn. 43). Art. 22 Abs. 4 VO Nr. 1017/68 (s. Fn. 43) und Art. 19 VO Nr. 11 (s. Fn. 31), die ausdrücklich feststellen, daß Sanktionen »nicht strafrechtlicher Art« sind.
70 Vgl. *Dreher, Eduard – Tröndle, Herbert*, Strafgesetzbuch, 40. Aufl., München 1981, § 11 Rn. 11 S. 54; *Schönke – Schröder* (a.a.O., Fn. 47), § 11 Rn. 17 S. 98.
71 Zur Eigenständigkeit des europäischen öffentlichen Dienstes s. *Rogalla* zu Art. 212, insbesondere Vorbemerkung.

unzulässig ist.[72] Soweit nach den Rechtsordnungen der anderen Mitgliedstaaten eine Strafbarkeit in Betracht kommt, setzt eine Strafverfolgung für Bedienstete der Gemeinschaft voraus, daß die nach Art. 12 a) des Protokolls über die Vorrechte und Befreiungen der Europäischen Gemeinschaften gewährte Befreiung von der Gerichtsbarkeit gemäß Art. 18 Abs. 2 des Protokolls vom betreffenden Organ der Gemeinschaften aufgehoben worden ist.

Für die *Mitglieder des Europäischen Parlaments* sind weiterhin die Art. 8 bis 10 des Protokolls zu beachten. Nach Art. 9 des Protokolls dürfen Mitglieder des Parlaments wegen einer in Ausübung ihres Amtes erfolgten Äußerung oder Abstimmung weder in ein Ermittlungsverfahren verwickelt noch festgenommen werden.[73]

Nationale Beamte unterliegen *als Ausschußmitglieder* nicht nur Art. 214, sondern auch den Bestimmungen des mitgliedstaatlichen Beamtenrechts (vgl. § 61 des Bundesbeamtengesetzes), das die disziplinarrechtliche Verfolgung von Verstößen gegen die Amtsverschwiegenheit erlaubt.

27 Eine Verantwortlichkeit der Gemeinschaftsorgane bei Mißbräuchen auf dem Gebiet des *Datenschutzes* ist im deutschen Bundesdatenschutzgesetz[74] nicht vorgesehen. Soweit die Organe oder ihre Bediensteten im Einzelfall gegen allgemeine und gemeinschaftsweit anerkannte Grundsätze des Datenschutzes verstoßen sollten,[75] ergäben sich die Rechtsfolgen aus den gemeinschaftsrechtlichen Bestimmungen über Amtspflichtverletzungen.[76]

72 Siehe *Dreher – Tröndle* (a.a.O., Fn. 70), § 1 Rn. 10 S. 25; *Schönke – Schröder* (a.a.O., Fn. 47), § 1 Rn. 55, 58, S. 32, 33.

73 Zur Immunität und Indemnität der Abgeordneten s. *Grabitz, Eberhard – Läufer, Thomas,* Das Europäische Parlament, Bonn 1980, S. 50 ff.; s. auch *Schröder, Meinhard,* Rechtsfragen des Indemnitätsschutzes, in: Der Staat 1982, S. 25 ff.

74 Gesetz zum Schutz vor Mißbrauch personenbezogener Daten bei der Datenverarbeitung vom 27. 1. 1977, BGBl. I S. 201.

75 Zum Problemkreis EG und Datenschutz s. *Karpenstein, Peter,* Die Zuständigkeit der Europäischen Gemeinschaften auf dem Gebiete des Datenschutzes, in: Das Europa der zweiten Generation, Gedächtnisschrift für Christoph Sasse, Band II, Kehl am Rhein, Straßburg 1981, S. 889 ff. (insbes. 899 f.).

76 Siehe oben Rn. 25.

Artikel 215 [Haftung der Gemeinschaft und ihrer Bediensteten]

Die vertragliche Haftung der Gemeinschaft bestimmt sich nach dem Recht, das auf den betreffenden Vertrag anzuwenden ist.

Im Bereich der außervertraglichen Haftung ersetzt die Gemeinschaft den durch ihre Organe oder Bediensteten in Ausübung ihrer Amtstätigkeit verursachten Schaden nach den allgemeinen Rechtsgrundsätzen, die den Rechtsverordnungen der Mitgliedstaaten gemeinsam sind.

Die persönliche Haftung der Bediensteten gegenüber der Gemeinschaft bestimmt sich nach den Vorschriften ihres Statuts oder der für sie geltenden Beschäftigungsbedingungen.

Literaturhinweise

Andre, Konkurrierende Ersatzansprüche vor deutschen Gerichten und dem Europäischen Gerichtshof, in: NJW 1968, S. 331

du Ban, Les principes généraux communs et la responsabilité contractuelle de la Communauté, in: CDE 1977, S. 397

Dumon, La responsabilité extracontractuelle des Communautés Européennes et de leurs agents, in: CDE 1969, S. 2

Ehle, Klage- und Prozeßrecht des EWG-Vertrages (Loseblattsammlung), Herne/Brüssel, Grundaufl. 1966

Fuss, Grundfragen der Gemeinschaftshaftung, in: EuR 1968, S. 353

ders., Zur Rechtsprechung des EuGH über die Gemeinschaftshaftung, in: Festschrift für von der Heydte, Berlin 1977, S. 173

ders., La responsabilité des Communautés Européennes pour le comportement illégal de leurs organes, in: RTDE 1981, S. 1

Gilsdorf, Peter, Die Haftung der Gemeinschaft aus normativem Handeln, in: EuR 1975, S. 73

Goffin, La responsabilité contractuelle des Communautés; Recours en indemnité; in: Droit des Communautés Européennes, Bruxelles 1969, S. 141, 333

ders., La recevabilité des recours en indemnité devant la Cour de justice des C.E., in: JT, Bruxelles 1981, Nr. 5151

Grabitz, Zur Haftung der Europäischen Gemeinschaften für normatives Unrecht, in: Festschrift für Kutscher, Baden-Baden 1981, S. 215

Grisoli, Contribution à la mise en lumière des principes généraux communs aux droits des Etats membres de la C.E.E. en matière de responsabilité extracontractuelle, pubblicazioni della Università de Pavia, 1963

Heldrich, Artikel 215 Abs. 2 des EWGV, in: JZ 1960, S. 681

ders., Die allgemeinen Rechtsgrundsätze der außervertraglichen Schadenshaftung im Bereich der EWG, Frankfurt/M. 1961

ders., Anmerkung zum Urteil in den Rs. 5, 7, 13-24/66 (Kampffmeyer), in: EuR 1967, S. 337

Ipsen, Hans Peter, Zur Haftung für normatives Unrecht nach europäischem Gemeinschaftsrecht, in: Festschrift für Jahrreiss, Köln 1975, S. 85

Jurina, Die dem Recht der Mitgliedstaaten gemeinsamen Rechtsgrundsätze als Grundlage der außervertraglichen Haftung der EWG, in: ZaöRV 1968, S. 374

Lagrange, The non-contractual Liability of the Community in the E.C.S.C. and the E.E.C., in: CMLR 1965, S. 10

Modest, Probleme der Schadensersatzklage gegen Organe der Gemeinschaft, in: Zölle u. Verbrauchst. 1975, S. 357

Mössner, Anmerkung zum Urteil des EuGH vom 14. 5. 1975, in: RIW/AWD 1976, S. 93
Much, Die Amtshaftung der Europäischen Gemeinschaft für Kohle und Stahl, Schriften des Instituts für Ausländ. und Intern. Wirtschaftsrecht, Frankfurt 1952
Schenke, Die Haftung des Staates bei normativem Unrecht, in: DVBl. 1975 S. 121
Schermers, Judicial Protection in the European Communities, Deventer 1979, 2. Aufl., §§ 449 ff.
ders., The law as it stands on the appeal for damages, Legal issues of European Integration, 1975, S. 113 f.
Schroeder, Ersatzleistungen für rechtmäßige und rechtswidrige hoheitliche Maßnahmen der EWG, Dissertation, Freiburg 1970
Tizzano, In tema di responsibilità estracontrationale della C.E.E., in: Foro italiano 1972, IV, 208 (Urteilsanmerkung zur Rs. 5/71)
van Gerven, De niet-contractuele aansprakelijkheid van de Gemeenschap wegens normatieve handelingen, in: SEW 1976, S. 2
Zweigert, Der Einfluß des Europäischen Gemeinschaftsrechts auf die Rechtsordnungen der Mitgliedstaaten, in: RabelsZ 1964, S. 601
Siehe insbesondere auch:
Haftung des Staates für rechtswidriges Verhalten seiner Organe (Heidelberger Kolloqium 1964, Köln - Berlin 1967), nachstehend zitiert »Haftung des Staates«, mit den nationalen Berichten insbesondere von Cambier (Belgien), Fromont (Frankreich), Jaenicke (Deutschland), Street (Großbritannien), Galeotti (Italien), Arendt (Luxemburg), Prins (Niederlande), Tsatsos (Griechenland); Much (Europäische Gemeinschaften). – Vergleichende Sachberichte von Steinberger, Bayer, Morvay, Bleckmann und Frowein. – Gesamtbericht von Jaenicke.

Inhaltsübersicht

I. Allgemeines; Abgrenzung

1 Die Vorschrift regelt die vertragliche und die außervertragliche Haftung (H.) der Gemeinschaft (G). und ihrer Bediensteten, jedoch nicht in vollständiger Weise. Für die vertragliche H. verweist Abs. 1 auf das Recht, das auf den betreffenden Vertrag anzuwenden ist. Abs. 2 befaßt sich mit der außervertraglichen H. insoweit, als es sich um den Ersatz von Schäden handelt, die »Organe oder Bedienstete in Ausübung ihrer Amtstätigkeit« verursacht haben; damit scheint die Frage, wonach sich die H. der G. für außerhalb der Amtstätigkeit verursachte Schäden bestimmen soll, offen zu bleiben. Die Vorschrift läßt auch offen, ob die Bediensteten für – innerhalb oder nur gelegentlich ihrer Amtstätigkeit – verursachte Schäden dem Geschädigten auch persönlich haften.

2 Die H. der Euratom-Gemeinschaft ist in Art. 188 EAGV wörtlich übereinstimmend geregelt. Die außervertragliche H. der EGKS bestimmt sich nach Art. 34 und 40 EGKS-V; Art. 40 Abs. 2 ist durch Art. 26 Fusionsvertrag geändert und der Regelung angepaßt worden, die in den beiden anderen Gemeinschaften für die persönliche H. der Bediensteten besteht.[1]

3 Die Abgrenzung der vertraglichen von der außervertraglichen H. wirft grundsätzliche Fragen auf, über die keine einhellige Meinung besteht. Das Problem, das in engem Zusammenhang mit der Auslegung des Begriffes »Amtstätigkeit« in Abs. 2 steht, ist allerdings bisher nur von theoretischem Interesse geblieben, vor allem deshalb, weil die Tätigkeit der G. sich nahezu ausschließlich im hoheitlichen Bereiche abspielt, sieht man nun einmal von Fragen, die mit der materiellen Infrastruktur ihrer Verwaltung zusammenhängen (Grundstücke, Möbel etc.) ab; bei einer Ausweitung der Tätigkeitsbereiche der G. erscheint ein Übergreifen auf den nicht-hoheitlichen Bereich jedoch denkbar (so wohl jetzt schon im EURATOM-Bereich – Gemeinsame Forschungsstelle).

Aus dem Umstand, daß die Vorschrift die vertragliche H. der außervertraglichen H. gegenüberstellt, dürfte zu schließen sein, daß der Vertrag insoweit eine lückenlose Regelung anstrebt; Zwischenbereiche sollten daher, soweit irgend möglich, entweder der vertraglichen oder der außervertraglichen H. zugeordnet werden.

Die Grenzziehung zwischen beiden Haftungsbereichen hat nach gemeinschaftsrechtlichen Kriterien zu erfolgen, die einer Auslegung durch den EuGH nach Art. 177 offensteht.[1a] Die Grenzziehung ist auch deshalb von besonderer Bedeutung, weil die

1 Vgl. auch Kommentierung zu Art. 178 Rn. 4.

1a A.M. *Thiesing* (in der 2. Auflage dieses Kommentars), Rn. 3; Th. will auch die Grenzziehung nach dem Recht regeln, das auf den betreffenden Vertrag anzuwenden ist; dies würde jedoch den Umfang der H. nach Art. 215 Abs. 2 von Einflüssen staatlicher Rspr. abhängig machen. – Wie hier auch *Ehle,* Klage- und Prozeßrecht, Rn. 7.

Zuständigkeit des EuGH nur für die außervertragliche Haftung nach Art. 215 Abs. 2 begründet ist.[2]

4 Grundsätzlich ist davon auszugehen, daß eine *vertragliche H.* begründet wird, wenn die G. in Ausübung der ihr durch Art. 211 in jedem Mitgliedstaat verliehenen weitestgehenden Rechts- und Geschäftsfähigkeit Rechtsgeschäfte vornimmt, insbesondere bewegliches und unbewegliches Vermögen erwirbt und veräußert, Miet- oder Werkverträge abschließt und dergleichen. Dem Bereich der vertraglichen H. dürften auch *»quasi-kontraktuelle Ansprüche«,* vor allem solche aus Geschäftsführung ohne Auftrag oder ungerechtfertigter Bereicherung zuzuordnen sein.[3]

Die vertragliche H. von öffentlich-rechtlichen Körperschaften wird in den Rechtsordnungen der Mitgliedstaaten unterschiedlich behandelt. So unterliegen nach französischem Recht Verträge, die der Staat oder Körperschaften des öffentlichen Rechtes über Lieferungen oder Leistungen für den öffentlichen Dienst schließen, als »contrats administratifs« nicht den Vorschriften des Zivilrechts, sondern öffentlich-rechtlichen Sondernormen, und die H. für bei Ausführung solcher Verträge eingetretene Schäden fällt in den Bereich der Amtshaftung. Aus gemeinschaftsrechtlicher Sicht besteht jedoch keine Veranlassung, die Konzeption des französischen Rechts, die auf der nur diesem Recht eigentümlichen völligen Loslösung des öffentlich-rechtlichen Regelungsbereichs von zivilrechtlichen beruht, für die Abgrenzung unter Art. 215 zu übernehmen;[4] die H. für solche Verträge fällt unter Art. 215 Abs. 1 und bestimmt sich danach nach den in Rn. 7 ff. dargelegten Grundsätzen.

Besondere Fragen stellen sich dagegen für Verwaltungsverträge im engeren Sinne, also für Verträge, die eine Gemeinschaftsbehörde mit einer anderen Verwaltungsbehörde oder einem Privatrechtsobjekt über einen Gegenstand des öffentlichen Rechts schließt. Für derartige Verträge werden besondere Regeln eines europäischen Vertragsrechts erst noch zu entwickeln sein; Amtsfehler im Zusammenhang mit der Durchführung derartiger Verträge sind auf jeden Fall dem Bereich des Art. 215 Abs. 2 zuzuweisen.[5]

5 Dem Bereich der *außervertraglichen H.* sind prinzipiell auch alle deliktischen Ansprüche

2 Vgl. auch Erläuterung zu Art. 178.
3 So offenbar auch *Much,* Haftung des Staates, S. 725. – Es handelt sich hier allerdings weitgehend um ein theoretisches Problem. Im allgemeinen richten sich derartige Ansprüche gegen die in gemeinschaftlichem Interesse handelnden staatlichen Durchführungsbehörden und sind dann vor den staatlichen Gerichten anhängig zu machen (vgl. auch unten Rn. 76).
4 Vgl. zu der ganzen Frage etwa *Much,* Amtshaftung (1952), S. 40 ff; *Thiesing* (a.a.O., Fn. 1), Rn. 3; Th. läßt die Frage der Zuordnung offen.
5 Vgl. zu diesem bisher noch kaum beachteten Komplex *Bleckmann,* Der Verwaltungsvertrag als Handlungsmittel der Europäischen Gemeinschaften, in: DVBl. 1981, S. 889 (897).

»im weitesten Sinne«[6] bzw. quasi-deliktischen Ansprüche, insbesondere solche aus Gefährdungshaftung zuzuweisen.[7] Dies alles gilt allerdings vorbehaltlich der Einschränkungen, die sich aus dem Begriff der »Amtstätigkeit« oder anderer Haftungsvoraussetzungen ergeben.

6 Zu der Frage, ob Art. 215 Abs. 2 auch gesetzliche Ansprüche nicht deliktischer Natur, wie etwa Ansprüche aus Aufopferung oder dergl. einschließt s. unten Rn. 82, 83.

II. Vertragliche Haftung nach Artikel 215 Abs. 1

7 Die vertragliche H. bestimmt sich gemäß Abs. 1 nach dem Recht, das auf den Vertrag anzuwenden ist. Zum Begriff dieser H. siehe oben Rn. 4. Vorbehaltlich Art. 181 sind für Entscheidungen über derartige Streitfälle die staatlichen Gerichte zuständig.

8 Das auf einen zivilrechtlichen Vertrag anzuwendende Recht wird nach den Regeln des internationalen Privatrechts bei Verträgen schuldrechtlichen Inhalts in erster Linie durch den ausdrücklich oder stillschweigend erklärten Willen der Vertragschließenden bestimmt.

Läßt sich ein ausdrücklich oder stillschweigend erklärter Parteiwille nicht feststellen, so ist das dem mutmaßlichen Parteiwillen entsprechende Recht anzuwenden.

Anhaltspunkte zur Bestimmung des mutmaßlichen Parteiwillens bieten z. B. eine gemeinsame Staatsangehörigkeit der Parteien, ihr Wohnsitz oder der Schwerpunkt ihrer geschäftlichen Tätigkeit. Bei schuldrechtlichen Verträgen, die sich auf Liegenschaften beziehen, wird nach dem hypothetischen Parteiwillen das Recht anzuwenden sein, das dort gilt, wo sich die Liegenschaft befindet (lex rei sitae). Notfalls dient als Anknüpfungspunkt der Ort, an dem die fragliche Verpflichtung zu erfüllen ist. Dieser Anknüpfungspunkt hat den Nachteil, daß bei gegenseitigen Verträgen, die beiderseitigen Verpflichtungen nach verschiedenen Rechtsordnungen beurteilt werden müssen. Um dies zu vermeiden, wendet man bei einer Reihe von gegenseitigen Verträgen, bei denen die Verpflichtungen des einen Schuldners der Natur der Dinge nach nur an einem Ort erfüllt werden können, grundsätzlich auch auf die Verpflichtungen der anderen Partei das an diesem Ort geltende Recht an.

9 Die vorstehend erörterte Problematik ist jedoch weitgehend theoretischer Natur, da die Organe der G. in ihren vertraglichen Rechtsbeziehungen[7a] regelmäßig klarstellen, welche

6 So auch *Much* (a.a.O., Fn. 3); allerdings ist nicht verständlich, warum M. an anderer Stelle die H. für Amtsfehler auf den hoheitlichen Bereich beschränken will.
7 Siehe dazu auch unten Rn. 48.
7a Zu den typischen Rechtsgeschäften in diesem Bereich vgl. Rn. 10 zu Art. 211.

Rechtsvorschriften anwendbar sein sollen; praktisch werden allerdings die nach den Regeln des internationalen Privatrechts geltenden Vorschriften eines bestimmten Mitgliedstaates zur Anwendung gebracht. Dabei wird häufig – etwa in Form allgemeiner Geschäftsbedingungen – von der Möglichkeit Gebrauch gemacht, durch eine Schiedsklausel nach Art. 181 die Zuständigkeit des EuGH anstelle der staatlichen Gerichte zu vereinbaren.

10 Die Rechtsbeziehungen zwischen den G. und ihren Bediensteten werden nicht durch zivilrechtliche Verträge, sondern durch das für die drei G. einheitliche Statut der Beamten und die ebenfalls einheitlichen Beschäftigungsbedingungen für die sonstigen Bediensteten geregelt.[8] Auch in diesem Bereich kann es jedoch zu einer außervertraglichen H. kommen.[9] Dagegen richten sich die Verträge zur Einstellung örtlicher Bediensteter entsprechend Art. 215 Abs. 1 nach dem Recht dieser Verträge (in Brüssel z. B. nach belgischem Recht).[10]

11 Zur Entscheidung über alle Streitsachen zwischen den G. und ihren Bediensteten ist der EuGH zuständig (Art. 179). Eine Ausnahme gilt auch hier wieder für die örtlichen Bediensteten; Streitigkeiten mit ihnen werden dem Gericht unterbreitet, das nach den Rechtsvorschriften des Ortes zuständig ist, an dem der Bedienstete seine Tätigkeit ausübt (Art. 81 der Beschäftigungsbedingungen).

III. Außervertragliche Haftung nach Artikel 215 Abs. 2

1. Allgemeines

12 Zur Regelung der außervertraglichen H. der G. für Schäden, die ihre Organe oder Bediensteten in Ausübung ihrer Amtstätigkeit verursachen, verweist Art. 215 Abs. 2 auf die »allgemeinen Rechtsgrundsätze, die den Rechtsordnungen der Mitgliedstaaten gemeinsam sind«.

Diese Vorschrift enthält zwar auch eigenständige Regelungselemente, nämlich den Begriff dieser H. selbst, das Haftungsobjekt und die haftungsauslösenden Subjekte;[11] die entscheidenen Haftungskriterien müssen dagegen mit Hilfe der *Verweisungsnorm* ermittelt werden. Die Verweisung bezieht sich dabei nicht auf die konkreten Normen, die in den verschiedenen Mitgliedstaaten für die Staatshaftung gelten, sondern auf allgemeine Rechtsgrundsätze. Es ist also nicht etwa erforderlich, die in sämtlichen Mitgliedstaaten bestehenden konkreten Regelungen miteinander zu vergleichen, um festzustellen,

8 Vgl. hierzu im einzelnen die Kommentierung von Art. 212 (bzw. Art. 24 Fusionsvertrag) von *Rogalla* in diesem Kommentar.

9 Siehe unten Rn. 84.

10 Vgl. zu den Beschäftigungsbedingungen für örtliche Bedienstete die VO Nr. 259/68 (ABl. 1968 Nr. L 56 S. 1).

11 So auch *Fuss,* in »la responsabilité de la Communauté«, in: RTDE 1981, S. 4.

inwieweit sie miteinander übereinstimmen. Ein solches Vorgehen würde dazu führen, die H. der G. nach dem niedrigsten gemeinsamen Nenner zu bestimmen und die für den Geschädigten nach Rechtsgrundlage und Umfang des Schadensersatzanspruchs am wenigsten günstige Regelung anzuwenden. Erforderlich ist vielmehr ein »wertendes Vorgehen, bei dem insbesondere die speziellen Vertragsziele und die Besonderheiten der Gemeinschaftsstruktur berücksichtigt werden müssen«.[12] Problematisch ist, ob man in diesem Zusammenhang auf eine Rechtsordnung abstellen kann, die sich als »die überlegenste darstellt;[13] man wird jedenfalls nicht einfach diejenige Rechtsordnung heranziehen dürfen, welche den einzelnen am günstigsten stellt.[14] Weiter dürfte es nicht zulässig sein, Prinzipien zu entwickeln, die von den in *allen* Mitgliedstaaten anerkannten Rechtsgrundsätzen abweichen;[15] dabei soll nicht verkannt werden, daß angesichts der zum Teil schwerwiegenden Differenzen in den mitgliedstaatlichen Rechtsordnungen das richterliche Gestaltungsrecht in diesem Bereich rechtsschöpferische Züge trägt. Die dem EuGH damit übertragene Aufgabe ähnelt derjenigen des Haager Internationalen Gerichtshofs, der ebenfalls nach den von zivilisierten Nationen anerkannten allgemeinen Rechtsgrundsätzen zu entscheiden hat.

Der EuGH hat bis in die jüngste Zeit darauf verzichtet darzulegen, inwieweit er sich von den gemeinsamen Rechtsgrundsätzen leiten ließ. Grundsätzliche und rechtsvergleichende Ausführungen fanden sich jedoch von Anbeginn in den Schlußanträgen der Generalanwälte, und man wird davon ausgehen dürfen, daß sich der EuGH deren Schlußfolgerungen im wesentlichen zu eigen gemacht hat.[16] Erstmals in einem grundlegenden Urteil aus dem Jahr 1978 hat er sich mit den gemeinsamen Rechtsgrundsätzen auseinandergesetzt; die vorstehenden Erwägungen finden sich dabei durchaus bestätigt.[17]

13 Der Grundsatz, daß öffentlich-rechtliche Körperschaften, insbesondere der Staat, für Schäden haftbar sind, die in Ausübung der Amtshaftung verursacht worden sind, ist auch in den seit 1973 der G. beigetretenen neuen Mitgliedstaaten anerkannt. Dies gilt,

12 So insbesondere GA *Roemer* in den Schlußanträgen zur Rs. 5/71 Schöppenstedt, Slg. 1971, 990, mit weiteren Nachweisen; vgl. auch *Much,* a.a.O. Fn. 3, S. 846.

13 In diese Richtung tendiert allerdings GA *Roemer* in den Schlußanträgen zu den Rs. 63 bis 69/72, Werhahn, Slg. 1972, 1258, unter Berufung auf *Zweigert* und *Heldrich.* Ähnlich auch schon *Lagrange* in den Schlußanträgen zur Rs. 14/61, Slg. 1962, 570. Die Frage ist aber die, an welchem Maßstab man die »Überlegenheit« oder »Fortschrittlichkeit« der Rechtsordnung messen will.

14 Das methodische Vorgehen muß sich hier von dem unterscheiden, das bei der Entwicklung des gemeinschaftlichen Standards des Grundrechtschutzes angewendet wird (Prinzip des »höchsten Schutzmaßstabes«, vgl. *Daig* zu Art. 164 Rn. 17); denn das Haftungsrecht darf nicht ausschließlich unter dem Gesichtspunkt des Individualrechtsschutzes betrachtet werden.

15 So auch *Tizzano,* Foro Italiano 1972, S. 508. Nach GA *Roemer* ist »der Rahmen zu respektieren, der allen Rechtsordnungen der Mitgliedstaaten gemeinsam ist«; vgl. Schlußanträge in der Rs. 25/62 – Slg. 1963 259.

16 Vgl. vor allem EuGH – Kampffmeyer u.a./Kommission, 5, 7 usw./66 – Slg. 1967, 351 (nachfolgend zitiert als Rs. »Kampffmeyer I«) und die zugehörigen Schlußanträge von GA *Roemer;* vgl. auch die Fn. 12 und 13.

17 Siehe unten Rn. 65.

jedenfalls seit Erlaß des Crown-Responsibilities-Act von 1947, grundsätzlich auch für das Vereinigte Königreich; eine weitere Entwicklungstendenz in Richtung auf eine Ausdehnung der Staatshaftung ist dort zu verzeichnen.[18] Demgemäß ist es nicht erstaunlich, daß es in der Rechtssprechung des EuGH nach 1973 trotz der Einbeziehung der neuen Rechtsordnungen in die zu berücksichtigenden gemeinsamen Rechtsgrundsätze zu keiner Neuorientierung gekommen ist;[19] allerdings ist etwa die Basis für eine H. aus normativem Handeln durch den Beitritt eher schmäler geworden, was die nachfolgende Rechtssprechung beeinflußt haben dürfte.

2. Haftungsobjekte und Haftungssubjekte

a) Haftungsobjekte; Zurechenbarkeit; Passivlegitimation

14 Art. 215 Abs. 2 regelt eigenständig die Frage der Zurechenbarkeit: Es ist die G. als solche, die für den verursachten Schaden ihrer Organe oder Bediensteten einzustehen hat. Es handelt sich also um eine unmittelbare, von einer H. der Bediensteten losgelöste H. des öffentlichen Rechtssjubjektes »Gemeinschaft«. Diese den meisten mitgliedstaatlichen Rechtsordnungen bekannte Haftungsform unterschied sich wesentlich von der bis zum 31. 1. 1981 im deutschen Recht grundsätzlich geltenden mittelbaren Staatshaftung, welche auf einer Übernahme der Eigenhaftung des Beamten gemäß Art. 839 BGB durch den Staat (Art. 131 WRV, Art. 34 GG) beruhte. Durch das am 1. 1. 1982 in Kraft getretene neue Staatshaftungsgesetz (StHG) ist jedoch auch in der Bundesrepublik die unmittelbare Staatshaftung zum Prinzip erhoben worden.[20]

15 Als Rechtsobjekt kann nur die *Gemeinschaft* haften, nicht eines ihrer Organe. Deshalb ist auch eine gesamtschuldnerische Verurteilung mehrerer Organe (vor allem Rat und Kommission) nicht möglich, was auch der haushaltsrechtlichen Situation entspricht. Die Schadensersatzklage ist somit gegen die G., vertreten durch eines ihrer Organe, zu richten.[21]

16 Eine andere Frage ist, welches Organ die G. vor dem EuGH in Schadensersatzprozessen vertritt. (Passivlegitimation).

Es hätte nahegelegen, in entsprechender Anwendung von Art. 211 Satz 2 dieses Vertretungsrecht der Kommission einzuräumen, im Hinblick auf ihre Funktion als Sachwalterin des finanziellen Gemeinschaftsinteresses; dies hätte auch eine Doppelver-

18 Vgl. hierzu GA *Roemer,* a.a.O. (Fn. 13).

19 Neu hinzutretende Rechtsordnungen müssen im Rahmen von Art. 215 Abs. 2 grundsätzlich berücksichtigt werden, so daß frühere Rechtspr. nicht ohne weiteres zum »acquis communautaire« gehört; so auch GA *Roemer,* a.a.O., (Fn. 13) und GA *Mayras* in den Schlußanträgen zur Rs. 11/72 – Slg. 1973, 432.

20 Das neue StHG ist nach jahrelangen Bemühungen am 2. 7. 1981 im BGBl. verkündet worden und am 1. 1. 1982 in Kraft getreten. Siehe hierzu *Bonk,* DVBl. 1981, S. 801. – [Mit Urteil vom 19. 10. 1982 (BGBl. I S. 1493) hat das BVerfG das StHG wegen fehlender Bundeskompetenz für verfassungswidrig erklärt.]

21 Vgl. Urteil in der Rs. Werhahn (Fn. 13), Slg. 1972, 1247. Vgl. auch Kommentierung Art. 178 Rn. 7.

tretung durch mehrere Organe wegen desselben Streitgegenstandes, mit dem Risiko unterschiedlichen Vorbringens, verhindert. Der EuGH hat sich jedoch diese Auffassung nicht zu eigen gemacht, sondern entschieden, daß die G. durch dasjenige Organ vertreten werden soll, dem das die H. begründende Verhalten zuzurechnen sei.[22] Dabei stellt nach Auffassung des EuGH das Verhalten der Kommission bei der Vorbereitung der vom Rat erlassenen Rechtsakte (vor allem ihre Vorschläge) ein solches Verhalten dar. Allerdings dürfte die Passivlegitimation der Kommission dann entfallen, wenn der Rat von ihrem Vorschlag in dem für die H. entscheidenden Fragen abgewichen ist.

17 Es stellt sich die Frage, ob auch *andere Organe* als Rat und Kommission Handlungen vornehmen können, welche die H. der G. auslösen.

Eine Haftungsauslösung durch das Europäische *Parlament* im Bereich seiner kontrollierenden Tätigkeit (sowie seiner beschränkten Entscheidungsbefugnisse im Haushaltsbereich) wegen Fehlens einer »Amtstätigkeit« a priori auszuschließen, erscheint schwer haltbar.[23] Doch wird eine H. praktisch deshalb nicht in Betracht kommen, weil sich diese Tätigkeit im institutionellen Innenbereich abspielt und Dritte schwerlich berühren kann; diese Rechtslage könnte sich jedoch bei einer Ausdehnung der Kompetenzen des Parlaments ändern. Soweit das Parlament als Verwaltungsbehörde handelt – insbesondere im Verhältnis zu seinen Bediensteten – können seine Handlungen dagegen die außervertragliche H. der G. auslösen.

Die Frage nach einer Haftungsauslösung durch die rechtsprechende Tätigkeit des *EuGH* ist zwar weitgehend theoretisch, sollte aber ebenfalls nicht von vornherein völlig verneint werden.[24] In Anlehnung an staatliche Rechte könnte eine H. immerhin dann in Betracht kommen, wenn Straftatbestände wie Richterbestechung oder Rechtsbeugung vorliegen und diese für eine Entscheidung ursächlich waren (vgl. betr. Strafverfahren gegen einzelne Richter Art. 3 der Satzung (EWG) des EuGH).

18 Nicht zu den Organen i.S. von Art. 4 Abs. 1 EWGV gehören zwar der Wirtschafts- und Sozialausschuß und der Rechnungshof, doch würde ein absoluter Haftungsausschluß der G. für das Handeln dieser Organisationseinheiten der Funktion des Art. 215 nicht gerecht werden, wenn ein haftungsauslösendes Verhalten angesichts ihrer Tätigkeit auch

22 Vgl. das vorzitierte Urteil (Fn. 21); die Kommission hatte in diesen Verfahren den gegenteiligen Standpunkt vertreten. Die Doppelvertretung ist für den rechtsetzenden Bereich sowohl in prozessualer wie in institutioneller Hinsicht wenig befriedigend; sie widerspricht auch den in den staatlichen Rechtsordnungen üblichen Vertretungsgrundsätzen.

23 So allerdings *Thiesing* in der Vorauflage dieses Kommentars, Rn. 25. – Die Frage hängt letztlich von dem Begriff der »Amtstätigkeit« ab; aufgrund des hier vertretenen weiten Begriffs (vgl. unten Rn. 27) müssen grundsätzlich auch Kontroll- und Beratungstätigkeiten als Amtstätigkeit eingestuft werden; wie hier auch *Hilf* (Die Organisationsstruktur der EG, in: Beiträge für ausländisches öffentliches Recht und Völkerrecht, Bd. 81, Berlin 1982, S. 526) sowie im Prinzip auch *Constantinesco,* a.a.O., S. 893.

24 A.A. auch hier *Thiesing,* a.a.O. (Fn. 23) – Für Deutschland vgl. nunmehr § 5 Abs. 1 StHG. – Aus rechtsvergleichender Sicht vgl. *Bayer* in: »Haftung des Staates« S. 774.

fernliegen dürfte. Wie bei allen unselbständigen Organisationseinheiten, die den Organen unter- oder nebengeordnet sind, haftet die G. hier gegebenenfalls vertreten durch das Organ, dem die Einheit in organisatorischer Hinsicht zugeordnet ist.[25]

19 Die Europäische Investitionsbank ist kein Gemeinschaftsorgan, sondern besitzt eine eigene und originelle Rechtspersönlichkeit (Art. 129). Über Rechtsstreitigkeiten zwischen ihr und ihren Gläubigern, Kreditnehmern oder dritten Personen entscheiden die zuständigen Gerichte der einzelnen Staaten. Der EuGH ist nur für die in Art. 180 genannten, die EIB betreffenden Streitsachen zuständig, in denen nur die Kommission, die Mitgliedstaaten und der Verwaltungsrat der Bank als Kläger auftreten können. Zur Wahrung einheitlicher Grundsätze, auch im Hinblick darauf, daß die Bank im Interesse der G. tätig wird, sollten jedoch die materiellen Regeln des Art. 215 Abs. 2 entsprechend angewandt werden.[26]

20 Soweit der Rat aufgrund von Art. 235 besondere Organisationseinheiten gründet, die er mit Rechtsfähigkeit ausstattet, kann er entweder einfach auf Art. 215 verweisen (so beim Währungsfonds: Fehlen eigener Mittel) oder aber eine Eigenhaftung der betreffenden Organisationseinheit vorsehen wie im Falle der Stiftung, des Zentrums für Berufsausbildung und der Agentur für Zusammenarbeit; in den letztgenannten Fällen entspricht diese Eigenhaftung inhaltlich derjenigen des Art. 215, und der EuGH ist für zuständig erklärt worden.[27] Auch bei Einräumung einer Eigenhaftung ist jedoch von einer subsidiären H. der G. nach Art. 215 auszugeben, die vor allem bei unzureichender Mittelausstattung eingreift. Auf keinen Fall kann sich die G. von einer H. dadurch befreien – oder den Haftungsumfang nach Art. 215 einschränken – daß sie eine haftungsverursachende Tätigkeit auf neu geschaffene Organisationseinheiten überträgt.[28]

b) Haftungssubjekte; Aktivlegitimation

21 Haftungssubjekt ist, wer durch ein Organ oder einen Bediensteten der G. einen Schaden erlitten hat; aktivlegitimiert ist, wer dies in der Klage schlüssig vorträgt. Das ergibt sich ohne weiteres daraus, daß die Art. 178 und 215 den Kreis der Klageberechtigten nicht

25 Wie hier *Fuss* (a.a.O., Fn. 11), S. 5, und insbesondere *Hilf* (a.a.O., S. 523, Fn. 23). A.A. auch hier *Thiesing* in der Vorauflage (Rn. 21) sowie *Ehle* (a.a.O., Fn. 1, Rn. 29) und – nicht konsequent – *Constantinesco* (a.a.O., Fn. 23 S. 893).

26 So auch *Hilf*, a.a.O. (Fn. 23), S. 524.

27 Vgl. zur H. diese Organisationseinheiten:
- Europ. Fonds für währungspolitische Zusammenarbeit: VO Nr. 907/73 (ABl. 1973 Nr. L 89 S. 2); auf Art. 215 wird jedoch erst in der Satzung des Fonds verwiesen;
- Zentrum für Berufsbildung: VO Nr. 337/75 (ABl. 1975 Nr. L 39 S. 1), Art. 17;
- Europ. Stiftung zur Verbesserung der Lebens- und Arbeitsbedingungen: VO Nr. 1365/75 (ABl. 1975 Nr. L 139 S. 1), Art. 21;
- Agentur: VO Nr. 3245/81 (ABl. 1981 Nr. L 328 S. 1), Art. 18.

28 Vgl. hierzu im einzelnen *Hilf*, a.a.O. (Fn. 26), S. 525 ff. Vgl. auch EuGH – Meroni u.a./Hohe Behörde, 14/60 usw. – Slg. 1961, 350 ff. – *Ehle*, Klage- und Prozeßrecht, Rn. 21. – Der Rat kann

beschränken, sowie aus dem funktionellen Unterschied zwischen der Schadensersatzklage einerseits, der Nichtigkeits- und Untätigkeitsklage andererseits.

22 Schadensersatzforderungen aus Art. 215 Abs. 2 können nach den entsprechenden Vorschriften der staatlichen Rechte abgetreten werden. Hieraus folgt jedoch noch nicht, daß der Zessionar aufgrund der Abtretung die Aktivlegitimation erlangt; dies ist nach gemeinschaftlichen Rechtsgrundsätzen zu beurteilen. Der EuGH hält dies jedenfalls dann für zulässig, wenn die Zession innerhalb einer wirtschaftlich und rechtlich verbundenen Gruppe erfolgt; er hat danach die Möglichkeit offengelassen, Klagen aus abgetretenem Recht zurückzuweisen, falls Mißbräuche auftreten.[29]

23 Als aktivlegitimierte Rechtssubjekte kommen alle in den Mitgliedstaaten und in dritten Ländern rechtsfähigen, natürlichen oder juristischen Personen in Betracht, desgleichen grundsätzlich auch nichtrechtsfähige Verbände, soweit ihnen nach staatlichem Recht die Prozeßfähigkeit verliehen ist. Gewerkschaftlich organisierten Verbänden von Bediensteten der G. hat der EuGH die Aktivlegitimation grundsätzlich zugesprochen, auch wenn sie nach staatlichem Recht keine Rechtsfähigkeit besitzen.[30] Davon unabhängig ist allerdings die weitere Frage, ob der Verband aus dem Schaden seiner Mitglieder ein Klagerecht herleiten kann; für die genannten gewerkschaftlich organisierten Verbände ist dies verneint worden.[31]

Auch Rechtssubjekte des öffentlichen (staatlichen) Rechts wie etwa Bundesländer oder Gemeinden können als Haftungssubjekte in Betracht kommen und damit Aktivlegitimation erlangen. Ob dies auch für die Mitgliedstaaten selbst gilt, erscheint zweifelhaft. Wenn überhaupt, so wäre ein solches Klagerecht jedenfalls infolge der Stellung der Mitgliedstaaten im institutionellen Gefüge und der besonderen Rechtsbehelfe, die ihnen im Vertrag eingeräumt sind, beschränkt. Insbesondere sind die Mitgliedstaaten vorab auf die ihnen nach Art. 173 und 175 offenstehenden primären Rechtsschutzmittel zu verweisen; so etwa wird der Anspruch eines Mitgliedstaates auf eine im Gemeinschaftsrecht vorgesehene Geldleistung ausschließlich im Rahmen dieser Klagevorschriften zu beurteilen sein.[32]

also aufgrund von Art. 235 die H. nicht in materieller Hinsicht einschränke , wohl aber im Hinblick auf organisatorische Bedürfnisse von besonderen prozessualen Voraussetzungen abhängig machen.

29 Vgl. EuGH – Ireks-Arkady/Rat und Kommission, 238/78 – Slg. 1979, 2971.

30 Insoweit treten hier die gleichen Fragen auf wie bei Art. 173 Abs. 2; vgl. dortige Kommentierung von *Daig,* Rn. 32.

31 Vgl. zur Parteifähigkeit: EuGH – Allgem. Gewerksch./Kommission 18/74 – Slg. 1974, 933; zur Schadensersatzklage: EuGH – Union Syndicale/Rat, 72/74 – Slg. 1975, 401.

32 Zu Recht ist daher eine derartige, im Rahmen von Art. 215 erhobene Zahlungsklage für unzulässig erklärt worden, vgl. EuGH – Bundesrepublik Deutschland/Kommission, Urteil vom 26. 5. 1982. – Das gleiche gälte hinsichtlich des Anspruchs eines Mitgliedstaates auf Ersatz eines Schadens, der ihm wegen Nichteinschreitens der Kommission gegen das vertragswidrige Verhalten eines anderen Mitgliedstaates entstanden wäre.

24 Ob Rechtssubjekte aus *Drittländern* Ansprüche aus Amtspflichtverletzung erheben können, wird in den staatlichen Rechtsordnungen unterschiedlich behandelt, und zum Teil von der Voraussetzung der Gegenseitigkeit abhängig gemacht.[33] Aus gemeinschaftlicher Sicht sind keine Gründe für einen Ausschluß von Privatrechtssubjekten aus Drittländern zu erkennen. Als Kläger kommen also nicht nur Angehörige der Mitgliedstaaten oder Personen, die in einem Mitgliedstaat ihren Wohnsitz oder gewöhnlichen Aufenthalt haben, in Betracht, sondern etwa auch außerhalb des Gemeinschaftsgebietes ansässige Unternehmen, die durch wettbewerbliche Maßnahmen oder handelspolitische Schutzmaßnahmen geschädigt wurden.[34]

Eine andere Frage ist die, ob auch Drittstaaten selbst oder öffentliche Rechtssubjekte aus Drittstaaten eine Klagebefugnis besitzen; im Hinblick auf völkerrechtliche Rechtsgrundsätze dürfte dies – zumindest für den Bereich des hoheitlichen Handelns der G. – abzulehnen sein;[35] allerdings ist dieses Ergebnis insofern nicht sehr befriedigend, als die G. keine Passivlegitimation vor dem Internationalen Gerichtshof besitzt.

3. Das funktionelle Abgrenzungskriterium: Amtstätigkeit

25 Nach Abs. 2 kann die H. der G. ausgelöst werden »durch ihre Organe oder Bediensteten«.

Man kann sich zunächst fragen, warum neben den Organen noch deren Bedienstete genannt werden, nachdem die Organe ihre Funktionen natürlich nie ohne »Bedienstete« wahrnehmen können. Es darf vermutet werden, daß man hier an bestehende Vorstellungen staatlicher Rechte anknüpfen wollte, die – wie das deutsche Recht – von der H. des einzelnen Amtswalters ausgingen, oder – wie das französische Recht – den Begriff der »faute personelle« demjenigen der »faute de service« gegenüberstellen. Angesichts eines Konzepts, das auf einer originären H. der öffentlichen Körperschaft beruht, könnte die Anknüpfung an das Verhalten des einzelnen Bediensteten im Außenverhältnis im Grunde entfallen, wie dies nunmehr auch im neuen deutschen StHG der Fall ist. Nur im Hinblick auf die seltenen Fälle, in denen aus praktischen Gründen an das nach außen erkennbare Handeln der Organwalter angeknüpft wird, erscheint die Erwähnung der Bediensteten noch sinnvoll.

33 Vgl. hierzu *Bayer* in: »Haftung des Staates«, S. 775.

34 Der EuGH hat in einem Dumping-Prozeß die Klage von in Japan ansäßigen Unternehmen nicht beanstandet, vgl. Nippon Seiko u.a./Rat und Kommission, 119/77 – Slg. 1979, 1303. In Kartellverfahren ist das Klagerecht von Drittlandsunternehmen nach Art. 173 anerkannt worden (vgl. etwa IBM/Kommission, 60/81, Urteil vom 11. 11. 1981); das gleiche muß für Klagen nach Art. 215 gelten.

35 Es handelt sich um das vielschichtige Problem der völkerrechtlichen »Haftung« im weiten Sinne; für derartige Streitigkeiten sind in der Regel völkerrechtliche Gerichts- oder Schiedsinstanzen vorgesehen; vgl. hierzu z. B. *Brownly,* Principles of public international law, London 1973, S. 314 ff. (323), 465 ff.

Auf jeden Fall tritt jedoch das persönliche Element in Art. 215 Abs. 2 hinter die Organhaftung und deren *anonymen Charakter* zurück. Auch wenn die Vorschrift den Begriff des unpersönlichen »Amtsfehlers« nicht als solchen übernommen hat, so liegt ihr doch dessen Konzept zugrunde, wie ihn der EuGH zu Art. 40 EGKSV – in weitgehender Anlehnung an das französische Recht – entwickelt hat.[36]

26 Eine H. nach Art. 215 Abs. 2 tritt nur ein, wenn Organe oder ihre Bediensteten den Schaden in Ausübung *ihrer Amtstätigkeit verursacht haben.* Dieses funktionelle Kriterium dient der Abgrenzung gegenüber Verhaltensweisen (Handlungen oder Unterlassungen), die ihrer Rechtsnatur nach nicht als »Amtstätigkeit« angesehen werden können, sowie gegenüber Verhaltensweisen der Bediensteten, die der privaten Sphäre zuzurechnen sind.

Vom Wortlaut her ließe sich die Auffassung vertreten, dieses einschränkendes Attribut nicht auf die »Organe«, sondern »lediglich auf die »Bediensteten«« zu beziehen.[37] Eine solche Auslegung hätte den Vorteil, das anonyme Fehlverhalten der *Organe* schlechthin nach Art. 215 Abs. 2 zu beurteilen und damit eine Lücke im gemeinschaftlichen Haftungssystem zu vermeiden; das funktionelle Kriterium »in Ausübung ihrer Amtstätigkeit« hätte dann nur noch die Bedeutung, das dienstliche von dem privaten Handeln der Bediensteten abzugrenzen. Einer solchen Auslegung steht aber wohl entgegen, daß herkömmlicherweise in den staatlichen Rechtsordnungen – sieht man einmal von dem insoweit atypischen System des Common law ab – das Institut der Amtshaftung in klarer Abgrenzung zur H. öffentlich-rechtlicher Körperschaften im privatrechtlichen oder fiskalischen Bereich entwickelt worden ist, wie immer die Unterscheidung im einzelnen auch vorgenommen wird.

Auch nach dem neuen deutschen StHG wird wie bisher zwischen Ansprüchen aus pflichtwidrigem hoheitlichem Verhalten der öffentlichen Gewalt und der H. des Staates aus seiner Teilnahme am Privatrechtsverkehr unterschieden, und die letztere den materiellen Regeln des Zivilrechts und der Zuständigkeit der ordentlichen Gerichte unterworfen. Interessanterweise wird jedoch auch für den letzteren Bereich gemäß Art. 17 StHG die unmittelbare und ausschließliche Staatshaftung begründet, so daß eine gewisse Annäherung zwischen beiden Bereichen zu verzeichnen ist.

27 Das vorstehende Konzept zwingt jedoch keineswegs dazu – wie es die offenbar

36 Siehe zu der ganzen Frage insbes. *Much,* a.a.O. (Fn. 3), S. 731 ff, mit Verweisen auf die Rechtspr. im EGKS-Bereich. Der EuGH hat das individuelle Verhalten des einzelnen Beamten regelmäßig außer Betracht gelassen, mit Ausnahme eines Falles in der Rs. Feram, 23/59 – Slg. 1958/59, 521 (536).

37 Diese Auslegungsmöglichkeit wird meist übersehen, obwohl der Wortlaut z. B. des französischen Textes (»les dommages causés par ses institutions ou par ses agents dans l'excercice de leurs fonctions«) sie sogar besonders naheliegen würde. Zweifel, wie hier, äußert auch *Bourgeois* in: »The law of the European Community«, New York 1981, Vol. 5, N° 215.07.

herrschende Meinung tut[38] – den Begriff der Amtstätigkeit auf den Bereich des hoheitlichen Handelns zu beschränken. Aus rechtsvergleichender Sicht spricht für eine derartige Einschränkung im wesentlichen nur das deutsche Recht. Im französischen Recht haftet die öffentlich-rechtliche Körperschaft für Amtsfehler bei Tätigkeiten, die nach deutschem Recht zur privatrechtlichen Sphäre gehören, nämlich im Bereich der »services« oder »travaux publics« (ein Begriff, der erheblich weiter reicht als etwa derjenige des »öffentlichen Amtes« in Art. 34 GG). Im englischen Recht ist der Begriff des Amtsfehlers ohnehin nicht bekannt, so daß die ganze Debatte für den englischen Juristen schwer verständlich ist. Ferner sind keine funktionellen Gesichtspunkte zu erkennen, die dafür sprächen, eine H. der G. auf den Bereich der hoheitlichen Tätigkeit im engeren Sinne zu beschränken, auch wenn der nicht-hoheitliche Bereich angesichts der (gegenwärtigen) Kompetenzen der G. in der Praxis sehr unbedeutend sein dürfte. Man sollte daher den Begriff der Amtstätigkeit in einem weiteren Sinne auslegen, so daß alle Tätigkeiten der Organe, die sie zur Durchführung der ihnen in den Verträgen zugewiesenen Aufgaben ausüben, nach einheitlichen Kriterien beurteilt werden können und der ausschließlichen Kontrolle des EuGH unterliegen. Bei dieser Auslegung wird die eingangs erwähnte »Lücke« praktisch bedeutungslos.

28 Sofern für die H. der G. an das individuelle Verhalten eines Bediensteten angeknüpft wird, so kann dieses der G. nicht zugerechnet werden, wenn der Bedienstete den Schaden außerhalb oder nur gelegentlich der Amtstätigkeit verursacht hat. Ähnlich wie im deutschen Recht ist dies, unter Heranziehung der insoweit weitgehend übereinstimmenden staatlichen Rechte, danach zu beurteilen, ob ein ausreichender innerer Zusammenhang, eine »Konnexität« zwischen der Wahrnehmung der amtlichen Funktion und der Schadenszufügung besteht;[39] es erscheint jedoch nicht gerechtfertigt, vorsätzliche oder absichtliche deliktische Handlungen eines Amtsträgers im Außenverhältnis der G. von vornherein nicht zuzurechnen.[40]

Die Frage hat bisher nur eine praktische Bedeutung bei Verkehrsunfällen erlangt, in welche Bedienstete der G. bei der Verrichtung ihres Dienstes verwickelt waren. Der EuGH hat sich hierzu in einem Falle gemäß Art. 177 auf Vorlage eines staatlichen Gerichts, vor dem eine Schadensersatzklage anhängig war, geäußert. Danach gehört es in der Regel nicht zur Ausübung der Amtstätigkeit, wenn ein Bediensteter bei der

38 Ob man von einer »herrschenden Meinung« (so *Fuss,* a.a.O., Fn. 11, S. 4 – selbst aber offenbar zweifelnd –) wirklich sprechen kann, erscheint angesichts der Tatsache, daß die ganze Frage bisher theoretisch geblieben ist, zweifelhaft. Auch *Thiesing,* a.a.O., Rn. 24 (Fn. 1) nimmt nicht eindeutig Stellung.
Aus rechtsvergleichender Sicht vgl. *Steinberger* in: »Haftung des Staates«, S. 733 ff. – Zum französischen Recht im besonderen vgl. *Fromont,* ebd. S. 144 ff. – Zum englischen Recht vgl. *Street,* ebd. S. 230 ff.

39 Vgl. EuGH – Sayag-Leduc, 9/69 – Slg. 1969, 329 (336). Aus rechtsvergleichender Sicht vgl. *Steinberger,* a.a.O. (Fn. 38), S. 756.

40 Derartige Einschränkungen beruhen offenbar auf der als überholt anzusehenden Rechtsauffassung von der Nichtdeliktfähigkeit des Staates, vgl. *Steinberger,* a.a.O. (Fn. 39).

Verrichtung des Dienstes seinen privaten Kraftwagen benützt, weil dabei »keine unmittelbare innere Beziehung zu den Aufgaben der Organe besteht«.[41] Die Entscheidung läßt erkennen, daß es jedenfalls nicht auf das Kriterium des hoheitlichen Tätigwerdens ankommen soll. Nicht entschieden ist bisher die Frage, ob für Unfälle mit Dienstwagen im Rahmen einer Dienstfahrt eine Amtstätigkeit vorliegt, welche die H. der G. auslösen kann; aufgrund der hier vertretenen weiten Auslegung des Begriffes der Amtstätigkeit dürfte dies zu bejahen sein.

29 Die G. haftet auch für andere Personen, die in ihrem Auftrag und nach ihren Weisungen amtlich tätig werden; derartige Personen sind »Bediensteten« gleichzustellen.[42] Entsprechendes gilt, wenn die G. sich zur Ausübung ihrer Aufgaben anderer Stellen oder Einrichtungen bedient.[43]

30 Die Frage, ob ein Organ oder ein Bediensteter einen Schaden in Ausübung der Amtstätigkeit verursacht haben, ist eine Frage zur Auslegung des Vertrages, die einer Vorabentscheidung nach Art. 177 offensteht.

4. *Die allgemeinen Haftungsvoraussetzungen*

31 Nach der Rechtspr. des EuGH ist *Voraussetzung* für die H. der G., daß ein Tatbestand erfüllt ist, dessen Merkmale das Vorliegen eines Schadens, das Bestehen eines Kausalzusammenhangs zwischen dem geltend gemachten Schaden und dem der G. zu Last gelegten Verhalten und die Rechtswidrigkeit dieses Verhaltens sind.[44] Diese Definition enthält die *allgemeinen* Tatbestandsmerkmale für eine H. nach Art. 215 Abs. 2. Zu diesen gehört auch das grundlegende funktionelle Erfordernis der »Ausübung einer Amtstätigkeit« (s. bereits oben); Passiv- und Aktivlegitimation sind dagegen keine Haftungs-, sondern Klagevoraussetzungen. Wie die Rechtsp. des EuGH im übrigen zeigt, ist eine weitere allgemeine Voraussetzung der H. nach Art. 215 Abs. 2 die Schutznormverletzung; die Frage, ob ein Verschulden vorliegen muß, ist ungeklärt.[45] Spezifische Voraussetzungen bestehen für den Bereich des normativen Handelns.[46]

a) *Das Verhalten der Organe*

32 In obengenannter Definition ist mit Recht von einem »Verhalten«, und nicht etwa von einem »Handeln« der Organe die Rede, im Unterschied etwa zu Art. 173 Abs. 1.

Der Begriff des haftungsauslösenden Verhaltens ist in dem denkbar weitesten Sinne zu

41 Vgl. das in Fn. 39 zitierte Urteil.
42 So auch *Thiesing,* a.a.O. (Fn. 1), Rn. 22 unter Bezugnahme auf die Meroni-Rechtsprechung des EuGH (Fn. 28). Ebenso *Much,* a.a.O. (Fn. 6), S. 734.
43 Vgl. auch oben Rn. 20.
44 So insbesondere die Definition in EuGH-Lütticke/Kommission, 4/69 – Slg. 1971 325, 337.
45 Vgl. Rn. 45 ff.
46 Siehe unten Rn. 62.

verstehen: Er ist in keiner Weise auf Rechtshandlungen beschränkt, sondern kann jede Art faktischen Verhaltens einschließen; selbstverständlich umfaßt der Begriff nicht nur positives Handeln, sondern auch, und insbesondere, ein *Unterlassen* des Organs. Allerdings stellt sich die Frage, inwieweit ein faktisches Verhalten dem Organ überhaupt zurechenbar ist. Hinsichtlich der Tätigkeit von Bediensteten ist auf das oben Ausgeführte zu verweisen;[47] so sind etwa Auskünfte, die ein Bediensteter zwar im Rahmen seiner dienstlichen Tätigkeit, aber außerhalb einer bestehenden Amtspflicht und in erkennbarer Weise »persönlich« abgibt, von vornherein dem Organ nicht zuzurechnen. Auch im Falle des Unterlassens stellt sich – vor der Frage der Rechtswidrigkeit – die Vorfrage, ob überhaupt ein dem Organ zurechenbares Verhalten festgestellt werden kann; die ist z. B. zu verneinen, wenn angesichts der Kompetenzaufteilung zwischen Kommission und staatlicher Verwaltung ein Tätigwerden seitens der Kommission von vornherein nicht in Betracht kam.[48]

b) Rechtswidrigkeit; eigenständiger Charakter der Schadensersatzklage

33 Eine *rechtswidrige* Verhaltensweise ist die primäre Voraussetzung für die H. der G. nach Art. 215 Abs. 2. Dieses Tatbestandsmerkmal wirft unter haftungsrechtlichen Gesichtspunkten wenig spezifische Probleme auf; die Problematik liegt vielmehr gerade darin, daß nicht jede rechtswidrige Verhaltensweise haftungsauslösend ist.

Die Rechtswidrigkeit als Haftungsvoraussetzung ist allen Rechtsordnungen der Mitgliedstaaten für den Bereich der eigentlichen Amtshaftung gemeinsam,[49] gleichgültig, ob sie – wie etwa das französische Recht – an den Begriff des »Amtsfehlers«, – wie das deutsche Recht – an die Verletzung einer Amtspflicht, oder - wie das englische Recht – an das gemeine Deliktsrecht anknüpfen; der Begriff des »Amtsfehlers« (faute de service) im französischen Recht impliziert zwar bereits ein Verschuldenselement, knüpft aber primär ebenfalls an das Element der objektiven Rechtswidrigkeit an.[50] In den Begriff der Staatshaftung im weiteren Sinne bezieht man allerdings teilweise auch Entschädigungsansprüche infolge rechtsmäßiger hoheitlicher Tätigkeit ein (Enteignung, Aufopferung etc.);[51] diese sind jedoch von der Staatshaftung im engeren Sinne (Amtshaftung) klar abzugrenzen, wie es etwa auch § 14 des neuen deutschen StHG tut.[52]

34 Die Rechtswidrigkeit besteht in der Verletzung einer höherrangigen Rechtsvorschrift. Damit deckt sich der Begriff grundsätzlich mit dem Gegenbegriff der »Rechtmäßigkeit«, wie er in Art. 173 verwendet wird, so daß weitgehend auf die Kommentierung dieses

47 Siehe oben Rn. 28.
48 So entschieden in EuGH – Exportation des Sucres/Kommission, 132/77 – Slg. 1978, 1072.
49 Vgl. hierzu in rechtsvergleichender Hinsicht die Übersicht bei *Steinberger,* a.a.O. (Fn. 38), S. 754 ff.
50 Zum Begriff der »faute de service« im französ. Recht vgl. im einzelnen *Fromont* (Fn. 38).
51 So etwa *Ehle,* a.a.O. (Fn. 1), Rn. 17.
52 Vgl. unten Rn. 82.

Artikels verwiesen werden kann.[53] Allerdings führt die Rechtswidrigkeit der Verhaltensweise des Organs selbst im Zusammenhang mit dem Erlaß eines Rechtsaktes nicht notwendigerweise zur Nichtigkeit oder Ungültigkeit desselben: So kann etwa der mit dem Erlaß einer VO verbundene Verstoß gegen den Grundsatz des Vertrauensschutzes die Gültigkeit unangetastet lassen, aber trotzdem zu einer Schadensersatzpflicht im Einzelfall führen;[54] selbst der Verstoß gegen den Gleichheitsgrundsatz führt nicht zwingend zur Nichtigkeit der die Gleichheit verletztenden VO.[55] Umgekehrt kann allerdings kein Zweifel daran bestehen, daß nach der Feststellung der Nichtigkeit i.S. des Art. 174 oder der Ungültigkeit i.S. des Art. 177 die Rechtswidrigkeit des Organverhaltens feststeht. So begnügt sich denn auch der EuGH in Haftungsurteilen, die einer vorausgehenden Feststellung der Ungültigkeit des Rechtsaktes folgen, damit, auf das im Verfahren nach Art. 177 ergangene Urteil zu verweisen, ohne die Rechtswidrigkeit erneut zu prüfen.[56]

35 Die Rechtswidrigkeit des *Unterlassens* hängt davon ab, ob das Organ eine Rechtspflicht zum Handeln trifft. Dieses Handeln muß nicht notwendigerweise im Erlaß eines Rechtsaktes oder Beschlusses (Art. 175 Abs. 1) bestehen; auch individuelle Ausgleichsmaßnahmen, die dem Eintritt eines Schadens vorbeugen, können sich als ausreichend erweisen.[57]

Noch weniger ist erforderlich, daß das Organ es unterlassen hat, gerade dem Geschädigten gegenüber einen verbindlichen Rechtsakt zu erlassen (wie es Art. 175 Abs. 3 erfordert);[58] für die Rechtswidrigkeit des Unterlassens im Bereich des Haftungsrechtes reicht es aus, daß das Organ schlechthin eine Rechtspflicht zum Handeln trifft (unbeschadet der weiteren Frage, ob die Verletzung dieser Rechtspflicht eine Schutznorm zugunsten des Geschädigten betrifft.)[59]

36 Ein pflichtwidriges Verhalten der Bediensteten, das ausschließlich im administrativen

53 Vgl. *Daig,* Kommentierung von Art. 173 Rn. 4ff., 55ff.
54 EuGH - CNTA/Kommission, 74/74 - Slg. 1975, 531.
55 Vgl. die Schadensersatzurteile vom 4. 10. 1979 betr. Produktionserstattungen bei Maisgritz und Quellmehl, Ireks-Arkady/Rat und Kommission u.a., 241/78 usw. - Slg. 1979, 3017ff. i.V.m. dem vorausgehenden Urteil im Verfahren nach Art. 177, Rs. 124/76 und 20/77 - Slg. 1977, 1795. Vgl. auch das Urteil in der Rs. Wünsche/Kommission, 59/72 - Slg. 1973, 791 (803). Ferner Granaria, 90/70 - Slg. 1979, 1081.
56 Vgl. die vorstehend zitierten Urteile (Fn. 55) sowie das Urteil in der Rs. Bayer. HNL. u.a./Rat und Kommission, 83 und 94/76 usw. - Slg. 1978, 1209 (im folgenden zitiert als »HNL-Urteil«).
57 So etwa nach Erlaß des Urteils in den Rs. 124/76 und 20/77 (Fn. 56): Nach Feststellung der Rechtswidrigkeit (Ungleichbehandlung bei der Gewährung der Produktionserstattungen) hätte es ausgereicht, wenn die Kommission individuelle Ausgleichsmaßnahmen getroffen hätte.
58 Vgl. im übrigen *Daig,* Kommentierung von Art. 175.
59 Vgl. Rn. 40ff.

Innenbereich stattfindet, ist nicht rechtswidrig;[60] die Verletzung dienstlicher Anweisungen kann jedoch in Verbindung mit anderen Umständen eine Rechtswidrigkeit im Außenverhältnis nach sich ziehen; z. B. kann ein solcher Pflichtverstoß zu einer Infragestellung der korrekten Ausübung des Verwaltungsermessens führen;[61] entsprechendes gilt für die Außenwirkung von Organisationsfehlern.

37 Problematisch ist die Frage, ob ein einzelner gegen die G. Ersatzansprüche wegen einer angeblichen Verletzung von »Aufsichtspflichten« der Kommission gegenüber den Mitgliedstaaten, insbesondere wegen Untätigkeit, geltend machen kann (Art. 93 Abs. 2, 155, 169). Zunächst muß auch hier geprüft werden, ob das Verhalten der Kommission – insbesondere die Nichteinleitung eines Verstoßverfahrens – überhaupt als rechtswidrig qualifiziert werden kann. Trotz des weiten Ermessensspielraums, den die Kommission in diesem Bereich besitzt, wird man dies – selbst im Falle der »kann«-Vorschrift des Art. 169 Abs. 2 –, nicht völlig ausschließen dürfen.[62]

38 Die Frage, ob ein *völkerrechtswidriges* Verhalten der G. geeignet ist, eine H. der G. auszulösen, ist nach den allgemeinen Grundsätzen zu beurteilen, die für die Frage der Direktwirkung völkerrechtlicher Verpflichtungen innerhalb der Gemeinschaftsordnung gelten; eine Berufung auf GATT-widriges Verhalten der G. ist z. B. nach der Rechtsprechung des EuGH ausgeschlossen.[63]

39 Nach der ursprünglichen Auffassung des EuGH im »Plaumann-Urteil« (1963) stellt ein nicht für nichtig erklärter Rechtsakt als solcher keinen Amtsfehler dar.[64] Danach war praktisch die Geltendmachung von Schadensersatzklagen dann, wenn das schadensauslösende Verhalten in einem Rechtsakt bestand, von dem Vorliegen der einschränkenden Voraussetzungen für Individualklagen nach Art. 173 abhängig; entsprechendes mußte im Verhältnis zu Art. 175 gelten. Diese Rechtspr. ist mit Recht auf allgemeine Kritik gestoßen.[65] Ein allgemeiner Rechtsgrundsatz, von dem das Urteil auszugehen scheint, besteht in Wirklichkeit nicht. Art. 34 EGKS geht zwar einen anderen Weg, stellt jedoch

60 So auch *Ehle,* a.a.O. (Fn. 1), Rn. 38.
Für das neue deutsche StHG vgl. *Bonk,* a.a.O. (Fn. 20), S. 808; in rechtsvergleichender Hinsicht vgl. zu dem ganzen Komplex, der in enger Verbindung mit der Frage der Schutznormverletzung steht, *Steinberger,* a.a.O. (Fn. 38), S. 761.

61 Etwa bei der Frage, ob ein Abweichen von einer ständigen Verwaltungspraxis zu einem Verstoß gegen den Gleichbehandlungsgrundsatz führt.

62 Vgl. hierzu im einzelnen *Daig,* Kommentierung von Art. 169 Rn. 52 und 53. Vgl. aber auch unten Rn. 44.

63 Vgl. bez. GATT vor allem EuGH – International Fruit Co. u.a., 21 bis 24/72 – Slg. 1972, 1219; hinsichtlich anderer Abkommen aber etwa EuGH – Bresciani, 87/85 – Slg. 1976, 935; neuerdings Polydor, 270/80 – Urteil vom 9. 2. 1982 und die Schlußanträge des GA vom 1. 12. 1981, sowie insbesondere Kupferberg, 104/81, Urteil vom 26. 10. 1982.

64 EuGH – Plaumann/Kommission, 25/62 – Slg. 1966, S. 28.

65 Vgl. etwa *Thiesing,* a.a.O. (Fn. 1), Rn. 29, mit Zitaten: Goffin, Urteilsanmerkung zur Rs. 25/62, in: CMLR 1963/64, S. 355; *Ehle,* a.a.O. (Fn. 1), Rn. 62 ff.

einen speziellen Tatbestand neben Art. 40 EGKSV dar und kann deshalb für den EWGV kein Vorbild sein.

Seit 1971 hat der EuGH sich jedoch von dieser Rechtsprechung distanziert, indem er mit Nachdruck die *Eigenständigkeit* der Schadensersatzklage im Verhältnis zu den anderen im Vertrag vorgesehenen Rechtsbehelfen unterstrichen hat. Dies hat er zunächst im »Lütticke«-Urteil im Verhältnis zur Untätigkeitsklage nach Art. 175 festgestellt.[66] Insbesondere hat er dann im Schöppenstedt-Urteil[67] folgende grundlegende Feststellung getroffen:

»Der Vertrag hat die Schadensersatzklage der Artikel 178 und 215 Absatz 2 als selbständigen Rechtsbehelf mit eigener Funktion im System der Klagemöglichkeiten geschaffen und sie von Voraussetzungen abhängig gemacht, die ihrem besonderen Zweck angepaßt sind. Sie unterscheidet sich dadurch von der Anfechtungsklage, daß sie nicht die Beseitigung einer bestimmten Maßnahme zum Ziel hat sondern den Ersatz des von einem Gemeinschaftsorgan verursachten Schadens«.

Er hat damit auch den von Rat und Kommission mehrfach erhobenen Einwand zurückgewiesen, die Klagen seien unzulässig, weil die Kl. mit Hilfe von Schadensersatzforderungen wegen des Erlasses angeblich rechtswidriger Verordnungen oder vertragswideriger Untätigkeit etwas zu erreichen versuchten, was der Vertrag ihnen durch die Vorschriften über die Zulässigkeit von Nichtigkeits- und Untätigkeitsklagen verwehre (Einwand der allgemeinen Umgehung). Der EuGH hat an dieser Rechtsprechung auch im weiteren festgehalten; damit steht nicht im Widerspruch – was teilweise verkannt wird – daß er die Zulässigkeit einer Klage nach Art. 215 Abs. 2 im übrigen davon abhängig gemacht hat, daß der Schaden nicht durch andere Rechtsbehelfe abgewehrt werden kann (Einwand der konkreten Umgehung).[68] Mit dieser Rechtspr. wurde die Möglichkeit einer H. der G. auch für normatives Handeln eröffnet.[69]

c) Schutznormverletzung

40 Die H. setzte schon nach früherer Rechtspr. des EuGH voraus, daß eine Norm verletzt worden ist, die den Schutz der Interessen des Geschädigten bezweckt.[70] Man wird kaum behaupten können, daß es sich hier um einen allgemeinen Rechtsgrundsatz handelt, der

66 Rs. Lütticke (vgl. Fn. 44).
67 EuGH – Schöppenstedt/Rat, 5/71 – Slg. 1971, 975.
68 Vgl. auch unten Rn. 59 und Rn. 75.
69 Vgl. hierzu im einzelnen unten Rn. 62.
70 Der Ansatz hierzu findet sich bereits in der Rechtspr. zum EGKSV, vgl. EuGH – Vloeberghs, 9 und 12/60 – Slg. 1961, 427. Besonders deutlich dann im Urteil »Kampffmeyer I« (Fn. 16), vgl. hierzu insbes. GA *Gand*, Slg. 1967, 368.

im Amtshaftungsrecht *aller* Mitgliedstaaten gilt.[71] Seine spezifische Ausprägung ist jedenfalls nur dem deutschen Recht eigentümlich. Ähnliche Einschränkungen liegen jedoch auch anderen Rechtsordnungen zugrunde; die Verletzung von Normen, die ausschließlich im Interesse der Allgemeinheit erlassen sind, reicht fast nirgendwo zur Begründung der Fehlerhaftigkeit aus.[72] Für die Länder des common law ergibt sich aus den Regeln des Deliktrechts, daß eine »breach of duty« gegenüber dem Geschädigten vorliegen muß. In anderen Rechtsordnungen (Belgien, Luxemburg, Italien) ergeben sich analoge Einschränkungen aus der Voraussetzung, daß ein subjektives Recht (oder doch jedenfalls ein »Legitimes Interesse«) verletzt sein muß.[73] Dem französischen Recht scheint ein derartiges Rechtsprinzip allerdings unbekannt zu sein; eine eingrenzende Funktion erfolgt jedoch durch eine konkrete Abwägung des Individualinteresses gegenüber dem Allgemeininteresse.[74] Insgesamt erweist sich das Kriterium der Schutznormverletzung daher in rechtsvergleichender Sicht als vertretbar. Es ist auf jeden Fall funktionsgerecht; denn durch dieses Kriterium wird wohl am besten zum Ausdruck gebracht, daß der Geschädigte, »in eine nähere Beziehung zur Exekutive als die Allgemeinheit« treten muß;[75] es ist daher nicht erstaunlich, daß der EuGH an diesem Kriterium in ständiger Rechspr. festgehalten hat.

41 Bei der Auslegung dieses Kriteriums verfährt der EuGH großzügig. Der Umstand, daß eine Norm in erster Linie Interessen allgemeiner Art schützen soll, schließt nicht aus, daß sie auch die Interessen einzelner umfaßt, selbst wenn diese nicht unmittelbar oder individuell betroffen sind. Dies hat der EuGH zunächst hinsichtlich einer Schutzklausel im Rahmen der gemeinsamen Agrarmarktordnung entschieden, und später, ganz ähnlich, hinsichtlich des Systems der Währungsausgleichsbeträge.[76] Zweifelsfragen ergeben sich hinsichtlich sehr allgemeingehaltener Vertragsvorschriften wie derjenigen des Art. 39, dessen hauptsächlicher Zweck darin besteht, den Zielrahmen für das Handeln der Organe abzustecken. Im Hinblick auf das sehr weite Ermessen, das ihnen hierbei eingeräumt ist, wird es schon zu einer Rechtswidrigkeitsfeststellung nur in Ausnahmefällen kommen; an dem Schutznormcharakter einer solchen Vorschrift wird man ernstlich zweifeln dürfen.[77]

71 So aber *Ehle,* a.a.O. (Fn. 1), Rn. 37.
Gegen die Anerkennung eines solchen Grundsatzes – da es ihn nur im deutschen Recht gebe – *Goffin* in: »Droit des Communautés Européennes«, Bruxelles 1969, S. 150.

72 Vgl. hierzu, wie auch zum folgenden, die Übersicht bei *Steinberger,* a.a.O. (Fn. 38), S. 759.

73 Bemerkenswert, daß GA *Capotorti* die Verletzung der Schutznorm gleichsetzt mit der Gewährung eines subjektiven Rechts, vgl. Schlußanträge in der Rs. HNL, Slg. 1978, 1230.

74 So auch – offenbar dem französischen Recht folgend – GA *Lagrange* in den Schlußanträgen zur Rs. Meroni, Slg. 1961, 376.

75 So *Fuss,* Grundfragen der Gemeinschaftshaftung, in: EuR 1968, S. 359; *Ipsen,* Zur Haftung für normatives Unrecht, S. 86.

76 Vgl. das Urteil Kampffmeyer I (Fn. 16) und das Urteil CNTA (Fn. 54).

77 So auch GA *Capotorti* in den Schlußanträgen zum HNL-Urteil (vgl. Fn. 73).

42 Neben den Individualgrundrechten im engeren Sinn stellen auch die in den Grundrechtsrang erhobenen allgemeinen Rechtsgrundsätze des Gemeinschaftsrechts Normen dar, die dem Schutz des einzelnen zu dienen bestimmt sind, wie die ständige Rechtspr. des EuGH im übrigen bestätigt. Allerdings wird man sich mit dieser Feststellung nicht begnügen dürfen, sondern verlangen müssen, daß der Schutzeffekt des verletzten Rechtsgrundsatzes dem Geschädigten gegenüber im konkreten Fall zum Tragen kommt. Ist etwa eine VO wegen Verstoßes gegen ein wirtschaftliches Freiheitsrecht ungültig, so wird nicht jeder durch diese VO irgendwie Betroffene sich im Rahmen des Art. 215 Abs. 2 auf diesen Verstoß berufen können, sondern nur derjenige, in dessen eigene Grundrechtssphäre die VO eingreift; denn nur insoweit wirkt sich das betreffende Grundrecht als Schutznorm zugunsten des Betroffenen aus. Ähnliches muß auch bei Verstößen gegen das Gleichbehandlungsgebot gelten; wird eine VO wegen Verstoßes gegen dieses Gebot für nichtig erklärt, so wird nur derjenige die G. für Nachteile, die diese VO hervorgerufen hat, haftbar machen können, der selbst zu der Gruppe der Diskriminierten gehört.[78] Zweifel können hier insbesondere auftreten bei mittelbaren Auswirkungen einer derart für nichtig erklärten Verordnung, wie etwa im Falle des bekannten HNL-Urteils;[79] dort könnte man in der Tat die Frage stellen, ob die von der VO nur mittelbar betroffenen Futtermittelverbraucher noch selbst diskriminiert waren; das Urteil des EuGH gibt hierüber keinen klaren Aufschluß. Dem CNTA-Urteil läßt sich dagegen deutlich entnehmen, daß die dort festgestellte Verletzung des Grundsatzes des Vertrauensschutzes gerade dem Kl. gegenüber Wirkungen entfaltet haben muß.[80] Schließt man sich der vorstehenden Betrachtungsweise an, so könnte ein Teil der Probleme, die sich im Bereich des normativen Handelns ergeben, bereits über das Kriterium der Schutznorm gelöst werden.

43 Von besonderem Interesse ist die Frage nach den Folgen von Form- oder Verfahrensfehlern, da die unterschiedlichen Kompetenzen der einzelnen Organe, die differenzierten Rechtsgrundlagen und die komplizierten Verfahrensregeln im Gemeinschaftsrecht typische Fehlerquellen darstellen. Gerade hier erweist sich die Schutznormtheorie als besonders brauchbar. Derartige Vorschriften dienen in der Regel nicht dem Schutz des einzelnen, sondern sind aus allgemeinen rechtsstaatlichen oder institutionellen Gründen getroffen worden. Verstöße gegen derartige Rechtsnormen können daher im allgemeinen keine H. auslösen.[81] Ausnahmen sind jedoch dann anzuerkennen, wenn der Form- oder Verfahrensverstoß selbst schadensverursachend war. Dies muß auch für die Begründungspflicht gelten: Zwar ist diese gewiß auch im Interesse des einzelnen geschaffen

78 So auch *Fuss,* EuR 1978, S. 353.

79 Vgl. Fn. 56. Fuss (vgl. Fn. 78) stellt hierzu mit Recht fest, daß der EuGH nur aufgrund eines »sehr weit gefaßten Diskriminierungsverbotes« zum Ergebnis kommen konnte, daß den Futtermittelverbrauchern gegenüber eine Diskriminierung vorliege.

80 Vgl. Fn. 54 und unten Rn. 53.

81 Dieses Ergebnis entspricht im wesentlichen auch der Rechtslage in den Mitgliedstaaten, wo z. T. allerdings zwischen wesentlichen und unwesentlichen Formverstößen unterschieden wird; vgl. *Steinberger,* a.a.O. (Fn. 38), S. 761; *Jaenicke* in: »Haftung des Staates«, S. 868.

worden, doch liegt ihr Zweck in der Überprüfbarkeit der Rechtsakte und hat keine darüber hinausreichende Schutznormfunktion. Entsprechendes muß auch für die Verletzung organisationsrechtlicher (z. B. Geschäftsordnungen) oder haushaltsrechtlicher (z. B. der Vorschriften über die eigenen Einnahmen der G.) Vorschriften gelten.

44 Was die Verletzung von *Aufsichtspflichten* der Kommission gegenüber den Mitgliedstaaten[82] angeht, so handelt es sich offensichtlich um Vorschriften, die im allgemeinen Interesse der G. geschaffen worden sind. Daß ihre Ausübung auch eine Reflexwirkung zugunsten der einzelnen haben kann, verleiht ihnen noch nicht den Charakter von Schutznormen. Dies muß insbesondere hinsichtlich der allgemeinen Aufsichtspflichten der Kommission nach Art. 155 sowie für das Verstoßverfahren nach Art. 169 – sowohl Abs. 1 wie Abs. 2 – gelten.

In diesem überaus heiklen Bereich darf das politische Ermessen der Kommission nicht durch das ständige Risiko von individuellen Haftungsklagen beeinträchtigt werden. Die gegenteilige Auffassung würde im übrigen zu dem befremdlichen Ergebnis führen, daß der einzelne auf dem Umweg über das Haftungsrecht auch die Durchsetzung nicht unmittelbar wirkender Rechtsnormen erreichen könnte.

Der EuGH hat zu dieser Frage im Bereiche des EWGV noch nicht Stellung genommen; im vorstehenden Sinne hat sich allerdings GA Warner geäußert.[83] Für den Bereich des EGKSV scheint der EuGH dagegen den Schutznormcharakter der entsprechenden Vorschrift des Art. 88 zu bejahen;[84] dies ließe sich jedoch mit dem sektoriellen Charakter dieses Vertrages und der besonderen Stellung der Unternehmen dortselbst begründen. Auch für die spezifische Aufsichtspflicht der Kommission im Bereiche der Beihilfenüberwachung (Art. 93 Abs. 2) könnte man allenfalls einen sekundären Schutznormeffekt zugunsten der betroffenen »Konkurrenten« bejahen; der EuGH ist, obwohl sich die Frage bereits gestellt hat, hierauf nicht eingegangen.[85]

d) Die Frage des Verschuldens. Haftung für rechtswidrig-enteignungsgleiche Eingriffe; Gefährdungshaftung

45 Noch immer ist nicht geklärt, ob das Verschulden eine notwendige Voraussetzung für die

82 Siehe bereits oben Rn. 37.

83 GA *Warner* in den Schlußanträgen zur Rs. 9/75 – Slg. 1975, 1189. Nach der Rechtspr. des EuGH kann eine Privatperson nicht nach Art. 173 gegen eine Weigerung der Kommission vorgehen, ein Verstoßverfahren gegen einen Mitgliedstaat einzuleiten; die Begründung dieses Urteils kann auch im Haftungsbereich herangezogen werden (vgl. EuGH – Lütticke/Kommission, 48/65 – Slg. 1966, 27).

84 EuGH – Vloeberghs/Hohe Behörde, 9 und 12/60 – Slg. 1961, 468. A.A. *Roemer,* ebd. S. 509.

85 EuGH – Bertrand/Kommission, 4/75 – Slg. 1976, 1; in diesem Urteil wurde das Nichteinschreiten von seiten der Kommission nicht beanstandet, woraus man schließen könnte, daß der EuGH es für möglich hält, diese Frage im Rahmen eines Haftungsprozesses geltend zu machen. – Vgl. zu dieser Frage auch *Ehle,* a.a.O., Rn. 38 und 40 (nicht ohne Widersprüche).

H. der G. nach Art. 215 Abs. 2 darstellt. Der Rechtspr. des EuGH zu Art. 40 EGKSV liegt – auf dem Hintergrund des Amtsfehlerbegriffes – das Prinzip einer Verschuldenshaftung zugrunde, wenn auch abgemildert durch den anonymen Charakter der H.[86] Von diesem Prinzip ging der EuGH offenbar auch in der ersten Phase seiner Rechtspr. zum EWGV aus, wie das Urteil »Kampffmeyer – I« zeigt: Dort ist festgestellt worden, das *Verschulden* der Kommission liege nicht in einer unrichtigen Würdigung des Sachverhaltes, sondern in einem Gesamtverhalten, weil sie die Voraussetzungen für die Anwendung der Schutzklausel in entscheidenden Punkten verkannt habe.[87] Im »Lütticke«-Urteil hat der EuGH jedoch in seiner Definition der allgemeinen Haftungsvoraussetzungen das Verschulden nicht mehr erwähnt.[88] In dem nachfolgenden »Schöppenstadt«-Urteil heißt es dann, die außervertragliche H. der G. setzte »*zumindest* die Unrechtmäßigkeit der angeblich schadensstiftenden Handlung voraus«.[89]

In den späteren Urteilen hat sich der EuGH, trotz des oft ausführlichen Parteivortrags, mit dem Verschuldenselement überhaupt nicht mehr befaßt, und dies selbst in den Fällen, in denen eine H. der G. bejaht worden ist.[90] Auch in den Schlußanträgen der Generalanwälte tritt die Erörterung des Verschuldenselementes mehr und mehr zurück.[91] An dessen Stelle ist praktisch die Erörterung getreten, ob die Rechtswidrigkeit eine hinreichend qualifizierte Verletzung einer höherrangigen Rechtsnorm darstelle; obwohl es sich hierbei an sich um ein objektives Element handelt, kommen bei dieser Prüfung doch auch Gesichtspunkte zum Tragen, die üblicherweise bei der Frage des Verschuldens erörtert werden.[92] Überhaupt fließen in die Prüfung der Rechtswidrigkeitsfrage im Bereich des Organhandelns Elemente ein, die im Bereiche der persönlichen Haftung der Vorwerfbarkeit zuzuordnen wären, wie etwa die Voraussehbarkeit der weiteren Entwicklung.[93]

46 Angesichts dieser Entwicklung der Rechtspr. wird man zumindest davon sprechen können, daß das Vorliegen einer Rechtswidrigkeit das Verschulden indiziert und in aller Regel auch impliziert. Ob man jedoch auch systematisch so weit gehen soll, auf die

86 Vgl. etwa EuGH – Fives u.a./Hohe Behörde, 19/60 – Slg. 1961 S. 614 (647); insbesondere auch die Schlußanträge der GA *Lagrange* und *Roemer* in den Rs. Feram, 23/59 (Slg. 1958/59 S. 547); Vloeberghs (Fn. 84 – Slg. 1961, 511); Hauts Fourneaux de Chasse/Hohe Behörde, 33/59 – Slg. 1962, 799.
Vgl. auch *Much,* a.a.O. (Fn. 3), S. 732.

87 A.a.O. (Fn. 16), S. 401.

88 A.a.O. (Fn. 44), S. 337.

89 A.a.O. (Fn. 67), S. 984.

90 So etwa im Urteil CNTA (Fn. 54).

91 Noch relativ ausführlich *Roemer* in den Schlußanträgen in der Rs. 5/71 (Fn. 67, Slg. 1971, 987 ff.) und zu der Rs. Werhahn (Fn. 13), Slg. 1973, 1269 ff.

92 Vgl. etwa das »Isoglukose-Urteil« EuGH – 116 und 124/77, Begründung Ziff. 19 ff. (Slg. 1979, 3561).

93 Vgl. etwa EuGH – Schröder/Kommission, 40/72, Begründung Z. 14 (Slg. 1973, 125, 142).

Verschuldensvoraussetzung generell zu verzichten,[94] erscheint fraglich. Zum einen darf nicht übersehen werden, daß die H. für Amtsfehler – sieht man einmal von der Gefährdungshaftung ab – in allen Rechtsordnungen der Mitgliedstaaten vom Prinzip her eine Verschuldenshaftung darstellt, so sehr man auch diese durch das Konzept des Organisationsfehlers oder Erleichterungen bei der Beweisführung relativieren mag;[95] auch im neuen deutschen StHG wird – mit Ausnahme allerdings bei Grundrechtseingriffen – am Verschuldensprinzip grundsätzlich festgehalten. Zwar mag es auch zutreffen, daß das Verschuldenselement im Bereiche des Organhandelns und vor allem des normativen Handelns – dem wesentlichen Bereich der Gemeinschaftstätigkeit – irrelevant geworden ist; in anderen Tätigkeitsbereichen mag es jedoch noch eine, wenn auch sehr eingeschränkte, Bedeutung besitzen.

47 Eng mit der vorerörterten Frage im Zusammenhang steht das Problem, ob das Gemeinschaftsrecht auch eine H. für *»rechtswidrige* enteignungsgleiche Eingriffe« kennt. Diese Frage ist dabei vom systematischen Ansatz her von dem Problem einer Anerkennung von Entschädigungsansprüchen für legale Eingriffe zu trennen, was zum Teil verkannt wird.

Der EuGH ist in Schadensersatzklagen von deutscher Seite bereits mehrfach mit derartigen Ansprüchen konfrontiert worden; im »Werhahn«-Urteil hat er ausdrücklich erklärt, es könne »dahingestellt bleiben, ob Art. 215 eine solche H. mitumfasse; denn es genüge die Feststellung, daß die gerügten Eingriffe nicht rechtswidrig gewesen seien.[96] Die Generalanwälte haben sich hinsichtlich der Anerkennung derartiger Ansprüche betont zurückhaltend geäußert.[97]

Im Hinblick auf die weitgehende praktische Verdrängung des Verschuldenserfordernisses (s. oben), dürfte diese Frage keine größere praktische Bedeutung mehr besitzen. Soweit man am Verschuldenselement im Prinzip – wie hier vertreten – festhält, hätte sie jedoch noch zumindest eine gewisse theoretische Bedeutung. Ein spezifisches Bedürfnis, für das Gemeinschaftsrecht einen derartigen Haftungstyp zu entwickeln, ist aber nicht erkennbar. Die Entstehung dieser Haftungsform und das ihr zugrundeliegende begriffliche Konzept ist nur aus der spezifischen deutschen Rechtssituation (Zweigleisigkeit des Entschädigungsrechtes angesichts der Mängel der früheren Regelung nach § 839 BGB) zu

94 So *Fuss,* a.a.O. (Fn. 11)
Wie hier *Modest* ZZölle u. Verbrauchst. 1975, S. 363.

95 Vgl. *Steinberger,* a.a.O. (Fn. 38), S. 763.

96 Urteil in Rs. 63 bis 69/72 (Fn. 13). Begründung Z 30; desgleichen EuGH – Kampffmeyer (II) u.a./Kommission und Rat, 56 bis 60/74 – Slg. 1976, 711, 747.

97 *Roemer,* Schlußanträge in den Rs. 63 bis 69/72 (Fn. 91) Slg. 1973, 1273; *Reischl* in den Rs. 56 bis 60/74 (Fn. 96) Slg. 1976, 766; *Mayras* in den Rs. Cie. d'Approvisionnement u.a., 9 und 11/71 – Slg. 1972, 425.

verstehen.[98] Zwar stellt sich die Notwendigkeit eines umfassenden Schutzes des Eigentums – und damit auch die Frage nach einer Entschädigung für »schuldlos-rechtswidrige Eingriffe« – auch im Gemeinschaftsrecht; doch ist schwerlich einzusehen, daß hierfür eine spezifische Haftungsgrundlage und andere Kriterien entwickelt werden müßten als für den Schutz des Eigentums vor Eingriffen schlechthin.[99]

48 Im Hinblick auf die insoweit weitgehende Übereinstimmung der Rechtslage in den Mitgliedstaaten muß die Möglichkeit einer *Gefährdungshaftung* der G. im Bereiche des Art. 215 Abs. 2 bejaht werden.[100] Haftungsgrund sind insbesondere die besonderen Risiken, die im Rahmen der öffentlichen Dienstleistungen entstehen, also in Bereichen des nicht hoheitlichen Handelns. Im Hinblick auf die Eigenart der Tätigkeit der G. kommt eine H. für derartige Risiken praktisch bisher allerdings kaum in Betracht.

49 Angesichts des oben Ausgeführten spielt die Frage nach dem *Grade des Verschuldens* heute praktisch keine Rolle mehr. Im Bereiche des EKGS-Vertrages sind Gerichtshof und Generalanwälte jedoch auf diese Frage eingegangen. So hat der EuGH in einem Falle auf die bei Anlegung »normaler Maßstäbe gebotene Aufsichtspflicht« abgestellt, deren Vernachlässigung ein von der G. begründetes schuldhaftes Verhalten darstelle.[101] Von einigen Generalanwälten ist dabei – in Anlehnung an das französische Recht – die Auffassung vertreten worden, bei Ausübung von »Kontrollfunktionen« könne nur für *grobes Verschulden* gehaftet werden.[102] Methodisch sollten jedoch Tatumstände, die im Bereich der Kontroll- und Aufsichtsbefugnisse der Organe haftungseinschränkend wirken, besser bereits bei der Prüfung der Rechtswidrigkeit berücksichtigt werden.

e) Schaden

50 Art. 215 Abs. 2 enthält über Art und Umfang der Ersatzleistung keine näheren Angaben, so daß auch insoweit auf die »allgemeinen Rechtsgrundsätze« zurückzugreifen ist. Auch hier sind die Unterschiede mannigfaltig;[103] der EuGH hat in den relativ wenigen Urteilen,

98 Zur Entwicklung der deutschen Rechtsprechung vgl. etwa *Dagtoglou,* im »Bonner Kommentar«, §§ 426 ff.; *Jaenicke* (kritisch), a.a.O. (Fn. 81), S. 126. Gegen die Übernahme der »Zweigleisigkeit« der H. im Gemeinschaftsrecht vom Anbeginn an *Fuss,* Grundfragen der Gemeinschaftshaftung, in: EuR 1968, S. 362.

99 Siehe unten Rn. 83.

100 So auch die h.M., vgl. etwa *Ehle,* a.a.O. (Fn. 1), Rn. 70; *Fuss* a.a.O. (Fn. 98), der mit Recht unterstreicht, daß diese Haftungskategorie streng von der allgemeineren Problematik der H. für schuldlos-rechtswidrige Eingriffe zu trennen ist; in rechtsvergleichender Hinsicht vgl. *Steinberger,* a.a.O. (Fn. 38), S. 766.

101 EuGH 19/60 (Fn. 86), Slg. 1961, 647; aus dem Urteil ergibt sich nicht mit Sicherheit, ob die dort erwähnte »schwere« Vernachlässigung der Aufsichtspflicht Haftungsvoraussetzung sein soll.

102 Siehe u.a. Schlußanträge in den Rs. Vloeberghs und Hauts Fourneaux de Chasse, (Fn. 86) – Hinsichtlich des EWGV kritisch *Roemer,* Schlußanträge in der Rs. Kampffmeyer I, Slg. 1967, 373.

103 Vgl. *Bleckmann* in: »Haftung des Staates«, S. 780.

in denen er sich mit dem Schadensbegriff auseinanderzusetzen hatte, eher eine eigenständige Kasuistik entwickelt.

aa) Art der Ersatzleistung

51 Nach allgemeinen Rechtsgrundsätzen hat der Schädiger den Zustand herzustellen, der ohne das zum Ersatz verpflichtende Ereignis eingetreten wäre. Anders als Art. 40 Abs. 1 EGKSV, der nur eine Entschädigung in Geld vorsieht, schließt Art. 215 Abs. 2 einen Anspruch auf *Naturalrestitution* nicht ausdrücklich aus. Zwar wird eine solche praktisch wegen der Natur der hier in Frage kommenden Schäden – wobei der Schaden ohnehin meist in einer finanziellen Einbuße liegen dürfte – nur selten in Betracht kommen; dennoch sollte sie als rechtliche Möglichkeit nicht a priori verneint werden.[104]

Die Frage, ob eine Rechtsordnung im Rahmen des Schadensersatzrechts nur den Geldersatz oder auch Formen der Naturalrestitution kennt, hängt mit der Ausgestaltung des Rechtsschutzsystems im allgemeinen und insbesondere mit der Frage zusammen, inwieweit im Rahmen anderer Klagen die Wiederherstellung einer individuellen Rechtslage – ein »Folgenbeseitigungsanspruch« – verlangt werden kann.[105] Im Rahmen des EWGV können derartige Ansprüche im Prinzip als Folgen eines für nichtig erklärten Organhandelns im Rahmen von Art. 176 geltend gemacht werden;[106] Art. 175 bietet eine Rechtsgrundlage für die Geltendmachung solcher Ansprüche als Folge einer Ungültigkeitsfeststellung nach Art. 177; insoweit dürfte Art. 215 als besondere Rechtsgrundlage ausscheiden, unbeschadet einer eventuellen Anwendung von Art. 176 Abs. 2. Da aber die Geltendmachung derartiger Ansprüche von den besonderen Zulässigkeitsvoraussetzungen der Art. 173 und 175 abhängig sind, bliebe im normativen Bereich im Prinzip noch ein Spielraum für Klagen auf Folgenbeseitigung: Zu denken wäre z. B. an die nachträgliche Gewährung von Einfuhrlizenzen im Anschluß an eine für ungültig erklärte Einfuhrbeschränkung, sofern dieselben noch in sinnvoller Weise ausgenutzt werden können und eine solche Lösung ohne verwaltungsmäßige Komplikationen möglich erscheint.[107] Scheitert eine Folgenbeseitigung aus praktischen Gründen, so tritt an ihre Stelle in jedem

104 So wohl auch *Thiesing,* a.a.O. (Fn. 1), Rn. 15. A.A. – im Hinblick auf Art. 176 – *Ehle,* a.a.O. (Fn. 1), Rn. 56.

105 Vgl. *Bleckmann,* a.a.O. (Fn. 103). – Im neuen deutschen StHG ist die Folgenbeseitigung neben dem Schadensausgleich in Geld Teil der Staatshaftung und Gegenstand einer besonders eingehenden Regelung (vgl. § 3 und § 18 Abs. 2).

106 Vgl. hierzu etwa EuGH – Könnicke/Kommission, 76/79 – Slg. 1980, 665. Nachdem die Annulierung des Rechtsaktes (Nichtzulassung zu einer Ausschreibung) dem Kl. nicht mehr vonnutzen war, hat der EuGH im Rahmen von Art. 173/176 die Kommission dazu angehalten, den Nachteil der Kl. »in angemessener Weise auszugleichen«; praktisch handelt es sich hier um einen Schadensersatz, doch wird auf diese Weise vermieden, daß der Kl. eine gesonderte Klage erheben muß.

107 Die Folgenbeseitigung muß auch für die Behörde zumutbar sein, vgl. § 3 Abs. 2 des deutschen StHG, das mit Urteil vom 19. 10. 1982 (BGBl. I S. 1493) durch das BVerfG wegen fehlender Bundeskompetenz für verfassungswidrig erklärt worden ist.

Falle Geldersatz. Dies kann insbesondere bei Beamtenklagen der Fall sein. So hat der EuGH Beamten, die die Kommission in rechtswidriger Weise oder mit einer unzureichenden Kündigungsfrist entlassen hatte, Schadensersatz in Geld zugesprochen; ein anderer Beamter erhielt Schadenersatz, weil die Kommission den Bericht über seine Probezeit verzögert hatte, so daß er sich in Ungewißheit über seine endgültige Anstellung befand und gehindert war, sich anderweitig um sein berufliches Fortkommen zu kümmern.[108]

bb) Schadensumfang

52 Die Frage des *mittelbaren Schadens* deckt sich weitgehend mit derjenigen der Schadenskausalität.[109]

In besonderer Schärfe stellt sich die Frage in denjenigen Rechtsordnungen, in denen die H. von der Verletzung eines subjektiven öffentlichen Rechtes oder eines bestimmten Rechtsgutes abhängt; da dies im Gemeinschaftsrecht nicht der Fall ist, ist die Frage insoweit irrelevant, und bezieht sich nur auf die »Aktnähe« des Betroffenen. Dabei stellt sich insbesondere die Frage von Schäden Dritter, die zum Schadensakt in keiner unmittelbaren Beziehung standen; auch diese Frage ist anhand der Kausalitätskriterien zu beantworten.[110]

53 Der *entgangene Gewinn* ist nach der Rechtsprechung des EuGH grundsätzlich ersetzbar, wenn auch unter gewissen Einschränkungen. Nach den im Urteil Kampffmeyer I entwickelten Kriterien müssen die Geschäfte genügend substantiiert sein, um den Ersatz eines entgangenen Gewinns zu rechtfertigen; dies ist nicht der Fall, wenn Importeure zwar Einfuhrgenehmigungen beantragt, aber tatsächlich keine Kaufverträge abgeschlossen haben; im Hinblick auf den spekulativen Charakter gewisser Geschäfte ist dabei der Ersatz bis auf 10 % des entgangenen Gewinns begrenzt worden.[111] Ähnliches gilt für den Bereich des Beamtenrechts: Ein Anspruch auf Schadensersatz wegen entgangener Anstellung setzt voraus, daß eine reale Aussicht auf Einstellung als Beamter bestanden hat.[112]

Die Ersatzfähigkeit des entgangenen Gewinns ist dagegen in einem Falle verneint worden, indem die H. der G. wegen Verletzung des *Vertrauensschutzgrundsatzes* bejaht worden war: Der Schutz, den die Exporteure in diesem Fall wegen der nicht voraussehbaren Aufhebung von Währungsausgleichsbeträgen beanspruchen können, erstreckt sich nicht auf die Gewährung dieser Beträge als solcher, sondern nur auf die

108 Vgl. die Urteile EuGH – Luhleich, 68/63 – Slg. 1965, 776; William, 12/66 – Slg. 1967, 203; Dipillo, 10 und 47/72 – Slg. 1973, 763.
109 Siehe Rn. 61 ff.
110 Vgl. auch hierzu im einzelnen *Bleckmann,* a.a.O. (Fn. 103), S. 781. – Das gilt auch hinsichtlich eventueller Unterhaltsansprüche Dritter (vgl. etwa § 9 StHG).
111 Vgl. Fn. 16, Slg. 1967, 358.
112 EuGH – Giordano, 11/72 – Slg. 1973 S. 417 (425).

»echten Verluste«, die infolge der Aufhebung entstehen.[113] Dieses Urteil darf jedoch nicht verallgemeinert werden, wie die spätere Rechtsprechung des EuGH[114] zeigt; es beruht auf der zutreffenden Überlegung, daß der Grundsatz des Vertrauensschutzes den Betroffenen nur vor Einbußen schützen soll, die er wegen seines Vertrauens auf ein bestimmtes Verhalten des Organs erhalten hat, ihm aber keine besonderen subjektiven Rechte einräumen soll.

54 In seinen Urteilen vom 4.10.1979 – übrigens die bisher einzigen auch im Endeffekt erfolgreichen Klagen nach Art. 215 Abs. 2 (abgesehen von Beamtenklagen) – hat der EuGH wegen Verletzung des Gleichheitssatzes den Klägern Ersatz in Höhe der ihnen nicht gewährten Produktionserstattungen zugesprochen.[115] Diese Urteile werfen das grundsätzliche Problem auf, inwieweit unter Berufung auf die Verletzung des Gleichheitsgrundsatzes *Subventionsansprüche* – ein Sonderfall des »entgangenen Gewinns« – im Rahmen einer Klage nach Art. 215 Abs. 2 geltend gemacht werden können, und zwar insbesondere auch für die Vergangenheit. Das Problem ist von dem Fall zu unterscheiden, in dem ein Subventionsanspruch wegen Nichtigerklärung eines die Subvention beseitigenden Rechtsaktes ipso iure wieder erwächst.[116]

Kein Zweifel kann daran bestehen, daß Einbußen, welche ein Unternehmen in seiner Wirtschaftskraft (Umsatz, Gewinn) dadurch erleidet, daß ein Konkurrent durch die Gewährung einer Subvention in eine wirtschaftlich günstigere Ausgangsposition versetzt wird, nach Art. 215 Abs. 2 ersatzfähig sind.[117] Die Frage ist jedoch, ob der Betrag der nichtgewährten Subvention *als solcher* als Vermögensminderung in Betracht kommt, jedenfalls im Vergleich zu dem Konkurrenten, dem sie gewährt worden ist. Aus dem genannten Urteil ergibt sich nicht, ob der EuGH diese Frage generell bejahen will: Das Urteil enthält auch Elemente einer echten Verlustberechnung, wie vor allem die Anrechnung von »Vorteilen« die der Unternehmer durch Überwälzung des »Schadens«

113 Vgl. Rs. CNTA (Fn. 54), Zwischenurteil in Slg. 1975, 531, und Endurteil in Slg. 1976, 797. Die Klage ist also im Ergebnis abgewiesen worden, weil gar kein ersatzfähiger Schaden vorlag; dann hätte aber die H. wohl schon dem Grunde nach nicht bejaht werden dürfen.

114 Vgl. die folgende Rn.

115 Vgl. Fn. 55.

116 Diese Hypothese war im vorliegenden Fall nicht gegeben, da der EuGH den die Subvention aufhebenden Rechtsakt nicht für nichtig erklärt, sondern nur den Verstoß gegen den Gleichheitssatz festgestellt und dem Rat aufgegeben hatte, »die zur Beseitigung der Ungleichheit erforderlichen Maßnahmen zu treffen.« – Vgl. hierzu *Kalbe,* zur verfahrensrechtlichen Problematik der gerichtlichen Durchsetzung von Subventionsansprüchen aus dem Bereich der Agrarpolitik, in: Agrarrecht 11/1975, Beilage I.

117 So das Petitum in mehreren Schadensersatzklagen, vgl. etwa die Rs. 63 bis 69/72 (Fn. 91) oder die Rs. Holtz und Willemsen 153/73 – Slg. 1974, 675. Man kann die Klage nach Art. 215 insofern als »unechte Konkurrentenklage« bezeichnen, vgl. etwa *Rengeling* in: Gedächtnisschrift für Klein, München 1977, S. 421.

(in Höhe der nicht gewährten Subvention) erzielen konnte;[118] die Anerkennung eines Schadens in Höhe des Subventionsbetrages könnte daher auch im Sinne einer Schadensvermutung verstanden werden. Die Anerkennung eines Rechtsanspruchs auf eine Subvention als solche im Rahmen einer Schadensklage dürfte von einem zu weit gefaßten, nur noch hypothetischen Schadensbegriff ausgehen, für den auch in den allgemeinen Rechtsgrundsätzen kein Vorbild besteht. Eine andere Frage ist allerdings, ob in derartigen Fällen eine Verpflichtung der G. auf Gewährung der Subvention aus dem Gleichheitsgrundsatz begründet werden kann.[119]

55 In seiner Rechtsprechung zum EGKS-Vertrag hat der EuGH *»normale Nachteile«,* die mit einer Regelung oder Einrichtung unvermeidbar verknüpft sind, nicht als ersetzbare Schäden anerkannt.[120] Dem kann insoweit zugestimmt werden, als vermögensrechtlich kaum mehr erfaßbare Nachteile, die sogenannte »gêne commune«, von vornherein nicht als Schaden betrachtet werden sollten. Teilweise ist im Anschluß an diese Rechtspr. – in Zusammenhang mit dem Erfordernis des »préjudice spécial et grave« des französischen Rechts – gefordert worden, auch im Gemeinschaftsrecht (und zwar nicht nur bei Art. 34 EGKSV, der dieses Erfordernis enthält), es müsse ein besonderer Schaden vorliegen, um den Ersatz von Nachteilen auszugleichen, den alle gleichmäßig treffen.[121] Diese Einschränkung kann jedoch allenfalls für den Bereich der H. aus normativem Unrecht fruchtbar gemacht werden; als allgemeines Tatbestandsmerkmal enthält Art. 215 Abs. 2 – wie schon Art. 40 EGKSV – die Einschränkung des besonderen Schadens gerade nicht.

56 Nach der Rechtspr. des EuGH scheint auch der Ersatz *immaterieller Schäden* ohne besondere Begrenzung möglich zu sein. Dies gilt offenbar nicht nur für qualifizierbare materielle Nachteile infolge der Beeinträchtigung nicht vermögenswerter Rechtsgüter, sondern auch für die Kompensation immaterieller Schäden als solcher. Dies entspricht im wesentlichen der Rechtslage in den Mitgliedstaaten;[122] auch das neue deutsche StHG (§ 7) geht hier weiter als das frühere Recht.

Bereits in einem auf Art. 40 EGKSV gestützten Urteil hat der EuGH einen Geldersatz für immaterielle Schäden zugesprochen, der in »Aufregungen, Verwirrung und Ungewißheit« bestand, in die die Kl. durch ein unrechtmäßiges Verhalten eines Organs versetzt worden waren.[123] In späteren Urteilen aus dem Bereich des Beamtenrechts hat er diese Rechtspr. fortgeführt, und Schadensersatz für immaterielle Schäden (»dommage moral«)

118 Vgl. etwa EuGH – Dumortier u.a., 64 und 113/76 – Slg. 1979, 3091 (3116); der EuGH wendet hier den Grundsatz der Vorteilsausgleichung rigoros an, was weiter zu gehen scheint als in manchen staatlichen Rechten; weit vorsichtiger Capotorti in den Schlußanträgen ebd., Slg. 1979, 3006.

119 Vgl. hierzu unten Rn. 82.

120 Vgl. Rs. Meroni (Fn. 28), Slg. 1961, 361.

121 So etwa GA *Roemer* in der Rs. Vloeberghs (Fn. 84), Slg. 1961, 516, kritisch hierzu *Much,* a.a.O. (Fn. 3), S. 740; *Ehle,* a.a.O. (Fn. 1), Rn. 59.

122 Vgl. im einzelnen *Bleckmann,* a.a.O. (Fn. 103), S. 783; *Thiesing* a.a.O. (Fn. 1), Rn. 18.

123 EuGH – Algera u.a./H. Behörde, 7/56 usw. – Slg. 1957, 85 (135).

etwa wegen Fehlverhaltens der Behörde bei der Einstellung oder bei der dienstlichen Beurteilung zuerkannt.[124] Dabei kann es auch zu einer bloß symbolischen Verurteilung (»1 RE«) kommen, die dann praktisch den Charakter eines Feststellungsurteiles besitzt.[125] Es sind keine Gründe ersichtlich, die einer Anwendung dieser Grundsätze auch außerhalb des Beamtenrechts im Wege stünden. Überlegungswert wäre jedoch, in Anlehnung an gewisse staatliche Rechtsordnungen die Höhe des Ersatzes für immaterielle Schäden von der Schwere des Amtsfehlers abhängig zu machen.

57 Die Ersatzleistung umfaßt grundsätzlich auch *Unkosten und Zinsen.* So ist etwa Importeuren, die im Vertrauen auf eine Entscheidung der Kommission Kaufverträge geschlossen und diese dann im Hinblick auf eine weitere, später für nichtig erklärte Entscheidung wieder aufgelöst haben, ein Anspruch auf Ersatz der Abschluß- und Auflösungskosten zugesprochen werden.[126]

In den oben in Rn. 54 erwähnten Urteilen vom 4. 10. 1979 ist ein Zinsanspruch in Höhe von 6% auf den Schadensbetrag vom Tage des Schadensersatzurteils an zuerkannt worden. Eine Begründung für diese Begrenzungen enthält das Urteil nicht; es ist schwer verständlich, warum der Anspruch nicht wenigstens vom Tage der Rechtshängigkeit an gewährt worden ist. Großzügiger scheint der EuGH dagegen hinsichtlich der Gewährung von Zinsansprüchen in Beamtensachen zu sein.[127]

Keine Zinsansprüche im Rahmen einer Klage nach Art. 215 Abs. 2 gewährt der EuGH dagegen in den Fällen, in denen er die Kl. auf das Beschreiten des staatlichen Rechtswegs verwiesen hat; als akzessorische Ansprüche sollen die Kl. auch diese Ansprüche vor den Gerichten, die über den Hauptanspruch zu entscheiden haben, geltend machen.[128] Dieser Einschränkung kann allerdings nur insoweit zugestimmt werden, als die Kl. derartige akzessorische Ansprüche überhaupt vor den staatlichen Gerichten geltend machen können, was nicht allgemein der Fall ist.

cc) Zukünftige Schäden; Feststellungsklagen

58 Eine Schadensersatzklage kann auch erhoben werden, wenn der Schaden noch nicht genau beziffert werden kann. Darüber hinaus hat der EuGH auch Klagen zwecks Feststellung zukünftiger Schäden zugelassen, sofern die Schadensursache feststeht, der Schaden unmittelbar bevorsteht und mit hinreichender Sicherheit vorhergesehen werden kann; er beruft sich hierbei auf die Mehrzahl der staatlichen Rechtsordnungen und auf die

124 Vgl. die Urteile EuGH – William, 110/63 – Slg. 1965, 859, 880; Geist, 71/76 – Slg. 1977, 1419; Mollet, 75/77 – Slg. 1978, 897 und Oberthur, 24/79 – Slg. 1980, 1743.

125 Z. B. Urteil in Rs. 18/78 – Slg. 1979, 2093.

126 Urteil Kampffmeyer I (Fn. 16).

127 Offenbar von dem Zeitpunkt an, an dem die Behörde den Amtsfehler begangen hat, vgl. etwa die Urteile in den Rs. 110/63 (Fn. 124) und 58/79 (Slg. 1476, 1139, 1154).

128 EuGH – Roquettes Fr./Kommission, 26/74 – Slg. 1976, 77; vgl. auch Urteil Granaria, 101/78 – Slg. 1979, 623.

Möglichkeit, dadurch noch bedeutendere Schäden abzuwenden.[129] In dem in Frage stehenden Fall hat er dabei das Kriterium der »hinreichenden Sicherheit« recht großzügig ausgelegt;[130] nach früherer Rechtspr. zum EGKSV war dagegen ein »wirklicher, feststellbarer und endgültiger Schaden« verlangt worden.[131]

An dem Kriterium der hinreichenden Sicherheit oder Wahrscheinlichkeit des Schadenseintritts ist mit Nachdruck festzuhalten, um – insbesondere im normativen Bereich – zu verhindern, daß die Klage praktisch zu einer Feststellungsklage auf Nichtigkeit oder gar einer Art von Popularklage entartet.

dd) Mitwirkendes Verschulden des Geschädigten

59 Bei der Entstehung des Schadens mitwirkendes Verhalten des Geschädigten kann je nach seiner Bedeutung zum Ausschluß oder zur Minderung von Ersatzansprüchen führen; in Übereinstimmung mit der insoweit im wesentlichen übereinstimmenden Rechtslage in den Mitgliedstaaten wird daher ein Verschulden auf seiten des Schädigers zu verlangen sein.[132] Das gleiche gilt, wenn der Betroffene es (schuldhaft) unterläßt, den entstandenen Schaden abzuwenden oder zu verringern (Schadensabwehrpflicht).

Die Frage, ob für den Betroffenen eine Verpflichtung besteht, den Schaden durch *Einlegung von Rechtsmitteln* zu verhindern oder zu vermindern, wird in den staatlichen Rechtsordnungen allerdings unterschiedlich beantwortet: eine ausdrückliche gesetzliche Regel kennt nur das deutsche Recht (nunmehr Art. 6 StHG); in anderen Rechten existiert er in abgeschwächter Form.[133] Der EuGH hat diesen Rechtsgedanken jedenfalls im Bereich des Beamtenrechts anerkannt, wo er eine Klage sogar als *unzulässig* abgelehnt hat, weil der Kl. den Schaden durch rechtzeitige Anfechtung der dienstlichen Maßnahme hätte abwehren können;[134] in einem ähnlich gelagerten Fall hat er die Schadensersatzklage abgelehnt, weil dadurch die (nicht erhobene) Anfechtungsklage »umgangen« werde.[135] Diese Rechtsprechung dürfte auch für alle anderen Bereiche des Gemeinschaftsrechts, in denen der Schaden durch ein im gemeinschaftlichen System vorgesehe-

129 Vgl. Urteil Kampffmeyer II (Fn. 96); vgl. auch EuGH – Granaria (II), 90/78 – Slg. 1979, 1081, 1091, wo die Klage im Hinblick auf den kaum substantiierten Schaden als »gerade noch zulässig« bezeichnet worden ist.
130 Urteil Kampffmeyer II (Fn. 96), Gründe Z. 8; GA *Reischl* hielt in dieser Hinsicht die Klage für verfrüht (Slg. 1976, 755).
131 Vgl. z. B. Rs. 23/59, (Fn. 86); ähnlich EuGH – Acciaieria Ferriera u.a., 9 und 25/64 – Slg. 1965, 435.
132 Vgl. *Bleckmann*, a.a.O. (Fn. 103), S. 786.
133 Vgl. *Bleckmann*, a.a.O., S. 786; *Jaenicke*, a.a.O. (Fn. 81), S. 873.
134 EuGH – Collignon/Kommission, 4/67 – Slg. 1967, S. 487 (499).
135 EuGH – Schreckenberg/Kommission, 59/65 – Slg. 1966, 815 (824), ebenso neuerdings EuGH – Birke/Kommission und Rat, 543/79, Urteil vom 10. 12. 1981.

nes Rechtsschutzmittel hätte abgewendet werden können, Gültigkeit haben.[136] Allerdings ist darauf abzustellen, ob der Betroffene den Erfolg mit Hilfe eines solchen Rechtsmittels auch *tatsächlich* hätte erreichen können, was im Bereiche von Art. 173 und 175 bekanntlich nur unter eingeschränkten Voraussetzungen möglich ist; jedenfalls dürfen hier nicht wieder durch die Hintertür die Voraussetzungen der »Plaumann«-Rechtsprechung eingeführt werden.[137]

Ähnliche, aber besonders komplexe Probleme wirft die Frage auf, ob dem Geschädigten entgegengehalten werden kann, er haben den Schaden durch Einlegung von Rechtsmitteln im *staatlichen* Bereich abwenden können.[138]

ee) Schadensberechnung

60 Was Schadensberechnung und Schadensnachweis betrifft, bietet die bisherige Rechtspr. wenig Anschauungsmaterial. Urteile aus der früheren Zeit deuten daraufhin, daß verhältnismäßig strenge Anforderungen gestellt werden.[139] Der EuGH neigt im übrigen dazu, diese oft mühsamen Detailfragen dadurch zu vermeiden, daß er ein Grundurteil erläßt und den Parteien aufgibt, sich über die Schadenshöhe zu einigen; das Grundurteil enthält dabei bereits gewisse Leitlinien.[140]

Der Schaden bemißt sich grundsätzlich nach dem Zeitpunkt des Urteils.[141] Hinsichtlich der Würdigung der Schadenshöhe ist der EuGH gleich den staatlichen Gerichten verhältnismäßig frei gestellt. Der Grundsatz der freien Beweiswürdigung kann dabei in gewissem Umfang auch zu pauschalierenden Feststellungen führen, wie die Urteile vom 4. 10. 1979 zeigen; dies darf allerdings nicht so weit gehen, daß anstelle einer konkreten Schadensberechnung generell eine abstrakte Berechnungsmethode tritt, wozu manche Kl. angesichts von Beweisschwierigkeiten offensichtlich neigen.[142] So hat der EuGH denn auch das Vorliegen eines Schadens in einem Fall verneint, in dem der Kl. – ein Rinderzüchter in Großbritannien – behauptete, ihm sei wegen der fehlerhaften Festsetzung des Umrechnungskurses ein Schaden entstanden, und er sich hierzu in sehr

136 Erstaunlicherweise hat sich *diese* Frage außerhalb des Beamtenrechts in der Rechtspr. des EuGH bisher nicht gestellt, wohl aber die ähnlich gelagerte Frage der Schadensabwendung durch Einlegung von Rechtsmitteln im staatlichen Bereich; die Rechtspr. des EuGH in diesem Bereich bestätigt die vorstehende Rechtsauffassung (vgl. im Text unten Rn. 73 ff.).

137 Vgl. zu dieser Unterscheidung etwa *Fuss,* EuR 1968, S. 370; *Gilsdorf,* EuR 1975, S. 83 ff. – Siehe oben Rn. 39.

138 Vgl. dazu Rn. 73 ff.

139 Vgl. *Ehle,* a.a.O. (Fn. 1), Rn. 60 mit Nachweisen.

140 Vgl. Urteile CNTA (Fn. 113) und Urteile vom 4. 10. 1979 (Fn. 55).

141 Vgl. hierzu sowie zum weiteren Text *Much* in: »Die Amtshaftung« (1952) S. 51 ff., und in »Haftung des Staates«, a.a.O. (Fn. 3), S. 744 ff.

142 Vgl. die verschiedenen Hartweizenprozesse, z. B. die Rs. 63 bis 69/72 (Fn. 13) und den dortigen Klagevortrag (Slg. 1973, 1235); dazu kritisch GA *Roemer* (ebd. S. 1271); Rs. 56 bis 60/74 (Fn. 96) und Rs. 197/80 ff. (Fn. 143).

allgemeiner Weise auf das unterschiedliche Preisniveau in Großbritannien und in Irland berief.[143]

f) Kausalität

61 Trotz der Vielfalt und theoretisch unterschiedlichen Ansätze der Kausalitätslehren scheinen diese im Bereiche des Schadensersatzes bei Amtsfehlern weitgehend zu gleichen Ergebnissen zu gelangen.[144] Wenn etwa im französischen Recht ein »unmittelbarer Schaden« verlangt wird, so ist dieser Begriff nicht etwa mit dem Unmittelbarkeitsbegriff des deutschen Enteignungsrechtes identisch; ersetzt wird vielmehr ein Schaden, der nach den Gesetzen *logischer Vorhersehbarkeit* in einer Kausalreihe unmittelbar auf die schadenshaftende Handlung zurückgeführt werden kann; wenn das britische Recht grundsätzlich von der Vorhersehbarkeit ausgeht, so wird dieser Begriff in der Praxis doch weitgehend objektiviert.

Der EuGH ist zwar in seiner Rechtspr. zu Art. 40 EGKS vom Erfordernis der Unmittelbarkeit ausgegangen, hat aber im einzelnen Kriterien verwendet, die weitgehend der deutschen Adäquanzlehre entsprechen.[145] So hat er etwa darauf abgestellt, ob das Verhalten der Hohen Behörde bei einem »verständig denkenden Adressaten« den für den Schaden kausalen Irrtum hervorrufen konnte.[146] In seiner Rechtspr. zum EWGV hat er sich nicht mehr im einzelnen mit dem Kausalitätsbegriff auseinandergesetzt; die Generalanwälte plädieren jedoch regelmäßig für eine Übernahme der früher entwickelten Grundsätze in den EWG-Bereich.[147] Der EuGH hat den Ursachenzusammenhang z. B. in Fällen bejaht, in denen der Beamte durch eine unrichtige Auskunft der Verwaltung über den Umfang seiner Ruhegehaltsansprüche zum freiwilligen Ausscheiden veranlaßt worden war, sofern er nachwies, daß die Aussicht auf ungekürzte Ansprüche für ihn maßgeblich war.[148] In der RS »Cie. Continentale« hat er den Kausalzusammenhang verneint, weil die Kl. als branchenkundiges Unternehmen hätte erkennen können, daß die vom Rat im Amtsblatt zur Unterrichtung der Marktteilnehmer veröffentlichten Beträge angesichts der allgemeinen Preisentwicklung keine Gültigkeit

143 EuGH – Pool/Rat, 49/79 – Slg. 1980, 569; nach Auffassung des EuGH beruhte die Schadensberechnung auf einem fiktiven Vergleich. Ähnlich neuestens Urteil in Rs. 197/80 ff. (Ludwigsh. Walzmühle u.a.) vom 17. 12. 1981.

144 Vgl. statt vieler *Bleckmann,* a.a.O. (Fn. 103), S. 782.

145 Vgl. *Much,* a.a.O. (Fn. 3), S. 738 ff., mit Zitaten, vgl. insbes. auch GA *Lagrange* in der Rs. Meroni, Slg. 1961, 380.

146 EuGH – Aciéries de temple, 36/62 – Slg. 1963, 625.

147 Vgl. etwa *Gand* in Rs. Kampffmeyer I, Slg. 1967, 375; *Roemer* in Rs. Werhahn, Slg. 1973, 1270; *D. de Lamothe* in Rs. Lütticke, Slg. 1971, 347. – Dabei zeigen sich doch auch gewisse Nuancen in der Beurteilung: relativ streng *D. de Lamothe* im Vergleich zu *Roemer.*

148 Vgl. EuGH – Heinemann, 79/71 – Slg. 1972, 579 und Fiehn, 23/69 – Slg. 1960, 547.

mehr beanspruchen konnten.[149] Daß die den Schaden auslösende Kausalkette vorher durch ein vertragswidriges Verhalten eines Mitgliedstaates ausgelöst worden ist, schließt an sich nicht aus, daß die nachfolgende Unterlassung der Gemeinschaftsbehörde als unmittelbare Schadensursache angesehen werden kann;[150] doch stellen sich hierbei die oben unter Rn. 37 und 44 erwähnten Probleme.

Für den Bereich des normativen Handelns vgl. unten Rn. 67 und 71.

5. *Die besonderen Haftungsvoraussetzungen bei normativem Handeln*

62 Die Frage, ob und unter welchen Voraussetzungen die G. auch für das normative Handeln – die rechtssetzende Tätigkeit – ihrer Organe haftet, ist für das Gemeinschaftsrecht angesichts der Tätigkeit der G. von zentraler Bedeutung. In der Praxis betreffen fast alle Haftungsprozesse normative Rechtsakte (und übrigens bisher ausschließlich den Agrarsektor). Allerdings konnte sich die spezifische Frage, ob die allgemeinen Haftungsvoraussetzungen auch für den Bereich des normativen Handelns gelten sollten, erst mit der Aufgabe der Plaumann-Rechtsprechung in aller Schärfe stellen.[151]

Die grundsätzliche Anerkennung einer H. der G. für das normative Handeln ihrer Organe – und insbesondere auch des Rates – ist aus rechtspolitischen Gründen sowie im Hinblick auf die effektive Durchsetzung des Grundrechtsschutzes in der G. zu begrüßen. Die mangelhafte demokratische Legitimation des Gemeinschaftshandelns und das Fehlen einer echten parlamentarischen Kontrolle der zur Gesetzgebung berufenen Organe läßt wenigstens eine wirkungsvolle gerichtliche Kontrolle dieser Organe dringend geboten erscheinen. Auch wenn eine Verurteilung der Organe nach Art. 215 Abs. 2 – wie die Praxis zeigt – selten ist, so hat doch die bloße Existenz einer solchen Haftungsmöglichkeit einen nicht zu unterschätzenden präventiven Effekt.[152] Daß dieser präventive Effekt andererseits nicht zu einer Lähmung des gesetzgeberischen Handelns führen darf, macht

149 EuGH – Cie. Continentale/Rat 169/73 – Slg. 1975, 117. – An sich war das Versäumnis des Rates, die Marktteilnehmer sachgerecht zu unterrichten, nach Auffassung des EuGH prinzipiell haftungsauslösend; das »Mitverschulden« der Kl. wurde also offenbar als Unterbrechung des Kausalzusammenhangs angesehen.

150 Vgl. die Fallgestaltung in der Rs. Kampffmeyer I (Fn. 16). Siehe hierzu auch GA *Roemer* in der Rs. Vloeberghs (Slg. 1961, 518).

151 Siehe oben Rn. 39.

152 Seit »Öffnung« der Zulässigkeitsschranken im Schöppenstedt-Urteil (Fn. 67) sind in etwa 30 Fällen (häufig Musterklagen oder Klagekomplexe) Klagen nach Art. 215 Abs. 2 gegen Rat und/oder Kommission wegen normativen Handelns erhoben worden; nur in 2 Fällen bzw. Fallkomplexen führte sie zur Verurteilung der G.; in verschiedenen anderen Fällen kam die G. nur knapp an einer Verurteilung vorbei.

allerdings gewisse Einschränkungen erforderlich; hier den richtigen Mittelweg zu finden, ist nicht einfach.[153]

63 Der EuGH hat das Bedürfnis für strengere Haftungsvoraussetzungen bereits im Schöppenstedt-Urteil mit folgender Feststellung bejaht:

»Da es sich um einen Rechtsetzungsakt handelt, der wirtschaftspolitische Entscheidungen einschließt, kann die Haftung der Gemeinschaft für den Einzelpersonen etwa durch diesen Akt entstandenen Schaden nach den Vorschriften von Artikel 215 Absatz 2 des Vertrages nur durch eine hinreichend qualifizierte Verletzung einer höherrangigen, dem Schutz der einzelnen dienenden Rechtsnorm ausgelöst werden.«[154]

Das einschränkende Kriterium ist somit die *hinreichend qualifizierte Verletzung;* die übrigen Kriterien unterscheiden sich nicht von den allgemeinen Haftungsvoraussetzungen.

Der Anknüpfungspunkt ist ein »Rechtssetzungsakt, der wirtschaftspolitische Entscheidungen einschließt«. Auf den ersten Blick könnte es scheinen, daß die Haftungseinschränkung damit nur für einen Teilbereich des normativen Handelns gelten soll. Die Praxis zeigt jedoch, daß der Begriff der wirtschaftspolitischen Entscheidung« vom EuGH recht großzügig ausgelegt wird; es fallen darunter insbesondere auch Durchführungsverordnungen (auch der Kommission) mehr oder weniger technischen Gehaltes. Außerdem darf erwartet werden, daß der EuGH diese Rechtspr. auch auf Fälle ausdehnt, in denen es um Rechtssetzungsakte politischen Gehalts in anderen als den eigentlich wirtschaftlichen Bereichen geht, soweit es aufgrund der beschränkten Kompetenzen der G. überhaupt zu normativen Rechtsakten in solchen Bereichen kommt. Lediglich bei Rechtssetzungsakten, die keinerlei politischen Entscheidungsspielraum enthalten, würde sich die H. nach den allgemeinen Kriterien beurteilen.[155]

153 Zu dieser Problematik vgl. insbesondere folgende Autoren: In rechtsvergleichender Hinsicht: *Morvay* in: »Haftung des Staates«, S. 776ff. Bezüglich des Gemeinschaftsrechts: *Fuss* in: Festschrift für van der Heydte, S. 173; *ders.*, RTDE 1981, S. 1; *Gilsdorf,* EuR 1975, S. 73; *Grabitz,* a.a.O., S. 215; *ders.,* NJW 1978, S. 1742 (Anm. zum HNL-Urteil); *Ipsen* in: Festschrift für Jahrreiss S. 85; *Mackenzie-Stuart,* The »non-contractual« liability of the E.E.C., in: CMLR 1975, S. 493; Modest (a.a.O. Fn. 94), *Mössner,* RIW/AWD 1976, S. 93; *Schermers,* Procedures over ongeldige gemeenschaftsnormen, in: SEW 1977, S. 587; *Schroeder,* Ersatzleistungen für Maßnahmen der EWG, Freiburger Dissertation 1970, *Torsten,* Anm. zu den Urteilen vom 4. 10. 1979, in: EuGRZ 1979, S. 540; *van Gerven,* SEW 1976, S. 2.
Zum deutschen Recht vgl. etwa: *Haverkate,* Amtshaftung bei legislativem Unrecht und die Grundrechtsbindung des Gesetzgebers, in: NJW 1973, S. 441; *Schenke,* DVBl. 1975, S. 121.
Grundlegende Ausführungen insbesondere von den Generalanwälten *Roemer* in der Rs. 5/71 – Slg. 1971, 991; *Capotorti* in den Rs. 83 und 94/76 – Slg. 1978, 1226.

154 RS 5/71, vgl. Fn. 67.

155 Denkbar etwa bei der Festsetzung normaler Abschöpfungen, wo die Kommission quasi-arithmetische Kriterien anwendet.

64 Der EuGH hat zunächst nicht erkennen lassen, in welchem Sinne er das Kriterium der »qualifizierten Rechtsverletzung« verstanden wissen will. Nach der ursprünglichen Auffassung der Generalanwälte sollte mit diesem Begriff einfach ein besonders *krasser* Verstoß gegen Rechtsregeln zum Ausdruck gebracht werden;[156] es zeigte sich jedoch, daß mit dieser Umformulierung nicht viel gewonnen war, oder daß das Kriterium gar zu einer leerlaufenden Formel hätte werden können. Soweit der EuGH die H. nicht schon wegen Fehlens der »einfachen Rechtswidrigkeit« ausschloß, hinterließen einige Urteile zunächst in der Tat den Eindruck, daß dem Kriterium keine besondere Bedeutung mehr beigemessen werden sollte. So ist insbesondere im Falle CNTA die H. schlicht mit der Feststellung bejaht worden, die Kommission habe, »ohne durch ein zwingendes öffentliches Interesse dazu veranlaßt worden zu sein, keine Übergangsmaßnahme zum Schutz des berechtigten Vertrauens der betreffenden Unternehmen vorgesehen«, ohne daß die Frage der »hinreichenden Qualifizierung« in der Begründung erörtert worden wäre.[157]

65 Erst seit dem HNL-Urteil von 1978 setzte sich der EuGH mit dem Merkmal des qualifizierten Rechtsverstoßes im einzelnen auseinander.[158] Er betonte nunmehr die Notwendigkeit einer Haftungseinschränkung im Bereiche des wirtschaftspolitischen Handelns unter Berufung auf gemeinsame Rechtsgrundsätze der Mitgliedstaaten. Trotz vielfacher Unterschiede läßt sich nach Auffassung des EuGH doch feststellen, daß in diesem Bereich die H. der öffentlichen Gewalt nur ausnahmsweise und unter besonderen Umständen gegeben sei.

Diese einschränkende Auffassung beruhe auf der Erwägung, »daß die gesetzgebende Gewalt selbst dann, wenn ihre Handlungen richterlicher Kontrolle unterworfen sind, bei ihrer Willensbildung nicht jedesmal durch die Möglichkeit von Schadensersatzklagen behindert werden darf, ...«. Im konkreten Fall hielt der EuGH diese Voraussetzung nicht für erfüllt, obwohl er in vorausgehenden Urteilen festgestellt hatte, daß die nach der angegriffenen VO eingeführte Ankaufsverpflichtung für Milchpulver zu einer diskriminierenden Lastenverteilung geführt habe und daher ungültig sei. Die Schadensersatzkla-

156 Vgl. etwa *Roemer* in Rs. 63 bis 69/72 – Slg. 1974, 1247; *Reischl* in Rs. 153/73 – Slg. 1974, 698 und in Rs. 56 bis 60/74 – Slg. 1976, 711; dort wird auch von einer »eklatanten Mißachtung einer Rechtsvorschrift« oder deren »offensichtliche und schwere Mißachtung« gesprochen. Nach Auffassung von Roemer (ebd.) soll es sich um eine Beurteilung im Bereiche der Rechtswidrigkeit handeln; es ist jedoch offensichtlich, daß hier auch auf Kriterien zurückgegriffen wird, die an die Beurteilung nach dem »Grad des Verschuldens« anklingen.

157 Ähnlich in anderen Urteilen, in denen es »fast« zu einer Verurteilung der G. gekommen wäre, vgl. etwa Urteile Holtz und Willemsen (Fn. 117) und Cie. Continentale (Fn. 149).

158 Vgl. Fn. 56. Der EuGH hatte in den Urteilen vom 5. 7. 1977 die nach der VO Nr. 563/76 eingeführte Ankaufsverpflichtung für ungültig erklärt (Slg. 1977, 1211 ff.), woraus sich Tausende von Schadensersatzansprüchen auf den verschiedensten Ebenen der Verbraucher (insbes. Tierzüchter) hätten ergeben können; das Urteil ist auf dem Hintergrund dieses Sachverhalts zu verstehen.

gen der klagenden Futtermittelverwender wurden somit abgewiesen, und zwar mit Erwägungen, die allesamt die *Auswirkungen* des Verstoßes betrafen: Die Vielzahl der betroffenen Marktteilnehmer; die dadurch gegebene Abschwächung der Einbuße auf die einzelnen; der relativ geringe Prozentsatz der Kostensteigerung im Vergleich zu den anderen Kostenfaktoren; die geringe Auswirkung auf die Ertragskraft der Unternehmen, die »alles in allem nicht den Umfang der wirtschaftlichen Risiken überschritt, die der Tätigkeit auf den betroffenen Agrarsektoren innewohnen«.

66 Auch in den Isoglucose-Urteilen vom 5. 12. 1979 ist die H. der G. trotz vorausgehender Ungültigkeitserklärung der eine Produktionsabgabe für Isoglukose einführenden VO verneint worden, weil ein qualifizierter Rechtsverstoß nicht vorliege. Im Unterschied zu dem HNL-Urteil ist dort jedoch vor allem auf die *Schwere des Verstoßes* abgestellt worden. Obwohl die Auferlegung der Produktionsabgabe wegen Ungleichbehandlung der Isoglukoseerzeuger im Vergleich zu den Zuckerproduzenten »offenkundig unbillig« gewesen sei, handelt es sich nach Auffassung des EuGH dennoch nicht um einen »derart schweren Fehler, daß man sagen könne, das Verhalten der beklagten Organe grenze als solches an Willkür«; bei dieser Beurteilung war offenbar von Bedeutung, daß die Abgabe nicht als solche für ungültig erachtet worden war, sondern nur ihre Berechnungsmethode und Höhe.[159]

67 In seinen Urteilen vom 4. 10. 1979 hat der EuGH dagegen das Vorliegen eines qualifizierten Verstoßes zum erstenmal ausdrücklich bejaht. Bereits in seinen Vorurteilen vom 19. 10. 1977 hatte der EuGH die Streichung der Produktionserstattungen für Maisgritz und Quellmehl bei gleichzeitiger Aufrechterhaltung für konkurrierende Erzeugnisse (Getreidestärke) als Verstoß gegen das Diskriminierungsverbot angesehen. In diesem Verstoß erblickte er nunmehr eine erhebliche und offenkundige Rechtsverletzung.

Die Verletzung des Gleichheitsgrundsatzes – desses besondere Bedeutung unterstrichen wird – habe hier »eine begrenzte und klar umrissene Gruppe von Unternehmen« betroffen; der Schaden überschreite die normalen Grenzen der wirtschaftlichen Risiken in diesem Sektor; schließlich wiege besonders schwer, daß die jahrelange Gleichbehandlung mit den Konkurrenten ohne hinreichende Begründung aufgegeben worden sei. Diese Erwägungsgründe stellen damit sowohl auf die Auswirkungen des Verstoßes als

159 Vgl. das in Fn. 92 zitierte Urteil i.V.m. den Vorurteilen vom 25. 10. 1978, Royal Scholten Honig und Tunnel Refineries, 103 und 145/77 – Slg. 1978, 2037.

auch auf seine Schwere ab, ohne daß ersichtlich wäre, ob eine dieser Begründungen für sich ausgereicht hätte, den qualifizierten Rechtsverstoß zu begründen.[160]

Einige Klagen sind dabei insoweit gescheitert sind, als Ersatz des über den Ertrag der Erstattungen hinausgehenden Schadens verlangt wurde. In diesem Zusammenhang stellt der EuGH folgendes fest: »Auf dem Gebiet der außervertraglichen H..... für Rechtssetzungsakte können die...... allgemeinen Rechtsgrundsätze.... nicht herangezogen werden, um eine Verpflichtung zum Ersatz für jede auch noch so entfernte nachteilige Folge rechtswidriger Vorschriften zu stützen.«[161] Offensichtlich sollen damit im Bereich des normativen Handelns auch strengere Voraussetzungen an die Schadenskausalität gestellt werden.

Damit ist eine H. auch für durchaus schwerwiegende mittelbare Folgen (z. B. Konkurs) a priori ausgeschlossen worden.

68 Diese Rechtspr. ist von verschiedenen Seiten kritisiert worden, und zwar bereits der rechtsvergleichende Ansatz der Haftungseinschränkung.[162] Es ist insbesondere geltend gemacht worden, in den Mitgliedstaaten gebe es zwar weitgehende Einschränkungen für die H. der legislativen Gewalt, bei Rechtssetzungsakten der Exekutive existierten derartige Einschränkungen im allgemeinen jedoch nicht; die Verordnungen der G., – und zwar auch des Rates – seien aber mangels parlamentarischer Legitimation so wie Rechtssetzungsakte staatlicher Exekutiven zu behandeln.

Zugunsten der Rechtspr. des EuGH dürften jedoch, wenn auch mit Vorbehalten, die stärkeren Argumente sprechen. Zunächst ist auch die H. für Rechtssetzungsakte der Exekutive in verschiedenen Mitgliedstaaten Einschränkungen unterworfen, ganz abgesehen davon, daß sie in der Praxis außerordentlich selten zum Tragen kommt. Zum anderen beruhen die Einschränkungen bzw. der Ausschluß der H. für Akte der Legislative nicht nur auf der privilegierten Stellung der Parlamente, sondern eben auch auf der vom EuGH hervorgehobenen Erwägung, die gesetzgebende Gewalt in ihrer politischen Willensbildung nicht über Gebühr zu behindern. In dieser Hinsicht ist aber zumindest ein

160 Vgl. das in Fn. 55 zitierte Urteil i.V.m. den Vorurteilen vom 19. 10. 1977 in den Rs. 124/76 und 20/77 (Maisgritz), 177/76 und 16/77 (Quellmehl) Slg. 1977, 1795 ff., 1753 ff. – Nachdem die Gemeinschaft stets Produktionserstattungen für die Erzeugung von Getreidestärke sowie – wegen gleicher Verwendungszwecke, vor allem in der Brauindustrie – auch für Maisgritz, Quellmehl u.a. gewährt hatte, wurden dieselben 1974/75 plötzlich gestrichen, was mit wirtschaftlichen Erwägungen begründet worden war (beschränkte Substitutionsmöglichkeit), aber vornehmlich der Haushaltsentlastung dienen sollte. In seinen Urteilen vom 19. 10. 1977 hat der EuGH hierin einen Verstoß gegen den Gleichheitsgrundsatz erblickt, ohne allerdings die entsprechende VO des Rates für ungültig zu erklären. Die Erstattungen sind dann im wesentlichen für die Zukunft wieder eingeführt worden; die daraufhin erhobene Schadensersatzklage richtete sich gegen die Nichtgewährung der Erstattungen für die Vergangenheit.

161 Vgl. insbesondere das Urteil in der Rs. Dumortier Fr. (Fn. 118), Begr. Z. 19 ff.

162 Die Äußerungen in der Literatur sind in der Mehrzahl eher kritisch, vgl. statt vieler *Fuss* (a.a.O., S. 7 ff.) mit Nachweisen. Eine sehr objektive Würdigung des »für und wider« findet sich in den Schlußanträgen zur Rs. von GA *Capotorti* in der HNL-Sache (vgl. Fn 153).

wesentlicher Teil der VOen der G. in ihrer Tragweite und Bedeutung staatlichen Gesetzen gleichzustellen. Endlich ist die Berufung darauf, daß die Haftungseinschränkung des französischen Rechts für »préjudice spécial et grave« nur für die H. für rechtmäßige Gesetze gelte, wenig überzeugend; denn es ist zu bedenken, daß die Illegalität von echten gesetzgeberischen Akten dort gar nicht vor Gericht geltend gerecht werden kann, daß sich diese Haftungsform aber faktisch ähnlich wie eine H. für unrechtmäßige gesetzgeberische Akte auswirkt.

Es ist erwogen worden, lediglich die H. für VOen des Rates – oder sogar nur für sogenannte »Grund-VOen« – einzuschränken. Angesichts der institutionellen Besonderheiten der G. und der wirtschaftspolitischen Bedeutung, die auch VOen der Kommission haben können, erscheint eine derartige formale Unterscheidung jedoch nicht sachgerecht.

69 Ein ausschließliches Abstellen auf die *Schwere des Verstoßes* – ohne Berücksichtigung der Auswirkungen – stößt allerdings auf methodische Bedenken und muß in der Praxis zu unbefriedigenden Ergebnissen führen. Entscheidungserheblich ist diese Frage ja gerade bei der Verletzung allgemeiner Rechtsgrundsätze, wo angesichts des dem Gesetzgeber einzuräumenden weiten politischen Ermessens die Illegalitätsgrenze ohnehin nur in schwerwiegenden Fällen überschritten sein dürfte. Wenn es zutrifft, daß etwa von einer unzulässigen Diskriminierung (und damit einer Rechtswidrigkeit) nur bei groben Ermessensfehlern oder bei Willkür gesprochen werden kann, so leuchtet schwer ein, wie dann noch zwischen einer »normalen« und einer qualifizierten Willkür unterschieden werden soll.[163] Gerade die Isoglukose-Urteile zeigen das Problematische eines derartigen Vorgehens: Die »offenkundige und erhebliche« Verletzung des Gleichheitsgebotes ist dort mit Argumenten verneint worden, die – wenn sie richtig sind – eigentlich schon zu einer Bejahung der Rechtsmäßigkeit der VO hätte führen sollen.[164] Lag aber tatsächlich eine unzulässige Diskriminierung der (zahlenmäßig beschränkten) Isoglukoseherstellung vor, so ist nicht einzusehen, warum ihnen dann sogar ein Ersatz für gravierende Schäden verweigert werden soll. Die Schwere des Verstoßes könnte allenfalls ein Kriterium dafür abgeben, hinsichtlich der Art und Höhe des Ersatzes zu differenzieren; keinesfalls sollte die Verwendung dieses Kriteriums zu einer zusätzlichen Einschränkung der H. selbst führen.

70 Aus ähnlichen Erwägungen erscheint es auch nicht angebracht entscheidendes Gewicht auf die Bedeutung der verletzten Rechtsnorm zu legen, insbesondere auf den Umstand,

163 Insoweit zutreffend *Fuss* in: Festschrift v.d. Heydte, S. 178. – Zu beachten ist, daß der EuGH verschiedentlich eine Verletzung des Gleichbehandlungsgrundsatzes und demnach eine Rechtswidrigkeit nur bei willkürlichem Gebrauch des Ermessensspielraums bejaht hat; vgl. insbes. das Urteil EuGH – Merkur, 43/72 – Slg. 1974, 1055 (Begr. Z 22).

164 So hatte sich denn auch GA Reischl in den Schlußanträgen zu den Rs. 125/77, Rs. 103 und 145/77 für eine Bejahung der Rechtsmäßigkeit ausgesprochen (Slg. 1978, 2007); vgl. auch seine Schlußanträge in vorliegender Rs. (Slg. 1979, 3567).

daß ein »Grundrecht« bzw. ein allgemeiner Rechtsgrundsatz mit Grundrechtsrang verletzt worden ist.[165] Hier scheint den Grundrechten eine Funktion eingeräumt zu werden, die sie im Haftungsrecht nicht erfüllen können. Zum einen sagt der Umstand, daß eine solche Norm verletzt worden ist, letztlich noch nichts über die Schwere des Verstoßes aus: Nicht selten handelt es sich um Grenzfälle, wie gerade die Isoglukose-Urteile im Vergleich zu den abweichenden Schlußanträgen deutlich zeigen. Bei VOen des Rates hätte ein solches haftungseinschränkendes Kriterium praktisch wenig Wert, weil es bei der Frage der H. aufgrund derartiger VOen fast stets um Grundrechtsverstöße geht. Rechtsverletzungen anderer Art aber – etwa die manifeste Nichtbeachtung von Durchführungskriterien einer Grund-VO – können im Einzelfall sogar schwerer wiegen als die Verletzung allgemeiner Rechtsgrundsätze.

71 Letztlich scheint es daher methodisch am sinnvollsten, an die Auswirkungen des Verstoßes – die Zahl der Betroffenen und die Schwere der Einbuße im Vergleich zu normalen Geschäftsrisiken – anzuknüpfen, wie es der EuGH im HNL-Urteil und den Urteilen vom 4. 10. 1979 getan hat.[166] Es ist offensichtlich, daß bei dieser Methode Kriterien verwendet werden, die an die Lehre vom »Sonderopfer« oder der französischen Theorie des »préjudice spécial et grave« anklingen. Dies bedeutet jedoch nicht, daß diese Konzepte, die in erster Linie im Hinblick auf eine Entschädigung für »rechtmäßige« Eingriffe entwickelt worden sind, unbesehen für den hier in Frage stehenden Haftungsbereich übernommen werden sollen.[167] Keinesfalls soll damit das Zulässigkeitskriterium des individuellen Betroffenen aus Art. 173 wieder in den Bereich des Art. 215 hineininterpretiert werden.[168] Des weiteren erscheint es nicht angebracht, die H. etwa auf diejenigen Fälle zu beschränken, in denen – wie im deutschen Enteignungsrecht – ein »unmittelbarer Eingriff« in ein geschütztes Rechtsgut vorliegt; es sollten hier nicht auch noch die Anforderungen an den Kausalitätsbegriff erhöht werden, will man nicht die Gefahr laufen, daß die H. für normatives Unrecht zu sehr eingeschränkt wird; die oben erwähnte Haftungseinschränkung des EuGH[169] ist daher abzulehnen. Im übrigen sollte auch nicht – wie etwa im neuen deutschen Staatshaftungsrecht (§ 5 Abs. 2) – danach unterschieden werden, ob Schäden durch den normativen Akt als solchen oder erst auf

165 So vor allem *Fuss,* a.a.O. (Fn. 11), S. 32 und in EuR 1978, S. 360. In die gleiche Richtung tendiert GA Reischl in EuGH 1979 S. 3571. Es ist nicht erkennbar, daß der EuGH dieses Kriterium für entscheidend hält; zwar betont er in den Urteilen vom 4. 10. 79 zunächst die Bedeutung des Gleichheitsgrundsatzes, stellt dann letztlich aber doch auf andere Kriterien ab.

166 Im vorstehenden Sinne im wesentlichen auch *Ipsen, Mössner* und *Schröder* (s. Fn. 153). – Zwar trifft es zu, daß hier gewisse Elemente aus der Schadensprüfung in die Beurteilung der Rechtswidrigkeit einfließen; doch geht es hier nicht um die individuelle Schadensprüfung, sondern um die Abwägung zwischen öffentlichen und privaten Interessen, die eben nicht ohne Berücksichtigung der eingetretenen Folgen vorgenommen werden kann; am deutlichsten wird dies bei Verletzungen des Gleichheitssatzes.

167 Der Autor nuanciert insoweit etwas seine in EuR 1975, S. 104 ff. vorgetragene Auffassung (vor allem hinsichtlich der Kausalitätsfrage).

168 Unzutreffend daher die Kritik von *Fuss,* a.a.O. (Fn. 11), S. 31.

169 Siehe Rn. 67.

dem Wege der Durchführung (durch normativen Gemeinschaftsakt oder staatlichen Vollzugsakt) entstehen. Ein Rechtsschutzbedürfnis in Form der Haftungsklage besteht gerade im ersten Fall in besonderem Maße, da dort andere Klagemöglichkeiten nicht gegeben sind.

72 Ein haftungseinschränkendes Kriterium, das auf die Auswirkungen eines rechtswidrigen Rechtssetzungsaktes abstellt, kann zur Konsequenz haben, daß sich die Haftungsfrage je nach der Kategorie der Betroffenen unterschiedlich beantwortet, wie etwa der Sachverhalt des HNL-Urteils nahelegt. Eine solche unterschiedliche Beurteilung der Konsequenzen einer Amtspflichtverletzung stellt nicht Ungewöhnliches dar; sie kann sich etwa auch als Folge der Schutznormtheorie ergeben. Dies bedeutet jedoch nicht, daß in jedem Einzelfall eine individuelle Schadensprüfung erfolgen müßte, um festzustellen, ob überhaupt eine H. ausgelöst wird; dazu dürften globale Beurteilungen, wie im HNL-Urteil, ausreichen.

6. Subsidiarität gegenüber staatlichen Rechtsbehelfen

73 Die Feststellung des EuGH, die Schadensersatzklage stelle einen selbständigen Rechtsbehelf im Klageschutzsystem des Vertrages dar, löst noch nicht die Frage, ob die Betroffenen auf staatliche Rechtsbehelfe zu verweisen sind, sofern sie die Möglichkeit haben, den Schaden hierdurch abzuwenden.

Der EuGH sah sich diesem Problem schon im Kampffmeyer-I-Urteil konfrontiert, wo ein wesentlicher Teil des mit der Klage nach Art. 215 geltend gemachten Schadens in den an die deutschen Behörden zuunrecht bezahlten Abschöpfungen bestand; obwohl der EuGH die H. der G. grundsätzlich festgestellt hatte, hat er den Kl. auferlegt nachzuweisen, daß sie den staatlichen Verwaltungs- und Rechtsweg erschöpft haben, um die Rückerstattung der Beträge zu erreichen.[170] Diese Rechtsprechung wurde, wenn auch modifiziert, im Haegemann-Urteil fortgeführt. Dort ging es um die Rechtmäßigkeit einer auf Gemeinschaftsrecht beruhenden und eine »eigene Einnahme« der G. darstellenden Ausgleichsabgabe. Der EuGH stellte hierzu fest, daß im Rahmen der Beziehungen zwischen Einzelpersonen und der Behörde, welche die streitigen Abgaben erhoben hat, die innerstaatlichen Gerichte für die letztere Frage zuständig seien, und wies deshalb die Schadensersatzklage »beim gegenwärtigen Sachstand« ab.[171]

Die nachfolgende Rechtsprechung war zunächst durch eine gewisse Unsicherheit gekennzeichnet. So hat der EuGH in einigen Urteilen die Einwände der beklagten Organe, die Kl. auf den innerstaatlichen Rechtsweg zu verweisen, mit dem Hinweis auf die Eigenständigkeit der Schadensersatzklage und der Begründung zurückgewiesen, er sei

170 Vgl. Urteil Fn. 16 sowie EuGH – Becker/Kommission, 30/66 – Slg. 1967, 385.
171 EuGH – Haegemann/Kommission 96/71 – Slg. 1972, 1005; der Umstand, daß es sich um eine »eigene Einnahme« handelt, ist also letztlich nicht erheblich.

»im Rahmen seiner Zuständigkeit angerufen worden«;[172] im Merkur-Urteil hat er hinzugefügt, »es würde gegen die Grundsätze einer guten Rechtspflege verstoßen, wollte man die Klägerin zwingen, nationale Rechtswege auszuschöpfen und so längere Zeit auf die endgültige Entscheidung über ihren Antrag zu warten«. Hervorzuheben ist jedoch, daß es in diesen Urteilen nicht um die Rechtmäßigkeit von Abgaben ging, sondern entweder um die Gewährung von Beträgen, die der staatliche Richter nicht ohne weiteres Tätigwerden der G. hätte zusprechen können,[173] oder aber um Regelungen, deren Anfechtung im staatlichen Bereich den Schaden allenfalls zum Teil hätte abwenden können.[174] In anderen Fällen sind die Kl. weiterhin auf den staatlichen Rechtsschutzweg verwiesen worden.[175]

In der jüngsten Rechtspr. des EuGH zeichnet sich deutlich die Tendenz ab, die Schadensersatzklage als unzulässig abzuweisen, wenn der Kl. durch die Klage vor den staatlichen Gerichten in konkreto den gleichen Effekt hätte erzielen können. Dabei geht es nicht mehr nur um die Anfechtung von Abgaben, sondern ganz allgemein von staatlichen Vollzugsmaßnahmen, deren Aufhebung oder Unterbleiben den Eintritt eines effektiven Schadens verhindert hätte. Der EuGH bedient sich dabei nunmehr der Formel, daß die Klage »in Wirklichkeit« oder im »Wesentlichen« gegen Maßnahmen gerichtet ist, welche die nationalen Behörden aufgrund von Bestimmungen des Gemeinschaftsrechts ergriffen haben.[176] In der Rs. Wagner[177] hatte die staatliche Behörde den Antrag der Kl.

172 Vgl. etwa die Urteile in den Rs. Holtz-Willemsen (Fn. 117), Cie d'Approvisionnement (Fn. 97), Merkur (Fn. 163), Wünsche (Rs. 59/82 - Slg. 1973, 791), und Dietz (Rs. 126/76 - Slg. 1977, 2431).
Vgl. vor allem die Schlußanträge von GA *Warner* in der zuletzt zitierten Rs., die sich mit der damals vorliegenden Rechtsprechung des EuGH kritisch auseinandersetzen (Slg. 1977, 2447 ff.).

173 Vgl. die in Fn. 112 zitierten Urteile. Anders dagegen in der Rs. I.B.C. 46/75 (Slg. 1976, 65), wo es zwar um die Gewährung einer Subvention (Währungsgrundbetrag) ging, die staatliche Behörde hierüber aber ausnahmsweise infolge der Technik des Systems befinden konnte; zu Recht wurde dagegen – entgegen vielfacher Kritik – die Klage als unzulässig abgewiesen.

174 Vgl. etwa Rs. CNTA (Fn. 54) oder Roquettes (Fn. 128); im letzteren Falle wurde die Klage wegen nicht schlüssiger Darlegung des die Rückerstattung der Ausgleichsbeträge übersteigenden Schadens abgewiesen.

175 In einem einzigen Falle, in den Rs Lesieur-Cotelle, 68 bis 85/75 – Slg. 1976, 79, ist die Klage auch hinsichtlich eines Subventionsbetrages als unzulässig abgewiesen worden, obwohl das staatliche Gericht hierüber nicht hätte befinden können; offenbar handelt es sich hier jedoch um eine durch die Komplexität des Falles bedingte »atypische« Entscheidung; so auch GA *Warner*, Slg. 1976, 2446, und GA *Capotorti* in der Rs. Granaria, 90/78 – Slg. 1979, 1099). Mit Recht ist diese Entscheidung allenthalben auf Ablehnung gestoßen.

176 Vgl. EuGH – Debayser u.a./Kommission, 12, 18 und 21/77 – Slg. 1978, 553 (567); Wagner/Kommission 12/79 – Slg. 1979, 3657; Sucreimex/Kommission 133/79 – Slg. 1980, 1299. Ähnlich auch Rs. Interagra/Kommission, 217/81, Urteil vom 10. 6. 1982. Das gilt auch in bezug auf nicht bindende Meinungsäußerungen, durch welche die Kommission staatliche Behörden zu einem bestimmten Verhalten veranlaßt hat (Fälle Debayser und Sucreimex), und dieses Verhalten dann schadensauslösend war.

177 Siehe Fn. 176.

auf Annulierung der Exportlizenz abgelehnt, was nach Auffassung der Kl. auf ein fehlerhaftes Verhalten der Kommission zurückging. Der EuGH wies die Klage als unzulässig ab, weil die Kl. Ersatz für denjenigen Schaden verlangte, »der ihr entstanden ist, weil es ihr nicht gelungen ist, dem ablehnenden Bescheid seine Wirkung zu nehmen«. Der Einwand der Kl., eine Klage vor den staatlichen Gerichten sei für sie mit einem erheblichen Risiko (einem Verfall der Kaution) verbunden gewesen, wies er mit der Begründung zurück, es sei »unerheblich, aus welchen Gründen sie nicht vor dem staatlichen Gericht geklagt habe«; wolle man eine solche Schadensersatzklage zulassen, so würde, »das gesamte System der Klagearten verkannt...«. Dieses Urteil scheint endgültig auf die *Subsidiarität* der Schadensersatzklage gegenüber dem staatlichen Rechtsschutzweg hinauszulaufen.

74 Gegen diese Rechtspr. ist zum Teil scharfe Kritik erhoben worden, insbesondere mit der Begründung, der EuGH habe damit das von ihm selbst aufgestellte Axiom des selbständigen Charakters der Schadensersatzklage wieder aufgegeben.[178] Diese Kritik erscheint jedoch im wesentlichen nicht berechtigt. Zwar stellen das Rechtsschutzsystem des Vertrages und die staatlichen Rechtsbehelfe kein integriertes Gesamtsystem dar, so daß man – von Extremfällen abgesehen – schwerlich geltend machen kann, der Betroffene »umgehe« das System der staatlichen Rechtsbehelfe, wenn er statt dessen eine Klage nach Art. 215 erhebt. Nichtsdestoweniger ist der auf die Aufhebung des schadensstiftenden Ereignisses selbst – des staatlichen Vollzugsaktes – gerichtete Rechtsbehelf in jedem Fall der naheliegende Weg, demgegenüber das seiner Natur nach sekundäre Rechtsschutzmittel der Schadensersatzklage grundsätzlich zurücktreten sollte. Dies entspricht auch der grundsätzlichen Verteilung der Kompetenzen zwischen Gemeinschaftsorganen und staatlicher Verwaltung insofern, als die letztere zum Vollzug des Gemeinschaftsrechts berufen ist, und der Betroffene sich generell an die staatlichen Behörden und Gerichte wenden muß, wenn er solche Vollzugsakte angreifen will; die Eröffnung eines parallelen Rechtsweges unmittelbar vor dem EuGH erscheint nicht nur überflüssig, sondern verwirrend, zumal wenn sie dazu führen würde, dem Betroffenen nicht nur eine Option einzuräumen, sondern sogar die Möglichkeit, beide Wege gleichzeitig zu beschreiten.

Eine solche Zweispurigkeit kann auch – insbesondere wenn es zu keiner oder einer verspäteten Vorlage nach Art. 177 kommt – zu unterschiedlichen Beurteilungen führen. Sie könnte ferner zu einer Überschwemmung des EuGH mit direkten Klagen der von einer Verordnung Betroffenen führen; das Erfordernis, den staatlichen Weg einzuschlagen, stellt hier ein wirksames Filter dar, das ermöglicht, daß sich der EuGH in *einem* objektiven Verfahren zu der Frage der Gültigkeit der Verordnung in allgemeiner Weise

178 Zur Kritik vgl. etwa *Fuss,* a.a.O. (Fn. 11), S. 21 ff., *Goffin,* JT 1981, S. 5151; *du Ban,* CDE 1977, S. 412 ff.; *Thiesing* in der Vorauflage, Rn. 38 und 39; *Ehle,* Urteilsanmerkung zur Rs. 96/77, in: AWD 1973 S. 472. – Die Kritik übersieht zum Teil die Nuancen im Verhältnis zur früheren Rechtsprechung des EuGH, was aber angesichts mancher Inkonsequenzen und Unklarheiten in der Begründung der Urteile verständlich ist.

äußern kann. Das Argument, daß der Betroffene auf einen unzumutbaren »langen Marsch« durch die staatlichen Instanzen geschickt werde, ist nicht überzeugend; denn die möglicherweise lange Prozeßdauer in Streitfällen, in denen die Gültigkeit einer Rechtsnorm in Frage steht, ist auch im staatlichen Bereich nichts ungewöhnliches; die frühzeitige Vorlage an den EuGH nach Art. 177 kann diese Prozeßdauer im übrigen abkürzen.[179]

75 Im einzelnen ist die Verweisung auf den staatlichen Rechtsschutzweg allerdings von einigen einschränkenden Voraussetzungen abhängig zu machen.

Das Beschreiten des staatlichen Rechtsweges muß möglich und prinzipiell *erfolgversprechend* sein. Dies ist z. B. nicht der Fall, wenn der Betroffene auf eine Leistung klagt, die der staatliche Richter wegen der Ausgestaltung der gemeinschaftlichen Norm gar nicht zusprechen könnte; hier würde ein Verweis auf die primäre Ausschöpfung des staatlichen Weges in der Tat eine Art »Aufforderung zu einer Rundreise« bedeuten, die den Betroffenen letztlich wieder vor den EuGH führen würde.[180] Eine Verweisung auf den staatlichen Weg scheidet auch dann aus, wenn der Kläger von dem staatlichen Vollzugsakt nicht selbst betroffen ist, so daß nur ein Dritter ihn anfechten könnte.[181]

Bei der Beantwortung dieser Fragen muß ein konkreter Maßstab angelegt werden, der möglicherweise zu unterschiedlichen Ergebnissen je nach Ausgestaltung des staatlichen Systems führen kann.[182]

Desweiteren ist zu verlangen, daß das Beschreiten des staatlichen Rechtsschutzweges für den Betroffenen im konkreten Fall *zumutbar* ist, d. h. nicht mit unverhältnismäßig großen Risiken verbunden ist. Daran sollten, um unbillige Ergebnisse zu vermeiden, keine übergroßen Anforderungen gestellt werden.[183] So sollte etwa eine unmittelbare Klage nach Art. 215 auch dann zugelassen werden, wenn es sich in Parallel-Prozessen bereits

179 Dies ist auch nicht selten der Fall gewesen; es gibt allerdings auch Fälle, in denen Probleme durch das zögernde Verhalten staatlicher Gerichte zur Vorlage entstanden sind. Allerdings kann man sich auch des Eindrucks nicht ganz erwehren, daß die Vorliebe für Schadensersatzklagen von seiten der Anwälte manchmal auf Kostengesichtspunkten beruht.

180 So mit Recht – angesichts des konkreten Falles – GA *Mayras* in der Rs. Merkur (Fn. 163 – Slg. 1973, 1083) und ähnlich GA *D. de Lamothe* in der Rs. Cie d'Approvisionnement (Fn. 97 – Slg. 1972, 413).

181 So auch das Urteil in den Rs. 197/80 ff. (Ludwigshafener Walzmühle u.a.) vom 17. 12. 1981 (Begründung Z. 7).

182 Der Einwand *Goffins* (a.a.O., Fn. 178, S. 5), eine Prüfung der Erfolgsaussicht nach staatlichem Recht überschreite die Kompetenz des EuGH, kann nicht überzeugen; die Prüfung derartiger staatlicher Rechtsfragen gehört zur natürlichen Aufgabe gerade eines »internationalen« Gerichts.

183 Insoweit bestehen Bedenken gegen das Urteil Wagner (vgl. oben Fn. 176), das den Klägern ein zu hohes Risiko aufbürdet; insofern auch berechtigt die Kritik von *Fuss*, a.a.O. (Fn. 28). Auf der anderen Seite dürfte es aber zu »klägerfreundlich« sein, die Zulässigkeit auf die Fälle eines »abus de droit« zu beschränken, wie F. vorschlägt; solche Fälle liegen – nimmt man den Begriff ernst – selten vor.

gezeigt hat, daß der staatliche Weg nicht zum Erfolg führt. Hat der Betroffene Anfechtungs- oder andere Klagefristen versäumt, so ist zu prüfen, ob ihn deswegen ein Vorwurf trifft;[184] verneinendenfalls ist die Klage nach Art. 215 zulässig.
Eine Schadensersatzklage sollte ferner dann zulässig sein, wenn der Betroffene den staatlichen Rechtsweg erfolglos erschöpft hat, ohne daß es zu einer Vorlage über die Gültigkeit der in Frage stehenden Rechtsvorschrift nach Art. 177 gekommen ist. Nur auf diese Weise kann sichergestellt werden, daß der Betroffene durch eine etwaige Mißachtung der Vorlagepflicht staatlicher Gerichte infolge des Verweises keinen Nachteil erleidet. Diese Konsequenz setzt allerdings voraus, daß man den eigentlichen Grund für die Verweisung auf den staatlichen Weg in der *Schadensabwehrpflicht* erblickt; stellt man dagegen einfach auf die Existenz unterschiedlicher Rechtsschutzmöglichkeiten ab, so ist sie nicht zwingend. Die Rechtsprechung des EuGH ist in dieser Frage nicht eindeutig; während er im Haegemann-Urteil offenbar von der hier vertretenen These ausgeht, scheinen die späteren Urteile eher auf eine endgültige Unzulässigkeit hinzudeuten.

76 Der Verweis auf den staatlichen Rechtsschutzweg muß hinsichtlich aller Arten von Rechtsbehelfen gelten, die dem Betroffenen nach dem jeweiligen staatlichen System im Hinblick auf die behauptete Rechtswidrigkeit der gemeinschaftlichen Vorschrift zur Verfügung stehen, also neben Anfechtungsklagen auch Leistungsklagen öffentlicher oder zivilrechtlicher Natur: So etwa, wenn der Betroffene einen Bereicherungsanspruch gegen eine staatliche Interventionsstelle geltend machen kann, mit der er einen wegen Rechtswidrigkeit der gemeinschaftsrechtlichen Grundlage ungültigen Vertrag abgeschlossen hat.

77 Das Problem, daß eine Klage nach Art. 215 Abs. 2 bei Verweisung auf den staatlichen Rechtsschutzweg wegen der in Art. 43 der Satzung des EuGH (EWGV) festgelegten 5-jährigen *Verjährungsfrist* eventuell verspätet sein könnte, kann durch eine entsprechende Anwendung von Art. 43 Abs. 2 (Unterbrechung der Verjährung nach Rechtshängigkeit der staatlichen Klage), ohne Schwierigkeit gelöst werden.

78 Man kann sich fragen, ob die Verweisung auf den staatlichen Rechtsschutzweg aufgrund der hier vertretenen Konstruktion noch als eine Frage der *Zulässigkeit* betrachtet werden kann, oder ob es sich nicht vielmehr um eine solche der Begründetheit in Bezug auf den Schadenseintritt handelt. Diese Frage dürfte jedoch nur von theoretischer Bedeutung sein; denn auch als Begründetheitsfrage kann sie »in limine litis« behandelt werden.

7. Mitwirkendes Verschulden Dritter, insbesondere der Mitgliedstaaten (Haftungskonkurrenz)

79 Die Haftung der G. wird nicht dadurch ausgeschlossen, daß andere Personen den Schaden mitverursacht haben. Nach allgemeinen Rechtsgrundsätzen wird man annehmen können,

184 Vgl. etwa im deutschen Recht § 6 StHG (früher § 839 Abs. 3 BGB). Mit Urteil vom 19. 10. 1982 (BGBl. I S. 1493) hat das BVerfG das StHG wegen fehlender Bundeskompetenz für verfassungswidrig erklärt.

daß bei einem solchen Sachverhalt die G. und die übrigen Verursacher dem Geschädigten als Gesamtschuldner haften und den Schaden im Innenverhältnis zu teilen haben.

80 Das Gesagte muß auch im Verhältnis zum mitwirkenden Verschulden eines Mitgliedstaates gelten. Auch diese Frage hat sich im Falle des Urteils Kampffmeyer-I gestellt, in dem die Kl. nicht nur die G. haftbar gemacht haben, sondern Amtshaftungsklagen auch gegen die Bundesrepublik wegen eigenständiger Amtsfehler bei der Durchführung der von der G. genehmigten Schutzmaßnahme erhoben hatten (ein Aspekt, der von dem oben Rn. 73 erörterten deutlich zu unterscheiden ist).[185] Der EuGH hat die Kl. jedoch in seinem Zwischenurteil auch insoweit darauf verwiesen, vorab die innerstaatlichen Rechtsmittel auszuschöpfen; er begründete dies hauptsächlich damit, es müsse vermieden werden, daß die Kl. wegen des gleichen Sachverhaltes unzureichenden oder zu hohen Schadensersatz erlangen könnten. Er hat sich damit auch für die Subsidiarität der H. der G. gegenüber konkurrierender H. eines Mitgliedstaates ausgesprochen, möglicherweise inspiriert durch die Vorschrift des § 839 Abs. 3 Satz 2 BGB.

Dieser Urteilsaspekt ist mit Recht auf allgemeine Ablehnung gestoßen.[186] Ein gemeinsamer Rechtsgrundsatz, der der erwähnten – nun aber nicht mehr gültigen – Vorschrift des BGB entsprechen würde, existiert nicht. Die Entscheidung bringt das Risiko mit sich, daß die Geschädigten weder von der G. noch von den Mitgliedstaaten Ersatz erhalten und so in unzumutbarer Weise in ein »Spiegelkabinett gemischt – gemeinschaftlich – nationalen Rechtsschutzes ohne Effizienz« verwiesen werden.[187]

Das Problem läßt sich am besten dadurch lösen, daß der Geschädigte in derartigen Fällen die G. und die Mitgliedstaaten als *Gesamtschuldner* haftbar machen kann, und sich gegebenenfalls anrechnen lassen muß, was ihm bereits von der jeweils anderen Seite zugesprochen worden ist. In welcher Weise die Gesamtschuldner im Innenverhältnis den Schaden zu tragen haben, dürfte hier nicht nur von dem Grade der Verantwortung der Schädiger abhängen, sondern auch, und in erster Linie, von der Frage, ob die G. oder der Mitgliedstaat hauptsächlicher Nutznießer der schadenstiftenden Handlung war. Kommt eine Einigung über den Ausgleich nicht zustande, so wird der EuGH über die Streitfrage zu entscheiden haben: Kommt etwa ein Mitgliedstaat seiner Regreßpflicht nicht nach, so

185 Vgl. Urteil Fn. 16; hier Begründung S. 358.
Die beiden – dogmatisch völlig unterschiedlichen Subsidiaritätsaspekte – werden in der Urteilskritik zum Teil nicht klar unterschieden.

186 Vgl. etwa *Ipsen*, Europ. Gemeinschaftsrecht, S. 540; *Constantinesco*, »Les problèmes résultant de la responsabilité extracontractuelle de la Communauté et de ses Etats membres, Commission des C.E., Collcetion Etudes (n° 34), Bruxelles 1980.

187 So *Ipsen* (Fn. 185). Daß sich diese Horrorprognose im konkreten Fall nicht verwirklicht hat, lag nur daran, daß der BGH schließlich den § 839 Abs. 1 Satz 2 BGB im Verhältnis zu Ansprüchen im Rahmen des Gemeinschaftsrechts nicht für anwendbar erklärt hat (vgl. BGHZ 63, 319 ff.; s. hierzu auch *Thiesing* in der Vorauflage, Rn. 37).

kann gegen ihn ein Verfahren nach Art. 169 eingeleitet werden; im umgekehrten Falle könnte der Mitgliedstaat gegen die G. über Art. 175 vorgehen.

81 Ein mitwirkendes Verschulden des Mitgliedstaates ist jedoch dann nicht gegeben, wenn sich die Tätigkeit der staatlichen Behörden im Vollzug einer gemeinschaftswidrigen Norm erschöpft, da diese Behörden – jedenfalls bis zu einer gegenteiligen Entscheidung eines »zuständigen« Gerichtes – verpflichtet sind, die Gemeinschaftsnorm anzuwenden;[188] dies gilt sogar dann, wenn schwerwiegende Bedenken gegen die Gültigkeit dieser Norm bestehen. In diesen Fällen kommt daher ausschließlich eine H. der G. in Betracht. Eine Mithaftung des Mitgliedstaates ist jedoch dann möglich, wenn ihm hinsichtlich der Anwendung der Gemeinschaftsnorm ein Ermessensspielraum eingeräumt ist, insbesondere dann, wenn ihn diese zu einem bestimmten Verhalten nur ermächtigt.[189]

8. *Entschädigung bei rechtmäßigen Eingriffen*

82 In der Rs. Cie d'Approvisionnement hatten die Kl. hilfsweise geltend gemacht, sie hätten einen »außergewöhnlichen und besonderen Schaden« erlitten; deshalb sei die H. der G. auch dann begründet, wenn keine rechtswidrige Handlung vorliege. Der EuGH hat diese Rüge mit folgenden Worten abgewiesen:

»Eine H. für einen legalen Rechtsetzungsakt kann in einer Lage wie der vorliegenden nicht in Betracht kommen, weil die Maßnahmen der Kommission im allgemeinen wirtschaftlichen Interesse lediglich die Folgen mildern sollten, die sich ... aus dem Beschluß ... ergaben, den Franken abzuwerten.«[190]

Diese Formulierung erweckt den Eindruck als ob der EuGH die Möglichkeit einer derartigen H. grundsätzlich bejahen und nur wegen der Umstände des vorliegenden Sachverhalts ausschließen wollte.[191] Es scheint jedoch verfrüht, aus diesem bisher einzig darstehenden obiter dictum bereits zu folgern, der EuGH habe diese Haftungsform tatsächlich für das Gemeinschaftsrecht anerkannt. Der Umstand, daß eine solche Haftungsform nur in einzelnen mitgliedstaatlichen Rechtsordnungen bekannt ist, und sich unter ganz bestimmten historischen Gegebenheiten entwickelt hat, zwingt zur Vorsicht. Ihre Übertragung ins Gemeinschaftsrecht sollte schon deshalb sorgfältig bedacht werden, da es angesichts der Struktur und Fortentwicklung der Gemeinschaft häufig zu Änderungen der rechtlichen Situation kommt, die den Wirtschaftsteilnehmern notwen-

188 Vgl. EuGH-Granaria, 101/78 – Slg. 1979, 623. Offenbar versteht der EuGH hier unter »zuständigem Gericht« auch jedes im Rahmen seiner Zuständigkeit befaßte staatliche Gericht, was Probleme aufwirft.
189 So der Sachverhalt in der Rs. Kampffmeyer I (Fn. 16).
190 EuGH – Cie d'Approvisionnement, 9 und 11/71 – Slg. 1972, 391, Z. 46.
191 So in der Tat GA *Trabucchi* in der Rs. 169/73 – Slg. 1975, 414.

digerweise Opfer auferlegen; die bisher vorliegenden Äußerungen zu dieser Frage sind denn auch eher zurückhaltend.[192]

83 Allerdings stellt sich die Frage unter dem Aspekt des Grundrechtschutzes in einem besonderen Licht. Insbesondere hinsichtlich des Eigentumsschutzes hat der EuGH bereits anerkannt, daß dieses Grundrecht nicht nur vor Entziehungen, sondern auch vor unverhältnismäßigen Eingriffen in die Vorrechte des Eigentümers, die das Eigentum in seinem Wesensgehalt antasten, geschützt ist.[193] Aus diesem Konzept ergibt sich unter gewissen Voraussetzungen auch die Pflicht zur Entschädigung. Eine wesentliche Voraussetzung scheint in diesem Bereich allerdings das Erfordernis des »Eingriffs« darzustellen, was – anders als im Bereich der H. für rechtswidriges Verhalten – eine H. für nur mittelbare Schäden als Folgen eines Eingriffs in die Rechte eines anderen ausschließt.

Desgleichen dürfte auch, unter gewissen Voraussetzungen, eine Entschädigungspflicht unter dem Gesichtspunkt der Aufopferung anzuerkennen sein, was etwa auch zur Anerkennung von Leistungsansprüchen wegen diskriminierender Subventionspraxis führen könnte.[194]

Der ganze Problemkreis fällt jedoch wohl nicht mehr in den Anwendungsbereich des Art. 215 Abs. 2, auch wenn dessen Wortlaut nicht ausdrücklich entgegensteht. Eine derartige H. sollte – auch hinsichtlich der Frage der Entschädigungshöhe – nicht unter Rückgriff auf die allgemeinen Rechtsgrundsätze des Haftungsrechts, sondern aufgrund der spezifischen Erfordernisse des Grundrechtsschutzes in der G. entwickelt werden.

9. Klagen von Bediensteten

84 Schadensersatzklagen von Bediensteten (einschließlich ehemaliger Bediensteter) gegen die Organe (Anstellungsbehörden) finden sich in großer Zahl, und zwar häufig in Verbindung mit Anfechtungsklagen gegen Verwaltungsentscheidungen; sie haben die Rechtsprechung des EuGH im Bereiche des Schadenersatzrechts der G. nicht unerheblich beeinflußt. Die Frage stellt sich jedoch, ob diese Klagen dem Art. 179 oder den Art. 178/215 Abs. 2 zuzuordnen sind, oder ob etwa beide Bestimmungen kumuliert heranzuziehen sind. Diese Frage ist, auch in der Rechtspr. des EuGH, unterschiedlich beantwortet worden. Nach dem Wortlaut des Art. 179 fallen unter diese Vorschrift auch Schadensersatzklagen. Andererseits enthält das Beamtenstatut keine speziellen Vorschriften für derartige Klagen, und der Wortlaut des Art. 215 Abs. 2 würde auch die

192 Vgl. *Roemer* in der Rs. Werhahn, 63 bis 69/72 – Slg. 1973, 1229, 1273; *Mayras* in den Rs. 9 und 11/71 (Slg. 1972, 425); *Fuss*, EuR 1968, S. 370. Befürwortend *Goffin*, Urteilsanmerkung zu den Rs. 9 und 11/71, in: JT 1973, Nr. 4843, S. 661.

193 EuGH-Hauer, 44/79 – Slg. 1979, 3727.

194 Zur direkten Ableitung von Leistungsansprüchen aus der Verletzung des Gleichheitssatzes nach deutschem Recht vgl. etwa die Entscheidung des BVerfG vom 8. 10. 1980, abgedruckt in DVBl. 1981, S. 1147.

außervertragliche H. der G. gegenüber ihren Bediensteten decken (wie auch die entsprechenden Vorschriften des EGKSV und des EAGV, die angesichts des fusionierten Behördenapparates kumuliert angewandt werden müßten).[195] Zwar sind Schadensersatzklagen, die sich als Umgehung von Anfechtungsklagen darstellen, als unzulässig zu betrachten.[196] Damit ist aber nur ein Teil der Problematik gelöst; denn auch in diesem Bereich gibt es Klagen, die nicht auf die Feststellung der Rechtswidrigkeit des Verwaltungshandelns gerichtet sind, sondern ein selbständiges Ziel verfolgen. Daraus hat der EuGH zuerst abgeleitet, daß für derartige Klagen – auch wenn sie als »Beamtensachen« nach Art. 95 § 2 der VerfO der Kammer zugewiesen sind – die Frist des Art. 91 des Personalstatuts nicht gelten soll.[197] In einem späteren Urteil hat er dann darauf abgestellt, ob die Schadensersatzklage »ihren Ursprung« in der behaupteten Rechtswidrigkeit des Verwaltungshandelns habe, was zu ihrer »ausschließlichen Beurteilung« nach Art. 179 und damit zur Anwendung der besonderen Zulässigkeitsvoraussetzungen (Beschwerde und Fristen) der Art. 90 und 91 des Personalstatuts geführt hat.[198] Schließlich hat der EuGH dann – noch weiter gehend – festgestellt, daß jeder »im Dienstverhältnis wurzelnde« Schadensersatzprozeß im Rahmen des Art. 179 und der Art. 90 und 91 des Personalstatuts zu beurteilen sei;[199] er falle »insbesondere hinsichtlich seiner Zulässigkeit weder in den Anwendungsbereich der Art. 178 und 215 noch in den des Art. 43 der Satzung (EWG) des Gerichtshofs«.

Dieser jüngeren Rechtsprechung des EuGH ist insoweit zuzustimmen, als sie die verfahrensrechtlichen Aspekte betrifft. Hinsichtlich der materiellrechtlichen Fragen wird man jedoch auch weiterhin auf die im Rahmen des Art. 215 Abs. 2 erarbeiteten Grundsätze zurückgreifen können.

10. Verfahrensfragen, Verjährung, Zulässigkeit

85 Weder die Vorschriften der Verträge noch die Satzungen oder die VerfO des EuGH sagen etwas über das Verfahren aus, in welchem die Ansprüche betr. die außervertragliche H. geltend zu machen sind. Für den EGKSV war von Anfang an anerkannt, daß Schadensersatzprozesse zum sogenannten »contentieux de pleine juridiction« gehören, im Gegensatz zum »contentieux de l'annulation«, für den die Verträge das Vorliegen besonderer Klagegründe (z. B. »Ermessensmißbrauch«) erfordern; dies dürfte grundsätzlich auch für den EWGV (und EAGV) gelten.[200] Allerdings verliert diese Frage viel von

195 Vgl. zu dieser Frage GA *Warner* in der Rs. Meyer – Burckhardt, 9/75 – Slg. 1975, 1188.
196 Vgl. oben Rn. 59.
197 EuGH – Heinemann, 79/71 – Slg. 1972, 591; im gleichen Sinne GA Trabucchi in der Rs. Scuppa, 4 und 30/74 unter Betonung der Selbständigkeit der Schadensersatzklage (Slg. 1975, 938).
198 EuGH – Schots-Kortner u.a., 15/73 usw. – Slg. 1974, 177, 188.
199 Rs. 9/75 (Fn. 195) Slg. 1975, 1171, 1182.
200 Vgl. hierzu und zum folgenden insbes. *Much*, a.a.O. (Fn. 3), S. 741 ff.; aus rechtsvergleichender Sicht *Bleckmann* (Fn. 103), S. 789 ff.

ihrem praktischen Gewicht, da gerade im wirtschaftspolitischen Bereich, wie dargelegt, nur schwere Ermessensfehler eine H. auslösen können.

86 Die aus außervertraglicher H. der G. hergeleiteten Ansprüche verjähren in fünf Jahren nach Eintritt des Ereignisses, das ihnen zugrunde liegt. (Art. 43 des Protokolls über die Satzung des Gerichtshofs).[201]

Als »Eintritt des Ereignisses« wird man – bei Auseinanderfallen zwischen schadensstiftender Handlung und Schadenseintritt – auf letzteren abzustellen haben. Eine schwierige Frage ergibt sich jedoch dann, wenn eine Klage wegen zukünftigen Schadens möglich ist; um unbillige Ergebnisse zu vermeiden, sollte diese »Vorperiode« jedoch nicht auf den Lauf der 5-Jahresfrist ab effektivem Schadenseintritt angerechnet werden.[202]

Ob eine nach Ablauf dieser Frist erhobene Klage unzulässig oder unbegründet ist, dürfte von der Rechtsnatur abhängen, welche dieser Frist im Gemeinschaftsrecht zukommt. Faßt man sie, dem Wortlaut des Art. 43 folgend, als klassische Anspruchsverjährung auf, so handelt es sich um eine Frage der Begründetheit, und damit auch – wie im deutschen Recht – um eine verzichtbare Einrede. Es läßt sich jedoch wohl auch die Ansicht vertreten, daß die Frist gleichzeitig Aspekte einer prozessualen Klagefrist aufweist, etwa im Hinblick auf die Verknüpfung mit den Klagefristen nach Art. 173 und Art. 175. Der EuGH hat sie zunächst als Frage der Begründetheit, in jüngerer Zeit aber als Frage der Zulässigkeit behandelt;[203] schließt man sich dieser Auffassung an, so wird die Frage des Fristablaufs auch von Amts wegen zu prüfen sein; im Falle der ersten Hypothese handelt es sich um eine gegen den Anspruch gerichtete Einrede, die gemäß Art. 40 und 42 VFO bereits im schriftlichen Verfahren erhoben werden müßte.

87 Ein *Vorbescheid* der Verwaltung ist im Gegensatz zu einigen nationalen Regelungen – mit Ausnahme der Klagen von Bediensteten – nicht erforderlich. Der Geschädigte wird aber häufig gut daran tun, zwecks gütlicher Schadensregelung vorab den Verwaltungsweg zu beschreiten. In diesem Falle muß die Klage gemäß Art. 43 der Satzung innerhalb der in Art. 173 vorgesehenen Frist von 2 Monaten erhoben werden. Dem Zweck dieser Vorschrift ist jedoch zu entnehmen, daß damit nicht die Verjährungsfrist verkürzt, sondern nur geregelt werden sollte, unter welchen Voraussetzungen die außergerichtliche Befassung des betroffenen Organs die Verjährung unterbricht. Die Vorschrift führt daher nicht zu einer Verkürzung der allgemeinen 5-Jahresfrist, sondern gegebenenfalls zu einer

201 Vgl. dazu und über die Unterbrechung der Verjährung auch die Anm. zu Art. 43 der Satzung des EuGH in der 2. Auflage dieses Kommentars.

202 So nunmehr der EuGH – gegen den Einwand der Organe – in einem Urteil vom 27. 1. 1982 (Birra Wuhrer u.a., 256/80 usw.); die Verjährungsfrist beginnt erst zu laufen, wenn sich der Schaden »konkretisiert« hat (es handelt sich um Anschlußklagen an die »Maisgritzprozesse«, vgl. Fn. 55).

203 Vgl. zunächst Urteil in Rs. 4/69 (Lütticke) Slg. 1970, 325 (Begr. Z. 8); nunmehr vgl. vor allem das vorzitierte Urteil (Fn. 202).

Verlängerung derselben um diese 2-Monatsfrist.[204] Die zu erhebende Klage bleibt ihrer Rechtsnatur nach eine solche nach Art. 215 Abs. 2.

88 Die Rechtsnatur des Amtshaftungsprozesses würde es an sich entsprechen, daß das Verfahren vom *Untersuchungsgrundsatz* beherrscht wird. In Wirklichkeit werden jedoch auch für dieses Verfahren Elemente der Offizialmaxime mit solchen der Verhandlungsmaxime vermischt.[205] Das drückt sich etwa darin aus, daß die VerfO des Gerichtshofs die Darlegungspflichten der Parteien recht streng formuliert.[206] Im Gegensatz zur früheren Rechtspr. betr. den EGKSV[207] werden jedoch an diese Darlegungspflichten keine allzu strengen Anforderungen gestellt; insbesondere werden im Interesse der Prozeßökonomie gewisse Erleichterungen akzeptiert, wie etwa der Übergang von einem Feststellungs- zu einem Leistungsantrag.

Die Art der *Beweisführung* liegt entsprechend den Grundsätzen der Offizialmaxime letztlich im pflichtgemäßen Ermessen des EuGH.[208] Die Praxis zeigt, daß der EuGH wenn irgend möglich vermeidet, in eine Beweisaufnahme einzutreten; so ist es bisher nur in einem einzigen Schadensersatzprozeß (abgesehen von Beamtensachen) zu einer echten Beweisaufnahme gekommen; häufig erfolgt jedoch eine formlose Sachaufklärung durch Fragestellung an die Parteien. Im Bereich der Schadensfeststellung können Beweisaufnahmen durch Zuflucht zum Prinzip der freien Beweiswürdigung oder durch Zwischenurteile zum Grund der H. vermieden werden.[209]

89 Die Frage der *materiellen* Beweislast beantwortet sich ebenso wie in den staatlichen Rechten ähnlich den für zivilprozeßrechtliche Leistungsklagen geltenden Regeln, wobei allerdings formelle und materielle Beweislastfragen nicht immer streng auseinandergehalten werden. Der Kl. muß wenigstens den Beginn des Beweises für die konstitutiven Elemente der H. erbringen, doch hat auch der Beklagte bei der Aufklärung des Streitstoffes mitzuwirken. Hinsichtlich des Kausalitätsnachweises reichen allgemeine

204 Vgl. Urteil Kampffmeyer I (Fn. 16) Slg. 1967, 351; bestätigt im Urteil Giordano/Kommission, 11/72 – Slg. 1973, 425.

205 Vgl. *Much,* a.a.O. (Fn. 3), S. 744; vgl. auch die Berichte von *Bebr, Korsch* und *Matthies* in: KSE, Bd. 1, S. 77 ff.

206 Vgl. etwa Art. 38 § 1; 40; 42 § 1, die auch für Klagen nach Art. 215 gelten.

207 Zur früheren Rechtsprechung vgl. *Ehle,* a.a.O. (Fn. 1), Rn. 60 mit Nachweisen. Für die Rechtsprechung zum EWGV vgl. etwa die Urteile Kampffmeyer II (Fn. 96) und Granaria (Fn. 129); jedenfalls neigt der EuGH dazu, bei mangelhaften Klagevortrag, vor allem hinsichtlich des Schadens, die Klage eher als unbegründet denn als unzulässig abzuweisen, vgl. etwa das Urteil CNTA (Fn. 174) oder das in Fn. 181 zitierte Urteil; es gibt jedoch auch äußerste Grenzen, vgl. Urteil »Schöppenstedt« (Fn. 67), Begr. Z. 9.

208 Vgl. Art. 44 ff. VerfO.

209 Siehe oben Rn. 60.

Vermutungen über die Auswirkungen eines Gemeinschaftsaktes nicht aus, wenn Gründe vorliegen, die auch eine andere Schadensursache möglich erscheinen lassen.[210]

Wenn sich auch die Praxis des EuGH durch eine geschmeidige Handhabung der Beweisregeln auszeichnet, so sind nicht wenige Schadensersatzklagen gerade an einem unzureichenden Nachweis des Schadens bzw. der Schadenskausalität gescheitert. Läßt sich das Nichtvorliegen eines Schadens in Anwendung der genannten Beweisregeln verfahrensmäßig einfacher feststellen als die Klärung der Rechtswidrigkeit, so zögert der EuGH aus Gründen der Prozeßökonomie nicht, die Schadensfrage vorzuziehen und die Frage der Rechtswidrigkeit offen zu lassen.[211]

90 *Zulässigkeitsfragen* sind weitgehend mit den Sachfragen verknüpft und werden daher im jeweiligen Sachzusammenhang behandelt.[212]

IV. Außervertragliche Haftung der Gemeinschaft außerhalb der Amtstätigkeit

91 Der Anwendungsbereich der außervertraglichen H. der G. für nicht in Ausübung der Amtstätigkeit verursachte Schäden ist nach der hier vertretenen Auslegung des Begriffs der Amtstätigkeit[213] außerordentlich gering. Insoweit ist den allgemeinen Regeln des internationalen Privatrechts entsprechend das Recht anzuwenden, das am Tatort gilt (lex delicti commissi). Nach der Regel des Art. 183 sind für derartige Streitsachen die einzelstaatlichen Gerichte zuständig.

V. Haftung der Bediensteten

1. *Haftung in Ausübung der Amtstätigkeit; Regreß*

92 Die *persönliche* H. der Bediensteten *gegenüber Dritten,* denen sie bei der Ausübung ihrer Amtstätigkeit Schaden zufügen, ist im EWGV nicht erwähnt. Nach dem nunmehr geltenden deutschen Recht haftet der Staat oder die öffentliche Körperschaft dem Geschädigten unmittelbar und allein (§ 17 Abs. 4 StHG); der Bedienstete ist dem Staat nur im Innenverhältnis bei Vorsatz oder grober Fahrlässigkeit verantwortlich. In mehreren anderen Mitgliedstaaten haftet dagegen der Bedienstete dem Geschädigten

210 Vgl. das in Fn. 181 zitierte Urteil (Begr. Z. 51 ff.).
211 Vgl. Rs. Pool (Fn. 143).
212 Vgl. jedoch die systematische Übersicht bei der Erläuterung von Art. 178 Rn. 4 bis 10.
213 Siehe oben Rn. 27.

unmittelbar, und zwar als Gesamtschuldner neben dem Staat oder der Körperschaft.[214] Manche nehmen an, daß dies auch für die G. gilt.[215]

Gegen die Richtigkeit dieser Ansicht sprach schon früher ein Vergleich mit dem Recht der EGKS. Art. 40 Abs. 2 (alter Fassung) EGKSV bestimmte im Gegensatz zu Art. 215 Abs. 3 und Art. 188 Abs. 3 EuratomV ausdrücklich, daß die Bediensteten der EGKS dem Geschädigten persönlich hafteten, wenn sie in Ausübung ihrer dienstlichen Obliegenheiten durch persönliches Verschulden einen Schaden verursachen. Demgegenüber schweigen die beiden anderen Verträge über die persönliche H. der Bediensteten. Nach der hier abgelehnten Ansicht müßten die Geschädigten Schadensersatzklagen gegen Bedienstete dieser beiden Gemeinschaften bei den örtlich oder sachlich zuständigen Gerichten von Mitgliedstaaten erheben. Dies würde aber auf erhebliche Schwierigkeiten stoßen, weil die Beamten und sonstigen Bediensteten bezüglich der von ihnen in amtlicher Eigenschaft vorgenommenen Handlungen von der Gerichtsbarkeit der Mitgliedstaaten befreit sind.

Angesichts dieser Rechtslage war seit jeher die Annahme gerechtfertigt, daß nach Art. 215 auch materiellrechtlich keine Schadensersatzansprüche wegen Amtspflichtverletzung gegen Bedienstete der G. gegeben waren. Nach den Änderungen, die der Fusionsvertrag gebracht hat, erscheint kein Zweifel mehr möglich, daß Bedienstete der G. Dritten nicht persönlich für Schäden haften, die sie bei Ausübung ihrer Amtstätigkeit verursachen. Durch Art. 26 des Fusionsvertrages ist Art. 40 Abs. 2 EGKSV aufgehoben und durch einen Text ersetzt worden, der ebenso wie Art. 215 eine persönliche H. der Bediensteten nur gegenüber der G. vorsieht. Dieser Regelung ist ferner Art. 12 a) des einheitlichen Protokolls über die Vorrechte und Befreiungen vom 8. 4. 1965 angepaßt worden, der im Zusammenhang mit der Befreiung von der Gerichtsbarkeit ausdrücklich nur von der H. der Beamten und sonstigen Bediensteten *gegenüber den Gemeinschaften* spricht.

Die Geschädigten erleiden durch den Ausschluß der persönlichen H. der Bediensteten keinen Nachteil. Zudem hat die bisherige Praxis gezeigt, daß Schadensersatzansprüche regelmäßig nicht auf das Verhalten von bestimmten Bediensteten, sondern auf dasjenige der Organe als solcher gestützt werden.

93 Wegen der *persönlichen* H. der Bediensteten *gegenüber der G.* (Regreß)[215] verweist Art. 215 Abs. 3 auf die Vorschriften des Statuts und der Beschäftigungsbedingungen.

Nach Art. 22 des Statuts kann der Beamte zum vollen oder teilweisen Ersatz des Schadens herangezogen werden, den die G. durch sein schwerwiegendes Verschulden in Ausübung oder anläßlich der Ausübung seines Amtes erlitten hat. Man wird »schwerwiegendes Verschulden« mit »Vorsatz oder grober Fahrlässigkeit« im Sinne von Art. 34 Satz 2 GG gleichsetzen können. Die mit Gründen versehene Verfügung ist von der Anstellungsbe-

214 So etwa im französischen Recht, vgl. *Fromont* in: »Haftung des Staates«, S. 182.

215 *Wohlfarth* a.a.O., Art. 215 Anm. 11; *Tizzano* in: *Quadri* u.a., a.a.O., Art. 178 Anm. 2 (beide im Allg. Literaturverzeichnis); *Holtz,* Handbuch des Europ. Dienstrechtes (Loseblattsammlung) Baden-Baden 1964, S. 182.

hörde nach den für Disziplinarsachen geltenden Verfahrensvorschriften (Art. 1 bis 11 von Anhang IX des Statuts) zu erlassen.[216]

Für die H. von Anweisungsbefugten, Finanzkontrolleuren, Rechnungsführern und Zahlstellenverwaltern gelten besondere Vorschriften; dies gilt auch für den Bereich der Verwaltung des Europäischen Entwicklungsfonds.[217]

2. Haftung außerhalb der Amtstätigkeit

94 Für Schäden, welche die Bediensteten der G. nur gelegentlich ihrer Amtstätigkeit oder unabhängig von ihr verursachen (vgl. oben) haften sie nur persönlich; das in Rn. 91 Gesagte gilt hier entsprechend. Die Befreiung der Bediensteten von der Gerichtsbarkeit der Mitgliedstaaten nach Art. 12 Buchst. a) des Protokolls über die Vorrechte und Befreiungen vom 5. 4. 1965 bezieht sich nur auf in amtlicher Eigenschaft vorgenommene Handlungen.[218]

Artikel 216 [Sitz der Organe]

Der Sitz der Organe der Gemeinschaft wird im Einvernehmen zwischen den Regierungen der Mitgliedstaaten bestimmt.

Literaturhinweise

Beaufays, Jean, Une capitale pour l'Europe?, in: Mélanges Dehousse, Paris – Brüssel 1979, Band 2, S. 103
Bieber, Roland, Die Gemeinschaft ohne Hauptstadt, in: EuR 1974, S. 168

216 Aus rechtsvergleichender Sicht vgl. *Steinberger* (a.a.O. Fn. 38) S. 764.
217 Vgl. Art. 76 bis 80 der Haushaltsordnung, ABl. 1973 Nr. L 116 S. 1; Art. 35 bis 39 der Finanzregelung des 5. Entwicklungsfonds, ABl. 1981 Nr. L 101 S. 12 (ähnlich wie die früheren Regelungen).
218 Verschiedene Passagen – insbesondere zu den Rn. 7 bis 11, und 91 ff. – sind aus der Kommentierung von J. *Thiesing* aus der Vorauflage übernommen worden.

Inhaltsübersicht

1 Die Vorschrift spricht nur vom Sitz der Organe der Gemeinschaft, nicht vom Sitz der Gemeinschaft als solcher. Dagegen bestimmt Art. 17 des Protokolls über die Vorrechte und Befreiungen der Europäischen Gemeinschaften,[1] daß der Mitgliedstaat, in dessen Hoheitsgebiet sich der *Sitz der Gemeinschaften* befindet, den bei den Gemeinschaften beglaubigten Vertretungen dritter Länder die üblichen diplomatischen Vorrechte und Befreiungen gewährt. Es ist deshalb anzunehmen, daß Art. 216 auch für die Bestimmung des Sitzes der Gemeinschaften als Gesamtheiten gilt.[2] Da die Gemeinschaften gegenüber dritten Ländern nach näherer Regelung in den einzelnen Verträgen teils vom Rat, teils von der Kommission vertreten werden, die sich beide in Brüssel niedergelassen haben, ist bis auf weiteres Belgien als *Land* des Sitzes anzusehen.

2 Die Regierungen der Mitgliedstaaten haben die vorgesehene Bestimmung des Sitzes für die Organe der drei Gemeinschaften bisher nicht getroffen. Dagegen haben die zuständigen Minister verschiedene Beschlüsse über die Festlegung von *vorläufigen Arbeitsorten* für die Organe der Gemeinschaften gefaßt.

3 Art. 37 des FusionsV sieht vor, daß die Vertreter der Regierungen der Mitgliedstaaten »unbeschadet der Anwendung« der obengenannten Artikel im gegenseitigen Einvernehmen die Vorschriften erlassen, die zur Regelung einiger besonderer Probleme des Großherzogtums Luxemburg erforderlich sind, welche sich aus der Einsetzung eines gemeinsamen Rates und einer gemeinsamen Kommission der Europäischen Gemeinschaften ergeben. Diese Vorschriften sind in einem Beschluß über die vorläufige Unterbringung bestimmter Organe und Dienststellen der Gemeinschaften[3] enthalten, der am gleichen Tage wie der FusionsV, d. h. am 1.7.1967, in Kraft getreten ist.

Nach Art. 1 des Beschlusses bleiben Luxemburg, Brüssel und Straßburg vorläufige Arbeitsorte der Organe der Gemeinschaften. Der Gerichtshof und das Generalsekretariat des Europäischen Parlaments und seine Dienststellen bleiben in Luxemburg (Art. 3, 4

1 Vom 8.4.1965, ABl. 1967 Nr. 152 S. 13; abgedruckt im Anschluß an die Kommentierung zu Art. 218.

2 *Wohlfarth,* a.a.O. (Allg. Literaturverzeichnis), Art. 216 Anm. 1.

3 Vom 8.4.1965, ABl. 1967 Nr. 152 S. 18; HER I A 11, S. 203.

des Beschlusses). Nach Art. 5 wird die Europäische Investitionsbank, die bis dahin ihren Sitz in Brüssel hatte, nach Luxemburg verlegt. Weiterhin werden nach näherer Regelung in den Art. 7 und 9 eine Reihe von Dienststellen der drei Gemeinschaften in Luxemburg untergebracht. Zu erwähnen ist noch, daß der Rat seine Tagungen in den Monaten April, Juni und Oktober in Luxemburg abhalten soll (Art. 2), und daß der nach Art. 105 Abs. 2 des EWGV eingesetzte Währungsausschuß in Luxemburg und in Brüssel zusammentreten soll (Art. 6). Schließlich haben die Regierungen in Art. 10 des Beschlusses ihre Bereitschaft erklärt, andere Gemeinschaftseinrichtungen und -dienststellen, insbesondere auf dem Gebiet der Finanzen, in Luxemburg unterzubringen. Auf dieser Bestimmung beruhen die Beschlüsse über die vorläufige Unterbringung des Europäischen Fonds für währungspolitische Zusammenarbeit[4] und des Rechnungshofes[5] in Luxemburg als vorläufigem Arbeitsort.
Nach Art. 8 des Beschlusses ist schließlich auch das Amt für amtliche Veröffentlichungen der Europäischen Gemeinschaften[6] in Luxemburg untergebracht.

4 Organe der Gemeinschaften sind nur das Parlament, der Rat, die Kommission und der Gerichtshof (Art. 4 Abs. 1), nicht dagegen der Wirtschafts- und Sozialausschuß (Art. 4 Abs. 2) und der Rechnungshof (Art. 4 Abs. 3). Letzterer hat als Dienststelle auf dem Gebiet der Finanzen seinen Sitz in Luxemburg erhalten. Über den Sitz des Wirtschafts- und Sozialausschusses und anderer im EWGV selbst vorgesehener Ausschüsse[7] besagt Art. 216 nichts. Da die Aufgabe dieser Ausschüsse darin besteht, die Kommission und den Rat zu beraten und zu unterstützen, dürfte es selbstverständlich sein, daß sie ihren Sitz am Amtssitz der Kommission haben. Dies gilt auch für die zahlreichen Ausschüsse, die Rat oder Kommission außerhalb des Vertrages in Ausübung ihrer Organisationsgewalt geschaffen haben,[8] z. B. die Verwaltungsausschüsse zur Unterstützung der Organe der Gemeinschaft bei der Anwendung der landwirtschaftlichen Marktordnungen. Diese Annahme ist umso mehr gerechtfertigt, als die Verwaltungsgeschäfte dieser Ausschüsse regelmäßig von der Kommission zu führen sind, die häufig auch den Vorsitzenden der Ausschüsse stellt.

5 Der Sitz der Organe der Gemeinschaft kann rechtlich nach den Grundsätzen des Internationalen Privatrechts als Anknüpfungspunkt für die Ermittlung der auf bestimmte Rechtsverhältnisse anzuwendenden Rechtsordnung von Bedeutung sein, s. Art. 211 Rn. 2.

6 Art. 189 EuratomV stimmt mit Art. 216 EWGV wörtlich überein. Die durch Art. 52 EuratomV geschaffene Versorgungsagentur hat ihren Sitz am Amtssitz der Kommission.

4 Vom 24.7.1973, ABl. 1973 Nr. L 207 S. 46; HER I A 54/4, S. 11.
5 Vom 5.4.1977, ABl. 1977 Nr. L 104, S. 40.
6 ABl. 1969 Nr. L 13 S. 19; HER I A 11, S. 207.
7 Vgl. Vorbemerkung zu Art. 193 bis 198 Rn. 10.
8 Vgl. Vorbemerkung zu Art. 193 bis 198, Rn. 11.

Die Kommission hat auf Grund von Art. 7 EuratomV Forschungsanstalten in Geel (B), Ispra (I), Karlsruhe (D), Petten (NL) und Culham (GB) errichtet.

7 Art. 77 EGKSV sieht gleichfalls vor, daß die Regierungen der Mitgliedstaaten den Sitz der Organe der Gemeinschaft durch Übereinkommen festlegen.

8 Der Beschluß vom 8.4.1965 stellt einen politischen Kompromiß dar, bei dem die Regierungen folgende Umstände berücksichtigt haben:

- Das Großherzogtum Luxemburg hat im Jahre 1952 und in den folgenden Jahren beträchtliche Aufwendungen erbracht, um die Organe der EGKS – mit Ausnahme des Parlaments – in der Stadt Luxemburg aufzunehmen.
- das Parlament, das seit 1952 in Straßburg getagt hatte, hat sich mit Mehrheit dafür ausgesprochen, seine Tagungen weiterhin in dieser Stadt abzuhalten.
- Die vorläufigen Arbeitsorte von Rat und Kommission von EWG und Euratom befanden sich seit Anfang 1958 in Brüssel. Das gleiche gilt für den Wirtschafts- und Sozialausschuß.

Bei der Tagung des Europäischen Rates in Maastricht haben die Staats- und Regierungschefs am 24.3.1981 beschlossen, an dem durch den Beschluß vom 8.4.1965 geschaffenen Zustand nichts zu ändern.

9 Das Unvermögen der Mitgliedstaaten, sich über den endgültigen Sitz der Gemeinschaften zu einigen, führt zu mannigfachen Nachteilen:

a) Die Zersplitterung der Gemeinschaftsorgane auf drei vorläufige Arbeitsorte hat naturgemäß zur Folge, daß die Zusammenarbeit zwischen Dienststellen, die sich an verschiedenen Orten befinden, erschwert und zusätzliche Ausgaben verursacht werden. Dies gilt sowohl für die Zusammenarbeit zwischen dem Parlament einerseits und Rat oder Kommission andererseits als auch zwischen den Dienststellen der Kommission, die zwischen Brüssel und Luxemburg aufgeteilt sind. Aus der Antwort des Rates auf eine parlamentarische Anfrage[9] ist zu entnehmen, daß die Beamten und Bediensteten des Rates im Jahre 1979 2159 Dienstreisen zwischen den drei vorläufigen Arbeitsorten gegenüber 1135 Reisen außerhalb der vorläufigen Arbeitsorte ausgeführt haben.[10] Entsprechende Angaben über Dienstreisen von Beamten der Kommission sind nicht verfügbar, die Zahlen müssen aber wesentlich höher liegen, weil bei der Kommission wesentlich mehr Beamte beschäftigt sind als beim Rat, und weil die

9 Nr. 1673/80 des Abg. *Hamilius*, ABl. 1981 Nr. C 73, S. 18.

10 Vgl. zu den Kosten für Dienstreisen auch die Antwort des Rates auf die Anfrage Nr. 2245/80 des Abg. *Balfe*, ABl. 1981 Nr. C 264, S. 4. Danach hat das Parlament im Jahre 1978 seinen Beamten für Dienstreisen nach Brüssel, Luxemburg und Straßburg regelmäßig Zuschläge gezahlt, um die Tagegelder für Dienstreisen den tatsächlichen Hotel- und Restaurantkosten anzupassen. Der Rechnungshof hat dies – anscheinend ohne nachhaltigen Erfolg – beanstandet.

Kommission nach dem Ratsbeschluß vom 8.4.1965 Dienststellen in Brüssel und Luxemburg unterhalten muß.[11]

b) Da es an einem endgültigen Sitz der Gemeinschaften fehlt, lehnen es die Mitgliedstaaten im Rat ab, Mittel für den Ankauf von Grundstücken für die Organe der Gemeinschaft zu bewilligen. Die Dienststellen der Gemeinschaften sind infolgedessen in Brüssel und in Luxemburg in gemieteten Räumen untergebracht. Nach einem Sonderbericht des Rechnungshofes vom 21.6.1979 über die Unterbringungspolitik der Organe der Gemeinschaften[12] waren 1979
in Brüssel 381 994 qm für 1003 Mio. bfrs. und
in Luxemburg 214 509 qm für 507 Mio. bfrs.
gemietet worden.
Dabei ist die Auswahl der gemieteten Räumlichkeiten fast ausschließlich durch die Verfügbarkeit von Gebäuden an den gewünschten Unterbringungsorten bestimmt worden. Fragen wie die Festlegung einheitlicher Normen für die Unterbringung von Personal sowie die Koordinierung der Verhandlungsstrategien und der Mietbedingungen sind nicht mit der gebührenden Aufmerksamkeit behandelt worden.[13] Ein weiterer Nachteil des Mietsystems besteht darin, daß die Gemeinschaften mit hohen Zahlungen für Mehrwertsteuer belastet werden, die die Vermieter – systemgerecht – auf die Mieterinnen abwälzen. Beim Erwerb von Eigentum an Grundstücken haben die Gemeinschaften dagegen Anspruch auf Erlaß oder Erstattung von indirekten Steuern und Verkaufsabgaben, die in den Preisen für Grundstücke für ihren Dienstbedarf enthalten sind.[14] Mit den Geldmitteln, die die Gemeinschaften seit Jahrzehnten für die Miete von Diensträumen aufgewandt haben, hätten sie längst Eigentum an Grundstücken erwerben und an deren Wertsteigerung teilnehmen können.

c) Von den durch die bestehende Lage bedingten Schwierigkeiten ist besonders das Parlament betroffen, das seine Plenarsitzungen regelmäßig in Straßburg abhält, während das Generalsekretariat des Parlaments und seine Dienststellen nach Art. 4 des Beschlusses vom 8.4.1965 in Luxemburg geblieben sind. Es ist zweifelhaft, ob dieser Teil des Beschlusses durch die Ermächtigung in Art. 37 des FusionsV hinreichend gedeckt ist, oder ob das Parlament in Ausübung seines Organisationsrechtes den Sitz seines Generalsekretariats selbst bestimmen könnte.[15] Unter den gegenwärtigen Bedingungen entstehen »kostspielige, lästige und leistungsmindernde

11 Am 31.12.1980 waren in Brüssel insgesamt 6957, in Luxemburg insgesamt 1675 Beamte und Bedienstete beschäftigt, vgl. die Antwort der Kommission auf die Anfrage Nr. 2310/80 des Abg. *Seefeld*, ABl. 1981 Nr. C 129 S. 23.

12 ABl. 1979 Nr. C 221 S. 1.

13 Rechnungshof (a.a.O., Fn. 12), S. 13.

14 Art. 3 des Protokolls über Vorrechte und Befreiungen, ABl. 1967 Nr. 152, S. 13; abgedruckt im Anschluß an die Kommentierung zu Art. 218.

15 *Bieber*, in: *Beutler*, u.a., a.a.O. (Allg. Literaturverzeichnis), S. 140.

Transport-, Kommunikations- und Verwaltungsprobleme«, die die Arbeit der Abgeordneten und die Arbeitsmoral und Effizienz des Personals erheblich beeinträchtigen.[16] Das Parlament hat darauf hingewiesen, daß die Arbeit an drei verschiedenen Orten den Haushalt des Parlaments enorm und in immer stärkerem Maße belastet, »was den Steuerzahlern in der Gemeinschaft immer unverständlicher und immer weniger gerechtfertigt erscheint«.[17] Auf die Notwendigkeit, Zahlenmaterial darüber zu erstellen, wieviel von dem europäischen Steueraufkommen sich einsparen ließe, »wenn das Europäische Parlament seine Funktion an einem festen Sitz, vorzugsweise Brüssel«, ausüben würde, hatte der Abg. Lord O'Hagan bereits im Jahre 1974 aufmerksam gemacht. Der Rat hat darauf erwidert, daß er es nicht für zweckmäßig halte, die angeregte Untersuchung durchzuführen.[18]

d) In seiner mit 187 Ja- und 118 Nein-Stimmen bei 7 Enthaltungen angenommenen Entschließung vom 7.7.1981 hat das Parlament die Regierungen aufgefordert, ihrer vertraglichen Verpflichtung nachzukommen und endlich einen einheitlichen Sitz für die Organe der Gemeinschaft zu bestimmen. Das Parlament hat ferner »in Anbetracht der Tatsache, daß es bereits sein Recht geltend gemacht hat, selber zu entscheiden, wo es zusammentreten und arbeiten will«, beschlossen, seine Plenartagungen nur noch in Straßburg abzuhalten und die Sitzungen der Ausschüsse und Fraktionen in der Regel in Brüssel stattfinden zu lassen.[19]

Das Großherzogtum Luxemburg hat deswegen Klage gegen das Parlament erhoben und beantragt, die Entschließung vom 7.7.1981 wegen Unzuständigkeit und Verletzung wesentlicher Formvorschriften für nichtig zu erklären.[20] Die Klage ist auf Art. 31, 38 des EGKSV, hilfsweise auf Art. 173 EWGV und Art. 146 EuratomV gestützt. Nach Art. 38 EGKSV kann der Gerichtshof auf Klage eines Mitgliedstaates Beschlüsse der Versammlung aufheben, während er nach Art. 173 EWGV und 146 EuratomV nur die Rechtmäßigkeit des Handelns von *Rat und Kommission* auf Klage zu überwachen hat. Das Großherzogtum Luxemburg macht geltend, daß die Regierungen der Mitgliedstaaten für die Festsetzung des Sitzes der Organe ausschließlich zuständig seien.

10 Sitz und Anschriften einiger wichtiger Organe und Dienststellen:

Generalsekretariat des Europäischen Parlaments Luxemburg-Kirchberg, Tel.: 352-4300-1

16 Vgl. die Entschließung des Parlaments vom 7.7.1981, ABl. 1981 Nr. C234 S. 23.

17 In der Tagespresse wurde in diesem Zusammenhang von einem »Wanderzirkus« gesprochen, vgl. z. B. die Berichte in der FAZ Nr. 154 vom 8.7. und Nr. 155 vom 9.7.1981 sowie EG-Magazin Nr. 8/81, S. 11, 12.

18 Anfrage Nr. 446/74 des Abg. *Lord O'Hagan*, ABl. 1975 Nr. C19 S. 10.

19 ABl. 1981 Nr. C 234 S. 24/25.

20 Rs. 230/81, ABl. 1981 Nr. C 221 S. 3.

Rat der Gemeinschaften (Generalsekretariat), rue de la Loi 170, B 1149 Bruxelles, Tel.: 322-736 79 00

Kommission, rue de la Loi 200, B 1149 Bruxelles, Tel.: 322-235 0000

Gerichtshof Luxemburg-Kirchberg, Postanschrift: Postfach 1406, 2920 Luxemburg, Tel.: 352-43031

Europäische Investitionsbank, 100, Blvd. Konrad Adenauer, L 2950 Luxemburg, Tel.: 352-4379-1

Rechnungshof der Gemeinschaften, rue Aldringen 29, Luxemburg, Tel.: 352-4773-1

Amt für amtliche Veröffentlichungen, L 2985 Luxemburg, Postfach, Tel.: 352-490081, Postscheckkonto: 19190-81

Wirtschafts- und Sozialausschuß, rue Ravenstein 2, B 1000 Bruxelles, Tel.: 322-512 39 20

Informationsbüros der Gemeinschaften: Zitelmannstr. 22, D-5300 Bonn, Tel.: 228-2238041, Kurfürstendamm 102, D-1000 Berlin 31, Tel.: 30-8924028.

Europäisches Zentrum für die Förderung der Berufsbildung, Bundesallee 213, D 1000 Berlin 15, Tel.: 8810-61

Artikel 217 [Sprachenfrage]

Die Regelung der Sprachenfrage für die Organe der Gemeinschaft wird unbeschadet der Verfahrensordnung des Gerichtshofes vom Rat einstimmig getroffen.

Literaturhinweise

Ciancio, Antonio, Elargissement et problèmes linguistiques in: A Community of twelve? Hrsg. *W. Wallace – I. Herrmann,* Brügge 1978, S. 113
Hallstein, Walter, Die Europäische Gemeinschaft, 5. Aufl., Düsseldorf 1979
Hilf, Meinhard, Die Auslegung mehrsprachiger Verträge, Berlin 1973
van Hoof, Renée, Elargissements et problèmes linguistiques: L' interprétation de concérence in A Community of twelve? Hrsg. W. Wallace und I. Herrmann, Brügge 1978, S. 126
Kusterer, Hermann, Das Sprachenproblem in den Europäischen Gemeinschaften, in: Eur.Arch. 1980, S. 693.
Kutscher, Hans, Über den Gerichtshof der Europäischen Gemeinschaft, in: EuR 1981, S. 391
Schwartz, Ivo E., Das Markenrecht in der Europäischen Gemeinschaft. Eine Zwischenbilanz, in: MA 1981, S. 72

Inhaltsübersicht

I. Die geltende Sprachenregelung in der Gemeinschaft

1. Allgemeines, EAGV und EGKSV

1 Nach Art. 248 ist der Vertrag in einer Urschrift in deutscher, französischer, italienischer und niederländischer Sprache abgefaßt, wobei jeder Wortlaut gleichermaßen verbindlich ist.[1] Art. 217 stimmt wörtlich mit Art. 190, Art. 248 mit Art. 225 EAGV überein. Nach Art. 160 der Beitrittsakte 1972 sind die in dänischer, englischer und irischer Sprache abgefaßten Texte des EWGV und des EAGV gleichermaßen verbindlich wie die ursprünglichen Texte; das Gleiche bestimmt Art. 152 Abs. 2 der Beitrittsakte 1979 für die griechische Sprache.

Dagegen ist nach Art. 100 EGKSV nur der französische Text verbindlich, da dieser Vertrag nur in einem einzigen Exemplar in französischer Sprache abgefaßt worden ist.

2. Verordnung Nr. 1 (EWG, EAG) zur Regelung der Sprachenfrage

2 Der Rat hat die in Art. 217 (Art. 190 EAGV) vorgesehene Regelung durch die Verordnung Nr. 1 zur Regelung der Sprachenfrage[2] geschaffen. Die Verordnung Nr. 1 zum EAGV[3] stimmt wörtlich mit dieser Verordnung überein. Nach Art. 1 beider Verordnungen waren zunächst Deutsch, Französisch, Italienisch und Niederländisch

1 Vgl. die Erläuterungen zu Art. 248, insbesondere zum Problem der Auslegung mehrsprachiger Texte (*Weber*).

2 ABl. 1958 S. 385, im Anschluß an die Erläuterungen abgedruckt.

3 ABl. 1958 S. 401; HER III A 59/13, S. 1.

Amts- und Arbeitssprachen der Organe der Gemeinschaft. Die Liste zu Art. 29 der Beitrittsakte 1972 hat Dänisch und Englisch, *nicht dagegen Irisch*[4] als weitere Amts- und Arbeitssprachen hinzugefügt; Art. 21 der Beitrittsakte 1979 Griechisch.

Im Anwendungsbereich des EGKSV sind dieselben Sprachen auf Grund von Beschlüssen der Außenminister Amts- und Arbeitssprachen.[5]

3. *Geschäftsordnungen des Parlaments, des Rates und der Kommission*

3 Die Organe[6] – außer dem EuGH[7] – haben auf Grund von Art. 6 der VO Nr. 1 in ihren Geschäftsordnungen festgelegt, wie die Regelung der Sprachenfrage im einzelnen anzuwenden ist:

a) Art. 61 der GO des Parlaments[8] bestimmt:
»(1) Alle Schriftstücke des Parlaments sind in den Amtssprachen abzufassen.
(2) Die Ausführungen in einer der Amtssprachen werden simultan in alle anderen Amtssprachen sowie in jede weitere Sprache, die das Präsidium für erforderlich erachtet, übersetzt«.

b) Nach Art. 8 der GO des Rates[9] beschließt der Rat nur auf der Grundlage von Schriftstücken und Entwürfen, die in den in der geltenden Sprachenregelung vorgesehenen Sprachen vorliegen, es sei denn, daß er aus Dringlichkeitsgründen anders entscheidet.

c) Die GO der Kommission[10] bestimmt in Art. 12, daß die von der Kommission in einer Sitzung oder im schriftlichen Verfahren gefaßten formellen Beschlüsse in der Sprache oder in den Sprachen, in denen sie verbindlich sind,[11] durch die Unterschriften des Präsidenten und des Exekutivsekretärs festgestellt werden.

4. *Verfahrensordnung des Gerichtshofs*

4 Der EuGH hat die Sprachenfrage in Art. 29 bis 31 seiner VerfO[12] geregelt, die er gemäß Art. 188 Abs. 2 (Art. 160 EAGV Art. 44 EGKS-Satzung) mit einstimmiger Genehmigung des Rates erlassen hat. Nach dem Beitritt der vier neuen Mitgliedstaaten hat der EuGH Art. 29 derart abgeändert, daß jetzt Dänisch, Deutsch, Englisch, Französisch, Griechisch,

4 Anders Art. 29 GO EuGH, s. Rn. 4.
5 Wegen der vier ursprünglichen Amtssprachen vgl. das Protokoll der Konferenz vom 23. bis 25.7.1952, Text bei *Gaedke*, Das Recht der EGKS, München 1954, S. 100.
6 Art. 4 EWGV, Art. 3 EAGV, Art. 7 EGKSV.
7 Vgl. Rn. 4.
8 In der Neufassung vom 26.3.1981, ABl. 1981 Nr. C 90 S. 48; HER IA 60, S. 3.
9 Vom 25.10.1979, ABl. 1979 Nr. L 268 S. 1; HER IA 61, S. 1.
10 Vom 31.1.1963, ABl. 1963 S. 181; HER IA 62/1, S. 3.
11 Vgl. Art. 2 und 3 der VO Nr. 1.
12 Vom 4.12.1974, kodifizierte Fassung ABl. 1982 Nr. C 39 S. 1; HER IA 63/2, S. 1.

Irisch, Italienisch und Niederländisch Amtssprachen sind. Die Veröffentlichungen des EuGH erscheinen in allen in Art. 1 der VO Nr. 1 genannten Amtssprachen.[13] In *einer* Rechtssache ist grundsätzlich nur eine Amtssprache Verfahrenssprache, vgl. im einzelnen Art. 29 VerfO §§ 2 bis 5. Bei verbundenen Rechtssachen mit verschiedenen Verfahrenssprachen hat der EuGH entweder getrennte Urteile in den jeweils anwendbaren Verfahrenssprachen[14] oder ein Urteil in mehreren Verfahrenssprachen[15] erlassen oder es als *angebracht* bezeichnet, ein einziges Urteil in der Verfahrenssprache *einer* Rechtssache zu erlassen.[16]

5. Sprachenregelungen bei anderen Einrichtungen der Gemeinschaft

5 Art. 217 und die VO Nr. 1 beziehen sich unmittelbar nur auf die von den *Organen* anzuwendenden Amts- und Arbeitssprachen, die in diesen Vorschriften festgelegte Sprachenregelung wird im allgemeinen von den anderen Einrichtungen der Gemeinschaft angewandt, ohne daß darüber besondere Vorschriften bestünden.

In einzelnen Fällen bestimmen vom Rat erlassene Verordnungen, daß die allgemeine Sprachenregelung gelten soll.[17] Ferner enthalten die GO des Beratenden Ausschusses der EGKS[18] in Art. 10 Abs. 2 und 12 Abs. 5 sowie die Satzung der Verwaltungskommission für die soziale Sicherheit der Wanderarbeitnehmer[19] in Art. 15 Bestimmungen zur Sprachenregelung.

6. Sozialrecht (Verordnung Nr. 1408/71)

6 Für den Bereich der sozialen Sicherheit für Arbeitnehmer, die innerhalb der Gemeinschaft zu- und abwandern, bestimmt die Verordnung Nr. 1408/71[20] in Art. 84 Abs. 4, daß Behörden, Träger – im Sinne von Art. 1 Buchst. n) bis p) der VO – und Gerichte eines Mitgliedstaats bei ihnen eingereichte Anträge und sonstige Schriftstücke nicht deshalb zurückweisen dürfen, weil sie in einer Amtssprache eines anderen Mitgliedstaats abgefaßt sind.

13 Also *nicht* in irischer Sprache, Art. 30 § 2 VerfO.
14 EuGH – Imperial Chemical Industries (ICI) u.a. Kommission, 48, 49, 51 bis 57/69 – Slg. 1972, 619, 713, 745, 787, 845, 851, 887, 927, 933 (Farbenfall).
15 EuGH – Générale Sucrière SA u.a. Kommission, 40 bis 48, 50, 54 bis 56, 111, 113 und 114/73 – Slg. 1975, 1663 (Zuckerfall).
16 EuGH – Istituto Chemioterapico Italiano und Commercial Solvents Corporation / Kommission, 6 und 7/73 – Slg. 1974, 223 (Fall Zoja).
17 Art. 15 VO 337/75, ABl. 1975 Nr. L 39 S. 1; HER IA 57/10, S. 29 (Europäisches Zentrum für die Förderung der Berufsbildung); Art. 19 VO 1365/75, ABl. 1975 Nr. L 139 S. 1; HER I A 132, S. 1 (Europäische Stiftung zur Verbesserung der Lebens- und Arbeitsbedingungen).
18 ABl. 1981 Nr. C 286 S. 1; HER IV A 20, S. 1.
19 ABl. 1982 Nr. C 61 S. 3; HER IA 45/10, S. 211.
20 ABl. 1971 Nr. L 149 S. 2; HER IA 45/10, S. 5.

II. Die Anwendung der geltenden Sprachenregelung

1. Mitteilung von Schriftstücken

7 Nach Art. 3 VO Nr. 1 ist ein Schriftstück, das ein Organ der Gemeinschaft an einen Mitgliedstaat oder eine der Hoheitsgewalt eines Mitgliedstaates unterstehende Person richtet, in der Sprache dieses Staates abzufassen. Jedoch ist es unschädlich, wenn die Kommission dem Empfänger das Schriftstück zugleich in anderen Sprachen zugehen läßt.[21]

2. Veröffentlichung von Verordnungen

8 Verordnungen müssen nach Art. 191 (163 EAGV) im Amtsblatt veröffentlicht werden, damit sie in Kraft treten können. Das Amt für amtliche Veröffentlichungen[22] muß dafür sorgen, daß Verordnungen in allen Mitgliedstaaten zum selben Zeitpunkt in Kraft treten, und daß jede Nummer des ABl. tatsächlich zur Verfügung steht. Nach einem grundlegenden Prinzip der Gemeinschaftsrechtsordnung darf ein hoheitlicher Rechtsakt den Bürgern nicht entgegengehalten werden, bevor sie die Möglichkeit haben, von diesem Rechtsakt Kenntnis zu nehmen.[23]

3. Schwierigkeiten bei der Veröffentlichung im Amtsblatt

9 Um den vom EuGH – durchaus zu Recht – aufgestellten Erfordernissen zu genügen, ist es also notwendig, zunächst in sämtlichen Amtssprachen Fassungen des zu veröffentlichenden Rechtsaktes herzustellen, die soweit wie möglich übereinstimmen müssen.[24] Sodann ist dafür zu sorgen, daß die Texte in allen Amtssprachen zum gleichen Zeitpunkt im ABl. veröffentlicht werden. Die Veröffentlichung ist also erst möglich, wenn auch der letzte Text fertiggestellt und mit allen übrigen Texten inhaltlich und rechtlich verglichen und abgestimmt ist. Bei den häufig sehr umfangreichen und auch technisch schwierigen Texten erfordert dies einen sehr erheblichen Arbeits- und Zeitaufwand für die beteiligten Dienststellen, insbesondere den Sprachen- und den Juristischen Dienst. Daher läßt es sich nicht immer vermeiden, daß sich die Veröffentlichung von bereits beschlossenen Verordnungen in unliebsamer Weise verzögert, oder daß Entscheidungen, die den Betroffenen bereits bekannt gegeben worden sind, mit erheblicher Verspätung im ABl. veröffentlicht werden. Regelmäßig werden mehrere Nummern des ABl. mit dem Ausgabedatum vom 31. Dezember tatsächlich erst im Januar oder Februar des folgenden Jahres ausgegeben. Selbstverständlich ändern derartige Verzögerungen nichts daran, daß die Rechtsakte der Gemeinschaft Pflichten für die Mitgliedstaaten, Unternehmen und

21 EuGH – Générale Sucrière SA u.a. / Kommission (s. Fn. 15) Slg. 1975, 1663, 1954.
22 Vgl. ABl. 1961 Nr. L 13 S. 19; HER IA 11, S. 207.
23 EuGH – Racke / Hauptzollamt Mainz, 98/78 – Slg. 1979, 69.
24 Zu den hiermit verbundenen Schwierigkeiten s. Art. 248 Rn. 5 (*Weber*).

einzelne Bürger erst begründen können, wenn diese tatsächlich die Möglichkeit haben, von dem Inhalt der Veröffentlichung Kenntnis zu nehmen.[25]

4. Beantwortung von parlamentarischen Anfragen

10 Antworten auf schriftliche Anfragen von Abgeordneten des Europäischen Parlaments müssen in allen Amtssprachen übermittelt werden. Dies allein macht es den befragten Organen – abgesehen von den häufig mit der Beantwortung ohnehin verbundenen tatsächlichen oder rechtlichen Schwierigkeiten – oft unmöglich, die in Art. 46 Abs. 3 der GO des Parlaments vorgeschriebenen kurzen Fristen (ein Monat für die Kommission, zwei Monate für den Rat) einzuhalten. Die Zahl der schriftlichen Anfragen an die Kommission ist von 1577 in dem Zeitraum vom 1.3.1979 bis 29.2.1980 auf 1823 zwischen dem 1.3.1980 und dem 28.2.1981 gestiegen und nimmt ständig weiter zu.[26]

5. Folgen der geltenden Sprachenregelung

11 Die Vielzahl der Amtssprachen erschwert die Arbeit der Dienststellen beträchtlich und zwingt die Gemeinschaft zu hohen finanziellen Aufwendungen für einen Sprachendienst, der in der Lage ist, die erforderlichen Übersetzungen fehlerfrei und möglichst rasch fertigzustellen. Im Jahre 1981 hat die Kommission einen Gemeinsamen Dolmetscher- und Konferenzdienst eingerichtet, der Rat, Kommission, Wirtschafts- und Sozialausschuß sowie die Europäische Investitionsbank bei mündlichen Verhandlungen und Sitzungen zu betreuen hat. Dieser Dienst hat schon jetzt personalmäßig einen weit größeren Umfang als vergleichbare Einrichtungen bei anderen internationalen Organisationen.[27] Bei der zu erwartenden Erweiterung der Gemeinschaft durch den Beitritt von Spanien und Portugal wird sich die Zahl der Amtssprachen auf 9 erhöhen, was die jetzt schon bestehenden Schwierigkeiten weiter verstärken muß. Bei neun Amtssprachen steigt u.a. die Zahl der nach Art. 61 Abs. 2 der GO des Parlaments zu leistenden Simultanübersetzungen aus einer Amtssprache in jede andere Amtssprache auf 72![28] Beim Generalsekretariat des Rates sind etwa drei Viertel der Personalkosten durch die Vielsprachigkeit des Apparates bedingt.[28a]

25 EuGH in dem in Fn. 23 zitierten Urteil Rn. 15.
26 Antwort der Kommission auf die Anfrage Nr. 2187/80 des Abg. *Lord O'Hagan*, ABl. 1981 Nr. C 88 S. 27, vgl. auch die Antwort auf die Anfrage Nr. 105/82 des Abg. *Cousté*, ABl. 1982 Nr. C 129 S. 25.
27 Vgl. die Angaben bei Art. 162 Rn. 17 (*Schmitt von Sydow*).
28 *Kusterer*, a.a.O., S. 696. Es ist praktisch unmöglich, Verhandlungen über die Redaktion bestimmter Texte in sechs oder sogar neun verschiedenen Sprachversionen zu führen. Nach vorläufiger Einigung auf einen Text in einer oder zwei Sprachen müssen übereinstimmende Texte in allen Amtssprachen abgefaßt werden.
28a Siehe *Harnier*, Art. 147 Rn. 9.

6. *Beurteilung der geltenden Sprachenregelung*

12 Es ist deshalb nicht verwunderlich, daß die geltende Sprachenregelung auf scharfe Kritik gestoßen und die Forderung erhoben worden ist, nur ein oder zwei Sprachen als *Amtssprache* zu etablieren.[29] Von anderer Seite wird aber zu Recht darauf hingewiesen, daß die Sprachenvielfalt Europas ein wertvolles Kulturerbe darstellt, das erhalten bleiben muß. Zudem darf keine Staatssprache benachteiligt werden, damit kein Minderheitenproblem in der Gemeinschaft entsteht. Grundsätzlich müssen deshalb die Sprachen aller Mitgliedstaaten Amtssprachen bleiben.[30] Die Übersetzung in alle Amtssprachen der Gemeinschaft muß vor allem bei solchen Rechtsakten gewährleistet sein, die Rechte und Pflichten für den einzelnen Bürger begründen. Es wäre unannehmbar, wenn Bürger, Behörden und Gerichte in den Mitgliedstaaten nicht in der jeweiligen Staatsprache von solchen Rechtsakten Kenntnis nehmen könnten. Eine absolut gleiche Behandlung aller Staatssprachen in dem Sinne, daß *immer* von allen in alle Staatssprachen gedolmetscht und übersetzt werden muß, läßt sich aber tatsächlich nicht sichern und würde ungeheure Kosten verursachen.[31]

7. *Amts- und Arbeitssprachen, Beamtenstatut und Beschäftigungsbedingungen*

13 Die VO Nr. 1 spricht in Art. 1 von den *Amts- und Arbeitssprachen*, ohne einen Unterschied zwischen beiden zu machen. Wie der Rat in einer Antwort auf eine parlamentarische Anfrage[32] hervorgehoben hat, obliegt es jedem Gemeinschaftsorgan in eigener Verantwortung zu beurteilen, welche Maßnahmen es im internen Bereich unter Beachtung der VO Nr. 1, insbesondere des Art. 6, treffen kann. Es erscheint unvermeidlich, daß sich in der Praxis der Gemeinschaft Englisch und Französisch allmählich zu den *Arbeitssprachen*, d.h. den tagtäglichen Verständigungs- und Formulierungssprachen, entwickeln.[33] Die meisten Fachbeamten sind seit langem gezwungen, ständig in einer Fremdsprache zu arbeiten und kürzere oder eilbedürftige Texte selbst zu übersetzen. Beamte und sonstige Beschäftigte der Gemeinschaften müssen seit jeher vor ihrer Ernennung oder Einstellung nachweisen können, daß sie gründliche Kenntnisse in einer Sprache der Gemeinschaft und ausreichende Kenntnisse in einer weiteren Sprache der Gemeinschaft in dem Umfang besitzen, in dem dies für die Ausübung ihres Amtes erforderlich ist.[34] Nach Ansicht der Kommission dürfen für die Karriere eines Beamten keinesfalls bestimmte Sprachen bevorzugt werden, ferner soll bei Einstellungsverfahren nicht festgelegt werden, ob die Kenntnis einer bestimmten Gemeinschaftssprache

29 *Constantinesco*, a.a.O., 1977, TZ 104 (S. 188/189).
30 *Kusterer*, a.a.O., S. 694, vgl. auch *Hallstein*, a.a.O. S. 453.
31 *Kusterer*, a.a.O., S. 694.
32 Nr. 1576/79 des Abg. *Patterson*, ABl. 1980 Nr. C 150 S. 17.
33 *Kusterer*, a.a.O., S. 696.
34 Art. 28 Buchst. f) des Beamtenstatuts, Art. 12 Buchst. c) der Beschäftigungsbedingungen für die sonstigen Bediensteten; HER IA 67/11 S. 1, 71; *Rogalla*, Art. 212 Rn. 12.

wünschenswerter ist als die Kenntnis anderer Sprachen. Jedoch kann in einzelnen Fällen für die Ausübung einer bestimmten Tätigkeit die Kenntnis einer bestimmten zweiten Gemeinschaftssprache gefordert werden.[35]

8. Einschränkungen der Vielsprachigkeit

14 In manchen Rechtsakten der Gemeinschaft ist bereits früher aus praktischen Gründen das Erfordernis der Vielsprachigkeit eingeschränkt worden.[36] Angesichts der sich abzeichnenden Entwicklung des Sprachenproblems in der erweiterten Gemeinschaft erscheint es kurzsichtig, daß sich einzelne Parlamentarier in schriftlichen Anfragen darüber beklagen, daß bestimmte Amtssprachen in Veröffentlichungen oder bei Veranstaltungen der Gemeinschaft nicht hinreichend berücksichtigt worden seien, oder daß eine Untersuchung über die etwaige Anwendung einer Kunstsprache (Esperanto) vorgeschlagen worden sei. Aus der Antwort der Kommission auf die zuletzt erwähnte Anfrage[37] geht übrigens hervor, daß die in Aussicht genommene Untersuchung auf eine Anregung des Europäischen Parlaments zurückging. Vgl. aus neuerer Zeit die beschwichtigenden Antworten der Kommission.[38]

35 Antworten der Kommission auf die Anfragen Nr. 2169/80 und 482/81 des Abg. *Pearce*, ABl. 1981 Nr. C 111 S. 9 und Nr. C 205 S. 19.

36 Art. 2 Abs. 6 VO 223/77, ABl. 1977 Nr. L 38 S. 20; HEr IA 42/4, S. 374a (Vordrucke für die Anmeldung zum gemeinsamen Versandverfahren in *einer* der Amtssprachen);
Art. 17 letzt. Abs. und Art. 25 Abs. 2 VO 3817/81, ABl. 1981 Nr. L 384 S. 1; HER IA 42/2, S. 33 (Ausstellung von Urkunden grundsätzlich in Englisch oder Französisch);
Anhang I Buchst. E zur Entschließung über die Einführung eines einheitlichen Passes, ABl. 1981 Nr. C 241 S. 1; HER IA 97, S. 1 (Paßvermerke in der Amtssprache des ausstellenden Staates sowie in Englisch und Französisch);
Art. 14 des Gemeinschaftspatentübereinkommens, ABl. 1976 Nr. L 17 S. 1; HER IA 115, S. 1 (Beschränkung für das Verfahren und die Veröffentlichungen der Patentverwaltungsabteilung, der Nichtigkeitsabteilungen und der Nichtigkeitskammern auf *die* Sprachen, die beim Europäischen Patentamt – Übereinkommen über die Erteilung europäischer Patente vom 5.10.1973, BGBl. 1976 II S. 826, 1977 II S. 792 – als Amtssprachen anwendbar sind, d.h. Deutsch, Englisch und Französisch, Art. 177 des Übereinkommens; vgl. dazu die Antwort des Rates auf die Anfrage Nr. 225/76 des Abgeordneten *Premoli*, ABl. 1976 Nr. 226 S. 14;
Art. 108 des Entwurfs für eine VO zur Schaffung einer Gemeinschaftsmarke (Beschränkung auf *eine* Verfahrenssprache – Englisch oder Französisch).

37 Anfrage Nr. 1360/80 des Abg. *Fanton*, ABl. 1981 Nr. C 67 S. 5.

38 Anfragen Nr. 1361/80, 100/81 und 753/81 – ABl. 1981 Nr. C 63 S. 1, C 153 S. 18 und C 333 S. 8.

VERORDNUNG Nr. 1

zur Regelung der Sprachenfrage für die Europäische Wirtschaftsgemeinschaft

(ABl. 1958 S. 385, BGBl. 1959 II S. 1083)

DER RAT DER EUROPÄISCHEN WIRTSCHAFTSGEMEINSCHAFT,

gestützt auf Artikel 217 des Vertrages, nach dem die Regelung der Sprachenfrage für die Organe der Gemeinschaft unbeschadet der Verfahrensordnung des Gerichtshofes vom Rat einstimmung getroffen wird,

in der Erwägung, daß jede der vier Sprachen, in denen der Vertrag abgefaßt ist, in einem oder in mehreren Mitgliedstaaten der Gemeinschaft Amtssprache ist,

HAT FOLGENDE VERORDNUNG ERLASSEN:

Artikel 1[1]

Die Amtssprachen und die Arbeitssprachen der Organe der Gemeinschaft sind Dänisch, Deutsch, Englisch, Französisch, Griechisch, Italienisch, Niederländisch.

Artikel 2

Schriftstücke, die ein Mitgliedstaat oder eine der Hoheitsgewalt eines Mitgliedstaates unterstehende Person an Organe der Gemeinschaft richtet, können nach Wahl des Absenders in einer der Amtssprachen abgefaßt werden. Die Antwort ist in derselben Sprache zu erteilen.

Artikel 3

Schriftstücke, die ein Organ der Gemeinschaft an einen Mitgliedstaat oder an eine der Hoheitsgewalt eines Mitgliedstaats unterstehende Person richtet, sind in der Sprache dieses Staates abzufassen.

1 In der Fassung der Beitrittsakten 1972 und 1979.

Artikel 4[1]

Verordnungen und andere Schriftstücke von allgemeiner Geltung werden in den sieben Amtssprachen abgefaßt.

Artikel 5[1]

Das Amtsblatt der Gemeinschaft erscheint in den sieben Amtssprachen.

Artikel 6

Die Organe der Gemeinschaft können in ihren Geschäftsordnungen festlegen, wie diese Regelung der Sprachenfrage im einzelnen anzuwenden ist.

Artikel 7

Die Sprachenfrage für das Verfahren des Gerichtshofes wird in dessen Verfahrensordnung geregelt.

Artikel 8

Hat ein Mitgliedstaat mehrere Amtssprachen, so bestimmt sich der Gebrauch der Sprache auf Antrag dieses Staates nach den auf seinem Recht beruhenden allgemeinen Regeln.

Diese Verordnung ist in allen ihren Teilen verbindlich und gilt unmittelbar in jedem Mitgliedstaat.

Geschehen zu Brüssel am 15. April 1958

Im Namen des Rates
Der Präsident
(Unterschrift)

1 In der Fassung der Beitrittsakten 1972 und 1979.

Artikel 218 [Vorrechte und Befreiungen]
Die Gemeinschaft genießt in den Hoheitsgebieten der Mitgliedstaaten die zur Erfüllung ihrer Aufgabe erforderlichen Vorrechte und Befreiungen nach Maßgabe eines besonderen Protokolls.

Durch den Fusionsvertrag* (Art. 28 Abs. 2) aufgehoben und wie folgt neu geregelt:

Artikel 2 Abs. 1 FusV
Die Europäischen Gemeinschaften genießen im Hoheitsgebiet der Mitgliedstaaten die zur Erfüllung ihrer Aufgabe erforderlichen Vorrechte und Befreiungen nach Maßgabe des Protokolls im Anhang zu diesem Vertrag. Das gleiche gilt für die Europäische Investitionsbank.

Inhaltsübersicht

1 Art. 218 ist ebenso wie das darin erwähnte Protokoll über die Vorrechte und Befreiungen der Gemeinschaft durch Art. 28 Abs. 2 des FusV aufgehoben worden. Seit dem 1.7.1967 gelten Art. 28 Abs. 1 des FusV und das darin erwähnte einheitliche Protokoll über die Vorrechte und Befreiungen der Europäischen Gemeinschaften.[1] Das neue einheitliche Protokoll stimmt inhaltlich mit dem bis zum 30.6.1967 geltenden Protokoll über die Vorrechte und Befreiungen der EWG überein. Jedoch umfaßt das neue Protokoll 22 statt 20 Art.; da ein Art. 5 (im Hinblick auf die finanzielle Selbständigkeit der EGKS) und ein Art. 22 über die Europäische Investitionsbank (Art. 129, 130 EWGV) eingefügt worden sind.

* Vertrag zur Einsetzung eines Gemeinsamen Rats und einer Gemeinsamen Kommission der Europäischen Gemeinschaften (67/443 EWG; 67/27 Euratom) vom 8. 4. 1965 (ABl. 1967 Nr. 152 S. 2; BGBl. 1967 II S. 1454), abgedruckt im Anhang B dieses Kommentars.

1 Vom 8.4.1965, ABl. 1967 Nr. 152 S. 13; abgedruckt im Anschluß an die Kommentierung zu Art. 218.

2 Das Protokoll gewährt im Hoheitsgebiet der Mitgliedstaaten (Art. 227) die Vorrechte und Befreiungen, die die Gemeinschaften zur Erfüllung ihrer Aufgaben brauchen.

3 Es enthält in den Art. 1 und 2 Bestimmungen über die Unverletzlichkeit der Räumlichkeiten, Gebäude und Archive der Gemeinschaften, in den Art. 3 und 4 über die Befreiung der Gemeinschaften von Steuern und Abgaben. Art. 6 sichert den Organen der Gemeinschaften für ihre amtliche Nachrichtenübermittlung die gleiche Behandlung wie den diplomatischen Vertretungen.

4 Von dem in Art. 7 vorgesehenen Recht der Präsidenten der Organe der Gemeinschaften, den Mitgliedern und Bediensteten dieser Organe gültige Reiseausweise auszustellen, haben die Gemeinschaften durch den Erlaß der VO Nr. 1826/69[2] zur Festlegung der Form der Ausweise für die Mitglieder und Bediensteten der Organe Gebrauch gemacht.

5 Das Protokoll regelt die Vorrechte und Befreiungen für die Mitglieder des Parlaments und garantiert insbesondere ihre Indemnität und Immunität (Art. 8 bis 10). Wegen einer etwaigen Aufhebung der Immunität vgl. Art. 10 Abs. 2 des Protokolls und Art. 5 der GO des Parlaments.[3] Die vom Parlament an seine Mitglieder aus Gemeinschaftsmitteln unter dem Titel Erstattung von Reise- und Aufenthaltskosten gezahlten Pauschalbeträge dürfen innerstaatlichen Steuern nicht unterworfen werden, sofern nicht gemäß dem Gemeinschaftsrecht der Nachweis geführt wird, daß diese pauschale Erstattung teilweise eine Besoldung darstellt.[4]

Den Mitgliedern der beratenden Organe der Gemeinschaften und den Vertretern der Mitgliedstaaten, die an den Arbeiten der Organe der Gemeinschaften teilnehmen sowie ihren Beratern und Sachverständigen billigt Art. 11 während der Ausübung ihrer Tätigkeit und auf der Reise von und zum Tagungsort »die üblichen Vorrechte, Befreiungen und Erleichterungen« zu, d.h. die in Art. 8 zugunsten der Mitglieder des Parlaments genannten Erleichterungen.[5]

6 Die Vorrechte und Befreiungen für die Beamten und sonstigen Bediensteten der

2 Vom 15. 9. 1969, ABl. Nr. L 235 S. 1, geändert durch VOen Nr. 950/73 vom 2. 4. 1973, ABl. Nr. L 98 S. 1 und Nr. 3288/80 vom 4. 12. 1980, ABl. Nr. L 350 S. 17.

3 Neufassung 1981, ABl. 1981 Nr. C 90 S. 48; HER I A 60/1, S. 3.

4 EuGH – Lord Bruce/Inspector of taxes, 208/80 – Slg. 1981, 2205.

5 Die mit einstimmiger Genehmigung des Rates (Art. 196 Abs. 2 EWGV) erlassene GO des Wirtschafts- und Sozialausschusses stipuliert im Art. 54 Abs. 2, daß Art. 10 des Protokolls, der die Immunität der Parlamentsmitglieder während der Dauer der Sitzungsperiode regelt, für die Vorrechte und Befreiungen der Mitglieder des Wirtschafts- und Sozialausschusses »maßgeblich« sei. Diese Regelung dürfte weitergehen als die in Art. 11 Abs. 2 für die Mitglieder von beratenden »Organen« der Gemeinschaften vorgesehene Befreiung. Der Wirtschafts- und Sozialausschuß ist aber kein »Organ« im Sinne von Art. 4 EWGV, vgl. Vorbemerkung zu Art. 193 bis 198 Rn. 4.

Gemeinschaften sind in Art. 12 bis 15 geregelt.[6] Aufgrund von Art. 16 hat der Rat die Gruppen von Beamten und sonstigen Bediensteten bestimmt, auf die Art. 12, 13 Abs. 2 und 14 des Protokolls Anwendung finden.[7] Hervorzuheben ist, daß die Vorrechte, Befreiungen und Erleichterungen nach Art. 18 den Beamten und sonstigen Bediensteten der Gemeinschaften ausschließlich im Interesse der Gemeinschaften gewährt werden, und daß jedes Organ der Gemeinschaften die Befreiung eines Beamten oder sonstigen Bediensteten in allen Fällen aufzuheben hat, in denen dies nach seiner Auffassung den Interessen der Gemeinschaften nicht zuwiderläuft. Die für die Beamten und sonstigen Bediensteten der Gemeinschaft geltenden Vorschriften des Protokolls finden grundsätzlich auch auf die Mitglieder der Kommission, die Richter, Generalanwälte, den Kanzler und die Hilfsberichterstatter des Gerichtshofes sowie auf die Mitglieder und das Personal der Europäischen Investitionsbank Anwendung (Art. 20, 21 und 22).

7 Schließlich bestimmt Art. 17 des Protokolls, daß der Mitgliedstaat, in dessen Hoheitsgebiet sich der Sitz der Gemeinschaften befindet,[8] den bei den Gemeinschaften beglaubigten Vertretungen dritter Länder die üblichen diplomatischen Vorrechte und Befreiungen gewährt.

8 Der mit Art. 218 wörtlich übereinstimmende Art. 191 EuratomV und das Vorrechteprotokoll für die EAG sind durch Art. 28 FusV aufgehoben und durch das neue einheitliche Protokoll für alle drei Gemeinschaften ersetzt worden, vgl. oben Rn. 1.

9 Das Gleiche gilt für Art. 76 EGKSV und das Protokoll über die Vorrechte und Befreiungen der EGKS.

6 Die Erbschaftsteuer auf eine von den EG gezahlte Witwenpension gehört nicht zu den innerstaatlichen Steuern auf von den Gemeinschaften gezahlte Gehälter, Löhne und Bezüge, von denen die Beamten und sonstigen Bediensteten nach Art. 13 Satz 2 des Protokolls befreit sind. EuGH 7/74 – Slg. 1974, 757.

7 VO Nr. 549/69 vom 25. 3. 1969, ABl. Nr. L 74 S. 1, geändert durch die VOen Nr. 2532/72 vom 4. 12. 1972, ABl. 1972 Nr. L 272 S. 7 und 1545/73, ABl. 1973 Nr. L 155 S. 7; HER I A 67/11, S. 135.

8 Vgl. Art. 216 Rn. 1. Am. 31. 12. 1981 waren 118 Staaten bei den Gemeinschaften diplomatisch vertreten. (15. Gesamtbericht 1981, S. 320).

PROTOKOLL

über die Vorrechte und Befreiungen der Europäischen Gemeinschaften

(67/444/EWG) (67/28/Euratom)

(ABl. 1967 Nr. 152 S. 13, BGBl. 1965 II S. 1482)

DIE HOHEN VERTRAGSPARTEIEN –

in der Erwägung, daß die Europäischen Gemeinschaften und die Europäische Investitionsbank nach Artikel 28 des Vertrages zur Einsetzung des gemeinsamen Rates und der gemeinsamen Kommission dieser Gemeinschaften im Hoheitsgebiet der Mitgliedstaaten die zur Erfüllung ihrer Aufgabe erforderlichen Vorrechte und Befreiungen genießen,

SIND über folgende Bestimmungen ÜBEREINGEKOMMEN, die diesem Vertrag als Anhang beigefügt sind:

KAPITEL I
Vermögensgegenstände, Liegenschaften, Guthaben und Geschäfte der Europäischen Gemeinschaften

Artikel 1

Die Räumlichkeiten und Gebäude der Gemeinschaften sind unverletzlich. Sie dürfen nicht durchsucht, beschlagnahmt, eingezogen oder enteignet werden. Die Vermögensgegenstände und Guthaben der Gemeinschaften dürfen ohne Ermächtigung des Gerichtshofes nicht Gegenstand von Zwangsmaßnahmen der Verwaltungsbehörden oder Gerichte sein.

Artikel 2

Die Archive der Gemeinschaften sind unverletzlich.

Artikel 3[1]

Die Gemeinschaften, ihre Guthaben, Einkünfte und sonstigen Vermögensgegenstände sind von jeder direkten Steuer befreit.

Die Regierungen der Mitgliedstaaten treffen in allen Fällen, in denen es ihnen möglich ist, geeignete Maßnahmen für den Erlaß oder die Erstattung des Betrages der indirekten Steuern und Verkaufsabgaben, die in den Preisen für bewegliche oder unbewegliche

1 Vgl. hierzu *Grunwald,* Art. 211 Rn. 24 und 25.

Güter inbegriffen sind, wenn die Gemeinschaften für ihren Dienstbedarf größere Einkäufe tätigen, bei denen derartige Steuern und Abgaben im Preis enthalten sind. Die Durchführung dieser Maßnahmen darf jedoch den Wettbewerb innerhalb der Gemeinschaften nicht verfälschen.

Von den Abgaben, die lediglich die Vergütung der Leistungen gemeinnütziger Versorgungsbetriebe darstellen, wird keine Befreiung gewährt.

Artikel 4[2]

Die Gemeinschaften sind von allen Zöllen sowie Ein- und Ausfuhrverboten und -beschränkungen bezüglich der zu ihrem Dienstgebrauch bestimmten Gegenstände befreit; die in dieser Weise eingeführten Gegenstände dürfen im Hoheitsgebiet des Staates, in das sie eingeführt worden sind, weder entgeltlich noch unentgeltlich veräußert werden, es sei denn zu Bedingungen, welche die Regierung dieses Staates genehmigt.

Den Gemeinschaften steht ferner für ihre Veröffentlichungen Befreiung von allen Zöllen sowie Ein- und Ausfuhrverboten und -beschränkungen zu.

Artikel 5

Die Europäische Gemeinschaft für Kohle und Stahl darf Devisen aller Art und Konten in jeder beliebigen Währung besitzen.

KAPITEL II
Nachrichtenübermittlung und Ausweise

Artikel 6

Den Organen der Gemeinschaften steht für ihre amtliche Nachrichtenübermittlung und die Übermittlung aller ihrer Schriftstücke im Hoheitsgebiet jedes Mitgliedstaates die gleiche Behandlung wie den diplomatischen Vertretungen zu.

Der amtliche Schriftverkehr und die sonstige amtliche Nachrichtenübermittlung der Organe der Gemeinschaften unterliegen nicht der Zensur.

Artikel 7

(1) Die Präsidenten der Organe der Gemeinschaften können den Mitgliedern und

2 Vgl. hierzu *Grunwald,* Art. 211 Rn. 24 und 25.

Bediensteten dieser Organe Ausweise ausstellen, deren Form vom Rat bestimmt wird[3] und die von den Behörden der Mitgliedstaaten als gültige Reiseausweise anerkannt werden. Diese Ausweise werden den Beamten und sonstigen Bediensteten nach Maßgabe des Statuts der Beamten und der Beschäftigungsbedingungen für die sonstigen Bediensteten der Gemeinschaften ausgestellt.

Die Kommission kann Abkommen zur Anerkennung dieser Ausweise als im Hoheitsgebiet dritter Länder gültige Reiseausweise schließen.

(2) Artikel 6 des Protokolls über die Vorrechte und Immunitäten der Europäischen Gemeinschaft für Kohle und Stahl findet jedoch weiterhin Anwendung auf diejenigen Mitglieder und Bediensteten der Organe, die bei Inkrafttreten dieses Vertrags im Besitz des in dem genannten Artikel vorgesehenen Ausweises sind, und zwar bis zur Anwendung von Absatz 1.

KAPITEL III
Mitglieder der Versammlung

Artikel 8

Die Reise der Mitglieder der Versammlung zum und vom Tagungsort der Versammlung unterliegt keinen verwaltungsmäßigen oder sonstigen Beschränkungen.

Die Mitglieder der Versammlung erhalten bei der Zollabfertigung und Devisenkontrolle

a) seitens ihrer eigenen Regierung dieselben Erleichterungen wie hohe Beamte, die sich in offiziellem Auftrag vorübergehend ins Ausland begeben;

b) seitens der Regierungen der anderen Mitgliedstaaten dieselben Erleichterungen wie ausländische Regierungsvertreter mit vorübergehendem offiziellen Auftrag.

Artikel 9

Wegen einer in Ausübung ihres Amtes erfolgten Äußerung oder Abstimmung dürfen Mitglieder der Versammlung weder in ein Ermittlungsverfahren verwickelt noch festgenommen oder verfolgt werden.

Artikel 10

Während der Dauer der Sitzungsperiode der Versammlung

a) steht ihren Mitgliedern im Hoheitsgebiet ihres eigenen Staates die den Parlamentsmitgliedern zuerkannte Unverletzlichkeit zu,

3 Siehe VO (EGKS, EWG, EURATOM) Nr. 1826/69 vom 15. 9. 1969, ABl. 1969 Nr. L 235 S. 1, geändert durch VO Nr. 950/73, ABl. 1973 Nr. L 98 S. 1.

b) können ihre Mitglieder im Hoheitsgebiet jedes anderen Mitgliedstaates weder festgehalten noch gerichtlich verfolgt werden.

Die Unverletzlichkeit besteht auch während der Reise zum und vom Tagungsort der Versammlung.

Bei Ergreifung auf frischer Tat kann die Unverletzlichkeit nicht geltend gemacht werden; sie steht auch nicht der Befugnis der Versammlung entgegen, die Unverletzlichkeit eines ihrer Mitglieder aufzuheben.

KAPITEL IV
Vertreter der Mitgliedstaaten, die an den Arbeiten der Organe der Europäischen Gemeinschaften teilnehmen

Artikel 11

Den Vertretern der Mitgliedstaaten, die an den Arbeiten der Organe der Gemeinschaften teilnehmen, sowie ihren Beratern und Sachverständigen stehen während der Ausübung ihrer Tätigkeit und auf der Reise zum und vom Tagungsort die üblichen Vorrechte, Befreiungen und Erleichterungen zu.

Dies gilt auch für die Mitglieder der beratenden Organe der Gemeinschaften.

KAPITEL V
Beamte und sonstige Bedienstete der Europäischen Gemeinschaften

Artikel 12

Den Beamten und sonstigen Bediensteten der Gemeinschaften stehen im Hoheitsgebiet jedes Mitgliedstaates ohne Rücksicht auf ihre Staatsangehörigkeit folgende Vorrechte und Befreiungen zu:

a) Befreiung von der Gerichtsbarkeit bezüglich der von ihnen in amtlicher Eigenschaft vorgenommenen Handlungen, einschließlich ihrer mündlichen und schriftlichen Äußerungen jedoch vorbehaltlich der Anwendung der Bestimmungen der Verträge über die Vorschriften betreffend die Haftung der Beamten und sonstigen Bediensteten gegenüber den Gemeinschaften und über die Zuständigkeit des Gerichtshofs für Streitsachen zwischen den Gemeinschaften und ihren Beamten sowie sonstigen Bediensteten. Diese Befreiung gilt auch nach Beendigung ihrer Amtstätigkeit;

b) Befreiung von Einwanderungsbeschränkungen und von der Meldepflicht für Ausländer; das gleiche gilt für ihre Ehegatten und die von ihnen unterhaltenen Familienmitglieder;

c) die den Beamten der internationalen Organisationen üblicherweise gewährten Erleichterungen auf dem Gebiet der Vorschriften des Währungs- und Devisenrechts;

d) das Recht, ihre Wohnungseinrichtung und ihre persönlichen Gebrauchsgegenstände bei Antritt ihres Dienstes in das in Frage stehende Land zollfrei einzuführen und bei Beendigung ihrer Amtstätigkeit in diesem Land ihre Wohnungseinrichtung und ihre persönlichen Gebrauchsgegenstände zollfrei wieder auszuführen, vorbehaltlich der Bedingungen, welche die Regierung des Landes, in dem dieses Recht ausgeübt wird, in dem einen und anderen Fall für erforderlich erachtet;

e) das Recht, das zu ihrem eigenen Gebrauch bestimmte Kraftfahrzeug, sofern es im Land ihres letzten ständigen Aufenthalts oder in dem Land, dem sie angehören, zu den auf dem Binnenmarkt dieses Landes geltenden Bedingungen erworben worden ist, zollfrei einzuführen und es zollfrei wieder auszuführen, vorbehaltlich der Bedingungen, welche die Regierung des in Frage stehenden Landes in dem einen und anderen Fall für erforderlich erachtet.

Artikel 13

Von den Gehältern, Löhnen und anderen Bezügen, welche die Gemeinschaften ihren Beamten und sonstigen Bediensteten zahlen, wird zugunsten der Gemeinschaften eine Steuer gemäß den Bestimmungen und dem Verfahren erhoben, die vom Rat auf Vorschlag der Kommission festgelegt werden.

Die Beamten und sonstigen Bediensteten sind von innerstaatlichen Steuern auf die von den Gemeinschaften gezahlten Gehälter, Löhne und Bezüge befreit.

Artikel 14

Die Beamten und sonstigen Bediensteten der Gemeinschaften, die sich lediglich zur Ausübung einer Amtstätigkeit im Dienst der Gemeinschaften im Hoheitsgebiet eines anderen Mitgliedstaates als des Staates niederlassen, in dem sie zur Zeit des Dienstantritts bei den Gemeinschaften ihren steuerlichen Wohnsitz haben, werden in den beiden genannten Staaten für die Erhebung der Einkommen-, Vermögen- und Erbschaftsteuer sowie für die Anwendung der zur Vermeidung der Doppelbesteuerung zwischen den Mitgliedstaaten der Gemeinschaften geschlossenen Abkommen so behandelt, als hätten sie ihren früheren Wohnsitz beibehalten, sofern sich dieser in einem Mitgliedstaat der Gemeinschaften befindet. Dies gilt auch für den Ehegatten, soweit dieser keine eigene Berufstätigkeit ausübt, sowie für die Kinder, die unter der Aufsicht der in diesem Artikel bezeichneten Personen stehen und von ihnen unterhalten werden. Das im Hoheitsgebiet des Aufenthaltsstaates befindliche bewegliche Vermögen der in Absatz 1 bezeichneten Personen ist in diesem Staat von der Erbschaftsteuer befreit; für die Veranlagung dieser Steuer wird es vorbehaltlich der Rechte dritter Länder und der etwaigen Anwendung internationaler Abkommen über die Doppelbesteuerung als in dem Staat des steuerlichen Wohnsitzes befindlich betrachtet.

Ein lediglich zur Ausübung einer Amtstätigkeit im Dienste anderer internationaler Organisationen begründeter Wohnsitz bleibt bei der Anwendung dieses Artikels unberücksichtigt.

Artikel 15

Der Rat legt auf Vorschlag der Kommission durch einstimmigen Beschluß das System der Sozialleistungen für die Beamten und sonstigen Bediensteten der Gemeinschaften fest.

Artikel 16

Der Rat bestimmt auf Vorschlag der Kommission und nach Anhörung der anderen betroffenen Organe die Gruppen von Beamten und sonstigen Bediensteten der Gemeinschaften, auf welche die Artikel 12, 13 Absatz 2 und Artikel 14 ganz oder teilweise Anwendung finden.

Namen, Dienstrang und -stellung sowie Anschrift der Beamten und sonstigen Bediensteten dieser Gruppen werden den Regierungen der Mitgliedstaaten in regelmäßigen Zeitabständen mitgeteilt.

KAPITEL VI
Vorrechte und Befreiungen der Vertretungen dritter Länder, die bei den Europäischen Gemeinschaften beglaubigt sind

Artikel 17

Der Mitgliedstaat, in dessen Hoheitsgebiet sich der Sitz der Gemeinschaften befindet, gewährt den bei den Gemeinschaften beglaubigten Vertretungen dritter Länder die üblichen diplomatischen Vorrechte und Befreiuungen.

KAPITEL VII
Allgemeine Bestimmungen

Artikel 18

Die Vorrechte, Befreiungen und Erleichterungen werden den Beamten und sonstigen Bediensteten der Gemeinschaften ausschließlich im Interesse der Gemeinschaften gewährt.

Jedes Organ der Gemeinschaften hat die Befreiung eines Beamten oder sonstigen Bediensteten in allen Fällen aufzuheben, in denen dies nach seiner Auffassung den Interessen der Gemeinschaften nicht zuwiderläuft.

Artikel 19

Bei der Anwendung diese Protokolls handeln die Organe der Gemeinschaften und die verantwortlichen Behörden der beteiligten Mitgliedstaaten im gegenseitigen Einvernehmen.

Artikel 20

Die Artikel 12 bis 15 und 18 finden auf die Mitglieder der Kommission Anwendung.

Artikel 21

Die Artikel 12 bis 15 und 18 finden auf die Richter, die Generalanwälte, den Kanzler und die Hilfsberichterstatter des Gerichtshofes Anwendung; die Bestimmungen des Artikels 3 der Protokolle über die Satzung des Gerichtshofes betreffend die Befreiung der Richter und Generalanwälte von der Gerichtsbarkeit bleiben hiervon unberührt.

Artikel 22

Dieses Protokoll gilt auch für die Europäische Investitionsbank, die Mitglieder ihrer Organe, ihr Personal und die Vertreter der Mitgliedstaaten, die an ihren Arbeiten teilnehmen; die Bestimmungen des Protokolls über die Satzung der Bank bleiben hiervon unberührt.

Die Europäische Investitionsbank ist außerdem von allen Steuern und sonstigen Abgaben anläßlich der Erhöhungen ihres Kapitals sowie von den verschiedenen Förmlichkeiten befreit, die hiermit in dem Staat, in dem sie ihren Sitz hat, verbunden sind. Desgleichen werden bei ihrer etwaigen Auflösung und Liquidation keine Abgaben erhoben. Ferner unterliegt die Tätigkeit der Bank und ihrer Organe, soweit sie nach Maßgabe der Satzung ausgeübt wird, nicht der Umsatzsteuer.

Zu Urkund dessen haben die unterzeichneten Bevollmächtigten ihre Unterschriften unter dieses Protokoll gesetzt.

Geschehen zu Brüssel am achten April neunzehnhunderfünfundsechzig.

(Unterschriften)

Artikel 219 [Regelung von Streitigkeiten der Mitgliedstaaten]

Die Mitgliedstaaten verpflichten sich, Streitigkeiten über die Auslegung oder Anwendung dieses Vertrags nicht anders als hierin vorgesehen zu regeln.

Inhaltsübersicht

1 Art. 219 ist im Zusammenhang mit den Art. 164 und 170 zu sehen. Nach Art. 164 ist die Wahrung des Rechtes bei der Auslegung und Anwendung des Vertrages Aufgabe des Gerichtshofes. Zum Vertrag gehören die Protokolle (Art. 239), die zur Änderung und Ergänzung des Vertrages geschlossenen Abkommen, insbesondere der FusV. und die Beitrittsverträge sowie die Verordnungen, Richtlinien und Entscheidungen, die der Rat und die Kommission zur Erfüllung ihrer Aufgaben und nach Maßgabe des Vertrages erlassen (Art. 189). Diese sind Handlungen der Organe der Gemeinschaft im Sinne des Art. 5; die Mitgliedstaaten müssen alle geeigneten Maßnahmen treffen, um die sich aus ihnen ergebenden Verpflichtungen zu erfüllen. Vgl. im übrigen die Erläuterungen zu Art. 164.

2 Streitigkeiten zwischen Mitgliedstaaten über die Auslegung oder Anwendung aller genannten Vorschriften des Gemeinschaftsrechts fallen unter Art. 219. Der Vertrag sieht in Art. 170 vor, daß jeder Mitgliedstaat den Gerichtshof anrufen kann, wenn er der Auffassung ist, daß ein anderer Mitgliedstaat gegen eine Verpflichtung aus dem Vertrage verstoßen hat. Grundsätzlich muß er vor Anrufung des Gerichtshofes die Kommission mit dem Streitfall befassen. Nur in den Fällen des Art. 93 Abs. 2 Unterabs. 2 und des Art. 225 Abs. 2 kann ein Mitgliedstaat in einem Streitfalle mit einem anderen Mitgliedstaat den Gerichtshof unmittelbar anrufen.

3 Die Mitgliedstaaten haben es bisher in aller Regel der Kommission überlassen, als »Hüterin des Vertrages« (Art. 155) erforderlichenfalls auf Grund von Art. 169 gegen Mitgliedstaaten vorzugehen, die gegen Verpflichtungen aus dem Vertrage verstoßen. Das einzige Beispiel einer Anwendung von Art. 170 bietet bis jetzt ein Fall, in dem der Gerichtshof das Vereinigte Königreich auf Klage Frankreichs verurteilt hat, weil es beim Erlaß von Vorschriften über Fischfang im Nordatlantik Gemeinschaftsrecht verletzt

hatte.[1] Wegen eines weiteren Falles, in dem es nicht zu einem Urteil gekommen ist, vgl. unten Fn. 3.

4 Da der Gerichtshof nicht von sich aus tätig werden kann, sondern nur, wenn er zur Entscheidung angerufen wird (Art. 169, 170, 173, 175, 177), würde er seine Aufgabe, bei der Auslegung und Anwendung des Vertrages für die Wahrung des Rechtes zu sorgen (Art. 164) nur unvollkommen erfüllen können, wenn die Mitgliedstaaten ihm solche Streitigkeiten entziehen könnten. Dies ist der Grund für die in Art. 219 getroffene Regelung.

Die Mitgliedstaaten sind also nicht berechtigt, zur Entscheidung von Streitigkeiten, für die nach dem Vertrage der Gerichtshof zuständig ist, andere Gerichte, etwa den Internationalen Gerichtshof im Haag, anzurufen oder sich auf eine Entscheidung durch innerstaatliche Gerichte oder ein Schiedsgericht zu einigen. Dagegen können die Mitgliedstaaten gemäß Art. 182 jede mit dem Gegenstand des Vertrages im Zusammenhang stehende Streitigkeit auf Grund eines Schiedsvertrages bei dem Gerichtshof anhängig machen, auch wenn eine ausschließliche Zuständigkeit des Gerichtshofes nicht gegeben ist.

5 Als Streitigkeiten im Sinne von Art. 219 sind nur solche Meinungsverschiedenheiten zwischen Mitgliedstaaten anzusehen, die nicht auf andere Weise als durch gerichtliche Entscheidung geregelt werden können. Der Zweck der Vorschrift besteht darin, für den Fall eines Prozesses die ausschließliche Zuständigkeit des Gerichtshofes zu sichern. Die Vorschrift soll aber nicht die Mitgliedstaaten zwingen, eine Klage zu erheben, bevor nicht die Möglichkeiten zu einer friedlichen Regelung des Streitfalles erschöpft sind. Die Vorschrift hindert also die Mitgliedstaaten nicht daran, Verhandlungen über eine Beilegung ihrer Streitigkeiten miteinander zu führen.[2] Dies wird dadurch bestätigt, daß der Anrufung des Gerichtshofes durch einen Mitgliedstaat das in Art. 170 Abs. 2 geregelte Verfahren vor der Kommission vorausgehen muß, das ebenfalls zu einer Beilegung des Streitfalles ohne Anrufung des Gerichtshofes führen kann. Solche Verhandlungen sind selbstverständlich auch dann noch möglich, wenn ein Rechtstreit bereits im Gange ist.[3]

6 Die bei der Kommission eingerichtete Verwaltungskommission für die soziale Sicherheit

1 EuGH – Frankreich/Vereinigtes Königreich, 141/78 – Slg. 1979, 2923.

2 Ebenso Ipsen, a.a.O. (Allg. Literaturverzeichnis), S. 238, Wohlfahrt, a.a.O. (Allg. Literaturverzeichnis) Art. 219 Anm. 2.

3 In der Rs. 58/77 hatte Irland gegen Frankreich Klage erhoben, weil Frankreich nach dem Beitrittsvertrag unzulässige mengenmäßige Beschränkungen für die Einfuhr von Hammelfleisch aus Irland beibehalten hatte. Auf Grund von Verhandlungen der beteiligten Regierungen nahm Irland (mit Zustimmung der Kommission, die der Klägerin als Streithelferin beigetreten war), die Klage zurück, nachdem Frankreich seine Regelung geändert hatte, vgl. 12. Gesamtbericht, 1978, S. 336.

der Wanderarbeitnehmer,[4] hat u. a. die Aufgabe, Auslegungsfragen zu behandeln, die sich aus der VO Nr. 1408/71, späteren VOen oder in deren Rahmen zu treffenden Vereinbarungen ergeben. Hierdurch wird jedoch das Recht der Beteiligten, die Verfahren und die Gerichte in Anspruch zu nehmen, die im Vertrag vorgesehen sind, nicht berührt.[5] Die durch Art. 99 der VO Nr. 1408/71 aufgehobene VO Nr. 3 vom 25. 9. 1958[6] hatte in Art. 49 Abs. 2 bestimmt, daß ein Mitgliedstaat bei Streitigkeiten zwischen Mitgliedstaaten über die Auslegung oder Anwendung der VO verlangen konnte, die Frage vor Anrufung des Gerichtshofs der Verwaltungskommission vorzulegen, wenn es sich nach seiner Auffassung um eine grundsätzliche Frage handelte. Die VO Nr. 1408/71 hat diese wenig systemgerechte Regelung nicht übernommen.

7 Art. 193 EuratomV stimmt wörtlich mit Art. 219 überein.

8 In Art. 87 EGKSV haben sich die Mitgliedstaaten verpflichtet, sich nicht auf Verträge, Abkommen oder Erklärungen zu berufen, die zwischen ihnen bestehen, um einen Streitfall über die Auslegung oder Anwendung des Vertrages (und seiner Durchführungsvorschriften – Art. 31 EGKSV) in anderer als der im Vertrag vorgesehenen Weise zu regeln.

Artikel 220 [Verhandlungen der Mitgliedstaaten zugunsten ihrer Staatsangehörigen]

Soweit erforderlich, leiten die Mitgliedstaaten untereinander Verhandlungen ein, um zugunsten ihrer Staatsangehörigen folgendes sicherzustellen:

- **den Schutz der Personen sowie den Genuß und den Schutz der Rechte zu den Bedingungen, die jeder Staat seinen eigenen Angehörigen einräumt,**
- **die Beseitigung der Doppelbesteuerung innerhalb der Gemeinschaft,**
- **die gegenseitige Anerkennung der Gesellschaften im Sinne des Artikels 58 Absatz 2, die Beibehaltung der Rechtspersönlichkeit bei Verlegung des Sitzes von einem Staat in einen anderen und die Möglichkeit der Verschmelzung von Gesellschaften, die den Rechtsvorschriften verschiedener Mitgliedstaaten unterstehen,**
- **die Vereinfachung der Förmlichkeiten für die gegenseitige Anerkennung und Vollstreckung richterlicher Entscheidungen und Schiedssprüche.**

4 Art. 80 der VO Nr. 1408/71 vom 14. 6. 1971, ABl. 1971 Nr. L 149 S. 2; HER I A 45/10, S. 5, 71.

5 Art. 81 Buchst. a) der VO Nr. 1408/71.

6 ABl. 1958 S. 561, später vielfach geändert.

Literaturhinweise

Arnold, Die Angleichung des Gesellschaftsrechts in der Europäischen Wirtschaftsgemeinschaft, in: AWD BB 1963, 221 = Le droit des sociétés dans la C.E.E., in: Succursales et filiales dans le marché commun, Paris 1963, 9 (11)

Beitzke, Rechtsgutachten über Art. 220 Unterabs. 3 des römischen Vertrages, I. Teil: Die Anerkennung der Rechtspersönlichkeit ausländischer Gesellschaften (zitiert: Gutachten Anerkennung), II. Teil: Die Verlegung des Sitzes ausländischer Gesellschaften (zitiert: Gutachten Sitzverlegung), Kommission der EWG, Dok. 4958/IV/62, Brüssel 1962 (hektographiert) = (gekürzt) Anerkennung und Sitzverlegung von Gesellschaften und juristischen Personen im EWG-Bereich, in: ZHR 127 (1964) 1 (zitiert: ZHR)

ders., Internationalrechtliches zur Gesellschaftsfusion, in: Festschrift Hallstein, Frankfurt (Main) 1966, 14 (zitiert: Internationalrechtliches)

ders., Les conflits de lois en matière de fusion de sociétés (droit communautaire et droit international privé), Revue critique de droit international privé 1967, 1 (zitiert: La fusion)

Bernstorff, s. unter *Zweigert*

Bülow, Arthur, La Convention concernant la compétence judiciaire et l'exécution des décisions judiciaires en matière civile et commerciale, in: RMC 1968, 1007

Capotorti, Il problema del reciproco riconoscimento delle società nella Comunità economica europea, in: Rivista delle società 1966, 969

Caruso, Le società nella comunità economica europea, Napoli 1969, 191–231, 332–344

Drobnig, Kritische Bemerkungen zum Vorentwurf eines EWG-Übereinkommens über die Anerkennung von Gesellschaften, in: ZHR 129 (1967) 93 (zitiert: Kritische Bemerkungen)

ders., Das EWG-Übereinkommen über die Anerkennung von Gesellschaften und juristischen Personen, AG 1973, 90–98, 125–131 = Rivista di diritto internazionale privato e processuale 1973, 513 (zitiert: Anerkennungs-Übereinkommen)

Everling, Das Niederlassungsrecht im Gemeinsamen Markt, Berlin, Frankfurt (Main) 1963 (zitiert: Niederlassungsrecht)

Focsaneanu, Compétence judiciaire, reconnaissance et exécution des décisions civiles et commerciales dans la C.E.E., in: RMC 1979, 516 (I), 569 (II), 1980, 31 (III), 91 (IV), 201 (V), 258 (VI), 326 (VII), 481 (VIII), 541 (IX), 603 (X), 1981, 30 (XI), 81 (XII)

Fois, Gli accordi degli stati membri delle comunità europee, Milano 1968

Goldman, Bericht über den Vorentwurf eines Übereinkommens über die gegenseitige Anerkennung von Gesellschaften und juristischen Personen, Kommission der EWG, Dok. 8106/IV/1/65, Brüssel 1965 (hektographiert) = RTDE 1968, 405–423 = (teilweise) Jus Gentium 8 (1970) 306–318 (zitiert: Bericht Anerkennungs-Übereinkommen)

ders., Le rapprochement des législations, in: Les novelles, droit des Communautés européennes, Bruxelles 1969, 881, 897–899 (zitiert: Les novelles)

ders., Droit commercial européen, 3. Aufl. Paris 1975 (zitiert: Lehrbuch)

ders., La fusion des sociétés de capitaux relevant de législations nationales différentes, in: Angleichung des Rechts der Wirtschaft in Europa, Köln 1971, 289 (zitiert: La fusion)

ders., Bericht über den Entwurf eines Übereinkommens über die internationale Verschmelzung von Aktiengesellschaften, in: BullEG, Beilage 13/73, Luxemburg 1973 (zitiert: Bericht Fusions-Übereinkommen)

Habscheid, Rechtsstreit und Vollstreckung (EWG-Übereinkommen über Zuständigkeit und Vollstreckung – EWG-Konkursentwurf – Ordre public Fragen), in: Angleichung des Rechts der Wirtschaft in Europa, Köln 1971, 649

Hauschild, Die europäische Aktiengesellschaft, in: Europäische Handelsgesellschaft und Angleichung des nationalen Gesellschaftsrechts, Frankfurt (Main), Berlin 1968, 81

ders., L'importance des conventions communautaires pour la création d'un droit communautaire, in: RTDE 1975, 4 (zitiert: Conventions communautaires)

Houin, Le régime juridique des sociétés dans la Communauté Economique Européenne, in: RTDE 1965, 11 (20–24)

Jacot-Guillarmod, Droit communautaire et droit international public, La Chaux-de-Fonds 1979, 5–34
Jeantet, Un droit européen de conflits de compétence judiciaire et de l'exécution des décisions en matière civile et commerciale, in: CDE 1972, 375
Jenard, Bericht zu dem Übereinkommen über die gerichtliche Zuständigkeit und die Vollstreckung gerichtlicher Entscheidungen in Zivil- und Handelssachen, ABl. 1979 Nr. C 59 S. 1 (zitiert: Bericht Vollstreckungs-Übereinkommen)
Kaufmann, Horst, La Suisse et la convention de la C.E.E. concernant la compétence judiciaire et l'exécution des décisions en matière civile et commerciale, in: Mémoires publiés par la faculté de droit de Genève, vol. 29, Genève 1969
Kommission der EG, Zuständigkeit der Gemeinschaft zur Schaffung eines europäischen Markensystems und Notwendigkeit ihres Tätigwerdens, Dok. III/D/1294/79 vom Oktober 1979 (hektographiert) = GRUR Int. 1980, 33–43, 96–105 = International Review of Industrial Property and Copyright Law 1980, 57–87, 174–201 = Revue internationale de la propriété industrielle et artistique 1979, 339–378 = Rivista di diritto industriale 1980, 162–220 (zitiert: Europäisches Markensystem)
Kommission der EWG, Denkschrift über die Schaffung einer Europäischen Handelsgesellschaft vom 22. 4. 1966, Sonderbeilage zum Bulletin 9/10 – 1966 der EWG, Luxemburg (zitiert: Denkschrift)
Koppensteiner, Grundlagenkritische Bemerkungen zum EWG-Entwurf eines Übereinkommens über die internationale Verschmelzung von Aktiengesellschaften, in: RabelsZ 39 (1975) 405
Leleux, Le rapprochement des législations dans la Communauté économique européenne, in: CDE 1968, 129 (131, 134, 157–160)
Lemontey, Bericht vom 5. August 1980 über den Entwurf eines Übereinkommens über den Konkurs, Vergleiche und ähnliche Verfahren, in: BullEG, Beilage 2/82, Luxemburg 1982, S. 45 (zitiert: Bericht Konkurs-Übereinkommen)
Limpens-Meinertzhagen, La coordination ou l'unification du droit par voie de convention entre les Etats membres, in: *de Ripainsel-Landy / A. Gérard / Limpens-Meinertzhagen / Louis / Soldatos / Vander Elst / Vandersanden,* Les instruments du rapprochement des législations dans la Communauté économique européenne, Bruxelles 1976, 153
Lutter, Die Angleichung des Gesellschaftsrechts nach dem EWG-Vertrag, in: NJW 1966, 273 (276–277)
Pipkorn, Die Angleichung des europäischen Gesellschafts- und Unternehmensrechts, in: Wirtschaft und Recht 32 (1980) 85
Rasmussen, A New Generation of Community Law?, in: CMLR 15 (1978) 249
Schwartz, Wege zur EG-Rechtsvereinheitlichung: Verordnungen der Europäischen Gemeinschaft oder Übereinkommen unter den Mitgliedstaaten?, in: Festschrift von Caemmerer, Tübingen 1978, 1067 = Voies d'uniformisation du droit dans la Communauté européenne: règlements de la Communauté ou conventions entre les Etats membres?, Journal du droit international 105 (1978) 751 (zitiert: Wege zur Rechtsvereinheitlichung)
ders., Übereinkommen zwischen den EG-Staaten: Völkerrecht oder Gemeinschaftsrecht?, in: Festschrift Grewe, Baden-Baden 1981, 551 (zitiert: Übereinkommen)
Timmermans, Het Verdrag van 29 februari 1968 inzake de onderlinge erkenning van vennootschappen en rechtspersonen, Enkele europeesrechtelijke kanttekeningen, in: Erkenning van vreemde vennootschappen en rechtspersonen, Preadviezen de Diephuis et Timmermans, Mededelingen van de Nederlandse Vereniging voor Internationaal Recht, No. 81, Deventer, april 1980, 33 = (summary) The Convention of 29 February 1968 on the Mutual Recognition of Companies and Firms, A few comments from the European Law point of view, Netherlands International Law Review 27 (1980) 357
Vasseur, Quelques arguments pour une société de type européen, Journal des tribunaux 1965, 1 = Revue des sociétés 1965, 18 = De Naamloze Vennootschap 1964, 1 = Argumente für eine Europäische Handelsgesellschaft, ZHR 127 (1964) 177
Vignes, Unification du droit et droit international au sein de la Communauté européenne, in: RMC 1975, 391

Zweigert-Bernstorff, Methodische und gemeinschaftsverfassungsrechtliche Probleme des Verordnungsentwurfs über das Statut für europäische Aktiengesellschaften, in: Miscellanea, Festschrift Ganshof van der Meersch, Bd. II, Bruxelles, Paris 1972, 615 (620–630, 635, 636, 650–653)

Inhaltsübersicht

Einleitung

1 Die Tätigkeit der EWG umfaßt die Angleichung der innerstaatlichen Rechtsvorschriften, soweit dies für das ordnungsmäßige Funktionieren des Gemeinsamen Marktes erforderlich ist (Art. 3 Buchst. h). Diese ihr zugewiesene Aufgabe nimmt die Gemeinschaft durch eigene Organe wahr: Kommission, Europäisches Parlament, Rat, Gerichtshof (Art. 4 Abs. 1 Satz 1). Sie handeln nach Maßgabe der ihnen im EWG-Vertrag zugewiesenen Befugnisse (Art. 4 Abs. 1 Satz 2). Im Bereich der Rechtsangleichung bestehen diese Befugnisse nach den 19 Zuweisungsnormen des Vertrages[1] darin, daß der Rat auf Vorschlag der Kommission, nach Anhörung des Parlaments und unter der rechtlichen Kontrolle des Gerichtshofs Richtlinien zur Angleichung von innerstaatlichen Rechtsvorschriften erläßt. Diese Richtlinien sind an alle Mitgliedstaaten gerichtet. Sie sind hinsichtlich ihres Inhalts verbindlich. Sie überlassen jedoch jedem Mitgliedstaat die Art der Umsetzung in sein innerstaatliches Recht (vgl. Art. 189 Abs. 3). Über 450 solcher Richtlinien sind bis 31. 8. 1982 ergangen, davon 213 gestützt auf Art. 100 allein.

2 Neben der Befugnis zur Rechtsangleichung durch Richtlinie hat der Rat nach neun der aufgezählten Zuweisungsnormen (Art. 7 Abs. 2, 28, 43 Abs. 2, 49, 51, 75, 79 Abs. 3, 113, 235) die weiterreichende Befugnis, Verordnungen zur Herstellung von Rechtseinheit zu erlassen. Verordnungen gelten unmittelbar (d. h. ohne zwischengeschalteten staatlichen Akt) als »Gesetze« der Gemeinschaft (also nicht als innerstaatliches Recht) in jedem Mitgliedstaat (vgl. Art. 189 Abs. 2). Sie ersetzen innerstaatliche Vorschriften, treten neben sie oder regeln neue Bereiche autonom.

3 Für vier Materien greift der EWG-Vertrag in einer seiner Schlußbestimmungen hilfsweise auf eine dritte Methode zurück: Verhandlungen unter den Mitgliedstaaten zur Vereinheitlichung des innerstaatlichen Rechts.[2] Art. 220 bestimmt nämlich: »Soweit erforderlich, leiten die Mitgliedstaaten untereinander Verhandlungen ein, um zugunsten ihrer Staatsangehörigen folgendes sicherzustellen . . .«. Dann werden die zu verwirklichenden Ziele und die Rechtsgebiete aufgezählt: der nichtdiskriminierende Schutz der Personen und ihrer Rechte, die Beseitigung der Doppelbesteuerung, die grenzüberschreitende Anerkennung, Sitzverlegung und Verschmelzung von Gesellschaften, die Vereinfachung der Förmlichkeiten für die grenzüberschreitende Anerkennung und Vollstreckung von

1 Art. 7 Abs. 2 (Diskriminierungen aus Gründen der Staatsangehörigkeit), Art. 28 (Zolltarifrecht), Art. 43 Abs. 2 (Landwirtschaftsrecht), 49, 51 (Arbeits- und Sozialrecht), 54 Abs. 3 Buchst. g (Gesellschaftsrecht, Mitbestimmung), 56 Abs. 2, 66 (Ausländerrecht), 57 Abs. 1 (Anerkennung der Diplome), 57 Abs. 2, 66 (Banken- und Versicherungsrecht, Gewerberecht, Handwerksrecht, Recht der freien Berufe), 69 (Kapitalverkehrsrecht), 70 (Devisenrecht), 75, 79 Abs. 3 (Verkehrsrecht), 99 (Recht der Umsatzsteuer, der Verbrauchersteuern und der sonstigen indirekten Steuern), 100 (Generalklausel), 101 (wettbewerbsverfälschende Vorschriften), 103 Abs. 3 und 4 (konjunktur-, stabilitäts- und versorgungsrelevante Vorschriften), 113 (Außenhandelsrecht), 235 (Sonderermächtigung zur Schließung von Befugnislücken).

2 Über Bedeutung und Unterschiede zwischen Rechtsvereinheitlichung, Rechtseinheit und Rechtsangleichung siehe *Vignes,* a.a.O., passim.

richterlichen Entscheidungen. Als multilaterales Instrument hierfür steht den Mitgliedstaaten vor allem das ratifizierungsbedürftige Übereinkommen zur Verfügung. Je nach der zu regelnden Materie kommen auch Protokolle, Vereinbarungen der Regierungen[3], Abkommen bestimmter Verwaltungen, Beschlüsse oder Entschließungen der Regierungen in Betracht.[4]

4 Bisher haben die Mitgliedstaaten vier Übereinkommen zur Vereinheitlichung ihres bestehenden Rechts oder zur Schaffung neuen einheitlichen Rechts geschlossen. Das »Übereinkommen über gegenseitige Unterstützung der Zollverwaltungen« der Mitgliedstaaten, unterzeichnet am 7. 9. 1967 zu Neapel, in Kraft getreten in den einzelnen Staaten zwischen 1970 und 1974,[5] bleibt hier außer Betracht, weil es im wesentlichen der Anwendung, nicht der Vereinheitlichung des Zollrechts dient. Nicht mitgezählt ist auch das im Rahmen der europäischen politischen Zusammenarbeit geschlossene, unter Rn. 97 behandelte »Übereinkommen über die Anwendung des Europäischen Übereinkommens zur Bekämpfung des Terrorismus zwischen den Mitgliedstaaten der Europäischen Gemeinschaften«, unterzeichnet am 4. 12. 1979 zu Dublin. Die vier im Rahmen der Gemeinschaft geschlossenen Übereinkommen betreffen ihr internationales Verfahrensrecht in Zivil- und Handelssachen (»Übereinkommen über die gerichtliche Zuständigkeit und die Vollstreckung gerichtlicher Entscheidungen in Zivil- und Handelssachen«, unterzeichnet am 27. 9. 1968 zu Brüssel, in Kraft getreten am 1. 2. 1973[6]), ihr internationales Gesellschaftsrecht (»Übereinkommen über die gegenseitige Anerkennung von Gesellschaften und juristischen Personen«, unterzeichnet am 29. 2. 1968 zu Brüssel, noch nicht in Kraft getreten[7]), ihr internationales Vertragsrecht (»Übereinkommen über das auf vertragliche Schuldverhältnisse anzuwendende Recht«[8], aufgelegt zur Unterzeichnung und unterzeichnet von sechs Mitgliedstaaten am 19. 6. 1980 zu Rom[9], von Dänemark am 10. 3. 1981 zu Brüssel[10], vom Vereinigten Königreich am 7. 12. 1981 zu Brüssel[11], noch nicht in Kraft getreten), und ein neues gemeinsames Patentrecht (»Übereinkommen über das europäische Patent für den Gemeinsamen Markt«, unterzeichnet am 15. 12. 1975 zu Luxemburg[12], noch nicht in Kraft getreten).

Ein fünftes Übereinkommen über das internationale Konkursrecht ist im Entwurf fertiggestellt (»Entwurf eines Übereinkommens über den Konkurs, Vergleiche und

3 Ebenso *Limpens-Meinertzhagen,* a.a.O., 153.
4 Ähnlich *Romoli-Venturi* in: *Quadri* u.a., a.a.O. (Allg. Literaturverzeichnis), Art. 220 Uabs. 2, Anm. 1 B, S. 1575.
5 BGBl. 1969 II S. 66, zitiert: Zollverwaltungs-Übereinkommen. Siehe auch Rn. 164.
6 ABl. 1972 Nr. L 299 S. 32, zitiert: Vollstreckungs-Übereinkommen.
7 BullEG Nr. 2-1969, Beilage S. 5, zitiert: Anerkennungs-Übereinkommen.
8 Zitiert: IPR-Übereinkommen.
9 ABl. 1980 Nr. L 266 S. 1.
10 ABl. 1981 Nr. C 80 S. 1.
11 Nicht veröffentlicht.
12 ABl. 1976 Nr. L 17 S. 1, zitiert: Gemeinschaftspatent-Übereinkommen.

ähnliche Verfahren« vom 23. 6. 1980).[13] An einem sechsten über die Verschmelzung von Aktiengesellschaften verschiedener Mitgliedstaaten wird noch gearbeitet (»Entwurf eines Übereinkommens über die internationale Verschmelzung von Aktiengesellschaften«).[14]

Das Vollstreckungs-, das Anerkennungs-, das Fusions- und das Konkurs-Übereinkommen führen nach ihren Präambeln Art. 220 aus, nicht dagegen das Gemeinschaftspatent- und das IPR-Übereinkommen (s. aber Rn. 78 und 103 bis 107).

I. Verhandlungen der Mitgliedstaaten

1. Rechtsetzungsbefugnis der Gemeinschaft?

5 Da die Bestimmung Verhandlungen unter den Mitgliedstaaten vorsieht, überträgt sie nicht der *Gemeinschaft* eine Zuständigkeit. Mit *Habscheid*[15] ist festzuhalten: »Diese Vorschrift beinhaltet keine Verordnungsermächtigung für die EWG-Gesetzgebungsorgane, sondern einen in den Zielen konkretisierten Auftrag an die Vertragsstaaten. Das Übereinkommen ist also kein Rechtsetzungsakt i.S.d. Art. 189 ... mit unmittelbarer innerstaatlicher Geltung: Es ist vielmehr ein von den Vertragsstaaten abgeschlossener und nur ihnen zugänglicher völkerrechtlicher Vertrag, der zur innerstaatlichen Wirksamkeit der Ratifikation durch die nationalen Gesetzgeber bedarf.« Die Gemeinschaft handelt nicht durch die Mitgliedstaaten, sondern durch ihre eigenen Organe (Art. 4 Abs. 1).

6 Dementsprechend schaltet Art. 220 nicht die Organe der Gemeinschaft ein. Die Verhandlungen obliegen vielmehr den Mitgliedstaaten »untereinander«, das heißt den Regierungen der Mitgliedstaaten. Sie können »im Rahmen« der Kommission und des Rates stattfinden, aber nicht »in der Kommission«, »im Rat«. Sie können nicht eine Richtlinie, eine Verordnung oder eine Entscheidung zum Gegenstand haben, sondern immer nur eine Vereinbarung zwischen den Mitgliedstaaten, namentlich ein Übereinkommen oder ein Protokoll. Für die Vorbereitung, Beratung und den Erlaß von Richtlinien, Verordnungen und Entscheidungen der Gemeinschaft sind nach sämtlichen einschlägigen Handlungsermächtigungen des EWG-Vertrages in keinem Falle die Mitgliedstaaten, sondern stets die Organe der Gemeinschaft ausschließlich zuständig. Art. 220 gehört nach seinem eindeutigen Wortlaut nicht zu diesen Ermächtigungen.

13 BullEG, Beilage 2/82, S. 9, zitiert: Konkurs-Übereinkommen.
14 BullEG, Beilage 13/73, S. 9 = RabelsZ 39 (1975) 539, zitiert: Fusions-Übereinkommen. Dieser Text ist aufgrund der Verhandlungen seit 1973 teilweise überholt.
15 A.a.O., 652, ähnlich *Kapteyn* in: *Smit/Herzog*, a.a.O. (Allg. Literaturverzeichnis), Art. 220, Anm. 02, S. 6–145.

7 Wohl aber weisen die Art. 155 und 169 in bezug auf Art. 220 den Organen der Gemeinschaft eine Befugnis zu, die nicht rechtsetzender, sondern rechtsanwendender Art ist: Kommission und Gerichtshof haben für die Einhaltung der Verpflichtung zu Verhandlungen durch die Mitgliedstaaten Sorge zu tragen. Desgleichen sind sie für die Überwachung der Anwendung und für die Auslegung der in Art. 220 enthaltenen Begriffe zuständig (Art. 155 erster Unterabs., 164, 177 Abs. 1 Buchst. a). Es handelt sich dabei um autonome Begriffe des Gemeinschaftsrechts.

2. Rechtsetzungsbefugnis der Mitgliedstaaten?

8 Umgekehrt verleiht Art. 220 auch nicht den *Mitgliedstaaten* Rechtsetzungsbefugnisse. Ihre Befugnis, untereinander Verhandlungen einzuleiten und Übereinkommen abzuschließen, beruht nicht auf Art. 220, sondern allein auf ihrer innerstaatlichen Kompetenz, als Subjekte des Völkerrechts Verträge abzuschließen.[16] Der EWG-Vertrag kann dieser Kompetenz nichts hinzufügen. Als Staaten besitzen sie sie bereits. Siehe aber Rn. 143 bis 157.

3. Beteiligung aller Mitgliedstaaten?

9 Da Art. 220 sagt, daß »die« Mitgliedstaaten »untereinander« Verhandlungen einleiten, sind nicht einzelne Mitgliedstaaten, sondern *alle* angesprochen. Nicht bilaterale, sondern multilaterale Verhandlungen zwischen sämtlichen Mitgliedstaaten verlangt Art. 220. Nur auf diese Weise kann die Gleichheit der ausgehandelten Lösungen und ihre rechtliche Unantastbarkeit in allen Mitgliedstaaten gewährleistet werden. Art. 220 sieht nicht eine Ergänzung des jeweils bestehenden Systems bilateraler Abkommen zwischen einzelnen Mitgliedstaaten vor, sondern ihre Ersetzung durch ein einziges Übereinkommen aller Mitgliedstaaten. Die Staatenpraxis zu Art. 220 bestätigt diese Auslegung: an allen Verhandlungen nach Art. 220 waren bzw. sind sämtliche Mitgliedstaaten beteiligt.

4. Beteiligung dritter Staaten?

10 Umgekehrt betrifft Art. 220 nach seinem klaren Wortlaut (»die Mitgliedstaaten untereinander«) *nur* die Mitgliedstaaten. Dritte Länder können daher nicht an den Verhandlungen der »Mitgliedstaaten untereinander« teilnehmen. Auch der Zweck des Art. 220 besteht lediglich darin, die in der Vorschrift bezeichneten Ziele »zugunsten ihrer Staatsangehörigen« sicherzustellen, das heißt zugunsten der Staatsangehörigen der Mitgliedstaaten. Die Vorschrift dient der Verwirklichung des Gemeinsamen Marktes in bezug auf die in ihr umschriebenen Beziehungen.

11 Auch später beitreten können aus diesen Gründen den im Rahmen von Art. 220 geschlossenen Übereinkommen nur Staaten, die Mitglied der Gemeinschaft geworden

16 Ebenso *Ipsen,* a.a.O. (Allg. Literaturverzeichnis), § 39/12, S. 698.

sind. Die Praxis in bezug auf die bisher abgeschlossenen und die in Vorbereitung befindlichen Übereinkommen nach Art. 220 entspricht dieser Rechtslage.[17] *Goldman*[18] begründet seine negative Haltung zum Beitritt dritter Staaten zu Übereinkommen nach Art. 220 damit, daß die Mitgliedstaaten bei ihrer Aushandlung und bei ihrem Abschluß eine Verpflichtung des Gemeinschaftsrechts erfüllten. Außerdem übernähmen die Mitgliedstaaten in diesen Übereinkommen Lösungen und Verpflichtungen aufgrund von Bindungen, die sie in der Gemeinschaft vereinten; es sei daher nicht zu sehen, wie diese auf Drittstaaten erstreckt werden könnten. Allerdings sei schwer zu sehen, wie die Mitgliedstaaten daran gehindert werden könnten, einstimmig gleichwohl eine solche Erstreckung zuzulassen, und inwiefern darin ein Verstoß gegen das Recht der Gemeinschaft liegen würde. Eine rechtlich und institutionell schwer überwindbare Schranke besteht indessen insoweit, als die Mitgliedstaaten die Auslegung des fraglichen Übereinkommens dem Gerichtshof der EG zugewiesen haben.

12 *Hauschild*[19] geht ebenfalls von der Beschränkung der Übereinkommen auf die Mitgliedstaaten aus. Dem stehe aber eine spätere Assoziierung solcher Drittstaaten nicht entgegen, deren Rechtssysteme genügende Garantien böten.

Das außerhalb von Art. 220 zwischen den Mitgliedstaaten geschlossene Gemeinschaftspatent-Übereinkommen sieht in Art. 96 die Möglichkeit einer »Beteiligung« solcher Drittstaaten vor, die Vertragsstaat der Europäischen Patentorganisation sind und mit der EWG eine Zollunion oder Freihandelszone bilden. Der »Beitritt« ist Mitgliedstaaten der EWG reserviert (Art. 95).

II. Kann-, Soll- oder Mußvorschrift?

13 Stellt Art. 220 den Mitgliedstaaten Verhandlungen frei, fordert er dazu auf oder verpflichtet er dazu? Der Eingangshalbsatz lautet: »Soweit erforderlich, leiten ... Verhandlungen ein.« Sofern also die Erforderlichkeit zu bejahen ist (Rn. 20 bis 29), sieht Art. 220 eine Verpflichtung vor. Nach dem Sprachgebrauch des Vertrages werden im Präsens Verpflichtungen ausgedrückt.[20]

14 Auch aus dem Zweck der Vorschrift ist auf eine Verpflichtung zu schließen. Ziel der Vorschrift ist es, die Staatsangehörigen und Gesellschaften aller anderen Mitgliedstaaten in bestimmten Beziehungen rechtlich den Inländern bzw. den Gesellschaften inländischen

17 Siehe z. B. Präambel und Art. 60 bis 68 des Vollstreckungs-Übereinkommens, Rn. 4; hierzu *Arthur Bülow*, a.a.O., 1016, *Kaufmann*, a.a.O., 43–45.

18 Les novelles, a.a.O., 898–899.

19 Conventions communautaires, a.a.O., 41.

20 Ebenso *Bernini/Frignani* in: *Quadri* u. a., a.a.O., Art. 220 Uabs. 3, Anm. 2, S. 1583–84; vgl. *Lagrange*, L'avenir institutionnel de la Communauté européenne, in: RTDE 1974, 88 (93); EuGH – Kramer, 3, 4 und 6/76 – Slg. 1976, 1279 (1310, Rn. 24).

Rechts gleichzustellen. Die Erreichung dieses Zieles wäre jedoch nicht sichergestellt, wenn die Einleitung der Verhandlungen vom Ermessen der einzelnen Mitgliedstaaten abhinge.

15 Überdies wäre Art. 220 ohne Bejahung seines zwingenden Charakters überflüssig. Denn die Befugnis der Mitgliedstaaten, Verhandlungen zu führen und Verträge abzuschließen, besteht wie dargelegt ohnehin.

16 Was Art. 220 (abgesehen von der Statuierung mehrerer konkreter Ziele der Gemeinschaft) hinzufügt, ist die *gemeinschaftsrechtliche* Verpflichtung aller Mitgliedstaaten, jene völkerrechtliche Vertragschließungsbefugnis wahrzunehmen.

Dementsprechend heißt es in der Präambel des Vollstreckungs-Übereinkommens (Rn. 4): »in dem Wunsche, Artikel 220 . . . auszuführen, in dem sie [die Vertragsparteien] sich verpflichtet haben, . . .«.

Der Gerichtshof hat diese Auslegung bestätigt: »Nach Artikel 220 EWG-Vertrag sind die Mitgliedstaaten verpflichtet, soweit erforderlich, untereinander Verhandlungen einzuleiten . . .«.[21]

Auch im Schrifttum wird – wenn auch meist ohne Begründung – ganz überwiegend angenommen, daß Art. 220 die Mitgliedstaaten zu Verhandlungen über die dort vorgesehenen Punkte verpflichte.[22] Die wenigen Gegenstimmen setzen sich ebenfalls meist nicht näher mit der Frage auseinander.[23] Soweit also die bestehende Rechtslage unbefriedigend ist und Organe der Gemeinschaft nicht von Befugnissen nach dem EWG-Vertrag Gebrauch machen können, sind die Mitgliedstaaten nach Art. 220 verpflichtet, die in dieser Vorschrift verbindlich festgelegten Vertragsziele im Wege völkerrechtlicher Abmachungen herbeizuführen. Über die Einhaltung dieser Verpflichtung des Gemeinschaftsrechts haben die Kommission und gegebenenfalls der Gerichtshof zu wachen (Art. 220 i.V.m. Art. 155 und 169).

17 *Caruso*[24] meint, Art. 220 enthalte eine »Verpflichtung mit einer conditio potestativa«, nämlich der Klausel »soweit erforderlich«. Unzutreffend schließt er aus dieser Klausel, die Mitgliedstaaten seien für die Feststellung ihres Vorliegens ausschließlich zuständig; außerdem hebe sie den zwingenden Charakter des Art. 220 auf.[25] Sein nicht obligatori-

21 EuGH – Tessili/Dunlop, 12/76 – Slg. 1976, 1473 (1484, Rn. 9).

22 So eingehender nur *Bernini/Frignani* in: *Quadri* u.a., a.a.O., Art. 220 Uabs. 3, Anm. 2, S. 1584–85; ferner *Wohlfarth*, a.a.O. (Allg. Literaturverzeichnis), Art. 220, vor Anm. 1; *Hallstein*, a.a.O., 222; *Constantinesco*, Die Eigentümlichkeiten des Europäischen Gemeinschaftsrechts, in: JuS 1965, 289 (291); *Kommission der EWG*, Denkschrift, a.a.O., 8, 9, 12; *Kapteyn* in: *Smit/Herzog*, a.a.O., Art. 220, Anm. 03, S. 6–146.

23 Z. B. *Arthur Bülow*, a.a.O., 475: Art. 220 sei nur als Programm gedacht und habe die Bedürfnisfrage selbst noch nicht entschieden. *Fois*, a.a.O., 44–45.

24 A.a.O., 215.

25 A.a.O., 215–216.

scher Charakter ergebe sich auch daraus, daß er keine Leitlinien über die Modalitäten, den Inhalt und die Grenzen solcher Übereinkommen enthalte.[26]

Selbst wenn diese letzte Behauptung zutreffen sollte, würde dies nichts an dem zwingenden Charakter der Vorschrift ändern. Er ergibt sich einmal, wie dargelegt, aus ihrem Wortlaut, zum anderen aus ihrem Zweck – der Sicherstellung der rechtlichen Gleichbehandlung der Staatsangehörigen anderer Mitgliedstaaten mit den eigenen Staatsangehörigen in bestimmten Beziehungen – und schließlich aus den Zielen (Art. 3 Buchst. c) und Grundsätzen (Art. 7) des Vertrages.

18 Die Klausel »soweit erforderlich« ist zwar eine Bedingung für die Anwendbarkeit des Art. 220. Dieser Vorbehalt ändert aber ebenfalls nichts daran, daß, falls die Erforderlichkeit zu bejahen ist, Art. 220 nicht nur angewendet werden kann, sondern aus den dargelegten Gründen angewendet werden muß.

19 Für die Feststellung des Vorliegens der Erforderlichkeit von Verhandlungen sind nicht allein die Mitgliedstaaten zuständig. Vielmehr ist es nach Art. 155 Aufgabe der Kommission, für die Anwendung des Vertrages – also einschließlich seines Art. 220 – Sorge zu tragen. Und nach Art. 164 sichert der Gerichtshof der Europäischen Gemeinschaften die Wahrung des Rechts bei der Auslegung und Anwendung des Vertrages – also einschließlich des Art. 220.

III. Soweit erforderlich

20 Art. 220 sieht Verhandlungen der Mitgliedstaaten nur vor, »soweit erforderlich«. Was bedeutet diese Einschränkung?

1. Wirtschaftliches Bedürfnis

21 Sinn der Vorbehaltsklausel »soweit erforderlich« ist es nicht, daß vor der Einleitung von Verhandlungen das wirtschaftliche Bedürfnis einer Regelung geprüft werden muß. Dies ergibt sich aus dem Inhalt des Art. 220. Indem in dieser Vorschrift die Regelung bestimmter Fragen vorgesehen ist, werden die allgemeinen Vertragsziele der Art. 2 und 3 konkretisiert. Um den Gemeinsamen Markt (Art. 2) und insbesondere die Freizügigkeit für natürliche und juristische Personen zu erreichen (Art. 3 Buchst. c) und dadurch die wirtschaftlichen, sozialen und politischen Ziele der Gemeinschaft zu fördern (Art. 2), ist es unumgänglich, die Staatsangehörigen der anderen Mitgliedstaaten mit den eigenen Staatsangehörigen hinsichtlich ihres Schutzes, ihrer Rechte, ihrer Besteuerung und ihrer Stellung vor Gerichten und Behörden gleichzustellen und außerdem die internationale Anerkennung, Sitzverlegung und Fusion ohne Diskriminierung gegenüber inländischen Gesellschaften zu ermöglichen. Diese Inländer-Gleichstellung in einer Reihe von Fragen

26 A.a.O., 216.

ist das Ziel der Vorschrift, deren Wortlaut insoweit eindeutig ist: »um zugunsten ihrer Staatsangehörigen ... sicherzustellen«.

22 Wenn mithin Art. 220 selbst konkrete Vertragsziele festlegt und damit die allgemeinen Vertragsziele für die erfaßten Bereiche spezifiziert, können die Worte »soweit erforderlich« nicht bedeuten: soweit zur Erreichung der Ziele der Art. 2 und 3 erforderlich. Die Erforderlichkeit wird bereits durch Art. 220 selbst bejaht; hierin liegen ein Grund und ein Sinn der Vorschrift.

Es dürfte zum Beispiel schwerlich möglich sein zu behaupten: zur Freizügigkeit der Gesellschaften und zur Errichtung eines Gemeinsamen Marktes für Gesellschaften im Sinne eines Binnenmarktes gehörten die internationale Anerkennung, Sitzverlegung und Fusion von Gesellschaften nicht notwendig, sondern nur nach besonderer Prüfung für jeden der Sachverhalte des Art. 220. Eine optimale Faktorallokation und damit Förderung der Ziele des Art. 2 sei ohne diese Möglichkeiten ebenso realisierbar. Das wäre volkswirtschaftlich nicht haltbar.

Hierzu hat *Arnold*[27] überzeugend ausgeführt: »In der Tat braucht man sich nur zu vergegenwärtigen: Wäre die Anerkennung der Gesellschaften nicht in allen Fällen und in allen Mitgliedstaaten gleichermaßen sichergestellt, so würde nicht nur die Rechtssicherheit im Gemeinsamen Markt erheblich beeinträchtigt; vielmehr könnten auch die Gesellschaften, denen in dem einen oder anderen Lande die Anerkennung versagt würde, nicht im gesamten Bereich des Gemeinsamen Marktes sich wirtschaftlich betätigen und die Vergünstigungen des EWG-Vertrages in Anspruch nehmen. Die Freizügigkeit des Unternehmers, die freie Entfaltung der unternehmerischen Initiative im Gemeinsamen Markt und die Möglichkeit einer Anpassung an den größeren Wirtschaftsraum werden erst dann vollständig gewährleistet sein, wenn die Sitzverlegung und die Fusion so, wie sie innerhalb der einzelnen Länder zulässig sind, im gesamten Gebiet der Europäischen Wirtschaftsgemeinschaft ermöglicht werden.«

Die Worte »soweit erforderlich« haben daher »nicht die Bedeutung, daß noch geprüft werden muß, ob auch ein materielles Bedürfnis für eine Regelung besteht. Dieses Bedürfnis wird im Art. 220 grundsätzlich anerkannt«.[28] *Habscheid*[29] bezeichnet Art. 220 als »einen in den Zielen konkretisierten Auftrag an die Vertragsstaaten«.[30]

23 In der Praxis ist zum Teil auch das wirtschaftliche Bedürfnis für Übereinkommen geprüft worden, wenn auch nicht näher, ohne wirkliche Diskussion und ohne Auseinanderset-

27 A.a.O., 221, Nr. 5.
28 *Wohlfarth,* a.a.O., Art. 220, Anm. 2; *Arnold,* a.a.O., 221; *Beitzke,* Internationalrechtliches, a.a.O., 14, 22.
29 A.a.O., 652.
30 A. M. *Fois,* a.a.O., 44–45; *Koppensteiner,* a.a.O., 406.

zung mit der Frage, ob eine solche Prüfung nach der verbindlichen Zielsetzung des Art. 220 überhaupt noch geboten, ja mit ihr vereinbar sei.[31]

2. Rechtliches Bedürfnis

a) Innerstaatliches Recht und Staatsverträge

24 Die Erforderlichkeit von Verhandlungen zwischen den Mitgliedstaaten entfällt dagegen dann, wenn das von Art. 220 jeweils gesetzte Ziel bereits auf Grund des innerstaatlichen Rechts und bestehender völkerrechtlicher Abkommen erreicht ist.[32] Diese Frage ist daher vor der Aufnahme von Verhandlungen zu untersuchen und in der Praxis tatsächlich geprüft worden.[33]

b) Gemeinschaftsrecht

25 Ebensowenig sind Verhandlungen »erforderlich«, wenn die betreffende, in Art. 220 bezeichnete Frage bereits durch den EWG-Vertrag oder auf Grund seiner Ermächtigungen durch Verordnung oder Richtlinie der Gemeinschaft so geregelt ist, daß das nach Art. 220 anzustrebende Ziel verwirklicht ist. Ein Tätigwerden der Mitgliedstaaten ist dann nicht mehr erforderlich.

3. Bedürfnis für Tätigwerden der Mitgliedstaaten

26 Besteht ein rechtliches Bedürfnis für ein Tätigwerden, bleibt zu prüfen, wer es zu befriedigen hat: die Mitgliedstaaten oder die Gemeinschaft. Denn in anderen Bestimmungen überträgt der EWG-Vertrag der Gemeinschaft Aufgaben, welche sich mit dem Anwendungsbereich des Art. 220 überschneiden. Kommt dem Merkmal »soweit erforderlich« auch insoweit eine Bedeutung zu?

a) Entstehungsgeschichte

27 Art. 220 wurde in den Vertrag 14 Tage vor der Unterzeichnung aufgenommen. Es herrschte offenbar Zeitnot. Man wußte anscheinend nicht so rasch und nicht genau genug, was in bezug auf die diversen Sachverhalte noch einer Regelung bedurfte und was nicht,

31 Siehe z. B. *Goldman,* Bericht Fusions-Übereinkommen, a.a.O., 33–34, Nr. 3.

32 So z. B. *Wohlfarth,* a.a.O., Art. 220, Anm. 2; *Beitzke,* Anerkennung und Sitzverlegung, a.a.O., 2–3; *Arnold,* a.a.O., 221; *Hallstein,* a.a.O., 222–224; *Arthur Bülow,* a.a.O., 476; *Houin,* a.a.O., 21; *Bernini/Frignani,* in: *Quadri,* a.a.O., Art. 220 Uabs. 3, Anm. 1, S. 1583; *Focsaneanu,* a.a.O., I, 517.

33 Siehe z. B. *Beitzke,* Gutachten Anerkennung, a.a.O., 6–48, 83–89; *Goldman,* Bericht Fusions-Übereinkommen, a.a.O., 35–37, Nr. 4, 5 und passim; *Hauschild,* Die europäische Aktiengesellschaft, a.a.O., 87–89; *Jenard,* Bericht Vollstreckungs-Übereinkommen, a.a.O., 3–7, 13 Buchst. D; *Lemontey,* Bericht Konkurs-Übereinkommen, a.a.O., 48–49, 50.

sei es, daß das nationale Recht genügte oder bereits Staatsverträge vorlagen, sei es, daß der EWG-Vertrag selbst oder Maßnahmen auf Grund seiner Ermächtigungen ausreichen würden. Vorsorglich scheint es so zur Einfügung der Klausel »soweit erforderlich« gekommen zu sein. Art. 220 will mit seiner allein unter diesem Vorbehalt stehenden Verpflichtung der Mitgliedstaaten zum Tätigwerden[34] sicherstellen, daß die in ihm verankerten Ziele unter allen Umständen erreicht werden.

b) Zweck

28 Sinn der Vorschrift ist es also, die übrigen Bestimmungen des Vertrages durch diese Verpflichtung zu ergänzen, aber eben nur für den Fall, daß sie oder ihre Ermächtigungen zum Handeln nicht ausreichen. Art. 220 beruht auf der Sorge der Vertragschließenden, daß die von ihm als regelungsbedürftig festgelegten Fragen sich einer Regelung durch die Gemeinschaft möglicherweise als nicht zugänglich erweisen könnten. Soweit aber die Ermächtigungen des Vertrages zur Lösung der in Art. 220 aufgezählten Fragen nicht ausreichen würden, blieb den Vertragschließenden keine andere Möglichkeit, als die Verpflichtung zum Abschluß eines Übereinkommens in den Vertrag aufzunehmen.

c) Stellung im Vertrag

29 Dieser ergänzende Charakter des Art. 220 kommt auch darin zum Ausdruck, daß er in den letzten Teil des Vertrages unter der Überschrift »Allgemeine und Schlußbestimmungen« aufgenommen wurde. Im System des Vertrages ist Art. 220 nicht eine Regel-, sondern eine Sondervorschrift. Art. 220 ersetzt nicht, begrenzt oder spezifiziert andere Vorschriften des Vertrages, sondern er ergänzt sie. Die Vorschrift hat daher subsidiären Charakter.

4. Insbesondere: Kompetenznorm oder subsidiäre Verpflichtung zu Staatsverträgen?

a) Wortlaut

30 Angesichts der Worte »soweit erforderlich« kann weder gefolgert werden, daß Art. 220 in seinem Bereich der Gemeinschaft ein Tätigwerden untersage, noch auch, daß Art. 220 eine ausschließliche Zuständigkeit der Mitgliedstaaten festlege.

31 Weder aus den veröffentlichten Materialien noch aus dem Wortlaut des Art. 220 lassen sich Anhaltspunkte dafür entnehmen, daß die Vertragschließenden die dort erwähnten spezifisch fremdenrechtlichen sowie kollisionsrechtlich-zwischenrechtlichen Fragen Übereinkommen der Mitgliedstaaten vorbehalten wollten, um dabei die formelle Einschaltung der nationalen Gesetzgeber sicherzustellen. In der Tat ist die rechtliche, wirtschaftliche und politische Bedeutung der drei in Art. 220 Unterabs. 3 angesprochenen

34 Rn. 13 bis 19.

Sachverhalte ungleich geringer als die der Koordinierung der innerstaatlichen Gesellschaftsrechte nach Art. 54 Abs. 3 Buchst. g. Unter dem Blickpunkt der Wahrung nationaler Belange wäre es daher nicht verständlich gewesen, gerade jene Sachverhalte ratifizierungsbedürftigen Übereinkommen vorzubehalten, nicht aber diese. Entsprechendes gilt für die Beseitigung der Doppelbesteuerung (Unterabs. 2) einerseits und die Harmonisierung der direkten Steuern (Art. 100) andererseits, für den Personen- und Rechtsschutz (Unterabs. 1) einerseits und die Freizügigkeit der Arbeitnehmer andererseits, wo Art. 49 neben Richtlinien sogar den Erlaß von Verordnungen ermöglicht. Diese Überlegung zeigt: Art. 220 hat nicht kompetenz- und verfassungspolitische, sondern rechtstechnische und wohl auch rechtshistorische Gründe im Sinne einer zusätzlichen Förderung der Integration.

b) Zweck

32 Die Funktion der Vorschrift besteht darin, die staatsrechtliche Vertragschließungsbefugnis der Mitgliedstaaten in eine gemeinschaftsrechtliche Verpflichtung zum Vertragschluß zu verwandeln und dadurch im Interesse der Gemeinschaft zu mobilisieren, um konkrete, in Art. 220 verbindlich festgelegte Ziele der Gemeinschaft zu erreichen – »soweit erforderlich«, soweit also die Gemeinschaft diese ihre Ziele nicht mit Hilfe der ihren Organen durch den EWG-Vertrag zugewiesenen Befugnisse verwirklichen kann. Art. 220 stipuliert mithin eine zusätzliche, »für alle Fälle« geltende Verpflichtung.

c) Verhältnis zu den Befugnissen der Gemeinschaftsorgane

33 Aus dieser Verpflichtung kann nicht etwas ganz anderes geschlossen werden, nämlich daß dadurch die Ausschöpfung aller im EWG-Vertrag vorgesehenen Handlungsermächtigungen einschließlich des Art. 235 ausgeschlossen oder beschränkt werde.

34 Diese Feststellung gilt selbst dann, wenn Art. 220 keine Vorbehaltsklausel zugunsten der Gemeinschaft enthielte oder wenn sie eine andere Bedeutung hätte. In diesem Fall würde Art. 220 sich nämlich zu der Möglichkeit eines Tätigwerdens der Gemeinschaft gar nicht verhalten, sie also auch nicht ausschließen. Art. 220 würde nicht mehr besagen, als daß die Gemeinschaft unter Berufung auf Art. 220 keine Regelungen treffen kann. Verleiht aber Art. 220 der Gemeinschaft keine Befugnis, so steht dem Erlaß von Vorschriften durch die Gemeinschaft nach anderen Vorschriften des Vertrages nichts entgegen.

35 Nach alledem kann man nicht sagen, Art. 220 untersage der Gemeinschaft ein Tätigwerden nach den Ermächtigungen des EWG-Vertrages – hier insbesondere Art. 7, 49, 51, 54 Abs. 3 Buchst. g, 56 Abs. 2, 57, 66, 100, 235 –, oder Art. 220 lege eine ausschließliche Zuständigkeit der Mitgliedstaaten fest. Art. 220 verbietet der Gemeinschaft nichts, sondern kommt nur zur Anwendung, wenn die Gemeinschaft keine Befugnis zum Handeln hat oder – im Falle des Art. 235 – nicht tätig wird, also hilfsweise, »soweit erforderlich«.

36 Sobald eine in Art. 220 umschriebene Materie die Merkmale einer im EWG-Vertrag enthaltenen Einzelermächtigung der Organe der Gemeinschaft zur Rechtsetzung durch Richtlinie oder Verordnung erfüllt, sind Verhandlungen der Mitgliedstaaten untereinander nicht länger »erforderlich«. Es besteht also keine Wahl zwischen dem gemeinschaftlichen und dem zwischenstaatlichen Verfahren, und zwar auch nicht solange, als die Kommission von ihrer Befugnis, eine Richtlinie oder eine Verordnung vorzuschlagen, noch nicht Gebrauch gemacht hat.

37 Art. 220 überträgt der Gemeinschaft keine Rechtsetzungsbefugnis, er nimmt ihr aber auch keine von den Befugnissen, die andere Bestimmungen des Vertrages den Organen der Gemeinschaft zuweisen.

38 Für die vertragsgemäße Auslegung und Anwendung des Merkmals »soweit erforderlich« durch die Mitgliedstaaten und den Rat haben Kommission und Gerichtshof Sorge zu tragen.[35]

d) Schrifttum

39 Das Schrifttum stimmt mit den zuvor vertretenen Auffassungen im Ergebnis überein: es herrscht im wesentlichen Einmütigkeit, daß Art. 220 im Verhältnis zu den in Betracht kommenden Handlungsermächtigungen des Vertrages nicht lex specialis ist, insbesondere also nicht ausschließt die Anwendung der Art. 7, 49, 54, 56 Abs. 2, 57, 66, 100, 101 und 118, sondern diese Vorschriften ergänzt, soweit sie zur Erreichung der in Art. 220 verbindlich festgelegten Vertragsziele nicht ausreichen.[36] Die Worte »soweit erforderlich« werden – sofern sie überhaupt zur Begründung des subsidiären Charakters von Art. 220 herangezogen werden – als Kompetenzvorbehalt zugunsten etwaiger Maßnahmen der Gemeinschaft verstanden und als Sperrklausel, soweit das betreffende Ziel durch das in den Mitgliedstaaten geltende Recht (einschließlich der Staatsverträge) bereits verwirklicht ist.

35 Art. 155 erster Unterabs., 164, 169, 171; ebenso *Romoli Venturi* in: *Quadri* u.a., a.a.O., Art. 220 Uabs. 2, Anm. 1 B, S. 1574–1575.

36 *Wohlfarth,* a.a.O., Art. 220, Anm. 1; *Everling* in: *Wohlfarth* u. a., a.a.O., Art. 58, Anm. 6; *ders.,* Niederlassungsrecht, a.a.O., 35–36; *ders.,* in: Europäische Handelsgesellschaft und Angleichung des nationalen Gesellschaftsrechts, Kolloquium, Frankfurt (Main), Berlin 1968, 101 (Diskussionsbeitrag); *Beitzke,* Internationalrechtliches, a.a.O., 17; *Bernini/Frignani* in: *Quadri* u. a., a.a.O., Art. 220 Uabs. 1, Anm. 2, S. 1568 (Art. 220 Unterabs. 1 lex specialis gegenüber Art. 7, 48 und 52), Art. 220 Uabs. 3, Anm. 1, S. 1583, Anm. 12, S. 1602 (Art. 220 Unterabs. 3 nicht lex specialis); *Romoli-Venturi* in: *Quadri* u. a., a.a.O., Art. 220 Uabs. 2, Anm. 3, S. 1580, 1582 (Art. 220 Unterabs. 2 nicht lex specialis); *Fois* in: *Quadri* u. a., a.a.O., Art. 220 Uabs. 4, Anm. 1, S. 1608 (Unterabs. 4 ist eine Ergänzung); *Leleux,* a.a.O., 158; *Hauschild,* Conventions communautaires, a.a.O., 6, 13; *Focsaneanu,* a.a.O., I, 517; *Timmermans,* a.a.O., 55 bzw. (summary) 358; *Vogelaar,* Diskussionsbeitrag, ebenda 364, 365; *Pipkorn,* a.a.O., 99; *Louis,* Diskussionsbeitrag, in: CDE 1981, 59; *Goldman,* Diskussionsbeitrag, ebenda 59–60; *Jacot – Guillarmod,* a.a.O., 5–6, 34.

40 Vereinzelt blieb die Annahme, Art. 220 klammere die von ihm bezeichneten Gegenstände aus dem Vertrag aus, schließe deshalb Maßnahmen der Gemeinschaft hierüber auf Grund anderer Vorschriften aus, konserviere also mitgliedstaatliche Zuständigkeiten und verhindere in seinem Anwendungsbereich die Rechtsvereinheitlichung durch Richtlinien oder Verordnungen der Gemeinschaft.[37]

Mit *Wohlfarth*[38] ist hierauf zu antworten: »In dem Umfang, in dem sich das in Art. 220 geforderte Ziel bereits aus der Anwendung der oben genannten Bestimmungen ergibt [Art. 7, 48 bis 73, 221], sind Verhandlungen nicht mehr erforderlich. Die Notwendigkeit für die vorliegende Bestimmung ergibt sich aber gerade aus dem Umstand, daß die Ziele durch die Anwendung der anderen Bestimmungen nicht erreicht werden, und zwar besonders dann, wenn Praxis und Rechtsprechung den Anwendungsbereich dieser Bestimmungen zu stark einengen würden.«

41 Daß Art. 220 auch gegenüber Art. 235 subsidiären Charakter hat, wird vom Schrifttum ebenfalls bejaht.[39] Gegenüber Art. 235 kann schwerlich etwas anderes gelten als gegenüber sonstigen Handlungsermächtigungen der Gemeinschaft. Der Einwand, die aufgezählten Vorschriften ermächtigten nur zu Richtlinien, Art. 235 aber auch zu Verordnungen, würde gegenüber Art. 7 und (im Hinblick auf Art. 220 Unterabs. 1) 49 nicht zutreffen, er zielte nicht auf das Ob, sondern nur auf das Wie, die Intensität des Eingriffs der Gemeinschaft, und er entfiele bei auf Art. 235 gestützten Richtlinien.

e) Praxis

42 Teils bestätigt die Praxis die hier und im Schrifttum vertretene Auslegung, teils sind politisch bedingte Widerstände unverkennbar. Es ist nicht immer ernsthaft geprüft worden, ob die Erforderlichkeit deshalb entfällt, weil die nach Art. 220 regelungsbedürftige Frage bereits durch den EWG-Vertrag oder durch Richtlinie oder Verordnung der Gemeinschaft befriedigend geregelt war oder werden kann.

43 Immerhin ist die Erforderlichkeit eines Übereinkommens über die Gleichstellung der Staatsangehörigen der anderen Mitgliedstaaten mit den eigenen Staatsangehörigen nach *Art. 220 Unterabs. 1* von den Mitgliedstaaten in keinem der Bereiche bejaht worden, in denen dieses Ziel durch Anwendung der Art. 49, 51, 54, 56, 57, 63, 66, 69 und 70 erreicht werden konnte, also durch Verordnungen und Richtlinien der Gemeinschaft. Vielmehr ist der subsidiäre, ergänzende Charakter des Art. 220 (»soweit erforderlich«) im Verhältnis zu den den Organen der Gemeinschaft zugewiesenen Rechtsetzungsbefugnis-

37 *Erich Bülow*, Diskussionsbeitrag, in: Europäische Handelsgesellschaft und Angleichung des nationalen Gesellschaftsrechts, Kolloquium, Frankfurt (Main), Berlin 1968, 101; *Lutter*, in: NJW, a.a.O., 276–277; hiergegen *Zweigert/Bernstorff*, a.a.O., 650; *Timmermans*, a.a.O., 55.

38 A.a.O., Art. 220, Anm. 1.

39 *Zweigert/Bernstorff*, a.a.O., 650–653; *Focsaneanu*, a.a.O., I, 517; *Timmermans*, a.a.O., 55 bzw. (summary) 358; *Pipkorn*, a.a.O., 99; *Louis*, Diskussionsbeitrag, in: CDE 1981, 59; *Jacot – Guillarmod*, a.a.O, 5–6, 34.

sen schon 1958 von den Regierungen und den Organen anerkannt worden. Damals wurde das von den Mitgliedstaaten der EGKS seit 1954 ausgehandelte und kurz vor Inkrafttreten des EWG-Vertrages (1. 1. 1958) am 7. 12. 1957 zu Rom unterzeichnete »Europäische Abkommen über die soziale Sicherheit der Wanderarbeitnehmer« nicht ratifiziert, sondern auf Vorschlag der Kommission vom April 1958 in zwei Verordnungen (Nr. 3 und 4) umgewandelt, die der Rat am 25. 9. 1958 nach Art. 51 erließ.[40] Auf der anderen Seite wurde beim IPR-Übereinkommen (Rn. 4) – das formell nicht auf Art. 220 Unterabs. 1 (und 4) gestützt ist – die Anwendbarkeit des Art. 100 nur oberflächlich und die von Art. 235 überhaupt nicht geprüft (Rn. 103, 158 bis 161).

44 Für die Beseitigung der Doppelbesteuerung innerhalb der Gemeinschaft, *Art. 220 Unterabs. 2,* hält die Kommission seit etwa 1969 Richtlinien nach Art. 100 für erforderlich. Sie hat deshalb im April und im November 1976 zwei auf Art. 100 gestützte Richtlinien vorgeschlagen, um den von 1964 bis 1968 im Rahmen des Art. 220 vorbereiteten Entwurf eines Doppelbesteuerungs-Übereinkommens teilweise zu ersetzen.[41] Der Rat hat die erste dieser Richtlinien über die gegenseitige Amtshilfe zwischen den zuständigen Behörden der Mitgliedstaaten im Bereich der direkten Steuern am 19. 12. 1977 erlassen.[42] Bei der Beratung des zweiten Vorschlags im Rat sind Meinungsverschiedenheiten über die Rechtsgrundlage und das Rechtsinstrument aufgetreten.[42a]

45 Im Rahmen von *Art. 220 Unterabs. 4* wurde geprüft, ob nicht eine Angleichung des innerstaatlichen Konkursrechts nach Art. 100 ein Übereinkommen über den Konkurs, Vergleiche und ähnliche Verfahren erübrige. Die Frage wurde bejaht, eine solche Angleichung aber als eine derart umfassende und langwierige Arbeit angesehen, daß zunächst ein begrenztes Übereinkommen vordringlich erschien, das sich im wesentlichen darauf beschränkt, den Konkursen auf europäischer Ebene Wirkung zu verleihen durch eine Regelung der Kollisionen zwischen den innerstaatlichen Rechtsordnungen und der Kompetenzkonflikte zwischen Gerichten verschiedener Mitgliedstaaten.[43]

46 Auch die Anwendbarkeit von *Art. 220 Unterabs. 3* hängt davon ab, daß der EWG-Vertrag selbst oder darauf gestützte Richtlinien keine Regelungen vorsehen. Die Erforderlichkeit des Anerkennungs-Übereinkommens ist unter dem Gesichtspunkt der Art. 52 bis 58 untersucht und von den Sachverständigen der Mitgliedstaaten und einem Teil des Schrifttums bejaht[44], von anderen verneint oder bezweifelt worden. Die Verpflichtung zur Gewährung des Niederlassungsrechts nach Art. 52, 58 schließe ohne weiteres die

40 ABl. 1958 Nr. 30 S. 561 und 597; s. die den beiden Verordnungen vorangestellten Erwägungen sowie *Kommission der EWG,* Erster Gesamtbericht über die Tätigkeit der Gemeinschaft, Luxemburg 1958, Nr. 117–118.

41 ABl. 1976 Nr. C 94 S. 2; ABl. 1976 Nr. C 301 S. 4.

42 ABl. 1977 Nr. L 336 S. 15.

42a Siehe Antwort der Kommission auf eine Anfrage, ABl. 1982 Nr. C 118 S. 22.

43 *Lemontey,* Bericht Konkurs-Übereinkommen, a.a.O., 50–51.

44 Z. B. *Goldman,* Bericht Anerkennungs-Übereinkommen, a.a.O., 1–4 (Nr. 2, 4–6); *Drobnig,* Kritische Bemerkungen, a.a.O., 100–103; *Arnold,* a.a.O., 222 N. 7; *Caruso,* a.a.O., 191–213.

Verpflichtung zur Anerkennung der in Art. 58 genannten Gesellschaften ein. Insoweit könnten auch Richtlinien nach Art. 54 Regelungen vorsehen.[45] *Timmermans*[46] hält zwar Regeln zur Anerkennung ausländischer Gesellschaften für erforderlich, aber nicht im Sinne des Art. 220. Denn die Art. 54 Abs. 3 Buchst. g und 100 sowie hilfsweise 235 beanspruchten Anwendung. Der Abschluß des Übereinkommens verstoße daher gegen das Gemeinschaftsrecht.[47] Die Kommission solle deshalb dem Rat den Vorschlag einer Richtlinie oder Verordnung unterbreiten.

47 Vor der Aufnahme der Verhandlungen über den Entwurf des Fusions-Übereinkommens wurde der Zusammenhang mit der Angleichung des Gesellschaftsrechts nach Art. 54 Abs. 3 Buchst. g geprüft.[48] Das Ergebnis war, daß (nur) diejenigen Schwierigkeiten, welche sich aus den Unterschieden zwischen den nationalen Rechtsordnungen auf dem Gebiet der *innerstaatlichen* Verschmelzung ergeben, zu schweigen von dem Fehlen einschlägiger Vorschriften in den Niederlanden, durch die Angleichung dieser Vorschriften nach Art. 54 Abs. 3 Buchst. g verringert, wenn nicht beseitigt werden könnten.[49]

f) Befugnisse der Gemeinschaftsorgane – konkurrierend oder ausschließlich?

48 Bisher wurde Art. 220 ausgelegt. Offen blieb, was sich für seine Anwendbarkeit aus denjenigen Vorschriften des EWG-Vertrages ergibt, welche den Organen der Gemeinschaft eine Befugnis zum Erlaß von Richtlinien oder Verordnungen auf den von Art. 220 erfaßten Bereichen zuweisen.

Die Frage lautet: ist es rechtlich zulässig, ein in Art. 220 vorgesehenes Übereinkommen unter den Regierungen der Mitgliedstaaten auszuhandeln und abzuschließen, wenn die Organe der Gemeinschaft eine Befugnis zur Rechtsetzung nach Art. 7, 49, 51, 54 Abs. 3 Buchst. g, 56 Abs. 2, 57, 66, 69 oder 100 besitzen?

49 M. E. ist die Frage zu verneinen. Sobald hinsichtlich einer in Art. 220 bezeichneten Frage die Merkmale einer dieser im EWG-Vertrag enthaltenen Ermächtigungen der Organe der Gemeinschaft zur Rechtsetzung vorliegen, fehlt den Regierungen der Mitgliedstaaten die Befugnis, die betreffende Frage im Wege der völkerrechtlichen Vereinbarung untereinander zu regeln. Die Organe der Gemeinschaft besitzen von da an die ausschließliche Zuständigkeit, über den Gegenstand zu legiferieren. Es besteht daher keine Wahl zwischen dem gemeinschaftlichen und dem zwischenstaatlichen Verfahren, und zwar auch

45 *Beitzke,* Gutachten Anerkennung, a.a.O., 48–83; *ders.,* ZHR, a.a.O., 1–22; *Everling,* Niederlassungsrecht, a.a.O., 35; *ders.,* in: *Wohlfarth* u.a., a.a.O., Art. 58, Anm. 6; *Vogelaar,* Diskussionsbeitrag, in: Netherlands International Law Review 27 (1980) 364.
46 A.a.O., 41–53, 54–57 bzw. (summary) 358.
47 Hierüber Rn. 57 bis 58.
48 Siehe *Beitzke,* Internationalrechtliches, a.a.O., passim.
49 *Goldman,* Bericht Fusions-Übereinkommen, a.a.O., 37–38, Nr. 6, 7.

nicht solange, als die Organe von ihrer Rechtsetzungsbefugnis noch nicht Gebrauch gemacht haben.

Zu diesem Ergebnis führen folgende Gründe:

50 1. Jede der aufgezählten Ermächtigungen ist nach ihrem Wortlaut und nach dem Sprachgebrauch des Vertrages eine zwingende Norm. Die Organe der Gemeinschaft haben daher, sobald sie alle Merkmale der Vorschrift als gegeben ansehen, nicht die Befugnis, von ihrer Ermächtigung keinen Gebrauch zu machen und das Tätigwerden den gemeinsam handelnden Regierungen der Mitgliedstaaten zu überlassen.

51 2. Die Ermächtigungen zur Rechtsetzung im EWG-Vertrag wollen jeweils sicherstellen, daß die Ziele der Gemeinschaft durch ein ihr eigenes Recht, durch ihre eigenen Organe und nach einem ihr eigenen Verfahren bestmöglich erreicht werden.

52 3. Aus dem Wortlaut der Art. 2, 3, 4 und 5 ergibt sich, daß die in Art. 2 und 3 umschriebenen Aufgaben allein der Gemeinschaft zugewiesen sind.

53 4. Aus dem Wortlaut des Art. 4 Abs. 1 Satz 1 ergibt sich, daß die Wahrnehmung der der Gemeinschaft zugewiesenen Aufgaben grundsätzlich allein den Organen der Gemeinschaft zugewiesen ist.

54 5. Aus dem Wortlaut der Art. 3 und 4 Abs. 1 Satz 2 ergibt sich, daß die Organe der Gemeinschaft nur rechtsetzungsbefugt sind, wenn ihnen dafür eine Befugnis durch den Vertrag zugewiesen ist. Damit regelt Satz 2 in Verbindung mit der befugniszuweisenden Norm nicht nur das Verhältnis der Organe untereinander, sondern auch gegenüber der Befugnis der Mitgliedstaaten, untereinander Vereinbarungen über den gleichen Gegenstand abzuschließen.

55 6. Der in Art. 4 Abs. 1 verwendete Begriff der den Organen »zugewiesenen Befugnisse« bringt klar zum Ausdruck, daß diese Befugnisse nicht erst mit ihrer Ausübung entstehen und daher nicht erst von da an entsprechende Befugnisse der gemeinsam rechtsetzenden Regierungen der Mitgliedstaaten ausschließen, sondern jeweils von dem Augenblick an, in dem im konkreten Fall die Merkmale der befugniszuweisenden Norm des Vertrages vorliegen.

56 7. Zusammengenommen ergibt sich aus den Grundsatz-Bestimmungen der Art. 2, 3, 4 und 5 in Verbindung mit den Handlungsermächtigungen des Vertrages, das heißt aus dem System des Vertrages, daß es eine mit den Befugnissen der Organe der Gemeinschaft bis zu ihrer Wahrnehmung konkurrierende Befugnis der gemeinsam völkerrechtlich handelnden Regierungen der Mitgliedstaaten zur Rechtsetzung nicht gibt.

57 *Timmermans*[50] teilt diese Auffassung und wendet sie an auf das »Übereinkommen über die gegenseitige Anerkennung von Gesellschaften und juristischen Personen« vom

50 A.a.O., 55–57 bzw. (summary) 358, 369.

29. 2. 1968.[51] Die Anerkennung könne durch Richtlinie nach Art. 54 Abs. 3 Buchst. g und 100, hilfsweise durch Verordnung nach Art. 235 geregelt werden. Da diese Befugnisse ausschließlich seien, besäßen die Mitgliedstaaten keine Befugnis mehr, die Anerkennung gemeinsam durch Übereinkommen zu regeln. Dieses könne in der gemeinschaftlichen Rechtsordnung keine rechtlichen Wirkungen entfalten. Sobald das Übereinkommen in Kraft getreten sei, könne sich jeder, auf den es angewendet werde, auf seine Nichtigkeit berufen.

58 *Timmermans* geht insofern weiter als der *Verfasser,* als er auch Art. 235 ausschließlichen Charakter gegenüber Art. 220 zubilligt. Nach der hier wie in der 2. Auflage vertretenen Auffassung ist dagegen die Anwendung von Art. 220 nicht schon dann ausgeschlossen, wenn die Organe der Gemeinschaft eine Richtlinie oder Verordnung nach Art. 235 erlassen *können,* d. h. wenn dessen Merkmale erfüllt sind, sondern erst dann, wenn die Kommission beginnt, von ihrer Befugnis nach Art. 235 *Gebrauch zu machen,* d. h. einen Rechtsakt vorzubereiten. Bis zu diesem Zeitpunkt besteht also eine konkurrierende Zuständigkeit der gemeinsam in den Grenzen von Art. 220 handelnden Mitgliedstaaten.

59 Diese Auslegung folgt aus der Existenz des Art. 220. Diese Vorschrift greift nach dem bisher Gesagten nur ein, wenn, um eines ihrer Ziele zu verwirklichen, im EWG-Vertrag die hierfür erforderlichen Befugnisse nicht vorgesehen sind. Für genau diesen Fall ist aber auch Art. 235 da. Art. 220 stipuliert unstreitig Ziele der Gemeinschaft und schreibt ihre Verwirklichung verbindlich vor. Damit dürften für die nach Art. 220 zu regelnden Sachverhalte alle Merkmale des Art. 235 einschließlich der Erforderlichkeit eines Tätigwerdens der Gemeinschaft seit jeher zu bejahen sein. Art. 220 könnte also niemals zum Zuge kommen, wenn es nicht nur hinsichtlich der aufgezählten Einzelermächtigungen, sondern auch hinsichtlich des Art. 235 auf den Zeitpunkt ankäme, von dem an die Befugnis der Organe besteht. Für Art. 220 gäbe es dann keine Lücke mehr zu schließen; denn Art. 235 schließt dieselben Lücken wie Art. 220, wenn auch auf völlig andere Weise.

60 Sobald jedoch die Kommission ihre Befugnis nach Art. 235 auszuüben beginnt, entfällt die bis dahin in den Grenzen des Art. 220 bestehende konkurrierende Befugnis der gemeinsam handelnden Regierungen der Mitgliedstaaten. Art. 235 als Bestandteil des originären Gemeinschaftsrechts mit der im Verhältnis zu den Einzelermächtigungen der Organe der Gemeinschaft subsidiären Sonderermächtigung zum Erlaß von sekundärem Gemeinschaftsrecht geht Art. 220 als einer subsidiär (»soweit erforderlich«) auf die Möglichkeiten des internationalen Rechts (Völkerrechts) verweisenden Norm vor, sofern zwischen beiden Bestimmungen ein Konflikt entstehen sollte.

51 BullEG 2/1969, Sonderbeilage S. 5, mangels Ratifizierung durch die Niederlande bisher nicht in Kraft getreten.

IV. Wahl des Rechtsinstruments

61 Neben der Diskussion über die rechtliche Frage, ob die Organe der Gemeinschaft oder die Regierungen der Mitgliedstaaten tätig werden können und müssen, um die in Art. 220 festgelegten Ziele der Gemeinschaft zu verwirklichen, wird seit einigen Jahren näher geprüft, welches Instrument von der Sache, vom Verfahren, vom Rechtsschutz und den Erfolgsaussichten her den Vorzug verdient: das Übereinkommen unter den zehn Mitgliedstaaten oder die Richtlinie bzw. die Verordnung der Gemeinschaft. Es geht darum, die Eigenschaften dieser Wege zur Vereinheitlichung des Rechts in der Gemeinschaft zu ermitteln, einander gegenüberzustellen und die bisherigen Erfahrungen mit ihnen vergleichend auszuwerten. Obwohl sich die Frage nach dem besser geeigneten Instrument im Rahmen des Art. 220 nicht stellt, weil nach dieser Vorschrift das Übereinkommen wie dargelegt nur hilfsweise zum Zuge kommt und nicht wahlweise, beschäftigt sie doch die beteiligten Beamten und Sachverständigen immer mehr. Dies gilt verstärkt für die Vorhaben, die außerhalb des Art. 220 verwirklicht werden sollen. Das sind vor allem die europäische Aktiengesellschaft, das Gemeinschaftspatent, die Gemeinschaftsmarke und das Kollisionsrecht für vertragliche Schuldverhältnisse. Erfolg oder Mißerfolg dieser und der in Art. 220 vorgesehenen Vorhaben werden durch die Wahl des Rechtsinstruments und damit der Rechtsetzungsorgane, des Rechtsetzungsverfahrens, der rechtlichen Eigenschaften und des behördlichen und gerichtlichen Rechtsschutzes mitbestimmt.

62 Die wenigen älteren Überlegungen beschäftigen sich vor allem mit den Möglichkeiten der Richtlinie im Vergleich zum Übereinkommen. An die Verordnung dachte man nur im Falle der Wanderarbeitnehmer, was sich wegen Art. 51 aufdrängte[52], während in den anderen Fällen nur Art. 235 als Ermächtigung in Betracht kam, den die Kommission erst 1970 mit ihrem Vorschlag einer »Verordnung über das Statut für europäische Aktiengesellschaften«[53] aktivierte.

1. Übereinkommen oder Richtlinie?

63 Warum wurde nicht erwogen, ebenso wie die innerstaatliche auch die *internationale* Verschmelzung mit Hilfe einer Richtlinie nach Art. 54 Abs. 3 Buchst. g oder 100 zu ermöglichen? Weil die Sachverständigen der Regierungen eine kollisionsrechtliche Lösung der grenzüberschreitenden Verschmelzung nicht für ausreichend hielten.[54]

64 Notwendig erschien ihnen nicht eine *Angleichung* von kollisions- und materiellrechtlichen Regeln, sondern ihre *Vereinheitlichung.*[55] Da Richtlinien nach herrschender Meinung der

52 Vgl. Rn. 43.
53 ABl. 1970 Nr. C 124 S. 1.
54 Siehe *Goldman,* Bericht Fusions-Übereinkommen, a.a.O., 38, Nr. 7, 9; *ders.,* La fusion, a.a.O., 302–305.
55 A.M. *Koppensteiner,* a.a.O., 425–427.

Angleichung einzelstaatlichen Rechts dienen, in der Regel nicht aber auch unmittelbar in allen Mitgliedstaaten geltendes Recht setzen, wurde ein Übereinkommen im Sinne eines Staatsvertrages, in den das einheitliche Recht aufgenommen ist, für »erforderlich« (Art. 220) erachtet.

65 Dieses Übereinkommen soll zu den bestehen bleibenden und gegebenenfalls aufgrund von Richtlinien angeglichenen nationalen Rechten hinzutreten, indem es kollisionsrechtliche mit »zwischenrechtlichen« Lösungen verbindet, d. h. mit besonderen materiell-rechtlichen Lösungen nur für diejenigen Sachverhalte, die mehrere einzelstaatliche Rechte berühren, um Brücken zwischen ihnen zu bauen. Es geht um die »unification du droit ›intracommunautaire‹ des sociétés«.[56] Bedenken hiergegen hat *Koppensteiner*.[57]

66 Mit Hilfe von Richtlinien können solche Brücken zwischen Rechtsordnungen vielleicht deshalb nicht errichtet werden, weil sie immer nur Änderungen des einzelstaatlichen Rechts vorschreiben können, dieses aber stets nur innerhalb der nationalen Grenzen gilt und daher das Zusammenwirken mit einer anderen Rechtsordnung nicht allein und mit Wirkung für die andere Rechtsordnung regeln kann.

67 Selbst mit Hilfe von zehn lois uniformes könnten diese Grenzen möglicherweise nicht überbrückt werden, sofern man es mit *Zweigert*[58] im Rahmen des Art. 189 Abs. 3 für zulässig hält, eine loi uniforme in eine Richtlinie aufzunehmen, die dann von den Mitgliedstaaten in die einzelstaatlichen Rechte zu übernehmen wäre. Die Situation ist insoweit bei der Richtlinie nicht anders als beim völkerrechtlichen Vertrag herkömmlichen Musters, der die Vertragstaaten verpflichtet, eine dem Vertrag als Anlage beigefügte loi uniforme in ihr innerstaatliches Recht einzuführen.

2. Übereinkommen oder Verordnung?

68 Wurde angesichts dieser Lage erwogen, die internationale Verschmelzung von Gesellschaften oder andere von Art. 220 erfaßte Sachverhalte mit Hilfe einer Verordnung nach Art. 235 zu regeln? Ein Vergleich der beiden Instrumente Übereinkommen und Verordnung zeigt, wie nahe diese Frage liegt. *Zweigert* und *Bernstorff*[59] sind insoweit zu folgendem Ergebnis gekommen: »Der Rahmenstaatsvertrag und die Richtlinie repräsentieren die landesrechtliche Variante der Rechtsvereinheitlichung; sie bringen nationales Recht hervor, dessen europäischer Charakter sich nur in der Identität seines Inhalts manifestiert. Der unmittelbar rechtsetzende Staatsvertrag und die Verordnung schaffen demgegenüber ein Sonderrecht, dessen Geltungskraft in den Mitgliedstaaten sich kraft

56 *Goldman*, Lehrbuch, a.a.O., Nr. 123, S. 158.
57 A.a.O., 427–429, 433–440.
58 Grundsatzfragen der europäischen Rechtsangleichung, in: FS Dölle, Bd. 2, Tübingen 1963, 401, 411–414.
59 A.a.O., 621–622.

seiner völkerrechtlichen Qualität bzw. seiner Verankerung im Gemeinschaftsrecht deutlich von der nationalen Rechtsmasse abhebt.«

69 In der Tat folgen außer Anlage I des Entwurfs des Konkurs-Übereinkommens, die ein einheitliches Gesetz enthält, die bisher von den Mitgliedstaaten abgeschlossenen oder vorbereiteten Übereinkommen nicht dem System der loi uniforme, sondern dem System des integrierten Übereinkommens.

70 Aber selbst diese Übereinkommen, in die das zu vereinheitlichende Recht aufgenommen ist, besitzen bei weitem nicht die Qualitäten, welche Verordnungen der Gemeinschaft zukommen. Aufgrund einer eingehenden rechtlichen und tatsächlichen Studie[60] lassen sich folgende Vorzüge des Instruments der Verordnung der Gemeinschaft gegenüber dem Instrument des Übereinkommens unter den Mitgliedstaaten feststellen.

71 Als überlegen erweist sich einmal das *Verfahren* zum Erlaß einer Verordnung:

1. Es ist effizienter.

2. Es ist gemeinschaftsfreundlicher.

3. Es dauert kürzer.

4. Es ist politisch weniger anfällig.

5. Es impliziert keine Ratifikationsverfahren.

6. Es schafft von vorneherein (ab Erlaß der Verordnung) Klarheit über das Inkrafttreten.

7. Es ermöglicht die Anhörung des Europäischen Parlaments und ist de facto demokratischer.

8. Es erleichtert Änderungen und die Weiterentwicklung des einmal geschaffenen Rechts.

9. In neuen Mitgliedstaaten führt es zur automatischen Geltung der Verordnung ab Beitritt, vermeidet also die jahrelange Geltung unterschiedlichen Rechts in der erweiterten Gemeinschaft sowie Anpassungsverhandlungen nach dem Beitritt.

72 Weiter ist die Verordnung der Gemeinschaft dem Übereinkommen auch *materiell,* d. h. in ihren sachlichen Eigenschaften überlegen:

1. Sie gilt rechtlich als Gemeinschaftsrecht, das heißt nicht teils als Völkerrecht und teils als vereinheitlichtes nationales Recht, sondern als ein allen Mitgliedstaaten gemeinsames, eigenständiges Recht. Sie hat überall gleiche Geltungskraft.

60 *Schwartz,* Wege zur EG-Rechtsvereinheitlichung, a.a.O., passim mit Nachweisen aus Praxis und Schrifttum.

2. Sie gilt räumlich im gesamten Gebiet der Gemeinschaft, überwindet also die innergemeinschaftlichen Geltungsgrenzen der nationalen Rechtsordnungen.

3. Sie gilt unmittelbar in jedem Mitgliedstaat, das heißt sie bedarf keiner Umwandlung in nationales Recht und keines einzelstaatlichen Rechtsanwendungsbefehls. Mit diesem unmittelbaren Durchgriff gleicht sie einzelstaatlichem Recht, jedoch mit Wirkung für alle Mitgliedstaaten.

4. Sie gilt einheitlich in allen Mitgliedstaaten. Sie läßt nicht zu, daß Mitgliedstaaten die Geltung bestimmter Vorschriften in ihrem Gebiet dadurch ausschließen, daß sie Vorbehalte erklären (erster Aspekt der einheitlichen Geltung).

5. Sie kann von keinem Mitgliedstaat gekündigt, aufgehoben oder geändert werden (zweiter Aspekt der einheitlichen Geltung).

6. Sie findet in allen Mitgliedstaaten einheitlich Anwendung. Sie ermächtigt den Richter nicht, sie im Einzelfall unter Berufung auf die innerstaatliche öffentliche Ordnung nicht anzuwenden (erster Aspekt der einheitlichen Anwendung).

7. Sie geht im Falle eines Konflikts mit abweichendem einzelstaatlichen Recht vor (Anwendungsvorrang, zweiter Aspekt der einheitlichen Anwendung in allen Mitgliedstaaten).

8. Sie gestattet es nicht, sie unter Berufung auf die Gegenseitigkeit der Anwendung in einem Mitgliedstaat nicht anzuwenden (dritter Aspekt der einheitlichen Anwendung).

73 Schließlich ist die Verordnung der Übereinkommen im Hinblick auf den *Rechtsschutz* überlegen:

1. Ihre Beachtung durch die drei Gewalten in jedem Mitgliedstaat und damit ihre einheitliche Anwendung überall in der Gemeinschaft wird durch ein unabhängiges Organ überwacht und durchgesetzt, erforderlichenfalls in einem rechtsförmlichen Verfahren und unter Einschaltung einer eigenen Gerichtsbarkeit. Mit ihrer Hilfe können auch Mitgliedstaaten die Beachtung einer Verordnung erzwingen.

2. Ihre einheitliche Auslegung durch die Gerichte und Verwaltungen der Mitgliedstaaten wird durch eine gemeinsame Gerichtsbarkeit gewährleistet, die im Wege der Vorabentscheidung für alle Mitgliedstaaten und ihre Angehörigen Recht spricht. Dadurch wird die einheitliche Ausrichtung der Rechtsprechung in den Mitgliedstaaten und damit die einheitliche Anwendung der Verordnung überall in der Gemeinschaft herbeigeführt.

3. Über ihre Gültigkeit in Prozessen vor einzelstaatlichen Gerichten wird durch eine eigene Gerichtsbarkeit im Wege der Vorabentscheidung entschieden. Dadurch wird nicht nur die einheitliche Geltung oder Nichtgeltung der Verordnung überall in der Gemeinschaft gewährleistet, sondern es kann auch durch Privatpersonen die Beachtung des

Gemeinschaftsrechts durch die Organe der Gemeinschaft und der Mitgliedstaaten erzwungen werden.

4. Die Rechtmäßigkeit der Verordnung und damit die Rechtmäßigkeit des Handelns von Rat und Kommission werden durch eine eigene Gerichtsbarkeit überwacht. Klageberechtigt sind Mitgliedstaaten, Rat und Kommission. Auch auf diese Weise kann die Beachtung des Gemeinschaftsrechts, insbesondere des EWG-Vertrages und seiner rechtlichen und institutionellen Garantien erzwungen werden.

74 Bezeichnenderweise hat die Kommission ihren Vorschlag einer Verordnung über die Gemeinschaftsmarke vom 25. 11. 1980[61] nicht nur eingehend nach Art. 235 begründet, sondern außerdem auf eine vergleichende Analyse aller tatsächlichen, rechtlichen, institutionellen und politischen Aspekte der Instrumente Übereinkommen und Verordnung gestützt.[62] Von 1959 bis 1973 war die Gemeinschaftsmarke als Übereinkommen (außerhalb Art. 220) konzipiert gewesen.

V. Übereinkommen: Völkerrecht oder Gemeinschaftsrecht?

1. Das Problem und seine Bedeutung

75 Da Art. 220 die Ermächtigungen der Gemeinschaftsorgane zur Rechtsangleichung insofern ergänzt (»soweit erforderlich«, Charakter als Schlußvorschrift), als er ein gemeinschaftsrechtliches Gebot an die Mitgliedstaaten richtet, das klassische Instrument des Staatsvertrages bestimmten Zielen des EWG-Vertrages dienstbar zu machen, wird immer wieder gefragt, ob es sich bei den hiernach geschlossenen und noch zu schließenden Übereinkommen (allein) um Völkerrecht handelt oder (zugleich) um Gemeinschaftsrecht. Die gleiche Frage wird für solche Übereinkommen unter den Mitgliedstaaten zur Vereinheitlichung ihres bestehenden Rechts oder zur Schaffung neuen einheitlichen Rechts gestellt, die zwar ohne rechtliche Verpflichtung zu ihrem Abschluß, also außerhalb von Art. 220 geschlossen wurden, die aber ebenfalls bezwecken, im EWG-Vertrag niedergelegte Ziele der Gemeinschaft zu verwirklichen.

76 Die Rechtsnatur solcher Übereinkommen hat erhebliche praktische Bedeutung. Wären sie Gemeinschaftsrecht, gäbe es keine Erklärung von Vorbehalten durch einzelne Mitgliedstaaten, welche die Geltung bestimmter Vorschriften in ihrem Gebiet ausschließen. Es gäbe keine Kündigung, Aufhebung, Derogation durch einzelne Mitgliedstaaten. Es gäbe keine Nichtanwendung von Übereinkommen in einem oder mehreren Mitgliedstaaten wegen mangelnder Gegenseitigkeit der Anwendung durch einen anderen Mitgliedstaat, wegen Verstoßes gegen die innerstaatliche öffentliche Ordnung im Sinne des internationalen Privatrechts oder wegen Vorranges abweichenden innerstaatlichen

61 ABl. 1980 Nr. C 351 S. 5 = BullEG, Beilage 5/80, Luxemburg 1981, S. 19.
62 *Kommission der EG,* Europäisches Markensystem, GRUR Int., a.a.O., 101–105.

Rechts. Es gäbe auch keine Rechtszersplitterung, Ungleichheit in der Rechtsanwendung und Rechtsunsicherheit aufgrund unterschiedlicher Auslegung von Übereinkommen durch die zehn beteiligten innerstaatlichen Gerichtsbarkeiten. Denn automatisch würde der Gerichtshof im Wege der Vorabentscheidung die einheitliche Auslegung und Anwendung des neuen Rechts durch die Gerichte aller Mitgliedstaaten gewährleisten (Art. 177). Diese und etwaige weitere Befugnisse müßten ihm nicht erst im Übereinkommen oder durch gesondertes Protokoll neu zugewiesen werden. Wäre Übereinkommensrecht Gemeinschaftsrecht, gäbe es außerdem einen gemeinsamen Rechtsschutz für die Betroffenen, die Mitgliedstaaten und die Organe der Gemeinschaft. Denn einmal würde der Gerichtshof im Wege der Vorabentscheidung über die Gültigkeit des Übereinkommens im Sinne der Rechtmäßigkeit seines Zustandekommens und seiner Vereinbarkeit mit dem EWG-Vertrag entscheiden (Art. 177). Zum anderen würde er hierüber aufgrund von Nichtigkeitsklagen der Mitgliedstaaten, der Organe und einzelner wachen (Art. 173). Nur wenn es sich um Gemeinschaftsrecht handelte, gäbe es schließlich eine wirksame Sanktion zur Durchsetzung von Übereinkommen in den Mitgliedstaaten. Denn zum Zuge käme das zweistufige Verfahren vor Kommission und Gerichtshof wegen Verletzung einer Verpflichtung aus dem EWG-Vertrag (Art. 169, 170, 171).

77 Angesichts der erheblichen und noch wachsenden Zahl der in den Europäischen Gemeinschaften vereinigten Staaten und Rechtssysteme erlangen alle diese das Gemeinschaftsrecht im Vergleich zum Völkervertragsrecht auszeichnenden Eigenschaften und Wirkungen zunehmende Bedeutung. Denn erst sie gewährleisten die zeitliche, räumliche, inhaltliche und institutionelle Einheit sowie die volle Wirksamkeit des geschaffenen Rechts, die Gleichmäßigkeit der Anwendung und die Einheitlichkeit der Auslegung des angeglichenen innerstaatlichen Rechts überall in der Gemeinschaft und damit das ordnungsmäßige Funktionieren des Gemeinsamen Marktes.

2. *Verbindungen zwischen Übereinkommen und Gemeinschaft*

78 Vollstreckungs-, Anerkennungs-, Fusions- und Konkurs-Übereinkommen führen nach ihren Präambeln Art. 220 aus. Alle sechs Übereinkommen – also auch das Gemeinschaftspatent- und das IPR-Übereinkommen – sollen dazu beitragen, bestimmte im EWG-Vertrag einschließlich seines Art. 220 niedergelegte Ziele der Gemeinschaft zu verwirklichen. Diese Ziele werden in den Präambeln wiederholt. In der Präambel zum Gemeinschaftspatent-Übereinkommen stellen die Mitgliedstaaten zusätzlich fest, »daß die Schaffung eines ... gemeinschaftlichen Patentsystems ... untrennbar von der Verwirklichung der Ziele des Vertrages und daher mit der rechtlichen Ordnung der Gemeinschaft verbunden ist«.

79 Weitere für die Rechtsnatur der Übereinkommen relevante Elemente sind folgende. Keines der Übereinkommen wäre ausgearbeitet worden, wenn es die Gemeinschaft nicht gäbe. Art. 220 präzisiert, daß Vertragspartner »die Mitgliedstaaten untereinander« sind, also nicht auch Drittstaaten sein können.

80 Ausgehandelt wurden die Übereinkommen auf Initiative, unter Beteiligung und im Rahmen der Fazilitäten der Kommission der EG. Unterzeichnet wurden sie durch die »im Rat der Europäischen Gemeinschaften vereinigten Bevollmächtigten« (Ausnahme: IPR-Übereinkommen) der »Hohen Vertragsparteien des Vertrages zur Gründung der Europäischen Wirtschaftsgemeinschaft« (so die Präambeln). Veröffentlicht werden die Übereinkommen im Teil »Rechtsvorschriften« (abgekürzt »L«) des Amtsblattes der EG, und zwar unter der Rubrik »Rat« mit der Jahresangabe und Bezifferung als Rechtsakt der EWG (z. B. »72/454/EWG«). Die Ratifizierungsurkunden werden beim Generalsekretär des Rates der EG hinterlegt. Ihm obliegen gewisse Notifizierungen gegenüber den Unterzeichnerstaaten. Das Übereinkommen tritt regelmäßig erst in Kraft, nachdem alle Unterzeichnerstaaten ihre Ratifikationsurkunde hinterlegt haben (Ausnahme: IPR-Übereinkommen, wo sieben Ratifizierungen ausreichen).

81 Übereinkommen gelten räumlich im wesentlichen für dieselben Gebiete wie der EWG-Vertrag. Sie sind meist auf unbegrenzte Zeit geschlossen (Ausnahme: IPR-Übereinkommen). Revisionskonferenzen beruft der Präsident des Rates der EG ein. Die Übereinkommen verlangen teilweise ausdrücklich den Beitritt von Staaten, die Mitglieder der EWG werden, und beschränken ihn teilweise ausdrücklich auf diese Staaten. Die Übereinkommen sind in den Sprachen des EWG-Vertrages abgefaßt, wobei jeder Wortlaut gleichermaßen verbindlich ist. Vor allem ist in bisher drei Fällen dem Gerichtshof eine Befugnis zur Auslegung des Übereinkommens im Wege der Vorabentscheidung zugewiesen worden. Sie entspricht in zwei Fällen im wesentlichen dem Vorbild des Art. 177, in einem weiteren bleibt sie dahinter zurück. In zwei Fällen wurden dem Gerichtshof weitere, nicht im EWG-Vertrag vorgezeichnete Zuständigkeiten eingeräumt. Alle diese Befugniszuweisungen erfolgen entweder durch nachträglichen Abschluß eines ratifizierungsbedürftigen Protokolls (so für das Vollstreckungs- und das Anerkennungs-Übereinkommen) oder gleich im Übereinkommen selbst (so das Gemeinschaftspatent-Übereinkommen). Soweit dort nichts anderes bestimmt ist, werden die für die Vorabentscheidung anzuwendenden Vorschriften des EWG-Vertrages, des ihm beigefügten Protokolls über die Satzung des Gerichtshofs und seiner Verfahrensordnung für anwendbar erklärt.

3. *Rechtsprechung des Gerichtshofs*

82 Ob Übereinkommen zwischen den Mitgliedstaaten zur Rechtsvereinheitlichung Völkerrecht oder Gemeinschaftsrecht sind, hatte der Gerichtshof bisher nicht zu entscheiden. Das einzige Übereinkommen dieser Art, das er bis jetzt auszulegen hat, ist das Vollstreckungs-Übereinkommen. In der Rechtssache Tessili/Dunlop[63] hat er unter der

63 EuGH – 12/76 – Slg. 1976, 1473 (1484 Rn. 9).

Überschrift »Zur Auslegung des Übereinkommens im allgemeinen« aus der in Art. 220 enthaltenen Verpflichtung der Mitgliedstaaten, tätig zu werden, aus der Zielsetzung des Art. 220 (Verwirklichung eines gemeinsamen Marktes), aus dem Charakter des Übereinkommens als »in Ausführung von Art. 220 geschlossen«, aus seinen Zielen und seinem Inhalt folgenden Grundsatz abgeleitet: »Bei der Auslegung des Übereinkommens muß deshalb sowohl seinem Regelungsgehalt und seinen Zielsetzungen als auch seinem *Zusammenhang mit dem [EWG]-Vertrag* Rechnung getragen werden.«[64] Anerkannt wird also eine Verbindung (die französische Fassung lautet »lien«) mit dem originären Gemeinschaftsrecht.

83 Die Frage, ob die Begriffe des Übereinkommens autonom – und damit allen Mitgliedstaaten gemeinsam – oder nach den anwendbaren Sachnormen des innerstaatlichen Rechts auszulegen sind, beantwortet er sodann wie folgt: »Keiner dieser beiden Möglichkeiten gebührt unter Ausschluß der anderen der Vorrang, da eine sachgerechte Entscheidung nur für jede Bestimmung des Übereinkommens gesondert getroffen werden kann; hierbei ist jedoch *dessen volle Wirksamkeit unter dem Gesichtspunkt der Ziele des Artikels 220 des Vertrages* sicherzustellen.«[65] Im ersten Eurocontrol-Urteil[66] kommt der Gerichtshof aufgrund des Wortlauts und des Zweckes des Art. 1 des Übereinkommens zu dem Ergebnis, daß der dort verwendete Begriff der »Zivil- und Handelssachen« »als autonomer Begriff anzusehen [ist], bei dessen Auslegung die Zielsetzungen und die Systematik des Übereinkommens sowie die allgemeinen Rechtsgrundsätze, die sich aus der Gesamtheit der innerstaatlichen Rechtsordnungen ergeben, berücksichtigt werden müssen.« Erläuternd fügt er im zweiten Eurocontrol-Urteil[67] hinzu: »Dieser Auslegung liegt das Bestreben zugrunde, *im Rahmen des Gemeinschaftsrechts* sicherzustellen, daß sich aus dem Übereinkommen für die Vertragsstaaten und die betroffenen Personen gleiche und einheitliche Rechte und Pflichten ergeben. Der Grundsatz der *Rechtssicherheit in der Gemeinschaftsrechtsordnung* und die *Ziele des Übereinkommens gemäß* dem ihm zugrunde liegenden *Artikel 220* des Vertrages erfordern eine in allen Mitgliedstaaten einheitliche Anwendung der Rechtsbegriffe und rechtlichen Qualifizierungen, die der Gerichtshof im Rahmen des Übereinkommens entwickelt.«

84 Diese Formulierungen scheinen einen Schritt weiter zu gehen. Sie werfen die Frage auf, ob Übereinkommensrecht allein durch autonome, das heißt einheitliche Auslegung seitens des Gerichtshofs Gemeinschaftsrecht werden kann. Indessen gibt es in dem

64 A.a.O., 1485; Hervorhebung vom Verfasser.
65 A.a.O., 1485 Rn. 11; Hervorhebung vom Verfasser.
66 EuGH – LTU/Eurocontrol, 29/76 – Slg. 1976, 1541 (1550 Rn. 3).
67 EuGH – Bavaria und Germanair / Eurocontrol, 9 und 10/77 – Slg. 1977, 1517 (1525–1526 Rn. 4); Hervorhebung vom Verfasser.

Übereinkommen auch Begriffe, welche nach Auffassung des Gerichtshofs nicht autonom auszulegen sind.[68]

85 Zweitens gibt es auch im Gemeinschaftsrecht Begriffe, die nicht autonom auszulegen sind (z. B. der Begriff »Gesellschaft« in Art. 58).

86 Schließlich bedeutet die autonome Auslegung von Übereinkommensrecht noch nicht die Übernahme der besonderen, vom Gerichtshof entwickelten Methoden zur Auslegung des originären und abgeleiteten Gemeinschaftsrechts. So stammt der oben aus der Tessili-Entscheidung zitierte Wirksamkeits- oder Effektivitätsgrundsatz nicht aus dem Gemeinschaftsrecht, sondern er »ist dem Völkerrecht entlehnt«.[69] Etwas anderes gilt für die vom Gerichtshof entwickelte systematische und teleologische Auslegung von Normen des Gemeinschaftsrechts.[70] Um festzustellen, ob er diese Methoden auch bei der Auslegung des Übereinkommens anwendet, bedürfte es einer näheren Analyse seiner bisher ergangenen etwa 40 Urteile. Das ist hier nicht möglich.[71] Nach Generalanwalt *Reischl*[72] »ist es sicher nicht angezeigt, für das Übereinkommen Auslegungsgrundsätze gelten zu lassen, wie sie sonst bei klassischen völkerrechtlichen Abkommen ihre Berechtigung haben mögen«. Die Argumentation, völkerrechtliche Verträge seien im Zweifel eng und so auszulegen, daß sie zu einer möglichst geringen Berührung der Hoheitsgewalt der Vertragsstaaten führten, »übersieht, daß das Abkommen eine wichtige Funktion im Rahmen der Wirtschaftsgemeinschaft hat . . .«.[73] Ist der Gerichtshof diesem Rat gefolgt, bliebe gleichwohl zweifelhaft, ob allein aufgrund besonderer Auslegungsmethoden eines Organs der Gemeinschaft aus Völkervertragsrecht Gemeinschaftsrecht werden kann.

87 Indessen ist der Gerichtshof in seiner Sanicentral-Entscheidung[74] noch einen Schritt weiter gegangen, indem er durch Auslegung des Übereinkommens seinen Vorrang vor später ergangenem innerstaatlichem Recht bejaht: Es »ist festzustellen, daß das Übereinkommen die Festlegung der innergemeinschaftlichen Zuständigkeit der Gerichte der Vertragsstaaten in Zivilsachen zum Ziel hat und daß daher die insoweit auf die zu entscheidenden Rechtsstreitigkeiten an sich anwendbaren innerstaatlichen Verfahrensvorschriften in den durch das Übereinkommen geregelten Bereichen hinter dessen Bestimmungen zurücktreten«. Der Gerichtshof folgt damit Generalanwalt *Capotorti*[75],

68 Siehe z. B. die Gesamtwertung der Rechtsprechung in bezug auf diese Frage von *Focsaneanu,* a.a.O., V, 211.
69 *Kutscher,* Thesen zu den Methoden der Auslegung des Gemeinschaftsrechts, aus der Sicht eines Richters, in: EuGH, Begegnung von Justiz und Hochschule am 28. und 29. 9. 1976, Berichte, Luxemburg 1976, I-1 (I-43).
70 Vgl. *Kutscher,* a.a.O., I-31 bis I-45.
71 Siehe über die ersten Urteile *Rasmussen,* a.a.O., 260–266.
72 EuGH-Schlußanträge, 29/76 – Slg. 1976, 1553 (1559); ähnlich schon *Jeantet,* a.a.O., 388–389.
73 A.a.O., 1558–1559.
74 EuGH – Sanicentral / Collin, 25/79 – Slg. 1979, 3423 (3429 Rn. 5).
75 EuGH – Schlußanträge, 25/79 – Slg. 1979, 3431 (3434–3435).

der folgendes ausgeführt hatte: »Wie ist die Rechtslage, wenn bestimmte, nach Inkrafttreten des Übereinkommens erlassene Rechtsvorschriften eines Mitgliedstaats zum Übereinkommen in Widerspruch stehen? Unabhängig vom Problem des Vorrangs internationaler Übereinkommen gegenüber dem Recht eines Mitgliedstaats – der von einigen nationalen Verfassungen bejaht wird, während sich andere dazu nicht äußern – bin ich der Auffassung, daß die Berücksichtigung des Zusammenhangs zwischen Gemeinschaftsrecht und Übereinkommen nach Artikel 220 des Vertrages von Rom sowie der dem Gerichtshof übertragenen Aufgabe der einheitlichen Auslegung genügen, um diese Frage dahin zu beantworten, daß die Vorschriften des Übereinkommens Vorrang gegenüber dem – auch späteren – innerstaatlichen Recht eines Mitgliedstaats haben müssen. ... Mit anderen Worten hat die vom Gerichtshof in der Frage der Beziehungen zwischen dem Gemeinschaftsrecht und dem Recht der Mitgliedstaaten wiederholt eingenommene Haltung auch für das in Artikel 220 EWG-Vertrag vorgesehene Übereinkommen zu gelten, dessen einheitliche Auslegung sicherzustellen der Gerichtshof berufen ist.« *Hauschild*[76] kommt unter Berufung auf Art. 5 zum gleichen Ergebnis.

88 So kann man sagen, daß der Gerichtshof, wenn ihm ein Übereinkommen zur Auslegung anvertraut wird, das in Ausführung von Art. 220 geschlossen wurde, die Tendenz hat, es zwar nicht als Gemeinschaftsrecht anzusehen, es aber doch wie Gemeinschaftsrecht auszulegen, es also dem Gemeinschaftsrecht in einer seiner wichtigsten Wirkungen zu assimilieren.

4. *Eigene Stellungnahme*

89 Eine eingehende Analyse aller Aspekte der Frage[77] hat nicht ergeben, daß es sich bei Übereinkommensrecht um Gemeinschaftsrecht handelt, sondern zu folgenden Ergebnissen geführt:

90 Die Übereinkommen zwischen den Mitgliedstaaten zur Rechtsvereinheitlichung und die Protokolle über ihre Auslegung durch den Gerichtshof sind nicht Bestandteile des EWG-Vertrages. Sie ändern ihn nicht. Sie ergänzen ihn nicht. Die Beitrittsakte von 1972 und die von 1979 rechnen sie nicht zu den drei ursprünglichen EG-Verträgen »mit den Änderungen oder Ergänzungen, die durch vor dem Beitritt in Kraft getretene Verträge oder andere Rechtsakte vorgenommen sind« (Art. 1 Unterabs. 1 i.V.m. 2 der beiden Akte). Vielmehr halten sie einen vom Beitritt zu den EG-Verträgen gesonderten, späteren Beitritt zu den Übereinkommen und Protokollen für erforderlich. Diese selbst sehen sich nicht als Recht der Gemeinschaft, sondern als »ein den Vertragsstaaten gemeinsames Recht« (Art. 1 Abs. 1 Gemeinschaftspatent-Übereinkommen) an, das dem

76 Conventions communautaires, a.a.O., 7–8.

77 *Schwartz,* Übereinkommen, a.a.O., passim mit Analyse des Schrifttums und der Staatenpraxis.

Gemeinschaftsrecht im Konfliktfall nachgeht. Sie gliedern sich bewußt nicht in die organisatorische Struktur der Gemeinschaften ein. Deren Organen Kommission, Rat, Parlament und deren Einrichtungen Wirtschafts- und Sozialausschuß, Rechnungshof sind keine Befugnisse zur Durchsetzung von Übereinkommen gegenüber den Vertragsstaaten, zu ihrer legislativen, administrativen und finanziellen Durchführung sowie zu ihrer Änderung und Fortentwicklung zugewiesen. Lediglich dem Gerichtshof sind bestimmte Befugnisse übertragen, jedoch nicht hinsichtlich aller Übereinkommen, begrenzt auf die Auslegung des Übereinkommens (sowie in einem Fall auf die Entscheidung über Rechtsbeschwerden und Staatenklagen) und teilweise mit Abweichungen vom EWG-Vertrag. Die Übereinkommen und Protokolle gelten in den Mitgliedstaaten nicht wie der EWG-Vertrag als Gemeinschaftsrecht, sondern entweder als innerstaatliches Recht oder als innerstaatlich für anwendbar erklärtes Völkerrecht.

91 Aus diesen Gründen sind die Übereinkommen und Protokolle weder nach dem positiven Recht der Mitgliedstaaten noch nach ihrem eigenen Willen und Inhalt noch aus der Sicht des EWG-Vertrages und der beiden Beitrittsakte *originäres (primäres)* Recht der Gemeinschaft.

92 Da die Übereinkommen und Protokolle den EWG-Vertrag in bestimmten Punkten ausführen und einzelnen seiner Ziele dienen, war weiter zu prüfen, ob sie als vom EWG-Vertrag *abgeleitetes (sekundäres)* Recht der Gemeinschaft angesehen werden können. Insoweit läßt sich folgendes feststellen.

93 Rechtsquelle der Übereinkommen und Protokolle ist nicht die Gemeinschaft, sondern die Gesamtheit der Mitgliedstaaten. Sie haben ihren rechtlichen Ursprung in einem multilateralen Vertrag zwischen Staaten, nicht im einseitigen Rechtsetzungsakt eines Organs der Gemeinschaft. Die Übereinkommen und Protokolle stammen von einer anderen Rechtsetzungsgewalt als die Verordnungen und Richtlinien der Gemeinschaft. Grund für die Geltung von Übereinkommen und Protokollen *zwischen den Mitgliedstaaten* ist nicht wie bei Verordnungen und Richtlinien ein Befehl des EWG-Vertrages, sondern der Abschluß eines Vertrages zwischen Staaten. Die Übereinkommen und Protokolle sind nicht vom EWG-Vertrag abgeleitetes Organrecht, sondern autonomes Vertragsrecht. Grund für die Geltung der Übereinkommen und Protokolle *gegenüber dem einzelnen* ist nicht wie bei Verordnungen ein Befehl des EWG-Vertrages, sondern ein innerstaatlicher Hoheitsakt jedes Mitgliedstaates. Die Übereinkommen und Protokolle definieren sich selbst nicht als von der Gemeinschaft abgeleitetes Recht, sondern als gemeinsames Recht der Vertragsstaaten. Die Beitrittsakte von 1972 und 1979 rechnen die Übereinkommen und Protokolle nicht zu den Rechtsakten der Organe der Gemeinschaften. Sie erstrecken deren Geltung nicht wie die der Verordnungen und Richtlinien auf die beitretenden Staaten. Vielmehr sehen sie einen gesonderten, späteren Beitritt zu den Übereinkommen und Protokollen vor, und zwar ohne die für den Beitritt zur EWG in Art. 237 vorgeschriebene Beteiligung von Rat und Kommission. Die Übereinkommen und Protokolle zwischen den Mitgliedstaaten haben schließlich andere rechtliche

Eigenschaften und Wirkungen als die Verordnungen und Richtlinien der Gemeinschaft. Sie unterscheiden sich von Verordnungen dadurch, daß sie persönlich und sachlich lediglich mittelbar gelten. Von Verordnungen und Richtlinien unterscheiden sie sich in ihrer zeitlichen Geltung (einschließlich Kündbarkeit und Aufhebung), in ihrer räumlichen Geltung (einschließlich der Zulässigkeit von Vorbehalten), in der Einheitlichkeit ihrer Anwendung im Einzelfall (Vorbehalt des innerstaatlichen ordre public, Gegenseitigkeit, Vorrang späterer innerstaatlicher Gesetze in fünf Mitgliedstaaten), in ihrer Durchsetzung gegenüber den Staaten, im Rechtsschutz zugunsten der Vertragsstaaten und der Bürger, in ihrer Auslegung durch die Gerichte, in ihrer behördlichen Durchführung und in ihrer gesetzgeberischen Weiterentwicklung, kurz in ihrer institutionellen Verknüpfung mit der Gemeinschaft.

94 Aus diesen Gründen sind die erörterten Übereinkommen und Protokolle weder nach ihren rechtlichen Wirkungen noch nach ihrer Intention, weder aus der Sicht des EWG-Vertrages und der beiden Beitrittsakte noch aus der der Mitgliedstaaten und ihres Rechts abgeleitetes (sekundäres) Recht der Gemeinschaft. Daß Übereinkommensrecht durch außerhalb des Verfahrens zur Änderung des EWG-Vertrages vereinbarte und ratifizierte Zuweisung von Rechtsanwendungsbefugnissen an den Gerichtshof in einzelnen Beziehungen ähnliche Wirkungen erlangen kann wie sie die Verordnung ohne weiteres aufgrund des EWG-Vertrages besitzt – einheitliche Auslegung, Anwendung gemeinschaftsspezifischer Auslegungsmethoden und Vorrang vor später erlassenem Landesrecht –, vermag es ebensowenig in primäres oder abgeleitetes Recht der Gemeinschaft zu verwandeln wie seine sonstigen Verbindungen zur Gemeinschaft. Vielmehr bestätigen diese besonderen Zuweisungen den Charakter der Übereinkommen als selbständiges Staatenvertragsrecht, das innerstaatlich nicht als Gemeinschaftsrecht gilt, sondern als Landesrecht oder als innerstaatlich anzuwendendes Völkerrecht.

VI. Unterabsatz 1

1. Schutz der Personen

95 An erster Stelle ist der Schutz der Personen genannt. »Das im Vertrag vorgesehene Ziel ist, den Angehörigen der anderen Mitgliedstaaten den gleichen Schutz vor Verletzung des Körpers, der Ehre und anderer Persönlichkeitsrechte wie auch vor willkürlicher Verhaftung zu gewähren wie Inländern.«[78] Erfaßt werden also namentlich das Strafrecht, das Strafprozeßrecht und das Polizeirecht, soweit sie Fremdenrecht sind, genauer: soweit sie Staatsangehörigen anderer Mitgliedstaaten einen geringeren oder anderen Schutz einräumen. Unter den Schutz der Personen zu Inländerbedingungen fallen auch das

78 *Wohlfarth*, a.a.O., Art. 220, Anm. 3.

Asylrecht und das Recht der Ausweisung einschließlich des gerichtlichen Schutzes gegenüber der Verwaltung.

96 Zum Schutz der Person gehört auch das Paßrecht. Über die Gleichstellung der Angehörigen der anderen Mitgliedstaaten mit den eigenen hinaus geht wohl die Ersetzung der innerstaatlichen Pässe durch den europäischen Paß zugunsten aller Staatsangehörigen der Mitgliedstaaten. Die über dieses einheitliche Paß-Muster gefaßte, völkerrechtlich verbindliche »Entschließung der im Rat vereinigten Vertreter der Regierungen der Mitgliedstaaten der Europäischen Gemeinschaften« vom 23. 6. 1981[79] ist deshalb wohl zu recht nicht in Durchführung des Gebots des Unterabs. 1 ergangen. Das innerstaatliche Paßrecht wird durch diese Vereinbarung nur in bezug auf die äußeren Merkmale des Passes vereinheitlicht; eine Regelung zur Gleichbehandlung der Staatsangehörigen im Sinne von Unterabs. 1 enthält die Entschließung nicht.

97 Nicht in Ausführung von Art. 220 abgeschlossen wurde auch das »Übereinkommen über die Anwendung des Europäischen Übereinkommens zur Bekämpfung des Terrorismus zwischen den Mitgliedstaaten der Europäischen Gemeinschaften« vom 4. 12. 1979.[80] Dieses bisher nicht in Kraft getretene Übereinkommen von Dublin wurde auch nicht im Rahmen der Kommission und des Rates ausgehandelt und unterzeichnet, sondern im Rahmen der europäischen politischen Zusammenarbeit der Mitgliedstaaten der EG. Es bezweckt die Auslieferung der Urheber terroristischer Straftaten zwischen den Mitgliedstaaten und damit den Schutz der davon betroffenen in- und ausländischen Personen jeweils nach inländischem Strafrecht bis zu dem Tage, an dem alle Mitgliedstaaten ohne Vorbehalt Vertragsparteien des am 27. 1. 1977 in Straßburg im Rahmen des Europarats unterzeichneten »Europäischen Übereinkommens zur Bekämpfung des Terrorismus« werden.[81]

98 Ebenfalls nicht zur Durchführung des Art. 220 und nicht im Rahmen der Organe der Gemeinschaft ausgearbeitet wurde der Entwurf eines »Übereinkommens über die Zusammenarbeit zwischen den Mitgliedstaaten der Europäischen Gemeinschaften auf dem Gebiet des Strafrechts«.[82] Dieser bisher unveröffentlichte Entwurf bezweckt, die Auslieferung unter den Mitgliedstaaten in bezug auf zahlreiche Verbrechen und Vergehen zu regeln und zu erleichtern. Er wurde von den Justizministern der Mitgliedstaaten im Rahmen der europäischen politischen Zusammenarbeit am 19. 6. 1980 in Rom geprüft; sie konnten sich jedoch nicht einigen.[83]

79 ABl. 1981 Nr. C 241 S. 1.
80 BullEG 12–1979, S. 102 = ZaöRV 40 (1980), 319.
81 BGBl. 1978 II S. 322. Siehe *Torsten Stein,* Die Bekämpfung des Terrorismus im Rahmen der Mitgliedstaaten der EG, in: ZaöRV 40 (1980), 312–318.
82 Siehe die Antwort auf die Schriftliche Anfrage Nr. 1454/80, ABl. 1981 Nr. C 49 S. 24.
83 Siehe die Antwort auf die Mündliche Anfrage H–315/81, ABl. 1981 Anhang Nr. 1–274 S. 171.

2. Genuß und Schutz der Rechte

99 Das zweite und das dritte in Unterabs. 1 bezeichnete Ziel ist es, den Genuß und den Schutz der Rechte der Staatsangehörigen der anderen Mitgliedstaaten zu denselben Bedingungen sicherzustellen, die jeder Staat seinen eigenen Angehörigen einräumt. »Genuß« bedeutet Ausübung, Wahrnehmung. »Schutz« meint gesetzliche, gerichtliche und behördliche Gewährleistung. »Rechte« sind bürgerliche, staatsbürgerliche und politische Rechte kraft Gesetz oder Verfassung. Der Ausdruck bürgerliche Rechte umfaßt alle Rechte und Rechtsstellungen aufgrund von Vorschriften des Privatrechts (privatrechtliche Rechte). Auch Grundrechte sind Rechte. Die »eigenen Angehörigen« sind die inländischen Staatsangehörigen. »Zugunsten ihrer Staatsangehörigen« meint alle Staatsangehörigen der übrigen Mitgliedstaaten, gleichgültig, ob sie sich wirtschaftlich betätigen (wollen) oder nicht. Der Anwendungsbereich des Unterabs. 1 ist mithin sehr umfassend.

a) Fremdenrecht

100 Unter Unterabs. 1 »fällt besonders der Schutz des Eigentums, das Verbot der willkürlichen Enteignung sowie die Garantie eines Rechtsweges und einer angemessenen Entschädigung. ... im Gemeinsamen Markt, in dessen Bereich der Kapitalverkehr frei sein soll ..., besteht ein großes Interesse daran, daß für Investitionen in einem anderen Mitgliedstaat ein hinreichender Rechtsschutz gewährleistet ist. ... Art. 220 spricht nur von dem Genuß und dem Schutz der Rechte, nicht aber von ihrem Erwerb. Dieser fällt unmittelbar unter die Vorschriften über das Niederlassungsrecht (vgl. insbesondere Art. 54 Abs. 3 Buchst. e).«[84] Bisher ist in diesem Bereich nichts geschehen.

101 Begonnen hat dagegen die Diskussion über die jeweilige Gleichstellung der Staatsangehörigen der anderen Mitgliedstaaten mit den eigenen Staatsangehörigen in bezug auf einige andere Rechte.[85] Die Organe der Gemeinschaft führen diese Erörterung seit Dezember 1974 unter der irreführenden Bezeichnung »Besondere Rechte« (statt »Gleiche Rechte«). Darunter werden vor allem verstanden das aktive und das passive Wahlrecht auf Ebene der Gemeinden und Regionen sowie das Recht auf Zugang zu öffentlichen Ämtern.[86] Als mit diesem Wahlrecht verbunden angesehen werden die

84 *Wohlfarth,* a.a.O., Art. 220, Anm. 4.

85 Siehe zuerst *Grabitz,* Europäisches Bürgerrecht zwischen Marktbürgerschaft und Staatsbürgerschaft, Köln 1970, passim.

86 *Kommission der EG,* Europa für die Bürger – Zuerkennung besonderer Rechte, BullEG, Beilage 7/75, 26–33.

Vereinigungsfreiheit, die Versammlungs- und Kundgebungsfreiheit, die Freiheit der Meinungsäußerung und das Petitionsrecht.[87]

102 Während Art. 235 und 236 von fast allen Beteiligten als Rechtsgrundlage für die Schaffung besonderer Rechte angesehen werden, wird Art. 220 in der gesamten Diskussion nur einmal am Rande erwähnt.[88] Dennoch beansprucht dessen Unterabs. 1 nach seinem insoweit klaren Wortlaut und seiner eindeutigen Zielsetzung Anwendung, »soweit erforderlich«, das heißt soweit nicht durch den EWG-Vertrag einschließlich seines Art. 235 den Organen der Gemeinschaft die Befugnis zur Rechtsetzung zugewiesen worden ist.[89] In Übereinstimmung mit dieser Auslegung des Art. 220 als einer lediglich subsidiär anwendbaren Norm hat die Kommission ihren »Vorschlag für eine Richtlinie des Rates über das Aufenthaltsrecht der Staatsangehörigen der Mitgliedstaaten im Hoheitsgebiet eines anderen Mitgliedstaates« vom 31. 7. 1979[90] auf Art. 235 gestützt. Außer dieser Erstreckung des bisher nur für Arbeitnehmer, selbständig Tätige und ihre Familien geltenden nicht-diskriminierenden Aufenthaltsrechts auf alle Staatsangehörigen der Mitgliedstaaten, die über 18 Jahre alt sind, gibt es bislang keine formulierten Vorschläge oder Entwürfe für die Einräumung weiterer besonderer Rechte.

b) Kollisionsrecht

103 Das IPR-Übereinkommen[91] ist in Ausführung von Art. 220 erster und vierter Unterabsatz ausgearbeitet worden; hierüber bestand Einigkeit unter den sechs ursprünglichen Mitgliedstaaten.[92] Fünf Mitgliedstaaten und die Kommission hielten auch eine Richtlinie nach Art. 100 für möglich; alle Mitgliedstaaten waren jedoch der Meinung, das Übereinkommen sei für die beabsichtigte Vereinheitlichung und nicht nur Angleichung das geeignetste Instrument.[93]

104 An Art. 220 *vierter* Unterabs. wurde gedacht, weil das nach Unterabs. 4 geschlossene Vollstreckungs-Übereinkommen mit der von ihm geschaffenen Freizügigkeit gerichtlicher Entscheidungen es einer Partei erleichtert, Unterschiede zwischen den Kollisionsrechten der Mitgliedstaaten mißbräuchlich auszunutzen. Man befürchtet, eine Gerichts-

87 Die wichtigsten parlamentarischen Dokumente und Diskussionen mit Kommission, Rat und Wissenschaft sind abgedruckt in: *Europäisches Parlament,* Dokumente betreffend die »Table ronde« über die besonderen Rechte und die Charta der Rechte des Bürgers der Europäischen Gemeinschaft, Florenz 26. bis 28. 10. 1978, Luxemburg 1979, passim.

88 A.a.O., 76.

89 Rn. 30 bis 60.

90 ABl. 1979 Nr. C 207 S. 14; geänderter Vorschlag vom 1. 7. 1980, ABl. 1980 Nr. C 188 S. 7; erneut geänderter Vorschlag vom 22. 10. 1980, ABl. 1980 Nr. C 292 S. 3.

91 Rn. 4.

92 *Kommission der EG,* Bericht über die Sitzung der Regierungssachverständigen für internationales Privatrecht am 20. bis 22. 10. 1969, Dok. 21.177/XIV/69, S. 7. Unzutreffend insoweit *Giuliano,* in: *Mario Giuliano – Paul Lagarde,* Bericht über das Übereinkommen über das auf vertragliche Schuldverhältnisse anzuwendende Recht, ABl. 1980 Nr. C 282 S. 5 rechte Spalte dritter Abs.

93 *Kommission der EG,* a.a.O.

standsvereinbarung oder die sonst dem Kläger zustehende Wahl zwischen konkurrierenden Gerichtsständen werde danach getroffen, welches Kollisionsrecht zu einer günstigeren Sachentscheidung führt. Die Vereinheitlichung des internationalen Privatrechts soll ein solches »forum shopping« ausschließen.[94]

105 An *Unterabs. 1* wurde gedacht, weil diese Vereinheitlichung die Bestimmung des anwendbaren Rechts und dessen Anwendung erleichtert, damit die Rechtssicherheit erhöht und infolgedessen den Schutz privater Rechte zu Bedingungen sicherstellt, wie sie jeder Staat seinen Angehörigen in Sachverhalten ohne Auslandsberührung einräumt.[95]

106 Kommission und Mitgliedstaaten waren also der Meinung, Art. 220 Unterabs. 1 umfasse nicht nur fremdenrechtliche, sondern auch kollisionsrechtliche Verschiedenbehandlungen der Angehörigen der Mitgliedstaaten. Ziel dieser Vereinheitlichung ist nicht die Gleichbehandlung von In- und Ausländern oder die Aufstellung einheitlicher materieller Rechtsnormen für bestimmte Tatbestände, sondern die Entscheidungsharmonie, d. h. ein Zustand, bei dem die Gerichte der beteiligten Staaten bei gleichen Sachverhalten zur Anwendung derselben innerstaatlichen Rechtsordnung kommen.

107 Später wurde die Heranziehung von Art. 220 aufgegeben. Als Übereinkommen zur Durchführung des Art. 220 figurierte das IPR-Übereinkommen zuletzt auf der Tagesordnung der Konferenz der im Rat vereinigten Justizminister am 26. 11. 1974. Bestritten wurde weniger die Anwendbarkeit der Vorschrift. Vielmehr wollten einzelne Mitgliedstaaten die Möglichkeit eines Beitritts dritter Staaten zum Übereinkommen offenhalten, sein Inkrafttreten schon nach Ratifikation durch einen Teil der Mitgliedstaaten gewährleisten und seine Dauer durch Einräumung einer Kündigung begrenzen. Vor allem wollten sie vermeiden, dem Gerichtshof wegen Art. 220 und damit der Gemeinschaftsnähe des Übereinkommens eines Tages ähnliche Befugnisse zu seiner einheitlichen Auslegung zuweisen zu müssen wie in den beiden Präzedenzfällen der Anwendung des Art. 220, nämlich in bezug auf das Vollstreckungs- und das Anerkennungs-Übereinkommen. Die letzten drei Punkte hat die Kommission in einer förmlichen, auf Art. 155 gestützten Stellungnahme vom 17. 3. 1980 kritisiert und sich vorbehalten, dem Rat eine Richtlinie oder Verordnung zur Vereinheitlichung des IPR vorzuschlagen, um diese Mängel zu beseitigen.[96] So beruft sich die Präambel des IPR-Übereinkommens anders als die der beiden genannten Konventionen nicht auf Art. 220. Vielmehr heißt es dort lediglich: »Die Hohen Vertragsparteien des Vertrages zur Gründung der Europäischen Wirtschaftsgemeinschaft – in dem Bestreben, die innerhalb der Gemeinschaft insbesondere im Bereich der gerichtlichen Zuständigkeit und der Vollstreckung gerichtlicher Entscheidungen bereits begonnene Rechtsvereinheitlichung auf dem Gebiet des internationalen Privatrechts fortzusetzen, in dem Wunsch, einheitliche Normen für die

94 So z. B. die *Kommission der EG,* zitiert von *Giuliano,* a.a.O., S. 4–5.
95 Vgl. z. B. die *Kommission der EG,* zitiert von *Giuliano,* a.a.O., S. 4.
96 ABl. 1980 Nr. L 94 S. 39 (40–41).

Bestimmung des auf vertragliche Schuldverhältnisse anzuwendenden Rechts zu schaffen – sind wie folgt übereingekommen«.

3. Ziele des Artikels 220 – Ziele des EWG-Vertrages

108 Indem die drei erörterten Ziele in Art. 220 Unterabs. 1 aufgenommen wurden, sind sie Ziele des EWG-Vertrages geworden. Sie gehen nicht über die allgemeinen Ziele des Vertrages hinaus, sondern konkretisieren sie. Diese allgemeinen Ziele sind: »die Grundlagen für einen immer engeren Zusammenschluß der europäischen Völker zu schaffen« (Präambel erster Satz), »engere Beziehungen zwischen den [Mitglied] Staaten zu fördern« (Art. 2), »die Errichtung eines Gemeinsamen Marktes« (Art. 2) und »die Beseitigung der Hindernisse für den freien Personenverkehr ... zwischen den Mitgliedstaaten« (Art. 3 Buchst. c).

109 Sowohl diese allgemeinen Ziele der Gemeinschaft wie die besonderen Ziele des Art. 220 Unterabs. 1 zeigen, daß der Vertrag nicht nur wirtschaftliche und soziale, sondern auch rechtliche und politische Ziele anstrebt, nämlich eine Gemeinschaft der Bürger. Unterabs. 1 bezweckt die rechtliche und staatsbürgerliche Gleichstellung der Staatsangehörigen der anderen Mitgliedstaaten mit den eigenen Bürgern, soweit sie nicht bereits durch unmittelbar anwendbare Vorschriften des Vertrages erfolgt ist (z. B. Art. 7 Abs. 1, 52, 53, 59, 62) oder aufgrund seiner Ermächtigungen erreicht werden kann (z. B. Art. 7 Abs. 2, 49, 56 Abs. 2, 69, 70 Abs. 1, 100, 235). Zusammen mit diesen Vorschriften bezweckt Unterabs. 1 die Beseitigung des gesamten für die Staatsangehörigen der anderen Mitgliedstaaten geltenden Sonderrechts (Fremdenrechts).

Somit geht Unterabs. 1 über ein Diskriminierungsverbot im Sinne einer Untersagung der Schlechterbehandlung der Staatsangehörigen der anderen Mitgliedstaaten im Vergleich zu den eigenen durch die Gesetzgebung des Inlands wesentlich hinaus. Ein Verbot der Schlechterbehandlung schließt ja nicht auch eine Andersbehandlung von Ausländern durch inhaltlich verschiedenes Recht aus.[97] Vielmehr enthält Unterabs. 1 ein positives Gebot der Gleichbehandlung durch gemeinsame Einführung einer jeweils für die eigenen und die Staatsangehörigen der übrigen Mitgliedstaaten einheitlichen Regelung. Unterabs. 1 enthält damit zugunsten der Staatsangehörigen der anderen Mitgliedstaaten ein (allerdings nicht unmittelbar anwendbares) Grundrecht auf Gleichbehandlung mit den inländischen Staatsangehörigen durch die innerstaatliche Gesetzgebung. Dieses Gleichstellungsgebot schließt nicht nur eine Differenzierung nach der Staatsangehörigkeit aus (wie Art. 7), sondern es ist allgemein formuliert. Es umfaßt daher auch Differenzierungen mit Hilfe anderer Kriterien wie dem Geschlecht, der Rasse, der Religion, der Konfession, der Kulturzugehörigkeit, der Sprache, dem Wohnsitz, dem Zugang zu Gericht, dem

97 Vgl. *Wengler*, Rechtsgleichheit und Vielheit der Rechte, in: FS Deutscher Juristentag, Karlsruhe 1960, Bd. I, 239 (283–285).

Gerichtsstand, kurz alle Kriterien, aufgrund deren im praktischen Effekt vorzugsweise Personen fremder Staatsangehörigkeit anders gestellt oder gar benachteiligt werden.[98]

VII. Unterabsatz 2

110 Dazu *Romoli-Venturi* in: *Quadri* u.a., a.a.O. und oben Rn. 44.

VIII. Unterabsatz 3

111 Die Niederlassungsfreiheit umfaßt auch die bestehenden Gesellschaften. Art. 58 Abs. 1 stellt nämlich für die Anwendung des Kapitels Niederlassungsrecht die Gesellschaften den natürlichen Personen gleich. Die Niederlassungsfreiheit für natürliche Personen umfaßt die Aufnahme und Ausübung selbständiger Erwerbstätigkeiten nach den Bestimmungen des Aufnahmestaates (Art. 52 Abs. 2). Dem entspricht für Gesellschaften die Niederlassung in persona durch Verlegung des Sitzes in einen anderen Mitgliedstaat ohne Diskriminierung als ausländische Gesellschaft. Außerdem gehört zu dieser Niederlassungsfreiheit die Befugnis, sich mit einer in dem anderen Mitgliedstaat ansässigen Gesellschaft unter Behandlung wie eine inländische Gesellschaft zu verschmelzen.

112 Damit die Gesellschaften dieses ihnen durch Art. 58 Abs. 1 in Verbindung mit Art. 52 Abs. 2 eingeräumte Niederlassungsrecht in persona ausüben können, müssen bestimmte international-gesellschaftsrechtliche Voraussetzungen vorliegen: sie müssen in den übrigen Mitgliedstaaten anerkannt werden, rechtlich fortbestehen können und sich mit dort ansässigen Gesellschaften verschmelzen können. Daher schreibt Art. 220 Unterabs. 3 in Ergänzung zu Art. 58 Abs. 1, 52 Abs. 2 und 54 Abs. 2 und 3 Verhandlungen der Mitgliedstaaten zu ihrer Lösung vor, soweit erforderlich. Der Vertrag erkennt also das Bedürfnis nach Anerkennung, Sitzverlegung und Fusion über die Grenzen ausdrücklich an und konkretisiert damit die in Art. 2 und 3 niedergelegten allgemeinen Ziele der Gemeinschaft, insbesondere Art. 3 Buchst. c. Danach gehört zur »Errichtung des Gemeinsamen Marktes« (Art. 2) auch die »Beseitigung der Hindernisse für den freien Personenverkehr«. Der Begriff Personen umfaßt natürliche und juristische Personen, Einzelunternehmen und Gesellschaften.[99]

98 Über die schwierigen Fragen, die sich hieraus für das internationale Privatrecht ergeben, s. (ohne Bezug auf die Gemeinschaft) *Wengler*, a.a.O., 288–304. Über die allgemeine Tendenz des EWG-Vertrages zur Anwendung des inländischen Rechts auf im Inland ansässige Ausländer *Vignes*, a.a.O., 393–395.

99 H. M.; z. B. *Wohlfarth*, a.a.O., Art. 3 Anm. 5; *Vasseur*, a.a.O., 180, 183.

1. Gegenseitige Anerkennung von Gesellschaften

113 Das Anerkennungs-Übereinkommen zwischen den sechs ursprünglichen Mitgliedstaaten[100] ist bisher nicht in Kraft getreten. Es ist von Belgien, Deutschland (Zustimmungsgesetz vom 18. 5. 1972)[101], Frankreich, Italien und Luxemburg ratifiziert worden. In den Niederlanden ist das parlamentarische Verfahren zur Ratifizierung am 19. 4. 1972 durch einen Gesetzentwurf zur Genehmigung des Übereinkommens eingeleitet, jedoch noch nicht abgeschlossen worden. Entsprechendes gilt für das nicht in Ausführung von Art. 220 geschlossene »Protokoll betreffend die Auslegung des Übereinkommens ... durch den Gerichtshof« der EG, unterzeichnet am 3. 6. 1971 zu Luxemburg.[102] Es entspricht Art. 177 EWGV fast wörtlich.

114 Dänemark, Irland und das Vereinigte Königreich haben sich in Art. 3 Abs. 2 der Beitrittsakte zum Vertrag vom 22. 1. 1972[103] ab 1. 1. 1973 verpflichtet, dem Übereinkommen beizutreten und mit den ursprünglichen Mitgliedstaaten Verhandlungen im Hinblick auf die erforderlichen Anpassungen aufzunehmen. Diese Verhandlungen haben am 8. 2. 1979 begonnen, sind jedoch seit 10. 5. 1981 vorläufig unterbrochen. Für Griechenland besteht die gleiche Verpflichtung seit 1. 1. 1981 (Art. 3 Abs. 2 der Beitrittsakte zum Vertrag vom 28. 5. 1979).[104]

115 Über dieses Übereinkommen siehe insbesondere *Berthold Goldman*[105] und die Denkschrift der Bundesregierung zum Zustimmungsgesetz.[106] Kritisiert wird das Übereinkommen im Schrifttum aus viererlei Gründen:

116 1. Die Mitgliedstaaten besässen keine Befugnis für seinen Abschluß, weil der EWG-Vertrag die für die Regelung der Anerkennung erforderliche Befugnis den Organen der Gemeinschaft zugewiesen habe. Der Abschluß des Übereinkommens verstoße daher gegen den EWG-Vertrag.[107]

117 2. Das Übereinkommen sei nicht »erforderlich« im Sinne von Art. 220, weil der EWG-Vertrag die Anerkennung bereits (teilweise) selbst regele (Art. 52, 58) oder ihre Regelung doch (soweit nötig) durch Richtlinie nach Art. 54 Abs. 3 Buchst. g ermögliche.[108]

118 3. Auch inhaltlich verstoße das Übereinkommen gegen den EWG-Vertrag. Art. 3 und 4

100 Rn. 4; BGBl. II 1972 S. 370.
101 BGBl. II 1972 S. 369.
102 BullEG 7/1971, Beilage 4/71, S. 5.
103 ABl. 1972 Sonderausgabe Nr. L 73 S. 14.
104 ABl. 1979 Nr. L 291 S. 17.
105 Bericht Anerkennungs-Übereinkommen, a.a.O.
106 BT-Drucks. VI/1973, S. 21–35.
107 Näher Rn. 48 bis 60, insbes. 57.
108 Siehe Rn. 46.

verletzten Art. 52 und 58 EWGV, Art. 7 verletze Art. 7 EWGV und Art. 9 den Art. 56 EWGV.[109]

119 4. Das Übereinkommen befriedige hinsichtlich seiner sachlichen Lösungen nicht.[110] Rechtsvergleichend kommt *Drobnig*[111] zu folgendem Ergebnis: »Die Lehre von der Anerkennung ausländischer Gesellschaften befindet sich also auf dem Rückzug; in den Vereinigten Staaten ist sie bereits völlig aufgegeben. Dieser Rückzug beruht auf der praktischen Einsicht, daß die Versagung der zivilen Rechtsfähigkeit nicht das angemessene Mittel ist, das Geschäftsgebaren ausländischer Gesellschaften zu kontrollieren, da für diesen Zweck das öffentliche Gewerbe- und Wirtschaftsrecht wesentlich wirksamere Instrumente bereithält. Diese Entwicklung stellt übrigens auch die Existenzberechtigung des EWG-Abkommens ... in Frage, das gerade aus diesem Grund auf einige Kritik gestoßen ist.«

2. Beibehaltung der Rechtspersönlichkeit bei Sitzverlegung

120 Zu dieser Frage gibt es bisher nur wissenschaftliche Vorarbeiten.[112] Es ist gegenwärtig nicht abzusehen, wann eine Regelung dieses Problems in Angriff genommen werden wird und auf welcher Rechtsgrundlage.

3. Verschmelzung von Gesellschaften verschiedenen Rechts

a) Verschmelzung in eine Gesellschaft einzelstaatlichen Rechts

121 Am 20. 12. 1972 hat ein Sachverständigenausschuß von Vertretern der Regierungen der sechs ursprünglichen Mitgliedstaaten und der Kommission ihren unter Vorsitz von *Berthold Goldman* ausgearbeiteten Entwurf eines Übereinkommens über die internationale Verschmelzung von Aktiengesellschaften vorgelegt.[113] Dieser Entwurf wird seit Februar 1974 in demselben Ausschuß mit Vertretern der Regierungen der neuen

109 So mit eingehender Begründung zuletzt *Timmermans,* a.a.O., 62–70 mit weiteren Nachweisen bzw. (summary) 359–360, 369; *Koppensteiner,* a.a.O., 421; *Drobnig,* Anerkennungsübereinkommen, a.a.O., 96, 116, 127, 129–130; *ders.,* Kritische Bemerkungen, a.a.O., 117; *Capotorti,* a.a.O., 977 ff.

110 So zuletzt *Diephuis,* Erkenning van vreemde vennootschappen en rechtspersonen, in: Mededelingen van de Nederlandse Vereniging voor Internationaal Recht, Nr. 81, Deventer, avril 1980, 1 (17–26 mit weiteren Nachweisen) = (summary) Recognition of Foreign Companies and Bodies Corporate, Netherlands International Law Review 27 (1980) 347 (353–356).

111 Skizzen zur internationalprivatrechtlichen Anerkennung, in: FS von Caemmerer, Tübingen 1978, 687 (692).

112 Siehe *Beitzke,* Gutachten Sitzverlegung, a.a.O., passim = (gekürzt) in: ZHR 127 (1964) 1 (24–47).

113 BullEG, Beilage 13/73. Siehe dazu den Bericht von *Goldman,* ebenda S. 31 ff.

Mitgliedstaaten zwecks Ergänzung und Anpassung in bezug auf deren Recht neu beraten.[114]

b) Verschmelzung in eine Gesellschaft europäischen Rechts

122 Erfaßt die Formulierung »die Möglichkeit der Verschmelzung von Gesellschaften, die den Rechtsvorschriften verschiedener Mitgliedstaaten unterstehen«, nicht nur die Verschmelzung in eine Gesellschaft einzelstaatlichen Rechts, sondern auch in eine Gesellschaft europäischen Gemeinschaftsrechts oder doch europäischen Rechts auf Grund eines völkerrechtlichen Übereinkommens?

123 Betrachtet man allein den zitierten Wortlaut des dritten Halbsatzes des dritten Unterabsatzes, könnte die Frage bejaht werden. Denn es wird nicht gesagt, in welches Recht hinein die Verschmelzung stattfinden kann.

124 Indessen muß dieser Halbsatz zusammen gelesen werden einmal mit den einleitenden Worten »um zugunsten ihrer Staatsangehörigen folgendes sicherzustellen«, und zum anderen mit den beiden übrigen Halbsätzen des dritten Unterabsatzes sowie mit den sonstigen Unterabsätzen des Art. 220.

125 Hieraus ergibt sich, daß es *Ziel des Art. 220* ist, in jedem Mitgliedstaat die Staatsangehörigen bzw. Gesellschaften der übrigen Mitgliedstaaten den eigenen Staatsangehörigen bzw. Gesellschaften inländischen Rechts in den bezeichneten Beziehungen rechtlich gleichzustellen. Beseitigt werden sollen bestimmte Diskriminierungen von Staatsangehörigen und Gesellschaften aus anderen Mitgliedstaaten.

Im ersten Halbsatz des dritten Unterabsatzes geht es um die Anerkennung von Gesellschaften, welche dem Recht anderer Mitgliedstaaten unterstehen. Der zweite Halbsatz betrifft die grenzüberschreitende Sitzverlegung von Gesellschaften innerhalb der Gemeinschaft in den Geltungsbereich eines anderen einzelstaatlichen Rechts. In beiden Fällen geht es um Maßnahmen in bezug auf nationales Recht. Das Problem der Anerkennung stellt sich nur für ein Recht, das nicht im gesamten Gebiet der Gemeinschaft gilt, sondern nur in einem Mitgliedstaat. Das gleiche gilt für die Verlegung des Sitzes in einen anderen Mitgliedstaat: auch hier bestehen Probleme nur beim Übergang vom einen in das andere nationale Recht.

126 Entsprechendes gilt für die Sachverhalte der Unterabs. 1, 2 und 4: sie betreffen sämtlich Fragen der Nichtdiskriminierung durch nationales Recht anderer Mitgliedstaaten und des

114 Aus dem vorausgehenden Schrifttum *Beitzke,* Internationalrechtliches, a.a.O.; *Goldman,* La fusion, a.a.O.; *Caruso,* a.a.O., 333–334. Kritisch zum Entwurf von 1972 *Koppensteiner,* a.a.O., passim (insbesondere 422–423: Art. 52 und 58 EWGV seien nicht beachtet; sowie 428: Art. 54 Abs. 3 Buchst. g EWGV sei auch für die *internationale* Verschmelzung taugliche Rechtsgrundlage einer Richtlinie); *Timmermans,* a.a.O., 73–77 (der die Zuständigkeit der Mitgliedstaaten bezweifelt, weil die den Organen der Gemeinschaft im EWG-Vertrag zugewiesenen Befugnisse ausreichten und deren ausschließliche Zuständigkeit begründeten, 73).

internationalen Privat-, Verwaltungs-, Steuer- und Verfahrensrechts, kurz Fragen des Ineinandergreifens der Rechtsordnungen der Mitgliedstaaten ohne Benachteiligung oder Andersbehandlung ausländischer Staatsangehöriger.

127 Aus dieser Gleichartigkeit der in Art. 220 geregelten Fragen und aus seinem Aufbau, aus dem engen Zusammenhang der im dritten Unterabsatz behandelten drei Sachverhalte und aus der Zielsetzung des Art. 220, die sich klar aus den einleitenden Worten »zugunsten ihrer Staatsangehörigen« und aus dem Wortlaut der einzelnen Unterabsätze ergibt, kann schwerlich etwas anderes geschlossen werden, als daß auch bei der internationalen Verschmelzung von Gesellschaften nur diejenigen Fälle erfaßt werden, welche jeweils in ein einzelstaatliches Recht münden.

128 Der begrenzte *Zweck des dritten Halbsatzes von Unterabs. 3* besteht darin, daß Gesellschaften anderer Mitgliedstaaten sich mit einheimischen Gesellschaften verschmelzen können sollen. Ziel dieser Vorschrift ist dagegen nicht, eine Rechtsgrundlage für neues, eigenständiges europäisches Recht zu schaffen, das zu den einzelstaatlichen Rechten hinzutritt und das nicht nur das besondere Problem der Verschmelzung in eine Gesellschaft europäischen Rechts regelt, sondern auch das europäische Recht enthält, nach dem die entstandenen europäischen Gesellschaften fort an existieren. Vielmehr geht es bei dem Auftrag des dritten Halbsatzes des Unterabs. 3 darum, lediglich kollisionsrechtliche und diejenigen materiellrechtlichen Fragen zu regeln, welche speziell bei der Verschmelzung von Gesellschaften verschiedenen einzelstaatlichen Rechts in eine Gesellschaft bestehenden einzelstaatlichen Rechts auftreten. In der Tat ist allein diese Problematik Gegenstand des auf Unterabs. 3 gestützten Entwurfs des Fusions-Übereinkommens.[115]

129 Der auf Art. 235 gegründete *Vorschlag eines europäischen Aktienrechts*[116] hat demgegenüber eine wesentlich weiterreichende Zielrichtung. Er will gerade nicht Verschmelzungen in ein anderes einzelstaatliches Recht ermöglichen, sondern in ein neues, in der gesamten Gemeinschaft geltendes europäisches Recht. »Die Europäische Aktiengesellschaft ist der kollisionsrechtlichen Problematik der Freizügigkeit von Gesellschaften im Gemeinsamen Markt entzogen. Die einheitliche Geltung ihres Statuts als supranationales Gemeinschaftsrecht läßt den räumlichen Bereich der EWG für sie gesellschaftsrechtlich zu einem Binnenmarkt zusammenwachsen, in dem die Anerkennung, die Sitzverlegung und die Fusion mit einer in einem anderen Staat ansässigen Europäischen Aktiengesellschaft so selbstverständlich sind wie im nationalen Rechtsraum.«[117] So liegt zwar eine »Kongruenz dieser Rechtswirkungen mit denen der Konventionen im Sinne des Art. 220«[118] vor, aber das mit der societas europaea verfolgte Ziel der Überwindung der Nationalität der

115 Rn. 121.

116 ABl. 1970 Nr. C 124 S. 1, geänderter Vorschlag von 1974, BullEG, Beilage 4/75.

117 *Zweigert/Bernstorff,* a.a.O., 649–650; über die Unterschiede internationale Fusion – Fusion in europäisches Recht *Hauschild,* a.a.O., 84–85, 89–92.

118 *Zweigert/Bernstorff,* a.a.O.

geltenden Gesellschaftsrechte ist weit umfassender als der von Unterabs. 3 verfolgte Zweck der Überbrückung der Kluft zwischen den nationalen Gesellschaftsrechten in bezug auf drei internationale Sachverhalte.

130 Das europäische Aktienrecht regelt die gesamte Existenz der Gesellschaft von der Entstehung bis zur Liquidation. Auch diese Frage wird von Art. 220 um so weniger erfaßt, als sie selbst bei grenzüberschreitenden Fusionen in nationale Gesellschaften nicht in seinen Bereich fällt.[119]

131 Schließlich ist die Verschmelzung nur einer von vier Entstehungsgründen der societas europaea. Da Art. 220 Unterabs. 3 nur die Verschmelzung erfaßt, können die übrigen Tatbestände schon deshalb nicht im Rahmen dieser Vorschrift geregelt werden.

Aus diesen Gründen kann Art. 220 nicht für die Schaffung des vorgeschlagenen europäischen Aktienrechts herangezogen werden.

IX. Unterabsatz 4

1. Gerichtliche Zuständigkeit und Vollstreckung gerichtlicher Entscheidungen

132 Das Vollstreckungs-Übereinkommen zwischen den sechs ursprünglichen Mitgliedstaaten[120] ist seit 1. 2. 1973 zwischen diesen Staaten in Kraft.[121]

133 Um die einheitliche Auslegung und damit Anwendung des Übereinkommens durch die Gerichte der einzelnen Mitgliedstaaten zu gewährleisten, erwies sich die Zuweisung einer entsprechenden Befugnis an den Gerichtshof der EG als erforderlich. Denn nach Art. 177 Abs. 1 EWGV entscheidet der Gerichtshof im Wege der Vorabentscheidung nur über die Auslegung »dieses Vertrages« (Buchst. a) sowie »der Handlungen der Organe der Gemeinschaft« (Buchst. b). Hierzu gehören Übereinkommen nicht.[122] Im Falle des Vollstreckungs- (und des Anerkennungs-) Übereinkommens erfolgte die Zuweisung nicht im Übereinkommen selbst[123], sondern nachträglich durch das »Protokoll betreffend die

119 Siehe den in Rn. 121 zitierten Entwurf des Übereinkommens.

120 Rn. 4; BGBl. II 1972 S. 774.

121 BGBl. II 1973 S. 60. Über dieses Übereinkommen s. *P. Jenard,* Bericht Vollstreckungs-Übereinkommen, a.a.O. = BT-Drucks. VI/1973, 52–104; *Arthur Bülow,* a.a.O.; *Horst Kaufmann,* a.a.O.; *Habscheid,* a.a.O.; *Droz,* Compétence judiciaire et effets des jugements dans le marché commun, Paris 1972; *Jeantet,* a.a.O.; *Weser,* Convention communautaire sur la compétence judiciaire et l'exécution des décisions, Bruxelles, Paris 1975; *Geimer,* Anerkennung gerichtlicher Entscheidungen nach dem EWG-Übereinkommen vom 27. 9. 1968, in: RiW/AWD 1976, 139; *Focsaneanu,* a.a.O., I–III.

122 Siehe näher *Schwartz,* Übereinkommen, a.a.O., 580–582, 600–601.

123 So aber das Gemeinschaftspatent-Übereinkommen und die Entwürfe des Konkurs- und des Fusions-Übereinkommens, Rn. 4.

Auslegung des Übereinkommens ... durch den Gerichtshof« vom 3. 6. 1971.[124] Es ist am 1. 9. 1975 zwischen den sechs ursprünglichen Mitgliedstaaten in Kraft getreten.[124a]

134 Das Protokoll ist im Gegensatz zum Übereinkommen nicht in Ausführung von Art. 220 geschlossen worden, obwohl dies im Rahmen von Unterabs. 4 möglich gewesen wäre und außerdem durch den Wortlaut von Unterabs. 1 (der »Schutz der Rechte« umfaßt namentlich den gerichtlichen Schutz) zumindest nahegelegt, wenn nicht gefordert wird. Stattdessen verwendet die Präambel zum Protokoll eine gegenüber dem EWG-Vertrag autonome Formel. Das Protokoll ist rechtlich auch unabhängig von dem Übereinkommen gestaltet worden, dessen Auslegung es regelt.[125]

135 Inhaltlich übernimmt das Protokoll Art. 177 EWGV mit drei Einschränkungen: Erstinstanzliche Gerichte erhalten keine Möglichkeit, den Gerichtshof anzurufen; diejenigen Gerichte, welche den Gerichtshof anrufen können, werden erschöpfend aufgezählt; jedes der aufgezählten höchsten Gerichte ist nur dann verpflichtet, dem Gerichtshof eine Auslegungsfrage zur Entscheidung vorzulegen, wenn es eine Entscheidung darüber zum Erlaß seines Urteils für erforderlich hält. Auf der anderen Seite geht das Protokoll in bestimmten Punkten über Art. 177 hinaus.[126]

136 Die Rechtsprechung des Gerichtshofs zu der Frage, ob die Begriffe des Übereinkommens autonom oder nach den anwendbaren Sachnormen des innerstaatlichen Rechts auszulegen sind, sowie seine Auslegungsmethode, wurden bereits behandelt.[127] Auch die Haltung des Gerichts zu der Frage, ob das Übereinkommen später erlassenem innerstaatlichem Recht vorgeht, wurde schon geschildert.[128]

124 Zur Vorgeschichte und zum Inhalt *Mok,* The Interpretation by the European Court of Justice of Special Conventions Concluded between the Member States, in: CMLR 8 (1971) 485; und *Arnold,* Das Protokoll über die Auslegung des EWG-Gerichtsstands- und Vollstreckungsübereinkommens durch den Gerichtshof in Luxemburg, in: NJW 1972, 977.

124a ABl. 1975 Nr. L 204 S. 28.

125 Ebenso *Focsaneanu,* a.a.O., IV, 94.

126 Siehe im einzelnen *P. Jenard,* Bericht über das Protokoll, ABl. 1979 Nr. C 59 S. 66 (67–70); *Schlosser,* Neue Zuständigkeiten des Gerichtshofs ..., in: RiW/AWD 1975, 534; *Focsaneanu,* a.a.O., IV, 94–98.

127 Rn. 83 bis 86; s. auch *Spellenberg,* Das Europäische Gerichtsstands- und Vollstreckungsübereinkommen als Kern eines europäischen Zivilprozeßrechts, in: EuR 1980, 329 (339–347); *Martiny,* Autonome und einheitliche Auslegung im Europäischen Internationalen Zivilprozeßrecht, in: RabelsZ 45 (1981) 427.

128 Rn. 87.

137 Zum Inhalt der europäischen und innerstaatlichen Rechtsprechung muß auf das Schrifttum verwiesen werden.[129]

138 Dänemark, Irland und das Vereinigte Königreich sind dem Vollstreckungs-Übereinkommen und dem Auslegungsprotokoll durch Übereinkommen vom 9. 10. 1978 mit den sechs ursprünglichen Mitgliedstaaten beigetreten.[130] Dieses Beitritts-Übereinkommen enthält außerdem die für erforderlich erachteten Anpassungen des Vollstreckungs-Übereinkommens und des Auslegungsprotokolls; deren neue Fassung ist gleichzeitig integral veröffentlicht worden.[131] Das Übereinkommen ist bis 31. Oktober 1982 von den Niederlanden, Italien und Luxemburg ratifiziert worden. Es tritt unter den Staaten, die es ratifiziert haben, in Kraft, sobald es von den sechs ursprünglichen Mitgliedstaaten und einem neuen Mitgliedstaat ratifiziert worden ist.[132]

139 Griechenland ist den Übereinkommen von 1968 und 1978 sowie dem Protokoll durch Übereinkommen vom 25. 10. 1982 beigetreten (wird im ABl. Ausgabe L veröffentlicht).

2. *Vollstreckung von Schiedssprüchen*

140 Für dieses Rechtsgebiet wurde die Erforderlichkeit eines Übereinkommens verneint, weil es bereits in zahlreichen internationalen Abkommen geregelt ist.[133]

3. *Konkurs, Vergleiche*

141 Am 23. 6. 1980 hat ein Sachverständigenausschuß von Vertretern der Regierungen der Mitgliedstaaten und der Kommission seinen zuletzt unter Vorsitz von *Jacques Lemontey* ausgearbeiteten Entwurf eines Übereinkommens über den Konkurs, Vergleiche und ähnliche Verfahren fertiggestellt[134] und den Regierungen und der Kommission zur

129 Neben anderen auf *Schlosser,* Der EuGH und das Europäische Gerichtsstands- und Vollstreckungsübereinkommen, in: NJW 1976, 457; *Geimer,* Zur Auslegung des Brüsseler Zuständigkeits- und Vollstreckungsübereinkommens ..., in: EuR 1977, 341; *Leleux,* Jurisprudence relative à l'application de la convention du 27 septembre 1968 ..., in: CDE 1977, 144; *Pocar,* Jurisdiction and the Enforcement of Judgements under the EC Convention of 1968, A Review of Court Decisions, in: RabelsZ 42 (1978) 405; *Lemontey,* Urteilsanmerkung, Revue critique de droit international privé 1979, 657; *Focsaneanu,* a.a.O., IV, 101 sowie Teile V–X.

130 ABl. 1978 Nr. L 304 S. 1.

131 ABl., a.a.O., S. 77 bzw. 97.

132 Zum Beitritts-Übereinkommen *Peter Schlosser,* Bericht zu den Übereinkommen vom 9. 10. 1978, ABl. 1979 Nr. C 59 S. 71; *Focsaneanu,* a.a.O., XI und XII; *Sir Michael Kerr,* The EEC Judgements Convention: some repercussions beyond the EEC, in: EuR 1980, 353.

133 *Jenard,* Bericht Vollstreckungs-Übereinkommen, a.a.O., 13; *Arthur Bülow,* a.a.O., 1008.

134 BullEG, Beilage 2/'82, S. 9. Siehe dazu *Lemontey,* Bericht Konkurs-Übereinkommen, a.a.O.; die förmliche Stellungnahme der *Kommission* nach Art. 155 ist abgedruckt in: ABl. 1981 Nr. L 391 S. 23; s. weiter *House of Lords,* Session 1980 bis 81, 26th Report, Select Committee on the European Communities, Bankruptcy Convention, London HMSO 1981.

Stellungnahme zugeleitet. Die noch offenen Fragen des Entwurfs werden nunmehr im Rahmen des Rates beraten.

142 Der Entwurf ist in Durchführung der Unterabs. 4 und wohl auch 1 vorbereitet worden. In der Präambel heißt es nämlich: »in dem Wunsch, Artikel 220 ... auszuführen, in dem sie sich verpflichtet haben, die Vereinfachung der Förmlichkeiten für die gegenseitige Anerkennung und Vollstreckung gerichtlicher Entscheidungen sicherzustellen; in dem Bestreben, innerhalb der Gemeinschaft den Rechtsschutz der dort ansässigen Personen zu verstärken«.

X. Übereinkommen außerhalb Artikel 220

1. Theorie

143 Innerhalb des Anwendungsbereiches des EWG-Vertrages in bezug auf die Rechtsangleichung und die Rechtsvereinheitlichung haben Art. 220 und 20[135] abschließenden Charakter. Sie enthalten eine erschöpfende Aufzählung der Bereiche, in denen die Ziele des EWG-Vertrages durch Verhandlungen der Mitgliedstaaten untereinander verwirklicht werden dürfen, also durch Übereinkommen, Protokolle, Vereinbarungen, Beschlüsse und Entschließungen der (»im Rahmen« oder außerhalb des Rahmens des Rates in einer Konferenz zusammentretenden) Vertreter der Regierungen der Mitgliedstaaten.

144 Dies folgt einmal aus dem Wortlaut des Art. 220. Er sagt nicht: »um ... insbesondere sicherzustellen«, sondern: »um ... folgendes sicherzustellen«. Er enthält also keine Öffnungsklausel. Er führt nicht etwa nur Beispiele an.

145 Das Gesagte folgt zweitens aus seinem Aufbau. Art. 220 enthält eine in Unterabsätze gegliederte Aufzählung der zu regelnden Materien und der zu verwirklichenden Ziele.

146 Der limitative Charakter des Art. 220 folgt drittens aus seinem Inhalt. Er enthält keine Generalklausel, ist nicht allgemein formuliert (wie z. B. Art. 100, 101, 235), sondern bezeichnet die regelungsbedürftigen Bereiche selbst.

147 Viertens folgt die abschließende Natur des Art. 220 daraus, daß er lediglich subsidiär gilt (»soweit erforderlich«). Wenn Übereinkommen selbst innerhalb des Anwendungsbereichs des Art. 220 nur zulässig sein sollen, falls die Ermächtigungen der Organe zum Erlaß von Richtlinien oder Verordnungen nicht ausreichen, um ein Ziel des Vertrages zu erreichen[136], spricht nichts für die Annahme, außerhalb des Anwendungsbereichs des

135 Die dort vorgesehenen »Verhandlungen zwischen den Mitgliedstaaten« haben zu dem am 2. 3. 1960 zu Rom unterzeichneten »Abkommen über die Aufstellung eines Teils des Gemeinsamen Zolltarifs betreffend die Waren der Liste G im Anhang I des Vertrages zur Gründung der Europäischen Wirtschaftsgemeinschaft« geführt, ABl. 1960 Nr. C 80 S. 1825.

136 Rn. 30 bis 60.

Art. 220 bestehe eine konkurrierende Zuständigkeit der gemeinsam handelnden Mitgliedstaaten zur Verwirklichung von Vertragszielen.

148 Der erschöpfende Charakter des Art. 220 folgt fünftens aus seiner Existenz. Wenn Übereinkommen unter den Mitgliedstaaten im Anwendungsbereich des EWG-Vertrages generell wahlweise mit Richtlinien und Verordnungen der Gemeinschaft zulässig bleiben sollten, hätten die Vertragschließenden nicht Art. 220 mit seinem sorgfältig umschriebenen Anwendungsbereich und seiner lediglich hilfsweisen Geltung in den Vertrag aufgenommen, sondern eine entsprechend formulierte Vorschrift. Zweifel könnten allenfalls bestehen, wenn es Art. 220 nicht gäbe.

149 Daß Übereinkommen außerhalb des Anwendungsbereichs von Art. 220 zur Verwirklichung von Zielen des EWG-Vertrages ausgeschlossen sind, ergibt sich nicht nur aus Art. 220, sondern auch aus den Art. 2, 3 und 4, die im Ersten Teil des Vertrages unter der Überschrift »Grundsätze« stehen, und aus den 19 Vorschriften, welche den Organen der Gemeinschaft Rechtsetzungsbefugnisse zugewiesen haben.[137]

150 Entweder sind eine *bestimmte* Aufgabe (ein Ziel, eine Tätigkeit) der Gemeinschaft und die Befugnis(se) ihrer Organe zu deren Ausführung *besonders* im Vertrag bezeichnet (so Art. 7; 39, 40, 41, 43; 48, 49, 51; 54 Abs. 3 Buchst. g; 56 Abs. 2; 57; 67, 69; 70; 75; 79; 99). In diesen Fällen ist jedenfalls in neuerer Zeit wohl niemand auf den Gedanken gekommen, es bestehe daneben jeweils noch eine konkurrierende Zuständigkeit der Mitgliedstaaten zu Verhandlungen untereinander. Vielmehr scheint unstreitig, daß die Zuweisung bestimmter Aufgaben an die Gemeinschaft und bestimmter Befugnisse zur Verwirklichung dieser Aufgaben an ihre Organe durch den EWG-Vertrag ausschließlichen Charakter hat.

151 Oder die Aufgabe und (oder) die Befugnis zu ihrer Meisterung sind im Vertrag nicht konkret umrissen, z. B. in den Bereichen Zollrecht, Recht der industriellen Normen, Besteuerung der Unternehmen, Arbeitsrecht, Sozialrecht, gewerblicher Rechtsschutz und Urheberrecht, Verbraucherschutz, Umweltschutz. Hier richtet sich die materielle Zuständigkeit der Gemeinschaft danach, ob das verfolgte Ziel Teil ihrer *allgemeinen* Aufgaben, Ziele und Tätigkeiten ist, welche vor allem Art. 2 und 3 festlegen, und die funktionelle Zuständigkeit ihrer Organe nach den *allgemein* umschriebenen Befugnissen, die ihnen Art. 100 und 101 sowie hilfsweise 235 zugewiesen haben.

152 Ob es sich um eine bereits im Vertrag selbst spezifizierte Aufgabe handelt oder um eine Aufgabe, die der Vertrag lediglich als Unterfall einer allgemeinen Aufgabe erfaßt; ob es sich um eine spezifizierte oder um eine generalisierte Zuweisung einer Befugnis handelt, stets beansprucht die Grundsatznorm des Art. 4 Abs. 1 Satz 1 Geltung: »Die der Gemeinschaft zugewiesenen Aufgaben werden durch ... [ihre] Organe wahrgenommen.«

137 Rn. 1, 2.

Damit sind diese Aufgaben der Gesamtheit der Mitgliedstaaten entzogen und ihre Wahrnehmung den gemeinsam handelnden Regierungen.

153 Art. 2, 3 und die übrigen Zielnormen einerseits, Art. 4 und die Zuweisungsnormen des Vertrages andererseits haben in bezug auf die Rechtsangleichung und die Rechtsvereinheitlichung ein geschlossenes, für die Verwirklichung der Ziele des Vertrages ausreichendes System geschaffen. Wie die Einfügung des diesem System fremden Art. 220 in die Schlußbestimmungen zeigt, hatten die Vertragschließenden insoweit Zweifel nur hinsichtlich der dort aufgezählten Gegenstände. Hiervon abgesehen wollten sie für die klassischen Instrumente des Völkerrechts nicht einmal subsidiär Platz lassen. Befugnis-Lücken zur Verwirklichung von Vertragszielen haben sie vielmehr ausdrücklich durch Art. 235 geschlossen. Damit haben sie das Rechtsetzungssystem des Vertrages zur Verwirklichung der Vertragsziele lückenlos gestaltet.

154 Im übrigen gelten auch hier die unter Rn. 49 bis 56 für das Verhältnis von Art. 220 zu den Rechtsetzungsbefugnissen der Gemeinschaftsorgane angeführten Argumente.

155 Nach alledem kann *Goldman*[138] nicht gefolgt werden, wenn er meint, nichts hindere die Mitgliedstaaten, außerhalb von Art. 220 Übereinkommen unter sich auszuhandeln und zu schließen, die ihnen notwendig oder auch nur nützlich erscheinen, um Ziele der Gemeinschaften zu verwirklichen. Art. 220 sei nicht limitativ. Dagegen bezweifelt *Sanson-Hermitte*[139] die Vereinbarkeit des Gemeinschaftspatent-Übereinkommens mit dem EWG-Vertrag, weil dieser keine Ermächtigung für seinen Abschluß vorsehe und die von Art. 220 gezogenen Grenzen überschritten seien. Gegen den nicht-limitativen Charakter von Art. 220 hat sich auch ausgesprochen *Focsaneanu.*[140]

Pescatore[141] erscheint der Rückgriff auf Übereinkommen unter den Mitgliedstaaten im Bereich der Zuständigkeit der Gemeinschaft ausgeschlossen. Er verstoße gegen eine der Grundkonzeptionen der Verfassung der Gemeinschaft, die auf der ganzen Linie zugunsten des »institutionalisierten Weges« optiert habe, das heißt zur Ausführung des Vertrages mittels von den Organen der Gemeinschaft erlassener Akte. Nur ganz ausnahmsweise verweise der Vertrag hinsichtlich bestimmter Durchführungsmaßnahmen auf Übereinkommen: in Art. 20 und 220. Dies habe gute Gründe. Der Rückgriff auf Verhandlungen und Übereinkommen zwischen den Mitgliedstaaten bedeute die Entpflichtung der Gemeinschaftsorgane. An die Stelle des Rates trete eine diplomatische Konferenz, während die Kommission und das Europäische Parlament sich ganz aus dem

138 Lehrbuch, a.a.O., 28; ähnlich *Limpens-Meinertzhagen,* a.a.O., 154; *Focsaneanu,* a.a.O., I, 519.

139 Psychanalyse en trois mouvements pour l'article 43 de la Convention de Luxembourg, Clunet 1978, 38 (59).

140 A.a.O., I, 519.

141 Les répartitions de compétences entre la Communauté et ses Etats membres, in: La Communauté et ses Etats membres, Liège, La Haye 1973, 61 (68–69). Ebenso *Jacot-Guillarmod,* a.a.O., 5–6, 20–24, 33–34.

Verfahren ausgeschlossen fänden. Überdies sei es ausgeschlossen, mit Sicherheit zu sagen, welches die Beziehung solcher zwischenstaatlicher Übereinkommen zum System des Gemeinschaftsrechts sei: Sind sie Gemeinschaftsrecht und wenn ja, welcher Stufe? Können sie den EWG-Vertrag ändern? Gehen sie Verordnungen und anderen Akten der Organe vor? Ist der Gerichtshof für sie zuständig und wenn ja, welches können seine Funktionen sein? Ist das Verfahren wegen Verletzung des Gemeinschaftsrechts durch einen Staat im Falle ihrer Nichtausführung oder Verletzung anwendbar? ... Sobald man das institutionelle Gefüge des Vertrages verlasse, entstehe nicht nur die Gefahr von Divergenzen in der Auslegung, sondern auch von Rechtswidrigkeiten, gegen die es kein Rechtsmittel gebe.

156 Nach der hier vertretenen Auffassung haben die Mitgliedstaaten durch den Abschluß des EWG-Vertrages und die darin vereinbarten Kompetenzzuweisungen an die Organe der Gemeinschaft ihre innerstaatliche Kompetenz, gemeinsam als Subjekte des Völkerrechts untereinander Verträge abzuschließen, im Bereich der vereinbarten Zuständigkeiten der Organe willentlich aufgegeben. Der EWG-Vertrag steht deshalb Verhandlungen und Vereinbarungen der Mitgliedstaaten untereinander entgegen, sofern ihr Gegenstand aufgrund einer den Organen der Gemeinschaft zugewiesenen Befugnis geregelt werden kann.

157 Besteht dagegen keine solche Organ-Zuständigkeit, sind Übereinkommen möglich.[142] Nach dem Gesagten ist dies nur dann der Fall, wenn es sich nicht um die Verwirklichung eines Ziels der Gemeinschaft handelt. Denn anderenfalls steht Art. 235 zur Verfügung.

2. *Praxis*

158 Teils entspricht die Praxis der vorstehenden Theorie, teils nicht. Vor allem dann, wenn Ziel nicht die Rechtsangleichung war, sondern die Rechtsvereinheitlichung oder die Schaffung neuen, zusätzlich zum fortbestehenden innerstaatlichen Recht EG-weit geltenden europäischen Rechts, oder (und) wenn die Arbeiten bereits in den ersten Jahren des Bestehens der Gemeinschaft aufgenommen wurden, entschied man sich für das Instrument des Übereinkommens.

159 Das Studium der Akten zeigt, daß die allein erörterte Alternative die Richtlinie nach Art. 100 war. Für die Rechtsvereinheitlichung schien sie nicht auszureichen oder weniger geeignet, ohne daß dies näher geprüft worden wäre. Die angeblich bessere Eignung des Übereinkommens im Vergleich zur Richtlinie war auch das Hauptargument zugunsten der Anwendung des Art. 220 und gegen Art. 54 Abs. 3 Buchst. g bzw. 100. Für die Schaffung gemeinschaftsweit geltenden, unmittelbar anwendbaren Rechts schied die Richtlinie von vorneherein aus.

142 Ähnlich *Hauschild,* Conventions communautaires, a.a.O., 6, 13.

160 In keinem Fall wurde die Alternative Übereinkommen-Verordnung geprüft. Sie wurde nicht gesehen. Art. 235 wird zwischen 1958 und 1966 nicht einmal erwähnt. Das System des EWG-Vertrages blieb insoweit zunächst unbekannt, dann unerkannt. In der zweiten Hälfte der sechziger Jahre ließ man Art. 235 auch aus politischen Gründen auf sich beruhen.

161 Auf diese Weise sind drei Übereinkommen zustande gekommen: das zwischen 1961 und 1963 ausgehandelte Zollverwaltungs-Übereinkommen von 1967[143], das zwischen 1959 und 1965 sowie von 1969 bis 1975 ausgehandelte Gemeinschaftspatent-Übereinkommen von 1975[144] und das aufgrund einer Initiative der Benelux-Staaten von 1967 zwischen 1969 und 1980 ausgehandelte IPR-Übereinkommen von 1980[145], das jedoch bis 1974 in Ausführung von Art. 220 vorbereitet wurde und in der Tat an sich unter den von dieser Vorschrift erteilten Auftrag fallen dürfte.[146]

162 Erst als die Krise zwischen Frankreich und der Gemeinschaft vorüber war und sich wachsende Schwierigkeiten mit mehreren geplanten Übereinkommen zeigten, begann die Kommission ihre Befugnis nach Art. 235 wahrzunehmen. 1970 schlug sie die »Verordnung über das Statut für europäische Aktiengesellschaften« vor[147], obwohl von 1966 bis 1969 über ein Übereinkommen verhandelt worden war und die Kommission in ihrer Denkschrift von 1966[148] eine Verordnung nach Art. 235 nicht einmal als Möglichkeit erwähnt hatte. 1973 folgte ihr ebenfalls auf Art. 235 gestützter Vorschlag einer »Verordnung über die Europäische Kooperationsvereinigung«.[149]

163 Um den zwischen 1970 und 1974 ausgehandelten Entwurf eines »Übereinkommens über die gegenseitige Unterstützung bei der Beitreibung von Zöllen, Umsatzsteuern, sonstigen Verbrauchssteuern und von bestimmten landwirtschaftlichen Forderungen« (unveröffentlicht) durch eine Maßnahme der Gemeinschaft zu ersetzen, schlug die Kommission Ende 1972 dem Rat eine auf Art. 43 und 100 gestützte Richtlinie vor. Am 2.5.1974 ersuchte die Kommission die Regierungen um Einstellung ihrer Verhandlungen und um Behandlung des Richtlinienvorschlags im Rat. Das geplante Übereinkommen verfolge Ziele der Gemeinschaft (das Funktionieren der Zollunion und der gemeinsamen Agrarpolitik). Daher sei der Abschluß eines Übereinkommens der Mitgliedstaaten untereinander unvereinbar mit dem EWG-Vertrag. Es handele sich um Aufgaben, die unter die ausschließliche Zuständigkeit der Gemeinschaft fielen und für deren Wahrneh-

143 Rn. 4. Kritisch wegen Nichtanwendung des Art. 235 *Jacot-Guillarmod,* a.a.O., 20–24.

144 Rn. 4, zur Rechtsgrundlage und zum Rechtsinstrument *Froschmaier,* Some Aspects of the Draft Convention Relating to a European Patent Law, in: International and Comparative Law Quarterly 12 (1963) 886–888; *Kommission der EG,* Europäisches Markensystem, a.a.O., 53 i.V.m. 51 = GRUR Int. 1980, 102 i.V.m. 101 *Jacot-Guillarmod,* a.a.O., 28–31.

145 Rn. 4.

146 Rn. 103 bis 107.

147 ABl. 1970 Nr. C 124 S. 1; geänderter Vorschlag von 1974, BullEG, Beilage 4/75.

148 A.a.O., 6, 18, 23.

149 ABl. 1974 Nr. C 14 S. 30, geänderter Vorschlag von 1978, ABl. 1978 Nr. C 103 S. 4.

mung der Vertrag den Organen der Gemeinschaft die erforderlichen Befugnisse zugewiesen habe, namentlich in Art. 43 und 100. Deshalb besäßen die Regierungen der Mitgliedstaaten keine Befugnis, an die Stelle der Organe der Gemeinschaft zu treten und ein Übereinkommen untereinander auszuhandeln und zu schließen. Die Regierungen lenkten ein. 1976 erließ der Rat die Richtlinie nach Art. 100.[150]

164 Um das Zollverwaltungs-Übereinkommen[151] zu ersetzen und zu ergänzen, schlug die Kommission dem Rat 1973 eine Verordnung nach Art. 235 vor.[152] Sie wurde am 19.5.1981 erlassen.[153]

165 1980 unterbreitete die Kommission dem Rat ihren auf Art. 235 gestützten Vorschlag einer Verordnung über die Gemeinschaftsmarke.[154] Zwischen 1959 und 1964 hatten Verhandlungen über ein diesbezügliches Übereinkommen stattgefunden.[155]

Artikel 221 [Beteiligung am Kapital von Gesellschaften]

Unbeschadet der sonstigen Bestimmungen dieses Vertrags stellen die Mitgliedstaaten binnen drei Jahren nach seinem Inkrafttreten die Staatsangehörigen der anderen Mitgliedstaaten hinsichtlich ihrer Beteiligung am Kapital von Gesellschaften im Sinne des Artikels 58 den eigenen Staatsangehörigen gleich.

Inhaltsübersicht

1 Art. 221 verpflichtet die Mitgliedstaaten, binnen drei Jahren nach Inkrafttreten des Vertrages, d.h. bis zum 1.1.1961, die Staatsangehörigen der anderen Mitgliedstaaten hinsichtlich der Beteiligung am Kapital von Gesellschaften im Sinne des Art. 58 den

150 ABl. 1976 Nr. L 73 S. 18 Kritisch zur Vorgeschichte auch *Jacot-Guillarmod,* a.a.O., 25–26.
151 Rn. 4.
152 ABl. 1973 Nr. C 100 S. 30.
153 ABl. 1981 Nr. L 144 S. 1. Vgl. *Schwartz* zu Art. 235 Rn. 217.
154 ABl. 1980 Nr. C 351 S. 5.
155 Eingehend über die Vorgeschichte, die Instrumente und die Rechtsgrundlage *Kommission der EG,* Europäisches Markensystem, a.a.O., passim. S. auch *Jacot-Guillarmod,* a.a.O., 31–32.

eigenen Staatsangehörigen gleichzustellen. Nach Art. 58 Abs. 2 gelten als Gesellschaften die Gesellschaften des bürgerlichen Rechts und des Handelsrechts einschließlich der Genossenschaften und die sonstigen juristischen Personen des öffentlichen und privaten Rechts mit Ausnahme derjenigen, die keinen Erwerbszweck verfolgen. Es handelt sich bei Art. 221 um einen speziellen Anwendungsfall des allgemeinen Verbots von Diskriminierungen aus Gründen der Staatsangehörigkeit (Art. 7).[1] Selbstverständlich enthält Art. 221 auch das Verbot, nach dem 1.1.1961 neue Diskriminierungen einzuführen.

2 Wer Staatsangehöriger eines anderen Mitgliedstaates ist, richtet sich nach dem Recht des betreffenden Mitgliedstaates, da völkerrechtlich anerkannt ist, daß grundsätzlich jeder Staat darüber zu bestimmen hat, wer sein Staatsangehöriger ist.[2] Staatsangehörige sind für die Anwendung von Art. 221 auch die in Art. 58 Abs. 2 genannten Gesellschaften, die gleichfalls das Recht haben, Beteiligungen am Kapital von in anderen Mitgliedstaaten ansässigen Gesellschaften zu erwerben.

3 Art. 221 gilt nur »unbeschadet der sonstigen Bestimmungen« des Vertrages. Als solche kommen vor allem die Bestimmungen über das Niederlassungsrecht (Art. 52 ff.) und über den Kapitalverkehr (Art. 67 ff.) in Betracht.

a) Art. 221 ergänzt die Vorschriften über das Niederlassungsrecht,[3] er bezieht sich auf eine Beteiligung am Kapital einer Gesellschaft, die *nicht* mit einer Niederlassung im Sinne der Art. 52 ff. verbunden ist.

Die Vorschriften über das Niederlassungsrecht unterscheiden zwischen der Gründung und Leitung von Unternehmen, insbesondere von Gesellschaften im Sinne von Art. 58 Abs. 2 (Art. 52 Abs. 2) und der Gründung von Agenturen, Zweigniederlassungen oder Tochtergesellschaften (Art. 52 Abs. 1 Satz 2). Nach Art. 52 Abs. 2 dürfen Staatsangehörige eines Mitgliedstaates in jedem anderen Mitgliedstaat eine Gesellschaft gründen oder leiten, auch wenn sie in einem dritten Land ansässig sind. Dagegen dürfen Staatsangehörige eines Mitgliedstaates Agenturen, Zweigniederlassungen oder Tochtergesellschaften in einem anderen Mitgliedstaat auf Grund von Art. 52 Abs. 1 Satz 2 nur errichten, wenn sie in einem Mitgliedstaat ansässig sind. Dies braucht aber nicht der Mitgliedstaat zu sein, dessen Staatsangehörigkeit die Begünstigten besitzen.[4]

Bei einer bloßen Beteiligung am Kapital von Gesellschaften ist nach Art. 221 jede

1 *Ipsen*, a.a.O. (Allg. Literaturverzeichnis), S. 594.
2 Nach der Erklärung, die die Bundesregierung bei der Unterzeichnung der Verträge abgegeben hat, gelten als Staatsangehörige der Bundesrepublik Deutschland alle Deutschen im Sinne des Grundgesetzes, d. h. nach Art. 116 GG. Vgl. Abs. III Nr. 1 der Schlußakte vom 25.3.1957, HER I A 10, S. 100; s. ferner *Karpenstein*, Vorbemerkung zu Art. 48 und 49 Rn. 17.
3 Vgl. die Antworten der Kommission auf die Anfragen Nr. 333/69 des Abg. *Glinne* (ABl. 1970 Nr. C 3 S. 14) und Nr. 341/80 des Abg. *Bonde* (ABl. 1980 Nr. C 206 S. 19).
4 Vgl. *Troberg* zu Art. 52 Rn. 28.

Diskriminierung von Staatsangehörigen anderer Mitgliedstaaten verboten, ohne daß es darauf ankommt, ob sie in der Gemeinschaft ansässig sind oder nicht.

b) Die Beteiligung am Kapital von Gesellschaften in anderen Mitgliedstaaten unterliegt den Bestimmungen über den Kapitalverkehr, da Art. 221 diese »unbeschadet« läßt. Die Vorschriften über den Kapitalverkehr (Art. 67 ff.) sehen eine schrittweise Beseitigung der Beschränkungen des Kapitalverkehrs bis zum Ende der Übergangszeit (Art. 8 Abs. 7), und zwar zugunsten aller in den Mitgliedstaaten ansässigen Berechtigten vor. Es kommt also für die Anwendung dieser Vorschriften nicht auf die Staatsangehörigkeit, sondern auf den Wohnsitz an.

Der Rat hat zur Durchführung von Art. 67 auf Grund von Art. 69 zwei Richtlinien erlassen; und zwar die Erste Richtlinie,[5] geändert und ergänzt durch die Zweite Richtlinie.[6]

Eine Beteiligung am Kapital von Gesellschaften kann nicht nur durch finanzielle, sondern auch durch Sachleistungen erworben werden; vgl. für das deutsche Recht die Vorschriften über Sacheinlagen. (§ 27 AktG, § 5 Abs. 4 GmbHGes.)

4 Die Gleichbehandlung bei der Beteiligung am Kapital von Gesellschaften erfordert, daß Staatsangehörige anderer Mitgliedstaaten die aus der Kapitalbeteiligung fließenden Rechte in gleicher Weise wie Inländer ausüben können. Dies gilt – vorbehaltlich der Vorschriften über den Kapitalverkehr – für den Empfang von Gewinnanteilen und sonstigen Ausschüttungen, für die Teilnahme an Versammlungen der Gesellschafter und für die Ausübung von Stimm-, Auskunfts- und Bezugsrechten. Soweit die Rechtsordnungen von Mitgliedstaaten die Einräumung von Mehrstimmrechten erlauben – nach § 12 Abs. 2 des deutschen AktG. sind Mehrstimmrechte grundsätzlich unzulässig – dürfen Angehörige anderer Mitgliedstaaten nicht diskriminiert werden.

5 Die Teilnahme an *Leitungs-* und *Überwachungsorganen von Gesellschaften* behandelt der Vertrag als Bestandteil der Niederlassungsfreiheit (Art. 52 Abs. 2, Art. 54 Abs. 3 f.). Besonders überzeugend ist diese Regelung nicht, da es vor allem für die Teilnahme an Überwachungsorganen, deren Mitglieder nur von Zeit zu Zeit zusammentreten, nicht notwendig ist, sich in dem Staat niederzulassen, in dem die Gesellschaft ansässig ist. Im Einzelfall kann jemand, der unweit der Grenze eines Mitgliedstaates wohnt, dem Sitz der Gesellschaft im Nachbarstaat näher sein als jemand, der in einer entfernten Gegend des Nachbarstaates ansässig ist. Für die tatsächliche Möglichkeit, an Leistungs- und Überwachungsorganen teilzunehmen, ist die rechtliche Qualifikation durch die obengenannten Artikel bedeutungslos.

6 Zu den von Art. 221 vorbehaltenen Bestimmungen gehört auch Art. 223 Abs. 1 b). Auf Grund dieser Vorschrift kann ein Mitgliedstaat die Beteiligung von Staatsangehörigen

5 ABl. 1960 S. 921, HER I A 48/1, S. 1.
6 ABl. 1963 S. 62, HER I A 48/1, S. 27.

anderer Mitgliedstaaten am Kapital von Gesellschaften beschränken oder ausschließen, falls er dies zur Wahrung seiner wesentlichen Sicherheitsinteressen, soweit sie die Erzeugung von Waffen, Munition und Kriegsmaterial oder den Handel damit betreffen, für erforderlich hält. Beschränkungen unter Berufung auf die öffentliche Sicherheit und Ordnung im allgemeinen sind dagegen nicht zulässig.[7]

7 Der Beitrittsvertrag von 1972 enthält keine besondere Regelung, so daß Art. 221 für Dänemark, Irland und das Vereinigte Königreich seit dem Beitritt (1.1.1973) verbindlich ist. Die neuen Mitgliedstaaten durften allerdings die Liberalisierung des Kapitalverkehrs nach Art. 120 der Beitrittsakte im Rahmen der dort in den Art. 121 bis 126[8] genannten Bedingungen und Fristen aufschieben. Diese Fristen sind inzwischen abgelaufen; die vorübergehend noch zugelassenen Beschränkungen bezogen sich vor allem auf Direktinvestitionen von Deviseninländern aus den neuen Mitgliedstaaten in anderen Mitgliedstaaten.

8 Auch für Griechenland ist Art. 221 mit dem Beitritt am 1.1.1981 verbindlich geworden. Nach Art. 49 der Beitrittsakte 1979 kann Griechenland die Liberalisierung des Kapitalverkehrs im Rahmen der in den Art. 50 bis 53 genannten Bedingungen und Fristen aufschieben.[9] Dabei handelt es sich im wesentlichen nur um Beschränkungen für Deviseninländer in Griechenland, die spätestens bis zum 31.12.1985 aufzuheben sind.[10]

9 Art. 221 gilt auch für die gemeinsamen Unternehmen nach Art. 45 ff. EuratomV, da seine Anwendung die Vorschriften des EuratomV nicht beeinträchtigt, Art. 232 Abs. 2 EWGV.[11]

10 Art. 221 gilt ferner für Unternehmen im Sinne von Art. 80 EGKSV, Art. 232 Abs. 1 EWGV.[12]

Artikel 222 [Eigentumsordnung]

Dieser Vertrag läßt die Eigentumsordnung in den verschiedenen Mitgliedstaaten unberührt.

7 *Marchesini* in: *Quadri* u.a., a.a.O. (Allg. Literaturverzeichnis), Art. 221 Anm. 3.
8 HER I A 12, S. 72 bis 74.
9 HER I A 12, S. 244 bis 246.
10 Art. 9 Abs. 2 Beitrittsakte 1979, HER I A 12, S. 225.
11 *Wohlfarth*, a.a.O. (Allg. Literaturverzeichnis), Art. 221, Anm. 7.
12 *Wohlfarth*, a.a.O., Art. 221 Anm. 6.Nr. C 3 S. 14) und Nr. 341/80 des Abg. *Bonde* (ABl. 1980 Nr. C 206 S. 19).

Literaturhinweise

Burghardt, Die Eigentumsordnungen in den Mitgliedstaaten und der EWG-Vertrag, Universität Hamburg, Abhandlungen aus dem Seminar für Öffentliches Recht, Heft 57, Hamburg 1969 (mit zahlreichen Literaturnachweisen)
Deringer, Bericht für die Semaine de Bruges 1968, S. 387–408, s. unten bei Ferrari-Bravo
Everling, Eigentumsordnung und Wirtschaftsordnung in der Europäischen Gemeinschaft, in Funktionswandel der Privatrechtsinstitutionen (Festschrift für Ludwig Raiser), Tübingen 1974
Ferrari-Bravo, Les Art. 90 et 37 dans leurs relations avec un régime de concurrence non falsifiée, Les incidences des règles de l'art. 222 sur les possibilités de nouvelles nationalisations ou socialisations de secteurs économiques, Bericht für die Semaine de Bruges 1968, Bruges 1969, S. 409–438
Franken, Die Verstaatlichung und ihre Vereinbarkeit mit dem EWG-Vertrag, Diss. Köln 1972
Huth, Die Sonderstellung der öffentlichen Hand in den Europäischen Gemeinschaften, Hamburg 1965
Ipsen, Inhalt und Grenzen gemeinschaftsrechtlicher Einwirkungen auf die Marke als Eigentum, in: *Hefermehl – Ipsen – Schluep* (Hrsg.), Nationaler Markenschutz und freier Warenverkehr in der Europäischen Gemeinschaft, München 1979, S. 159 ff., 175 f., je mit weiteren Nachweisen
Nicolaysen, (1) Plan. Einsatz öffentlicher Unternehmen und EWG-Vertrag, in: *Kaiser,* Planung III, Baden-Baden 1968
ders., (2) Bericht für die Semaine de Bruges 1968 S. 326–365, s. oben bei Ferrari-Bravo
Pescatore, Bestand und Bedeutung der Grundrechte im Recht der Europäischen Gemeinschaften, in: EuR 1979, S. 1–12
Riegel, Die Einwirkung des europäischen Gemeinschaftsrechts auf die Eigentumsordnung der Mitgliedstaaten. Zugleich ein Beitrag zur Auslegung von Art. 222 EWGV, in: RIW/AWD 1979, S. 744
Stendardi, Il Regime de proprietá nei Paesi membri delle CEE, in: Il diritto degli scambi internazionali 1963, S. 275 ff.
Zijstra, Wirtschaftspolitik und Wettbewerbsproblematik in der EWG und ihren Mitgliedstaaten, Studien Reihe Wettbewerb, Nr. 2, Brüssel 1960

Inhaltsübersicht

I. Vorbemerkung

1 Die Vorschrift ist in den 6. Teil des Vertrages betreffend Allgemeine und Schlußbestimmungen aufgenommen. Damit wird ihre besondere, allgemeine Bedeutung herausgestellt.

Die Entstehungsgeschichte der Vorschrift[1] läßt die Besorgnis von Vertragspartnern erkennen, die Gemeinschaft könnte in Zukunft auch zu einer Änderung der Eigentumsordnungen in einzelnen Mitgliedstaaten führen, insbesondere durch Sozialisierungsmaßnahmen Einfluß auf die Gestaltung der Wirtschaftsordnung in den Vertragsstaaten nehmen.[2] Andere befürchten das Gegenteil, das nämlich aufgrund der im allgemeinen liberalen Tendenz des Vertrages dergleichen Maßnahmen erschwert werden könnten.

Tatsächlich war zur Zeit des Inkrafttretens des Vertrages der Grad der Verstaatlichung von Produktionsmitteln und die Absicht, diesen Prozeß fortzusetzen, von Mitgliedstaat zu Mitgliedstaat äußerst verschieden. Italien und Frankreich, in geringerem Umfang der Bundesrepublik standen die Benelux-Staaten gegenüber, in denen der Verstaatlichungsgrad gering ist. Noch deutlicher war der Unterschied in der allgemeinen Wirtschaftspolitik. Während in Frankreich und Italien eine deutliche Tendenz zur Stärkung des öffentlichen Sektors und der Planung bestand, trat die Bundesrepublik für Reprivatisierung ein.[3]

2 Eine ähnlich lautende Vorschrift enthält Art. 83 des Montanvertrages. Der Euratom-Vertrag konnte eine solche Bestimmung nicht aufnehmen, weil seine Art. 86 ff. gerade das in den einzelnen Mitgliedstaaten geltende Eigentumsrecht an den besonderen spaltbaren Stoffen gemeinschaftlich regeln.[4]

3 Die Vorschrift gilt unverändert auch in den neuen Mitgliedstaaten.

Während im *Vereinigten Königreich* der verstaatlichte Bereich der Industrie ähnlichen Umfang wie in Frankreich hat, mit jeweils entgegengesetzten Maßnahmen bei einem Regierungswechsel, ist dieser Bereich in *Dänemark und Irland* ohne wirtschaftliche Bedeutung. Ähnliches gilt noch für *Griechenland.* Bei den Beitrittskandidaten *Portugal* und *Spanien* gibt es dementgegen einen Frankreich und Italien durchaus entsprechenden öffentlichen Sektor.

Die Vorschrift hat nach dem Regierungswechsel in Frankreich im Jahre 1981 erhebliche Bedeutung gewonnen. Die umfangreichen Verstaatlichungsmaßnahmen haben selbst die Frage ihrer nationalen Verfassungsmäßigkeit[5] aufgeworfen. Auch in Griechenland hat

1 Zunächst war die Fassung »Eigentumsordnung an den Produktionsmitteln«, später »Eigentumsordnung an den Unternehmen, für welche die Bestimmungen dieses Vertrages gelten« vorgeschlagen worden (vgl. hierzu *Neri-Sperl,* a.a.O. Allg. Literaturverzeichnis), S. 410 sowie *Burghardt,* a.a.O., S. 26 ff. s. auch unten Fn. 27.

2 So *Burghardt,* a.a.O., S. 29 und Bericht der Delegationsleiter an die Außenminister (sog. Spaak-Bericht) vom 21.4.1965.

3 Vgl. VW, VEBA, Preussag; in Italien wurde durch Gesetz Nr. 1643 vom 6.12.1962 die Elektrizitätsindustrie verstaatlicht; s. auch die Analyse der verschiedenen Wirtschaftspolitiken bei *Zijlstra,* a.a.O., S. 7 ff. sowie *Ferrari-Bravo,* a.a.O., S. 410.

4 Sie sind Eigentum der Gemeinschaft, vgl. im übrigen Art. 91 EAGV und dazu *Haedrich,* HER III A 49.

5 Gesetz Nr. 82–155 vom 11.2.1982, JORF vom 13.2.1982 S. 566 und Entscheidung des Conseil Constitutionnel vom 11.2.1982, Decision no. 82–139 DC, JORF vom 11.2.1982, S. 560 ff.

die neue Regierung Maßnahmen im Jahre 1982 vorgeschlagen, die beispielsweise im pharmazeutischen Bereich zu weitgehenden Verstaatlichungen führen.[6]

II. Eigentumsordnung

4 Unter Eigentumsordnung ist die Gesamtheit der nationalen verfassungsrechtlichen Vorschriften zu verstehen, die in jedem Mitgliedstaat das Eigentum, die mit dem Eigentum verbundenen Rechte und Pflichten, die Möglichkeiten zur Beschränkung oder Entziehung von Eigentumsrechten sowie insbesondere auch die etwaige Überführung von privatem Eigentum in Gemeineigentum und die damit verbundene mögliche Entschädigung wegen Enteignung regeln. Dabei ist als »Eigentum« nicht nur das Eigentum an Sachen, sondern auch alle sonstigen Vermögensrechte, wie beschränkte dingliche Rechte, Inhaber- und Urheberrechte sowie Forderungen anzusehen.[7]

5 In der Bundesrepublik wird die Eigentumsordnung insbesondere durch die Art. 14 und 15 GG geregelt.[8] Auch die Rechtsordnungen aller anderen Mitgliedstaaten enthalten einerseits Bestimmungen über die Garantie des Privateigentums, andererseits Vorschriften, die eine gewisse Sozialbindung enthalten und die die Sozialisierung unter bestimmten Voraussetzungen ermöglichen. Demgemäß gehört das Grundrecht des Eigentums zu den allgemeinen Rechtsgrundsätzen, die der EuGH bei der Auslegung des Gemeinschafts-

6 Ein entsprechendes Gesetz wurde im Oktober 1982 dem griechischen Parlament vorgelegt; s. auch das griechische Gesetz Nr. 1256 vom 6.5.1982 betreffend Versicherungen, gr. GesBl. vom 31.5.1982 und zuvor Antwort der Kommission auf die schriftliche Anfrage Nr. 530/82 *(Tyrell)*, ABl. 1982 Nr. C 218 S. 15.

7 Zust. *Deringer,* a.a.O., S. 390 bezüglich Urheberrechte; s. auch *Finger,* Patentschutz und EWG-Kartellrecht, in: NJW 1968, S. 2178 ff. und *Ipsen,* Inhalt und Grenzen ..., a.a.O., S. 175 f.

8 Die Eigentumsgarantie des Art. 14 GG schützt den konkreten Bestand in der Hand des Eigentümers, BVerfGE 24, 367, 400; 28, 175, 184 f.; s. hierzu auch *Rittstieg,* Grundgesetz und Eigentum (zugleich Besprechung von BVerfG, NJW 1982, 745, Grundwassergesetz), in: NJW 1982, S. 721–724.
Für Italien s. *Motzo* in: *Quadri* u.a., a.a.O. (Allg. Literaturverzeichnis), S. 1624 f.; s. auch die Übersicht bei *Burghardt,* a.a.O., S. 47 ff. mit Nachweisen.

rechts zu wahren hat. Insoweit ist auch auf das Zusatzprotokoll zur Europäischen Menschenrechtskonvention[9] hinzuweisen, dem alle Mitgliedstaaten beigetreten sind.[10]

6 Die sowohl für den einzelnen als auch für die Mitgliedstaaten wichtigsten Bestimmungen sind jene, die eine Überführung von Privateigentum in Gemeineigentum ermöglichen. Für den EWG-Vertrag ist dabei die Verstaatlichung von privaten Unternehmen von besonderer Bedeutung. Seit Inkrafttreten des Vertrages haben nur Italien im Jahre 1962[11] und in größerem Maße Frankreich im Jahre 1982[12] Verstaatlichungen vorgenommen. Eingriffe und Beschränkungen des Eigentums, beispielsweise hinsichtlich der Verfügungsfreiheit über hergestellte Waren oder gewonnene Erzeugnisse, bestehen demgegenüber in allen Mitgliedstaaten.[13]

III. Der Regelungsgehalt des Artikels 222

7 Die Vorschrift beschränkt sich auf die einfache Feststellung, der Vertrag[14] lasse die Eigentumsordnungen in den verschiedenen Mitgliedstaaten unberührt.

9 Vom 4.11.1950, ABl. 1977 Nr. C 103 S. 1; Art. 1 dieses Protokolls bestimmt: »Jede natürliche oder juristische Person hat ein Recht auf Achtung ihres Eigentums. Niemandem darf sein Eigentum entzogen werden, es sei denn, daß das öffentliche Interesse es verlangt, und nur unter den durch Gesetz und durch die allgemeinen Grundsätze des Völkerrechts vorgesehenen Bedingungen.
Die vorstehenden Bestimmungen beeinträchtigen jedoch in keiner Weise das Recht des Staates, diejenigen Gesetze anzuwenden, die er für die Regelung der Benutzung des Eigentums im Einklang mit dem Allgemeininteresse oder zur Sicherung der Zahlung der Steuern oder sonstigen Abgaben oder von Geldstrafen für erforderlich hält.«
Siehe hierzu auch eingehend *Peukert,* Der Schutz des Eigentums und Art. 1 des Ersten Zusatzprotokolls zur Europäischen Menschenrechtskonvention, in: EuGRZ 1981, S. 97–114, ferner *Klaus Dicke,* Zur Begründung des Menschenrechts auf Eigentum, in: EuGRZ 1982, S. 361–367.

10 Vgl. hierzu eingehend GA *Capotorti* in Rs. Liselotte Hauer, 44/79 – Slg. 1979, 3727, 3759, insbesondere zum Schutz der Grundrechte im allgemeinen, mit zahlreichen Hinweisen auf die Rspr. des EuGH. Vgl. auch *Beutler,* Grundrechtsschutz, Anhang C dieses Kommentars m. w. Nachw.

11 Gesetz vom 6.12.1962, G.U. Nr. 316 vom 12.12.1962.

12 Vgl. oben Rn. 3.

13 EuGH – Liselotte Hauer, 44/79 – Slg. 1979, 3727, Gründe Nr. 20, S. 3746 und eingehender GA *Capotorti* unter ausdrücklicher Bezugnahme auf Art. 222, a.a.O., S. 3756 f. Das Eigentumsrecht wird in der Gemeinschaftsrechtsordnung gemäß den gemeinsamen Verfassungskonzeptionen der Mitgliedstaaten gewährleistet, die sich auch im Zusatzprotokoll zur Europäischen Menschenrechtskonvention widerspiegeln.

14 Nach Art. 239 sind auch die dem Vertrag in gegenseitigem Einvernehmen beigefügten Protokolle Bestandteile des Vertrages.

Die Fassung »läßt unberührt« – noch schärfer ausgedrückt im französischen Vertragstext: ne préjuge en rien – stellt einerseits klar, daß die Eigentumsordnungen, die in den einzelnen Mitgliedstaaten bei Inkrafttreten des Vertrages bestanden haben, als solche mit dem Vertrag vereinbar sind, zum anderen, daß durch den Vertrag in diese Eigentumsordnung nicht eingegriffen werden sollte. Auch die bestehende Regelungskompetenz der Mitgliedstaaten auf diesem Gebiet sollte nicht berührt werden. Dies ergibt sich nicht nur aus dem Wortlaut, sondern auch aus der Stellung der Vorschrift im 6. Teil des Vertrages. Damit ist die Neutralität des Vertages auf dem Gebiet des nationalen Eigentumsrechts deutlich herausgestellt: die Mitgliedstaaten haben das Recht behalten, Privateigentum in Gemeineigentum zu überführen und umgekehrt. Die Mitgliedstaaten sind außerdem befugt, die Ausübung der Eigentumsrechte zu regeln und auch zu beschränken. Aus diesem Grund enthält die Vorschrift auch nicht eine Garantie für den Fortbestand der Eigentumsordnung, so wie sie in den einzelnen Mitgliedstaaten bei Inkrafttreten des Vertrages bestanden hatte.[15]

Wenn der Vertrag im übrigen beabsichtigt hätte, daß in die nationalen Eigentumsordnungen eingegriffen werden kann, wäre in den meisten Mitgliedstaaten eine Verfassungsänderung erforderlich gewesen.[16]

8 Der EuGH hat in seiner bisherigen Entscheidungspraxis nicht auf Art. 222 ausdrücklich Bezug genommen. Gleichwohl beschäftigt sich die Rs. Hauer[17] eingehend mit dem Eigentumsrecht. Unter Bezugnahme auf das Zusatzprotokoll zur Europäischen Menschenrechtskonvention nimmt er die dort festgesetzte Unterscheidung zwischen dem Recht auf Eigentum und der Regelung der Benutzung des Eigentums auf.[18] So hat er in der einschlägigen Rs. Hauer ausdrücklich das Recht der Mitgliedstaaten und damit auch

15 So *Stendardi*, a.a.O., S. 275 ff. unter Bezugnahme auf den italienischen Vertragstext »il régime di proprietà esistente negli Stati membri«; dagegen eingehend *Motzo* in: *Quadri* u.a., a.a.O., S. 1625, *Burghardt*, a.a.O., S. 69, *Ferrari-Bravo*, a.a.O., S. 414, *Thiesing* in der Diskussion der Semaine de Bruges 1968, a.a.O., S. 383; vgl. im übrigen auch die gemeinsame Erklärung des Europäischen Parlaments, des Rats und der Kommission vom 5.4.1977, ABl. 1977 Nr. C 103 S. 1, und den Kommissionsbericht »Der Schutz der Grundrechte in der EG«, BullEG, Beilage 5/76, mit rechtsvergleichendem Anhang; s. auch *Frotz*, Bestimmung der Möglichkeiten und Grenzen der Privatisierung öffentlicher Unternehmen, in: Der Betrieb 1977, S. 1661–1664. Hierzu ferner EuGH – Rutili, 36/75 – Slg. 1975, 1219 und *Pescatore*, a.a.O., S. 6. Daß souveräne Staaten auch ausländische Gesellschaften verstaatlichen dürfen, folgt aus dem Schiedsurteil über die lybischen Maßnahmen gegenüber den Ölgesellschaften, s. *Catranis*, Probleme der Nationalisierung ausländischer Unternehmen vor internationalen Schiedsgerichten, in: RIW/AWD 1982, S. 19–27, unter besonderem Hinweis auf die Stellungnahme des Schiedsrichters *Dupuy*, a.a.O., S. 24; vgl. insoweit auch die kontroversen Stellungnahmen führender Politiker der Mitgliedstaaten in: Entstaatlichung, Verstaatlichung, Status quo – Europa wohin?, Dokumentation eines internationalen Meinungsaustauschs, veranstaltet von der Friedrich-Ebert-Stiftung und der Gesellschaft für Öffentliche Wirtschaft und Gemeinwirtschaft am 13.5.1982 in Bonn, Schriftenreihe der Gesellschaft für Öffentliche Wirtschaft und Gemeinwirtschaft, H. 21, Baden-Baden 1982.

16 Zust. *Ferrari-Bravo*, a.a.O., S. 412.

17 Siehe Fn. 13 und zum Grundrechtsschutz im allgemeinen *Pescatore*, a.a.O., S. 4.

18 A.a.O. (Fn. 13), Gründe Nr. 19 f., S. 3746 f. und oben Fn. 9.

der Gemeinschaft betont, die Ausübung des Eigentums im Allgemeininteresse regeln zu dürfen. Einige Verfassungen der Mitgliedstaaten verwiesen insoweit auf die »immanenten Eigentumsbindungen«, die »soziale Funktion des Eigentums«, auf die Abhängigkeit seines Gebrauches von den Erfordernissen des Gemeinwohls und auf die soziale Gerechtigkeit.[19] Dieser sozialen Funktion des Eigentums wird in allen Mitgliedstaaten durch besondere Rechtsvorschriften Rechnung getragen. Zu nennen sind Gesetze auf dem Gebiet der Land- und Forstwirtschaft, des Wasserrechts, des Umweltschutzes, der Raumordnung und des Städtebaus, die die Benutzung des Grundeigentums zuweilen erheblich einschränken.

9 Wenngleich den einzelnen Mitgliedstaaten insoweit im Rahmen der nationalen Verfassungen ein weiter Spielraum eingeräumt bleibt, der durch Art. 222 nicht eingeschränkt wird, sind bei Einschränkungen der Ausübung der Eigentumsrechte durch *Rechtsakte der Gemeinschaft* weitere Erfordernisse zu beachten. So ist bei solchen Regelungen zu prüfen, ob die Einschränkungen tatsächlich dem allgemeinen Wohl dienenden Zielen der Gemeinschaft entsprechen und ob sie nicht einen im Hinblick auf den verfolgten Zweck unverhältnismäßigen, nicht tragbaren Eingriff in die Vorrechte des Eigentümers darstellen, der das Eigentumsrecht in seinem Wesensgehalt antastet.[20] In der Rs. Hauer hat der EuGH deshalb das Verbot der Neuanpflanzung von Weinreben, d.h. neue Weinberge zu errichten oder bestehende zu erweitern – selbst wenn der Boden hierfür geeignet ist – für rechtmäßig erklärt.[21]

10 Während die Regelungskompetenz für das Eigentum grundsätzlich bei den Mitgliedstaaten verblieben ist, haben sich diese gleichwohl durch Verabschiedung der Verträge den darin enthaltenen Einschränkungen bezüglich der Gestaltung des Eigentums und der Ausübung der Eigentumsrechte unterworfen.[22] Dies gilt insbesondere für das Grundprinzip des Vertrages des Verbots der Diskriminierung aus Gründen der Staatsangehörig-

19 EuGH, a.a.O. (Fn. 13), Gründe Nr. 20, S. 3746.

20 EuGH, a.a.O. (Fn. 13), Gründe Nr. 23, S. 3747 und eingehend GA *Capotorti* in dieser Rs., S. 3761 f.; s. hierzu auch *Gert Meier,* Die Einzelperson und das Europäische Recht, in: NJW 1976, S. 1557, 1560 f., der von immanenten Grenzen der Gemeinschaftsgewalt spricht; die EG besitzt demnach ein gemeinschaftsspezifisches Grundrechtssystem, s. *Hans-Jochen Vogel,* Die Europäischen Gemeinschaften auf dem Weg zur Rechtsunion, in: NJW 1977, S. 677, und die besondere Betonung des Grundrechtsschutzes, S. 682. Zum Verhältnis der Gemeinschaft zur verfassungsmäßigen Ordnung der Mitgliedstaaten s. auch Grundrechtsschutz in Europa, Max-Planck Institut Heidelberg (*H. Mosler–R. Bernhardt–M. Hilf,* Hrsg.), Internationales Kolloquium 1976, Berlin 1977, mit ausführlichen Literaturnachweisen auf S. 229 ff.

21 Tenor Nr. 1, a.a.O., S. 3751; vgl. auch EuGH – Nold, 4/73 – Slg. 1974, 491 und Internationale Handelsgesellschaft, 11/70 – Slg. 1970, 1125, Gründe Nr. 4 S. 1135.

22 Vgl. hierzu *Riegel,* a.a.O., S. 744 ff., der in zahlreichen Vertragsvorschriften Beschränkungen des Eigentumsrechts sieht und die Trennung zwischen dem Recht als solchem und seiner Ausübung ablehnt. Siehe hierzu die oben Fn. 13 zitierte eingehende Stellungnahme von GA *Capotorti* und EuGH zuletzt in Coditel/Cine Vog. Films, 282/81 – Urteil vom 8.10.1982 (noch nicht veröffentlicht).

keit.[23] Die Mitgliedstaaten können somit durchaus Verstaatlichungen von Unternehmen durchführen,[24] werden durch den Vertrag allerdings daran gehindert, diese Unternehmen in einer Weise zu organisieren oder mit Befugnissen auszustatten, die bestimmten Vertragsvorschriften oder den Grundprinzipien des EWGV widersprechen.[25] So können die Mitgliedstaaten zwar staatliche Handelsmonopole und öffentliche Unternehmen durch Verstaatlichung schaffen oder Unternehmen besondere oder ausschließliche Rechte übertragen. Staatliche Handelsmonopole müssen aber nach dem Ende der Übergangszeit dergestalt organisiert sein, daß entsprechend Art. 37 jede Diskriminierung in den Versorgungs- und Absatzbedingungen ausgeschlossen ist.[26] Bezüglich öffentlicher Unternehmen oder Unternehmen, denen die Mitgliedstaaten besondere oder ausschließliche Rechte gewähren, dürfen die Mitgliedstaaten keine dem Vertrag widersprechende Maßnahmen treffen (oder beibehalten). Sie haben dabei insbesondere die Art. 7 und 85 bis 94 zu beachten.[27]

IV. Verstaatlichungsmaßnahmen

11 Art. 222 dürfte es den Mitgliedstaaten auch nicht verwehren, ganze Bereiche ihrer Wirtschaft zu verstaatlichen und sogar Produktionsmonopole[28] zu schaffen. Gleichwohl würde eine Verstaatlichung aller wirtschaftlichen Tätigkeit innerhalb eines Mitglied-

23 Vgl. Art. 7, der das in allen Verfassungen der Mitgliedstaaten enthaltene Gebot der Gleichbehandlung auf alle Bürger der Gemeinschaft ausdehnt, ein Prinzip, ohne das eine Gemeinschaft undenkbar wäre; s. auch *Pescatore,* a.a.O., S. 3 und EuGH – Rutili, 36/75 – Slg. 1975, 1219, Gründe Nr. 9/13 und 16/18, S. 1229 f. zu Diskriminierung auf dem Gebiet der Niederlassungsfreiheit.

24 In diesem Sinne wohl auch *Nicolaysen* (2), S. 354, zumindest bezüglich Schaffung öffentlicher Unternehmen; weniger deutlich *ders.,* in (1), S. 339; ähnlich *Huth,* a.a.O., S. 358, demzufolge Art. 222 nur die Institution, nicht die Funktion betrifft; *Ferrari-Bravo,* a.a.O., S. 418: »La nationalisation n'est pas en soi incompatible«, im übrigen setze Art. 90 die Möglichkeit der Verstaatlichung voraus; insoweit wohl auch – bezüglich Art. 90 – EuGH – Sacchi, 155/73 – Slg. 1974, 409; einschränkend *Emmerich,* Das Wirtschaftsrecht der öffentlichen Unternehmen, in: Wirtschaftsrecht und Wirtschaftspolitik *(H.-J. Mestmäcker* Hrsg.) Bd. 9, Bad Homburg v.d.H. – Berlin – Zürich 1969, S. 178 unter Hinweis auf Art. 5 Abs. 2.

25 Siehe hierzu auch die Antwort der Kommission auf die schriftliche Anfrage *Philipp,* ABl. 1962 S. 2715 – Verstaatlichung der italienischen Elektrizitätsindustrie – und GA *Lagrange* in Costa/ENEL, 6/64 – Slg. 1964, 1275, sowie EuGH – Sacchi, 155/73 – Slg. 1974, 409 sowie die folgende Rn.

26 Vgl. oben *Hochbaum* zu Art. 37 Rn. 39.

27 Vgl. oben *Hochbaum* zu Art. 90 Rn. 20 ff. In diesem Sinne auch *Deringer,* a.a.O., S. 391, 406; »Es muß zwischen der Verstaatlichung als solcher und den nachfolgenden Maßnahmen entschieden werden«, einschränkend jedoch bezüglich staatlicher Handelsmonopole, S. 401. Vgl. auch die Vorgeschichte: die Vorschrift sollte ursprünglich als Art. 44 a den Bestimmungen über Staatliche Handelsmonopole und Öffentliche Unternehmen folgen (Dok. MAE/CH Del. 304/d/57 vom 8.2.1957).

28 Siehe oben Fn. 26.

staats, die nicht nur die Produktion, sondern auch Handel und Dienstleistungen beträfe, einen Eingriff in die Grundprinzipien des Vertrages darstellen und damit dessen Funktionieren in Frage stellen. Während insoweit die Verstaatlichung bestimmter Sektoren der Wirtschaft eines Mitgliedstaats, die ohne staatliche Rückendeckung und finanzielle Hilfe, nicht lebensfähig wie Weltraumforschung, wären, durchaus zulässig wäre, widerspräche eine allgemeine Verstaatlichung den Grundlagen der Gemeinschaft. Tatsächlich würde insowiet das Grundprinzip der Gemeinschaft, der freie Warenverkehr, die Chancengleichheit bei der gegenseitigen Öffnung der Märkte und der freie Wettbewerb in Frage gestellt.[29] Aus dem gleichen Grunde kann ein sozialistischer Staat wie Jugoslawien oder Polen in die Gemeinschaft nicht aufgenommen werden. Die Organisation ihrer Wirtschaft widerspricht den in Art. 3 konkretisierten Zielen der Gemeinschaft. Die *französischen Verstaatlichungsmaßnahmen* waren seit ihrer Ankündigung im Jahre 1981 und besonders nach ihrer Verabschiedung durch das französische Parlament Gegenstand zahlreicher schriftlicher und mündlicher Anfragen von Mitgliedern des Europäischen Parlaments an die Kommission. In ihren Antworten hat sie das grundsätzliche Recht Frankreichs, Verstaatlichungen vornehmen zu können, nie bestritten.[30]

29 Siehe EuGH, – Hansen II, 91/78 – Slg. 1979, 935, Gründe Nr. 13, S. 954.

30 Sie hat aber stets darauf hingewiesen, daß die verstaatlichten Unternehmen uneingeschränkt dem Gemeinschaftsrecht unterworfen wären und daß Frankreich auch ihnen gegenüber die Vorschriften des Vertrages beachten müsse. Insoweit kann hingewiesen werden auf Communautés Européennes Informations Nr. 134, Februar 1982, S. 15 und die Erklärung von Minister Chandernagor, Frankreich werde darauf achten, daß die Maßnahmen vertragskonform sind; kritische Stimmen: insbesondere: Nationalisation without tears in: Economist vom 19.12. 1981, *Narjes*, Meinung der Woche, in: Wirtschaftswoche vom 18. 10. 1981 und Cousté in: Le Monde vom 1. 9. 1981. Zur Meinung der *Kommission* insbesondere Antworten auf schriftliche Anfragen 1012/81 (*Herman*), ABl. 1981 Nr. C 306 S. 1; 1208, 1219 ff./82 (*Galland, Pruvot*), 1090/81 (*Charzat*), alle ABl. 1982 Nr. C 38 bzw. Nr. C 65 S. 3, zu Banken 835/77 (Inchauspé), ABl. 1978 Nr. C 74 S. 10. In diesem Zusammenhang s. auch *Hubert Weis,* Verstaatlichungen aus gemeinschaftsrechtlicher Sicht, zu: NJW 1982, S. 1910 ff.
Während die Kommission gegenüber Frankreich bis Oktober 1982 keine Schritte unternommen hat, hat sie gegenüber den *griechischen Maßnahmen* (s. oben Fn. 6) erhebliche Bedenken angemeldet.

Vorbemerkung zu den Artikeln 223 bis 225

Inhaltsübersicht

1 Die drei Artikel gehören zu den *allgemeinen* Bestimmungen des Vertrages in dessen Sechstem Teil, der außerdem Vorschriften für die Einsetzung der Organe und Schlußbestimmungen enthält.

Innerhalb der allgemeinen Bestimmungen des Vertrages bilden sie – wie aus Art. 225 hervorgeht – eine gewisse Einheit; sie haben auch keinen Bezug zu den vorhergehenden und nachfolgenden Bestimmungen (Art. 222: Eigentumsordnung; Art. 226: wirtschaftliche Schutzklausel für die Übergangszeit).

2 Grund für die Regelung ist der Umstand, daß zwar das Gebiet der inneren und äußeren Sicherheit außerhalb der durch den Vertrag bezweckten Integration geblieben ist,[1] daß aber auf diesem Gebiet ergriffene Maßnahmen in Wechselwirkung zum integrierten Bereich stehen. Aus dieser Wechselbeziehung können sich Spannungen und Konflikte ergeben, an denen der Vertrag nicht vorübergehen konnte.[2]

3 Bei dieser Betrachtung ist es wenig angebracht – wie es meist geschieht – von »Schutzklauseln« zu sprechen; dieser Terminus sollte Ausnahmen von den Vertragsvorschriften vorbehalten werden, die in ihrer Tendenz auf eine degressive Anwendung angelegt sind, weil sie durch Gemeinschaftsmaßnahmen gegenstandslos gemacht werden können.[3] Diese Möglichkeit besteht hier nicht: es handelt sich vielmehr um einen im gegenständlich begrenzten Umfang der Integration angelegten »Dauerkonflikt«.

1 Daß der wirtschaftliche Zusammenschluß auch der Wahrung und Festigung von Frieden und Freiheit dienen soll – vgl. Präambel zum EWGV –, bedeutet nicht, daß die Sicherheit der Gemeinschaft und ihrer Mitgliedstaaten zum Integrationszweck erhoben worden ist (vgl. *Ipsen,* a.a.O. – Allg. Literaturverzeichnis –, 8/16).

2 Zu den Bestrebungen, bestimmte Bereiche in die Integration und eine gemeinsame Verteidigungspolitik in eine »Europäische Union« einzubeziehen vgl. unten zu Art. 223 Rn. 2 und 3.

3 Auf den Begriff und die Klassifizierung von Schutzklauseln braucht hier nicht eingegangen zu werden. Vgl. dazu vor allem die Untersuchung (Allgemeiner Teil) von *Müller-Heidelberg,* Schutzklauseln im Europäischen Gemeinschaftsrecht, Hamburg 1970; ferner *Gori, Paolo,* Les clauses de sauvegarde des Traités CECA et CEE, Heule 1967 (S. 42, 48, 62, 64, 77, 84), der wirtschaftliche Schutzklauseln von Bestimmungen unterscheidet, die auf Dauer die Tragweite der Vertragsbestimmungen begrenzen. Ähnlich *Oppermann,* Schutzklauseln in der Endphase des Gemeinsamen Marktes, in: EuR 1969, S. 231, der Art. 224 unter die »ordre-public-Klauseln« einreiht.

Damit stellt sich auch die Frage des Verhältnisses zu den eigentlichen Schutzklauseln nicht: für die in Art. 223 und 224 umschriebenen Tatbestände gelten ausschließlich die dort und in Art. 225 festgelegten Bestimmungen. Soweit jedoch die beabsichtigten Maßnahmen durch andere Ausnahmebestimmungen des Vertrages gerechtfertigt werden können, können diese Anwendung finden.[4]

4 Art. 223 Nr. 1 b) ermächtigt die Mitgliedstaaten schon nach seinem ausdrücklichen Wortlaut zu einseitigen Maßnahmen; aus Art. 224 ergibt sich dasselbe: es wird sozusagen als selbstverständlich vorausgesetzt.[5] Das folgt notwendig aus der einen Seite der Teilintegration: es handelt sich um den nichtintegrierten Bereich, für den die Mitgliedstaaten die ungeteilte Verantwortung behalten haben.

Der anderen Seite der Teilintegration – der Wechselbeziehung zum integrierten Bereich – wird durch die Festlegung von Grenzen und Verfahren Rechnung getragen, die sicherstellen sollen, daß die Mitgliedstaaten die Befugnis zu einseitigem Vorgehen nicht mißbrauchen und daß die Maßnahmen so wenig wie möglich – nicht mehr als unbedingt nötig – von den Vorschriften des Vertrages abweichen oder das Funktionieren des Gemeinsamen Marktes beeinträchtigen.

5 Art. 223 enthält zwei verschiedene Tatbestände.

In Nr. 1 a) wird den Mitgliedstaaten ein begrenzter Dispens von der Verpflichtung gewährt, Auskünfte zu erteilen.

Die übrigen Vorschriften des Artikels betreffen Maßnahmen, die ein Mitgliedstaat für die Wahrung seiner wesentlichen Sicherheitsinteressen für erforderlich hält und die die Erzeugung oder den Handel von bestimmten Waren militärischen Charakters betreffen; diese Waren sind in einer Liste aufgeführt, die der Rat festlegt.

Der Mitgliedstaat kann die Maßnahmen zwar einseitig ergreifen, diese dürfen jedoch auf dem Gemeinsamen Markt die Wettbewerbsbedingungen für nichtmilitärische Waren nicht beeinträchtigen.

6 Art. 224 betrifft Maßnahmen, die ein Mitgliedstaat in bestimmten konkreten Situationen oder zur Erfüllung internationaler Verpflichtungen trifft.

Bei den konkreten Situationen handelt es sich um eine schwerwiegende innerstaatliche

4 Vgl. Rn. 2 zu Art. 224.

5 Im Urteil Costa/ENEL (EuGH – 6/64 – Slg. 1964, 1251, 1270) hat der Gerichtshof die Art. 223 bis 225 als Beispiele für klare Bestimmungen angeführt, durch die der Vertrag den Staaten das Recht zu einseitigem Vorgehen zugestehen will.

Störung der öffentlichen Ordnung sowie den Kriegsfall oder eine ernste, eine Kriegsgefahr darstellende internationale Spannung.

Die internationalen Verpflichtungen, welche einseitige Maßnahmen rechtfertigen, müssen der Aufrechterhaltung des Friedens oder der internationalen Sicherheit dienen.

In diesen Fällen setzen sich die Mitgliedstaaten miteinander ins Benehmen, um durch gemeinsames Vorgehen zu verhindern, daß das Funktionieren des Gemeinsamen Marktes beeinträchtigt wird.

7 Der erste Absatz des Art. 225 betrifft den Fall, daß Maßnahmen nach Art. 223 oder 224 die Wettbewerbsbedingungen auf dem Gemeinsamen Markt verfälschen.

In diesem Falle prüft die Kommission gemeinsam mit dem beteiligten Staat, wie die getroffenen Maßnahmen den Vertragsvorschriften angepaßt werden können.

Der zweite Absatz des Artikels betrifft den Fall, daß nach Ansicht der Kommission oder eines anderen Mitgliedstaates der Mitgliedstaat, welcher Maßnahmen unter Berufung auf die Art. 223 oder 224 ergriffen hat, die in diesen Artikeln vorgesehenen Befugnisse mißbraucht hat.

In diesem Falle kann – abweichend vom normalen Vertragsverletzungsverfahren – der Gerichtshof unmittelbar angerufen werden. Für das Gerichtsverfahren ist der Ausschluß der Öffentlichkeit zwingend vorgeschrieben.

Artikel 223 [Wahrung der Sicherheitsinteressen]

(1) Die Vorschriften dieses Vertrages stehen folgenden Bestimmungen nicht entgegen:

a) ein Mitgliedstaat ist nicht verpflichtet, Auskünfte zu erteilen, deren Preisgabe seines Erachtens seinen wesentlichen Sicherheitsinteressen widerspricht;

b) jeder Mitgliedstaat kann die Maßnahmen ergreifen, die seines Erachtens für die Wahrung seiner wesentlichen Sicherheitsinteressen erforderlich sind, soweit sie die Erzeugung von Waffen, Munition und Kriegsmaterial oder den Handel damit betreffen; diese Maßnahmen dürfen auf dem Gemeinsamen Markt die Wettbewerbsbedingungen hinsichtlich der nicht eigens für militärische Zwecke bestimmten Waren nicht beeinträchtigen.

(2) Während des ersten Jahres nach Inkrafttreten dieses Vertrages legt der Rat einstimmig die Liste der Waren fest, auf welche Absatz 1 Buchstabe b) Anwendung findet.

(3) Der Rat kann diese Liste einstimmig auf Vorschlag der Kommission ändern.

Inhaltsübersicht

1 Die Vorschrift begrenzt die Tragweite der Vertragsbestimmungen; man mag sie als »Souveränitätsreserve« bezeichnen.[1] Ähnliche Bestimmungen finden sich in einigen internationalen Abkommen.[2] Im Unterschied zu diesen kommt aber die Integrationsdichte der EWG bei der Festlegung der Grenzen und Verfahren für die Ausübung der mitgliedstaatlichen Befugnisse und ihre Überprüfung zum Ausdruck. Die Befugnisse stehen daher nicht außerhalb des Vertrages und entbinden nicht von dem Grundsatz, daß alle Vertragsbestimmungen einzuhalten sind; sie ermöglichen Ausnahmen nur in dem Umfang, der notwendig ist, um die vorbehaltenen Aufgaben wahrnehmen zu können.

2 Die Notwendigkeit, die Rüstungsindustrie innerhalb Europas zu rationalisieren und die militärische Ausrüstung zu standardisieren, hat Ende 1974 vor der Versammlung der Westeuropäischen Union zu dem Vorschlag geführt, Art. 223 im Sinne einer »Europäisierung« zu revidieren.[3]

Rat und Kommission haben auf eine parlamentarische Anfrage geantwortet, daß ihnen Fälle einer Beeinträchtigung der Wettbewerbsbedingungen infolge der Anwendung des Art. 223 nicht bekannt seien; die Kommission habe »zur Zeit« nicht die Absicht, die Initiative einer Vertragsrevision (Art. 236) zu ergreifen.

3 Das Europäische Parlament hat die Frage einer Zusammenarbeit auf dem Gebiet der Rüstung – auch im Hinblick auf die Berichte zur Europäischen Union[4] und auf Vorschläge im Rahmen einer gemeinsamen Industriepolitik, besonders der Luftfahrtindustrie –

1 So *Müller-Heidelberg,* Schutzklauseln im Europäischen Gemeinschaftsrecht, Hamburg 1970, S. 37. Nicht einzusehen ist dann allerdings, warum Art. 224, der weitergehende Befugnisse begründen kann, nur eine Schutzklausel sein soll (so *ders.* S. 42, 315 f.).

2 Vgl. dazu *Gori, Paolo,* Les clauses de sauvegarde des Traités CECA et CEE, Heule 1967, S. 77 und 83 ff.

3 Vgl. die Schriftlichen Anfragen Nr. 811/74 an den Rat, 812/74 an die Kommission von Herrn *Glinne,* ABl. 1975 Nr. C 126 S. 11; 1975 Nr. C 122 S. 31.

4 Dazu vgl. Rn. 3 zu Art. 223.

weiterverfolgt. Der Bericht des Abgeordneten Klepsch[5] nimmt ausführlich zu diesen Fragen Stellung; er hat zu einer Entschließung des Europäischen Parlaments[6] geführt. Darin wird die Kommission aufgefordert, ein europäisches Aktionsprogramm für die Entwicklung und Herstellung konventioneller Rüstungsgüter vorzulegen; Bericht und Entschließung sollen nicht nur den Organen der Gemeinschaft, sondern auch den im Rahmen der politischen Zusammenarbeit tagenden Außenministern sowie den Regierungen und Parlamenten der Mitgliedstaaten übermittelt werden. Der Bericht schlägt statt einer formellen Revision des Art. 223 ein »gentlemen's agreement« vor. Die Kommission hat einen unabhängigen Sachverständigen beauftragt, Empfehlungen über eine engere Zusammenarbeit auf dem Gebiet der Rüstungsbeschaffung auszuarbeiten; sein Bericht ist im Dezember 1980 dem Europäischen Parlament übermittel worden.[7]

4 In seinem Bericht über die Europäische Union[8] vertritt Herr Tindemans die Auffassung, daß eine solche Union ohne Einbeziehung einer gemeinsamen Verteidigungspolitik unvollständig wäre. Ähnlich haben sich das Europäische Parlament[9] und die Kommission[10] geäußert.

5 Alle diese Bestrebungen spiegeln die große unmittelbare und mittelbare wirtschaftliche Bedeutung der Rüstungsindustrie wider, die ein so enger wirtschaftlicher Zusammenschluß wie die EWG nicht einfach ignorieren oder ausklammern kann.[11] Daß sie bisher im institutionellen Rahmen der EWG nicht zu wesentlichen Erfolgen geführt haben, beruht auf politischen Gründen.

Für die Auslegung des Art. 223 ist daraus der Schluß zu ziehen, daß eine *enge Auslegung* geboten ist in dem Sinne, daß sowohl an die Notwendigkeit einer Abweichung von Vertragsbestimmungen wie an die Grenze, daß die Wettbewerbsbedingungen für ambivalente Güter auf dem Gemeinsamen Markt nicht beeinträchtigt werden dürfen, *strenge Anforderungen* zu stellen sind.[12]

6 Zu der Bestimmung der Nr. 1 a sind Anwendungsfälle nicht bekannt geworden.

Sie gilt nach ihrem Wortlaut allgemein für alle Fälle, in denen die Mitgliedstaaten zu

5 Dok/83/78 vom 8.5.1978, Bericht im Namen des Politischen Ausschusses über die europäische Zusammenarbeit bei der Rüstungsbeschaffung.
6 ABl. 1978 Nr. C 163 S. 23.
7 Vgl. Schriftliche Anfrage Nr. 967/81, ABl. 1982 Nr. C 38 S. 3.
8 BullEG, Beilage 1/76; vgl. bes. S. 18/19 Nr. 3 »Die Sicherheit«.
9 BullEG, Beilage 9/75; vgl. S. 11.
10 BullEG, Beilage 5/75; vgl. S. 27 f. »Die Verteidigung«. – Vgl. auch *L.-J. Constantinesco,* Die Institutionen der Gemeinschaft an der Schwelle der 80er Jahre, in EuR: 1981, S. 209 ff. (230).
11 Der Klepsch-Bericht – s. Fn. 5 – zitiert u.a. folgende Prozentsätze der Rüstungsproduktion an der Gesamtproduktion: Flugzeuge 46 bis 80 %; Schiffbau Großbritannien 34 %; Elektronik Frankreich 45 %.
12 So für Art. 224 das Urteil Salgoil (EuGH – 13/68 – Slg. 1968, 679, 694).

Auskünften verpflichtet sind, und dürfte auch auf die Duldung von Nachprüfungen zu erstrecken sein.[13]

In einem eventuellen Verfahren vor dem Gerichtshof gemäß Art. 225 Abs. 2 ist der Ausschluß der Öffentlichkeit vorgeschrieben. Daher wird in diesem Falle die Berufung auf Art. 223 Abs. 1 a) so weit zurückzutreten haben, als es erforderlich ist, um dem Gerichtshof die Erfüllung seiner Aufgaben zu ermöglichen.[14]

7 Die Maßnahmen, die der Mitgliedstaat unter Berufung auf Art. 223 ergreift, müssen »für die Wahrung seiner *wesentlichen Sicherheitsinteressen*« erforderlich sein.

Zur Auslegung des Begriffs der »wesentlichen Sicherheitsinteressen« kann wegen des Zusammenhangs mit Art. 224[15] diese Vorschrift herangezogen werden. Daraus ergibt sich vor allem, daß neben der äußeren auch die innere Sicherheit mitumfaßt ist, die in den Worten des Art. 224 »bei einer schwerwiegenden innerstaatlichen Störung der öffentlichen Ordnung« verletzt wäre. Dabei handelt es sich jedoch um einen wesentlich engeren Begriff als den der »öffentlichen Ordnung und Sicherheit« in Art. 36, wie das weitere Erfordernis – daß die Maßnahmen die Erzeugung und den Handel mit Waffen und Kriegsmaterial betreffen müssen – zeigt. Zu denken ist daher an strafbare Tatbestände, die öffentlich gegen die verfassungsmäßige Ordnung verstoßen *und* zu deren Bekämpfung vorsorglich Maßnahmen der genannten Art getroffen werden müssen. Dagegen genügt nicht die Notwendigkeit zur Erfüllung der normalen Tätigkeit der Polizei, der Steuer- und Zollfahndung usw.

8 Ohne daß alle denkbaren Fälle erfaßt werden könnten, dürften z.B. – stets bei Vorliegen aller übrigen Voraussetzungen – dem Inhalt nach *Ausfuhrbeschränkungen* gegenüber bestimmten dritten Ländern in Betracht[16] kommen. In diesen Fällen haben Gesichtspunkte der Handelspolitik zurückzutreten zugunsten sicherheitspolitischer Interessen.

Dagegen kann die einseitige Gewährung von *Zollfreiheit* bei der Einfuhr aus Drittländern *nicht* unter Berufung auf Art. 223 gerechtfertigt werden, weil die Erhebung des im Gemeinsamen Zolltarif vorgeschriebenen Zolls nicht die wesentlichen Sicherheitsinteressen eines Staates beeinträchtigen kann.[17] Seit die Zölle als Eigeneinnahmen an die Gemeinschaft abzuführen sind, haben einige Mitgliedstaaten bei der Einfuhr von Rüstungsgütern keine Zölle mehr erhoben. Die Kommission hat den Mitgliedstaaten wiederholt ihre Auffassung bekanntgegeben; einige Mitgliedstaaten haben Gegenvorstel-

13 Vgl. *Daig* in der vorigen Auflage, Anm. 2 und 3 zu Art. 223.

14 Vgl. dazu *Gori* (Fn. 2) S. 309 bis 313 und unten Rn. 3 zu Art. 225.

15 Vgl. Rn. 1 zu Art. 224.

16 Embargo gegenüber den Ostblockstaaten und China, vgl. Schriftliche Anfrage Nr. 257/74, ABl. 1974 Nr. C 134 S. 7; dabei ist allerdings offengeblieben, ob es sich um die Anwendung des Art. 223 oder des Art. 224 handelt.

17 Vgl. Schriftliche Anfrage Nr. 646/77, ABl. 1978 Nr. C 164 S. 7; Nr. 335/79, ABl. 1980 Nr. C 126 S. 2; Nr. 277/80, ABl. 1980 Nr. C 198 S. 39.

lungen erhoben. Es wird daher eine Klärung dieser Fragen erfolgen müssen, um zu einer einheitlichen Regelung für die gesamte Gemeinschaft zu kommen. Dabei werden auch die Gesichtspunkte der gemeinsamen Industriepolitik und der politischen Zusammenarbeit eine wesentliche Rolle spielen.[18]

Vor allem kommen dem Inhalt nach *Ausnahmen von den Wettbewerbsvorschriften* in Betracht, wie schon die Grenze für die Wettbewerbsbedingungen »ambivalenter« Güter zeigt. So könnte die Errichtung oder Beibehaltung eines Monopols oder eines Unternehmens in marktbeherrschender Stellung gerechtfertigt sein;[19] ebenso die Gewährung von Beihilfen über das nach allgemeinen Vorschriften zulässige Maß hinaus. Nicht ausreichend ist jedenfalls ein nur mittelbarer Zusammenhang mit der Landesverteidigung.[20]

9 Die Maßnahmen müssen für die Wahrung wesentlicher Sicherheitsinteressen *erforderlich* sein. Diese Beurteilung liegt zwar zunächst im Ermessen des betreffenden Mitgliedstaates (»seines Erachtens«); da sie jedoch nach Art. 225 Abs. 2 einer gerichtlichen Nachprüfung auf Mißbrauch – und daher auch einer Beurteilung der Kommission und der übrigen Mitgliedstaaten als potentieller Kläger – unterliegt, muß der Staat, der sich auf die Vorschrift beruft, neben den übrigen Voraussetzungen auch die Erforderlichkeit darlegen.

10 Die Wettbewerbsbedingungen hinsichtlich der nicht eigens für militärische Zwecke bestimmten Waren dürfen auf den Gemeinsamen Markt nicht beeinträchtigt werden.

Die Auslegungsschwierigkeiten, welche diese Bedingung mit sich bringen kann, werden einmal dadurch gemindert, daß eine Liste der Waren besteht, auf welche Art. 223 Abs. 1 Buchst. b) Anwendung findet;[21] dazu gehören *nicht alle* zum militärischen Gebrauch bestimmten Gegenstände,[22] sondern nur »Waffen, Munition und Kriegsmaterial«. Zum andern obliegt die Beurteilung dieser Wettbewerbsbedingungen der Kommission, die ggf. nach Art. 225 Abs. 1 vorzugehen hat.[23]

18 Vgl. Rn. 2 zu Art. 223. – Für eine Reihe von Rüstungsgütern sieht der GZT geringe oder 0-Sätze vor, die Zollsätze für gepanzerte Fahrzeuge waren Gegenstand der Verhandlungen in der sog. Tokio-Runde.

19 Vgl. Schriftliche Anfrage Nr. 593/76, ABl. 1976 Nr. C 305 S. 29.

20 EuGH – Südmilch, 15/69 – Slg. 1969, 369; vgl. dazu die Schlußanträge des Generalanwalts S. 374 f. (Schutz des Arbeitsplatzes bei Einberufung zum Wehrdienst).

21 Dazu Rn. 11 zu Art. 223.

22 Also nicht die Bekleidung; nicht alle »Fahrzeuge« der Streitkräfte (a.A. *Daig* in der Vorauflage, Nr. 7).

23 Vgl. Rn. 2 bis 4 zu Art. 225.

11 Der Rat hat durch Entscheidung vom 15.4.1958 die Liste der Waren festgelegt, auf welche Abs. 1 Buchst. b) Anwendung findet.

Die Liste ist nicht veröffentlicht, sie ist bisher nicht geändert worden.[24]

Artikel 224 [Maßnahmen im Kriegsfall und in ähnlichen Situationen]

Die Mitgliedstaaten setzen sich miteinander ins Benehmen, um durch gemeinsames Vorgehen zu verhindern, daß das Funktionieren des Gemeinsamen Marktes durch Maßnahmen beeinträchtigt wird, die ein Mitgliedstaat bei einer schwerwiegenden innerstaatlichen Störung der öffentlichen Ordnung, im Kriegsfall, bei einer ernsten, eine Kriegsgefahr darstellenden internationalen Spannung oder in Erfüllung der Verpflichtungen trifft, die er im Hinblick auf die Aufrechterhaltung des Friedens und der internationalen Sicherheit übernommen hat.

Inhaltsübersicht

1 Die Bestimmung betrifft drei Tatbestände, welche einen Mitgliedstaat zu einseitigen Maßnahmen veranlassen können.

a) Die *innere* Sicherheit ist bei einer schwerwiegenden innerstaatlichen Störung der öffentlichen Ordnung gefährdet. Sie ist vor allem bei strafbaren Handlungen gegeben, die öffentlich und in einem bedeutenden Umfang gegen die verfassungsmäßige Ordnung verstoßen;[1] das unmittelbare Bevorstehen derartiger Handlungen reicht aus.

b) Die *äußere* Sicherheit ist im Kriegsfall und bei einer ernsten internationalen Spannung gefährdet, die eine Kriegsgefahr darstellt.

c) Die *internationale* Sicherheit schließlich ist Gegenstand von Abkommen mit anderen Staaten, in deren Erfüllung ein Mitgliedstaat zu bestimmten Maßnahmen verpflichtet sein kann. Zu denken ist vor allem an die Satzung der Vereinten Nationen, die NATO und die Westeuropäische Union.

24 Schriftliche Anfrage Nr. 336/79, ABl. 1979 Nr. C 310 S. 5. – Zu der Ansicht des Fragestellers, die Listenwaren unterlägen nicht den Gemeinschaftszollbestimmungen, hat der Rat keine Stellung genommen; vgl. dazu Rn. 8 zu Art. 223.19Vgl. Schriftliche Anfrage Nr. 593/76, ABl. 1976 Nr. C 305 S. 29.

1 Vgl. Rn. 7 zu Art. 223.

2 Der dritte Tatbestand ist im Falle Rhodesien[2] und infolge der Geiselnahme im Iran[3] aktuell geworden. Beiden Fällen lagen Entschließungen bzw. mehrheitliche Empfehlungen des Sicherheitsrates der Vereinten Nationen zugrunde.

Der tatsächliche Ablauf im Falle Rhodesien ist von Kuyper[4] ausführlich und kritisch untersucht worden; er fordert eine stärkere Rolle der Gemeinschaft, da alle Mitgliedstaaten an die Entschließungen gebunden und handelspolitische Kompetenzen der Gemeinschaft berührt gewesen seien.

3 Die zu 1 a) und c) genannten Tatbestände können sich teilweise mit Fällen überschneiden, die in anderen Vertragsbestimmungen geregelt sind.

a) Der Schutz der öffentlichen Ordnung erlaubt Maßnahmen, die von den Regeln des freien Warenverkehrs, der Freizügigkeit und des freien Dienstleistungsverkehrs abweichen (vgl. die Art. 36, 48, 56 und 66 EWGV). Soweit diese Regeln ausreichen, braucht nicht auf Art. 224 zurückgegriffen zu werden, der eine konkrete – bereits eingetretene oder unmittelbar bevorstehende – schwerwiegende innerstaatliche Störung der öffentlichen Ordnung gleich welcher Ursache voraussetzt.

b) In bestimmten Fällen könnten die Art. 113 oder 43 es der Gemeinschaft erlauben, die vorgesehenen Maßnahmen zu ergreifen. Ihre Anwendung setzt jedoch voraus, daß die Gemeinschaft als solche zum Handeln aufgerufen ist. Man wird in jedem Falle – von der notwendigen Koordinierung abgesehen – fordern müssen, daß die Gemeinschaft (in einer Art umgekehrter »Gemeinschaftstreue«) es den Mitgliedstaaten nicht erschwert, die notwendigen Maßnahmen zu ergreifen, z.B. indem sie konträres Gemeinschaftsrecht setzt.

c) Der zu Nr. 1 c) genannte Tatbestand kann mit Art. 234 EWGV kollidieren. Hier ist Art. 224 die speziellere Norm, da er einersetis nur bestimmte, jedoch auch dem Vertrag zeitlich folgende Abkommen betrifft, andererseits aber Abweichungen von den Vertragsregeln erlaubt, so daß Art. 234 Abs. 2 nicht eingreift.

d) Auch zu Art. 223 besteht ein Verhältnis der Spezialität: jener Artikel betrifft nur die Erzeugung und den Handel mit Kriegsmaterial und zieht Grenzen hinsichtlich der Wettbewerbsbedingungen, während die konkreten, in Art. 224 genannten Situationen alle notwendigen Maßnahmen zulassen.

4 »Die Mitgliedstaaten setzen sich miteinander ins Benehmen, um durch gemeinsames Vorgehen zu verhindern, daß das Funktionieren des Gemeinsamen Marktes« durch die Maßnahmen beeinträchtigt wird, die ein Mitgliedstaat trifft (genauer z.B. der französi-

2 Schriftliche Anfragen Nr. 526/75 an den Rat und Nr. 527/75 an die Kommission, ABl. 1976 Nr. C 89 S. 6 ff.

3 BullEG Nr. 5/1980, S. 28–31; 14. Gesamtbericht (1980) Nr. 10 S. 23.

4 *P.J. Kuyper*, Sanctions against Rhodesia, in: CMLR 1975, S. 231–244; *ders.*, The Implementation of International Sanctions, Alphen aan de Rijn 1978; bes. S. 187–198.

sche und englische Text: »peut être appelé à prendre«; »may be called upon to take«).

Um die vorgesehene gegenseitige Konsultation vornehmen zu können, ist der Mitgliedstaat, welcher Maßnahmen treffen will, zur Unterrichtung der übrigen Mitgliedstaaten verpflichtet. Die Stellungnahmen der anderen Mitgliedstaaten können zur Abänderung der vorgesehenen Maßnahmen führen. An den Konsultationen nimmt zweckmäßigerweise die Kommission teil, die daher ebenfalls zu unterrichten ist; diese Notwendigkeit folgt auch aus Art. 5 i.V.m. Art. 225, da die Kommission ohne Unterrichtung ihre Aufgaben nicht wahrnehmen könnte. Schließlich ist die Kommission berufen, Vorschläge für ein gemeinsames Vorgehen zu machen (vgl. ähnliche Wendungen in Art. 116 EWGV) und über das Funktionieren des Gemeinsamen Marktes zu wachen.

Da die Konsultationen zu einem gemeinsamen Vorgehen führen sollen, das Beeinträchtigungen des Gemeinsamen Marktes verhindert, müssen sie dem Wirksamwerden der Maßnahmen vorausgehen. Abzulehnen ist daher die Ansicht, Konsultationen seien erst nachträglich dann erforderlich, wenn das Funktionieren des Gemeinsamen Marktes tatsächlich beeinträchtigt wird.[5]

Das gemeinsame Vorgehen kann darin bestehen, daß die übrigen Mitgliedstaaten sich der Maßnahme anschließen oder andere Maßnahmen mit dem Ziel treffen, den Gemeinsamen Markt zwischen den Mitgliedstaaten aufrechtzuerhalten, ohne die Wirksamkeit der von einem Mitgliedstaat getroffenen Maßnahme zu beeinträchtigen. Das gemeinsame Vorgehen kann auch dadurch herbeigeführt werden, daß die Kommission – oder auf ihren Vorschlag der Rat – entsprechende Maßnahmen anordnen.[6]

Artikel 225 [Maßnahmen gegen Wettbewerbsverfälschungen und Mißbrauch in Fällen der Artikel 223, 224]

Werden auf dem Gemeinsamen Markt die Wettbewerbsbedingungen durch Maßnahmen aufgrund der Artikel 223 und 224 verfälscht, so prüft die Kommission gemeinsam mit dem beteiligten Staat, wie diese Maßnahmen den Vorschriften dieses Vertrags angepaßt werden können.

In Abweichung von dem in den Artikeln 169 und 170 vorgesehenen Verfahren kann die

5 Ebenso *P.J. Kuyper*, a.a.O. (Fn. 4) in: CMLR 1975, S. 236, 243; Implementation S. 195 f.; anders anscheinend die Antwort der Kommission auf die Schriftliche Anfrage Nr. 527/75, a.a.O. (Fn. 2), letzter Abs.

6 Im Falle des zunächst von Großbritannien auf der Grundlage des Art. 224 verhängten Einfuhrembargos gegen Argentinien hat der Rat gemäß Art. 113 eine Gemeinschaftsregelung erlassen; vgl. die Verordnung (EWG) Nr. 877/82 und im EGKS-Bereich den Beschluß der im Rat vereinigten Vertreter der Regierungen der Mitgliedstaaten, ABl. Nr. L 102 S. 1.

Kommission oder ein Mitgliedstaat den Gerichtshof unmittelbar anrufen, wenn die Kommission oder der Staat der Auffassung ist, daß ein anderer Mitgliedstaat die in den Artikeln 223 und 224 vorgesehenen Befugnisse mißbraucht. Der Gerichtshof entscheidet unter Ausschluß der Öffentlichkeit.

Inhaltsübersicht

1 Die Bestimmung regelt das Verfahren zur Einhaltung der Grenzen, welche das Gemeinschaftsrecht dem einseitigen Vorgehen der Mitgliedstaaten setzt.

Dabei wird unterschieden zwischen den Auswirkungen, welche die Maßnahmen der Mitgliedstaaten auf die Wettbewerbsbedingungen im Gemeinsamen Markt haben können, und dem Mißbrauch der Befugnis zu einseitigen Maßnahmen, welche der Vertrag den Mitgliedstaaten einräumt.

2 Was die Wettbewerbsbedingungen angeht, so verbietet Art. 223 deren Beeinträchtigung für ambivalente und nicht militärische Waren;[1] Art. 224 schreibt ein gemeinsames Vorgehen aller Mitgliedstaaten vor, um Beeinträchtigungen im Funktionieren des Gemeinsamen Marktes zu verhindern;[2] dazu gehört neben der Zollunion und den vier Freiheiten die Aufrechterhaltung normaler Wettbewerbsbedingungen.

Aus Art. 225 Abs. 1 wird man schließen müssen, daß die Verfälschung der Wettbewerbsbedingungen nicht unmittelbar eine Vertragsverletzung darstellt, sondern zunächst eine Konsultationspflicht auslöst. Die Konsultation findet zwischen Kommission und betreffendem Staat statt; es dürfte aber nichts im Wege stehen, die übrigen Mitgliedstaaten hinzuzuziehen. Im Falle des Art. 224 wird es zweckmäßig sein, die dort vorgesehene Konsultation der Mitgliedstaaten mit der Konsultation des Art. 225 zu verbinden.[2]

3 Ziel der Konsultation ist eine Empfehlung, die Maßnahme »den Vorschriften« des Vertrages anzupassen. Dabei handelt es sich um das Bemühen, den integrierten und den

1 Vgl. Rn. 10 zu Art. 223.
2 Vgl. Rn. 4 zu Art. 224.

außerhalb der Integration stehenden Bereich so weit wie möglich in Einklang zu bringen und einen Interessenausgleich herbeizuführen.[3]

Dabei wird zu berücksichtigen sein, daß Maßnahmen nach Art. 223 die Wettbewerbsbedingungen für nicht eigens für militärische Zwecke hergestellte Waren nicht beeinträchtigen dürfen; eine doch eintretende Beeinträchtigung muß also durch die Anpassung ausgeschlossen werden, während bei militärischen Gütern eine Abwägung erfolgen kann. Entsprechend wird man für Art. 224 annehmen müssen, daß die Grundlagen des Gemeinsamen Marktes gewahrt bleiben müssen und nur begrenzte Abweichungen in dem unbedingt notwendigen Umfang erlaubt sind.

4 Nachdem die Kommission auf Grund der Konsultationen die Verpflichtungen des Mitgliedstaates, der einseitige Maßnahmen ergriffen hat, konkretisiert hat, bleibt nur das Vertragsverletzungsverfahren für den Fall, daß der Mitgliedstaat die gebotene Anpassung nicht vornimmt.

5 Für das Vertragsverletzungsverfahren räumt Abs. 2 der Kommission und den übrigen Mitgliedstaaten die Möglichkeit – nicht die Verpflichtung – ein, in Abweichung von den Art. 169 und 170 ohne Vorverfahren den Gerichtshof unmittelbar anzurufen. Die übrigen Vorschriften für das Vertragsverletzungsverfahren bleiben anwendbar; besonders also auch Art. 171 über die Wirkungen eines der Klage stattgebenden Urteils. Die Rechtfertigung für die unmittelbare Befassung des Gerichtshofes wird nicht nur in der besonderen Dringlichkeit, sondern auch in dem Umstand zu suchen sein, daß hinsichtlich der Auswirkungen auf die Wettbewerbsbedingungen bereits Konsultationen mit dem betreffenden Staat vorausgegangen sind, in denen er Gelegenheit zur Stellungnahme hatte; und daß es sich im übrigen weitgehend um eine Frage des politischen Ermessens handelt, in der dem Gerichtshof eine Art Schiedsrichterrolle zufällt.[4]

6 Dieses politische Ermessen (»seines Erachtens« in Art. 223 Abs. 1 b) erklärt auch die Wendung, die in den Art. 223 und 224 vorgesehenen Befugnisse würden »mißbraucht«. Der Mißbrauch bezieht sich demnach auf die Tatbestandselemente, die grundsätzlich in das Ermessen des handelnden Mitgliedstaates gestellt sind; vor allem die Beurteilung der wesentlichen Sicherheitsinteressen oder die Gefährdung der inneren oder äußeren Sicherheit eines Staates.

Das sind Bereiche, für die jeder Staat die politische Verantwortung trägt; daher kann die Gemeinschaft hier nur eine ermessensmißbräuchliche Beurteilung des Mitgliedstaates beanstanden.

3 Vgl. Vorbemerkung zu den Art. 223 bis 225 Rn. 4.

4 Vgl. Art. 37 EGKSV, nach dem der Gerichtshof ebenfalls ein Problem der Teilintegration, das zwischen Mitgliedstaaten und Kommission streitig ist, als »neutrale« Instanz zu entscheiden hat; dazu EuGH – Niederrheinische Bergwerks AG, 2 und 3/60 – Slg. 1961, 283 (309 f.).

Anders für diejenigen Tatbestandselemente, welche in der Beurteilungssphäre der Gemeinschaft liegen, wie vor allem die Auswirkungen auf die Wettbewerbsbedingungen und das Funktionieren des Gemeinsamen Marktes; hier steht das Beurteilungsermessen in erster Linie der Kommission zu.

Auch wenn man davon ausgeht, daß Art. 225 Abs. 2 alle Streitsachen über die Anwendung der Art. 223 und 224 betrifft, so kann doch die bloße Berufung auf diese Artikel nicht ausreichen, um eine aus ihrem Anwendungsbereich herausfallende Maßnahme ihren besonderen Verfahrensvorschriften zu unterwerfen. Ein »Mißbrauch« bezieht sich auf eine *generell* geeignete Maßnahme, die jedoch in der *konkreten Situation* den Gesetzeszweck verfehlt. Eine generell zur Wahrung wesentlicher Sicherheitsinteressen ungeeignete Maßnahme – z.B. die Nichterhebung von Zöllen des GZT bei Einfuhr aus Drittländern[5] – stellt daher keinen Mißbrauch einer an sich gegebenen Befugnis, sondern eine gewöhnliche Vertragsverletzung dar.

7 Der Ausschluß der Öffentlichkeit ist für das Gerichtsverfahren zwingend vorgeschrieben; er braucht nicht vom Gerichtshof im Einzelfalle angeordnet zu werden. Es handelt sich also um eine Ausnahme von Art. 28 der Satzung des Gerichtshofes. – Da die Urteile in öffentlicher Sitzung verlesen werden (Art. 34 der Satzung), wird der Gerichtshof bei ihrer Abfassung dem geheimhaltungsbedürftigen Charakter zugrundegelegter Tatsachen in geeigneter Weise Rechnung tragen.

Auf die Frage, ob Art. 223 Abs. 1 a (Auskunftsverweigerungsrecht) eine Ausnahme von Art. 21 der Satzung darstellt, ist *Gori*[6] ausführlich eingegangen. Obwohl Art. 223 das Auskunftsverweigerungsrecht nicht auf Auskünfte begrenzt, die gegenüber der Kommission oder anderen Mitgliedstaaten zu erteilen sind, wird man doch sagen dürfen, daß es gegenüber dem Gerichtshof – der ja u.a. gerade über seine Berechtigung im Einzelfalle entscheiden soll – nur beschränkt besteht.[7] Hinzu kommt, daß der Gerichtshof von dem Recht, Auskünfte zu verlangen, nur insoweit Gebrauch macht, als er es *»für die Regelung des Rechtsstreits«* für erforderlich erachtet. Gerade die geheimhaltungsbedürftigen Tatsachen werden aber in erster Linie von dem betreffenden Staat beurteilt, und es ist Sache der anderen Partei, Indizien für einen Ermessensmißbrauch darzulegen. Man sollte es daher bei der allgemeinen Regelung des Art. 21 belassen: der Gerichtshof kann alle von ihm für erforderlich gehaltenen Auskünfte verlangen; »im Falle einer Weigerung stellt der Gerichtshof diese ausdrücklich fest«.

5 Vgl. oben Rn. 8 zu Art. 223.

6 A.a.O. S.309–313; er formuliert sie allerdings anders: rechtfertigt Art. 225 (Ausschluß der Öffentlichkeit) eine Ausnahme von Art. 223 (Auskunftsverweigerungsrecht)?

7 Ebenso *Wohlfarth,* a.a.O., Art. 223 Anm. 1.

Artikel 226 [Schutzklausel für in Schwierigkeiten befindliche Wirtschaftszweige oder Gebiete]

(1) Während der Übergangszeit kann ein Mitgliedstaat bei Schwierigkeiten, welche einen Wirtschaftszweig erheblich und voraussichtlich anhaltend treffen oder welche die wirtschaftliche Lage eines bestimmten Gebietes beträchtlich verschlechtern können, die Genehmigung zur Anwendung von Schutzmaßnahmen beantragen, um die Lage wieder auszugleichen oder den betreffenden Wirtschaftszweig an die Wirtschaft des Gemeinsamen Marktes anzupassen.

(2) Auf Antrag des betreffenden Staates bestimmt die Kommission unverzüglich in einem Dringlichkeitsverfahren die ihres Erachtens erforderlichen Schutzmaßnahmen und legt gleichzeitig die Bedingungen und Einzelheiten ihrer Anwendung fest.

(3) Die nach Absatz 2 genehmigten Maßnahmen können von den Vorschriften dieses Vertrags abweichen, soweit und solange dies unbedingt erforderlich ist, um die in Absatz 1 genannten Ziele zu erreichen. Es sind mit Vorrang solche Maßnahmen zu wählen, die das Funktionieren des Gemeinsamen Marktes am wenigsten stören.

Literaturhinweise

Constantinesco, Leontin, Schutzmaßnahmen nach Art. 226 EWGV, in: NJW 1964, S. 331 ff.
Focsaneanu, Lazar, Les mesures de sauvegarde à propos de réfrigérateurs italiens, in: RMC 1963, S. 391 ff.
Gori, Paolo, Les clauses de sauvegarde des traités CECA et CEE, Heule (Belgien) 1967
Lejeune, Marc A., Un droit des temps de crise: les clauses de sauvegarde de la CEE, Bruxelles-Louvain 1975
Müller-Heidelberg, Till, Schutzklauseln im Europäischen Gemeinschaftsrecht (mit Ausnahme des Agrarrechts), Hamburg 1970, Schriftenreihe zur Europäischen Integration, Band 4
Oppermann, Thomas, Schutzklauseln in der Endphase des Gemeinsamen Marktes, in: EuR 1969, S. 231 ff.
Wägenbaur, Rolf, Schutzmaßnahmen auf dem Gebiet des Personen- und Dienstleistungsverkehrs, in: Schutzmaßnahmen im Gemeinsamen Markt, KSE, Band 28 (V. Wissenschaftliches Kolloquium am 1. und 2.4.1976 in Bad Ems)
Zuleeg, Manfred, Die Kompetenzen der Europäischen Gemeinschaften gegenüber den Mitgliedstaaten, in: Jahrbuch des öffentlichen Rechts, Bd. 20 n.F. (1971) S. 1 ff. (S. 35 ff.)

Inhaltsübersicht

I. Vorbemerkung

1 1. *Zweck* der Vorschrift ist, den Mitgliedstaaten während der Übergangszeit die Möglichkeit zu geben, Schutzmaßnahmen zu treffen, die von der Vertragsordnung abweichen können. Es handelt sich dabei um eine Generalklausel, die im Spannungsverhältnis zwischen der vom Vertrag vorgesehenen schrittweisen Verwirklichung des Gemeinsamen Marktes und der noch überwiegend bei den Mitgliedstaaten liegenden Verantwortung für das Wohl der Gesamtheit ihrer Bürger bei unvorhergesehenen Schwierigkeiten Abhilfe schaffen will. Der verschiedentlich geäußerten Ansicht, im Rahmen der Gemeinschaftsordnung hätten solche allgemeinen Schutzklauseln systemwidrigen Charakter oder würden verfälschende Rudimente darstellen, kann nicht gefolgt werden. Sie verschaffen im Gegenteil der Anwendung der Gemeinschaftsrechtsordnung die erforderliche Elastizität. Indem sie auch im Einzelfall ein vorübergehendes Abweichen von den Vertragsvorschriften gestatten, vermeiden sie von vornherein das Entstehen von Konfliktsituationen, durch die der Bestand des Gemeinsamen Marktes in sehr viel erheblicherem Maße in Gefahr geraten könnte. Da die aufgrund von Art. 226 EWGV getroffenen Maßnahmen die Anpassung des betroffenen Wirtschaftszweiges oder Gebietes an die Wirtschaft des Gemeinsamen Marktes dienen sollen, ferner nur vorübergehender Natur sein dürfen und außerdem unter der Bedingung auszuwählen sind, daß durch sie das Funktionieren des Gemeinsamen Marktes am wenigsten gestört wird, dürften solche Schutzklauseln letztlich für die Verwirklichung der Vertragsziele, insbesondere der harmonischen Entwicklung des Wirtschaftslebens innerhalb der Gemeinschaft (Art. 2 EWGV) sogar förderlich sein.[1]

2 2. Entsprechend dem Charakter der Vorschrift als Generalklausel, sind die Voraussetzungen für die Anwendung sehr weit gefaßt. Den Gemeinschaftsorganen soll dadurch ein gewisser Spielraum für die Entscheidung eingeräumt werden, ob und durch welche Maßnahmen eingegriffen werden soll.[2] Die in Art. 226 EWGV angeführten Kriterien (erhebliche und voraussichtlich anhaltende Schwierigkeiten für einen Wirtschaftszweig oder die wirtschaftliche Lage eines Gebietes), nach denen sie sich dabei richten sollen, wären zwar nach deutschem Recht als unbestimmte Rechtsbegriffe einzuordnen, wobei dem anwendenden Organ ein gewisser Beurteilungsspielraum, nicht aber die Ausübung eines Ermessens zustünde. Der EuGH folgt jedoch dieser strengen Unterscheidung zwischen Beurteilungs- und Ermessensspielraum bei der Anwendung derartiger wirtschaftlicher Kriterien nicht. Vielmehr gesteht er dem zuständigen Gemeinschaftsorgan von vornherein einen Bereich zu, der seiner gerichtlichen Nachprüfung entzogen ist.[3]

1 Vgl. auch EuGH – Baer-Getreide/Einfuhr- und Vorratsstelle Getreide, 72/72 – Slg. 1973, 377 ff. (388).
2 EuGH – Rewe-Zentrale/Hauptzollamt Emmerich, 37/70 – Slg. 1971, 23 ff. (36).
3 Vgl. z.B. EuGH – Fa. W. Beus GmbH und Co./Hauptzollamt München-Landsbergerstr., 5/67 – Slg. 1968, 127 ff., (145); in Zusammenhang mit Art. 226: EuGH – Italien/Kommission, 32/64 – Slg. 1965, 496 ff. (508); EuGH – a.a.O. (Fn. 2).

3 3. Die Bedeutung des Art.226 EWGV ist, da er nur für die Übergangszeit gilt, die am 31.12.1969 abgelaufen ist, erheblich gemindert. Allerdings ist diese Vorschrift Vorbild für Art. 135 der Beitrittsakte für Dänemark, Irland und Großbritannien[4] geworden. Danach kann jeder neue Mitgliedstaat unter denselben Bedingungen die Genehmigung zur Anwendung von Schutzmaßnahmen jedoch nur bis zum 31.12.1977 – dem Ende der Übergangsperiode gemäß Art. 9 Abs. 2 der Beitrittsakte – beantragen. Das gleiche Recht steht auch den ursprünglichen Mitgliedstaaten zu, allerdings mit der Einschränkung, daß insofern nur Maßnahmen gegenüber einem oder mehreren der neuen Mitgliedstaaten, nicht aber gegenüber einem ursprünglichen Mitgliedstaat zulässig sind. Durch die Schutzmaßnahmen kann ferner nicht nur von den Vorschriften des EWG-Vertrages, sondern auch der Beitrittsakte – soweit sie den Beitritt zur Europäischen Wirtschaftsgemeinschaft betreffen – abgewichen werden. Die Betrittsakte für Griechenland[5] enthält in Art. 130 ebenfalls eine dem Art. 226 EWGV nachgebildete Schutzklausel. Sie gilt bis zum 31.12.1985, für Erzeugnisse und Wirtschaftszweige, für die nach der Beitrittsakte abweichende Maßnahmen vorgesehen sind, bis zum 31.12.1987. Als Besonderheit wird in Art. 130 das Dringlichkeitsverfahren konkretisiert. Danach entscheidet die Kommission grundsätzlich innerhalb von fünf Arbeitstagen, bei erheblichen Störungen im Agrarbereich auf dem Markt eines Mitgliedstaates aufgrund des Warenverkehrs mit Griechenland auf dessen Antrag binnen 24 Stunden. Dabei sind den Interessen aller Beteiligten und insbesondere den Beförderungsproblemen Rechnung zu tragen.

Da von diesen Ausnahmen abgesehen dieselben Bedingungen für die Anwendbarkeit wie für den Art. 226 EWGV bestehen, gelten die nachstehenden Ausführungen auch für den Art. 135 der Beitrittsakte für Dänemark, Irland und Großbritannien sowie Art. 130 der Beitrittsakte für Griechenland.

II. Die Anwendungsvoraussetzungen

4 Folgende Bedingungen für die Anwendung des Art. 226 EWGV sind zu erfüllen:

Es müssen Schwierigkeiten vorhanden sein, welche einen Wirtschaftszweig erheblich und voraussichtlich anhaltend treffen oder welche die wirtschaftliche Lage eines bestimmten Gebietes beträchtlich verschlechtern können.

5 1. Über die Art der *Schwierigkeiten*, die vorliegen können, wird nicht Näheres gesagt. Es ist lediglich davon auszugehen, daß allgemein nur wirtschaftliche Schwierigkeiten in Betracht kommen. Eine gewisse Begrenzung ist jedoch dadurch gegeben, daß es sich um erhebliche und voraussichtlich anhaltende Schwierigkeiten handeln muß. Schwierigkeiten

4 ABl. 1972 Nr. L 73 S. 42. HER I A 12, S. 5.
5 ABl. 1979 Nr. L 291 S. 47; HER I A 12, S. 217.

geringfügiger Art scheiden daher ebenso aus wie solche, die vorübergehender Natur sind.

Dagegen kommt es nicht darauf an, welche Ursachen zu den Schwierigkeiten geführt haben mögen.[6] Es ist daher weder entscheidend, ob die Schwierigkeiten etwa durch den Abbau der Beschränkungen des Waren-, Dienstleistungs-, Kapital- und Personenverkehr zwischen den Mitgliedstaaten, also durch den infolge der Errichtung des Gemeinsamen Marktes eingetretenen verschärften Wettbewerb entstanden sind, noch ist maßgeblich, ob ihre Entstehungsgründe außerhalb der Zuständigkeit der Gemeinschaft liegen.[7]

Auch Schwierigkeiten, die konjunktureller Natur sind, können zur Anwendung des Art. 226 EWGV führen. Die Ansicht, sich stets wiederholender Abschwächungen der Konjunktur berechtigen nicht zu Schutzmaßnahmen, dürfte nur insoweit zutreffend sein, als dadurch gewöhnlich nicht »erhebliche und anhaltende« Schwierigkeiten entstehen. Wenn jedoch Konjunkturschwankungen zu schwerwiegenden Störungen führen, dürften die Voraussetzungen für die Anwendung von Schutzmaßnahmen erfüllt sein.

Ebenso können die Schwierigkeiten strukturell bedingt sein. Die Gegenmeinung, nach der solche Schwierigkeiten ausscheiden, weil die Schutzmaßnahmen nur vorübergehender Natur sein dürfen, macht einen unzulässigen Rückschluß von den Schutzmaßnahmen auf die Schwierigkeiten. Die Schutzmaßnahmen sollen zwar nicht zur Konservierung bestehender Strukturen eingesetzt werden. Sie sind vielmehr Anpassungshilfen, durch die der betroffene Wirtschaftszweig wieder dem Stand der Wirtschaft innerhalb des Gemeinsamen Marktes angenähert werden soll. Dieses Ziel dürfte, insbesondere wenn andere Faktoren mitwirken, aber auch in den Fällen erreichbar sein, in denen die Schwierigkeiten strukturbedingt und daher an sich von anhaltender Natur sind. Im übrigen ist mit den Schutzmaßnahmen keineswegs die Garantie verbunden, daß der mit ihnen bezweckte Erfolg auch tatsächlich eintritt. Vielmehr können sie auch ergriffen werden, wenn das Ziel nur erreichbar zu sein scheint. Es geht daher nicht an, sie nur deshalb bei strukturbedingten Schwierigkeiten auszuschließen, weil in diesem Fall das anzustrebende Ziel, nämlich die Anpassung an die Wirtschaft des Gemeinsamen Marktes mit der Überwindung größerer Hindernisse verbunden ist.

Eine Ursache, die zu Schwierigkeiten führen kann, ist allerdings ausgeschlossen. Schutzmaßnahmen können nicht ergriffen werden zur Abwehr von Schwierigkeiten, die auf Vertragsverletzungen anderer Mitgliedstaaten zurückzuführen sind. Ein Abweichen von den Vertragsvorschriften als Retorsionsmaßnahmen ist also nicht zulässig. Die betroffenen Mitgliedstaaten haben lediglich die Möglichkeit, die Kommission zum Einschreiten zu veranlassen oder bei deren Untätigkeit selbst den Gerichtshof anzurufen.

6 EuGH – NV – Internationale Crediet- en Handelsvereniging »Rotterdam«/Minister für Landwirtschaft und Fischerei in Den Haag, 73 und 74/63 – Slg. 1964, 5 ff. (28).
7 EuGH – a.a.O. (Fn. 1), S. 389 f.

Kommt es somit grundsätzlich auf die Ursache der Schwierigkeiten nicht an, bedeutet dies jedoch nicht, daß die einzelnen Gründe, die zu den Schwierigkeiten geführt haben, nicht anzugeben wären. Vielmehr ist allein für die Beurteilung, welche Schutzmaßnahmen unbedingt erforderlich sind, um den Schwierigkeiten zu begegnen, es unerläßlich, die genauen Ursachen zu kennen. Sie sind daher vom antragstellenden Mitgliedsstaat der Kommission mitzuteilen. Als Faktoren, die erhebliche Störungen anzeigen, wäre beispielsweise ein wesentlicher Rückgang der Produktion, die Gefährdung der Beschäftigung, des Absatzes oder der Rohstoffversorgung sowie ein Preisverfall zu erwähnen.

Damit Schutzmaßnahmen ergriffen werden können, braucht nicht abgewartet werden, bis die Schwierigkeiten in vollem Umfang eingetreten sind. Sie müssen aber mit Sicherheit zu erwarten sein. Die bloße Wahrscheinlichkeit ihres Eintritts genügt nicht.

6 2. Von den Schwierigkeiten betroffen sein muß ein *Wirtschaftszweig* oder die wirtschaftliche Lage eines bestimmten *Gebietes* innerhalb eines Mitgliedstaates.

Da somit vom Begriff des »Wirtschaftszweiges« auszugehen ist, können nach Art. 226 EWGV einerseits nicht Maßnahmen zum Schutz der gesamten Volkswirtschaft eines Mitgliedstaates ergriffen werden. Wohl aber sind selbst wenn die Volkswirtschaft insgesamt in Gefahr ist, Schutzmaßnahmen zugunsten einiger, etwa besonders exponierter Wirtschaftszweige zulässig. Ebenso sind andererseits Maßnahmen zum Schutze einzelner Unternehmen unstatthaft, weil ein Wirtschaftszweig in der Regel umfassender ist.

Innerhalb dieser Grenzen ist nach der Definition des Wirtschaftszweiges zu suchen. Der Europäische Gerichtshof versteht darunter die Produktion einer Ware, wenn diese Ware sich deutlich von verwandten Waren unterscheidet.[8] Aus dieser weitgefaßten Begriffsbestimmung ergibt sich, daß auch insoweit der Kommission bei der Prüfung der Anwendungsvoraussetzungen ein erheblicher Ermessensspielraum zusteht.

Der Begriff des »Gebietes« wird ebenfalls nicht näher umschrieben. In Betracht kommt ein Teil des Staatsgebietes eines Mitgliedstaates. In diesem Gebiet muß sich die wirtschaftliche Lage beträchtlich verschlechtert haben. Anzeichen dafür können ein Absinken des Pro-Kopf-Einkommens, Arbeitslosigkeit und andere Störungen sein.

III. Schutzmaßnahmen

7 Die in Betracht kommenden Schutzmaßnahmen haben den Zweck, die Lage wieder auszugleichen sowie die Anpassung an die Wirtschaft des Gemeinsamen Marktes herbeizuführen. Es sind außerdem mit Vorrang solche Maßnahmen zu wählen, die das Funktionieren des Gemeinsamen Marktes am wenigsten stören.

8 EuGH – Italien/Kommission, 13/63 – Slg. 1963, 357 ff. (381).

Eine darüber hinausgehende Festlegung der Einzelheiten der zu treffenden Schutzmaßnahmen ist nicht erfolgt. Insbesondere ist nicht eine Differenzierung in der Weise zutreffend, daß die mit Schwierigkeiten kämpfenden Wirtschaftszweige sich an die Wirtschaft des Gemeinsamen Marktes anzupassen hätten, während für die betroffenen Gebiete es ausreichend wäre, wenn für sie die Lage lediglich wieder ausgeglichen würde. An der betreffenden Stelle der Fassung des deutschen Vertragstextes wird zwar ein »oder« angeführt. Sie wird jedoch von der französischen, italienischen, niederländischen und nunmehr auch englischen Fassung widerlegt, die stattdessen ein »und« enthalten. Im übrigen wäre es widersinnig, ohne Grund bei den Wirtschaftszweigen einen anderen Maßstab anzulegen als bei den Gebieten. Vielmehr ist in beiden Fällen von derselben Zweckbestimmung auszugehen. Dementsprechend ist also zunächst das wirtschaftliche Gleichgewicht wiederherzustellen und anschließend die Anpassung an die Wirtschaft des Gemeinsamen Marktes vorzunehmen.

Die Schutzmaßnahmen dürfen allerdings auch nicht die durch diese Zweckbestimmung gesetzte Grenze überschreiten, indem sie etwa ein Wirtschaftszweig oder Gebiet besonders abschirmen. Dies würde außerdem zu einer stärkeren Beeinträchtigung des Funktionierens des Gemeinsamen Marktes führen als es unbedingt notwendig ist und auch deshalb unzulässig sein.

Innerhalb des durch die Zweckbestimmung abgesteckten Rahmens steht jedoch der Kommission ein weiter Ermessensspielraum zu, da sie über die ihres Erachtens erforderlichen Schutzmaßnahmen entscheidet. Insbesondere kann die Kommission zu Maßnahmen ermächtigen, durch die von den Vorschriften des Vertrages abgewichen wird, soweit und solange dies unbedingt erforderlich ist, um die Lage wieder auszugleichen und die Anpassung an die Wirtschaft des Gemeinsamen Marktes zu erreichen.

8 1. Der Art. 226 EWGV dürfte praktisch nur in Anspruch genommen werden, wenn sich die Notwendigkeit ergibt, von den Vertragsvorschriften oder den auf ihrer Grundlage erlassenen Rechtsakten abzuweichen, da andernfalls die Mitgliedstaaten ohnedies frei sind zu handeln. Als Beispiele kommen in Betracht, die Erhebung von Grenzausgleichsabgaben oder Zöllen, die Einführung von mengenmäßigen Beschränkungen sowie die Gewährung von Beihilfen.

Trotz des eindeutigen Wortlauts ist die Frage umstritten, ob von allen Vorschriften des Vertrages Abweichungen zulässig sind. Sicherlich ist davon auszugehen, daß nach Art. 226 EWGV auch von den Grundsätzen des Gemeinsamen Marktes abgewichen werden kann, also Eingriffe in den freien Waren-, Personen-, Dienstleistungs- und Kapitalverkehr zulässig sind. Fraglich ist, ob er auch gestattet, das Diskriminierungsverbot außer acht zu lassen. Der EuGH hat dazu festgestellt,[9] daß maßgeblich insoweit nicht die formelle, sondern die materielle Diskriminierung ist. Selbst eine unterschiedliche

9 EuGH – a.a.O. (Fn. 8), S. 384.

Behandlung der Mitgliedstaaten ist also nach Art. 226 EWGV zulässig, sofern nur nicht gleichgelagerte Sachverhalte ungleich oder verschieden gelagerte gleich behandelt werden.

Ferner wird verschiedentlich die Auffassung vertreten, wenn andere Vertragsvorschriften bestimmte Bereiche (beispielsweise den Beihilfesektor) oder die auf ihrer Grundlage erlassenen Bestimmungen (beispielsweise einzelne Agrarmarktordnungen) abschließend regeln, sei Art. 226 EWGV nicht anwendbar. Nach der Rechtsprechung des EuGH vermag jedoch der Umstand, daß eine Materie endgültig geregelt worden ist, die Anwendbarkeit einer allgemeinen Vertragsbestimmung wie der des Art. 226 EWGV nicht einzuschränken.[10]

9 2. Die Möglichkeit, von der Vertragsordnung abzuweichen, stellt eine gezielte, auf den Einzelfall abgestellte Aussetzung der Anwendung der Vertragsordnung dar. Sie hat Ausnahmecharakter und ist deshalb nur insoweit und solange zulässig, bis die Lage ausgeglichen und die Anpassung an den Gemeinsamen Markt erfolgt ist. Die entsprechenden Schutzmaßnahmen sind daher nur vorübergehend zulässig. Sie haben einen doppelten Zweck: Zunächst sollen sie vermeiden helfen, daß die Auswirkungen der Schwierigkeiten sich ständig vergrößern und dem betroffenen Wirtschaftszweig oder Gebiet eine Art Ruhepause gewähren. Sie sollen darüber hinaus Ansporn zur Überwindung der Schwierigkeiten sein. Sie sollen somit nicht nur einen passiven Schutzzweck erfüllen, sondern eine aktive Hilfe zur Lösung der bestehenden Probleme darstellen. Gerade der letztere Zweck verbietet es, längerfristige Schutzmaßnahmen zuzulassen. In der Regel folgt daraus außerdem die Notwendigkeit, die Schutzmaßnahmen von vornherein nicht nur befristet, sondern auch degressiv zu gestalten, ihren stufenweisen Abbau also mit einzuplanen.

IV. Das Verfahren

10 Das Verfahren sieht einen Antrag der Mitgliedstaaten vor, der an die Kommission zu richten ist. Die Kommission bestimmt in einem Dringlichkeitsverfahren unverzüglich die ihres Erachtens erforderlichen Schutzmaßnahmen und legt die Bedingungen und Einzelheiten ihrer Anwendung fest.

11 1. Der Antrag des betroffenen Mitgliedstaates muß, sofern er erfolgreich sein soll, eine Begründung enthalten. Insbesondere sind die Umstände anzugehen, aus denen sich die Schwierigkeiten ergeben, die zur Anwendung von Schutzmaßnahmen berechtigen. Der Antrag kann außerdem Vorschläge enthalten, welche konkrete Abwehrmaßnahme geeignet erscheint, die Schwierigkeiten zu überwinden.

Die Kommission ist bei Vorliegen der Voraussetzungen gemäß Art. 226 Abs. 2 EWGV

10 EuGH – a.a.O. (Fn. 2), S. 34 f. und EuGH – a.a.O. (Fn. 1), S. 386.

verpflichtet, die ihres Erachtens erforderlichen Schutzmaßnahmen zu bestimmen. Sie darf also die Ermächtigung zu Schutzmaßnahmen nicht verweigern. Bei der Auswahl der Maßnahmen hat sie dagegen einen weiten Ermessensspielraum. Sie müssen nach Art. 226 Abs. 3 EWGV lediglich zeitlich befristet, das unbedingt erforderliche Ausmaß einhalten und die geringst möglichste Störung des Gemeinsamen Marktes zur Folge haben. Die Kommission ist jedoch darüber hinaus weder an die von dem betroffenen Mitgliedstaat vorgetragenen Gründe noch an dessen Vorschläge für die konkreten Abwehrmaßnahmen gebunden.[11] Die Kommission kann auch nicht mit Hilfe des Europäischen Gerichtshofes zu einer bestimmten Ermächtigung angewiesen werden. Der Gerichtshof kann nicht die Kommission ersetzen und anstelle der Exekutive Entscheidungen nach Art. 226 EWGV erlassen.[12] Die Kommission ist jedoch gemäß Art. 191 EWGV verpflichtet, die von ihr zu erlassenden Entscheidungen mit einer Begründung zu versehen.

12 2. Die Kommission entscheidet in einem »Dringlichkeitsverfahren« unverzüglich über die betreffenden Schutzmaßnahmen. Die Art des Dringlichkeitsverfahrens ist nicht näher umschrieben. Gemeint dürfte ebenso wie mit dem Wort »unverzüglich« damit sein, daß die Kommission ihre Entscheidung ohne schuldhaftes Zögern zu treffen hat. Das Dringlichkeitsverfahren schließt ein einseitiges Vorgehen der Mitgliedstaaten aus. Wie der Gerichtshof[13] ausdrücklich festgestellt hat, können sich die Mitgliedstaaten weder auf die Dringlichkeit noch auf den Ernst der Lage berufen, um das Verfahren nach Art. 226 EWGV zu umgehen.

13 3. Die Kommission wird ihre Entscheidung inhaltlich nicht als eine Verpflichtung, sondern als eine Ermächtigung an den betroffenen Mitgliedstaat ausgestalten, die entsprechenden Schutzmaßnahmen zu ergreifen.[14] Sie selbst kann keine Abwehrmaßnahmen treffen, noch kann sie andere Mitgliedstaaten dazu verpflichten. Allerdings ist die Kommission berechtigt, eine Ermächtigung zu Schutzmaßnahmen nicht nur gegenüber dem betroffenen, sondern auch gegenüber anderen Mitgliedstaaten auszusprechen. Sie kann dabei die Ermächtigung mit der Auflage verbinden, daß beispielsweise der betroffene Mitgliedstaat die Erhebung einer Einfuhrabgabe unterläßt, wenn die anderen Mitgliedstaaten auf ihre Ausfuhren Ausgleichsabgaben erheben.[15]

14 4. Die Kommission wird ausschließlich den von ihr zu erlassenden Rechtsakt in der Form einer Entscheidung gemäß Art. 189 Abs. 4 EWGV treffen, obwohl Art. 226 Abs. 2 EWGV nur davon spricht, daß die Kommission die ihres Erachtens erforderlichen Schutzmaßnahmen bestimmt und nicht den Ausdruck »Entscheidung« gebraucht. Da insoweit aber nur Maßnahmen in Betracht kommen, die von den Mitgliedstaaten

11 EuGH – a.a.O. (Fn. 6), S. 27.
12 EuGH – Deutschland/Kommission, 60/69 R – Slg. 1969, 449 ff. (451).
13 EuGH – Kommission/Italien, 7/61 – Slg. 1961, 697 ff. (719) und EuGH – Kommission/Luxemburg, 2 und 3/62 – Slg. 1962, 871 ff. (879).
14 EuGH – a.a.O. (Fn. 1), S. 391.
15 EuGH – a.a.O. (Fn. 6), S. 27 f.

durchzuführen sind, ergibt sich aus der Materie bereits die Wahl Rechtsform der Entscheidung.

V. Schwierigkeiten nach Ablauf der Übergangszeit

15 Auch nach dem Ablauf der Übergangszeit können Schwierigkeiten auftreten, die Schutzmaßnahmen zugunsten der Mitgliedstaaten erforderlich machen. Der EWG-Vertrag geht zwar grundsätzlich gemäß Art. 8 Abs. 7 EWGV davon aus, daß mit dem Ende der Übergangszeit alle Maßnahmen inkraftgetreten oder durchgeführt sind, die zur Errichtung des Gemeinsamen Marktes gehören. Daher ist es erklärlich, wenn die Geltung der Schutzklausel des Art. 226 EWGV auf die Übergangszeit beschränkt ist.

Die Annahme, mit dem Ende der Übergangszeit sei der Gemeinsame Markt vollendet, ist jedoch eine Fiktion. Die Verwirklichung des Gemeinsamen Marktes ist nur ein Teilaspekt der Ziele des Vertrages. Art. 2 EWGV stellt die Aufgabe der Errichtung des Gemeinsamen Marktes ausdrücklich neben die Aufgabe der schrittweisen Annäherung der Wirtschaftspolitik der Mitgliedstaaten. Damit ist die Bildung einer umfassenden Wirtschaftsunion angesprochen, von der die Gemeinschaft jedoch noch weit entfernt ist. Solange es infolgedessen bei einer Aufteilung der Zuständigkeit zwischen der Gemeinschaft und den Mitgliedstaaten im Bereich der Wirtschaftspolitik verbleibt, muß damit gerechnet werden, daß die Gemeinschaft insgesamt oder in einem ihrer Mitgliedstaaten mit einer Lage konfrontiert wird, die sie zum Eingreifen zwingt, soll nicht der bisher erreichte Integrationsstand insgesamt gefährdet werden. Um einer solchen Situation zu begegnen, müßten auf Gemeinschaftsebene die erforderlichen Mechanismen und Verfahren vorhanden sein, da den Mitgliedstaaten weitgehend die Möglichkeit, von sich aus wirkungsvolle nationale Maßnahmen zu ergreifen, genommen ist.

16 Von *Zuleeg*[16] wird vorgeschlagen, anstelle der Kommission solle der Rat unter den Voraussetzungen des Art. 226 EWGV über die zu ergreifenden Schutzmaßnahmen entscheiden. Er meint, der Rat könne neben seiner Funktion als Organ in seiner »Eigenschaft als Regierungskonferenz« (der im Rat vereinigten Regierungsvertreter der Mitgliedstaaten) einstimmig Beschlüsse fassen, die über die Gemeinschaftsverträge hinausgehen, sofern durch sie die Mitgliedstaaten nicht zu einem Handeln verpflichtet, sondern nur ermächtigt werden. Es läge dann bei dem betroffenen Mitgliedstaat, ob er aufgrund eines solchen »uneigentlichen Ratsbeschlusses« tätig wird. Unter dieser Voraussetzung könnte der Rat durch einstimmigen Beschluß auch nach Ende der Übergangszeit Schutzmaßnahmen gestatten.

Diese Ansicht ist abzulehnen. Zunächst ist davon auszugehen, daß der Rat nur als Organ und ebenso wie die Kommission gemäß Art. 4 EWGV nur nach Maßgabe der ihm im

16 *Zuleeg*, a.a.O., S. 35 ff.

Vertrag zugewiesenen Befugnisse handeln kann. Daneben können außerhalb des EWG-Vertrages zwar die Mitgliedstaaten tätig werden und sei es in der Form des Zusammenschlusses als im Rat vereinigte Regierungsvertreter. Beide Möglichkeiten sind aber scharf voneinander zu trennen. Die im Rat vereinigten Regierungsvertreter können nicht die Funktion eines der Organe des EWG-Vertrages übernehmen. Insbesondere sind die Mitgliedstaaten nicht befugt, sich gegenseitig zu Maßnahmen zu ermächtigen, durch die von den Vorschriften des Vertrages abgewichen wird.

17 Der Vorschlag (von *Oppermann*[17] und *Gori*[18], mit Einschränkungen unterstützt von *Lejeune*[19], dagegen abgelehnt von *Wägenbaur*[20]), auf die Vorschrift des Art. 235 EWGV zurückzugreifen, hat demgegenüber den Vorzug, daß er innerhalb des Systems des Vertrages bleibt. Zwar mag es zunächst überraschend erscheinen, eine nach dem Vertrag ausdrücklich nicht mehr anwendbare Klausel durch eine auf Art. 235 EWGV gestützte Regelung ersetzen zu wollen. Insoweit ist aber zu überlegen, ob nicht auch die Verfasser des Vertrages bei Würdigung und Kenntnis der gegenwärtigen Umstände zu einer solchen Auslegung gelangen würden. Der Ausgangspunkt, daß die Beendigung der Übergangszeit und die Herstellung der Wirtschaftsunion sich zeitlich gleichschalten ließe, hat sich als unzutreffend erwiesen. Deshalb ist erforderlich, in dem auch weiterhin fortbestehenden Spannungsverhältnis zwischen den Befugnissen der Gemeinschaft und den nicht mehr ausreichenden Zuständigkeiten der Mitgliedstaaten Abhilfe zu schaffen durch die Möglichkeit, Schutzmaßnahmen zu ergreifen. In der Tat ist zu fragen, ob die in Art. 235 EWGV erwähnte Verwirklichung der Ziele der Gemeinschaft nicht auch bedeuten kann, daß Abwehrmaßnahmen zulässig sind, sofern andernfalls die harmonische Entwicklung des Wirtschaftslebens innerhalb der Gemeinschaft sowie eine beständige und ausgewogene Wirtschaftsausweitung (Art. 2 EWGV) gefährdet wäre. Allerdings dürfte diese Möglichkeit erst in Betracht kommen, wenn alle übrigen Ermächtigungen des Vertrages, insbesondere die zahlreichen sonstigen Schutzklausen, tatsächlich ausgenutzt worden sind. Ferner dürfen nur Maßnahmen in Einzelfällen, jedoch keine Regelung in Aussicht genommen werden, die generell den Art. 226 EWGV wieder aufleben läßt. Mit zunehmenden Integrationsfortschritten dürfte die Gemeinschaft im übrigen allmählich selbst die Fähigkeit erhalten, in den Mitgliedstaaten auftretende Schwierigkeiten mit eigenen Mitteln zu überwinden.

17 *Oppermann,* a.a.O., S. 237 f.
18 *Gori,* a.a.O., S. 260 ff.
19 *Lejeune,* a.a.O., S. 249 ff.
20 *Wägenbaur,* a.a.O., S. 7.

Artikel 227 [Räumlicher Geltungsbereich]

(1) Dieser Vertrag gilt für das Königreich Belgien, das Königreich Dänemark, die Bundesrepublik Deutschland, die Republik Griechenland, die Französische Republik, Irland, die Italienische Republik, das Großherzogtum Luxemburg, das Königreich der Niederlande und das Vereinigte Königreich Großbritannien und Nordirland.

(2) Für Algerien und die französischen überseeischen Departements gelten mit Inkrafttreten dieses Vertrags seine besonderen und allgemeinen Bestimmungen über

- **den freien Warenverkehr,**
- **die Landwirtschaft, mit Ausnahme des Artikels 40 Absatz 4,**
- **den freien Dienstleistungsverkehr,**
- **den Wettbewerbsregeln,**
- **die in den Artikeln 108, 109 und 226 vorgesehenen Schutzmaßnahmen,**
- **die Organe.**

Die Bedingungen für die Anwendung der anderen Bestimmungen dieses Vertrags werden binnen zwei Jahren nach seinem Inkrafttreten durch einstimmige Entscheidungen des Rates auf Vorschlag der Kommission beschlossen.

Die Organe der Gemeinschaft sorgen im Rahmen der in diesem Vertrag, insbesondere in Artikel 226, vorgesehenen Verfahren für die wirtschaftliche und soziale Entwicklung dieser Gebiete.

(3) Für die in Anhang IV zu diesem Vertrag aufgeführten überseeischen Länder und Hoheitsgebiete gilt das besondere Assoziierungssystem, das im Vierten Teil dieses Vertrags festgelegt ist.

Dieser Vertrag findet keine Anwendung auf die überseeischen Länder und Hoheitsgebiete, die besondere Beziehungen zum Vereinigten Königreich Großbritannien und Nordirland unterhalten und die in dem genannten Anhang nicht aufgeführt sind.

(4) Dieser Vertrag findet auf die europäischen Hoheitsgebiete Anwendung, deren auswärtige Beziehungen ein Mitgliedstaat wahrnimmt.

(5) Abweichend von den Absätzen 1 bis 4 gilt:

a) Dieser Vertrag findet auf die Färöer keine Anwendung. Die Regierung des Königreichs Dänemark kann jedoch durch eine Erklärung, die spätestens am 31. Dezember 1975 bei der Regierung der Italienischen Republik zu hinterlegen ist, notifizieren, daß dieser Vertrag auf die genannten Inseln Anwendung findet; die Regierung der Italienischen Republik übermittelt den Regierungen der anderen Mitgliedstaaten eine beglaubigte Abschrift. In diesem Fall findet der Vertrag vom ersten Tag des zweiten auf die Hinterlegung der Erklärung folgenden Monats an auf die genannten Inseln Anwendung.

b) Dieser Vertrag findet auf die Hoheitszonen des Vereinigten Königreichs Großbritannien und Nordirland auf Zypern keine Anwendung.

c) Dieser Vertrag findet auf die Kanalinseln und die Insel Man nur insoweit Anwendung, als dies erforderlich ist, um die Anwendung der Regelung sicherzustellen, die in dem am 22. Januar 1972 unterzeichneten Vertrag über den Beitritt neuer Mitgliedstaaten zur Europäischen Wirtschaftsgemeinschaft und zur Europäischen Atomgemeinschaft für diese Inseln vorgesehen ist.

Literaturhinweise

Andrassy, Juraj, Les progrès techniques et l'expansion du plateau continental, in: ZaöRV 1966, S. 698
von Arnim, Christof, Das Verhältnis der Europäischen Wirtschaftsgemeinschaft zur Deutschen Demokratischen Republik nach Abschluß des Grundvertrages, in: BB 1973, S. 500
Auburn, F.M., The North Sea Continental Shelf boundary settlement, in: ArchVR 1973, S. 28
Bernhardt, Rudolf, Verfall und Neubildung von Gewohnheitsvölkerrecht im Meeresvölkerrecht, in: Festschrift für Stödter, Hamburg 1979, S. 155
Booß, Dierk, Probleme der gemeinschaftlichen Fischereipolitik, in: *Krämer* (Hrsg.), Die wirtschaftliche Nutzung der Nordsee, Baden-Baden 1979, S. 35
Bueckling, Adrian, Staatsgrenzen auf dem Mond, in: JZ 1982, S. 178
Costopoulos, Examen de la loi italienne du 21.7.1967 relative à la recherche et l'exploitation des hydrocarbures sur la mer territoriale et le plateau continental dans la lumière du droit d'établissement, in: RMC 1969, S. 193
De Crayencour, Jean P., Le droit d'établissement et les professions du domaine de la santé-médecins, dentistes, pharmaciens – une première étape dans la voie d'Europe médicale et pharmaceutique, in: RMC 1969, S. 193
De Rosa, Rossella, Lo status internazionale di Berlino-ovest e i suoi reflessi nella Comunità economica europea in »La Comunita internazionale«, Padua 1981, S. 395
Döll, Bernhard, Elemente einer Ordnung des Meeresgrundes, in: Außenpolitik 1970, S. 616
Ehlermann, Claus Dieter, Handelspartner DDR in »Industrie- und Wirtschaftsbeziehungen«, Baden-Baden 1975, S. 205
Eitel, Tono, Völkerrecht und Meeresnutzung, in: JZ 1980, S. 41
Emery, K.O., Geological limits of the »Continental Shelf«, Ocean Development and International Law, New York 1981, S. 1
Errki, Bernhard, Der Europäische Festlandsockel, in: *Vitzthum, Graf von* (Hrsg.), Aspekte der Seerechtsordnung, München 1980, S. 33
Figge, Klaus, Ergänzende Bemerkungen über die mineralischen Rohstoffe in der Nordsee, in: *Krämer* (Hrsg.), Die wirtschaftliche Nutzung der Nordsee, Baden-Baden 1979, S. 67
Foighel, Isi, Home rule in Greenland, A framework for local autonomy, in: CMLR 1980, S. 91
Frowein, Jochen, Verfassungsrechtliche Probleme um den deutschen Festlandsockel, in: ZaöRV 1965, S. 1
Gründling, Lothar, Die exklusive Wirtschaftszone, in: ZaöRV 1978, S. 616
ders., Ölunfälle bei der Ausbeutung des Festlandsockels, in: ZaöRV 1977, S. 530
Hafner, Gerhard, Die Gruppe der Binnen- und geographisch benachteiligten Staaten auf der 3. Seerechtskonferenz, in: ZaöRV 1978, S. 568
Hallstein, Walter, Die Europäische Gemeinschaft, 5. Aufl., Düsseldorf 1979

Heidelmeyer, Wolfgang, Wirkungen der Verträge über die Europäischen Gemeinschaften in bezug auf Berlin, in: NJW 1968, S. 337
Hofman, Rainer, Zur Rechtsprechung des EuGH in Fischereifragen, in: ZaöRV 1981, S. 808
Ipsen, Hans Peter, EWG über See, zur seerechtlichen Ordnung des europäischen Gemeinschaftsrechts, in: Festschrift für Stödter, Hamburg 1979, S. 167
Jaenicke, Günther, Die Dritte Seerechtskonferenz der Vereinten Nationen, Grundprobleme im Überblick, in: ZaöRV 1978, S. 438
Jenisch, Uwe, Rechtsprobleme der Meeresnutzungen in der Nordsee und im EG-Meer, in: *Krämer* (Hrsg.), Die wirtschaftliche Nutzung der Nordsee, Baden-Baden 1979, S. 103
ders., Deutsche Seerechtsinteressen aus wirtschaftlicher Sicht, in: *Vitzthum, Graf von* (Hrsg.), Aspekte der Seerechtsordnung, München 1980
ders., The Law of the Sea Conference before its Tenth Session, in: Außenpolitik 1981, S. 15
ders., The UN Law of the Sea Conference before its 11th Session, Außenpolitik 1982, S. 59
Kewenig, Wilhelm A., Common heritage of mankind, politischer Slogan oder völkerrechtlicher Schlüsselbegriff?, in: Festschrift für Schlochauer, Berlin – New York 1981, S. 385
Klemm, Ulf-Dieter, Allgemeine Abgrenzungsprobleme verschiedener seerechtlich definierter Räume, in: ZaöRV 1978, S. 512
Koers, Albert, The External Authority of the EEC in Regard to Marine Fisheries, in: CMLR 1977, S. 269
Krämer, Hans R. (Hrsg.), Die wirtschaftliche Nutzung der Nordsee und die Europäische Gemeinschaft, Baden-Baden 1979
ders., Zuständigkeiten der EG auf dem Gebiet der Nordseenutzung, in: Die wirtschaftliche Nutzung der Nordsee, S. 9
ders., Die Stellung der EWG im Bereich der Ostsee, in: EuR 1979, S. 221
Lagoni, Rainer, Antarctica's Mineral Ressources in International Law, in: ZaöRV 1979, S. 1
Lenterich, Karl, Die staatsrechtliche Sonderstellung der Insel Man im britischen Staatsverband, in: ZaöRV 1969, S. 525
Martin, Jochen H., Die wirtschaftliche Nutzung mariner Ressourcen nach dem neuen Meeresvölkerrecht, in: AWD 1975, S. 240
ders., Rechtsfragen des Tiefseebergbaus, in: *Vitzthum, Graf von* (Hrsg.), Aspekte der Seerechtsordnung, München 1980, S. 147
Van de Meersbrughe, Yves, La mer et la Communauté européenne, in: Revue belge du droit international 1968, S. 87
ders., La CEE et le plateau continental des Etats membres, in: Mélanges Fernand Dehousse, Paris – Brüssel 1979, S. 311
von Meibom, Hans Peter, Auswirkungen des EWG- und Euratomvertrages in bezug auf Berlin, in: NJW 1967, S. 2096
Meier, Gerd, Grundvertrag, EWG-Vertrag und innerdeutscher Handel, in: BB 1972, S. 1521
Menzel, Eberhard, Nationalisierung oder Internationalisierung der Ozeane?, in: NJW 1969, S. 2071
Michaelis, Hans, Handbuch der Kernenergie, 2. Aufl., München 1982
Montag, Frank, Der Widerstand Großbritanniens gegen die Schaffung einer Europäischen Fischereiordnung, in: EuR 1982, S. 63
Müller-Michaelis, Wolfgang, Öl und Gas aus der Nordsee, in: *Krämer* (Hrsg.), Die wirtschaftliche Nutzung der Nordsee, Baden-Baden 1979, S. 55
Münch, Fritz, Akte über den Festlandsockel in Nord- und Ostsee, in: ZaöRV 1964, S. 167, 625
ders., Neue Akte über den Festlandsockel in Nord- und Ostsee, in: ZaöRV 1966, S. 761
ders., Les iles artificielles et les installations en mer, in: ZaöRV 1978, S. 933
von Münch, Ingo, Die Ausnutzung des Festlandsockels vor der deutschen Nordseeküste, in: ArchVR 1964, S. 393
Olberz, Frank Florian, Zollgebiet der Gemeinschaft, in: *Regul, Rudolf* (Hrsg.), Gemeinschaftszollrecht, Baden-Baden 1982, S. 47

Olmi, Giancarlo, Agriculture and Fisheries in the Treaty of Brussels of January, 22, 1972, in: CMLR 1972, S. 293, 313
Platzöder, Renate, Politische Konzeptionen zur Neuordnung des Meeresvölkerrechts, Ebenhausen 1976
dies., Meerengen, in: ZaöRV 1978, S. 710
Prill, Norbert J., Technologietransfer und Meeresnutzung, in: ZaöRV 1978, S. 801
Regul, Rudolf (Hrsg.), Gemeinschaftszollrecht, Baden-Baden 1982
Rigaldies, Francis, L'affaire de la délimitation du plateau continental entre la République française et le Royaume-Uni. (Arbitrage du 30 juin 1977), in: Journal du droit int. 1979, S. 506
Rojahn, Ondolf, 200 sm Wirtschaftszone, Meeresfreiheit und Hochseefischerei, German Yearbook of International Law 1976, S. 73
ders., in: *Menzel - Ipsen,* Völkerrecht, 2. Aufl., München 1979, S. 388, 420
Rüster, Bernhard, Die Rechtsordnung des Festlandsockels, Berlin 1978
Schacky, von E. - Waiblinger, H., Der Meeresboden - Vertrag vom 11. 2. 1971, in: Eur.Arch. 1971, S. 659
Schumacher, Hanns H., Die Eingliederung von Berlin-West in den Hoheitsbereich der EG, in: EuR 1980, S. 183
Stöcker, Hans Jürgen, Die Freiheit der Meere und die 3. Seerechtskonferenz der Vereinten Nationen, in: Festschrift für Stödter, Hamburg 1979, S. 315
Tomuschat, Christian, EWG und DDR - Völkerrechtliche Überlegungen zum Sonderstatus des Außenseiters einer Wirtschaftsunion, in: EuR 1969, S. 298
Venceslai, Stelio W., Sulla estensibilità della normativa degli art. 92 segg. del Trattato di Roma alla piattaforma continentale, in: Riv. di diritto europeo 1965, S. 35
ders., La piattaforma litorale europea nella CEE e la sua posizione nell' ordinamento giuridico comunitario, in: Riv. di diritto europeo 1968, S. 187
Verdross, Alfred, Völkerrecht, 5. Aufl., Wien 1964
Vignes, Daniel, Les Communautés européennes et le droit de la mer, in: RMC 1973, S. 85
ders., The EEC and the Law of the sea, in: *Churchill–Simmonds–Welsh* (Hrsg.), New Directions in the Law of the Sea, London 1973, Band III S. 335
ders., La création dans la Communauté au cours de l' automne 1976 et de l' hiver 1976 d'une zone de pêche s' étendant jusqu' aux 200 miles, in: Mélanges Fernand Dehousse, Paris–Brüssel 1979, S. 323
Vitzthum, Graf von, Wolfgang, Terranisierung des Meeres, in: EuR 1976, S. 129
ders., Die Bemühungen um ein Regime des Tiefseebodens, in: ZaöRV 1978, S. 745
ders., Recht unter See, in: Festschrift für Stödter, Hamburg 1979, S. 355
ders. (Hrsg.), Aspekte der Seerechtsordnung, München 1980, (Schlußbemerkung), S. 329
Watt, Donald C., Britain, the North Sea and the Greenwich Forum, in: *Krämer* (Hrsg.), Die wirtschaftliche Nutzung der Nordsee, Baden-Baden 1979, S. 111
Wenger, Alain, La CEE et le plateau continental, in: RMC 1971, S. 184
Wengler, Wilhelm, Abgrenzung des Festlandsockels zwischen benachbarten Staaten, in: NJW 1969, S. 965
Zieger, Gottfried, Die Rechtsstellung Berlins in den Europäischen Gemeinschaften, in: Festschrift für Menzel, Berlin 1965, S. 581

Inhaltsübersicht

I. Allgemeines

1. Räumlicher Anwendungsbereich

1 a) Die Vorschrift regelt den räumlichen Anwendungsbereich des EWGV. Zu diesem Zweck zählt Abs. 1 die Staaten auf, für die der Vertrag gilt. Die Aufzählung ist durch die Beitrittsakte 1972[1] um die drei Mitgliedstaaten ergänzt worden, die der Gemeinschaft mit Wirkung vom 1. 1. 1973 beigetreten sind. Außerdem hat die Beitrittsakte 1972 dem Art. 227 den Unterabs. zum Abs. 3 und den Abs. 5 hinzugefügt.[2] Durch Art. 24 Abs. 2

1 Art. 26 Abs. 1 in der Fassung von Art. 15 Abs. 1 des Anpassungsbeschlusses vom 1. 1. 1973, ABl. 1972 Nr. L 73 S. 19, ABl. 1973 Nr. L 2 S. 1; HER I A 12, S. 25.

2 Art. 26 Abs. 2 und 3.

ist Anhang IV zum EWGV durch vom Vereinigten Königreich von Großbritannien und Nordirland abhängige Länder und Gebiete ergänzt worden.[3] Die Beitrittsakte 1979[4] hat die Aufzählung um die Republik Griechenland ergänzt, deren Beitritt am 1. 1. 1981 wirksam geworden ist.

Im Falle eines Beitritts weiterer Mitgliedstaaten erweitert sich die Geltung des Gemeinschaftsrechts – vorbehaltlich von besonderen Regelungen im Beitrittsvertrag nach Art. 237 Abs. 2 Satz 1 – auf das Hoheitsgebiet der beitretenden Staaten, ohne daß die Veränderung des räumlichen Geltungsbereichs die Identität der Gemeinschaft als völkerrechtliche Rechtspersönlichkeit verändern würde.[5]

2 b) Aus welchen Gebieten die in Abs. 1 genannten Staaten bestehen, ergibt sich aus dem innerstaatlichen Verfassungsrecht. Diese Regelung unterliegt aber bestimmten Ausnahmen und Ergänzungen, die in Art. 227 selbst enthalten sind. Daraus folgt einerseits, daß der EWGV auch in bestimmten nichteuropäischen Gebieten anwendbar ist, nämlich in den in Abs. 2 erwähnten französischen überseeischen Departements[6] und in Grönland[7], andererseits auf die Färöer, die zum europäischen Gebiet des Königreichs Dänemark gehören, keine Anwendung findet.[8]

2. *Änderung der Staatsform*

3 a) Die in Abs. 1 wiedergegebenen offiziellen Bezeichnungen der Mitgliedstaaten enthalten (mit Ausnahme Irlands) außer ihren Namen Zusätze, die auf ihre – monarchische oder republikanische – Staatsform hinweisen. Eine Änderung der Staatsform und dementsprechend der offiziellen Bezeichnung eines Mitgliedstaates würde grundsätzlich keinen Einfluß auf seine Stellung als Mitglied der Gemeinschaft und seine daraus folgenden Rechte und Pflichten haben. Eine solche Änderung würde nämlich die Identität des Staates als völkerrechtliches Subjekt, wie sie bei der Gründung oder dem Beitritt zur Gemeinschaft bestand, nicht berühren.

b) Ein besonderes Problem könnte die mit einer Wiedervereinigung Deutschlands möglicherweise einhergehende Neugestaltung des Staatswesens aufwerfen.[9]

3 Vgl. unten Rn. 79 bis 82.
4 Art. 20, ABl. 1979 Nr. L 291 S. 17; HER I A 12, S. 231.
5 *Beutler* in: *Beutler* u. a., a.a.O. (Allg. Literaturverzeichnis), S. 45.
6 Vgl. unten Rn. 71.
7 Vgl. unten Rn. 66.
8 Vgl. unten Rn. 90.
9 Siehe dazu unten Rn. 13.

3. Änderung des Regierungssystems

4 a) Auch wenn ein Mitgliedstaat seine innere Verfassungsstruktur grundlegend ändern würde, indem er vom bestehenden demokratisch-parlamentarischen zu einem totalitären Regierungssystem überginge, würde sich – mit oder ohne Änderung seiner in Abs. 1 wiedergegebenen offiziellen Bezeichnung – an seiner völkerrechtlichen Identität grundsätzlich nichts ändern. Ein solcher Übergang würde aber die Zusammenarbeit mit den anderen Mitgliedstaaten und den Organen der Gemeinschaft schwer belasten und die Grundlagen der Gemeinschaft erschüttern. Zwar enthält der EWGV keine ausdrückliche Vorschrift, die die Mitgliedstaaten verpflichten würde, ein demokratisch-parlamentarisches Regierungssystem aufrecht zu erhalten. Die Mitgliedschaft eines Staates mit einem totalitären Regierungssystem müßte aber die – im letzten Absatz der Präambel zum EWGV hervorgehobene – Entschlossenheit der Mitgliedstaaten, *»durch diesen Zusammenschluß ihrer Wirtschaftskräfte Frieden und Freiheit zu wahren und zu festigen«*, verbunden *»mit der Aufforderung an die anderen Völker Europas, die sich zu dem gleichen hohen Ziel bekennen, sich diesen Bestrebungen anzuschließen«*, in Gefahr bringen. Sie würde ferner die Verwirklichung der in Art. 3 genannten Tätigkeit der Gemeinschaft, vor allem die Beseitigung der Hindernisse für den freien Personen-, Dienstleistungs- und Kapitalverkehr zwischen den Mitgliedstaaten (Buchst. c) und die Errichtung eines Systems, das den Wettbewerb innerhalb des Gemeinsamen Marktes vor Verfälschungen schützt (Buchst. f), in Frage stellen.

5 b) Die Mitgliedstaaten haben auch mit dem Erlaß des Aktes zur Einführung allgemeiner und unmittelbarer Wahlen der Abgeordneten der Versammlung[10] ihren Willen bekräftigt, das demokratisch-parlamentarische System innerhalb der Gemeinschaft zu stärken.

6 c) In einer gemeinsamen Erklärung zum Schutz der Grundrechte[11] haben das Parlament, der Rat und die Kommission die vorrangige Bedeutung unterstrichen, die sie der Achtung der Grundrechte beimessen.[12] Der Gerichtshof hat bestätigt, daß die Grundrechte zu den allgemeinen Rechtsgrundsätzen gehören, die er zu wahren hat. Er geht bei der Gewährleistung dieser Rechte von den gemeinsamen Verfassungsüberlieferungen der Mitgliedstaaten aus.[13]

7 d) Erst recht stehen dem Beitritt von Staaten mit unfreiheitlicher Verfassungsstruktur Hindernisse entgegen.[14] Dies hat sich bei dem von Griechenland angestrebten Beitritt zur

10 ABl. 1976 Nr. L 278 S. 1; HER I A 17/3, S. 1.
11 ABl. 1977 Nr. 103 S. 11; HER I A 18/1, S. 1.
12 Vgl. auch im Anhang C dieses Kommentars *Beutler,* Grundrechtsschutz, Rn. 50.
13 EuGH – Nold/Kommission, 4/73 – Slg. 1974, 491. Stauder/Stadt Ulm, 29/69 – Slg. S. 419, *Streil* in: *Beutler* u.a., a.a.O., S. 184.
14 *Pipkorn* in: *Beutler* u. a., a.a.O., S. 447.

Gemeinschaft gezeigt. Griechenland war seit dem 1. 1. 1962 als erstes europäisches Land mit der Gemeinschaft durch ein Assoziierungsabkommen nach Art. 238[15] verbunden mit dem Ziel, die Voraussetzungen für eine volle Mitgliedschaft zu verwirklichen. Als im Jahre 1967 in Griechenland eine Militärdiktatur errichtet wurde, hat die Gemeinschaft alle finanziellen Hilfen für Griechenland eingestellt und die Anwendung des Abkommens auf die *»üblichen Amtshandlungen«* beschränkt, solange die demokratischen und parlamentarischen Strukturen in Griechenland nicht wieder hergestellt wären. Erst nach Wiederherstellung der Demokratie im Jahre 1974 hat die Gemeinschaft das Abkommen wieder voll angewendet. In ihrer befürwortenden Stellungnahme zu dem griechischen Beitrittsantrag[16] hat die Kommission betont, daß *»die Grundsätze der pluralistischen Demokratie und der Beachtung der Menschenrechte zu dem gemeinsamen Erbe der in den Europäischen Gemeinschaften zusammengeschlossenen Völker (gehören) und daher wesentliche Bestandteile der Zugehörigkeit zu diesen Gemeinschaften (sind)«.*

8 e) Bei den seit 1979 laufenden Beitrittsverhandlungen mit Portugal und Spanien[17] hat sich die Gemeinschaft gleichfalls von der Erwägung leiten lassen, daß der Beitritt dieser beiden Staaten zu den Gemeinschaften ihre weitere Entwicklung zu demokratischen Regierungssystemen günstig beeinflussen werde.

9 f) Ein Mitgliedstaat, der zu einem totalitären Regierungssystem übergehen würde, würde sich deshalb in Widerspruch zu den Grundsätzen stellen, auf denen die Gemeinschaft beruht, und die Verwirklichung der Ziele des Vertrages gefährden. Rechtlich würde man hierin einen Verstoß gegen die Verpflichtungen aus Art. 5 erblicken können. Einzelne Autoren halten einen Ausschluß des betreffenden Mitgliedstaates oder einen gemeinsamen Austritt der übrigen Mitgliedstaaten für zulässig.[17a]

4. Änderung des Staatsgebietes

10 a) Die völkerrechtliche Identität eines Staates wird durch Änderungen seines Staatsgebietes nicht berührt, da im Völkerrecht der Grundsatz der *»beweglichen Vertragsgrenzen«* herrscht.[18] Dies bedeutet, daß von einem Staat geschlossene Verträge für den gesamten – möglicherweise wechselnden – Umfang seines Staatsgebietes gelten, soweit nicht besondere Vereinbarungen getroffen werden.

15 ABl. 1963 S. 294.
16 ABl. 1979 Nr. L 291 S. 3; HER I A 12, S. 211.
17 Zum Stand der Beitrittsverhandlungen: 15. Gesamtbericht 1981, S. 254 bis 256.
17a Vgl. auch Hilf, Art. 240 Rn. 10.
18 Art. 15 der Wiener Vertragsrechtskonvention, *Verdroß,* a.a.O., S. 254.

11 b) Eine besondere Vereinbarung enthält Art. 227 Abs. 5, der die Färöer, die zum Königreich Dänemark gehören, von der Anwendung des Vertrages ausschließt.[19]

Dagegen sind keine besonderen Vereinbarungen getroffen worden, als die Inseln St. Pierre und Miquelon, die bei Abschluß des EWGV zu den französischen überseeischen Gebieten gehörten, die Stellung eines französischen überseeischen Departements im Sinne von Art. 227 Abs. 2 erwarben.[20] Die Wirkungen, die von diesem Gebietszuwachs der Französischen Republik auf das Funktionieren des Gemeinsamen Marktes ausgehen, dürften allerdings verhältnismäßig unbedeutend sein.

12 c) Größere Veränderungen im Gebietsstand eines Mitgliedstaates könnten dagegen die Verhältnisse, die beim Abschluß des EWGV bestanden, so stark beeinflussen, daß eine Anpassung mancher Vorschriften nach dem Verfahren des Art. 236 erforderlich werden könnte.

13 d) Bei der Ratifizierung des EWGV und des EAGV hat der Deutsche Bundestag zwei Entschließungen gefaßt[21], in denen es u. a. heißt:

»... unterstreicht, daß diese Verträge wie andere, die durch die Bundesregierung geschlossen wurden oder noch werden, die künftige Regierung eines wiedervereinigten Deutschlands nicht binden.«[22]

»... unterstreicht, daß diese Verträge die Entscheidungsfreiheit eines wiedervereinigten Deutschlands nicht beeinträchtigen.«[23]

Diese Entschließungen richten sich naturgemäß nur an die Organe der Bundesrepublik. In das deutsche Ratifikationsgesetz[24] ist ein den Entschließungen entsprechender Vorbehalt nicht aufgenommen worden. Der Leiter der deutschen Delegation hat aber am 28. 2. 1957 folgende Erklärung abgegeben: »Die Bundesregierung geht von der Möglichkeit aus, daß im Falle der Wiedervereinigung Deutschlands eine Überprüfung der Verträge ... stattfindet.«[24a] Es ist in der Tat nicht zu bezweifeln, daß eine Wiedervereinigung der beiden deutschen Staaten auch im Hinblick auf den EWGV so viele Probleme aufwerfen würde, daß zu ihrer Lösung neue Verhandlungen zwischen allen Mitgliedstaaten unvermeidlich sein würden.

II. Meeresvölkerrecht

1. Hoheitsgewässer

14 a) Die Hoheitsgewässer, d. h. die an die Küste angrenzenden Meeresgewässer, gehören

19 Vgl. unten Rn. 90.
20 Durch das französische Gesetz Nr. 76–664, JORF 1976, S. 4323.
21 In seiner Sitzung vom 5. 7. 1957.
22 Umdruck Nr. 1298, HER I A 10, S. 105, 106.
23 Umdruck Nr. 1300, HER I A 10, S. 108.
24 Vom 27. 7. 1957, BGBl. 1957 II S. 753; HER I A 10, S. 101.
24a Vgl. *Hilf*, Art. 240 Rn. 10.

zum Hoheitsgebiet der Küstenstaaten. In den Hoheitsgewässern steht das Recht, Fischfang zu betreiben, grundsätzlich allein dem Küstenstaat zu. Der Küstenstaat darf die friedliche Durchfahrt fremder Schiffe nicht behindern und dafür keine Abgaben verlangen.

15 b) Nach klassischem Völkerrecht erstrecken sich die Hoheitsgewässer des Küstenstaates seewärts bis zu einer Entfernung von 3 Seemeilen (sm) von der Basislinie seiner Meeresküste. Seit 1945 haben viele Küstenstaaten ihre Hoheitsgewässer bis auf eine Entfernung von 6 sm, teilweise bis auf 12 sm, ausgedehnt. Obwohl diese Erweiterungen zunächst nur auf einseitigen Erklärungen der betreffenden Staaten beruhten, hat sich die Ausdehnung der Hoheitsgewässer auf eine Entfernung von 12 sm heute praktisch weitgehend durchgesetzt.[25] Die Gemeinschaft hat in einer Erklärung zum Protokoll Nr. 1 des Zweiten Abkommens von Lome mit den AKP-Staaten daran erinnert, daß *»nach den anerkannten einschlägigen Völkerrechtsgrundsätzen die maximale Ausdehnung der Hoheitsgewässer auf 12 sm begrenzt ist«*, und erklärt, daß sie bei allen Bezugnahmen auf diesen Begriff die Bestimmungen des Protokolls unter Berücksichtigung dieser Begrenzung anwenden werde.[26]

16 c) Alle Mitgliedstaaten (außer Luxemburg) verfügen über Meeresküsten. Da die daran angrenzenden Küstengewässer zu ihrem Hoheitsgebiet gehören, gilt das Gemeinschaftsrecht dort in gleicher Weise wie auf dem Lande.

2. Andere Meeresgebiete

17 Die Meeresgewässer jenseits der Grenze der Hoheitsgewässer gehörten nach klassischem Völkerrecht zur Hohen See. Dort galt der Grundsatz der Freiheit der Meere, was bedeutet, daß in diesen Gewässern grundsätzlich jedermann Schiffahrt und Fischfang betreiben konnte. Dieser Zustand ist jedoch durch neuere Entwicklungen im Meeresvölkerrecht großenteils überholt. Wie man seit längerer Zeit weiß, enthält das Meer an wirtschaftlich ausbeutbaren Schätzen außerhalb der verhältnismäßig eng begrenzten Hoheitsgewässer nicht nur Fische und andere Meerestiere, sondern auf und unter dem Meeresboden wertvolle Naturschätze wie Erdöl, Erdgas und Mineralien.[27] Die Erforschung und Ausbeutung dieser Naturschätze ist durch die fortschreitende Entwicklung der Technik möglich und wirtschaftlich interessant geworden. Die Küstenstaaten sind deshalb dazu übergegangen, Hoheitsrechte in ausgedehnten Meeresgebieten zu beanspruchen, die jenseits der Grenzen ihrer Hoheitsgewässer liegen. Dies gilt sowohl für den

25 *Jenisch* in: *Krämer* (Hrsg.), Die wirtschaftliche Nutzung der Nordsee, S. 107.

26 ABl. 1980 Nr. L 372 S. 1; HER I A 59/7, S. 1, 185.

27 Nickel, Kupfer, Kobalt und Mangan, vgl. die Antworten der Kommission auf die Anfragen Nr. 564/78 des Abg. *Damseaux,* ABl. 1979 Nr. C 28 S. 5 und Nr. 280/79 des Abg. *Debré,* ABl. 1980 Nr. C 167 S. 3.

sogenannten Festlandsockel als auch für sogenannte ausschließliche Wirtschafts- und Fischereizonen.

a) Festlandsockel

18 aa) Als erste haben die USA ausschließliche Rechte zur Ausbeutung des Festlandsockels und der darüberliegenden Gewässer in Anspruch genommen.[28]

19 bb) Die von den Vereinten Nationen einberufene Erste Seerechtskonferenz führte zum Abschluß der Genfer Konvention über den Festlandsockel[29], die von 49 Staaten unterzeichnet worden und nach Ratifikation durch 22 Staaten (darunter von den jetzigen Mitgliedstaaten Dänemark, Frankreich, Niederlande und Vereinigtes Königreich) am 10. 6. 1964 in Kraft getreten ist. Nach dieser Konvention bezeichnet der Ausdruck Festlandsockel *den Meeresgrund und den Untergrund der unter dem Wasser liegenden Zonen, die an die Küste angrenzen, aber sich außerhalb des Küstenmeeres befinden, bis zu einer Wassertiefe von 200 m oder, über diese Begrenzung hinaus, soweit die Tiefe der darüberliegenden Gewässer die Ausbeutung der natürlichen Schätze der genannten Zonen gestattet.* Der Küstenstaat hat das Recht, die zur Erforschung des Festlandsockels und zur Ausbeutung seiner Naturschätze erforderlichen Anlagen und sonstigen Vorrichtungen zu erstellen, zu unterhalten und zu betreiben.[30] Die über dem Festlandsockel liegenden Gewässer behalten ihren Charakter als Hohe See.

20 cc) Verschiedene Küstenstaaten, darunter die Bundesrepublik[31], haben eigene Vorschriften über den Festlandsockel erlassen. Nach § 1 des deutschen Gesetzes ist insbesondere zur Aufsuchung und Gewinnung von Bodenschätzen des Festlandsockels eine Erlaubnis erforderlich.

21 dd) In einem Streitfall zwischen der Bundesrepublik einerseits und Dänemark und den Niederlanden andererseits wegen der Abgrenzung des Festlandsockels in der Nordsee hat der IGH[32] die von Dänemark und den Niederlanden vertretene These verworfen, daß der Festlandsockel durch eine Linie der Punkte gleichen Abstandes von den Küsten der beteiligten Staaten abgegrenzt sei, und den Parteien aufgegeben, sich nach bestimmten, in

28 Proklamation des Präsidenten *Truman* vom 28. 9. 1945, vgl. *Watt* in: *Krämer* (Hrsg.), Die wirtschaftliche Nutzung der Nordsee, S. 111.

29 Vom 29. 4. 1958, deutscher Text bei *Berber,* Völkerrechts-Dokumentensammlung, Band I Nr. VI 4, München 1967.

30 Art. 5 Abs. 2 der Genfer Konvention.

31 Proklamation vom 22. 1. 1964, BGBl. 1964 II S. 104, Gesetz vom 24. 7. 1964, BGBl. I S. 497 mit Änderungen BGBl. 1969 I S. 589 und BGBl. 1974 I S. 2149; vgl. auch *Münch,* ZaöRV 1964, S. 167, 625; 1966 S. 761.

32 Urteil vom 20. 2. 1969, deutsche Fassung: ZaöRV 1969, S. 476; vgl. auch die Angaben bei *Wengler,* NJW 1969, S. 965.

dem Urteil genannten Kriterien durch Verhandlungen zu einigen. Das Ergebnis dieser Verhandlungen, in die auch das Vereinigte Königreich einbezogen worden ist, ist in drei Verträgen[33] niedergelegt worden. Die Bundesrepublik hat durch diese Verträge ihren Anteil von 24000 auf 36000 qkm = 6% der Nordseefläche erweitert. Nennenswerte Erdgas- oder Erdölvorkommen sind in diesem Gebiet bisher nicht entdeckt worden.[34]

22 ee) Britisch-französische Meinungsverschiedenheiten über die Abgrenzung des Festlandsockels zwischen beiden Staaten sind durch zwei Entscheidungen eines Schiedgerichts geregelt worden.[35]

b) Ausschließliche Wirtschafts- und Fischereizonen

23 aa) Eine besonders einschneidende Änderung im neuen Meeresvölkerrecht stellt die Anerkennung von ausschließlichen Wirtschafts- und Fischereizonen für die Küstenstaaten dar. Seit einer Reihe von Jahren sind viele Küstenstaaten dazu übergegangen, ausschließliche Hoheitsrechte für die Erforschung und Ausbeutung der Naturschätze zu beanspruchen, die sich auf und unter dem Meeresboden und in der über dem Meeresboden liegenden Wassersäule befinden. Das Gemeinschaftsrecht[36] bestimmt, daß Erzeugnisse, die aus dem Meeresboden außerhalb der Hoheitsgewässer gewonnen worden sind, als Erzeugnisse desjenigen Landes gelten, das zum Zweck der Nutzbarmachung Ausschließlichkeitsrechte über diesen Teil des Meeresbodens ausübt. Die Ansprüche der Küstenstaaten erstrecken sich auf breite Meeresgebiete (bis zu 200 sm von der Küstenlinie), die nach klassischem Völkerrecht jedermann zur Nutzung freistanden. Insofern ist es gerechtfertigt, »von einer von den Uferstaaten ausgehenden Gefahr der totalen Aufteilung der Hohen See« zu sprechen.[37]

24 bb) Für die Gemeinschaft hat die Inanspruchnahme ausschließlicher Fischereizonen durch zahlreiche Drittländer[38] zur Folge, daß der Fischereiwirtschaft der Gemeinschaft umfangreiche traditionelle Fanggründe verlorengegangen sind. Um ihre eigenen Fischereirechte zu wahren, sah sich auch die Gemeinschaft gezwungen, die Grenzen ihrer Fischereizonen vor den Küsten an der Nordsee und am Nordatlantik auf 200 sm

33 Gesetz zu den drei Verträgen mit dem Königreich Dänemark, dem Königreich der Niederlande und dem Vereinigten Königreich über die Abgrenzung des Festlandsockels unter der Nordsee, BGBl. 1972 II S. 881; die Verträge sind am 7.12.1972 in Kraft getreten, BGBl. 1972 II S. 1616.

34 Vgl. *Müller–Michaelis* in: *Krämer* (Hrsg.), Die wirtschaftliche Nutzung der Nordsee, S. 63; *Michaelis,* a.a.O., Band 1, S. 223.

35 Vom 30.6.1977 und 16.3.1978.

36 Art. 4 Abs. 2 g) der VO 802/68, ABl. 1968 Nr. L 148 S. 1; HER I A 42/4, S. 51, 54; vgl. auch Art. 2 VO 3817/81, ABl. 1981 Nr. L 384 S. 1; HER I A 42/2, S. 33 (Zollpräferenzen für Entwicklungsländer).

37 *Jaenicke,* a.a.O., S. 444; vgl. auch *Jenisch,* a.a.O. (Fn. 25), S. 104.

38 In Europa besonders durch Island und Norwegen, in Amerika durch Kanada und die USA.

auszudehnen.[39] Dies ist auf Grund der sogenannten Haager Beschlüsse vom 3. 11. 1976 und einer Entschließung des Rates vom gleichen Tage[40] durch Rechtsakte der in Betracht kommenden Mitgliedstaaten mit Wirkung ab 1. 1. 1977 geschehen.[41] Mit diesem Tage ist das sogenannte »EG-Meer« entstanden[42], das bis zur 200 sm-Grenze rund 3 Mio qkm umfaßt.[43]

3. *Dritte Seerechtskonferenz der Vereinten Nationen*

25 a) Die neuen Entwicklungen im Meeresvölkerrecht spiegeln sich im Entwurf einer Konvention wider, den die von den Vereinten Nationen einberufene Dritte Seerechtskonferenz seit 1973 in langwierigen Verhandlungen ausgearbeitet hat.[44] Die Gemeinschaft hat an den Verhandlungen mit Beobachterstatus teilgenommen. Der Entwurf umfaßt 320 Artikel, 9 Anhänge und 4 Resolutionen. Er soll im September 1982 in Caracas unterzeichnet werden, während 24 Monaten zur Unterzeichnung aufliegen und 12 Monate nach Hinterlegung der 60. Ratifikationsurkunde in Kraft treten.[45]

26 b) Der Entwurf erweitert die Hoheitsgewässer allgemein auf eine Entfernung von 12 sm von der Küste.[46] Die Küstenstaaten dürfen – wie nach bisherigem Recht – die friedliche Durchfahrt fremder Schiffe durch ihre Hoheitsgewässer nicht behindern und für die Durchfahrt keine Abgaben erheben.

27 c) Der Entwurf enthält eingehende Vorschriften über den Festlandsockel[47], die nach ihrem Inkrafttreten den Vorschriften der Genfer Konvention von 1958 vorgehen sollen.[48] Die neuen Vorschriften lösen sich von der unsicheren Abgrenzung des Festlandsockels in der Genfer Konvention[49]; sie erstrecken die Grenzen des Festlandsockels bis zum äußeren Rand der »marge continentale« oder bis zu einer Entfernung von 200 sm, unter bestimmten Umständen bis zu 350 sm, von der Küstenlinie. Der Wasser- und Luftraum

39 Im Mittelmeer gibt es bis jetzt keine über 12 sm hinausreichenden ausschließlichen Fischereizonen. In der Ostsee nehmen die Bundesrepublik und Dänemark seit dem 1. 1. 1978 ausschließliche Fischereizonen in Anspruch, nachdem andere Küstenstaaten, vor allem die DDR, Polen und Schweden, damit vorangegangen waren, vgl. *Booß* in: *Krämer* (Hrsg.), Die wirtschaftliche Nutzung der Nordsee, S. 38 Fn. 7.

40 Veröffentlicht ABl. 1981 Nr. C 105 S. 1. Der Rat hat es als »ganz und gar unangebracht« abgelehnt, auch die Anhänge zu dieser Entschließung zu veröffentlichen, Antwort auf die Anfrage Nr. 598/81 des Abg. *Geurtsen,* ABl. 1981 Nr. C 267, S. 37.

41 Für die Bundesrepublik durch Proklamation vom 22. 12. 1976, BGBl. 1976 II S. 1999.

42 *Hallstein,* a.a.O., S. 235, *Booß,* a.a.O. (Fn. 39), S. 38.

43 *Jenisch,* a.a.O. (Fn. 25), S. 105.

44 Dok. S Conf. 62/ L 78 vom 7. 9. 1981.

45 Art. 308 des Entwurfs.

46 Art. 3 ff. des Entwurfs.

47 Art. 76 ff. des Entwurfs.

48 Art. 311 des Entwurfs.

49 Siehe oben Rn. 19.

über dem Festlandsockel soll – wie nach der Genfer Konvention – von Hoheitsrechten des Küstenstaates nicht erfaßt werden.

28 d) In den ausschließlichen Wirtschafts- und Fischereizonen sollen die Küstenstaaten außer dem ausschließlichen Recht, biologische und nichtbiologische Naturschätze zu erforschen und auszubeuten[50], das ausschließliche Recht erhalten, künstliche Inseln oder sonstige Einrichtungen zu errichten und zu betreiben oder ihre Errichtung zu genehmigen.[51] Andere Staaten sollen nur das Recht erhalten, die Wirtschafts- und Fischereizonen mit Schiffen zu befahren, zu überfliegen und auf dem Meeresboden Kabel zu legen.[52]

29 e) Als Hohe See sollen nur die stark eingeschränkten Meeresgebiete gelten, die weder zu den Hoheitsgewässern noch zu den ausschließlichen Wirtschafts- und Fischereizonen von Küstenstaaten gehören. Dort soll außer der Schiffahrt auch der Fischfang freibleiben, ferner sollen alle Staaten das Recht haben, künstliche Inseln zu errichten, Kabel und Pipelines zu legen und wissenschaftliche Forschungen zu betreiben.[53]

30 f) Die unter dem Meeresboden der Hohen See befindlichen festen, flüssigen oder gasförmigen Mineralien sollen als *»gemeinsames Erbe der Menschheit«* behandelt werden. Ihre Erforschung und Ausbeutung sollen einer zu errichtenden *internationalen Meeresbodenbehörde* zustehen, die ihre Rechte im Namen der ganzen Menschheit ausüben soll.[54]

31 g) Insgesamt begünstigen die vorgesehenen Regelungen die Staaten, die über lange Meeresküsten verfügen, sowie die Staaten, die bis jetzt nicht die Technologie und die Erfahrung besitzen, die zur Erforschung und Ausbeutung von Meeresbodenschätzen notwendig sind. Sie benachteiligen die Binnenstaaten (landlocked states) sowie die Staaten mit kurzen Meeresküsten, zu denen auch die Bundesrepublik gehört.[55] Daraus ergibt sich, daß zwischen den einzelnen Mitgliedstaaten je nach ihrer geographischen Lage erhebliche Interessengegensätze bestehen. Es war deshalb nicht möglich, bei den Verhandlungen der Dritten Seerechtskonferenz eine einheitliche Stellungnahme der Gemeinschaft herbeizuführen. Bei der Schlußabstimmung über den Entwurf haben 130 Staaten, darunter Dänemark, Frankreich, Griechenland und Irland dem Entwurf zugestimmt. 17 Staaten, darunter die Bundesrepublik, Belgien, Italien, die Niederlande und das Vereinigte Königreich, ferner Spanien und alle Ostblockstaaten mit Ausnahme von Rumänien, haben sich der Stimme enthalten; 18 Staaten, darunter Ekuador und Südafrika, haben an der Abstimmung nicht teilgenommen. Israel, die Türkei, die USA und Venezuela haben gegen den Entwurf gestimmt.

50 Siehe oben Rn. 23.
51 Art. 60 des Entwurfs.
52 Siehe Art. 58 des Entwurfs.
53 Siehe Art. 86, 87 des Entwurfs.
54 Siehe Art. 133 bis 137 des Entwurfs, vgl. dazu *Jenisch,* a.a.O. (Fn. 25), S. 105.
55 *Jenisch,* a.a.O. (Fn. 25), S. 104; *Graf von Vitzthum* (Aspekte) S. 349.

32 h) Zur Zeit ist noch nicht abzusehen, ob die Gemeinschaft und alle Mitgliedstaaten den Entwurf unterzeichnen werden. Dies ist auch deshalb fraglich, weil einzelne Bestimmungen als mit Vorschriften des Gemeinschaftsrechts, insbesondere dem Diskriminierungsverbot des Art. 7, unvereinbar erscheinen.

4. Anwendbarkeit des Gemeinschaftsrechts

33 a) Bei der Ausübung von Hoheitsrechten in jenseits der Grenzen der Territorialgewässer liegenden Meeresgebieten einschließlich der Hohen See sind die zur Gemeinschaft gehörenden Küstenstaaten in ihrer Eigenschaft als Mitglieder der Gemeinschaft an das Gemeinschaftsrecht gebunden. Sie müssen insbesondere die Pflichten zur Zusammenarbeit mit der Gemeinschaft erfüllen, die sich aus Art. 5 EWGV ergeben.[56] Der Gerichtshof hat ferner entschieden, daß jede Ausdehnung der den Mitgliedstaaten unterstehenden Meeresgebiete ohne weiteres eine gleiche Ausdehnung des Geltungsbereichs von Gemeinschaftsrecht zur Folge hat[57], und daß die sachliche Regelungsbefugnis der Gemeinschaft sich in dem Maße, in dem den Mitgliedstaaten eine entsprechende Befugnis kraft Völkerrecht zusteht, auch auf die Fischerei auf Hoher See erstreckt.[58]

In diesem Zusammenhang ist vor allem wichtig, daß die Mitgliedstaaten das Verbot der Diskriminierung aus Gründen der Staatsangehörigkeit (Art. 7) einhalten müssen.[59]

34 b) Die Kommission hat bereits in einem Memorandum an den Rat vom 24. 9. 1970[60] die Auffassung vertreten, daß der Festlandsockel für die Anwendung des Vertrages den Gebieten der Mitgliedstaaten gleichzusetzen ist, auf denen sie Hoheitsrechte ausüben. Praktisch bedeutet dies vor allem, daß grundsätzlich die Vorschriften über die Freizügigkeit der Arbeitnehmer, über das Niederlassungsrecht und über die Freiheit von Dienstleistungen zu Gunsten von Staatsangehörigen anderer Mitgliedstaaten anzuwenden sind.[61]

5. Gemeinsame Fischereipolitik

35 a) Die Zuständigkeit der Gemeinschaft für die gemeinsame Fischereipolitik ergibt sich aus Art. 3 (d) in Verbindung mit Art. 38 Abs. 3, da Fische, Krebstiere und Weichtiere zu den Erzeugnissen gehören, die im Anhang II EWGV (Liste zu Art. 38) aufgezählt sind. Nach Art. 43 Abs. 2 kann also die Gemeinschaft Verordnungen, Richtlinien oder

56 EuGH – Frankreich/Vereinigtes Königreich, 141/78 – Slg. 1979, 2923; Kommission/Vereinigtes Königreich, 32/79 – Slg. 1980, 2403.
57 EuGH – Kommission/Irland, 61/77 – Slg. 1978, 417.
58 EuGH – Kramer u.a., 3, 4 und 6/76 – Slg. 1976, 1279, Frankreich/Vereinigtes Königreich, 141/78 – Slg. 1979, 1045.
59 EuGH – Kommission/Irland, 61/77 – Slg. 1978, 417, Kommission/Vereinigtes Königreich, 804/79 – Slg. 1981, 1045.
60 Siehe die Angaben im Bulletin 1970 Nr. 11 S. 51.
61 Vgl. *Karpenstein,* Vorbemerkung zu Art. 48 Rn. 22.

Entscheidungen zur Gestaltung und Durchführung der gemeinsamen Fischereipolitik erlassen, da diese zur gemeinsamen Agrarpolitik gehört.[62]

36 b) Bei der Verwirklichung der gemeinsamen Fischereipolitik ist auch Art. 7 zu beachten.[63] Das Diskriminierungsverbot aus Gründen der Staatsangehörigkeit bildet die Grundlage für den Zugang der Staatsangehörigen aller Mitgliedstaaten zum Fischfang sowohl in den Hoheitsgewässern als auch in den ausschließlichen Fischereizonen der anderen Mitgliedstaaten. Das Diskriminierungsverbot ist in Art. 2 der Verordnung über die Einführung einer gemeinsamen Strukturpolitik für die Fischereiwirtschaft[64] konkretisiert. Dort ist festgelegt, daß die Regelungen der einzelnen Mitgliedstaaten für die Ausübung der Fischerei in den ihrer Oberhoheit oder ihrer Gerichtsbarkeit unterliegenden Meeresgewässern zu keiner unterschiedlichen Behandlung anderer Mitgliedstaaten führen dürfen, und daß die Mitgliedstaaten allen die Flagge eines Mitgliedstaates führenden und im Bereich der Gemeinschaft registrierten Fischereifahrzeugen gleichen Zugang zu den Fanggründen und zur Fischerei in den genannten Gewässern gewähren müssen.

37 c) Die Beitrittsakte 1972[65] ermächtigt die Mitgliedstaaten, abweichend vom grundsätzlichen Diskriminierungsverbot während einer bis zum 31. 12. 1982 befristeten Übergangszeit innerhalb einer Zone von 6 sm die Ausübung des Fischfangs nur solchen Schiffen zu gestatten, die herkömmlicherweise von den Häfen der betreffenden Küste aus in diesen Gewässern Fischfang treiben.[66]

38 d) Nach Art. 102 der Beitrittsakte 1972 sollte der Rat bis Ende 1978 auf Vorschlag der Kommission die Voraussetzungen für die Ausübung des Fischfangs im Hinblick auf den Schutz der Fischbestände und die Erhaltung der biologischen Schätze des Meeres festlegen. Der Rat hat diese Frist nicht eingehalten, sich aber in einer *Erklärung betreffend die gemeinsame Fischereipolitik*[67] verpflichtet, die Beschlüsse zu fassen, *»die erforderlich sind, damit spätestens am 1. 1. 1981 eine globale gemeinsame Politik auf dem Gebiet der Fischerei in Kraft treten kann«*. Diese Politik sollte unter Wahrung der Verträge und im Einklang mit der Entschließung des Rates vom 3. 11. 1976[68] rationelle und nicht diskriminierende Gemeinschaftsmaßnahmen zur Bewirtschaftung der Ressourcen, zur Erhaltung und Wiederauffüllung der Bestände und eine gerechte Verteilung der Fänge gewährleisten.

39 e) Infolge von fortdauernden Meinungsverschiedenheiten zwischen dem Vereinigten Königreich einerseits, der Kommission und den anderen Mitgliedstaaten andererseits

62 Vgl. *Beutler* in: *Beutler* u.a., a.a.O., S. 378, *Booß*, a.a.O. (Fn. 39), S. 36.
63 EuGH – Kommission/Vereinigtes Königreich, 804/79 – Slg. 1981, 1045.
64 VO 101/76, ABl. 1976 Nr. L 20 S. 19: HER I A 44/66, S. 43.
65 Art. 100.
66 Für einzelne in Art. 102 aufgezählte Meeresgebiete wird die Grenze auf 12 sm ausgedehnt.
67 Vom 30. 5. 1980, ABl. 1980 Nr. C 158 S. 1.
68 Vgl. oben Rn. 24.

über den Zugang von Fischern aus anderen Mitgliedstaaten zu den an die britischen Küsten angrenzenden Fanggründen konnte bis zum Sommer 1982 keine Einigung über die vollständige Verwirklichung der gemeinsamen Fischereipolitik erreicht werden. Die britische Regierung verlangt, daß Fänge in einer Zone bis zu 12 sm ausschließlich britischen Fischern vorbehalten und die Fangquoten in einer anschließenden Zone von 12 bis 50 sm für die übrigen Mitgliedstaaten begrenzt werden sollen.[69] Die Kommission und die übrigen Mitgliedstaaten lehnen diese Forderungen als mit dem Diskriminierungsverbot unvereinbar ab.[70]

40 f) Der Gerichtshof hat festgestellt, daß die Zuständigkeit für den Erlaß von Maßnahmen zur Erhaltung der Seefischbestände seit dem 1. 1. 1979, dem Zeitpunkt des Ablaufs der in Art. 102 der Beitrittsakte 1972 vorgesehenen Übergangszeit, im Rahmen der gemeinsamen Fischereipolitik vollständig und endgültig der Gemeinschaft zusteht.[71] Die Mitgliedstaaten sind daher nicht mehr berechtigt, eine eigene Zuständigkeit in Bezug auf Erhaltungsmaßnahmen in den ihrer Gerichtsbarkeit unterliegenden Gewässern auszuüben. Die Mitgliedstaaten dürfen zwar bei Untätigkeit des Rates vorläufige, durch die Situation gebotene Erhaltungsmaßnahmen in Kraft setzen, aber nur in Zusammenarbeit mit der Kommission. Sie sind verpflichtet, die Kommission zu konsultieren und keine nationalen Erhaltungsmaßnahmen zu treffen, mit denen die Kommission nicht einverstanden ist.[72]

41 g) Unter Berufung auf das Urteil in der Rechtssache 804/79[73] hat die Kommission alle Mitgliedstaaten aufgefordert, im Hinblick auf das herausragende öffentliche Interesse und als Vorsichtsmaßnahme ihre Fischereitätigkeiten derart auszuüben, daß die Schiffe, die ihre Flagge führen oder auf ihrem Hoheitsgebiet eingetragen sind, die von der Kommission vorgeschlagenen Regeln zur Festlegung der Fangbedingungen bei der Ausübung der Fischerei hinsichtlich der zulässigen Gesamtfangmenge oder der Verteilung bestimmter Fangmöglichkeiten einhalten.[74]

42 h) Der Rat hat in mehreren Beschlüssen unter Hinweis auf seine Erklärung betreffend die gemeinsame Fischereipolitik[75] angeordnet, daß sich die Mitgliedstaaten bei ihrer Fischereitätigkeit nach den gewohnten jahreszeitlichen Perioden richten und dabei die

69 Die britische Regierung machte geltend, daß etwa 60 % der Fischbestände in den Gemeinschaftsgewässern in der britischen Fischereizone gefangen werden, vgl. im einzelnen *Booß,* a.a.O. (Fn. 39), S. 45, *Montag,* a.a.O., S. 71.

70 *Booß,* S. 47, *Montag,* S. 75.

71 EuGH – Kommission/Vereinigtes Königreich, 804/79 – Slg. 1981, 1045; zu diesem Urteil vgl. *Schwarze,* EuR 1982, S. 133.

72 EuGH – Strafverfahren gegen Bout, 21/81 – ABl. 1982 Nr. C 69 S. 9 (in der amtlichen Sammlung noch nicht veröffentlicht).

73 Siehe Fn. 71.

74 Erklärung vom 27. 7. 1981, ABl. 1981 Nr. C 224 S. 1.

75 Siehe oben Fn. 67.

von der Kommission vorgeschlagenen Gesamtfangmengen zugrunde legen sollen.[76] Diese Beschlüsse gelten jeweils nur für kurze Zeiträume bis zu einer noch ausstehenden endgültigen Entscheidung über den Erlaß dauerhafter Gemeinschaftsmaßnahmen.

43 i) In Ausübung ihrer ausschließlichen Zuständigkeit für die gemeinsame Fischereipolitik hat die Gemeinschaft zwei Übereinkommen über die multilaterale Zusammenarbeit auf dem Gebiet der Fischerei im Nordwestatlantik[77] abgeschlossen und Regelungen zur Bewirtschaftung und Kontrolle bestimmter Fangquoten für Fischereifahrzeuge von Mitgliedstaaten getroffen, die im Regelungsbereich der Übereinkommen fischen.[78]

44 j) Die Gemeinschaft hat ferner Abkommen mit einer Reihe von Drittländern geschlossen[79], die entsprechend der Entschließung des Rates über die Schaffung einer 200-Meilen-Fischereizone[80], die Nutzung der Fischbestände in den Fischereizonen der Mitgliedstaaten durch Fischereifahrzeuge der betreffenden Drittländer regeln, andererseits den Fischern der Gemeinschaft das Recht zum Fischfang in den Gewässern der Drittländer erhalten und bewahren sollen.[81] Infolge der internen Meinungsverschiedenheiten unter den Mitgliedstaaten über die Zuteilung von Fangquoten in den an die britischen Küsten angrenzenden Meeresgebieten[82] konnten die genannten Ziele in bisher abgeschlossenen Abkommen nur unvollkommen verwirklicht werden. Allerdings ist es durch das Abkommen mit Kanada gelungen, den Fischern der Gemeinschaft Fangquoten

76 Siehe z. B. die Beschlüsse vom 21. 7. 1982, ABl. 1982 Nr. L 216 S. 40, vom 29. 6. 1982, ABl. 1982 Nr. L 190 S. 9, vom 31. 5. 1982, ABl. 1982 Nr. L 152 S. 12, vom 29. 4. 1982, ABl. 1982 Nr. L 120 S. 29 und vom 29. 12. 1981, ABl. 1981 Nr. L 379 S. 52; vgl. ferner die VO Nr. 2527/80, ABl. 1980 Nr. L 258 S. 1 und Nr. 272/81, ABl. 1981 Nr. L 27 S. 72 über technische Maßnahmen zur Erhaltung der Fischbestände.

77 Sogenannte NAFO-Übereinkommen, VO 3179/78 des Rates, ABl. 1978 Nr. L 378 S. 1, geändert durch VO 653/80, ABl. 1980 Nr. L 74 S. 1 und VO 654/81, ABl. 1981 Nr. L 69 S. 1; Beschluß des Rates, ABl. 1981 Nr. L 227 S. 21, VO 2228/81, ABl. Nr. L 218 S. 1.

78 VO 370/82, ABl. 1982 Nr. L 47 S. 3.

79 Z. B. mit Kanada, Beschlüsse des Rates vom 29. 12. 1981, ABl. 1981 Nr. L 379 S. 53, 58; Norwegen VO 2214/80, ABl. 1980 Nr. L 226 S. 47, Beschlüsse des Rates ABl. 1981 Nr. L 388 S. 44, VO 81/82, ABl. 1982 Nr. L 11 S. 1, VO 765/82, ABl. 1982 Nr. L 87 S. 5; Schweden VO 2209/80, ABl. 1980 Nr. L 226 S. 1, ABl. 1981 Nr. L 111 S. 41; Spanien VO 1596/81, ABl. 1981 Nr. L 154 S. 1; USA VO 1220/77, ABl. 1977 Nr. L 141 S. 1.
Außerdem hat die Gemeinschaft ein Fischereiabkommen mit der dänischen Regierung und der Landesregierung der Färöer abgeschlossen, VO 2211/80, ABl. 1980 Nr. L 226 S. 11, VO 3001/81, ABl. 1981 Nr. L 304 S. 1, VO 380/82, ABl. 1982 Nr. L 48 S. 10.

80 Vgl. oben Rn. 24.

81 Fischer aus Drittländern sind mehrfach in Strafverfahren vor Gerichten von Mitgliedstaaten verwickelt worden, weil sie unbefugt in Fischereizonen der Gemeinschaft gefischt hatten. Einige dieser Verfahren, bei denen es insbesondere um die Auslegung von Art. 234 ging, sind auf Vorlagen nach Art. 177 vom EuGH entschieden worden, vgl. z. B. die Urteile EuGH-Burgoa, 812/79 – Slg. 1980, 2787, Tomé und Yurrita, verb. Rs. 180 und 266/80 sowie Arbelaiz-Emazabel, RS. 181/80 – Slg. 1981, 2961, 2997.

82 Vgl. oben Rn. 39.

in der kanadischen Fischereizone von 200 sm zu verschaffen[83], nachdem die britische Regierung dem Abkommen mit Kanada schließlich zugestimmt hatte.

III. Zollgebiet, Berlin, DDR, Grönland

1. Zollunion und Zollgebiet

45 a) Nach Art. 9 ist Grundlage der Gemeinschaft eine Zollunion. Dies bedeutet u. a., daß bei der Einfuhr von Waren aus dritten Ländern die Zollsätze des Gemeinsamen Zolltarifs[84] anzuwenden sind. Die 1972 beigetretenen Mitgliedstaaten haben den Gemeinsamen Zolltarif schrittweise eingeführt und wenden ihn seit 1. 7. 1977 in vollem Umfang an. Die schrittweise Einführung des Gemeinsamen Zolltarifs durch Griechenland ist in Art. 31 der Beitrittsakte 1979 geregelt, Griechenland wird ihn ab 1. 1. 1986 voll anwenden. Bis dahin ist als Zollgebiet das Gebiet zugrundezulegen, daß in den am 31. 12. 1980 in der Gemeinschaft und in Griechenland geltenden Bestimmungen festgelegt ist.[85]

46 b) Das Zollgebiet der Gemeinschaft besteht grundsätzlich aus den Hoheitsgebieten aller Mitgliedstaaten; jedoch ergeben sich Abweichungen aus internationalen Übereinkommen, die einige Mitgliedstaaten vor Inkrafttreten des Vertrages geschlossen haben. Nach Art. 1 der VO Nr. 496/68[86] umfaßt das Zollgebiet folgende Territorien:

- das Gebiet des Königreichs Belgien;
- das Gebiet des Königreichs Dänemark mit Ausnahme der Färöer;
- die deutschen Gebiete, in denen der Vertrag zur Gründung der Europäischen Wirtschaftsgemeinschaft gilt, mit Ausnahme der Insel Helgoland sowie des Gebietes von Büsingen (Vertrag vom 23. 11. 1964 zwischen der Bundesrepublik Deutschland und der Schweizerischen Eidgenossenschaft);
- das Gebiet der Französischen Republik mit Ausnahme der überseeischen Gebiete;
- das Gebiet der Republik Griechenland;
- das Gebiet Irlands;
- das Gebiet der Italienischen Republik mit Ausnahme der Gemeinden Livigno und Campione d'Italia sowie des zum italienischen Hoheitsgebiet gehörenden Teils des Luganer Sees zwischen dem Ufer und der politischen Grenze der zwischen Ponte Tresa und Porto Ceresio gelegenen Zone;
- das Gebiet des Großherzogtums Luxemburg;
- das Gebiet des Königreichs der Niederlande in Europa;

83 VO 369/82, ABl. 1982 Nr. L 47 S. 1.
84 VO 950/68, ABl. 1968 Nr. L 172 S. 1 (häufig geändert); HER I A 42/1, S. 35.
85 Art. 42 Abs. 1 Unterabs. 2 der Beitrittsakte 1979.
86 ABl. 1968 Nr. L 238 S. 1 (mehrfach geändert); HER I A 42/4, S. 85.

– das Gebiet des Vereinigten Königreichs Großbritannien und Nordirland sowie die Kanalinseln und die Insel Man.

47 c) Nach Art. 2 der VO Nr. 1496/86 gelten folgende außerhalb der Mitgliedstaaten gelegene Gebiete mit Rücksicht auf besondere Abkommen und Verträge als zum Zollgebiet der Gemeinschaft gehörig:

1. Deutschland:
   Die österreichischen Gebiete von Jungholz und Mittelberg, so wie sie in den folgenden Verträgen festgelegt sind:
   - Jungholz: Staatsvertrag zwischen Österreich und Bayern vom 3. 5. 1868,[87]
   - Mittelberg: Staatsvertrag zwischen Österreich und dem Deutschen Reich vom 2. 12. 1890.[88]
2. Frankreich:
   Das Gebiet des Fürstentums Monaco, so wie es in dem in Paris am 18. 5. 1963 unterzeichneten Zollabkommen festgelegt ist.[89]
3. Italien:
   Das Gebiet der Republik San Marino, so wie es im Abkommen vom 31. 3. 1939 festgelegt ist.[90]

48 d) Obwohl Helgoland zur Bundesrepublik Deutschland gehört, mithin kein Drittland ist, steht es für den traditionellen Reiseverkehr zwischen der Insel und dem Festland einem Drittland gleich[91], jedoch gelten Waren, die für Helgoland bestimmt sind, als nicht aus dem Zollgebiet der Gemeinschaft ausgeführt.[92] Für den Verbrauch und Gebrauch drittländischer Waren durch Einwohner und Touristen werden keine Zölle erhoben, da die Insel Zollfreigebiet ist.[92a]

49 e) Für Ausfuhrerstattungen bei der Ausfuhr von landwirtschaftlichen Erzeugnissen bestimmt Art. 9 Abs. 2 VO 2730/79[93], daß Erzeugnisse, die nach Gebieten ausgehen, die Teil des geographischen Gebiets der Gemeinschaft sind, aber zum Zollgebiet eines dritten Landes gehören, so behandelt werden, als hätten sie das geographische Gebiet der Gemeinschaft verlassen. Dagegen werden Erzeugnisse, die nach Gebieten versandt werden, die Teil des geographischen Gebiets eines dritten Landes sind, aber zum Zollgebiet der Gemeinschaft gehören, so behandelt, als hätten sie das geographische Gebiet der Gemeinschaft nicht verlassen. (Das Gebiet der Gemeinde Livigno gilt nicht als Teil des geographischen Gebiets der Gemeinschaft.)

87 Bayerisches Regbl. 1868 S. 1245.
88 RGBl. 1891 S. 59.
89 JORF 1963 S. 8679.
90 Gesetz Nr. 1220 vom 6. 6. 1939.
91 *Olbertz* in: *Regul* (Hrsg.), Gemeinschaftszollrecht, S. 1251.
92 Art. 1 Abs. 2 RL 81/177, ABl. 1981 Nr. L 43 S. 40; HER I A 42/9, S. 5.
92a § 2 Abs. 3 Nr. 2 des Zollgesetzes vom 14. 6. 1961, BGBl 1961 I S. 737, 1970 I S. 529.
93 ABl. 1979 Nr. L 317 S. 1; HER I A 44/4, S. 5.

50 f) Für die Anwendung der 6. RL zur Harmonisierung der Umsatzsteuer[94] ist nach Art. 3 Abs. 1 unter Inland der Anwendungsbereich des Vertrages zu verstehen, wie er im Art. 227 definiert ist. Nach Art. 3 Abs. 2 gelten folgende Hoheitsgebiete nicht als Inland:

Bundesrepublik Deutschland:
die Insel Helgoland, das Gebiet von Büsingen;

Königreich Dänemark:
Grönland;

Italienische Republik:
Livigno, Campione d'Italia, der zum italienischen Hoheitsgebiet gehörende Teil des Luganer Sees;

Französische Republik:
Überseeische Departements,

Griechenland.[95]

51 g) Die VO 1496/68 (Art. 4) präjudiziert nicht die Zollregelung für den Festlandsockel, die zwischen der Küste und der Grenze der Hoheitsgewässer liegenden Gewässer, Sandbänke und Watten sowie die Freizonen. Nach Ansicht der Kommission ist diese Bestimmung gegenstandslos geworden, weil die VO 802/68[96] die Zollregelung für die aus dem Festlandsockel gewonnenen Waren festlegt, weil die Hoheitsgewässer ohnehin als Teile des Zollgebiets der Gemeinschaft anzusehen sind[97], und weil die Zollregelung für die Freizonen an anderer Stelle geregelt ist.[98] Die Kommission hat deshalb dem Rat den Entwurf einer neuen Verordnung zur Festlegung des Zollgebiets der Gemeinschaft vorgelegt, über den der Rat bisher nicht entschieden hat.

52 h) Gegenüber den Färöern, die nicht zum Zollgebiet der Gemeinschaft gehören, sind von allen Mitgliedstaaten mit Ausnahme Dänemarks die Zollsätze des Gemeinsamen Zolltarifs anzuwenden; Dänemark wende den Zollsatz 0 an.[99]

53 i) West-Berlin gehört als deutsches Gebiet, in dem der EWGV gilt, zum Zollgebiet der Gemeinschaft.

94 ABl. 1977 Nr. L 145 S. 1; HER I A 51/2, S. 49 i.d.F. der 11. RL, ABl. 1980 Nr. L 90 S. 41 und der Beitrittsakte 1979.
95 Gemäß Beitrittsakte 1979.
96 ABl. 1968 Nr. L 148 S. 1; HER I A 42/4, S. 51.
97 Vgl. Rn. 14.
98 RL 69/75, ABl. 1969 Nr. L 58 S. 11; HER I A 42/4, S. 125, RL 71/235, ABl. 1971 Nr. L 143 S. 28; HER I A 42/4, S. 239.
99 VO 2051/74, ABl. 1974 Nr. L 212 S. 33; HER I A 42/1, S. 55; Mitteilung der Komm. über Zollpräferenzen, ABl. 1982 Nr. C 86 S. 2.

2. Berlin

54 a) Die ehemalige Reichshauptstadt Berlin[100] sollte nach den Vereinbarungen der späteren vier Besatzungsmächte über die Besatzungszonen in Deutschland und die Verwaltung von Großberlin von 1944/45 in vier Sektoren aufgeteilt und einer *gemeinsamen »gesamthänderischen« Besatzungshoheit* unterstellt werden.[101] Die Sowjetunion ist im Juni 1948 wegen vieler Meinungsverschiedenheiten, vor allem im Zusammenhang mit der Währungsreform, aus der gemeinsamen Verwaltung Berlins durch die Alliierte Kommandantur ausgeschieden. In der Folgezeit wurden der östliche Sektor der Stadt ausschließlich von der Sowjetunion, die westlichen gemeinsam von den drei westlichen Besatzungsmächten kontrolliert. Im *sogenannten Viermächteabkommen*[102] *über Berlin* haben die Besatzungsmächte vereinbart, *»daß ungeachtet der Unterschiede in den Rechtsauffassungen die Lage, die sich in diesem Gebiet entwickelt hat, und wie sie in diesem Abkommen sowie in den anderen in diesem Abkommen genannten Vereinbarungen definiert ist, nicht einseitig verändert wird«*. Die westlichen Besatzungsmächte haben wiederholt erklärt, daß ihre Rechte und Verantwortlichkeiten für das gesamte Gebiet von Berlin fortbestehen. Sie erkennen die von der DDR mit Billigung der Sowjetunion einseitig vorgenommene Eingliederung der östlichen Sektoren in das Staatsgebiet der DDR nicht an.

55 b) Die westlichen Besatzungsmächte haben sich durch Schreiben der Kommandantur vom 21. 5. 1952[103] mit der Einbeziehung Berlins (d. h. Westberlins) in internationale Verträge und Verpflichtungen der Bundesrepublik unter bestimmten Bedingungen einverstanden erklärt. Nach ihrer *»Erklärung über Berlin«*[104] üben die westlichen Besatzungsmächte in Berlin normalerweise nur noch auf bestimmten Gebieten Machtbefugnisse aus, und zwar hauptsächlich wegen der Sicherheit, Interessen und Immunitäten der alliierten Streitkräfte und der Beziehungen Berlins zu ausländischen Behörden.

56 c) Bei der Unterzeichnung des EWGV und des EAGV am 25. 3. 1957 hat sich die Bundesregierung in der Schlußakte[105] vorbehalten, bei Hinterlegung der Ratifizierungsurkunden zu erklären, daß die Verträge auch für das Land Berlin gelten. Demgemäß sieht Art. 4 des deutschen Ratifikationsgesetzes[106] vor, daß das Gesetz auch im Land Berlin gilt, sofern dieses die Anwendung des Gesetzes feststellt.

57 d) In zwei gleichlautenden Schreiben vom 18. 11. 1957 hat die Alliierte Kommandantur dem Regierenden Bürgermeister von Berlin mitgeteilt, daß sie gegen die Anwendung der

100 Der Gebietsumfang der ehemaligen Reichshauptstadt ist in dem preußischen Gesetz über die Bildung einer neuen Stadtgemeinde Berlin vom 27. 4. 1920, G. S. S. 123, festgelegt.
101 Vgl. die Angaben bei *Schumacher,* EuR 1980, S. 184.
102 Vom 3. 9. 1971, Text im Bulletin der Bundesregierung 1971, S. 1360.
103 Vgl. die Angaben bei *Heidelmeyer,* NJW 1968, S. 337.
104 Vom 5. 5. 1955, GVBl. Berlin 1955, S. 335.
105 BGBl. 1957 II S. 756; HER I A 10, S. 100c.
106 BGBl. 1957 II S. 753; HEW I A 10, S. 101.

Verträge auf Berlin keine Einwände erhebe, soweit sie sich mit den in der *Erklärung über Berlin* festgesetzten Rechten und Verantwortlichkeiten der Alliierten Behörden vereinbaren lasse. Daraufhin hat die Bundesregierung bei der Hinterlegung der Ratifizierungsurkunden am 9. 12. 1957 die in der Schlußakte vorbehaltene Erklärung abgegeben, in der hervorgehoben ist, daß die Rechte und Verantwortlichkeiten Frankreichs, des Vereinigten Königreichs und der Vereinigten Staaten in bezug auf Berlin unberührt bleiben.[107] Schließlich hat das Land Berlin durch Gesetz[108] festgestellt, daß das Ratifikationsgesetz auch im Land Berlin gilt.

58 e) Der EGKSV galt ursprünglich nicht in Berlin. Bei der Unterzeichnung des Fusionsvertrags hat sich die Bundesregierung im Anhang II der Schlußakte vorbehalten, bei der Hinterlegung ihrer Ratifizierungsurkunde zu erklären, daß der Fusionsvertrag und der EGKSV auch für das Land Berlin gelten. Die Voraussetzungen hierfür hat die Bundesrepublik durch Art. 3 des Ratifikationsgesetzes[109] geschaffen. Da alle Ratifikationsurkunden am 30. 6. 1967 hinterlegt worden sind[110], sind der Fusionsvertrag und der EGKSV auch im Land Berlin in Kraft gesetzt.

59 f) Zur Geltung von sekundärem Gemeinschaftsrecht, vor allem von Verordnungen im Sinne von Art. 189 EWGV, Art. 161 EAGV hat die Alliierte Kommandantur in ihren beiden Schreiben vom 18. 11. 1957[111] mitgeteilt, *»daß ›Europäische Verordnungen‹ ebenso zu behandeln sind wie vom Bund erlassene Rechtsverordnungen, die auch für Berlin Geltung haben«.* Demgemäß werden auch *»Europäische«* Verordnungen vom Senat von Berlin der Alliierten Kommandantur vorgelegt. Erhebt diese innerhalb von drei Wochen keine Einwendungen, so wird ihr Inkrafttreten im GVBl. für Berlin durch Hinweis auf die Fundstelle im EG-ABl. bekanntgegeben. Entscheidungen und Richtlinien (im Sinne von Art. 189 EWGV, Art. 161 EAGV) werden nicht zum Gegenstand eines besonderen Konsultations- oder Zustimmungsverfahrens gemacht. Ebenso unterliegen völkerrechtliche Verträge, die die Gemeinschaften im Rahmen ihrer Zuständigkeiten abschließen, als solche keinem besonderen Verfahren.[112]

60 g) Im Europäischen Parlament war Berlin seit Inkrafttreten der Verträge durch drei

107 *Von Meibom,* NJW 1967, S. 2096.

108 Art. I des 25. Gesetzes über die Anwendung von Bundesgesetzen über internationale Abkommen der Bundesrepublik Deutschland vom 12. 12. 1957 – GVBl. Berlin 1957 S. 1791 – in Verbindung mit der 20. Bekanntmachung über das Inkrafttreten von internationalen Verträgen vom 2. 6. 1958 – GVBl. Berlin 1958, S. 495.

109 BGBl. 1965 II S. 1453.

110 ABl. 1967 Nr. 152 S. 1, BGBl. 1967 II S. 2156; nach Auskunft des Bundesministeriums der Justiz hat die Bundesregierung auch bei dieser Hinterlegung die genannte Erklärung unter dem Vorbehalt abgegeben, daß die Befugnisse der drei Besatzungsmächte durch die Einbeziehung Berlins in den EGKSV und den Fusionsvertrag nicht berührt werden.

111 Vgl. oben Rn. 57.

112 Vgl. dazu im einzelnen *Heidelmeyer,* NJW 1968, S. 33, *Schumacher,* EuR 1980, S. 187.

Abgeordnete vertreten, die vom Deutschen Bundestag gewählt worden waren.[113] Seit Einführung der Direktwahl zum Europäischen Parlament[114] werden die drei Berliner Abgeordneten *»mit Rücksicht auf die bestehenden Rechte und Verantwortlichkeiten«* der drei Besatzungsmächte *»bis auf weiteres«* nicht direkt, sondern indirekt nunmehr vom Berliner Abgeordnetenhaus gewählt.[115]

61 h) Das auf Grund vom Art. 235 EWGV errichtete Europäische Zentrum für die Förderung der Berufsbildung hat seinen Sitz in Berlin.[116]

62 i) Berlin gehört zu den *durch die Teilung Deutschlands betroffenen Gebieten im Sinne von Art. 92 Abs. 2c,* in denen Beihilfen für die Wirtschaft mit dem Gemeinsamen Markt vereinbar sind, soweit sie zum Ausgleich der durch die Teilung verursachten wirtschaftlichen Nachteile erforderlich sind.

63 j) In der Schlußakte haben die Regierungen der Mitgliedstaaten erklärt[117], daß sie im Hinblick auf die besondere Lage Berlins, die Notwendigkeit seiner Unterstützung durch die freie Welt und in dem Wunsche, ihre Verbundenheit mit der Bevölkerung Berlins zu bekräftigen, in der Gemeinschaft ihre guten Dienste dafür einsetzen werden, *»daß alle erforderlichen Maßnahmen getroffen werden, um die wirtschaftliche und soziale Lage Berlins zu erleichtern, seine Entwicklung zu fördern und seine wirtschaftliche Stabilität zu sichern«.*

64 k) Der Gouverneursrat der Europäischen Investitionsbank hat durch Entscheidung vom 1.4.1960 in einem Zusatz zu den Allgemeinen Richtlinien festgestellt, daß die Bank Vorhaben in Westberlin finanzieren darf.[118]

3. DDR

65 Im Gebiet der DDR ist das Gemeinschaftsrecht nicht anwendbar. Im Protokoll über den innerdeutschen Handel und die damit zusammenhängenden Fragen[119], das einen Bestandteil des EWGV bildet, haben die Vertragschließenden unter Berücksichtigung der durch die Teilung Deutschlands gegebenen Verhältnisse erklärt, daß die Anwendung des EWGV keine Änderung des bestehenden Systems des innerdeutschen Handels erfordert. Demnach ist der Handel zwischen der Bundesrepublik und der DDR kein Außenhandel. Die übrigen Mitgliedstaaten können nach Nr. 2 des Protokolls ihren

113 Vgl. dazu Art. 144 Abs. 2 GG in Verbindung mit Nr. 4 des Genehmigungsschreibens der Militärgouverneure vom 12. 5. 1949.
114 Akt vom 20. 9. 1976, ABl. 1976 Nr. L 278 S. 1; HER I A 17/3, S. 1.
115 § 29 des Europawahlgesetzes vom 16. 6. 1977, BGBl. I S. 709; HER I A 17/20, S. 1. Vgl. auch die Antwort der Kommission auf die Anfrage Nr. 477/78 des Abg. *Bangemann,* ABl. 1979 Nr. C 5 S. 9.
116 Art. 1 VO 337/75, ABl. 1975 Nr. L 39 S. 1; HER I A 57/10, S. 29.
117 Gemeinsame Erklärung betreffend Berlin.
118 *Müller-Borle,* Art. 130 Rn. 23.
119 Siehe dazu *Rösch,* Protokoll über den innerdeutschen Handel, Anhang A dieses Kommentars.

Handel mit der DDR autonom regeln. Nachdem der Grundlagenvertrag[120] zwischen der Bundesrepublik und der DDR in Kraft getreten ist, üben die Organe der Gemeinschaft beim Handel der übrigen Mitgliedstaaten mit der DDR die gleichen Befugnisse wie beim Handel mit allen anderen Drittländern aus.[121]

4. Grönland

66 a) Die Insel Grönland[122] ist in Art. 227 nicht erwähnt, weil Grönland im Jahre 1972 zur Zeit der Verhandlungen über den Beitritt Dänemarks zur Gemeinschaft nach der dänischen Verfassung von 1953 einen integrierenden Bestandteil dieses Mitgliedstaates bildete. Das Protokoll Nr. 4 zur Beitrittsakte 1972 enthält jedoch einige Sonderregelungen für Grönland. Für die Harmonisierung der Mehrwert- und Tabaksteuern gelten für Grönland im wesentlichen die gleichen Ausnahmen wie für die französischen überseeischen Departements.[123]

67 b) Bei der Volksabstimmung vom 2. 10. 1972, die dem Beitritt Dänemarks vorausging, haben sich in Grönland nur 28,4 % der Abstimmenden für den Beitritt ausgesprochen. Nachdem Grönland im Mai 1979 einen autonomen Status erlangt hatte, hat eine neue Volksabstimmung stattgefunden[124], bei der 52 % der Abstimmenden für und 46 % gegen ein Ausscheiden aus der Gemeinschaft gestimmt haben. Ob Grönland auf Grund dieses Ergebnisses tatsächlich aus der Gemeinschaft ausscheiden wird, ist zur Zeit noch nicht abzusehen. Hierzu werden Verhandlungen zwischen der Gemeinschaft einerseits, Dänemark und Grönland andererseits zu führen sein, bei denen gegebenenfalls die notwendigen Übergangsregelungen vereinbart werden müssen. Die dänische Regierung hat einen Entwurf zur Änderung der Verträge unterbreitet, der vorsieht, daß Grönland aus der Gemeinschaft ausscheidet und den Status eines überseeischen Landes im Sinne von Art. 131 und Anhang IV zum Vertrage erhält.[124a]

68 c) Das Ergebnis der Abstimmung bedeutet jedenfalls nicht, daß Grönland auch aus dem Staatsverband mit Dänemark auszuscheiden wünscht, sodaß es sich nicht um eine Änderung des dänischen Staatsgebietes handelt.[125]

120 BGBl. 1973 I S. 423.
121 Vgl. Mitteilung der Kommission an den Rat vom 18. 4. 1973 – SEK (73) 1483, abgedruckt AWD 1973, S. 399.
122 Grönland hat eine Fläche von 2 175 600 qkm, von denen nur rund 341 000 qkm eisfrei sind. Zum Vergleich: Der Flächeninhalt des Königreichs Dänemark (ohne die autonomen Färöer) beträgt 42 929 qkm. Auf Grönland wohnen rund 50 000 Menschen.
123 Vgl. Fn. 132.
124 Am 23. 2. 1982.
124a Vgl. die Antworten der Kommission auf die Anfragen Nr. 579/82 der Abg. *Théobald-Paoli,* ABl. 1982 Nr. C 221 S. 31 und Nr. 403/82 des Abg. *Pearce,* ABl. 1982 Nr. C 225 S. 6.
125 Vgl. oben Rn. 10.

69 d) Grönland hat bis jetzt von der Gemeinschaft beträchtliche Zuschüsse[126] und Darlehen, vor allem zur Förderung der Fischereiwirtschaft, erhalten, die im Verhältnis zur Zahl der Einwohner weit über dem Durchschnitt der Leistungen liegen, die andere unterentwickelte Gebiete der Gemeinschaft bezogen haben.[127] Die EIB hat nach Art. 18 Abs. 1 ihrer Satzung Darlehen für Investitionsvorhaben in Grönland gewährt: obwohl Grönland kein »europäisches« Gebiet ist.

IV. Algerien, französische überseeische Departements (Abs. 2)

1. Algerien

70 Nach Art. 227 Abs. 2 gelten bestimmte Vorschriften des Vertrages für Algerien und die französischen überseeischen Departements. Für Algerien ist diese Vorschrift gegenstandslos geworden, weil dieses Land auf Grund des Abkommens von Evian vom 18. 3. 1962 am 1. 7. 1962 unabhängig geworden ist. Die Gemeinschaft hat mit Algerien auf Grund von Art. 238 ein Kooperationsabkommen abgeschlossen, das am 1. 11. 1978 in Kraft getreten ist.[128]

2. Französische überseeische Departements

71 a) Die vier überseeischen Departements Gouadeloupe, Guyana, Martinique und Réunion sind nach französischem Staatsrecht intregierende Bestandteile der Französischen Republik. Im Jahre 1976 haben außerdem die Inseln St. Pierre und Miquelon die Stellung von französischen überseeischen Departements im Sinne des Art. 227 Abs. 2 erhalten.[129] Die in Art. 227 Abs. 2 genannten Bestimmungen galten in den überseeischen Departements seit Inkrafttreten des Vertrages. Dazu gehörten vor allem die Bestimmungen über den freien Warenverkehr, d. h. über die Beseitigung der Zölle und mengenmäßigen Beschränkungen zwischen den Mitgliedstaaten und über die Aufstellung des Gemeinsamen Zolltarifs (Art. 9 bis 37) sowie über die Landwirtschaft (Art. 38 bis 47), jedoch mit Ausnahme der Bestimmung über die Errichtung von Ausrichtungs- und Garantiefonds (Art. 40 Abs. 4).

72 b) Die Bedingungen für die Anwendung der in Art. 227 Abs. 2 nicht genannten Bestimmungen des Vertrages sollten nach Art. 227 Abs. 2 durch einstimmige Entschei-

126 Vgl. z. B. VO 1038/79 zur Unterstützung eines Vorhabens zur Exploration von Kohlenwasserstoffen in Grönland, ABl. 1979 Nr. L 132 S. 1; HER I A 121/30, S. 77.

127 Vgl. die Antworten der Kommission auf die Anfragen Nr. 609/81 der Abg. Frau *Gredal*, ABl. 1981 Nr. C 278 S. 9 und des Abg. *Cottrell*, ABl. 1982 Nr. C 47 S. 5.

128 ABl. 1978 Nr. L 295 S. 35; HER IP 10.

129 Durch das französische Gesetz Nr. 76 – 664, JORF 1976 S. 4523.

dungen des Rates auf Vorschlag der Kommission binnen zwei Jahren nach Inkrafttreten des Vertrages festgelegt werden. Es handelt sich dabei nicht um Entscheidungen im Sinne von Art. 189, die der Rat an bestimmte Personen zu richten hätte, sondern um autonome Ergänzungen des Vertrages, wie sie z. B. auch in Art. 38 Abs. 3 Satz 2 und Art. 92 Abs. 3d) vorgesehen sind.

Auf Grund dieser Vorschrift sind teils durch Entscheidungen des Rates, teils durch andere Rechtsakte der Gemeinschaft zahlreiche Bestimmungen des Gemeinschaftsrechts für in den französischen überseeischen Departements anwendbar erklärt worden, und zwar zum größten Teil noch nach Ablauf der in Abs. 2 vorgesehenen Zweijahresfrist.[130]

73 c) Diese Rechtsakte sind durch ein Urteil des EuGH überholt.[131] Nach diesem Urteil gelten die Bestimmungen des EWGV und des abgeleiteten Rechts nach Ablauf der Frist des Art. 227 Abs. 2 ohne weiteres für die überseeischen Departements, da diese integrierende Bestandteile der Französischen Republik sind. Jedoch bleibt die Möglichkeit offen, nachträglich den Erfordernissen dieser Gebiete entsprechende Sondermaßnahmen zu treffen.

74 d) Die Gemeinschaft hat durch verschiedene Sondermaßnahmen den Erfordernissen der überseeischen Departements Rechnung getragen und damit zugleich die wirtschaftliche und soziale Entwicklung dieser Gebiete gefördert.[132]

Der Beitrag des Europäischen Regionalfonds zu Investitionen in den überseeischen Departements kann bis zu 40% betragen, da diese Gebiete nach Feststellung der Kommission zu den am meisten zurückgebliebenen und durch ihre periphere Lage zusätzlich belasteten Regionen der Gemeinschaft gehören.

Nach einem Beschluß des Rates der Gouverneure der EIB vom 18. 3. 1980 haben die überseeischen Departements unter den gleichen Bedingungen wie die übrigen französischen Departements Zugang zu den Darlehen der Bank.

130 Vgl. die Angaben in der Vorauflage, Anm. 9d).
131 EuGH – Hansen & Balle/HZA Flensburg, 148/77 – Slg. 1978, 1787.
132 Durch Beschluß des Rates vom 18. 3. 1975 (ABl. 1975 Nr. L 73 S. 49) war bereits die Anwendung der am gleichen Tage erlassenen VO 724/75 über die Errichtung des Regionalfonds (ABl. 1975 Nr. L 73 S. 1; HER I A 122, S. 23) zugunsten der überseeischen Departements gesichert worden, vgl. die Antwort auf die Anfrage Nr. 210/75 des Abg. *Martens*, ABl. 1975 Nr. C 233 S. 11.
Die VO Nr. 1795/76 (ABl. 1976 Nr. L 201 S. 5) hat die Tätigkeit der Abteilung Ausrichtung des Europäischen Ausrichtungs- und Garantiefonds auf die überseeischen Departements ausgedehnt.

V. Überseeische Länder und Hoheitsgebiete (Abs. 3)

75 Die ursprüngliche Fassung des Anhangs IV zum EWGV ist weitgehend überholt. Fast alle überseeischen Länder und Hoheitsgebiete, die darin aufgeführt sind, sind unabhängig geworden und haben sich aus eigenem Entschluß mit der Gemeinschaft assoziiert.[133]

76 1. Die zu den französischen Überseegebieten gehörenden Inseln St. Pierre und Miquelon haben seit 1976 den Status von französischen Departements erhalten.[134]

77 2. Unabhängig geworden sind auch das französisch-britische Kondominium Neue Hebriden (jetzt Republik Vanuatu) und die meisten britischen Gebiete, die beim Beitritt des Vereinigten Königreichs dem Anhang IV zum EWGV hinzugefügt worden sind.[135]

78 3. Andererseits sind die Niederländischen Antillen, die zunächst im Anhang IV nicht genannt waren, durch ein Abkommen über die Änderung des EWGV in den Anhang IV aufgenommen und dadurch mit der Gemeinschaft assoziiert worden.[136]

Surinam ist auf Grund eines Beschlusses der im Rat vereinigten Ständigen Vertreter der Mitgliedstaaten vom 23.10.1961 mit Wirkung vom 1.9.1962 in den Anhang IV aufgenommen worden.

Auf Grund innerstaatlicher Vorschriften hatten die Niederlande den Vertrag zunächst

Fortsetzung Fußnote 132
Eine Aufgliederung von Hilfen und Sonderdarlehen enthält die Antwort der Kommission auf die Anfrage Nr. 124/81 des Abg. *Fanton,* ABl. 1981 Nr. C 165 S. 39.
An weiteren Maßnahmen zugunsten der überseeischen Departements seien erwähnt:
RL über die Entwicklung der Landwirtschaft (ABl. 1981 Nr. L 197 S. 38) nebst Entscheidung der Komm. (ABl. 1982 Nr. L 47 S. 39),
Sonderregelungen in Art. 25 Abs. 2 und 3, Art. 27 Abs. 2 und Art. 46 Abs. 3 VO 1785/81 – Marktordnung für Zucker – (ABl. 1981 Nr. L 177 S. 4; HER 44/60, S. 1) – VO 2067/81 – Maßnahmen für den Absatz des in den überseeischen Dep. erzeugten Zuckers (ABl. 1981 Nr. L 203 S. 3),
Ausnahmen von der Mehrwertsteuer, Art. 3 Abs. 2 der 6. Umsatzsteuer-Richtlinie in der Fassung der 11. RL (ABl. 1980 Nr. L 90 S. 41; HER I A 51/2, S. 52a),
Ausnahmen von der Tabaksteuer, Art. 12 der RL 72/464, Art. 9 der RL 79/32 i.d.F. der RL 80/369, (ABl. 1980 Nr. L 90 S. 42; HER I A 51/2, S. 46a, 114),
Vorschlag einer Entscheidung über die Anwendung eines ermäßigten Steuersatzes auf »traditionellen Rum« (ABl. 1982 Nr. C 107 S. 6).

133 Für diese Assoziationen gilt jetzt das Zweite AKP-EWG-Abkommen von Lomé vom 31.10.1979, ABl. 1980 Nr. L 372 S. 1; HER I A 59/7, S. 1.

134 Durch das französische Gesetz Nr. 76 – 664, JORF 1976 S. 4523.

135 Durch Art. 24 Abs. 2 der Beitrittsakte 1972.

136 Abkommen vom 13.11.1962, ABl. 1962 S. 2674; HER I A 11, S. 3.

nur für das Königreich in Europa und Niederländisch-Neuguinea ratifizieren können.[137] Die Mitgliedstaaten hatten sich in der Schlußakte bereit erklärt, alsbald nach Inkrafttreten des Vertrages auf Antrag der Niederlande Verhandlungen über den Abschluß von Übereinkünften zur wirtschaftlichen Assoziierung Surinams und der Niederländischen Antillen mit der Gemeinschaft einzuleiten.

79 4. Satz 2 von Art. 227 Abs. 2 ist durch Art. 26 Abs. 2 der Beitrittsakte 1972 in den Vertrag eingefügt worden. Überseeische Länder und Gebiete, die besondere Beziehungen zum Vereinigten Königreich unterhalten, aber nicht (durch Art. 24 Abs. 2 der Beitrittsakte 1972) in den Anhang IV zum EWGV aufgenommen worden sind, sind in der Liste im Anhang VI zur Beitrittsakte 1972 aufgezählt.[138]

Diesen Ländern und Gebieten hat die Gemeinschaft den Abschluß von Assoziierungs- oder Handelsabkommen angeboten.[139] Fast alle Länder und Gebiete haben von diesem Angebot Gebrauch gemacht; einige von ihnen waren bereits vorher mit der Gemeinschaft in ihrer ursprünglichen Zusammensetzung assoziiert gewesen.[140] Auch die meisten dieser Länder und Gebiete sind inzwischen unabhängig geworden. Wegen des gegenwärtigen Standes der Assoziierung auf Grund von Art. 131 s. oben.[141]

80 5. Zu den britischen Hoheitsgebieten, die weder in den Anhang IV zum EWGV aufgenommen noch im Anhang VI zur Beitrittsakte 1972 aufgeführt sind, gehört insbesondere die Kronkolonie Hongkong.

81 6. Wegen Gibraltar s. unten.[142]

82 7. Zu den Gebieten, die durch Art. 24 Abs. 2 der Beitrittsakte 1972 in den Anhang IV aufgenommen worden sind, gehören die britischen Falklandinseln und Nebengebiete. Auf ihre vorübergehende Besetzung durch Argentinien am 2. 4. 1982 hat die Gemeinschaft unter Hinweis auf die Entschließung 502 des Sicherheitsrates der Vereinten Nationen damit reagiert, daß sie die Einfuhr aller dem EWGV und dem EGKSV unterliegenden Erzeugnisse mit Ursprung in Argentinien ausgesetzt hat.[143]

137 Protokoll über die Anwendung des Vertrages auf die außereuropäischen Teile des Königreichs der Niederlande, HER I A 11, S. 3.

138 ABl. 1972 Nr. L 73 S. 137; HER I A 12, S. 94.

139 Durch das Protokoll Nr. 22 zur Beitrittsakte 1972, ABl. 1972 Nr. L 73 S. 177; HER I A 12, S. 130.

140 Vgl. Art. 109 der Beitrittsakte 1972 und die dort genannten Assoziierungsabkommen mit Kenia, Tansania und Uganda.

141 *Becker,* Art. 131 Rn. 2.

142 Rn. 84.

143 VO (EWG) Nr. 877/82, 1176/82, 1254/82, ABl. 1982 Nr. L 102 S. 1, Nr. L 136 S. 1, Nr. L 146 S. 1 und Beschlüsse (der im Rat vereinigten Vertreter der Regierungen) 82/221, 82/320, 82/324/EGKS, ABl. 1982 Nr. L 102 S. 3, Nr. L 136 S. 2, Nr. L 146 S. 2. Aufgehoben durch VO Nr. 1577/82, ABl. 1982 Nr. L 177 S. 1 und Beschluß 82/413/EGKS, ABl. 1982 Nr. L 177 S. 2 nach Wiederbesetzung der Falklandinseln durch das Vereinigte Königreich.

VI. Europäische Hoheitsgebiete, deren auswärtige Beziehungen ein Mitgliedstaat wahrnimmt (Abs. 4)

83 Europäische Hoheitsgebiete, deren auswärtige Beziehungen ein Mitgliedstaat wahrnimmt, gab es in der Gemeinschaft nicht mehr, nachdem das Saarland auf Grund des deutsch-französischen Vertrages zur Regelung der Saarfrage vom 27. 10. 1956 am 1. 1. 1957 in die Bundesrepublik eingegliedert worden war.[144] Die Regelung in Abs. 4, die offenbar in Anlehnung an Art. 79 EGKSV formuliert worden ist, war also bei Unterzeichnung des EWGV am 25. 3. 1957 schon gegenstandslos geworden.[145]

84 1. Nach dem Beitritt des Vereinigten Königreichs findet der EWGV auf Grund von Abs. 4 auf *Gibraltar* Anwendung, jedoch vorbehaltlich der in Art. 28 der Beitrittsakte 1972 festgelegten Ausnahmen für den Handel mit bestimmten landwirtschaftlichen Erzeugnissen und für die Harmonisierung der Rechtsvorschriften über die Umsatzsteuer.

85 2. Das Fürstentum *Monaco* ist ein selbständiger Staat, der seine auswärtigen Beziehungen grundsätzlich selbst wahrnimmt.[146] Allerdings kann Monaco nach einem Abkommen mit Frankreich[147] Verträge mit dritten Staaten nur mit Zustimmung Frankreichs abschließen. Unter Bezugnahme auf einen noch geltenden Vertrag vom 2. 2. 1861 hat Frankreich mit Monaco ein Abkommen über die Errichtung einer Zollunion abgeschlossen.[148] Monaco gehört demnach zum Zollgebiet der Gemeinschaft.[149]

86 3. Die Republik *San Marino* ist gleichfalls ein selbständiger Staat; sie hat sich unter den Schutz Italiens gestellt. Durch Freundschaftsverträge mit Italien[150] ist zwischen beiden Staaten eine Zollunion begründet worden, so daß San Marino zum *Zollgebiet* der Gemeinschaft gehört.[151]

87 4. Die *Vatikanstadt* ist nach dem Lateranvertrag des Heiligen Stuhls mit Italien[152] ein nach innen und außen souveräner Staat.

88 5. Das Fürstentum *Andorra* steht unter gemeinsamer Oberherrschaft des Präsidenten der Französischen Republik und des spanischen Bischofs von Urgel. Die Bestimmungen des EWGV finden auf Andorra keine Anwendung. Für den Warenverkehr zwischen

144 BGBl. 1956 II S. 1587.
145 Vgl. aber Art. 4 Abs. 2 des deutschen Ratifikationsgesetzes zum EWGV und EAGV, BGBl. 1957 II S. 753; HER I A 10, S. 101.
146 Antwort des Rates auf die Anfrage Nr. 213/81 des Abg. *Didò*, ABl. 1981 Nr. C 210 S. 14.
147 Vom 17. 7. 1918.
148 Vom 18. 5. 1963, JORF 1963 S. 8679.
149 Vgl. oben Rn. 47.
150 Vom 31. 3. 1939, 29. 4. 1953 und 20. 12. 1960.
151 Vgl. oben Rn. 47.
152 Vom 11. 2. 1929.

Andorra und Frankreich ist ein Schriftwechsel zwischen dem Generalrat des Fürstentums Andorra und der französischen Regierung maßgebend.[153]

VII. Abweichungen von den Absätzen 1 bis 4 (Abs. 5)

89 Abs. 5 ist durch Art. 26 Abs. 3 der Beitrittsakte 1972 in den Vertrag eingefügt worden. Er enthält Ausnahmen für europäische Gebiete, die mit Dänemark und dem Vereinigten Königreich verbunden sind.

1. Färöer

90 Der Vertrag findet auf die Färöer keine Anwendung, da die dänische Regierung die in Buchst. a) vorbehaltene Erklärung nicht abgegeben hat. Nach Art. 3 Abs. 2 des Protokolls Nr. 2 zur Beitrittsakte 1972 beschließt der Rat auf Vorschlag der Kommission die Regelungen, die erforderlich sind, um die sich hieraus ergebenden Probleme zu lösen. Die Färöer gehören nicht zum Zollgebiet der Gemeinschaft. Für die Einfuhr von Erzeugnissen mit Ursprung in den Färöern gilt eine ähnliche Regelung wie für die Einfuhr von Erzeugnissen aus den EFTA-Staaten; Dänemark wendet den Zollsatz 0 an.[154] Werden Waren mit Ursprung in den Färöern in die Gemeinschaft verbracht, um im Rahmen des aktiven Veredelungsverkehrs veredelt zu werden, sind die Vorschriften über den aktiven Veredelungsverkehr anzuwenden.[155] Zur Regelung des Fischfangs hat die Gemeinschaft mit der dänischen Regierung und der Landesregierung der Färöer Vereinbarungen getroffen.[156]

2. Britische Hoheitszonen auf Zypern

91 Die Beziehungen zwischen der Gemeinschaft und den Hoheitszonen des Vereinigten Königreichs auf Zypern sollen nach einer in der Schlußakte des Beitrittsvertrages 1972 enthaltenen Gemeinsamen Erklärung im Rahmen einer Vereinbarung zwischen der Gemeinschaft und der Republik Zypern geregelt werden. Mit der Republik Zypern hat die Gemeinschaft ein Assoziierungsabkommen nach Art. 233 abgeschlossen[157], das am 1. 6. 1973 in Kraft getreten ist.[158]

153 Antworten der Kommission auf die Anfragen Nr. 191/78 des Abg. *Spénale,* ABl. 1978 Nr. C 238 S. 14 und Nr. 113/81 des Abg. *Beumer,* ABl. 1981 Nr. C 153 S. 19.

154 VO 2051/74, ABl. 1974 Nr. L 212 S. 33; HER I A 42/1, S. 55; Mitteilung der Kommission über Zollpräferenzen, ABl. 1982 Nr. C 86 S. 2.

155 RL 76/616, ABl. 1976 Nr. L 199 S. 41; HER I A 42/4, S. 343 i.V. mit RL 69/73, ABl. 1973 Nr. L 58 S. 1; HER I A 42/4, S. 103.

156 Siehe die Hinweise oben Fn. 79.

157 ABl. 1973 Nr. L 133 S. 1; HER I R 10, S. 13 und die VO 1742 und 1743/81, ABl. 1981 Nr. L 174 S. 1 und 27; HER I R 10, S. 71, 73.

158 ABl. 1973 Nr. L 143 S. 39.

3. Kanalinseln und Insel Man

92 Die Regelung für die Kanalinseln (Jersey, Guernsey und Sark) und die Insel Man ist im Protokoll Nr. 3 zur Beitrittsakte 1972 enthalten. Hervorzuheben ist besonders, daß die Gemeinschaftsregelung für Zölle und mengenmäßige Beschränkungen auf die Kanalinseln und die Insel Man in gleicher Weise wie auf das Vereinigte Königreich anzuwenden ist. Zölle und Abgaben gleicher Wirkung waren nach dem in den Art. 32 und 36 der Beitrittsakte 1972 festgelegten Zeitplan schrittweise abzubauen.

In ihren steuerlichen Beziehungen sind die Kanalinseln und die Insel Man autonom, die Steuervorschriften des EWGV sind auf sie nicht anzuwenden.[159]

Die Zuständigkeit für die Beziehungen zwischen den genannten Gebieten und der Gemeinschaft liegt bei der britischen Regierung.[160]

VIII. EAG- und EGKS-Vertrag

1. EAGV

93 a) Die Regelung des räumlichen Anwendungsbereichs im EAGV weicht von derjenigen in Art. 227 EWGV nicht unerheblich ab. Art. 198 Abs. 1 EAGV lautet:

»Soweit nichts anderes bestimmt ist, finden die Vorschriften dieses Vertrages auf die europäischen Hoheitsgebiete der Mitgliedstaaten sowie auf die ihnen unterstehenden außereuropäischen Hoheitsgebiete Anwendung.«

Somit regelt Art. 198 den räumlichen Anwendungsbereich des EAGV, indem er von den (europäischen oder außereuropäischen) Hoheitsgebieten der Mitgliedstaaten spricht, auf die die Vorschriften des Vertrages »Anwendung finden«. Dagegen zählt Art. 227 Abs. 1 EWGV die Mitgliedstaaten, für die der Vertrag »gilt«, einzeln mit ihren offiziellen Bezeichnungen auf. Damit weist der EWGV deutlicher als der EAGV (und der EGKSV) auf die Mitgliedstaaten in ihrer Eigenschaft als Rechtspersönlichkeiten des Völkerrechts hin, für die der Vertrag unabhängig von etwaigen Veränderungen im Bestand ihrer Hoheitsgebiete verbindlich ist.[161]

159 Antwort der Komm. auf die Anfrage Nr. 112/81 des Abg. *Beumer,* ABl. 1981 Nr. C 180 S. 13.
160 Antwort auf die Anfrage Nr. 1250/80 des Abg. *Welsh,* ABl. 1980 Nr. C 335 S. 14.
161 Siehe oben Rn. 10.

94 b) Nach Art. 198 Abs. 1 findet der EAGV in gleicher Weise auf die europäischen wie die den Mitgliedstaaten unterstehenden außereuropäischen Hoheitsgebiete Anwendung.[162] Die außereuropäischen Hoheitsgebiete, die bei Abschluß des EAGV Frankreich und den Niederlanden unterstanden, sind inzwischen zum größten Teil unabhängig geworden[163], so daß die Vorschriften des EAGV insoweit nicht mehr anzuwenden sind.

95 c) Art. 27 der Beitrittsakte 1972 hat dem Art. 198 EAGV einen 3. Absatz hinzugefügt, der in vier Unterabsätze (Buchst. a–d) unterteilt ist. Die Unterabsätze a), b) und d) (Färöer, Hoheitszonen auf Zypern, Kanalinseln und Insel Man) stimmen wörtlich mit Art. 227 Unterabs. 2 EWGV überein;[164] Buchst. c) mit Art. 227 Abs. 3 Unterabs. 2.[165]

96 d) Nach Art. 2 der Beitrittsakte 1979 ist der EAGV auch für Griechenland verbindlich. Nach dem Beitritt Griechenlands deckt der Text von Art. 198 Abs. 1 EAGV auch das Gebiet der Republik Griechenland.

2. *EGKSV*

97 Nach Art. 79 EGKSV findet dieser Vertrag auf die europäischen Gebiete der Vertragschließenden[166] und auf die europäischen Gebiete Anwendung, deren auswärtige Angelegenheiten ein Unterzeichnerstaat wahrnimmt.[167]

98 Die Beitrittsakte 1972 hat durch Art. 25 dem Art. 79 EGKSV einen neuen Abs. 2 eingefügt, der wörtlich mit Art. 198 Abs. 3 EAGV (eingefügt durch Art. 27 der Beitrittsakte 1972) übereinstimmt.[168]

99 Auf Grund von Art. 2 der Beitrittsakte 1979 erstreckt sich der in Art. 79 umschriebene Anwendungsbereich des EGKSV auch auf Griechenland.

100 Durch Art. 79 letzter Absatz verpflichtet sich jede Vertragspartei, den anderen Mitgliedstaaten die Vergünstigungen einzuräumen, die sie in den ihrer Herrschaftsgewalt unterstehenden außereuropäischen Gebieten für Kohle und Stahl genießt.

162 Die einzigen Ausnahmen hiervon bilden:
Art. 56 Abs. 2 EAGV über die Vertretung der Erzeuger und Verbraucher aus den außereuropäischen Hoheitsgebieten in den Beziehungen zur Agentur nach Art. 52 Abs. 2b) EAGV,
Art. 93 Abs. 2 EAGV über das Recht der außereuropäischen Hoheitsgebiete, fiskalische Ein- und Ausfuhrzölle oder Abgaben gleicher Wirkung auf die im Anhang IV zum EAGV aufgeführten Güter und Erzeugnisse zu erheben.

163 Vgl. oben Rn. 75.

164 Vgl. oben Rn. 90 bis 92.

165 Vgl. oben Rn. 80.

166 Wegen der Geltung in Berlin vgl. oben Rn. 58.

167 Vgl. oben Rn. 83 bis 88.

168 Vgl. oben Rn. 95.

Artikel 228 [Abkommen der Gemeinschaft]

(1) Soweit dieser Vertrag den Abschluß von Abkommen zwischen der Gemeinschaft und einem oder mehreren Staaten oder einer internationalen Organisation vorsieht, werden diese Abkommen von der Kommission ausgehandelt. Sie werden vorbehaltlich der Zuständigkeiten, welche die Kommission auf diesem Gebiet besitzt, durch den Rat geschlossen; dieser hört zuvor die Versammlung in allen Fällen, in denen der Vertrag dies vorsieht.

Der Rat, die Kommission oder ein Mitgliedstaat kann zuvor ein Gutachten des Gerichtshofes über die Vereinbarkeit des beabsichtigten Abkommens mit diesem Vertrag einholen. Ist dieses Gutachten ablehnend, so kann das Abkommen nur nach Maßgabe des Artikels 236 in Kraft treten.

(2) Die unter diesen Voraussetzungen geschlossenen Abkommen sind für die Organe der Gemeinschaft und für die Mitgliedstaaten verbindlich.

Literaturhinweise

Bleckmann, Albert, Die Position des Völkerrechts im inneren Rechtsraum der Europäischen Gemeinschaften, in: Jahrbuch für Internationales Recht 1975, 300 ff.
Bot, Bernard, Negotiating Community Agreements: Procedure and Practice, in: CMLR 1970, 286 ff.
Carl, Michael, Die Kompetenzverschiebungen zwischen Kommission und Rat der EWG auf dem Gebiet der Außenbeziehungen, Diss., Freiburg 1974
Constantinesco, Vlad – Simon, Denys, Quelques Problèmes des Relations Éxterieures des Communautés Éuropéennes, in: RTDE 1975, 432 ff.
Costonis, John, The Treaty-Making-Power of the European Economic Community – The Perspectives of a Decade, in: CMLR 1967/68, 421 ff.
Hermann, Rudolf, Das Abschlußverfahren völkerrechtlicher Verträge der Europäischen Wirtschaftsgemeinschaft, Berlin 1973
Kovar, Robert, Les Accords liant les Communautés Européennes et l'ordre juridique communautaire – a propos d'une jurisprudence récente de la Cour de Justice, in: RMC 1974, 345 ff.
Krück, Hans, Völkerrechtliche Verträge im Recht der Europäischen Gemeinschaften, Heidelberg 1977
Lörcher, Gino, Der Abschluß völkerrechtlicher Verträge nach dem Recht der Europäischen Gemeinschaften, Bonn 1965
Mégret, Jacques, Conclusion, formes et effets des accords internationaux passés par la CEE, in: RMC 1965, 19 ff.
Melchior, Michel, La procédure de conclusion des accords externes de la Communauté Economique Européenne, in: Revue belge de Droit International, 1966, 187 ff.
Oppermann, Thomas, Die Assoziierung Griechenlands mit der EWG, in: ZaöRV 22 (1962), 486 ff.
Petersmann, Ernst-Ulrich, Auswärtige Gewalt, Völkerrechtspraxis und Völkerrechtsbindungen der EWG, in: ZaöRV 35 (1975), 270 ff.

Rengeling, Zu den Befugnissen des Europäischen Parlaments beim Abschluß völkerrechtlicher Verträge im Rahmen der Gemeinschaftsverfassung, in: Festschrift für H. J. Schlochauer, Berlin 1981, S. 877 ff.

Inhaltsübersicht

I. Allgemeine Bedeutung der Vorschrift

1 Art. 228 befaßt sich, darin Art. 59 Abs. 2 GG vergleichbar, mit dem Abschluß völkerrechtlicher Verträge durch die Gemeinschaft.

Abs. 1 Unterabs. 1 regelt das gemeinschaftsinterne Verfahren des Abschlusses, Abs. 2 die gemeinschaftsinterne Bindung an den Vertragsschluß. Die Befugnis der Gemeinschaft zum Abschluß völkerrechtlicher Verträge[1] ist ebensowenig Gegenstand des Art. 228 wie die völkerrechtliche Seite des Vertragsschlusses. Damit etwaige Konflikte zwischen völkerrechtlicher und gemeinschaftsrechtlicher Gültigkeit des Vertragsschlusses frühzeitig ausgeräumt werden, eröffnet Art. 228 Abs. 1 Unterabs. 2 die Möglichkeit, ein Gutachten des EuGH über die Vereinbarkeit des beabsichtigten Vertragsschlusses mit dem EWG-Vertrag einzuholen.

1 Hierzu *J. Schwarze*, Rn. 6 ff. zu Art. 210.

2 Für den Abschluß völkerrechtlicher Verträge durch die Gemeinschaft steht seit dem AETR-Urteil fest, daß die anwendbaren Verfahrensregeln »aus der Gesamtheit aller Vertragsartikel zu gewinnen (sind), welche durch die Verhandlungen ... betroffen werden«.[2] Art. 228 gibt also nur einen Rahmen, der mit besonderen Verfahrensvorschriften des EWGV und mit den Regeln der jeweiligen Sachkompetenz in dem Sinne zu kumulieren ist,[3] daß diese Vorschriften und Regeln Art. 228 in einzelnen Elementen vervollständigen, präzisieren oder modifizieren, ohne ihn je völlig auszuschalten.[4] Daneben hat die Gemeinschaftspraxis der Bestimmung festere Konturen gegeben, namentlich in Fragen, die undeutlich oder nicht explizit angesprochen sind.[5]

3 Keine unmittelbare Regelung enthält Art. 228 für Verträge, die auf Seiten der Gemeinschaft auch die Mitgliedstaaten abschließen, weil der Vertragsgegenstand teils in die Zuständigkeit der Gemeinschaft, teils in die der Mitgliedstaaten fällt. In der Gemeinschaftspraxis hat sich für diese sogenannten gemischten Abkommen[6] ein besonderes Vertragsschließungsverfahren entwickelt.[7] Es orientiert sich bei Wahrung der Besonderheiten an den Grundstrukturen des Art. 228 sowie gegebenenfalls der besonderen Verfahrensvorschriften des EWGV (etwa Art. 111 ff., 238).

4 Für den innergemeinschaftlichen Vollzug der von der Gemeinschaft abgeschlossenen Verträge liefert Art. 228 nur Anhaltspunkte. Auch in anderen Vertragsbestimmungen ist dazu nichts gesagt. Entsprechendes gilt für die Prüfungszuständigkeit des EuGH nach Abschluß eines Vertrags.

II. Vertragsschließungsverfahren

1. Von Artikel 228 erfaßte Vertragstypen und -parteien

5 Unter Art. 228 fallen grundsätzlich alle völkerrechtlichen Verträge der Gemeinschaft: bilaterale ebenso wie multilaterale, im EWGV typisierte (Handels- und Zollabkommen, Assoziierungsabkommen), aber auch nicht typisierte. Gleichgültig ist ihre Bezeichnung als Abkommen, Vertrag, Protokoll, Briefwechsel oder ähnliches.[8]

2 EuGH – AETR, 22/70 – Slg. 1971, 263 ff., Ziff. 72.
3 Vgl. *Sasse,* Zur auswärtigen Gewalt der Europäischen Wirtschaftsgemeinschaft, in: EuR 1971, 208 ff. (232).
4 *Hermann*, S. 21, 28.
5 *Mégret*, Conclusion ..., a.a.O., S. 26; *Hermann,* S. 20; *Paul Reuter* in: *Smit – Herzog*, a.a.O. (Allg. Literaturverzeichnis), Art. 228 Observation 03., 05.
6 Vgl. *J. Becker,* Rn. 18 ff. zu Art. 238.
7 *Constantinesco,* a.a.O., Bd. I (1977), S. 213 f.; *Pipkorn* in: *Beutler* u. a., a.a.O., S. 427; *Louis – Brückner* in: *Mégret* u. a., a.a.O., Bd. 12, S. 49 ff. (alle im Allg. Literaturverzeichnis).
8 EuGH – Lokale Kosten, 1/75 – Slg. 1975, 1355 ff. (1360); *Louis – Brückner* in: *Mégret* u. a., a.a.O., Bd. 12, S. 22.

6 Vertragspartner der Gemeinschaft können Staaten sein, zu denen völkerrechtliche Bindungen hergestellt werden sollen, Art. 113 Abs. 3 benennt diese Staaten deutlicher als »Dritte Länder«, d. h. Nicht-Mitgliedstaaten. Entsprechendes muß für Art. 228, der im Kontext der Außenbeziehungen der Gemeinschaft steht, gelten. Mit internationalen Organisationen als möglichen Vertragspartnern der Gemeinschaft verweist Art. 228 auf die herkömmlichen, vom Völkerrecht bestimmten Merkmale solcher Organisationen.[9]

2. *Organkompetenzen*

a) *Allgemeines*

7 Ein für internationale und supranationale Organisationen allgemeingültiges Prinzip, nach dem die Zuständigkeiten beim Abschluß völkerrechtlicher Verträge verteilt sind, gibt es nicht.[10] Die Vielgestaltigkeit der Organisationen, aber auch die Unmöglichkeit, Zuordnungskriterien zu benutzen, die in der staatlichen Tradition wurzeln, zwingen zu einer Kompetenzverteilung, die in erster Linie der Grundstruktur der jeweiligen Organisation angemessen ist. Die in Art. 228 getroffene Regelung entspricht im ganzen der auch für andere Gemeinschaftszuständigkeiten maßgeblichen Kompetenzverteilung zwischen den Organen: die Kommission bereitet vor, der Rat beschließt, das Parlament hat das Recht zur Stellungnahme.

8 Beeinflußt von der im zwischenstaatlichen Verkehr üblichen Praxis,[11] legt Art. 228 das Vertragsschließungsverfahren zweiphasig an:[12] Auf die Verhandlungsphase, die in die Kompetenz der Kommission fällt, folgt die Abschlußphase, in der fast ausnahmslos der Rat, gegebenenfalls nach Anhörung des Parlamentes, die verbindliche Entscheidung über den Vertragsschluß trifft. In der Praxis ist diese Zuständigkeitsverteilung nicht unwesentlich präzisiert und verfeinert worden. Dabei wurde deutlich, daß die Kommission in den Verhandlungen nicht in dem Maße selbständig sein kann, in dem Art. 228 dies suggeriert. Wenn Verhandlungen zu einem erfolgreichen Vertragsabschluß durch den Rat führen sollen, muß die Kommission zwangsläufig den mitgliedstaatlichen Interessen Rechnung tragen. Kontrollierende und dirigierende Eingriffe des Rates bzw. der Mitgliedstaaten während der Verhandlungsphase sind damit unvermeidlich. Die Praxis hat sie auf verschiedene Weise instrumentalisiert und damit transparent gemacht. Andererseits beeinflußt die Kommission durch ihren Sachverstand und ihr Verhandlungsgeschick den tatsächlichen Verlauf der Verhandlungen maßgeblich. Sie ist trotz allem in der

9 Dazu etwa *Seidl-Hohenveldern*, Das Recht der Internationalen Organisationen einschließlich der supranationalen Gemeinschaften, 3. Aufl., Köln 1979, Rn. 101 ff.; *Grabitz*, Die Stellung der Gemeinschaft und ihrer Organe in Internationalen Organisationen, in: Die Außenbeziehungen der Europäischen Gemeinschaft, KSE 25 (1975), S. 47 ff.

10 *Krück*, S. 151 f.

11 Dazu *Lörcher*, S. 152 f.; *Hermann*, S. 19.

12 *Melchior*, S. 193; *Hermann*, S. 36; *Constantinesco*, a.a.O., S. 212; *Schweitzer – Hummer*, a.a.O., S. 136.

Verhandlungsphase nicht bloß ein »ausführendes« »untergeordnetes« Organ des Rates. Es dürfte deshalb richtig sein, das Verhältnis von Rat und Kommission in den Verhandlungen als das eines Aufeinander-angewiesenen-Seins zu charakterisieren und eindimensionale rechtliche Kennzeichnungen zu vermeiden.[13] – In anderer Richtung hat sich die Position des Europäischen Parlamentes in der Verhandlungsphase entwickelt. Sie ist in begrenztem Umfang über die rein negative Aussage des Art. 228 (s. auch Art. 113 Abs. 3, 238) hinaus gewachsen, läßt sich freilich, bedingt durch das Fehlen verbürgter Mitwirkungsrechte, eher in politischen als juristischen Kategorien umschreiben.

b) Verhandlungsphase

9 Die Verhandlungsphase[14] beginnt mit der Eröffnung der Vertragsverhandlungen und endet mit der Paraphierung des Vertragstextes. Im Gegensatz zu Art. 111 Abs. 2, 113 Abs. 3 bestimmt Art. 228 nicht, wer die Verhandlungen eröffnet. Maßgebend ist insoweit die Zuständigkeit zum Vertragsabschluß. Soweit dieser, wie in der Regel, dem Rat vorbehalten ist, darf die Kommission die Vertragsverhandlungen nach dem Vorbild der Vorschriften über Zoll- und Handelsabkommen nur mit Ermächtigung des Rates aufnehmen. Nur so kann vermieden werden, daß die Kommission Verhandlungen führt, die der Rat später, weil er sie schon im Grundsatz nicht billigt, ohne weiteres verwirft.[15] Soweit die Kommission ausnahmsweise selbst abschlußbefugt ist,[16] wird sie die Verhandlungen selbst eröffnen dürfen.[17]

10 Üblicherweise führt die Kommission, bevor die Verhandlungen durch Ratsbeschluß eröffnet werden, Sondierungsgespräche, die einen Überblick über die Wünsche des interessierten potentiellen Vertragspartners geben und die eben die allgemeinen Voraussetzungen für den Vertrag erörtern sollen.[18] Diese Gespräche werden mit Genehmigung des Rates geführt, da sich in ihnen bereits der generelle Wille der Gemeinschaft, zu einem Vertrag zu kommen, manifestiert.[19] Vorschläge bzw. Empfehlungen der Kommission zur Eröffnung der Vertragsverhandlungen binden den Rat in seinem Eröffnungsbeschluß nicht.[20]

13 Vgl. auch *Hermann*, S. 85 f.
14 Vgl. *Ernst*, Art. 113 Rn. 13 ff.
15 *Louis – Brückner* in: *Mégret* u. a., a.a.O., Bd. 12, S. 27 ff.; *Hermann*, S. 37 f.; *Bleckmann*, Europarecht, a.a.O., S. 266; *Constantinesco*, a.a.O.; *Pipkorn* in: *Beutler* u. a., a.a.O., S. 425. – a. A. anscheinend *Wohlfarth* in: *Wohlfarth* u. a., a.a.O., Anm. 14 zu Art. 228 EWGV; *Krück*, S. 154.
16 Siehe unten Rn. 18.
17 Vgl. allerdings Art. 229 Rn. 3.
18 *Hallstein*, Die Kommission – ein neues Element im internationalen Leben, in: *ders.*, Europäische Reden, Stuttgart 1979, 545 ff. (556 f.); *Hermann*, S. 38; *Louis – Brückner* in: *Mégret* u. a., a.a.O., Bd. 12, S. 26.
19 *Mégret*, Conclusion . . ., S. 21; *Bot*, S. 292; *Hermann*, S. 39.
20 *Hermann*, ebd.

11 Art. 228 gibt der Kommission das Recht, die (einmal eröffneten) Verhandlungen zu führen. Auf diese Weise soll das einheitliche Auftreten der Gemeinschaft nach außen gesichert und vermieden werden, daß Vertragspartner etwaige Meinungsverschiedenheiten zwischen den Mitgliedstaaten für sich ausnutzen.[21] In der Praxis hat es, namentlich bei Abkommen auf ungeklärter Rechtsgrundlage, gelegentlich Meinungsverschiedenheiten zwischen Rat und Kommission über das Recht zur Verhandlungsführung gegeben.[22] Das AETR-Urteil dürfte hier zugunsten der Kommission Klarheit geschaffen haben.[23] Unbedenklich ist die bei gemischten Abkommen[24] geübte Praxis, wonach keine gemischten Delegationen gebildet, die Kommission vielmehr für die Mitgliedstaaten in deren Vollmacht mitverhandelt.[25] Auch für Verhandlungen unter dem EWGV gilt die Feststellung des EuGH, daß es nicht erforderlich ist, den anderen Parteien des Abkommens die Beteiligung der einschlägigen Zuständigkeiten zwischen der Gemeinschaft und den Mitgliedstaaten aufzuzeigen und festzulegen, zumal sich diese Zuständigkeitsverteilung im Laufe der Zeit weiter entwickeln könnte.[26]

12 Zur Verhandlungsführung wird innerhalb der Kommission eine Delegation bestimmt, die sich aus hohen Beamten der betroffenen Generaldirektion zusammensetzt und in der Regel aus einem Direktor oder Generaldirektor der Generaldirektion Auswärtige Beziehungen oder Außenhandel geleitet wird. Der für das Abkommen zuständige Kommissar kann auch selbst die Verhandlungsleitung übernehmen.[27] Der Kommission steht bei Verhandlungen auch über den eigentlichen Anwendungsbereich der Zoll- und Handelsabkommen ein intergouvernementaler Ausschuß aus Vertretern der Mitgliedstaaten beobachtend und beratend zur Seite, um die Interessen und Standpunkte der Mitgliedstaaten (ohne Bindungswirkung) zur Geltung zu bringen.[28] Der Ausschuß sichert Rat und Mitgliedstaaten Einfluß auf den Gang der Verhandlungen, er vermag aber auch zwischen Kommission und Rat vermittelnd zu wirken.[29]

13 Die Verhandlungen werden nach »Richtlinien« (in der Praxis – mißverständlich – zum Teil »Mandat« genannt) geführt, über die der Rat, gegebenenfalls mit der Eröffnung der Vertragsverhandlungen[30] beschließt. Die in Art. 111 Abs. 2, 113 Abs. 3 vorgesehene

21 *Hermann*, S. 49.
22 *Hermann*, S. 54 ff.
23 22/70 – Slg. 1971, 263 ff. Ziff. 80.
24 Siehe oben Rn. 3.
25 *Hermann*, S. 55/56.
26 EuGH – Kernenergieabkommen, 1/78 – Slg. 1978, 2151 ff. (2180 f.).
27 *Hermann*, S. 56; *Louis – Brückner* in: *Mégret* u. a., a.a.O., Bd. 12, S. 33.
28 *Robert Fischer*, Umfang und Befugnis der Europäischen Gemeinschaft zum Abschluß von Handels- und Assoziierungsabkommen, in: Die Außenbeziehungen der Europäischen Gemeinschaften, KSE 25 (1975), S. 1 ff. (21); *Constantinesco,* a.a.O., *Pipkorn* in: *Beutler* u. a., a.a.O., S. 425.
29 Vgl. *Hermann*, S. 52, 83; *Krück*, S. 156.
30 Siehe oben Rn. 9.

Regelung wird auch bei Verhandlungen über andere Verträge praktiziert.[31] Dies gilt des weiteren bei gemischten Abkommen. Insoweit handelt der Rat bei der Richtlinienerteilung als Gemeinschaftsorgan und zugleich in Vollmacht der Mitgliedstaaten.[32] Die Richtlinien stecken – insofern mit Richtlinien im Sinne des Art. 189 vergleichbar – den Rahmen ab, innerhalb dessen der Rat bzw. die Mitgliedstaaten zum Vertragsschluß bereit sind. Eine strikte Weisungsbefugnis ist mit dieser Kennzeichnung nicht vereinbar.[33] Doch hängt der Verhandlungsspielraum der Kommission entscheidend von der Enge oder Weite der Richtlinien ab. Im Laufe der Verhandlungen kann sich im Hinblick auf einen erfolgversprechenden Vertragsabschluß die Notwendigkeit einer Ergänzung oder Modifikation der Richtlinien ergeben.[34] Für die Ausarbeitung der Richtlinien kann die Kommission nicht bindende Vorschläge an den Rat machen.[35] Auf diese Weise wird der in der Richtlinienerteilung liegende kontrollierende und dirigierende Einfluß des Rates gemildert: die Kommission hat die Chance, ihren Verhandlungsspielraum mit zu bestimmen.

14 In der Gemeinschaftspraxis ist es üblich, daß die ausgehandelten Abkommen durch die Unterhändler »paraphiert« werden.[36] Da die Paraphierung eines Abkommens nach internationaler Praxis noch zur Verhandlungsphase gehört und die Kommission als berufene Verhandlungsführerin selbst entscheiden darf, wann sie ihre Verhandlungsaufgabe für beendet hält, ist die Kommission das zur Paraphierung befugte Organ.[37] Die Auffassung greift in keine Ratskompetenz ein, weil die Paraphierung im Gegensatz zur Unterzeichnung noch keine Bindung der Gemeinschaft an den Vertrag bewirkt. Deshalb steht auch die Paraphierung einer erneuten Verhandlung nicht entgegen.

15 Die Einschaltung des Europäischen Parlaments sieht der EWGV in der Verhandlungsphase nicht vor. Er gibt dem Parlament nur die (offenbar genutzte)[38] Möglichkeit, in Ausübung seines Kontrollrechts Anfragen an die ihm verantwortliche Kommission zu richten (Art. 140) und (unverbindliche) Entschließungen zu fassen.[39] Die in Art. 228 und 238 angesprochene Konsultation des Parlamentes steht im Kontext der Abschlußprozedur bei völkerrechtlichen Verträgen. Ihr Stellenwert ist folglich ein anderer als bei internen Rechtsakten der Gemeinschaft.[40] Der Zusammenhang mit den Außenbeziehungen weist der Anhörung des Parlamentes den Sinn einer embryonalen Ratifikationskompetenz zu.[41]

31 Nachweise Fn. 22 sowie *Louis – Brückner* in: *Mégret* u. a., a.a.O., Bd. 12, S. 29 ff.
32 *Hermann*, S. 81.
33 *Lörcher*, S. 159 f.; *Raux* (a.a.O., Fn. 85), S. 1029; *Hermann*, S. 77; *Krück*, S. 153.
34 *Hermann*, S. 80.
35 *Hermann*, ebd.
36 *Mégret*, Conclusion ..., S. 22; *Hermann*, S. 86.
37 *Oppermann*, S. 492; *Lörcher*, S. 153; *Hermann*, S. 88.
38 *Hermann*, S. 89 f.
39 Vgl. *Rengeling*, S. 879.
40 *Hermann*, S. 113; s. auch *Mégret*, Conclusion ..., S. 23 und *Rengeling*, S. 894.
41 *Melchior*, S. 203.

Damit sind die innerstaatlich ausgebildeten Möglichkeiten der Parlamente, den Abschluß völkerrechtlicher Verträge zu beeinflussen, in Bezug genommen. Die nationalen Parlamente sind an den Verhandlungen von Rechts wegen nicht beteiligt, haben keine rechtlich bindenden Einwirkungsmöglichkeiten, auch keinen Informationsanspruch in bezug auf in Aussicht genommene oder schwebende Verhandlungen.[42] Auf dieser Basis kann es eine obligatorische Anhörung des Parlamentes vor Beginn der Abschlußphase[43] nicht geben. Dahingehende Forderungen des Europäischen Parlamentes, die aus dem angestrebten Status eines »echten« Parlamentes abgeleitet werden, sind unschlüssig[44] und vom Rat mit Recht immer wieder zurückgewiesen worden. Das gilt auch für den Vorschlag des Berichts Vedel, wonach das Parlament immer vor Beginn der Vertragsverhandlungen gehört werden muß.[45]

16 Eine über die geschilderte Rechtslage hinausgehende Mitwirkung des Parlamentes hat sich in der Gemeinschaftspraxis herausgebildet. Bei Assoziierungsabkommen wird seit dem Briefwechsel des EP-Präsidenten *Martino* und Ratspräsidenten *Luns,* dem der Rat in der unveröffentlichten Entschließung vom 24./25. 2. 1964 zugestimmt hat, das sogenannte Luns-Verfahren praktiziert.[46] Danach kann

- im Parlament vor Beginn der Assoziierungsverhandlungen eine Debatte stattfinden.
- Im Verlauf der Verhandlungen werden enge Kontakte zwischen der Kommission und den zuständigen Parlamentsausschüssen aufrecht erhalten.
- Der Rat oder sein Vertreter informieren nach Beendigung der Verhandlungen, aber vor Unterzeichnung des Abkommens vertraulich und inoffiziell die zuständigen Ausschüsse vom Inhalt des Abkommens.

Während das Luns-Verfahren im Vorfeld eines immerhin bestehenden obligatorischen Konsultationsrechts in der Abschlußphase liegt, hat das sogenannte Luns-Westerterp-Verfahren dem Parlament die Beteiligung beim Abschluß von Handelsabkommen überhaupt erst eröffnet. Der EWGV sieht insoweit unverständlicherweise keine Konsultation vor. Auch eine fakultative Anhörung hat der Rat stets abgelehnt.[47] Er

42 *Wildhaber*, Treaty-making Power and Constitution – An international and comparativ Study, Basel 1971, S. 68 ff.; *Treviranus*, Außenpolitik im demokratischen Rechtsstaat, Tübingen 1966, S. 36 ff.

43 Siehe unten Rn. 17 ff.

44 Zutreffend *Mégret*, Conclusion . . ., S. 24; *Melchior*, S. 203; *Hermann*, S. 115 f.; *Louis – Brückner* in: *Mégret* u. a., a.a.O., Bd. 12, S. 41. – A. A. *Ipsen*, a.a.O., § 7/29, der für Anhörung vor Unterzeichnung eintritt, und *E. Bülow*, Die Anwendung des Gemeinschaftsrechts im Verhältnis zu Drittländern, in: Einführung in die Rechtsfragen der Europäischen Integration, 2. Aufl., Bergisch-Gladbach 1972, 52 ff. (57).

45 BullEG, Beilage 4/1972, S. 47.

46 Der Text findet sich zuletzt abgedruckt bei *Rengeling*, S. 880.

47 Vgl. *Rengeling*, a.a.O.

konzediert dem Parlament immerhin Informationen nach dem Vorbild der dritten Phase des Luns-Verfahrens. In der Erklärung vom 16. 10. 1973, deren Inhalt als Luns-Westerterp-Verfahren bezeichnet wird, heißt es dazu:[48]

- Vor Beginn der Verhandlungen über ein Handelsabkommen mit einem Drittland kann in geeigneten Fällen im Lichte der Auskünfte, die der Rat den zuständigen Ausschüssen des Europäischen Parlamentes erteilt hat, im Europäischen Parlament eine Debatte stattfinden.

- Bei erfolgreichem Abschluß der Verhandlungen unterrichtet der Präsident des Rates oder sein ständiger Vertreter die zuständigen Ausschüsse vor Unterzeichnung des Abkommens vertraulich und inoffiziell über dessen Inhalt.

- Eingedenk der Bedeutung, die das Europäische Parlament den Handelsabkommen der Gemeinschaft beimißt, unterrichtet der Rat das Europäische Parlament über den Inhalt dieser Abkommen, und zwar nach deren Unterzeichnung und vor dem Abschluß.

Versuche, die genannten Verfahren schon heute als rechtlich bindende Bestandteile des Gemeinschaftsrechts auszugeben,[49] sind mit Skepsis zu betrachten. Es handelt sich bei ihnen um zögernde, versuchsweise Konzessionen des Rates.[50] Ein rechtlicher Bindungswille des Rates ist zweifelhaft.[51] Auch das Parlament betrachtet den durch dieses Verfahren erlangten Besitzstand nicht als endgültig[52] und vor allem nicht als befriedigend. So wird beklagt, daß die gegebenen Informationen nicht immer rechtzeitig und zureichend sind.[53] Hier zeigen sich deutliche und nur schwer überwindbare Grenzen der Interorganabsprachen. Des weiteren wird mit Recht kritisiert, daß das Luns-Westerterp-Verfahren eine öffentliche Debatte in vollem Umfang erst nach Unterzeichnung des Handelsabkommens erlaube.[54] Als »Vorprägungen künftiger verfassungspolitischer Entscheidungen in der EG«[55] kommen das Luns- und das Luns-Westerterp-Verfahren daher nur begrenzt in Frage. Dies gilt aber auch deshalb, weil diese Verfahren dem Parlament in der Verhandlungsphase zum Teil mehr »Informationsrechte« geben, als sie

48 Text nach BullEP Nr. 34/73 vom 19. 10. 1973.
49 Dazu *Läufer*, Das Europäische Parlament nach der Direktwahl: Positionsstärkung durch intrakonstitutionellen Wandel, in: EuR 1979, 261 ff. (270); *Rengeling,* S. 894 ff.; *Bothe*, »Soft Law« in den Europäischen Gemeinschaften, Festschrift für Schlochauer, Berlin 1981, 761 ff. (765); s. auch *Frowein*, Zur institutionellen Fortentwicklung der Gemeinschaft, in: KSE 22 (1973), 83 ff. (95 f.).
50 *Bothe* (a.a.O., Fn. 49), S. 767.
51 *Bothe* (a.a.O., Fn. 49); *Läufer* (a.a.O., Fn. 49), S. 272.
52 Vgl. die Darstellung bei *Rengeling,* S. 886 bis 888, namentlich zum Luns-Westerterp-Verfahren.
53 Vgl. *Hermann*, S. 120 und *Rengeling*, S. 882 m. Nachw.
54 *Läufer* (a.a.O., Fn. 49), S. 266; *Rengeling,* S. 881 f.
55 *Läufer* (a.a.O., Fn. 49).

den nationalen Parlamenten zustehen.[56] Ein »Vorpreschen« des Gemeinschaftsrechts auf diesem Felde bedarf in jedem Falle noch gründlicher Überprüfung.

c) Abschlußphase

17 Art. 228 stellt dem Aushandeln des Vertrages den Abschluß gegenüber. Daraus muß der Schluß gezogen werden, daß Vertragsschluß im Sinne dieser Bestimmung nur der völkerrechtliche Akt sein kann, mit dem sich die Gemeinschaft endgültig an den Vertrag bindet. Die nähere Ausgestaltung dieses Aktes richtet sich nach völkerrechtlichen Gepflogenheiten. Dementsprechend findet sich auch in der Gemeinschaftspraxis die Unterscheidung zwischen Vertragsunterzeichnung und dem Eintritt der völkerrechtlichen Bindung. Die Unterzeichnung legt den Vertragstext endgültig fest. Dieser kann nun nicht mehr einseitig verändert werden.[57] Die Unterzeichnung führt nicht in jedem Falle auch die völkerrechtliche Bindung der Gemeinschaft herbei. Dies ist vielmehr nur der Fall, wenn das sogenannte vereinfachte Vertragsschließungsverfahren etwa bei Zoll- und Handelsverfahren angewendet wird.[58] Demgegenüber bleibt im zusammengesetzten Vertragsschließungsverfahren der eigentliche Vertragsschluß zunächst vorbehalten. Die Gemeinschaft ist nur gehalten,[59] nicht verpflichtet,[60] alle zum Eintritt der völkerrechtlichen Bindungen notwendigen Schritte in angemessener Frist zu unternehmen. Der Vertragsschluß im Sinne des Art. 228 kommt erst zustande, wenn dem Vertragspartner der Gemeinschaft notifiziert worden ist, daß das vom EWGV vorgesehene Verfahren beim Abschluß völkerrechtlicher Verträge eingehalten worden ist.[61] In der Gemeinschaftspraxis findet sich das zusammengesetzte Verfahren namentlich bei gemeinschaftspolitisch bedeutsamen Abkommen, des weiteren, wenn das Parlament vor dem Vertragsschluß noch angehört werden muß[62] und bei gemischten Abkommen.[63] In den beiden zuletzt genannten Fällen dürfte es aus gemeinschaftsrechtlicher Sicht unumgänglich sein. Die obligatorische Anhörung des Parlamentes kommt vor Beginn der Abschlußphase, also der Unterzeichnung des Vertrages, nicht in Betracht.[64] Folglich würde die Anwendung des vereinfachten Verfahrens in den Fällen, in denen das Parlament zu konsultieren ist, die in Art. 228 vor dem Eintritt der völkerrechtlichen

56 Siehe oben Rn. 15.

57 *Bernhardt,* Völkerrechtliche Bindungen in den Vorstadien des Vertragsschlusses, in: ZaöVR 1957/58, 652 ff. (658); *Berber,* Völkerrecht, Bd. I, 2. Aufl., München 1975, S. 452.

58 Zu diesem etwa *Menzel – Ipsen*, Völkerrecht, 2. Aufl., München 1979, 304; *Ch. Rousseau*, Droit International Public, Bd. I, Paris 1971, 70 ff.

59 *Bernhardt* (a.a.O., Fn. 57), S. 659; *Berber* (a.a.O., Fn. 57), S. 456; *Rousseau* (a.a.O., Fn. 58), S. 91 ff.

60 So aber *Hermann*, S. 94.

61 *Mégret,* Conclusion . . ., S. 23; *Oppermann,* S. 500; *Hermann*, S. 111.

62 *Hermann*, S. 99, insb. S. 137; *Paul Reuter* in: *Smit – Herzog*, Art. 228, Observation 05; *Louis – Brückner* in: *Mégret* u. a., a.a.O., Bd. 12, S. 37.

63 *Hermann*, S. 138, *Constantinesco*, a.a.O., S. 214; *Schweitzer – Hummer*, a.a.O., S. 137.

64 Siehe oben Rn. 15.

Bindung vorgeschriebene parlamentarische Mitwirkung abschneiden.[65] Bei gemischten Abkommen führt die Anwendung des vereinfachten Verfahrens zu einer völkerrechtlichen Verpflichtung der Gemeinschaft ohne Rücksicht auf die entsprechende Bindung der Mitgliedstaaten. Sie läuft damit infolge der nur begrenzten Sachzuständigkeit der Gemeinschaft auf eine Vertragsänderung ohne Beachtung des Verfahrens nach Art. 236 hinaus.[66] Um dieses Ergebnis zu vermeiden, müssen gemischte Abkommen im zusammengesetzten Verfahren abgeschlossen werden, der Vertragsschluß der Gemeinschaft muß mit dem der Mitgliedstaaten synchronisiert werden. Daraus entstehende Verzögerungen können durch eine vorläufige Inkraftsetzung des Gemeinschaftsteils überbrückt werden.[67]

18 Die Unterzeichnung des Vertrages, im zusammengesetzten Verfahren die Notifizierung des Vertragsschlusses, fallen nach Art. 228 (ebenso Art. 114, 238) in die Zuständigkeit des Rates. Der Zuständigkeitsvorbehalt zugunsten der Kommission bezieht sich auf Verträge im Rahmen des Art. 229 und auf Art. 7 Abs. 1 des Protokolls über die Vorrechte und die Befreiungen der EG.[68] Bei gemischten Abkommen müssen auch die Mitgliedstaaten unterzeichnen und ratifizieren.[69] Eine Beteiligung der Kommission an der Unterzeichnung, wie es in der Praxis häufig ist, dokumentiert die Verantwortung der Kommission für die Aushandlung des Vertrages. Ein Beteiligungsrecht besteht freilich nur nach Maßgabe einer Ratsbevollmächtigung.[70] Im vereinfachten Vertragsschließungsverfahren erstreckt sich die Bevollmächtigung eines Kommissionsvertreters ohne weiteres auch auf den Vertragsschluß im Sinne des Art. 228.[71]

19 Aus dem Verfahrenscharakter des Art. 228[72] folgt, daß für den Ratsbeschluß über den Vertragsschluß die Abstimmungsregeln der jeweiligen Sachmaterie anwendbar sind.[73] Die Mehrheitsregelung des Art. 148 ist damit ausgeschaltet.[74] Praktische Bedeutung dürfte dieser Feststellung gegenwärtig wegen des im Rat praktizierten Einstimmigkeitsprinzips kaum zukommen.

20 Art. 228 besagt nichts darüber, in welchen Fällen eine Anhörung des Parlamentes vor Vertragsschluß zu erfolgen hat. Insoweit muß auf andere Bestimmungen des Vertrages

65 Wie hier *Mégret*, Conclusion ..., S. 20.
66 Vgl. *Bleckmann*, Der gemischte Vertrag im Europarecht, in: EuR 1976, 301 ff. (311) und Art. 102 EuratomV.
67 Vgl. *Hermann*, S. 138, *Karpenstein,* Die Entwicklung des Gemeinschaftsrechts, in: EuR 1980, 266 m. Fn. 39.
68 *Giardina* in: *Quadri* u. a., a.a.O., Art. 228 Erl. 2; *Melchior*, S. 215; *Lörcher*, S. 147; *Hermann*, S. 34, 35, 131; *Krück*, S. 156.
69 *Hermann*, S. 97 und 138.
70 *Hermann*, S. 95 ff.
71 *Hermann*, S. 131.
72 Siehe oben Rn. 2.
73 *Wohlfarth* u. a., a.a.O., Art. 228 Erl. 19; *Pipkorn* in: *Beutler* u. a., a.a.O., S. 426.
74 *Melchior*, S. 208 und *Hermann*, S. 131, wenden Art. 148 an, soweit nicht Spezialbestimmungen andere Mehrheitsverhältnisse vorschreiben.

zurückgegriffen werden. Ausdrücklich vorgeschrieben ist die Anhörung nur für den Abschluß von Assoziierungsabkommen, offenbar wegen der daraus folgenden engen Bindung eines Drittstaates an die Gemeinschaft.[75] Darüber hinaus wird die Anhörung bei allen Abkommen Platz greifen müssen, die nach ihrer Rechtsgrundlage anhörungsbedürftige Materien des Gemeinschaftsrechts unmittelbar ändern. Sie dient in diesen Fällen dazu, die gemeinschaftsinternen Rechte des Parlamentes auch beim Abschluß völkerrechtlicher Verträge zu wahren.[76] Unterläßt der Rat die Anhörung, wird in Analogie zur Verletzung verfassungsrechtlicher Bestimmungen beim Abschluß völkerrechtlicher Verträge zu gelten haben, daß der Verstoß gegen Gemeinschaftsrecht die völkerrechtliche Wirksamkeit des Vertragsschlusses nicht beeinflußt.[77]

21 Die Stellungnahme des Parlaments zum beabsichtigten Vertragsschluß bindet den Rat de iure nicht. Die fehlende Bindungswirkung ist die Konsequenz der bis heute im wesentlichen auf Konsultation und Kontrolle reduzierten Stellung des Europäischen Parlamentes. Berechtigte Forderungen nach einem echten Zustimmungsrecht, die sich das Parlament zuletzt in der Entschließung, den Vertrag über den Beitritt Griechenlands vom 28. 5. 1979 zu »ratifizieren«, zu eigen gemacht hat,[78] werden sich vermutlich nur im Zusammenhang mit einer Gesamtreform der parlamentarischen Mitwirkungsrechte durchsetzen lassen. Dennoch wäre es verfehlt, der Anhörung de constitutione lata jede Bedeutung abzusprechen. So wird ein überzeugungskräftiges Negativvotum des Parlaments in Verbindung mit der ihm innewohnenden Publizität den Vertragsschluß nicht unwesentlich erschweren.[79] Aber nicht nur das politische Gewicht der parlamentarischen Stellungnahme kann de facto zum Ansatzpunkt einer Ratifikationskompetenz werden.[80] Auch rechtliche Sanktionen, die sich an eine unterlassene, nicht rechtzeitige oder auf mangelhafte Information beruhende Anhörung stützen, können in diese Richtung wirken. So werden Verstöße gegen die Konsultationspflicht als Verletzung wesentlicher Formvorschriften im Sinne der Art. 173 mit der Begründung angesehen, daß eine ordnungsgemäße Anhörung den Vertragsschluß möglicherweise beeinflußt hätte.[81]

d) Änderung und Kündigung von Verträgen

22 Art. 228 schweigt über das bei Änderung von Verträgen zu beachtende Verfahren. Man

75 *Rengeling*, S. 879.
76 *Wohlfarth*, a.a.O., Art. 228 Erl. 18; *Hermann*, 129; *Rengeling*, a.a.O.; *Pipkorn* in: *Beutler* u.a., a.a.O., S. 425.
77 Zutreffend *Krück*, S. 145; zu einfach in der Argumentation: *Hermann*, S. 123.
78 BullEG 5/1979 Ziff. 1.1. ff. – Zu den Forderungen die Darstellung bei *Rengeling*, S. 883 ff.
79 *Hermann*, S. 123; im selben Sinne *Oppermann*, S. 501.
80 Siehe oben Rn. 15.
81 So mit Recht: *Hermann*, S. 123 unter Bezugnahme auf die Entschließung des Europäischen Parlamentes vom 17. 10. 1967 (ABl. 1967 Nr. 268 S. 7 Ziff. 1 e); allgemein etwa: *Constantinesco*, a.a.O., S. 866 und EuGH – Maizena, 139/79 – EuR 1981, 49 mit Anm. *Beutler*. Siehe hierzu im einzelnen *Daig*, Erläuterungen zu Art. 173.

wird jedoch davon auszugehen haben, daß insoweit wie beim Abschluß von Verträgen zu verfahren ist, weil Vertragsänderungen neue völkerrechtliche Verpflichtungen der Gemeinschaft begründen (vgl. auch Art. 39 der Wiener Vertragskonvention). Die Zuständigkeit zur Vertragskündigung richtet sich bei Staaten nach deren internem Recht. In der Regel darf das zum Abschluß befugte Organ auch die Kündigung des Vertrages aussprechen. Nur selten ist eine parlamentarische Mitwirkung vorgesehen.[82] Diese Grundsätze können sinngemäß auf die EWG übertragen werden. Folglich ist der Rat für die Kündigung zuständig. Die Kommission kann die Kündigung empfehlen. Für eine Anhörung des Parlamentes bietet der Vertrag keine Handhabe.

3. Inkrafttreten und Veröffentlichung der Verträge

23 Der (völkerrechtliche) Abschluß eines Vertrages bedeutet nicht notwendig, daß die getroffenen Vereinbarungen sogleich in Kraft treten. Insoweit gelten die allgemeinen Regeln des Völkerrechts. Danach kommt es primär auf den Willen der Parteien an. Hilfsweise ist der Zeitpunkt des Vertragsschlusses maßgebend – im vereinfachten Verfahren also die Unterzeichnung, im zusammengesetzten Verfahren der Austausch der Ratifikationsurkunden (vgl. auch Art. 24 der Wiener Vertragsrechtskonvention).

24 Der Behauptung, daß alle von der Gemeinschaft geschlossenen Verträge, um gemeinschaftsrechtlich gültig zu sein, einer Veröffentlichung im Amtsblatt bedürften,[83] kann nicht gefolgt werden. Art. 228 stützt sie in keiner Weise. Die hier angeordnete innergemeinschaftliche Bindung der EWG und der Mitgliedstaaten,[84] tritt ohne weiteres mit dem Vertragsschluß, nicht erst aufgrund einer zusätzlichen Veröffentlichung ein.[85] Ein angeblich gemeinsamer Rechtsgrundsatz der Mitgliedstaaten mit dem Inhalt einer generellen Pflicht zur Publikation völkerrechtlicher Verträge ist nicht nachweisbar.[86] In den Bereich der Rechtspolitik gehört schließlich die These, das demokratische Prinzip der Öffentlichkeit und Transparenz politischer Entscheidungen fordere, daß jeder Gemeinschaftsbürger sich im Amtsblatt über den Inhalt der geschlossenen Verträge informieren könne.[87] Nach alledem besteht ein Veröffentlichungszwang nur, wenn der Rat den Vertragsschluß in Form einer »Bestätigungs-Verordnung« (H. P. Ipsen) vornimmt, die im Anhang den Vertragstext enthält.[88] In der Gemeinschaftspraxis ist die Veröffentlichung

82 Vgl. *Dahm*, Völkerrecht, Bd. III, Stuttgart (1961), S. 131; *Rousseau*, a.a.O., 210; *Treviranus* (a.a.O., Fn. 42), S. 57 f.
83 So *Pescatore*, Les relations extérieures des Communautés Européennes, in: Recueil des cours. Bd. 103 (1961), 1 ff. (118); ihm folgend. *Hermann*, S. 139.
84 Vgl. unten Rn. 25.
85 Vgl. *Raux*, La Procédure de conclusion des accords externes de la Communauté Européenne de l'Energie Atomique, in: Revue Générale de Droit International Public 1965, S. 1019 ff.
86 Vgl. *Wildhaber* (a.a.O., Fn. 42), S. 232 f.
87 So *Hermann*, a.a.O. m. w. Nachw.
88 Zutreffend *Krück*, S. 155; *Constantinesco*, a.a.O., S. 213.

heute zur Regel geworden, weil die Vertragsschlüsse im allgemeinen durch Verordnung bestätigt werden.[89]

III. Rechtswirkungen des Vertragsschlusses

1. Die Aussagen des Artikels 228 Abs. 2

25 Die Rechtswirkungen des Vertragsschlusses sind in Art. 228 Abs. 2 nur andeutungsweise geregelt.[90] Die verwertbaren Anhaltspunkte gehen zunächst dahin, daß die Vorschrift nicht völkerrechtliche Bindungen, sondern die Binnenwirkung des Vertragsschlusses auf die Gemeinschaft und ihre Mitgliedstaaten zum Gegenstand hat. Für die Regelung der völkerrechtlichen Wirkungen des Vertragsschlusses wäre das Gemeinschaftsrecht nämlich gar nicht kompetent.[91] Insoweit ist allein Völkerrecht maßgebend. Bei gemischten Abkommen[92] sind danach alle Vertragspartner gleichermaßen an alle vereinbarten Vertragsbestimmungen gebunden, sofern sich nicht eine Trennung zwischen den Verpflichtungen der Gemeinschaft und denen der Mitgliedstaaten aus den Vertragsbestimmungen oder deren Sachzusammenhang ergibt.[93]
Die Wirkung des Vertragsschlusses innerhalb der Gemeinschaft soll sich nach Art. 228 Abs. 2 in zwei Richtungen entfalten: in der Gemeinschaft und in den Mitgliedstaaten. Als weiterer Anhaltspunkt läßt sich der Vorschrift entnehmen, daß die Binnenwirkung nur bei Verträgen eintreten kann, die vertragskonform sind.[94] Diese Voraussetzung umschreibt Art. 228 Abs. 2 mit der Formulierung: »Die unter diesen Voraussetzungen geschlossenen Abkommen sind ... verbindlich«.

2. Wirkungen im Gemeinschaftsrecht

a) Ausgangslage

26 Das Gemeinschaftsrecht gehört nach heutigem Verständnis nicht zum Völkerrecht. Deshalb können die rechtlichen Wirkungen eines Vertragsschlusses im Gemeinschafts-

89 *Petersmann*, S. 271 f.; *Schwarze*, Die EWG in ihren völkerrechtlichen Bindungen, in: NJW 1979, 456 ff. (461). – Siehe auch unten Rn. 29.

90 Vgl. *Lörcher*, S. 163; *Kovar*, S. 346; *Petersmann*, S. 270; *Paul Reuter*, in: *Smit – Herzog*, Art. 228, Observation 07 vor a.

91 *Krück*, S. 123, 129; *Bülow* (a.a.O., Fn. 44), S. 55; s. auch *Bleckmann*, a.a.O., S. 301 und *Petersmann*, a.a.O.

92 Siehe oben Rn. 3.

93 Vgl. im einzelnen *M. Dauses*, Die Beteiligung der Gemeinschaft an multilateralen Völkerrechtsübereinkommen, in: EuR 14 (1979), 138 ff. (150 ff.); *ders.*, Rechtliche Probleme der Abgrenzung der Vertragsabschlußbefugnis der EG und der Mitgliedstaaten und die Auswirkungen der verschiedenen Abgrenzungsmodelle, in: *G. Ress* (Hrsg.), Souveränitätsverständnis in den Europäischen Gemeinschaften, Baden-Baden 1980, 171 ff. (188 f.); *Pipkorn* in: *Beutler* u. a., a.a.O., S. 427; *W. Balekjian*, Die »gemischten Verträge« in der EWG, in: *Schreuer* (Hrsg.), Autorität und internationale Ordnung, Berlin 1979, 155 ff. (161 ff.).

94 *Mégret*, Conclusion, S. 25; *Kovar*, S. 347; *Constantinesco – Simon*, S. 440.

recht nicht als Frage der Zuordnung verschiedener Völkerrechtsquellen behandelt werden.[95] Im übrigen liefert die Praxis internationaler Organisationen wegen ihrer andersartigen Struktur auch kaum einschlägige Vorbilder.[96] Andererseits kann eine Übernahme der Lösungen, die für die Einwirkung völkervertraglicher Regeln auf nationales Recht existieren, nur in Betracht kommen, wenn dafür im Gemeinschaftsrecht ausreichende Anhaltspunkte gegeben sind.[97] Die vom EuGH geprägte Formel, wonach völkerrechtliche Verträge einen integrierenden Bestandteil der Gemeinschaftsrechtsordnung bilden,[98] weist hier in die richtige, allerdings erläuterungsbedürftige Richtung.

b) Einführung des Vertrages in das Gemeinschaftsrecht

27 Verbreitet werden die Beziehungen zwischen Völkerrecht und Gemeinschaftsrecht monistisch gedeutet.[99] Zur Begründung wird namentlich auf die GATT-Entscheidung des Gerichtshofs[100] verwiesen. In ihr komme zum Ausdruck, daß das Gemeinschaftsrecht nicht über einen inneren, vom Völkerrecht abgeschlossenen Rechtsraum verfüge.[101] Sie bestätigte, daß das Verhältnis zwischen Völkerrecht und Gemeinschaftsrecht ebenso wie dasjenige zwischen Gemeinschaftsrecht und nationalem Recht im Geiste der Kohärenz beider Rechtsordnungen von einer monistischen Konzeption aus gedeutet werden müsse.[102] Diesen Deduktionen kann im Hinblick auf Art. 228 Abs. 2 nicht gefolgt werden. Die Bestimmung belegt allein durch ihre Existenz, daß eine monistische Beziehung zwischen Völkerrecht und Gemeinschaftsrecht nicht gewollt ist. Sie ist Ausdruck der Sonderentwicklung, die das Gemeinschaftsrecht vom Völkerrecht abhebt und zu einem in sich geschlossenen Rechtsraum macht. Anderenfalls wäre Art. 228 Abs. 2 überflüssig, das Völkervertragsrecht ohne besondere Anordnung innergemeinschaftlich anzuwenden.[103] Diese Feststellung präjudiziert keineswegs, was vielfach nicht klar erkannt wird, eine transformistische Beziehung zwischen Völkerrecht und Gemeinschaftsrecht. In der Tat läßt sich eine solche Beziehung aus Art. 228 Abs. 2 nicht herauslesen.[104] Ein besonderer,

95 So aber *v. Panhuys*, Conflicts between the law of the European Comunities and other rules of international law, in: CMLR 1965/66, 420 ff.

96 Vgl. *Kovar*, S. 346.

97 *Kovar*, a.a.O.; im selben Sinne *Bülow* (a.a.O., Fn. 44).

98 EuGH – Haegeman, 181/73 – Slg. 1974, 449 ff. (460 Ziff. 2 bis 6).

99 So *Pescatore*, L'ordre juridique des Communautés, Leiden 1973, S. 151 f.; *Kovar*, S. 352; *Constantinesco – Simon*, a.a.O., S. 432 ff.

100 EuGH – International Fruit Company, 21 bis 24/72 – Slg. 1972, 219 ff.

101 Vgl. schon die Schlußanträge zur GATT-Entscheidung Slg. 1975, 1439 ff. (1452 ff.).

102 So *Pescatore* (a.a.O., Fn. 99); *Kovar*, a.a.O.

103 Zutreffend *Krück*, S. 168; s. auch *Bleckmann*, S. 307.

104 Zutreffend *Constantinesco – Simon*, a.a.O., S. 440 ff.; *Riesenfeld*, The doctrin of self-executing treaty and Comunity Law, in: AJIL 1973, 504 ff. (505); *Petersmann*, S. 272; *Paul Reuter*, in: Smit – Herzog, Art. 228 Observation 07 b); *Constantinesco*, a.a.O., S. 213; *Lörcher*, S. 165. – A. A.: *Bleckmann*, S. 301 ff.

den Vertrag in das Gemeinschaftsrecht transformierender Akt wird nicht verlangt. Die innergemeinschaftliche Bindung ergibt sich vielmehr unmittelbar als Folge des Vertragsschlusses. Auch als genereller Transformator kann Art. 228 Abs. 2 nicht gedeutet werden. Der Wortlaut gibt keinerlei Stütze für die Annahme, daß das Völkervertragsrecht (generell) als Gemeinschaftsrecht bindend sein soll. Eine Qualitätsveränderung findet bei der Einführung des Vertrages in das Gemeinschaftsrecht nicht statt.[105]

28 Art. 228 enthält somit zwei Vorgaben für die Deutung des Verhältnisses von Völkerrecht und Gemeinschaftsrecht: Einerseits wird die innergemeinschaftliche Durchführung völkerrechtlicher Verträge besonders angeordnet. Sie ist nicht schon die Konsequenz des völkerrechtlichen Vertragsschlusses. Andererseits ändert sich an der völkerrechtlichen Qualität der Verträge mit ihrer Durchführung im innergemeinschaftlichen Raum nichts. Diese Vorgaben lassen sich bruchlos umsetzen, wenn Art. 228 Abs. 2 im Sinne der Vollzugslehre als genereller Vollzugsbefehl der Gemeinschaftsverfassung für die von der Gemeinschaft abgeschlossenen Verträge interpretiert wird.[106] Der Vollzugsbefehl hat zum Inhalt, daß die Verträge, soweit sie unmittelbar anwendbare Vorschriften enthalten,[107] innergemeinschaftlich als Völkerrecht durchgeführt werden müssen.[108] Auch die Vertragsauslegung richtet sich nach Völkerrecht, nicht nach Gemeinschaftsrecht.[109] Die oben Rn. 26 wiedergegebene Formel des EuGH, wonach Gemeinschaftsabkommen integrierende (nicht integrierte)[110] Bestandteile der Gemeinschaftsrechtsordnung darstellen, kann durchaus so gedeutet werden, daß das Völkerrecht seine Qualität mit der Durchführung im innergemeinschaftlichen Raum nicht verliert.[111]

29 Auf der Grundlage der abgelehnten monistischen Beziehung zwischen Völkerrecht und Gemeinschaftsrecht wie auch nach der hier vertretenen Auffassung stellt sich die Frage nach der Bedeutung der in der Gemeinschaftspraxis üblichen Bestätigungsverordnungen.[112] Nach beiden Ansichten ist ein besonderer Gemeinschaftsakt zur Einführung völkerrechtlicher Verträge in die Gemeinschaftsrechtsordnung nicht erforderlich. Immerhin hat die Verwendung der Verordnung zur Bestätigung des Vertragsschlusses Vorteile: Sie erspart zusätzliche Ausführungsakte, wenn der Vertrag in gemeinschaftsrechtliches Verordnungsrecht eingreift. Die Bestätigungsverordnung kann die notwendigen Anpassungen zugleich mit dem Vertragsschluß vornehmen.[113] Des weiteren stellt sie – nicht zuletzt durch den mit ihr verbundenen Veröffentlichungszwang – die Verbindlichkeit des

105 *Petersmann*, a.a.O. – Nicht überzeugend die Gegenansicht von *Bleckmann*, S. 301, 313.
106 Diese Möglichkeit bereits bei *Bleckmann*, S. 302, 313; übersehen bei *Kovar*, S. 353 f.
107 Hierzu *J. Schwarze*, Art. 210 Rn. 24.
108 Hierzu statt vieler *Partsch*, Die Anwendung des Völkerrechts im innerstaatlichen Recht, Berichte der Deutschen Gesellschaft für Völkerrecht, Karlsruhe 1964, 6 S. 20, 21.
109 *Petersmann*, a.a.O.; *Bleckmann*, S. 314, *Krück*, S. 167.
110 Zu diesem Formulierungsunterschied schon *Partsch* (a.a.O., Fn. 108), S. 51.
111 *Bleckmann*, S. 302.
112 Siehe oben Rn. 24.
113 *Constantinesco*, a.a.O., Fn. 7; *Pipkorn* in: *Beutler* u. a., a.a.O., S. 426.

(unmittelbar anwendbaren) Vertragsrechts in der Gemeinschaft und den Mitgliedstaaten klar.[114] Schließlich verbessert sie den Rechtsschutz,[115] u. a. weil sie die Berufung auf die Unanwendbarkeit eines Gemeinschaftsabkommens nach Art. 184 ermöglicht.[116] Andererseits kann sie nach Auffassung des EuGH gemeinschaftsrechtliche Mängel eines Abkommens nicht dadurch ausräumen, daß sie Vorschriften aufnimmt, die das Abkommen inhaltlich an den vom Gemeinschaftsrecht geforderten Zustand »annähern«.[117]

c) Rangfragen

30 Übereinstimmend und zutreffend nimmt das Schrifttum an, daß das Völkervertragsrecht im Rang unter dem primären Gemeinschaftsrecht stehe.[118] Dieses Ergebnis ergibt sich aus Art. 228 Abs. 1 Unterabs. 2 (entsprechend Art. 238 Abs. 3). Die Vorschrift statuiert als Ausprägung der begrenzten Vertragsschließungsgewalt der Gemeinschaft den absoluten Vorrang des EWGV vor völkerrechtlichen Verträgen. Mit dem Vertrag unvereinbare Abkommen können nur im Wege einer Vertragsänderung innergemeinschaftlich in Kraft treten.

31 Schwieriger ist der Rang im Verhältnis zum sekundären Gemeinschaftsrecht zu bestimmen. In Übereinstimmung mit dem EuGH[119] nimmt das Schrifttum fast einmütig einen Vorrang des Völkervertragsrechts an.[120] Die Begründungen sind allerdings uneinheitlich. Zum Teil wird der Vorrang im Sinne einer angeblichen Kohärenz der Rechtsordnungen als Folgewirkung des Vorrangs verteidigt, den das Gemeinschaftsrecht in bezug auf nationales Recht genießt.[121] Die Beziehungen zwischen Gemeinschaftsrecht und nationalem Recht beruhen indessen auf spezifischen Eigenheiten der Gemeinschaft. Sie finden sich im Verhältnis zum Völkerrecht nicht überzeugend wieder.[122] Verbreitet ist die Ansicht, der Vorrang ergebe sich ohne weiteres als Konsequenz der in Art. 228 Abs. 2

114 *Wohlfarth*, a.a.O., Art. 228 Erl. 21 am Ende, *Hermann*, S. 134; *Pescatore* (a.a.O., Fn. 99), S. 151 f.

115 Vgl. unten Rn. 36.

116 *Wohlfarth*, a.a.O., Erl. 20 am Ende; *Hermann*, S. 152 f.

117 EuGH – Stillegungsfonds für die Binnenschiffahrt, 1/76 – Slg. 1977, 741 ff. Ziff. 13.

118 *Constanticesco*, a.a.O., S. 219; *Schweitzer – Hummer*, a.a.O., S. 140; *Krück*, S. 171; *Petersmann*, S. 274; *Bleckmann*, S. 303 ff.; *Kovar*, S. 356; *Mégret*, Conclusion ..., S. 26; *Constantinesco – Simon, S. 451 f.; Louis – Brückner* in: *Mègret* u. a., a.a.O., Bd. 12, S. 181 f.

119 EuGH – International Fruit Company, 21 bis 24/72 – Slg. 1972, 1219 ff. (1227); s. auch EuGH – Schlüter, 9/73 – Slg. 1973. 1135 ff. (1158, Ziff. 31).

120 Vgl. *Mégret*, a.a.O.; *Riesenfeld*, a.a.O.; *Kovar*, S. 354 ff.; *Constantinesco*, a.a.O., S. 219; *Schweitzer – Hummer*, a.a.O.; *Bleckmann*, S. 303; *Krück*, S. 170; *Schwarze* (a.a.O., Fn. 89) S. 461; *Louis – Brückner* in: *Mégret* u.a., a.a.O., Bd. 12, S. 182 f.

121 So etwa *Kovar*, S. 354; *Constantinesco – Simon*, S. 456 unter Bezugnahme auf die Schlußanträge EuGH – International Fruit Company, a.a.O., S. 1235.

122 Vgl. *Bleckmann*, S. 307; *Krück*, S. 168; wie hier auch *Petersmann*, a.a.O.

angeordneten Bindung der Gemeinschaft.[123] Die Bestimmung regelt jedoch die Einführung des Völkerrechts in die Gemeinschaftsrechtsordnung. Ein Vorrang des Vertragsrechts vor Gemeinschaftsrecht – und zwangsläufig auch vor mitgliedstaatlichem Recht[124] – ist ihr nicht mit hinreichender Sicherheit zu entnehmen.[125] Hingegen erscheint es möglich, als Ausgangspunkt der Vorrangfrage den in verschiedenen Bestimmungen des EWGV (u. a. auch in Art. 228 Abs. 2) zum Ausdruck gebrachten Grundsatz der völkerrechtsfreundlichen Haltung des Gemeinschaftsrechts[126] zu nehmen.[127] Nach diesem Grundsatz ist dem völkerrechtlichen Gemeinschaftsrecht höchstmögliche Effektivität zu sichern. Dies kann nicht nur dadurch geschehen, daß sekundäres Gemeinschaftsrecht völkerrechtskonform ausgelegt wird. Die innergemeinschaftliche Geltung des Völkerrechts kann auch durch eine Rangerhöhung gefestigt werden.[128] Im Sinne einer solchen Rangerhöhung läßt sich die Rechtsprechung des EuGH zur Vorrangfrage rechtfertigen. Wird die Rechtsprechung in der Gemeinschaftspraxis befolgt, verdichtet sie sich mit der Zeit zum Gewohnheitsrecht.[129]

3. Wirkungen im nationalen Recht der Mitgliedstaaten

32 Die Einführung eines Gemeinschaftsabkommens in das nationale Recht der Mitgliedstaaten bedarf keines besonderen staatlichen Aktes. Der generelle Vollzugsbefehl des Art. 228 Abs. 2[130] wirkt kraft ausdrücklicher Anordnung auch für die Mitgliedstaaten.[131] Der Rang des Gemeinschaftsabkommens im nationalen Recht ist einfach zu bestimmen, wenn des Abkommen in der Rats-VO »bestätigt« worden ist: Er ergibt sich aus den allgemeinen Regeln über das Verhältnis von Gemeinschaftsrecht und nationalem Recht.[132] Aber auch unabhängig von der Bestätigungsform wird mit dem Schrifttum ein Vorrang vor nationalem Recht anzunehmen sein.[133] Aus Art. 228 Abs. 2 läßt sich dies freilich aus den in Rn. 31 dargelegten Gründen nicht ableiten.[134] Entscheidend dürfte vielmehr sein, daß das Abkommen als Bestandteil des Gemeinschaftsrechts

123 So *Constantinesco,* a.a.O.; *Schweitzer – Hummer*, a.a.O.; *Krück*, S. 170; *Schwarze* (a.a.O., Fn. 89); *Bleckmann*, S. 303; *Kovar*, S. 354; *Constantinesco – Simon*, S. 456; *Schwarze*, Art. 210 Rn. 23.

124 *Petersmann*, S. 274; s. auch *Mégret*, S. 25; ablehnend neuerdings *Bleckmann*, Europarecht, a.a.O. (Allg. Literaturverzeichnis), S. 119; *Constantinesco – Simon*, S. 455.

125 Hierzu *Kovar*, S. 355; *Bleckmann,* S. 303.

126 Siehe dazu *Bleckmann*, S. 312 f.

127 Richtig *Petersmann*, a.a.O.; für das allgemeine Völkerrecht auch *Bleckmann*, S. 313.

128 Vgl. *Bleckmann*, Grundgesetz und Völkerrecht, Berlin 1975, S. 298, 299.

129 So im Ergebnis auch *Bleckmann*, Europarecht, S. 119; *Meessen*, Das Abkommen von Lomé als gemischter Vertrag, in: EuR 1980, 36 ff. (43).

130 Siehe oben Rn. 28.

131 Im Ergebnis zutreffend *Mégret*, Conclusion . . ., S. 26; *Paul Reuter*, in: Smit – Herzog, Art. 228 Observation 07 c.

132 *Krück*, S. 172 f.; *Louis – Brückner* in: *Mégret* u. a., a.a.O., Bd. 12, S. 192.

133 Vgl. *Kovar*, S. 356; *Bleckmann*, S. 303, 313; *ders.*, Europarecht, S. 120; *Krück*, S. 173.

134 So *Bleckmann*, S. 303; *Krück* S. 173; *Schwarze*, Art. 210 Rn. 23.

zu vollziehen ist und damit an dessen Rang im innerstaatlichen Recht teilnimmt.[135] Bei gemischten Abkommen[136] nehmen die Teile des Abkommens, zu deren Regelung die Gemeinschaft zuständig ist, am Vorrang des Gemeinschaftsrechts gegenüber innerstaatlichem Recht teil. Hinsichtlich der in die mitgliedschaftliche Zuständigkeit fallenden Teile des Abkommens verbleibt es hingegen bei dem für völkerrechtliche Verträge maßgebenden Rang. In der Bundesrepublik sind diese Teile daher als einfaches Bundesrecht zu qualifizieren.[137]

IV. Prüfungszuständigkeit des EuGH

1. Präventive Kontrolle völkerrechtlicher Verträge

33 Art. 228 Abs. 1 Unterabs. 2 eröffnet die Möglichkeit, ein Gutachten des EuGH über die Vereinbarkeit eines in Aussicht genommenen Gemeinschaftsabkommens mit dem EWGV einzuholen.[138] Da der EuGH vor Vertragsschluß befaßt werden muß, handelt es sich um eine präventive Kontrolle, deren Zweck es ist, nach Möglichkeit das Auseinanderfallen von völkerrechtlicher und gemeinschaftsrechtlicher Wirksamkeit des Vertragsschlusses zu verhindern.[139] Wie Art. 228 Abs. 1 Unterabs. 2 deutlich macht, ist Maßstab der Kontrolle die Gemeinschaftsverfassung, nicht das Völkerrecht. § 107 Abs. 2 der Verfahrensordnung des EuGH präzisiert ihn dahin, daß das Gutachten sich »sowohl auf die Vereinbarkeit des beabsichtigten Abkommens mit dem EWGV, als auch auf die Zuständigkeit der Gemeinschaft oder eines ihrer Organe für den Abschluß eines solchen Abkommens« erstrecken kann.

34 Eine weitere bedeutsame Präzisierung des Kontrollrahmens ergibt sich aus der Rechtsprechung. Der EuGH hält sich für befugt, im Rahmen des Art. 228 auch die Kompetenz der Mitgliedstaaten zu einem Vertragsschluß mit Drittstaaten und internationalen Organisationen aus der Sicht des EWGV zu prüfen. Die Kommission muß nur dartun, sie habe ihrerseits Initiativen für ein entsprechendes Gemeinschaftsabkommen ergriffen.[140] Im Ergebnis kann diese Rechtsprechung unter Ausweitung des Art. 228 zu einer präventiven gemeinschaftsrechtlichen Kontrolle der auswärtigen Gewalt der Mitgliedstaaten werden.[141] Das AETR-Urteil hatte bereits mit demselben Ziel eine Nichtigkeits-

135 In diesem Sinne auch *Kovar*, a.a.O.; *Bleckmann*, (Fn. 113).
136 Siehe oben Rn. 3.
137 Vgl. *Meessen* (a.a.O., Fn. 129), S. 43 f.
138 Von dieser Möglichkeit ist bisher dreimal von der Kommission Gebrauch gemacht worden: EuGH – Lokale Kosten, 1/75 – Slg. 1975, 1355 ff.; Stillegungsfonds für die Binnenschiffahrt, 1/76 – Slg. 1977, 741 ff.; Naturkautschukabkommen, 1/78 – Slg. 1979, 2871 ff.
139 Vgl. EuGH – Lokale Kosten, 1/75 – Slg. 1975, 1355 ff. (1360 f.).
140 EuGH – Lokale Kosten, 1/75 – Slg. 1975, 1355 ff. (1360, 1363 ff.); – Naturkautschukabkommen, 1/78 – Slg. 1979, 2871 ff. (2907 Ziff. 30).
141 Vgl. *H. H. Maas*, The external power of the EEC with regard to comercial policy, in: CMLR 1976, 379 ff. (381); *R. Geiger*, Außenbeziehungen der EWG und auswärtige Cewalt der Mitgliedstaaten, in ZaöVR 1977, 640 (645 f.).

klage der Kommission gegen einen Ratsbeschluß zugelassen, durch den die Mitgliedstaaten zum Aushandeln und Abschluß des AETR-Abkommens ermächtigt wurden.[142] Das Urteil macht zugleich deutlich, daß Ratsbeschlüsse über die Eröffnung der Verhandlungen – vielleicht auch über die Verhandlungsrichtlinien – einer richterlichen Kontrolle durch den EuGH zugeführt werden können.[143]

35 Das Gutachtenverfahren kann im vereinfachten Vertragsschlußverfahren bis zur Unterzeichnung, im zusammengesetzten Vertragsschließungsverfahren bis zur Notifikation in Gang gesetzt werden.[144] Geschieht dies, muß der Vertragsschluß bis zur Entscheidung des EuGH unterbleiben.[145] Anderenfalls würde der Zweck der Präventivkontrolle verfehlt und die Bindungswirkung eines negativen Gutachtens umgangen: Stellt der EuGH die Unvereinbarkeit des beabsichtigten Vertragsschlusses mit dem EWGV fest, so muß dieser geändert werden, wenn der Vertrag dennoch abgeschlossen werden soll. Andererseits dürfte der EuGH von Rechts wegen nicht gehindert sein, seine positive Stellungnahme zu einem völkerrechtlichen Vertrag in einem späteren Klage- oder Vorabentscheidungsverfahren in der Sache zu revidieren.[146] Die resjudicata-Wirkung gerichtlicher Gutachten ist ohne besondere Anordnung durchaus problematisch.[147] Im übrigen ergeben sich von der Sache her gute Gründe für eine Entscheidungsfreiheit des EuGH: Der völkerrechtliche Vertrag kann im Lichte der mit seiner Durchführung gemachten Erfahrungen ein Bild gewinnen, das zu einer anderen Beurteilung der EWGV-Konformität führt.

2. *Kontrolle nach Vertragsschluß*

a) *Gültigkeit des Vertrages*

36 Die Vereinbarkeit eines Gemeinschaftsabkommens mit dem primären Gemeinschaftsrecht kann auch nach Vertragsschluß nach Maßgabe einschlägiger Verfahrensarten zur Prüfung des EuGH gestellt werden. Anhaltspunkte dafür, daß die Gutachtenzuständigkeit diesbezüglich eine Sperrwirkung ausüben könnte, sind dem EWGV nicht zu entnehmen.[148] Als Verfahrensart kommt eine Nichtigkeitsklage der Kommission bzw. eines Mitgliedstaats gegen den das Gemeinschaftsabkommen bestätigenden Akt des

142 EuGH – AETR, 22/70 – Slg. 1971, 263 ff.
143 Vgl. EuGH – Naturkautschukabkommen – a.a.O., (Fn. 138), Ziff. 32 bis 34.
144 Nicht überzeugend EuGH – Lokale Kosten – a.a.O., (Fn. 138), S. 1361: keine Frist für die Antragstellung. Dazu auch *Maas*, (a.a.O., Fn. 141) S. 383.
145 *Lörcher,* S. 158; *Hermann*, S. 151; *Wohlfarth*, a.a.O., Erl. S. 27.
146 So auch *Kovar*, S. 357.
147 Vgl. die entsprechende Diskussion zu den IGH-Gutachten bei *Rosenne*, The Law and Practice of the International Court, Bd. II, Leiden 1965, S. 744 ff.
148 Siehe *Hermann*, S. 152; *Kovar*, S. 357; *Louis – Brückner* in: *Mégret* u. a., a.a.O., Bd. 12, S. 184; a.A.: *Streil* in: *Beutler* u. a., a.a.O., S. 201; *Constantinesco – Simon*, S. 453, 454 f.

Rates in Betracht.[149] Gleichgültig ist in diesem Zusammenhang, ob der Rat die Bestätigung durch VO oder einfachen Ratsbeschluß vorgenommen hat. Seit dem AETR-Urteil steht fest, daß Gegenstand einer Nichtigkeitsklage im Sinne des Art. 173 Abs. 1 alle Maßnahmen ohne Rücksicht auf Rechtsnatur und Form sein können, die dazu bestimmt sind, Rechtswirkungen zu erzeugen.[150] Die Rechtswirkungen eines formlosen Ratsbeschlusses, der ein Gemeinschaftsabkommen bestätigt, stehen im Hinblick auf Art. 228 Abs. 2 außer Frage. Natürliche und juristische Personen können den Bestätigungsbeschluß des Rats hingegen nur dann mit der Nichtigkeitsklage angreifen, wenn er als VO ergangen ist und die Kläger durch das bestätigte Abkommen unmittelbar und individuell betroffen sind (Art. 173 Abs. 2). Auch das Vorabentscheidungsverfahren nach Art. 177 Abs. 1 Buchst. b kommt zur Prüfung der Gültigkeit eines Gemeinschaftsabkommens in Betracht, weil das Abkommen zu den dort genannten Handlungen der Gemeinschaftsorgane zählt.[151]

b) Gültigkeit sekundären Gemeinschaftsrechts am Maßstab des Völkerrechts

37 Verstöße des sekundären Gemeinschaftsrechts, insbesondere einer VO, gegen ein vorrangiges Gemeinschaftsabkommen können im Wege der Vorabentscheidung nach Art. 177 Abs. 1 Buchst. b an den EuGH herangetragen werden.[152] Aber auch eine Nichtigkeitsklage oder der Einwand des Art. 184 sichern den Vorrang des Völkervertragsrechts gegenüber sekundärem Gemeinschaftsrecht, sofern die sonstigen Klagevoraussetzungen vorliegen.[153]

V. Rechtslage nach dem EGKS- und Euratom-Vertrag

1. EGKS-Vertrag

38 Im EGKSV findet sich keine mit Art. 228 vergleichbare Vorschrift. Insbesondere fehlt es an einer expliziten Anbindung der Außenzuständigkeiten an die Kommission oder den Rat. Akzeptabel ist es, jedem der beiden Organe im Rahmen seiner gemeinschaftsinternen Entscheidungsrechte auch die Außenkompetenz zuzugestehen. Diese liegt dann im Regelfall bei der Kommission.[154]

149 Dazu EuGH – Lokale Kosten, 1/75 – Slg. 1975, 1355 (1361); *Mégret*, S. 26; *Melchior*, S. 210; *Hermann*, a.a.O.,; *Kovar*, a.a.O.

150 EuGH – AETR, 22/70 – Slg. 1971, 263 ff. (277, Ziff. 38 bis 42).

151 Vgl. EuGH – Haegeman, 181/73 – Slg. 1974, 449 ff. (460, Ziff. 2 bis 6); EuGH – Stillegungsfonds für die Binnenschiffahrt, 1/76 – Slg. 1977, 741 ff. (761); zu gemischten Verträgen: *Meessen* (a.a.O., Fn. 129), S. 47 f.

152 EuGH – International Fruit Company, 21 bis 24/72 – Slg. 1972, 1219 ff. (1227); EuGH – Schlüter, 9/73 – Slg. 1973, 1135 ff. (1158, Ziff. 27); Haegeman, 96/71 – Slg. 1972, 1005.

153 Vgl. *Kovar*, a.a.O., S. 357.

154 Einzelheiten bei *Krück*, S. 158 ff.

2. Euratom-Vertrag

39 Der EuratomV enthält in Art. 101 bis 106 zum Teil abweichende Regelungen.[155] Bemerkenswert ist, daß die Abschlußkompetenz der Kommission nach dem Wortlaut des Art. 101 weiter reicht als nach dem EWGV. Da die Kommission indessen in der Regel auf die Zustimmung des Rates angewiesen ist, sind die Unterschiede zwischen EWGV und EuratomV in diesem Punkte nicht allzu gewichtig.[156] Dasselbe gilt für die Anhörung des Parlaments. Sie ist nur bei Assoziierungsabkommen vorgesehen (Art. 206). Über die innergemeinschaftlichen Wirkungen eines Vertragsschlusses schweigt der EuratomV. Insoweit dürfte Art. 228 Abs. 2 EWGV einschließlich der zur Rangfrage entwickelten Ergebnisse[157] entsprechend anzuwenden sein.[158] Eine Prüfungszuständigkeit des EuGH ist nur unter den Voraussetzungen des Art. 103 Abs. 3 EuratomV vorgesehen. Bisher einmal praktisch geworden,[159] verfolgt sie Ziele, die sich im Bereich des EWGV aus der Rechtsprechung ergeben haben.[160] Die in Art. 102 für gemischte Abkommen getroffene Regelung hat die entsprechende EWG-Praxis beeinflußt.[161]

Vorbemerkung zu den Artikeln 229 bis 231

Literaturhinweise
(Siehe auch Literaturhinweise bei Art. 228)

Dauses, Manfred, Die Beteiligung der Europäischen Gemeinschaften an multilateralen Völkerrechtsübereinkommen, in: EuR 1979, 138 ff.
Grabitz, Eberhard – Schloh, Bernhard – Zieger, Gottfried, Die Stellung der Gemeinschaft und ihrer Organe in Internationalen Organisationen, in: Die Außenbeziehungen der Europäischen Gemeinschaft, KSE 25 (1975)
Jaqué, Jean-Paul, La Participation de la Communauté Economique Européenne aux Organisations Internationales Universelles, in: AFDI 1975, 925 ff.
Kovar, Robert, La Participation des Communautés Européennes aux Conventions Multilaterales, in: AFDI 1975, 903 ff.
Le Tallec, Georges, Quelques Aspects des Rapports entre la CEE et les Organisations Internationales, in: RMC 1972, 636 ff.
Petersmann, Ernst-Ulrich, Auswärtige Gewalt, Völkerrechtspraxis und Völkerrechtsbindungen der EWG, in: ZaöVR 1975, 230 ff.

155 Dazu namentlich *Raux* (a.a.O., Fn. 85); *Parry – Hardy*, EEC-Law, London 1973, 429 ff.
156 *H. H. Haunschild*, Vorbemerkungen 3. a) zu Art. 101 bis 106 EuratomV, in: HER, Bd. 13; *Krück*, S. 153.
157 Siehe oben Rn. 26 bis 33.
158 *Krück*, S. 166 m. Fn. 832, S. 117.
159 EuGH – Kernenergieabkommen, 1/78 – Slg. 1978, 2151 ff.
160 Siehe oben Rn. 34.
161 Siehe oben Rn. 17. Vgl. allgemein zu den gemischten Abkommen auch *Schwarze*, Art. 210 Rn. 10.

Schnorr, Gerhard, Die Rechtseinheit Europas. Bemerkungen zu einem Kollisionsrecht der Europäischen Staatsverbindung, in: NJW 1960, 745 ff.
Vedder, Christoph W., Die auswärtige Gewalt des Europa der Neun, Göttingen 1980, S. 153–201

Inhaltsübersicht

I. Allgemeine Bedeutung der Vorschriften

1 Art. 229 bis 231 sind wie die entsprechenden Bestimmungen des EGKSV (Art. 93 f.) und des EuratomV (Art. 199 bis 201) Ausdruck der seit 1945 ständig wachsenden Interdependenz organisierter Staatenverbindungen. Sachlich oder geographisch bedingte Kompetenzüberschneidungen und -berührungen schaffen das Bedürfnis nach Koordination und Zusammenarbeit zwischen den einzelnen Staatenverbindungen. In besonderem Maße trifft dies auf Organisationen mit wirtschaftlicher Zielsetzung zu. Sie haben einen wesentlichen Anteil an den universalen Bemühungen um die rechtliche Verfestigung einer Weltwirtschaftsordnung. In Anbetracht der weltwirtschaftlichen Bedeutung der Gemeinschaften muß deren Beteiligung an den entsprechenden Arbeiten sowohl aus Gemeinschaftssicht wie auch aus der Sicht der internationalen Organisationen ein besonderes Anliegen sein.[1] Ein weiterer Gesichtspunkt, der die Zusammenarbeit zwischen den Gemeinschaften und den internationalen Organisationen trägt, ist der Umstand, daß sich für die Mitgliedstaaten nach Maßgabe ihrer Zugehörigkeit zu verschiedenen Staatenverbindungen völkerrechtliche Pflichtenkollisionen ergeben können, die in einem besonderen »Kollisionsrecht« der Staatenverbindungen gelöst werden müssen.[2] Schließlich ergeben sich Probleme aus der besonderen Qualität der Gemeinschaften: die Verschiebung der Außenkompetenz, die von den Mitgliedstaaten auf die Gemeinschaftsorgane stattgefunden hat, führt zwangsläufig zu der Frage, ob und wie die

1 Vgl. *Schloh*, S. 83.
2 Auf diesen Aspekt hat *Schnorr*, S. 745 frühzeitig hingewiesen; in gleichem Sinne: *Giardina* in: *Quadri* u. a., a.a.O., Art. 229 Erl. 1.

Gemeinschaft die ihr zugewachsene Außenkompetenz in internationalen Organisationen wahrnehmen kann, solange die Mitgliedstaaten die eigentliche Mitgliedsrolle in diesen Organisationen innehaben.[3]

2 Art. 229 bis 231 bestätigen, daß die Außenbeziehungen der Gemeinschaft nicht nur als »Vertragsschließungsgewalt«, sondern umfassend als policy-making-power zu verstehen sind, zu der auch die herkömmlich den Staaten vorbehaltene Zusammenarbeit mit internationalen Organisationen gehören soll.[4] Die Bestimmungen verleihen der Gemeinschaft ausdrücklich eine thematisch begrenzte Außenzuständigkeit[5] und machen deren Wahrnehmung zur verpflichtenden Aufgabe.[6] Die Reichweite dieser Zuständigkeit hängt gemeinschaftsrechtlich von der Präzisierung der Ermächtigung ab, nach der im allgemeinen zweckdienliche Beziehungen, mit dem Europarat und der OECD sogar eine zweckdienliche bzw. enge Zusammenarbeit angestrebt werden soll. Völkerrechtlich kommt es auf die Rechtslage und Praxis bei den internationalen Organisationen im allgemeinen bzw. bei der internationalen Organisation, mit der Beziehungen aufgenommen werden sollen, im besonderen an. Der EWGV kann hier als internes Staatengemeinschaftsrecht nur »einseitige Kooperationsnormen« aufstellen.

II. Beteiligung an Arbeiten der internationalen Organisationen

1. Tragweite der Artikel 229 bis 231

3 Art. 229 bis 231 gestatten der Gemeinschaft, alle Verbindungen zu internationalen Organisationen aufzunehmen, die unterhalb der Schwelle der Mitgliedschaft liegen.[6] Zur Ausübung von Sachkompetenzen, etwa durch den Abschluß von Handelsabkommen mit oder innerhalb internationaler Organisationen befähigen sie nicht.[7] Der damit gegebene Rahmen läßt sich unter Bezugnahme auf die insoweit bei internationalen Organisationen übliche Praxis präzisieren. Danach werden Kontakte außerhalb des institutionellen Rahmens der internationalen Organisationen geknüpft. Des weiteren gibt es den Status technischer Mitarbeit in vorbereitenden Gremien und den Status eines de iure- oder de facto-Beobachters mit oder ohne Rederecht in den Organen der internationalen Organisationen.[8] Entsprechende Formen des Kontaktes haben sich auch im Verhältnis der Gemeinschaft zu internationalen Organisationen herausgebildet.[9] Sofern sie ihre

3 Vgl. *Zieger*, S. 108 f.
4 Vgl. *Grabitz*, S. 76 f.; *Petersmann*, S. 231; ferner *Zieger*, S. 107 f.; *Krück*, Völkerrechtliche Verträge im Recht der Europäischen Gemeinschaften, Heidelberg 1977, S. 22.
5 *Nicolaysen*, a.a.O., S. 49.
6 *Grabitz*, S. 75.
7 Dazu *Giardina* in: *Quadri* u. a., a.a.O., Erl. 2; *Schloh*, S. 85; *Louis – Brückner* in: *Mégret* u. a., a.a.O., S. 127.
8 Vgl. *Grabitz*, S. 53 ff. m. Nachw.
9 *Grabitz*, S. 65 ff.; *Petersmann*, S. 233 ff.; *Louis – Brückner* in: *Mégret* u. a., a.a.O., S. 128 ff.

Existenz nicht bloß pragmatischen Arrangements ohne echte Rechtsgrundlage verdanken, ergeben sie sich aus Vereinbarungen mit der jeweiligen internationalen Organisation, aus deren Satzung oder einem Beschluß der Organisation.[10]

4 Eine Mitgliedschaft der Gemeinschaft in internationalen Organisationen läßt sich auf der Grundlage der Art. 229 bis 231 nicht begründen. Die Ermächtigung des Art. 229 Abs. 1 zielt nach ihrem eindeutigen Wortlaut nur auf die Herstellung von Organbeziehungen. Ein Mitgliedschaftsverhältnis beinhaltet aber in jedem Falle mehr als bloße Organbeziehungen. Nichts anderes kann für die in Art. 229 Abs. 2 angesprochenen übrigen internationalen Organisationen gelten: Es fehlen überzeugende Anhaltspunkte dafür, daß die Ermächtigung insoweit weiter reichen soll als in Abs. 1, zumal Kompetenzberührungen und -überschneidungen der nicht benannten Organisationen mit der Gemeinschaft noch weniger im vorhinein erkennbar sind als bei den Vereinten Nationen und dem GATT.[11] Auch eine Mitgliedschaft im Europarat oder in der OECD läßt sich nicht allein auf Art. 230 bzw. 231 stützen. Das Argument, im Gegensatz zu Art. 229 sei die Gemeinschaft in diesen Bestimmungen schlechthin angesprochen, trägt nicht. Das Ob einer Mitgliedschaft in internationalen Organisationen kann nicht auf der Basis innergemeinschaftlicher Organkompetenzen,[12] sondern nur danach entschieden werden, ob die Gemeinschaft zur Begründung einer mitgliedschaftlichen Stellung in internationalen Organisationen im Verhältnis zu ihren Mitgliedstaaten ausreichend kompetent ist. Diese Frage ist durch die Fassung der Art. 230 und 231 ebensowenig entschieden wie in Art. 229. Sie kann nur auf der Grundlage der Außenkompetenz der Gemeinschaft gelöst werden.[13]

2. Kompetenzgerechte Mitwirkung in internationalen Organisationen

5 Der ständige Zuwachs, den die Außenkompetenz der Gemeinschaft zu Lasten der Mitgliedstaaten erfährt, kann auf Dauer nicht ohne Einfluß auf die Art und Weise der Mitwirkung der Gemeinschaften in internationalen Organisationen bleiben. In der Praxis sind die durch Art. 229 bis 231 gezogenen Grenzen denn auch bereits überschritten worden. Im GATT ist die Gemeinschaft weitgehend in eine mitgliedschaftliche Stellung eingerückt. Durch den Beitritt zu verschiedenen Rohstoffabkommen ist sie Mitglied der durch diese Abkommen geschaffenen Organisationen geworden.[14] Aus gemeinschaftsrechtlicher Sicht ist daher die Frage zu stellen, inwieweit Arbeitsbeziehungen unterhalb der Schwelle der Mitgliedschaft die Außenkompetenz der Gemeinschaft noch angemessen zur Darstellung bringen.

10 *Petersmann*, S. 230 f.
11 Zutreffend *Grabitz*, S. 74.
12 So aber *Grabitz*, S. 75.
13 Vgl. *Schloh*, S. 83 ff.; *Dauses*, S. 148 ff.; *Vedder*, S. 166 f.
14 Vgl. Art. 229 Rn. 6 f.

6 Stellt man ausschließlich auf die Verteilung der Außenkompetenz zwischen der Gemeinschaft und den Mitgliedstaaten ab, mag man im Falle der Alleinzuständigkeit der Gemeinschaft deren alleinige Vollmitgliedschaft, bei Teilzuständigkeit eine Doppelmitgliedschaft der Gemeinschaften und der Mitgliedstaaten in internationalen Organisationen fordern. Ein gegenüber diesen Anforderungen zurückbleibender Status wäre dann nur so lange vertretbar, wie der volle kompetenzgerechte Status aus politischen oder völkerrechtlichen Gründen nicht erreichbar ist.[15] Bei genauerem Zusehen erweisen sich solche Vorstellungen als überzogen.

7 Mit gutem Grund enthält der EWGV keine ausdrücklichen Bestimmungen über das Ob und Wie einer Mitgliedschaft einer Gemeinschaft in internationalen Organisationen. Schon bei der Gründung der Gemeinschaft war wohl bekannt, daß sich eine mitgliedschaftliche Beteiligung der Gemeinschaft an internationalen Organisationen oder gar eine Übernahme mitgliedstaatlicher Mitgliedschaftsrechte (im Wege einer Rechts- oder Funktionsnachfolge[16]) zwar gemeinschaftsintern vereinbaren ließe, in der internationalen Praxis jedoch neben rechtlichen mit politischen und ideologischen Widerständen zu rechnen haben würde. Deshalb hat man sich für vorsichtigere, entwicklungsfähigere Wege der Beteiligung entschieden. Die in Art. 229 bis 231 getroffenen Regelungen belegen dies ebenso, wie Art. 228, der die verfahrensmäßige Möglichkeit eröffnet, mit internationalen Organisationen Abkommen über eine Beteiligung der Gemeinschaft zu schließen. Vor allem muß Art. 5 Abs. 1 Satz 2 in diesem Zusammenhang genannt werden: Ihm ist mit Bezug auf internationale Organisationen die Verpflichtung der Mitgliedstaaten zu entnehmen, die Gemeinschaft in ihrem Bemühen zu unterstützen, eine dem jeweiligen Stand der Integration angemessene Mitwirkung in den internationalen Organisationen zu erreichen.[17] Was den Inhalt dieser »Verpflichtung zur Solidarität«[18] im einzelnen angeht, so ist zu bedenken, daß internationale Organisationen sich weithin von pragmatischen Erwägungen leiten lassen.[19] Sie können durchaus einer über den skizzierten Rahmen der Art. 229 bis 231 hinausgehenden Mitwirkung der Gemeinschaft Rechnung tragen. So haben sich namentlich in wirtschaftlichen Organisationen abgestufte Formen einer Mitgliedschaft entwickelt, die auch Nichtstaaten eine angemessene Beteiligung an den Arbeiten ermöglichen.[20] Andererseits müssen die Entwicklungsmög-

15 So der Ansatz von *Grabitz,* S. 77 f.

16 Dazu *Schnorr*, S. 748; *Zieger*, S. 112; *Petersmann*, S. 236; *Krück*, a.a.O., S. 101, 116ff.; *Vedder*, S. 163ff.

17 *Petersmann*, S. 232.

18 Siehe dazu *Pescatore*, External Relations in the Case Law of the Court of Justice in the EC, in: CMLR 1979, 615ff. (643f.) und EuGH – Stillegungsfonds für die Binnenschiffahrt, 1/76 – Slg. 1977, 4 Ziff. 12 m. w. Rechtsprechungsnachw.

19 *Zieger*, S. 110.

20 *Zieger*, ebd. und EP-Sitzungsdokument 57/73 vom 28.5.1973 (Bericht *Ballardini* über die juristischen Aspekte der Beteiligung der Europäischen Gemeinschaften an den Arbeiten der verschiedenen UNO-Organisationen) Entschließungsantrag Punkt 5 mit Begründung in Randziff. 22ff. (27).

lichkeiten einer mitgliedschaftlichen Beteiligung der Gemeinschaft aus Gründen der Gleichbehandlung aller Mitglieder der internationalen Organisationen notwendig so lange und so weit begrenzt bleiben, wie die Mitgliedstaaten ordentliche Mitglieder in den internationalen Organisationen sind.[21] DieAufgabe dieser ordentlichen Mitgliedschaft ist für die Gemeinschaft keineswegs immer vorteilhaft. Denn sie kann – wiederum aus Gründen der Gleichbehandlung – zum Verlust von 10 Stimmrechten im Tausch gegen ein Stimmrecht führen und damit das reale Gewicht der Gemeinschaft in der internationalen Organisation eher verschlechtern als verstärken.[22]

8 Unter Berücksichtigung dieser Überlegungen kann der Status eines Beobachters oder der der technischen Mitarbeit der Außenkompetenz der Gemeinschaft nicht immer gerecht werden. Namentlich in solchen internationalen Organisationen, die für die Gemeinschaft bindende Beschlüsse fassen, werden sich die Mitgliedstaaten für ein Mitsprache- und Stimmrecht der Gemeinschaft einsetzen müssen,[23] jedenfalls aber den auf UN-Konferenzen zum Teil schon erreichten »intermediären Status« eines Mitverhandlungsrechts der Gemeinschaft[24] unterstützen müssen. Aber auch wenn keine bindenden Beschlüsse gefaßt werden, ist auf eine kompetenzgerechte Beteiligung der Gemeinschaften hinzuwirken.[25] Mit Rücksicht auf ihre nach wie vor beschränkte Außenkompetenz wird eine Alleinmitgliedschaft der Gemeinschaft seltener in Betracht kommen. Eher werden sich die Mitgliedstaaten um Formen der Mitgliedschaft zu bemühen haben, die ergänzend neben ihre eigene treten und den jeweiligen Zuständigkeitsbereich der Gemeinschaft abdecken. Die somit der Gemeinschaft und den Mitgliedstaaten zustehenden Mitgliedsrechte werden dabei den Status eines ordentlichen Mitglieds nicht überschreiten können, weil dies der Gleichbehandlung aller Mitglieder[26] widerspräche.[27]

9 Mitgliedstaatliche Demarchen auf der Grundlage des Art. 5 (gegebenenfalls auch des Art. 116[28]) schaffen wichtige Bausteine des in Rn. 1 erwähnten Kollisionsrechts der Staatenverbindungen, weil sie zur Bereinigung sich überschneidender internationaler Verpflichtungen führen können. Die Bereitschaft der Mitgliedstaaten zu derartigen Demarchen läßt allerdings nach wie vor zu wünschen übrig. Das Bestreben, die internationale Kontrolle über die Tätigkeit der internationalen Organisationen weitgehend in der Hand zu behalten, bleibt ein gewichtiges Hindernis auf dem Wege zu einer

21 *Zieger*, S. 113 f.; s. hierzu auch *Henry G. Schermers*, The European Communities under an archontocratic System of international law, in: Gedächtnisschrift für Sasse, Baden-Baden 1981, Bd. I, 137 ff. (144 ff.).
22 *Petersmann*, S. 231 m. Fn. 13.
23 Vgl. *G. Le Tallec*, S. 638; *Kovar*, S. 920 f.; *Jaqué*, S. 937 f.; *Loerke*, Vorbemerkung II 2 a zu Art. 229 bis 231 in der 2. Aufl.; *Schloh*, S. 87; *Dauses*, S. 158.
24 Vgl. das Gutachten des Juristischen Dienstes der VN, in: UN Juridical Yearbook, 1968, 201 f.; den Bericht *Ballardini* (Fn. 20) (Bericht Randziff. 23) und *Schloh*, S. 98.
25 *Loerke* (a.a.O., Fn. 2), Vorbemerkung II 2 b.
26 Siehen oben Rn. 7.
27 *Petersmann*, S. 231 m. Fn. 13, S. 234; *Vedder*, S. 158 ff.
28 Dazu *Petersmann*, S. 231 und *Grabitz*, S. 18.

kompetenzgerechten Beteiligung der Gemeinschaften an internationalen Organisationen und zu einem Kollisionsrecht der Staatenverbindungen.[29]

3. Gründung neuer internationaler Organisationen

10 Im Zusammenhang mit der Beurteilung des Europäischen Stillegungsfonds für die Binnenschiffahrt hat der EuGH der Gemeinschaft das Recht zuerkannt, nach Maßgabe ihrer Vertragsschließungskompetenzen gemeinsam mit Mitglied- und Drittstaaten zur Erreichung der Vertragsziele geeignete Einrichtungen, wie eine »internationale öffentlich-rechtliche Anstalt«, zu errichten und die Organe einer solchen Anstalt mit angemessenen Entscheidungsbefugnissen auszustatten.[30] Damit ist der Gemeinschaft grundsätzlich die Möglichkeit eröffnet worden, sich an der Gründung neuer internationaler Organisationen (etwa an der Internationalen Naturkautschukorganisation[31]) zu beteiligen – vorausgesetzt, daß das Statut der Organisation weder die Handlungsfreiheit der Gemeinschaften in ihren auswärtigen Beziehungen, noch die innere Verfassung der Gemeinschaften substantiell tangiert.[32]

III. Die Vertretung in internationalen Organisationen

1. Problematik

11 Welches Gemeinschaftsorgan die Beteiligungsrechte in internationalen Organisationen ausübt, regelt der EWGV nicht mit der wünschenswerten Klarheit. Eine ausschließliche Vertretungszuständigkeit der Kommission läßt sich nicht begründen.[33] In Art. 230 und 231 fehlt es an jeder greifbaren Aussage über die Vertretung der Gemeinschaft im Europarat und der OECD. Aber auch für andere internationale Organisationen liefert Art. 229 kaum zureichende Anhaltspunkte. Die Vertretung bei mitgliedschaftlichen Beteiligungsverhältnissen erfaßt er so wenig wie die Begründung der Mitgliedschaft überhaupt.[34] Aber auch bei einer Beteiligung der Gemeinschaft im Beobachterstatus spricht Art. 229 nicht zwingend für eine Vertretungszuständigkeit der Kommission. Der Beobachterstatus ist häufig Ersatz für eine (noch) nicht erreichbare Mitgliedschaft. Er nähert sich damit gemeinschaftsintern der Mitgliedschaft – ein Umstand, der in der

29 Vgl. dazu den Bericht *Ballardini* (Fn. 20), Entschließungsantrag Punkt 6 mit Begründung Randziff. 29.

30 Slg. 1977, 741 ff. (756) Rn. 5.

31 Vgl. dazu EuGH – Naturkautschukabkommen, 1/78 – Slg. 1979, 2821 ff.; ferner *Pescatore* (Fn. 18), S. 631 f.

32 EuGH (Fn. 30), Rn. 12.

33 *Everling* in: *Wohlfarth* u. a., a.a.O., Art. 116 Anm. 3; zum folgenden auch *Louis – Brückner* in: *Mégret* u. a., a.a.O., S. 137 ff.

34 Siehe oben Rn. 4.

»Beziehungskompetenz« des Art. 229 verdeckt bleibt, die Vertretungszuständigkeit jedoch beeinflussen kann.[35]

12 Zweifel, ob Art. 229 die allein maßgebliche Regelung der Vertretungszuständigkeit im Beobachterstatus sein kann, ergeben sich auch aus der Tatsache, daß neben der Gemeinschaft regelmäßig die Mitgliedstaaten in internationalen Organisationen präsent sind. Konsequenterweise ist mit heiklen Fragen der Abgrenzung der Kompetenz- und Einflußsphären zu rechnen, deren Widerspiegelung in der Vertretungszuständigkeit nicht kurzerhand durch die Berufung auf Art. 229 ausgeschlossen werden kann.[36] Die Komplexität gemeinschaftlicher und mitgliedstaatlicher Präsenz erfaßt der EWGV nur in Teilstücken, nämlich in Art. 5, 116 und in der gerade im Hinblick auf internationale Organisationen schwierigen Abgrenzung der Außenbeziehungen.[37] Er kann sie auch nur begrenzt erfassen. So kommt es fast notwendig zu pragmatischen Vertretungsmustern, zum Verzicht auf ein »System«.[38]

2. Einzelergebnisse

13 Nimmt man die vorerwähnten Gesichtspunkte zusammen, so erscheint die These, daß die Kommission für alle Beteiligungen der Gemeinschaft unterhalb der Mitgliedschaft das allein berufene Vertretungsorgan ist,[39] nicht hinreichend abgesichert. Auch kann der Praxis nicht generell widersprochen werden, derzufolge die Gemeinschaft in zahlreichen internationalen Organisationen nach der sogenannten UNCTAD-Formel »bicephal«, d. h. mit einer Delegation vertreten ist, die von der Kommission und der jeweiligen Ratsmacht gestellt wird.[40] Unbedenklich ist jedenfalls die bei gemischter Zuständigkeit (z. B. in Rohstofforganisationen[41]) praktizierte Vertretung nach der sogenannten Romformel: Bildung einer gemeinsamen Delegation aus den Mitgliedstaaten und Kommissionsvertretern, wobei die Kommission grundsätzlich als Delegationssprecher auftritt.[42]

14 Im übrigen gilt folgendes: Verträge im Rahmen einer internationalen Organisation, die in die Zuständigkeit der Gemeinschaft fallen, verhandelt die Kommission nach Maßgabe der allgemeinen Regeln.[43] Die Abschlußkompetenz liegt hingegen beim Rat.[44] Geht es

35 Vgl. *Vedder,* S. 169.
36 *Jaqué*, S. 940.
37 Zur Abgrenzungsproblematik *Le Tallec*, S. 640.
38 Beklagt von *Grabitz,* S. 67, 69.
39 So *Grabitz,* S. 79; *Loerke* (a.a.O., Fn. 23), Vorbemerkung III 1; *Carl*, Kompetenzverschiebungen zwischen Kommission und Rat der EWG auf dem Gebiet der Außenbeziehungen, Freiburg 1974, S. 73f.
40 A. A. *Grabitz,* a.a.O.; *Loerke* (a.a.O., Fn. 23); *Carl* (a.a.O., Fn. 39), S. 74f.
41 Siehe Art. 229 Rn. 7.
42 Einzelheiten bei *Schloh*, S. 95.
43 Siehe Erläuterungen zu Art. 228.
44 *Loerke,* a.a.O., Vorbemerkung III 1; *Petersmann*, S. 232; ferner *Schloh*, S. 85.

um verbindliche Beschlüsse der Organisation, so entspricht es der für verbindliche Rechtsakte immanenten Logik des Vertrages, daß die Mitwirkung an den Vorarbeiten in die Vertretungszuständigkeit der Kommission, die Beschlußfassung als solche hingegen in die des Rates fällt.[45] Für Entscheidungen der OECD läßt sich dasselbe Ergebnis durch eine analoge Anwendung der Art. 113, 228 erzielen, weil Entscheidungen der OECD – quasi – vertraglichen Charakter haben.[46] Bei nichtverbindlichen Organbeschlüssen einer internationalen Organisation ist es annehmbar, von einer Vertretungszuständigkeit der Kommission auch hinsichtlich der Beschlußfassung auszugehen.[47] Allerdings ist darauf hinzuweisen, daß die Rechtsqualität dieser Beschlüsse in zunehmendem Maße kritisch geworden ist. Als »soft law« können Empfehlungen oder Resolutionen fast ebenso verbindlich wirken, wie rechtlich bindende Beschlüsse,[48] ganz abgesehen davon, daß sie mit der Zeit zu Gewohnheitsrecht erstarken können.[49]

Artikel 229 [Beziehungen zu internationalen Organisationen]

Die Kommission unterhält alle zweckdienlichen Beziehungen zu den Organen der Vereinten Nationen, ihrer Fachorganisationen und des Allgemeinen Zoll- und Handelsabkommens.

Sie unterhält ferner, soweit zweckdienlich, Beziehungen zu allen internationalen Organisationen.

Literaturhinweise

Kommission der EG, La Communauté Européenne, les Organisations Internationales et les Accords multilatéraux, 1980 (auch in englischer Sprache erschienen)
Grabitz, Eberhard – Schloh, Bernhard – Zieger, Gottfried, Die Stellung der Gemeinschaft und ihrer Organe in Internationalen Organisationen, in: Die Außenbeziehungen der Europäischen Gemeinschaft, KSE 25 (1975)
Vedder, Christoph, Die auswärtige Gewalt des Europa der Neun, Göttingen 1980, S. 153–201

45 Im Ergebnis übereinstimmend *Petersmann*, S. 233; *Jaqué*, S. 937; vgl. auch EuGH – Lokale Kosten, 1/75 – Slg. 1975, 1355 ff. (1360). – Nicht überzeugend die Ansicht von *Grabitz,* S. 80 f.
46 Vgl. statt vieler *Hahn – Weber*, Die OECD, Baden-Baden 1976, S. 96; s. auch *Vedder*, S. 155 f.
47 So *Petersmann*, a.a.O.; *Grabitz,* S. 80.
48 Dazu zuletzt *R. Baxter*, International Law in »Her infinite Variety«, in: ICLQ 1980, 549 ff.
49 Vgl. *Schröder*, Völkerrecht durch Vereinte Nationen, in: *Wolfrum – Prill – Brückner*, Handbuch Vereinte Nationen, München 1977, 503 ff. (508).

Inhaltsübersicht

I. Allgemeines

1 Nach Art. 229 Abs. 1 sind Beziehungen zu den Vereinten Nationen, ihren Fachorganisationen und zum GATT wegen zu erwartender Kompetenzberührungen und -überschneidungen ohne weiteres verpflichtende Aufgabe. Das Ermessen der Kommission, zweckdienliche Kontakte herzustellen, bezieht sich nur auf deren Inhalt und Ausmaß. Demgegenüber ist bei den in Art. 229 Abs. 2 nicht näher bezeichneten internationalen Organisationen auch das Ob der Beziehungen im Einzelfall zu prüfen. Es kommt insoweit darauf an, ob die angestrebten Beziehungen einen hinreichenden Bezug zu den von der Gemeinschaft verfolgten Zielen und Aufgaben haben.[1] Da der Gemeinschaft Ziele zur Verwirklichung aufgetragen sind, die in fast alle Bereiche international organisierter Zusammenarbeit hineinreichen, gibt es kaum internationale Organisationen, zu denen keine Verbindungen hergestellt werden können.

2 Der in Art. 229 Abs. 2 verwendete Begriff der internationalen Organisationen erfaßt auch nicht-amtliche internationale Organisationen im Sinne des Art. 71 der UN-Charta. Es gibt keinen überzeugenden Gesichtspunkt, der es der Gemeinschaft – hinreichenden Bezug zu ihren Zielen vorausgesetzt – verbieten könnte, sich den in diesen Organisationen akkumulierten Sachverstand nutzbar zu machen oder in geeigneter Form an den Aktivitäten dieser Organisationen mitzuwirken.[2] Wenn der EWGV diese Organisationen nicht besonders erwähnt, so geschieht dies im Anschluß an das Satzungsrecht internationaler Organisationen, das zum Teil ebenfalls mit einer Generalkompetenz zur Kontaktaufnahme arbeitet und in diese auch nicht-amtliche internationale Organisationen einschließt.[3]

3 Die Zuständigkeit der Kommission, Beziehungen zu internationalen Organisationen herzustellen und zu unterhalten, hat durch die Luxemburger Vereinbarung vom 29. 1. 1966 insofern eine gewisse Einschränkung erfahren, als die Kommission den Rat über die Zweckmäßigkeit, die Modalitäten und die Art der Beziehungen zu internationalen Organisationen zu konsultieren hat.[4] Im übrigen hat die »Beziehungskompetenz«

1 *Loerke* in der Voraufl., Erl. I 2; *Vedder*, S. 168.
2 Zutreffend *Loerke* in der Voraufl., Erl. I 3.
3 Vgl. *Zemanek*, Das Vertragsrecht Internationaler Organisationen, Wien 1957, S. 124.
4 BullEG 3/66, S. 9.

zunehmend an praktischer Bedeutung verloren, seit die Gemeinschaft im Zuge der ständigen Ausweitung ihrer Außenkompetenzen eine über laufende Kontakte formell und materiell hinausgehende Präsenz in internationalen Organisationen erstrebt und zum Teil auch erreicht hat.[5]

II. Beziehungen unterhalb der Mitgliedschaft

4 Nach wie vor verfügt die Gemeinschaft in den meisten internationalen Gremien nur über einen Status, der formell unterhalb der Mitgliedschaft liegt.[6] Exemplarisch[7] für diesen Zustand sind zunächst die Beziehungen zu den Vereinten Nationen und ihren Sonderorganisationen. Durch Resolution 3208 (XIX) vom 11. 10. 1974 räumt die Generalversammlung der Gemeinschaft in Plenum und Ausschüssen einen Beobachterstatus ohne Beschränkung auf bestimmte Sachfragen oder Außenkompetenzen ein. Damit ist die Bedeutung der Gemeinschaft namentlich bei der weltweiten Verwirklichung der Aufgaben nach Art. 13 b UN-Charta anerkannt. Die Gemeinschaft wird nach »bicephalem« Muster vertreten.[8] Auch in anderen Organen, deren Unterorganen und in den Spezialorganisationen der Vereinten Nationen, die komplementäre Gemeinschaftsziele und -aufgaben erfüllen, hat die Gemeinschaft heute in der Regel einen durch Organakt oder Satzungsrecht begründeten Beobachterstatus mit Rederecht inne. Die Vertretung wird teils »bicephal«, teils allein von der Kommission wahrgenommen, vermutlich je nachdem, welches praktisch-politische Gewicht die Mitgliedstaaten der Gemeinschaft der Arbeit des Internationalen Gremiums im Hinblick auf die ihnen verbliebenen Kompetenzen beimessen. Genannt seien beispielhaft der Wirtschafts- und Sozialrat und die ihm nachgeordneten Wirtschaftskommissionen für Europa, Asien, Afrika und Lateinamerika, des weiteren die UNCTAD, UNIDO, UNCITRAL, ILO, UNESCO, UNEP und Atomenergiebehörde. In einigen Fällen ist der Gemeinschaft bis heute formell nicht einmal ein Beobachterstatus eingeräumt worden, wenngleich die Mitwirkung in der Praxis dem Beobachterstatus stark angenähert ist. Dies gilt etwa für die FAO und die Weltgesundheitsorganisation, den Internationalen Währungsfonds und die Weltbank.

5 Ein im ganzen ähnliches Bild zeigt sich bei den regionalen internationalen Organisationen. Von besonderem Interesse sind insoweit die Beziehungen zur OECD und zum Europarat.[9] Im übrigen seien erwähnt die Internationale Eisenbahntransportorganisation, die Europäische Verkehrsministerkonferenz, der Rat für Zusammenarbeit auf dem

5 Vgl. schon Vorbemerkungen zu den Art. 229 bis 231 Rn. 5 ff., 11.
6 Über die Gründe s. Vorbemerkung zu den Art. 229 bis 231 Rn. 7, 9.
7 Eine nach dem Stande vom 31. 12. 1979 vollständige Dokumentation der Gemeinschaftspräsenz findet sich in der im Literaturverzeichnis genannten Schrift der Kommission.
8 Vorbemerkung zu den Art. 229 bis 231 Rn. 31.
9 Vgl. Erläuterungen zu Art. 230 f.

Gebiet des Zollwesens und die OAS (jeweils formeller Beobachterstatus), die WEU, die Rheinschiffahrtskommission (jeweils Quasi-Beobachterstatus).

III. Mitgliedschaftliche Beziehungen

6 Mitgliedschaftliche Beziehungen zu einer internationalen Organisation setzen grundsätzlich das Stimmrecht in der Organisation voraus. Die Analyse der Gemeinschaftspräsenz in internationalen Organisationen zeigt indessen, daß diese Voraussetzung eher auf die Beziehungen zwischen klassischen internationalen Organisationen zugeschnitten ist: Der Fall, daß die Gemeinschaft, obschon sie nicht Vertragspartei ist und nicht über ein Stimmrecht verfügt, in einer internationalen Organisation wie ein Vertragspartner und Mitglied behandelt wird, ist nicht erfaßt. Ein derartiger Typus mitgliedschaftlicher Beziehungen hat sich im Zuge der ständigen Ausweitungen der handelspolitischen Kompetenz der Gemeinschaft im Rahmen des GATT entwickelt.[10] Möglich wurde dies, weil sich der Aufgaben- und Regelungsbereich des GATT weitgehend mit dem Funktionsbereich der Gemeinschaft deckt,[11] weil die Gemeinschaft an die GATT-Verpflichtungen gebunden ist[12] und die pragmatische Grundhaltung dieser internationalen Organisation die Funktionsnachfolge der Gemeinschaft in mitgliedschaftliche Rechte[13] begünstigt.[14] Äußeres Zeichen dieser Entwicklung ist der Umstand, daß die Gemeinschaft und ihre Mitgliedstaaten im GATT eine einheitliche Delegation unter Führung der Kommission mit dem Rubrum »Europäische Gemeinschaften und ihre Mitgliedstaaten« bilden.[15]

7 Noch stärker, wenn auch mit bedeutsamen Unterschieden im Detail, ist der mitgliedschaftliche Status der Gemeinschaft in den Internationalen Rohstofforganisationen ausgebildet.[16] In der Kaffee-, Kakao- und Zinnorganisation ist die Gemeinschaft Mitglied des jeweiligen Rates ohne Stimmrecht. In Angelegenheiten, die in ihren Kompetenzbereich fallen, kann sie die Stimmen ihrer Mitgliedstaaten en bloc abgeben. In diesem Falle ist eine individuelle Stimmabgabe durch die Mitgliedstaaten unzulässig. In dem den Staaten vorbehaltenen Exekutivausschuß ist die Gemeinschaft zwar nicht Mitglied, kann sich jedoch an den Beratungen beteiligen. Soweit ihre Kompetenzen berührt sind, darf ein Mitgliedstaat im Exekutivausschuß die Stimmen aller EG-Mitglieder einheitlich abge-

10 Zusammenfassende Darstellung mit Einzelheiten bei *Vedder*, S. 171–180; s. auch *Grabitz*, S. 64 f.; *Schloh*, S. 90 f.; *Zieger*, S. 134 ff.
11 *Vedder*, S. 171.
12 Hierzu EuGH – International Fruit Company, 21 bis 24/72 – Slg. 1972. 1219 ff. (1227 ff.).
13 Vorbemerkungen zu den Art. 229 bis 231 Rn. 7.
14 *Schloh*, S. 90.
15 *Schloh*, S. 91; *Zieger*, S. 138; *Vedder*, S. 172.
16 Zum folgenden auch *Dauses* (wie Vorbemerkung zu den Art. 229 bis 231), S. 157 ff.

ben.[17] Das Gesamtbild dieser Gemeinschaftspräsenz rechtfertigt es, hier von einer komplementären Mitgliedschaft[18] im Verhältnis der Gemeinschaft zu ihren Mitgliedstaaten zu sprechen.[19] Noch weitgehender hat die Gemeinschaft die Mitgliedstaaten in der Internationalen Getreideübereinkunft von 1971 verdrängt.[20] Sie gilt als Ein- bzw. Ausfuhrland und ist als solches stimmberechtigtes Mitglied im Internationalen Weizenrat und im Exekutivausschuß.[21] Am Olivenölabkommen[22] – einem reinen Gemeinschaftsabkommen – sind die Mitgliedstaaten überhaupt nicht mehr beteiligt; die Gemeinschaft hat die Alleinmitgliedschaft mit allen sich daraus ergebenden Rechten und Pflichten inne.

IV. Nicht-amtliche internationale Organisationen

8 Größere Bedeutung hat in den letzten Jahren die entwicklungspolitische Zusammenarbeit der Gemeinschaft mit nicht-amtlichen internationalen Organisationen erlangt. Die Gemeinschaft beteiligt sich in erheblichem Umfang an Entwicklungshilfemaßnahmen solcher Organisationen.[23]

Artikel 230 [Zusammenarbeit mit dem Europarat]

Die Gemeinschaft führt jede zweckdienliche Zusammenarbeit mit dem Europarat herbei.

Literaturhinweise

Grabitz, Eberhard – Schloh, Bernhard – Zieger, Gottfried, Die Stellung der Gemeinschaft und ihrer Organe in Internationalen Organisationen, in: Die Außenbeziehungen der Europäischen Gemeinschaft, KSE 25 (1975), S. 114–124

17 Art. 4 Abs. 4 und 5 des Internationalen Kaffeeabkommens vom 31. 12. 1975 (ABl. 1976 Nr. L 309 S. 30); Art. 4 Abs. 2 und 3 des Internationalen Kakaoabkommens vom 20. 10. 1975 (ABl. 1976 Nr. L 321 S. 31); Art. 54 b des Internationalen Zinnabkommens vom 21. 6. 1975 (ABl. 1976 Nr. L 222 S. 3).
18 Vorbemerkung zu den Art. 229 bis 231 Rn. 8.
19 *Vedder*, S. 184; *Zieger*, S. 143 (außerordentliche oder assoziierte Mitgliedschaft).
20 Dazu *Vedder*, S. 178 f.
21 Vom 29. 3. 1921, ABl. 1974 Nr. L 219 S. 24, Art. 12 mit Annex A und B.
22 Vom 30. 3. 1979, ABl. 1979 Nr. L 327 S. 1, Art. 34.
23 Siehe dazu die Gesamtberichte über die Tätigkeit der Europäischen Gemeinschaften beginnend mit dem 10. Gesamtbericht, jeweils im Abschnitt »Außenbeziehungen« unter dem Stichwort »Beziehungen zu Nicht-Regierungsorganisationen«.

I. Zusammenarbeit aufgrund des Art. 230

1 Die Aufnahme des Art. 230 (wort- bzw. sinngleich Art. 200 EuratomV, Art. 94 EGKSV) beruht ursprünglich weniger auf der kompetenziellen Überschneidung oder Berührung der Aufgabenbereiche des Europarates und der Gemeinschaften denn auf dem Bestreben, die Europäischen Gemeinschaften in das gesamteuropäische Einigungswerk zu integrieren. So erklärt sich, daß der Gemeinschaft die Zusammenarbeit, nicht bloß zweckdienliche Beziehungen, aufgetragen werden[1] und die institutionellen Verbindungen der Gemeinschaft in verschiedener Hinsicht dichter sind, als die zu anderen internationalen Organisationen. Ob sie deshalb schon einen eigenen Typus von Beziehungen zwischen Staatenverbindungen repräsentieren,[2] mag hier auf sich beruhen. – Vergleichbare Verbindungsklauseln enthält die Satzung des Europarates, abgesehen von dem allgemeinen Bekenntnis zur organisierten Zusammenführung der europäischen Völker in Art. 23 Buchst. b nicht. In detaillierterer Form kommt der Wunsch des Europarates nach intensiveren Beziehungen zur Gemeinschaft allerdings in der Praxis der Organe zum Ausdruck.[3]

2 Auf der Ebene der »Exekutiven« ist durch einen Briefwechsel aus dem Jahre 1959 vereinbart worden, daß abgesehen vom Dokumentenaustausch Experten der Kommission an den Fachausschüssen des Europarates teilnehmen können und umgekehrt, ferner, daß die Kommission sich an den Debatten des Ministerausschusses beteiligen kann.[4] Infolge der unterschiedlichen Zielsetzung, Struktur und Mitgliedschaft der beiden Organisationen läßt sich eine volle Reziprozität der Zusammenarbeit auf seiten der Gemeinschaft allerdings nur begrenzt herstellen.[5] Die durch das Abkommen Rey/Modinos ermöglichten gemeinsamen Sitzungen von Dienststellen beider Seiten mit dem Ziel eines regelmäßigen Meinungs- und Informationsaustausches scheint hingegen weniger problematisch zu sein.[6] Bemerkenswert ist bei alledem, daß sich die Zusammenarbeit nicht nur auf die dafür kompetenten Vertretungsorgane als solche erstreckt, sondern von der Spitze der Organe über den Mittelbau bis zur Basis reichen soll.[7]

3 Eine organverschränkende Zusammenarbeit hat sich auf »parlamentarischer« Ebene entwickelt:[8] Die Beratende Versammlung des Europarates und das Europäische Parlament tagen jährlich einmal gemeinsam in Straßburg. Die Sitzungsvorbereitungen

1 Vgl. auch *Wohlfarth* in: *Wohlfarth* u. a., a.a.O., Art. 230 Anm. 2; *Giardina* in: *Quadri* u. a., a.a.O., Art. 230 Anm. 2 am Ende (beide Allg. Literaturverzeichnis).
2 So *Zieger*, S. 121.
3 Vgl. dazu auch die Resolution des Ministerkommitees vom 14. 12. 1957: Res TM (57/27); den Bericht *Reverdini* vom 14. 5. 1973, A. C. Dok. 3281 und den Bericht *Hofer* vom 14. 1. 1974, A. C. Dok. 3386 und 3387.
4 BullEG 4/59, S. 30 ff.
5 *Loerke* in der Voraufl., Erl. II; *Louis –Brückner* in: *Mégret* u. a., a.a.O., S. 70 f.
6 *Loerke* in der Voraufl., Erl. II.
7 Hierzu *Zieger*, S. 120 f.
8 Zutreffende Charakterisierung von *Zieger*, S. 117.

werden gemeinsam getragen, das Präsidium wechselt. Die Kommission nimmt an diesen Sitzungen teil.

II. Beteiligung der Gemeinschaft an Europaratskonventionen

4 Die Dichte der institutionellen Beziehungen zwischen der Gemeinschaft und dem Europarat hat mit den Kooperationsergebnissen nicht Schritt gehalten. Namentlich zwei Ursachen dürften dafür entscheidend gewesen sein.[9] Einerseits hat der Europarat infolge der schrittweisen Erweiterung der Gemeinschaften seine ursprüngliche Funktion als gemeinsames Forum der EWG- und EFTA-Länder weitgehend eingebüßt. Zum anderen reduzieren die unterschiedlichen Funktionsbereiche und Kompetenzen der beiden Organisationen die Kooperation tendenziell auf ein Zusammenwirken in Einzelfragen. Insofern eröffnen sich Möglichkeiten in dem Maße, in dem es der Gemeinschaft gelingt, nach Maßgabe ihrer Vertragsschließungskompetenzen Vertragspartner der Europaratskonventionen zu werden und in diesem Zusammenhang die Erfahrungen der innergemeinschaftlichen Rechtsangleichung für Westeuropa insgesamt nutzbar zu machen. Derartige Entwicklungen zeichnen sich namentlich im Umweltschutzrecht ab.[10]

Artikel 231 [Zusammenarbeit mit der OEEC/OECD]

Die Gemeinschaft führt ein enges Zusammenwirken mit der Europäischen Organisation für Wirtschaftliche Zusammenarbeit herbei; die Einzelheiten werden gemeinsam festgelegt.

Literaturhinweise

Grabitz, Eberhard – Schloh, Bernhard – Zieger, Gottfried, Die Stellung der Gemeinschaft und ihrer Organe in Internationalen Organisationen, in: Die Außenbeziehungen der Europäischen Gemeinschaft, KSE 25 (1975), S. 124–132
Hymans, OCED et Relations avec CE, in: RMC 1970, 77 ff.

1 Maßgeblicher Gesichtspunkt für die Zusammenarbeit der Gemeinschaften mit der OEEC war das gemeinsame Bemühen beider Organisationen um die Beseitigung von Handels-

9 Zum folgenden *Zieger*, S. 121 f.
10 Vgl. dazu das Europäische Übereinkommen zum Schutz von Tieren in landwirtschaftlichen Tierhaltungen vom März 1976 (ABl. 1978 Nr. L 323 S. 14) sowie den 13. Gesamtbericht (1979) TZ 537; 14. Gesamtbericht (1980) TZ 632.

hemmnissen und Diskriminierungen in Westeuropa.[1] Auch die OECD als Nachfolgeorganisation der OEEC hat mit der Gemeinschaft parallele Zielsetzungen, die jeweils in den Präambeln und Art. 1 der Gründungsverträge niedergelegt sind. Die »enge Zusammenarbeit« der Organisationen ist demzufolge Ausdruck von Kompetenzüberschneidungen,[2] nicht (mehr) eines Zusammenwirkens europäischer Staatenverbindungen im Rahmen der europäischen Einigungsbestrebungen, zumal die OECD keine europäische Organisation ist.[3]

2 Gegenstück zu Art. 231 (wortgleich Art. 102 EuratomV; sinngleich, aber aussageschwächer: Art. 93 EGKSV) auf seiten der OECD ist Art. 13 der Konvention in Verbindung mit dem Zusatzprotokoll Nr. 1 und Art. 7 der VerfO. Danach richtet sich die Vertretung der Gemeinschaft nach Gemeinschaftsrecht. Die Kommission nimmt als Beobachterin an den Arbeiten der OECD teil. Seit 1961 unterhält sie außerdem eine ständige Vertretung, der es obliegt, die Haltung der Mitgliedstaaten der Gemeinschaft zu koordinieren und den Standpunkt der Gemeinschaft in den Gremien der OECD zur Geltung zu bringen. Ausweislich der Gesamtberichte über die Tätigkeit der Gemeinschaft kann die Auffassung der Gemeinschaft in allen Gremien der OECD durch die Kommission bzw. ihre Vertreter dargelegt werden. Insoweit können auch eigene Initiativen ergriffen werden.[4]

3 Die erörterten Beteiligungsmöglichkeiten geben der Gemeinschaft (durch die Kommission) ein originäres, von besonderer Einladung unabhängiges aktives Mitwirkungsrecht. Da der Gemeinschaft nur das Stimmrecht und die Teilnahme an Haushaltsangelegenheiten versagt bleibt, kann ihre Stellung in der OECD als assoziierte Mitgliedschaft beschrieben werden.[5] Praktische Folgerungen werden sich aus dieser Kennzeichnung indessen nicht ergeben.[6]

4 Die weitgehende Öffnung der OECD für die Beteiligung der Gemeinschaft beruht nicht auf voller Gegenseitigkeit. So nehmen Vertreter der OECD an den Sitzungen der Dienststellen der Kommission nicht generell, sondern nur auf Einladung im Einzelfall teil. Insofern wirkt sich aus, daß der Aufgabenbereich der Gemeinschaft bei aller Parallelität zu dem der OECD erheblich weiter gespannt ist.[7]

1 Vgl. *Ganshof van der Meersch*, a.a.O. (Allg. Literaturverzeichnis), Organisations Européennes, Bd. I, 1966, S. 457.
2 Dazu EuGH – Lokale Kosten, 1/75 – Slg. 1975, 1355 ff. (1360).
3 Vgl. Art. 230 Rn. 1.
4 Vgl. *Hahn – Weber*, Die OECD, Baden-Baden 1976, S. 203.
5 *Zieger*, S. 127; *Hahn – Weber*, a.a.O.; *Vedder* (wie Vorbemerkungen zu den Art. 229 bis 231), S. 188; *Louis – Brückner* in: *Megrét* u. a., a.a.O., Bd. 12, S. 75.
6 Vgl. auch Vorbemerkungen zu den Art. 229 bis 231 Rn. 4.
7 Vgl. *Zieger*, a.a.O.

Artikel 232 [Verhältnis des EWG-Vertrags zum EGKS- und zum Euratom-Vertrag]

(1) Dieser Vertrag ändert nicht die Bestimmungen des Vertrages über die Gründung der Europäischen Gemeinschaft für Kohle und Stahl, insbesondere hinsichtlich der Rechte und Pflichten der Mitgliedstaaten, der Befugnisse der Organe dieser Gemeinschaft und der Vorschriften des genannten Vertrages für das Funktionieren des gemeinsamen Marktes für Kohle und Stahl.

(2) Dieser Vertrag beeinträchtigt nicht die Vorschriften des Vertrages zur Gründung der Europäischen Atomgemeinschaft.

Literaturhinweise

Baer-Kaupert – Friedrich, W., Vertragskonkurrenzen, Vertragsverschmelzungen, in: Einführung in die Rechtsfragen der Europäischen Integration, 2. Aufl., Köln 1972, S. 295–302
Bleckmann, Albert, Die Einheit der Europäischen Gemeinschaftsrechtsordnung. Einheit oder Mehrheit der Europäischen Gemeinschaften, in: EuR 1978, S. 95–104
Carstens, Karl, Die Errichtung des gemeinsamen Marktes in der Europäischen Wirtschaftsgemeinschaft, Atomgemeinschaft und Gemeinschaft für Kohle und Stahl, in: ZaöRV 1958, S. 459–525

Inhaltsübersicht

I. Rechtliche Selbständigkeit der Gemeinschaftsverträge

1 Der »Vertrag über die Gründung der Europäischen Gemeinschaft für Kohle und Stahl« (EGKSV) wurde am 18. 4. 1951 in Paris unterzeichnet und am 23. 7. 1952 nach der

Ratifikation durch die 6 Vertragsstaaten in Kraft gesetzt.[1] Die im EGKSV vorgesehene schrittweise Errichtung eines »gemeinsamen Markt für Kohl und Stahl« (vgl. Art. 4) soll »im Einklang mit der Gesamtwirtschaft der Mitgliedstaaten« (Art. 2) erfolgen und »durch die Errichtung einer wirtschaftlichen Gemeinschaft den ersten Grundstein für eine weitere und vertiefte Gemeinschaft unter Völkern legen, die lange Zeit durch blutige Auseinandersetzungen entzweit waren« (Präambel). Die über die wirtschaftliche Teilintegration im Kohle- und Stahlsektor hinausgehenden Ziele des EGKSV kommen u. a. auch bei den »supranationalen« Rechtsstrukturen (z. B. bei den weitreichenden Rechtsetzungs- und Wirtschaftslenkungsbefugnissen der Hohen Behörde gemäß Art. 14, 54, 58, 61), dem Vertragsabschluß »für die Dauer von fünfzig Jahren« (Art. 97) und der Beitrittsmöglichkeit für jeden europäischen Staat (Art. 98) zum Ausdruck.

2 Der »Vertrag zur Gründung der Europäischen Atomgemeinschaft« (EAGV) wurde am 25. 3. 1957 in Rom zugleich mit dem EWGV unterzeichnet und am 1. 1. 1958 in Kraft gesetzt.[2] Der EAGV beschränkt sich ebenfalls auf eine wirtschaftliche Teilintegration zwecks »Förderung des Fortschritts auf dem Gebiet der Kernenergie« (2. Titel, Art. 4 bis 106). Auch bei ihm weisen verschiedene Vertragsbestimmungen (z. B. Art. 205, 208) und die Errichtung gemeinsamer Organe für die 3 Gemeinschaften auf die über den Kernenergiesektor hinausgehenden Integrationsziele hin.

3 Durch das am 25. 3. 1957 gleichzeitig mit dem EWGV und EAGV unterzeichnete und am 1. 1. 1958 in Kraft getretene »Abkommen über gemeinsame Organe für die Europäischen Gemeinschaften« wurden ein gemeinsamer Gerichtshof und eine gemeinsame Versammlung eingesetzt.[3] In der Praxis wurden seit 1958 auch gemeinsame Dienststellen und »interexekutive Arbeitsgruppen« der 3 Gemeinschaften gegründet (z. B. gemeinsames Sekretariat der 3 Räte, gemeinsamer Juristischer Dienst der Europäischen Exekutivorgane, gemeinsamer Presse- und Informationsdienst, Statistisches Amt der Europäischen Gemeinschaften). Der »Vertrag zur Einsetzung eines gemeinsamen Rates und einer gemeinsamen Kommission der Europäischen Gemeinschaften« vom 8. 4. 1965[4] führte mit Wirkung vom 1. 7. 1967 auch zur Fusionierung der jeweiligen Räte der Gemeinschaften, der Kommissionen bzw. der Hohen Behörde, zu einem gemeinsamen »Haushaltsplan der Europäischen Gemeinschaften« (Art. 20), der Einrichtung eines »Kontrollausschuß der Europäischen Gemeinschaften« (Art. 22) und zu einem für alle 3 Europäischen Gemeinschaften (EG) einheitlichen Beamten- und Personalstatut (Art. 24). Für die gemeinsamen Organe schreiben die Fusionsverträge von 1957 und 1965 vor, daß Rat, Kommission, Versammlung und Gerichtshof die ihnen zustehenden Befugnisse und Zuständigkeiten jeweils nach Maßgabe der einzelnen Gemeinschaftsverträge sowie der Fusionsverträge ausüben. Auch das Verfahren vor dem EuGH ist in den Gründungsver-

1 BGBl. 1952 II S. 447.
2 BGBl. 1957 II S. 1015.
3 BGBl. 1957 II S. 1156.
4 BGBl. 1965 II S. 1154.

trägen (Art. 31ff. EGKSV, 136ff. EAGV, 164ff. EWGV) und in den ihnen jeweils beigefügten »Protokoll(en) über die Satzung des Gerichtshofes« getrennt geregelt. Je nach Tätigkeitsbereich handeln die Gemeinschaftsorgane daher als Organe der EGKS, EAG oder EWG und sind in dieser Eigenschaft den jeweiligen Vertragsregeln unterworfen. Die vor jedem Rechtsakt der Organe notwendige Feststellung, für welche der 3 Gemeinschaften das Organ handelt und welche Verfahrens- und Sachregeln daher anzuwenden sind, sowie die unterschiedlichen Verfahren und Vertragsregeln z. B. in der Satzung des EGKS-Gerichtshofes einerseits und derjenigen des EAG- und EWG-Gerichtshofes andererseits können in der Praxis rechtliche Schwierigkeiten bsd. dann hervorrufen, wenn das gemeinsame Organ für mehrere Gemeinschaften gleichzeitig handelt.

4 Der »Fusionsvertrag« von 1965 wurde in der erklärten Absicht geschlossen, »die drei Gemeinschaften zu vereinheitlichen« (Präambel). Zu dem in ihm in Aussicht genommenen Abschluß eines »Vertrages zur Gründung einer einzigen Europäischen Gemeinschaft« (Art. 32) ist es bislang jedoch trotz politischer und rechtlicher Initiativen für eine »Fusionsverfassung«[5] nicht gekommen. Trotz ihrer komplementären und konvergierenden Integrationsziele, der gemeinsamen Organe, ähnlichen Rechtsstrukturen, identischen Mitgliedstaaten und verschiedener, für alle 3 Gemeinschaften einheitlich geltender Abkommen sind der EGKSV, EAGV und EWGV 3 selbständige, nebeneinander anzuwendende Verträge. Die durch sie begründeten 3 Gemeinschaften verfügen gemäß den nahezu gleichlautenden Art. 6 Abs. 1 EGKSV, 184 EAGV und 210 EWGV jeweils über eine eigenständige »Rechtspersönlichkeit« sowohl »in jedem Mitgliedstaat« (Art. 6 Abs. 3 EGKSV, 185 EAGV, 211 EWGV) als auch »im zwischenstaatlichen Verkehr« (Art. 6 Abs. 2 EGKSV). Ihre im Gründungsvertrag von den Mitgliedstaaten anerkannte und durch den Vertragsvollzug objektiv konstituierte Völkerrechtsfähigkeit[6] ist dabei – wie stets bei internationalen Organisationen – auf ihren jeweiligen Zuständigkeitsbereich sachlich beschränkt. Besonders in den Außenbeziehungen zu Drittstaaten und anderen internationalen Organisationen werden die 3 Gemeinschaften dennoch häufig unter der Bezeichnung »Europäische Gemeinschaft« zusammengefaßt (z. B. in der GATT-Praxis). Auch gemeinschaftsintern hat z. B. das Europäische Parlament in einer Entschließung

5 Vgl. hierzu: *H.P. Ipsen,* a.a.O. (Allg. Literaturverzeichnis), S. 160ff.

6 Ob die mit dem Gründungsvertrag von dessen Vertragsstaaten anerkannte und mit dem tatsächlichen Tätigwerden der Gemeinschaftsorgane objektiv konstituierte, partikulare Völkerrechtssubjektivität internationaler Organisationen von dritten Völkerrechtssubjekten als ›res inter alios acta‹ behandelt werden kann oder aufgrund allgemeinen oder vertraglichen Völkerrechts (z. B. Art. XXIV GATT) auch Dritten gegenüber rechtswirksam ist, ist zwar bsd. bei Regionalorganisationen noch umstritten. Nachdem bis 1980 jedoch 118 Drittstaaten bei den EG diplomatische Missionen errichtet haben und die EG zu einer noch größeren Zahl von Drittstaaten vertragliche Beziehungen unterhält (einschließlich der Mehrheit der Ostblockstaaten), ist für die EG jedoch inzwischen eine erga omnes rechtswirksame objektive Völkerrechtspersönlichkeit zu bejahen, ähnlich wie sie der Internationale Gerichtshof bereits 1949 den Vereinten Nationen zuerkannt hat (IGH, Gutachten vom 11. 4. 1949, »Reparation for injuries«, Rep. 1949, S. 174, 185).

vom 16. 2. 1978[7] die Bezeichnung der 3 Gemeinschaften als »Europäische Gemeinschaft« für den EG-Sprachgebrauch vorgeschlagen. Obgleich diese den Gemeinschaftsverträgen unbekannte, einheitliche Bezeichnung gemeinschaftsrechtlich unzutreffend ist, kommt ihr in den Außenbeziehungen völkerrechtliche Bedeutung zu: Für Drittstaaten ist die – auch innerhalb der EG umstrittene – Kompetenzverteilung zwischen Gemeinschaften und Mitgliedstaaten oft nicht zweifelsfrei zu übersehen. Im Hinblick auf die sehr umfangreichen und gemäß der »AETR-Rechtsprechung« des EuGH[8] mit fortschreitender rechtlicher Integration zunehmenden Außen- und Vertragsschlußkompetenzen der EG sind die von ihnen abgeschlossenen völkerrechtlichen Verträge daher in der Regel auch dann völkerrechtlich verbindlich, wenn eine der Gemeinschaften in einer für dritte Völkerrechtssubjekte nicht offensichtlichen Weise ultra vires gehandelt haben sollte.[9] Die Völkerrechtspraxis der EG läßt auch Rückschlüsse auf das rechtliche Verhältnis zwischen den Gemeinschaftsverträgen und die Interpretation der gemeinschaftsrechtlichen Kompetenzbestimmungen zu: So deutet der allein durch die EWG-Organe erfolgte Abschluß der am Ende der ›Tokio Runde‹ im Rahmen des GATT vereinbarten Abkommen vom 12. 4. 1979 über Regierungskäufe, Dumping, Exportsubventionen, Zollwertverfahren und Einfuhrlizenzen[10] auf entsprechende interne und externe EWG-Kompetenzen auch für die von diesen Abkommen nicht ausgenommenen Kohle-, Stahl- und EAG-Produkte hin und hat eine entsprechende völkerrechtliche Bindung der EWG herbeigeführt, obgleich aus gemeinschaftsrechtlicher Sicht z. B. das Bestehen eines selbständigen EGKS-Antidumpingrechts[11] für eine entsprechende EGKS-Vertragsschlußkompetenz hätte sprechen können.

II. Einheit des Europäischen Gemeinschaftsrechts

5 Aus rechtlicher Sicht scheint die in Staatenpraxis und Literatur anzutreffende Bezeichnung »Europäische Gemeinschaft« zwar der gemeinschafts- und völkerrechtlichen Autonomie von EGKS, EAG und EWG zu widersprechen, von denen keine der Jurisdiktion eines anderen Völkerrechtssubjektes untersteht. Gegen eine einheitliche Betrachtung der 3 Rechtsgemeinschaften könnte auch sprechen, daß die Gemeinschaftsorgane nach Maßgabe der jeweiligen Verträge unterschiedliche Funktionen und

7 ABl. 1978 Nr. C 63 S. 36.

8 Siehe dazu: *Petersmann*, European Road Transport Agreement Case, in: *Bernhardt* (Hrsg.), Encyclopedia of Public International Law, Vol. II (1981), S. 88 ff.

9 Analog zu Art. 46 der Wiener Vertragsrechtkonvention kann auch die Verletzung gemeinschaftsrechtlicher Vorschriften über die Vertragsabschlußkompetenz auf völkerrechtlicher Ebene nur bei Offenkundigkeit der Verletzung und grundlegender Bedeutung der verletzten Rechtsnorm geltend gemacht werden.

10 Fundstelle: Basic Instruments and Selected Documents, 26th Suppl., GATT 1980, S. 3 ff. Vgl. *Petersmann*, 30 Jahre Allgemeines Zoll- und Handelsabkommen, in: ArchVR, Bd. 19 (1980), S. 23–80.

11 Empfehlung 77/329/EGKS, ABl. 1977 Nr. L 114 S. 6.

Befugnisse ausüben und zwischen den Vertragswerken sowohl bei der Regelung ähnlicher Sachprobleme (z.B. beim Fehlen einer den Art. 54 EGKSV und 40ff. EAGV entsprechenden EWG-Kompetenz für eine Investitionspolitik) als auch bei einzelnen Regelungstechniken nicht unerhebliche Unterschiede bestehen: So sehen die auf einzelne Industriesektoren beschränkten EGKS- und EAG-Verträge vergleichsweise detailliertere Regelungen und weiterreichende Verwaltungs- und Wirtschaftslenkungsbefugnisse ihrer Organe gegenüber den Unternehmen vor als der EWGV. Während der EGKSV und EAGV in der Literatur daher als Normenverträge (»traité de règles«) zur Begründung von Verwaltungsgemeinschaften gekennzeichnet werden, beschränkt sich der EWGV bei vielen seiner weiten Integrationsbereiche auf bloße Grundsatzbestimmungen, Verfahrensregeln und Rechtsetzungsermächtigungen (z.B. bei der Agrar-, Wettbewerbs-, Sozial- und Handelspolitik) und ist als Rahmenvertrag mit eher verfassungsrechtlicher Struktur (»traité cadre«) in größerem Maße auf die aus- und weiterführende Rechtsetzung der Gemeinschaftsorgane angewiesen.

Die gedankliche Dreiteilung der gemeinschaftsrechtlichen Regeln für das Organhandeln und die Zuordnung der Rechtsakte der gemeinsamen Organe zu den 3 Gemeinschaften stoßen bsd. dort auf Schwierigkeiten, wo für die 3 Gemeinschaften einheitliches Gemeinschaftsrecht besteht oder die Gemeinschaftsorgane für alle 3 Gemeinschaften gleichzeitig tätig werden (z.B. gemeinsames Beamten- und Haushaltsrecht, allgemeine Rechtsgrundsätze des Gemeinschaftsrechts und dessen einheitliche Auslegung durch den EuGH, EGKS- und EAG-Erzeugnisse einbeziehende Handelsabkommen der EWG, gemeinschaftsinterne Völkerrechtsabkommen zur Ergänzung des EG-Rechts wie das vom EuGH auszulegende Übereinkommen vom 27.9.1968 über die gerichtliche Zuständigkeit und die Vollstreckung gerichtlicher Entscheidungen in Zivil- und Handelssachen). Die Vorstellung dreier getrennter EGKS-, EAG- und EWG-Rechtsordnungen kann die einheitliche Auslegung und das wechselseitige Zusammenwirken der 3 Gemeinschaftsverträge behindern und dadurch das gemeinsame Integrationsziel einer die Wettbewerbs- und Handelshemmnisse umfassend beseitigenden, europäischen Wirtschafts- und Rechtsgemeinschaft gefährden. Die teils übereinstimmenden Integrationsziele, ähnlichen Rechtsstrukturen, gemeinsamen Rechtsgrundsätze und Organe, sowie identischen Gründungs- und Mitgliedstaaten erfordern daher eine möglichst einheitliche Betrachtung des Primär- und Sekundärrechts der 3 Gemeinschaften. Artikel 232 steht dem nicht entgegen.[12] Auch der EuGH hat bereits in einem beamtenrechtlichen Urteil vom 15.7.1960[13] von einer »innerhalb der Europäischen Gemeinschaften ... bestehenden funktionellen Einheit« gesprochen. In seiner späteren Rechtsprechung hat der EuGH zwar auf die vertraglich beabsichtigten Unterschiede zwischen den Gemeinschaftsverträgen hingewiesen[14], jedoch in zahlreichen Entscheidungen die rechtlichen Ähnlichkeiten der Gemeinschaftsverträge betont und bei der Auslegung des Gemeinschaftsrechts die

12 Siehe unten Rn. 6 bis 10.
13 EuGH – Campolongo, 27 und 39/59 – Slg. 1960, 819, 849.
14 EuGH – Confédérations Nationales des Producteurs de Fruit, 16 und 17/62 – Slg. 1962, 967.

den Verträgen gemeinsamen Rechtsgrundsätze herangezogen.[15] In seinem Urteil vom 12. 5. 1964 betonte der Gerichtshof, daß »die für gemeinsame Organe geltenden Bestimmungen der Verträge und Protokolle einheitlich auszulegen und, falls erforderlich, miteinander in Einklang zu bringen« sind.[16] Durch Heranziehen z. B. der für den EWGV entwickelten Grundsätze der »AETR-Rechtsprechung« bei der Auslegung des EAGV[17] hat der EuGH bestätigt, daß die z. B. für den Vorrang und die unmittelbare Anwendbarkeit des EG-Rechts im innerstaatlichen Rechtsbereich und für die grundsätzliche Kongruenz der gemeinschaftsrechtlichen Innen- und Außenkompetenzen entwickelten Rechts- und Auslegungsgrundsätze einen grundsätzlich für alle 3 Gemeinschaften geltenden »acquis communautaire« darstellen und eine (analoge) Anwendung der Regeln des einen Vertrages im Bereich eines anderen Vertrages zulässig ist. Dementsprechend sind die 3 Gemeinschaftsverträge, das auf ihnen aufbauende und teils einheitlich für alle 3 Gemeinschaftsbereiche geltende Sekundärrecht, die von den EG-Mitgliedstaaten zur Ergänzung des EG-Rechts für alle 3 Gemeinschaften einheitlich vereinbarten Völkerrechtsabkommen (vgl. Art. 220 EWGV), die in der Rechtsprechung anerkannten Grundrechtsgarantien und allgemeinen Rechtsgrundsätze des Gemeinschaftsrechts, sowie das »europäische Gewohnheitsrecht« als Teile eines umfassenden »Europäischen Gemeinschaftsrechts« anzusehen.[18] Eine Folge dieser einheitlichen gemeinschaftsrechtlichen Sicht ist, daß in den Rechtsbeziehungen zwischen den Gemeinschaften und zwischen ihren Mitgliedstaaten die Regeln des allgemeinen Völkerrechts zunehmend durch »Europäisches Gemeinschaftsrecht« überlagert und verdrängt werden.

III. Das Nebeneinander von EGKSV und EWGV

1. Der Grundsatz des Artikels 232 Abs. 1

6 Der EGKSV und EAGV erfassen nur Sektoren der im übrigen vom EWGV integrierten Gesamtwirtschaft. Die Bestimmungen des EWGV nehmen regelmäßig auch nicht bestimmte Waren oder Wirtschaftssektoren von ihrem auf das gesamte Wirtschaftsleben in der Gemeinschaft bezogenen Anwendungsbereich aus. Ein Aufgehen der über 5 Jahre vor dem EWGV vereinbarten Teilintegration für den Kohle- und Stahlsektor in der mit dem EWGV angestrebten wirtschaftlichen Gesamtintegration hätte daher nahegelegen. Art. 232 stellt klar, daß das rechtliche Verhältnis zwischen EGKSV, EAGV und EWGV nicht nach dem Grundsatz des Vorrangs des zeitlich späteren Vertrages zu beurteilen ist (lex posterior derogat legi priori) und dem EWGV auch nicht als lex generalis ein

15 EuGH – J.E. Humblet/Belgischer Staat, 6/60 – Slg. 1960, 1163, 1194; Ruhrkohle-Verkaufsgesellschaften, 13/60 – Slg. 1962, 177, 214.
16 EuGH – A. Wagner/J. Fohrmann, 101/63 – Slg. 1964, 421.
17 EuGH – Vertragsentwurf der Internationalen Atomenergieagentur, Beschluß 1/78 – Slg. 1978, 2151.
18 Ebenso u. a. *Bleckmann,* Die Einheit . . ., a.a.O.

rechtlicher Vorrang gegenüber den beiden anderen Verträgen als lex specialis zukommt. Die Bestimmung des Art. 232 Abs. 1, daß der EWGV nicht die Bestimmungen des EGKSV ändert, beinhaltet die Anerkennung des EGKSV als weiterhin eigenständige Rechtsordnung und dem EWGV vorrangige Spezialregelung (lex posterior generalis non derogat priori speciali). Aus Art. 232 Abs. 1 ergibt sich zugleich, daß auch das EWG-Sekundärrecht nicht das EGKS-Primär- und Sekundärrecht ändern kann. Die gemeinsamen Organe der EG üben die ihnen zustehenden Befugnisse und Zuständigkeiten im EGKS-Bereich daher nach Maßgabe des EGKSV und der Fusionsverträge von 1957 und 1965 aus (vgl. z. B. Art. 1 und 9 des Fusionsvertrags von 1965). Die Unberührtheitsklausel des Art. 232 Abs. 1 schließt jedoch eine einheitliche Interpretation der Gemeinschaftsverträge und eine subsidiäre Anwendung des EWGV im EGKS-Bereich nicht aus.

2. Subsidiäre Anwendbarkeit des EWGV im EGKS-Bereich

7 Daß der EWGV nicht die Bestimmungen des EGKSV ändert, wird in der mit dem Wort »insbesondere« eingeleiteten, lediglich als Beispiel dienenden und nicht erschöpfenden Aufzählung des Art. 232 Abs. 1 ausdrücklich auch »hinsichtlich der Rechte und Pflichten der Mitgliedstaaten« betont. Art. 232 Abs. 1 bezieht sich jedoch nur auf das EGKS-Gemeinschaftsrecht und nicht auch auf die im nationalen Zuständigkeitsbereich verbliebenen, vom EGKSV nicht erfaßten Regelungsbefugnisse der Mitgliedstaaten. Die Übertragung derartiger, vom EGKSV ausgeklammerter nationaler Regelungsbefugnisse auf eine andere Gemeinschaft (EWG) stellt grundsätzlich keine Änderung des EGKSV dar, sondern eine von diesem unabhängige zusätzliche Regelung. Da die wirtschaftlichen EWGV-Bestimmungen z. B. für den Waren-, Dienstleistungs-, Personen-, Zahlungs- und Kapitalverkehr oder auch für die Rechtsangleichung die Kohle-, Stahl- und Atomenergiewirtschaft nicht von ihrem Anwendungsbereich ausnehmen, gehen die EG-Praxis und die überwiegende europarechtliche Literatur von der grundsätzlichen subsidiären Anwendbarkeit des EWG-Primär- und Sekundärrechts im EGKS-Bereich aus. So wird die subsidiäre Anwendbarkeit der EWGV-Regeln für die Freizügigkeit der Arbeitnehmer (Art. 48 ff.) und das Niederlassungsrecht (Art. 52 ff.) auf dem EGKS-Sektor anerkannt, weil der EGKSV nur die Freizügigkeit der Facharbeiter für Kohle und Stahl regelt (Art. 69) und weder die Anwendung der Art. 48 ff. EWGV auf die Hilfsarbeiter im EGKS-Bereich ausschließt noch eine abschließende Sonderregelung des Niederlassungsrechts enthält. Bei den nicht im EGKSV geregelten Problemen der Kohle- und Stahlwirtschaft ist daher jeweils zu prüfen, ob das Schweigen des EGKSV im Sinne einer ergänzenden Anwendbarkeit der entsprechenden EWGV-Bestimmungen oder möglicherweise auch im Sinne einer Sperrwirkung zugunsten der nationalen Zuständigkeiten der Mitgliedstaaten zu interpretieren ist. So hat der EuGH die ergänzende Hinzuziehung regionalpolitischer Gesichtspunkte gemäß Art. 80 EWGV im Rahmen der verkehrsrechtlichen Befugnisse der Hohen Behörde (Art. 70 EGKSV) für unzulässig gehalten: »Der EGKS-Vertrag hat nur zu einer Teilintegration geführt; die Hohe Behörde ist daher nicht

berechtigt, auf dem Gebiet des Transportwesens die Erfordernisse einer Standortpolitik gemäß den Grundsätzen des Art. 80 Abs. 2 des EWG-Vertrages zu berücksichtigen.«[19] Auch die EGKS-Wettbewerbs-, Subventions- und Preisregelungen (z. B. Art. 4 b bis d, 60, 63, 65, 66 EGKSV) enthalten vom EWG-Recht abweichende Sonderregeln, welche die subsidiäre Anwendbarkeit des EWGV einschränken. Das übereinstimmende Integrationsziel eines »gemeinsamen Marktes« und die ähnlichen Rechtsstrukturen – insbsd. die aus der gesamtwirtschaftlichen Abhängigkeit des Kohle- und Stahlsektors resultierende und gemeinschaftsrechtlich u. a. in Art. 2, 26, 37, 67 f. EGKSV, 2, 5, 6, 100, 103 ff., 145 EWGV normierte Aufgabe, die verschiedenen nationalen und gemeinschaftsrechtlichen Wirtschaftsregelungen in einen eine »harmonische Entwicklung des Wirtschaftslebens innerhalb der Gemeinschaft« (Art. 2 EWGV) fördernden Gesamtzusammenhang zu bringen – sprechen jedoch für die grundsätzliche Anwendbarkeit des EWGV im EGKSV-Bereich, soweit der EGKSV für die betreffende Materie keine abschließenden oder vorrangigen Sonderregeln enthält.[20] Dies gilt auch für die im EWGV enthaltenen Finanzkompetenzen der EWG: So können EWG-Maßnahmen im Bereich der Konjunkturpolitik, der Handelspolitik oder der Sozialpolitik auch u. a. Konjunkturbeihilfen (Art. 103 Abs. 2), Ausfuhrgarantien (Art. 113) oder Beschäftigungshilfen (Art. 125) für die Kohle- und Stahlwirtschaft umfassen, sofern die EGKSV-Finanzregelungen nicht im Einzelfall vorrangige Sonderregeln enthalten (z. B. im Art. 56 EGKSV für gewisse Anpassungsbeihilfen). Obgleich die EGKS auch »unentgeltliche Zuwendungen entgegennehmen« darf (Art. 49 EGKSV), dürften weitergehende direkte Budgethilfen aus dem EG-Gesamthaushalt in den operationellen EGKS-Haushalt (z. B. zur Finanzierung der sozialen Folgen der im Stahlbereich getroffenen Krisenmaßnahmen[20a]) allerdings mit den aus dem Haushaltsrecht und den Einzelbestimmungen des EWGV abzuleitenden, begrenzten Ausgabenermächtigungen der EWG kaum zu vereinbaren sein.

3. *Einbeziehung von EGKS-Produkten in die gemeinsame Handelspolitik der EWG*

8 Die durch eine Ausnahmebewilligung des GATT vom 10. 10. 1952[21] von der allgemeinen Meistbegünstigungspflicht des Art. I GATT freigestellte EGKS beruht auf einer sektorellen Freihandelszone mit ergänzenden Elementen einer Wirtschaftsunion (z. B. umfassende Industrie-, Wettbewerbs-, Preis- und Investitionspolitiken der EGKS). Nach Art. 71 Abs. 1 EGKSV wird »die Zuständigkeit der Regierungen der Mitgliedstaaten auf dem Gebiet der Handelspolitik durch die Anwendung dieses Vertrages nicht berührt, es sei denn, daß dieser etwas anderes bestimmt«. Gemäß Art. 71 Abs. 2 EGKSV dürfen die »der Gemeinschaft durch diesen Vertrag auf dem Gebiet der Handelspolitik übertragenen Befugnisse gegenüber dritten Ländern ... nicht über die Befugnisse hinausgehen, die

19 EuGH – Compagnie des Hauts Fourneaux/Hohe Behörde, 27, 28 und 29/58 – Slg. 1960, 518.
20 Ebenso u. a. *Bleckmann*, Europarecht, S. 8; *Beutler* u. a., a.a.O., S. 38 (beide Allg. Literaturverzeichnis).
20a Dazu *Pipkorn*, Vorbemerkung zu den Art. 117 bis 122 Rn. 52.
21 Basic Instruments and Selected Documents, First Suppl., 1953, S. 17 ff.

den Mitgliedstaaten durch internationale Abkommen zuerkannt sind, an denen sie sich beteiligt haben«. Die EGKS-Organe haben daher auch die gemäß Art. 110 bis 116 EWGV seit Ende der Übergangszeit ausschließliche EWG-Zuständigkeit für die gemeinsame Handelspolitik zu beachten, sofern der EGKSV nicht handelspolitische Sonderregeln enthält. Handelspolitische EGKS-Kompetenzen finden sich einerseits im »Kapitel X. Handelspolitik« des EGKSV u. a. für die Festsetzung von »Mindest- und Höchstsätze(n) für Zölle« (Art. 72), die Überwachung der Handhabung der Ein- und Ausfuhrlizenzen im Verkehr mit Drittländern (Art. 73), Dumping, Wettbewerbsverzerrungen, einfuhrbedingte Marktstörungen, für alle »durch die Havanna-Charta für unzulässig erklärte(n) Praktiken« von Drittländern oder dort ansässigen Unternehmen (Art. 74) und die Kontrolle der EGKS-Konformität nationaler Handelsabkommen (Art. 75). Weitere handelspolitische EGKS-Kompetenzen werden andererseits auch außerhalb des »Kapitel X. Handelspolitik« begründet u. a. für »eine geordnete Versorgung des gemeinsamen Marktes unter Berücksichtigung des Bedarfs dritter Länder« (Art. 3,a), die Förderung der »Entwicklung des zwischenstaatlichen Austausches« einschließlich der Kontrolle der »Preise auf den auswärtigen Märkten« (Art. 3,f), für gemeinsame Ausfuhrbeschränkungen gegenüber Drittstaaten (Art. 59 Abs. 5) und die Festsetzung von »Mindest- oder Höchstpreise(n) für die Ausfuhr« (Art. 61,c). Obgleich diese nahezu den gesamten Bereich der Außenhandelspolitik erfassenden EGKS-Kompetenzen meist auf Kontroll- und Schutzmaßnahmen beschränkt sind, ergibt sich bsd. aus der Ermächtigung des Art. 74 zu gemeinschaftlichen »Maßnahmen jeder Art ... wenn durch die Havanna-Charta für unzulässig erklärte Praktiken festgestellt werden« eine weitreichende EGKS-Gemeinschaftskompetenz für die Handelspolitik. Analog der »AETR-Rechtsprechung« des EuGH ist im übrigen auch für den EGKSV anzunehmen, daß den internen EGKS-Regelungskompetenzen kongruente EGKS-Außenkompetenzen entsprechen, die durch Ausübung der EGKS-Kompetenzen zu ausschließlichen Außenkompetenzen werden.

In der EGKS-Praxis ergab sich ein Zwang zur Harmonisierung der Außenzölle aus dem Rechtsgrundsatz des auch für Drittlanderzeugnisse freien Warenverkehrs innerhalb der EGKS, der von der Hohen Behörde in einem Schreiben an die Regierungen der Mitgliedstaaten vom 28. 5. 1955 betont und auch in der Rechtsprechung des EuGH bestätigt wurde.[22] Da der EGKSV keinen gemeinsamen Außenzoll vorsieht, gingen die EGKS-Mitgliedstaaten in der Praxis zur autonomen Angleichung ihrer Zolltarife über. Obgleich die EGKS-Waren in den im Art. 19 Abs. 2 EWGV genannten Zollisten für die Festsetzung des Gemeinsamen Zolltarifs nicht aufgeführt sind, wurde der zwischen den EGKS-Staaten vereinbarte und im GATT konsolidierte »vereinheitlichte EGKS-Tarif« (vgl. Art. 31, 39 der Beitrittsakte vom 22. 1. 1972) seit 1961 im Gemeinsamen Zolltarif der EG aufgeführt.[23] An den Zollverhandlungen in der »Dillon Runde« (1960/61) und der »Kennedy Runde« (1964 bis 1967) des GATT nahm neben der EWG-Kommission auch die Hohe Behörde teil, die von den Mitgliedstaaten für Kohle- und Stahlprodukte zur

22 EuGH – Société Commerciale A. Vloeberghs S.A./Hohe Behörde, 9 und 12/60 – Slg. 1961, 467.
23 Vgl. DHA 1961, 2791; ABl. 1968 Nr. L 172 S. 1; ABl. 1975 Nr. L 304 S. 1,3.

Verhandlungsführung im Namen der Mitgliedstaaten beauftragt worden war.[24] Seit Inkrafttreten des Fusionsvertrags am 1. 7. 1967 tritt bei Zollverhandlungen regelmäßig die EG-Kommission als von den Mitgliedstaaten beauftragter Verhandlungsführer auf. Die EG-Praxis beim Abschluß von Handelsabkommen für den EGKS-Bereich ist jedoch uneinheitlich[25]: bei zahlreichen Assoziierungsabkommen und den 2 Lomé-Abkommen wurden – unter ausdrücklicher Bezugnahme auf den EGKSV, den EWGV und »insbesondere Artikel 232«, sowie z. B. »in der Erwägung, daß das ... zweite AKP-EWG-Abkommen von Lomé nicht für die Waren gilt, die unter die Zuständigkeit der Europäischen Gemeinschaft für Kohle und Stahl fallen«[26] – zusätzliche »Abkommen über die Waren, die unter die Zuständigkeit der Europäischen Gemeinschaft für Kohle und Stahl fallen«, vereinbart und auf Seite der Gemeinschaft allein von den EGKS-Mitgliedstaaten abgeschlossen; mit den Rest-EFTA-Staaten wurden die getrennten Freihandelsabkommen für den EGKS-Bereich teils (Island, Schweiz) nur von den EGKS-Mitgliedstaaten, teils (Finnland, Norwegen, Österreich, Portugal, Schweden) mit Beteiligung der EGKS abgeschlossen;[27] von den am Ende der »Tokio Runde« des GATT (1973 bis 1979) unterzeichneten Handelsvereinbarungen wurden lediglich das Zollprotokoll für EGKS-Erzeugnisse, das Abkommen über technische Handelshemmnisse und das Abkommen über den Handel mit zivilen Luftfahrzeugen außer von der EWG auch von den EG-Mitgliedstaaten unterzeichnet und die übrigen Abkommen z. B. betr. Dumping, Subventionen, Regierungskäufe, Lizenzen und Zollwertverfahren nur von der EWG abgeschlossen, obgleich die genannten Abkommen auch für Kohle- und Stahlerzeugnisse gelten;[28] die im Rahmen des Antikrisenplans für den Stahlsektor ergänzend zu den gemäß Art. 58, 61 EGKSV festgelegten Produktionsquoten und Mindestpreisen abgeschlossenen Handelsvereinbarungen mit 17 Lieferländern wurden demgegenüber allein von der Kommission aufgrund von Art. 74 EGKSV geschlossen.[29]

Für die subsidiäre Anwendbarkeit der Art. 110 bis 116 EWGV auf EGKS-Produkte spricht außer dem Wortlaut dieser Vertragsbestimmungen und des Art. 232 vor allem, daß unterschiedliche nationale Handelspolitiken der EGKS-Mitgliedstaaten für den Kohle- und Stahlbereich zwangsläufig zu Wettbewerbs- und Handelsverzerrungen im Gemeinsamen Markt führen und die Integrationsziele gefährden müßten. Ebenso wie die gesamtwirtschaftliche Abhängigkeit der Kohle- und Stahlwirtschaft vor Einführung der gemeinsamen Handelspolitik der EWG den Fortbestand der nationalen handelspolitischen Kompetenzen für EGKS-Produkte sachlich rechtfertigte und eine isolierte gemeinsame EGKS-Handelspolitik allein für Kohle- und Stahlprodukte unpraktikabel

24 Vgl. 11. Gesamtbericht EGKS, 1962/63, S. 85 f.; 12. Gesamtbericht EGKS, 1963/64, S. 54.
25 Vgl. *C. Vedder,* Die auswärtige Gewalt im Europa der Neun, München 1980, S. 84–91.
26 Präambel des zweiten AKP-EWG-Abkommens von Lomé, BGBl. II 1980 S. 1076.
27 ABl. 1973 Nr. L 350 S. 1; 1974 Nr. L 348 S. 1.
28 Vgl. GATT, Status of Legal Instruments, Geneva 1981, Kapitel 16.
29 Vgl. u.a.: 12. Gesamtbericht über die Tätigkeit der EG, Brüssel 1979, Ziff. 453; 14. Gesamtbericht über die Tätigkeit der EG, Brüssel 1981, Ziff. 565.

gewesen wäre, erfordert der gesamtwirtschaftliche Zusammenhang nach Einführung der gemeinsamen Handelspolitik deren Erstreckung auch auf den EGKS-Sektor. Da Art. 232 EWGV der Übertragung nationaler Zuständigkeiten der EGKS-Mitgliedstaaten auf die EWG nicht entgegensteht, sind neben den umfangreichen handelspolitischen EGKS-Kompetenzen daher subsidiär auch die Art. 110 bis 116 EWGV auf die Handelspolitik für EGKS-Erzeugnisse anwendbar.[30] Seit dem Inkrafttreten des Fusionsvertrags von 1965 ist auch nicht mehr zu erwarten, daß das Nebeneinander von EGKS- und EWG-Kompetenzen für eine gemeinsame Handelspolitik im Kohle- und Stahlbereich zu Zuständigkeitskonflikten zwischen EGKS- und EWG-Organen führen kann. Der EuGH bejahte in seinem Gutachten 1/75 ebenfalls eine EWG-Vertragsschlußkompetenz für Handelsabkommen mit allgemeinem, auch EGKS-Waren einbeziehendem Anwendungsbereich und hielt es unter Hinweis auf die »Notwendigkeit, daß die völkerrechtlichen Abmachungen, an denen die Gemeinschaften sich beteiligen, möglichst homogen sind«, für ausgeschlossen, daß Art. 71 EGKSV »den Art. 113 und 114 EWG-Vertrag ihre Wirksamkeit nimmt und die Zuständigkeit der Gemeinschaft zur Aushandlung und zum Abschluß internationaler Abkommen auf dem Gebiet der gemeinsamen Handelspolitik beschneiden kann«.[31]

4. Sonderregeln für Algerien und die überseeischen Départements der Französischen Republik

9 Die in dem dem EWGV beigefügten »Protokoll über die Regelung für die Waren, die unter die Zuständigkeit der Europäischen Gemeinschaft für Kohle und Stahl fallen, hinsichtlich Algeriens und der überseeischen Départements der Französischen Republik« enthaltene Absichtserklärung, für diesen Warenverkehr »eine geeignete Lösung im Einklang mit den Grundsätzen der beiden Verträge zu finden«, wurde nicht verwirklicht.

IV. Das Nebeneinander von EAGV und EWGV

10 Art. 232 Abs. 2 stellt klar, daß – was bereits aus der gleichzeitigen Unterzeichnung von EAGV und EWGV hervorgeht – auch die Bestimmungen des EAGV denjenigen des EWGV als lex specialis vorgehen. Die Wahl eines anderen Ausdrucks (»beeinträchtigt«) als im Abs. 1 (»ändert«) hat lediglich redaktionelle Bedeutung. Das EAG-Recht weist als Teil des »Europäischen Gemeinschaftsrechts« dieselben »supranationalen« Rechtsstrukturen wie das EWG-Recht auf (s. o. Rn. 5). So hat der EuGH in seinem Beschluß vom

30 Ebenso außer den in Fn. 20 genannten Autoren auch: *Carstens,* a.a.O., S. 520f.; *Fischer,* Der Umfang der Befugnis der Europäischen Gemeinschaft zum Abschluß von Handels- und Assoziierungsabkommen, in: KSE 25 (1975), S. 10; *Krück,* Völkerrechtliche Verträge im Recht der Europäischen Gemeinschaften, Berlin 1977, S. 53ff.

31 EuGH – »Lokale Kosten«, Gutachten 1/75 – Slg. 1975, 1355.

14. 11. 1978 auch für die Interpretation des EAGV »das Erfordernis der Kohärenz zwischen der internationalen Tätigkeit der Gemeinschaft und der Verteilung der Zuständigkeiten und Befugnisse im internen Bereich (betont), daß der Gerichtshof in seiner mit dem Urteil vom 31. 3. 1971 ... begründeten Rechtsprechung hervorgehoben hat«.[32] Die meist auf das gesamte Wirtschaftsleben innerhalb der Gemeinschaft bezogenen Bestimmungen des EWGV über »die Errichtung eines Gemeinsamen Marktes« (Art. 2 EWGV) nehmen den Atomenergiesektor nicht von ihrem Anwendungsbereich aus und sind daher grundsätzlich auch subsidiär auf den EAG-Bereich anwendbar, soweit der EAGV keine abschließenden oder speziellen Sonderregelungen für die betreffende Materie vorsieht. Dies gilt z. B. auch für die Artikel 110 bis 116 EWGV betr. die gemeinsame Handelspolitik, soweit die EAGV-Bestimmungen über »die Schaffung eines gemeinsamen Marktes für die besonderen auf dem Kerngebiet verwendeten Stoffe und Ausrüstungen« (Art. 2 g, 92 bis 100) einschließlich des freien Warenverkehrs innerhalb der EAGV (Art. 93) sowie z. B. für das gemeinsame Versorgungs-, Überwachungs- und Sicherheitssystem und die umfassenden EAGV-Außenkompetenzen (Art. 52 ff., 77 ff., 101 ff.) keine vorrangigen Sonderregeln enthalten.

Artikel 233 [Verhältnis der EWG zur Belgisch-Luxemburgischen Wirtschaftsunion und zu Benelux]

Dieser Vertrag steht dem Bestehen und der Durchführung der regionalen Zusammenschlüsse zwischen Belgien und Luxemburg sowie zwischen Belgien, Luxemburg und den Niederlanden nicht entgegen, soweit die Ziele dieser Zusammenschlüsse durch Anwendung dieses Vertrages nicht erreicht sind.

Literaturhinweise

Bleckmann, Albert, Die Benelux-Wirtschaftsunion, in: ZaöRV 1962, 22, S. 239 ff., 283 ff.
Damme, J. van, Benelux and its Relationship with EEC, in: *Bathurst* (Hrsg.), Legal Problems of an Enlarged European Community, London 1972, S. 182–190
Dumon, F., La Cour de Justice Benelux, Brüssel 1980
Karelle, J. – Kemmeter, F. de, Le Benelux commenté, Brüssel 1961
Pescatore, Pierre, L'Union Economique Belgo-Luxembourgeoise, in: Chronique de Politique Etrangère, 1965, XVIII, S. 367–464
Secrétariat Général Benelux (Hrsg.), Union Economique Benelux, Textes de Base (Loseblattsammlung in 6 Bänden), Brüssel, seit 1960
Smit, R.J., Benelux Economische Unie, Zwolle 1979

32 EuGH – Übereinkommen über den Objektschutz, Beschluß 1/78 – Slg. 1978, 2151.

Inhaltsübersicht

I. Die Benelux-Wirtschaftsunion

1 Die im Art. 233 enthaltene Bestandsgarantie bezieht sich auf die durch Vertrag vom 25. 7. 1921 gegründete Belgisch-Luxemburgische Wirtschaftsunion (UEBL)[1] und auf die durch ein Währungsabkommen vom 21. 10. 1943 und ein Zollunionabkommen vom 5. 9. 1944 von den Londoner Exilregierungen der 3 Benelux-Staaten (Be = Belgien, Ne = Nederland, Lux = Luxemburg) eingeleitete Benelux-Wirtschaftsintegration. Das auf 50 Jahre geschlossene, am 1. 5. 1922 in Kraft getretene UEBL-Abkommen sieht u. a. eine Zollunion, freien Personen- und Kapitalverkehr, gemeinsame Verkehrsregelungen sowie eine von Belgien unter Konsultierung Luxemburgs geführte gemeinsame Außenhandelspolitik vor und wurde seitdem durch eine Vielzahl weitere Verträge wie z. B. das Abkommen vom 23. 5. 1935 über ein gemeinsames System zur Regelung der Einfuhr-, Ausfuhr- und Durchfuhr ergänzt.[2] Die Benelux-Wirtschaftsintegration wurde seit dem am 1. 1. 1948 in Kraft getretenen Zollunionvertrag[3] ebenfalls durch 1948 bis 1958 über 50 weitere Abkommen und Protokolle der 3 Länder weiterentwickelt, die durch den am 3. 2. 1958 unterzeichneten und am 1. 11. 1960 in Kraft getretenen Vertrag über die Gründung einer Benelux-Wirtschaftsunion zusammengefaßt und in ein die künftige Weiterentwicklung der Union festlegendes Gesamtsystem eingefügt wurden. Der Benelux-Vertrag verpflichtet die Mitgliedstaaten u. a. zur Herstellung des freien Waren-, Dienstleistungs-, Personen- und Kapitalverkehrs innerhalb der Union, zur Koordinierung der nationalen Wirtschafts-, Finanz-, Sozial- und Währungspolitiken, zu einem gemeinsamen Außenzoll, zur Koordinierung des Außenhandelsrechts und zu einer gemeinsamen Außenwirtschaftspolitik. Die genannten Ziele des zunächst für die Dauer von 50 Jahren abgeschlossenen Benelux-Vertrags waren – mit einigen Ausnahmen (z. B. Vereinheitlichung der Außenhandelspolitiken bis 1. 1. 1961) – innerhalb fester Fristen von 3 bis 5 Jahren zu verwirklichen, die um höchstens 2 Jahre verlängert werden konnten. Die organisationsrechtliche Struktur der Institutionen der Union (Ministerausschuß, Rat der Wirtschaftsunion, zahlreiche Kommissionen und Arbeitsgruppen, Generalsekretariat, Beratender Interparlamentarischer Rat, Beratender Wirtschafts- und Sozialrat, Schiedskollegium, Gemeinsame Dienste) geht im Gegensatz zu den institutionellen Regelungen

1 Vertragstext: Recueil des lois et arrêtés royaux de la Belgique 1922, S. 246.

2 Vgl. *J. Chapel*, Le régime administratif de l'Union Economique Belgo-Luxembourgeoise, Brüssel 1958; *C. F. Ophüls*, Belgisch-Luxemburgische Wirtschaftsunion, in: *Strupp-Schlochauer* (Hrsg.), Wörterbuch des Völkerrechts Bd. I, Tübingen 1960, S. 172 f.

3 Text: Annuaire Européen II (1956), S. 282 ff.

des EWGV nicht über die traditionellen Rechtsformen zwischenstaatlicher Kooperation hinaus: Unmittelbare Rechtsetzungsbefugnisse gegenüber den Marktbürgern, ein unabhängiges Gemeinschaftsorgan mit umfassenden Vorschlags- und Verwaltungsbefugnissen und ein Gemeinschaftsgericht mit direkten Klagemöglichkeiten für natürliche und juristische Personen fehlen ebenso wie effektive Budget- und Kontrollrechte des parlamentarischen Organs oder auch eine eigenständige Völkerrechtspersönlichkeit der Union.[4] Durch Vertrag vom 31. 3. 1965 wurde ein gemeinsamer Benelux-Gerichtshof errichtet.[5] Die binnenwirtschaftliche Liberalisierung wurde bis 1971 nahezu vollständig verwirklicht.[6]

II. Verhältnis der Benelux-Wirtschaftsunion zum EWGV

2 Art. 19 Abs. 1 EWGV erkennt das Gebiet der Benelux-Staaten für die Festsetzung des Gemeinsamen Zolltarifs bereits als einheitliches Zollgebiet an. Art. 233 soll das Fortbestehen und den weiteren Ausbau der bei Unterzeichnung des EWGV vergleichsweise fortgeschritteneren Benelux-Wirtschaftsintegration gemeinschaftsrechtlich ermöglichen. Er ist auch auf die erst nach Inkrafttreten des EWGV gegründete Benelux-Wirtschaftsunion anwendbar, unabhängig von der Frage, ob die neue Union mit der alten rechtlich identisch ist. Der ausdrückliche Vorbehalt des Art. 233 war notwendig, weil das Völkerrecht nur für Zollunionen, jedoch nicht auch für subregionale Wirtschaftsgruppierungen innerhalb einer Zollunion eine gewohnheitsrechtliche Ausnahme von vertraglichen Meistbegünstigungspflichten und Diskriminierungsverboten kennt. Art. 202 EAGV enthält eine mit Art. 233 EWGV wörtlich übereinstimmende Vorbehaltsklausel. Der EGKSV enthält keinen entsprechenden Vorbehalt, sondern sieht lediglich für die enge Verbindung zwischen Luxemburg und Belgien im § 31 des Überleitungsvertrages Erleichterungen zugunsten Luxemburgs vor; im EGKS-Bereich gehen die Befugnisse der Benelux-Staaten daher nicht über die den EGKS-Staaten verbliebenen Möglichkeiten hinaus. Das Verhältnis der Benelux-Wirtschaftsunion zur UEBL regelt Art. 94 Abs. 1 Benelux-Vertrag mit nahezu übereinstimmendem Wortlaut entsprechend der Kompatibilitätsregel des Art. 233 EWGV.

3 Der EWGV steht nach Art. 233 dem Bestehen und der Durchführung der genannten regionalen Zusammenschlüsse nicht entgegen, »soweit die Ziele dieser Zusammenschlüsse durch Anwendung dieses Vertrags nicht erreicht sind«. Infolgedessen gelten die jeweils weitergehenden Bestimmungen des EWGV oder der regionalen Abkommen dieser Staaten. Mit der inhaltlich nicht näher konkretisierten Formel »Ziele dieser Zusammen-

4 Vgl. *Bleckmann,* Die Benelux-Wirtschaftsunion, a. a. O.; *Calmes,* Benelux, in: *Strupp – Schlochauer,* (a.a.O., Fn. 3), S. 176 ff.

5 Text: Union Economique Benelux, Textes de Base, a.a.O., Bd. IV. Vgl. dazu: *Dumon,* a.a.O.

6 Vgl. dazu die jährlich im Annuaire Européen wiedergegebenen Tätigkeitsberichte der Benelux, z. B.: Annuaire Européen XIX (1973), S. 155.

schlüsse« bringt Art. 233 zudem eine weitgehende Autonomie der Benelux-Staaten zum Ausdruck, die Ziele und Rechtsformen ihrer Wirtschaftsintegration und damit den Umfang der durch Art. 233 legalisierten Ausnahmen frei zu bestimmen. Die Benelux-Staaten müssen jedoch aufgrund von Art. 5, 6 EWGV bei der Verwirklichung ihrer Regionalintegration auf die Ziele des EWGV Rücksicht nehmen. Art. 233 rechtfertigt keine über das für die schnellere Regionalintegration erforderliche Maß hinausgehenden Abweichungen von den Gleichbehandlungspflichten und Diskriminierungsverboten des EWG-Rechts. Soweit die Integrationsziele der Benelux-Staaten durch Anwendung des EWGV erreicht werden, steht »dieser Vertrag dem Bestehen und der Durchführung der regionalen Zusammenschlüsse ... entgegen« und verdrängt das EWG-Recht entgegenstehendes oder dieselbe Materie übereinstimmend regelndes Benelux-Recht. Werden die EWG-Verpflichtungen z. B. durch Anwendung von Schutzklauseln herabgesetzt, erlangen weitergehende Benelux-Verpflichtungen wieder den Vorrang (»soweit«). Art. 233 hebt die bei Schutzmaßnahmen zu beachtenden Diskriminierungsverbote des EWGV nicht auf, so daß die EWG-Organe grundsätzlich keine auf den internen Benelux-Verkehr oder auf das Verhältnis der Benelux- zu den übrigen EWG-Staaten beschränkten Ausnahmen vom EWG-Recht genehmigen können.[7] Ausnahmeregelungen zum Schutz der Benelux-Staaten gegen etwaige, aus ihrer schnelleren Wirtschaftsintegration resultierende Wettbewerbsverzerrungen sind jedoch aufgrund von Art. 233 zulässig.

4 Die Grundsätze über den Vorrang und die unmittelbare Anwendbarkeit des Europäischen Gemeinschaftsrechts gelten auch gegenüber dem Benelux-Recht. Der Ausbau der EWG zur Wirtschafts- und Währungsunion und die Ausübung der gemeinschaftsrechtlichen Regelungsbefugnisse haben daher eine zunehmende Verdrängung des Benelux-Rechts und der Regelungskompetenzen der Benelux-Organe zur Folge. Das Verhältnis zwischen den Zuständigkeiten des EuGH und des Benelux-Schiedskollegiums regelt Art. 51 Abs. 2 des Benelux-Vertrages zugunsten einer ausschließlichen Zuständigkeit des EuGH im Falle eines Normenkonfliktes zwischen den beiden Verträgen.[8] Der die Schiedsregelungen des Benelux-Vertrages ergänzende Vertrag vom 31. 3. 1965 über die Errichtung eines Benelux-Gerichtshofs enthält keine ausdrückliche Regelung zur Abgrenzung der Zuständigkeit dieses Gerichtshofs gegenüber derjenigen des EuGH.

7 Vgl. *Bleckmann,* Die Benelux-Wirtschaftsunion, a.a.O., S. 288ff.

8 Vgl. im einzelnen *Bleckmann,* a.a.O., S. 290f. Der Benelux-Gerichtshof ist seit seiner ersten öffentlichen Sitzung am 11. 5. 1974 bis 1980 erst mit 12 Vorabentscheidungen zur Auslegung des gemeinsamen Benelux-Rechts und 10 beamtenrechtlichen Klagen befaßt worden, vgl. *Dumon,* a.a.O.

Artikel 234 [Verhältnis des EWG-Vertrags zu früheren Verträgen]

Die Rechte und Pflichten aus Übereinkünften, die vor Inkrafttreten dieses Vertrages zwischen einem oder mehreren Mitgliedstaaten einerseits und einem oder mehreren dritten Ländern andererseits geschlossen wurden, werden durch diesen Vertrag nicht berührt.

Soweit diese Übereinkünfte mit diesem Vertrag nicht vereinbar sind, wenden der oder die betreffenden Mitgliedstaaten alle geeigneten Mittel an, um die festgestellten Unvereinbarkeiten zu beheben. Erforderlichenfalls leisten die Mitgliedstaaten zu diesem Zweck einander Hilfe; sie nehmen gegebenenfalls eine gemeinsame Haltung ein.

Bei Anwendung der in Absatz 1 bezeichneten Übereinkünfte tragen die Mitgliedstaaten dem Umstand Rechnung, daß die in diesem Vertrag von jedem Mitgliedstaat gewährten Vorteile Bestandteil der Errichtung der Gemeinschaft sind und daher in untrennbarem Zusammenhang stehen mit der Schaffung gemeinsamer Organe, der Übertragung von Zuständigkeiten auf diese und der Gewährung der gleichen Vorteile durch alle anderen Mitgliedstaaten.

Literaturhinweise

Bleckmann, Albert, Die Position des Völkerrechts im inneren Rechtsraum der Europäischen Gemeinschaften, in: Jahrbuch für Internationales Recht 1975, S. 300–319

Bothe, Michael, Die Stellung der Europäischen Gemeinschaften im Völkerrecht, in: ZaöRV 1977, S. 122–137

Bourgeois, J.H., Le GATT et le Traité CEE, in: Diritto Communitario e degli Scambi Internazionali 1980, S. 31–55

Ganshof van der Meersch, Walter, Communautés Européennes et Droit International, in: Recueil des Cours de l'Académie Internationale, Vol. 1975/V, Alphen aan den Rijn 1978, S. 3–328

Jacot-Guillarmod, Olivier, Droit Communautaire et Droit International Public, Genf 1979

Krück, Hans, Völkerrechtliche Verträge im Recht der Europäischen Gemeinschaften, Heidelberg 1977

Meessen, Karl Matthias, The Application of Rules of Public International Law within Community Law, in: CMLR 1976, S. 485–501

ders., Das Abkommen vom Lomé als gemischter Vertrag, in: EuR 1980, S. 36–50

Meier, Gert, Gemeinschaftsrecht und gemeinschaftsverbindliches Völkerrecht, in: AWD BB 1973, S. 376–377

Meißner, F., Das Recht der EWG im Verhältnis zur Rheinschiffahrtsakte von Mannheim, Berlin 1973

Pescatore, Pierre, External Relations in the Case-Law of the Court of Justice of the European Communities, in: CMLR 1979, S. 615–645

Petersmann, Ernst-U., Auswärtige Gewalt, Völkerrechtspraxis und Völkerrechtsbindungen der EWG, in: ZaöRV 1975, S. 213–281

ders., European Road Transport Agreement Case, in: R. Bernhardt (Hrsg.), Encyclopedia of Public International Law, Suppl. II, Alphen aan den Rhijn, 1981, S. 88–91

ders., Internationale Wirtschaftssanktionen als Problem des Völkerrechts und des Europarechts, in: Zeitschrift für Vergleichende Rechtswissenschaft 1981, S. 1–28

Rittstieg, Helmuth, Rheinschiffahrt im Gemeinsamen Markt, Baden-Baden 1971
Vedder, Christoph, Die Auswärtige Gewalt der Europäischen Gemeinschaften im Europa der Neun, München 1980
Waelbroeck, M., Kommentierung von Art. 234 EWGV, in: *Waelbroeck* u. a. (Hrsg.), Le Droit de la CEE – Relations Extérieures, Bd. 12, Brügge 1980, S. 78–83
Weber, Ludwig, Die Zivilluftfahrt im Europäischen Gemeinschaftsrecht, Heidelberg 1981

Inhaltsübersicht

I. Verhältnis des EWGV zu vor 1958 geschlossenen Verträgen

1. Der Kontinuitätsgrundsatz des Artikel 234 Abs. 1

1 Die Gründung der EWG machte eine Regelung des Verhältnisses des EWGV zu früheren Verträgen der Mitgliedstaaten erforderlich, soweit die jeweiligen Vertragsmaterien in den Anwendungsbereich des EWGV fielen. Ähnlich wie § 17 Überg.Abk. zum EGKSV und Art. 105 EAGV enthält auch Art. 234 EWGV eine Unberührtheitsklausel für vorgemeinschaftliche Verträge der Mitgliedstaaten. Die Verträge über den Beitritt von Dänemark, Irland, Großbritannien und Griechenland zu den EG sehen vor, daß der »Artikel 234 des EWG-Vertrags und die Artikel 105 und 106 EAG-Vertrag für die neuen Mitgliedstaaten auf die vor dem Beitritt geschlossenen Abkommen und Übereinkommen anwendbar« sind.[1] Mit dem Kontinuitätsgrundsatz des Art. 234 Abs. 1 übereinstimmende, spezifische Vorbehaltsklauseln sind zusätzlich im Art. 37 Abs. 5 und 112 Abs. 1

1 § 5 Beitrittsakte vom 22. 1. 1972, ABl. 1972 Nr. L 73 S. 15.

EWGV enthalten, wonach die dort genannten gemeinschaftsrechtlichen Pflichten »unbeschadet der von den Mitgliedstaaten im Rahmen anderer internationaler Organisationen eingegangenen Verpflichtungen« (Art. 112 Abs. 1) bzw. »nur insoweit (gelten), als sie mit bestehenden internationalen Abkommen vereinbar sind« (Art. 37 Abs. 5). Art. 234 bekennt sich im Abs. 1 zum Völkerrechtsgrundsatz der Einhaltung bestehender Verträge (pacta sunt servanda, Art. 26 der Wiener Vertragsrechtskonvention 1969) und sieht in den Abs. 2 und 3 Rechtspflichten der EWG-Staaten zur Behebung eventueller Unvereinbarkeiten mit dem EWGV vor. Seinem Wortlaut nach bezieht sich Art. 234 nur auf das Verhältnis des EWGV zu früheren Verträgen zwischen einem oder mehreren Mitgliedstaaten einerseits und einem oder mehreren Drittstaaten andererseits. Die Rechtsfolgen im Falle von Vertragskollisionen des EWGV mit anderen, zwischen den Mitgliedstaaten untereinander oder nach 1958 mit Drittstaaten geschlossenen Verträgen sind nach den allgemeinen Grundsätzen des Völkerrechts und Europarechts zu beurteilen.

2 Nach der Rechtsprechung des EuGH ist »Artikel 234 EWG-Vertrag eine Vorschrift von allgemeiner Tragweite; er gilt unabhängig von dem in ihnen geregelten Gegenstand für alle internationalen Übereinkünfte, die sich auf die Anwendung des Vertrags auswirken können«.[2] Bereits in seinem Urteil vom 27. 2. 1962 hatte der EuGH die Auslegung der Kommission als zutreffend bezeichnet, »die Begriffe ›Rechte und Pflichten‹ in Artikel 234 bezögen sich, was die ›Rechte‹ anbelange, auf die Rechte dritter Länder und, was die ›Pflichten‹ anbelange, auf die Pflichten der Mitgliedstaaten«. Als Begründung stellte das Gericht fest: »Geht ein Mitgliedstaat auf Grund des Inkrafttretens des EWG-Vertrages neue Verpflichtungen ein, die im Widerspruch zu seinen Rechten aus einer früheren Übereinkunft stehen, so verzichtet er nach den Grundsätzen des Völkerrechts ipso facto darauf, diese Rechte auszuüben, soweit dieser Verzicht zur Erfüllung seiner neuen Verpflichtungen notwendig ist; Artikel 234 des EWG-Vertrages beschränkt sich darauf, die Rechte dritter Länder aus früheren Übereinkünften zu garantieren.«[3] Gemäß der zutreffenden Feststellung von Generalanwalt *Langrange* in seinem Schlußantrag zum vorgenannten Verfahren beschränkt sich Art. 234 Abs. 1 darauf, einen feststehenden Grundsatz des Völkerrechts in Erinnerung zu rufen: Im Rahmen der völkerrechtlichen Vertragsfreiheit können Staaten zwar von früherem allgemeinem und vertraglichem Völkerrecht abweichende Verträge rechtswirksam vereinbaren, soweit nicht ausnahmsweise zwingendes Völkerrecht (ius cogens) entgegensteht. Nach dem in der Wiener Vertragsrechtkonvention von 1969 kodifizierten, allgemeinem Völkervertragsrecht schaffen derartige Verträge jedoch »für einen dritten Staat ohne dessen Zustimmung weder Pflichten noch Rechte« (Art. 34) und gilt für die Anwendung nachfolgender Verträge über denselben Gegenstand: »Wenn die Partner des späteren Vertrages nicht alle Partner des früheren einschließen ..., bestimmt zwischen einem Staat, der Partner beider

2 EuGH – Fischerei: Rechte der Drittländer, 812/79 – Slg. 1980, 2787.
3 EuGH – Kommission/Italien, 10/61 – Slg. 1962, 5, 22f.

Verträge ist, und einem Staat, der nur Partner eines der Verträge ist, der Vertrag, an dem beide Staaten Partner sind, ihre gegenseitigen Rechte und Pflichten« (Art. 30 Abs. 4,b).[4] Art. 234 Abs. 1 bezweckt daher lediglich die Wahrung der Rechte dritter Staaten in Übereinstimmung mit dem Völkerrecht, ohne jedoch die Mitgliedstaaten zur Erfüllung ihrer vorgemeinschaftlichen Verträge zu verpflichten oder die Rechtsnatur und Bedeutung der vertraglichen Rechte und Pflichten zu verändern.[5] Mit den Worten des EuGH: »Durch Artikel 234 soll in Übereinstimmung mit den Grundsätzen des Völkerrechts klargestellt werden, daß die Geltung des (EWG-)Vertrages die Verpflichtungen des betreffenden Mitgliedstaats nicht berührt, die Rechte dritter Länder, die aus einer vor Inkrafttreten des Vertrages oder gegebenenfalls vor dem Beitritt des betreffenden Mitgliedstaats geschlossenen Übereinkunft resultieren, zu achten und die ihnen entsprechenden Pflichten zu erfüllen.«[6] Daher konnten sich die Mitgliedstaaten z. B. hinsichtlich ihrer Verpflichtungen aus dem Allgemeinen Zoll- und Handelsabkommen (GATT) von 1947 »nicht durch eine untereinander geschlossene Vereinbarung von den gegenüber Drittländern bestehenden Verpflichtungen lösen«.[7] Ebenso kann Art. 234 Abs. 1 jedoch auch »keine Änderung der Rechte zur Folge haben, die sich möglicherweise aus früher geschlossenen Übereinkünften mit dritten Ländern ergeben. Daraus folgt, daß diese Vorschrift nicht etwa einzelnen, die sich auf eine solche Übereinkunft berufen, von den Gerichten der Mitgliedstaaten zu schützende Rechte verleiht. Ebensowenig beeinträchtigt sie die Rechte, die einzelnen aufgrund einer solchen Übereinkunft möglicherweise zustehen«.[8] Die Unberührtheitsklausel des Art. 234 Abs. 1 hat daher keine rechtsgestaltenden Auswirkungen auf die Vertragsbeziehungen mit Drittstaaten und gilt a fortiori auch für das sekundäre Gemeinschaftsrecht, das vorgemeinschaftliche Vertragsbindungen zu Drittstaaten ebenfalls nicht derogieren kann.

2. Subsidiäre Anwendung völkerrechtlicher und gemeinschaftsrechtlicher Kollisionsregeln

3 Die im Art. 234 nicht geregelten Fälle von Vertragskollisionen zwischen dem EWGV und völkerrechtlichen inter-se-Abkommen der Mitgliedstaaten untereinander oder zwischen dem EWGV und nach 1958 geschlossenen Verträgen der EWG-Staaten mit dritten Völkerrechtssubjekten sind nach den allgemeinen Grundsätzen des Völkerrechts und

4 Fundstelle der am 27. 1. 1980 in Kraft getretenen Wiener Vertragsrechtskonvention vom 23. 5. 1969: International Legal Materials 1969, S. 679 ff. Deutscher Text in: *Schweitzer,* Friedensvölkerrecht, Bad Homburg 1970, S. 405 ff.

5 So auch GA *Capotorti* in seinen Schlußanträgen zu EuGH (Fn. 2), S. 2812. Vgl. auch EuGH – Consten/Grundig, 58/64 – Slg. 1966, 321, 394.

6 EuGH – (Fn. 2), 2. Leitsatz.

7 EuGH – International Fruit Company, 21 bis 24/72 – Slg. 1972, 1219, 1227.

8 EuGH – (Fn. 2), 3. Leitsatz.

Europarechts zu beurteilen, soweit nicht die Sonderregeln der Art. 232 und 233 EWGV für das Verhältnis des EWGV zum EGKSV, EAGV und den Benelux-Verträgen eingreifen. Für die Anwendung von nachfolgenden Verträgen zwischen denselben Vertragsparteien sieht die allgemeines Völkerrecht kodifizierende Wiener Vertragsrechtkonvention vor: »Wenn alle Partner des früheren Vertrages auch Partner des späteren Vertrages sind, der frühere Vertrag aber nicht gemäß Art. 59 beendet oder in seiner Geltung ausgesetzt ist, findet der frühere Vertrag nur insoweit Anwendung, als seine Bestimmungen mit denen des späteren Vertrages vereinbar sind« (Art. 30 Abs. 3). Sind nicht alle Partner des späteren Vertrages auch Partner des früheren, soll dieselbe Regelung zwischen den Parteien beider Verträge Anwendung finden (Art. 30 Abs. 4,a). Die genannten völkerrechtlichen Kollisionsregeln gelten jedoch nur insoweit, wie der frühere Vertrag nicht nachträgliche Änderungen nur zwischen bestimmten Vertragspartnern ausschließt (vgl. Art. 41) sowie »unbeschadet jeder Frage der Beendigung eines Vertrages oder der Aussetzung seiner Geltung ... oder jeder Frage der Verantwortlichkeit, die für einen Staat aus dem Abschluß oder der Anwendung eines Vertrages entstehen kann, dessen Vorschriften unvereinbar mit seinen Verpflichtungen aus einem anderen Vertrag gegenüber einem anderen Staat sind« (Art. 30 Abs. 5).

4 Hieraus ergibt sich: »Der EWG-Vertrag geht auf den von ihm geregelten Gebieten den vor seinem Inkrafttreten zwischen den Mitgliedstaaten geschlossenen Übereinkünften vor«, soweit nicht gemeinschaftsrechtliche Ausnahmeregeln bestehen (Art. 232, 233); »dies gilt auch für die im Rahmen des GATT zustande gekommenen Übereinkünfte«.[9] Für nach 1958 geschlossene inter-se-Abkommen schränkt der EWGV die völkerrechtliche Vertragsfreiheit der Mitgliedstaaten wesentlich ein: Der EWGV kann grundsätzlich nur noch in den gemeinschaftsrechtlichen Verfahren des Art. 236 EWGV geändert werden und untersteht im übrigen nicht mehr der völkerrechtlichen Dispositionsbefugnis der Mitgliedstaaten, sofern nicht der EWGV selbst ergänzende Völkerrechtsabkommen der Mitgliedstaaten zuläßt (z. B. in Art. 220, 237). Die Mitgliedstaaten »sind in den Bereichen, in denen die Gemeinschaft zur Verwirklichung einer vom Vertrag vorgesehenen Politik Vorschriften erlassen hat, die in irgendeiner Form gemeinsame Rechtsnormen vorsehen, ... weder einzeln noch gemeinsam handelnd berechtigt, mit dritten Staaten Verpflichtungen einzugehen, die diese Normen beeinträchtigen«; sie können »außerhalb des Rahmens der Gemeinschaftsorgane keine Verpflichtungen eingehen, welche Gemeinschaftsrechtsnormen, die zur Verwirklichung der Vertragsziele ergangen sind, beeinträchtigen oder in ihrer Tragweite ändern können«.[10] Im Bereich der für die gemeinsame Agrar-, Verkehrs- und Handelspolitik, die Assoziationsbeziehungen und Gemeinschaftsbeziehungen zu internationalen Organisationen (Art. 229 bis 231) beste-

9 EuGH - (Fn. 3), 23.

10 EuGH - AETR-Abkommen, 22/70 - Slg. 1971, 263, 275. Zur späteren Präzisierung der AETR-Rechtsprechung: *Petersmann*, European Road Transport Agreement Case, a.a.O.

henden und im übrigen durch Ausübung gemeinschaftsrechtlicher Kompetenzen entstehenden, ausschließlichen Gemeinschaftszuständigkeiten verfügen die Mitgliedstaaten auch dann, wenn die Gemeinschaftsorgane nicht tätig werden, über keine konkurrierenden oder subsidiären Regelungskompetenzen und können nationale Maßnahmen nur noch ausnahmsweise als »Sachwalter des Gemeinschaftsinteresses« nach vorheriger Zustimmung der Kommission treffen.[11] Aber auch in den Bereichen, in denen die Zuständigkeiten der Gemeinschaft und der Mitgliedstaaten bis zur Wahrnehmung der Gemeinschaftskompetenzen konkurrierend nebeneinander stehen, haben die Mitgliedstaaten aufgrund von Art. 5 EWGV alle Maßnahmen zu unterlassen, welche die Verwirklichung der Vertragsziele oder die Handlungsfreiheit der Gemeinschaftsorgane gefährden könnten. Nur wenn bereits ein beachtlicher Teil der Vertragsverhandlungen vor Übergang der Zuständigkeiten auf die Gemeinschaft von den Mitgliedstaaten durchgeführt wurden, können die Fortführung und der Abschluß der Vertragsverhandlungen durch die Mitgliedstaaten trotz zwischenzeitlich entstandener, ausschließlicher Gemeinschaftszuständigkeit ausnahmsweise dann zulässig sein, wenn die Konfrontierung der beteiligten Drittstaaten mit der neuen Gemeinschaftszuständigkeit den Verhandlungserfolg gefährdet hätte und die Mitgliedstaaten »mit der Fortsetzung der Verhandlungen und dem gemeinsamen Abschluß des Abkommens nach Maßgabe des Ratsbeschlusses ihren Verpflichtungen aus Artikel 5 des Vertrages entsprechen und im Interesse der Gemeinschaft und für diese gehandelt haben«.[12] Liegen solche besonderen Umstände für ein mitgliedstaatliches Tätigwerden im Gemeinschaftsinteresse (actio pro communitate) oder zur Beseitigung völkerrechtlicher Hindernisse[13] nicht vor, müssen die Gemeinschaftszuständigkeiten auch in den Außenbeziehungen von den Gemeinschaftsorganen selbst wahrgenommen werden und ist es nach Ansicht des EuGH auch »nicht erforderlich, den anderen Parteien des Übereinkommens gegenüber die Verteilung der einschlägigen Zuständigkeiten zwischen der Gemeinschaft und den Mitgliedstaaten aufzuzeigen und festzulegen, zumal sich diese Zuständigkeitsverteilung im Laufe der Zeit weiterentwickeln könnte. Es genügt, den anderen Parteien gegenüber festzustellen, daß in der Materie die Zuständigkeiten innerhalb der Gemeinschaft verteilt sind, wobei die genaue Beschaffenheit dieser Verteilung eine interne Frage ist, in die sich die dritten

11 EuGH – Kommission/Vereinigtes Königreich, 804/79 – (z.Zt. noch unveröffentlicht), Rn. 27 bis 30; EuGH – Officier van Justitie/van Dam en Zonen, 124/80 – (z. Zt. noch unveröffentlicht), Rn. 9. Im Gutachten 1/75 (EuGH – »lokale Kosten«, 1/75 – Slg. 1975, 1355) führte der EuGH im Teil B.2 aus, daß es mit der Konzeption ausschließlicher Gemeinschaftszuständigkeiten »ganz offensichtlich unvereinbar (wäre), wenn sich die Mitgliedstaaten unter Berufung auf eine parallele Zuständigkeit einen Freiraum vorbehalten könnten, um in den Außenbeziehungen die gesonderte Befriedigung ihrer Eigeninteressen zu suchen, auf die Gefahr hin, einen wirksamen Schutz der Gesamtinteressen der Gemeinschaft zu hintertreiben«.

12 EuGH – (Fn. 10), 282.

13 Vgl. hierzu: EuGH – Stillegungsfonds, 1/76 – Slg. 1977, 741 (Rn. 6 und 7).

Länder nicht einzumischen haben. Worauf es hier ankommt ist, daß das Übereinkommen lückenlos durchgeführt wird«.[14]

II. Rechtspflichten zur Behebung von Vertragskollisionen

1. Rechtspflichten der EWG-Staaten

5 Art. 234 Abs. 2 geht ausdrücklich von der Möglichkeit eines Widerspruchs zwischen früheren Verträgen der Mitgliedstaaten und dem EWGV aus und begründet für diesen Fall 2 Rechtspflichten: der oder die betreffenden Mitgliedstaaten, die Partei eines derartigen Abkommens sind, müssen alle geeigneten Mittel anwenden, um die festgestellten Unvereinbarkeiten zu beheben; die übrigen Mitgliedstaaten leisten erforderlichenfalls zu diesem Zweck Hilfe und nehmen gegebenenfalls eine gemeinsame Haltung ein. Da Art. 234 bestätigt, daß die EWG-Staaten mit der Gründung der EWG ihre völkervertraglichen Pflichten gegenüber Drittstaaten weder einseitig aufheben konnten noch wollten, sind auch unter »alle geeigneten Mittel« nur völkerrechtlich zulässige Mittel zu verstehen wie: »gemeinschaftsrechtskonforme« Auslegung des völkerrechtlichen Vertrags (z. B. der Zollunion-Ausnahme des Art. XXIV GATT im Lichte von Art. 234 Abs. 3 EWGV); Neuverhandlungen mit dem Ziel einer Vertragsanpassung (z. B. zwecks Ermöglichung eines EWG-Beitritts); in Bereichen der EWG-Zuständigkeit die Befolgung der vom EuGH betonten Rechtspflicht der Mitgliedstaaten, »alle zu ihrer Verfügung stehenden rechtlichen und politischen Mittel einzusetzen, um die Teilnahme der Gemeinschaft an dem Übereinkommen sicherzustellen«.[15] Hinsichtlich der erforderlichen Anpassungen ist zwischen Rechten von Drittstaaten und von EWG-Staaten zu unterscheiden: »Betrifft die Unvereinbarkeit ein Recht, das einem Mitgliedstaat aus einer früheren Übereinkunft zustand, so besteht das ›geeignete Mittel‹ einfach darin, daß der betreffende Staat auf die Ausübung dieses Rechts verzichtet. Betrifft sie ein Recht eines dritten Landes oder eine Verpflichtung eines Mitgliedstaates gegenüber einem dritten Land, so hat man zu den für die ordnungsgemäße Beseitigung dieser Unvereinbarkeit notwendigen Verfahren Zuflucht zu nehmen.«[16] Sind die Altverträge auch durch Anpassung und gemeinsames Vorgehen gemäß Art. 116 EWGV nicht mit dem primären oder sekundären Gemeinschaftsrecht in Einklang zu bringen, müssen die Mitgliedstaaten eine Loslösung von den Vertragspflichten anstreben. Die von den anderen, am Vertrag

14 EuGH – IAEO-Abkommen über physischen Schutz von Kernmaterial, 1/78 – Slg. 1978, 2151 (3. Teil). Die neue Seerechtskonvention vom April 1982 setzt demgegenüber für die Mitgliedschaft internationaler Organisationen eine genaue Auflistung der auf die Organisation übertragenen Zuständigkeiten im Konventionsbereich voraus (Anhang IX, Art. 2).

15 EuGH – Kramer u. a., 3, 4, 6/76 – Slg. 1976, 1279 (Rn. 45).

16 GA *Lagrange* in seinen Schlußanträgen zu EuGH (Fn. 3), 39.

nicht beteiligten EWG-Staaten zu leistende Hilfe hat außer rechtlichen erforderlichenfalls auch politische und wirtschaftliche Unterstützungsmaßnahmen zu umfassen.

6 Art. 234 Abs. 3 enthält eine inhaltliche Konkretisierung der Anpassungspflichten der Mitgliedstaaten: Bei Anwendung der in Abs. 1 genannten Übereinkommen ist die Einräumung der »in diesem Vertrag von jedem Mitgliedstaat gewährten Vorteile« (Abs. 3) an dritte Staaten grundsätzlich als »mit diesem Vertrag nicht vereinbar« (Abs. 2) und daher auch nicht als ein »geeignete(s) Mittel« (Abs. 2) zur Behebung festgestellter Unvereinbarkeiten anzusehen. Abs. 3 formuliert jedoch kein striktes Verbot, derartige Integrationsvorteile auch dritten Staaten einzuräumen. Wenn die Nichtgewährung der »Gemeinschaftspräferenzen« an einen dritten Vertragspartner eine Vertragsverletzung bewirken würde (z. B. Verletzung einer vertraglichen Gleichbehandlungspflicht), hat die Unberührtheitsklausel des Art. 234 Abs. 1 Vorrang und steht Art. 234 der Vorteilsgewährung an dritte Vertragspartner nicht entgegen, solange die durch Art. 234 Abs. 2 gebotene Vertragsanpassung trotz Einsatzes »aller geeigneten Mittel« nicht erreichbar ist. Obgleich die EWG in der GATT-Praxis nicht formell als »Zollunion« im Sinne von Art. XXIV GATT anerkannt wurde, haben die GATT-Vertragsparteien die dem Art. 234 Abs. 3 gemäße Beschränkung der Gemeinschaftspräferenzen auf die EWG-Staaten hingenommen und die Frage der rechtlichen Vereinbarkeit der EWG mit Art. XXIV GATT bewußt offengelassen.[17] Soweit vertragliche Gleichbehandlungspflichten nicht durch vertragliche Ausnahmen zugunsten von Zollunionen eingeschränkt sind, gehen die EG[18] und die überwiegende Völkerrechtsliteratur[19] vom Bestehen einer entsprechenden gewohnheitsrechtlichen Ausnahme von vertraglichen Meistbegünstigungspflichten aus. In den Handelsbeziehungen hat die Anwendung des Art. 234 Abs. 3 auch deshalb zu keinen Rechtsproblemen geführt, weil die GATT-Regeln über 80 % des Welthandels erfassen und eine ausdrückliche Ausnahme zugunsten von Freihandelszonen und Zollunionen vorsehen (Art. XXIV). Außerhalb des Handelsvölkerrechts wird jedoch z. B. für das Luftvölkerrecht eine entsprechende Ausnahmeregel für Staatenzusammenschlüsse nicht anerkannt[20] und kann auch in anderen Bereichen (z. B. Währungs- und Kapitalverkehrsrecht) zweifelhaft sein, ob beim Fehlen vertraglicher Ausnahmen die von Art. 234 Abs. 3 nahegelegte Beschränkung der Gemeinschaftspräferenzen auf die EWG-Staaten mit vertraglichen Gleichbehandlungspflichten vereinbar und gewohnheitsrechtlich zu rechtfertigen wäre.

17 Im Bericht des für die Prüfung des EWGV eingesetzten GATT-Ausschusses heißt es in einer für den »GATT-Pragmatismus« charakteristischen Weise: »the Committee felt that it would be more fruitful if attention could be directed to specific and practical problems, leaving aside for the time being the questions of law and debates about the compatibility of the Rome Treaty with Article XXIV of the General Agreement«, in: Basic Instruments and Selected Documents, 7th Suppl., GATT Geneva 1959, S. 70.

18 Vgl. UN Dok. A/35/203, S. 32, Ziff. 8.

19 Vgl. jedoch *Ustor,* The MFN Customs Union Exception, in: Journal of World Trade Law 1981, S. 377 ff.

20 *Weber,* a.a.O., S. 282.

2. Rechtspflichten der Gemeinschaftsorgane

7 Art. 234 Abs. 2 nennt als Adressaten der Rechtspflichten zur Behebung von Unvereinbarkeiten mit dem EWGV nur die Mitgliedstaaten und nicht auch die Gemeinschaftsorgane. Anders als Art. 71 Abs. 2 EGKSV sieht der Wortlaut des Art. 234 auch keine gemeinschaftsrechtliche Bindung der EWG an völkerrechtliche Altverträge der Mitgliedstaaten oder – wie Art. 106 EAGV – Anpassungsverhandlungen mit dem Ziel der Vertragsübernahme durch die EWG vor. Festgestellte Unvereinbarkeiten sollen gemäß Art. 234 grundsätzlich nicht durch Anpassung des Gemeinschaftsrechts, sondern von den Mitgliedstaaten durch Anpassung und erforderlichenfalls Beendigung der Altverträge behoben werden.

Aus dem Wortlaut des Art. 234 ergibt sich dennoch nicht, daß Gegenstand der Anpassungsverhandlungen nur die Altverpflichtung der Mitgliedstaaten sein kann.[21] Die Gemeinschaftspraxis kennt sowohl Beispiele dafür, daß die Ablösung von Verpflichtungen der Mitgliedstaaten aus Altverträgen in der Schlußakte eines an ihre Stelle tretenden Gemeinschaftsabkommens geregelt wird[22], als auch Beispiele für eine im Hinblick auf Art. 234 erfolgte Anpassung des sekundären Gemeinschaftsrechts an Altverträge der Mitgliedstaaten: So wurde im Hinblick auf die Teilnahme von 5 EWG-Staaten an der Mannheimer Rheinschiffahrtsakte von 1868 die Einführung neuer Rheinschiffahrtsregeln nicht durch Rechtsverordnung gemäß Art. 75 EWGV, sondern durch völkerrechtliche Vereinbarung mit der Schweiz als weiterer Vertragspartei der Rheinschiffahrtsakte vorgesehen.[23] Hinsichtlich der vorgemeinschaftlichen Pflichten Irlands aus dem Londoner Fischereiübereinkommen vom 9. 3. 1964 ging der EuGH davon aus, daß die gemeinschaftsrechtlichen Übergangsregeln in den Verordnungen Nrn. 341/78 und 1376/78 sowie die von der EWG mit Spanien vereinbarten Fischereiregelungen »die früher in diesen Gebieten geltende Regelung überlagert (haben), um der allgemeinen Entwicklung des Völkerrechts auf dem Gebiet der Hochseefischerei Rechnung zu tragen«.[24] Im Bereich der gemeinsamen Handelspolitik werden trotz der seit Ablauf der Übergangszeit ausschließlichen Gemeinschaftszuständigkeit zahlreiche vor 1958 geschlossene Handelsabkommen teils mit Beteiligung der EWG (z. B. im GATT, in Rohstoffabkommen), teils allein von den beteiligten Mitgliedstaaten weitergeführt und das Gemeinschaftsrecht an diese Situation angepaßt.[25] Für die Ansicht, daß die durch Art. 234 Abs. 2 gebotene Behebung von Unvereinbarkeiten als ultima ratio durch Anpassung des sekundären

21 So aber: *Meißner*, a.a.O., S. 106; *Rittstieg*, a.a.O., S. 32; *Krück*, a.a.O., S. 133.
22 ABl. 1970 Nr. L 182 S. 164 (Abkommen EWG – Spanien).
23 Vgl. EuGH – (Fn. 13), 741.
24 EuGH – (Fn. 2), 4. Leitsatz.
25 Vgl. die zahlreichen Entscheidungen des Rats über die Verlängerung von den Mitgliedstaaten mit Drittstaaten abgeschlossener Handelsverträge (z. B. ABl. 1982 Nr. L 230 S. 19ff.) oder die Ratsbeschlüsse gemäß Art. 75 EWGV zur Festlegung der von den 5 EWG-Mitgliedstaaten in der Zentralkommission für die Rheinschiffahrt einzunehmende Haltung (z. B. 12. Gesamtbericht über die Tätigkeit der EG, Brüssel 1979, Ziff. 358).

Gemeinschaftsrechts zu erfolgen hat, sprechen außer völkerrechtlichen Gesichtspunkten (Grundsatz der Gleichwertigkeit mehrerer völkerrechtlicher Verträge) vor allem auch gemeinschaftsrechtliche Bedürfnisse: So können z. B. gemäß Art. 25, 41 UN-Charta für die Mitgliedstaaten völkerrechtsverbindliche Beschlüsse des UN-Sicherheitsrats über internationale Wirtschaftssanktionen in gewissen Situationen (z. B. Sanktionen gegen einen EWG-Staat) nicht ohne gemeinschaftsrechtliche Durchführungsmaßnahmen wirksam ausgeführt werden.[26] Auch für die mit dem EWGV unvereinbaren bilateralen Luftverkehrsabkommen der Mitgliedstaaten wird eine »konvergierende Anpassung« sowohl der völkerrechtlichen Luftverkehrsabkommen als auch des Gemeinschaftsrechts als sachlich am geeignetsten befürwortet.[27]

8 Sind unter »alle geeigneten Mittel« als ultima ratio auch gemeinschaftsrechtliche Maßnahmen zu verstehen, so müssen erforderlichenfalls auch entsprechende Mitwirkungspflichten der Gemeinschaftsorgane bestehen. Auch der EuGH hat dem Bekenntnis des Art. 234 Abs. 1 zum Völkerrechtsgrundsatz pacta sunt servanda Rechtspflichten der Gemeinschaftsorgane entnommen: »Artikel 234 würde seinen Zweck verfehlen, wenn mit ihm nicht stillschweigend eine Verpflichtung der Gemeinschaftsorgane begründet würde, die Erfüllung der Pflichten, die sich für die Mitgliedstaaten aus früheren Übereinkommen ergeben, nicht zu behindern. Durch diese Verpflichtung der Gemeinschaftsorgane soll es jedoch dem betreffenden Mitgliedstaat lediglich ermöglicht werden, seinen Verpflichtungen aus den früheren Übereinkünften nachzukommen, ohne daß damit die Gemeinschaft dem fraglichen Drittland gegenüber gebunden werden soll.«[28] Weitergehende Mitwirkungs- und Unterstützungspflichten der Gemeinschaftsorgane können sich aus dem z. B. in Art. 37 Abs. 5, 110, 112 Abs. 1 und 234 EWGV zum Ausdruck gekommenen Rechtsgrundsatz der Völkerrechtsfreundlichkeit des Gemeinschaftsrechts, aus der Rechtspflicht zur ›Gemeinschaftstreue‹ (Art. 5) und aus im Bereich der ausschließlichen Gemeinschaftszuständigkeiten bestehenden Pflichten zur Überführung der Altverträge in Gemeinschaftsverträge ergeben. Daß Art. 234 – anders als Art. 106 EAGV und § 14 des Überg. Abk. zum EGKSV – nicht auch ausdrücklich Mitwirkungspflichten der EWG-Organe vorsieht, ist auf die Besonderheiten des EAG- und EGKS-Rechts zurückzuführen und steht der Annahme gemeinschaftsrechtlicher Mitwirkungs- und Anpassungspflichten auch der EWG-Organe nicht entgegen. Art. 234 kommt insofern nicht nur eine ›Koordinierungsfunktion‹ für die Behebung von Vertragskollisionen, sondern auch eine gewisse ›Schutzfunktion‹ zugunsten einer völkerrechtskonformen Anpassung und erforderlichenfalls auch gemeinschaftsrechtlichen Berücksichtigung der Rechte dritter Staaten zu.[29]

26 Vgl. *Petersmann,* Wirtschaftssanktionen, a.a.O., S. 22ff.
27 *Weber,* a.a.O., S. 307f.
28 EuGH – (Fn. 2), 2. Leitsatz.
29 Anders GA *Capotorti* in seinen Schlußanträgen zu EuGH (Fn. 2), S. 2812: »Artikel 234 hat ... keinerlei Schutzfunktion«.

3. *Vorrang des Europarechts*

9 Im Unterschied zu den Unberührtheitsklauseln des EGKSV und EAGV sieht Art. 234 weder eine rechtliche Bindung der EWG an Altverträge der Mitgliedstaaten (vgl. demgegenüber Art. 71 Abs. 2 EGKSV) noch deren Übernahme durch die EWG vor (vgl. demgegenüber Art. 106 EAGV). Art. 234 enthält weder eine Verpflichtung der Mitgliedstaaten zur Erfüllung der Altverträge noch eine Einschränkung der gemeinschaftsrechtlichen Rechtsetzungs- und Vertragsschlußbefugnisse: Gemeinschaftsrecht kann wirksam im Widerspruch zu Altverträgen der Mitgliedstaaten gesetzt, jedoch nicht in einer die Mitgliedstaaten zum Vertragsbruch zwingenden Weise durchgesetzt werden. Art. 234 gibt den EWG-Staaten das durch Art. 234 Abs. 2 befristete Recht, etwaiges der Erfüllung ihrer Altverträge widersprechendes Gemeinschaftsrecht nicht anzuwenden. Art. 37 Abs. 5 und 112 Abs. 1 EWGV und der insofern noch klarere Wortlaut des Art. 105 EAGV bestätigen diese dem Gemeinschaftsrecht nicht unbekannte Möglichkeit, daß der allgemeine Geltungsanspruch des Gemeinschaftsrechts (vgl. Art. 189 Abs. 2 EWGV) bei völkerrechtlichen Kollisionen eingeschränkt sein kann. Da der Zweck des Art. 234 Abs. 1 nur darin besteht, »alle Folgen des Beitritts eines Mitgliedstaats zur Gemeinschaft zu beseitigen, die ihn an der Einhaltung früher geschlossener Übereinkünfte mit dritten Ländern hindern könnten«[30], gilt der innergemeinschaftliche Geltungsvorrang des Gemeinschaftsrechts – vorbehaltlich einer mitgliedstaatlichen »Einrede aus Art. 234« – auch gegenüber dem innerstaatlich anwendbaren Recht der Altverträge und nehmen letztere an der besonderen Rangstellung des gemeinschaftsverbindlichen Völkerrechts (Vorrang vor sekundärem Gemeinschaftsrecht, vgl. Art. 228 Abs. 1 Satz 3) nicht teil. Eine völkerrechtliche Bindung der EWG an Altvertragsrecht der Mitgliedstaaten kann jedoch ungeachtet des Art. 234 dadurch entstehen, daß Rechtsgrundsätze derartiger Verträge zum Bestandteil des allgemeinen Europarechts werden (z. B. einzelne Menschenrechtsgarantien der EMRK) oder die Vertragspflichten im Wege der Rechtsnachfolge auf die EWG übergehen.[31] Für die Feststellung von »Unvereinbarkeiten« i. S. von Art. 234 und die Auslegung des gemeinschaftsverbindlichen Völkerrechts ist der EuGH zuständig, der hierbei jedoch nicht über völkerrechtliche Bindungen der Mitgliedstaaten und einzelstaatliche Durchführungsgesetze außerhalb des EG-Zuständigkeitsbereichs zu befinden hat.[32]

III. Rechtliche Bindung der EWG an vor 1958 geschlossene Verträge

1. *Voraussetzungen einer völkerrechtlichen Rechtsnachfolge*

10 Für das neuartige Problem der Rechtsnachfolge internationaler Organisationen in völkerrechtliche Verträge ihrer Mitgliedstaaten haben sich im allgemeinen Völkerrecht

30 EuGH – (Fn. 2), Rn. 10.
31 Siehe dazu unten Rn. 10 bis 17.
32 EuGH – Vandeweghe, 130/73 – Slg. 1973, 1329.

noch keine spezifischen Regeln herausgebildet. Die Wiener Konvention über Staatensukzession bei Verträgen von 1979 regelt nur die Rechtsnachfolge von Staaten.[33] Für »newly independent States« sieht sie im Hinblick auf das Selbstbestimmungsrecht eine Freistellung von bisher auf ihrem Gebiet geltenden Verträgen (Art. 16, tabula-rasa-Prinzip) und ein Optionsrecht zur Fortführung mehrseitiger Verträge vor (Art. 17, »free choice doctrine«), während die Weiterführung bilateraler Verträge von der Zustimmung des Vertragspartners abhängig ist (Art. 24); aus ›Altstaaten‹ hervorgehende Neu- und Bundesstaaten müssen demgegenüber grundsätzlich die bisher in den Teilstaaten geltenden bi- und multilateralen Verträge in diesen Teilgebieten fortführen, die sie jedoch bei multilateralen Verträgen durch einseitige Erklärung, bei bilateralen Verträgen mit Zustimmung des Vertragspartners auf ihr Gesamtgebiet erstrecken können (Art. 31, Kontinuitätsgrundsatz). Die analoge Anwendung dieser Rechtsgrundsätze auf das Sonderproblem der Rechtsnachfolge internationaler Organisationen in Verträge ihrer Mitgliedstaaten stößt auf Bedenken: anders als Staaten sind internationale Organisationen nach der traditionellen Völkerrechtsdogmatik keine »notwendigen Völkerrechtssubjekte« und lassen sich für ihre sehr unterschiedlichen Vertragsschlußbefugnisse nur wenige allgemeine Regeln aufstellen; auch gewohnheitsrechtlich sind außer dem Grundsatz der beweglichen Vertragsgrenzen (Art. 15), der Fortgeltung territorial bezogener »treaties running with the land« (Art. 11f.) oder der Nichtfortgeltung höchstpersönlicher Verträge politischer Natur zahlreiche Regeln der bislang nicht in Kraft getretenen Wiener Konvention noch nicht allgemein anerkannt. Dennoch stellt sich angesichts des weltweit zunehmenden Übergangs staatlicher Funktionen auf internationale Organisationen die grundsätzliche Frage, inwieweit zur Verhinderung einer Umgehung des Völkerrechts durch »Flucht in die internationale Organisation« auch bei internationalen Organisationen mit eigenständiger Völkerrechtspersönlichkeit der »Schleier der juristischen Person« durchstochen und eine völkerrechtliche Bindung der Organisation bejaht werden muß.[34] Während bei internationalen Organisationen ohne eigene Rechtspersönlichkeit die völkerrechtlichen Rechte und Pflichten der Mitgliedstaaten lediglich gesamthänderisch wahrgenommen werden, können internationale Organisationen mit eigener Rechtspersönlichkeit wie die EWG auch andere Rechte und Pflichten als die Mitgliedstaaten haben. Anders als bei der Ersetzung von Alt- durch Neustaaten hat die Gründung internationaler Organisationen wie der EWG auch keine für die Außenwelt eindeutige neue Kompetenzverteilung und entsprechende Minderung des Völkerrechtstatuts der Mitgliedstaaten zur Folge. Im Hinblick auf die fortbestehende Bindung und Vertragspartnerstellung der Mitgliedstaaten (z. B. gemäß Art. 234 EWGV) läßt sich die Frage einer zusätzlichen Völkerrechtsbindung der von ihnen geschaffenen

33 Vertragstext und Kommentierung bei: *Treviranus,* Die Konvention der Vereinten Nationen über Staatensukzession bei Verträgen, in: ZaöRV 1979, S. 259ff., 278ff.

34 Vgl. *Bleckmann,* Zur Verbindlichkeit des allgemeinen Völkerrechts für internationale Organisationen, in: ZaöRV 1977, S. 107f.

internationalen Organisation für das Vertragsrecht daher nur aufgrund der jeweiligen Völkerrechtspraxis im Einzelfall beantworten. An allgemeines Völkerrecht können internationale Organisationen demgegenüber wie andere Völkerrechtssubjekte ipso iure gebunden sein, soweit die in der Staatenpraxis entstandenen Völkerrechtsnormen nicht staatliche Adressaten oder Strukturen voraussetzen.[35]

2. Gemeinschaftsrechtliches Substitutionsprinzip und völkerrechtliche Außenbindung

11 Nach der Rechtsprechung des EuGH folgt aus der partiellen Völkerrechtssubjektivität der EWG (Art. 210) ihre formelle Völkerrechtsfähigkeit »im gesamten Bereich der im ersten Teil des Vertrages umschriebenen Ziele«[36] und verfügt die EWG in den Außenbeziehungen teils über ausschließliche (z. B. bei Art. 113, 229 bis 231, 238), teils über zunächst konkurrierende Außen- und Vertragsschlußkompetenzen, die sich erst durch Inanspruchnahme der ausdrücklichen oder impliziten, internen oder externen Regelungsbefugnisse der EWG zu ausschließlichen Gemeinschaftskompetenzen entwikkeln.[37] Mit fortschreitender Integration fallen daher gemäß dem gemeinschaftsrechtlichen Grundsatz der Kompetenzkongruenz im Innen- und Außenbereich (in foro interno, in foro externo) immer mehr Sachbereiche in den ausschließlichen Zuständigkeitsbereich der EWG, die vor 1958 durch Verträge der Mitgliedstaaten geregelt waren. Obgleich die EWG diesen Verträgen häufig nicht formell beigetreten ist, hat der EuGH dennoch für das GATT[38] und die zwei Brüsseler Abkommen von 1950 über den Rat für die Zusammenarbeit auf dem Gebiet des Zollwesens bzw. über das Zolltarifschema für die Einreihung der Waren in die Zolltarife[39] eine rechtliche Bindung der EWG bejaht und andere vorgemeinschaftliche Verträge wie die Europäische Konvention zum Schutze der Menschenrechte und Grundfreiheiten von 1950[40], das Internationale Pflanzenschutzabkommen von 1951[41] sowie verschiedene ILO-Konventionen[42] für die Auslegung des Gemeinschaftsrechts herangezogen. Die im »GATT-Urteil« getroffene Feststellung – »Soweit also die Gemeinschaft auf Grund des EWG-Vertrags früher von den Mitgliedstaaten im Anwendungsbereich des GATT ausgeübte Befugnisse übernommen hat, ist sie an die Bestimmungen dieses Übereinkommens gebunden«[43] – wurde vom EuGH mit den

35 Siehe unten Rn. 15 ff.
36 EuGH – (Fn. 10), Rn. 14.
37 Vgl. im einzelnen: *Pescatore* a.a.O.; *Petersmann* (Fn. 10); *Dauses,* Die Beteiligung der Europäischen Gemeinschaften an multilateralen Völkerrechtsübereinkommen, in: EuR 1979, S. 138 ff.
38 EuGH – (Fn. 7); EuGH – Schlüter, 9/73 – Slg. 1973, 1135.
39 EuGH – Nederlandse Spoorwegen, 38/75 – Slg. 1975, 1439.
40 EuGH – Rutili, 36/75 – Slg. 1975, 1219.
41 EuGH – Kommission/Niederlande, 89/76 – Slg. 1977, 1355.
42 EuGH – Defrenne, 43/75 – Slg. 1976, 455; EuGH – Kunstagenturen, 110, 111/78 – Slg. 1979, 35.
43 EuGH – (Fn. 7), Rn. 18.

folgenden 6 Gesichtspunkten begründet: alle Mitgliedstaaten waren bei Abschluß des EWGV an die Verpflichtungen aus dem GATT gebunden; ihren Willen zur weiteren Beachtung der GATT-Vorschriften haben sie sowohl im EWGV (Art. 110, 234) als auch durch entsprechende Erklärungen im GATT zum Ausdruck gebracht; die EWG hat die mit der Zoll- und Handelspolitik verbundenen Aufgaben seit Ende der Übergangszeit in vollem Umfang übernommen; auch bei der schrittweisen »Übertragung dieser Befugnisse auf die Gemeinschaft haben die Mitgliedstaaten ihren Willen erkennen lassen, die Gemeinschaft an die auf Grund des GATT eingegangenen Verpflichtungen zu binden«;[44] die in den Beziehungen zwischen den Mitgliedstaaten und der EWG eingetretene Zuständigkeitsverlagerung wurde auch im GATT »auf verschiedene Weise näher bestimmt und von den übrigen Vertragsparteien anerkannt. Insbesondere ist seither die Gemeinschaft, handelnd durch ihre eigenen Organe, ... als Teilnehmerin an den Zollverhandlungen und als Partei der im Rahmen des GATT abgeschlossenen Übereinkommen jeglicher Art aufgetreten«.[45]

12 Die Auslegung des »GATT-Urteils« und die analoge Anwendung der auch in späteren Urteilen bestätigten »GATT-Rechtsprechung«[46] auf andere Verträge der Mitgliedstaaten werfen zahlreiche Zweifelsfragen auf. Auszugehen ist davon, daß Art. 234 das Fortbestehen der völkerrechtlichen Bindungen der Mitgliedstaaten zwar ermöglicht (Abs. 1), einer Rechtsnachfolge der EWG in die Vertragspartnerstellung der EWG-Staaten jedoch nicht entgegensteht und sie in Bereichen ausschließlicher Gemeinschaftszuständigkeit sogar als »geeignetes Mittel« für die Behebung festgestellter Unvereinbarkeiten erfordern kann. Im Hinblick auf die erstmals im »Spoorwegen-Urteil« verwendete Formulierung, die Gemeinschaften seien hinsichtlich der Pflichten aus den zwei genannten Brüsseler Abkommen von 1950 über den Zollrat bzw. über das Zolltarifschema ebenso wie hinsichtlich der Pflichten aus dem GATT »an die Stelle der Mitgliedstaaten getreten«[47], wird die rechtliche Bindung der EWG teils mit der gemeinschaftsrechtlichen Verlagerung nationaler Zuständigkeiten auf die EWG und einer hiermit ipso iure verbundenen Rechtsnachfolge der EWG in die mit den Zuständigkeiten »cum onere et emolumento« übergegangenen völkerrechtlichen Pflichten und Rechte gegenüber Drittstaaten begründet.[48] Die EG-Kommission hat vor dem EuGH für ihre Ansicht, daß »die ursprünglich von den Mitgliedstaaten durch das Londoner (Fischerei)Übereinkommen (von 1964) gegenüber Drittländern übernommenen Verpflichtungen auf die Gemeinschaft als Rechtsnachfolgerin übergegangen« sind, außer auf die Zugehörigkeit aller EG-Staaten zum Übereinkommen und die Übertragung ihrer Fischereizuständigkeiten auf die EWG auch auf Art. 234 abgestellt, mit dem »eine neue Form des völkerrechtlichen Instituts der ›Staatennachfolge‹ geschaffen worden sei, die darin bestehe, daß die

44 EuGH – (Fn. 7), Rn. 15.
45 EuGH – (Fn. 7), Rn. 16, 17.
46 Siehe die in Fn. 38 und 39 genannten Urteile.
47 EuGH – (Fn. 39), 1451.
48 So z. B. *Pescatore*, a.a.O., S. 637f.

Gemeinschaft Rechtsnachfolgerin ihrer Mitgliedstaaten werde, indem sie deren Rechte und Pflichten aus früheren Übereinkünften übernehme«.[49] Andere Autoren weisen demgegenüber darauf hin, daß die gemeinschaftsrechtlichen Zuständigkeitsverlagerungen nur zu einer innergemeinschaftlichen GATT-Bindung der EWG gegenüber ihren Mitgliedstaaten führen und als »res inter alios acta« die Rechte dritter Vertragspartner nicht ohne deren Zustimmung ändern können.[50] Der im Staatensukzessionsrecht anerkannte Kontinuitätsgrundsatz läßt sich auf die Rechtsnachfolge internationaler Organisationen auch nicht im Wege der Analogie ausdehnen, weil die Gründung internationaler Organisationen nicht zum Verlust der Völkerrechtsfähigkeit und früheren Vertragspartnerstellung ihrer Mitgliedstaaten führt, die organisationsinternen Zuständigkeitsverteilungen häufig veränderlich und für Dritte nicht offensichtlich sind, und die Begründung völkerrechtlicher Pflichten im Wege des Analogieschlusses zumindest im allgemeinen Völkerrecht überwiegend für unzulässig gehalten wird.

Im Bereich des Handelsvölkerrechts lassen sich aus der vertraglich (Art. XXIV GATT) und völkergewohnheitsrechtlich anerkannten Zulässigkeit von Zollunion zwar ein Rechtsanspruch auf und eine vorweggenommene Einwilligung dritter Vertragspartner in die Mitarbeit einer Zollunion in multilateralen Handelsabkommen ableiten. Die z. B. in der UNCTAD und einigen Rohstofforganisationen entstandenen Schwierigkeiten bei der Wahrnehmung von Vertragsrechten der EWG-Staaten durch die Gemeinschaftsorgane zeigen jedoch, daß ein solcher Rechtsanspruch auch im Handelsbereich umstritten ist. In der GATT-Praxis hat außer der EWG keine andere Zollunion eine Rechtsnachfolge in Vertragsrechte ihrer Mitgliedstaaten geltend gemacht und erwiesen sich die Vorstellungen über die inhaltlichen Anforderungen von »Zollunionen« als derart unterschiedlich, daß bei der Prüfung von Zollunionen seit 1958 nur noch in einem einzigen Fall (Karibische Wirtschaftsgemeinschaft) die Vereinbarkeit einer Zollunion mit Art. XXIV formell anerkannt wurde. Auch im Falle der EWG hat die Völkerrechtspraxis im übrigen sogar im Bereich der ausschließlichen Gemeinschaftszuständigkeit für die Handelspolitik in den meisten internationalen Handelsorganisationen zu einer gewohnheitsrechtlich (so wohl im GATT) oder vertraglich geregelten Doppelmitgliedschaft geführt (so in den meisten Rohstofforganisationen), bei der die EWG-Staaten Vertragspartei bleiben (z. B. »contracting party« des GATT) und die Vertragsrechte teils von den EG-Organen im eigenen Namen (z. B. als Partei von Handelsverhandlungen und GATT-Streitbeilegungsverfahren), teils von den EWG-Staaten selbst wahrgenommen werden (z. B. bei GATT-Beitragszahlungen und der Rechtfertigung monetärer Handelsbeschränkungen gemäß Art. XII GATT). Der bislang durch keinen formellen GATT-Beschluß geregelte »GATT-Status« der gemäß Art. XXIV wohl »GATT-konformen« und unter Wahrung der Parteistellung der EWG-Staaten unmittelbar in die Willensbildung und Tätigkeiten

49 Vgl. EuGH – (Fn. 2), 2798. Nach Ansicht des EuGH (3. Leitsatz) kann Art. 234 demgegenüber »keine Änderung der Rechte zur Folge haben, die sich möglicherweise aus früher geschlossenen Übereinkünften mit dritten Ländern ergeben«.

50 Vgl. *Petersmann,* a.a.O., ZaöRV 1975, S. 213, 260ff.

des GATT einbezogenen EWG läßt sich daher nur als gewohnheitsrechtliche, partielle Rechtsnachfolge in die Vertragspartnerstellung der EWG-Staaten und nicht allein gemeinschaftsrechtlich erklären.

13 Die Rechtsnachfolge der EWG in die völkerrechtliche Mitgliedstellung der EWG-Staaten in multilateralen Verträgen und internationalen Organisationen setzt somit zusätzlich zur gemeinschaftsrechtlichen Zuständigkeitsverlagerung von den Mitgliedstaaten auf die EWG auch noch eine völkergewohnheitsrechtlich oder vertraglich mit den dritten Vertragsparteien herbeigeführte Völkerrechtsbindung voraus. Die frühere Zugehörigkeit aller EWG-Staaten zum vorgemeinschaftlichen Vertrag dürfte auch nach Ansicht des EuGH keine notwendige Voraussetzung für eine völkerrechtliche Außenbindung oder Rechtsnachfolge der EWG sein.[51] Auch wo die EWG auf einen wohl auch beim GATT gemäß Art. XXXIII möglichen formellen Beitritt verzichtet und sich mit einer gewohnheitsrechtlich geregelten (Doppel)Mitgliedschaft begnügt, ist trotz fehlenden gemeinschaftsrechtlichen Abschlußakts davon auszugehen, »daß das GATT die Gemeinschaft ebenso wirksam binde(t) wie die von ihr gemäß Art. 228 des Vertrages geschlossenen Abkommen«.[52] Aufgrund der gemeinschaftsrechtlichen Zuständigkeitsverlagerung und völkerrechtlichen Rechtsnachfolge ist das GATT aufgrund des im Art. 228 Abs. 2 enthaltenen, auf das gesamte gemeinschaftsverbindliche Völkervertragsrecht anwendbaren Anwendungsbefehls (allgemeiner Transformator oder Vollzugsbefehl je nach dogmatischem Standort) innergemeinschaftlich als Bestandteil des Europarechts anzusehen, der vom EuGH auszulegen ist (Art. 177) und EWG-intern durch nachfolgendes Gemeinschaftsrecht geändert werden kann (vgl. Art. XXIV GATT, Art. 41 Wiener Vertragsrechtkonvention).

14 Bei vorgemeinschaftlichen Verträgen der Mitgliedstaaten kann sich ein formeller Beitritt der EWG häufig als vorteilhafter erweisen als eine gewohnheitsrechtliche Rechtsnachfolge. So hält die EG-Kommission unter Hinweis auf die Zugehörigkeit von seit 1974 allen EWG-Staaten zur Europäischen Menschenrechtskonvention (EMRK) und auf die Rechtsprechung des EuGH, wonach die in den gemeinsamen Verfassungsüberlieferungen der Mitgliedstaaten enthaltenen Grundrechtsgarantien zu den allgemeinen Rechtsgrundsätzen des Europarechts gehören und unter Berücksichtigung der EMRK auszulegen sind[53], zwar gute Gründe für eine schon jetzt bestehende »direkte Bindung der Gemeinschaft an den MRK-Katalog« für gegeben: »Einmal stellt nämlich die MRK einen von allen Mitgliedstaaten anerkannten Minimalstandard dar, der als Bestandteil der vom

51 Im Rutili-Urteil (Fn. 40) hat der EuGH sich auf ein Protokoll zur EMRK gestützt, das damals noch nicht von allen EG-Staaten ratifiziert war.

52 So die beim GATT-Urteil (Fn. 7) von Kommission (S. 1225) und GA *Mayras* (S. 1239) mit Recht vorgetragene Ansicht.

53 EuGH – Nold/Kommission, 4/73 – Slg. 1975, 491; EuGH – (Fn. 40), 1219.

Gerichtshof geschützten ›allgemeinen Rechtsgrundsätze‹ zu gelten hat. Zum anderen wird man sich fragen müssen, ob die Gemeinschaft, soweit ihre Befugnisse von den Mitgliedstaaten übertragen wurden, nicht schon aufgrund des Substitutionsprinzips wegen der ursprünglichen Bindungen der Mitgliedstaaten an die materiellen Bestimmungen der MRK gebunden ist.«[54] Dennoch kommt das 1979 von der Kommission vorgelegte Memorandum zur »Schlußfolgerung, daß der Beitritt der Europäischen Gemeinschaft zur MRK aus einer ganzen Reihe von Gründen wünschenswert erscheint«.[55] Auch für andere vorgemeinschaftliche Verträge wie die Mannheimer Rheinschiffahrtsakte von 1868, an der nur 5 der 10 EWG-Mitgliedstaaten beteiligt sind, strebt die EWG als solche einen Beitritt an, weil der der Rheinschiffahrtsakte zugrundeliegende Rechtsgrundsatz der Einheit des Rheinregimes die einvernehmliche Festlegung von Rheinschiffahrtsregelungen mit Zustimmung aller in der Zentralkommission für die Rheinschiffahrt vertretenen Vertragsparteien (auch der Schweiz als einzigem Nicht-EWG-Mitglied) erfordert und einseitige gemeinschaftsrechtliche Änderungen des Rheinschiffahrtsrechts unzulässig macht.[56] Bei anderen vorgemeinschaftlichen Verträgen wie dem Abkommen über die Internationale Zivilluftfahrt von 1944 oder dem Abkommen über den Internationalen Währungsfonds (IWF) von 1944, bei deren Regelungsmaterien die EWG von ihren Zuständigkeiten erst vereinzelt Gebrauch gemacht und die gemeinschaftsrechtlich mögliche Zuständigkeitsverlagerung von den Mitgliedstaaten auf die EWG im wesentlichen noch nicht herbeigeführt hat (so auf dem Gebiet der Luftfahrt) oder bei denen auch künftig wesentliche Zuständigkeiten bei den Mitgliedstaaten verbleiben (z. B. beim IWF für die nationale Zahlungsbilanz- und Wechselkurspolitik), liegen die im GATT-Urteil genannten Voraussetzungen für eine (partielle) Rechtsnachfolge der EWG in die Vertragsparteistellung der Mitgliedstaaten bislang nicht vor und könnte eine völkerrechtliche Außenbindung der EWG an die genannten Abkommen kurzfristig wohl nur durch einen Beitritt der EWG herbeigeführt werden. Sollte die EWG bei einem solchen Vertragsabschluß völkerrechtliche Bindungen unter Verletzung gemeinschaftsrechtlicher Vorschriften z. B. über die Vertragsschlußkompetenzen, Vertragsschlußverfahren oder die vom EuGH für die Zulässigkeit »gemischter Abkommen« aufgestellten Grundsätze[57] eingehen, so sind die völkerrechtlich eingegangenen Bindungen grundsätzlich wirksam und können die Verletzungen des Gemeinschaftsrechts auf völkerrechtlicher Ebene, ähnlich wie dies im Art. 46 der Wiener Vertragsrechtskonvention für eine Verletzung innerstaatlichen Rechts vorgesehen ist, nur bei Offenkundigkeit der Verletzung und grundlegender Bedeutung der verletzten Norm geltend gemacht werden.[58]

54 Beitritt der Gemeinschaften zur Menschenrechtskonvention, Memorandum der Kommission, BullEG, Beilage 2/79, S. 10.

55 Memorandum (Fn. 54), S. 5. Vgl. hierzu: *Ehlermann – Noel,* Der Beitritt der EG zur EMRK, in: *Bieber* u. a. (Hrsg.), Das Europa der 2. Generation, Bd. II, Baden-Baden 1981, S. 685 ff.

56 Vgl. hierzu: *Rittstieg,* a.a.O.; *Meißner,* a.a.O.; *Petersmann* (Fn. 50), S. 262 ff.

57 Dazu: EuGH – (Fn. 13), 741.

58 Ebenso h.L., z. B. *Bothe,* a.a.O., S. 136; *Meessen,* a.a.O., EuR 1980, S. 49.

3. *Bindung der EWG an allgemeines Völkerrecht und an Entscheidungen internationaler Organisationen*

15 Als eigenständiges Völkerrechtssubjekt mit umfangreichen Außenkompetenzen im gesamten Bereich der Vertragsziele ist die EWG ipso iure an allgemeines Völkerrecht gebunden, soweit die in der Staatenpraxis entstandenen Völkerrechtsnormen nicht staatliche Adressaten oder Strukturen (z. B. »Gemeinschaftsvolk«) voraussetzen. Dies gilt insbsd. hinsichtlich der für einen geregelten Rechtsverkehr unentbehrlichen Völkerrechtsnormen z. B. im Bereich des allgemeinen Vertragsrechts, des Vertrauensschutzes, der Normen des fremdenrechtlichen Mindeststandards und der völkerrechtlichen Haftung.[59] Dem u. a. in Art. 37 Abs. 5, 110, 112 Abs. 1 und 234 EWGV zum Ausdruck gekommenen Rechtsgrundsatz der Völkerrechtsfreundlichkeit des EWGV ist darüber hinaus zu entnehmen, daß die Gemeinschaftsorgane bei der gemeinschaftsrechtlichen Wahrnehmung vormals staatlicher Hoheitsbefugnisse das allgemeine Völkerrecht ebenso wie die Mitgliedstaaten beachten sollen (z. B. die in der EMRK und im Verfassungsrecht der Mitgliedstaaten übereinstimmend garantierten Grundrechte) und die gemeinschaftsrechtliche Funktionsnachfolge nicht zu einer Beeinträchtigung der Ordnungsfunktion des allgemeinen Völkerrechts führen soll. Daher kann die Zustellung von Kartellrechtsbescheiden der Kommission an ein Unternehmen in der Schweiz den völkerrechtlichen Territorialitätsgrundsatz verletzen[60] und sind bei den gemeinschaftsrechtlichen Fischereiregelungen für die seit 1. 1. 1977 auf 200 Seemeilen ausgedehnten Fischereizonen der Mitgliedstaaten die Bindungen aus dem allgemeinen Seevölkerrecht zu beachten.[61] Die EWG kann jedoch auch ihrerseits im allgemeinen Völkerrecht begründete Rechte geltend machen und z. B. nach allgemeinem Völkerrecht zulässige Retorsionen und Repressalien ergreifen.

16 Aus der Bindung der EWG an allgemeines und vertragliches Völkerrecht kann sich auch eine Rechtspflicht der EWG zur Beachtung der Rechtsakte der durch Verträge der Mitgliedstaaten errichteten internationalen Organisationen ergeben. So hat der EuGH die vom Rat für die Zusammenarbeit auf dem Gebiete des Zollwesens erlassenen »Tarif-Avisen« für die Auslegung des Gemeinsamen Zolltarifs[62] sowie Vorschriften der FAO und WHO für die Auslegung des Gemeinschaftsrechts[63] herangezogen und anerkannt, daß der durch das »gemischte« Assoziationsabkommen von Yaundé von 1963 eingesetzte Assoziationsrat die Geltungsdauer dieses Abkommens durch eine autonome Entscheidung rechtswirksam verlängern konnte.[64] Bei der Durchführung internationaler Wirtschaftssanktionen stellt sich die Frage, ob die gemäß Art. 25, 41 UN-Charta für alle

59 Hierzu: *Bothe*, a.a.O.
60 Vgl. EuGH – CIBA-Geigy, 52/69 – Slg. 1972, 787, 797 f., 826 (wo eine solche Verletzung aber verneint wird).
61 Vgl. EuGH – (Fn. 2), Rn. 24.
62 EuGH – Bakels, 14/70 – Slg. 1970, 1001 ff.; EuGH – (Fn. 39), 1439.
63 EuGH – van den Bergh, 92/74 – Slg. 1975, 599, 603 (Rn. 2).
64 EuGH – Charmasson, 48/74 – Slg. 1974, 1383 ff.; EuGH – Bresciani, 87/75 – Slg. 1976, 129 ff.

UN- und EWG-Mitgliedstaaten rechtsverbindlichen Sanktionsbeschlüsse des UN-Sicherheitsrats auch für die EWG völkerrechtsverbindlich sind und die EWG bei der partiellen Nichtbeachtung des Rhodesienembargos daher völkerrechtswidrig handelte.[65] Auch wenn man im Hinblick auf die eigenständige Völkerrechtspersönlichkeit der EWG nur deren völkergewohnheitsrechtliche Bindung an einzelne Grundsatzbestimmungen der UN-Charta (z. B. im Art. 2) annimmt und eine direkte Völkerrechtsbindung der EWG an Sanktionsbeschlüsse des Sicherheitsrats im Hinblick auf den eindeutig nur an UN-Mitgliedstaaten adressierten Wortlaut der Art. 25, 41, 48 Abs. 2 UN-Charta bezweifelt, sind die EG-Organe zumindest gemeinschaftsrechtlich gemäß Art. 5, 234 EWGV zur Unterstützung der EWG-Staaten bei der Erfüllung ihrer völkerrechtlichen Sanktionspflichten verpflichtet.[66]

4. Unmittelbare Anwendbarkeit gemeinschaftsverbindlichen Völkerrechts

17 Nach der Rechtsprechung des EuGH kann »die Gültigkeit der Handlungen der Organe im Sinne von Art. 177 EWG-Vertrag an einer Bestimmung des Völkerrechts gemessen werden, wenn diese Bestimmung die Gemeinschaft bindet und ein Recht der Gemeinschaftsangehörigen begründet, sich vor Gericht auf sie zu berufen«.[67] Nur gemeinschaftsverbindliches Völkerrecht, dem innergemeinschaftlich grundsätzlich Vorrang gegenüber dem abgeleiteten Gemeinschaftsrecht zukommt (Rechtsgedanke des Art. 228 Abs. 1 Satz 3), kann zu einem Normenkonflikt mit Gemeinschaftsrecht führen. Die innerstaatliche Geltung und die unmittelbare Anwendbarkeit von Völkerrechtsnormen durch Gerichte, Verwaltungsbehörden und Gemeinschaftsorgane setzen zusätzlich einen entsprechenden gemeinschaftsrechtlichen Anwendungsbefehl, die unmittelbare Anwendungsfähigkeit der Völkerrechtsnorm (ausreichende inhaltliche Bestimmtheit, keine gesetzliche Konkretisierungs- und Ausführungsbedürftigkeit) und eine entsprechende Anwendungsbefugnis der Rechtsanwendungsorgane voraus, die durch völkerrechtliche oder gemeinschaftsrechtliche Anwendungsvorbehalte ausdrücklich oder implizit ausgeschlossen sein kann.[68] Der für die innergemeinschaftliche Geltung völkerrechtlicher Normen im Hinblick auf die verfassungs- und europarechtlichen Rechtsstaats- und Demokratieprinzipien erforderliche, gemeinschaftsrechtliche Anwendungsbefehl ist für das gesamte gemeinschaftsverbindliche Völkervertragsrecht dem Art. 228 Abs. 2 EWGV zu entnehmen, der jedoch offenläßt, ob die Völkerrechtsnorm innergemeinschaftlich als Völkerrecht (Vollzugstheorie) oder Gemeinschaftsrecht gilt (Transformationstheorie).[69]

65 So: *Kuypers,* Sanctions against Rhodesia. The EEC and the implementation of general international legal rules, in: CMLR 1975, S. 231 ff. (unter Hinweis auf Art. 48 Abs. 2 UN-Charta); *Jacot-Guillarmod,* a.a.O., S. 190f.

66 Ausführlich hierzu: *Petersmann,* Wirtschaftssanktionen, a.a.O., S. 26ff.

67 EuGH – (Fn. 7), S. 1230.

68 Hierzu: *Zuleeg,* Die innerstaatliche Anwendbarkeit völkerrechtlicher Verträge am Beispiel des GATT und der Europäischen Sozialcharta, in: ZaöRV 1975, S. 341 ff.

69 Vgl. hierzu: *Bleckmann,* Die Position . . . , a.a.O.

Die Frage der unmittelbaren Anwendbarkeit von GATT-Vorschriften hat der EuGH nach »Sinn, Aufbau und Wortlaut« des Gatt geprüft und für Art. XI GATT[70] und Art. II GATT[71] mit einer auch für die übrigen GATT-Bestimmungen gültigen, auf »die große Geschmeidigkeit« der GATT-Vorschriften (z. B. Ausnahmeklauseln, Widerrufbarkeit von GATT-Konzessionen, Konsultations- und flexible Streitbeilegungsverfahren, Reziprozitätsgrundsatz) abstellenden Begründung verneint. Auch die unmittelbare Anwendbarkeit von Bestimmungen des Yaundé-Assoziationsabkommens[72] und des Lomé-Abkommens[73] hat der EuGH anhand der jeweiligen Völkerrechtsnorm geprüft und dabei im letzteren Fall auch den Gesichtspunkt der Gleichbehandlung seitens der anderen Vertragsparteien (völkerrechtlicher Reziprozitätsgrundsatz) berücksichtigt. Für die innergemeinschaftliche Anwendung bezeichnet der EuGH die von der EWG abgeschlossenen Völkerrechtsabkommen als »integrierenden Bestandteil der Europäischen Gemeinschaftsrechtsordnung«[74] und rechnet auch das GATT trotz eines fehlenden Abschlußakts der EWG-Organe innergemeinschaftlich dem Europarecht und nicht mehr den Landesrechtsordnungen zu.[75] Auch das GATT kann daher vom EuGH gemäß Art. 177 ausgelegt und überprüft werden und besitzt im innergemeinschaftlichen Bereich den höheren Rang des Europäischen Gemeinschaftsrechts. Für die Frage der unmittelbaren Anwendbarkeit des GATT ist zu unterscheiden, ob die Verletzung einer GATT-Vorschrift gegenüber einem Drittstaat oder gegenüber staatlichen Maßnahmen der EWG-Mitgliedstaaten in den innergemeinschaftlichen Beziehungen geltend gemacht wird: Die vom EuGH im »International Fruit Company«- und im »Schlüter«-Fall[76] gegen die unmittelbare Anwendbarkeit von GATT-Vorschriften angeführten Gründe bezogen sich auf die Anwendung des GATT in den Außenbeziehungen zu Drittstaaten (= in den flexiblen GATT-Vorschriften zum Ausdruck kommender Vorrang der GATT-Koordinierungs- und Streitbeilegungsverfahren) und entfallen dann, wenn – wie in einem 1981 vom italienischen Kassationsgericht beim EuGH eingeleiteten Vorabentscheidungsverfahren (Rs. 266/81) – die Kläger die GATT-Widrigkeit italienischer Maßnahmen (Hafengebühren in Triest) geltend machen und die innergemeinschaftlich nur subsidiär zum EWGV anwendbaren GATT-Vorschriften insofern eine möglicherweise weitergehende Liberalisierungspflicht enthalten (Art. V Abs. 3: Freiheit von Transitgebühren) als das entsprechende EWG-Recht (hier Art. 12, 16, 34). Da die zwischenstaatlichen GATT-Rechtsschutzverfahren innergemeinschaftlich nicht anwendbar und in Übereinstimmung mit Art. XXIV GATT als durch das Gemeinschaftsrecht abbedungen anzusehen sind, ist in solchen – wegen des innergemeinschaftlichen Vorrangs des Gemeinschaftsrechts gegenüber dem GATT allerdings seltenen – Fällen die unmittelbare

70 EuGH – (Fn. 7).
71 EuGH – (Fn. 38).
72 EuGH – Bresciani (Fn. 64).
73 EuGH – Ratzanatsimba, 65/77 – Slg. 1977, 2229.
74 EuGH – 181/73 – Slg. 1974, 460.
75 Vgl. EuGH – (Fn. 39), Rn. 16.
76 EuGH – (Fn. 7 und 38).

Anwendbarkeit inhaltlich eindeutiger, nicht konkretisierungsbedürftiger und über das EWG-Recht hinausgehender GATT-Vorschriften für die innergemeinschaftlichen Beziehungen grundsätzlich zu bejahen. Die Möglichkeit einer zum EWGV subsidiären und komplementären Anwendung vorgemeinschaftlicher multilateraler Verträge auch zwischen den EWG-Staaten hat der EuGH für das GATT bereits 1962[77] sowie auch für andere Verträge wie das Internationale Pflanzenschutzabkommen von 1951 anerkannt[78] und dürfte wegen der fortdauernden GATT-Vertragsparteistellung der EWG-Staaten wohl auch für die Zeit nach Ablauf der Übergangszeit des Gemeinsamen Marktes zu bejahen sein. Denkbar wäre allerdings auch die sowohl völkerrechtlich mit Art. XXIV GATT als auch gemeinschaftsrechtlich zu rechtfertigende Annahme, daß seit Entstehen der ausschließlichen Gemeinschaftszuständigkeit für die gemeinsame Handelspolitik die GATT-Vorschriften EWG-intern nur noch auf gemeinschaftsrechtlicher Ebene und auch subsidiär nicht mehr in den zwischenstaatlichen Beziehungen zwischen den EWG-Staaten gelten und daher grundsätzlich (wegen des Vorrangs der GATT-Rechtsschutzverfahren in den Außenbeziehungen zu Drittstaaten) nicht unmittelbar anwendbar sind. Die zuletzt genannte Rechtslage besteht bereits bei den 1979 im Rahmen des GATT vereinbarten und nur noch von der EWG ohne zusätzliche Beteiligung der EWG-Staaten abgeschlossenen Handelsabkommen über Antidumping, Subventionen, Zollwertverfahren, Regierungskäufe und Einfuhrlizenzen, deren Bestimmungen nur für die Außenbeziehungen der EWG zu Drittstaaten und auch nicht subsidiär zwischen den EWG-Staaten gelten, sofern die EWG-Durchführungsverordnungen den Anwendungsbereich dieser Abkommen nicht auf den innergemeinschaftlichen Wirtschaftsverkehr ausgedehnt haben. Die 1979 gleichzeitig im GATT vereinbarten Handelsabkommen über technische Handelshemmnisse und über den Handel mit zivilen Luftfahrzeugen wurden demgegenüber wiederum sowohl von der EWG als auch von den EWG-Staaten geschlossen und zeigen, daß ergänzend zum Gemeinschaftsrecht auch GATT-Vereinbarungen zwischen den EWG-Staaten anwendbar sind bzw. sein können.[79]

IV. Analoge Anwendbarkeit des Artikels 234 auf nach 1958 geschlossene Verträge

18 Seinem Wortlaut nach bezieht sich Art. 234 nur auf vor 1958 geschlossene Verträge der Mitgliedstaaten. Im Hinblick auf die stufenweise Entstehung der Gemeinschaftszuständigkeiten ist schon von Wohlfahrt[80] eine erweiternde Anwendung des Art. 234 auch auf nach 1958, jedoch vor Entstehung der Gemeinschaftszuständigkeit geschlossene Verträge der Mitgliedstaaten vorgeschlagen worden. Für diese Ansicht könnte auch das im Art. 234

77 EuGH – (Fn. 3).
78 EuGH – (Fn. 41).
79 Zu den genannten GATT-Handelsabkommen und der EWG-Beteiligung: *Petersmann*, 30 Jahre Allgemeines Zoll- und Handelsabkommen, in: Archiv des Völkerrechts 1980, S. 23ff., 80.
80 So *Wohlfarth* in: *Wohlfarth* u. a., a.a.O., Rn. 5 zu Art. 234.

Abs. 1 enthaltene Bekenntnis zum Völkerrechtsgrundsatz pacta sunt servanda sprechen, da sogar von den EWG-Staaten nach 1958 unter Verstoß gegen Gemeinschaftsrecht geschlossene Völkerrechtsverträge zwar innergemeinschaftlich unwirksam, jedoch völkerrechtlich gegenüber gutgläubigen und mit den komplizierten gemeinschaftsrechtlichen Zuständigkeitsverteilungen nicht vertrauten Drittstaaten wirksam sind (Art. 46 Wiener Vertragsrechtskonferenz analog). Aus gemeinschaftsrechtlicher Sicht ist dennoch zu differenzieren: Trotz der völkerrechtlichen Wirksamkeit von den Mitgliedstaaten nach 1958 (ultra vires) geschlossener Verträge ist ihnen ein gemeinschaftsrechtlicher Vorrang analog Art. 234 nur dann zuzuerkennen, wenn der Erlaß der sekundärrechtlichen Normen und die damit verbundene Entstehung ausschließlicher Gemeinschaftszuständigkeiten auch für den kontrahierenden EWG-Staat objektiv unvorhersehbar war[81], z. B. weil die Kompetenzausübung auf die Lückenfüllungskompetenz des Art. 235 gestützt wurde oder im Ermessen der Gemeinschaftsorgane stand (z. B. bei Art. 84 Abs. 2) und die nationalen Regelungskompetenzen bis zur Inanspruchnahme der Gemeinschaftskompetenzen nicht blockiert wurden. Bei der für die analoge Anwendbarkeit des Art. 234 maßgeblichen ratio legis (z. B. Völkerrechtsgrundsatz pacta sunt servanda) sind jedoch auch die gemeinschaftsrechtlichen Rücksichtnahme- und Koordinierungspflichten der Mitgliedstaaten aus Art. 5, 116 EWGV zu berücksichtigen, die auch bei übergangsweise konkurrierend nebeneinander stehenden Zuständigkeiten der Gemeinschaft und der Mitgliedstaaten im Hinblick auf die »Gefahr einer schrittweisen und – da es sich jeweils um Verpflichtungen gegenüber Drittstaaten handeln würde – unwiderruflichen Desintegration des Gemeinschaftswerks«[82] dazu verpflichten, den weiteren Integrationsfortschritt nicht durch langfristige völkerrechtliche Bindungen gegenüber Drittstaaten zu gefährden und ggfs. die Vereinbarkeit der Abkommen mit künftigem EWG-Recht durch Kündigungs- und »EWG-Klauseln« sicherzustellen. Die schon jetzt mit den ausschließlichen Gemeinschaftszuständigkeiten (z. B. aufgrund von Art. 113) kaum zu vereinbarende Praxis der nationalen Kooperationsverträge mit Drittstaaten zeigt deutlich die Integrationsrisiken einer zu weitgehenden analogen Anwendung des Art. 234 auf nach 1958 geschlossene Verträge der Mitgliedstaaten.

81 So auch *Krück*, a.a.O., S. 136.
82 EuGH – (Fn. 13), Rn. 14.

Artikel 235 [Befugnis zur Zielverwirklichung bei Befugnislücken]

Erscheint ein Tätigwerden der Gemeinschaft erforderlich, um im Rahmen des Gemeinsamen Marktes eines ihrer Ziele zu verwirklichen, und sind in diesem Vertrag die hierfür erforderlichen Befugnisse nicht vorgesehen, so erläßt der Rat einstimmig auf Vorschlag der Kommission und nach Anhörung der Versammlung die geeigneten Vorschriften.

Literaturhinweise

Barav, The Division of external relations power between the European Economic Community and the Member States in the case-law of the Court of Justice, in: *Timmermans, Völker* (Hrsg.), Division of powers between the Communities and their Member States in the field of external relations, Deventer 1981, 29 (37–38)
Behrens, Fritz, Rechtsgrundlagen der Umweltpolitik der Europäischen Gemeinschaften, Berlin 1976, S. 265–297
Béraud, Fondements juridiques du droit de l'environment dans le Traité de Rome, in: RMC 1979, 35
Bernstorff, s. unter *Zweigert*
Bülow, Erich, Die Gutachtentätigkeit des EuGH, in: FS Kutscher, Baden-Baden 1981, S. 55 (74–75)
Close, Harmonisation of laws: use or abuse of the powers under the EEC Treaty?, in: ELR 1978, 461
Dorn, Art. 235 EWGV – Möglichkeiten und Grenzen einer gemeinschaftsrechtlichen Generalklausel, Diss. Hamburg 1982
Ehlermann, Sachkompetenzen und Organverfassung der Gemeinschaft, in: Integration 1971, 162 (zitiert: Sachkompetenzen)
ders., Die Errichtung des Europäischen Fonds für währungspolitische Zusammenarbeit, in: EuR 1973, 193 (zitiert: Währungsfonds)
Everling, Die Koordinierung der Wirtschaftspolitik in der Europäischen Wirtschaftsgemeinschaft als Rechtsproblem, Tübingen 1964 (S. 22–23) (zitiert: Wirtschaftspolitik)
ders., Die allgemeine Ermächtigung der Europäischen Gemeinschaft zur Zielverwirklichung nach Art. 235 EWG-Vertrag, in: *Everling, Schwartz, Tomuschat,* Die Rechtsetzungsbefugnisse der EWG in Generalermächtigungen, insbesondere in Art. 235 EWGV, in: EuR 1976, Sonderheft, S. 2 (zitiert: Art. 235)
Friauf, Die Staatenvertretung in supranationalen Gemeinschaften, Marburg 1960 (S. 88–92)
Fuss, Rechtsstaatliche Bilanz der Europäischen Gemeinschaften, in: FS Küchenhoff, Berlin 1972, S. 781
Gericke, Allgemeine Rechtsetzungsbefugnisse nach Artikel 235 EWG-Vertrag, Hamburg 1970
Goldman, La marque communautaire – règlement de la Communauté ou convention entre Etats membres?, in: RIPIA 1977, 137
Groux, Le parallelisme des compétences internes et externes de la Communauté économique européenne, in: CDE 1978, 3 (20, 24–27)
Hallstein, Die Europäische Gemeinschaft, 5. Aufl., Düsseldorf–Wien 1979 (S. 391)
Hardy, Opinion 1/76 of the Court of Justice: The Rhine Case and the Treaty-Making Powers of the Community, in: CMLR 14 (1977) 561 (592–594)
Hilf, Die abhängige Juristische Person des Europäischen Gemeinschaftsrechts, in: ZaöRV 1976, 551

ders., Die Organisationsstruktur der Europäischen Gemeinschaften, Rechtliche Gestaltungsmöglichkeiten und Grenzen, Berlin, Heidelberg, New York 1982 (zitiert: Organisationsstruktur)
Holch, Entscheidungen im Rahmen auf Art. 100 EWGV gestützter Richtlinien, in: NJW 1968, 1548
Jacot-Guillarmod, Droit communautaire et droit international public, La Chaux-de-Fonds 1979 (S. 5–6, 15–34, 75–83)
Kaiser, Die im Rat vereinigten Vertreter der Regierungen der Mitgliedstaaten, in: FS Ophüls, Karlsruhe 1965, S. 107 (zitiert: Im Rat vereinigte Vertreter)
ders., Grenzen der EG-Zuständigkeit, in: EuR 1980, 97
Kapteyn, VerLoren van Themaat, Introduction to the Law of the European Communities after the Accession of New Member States, London, Deventer, Alphen aan den Rijn 1973 (zitiert: Introduction)
dies., Inleiding tot het recht van de Europese Gemeenschappen, 2. Aufl. Deventer 1974 (zitiert: Inleiding)
Kommission der EG, Denkschrift über die Schaffung einer EWG-Marke vom 6. Juli 1976, BullEG, Beilage 8/76, Nr. 44–47 i. V. m. 8–34 (zitiert: Denkschrift EWG-Marke)
dies., Zuständigkeit der Gemeinschaft zur Schaffung eines europäischen Markensystems und Notwendigkeit ihres Tätigwerdens, Dok. III/D/1294 vom Oktober 1979 = GRUR Int. 1980, 33–43, 96–105 = IIC 1980, 57–87, 174–201 = RIPIA 1979, 339–378 = Rivista di diritto industriale 1980, 162–220 (zitiert: Zuständigkeit der Gemeinschaft)
Kovar, La contribution de la Cour de justice au développement de la condition internationale de la Communauté européenne, in: CDE 1978, 527 (543–546)
Lachmann, Some Danish Reflections on the Use of Article 235 of the Rome Treaty, in: CMLR 18 (1981) 447
ders., Disskussionsbeitrag, in: *Timmermans, Völker* (Hrsg.), Division of powers between the Communities and their Member States in the field of external relations, Deventer 1981, 21–84
Lagrange, L'avenir institutionnel de la Communauté européenne, in: RTDE 1974, 38
Lauwaars, Lawfulness and Legal Force of Community Decisions, Leiden 1973, S. 81–105 (zitiert: Community Decisions)
ders., Art. 235 als Grundlage für die flankierenden Politiken im Rahmen der Wirtschafts- und Währungsunion, in: EuR 1976, 100 (zitiert: Art. 235)
ders., Auxiliary Organs and Agencies in the E. E. C., in: CMLR 16 (1979) 365 (zitiert: Auxiliary Organs)
ders., Art. 235 EEG als grondslag voor de schepping van een Europees merkenrecht, in: SEW 1981, 533 (zitiert: Europees merkenrecht)
Lesguillons, L'extension des compétences de la C. E. E. par l'article 235 du traité de Rome, in: AFDI 1974, 886
Louis, Les règlements de la Communauté économique européenne, Bruxelles 1969 (zitiert: Règlements)
ders., Le Fonds européen de coopération monétaire, in: CDE 1973, 255 (zitiert: Fonds monétaire)
ders., Die Rechtsordnung der Europäischen Gemeinschaften, Brüssel, Luxemburg 1980, S. 37–38, 68, 123 (zitiert: Rechtsordnung)
Maas, The Powers of the European Community and the Achievement of the Economic and Monetary Union, in: CMLR 9 (1972) 2
Marenco, Les conditions d'application de l'article 235 du Traité CEE, in: RMC 1970, 147
ders., Bases juridiques communautaires de l'aide alimentaire aux pays en voie de développement, in: CDE 1974, 623 (646–647) (zitiert: Aide alimentaire)
Meier, Gert, Die Mitwirkung der Bundesregierung bei der Gesetzgebung des Rates der Europäischen Gemeinschaften, in: NJW 1971, 961 (962–963)
Melchior, La politique régionale de la Communauté: aspects juridiques, in: L'Europe et ses régions, Colloque, Liège, La Haye 1975, S. 42 (35–41, 51, 105)
Mitzka, Möglichkeiten und Grenzen des Artikels 235 EWG-Vertrag, in: ZfZ 1972, 357

Morand, La législation dans les Communautés européennes, Paris 1968 (S. 262–271)
Nicolaysen, Zur Theorie von den Implied Powers in den Europäischen Gemeinschaften, in: EuR 1966, 129 (zitiert: Implied Powers)
ders., Europäisches Gemeinschaftsrecht, Stuttgart, Berlin, Köln, Mainz 1979, S. 45–48 (zitiert: Gemeinschaftsrecht)
Oldekop, Die Richtlinien der Europäischen Wirtschaftsgemeinschaft, in: JböR 21 (1972) 55 (69–71)
Olmi, La place de l'article 235 CEE dans le système des attributions de compétence à la Communauté, in: Mélanges (FS) Fernand Dehousse, Paris, Bruxelles 1979, Bd. 2, S. 279
Oppermann, Währungsunion und EWG-Vertragsrevision, in: EuR 1971, 130
Peeters, L'article 235 du Traité C.E.E. et les relations extérieures de la C.E.E., in: RMC 1973, 141
Pescatore, Les répartitions de compétences entre la Communauté et ses Etats membres, in: La Communauté et ses Etats membres, Colloque, Liège, La Haye 1973, S. 61 (68–71)
ders., L'ordre juridique des Communautés européennes, Etude des sources du droit communautaire, 2. Aufl. Liège 1973 (S. 135–138) (zitiert: L'ordre juridique)
Prelle, Les voies et moyens de droit offerts par les traités de Rome et de Paris en vue d'une politique scientifique et technologique de la Communauté, in: RMC 1972, 399 (401–403)
Priebe, Entscheidungsbefugnisse vertragsfremder Einrichtungen im Europäischen Gemeinschaftsrecht, Baden-Baden 1979
Rabe, Das Verordnungsrecht der Europäischen Wirtschaftsgemeinschaft, Hamburg 1963 (S. 72, 151–161)
Rambow, Möglichkeiten und Grenzen der Verbraucherpolitik im Gemeinsamen Markt, in: EuR 1981, 240
Riegel, Für eine umfassende Kompetenz der Gemeinschaftsorgane auf dem Gebiet des Umweltschutzrechtes, in: EuR 1977, 74
Schepers, The Legal Force of the Preamble of the EEC Treaty, in: ELR 1981, 356
Scheuner, Verfassungsprobleme der Wirtschafts- und Währungsunion, in: Integration 1971, 145
Schmitt von Sydow, Die Verwaltungs- und Regelungsausschußverfahren der Europäischen Wirtschaftsgemeinschaft, Heule, Brüssel, Namur 1973, S. 197–205
Schumacher, Detlef, Die Ausfüllung von Kompetenzlücken im Verfassungsrecht der Europäischen Gemeinschaften, in: AWD BB 1970, 539
Schwartz, Zur Politik der Europäischen Kommission im Hinblick auf eine Europa-Marke, in: GRUR Int. 1975, 71 (72–73) (zitiert: Europa-Marke)
ders., EG-Rechtsetzungsbefugnisse, insbesondere nach Artikel 235 – ausschließlich oder konkurrierend?, in: *Everling, Schwartz, Tomuschat,* Die Rechtsetzungsbefugnisse der EWG in Generalermächtigungen, insbesondere in Art. 235 EWGV, in: EuR 1976, Sonderheft, S. 27 (zitiert: Art. 235) = RMC 1976, 280 (in französisch) = ICLQ 27 (1978) 614 (in englisch)
ders., La marque communautaire – règlement de la Communauté ou convention entre Etats membres? in: RIPIA 1977, 129 (zitiert: La marque)
Seidel, Das Europäische Währungssystem – Rechtliche Grundlage und Ausgestaltung –, in: EuR 1979, 13 (zitiert: Währungssystem)
ders., Ziele und Ausmaß der Rechtsangleichung in der EWG – Zur britischen Auffassung –, in: EuR 1979, 171 (zitiert: Rechtsangleichung)
ders., Institutionelle und rechtliche Probleme des Europäischen Währungssystems (EWS), in: Integration 1981, 67 (zitiert: EWS)
Sørensen, Det europaeiske økonomiske Faellesskab og Danmarks grundlov, in: Juristen 1963, 57 (74–77)
Timmermans, Het Verdrag van 29 februari 1968 inzake de onderlinge erkenning van vennootschappen en rechtspersonen, Enkele europeesrechtelijke kanttekeningen, in: Mededelingen van de Nederlandse Vereniging voor Internationaal Recht No. 81 april 1980, 33 (55–57) (zitiert: Anerkennungsübereinkommen)

ders., Division of external powers between Community and Member States in the field of harmonization of national law – A case study, in: *Timmermans, Völker* (Herausgeber), Division of powers between the Communities and their Member States in the field of external relations, Deventer 1981, S. 15

Tomuschat, Die Rechtsetzungsbefugnisse der EWG in Generalermächtigungen, insbesondere in Art. 235 EWGV, in: *Everling, Schwartz, Tomuschat,* gleicher Titel, in: EuR 1976, Sonderheft, S. 45

VerLoren van Themaat, s. unter *Kapteyn*

von Donnersmarck, Graf Henckel, Planimmanente Krisensteuerung in der Europäischen Wirtschaftsgemeinschaft, Frankfurt (Main), Berlin 1971

von Meibom, Lückenfüllung bei den Europäischen Gemeinschaftsverträgen, in: NJW 1966, 2165

Vygen, Ergänzung des EWG-Vertrages im Hinblick auf eine europäische Umweltpolitik, in: ZRP 1974, 58

Wagner, Heinz, Grundbegriffe des Beschlußrechts der Europäischen Gemeinschaften, Köln 1965 (S. 224–242)

Weis, Hubert, Anmerkung zum Gutachten 1/76 des EuGH, in: EuR 1977, 278 (zitiert: Urteilsanmerkung)

ders., Außervertragliche Institutionen der Gemeinschaft – Das Europäische Markenamt als Beispiel –, in: EuR 1980, 273 (zitiert: Markenamt)

Zuleeg, Les répartitions de compétences entre la Communauté et ses Etats membres, in: La Communauté et ses Etats membres, Colloque, Liège, La Haye 1973, S. 23

Zweigert, Bernstorff, Methodische und gemeinschaftsverfassungsrechtliche Probleme des Verordnungsentwurfs über das Statut für europäische Aktiengesellschaften, in: Miscellanea (FS) Ganshof van der Meersch, Bruxelles, Paris 1972, Bd. 2, S. 615

Der Inhalt bestimmter Gemeinschaftspolitiken, die im EWG-Vertrag nicht näher behandelt und die weitgehend auf Art. 235 EWGV gestützt sind (z. B. die Regionalpolitik), ist im Anhang C dieses Kommentars erläutert.

Inhaltsübersicht

I. Anwendungsbereich: Praxis des Rates

1 Art. 235 trägt der Tatsache Rechnung, daß die zur Erreichung der weitreichenden Ziele des EWG-Vertrages notwendigen Maßnahmen bei Vertragsschluß nur zum Teil im voraus übersehen und geregelt werden konnten. Er eröffnet der Gemeinschaft die Möglichkeit, die Vertragsziele auch dort zu verwirklichen, wo der Vertrag die hierfür erforderlichen Ermächtigungen der Organe zum Handeln nicht enthält oder wo sie hierfür nicht ausreichen. Indem Art. 235 diese Befugnis-Lücken schließt, erhält er die Gemeinschaft handlungsfähig und ermöglicht ihre Weiterentwicklung ohne ständige Vertragsergänzungen.

Eine mit Art. 235 bis auf das Merkmal »im Rahmen des Gemeinsamen Marktes« übereinstimmende Regelung enthält Art. 203 EAGV. Von ihrem Vorläufer, Art. 95 Abs. 1 EGKSV, weichen beide Bestimmungen in mehrfacher Hinsicht ab.

2 Bis zum 30. 6. 1982 hat der Rat 274 auf Art. 235 gestützte Rechtsakte erlassen, davon 135 auf Art. 235 allein sowie 139 auf andere Artikel *und* Art. 235. Von den 274 Rechtsakten sind 138 Verordnungen, 40 Richtlinien, 11 Entscheidungen, 83 Beschlüsse und 2 Empfehlungen. Von den 135 auf Art. 235 *allein* gestützten Rechtsakten sind 47 Verordnungen, 7 Richtlinien, 7 Entscheidungen, 72 Beschlüsse und 2 Empfehlungen. Von den 139 auf andere Artikel *und* Art. 235 gestützten Rechtsakten sind 91 Verordnungen, 33 Richtlinien, 4 Entscheidungen, 11 Beschlüsse.

Der Rat hat Art. 235 namentlich in folgenden Bereichen angewandt: *Zollrecht, Außenhandelsrecht* (einschließlich Kooperations- und sonstiger Abkommen mit dritten Ländern und internationalen Organisationen); Recht der *Entwicklungshilfe:* Errichtung einer Europäischen Agentur für finanzielle und technische Zusammenarbeit zwischen der Gemeinschaft und den Entwicklungsländern, Nahrungsmittelhilfe, finanzielle und technische Hilfe; *Flüchtlingshilfe* für Drittländer; *Agrarrecht* (einschließlich der Schaffung einer gemeinsamen Politik im Sektor Fischerei); *Energierecht; Recht der Beihilfen:* Errichtung eines Europäischen Regionalfonds, Subventionen aus Mitteln der Gemeinschaft für einzelne Wirtschaftszweige (z. B. für die Umstellung der Chemiefaserindustrie), Subventionen zur Förderung der Forschung, Entwicklung und Technologie in verschiedenen Sektoren (z. B. Kohlenwasserstoffe, Datenverarbeitung, Information und Dokumentation, Medizin, öffentliche Gesundheit), Subventionen zur Beseitigung von Schäden durch Erdbeben; *Forschungsprogramme und -projekte* in verschiedenen Sektoren; Schaffung europäischer *Informations- und Dokumentationsnetze; Währungsrecht:* Errichtung eines Europäischen Währungsfonds, Schaffung und Verwaltung des ECU, Aufnahme und Vergabe von Gemeinschaftsanleihen an Mitgliedstaaten zur Förderung der Währungsstabilität, Aufnahme und Vergabe von Gemeinschaftsanleihen an Private zur Förderung von Investitionen; *Abgaben-, Finanz- und Haushaltsrecht:* vorzeitige Erhöhung bestehender Abgaben hinsichtlich aller Zölle, die unter den Sätzen des gemeinsamen Zolltarifs lagen (näher *Ehring* in der 2. Auflage, S. 756), Korrekturmechanismus für die Finanzbeiträge der Mitgliedstaaten, entlastende Maßnahmen zugunsten einzelner Mitgliedstaaten, Beiträge aus dem allgemeinen Haushalt der Gemeinschaften an die EGKS zur Finanzierung von Anpassungsbeihilfen zugunsten der Arbeitnehmer der Stahlindustrie; Recht der *Berufsausbildung und der Berufsausübung*, Schaffung des Europäischen Zentrums für die Förderung der Berufsbildung, Recht der *Anerkennung von Diplomen; Gleichberechtigung* von Mann und Frau hinsichtlich des Berufszugangs, der Ausbildung, der Berufsförderung und der Sozialversicherung; Schaffung der Europäischen Stiftung zur Verbesserung der Lebens- und Arbeitsbedingungen; Austausch von Arbeitskräften; *Aufenthaltsrecht* für nicht erwerbstätige Angehörige der Mitgliedstaaten in den anderen Mitgliedstaaten; *Verbleiberecht* in einem anderen Mitgliedstaat nach Beendigung einer dort ausgeübten selbständigen Tätigkeit; Recht des *Umweltschutzes* (einschließlich Natur-, Wild- und Vogelschutz); Recht des *Verbraucherschutzes; Fristen, Daten und Termine* im Gemeinschaftsrecht.

II. Ablauf des Verfahrens

3 Wer prüft und entscheidet, ob die Merkmale des Art. 235 vorliegen? Der Gerichtshof hat aus dem Wortlaut der Vorschrift gefolgert:[1] »Die Befugnis zum Erlaß der in diesem Artikel vorgesehenen Vorschriften steht nicht der Gesamtheit der Mitgliedstaaten, sondern dem Rat als Organ der Gemeinschaft zu. Der Rat entscheidet nach Artikel 235 auf Vorschlag der Kommission und nach Anhörung der Versammlung.«

4 Entsprechend dem Verfahrensablauf Vorschlag – Anhörung – Erlaß von Vorschriften ist es also zunächst die Kommission, welche die Inititative zu ergreifen und in eigener Zuständigkeit und Verantwortung zu prüfen hat, ob die Merkmale des Art. 235 vorliegen. Sie allein ist befugt, einen Vorschlag zu machen oder nicht zu machen.

1. Verneinung der Zuständigkeit der Gemeinschaft

5 Verneint die Kommission die Anwendbarkeit des Art. 235, teilt der Rat jedoch ihre Auffassung nicht, kann er die Kommission auffordern, die nach seiner Ansicht zur Verwirklichung der gemeinsamen Ziele geeigneten Untersuchungen vorzunehmen und ihm entsprechende Vorschläge zu unterbreiten (Art. 152). Tut der Rat dies nicht, sind also die beiden für die Anwendung des Art. 235 in erster Linie zuständigen Organe einer Meinung, ist die »Gesamtheit der Mitgliedstaaten« frei, diejenigen Maßnahmen durch ihre Regierungen zu vereinbaren oder zu beschließen, welche ihnen zur Förderung von Zielen der Gemeinschaft nützlich erscheinen (unterstellt ist hierbei, daß auch keine andere Handlungsermächtigung des EWG-Vertrages zum Zuge kommt). In diesem Falle besteht keine – oder angesichts des Standes der Integration noch keine – Zuständigkeit der Gemeinschaft und ihrer Organe. Die Mitgliedstaaten sind aber bei ihren Verhand-

1 EuGH – Kommission/Italien, 38/69 – Slg. 1970, 47 (57 Rn. 10/11).

lungen, Beschlüssen oder Übereinkommen untereinander aufgrund ihrer Verpflichtung aus Art. 5 Abs. 2 gehalten, nur Regelungen zu treffen, welche der Verwirklichung der Ziele des Vertrages förderlich sind.

2. Bejahung der Zuständigkeit der Gemeinschaft

6 Bejaht die Kommission die Erforderlichkeit eines Tätigwerdens der Gemeinschaft sowie die übrigen Merkmale des Art. 235, läuft das Rechtsetzungsverfahren der Gemeinschaft ab. Die Kommission macht von ihrem Vorschlagsrecht an den Rat Gebrauch. Der Vorschlag muß sodann durch das Europäische Parlament und – im Falle seiner fakultativen Anhörung (Art. 198 Abs. 1) – durch den Wirtschafts- und Sozialausschuß geprüft werden. Vor allem das Parlament untersucht auch die Rechtsgrundlage des Vorschlags und äußert sich dazu in seiner förmlichen Entschließung. Erst dann prüft der Rat die Anwendbarkeit des Art. 235 und beschließt darüber.

7 Bejaht sie der Rat, bestätigt er damit, daß die Gemeinschaft und ihre Organe zuständig sind. Verneint er sie, ohne daß Kommission und Parlament sich ihm anschließen, oder unterläßt er es, einen Beschluß zu fassen, kann allein der Gerichtshof verbindlich darüber entscheiden, ob die Gemeinschaft und ihre Organe zuständig sind oder nicht (Art. 173, 175.[2]

3. Spätere Bejahung der Zuständigkeit der Gemeinschaft

8 Stellt sich später heraus – sei es vor oder nach dem Abschluß eines Übereinkommens –, daß anders als früher angesichts der fortschreitenden Integration *nunmehr* ein Tätigwerden der Gemeinschaft erforderlich erscheint, um eines ihrer Ziele zu verwirklichen, bleibt es Kommission, Parlament und Rat als den für die Beurteilung dieser Frage nach Art. 235 und 4 allein zuständigen Organen der Gemeinschaft unbenommen, auf die bisher nicht in Betracht kommende, früher vielleicht sogar verneinte Anwendung von Art. 235 zurückzukommen und die ihnen in Art. 235 zugewiesenen Befugnisse wahrzunehmen.

9 In einem solchen Fall müssen laufende Verhandlungen der Regierungen »im Rahmen« des Rates oder in einer Staatenkonferenz überführt werden in das übliche, auch im Falle des Art. 235 vorgeschriebene Verfahren der Gemeinschaft: förmlicher Vorschlag der Kommission, Anhörung des Europäischen Parlaments, Beschluß des Rates.

Die Praxis entspricht der dargelegten Rechtslage: die früher unter den Regierungen in Vorbereitung befindlichen Übereinkommensentwürfe über die europäische Handelsgesellschaft sowie über die europäische Marke wurden durch Verordnungsvorschläge der

2 *Goldman,* La marque, a.a.O., 140 bezweifelt, daß die Unterlassung einer Beschlußfassung über einen Vorschlag der Kommission nach Art. 235 als die Ausübung einer Rechtsetzungsbefugnis unter Art. 175 fällt.

Kommission nach Art. 235 ersetzt, die seitdem von den Organen der Gemeinschaft behandelt werden (näher *Schwartz* zu Art. 220 Rn. 162, 165).

10 Auch wenn ein Übereinkommen unter den Mitgliedstaaten bereits unterzeichnet, ratifiziert und in Kraft getreten ist, kann es (ganz oder teilweise) durch einen auf Art. 235 gestützten Rechtsakt ersetzt und obsolet werden. Demgemäß wurde das Übereinkommen von Neapel »über gegenseitige Unterstützung der Zollverwaltungen« der Mitgliedstaaten vom 7. 9. 1967, in Kraft getreten in den einzelnen Staaten zwischen 1970 und 1974, [3] weitgehend durch eine insoweit auf Art. 235 gestützte Verordnung vom 19. 5. 1981 ersetzt.[4] Siehe auch Rn. 217.

III. Reihenfolge der Prüfung der Tatbestandsmerkmale

11 Wie läßt sich am einfachsten feststellen, ob Art. 235 anwendbar ist? Der subsidiäre Charakter der Vorschrift und der Zusammenhang zwischen den drei einschränkenden Bedingungen ihrer Anwendbarkeit führen dazu, ihre Merkmale in umgekehrter Reihenfolge zu prüfen als sie im Text des Artikels angeordnet sind:

1. Enthält der Vertrag die erforderlichen Befugnisse in anderen Vorschriften?
2. Wenn nein, ist das angestrebte Ziel ein Ziel der Gemeinschaft?
3. Wenn ja, läßt es sich im Rahmen des Gemeinsamen Marktes verwirklichen?
4. Wenn ja, ist für die Verwirklichung des Zieles ein Tätigwerden der Gemeinschaft erforderlich?

12 Diese Reihenfolge zwingt nicht nur dazu, zuerst sorgfältig zu prüfen, ob nicht eine andere, speziellere Vorschrift Anwendung beansprucht und ausreicht, um das angestrebte Ziel zu verwirklichen. Sie zwingt vor allem auch dazu, in jedem einzelnen Fall gleich zu Beginn das angestrebte Ziel mit dem nach dem EWG-Vertrag anzustrebenden konkreten Ziel zu konfrontieren. Denn letzteres ist in der Regel in jener spezielleren, Befugnisse zuweisenden Vorschrift bezeichnet oder doch in den ihr unmittelbar vorangestellten Zielbestimmungen fixiert. Auf diese Weise dürfte die nicht selten eingetretene Gefahr geringer werden, daß eigene, vom Vertrag unabhängige Zielvorstellungen vorschnell unter das eine oder andere *allgemeine* Ziel der Gemeinschaft subsumiert werden und Art. 235 sozusagen direkt ins Spiel gebracht wird, also ohne Respektierung des mehrstufigen Ziel- und Befugnissystems des Vertrages.

3 BGBl. 1969 II S. 66.

4 Verordnung (EWG) Nr. 1468/81 »betreffend die gegenseitige Unterstützung der Verwaltungsbehörden der Mitgliedstaaten und die Zusammenarbeit dieser Behörden mit der Kommission, um die ordnungsgemäße Anwendung der Zoll- und der Agrarregelung zu gewährleisten«, ABl. Nr. L 144 vom 2. 6. 81, S. 1. Über das Verhältnis dieser Verordnung zum Übereinkommen von Neapel näher *Christiansen* in: *Bail, Schädel, Hutter,* Kommentar zum Zollrecht der BRD und der EG, 7. Erg.-Lfg. 9/81 Bonn 1981, Teil F X, Anm. 1–8 und 12 zur VO gegenseitige Unterstützung.

IV. Fehlen der erforderlichen Befugnisse im Vertrag

13 Der Vorschlag geeigneter Vorschriften durch die Kommission und ihr Erlaß durch den Rat zur Verwirklichung eines Zieles der Gemeinschaft sind nach Art. 235 nur zulässig, wenn im EWG-Vertrag die hierfür erforderlichen Befugnisse nicht vorgesehen sind. Der Gerichtshof hat dieses Merkmal wie folgt ausgelegt:[5] »Artikel 235 ist eine *ergänzende* Bestimmung und nur anwendbar, wenn die zur *Verwirklichung der Ziele,* denen er dienen soll, erforderlichen Befugnisse im Vertrag nicht vorgesehen sind. Durch ordnungsgemäße *Ausübung vom Vertrag verliehener Befugnisse* kann er daher *nicht verletzt* werden.« Der Gerichtshof hat hiermit Art. 235 in viererlei Hinsicht präzisiert:

14 Erstens ergänzt er andere befugniszuweisende Vorschriften des Vertrages. Soweit letztere reichen, tritt Art. 235 zurück. Er gilt subsidiär.[6]

15 Zweitens bezieht sich das Wort »hierfür« auf den vorhergehenden Halbsatz »um im Rahmen des Gemeinsamen Marktes eines ihrer [der Gemeinschaft] Ziele zu verwirklichen«, also nicht auf den einleitenden Halbsatz »Erscheint ein Tätigwerden der Gemeinschaft erforderlich«.[7]

16 Drittens sind unter »Befugnisse« vom Vertrag verliehene Befugnisse zu verstehen, also nicht auch Befugnisse, die unabhängig vom EWG-Vertrag bestehen.

17 Viertens kann Art. 235 durch Ausübung nicht vom Vertrag verliehener Befugnisse verletzt werden.

1. Ausdrücklich vorgesehene Befugnisse

18 Genügt es für die Anwendbarkeit des Art. 235, daß der EWG-Vertrag in seinen übrigen Bestimmungen keine Befugnisse der *Organe der Gemeinschaft* vorsieht? Oder verlangt die Vorschrift außerdem, daß der Vertrag nicht auf Befugnisse der *Mitgliedstaaten* verweist? Mit anderen Worten: Ist Art. 235 unanwendbar, soweit die Mitgliedstaaten nach dem Vertrag Befugnisse behalten haben, um ein Ziel der Gemeinschaft zu verwirklichen?

»In diesem Vertrag . . . vorgesehen«, wie Art. 235 sagt, »vom Vertrag verliehen«, wie der Gerichtshof den Begriff versteht, können nur Befugnisse sein, die der Vertrag Organen der Gemeinschaft zugewiesen hat. Gebote, die der Vertrag an die Mitgliedstaaten richtet, um sie einzeln oder gemeinsam zum Handeln zu verpflichten, sind ober begründen keine

5 EuGH – Internationale Credietverenigung, 73 und 74/63 – Slg. 1964, 3 (29), Hervorhebungen vom Verf.

6 H. M., z. B. *Everling,* Art. 235, a. a. O., 13; *Ipsen,* a. a. O. (Allg. Literaturverzeichnis), § 20/42, S. 435.

7 A. M. *Marenco,* a.a.O., 151–154. Die englische Fassung des Art. 235 enthält kein dem »hierfür« entsprechendes Wort. Nach *Lesguillons,* a.a.O., 899 bezieht sich »hierfür« auf beide oben zitierten Merkmale.

Befugnisse, die sie nicht schon hätten, sondern lediglich Pflichten, ihnen von jeher zustehende Befugnisse in bestimmter Weise auszuüben. Solche Befugnisse sind deshalb nicht vom Vertrag vorgesehen, verliehen, zugewiesen. Die entsprechend diesen vertraglichen Geboten von den Regierungen der Mitgliedstaaten auszuübenden Befugnisse sind vielmehr Teil der ihnen originär zustehenden und verbliebenen, weil nicht durch den Vertrag Organen der Gemeinschaft zugewiesenen Befugnisse. Die Mitgliedstaaten besitzen nicht wie die Organe der Gemeinschaft bestimmte hinsichtlich Inhalt, Zweck und Verfahren festgelegte Befugnisse, sondern allgemeine und unbegrenzte staatliche Hoheitsgewalt, die schon vor dem Vertrage bestand und weiter ausgeübt werden kann, soweit nicht einzelne Befugnisse durch den Vertrag Organen der Gemeinschaft zugewiesen worden sind.

19 Auch da, wo der Vertrag den Mitgliedstaaten ausdrücklich Befugnisse beläßt, handelt es sich also um Vertragsbestimmungen, die keine konstitutiven Wirkungen haben, sondern nur der Klarstellung und der Abgrenzung der von den Mitgliedstaaten im Vertrage übernommenen Verpflichtungen und der den Organen der Gemeinschaft eingeräumten Befugnisse dienen.

20 Zwischen den Befugnissen, die eine Vertragsbestimmung den Mitgliedstaaten beläßt, und den im Vertrage nicht erwähnten Befugnissen der Mitgliedstaaten besteht kein Unterschied, weil alle Befugnisse der Mitgliedstaaten Ausfluß ihrer staatlichen Hoheitsgewalt sind, schon vor dem Vertrage bestanden haben und weiter ausgeübt werden können, soweit sie nicht durch den Vertrag Organen der Gemeinschaft zugewiesen worden sind. Dies läßt eine Auslegung sinnlos erscheinen, nach der ausreichende mitgliedstaatliche Befugnisse die Anwendung des Art. 235 nur unter der Voraussetzung ausschließen, daß der Vertrag sie »vorsieht«, nicht aber in allen anderen Fällen. Der Auslegung, welche die Anwendung des Art. 235 auch dann ausschließt, wenn Befugnisse der Mitgliedstaaten, die nicht im Vertrage »vorgesehen« sind, zur Verwirklichung des in Frage stehenden Ziels der Gemeinschaft ausreichen, steht aber der klare Wortlaut des Art. 235 entgegen.

21 Aus diesen Gründen können unter »Befugnissen« im Sinne des Art. 235 nur *Befugnisse der Organe der Gemeinschaft* verstanden werden. Befugnisse, die der Vertrag den Mitgliedstaaten beläßt, stehen deshalb der Anwendung des Art. 235 nicht entgegen.[8]

22 Auch die Auslegung, daß Art. 235 Lücken des Vertrages schließen soll und deshalb in Ermangelung einer Lücke unanwendbar ist, soweit der Vertrag einen Gegenstand regelt, indem er ein Tätigwerden der Mitgliedstaaten vorsieht, findet im Wortlaut des Art. 235 keine Grundlage. Danach schließt die Vorschrift gerade nicht Vertragslücken, sondern Befugnislücken der Organe der Gemeinschaft bei der Verwirklichung von solchen Zielen,

8 Ebenso im Ergebnis *Marenco,* a.a.O., 153; *Ipsen,* a.a.O., § 20/40, S. 434; *Zweigert, Bernstorff,* a.a.O., 650–653; *Bleckmann,* a.a.O. (Allg. Literaturverzeichnis, in diesem Beitrag nach der 1. Auflage 1976 zitiert), S. 113; *Olmi,* a.a.O., 290.

die der Vertrag ausdrücklich zu Zielen und damit Aufgaben der *Gemeinschaft* erhoben hat. Auch soweit der Vertrag hier ein Tätigwerden der Mitgliedstaaten vorsieht, bleibt deshalb Art. 235 anwendbar.

Dabei kommt es nicht darauf an, welcher Art das im Vertrage vorgesehene Tätigwerden der Mitgliedstaaten ist. Es ist also unerheblich, ob es freiwillig ist wie in Art. 15, 24 oder 35, oder ob der Vertrag die Mitgliedstaaten dazu verpflichtet, sei es einzeln wie in Art. 27 oder gemeinsam durch vereinbartes Vorgehen wie in Art. 20 oder 220.

23 Aus allen diesen Gründen trifft es nicht zu, Art. 235 sei in denjenigen Fällen unanwendbar, in denen der Vertrag keine Rechtsetzungsbefugnisse der Gemeinschaft vorsieht, wohl aber eine Tätigkeit der Mitgliedstaaten zur Verwirklichung des konkreten Vertragsziels.[9] »Denn dies besagt nicht mehr, als daß die Gemeinschaft unter Berufung auf die [betreffende] Einzelbestimmung ... keine verbindlichen Regelungen treffen kann, daß also im Sinne des Art. 235 EWGV im Vertrag keine Befugnisse der Gemeinschaft zum Erlaß solcher Vorschriften auf diesem Gebiet vorgesehen sind; dem Erlaß weitergehender Vorschriften auf der Grundlage des Art. 235 EWGV steht damit nichts entgegen.«[10]

24 Daß für die Ausführung der in Art. 220 aufgezählten Vorhaben zwischen Übereinkommen der Mitgliedstaaten und der Anwendung des Art. 235 die Wahl besteht, hat die Kommission in ihrer Antwort auf die Schriftliche Anfrage Nr. 124/73 zum Ausdruck gebracht.[11] Hierüber näher *Schwartz* zu Art. 220 Rn. 58 bis 59, ferner Rn. 5 bis 8 zur Natur der Vertragsschließungsbefugnis, deren Ausübung Art. 220 gebietet.

25 Aus den angeführten Gründen steht es der Vereinheitlichung des Zollrechts in der Gemeinschaft durch Ratsbeschlüsse gemäß Art. 235 nicht entgegen, daß nach Art. 27 die Mitgliedstaaten das Zollrecht vor Ende der ersten Stufe der Übergangszeit anzugleichen hatten.

Aus den gleichen Gründen hinderte die in Art. 104 und 107 anerkannte Zuständigkeit der Mitgliedstaaten für die Währungspolitik nicht daran, durch Ratsbeschluß gemäß Art. 235 den Europäischen Währungsfonds zu gründen und ihm währungspolitische Befugnisse einzuräumen.

Ebensowenig ist eine Anwendung des Art. 235 zur Koordinierung der Wirtschaftspolitik deshalb ausgeschlossen, weil Art. 6 und 105 die Mitgliedstaaten zu dieser Koordinierung verpflichten.

9 So *Rabe,* a.a.O., 154 ohne Begründung unter Hinweis auf Art. 104–107, 117–120; ähnlich *Morand,* a.a.O., 83; *Dorn,* a.a.O., 230–231.

10 *Gericke,* a.a.O., 69 in bezug auf Art. 105; im Ergebnis auch *Nicolaysen,* Implied Powers, a.a.O., 133 in bezug auf Art. 105.

11 ABl. Nr. C 89 vom 25. 10. 1973, S. 13.

2. Ungeschrieben vorgesehene Befugnisse (Implied Powers)

26 Dem Wortlaut »sind in diesem Vertrag die hierfür [d. h. um ein Ziel der Gemeinschaft zu verwirklichen] erforderlichen Befugnisse nicht vorgesehen« sowie der Tatsache, daß Art. 235 zur Schließung solcher Lücken ein besonderes Verfahren vorsieht, ist zu entnehmen, daß der Vertrag die den Organen der Gemeinschaft eingeräumten Befugnisse *erschöpfend aufzählt.*

Die Tatsache, daß die Verfasser des Vertrages ein besonderes Verfahren vorgesehen haben, um gegebenenfalls Lücken der den Organen der Gemeinschaft eingeräumten Befugnisse zu schließen, spricht gegen eine extensive Interpretation dieser Befugnisse. Insbesondere ist eine *analoge Anwendung* der Bestimmungen, welche den Rat oder die Kommission zu Verordnungen, Richtlinien oder Entscheidungen ermächtigen, nicht zulässig.

27 Dagegen kann aus Art. 235 nicht abgeleitet werden, daß die Auslegungsregel von den *implied powers* im Rahmen des EWG-Vertrages keine Anwendung findet.[12] Im Urteil des Gerichtshofes in der Rechtssache Nr. 8/55 vom 16. 7. 1956 heißt es[13]: »Der Gerichtshof hält, ohne sich dabei an eine extensive Auslegung zu begeben, die Anwendung einer sowohl im Völkerrecht als auch im innerstaatlichen Recht allgemein anerkannten Auslegungsregel für zulässig, wonach die Vorschriften eines völkerrechtlichen Vertrages oder eines Gesetzes zugleich diejenigen Vorschriften beinhalten, bei deren Fehlen sie sinnlos wären oder nicht in vernünftiger und zweckmäßiger Weise zur Anwendung gelangen könnten.« Zu dieser Auslegung hat sich der Gerichtshof bei der Anwendung des EGKS-Vertrages bekannt, obwohl dieser Vertrag in Art. 95 eine dem Art. 235 entsprechende Bestimmung enthält. Wären die Vertragschließenden gewillt gewesen, diese Auslegung für den EWG-Vertrag auszuschließen, dann hätten sie dies in Art. 235 oder an anderer Stelle zum Ausdruck bringen müssen, weil dieser Artikel von Art. 95 des EGKS-Vertrages ausgehend formuliert worden ist und der Gerichtshof das vorerwähnte Urteil vor Abschluß der Vertragsverhandlungen erlassen hat. Seine Anerkennung von implied powers im EGKS-Vertrag hat der Gerichtshof in zwei Urteilen vom 15. 7. 1960 bestätigt.[14]

12 Ebenso *Ferrari Bravo* und *Giardina* in: *Quadri* u.a., a.a.O. (Allg. Literaturverzeichnis), 1701 f., 1705; *Nicolaysen,* Implied Powers, a.a.O.; *Gericke,* a.a.O., 110–116; *Ipsen,* a.a.O., § 20/43–46, S. 436–437; *Marenco,* a.a.O., 154; GA *Trabucchi,* Schlußanträge zu Rs. 8/73 – EuGH 27. 6. 1973, Slg. 1973, 910 (913); *Lauwaars,* Community Decisions, a.a.O., 98–102; *Lesguillons,* a.a.O., 904; *Olmi,* a.a.O., 280–282 unter Berücksichtigung der neueren Rechtsprechung in den Rechtssachen AETR und Kramer sowie in der Stellungnahme 1/76 zum »effet utile«. Olmi führt eine Reihe von Beispielen für implied powers im EWG-Vertrag an. A. M. vor allem *Rabe,* a.a.O., 147 ff., 151 f., 155 ff. und ein Teil des sonstigen frühen Schrifttums, darunter *Louis,* Règlements, a.a.O., 151.

13 EuGH – Charbonnière de Belgique / Hohe Behörde, 8/55 – Slg. 1956, 297 (312).

14 EuGH – Italien / Hohe Behörde, 20/59 – Slg. 1960, 681(708); EuGH – Niederlande/Hohe Behörde, 25/59 – Slg. 1960, 743 (781).

28 Der Grundsatz, daß die einem Organ der Gemeinschaft eingeräumte Befugnis auch zu den Maßnahmen ermächtigt, die nicht ausdrücklich vorgesehen, aber unerläßlich sind, um eine wirksame und sinnvolle Ausübung dieser Befugnis zu gewährleisten, gilt daher ebenfalls im EWG-Vertrag.[15] Trotz des Art. 235 hat diese Auslegung Bedeutung, weil die implied powers nach dem gleichen Verfahren ausgeübt werden wie die Befugnis, in der sie enthalten sind, und weil dieses Verfahren vielfach einfacher und schneller ist als das in Art. 235 vorgesehene.

29 Soweit eine Vertragsbestimmung, die einem Organ der Gemeinschaft eine Befugnis einräumt, implied powers begründet, scheidet die Anwendung des Art. 235 aus. Denn auch implied powers sind im Vertrage vorgesehene Befugnisse im Sinne des Art. 235.[16]

3. Folgen ausreichender Befugnisse

30 Welche Rechtsfolgen hat es für eine nach Art. 235 erlassene Verordnung, Richtlinie oder Entscheidung, daß sie *auf Grund einer anderen Vertragsbestimmung* hätte ergehen können? Diese Frage hat nicht nur theoretische Bedeutung. Sie stellt sich bei einer ganzen Reihe der bisherigen Ratsbeschlüsse gemäß Art. 235.

31 Ein Beispiel sind die Verordnungen Nr. 2141/70 vom 20. 10. 1970 und Nr. 101/76 vom 19. 1. 1976 über die Einführung einer gemeinsamen Strukturpolitik für die Fischwirtschaft.[17] Sie sind auf Art. 235 gestützt worden, soweit sie jeden Mitgliedstaat verpflichten, die Fischer der anderen Mitgliedstaaten zum Fischfang in den seiner Oberhoheit oder Gerichtsbarkeit unterliegenden Küstengewässern zuzulassen. Diese Verpflichtung hätte auf Grund des Art. 7 Abs. 2 vom Rat mit qualifizierter Mehrheit auf Vorschlag der Kommission und nach Anhörung des Europäischen Parlaments begründet werden können. Wie bei den meisten Diskriminierungen könnte zwar die Anwendbarkeit des Art. 7 mit der Begründung bestritten werden, daß in keinem Mitgliedstaat die Fischer der anderen Mitgliedstaaten aus Gründen der Staatsangehörigkeit vom Fischfang in den Küstengewässern ausgeschlossen waren, sondern auf Grund ihres ausländischen Heimathafens. Wie bei den verschiedenen Verboten der Hindernisse für den freien Waren-, Dienstleistungs-, Kapital- und Personenverkehr kommt es indessen auch bei der Anwendung des Art. 7, soweit er sich an die Mitgliedstaaten richtet, nicht darauf an, ob

15 Ähnlich *Nicolaysen,* Implied Powers, a.a.O., 135; *Morand,* a.a.O., 267–271; *Ipsen,* a.a.O., § 20/43–46, S. 436–437; *Kapteyn, VerLoren van Themaat,* Introduction, a.a.O., 73–74; *dies.,* Inleiding, a.a.O., 69–71; *Kapteyn* in: *Smit, Herzog,* a.a.O. (Allg. Literaturverzeichnis), S. 6-282–6-283); *Olmi,* a.a.O., 280–282; *Kaiser,* a.a.O., 103–104.

16 Ebenso *Nicolaysen,* Implied Powers, a.a.O., 136; *Gericke,* a.a.O., 116; *Marenco,* a.a.O., 155; *Ipsen,* a.a.O., § 20/43–46, S. 436–437.

17 ABl. Nr. L 236 vom 27. 10. 1970, S. 1; ABl. Nr. L 20 vom 28. 1. 1976, S. 19.

eine mitgliedstaatliche Maßnahme in der Absicht getroffen worden ist, nach der Staatsangehörigkeit zu diskriminieren, sondern nur darauf, ob sie die Wirkung einer Diskriminierung nach der Staatsangehörigkeit hat. Die Anwendbarkeit des Art. 7 kann also nicht dadurch umgangen werden, daß eine ungleiche Behandlung an eine andere Voraussetzung als die Staatsangehörigkeit anknüpft, wenn sie im praktischen Ergebnis eine unterschiedliche Behandlung nach der Staatsangehörigkeit ist. Angesichts der seltenen Fischer, die nicht die Staatsangehörikgeit des Mitgliedstaates besitzen, in dem sich ihr Heimathafen befindet, ist aber eine ungleiche Behandlung, die sich danach richtet, in welchem Mitgliedstaat ein Fischer seinen Heimathafen hat, im praktischen Ergebnis eine ungleiche Behandlung nach der Staatsangehörigkeit. Dementsprechend ist die vorerwähnte Verordnung *auch* auf Art. 7 gestützt worden. Bezeichnenderweise fehlt in der Begründung dieser Verordnung die in Ratsbeschlüssen nach Art. 235 übliche Erwähnung, daß der Vertrag die erforderlichen Befugnisse nicht vorsieht.

32 Weitere Beispiele bieten die Verordnungen über die Bestimmung des Warenursprungs und des Zollwerts und über das Versandverfahren, zumindest soweit sie nach Ablauf der Übergangszeit ergangen sind. Es ist nämlich nicht zu erkennen, warum das Zollrecht, das wegen des Fortfalls der Zölle zwischen den Mitgliedstaaten ja nur noch gegenüber dritten Ländern anwendbar ist, nicht zur gemeinsamen Handelspolitik im Sinne des Vertrages gehören soll, obwohl diese in Art. 111 Ziff. 1 als gemeinsame Politik auf dem Gebiet des Außenhandels definiert ist und das Zollrecht von dieser Definition nicht weniger gedeckt wird als alle anderen auf den Außenhandel anwendbaren Bestimmungen. Das gilt um so mehr, als nach der in Art. 113 Abs. 1 enthaltenen Aufzählung, die durch die Einleitung mit »insbesondere« als nicht erschöpfend ausgewiesen ist, die gemeinsame Handelspolitik im Sinne des Vertrages die Zollsätze, die nur in Verbindung mit dem Zollrecht eine bestimmbare Inzidenz haben, ebenso umfaßt wie die mengenmäßigen Beschränkungen.

Darum ist es auch wenig einleuchtend, daß der Rat ein und dieselbe Materie, und zwar die Bestimmung des Warenursprungs, die bei unterschiedlicher Behandlung dritter Länder notwendig wird und vor allem für die nicht im selben Lande erzeugten und weiterverarbeiteten Waren geregelt werden muß, von der gemeinsamen Handelspolitik ausschließt oder nicht, je nachdem ob die unterschiedliche Behandlung dritter Länder die Zollsätze oder andere Einfuhrregelungen und namentlich mengenmäßige Einfuhrbeschränkungen betrifft. Dies ist aber implicite im letzten Absatz der Begründung der Verordnung Nr. 802/68 über die gemeinsame Begriffsbestimmung für den Warenursprung geschehen, obwohl sie von der Kommission allein auf der Grundlage der Art. 111 und 155 und ohne diese Begründung vorgeschlagen war.[18]

18 ABl. Nr. 68 vom 18. 4. 1966, S. 1003.

Der Ausschluß des Zollrechts von der gemeinsamen Handelspolitik hat ferner das sonderbare Ergebnis, daß das einzige Regime, welches der Vertrag sowohl für eine vertragliche als auch für eine autonome Regelung einer Materie vorsieht, nicht für das Zollrecht gilt, obwohl es ebenso wie andere Materien der Handelspolitik auch vertraglich geregelt zu werden pflegt, wie z. B. in den Akten des »Rates für die Zusammenarbeit auf dem Gebiet des Zollwesens«, in zahlreichen Handelsverträgen namentlich über den Veredelungsverkehr, in den den Zollwert betreffenden Bestimmungen der Art. II § 3 und VII GATT, in den Abmachungen über die unter dem Namen American selling price bekannten Zollwertbestimmungen der Vereinigten Staaten usw. Es ist schwer vorstellbar, daß die Gemeinschaft nach dem Willen der Vertragschließenden derartige Vereinbarungen, die zum Teil von der übrigen Handelspolitik überhaupt nicht zu trennen sind, lediglich auf der Grundlage des Art. 235 treffen können soll.

In seinem Urteil vom 12. 7. 1973 im Falle Massey–Ferguson hat der Gerichtshof denn auch die Gültigkeit der Verordnung Nr. 803/68 über den Zollwert der Waren nur mit Rücksicht darauf bejaht, daß diese Verordnung in der Übergangszeit erlassen worden ist, in der die Gemeinschaft nach Art. 111 erst über beschränkte handelspolitische Kompetenzen verfügte, daß der Rückgriff auf das Verfahren des Art. 235 im Interesse der Rechtssicherheit lag und daß die Vertragsvorschriften über die Willensbildung des Rates oder über die Aufteilung der Befugnisse auf die Gemeinschaftsorgane nicht umgangen worden sind.[19]

33 Im Hinblick auf die Befugnisse der Organe nach Art. 103 Abs. 2 ist es zweifelhaft, ob Art. 235 zur Festsetzung der Währungsausgleichsbeträge für Waren angewendet werden darf, die aus landwirtschaftlichen Erzeugnissen hergestellt werden, selbst aber keine landwirtschaftlichen Erzeugnisse im Sinne des Vertrages sind. Zunächst sind diese Beträge für alle Waren in den Verordnungen Nr. 1586/69[20] und Nr. 974/71[21] auf der Grundlage des Art. 103 festgesetzt worden. In seinem Urteil vom 13. 6. 1972 in den verbundenen Rechtssachen Nr. 9 und 11/71, in denen die Gültigkeit der ersterwähnten Verordnung in Frage stand, hat der Gerichtshof bestätigt, daß die Gemeinschaftsorgane auf Grund ihrer Befugnisse aus dem Vertage, namentlich aus Art. 103 Abs. 2, im gemeinsamen Interesse bestimmte Wirkungen einer Auf- oder Abwertung mildern können.[22] Hinsichtlich der landwirtschaftlichen Erzeugnisse hat der Gerichtshof in dem Urteil vom 24. 10. 1973 in der Rechtssache Nr. 5/73, in der es um die Gültigkeit der zuletzt erwähnten Verordnung ging, das Bedenken geäußert, daß die Währungsausgleichsbeträge gleichzeitig dazu dienen, die gemeinsame Marktorganisation für diese Erzeugnisse zu bewahren, und »normalerweise im Rahmen der dem Rat in den Art. 40 und 43

19 EuGH – Massey-Ferguson, 8/73 – Slg. 1973, 897 (907–908 Rn. 4).
20 ABl. Nr. L 202 vom 12. 8. 1969, S. 1.
21 ABl. Nr. L 106 vom 12. 5. 1971, S. 1.
22 EuGH – Compagnie d'Approvisionnement, 9 und 11/71 – Slg. 1972, 391 (408 Rn. 32–33).

übertragenen Zuständigkeiten und in dem dort vorgesehenen Verfahrensgang, namentlich nach Anhörung der Versammlung, getroffen werden müssen«.[23]

Trotzdem hat man in den weiteren zur Festsetzung der Währungsausgleichsbeträge erlassenen Verordnungen auch für die Waren, die nicht zu den landwirtschaftlichen Erzeugnissen im Sinne des Vertrages gehören, aber daraus hergestellt werden, eine andere Rechtsgrundlage als Art. 103 Abs. 2 zu benötigen geglaubt und dafür, weil Art. 43 für diese Waren nicht gilt, Art. 235 gewählt. Die Erklärung, daß das System der Währungsausgleichsbeträge länger aufrecht erhalten werden mußte, als es wegen der begriffsnotwendigen Kurzfristigkeit konjunkturpolitischer Maßnahmen nach Art. 103 zulässig ist, überzeugt nicht. Als der EWG-Vertrag vom EGKS-Vertrag ausgehend formuliert wurde, sah man davon ab, die in Art. 61 des EGKS-Vertrags vorgesehene Preisregelungsbefugnis zu übernehmen, schuf dafür aber in Art. 103 eine allgemeine Rechtsgrundlage für konjunkturpolitische Maßnahmen einschließlich Preisvorschriften, die, wie die gemäß Art. 61 des EGKS-Vertrags erlassenen Preisvorschriften zeigen, keineswegs immer nur kurze Zeit gelten. Zudem erscheint der Gedanke, daß eine auf Art. 103 gestützte konjunkturpolitische Maßnahme ex tunc oder ex nunc nichtig wird, wenn sie länger als kurzfristig aufrecht erhalten werden muß, abwegig und dies nicht nur wegen der Schwierigkeit, die zulässige Geltungsdauer einer solchen Maßnahme zu bestimmen. Im übrigen dürften es nicht derartige Erwägungen gewesen sein, die zur Berufung auf Art. 235 geführt haben, weil in mehreren der auf Art. 43 und 235 gestützten Verordnungen zur Festsetzung von Währungsausgleichsbeträgen auch Art. 103 als Rechtsgrundlage erwähnt wird.

34 Die mit diesen Beispielen – weitere finden sich in Rn. 99 2. Absatz – belegte Praxis des Rates und teilweise auch der Kommission, ihnen in bestimmten Bereichen zugewiesene, konkret oder allgemein umschriebene Befugnisse entweder gar nicht oder lediglich teilweise oder nicht ausschließlich auszuüben, sondern entweder an Stelle dieser Vorschriften oder zusätzlich zu ihnen auf Art. 235 zurückzugreifen, widerspricht seinem Wortlaut und Zweck.[24] Art. 235 wird in diesen keineswegs seltenen Fällen so angewendet, als handele es sich nicht um eine Vorschrift, die lediglich befugnisergänzend, das heißt subsidiär und deshalb unter einschränkenden, erschwerten Bedingungen eingreift, sondern um eine allgemeine Ausweichklausel, um speziellere Handlungsermächtigungen des Vertrages namentlich dann ersetzen zu können, wenn sie ein einfacheres Verfahren – insbesondere Mehrheitsentscheidungen – vorsehen und deshalb bei einzelnen Ratsmitgliedern politischen Bedenken begegnen. Hierdurch hat Art. 235 eine Funktion, einen Anwendungsbereich und eine Bedeutung erlangt, die mit seiner Stellung in dem vom Vertrag festgelegten System von Ermächtigungen und Verfahren zur Willensbildung schwerlich vereinbar erscheinen.

23 EuGH – Balkan Import/Export, 5/73 – Slg. 1973, 1091 (1109 Rn. 14).
24 Ähnlich schon *Louis*, Règlements, a.a.O., 59; *Everling*, Art. 235, a.a.O., 14; *Olmi*, a.a.O., 290; wie hier *Dorn*, a.a.O., 228.

35 Die kritisierte Praxis widerspricht namentlich Art. 4 Abs. 1 Unterabs. 2. Danach handelt jedes Organ »nach Maßgabe der ihm in diesem Vertrag zugewiesenen Befugnisse«. Diese Verpflichtung der Kommission und des Rates bedeutet auch, daß sie sich zunächst über den Umfang der ihnen zugewiesenen speziellen Befugnisse klar werden müssen und allein diese ausüben dürfen, sofern sie ausreichen.[25] Art. 235 beansprucht lediglich subsidiär Anwendung, d. h. soweit sie nicht ausreichen.

36 Auch die Rechtsprechung ist von der gegenteiligen Entwicklung der Praxis nicht unbeeinflußt geblieben. An sich ist eine nach Art. 235 ergangene Verordnung, Richtlinie oder Entscheidung *nichtig,* wenn eine Befugnis der Organe zu ihrem Erlaß *in einer anderen Vertragsbestimmung* vorgesehen ist. Denn dann fehlt eine Voraussetzung für die Anwendbarkeit des Art. 235. Von diesem Grundsatz hat der Gerichtshof jedoch eine weitreichende Ausnahme zugelassen: wenn Art. 235 aus Gründen der Rechtssicherheit angewendet wird, das heißt bei Zweifeln über die Anwendbarkeit oder Reichweite anderer befugniszuweisender Bestimmungen. Der einschlägige Absatz in dem bereits erwähnten Massey–Ferguson-Urteil lautet:[26]

»Zwar rechtfertigt das wirksame Funktionieren der Zollunion eine weite Auslegung der Artikel 9, 27, 28, 111 und 113 des Vertrages sowie der Befugnisse, welche diese Bestimmungen den Organen übertragen, um ihnen eine zusammenhängende Regelung der Außenhandelsbeziehungen durch einseitige Maßnahmen wie auch durch Vereinbarungen zu ermöglichen, doch durfte der Rat zu Recht davon ausgehen, daß der Rückgriff auf das Verfahren des Artikels 235 im Interesse der Rechtssicherheit zulässig war, zumal die fragliche Verordnung während der Übergangszeit erlassen wurde. Wegen der besonderen Anforderungen des Artikels 235 ist dieses Vorgehen im übrigen auch deshalb nicht zu beanstanden, weil im vorliegenden Fall die Vertragsvorschriften über die Willensbildung des Rates oder über die Aufteilung der Befugnisse auf die Organe nicht umgangen worden sind. Es ist nicht bestritten, daß bei Erlaß der Verordnung Nr. 803/68 das in Artikel 235 vorgeschriebene Verfahren eingehalten worden ist.«

37 Der Gerichtshof hat also die Ausnahme »im Interesse der Rechtssicherheit« von der Nichtigkeit eines nach Art. 235 erlassenen Rechtsaktes, der auf eine andere Rechtsgrundlage hätte gestützt werden können, und damit die Einschränkung der lediglich ergänzenden, subsidiären Geltung des Art. 235 nicht auf die Fälle begrenzt, in denen das Verfahren des Art. 235 und das der übergangenen Norm übereinstimmen, also insbesondere auch die übergangene Norm Einstimmigkeit im Rat vorschreibt. Der Gerichtshof hat mit anderen Worten nicht als berücksichtigenswert anerkannt, daß der Rat im vorliegenden Fall nach Art. 111 und 113 mit qualifizierter Mehrheit beschlossen hätte, dort also eine andere »Willensbildung des Rates« vorgeschrieben ist als in Art. 235.

25 Ebenso im Prinzip *Gericke,* a.a.O., 61, der aber »bei begründetem, erheblichem Zweifel über den Umfang einer Einzelermächtigung« Ausnahmen »um der Rechtssicherheit willen nicht von vornherein gänzlich« ausschließen will, a.a.O., 61–62.

26 Rs. 8/73 – Slg. 1973, 897 (907–908 Rn. 4–5).

Stattdessen hat er allein auf die Beachtung des Verfahrens nach Art. 235, auf seine »besonderen Anforderungen« abgestellt und damit »im Interesse der Rechtssicherheit« eine Verdrängung auch solcher Ermächtigungen toleriert, die Mehrheitsbeschlüsse vorsehen.

38 Nach dieser Rechtsprechung können auch die anderen zuvor (unter Rn. 31 bis 33) erörterten Verordnungen als gültig angesehen werden. Bei Zweifeln, das heißt nach Generalanwalt *Trabucchi*[27] »in Ermangelung einer ausdrücklichen und eindeutigen Vertragsbestimmung, welche eine spezifische Ermächtigung zum Erlaß der fraglichen Verordnung enthält«, kann die »Maßnahme aus Vorsichtsgründen auf die allgemeine Ermächtigungsnorm des Art. 235 gestützt« werden, ohne ihre Gültigkeit zu beeinträchtigen. Es sei »nicht ersichtlich, welche Verletzung öffentlicher Interessen« sich aus der Vernachlässigung anderer, speziellerer Normen und »schnellerer Verfahren« ergeben könnte.[28]

39 Nach der hier vertretenen Meinung ist demgegenüber stets zuerst die speziellere Vorschrift zu prüfen und entsprechend ihrem selbstgewollten Anwendungsbereich in vollem Umfang und allein anzuwenden (z. B. Art. 28). Nur wenn und soweit sie nach den vom Gerichtshof aufgestellten besonderen oder allgemeinen Grundsätzen für ihre Auslegung (s. z. B. das Zitat in Rn. 36 aus dem Urteil Massey–Ferguson) keine Anwendung beansprucht, darf auf die nächst weniger spezielle Vorschrift zurückgegriffen werden (z. B. Art. 113). Erst wenn und soweit auch diese nach denselben Auslegungsmaßstäben keine Anwendung verlangt, ist die nächst allgemeinere Vorschrift zu prüfen (z. B. Art. 100). Nur falls und soweit auch sie nicht Anwendung beansprucht oder das dort vorgeschriebene Instrument (z. B. die Richtlinie) nicht ausreicht, ist zu prüfen, ob Art. 235 anwendbar ist. Beispiele für andere derartige »Ketten« sind Art. 49, 7, 235; 51, 7, 235; 54 Abs. 3 Buchst. g, 100, 235; 56 Abs. 2, 7, 100, 235; 57 (66), 100, 235; 69, 100, 235; 70, 100, 235; 99, 100, 235; 100, 235; 101, 235; 103 Abs. 2, 235; 103 Abs. 4, 235.

4. Fehlen jeglicher Befugnisse

40 Sieht der Vertrag überhaupt keine Befugnisse der Organe zur Verwirklichung des fraglichen Zieles der Gemeinschaft vor, so fehlt es an den »hierfür erforderlichen Befugnissen« im Sinne des Art. 235. Sein Wortlaut ist insoweit eindeutig.[29]

5. Fehlen ausreichender Befugnisse

41 Ist Art. 235 auch anwendbar, wenn der Vertrag zwar Befugnisse zur Verwirklichung eines bestimmten Gemeinschaftsziels vorsieht, diese Befugnisse aber dazu nicht ausreichen?

27 Schlußanträge in derselben Rechtssache vom 27. 6. 1973, EuGH Slg. 1973, 910 (914).
28 A.a.O., 913.
29 Gleichwohl a. M. *von Meibom,* a.a.O., 2166. Ihn widerlegt *Gericke,* a.a.O., 66. Wie hier *Constantinesco,* a.a.O. (Allg. Literaturverzeichnis), 278: *Peeters,* a.a.O., 142.

42 Keinesfalls schließt die Befugnis, eine *Empfehlung* auszusprechen oder eine *Stellungnahme* abzugeben, die Anwendung des Art. 235 aus.[30] Anderenfalls wäre Art. 235 stets unanwendbar, weil diese Befugnis der Kommission nicht nur für bestimmte Einzelfälle, sondern in Art. 155 auch allgemein auf allen im Vertrage geregelten Gebieten zuerkannt ist.

43 Hier ist daher nur die Frage zu untersuchen, ob eine echte hoheitliche Befugnis eines Gemeinschaftsorgans, d. h. eine Befugnis, eine bestimmte Materie *verbindlich* zu regeln, die nicht genügt, um das Gemeinschaftsziel zu erreichen, zu dessen Verwirklichung sie begründet ist, ein Hindernis für eine auf Art. 235 gestützte Regelung derselben Materie bildet. Unterschiedliche Argumente sind für die These angeführt worden, daß Art. 235 in solchen Fällen unanwendbar sei.[31]

44 Am wenigsten stichhaltig ist die Berufung auf Art. 4 Abs. 1 Unterabs. 2, der den Organen der Gemeinschaft gebietet, nur nach Maßgabe der ihnen im Vertrag zugewiesenen Befugnisse zu handeln. Zu diesen Befugnissen gehört nämlich auch die in Art. 235 begründete. Über deren Tragweite und Verhältnis zu den anderen Befugnissen ist Art. 4 Abs. 1 Unterabs. 2 jedoch nichts zu entnehmen.

45 Ferner trifft es nicht zu, daß die Grenzen, welche die Vertragschließenden den Befugnissen der Gemeinschaftsorgane hinsichtlich Inhalt, Zeitpunkt, Geltungsdauer und Art des Aktes gesetzt haben, illusorisch wären, wenn diese Befugnisse auf Grund des Art. 235 auch ohne Beachtung dieser Grenzen ausgeübt werden könnten. Die in anderen Vertragsbestimmungen enthaltenen Befugnisse und ihre Grenzen bewahren vielmehr ihre Bedeutung, weil diese Vertragsbestimmungen die Gemeinschaftsorgane zu einem bestimmten Handeln verpflichten, weil sie in der Regel ein einfacheres Verfahren mit leichter zu erfüllenden Bedingungen vorsehen und weil Art. 235 nur unter der Voraussetzung ihrer Unzulänglichkeit anwendbar ist.

46 Deshalb kann in der Anwendung des Art. 235 auch keine Änderung dieser Vertragsbestimmungen gesehen werden. Vielmehr ergänzt er sie durch Zuweisung subsidiärer Befugnisse zur vollen Zielverwirklichung.

47 Ebenso wenig schlägt schließlich der Einwand durch, daß Art. 235 dazu bestimmt ist, Lücken des Vertrages zu füllen, und daß keine Lücke vorhanden ist, wo der Vertrag eine

30 Ebenso im Ergebnis EuGH – Massey-Ferguson, 8/73 – Slg. 1973, 897 (907 Rn. 4).

31 So z. B. *Wohlfarth,* a.a.O. (Allg. Literaturverzeichnis), Art. 235, Anm. 4; *Rabe,* a.a.O., 154; *Ferrari Bravo, Giardina* in: *Quadri* u.a., a.a.O., Art. 235, Anm. 6, S. 1706 und Anm. 9, S. 1711; *von Meibom,* a.a.O., 2166; *Louis,* Règlements, a.a.O., 60; *von Donnersmarck,* a.a.O., 56, jedoch nicht in bezug auf Art. 100, a.a.O., 57–63; *Seidl-Hohenveldern,* Rechtsakte der Organe der EWG als Mittel der Angleichung, in: Angleichung des Rechts der Wirtschaft in Europa, Int. Kongreß Köln 1969, Köln, Berlin, Bonn, München 1971, 170 (181–182, 195); *Fuß,* a.a.O., 789–790.

spezielle Befugnis vorgesehen hat, sei diese nun ausreichend oder nicht. Die Metapher der Lückenfüllung mag zwar geeignet sein, die Funktion des Art. 235 mit einem Wort zu umschreiben. Trotz ihrer weiten Verbreitung im Schrifttum können dagegen aus dieser Metapher keine Schlüsse für die Auslegung des Art. 235 gezogen werden.

48 Diese hat vielmehr vom Wortlaut auszugehen. Dieser stellt nicht darauf ab, daß im Vertrag *keine* Befugnisse vorgesehen sind, sondern darauf, daß *nicht die erforderlichen* Befugnisse vorgesehen sind. Damit deckt er eindeutig auch die Fälle, in denen die vorgesehenen Befugnisse nicht ausreichen.[32] Die gegenteilige Auslegung, welche die Anwendung des Art. 235 seinem unzweideutigen Wortlaut zuwider ausschließt, wenn der Vertrag nicht die erforderlichen, sondern nur unzureichende Befugnisse vorsieht, führt zudem zu unvernünftigen Ergebnissen. Nach dieser Auslegung hätten nämlich die Organe der Gemeinschaft weitergehende Befugnisse, wenn eine Materie im Vertrag überhaupt nicht geregelt ist, als in den Fällen, in denen eine Zuständigkeit der Gemeinschaftsorgane bereits durch eine vertragliche Regelung anerkannt ist.

49 Eine solche Auslegung widerspräche auch dem Zweck des Art. 235, die Funktionsfähigkeit der Gemeinschaft zu sichern. Sie kann »durch das Fehlen von Befugnissen und durch die Unzulänglichkeit vorhandener Befugnisse gleichermaßen beeinträchtigt« werden.[33]

50 Was insbesondere die Möglichkeit betrifft, statt einer im Vertrag vorgesehenen Richtlinie, die auf eine Angleichung mitgliedstaatlicher Gesetze gerichtet ist und sich als unzureichend erweist, gemäß Art. 235 eine Verordnung zu erlassen, so ist noch geltend gemacht worden, daß die Beschränkung auf den Erlaß solcher Richtlinien die Mitwirkung der mitgliedstaatlichen Parlamente bei der Rechtsangleichung sicherstelle und diese Mitwirkung durch Erlaß einer Verordnung der Gemeinschaft umgangen würde. Daß die Mitwirkung der Parlamente, die notwendig wäre, um eine Maßnahme auf der Ebene der Mitgliedstaaten zu treffen, durch die Anwendung des Art. 235 überflüssig wird, ist indessen eine allgemeine und normale Folge dieser Anwendung. Art. 235 hat gerade den Zweck, zu vermeiden, daß jedes Mal, wenn sich der Vertrag als unzulänglich erweist, ein neuer Vertrag geschlossen werden muß; und dies gilt nicht nur für Regierungsabkommen, sondern auch für Verträge, die der Billigung der mitgliedstaatlichen Parlamente bedürfen würden. Im übrigen ist nicht in allen Mitgliedstaaten die Mitwirkung des Parlaments erforderlich, um eine Richtlinie zur Angleichung gesetzlicher Vorschriften auszuführen.

32 Ebenso *Gericke,* a.a.O., 72; *Marenco,* a.a.O., 153–154; *Ipsen,* a.a.O., § 20/40, S. 434; *Zweigert, Bernstorff,* a.a.O., 637–649; *Peeters,* a.a.O., 142; *Lauwaars,* Community Decisions, a.a.O., 86; *ders.,* Art. 235, a.a.O., 106; *Kapteyn, VerLoren van Themaat,* Inleiding, a.a.O., 68; *Everling,* Art. 235, a.a.O., 13; *Bleckmann,* a.a.O., 113; *Constantinesco,* a.a.O., 277; *Nicolaysen,* Gemeinschaftsrecht, a.a.O., 47; *Priebe,* a.a.O., 97–98; *Louis,* Rechtsordnung, a.a.O., 37; *Dorn,* a.a.O., 231–234; *Kapteyn* in: *Smit, Herzog,* a.a.O., 6–283–285.

33 *Zweigert, Bernstorff,* a.a.O., 649.

Aus diesen Gründen stand es, wie der Gerichtshof bestätigt hat[34], der Schaffung gemeinsamen Zollrechts durch Verordnungen nach Art. 235 nicht entgegen, daß Art. 100 den Erlaß von Richtlinien zur Angleichung des mitgliedstaatlichen Zollrechts zuläßt. Auf den in diesen Verordnungen geregelten Gebieten ist es nämlich praktisch unmöglich, die unerläßliche Einheitlichkeit der Behandlung der Einfuhren aus dritten Ländern im Wege der Begründung von Verpflichtungen der Mitgliedstaaten zur Anpassung des sich ständig wandelnden Zollrechts zu gewährleisten.

51 Aus den dargelegten Gründen war es ferner rechtmäßig, daß die Kommission dem Rat auf Grund des Art. 235 vorgeschlagen hat[35], die Aufgaben des Europäischen Sozialfonds schon vor Ablauf der Übergangszeit zu ändern, obwohl Art. 126 Buchst. b erst nach deren Ablauf eine solche Änderung durch Ratsbeschluß zuläßt. Die im Vertrag vorgesehene Hilfe dieses Fonds bei der Umstellung auf neue Berufe, die auf arbeitslose Arbeitskräfte beschränkt war, genügte nämlich angesichts des Beschäftigungsgrades, der in der Gemeinschaft schon vor Ablauf der Übergangszeit erreicht war, nicht mehr, um gemäß Art. 123 die Beschäftigungsmöglichkeiten der Arbeitskräfte im Gemeinsamen Markt zu verbessern und so ihre örtliche und berufliche Freizügigkeit zu fördern.

52 Aus diesen Gründen war es schließlich rechtmäßig, daß durch 30 Ratsbeschlüsse nach Art. 235 die Schwierigkeiten behoben worden sind, die sich für die Weiterverarbeiter landwirtschaftlicher Erzeugnisse daraus ergaben, daß der Zoll- und Kontingentschutz für die von ihnen erzeugten Waren abgebaut werden mußte, für die von ihnen benötigten landwirtschaftlichen Erzeugnisse aber ein von Mitgliedstaat zu Mitgliedstaat verschiedenes Preisniveau aufrechterhalten wurde, obwohl die Kommission bis zum Ende der Übergangszeit nach Art. 226 befugt war, Schutzmaßnahmen für einen in Schwierigkeiten befindlichen Wirtschaftszweig zu genehmigen. Diese Befugnis war indessen aus Gründen unzureichend, die *Ehring* in der 2. Auflage dieses Kommentars auf S. 771 bis 772 dargelegt hat.

53 Nach diesen Beispielen sind die in einer anderen Vertragsbestimmung zur Verwirklichung eines bestimmten, regelmäßig dort bezeichneten Zieles »erforderlichen Befugnisse nicht vorgesehen« im Sinne des Art. 235, wenn die andere Bestimmung entweder ein hierfür unzureichendes, das heißt in seinen rechtlichen Wirkungen zu schwaches *Mittel* (Rechtsinstrument) vorschreibt oder eine für die Zielverwirklichung unzureichende *materielle Regelung,* das heißt zu begrenzt hinsichtlich ihres Zeitpunktes, ihres Inhalts oder ihrer Tragweite. In beiden Fallgruppen kommt Art. 235 *anstelle* der spezielleren befugniszuweisenden Norm zur Anwendung.

54 Eine dritte Gruppe umfaßt die Fälle, in denen Art. 235 *zusätzlich* zu der spezielleren

34 EuGH – Massey-Ferguson, 8/73 – Slg. 1973, 897 (907 Rn. 3 i.V.m. 4).
35 ABl. Nr. 119 vom 3.7.1965, S. 2011.

Handlungsermächtigung angewendet werden muß, um das von dieser angestrebte Ziel zu erreichen.

Es kann sich nämlich als notwendig erweisen, zur Erreichung desselben Zieles sowohl eine Richtlinie zur Angleichung des innerstaatlichen Rechts zu erlassen als auch eine Verordnung zur Schaffung gemeinschaftsweit geltenden, den Betroffenen eine zielverwirklichende Alternative bietenden Rechts, das neben das angeglichene nationale Recht tritt.

55 Der erste Anwendungsfall sind die nach Art. 54 Abs. 3 Buchst. g erlassenen und vorgeschlagenen Richtlinien zur Koordinierung des Aktienrechts der Mitgliedstaaten einerseits und der auf Art. 235 gestützte Vorschlag einer Verordnung über das Statut für Europäische Aktiengesellschaften andererseits.[36]

56 Das zweite Beispiel ist die nach Art. 100 vorgeschlagene Erste Richtlinie zur Angleichung des Markenrechts der Mitgliedstaaten sowie die gleichzeitig nach Art. 235 vorgeschlagene Verordnung über die Gemeinschaftsmarke.[37] Der Richtlinienvorschlag dient dem freien Verkehr und Wettbewerb von Markenartikeln innerhalb der Gemeinschaft sowie der Errichtung eines Gemeinsamen Marktes im Sinne eines europäischen Binnenmarktes für Markenartikel und der Wirtschaftsausweitung. Indessen vermag er diese Ziele nur zum geringen Teil zu verwirklichen: Auch bei Übereinstimmung der innerstaatlichen Markengesetze können mehrere Personen unabhängig voneinander in verschiedenen Mitgliedstaaten für die gleiche oder eine ähnliche Marke Schutz erhalten und deshalb Einfuhren der betreffenden Markenartikel in ihr Land verhindern. Um diese Lücke zwischen der Wahrnehmung der Befugnis zur Rechtsangleichung durch Richtlinien und der Verwirklichung der genannten Ziele der Gemeinschaft zu schließen, ist deshalb zusätzlich zur Angleichung der fortbestehenden innerstaatlichen Markengesetze die Schaffung eines gemeinschaftlichen Markenrechts erforderlich, das allgemein und unmittelbar in jedem Mitgliedstaat gilt, sowie einer gemeinschaftlichen Markenbehörde mit gemeinschaftsweiten Befugnissen. Nur auf diese Weise können Ausschließungsrechte mit Wirkung für das gesamte Gebiet der Gemeinschaft erteilt werden. Die Konflikte und damit die Hindernisse für den freien Verkehr von Waren, für den Wettbewerb,

36 Siehe die Erwägungsgründe des geänderten Vorschlags der Kommission vom 27. 5. 1975, BullEG, Beilage 4/75, S. 11–12. *Gegen* die Anwendbarkeit des Art. 235 in diesem Fall haben sich mit Begründung ausgesprochen *Vasseur,* Quelle Société européenne?, Recueil Dalloz Sirey 1972, 30. Heft, Chronique, S. 169 (170–171); *derselbe,* Quo vadis, Societas Europea, in: Fs. Sanders, Deventer, 's-Gravenhage 1972, 229 (233–236); *Capotorti,* Diskussionsbeitrag, in: La società commerciale europea, Atti del convegno di Villa Pignatelli, Napoli, Maggio 1967, Napoli 1968, 43 (45–46), (147–149). *Für* die Anwendbarkeit des Art. 235 mit eingehender Begründung *Zweigert, Bernstorff,* a.a.O., passim; weiter vor allem *Migliazza,* I problemi di diritto internazionale relativi alla creazione di una società commerciale europea, in: Rivista di diritto internazionale privato e processuale 1970, 761 (775–776, 782–783); *Pipkorn,* zur Entwicklung des europäischen Gesellschafts- und Unternehmensrechts, in: ZHR 137 (1973) 35 (51–56).

37 ABl. Nr. C 351 vom 31. 12. 1980, S. 1 und 5 = BullEG, Beilage 5/80, S. 7 und 19.

binnenmarktähnliche Bedingungen und die dadurch bewirkte Wirtschaftsausweitung der Markenwirtschaft verringern sich in dem Maße, in dem mehr und mehr bereits bestehende innerstaatliche Marken in Gemeinschaftsmarken umgewandelt und neue Marken zunehmend als Gemeinschaftsmarken angemeldet werden.

Die Angleichung des innerstaatlichen Markenrechts kann also gerade diejenigen Aspekte derselben Ziele der Gemeinschaft nicht erreichen, welche durch Schaffung eines gemeinschaftsweit geltenden Markenrechts fortschreitend verwirklicht werden können. Um diese übrig bleibenden Aspekte der genannten Ziele zu verwirklichen, um von der teilweisen schrittweise zur vollen Zielverwirklichung voranzuschreiten, reicht die Befugnis aus Art. 100 nicht aus. Die *»hierfür erforderlichen* Befugnisse« sind daher im Vertrag »nicht vorgesehen«. Dies genügt. Art. 235 verlangt nicht, daß der Vertrag für die Verwirklichung eines Zieles überhaupt keine Befugnisse vorsieht. Bei der Angleichung des innerstaatlichen Markenrechts durch Richtlinien und der Schaffung der Gemeinschaftsmarke durch Verordnung geht es um zwei sich ergänzende Mittel, um dieselben Ziele je zu einem Teil zu verwirklichen.[38]

V. Ziele der Gemeinschaft

57 Hat der Vertrag in seinen übrigen Vorschriften den Organen der Gemeinschaft keine oder keine ausreichenden Befugnisse zugewiesen, um das angestrebte Ziel zu verwirklichen, ist nach Art. 235 als nächstes zu prüfen, ob dieses Ziel ein Ziel der Gemeinschaft ist. Dabei empfiehlt sich, mit den im Vertrag konkret bezeichneten Zielen der Gemeinschaft zu beginnen und auf allgemeiner umschriebene Ziele erst zurückzugreifen, wenn das angestrebte Ziel über das Einzelziel der Gemeinschaft hinausreicht oder soweit der Vertrag kein korrespondierendes Einzelziel enthält.

58 Was ein »Ziel der Gemeinschaft« ist, definiert der EWG-Vertrag nicht. Der Begriff wird auch an keiner anderen Stelle des Vertrages verwendet. Art. 2 definiert immerhin die *»Aufgabe* der Gemeinschaft« und bezeichnet ihre fünf wesentlichen Ziele. Art. 3 faßt summarisch die »Tätigkeit der Gemeinschaft« zur Verwirklichung der Ziele des Art. 2 zusammen. Art. 4 spricht von den »der Gemeinschaft zugewiesenen Aufgaben«, Art. 5 Abs. 1 von der »Aufgabe« der Gemeinschaft.

59 Von den »Zielen dieses *Vertrages*« sprechen Art. 5 Abs. 2, 6 Abs. 1, 74, 145, von den »allgemeinen Zielen dieses Vertrages« Art. 118 Abs. 1, von den »gemeinsamen Zielen« Art. 152, jedoch ohne inhaltliche Bestimmung dieser Ziele. Was Ziele der Gemeinschaft im Sinne des Art. 235 sind, muß deshalb durch Auslegung der einzelnen Vorschriften des EWG-Vertrages ermittelt werden. Dabei ist die tatsächliche Entwicklung von erheblicher

38 *Kommission der EG,* Zuständigkeit der Gemeinschaft, a.a.O., GRUR Int., 39–40; *Lauwaars,* Europees merkenrecht, a.a.O., 534–537.

Bedeutung. Sie kann zu neuen Konkretisierungen eines Zieles, zu anderen Schwerpunkten oder Gewichtungen führen.

60 Nicht zulässig ist es dagegen, daß Kommission und Rat ein lediglich ihrer Meinung nach erstrebenswertes Ziel zum Ziel der Gemeinschaft erheben.[39] Denn nach Art. 4 Abs. 1 Unterabs. 2 handelt jedes Organ »nach Maßgabe der ihm in diesem Vertrag zugewiesenen Befugnisse«. Der Vertrag enthält jedoch keine Befugnis der Organe zur Selbstzuweisung von Zielen. Außerdem werden nach Unterabs. 1 durch die Organe nur die »der Gemeinschaft zugewiesenen Aufgaben ... wahrgenommen«. Damit ein Organ tätig werden kann, muß also die betreffende Aufgabe und damit auch das diesbezügliche Ziel zunächst einmal durch den Vertrag der Gemeinschaft zugewiesen sein. Rechtswidrig wäre auch eine auf Art. 235 gestützte Änderung von Zielen der Gemeinschaft; sie wäre allein im Rahmen des Verfahrens zur Änderung des Vertrages nach Art. 236 möglich.[39a]

1. Besondere Ziele

a) Ausdrückliche Einzelziele

61 Teils bezeichnen die befugniszuweisenden Vorschriften selbst ausdrücklich bestimmte Ziele, z. B. Art. 37, 42 Abs. 2, 51, 54 Abs. 3 Buchst. g, 57 Abs. 1, 57 Abs. 2, 70, 71, 73, 79, 80 Abs. 2, 93, 99, 100, 101, 107 Abs. 2, 108, 112, 128, 130.

62 Teils sind den befugniszuweisenden Vorschriften ausdrückliche Zielbestimmungen voran- oder hintangestellt, z. B. in Art. 9 Abs. 1, 29, 39, 48, 67, 104, 110, 117, 123, 131.

63 Teils enthalten die Verbote und Gebote des Vertrages solche konkreten Ziele – zum Teil in Verbindung mit der ihnen vorangestellten Kapitelüberschrift –, z. B. Art. 12, 30, 34, 50, 52, 53, 59, 62, 80 Abs. 1, 85, 86, 92, 95, 106, 119, 120, 132, 220, 221.

64 Indem die Vertragschließenden alle diese und zahlreiche weitere Ziele ausdrücklich in den Vertrag aufgenommen haben, haben sie sie zu Zielen der Gemeinschaft erhoben. Solche besonderen Ziele einzelner Bestimmungen sind deshalb Ziele der Gemeinschaft

39 Ebenso z. B. *Rabe,* a.a.O., 153; *Scheuner,* a.a.O., 155; *Melchior,* a.a.O., 36; *Behrens,* a.a.O., 268; *Olmi,* a.a.O., 288; *von Donnersmarck,* a.a.O., 49, der jedoch außerdem meint, »wohl aber kann neuer mitgliedstaatlicher Konsens ein solches [Ziel der Gemeinschaft] begründen«. A. M. auch *Lesguillons,* a.a.O., 895–896, der es für zulässig hält, daß ein Ziel der Gemeinschaft abgeleitet wird aus der »Notwendigkeit der Entwicklung der Gemeinschaft« oder (und) aus »nicht direkt verbindlichen Beschlüssen programmatischen Charakters« des Rates, der im Rat vereinigten Vertreter der Regierungen oder des Europäischen Rates. Gegen diese These überzeugend *Behrens,* a.a.O., 270–271: nur im Wege der Vertragsänderung nach Art. 236 könnten neue Ziele in den Vertrag eingeführt werden.

39a *Pescatore,* L'ordre juridique, a.a.O., 136; *ders.,* Compétences, a.a.O., 71.

auch im Sinne des Art. 235.[40] Da diese Vorschrift keinen Zielkatalog enthält (im Gegensatz zu Art. 95 Abs. 1 EGKS-Vertrag), kann ihr keine Beschränkung auf die in Art. 2, 3 und 7 niedergelegten allgemeinen Ziele der Gemeinschaft entnommen werden.

b) Implizierte Einzelziele

65 Darüber hinaus ist als Ziel der Gemeinschaft anzusehen, was in einer im Vertrag getroffenen Regelung eindeutig als der durch diese Regelung zu erreichende *Zweck* zum Ausdruck kommt.[41]

66 Das wohl wichtigste Beispiel hierfür ist das Ziel, das mit den etwa 35 bis 1981 erlassenen Verordnungen und Beschlüssen des Rates zur *Beseitigung von Wettbewerbsverzerrungen bei weiterverarbeiteten landwirtschaftlichen Erzeugnissen* verfolgt worden ist und wird.

Aus der für den Abbau des Zoll- und Kontingentschutzes getroffenen Regelung, nach der dieser Abbau nur schrittweise zu erfolgen brauchte und sich auf eine Übergangszeit von grundsätzlich zwölf Jahren erstrecken durfte, ergibt sich, daß es ein Ziel der Gemeinschaft war, bei diesem Abbau die Industriezweige zu erhalten, die in der Lage waren, sich in jedem Mitgliedstaat der freien Konkurrenz aus den anderen Mitgliedstaaten anzupassen und sich danach bei unverfälschtem Wettbewerb innerhalb des Gemeinsamen Marktes auch ohne Schutz zu behaupten. Dieses Ziel drohte durch die unterschiedliche Zeitfolge der Herstellung des freien Warenverkehrs für industrielle Erzeugnisse und der Errichtung des gemeinsamen Agrarmarktes vereitelt zu werden. Während nämlich die Zölle und Kontingente nach den Art. 14 und 33 von Beginn des Jahres 1959 an alljährlich in festen Quoten abzubauen waren, konnten die landwirtschaftlichen Marktordnungen der Mitgliedstaaten, die für die betroffenen Erzeugnisse ein von Mitgliedstaat zu Mitgliedstaat verschiedenes Preisniveau aufrechterhielten, unverändert bis zum Inkrafttreten der gemeinsamen Marktorganisation bestehen bleiben, deren Errichtung in Art. 40 erst vor dem Ende der Übergangszeit vorgeschrieben ist. Dadurch wäre den Wirtschaftszweigen, welche landwirtschaftliche Erzeugnisse weiterverarbeiten und insbesondere die nach dem Vertrage meist nicht zu den landwirtschaftlichen Erzeugnissen zählenden Lebensmittel herstellen, der Schutz genommen worden, bevor ihnen die dazu benötigten Rohstoffe zu gleichen Preisen zugänglich waren. Darum bestand die Gefahr, daß in den Mitgliedstaa-

40 So im Ergebnis *Wohlfarth,* a.a.O., Art. 235, Anm. 3; *Rabe,* a.a.O., 154; *Nicolaysen,* Implied Powers, a.a.O., 133; *von Meibom,* a.a.O., 2166; *Louis,* Règlements, a.a.O., 57; *ders.,* Fonds monétaire, a.a.O., 288; *Marenco,* a.a.O., 149; *ders.,* Aide alimentaire, a.a.O., 646–647; *von Donnersmarck,* a.a.O., 49; *Zweigert, Bernstorff,* a.a.O., 635; *Bleckmann,* a.a.O., 112; *Lauwaars,* Community Decisions, a.a.O., 85; *ders.,* Art. 235, a.a.O., 102; *Kapteyn, VerLoren van Themaat,* Inleiding, a.a.O., 67; *Lesguillons,* a.a.O., 892–893; *Constantinesco,* a.a.O., 274; *Olmi,* a.a.O., 285.

41 So schon *Ehring* in der 2. Aufl., S. 760. Nach *Louis,* Fonds monétaire, a.a.O., 288 und *Lesguillons,* a.a.O., 893 darf ein allgemeines Ziel auch aus der Gesamtheit des Vertrages abgeleitet werden, ohne daß dafür eine besondere Bestimmung des Vertrages zur Begründung herangezogen zu werden braucht.

ten, in denen für landwirtschaftliche Erzeugnisse noch ein höheres Preisniveau aufrechterhalten wurde als in den anderen Mitgliedstaaten, Wirtschaftszweige, die diese landwirtschaftlichen Erzeugnisse verarbeiteten, während der Übergangszeit zum Erliegen kamen, obwohl sie innerhalb des vollständig errichteten Gemeinsamen Marktes, in dem alle landwirtschaftlichen Erzeugnisse der weiterverarbeitenden Industrie zu gleichen Preisen zur Verfügung stehen, lebensfähig waren. Deshalb haben Kommission und Rat ein Tätigwerden der Gemeinschaft zugunsten solcher Wirtschaftszweige für erforderlich gehalten, um im Rahmen des Gemeinsamen Marktes eines ihrer Ziele zu verwirklichen, und eine erste Gruppe von Beschlüssen und Verordnungen erlassen.[42]

67 Eine zweite Gruppe von Verordnungen, erlassen seit 1972[43], regeln die Folgen, die sich für die Anwendung der im Rahmen der gemeinsamen Agrarpolitik erlassenen Preisvorschriften daraus ergeben, daß die Wechselkurse der Währungen mehrerer Mitgliedstaaten nicht mehr den amtlichen Paritäten entsprechen, die dem Internationalen Währungsfond erklärt worden sind. Bei Wechselkursänderungen im Verhältnis der Mitgliedstaaten zueinander können die in den genannten Preisvorschriften festgelegten gemeinsamen Agrarpreise nur erhalten bleiben, indem die Agrarpreise in der Währung des aufwertenden Mitgliedstaates herabgesetzt und in der Währung des abwertenden Mitgliedstaates erhöht werden. Ersteres beraubt die Landwirte eines Teils ihrer bisherigen Einkünfte und ist deshalb politisch schwer durchzusetzen. Letzteres ist konjunkturpolitisch abträglich und läuft dem Interesse der Gemeinschaft daran zuwider, daß der abwertende Mitgliedstaat zur Stabilität seiner Währung zurückfindet. Eine Verpflichtung zu einer solchen Senkung oder Erhöhung der Agrarpreise besteht nach dem geltenden Gemeinschaftsrecht lediglich bei einer Änderung der vorerwähnten amtlichen Paritäten. Soweit aus diesen Gründen im Verhältnis zu den angewandten Wechselkursen auf gemeinsame Agrarpreise verzichtet werden mußte, sehen die Verordnungen sogenannte *Währungsausgleichsbeträge* vor, die zwischen den Mitgliedstaaten mit verschiedenem Preisniveau als Einfuhrabgaben und Ausfuhrerstattungen angewandt werden, während sich im Verhältnis zu dritten Ländern die normalen Abschöpfungen und Ausfuhrerstattungen um diese Ausgleichsbeträge erhöhen oder ermäßigen. Als eine der diese Verordnungen tragenden Vertragsbestimmungen ist neben Art. 43 Art. 235 angeführt worden, weil die Währungsausgleichsbeträge im Rahmen der eingangs erwähnten Verordnungen auch für Waren gelten, die nicht zu den landwirtschaftlichen Erzeugnissen im Sinne des Vertrages gehören, aber daraus hergestellt worden sind.

68 Alle vorstehend behandelten rund 35 Verordnungen beschränken sich darauf, die im Agrarhandel zwischen den Mitgliedstaaten und mit dritten Ländern anwendbaren Einfuhrabschöpfungen und Ausfuhrerstattungen auf Waren zu erstrecken, die keine landwirtschaftlichen Erzeugnisse im Sinne des Vertrages sind, aber durch deren Verarbeitung gewonnen werden, soweit ohne diese Erstreckung die Inzidenz der durch

42 Aufgezählt von *Ehring* in der 2. Auflage, S. 752.
43 Die älteren sind aufgezählt von *Ehring*, a.a.O., S. 752–753.

die Einfuhrabschöpfungen und Ausfuhrerstattungen ausgeglichenen Preisunterschiede für die der Weiterverarbeitung dienenden landwirtschaftlichen Erzeugnisse den *Wettbewerb zwischen den Weiterverarbeitern erheblich verfälschen* würden. Daß zu diesem Zweck eine so hohe Zahl von Ratsbeschlüssen gemäß Art. 235 ergangen ist, erklärt sich dadurch, daß die ursprüngliche, mit beschränktem Anwendungsbereich und beschränkter Geltungsdauer erlassene Regelung immer wieder verlängert, ergänzt, abgeändert und neu gestaltet worden ist, insbesondere um sie dem jeweiligen Stand der Entwicklung der gemeinsamen Agrarpolitik anzupassen.

2. Allgemeine Ziele

a) Artikel 7

69 Zu den im Ersten Teil des Vertrages unter der Überschrift »Grundsätze« vereinigten acht Bestimmungen gehört Art. 7. Dieser verbietet im Anwendungsbereich des Vertrages jede Diskriminierung aus Gründen der Staatsangehörigkeit und ermächtigt den Rat zu Regelungen für das Verbot solcher Diskriminierungen. Ihre Beseitigung ist demnach ein Ziel der Gemeinschaft auch im Sinne des Art. 235. Dieses allgemeine, grundlegende Ziel hat gleichermaßen wirtschaftlichen, rechtlichen, politischen und kulturellen Charakter. Dies wird besonders deutlich, wenn man den »Anwendungsbereich des Vertrages« als insoweit durch Art. 3 Buchst. c definiert ansieht (s. Rn. 91, 93, 94 und 133). Danach umfaßt die Tätigkeit der Gemeinschaft »nach Maßgabe dieses Vertrages«, also auch des Art. 7 Abs. 2 und, soweit diese Ermächtigung nicht ausreichen sollte, des Art. 235, »die Beseitigung der Hindernisse für den freien Personenverkehr . . . zwischen den Mitgliedstaaten«. Der »Anwendungsbereich des Vertrages« im Sinne des Art. 7 Abs. 1 und 2 wie des Art. 235 umfaßt also nach dem klaren Wortlaut des Art. 3 zum Beispiel auch solche Personen, die in einen anderen Mitgliedstaat einreisen, sich dort aufhalten oder verbleiben wollen, ohne wirtschaftlich tätig zu sein.

b) Artikel 3

70 Ziele der Gemeinschaft im Sinne des Art. 235 sind weiter die in Art. 3 Buchst. a bis k aufgezählten Tätigkeiten der Gemeinschaft.[44] Zwar spricht die Eingangsformel von »Tätigkeit der Gemeinschaft«. Und sie fügt hinzu »im Sinne des Artikels 2«. Was dies bedeutet, bringen die übrigen Fassungen klarer zum Ausdruck. Dort heißt es nämlich genauer: »Aux fins énoncées à l'article précédent«, »Ai fini enunciati all' articolo precedente«, »Ten einde de in het voorgaand artikel genoemde doelstellingen te bereiken«, »For the purposes set out in Article 2«, »Med de i foranstående artikel naevnte

44 H. M., z. B. *Friauf,* a.a.O., 91; *Wohlfarth,* a.a.O., Art. 235 Anm. 2; *Rabe,* a.a.O., 152; *Nicolaysen,* Implied Powers, a.a.O., 133; *Morand,* a.a.O., 263; *von Meibom,* a.a.O., 2166; *Louis,* Règlements, a.a.O., 57; *ders.,* Fonds monétaire, a.a.O., 288; *Marenco,* a.a.O., 149; *Gericke,*

mål«. Die in Art. 3 aufgezählten Aktionen sind also Mittel zur Förderung der in Art. 2 bezeichneten fünf Ziele.[45] Trotzdem sind diese Aktionen zugleich Ziele der Gemeinschaft. Denn ihr ist die Ausführung eines jeden dieser Vorhaben zum Ziel gesetzt.[46] Sie sind unmittelbare Ziele, die ihrerseits Mittel zur Förderung der in Art. 2 festgelegten mittelbaren Ziele sind. Dementsprechend formuliert Art. 3 alle dort aufgezählten Tätigkeiten zugleich als Aufgaben, mithin als Ziele (z. B. »die Abschaffung« bzw. »die Beseitigung« der Hindernisse für den freien Waren-, Personen-, Dienstleistungs- und Kapitalverkehr, »die Errichtung« eines Systems unverfälschten Wettbewerbs, »die Einführung« mehrerer gemeinsamer Politiken).

71 Der Gerichtshof hat bestätigt, daß die Tätigkeiten der Gemeinschaft nach Art. 3 Ziele der Gemeinschaft im Sinne des Art. 235 sind. In der Rechtssache Massey–Ferguson entschied er nach Zitierung des Art. 235[47]: »Die Errichtung einer Zollunion zwischen den Mitgliedstaaten ist nach Artikel 3 Buchstaben a und b des Vertrages eines der Ziele der Gemeinschaft.«

72 Darüber hinaus weisen die Buchst. g bis k des Art. 3 der Gemeinschaft nicht nur bestimmte Tätigkeiten und damit Aufgaben im Sinne zu verwirklichender Ziele zu. Vielmehr fixieren sie außerdem materielle Ziele für diese (bereits selbst Ziele darstellenden) Tätigkeiten. So ist mit den nach Buchst. g einzuführenden Verfahren »die Koordinierung der Wirtschaftspolitik der Mitgliedstaaten und die Behebung von Störungen im Gleichgewicht ihrer Zahlungsbilanzen [zu] ermöglichen«. Die Angleichung der innerstaatlichen Rechtsvorschriften muß dem »ordnungsmäßigen Funktionieren des Gemeinsamen Marktes« dienen (Buchst. h). Schließlich werden in Buchst. i bis k dem Sozialfonds, der Investitionsbank und der Assoziierung überseeischer Länder unmittelbare Ziele gesetzt.

a.a.O., 28; *Schumacher,* a.a.O., 542; *von Donnersmarck,* a.a.O., 49; *Ipsen,* a.a.O., § 20/39, S. 433; *Bleckmann,* a.a.O., 112; *Lauwaars,* Community Decisions, a.a.O., 85; *ders.,* Art. 235, a.a.O., 102; *Kapteyn, VerLoren van Themaat,* Inleiding, a.a.O., 67; *Behrens,* a.a.O., 267; *Lesguillons,* a.a.O., 892–894; *Tomuschat,* a.a.O., 60; *Constantinesco,* a.a.O., 274; *Olmi,* a.a.O., 285; *Kaiser,* a.a.O., 116; *Dorn,* a.a.O., 189. Zweifel hat *Rabe,* a.a.O., 154. A. M. *Holch,* a.a.O., 1552; *Zweigert, Bernstorff,* a.a.O., 634–635.

45 Da diese jedoch auf zwei Wegen – Errichtung eines Gemeinsamen Marktes und Annäherung der Wirtschaftspolitik der Mitgliedstaaten – zu fördern sind, werden diese beiden Mittel selbst zu Zielen (s. Rn. 82 und 83). Sie schieben sich zwischen die fünf obersten Ziele und Art. 3. Nach einem Urteil des EuGH dienen die Vorschriften des Art. 3 der Errichtung eines Gemeinsamen Marktes, »einem der Hauptziele des Artikels 2«. EuGH – Italien/Kommission, 32/65 – Slg. 1966, 457 (483). Vgl. auch *Gericke,* a.a.O., 25–26, 27–28.

46 *Ehring* in der 2. Aufl., S. 757. Art. 3 hat »eine doppelte Funktion: Er konkretisiert in gewissem Umfang die Ziele des Art. 2 und ist daher insofern als Zielbestimmung i.S.d. Art. 235 aufzufassen, legt aber gleichzeitig auch Mittel zu ihrer Verwirklichung fest. Eine solche Auslegung des Art. 3 ist logisch möglich, da ... in der Regel jedes Ziel lediglich Mittel zur Verfolgung eines weitergehenden Zieles ist und insofern eine doppelte Funktion besitzt«. *Behrens,* a.a.O., 267.

47 EuGH – Massey-Ferguson, 8/73 – Slg. 1973, 897 (907 Rn. 3).

c) Artikel 2

aa) Die fünf Hauptziele

73 Art. 2, »der an der Spitze der vertragsprägenden allgemeinen Grundsätze steht«[48], legt die fünf Hauptziele der Gemeinschaft fest. Dies ergibt sich aus seinem Wortlaut »Aufgabe der Gemeinschaft ist es, ... [die fünf Ziele] zu fördern«. Sie sind deshalb Ziele der Gemeinschaft auch im Sinne des Art. 235.[49] Jedes dieser Ziele ist nicht unverbindlicher Programmsatz, sondern »Gebot« des Vertrages;[50] »aus der zwingenden Geltung dieser Ziele« »ergibt sich die Bindung an die grundlegenden Vertragsziele«, soweit Einzelziele und Regelungen hinter ihnen zurückbleiben.[51]

74 Die Ziele »harmonische Entwicklung des Wirtschaftslebens innerhalb der Gemeinschaft« sowie »beständige und ausgewogene Wirtschaftsausweitung« sind wirtschaftlicher Natur im weitesten Sinne. Sie umfassen das gesamte Wirtschaftsleben vom Hersteller bis zum Verbraucher in den einzelnen Sektoren, in den Regionen, in der jeweiligen Umwelt, wie die Adjektive »harmonisch« und »ausgewogen« zeigen.

75 Die Ziele »größere Stabilität« sowie »beschleunigte Hebung der Lebenshaltung« haben wirtschaftliche, soziale und gesellschaftliche Komponenten.

76 Das Ziel »engere Beziehungen zwischen den [Mitglied-]Staaten« hat vor allem politischen, institutionellen, rechtlichen und kulturellen Charakter. Es hat auch erhebliche informatorische Implikationen.

77 Das Gesagte folgt einmal aus dem Wortlaut der Ziele, zum anderen aus ihrem Geist. Dieser kommt namentlich in der Präambel des Vertrages zum Ausdruck. Danach geht es vor allem um die Schaffung der »Grundlagen für einen immer engeren Zusammenschluß der europäischen Völker«, um den »wirtschaftlichen und sozialen Fortschritt«, darum, die »Volkswirtschaften zu einigen« sowie »Frieden und Freiheit zu wahren und zu festigen«.[52]

48 EuGH – Kommission/Französische Republik, 167/73 – Slg. 1974, 359 (369–370 Rn. 18).
49 Ebenso im Ergebnis *Friauf,* a.a.O., 91; *Wohlfarth,* a.a.O., Art. 235, Anm. 2; *Rabe,* a.a.O., 154; *Ferrari Bravo, Giardina* in: *Quadri* u.a., Art. 235, Anm. 6, S. 1706; *Nicolaysen,* Implied Powers, a.a.O., 133; *Morand,* a.a.O., 263; *von Meibom,* a.a.O., 2166; *Louis,* Règlements, a.a.O., 57; *ders.,* Fonds monétaire, a.a.O., 288; *Marenco,* a.a.O., 149; *Gericke,* a.a.O., 22–23; *Schumacher,* a.a.O., 542; *von Donnersmarck,* a.a.O., 71; *Ipsen,* a.a.O., § 20/39, S. 433; *Bleckmann,* a.a.O., 112; *Lauwaars,* Community Decisions, a.a.O., 85; *ders.,* Art. 235, a.a.O., 102; *Kapteyn, VerLoren van Themaat,* Inleiding, a.a.O., 67; *Behrens,* a.a.O., 267; *Lesguillons,* a.a.O., 892–894; *Tomuschat,* a.a.O., 60; *Constantinesco,* a.a.O., 274; *Olmi,* a.a.O., 285; *Kaiser,* a.a.O., 116; *Dorn,* a.a.O., 189–192. A.M. *Holch,* a.a.O., 1552, *Zweigert, Bernstorff,* a.a.O., 634–635.
50 EuGH – Continental Can, 6/72 – Slg. 1973, 215 (245 Rn. 24).
51 EuGH a.a.O. (Fn. 50), 246 vor Rn. 26 und 245 vor Rn. 25.
52 Ähnlich bereits *von der Groeben,* Die Europäische Wirtschaftsgemeinschaft als Motor der gesellschaftlichen und politischen Integration, Tübingen 1970, 4 und passim; *Wohlfarth,* a.a.O., Einl. Ziff. 8, Art. 1 Anm. 2, Art. 2 Anm. 1e. A.M. *Gericke,* a.a.O., 23–24.

Es folgt drittens aus den Bestimmungen über die eigenen politischen und rechtlichen Organe der Gemeinschaft, über die allgemeine, unmittelbare Wahl der Versammlung (Europäisches Parlament), über die eigenen Einnahmen und Ausgaben der Gemeinschaft und deren demokratische Kontrolle sowie über die »Wahrung des Rechts« (Art. 164).

78 Viertens folgt das Gesagte aus einer Reihe von Konkretisierungen der fünf Hauptziele, welche der Vertrag enthält, darunter in Art. 7 (inländergleiche Behandlung aller Personen aus anderen Mitgliedstaaten), 220 Unterabs. 1 (inländergleicher Schutz der Staatsangehörigen anderer Mitgliedstaaten und ihrer Rechte), 119 (gleiches Arbeitsentgelt für Mann und Frau), 3 Buchst. i, 123, 125, 128 (Verbesserung der Beschäftigungsmöglichkeiten, der beruflichen Verwendbarkeit, der örtlichen und beruflichen Freizügigkeit der Arbeitskräfte, der Berufsausbildung), Art. 3 Buchst. k, 131 (wirtschaftliche und soziale Entwicklungshilfe), 104 (Wahrung hohen Beschäftigungsstands und stabilen Preisniveaus), 117 (Verbesserung der Lebens- und Arbeitsbedingungen der Arbeitskräfte).

79 Aus diesen Gründen trifft es nicht zu, die Gemeinschaft habe ihrem Namen Wirtschaftsgemeinschaft (Art. 1) entsprechend nur wirtschaftliche Ziele und ihre Organe dürften deshalb auch mit Hilfe des Art. 235 keine sozialen, gesellschaftlichen, kulturellen, politischen, rechtlichen und institutionellen Ziele verwirklichen.[53]

bb) Die beiden Hauptinstrumente

80 Vor allem *Scheuner* hat darauf hingewiesen, daß es sich bei Art. 2 und 3 um sehr allgemeine Ziel-Angaben handele, die sich nicht ohne weiteres in Aufträge des Handelns und Kompetenzen umsetzen ließen. »Art. 235 erscheint nur anwendbar, soweit Ziele im Vertrage formuliert sind, die als Aufgaben und Tätigkeitsfelder erkennbar ausgewiesen werden.«[54] Indessen spricht Art. 235 nicht von erkennbar ausgewiesenen Aufgaben, Tätigkeitsfeldern, Sachgebieten, alten und neuen Bereichen, Zuständigkeiten oder Ähnlichem, sondern von Zielen der Gemeinschaft einerseits und nicht vorgesehenen Befugnissen zu ihrer Verwirklichung andererseits.

81 Dagegen dürfte es zutreffen, daß die Gemeinschaft diese ihre fünf grundlegenden Ziele nicht auf irgendeine, ihren Organen jeweils angemessen erscheinende Weise fördern darf, sondern auf zwei in Art. 2 vorgeschriebenen Wegen, und daß hierdurch die Tragweite der

53 So jedoch *Lachmann*, a.a.O., 453 mit weiteren dänischen Nachweisen. *Olmi*, a.a.O., 286 schließt das politische Ziel »engere Beziehungen zwischen den Mitgliedstaaten« als Ziel i.S.d. Art. 235 aus. Im Ergebnis wie hier *Tomuschat*, a.a.O., 60–61; *Bleckmann*, a.a.O., 112.

54 *Scheuner*, a.a.O., 155. Ähnlich *Tomuschat*, a.a.O., 64: »Nicht hingegen scheint es mir möglich, dem Kompetenzraum der Gemeinschaft über Art. 235 auch solche Sachmaterien einzuverleiben, die nicht bereits der Vertrag selbst der Verantwortung der Gemeinschaft unterstellt hat.«

Hauptziele und damit auch der Anwendungsbereich des Art. 235 begrenzt werden.[55] Art. 2 bestimmt nämlich: »Aufgabe der Gemeinschaft ist es, *durch* die Errichtung eines Gemeinsamen Marktes und die schrittweise Annäherung der Wirtschaftspolitik der Mitgliedstaaten . . . [die fünf Ziele] zu fördern«.

Auch mit Hilfe des Art. 235 dürfen diese fünf Hauptziele also nicht durch Maßnahmen gefördert werden, die sich nicht einem dieser beiden Mittel im Sinne von Tätigkeiten zur Zielverwirklichung zurechnen lassen. Die Organe sind auch nach Art. 235 nicht befugt, unter Berufung auf ein Hauptziel des Art. 2 das der Gemeinschaft in derselben Vorschrift zugewiesene Instrumentarium zu überspringen, beiseite zu schieben oder zu erweitern. Dies bedeutet nicht, daß die Gemeinschaft generell oder im Rahmen des Art. 235 auf die Verfolgung wirtschaftlicher Ziele beschränkt wäre.[55a] Eine solche These stünde im Widerspruch zu zahlreichen Bestimmungen des Vertrages, angefangen mit der Grundsatzvorschrift des Art. 7 (s. Rn. 69, 93 bis 95). Es bedeutet lediglich, daß die sozialen und gesellschaftlichen Hauptziele (Rn. 75) sowie die politischen, institutionellen, rechtlichen und kulturellen Aspekte des Hauptzieles »engere Beziehungen zwischen den [Mitglied-]Staaten« (Rn. 76 bis 79) im Rahmen und damit in den Grenzen der Errichtung eines Gemeinsamen Marktes und der Annäherung der innerstaatlichen Wirtschaftspolitiken zu fördern sind.

cc) Die Hauptinstrumente als allgemeine Ziele

82 Die Errichtung des Gemeinsamen Marktes und die Annäherung der innerstaatlichen Wirtschaftspolitiken sind jedoch nicht nur Mittel zur Verwirklichung weiterer Ziele, sondern auch selbst Ziele der Gemeinschaft im Sinne des Art. 235.[56] Denn es ist nach dem unzweideutigen Wortlaut des Art. 2 »Aufgabe der Gemeinschaft«, den Gemeinsamen Markt zu errichten und die Wirtschaftspolitik der Mitgliedstaaten schrittweise anzunähern. Durch die Zuweisung dieser beiden Tätigkeiten an die Gemeinschaft werden auch sie zu Zielen der Gemeinschaft, wenn auch nicht als Selbstzweck, sondern zur Förderung der in Art. 2 bezeichneten obersten Ziele der Gemeinschaft. Sie behalten also zugleich ihren instrumentalen Charakter.

83 Art. 8 Abs. 1 bestätigt den Ziel-Charakter der Errichtung des Gemeinsamen Marktes, indem er bestimmt: »Der Gemeinsame Markt wird während einer Übergangszeit von zwölf Jahren schrittweise verwirklicht.«[57] Der Gerichtshof hat die »Errichtung eines

55 Ähnlich *Gericke,* a.a.O., 24 (mit zu weitgehender Folgerung); *Behrens,* a.a.O., 267; *Everling,* Art. 235, a.a.O., 10–11; *Constantinesco,* a.a.O., 275; *Nicolaysen,* Gemeinschaftsrecht, a.a.O., 46; *Lachmann,* a.a.O., 455.

55a So aber *Gericke,* a.a.O., 24, wenngleich mit Zweifeln; *Behrens,* a.a.O., 267; *Olmi,* a.a.O., 286.

56 Ebenso *Gericke,* a.a.O., 28, 40; *Behrens,* a.a.O., 267; *Olmi,* a.a.O., 285; vgl. auch *Wohlfarth,* a.a.O., Art. 235 Anm. 2.

57 *Grabitz,* Gemeinschaftsrecht bricht nationales Recht, Hamburg 1966, 94.

Gemeinsamen Marktes« sogar zu »einem der Hauptziele des Artikels 2« erklärt, dem die Vorschriften des Art. 3 dienten.[58]

– *Errichtung eines Gemeinsamen Marktes*

84 »Aufgabe« und damit Ziel der Gemeinschaft im Sinne des Art. 235 ist »die Errichtung eines Gemeinsamen Marktes« (Art. 2). Errichten bedeutet tätig werden, insbesondere hoheitlich: durch Überwachung der Anwendung des Vertrages, namentlich seiner an die Mitgliedstaaten und die Bürger gerichteten Verbote und Gebote, sowie durch Setzung von Recht.

Aufgabe und Ziel der Gemeinschaft ist also die Ergreifung aller Maßnahmen mit Hilfe des Rechts, welche einen Gemeinsamen Markt ermöglichen. Art. 8 Abs. 7 bestätigt diese Auslegung, wenn er einen (nicht eingehaltenen) Termin festsetzt »für das Inkrafttreten aller vorgesehenen Vorschriften sowie für die Durchführung aller Maßnahmen, die zur Errichtung des Gemeinsamen Marktes gehören«.

85 Welche Vorschriften und Maßnahmen hierzu gehören, ist also aus dem Vertrag zu entnehmen, soweit sie dort »vorgesehen« sind. Soweit dies nicht der Fall ist, muß die Reichweite dieses Zieles aus seinem Wortlaut, aus den im Lichte der Präambel auszulegenden fünf Hauptzielen sowie aus seiner Stellung im System des Vertrages ermittelt werden. Aus dem Ziel »harmonische Entwicklung des Wirtschaftslebens innerhalb der Gemeinschaft« hat zum Beispiel der Gerichtshof abgeleitet, daß die Errichtung des Gemeinsamen Marktes »das gesamte Wirtschaftsleben innerhalb der Gemeinschaft« berührt und daß deshalb den »Grundsatzbestimmungen [über den freien Warenverkehr, die Freizügigkeit, den freien Dienstleistungsverkehr und Kapitalverkehr] Geltung für den Gesamtbereich der Wirtschaft beizumessen ist«.[59]

86 Glücklicherweise sind im Vertrag sehr viele Maßnahmen und Vorschriften »vorgesehen«, welche zur Errichtung des Gemeinsamen Marktes gehören, so daß Art. 235 hier jeweils anwendbar ist, sofern seine sonstigen Merkmale vorliegen.

–– *Freier und gleich geordneter Wirtschaftsverkehr*

87 Zu den vorgesehenen Vorschriften und Maßnahmen gehören die Herstellung des freien innergemeinschaftlichen Waren-, Dienstleistungs-, Unternehmens-, Kapital- und Zahlungsverkehrs, eines gemeinsamen Außenzolltarifs, eines freien, unverfälschten Wettbewerbs innerhalb der Gemeinschaft durch zahlreiche Verbote und Gebote, sowie die Angleichung zahlreicher innerstaatlicher Rechtsvorschriften; vgl. Art. 3 Buchst. a, c, f, h mit den jeweils hierzu gehörenden Vorschriften und Maßnahmen der Art. 9 bis 47, 52 bis 58, 59 bis 66, 67 bis 73 und 106, 85 bis 91, 92 bis 94, 95 bis 99, 100 bis 102.

58 EuGH – Italien/Kommission, 32/65 – Slg. 1966, 457 (483).
59 EuGH – Kommission/Französische Republik, 167/73 – Slg. 1974, 359 (370 Rn. 19–21).

88 Hieraus ergibt sich, daß unter der Errichtung des Gemeinsamen Marktes nicht nur eine Zollunion zu verstehen ist. Diese ist lediglich »Grundlage der Gemeinschaft« (Art. 9). Es geht nicht nur um die Öffnung der Binnengrenzen durch Beseitigung der Beschränkungen und Diskriminierungen für Waren, Dienstleistungen, Unternehmen, Kapital und Zahlungen aus den anderen Mitgliedstaaten, so daß sich jeweils zehn gegeneinander offene, nicht länger voneinander abgeschottete Märkte gegenüberstehen. Hierüber hinaus geht es um die Verschmelzung der jeweiligen nationalen Märkte zu *einem* Markt durch Angleichung oder Ersetzung des innerstaatlichen Rechts, das Daten für die Marktteilnehmer setzt (z. B. das Beihilfen-, Steuer-, Gesellschafts-, Handels-, Wirtschaftsrecht). Erfaßt wird also in aller Regel nicht nur der grenzüberschreitende, sondern auch der innerstaatliche Wirtschaftsverkehr. Die Entscheidung, wo in der Gemeinschaft investiert, produziert, angeboten und abgesetzt wird, soll von wirtschaftlichen, nicht auch von rechtlichen, von der jeweiligen öffentlichen Hand beeinflußten Erwägungen bestimmt werden. Einbezogen in die Errichtung eines Gemeinsamen Marktes ist also nicht nur die Verteilung der Güter, sondern sind auch die Investitionen, die Produktion, alle Anbieter und Nachfrager, kurz das gesamte »Wirtschaftsleben innerhalb der Gemeinschaft« (Art. 2). So sagt z. B. Art. 38 Abs. 1 S. 1: »Der Gemeinsame Markt umfaßt auch die Landwirtschaft und den Handel mit landwirtschaftlichen Erzeugnissen.«

89 Errichtung eines Gemeinsamen Marktes heißt mithin Umgestaltung der rechtlichen Rahmenbedingungen der zehn Volkswirtschaften und Errichtung einer ihnen gemeinsamen Rechtsordnung so, daß aus jeweils zehn Märkten einer werden kann. Es geht darum – wie es für den Gemeinsamen Markt für landwirtschaftliche Erzeugnisse ausdrücklich im Vertrag heißt –, daß die Gemeinschaft »für den Handelsverkehr innerhalb der Gemeinschaft Bedingungen sicherstellt, die denen eines Binnenmarktes entsprechen« (Art. 43 Abs. 3 Buchst. b). »Errichtung eines Gemeinsamen Marktes« (Art. 2) bedeutet also Schaffung binnenmarktentsprechender rechtlicher Bedingungen für die Produktions- und Distributionsfaktoren innerhalb der Gemeinschaft, Schaffung eines Binnenmarktes[60], »Errichtung eines einheitlichen Marktes zwischen den Mitgliedstaaten«.[61]

60 So die ständige Praxis von Rat und Kommission, welche Ausdruck gefunden hat in zahlreichen Verordnungen, Richtlinien, Entscheidungen und Beschlüssen. Ebenso ein großer Teil des Schrifttums, z. B. schon 1958 *von Boeckh,* HER I A 41, Art. 2 Anm. 2 f., *Everling,* Das Niederlassungsrecht im Gemeinsamen Markt, Berlin, Frankfurt (Main) 1963, 2; *Leleux,* Le rapprochement des législations dans la Communauté économique européenne, in: CDE 1968, 129 (139); eingehend *Scherer,* Die Wirtschaftsverfassung der EWG, Baden-Baden 1970, 90–94, 104–105; *Deutsche Bundesbank,* Internationale Organisationen und Abkommen im Bereich von Währung und Wirtschaft, Frankfurt (Main) 1978, 170; für den Bereich des Gesellschaftsrechts z. B. *Lutter,* Die Rechtsangleichung im Gesellschaftsrecht, in: Europäische Handelsgesellschaft und Angleichung des nationalen Gesellschaftsrechts, Frankfurt (Main), Berlin 1968, 5 (12 ff); *von Arnim,* Das Niederlassungsrecht für Gesellschaften im Gemeinsamen Markt und die Pläne zur Schaffung einer »europäischen« Handelsgesellschaft, in: AWD BB 1965, 346.

61 So z.B. EuGH – Maschinenbau Ulm, 56/65 – Slg. 1966, 281 (303) für den in Art. 85 Abs. 1 verwendeten Begriff des Gemeinsamen Marktes.

90 Der Begriff der Errichtung eines Gemeinsamen Marktes in Art. 2 und seine Spezifizierungen in Art. 3 müssen wegen ihres instrumentalen Charakters im Lichte der Ziele des Art. 2 und ihrer bestmöglichen Verwirklichung ausgelegt werden. Je mehr der Gemeinsame Markt wie ein nationaler Markt funktioniert, desto besser können diese obersten Ziele erreicht werden. Dabei ist klar, daß Art. 2 und 3 selbst nicht zu Handlungen der Organe ermächtigen. Art. 3 bringt dies mit den Worten »nach Maßgabe dieses Vertrages« zum Ausdruck. Dieser Befugnis-Vorbehalt schließt aber als eine solche Handlungermächtigung Art. 235 ein.

-- *Freier und gleich geordneter Personen- und Rechtsverkehr*

91 Zur »Errichtung eines Gemeinsamen Marktes« gehört unstreitig auch »die Beseitigung der Hindernisse für den freien Personenverkehr zwischen den Mitgliedstaaten« (Art. 3 Buchst. c). Erfaßt werden also Hindernisse aller Art im innergemeinschaftlichen Verkehr, nicht nur wirtschaftliche. Und erfaßt werden alle in der Gemeinschaft ansässigen Personen, nicht nur Staatsangehörige der Mitgliedstaaten, nicht nur Arbeitnehmer, selbständig Erwerbstätige und Unternehmen. Die Errichtung des Gemeinsamen Marktes umfaßt also nach dem unzweideutigen Wortlaut des Art. 3 Buchst. c nicht nur die Gewährung der wirtschaftlichen Freizügigkeit, sondern der Freizügigkeit in jeder Beziehung für alle in ihr ansässigen Personen.

92 Dieses Ziel, diese »Tätigkeit der Gemeinschaft im Sinne des Artikels 2« ist »nach Maßgabe dieses Vertrages« zu verwirklichen (Art. 3), das heißt nach Maßgabe des Art. 235, soweit speziellere Ermächtigungen nicht ausreichen. Auch insoweit ist der Wortlaut des Art. 3 eindeutig.

93 Die Art. 48, 52, 53, 59, 62 verwirklichen die Freizügigkeit für Arbeitskräfte sowie das Niederlassungsrecht und den Dienstleistungsverkehr für selbständig Erwerbstätige, jedoch beschränkt auf die Beseitigung wirtschaftlicher Diskriminierungen (so die Rechtsprechung) und die Staatsangehörigen der Mitgliedstaaten. Weit hierüber hinausgehend verbietet Art. 7 Abs. 1 »*jede* Diskriminierung aus Gründen der Staatsangehörigkeit«, also z. B. Sonderregelungen für Ausländer beim Grenzübertritt, im Passrecht, im Aufenthaltsrecht und bei den damit verbundenen bürgerlichen Rechten. Art. 7 Abs. 1 konkretisiert damit Art. 3 Buchst. c und zugleich das, was nach Art. 2 zur »Errichtung eines Gemeinsamen Marktes« gehört, in anderer Hinsicht als die Art. 48, 52, 53, 59, 62, nämlich im Hinblick auf die Gewährleistung der bürgerlichen Freizügigkeit. Im Unterschied zu diesen Vorschriften gehört er außerdem wie Art. 2 und 3 zu den im Ersten Teil des Vertrages niedergelegten obersten »Grundsätzen« der Gemeinschaft. Siehe auch Rn. 69.

94 Art. 7 gilt »im Anwendungsbereich« des Vertrages. Damit verweist er nicht etwa auf die engeren Vorschriften über die Freizügigkeit der Arbeitskräfte, das Niederlassungsrecht,

den Dienstleistungsverkehr der selbständig Tätigen usw., deren Geltung er »unbeschadet« läßt, das heißt nicht beschränkt, sondern auf Art. 3 Buchst. c, der den Anwendungsbereich des Vertrages wie in Rn. 91 dargelegt auf den gesamten »Personenverkehr zwischen den Mitgliedstaaten« erstreckt (genau so, wie der Vertrag auch die übrigen Freiheiten unabhängig von der Staatsangehörigkeit derer gewährt, die davon Gebrauch machen, Art. 3a, c, 9 Abs. 2, 58 (Gesellschaften), 67 Abs. 1, 70 Abs. 2, 75 Abs. 1 Buchst. b, 106 Abs. 1).

95 Art. 7 Abs. 2, der den Rat zu den erforderlichen Regelungen ermächtigt, gehört zu der Art. 3 Buchst. c umfassenden Tätigkeit der Gemeinschaft »nach Maßgabe dieses Vertrages«. Soweit er nicht ausreicht, greift Art. 235 ein.

96 Eine weitere wichtige Konkretisierung der Ziele »Errichtung eines Gemeinsamen Marktes« und »Beseitigung der Hindernisse für den freien Personenverkehr zwischen den Mitgliedstaaten« enthält Art. 220. Während seine Unterabs. 2 und 3 die Beseitigung steuerlicher und gesellschaftsrechtlicher, also wirtschaftlicher Ungleichbehandlungen durch Vereinheitlichung des innerstaatlichen Rechts vorschreiben, gebieten Unterabs. 1 und 4 den Mitgliedstaaten ganz allgemein, »zugunsten ihrer Staatsangehörigen sicherzustellen – den *Schutz der Personen* sowie den *Genuß* und den *Schutz der Rechte* zu den Bedingungen, die jeder Staat seinen eigenen Angehörigen einräumt,« sowie »die Vereinfachung der Förmlichkeiten für die gegenseitige Anerkennung und Vollstreckung richterlicher Entscheidungen und Schiedssprüche«.

97 Der Anwendungsbereich dieser Vorschriften ist sehr umfassend (s. *Schwartz* zu Art. 220 Rn. 95 bis 109). Indem Unterabs. 1 die generelle rechtliche und staatsbürgerliche Gleichstellung der Staatsangehörigen der anderen Mitgliedstaaten mit den eigenen Bürgern bezweckt, und zwar durch gemeinsame Einführung einheitlicher Regelungen, präzisiert er ausdrücklich, wie weit die Ziele »Errichtung eines Gemeinsamen Marktes« (Art. 2) und »Beseitigung der Hindernisse für den freien Personenverkehr« (Art. 3 Buchst. c) in bezug auf die Staatsangehörigen der Mitgliedstaaten als Staatsbürger und Rechtssubjekte reichen. Nach Unterabs. 4 umfassen diese beiden Ziele auch gemeinsame Regeln für die internationale Zuständigkeit der Gerichte und die Anerkennung und Vollstreckung ihrer Entscheidungen, und zwar ohne Beschränkung auf Handelssachen. Es sind also auch für den Rechtsverkehr, den Schutz der Staatsangehörigen der anderen Mitgliedstaaten, ihrer Rechte und deren Ausübung innerhalb der Gemeinschaft Bedingungen sicherzustellen, die denen eines Binnenmarktes entsprechen.

98 Art. 220 schreibt Verhandlungen unter den Mitgliedstaaten über diese Fragen vor, »soweit erforderlich«. Dies bedeutet nach h. M.: soweit die Handlungsermächtigungen der Organe der Gemeinschaft nicht ausreichen, um die in Art. 220 bezeichneten Ziele der Gemeinschaft zu verwirklichen, hier also im wesentlichen Art. 7 Abs. 2, 100 und 235, oder wenn von Art. 235 nicht Gebrauch gemacht wird (s. *Schwartz* zu Art. 220 Rn. 30 bis 60, hinsichtlich Art. 235 vor allem Rn. 41, 57 bis 60).

99 Auch im Bereich des »Europa der Bürger« beschränkt sich die »Errichtung eines Gemeinsamen Marktes« (Art. 2) nicht auf grenzüberschreitende oder Sachverhalte mit Auslandsberührung. Dies zeigt besonders deutlich das Gebot des Vertrages zur Angleichung des innerstaatlichen Rechts über die Aufnahme und Ausübung selbständiger Tätigkeiten (Art. 57 Abs. 2). Hierunter fallen nicht nur alle gewerblichen, kaufmännischen und handwerklichen, sondern sämtliche Tätigkeiten gegen Entgelt wie zum Beispiel der Hörfunk, das Fernsehen, die Übermittlung von Daten aller Art sowie die zahlreichen freiberuflichen Tätigkeiten. Bei dieser Angleichung geht es unvermeidlich auch um wesentliche Aspekte der nationalen Medien-, Kultur- und Rechtspolitik bzw. um die Angleichung der (akademischen) Ausbildung von Mitgliedstaat zu Mitgliedstaat. Dies gilt auch für die erst auf dieser Grundlage mögliche Anerkennung der ausländischen Diplome, Prüfungszeugnisse und sonstigen Befähigungsnachweise (Art. 57 Abs. 1). Gleichzeitig erfaßt diese Angleichung wichtige Teile der jeweiligen nationalen Sektorenpolitik, zum Beispiel der Gesundheitspolitik bei den medizinischen und pharmazeutischen Tätigkeiten.

Art. 235 ist in den von Art. 57 erfaßten Bereichen zwischen 1974 und 1978 in insgesamt zwölf Fällen angewendet worden, um die betreffenden Richtlinien auf unselbständig Tätige zu erstrecken (je zwei für Ärzte, Zahnärzte, Tierärzte, Krankenschwestern, und je eine für den Handel, die Verteilung und die Verwendung giftiger Stoffe, für »verschiedene Tätigkeiten«, für die Tätigkeiten des Reisegewerbes sowie die des Güter- und des Personenkraftverkehrsunternehmers). Da Art. 49 die Erstreckung des Anwendungsbereichs dieser zwölf Richtlinien auf abhängig Beschäftigte erlaubt und die Richtlinien deshalb sämtlich nicht nur auf Art. 57, sondern ausdrücklich auch auf Art. 49 gestützt worden sind, durfte der Rat Art. 235 nicht außerdem heranziehen. Denn Art. 235 ist wie in Rn. 13 bis 14, 30 bis 39 dargelegt nur anwendbar, soweit andere Handlungsermächtigungen nicht ausreichen. Die Kommission hat hierauf immer wieder hingewiesen; ab 1979 mit Erfolg, wie die seitdem allein nach Art. 57 und 49 erlassenen Richtlinien zeigen (z. B. für Hebammen, Hilfsgewerbetreibende des Verkehrs, Friseure).

– *Annäherung der Wirtschaftspolitik der Mitgliedstaaten*

100 Aufgabe und damit Ziel der Gemeinschaft im Sinne des Art. 235 ist auch »die schrittweise Annäherung der Wirtschaftspolitik der Mitgliedstaaten«.[62] Die Wirtschaftspolitik ist also Angelegenheit der Mitgliedstaaten. Die Annäherung der einzelstaatlichen Wirtschaftspolitiken ist hingegen »Aufgabe der Gemeinschaft«, wie Art. 2 ausdrücklich bestimmt

62 Im Ergebnis wie hier *Wohlfarth*, a.a.O., Art. 235, Anm. 2, Art. 145, Anm. 4; *Ehlermann*, Sachkompetenzen, a.a.O., 166; *Schmitthoff, Page*, Co-ordinating or Approximating Economic Legislation, Report, in: CMLR 13 (1976) 253 (261); *Seidel*, EWS, a.a.O., 68.

und Art. 145 bestätigt (»sorgt der Rat für die Abstimmung der Wirtschaftspolitik der Mitgliedstaaten«).[63] Zur Verwirklichung dieser Annäherung kann auf Art. 235 zurückgegriffen werden, sofern seine übrigen Merkmale vorliegen.

-- *Annäherung*

101 Was »Annäherung« bedeutet, ergibt sich deutlicher aus den übrigen Fassungen des Vertrages, die in Art. 2 denselben Begriff verwenden wie in Art. 100 und dessen Kapitelüberschrift, nämlich »rapprochement«, »ravvicinamento«, »nader tot elkaar brengen«, »approximation«, »tilnaermelse«, das heißt »Angleichung«. Angleichung aber ist wesentlich mehr als Annäherung. Dies zeigen die Vorschriften über die Rechtsangleichung und die diesbezügliche Praxis.

102 Aus der Stellung des Art. 2 zu Beginn des Vertrages, aus Art. 3, der auf Art. 2 bezug nimmt und auch *gemeinsame* Politiken und *Einrichtungen* der Gemeinschaft nennt, die Teil der Wirtschaftspolitik sind, sowie aus der Systematik des Vertrages, der wiederholt zwischen »Gemeinsamer Markt« und »gemeinsamer Politik« unterscheidet, ergibt sich, daß es sich bei der »Annäherung« um einen Oberbegriff handelt, der die später verwendeten Unterbegriffe – »Anwendung von Verfahren« zur Koordinierung (Art. 3 Buchst. g), »Koordinierung« (Art. 6, 105), »Angelegenheit von gemeinsamem Interesse« (Art. 103, 107), gemeinschaftliche »Maßnahmen« und »Entscheidungen« (Art. 103), »Zusammenarbeit« (Art. 6, 105, 118), »gegenseitiger Beistand« (Art. 108), »Angleichung« (Art. 117), »Einführung einer gemeinsamen Politik« (Art. 3 Buchst. b, d, e), »Assoziierung der überseeischen Länder«, »gemeinsame Bemühungen« um ihre Entwicklung und den Handelsverkehr mit ihnen (Art. 3 Buchst. k) – umfaßt, auch soweit letztere nach ihrem Wortsinn weiterreichen. Daß die gemeinsamen Politiken nicht zur »Errichtung eines Gemeinsamen Marktes«, sondern zur »Annäherung der Wirtschaftspolitik der Mitgliedstaaten« zu rechnen sind, ergibt sich auch ausdrücklich aus Art. 38 Abs. 4: »Mit dem Funktionieren und der Entwicklung des Gemeinsamen Marktes für die landwirtschaftlichen Erzeugnisse muß die Gestaltung einer gemeinsamen Agrarpolitik der Mitgliedstaaten Hand in Hand gehen.« Art. 108 Abs. 1 unterscheidet ebenfalls zwischen dem »Funktionieren des Gemeinsamen Marktes« und der »schrittweisen Verwirklichung der gemeinsamen Handelspolitik«. Siehe auch Rn. 149. Die gemeinsamen Politiken sind zusammen mit der institutionellen Integration von Teilbereichen der Wirtschaftspolitik (Europäische Investitionsbank, Europäischer Sozialfonds) die weitestgehenden Formen der »Annäherung«.

-- *Wirtschaftspolitik*

103 Entsprechendes gilt für den Begriff »Wirtschaftspolitik«. Auch er ist ein solcher Oberbegriff. Auch auf ihn bezieht sich Art. 3 in seinem einleitenden Halbsatz, wenn er

63 Dies übersehen *Oppermann*, a.a.O., 133 und *Scheuner*, a.a.O., 155 Fn. 31, 156.

folgende Bereiche ausdrücklich aufzählt: Außenhandel (Buchst. b), Entwicklung bestimmter überseeischer Länder (Buchst. k), Landwirtschaft (Buchst. d), Verkehr (Buchst. e), Beschäftigung und Lebenshaltung der Arbeitnehmer (Buchst. i), Erschließung neuer Investitionsquellen (Buchst. j), Wirtschafts- und Währungspolitik der Mitgliedstaaten (Buchst. g). Diese Bereiche fallen also zweifelsfrei unter den Oberbegriff »Wirtschaftspolitik« im Sinne des Art. 2, auch wenn man einige davon ebenso gut als Entwicklungshilfepolitik bzw. Sozialpolitik bezeichnen kann und der Vertrag selbst sie weiter hinten in einem eigenen Teil bzw. Titel regelt. Legte man den Begriff »Wirtschaftspolitik« in Art. 2 nicht in diesem alle wirtschaftlichen und sozialen Einzelregelungen des Vertrages umfassenden Sinne aus (außer denen, welche den Gemeinsamen Markt betreffen), würde man der Stellung und Bedeutung dieser obersten Grundsatz-Bestimmung im System des Vertrages nicht gerecht.[64]

104 Dies heißt jedoch nicht, daß sich die Aufgabe der »schrittweisen Annäherung der Wirtschaftspolitik der Mitgliedstaaten« (Art. 2) auf die Tätigkeiten des Art. 3 reduzierte. Denn nach Art. 3 »umfaßt« die Tätigkeit der Gemeinschaft die dort vorgesehenen Maßnahmen. Sie erschöpft sich also nicht darin.[65] Auch Art. 7 – ebenfalls eine Grundsatz-Bestimmung – und eine Reihe einzelner Vorschriften (wie Art. 118, 119, 120; 229, 230, 231; 238) zeigen dies deutlich. Art. 3 enthält lediglich eine zusammenfassende Aufzählung besonders wichtiger Tätigkeiten, Aufgaben und Ziele.[66] Er verweist ausdrücklich zurück auf »die Tätigkeit der Gemeinschaft im Sinne des Artikels 2«, also auch auf die ihr dort zugewiesene »schrittweise Annäherung der Wirtschaftspolitik der Mitgliedstaaten«. Und er legt fest, daß diese »nach Maßgabe dieses Vertrages« erfolgt, also auch des Art. 235.

105 Die summarische Umschreibung in Art. 3 derjenigen Tätigkeiten bzw. Ziele, welche Unterfälle der Tätigkeit bzw. des Zieles Annäherung der Wirtschaftspolitik der Mitgliedstaaten sind, ist also nicht erschöpfend in dem Sinne, daß Art. 3 dieses Ziel des Art. 2 auf die in Art. 3 genannten Unterziele einschränkte. Das eine unmittelbare Ziel des

64 Dagegen erscheint es *Lesguillons,* a.a.O., 894 »un peu systématique« und »peu conforme à la réalité«, zu verlangen, daß alle Ziele der Gemeinschaft i.S.d. Art. 235 auf die Art. 2 und 3 zurückführbar sein müssen, und dadurch die Verwirklichung von Zielen nach Art. 235 auszuschließen, die sich lediglich aus der Gesamtheit des Vertrages und seiner normativen und programmatischen Weiterentwicklung ableiten lassen.

65 Ebenso *Behrens,* a.a.O., 267.

66 Ähnlich *Behrens,* a.a.O., 267: Art. 3 sei keine abschließende Regelung, sondern enthalte lediglich »eine zusammenfassende Angabe des Instrumentariums zur Verwirklichung der in Art. 2 genannten Ziele und gibt einen summarischen Überblick über den Inhalt des EWGV«.

Art. 2 bzw. die eine der beiden dort verankerten Hauptaufgaben und -tätigkeiten der Gemeinschaft hätte dann keinen selbständigen Inhalt mehr. Eine solche Auslegung kann nicht zutreffen. Denn die Förderung eines oder mehrerer der fünf in Art. 2 bezeichneten Hauptziele der Gemeinschaft kann je nach den tatsächlichen Umständen weitergehende als die im Vertrag vorgesehenen koordinierenden Maßnahmen erfordern, also die Einführung gemeinsamer Maßnahmen, Politiken oder (und) Einrichtungen auch in anderen als den in Art. 3 ausdrücklich aufgezählten Bereichen Außenhandel, Landwirtschaft, Verkehr, Sozialfonds, Investitionsbank und Assoziierung überseeischer Länder.

106 Ein ausdrücklicher Beleg für diese von der Koordinierung bis zur Vergemeinschaftung reichende, sich in der Intensität nach der Erforderlichkeit und Geeignetheit der Maßnahme zur Förderung der Ziele der Gemeinschaft richtende Annäherung der Wirtschaftspolitik der Mitgliedstaaten ist Art. 103 für die zentralen Bereiche *Konjunkturpolitik* und *Versorgungspolitik* (etwa mit Erdöl, Abs. 4). Mit den Worten des Gerichtshofs:[67] »Artikel 103 bezweckt, die Konjunkturpolitik der Mitgliedstaaten zu koordinieren oder, so Absatz 2 dieser Bestimmung, geeignete gemeinsame Maßnahmen zu ermöglichen. ... Zwar sind die Mitgliedstaaten nach Artikel 103 Absatz 1 gehalten, ihre Konjunkturpolitik als eine Angelegenheit von gemeinsamem Interesse zu betrachten, doch schließt diese Fassung nicht die Befugnis der Gemeinschaftsorgane aus, ... ihrerseits auch Maßnahmen konjunktureller Art ... zu erlassen ..., die sich als erforderlich für die Wahrung der Zielsetzungen des Vertrages erweisen können.«

107 Soweit diese oder andere Ermächtigungen zu gemeinsamen Maßnahmen wie Art. 103 Abs. 4 (Versorgungspolitik) nicht ausreichen, und soweit sich die Annäherung des betreffenden Ausschnitts der Wirtschaftspolitik »im Rahmen des Gemeinsamen Marktes« verwirklichen läßt, hat Art. 235 den Organen die hierfür erforderlichen Befugnisse zugewiesen.

108 Aber nicht nur die Verwirklichung der fünf Hauptziele des Art. 2 kann gemeinsame Maßnahmen zur Annäherung der Wirtschaftspolitik der Mitgliedstaaten auf Gebieten erfordern, die der Vertrag nicht ausdrücklich erwähnt. Vielmehr kann auch die *Errichtung und Erhaltung des Gemeinsamen Marktes* – der anderen Hauptaufgabe und damit des anderen unmittelbaren Zieles der Gemeinschaft nach Art. 2 – Maßnahmen

67 EuGH – »Ausgleichsbeträge bei fluktuierenden Wechselkursen«, 5/73 – Slg. 1973, 1091 (1108 Rn. 13, 1110 Rn. 17).

gemeinschaftlicher Wirtschaftspolitik auf anderen als den in Art. 3 genannten Bereichen notwendig machen. Die Erfahrungen der letzten Jahre haben dies namentlich auf den Gebieten Konjunktur und Währung (in Art. 3 Buchst. g immerhin angesprochen), Investitionen, Regionen, Beschäftigung, Erdöl, Umweltschutz und indirekte Steuern bewiesen. Soweit sich solche innerstaatlichen Politiken unmittelbar auf die Errichtung oder das Funktionieren des Gemeinsamen Marktes auswirken, bedürfen sie der Angleichung oder (und) der Vergemeinschaftung. Die Angleichung ist ausdrücklich vorgeschrieben, soweit sich derartige Politiken in Rechtsvorschriften niederschlagen (Art. 3 Buchst. h i. V. m. 99, 100, 101, 103). Soweit dies nicht der Fall ist oder die Rechtsangleichung oder nach Art. 103 über sie hinaus mögliche Maßnahmen der Organe nicht ausreichen, ist Art. 235 anwendbar.

09 Im übrigen ist der in Art. 2 verwendete Begriff »Wirtschaftspolitik im weitesten Sinn des Wortes zu verstehen«,[68] ebenso wie in Art. 6 und 145. *Wohlfarth* begründet dies mit der Entstehungsgeschichte des Vertrages:[69] »Der Ausschuß der Delegationsleiter beschloß bei Abschluß des Vertrages, daß sich die in Art. 145 vorgesehene Koordinierung der Wirtschaftspolitik der Mitgliedstaaten auf die Wirtschaftspolitik im weitesten Sinne bezieht, das heißt auf die Wirtschafts-, Sozial-, Währungspolitik usw. Der Begriff ist also hier in einem weiteren Sinne zu verstehen als in Titel II des Dritten Teiles« des Vertrages, der die Konjunkturpolitik, die Zahlungsbilanz und Währungspolitik sowie die gemeinsame Handelspolitik betrifft.

10 Erfaßt werden demnach je nach dem Grad und den Erfordernissen der Verwirklichung der erörterten Ziele der Gemeinschaft Teile oder Aspekte der Sozialpolitik,[70] der Regionalpolitik,[71] der allgemeinen Wirtschafts- und Währungspolitik,[72] der Steuerpoli-

68 *Wohlfarth,* a.a.O., Art. 235 Anm. 2; *Everling,* Art. 235, a.a.O., 11: »Auch die Wirtschaftspolitik ist weit zu verstehen, sie umfaßt vor allem Sektorenpolitiken sowie Währungspolitik und Sozialpolitik«; *Behrens,* a.a.O., 267.

69 *Wohlfarth,* a.a.O., Art. 6 Anm. 2, vgl. auch Art. 145 Anm. 4.

70 *Lauwaars,* Art. 235, a.a.O., 121; *Everling,* Art. 235, a.a.O., 11.

71 *Melchior,* a.a.O., 37–41, 104–105, 122–126; *Lauwaars,* Art. 235, a.a.O., 119–120; *Everling,* Art. 235, a.a.O., 11; *Nicolaysen,* Gemeinschaftsrecht, a.a.O., 46–47.

72 *Wohlfarth,* a.a.O., Vorbem. 6 zu Art. 104 (Währungsunion), Art. 145 Anm. 4; *Ehlermann,* Währungsfonds, a.a.O., 196–197; *ders.,* Sachkompetenzen, a.a.O., 166–167 (Wirtschafts- und Währungsunion); *Hallstein,* a.a.O., 319 (Wirtschafts- und Währungsunion); *Louis,* Fonds monétaire, a.a.O., 288–289 (Wirtschafts- und Währungsunion); *Lagrange,* a.a.O., 93 (Wirtschafts- und Währungsunion); *Lauwaars,* Art. 235, a.a.O., 113–116 (Währungspolitik); *Everling,* Art. 235, a.a.O., 11 (Wirtschafts- und Währungspolitik); *Bleckmann,* a.a.O., 112 (gemeinsame Wirtschafts- und Währungspolitik); *Schmitthoff, Page* (oben Fn. 62), 261 (alle Bereiche der Wirtschaftspolitik); *Seidel,* Währungssystem, a.a.O., 15–25 (Zulässigkeit eines Systems der

tik, der Finanz- und Haushaltspolitik,[73] der Industriepolitik[74] (außer für Stahl, Kohle und Atomenergie), der Forschungs-, Technologie- und Innovationspolitik,[75] der Umweltpolitik,[76] der Verbraucherpolitik,[77] der Außenwirtschaftspolitik[78] (soweit sie nicht – wie die Kooperationsabkommen mit dritten Ländern – als Handelspolitik angesehen wird), die Entwicklungshilfepolitik gegenüber nicht assoziierten Drittländern.[78a]

Der Inhalt bestimmter Gemeinschaftspolitiken, die im EWG-Vertrag nicht näher behandelt und weitgehend auf Art. 235 gestützt sind – zum Beispiel die Regionalpolitik –, ist im Anhang C dieses Kommentars erläutert.

111 In jedem dieser Bereiche der Wirtschaftspolitik im Sinne des Art. 2 hat der Rat auf Art. 235 gestützte Rechtsakte erlassen (außer im Steuersektor, wo Art. 99 und 100 bisher ausreichten). Die wichtigsten Beispiele für die Ausübung der Kommission und Rat in Art. 235 zugewiesenen Befugnisse sind die Verordnungen über die Einführung einer gemeinsamen Strukturpolitik für die Fischwirtschaft (1970 und 1976), zur Errichtung eines Europäischen Fonds für währungspolitische Zusammenarbeit (1973), über das Europäische Währungssystem (1978), über Gemeinschaftsanleihen zur Investitionsförderung (1975, 1978, 1981), über die Errichtung eines Europäischen Fonds für regionale Entwicklung (1975, 1979), über die Errichtung einer Europäischen Agentur für Zusammenarbeit zwischen der Gemeinschaft und den Entwicklungsländern (1981), über die finanzielle und technische Hilfe zugunsten der nichtassoziierten Entwicklungsländer (1981).

Wechselkursstabilisierung durch Interventionen, des Saldenausgleichs durch Europäische Währungseinheiten und eines Kreditsystems); *ders.*, EWS, a.a.O., 72–76; *Nicolaysen,* Gemeinschaftsrecht, a.a.O., 47 (Wirtschafts- und Währungspolitik); *Olmi,* a.a.O., 288 (Wirtschafts- und Währungspolitik).

Zurückhaltend *Maas,* a.a.O., 10–11; *Tomuschat,* a.a.O., 65–66 (keine eigenständige Wirtschafts- und Währungspolitik der Gemeinschaft). Negativ *Oppermann,* a.a.O., 133 ff; *Scheuner,* a.a.O., 155–156.

73 *Hallstein,* a.a.O., 319 (Haushaltspolitik); *Everling,* Art. 235, a.a.O., 18–19; *Seidel,* Rechtsangleichung, a.a.O., 178 (Haushaltspolitik). A. M. *Mitzka,* a.a.O.

74 *Lauwaars,* Art. 235, a.a.O., 122–123 (Energiepolitik); *Nicolaysen,* Gemeinschaftsrecht, a.a.O., 46–47; *Everling,* Art. 235, a.a.O., 11 (Sektoren).

75 *Prelle,* a.a.O., 401–403; *Lauwaars,* Art. 235, a.a.O., 121–122; *Nicolaysen,* Gemeinschaftsrecht, a.a.O., 46–47.

76 *Behrens,* a.a.O., 266–271; *Riegel,* a.a.O., 77–78, 79–83; *Everling,* Art. 235, a.a.O., 11; *Tomuschat,* a.a.O., 60 mit Fn. 64, vorsichtig 64–65; *Close,* a.a.O., 477–480; *Béraud,* a.a.O.; *Nicolaysen,* Gemeinschaftsrecht, a.a.O., 46–47; *Lachmann,* a.a.O., 454. A. M. *Vygen,* a.a.O., 59–60.

77 *Close,* a.a.O., 477–480; *Rambow,* a.a.O., 244–245, 247.

78 *Everling,* Art. 235, a.a.O., 19.

78a *Marenco,* Aide alimentaire, a.a.O., 646–647 (Nahrungsmittelhilfe).

d) Präambel

112 Lehre und Praxis des Völkerrechts anerkennen, daß die Präambel eines völkerrechtlichen Vertrages für seine Auslegung herangezogen werden kann, soweit sie nicht zu allgemein, sondern hinreichend präzise formuliert ist.[79] Hinsichtlich der Präambel des EWG-Vertrages hat der Gerichtshof keine Bedenken gehabt, sie wiederholt für die Auslegung des Vertrages heranzuziehen.[80] Unter Berufung auf einzelne dieser Entscheidungen meint ein kleiner Teil des Schrifttums zu Art. 235, die in der Präambel genannten Ziele seien zwar keine Ziele der Gemeinschaft im Sinne des Art. 235, böten aber eine Hilfe bei der Auslegung des Vertrages,[81] namentlich der Art. 2 und 3.[82]

113 Indessen kann die Bedeutung der Präambel eines Vertrages nach der Völkerrechtslehre über seine Auslegung hinausgehen. Eine Präambel kann auch ergänzende Vorschriften enthalten, die dazu bestimmt sind, mögliche Lücken in den besonderen Vorschriften des Vertrages auszufüllen. Eine Präambel kann Bestimmungen vorsehen, welche einen Rahmen setzen für Vorschriften des Vertrages oder welche sie ergänzen, und welche rechtsverbindlich sind. Nur durch Studium einer bestimmten Präambel kann ermittelt werden, ob ihre Formulierung hierfür präzise genug ist. Wenn ja, soll die Präambel als integraler Teil des Vertrages anzusehen sein, selbst wenn dies nicht ausdrücklich bestimmt ist. Die Präambel soll dann dieselbe rechtliche Bindungswirkung haben wie die besonderen Bestimmungen des Vertrages.[83]

114 Einzelne Autoren meinen, die Präambel zum EWG-Vertrag sei zu allgemein gefaßt, um Ziele der Gemeinschaft im Sinne des Art. 235 zu enthalten; sie könne aber herangezogen werden, um das Bestehen eines Zieles zu bekräftigen, das sich bereits aus Vorschriften des Vertrages ergebe.[84] Andere Autoren sind der Auffassung, in der Präambel seien (zum Teil) nur die (politischen) Motive und Erwartungen der Vertragsschließenden niedergelegt, welche erst durch die Artikel selbst ihre normative Fixierung erhalten hätten.[85] Zum anderen Teil seien zwar (wirtschaftliche) Ziele in der Präambel enthalten, aber diese seien nicht Ziele der Gemeinschaft, sondern der Vertragsschließenden.[86] Mehrere dänische

79 *Schepers,* a.a.O., 357 mit Nachweisen; *Vignes* in: *Mégret* u.a., a.a.O. (Allg. Literaturverzeichnis), Préambule Anm. 1, 7, S. 4, 9.

80 EuGH - van Gend/niederländische Finanzverwaltung, 26/62 - Slg. 1963, 1 (24); EuGH - Consten, Grundig/Kommission, 56, 58/64 - Slg. 1966, 321 (388); EuGH - Italien/Kommission, 32/65 - Slg. 1966, 457 (483); EuGH - Defrenne/Sabena, 43/75 - Slg. 1976, 455 (473 Rn. 10).

81 *Lauwaars,* Community Decisions, a.a.O., 85; *ders.,* Art. 235, a.a.O., 102; *Lesguillons,* a.a.O., 892; *Dorn,* a.a.O., 196–197.

82 *Tomuschat,* a.a.O., 61; *Kaiser,* a.a.O., 116.

83 So mit Nachweisen *Vignes* in: *Mégret* u.a., a.a.O., Préambule Anm. 1, 6, S. 4, 8–9; *Schepers,* a.a.O., 358, 359.

84 *Marenco,* a.a.O., 149; *Lesguillons,* a.a.O., 892 mit Fn. 33.

85 *Schumacher,* a.a.O., 542; *Zweigert, Bernstorff,* a.a.O., 634–635; *Gericke,* a.a.O., 32–33; *Tomuschat,* a.a.O., 61 Fn. 65; *Dorn,* a.a.O., 192–194.

86 *Gericke,* a.a.O., 32–33; *Dorn,* a.a.O., 193.

Autoren halten die Diskussion für weitgehend irrelevant, weil der Vertrag sich auf die Gründung einer *Wirtschafts*gemeinschaft beschränke (Art. 1) und daher auf wirtschaftliche Angelegenheiten.[87]

115 Das letzte Argument ist nicht schlüssig. Denn der Vertrag definiert nicht, was unter Wirtschaftsgemeinschaft zu verstehen ist. Der Inhalt dieses Begriffs läßt sich auch nicht durch eine Wortauslegung präzisieren, welche die übrigen Bestimmungen außer acht läßt. Vielmehr kann er nur der Gesamtheit der Vorschriften entnommen werden, welche die Aufgaben, Ziele und Tätigkeiten des lediglich summarisch als Wirtschaftsgemeinschaft bezeichneten Zusammenschlusses festlegen. Damit aber fragt sich, ob zu diesen Vorschriften auch die Präambel – ganz oder teilweise – gehört.

116 Vom vorletzten Argument trifft zwar zu, daß die in der Präambel aufgezählten Ziele nach deren Wortlaut Ziele sind, welche die vertragschließenden Staaten mit dem Abschluß des Vertrages verfolgt haben. Damit sind diese Ziele aber gleichzeitig Ziele des Vertrages und mithin auch der Gemeinschaft. Denn es handelt sich um Ziele, welche die Vertragsschließenden durch den Vertrag und die hierdurch erfolgte Gründung der Gemeinschaft anstreben.[88] Die Vertragsparteien erklären in der Präambel ausdrücklich, »durch gemeinsames Handeln« (zweiter Absatz), durch »ein einverständliches Vorgehen« (vierter Absatz), »durch eine gemeinsame Handelspolitik« (sechster Absatz), »durch diesen Zusammenschluß ihrer Wirtschaftskräfte« (achter Absatz) die dort jeweils festgelegten Ziele zu verfolgen, welche zudem an zwei Stellen ausdrücklich als »wesentliches Ziel« (dritter Absatz) bzw. als »hohes Ziel« (achter Absatz) bezeichnet werden. Die Gemeinschaft ist also das Mittel zur Erreichung dieser Ziele. Damit aber ist auch ihr die Förderung eines jeden dieser Ziele aufgegeben.[89]

117 Bezeichnenderweise sieht auch der Gerichtshof die Ziele der Präambel als Ziele der Gemeinschaft an. So hat er die in Absatz 2 der Präambel vorgesehene Beseitigung der Europa trennenden Schranken zu »den grundlegenden Zielen der Gemeinschaft« gerechnet.[90] Bei der Verwirklichung des Grundsatzes der Lohngleichheit für Männer und Frauen (Art. 119) hat er aus der Präambel die soziale Zielsetzung »der Gemeinschaft« abgeleitet:[91] »Andererseits dient diese Bestimmung den sozialen Zielen der Gemeinschaft, die sich ja nicht auf eine Wirtschaftsunion beschränkt, sondern, wie die Präambel des Vertrages hervorhebt, zugleich durch gemeinsames Vorgehen den sozialen Fortschritt sichern und die ständige Besserung der Lebens- und Beschäftigungsbedingungen der europäischen Völker anstreben soll.«

118 Das dritte Argument – die Präambel enthalte lediglich Motive und Erwartungen der

87 Nachweise bei *Lachmann,* a.a.O., 453.
88 Ähnlich bereits *Ehring* in der 2. Auflage, S. 753.
89 Ähnlich *Behrens,* a.a.O., 268.
90 EuGH – Consten, Grundig/Kommission, 56, 58/64 – Slg. 1966, 321 (388).
91 EuGH – Defrenne/Sabena, 43/75 – Slg. 1976, 455 (473 Rn. 10).

Vertragsschließenden – findet weder in dieser Rechtsprechung noch im Wortlaut oder Inhalt der Präambel eine Stütze (s. Rn. 119). Es wird auch durch den Vertrag selbst widerlegt, der von »den in der Präambel dieses Vertrages aufgestellten Grundsätzen« (Art. 131 Abs. 3) spricht. Damit stellt der Vertrag die Ziele der Präambel ausdrücklich auf eine Stufe mit dem mit »Grundsätze« überschriebenen Ersten Teil des Vertrages (Art. 1 bis 8), der die Aufgaben, Ziele und Tätigkeiten der Gemeinschaft summarisch umschreibt. Aufschlußreich ist fünftens die Entstehungsgeschichte. Bei der Ratifizierung des EWG- und des Euratom-Vertrages kam der Deutsche Bundestag – nicht zuletzt aufgrund der Anhörung der Bundesregierung – zu folgendem Ergebnis:[92] Die Präambeln enthalten »nicht etwa eine Aneinanderreihung unverbindlicher Postulate«, sondern haben »Rechtskraft in gleicher Weise und mit gleicher Wirkung wie die übrigen Vertragsbestimmungen«. Sie zeigen »ganz konkret den Weg, den die neuen Gemeinschaften gehen sollen«.

119 Es bleibt das vierte Argument zu prüfen: die Ziele der Präambel seien für eine Anwendung des Art. 235 zu allgemein. M. E. trifft dies nur für das erste und zwölfte Ziel zu (»die Grundlagen für einen immer engeren Zusammenschluß der europäischen Völker zu schaffen«, Abs. 1, »die Verbundenheit Europas mit den überseeischen Ländern zu bekräftigen«, Abs. 7). Die *übrigen* Ziele sind:

(2) Sicherung des wirtschaftlichen Fortschritts durch Beseitigung der Europa trennenden Schranken (Abs. 2),
(3) Sicherung des sozialen Fortschritts durch Beseitigung der Europa trennenden Schranken (Abs. 2),
(4) stetige Besserung der Lebensbedingungen (Abs. 3),
(5) stetige Besserung der Beschäftigungsbedingungen (Abs. 3),
(6) beständige Wirtschaftsausweitung durch Beseitigung der bestehenden Hindernisse (Abs. 4),
(7) ausgewogener Handelsverkehr durch Beseitigung der bestehenden Hindernisse (Abs. 4),
(8) redlicher Wettbewerb durch Beseitigung der bestehenden Hindernisse (Abs. 4),
(9) Einigung der Volkswirtschaften der Mitgliedstaaten (Abs. 5),
(10) Förderung der harmonischen Entwicklung der Volkswirtschaften durch Verringerung des Abstandes zwischen einzelnen Gebieten und des Rückstandes weniger begünstigter Gebiete (Abs. 5),
(11) fortschreitende Beseitigung der Beschränkungen im zwischenstaatlichen Wirtschaftsverkehr durch eine gemeinsame Handelspolitik (Abs. 6),
(13) Förderung des Wohlstandes der überseeischen Länder entsprechend den Grundsätzen der Satzung der Vereinten Nationen (Abs. 7),

92 *Deutscher Bundestag*, 2. Wahlperiode, Drucksache II/3660, Bericht des Sonderausschusses, Bonn 1957, S. 8.

(14) Wahrung und Festigung von Frieden und Freiheit durch den Zusammenschluß der Wirtschaftskräfte der Mitgliedstaaten (Abs. 8).

120 Abgesehen von Ziel 1 und 12 stellt also die Präambel zwar allgemein, aber klar und deutlich formulierte wirtschaftliche, soziale, gesellschaftliche (Ziel 4), regionale, politische (Ziele 13 und 14) und rechtliche (Ziel 14) Ziele auf. Diese Ziele sind nicht abstrakter formuliert als die des Art. 2 oder 117. Dadurch, daß meist zugleich das Mittel, der Weg zu ihrer Verwirklichung bezeichnet wird, werden sie eingegrenzt und konkretisiert (vgl. Rn. 81). Außer den Zielen 10 und 14 (soweit vom »Frieden« die Rede ist) entsprechen jedem der Ziele spezifische Regelungen im Vertrag.

121 Aus diesen Gründen sind die Ziele der Präambel nicht nur zur Auslegung von in Artikeln des Vertrages enthaltenen Zielen und Regelungen heranzuziehen (Rn. 112). Vielmehr stellen sie selbst vollwertige, rechtsverbindliche Zielvorschriften des Vertrages dar. Die Abs. 2 bis 8 der Präambel enthalten Ziele der Gemeinschaft (und teilweise Methoden zu ihrer Förderung), welche mit Hilfe des Art. 235 verwirklicht werden können, sofern dessen sonstige Merkmale vorliegen. Ein Ziel der Präambel kommt aber erst dann und nur insoweit zum Zuge, als es nicht bereits – oder weniger konkret – in einem Artikel des Vertrages enthalten ist oder als es über das in einem Artikel niedergelegte Ziel hinausreicht.

122 Ein Beispiel für den ersten (vielleicht auch zweiten) dieser drei Fälle ist Ziel 10 der Präambel, das zusammen mit Art. 235 eine gemeinsame Regionalpolitik ermöglicht. Nirgends sonst im Vertrag findet sich eine so grundlegende, präzise und umfassende Formulierung der regionalpolitischen Zielsetzung der Gemeinschaft. Abs. 5 der Präambel (Ziel 10) ergänzt daher die Ziele des Art. 2. Die Gemeinschaft hat nicht nur »die harmonische Entwicklung des Wirtschaftslebens innerhalb der Gemeinschaft« zu fördern, also aller Bereiche der Wirtschaft, sondern auch aller Regionen.[93]

123 Ein Beispiel für den dritten Fall ist Ziel 4 der Präambel, das zusammen mit Art. 235 eine gemeinsame Umweltpolitik ermöglicht.[94] Zwar ist die Verbesserung der Lebensbedingungen auch nach Art. 117 Ziel der Gemeinschaft, aber beschränkt auf die »Arbeitskräfte« und unter der Kapitelüberschrift »Sozialvorschriften«. Abs. 3 der Präambel sieht darüber wesentlich hinausgehend vor »die *stetige* Besserung der Lebens- . . . bedingungen *ihrer Völker* als *wesentliches Ziel* anzustreben« (Betonung vom Verf.).

124 Überblickt man abschließend das Schrifttum, bleibt festzustellen, daß die meisten

93 So schon *Schepers,* a.a.O., 360–361. Zum Inhalt der Regionalpolitik der Gemeinschaft *Wäldchen*, Anhang C dieses Kommentars.

94 Ähnlich *Riegel,* a.a.O., 81–82. A. M. *Vygen,* a.a.O., 60.

Autoren die Ziele der Präambel als Ziele der Gemeinschaft im Sinne des Art. 235 ansehen.[95] Die abweichenden Meinungen wurden bereits erörtert.

3. Verhältnis der besonderen zu den allgemeinen Zielen

125 Da jedes besondere Ziel in der Regel nur Teilaspekte eines korrespondierenden allgemeinen Zieles betrifft, bleibt das besondere Ziel der meisten Einzelvorschriften hinter dem entsprechenden allgemeinen Ziel des Grundsatz-Artikels 7, 3 oder 2 der Präambel zurück. Auch die Summe der Einzelziele in einem bestimmten Bereich wie zum Beispiel dem Gesellschaftsrecht (Art. 52, 53, 54 Abs. 3 Buchst. f und g, 58, 100, 220 Unterabs. 3, 221) hat nicht notwendig die gleiche Reichweite wie das oder die sie umfassenden allgemeinen Ziele. Damit stellt sich die Frage, auf welches der beiden Ziele es nach Art. 235 ankommt. Schränkt das besondere Ziel das allgemeine ein, so daß Art. 235 mangels eines noch zu verwirklichenden Zieles nicht zum Zuge kommt – immer vorausgesetzt, daß die Einzelvorschrift den Organen der Gemeinschaft eine zur Erreichung des besonderen Zieles ausreichende Befugnis zugewiesen hat, nicht aber auch zur Verwirklichung des weiterreichenden allgemeinen Zieles?

126 Da die besonderen Ziele Ausschnitte der allgemeinen Ziele sind, also Teil- oder Unterziele, und da ihre Verwirklichung nicht um ihrer selbst willen, sondern zur Förderung der allgemeinen Ziele erfolgt, sind sie den allgemeinen Zielen nicht vor-, sondern nachgeordnet. Sie dienen ihnen. Deshalb ist es nicht möglich, aus der begrenzten Zielsetzung einer Einzelvorschrift auf eine Einschränkung und damit Abänderung der weiterreichenden allgemeinen Zielsetzung der Art. 7, 3 und 2 sowie der Präambel zu schließen. Soweit Ziele in der Präambel stehen, bezeichnet der Vertrag selbst sie als »Grundsätze« (Art. 131 Abs. 3). Soweit Ziele in den genannten Artikeln festgelegt sind, stehen sie im Ersten Teil des Vertrages unter der Überschrift »Grundsätze«. Dies bedeutet, daß sich die Auslegung und Anwendung aller Einzelvorschriften einschließlich des Art. 235 an den in Art. 7, 3 und 2 sowie in der Präambel festgelegten Zielen zu orientieren hat.

127 Diese Auffassung entspricht den Grundsätzen, welche der Gerichtshof in anderen Zusammenhängen für das Verhältnis zwischen allgemeinen und besonderen Zielen entwickelt hat. Danach sind die grundlegenden Ziele des Vertrages nicht allgemeine, rechtlich unverbindliche Programmsätze, sondern sie gelten als zwingendes Recht und sind für die Auslegung und Anwendung der Einzelregelungen des Vertrages maßgebend; »aus der zwingenden Geltung dieser Ziele ...« »... ergibt sich die Bindung an die

95 *Friauf,* a.a.O., 91; *Wohlfarth,* a.a.O., Art. 235 Anm. 2; *Rabe,* a.a.O., 154; *Ferrari Bravo, Giardina* in: *Quadri* u. a., a.a.O., Art. 235, Anm. 6, S. 1706; *Nicolaysen,* Implied Powers, a.a.O., 133; *Morand,* a.a.O., 263, 266; *von Meibom,* a.a.O., 2166; *Vignes* in: *Mégret* u.a., a.a.O., Préambule Anm. 7, S. 9–10; *Ipsen,* a.a.O., § 20/39, S. 433; *Ehring* in der 2. Aufl., S. 757, 758; *Vygen,* a.a.O., 59; *Bleckmann,* a.a.O., 112; *Behrens,* a.a.O., 268; *Riegel,* a.a.O., 81–82; *Olmi,* a.a.O., 285–286; *Schepers,* a.a.O., 359–361.

grundlegenden Vertragsziele«, soweit Einzelziele und Regelungen hinter ihnen zurückbleiben.[96] In einer anderen Rechtssache hat der Gerichtshof ausgeführt:[97] »Artikel 74 erwähnt die Vertragsziele und nimmt damit Bezug auf die Artikel 2 und 3, zu deren Verwirklichung vor allem die für das gesamte Wirtschaftsleben geltenden Grundsatzbestimmungen beitragen. Die Vorschriften über die gemeinsame Verkehrspolitik dienen nicht dazu, diese Grundsatzbestimmungen außer Kraft zu setzen, sondern gerade dazu, ihnen Wirksamkeit zu verleihen und sie durch gemeinsame Aktionen auszufüllen. Sofern sich demnach diese Ziele mit Hilfe der besagten allgemeinen Vorschriften irgend erreichen lassen, sind diese Vorschriften auch anzuwenden.« Die allgemeinen Ziele gelten also nicht nur und erst durch Vermittlung der Einzelregelungen und deshalb in den Grenzen von deren Einzelzielen, also auf Ausschnitte beschränkt, sondern sie gelten unmittelbar, deshalb uneingeschränkt und beanspruchen zusätzlich zu den Einzelzielen Anwendung und Berücksichtigung.[98]

128 Diese Grundsätze gelten auch für die nach Art. 235 verfolgbaren Ziele.[99] So läßt sich zum Beispiel nicht aus den Art. 48, 49, 52, 53, 54, 56, 57, 59, 60, 62, 63, 66 herleiten, daß die nach Art. 3 Buchst. c von der Gemeinschaft zu verwirklichende »Beseitigung der Hindernisse für den freien Personenverkehr« nur die in den genannten Bestimmungen enthaltenen spezifischen Ziele der Freizügigkeit für Arbeitnehmer und für selbständig Erwerbstätige beinhalte, also nicht auch die Freizügigkeit für Nicht-Berufstätige, so daß Art. 235 mangels eines diesen Personenkreis umfassenden Zieles der Gemeinschaft

96 EuGH – Continental Can, 6/72 – Slg. 1973, 215 (244 Rn. 23, 246 vor Rn. 26 und 245 vor Rn. 25), wo der Gerichtshof zum Verhältnis zwischen Art. 86 und 3 Buchst. f wie folgt entschieden hat: »Das Vorbringen der Klägerinnen, diese Bestimmung enthalte nur einen allgemeinen, rechtlich unverbindlichen Programmsatz, verkennt, daß Artikel 3 die Verfolgung der Ziele, die er aufstellt, als unerläßlich für die Erfüllung der Aufgaben der Gemeinschaft ansieht. Was insbesondere das in Buchstabe f genannte Ziel angeht, so regelt der Vertrag Näheres hierzu in mehreren Bestimmungen, für deren Auslegung diese Zielsetzung maßgebend ist. ... Bei einer solchen Regelung [Art. 85, 86] ergibt sich die Bindung an die grundlegenden Vertragsziele, insbesondere an das des Artikels 3 Buchstabe f, aus der zwingenden Geltung dieser Ziele.«

97 EuGH – Kommission/Französische Republik, 167/73 – Slg. 1974, 359 (370 Rn. 24/26).

98 Ähnlich hat *Ipsen,* a.a.O., § 28/21, S. 558 mit Nachweisen die Rechtsprechung des Gerichtshofs zum Verhältnis zwischen den allgemeinen Zielsetzungen und den Einzelzielen und -regelungen im EGKSV und im EWGV zusammengefaßt.

99 A. M. *Holch,* a.a.O., 1552; *Zweigert, Bernstorff,* a.a.O., 634–636: Die Präambel, Art. 2 und 3 seien unverbindliche, programmartige, sehr weitreichende politische Zielvorstellungen. Der Zielbegriff des Art. 235 müsse deshalb »jeweils im Kontext mit diesen einzelnen Zielnormen des EWG-Vertrages interpretiert werden.« Die Ziele der Gemeinschaft auf dem Gebiet des Gesellschaftsrechts ergäben sich aus Art. 58, 54 Abs. 3 Buchst. g, 100 und 220 Unterabs. 3 und

insoweit nicht zum Zuge kommen könne.[100] Zu Recht hat vielmehr die Kommission ihren »Vorschlag einer Richtlinie des Rates über das Aufenthaltsrecht von [nicht erwerbstätigen] Staatsangehörigen der Mitgliedstaaten im Hoheitsgebiet eines anderen Mitgliedstaats« vom 26. 7. 1979[101] auf Abs. 1 der Präambel und Art. 3 Buchst. c als Zielnormen und auf Art. 235 als Zielverwirklichungsnorm gestützt.[102]

129 In der Tat: die Reduzierung eines allgemeinen auf ein (oder mehrere) von ihm umfaßtes besonderes Ziel stünde erstens im Widerspruch mit ihrem unterschiedlichen Wortlaut. Dies zeigt besonders deutlich das Beispiel des allgemeinen Ziels »Beseitigung der Hindernisse für den freien Personenverkehr zwischen den Mitgliedstaaten« (Art. 3 Buchst. c) einerseits und der besonderen Ziele »Abschaffung jeder auf der Staatsangehörigkeit beruhenden unterschiedlichen Behandlung der Arbeitnehmer der Mitgliedstaaten in bezug auf Beschäftigung, Entlohnung und sonstige Arbeitsbedingungen« (Art. 48 Abs. 2) sowie Aufhebung der »Beschränkungen der freien Niederlassung von Staatsangehörigen eines Mitgliedstaats im Hoheitsgebiet eines anderen Mitgliedstaats« (Art. 52 Abs. 1) andererseits.

130 Zweitens verlören bei einer solchen Reduzierung die allgemeinen Ziele der Gemeinschaft ihren eigenen Sinn, ihre rechtliche und praktische Bedeutung. Sie wären keine rechtsverbindlichen »Grundsätze« (Überschrift des Ersten Teils des Vertrages) mehr. Aus im Ziel begrenzten Einzelvorschriften kann ebensowenig wie bei völlig fehlenden Einzelzielen auf eine Einschränkung, Abänderung oder Nichtanwendbarkeit eines allgemeinen Zieles der Gemeinschaft geschlossen werden.

ließen erkennen, »daß den Gesellschaften im Raum der EWG das auf einen Binnenmarkt zugeschnittene Maß an Freizügigkeit und an industriellen Kooperationsmöglichkeiten gewährleistet sein soll. Nicht mehr als das soll für einen begrenzten Kreis von Unternehmen durch das Statut [für europäische Aktiengesellschaften] ... erreicht werden. Daher ist der Vorwurf verfehlt, daß eine Verordnung über Europäisches Aktienrecht [nach Art. 235] die Ziele des EWG-Vertrages überschreite.« Auf S. 620 wird aber zugegeben, daß die behandelten Einzelvorschriften »in ihrer materiellen Reichweite einstweilen noch zu schwach« seien, um die beiden bezeichneten Ziele (Freizügigkeit und Kooperation) zu erreichen. Auch *Nicolaysen,* Implied Powers, a.a.O., 133 meint (in anderem Zusammenhang), bei Art. 235 orientiere sich das Verfahren an den einzelnen, konkreten Zielen der Gemeinschaft. Dagegen betont *Morand,* a.a.O., 266, die Finalität der Einzelvorschriften verlange in keiner Weise eine einschränkende Auslegung des Zielbegriffs in Art. 235.

100 Ähnlich aber *Lachmann,* a.a.O., 458. Wie hier *House of Lords,* Session 1980–81, Select Committee on the European Communities, 9th Report, Right of Residence, London 1981, S. IV–VII, Erörterung der Rechtsgrundlage mit dem Vorsitzenden des Rechtsausschusses des EP, *Ferri,* a.a.O., S. 18–19.

101 ABl. Nr. C 207 vom 17.8.1979, S. 14, geänderter Vorschlag vom 1.7.80, ABl. Nr. C 188 vom 25.7.80, S. 7.

102 Siehe Erwägungsgründe 1–3 des Vorschlags. *Lachmann,* a.a.O., 458 behauptet irrtümlich, die Kommission stütze sich dort lediglich auf ein in der Präambel enthaltenes Ziel. Richtig ist, daß sie dies *außerdem* tut, s. Erwägungsgrund 1 erster Halbsatz.

131 Dies hieße drittens das dargelegte Ziel-Mittel-System des EWG-Vertrages verkennen. Danach haben die Vertragsschließenden durch Art. 235 den Organen ausdrücklich alle erforderlichen Befugnisse zugewiesen, um diejenigen Aspekte eines jeden (besonderen oder allgemeinen) Zieles im Rahmen des Gemeinsamen Marktes zu verwirklichen, welche außerhalb der Reichweite einer Einzelvorschrift liegen, sei es wegen ihrer begrenzten Zielsetzung, sei es wegen zur Zielerreichung unzureichender oder ganz fehlender Mittel.

132 Wollte man Art. 235 nicht einmal bei einem Zielabstand oder Zielgefälle zwischen einem besonderen und einem allgemeinen Ziel zum Zuge kommen lassen, um von der teilweisen zur vollen Zielverwirklichung voranzuschreiten, würde Art. 235 viertens gerade da nicht eingreifen können, wo es sich nur um eine »Abrundung und Effektuierung der den Organen nach dem Vertrage bereits zustehenden Befugnisse« handelt,[103] wo »ein Sachgebiet stark integriert worden ist«,[104] wo »Ziele im Vertrag formuliert sind, die als Aufgaben und Tätigkeitsfelder erkennbar ausgewiesen werden«.[105] Gerade in diesen Bereichen sehen aber zahlreiche Autoren die eigentliche Domäne des Art. 235.

4. Verhältnis der allgemeinen Ziele untereinander

132a Das zuvor Gesagte gilt entsprechend für das Verhältnis des Zieles des Art. 7 zu den Zielen des Art. 3, soweit sie es umfassen, sowie zwischen den Zielen des Art. 3 und den sie umfassenden, über sie hinausreichenden Zielen »Errichtung eines Gemeinsamen Marktes« und »Annäherung der Wirtschaftspolitik der Mitgliedstaaten« des Art. 2. Art. 7 schränkt also nicht Art. 3, Art. 3 nicht Art. 2 ein.[106] Art. 235 kann deshalb auch zum Zuge kommen hinsichtlich eines nicht von Art. 7 oder (und) 3, wohl aber von Art. 2 erfaßten Aspektes der Ziele »Gemeinsamer Markt« oder »Annäherung der Wirtschaftspolitik«.

133 Art. 7 und 3 stehen im übrigen nebeneinander, sie ergänzen sich gegenseitig. Art. 7 bezweckt die Beseitigung jeder »Diskriminierung aus Gründen der Staatsangehörigkeit«, also nicht nur im grenzüberschreitenden Personenverkehr. Art. 3 Buchst. c zielt unter anderem auf die »Beseitigung der Hindernisse für den freien Personenverkehr zwischen den Mitgliedstaaten«, also im grenzüberschreitenden Verkehr, erfaßt aber andererseits mit dem Begriff »Hindernisse« nicht nur *alle* Diskriminierungen – aus welchen Gründen auch immer –, sondern auch alle *Beschränkungen.* Über beide Vorschriften zusammen hinausgehend erhebt Art. 2 »die Errichtung eines Gemeinsamen Marktes« zum Ziel. Dies

103 Hier hält Art. 235 für anwendbar *Everling,* Wirtschaftspolitik, a.a.O., 23.

104 Hier bejaht Art. 235 *Schumacher,* a.a.O., 543.

105 Hier sieht *Scheuner,* a.a.O., 155 das Gebiet des Art. 235.

106 Entsprechendes gilt für Art. 6 Abs. 1, der kein eigenes Ziel aufstellt, sondern die Mitgliedstaaten verpflichtet, ihre Wirtschaftspolitik »in enger Zusammenarbeit mit den Organen der Gemeinschaft« zu »koordinieren«. Art. 6 schränkt also nicht die durch Art. 2 »der Gemeinschaft« zugewiesene »Aufgabe« ein, die Wirtschaftspolitik der Mitgliedstaaten schrittweise anzunähern. Ebensowenig schränkt Art. 3 Buchst. g den Art. 2 ein, wenn er nicht von »Annäherung« (Angleichung in den übrigen Sprachen), sondern von »Koordinierung« spricht.

impliziert nicht nur die Beseitigung der Hindernisse für den grenzüberschreitenden Personenverkehr (Art. 3 Buchst. c) und aller Diskriminierungen aus Gründen der Staatsangehörigkeit an den Grenzen und innerhalb jedes Mitgliedstaates (Art. 7), sondern auch die Sicherstellung gleicher rechtlicher Bedingungen für alle Personen überall in der Gemeinschaft, also die Errichtung eines einheitlichen, gemeinschaftsweiten Binnenmarktes.

134 Das Zielsystem der Gemeinschaft im Sinne des Art. 235 umfaßt nach alledem die besonderen oder Einzelziele des Vertrages auf der untersten Stufe, die darüber stehenden, sie teils umfassenden und teils über sie hinausgehenden allgemeinen Ziele der Art. 7 und 3, die diesen vorgeordneten, sie teils umfassenden und teils weiterreichenden allgemeinen Ziele der Errichtung eines Gemeinsamen Marktes und der Annäherung der Wirtschaftspolitik der Mitgliedstaaten (Art. 2) sowie die auf diese Weise zu fördernden obersten Ziele der Gemeinschaft (Art. 2 und Präambel). Ziel im Sinne des Art. 235 ist jedes dieser Ziele. Die obersten Ziele dürfen jedoch nur auf den beiden vorgeschriebenen Wegen und damit in deren Grenzen gefördert werden (Rn. 81).

135 *Innerhalb* Art. 2 und innerhalb Art. 3 stehen die einzelnen in ihnen proklamierten Ziele gleichberechtigt nebeneinander. Das eine Ziel schränkt nicht das andere ein oder schließt es nicht aus, so daß Art. 235 mangels Ziel nicht angewendet werden könnte.

Es wäre beispielsweise nicht zulässig, aus Art. 3 Buchst. h zu folgern, das Ziel der Angleichung der innerstaatlichen Vorschriften durch Richtlinien schließe das der Beseitigung der Hindernisse für den freien Warenverkehr (Buchst. a) durch Schaffung unmittelbar geltenden Gemeinschaftsrechts mittels Verordnungen aus oder umgekehrt. Denn beide Ziele sind zugleich Mittel zur Verwirklichung des weiterreichenden Zieles »Gemeinsamer Markt«. Sie stehen deshalb nebeneinander und ergänzen sich. »Die Tätigkeit der Gemeinschaft im Sinne des Artikels 2 *umfaßt*« die Rechtsangleichung, und zwar »nach Maßgabe dieses Vertrages« (so Art. 3), also einschließlich Art. 235. Sie umfaßt aber auch die Beseitigung der Hindernisse für den freien Warenverkehr, und zwar ebenfalls »nach Maßgabe dieses Vertrages«, also einschließlich Art. 235.

5. *Verfassungsrechtliche Grenzen zielorientierter Zuständigkeit der Gemeinschaft?*

136 Kann der selbstgewollte Anwendungsbereich des Art. 235 durch Heranziehung des innerstaatlichen Verfassungsrechts eingeschränkt werden, namentlich um zu verhindern, daß im EWG-Vertrag nicht ausdrücklich bezeichnete Materien gemeinsamen Regeln unterworfen werden?

137 Die Zulässigkeit der Schaffung des Art. 235 nach dem Verfassungsrecht der Mitgliedstaaten steht »prinzipiell außer Frage«.[107]

138 Das Ausmaß, in dem nach der jeweiligen Verfassung Hoheitsrechte übertragen worden sind, ist nach verbreiteter Auffassung nicht der jeweiligen Verfassung zu entnehmen (z. B. Art. 20 der dänischen Verfassung, Art. 24 des deutschen Grundgesetzes, Art. 11 der italienischen Verfassung), sondern dem Übertragungsakt. Deshalb ist nur zu prüfen, ob eine Maßnahme der Organe der Gemeinschaft vom Vertrag gedeckt ist.[108] Die Annahme einer Verletzung der innerstaatlichen Verfassung durch Vorschriften, die nach Art. 235 auf im Vertrag noch nicht geregelten Gebieten erlassen werden, widerspräche außerdem dem Grundsatz, daß für Akte der Gemeinschaftsorgane nur das Gemeinschaftsrecht maßgebend ist.[109]

139 Demgegenüber kann nach *Tomuschat*[110] das Verfassungsrecht dort ins Spiel gebracht werden, wo es um die Abgrenzung der Tragweite von Art. 235 geht. Die Gemeinschaft habe die Schranken zu beachten, welche ihrer Hoheitsgewalt vom Verfassungsrecht aller Mitgliedstaaten gesetzt seien. Die Auslegung des Art. 235 dürfe es also »nicht als unerheblich abtun, wenn es das Verfassungsrecht aller Mitgliedstaaten verböte, einer supranationalen Organisation pauschale zielorientierte Kompetenzen ohne faßbare gegenständliche Inhaltsbestimmung einzuräumen«.[111] Ob ein solches Verbot existiere, bedürfe einer gründlichen rechtsvergleichenden Untersuchung; wahrscheinlich sei es zu bejahen.[112]

140 Wie immer dem sei, nach der hier vertretenen Auslegung räumt Art. 235 den Organen der Gemeinschaft keine solchen gegenständlich nicht fassbaren Befugnisse ein. Diese sind vielmehr durch die drei in Art. 235 enthaltenen Bedingungen – nämlich der Verwirklichung eines bestimmten Zieles der Gemeinschaft (die bei den fünf Hauptzielen des Art. 2 und denen der Präambel außerdem in dem von den beiden Hauptinstrumenten begrenzten Rahmen zu erfolgen hat (Rn. 81)), des Bezugs dieser Zielverwirklichung zum Gemeinsamen Markt und der Erforderlichkeit eines Tätigwerdens der Gemeinschaft – gegenständlich und inhaltlich begrenzt und damit im jeweiligen Stadium der Integration bestimmbar, »faßbar«. Auf die strikte Einhaltung der Bedingungen des Art. 235 kommt es besonders den dänischen Autoren an, wobei sie diese Bedingungen bewußt eng auslegen.[113]

107 So für Deutschland zuletzt *Tomuschat*, a.a.O., 59 mit Begründung; *Ehring* in der 2. Auflage, S. 759; für Dänemark die dänische Regierung, zitiert in *Lachmann*, a.a.O., 447–448, das dänische Parlament und das dänische Schrifttum, Angaben bei *Lachmann*, 450–452. Soweit ersichtlich, wurde und wird hieran in den anderen Mitgliedstaaten nicht gezweifelt.
108 So z. B. *Ehring* in der 2. Aufl., S. 759; *Lachmann*, a.a.O., 452.
109 So schon *Ehring* in der 2. Auflage, S. 759.
110 *Tomuschat*, a.a.O., 60.
111 *Tomuschat*, a.a.O., 63.
112 *Tomuschat*, a.a.O., 63 mit Fn. 77.
113 *Lachmann*, a.a.O., 449, 452–454, 456–458 mit Schrifttum.

VI. Im Rahmen des Gemeinsamen Marktes

141 Art. 235 verlangt eine Verwirklichung der erörterten Ziele »im Rahmen des Gemeinsamen Marktes«, »in het kader van de gemeenschappelijke markt«, »inden for faellesmarkedets rammer«. Mit diesem Merkmal wird dem Tätigwerden der Gemeinschaft nach Art. 235 eine dritte Grenze gezogen (die erste ist die Subsidiarität der Vorschrift, oben IV, die zweite die Beschränkung auf die im Vertrag festgelegten Ziele der Gemeinschaft, oben V). Die Tragweite dieser Einschränkung hängt davon ab, was unter »Gemeinsamer Markt« und »im Rahmen« desselben zu verstehen ist.

142 Demgegenüber leugnet *Louis,*[114] daß es sich bei diesem Merkmal überhaupt um eine eigenständige, Art. 235 einschränkende Bedingung handelt: »Die Worte ›im Rahmen des Gemeinsamen Marktes‹ sind nicht als zusätzliche Voraussetzung zu verstehen. Alle Versuche, diesen Worten eine Bedeutung im technischen Sinn zu geben, haben zu willkürlichen Beschränkungen der in Artikel 235 eingeräumten Möglichkeiten geführt.«

143 *Everling*[115] und *Constantinesco*[116] halten die Formel für »entbehrlich« bzw. »überflüssig«, falls man gemäß Art. 2 darauf bestehe, daß dessen Ziele nur durch die Errichtung eines Gemeinsamen Marktes und die Annäherung der Wirtschaftspolitik der Mitgliedstaaten verwirklicht werden dürfen (Rn. 80 bis 81). Die Formel drücke »dann den dynamischen Charakter der Bestimmung aus, die eingreifen soll, wenn sich im Laufe der Anwendung des Vertrages eine Tätigkeit als notwendig erweist.«[117]

1. Gemeinsamer Markt

144 Hilfsweise wird der Begriff Gemeinsamer Markt zum Teil so extensiv ausgelegt, daß er seine begrenzende Funktion verliert. So führt *Louis* aus:[118] »Hier gilt es zu bedenken, daß der Ausdruck ›Gemeinsamer Markt‹ sich auf die *Gemeinschaft* selbst bezieht, so wie es bei den Vorarbeiten zu den Verträgen der Fall war und heute noch in der Umgangssprache der Fall ist.«[119]

145 Zu einem ähnlichen Ergebnis kommen andere Autoren, indem sie den Begriff »Gemeinsamer Markt« mit dem *EWG-Vertrag* gleichsetzen und lediglich verlangen, daß

114 *Louis,* Rechtsordnung, a.a.O., 37, ähnlich schon *ders.,* Règlements, a.a.O., 58. *Wohlfarth,* a.a.O., Art. 235 widmet dem Merkmal kein Wort.
115 *Everling,* Art. 235, a.a.O., 11 i. V. m. 10.
116 *Constantinesco,* a.a.O., 275.
117 *Everling,* Art. 235, a.a.O., 11.
118 *Louis,* Rechtsordnung, a.a.O., 38.
119 Siehe dazu die Nachweise bei *Olmi,* a.a.O., 289 Fn. 52.

sich die Maßnahmen zur Zielverwirklichung »dans le contexte du traité« (im Zusammenhang mit dem Vertrag) halten.[120]

146 In einem kurzen pro memoriam der *dänischen Regierung* vom 18. 3. 1980 an den Rat wird der Begriff »im Rahmen des Gemeinsamen Marktes« wie folgt ausgelegt: »*innerhalb des wirtschaftlichen Bereichs* der Mitgliedstaaten« (within the economic sector of Member States«).[121]

147 Alle diese Interpretationen entfernen sich ziemlich weit vom Wortlaut der Klausel. Bis auf die dänische nehmen sie ihr auch eine eigene Bedeutung.

148 Eine andere Gruppe von Autoren kommt dadurch zu einer weiten Auslegung, daß sie zum Gemeinsamen Markt im Sinne des Art. 235 *auch die drei gemeinsamen Politiken und die Koordinierung der Wirtschaftspolitik* der Mitgliedstaaten rechnet. Die gemeinsamen oder koordinierten Politiken seien zum Teil untrennbar mit Aspekten des Gemeinsamen Marktes verbunden und deshalb ein wesentlicher Bestandteil desselben. »Maßnahmen zur Annäherung der Wirtschaftspolitik halten sich darum per se im Rahmen des Gemeinsamen Marktes«.[122]

149 Indessen widerspricht ein so umfassend verstandener Begriff nicht nur seinem Wortsinn, sondern auch dem Sprachgebrauch und dem System des Vertrages. Art. 2 unterscheidet zwischen der Errichtung des Gemeinsamen Marktes einerseits und der schrittweisen Annäherung der Wirtschaftspolitik andererseits. Art. 38 Abs. 4, Art. 74 i. V. m. 75 Abs. 3 sowie Art. 108 Abs. 1 und Art. 110 unterscheiden zwischen dem Gemeinsamen Markt und der gemeinsamen Agrar-, Verkehrs- bzw. Handelspolitik. Auch Art. 3 Buchst. a, b am Anfang, c, f, h, 8 und 105 Abs. 2 einerseits sowie Art. 3 Buchst. b am Ende, d, e, g, i, j, k, 6 und 105 Abs. 1 und 2 andererseits machen diese Unterscheidung oder folgen ihr. Darüber hinaus lassen sie erkennen, welche Tätigkeiten dem Gemeinsamen Markt und welche der Annäherung der Wirtschaftspolitik zuzuordnen sind. Entsprechendes gilt für die einzelnen Titel und Kapitel des Vertrages, wenn auch mit Überschneidungen in den Bereichen Landwirtschaft und Verkehr. So wäre es überaus erstaunlich, wenn Art. 235 hinsichtlich der Reichweite des Begriffs einer anderen Konzeption folgte. Deshalb wird der Begriff hier nicht extensiver ausgelegt als in Art. 2 und genau wie dort und sonst im Vertrag der Annäherung der Wirtschaftspolitik gegenübergestellt.[123]

120 *Marenco,* a.a.O., 150; vgl. auch *Lesguillons,* a.a.O., 896–897. *Holch,* a.a.O., 1552 versteht unter dem »Rahmen des Gemeinsamen Marktes« »das institutionelle System des EWG-Vertrages und seine sonstigen Grundentscheidungen«.

121 Die englische Fassung des P. M. ist abgedruckt bei *Lachmann,* a.a.O., 447 (448).

122 *Ehring* in der 2. Aufl., S. 763. Ebenso im Ergebnis *Behrens,* a.a.O., 272; *Olmi,* a.a.O., 289; *Seidel,* Rechtsangleichung, a.a.O., 177–178.

123 Im Ergebnis ähnlich *Everling,* Art. 235, a.a.O., 11.

2. »Im Rahmen« bzw. »dans le fonctionnement du marché commun«

150 Während der deutsche sowie der (in Rn. 141 zitierte) niederländische und dänische Text übereinstimmen, sprechen die französische und die italienische Fassung von einer Verwirklichung der Vertragsziele nicht »im Rahmen«, sondern »dans le fonctionnement du marché commun« bzw. »nel funzionamento del mercato comune«. An diese beiden Fassungen lehnt sich die englische an: »in the course of the operation of the common market«.

151 Hieraus ist abgeleitet worden, daß Art. 235 keineswegs nur lückenfüllenden Charakter habe, sondern auch in Bereichen in Anspruch genommen werden könne, die entweder mit der Errichtung oder mit dem Funktionieren des Gemeinsamen Marktes *in Zusammenhang* stehen.[124] *Nicolaysen*[125] meint, die französische Fassung betone die dynamischen Elemente des Gemeinsamen Marktes. In dieser Perspektive sei Art. 235 *im gesamten Funktionszusammenhang* des Gemeinsamen Marktes einzusetzen. Art. 235 umfasse Befugnisse über die im Vertrag ausdrücklich enthaltenen Gegenstände und Aufgaben hinaus »für solche Tätigkeiten, deren Affinitäten zur integrierten Materie als Konsequenz oder als Voraussetzung der Vergemeinschaftung weitere Regelungen erfordern«. Das lasse sich zum Beispiel belegen für die Regional- und Energiepolitik, den Umweltschutz sowie für die Forschung auf gemeinschaftsrelevanten Gebieten; es sei auszuschließen für die generelle Außenpolitik, für Kultur und Verteidigung. Erforderlich sei eine Gesamtwürdigung, ob die weiteren Tätigkeiten sich in den Grenzen der Ziele halten, die der Gemeinschaft gesteckt worden sind, und ob sie zum guten Funktionieren dessen nötig sind, was der Vertrag schon enthält.

152 Auch *Close*[126] betont den Zusammenhang, die Stellung, welche Art. 235 im Vertrag hat. Im Gegensatz zu Art. 100 bedürfe es keiner unmittelbaren Auswirkung der beabsichtigten Maßnahme »on the operation of the common market«. Es genüge ein Zusammenhang, eine *Verbindung* (connection) mit dem Gemeinsamen Markt. Dies folge gerade auch aus der deutschen und der niederländischen Fassung, die eine Zielverwirklichung »im Rahmen« (in the framework) genügen ließen und nicht »in the course of the operation« oder »dans le fonctionnement« verlangten. Maßnahmen zum Schutz der Umwelt und der Verbraucher erfüllten das so verstandene Merkmal des Art. 235 wegen ihrer wirtschaftlichen Auswirkungen. Dies gelte selbst dann, wenn letztere sekundärer Natur seien und das primäre Ziel der beabsichtigten Maßnahme nicht wirtschaftlicher Natur sei. Die Klausel beschränke die Gemeinschaft nicht auf wirtschaftliche und finanzielle Angelegenheiten. Sie sei weit und unter Berücksichtigung der Weiterentwicklung des Gemeinsamen Marktes auszulegen.

124 *Meier,* a.a.O., 962.
125 *Nicolaysen,* Gemeinschaftsrecht, a.a.O., 46–47.
126 *Close,* a.a.O., 477, 479, 480.

153 Zusammenfassend stellt *Kaiser* fest:[127] »Überwiegend will man auch den Satzteil ›im Rahmen des Gemeinsamen Marktes‹ nicht mehr als eine Begrenzung auf wirtschaftliche Ziele gelten lassen. Man wird jedoch immer noch einen *Bezug* auch nichtökonomischer Ziele, auch des Schutzes immaterieller Rechtsgüter, zum Gemeinsamen Markt fordern müssen. Entschieden außerhalb der durch Art. 235 gezogenen Grenzen liegt eine Richtlinie über die Erhaltung der wildlebenden Vogelarten[128] sowie ein Übereinkommen über die Erhaltung freilebender Tiere und wildwachsender Pflanzen in Europa«.[129]

154 Wesentlich enger hat vor allem das ältere Schrifttum die Klausel ausgelegt, darin im wesentlichen *von Meibom* folgend.[130] Dieser hat die französische Fassung übersetzt: »um im Funktionieren des Gemeinsamen Marktes eines ihrer Ziele zu erreichen«, und daraus gefolgert: »Hier zeigt sich deutlich die eigentliche Stoßrichtung dieser Vorschrift, die auf eine Sicherung der Funktionsfähigkeit des Gemeinsamen Marktes abstellt.« Wie bei Art. 100 soll es nach *Tomuschat*[131] darauf ankommen, ob eine innerstaatliche Politik sich unmittelbar auf das Funktionieren des Gemeinsamen Marktes auswirkt, also etwa eine Maßnahme des Umweltschutzes einen spezifischen, engen Bezug zum Prinzip der Wettbewerbsgleichheit aufweist. Wenn dies der Fall ist, halte sie sich im gegenständlichen Bereich des Gemeinsamen Marktes und werde von Art. 235 erfaßt, sonst nicht.

155 Bei dieser Auslegung wäre Art. 235 zum guten Teil überflüssig: nur die Befugnis zum Erlaß von Verordnungen würde er Art. 100 hinzufügen. Indessen hat Art. 235 eine wesentlich weiterreichende »Stoßrichtung«. Die einschränkende These von der Sicherung der Funktionsfähigkeit des Gemeinsamen Marktes als Zweck der Vorschrift widerspricht nämlich nicht nur dem dänischen, deutschen und niederländischen Wortlaut der Klausel, sondern auch dem französischen, italienischen und englischen: »pour réaliser, dans le fonctionnement du marché commun, l'un des objets de la Communauté«, »per raggiungere, nel funzionamento del mercato comune, uno degli scopi della Comunità«, »to attain, in the course of the operation of the common market, one of the objectives of the Community«. Aus dem Wortlaut und dem Satzaufbau aller sechs Fassungen ergibt sich mithin ausdrücklich, daß Zweck der Vorschrift die Verwirklichung der Ziele der

127 *Kaiser,* a.a.O., 116 (Betonung vom Verfasser) unter Berufung auf *Tomuschat,* a.a.O., 60. Noch weitergehend meint *Goldman,* a.a.O., 139, die Klausel enthalte keine wirkliche Begrenzung der Zuständigkeit der Gemeinschaft.

128 Richtlinie 79/409, ABl. Nr. L 103 vom 25.4.1979, S. 1.

129 Beschluß 82/72 des Rates vom 3.12.1981 »über den Abschluß des Übereinkommens zur Erhaltung der europäischen freilebenden Tiere und wildwachsenden Pflanzen und ihrer natürlichen Lebensräume«, ABl. 1982 Nr. L 38 S. 1 vom 10. 2. 1982. Siehe auch den Beschluß 82/461 des Rates vom 24. 6. 1982 »über den Abschluß des Übereinkommens zur Erhaltung der wandernden wildlebenden Tierarten«, ABl. 1982 Nr. L 210 S. 10 vom 19. 7. 1982.

130 *von Meibom,* a.a.O., 2166; ebenso *Gericke,* a.a.O., 42 oben, anders 42 unten – 43; *von Donnersmarck,* a.a.O., 43–44; *Ipsen,* a.a.O., § 20/39, S. 433–434; *Zweigert, Bernstorff,* a.a.O., 649; *Tomuschat,* a.a.O., 65–66. Vor diesen Autoren ähnlich schon *Sørensen,* a.a.O., 75.

131 *Tomuschat,* a.a.O., 65. Dagegen *Close,* a.a.O., 476–477, 479, 480.

Gemeinschaft ist.[132] Die Errichtung und das Funktionieren des Gemeinsamen Marktes ist lediglich eines dieser Ziele, wenn auch eines der beiden grundlegenden Ziele und zugleich eines der beiden Hauptinstrumente zur Verwirklichung weiterer, oberster Ziele (Art. 2, s. Rn. 73 bis 99). Das andere grundlegende Ziel und zugleich Hauptinstrument zur Erreichung besagter oberster Ziele ist die Annäherung der Wirtschaftspolitik der Mitgliedstaaten (Rn. 73 bis 83, 100 bis 111). Verfolgt werden dürfen nach Art. 235 also beide Ziele[133] mit allen ihren Teil- und Unterzielen sowie – auf diesen beiden Wegen (Rn. 80 und 81) – sämtliche obersten Ziele des Art. 2 (Rn. 73 bis 79) und der Präambel (Rn. 112 bis 124).

156 Daß diese Zielverwirklichung vielfach zur Funktionsfähigkeit des Gemeinsamen Marktes *beitragen* wird, ist eine Folge der Anwendung des Art. 235, nicht aber sein Zweck, außer wenn die Maßnahme (auch) das Ziel der Errichtung oder des Funktionierens des Gemeinsamen Marktes bzw. eines seiner Teil- oder Unterziele verfolgt.[134] Eine solche doppelte Zielsetzung wurde und wird mit den bisher ergriffenen Maßnahmen zur Annäherung der Wirtschaftspolitik der Mitgliedstaaten auf den Gebieten Konjunktur und Währung angestrebt. In den Bereichen Umwelt- und Verbraucherschutz liegt bei einigen Maßnahmen eine doppelte Zielsetzung vor, bei anderen nicht.

157 Ist die »Errichtung eines Gemeinsamen Marktes« nach Art. 2 ein grundlegendes Ziel der Gemeinschaft, und hat seine Verwirklichung nach Art. 235 »im Rahmen des Gemeinsamen Marktes« zu erfolgen, so können die beiden Klauseln nicht das gleiche bedeuten. Denn der Satz »Das Ziel der Errichtung des Gemeinsamen Marktes wird im Rahmen des Gemeinsamen Marktes verwirklicht« ergibt keinen Sinn.[135] In Art. 2 wird die Errichtung des Gemeinsamen Marktes als eines der beiden Hauptinstrumente zur Erreichung weiterer Ziele angesehen und damit zugleich selbst zum Ziel der Gemeinschaft. In Art. 235 wird der Gemeinsame Markt nicht als Ziel oder Mittel zum Ziel angesehen, sondern als Rahmen bei der Zielverwirklichung. Bezieht man auch die übrigen Fassungen ein, scheint die Klausel einmal die vertraglich festgelegten Grundsätze des Gemeinsamen Marktes zu meinen (wie ihn Art. 2 von der Wirtschaftspolitik abgrenzt), und zum anderen

132 Ähnlich schon *Behrens,* a.a.O., 274; *Gericke,* a.a.O., 42 unten.

133 Ebenso *Lauwaars,* Art. 235, a.a.O., 103, der aber einschränkend hinzufügt, die Klausel »im Rahmen des Gemeinsamen Marktes« sei als eine Verweisung auf die Befugnisse anzusehen, welche den Organen in den übrigen Vertragsbestimmungen im Hinblick auf den Gemeinsamen Markt zugewiesen worden seien. Art. 235 ergänze deshalb in erster Linie diese Befugnisse, diejenigen zur Annäherung der Wirtschaftspolitik dagegen nur insoweit, als es sich bei der beabsichtigten Maßnahme um eine logische Konsequenz der Errichtung und des Funktionierens des Gemeinsamen Marktes handele. Unklar *Ferrari Bravo, Giardina* in: *Quadri* u.a., a.a.O., Art. 235 Anm. 7, S. 1708, dazu *Gericke,* a.a.O., 36–38.

134 Ähnlich *Behrens,* a.a.O., 274.

135 So schon *Gericke,* a.a.O., 38.

die Tätigkeiten, welche innerhalb dieses vom Vertrag normierten Rahmens stattfinden.[136]

158 Das Merkmal würde also bedeuten, daß die Organe bei der Wahl ihrer Maßnahmen nach Art. 235 nicht frei sind, sondern sich »im Rahmen« des vom Vertrag festgelegten Systems und des darauf beruhenden Wirkens des Gemeinsamen Marktes halten müssen, bzw. daß die Maßnahmen sich harmonisch »in das Funktionieren«, »in den Wirkungsablauf« (»in the course of the operation«) des Gemeinsamen Marktes nach den im Vertrag festgelegten Grundsätzen und Regeln einfügen müssen. Denn ohne Beachtung dieses Rahmens kann der Gemeinsame Markt nicht ordnungsgemäß funktionieren, nicht voll wirksam bleiben. Wenn sie ihn schon nicht fördern, dürfen Maßnahmen nach Art. 235 also keinesfalls den Ordnungsrahmen des Gemeinsamen Marktes, die normierten Elemente seines Funktionierens, Wirkens beeinträchtigen.[137]

159 Von besonderer Bedeutung ist diese Einschränkung auf systemkonforme Maßnahmen für die Annäherung der Wirtschaftspolitik der Mitgliedstaaten durch die Gemeinschaft. Die Vorschriften des Vertrages über diese Annäherung unterscheiden sich von denen über die Errichtung des Gemeinsamen Marktes dadurch, daß die Ausgestaltung der Annäherung im einzelnen weitgehend im Ermessen der Organe und der Mitgliedstaaten steht. Der Vertrag normiert lediglich ein gemeinsames Ziel- und Bezugssystem sowie einzelne Zuständigkeiten der Organe (Art. 2, 3 Buchst. g, 6, 103 bis 109, 145). Wie die Erfahrung bestätigt hat, läßt sich ein gesamtwirtschaftliches Gleichgewicht der Gemeinschaft auf der Grundlage eines Binnenmarktes bei lediglich koordinierter Wirtschaftspolitik und einer auf Mißbräuche kontrollierten innerstaatlichen Wechselkurspolitik nicht auf Dauer gewährleisten. Hierin haben die Bemühungen um eine sehr viel weitergehende Annäherung, nämlich um die schrittweise Errichtung einer Wirtschafts- und Währungsunion nach Art. 103 und 235 ihren Grund.

160 Art. 235 geht mit seiner Anknüpfung an die Ziele der Gemeinschaft und damit auch an das grundlegende Ziel der schrittweisen Annäherung der Wirtschaftspolitik ausdrücklich davon aus, daß die Errichtung eines Gemeinsamen Marktes nicht ausreicht, um die namentlich in Art. 104 normierten Ziele der Wirtschafts- und Währungspolitik zu verwirklichen. Art. 235 bezweckt deshalb insbesondere, die Lücke zu schließen, die zwischen diesen Zielen und den zu ihrer Verwirklichung erforderlichen Befugnissen der Organe klafft. Damit stellt sich immer wieder die Frage, ob und gegebenenfalls wieweit bei diesen Bemühungen die für den Gemeinsamen Markt konstitutiven Normen aus (wirtschafts- oder sozial-) politischen Gründen relativiert werden können.[138]

136 Vgl. die interessante Analyse von *Close,* a.a.O., 474–475.

137 So auch *Behrens,* a.a.O., 275; ähnlich schon *Gericke,* a.a.O., 43; *von Donnersmarck,* a.a.O., 44–45; neuerdings *Kapteyn* in: *Smit, Herzog,* a.a.O., Art. 235 S. 6–292.

138 Ähnlich schon generell (ohne Bezug auf Art. 235) *Mestmäcker,* Europäisches Wettbewerbsrecht, München 1974, 57–58.

161 Die Antwort gibt Art. 235 in seiner Rahmen-Klausel: Der Ordnungsrahmen, den die Normen des Vertrages setzen, welche den Gemeinsamen Markt errichten, darf nicht gesprengt, nicht im Namen der Annäherung der Wirtschaftspolitik der Mitgliedstaaten angetastet oder faktisch (teilweise) außer Kraft gesetzt werden. Im Funktionieren, im Wirken, im Ablauf des Wirtschaftsprozesses des Gemeinsamen Marktes darf keine Beeinträchtigung durch wirtschafts- oder sozialpolitische Maßnahmen der Gemeinschaft eintreten. Er muß weiter und nach Möglichkeit besser funktionieren können. Art. 235 enthält damit eine Bestandsgarantie des Gemeinsamen Marktes gegenüber Maßnahmen der Organe, die zwar ziel-, nicht aber mittelkonform sind, das heißt Grundentscheidungen des Vertrages antasten würden.[139] Beispiele wären die Freiheit des Personen-, Waren-, Dienstleistungs-, Kapital- oder Zahlungsverkehrs, die Freiheit des Wettbewerbs, die Gleichheit seiner rechtlich geordneten Bedingungen, die Nichtdiskriminierung aus Gründen der Staatsangehörigkeit. Vergröbert ausgedrückt: Art. 235 hat den Organen keine Befugnis zugewiesen, eine »andere Gemeinschaft« zu schaffen.[140] Die bisherige Praxis der Organe zeigt, daß es durchaus möglich ist, die Annäherung der Wirtschaftspolitik nicht nur unter Wahrung des Marktsystems des Vertrages zu verfolgen, sondern es durch systemkonforme Maßnahmen gleichzeitig zu fördern, abzusichern, zu stärken und zu entwickeln.

VII. Erscheint ein Tätigwerden der Gemeinschaft erforderlich

162 Für die Anwendbarkeit des Art. 235 genügt es nicht, daß der Vertrag die erforderlichen Befugnisse nicht an anderer Stelle vorsieht (oben IV), daß ein Ziel der Gemeinschaft verwirklicht werden soll (oben V), und daß diese Zielverwirklichung im Rahmen des Gemeinsamen Marktes erfolgt (zuvor VI). Es muß viertens ein Tätigwerden der Gemeinschaft erforderlich erscheinen.

1. Gemeinschaft

163 Nach *Ferrari Bravo* und *Giardina*[141] sind hierunter nicht nur die Organe der Gemeinschaft zu verstehen, sondern auch die (nicht als Rat) gemeinsam handelnden Mitgliedstaaten. Auf Art. 235 könnten daher auch Übereinkommen und sonstige gemeinsame Aktionen der Mitgliedstaaten untereinander gestützt werden, an denen die Organe nicht teilhaben. Dies ergebe sich aus Art. 3, wonach die dort umschriebene »Tätigkeit der Gemeinschaft« sich in wesentlichen Bereichen ausschließlich oder überwiegend als ein Tätigwerden der

139 Vgl. schon *Holch,* a.a.O., 1552, der vom institutionellen System des Vertrages und seinen »sonstigen Grundentscheidungen« spricht; ähnlich auch *von Donnersmarck,* a.a.O., 44–48. In der Beachtung der vertraglichen Grundentscheidungen, die den Gemeinsamen Markt prägen, seiner Grundstruktur, sieht auch *Behrens,* a.a.O., 275 die Bedeutung der Klausel.

140 *Nicolaysen,* Gemeinschaftsrecht, a.a.O., 47.

141 *Ferrari-Bravo, Giardina* in: *Quadri* u. a., a.a.O., Art. 235 Anm. 6, S. 1707. Ihnen folgt *Louis,* Règlements, a.a.O., 57.

Mitgliedstaaten darstelle. Dieses bestehe darin, ihre im Vertrag bezeichneten oder künftig untereinander zu vereinbarenden Verpflichtungen zu erfüllen.

164 Indessen trifft diese Auslegung des Art. 3 nicht zu. Wo immer der Vertrag den Begriff »Gemeinschaft« gebraucht, beginnend in Art. 1, 2, 3, 4, 5, 6, meint er nicht die Gesamtheit der Mitgliedstaaten, sondern deren von dieser Gesamtheit getrennten, mit eigener Rechtspersönlichkeit (Art. 210) und eigenen Aufgaben und Befugnissen (Art. 2, 3, 4 usw.) ausgestatteten Zusammenschluß (Art. 2 a. E.). Dieser handelt nicht durch die Regierungen der Mitgliedstaaten, sondern durch eigene Organe (Art. 4 Abs. 1). Hieraus ergibt sich, daß der Ausdruck Gemeinschaft auch in Art. 235 den von der Gesamtheit der Mitgliedstaaten verschiedenen, verselbständigten Zusammenschluß der Mitgliedstaaten meint. Daher kann die Gemeinschaft nach Art. 235 tätig werden nur durch ihre Organe.[142] Dies bestätigt im übrigen Art. 235 selbst, wenn er in seinem letzten Halbsatz bestimmt: »so erläßt der Rat . . . auf Vorschlag der Kommission und nach Anhörung der Versammlung die geeigneten Vorschriften«. Siehe außerdem Rn. 3.

2. *Ein Tätigwerden*

165 *Goldman*[143] hat bezweifelt, ob der Begriff »action« auch die Ausarbeitung von Normen umfasse. Gehe es nicht eher um die Durchführung bereits existierender Normen, um die Ebene des Verfahrens, der Sanktionen? Allerdings sei der schlecht gewählte Ausdruck »action« hinreichend vage, um, wenn man es wolle, auch eine Befugnis zur Normausarbeitung einzuschließen.

166 Im übrigen Schrifttum finden sich derartige Bedenken nicht. *Rabe*[144] meint, das französische »action« sei enger als das deutsche »Tätigwerden« und bedeute »Einzelaktionen« im Gegensatz zur Begründung neuer, umfassender Kompetenzen. *Gericke, Behrens* und *Constantinesco*[145] sehen alle Maßnahmen als erfaßt an, die sich in einem verbindlichen Beschluß nach Art. 189 oder außerhalb desselben ausdrücken.[146]

167 *Gericke* ist außerdem der Auffassung, die Merkmale »Tätigwerden« und »erläßt . . . die geeigneten Vorschriften« bedeuteten das gleiche. Bedenkt man, daß dem Erlaß der Vorschriften durch den Rat nach dem letzten Halbsatz des Art. 235 ein Vorschlag der Kommission – und damit auch seine Ausarbeitung – sowie die Anhörung des Europäischen Parlaments vorauszugehen haben, spricht etwas für diese Auslegung. Auf der anderen Seite wird sie dem unterschiedlichen Wortlaut der beiden Klauseln sowie

142 Im Ergebnis ebenso *Gericke,* a.a.O., 47–48; *Ipsen,* a.a.O., § 20/39 S. 433; *Lesguillons,* a.a.O., 898; *Goldman,* a.a.O., 139; *Groux,* a.a.O., 24; *Olmi,* a.a.O., 289.

143 *Goldman,* a.a.O., 138.

144 *Rabe,* a.a.O., 152. Dazu kritisch *Gericke,* a.a.O., 50–51 und *Dorn,* a.a.O., 217.

145 *Gericke,* a.a.O., 47, 49–50; *Behrens,* a.a.O., 278; *Constantinesco,* a.a.O., 273.

146 *Dorn,* a.a.O., 216 geht weiter und schließt »alle Handlungsmöglichkeiten« ein.

dem zeitlichen Ablauf des Verfahrens nicht gerecht. Danach ist zunächst zu prüfen das Ob – ist *»ein«* Tätigwerden erforderlich – und erst später, falls das Ob bejaht wird, das Wie – welches sind »die geeigneten Vorschriften« –. In der Praxis werden beide Probleme immer wieder vermengt. Zusammen mit der Frage, ob ein wie immer gearteten Tätigwerden erforderlich erscheint, wird die weitere Frage geprüft, ob das im konkreten Fall beabsichtigte, also ein *ganz bestimmtes* Tätigwerden erforderlich erscheint. In Wahrheit ist dies die Frage, auf welche Weise das Ziel verwirklicht werden soll, das heißt welche Maßnahmen hierfür (am besten) *geeignet* sind. Diese Frage ist jedoch erst im Rahmen des Merkmals »geeignete Vorschriften« zu prüfen.

3. Erscheint erforderlich

168 Da Art. 235 die Erforderlichkeit eines Tätigwerdens auf die Verwirklichung eines Zieles der Gemeinschaft bezieht (»um ... zu«), genügt es nicht, daß ein Tätigwerden in abstracto oder unter irgendwelchen Gesichtspunkten erforderlich erscheint.[147] Alleiniger Maßstab ist vielmehr die Verwirklichung eines Zieles der Gemeinschaft hic et nunc. Erforderlich ist ein Tätigwerden also *nur dann,* wenn eine Diskrepanz zwischen einem Ziel und seiner Verwirklichung besteht. Es ist daher einerseits festzustellen, was das Ziel bedeutet, das heißt unter welchen Bedingungen es als verwirklicht angesehen werden kann. Andererseits ist festzustellen, welche dieser Bedingungen schon erfüllt sind, das heißt inwieweit das Ziel bereits verwirklicht ist.[148]

169 So ist es möglich, daß das betreffende Ziel der Gemeinschaft in den einzelnen Mitgliedstaaten bereits durch einseitige Maßnahmen auf nationaler Ebene erreicht ist oder ohne besondere Schwierigkeiten ebenso gut erreicht werden kann. In einem solchen Fall und wenn keine Festschreibung dieser Situation durch Gemeinschaftsrecht geboten erscheint, entfällt die Erforderlichkeit eines Tätigwerdens der Gemeinschaft. Der Vertrag sieht in zahlreichen Bestimmungen solche individuellen, einseitigen Maßnahmen der einzelnen Mitgliedstaaten zur Erreichung seiner Ziele vor[149] und steht ihnen auch sonst nicht im Wege. Prüfungsmaßstab sind aber die Vertragsziele, nicht der Besitzstand der Mitgliedstaaten.[150]

170 Ist ein Tätigwerden *immer dann* erforderlich, wenn eine festgestellte Diskrepanz zwischen Ziel und Zielverwirklichung besteht? Ein Teil des Schrifttums bejaht die Frage.[151] Der Wortlaut der Vorschrift legt diese Auslegung nahe. Mit Recht hat jedoch schon *Ehring*[152]

147 *Constantinesco,* a.a.O., 273.
148 *Dorn,* a.a.O., 218. Das insoweit aufschlußreichste Beispiel aus der Praxis ist ein veröffentlichtes Arbeitsdokument: *Kommission der EG,* Zuständigkeit der Gemeinschaft, a.a.O., GRUR Int. 1980, 34, 38–39.
149 Siehe insbesondere Art. 5 Abs. 1 S. 1, 11, 12, 13, 16, 23, 27, 31, 32, 33, 34 Abs. 2, 37, 53, 62, 95, 102, 221.
150 *Everling,* Art. 235, a.a.O., 12 Fn. 49.
151 *Dorn,* a.a.O., 218–220; *Behrens,* a.a.O., 278.
152 *Ehring* in der 2. Auflage, S. 762.

darauf hingewiesen, daß die Ziele der Gemeinschaft zum Teil so geartet seien, daß sie mit den sonstigen Mitteln des Vertrages nie ganz verwirklicht werden könnten. Die Bedingung der Erforderlichkeit eines sonst im Vertrag nicht vorgesehenen Tätigwerdens der Gemeinschaft sei daher praktisch immer erfüllt.

171 Hieraus ergibt sich die Notwendigkeit, die vielen erforderlichen Maßnahmen im Zeitablauf zu ergreifen und dabei nach dem *Grad* ihrer Erforderlichkeit vorzugehen. Aus dem jeweiligen Abstand zwischen einem Ziel und seiner Verwirklichung ergibt sich die Intensität der Erforderlichkeit. Je größer die Diskrepanz, desto stärker der Handlungsbedarf. Und je länger sie anhält, desto dringlicher wird ein Tätigwerden. Vielfach werden mehrere Ziele in diese Feststellungen einzubeziehen und untereinander zu gewichten sein.

172 Kann man hier von politischen Erwägungen[153], von freiem oder weitreichendem Ermessen sprechen?[154] Zwar entsprechen diese Auffassungen in einigen Fällen der Praxis, namentlich des Rates. Rechtlich lassen sie jedoch die Verknüpfung außer acht, welche Art. 235 zwischen dem ersten und dem zweiten Satzteil, zwischen der Erforderlichkeit und der Zielverwirklichung durch die Konjunktion »um« herstellt. Diese Verknüpfung ist sachbezogen und nicht politischer Natur. Es handelt sich um die Auslegung und Anwendung eines unbestimmten Rechtsbegriffs. Es geht nicht um die Frage, ob ein Tätigwerden der Gemeinschaft opportun ist[155], sondern ob es zu einem ganz bestimmten Zweck notwendig erscheint. Andererseits schließt der Prüfungsmaßstab der Zielverwirklichung wie in Rn. 168 bis 171 dargelegt nicht nur tatsächliche Feststellungen ein, sondern er erfordert komplexe wirtschaftliche (soziale, gesellschaftliche) und rechtliche Wertungen. *In diesen Grenzen* benötigen die Organe daher einen Beurteilungsspielraum. Es handelt sich also nicht um freies, sondern um *gebundenes* Ermessen, Art. 235 bringt dieses subjektive Element mit dem Verb »erscheint« zum Ausdruck und läßt es damit zu. Der Spielraum dieses durch den Prüfungsmaßstab Zielverwirklichung gebundenen Ermessens nimmt in dem Maße zu, in dem das Ziel umfassender oder vager ist.[156]

173 Da Art. 235 wie die Mehrzahl der Handlungsermächtigungen des EWG-Vertrages keinen Termin für die Zielverwirklichung setzt, liegt es nach Auffassung mehrerer Autoren

153 *Gericke,* a.a.O., 52; *Tomuschat,* a.a.O., 60; *Priebe,* a.a.O., 97.

154 *Ferrari Bravo, Giardina* in: *Quadri* u.a., a.a.O., Art. 235 Anm. 8, S. 1710 oben; *Louis,* Règlements, a.a.O., 56; *ders.,* Fonds monétaire, a.a.O., 287; *Everling,* Art. 235, a.a.O., 13; *Lesguillons,* a.a.O., 897; *Groux,* a.a.O., 25; *Priebe,* a.a.O., 97; *Lachmann,* a.a.O., 460, der außer dem Rat auch die Mitgliedstaaten an der von ihm im Rahmen eines »sehr weiten Ermessensspielraums« empfohlenen Beurteilung beteiligen will, »ob ein Rechtsakt nach Art. 235 die angemessenste Lösung für den konkreten Fall ist«. Dem Art. 235 widerspräche ein solches Vorgehen sowohl institutionell als auch hinsichtlich des Kriteriums. – Demgegenüber sprechen *Wohlfarth,* a.a.O., Art. 235 Anm. 3 sowie *Lagrange,* a.a.O., 93 nur von Ermessen.

155 Ebenso *Kovar,* a.a.O., 544; teilweise anders *Groux,* a.a.O., 26–27.

156 *Groux,* a.a.O., 25.

außerdem im Ermessen der Organe zu entscheiden, *wann* sie ein Tätigwerden zur Zielverwirklichung für erforderlich halten.[157] Da man nicht alles gleichzeitig tun kann, hat dieses zeitliche Ermessen in der Praxis besondere Bedeutung erlangt. Es wird seinerseits wesentlich von Opportunitäts- und Erfolgs-, von Personal- und Haushaltserwägungen beeinflußt sowie von einer Abwägung mit anderen Prioritäten.

174 Ob und wann ein Tätigwerden der Gemeinschaft zur Verwirklichung eines ihrer Ziele erforderlich erscheint, hat zunächst die Kommission in eigener und alleiniger Verantwortung zu prüfen und zu entscheiden. Bejaht sie ein Handlungsbedürfnis (und die übrigen Bedingungen des Art. 235), hat sie sich Gedanken über die zur Zielverwirklichung »geeigneten Vorschriften« zu machen und dem Rat einen entsprechenden Vorschlag zu unterbreiten. Sodann ist das Parlament anzuhören. Es folgt regelmäßig ein dessen Stellungnahme berücksichtigender geänderter Vorschlag der Kommission (Art. 149 Abs. 2). Anschließend berät und beschließt der Rat zusammen über die Erforderlichkeit eines Tätigwerdens der Gemeinschaft, über das Vorliegen der übrigen Bedingungen des Art. 235 und den (geänderten) Vorschlag der Kommission. Die Rechtsgrundlage mit ihren vier Voraussetzungen wird also von drei verschiedenen Instanzen nacheinander geprüft. Da Initiative und Monopol eines Vorschlags bei der Kommission liegen, ist es ihre Aufgabe, die Erforderlichkeit eines Tätigwerdens der Gemeinschaft zur Verwirklichung des fraglichen Ziels sowie die übrigen Bedingungen der Anwendbarkeit des Art. 235 vor den beiden anderen Organen darzutun. Dabei sind unterschiedliche Auffassungen zwischen den Organen und unter ihren Mitgliedern häufig. Kommission und Parlament beschließen mit Mehrheit, der Rat einstimmig.

175 Hat der Rat demnach über die Frage der Erforderlichkeit das letzte Wort? Oder unterliegt sie der Nachprüfung durch den Gerichtshof? Ein Teil des Schrifttums antwortet negativ[158], ein anderer bejaht sie in bezug auf den Ermessensmißbrauch[159], ein dritter Teil ohne Einschränkungen.[160] Mit *Ehring's* Gründen[161] verdient die letzte Auffassung Zustimmung: Der Gerichtshof ist nach Art. 173 für alle Vertragsverletzungen zuständig. Eine Vertragsbestimmung ist immer dann verletzt, wenn sie angewandt wird, obwohl eine der Tatbestandsvoraussetzungen ihrer Anwendung nicht erfüllt ist, zu denen im Falle von Art. 235 auch die Erforderlichkeit eines Tätigwerdens der Gemeinschaft zur Verwirklichung eines ihrer Ziele gehört. Dies gilt nur dann nicht, wenn die gerichtliche

157 *Wohlfarth,* a.a.O., Art. 189 Vorbem. 5; *Groux,* a.a.O., 24; *Behrens,* a.a.O., 278; *Kovar,* a.a.O., 544.

158 *Ferrari Bravo, Giardina* in: *Quadri* u. a., a.a.O., Art. 235 Anm. 9, S. 1710 unten; *Louis,* Règlements, a.a.O., 56; *Gericke,* a.a.O., 52; *Lesguillons,* a.a.O., 897.

159 *Wohlfarth,* a.a.O., Art. 235 Anm. 3; *Marenco,* a.a.O., 150; *Ipsen,* a.a.O., § 4/31, S. 103; *Louis,* Fonds monétaire, a.a.O., 287; *Behrens,* a.a.O., 278; *Everling,* Art. 235, a.a.O., 12; *Priebe,* a.a.O., 97.

160 *Goldman,* a.a.O., 139; *Olmi,* a.a.O., 290; *Louis,* Rechtsordnung, a.a.O., 37; *Dorn,* a.a.O., 223–227.

161 *Ehring* in der 2. Auflage, S. 762.

Nachprüfung einer solchen Tatbestandsvoraussetzung ausdrücklich ausgeschlossen ist, wie z. B. durch Art. 33 des EGKS-Vertrages, der vorschreibt, daß sich die Nachprüfung durch den Gerichtshof nicht auf die Würdigung der sich aus den wirtschaftlichen Tatsachen oder Umständen ergebenden Gesamtlage erstrecken darf, die zu den angefochtenen Akten geführt hat. Im EWG-Vertrag ist indessen eine solche Einschränkung der gerichtlichen Nachprüfung nicht vorgesehen.

VIII. Erläßt der Rat auf Vorschlag der Kommission

176 Liegen im konkreten Fall die vier Bedingungen der Anwendbarkeit des Art. 235 vor (oben IV, V, VI, VII), »so erläßt der Rat einstimmig auf Vorschlag der Kommission und nach Anhörung der Versammlung die geeigneten Vorschriften«. Was bedeutet die Klausel »so erläßt der Rat auf Vorschlag der Kommission«? Handelt es sich um eine Ermächtigung oder um eine Verpflichtung des Rates und der Kommission?

177 Im AETR-Urteil des Gerichtshofs findet sich folgendes obiter dictum[162]: »Artikel 235 gestattet dem Rat zwar auch auf dem Gebiet der Außenbeziehungen, die ›geeigneten Vorschriften‹ zu erlassen, er begründet aber keine Verpflichtung, sondern verleiht dem Rat eine Befugnis, deren Nichtausübung einen Beschluß nicht in seiner Rechtmäßigkeit berühren kann.« Begründet hat der Gerichtshof seine Auffassung nicht; offenbar hat er aus dem Merkmal der Erforderlichkeit eines Tätigwerdens Rückschlüsse auf den Charakter der Vorschrift gezogen.[163]

178 Diese Auffassung steht zunächst mit dem *Wortlaut* des Art. 235 im Widerspruch. Die Vorschrift sagt nicht: »so kann der Rat erlassen«, sondern: »so erläßt der Rat«. Sie unterscheidet sich hierin von Art. 95 Abs. 1 des EGKS-Vertrages, wo es heißt: »kann diese Entscheidung oder Empfehlung ... ergehen«. Mit Recht hat als erster *Hallstein* zu Art. 235 betont[164]: ,,Er ›erläßt‹ – das ist der juristische Imperativ: er hat zu erlassen«. Und *Lagrange* hat auch für die französische Fassung klargestellt[165]: »En français, l'emploi en pareil cas de l'indicatif présent implique obligation: ›prend‹ veut dire ›doit prendre‹. Donc, il existe évidemment dans chaque cas un pouvoir d'appréciation quant à la nécessité de l'action envisagée, mais si cette nécessité est reconnue, les moyens de la réaliser doivent être mis sur pied . . . .«

162 EuGH – Kommission/Rat, 22/70 – Slg. 1971, 263 (282 Rn. 95).

163 Kritisch *Kapteyn, VerLoren van Themaat,* Introduction, a.a.O., 72 und 122 Fn. 1: »As this ill-advised and highly disputable statement is not supported by any arguments, one may hope that the Court will not persist in its opinion.« Siehe auch *dies.,* Inleiding, a.a.O., 68–69; *Schwartz,* Art. 235, a.a.O., 30–31; *Jacot-Guillarmod,* a.a.O., 16; *Olmi,* a.a.O., 293 Fn. 71; *Lauwaars,* Europees merkenrecht, a.a.O., 546.

164 *Hallstein,* a.a.O., 391; 1. Auflage 1973, S. 319.

165 *Lagrange,* a.a.O., 93. Ebenso *Jacot-Guillarmod,* a.a.O., 15–16. Zweifel hat *Goldman,* a.a.O., 140.

179 Ein zweites Argument ergibt sich aus dem *Sprachgebrauch* des EWG-Vertrages in den übrigen Bestimmungen. Der Vertrag unterscheidet in seiner Terminologie durchweg zwischen bloßen Ermächtigungen der Organe zum Handeln oder »Kann«-Bestimmungen einerseits[166] und Verpflichtungen zum Handeln andererseits, die er im Präsens festlegt.[167] Der Gerichtshof hat in einer Reihe von Urteilen entschieden, daß es sich im letzteren Falle um Verpflichtungen handele.[168]

180 Wenn also die in Art. 235 umschriebenen Voraussetzungen vorliegen, sind Rat und Kommission sowohl nach dem Sprachgebrauch des Vertrages als auch nach dem Wortlaut der Vorschrift nicht nur berechtigt, sondern verpflichtet, die geeigneten Vorschriften zu erlassen bzw. vorzuschlagen. Sie haben nach Bejahung der Erforderlichkeit eines Tätigwerdens der Gemeinschaft zwecks Verwirklichung eines ihrer Ziele nicht die Befugnis, von ihrer Ermächtigung nach Art. 235 keinen Gebrauch zu machen. Ermessen besitzen die Organe bei der Prüfung der Erforderlichkeit ihres Tätigwerdens zur Zielverwirklichung, nicht auch dann noch, wenn sie alle Voraussetzungen des Art. 235 bejaht haben. Unterläßt es die Kommission in einem solchen Fall, einen Vorschlag zu machen, oder der Rat, über den Vorschlag zu beschließen, kann zum Beispiel das Europäische Parlament Klage auf Feststellung dieser Vertragsverletzung nach Art. 175 erheben.[169]

IX. Konkurrierende Befugnis der Gesamtheit der Regierungen der Mitgliedstaaten?

181 Sind alle vier Merkmale des Art. 235 in bezug auf einen Sachverhalt erfüllt (oben IV bis VII), so fragt sich, ob von da an allein die Gemeinschaft zuständig ist und allein ihre Organe (zuvor VIII) zur Regelung des Sachverhalts befugt sind (ausschließliche Aufgabenzuständigkeit und ausschließliche Zielverwirklichungsbefugnis), oder ob daneben (parallel) eine Zuständigkeit der Gesamtheit der Mitgliedstaaten und eine Befugnis ihrer Regierungen zur völkervertraglichen Regelung des Sachverhalts fortbesteht, bei

166 Von besonderem Interesse sind hier Art. 7 Abs. 2 und Art. 84 Abs. 2. Weiter sieht der Vertrag folgende Kann-Bestimmungen vor: Art. 14 Abs. 7, 25 Abs. 3, 26 Abs. 1, 28 Satz 2 und 3, 33 Abs. 5 und 8, 41, 42 Abs. 2, 43 Abs. 3, 44 Abs. 4 letzter Unterabsatz, 55 Abs. 2, 59 Abs. 2, 70 Abs. 2 Unterabs. 2, 71 Abs. 3, 73 Abs. 1 Unterabs. 2 und Abs. 2, 79 Abs. 2 und Abs. 3 Unterabs. 2, 81 Abs. 3, 93 Abs. 2 Unterabs. 2 und 3, 94, 101 Abs. 2 Satz 2, 103 Abs. 2, 107 Abs. 2, 108 Abs. 3 Unterabs. 2, 109 Abs. 2 Satz 2 und Abs. 3, 115 Abs. 2, 121, 126, 201 Abs. 3, 203 Abs. 5 Unterabs. 1, 203 a Abs. 5 Unterabs. 2 und 4, 204 Abs. 2, 223 Abs. 3.

167 Siehe insbesondere Art. 43 Abs. 2, 49, 51, 54 Abs. 2 und 3, 56 Abs. 2, 57 Abs. 1 und 2, 63 Abs. 2, 66, 69, 70 Abs. 1, 75 Abs. 1, 79 Abs. 3, 87, 90 Abs. 3, 99, 100, 101, 103 Abs. 3, 112 Abs. 1, 113.

168 Z. B. zu Art. 43 Abs. 2: EuGH – Kramer, 3, 4, 6/76 – Slg. 1976, 1279 (1310 Rn. 24); zu Art. 49 und 51: EuGH – Kommission/Französische Republik, 167/73 – Slg. 1974, 359 (371 Rn. 33); zu Art. 103 Abs. 1 einerseits (Muß-Bestimmung) und Abs. 2 andererseits (Kann-Bestimmung): EuGH – Balkan, 5/73 – Slg. 1973, 1091 (1108 Rn. 13); zu Art. 116 Abs. 1: EuGH – Kramer, 3, 4, 6/76 – Slg. 1976, 1279 (1313 Rn. 43).

169 Zweifel äußert hieran *Goldman,* a.a.O., 140.

deren Ausübung die Befugnis nach Art. 235 endet (kumulativ-konkurrierende Zuständigkeit), oder ob bis zur Wahrnehmung der den Organen zugewiesenen Befugnisse eine Befugnis der Regierungen zur völkervertraglichen Regelung fortbesteht (alternativ-konkurrierende oder residuelle Zuständigkeit). Sagen die Aufgaben- bzw. Zielnormen des EWG-Vertrages etwas aus über die Verteilung der Zuständigkeit und Art. 235 über die Verteilung der Befugnisse zwischen der Gemeinschaft bzw. ihren Organen einerseits und den Mitgliedstaaten bzw. ihren gemeinsam handelnden Regierungen andererseits? Ist es gemeinschaftsrechtlich zulässig, nicht im EWG-Vertrag vorgesehene Beschlüsse und Übereinkommen unter den »im Rahmen« des Rates oder außerhalb desselben zusammentretenden Regierungen der Mitgliedstaaten auszuhandeln und abzuschließen, wenn die Organe der Gemeinschaft nach Art. 235 die Befugnis zur Regelung der Frage besitzen?

182 Im *älteren* Schrifttum hat vor allem *Ehring* die Frage bejaht.[170] Die Zulässigkeit eines Ratsbeschlusses nach Art. 235 schließe nicht aus, daß die gebotenen Maßnahmen durch einen Vertrag der Mitgliedstaaten getroffen werden. Für diese Auslegung spreche unter anderem, daß Art. 235 auf Art. 95 Abs. 1 des EGKS-Vertrages zurückgehe, von dessen Ermächtigung nicht oft Gebrauch gemacht worden sei. Stattdessen hätten die Mitgliedstaaten untereinander völkerrechtliche Vereinbarungen getroffen. Derartige Vereinbarungen seien auch nach dem EWG-Vertrag zulässig und im Bereich der EWG in beachtlicher Zahl zustande gekommen. »Es besteht daher *freie Wahl* zwischen einem Ratsbeschluß gemäß Artikel 235 und einem Beschluß der im Rat vereinigten Vertreter der Regierungen der Mitgliedstaaten, soweit eine Angelegenheit durch Regierungsabkommen geregelt werden kann und gleichzeitig die Voraussetzungen des Artikels 235 für ihre Regelung erfüllt sind.«[170a] 1974 fügt *Ehring* aus der umgekehrten Sicht der Gemeinschaft hinzu, die *Möglichkeit,* die gebotenen Maßnahmen durch einen Vertrag der Mitgliedstaaten zu treffen, stehe der Anwendung des Art. 235 nicht entgegen.[171] »Artikel 235 hat ja gerade den Zweck zu vermeiden, daß zur Ausfüllung jeder Vertragslücke ein neuer Vertrag geschlossen werden muß.« Sobald sich aber die Regierungen unter sich einigten, entfalle die Erforderlichkeit eines Tätigwerdens der Gemeinschaft im Sinne des Art. 235.[172]

Generell und ohne Art. 235 zu erwähnen, hat vor allem *Kaiser*[173] eine entsprechende Meinung vertreten: »Selbst eine gegebene Ratszuständigkeit braucht die Regierungen nicht zu hindern, eine Regelung durch Beschluß der Regierungsvertreter statt durch

170 *Ehring* in: HER I A 67, Art. 235, Anm. 1, S. 118–119 (74. Lieferung Januar 1967), ebenso die vorhergehenden Fassungen der Loseblatt-Sammlung und die 1. Auflage.

170a *Ehring* in der 2. Auflage. S. 751.

171 *Ehring* in der 2. Aufl., S. 749–750; ebenso *Everling,* Art. 235, a.a.O., 12.

172 *Ehring,* a.a.O.; *Everling,* a.a.O. mit der Einschränkung: »sofern nicht durch die Überführung in Gemeinschaftsrecht eine zusätzliche, den Vertragszielen entsprechende Wirkung etwa bei der Durchführung, Änderung oder gerichtlichen Überwachung erzielt wird.«

173 *Kaiser,* Die im Rat vereinigten Vertreter, a.a.O., 119; zweifelnd *Wagner,* a.a.O., 224–242; ähnlich wie Kaiser zu Art. 235 *Gericke,* a.a.O., 119; *von Donnersmarck,* a.a.O., 82.

Ratsbeschluß herbeizuführen.« Ein Beispiel hierfür sei das in seinem Aufsatz abgedruckte »Standstill«-Übereinkommen der »im Rat versammelten Vertreter der Regierungen der Mitgliedstaaten« vom 21. 6. 1960 zur Durchführung der Art. 95 bis 97: die in Art. 99 stipulierte Zuständigkeit des Rates zur Angleichung des einzelstaatlichen Rechts der indirekten Steuern sei hier nicht in Anspruch genommen worden. Nach *Zuleeg*[174] haben die Staaten auf ihre Befugnis, untereinander als Subjekte des Völkerrechts zu handeln, nicht verzichtet. Sie seien deshalb durch die Zuständigkeitsvorschriften der Verträge von Paris und Rom nicht gebunden.

183 Im *neueren* Schrifttum wird eine im konkreten Fall mit Art. 235 konkurrierende völkervertragliche Befugnis der Regierungen der Mitgliedstaaten nur noch vereinzelt bejaht.[175] Stattdessen wird Art. 235 ganz überwiegend als Befugniszuweisung und Befugnisvorbehalt zugunsten der Organe der Gemeinschaft verstanden und damit als Sperrklausel gegenüber einem gemeinsamen Tätigwerden der Mitgliedstaaten in der gleichen Sache[176], sobald seine Merkmale vorliegen[177] oder die Erforderlichkeit eines Tätigwerdens der Gemeinschaft anerkannt ist.[178] Allein die Organe besitzen von da an die Befugnis, über den fraglichen Gegenstand zu legiferieren. Es besteht daher keine Wahl zwischen dem gemeinschaftlichen und dem zwischenstaatlichen Verfahren, und zwar nach dem in Fn. 177 zitierten Teil des Schrifttums auch nicht solange, als die Organe von ihrer ausschließlichen Rechtsetzungsbefugnis noch nicht Gebrauch gemacht haben. Zur Begründung werden der Wortlaut des Art. 235, sein Zweck, die Grundsatz-Artikel 2 bis 5 und das System des EWG-Vertrages angeführt.

184 Bevor diese Gründe dargelegt werden, ist zu betonen, daß es hier nicht um die Abgrenzung der Zuständigkeit der Gemeinschaft von der des *einzelnen* Mitgliedstaates zur autonomen internen Rechtsetzung geht, sondern um die Abgrenzung der Zuständigkeit der Mitgliedstaaten, *untereinander* auf Grund ihrer völkerrechtlichen Handlungsfähigkeit gemeinsam Recht zu setzen, also außerhalb oder lediglich »im Rahmen« des Rates durch ihre Regierungen miteinander zu verhandeln, Beschlüsse oder Entschließungen zu

174 *Zuleeg,* a.a.O., 41, 284. Offenbar vertritt *Zuleeg* diese Meinung generell, also nicht beschränkt auf die von ihm besonders erörterten vertrags*ändernden* Beschlüsse der im Rat vereinigten Vertreter der Regierungen der Mitgliedstaaten.

175 *Everling,* Art. 235, a.a.O., 12 mit Einschränkung auf S. 70; *Goldman,* a.a.O., 140–141; *Lachmann,* a.a.O., 460–461.

176 *Pescatore,* a.a.O., 68–71, vgl. auch 61–63, 88, 90; *Kapteyn, VerLoren van Themaat,* Introduction, a.a.O., 72, 122; *dies.,* Inleiding, a.a.O., 68–69; *Lauwaars,* Community Decisions, a.a.O., 82–84; *ders.,* Art. 235, a.a.O., 104–105; *Behrens,* a.a.O., 278; *Tomuschat,* a.a.O., 58; *Melchior,* a.a.O., 36; *Weis,* Urteilsanmerkung, a.a.O., 283; *Louis,* Rechtsordnung, a.a.O., 68.

177 *Schwartz,* Art. 235, a.a.O., 27–44; *ders.,* La marque, a.a.O., 129–131; *Sasse,* Diskussionsbeitrag, in: EuR 1976, Sonderheft S. 70; *Constantinesco,* a.a.O., 272–273; *Jacot-Guillarmod,* a.a.O., 5–6; *Olmi,* a.a.O., 293 Nr. 12–294 oben; *Timmermans,* Anerkennungsübereinkommen, a.a.O., 55–57; *Lauwaars,* Europees merkenrecht, a.a.O., 547, 548 Buchst. e.

178 *Lagrange,* a.a.O., 92–93; *Groux,* a.a.O., 25–27; *Kovar,* a.a.O., 543–544. Offen lassen diese Autoren, ob die Bejahung der Erforderlichkeit durch die Kommission genügt.

fassen, Vereinbarungen, Protokolle, Übereinkommen, Verträge zu schließen und erforderlichenfalls durch ihre Parlamente zu ratifizieren und innerstaatlich durchzusetzen. Es geht hier um die *horizontale* Abgrenzung zwischen Rechtsetzung durch die Gemeinschaft und Rechtsetzung durch die gemeinsam handelnden Mitgliedstaaten, zwischen Rechtsetzung mit Hilfe von Gemeinschaftsrecht und Rechtsetzung mit Hilfe von Völkerrecht, nicht um die *vertikale* Abgrenzung zwischen Rechtsetzung durch die Gemeinschaft und nationale Rechtsetzung durch den einzelnen Mitgliedstaat. Im letzteren Bereich dürfte jeder Mitgliedstaat grundsätzlich frei sein, von sich aus einseitig Ziele der Gemeinschaft durch Rechtsetzung für sein Gebiet zu verwirklichen, solange keine Regelung durch die Gemeinschaft ergangen ist. Insoweit besteht also eine *konkurrierende* Rechtsetzungsbefugnis des einzelnen Mitgliedstaates. Art. 102 ist eine positivrechtliche Bestätigung hierfür. Hieraus abzuleiten: »Die Mitgliedstaaten können ... nicht gehindert sein, das gemeinsam durch Vertrag zu tun, was sie unstreitig allein noch tun dürfen, solange die Gemeinschaft nicht gehandelt hat«[179], hieße ziemlich verschiedene Dinge gleich behandeln und neben der Gemeinschaft in deren Aufgabenbereich einen generell mit ihr im wahrsten Sinne des Wortes konkurrierenden intergouvernementalen Gesetzgeber etablieren und anerkennen. Dies dürfte dem geltenden Gemeinschaftsrecht insbesondere aus folgenden Erwägungen nicht entsprechen.

1. Wortlaut des Artikels 235

185 Erstes Argument für die Ausschließlichkeit der den Organen zugewiesenen Befugnisse ist der zwingende Charakter des Art. 235. Er ist nicht »Kann«-Bestimmung, sondern muß angewandt werden, wenn seine Voraussetzungen vorliegen (Rn. 176 bis 180). Kommission und Rat haben deshalb nicht die Befugnis, von ihrer Ermächtigung keinen Gebrauch zu machen und das Tätigwerden den gemeinsam handelnden Regierungen zu überlassen. So sagt *Lagrange*[180]: Wenn die Erforderlichkeit eines Tätigwerdens bejaht wird, »les moyens de la réaliser doivent être mis sur pied dans le cadre communautaire, et non pas dans un cadre interétatique.«

186 Das zweite Argument zugunsten einer ausschließlichen Befugnis der Organe folgt ebenfalls aus dem Wortlaut des Art. 235: Bei der dort vorgeschriebenen Erforderlichkeit eines Tätigwerdens der Gemeinschaft bleibt nicht offen, nach welchem Kriterium sich die Erforderlichkeit richten soll, so daß man an die Alternative Gemeinschaft – Gesamtheit der Mitgliedstaaten denken könnte, sondern es wird ausdrücklich festgelegt, daß es allein auf die Verwirklichung eines Zieles der Gemeinschaft ankommt. Art. 235 sagt nicht: »Erscheint ein Tätigwerden der Gemeinschaft erforderlich, *und* ist eines ihrer Ziele zu verwirklichen«, sondern er verbindet beide Halbsätze mit der Konjunktion »um«. Es geht also nicht um zwei voneinander unabhängige Merkmale, sondern die Bejahung des ersten

179 *Everling,* Art. 235, a.a.O., 12–13.
180 *Lagrange,* a.a.O., 93. Ebenso *Jacot-Guillarmod,* a.a.O., 16.

Merkmals hängt vom zweiten ab.[181] Deshalb darf nicht geprüft werden, ob ein Tätigwerden der Gemeinschaft oder der Gesamtheit der Mitgliedstaaten erforderlich ist, sondern ob ein Tätigwerden der Gemeinschaft zur Verwirklichung eines ihrer Ziele erforderlich erscheint. Ist dies der Fall, »so erläßt der Rat ... die geeigneten Vorschriften«, also niemand sonst. Die Erforderlichkeit eines Tätigwerdens der Gemeinschaft durch ihre Organe entfällt also nicht, wenn die Regierungen der Mitgliedstaaten durch Vereinbarung, Übereinkommen usw. tätig geworden sind oder tätig werden wollen, um dieselben Ziele zu erreichen.

187 Von dieser Argumentation abgesehen wären Kommission, Parlament und Rat nicht befugt, zu prüfen, ob und was auf anderem Wege als nach Maßgabe des EWG-Vertrages getan werden kann. Da sie Organe der Gemeinschaft und nicht der Mitgliedstaaten oder ihrer Gesamtheit sind, wären sie hierfür nicht zuständig – ebensowenig wie umgekehrt die Regierungen der Mitgliedstaaten einzeln oder in ihrer Gesamtheit dafür zuständig sind, über die Anwendung oder Nichtanwendung des Art. 235 zu entscheiden, weil sie – selbst wenn sie sich »im Rahmen« des Rates treffen – nicht Organ der Gemeinschaft sind.[182]

188 Ein drittes positivrechtliches Argument ergibt sich aus der Fassung des Art. 235 im Vergleich mit anderen Vertragsvorschriften. Wenn der Vertrag ausnahmsweise den Rückgriff auf die völkervertragliche Rechtsetzungsbefugnis der Mitgliedstaaten zulassen möchte oder benötigt, sagt er es ausdrücklich. Dies zeigen die Art. 20 Abs. 1 und 220, aber auch 167, 216, 224, 236, sowie aus dem Vertrag über die Fusion der Organe Art. 11 und 14. Art. 235 enthält keine solche Verweisung oder Alternative und kann daher nicht im Sinne einer konkurrierenden Zuständigkeit der gemeinsam handelnden Mitgliedstaaten ausgelegt werden.

2. Funktion des Artikels 220

189 Ein viertes positivrechtliches Argument ist die Existenz der Art. 220 sowie 20. Wenn Übereinkommen unter den Mitgliedstaaten im Anwendungsbereich des Vertrages generell wahlweise mit Richtlinien und Verordnungen der Gemeinschaft hätten möglich bleiben sollen, hätten die Vertragschließenden nicht Art. 220 mit seinem präzise umschriebenen Anwendungsbereich und seiner lediglich hilfsweisen Geltung in den Vertrag aufgenommen, sondern eine entsprechend formulierte Vorschrift. Art. 220 enthält demgegenüber nach seinem Wortlaut, Aufbau und Inhalt eine erschöpfende Aufzählung derjenigen Bereiche der Rechtsangleichung und Rechtsvereinheitlichung, in denen bestimmte Ziele der Gemeinschaft durch Übereinkommen der Mitgliedstaaten untereinander verwirklicht werden dürfen, falls die Ermächtigungen der Organe der

181 Dies verkennt *Ehring,* s. zuletzt 2. Auflage, S. 749–750; es wird übersehen von *Lachmann,* a.a.O., 460 mit seiner These völliger Ermessensfreiheit.
182 Dies übersieht *Lachmann,* a.a.O., 460 unten.

Gemeinschaft nicht ausreichen. Siehe im einzelnen *Schwartz* zu Art. 220, Rn. 143 bis 148, 155. Über das Verhältnis von Art. 235 zu Art. 220 s. dort Rn. 41.

3. Zweck des Artikels 235

190 Ein fünftes Argument geht vom Zweck des Art. 235 aus. Nach ihrem Wortlaut geht es der Vorschrift darum, Lücken zwischen den Zielen der Gemeinschaft und den Befugnissen der Organe zu ihrer Verwirklichung zu schließen. Wenn dies zutrifft, ist es nicht vorstellbar, daß die Verfasser des Vertrages Raum dafür lassen wollten, daß diese Befugnis-Lücke – sei es ein für allemal, sei es bis zur Ausübung dieser Befugnis – durch zwischenstaatliche Kooperation statt durch ein Tätigwerden der Organe der Gemeinschaft geschlossen werde. Der EWG-Vertrag will durch Art. 235 diese Alternativen gerade ausschließen.

191 Für den Fall, daß die Verwirklichung eines Zieles der Gemeinschaft durch diese erforderlich erscheint, weil die Mitgliedstaaten es einzeln nicht erreichen können oder wollen, will Art. 235 sicherstellen, daß auch bei einer Befugnis-Lücke unter den besonderen rechtlichen und institutionellen Bedingungen und Garantien eben dieser Gemeinschaft gehandelt, Recht gesetzt und gesprochen wird. Solche Lücken sollen gerade nicht mit Hilfe des Völkerrechts in Konferenzen der Regierungen gelöst werden, sondern durch sekundäres Gemeinschaftsrecht im Zusammenwirken der Organe der Gemeinschaft. Dadurch soll wie bei allen sonstigen Ermächtigungen des Vertrages erreicht werden, daß wirtschaftlich, rechtlich, institutionell und politisch die Interessen der Gemeinschaft und aller ihrer Glieder bestmöglich gewährleistet werden.

192 Dem Geist der Bestimmung entspräche es daher nicht, wenn das eine Mal die Gemeinschaft, ein anderes Mal die Mitgliedstaaten und ein drittes Mal vielleicht beide tätig würden, und schon gar nicht nach dem Motto: Wer zuerst kommt, mahlt zuerst. Vielmehr ist es der Sinn dieser Bestimmung, die zur Erreichung der Ziele der Gemeinschaft erforderlichen Befugnisse ausdrücklich den Organen der Gemeinschaft zuzuweisen und letztere im Rahmen der Erforderlichkeit der Zielerreichung zu ihrer Wahrnehmung zu verpflichten.

193 Diese Befugnisse sollen und können daher niemandem sonst zustehen oder überlassen werden. Art. 235 enthält weder eine Sperre noch eine Garantie des status quo vom Jahre 1958 zugunsten der gemeinsam handelnden Mitgliedstaaten. Seine Anwendbarkeit und damit der sachliche Umfang der den gemeinsam handelnden Mitgliedstaaten verbleibenden Kompetenz hängen vielmehr allein vom Vorliegen seiner Merkmale im konkreten Fall ab.

4. Grundsätze und System des Vertrages

194 Das sechste Argument zugunsten eine ausschließlichen Zuständigkeit der Organe der Gemeinschaft nach Art. 235 lautet: Aus der im Ersten Teil des Vertrages unter der

Überschrift »Grundsätze« getroffenen Regelung der Art. 2, 3, 4 und 5 in Verbindung mit den Handlungsermächtigungen des Vertrages ergibt sich das zweistufige Zuständigkeitssystem der Gemeinschaft[183] und die Abgrenzung ihrer Zuständigkeit von der der gemeinsam handelnden Mitgliedstaaten.

a) Ziel-Zuständigkeit der Gemeinschaft

195 Nach Art. 2 ist es »Aufgabe der Gemeinschaft« und nicht der gemeinsam handelnden Mitgliedstaaten, die dort festgelegten Ziele der Gemeinschaft zu fördern. Nach Art. 3 erfolgt diese Zielverwirklichung durch »Tätigkeit der Gemeinschaft«, also nicht durch gemeinsame Tätigkeit der Mitgliedstaaten.[184] Noch deutlicher spricht Art. 4 Abs. 1 Satz 1 von den »der Gemeinschaft zugewiesenen Aufgaben« und geht damit ersichtlich von einer *Verteilung der Zuständigkeiten* zwischen der Gemeinschaft und der Gesamtheit der Mitgliedstaaten aus, und zwar durch Zuweisung bestimmter Aufgaben an die Gemeinschaft durch den EWG-Vertrag. Art. 5 Abs. 1 Satz 2 bestätigt dies, wenn er die einzelnen Mitgliedstaaten ausdrücklich verpflichtet, der Gemeinschaft »die Erfüllung ihrer Aufgabe« zu erleichtern. Dieser Verpflichtung könnten sie nicht nachkommen, wenn es sich zugleich um eine von ihnen als Gesamtheit zu erfüllende Aufgabe handeln würde.

196 Aus der Aufgaben- oder Zielbezogenheit der Art. 2 und 3 ergeben sich *Umfang und Grenzen* der materiellen Zuständigkeit der Gemeinschaft. Sie ist also nicht enumerativ nach Sachgebieten umschrieben, sondern richtet sich nach den im Vertrag und insbesondere in Art. 2 und 3 verbindlich festgelegten Zielen der Gemeinschaft.

b) Zielverwirklichungs-Zuständigkeit der Organe der Gemeinschaft

197 Gemäß einer bereits im zweiten Absatz der Präambel aufgestellten Forderung sollen die Ziele der Gemeinschaft »durch gemeinsames Handeln« verwirklicht werden, das nach Art. 4 von den jeweils im Rahmen der ihnen zugewiesenen Befugnisse handelnden Organen der Gemeinschaft wahrgenommen wird.[185] Der materiellen oder Ziel-Zuständigkeit der Gemeinschaft ordnet der Vertrag also eine funktionelle oder Zielverwirklichungs-Zuständigkeit der Organe der Gemeinschaft zu. Zur Zuständigkeit der Gemeinschaft kraft Aufgabe tritt die Zuständigkeit ihrer *Organe* kraft Befugnis zur Wahrnehmung dieser Aufgaben, vor allem also ihre Rechtsetzungszuständigkeit. Nach Art. 4

183 Siehe namentlich *Pescatore,* a.a.O., 84–90.

184 Der Gerichtshof spricht von Bereichen, »die Artikel 3 des Vertrages ausdrücklich der ›Tätigkeit der Gemeinschaft‹ *vorbehalten* hat« (Betonung vom Verf.), und erklärt es für vertragswidrig, wenn Mitgliedstaaten »an die Stelle der Gemeinschaft und ihrer Organe treten«, EuGH 26.4.1977 – Gutachten 1/76 Stillegungsfonds für die Binnenschiffahrt – ABl. Nr. C 107 vom 3.5.1977, S. 5 (13 Ziff. 11 a). Auch *Lagrange,* a.a.O., 92–93 leitet aus Art. 2 und 3 die Abgrenzung der Zuständigkeit der Gemeinschaft von den den Mitgliedstaaten verbliebenen Zuständigkeiten ab. Erstere erstrecke sich u. a. auf die Schaffung der Wirtschafts- und Währungsunion (Art. 3 Buchst. g).

185 So der EuGH (Fn. 184) a.a.O., Ziff. 11 b.

Abs. 1 Satz 1 werden die der Gemeinschaft zugewiesenen Aufgaben »durch folgende Organe wahrgenommen«, also durch niemand sonst.[185a]

198 Diese Wahrnehmung, dieses Handeln erfolgt aber nicht kraft Aufgabe, sondern kraft vom Vertrag *zugewiesener Befugnisse.* Art. 4 Abs. 1 unterscheidet eindeutig zwischen den »der Gemeinschaft zugewiesenen Aufgaben« (Satz 1) und den ihren Organen »zugewiesenen Befugnissen« (Satz 2).

199 Nach Art. 3 erfolgt die Tätigkeit der Gemeinschaft »nach Maßgabe dieses Vertrages«, also nicht nach Maßgabe der außervertraglichen Handlungsbefugnis der Regierungen der Mitgliedstaaten, sondern allein durch Wahrnehmung der Befugnisse, welche der EWG-Vertrag einschließlich seines Art. 235 den Organen der Gemeinschaft zugewiesen hat. Deutlicher noch als Art. 3 legt Art. 4 Abs. 1 Satz 2 fest, daß es sich bei diesen Befugnissen allein um »in diesem Vertrag« zugewiesene handelt. Damit regelt Satz 2 in Verbindung mit der befugniszuweisenden Norm nicht nur das Verhältnis der Gemeinschaftsorgane untereinander, sondern *auch gegenüber den Mitgliedstaaten.*[186] Wenn einem Organ der Gemeinschaft ausdrücklich eine Befugnis im EWG-Vertrag zugewiesen ist, dann steht sie ihm allein nicht nur im Verhältnis zu anderen Organen der Gemeinschaft zu, sondern auch gegenüber den gemeinsam handelnden Regierungen der Mitgliedstaaten. Sonst wäre sie eben nicht ihm zugewiesen, »conférées«, »conferite«, »conferred upon it«, »verleende«, »tillagt«. Satz 2 enthält keinen Vorbehalt zugunsten einer außerdem bestehenden Kompetenz anderer Organe, sei es der Gemeinschaft oder der Gesamtheit der Mitgliedstaaten.

200 Schließlich muß diese Zuweisung – diese »Übertragung von Zuständigkeiten« auf die Organe, wie Art. 234 sagt – im Zusammenhang mit dem *Befehl zur Anwendung* des Vertrages gesehen werden, den Art. 4 Abs. 1 Satz 2 erteilt (»Jedes Organ handelt . . .«), und mit Satz 1, der anordnet, daß es die Organe der Gemeinschaft sind, von denen die Aufgaben der Gemeinschaft »wahrgenommen werden«. Diese zwingenden Normen hätten keinen Sinn, wenn sie zusammen mit den befugniszuweisenden Vorschriften unter dem Vorbehalt der Ausübung derselben Befugnis durch gemeinsam handelnde Organe der Mitgliedstaaten stünden.

201 Von wann an entfällt nun die Befugnis der Regierungen, völkervertraglich tätig zu werden? Wenn – wie Art. 4 Abs. 1 es ausdrückt – der Gemeinschaft Aufgaben »zugewiesen« und ihren Organen Befugnisse zu deren Erfüllung »zugewiesen« sind, ist damit zugleich klargestellt, daß diese Befugnisse *nicht erst mit ihrer Ausübung* entstehen und daher nicht erst von da an entsprechende Befugnisse der gemeinsam handelnden Regierungen der Mitgliedstaaten ausschließen, sondern jeweils von dem Augenblick an,

185a Ebenso *Weis,* Urteilsanmerkung, a.a.O., 282–283.

186 Ebenso *Gericke,* a.a.O., 102; *Lagrange,* La cour de justice des communautés européennes: du plan Schuman à l'union européenne, in: RTDE 1978, 2 (12). Ähnlich der EuGH (Fn. 184) a.a.O., Ziff. 11 b.

in dem im konkreten Fall die Voraussetzungen der befugniszuweisenden Vorschrift des Vertrages vorliegen. Von diesem Moment an sind die Befugnisse – die in der Terminologie des Gerichtshofs »aus der Beschränkung der Zuständigkeit der Mitgliedstaaten oder der Übertragung von Hoheitsrechten der Mitgliedstaaten herrühren«[187] – »auf die Gemeinschaft übergegangen«, »auf die Gemeinschaft übertragen«[188], so daß auch eine etwaige Nichtausübung dieser Befugnisse nicht dazu führen kann, daß sie an die Gesamtheit der Regierungen der Mitgliedstaaten zurückfallen.[189] Art. 113 Abs. 4 bestätigt dies, wenn er eindeutig unterscheidet zwischen den dem Rat »in diesem Artikel übertragenen Befugnisse[n]« und ihrer »Ausübung« durch den Rat.

202 Der Einwand, die befugniszuweisenden Vorschriften des Vertrages vermöchten nur das Handeln des Rates als Gemeinschaftsorgan zu binden, dagegen gerade nicht ein gemeinsames Handeln der Regierungen der Mitgliedstaaten, das nicht auf Befugnissen des EWG-Vertrages basiert[190], geht fehl. Er übersieht erstens, daß insoweit eben keine außervertragliche Befugnis mehr besteht, als die Mitgliedstaaten durch den EWG-Vertrag eine Rechtsetzungsbefugnis auf die Gemeinschaft übertragen haben (Bereich des Könnens). Er übersieht zweitens, daß nicht nur der Rat an den EWG-Vertrag einschließlich seiner Aufgaben- und Befugniszuweisungen gebunden ist, sondern auch die Regierungen der Mitgliedstaaten, wenn sie außerhalb oder »im Rahmen« des Rates auf Grund ihrer Zuständigkeit zum Abschluß völkerrechtlicher Vereinbarungen – soweit sie ihnen verblieben ist – gemeinsam handeln (Bereich des Dürfens). Drittens übersieht der Einwand, daß die Mitgliedstaaten bei der Wahrnehmung einer den Organen der Gemeinschaft zugewiesenen Kompetenz gegen zwei der Gebote des Art. 5 verstoßen würden, nämlich alle geeigneten Maßnahmen zur Erfüllung der Verpflichtungen zu treffen, die sich aus dem Vertrag ergeben, und der Gemeinschaft – also auch ihren Organen – ihre Aufgabe zu erleichtern (Bereich des Sollens).

c) *Artikel 235 im Zuständigkeitssystem des Vertrages*

203 Zu den zuständigkeitszuweisenden Normen im Sinne des Art. 4 Abs. 1 Satz 2 zählt auch Art. 235.[191] Denn diese Vorschrift gehört zu »diesem Vertrag« und weist den Organen der Gemeinschaft »Befugnisse« zu (Art. 4 Abs. 1 Satz 2): »... so erläßt der Rat einstimmig auf Vorschlag der Kommission und nach Anhörung der Versammlung die geeigneten Vorschriften« (Art. 235). Art. 4 unterscheidet nicht zwischen besonderen und allgemeinen Ermächtigungen des Vertrages, hinsichtlich des Sachbereichs und der Art des

187 EuGH – Costa/ENEL, 6/64 – Slg. 1964, 1251 (1269).
188 Vgl. EuGH – Neumann, 17/67 – Slg. 1967, 591 (606, 608); EuGH – Kommission/Italien, 48/71 – Slg. 1972, 529 (535 Rn. 9).
189 Vgl. EuGH – »Versorgungsagentur«, 7/71 – Slg. 1971, 1003 (1019 Rn. 23, 25, 26).
190 *Zuleeg*, a.a.O., 29; *ders.*, Das Recht der Europäischen Gemeinschaften im innerstaatlichen Bereich, Köln 1969, 240; *Gericke*, a.a.O., S. 119. In seiner Besprechung von Zuleegs Buch nennt *von Simson* ein solches Handeln eine »Verfassungsdurchbrechung«, EuR 1970, 185 (190).
191 Ebenso *Gericke*, a.a.O., 104.

Rechtsaktes, sondern kennt nur die jedem Organ »in diesem Vertrag zugewiesenen Befugnisse« und erfaßt sie daher alle. Die Existenz des Art. 235 und seine Erfassung durch Art. 4 zeigen, daß die Mitgliedstaaten bereit waren, über das in den Einzelermächtigungen definierte Maß hinauszugehen und nicht sich selbst alle weitergehenden Befugnisse im Wege gemeinsamen völkerrechtlichen Handelns vorzubehalten, sondern ausdrücklich den Organen der Gemeinschaft diejenigen zusätzlichen Befugnisse zuzuweisen, welche diese zur Verwirklichung eines Zieles der Gemeinschaft im Rahmen des Gemeinsamen Marktes ergänzend benötigen würden.[192]

204 Die Organe der Gemeinschaft besitzen also nicht nur ein Bündel spezieller Zuständigkeiten im Sinne von Befugnissen, sondern subsidiär auch eine ergänzende Befugnis zur Verwirklichung von Zielen der Gemeinschaft da, wo der Vertrag besondere Befugnisse nicht vorsieht. Der sachliche und der rechtsförmliche Umfang dieser Ermächtigung hängen allein von dem jeweils zu verwirklichenden Ziel, von der zu bewältigenden Aufgabe ab, und nicht umgekehrt. Der materiellen Zuständigkeit der Gemeinschaft kraft Aufgaben- oder Zielverwirklichung entspricht damit ein in die Zukunft offenes, flexibles System der funktionellen oder rechtsetzenden Zuständigkeit der Organe der Gemeinschaft. Enthält der Vertrag in Art. 235 eine Regelung zugunsten der Organe der Gemeinschaft, so kann der Umfang dieser Befugnis nicht deshalb enger als nach Wortlaut und Zweck geboten ausgelegt werden, weil dadurch die Befugnis der gemeinsam völkerrechtlich handelnden Regierungen der Mitgliedstaaten entsprechend eingeengt wird.[193]

205 Im übrigen bleibt darauf hinzuweisen, daß einige der sogenannten Einzelermächtigungen in Wahrheit Generalermächtigungen näher kommen (z. B. Art. 43 Abs. 2, 57, 75, 100, 101, 113). Sie enthalten entweder keine Begrenzung nach dem Sachgebiet (z. B. Art. 100, 101), oder sie erfassen zahlreiche verschiedene Tätigkeiten und Berufe in allgemeiner und umfassender Weise (z. B. Art. 57, 66 i.V.m. 57), oder sie enthalten keine Begrenzung hinsichtlich der Art des zulässigen Rechtsaktes und erfassen zudem ganze Wirtschaftszweige (z. B. Art. 43 Abs. 2, 75, 113). Gleichwohl scheint in diesen Bereichen heute wohl kaum jemand mehr der Meinung zu sein, neben den dort den Organen zugewiesenen Befugnissen bestehe jeweils noch eine Befugnis der Regierungen der Mitgliedstaaten fort, miteinander zu verhandeln und Vereinbarungen untereinander zu schließen. Umgekehrt enthält Art. 235 nicht eine allgemeine Ermächtigung, sondern eine durch vier Merkmale eingegrenzte ergänzende Ermächtigung: Verwirklichung eines Zieles der Gemeinschaft, im Rahmen des Gemeinsamen Marktes, Erforderlichkeit dieser Zielverwirklichung durch die Gemeinschaft, Fehlen der hierfür erforderlichen Befugnisse. Art. 235 enthält dagegen keine Begrenzung nach Sachgebieten und nach der Art des zulässigen Rechtsaktes.

192 Ähnlich schon *Gericke*, a.a.O., 104–105.
193 A. M. *Holch*, a.a.O., 1552.

d) Ergebnis a bis c

206 Zusammengenommen ergibt sich aus den erörterten Grundsatz-Bestimmungen in Verbindung mit den Handlungsermächtigungen des Vertrages einschließlich des Art. 235, das heißt aus dem System des Vertrages, daß es eine mit den Befugnissen der Organe der Gemeinschaft bis zu ihrer Wahrnehmung konkurrierende Befugnis der gemeinsam völkerrechtlich handelnden Regierungen der Mitgliedstaaten nicht gibt. Wenn auch sie über denselben Gegenstand in einer Staatenkonferenz oder durch die im Rat vereinigten Vertreter ihrer Regierungen verhandeln, Beschlüsse fassen oder ein Übereinkommen schließen könnten, würden sie Rat, Kommission und Europäisches Parlament daran hindern oder dabei behindern, eine aufgrund der Art. 2 und 3 der Gemeinschaft zugewiesene Aufgabe wahrzunehmen und nach Maßgabe der ihnen durch den Vertrag einschließlich des Art. 235 zugewiesenen Befugnisse zu handeln. Es läge ein Verstoß gegen die befugnisverteilende Vorschrift des Art. 4 und gegen die jeweilige befugniszuweisende Vorschrift (z. B. Art. 100 oder 235) vor. Die Ziele der Gemeinschaft sollen nach dem System des Vertrages mit den Mitteln der Gemeinschaft angestrebt werden, soweit der Vertrag nicht einseitige Maßnahmen der einzelnen Mitgliedstaaten vorschreibt (siehe die zahlreichen an jeden Mitgliedstaat gerichteten Gebote und Verbote des Vertrages) oder nicht ausschließt, weil und soweit sie zur Zielverwirklichung genügen, oder soweit der Vertrag nicht ausdrücklich und zusätzlich zu den Befugnissen der Organe ein rechtsetzendes Tätigwerden der Gesamtheit der Mitgliedstaaten vorschreibt (Art. 20 Abs. 1, 220). Nur in diesen Sonderfällen kann eine konkurrierende Zuständigkeit der gemeinsam handelnden Regierungen bejaht werden.

5. Funktionsfähigkeit der Gemeinschaft

207 Ein siebentes und letztes Argument lautet: Die Funktionsfähigkeit der Gemeinschaft und ihrer Organe würde beeinträchtigt, die Einheit der Gemeinschaft und ihrer Rechtsordnung ginge verloren und die Tragweite des Gemeinschaftsrechts würde wesentlich eingeschränkt, wenn konkurrierend mit den Gemeinschaftsorganen die gemeinsam handelnden Regierungen der Mitgliedstaaten solange Recht über den gleichen Gegenstand setzen dürften, wie die Organe der Gemeinschaft ihre Befugnis nicht wahrnehmen. Es bestünde die Gefahr, daß die Regierungen so weit und so früh wie möglich von ihrer konkurrierenden Zuständigkeit Gebrauch machen, um je nach intergouvernementaler Opportunität aus politischen und sonstigen Gründen die Gemeinschaftsorgane und ihre Weiterentwicklung, das Rechtsetzungsverfahren der Gemeinschaft, unbequeme materielle Vorschriften des Gemeinschaftsrechts, die Regeln des EWG-Vertrages über die Durchsetzung und Kontrolle des sekundären Gemeinschaftsrechts, über den Rechtsschutz usw. nach Möglichkeit auszuschalten, kurz um möglichst große Bewegungsfreiheit von der Gemeinschaft zu erlangen.[194]

194 Zu diesen Fragen näher *Schwartz*, Art. 235, a.a.O., 39–41.

6. *Ergebnisse und Folgen*

208 Das erste Ergebnis der Ausführungen unter 1 bis 5 ist folgendes: Sobald hinsichtlich einer bestimmten Frage die Merkmale des Art. 235 oder einer anderen im EWG-Vertrag enthaltenen Ermächtigung der Organe der Gemeinschaft zur Rechtsetzung vorliegen, fehlt den Regierungen der Mitgliedstaaten die Befugnis, die betreffende Frage im Wege der völkerrechtlichen Vereinbarung untereinander zu regeln. Die Organe der Gemeinschaft besitzen von da an die ausschließliche Befugnis, über den Gegenstand zu legiferieren. Es besteht daher keine Wahl zwischen dem gemeinschaftlichen und dem zwischenstaatlichen Verfahren, und zwar auch nicht solange, als die Organe von ihrer Rechtsetzungsbefugnis noch nicht Gebrauch gemacht haben.

209 Von welchem genaueren Augenblick an tritt das Ende der mitgliedstaatlichen Befugnis, diese »Sperrwirkung« des Gemeinschaftsrechts, speziell bei Art. 235 ein? Die Meinungen gehen auseinander: wenn der Rat die geeigneten Vorschriften erlassen hat;[195] wenn die Kommission einen Vorschlag gemacht hat;[196] wenn der Rat die Erforderlichkeit eines Tätigwerdens der Gemeinschaft zur Zielverwirklichung bejaht hat;[197] wenn die Kommission die Erforderlichkeit offiziell bejaht hat;[198] wenn die Kommission begonnen hat, tätig zu werden (Prüfung des Problems, der Merkmale des Art. 235 usw.), also von ihrem Initiativrecht Gebrauch zu machen;[199] und schließlich wenn die Merkmale des Art. 235 vorliegen.[200]

210 Aus den unter 1 bis 5 dargelegten Gründen trifft m. E. die letzte Auffassung zu. Mit *Sasse*

195 So die Vertreter der Doktrin von den konkurrierenden Befugnissen, für die es ja auf die Ausübung einer Befugnis ankommt: *Everling,* Art. 235, a.a.O., 12; jedoch nicht »für jene Sachbereiche . . ., die bereits weitgehend gemeinschaftlich geregelt sind«, wie z. B. die Zollunion, so *ders.,* Diskussionsbeitrag, a.a.O., 70. *Goldman,* a.a.O., 141 wegen des Vorrangs des Gemeinschaftsrechts.

196 *Olmi,* a.a.O., 294.

197 In diesem Sinne wohl *Lagrange,* a.a.O., 93, der aber offen läßt, ob es genügt, wenn die Kommission die Erforderlichkeit bejaht hat. Ähnlich *Kovar,* a.a.O., 544–546. In der Praxis prüft der Rat die Erforderlichkeit nicht abstrakt, also gesondert vorab, sondern erst, wenn ihm ein konkreter Vorschlag der Kommission vorliegt und über ihn und seine Rechtsgrundlage zu beschließen ist. Dies ist eine Folge des Initiativ- und Vorschlagsmonopols der Kommission, das auch für Art. 235 gilt und die Beurteilung seiner Anwendbarkeit einschließlich des Merkmals der Erforderlichkeit solange allein der Kommission zuweist, bis sie einen Vorschlag gemacht hat.

198 *Jacot-Guillarmod,* a.a.O., 18. Vgl. auch *Groux,* a.a.O., 26–27 unter Ziff. 2. Unklar *Schwartz,* Art. 235, a.a.O., 42 Ziff. 4.

199 In diese Richtung scheinen *Meessen* und *Oppermann* zu tendieren, die auf ein effektives Gebrauchmachen von der Ermächtigung des Art. 235 abstellen wollen, Diskussionsbeiträge, in: EuR 1976, Sonderheft, S. 70.

200 *Schwartz,* Art. 235, a.a.O., 28, 36 oben, 42 oben; *Sasse,* Diskussionsbeitrag, in: EuR 1976, Sonderheft, S. 70; *Constantinesco,* a.a.O., 273; *Timmermans,* Anerkennungsübereinkommen, a.a.O., 55–57.

und *Olmi* ist hinzuzufügen:[201] Soll die Sperrwirkung des Art. 235 nicht leerlaufen, kann die Feststellung der Erforderlichkeit eines Tätigwerdens der Gemeinschaft nicht dem Rat überlassen werden. Anderenfalls wäre es beispielsweise nicht nur möglich, sondern gemeinschaftsrechtlich zulässig,[202] daß im Rat die Erforderlichkeit eines Tätigwerdens der Gemeinschaft bestritten wird, obwohl die Kommission sie bejaht und einen Vorschlag nach Art. 235 unterbreitet hat, während gleichzeitig dieselben Personen »im Rahmen« des Rates oder außerhalb als vereinigte Vertreter der Regierungen der Mitgliedstaaten zusammentreten und ein Übereinkommen über den gleichen Gegenstand aushandeln und unterzeichnen. In Wahrheit ist ein derart gegensätzliches Verhalten in aller Regel (d. h. wenn kein Ermessensmißbrauch auf Seiten der Kommission vorliegt) ein Beweis dafür, daß ein Tätigwerden der Gemeinschaft in der Tat erforderlich ist, daß einzelne Mitglieder des Rates aber – gestützt auf das Erfordernis der Einstimmigkeit – die Wahrnehmung der Zuständigkeit der Gemeinschaft durch die Organe faktisch vereiteln und durch eine Kooperation der Regierungen neben der Gemeinschaft ersetzen wollen. Ein Beispiel dieser Art ist unter Art. 220 Rn. 163 geschildert. Auch das Verhalten der Kommission ist nicht immer eindeutig.

211 Es gibt somit auch praktische, dem ordnungsmäßigen Funktionieren der Organe dienende Gründe, die Sperrwirkung bereits eintreten zu lassen (in der Formulierung von *Sasse*), *sobald sich ein objektiver Ansatz für die Notwendigkeit einer gemeinschaftlichen Regelung eines Sachverhalts zeigt.* Ein Indiz hierfür ist die Bekundung des Interesses der Mitgliedstaaten an einer übergreifenden Regelung.

212 Die Kommission hat die Aufgabe und die Pflicht, diesen Anforderungen entsprechend zu handeln und nicht durch Untätigkeit entweder rechtliche Vakuen entstehen zu lassen oder Vertragsverletzungen durch die gemeinsam handelnden Regierungen erst herauszufordern und dann zu tolerieren. Anderenfalls kann sie nach Art. 175 verklagt werden. Entsprechendes gilt für den Rat.

213 Umgekehrt verletzen die Regierungen den Vertrag – insbesondere Art. 235 und ihre Pflichten zur Gemeinschaftstreue nach Art. 5 –, wenn sie gemeinsam außerhalb des Anwendung beanspruchenden Art. 235 zu handeln beginnen. Die Kommission ist in diesem Fall nach Art. 169 verpflichtet, einzuschreiten.[203] Dies gilt verstärkt, wenn die Mitgliedstaaten außerhalb des Rates Verpflichtungen auf einem nach Art. 235 regelbaren Gebiet eingehen. Hierdurch würden sie Art. 235 umgehen. Sie würden die Geltung und

201 *Sasse,* Diskussionsbeitrag, in: EuR 1976, Sonderheft, S. 70; *Olmi,* a.a.O., 293 unten – 294 oben.
202 So *Goldman,* a.a.O., 141 oben.
203 Vgl. hierzu und zu Rn. 212 die Diskussion in EuR 1976, Sonderheft, S. 70–72; *Groux,* a.a.O., 27 Ziff. 39; *Timmermans,* Anerkennungsübereinkommen, a.a.O., 56–57.

die Anwendung des Art. 235 zwar nicht in rechtlicher Hinsicht,[204] wohl aber de facto beeinträchtigen. Siehe auch Rn. 17 in Verbindung mit der in Rn. 13 zitierten Entscheidung des Gerichtshofes.

214 Aus der Sicht des Einzelnen hat *Timmermans*[205] darauf hingewiesen, daß sich jeder, auf den ein solches in Kraft getretenes Übereinkommen unter den Mitgliedstaaten angewendet werde, auf dessen Nichtigkeit berufen könne. Denn die Mitgliedstaaten hätten keine Befugnis besessen, es zu schließen, nachdem die ausschließliche Befugnis zur Regelung der Materie durch den EWG-Vertrag und namentlich Art. 235 den Organen der Gemeinschaft zugewiesen worden sei (s. auch *Schwartz* zu Art. 220 Rn. 57).

7. *Praxis*

215 Die Brüsseler Praxis hat sich seit etwa 1970 in Richtung auf die zuvor dargelegte Auffassung entwickelt. Die Kommission hat mit wachsendem Nachdruck im Rat und öffentlich die Auffassung vertreten, daß Kommission und Rat verpflichtet seien zu handeln, wenn ein Tätigwerden der Gemeinschaft erforderlich erscheine, um eines der Ziele der Gemeinschaft zu verwirklichen, und daß Art. 235 folglich keinen Raum für eine politische Entscheidung darüber lasse, ob es besser sei, die Organe oder die Regierungen handeln zu lassen.[206] Die Kommission hat dementsprechend dem Rat im letzten Jahrzehnt zahlreiche Vorschläge nach Art. 235 unterbreitet und ihn zu Beschlüssen darüber gedrängt. Die Statistik zeigt, daß sie in zahlreichen Fällen Erfolg hatte (Rn. 2). Rechtsverbindliche *Beschlüsse* der im Rat vereinigten Regierungsvertreter anstelle von Rechtsakten nach Art. 235 sind kaum noch ergangen.

216 Von den fünfzehn in den späten fünfziger und sechziger Jahren in Vorbereitung befindlichen *Übereinkommen* zur Vereinheitlichung des Rechts[207] waren Mitte 1982 zwei in Kraft getreten, zwei weitere unterzeichnet und eines in Aushandlung. Drei Übereinkommen waren in Rechtsakte der Gemeinschaft überführt, davon eines – das zu den beiden in Kraft getretenen gehörte – in eine Verordnung nach Art. 43 und 235, eines – das zu den beiden unterzeichneten Übereinkommen gehörte – in zwei Verordnungen nach

204 »weil beide Rechtsquellen verschiedenen Legalitätssystemen angehören und das Gemeinschaftsrecht keine Durchlässigkeitsnorm zugunsten späteren Völkervertragsrechts der Mitgliedstaaten enthält«. *Sasse,* Zur auswärtigen Gewalt der Europäischen Wirtschaftsgemeinschaft, in: EuR 1971, 208 (229). Siehe auch *Werbke,* Staatliche und gemeinschaftliche Kompetenz zum völkerrechtlichen Handeln, in: NJW 1971, 2103 (2106).

205 *Timmermans,* Anerkennungsübereinkommen, a.a.O., 56–57.

206 Siehe erstmals Antwort auf die Schriftliche Anfrage Nr. 20/67, ABl. Nr. 108 vom 17.6.1967, S. 2150–2151, Ziff. 1; später z. B. auf die Schriftliche Anfrage Nr. 172/77, ABl. Nr. C 180 vom 28.7.1977, S. 19; *Kommission der EG,* Denkschrift EWG-Marke, a.a.O., 15 Nr. 44, 47; *Kommission der EG,* Zuständigkeit der Gemeinschaft, a.a.O., GRUR Int. 1980, 105.

207 Übersicht bei *Schwartz,* Wege zur EG-Rechtsvereinheitlichung: Verordnungen der Gemeinschaft oder Übereinkommen unter den Mitgliedstaaten?, in: Fs. von Caemmerer, Tübingen 1978, 1067 (1069–1070, 1081–1083, 1115–1116) = Clunet 1978, 751 (753–754, 790–797) (französisch).

Art. 51 (s. *Schwartz* zu Art. 220 Rn. 43), und eines – das als fertiger Entwurf vorlag – in eine Richtlinie nach Art. 100. Zwei Übereinkommensentwürfe wurden von der Kommission in Entwürfe zur Änderung des EWG-Vertrages nach Art. 236 umgewandelt, eines in zwei Richtlinienvorschläge nach Art. 100, zwei in Verordnungsvorschläge nach Art. 235. An zwei Übereinkommen ruhten die Arbeiten. Siehe zum Teil näher *Schwartz* zu Art. 220 Rn. 4 und 158 bis 165.

217 Selbst wenn die Mitgliedstaaten ein Übereinkommen bereits geschlossen und in Kraft gesetzt hatten, hat sich die Kommission nicht gescheut, dem Rat über den gleichen Gegenstand eine Verordnung nach Art. 235 vorzuschlagen, wenn sie inzwischen ein Tätigwerden der Gemeinschaft für erforderlich hielt. So hat sie 1973 eine Verordnung zur teilweisen Ersetzung und zur Erweiterung des Übereinkommens von Neapel zwischen den Mitgliedstaaten über die gegenseitige Unterstützung ihrer Zollverwaltungen vom 7. 9. 1967[208] vorgeschlagen.[209] In der Begründung des Vorschlags[210] wird unter anderem betont, das Zollrecht sei inzwischen weitgehend Gemeinschaftsrecht oder auf Grund von Gemeinschaftsrecht ergangen, das Übereinkommen biete nicht die gleichen rechtlichen und institutionellen Garantien wie eine Verordnung der Gemeinschaft (Ausschaltung des Gerichtshofs bei der Auslegung, der Kommission bei der Anwendung des Übereinkommens und bei der Zusammenarbeit der Zollverwaltungen (keine Informationspflicht)). Um dies künftig zu ermöglichen und die für die Durchführung von Gemeinschaftsrecht nicht zulässige und hinderliche Gegenseitigkeitsklausel (Art. 21 des Übereinkommens) zu beseitigen, hat der Rat – wenn auch nach längerem Zögern – am 19. 5.1981 die Verordnung erlassen.[211]

218 Auch Kommission und Rat sind also nicht der Auffassung, die Erforderlichkeit eines Tätigwerdens der Gemeinschaft im Sinne von Art. 235 entfalle, wenn es bereits ein in Kraft oder Vorbereitung befindliches Übereinkommen unter den Mitgliedstaaten gibt. Entscheidend ist vielmehr, ob ein Tätigwerden der Gemeinschaft zur Verwirklichung eines ihrer Ziele erforderlich erscheint. Dies ergibt sich klar aus dem ersten und zweiten Erwägungsgrund der zitierten Verordnung.

208 BGBl. II 1970 S. 66 = BZollBl. 1970 S. 240. Nach *Jacot-Guillarmod,* a. a. O., 20–21, 23–24 hätten in diesem Fall Art. 27 und 28 oder 235 von Anfang an angewendet werden müssen; das Übereinkommen sei ein gemeinschaftsrechtswidriger Mißbrauch des Instruments des Übereinkommens durch die Mitgliedstaaten. Der Autor weist außerdem zahlreiche Unvereinbarkeiten der Vorschriften des Übereinkommens mit dem EWG-Vertrag nach, a. a. O., 21–23.

209 ABl. Nr. C 100/30 vom 22.11.1973.

210 *Kommission der EG,* Dok. (73) 538 endg. vom 10.4.1973, S. 2–3.

211 ABl. Nr. L 144/1 vom 2.6.1981.

X. Geeignete Vorschriften

219 Liegen die vier Voraussetzungen des Art. 235 vor (oben IV bis VII), so erläßt der Rat einstimmig auf Vorschlag der Kommission und nach Anhörung der Versammlung (oben II, VIII) »die geeigneten Vorschriften«. Welcher Art können diese Vorschriften sein?

1. Art der Vorschriften

a) Wortlaut des Artikels 235

aa) »Vorschriften«

220 Der Ausdruck »Vorschriften« – dänisch »forskrifter« – ist nicht eindeutig. Im engeren Sinne sind Vorschriften Bestimmungen, die etwas vorschreiben, das heißt eine Verpflichtung zu einem bestimmten Verhalten begründen. Im weiteren Sinne sind Vorschriften und Bestimmungen bedeutungsgleich und umfassen auch solche Bestimmungen, die nichts vorschreiben, sondern zum Beispiel etwas erlauben oder eine Einrichtung schaffen oder eine Befugnis begründen. In diesem weiteren Sinne wird der Ausdruck »Vorschriften« im Vertrage laufend verwendet. Insbesondere wird er als Synonym des Ausdrucks »Bestimmungen« gebraucht, wenn es sich um Bestimmungen des Vertrages handelt und zwar in den Art. 8 Abs. 7, 13 Abs. 2, 38 Abs. 2, 90 Abs. 2, 111, 223 Abs. 1, 225 Abs. 1, 226 Abs. 3 und 232 und in den Überschriften von Kapitel 2 des Titels I und Kapitel 1 des Titels III im Dritten Teil und von Titel I und II und Kapitel 2 des Titels I im Fünften Teil des Vertrages. Dabei handelt es sich keineswegs nur um Verweisungen auf Vertragsbestimmungen, die Verpflichtungen begründen. Dafür, daß der Ausdruck »Vorschriften« in Art. 235 eine von seinem sonstigen Gebrauch im Vertrage abweichende engere Bedeutung hat, sind keine Anhaltspunkte ersichtlich.

221 Dagegen spricht ferner, daß die vier ursprünglichen Fassungen des Vertrages nur dann einigermaßen übereinstimmen, wenn dieser Ausdruck in Art. 235 in seiner weiteren Bedeutung verstanden wird. In der französischen und italienischen Fassung erscheinen nämlich an seiner Stelle nicht die Termini »prescriptions« und »prescrizioni«, die den Vorschriften im vorerwähnten engeren Sinne entsprächen, sondern die Termini »dispositions« und »disposizioni«, die dem deutschen Ausdruck »Bestimmungen« gleich lediglich die weitere Bedeutung haben und darüber hinaus im Sinne des deutschen Ausdrucks »Maßnahmen« verwendet werden. Diese letztere, wohl noch allgemeinere Bedeutung hat der in der niederländischen Fassung benutzte Terminus »maatregelen« sowie der Begriff »measures« in der englischen Fassung.

222 Vergleichend ergibt sich demnach aus den sprachlichen Fassungen des Art. 235 und dem in Rn. 220 Gesagten, daß Art. 235 nicht nur Bestimmungen umfaßt, die etwas vorschreiben, das heißt eine Verpflichtung zu einem bestimmten Verhalten begründen, sondern auch Bestimmungen, die nichts vorschreiben, sondern die etwas materiell, verfahrensmäßig, organisatorisch, zuständigkeitsmäßig, in bezug auf den Vollzug, den

Rechtsschutz, die Sanktionen, die Finanzierung regeln, die namentlich etwas erlauben, ein Verfahren einführen, die einem Organ eine Befugnis zuweisen, die eine Einrichtung der Gemeinschaft schaffen und ihr Befugnisse zuweisen. In diesem Sinne von »Bestimmungen« wird der Ausdruck »Vorschriften« in der deutschen Fassung des EWG-Vertrages laufend verwendet (besonders deutlich Art. 79 Abs. 3 Unterabs. 2). Aus der Bezeichnung »Vorschriften«, »forskrifter« in der deutschen und in der dänischen Fassung können deshalb und in Anbetracht der in weiteren vier Fassungen verwendeten Ausdrücke Beschränkungen der nach Art. 235 zulässigen Akte nicht abgeleitet werden. Als »Vorschriften« werden vielmehr auch alle Vertragsbestimmungen bezeichnet, welche den Organen der Gemeinschaft ihre Befugnisse zuweisen.

bb) »Geeignete« Vorschriften

223 Darüber hinaus ermächtigt Art. 235 ausdrücklich zum Erlaß der »geeignete« Vorschriften. Auch durch die Verwendung dieses Adjektivs läßt Art. 235 die Art des Tätigwerdens offen. Geeignet wozu? Der Wortlaut des Art. 235 läßt keinen Zweifel, daß die Vorschriften geeignet sein müssen, um das jeweilige Ziel der Gemeinschaft im Rahmen des Gemeinsamen Marktes zu verwirklichen. Geeignet heißt also zielgemäß, zweckdienlich, zweckentsprechend. Art, Inhalt und Form der zu erlassenden Vorschriften hängen jeweils von dem zu verwirklichenden Ziel ab. Vom Ziel her sind die Mittel zu bestimmen – und nicht umgekehrt. Je nach dem oder den anzustrebenden Zielen der Gemeinschaft können geeignet im Sinne des Art. 235 nicht nur materiellrechtliche, sondern auch verfahrensrechtliche, organisationsrechtliche, befugniszuweisende, den Vollzug und die Sanktionen, den rechtlichen und gerichtlichen Schutz regelnde, die Finanzierung, den Haushalt und die Finanzkontrolle betreffende Vorschriften sein. Oft werden zur Erreichung eines bestimmten Zieles mehrere Maßnahmen geeignet sein. Die Wahl unter ihnen ist eine Ermessensentscheidung der Organe.

cc) »Ein Tätigwerden der Gemeinschaft«

224 Nach Eingangsworten des Art. 235 genügt es, daß »ein Tätigwerden der Gemeinschaft« erforderlich erscheint. Die Vorschrift gilt also erstens für jede Art des Tätigwerdens, das erforderlich werden kann, um im Rahmen des Gemeinsamen Marktes ein Ziel der Gemeinschaft zu verwirklichen. Zweitens lassen die Worte »der Gemeinschaft« offen, ob dieses Tätigwerden durch Organe oder durch Einrichtungen der Gemeinschaft oder durch beide erfolgt.

b) Zweck des Artikels 235

225 Die zuvor angestellte Analyse des Wortlauts des Art. 235 wird durch seinen Zweck bestätigt. Die Ergänzung der Mittel, welche der EWG-Vertrag vorsieht, um die Ziele der Gemeinschaft zu verwirklichen, ist nämlich nach Art. 235 nicht nur zulässig, sondern der einzige Zweck des Artikels. Die Vorschrift will die Lücke schließen zwischen den Zielen

des Vertrages und den zu ihrer Verwirklichung nicht ausreichenden oder ganz fehlenden Mitteln des Vertrages. Die Existenz der Vorschrift zeigt, daß den vertragsschließenden Mitgliedstaaten das mögliche Ungenügen der von ihnen bereitgestellten Mittel bewußt war und daß sie die hieraus resultierende vollständige oder teilweise Handlungsunfähigkeit der Organe ausschließen wollten.[212] Deshalb hebt Art. 235 auf die vertraglich normierten Ziele ab und ergänzt das zu ihrer Verwirklichung vertraglich vorgesehene Handlungsinstrumentarium. Die Vorschrift schließt daher kein Mittel aus, sondern ermächtigt zum Einsatz der jeweils geeigneten Mittel.

226 Wenn es mithin nach Art. 235 zulässig ist, Recht zu setzen, das Vollzug durch die Kommission oder durch eine bestehende oder zu schaffende spezialisierte Behörde der Gemeinschaft verlangt, schließt diese Befugnis notwendig ein, ihr durch »geeignete Vorschriften« die erforderlichen Vollzugsbefugnisse zuzuweisen und den Betroffenen wirksamen Rechtsschutz gegen ihre Entscheidungen zu gewähren. Diese beiden Befugnisse werden von der Befugnis umfaßt, »die geeigneten Vorschriften« zu erlassen. Die entgegengesetzte These würde praktisch zur Verneinung der Möglichkeit des Vollzugs von nach Art. 235 erlassenem Gemeinschaftsrecht durch Organe und Einrichtungen der Gemeinschaft führen.

2. *Insbesondere: Schaffung rechtsfähiger Einrichtungen mit hoheitlichen Befugnissen*

a) *Artikel 177 Absatz 1 Buchstabe c*

227 Daß der Rat die Befugnis hat, Einrichtungen der Gemeinschaft zu schaffen, ergibt sich auch – mittelbar – aus Art. 177 Abs. 1 Buchst. c. Diese Vorschrift lautet: »Der Gerichtshof entscheidet im Wege der Vorabentscheidung ... c) über die Auslegung der Satzungen der durch den Rat geschaffenen Einrichtungen, soweit diese Satzungen dies vorschreiben.«

Es gibt also nicht nur Einrichtungen, die der EWG-Vertrag selbst geschaffen hat (z. B. die Europäische Investitionsbank). Art. 177 Abs. 1 Buchst. c setzt vielmehr ausdrücklich voraus, daß der Rat neue Einrichtungen schaffen darf.[213] Art. 235 ist eine der Vorschriften, welche dem Rat die Befugnis hierfür zugewiesen hat. Andere sind Art. 40 Abs. 2, 3 und 4 sowie 41 Buchst. a in Verbindung mit Art. 43 Abs. 2; 49, 51; 54 Abs. 3 Buchst. b in Verbindung mit Abs. 2; 75 Abs. 1 Buchst. c; 84 Abs. 2; 103; 113 Abs. 2 und 4; 128; Art. 24 Abs. 1 Unterabs. 2 des Fusionsvertrages.[213a]

228 Die Tatsache, daß Art. 177 Abs. 1 Buchst. c von den Satzungen dieser Einrichtungen spricht, zeigt, daß an die Gründung von Einrichtungen mit einer gewissen Selbständigkeit und mit eigenen Befugnissen gedacht ist. Die Mitgliedstaaten haben nicht abschließend

212 *Tomuschat,* a.a.O., 57–58.
213 *Schmitt von Sydow,* a.a.O., 112–114; *Hilf,* Organisationsstruktur, a.a.O., 85.
213a Siehe näher *Hilf,* Organisationsstruktur, a.a.O., 84–87, 108–109, 128–131, 366.

im Vertrag festgelegt, welche Einrichtungen neben der Gemeinschaft als rechtsfähig auftreten sollen.[214] Insbesondere schließt Art. 129, welcher der Europäischen Investitionsbank Rechtspersönlichkeit zuweist, die Schaffung weiterer Einrichtungen mit Rechtspersönlichkeit durch den Rat nicht aus. Ebensowenig kann aus den Vorschriften des Vertrages, welche die Schaffung nichtrechtsfähiger Einrichtungen vorsehen (Rechnungshof, Art. 4 Abs. 3; Beratender Währungsausschuß, Art. 105 Abs. 2; Wirtschafts- und Sozialausschuß, Art. 193), gefolgert werden, daß die Schaffung rechtsfähiger Einrichtungen durch den Rat ausgeschlossen sei. Denn es handelt sich um zweierlei Arten von Einrichtungen, so daß ein Umkehrschluß ausscheidet. Im übrigen beweist Art. 177 das Gegenteil.

b) Praxis des Rates

229 Die Praxis bestätigt die dargelegte Auslegung des Art. 235. Der Rat hat auf Vorschlag der Kommission bisher vier Einrichtungen geschaffen, die mit eigener, von derjenigen der Gemeinschaft getrennter Rechtspersönlichkeit ausgestattet sind. Er hat in getrennten, jeweils allein auf Art. 235 gestützten Verordnungen errichtet:

- den Europäischen Fonds für währungspolitische Zusammenarbeit[215] (im folgenden: Währungsfonds),
- das Europäische Zentrum für die Förderung der Berufsbildung[216] (im folgenden: Zentrum),
- die Europäische Stiftung für die Verbesserung der Lebens- und Arbeitsbedingungen[217] (im folgenden: Stiftung),
- die Europäische Agentur für Zusammenarbeit[218] zwischen der Gemeinschaft und den Entwicklungsländern (im folgenden: Agentur).

230 *Zentrum, Stiftung und Agentur* sind zwar keine *hoheitlichen Befugnisse* gegenüber Mitgliedstaaten oder Marktbürgern zugewiesen worden, wohl aber der *Kommission* als Aufsichtsbehörde. Sie hat das Recht und die Pflicht, über Beschwerden eines Mitgliedstaats oder eines betroffenen Marktbürgers gegen die Rechtmäßigkeit einer Handlung der

214 Ähnlich schon *Hilf,* a.a.O., 558.

215 Verordnung Nr. 907/73 vom 2.4.1973, ABl. 1973 Nr. L 89 S. 2 vom 5.4.1973. Dazu *Ehlermann,* Währungsfonds, a.a.O., passim; *Louis,* Fonds monétaire, a.a.O., passim; *Seidel,* Währungssystem, a.a.O., passim; *ders.,* EWS, a.a.O., passim; *Priebe,* a.a.O., 46–51; *Hilf,* Organisationsstruktur, a.a.O., 134–140. Die zahlreichen Rechtsakte, die im März 1979 in Kraft waren, sind abgedruckt in: *EG, Währungsausschuß,* Kompendium von Gemeinschaftstexten im Bereich der Währungspolitik, Luxemburg 1979.

216 Verordnung Nr. 337/75 vom 10.2.1975, ABl. 1975 Nr. L 39 S. 1 vom 13.2.1975. Dazu *Hilf,* a.a.O., 557 ff; *ders.,* Organisationsstruktur, a.a.O., 140–145; *Priebe,* a.a.O., 52–55.

217 Verordnung Nr. 1365/75 vom 26.5.1975, ABl. 1975 Nr. L 139 S. 1 vom 30.5.1975. Dazu *Hilf,* a.a.O., 557 ff; *ders.,* Organisationsstruktur, a.a.O., 145–147; *Priebe,* a.a.O., 55–57.

218 Verordnung Nr. 3245/81 vom 26.10.1981, ABl. 1981 Nr. L 328 S. 1 vom 16.11.1981. Dazu *Hilf,* Organisationsstruktur, a.a.O., 156–158.

Einrichtung zu entscheiden.[219] Der Rat hat damit anerkannt, daß die Zuweisung einer in dem fraglichen Bereich bisher nicht bestehenden Befugnis an die Kommission, Entscheidungen an Mitgliedstaaten und Marktbürger zu richten, »geeignete Vorschrift« im Sinne des Art. 235 sein kann.

231 Automatisch ist damit zugleich die Zuständigkeit des *Gerichtshofs* auf die Überwachung der Rechtmäßigkeit dieses Handelns der Kommission (Art. 173, 175) und mittelbar auch der Einrichtung erstreckt worden. Art. 106 Abs. 3 des Vorschlags einer Verordnung über die Gemeinschaftsmarke[220] entspricht dieser Regelung.

232 Dem Gerichtshof sind durch die drei Verordnungen über das Zentrum, die Stiftung und die Agentur neue Zuständigkeiten zugewiesen für Entscheidungen aufgrund vertraglicher Schiedsklauseln und für Schadensersatzsachen im Bereich der außervertraglichen Haftung der Einrichtungen. Damit ist anerkannt, daß auch Zuweisungen von Zuständigkeiten an den Gerichtshof »geeignete Vorschriften« im Sinne des Art. 235 sein können. Durch Art. 102 Abs. 2, 3 und 4 der Markenverordnung sollen dem Gerichtshof erneut Entscheidungsbefugnisse der gerade erwähnten Art zugewiesen werden.

233 Dem *Währungsfonds* sind zwar keine Befugnisse zum Erlaß von Entscheidungen an einzelne zugewiesen, wohl aber neue, bisher weder innerstaatlich noch gemeinschaftlich existierende hoheitliche Befugnisse von allgemeiner Tragweite gegenüber den Mitgliedstaaten: dem Fonds obliegt unter anderem die zum guten Funktionieren des Devisensystems der Gemeinschaft erforderliche Konzertierung der Zentralbanken, die Verwaltung der Mechanismen der Finanzierung für sehr kurze Fristen und des kurzfristigen Währungsbeistands, deren Zusammenfassung in einem neuen Mechanismus und – seit 1979 – die Verwaltung des neuen europäischen Währungssystems.[221] In diesem Rahmen ist der Verwaltungsrat des Fonds befugt, einstimmig Entscheidungen und Beschlüsse zu fassen, welche die Mitgliedstaaten (Zentralbanken) binden.[222]

234 Zusammenfassend läßt sich über die bisherige Praxis folgendes feststellen: Alle Mitgliedstaaten haben mit den einstimmig vom Rat erlassenen Verordnungen anerkannt, daß die Gründung von Einrichtungen, die Verleihung der Rechts- und Geschäftsfähigkeit an sie und die Zuweisung von Entscheidungsbefugnissen an sie, an die Kommission und

219 Art. 18 Abs. 3 der Verordnung über das Zentrum, a.a.O.; Art. 22 Abs. 3 der Verordnung über die Stiftung, a.a.O.; Art. 19 der Verordnung über die Agentur, a.a.O.

220 ABl. 1980 Nr. C 351 S. 5 (28) vom 31.12.1980 = BullEG, Beilage 5/80, S. 50 und 88 (Begründung).

221 Verordnung Nr. 3181/78 vom 18.12.1978, ABl. 1978 Nr. L 379 S. 2 vom 30.12.1978.

222 Siehe die Verordnung Nr. 907/73, oben Fn. 215, in Verbindung mit Art. 1–3 der Satzung und Art. 2 der Geschäftsordnung des Fonds, wo ausdrücklich von »Entscheidungen« und »Beschlüssen« des Verwaltungsrats die Rede ist. Art. 3 der Verordnung Nr. 3181/78, a.a.O., ermächtigt und verpflichtet den Verwaltungsrat des Fonds außerdem, »die erforderlichen Verwaltungsmaßnahmen zur Anwendung« der Verordnung über das europäische Währungssystem zu treffen. Die Frage der Entscheidungsbefugnis ist streitig. Wie hier *Ehlermann*, Währungsfonds, a.a.O., 202;

an den Gerichtshof, welche bis dahin nicht bestanden und welche die Einrichtungen selbständig auszuüben haben, »geeignete Vorschriften« im Sinne des Art. 235 sein können, um im Rahmen des Gemeinsamen Marktes ein Ziel der Gemeinschaft zu verwirklichen.

c) Auslegung des verwandten Artikels 75 durch den Gerichtshof

235 Genau in diesem Sinne hat schließlich der Gerichtshof die insoweit mit Art. 235 fast wörtlich übereinstimmende Vorschrift des Art. 75 ausgelegt:[223] »Zur Verwirklichung der gemeinsamen Verkehrspolitik ... kann der Rat, wie es in Artikel 75 Absatz 1 Buchstabe c) ausdrücklich heißt, ›alle zweckdienlichen Vorschriften‹ erlassen. Die Gemeinschaft besitzt daher nicht nur die Fähigkeit, insoweit zu einem Drittstaat in vertragliche Beziehungen zu treten, sondern auch die Befugnis, unter Beachtung des Vertrages gemeinsam mit diesem Staat eine geeignete Einrichtung zu schaffen .... Die Gemeinschaft kann ... auch mit einem Drittstaat zusammenwirken, um die Organe einer solchen Anstalt mit angemessenen Entscheidungsbefugnissen auszustatten ....«

Diese Organe waren in dem fraglichen Fall ein Aufsichtsrat, ein Verwaltungsrat, ein Direktor und ein Gericht. Ihnen sollten zugewiesen werden *Entscheidungen allgemeiner Tragweite* (Beschlüsse, die in allen ihren Teilen verbindlich sind und unmittelbar in jedem Mitgliedstaat und in der Schweiz gelten) und *Entscheidungen gegenüber einzelnen* (über die von Schiffseignern an den Fonds zu leistenden Pflichtbeiträge und über die Entschädigung für freiwillig aus dem Verkehr gezogene Schiffe). Dem *Gericht* sollten *Rechtsschutz-Zuständigkeiten* zugewiesen werden, welche für den geregelten Bereich in etwa denen des Gerichtshofs nachgebildet waren. Wie das Zitat zeigt, hat der Gerichtshof die Schaffung einer derartigen internationalen Einrichtung für nach Art. 75 zulässig erachtet, jedoch die vorgeschlagene Regelung wegen der bedenklichen Struktur und Zusammensetzung der Organe für mit dem Vertrag unvereinbar erklärt.[224]

236 Ebensowenig wie Art. 75 schließt Art. 235 die Schaffung von Einrichtungen sowie die Zuweisung von Entscheidungs- und Rechtsschutzbefugnissen an sie aus – und erst recht nicht an bestehende Einrichtungen und Organe. Auch für andere Bereiche wie das Währungs- oder Markenwesen kann der Rat diejenigen zweckdienlichen, sachgemäßen

Lauwaars, Auxiliary Organs, a.a.O., 373; *Priebe,* a.a.O., 49; *Hilf,* Organisationsstruktur, a.a.O., 136–137. Nach *Seidel,* Währungssystem, a.a.O., 27, 28 sind dem Fonds schon jetzt »bestimmte Entscheidungsbefugnisse« übertragen, die der Gerichtshof wahrscheinlich »eher dem Bereich der administrativen Durchführung des Währungssystems zuordnen« würde. A. M. *Everling,* Art. 235, a.a.O., 15.

223 EuGH 26.4.1977 – Gutachten 1/76 Europäischer Stillegungsfonds für die Binnenschiffahrt – ABl. 1977 Nr. C 107 S. 4 (12 Nr. 5) vom 3.5.1977. *Bülow,* a.a.O., 75, meint, wenn der EuGH Hoheitsrechtsübertragungen auf internationale Einrichtungen wie den Stillegungsfonds für zulässig halte, dürften gegen solche Übertragungen nach Art. 235 »im innergemeinschaftlichen Raum (etwa auf ein Markenamt) erst recht keine Bedenken bestehen«.

224 A.a.O., S. 13–16 Nr. 8–14, 21–22.

Bestimmungen jeglicher Art erlassen, welche zur Verwirklichung der betreffenden Ziele der Gemeinschaft im Rahmen des Gemeinsamen Marktes erforderlich erscheinen. Wie im Verkehr sind auch in den übrigen Bereichen – namentlich Währung, Versorgung, Regionen, Beschäftigung, geistiges Eigentum, Entwicklungshilfe – die Ziele dafür ausschlaggebend, welche Mittel anzuwenden sind.

d) Das von der Kommission vorgeschlagene Markenamt

237 Die dargelegte Praxis der Organe findet sich zusammengefaßt und weiterentwickelt in dem auf Art. 235 gestützten Vorschlag einer Verordnung des Rates über die Gemeinschaftsmarke (MVO) vom 25. 11. 1980.[225] Für Waren und Dienstleistungen soll eine Gemeinschaftsmarke mit Wirkung für das gesamte Gebiet der Gemeinschaft geschaffen werden. Über Eintragung, Widerspruch, Verfall und Nichtigkeit einer Marke sollen Abteilungen eines Markenamtes entscheiden, das als »eine Einrichtung der Gemeinschaft mit Rechtspersönlichkeit« geschaffen werden soll (Art. 99 Abs. 1 MVO). Die Entscheidungen der Abteilungen sind mit der Beschwerde anfechtbar. Diese ist bei den Beschwerdekammern einzulegen, »die eine gerichtsähnliche Instanz im administrativen Rahmen des Amtes bilden«[226] (Art. 48 bis 53, 117 bis 119 MVO). Die Entscheidungen der Beschwerdekammern sind mit der Rechtsbeschwerde beim Gerichtshof anfechtbar. Dessen Prüfung erstreckt sich also nicht auf den in der Entscheidung der Beschwerdekammer festgestellten Tatbestand (Art. 54 Abs. 1, 2 MVO). Der Kommission sollen in diesem Instanzenweg keine Weisungs- oder Aufsichtsbefugnisse zustehen; mit der ihr zugewiesenen Rechtsaufsicht kann sie lediglich die Änderung oder Aufhebung von rechtswidrigen Handlungen des Präsidenten verlangen (Art. 106 MVO). Im Instanzenweg für Markensachen soll die Kommission jedoch die Befugnis erhalten, gegen rechtskräftige Entscheidungen der Beschwerdekammern beim Gerichtshof »Rechtsbeschwerde im Interesse des Rechts« einzulegen (Art. 55 MVO). – Das Amt soll von einem Präsidenten geleitet werden, dem ein Beratender Ausschuß zur Seite steht. Dieser besteht aus je einem Vertreter der Regierung jedes Mitgliedsstaates und der Kommission. Er stellt mit Dreiviertelmehrheit Kandidatenlisten auf, aus denen die Kommission den Präsidenten, den Vizepräsidenten und die Mitglieder der Beschwerdekammern ernennt. Der Präsident stellt die übrigen Bediensteten des Amtes ein. Die Kommission überwacht die Rechtmäßigkeit des Handelns des Präsidenten (Art. 104 bis 111 MVO).

e) Schrifttum

238 Im neueren Schrifttum wird überwiegend bejaht, daß Art. 235 folgende Befugnisse umfaßt:

225 Oben Fn. 220. Dazu *Kommission der EG,* Zuständigkeit der Gemeinschaft, a.a.O., GRUR Int., passim; *Weis,* Markenamt, a.a.O., passim; *Lauwaars,* Europees merkenrecht, a.a.O., passim; *Hilf,* Organisationsstruktur, a.a.O., 159–162.

226 *Hilf,* Organisationsstruktur, a.a.O., 160.

- Einrichtungen der Gemeinschaft zu schaffen;[227]
- ihnen Rechtspersönlichkeit im Sinne von innerstaatlicher (im Gegensatz zu völkerrechtlicher) Rechts- und Geschäftsfähigkeit zu verleihen;[228]
- ihre Tätigkeit der Fach- und der Rechtsaufsicht der Kommission[229] oder nur der Rechtsaufsicht der Kommission zu unterstellen, sei es ganz,[230] sei es lediglich hinsichtlich der Dienstaufsicht über den Leiter der Einrichtung;[231]
- ihnen die zur Verwirklichung der betreffenden Ziele der Gemeinschaft jeweils geeigneten hoheitlichen Durchführungs-Befugnisse zuzuweisen, nämlich
  - verbindliche Beschlüsse zu fassen und Entscheidungen (Art. 189 Abs. 4) an (Behörden der) Mitgliedstaaten zu richten,[232]
  - Entscheidungen (Art. 189 Abs. 4) in Einzelfällen an Einzelne zu richten;[233]
- gegenüber den Beschlüssen und Entscheidungen von Einrichtungen einen angemessenen rechtlichen und gerichtlichen Schutz zu begründen.[234]

227 *Pescatore,* L'ordre juridique, a.a.O., 137; *Ehlermann,* Währungsfonds, a.a.O., 193, 203; *Louis,* Fonds monétaire, a.a.O., 278–283, 290; *ders.,* Rechtsordnung, a.a.O., 123; *Ehring* in der 2. Auflage, S. 790–791; *Schwartz,* Europa-Marke, a.a.O., 73; *Everling,* Art. 235 a.a.O., 15, 70; *Constantinesco,* a.a.O., 279, 448; *Hilf,* a.a.O., 557–560; *ders.,* Organisationsstruktur, a.a.O., 139–140 (Währungsfonds), 147 (Währungsfonds, Zentrum, Stiftung), 161 (Markenamt), 366 (generell); *Lauwaars,* Auxiliary Organs, a.a.O. 371; *Priebe,* a.a.O., 108; *Weis,* Markenamt, a.a.O., 278, 284; *Kapteyn,* a.a.O., S. 6–298.

228 *Ehlermann,* Währungsfonds, a.a.O., 203–206; *Louis,* Fonds monétaire, a.a.O., 278–283; *Ehring* in der 2. Auflage, S. 790; *Schwartz,* Europa-Marke, a.a.O., 73; *Everling,* Art. 235, a.a.O., 15; *Constantinesco,* a.a.O., 279, 448–449; *Hilf,* a.a.O., 561–564; *ders.,* Organisationsstruktur, a.a.O., 138 (Währungsfonds), 160–161 (Markenamt), 357–365, 370 (generell); *Lauwaars,* Auxiliary Organs, a.a.O., 374–376; *ders.,* Europees merkenrecht, a.a.O., 541; *Priebe,* a.a.O., 140–142; *Weis,* Markenamt, a.a.O., 284.

229 *Priebe,* a.a.O., 133–136, 155; *Hilf,* Organisationsstruktur, a.a.O., 157, 329.

230 *Hilf,* a.a.O., 577–579 (Zentrum und Stiftung); *ders.,* Organisationsstruktur, a.a.O., 144 (Zentrum), 329 (Zentrum und Stiftung); *Priebe,* a.a.O., 145–147.

231 *Hilf,* Organisationsstruktur, a.a.O., 161, 328 (Markenamt).

232 *Ehlermann,* Währungsfonds, a.a.O., 197–202; *Louis,* Fonds monétaire, a.a.O., 292–293; *ders.,* Rechtsordnung, a.a.O., 38, 123; *Lauwaars,* Auxiliary Organs, a.a.O., 372–374; *ders.,* Europees merkenrecht, a.a.O., 539–541. A. M. *Everling,* Art. 235, a.a.O., 15. Positiver *Seidel,* Währungssystem, a.a.O., 27–29, *ders.,* EWS, a.a.O., 77–79. Irrig *Weis,* Markenamt, a.a.O., 282: »Aus der Systematik des Vertrages ergibt sich ..., daß neue Institutionen dann zu Organen ... erhoben werden, wenn sie Lenkungs- und Entscheidungsbefugnisse gegenüber Dritten oder gegenüber Mitgliedstaaten erhalten.«

233 *Schwartz,* Europa-Marke, a.a.O., 73; *Everling,* Art. 235, a.a.O., 15, 70 (die Einrichtung darf keine *Rechtsetzungs*befugnis erhalten); *Priebe,* a.a.O., 105–107, 118 (wie Everling), 121, 124; *Lauwaars,* Europees merkenrecht, a.a.O., 543 (Markenamt); *Weis,* Markenamt, a.a.O., 283–284; *Bülow,* a.a.O., 75; *Hilf,* Organisationsstruktur, a.a.O., 161 (Markenamt).

234 *Ehlermann,* Währungsfonds, a.a.O., 202–203; *Lauwaars,* Europees merkenrecht, a.a.O., 544–545; *Priebe,* a.a.O., 148–149; *Hilf,* Organisationsstruktur, a.a.O., 161, 352 (Markenamt); *Weis,* Markenamt, a.a.O., 284–285; *Bülow,* a.a.O., 74–75; *Louis,* Rechtsordnung, a.a.O., 124, nunmehr positiver als in: Fonds monétaire, a.a.O., 294–295.

Dabei besteht Einigkeit im Schrifttum, daß bei der Ausübung der zuvor aufgezählten, nach Art. 235 den Organen zustehenden Befugnisse der im EWG-Vertrag festgelegte organisatorische Aufbau der Gemeinschaft und das Gleichgewicht der Gewalten – die Gewichtung zwischen den Organen – gewahrt bleiben müssen.

3. *Grenzen für die Zuweisung von Befugnissen an Einrichtungen und Organe*

239 Art. 235 erlaubt den Erlaß aller »geeigneten Vorschriften«. Da dieser Sammelbegriff mit keiner Einschränkung versehen ist, kann aus der Ermächtigung des Art. 235 eine bestimmte Art von Akten – namentlich die Ausstattung einer Einrichtung mit einer Entscheidungsbefugnis – nur ausgeschlossen werden, wenn sich dies aus anderen Vorschriften des EWG-Vertrages ergibt. Zu prüfen ist also erstens, ob der Vertrag die Begründung neuer Befugnisse überhaupt erlaubt. Wenn ja, ist zweitens zu untersuchen, ob der Vertrag allein der Kommission die Befugnis zum Vollzug von Verordnungen zuweist. Wenn nicht, ist drittens zu untersuchen, ob der Rat aufgrund des EWG-Vertrages verpflichtet ist, der Kommission den Vollzug von Verordnungen der Gemeinschaft zuzuweisen. Wenn nicht, ist viertens zu prüfen, ob und welche Grenzen der EWG-Vertrag der Zuweisung von Befugnissen an eine Einrichtung der Gemeinschaft setzt.

a) *Artikel 4*

aa) *Begründung neuer Befugnisse*

240 Art. 4 Abs. 1 Satz 2 lautet: »Jedes Organ handelt nach Maßgabe der ihm in diesem Vertrag zugewiesenen Befugnisse.« Steht diese Vorschrift der Begründung neuer Befugnisse des Rates, der Kommission, des Gerichtshofs und einer Einrichtung der Gemeinschaft entgegen?

Wenn nach Satz 2 jedes Organ nach Maßgabe der ihm im Vertrag zugewiesenen Befugnisse handeln muß, darf es andere als diese nicht ausüben. Die Art. 79 Abs. 3 Unterabs. 2, 121, 155 Unterabs. 4 und 172 ermächtigen indessen den Rat ausdrücklich, anderen *Organen* Befugnisse zuzuweisen bzw. zu übertragen. Die Art. 40 Abs. 3 und 4 sowie 41 Buchst. a i. V. m. 43 Abs. 2 ermächtigen den Rat außerdem ausdrücklich, *Einrichtungen* zu schaffen und ihnen Befugnisse zu übertragen. Schließlich ermächtigen die Art. 49, 51; 54 Abs. 3 Buchst. b i. V. m. 54 Abs. 2; 75 Abs. 1 Buchst. c; 84 Abs. 2; 103; 113 Abs. 2 und 4; 128 und 235 den Rat impliziter, sich oder anderen Organen sowie bestehenden und neu geschaffenen Einrichtungen der Gemeinschaft Befugnisse zuzuweisen. Art. 4 Abs. 1 Satz 2 muß daher die Befugnisse umfassen, die der Vertrag den Organen und Einrichtungen mittelbar zuweist, indem er den Rat zu ihrer Zuweisung an sich oder an andere Organe oder an Einrichtungen und damit zur Schaffung dieser Befugnisse ermächtigt. Ob Art. 235 eine solche Ermächtigung enthält, ist durch Auslegung dieser Vorschrift zu ermitteln (wie unter Rn. 220 bis 226 geschehen). Dem

Art. 4 Abs. 1 ist darüber nichts zu entnehmen.[235] Vielmehr verweist Satz 2 (»nach Maßgabe«) unter anderem auf die dem Rat in Art. 235 zugewiesene, also aufgrund des EWG-Vertrags bestehende Befugnis, im konkreten Fall (»Erscheint ein Tätigwerden ... erforderlich«) die zur Verwirklichung eines Zieles der Gemeinschaft »geeigneten Vorschriften« zu erlassen und damit erforderlichenfalls im konkreten Fall Organen und Einrichtungen der Gemeinschaft neue, bisher nicht bestehende, also weder dem Rat noch den Mitgliedstaaten zustehende Befugnisse zuzuweisen.[236]

241 Die Tatsache, daß der EWG-Vertrag die den Organen eingeräumten Befugnisse aufzählt, schließt also die hierauf gestützte Einräumung neuer Befugnisse an sie oder an Einrichtungen nicht aus. Es geht hierbei lediglich um die Ausübung einer dem Rat vertraglich, nämlich durch Art. 235 zugewiesenen Ermächtigung zur Rechts- und damit auch zur Befugniserzeugung. Es geht also um neu geschaffene, originäre Befugnisse, die aus einer bereits seit Vertragsschluß bestehenden Rechtsetzungsbefugnis abgeleitet sind.[237] Diese Wahrnehmung einer bestehenden Befugnis durch Erlaß einer neuen Verordnung führt dazu, daß der Rat bestimmte Befugnisse (z. B. den Erlaß von Durchführungsverordnungen) für sich selbst begründet (Selbstzuweisung), andere (insbesondere die Rechtsaufsicht über die Einrichtung) bei der Kommission, andere bei der Einrichtung (namentlich Entscheidungen in Einzelfällen) und wieder andere (z. B. Entscheidungen über Rechtsbeschwerden) beim Gerichtshof. Die rechtsetzenden Befugnisse des Rates nach Art. 235 umfassen, wie dargelegt, die Betrauung des Rates, der Kommission, des Gerichtshofs und von Einrichtungen mit bisher nicht existierenden Anwendungs-, Durchführungs- und rechtswahrenden Befugnissen.

242 Damit ist zugleich klargestellt, daß es sich bei der Schaffung einer gemeinschaftlichen Währungs- oder Markenorganisation nicht um eine Änderung oder Ergänzung des EWG-Vertrages handelt, sondern in voller Übereinstimmung mit Art. 4 Abs. 1 um die Wahrnehmung einer Aufgabe der Gemeinschaft (Art. 2 und 3 Buchst. g bzw. 2 und 3 Buchst. a, c und f) durch ihre Organe nach Maßgabe der ihnen im Vertrag und insbesondere in Art. 235 zugewiesenen Befugnisse.

243 Aus diesen Gründen enthalten die nach Art. 235 erlassenen oder vorgeschlagenen Verordnungen auch nicht eine Übertragung von Hoheitsrechten der Mitgliedstaaten auf die Gemeinschaft. Eine solche neue Übertragung zusätzlicher, gegenwärtig allein den Mitgliedstaaten zustehender Befugnisse wäre vom EWG-Vertrag nicht gedeckt und

235 Ähnlich schon *Ehring* in der 2. Auflage, S. 783, der außerdem dort und auf S. 784–787 auf mehrere weitere Argumente überzeugend eingeht, welche gegen die Möglichkeit angeführt worden sind, nach Art. 235 neue Befugnisse zu begründen.

236 Im Ergebnis wie hier z. B. *Wohlfarth,* a.a.O., Art. 235 Anm. 5 und Vorbem. 2 vor Art. 189; *Ipsen,* a.a.O., § 20/41, S. 434–435; *Schmitt von Sydow,* a.a.O., 200–202; *Constantinesco,* a.a.O., 278; *Hilf,* Organisationsstruktur, a.a.O., 161, 318. A. M. z. B. zuletzt *Lauwaars,* Europees Merkenrecht, a.a.O., 542.

237 Ähnlich *Olmi,* a.a.O., 293 vor Nr. 12. Vgl. auch *Ipsen,* a.a.O., § 4/33, S. 103 unten – 104 oben.

könnte deshalb nur durch einen neuen Vertrag der Mitgliedstaaten im Einklang mit deren Verfassungsrecht vorgenommen werden. Art. 235 ermöglicht den Organen der Gemeinschaft ebensowenig wie sonstige Ermächtigungen (etwa Art. 100), Zuständigkeiten der Mitgliedstaaten an sich zu ziehen. Vielmehr hat bereits der EWG-Vertrag selbst in Art. 235 (ähnlich wie in Art. 100 usw.) den Organen gewisse Zuständigkeiten zugewiesen. Diese können sie zu gegebener Zeit ausschöpfen. Tun sie dies, wird die Zuständigkeit der Gemeinschaft nicht auf einen neuen Bereich ausgedehnt. Vielmehr wird die hierfür bereits bestehende Zuständigkeit lediglich wahrgenommen, indem der Bereich nunmehr gemeinschaftsrechtlich geregelt wird.[238]

244 Die Mitgliedstaaten haben also die Befugnis zum Erlaß der jeweils geeigneten Vorschriften zum Beispiel im Bereich des Währungs- oder Markenwesens bei Vertragsschluß dem Rat als Organ der Gemeinschaft mit Wirkung von dem Zeitpunkt an zugewiesen (übertragen), in dem die Merkmale des Art. 235 erfüllt sein würden. Solange dies nicht der Fall ist, hat die 1958 erfolgte Zuweisung künftigen, potentiellen Charakter. Art. 235 ist »eine Art Kompetenzreservoir« zur anderenfalls nicht möglichen Verwirklichung der Ziele der Gemeinschaft.[239] Auch Art. 235 gehört zu den Vorschriften, welche dem Rat hoheitliche Befugnisse verliehen haben, nicht nur die Einzelermächtigungen des EWG-Vertrages. Sobald also ein Sachverhalt die Merkmale des Art. 235 erfüllt, wird seine Regelung von einer den Organen der Gemeinschaft bereits 1958 zugeordneten potentiellen Ermächtigung gedeckt. Auf den Zeitpunkt, zu dem die Organe von dieser Ermächtigung Gebrauch machen, kommt es nicht an, sondern darauf, von wann an im konkreten Fall die Merkmale der Ermächtigung erfüllt sind.

245 Das Gesagte bedeutet nicht, daß der einzelne Mitgliedstaat seine innerstaatliche Rechtsetzungsbefugnis im Anwendungsbereich des Art. 235 bereits seit Vertragsschluß oder ab Vorliegen der Merkmale des Art. 235 eingebüßt hat. Vielmehr verliert er sie erst, wenn die Organe der Gemeinschaft von ihrer Rechtsetzungsbefugnis nach Art. 235 Gebrauch machen, und nur in diesem Umfang. Umgekehrt steht die einstweilige Aufrechterhaltung der innerstaatlichen Gesetzgebungsbefugnis nicht der späteren Entfaltung der Gemeinschaftshoheit entgegen. Diese Koexistenz verhindert zugleich Regelungslücken auf Sachgebieten, die noch nicht durch rechtsetzende Aktivität der Gemeinschaft nach Art. 235 integriert worden sind. Die Vorstellung eines gestuften Zurückweichens innerstaatlicher Legislativgewalt als Folge schrittweise aktualisierter Befugnisse der Organe der Gemeinschaft entspricht außerdem dem Charakter der europäischen Integration als eines zeitabhängigen Prozesses, der gerade im Bereich des Art. 235 nur ganz allmählich einzelstaatliche durch gemeinschaftliche Regelungen ablöst. Hier gilt deshalb das flexible System der alternativ-konkurrierenden Hoheitszuordnung. Entsprechendes gilt für die Exekutive: die Mitgliedstaaten verlieren ihre eigene Rechtsmacht zur Anwendung von nach Art. 235 erlassenen Normen der Gemeinschaft

238 Ähnlich *Everling,* Art. 235, a.a.O., 14; *Olmi,* a.a.O., 293 linke Sp. oben.
239 *Oldekop,* a.a.O., 70.

erst und nur dann, wenn die Organe die ihnen mit Art. 235 zugewiesene Verwaltungsermächtigung in Anspruch nehmen, das heißt sich oder einer Einrichtung der Gemeinschaft verwaltende Befugnisse zuweisen.[240]

246 Von dieser nach innen gerichteten nationalen Exekutiv- und Legislativgewalt jedes einzelnen Mitgliedstaates zu unterscheiden ist ihre nach außen gerichtete staatsrechtliche Befugnis, miteinander Verträge abzuschließen. Diese durch kollektives völkerrechtliches Handeln ausgeübte Befugnis besitzen die Mitgliedstaaten wie in Rn. 181 bis 211 dargelegt bereits von dem Zeitpunkt an nicht länger, in dem die Merkmale des Art. 235 vorliegen.

bb) Stellung der Kommission

247 Art. 4 Abs. 1 Satz 1 bestimmt: »Die der Gemeinschaft zugewiesenen Aufgaben werden durch folgende Organe wahrgenommen: eine Versammlung, einen Rat, eine Kommission, einen Gerichtshof.« Von diesen vier »Organen« der Gemeinschaft unterscheidet der Vertrag »die durch den Rat geschaffenen Einrichtungen« (Art. 177 Abs. 1 Buchst. c). Aus Art. 4 Abs. 1 Satz 1 könnte deshalb geschlossen werden, nur ein »Organ« und nicht auch eine »Einrichtung« dürfe Aufgaben der Gemeinschaft wahrnehmen.

Indessen läßt diese Aufzählung keinen Umkehrschluß zu, weil es bei sämtlichen bisher geschaffenen und vorgeschlagenen Behörden nicht um die Errichtung eines zusätzlichen Organs, sondern lediglich einer Einrichtung der Gemeinschaft geht.[241] Bejahte man dennoch die Zulässigkeit eines Umkehrschlusses, wäre nicht nur die im Vertrag ausdrücklich erwähnte (Art. 40 Abs. 3, 4 sowie 41 Buchst. a i.V.m. Art. 43 Abs. 2) oder doch gestattete (Art. 40 Abs. 2 i.V.m. 43 Abs. 2, 49, 51, 54 Abs. 3 Buchst. b i.V.m. Abs. 2, 75 Abs. 1 Buchst. c, 84 Abs. 2, 103, 113 Abs. 2 und 4, 128, 235) Schaffung neuer Einrichtungen wegen der Zuweisung bestimmter Aufgaben an sie unzulässig (Währungsfonds, Zentrum, Stiftung, Agentur). Vielmehr entstünde auch ein Konflikt mit den durch den EWG-Vertrag selbst errichteten, bereits bestehenden selbständigen Einrichtungen wegen der ihnen durch den Vertrag zugewiesenen Aufgaben (Wirtschafts- und Sozialausschuß, Rechnungshof, Europäische Investitionsbank). Eine solche dem im EWG-Vertrag verankerten System von Organen und Einrichtungen widersprechende Auslegung des Art. 4 Abs. 1 Satz 1 wäre abwegig.

248 Satz 1 ist vielmehr mit Satz 2 zusammenzulesen. Danach handelt jedes Organ »nach Maßgabe der ihm in diesem Vertrag zugewiesenen Befugnisse«. Zu diesen befugniszuweisenden Vorschriften gehört auch Art. 235. Wie dargelegt (Rn. 220 bis 226) ermächtigt dieser Artikel den Rat nicht nur, anderen Organen Befugnisse zuzuweisen, sondern auch

240 So generell (ohne Bezug auf Art. 235) *Bünten,* Staatsgewalt und Gemeinschaftshoheit bei der innerstaatlichen Durchführung des Rechts der Europäischen Gemeinschaften durch die Mitgliedstaaten, Berlin 1977, 108–109 mit umfassenden Nachweisen.

241 Ebenso schon *Hilf,* a.a.O., 558.

zur Zielverwirklichung besonders geeignete Einrichtungen zu schaffen und sie mit den zur Zielerreichung geeigneten Befugnissen auszustatten. Art. 177 Abs. 1 Buchst. c bestätigt, daß der Vertrag solche Ermächtigungen enthält. Macht der Rat Gebrauch davon, handelt er folglich nach Maßgabe einer ihm zugewiesenen Befugnis. Art. 4 Abs. 1 weist also nicht selbst der Kommission den Vollzug von Verordnungen zu, sondern gestattet in Verbindung mit Art. 235 dem Rat, entweder ihr oder einer Einrichtung die Wahrnehmung dieser Aufgabe der Gemeinschaft zuzuweisen.

249 »Dennoch liegt es in Art. 4 begründet, daß die Aufgaben der Gemeinschaft grundsätzlich durch deren Hauptorgane wahrgenommen werden sollen. Eine Ausnahme kann jedenfalls für die Wahrnehmung fachlich-technischer Vollzugsaufgaben in Betracht kommen, die keinen Ermessensspielraum eröffnen«[242], aber auch zur Durchführung solcher Sonderaufgaben mit Ermessensspielraum, welche zieloptimal und wirksam nur in weitgehender Selbständigkeit von den Organen durchgeführt werden können (Zentralbank). Mit *Hilf*[243] kann man sagen: »In jedem Einzelfall hängt die Zulässigkeit der Übertragung von dem betreffenden Sachbereich, der Tragweite der Entscheidungen und von der den Hauptorganen vorbehaltenen Kontrolle ab. In Anlehnung an das ›Verhältnismäßigkeitsprinzip‹ dürfte gelten: Je umfassender die übertragenen Befugnisse (insbesondere bei Ermessensbefugnissen), desto umfassender müssen die Kontroll- und Aufsichtsrechte der Hauptorgane ausgestattet sein. Und: Je dringender die Entlastungsbedürfnisse, desto umfassender können Befugnisse übertragen werden. In jedem Einzelfall muß die Erforderlichkeit einer Übertragung nachgewiesen werden können.«

Zu prüfen bleibt, ob dieses Ergebnis auch mit Art. 155 in Einklang steht.

b) Artikel 155

aa) Stellung der Kommission nach dem ersten und dritten Unterabsatz

250 Art. 155 erster Anstrich lautet: »Um das ordnungsgemäße Funktionieren und die Entwicklung des Gemeinsamen Marktes zu gewährleisten, erfüllt die Kommission folgende Aufgaben: – für die Anwendung dieses Vertrages sowie der von den Organen aufgrund dieses Vertrages getroffenen Bestimmungen Sorge zu tragen«. Hat also die Kommission selbst Verordnungen nach Art. 235 anzuwenden, auszuführen, zu vollziehen? Oder beschränkt sich ihre Aufgabe, das heißt ihre Befugnis und Verpflichtung darauf, für deren Anwendung durch andere zu sorgen, also durch die innerstaatlichen oder (und) die gemeinschaftlichen Instanzen (Einrichtungen)?

251 Nach der Wortbedeutung der Vorschrift scheint die Kommission allgemein zur verwaltungsmäßigen Ausführung von Verordnungsrecht berufen, und zwar unmittelbar kraft EWG-Vertrages. Die Vorschrift verlangt daher Aufmerksamkeit und Beachtung bei

242 So *Hilf,* Organisationsstruktur, a.a.O., 161 im Hinblick auf das vorgeschlagene Markenamt.
243 *Hilf,* Organisationsstruktur, a.a.O., 319–320; s. auch 367.

der Organisation gemeinschaftlicher Systeme, soweit sie nicht durch die folgenden Unterabsätze eingeschränkt wird.

252 Danach ist es zweifelhaft, ob die Aufgabe der Kommission, »für die Anwendung [der Verordnung] Sorge zu tragen«, auch das Treffen verbindlicher Entscheidungen gegenüber Mitgliedstaaten oder Marktbürgern in Einzelfällen (Art. 189 Abs. 4) umfaßt. Art. 155 dritter Anstrich macht nämlich die Aufgabe der Kommission, »in eigener Zuständigkeit Entscheidungen zu treffen«, von der Einschränkung »nach Maßgabe dieses Vertrages« abhängig. Die Entscheidungsbefugnis besteht also nur, wenn sie der Kommission in einer Vorschrift des Vertrages zugewiesen ist. Diese Einschränkung würde praktisch hinfällig, wenn man eine Entscheidungsbefugnis der Kommission bereits nach dem weiterreichenden Wortlaut des ersten Anstrichs von Art. 155 bejahen würde.[244]

253 Diese Vorschrift enthält also zwar einen allgemeinen Auftrag an die Kommission zur verwaltungsmäßigen Ausführung von Verordnungsrecht. Die Kommission muß auf die Einrichtung einwirken und sie grundsätzlich zumindest rechtlich beaufsichtigen können. Die Einrichtung muß der Kommission rechenschaftspflichtig sein. Art. 155 erster Anstrich begründet aber keine Entscheidungsbefugnis der Kommission und schränkt deshalb die Befugnis des Rates nach Art. 235 nicht ein, geeignete Vorschriften zu erlassen durch Zuweisung sachdienlicher Entscheidungsbefugnisse an die Kommission und durch Schaffung einer Einrichtung mit eigenen Entscheidungsbefugnissen.

bb) Vierter Unterabsatz

– Verhältnis zu Artikel 235

254 Daß der Rat die Befugnis besitzt, der Kommission aufgrund der Handlungsermächtigungen des EWG-Vertrages einschließlich des Art. 235 Befugnisse zur Durchführung von Verordnungen zuzuweisen, ergibt sich nicht nur aus Wortlaut und Zweck des Art. 235 selbst (Rn. 220 bis 226), sondern auch ausdrücklich aus Art. 155 vierter Anstrich. Diese Vorschrift lautet: »Um das ordnungsgemäße Funktionieren und die Entwicklung des Gemeinsamen Marktes zu gewährleisten, erfüllt die Kommission folgende Aufgaben: ... – die Befugnisse auszuüben, die ihr der Rat zur Durchführung der von ihm erlassenen Vorschriften überträgt.«

Art. 155 vierter Anstrich setzt also ausdrücklich voraus, daß der Rat Vorschriften erlassen darf, in denen er der Kommission Befugnisse zur Durchführung dieser Vorschriften zuweist. Für den Erlaß solcher Vorschriften ist aber nicht Art. 155 selbst Grundlage, sondern er verweist hierfür auf die verschiedenen Handlungsermächtigungen im EWG-Vertrag. Eine dieser Ermächtigungen ist Art. 235.

244 So schon *Schmitt von Sydow,* 143 mit Nachw.

– *Durchführung mittels Verordnungen der Kommission*

255 Zweifelhaft war früher, ob der Begriff »Durchführung« auch die Befugnis zur Rechtsetzung im Sinne von Ausführungsverordnungen deckt. Der Gerichtshof hat die Frage bejaht[245]: »Sowohl das Rechtsetzungssystem des Vertrages, wie es insbesondere in Artikel 155 letzter Gedankenstrich zum Ausdruck kommt, als auch die ständige Praxis der Gemeinschaftsorgane unterscheiden gemäß den in allen Mitgliedstaaten anerkannten Rechtsauffassungen zwischen den Maßnahmen, die ihre Grundlage unmittelbar im Vertrag selbst finden, und dem abgeleiteten Recht, das zur Durchführung dieser Maßnahmen dienen soll. Daher ist nicht zu fordern, daß der Rat alle Einzelheiten der Verordnungen über die gemeinsame Agrarpolitik nach dem Verfahren des Artikels 43 regelt. Dieser Vorschrift ist vielmehr Genüge getan, wenn die wesentlichen Grundzüge der zu regelnden Materie nach diesem Verfahren festgelegt worden sind. Dagegen können die Durchführungsbestimmungen zu den Grundverordnungen vom Rat selbst oder aufgrund einer Ermächtigung gemäß Artikel 155 von der Kommission nach einem von Artikel 43 abweichenden Verfahren erlassen werden.«

256 Nach dieser ständigen Rechtsprechung sowie der Praxis des Rates und der Kommission wäre es auch nach Art. 235 zulässig, der Kommission zum Beispiel in der Verordnung über die Gemeinschaftsmarke[246] den Erlaß der Durchführungsverordnung, der Verfahrensordnung der Beschwerdekammern des Markenamtes und der Gebührenordnung des Amtes zuzuweisen, wenn ihr Inhalt »nicht über den Vollzug der Prinzipien der Grundverordnung« hinausgeht.[247] Ein Beispiel ist die Regelung in Kartellsachen, wo der Gerichtshof entschied[248]: »In Artikel 19 der Verordnung Nr. 17 hat der Rat das Recht der an einem Verfahren nach dieser Verordnung beteiligten Unternehmen auf Anhörung durch die Kommission geregelt. In Artikel 24 dieser Verordnung hat er die Kommission ermächtigt, Ausführungsbestimmungen über diese Anhörung zu erlassen. [Dies geschah mit der Verordnung Nr. 99/63 der Kommission.] Da die Anhörung der Beteiligten durch die Kommission im Grundsatz vom Rat vorgeschrieben worden ist, stellen die Vorschriften über das hierbei einzuhaltende Verfahren, so wichtig sie auch sein mögen, Durchführungsmaßnahmen im Sinne des ... Artikels 155 dar. Der Rat konnte daher dem zur Durchführung dieses Verfahrens zuständigen Organ die Aufgabe übertragen, die Einzelheiten des Verfahrens zu regeln.«

257 Diese Lösung sieht der Vorschlag der Markenverordnung nicht vor. Vielmehr ist dort dem Rat der Erlaß der drei genannten Durchführungsverordnungen vorbehalten, und zwar mit qualifizierter Mehrheit (Art. 124 Abs. 3, 125 Abs. 2 MVO). Dies ist rechtlich unbedenklich. Da der Rat nach Art. 235 in Verbindung mit 155 befugt ist, in der

245 EuGH – Köster, 25/70 – Slg. 1970, 1161 (1172 Rn. 6).
246 Vorschlag vom 25.11.1980, ABl. 1980 Nr. C 351 S. 5 vom 31.12.1980 = BullEG, Beilage 5/80, S. 19.
247 EuGH – Köster, 25/70 – Slg. 1970, 1161 (1172 Rn. 7).
248 EuGH – ACF Chemiefarma, 41/69 – Slg. 1970, 661 (691 Rn. 63–66).

Grundverordnung die mit einfacher Mehrheit entscheidende Kommission zum Erlaß von Durchführungsvorschriften zu ermächtigen, muß er erst recht sich selbst ermächtigen können, solche Durchführungsvorschriften nach einem einfacheren als dem in Art. 235 vorgesehenen Verfahren zu erlassen.[249] Der letzte Satz der in Rn. 255 zitierten Köster-Entscheidung bestätigt dies.

– *Durchführung mittels Entscheidungen der Kommission*

258 Wenn es somit zulässig und zum Teil Praxis ist, der Kommission die Befugnis zum Erlaß von Verordnungen zur Durchführung einer Grundverordnung zuzuweisen, ist es erst recht zulässig, ihr die Befugnis zuzuweisen, die in der Grundverordnung bezeichneten Entscheidungen an Marktbürger zu richten. Mit den Worten des Gerichtshofes[250]: »Artikel 155 . . . beschränkt diese Ermächtigung [des Artikels 87 zur Verwirklichung der Grundsätze des Kartellrechts durch Verordnungen des Rates] nicht auf Befugnisse unterhalb der Verordnungsebene.« Also umfaßt Art. 155 die Ermächtigung der Kommission zu Entscheidungen.

259 In der Tat: bei der Verordnung handelt es sich um Rechtsetzung, bei der Entscheidung um Rechtsanwendung. Im ersten Fall sind Adressaten alle Marktbürger, im zweiten einzelne. Im ersten Fall geht es um den gesetzgeberischen Vollzug der Prinzipien der Grundverordnung, im zweiten um ihren verwaltungsmäßigen Vollzug im Einzelfall. Hier handelt es sich eindeutig um »Durchführung« der vom Rat erlassenen Grundverordnung im engeren Sinne. Umstritten war deshalb immer nur, ob »Durchführung« auch Rechtsetzungsbefugnisse umfaßt, und in diesem Zusammenhang hat der Gerichtshof zur Bedeutung des Wortes »Durchführung« ausgeführt[251]: »Wenn Artikel 155 des Vertrages bestimmt, daß ›die Kommission die Befugnisse auszuüben (hat), die ihr der Rat zur Durchführung der von ihm erlassenen Vorschriften überträgt‹, so ergibt sich aus dem Gesamtzusammenhang des Vertrages, in den dieser Artikel gestellt werden muß, sowie aus den Anforderungen der Praxis, daß der Begriff ›Durchführung‹ weit auszulegen ist. . . . kann sich der Rat veranlaßt sehen, ihr [der Kommission] eine weitgehende Beurteilungs- und Handlungsbefugnis zu übertragen.«

260 Tatsächlich macht Art. 155 vierter Anstrich keine Unterscheidung nach der Art der Durchführungsbefugnisse, die der Rat der Kommission übertragen kann, und umfaßt daher alle nach dem Vertrag zulässigen Akte, namentlich also Verordnungen, Richtlinien und Entscheidungen. Die Vorschrift beweist, daß die Mitgliedstaaten nicht abschließend im Vertrag festlegen wollten, in welchen Bereichen die Kommission die Befugnis zur Entscheidung von Einzelfällen hat. Dies soll vielmehr jeweils davon abhängen, ob und wieweit der Rat von der betreffenden Ermächtigung des Vertrages Gebrauch macht.

249 So schon *Ehring* in der 2. Auflage, S. 787–788.
250 EuGH – ACF Chemiefarma, 41/69 – Slg. 1970, 661 (691 Rn. 62).
251 EuGH – Rey Soda, 23/75 – Slg. 1975, 1279 (1302 Rn. 10 und 11).

Art. 88 bestätigt dies für den Bereich der Kartellsachen, indem er den Vollzug der Art. 85 und 86 bis zum Inkrafttreten der gemäß Art. 87 erlassenen Vorschriften den Behörden der Mitgliedstaaten zuwies. Art. 235 ist eine Ermächtigung zur Zuweisung von Vollzugsbefugnissen an die Kommission oder an eine Einrichtung nur dann, wenn ein derartiges Tätigwerden der Gemeinschaft zur Verwirklichung eines ihrer Ziele erforderlich und geeignet erscheint.

– *Durchführung mittels Entscheidungen einer Einrichtung*

261 Der Vertrag weist in Art. 155 vierter Anstrich nicht selbst und generell der Kommission die Durchführung der vom Rat erlassenen Vorschriften zu. Vielmehr begründet er für letzteren lediglich die Möglichkeit, der Kommission von Fall zu Fall solche Durchführungsbefugnisse zuzuweisen. Die Anwendung des Art. 155 vierter Anstrich ist »dem Rat freigestellt«.[252]

262 Soweit es sich um rechtsetzende Durchführungsbefugnisse (Verordnungen) handelt, kann der Rat sie nach der Rechtsprechung allerdings nur entweder der Kommission oder sich selbst zuweisen.[253] Soweit es sich dagegen um rechtsvollziehende Durchführungsbefugnisse (Entscheidungen) handelt, gibt es keine solche vom Gerichtshof aus allgemeinen Gesichtspunkten entwickelte Begrenzung.

263 Hinzu kommt, daß ein verwaltungsmäßiger Vollzug von Verordnungen der Gemeinschaft durch Organe oder Einrichtungen der Gemeinschaft nur ganz ausnahmsweise erforderlich ist. In aller Regel genügt ein Tätigwerden der innerstaatlichen Behörden und Gerichte.

264 Aus diesen Gründen läßt Art. 155 vierter Anstrich dem Rat reichlich Spielraum. Hindert die Vorschrift ihn, die Befugnis zur Entscheidung aufgrund Art. 235 einer hierfür geschaffenen Einrichtung der Gemeinschaft zuzuweisen?

Wortlaut und Zweck des Art. 155 stehen dem nicht entgegen. Die Vorschrift bezeichnet die Aufgaben der Kommission, reserviert jedoch ihr allein nur die in den Unterabsätzen 1, 2 und 3 umschriebenen sowie nach der Rechtsprechung diejenigen rechtsetzenden Aufgaben, welche der Rat ihr im Laufe der Zeit aufgrund einer Handlungsermächtigung des Vertrages zusätzlich zuweist. Ob und in welchem Ausmaß der Rat ihr vollziehende Aufgaben im Einzelfall zuweist, hängt von der Notwendigkeit eines gemeinschaftlichen Vollzugs, von der Reichweite der jeweiligen Handlungsermächtigung und seinem Ermessen ab. Nach Art. 235 muß »ein Tätigwerden der Gemeinschaft« auch auf dem Gebiet des Vollzugs erforderlich erscheinen, um das Ziel der Gemeinschaft zu verwirklichen. Wer in diesem Falle tätig werden soll, ein Organ oder eine Einrichtung der

252 EuGH – Köster, 25/70 – Slg. 1970, 1161 (1172 Rn. 9). Ähnlich EuGH in dem in Rn. 259 wiedergegebenen Zitat aus dem Rey-Soda-Urteil.

253 EuGH – Köster, 25/70 – Slg. 1970, 1161 (1173 Rn. 9) und EuGH – Rey Soda, 23/75 – Slg. 1975, 1279 (1302 Rn. 12–14).

Gemeinschaft, bleibt dort offen. Es muß sich aber um zur Zielverwirklichung »geeignete Vorschriften« handeln. Ob die Zuweisung der Befugnis zur Entscheidung an die Kommission oder an eine Einrichtung der Gemeinschaft »geeignete Vorschrift« ist, entscheidet also der Rat auf Vorschlag der Kommission nach Art. 235. Dabei ist sein Ermessen aber nicht frei, sondern dadurch gebunden, daß Art. 155 vierter Anstrich als eine Aufforderung an den Rat ausgelegt werden kann, normalerweise die Kommission mit dem verwaltungsmäßigen Vollzug von Verordnungen des Rates durch Entscheidungen zu betrauen. Der Artikel enthält aber keine starre Regel, sondern läßt sachbedingte Ausnahmen und damit den Vollzug durch eine Einrichtung in den in der Verordnung vorgesehenen Grenzen zu.[254]

c) Keine Delegation weitreichender Ermessensbefugnisse

265 Neben den Schranken, die sich aus Art. 4 und 155 für die Zuweisung von Befugnissen an Organe und an Einrichtungen ergeben, hat der Gerichtshof im Rahmen des EGKS-Vertrages weitere Grenzen für den Fall gezogen, daß ein Organ ihm vom Vertrag zugewiesene hoheitliche Befugnisse auf eine Einrichtung der Gemeinschaft überträgt, das heißt delegiert.

266 Nach Art. 53 Abs. 1 Buchst. b des EGKS-Vertrages »kann die Hohe Behörde [jetzt: Kommission] ... b) mit einstimmiger Zustimmung des Rates selbst jede Art finanzieller Einrichtungen schaffen, die denselben Zwecken [der Durchführung der wirtschaftspolitischen Aufgaben der Hohen Behörde nach Artikel 3] dienen.« Aufgrund dieser Ermächtigung hatte die Hohe Behörde eine Ausgleichseinrichtung für den aus dritten Ländern eingeführten Schrott geschaffen und ihr finanzwirksame hoheitliche Befugnisse allgemeiner und individueller Art übertragen.

Der Gerichtshof entschied in den beiden Meroni-Fällen[255]: »... bei der Schaffung der in Artikel 53 vorgesehenen finanziellen Einrichtungen [können] nur solche Befugnisse übertragen werden ..., die die Hohe Behörde ›zur Durchführung der Aufgaben nach Artikel 3 für erforderlich‹ hält. Es dürfen daher nur Ausführungsbefugnisse übertragen werden, die genau umgrenzt sind und deren Ausübung von der Hohen Behörde in vollem Umfang beaufsichtigt wird. ... die ... Übertragung von Befugnissen auf die Brüsseler Organe [der Einrichtung kann] nicht als mit dem Vertrag vereinbar angesehen werden, weil diesen Organen eine Ermessensfreiheit eingeräumt wurde, die weitreichende Ermessensentscheidungen ermöglicht.«

267 Der Gerichtshof unterscheidet also zwischen der zulässigen Übertragung genau umgrenzter Ausführungsbefugnisse, die strenger Aufsicht zu unterwerfen sind, und der unzulässigen Übertragung von Befugnissen, die »nach freiem Ermessen auszuüben sind und die

254 *Ehlermann,* Währungsfonds, a.a.O., 199; *Priebe,* a.a.O., 109–110, 114–120; *Hilf,* Organisationsstruktur, a.a.O., 314–316.

255 EuGH – Meroni, 9 und 10/56 – Slg. 1958 (Bd. IV), 9 (44, 47), 51 (81, 85).

einen weiten Ermessensspielraum voraussetzen« und damit »die Verwirklichung einer ausgesprochenen Wirtschaftspolitik« ermöglichen.[256] Die Zusätze »genau«, »streng« und »weit« bzw. »politisch« bieten Ansatzpunkte für Differenzierungen zugunsten der Übertragbarkeit »enger« bzw. »unpolitischer« Ermessensbefugnisse (sog. Verwaltungsermessen)[257] sowie gesetzlich »genau umgrenzter« Entscheidungsbefugnisse wie im Falle des vorgeschlagenen *Markenamtes,* wo es um »klassische Gesetzessubsumtion« gehen soll.[258]

268 Die Beschluß- und Entscheidungsbefugnisse des *Währungsfonds* (Rn. 233) beinhalten auch wirtschaftspolitisches Ermessen, wenn er bei seiner Ausübung auch nicht frei, sondern an die einschlägigen Ziele des Vertrages, der Grundverordnungen sowie an die wirtschaftspolitischen Leitlinien des Rates gebunden ist. Stehen die Meroni-Entscheidungen der Zuweisung dieser und künftiger Beschluß- und Entscheidungsbefugnisse mit gemeinschaftsrechtlich begrenztem Ermessensspielraum im Wege?

269 Aus mehreren Gründen erscheint es zweifelhaft, ob der zitierte Teil der Meroni-Urteile ohne weiteres auf Befugniszuweisungen im Bereich des EWG-Vertrages übertragen werden kann. Einmal geht es bei den Ermächtigungen des Währungsfonds (wie des Markenamtes) nicht wie in den Meroni-Fällen um die »Übertragung« bestehender hoheitlicher Befugnisse im Sinne einer »Delegation«[259] von zunächst durch den Vertrag einem Organ zugewiesenen Befugnissen an eine Einrichtung. Vielmehr handelt es sich um die Begründung neuer, bisher keinem Organ zustehender Befugnisse direkt bei der Einrichtung durch Rechtsakt des Rates nach Art. 235.[260] Rat und Kommission verlieren oder delegieren also nicht Befugnisse, die ursprünglich ihnen durch den Vertrag zugewiesen worden waren, sondern der Rat macht von seiner bestehenden, bislang nicht ausgeübten Rechtsetzungsbefugnis dahin Gebrauch, daß er nicht sich selbst oder der Kommission, sondern einer Einrichtung bestimmte zur Durchführung des neu geschaffenen Währungssystems erforderliche und geeignete Befugnisse zuweist. Anders als in den Meroni-Fällen geht es hier also nicht um eine Verlagerung der Verantwortung für Ermessensentscheidungen, und schon gar nicht auf eine nach dem innerstaatlichen Recht eines Mitgliedstaates errichtete juristische Person des Privatrechts, die der Organisation der EGKS nicht eingegliedert, sondern lediglich angegliedert war.[261]

256 A.a.O., 43 bzw. 81.
257 *Hilf,* Organisationsstruktur, a.a.O., 317.
258 *Kommission der EG,* Zuständigkeit der Gemeinschaft, a.a.O., GRUR Int. 1980, 98–99. Als genau umgrenzte Ausführungsbefugnisse sehen die Befugnisse des Markenamtes auch an *Weis,* Markenamt, a.a.O., 283–284; *Lauwaars,* Europees merkenrecht, a.a.O., 543; *Hilf,* Organisationsstruktur, a.a.O., 161.
259 Auch diesen Begriff verwendet der Gerichtshof, EuGH – Meroni, 9 und 10/56 – Slg. 1958 (Bd. IV), 9 (4), 51 (81).
260 Ähnlich *Ehring* in der 2. Auflage, S. 790; *Hilf,* Organisationsstruktur, a.a.O., 318.
261 Beide Aspekte betont *Hilf,* Organisationsstruktur, a.a.O., 83–84, 317–318.

270 Hinzu kommt die Existenz des Art. 235.[262] Die Grenzen der Zuweisung von hoheitlichen Befugnissen an Einrichtungen nach dieser generellen Ermächtigung können schwerlich einer speziellen Ermächtigung eines anderen Vertrages zur Delegation von Hoheitsbefugnissen und der Rechtsprechung dazu entnommen werden. Art. 235 reicht nach seinem Wortlaut und Zweck wesentlich weiter als Art. 53 Abs. 1 Buchst. b des EGKS-Vertrages. Er eröffnet deshalb auch im Bereich der von ihm verliehenen Organisationsbefugnisse einen entsprechend größeren Spielraum. Während der Gerichtshof die noch zu erörternden Grenzen Wahrung des Rechtsschutzes, des organisatorischen Aufbaus der Gemeinschaft und des Gleichgewichts der Gewalten aus dem System des EGKS-Vertrages ableitet, und ihnen deshalb allgemeine Bedeutung zukommen dürfte, beruht das Erfordernis der »genau umgrenzten Ausführungsbefugnisse« auf der besonderen Delegationsermächtigung in Art. 53 jenes Vertrages. Demgegenüber ist nach Art. 235 entscheidend, ob die rechtliche und organisatorische Selbständigkeit des Währungsfonds und das ihm eingeräumte Ermessen bei der Ausübung seiner Entscheidungsbefugnisse erforderlich und geeignet sind, um die Ziele der Gemeinschaft zu verwirklichen. Dabei durften Kommission und Rat die Situation in den Mitgliedstaaten, deren Erfahrungen und die dort entwickelten Organisationsformen im Währungsbereich berücksichtigen.[263]

271 Schließlich wird darauf hingewiesen, die Organverfassung der EWG sei im Bereich der Durchführung des abgeleiteten Gemeinschaftsrechts nicht starr, sondern elastisch, wie Art. 155 zeige. Außerdem müsse der EWG-Vertrag als Rahmenvertrag grundsätzlich flexibler ausgelegt werden als der EGKS-Vertrag.[264]

272 Im übrigen hat der Gerichtshof seine Rechtsprechung im Hinblick auf Art. 75 Abs. 1 Buchst. c des EWG-Vertrages fortentwickelt. In dem bereits in Rn. 235 erwähnten Gutachten zum Stillegungsfonds für die Binnenschiffahrt, der Entscheidungsbefugnisse gegenüber einzelnen erhalten sollte, hat der Gerichtshof die Problematik einer Zuweisung von gesetzgeberischen Befugnissen der Organe der Gemeinschaft auf den Fonds aufgeworfen und ausgeführt[265]: »Diese Frage braucht jedoch in dem vorliegenden Gutachten nicht entschieden zu werden. Das Statut bestimmt nämlich und umschreibt die Befugnisse, die es den Organen des Fonds einräumt, so deutlich und genau, daß es sich hier um bloße Durchführungsbefugnisse handelt. So ist der Bereich, innerhalb dessen die Organe handeln können, beschränkt auf die freiwillige Stillegung überschüssigen

262 *Lauwaars,* Auxiliary Organs, a.a.O., 372 will neuerdings Delegation von *Durchführungsbefugnissen in den Grenzen von Art. 235* zulassen, also nicht nur unter den engeren Bedingungen der Meroni-Urteile. Auch das übrige Schrifttum sucht dieses Korsett zu lockern, z. B. *Priebe,* a.a.O., 110–114; *Hilf,* Organisationsstruktur, a.a.O., 83–84, 317–318.

263 Den letzten Umstand betonen *Ehlermann,* Währungsfonds, a.a.O., 201; *Louis,* Fonds monétaire, a.a.O., 293; *Ehring* in der 2. Auflage, S. 790; *Lauwaars,* Auxiliary Organs, a.a.O., 373–374 (als provisorische Lösung); *Hilf,* Organisationsstruktur, a.a.O., 318.

264 *Ehlermann,* Währungsfonds, a.a.O., 199; *Priebe,* a.a.O., 113–114.

265 EuGH 26.4.1977 – Gutachten 1/76 – ABl. 1977 Nr. C 107 S. 4 (14–15 Nr. 16) vom 3.5.1977.

Schiffraums mittels einer finanziellen Entschädigung zu Lasten eines Fonds, der aus Pflichtbeiträgen für alle die Wasserstraßen des Fonds benutzenden Schiffe gespeist wird. ... der Fonds [darf] auch im Ergebnis in Perioden konjunktureller Abschwächungen nicht die Festsetzung eines ständigen Mindestniveaus der Frachten oder die Beseitigung struktureller Ungleichgewichte bezwecken. Im einzelnen ist der Beitragssatz ... für das erste Jahr ... im Statut selbst festgelegt; die späteren Änderungen durch Entscheidung des Aufsichtsrats müssen sich entweder in bestimmten Grenzen halten oder einstimmig beschlossen werden.«

273 Die hierauf gestützten Einzelentscheidungen (z. B. über die Entschädigungen) werfen offenbar keine Probleme auf. Betrachtet man die vorgeschlagenen Vorschriften des Statuts des Fonds allerdings näher[266], wird man von einer recht flexiblen Fortentwicklung der strengen Kriterien der Meroni-Urteile sprechen dürfen. Im Schrifttum sind die als »bloße Durchführungsbefugnisse« bezeichneten Befugnisse näher untersucht und als Ermessensbefugnisse eingestuft worden.[267] »Das Gutachten 1/76 scheint eine Tendenz zu bestätigen, nach der der Gerichtshof zunehmend bereit ist, den Erfordernissen einer wachsenden und entlastungsbedürftigen Gemeinschaftsverwaltung gerecht zu werden.«[268]

d) Gewährleistung des Rechtsschutzes

aa) Ausdrücklichkeit der Zuweisung, Begründung der Entscheidungen, Rechenschaftsbericht

274 Drei weitere Grenzen müssen nach den Meroni-Urteilen bei der Zuweisung von hoheitlichen Befugnissen an Einrichtungen respektiert werden. Erstens wird »eine Übertragung von hoheitlichen Befugnissen ... nicht vermutet; die übertragende Behörde muß vielmehr ... eine Entscheidung erlassen, aus der diese Übertragung hervorgeht«.[269] Zweitens müssen die Entscheidungen der Einrichtung mit Gründen versehen werden.[270] Diese Verpflichtung entspricht Art. 190 des EWG-Vertrages: »Die ... Entscheidungen des Rates und der Kommission sind mit Gründen zu versehen ....« Drittens muß die Einrichtung jährlich einen Tätigkeitsbericht veröffentlichen.[271]

bb) Gerichtsschutz

275 Art. 173 regelt lediglich die gerichtliche Kontrolle des Handelns der Organe Rat und

266 Siehe ABl. 1976 Nr. C 208 S. 2 (8, Art. 10, 19, 20, 23) vom 3.9.1976.
267 *Weis,* Urteilsanmerkung, a.a.O., 284; *ders.,* Markenamt, a.a.O., 283–284; *Kapteyn,* Het Advies 1/76 van het Europese Hof van Justitie, in: SEW 1978, 360 (365).
268 *Hilf,* Organisationsstruktur, a.a.O., 319.
269 EuGH – Meroni, 9/56 – Slg. 1958 (Bd. IV), 9 (42).
270 Meroni-Urteile, a.a.O., 40 und (in 10/56) 79.
271 Meroni-Urteile, a.a.O., 40 bzw. 79.

Kommission, nicht auch der durch den Rat geschaffenen Einrichtungen. Die Befugnis zur Überwachung der Rechtmäßigkeit ihres Handelns muß daher dem Gerichtshof zunächst einmal zugewiesen werden. Es wurde bereits dargelegt, daß die Befugnis des Rates nach Art. 235, »die geeigneten Vorschriften« zu erlassen, auch die Regelung des rechtlichen und gerichtlichen Schutzes umfaßt (Rn. 220 bis 238). Umstritten ist jedoch, ob eine solche Regelung Bedingung der Gültigkeit der Verordnung ist, die der Einrichtung hoheitliche Befugnisse zuweist, sowie ob und inwieweit Art. 235 Regelungen erlaubt, die von dem in Art. 173 gewährten Gerichtsschutz abweichen. Die erste Frage hat sich hinsichtlich der Verordnung Nr. 903/73 zur Errichtung des Währungsfonds gestellt (Rn. 229), die zweite bei der vorgeschlagenen Verordnung über die Gemeinschaftsmarke (Rn. 237).

276 Nach den Meroni-Urteilen darf im Falle einer *Delegation* von hoheitlichen Befugnissen von einem Organ auf eine Einrichtung keine Minderung des rechtlichen und gerichtlichen Schutzes eintreten.[271] Sinn der Meroni-Entscheidungen war der Schutz der Kohle- und Stahlunternehmen, denen keine Rechtsschutzgarantie genommen werden sollte. Das war dort aufgrund der Delegation einer Entscheidungsbefugnis der Hohen Behörde auf die Einrichtung der Fall. Der Marktbürger soll darauf vertrauen dürfen, daß der durch den Vertrag selbst für den von ihm geregelten Bereich gewährleistete Rechtsschutz nicht durch sekundäres Gemeinschaftsrecht beseitigt wird.

277 Das europäische Markensystem besteht noch nicht und ist nicht im Vertrag selbst geregelt. Hier soll mit Hilfe des Art. 235 ein bisher nach dem Vertrag nicht bestehender Rechtsschutz geschaffen werden, welcher der Eigenart des Markenrechts, seinen besonderen technisch-fachlichen Erfordernissen möglichst gerecht wird. Anders als in den Meroni-Fällen geht es hier wie erörtert (Rn. 269) nicht um eine Delegation bestehender, sondern um die Begründung neuer Hoheitsbefugnisse. Gilt in beiden Fällen genau das gleiche? Kann man im zweiten Fall von einer unzulässigen Entziehung oder Verkürzung einer (ja noch nicht bestehenden) Zuständigkeit des Gerichtshofs sprechen? Muß Art. 173 also einfach für die Überwachung der neuen Einrichtung übernommen werden?[272] Oder sind nach Art. 235 (»geeignete Vorschriften«) in einem gegebenen Organisationszusammenhang Anpassungen zulässig? Genügt bei neuen, nicht delegierten Tätigkeiten jedenfalls eine im Ergebnis gleichwertige Kontrolle?[273] Was ist gleichwertig? Würde die durch mit je drei rechtskundigen, unabhängigen Mitgliedern besetzten Beschwerdekammern im Markenamt ausgeübte Kontrolle und die Einräumung einer

272 Bejahend *Weis,* Markenamt, a.a.O., 285: unzulässige Beschneidung der Zuständigkeiten des Gerichtshof, damit Verstoß gegen Art. 4 Abs. 1 S. 1 und 2 und das institutionelle Gleichgewicht; *Lauwaars,* Europees merkenrecht, a.a.O., 544–545. *Hilf,* Organisationsstruktur, a.a.O., 161, meint: »Die Einschaltung des Gerichtshof ›zur Wahrung des Rechts‹ (Art. 164 EWGV) sichert einen Mindestrechtsschutz, wenn auch die vorgesehene abschließende Entscheidung der Tatfragen durch die gerichtsähnlichen Beschwerdekammern bedenklich bleibt.«

273 *Priebe,* a.a.O., 148–149 spricht sich für eine weitgehende Anlehnung an die vertraglichen Regelungen aus, sie sollten dahinter »nicht wesentlich zurückbleiben«.

Rechtsbeschwerde an den Gerichtshof gegen ihre Entscheidungen gleichwertige oder sogar bessere Garantien bieten wie die, welche der Gerichtshof als Rechts- und Tatsacheninstanz in Markensachen für Entscheidungen der Kommission (bzw. der Abteilungen des Markenamtes) gewährleisten könnte?[274]

e) Wahrung des organisatorischen Aufbaus und des Gleichgewichts der Gewalten

278 Hierzu sagt der Gerichtshof[275]: »Die in Artikel 3 des EGKS-Vertrages aufgezählten Ziele gelten ... nicht nur für die Hohe Behörde als solche, sondern allgemein für die ›Organe der Gemeinschaft ... im Rahmen der jedem von ihnen zugewiesenen Befugnisse und im gemeinsamen Interesse‹. Aus dieser Bestimmung ist zu schließen, daß das für den organisatorischen Aufbau der Gemeinschaft kennzeichnende Gleichgewicht der Gewalten eine grundlegende Garantie darstellt, insbesondere zugunsten der Unternehmen ..., auf welche der Vertrag Anwendung findet.«

279 Dieser Grundsatz verlangt auch in der Europäischen Wirtschaftsgemeinschaft Beachtung. Denn Art. 3 des EGKS-Vertrages ist, soweit der Gerichtshof ihn hier zitiert, mit Art. 4 des EWG-Vertrages vergleichbar. Im Köster-Urteil hat der Gerichtshof ausdrücklich bestätigt, daß auch beim Erlaß sekundären Rechts der EWG »die Gemeinschaftsstruktur und das institutionelle Gleichgewicht« nicht »verfälscht« werden dürfen.[276] Selbst bei der Errichtung einer von der EWG und einem Drittstaat getragenen internationalen Einrichtung darf nach dem Gerichtshof[277] »eine als sachdienlich anzusehende Verteilung der Gewichte bei der Zusammensetzung der Organe des Fonds ... nicht zu einer institutionellen Schwächung der Gemeinschaft ..., sei es auch für einen besonderen und begrenzten Gegenstand, führen«.

aa) Stellung des Gerichtshofs

280 Eine Zuweisung der Entscheidung über Beschwerden an Beschwerdekammern eines Markenamtes könnte Bedenken auslösen, falls nach dem EWG-Vertrag der Gerichtshof ein Rechtsprechungsmonopol auf der Ebene der Gemeinschaft hätte. Art. 164 überträgt dem Gerichtshof die Aufgabe der »Wahrung des Rechts«. Hierzu gehört wohl zwingend eine Kontrolle unterer Instanzen auf Rechtsfehler, nicht aber eine Wiederholung komplizierter Tatsachenfeststellungen. Entscheidend dürfte sein, daß der Gerichtshof über die Rechtsbeschwerde die rechtliche Nachprüfung der Entscheidungen der Beschwerdekammern zugewiesen erhält.

274 So die *Kommission der EG,* Zuständigkeit der Gemeinschaft, a.a.O., GRUR Int. 1980, 99.
275 Meroni-Urteile, a.a.O., 44 bzw. 82.
276 EuGH – Köster, 25/70 – Slg. 1970, 1161 (1173 Rn. 9).
277 EuGH 26.4.1977 – Gutachten 1/76 Europäischer Stillegungsfonds für die Binnenschiffahrt – ABl. 1977 Nr. C 107 S. 4 (14 Nr. 14) vom 3.5.1977.

281 Um diese gerichtliche Kontrolle auch in Fällen zu gewährleisten, in denen die Parteien gegen rechtswidrige Entscheidungen der Abteilungen des Markenamtes keine Rechtsbeschwerde einlegen, ist in dem Vorschlag vorgesehen, daß die Kommission Rechtsbeschwerde im Interesse des Rechts beim Gerichtshof einlegen kann (Art. 55 MVO). Damit soll erreicht werden, daß der Gerichtshof seine vertragliche Aufgabe der »Wahrung des Rechts« auch im Bereich des künftigen Markenrechts der Gemeinschaft umfassend wahrnehmen kann.

282 Solange dies der Fall ist, solange der Gerichtshof namentlich die einheitliche Anwendung des Markenrechts der Gemeinschaft gewährleisten und damit seine Aufgabe als oberster Hüter des Rechts erfüllen kann, wird nach Auffassung der Kommission weder seine Struktur als Organ der Gemeinschaft verfälscht noch das Gleichgewicht zwischen ihm als rechtsprechender Gewalt und dem Markenamt als rechtsvollziehender Gewalt.

283 Dies wäre erst recht nicht der Fall, wenn man die Beschwerdekammern des Markenamtes verselbständigen und in Form von Spruchkammern als *gerichtliche Einrichtung* der Gemeinschaft unterhalb des Gerichtshofs und ihm institutionell zugeordnet oder sogar verwaltungsmäßig angegliedert errichten würde. Ein dreistufiger Rechtszug Amt – Markengericht – Gerichtshof würde sogar einen über Art. 173 hinausgehenden gerichtlichen Schutz gewährleisten. Da ein solches Markengericht nicht ein Organ der Gemeinschaft, sondern eine Einrichtung unter der Kontrolle eines Organs – des Gerichtshofes – wäre, blieben der »organisatorische Aufbau der Gemeinschaft« (Meroni) bzw. die »Gemeinschaftsstruktur« (Köster) mit ihren vier Organen und das »institutionelle Gleichgewicht« unter ihnen (Köster) unangetastet. Das »Gleichgewicht der Gewalten« (Meroni) – hier der vollziehenden und der rechtsprechenden – wäre sogar besser gewährleistet, weil richterliche Aufgaben einem Gericht und nicht bloß einer gerichtsähnlichen Instanz zugewiesen werden würden. Entscheidend dürfte auch hier sein, daß dem Gerichtshof vom Vertrag nicht ein Rechtsprechungsmonopol zugewiesen wurde, sondern die Wahrung des Rechts bei der Auslegung und Anwendung des Gemeinschaftsrechts zu sichern (Art. 164). Hierfür genügt es, daß er oberste, letzte Instanz in Rechtsfragen bleibt.

284 Art. 235 dürfte ausreichen, um eine gerichtliche Einrichtung dieser Art zu schaffen.[278] Es würde sich dabei nämlich um zur Verwirklichung der betroffenen Ziele der Gemeinschaft in besonders hohem Maße »geeignete Vorschriften« handeln. Wie das Markenamt wäre auch ein davon losgelöstes Markengericht eine Einrichtung im Sinne von Art. 177 Abs. 1 Buchst. c. Der Begriff »Einrichtung« ist umfassend genug, um auch ein solches Gericht zu decken. Als »Satzung« im Sinne dieser Vorschrift käme seine Verfahrensordnung in Betracht.

278 In dieser Richtung für den Markenbereich *Bülow*, a.a.O., 75.

bb) Stellung der Kommission

285 Zu prüfen bleibt in jedem einzelnen Fall, ob die Errichtung einer Einrichtung mit Entscheidungsbefugnissen den »organisatorischen Aufbau der Gemeinschaft« bzw. die »Gemeinschaftsstruktur« sowie das »Gleichgewicht der Gewalten« bzw. das »institutionelle Gleichgewicht« »verletzen« bzw. »verfälschen« würde.

286 In den Meroni-Urteilen hat der Gerichtshof eine Verletzung dieser Garantie dann bejaht, wenn es sich um eine nicht im EGKS-Vertrag vorgesehene Einrichtung und um die Delegation von Befugnissen mit Ermessensspielraum handelt[279]: »Die Übertragung von Befugnissen mit Ermessensspielraum auf andere Einrichtungen als solche, die im Vertrag zur Ausübung und Kontrolle dieser Befugnisse im Rahmen ihrer jeweiligen Zuständigkeit vorgesehen sind, würde diese Garantie jedoch verletzen.« Dieser Satz ist nicht leicht zu verstehen und dürfte mehrere Auslegungen zulassen.

287 Die Errichtung einer Einrichtung und die Zuweisung von Entscheidungsbefugnissen an sie könnte jedenfalls dann Bedenken auslösen, wenn nach dem EWG-Vertrag die Kommission ein Vollzugsmonopol auf der Ebene der Gemeinschaft hätte. Warum dies nicht der Fall ist, wurde bereits eingehend begründet (Rn. 250 bis 264). Ergänzend ist folgendes zu sagen.

288 Entscheidend ist, daß die Behörde nicht als neues Organ, sondern als Einrichtung der Gemeinschaft und mindestens unter der Rechtsaufsicht der Kommission konzipiert wird. Die Organstruktur der Gemeinschaft und das Gleichgewicht zwischen den vier Organen bleiben dann unangetastet. Es findet keine Gewichtsverlagerung zwischen Rat und Kommission statt. Der organisatorische Aufbau der Gemeinschaft wird zwar ergänzt, aber ohne Änderung des Systems, ohne Umorganisation, Reform oder Änderung des Kräfteverhältnisses der Organe.

289 Strenger sind die Anforderungen naturgemäß, wenn der neuen Einrichtung Befugnisse zugewiesen werden, welche bislang Rat, Kommission oder Gerichtshof zustehen. Denn dann findet eine Aufgabe oder Delegation von bestehenden Befugnissen statt. Dadurch kann sich die Verteilung der Befugnisse unter den Organen und das Gleichgewicht unter ihnen leichter verändern.

290 Wichtig ist weiter, daß die Einrichtung keine rechtsetzenden Befugnisse erhält. Sie sollten Rat und Kommission vorbehalten bleiben. Nur dann ist die Köster-Entscheidung des Gerichtshofs respektiert.[280] Anzustreben ist schließlich insbesondere die Einbindung des Haushalts rechtsfähiger Einrichtungen in den Gesamthaushaltsplan der Europäischen Gemeinschaften und damit in die Kontrolle des Europäischen Parlaments als eines der vier Organe der Gemeinschaft; die Zuweisung der internen Finanzkontrolle an die Kommission, der externen an den Rechnungshof; die Ernennung des Leiters der

279 EuGH – Meroni, 9 und 10/56 – Slg. 1958 (Bd. IV), 9 (44) und 51 (82).
280 EuGH – Köster, 25/70 – Slg. 1970, 1161 (1173 Rn. 9).

Einrichtung und die Ausübung der Disziplinargewalt über ihn durch die Kommission; die Erstreckung der Geltung des Personalstatuts der Gemeinschaften auf das Personal der Einrichtung; die Begründung von Zuständigkeiten des Gerichtshofs für Streitigkeiten über die Haftung der Einrichtung.

291 Im übrigen darf die Wertung eines bestimmten organisatorischen Systems wie des Währungs- oder des vorgeschlagenen Markensystems nicht bei der Beurteilung einzelner Kontrollelemente über die Einrichtung stehenbleiben, »sondern kann letztlich nur auf Grund einer Gesamtschau aller Vorkehrungen die Frage beantworten, ob eine Verletzung der aus den Verträgen abzuleitenden Grundsätze vorliegt«.[281] Für den Grad der Einbindung in die Organisationsstruktur der Gemeinschaft kommt es entscheidend auf die Natur der von der Einrichtung zu bewältigenden Aufgaben an. So lassen sich Währungsfonds, Zentrum (Stiftung), Agentur und Markenamt schlechterdings nicht über einen Kamm scheren.

4. Gerichtsschutz in Zivilprozessen, Verfahrensvorschriften

292 Die Befugnis des Rates nach Art. 235, »die geeigneten Vorschriften« zu erlassen, umfaßt auch den Erlaß von Verfahrensvorschriften. Es wurde bereits dargelegt (Rn. 220 bis 226), daß Art. 235 nicht zwischen verschiedenen Arten (Inhalten) von Vorschriften unterscheidet, sondern alle ihre Arten umfaßt, weil die Bestimmung allein auf die Eignung einer Vorschrift zur Zielverwirklichung abstellt.

293 Der bisher wichtigste Anwendungsfall sind eine Reihe zivilprozessualer Vorschriften in dem auf Art. 235 gestützten Vorschlag einer Verordnung über die Gemeinschaftsmarke.[282] Diese künftigen Eigentumsrechte auf der Ebene der Gemeinschaft bedürfen wie die nationalen Marken des gerichtlichen Schutzes gegen Verletzungen. Der Verordnungsvorschlag sieht davon ab, für Klagen, die Gemeinschaftsmarken betreffen, neue Spruchkörper (Markengerichte) als Einrichtungen der Gemeinschaft vorzusehen. Die fraglichen Zivilprozesse sollen vielmehr den Gerichten der Mitgliedstaaten zugewiesen werden (Art. 74 MVO). Deren Zuständigkeit wird festgelegt (Art. 74, 75, 78 MVO). Es wird bestimmt, daß vorbehaltlich einzelner in der Verordnung enthaltener Bestimmungen des Zivilprozeßrechts auf Klagen wegen Verletzung von Gemeinschaftsmarken die Verfahrensvorschriften der Mitgliedstaaten für gleichartige Klagen anzuwenden sind, die nationale Marken betreffen (Art. 76 MVO). Das innerstaatliche Recht wird also nicht geändert, sondern durch die Verordnung auf die Gemeinschaftsmarken erstreckt. Es geht auch nicht um die Änderung bestehender Zuständigkeiten der innerstaatlichen Gerichte,

281 *Hilf*, Organisationsstruktur, a.a.O., 321, der die hier lediglich berührten Probleme des institutionellen Gleichgewichts auf S. 312 ff. eingehend behandelt. Hilf kommt aufgrund einer Analyse des vorgeschlagenen Markensystems (S. 159–162) zu dem Ergebnis, daß es das institutionelle Gleichgewicht nicht verändere (S. 161). Siehe zu dieser Frage auch die Begründung der *Kommission* zu ihrem Vorschlag, BullEG, Beilage 5/80, S. 85 ff.

282 ABl. 1980 Nr. C 351 S. 5 vom 31.12.1980 = BullEG, Beilage 5/80, S. 19.

sondern um die Zuweisung neuer, bisher nicht existierender Rechtsprechungsbefugnisse an sie durch sekundäres Gemeinschaftsrecht. Für die einheitliche Auslegung des Markenrechts der Gemeinschaft sorgt der Gerichtshof im Wege der Vorabentscheidung nach Art. 177 Abs. 1 Buchst. b. Diese Zuständigkeit wächst ihm mit dem Erlaß der Verordnung automatisch zu.

294 »Geeignete Vorschriften« im Sinne des Art. 235 können auch Regelungen der verschiedenen Verwaltungsverfahren vor einer Einrichtung sein (z. B. vor dem Markenamt), weiter Vorschriften über die Verteilung der Kosten (z. B. Art. 64 MVO) und die Vollstreckbarkeit von Kostenentscheidungen der Einrichtung (z. B. Art. 65 MVO). Das Gemeinschaftsrecht enthält derartige Regeln bisher nicht. Auch das Recht der Mitgliedstaaten enthält keine Regeln, welche die Zwangsvollstreckung aus Entscheidungen einer Einrichtung der Gemeinschaft ermöglichen würden.

295 Damit fragt es sich, ob einer Einrichtung wie dem Markenamt die Befugnis übertragen werden kann, Titel zu erlassen, die in den Mitgliedstaaten ohne materielle Nachprüfung vollstreckbar sind. In Art. 192 und 187 ist dies für die Entscheidungen und Urteile von Rat, Kommission und Gerichtshof vorgesehen. Hieraus kann jedoch nicht gefolgert werden, daß Einrichtungen der Gemeinschaft keine derartige Befugnis zugewiesen werden kann. Wenn es erforderlich ist, ein Markenamt der Gemeinschaft zu errichten, das in bestimmten Verfahren Kostenentscheidungen erläßt, dann ist es auch erforderlich, Regeln über die Zwangsvollstreckung dieser Kostenentscheidungen zu erlassen. Der Rat ist somit nach Artikel 235 befugt, »geeignete Vorschriften« über die Zwangsvollstreckung von Kostenentscheidungen des Amtes zu erlassen.

5. *Form der Vorschriften*

296 Art. 235 schreibt nicht vor, in welcher Form Kommission und Rat handeln. Aus dem Begriff »Vorschriften« (vgl. Rn. 220 bis 222) folgt lediglich, daß es sich um einen Rechtsakt handeln muß. Rechtsakte sind einmal die in Art. 189 genannten Verordnungen, Richtlinien, Entscheidungen, Empfehlungen und Stellungnahmen, zum anderen Beschlüsse.[283] Von den verbindlichen Beschlüssen sind die regelmäßig unverbindlichen Entschließungen zu unterscheiden. Sie dürften wegen ihrer relativen Formlosigkeit keine »Vorschriften« im Sinne des Art. 235 sein.

297 Die Praxis bestätigt das Gesagte (s. Rn. 2): Nur die Handlungsform der (unverbindlichen) Stellungnahme hat der Rat bisher nicht benutzt, und lediglich 2 (unverbindliche) Empfehlungen abgegeben, nämlich Nr. 81/924 vom 27. 10. 1981 »betreffend die Strukturen der Elektrizitätstarife in der Gemeinschaft« und Nr. 82/472 vom 30. 6. 1982

283 So z. B. auch *Rabe,* a.a.O., 155; *Louis,* Règlements, a.a.O., 62; *Oldekop,* a.a.O., 70; *Lauwaars,* Community Decisions, a.a.O., 87; *ders.,* Art. 235, a.a.O., 106; *Pescatore,* L'ordre juridique, a.a.O., 137; *Constantinesco,* a.a.O., 273. A. M. z. B. *von Donnersmarck,* a.a.O., 64–65 (keine Beschlüsse).

»betreffend die Erfassung von Arbeiten über neukombinierte Desoxyribonukleinsäure (DNS)«.[284]

298 Welche dieser sechs Handlungsformen gewählt wird, hängt davon ab, ob und wie »geeignet« eine jede von ihnen ist, um das betreffende Ziel der Gemeinschaft zu verwirklichen. Es können auch mehrere Instrumente geeignet sein. Kommission und Rat besitzen bei der Entscheidung über die Geeignetheit ein durch das zu verwirklichende Ziel begrenztes Ermessen.

299 Während in dänisch, deutsch und niederländisch unterschieden wird zwischen den Bezeichnungen »Entscheidung« und »Beschluß«, besteht in englisch, französisch und italienisch für beide Rechtsakte nur eine einzige *Bezeichnung:* decision, décision, decisione. Entscheidungen enthalten – anders als Beschlüsse – folgenden letzten Artikel: »Diese Entscheidung ist an ... gerichtet.« Außerdem wird der inhaltliche Teil bei Entscheidungen und bei Beschlüssen in allen Sprachen verschieden eingeleitet: »Hat folgende Entscheidung erlassen« bzw. »beschließt«.

300 *Entscheidungen* werden zum Beispiel erlassen bei der Einführung gemeinsamer Verfahren oder Systeme (z. B. zum Informationsaustausch oder für Konsultationen über den Abschluß bilateraler Kooperationsabkommen). *Beschlüsse* ergehen namentlich bei der Ermächtigung der Kommission zur Aufnahme von Anleihen zur Investitionsförderung, bei allen Forschungsprogrammen, Studien, Modellvorhaben, konzertierten Aktionen, Sonderhilfen, Beitrag an die EGKS zu Lasten des Gesamthaushaltsplans der Gemeinschaften, Personalernennungen für Einrichtungen der Gemeinschaft, sowie über den Abschluß von Übereinkünften durch die Gemeinschaft. Durch *Verordnung* wird der Abschluß einer Übereinkunft jedoch dann genehmigt, wenn sie Bestimmungen enthält, die self-executing sind, oder wenn der Rechtsakt der Vertragsgenehmigung Durchführungsvorschriften enthält, die – falls sie autonom getroffen worden wären – in Form einer Verordnung hätten erlassen werden müssen.

301 Damit ist schon impliziert, daß Art. 235 »auch auf dem Gebiet der Außenbeziehungen [gestattet], die ›geeigneten Vorschriften‹ zu erlassen«.[285] Nach *Pescatore*[286] wollte der Gerichtshof damit sagen, daß Art. 235 gestatte, die internationale Handlungsfähigkeit (insbesondere Vertragsfähigkeit) der Gemeinschaft auszudehnen. Inzwischen hat der Gerichtshof namentlich das Gutachten 1/76 erstattet.[287] Auch im Außenbereich bean-

284 ABl. 1981 Nr. L 337 S. 12 vom 24.11.1981 bzw. ABl. 1982 Nr. L 213 S. 15 vom 21.7.1982.
285 EuGH – »AETR«, 22/70 – Slg. 1971, 263 (282 Rn. 95). Ebenso schon *Wohlfarth,* a.a.O., Art. 235 Anm. 5.
286 *Pescatore,* L'ordre juridique, a.a.O., 138. Vgl. auch *Peeters,* a.a.O., 142–143.
287 EuGH 26.4.1977 – Gutachten 1/76 Stillegungsfonds für die Binnenschiffahrt – ABl. 1977 Nr. C 107 S. 4 vom 3.5.1977.

sprucht Art. 235 lediglich subsidiär Anwendung. Indessen ist es hier viel schwieriger, zu präzisieren, wann dies der Fall ist. Die Grenzen seiner Anwendbarkeit ergeben sich nicht unmittelbar und nicht deutlich aus der bisherigen Rechtsprechung. Hinsichtlich dieser komplexen, umstrittenen Fragen muß auf das Spezial-Schrifttum verwiesen werden.[288]

Artikel 236 [Änderungen des Vertrages]

Die Regierung jedes Mitgliedstaates oder die Kommission kann dem Rat Entwürfe zur Änderung dieses Vertrags vorlegen.

Gibt der Rat nach Anhörung der Versammlung und gegebenenfalls der Kommission eine Stellungnahme zugunsten des Zusammentritts einer Konferenz von Vertretern der Regierungen der Mitgliedstaaten ab, so wird diese vom Präsidenten des Rates einberufen, um die an diesem Vertrag vorzunehmenden Änderungen zu vereinbaren.

Diese Änderungen treten in Kraft, nachdem sie von allen Mitgliedstaaten gemäß ihren verfassungsrechtlichen Vorschriften ratifiziert worden sind.

Literaturhinweise

Deliège-Sequaris. Marguerite, Révision des traités européens en dehors des procédures prévues, in: CDE 1980, Bd. XVI, S. 539 ff.
Everling, Ulrich, Sind die Mitgliedstaaten der Europäischen Gemeinschaft noch Herren der Verträge?, in: Festschrift für Hermann Mosler, Heidelberg 1982
Louis, Jean Victor, Quelques considérations sur la revision des traités instituant les communautés, in: CDE 1980, Bd. XVI, S. 553 ff.
Lambers, Hans Jürgen, Les clauses de révision des traités instituant les communautés européennes, in: AFDI 1961, Bd. VII, S. 593 ff.

I. Vorbemerkung

1 Zweck der Vorschrift ist, das Verfahren zur Änderung des EWG-Vertrages zu regeln. Die Besonderheit an diesem Verfahren ist die Mitwirkung der Gemeinschaftsorgane, denn die EWG-Mitgliedstaaten als Herren der Verträge hätten ebenso vorsehen können, daß Änderungen des Vertrages auch ohne eine solche Beteiligung vorgenommen werden

288 Siehe zusammenfassend *Jacot-Guillarmod,* a.a.O., 75–83; weiter *Timmermans,* in: *Timmermans, Völker,* a.a.O., passim; *Barav,* a.a.O., 37–38; *Lachmann,* Diskussionsbeitrag, a.a.O., 81–83; *Lauwaars, Auxiliary Organs,* a.a.O., 381–387; *Hardy,* a.a.O., 592–595; *Ehlermann,* Währungsfonds, a.a.O., 207–208.

können. Das Verfahren kann beispielsweise außer von einem Mitgliedstaat auch von der Kommission eingeleitet werden. Der Rat gibt nach Anhörung der Versammlung und gegebenenfalls der Kommission eine Stellungnahme über den Zusammentritt einer Regierungskonferenz ab.

Obwohl das entscheidende Wort, ob eine Änderung des Vertrages beschlossen und den Mitgliedstaaten zur Ratifizierung zugeleitet werden sollte, im wesentlichen bei der Regierungskonferenz liegt, ist das Mitwirkungsrecht der Organe der Gemeinschaft nicht ohne Bedeutung. Denn es ist anzunehmen, daß sie ihre Einflußmöglichkeiten im Sinne der Wahrung ihrer Rechte geltend machen werden, was beispielsweise künftig eine Rolle bei der Verzahnung der Europäischen Gemeinschaft mit der Organisation der Politischen Zusammenarbeit spielen könnte.

Deshalb ist das Problem bedeutsam, welchen Umfang der Anwendungsbereich des Art. 236 EWGV hat und inwieweit die Vorschrift zwingender Natur ist:

2 1. Konkret ist zu fragen, gilt das in Art. 236 EWGV vorgesehene Verfahren nur für Änderungen, welche die Zielsetzung der Verträge berücksichtigen oder ist es, auch bei darüber hinausgehenden Änderungen anwendbar?

Zugunsten der ersten Alternative könnte vorgebracht werden, daß die Zuständigkeit der Europäischen Wirtschaftsgemeinschaft durch die Ziele, welche sie verfolgt, und durch die Aufgaben, zu deren Erfüllung sie gegründet wurde, begrenzt ist. Deshalb könnte das Revisionsverfahren des Art. 236 EWGV, welches die Beteiligung der Gemeinschaftsorgane vorsieht, nur bei solchen Änderungen des Vertrages angewendet werden, die sich in diesem Rahmen halten.

Dieses Argument stützt sich auf die These, daß durch die Definition der Aufgaben einer internationalen Organisation zugleich deren Zuständigkeit begrenzt wird. Diese These kann jedoch nur als Auslegungsregel verwendet werden und gilt nicht, wenn der Rechtsakt zur Gründung der Organisation ausdrücklich etwas anderes vorsieht. Für die Europäische Wirtschaftsgemeinschaft ist dies durch Art. 236 EWGV geschehen, der uneingeschränkt für alle Fälle der Änderung des Vertrages die Einhaltung eines bestimmten Verfahrens vorschreibt.

3 Hinzukommt, daß der Vertrag in Art. 235 EWGV eine Vorschrift enthält, deren besonderer Zweck gerade darin besteht, daß durch sie im Rahmen der Ziele und der Aufgaben der Europäischen Wirtschaftsgemeinschaft die Lücken des Vertrages ausgefüllt werden können. Die Anwendbarkeit dieser Vorschrift würde ihrerseits in unzulässiger Weise begrenzt, wenn der Anwendungsbereich des Art. 236 EWGV im Sinne der ersten Alternative eingeschränkt würde.

Es ist daher entsprechend der zweiten Alternative davon auszugehen, daß das in Art. 236 EWGV vorgesehene Revisionsverfahren nicht begrenzt ist und daher grundsätzlich für jede Art oder Form der Änderung des Vertrages gilt, soweit der Vertrag selbst nicht etwas anderes bestimmt.

4 Solche Ausnahmen enthält der Vertrag beispielsweise für die sogenannten autonomen Vertragsänderungen, die allerdings nur für bestimmte Einzelfälle gelten, dafür aber vom Rat selbst vorgenommen werden können (Art. 14 Abs. 7, 33 Abs. 8 EWGV; früher Art. 157 Abs. 1 Unterabs. 2 EWGV, jetzt Art. 10 Abs. 1 Unterabs. 2 Fusionsvertrag; ferner Art. 165 Abs. 4 und Art. 166 Abs. 3 EWGV; schließlich ist Art. 200 Abs. 3 EWGV zu erwähnen. Allerdings ist der Art. 200 EWGV durch den Beschluß des Rates über die Ersetzung der Finanzbeiträge der Mitgliedstaaten durch eigene Mittel der Gemeinschaften[1] überholt und deshalb trotz des Beitritts weiterer Mitgliedstaaten auch nicht mehr angepaßt worden.) Ein vereinfachtes Änderungsverfahren, welches im wesentlichen ausgehend von Entwürfen der Versammlung oder Vorschlägen der Kommission einen einstimmig zu fassenden Beschluß des Rates vorsieht, der allerdings außerdem der Annahme durch die Mitgliedstaaten entsprechend ihren verfassungsrechtlichen Vorschriften bedarf, gilt nach Art. 138 Abs. 3 EWGV für die Einführung allgemeiner unmittelbarer Wahlen sowie nach Art. 201 EWGV für die Ersetzung der Finanzbeiträge der Mitgliedstaaten durch eigene Mittel der Gemeinschaft. Von beiden Vorschriften ist durch den Beschluß und den Akt zur Einführung allgemeiner unmittelbarer Wahlen der Abgeordneten der Versammlung vom 20.9.1976[2] sowie den Beschluß über die Ersetzung der Finanzbeiträge der Mitgliedstaaten durch eigene Mittel der Gemeinschaften vom 21.4.1970[3] Gebrauch gemacht worden. Außerdem ist ein von Art. 236 EWGV abweichendes Änderungsverfahren im Rahmen des Art. 237 EWGV zulässig, während Art. 238 Abs. 3 EWGV auf das Revisionsverfahren des Art. 236 EWGV verweist.

5 2. In allen übrigen Fällen ist der Art. 236 EWGV unbeschränkt anwendbar. Daher stellt sich um so mehr die Frage, ob das in dieser Vorschrift vorgesehene Verfahren, welches für die Änderung des Vertrages den Abschluß eines ratifizierungsbedürftigen völkerrechtlichen Abkommens durch die Mitgliedstaaten vorsieht nachdem zuvor die Kommisison, der Rat sowie das Europäische Parlament beteiligt worden sind, zwingend zu beachten ist.

Die Auffassung (vertreten von *Wohlfarth,*[4] *Deliège*[5]), die Vorschrift sei lediglich eine »Sollvorschrift«, sie hätte weder einen absolut zwingenden noch ausschließlichen Charakter, die Mitgliedstaaten als Herren des Gründungsvertrages könnten ihn nach den Regeln des allgemeinen Völkerrechts abweichend vom Verfahren des Art. 236 EWGV auch weiterhin durch ein neues einvernehmlich abgeschlossenes Abkommen ändern, ist

1 ABl. 1970 Nr. L 94 S. 19.
2 ABl. 1976 Nr. L 278 S. 1; HER I A 17/3, S. 1.
3 ABl. a.a.O. (Fn. 1); HER I A 66/3, S. 1.
4 *Wohlfarth,* a.a.O., Art. 236 Anm. 2.
5 *Deliège,* a.a.O., S. 550f.

nicht unbestritten. Nach einer Gegenansicht (vertreten von *Lambers*[6]) haben die Mitgliedstaaten nicht mehr die Möglichkeit, den Vertrag unter Umgehung der Revisionsklausel des Art. 236 EWGV im Wege des klassischen Verfahrens zur Revision internationaler Verträge zu ändern. Es könne nicht von dem Wohlwollen der Mitgliedstaaten abhängen, ob die Organe der Gemeinschaft, die ihnen in Art. 236 EWGV eingeräumten Mitwirkungsrechte ausüben dürften oder nicht.

6 Bedeutsam bei diesem Meinungsstreit dürfte sein, welche Auswirkungen Abweichungen von dem Verfahren des Art. 236 EWGV haben:

Art. 236 EWGV schreibt grundsätzlich vor, daß die Änderungsabkommen in der Form von ratifizierungsbedürftigen völkerrechtlichen Verträgen geschlossen werden. Nach den Regeln des internationalen Rechts könnten dagegen verbindliche Übereinkünfte auch in vereinfachter Form von den Mitgliedstaaten vereinbart werden. Die Mitgliedstaaten können jedoch nicht nach ihrem Belieben über den Gemeinschaftsvertrag verfügen. Durch eine bloße Entschließung des Rates oder auch der Mitgliedstaaten kann beispielsweise eine im Vertrag vorgesehene Frist nicht abgeändert werden. Die höherrangige Vertragsnorm kann nicht durch eine in vereinfachter Form vereinbarte Vorschrift eingeschränkt werden. Insoweit kann eine wirksame Änderung des Vertrages – abgesehen von den oben erwähnten Sondervorschriften – nur durch eine Vertragsrevision im Einklang mit Art. 236 EWGV erfolgen.[7] Das in Art. 236 EWGV wiedergegebene allgemeine Prinzip, wonach ein in bestimmter Form zustandegekommener Vertrag nur in derselben Form wieder abgeändert werden kann, gilt somit auch zwingend für den EWG-Vertrag. Dies wird auch allgemein anerkannt.

7 Soweit Art. 236 EWGV außerdem die Beteiligung der Gemeinschaftsorgane bei der Änderung des Vertrages vorsieht, werden die Folgen einer entsprechenden Unterlassung dagegen unterschiedlich beurteilt. Nach Abschluß des betreffenden Vertrages wird zwar die Änderung grundsätzlich für wirksam gehalten. Für die einen *(Deliège*[5]*)* folgt daraus, daß der Vertrag nunmehr in der geänderten Form anzuwenden und daher eine Klage beim Gerichtshof aussichtslos sei. Die anderen (*Lambers*[6] aber auch *Wohlfarth*[4]) halten ein Vertragsverletzungsverfahren der Kommission nach Art. 169 EWGV für möglich. Die Feststellung der Nichtigkeit des Abkommens durch Urteil des Gerichtshofs schließt *Lambers* allerdings aus.

8 Der Gerichtshof hat einen Rechtsakt des Rates (Verordnung gemäß Art. 189 Abs. 2 EWGV), vor dessen Erlaß ebenfalls die vorgeschriebene Beteiligung eines Gemein-

6 *Lambers*, a.a.O., S. 606.
7 EuGH – Staatsanwaltschaft/Manghera, 59/75 – Slg. 1976, 91 ff. (102) und EuGH – Defrenne/Sabena, 43/75 – Slg. 1976, 455 ff. (478).

schaftsorgans, nämlich des europäischen Parlaments, nicht ordnungsgemäß erfolgt war, wegen Verletzung wesentlicher Formvorschriften für nichtig erklärt.[8] Der Abschluß eines Vertrages zur Änderung des EWG-Vertrages durch die Mitgliedstaaten ohne die in Art. 236 EWGV vorgesehene Beteiligung der Gemeinschaftsorgane würde sicherlich eine ebenso schwere Verletzung wesentlicher Formvorschriften des Vertrages darstellen. Da es sich allerdings dabei um ein Abkommen der Mitgliedstaaten handelt, kann der Gerichtshof es nicht für nichtig erklären. Dagegen kann der Gerichtshof feststellen, ob und inwieweit die Mitgliedstaaten durch den Abschluß des Abkommens gegen den Vertrag, d.h. also gegen die Vorschrift des Art. 236 EWGV verstoßen haben. Es bleibt zwar den Mitgliedstaaten überlassen, die Schlußfolgerungen aus dem Urteil zu ziehen. Doch reicht dieses Verfahren aus, um mindestens indirekt die Wirksamkeit der erfolgten Vertragsänderung wieder in Frage zu stellen.

Insofern ist festzustellen, daß die Beteiligung der Gemeinschaftsorgane bei Änderungen des EWG-Vertrages, eine aus dem Vertrag folgende Verpflichtung darstellt, die von den Mitgliedstaaten gemäß Art. 5 EWGV zu beachten ist.

II. Die Anwendungsvoraussetzungen

9 Neben der Bedingung, daß eine Änderung des Vertrages beabsichtigt, also ein konkreter Berührungspunkt mit dem Vertrag gegeben sein muß, sieht Art. 236 EWGV im einzelnen die Einhaltung des folgenden Verfahrens vor:

- Vorlage im Rat eines Änderungsentwurfes durch einen Mitgliedstaat oder die Kommission
- Anhörung der Versammlung sowie gegebenenfalls der Kommission durch den Rat zur Zweckmäßigkeit des Zusammentritts einer Konferenz von Vertretern der Regierungen der Mitgliedstaaten zur Vornahme dieser Änderung
- Stellungnahme des Rates zur Zweckmäßigkeit dieser Konferenz
- Bei positiver Stellungnahme erfolgt automatisch die Einberufung der Konferenz durch den Präsidenten des Rates
- Vereinbarung des Entwurfs eines Abkommens zu Änderung des Vertrages durch die Konferenz
- Ratifizierung des Abkommenentwurfs durch die Mitgliedstaaten gemäß deren verfassungsrechtlichen Vorschriften.

8 EuGH – Roquette Frères/Rat, 138/79 – Slg. 3333 ff. (3360).

10 Zu ergänzen ist, daß es trotz der Einfügung des Wortes »gegebenenfalls« nicht im Ermessen des Rates steht, ob er die Kommission anhört oder nicht. Diese Einfügung ist so zu verstehen, daß die Anhörung unterbleiben kann, wenn die Kommission selbst den Änderungsentwurf vorlegt, anderenfalls aber durchgeführt werden muß.[9] Die Stellungnahme des Rates ist nicht als unverbindliche Stellungnahme im Sinne von Art. 189 Abs. 5 EWGV anzusehen, sondern als ein Beschluß, der zur Folge hat, daß der Ratspräsident die Konferenz der Vertreter der Regierungen der Mitgliedstaaten einberufen muß. Diesen Beschluß kann der Rat mit einfacher Mehrheit fassen. Die Konferenz der Regierungsvertreter ist an den Beschluß des Rates nicht gebunden. Sie entscheidet, ob und mit welchem Inhalt den Mitgliedstaaten ein Abkommen zur Änderung des Vertrages zur Ratifikation zugleitet werden soll.

11 Das Verfahren des Art. 236 EWGV ist insbesondere angewandt worden bei folgenden Verträgen:

- Vertrag zur Einsetzung eines gemeinsamen Rates und einer gemeinsamen Kommission der Europäischen Gemeinschaften[10]
- Vertrag zur Änderung bestimmter Haushaltsvorschriften der Verträge zur Gründung der Europäischen Gemeinschaften und des Vertrages zur Einsetzung eines gemeinsamen Rates und einer gemeinsamen Kommission der Europäischen Gemeinschaften[11]
- Vertrag zur Änderung bestimmter Finanzvorschriften der Verträge zur Gründung der Europäischen Gemeinschaften und des Vertrages zur Einsetzung eines gemeinsamen Rates und einer gemeinsamen Kommission der Europäischen Gemeinschaften.[12]

Der EWG-Vertrag ist allerdings außerdem anläßlich des Beitritts Dänemarks, Großbritanniens und Irlands zu den Europäischen Gemeinschaften geändert worden. Dasselbe erfolgte anläßlich des Beitritts Griechenlands zu den Europäischen Gemeinschaften. Jedoch geschah dies nicht nach dem Verfahren des Art. 236 EWGV, sondern im Rahmen des beim Beitritt neuer Mitglieder anzuwendenden Art. 237 EWGV.

Artikel 237 [Beitritt dritter Staaten]

Jeder europäische Staat kann beantragen, Mitglied der Gemeinschaft zu werden. Er richtet seinen Antrag an den Rat; dieser beschließt einstimmig, nachdem er die Stellungnahme der Kommission eingeholt hat.

9 *Wohlfarth,* a.a.O., Anm. 3.
10 ABl. 1967 Nr. 152 S. 2; HER I A 11, S. 19.
11 ABl. 1971 Nr. L 2 S. 1; HER I A 11, S. 215.
12 ABl. 1977 Nr. L 359 S. 1; HER I A 11, S. 227.

Die Aufnahmebedingungen und die erforderlich werdenden Anpassungen dieses Vertrages werden durch ein Abkommen zwischen den Mitgliedstaaten und dem antragstellenden Staat geregelt. Das Abkommen bedarf der Ratifizierung durch alle Vertragsstaaten gemäß ihren verfassungsrechtlichen Vorschriften.

Literaturhinweise

Berbudeau, Christiane, Le droit national et la procédure d'adhésion aux Communautés Européennes, du Danmark et de la Norvège, Thèse Lyon 1975

Birkelbach, Willi, Bericht über die politischen und institutionellen Aspekte des Beitritts zur Gemeinschaft oder der Assoziierung mit ihr, EP, Sitzungsdokument Nr. 112 vom 15.1.1962

Blumenfeld, Erik, Bericht im Namen des politischen Ausschusses des EP, Dok. EP 1–685 vom 16.11.1981

Brenner, M.J., The functionalist theory of integration and the process of adherence to a supranational organization: A case study of Britain and the European Economic Community, Ann Arbor 1968

Cochrane, Jane, Implications for Ireland of Membership of the European Communities, in: CMLR 1970, S. 336 ff.

A Community of twelve? The impact of further enlargement on the European Communities *(Hrsg. W. Wallace und I. Herrmann),* Bruges 1978,
dort insbesondere:

- *Kovar, Robert,* L'impact de l'élargissement sur les institutions et le droit des Communautés Européennes, S. 57–75
- *Olmi, Giancarlo,* Aspects institutionels et juridiques de l'élargissement, S. 76–112
- *Ciancio, Antonio,* Elargissement et problèmes linguistiques, S. 113–125
- *van Hoof, Renée,* Elargissement et problèmes linguistiques: L'interprétation de conférence, S. 126–134

Dagtoglou, Prodromos, Die Süderweiterung der Europäischen Gemeinschaft – insbesondere der Beitritt Griechenlands, in: EuR 1980, S. 1 ff.

Dokumente betreffend den Rücktritt des Königreichs Dänemark, Irlands, des Königreichs Norwegen und des Vereinigten Königreichs Großbritannien und Nordirland zu den Europäischen Gemeinschaften, ABl. 1972 Nr. L 73

Dokumente betreffend den Beitritt der Republik Griechenland zu den Europäischen Gemeinschaften, ABl. 1979 Nr. L 291; s. auch Anhang B dieses Kommentars.

Duchateau, P., L'élargissement de la Communauté économique européenne aux trois pays candidats (Espagne, Portugal, Grèce), in: Politique étrangère 1977, S. 477 ff.

Duros, Philippe, La procédure d'admission au sein des Communautés Européennes au regard de la pratique de 1971, Rennes 1972

Eberhardt, Carl A., Die Erweiterung der Europäischen Gemeinschaften in: Außenpolitik 1968, S. 133 ff.

L'élargissement de la Communauté Européenne, in: RMC 1971, Heft Nr. 141, S. 89 ff.

Esser, Klaus u.a., Europäische Gemeinschaft und südeuropäische Beitrittsländer, Berlin 1978

Everling, Ulrich, Struktur und Funktionieren der erweiterten Gemeinschaft, in: EuR 1978, S. 1 ff.

Fralon, José Alain – Buysse, Didier, Enlargement, a sectoral breakdown, Bruxelles 1979

dies., Les grands dossiers de l'élargissement, Bruxelles 1979

From nine to twelve: Europes destiny (Hrsg. *J.W. Schneider*), Alphen a.d. Rijn 1980

Gazzo, Emmanuele, Die Institutionen der Europäischen Gemeinschaften vor der zweiten Erweiterung, in: Eur.Arch. 1980, S. 237 ff.

Granell, Francisco, Les circonstances économiques du second élargissement de la Communauté européenne, in: RMC 1979, S. 263–269

von der Groeben, Hans, Die Erweiterung der Europäischen Gemeinschaft durch Beitritt der Länder Griechenland, Spanien, Portugal, Baden-Baden 1979
Haferkamp, Wilhelm, Chancen und Risiken der zweiten EG-Erweiterung, in: Eur.Arch. 1977, S. 617 ff.
Hubert, Agnès, Adhésion de la Gréce à la CEE: Dix Etats membres pour quelle Europe?, in: RMC 1978, S. 427 ff.
Irving, R.E.M., The United Kingdom Referendum, June 1975, in: European Law Review 1975, S. 3 ff.
Jenkins, Roy, The European Community as it faces its second enlargement, in: Virginia Journal of International Law 1978, S. 381 ff.
Kitzinger, Uwe, Diplomacy and Persuasion. How Britain joined the Common Market, London 1973
Kommission der Europäischen Gemeinschaften, Stellungnahme der Kommission an den Rat zu den Beitrittsgesuchen des Vereinigten Königreichs, Irlands, Dänemarks und Norwegens, Sonderbeilage zu BullEG 9/10–1969
dies., Die erweiterte Gemeinschaft. Bilanz der Verhandlungen mit den beitrittswilligen Ländern, BullEG 1972, Beilage 1
dies., Stellungnahme zum griechischen Beitrittsgesuch, BullEG 1976, Beilage 2
dies., Erweiterung der Gemeinschaft: Umfassende Überlegungen; Übergangszeit und institutionelle Fragen; Wirtschaftliche und sektorale Aspekte, BullEG 1978, Beilage 1–3
dies., Stellungnahme zum Beitrittsantrag Portugals, BullEG 1978, Beilage 5
dies., Stellungnahme zum Beitrittsantrag Spaniens, BullEG 1978, Beilage 9
Laloux, Brigitte, La décision du conseil des Communautés adoptant les actes relatifs au fait du non-dépôt par la Norvège de son instrument de ratification de l'adhésion, in: RMC 1973, S. 51 ff.
Lasok, D., Some legal aspects of fundamental renegotiations, in: European Law Review 1976, S. 375 ff.
Leroy-Beaulieu, Paul, L'attitude de la France à l'égard de l'entrée de la Grande-Bretagne dans la CEE, in: Problèmes de l'Europe 1967, S. 31 ff.
Le Tallec, Guy, Les instruments de l'adhésion de l'Angleterre, du Danemark, de la Norvège et de l'Irlande aux Communautés, in: RMC 1972, S. 229 ff.
Meier, Gert, Die rechtlichen Grenzen für einen Beitritt zu den Europäischen Gemeinschaften, in: EuR 1978, S. 12 ff.
Mosler, Herrmann, Die Aufnahme in internationale Organisationen, in: ZaöRV 1958, S. 275 ff.
Nass, Klaus Otto, Englands Aufbruch nach Europa, Bonn 1971
ders., Der Beitrittsvertrag, in: EuR 1972, S. 103 ff.
Noël, Emile, L'incidence de l'élargissement sur l'évolution institutionelle des Communautés, in: Célébration du dixième anniversaire de l'Institut d'Etudes Européennes, Bruxelles 1974, S. 47 ff.
Opsahl, Torkel, Le non norvégien, in: RMC 1972, S. 715 ff.
Puissochet, J.P., L'élargissement des Communautés européennes, Paris 1974
Raux, Jean, Les relations extérieures de la CEE, Paris 1966, S. 463–483
Schweitzer, Michael, Dauernde Neutralität und europäische Integration, Wien – New York 1977
Simmonds, K.R., Neuverhandlungen–Großbritannien vor der Entscheidung, in: EuR 1974, S. 297 ff.
Soldatos, Panayotis – Vandersanden, Georges, L'admission dans la Communauté économique européenne. Essai d'interprétation juridique, in: CDE 1969, S. 674 ff.
Die Süderweiterung der Europäischen Gemeinschaft, (Hrsg. *H. Hasenpflug* und *B. Kohler*), Hamburg 1977 darin insbesondere:
- *Kohler, Beate,* Die Süderweiterung der Gemeinschaft. Hintergründe, Motive und Konsequenzen, S. 15–48
- *Everling, Ulrich,* Integrationspolitische Probleme der Erweiterung der EWG, S. 61–87

Die Türkei auf dem Weg in die EG (Hrsg. *W. Gumpel*), München 1979

Inhaltsübersicht

I. Rechtsnatur des Beitritts

1 Art. 237 regelt den Beitritt neuer Mitgliedstaaten zur EWG. Der Beitritt zur EAG ist gleichlautend in Art. 205 EAGV geregelt, während die Beitrittsvorschrift des Art. 98 EGKSV sich hiervon in wesentlichen Punkten unterscheidet.[1] Trotzdem ist in der bisherigen Praxis das Beitrittsverfahren in allen Stadien gemeinsam für alle drei Europäischen Gemeinschaften durchgeführt worden, wenn auch unter Wahrung der unterschiedlichen rechtlichen Voraussetzungen.[2]

Art. 237 ist *Programm- und Verfahrensvorschrift* zugleich. Programmvorschrift ist er insoweit, als er die konkretisierende Ergänzung zum ersten und zum letzten Satz der Präambel des Vertrags darstellt. Dort wird der feste Wille bekundet, »die Grundlagen für einen immer engeren Zusammenschluß der europäischen Völker zu schaffen . . .«. Weiter berufen sich die Gründerstaaten auf ihr Ziel, durch die Gemeinschaft »Frieden und Freiheit zu wahren und zu festigen« und fordern »die anderen Völker Europas, die sich zu dem gleichen hohen Ziel bekennen«, auf, »sich diesen Bestrebungen anzuschließen«. Die hiermit ausgesprochene *Einladung an die Europäer* wird durch Art. 237 gemeinschaftsrechtlich fundiert. Diese Einladung ist jedoch *nicht als ein bindendes Angebot* zu verstehen, nicht einmal in dem Sinne, daß die Mitgliedstaaten sich verpflichteten, mit jedem Bewerber ernsthafte Verhandlungen aufzunehmen. Das in der Vorschrift

1 Vgl. unten Rn. 63 ff.
2 Vgl. unten Rn. 33 ff.

umrissene Verfahren überläßt die Entscheidung, ob verhandelt wird und ob ein Bewerber schließlich aufgenommen wird, völlig der freien Entscheidung, die im Zusammenwirken zwischen Gemeinschaftsorganen und Mitgliedstaaten zu treffen ist.

2 Indem Art. 237 den europäischen Staaten ein Recht gibt, die Mitgliedschaft in der Gemeinschaft zu beantragen,[3] weist er auf die Konzeption hin, die nach dem Willen der Gründerstaaten die *Identität und Finalität* der Gemeinschaft festlegte: dynamische Zelle für das Zusammenwachsen Europas zu sein. Jede Erweiterung der Gemeinschaft kann diese Konzeption verfestigen, sie kann sie aber auch schwächen.

3 Der Beitritt zur EWG bedingt, daß ein Bewerber-Staat *Vertragspartner des EWGV* wird. Die Rechtsfolgen sind dabei doppelter Natur. Der EWGV ist ein multilateraler völkerrechtlicher Vertrag zwischen den bisherigen Mitgliedstaaten. Durch den Beitritt erweitert sich sein personaler und sachlicher Geltungsbereich. Hierzu ist ein Vertrag zwischen den alten Vertragspartnern und dem neuen Mitglied erforderlich, der den alten Vertrag entsprechend ergänzt und eventuell auch ändert.

Andererseits ist der EWGV aber Gründungsvertrag der Gemeinschaft, deren Aktivitäten er einen Rahmen gibt und die er zu eigenständiger Rechtsetzung ermächtigt (vgl. Art. 189). Hieraus ist eine *Gemeinschaftsrechtsordnung* entstanden, in die der neue Mitgliedstaat nunmehr eintritt. Dabei macht der Beitritt immer gewisse Modifikationen des Primär- und Sekundärrechts erforderlich.[4]

4 Wollte man sich hierzu der allgemeinen Regeln des Vertrags zur Rechtsänderung bedienen, so würde der Beitritt durch eine mosaikartige Komplexität unterschiedlicher Rechtsakte kompliziert. Art. 237 erlaubt es dagegen, alle *Änderungen geschlossen* in vertraglicher Form festzulegen. Er ermöglicht zwar wörtlich nur »Anpassungen dieses Vertrages«. Da das Primärrecht aber allem Sekundärrecht vorgeht, können Anpassungen des Vertrages auch Änderungen des abgeleiteten Rechts bewirken. Insoweit sind die Mitgliedstaaten also Herren des Gemeinschaftsrechts. Art. 237 erweist sich hiermit als *lex specialis* zu Art. 236 und zu allen anderen primär- und sekundärrechtlichen Änderungs- und Anpassungsvorschriften.

5 Dieser Umstand führt zu der Frage, wie weit diese Befugnis nach Art. 237 zur Änderung des Gemeinschaftsrechts reicht. Erlaubt sie nur die *notwendigen Änderungen*[5], oder auch

3 Nach der Terminologie des Rechtes der Internationalen Organisationen müßte man daher die EWG als eine *beschränkt offene Organisation* klassifizieren; vgl. *Seidl-Hohenveldern, Ignaz,* Das Recht der Internationalen Organisationen einschließlich der Supranationalen Gemeinschaften, 3. Auflage, Köln/Berlin/Bonn/München 1979, Rn. 0505 ff.

4 Nachfolgend wird zwischen *Primärrecht* (Gründungsverträge, ergänzende Verträge, Beitrittsvertrag) und *Sekundärrecht* (abgeleitete Rechtsetzung nach Art. 189 EWGV) unterschieden.

5 *Giancarlo Olmi* in: A Community of Twelve? (Hrsg. *W. Wallace* und *I. Herrmann*), Bruges 1978, S. 76, 90 f.; *Gert Meier,* EuR 1978, S. 12 ff.; *Jean Rey* in: *W.J. Ganshof v. d. Meersch* u.a., a.a.O., Rn. 1717.

diejenigen, die sich angesichts der Erweiterung als *wünschenswert* darstellen?[6] Oder läßt sie den Mitgliedstaaten völlige Freiheit?[7] Das Problem wird akzentuiert durch die Gegenüberstellung zu Art. 236. Dort muß das Europäische Parlament angehört werden, im Verfahren des Art. 237 dagegen nicht. Diese bewußte Nebeneinanderstellung zweier Verfahren im Gründungsvertrag muß respektiert werden. Dies gilt um so mehr, als die demokratische Kontrolle bei Art. 237 durch die Mitwirkung der nationalen Parlamente gewährleistet ist.

Dies kann jedoch nicht dazu führen, daß im Wege des Art. 237 ohne Mitwirkung des direkt gewählten Europäischen Parlaments, dem der Vertrag eigene Rechte bei der Änderung des Gemeinschaftsrechts verleiht, schrankenlos jede Änderung von Primär- und Sekundärrecht möglich ist. Die Vorschrift grenzt ihre Tragweite selbst ein, indem von »Aufnahmebedingungen und . . . erforderlich werdenden Anpassungen dieses Vertrages« die Rede ist. Zur Interpretation dieser wenig konturierten Formel ist es zweckmäßig, Art. 98 EGKSV zum Vergleich heranzuziehen,[8] der nur von »Bedingungen für den Beitritt« spricht, also eine engere Formulierung als Art. 237 EWGV enthält.

6 *»Aufnahmebedingungen«* sind an engere Voraussetzungen gebunden als *»erforderliche Anpassungen«*. Darunter können wohl nur solche Vertragsanpassungen fallen, die der Beitritt *zwingend erfordert:* Änderungen der Organzusammensetzung (aber ohne Änderung der allgemeinen Repräsentationskriterien) und notwendige Änderungen und Ergänzungen zur (eventuell durch Übergangsvorschriften abgestuften) Ausdehnung der Anwendung des gesamten Gemeinschaftsrechts auf den neuen Mitgliedstaat.

Auch *»erforderlich werdende Anpassungen«* bedürfen einer Rechtfertigung durch die Erweiterung selbst, müssen aber durch diese nicht zwingend notwendig werden. So kann etwa die quantitative Erweiterung der Organe zu einem Grad von Schwerfälligkeit in der Entscheidungsfindung führen, der eine Neuordnung von Abstimmungsprozeduren und Kompetenzverteilungen erforderlich macht, damit der Effektivitätsgrad der Gemeinschafts-Institutionen nicht insgesamt absinkt. Unter »erforderlich werdenden Anpassungen« sind daher solche zu verstehen, die den vom EWGV vor Erweiterung gewährleisteten *Standard der Integration qualitativ aufrechterhalten.* Alle diese Anpassungen können im Verfahren des Art. 237 EWGV vorgenommen werden. Sollen darüber hinausgehende Rechtsänderungen zur Verbesserung oder gar zur Reduzierung des Integrationsstandards erfolgen, so müssen die Mitgliedstaaten das Beitrittsverfahren mit dem allgemeinen Vertragsänderungsverfahren unter Einschaltung des Europäischen Parlaments koppeln.

6 Nach Ansicht der Kommission müssen nur die *Grundsätze des Vertrages selbst* im hierfür vorgesehenen Revisionsverfahren abgeändert werden (BullEG 1978, Beilage 1 Ziff. 18).

7 Diese Konsequenz ergäbe sich aus einer strikt völkerrechtlichen Betrachtungsweise, wonach ein Abänderungsvertrag zwischen den Mitgliedstaaten sich über alle Vorschriften des Primärrechts hinwegsetzen kann. Vgl. hierzu *Herrmann Mosler,* ZaöRV 1958, S. 275, 285.

8 Vgl. unten Rn. 65.

II. Zusammenwirken zwischen Gemeinschaft und Mitgliedstaaten

1. *Regelung des Vertrages*

7 Der *Aufnahmeantrag* des Bewerber-Staates ist an den Rat zu richten. Damit wird bereits zu Anfang des Verfahrens deutlich gemacht, daß die Gemeinschaft gegenüber den Bewerbern geschlossen auftritt. Vor seiner Entscheidung über den Antrag muß der Rat die *Stellungnahme der Kommission* einholen. Dadurch wird sichergestellt, daß der Standpunkt und das Interesse der Gemeinschaft, das die Kommission zu wahren berufen ist, im Verfahren gebührenden Ausdruck erhält.

8 Der Rat beschließt *einstimmig,* ob dem Beitrittsantrag stattzugeben ist. Hiermit wird wieder das Gemeinschaftselement betont. Ein positiver Beschluß ist rechtliche Voraussetzung für den Beitritt. Allerdings kommt ihm wegen des Einstimmigkeitserfordernisses kaum selbständige materielle Bedeutung neben dem *Vertragsschluß durch die Mitgliedstaaten* zu. Dieser Vertrag bedarf, wenn es das jeweilige innerstaatliche Recht verlangt, der *Ratifizierung* durch die nationalen Parlamente.

9 Die Gemeinschaft ist von Art. 237 nicht als Partner des Beitrittsvertrages vorgesehen. Sie wird damit *nicht Vertragspartei* eines Teiles ihrer eigenen primärrechtlichen Grundlagen, was sie insoweit völkerrechtlich auf eine gemeinsame Ebene mit ihren Mitgliedstaaten heben würde. Soweit gemeinschaftsrechtlich *auswärtige Kompetenzen* von den Mitgliedstaaten auf die Gemeinschaft übergegangen sind,[9] ist Art. 237 *lex specialis* zu den Vorschriften, die diesen Kompetenzübergang begründen. Der Beitritt wird als Begründung eines Gemeinschaftsverhältnisses zwischen Staaten anders geregelt, als die Wahrnehmung von gemeinschaftlichen Kompetenzen gegenüber Drittstaaten.

10 Die Regelung des Art. 237 sagt nichts darüber, in welcher *Reihenfolge* die einzelnen Verfahrensabschnitte aufeinander folgen. Er bestimmt auch nicht, wie und durch wen die Verhandlungen geführt werden. Diese Fragen wurden der *Praxis* überlassen.

2. *Praxis*

11 Vor den ersten Beitrittsverhandlungen mit Großbritannien (1961 bis 1963) einigten sich die Mitgliedstaaten im Rat darauf, daß die Verhandlungen durch die Mitgliedstaaten geführt werden sollten unter Teilnahme der Kommission, die auch an den Koordinierungsarbeiten unter den sechs Staaten beteiligt wurde.[10]

9 Vgl. hierzu die Vertragsbestimmungen wie etwa Art. 113, 228 und die Rechtsprechung des EuGH, ausgehend von dem grundlegenden Urteil AETR, 22/70 – Slg. 1971, 263.

10 Kommission der EWG, Bericht an das EP über den Stand der Verhandlungen mit dem Vereinigten Königreich, Brüssel, 26.2.1963.

12 Da sich diese Prozedur nicht bewährte, wurde für die Beitrittsverhandlungen mit Großbritannien, Irland, Dänemark und Norwegen (1970 bis 1972) ein anderes Verfahren gewählt, das dann später auch bei den Verhandlungen mit Griechenland (1976 bis 1979) sowie bei den noch laufenden Verhandlungen mit Spanien und Portugal Anwendung fand und findet.

Nach Eingang des Antrages erstellt die Kommission zunächst eine *vorläufige Stellungnahme,* aufgrund derer der Rat gegebenenfalls beschließt, die Verhandlungen aufzunehmen. Dieser Beschluß ist nicht der in Art. 237 vorgesehene Zulassungsbeschluß und präjudiziert diesen auch in keiner Weise, da zunächst das Ergebnis der Verhandlungen abzuwarten ist.

13 Die Verhandlungsprozedur selbst wurde politisch auf der *Gipfelkonferenz* der Staats- und Regierungschefs der Gemeinschaft *im Haag* 1969 erarbeitet und durch einen Ratsbeschluß vom 9.6.1970 so festgelegt:[11]

»1. Gemäß dem Kommuniqué von Den Haag werden die Beitrittsverhandlungen auf allen Ebenen über alle Fragen nach einem einheitlichen Verfahren von den Europäischen Gemeinschaften geführt.

2. Infolgedessen legt der Ministerrat die gemeinsame Haltung der Europäischen Gemeinschaften zu allen Fragen fest, die sich bei den Beitrittsverhandlungen ergeben. Diese Formulierung steht dem nicht entgegen, daß der Ausschuß der ständigen Vertreter auf seiner Ebene zusammen mit dem Vertreter der Kommission die gemeinsame Haltung der Gemeinschaften festlegen kann, sofern er zu einer Einigung gelangt.

3. Die Kommission der Europäischen Gemeinschaften wird ersucht, im Hinblick auf die Festlegung der gemeinsamen Haltung der Europäischen Gemeinschaften Vorschläge zu allen Fragen zu unterbreiten, die sich bei den Beitrittsverhandlungen ergeben.

4. Die betreffenden Beratungen des Rates werden gemäß Art. 4 des Vertrages zur Einsetzung eines gemeinsamen Rates und einer gemeinsamen Kommission der Europäischen Gemeinschaften vom Ausschuß der ständigen Vertreter vorbereitet.

5. Auf den Verhandlungstagungen zwischen den Europäischen Gemeinschaften und den beitrittswilligen Ländern führt auf seiten der Europäischen Gemeinschaften auf allen Ebenen der amtierende Präsident des Rates der Gemeinschaften den Vorsitz.

6. Die gemeinsame Haltung der Europäischen Gemeinschaften wird in den Verhandlungen mit den beitrittswilligen Ländern vom amtierenden Präsidenten des Rates oder auf Beschluß des Rates, insbesondere wenn es sich um eine bereits festgelegte gemeinsame Politik handelt, von der Kommission dargelegt und vertreten.

7. Die unter den Punkten 5 und 6 genannten Regeln gelten auch für den Fall, daß die

11 BullEG 3–1970, S. 127 ff.

Verhandlungen auf der Ebene der Ständigen Vertreter oder auf der Ebene der gegebenenfalls eingesetzten Arbeitsgruppen geführt werden.

8. Außerdem erklärt sich der Rat bereit, der Kommission das Mandat zu erteilen, im Kontakt mit den beitrittwilligen Ländern Lösungsmöglichkeiten für bestimmte Probleme zu erarbeiten, die sich im Verlaufe der Verhandlungen ergeben und dem Rat darüber zu berichten; der Rat wird der Kommission die erforderlichen Richtlinien für die etwaige weitere Ausführung dieses Auftrages erteilen, damit sie die Einzelheiten einer Einigung festlegen kann, die dem Rat zu unterbreiten sind.

Diese Regel gilt insbesondere für die Gebiete, für die bereits eine gemeinsame Politik festgelegt ist.«

14 Nach Abschluß der Verhandlungen gibt die Kommission formell die in Art. 237 vorgesehene Stellungnahme ab, aufgrund derer der Rat ebenfalls formell über den Antrag entscheidet. Ist dieser Beschluß positiv, so wird der Beitrittsvertrag von den Mitgliedstaaten und dem Neumitglied unterzeichnet und das innerstaatliche Ratifikationsverfahren eingeleitet. Der Vertrag tritt nach Hinterlegung der Ratifikationsurkunden beim Depositar-Staat zum vereinbarten Zeitpunkt in Kraft.

3. Bedeutung der Beteiligung der Gemeinschaft

15 Die Praxis des Beitrittsverfahrens wertet die Beteiligung der Gemeinschaft erheblich über das von Art. 237 vorgesehene Minimum hinaus auf. Damit wird auch äußerlich verstärkt betont, daß eine bereits *gewachsene Gemeinschaftsposition* als Vorgabe für die Verhandlung existiert, deren essentiellen Gehalt das Bewerber-Land akzeptieren muß. Darüber hinaus werden die bereits bestehenden Koordinationsmechanismen in den Gemeinschaftsorganen dazu genutzt, den bisherigen Mitgliedstaaten eine Verhandlung mit einer Stimme möglich zu machen.

Verhandlungsführer bleibt dabei immer der *Rat,* dessen Einstimmigkeitsprinzip[12] letztlich die Verhandlungs-Herrschaft der Mitgliedstaaten sicherstellt. Die *Kommission* wird, von geringfügigen Ausnahmen abgesehen, nur als *Koordinator, Initiativorgan und Vermittler,* aber auch als *Vertreter der eigenen Belange der Gemeinschaft* tätig. Sie kann dabei Rat und Mitgliedstaaten in keiner Weise binden. Ihre vom Sachverstand geprägten Vorarbeiten werden jedoch in vieler Hinsicht materiell präjudizierend wirken. Ihre vorbereitende Stellungnahme ist eine wichtige Vorgabe für die Entscheidung zur Aufnahme von Verhandlungen, aber auch für deren Gang und Inhalt. Ihre abschließende Stellungnahme

12 Die Fragen der Verhandlungsführung dürften ihrer Bedeutsamkeit nach im Grundsatz unter den Vorbehalt der Luxemburger Vereinbarung von 1966 fallen (BullEG 3–1966, S. 9), wenn man nicht bereits aus Art. 237 S. 2 eine obligatorische Einstimmigkeit auch für Verhandlungen ableiten will.

bewertet die Verhandlungsergebnisse im Lichte dieser Vorgabe und trägt zur Meinungsbildung des Rates bei seiner Entscheidung über den Antrag bei.

16 Eine *Beteiligung des Europäischen Parlaments* am Beitrittsverfahren ist, soweit sich der Umfang der vorgesehenen Vertragsänderungen im Rahmen des Art. 237 hält, nicht vorgesehen.[13] Dies ist um so erstaunlicher, als ein Beitritt nicht nur *Rechtsänderungen* erforderlich machen kann, bei denen ansonsten das Parlament zu hören wäre, sondern auch wesentliche Auswirkungen auf das *Budget* haben kann. Schließlich wird auch das Parlament selbst hinsichtlich seiner *Zusammensetzung* und des erstmaligen *Wahlmodus* für die Abgeordneten aus dem neuen Mitgliedstaat unmittelbar betroffen. Der hiermit geschaffene »parlamentsfreie Raum« geht zwar nicht zu Lasten der demokratischen Kontrolle allgemein, da die Beteiligung der nationalen Parlamente nach innerstaatlichem Recht gewahrt bleibt, aber das Betroffensein und das sachliche Gewicht des nunmehr direkt gewählten Parlaments wird damit ignoriert. Zwar ist dieses in der Praxis immer wieder von Fortgang und Ergebnissen der Beitrittsverhandlungen informiert worden, aber ohne daß ihm irgendeine politische Einflußmöglichkeit hierauf eingeräumt worden wäre. Aus dem Bereich, der durch interinstitutionelle Vereinbarungen ausgedehnten Konsultations- und Konzertationsrechte des Parlaments blieb das Beitrittsverfahren ausgespart. Ansätze zu einer Veränderung in diesem Bereich gab es mehrfach. Bereits der *Vedel-Bericht* forderte eine Konsultation des Parlaments und seine Zustimmung zum Aufnahmebeschluß des Rats.[14] Auch das Parlament hat mehrfach ein solches Zustimmungsrecht gefordert[15] und Grundsatzresolutionen über Fragen des Beitritts gefaßt.[16] In einer Resolution vom 17.4.1980 hat das Parlament anläßlich der Beratung des Beitrittsvertrages mit Griechenland seiner Forderung nach formeller Konsultation und Beteiligung im Ratifikationsverfahren dadurch Nachdruck verliehen, daß es den Vertrag ausdrücklich – allerdings ohne rechtliche Wirksamkeit – *ratifizierte*.[17] Im *»Blumenfeld-Bericht«*[18] wird diese Forderung weiter detailliert, wobei langfristig eine Änderung des EWGV, kurzfristig aber eine Erweiterung der Befugnisse des Parlaments im Rahmen von interinstitutionellen Vereinbarungen über dessen Beteiligung beim Abschluß völkerrechtlicher Verträge vorgeschlagen wird. Als Inhalt einer solchen interinstitutionellen Vereinbarung forderte das Parlament in seiner Entschließung vom 18. 2. 1982 (unter 1 B)[18a] eine Gelegenheit zur Stellungnahme – ebenso wie die Kommission – vor dem ersten Tätigwerden des Rats im Aufnahmeverfahren, eine Orientierungsdebatte vor Erteilung des Verhandlungsmandats an die Kommission sowie laufende Information

13 Vgl. Rn. 5, 6.
14 BullEG 1972, Beilage 4, S. 43.
15 So etwa die Entschließung vom 5.7.1972 (ABl. 1972 Nr. C 82 S. 26).
16 Z.B. Entschließung vom 18.1.1979 über allgemeine Prinzipien für die Aufnahme neuer Mitgliedstaaten (Dok.EP 479/78) und die Resolution über den Beitrittsantrag Griechenlands (ABl. 1979 Nr. C 93 S. 32).
17 ABl. 1980 Nr. C 117 S. 55.
18 Dok.EP 1–685/81.
18a ABl. 1982 Nr. C 66 S. 68, 70.

durch Kommission und Rat während der Verhandlungen. Der Rat solle der Parlamentsstellungnahme bei Erteilung seiner Verhandlungsdirektiven gebührend Rechnung tragen. Nach Vertragsunterzeichnung solle der Rat einer Parlamentsdebatte über das Vertragswerk beiwohnen und, wenn dieses mit 3/5-Mehrheit abgelehnt wird, bei den Regierungen der Mitgliedstaaten darauf hinwirken, daß der Vertrag nicht in Kraft gesetzt wird.

17 Vertreter von Rat und Kommission haben eine gewisse Sympathie für solche Bestrebungen gezeigt.[19] So ist eine Entwicklung zugunsten der Position des Parlaments in baldiger Zukunft nicht ausgeschlossen. Allerdings stößt in jedem Falle die wünschenswerte Erweiterung der Beteiligung des Parlaments im Beitrittsverfahren ohne Änderung des Art. 237 auf *Grenzen.* Eine eigene *Ratifikationsbefugnis* kann es nicht geben, wenn die Gemeinschaft selbst nicht Partner des Beitrittsvertrages ist. Auch eine *Selbstbindung des Rates* an eine Zustimmung des Parlaments zu seinem Zulassungsbeschluß nach Art. 237 scheidet aus, da der Rat nach dem Vertrag in vollem Umfang für die Wahrnehmung dieser Kompetenz *selbst verantwortlich* ist. Er darf sich dieser Verantwortung nicht dadurch entziehen, daß er sich einem vertraglich nicht vorgesehenen Vetorecht eines anderen Organs unterwirft.

III. Antrag

1. Antragsvoraussetzungen

18 Nach dem Wortlaut des Art. 237 kann *»jeder europäische Staat«* einen Aufnahmeantrag stellen. Damit wird klargestellt, daß die EWG als *beschränkt offene Organisation* ihre *Identität und Finalität* in ihrer Schlüsselstellung für das Werk des europäischen Zusammenschlusses findet. Völker mit verwandter Tradition, Kultur und Geschichte werden hierdurch angesprochen und damit eine unerläßliche Voraussetzung für die Integrationsdynamik festgelegt. Die Gemeinschaft will der Überwindung der historischen Spaltung Europas zur Sicherung des Friedens und der Vermehrung seines politischen Gewichts dienen.

19 Welche Staaten in den Rahmen einer solchen Gemeinschaft passen, müssen die Mitgliedstaaten entscheiden. Der Europäische Gerichtshof hat sich geweigert, von vornherein irgendwelche Beitrittskriterien festzulegen.[20] Dies schließt aber nicht aus, daß ex post eine solche Prüfung möglich wäre, wenngleich auf diesem Gebiet für die Mitgliedstaaten ein besonders weiter Spielraum für die Beurteilung der Beitrittsvoraussetzungen besteht. Die *Grenze* dürfte dort liegen, wo ein Beitritt die *Identität und Finalität der Gemeinschaft grundlegend verändert.* Zwar bleiben auch insoweit die Mitgliedstaaten

19 Vgl. die Nachweise im Blumenfeld-Bericht (a.a.O., Fn. 5).
20 EuGH – Mattheus/Droego, 93/78 – Slg. 1978, 2203, 2210f.

Herren der Verträge, aber sie müssen dann hierzu das allgemeine Vertragsänderungsverfahren in Gang setzen.

20 Die Beschränkung auf europäische Staaten als mögliche Mitglieder ist relativ zur Zielbestimmung der Gemeinschaft zu sehen. Eine strenge Bindung an die geographischen Grenzen Europas ist hiermit nicht gemeint. Die bisherigen Mitgliedstaaten haben in abgestuftem Umfang auch außereuropäische Teile ihres Hoheitsbereiches in die Geltung des Vertrages mit einbezogen (vgl. Art. 227). Es erscheint dagegen kaum denkbar, daß vollständig außerhalb Europas gelegene Staaten der Gemeinschaft beitreten könnten, ohne daß die auf spezifisch europäische Interessen zugeschnittene Integrationsdynamik völlig verwässert würde. Daher ist es erforderlich, daß alle Mitgliedstaaten mit dem Schwerpunkt ihres politischen und kulturellen Lebens dem historisch gewachsenen Bereich der *europäischen gemeinsamen Geschichte* verhaftet sind.[21] Einen Grenzfall stellt insoweit bereits die Türkei dar, der in Art. 28 des Assoziationsabkommens ein Beitritt als möglich in Aussicht gestellt wurde.[22]

21 Im gegenwärtigen historischen Kontext ist die Frage, ob auch eine mit Völkerrechtssubjektivität ausgestattete *internationale Organisation* Mitglied werden könnte, von rein theoretischem Interesse. Wenn eine solche Organisation von ihren Mitgliedstaaten mit solchen Kompetenzen ausgestattet wäre, die es ihr ermöglichten, alle Verpflichtungen aus dem EWGV wahrzunehmen, so dürfte der Wortlaut des Art. 237 dem nicht entgegenstehen, denn eine solche Organisation wäre immer ein Integrationsinstrument der in ihr vereinigten Staaten.[23]

22 Aus der bisherigen Darlegung ergibt sich, daß ein neuer Mitgliedstaat in jedem Falle bereit sein muß, die im EWGV grundgelegte und im *»acquis communautaire«*[24] konkretisierte Identität und Finalität der Gemeinschaft anzuerkennen und zukünftig mitzutragen.

23 Ausdrückliche Anforderungen an die *politische Struktur* eines Mitgliedstaates lassen sich aus dem Gemeinschaftsrecht nur in geringem Umfang ableiten. Der nach Einführung der Direktwahl des Parlaments obsolet gewordene Art. 138 impliziert, daß eine *parlamentarisch demokratische Regierungsform* (wozu auch eine konstitutionelle Monarchie zählt) vorliegen muß.[25] Damit bleibt aber offen, in welchem Umfang einem nationalen Parlament rechtlich und faktisch Kompetenzen zustehen müssen. Hierbei muß man aber in Betracht ziehen, daß im letzten Satz der Präambel die Wahrung der Freiheit als Gemeinschaftsziel festgelegt wird. Ein Parlament, das nicht mehr Ausdruck der *freiheitlichen Volkssouveränität* ist, sondern nur nach dem Beispiel der »Volksdemokra-

21 Ähnlich *Meier*, a.a.O. (Fn. 5), *Rey*, a.a.O. (Fn. 5).
22 ABl. 1964 Nr. 217 S. 3684.
23 A.A. *Meier*, a.a.O. (Fn. 5).
24 Siehe Rn. 51 ff.
25 *Rey*, a.a.O. (Fn. 5), Rn. 1721.

tien« die Existenz einer Diktatur bemäntelt, würde den Anforderungen, die in Art. 138 ihren Niederschlag gefunden haben, nicht genügen. Eine weitergehende politische Integration mit einem solchen Staat, wie sie nach dem EWGV anzustreben wäre, erscheint ausgeschlossen.

24 Jedenfalls spätestens seit der feierlichen gemeinsamen Erklärung von Parlament, Rat und Kommission vom 5.4.1977[26] gehört die *»Achtung der Grundrechte«*, »wie sie insbesondere aus den Verfassungen der Mitgliedstaaten sowie aus der Europäischen Konvention zum Schutze der Menschenrechte und Grundfreiheiten hervorgehen«, zum acquis communautaire. Angesichts der vielfältigen Verflechtungen von Gemeinschaftsrecht und innerstaatlichem Ausführungsrecht ist es daher ausgeschlossen, daß ein Staat, der die Wahrung unverletzlicher Grundrechte ablehnt oder dem Ermessen seiner Staatsgewalt anheimstellt, Mitglied der Gemeinschaft werden kann. Zumindest der materielle *Mindeststandard der Europäische Menschenrechtskonvention* (der dann gemeinschaftsrechtlich durch die Grundfreiheiten des EWGV ergänzt wird), verbunden mit einem effektiven Rechtsschutzsystem, muß von jedem Mitgliedstaat gewährleistet werden.

25 Es ist daher zu begrüßen, daß die Kommission in ihrer Stellungnahme zum griechischen Beitrittsantrag vom 23.5.1979[27] deutlich klargestellt hat: »Die Grundsätze der pluralistischen Demokratie und der Beachtung der Menschenrechte gehören zu dem gemeinsamen Erbe der in den Europäischen Gemeinschaften zusammengeschlossenen Völker und sind daher wesentliche Bestandteile der Zugehörigkeit zu diesen Gemeinschaften.«

26 Eine Zugehörigkeit der Mitgliedstaaten zu einem gemeinsamen Militärbündnis ist dagegen nicht erforderlich. Gegenwärtig gehört Irland nicht der NATO an. Die EWG-Mitgliedschaft ließe etwa auch für Neutralitätspflichten im Krieg durch die Vorbehalte in Art. 223 und 224 ausreichend Raum. Allerdings würden die Pflichten einer *dauernden Neutralität* (Schweiz, Österreich) ein weiteres politisches Zusammenwachsen der Mitgliedstaaten im Sinne einer Integration bisher unmöglich machen. Bei der gegenwärtigen politischen Orientierung der großen Mehrheit der Mitgliedstaaten und im Hinblick auf die Europäische Politische Zusammenarbeit dürfte deshalb die Mitgliedschaft solcher Staaten wohl nur schwer denkbar sein.[28]

27 Hinsichtlich der *Wirtschaftsordnung* eines Staates bedingt die Tatsache, daß ein Mitgliedstaat alle Verpflichtungen aus dem EWGV erfüllen können muß, implizit weitere Beitrittsvoraussetzungen. Der Begriff des »Gemeinsamen Marktes« setzt voraus, daß über die *Allokation der Produktionsfaktoren* in allen Mitgliedstaaten grundsätzlich der *Markt* entscheidet. Die Vorschriften über den *freien Wettbewerb* zwischen den Mitgliedstaaten lassen ein ausschließliches Staatshandelsmonopol nicht zu. Aber auch wenn ein solches Monopol in seinem eigenen Staatsgebiet in Konkurrenz mit ausländischen

26 ABl. 1977 Nr. C 103 S. 1.
27 ABl. 1979 Nr. L 291 S. 3.
28 Für eine Beitrittsmöglichkeit *Michael Schweitzer,* a.a.O.

Anbietern zu treten bereit wäre, könnte dies für die Gemeinschaft nicht akzeptabel sein. Das Verhältnis zwischen den Vorschriften über den freien Warenverkehr als die Regel (Art. 30 bis 36) und über staatliche Handelsmonopole als die Ausnahme (Art. 37) zeigt, daß nach dem EWGV die Existenz eines umfassenden Staatshandelsmonopols in einem Mitgliedstaat kaum möglich wäre.

Im einzelnen kann aber wohl nur im konkreten Fall entschieden und von den Mitgliedstaaten, in deren Ermessen die Entscheidung liegt, beurteilt werden, ob ein Bewerber mit seiner Wirtschaftsordnung die Voraussetzungen für einen Beitritt erfüllen kann.

2. *Rechtswirksamkeit*

28 Der *Antrag* ist eine nicht formgebundene, einseitige, empfangsbedürftige Willenserklärung. Er kann bis zur Hinterlegung der Ratifikationsurkunde durch den Rewerber-Staat jederzeit zurückgenommen werden. Im Falle Norwegens erfolgte dies implizit durch die Nichthinterlegung der Urkunde in der vereinbarten Frist.[29]

29 Der Beschluß des Rates, die *Verhandlungen* zu eröffnen, bewirkt keinerlei Bindung zum Bewerber-Staat. Die Verhandlungen können jederzeit von beiden Seiten endgültig abgebrochen werden. Über den *Abbruch* seitens der Gemeinschaft muß der Rat entscheiden. Ein besonderes Abstimmungsquorum ist hier nicht vorgesehen, so daß es dem Rat obliegt, unter Berücksichtigung der Luxemburger Vereinbarung von 1966 [30] einen Modus zu finden.

30 Die abschließende *Entscheidung* des Rates nach Art. 237 bedarf der Einstimmigkeit. Kommt eine einstimmige Befürwortung nicht zustande, so kann der Beitritt nicht erfolgen. Wird jedoch der Antrag nicht gleichzeitig einstimmig abgelehnt, so bleibt er wirksam und kann als Basis für eine Wiedereröffnung der Verhandlungen dienen.

3. *Erstreckung auf alle drei Gemeinschaften*

31 In den bisherigen Beitrittsfällen bezogen sich Antrag, Verhandlungen sowie die Beitrittsakte auf den Beitritt zu allen drei Europäischen Gemeinschaften.[31] Trotzdem bleibt aber die Frage grundsätzlich noch bestehen, ob sich ein Beitrittsantrag gegebenenfalls nur auf die EWG beschränken dürfte.

29 Daraufhin wurde die Beitrittsakte durch den Anpassungsbeschluß des Rates vom 1.1.1973 wie vereinbart entsprechend geändert. (ABl. 1973 Nr. L 2 S. 1).
30 A.a.O. (Fn. 12).
31 Vgl. Rn. 63 ff.

32 Nach den beiden Abkommen von 1957 und 1965[32] haben alle drei Gemeinschaften *gemeinsame Organe.* Nach Art. 20 Abs. 1 des zuletzt genannten Abkommens haben die Gemeinschaften einen *gemeinsamen Haushaltsplan.* Die fünfte Begründungserwägung der Präambel und Art. 32 dieses Abkommens sprechen ausdrücklich davon, daß *eine einzige Europäische Gemeinschaft* gegründet werden soll, wenn auch dieses Ziel inzwischen nicht mehr zu den wichtigsten Prioritäten der Integration zählt. Art. 2 und 10 dieses Abkommens schließlich sprechen bei der Zusammensetzung von Rat und Kommission von »den Mitgliedstaaten«, gehen also von einer einheitlichen Mitgliedschaft in allen drei Gemeinschaften aus. Diese Bestimmungen gehören zum Primärrecht der Gemeinschaften, deren getrennte Rechtspersönlichkeit zwar fortbesteht,[33] die aber nach dem Willen der Vertragspartner einen einheitlichen Mitglieder-Bestand haben sollen. Ein Abgehen hiervon bedürfte daher einer Primärrechtsänderung. Diese aufgrund der Beitrittsvorschriften alleine im dort vorgesehenen vereinfachten Verfahren vorzunehmen – durch Aufnahme eines neues Mitgliedstaats in nur eine Gemeinschaft –, wäre wohl nicht zulässig. Hierbei handelt es sich nämlich weder um die Regelung zwingend erforderlicher Beitrittsbedingungen noch um erforderlich werdende Anpassungen, die den Stand der Integration qualitativ aufrechterhalten.[34] Denn die Integration würde so gelockert.

Würden allerdings die allgemeinen Vorschriften zur Änderung der Gründungsverträge (Art. 236 EWGV, 204 EAGV, 96 EGKS) beachtet, so bliebe eine Mitgliedschaft beispielsweise alleine in der EWG *theoretisch* denkbar.[35] *Praktisch* dürfte ein so beschränkter Antrag jedoch nicht angenommen werden. Eine sachlich beschränkte Mitwirkung von Vertretern und Staatsangehörigen solcher Mitgliedstaaten dürfte die Einheit der Organe vor schwerwiegende Belastungen organisatorischer Art stellen. Ebenso würden sich in den schwierigen Fragen der Überschneidung von EWGV und EGKSV[36] weitere Komplizierungen ergeben. Der EuGH interpretiert bisher jeden der Gemeinschaftsverträge gegebenenfalls im Lichte der anderen.[37] Diese *»Interpretationsgemeinschaft«* würde zerrissen, wenn nicht mehr alle Mitgliedstaaten an allen Verträgen beteiligt wären. Aber auch politisch wäre dies ein Rückschritt für die Integration. Die Verflechtung der Ziele des EWGV mit den Fragen der Energieversorgung ist heute evidenter denn je. Eine solche Vergemeinschaftung »à deux vitesses« wäre daher ein Keil in der Integration.

32 Abkommen über gemeinsame Organe für die europäischen Gemeinschaften vom 25.3.1957 (BGBl. 1957 II S. 1156); Vertrag zur Einsetzung eines gemeinsamen Rates und einer gemeinsamen Kommission der Europäischen Gemeinschaften vom 8.4.1965 (BGBl. 1965 II S. 1454).

33 Vgl. *Petersmann* zu Art. 232.

34 Vgl. Rn. 5 f. und 65.

35 *A.A. Rey,* a.a.O. (Fn. 5), Rn. 1720.

36 Vgl. *Petersmann* zu Art. 232.

37 EuGH – Meroni, 9/56 – Slg. 1958, S. 27.

IV. Beitrittsverfahren

1. *Einleitungsphase*

33 Nach dem *Beitrittsantrag* an den Rat prüft zunächst die Kommission die politischen, wirtschaftlichen, rechtlichen und institutionellen Implikationen des Beitritts. Sie untersucht, welches die unabdingbaren Beitrittsvoraussetzungen sind und über welche Probleme verhandelt werden sollte und müßte. Diese Gesichtspunkte werden in einer *vorläufigen Stellungnahme* zusammengefaßt.[38] Ohne Bindung an diese Stellungnahme, aber unter Berücksichtigung ihrer Ergebnisse, entscheidet dann der Rat über die *Aufnahme der Verhandlungen* und beauftragt den Ausschuß der ständigen Vertreter, diese gemeinsam mit der Kommission vorzubereiten. Eine endgültige Ratsentscheidung im Sinne des Art. 237 zugunsten des Antrages kommt in dieser Phase noch nicht in Betracht, da hierzu eine Berücksichtigung der Verhandlungsergebnisse erforderlich ist. Eine einstimmige Ablehnung des Antrages ist dagegen jederzeit möglich.

2. *Verhandlungsphase*

34 Nach dem seit 1970 praktizierten Verfahren[39] werden die Verhandlungen durch eine *Ministerkonferenz* der Ratsmitglieder mit den zuständigen Vertretern des Bewerber-Staates unter *Vorsitz des Ratspräsidenten* eröffnet. In der Folge wird praktisch auf zwei Ebenen verhandelt: auf Ministerebene und auf der Ebene der Minister-Stellvertreter (für den Rat der Ausschuß der Ständigen Vertreter). Von der Möglichkeit, Arbeitsgruppen zu bilden, wird nur selten Gebrauch gemacht. Materiell verhandelt wird bei diesen Tagungen erst im späteren Stadium des Verfahrens. Überwiegend dienen sie dazu, die gegenseitigen Standpunkte formell auszutauschen. Auf Seiten der Gemeinschaft wird die Position vom Rat aufgrund von Vorschlägen der Kommission festgelegt.

35 Dieses *Initiativrecht der Kommission* ist in doppelter Weise von Bedeutung. Es sichert einmal die Berücksichtigung des *Interesses der Gemeinschaft* als Ganzes. Andererseits hat es angesichts der Förmlichkeit der offiziellen Verhandlungstagungen zur Folge, daß es der Kommission obliegt, in *informellen Kontakten* mit dem Bewerber-Staat die Konsensfähigkeit von Verhandlungspositionen auszuloten und somit eine Annäherung der Standpunkte herbeizuführen. Formell als Verhandlungsführer kann die Kommission nur aufgrund eines ausdrücklichen *Mandats* durch den Rat auftreten. Eine wichtige Aufgabe für die Kommission liegt darüber hinaus darin, den Bewerber-Staat über den Bestand des

38 Die bisherigen vier Stellungnahmen sind in BullEG 1969, Sonderbeilage zu Heft 9/10; 1976, Beilage 2; 1978, Beilagen 5 und 9 veröffentlicht. Anläßlich der Anträge Griechenlands, Spaniens und Portugals hat die Kommission im sogenannten *»Fresko«* (BullEG 1978, Beilagen 1–3) wichtige grundsätzliche Überlegungen über die politischen, institutionellen und wirtschaftlichen Probleme neuer Beitritte sowie über die Fragen der Übergangszeit veröffentlicht.

39 Vgl. Rn. 13.

bisherigen Gemeinschaftsrechts zu *informieren* und mit ihm die technischen und sprachlichen Details einer Anpassung aufgrund des Beitritts zu erörtern.

36 Je nach Sachlage kann ein Bewerber-Staat bereits während der Verhandlungen *finanzielle Beihilfen* der Gemeinschaft im Hinblick auf einen späteren Beitritt erhalten.[40] Das zeigt eine gewisse positive Einschätzung der Erfolgsaussichten der Verhandlungen, bewirkt aber keinerlei Bindung der letztendlichen Entscheidungsfreiheit des Rates und der Mitgliedstaaten.

3. Abschlußphase

37 Diese Phase beginnt mit der *endgültigen Stellungnahme* der Kommission und der *Entscheidung* des Rates nach Art. 237. Das Gemeinschaftsrecht fordert die positive Ratsentscheidung als *Voraussetzung des Beitritts.* Daher dürfen die Mitgliedstaaten ohne sie den ausgehandelten Vertrag nicht abschließen. Probleme dürften hier aber kaum je auftreten, da auch im Rat jeder Mitgliedstaat seinen Zustimmungswillen erklären muß. Deshalb ist es auch kaum von Bedeutung, daß nach positiver Ratsentscheidung die Mitgliedstaaten frei bleiben, den Beitrittsvertrag abzuschließen. Allerdings könnten noch parlamentarische Hindernisse beim Ratifikationsverfahren auftreten.

38 Nach der *Unterzeichnung des Beitrittsvertrages* durch die Regierungen der Mitgliedstaaten und den neuen Mitgliedstaat wird der Vertrag, wo das Verfassungsrecht dies fordert, den nationalen Parlamenten zur Zustimmung zugeleitet. Er *tritt in Kraft* zum vereinbarten Zeitpunkt, wenn binnen einer festgelegten Frist alle Staaten ihre Ratifikationsurkunde beim vereinbarten Depositar *hinterlegen.* Sollen mehrere Staaten gleichzeitig beitreten, kommt der Vertrag mit einem von ihnen jedoch trotz Unterzeichnung nicht zustande, so muß der Beitrittsvertrag samt Akte und Anlagen entsprechend geändert werden. Im Falle Norwegens konnte dies durch einen *Anpassungsbeschluß* des Rates erfolgen,[41] also durch autonome Primärrechtsänderung, die in der Beitrittsakte bereits vorgesehen worden war (Art. 2 des ersten Beitrittsvertrages).

39 Die *Form* des gesamten Vertragswerkes über den Beitritt hat sich bisher in der Praxis einheitlich entwickelt, ohne aber dadurch rechtlich im einzelnen vorgeschrieben zu sein. Der eigentliche *Beitrittsvertrag* (der sich gleichzeitig auf EWG und EAG beziehen kann) regelt nur den Beitritt als solchen sowie die Bestimmungen über das Inkrafttreten und die Vertragssprachen. Hinsichtlich der Beitrittsbedingungen verweist er auf die Beitrittsakte.[42] Bei mehreren Beitritts-Bewerbern kann er eine Ermächtigung an den Rat für erforderlich werdende Anpassungen enthalten.[43] Die *Beitrittsakte* mit ihren Anhängen

40 Vgl. die Antwort der Kommission auf eine schriftliche Anfrage im EP, Sitzungsbericht vom 15.10.1980, S. 201.
41 Vgl. Fn. 29.
42 Vgl. Rn. 42ff.
43 Vgl. Rn. 38.

und Protokollen enthält die vereinbarten materiellen Anpassungen und Änderungen des Rechts aller drei Gemeinschaften. Durch die ebenfalls vereinbarte *Schlußakte* der Unterzeichnungszeremonie werden Zusatzvereinbarungen und abgebebene einseitige Absichts- und Interpretationserklärungen in den weiteren Rahmen des Vertragswerkes einbezogen. Die einseitigen Erklärungen können so gegebenenfalls nach den Grundsätzen des allgemeinen Völkerrechts[44] als zusätzliche Interpretationsmittel herangezogen werden.

4. Phase zwischen Abschluß und Inkrafttreten

40 Obwohl in dieser Phase der zukünftige neue Mitgliedstaat noch nicht in seine volle vertragliche Rechts- und Pflichtenstellung einrückt, ergeben sich aus dem unterzeichneten Beitrittsvertrag bereits gewisse *Vorwirkungen.* Das allgemeine Völkerrecht bestimmt (nach dem Prinzip der bona fides), daß jeder Vertragspartner verpflichtet ist, sich aller Handlungen zu enthalten, die dem Ziel und Zweck eines unterzeichneten Vertrages zuwiderlaufen.[45] Für den Beitrittsvertrag ergeben sich aus Treu und Glauben konkret aber auch *Handlungspflichten* dahingehend, daß alle Vertragspartner alles tun müssen, damit ab dem Beitritt die Mitwirkung des neuen Mitglieds in den Institutionen der Gemeinschaft möglich ist und daß die einheitliche Anwendung des Gemeinschaftsrechts in allen Mitgliedstaaten ab diesem Zeitpunkt gesichert wird.

41 Um unkontrollierte einseitige Veränderungen der faktischen Beitrittsbedingungen in dieser Phase zu verhindern, vereinbaren alle Beteiligten darüber hinaus ein *Informations- und Konsultationsverfahren* für die Annahme bestimmter Beschlüsse seitens der Gemeinschaft oder des neuen Mitgliedstaates. Falls erforderlich, erfolgt eine Konzertierung in einem *Interimausschuß* oder – als ultima ratio – auf Ministerebene.

V. Inhalt der Beitrittsakte

1. Allgemeine Grundsätze

42 Die Beitrittsakte ist integraler *Bestandteil des Beitrittsvertrages* (und, für die EGKS, des Ratsbeschlusses nach Art. 98 EGKSV[46]). Sie hat als Primärrecht den gleichen Rang wie die Gründungsverträge selbst. Sie ändert entgegenstehendes Primärrecht als *lex posterior,* Sekundärrecht dagegen als *lex superior* ab. Für den letzteren Fall wird aber in der Akte

44 Diese haben in Art. 31 Abs. 2a und b der Wiener Vertragsrechtskonvention ihren Niederschlag gefunden.
45 Vgl. Art. 18 der Wiener Vertragsrechtskonvention.
46 Vgl. Rn. 73.

bestimmt, daß das abgeänderte Sekundärrecht sekundären Rang behält, was für die Justiziabilität und das Änderungsverfahren bedeutsam ist.

Die Beitrittsakte ist für jeden Beitritt gesondert und orientiert an dessen konkreten Erfordernissen zu formulieren. Trotzdem hat sich praktisch eine gemeinsame Systematik entwickelt. So enthielten die beiden bisherigen Akten fünf Abschnitte: Grundsätze, Anpassungen der Verträge, Anpassungen der Rechtsakte der Organe, Übergangsmaßnahmen und Bestimmungen über die Durchführung.

43 Die *Grundsätze* wurden in den Art. 2 bis 9 der beiden Akten identisch formuliert:

a) Das gesamte Gemeinschaftsrecht (mit den Modifizierungen und Übergangsregelungen in der Akte) wird mit Beitritt im neuen Mitgliedstaat verbindlich.[47]

b) Beitritt zu den Beschlüssen und Vereinbarungen der im Rat vereinigten Vertreter der Regierungen der Mitgliedstaaten.

c) Verpflichtung zum Beitritt zu den völkerrechtlichen Abkommen, die die bisherigen Mitgliedstaaten im Bezug auf die Gemeinschaft abgeschlossen haben (z.B. über die Organe und Immunitäten).

d) Verpflichtung zum Beitritt zu den Abkommen nach Art. 220.

e) Anerkennung des acquis communautaire.[48]

f) Ausdehnung der Vertragsgrenzen der von der Gemeinschaft geschlossenen Abkommen mit Drittstaaten auf den neuen Mitgliedstaaten.[49]

g) Gemeinsame Bemühungen der Mitgliedstaaten, um dem neuen Mitglied den Beitritt zu gemischten Abkommen mit Drittstaaten zu ermöglichen. Beitritt zu den internen Durchführungsabkommen hierzu.[50]

h) Verpflichtung zur Anpassung der Rechtsstellung des neuen Mitgliedstaats in Bezug auf internationale Organisationen oder internationale Übereinkommen, denen auch andere Mitgliedstaaten oder eine Gemeinschaft als Vertragspartei angehören.

i) Anwendung des Art. 234 EWGV (bzw. 105/106 EAGV) auf frühere völkerrechtliche Verpflichtungen des neuen Mitgliedstaates.[51]

k) Änderung der Beitrittsakte nur nach den in den Gründungsverträgen vorgesehenen Revisionsverfahren (ausgenommen die Sekundärrechtsänderungen).

47 Siehe Rn. 47 bis 50.
48 Siehe Rn. 51 bis 54.
49 Siehe Rn. 55.
50 Siehe Rn. 56.
51 Siehe Rn. 57.

l) Für eine festgelegte Frist treten an die Stelle bestimmter Normen des Gemeinschaftsrechts Übergangsvorschriften.[52]

Diese Grundsätze sind, mit Ausnahme des letzten, Ausfluß des Prinzips der allgemeinen, einheitlichen, vorrangigen und zum Teil unmittelbaren Geltung des Gemeinschaftsrechts beziehungsweise – was die Verträge mit Drittstaaten betrifft – allgemeiner völkerrechtlicher Prinzipien. Sie dürften daher jedem Beitritt zugrunde zu legen sein.

2. Institutionelle Änderungen

44 Nach den Gründungsverträgen gilt bisher das *Prinzip,* daß *jeder Mitgliedstaat in jedem Gemeinschaftsorgan repräsentiert* ist. Dieser Grundsatz, der bei jeder Erweiterung eine Ergänzung aller Organe erforderlich macht, soll auch in Zukunft nicht aufgegeben werden.[53] Er dürfte beim Rat unverzichtbar und beim Gerichtshof darüber hinaus aus personellen Gründen sogar wünschenswert sein. Bei der Kommission wie beim Parlament dürfte dagegen das bloße Additionsverfahren auf *organisatorische Grenzen* stoßen. Der Vorschlag einer Verkleinerung der Kommission durch Beseitigung der doppelten Repräsentation der großen Mitgliedstaaten stieß jedoch bereits beim ersten Beitritt auf Ablehnung. So enthalten die bisherigen Beitrittsakten jeweils eine Änderung der Zusammensetzung aller Organe durch Erweiterung und Anpassung der erforderlichen Mehrheiten.

Der Beitritt erfordert auch *Veränderungen im Beamtenapparat* der Organe, teilweise eine Ergänzung, teilweise aber auch eine Ersetzung insbesondere leitender Beamter durch Staatsangehörige des neuen Mitgliedstaats.[54]

3. Übergangsvorschriften

45 Den ursprünglichen Mitgliedstaaten war nach Art. 8 eine Übergangszeit eingeräumt, die die Konvergenz der nationalen Märkte durch die schrittweise Verwirklichung des Gemeinsamen Marktes fördern sollte. Eine sofortige Anwendung aller Vorschriften des Vertrages in vollem Umfang hielt man aus wirtschaftspolitischen Gründen nicht für opportun. Das gleiche gilt für den Beitritt eines neuen Mitgliedstaates. Die sofortige und vollständige Marktöffnung könnte auf beiden Seiten zu strukturellen Krisen führen. Deshalb sahen die bisherigen Beitrittsakten eine *Übergangszeit* von je 5 Jahren vor (für einige Produkte länger), während der besondere Anpassungsvorschriften die allgemeinen Vertragsregeln teilweise ersetzen sollen. Die volle Beteiligung des neuen Mitgliedstaats am Entscheidungsverfahren der Gemeinschaft wird hiervon nicht beeinträchtigt. Außer-

52 Siehe Rn. 45f.
53 So jedenfalls die Kommission im »*Fresko*«, BullEG 1978, Beilage 2, S. 9f.
54 Vgl. *Rogalla* zu Art. 212.

dem gelten während dieser Zeit besondere *Schutzklauseln,* die dem Art. 226 für die Übergangszeit zwischen den sechs Gründerstaaten entsprechen.

46 Für die Zukunft hat die Kommission vorgeschlagen,[55] die Übergangszeit zwischen 5 und 10 Jahren, dabei über 5 Jahre hinaus in zwei Stufen festzusetzen und den Gemeinschaftsorganen die Möglichkeit zu geben, durch eigene Rechtsetzungsakte den Übergang flexibler gestalten zu können. Auch sollen die Anpassungs- und Aufbaubedürfnisse der bisherigen Gemeinschaft dabei verstärkte Berücksichtigung finden.

VI. Rechtsstellung des Neumitglieds

1. Gemeinschaftsrecht

47 Völkerrechtlich wird der neue Mitgliedstaat durch den Beitritt *Vertragspartei* im Sinne des Art. 1 und damit Träger aller vertraglichen Rechte und Pflichten gegenüber den anderen Mitgliedstaaten. Gemeinschaftsrechtlich ist er fortan *Mitgliedstaat,* das heißt, der vorrangigen, gleichmäßigen und zum Teil unmittelbaren Anwendung des Gemeinschaftsrechts unterworfen. Bezüglich des Sekundärrechts ergibt sich dies für Verordnungen unmittelbar aus Art. 189 Abs. 2. Richtlinien und Entscheidungen müssen dagegen an genau zu bezeichnende Adressaten ergehen. Durch entsprechende Bestimmungen in den Beitrittsakten[56] gelten Richtlinien und Entscheidungen an alle alten Mitgliedstaaten aus der Zeit vor dem Beitritt als vom Zeitpunkt des Beitritts an auch an den neuen Mitgliedstaat gerichtet und notifiziert.

48 Für erforderliche *Rechtsangleichungen* muß dem neuen Mitgliedstaat eine *angemessene Frist* eingeräumt werden. Hierbei sind die spezifischen Besonderheiten und Schwierigkeiten der konkreten Beitrittssituation zu berücksichtigen. Dies gilt etwa für die Ausübung des Ermessens, wann gegebenenfalls ein Verletzungsverfahren nach Art. 169 durch die Kommission einzuleiten ist.

49 Die Gemeinschaftsrechtsordnung gilt grundsätzlich im *gesamten Hoheitsgebiet* des neuen Mitgliedstaates. Ausnahmen hiervon müssen, wie dies bereits im ursprünglichen Art. 223 Abs. 5 geschehen ist, in der Beitrittsakte ausdrücklich vereinbart werden.[57]

50 Zum Gemeinschaftsrecht gehören auch die vom Europäischen Gerichtshof konkretisierten *allgemeinen Rechtsgrundsätze.* Diese werden vom neuen Mitgliedstaat in ihrem jetzigen Bestand übernommen. Dagegen ist für die zukünftige Entwicklung weiterer solcher Grundsätze seine Rechtsordnung nunmehr vergleichend heranzuziehen.

55 Im »*Fresko*« (BullEG 1978, Beilage 1, S. 14f.; Beilage 2, S. 6ff.).
56 Art. 149 der ersten und Art. 143 der zweiten Beitrittsakte.
57 Vgl. Art. 26 Abs. 3 der ersten Beitrittsakte sowie die gemeinsame Erklärung zum Sonderstatus des *Berges Athos* beim zweiten Beitritt.

2. *Acquis communautaire*

51 Die Rechtswirklichkeit in der Gemeinschaft beruht nicht nur auf der Anwendung des Gemeinschaftsrechts, sondern auch auf rechtlich nicht oder weniger intensiv verfestigten Erklärungen, Übungen und Beschlüssen. Für diesen Gesamtbestand, der es erst möglich macht, Identität und Finalität der Gemeinschaft vollständig zu identifizieren, hat sich der Begriff des *»acquis communautaire«* gebildet. Der neue Mitgliedstaat muß sich wie alle anderen Mitgliedstaaten in diesen *Gesamtbestand* voll und ganz einfügen.

52 Eine umfassende *Definition* dieses »acquis« hat die Kommission in ihren abschließenden Stellungnahmen zum ersten und zweiten Beitritt formuliert:[58]

»Mit seiner Mitgliedschaft in den Gemeinschaften akzeptiert der antragstellende Staat vorbehaltlos die Verträge und ihre politischen Zielsetzungen, die seit Inkrafttreten der Verträge gefaßten Beschlüsse jeglicher Art, sowie die hinsichtlich des Ausbaus und der Stärkung der Gemeinschaften getroffenen Optionen.

Insbesondere ist die mit den Verträgen zur Gründung der Gemeinschaften geschaffene Rechtsordnung im wesentlichen gekennzeichnet durch die unmittelbare Anwendbarkeit einiger ihrer Bestimmungen und bestimmter von den Organen der Gemeinschaften erlassenen Rechtsakte, durch den Vorrang des Gemeinschaftsrechts gegenüber ihm etwa entgegenstehenden einzelstaatlichen Bestimmungen und durch das Bestehen von Verfahren, die geeignet sind, die einheitliche Auslegung des Gemeinschaftsrechts zu sichern. Der Beitritt zu den Gemeinschaften schließt die Anerkennung des zwingenden Charakters dieser Vorschriften ein, deren Einhaltung unerläßlich ist, um die Wirksamkeit und Einheitlichkeit des Gemeinschaftsrechts zu gewährleisten.«

53 Um neben der Übernahme des Gemeinschaftsrechts auch die volle Anerkennung des »acquis communautaire« sicherzustellen, bestimmt Art. 3 Abs. 3 der bisherigen Beitrittsakten, daß sich ein neuer Mitgliedstaat

»hinsichtlich der Erklärungen, Entschließungen und sonstigen Stellungnahmen des Rates sowie hinsichtlich der die Europäischen Gemeinschaften betreffenden Erklärungen, Entschließungen und sonstigen Stellungnahmen, die von den Mitgliedstaaten im gegenseitigen Einvernehmen angenommen wurden, in derselben Lage wie die derzeitigen Mitgliedstaaten befindet.« Er »wird demgemäß die sich daraus ergebenden Grundsätze und Leitlinien beachten und die gegebenenfalls zu ihrer Durchführung erforderlichen Maßnahmen treffen«.

54 Inwieweit ein Beschluß oder eine Option zum Bestand des aktuellen »acquis communautaire« gehört, kann nur im Einzelfall geklärt werden. Gerade die mangelnde rechtliche Verfestigung eines Teils dieses Gemeinschaftsbestandes bedingt, daß Ein- und Ausgrenzungen hier im Fluß bleiben, ein Moment der Unschärfe also, das die Rechtswirklichkeit

58 ABl. 1972 Nr. L 73, ABl. 1979 Nr. L 291. Das Zitat stammt aus der Stellungnahme zum Beitritt Griechenlands.

geradezu prägt. Daß der »acquis« dabei immer integrationsfördernd wirkt, wird durch einen seiner wichtigsten Beispielsfälle widerlegt: die Luxemburger Vereinbarung von 1966.[59]

3. *Völkerrechtliche Verträge*

55 Der Beitritt läßt die Identität des Völkerrechtssubjekts EWG unberührt. Verträge der Gemeinschaft mit Drittstaaten oder anderen internationalen Organisationen gelten jeweils für die gesamte Gemeinschaft in ihrem jeweiligen Bestand. Der völkerrechtliche *Grundsatz der beweglichen Vertragsgrenzen,* wonach ein Vertrag für den gesamten, möglicherweise wechselnden, Bestand des Territoriums der Vertragspartner gilt,[60] findet auch auf nichtstaatliche Völkerrechtssubjekte Anwendung. Damit wird der neue Mitgliedstaat bei seinem Beitritt in den Geltungsbereich dieser Verträge einbezogen.

56 Anders ist es bei *gemischten Verträgen,* die die bisherigen Mitgliedstaaten und die Gemeinschaft mit anderen Völkerrechtssubjekten abgeschlossen haben. Zwar wird auch hier das neue Mitglied über die Gemeinschaft mit einbezogen, jedoch ist zur vollen Anwendung eines solchen Vertrages auch auf sein Gebiet sein *Beitritt als Staat* erforderlich. Seine Verpflichtung hierzu aufgrund der Beitrittsakte[61] gilt zunächst nur gegenüber den andern Mitgliedstaaten, nicht dagegen gegenüber dritten Vertragspartnern, denen eine weitere Partei nicht aufgezwungen werden kann. Die anderen Mitgliedstaaten verpflichten sich jedoch, beim Beitritt zu solchen Verträgen ihre Hilfe zur Verfügung zu stellen.

57 Soweit die Gemeinschaft *ausschließliche Außenkompetenzen* besitzt, bewirkt der Beitritt hinsichtlich des neuen Mitgliedstaats einen entsprechenden Kompetenzübergang mit Wirkung ex nunc. Seine in diesen Bereichen bereits *existierenden völkerrechtlichen Verpflichtungen* gelten jedoch nach dem Grundsatz *»pacta sunt servanda«* fort. Dem tragen die jeweiligen Art. 5 der Beitrittsakten Rechnung, indem sie die entsprechende Anwendung von Art. 234 anordnen.

VII. Probleme der Erweiterung für die Gemeinschaft

1. *Institutionelle Probleme*

58 Die bisher geübte Praxis, beim Beitritt neuer Mitgliedstaaten die Gemeinschaftsorgane im einfachen Additionsverfahren zu vergrößern, hat bereits bei allen Organen außer dem

59 A.a.O. (Fn. 12). Vgl. die Antwort des Rates vom 8.11.1972 auf eine schriftliche Anfrage im Europäischen Parlament (ABl. 1972 Nr. C 125 S. 9).

60 Mit Ausnahme von Verträgen, die sich auf den Status eines abgegrenzten Teils dieses Territoriums beziehen (radizierte Verträge), vgl. *Alfred Verdross – Bruno Simma,* Universelles Völkerrecht, Berlin 1976, S. 486 f.

61 Siehe Rn. 43.

Gerichtshof zu einer *größeren Schwerfälligkeit* in der Entscheidungsfindung wie auch in der administrativen Organisation geführt.[62] Es ist absehbar, daß man hier in Zukunft an absolute Grenzen stoßen wird, wenn die Funktionsfähigkeit der Gemeinschaft aufrechterhalten werden soll.[63]

Will man das Prinzip, daß alle Mitgliedstaaten in allen Gemeinschaftsorganen vertreten sein sollen, nicht aufgeben, so gibt es zumindest beim Rat keine Möglichkeit, die Effektivität durch eine Reduzierung zu retten, folglich auch nicht beim Ausschuß der Ständigen Vertreter.

59 Gerade für den Rat sieht ein Vorschlag der Kommission[64] daher eine andere Lösung vor. Die Schwerfälligkeit des Entscheidungsverfahrens im Rat beruht nicht zuletzt auf der häufigen Anwendung des Einstimmigkeitsprinzips nach der Luxemburger Vereinbarung. Daher wird vorgeschlagen, in größerem Umfang als bisher die vom Vertrag vorgesehene *Mehrheitsentscheidung* zuzulassen. Darüber hinaus wird eine Vermehrung der vertraglichen Fälle von Mehrheitsentscheidungen in genau bezeichneten Bereichen angeregt. Schließlich sollte der Rat durch eine Änderung des Art. 155 Abs. 4 nur noch auf sein ausdrückliches Betreiben hin mit Fragen der *Ausführung von Gemeinschaftsrecht* befaßt werden. Diese soll regelmäßig der Kommission zustehen.

Die Wichtigkeit dieses Vorschlages, unausweichlichen *quantitativen Ergänzungen* durch *qualitative Effektivitätsverbesserungen* zu begegnen, ist evident. Seine Erfolgsaussicht wird sich sicherlich in dem Maße verbessern, als Änderungen bei zukünftigen Beitritten dringend werden. Wenn auf diesem Wege die vertraglich vorgesehene Supranationalität endlich hergestellt oder gar erweitert werden könnte, wäre dies ein entscheidender Fortschritt in der Integration. Dann würde aber auch die Frage nach einer Verbesserung der parlamentarischen Kontrolle erhöhte Bedeutung erlangen.

2. *Politische Probleme*

60 *Wirtschaftspolitisch* führt jede Erweiterung zu *Vergrößerung des Wirtschaftsraumes und der Ressourcen.* Damit erhöht sich auch das außenwirtschaftspolitische *Gewicht der Gemeinschaft.* Intern muß dies aber nicht unbedingt zu einer Stärkung des Gemeinsamen Marktes führen. Der Handlungsrahmen der Gemeinschaft kann durch vermehrte Komplexität der rechtlichen, politischen und sozialen Vielfalt in der erweiterten Gemeinschaft eingeengt werden. Auch die Regional- und Strukturprobleme des neuen

62 *Emile Noël,* in: Célébration du dixième anniversaire de l'Institut d'Etudes Européennes, Bruxelles 1974, S. 47 ff.

63 Siehe Rn. 44.

64 BullEG 1978, Beilage 1, S. 16 ff.; Beilage 2, S. 9 ff.

Mitgliedstaats können die Gemeinschaft stärker belasten. Hieraus kann sich eine *Akzentverlagerung* vom Wachstum in der bisherigen Gemeinschaft hin zur Unterstützung und Entwicklung schwächerer Wirtschaftsstrukturen ergeben. Diese Verlagerung wird von der Zielsetzung der Gemeinschaft gedeckt, wie sie in der Präambel ihren Ausdruck gefunden hat. Danach dient sie nicht nur den wirtschaftlichen Interessen »ihrer Völker«, sondern auch der Förderung des Zusammenschlusses in Europa, was auch *verstärkte Solidarität* bedeutet. Jedoch verstärkt sich damit auch die Sorge, daß eine Vermehrung der wirtschaftlichen Probleme der Gemeinschaft zu einer Lockerung der Parallelität der Interessen der Mitgliedstaaten führt und damit die Gemeinschaft gefährdet.

61 *Außenpolitisch* erweitert der Beitritt die Europäische Politische Zusammenarbeit. Dies verleiht ihr größeres weltpolitisches Gewicht, vermehrt aber auch die Koordinationsprobleme.

62 *Integrationspolitisch* enthält ein Beitritt *Chancen und Gefahren.* Dies wird bereits anhand der institutionellen Probleme deutlich.[65] Würde der status quo durch bloß quantitative Erweiterungen der Organe einfach fortgeschrieben, so würde jede Erweiterung einen Schritt weg von der supranationalen Finalität bedeuten, die Integration schwächen und die Gemeinschaft zu einem reinen *Koordinationsinstrument* machen.[66] Die Erweiterung kann aber auch als *Herausforderung an die Effektivität* einen Impuls zur Stärkung der Integration geben.[67]

Eine Gefahr kann auch von einer *Vergrößerung der Divergenzen* der nationalen Wirtschaftspolitiken ausgehen. Hierdurch würde die bereits seit langem geplante *Wirtschafts- und Währungsunion* als nächste Stufe der Integration noch unwahrscheinlicher. Die integrative Dynamik der Gemeinschaft ginge dann wohl weitgehend verloren. Die politischen, sozialen und wirtschaftlichen Parameter, die zu einer solchen Entwicklung führen können, sind den Mitgliedstaaten während den Beratungen über einen neuen Beitrittsantrag weitgehend bekannt. Sie müssen diese möglichen Folgen sorgfältig evaluieren und eine *integrationspolitische Entscheidung* treffen.

VIII. Beitrittsvorschriften im EAGV und im EGKSV

63 In der bisherigen Praxis ist das gesamte Beitrittsverfahren für alle drei Gemeinschaften zusammen durchgeführt worden. Da Art. 205 EAGV mit Art. 237 EWGV identisch ist, gilt für diese Gemeinschaft uneingeschränkt alles Vorstehende. Auch der Beitrittsvertrag ist für EAG und EWG zusammen abgeschlossen worden.

65 Siehe Rn. 58f.
66 Vgl. *Ulrich Everling,* in: Die Süd-Erweiterung der Europäischen Gemeinschaft, a.a.O., S. 61ff.
67 Siehe Rn. 59.

64 Für den EGKSV gilt nur insoweit etwas anderes, als hier der Beitritt nicht durch völkerrechtlichen Vertrag rechtlich fixiert wird. Vielmehr ist hierfür *alleine der Rat zuständig,* der in einem einstimmigen Beschluß aufgrund Art. 98 EGKSV den Bewerber-Staat zuläßt und die Beitrittsbedingungen festsetzt. Die Bedingungen sind dabei in der allgemeinen Beitrittsakte für alle drei Gemeinschaften festgelegt, worauf der Beschluß nach Art. 98 EGKSV in der Praxis Bezug nimmt. Dieser bedeutet rechtlich ein *bindendes Angebot* an den Bewerber-Staat, das dieser durch Hinterlegung einer Beitrittsurkunde beim vorgesehenen Depositar annehmen kann.

65 Über Vertragsänderungen sagt Art. 98 EGKSV nichts aus. Trotzdem bedeutet dies nicht, daß hierfür in vollem Umfang auf die allgemeinen Revisionsverfahren nach Art. 95 und 96 zurückgegriffen werden müßte.[68] Jeder völkerrechtliche Vertrag ist auch im Lichte der einvernehmlichen nachfolgenden Praxis der Parteien auszulegen.[69] Bei den bisherigen Beitritten erfolgten alle Änderungen des EGKSV autonom durch den Beschluß nach Art. 98.

Diese *Änderungsbefugnis* des Rates ist aber *nicht unbegrenzt.* Dies ergibt sich schon aus dem Vergleich mit dem aufwendigen Verfahren, das Art. 95 Abs. 2 EGKSV für die allgemeine autonome Vertragsänderung vorschreibt. Hierfür spricht auch der Vergleich mit Art. 237, der zu einer vertraglichen Festsetzung von »Aufnahmebedingungen« und »erforderlichen Anpassungen« ermächtigt. Hieraus ist unter Berücksichtigung der in Rn. 6f. angestellten Erwägungen die Schlußfolgerung zu ziehen, daß im Ratsbeschluß nach Art. 98 EKGSV nur die durch den Beitritt *zwingend geforderten Vertragsanpassungen* vorgenommen werden können. »Erforderlich werdende Anpassungen« im Sinne des Art. 237 EWGV[70] und sonstige Änderungen bedürfen dagegen der allgemeinen Revisionsverfahren des EGKSV.

Artikel 238 [Assoziierungsabkommen]

Die Gemeinschaft kann mit einem dritten Staat, einer Staatenverbindung oder einer internationalen Organisation Abkommen schließen, die eine Assoziierung mit gegenseitigen Rechten und Pflichten, gemeinsamem Vorgehen und besonderen Verfahren herstellen.

Diese Abkommen werden nach Anhörung der Versammlung einstimmig vom Rat geschlossen.

68 Die gegenteilige Auffassung des *Verfassers*, in: Das Recht der Internationalen Organisationen – eine Entwicklungsstufe des Völkerrechts, Baden-Baden 1979, S. 92 wird insoweit teilweise revidiert.

69 Vgl. Art. 31 Abs. 3 Buchstabe b der Wiener Vertragsrechtskonvention.

70 Siehe Rn. 7.

Werden durch diese Abkommen Änderungen dieses Vertrages erforderlich, so müssen diese zuvor nach dem in Artikel 236 vorgesehenen Verfahren angenommen werden.

Literaturhinweise

Ananiadès, Léonide C., L'association aux Communautés Européennes, Paris 1967

Andresen, Heinz, Zur Konzeption einer Gemeinschaftlichen Mittelmeerpolitik, in: *Hajo Hasenpflug* (Hrsg.), Europäische Gemeinschaft und Dritte Welt, Hamburg 1975, S. 85

Arnim, Christof von, Der Stand der Assoziationsverhältnisse der EWG mit außereuropäischen Staaten, in: ZaöRV 1970, XXX, S. 482

Balekjian, Wahé H., Die »gemischten« Verträge der Europäischen Wirtschaftsgemeinschaft, in: *Christoph Schreuer* (Hrsg.), Autorität und Internationale Ordnung, Berlin 1979, S. 155

Baumgartner, Dirk, Institutionelle Aspekte des AKP-EWG-Abkommens von Lomé, in: EuR 1978, S. 105

Becker, Jürgen, Die Partnerschaft von Lomé, Baden-Baden 1979

ders., Entwicklungskooperation in einem sich wandelnden Weltsystem, Frankfurt 1982

Behringer, Ruprecht, Die Mitwirkung der Gemeinsamen Versammlung und des Europäischen Parlaments auf dem Gebiet der Assoziierung, Bielefelder jur. Diss. 1967

Bericht des AKP-EWG-Ministerrates (1. 4. 1976 – 29. 2. 1980). Gemäß den Artikeln 74 und 80 des Abkommens von Lomé (I) vom 28. 2. 1975, Brüssel, 25. 7. 1980

Bleckmann, Albert, Die Kompetenz der Europäischen Gemeinschaft zum Abschluß völkerrechtlicher Verträge, in: EuR 1977, S. 109

ders., Der gemischte Vertrag im Europarecht, in: EuR 1976, S. 301

Bouvier, Paule, L'Europe et la Coopération au développement, Brüssel 1980

Brinkhorst, Laurens Jan, Lomé and Further, in: *Frans A. M. Alting von Geusau* (Hrsg.), The Lomé Convention and a New International Economic Order, Leyden 1977, S. 3

Bywater, Marion, Lomé II, in: RMC 1979, S. 295

Carl, Michael H., Die Kompetenzverschiebung zwischen Kommission und Rat der EWG auf dem Gebiet der Außenbeziehungen, Freiburger jur. Diss. 1974

Cheysson, Claude, La Communauté face au tiers monde, in: L'Europe en formation, Mai 1978, S. 3

Claus, Burghard und Radke, Detlef, Zur Neuverhandlung der Lomé-Konvention, Deutsches Institut für Entwicklungspolitik, Berlin, Oktober 1978

Clauss, Max Walter, Die Dritte Phase der Europäisch-Afrikanischen Assoziierung, in: VRÜ 1968, S. 453

Cosgrove-Twitchett, Carol, A framework for development: the EEC and the ACP, London 1981

dies., Europe and Africa: From association to partnership, Farnborough 1978

dies., Lomé II: die Enttäuschungen der AKP-Länder, in: Eur.Arch. 1980, 3, S. 81

Costonis, John J., The treaty-making power of the European Economic Community: Article 238 and association agreements, in: Annuaire Européen, Vol. 15, 1967, S. 31

Cousté, Pierre-Bernard, L'association des pays d'outre-mer à la Communauté Economique Européenne, Paris 1959

Dagtoglou, Prodromos, Die Süderweiterung der Europäischen Gemeinschaft – insbesondere der Beitritt Griechenlands –, in: EuR 1980, S. 1

Ehlermann, Claus-Dieter, Rechtsgrundlagen der Außenbeziehungen der EG, in: *Gottfried Zieger, Axel Lebahn* (Hrsg.), Rechtliche und wirtschaftliche Beziehungen zwischen den Integrationsräumen in West- und Osteuropa, Baden-Baden 1980, S. 25

Ehrhardt, Carl A., Die EG und der Mittelmeerraum, in: Außenpolitik 1976, S. 219

ders., 66 Länder auf dem Wege zum Abkommen von Lomé II, in: Außenpolitik 1979, S. 438

Europa HEUTE, Stand der europäischen Integration, Luxemburg 1979
Everling, Ulrich, Die Neuregelung des Assoziationsverhältnisses zwischen der Europäischen Wirtschaftsgemeinschaft und den afrikanischen Staaten und Madagaskar sowie den überseeischen Ländern und Hoheitsgebieten, in: ZaöRV 1964, XXIV, S. 472
Evrigenis, Dimitrios, Considérations sur la notion de l'association, in: RMC 1966, S. 395
Fahrni, Peter, Die Assoziation von Staaten mit anderen Staaten, Zürich 1967
Fischer, Robert, Der Umfang der Befugnis der Europäischen Gemeinschaft zum Abschluß von Handels- und Assoziierungsabkommen, in: KSE 25, S. 1
Focke, Katharina, Von Lomé I zu Lomé II, Texte des Berichts und der am 26. 9. 1980 von der Beratenden Versammlung AKP-EWG angenommenen Entschließung, Luxemburg 1980
Gautron, J.-Cl., De Lomé I à Lomé II: La convention ACP-CEE du 31 octobre 1979, in: CDE 1980, Nr. 4, S. 383
Gerth-Wellmann, Hella, Das AKP/EG-Abkommen von Lomé, München 1979
Grabitz, Eberhard, Die Entwicklungspolitik der Europäischen Gemeinschaften, Ziele und Kompetenzen, in: EuR 1977, S. 217
ders., Rechtliche und institutionelle Probleme gemeinschaftlicher Entwicklungspolitik, in: *Hajo Hasenpflug* (Hrsg.), Europäische Gemeinschaft und Dritte Welt, Hamburg 1975
Groß, Karl-Heinz, Die Präferenzpolitik der EWG im Rahmen der UNCTAD, in: Eur.Arch. 1972, 4, S. 129
Guth, E. – Aeikens, H. O., Konsequenzen der Süderweiterung für die Mittelmeerpolitik und die AKP-Politik der Gemeinschaft, in: Europainformation – Entwicklung, o. J.
Hasenpflug, Hajo (Hrsg.), Die EG-Außenbeziehungen, Hamburg 1979
ders., Europäische Gemeinschaft und Dritte Welt, Hamburg 1975
Hasenpflug, Hajo – Kohler, Beate (Hrsg.), Die Süderweiterung der Europäischen Gemeinschaft, Hamburg 1977
Hasse, Rolf – Weitz, Robert, Das Abkommen von Lomé – Übergang oder Alternative zu einer neuen Weltwirtschaftsordnung, in: Wirtschaftspolitische Chronik, 1977, Heft 2/3, S. 1 bis 190
Haupt, Robin, Das Zweite AKP-EWG-Abkommen von Lomé, in: Afrika, Recht und Wirtschaft 1980, S. 5
Hedrich, Manfred – v. d. Ropp, Klaus, Frhr., Lomé II im Licht der Erfahrungen mit Lomé I, in: Außenpolitik 1978, XXIX, S. 297
Hengsbach, Friedhelm, Die Assoziierung afrikanischer Staaten an die Europäischen Gemeinschaften, Baden-Baden 1977
Herrmann, Jürgen, Das Institut der Assoziierung im Recht der Europäischen Gemeinschaft, Frankfurter jur. Diss. 1975
Hollenweger, Peter, Die Assoziation von Staaten mit internationalen Organisationen, Zürich 1967
Hubert, Agnès, Lomé II: Des négociations engagées à tatons, in: RMC 1978, 21, S. 365
Hull, Robert, Die Beziehung zwischen EG- und ASEAN-Ländern, in: *Hajo Hasenpflug* (Hrsg.), Die EG-Außenbeziehungen, Hamburg 1979, S. 373
Hürni, Bettina S., Ist das Abkommen von Lomé für die beteiligten Entwicklungsländer ein wirksames Instrument der Entwicklungshilfe? in: Außenwirtschaft 1976, S. 169
Jahresbericht des Rechnungshofs der EG: zum Haushaltsjahr 1978, in: ABl. 1979 Nr. C 326; zum Haushaltsjahr 1979, in: ABl. 1980 Nr. C 342
Jungnickel, Rolf, EG-Rest-EFTA, Die stille Gemeinschaft, in: *Hajo Hasenpflug* (Hrsg.), Die EG-Außenbeziehungen, Hamburg 1979, S. 187
Kohler, Beate, Die Süderweiterung der Gemeinschaft – Hintergründe, Motive und Konsequenzen –, in: *Hajo Hasenpflug – Beate Kohler* (Hrsg.), Die Süderweiterung der Europäischen Gemeinschaft, Hamburg 1977, S. 15
Koppenfels, Georg von, Die Bedeutung des Abkommens von Lomé für die Entwicklung der Beziehungen zwischen Europa und der Dritten Welt, in: Eur.Arch. 1976, 31, S. 10

Krämer, Hans R., Die Bedeutung des Abkommens von Jaunde und Lomé für die regionale Integration zwischen Entwicklungsländern, in: Festschrift für Eberhard Menzel zum 65. Geburtstag, Berlin 1975, S. 567
ders., Die Süderweiterung der Europäischen Gemeinschaft und ihre Zusammenarbeit mit Entwicklungsländern, in: Eur.Arch. 1979, 18, S. 547
Krohn, Hans-Broder, Die Rolle der EG im Nord-Süd-Dialog, in: *Wolfgang Wagner* (Hrsg.), Die Internationale Politik 1973 bis 1974, Wien 1980, S. 241
ders., Das Abkommen von Lomé zwischen der Europäischen Gemeinschaft und den AKP-Staaten, in: Eur.Arch. 1975, 30, S. 177
ders., La convention de Lomé et son renouvellement, in: Le Courrier 1978, Nr. 51, S. 15
Krück, Hans, Völkerrechtliche Verträge im Recht der Europäischen Gemeinschaft, Berlin 1977
Leyser, Eberhard, Kommentierung zu Art. 238, in der Vorauflage, Baden-Baden 1974
Loch, Theo M. – Hasenpflug, Hajo, Die Assoziierungs- und Präferenzpolitik der EG, Bonn 1974
Luchaire, François, Les associations à la Communauté Economique Européenne, Rec. 1975, 144, S. 241
Meessen, Karl Matthias, Das Abkommen von Lomé als gemischter Vertrag, in: EuR 1980, S. 36
Mégret, Jacques, Le pouvoir de la Communauté Economique Européenne de conclure des accords internationaux, in: RMC 1964, S. 529
Morawitz, Rudolf, Die Auswirkung der Süderweiterung der Europäischen Gemeinschaft auf das Mittelmeerbecken, in: Eur.Arch. 1980, 6, S. 179
Nehring, Alfred, Die Assoziierung überseeischer Länder mit dem Gemeinsamen Markt, Göttingen 1963
Nicollas, Francis, Coopération industrielle entre les pays de la Communauté Economique Européenne et ceux de l'Association des Nations du Sud-Est-Asiatique, in: RMC 1979, S. 383
Oppermann, Thomas, Die Assoziierung Griechenlands mit der Europäischen Wirtschaftsgemeinschaft, in: ZaöRV 1962, S. 486
d'Orville, Michael, Die rechtlichen Grundlagen für die gemeinsame Zoll- und Handelspolitik der EWG, in: KSE 19/1973
Peles-Bodson, Slavenka, L'accord de coopération entre la Communauté Economique Européenne et la République Socialiste Fédérative de Yougoslavie, in: Revue belge de droit international 1980, 2, S. 381
Petersmann, Ernst U., Struktur und aktuelle Rechtsfragen des Assoziationsrechts, in: ZaöRV 1973, XXXIII, S. 266
Plessow, Utta, Neutralität und Assoziation mit der EWG, Köln 1967
Regul, Rudolf (Hrsg.), Die Europäischen Gemeinschaften und die Mittelmeerländer (Schriftenreihe Europäische Wirtschaft Bd. 75), Baden-Baden 1977
Renier, Yves, Les accords de coopération entre la Communauté Economique Européenne et les pays du Maghreb, in: RMC 1978, S. 123
Rhein, Eberhard, Europäische Außenpolitik: eine unerfüllte Hoffnung? in: Eur.Arch. 1970, 7, S. 205
ders., The Lomé agreement political and juridical aspects of the community policy towards LDC's, in: CMLR 1975, 12, S. 385
Sasse, Christoph, Zur auswärtigen Gewalt der Europäischen Wirtschaftsgemeinschaft, in: EuR 1971, S. 208
Schiffler, Gerhard, Das Abkommen von Lomé zwischen der Europäischen Wirtschaftsgemeinschaft und 46 Staaten Afrikas, des Karibischen und des Pazifischen Raums, in: Jahrbuch für Internationales Recht, Bd. 18, Berlin 1976, S. 320
Schmit, Michel, Aprés Lomé I, quelles ambitions pour Lomé II? in: Außenwirtschaft 1978, S. 355
Schroeder, Dieter, Europa und die Assoziierten in Übersee – Zum völkerrechtlichen Begriff der Assoziation, in: VRÜ 1977, S. 125
Schumacher, Hanns H., Die Nahrungsmittelhilfe der Europäischen Gemeinschaft, Baden-Baden 1981

Schwarze, Jürgen, Die EWG in ihren völkerrechtlichen Beziehungen, in: NJW 1979, S. 546
Schweitzer, Michael, Dauernde Neutralität und europäische Integration, Wien 1977
Simmonds, K. R., The Lomé Convention and the New International Economic Order, in: CMLR 1976, 13, A. 315
Stordel, Harry, Trade Cooperation: Preferences in the Lomé Convention, the Generalized System of Preferences and the World Trade System, in: *Frans A. M. Alting von Geusau* (Hrsg.), The Lomé Convention and a New International Economic Order, Leyden 1977, S. 61
Tetzlaf, Rainer, Das AKP-Abkommen von Lomé: komplementäre Arbeitsteilung auf höherer Stufe, in: VRÜ 1976, S. 49
ders., Die Forderungen der Entwicklungsländer nach einer »Neuen« Weltwirtschaftsordnung, die Internationalisierung der Produktion und das AKP-Abkommen von Lomé, in: VRÜ 1976, S. 33
Tomuschat, Christian, Die auswärtige Gewalt der EWG erhält feste Konturen, in: EuR 1977, S. 157
Ungerer, Werner, Die Assoziierungspolitik der EWG, in: Außenpolitik 1964, S. 685
Vedder, Christoph Wilhelm, Die Auswärtige Gewalt des Europa der Neun, Göttingen 1980
Vogel, Wolfgang, Die Maghreb- und Maschrek-Staaten im Rahmen der Europäischen Mittelmeerpolitik. in: *Hajo Hasenpflug* (Hrsg.), Die EG-Außenbeziehungen, Hamburg 1979, S. 289
Voorhoeve, J. J. C., Financial and Technical Cooperation: the European Development Fund and the Lomé Convention, in: *Frans A. M. Alting von Geusau* (Hrsg.), The Lomé Convention and a New International Economic Order, Leyden 1977, S. 111
Well, Günther van, Die Entwicklung einer gemeinsamen Nahost-Politik der Neun, in: Eur.Arch. 1976, 4, S. 119
ders., Mittelmeerpolitik und Süderweiterung, in: Integration (Beilage zur Europäischen Zeitung) 1979, 1, S. 3
Wolfram, Dieter, Die Assoziierung überseeischer Gebiete an die EWG, Köln 1964
Zieger, Gottfried, Zum Rechtsbegriff der Assoziierung, in: Institutsfestgabe für Georg Erler zum 60. Geburtstag, Göttingen 1965
ders., Die Stellung der Gemeinschaft und ihrer Organe in internationalen Organisationen, in: KSE 25, S. 103

Inhaltsübersicht

I. Der Assoziationsbegriff

1 Die Völkerrechtswissenschaft hat bisher noch kein anerkanntes Institut der Assoziation entwickelt. Der Begriff Assoziation[1] wird im Völkerrecht für sehr unterschiedliche Rechtsbeziehungen verwendet und entzieht sich deshalb einer allgemeinen Definition. Unterschiedliche Inhalte und Motive, die beim Zustandekommen völkerrechtlicher Assoziationsbeziehungen bisher ausschlaggebend gewesen sind, standen der Entstehung eines allgemein anerkannten völkerrechtlichen Rechtsinstituts entgegen. Assoziationsverhältnisse sind im Völkerrecht in der Regel pragmatische Rechtsverhältnisse, die sich im allgemeinen in formal-juristische Kategorien kaum einordnen lassen. Gestalt gewinnt der Begriff deshalb nur mittels einer systematischen Analyse der vorgegebenen Kasuistik.[2]

2 Völkerrechtliche Assoziationen beruhen auf völkerrechtlichen Verträgen. Sie setzen im Unterschied zur *gemeinschaftsrechtlichen Assoziation* des EWG-Vertrages[3] völkerrechtlich voll rechts- und handlungsfähige Partner voraus. Am häufigsten schließen Staaten mit internationalen Organisationen völkerrechtliche Assoziationsabkommen ab. Motiv solcher Assoziationsverhältnisse ist in der Regel der Wille des jeweiligen Staates, in Form einer institutionalisierten Beziehung (ohne Vollmitglied der Organisation zu sein) in den Zweck der internationalen Organisation einbezogen zu werden. Auch internationale Organisationen können mit anderen internationalen Organisationen Assoziationen vereinbaren. Art. 238 sieht dies ausdrücklich vor. Der Inhalt einer Assoziationsverbindung wird immer vom Zweck bestimmt, der mit ihm verfolgt werden soll. In der derzeitigen Praxis liegt der Schwerpunkt meist im wirtschaftlichen Bereich, obwohl politische oder militärische Zwecke ebenfalls denkbar sind. Alle Assoziationsverhältnisse, die bisher von Völkerrechtssubjekten mittels völkerrechtlicher Verträge eingegangen worden sind, haben gemeinsam, daß sie *keine eigene Rechtspersönlichkeit* besitzen. Hierin liegt auch das Hauptmerkmal, das sie von internationalen Organisationen trennt. Deshalb können Assoziationsorgane, soweit solche geschaffen wurden, am internationalen

1 Zur Herkunft des Begriffs s. *J. Becker*, Vorbemerkung zu Art. 131 bis 136, Rn. 1.

2 *Petersmann* hat eine Reihe von Strukturmerkmalen völkerrechtlicher Assoziationen zusammengestellt, die in der Literatur entwickelt und zur Kennzeichnung eines Assoziationsverhältnisses für notwendig erachtet werden. Dazu gehören: »Normwidrige Abweichung vom Normalfall der Vollmitgliedschaft; lockere, akzessorische Bindung an ein präexistentes, den Kern des Teilnahmeverhältnisses bildendes Völkerrechtssubjekt; ständige Verbindung mit gegenseitigen Rechten und Pflichten und institutionellem Charakter; mitgliedschaftlicher Rechtscharakter; Teilnahme am Zweckhandeln einer internationalen Organisation – oder auch der EWG-Assoziation –; Teilnahme an den Zielen der Gemeinschaft; bilateraler und paritätischer Charakter; ständige Institutionen und gegenseitige Rechte und Pflichten; politische Zielsetzung; langfristige Dauer; ›Interessenvergemeinschaftung‹; handelspolitischer Inhalt zwischen ›Beitritt minus 1 und Handelsvertrag plus 1‹« (*Petersmann,* Ernst U., a.a.O., S. 283 Anm. 39).

3 Siehe dazu *J. Becker,* Vorbemerkung zu Art. 131 bis 136, Rn. 5.

Rechtsverkehr nicht teilnehmen und im Namen der Assoziation auch keine völkerrechtlich wirksamen Handlungen vornehmen.

II. Die Wandlung des Anwendungsbereichs in der Vertragspraxis der Gemeinschaft Von der Beitrittsassoziation zur Freihandels- und Entwicklungsassoziation

1. Beitrittsassoziation mit Griechenland und der Türkei

3 Vom Institut der Assoziation hat im Europäischen Gemeinschaftsrecht zum ersten Mal die Europäische Gemeinschaft für Kohle und Stahl (Montan-Union; EGKS) Gebrauch gemacht. Obwohl der Montan-Vertrag nur eine Vorschrift über den Beitritt von (europäischen) Staaten enthält (Art. 98 EGKSV), ergab sich das Erfordernis zur Zusammenarbeit mit Drittstaaten in einer außerhalb des Beitritts liegenden Form. Mit Großbritannien, das der Montan-Union ferngeblieben war, schloß die Montan-Gemeinschaft 1954 ein Abkommen, das die Zusammenarbeit beider Vertragspartner institutionalisierte. Der Vertrag sah einen von Großbritannien und der Hohen Behörde paritätisch besetzten Rat sowie ein gemeinsames Sekretariat vor. Beide Vertragsparteien bezeichneten ihre Verbindung von Anfang an als Assoziationsabkommen. Charakteristisch für dieses Vertragsverhältnis war die Schaffung einer Sonderverbindung zwischen Völkerrechtssubjekten auf der Ebene der Gleichheit. Ohne Vollmitglied zu sein, konnte Großbritannien an den Zielen der Montan-Union teilnehmen und war mit ihr durch ein selbständiges Organ, dem Assoziationsrat, verbunden.

4 Die Initiative zur Aufnahme von Art. 238 in den EWG-Vertrag[4] soll auf den damaligen belgischen Außenminister *Spaak* zurückgehen, um eine besondere Form der Verbindung zu den europäischen Staaten zu ermöglichen, die der Gemeinschaft ferngeblieben waren und von denen sich einige später zur EFTA zusammengeschlossen haben.[5] Neben der Funktion eines »Brückenschlags« zu diesen Ländern, die sich damals überwiegend aus wirtschaftlichen und politischen Gründen der Gemeinschaft fernhielten, war die Assoziation aber auch als Vorstufe für den Beitritt zur Gemeinschaft von beitrittswilligen, aber aus wirtschaftlichen und politischen Gründen noch nicht beitrittsfähigen europäischen Ländern gedacht. Während die Brücke zu den Ländern der heutigen Rest-EFTA allerdings nicht über Art. 238 geschlagen wurde,[6] waren die ersten Assoziationsabkom-

4 Der Vertrag über die Europäische Atomgemeinschaft (EAGV) enthält in Art. 206 eine mit Art. 238 EWGV identische Norm. Die EAG hat von der Kompetenz, Assoziationsabkommen mit dritten Staaten, einer Staatengemeinschaft oder einer internationalen Organisation abzuschließen, bisher noch keinen Gebrauch gemacht.

5 *Christoph Wilhelm Vedder*, a.a.O., S. 61.

6 Die Staaten der Rest-EFTA haben anläßlich der ersten Erweiterung der EG mit der Gemeinschaft Freihandelsabkommen abgeschlossen, deren innergemeinschaftliche Rechtsgrundlage Art. 113 ist. Obwohl die Abkommen mit der EG in bilateralen Verhandlungen vereinbart wurden, sind sie weitgehend identisch, und zahlreiche Artikel haben den gleichen Wortlaut (vgl.

men, die die Gemeinschaft mit *Griechenland* (1963)[7] und mit der *Türkei*[8] (1964) abgeschlossen hat, ganz auf den späteren Beitritt zur Gemeinschaft konzipiert. Sie werden deshalb als *»Beitrittsassoziationen«* bezeichnet. Beide Abkommen lehnen sich in ihrem Inhalt an die Regelungsmaterien des EWG-Vertrages an. Ihr Kernstück ist die Schaffung einer Zollunion mit der Gemeinschaft. Darüber hinaus enthalten sie Elemente der Wirtschaftsunion, da in ihnen auch Vorschriften über das Niederlassungsrecht, die Dienstleistungen, den Kapitalverkehr und die Arbeitskräfte enthalten sind.[9] Seit Griechenland Vollmitglied der Gemeinschaft ist (1. 1. 1981),[10] und seit mit Spanien und Portugal Verhandlungen über deren Beitritt zur Gemeinschaft (Süderweiterung) geführt werden, ohne daß mit diesen Ländern ein Assoziationsverhältnis als Durchgangsstadium bis zur Vollmitgliedschaft vorgesehen ist, hat Art. 238 seine Funktion als ein die Erweiterung der Gemeinschaft ergänzendes Instrument aber vorerst eingebüßt.

2. Freihandelsassoziationen mit Malta und Zypern

5 Ziel der Assoziationsabkommen, die die Gemeinschaft mit *Malta* (1971)[11] und *Zypern* (1973)[12] abgeschlossen hat, ist, wie bei den Abkommen mit Griechenland und der Türkei, die *Schaffung einer Freihandelszone* (Zollunion) zwischen beiden Ländern und der Gemeinschaft. Die Möglichkeit eines Beitritts zur Gemeinschaft sehen die Verträge mit Malta und Zypern nicht vor. Zur Unterscheidung trägt dieser Assoziationstyp das Etikett: *»Freihandelsassoziation«*. Die Vollmitgliedschaft in der Gemeinschaft steht beiden Ländern, wie allen europäischen Staaten, aber gemäß Art. 237 zukünftig offen.

Beide Abkommen haben ausschließlich kommerziellen Inhalt und wurden im Gegensatz zu den Abkommen mit Griechenland und der Türkei durch die Gemeinschaft allein geschlossen. Die Errichtung der Zollunion soll in zwei Stufen realisiert werden. Die Assoziationsabkommen selbst regeln nur die erste Stufe, die bei Malta bis zum 31. 3. 1976 und bei Zypern bis zum 30. 6. 1979 dauern sollte. Durch ergänzende Protokolle wurden

z. B. die Abkommen mit der Schweiz und Österreich, in: ABl. 1972 Nr. L 300). Im Abkommen mit Österreich fehlt jedoch der Satzteil »mit dem Ziel, zum Aufbau Europas beizutragen«. Darin wird deutlich, daß sich Österreich aus politischer Rücksichtnahme mit Absicht von einem der Ziele der Gemeinschaft distanziert. Dies erklärt auch seine ablehnende Haltung gegenüber einer als zu politisch empfundenen Assoziation gemäß Art. 238.

7 ABl. 1963 S. 293.
8 ABl. 1964 S. 3685.
9 Jürgen *Herrmann*, a.a.O., S. 318.
10 »Dokumente betreffend den Beitritt ...«, in: ABl. 1979 Nr. L 291.
11 ABl. 1971 Nr. L 61 S. 2.
12 ABl. 1973 Nr. L 133 S. 2.

die Laufzeiten für die erste Stufe aber verlängert: für Malta bis zum 31. 12. 1980[13] und für Zypern zuerst bis zum 31. 12. 1979[14] und schließlich auch bis zum 31. 12. 1980.[15] Mit beiden Ländern muß die Gemeinschaft Verhandlungen über Modalität und Zeitplan für die zweite Stufe, d. h. die endgültige Realisierung der Freihandelszone führen.[16] Im Rahmen der Mittelmeerpolitik der Gemeinschaft wurden die Abkommen mit beiden Ländern durch Vereinbarungen zur Stärkung der beiderseitigen Wirtschaftsbeziehungen und durch finanzielle Hilfszusagen ergänzt.[17]

3. *Die Idee einer Anwendungsbeschränkung auf Europa*

6 Während der Beitritt zur Gemeinschaft gemäß Art. 237 nur europäischen Ländern vorbehalten ist, kennt Art. 238 diese Beschränkung nicht. Dennoch wurde zeitweise die Auffassung vertreten, die Gemeinschaft solle sich nur mit denjenigen Staaten assoziieren, die räumlich mit Europa verbunden sind. Die im Vierten Teil des EWG-Vertrages vorgesehene Assoziation wurde angesehen »als Ausfluß einer besonderen Verpflichtung der Gemeinschaft gegenüber bestimmten Gebieten, die sich nur durch die langjährigen engen Bande zwischen einigen Ländern der Gemeinschaft und den betreffenden Gebieten erklärt« und »Ausnahmecharakter« behalten sollte. Hinsichtlich der übrigen Länder, die sich mit dem Gedanken einer engeren Bindung an die Gemeinschaft trugen, sollten zur Vermeidung von Präzedenzfällen keine formellen Assoziierungsabkommen, sondern allenfalls Wirtschaftsabkommen anderer Art geschlossen werden, die als geeignet angesehen wurden, »deren berechtigte Interessen zu erfüllen«. Vor allem aber sollte es nicht dazu kommen, »daß die Assoziierung ein Ersatz für Entwicklungshilfe wird, was ihren besonderen Inhalt verfälschen würde«. Jede Assoziation sollte »ein Gleichgewicht von Vorteilen und Verpflichtungen für beide Partner mit sich« bringen. Es sollte vermieden werden, »daß ein Staat die Möglichkeit erhält, sich die Rosinen aus dem Kuchen zu picken«.[18] Diesem Muster entsprachen sowohl die Beitrittsassoziationen mit *Griechenland* und der *Türkei* als auch die Freihandelsassoziationen mit *Malta* und *Zypern.*

13 ABl. 1977 Nr. L 304.
14 ABl. 1977 Nr. L 339.
15 ABl. 1980 Nr. L 85.
16 *Zypern* und die Gemeinschaft sind sich darin einig, zum 1. 1. 1981 den Prozeß des Übergangs zur zweiten Stufe einzuleiten. Nach einer Übergangsregelung für 1981 wollen von 1982 an beide Parteien Bedingungen und Einzelheiten der zweiten Stufe aushandeln (vgl. ABl. 1981 Nr. C 30/3).
17 Siehe dazu unten Rn. 10.
18 Siehe Bericht *Birkelbach,* »Über die politischen und institutionellen Aspekte des Beitritts zur Gemeinschaft und der Assoziierung mit ihr«, Dok. EP 1961–1962, 122, S. 16.

4. Entwicklungsassoziationen als Instrument der Entwicklungspolitik

7 Die Idee einer Beschränkung des Assoziationssystems von Art. 238 auf europäische Länder hat sich nicht durchgesetzt, da sie sich in der Praxis bereits schnell als undurchführbar erwies. Im Gegenteil, die Gemeinschaft gebraucht inzwischen Art. 238 schwerpunktmäßig und bewußt zur Verwirklichung ihres entwicklungspolitischen Engagements in außereuropäischen Ländern.

Die Gemeinschaft vermied anfänglich eine klare Stellungnahme. Als kurz nach ihrer Gründung die meisten der mit ihr durch Art. 131 ff. assoziierten ehemaligen europäischen Kolonien in Afrika die staatliche Unabhängigkeit erlangt hatten, war es klar, daß das Assoziationsverhältnis mit den jungen, souveränen Staaten nicht durch eine einseitig von der Gemeinschaft beschlossenen Neuauflage der auf Art. 136 beruhenden Durchführung geregelt werden konnte.[19] Zu dem Zeitpunkt hätte die Frage, ob Art. 238 auch auf Assoziationen mit Entwicklungsländern außerhalb Europas angewendet werden sollte, von der Gemeinschaft beantwortet werden müssen. Sie entzog sich einer Stellungnahme aber dadurch, indem sie die Frage, auf welche innergemeinschaftliche Rechtsgrundlage sie die mit den afrikanischen Staaten und Madagaskar (AASM) abgeschlossenen Assoziationsabkommen *Yaoundé I* (1964)[20] und *Yaoundé II* (1968)[21] gründen lassen wollte, ob noch auf Art. 131 ff. oder bereits schon auf Art. 238, mit Absicht offen ließ.[22] Obwohl die Gemeinschaft für das Assoziationssystem mit den AASM allein Art. 238 als Rechtsgrundlage hätte annehmen müssen, hat sie in den einschlägigen Verordnungen, die die Verträge von Yaoundé in innergemeinschaftliches Recht transformierten, auf die Angabe der innergemeinschaftlichen Rechtsgrundlage verzichtet.[23] Die Gemeinschaft entdeckte jedoch schon bald, welch hervorragendes Instrument aktiver Außenpolitik auch gegenüber der immer größer werdenden Zahl junger Staaten in der Dritten Welt ihr durch Art. 238 an die Hand gegeben war. Die von ihr immer intensiver betriebene Assoziationspolitik führte schon bald zum Abschluß weiterer Assoziationsabkommen: so mit *Nigeria* (1966), mit *Kenia, Uganda* und *Tansania* (1968 und 1969), die in der damaligen *Ostafrikanischen Wirtschaftsgemeinschaft* zusammengeschlossen waren,[24] mit

19 Siehe dazu *J. Becker,* Vorbemerkung zu Art. 131 bis 136, Rn. 7.
20 ABl. 1964 S. 1431.
21 ABl. 1970 Nr. L 282.
22 Zu diesem Problem s. *J. Becker*, Vorbemerkung zu Art. 131 bis 136, Rn. 8.
23 Gemäß Art. 190 und der diese Vertragsbestimmungen konkretisierenden vorläufigen Geschäftsordnung des Rates vom 18. 3. 1958 wäre die Gemeinschaft verpflichtet gewesen, die Bestimmungen, auf denen sie die Verordnung erlassen hatte, anzugeben.
24 Die Abkommen mit diesen Ländern, deren Gemeinschaft inzwischen zusammengebrochen ist, tragen den Namen der Stadt *Arusha* (Tansania), wo sie unterzeichnet wurden. Arusha I (1968), das am 26. 7. 1968 unterzeichnet wurde, war bis zum 31. 5. 1969 begrenzt, um eine zeitliche Harmonisierung mit dem auslaufenden Yaoundé I-Abkommen herzustellen. Dieses Abkommen konnte jedoch mangels rechtzeitiger Ratifizierung nicht in Kraft treten. Arusha II wurde am 24. 9. 1969 unterzeichnet und trat am 1. 1. 1971 in Kraft (ABl. 1970 Nr. L 282).

Tunesien (1969)[25] und mit *Marokko* (1969).[26] Die Abkommen mit diesen Staaten gründete die Gemeinschaft intern auf Art. 238. Auch sie trugen bereits unverkennbare entwicklungspolitische Züge. Als die Gemeinschaft das 1972 mit ihr und *Mauritius* abgeschlossene Assoziationsabkommen über den Beitritt der Insel zum *Yaoundé II-Abkommen*[27] auf Art. 238 stützte, gab sie endgültig zu erkennen, daß sie das Assoziationssystem von Yaoundé der im Vierten Teil des Vertrages von Rom normierten Grundlage als entwachsen ansah.

5. *Die Partnerschaft von Lomé*

8 Als das *Yaoundé-Abkommen II* 1975 auslief, bot die Gemeinschaft 20 Ländern des Britischen Commonwealths im karibischen und pazifischen Raum an, sich an einem Nachfolgeabkommen zu beteiligen, um so ihre Beziehungen zur EG nach dem Beitritt Großbritanniens zur Gemeinschaft (1973) zu regeln.[28] Verhandlungen zwischen der Gemeinschaft, den AASM, den Ländern des Commonwealths und sechs weiteren afrikanischen Staaten (*Äthiopien, Äquatorial-Guinea, Guinea (Conakry), Guinea-Bissau, Liberia, Sudan*) führten am 28. 2. 1975 zur Unterzeichnung des *Abkommens von Lomé* (genannt nach der Hauptstadt *Togos*), das am 1. 4. 1976 in Kraft trat.[29] Dem Lomé-Abkommen, dem bei seiner Unterzeichnung 46 Entwicklungsländer des Afrikanischen, Karibischen und Pazifischen Raums (*AKP-Staaten*) angehörten, traten während seiner Laufzeit nach Erlangung ihrer Unabhängigkeit die ehemaligen portugiesischen und spanischen Kolonien in Afrika und mehrere in Teil IV des EWG-Vertrags genannte inzwischen unabhängig gewordene Länder bei. Das erste Lomé-Abkommen (*Lomé I*), das am 1. 5. 1980 auslief, wurde durch das zweite Lomé-Abkommen (*Lomé II*) erneuert, das am 31. 10. 1979 wieder in Lomé unterzeichnet wurde und am 1. 1. 1981 in Kraft trat.[30]

Lomé II gehören inzwischen 63 (Ende 1982) Entwicklungsländer an. Das Abkommen von Lomé setzt zwar die in Yaoundé von der Gemeinschaft eingeschlagene Entwicklungspolitik fort, ohne deren Pionierleistung Lomé nicht denkbar wäre, trotzdem unterscheidet sich das Lomé-Abkommen von den Yaoundé-Abkommen so sehr, daß man jenes als einen *Abkommenstyp eigener Art* ansehen muß. Auch für Lomé gilt Art. 238. Im Unterschied zu den Präambeln der Yaoundé-Abkommen wird im Lomé-Abkommen auf den Terminus »Assoziation« ausdrücklich verzichtet. Die Gründe hierfür sollen sowohl psychologischer als auch politischer Natur gewesen sein. Für die Mitglieder des Commonwealths war die Bezeichnung »associated states« nicht annehmbar, da in der anglophonen Praxis hiermit Staaten bezeichnet werden, die nicht vollständig unabhängig sind. In der Veränderung der Terminologie kommt aber auch »die Änderung im

25 ABl. 1969 Nr. L 198, S. 3.
26 ABl. 1969 Nr. L 197, S. 3.
27 ABl. 1973 Nr. L 288.
28 Vgl. Protokoll Nr. 22 in Verbindung mit Anhang VI der Beitrittsakte, in der die betroffenen Länder aufgeführt werden (ABl. 1972 Nr. L 73 S. 177).
29 ABl. 1976 Nr. L 25.
30 ABl. 1980 Nr. L 347. Wieder für eine Laufzeit von fünf Jahren.

Selbstbewußtsein der Entwicklungsländer zum Ausdruck, die bezeichnend für die psycho-politische Situation ist, in der sich die Beziehungen zwischen diesen Ländern und den Industrieländern seit 1973 entwickeln und in der die Verhandlungen stattfanden, die zum 1. Lomé-Abkommen führten«.[31]

9 Das Abkommen von Lomé ist ein umfassendes entwicklungspolitisches Konzept der Europäischen Gemeinschaft als Antwort auf Forderungen der Dritten Welt, wie sie im globalen *Nord-Süd-Dialog* seit langem erhoben werden. Was beim globalen Nord-Süd-Dialog über ein Verhandlungsstadium noch nicht hinausgekommen ist, gehört zwischen der EG und den AKP-Staaten bereits seit mehreren Jahren zum festen Bestandteil vertraglich vereinbarter Kooperationspolitik. Der Beziehung der Gemeinschaft zu den AKP-Staaten wird deshalb *Modellcharakter* für die Beziehungen zwischen Industrie- und Entwicklungsländern beigemessen. Neuartige Entwicklungsinstrumente,[32] deren Effizienz durch den Dialog und durch die Kooperation zwischen den Vertragspartnern gefördert wird und gleichberechtigte, paritätische und einstimmige Zusammenarbeit in durch das Abkommen geschaffenen Organen erlauben, diesen Abkommenstyp als *»Partnerschaft von Lomé«* zu bezeichnen.[33] Die spezifischen Vertragselemente, aber auch das Volumen der finanziellen und technologischen Transaktionen,[34] ein Minimum politischer Substanz sowie die darin grundgelegte Solidarität lassen darüber hinaus die Schlußfolgerung zu, daß die Partnerschaft von Lomé *communautaire Züge* trägt.[35]

6. Die Mittelmeerpolitik

10 Mit ihrer Mittelmeerpolitik verfolgt die Gemeinschaft mehrere Ziele. Einmal will sie den beiderseitigen Handelsaustausch mit möglichst allen Mittelmeeranrainern fördern, zum anderen möchte sie durch eine enge Kooperation auf möglichst allen wirtschaftlichen und sozialen Bereichen dabei helfen, Entwicklungsrückstände der Mittelmeerstaaten zu

31 Hans-Broder *Krohn*, Kommentar zu Art. 131 (I A 59, EWG, S. 21), in: HER, Baden-Baden März 1981.

32 Dazu gehören u. a.: Das System zur Stabilisierung der Exporterlöse (STABEX-System), das System zur Sicherung der Exporte von Bergbauprodukten (Sysmin), die industrielle Zusammenarbeit mit ihren Einrichtungen: Ausschuß für industrielle Zusammenarbeit und Zentrum für industrielle Entwicklung, das Zuckerprotokoll, Hilfe für am wenigsten entwickelte Länder, landwirtschaftliche Zusammenarbeit, Nahrungsmittelhilfe etc. (vgl. im einzelnen Abkommen Lomé II, in: ABl. 1980 Nr. L 347).

33 *J. Becker,* Die Partnerschaft mit Lomé, Baden-Baden 1979.

34 Die Finanzhilfe der EG zugunsten der AKP-Staaten betrug für die laufende Zeit von Lomé I 3 466 Mio. RE. Für die Laufzeit von Lomé II wurde sie auf 5 427 Mio. ECU festgesetzt. In dieser Summe sind 200 Mio. ECU in Form von Darlehen für den Bergbau und den Energiesektor enthalten.

35 Eine ausführliche Darstellung des Inhalts von Lomé I, die den Rahmen dieser Kommentierung sprengen würde, findet sich in meiner Schrift »Die Partnerschaft von Lomé – Eine neue zwischenstaatliche Kooperationsform des Entwicklungsvölkerrechts«, Baden-Baden 1979. Den Inhalt von Lomé II habe ich in meiner Schrift »Entwicklungskooperation in einem sich

mildern. Die Gemeinschaft hofft, so einen Beitrag zur Stabilisierung des politisch labilen Mittelmeerraumes zu leisten. Erste Anstöße für eine sog. »Globallösung für den Mittelmeerraum« kamen vom Europäischen Parlament. Sie wurden von den Staats- und Regierungschefs der erweiterten EG auf ihrer ersten Gipfelkonferenz im Oktober 1972 in Paris aufgegriffen und beschlossen. Mit nahezu allen Anrainerstaaten des Mittelmeers (außer mit Albanien und Libyen) ist die EG mittlerweile vertragliche Beziehungen eingegangen.

Im Rahmen des Mittelmeer-Globalkonzepts der EG wurden die Assoziationsvereinbarungen mit *Malta* und *Zypern* durch Zusatzprotokolle erweitert. Mit beiden Ländern wurden gleichlautende Maßnahmen der Entwicklungskooperation vereinbart, die sich u. a. auf Infrastruktur, industrielle und technologische Zusammenarbeit, Förderung und Erleichterung privater Investitionen etc. erstrecken.[36] Darüber hinaus wurde beiden Ländern finanzielle Hilfe zugesagt.[37] Sämtliche Protokolle beruhen auf Art. 238 und wurden als *accords mixtes*[38] abgeschlossen.

Zwischen der Gemeinschaft und *Israel* besteht ein Freihandelsabkommen,[39] das auf der Grundlage von Art. 113 abgeschlossen wurde. In ihrem Bemühen um ausgewogene Beziehungen zu Israel und zu den arabischen Staaten, hat die Gemeinschaft das Abkommen durch finanzielle Hilfszusagen ergänzt. Das Finanzprotokoll mit Israel beruht ebenfalls auf Art. 238.[40]

11 Im Rahmen der Mittelmeerpolitik hat die Gemeinschaft mit den *arabischen Mittelmeerländern* sowie mit *Jordanien*, jedoch nicht mit Libyen, ein auf zweiseitigen Vereinbarungen beruhendes Vertragssystem geknüpft. Auch bei diesen Verträgen liegt der Schwerpunkt auf Entwicklungskooperation. Als Zweck der Zusammenarbeit mit allen arabischen Mittelmeerländern werden u. a. genannt: Ausbau der Wirtschaftsinfrastruktur, Beteiligung an der Industrialisierung, Modernisierung der Landwirtschaft, industrielle und technologische Zusammenarbeit, Zusammenarbeit auf dem Fischereisektor, Förderung privater Investitionen etc.[41] Kennzeichnend für das System ist, neben der finanziellen Hilfe, die es allen Ländern gewährt, seine *Globalität* – fast alle Formen der

wandelnden Weltsystem – Völkerrechtliche und Europarechtliche Pläne und Realisationen«, Frankfurt 1982, dargestellt. Meine These, daß der Gegenstand Lomé allein mit herkömmlichen Vorstellungen und Kategorien des Völkerrechts und des Europarechts nicht zu erfassen ist, sondern eher in das weitere Spektrum des Entwicklungsvölkerrechts eingeordnet werden muß, blieb bisher unwidersprochen.

36 Vgl. für *Malta* Art. 18 ff. des Zusatzprotokolls vom 4. 3. 1976 (ABl. 1976 Nr. L 111 S. 3) und für *Zypern* Art. 10 ff. des Zusatzprotokolls vom 15. 9. 1977 (ABl. 1977 Nr. L 339 S. 2).

37 Vgl. die Finanzprotokolle mit *Malta:* ABl. 1976 Nr. 111 S. 67 und mit *Zypern:* ABl. 1978 Nr. L 332 S. 2.

38 Vgl. unten Rn. 18.

39 ABl. 1975 Nr. L 136.

40 ABl. 1978 Nr. L 270.

41 Vgl. als Beispiel Art. 2 bis 7 des Abkommens mit *Ägypten,* in: ABl. 1978 Nr. L 266 S. 4. Die Bestimmungen in den anderen Abkommen sind nahezu gleichlautend.

Zusammenarbeit sind vorgesehen –, die Entwicklungsfähigkeit des Systems, dessen Institutionen und die auf unbegrenzte Geltungsdauer angelegte Konzeption. In diesen Merkmalen äußern sich die *»relations spéciales«*, die die EG inzwischen mit beinahe allen europäischen und nicht-europäischen Mittelmeerländern begründet hat. Seit dem 25./26. 4. 1976 bestehen mit den *Maghreb-Ländern (Algerien, Marokko* und *Tunesien) nahezu gleichlautende Kooperationsabkommen, die* sämtlich am 1. 11. 1978 in Kraft traten.[42] Mit den *Maschrik-Ländern (Ägypten, Syrien, Jordanien und Libanon)* wurden die Verhandlungen im Februar 1976 eingeleitet. Da feststand, daß die Abkommen mit diesen Staaten auf den Grundsätzen der *Maghreb-Abkommen* basieren sollten, war die nötige Vorarbeit bereits geleistet. Am 18. 1. 1977 konnten mit *Ägypten, Jordanien und Syrien* und am 3. 5. 1977 mit dem *Libanon* ebenfalls nahezu gleichlautende Kooperationsabkommen abgeschlossen werden, deren Inhalt sich mit dem *Maghreb-Abkommen* deckt. Auch diese Verträge traten am 1. 11. 1978 in Kraft.[43] Obwohl die Abkommen mit den arabischen Mittelmeeranrainern auf Art. 238 beruhen, werden sie nicht mehr als »Assoziationsabkommen«, sondern, wie die Abkommen von Lomé, als »Kooperationsabkommen« bezeichnet. In allen Abkommen, die auf unbegrenzte Zeit abgeschlossen wurden, hat die Gemeinschaft in Finanzprotokollen für die Zeit bis zum 31. 10. 1981 finanzielle Hilfszusagen in einem Umfang von 339 Mio. ECU für die *Maghreb-Länder* und 300 Mio. ECU für die *Maschrik-Länder* gemacht. Am 27. 7. 1981 kam der Rat überein, die Finanzprotokolle mit diesen Ländern sowie das mit *Israel* abgeschlossene Finanzprotokoll, das ebenfalls am 31. 10. 1981 auslief, zu verlängern.[44]

7. Sonderfall Jugoslawien

12 Offenbar können politische Gründe dazu führen, die gesicherten Rechtsgrundlagen für den Abschluß eines Assoziations-/Kooperationsabkommens zu verschweigen. Es hat nämlich den Anschein, daß das am 20. 4. 1980 mit *Jugoslawien* unterzeichnete Kooperationsabkommen nicht nur inhaltlich ein Abkommen »sui generis« (so der 14. Gesamtbericht der Gemeinschaft, Ziff. 656) ist, sondern sich auch bezüglich der innergemeinschaftlichen Rechtsgrundlage, auf die die Gemeinschaft seinen Abschluß stützen wird, voraussichtlich von den Kooperationsabkommen mit den übrigen Mittelmeeranrainern

42 *Algerien:* ABl. 1978 Nr. L 263.
Marokko: ABl. 1978 Nr. L 264.
Tunesien: ABl. 1978 Nr. L 265.
Die mit Tunesien und Marokko 1969 abgeschlossenen Assoziationsverträge waren nach 5jähriger Dauer 1974 abgelaufen.

43 *Ägypten:* ABl. 1978 Nr. L 266.
Libanon: ABl. 1978 Nr. L 267.
Jordanien: ABl. 1978 Nr. L 268.
Syrien: ABl. 1978 Nr. L 269.

44 Die neuen Finanzprotokolle sehen für einen erneuten Zeitraum von 5 Jahren Darlehen aus eigenen Mitteln der EIB und aus dem Haushalt der Gemeinschaft in einer Gesamthöhe von 1 015 Mio. ECU vor (vgl. BullEG 7/8 1981 Ziff. 2.2.47.).

unterscheiden wird. Schon die Verordnung zum bereits in Kraft getretenen Interimsabkommen bezüglich den Handelsverkehr und die handelspolitische Zusammenarbeit stützt sich allein auf Art. 113,[45] und die Verordnung, die die Bestimmungen des Kooperationsabkommens über die finanzielle Zusammenarbeit vorzeitig in Kraft setzt, nennt nur Art. 235.[46]

Aufgrund von Informationen aus zuverlässiger Quelle muß angenommen werden, daß *Jugoslawien* aus politischen Gründen Vorbehalte dagegen angemeldet hat, daß die Gemeinschaft die vereinbarte Kooperation auf Art. 238 stützt. Die Gemeinschaft soll deshalb *Jugoslawien* zugesagt haben, daß sie in ihrer Verordnung zum Kooperationsabkommen allein auf den EWG-Vertrag als Rechtsgrundlage für die Zuständigkeit der Gemeinschaft verweist und keinen Vertragsartikel nennen wird. Intern wird jedoch die Gemeinschaft das Abkommen so behandeln, als sei es gemäß Art. 238 abgeschlossen worden. Diese Praxis weckt trotz der politisch vielleicht verständlichen Motivation rechtliche Bedenken, denn darin liegt nicht nur ein Abweichen von der bisher geübten Verankerung in den einschlägigen Artikeln des EWG-Vertrages, sondern auch eine Unvereinbarkeit mit Art. 190 und dem Art. 190 konkretisierenden Art. 11 der Geschäftsordnung des Rates vom 24. 7. 1979, der verlangt, »die Angabe der Bestimmungen, auf denen die Verordnung erlassen wird« voranzustellen. Auch bei den Yaoundé-Abkommen hatte die Gemeinschaft darauf verzichtet, Vertragsartikel, wie es der Regel entsprochen hätte, als innergemeinschaftliche Zuständigkeitsbasis zu nennen, hier jedoch nicht wegen eines politischen Ansinnens der anderen Seite, sondern wegen einer damals noch verbreiteten eigenen Unsicherheit über die gegebene vertragliche Rechtsgrundlage.

8. Zusammenfassung

13 Der Anwendungsbereich von Art. 238 hat sich seit Bestehen der Gemeinschaft stark erweitert. Dabei dient er weniger als ein die Erweiterung der Gemeinschaft ergänzendes Instrument, sondern als Anknüpfungspunkt und Zuständigkeitsbasis der Entwicklungskooperation. In diesem Bedeutungswandel des Art. 238 zeigt sich der evolutionäre Charakter des Gemeinschaftsrechts.

Heute findet Art. 238 auf folgende Bereiche Anwendung:

a) Als Durchgangsstadium bis zur Vollmitgliedschaft (bis zu seinem Beitritt am 1. 1. 1981 für Griechenland, heute nur noch für die Türkei);
b) als Grundlage für eine Freihandelsassoziation (mit Zypern und Malta);
c) als Grundlage für die globale Mittelmeerpolitik;
d) als Basis für eine neue Partnerschaft mit Entwicklungsländern, in erster Linie

45 ABl. 1980 Nr. L 130 S. 1.
46 ABl. 1980 Nr. L 130 S. 98.

zugunsten ehemaliger Gebiete, wie sie in den Abkommen von Lomé begründet wurde.

Hält man am Terminus Assoziation fest, so können die hier aufgeführten Anwendungsbereiche unter folgenden drei Assoziationstypen subsumiert werden: *Beitrittsassoziation, Freihandelsassoziation* und *Entwicklungsassoziation.* Buchst. a) wäre der Beitritts-, Buchst. b) der Freihandels- und Buchst. c und d) der Entwicklungsassoziation zuzurechnen. Desungeachtet folgt aber aus der vorausgehenden Darstellung, daß inzwischen alle Assoziationsabkommen mit der EG starke entwicklungspolitische Komponenten enthalten. Trotz seiner Ausdehnung läßt sich jedoch eine Eingrenzung des Anwendungsbereichs von Art. 238 immer noch erkennen: Sämtliche Länder (mit einigen wenigen Ausnahmen), mit denen bisher ein Abkommen auf dieser Basis abgeschlossen wurde, stehen in enger räumlicher Konnexität zur Gemeinschaft oder sind mit einem Mitgliedstaat durch traditionelle aus der Kolonialzeit herrührende Beziehungen verbunden.

III. Die Zuständigkeiten der EG

1. Grenzen des Regelungsumfangs von Artikel 238

14 Der Wortlaut des Art. 238 besagt nichts über den materiellen Regelungsbereich der Norm. Seine rein formale Umschreibung läßt den Umfang regelungsfähiger Sachgebiete und gemeinschaftlicher Assoziationsabkommen offen. Weder die allgemeine Umschreibung »gegenseitige Rechte und Pflichten« noch die reinen Verfahrensmerkmale »gemeinsames Vorgehen und besonderes Verfahren« noch der völkerrechtliche Assoziationsbegriff vermögen hier Interpretationshilfen zu leisten. Der hinsichtlich des materiellen Inhalts offene Wortlaut von Art. 238 hat es der Gemeinschaft erleichtert, dieses Vertragsinstitut zu einem flexiblen und wirkungsvollen Instrument gemeinschaftlicher Außenbeziehungen zu machen. Trotz der Sonderbeziehungen, die die Assoziation zwischen Assoziierten und Gemeinschaft herstellt (im Fall der Beitrittsassoziation ist sie besonders eng), wird das Assoziationsverhältnis zwischen gleichberechtigten Völkerrechtssubjekten vollzogen, die völkerrechtlich voll handlungsfähig bleiben und deren Souveränität durch das Assoziationsverhältnis unangetastet bleibt.

15 Art. 238 wird in der Gemeinschaft unterschiedlich ausgelegt. Der Rat interpretiert ihn eng. Nach seiner traditionellen Auffassung beschränkt sich der Aktionsbereich der Norm auf die Materien, für die die Gemeinschaft bereits aus anderen Vertragsnormen eine Vertragsschließungskompetenz herleiten kann. In erster Linie wäre dies Art. 113, was zur Folge hätte, daß der Aktionsbereich von Art. 238 sich auf den des Art. 113 beschränken würde. Dem steht aber das im Vergleich zu Art. 113 in Art. 238 festgelegte strenge Verfahren entgegen. Die Kommission dagegen geht vom *Zweck* des Assoziationsabkommens aus. Sie unterscheidet, ob es sich um eine Beitritts-, Freihandels- oder Entwicklungsassoziation handelt. Der Zweck soll nach Auffassung der Kommission den Aktionsbereich von Art. 238 bestimmen und Gebiete wie Freizügigkeit der Arbeitnehmer einschließlich der Sozialversicherung, Niederlassungsrecht, Dienstleistungs- und Kapitalverkehr, wirtschaftliche und industrielle Kooperation (hierunter würden danach sämtliche Instrumente der Entwicklungskooperation fallen) sowie vor allem auch die Finanzhilfe umfassen.[47]

16 Die überwiegende Literaturmeinung, die Art. 238 in Übereinstimmung mit der Kommission als originäre Kompetenznorm ansieht, stellt auf den Rahmen der allgemeinen Vertragsschlußbefugnis der Gemeinschaft ab, wie er bisher vom Vertrag selbst und vom EuGH abgesteckt wurde. Danach ist Art. 238 dahin auszulegen, daß die EWG »im Bereich des primären und sekundären Gemeinschaftsrechts eine ausschließliche Kompetenz zum Abschluß von Assoziationsabkommen und Art. 238 somit eine über den handelspolitischen Bereich hinausgehende und dem jeweiligen gemeinschaftsrechtlichen Integrationsstand korrespondierende *treaty making power* enthält«.[48] Der in der Literatur bestehende breite Konsens stützt sich auf das AETR-Urteil des EuGH,[49] das Art. 238 neben Art. 113 und Art. 114 als geschriebene Grundlage für eine Außenkompetenz der Gemeinschaft ausdrücklich nennt, ohne ihn jedoch zu definieren. Im Wege extensiver Interpretation erkennt der EuGH der Gemeinschaft das Recht zum Abschluß internationaler Abkommen nicht nur in Fällen ausdrücklicher Kompetenzverleihungen zu, sondern »insbesondere . . . in den Bereichen, in denen die Gemeinschaft zur Verwirklichung einer vom Vertrag vorgesehenen gemeinsamen Politik Vorschriften erlassen hat, die in irgendeiner Form gemeinsame Rechtsnormen vorsehen«.[50] Im *Kramer-Urteil*[51] und im *Gutachten zum Stillegungsfonds*[52] für die Binnenschiffahrt hat der EuGH diese Position bestätigt und weiter ausgebaut. Setzt das AETR-Urteil noch eine gemeinschaftsinterne Rechtsnorm auf der Grundlage einer vorhandenen Binnenkompetenz voraus, so entnimmt das Kramer-Urteil eine Vertragsschlußbefugnis nur aus den Pflichten und Befugnissen der Gemeinschaftsorgane im Innenverhältnis. Im Gutachten zum Stillegungsfonds stellt der EuGH schließlich fest: wenn das Gemeinschaftsrecht den Gemeinschaftsorganen »im Hinblick auf ein bestimmtes Ziel im Innenverhältnis eine Zuständigkeit« verleiht, »dann ist die Gemeinschaft befugt, die zur Erreichung dieses Zieles erforderlichen völkerrechtlichen Verpflichtungen einzugehen, auch wenn eine ausdrückliche diesbezogene Bestimmung fehlt«.[53] Damit steht fest: jeder Innenkompetenz entspricht gleichzeitig eine Außenkompetenz. Diese kann selbst dann in Anspruch

47 Claus-Dieter *Ehlermann,* a.a.O., S. 30f.
48 *Petersmann*, a.a.O., S. 285.
49 Rs. 22/70 – Slg. 1971, 263.
50 Slg. 1971, 275.
51 Rs. 3, 4 und 6/76 – Slg. 1976, 1279.
52 Gutachten vom 26. 4. 1977, 1/76 – Slg. 1977, 741.
53 Slg. 1977, 742.

genommen werden, wenn von der Innenkompetenz noch kein Gebrauch gemacht worden ist.[54] Nach dieser Rechtsprechungs- und Gutachtenpraxis des EuGH verfügt die Gemeinschaft über ein »maßgeschneidertes System außenpolitischer Zuständigkeiten«,[55] das auch den Umfang der gemeinschaftlichen Kompetenz zum Abschluß von Assoziationsabkommen bestimmt.

Für die Praxis gilt: Die Gemeinschaft kann, und dazu hat der EuGH sie ausdrücklich ermächtigt, jedes Sachgebiet, für das sie eine Innenkompetenz hat, auch zum Gegenstand eines völkerrechtlichen Abkommens gemäß Art. 238 machen und sich in Bezug darauf gegenüber Dritten, seien es Staaten oder internationale Organisationen, binden.

2. Artikel 238 als Kompetenznorm für Entwicklungskooperation

17 Der von der Gemeinschaft beabsichtigte Assoziationszweck soll sich an den Zielen der Gemeinschaft orientieren. Für Beitritts- wie für Freihandelsassoziation stößt die Zielbestimmung auf keine Probleme. Es steht außer Frage, daß das Assoziationsregime des Art. 238 von Anfang an für diese Fälle konzipiert war. Wie verhält es sich jedoch mit den entwicklungspolitischen Zielsetzungen, deren Signum vor allem die auf Art. 238 gründenden Kooperationsabkommen im Rahmen der EG-Mittelmeerpolitik sowie das Lomé-Abkommen tragen? Entwicklungspolitische Zielbestimmungen enthält der EWG-Vertrag explizit in Absatz VII der Präambel, in Art. 3k und in Art. 131. Ursprünglich bezogen sich diese Zielbestimmungen nur auf die bei Vertragsschluß abgrenzbare Zahl der von einigen Mitgliedstaaten abhängigen überseeischen Länder und Gebiete, deren Anzahl seit Bestehen der Gemeinschaft aber bis auf einen kleinen insularen Rest zusammengeschmolzen ist. Als Ziele, die die Gemeinschaft im Hinblick auf diese Länder verfolgen soll, werden im EWG-Vertrag genannt: Förderung des Wohlstands der überseeischen Länder, Steigerung des Handelsverkehrs und Förderung der landwirtschaftlichen und sozialen Entwicklung der Länder und Hoheitsgebiete und die Herstellung enger Wirtschaftsbeziehungen zwischen ihnen und der gesamten Gemeinschaft. Heute kann davon ausgegangen werden, daß diese Zielbestimmung auch nach Unabhängigkeit dieser Länder und auch für einen weiteren Kreis unabhängiger Entwicklungsländer gilt. Die Annahme beruht auf einem innergemeinschaftlichen Konsens, der Evidenzcharakter hat. Dieser Konsens, dem die Mitgliedstaaten der EG bei allen einschlägigen Anlässen ununterbrochen und unwidersprochen Ausdruck gegeben haben und der darum eines darüber hinausgehend geführten Nachweises nicht bedarf, bestimmt auch die Auslegung von Art. 238. Der Konsens rechtfertigt eine auf die Ziele der Kooperation, namentlich mit den AKP-Staaten und den südlichen Mittelmeeranrainern, ausgerichtete teleologische (dementsprechend sich also ganz in der unbestrittenen europarechtlichen Auslegungspraxis haltende) Interpretation solcher Vertragsnormen, denen die neuen Sachverhalte am nächsten kommen und dementsprechend am ehesten

54 *Ehlermann*, a.a.O., S. 33.
55 Karl Matthias *Meessen,* a.a.O., S. 39.

darunter subsumiert werden können. Mit der Wandlung des präsumtiven Anwendungsbereichs einer Norm und seines Normkomplexes ändert sich auch deren durch Auslegung zu eruierender Inhalt.

Die Gegenstandsbereiche sämtlicher Abkommen, gleichgültig welcher Kategorie sie zuzurechnen sind, müssen aber bezüglich ihrer Vereinbarkeit mit der der Gemeinschaft zugewiesenen Abschlußkompetenz den oben aufgestellten Kriterien standhalten.

IV. Gemischte Abkommen

18 Sämtliche auf der Basis von Art. 238 abgeschlossenen Abkommen enthalten einen handelspolitischen Teil, der namentlich bei den *Maghreb-, Maschrik- und Lomé-Abkommen* die Gewähr einseitiger Präferenzen vorsieht. Eine Gemeinschaftskompetenz hierfür ergibt sich aus Art. 113. Eine Abschlußkompetenz der Gemeinschaft für die übrigen Sachbereiche, die sämtliche Abkommen regeln, muß sich aus anderen Normen des geschriebenen Gemeinschaftsrechts oder aus den vom EuGH aufgestellten Kriterien herleiten lassen. Auf diese Weise kann festgestellt werden, in wessen Zuständigkeitsbereich gemeinschaftsintern – sei es in den der Gemeinschaft oder den der Mitgliedstaaten – die Regelung einer bestimmten Materie fällt; eine konkurrierende Zuständigkeit der Mitgliedstaaten neben der Gemeinschaftszuständigkeit kann es nach dem AETR-Urteil nicht geben (Ziff. 30/31 des Urteils). Seit dem Assoziationsabkommen mit Griechenland hat die Gemeinschaft auf ausdrücklichen Wunsch der Mitgliedstaaten in den unter das Regime von Art. 238 fallenden Abkommen ihre Zusammenarbeit nach und nach auf sämtliche Bereiche des wirtschaftlichen und sozialen Lebens der Assoziationspartner, die heute ausnahmslos Entwicklungsländer sind, ausgedehnt. Diese Praxis macht jedoch eine klare Trennung der Kompetenz von Gemeinschaft und Mitgliedstaaten im Einzelfall außerordentlich schwierig. Für bestimmte Bereiche, die inzwischen zu den wesentlichen Vertragsbestimmungen gehören, wird der Gemeinschaft zudem eine Abschlußkompetenz von den Mitgliedstaaten ausdrücklich bestritten: namentlich für die Bereiche Niederlassungsfreiheit, Freizügigkeit von Arbeitnehmern und finanzielle und technische Zusammenarbeit. Zur Regelung solcher Materien, die teils in die Zuständigkeit der Gemeinschaft und teils in die Zuständigkeit der Mitgliedstaaten fallen, insbesondere aber auch zur Vermeidung gemeinschaftlicher Kompetenzkonflikte werden die auf Art. 238 basierenden Abkommen in der Regel heute als *gemischte Abkommen (accords mixtes)* abgeschlossen. In dieser Rechtsform kommt damit die Zuständigkeit der Mitgliedstaaten ins Spiel.[56] In dieser Gestalt wurden die Assoziationsabkommen mit *Griechenland* und der *Türkei*, die *Abkommen von Lomé*, die Abkommen mit den *Maghreb- und*

56 Zur Zulässigkeit von gemischten Verfahren hat der EuGH in seinem Gutachten 1/76 vom 26. 4. 1977 (Slg. 1977, 741) Stellung genommen. Zur Zulässigkeit des Abkommens von Lomé als gemischtes Abkommen s. *Meessen*, a.a.O., S. 40 ff. Vgl. allgemein zu den gemischten Abkommen auch *Schwarze,* Art. 210 Rn. 10.

Maschrik-Ländern und die Ergänzungs- und Finanzprotokolle mit *Zypern, Malta und Israel* abgeschlossen. Auch beim Abkommen mit *Jugoslawien* wird auf diese Weise verfahren. Vertragspartner sind hier auf europäischer Seite die EG, vertreten durch den Rat, sowie ihre Mitgliedstaaten. Rechtsgültigkeit erlangen die Abkommen, sobald alle Unterzeichnerstaaten (EG-Mitgliedstaaten) und Kooperationspartner sie gemäß ihren verfassungsrechtlichen Bestimmungen ratifiziert haben und sobald der Rat der EG in Form einer Verordnung darüber Beschluß gefaßt hat. Die Verordnung der EG tranformiert diese Abkommen in europäisches Gemeinschaftsrecht. Alle Vertragspartner eines *accord mixte* sind auch an alle vereinbarten Bestimmungen gebunden. Eine Trennung zwischen Verpflichtung der Gemeinschaft und denen der Mitgliedstaaten müßte sich aus den Vertragsbestimmungen selbst oder aus deren Sachzusammenhang ergeben.

19 Die Auffassung, daß der Gemeinschaft die Kompetenz zur finanziellen und technischen Hilfe, die für die entwicklungspolitisch ausgerichteten Abkommen essentiell ist, fehlt, wurde zeitweise bestritten.[57] Der EuGH hat sich in seinem Gutachten 1/78 vom 8. 10. 1979[58] zum Internationalen Naturkautschuk-Übereinkommen hierzu inzwischen klärend geäußert. Hinsichtlich der Möglichkeit von Finanzregelungen bei Abkommen der Gemeinschaft unterscheidet der EuGH zwei Fallgestaltungen: Die Einstellung der in einem Abkommen vorgesehenen finanziellen Verpflichtungen in den Gemeinschaftshaushalt und den Fall, daß die Haushalte der Mitgliedstaaten unmittelbar damit belastet werden. Im ersten Fall würden sich nach Auffassung des EuGH keinerlei Probleme für die ausschließliche Zuständigkeit der Gemeinschaft zum Abschluß des betreffenden Übereinkommens ergeben. In diesem Fall müssen auch die erforderlichen Entscheidungen »nach den entsprechenden Gemeinschaftsverfahren« getroffen werden. Für den Fall, daß die Finanzierung jedoch zu Lasten der Mitgliedstaaten geht, wie das bei allen auf der Basis von Art. 238 abgeschlossenen Abkommen bisher üblich war, »so bedingt dieser Umstand die Beteiligung der Staaten an diesen Entscheidungsprozessen oder zumindest ihre Zustimmung zu den beabsichtigten Modalitäten der Finanzierung und demzufolge ihre Beteiligung an dem Übereinkommen zusammen mit der Gemeinschaft. Eine ausschließliche Zuständigkeit der Gemeinschaft könnte in diesem Fall nicht angenommen werden«.

Gemischte Abkommen machen Kompetenzüberschreitungen unmöglich, da die Zuständigkeitsbereiche von Gemeinschaft und Mitgliedstaaten einander ausschließen. Dem Partnerstaat verleiht dies Rechtssicherheit, da er sicher sein kann, daß je nach Kompetenzverteilung Gemeinschaft und Mitgliedstaaten zur Erfüllung der Vertragsbestimmungen verpflichtet sind. Mit der Beteiligung der Mitgliedstaaten auch bei den Vertragsverhandlungen wird im übrigen ein zusätzliches Kontroll- und Steuerungselement in einen Tätigkeitsbereich der Gemeinschaft eingeführt, der seiner Natur nach, wie

57 So auch von Eberhard *Grabitz*, EuR 1977, S. 234f.
58 Slg. 1979, 2871.

die Erfahrung lehrt, expansiv ist. Die Mitgliedstaaten können hier beizeiten einem etwaigen Abdriften der Gemeinschaft, ermuntert vor allem auch durch das auf Kompetenzerweiterung drängende Europäische Parlament, in Grauzonen ihrer Zuständigkeit entgegensteuern. Ob und in welchem Ausmaß sich zukünftige auf Art. 238 gründende Assoziations- und Kooperationsabkommen z. B. auch auf Bereiche wie Sport, Gesundheit und Kultur[59] erstrecken sollen, in denen die EG keine Kompetenzen besitzt, wird so von den Mitgliedstaaten mitbestimmt.

Durch Rückgriff auf gemischte Abkommen bei Kompetenzüberschreitungen der Gemeinschaft sind Änderungen des EWG-Vertrages infolge von Assoziationsabkommen, wie dies Art. 238 ausdrücklich vorsieht, bisher nicht erforderlich gewesen. Falls Assoziationsabkommen Änderungen des EWG-Vertrages erforderlich machen sollten, würde sich dafür das in Art. 236 vorgesehene Verfahren anbieten.

V. Verhandlungs- und Abschlußverfahren

20 Das Abschlußverfahren wird durch Art. 238 selbst bestimmt. Es sieht vor: Anhörung des Europäischen Parlaments und einstimmigen Ratsbeschluß. Einstimmigkeit gebietet die weitreichende Bindung, die die Gemeinschaft in diesen Abkommen eingehen und die ihren Handlungsspielraum auf Dauer begrenzen kann. In welchem Ausmaß dies durch die bisherige Vertragspraxis geschehen ist, läßt sich anhand der einzelnen Vertragskategorien feststellen. Da Art. 238 nicht bestimmt, welches Gemeinschaftsorgan zur Verhandlungsführung zuständig ist, muß auf die allgemeine Verfahrensnorm des Art. 228 zurückgegriffen werden, nach der die Kommission zur Führung von Verhandlungen mit Drittstaaten befugt ist. In der Praxis werden jedoch die Verfahrensmodalitäten des Art. 113, die dem Rat eine starke Richtlinienfunktion bei der Vertragsführung einräumen, ergänzend herangezogen. Da der Rat gemäß Art. 238 Abs. 2 die Kompetenz zum Abschluß von Assoziationsabkommen hat, wäre es wenig sinnvoll, wenn die Kommission ohne Absprachen mit dem Rat Vertragsverhandlungen führen würde.[60] Auf seiten der Gemeinschaft werden deshalb die Verhandlungen von der Kommission auf der Grundlage eines ihr vom Rat erteilten Mandats geführt. Sie wird bei ihrer Verhandlungsführung zuweilen durch Ausschüsse sowie durch Beobachter der Mitgliedstaaten unterstützt.

Der Streit über den Zeitpunkt, zu dem das Europäische Parlament anzuhören ist, wurde durch eine zwischen Parlament und Rat ausgehandelte Kompromißformel, die als »Luns-Verfahren« bekanntgeworden ist, gelöst. Dieses Verfahren sieht vor, daß bei

59 Eine solche Ausweitung wurde bereits in der Beratenden Versammlung AKP-EG vom 28. bis 30. 9. 1981 in Luxemburg auf der Grundlage eines vom Botschafter von Mauritius erstellten Berichts diskutiert (s. Le Courrier, Nr. 70, S. IV).

60 Siehe dazu auch *Herrmann,* a.a.O., S. 310.

Abkommen gemäß Art. 238 das Parlament über seinen Ausschuß für Außenwirtschaftsbeziehungen sowie seinen Politischen Ausschuß durch die Kommission über den Verlauf der Verhandlungen und durch den Rat nach Abschluß der Verhandlungsphase, aber vor der Unterzeichnung des Abkommens vertraulich und inoffiziell unterrichtet wird.

VI. Abgrenzungsprobleme

1. Die Kooperation mit nicht-assoziierten Staaten

21 Die Schwierigkeit, die Assoziation als Institut zu typisieren, ist evident. Noch fällt es aber verhältnismäßig leicht, sie von einer neuen Abkommensgeneration zu unterscheiden, mit der die Gemeinschaft in den letzten Jahren ihre Entwicklungskooperation über den traditionellen AKP-Bereich und den Mittelmeerraum nach Asien und Lateinamerika ausgedehnt hat. Dazu gehören: das »Kooperationsabkommen« mit den *ASEAN-Staaten* (1980),[61] das »Rahmenabkommen über Zusammenarbeit« mit *Brasilien* (1980)[62] sowie das »Abkommen über handelspolitische und wirtschaftliche Zusammenarbeit« mit *Indien* (1981).[63] Mit den Staaten des *Anden-Paktes* wird über ein dem ASEAN-Abkommen vergleichbares Vertragswerk verhandelt. Entscheidendes Abgrenzungskriterium ist hier der Vertragsinhalt, der mehr aus Programmsätzen und Absichtserklärungen als aus konkret vereinbarten Maßnahmen besteht. Die Kompetenz der gemeinsamen Organe reicht nicht entfernt an die der Lomé- und Mittelmeer-Abkommen heran, und Vereinbarungen über finanzielle und technische Zusammenarbeit fehlen hier ganz. Darum war eine Beteiligung der Mitgliedstaaten der EG beim Abschluß dieser Abkommen nicht erforderlich.

22 Die Gemeinschaft ist durch den EWG-Vertrag nicht darauf festgelegt, ihre Beitritts- bzw. Erweiterungspolitik, ihre Freihandelspolitik oder ihre Entwicklungspolitik durch Assoziationen gemäß Art. 238 zu realisieren. Der in Aussicht genommenen Süderweiterung der Gemeinschaft um Spanien und Portugal (zwischen beiden Ländern und der EG bestehen präferenzielle Handelsabkommen gemäß Art. 113) wird so nicht mehr, wie noch im Falle Griechenlands, eine Beitrittsassoziation vorausgehen, und für die entwicklungspolitisch ausgerichteten Kooperationsabkommen mit den Staaten der *ASEAN* sowie mit *Brasilien* und *Indien* wurde die Rechtsgrundlage für eine Zuständigkeit allein in Art. 113 und Art. 235 gefunden. Daß die Gemeinschaft neben Art. 113 auch auf Art. 235 zurückgreift, zeigt, daß sie den Umfang der Gemeinschaftskompetenz im Bereich der Handelspolitik nicht für so umfassend hält, daß er bestimmte Entwicklungsinstrumente, die in den Abkommen enthalten sind, ohne weiteres mit umfaßt. Der EuGH hat jedoch im oben bereits zitierten Gutachten zum Internationalen Naturkautschuk-Übereinkommen[64] die

61 ABl. 1980 Nr. L 144 S. 1.
62 ABl. 1980 Nr. C 169 S. 3.
63 ABl. 1981 Nr. C 173 S. 3.
64 1/78 vom 4. 10. 1978; Slg. 1979, 2871.

Auffassung vertreten, daß die Frage der Außenhandelsbeziehungen in einer »offenen Perspektive« zu regeln sei und daß eine »gemeinsame Handelspolitik nicht mehr sinnvoll betrieben werden (könne), wenn die Gemeinschaft nicht auch über die verfeinerten, zur Entwicklung des internationalen Handels eingeführten Hilfsmittel verfügen könnte«. Art. 113 EWG-Vertrag dürfe, so der EuGH, nicht in einer Weise ausgelegt werden, »die dazu führen würde, die gemeinsame Handelspolitik auf den Gebrauch der Instrumente zu beschränken, deren Wirkung ausschließlich auf die herkömmlichen Aspekte des Außenhandels gerichtet ist, und weitere entwickelte Mechanismen ... auszuschließen«. Einiges spricht dafür, in den Entwicklungsinstrumenten der drei genannten Abkommen solche »verfeinerten Hilfsmittel« zu sehen.

23 Obwohl die in diesem Abkommen vereinbarten Instrumente vorerst einem Vergleich z. B. mit denen des Lomé-Abkommens nicht standhalten können, weist der materielle Regelungsgehalt sämtlicher entwicklungspolitischer Kooperationsabkommen, gleichgültig, ob die Rechtsgrundlage für eine Zuständigkeit der Gemeinschaft in Art. 113 oder Art. 238 gefunden wurde, offensichtlich Parallelen auf. Ähnliches gilt für die institutionelle Ausgestaltung solcher Abkommen: sämtliche Abkommenstypen, selbst solche, die inhaltlich allein auf den Warenverkehr beschränkt sind, haben gemeinsame Organe, die zwar unterschiedliche Bezeichnungen tragen, in allen Fällen aber mit der Aufgabe betraut sind, die Funktionsweise der verschiedenen Abkommen zu überwachen und zu fördern. Die institutionelle Ausgestaltung an sich ist kein typisches Merkmal für ein Abkommen gemäß Art. 238. Allerdings hebt sich die Intensität der institutionellen Ausgestaltung und der Kompetenzen der gemeinsamen Organe in diesen Abkommen von anderen Abkommenstypen ab. Sie zeichnen sich nämlich dadurch aus, daß sie in Erfüllung der ihnen übertragenen Aufgaben, für die Vertragspartner *verbindliche* Beschlüsse erlassen können (z. B. gemäß Art. 168 Lomé II der AKP-EWG-Ministerrat[65] und auch die mit jedem Maghreb- und Maschrik-Staat vereinbarten Kooperationsräte[66]). Für die Abgrenzung ergibt sich damit aber noch nicht, wie *d'Orville* annimmt, daß die Gemeinschaft stets das Verfahren des Art. 238 wählen muß, wenn sie in dem Vertrag gemeinsame Organe vorsehen will, die für die Vertragspartner verbindliche Beschlüsse erlassen können.[67] Nichts kann die Gemeinschaft daran hindern, auch die Organe, die in auf Art. 113 und Art. 235 gestützten Abkommen vereinbart sind, mit eben solchen Befugnissen auszustatten.[68]

2. *Primäres und sekundäres Assoziationsrecht*

24 Das von den Organen gesetzte Recht ist als sekundäres Recht dem primären Recht, d. h. dem jeweiligen Abkommen selbst, hierarchisch und zeitlich nachgeordnet – zwischen

65 ABl. 1980 Nr. L 347 S. 55.
66 Vgl. z. B. Art. 34 des Kooperationsabkommens mit Jordanien, ABl. 1978 Nr. L 268 S. 11.
67 Michael *d'Orville*, a.a.O., S. 48.
68 So auch *Herrmann*, a.a.O., S. 286 f.

beiden besteht ein Rangverhältnis. Das *primäre Recht* ist ein völkerrechtlicher Vertrag, der mit Beendigung des Ratifizierungsverfahrens durch die Mitgliedstaaten der EG und durch den Rat Bestandteil des europäischen Gemeinschaftsrechts ist. Da die meisten Assoziations- bzw. Kooperationsabkommen zwingende Verpflichtungen für die Gemeinschaft enthalten, findet auf sie der »Grundsatz der unmittelbaren Anwendbarkeit« (self executing) Anwendung, den der EuGH prinzipiell auch auf die Normen der die Gemeinschaft bindenden völkerrechtlichen Verträge angewandt hat. Das *sekundäre Recht* ist jedoch nur für die Vertragsparteien (d.h. die Gemeinschaft und die Unterzeichnerstaaten) des jeweiligen Abkommens verbindlich.

3. *Politische Substanz als Abgrenzungsmerkmal*

25 Ein Abgrenzungskriterium besonderer Art ist die politische Substanz, die sämtlicheAbkommen, die gemäß Art. 238 abgeschlossen wurden, kennzeichnet. Nicht nur wirtschaftliche, sondern auch politische Beweggründe haben die verschiedenen Abkommenssysteme herbeigeführt und halten sie in Funktion. Das entscheidende Kriterium für die Assoziation europäischer Staaten sowie für deren Beitritt zur Gemeinschaft ist die in der politischen Substanz liegende Gemeinsamkeit zwischen Assoziierten und Gemeinschaft. Hauptmerkmal ist dabei innerstaatlich ein verhältnismäßig hohes Maß struktureller (demokratischer) Homogenität und in den Außenbeziehungen eine politische substantielle Übereinstimmung. Daß die Gemeinschaft hierauf besteht, hat sie im Falle *Griechenlands* deutlich gemacht, dessen Assoziationsverhältnis mit der Gemeinschaft während der Obristen-Diktatur von der Gemeinschaft eingefroren wurde. Auch gegenüber der *Türkei* haben die Außenminister der EG-Mitgliedstaaten in einer Erklärung vom 16.9.1980 die Fortsetzung der vollen Anwendung des seit 1964 bestehenden Assoziationsabkommens ausdrücklich an die Erwartung einer raschen Wiedereinsetzung demokratischer Institutionen in der Türkei gebunden. Natürlich haben die wirtschaftlichen und rechtlichen Beziehungen zwischen der EG und den AKP-Staaten ebenso wie die zwischen der EG und den Mittelmeeranrainern keine vergleichbare politische strukturelle Homogenität zur Voraussetzung. Dennoch können aber auch diese Beziehungen Strukturen eines Minimums politischer Substanz nicht entbehren. Sie ist das auf die Dauer allein gültige und anerkennenswerte Motiv für eine (über das Allgemeine Präferenzsystem hinausgehende) präferenzielle Stellung dieser Staaten gegenüber der Gemeinschaft und für die Gewähr hoher finanzieller Hilfen, die diese Länder von der Gemeinschaft erhalten. Der Status als Entwicklungsland rechtfertigt das allein noch nicht; mit diesem Argument könnten auch zahlreiche andere Entwicklungsländer einen vergleichbaren Status reklamieren (und der Nord-Süd-Dialog ist für die Geltendmachung solcher Ansprüche ein geeignetes Forum), wogegen sich die AKP-Staaten z. B. schon zur Wehr gesetzt haben, um ihre besondere Stellung zu verteidigen.

4. Gegenseitige Rechte und Pflichten

26 Die politische Substanz erweist sich so auch als eine rechtliche Notwendigkeit. Ohne sie ließe sich der Diskriminierungsvorwurf, den andere Entwicklungsländer erheben, nur schwer abwehren. Das besondere Verhältnis zwischen der Gemeinschaft und denjenigen Staaten, mit denen sie durch Abkommen verbunden ist, die auf der Grundlage von Art. 238 abgeschlossen sind, beruht auch auf im Prinzip der *Solidarität*. Ihrer Natur nach ist Solidarität aber keine einseitige Beziehung mit einem Nord-Süd-Gefälle, sondern essentiell zweiseitig, wenn sie den Umständen entsprechend natürlich auch eine sehr unterschiedliche Ausprägung und Anwendung erfährt. Die Bildung eines spezifischen Solidaritätsbewußtseins muß deshalb Bestandteil einer Fortbildung der jeweiligen Vertragssysteme sein. Die Vertragsverhältnisse mit den Entwicklungsländern, die nicht wie im Falle von Malta, Zypern und der Türkei auf Herstellung einer Freihandelszone angelegt sind, können aber nicht als Rechtsverhältnisse gedeutet werden, innerhalb deren auf seiten der Entwicklungsländer ausschließlich Rechte, auf seiten der Gemeinschaft ausschließlich Pflichten begründet worden sind. Rechte und Pflichten sind unterschiedlich verteilt: Den Entwicklungsländern wurden zur Überwindung ihrer Unterentwicklung weitgehende wirtschaftliche Zugeständnisse gemacht, und dementsprechend haben Gemeinschaft und EG-Mitgliedstaaten vornehmlich wirtschaftliche Pflichten übernommen. Das besagt jedoch keineswegs, daß nicht beide Vertragsseiten überdies Rechte und Pflichten haben, die wesentlich auf der Respektierung der eingegangenen Partnerschaft, auf einer aus ihr resultierenden Solidarität und schließlich auf den Grundprinzipien ihrer Rechtsordnung, insbesondere den Menschenrechten, beruhen.

Artikel 239 [Protokolle als Bestandteile des Vertrages]

Die diesem Vertrag im gegenseitigen Einvernehmen der Mitgliedstaaten beigefügten Protokolle sind Bestandteil dieses Vertrages.

Literaturhinweise

Bernhardt, R., Die Auslegung völkerrechtlicher Verträge (Beiträge zum ausländischen öffentlichen Recht und Völkerrecht 40), Köln/Berlin 1963

Bittner, L., Die Lehre von den völkerrechtlichen Vertragurkunden, Berlin/Leipzig 1924

Malintoppi, A., Su la ratifica da parte dell'Italia dei Protocolli di Bruxelles del 1957 relativi alle Communità europee, in: Riv. dir. int. 1960 (43), S. 309–313

Myers, D.P., The Name and Scope of Treaties, in: AJIL 1957 (51), S. 574–605

Tomuschat, C., EWG und DDR, in: EuR 1969 (4), S. 298–332

Inhaltsübersicht

I. Anwendungsbereich

1 Art. 239 erfaßt einen geschlossenen Kreis von Protokollen.[1]

In der am 25. 3. 1957 in Rom unterzeichneten Schlußakte der Regierungskonferenz für den Gemeinsamen Markt und Euratom sind in Abschnitt I Nr. 2 bis 10 *neun* Protokolle aufgeführt. Es handelt sich dabei um:

1. ...
2. Protokoll über die Satzung der Europäischen Investitionsbank,
3. Protokoll über den innerdeutschen Handel und die damit zusammenhängenden Fragen,
4. Protokoll über bestimmte Vorschriften betreffend Frankreich,
5. Protokoll betreffend Italien,
6. Protokoll betreffend das Großherzogtum Luxemburg,
7. Protokoll über die Waren aus bestimmten Ursprungs- und Herkunftsländern, für die bei der Einfuhr in einen Mitgliedstaat eine Sonderregelung gilt,
8. Protokoll über die Regelung für die Waren, die unter die Zuständigkeit der Europäischen Gemeinschaft für Kohle und Stahl fallen, hinsichtlich Algeriens und der überseeischen Departements der Französischen Republik,
9. Protokoll über die Mineralöle und einige Mineralölerzeugnisse,
10. Protokoll über die Anwendung des Vertrages zur Gründung der Europäischen Wirtschaftsgemeinschaft auf die außereuropäischen Teile des Königreichs der Niederlande,
11. ...

1 Vgl. auch Rn. 11.

2 Zu den Protokollen im Sinne des Art. 239 zählen auch

- das Protokoll über die Satzung des Gerichtshofs der Europäischen Wirtschaftsgemeinschaft (nach Art. 188)

  und

- das Protokoll über die Vorrechte und Befreiungen der Europäischen Wirtschaftsgemeinschaft (nach Art. 218).[2]

Die Schlußakte führt diese Protokolle in ihrem abschließenden Teil auf mit dem Hinweis, daß diese zu einem späteren Zeitpunkt auszuarbeiten sind und »dem Vertrag als Anhänge beigefügt« werden. Die Protokolle sind am 17. 4. 1957 in Brüssel unterzeichnet worden. Zwar erfaßt Art. 239 seinem Wortlaut nach nur die im Zeitpunkt des Vertragsschlusses beigefügten Protokolle (Präsensform). Der in der Schlußakte erkennbare Wille der Vertragsparteien rechtfertigt jedoch die Einbeziehung dieser Protokolle in den Anwendungsbereich des Art. 239. An diesem Ergebnis ändert nichts der Umstand, daß die Schlußakte selbst nicht ratifiziert worden ist.[3] Die genannten Protokolle sind jedenfalls zusammen mit dem Vertrag in das Ratifizierungsverfahren einbezogen worden.[4]

3 Etwas anderes gilt insoweit für das Protokoll über Erdölerzeugnisse zum Abkommen zur Assoziierung der Niederländischen Antillen vom 13. 11. 1962.[5] Art. 2 des auf Art. 236 EWGV gestützten Abkommens bestimmt:

»Es wird den Protokollen im Anhang zum Vertrag zur Gründung der Europäischen Wirtschaftsgemeinschaft folgendes Protokoll *hinzugefügt,* welches ein *Teil* des Vertrages wird: Protokoll über »die Einfuhr von in den Niederländischen Antillen raffinierten Erdölerzeugnissen in die Gemeinschaft«; der Wortlaut dieses Protokolls ist im Anhang enthalten.« (Hervorhebungen hinzugefügt).

Mit dieser Formulierung ist das genannte Protokoll aufgrund einer Vertragsänderung ebenfalls Bestandteil des Vertrages geworden. Es kommt daher nicht darauf an, ob es von Art. 239 unmittelbar erfaßt wird.

4 *Nicht* zu den Protokollen im Sinne des Art. 239 ist das Durchführungsabkommen zu Art. 136 vom 25. 3. 1957 (Assoziierung der überseeischen Länder und Hoheitsgebiete) und die beigefügten und in der Schlußakte unter Abschnitt I Nr. 12 bis 13 aufgeführten Protokolle über die Einfuhr von Bananen und ungebranntem Kaffee zu rechnen.[6] Die Präambel zu den Durchführungsabkommen bringt zum Ausdruck, daß es dem Vertrag lediglich »als Anhang« beigefügt ist. Die beiden genannten Protokolle sind ihrerseits »dem Abkommen« beigefügt. Sie sind daher nicht – wie es Art. 239 bestimmt – »diesem

2 Jetzt Protokoll über die Vorrechte und Befreiungen der Europäischen Gemeinschaften als Anhang des Fusionsvertrages vom 8. 4. 1965 (ABl. 1967 Nr. 152 S. 13); die rechtliche Verknüpfung ergibt sich aus Art. 28 Abs. 1 des Fusionsvertrages.

3 Vgl. *Tomuschat,* S. 319.

4 Vgl. *Malintoppi,* S. 309 ff.

5 ABl. 1964 S. 2414.

6 A.A. hinsichtlich der Protokolle die 1. Auflage sowie die Kommentierung bei *Wohlfarth.*

Vertrag« beigefügt und damit nicht dessen Bestandteil. Diese Deutung entspricht dem Inhalt des Durchführungsabkommens. Es enthält keine dem Vertrag entsprechende, auf Dauer angelegte Verfassungsnormen, sondern nur vorläufige Regelungen. Nach Art. 136 Abs. 2 unterliegt dieses Abkommen nicht dem Vertragsänderungsverfahren. Es wird vor Ablauf von fünf Jahren vom Rat einstimmig durch neue Bestimmungen ersetzt.[7]

II. Art. 239 im Rahmen der Vertragssystematik

5 Der *Begriff »Protokoll«* besagt für sich wenig. Er wird in der Völkerrechtspraxis in verschiedenartiger Weise verwendet.[8] Die Wiener Vertragsrechtskonvention geht in Art. 2 Abs. 1 generell von der Annahme aus, daß ein Vertrag in einer oder in mehreren Urkunden abgefaßt werden kann (»embodied in a single instrument or in two or more related instruments«). Wie Art. 239 zeigt, haben die vertragsschließenden Staaten die »Protokolle« als eine Bezeichnung der Nebenurkunden verwandt, deren Regelungsgegenstände nach dem gegenseitigen Einvernehmen der vertragsschließenden Parteien trotz der systematischen Trennung von dem Vertragstext dennoch Bestandteile des Vertrages werden sollten.[9] Gleiches gilt für die tabellarischen Anhänge I bis IV des Vertrages, die aufgrund einzelner Vertragsbestimmungen in den Vertrag einbezogen worden sind. Art. 239 meint somit einen historisch geschlossenen Kreis von Protokollen. Der Wortlaut bezieht sich mit dem bestimmenden Artikel »die« nur auf die zum Zeitpunkt des Vertragsabschlusses vorliegenden Protokolle.[10] Diese unterscheiden sich ihrer Bezeichnung und Bedeutung nach von den übrigen, der Schlußakte beigefügten »Gemeinsamen Erklärungen«, »Absichtserklärungen« und den lediglich von der Regierungskonferenz zur Kenntnis genommenen einseitigen »Erklärungen« einzelner Regierungen.[11] Art. 239 umfaßt diese Erklärungen nicht.

6 Unterschiedliche *Gründe* haben die Vertragsstaaten veranlaßt, die textliche Abtrennung vom Vertrag vorzunehmen. Die in den Protokollen geregelten Materien ergeben hierzu Aufschluß. Zum einen handelt es sich um die Ausgliederung institutioneller Einzelregelungen aus dem Vertragstext (Satzung der Investitionsbank, Satzung des Gerichtshofs sowie Protokoll über die Vorrechte und Befreiungen). Sie dient der Entlastung und damit der Übersichtlichkeit des Vertrages. Für die Ausgliederung der beiden zuletzt genannten Protokolle waren zugleich verhandlungstechnische Gründe maßgebend. Diese Texte

7 Vgl. hierzu die Kommentierung zu Art. 136.

8 Vgl. hierzu *Bittner,* S. 178 ff., 219 ff. sowie *Myers,* S. 586 f.

9 Wenn im deutschen Text vom »gegenseitigen« Einvernehmen gesprochen wird, so entspricht dies zwar der üblichen Vertragsterminologie, bringt aber nicht in gleicher Weise wie der »commun accord« den auf gemeinsame parallele Willenserklärungen gegründeten Verfassungscharakter des Vertrages zum Ausdruck.

10 Vgl. Rn. 1, 2 und 11.

11 Vgl. hierzu *Bentivoglio,* in: *Quadri* u.a., a.a.O., Art. 239, Anm. 1; *Tomuschat,* S. 317 ff. sowie *Smit – Herzog,* a.a.O., unter 239.04.

waren bei Abschluß des Vertrages nicht fertiggestellt; sie wurden erst am 17. 4. 1957 unterzeichnet. Zum anderen wurde die Protokollform gewählt um einzelnen Mitgliedstaaten – zum Teil befristete – Sonderregelungen einzuräumen. Das Protokoll über Mineralöle fällt als eine reine Übergangsbestimmung aus diesem Rahmen heraus.

III. Rechtsfolgen

7 Die Funktion des Art. 239 besteht in der rechtlichen *Verknüpfung* des Inhalts der Protokolle mit dem Vertragsinhalt. Der jeweilige Protokollinhalt ist damit unter Ausschaltung jeglicher formaler Stufenverhältnisse »Bestandteil« des Vertrages. Spricht der EWG-Vertrag von »dem Vertrag«, so sind damit grundsätzlich die Protokolle einbezogen. Dies gilt insbesondere für die Anwendung, Auslegung und Abänderung der Protokolle. Diese Verknüpfung wäre so nicht deutlich geworden, wenn sie nicht auf der Ebene des Vertrages, sondern lediglich in jedem einzelnen Protokoll angeordnet worden wäre.

8 Protokolle sind *anzuwenden* wie Vertragsbestimmungen. Protokollverletzung ist Vertragsverletzung etwa i.S. der Art. 169 Abs. 1, 170 Abs. 1, 171, 173 Abs. 1 Satz 2. Protokollauslegung ist Vertragsauslegung i.S. des Art. 177 Abs. 1 a.[12]

9 Für die inhaltliche *Auslegung* der Protokolle stellt Art. 239 keine Kollisionsnorm zwischen Vertrag und Protokollen dar. Unter Ausschluß jeder abgestuften Rangordnung werden die Protokolle zu integralen Bestandteilen des Vertrages erklärt. Die Protokolle sind zusammen mit den Vertragsnormen nach dem Grundsatz der Einheit des Vertragswerkes sowie im Hinblick auf die Zielverwirklichung und Funktionssicherung auszulegen. Dies gilt insbesondere für die Protokolle, die institutionelle Vorschriften enthalten. Die daher erforderliche gesamtheitliche Betrachtung erfordert die abwägende Überprüfung der mit den einzelnen Vorschriften verfolgten Zwecke und Interessen.

Nur bedingt kann hierbei auf formal technische, einander mitunter widersprechende Interpretationsregeln zurückgegriffen werden. Hierzu ist die Regel von der restriktiven Auslegung von Ausnahmebestimmungen zu zählen.[13] In der Rechtsprechung des Gerichtshofs ist sie bei der Auslegung von Vorschriften, die von den Strukturprinzipien der angestrebten Zollunion abweichen, aufgegriffen worden.[14] Bei der Auslegung der mitgliedstaatsbezogenen Protokolle kann Anlaß bestehen, dieser Regel zu folgen. Allerdings tritt sie hierbei in einen gewissen Widerstreit zu dem Grundsatz über den Vorrang von Spezialvorschriften vor den allgemeinen Vertragsbestimmungen. Eine dem

12 Vgl. hierzu *Herzog* in: *Smit – Herzog,* a.a.O., unter 239.04.
13 Vgl. näher *Bernhardt,* S. 182 ff.
14 Vgl. EuGH – Kommission/Belgien und Luxemburg, 90 und 91/63 – Slg. 1964, 1329 (1331, 1347); EuGH – Bundesrepublik Deutschland/Kommission, 52 und 55/65 – Slg. 1966, 219 (235) sowie EuGH – BRT–II, 127/73 – Slg. 1974, 313 (318).

Gemeinschaftsrecht in der Regel adäquate dynamische Auslegung von Protokollen, die in erster Linie der Erhaltung *besonderer wirtschaftlicher* Verbindungen dienen sollen, dürfte sich kaum rechtfertigen lassen.[15]

10 Für die *Abänderung* der Protokolle gilt grundsätzlich das in Art. 236 und 237 vorgesehene Verfahren.[16] Das schließt für die mitgliedstaatsbezogenen Protokolle nicht aus, daß diese durch Zeitablauf (so das Protokoll über Mineralöle) oder durch die Ausübung vorgesehener Befugnisse (so das Protokoll über die Ratifizierung des Vertrages durch die Niederlande in Bezug auf bestimmte Hoheitsgebiete) obsolet werden. Ein Verzicht auf die in diesen Protokollen eingeräumten besonderen Befugnisse ist möglich. Für Protokolle, die institutionelle Vorschriften enthalten, gilt dies nicht; sie haben im Hinblick auf den Vertragsauftrag in Art. 129 Abs. 3 und Art. 188 Abs. 1 ihrer Substanz nach Verfassungscharakter. Sie sind der Disposition durch einzelne Mitgliedstaaten entzogen.

11 Weitere Protokolle können dem Art. 239 nicht mehr unterstellt werden. Die Verknüpfungsfunktion kann nur durch die Einhaltung des in Art. 236 vorgesehenen Abschlußverfahrens erreicht werden. Dabei kann entweder der Anwendungsbereich des Art. 239 ausdrücklich erweitert oder bestimmt werden, daß das neue Protokoll Bestandteil des Vertrages werden soll.[17] Entsprechendes gilt für das Verfahren zum Beitritt neuer Mitgliedstaaten gemäß Art. 237, der in Abs. 2 »Anpassungen« des EWG-Vertrages vorsieht. Der Beitrittsvertrag vom 22. 1. 1972[18] verweist in Art. 1 Abs. 2 zur Anpassung des EWG-Vertrages auf die Bestimmungen der Beitrittsakte, die »Bestandteil« des Beitrittsvertrages sind. Art. 158 der Beitrittsakte verknüpft die 11 Anhänge der Akte und die 30 Protokolle zu Bestandteilen derselben. Der Vertrag über den Beitritt Griechenlands vom 28. 5. 1979[19] verweist übereinstimmend auf die Beitrittsakte, die in Art. 150 insgesamt 7 Protokolle zu Bestandteilen der Akte erklärt. Das Protokoll Nr. 1 ändert dabei das in Rn. 1 angeführte Protokoll über die Satzung der Europäischen Investitionsbank.

12 Art. 239 ist wortgleich Art. 207 des Euratomvertrages; Art. 84 des EGKS-Vertrages definiert, daß unter dem Ausdruck »dieser Vertrag« auch die Bestimmungen der Anlagen und Zusatzprotokolle zu verstehen sind.

15 Vgl. z. B. zum Protokoll über den innerdeutschen Handel *Tomuschat,* S. 298, 305, 307.

16 Eine autonome Protokolländerung ermöglicht Art. 4 Abs. 1 und 3 sowie Art. 7 Abs. 4 des Protokolls über die Satzung der Europäischen Investitionsbank; vgl. Vertrag zur Änderung bestimmter Vorschriften des Protokolls vom 10. 7. 1975, ABl. 1978 Nr. L 91 S. 1. Siehe auch Kommentierung der Satzung (in Anschluß an Art. 130).

17 Vgl. Rn. 2 zu Art. 28 des 2. Fusionsvertrages vom 8. 4. 1965 sowie Rn. 3.

18 ABl. 1972 Nr. L 73 S. 1.

19 ABl. 1979 Nr. L 291 S. 1, *Smit – Herzog,* a.a.O., unter 239.04.

Artikel 240 [Geltungsdauer]

Dieser Vertrag gilt auf unbegrenzte Zeit.

Literaturhinweise

Bindschedler, R., Rechtsfragen der Europäischen Einigung, Basel 1954; *ders.*, Betrachtungen über die Souveränität, in: Recueil d'Etudes de Droit International en Hommage à Paul Guggenheim, Genf 1968, S. 167–183

Briggs, H.W., Unilateral Denunciation of Treaties: The Vienna Convention and the International Court of Justice, in: AJIL 1974 (68), S. 51–68

Catalano, N., Manuale di diritto delle Communità Europee, 2. Aufl., Mailand 1965

Dagtoglou, P., Recht auf Rücktritt von den römischen Verträgen, in: Festschrift Forsthoff, München 1972, S. 77–102

Feinberg, N., Unilateral Withdrawal from an International Organization, in: BYIL 1963 (39), S. 189–219

Meier, G., Die Beendigung der Mitgliedschaft in der Europäischen Gemeinschaft, in: NJW 1974, S. 391–394; dazu: *Gauland, A.*, a.a.O., S. 1034–1036

Pescatore, P., Aspects judiciaires de l'»acquis communautaire«, in: RTDE 1981 (17), S. 617–651

Puttkamer, E.V., Der Entwurf eines Vertrages über die Satzung der Europäischen Gemeinschaft, in: ZaöRV 1953/54 (15), S. 103–128

Schermers, H.G., International Institutional Law, Bd. 1, Leiden 1972

Simma, B., Zum Rücktrittsrecht wegen Vertragsverletzungen nach der Wiener Konvention von 1969, in: Um Recht und Freiheit, Festschrift Freiherr von der Heydte (Hrsg. Kipp u.a.), Berlin 1977, S. 616–630

Soldatos, P., Durée et dénunciation des traités de Rome, in: Revue de droit international de sciences diplomatiques et politiques 1969 (47), S. 257–270

Steiger, H., Staatlichkeit und Überstaatlichkeit, Berlin 1966

Thieme, W., Das Grundgesetz und die öffentliche internationale Staatsgemeinschaft, in: VVdStRL 1960 (18), S. 50–80

Zuleeg, M., Der Bestand der Europäischen Gemeinschaft, in: Gedächtnisschrift Sasse, Bd. 1, Baden-Baden 1981, S. 55–72

Inhaltsübersicht

I. Geltung auf »unbegrenzte Zeit«

1 Art. 240 behandelt ein allgemeines Problem, das bei internationalen Organisationen und Bundesstaaten in besonderer Weise auftritt. Zum Teil enthalten deren Satzungen und Verfassungen keine positiven Regelungen über diese Frage. Die Aufnahme einer Kündigungsklausel in die Satzung des Völkerbundes brachte schlechte Erfahrungen mit sich. Die Gründungsmitglieder der Vereinten Nationen sahen von einer Regelung über den zeitlichen Bestand ab.[1] Die vielfältige Staatenpraxis kennt in einigen Satzungen konkrete Zeitbestimmungen, wie im NATO-Vertrag (20 Jahre) und im Brüsseler Vertrag vom 17. 3. 1948 (50 Jahre). Gelegentlich wird, wie in der Satzung der Internationalen Postunion, eine »unbestimmte« Geltungsdauer vorgesehen. Bundesstaatsverfassungen enthalten heute üblicherweise keine Vorschriften über Geltungsdauer und Auflösungs-, Austritts- und Ausschlußmöglichkeiten.[2] Demgegenüber bezeichnete die Wiener Schlußakte vom 15. 5. 1820 den Deutschen Bund als einen »unauflöslichen Verein«; die deutsche Reichsverfassung von 1871 sprach von einem »ewigen Bund«.

2 Art. 240 hebt sich mit dem Ausdruck »unbegrenzte Zeit«, der im übrigen in einer Reihe der auf die Gemeinschaft bezogenen Abkommen der Mitgliedstaaten untereinander übernommen worden ist[3], deutlich von Art. 97 EGKS-Vertrag ab, der eine 50-jährige Geltungsdauer vorsieht. In den Entwürfen zu den Römischen Verträgen war zunächst ebenfalls eine Befristung vorgesehen;[4] die Vertragsparteien einigten sich in Art. 240 auf eine offensichtlich weitergehende Formulierung. Die Aufnahme eines Rücktrittsrechts in den Vertragstext wurde abgelehnt. Bemerkenswert ist, daß man den Ausdruck »unauflöslich« nicht aufgriff, den die ad-hoc-Versammlung für die Vorbereitung einer Europäischen Gemeinschaft in ihren Entwurf vom 10. 3. 1953 zur Anpassung der geplanten Gemeinschaft an staatliche Formen aufgenommen hatte. Die in Art. 240 gewählte Formulierung läßt daher einen Kompromiß vermuten.

3 Vor diesem historischen Hintergrund ist der *Wortlaut* des Art. 240 zu sehen. »Unbegrenzt« ist dem Wortfeld zuzuordnen, das sich in den Worten »befristet«, »unbestimmt« einerseits und »ewig«, »unauflöslich« andererseits konstituiert. Im Gegensatz zu »unauflöslich« und »ewig« enthält durch die Wortwahl »unbegrenzte Zeit« Art. 240 seinem Wortlaut nach keine unmittelbare Aussage über die Rechtsfolge. Der Ausdruck »Zeit« (»tijd«) scheint gegenüber den in den anderen Vertragswortlauten gewählten Ausdrücken »durée«, »durata« und »period« allgemeiner zu sein. Entstehungsgeschichte und Wortlaut des Art. 240 lassen keinen abschließenden Schluß auf seinen Rechtsgehalt

1 Vgl. hierzu *Schermers,* a.a.O., S. 46f.; *Dagtoglou,* a.a.O., S. 85.
2 Eine Ausnahme stellt das in Art. 17 der sowjetischen Verfassung verankerte Austrittsrecht dar.
3 Nachweise bei *I. Schwartz,* Übereinkommen zwischen den EG-Mitgliedstaaten: Völkerrecht oder Gemeinschaftsrecht?, in: Festschrift Grewe, Baden-Baden 1981, S. 551, 558 Anm. 18.
4 Vgl. S. *Neri – H. Sperl,* Traité instituant la Communauté économique européenne, Travaux préparatoires, Luxembourg 1960, zu Art. 240.

und insbesondere nicht auf eine Verankerung der Unauflöslichkeit der Gemeinschaft zu.

4 Die *systematische* Stellung des Art. 240 innerhalb des EWG-Vertrages gibt gerade im Hinblick auf die befristete Geltungsdauer des EGKS-Vertrages weiterführende Hinweise. Art. 240 bildet als übergreifende Schlußbestimmung mit der Präambel des Vertrages eine thematische Einheit. In der Präambel wird ein »immer engerer Zusammenschluß« der europäischen Völker angestrebt. Im französischen Text ist von einer »union sans cesse plus étroite« die Rede. Hierbei ist »sans cesse« nicht auf »union« im Sinne eines »ewigen Bundes« zu beziehen, sondern im Zusammenhang mit »étroite« zu lesen. Im Vertragstext finden sich an keiner Stelle Vorschriften über ein Ende dieses Zusammenschlusses oder über ein Ausscheiden eines Mitgliedstaates. Art. 236 läßt eine »Änderung« des Vertrages unter Beteiligung der Gemeinschaftsorgane zu. Der Ausdruck »Änderung« schließt begrifflich die »Auflösung« nicht mit ein.[5]

Die auf höchstens 15 Jahre bestimmte Anlaufzeit des Vertrages gibt einen konkreten Anhaltspunkt darüber, was unter »unbegrenzter Zeit« verstanden werden kann. Nimmt man die 50jährige Befristung des EGKS-Vertrages hinzu, so wird damit der zeitliche Umfang deutlich, in die die vertragsschließenden Staaten die Gemeinschaft hineingestellt wissen wollten. »Unbegrenzt« ist mehr als 50 Jahre, ist nicht nur vorübergehend, ist – wie der französische Text deutlicher sagt – auf Dauer, ohne Grenze. Art. 240 negiert damit ausdrücklich jede Befristung oder ein Ende der Gemeinschaft durch *Zeitablauf*. Ob die Gemeinschaft aus *anderen* Gründen ein Ende finden kann, bleibt damit zunächst offen.

5 Der Rechtsgehalt des Art. 240 läßt sich vollständig erst aus der *Zweckbestimmung* dieser Vorschrift erschließen. Art. 240 unterstreicht über die Zeitbestimmung hinaus die Rechtsnatur des Vertrages. Diese wird gekennzeichnet durch die endgültige Übertragung von Teilsouveränitäten. Mit der Schaffung einer neuen eigenständigen Rechtsordnung soll im Wege eines Integrationsprozesses ein Zusammenschluß der Völker der Mitgliedstaaten herbeigeführt werden.

Die Errichtung des Gemeinsamen Marktes führt zwangsläufig zur Arbeitsteilung zwischen den Mitgliedstaaten. Das Vertrauen in den Fortbestand der Gemeinschaft und in die Dauer und Endgültigkeit der veränderten Marktbedingungen ist Voraussetzung für die Effektivität und Funktionsfähigkeit des Zusammenschlusses.

Auch ohne Art. 240 wäre aus dem EWG-Vertrag nicht lediglich eine »unbestimmte« Dauer zu entnehmen[6], sondern zumindest eine »unbegrenzte« Zeit in dem oben dargestellten Sinne. Art. 240 unterstreicht also die von den Mitgliedstaaten eingegangenen Bindungen, die hinsichtlich ihrer Dauer erst aus dem Gesamtzusammenhang hätten

5 So auch *Zuleeg*, a.a.O., S. 58.
6 Vgl. *Dagtoglou*, a.a.O., S. 78 Anm. 8.

interpretativ gefunden werden müssen. Die Vertragsbestimmung schützt damit das als legitim anerkannte Vertrauen der Mitgliedstaaten auf den Fortbestand der Gemeinschaft.

Wenn Art. 240 zu der Frage der Auflösung der Gemeinschaft aus anderen Gründen als dem des Zeitablaufs nicht Stellung nimmt[7], so besteht eine vertragliche Regelungslücke. Die Zweckrichtung des Art. 240 spricht aber dafür, in dieser Vorschrift zumindest auch einen *Programmsatz* angelegt zu sehen, der nach dem Willen der Mitgliedstaaten auf die Unauflöslichkeit der Gemeinschaft in der Zeit abzielt. Die Mitgliedstaaten werden durch Art. 240 angehalten, von ihren jeweiligen Befugnissen und verbliebenen Rechten im Konfliktfall nach Möglichkeit zugunsten des Fortbestandes der Gemeinschaft Gebrauch zu machen. Das Verhältnis von Rechtsgehalt und Programmsatz ist dabei kein statisches. Maßgebend ist der jeweilige *Integrationsstand*. Integration ist ein prozeßhaftes Geschehen.

Es ist fraglich, ob einem Auseinanderfallen der Gemeinschaft während der Übergangszeit mit dem Hinweis auf einen hohen Grad an Integration hätte begegnet werden können. Je mehr die Gemeinschaft jedoch an »Staatsqualität«, an Entscheidungsautonomie und vor allem inner-demokratischer Legitimation gewinnt, desto weniger kann eine der nachstehend aufgeführten Fallkonstellationen zu einer Beendigung des Vertrages führen.[8] Der Rechtsgehalt des Art. 240 wird mit *zunehmender Integrationsdichte* aufgefüllt, bis er im Falle des Erreichens einer bundesstaatsähnlichen Gemeinschaft *nicht nur* die *zeitliche Unbegrenztheit*, sondern auch die *Unauflöslichkeit* der Gemeinschaft anzeigt.

II. Auflösung, Austritt und Ausschluß

6 Mit rechtlichen Kriterien läßt sich nicht mit Sicherheit erkennen, wann dieser Zustand erreicht ist. Ohnehin kann die Gemeinschaft auch unter Berufung auf Art. 240 ein Auseinanderfallen faktisch gesehen nicht verhindern, da ihr keine wirksamen Zwangsmittel zu Gebote stehen. Da aber Art. 240 jede nur denkbare Entwicklung der Gemeinschaft in der Zeit erfaßt, sind die in Betracht kommenden Fälle ausschließlich nach den Normen des Gemeinschaftsrechtes und den ihm zugrunde liegenden allgemeinen Rechtsprinzipien zu beurteilen. Die allgemeinen Regeln des Völkerrechts,[9] die den Abschluß des Vertrags regiert haben, sind daher grundsätzlich im Verhältnis der Gemeinschaft zu ihren Mitgliedstaaten nicht anwendbar.[10] Art. 219 legt die Mitgliedstaa-

7 Vgl. oben Rn. 4.
8 Vgl. *Dagtoglou,* a.a.O., S. 96ff.
9 Siehe *G. Dahm,* Völkerrecht Bd. 3, Stuttgart 1961, S. 125ff.; *Briggs,* a.a.O., S. 51ff.
10 Diese Auffassung setzt sich zunehmend in der Lehre durch; vgl. *L.-J. Constantinesco,* a.a.O., S. 180ff.; *A. Bleckmann,* Europarecht, S. 110ff.; anders *Wohlfarth* in: *Wohlfarth* u.a., a.a.O., Art. 240 Anm. 1; *Soldatos,* a.a.O., S. 261; *Zuleeg,* a.a.O., S. 59 Anm. 24; eine Ergänzung des Gemeinschaftsrechts wird von *Dagtoglou,* a.a.O., S. 82f., vertreten.

ten darin fest, keine anderen als die in dem Vertrag vorgesehenen Mittel zur Beilegung von Konflikten und Streitigkeiten zu wählen. Die Kodifizierung des völkerrechtlichen Vertragsrechts in der Wiener Vertragsrechtskonvention von 1969 (VRK) gibt allenfalls Anhaltspunkte für die Abwägung der in Frage stehenden Interessen, wenn die Regeln zugleich allgemeine Rechtsgrundsätze wiedergeben, die auch dem Gemeinschaftsrecht zugrunde liegen (vgl. Art. 5 VRK).

7 Ob trotz der in Art. 240 festgeschriebenen unbegrenzten Zeitdauer eine *Auflösung* der Gemeinschaft durch *übereinstimmenden* Beschluß aller Mitgliedstaaten zulässig ist, ist insbesondere im Hinblick auf die im Laufe des bisherigen Integrationsprozesses entstandenen Rechtspositionen zunehmend fraglich.[11] *Ipsen* sieht die Völkerrechtssubjektivität der Mitgliedstaaten bereits jetzt endgültig als gemeinschaftsrechtlich beschränkt an.[12] Jedenfalls erscheint ein solcher Gesamtakt aller Mitgliedstaaten ausgeschlossen, wenn die Gemeinschaft einen Grad staatenähnlicher Souveränität, insbesondere im Hinblick auf das demokratische Element, erreicht haben sollte. Ziffer 16 der Erklärung der Pariser Gipfelkonferenz vom 19./20.10.1972 spricht von der Schaffung einer Europäischen Union »in absoluter Einhaltung der bereits geschlossenen Verträge«.[13] Diese Formel schließt den Abschluß eines neuen Vertrags außerhalb des Verfahrens nach Art. 236 nicht aus, solange der erreichte Integrationsstand nicht angetastet wird. Ebenso ist im Hinblick auf Art. 240 die Frage der Zulässigkeit einer *einseitigen* Veränderung des Bestands der Gemeinschaft durch *Austritt* oder *Ausschluß* gestellt, die grundsätzlich der Gemeinschaftsstruktur widersprechen.

8 Wenn sich die Mitgliedstaaten in Art. 240 auf unbegrenzte Zeit zur Einhaltung des Vertrags verpflichten, so haben sie damit den *Ausschluß* eines *ordentlichen* Kündigungs-

11 Bejahend *Wohlfarth* in: *Wohlfarth* u.a., a.a.O., ARt. 240 Anm. 1; *Dagtoglou,* a.a.O., S. 80 Anm. 19 m.w.N.; *Zuleeg,* a.a.O., S. 59; *W. Meng,* Das Recht der Internationalen Organisationen – eine Entwicklungsstufe des Völkerrechts, Baden-Baden 1979, S. 120f.; abwägend und auf den politischen Willen der Mitgliedstaaten abstellend *R. Bernhardt,* Das Recht der Europäischen Gemeinschaften zwischen Völkerrecht und staatlichem Recht in: Festschrift *Bindschedler,* Bern 1980, S. 229, 235; für die EGKS *K. Carstens,* Die kleine Revision des Vertrages über die Europäische Gemeinschaft für Kohle und Stahl, in: ZaöRV 1961 (21), S. 1, 37.

12 *H.P. Ipsen,* a.a.O., S. 100, 211 und 232; ebenso *Thieme,* a.a.O., S. 72 unter Annahme eines »ewigen Bundes«; *H. Steiger,* Staatlichkeit und Überstaatlichkeit, Berlin 1966, S. 133 ff. sowie *Herzog* in: *Smit – Herzog,* a.a.O., Rn. 240.04. mit dem Hinweis auf das Gutachten 1/76 des EuGH vom 26. 4. 1977, Slg. 1977, 741.

13 Dieser Zusatz fehlt in Ziff. 2 der Schlußerklärung des Kopenhagener Gipfeltreffens vom 14./15. 12. 1973; vgl. BullEG 12-1973, S. 9 sowie *Meier,* a.a.O., S. 392.

rechts aus beliebigen Gründen vereinbart[14] (h. M.). Ein Mitgliedstaat kann jedoch einverständlich entlassen werden.[15]

9 Schwieriger ist die Frage nach der Zulässigkeit einer einseitigen Kündigung bzw. eines Austritts aus wichtigen, *außerordentlichen* Gründen. Eine Antwort kann – soweit rechtliche Kategorien überhaupt die folgend genannten Extremfälle zu lösen vermögen – anhand der Art. 240 und 219 sowie der ungeschriebenen allgemeinen Rechtsgrundsätze des Gemeinschaftsrechts entnommen werden. Für die im allgemeinen Völkerrecht z. T. abweichenden kodifizierten Grundsätze in den Art. 54ff. VRK bleibt insoweit kein Raum.

10 Der Fall des *Verlustes* der *Rechtspersönlichkeit* und damit der Völkerrechtssubjektivität eines Mitgliedstaats rechtfertigt das einseitige Ausscheiden aus dem Vertrag.[16] So könnte die Bundesrepublik Deutschland trotz der unbegrenzten Dauer des Vertrages bei einer Wiedervereinigung nicht am Vertrag festgehalten werden, sofern nicht die Rechte und Pflichten aus der Mitgliedschaft von dem neuen Gesamtstaat bestätigt werden.[16a] Die Vertragspartner waren sich bei Abschluß des Vertrages dieser möglichen Entwicklung bewußt. Der Leiter der deutschen Delegation hatte am 28. 2. 1957 widerspruchslos folgende *Erklärung* zu Protokoll gegeben: »Die Bundesregierung geht von der Möglichkeit aus, daß im Falle der Wiedervereinigung Deutschlands eine Überprüfung der Verträge über den Gemeinsamen Markt und Euratom stattfindet.«[17]

11 Zu den denkbaren Ausnahmefällen gehört eine etwaige Berufung auf die *objektive* oder unter Umständen *subjektive Unmöglichkeit* zur Verwirklichung der Vertragsziele. Lassen sich diese endgültig nicht erreichen und zerfallen die zunächst gemachten Fortschritte auf allen Gebieten, so soll ein einseitiges Austrittsrecht gegeben sein.[18] Allerdings dürfte

14 Somit bietet der Vertrag weder für die Ankündigung eines Austritts seitens der sozialistischen Partei Griechenlands (Herbst 1981), noch für die entsprechende Absicht der Labour Party (1981/1982) eine Rechtsgrundlage: Das »Statement by the National Executive Committee of the Labour Party« (Doc. B/053/81, London 1981) zur Begründung der Rücktrittspolitik geht demgegenüber davon aus, daß das »Völkerrecht« (International Law) dieser Politik nicht entgegenstehe, zumal nach verfassungsrechtlichen Grundsätzen ein Parlament das nachfolgende nicht binden könne (S. 16). – Zur Unzulässigkeit des Austritts bzw. zur unwiderruflich bestehenden Bindung der Mitgliedstaaten an die Gemeinschaft vgl. *Pescatore,* a.a.O., S. 622ff. sowie die dort nachgewiesene Rechtsprechung des Gerichtshofs der Europäischen Gemeinschaften, und *Herzog* in: *Smit – Herzog,* Rn. 240.05.

15 So auch *Pescatore,* a.a.O., S. 622; *Ipsen,* a.a.O. (Fn. 12), S. 99 für den Fall des Verlusts der Völkerrechtssubjektivität eines Mitgliedstaats, sowie *Zuleeg,* a.a.O., S. 60.

16 *Ipsen,* a.a.O., S. 100, tritt für den Fall der *Neutralisierung* eines Mitgliedstaats für die Vereinbarung eines neuen Vertrags ohne den neutralisierten Staat ein (Ersetzung).

16a In jedem Fall würden Verhandlungen zwischen dem neuen Gesamtstaat und allen Mitgliedern erforderlich sein, vgl. *Thiesing,* Art. 227 Rn. 13.

17 Zur parlamentarischen Beratung im Bundestag vgl. Verhandlungen, 2. Wahlperiode 1953, Sten. Berichte Bd. 38, S. 13386, 13464; zur Erklärung vgl. *Constantinesco,* a.a.O., S. 182f.

18 So *Meier,* a.a.O., S. 391.

dabei der sich auf die Unmöglichkeit berufende Staat nicht selbst die Ursachen für die aufgetretenen Schwierigkeiten gesetzt haben. Das Nichterreichen einzelner Ziele auf Teilgebieten kann jedenfalls unter keinen Umständen angeführt werden; eine Selbsthilfe der Staaten ist insoweit ausgeschlossen (Art. 219).[19] Ebenso sind Fälle der *subjektiven* Unmöglichkeit, die nicht mit den im Vertrag vorgesehenen Verfahren (Schutzklauseln, s. insbes. Art. 224) und der zwischen den Mitgliedstaaten bestehenden Pflicht zur Gemeinschaftssolidarität aufgefangen werden können, kaum denkbar. Die Berufung auf eine rechtliche Unmöglichkeit (nachträglich erkannte Verfassungswidrigkeit; Regierungswechsel etc.) ist unzulässig.[20]

Die vertraglichen Regeln zur Beilegung von Konflikten dürften es kaum zu dem Fall kommen lassen, daß ein Mitgliedstaat aufgrund einer von allen anderen Mitgliedstaaten zu verantwortenden schwerwiegenden und andauernden *Verletzung* essentieller Vertragsbestimmungen in rechtmäßiger Weise ein Rücktrittsrecht für sich in Anspruch nehmen könnte.[21] Eine Verletzung des Vertrags durch die Organe kann allerdings unter keinen Umständen mit einem Austritt beantwortet werden.[22] Auf der anderen Seite könnte die beharrliche Verletzung wesentlicher Vertragspflichten durch einen Mitgliedstaat letztendlich zu dessen Ausschluß führen, wenn eine längere Suspendierung der Mitgliedschaft keine Lösung des Konflikts herbeiführen kann und anderenfalls der Bestand der Gemeinschaft in ernsthafte Gefahr geraten würde.[23]

12 Auch die im Völkervertragsrecht verwandte Formel der *»clausula rebus sic stantibus«* (Art. 62 VRK) dürfte in Anbetracht der Anpassungsfähigkeit der Gemeinschaftsverträge nicht zur Rechtfertigung einer Aufkündigung dieser Verträge dienen können.[24] Selbst wenn ein Mitgliedstaat unter Vertragsbruch die Gemeinschaft verlassen sollte, so entfiele damit zwar ein nicht vorbedachter, die Grundlage der Willensübereinstimmung der Mitgliedstaaten betreffender Umstand. Durch eine einverständliche Anpassung werden die verbleibenden Mitgliedstaaten in der Regel dem Satz »Integrationsstand geht vor Mitgliederbestand« gerecht werden können. Eine durch Vertragsänderung zu bewirkende qualitative *Weiterentwicklung* der Gemeinschaft in Richtung auf eine *Politische Union* in einer von einem Mitgliedstaat nicht akzeptierbaren Richtung ist nicht durchführbar. Art. 236 fordert Einstimmigkeit. Zudem ist die weitere Entwicklung der Gemeinschaft bis

19 EuGH – Kommission/Italien, 39/72 – Slg. 1973, 101, 115; vgl. auch *Herzog* in: *Smit – Herzog,* a.a.O., Rn. 240.05. b).

20 Vgl. *Meier,* a.a.O., S. 391; *Schermers,* a.a.O., S. 52; *Herzog* in: *Smit – Herzog,* a.a.O., Rn. 240.05. c).

21 Bei einem Versagen der Vertragsmechanismen wird ein Austrittsrecht von *Bentivoglio* in: *Quadri* u.a., a.a.O., S. 1742, vom *Simma,* a.a.O., S. 628 sowie von *Soldatos,* a.a.O., S. 264ff. angenommen; anders *Herzog* in: *Smit – Herzog,* a.a.O., Rn. 204.05. a) unter der Annahme, daß in einem solchen Falle die Gemeinschaft bereits auseinandergebrochen sein dürfte.

22 So zu Recht *Bindschedler,* Rechtsfragen, a.a.O., S. 38.

23 So auch *Zuleeg,* a.a.O., S. 63f. unter Rückgriff auf Art. 60 Abs. 2a) VRK.

24 So *Ipsen,* a.a.O., S. 100f.; generell auch ablehnend *Constantinesco,* a.a.O., S. 182; differenzierend *Zuleeg,* a.a.O., S. 61f.

zu einem Zusammenschluß der europäischen Völker im Vertrag angelegt. Für eine Anwendung der clausula ist daher kein Raum. Ein permanenter Konfliktfall in dieser Frage könnte durch Entlassung oder parallele Fortentwicklung im Rahmen einer kleineren Anschlußgemeinschaft unter Wahrung des bisherigen Vertragsbestandes gelöst werden. Ein Ausschluß des widerstrebenden Partners aus der bisherigen Gemeinschaft ist dagegen unzulässig.[25]

13 Schließlich ist der clausula rebus sic stantibus der Fall der internen, auch revolutionären Umwälzung der *Verfassungsstruktur* eines Mitgliedstaats zuzuordnen. Weicht ein Mitgliedstaat nachträglich von den zunächst allen Mitgliedstaaten gemeinsamen marktwirtschaftlichen und parlamentarisch-demokratischen Strukturen ab, so wird für diesen Extremfall der *Ausschluß* des betreffenden Mitgliedstaats oder für die übrigen Mitgliedstaaten der gemeinsame Austritt für zulässig gehalten.[26] Das Beispiel Griechenland, das vor seinem Beitritt zum 1. 1. 1981 im Rahmen einer Beitrittsassoziation mit der EWG verbunden war, zeigt jedoch, daß die verfahrensmäßigen Schranken der clausula in der Regel die eigentliche Vertragsauflösung verhindern können: Die Gemeinschaft hatte seit dem Umsturz im Jahre 1967 die Beziehungen eingefroren und auf die »laufende« Verwaltung beschränkt; unter Hinweis auf Art. 62 VRK hatte die Kommission eine Kündigung des Abkommens für unzulässig gehalten.[27]

14 Kein Fall eines nach Art. 240 unzulässigen Austritts wäre die Entlassung bzw. der Austritt *Grönlands* aus dem Vertrag. Grönland ist nicht selbständiges Mitglied der Gemeinschaft, es bildet gemäß Art. 227 Ziff. 1 einen integralen Bestandteil Dänemarks. Während sich die gleichermaßen zu Dänemark gehörenden Färöer-Inseln aufgrund ihres schon *vor* dem Beitritt Dänemarks bestehenden autonomen Statuts gegen ihre Eingliederung in die Gemeinschaft ausgesprochen hatten und daher gemäß Art. 227 Ziff. 5a) i.V.m. dem Protokoll Nr. 2 zur Beitrittsakte von der Anwendbarkeit des Vertrags ausgenommen worden waren, erhielt Grönland erst *nach* dem Beitritt ein entsprechendes autonomes Statut durch Gesetz vom 17. 11. 1978. Mehrheitlich hat sich die Bevölkerung Grönlands in der Volksabstimmung vom 23. 2. 1982 für den Austritt aus der Gemeinschaft ausgesprochen. Sollte Dänemark dem Wunsche Grönlands folgen und die Nichtanwendbarkeit des Vertrages bzw. ein den übrigen überseeischen Ländern und Gebieten vergleichbares Sonderregime für Grönland fordern, so wäre eine Vertragsänderung gemäß Art. 236 erforderlich. Die übrigen Mitgliedstaaten dürften aufgrund der mit den Färöer-Inseln und den übrigen überseeischen Ländern und Gebieten bestehenden vergleichbaren Lage aus

25 Anders *Meier,* a.a.O., S. 392.

26 Vgl. *Soldatos,* a.a.O., S. 266f.; *Schermers,* a.a.O., S. 54ff.; *Herzog* in: *Smit – Herzog,* a.a.O., Rn. 240.06. sowie *Zuleeg,* a.a.O., S. 64.

27 Vgl. Europäisches Parlament, Verhandlungen vom 4. 4. 1974, Anhang zum ABl. 1974, Nr. 173, S. 41; zur Wiederbelebung der Assoziation vgl. BullEG 7/8 – 1974, S. 26ff.

dem Gesichtspunkt der Gemeinschaftstreue verpflichtet sein, einem entsprechenden Verlangen Dänemarks in angemessener Weise gerecht zu werden.[28]

15 Wollte man im Gegensatz zu den dargelegten Eingrenzungen dennoch in einen unauflösbaren Konfliktsfall eine einseitige Veränderung des Mitgliederbestandes zulassen, so wären zusammenfassend zwei *Vorbehalte* zu beachten:

Die Anforderungen an die Rechtfertigung eines einseitigen Vorgehens eines Mitgliedstaats erhöhen sich mit zunehmender *Integrationsdichte.*[29] Je weiter die Gemeinschaft in der Zeit fortgeschritten ist, je dichter das Netz der die Staaten verbindenden Beziehungen geworden ist und je stärker die Gemeinschaft im Bewußtsein der Rechtsunterworfenen verankert ist, desto gewichtiger müssen die rechtfertigenden Gründe sein (Verhältnismässigkeitsgrundsatz). Die Rechtsordnung der Gemeinschaft beginnt sich mit zunehmender Eigenständigkeit vom Willen der Mitgliedstaaten zu lösen. In dem Endzustand der angestrebten Integration ist jegliches Vorgehen einseitiger Art unzulässig.

Vor jeder Änderung des Mitgliederbestandes müßten besondere Verfahren eingehalten werden. Diese können den in Anspruch genommenen Rechten jegliche Realisierungschance nehmen. Eine Desintegration könnte ebenso wie die Integration nur in Stufen erfolgen. Dieses wird durch das Postulat gemeinschaftsfreundlichen Verhaltens gefordert. In erster Linie wären stets alle Wege der Konsultation und Verhandlung mit den Partnerstaaten auszuschöpfen (Art. 219). Die Anwendung der Schutzklauseln des Vertrages sowie eine etwaige Anrufung des Gerichtshofs müßten erfolglos geblieben sein (Art. 169ff.). Eine Suspendierung der Mitgliedschaft oder ein vorläufiges Ruhen der Rechtsbeziehungen wären – wie im Fall der Assoziation mit Griechenland – in Betracht zu ziehen.[30]

16 Art. 240 fördert dabei alle Schritte, die der Erhaltung der unbegrenzten Dauer der Gemeinschaft dienen. Einer endgültigen Trennung hätte eine angemessene Frist

28 Damit unterscheidet sich der Fall Grönland von dem Ausscheiden Algeriens im Jahre 1962, das von Frankreich in die Unabhängigkeit entlassen wurde. Eine Vertragsänderung nach Art. 236 war nicht erfolgt: Grundsätzlich ist jeder Mitgliedstaat der Gemeinschaft befugt, den Bereich seines territorialen Hoheitsbereichs selbst zu bestimmen. Erst im Falle der Abtrennung wesentlicher Teile eines Mitgliedstaates (z. B. Schottland) könnten die übrigen Mitgliedstaaten eine förmliche Vertragsänderung verlangen: vgl. zu den einzelnen Fällen näher bei *M. Bothe,* Regional Autonomy and Independence: the Consequences for the Legal Order of the Communities, in: CMLR 1978 (15), S. 393, 398ff. und 402 ff. – Zum Status Grönlands vgl. *I. Foighel,* Home Rule in Greenland: A Framework for Local Autonomy, in: CMLR 1980 (17), S. 91ff. und *Y. Luchaire,* L'autonomie groenlandaise à l'épreuve du Marché Commun, Revue de droit européen 1980, S. 203ff., 229ff., insbesondere S. 254 zu der Möglichkeit, für Grönland einen assoziierten Status gemäß Art. 131ff. EWGV festzulegen. Vgl. auch das Protokoll Nr. 4 zur Beitrittsakte.

29 Vgl. oben Rn. 5.

30 Vgl. Art. 5 der Satzung der Vereinten Nationen; Art. 8 der Satzung des Europarats sowie Art. 65ff. VRK.

vorauszugehen[31], deren Dauer von dem erreichten Integrationsstand abhängen würde. Diese Überlegungen zeigen insgesamt, daß es für die vertragsschließenden Staaten nicht möglich und auch nicht geboten war, die einzelnen Gründe für ein unter außergewöhnlichen Umständen denkbares Auseinanderfallen der Gemeinschaft und das hierbei einzuhaltende Verfahren vorauszusehen und zu regeln. Art. 240 unterstreicht ihren Willen, eine Gemeinschaft auf unbegrenzte Zeit zu verwirklichen.[32]

Im Zusammenhang mit diesem Integrationsziel und Art. 5 ergibt sich für die Mitgliedstaaten aus Art. 240 die Verpflichtung, die EGKS nach Ablauf ihrer 50jährigen Geltungsdauer ebenfalls auf »unbegrenzte Zeit« fortzuführen.[33]

31 *Schermers,* a.a.O., S. 45; die Satzung der lateinamerikanischen Freihandelszone (LAFTA) schreibt eine 5jährige Übergangsfrist vor; s. auch die konkreten Zeitvorstellungen der Labour Party in: Withdrawal from the EEC, a Statement by the National Executive Committee, (vgl. oben Fn. 14), S. 16.

32 Insoweit trifft die Auffassung *Ipsens,* a.a.O., S. 101 zu, daß es nicht Aufgabe des Gemeinschaftsrechts gewesen sein könne, auf diese letztendlich politischen Extremfälle eine Antwort zu formulieren. Auch für *Constantinesco,* a.a.O., S. 182 gibt es aus juristischer Sicht kein begründbares Austrittsrecht eines Mitgliedstaats.

33 *Zuleeg,* a.a.O., S. 55, will nach Ablauf der EGKS den dort besonders geregelten Sachbereich in das Anwendungsgebiet des EWG-Vertrags fallen lassen. Art. 240 kann jedoch für sich genommen keine Fusion der Verträge bewirken.

Einsetzung der Organe

Vorbemerkung zu den Artikeln 241 bis 246

Inhaltsübersicht

1 Die Art. 241 bis 246 regeln die Einsetzung der in Art. 4 Abs. 1 genannten Organe der Gemeinschaft (Versammlung, Rat, Kommission, Gerichtshof) und des Wirtschafts- und Sozialausschusses (Art. 193 bis 198) sowie die Aufnahme ihrer Tätigkeit. Es handelt sich somit um übergangsrechtliche Vorschriften, die inzwischen gegenstandslos geworden sind.

Das Gleiche gilt für Art. 246 mit der Festlegung des ersten Haushaltsjahrs der Gemeinschaft, ihrer Finanzierung bis zur Aufstellung des ersten Haushaltsplans und der Einstellung des erforderlichen Personals durch befristete Verträge.

2 Die Art. 209 bis 214 des EuratomV stimmen wörtlich mit den Art. 241 bis 246 EWGV überein. Die einzige Ausnahme bilden Art. 245 Abs. 2 EWGV und Art. 213 Abs. 3 EuratomV. Während es in Art. 245 Abs. 2 EWGV heißt »Mit Aufnahme ihrer Tätigkeit leitet die Kommission die Untersuchungen ein und stellt die Verbindungen her, die für die Erstellung einer Übersicht über die wirtschaftliche Lage der Gemeinschaft erforderlich sind«, lautet Art. 213 Abs. 2 EuratomV »... und stellt die Verbindungen mit den Mitgliedstaaten, den Unternehmen, den Arbeitnehmern und den Verbrauchern her, die zur Erstellung einer Übersicht über die Lage der Kernindustrien in der Gemeinschaft erforderlich sind. Die Kommission legt der Versammlung binnen sechs Monaten hierüber einen Bericht vor.«

3 Die zur Anwendung des EGKSV erforderlichen Anlauf- und Übergangsmaßnahmen sind nach Art. 85 EGKSV in einem Zusatzabkommen festgelegt worden. Das Abkommen über die Übergangsbestimmungen regelt die Einsetzung der in Art. 7 des Vertrages vorgesehenen Organe (Hohe Behörde, Gemeinsame Versammlung, Besonderer Ministerrat, Gerichtshof) in den §§ 2, 3, 5 und 6, die Bildung des Beratenden Ausschusses nach Art. 18 EGKSV im § 4. Die Bestimmungen über das erste Rechnungsjahr und die Zahlung von Vorschüssen durch die Mitgliedstaaten enthält § 7.

4 Das gleichzeitig mit dem EWGV und dem EuratomV geschlossene und in Kraft getretene Abkommen über gemeinsame Organe für die Europäischen Gemeinschaften[1] bestimmt,

1 BGBl. 1957 II S. 1156; HER I A 10, S. 89.

daß die in diesen beiden Verträgen vorgesehenen Zuständigkeiten des Parlaments und des Gerichtshofes von einer einzigen Versammlung und einem einzigen Gerichtshof ausgeübt werden. Diese Versammlung und dieser Gerichtshof treten zugleich an die Stelle der entsprechenden Organe des EGKS, so daß Parlament und Gerichtshof schon seit dem 1.1.1958 gemeinsame Organe für alle drei Gemeinschaften sind.
Die im EWGV und im EuratomV enthaltenen Aufgaben des Wirtschafts- und Sozialausschusses werden nach Art. 5 des Abkommens ebenfalls von einem einzigen Wirtschafts- und Sozialausschuß wahrgenommen, nicht aber diejenigen des Beratenden Ausschusses nach Art. 18 EGKSV, der für sich bestehen geblieben ist.

5 Der Vertrag zur Einsetzung eines gemeinsamen Rates und einer gemeinsamen Kommission der Europäischen Gemeinschaften (Fusionsvertrag) vom 8.4.1965,[2] der am 1.7.1967 in Kraft getreten ist, hat schließlich einen Rat und eine Kommission für alle drei Gemeinschaften geschaffen. Seitdem übt der Rat die im EGKSV vorgesehenen Befugnisse des Besonderen Ministerrates, die Kommission diejenigen der Hohen Behörde aus.

Artikel 241 [Erstmaliges Zusammentreten des Rates]

Der Rat tritt binnen einem Monat nach Inkrafttreten dieses Vertrages zusammen.

Artikel 242 [Einsetzung des Wirtschafts- und Sozialausschusses]

Der Rat trifft alle zweckdienlichen Maßnahmen, um binnen drei Monaten nach seinem ersten Zusammentreten den Wirtschafts- und Sozialausschuß einzusetzen.

Artikel 243 [Erstmaliges Zusammentreten der Versammlung]

Die Versammlung tritt binnen zwei Monaten nach der ersten Sitzung des Rates auf Einberufung durch dessen Präsidenten zusammen, um ihr Präsidium zu wählen und ihre Geschäftsordnung auszuarbeiten. Bis zur Wahl des Präsidiums führt der Alterspräsident den Vorsitz.

Artikel 244 [Aufnahme der Tätigkeit des Gerichtshofes; Festlegung der Verfahrensordnung]

Der Gerichtshof nimmt seine Tätigkeit mit Ernennung seiner Mitglieder auf. Die Ernennung des ersten Präsidenten erfolgt nach dem für die Ernennung der Mitglieder geltenden Verfahren für die Dauer von drei Jahren.

2 ABl. 1967 Nr. 152 S. 2, BGBl. 1965 II S. 1454; abgedruckt im Anhang B dieses Kommentars.

Der Gerichtshof legt binnen drei Monaten nach Aufnahme seiner Tätigkeit seine Verfahrensordnung fest.

Der Gerichtshof kann nicht vor der Veröffentlichung der Verfahrensordnung angerufen werden. Die Fristen für die Klageerhebung laufen erst von diesem Zeitpunkt an.

Der Präsident des Gerichtshofs übt von seiner Ernennung an die ihm durch diesen Vertrag übertragenen Befugnisse aus.

Artikel 245 [Beginn der Tätigkeit und erste Aufgaben der Kommission]
Mit Ernennung ihrer Mitglieder nimmt die Kommission ihre Tätigkeit auf und übernimmt gleichzeitig die ihr in diesem Vertrag übertragenen Aufgaben.

Mit Aufnahme ihrer Tätigkeit leitet die Kommission die Untersuchungen ein und stellt die Verbindungen her, die für die Erstellung einer Übersicht über die wirtschaftliche Lage der Gemeinschaft erforderlich sind.

Artikel 246 [Haushalts- und personalwirtschaftliche Übergangsbestimmungen]

(1) Das erste Haushaltsjahr beginnt mit dem Inkrafttreten dieses Vertrages und endet am 31. Dezember desselben Jahres. Tritt der Vertrag in der zweiten Jahreshälfte in Kraft, so endet das Haushaltsjahr am 31. Dezember des folgenden Jahres.

(2) Bis zur Aufstellung des Haushaltsplans für das erste Haushaltsjahr zahlen die Mitgliedstaaten der Gemeinschaft unverzinsliche Vorschüsse; diese werden von den Finanzbeiträgen für die Durchführung dieses Haushaltsplans abgezogen.

(3) Bis zur Aufstellung des Statuts der Beamten und der für die sonstigen Bediensteten der Gemeinschaft geltenden Beschäftigungsbedingungen gemäß Artikel 212 stellt jedes Organ das erforderliche Personal ein und schließt zu diesem Zweck befristete Verträge.

Jedes Organ prüft gemeinsam mit dem Rat die mit der Anzahl, der Vergütung und der Verteilung der Stellen zusammenhängenden Fragen.

Schlußbestimmungen

Artikel 247 [Ratifizierung und Inkrafttreten des Vertrages]

Dieser Vertrag bedarf der Ratifizierung durch die Hohen Vertragsparteien gemäß ihren verfassungsrechtlichen Vorschriften. Die Ratifikationsurkunden werden bei der Regierung der Italienischen Republik hinterlegt.

Dieser Vertrag tritt am ersten Tag des auf die Hinterlegung der letzten Ratifikationsurkunde folgenden Monats in Kraft. Findet diese Hinterlegung weniger als fünfzehn Tage vor Beginn des folgenden Monats statt, so tritt der Vertrag am ersten Tag des zweiten Monats nach dieser Hinterlegung in Kraft.

Inhaltsübersicht

1 Art. 247 regelt die Ratifizierung und das Inkrafttreten des EWGV. Die sechs ursprünglichen Mitgliedstaaten haben den Vertrag im Laufe des Jahres 1957 ratifiziert.[1] Als letzte haben die drei Beneluxstaaten ihre Ratifizierungsurkunden am 13.12.1957 bei der italienischen Regierung hinterlegt, so daß der Vertrag nach Art. 247 Abs. 2 am 1.1.1958 in Kraft getreten ist.[2] Art. 247 ist damit erfüllt und gegenstandslos geworden.

2 Art. 224 EAGV stimmt mit Art. 247 wörtlich überein; für die Ratifizierung und die Hinterlegung der Ratifizierungsurkunden gilt das Gleiche wie für den EWGV.

3 Im EGKSV ist die Ratifizierung in Art. 99 geregelt. Die Bundesrepublik hat den EGKSV durch Gesetz vom 29.4.1952[3] ratifiziert. Als letzte Unterzeichnerstaaten haben die Bundesrepublik und Luxemburg ihre Ratifizierungsurkunden am 23.7.1952 bei der

1 Die Bundesrepublik Deutschland durch Gesetz vom 27.7.1957, BGBl. 1957 II S. 753; HER I A10, S. 101.
2 Siehe die Bekanntmachung BGBl. 1958 II S. 1; HER I A 10, S. 109.
3 BGBl. 1952 II S. 445.

französischen Regierung hinterlegt, so daß der EGKSV auf Grund von Art. 99 Satz 2 an diesem Tage in Kraft getreten ist.[4]

4 Die Ratifikationsurkunden für EWGV und EAGV waren bei der italienischen, diejenige für den EGKSV bei der französischen Regierung zu hinterlegen, weil die erstgenannten Verträge in Rom (am 27.3.1957), der EGKSV in Paris (am 18.4.1951) unterzeichnet worden sind.

5 Die für den Beitritt der neuen Mitgliedstaaten zu den drei Gemeinschaften erforderlichen Ratifikationsurkunden sind ebenfalls bei der italienischen und für den EGKSV bei der französischen Regierung hinterlegt worden. Der Beitritt zu allen drei Gemeinschaften ist für Dänemark, Irland und das Vereinigte Königreich am 1.1.1973, für Griechenland am 1.1.1981 wirksam geworden.[5]

Artikel 248 [Maßgebender Wortlaut; Hinterlegung der Urschrift des Vertrages]*)

Dieser Vertrag ist in einer Urschrift in deutscher, französischer, italienischer und niederländischer Sprache abgefaßt, wobei jeder Wortlaut gleichermaßen verbindlich ist; er wird im Archiv der Regierung der Italienischen Republik hinterlegt; diese übermittelt der Regierung jedes anderen Unterzeichnerstaates eine beglaubigte Abschrift.

Literaturhinweise

Akehurst, M., Preparing the Authentic Text of the EEC Treaty, in: *Wortley* (Hrsg.) Introduction to the Law of the European Economic Community, Manchester 1972

Bleckmann, Albert, Teleologische und dynamische Auslegung des Europäischen Gemeinschaftsrechts, in: EuR 1979, S. 239f.

ders., Zu den Auslegungsmethoden des Europäischen Gerichtshofs, in: NJW 1982, S. 1177ff.

Degan, V.D., Procédés d'interprétation tirés de la jurisprudence de la Cour de Justice des Communautés européennes, in: RTDE 1966, 2, S. 189ff.

Dickschat, S.A., Problèmes d'interprétation des traités européens résultant de leur plurilinguisme, in: Rev. belge de Droit International 1968, 4, S. 40ff.

Dölle, Hans, Zur Problematik mehrsprachiger Gesetzes- und Vertragstexte, in: RabelsZ 1964, 26, S. 4ff.

Hilf, Meinhard, Die Auslegung mehrsprachiger Verträge, Berlin, Heidelberg 1973

Kusterer, Hermann, Das Sprachenproblem in den Europäischen Gemeinschaften, in: Eur. Arch. 1980, S. 693ff.

Kutscher, Hans, Über den Gerichtshof der Europäischen Gemeinschaft, in: EuR 1981, S. 392ff.

Lipstein, K., Some practical Comparative Law, The interpretation of Multilingual Treaties with Special Regard to the EEC Treaty, in: Tulane Law Rev. 1974, 48, S. 907ff.

4 Bekanntmachung vom 14.10.1952, BGBl. 1952 II S. 978; HER IV A 10, S. 101.
5 Vgl. HER I A 12.
*) Alle Artikel-Überschriften sind nicht amtlich.

Ophüls, C.F., Über die Auslegung der Europäischen Gemeinschaftsverträge, in: Festgabe für Müller-Armack, Berlin 1961, S. 279–290
Riese, Otto, Das Sprachenproblem in der Praxis des Gerichtshofs der Europäischen Gemeinschaften, in: FS Dölle, Bd. 2, Tübingen 1963, S. 507–524
Stevens, Lisbeth, The principle of linguistic equality in judicial proceedings and in the interpretation of plurilingual legal instruments. The regime linguistique in the Court of Justice of the European Communities, in: Northwestern Univ. Law Review 1967, 62, S. 701 ff.
Zuleeg, Manfred, Die Auslegung des Europäischen Gemeinschaftsrechts, in: EuR 1969, 97 ff.

Inhaltsübersicht

I. Gleiche Verbindlichkeit der Vertragssprachen

1. Die Gründungsverträge

a) EWGV und EAGV

1 EWGV und EAGV sind jeweils in einer Urschrift in den vier ursprünglichen Amtssprachen der Gemeinschaft (deutsch, französisch, italienisch, niederländisch) abgefaßt (Art. 248 EWGV, Art. 225 EAGV), wobei jede sprachliche Fassung »gleicher-

maßen verbindlich« ist.[1] Hinterlegungsstelle der Urschriften ist die italienische Regierung, die den Unterzeichnerstaaten beglaubigte Abschriften übermittelte; diese Funktion übte sie auch gegenüber den neuen Beitrittsländern Irland, Dänemark und dem Vereinigten Königreich (Art. 160 Abs. 1 BA) sowie gegenüber dem neuen Mitglied Griechenland aus (Art. 152 BA Griechenland).

b) EGKSV

2 Nach Art. 100 EGKSV ist der Montanvertrag nur in einer Urschrift in französischer Sprache abgefaßt, wobei amtliche Übersetzungen in den übrigen Sprachen der Gründungsmitglieder angefertigt wurden.[2] Hinterlegungsstelle der Urschrift ist die französische Regierung.

2. Die Sprachenregelung der Beitrittsverträge

3 Die Verbindlichkeit der ursprünglichen Wortlaute des EWGV, EAGV ist durch die Beitrittsakte Dänemarks, Irlands, Norwegens, Großbritanniens und Nordirlands um die dänische, englische und irische Sprachfassungen erweitert worden, die neben den ursprünglichen Texten gleichermaßen verbindlich sind (Art. 160 Abs. 2 BA);[3] eine achte Sprachfassung gleicher Verbindlichkeit kam durch den Beitritt Griechenlands ab 1.1.1981 hinzu (Art. 152 BA Griechenland).[4]

Die *Beitrittsakte* mit Dänemark, Irland, Großbritannien und Nordirland sind aufgrund ihrer Inkorporation in den Beitrittsvertrag vom 22.1.1972[5] in sieben Fassungen, mit Griechenland aufgrund des Beitrittsvertrags vom 28.5.1979[6] in allen derzeitigen Sprachfassungen verbindlich. Das Prinzip der Gleichberechtigung der authentischen Vertragswortlaute gilt somit auch über die Beitrittsverträge einschließlich der Beitrittsakte für das gesamte Recht von EWG und Euratom, in beschränktem Umfang über die Ratsbeschlüsse zum EGKS-Beitritt Dänemarks, Irlands, Norwegens, Großbritanniens[7] und Nordirlands sowie zum Beitritt Griechenlands[8] auch für die das EGKS-Recht betreffenden Bestimmungen der Beitrittsakte. Da im übrigen zur Auslegung des EGKS auch die offiziellen Übersetzungen herangezogen werden[9] und aufgrund nichtveröffentlichter

1 Im französischen Wortlaut: »les quatre textes faisant également foi«.
2 *Riese,* a.a.O., S. 517 ff.
3 Akte über die Beitrittsbedingungen und die Anpassungen der Verträge (ABl. Nr. L 73 1972 S. 14); die norwegische Textfassung entfiel mangels norwegischer Ratifizierung der Beitrittsakte.
4 Akte über die Bedingungen des Beitritts der Republik Griechenland und die Anpassungen der Verträge (ABl. 1979 Nr. L 291 S. 17); abgedruckt im Anhang B dieses Kommentars.
5 ABl. 1972 Nr. L 73 S. 5: Art. 3.
6 Siehe HER I A 12, S. 217: Art. 3.
7 Siehe HER I A 12, S. 13.
8 ABl. 1979 Nr. L 291 S. 5; vgl. jeweils Art. 1 Abs. 2.
9 Vgl. hierzu *Riese,* a.a.O., S. 517 ff.; *Stevens,* a.a.O., S. 724; näher unten Rn. 16.

Beschlüsse der Außenminister[10] die derzeitigen Amtssprachen zugleich Arbeits- und Amtssprachen der Montanunion sind, läßt sich im wesentlichen vom Grundsatz der Gleichberechtigung der Vertrags- bzw. Arbeitssprachen ausgehen.

3. Zeitliche Übergangsregelungen

4 Art. 155 BA, Art. 147 BA Griechenland sehen vor, daß die noch vor dem Beitritt der jeweiligen Mitglieder in den neuen Vertragssprachen erlassenen Rechtsakte ab dem Beitritt (1.1.1973 bzw. 1.1.1981) gleichermaßen verbindlich sind wie die ursprünglichen Wortlaute. Ob man hieraus mehr als eine »linguistische Übergangsregelung« für das Sekundärrecht zur Vorbereitung und Anpassung der Beitrittsmitglieder ableiten kann, ist fraglich.[11] Das Problem dürfte infolge der sprachlichen Adaption des Sekundärrechts vor und nach dem Beitritt und infolge der zeitlichen Überholung kaum von großer praktischer Tragweite sein. Im übrigen dürfte der Vertrauensschutz bei sich über den Beitrittszeitpunkt erstreckenden Sachverhalten gegenüber einem erweiterten mehrsprachigen Textvergleich (»unechte Rückwirkung«) und angesichts der Relativität der semantischen Auslegung[12] keine große Rolle spielen.

II. Allgemeine Auslegungsregeln mehrsprachiger völkerrechtlicher Verträge und ihre Anwendbarkeit im Gemeinschaftsrecht

1. Unvermeidlichkeit von Textdivergenzen

5 Bei mehrsprachigen Vertragswortlauten ist die Möglichkeit abweichender Textdeutungen gewissermaßen »vorprogrammiert«. Dies ergibt sich einmal aus dem unterschiedlichen gedanklichen Umfeld eines sprachlichen Begriffs, zum anderen wird die Divergenz durch die verschiedenen Rechtsvorstellungen verstärkt.[13] Solche Textdivergenzen bestehen auch für die Gemeinschaftsverträge, die – insoweit wie andere völkerrechtliche Verträge – nicht zuletzt sprachliche Kompromisse enthalten und die Textfassungen unter einem gewissen zeitlichen Druck redigiert wurden.[14] Die Vorstellung, daß die Gemeinschaftsverträge kaum sprachliche Interpretationsdifferenzen aufwiesen,[15] ist unzutreffend und gilt noch weniger für das Sekundärrecht der Gemeinschaft, das – wie die Judikatur des EuGH zeigt – immer häufiger zu sprachlichen Auslegungsproblemen zu führen scheint. Die Erweiterung der Gemeinschaft auf 12 Mitglieder mit neun Amtssprachen wird die sprachlichen Interpretationsdifferenzen, die vor allem aus der Auslegung

10 *Thiesing* zu Art. 217 Rn. 2.
11 Weitergehend wohl *Daig* in der Vorauflage zu Art. 248.
12 Siehe unten Rn. 14.
13 Siehe bei *Hilf,* a.a.O., S. 20 ff.
14 *Ophüls,* FS Müller-Armack, a.a.O., S. 279.
15 Siehe *Degan,* a.a.O., S. 199.

des in allen Mitgliedstaaten verbindlichen Sekundärrechts erwachsen, beträchtlich erhöhen.

2. Auslegungsregeln

a) Vorrang der landessprachlichen Fassung

6 Dem Vorrang der landessprachlichen Fassung steht schon bei der Auslegung multilateraler Verträge der Einwand entgegen, daß er zu der Privilegierung des jeweiligen Vertragspartners führen würde und ist wegen des Gebots der einheitlichen Auslegung des Gemeinschaftsrechts wie des Prinzips der Gleichberechtigung der authentischen Wortlaute im Recht der Gemeinschaftsverträge unanwendbar. Eine Berücksichtigung mag er bei der Auslegung von Rechtsakten finden, die an einzelne Mitgliedstaaten oder *Individuen* in der jeweiligen Landessprache gerichtet sind,[16] soweit nicht mehrsprachige Fassungen oder amtliche Übersetzungen ergänzend heranzuziehen sind; ferner mag er eine Rolle für die Auslegung allgemeinverbindlichen Gemeinschaftsrechts durch den nationalen Richter spielen, dem regelmäßig nur eine – die landessprachliche – Fassung vorliegen wird.[17]

b) Textvergleich

7 Der Textvergleich bei Mehrdeutigkeit eines authentischen Vertragstextes ist eine allgemeine Auslegungsregel bei mehrsprachigen völkerrechtlichen Verträgen (Art. 33 Abs. 4 WVRK), die im Rahmen der wörtlich-grammatikalischen Auslegung (»semantische Auslegung«) grundsätzlich im Gemeinschaftsrecht anwendbar und geboten ist.[18] Ihr Stellenwert bestimmt sich nach der Einordnung in die sonstigen gemeinschaftsrechtlichen Auslegungsregeln.

c) Vorrang der Urfassung

8 Ein Vorrang der Urfassung eines mehrsprachigen Vertragswortlauts ist schon mit den Grundsätzen der Wiener Vertragsrechtskonvention nicht vereinbar[19] und im Gemeinschaftsrecht erst recht untauglich. Zwar sind die Entwürfe zu den Römer Verträgen überwiegend in Französisch abgefaßt worden, zu denen sich später andere Textfassungen gesellten, doch sind die travaux prèparatoires nicht veröffentlicht und für die Auslegung allenfalls ergänzend heranzuziehen.[20] Es sollten vielmehr alle Vertragswortlaute nach der Schlußredaktion gleichermaßen verbindlich sein.

16 Siehe Art. 3 der VO Nr. 1 zur Regelung der Sprachenfrage für die EWG; ABl. 1958 Nr. 17 S. 385; hier abgedruckt im Anschluß an die Kommentierung zu Art. 217.
17 Siehe unten Rn. 17.
18 Vgl. zusammenfassend *Capotorti,* Rs. 165/78 – Slg. 1979, 1849.
19 *Hilf,* a.a.O., S. 90.
20 *Zuleeg,* a.a.O., S. 101.

d) Vorrang des engeren Textes oder des gemeinsamen Minimums

9 Der Vorrang des engeres Textes oder des gemeinsamen Minimums ist keine allgemein anerkannte völkerrechtliche Auslegungsregel, da sie unter Umständen dem Willen der Vertragspartner nicht gerecht wird[21] und eher einer souveränitätsfreundlichen denn integrationsfördernden Betrachtungsweise folgt. Methodisch gesehen kann das gemeinsame »semantische Minimum« nur der Ausgangspunkt einer Auslegung sein, die den Willen der Vertragspartner durch Vergleich der verschiedenen sprachlichen Fassungen zu ermitteln sucht.

e) Prinzip der günstigeren Auslegung

10 Das Prinzip der günstigeren Auslegung ist vom jeweiligen Adressaten aus zu betrachten. Soweit mit dem Grundsatz eine die Souveränität der Staaten möglichst wenig beschränkende Auslegung intendiert ist, kann er für das Gemeinschaftsrecht keine Geltung beanspruchen. Umgekehrt ist die Auslegungsregel »in dubio pro communitate« als Ausdruck der Sicherung der Funktionsfähigkeit der Gemeinschaft im Sinne einer dynamischen Auslegung anzuerkennen,[22] soweit nicht zwingende Interessen der Mitgliedstaaten oder die Bedürfnisse der Rechtsunterworfenen entgegenstehen. So hat der EuGH den Grundsatz »in dubio mitius« zugunsten eines Beamten[23] oder eines leistungsberechtigten Gemeinschaftsbürgers angewendet.[24]

f) Prinzip des Vorrangs des klareren Textes

11 Schließlich kann auch das Prinzip des Vorrangs des klareren Textes keine Anwendung im Gemeinschaftsrecht finden, sofern nicht dieser Text dem Vertragszweck aufgrund eines Textvergleichs am ehesten entspricht. Die Bevorzugung des »klareren« Textes würde den Auslegungsvorgang verkürzen und u.U. die intendierte Mehrdeutigkeit der Wortlaute unterlaufen.[25] Auch der EuGH hat den Satz »in claris non fit interpretatio« für die mehrsprachige Auslegung nicht anerkannt.[26]

III. Auslegungsgrundsätze mehrsprachiger Gemeinschaftsvorschriften

12 Oberste Auslegungsmaximen bei sprachlichen Textdivergenzen sind die Einheit der Gemeinschaftsrechtsordnung und die Erhaltung der Funktionsfähigkeit der Gemein-

21 *Dölle,* a.a.O., 36; *Hilf,* a.a.O., S. 96.
22 *Zuleeg,* a.a.O., s. 106; *Bleckmann,* EuR 1979, S. 255.
23 EuGH – Humblet/Belg. Regierung, 6/60 – Slg. 1960, 1180, vgl. aber auch EuGH – Ganzini/Kommission, 101/77 – Slg. 1978, 920 (ablehnende Entscheidung gegenüber Bewerber).
24 EuGH – Stauder/Ulm, 29/69 – Slg. 1969, 425.
25 Bereits *Dölle,* a.a.O., S. 35; *Hilf,* a.a.O., S. 95.
26 Vgl. *Zuleeg,* a.a.O., S. 100.

schaften *(effet utile)*. Diesen Grundsätzen sind die besonderen Auslegungsregeln unterzuordnen.

1. Wörtliche Auslegung der verfahrens- oder landessprachlichen Fassung

13 Der Rechtsanwender oder Interpret einer Gemeinschaftsvorschrift wird i.d.R. von *einer* authentischen sprachlichen Fassung ausgehen. Dies gilt für den Richter am EuGH, der in einer der Verfahrenssprachen verhandelt,[27] wie für den nationalen Richter, der die landessprachliche Fassung eines Rechtsaktes der Gemeinschaften prüft, ebenso wie für die anderen Gemeinschaftsorgane oder nationalen Behörden, die Gemeinschaftsrecht unmittelbar oder mittelbar vollziehen und damit »auslegen«. Die Beschränkung auf *eine* sprachliche Fassung erscheint so lange unbedenklich, als der Wortlaut nicht mehrere Deutungen zuläßt (Mehrdeutigkeit) oder im Lichte des Normzwecks und der Vertragsziele Zweifel an einer sprachlichen Fassung entstehen;[28] in diesem Fall darf sich der Interpret nicht auf die vermeintlich »klarere« Fassung verlassen.[29]

2. Textvergleich der authentischen Wortlaute

14 Im Rahmen der wörtlich-grammatikalischen Auslegung sind die Wortlaute aller authentischen Textfassungen heranzuziehen, um den gemeinsamen Sinn der verschiedenen sprachlichen Fassungen zu ermitteln.[29a] Beim wörtlichen Textvergleich ist jedoch nicht isoliert vorzugehen, sondern u.U. der grammatikalische Satzzusammenhang in den verschiedenen Fassungen zu berücksichtigen.[30]

Die Auflösung sprachlicher Textdivergenzen folgt dabei keinem zwingenden Muster,[31] sondern ist stets auch am Normzusammenhang und -zweck zu orientieren, so daß bereits hier systematisch–teleologische Auslegungselemente einfließen.[32] Dies entspricht im übrigen allgemeinen völkerrechtlichen Grundsätzen, wonach jene Auslegung zu wählen ist, »which best reconciles the texts having regard to the object and purpose of the treaty« (Art. 33 Abs. 4 WVRK).[33]

Unter diesen Voraussetzungen kommt dem semantischen Textvergleich nur beschränkte

27 Vgl. Art. 29 bis 31 der VerfO des Gerichtshofs HER I A 63/1, S. 103 ff. Die Beratungen erfolgen in Französisch, s. *Riese,* a.a.O., S. 512.

28 Vgl. insoweit auch Art. 33 Abs. 3 WVRK.

29 Siehe oben Rn. 17.

29a *Kutscher,* a.a.O., S. 401; *Bleckmann,* NJW 1982, S. 1180.

30 *Bleckmann,* EuR, S. 89.

31 *Dickschat,* a.a.O., S. 59.

32 Ständige Rspr. des EuGH; vgl. *Capotorti* in seinen Schlußanträgen: IMCO, Rs. 165/78 (IMCO) – Slg. 1979, 1849 mwN; *Dickschat,* a.a.O., S. 59; *Stevens,* a.a.O., S. 728.

33 *Hilf,* a.a.O., S. 101.

Bedeutung zu.[34] Der EuGH bevorzugt beim Vergleich der unterschiedlichen Sprachfassungen weder eine »Mehrheitslösung« (Vermutung für die Richtigkeit der Mehrzahl der Texte)[35] noch die vermeintlich »engere« oder »klarere« Fassung. So hat er den Begriff der »Vorschriften« (measures, dispositions, provvedimenti, bestemmelser, voorschriften) und den Begriff der »Maßnahmen« (measures, mesures, provvedimenti, forholdsregler, maatregelen) der »öffentlichen Ordnung und Sicherheit« (Art. 2 Abs. 1; 3 Abs. 1 RL 64/221 EWG) weder im Sinne der gleichlautenden englischen und italienischen Minderheitsfassungen noch im Sinne der Mehrheitsfassungen ausgelegt, sondern auf Zusammenhang und Zweck der Regelung abgestellt.[36] Die »engere« oder »genauere« Fassung ist nicht allein ausschlaggebend, wenn sie die Richtigkeit der teleologischen Auslegung für oder gegen sich hat.[37]

Bei der Auflösung sprachlicher Textdivergenzen des Verordnungsrechts zieht der EuGH mitunter auch die Entstehungsgeschichte und die Vorarbeiten heran, um zu einer Sinndeutung zu gelangen; ist die Textdivergenz auch dann noch unauflösbar, wird auf Zusammenhang und Zweck der Regelung abgestellt.[38] Insgesamt scheint der EuGH eine Auslegung vermeiden zu wollen, die *einer* sprachlichen Fassung den Vorrang einräumt.[39] Offenbar unrichtige Fassungen werden nach Textvergleich jedoch ausgeschieden.[40] Während Generalanwalt Capotorti dem semantischen Vergleich mitunter größere Aufmerksamkeit widmet, geht der EuGH in jüngerer Zeit rasch zur systematisch-teleologischen Auslegung der Vorschriften über.[41]

15 Vorrangiger Maßstab für die Auslegung sprachlich divergenter Fassungen ist die *Einheitlichkeit der Auslegung* des Gemeinschaftsrechts, die die Gleichberechtigung der Amtssprachen bei der Auflösung von sprachlichen Divergenzen gebietet. Die verschiedenen sprachlichen Fassungen einer Gemeinschaftsvorschrift müssen einheitlich ausgelegt werden; falls die Fassungen voneinander abweichen, muß die Vorschrift daher nach dem allgemeinen Aufbau und dem Zweck der Regelung ausgelegt werden, zu der sie

34 *Stevens,* a.a.O., S. 728; GA *Lagrange* – Rs. 13/71 (Bosch) – Slg. 1962, 149.
35 In diese Richtung teils *Daig* unter Berücksichtigung des Vertragssinns, Vorauflage zu Art. 248 II, 2.
36 EuGH – Boucherau, 30/77 – Slg. 1977, 2010.
37 Vgl. einerseits die genauere italienische Fassung von Art. 14, VO Nr. 543/79, EuGH – Auditeur du Travail, 76/77 – Slg. 1977, 2491; andererseits die engere deutsche Fassung der Allgemeinen Tarifierungsvorschrift, des GZT, EuGH – IMCO/OFD Berlin, 165/78 – Slg. 1979, 1844.
38 EuGH – Niederlande/Kommission, 11/76 – und Deutschland/Kommission, 17/76 – Slg. 1979, 278; 383.
39 Deutlich auch EuGH – Kerry Milk, 80/76 – Slg. 1977, 435: Vermeidung einer Auslegung, die dem natürlichen Wortsinn zuwiderläuft; EuGH – Liegois/ONPT, 93/76 – Slg. 1977, 549: Gemeinsame Absicht der unterschiedlichen Sprachfassungen.
40 Vgl. etwa GA *Warner* – Rs. 94/77 – Slg. 1978, 120 (englische Fassung der VO Nr. 974/71); EuGH – Koschniske/Raad, 9/79 – Slg. 1979, 2724.
41 GA *Capotorti* – Rs. 250/80, Schlußanträge vom 29.9.1981 (harmonisierende Auslegung neben systematischen Argumenten); Rs. 136/80, Schlußanträge vom 18.6.1981; EuGH vom 27.10.1981, Rs. 250/80, Rn. 13, und vom 17.9.1981, Rs. 136/80, Rn. 17.

gehört.[42] Die einheitliche Auslegung des Gemeinschaftsrechts und das Prinzip der sprachlichen Gleichberechtigung verbieten die isolierte Betrachtung einer Textfassung, erschweren die Bevorzugung eines von mehreren authentischen Wortlauten und führen zu einer Auflösung durch systematisch-teleologische Interpretation.[43]

3. Auslegung eines authentischen Wortlauts (EGKSV)

16 Die Auslegung des authentischen französischen Wortlauts des EGKSV durch den EuGH unter Rückgriff auf die amtlichen Übersetzungen (Deutsch, Italienisch, Niederländisch) folgt den oben beschriebenen Regeln, so daß sich keine prinzipiellen Unterschiede zum Textvergleich mehrerer authentischer Fassungen ergeben.[44] Als Beispiel seien nur die Auslegung des französischen Begriffs »tendre à« (»abzielen«, »kennen leiden«) zur Verhinderung wettbewerbswidriger Praktiken nach Art. 65 EGKSV erwähnt, dem der Gerichtshof eine objektive (der holländischen Übersetzung näherstehende) Sinndeutung gab,[45] oder des im Immunitätenprotokoll der EGKS enthaltenen Begriffs der »privilèges« (Vorrechte, »voorrechten») erwähnt.[46] Bereits hier stellte der Gerichtshof fest, er könne sich nicht mit einer wörtlichen Auslegung begnügen, sondern müsse prüfen, ob diese Auslegung durch andere Gesichtspunkte, insbesondere den gemeinsamen Willen der Vertragsschließenden und die »ratio legis« bestätigt werde.[47] Der teleologischen Methode dürfte er auch dann gefolgt sein, wenn er die französische Textfassung gegenüber den amtlichen Übersetzungen bevorzugt.[48] Diese harmonisierende, den Norm- und Vertragszweck berücksichtigende Auslegungsmethode war richtungsweisend für das oben beschriebene Vorgehen zur Auflösung sprachlicher Textdivergenzen der Römer Verträge.[49]

Für eine harmonisierende Auslegung zwischen authentischem Text und amtlichen Übersetzungen spricht das Prinzip der Einheitlichkeit der Gemeinschaftsordnung unter größtmöglicher Gleichberechtigung der Amtssprachen. Diese Einheit wird ferner durch eine einheitliche Auslegung gleicher Termini in einzelnen Gründungsverträgen (auch bei sprachlichen Textdivergenzen) verstärkt.[50]

42 EuGH – Bouchereau, 30/77 – Slg. 1977, 2010.
43 Vgl. EuGH – Vecht/SozVerzekeringsbank, 19/67 – Slg. 1967, 473; EuGH – Mij/Hoofproduktschap, 61/72 – Slg. 1979, 301; EuGH – Moulijn/Kommission, 6/74 – Slg. 1974, 1287; EuGH – Bouchereau, 30/77 – Slg. 1977, 2010.
44 Eingehend *Riese,* a.a.O., S. 517 ff.; *Dickschat,* a.a.O., S. 49 ff.; *Stevens,* a.a.O., S. 724 ff.
45 EuGH – Worms/Hohe Behörde, 18/60 – Slg. 1967, S. 401 ff.
46 EuGH – Humblet/Belgischer Staat, 6/60 – Slg. 1965, 1169. Hier wird vom Wortlaut auf die ratio legis übergegangen.
47 Slg. 1965, 1189.
48 Vgl. zum Begriff der »sie individuell betreffenden Entscheidungen« nach Art. 33 EGKSV: EuGH – 7/54 und 9/54 – Slg. 1956, 86; *Dickschat,* a.a.O., S. 51.
49 Beispielhaft GA *Lagrange* im Bosch-Fall, Slg. 1962, 149.
50 *Dickschat,* a..aO., S. 58.

IV. Auslegungsprobleme des nationalen Richters

17 Besondere Auslegungsprobleme können sich bei Anwendung des Gemeinschaftsrechts durch den nationalen Richter ergeben. Verordnungen, Richtlinien und Entscheidungen, die an alle Mitgliedstaaten gerichtet sind, werden nach der Sprachenregelung des Rates zwar in den Amtssprachen der Gemeinschaft[51] abgefaßt, dem nationalen Rechtsanwender aber regelmäßig nur in einer – der Landessprache – vorliegen. Dieses Problem stellt sich sowohl für die mit dem Vollzug unmittelbar anwendbaren Gemeinschaftsrechts betrauten nationalen Behörden, die die landessprachliche Fassung einer Verordnung durch Anwendung »mittelbar« auslegen, wie in besonderem Maße für den nationalen Richter, dessen Auslegung einer Gemeinschaftsvorschrift (oder auch ihrer Vollzugsakte) für den anhängigen Rechtsstreit entscheidungserheblich ist. Da ein Rückgriff des Instanzrichters auf die authentischen Wortlaute von 7 bis 9 Amtssprachen schon aus praktischen wie zeitlichen Gründen ausscheidet, wird hier grundsätzlich eine Vermutung für die Richtigkeit der *landessprachlichen Fassung* streiten. Soweit aber Zweifel an der Mehrdeutigkeit einer sprachlichen Fassung auftauchen, ist der Richter gehalten, einen Textvergleich vorzunehmen. Soweit es sich um letztinstanzliche Gerichte handelt, kommt eine Vorlagepflicht nach Art. 177 Abs. 3 EWGV zur Auslegung der Vorschrift, bei den anderen Gerichten eine Vorlageberechtigung nach Art. 177 Abs. 2 EWGV in Betracht. Zwar wird man in den Mitgliedstaaten auf eine zunehmende sprachliche Versiertheit des nationalen Richters, zumindest in zwei Amtssprachen, hoffen dürfen; eine einheitliche Anwendung des Gemeinschaftsrechts in den Mitgliedstaaten fordert aber den Rekurs auf das Auslegungsmonopol des EuGH, der die streitige Vorschrift unter Berücksichtigung der anderen sprachlichen Fassungen im Lichte der Norm- und Vertragszwecke auslegen wird. In Rs. Stauder/Ulm hat der EuGH auf Vorlage des VG Stuttgart deutlich auf den Textvergleich einer an die Mitgliedstaaten gerichteten Entscheidung hingewiesen.[52] Die steigende Rechtsfülle des Gemeinschaftsrechts und die wachsenden Übersetzungsprobleme nach einer Erweiterung auf 12 Mitglieder werden die Problematik noch verschärfen, wenngleich möglicherweise manche sprachlichen Interpretationsprobleme durch eine am Normzweck orientierte Auslegung des Richters verdeckt werden. Soweit Schriftstücke der Organe, weil nicht allgemeinverbindlich, nur in der jeweiligen Landessprache erlassen werden,[53] kommt nur die landessprachliche Fassung, ggf. unter Rückgriff auf die travaux prèparatoires und etwaiger Übersetzungen, in Betracht. Auch hier kann bzw. muß der nationale Richter bei Zweifeln über die Auslegung der Gemeinschaftsvorschriften den EuGH anrufen (Art. 177 Abs. 2 und 3 EWGV). Eine Ausnahme von der landessprachlichen Fassung gilt im Bereich der sozialen Sicherheit der Arbeitnehmer, wonach Behörden, Träger und Gerichte gehalten sind, von Personen

51 Art. 4 der VO Nr. 1 zur Regelung der Sprachenfrage vom 6.10.1958, s. *Thiesing* zu Art. 217 Rn. 2.

52 EuGH – Stauder, 29/69 – Slg. 1969, 425.

53 Art. 3 der VO Nr. 1 (s. oben Fn. 51).

eingereichte Anträge und Schriftstücke, die sich auf die Anwendung der VO 1408/71 vom 14.6.1971 beziehen, nicht deshalb zurückzuweisen, weil sie in einer anderen Amtssprache verfaßt sind.[54]

V. Sprachenregime der Gemeinschaftsorgane

18 Aufgrund der VO Nr. 1 zur Regelung der Sprachenfrage von 1958, nach dem Beitritt Irlands, Dänemarks, Großbritanniens und Nordirlands sowie Griechenlands geändert,[55] sind Dänisch, Deutsch, Englisch, Französisch, Italienisch, Niederländisch und Griechisch Amtssprachen der Gemeinschaftsorgane; lediglich der Gerichtshof hat eine eigene Verfahrensordnung erlassen. Die geltenden Amtssprachen sind auch Verfahrenssprachen des Rates, sofern nicht aus Dringlichkeitsgründen anders entschieden wird (Art. 8 Abs. 1 GeschO Rat).[56] Die verbindlichen Beschlüsse der Kommission werden in allen oder der den jeweiligen Mitgliedsstatt betreffenden Amtssprache gefaßt.[57] Die Schriftstücke des Parlaments sind in allen Amtssprachen auszufertigen, während die Ausführungen der Abgeordneten simultan in alle Amtssprachen gedolmetscht werden.[58] Als Verfahrenssprachen des Gerichtshofs kommen ebenfalls alle Amtssprachen in Betracht, wobei der Kläger grundsätzlich ein Wahlrecht hat.[59] Die Sprachenregelung gilt auch für die übrigen Organe und rechtsfähigen Glieder der EG soweit nicht der Rat aufgrund seiner Organisationskompetenz in den Gründungsverordnungen ausdrücklich etwas anderes anordnet; eine Konzentration auf wenige Amtssprachen dürfte aber zulässig sein, wenn das Funktionieren der Organe beeinträchtigt wäre.[60]

54 Siehe EuGH – Moris/Rijksdienst, 55/77 – Slg. 1977, 2332.
55 Siehe bei *Thiesing* zu Art. 247.
56 79/868/EGKS/EWG-Euratom vom 24.6.1979, HER I A 61/1, S. 01.
57 Art. 12 der GeschO der Kommission vom 31.1.1963 i.V.m. der VorlGeschO der Kommission vom 6.7.1967 (HER I A 62/1, S. 3ff.).
58 Art. 61 GeschOParl. vom 14.2.1973 (HER I A 63/1).
59 Vgl. Art. 29 §§ 1 bis 5 VerfO des EuGH i.d.F. vom 27.5.1981 (HER I A 63/1, S. 106e ff.); im einzelnen *Wolf,* ebenda.
60 *Hilf,* Die Organisationsstruktur der Europäischen Gemeinschaften, Berlin – Heidelberg – New York 1982, S. 355.

[Datum und Unterschriften]

ZU URKUND DESSEN haben die unterzeichneten Bevollmächtigten ihre Unterschriften unter diesen Vertrag gesetzt.

GESCHEHEN zu Rom am fünfundzwanzigsten März neunzehnhundertsiebenundfünfzig:

P. H. Spaak	J. Ch. Snoy et d'Oppuers
Adenauer	Hallstein
Pineau	M. Faure
Antonio Segni	Gaetano Martino
Bech	Lambert Schaus
J. Luns	J. Linthorst Homan

Anhänge des Kommentars

ANHANG A DES KOMMENTARS

Anhänge des EWG-Vertrages und Texte, die bei Abschluß der Regierungskonferenz für den Gemeinsamen Markt und EURATOM am 25. März 1957 in Zusammenhang mit dem EWG-Vertrag festgelegt wurden

ANHÄNGE I BIS IV DES EWG-VERTRAGES

ANHANG I

Listen A bis G zu den Artikeln 19 und 20 dieses (des EWG-)Vertrages

Die Listen A bis G zu den Art. 19 und 20 sind durch die Einführung des Gemeinsamen Zolltarifs gegenstandslos geworden. Dieser wird von den 1973 beigetretenen Mitgliedstaaten seit 1. 7. 1977 voll angewendet; Griechenland führt ihn schrittweise bis zum 1. 1. 1986 ein (Art. 31 der Beitrittsakte von 1979).

ANHANG II

Liste zu Artikel 38 dieses (des EWG-)Vertrages

Die Liste ist abgedruckt im Anschluß an die Kommentierung von Art. 38.

ANHANG III

Liste der unsichtbaren Transaktionen zu Artikel 106 dieses (des EWG-)Vertrages

Die Liste ist abgedruckt im Anschluß an die Kommentierung von Art. 106.

ANHANG IV

Überseeische Länder und Hoheitsgebiete, auf welche der Vierte Teil dieses (des EWG-)Vertrages Anwendung findet

Vom Abdruck wurde abgesehen. Zum aktuellen Stand derjenigen Länder und Hoheitsgebiete, die auf der Grundlage des Vierten Teils des Vertrages (Art. 131 ff.) mit der Gemeinschaft assoziiert bleiben, vgl. *Becker*, Art. 131 Rn. 1 und 2.

PROTOKOLL ÜBER DEN INNERDEUTSCHEN HANDEL UND DIE DAMIT ZUSAMMENHÄNGENDEN FRAGEN

DIE HOHEN VERTRAGSPARTEIEN,

UNTER BERÜCKSICHTIGUNG der zur Zeit infolge der Teilung Deutschlands gegebenen Verhältnisse,

SIND über folgende Bestimmungen ÜBEREINGEKOMMEN, die diesem Vertrag als Anhang beigefügt sind:

1. Da der Handel zwischen den deutschen Gebieten innerhalb des Geltungsbereichs des Grundgesetzes für die Bundesrepublik Deutschland und den deutschen Gebieten außerhalb dieses Geltungsbereichs Bestandteil des innerdeutschen Handels ist, erfordert die Anwendung dieses Vertrages in Deutschland keinerlei Änderung des bestehenden Systems dieses Handels.

2. Jeder Mitgliedstaat unterrichtet die anderen Mitgliedstaaten und die Kommission über die Abkommen, die den Handelsverkehr mit den außerhalb des Geltungsbereichs des Grundgesetzes für die Bundesrepublik Deutschland gelegenen deutschen Gebieten betreffen, sowie über die zu ihrer Ausführung ergehenden Vorschriften. Er achtet darauf, daß diese Ausführung nicht im Gegensatz zu den Grundsätzen des Gemeinsamen Marktes steht, und trifft insbesondere geeignete Vorkehrungen, um Schädigungen innerhalb der Volkswirtschaft der übrigen Mitgliedstaaten zu vermeiden.

3. Jeder Mitgliedstaat kann geeignete Maßnahmen treffen, um zu verhindern, daß sich für ihn aus dem Handel eines anderen Mitgliedstaates mit den deutschen Gebieten außerhalb des Geltungsbereichs des Grundgesetzes für die Bundesrepublik Deutschland Schwierigkeiten ergeben.

Geschehen zu Rom am fünfundzwanzigsten März neunzehnhundertsiebenundfünfzig.

(Unterschriften)

Literaturverzeichnis

von Arnim, Christoff, Das Verhältnis der Europäischen Wirtschaftsgemeinschaft zur Deutschen Demokratischen Republik nach Abschluß des Grundvertrages, in: BB 1973, Heft 11, S. 500–505

Biskup, Reinhold, Deutschlands offene Handelsgrenze, Frankfurt/M.-Berlin 1976

Meier, Gert, Grundvertrag, EWG-Vertrag und innerdeutscher Handel, in: BB 1982, Heft 35/36, S. 1521–1524

Morawitz, Rudolf, Der innerdeutsche Handel und die EWG nach dem Grundvertrag, in: Eur. Arch. 1973, Heft 10, S. 353–362

Scharpf, Peter, Europäische Wirtschaftsgemeinschaft und Deutsche Demokratische Republik, Tübingen 1973

ders., Die Bedeutung des innerdeutschen Handels für die Beziehungen der EWG zur DDR, in: Deutschland-Archiv, 1974, Nr. 3, S. 260–266
Tomuschat, Christian, EWG und DDR – Völkerrechtliche Überlegungen zum Sonderstatus des Außenseiters einer Wirtschaftsunion, in: EuR 1969, S. 298 ff.

1 Das Protokoll stellt in Abs. 1 fest, daß die Anwendung des Vertrages zur Gründung der Europäischen Wirtschaftsgemeinschaft keinerlei Änderung des bestehenden Systems des Handels zwischen den deutschen Gebieten innerhalb des Geltungsbereichs des Grundgesetzes für die Bundesrepublik Deutschland und den deutschen Gebieten außerhalb dieses Geltungsbereichs erfordert. Die Begründung für diese Vorschrift liegt darin, daß der Handel zwischen den genannten Gebieten »Bestandteil des innerdeutschen Handels ist«, für den die im Außenhandel der Bundesrepublik Deutschland geltenden Gesetze und Vorschriften, insbesondere das Außenwirtschaftsgesetz vom 28. 4. 1961,[1] das Zollgesetz vom 14. 6. 1961[2] und der Außenzolltarif nicht gelten. Dieser innerdeutsche Handel, der frühere Interzonenhandel, spielt sich zwischen der Bundesrepublik Deutschland einschließlich West-Berlin einerseits und den »Währungsgebieten der DM-Ost« (DDR und Ost-Berlin) andererseits ab.

Während in der Bundesrepublik Deutschland das »System einer marktwirtschaftlichen Ordnung« herrscht, besteht in den Währungsgebieten der DM-Ost eine Planwirtschaft mit einem staatlichen Außenhandelsmonopol, unter das auch die Abwicklung des Handels mit der Bundesrepublik Deutschland einschließlich West-Berlin fällt. Sämtliche Geschäfte müssen über sogenannte »Außenhandelsbetriebe« abgeschlossen werden. Aus diesem Grunde können die Grundsätze eines freien Wirtschaftsverkehrs auf diesen innerdeutschen Handel nicht angewandt werden. Es kommt hinzu, daß die in der DDR einschließlich Ost-Berlin bestehende Währung der »Mark der DDR« ausschließlich Binnenwährungscharakter besitzt und deshalb als Zahlungsmittel im innerdeutschen Handel, zum Beispiel zum Ausgleich von Spitzen des Waren- und Dienstleistungsverkehrs nicht geeignet ist.

Diese Umstände haben es erforderlich gemacht, durch besondere Bestimmungen für diesen Handel ein spezifisches System zu statuieren.

2 Das Protokoll stellt in Abs. 1 fest, daß der Handel zwischen der Bundesrepublik Deutschland einschließlich West-Berlin und der Deutschen Demokratischen Republik einschließlich Ost-Berlin kein Außenhandel ist. Dagegen ist der Handel der übrigen EG-Länder mit der DDR Außenhandel.

Bis zum Abschluß des Grundlagenvertrages am 21. 12. 1972[3] wurde die DDR als Gebiet sui generis betrachtet. Sie gehörte also nicht zur Kategorie der Drittländer wie alle

1 BGBl. I S. 481
2 BGBl. I S. 737; HER I A 42/20, S. 19.
3 Zehn Jahre Deutschlandpolitik, Die Entwicklung der Beziehungen zwischen der Bundesrepublik Deutschland und der Deutschen Demokratischen Republik 1969–1979, Bericht und Dokumentation, Hrsg. Bundesministerium für innerdeutsche Beziehungen, Bonn 1980, S. 205 ff.

übrigen – nicht zum Geltungsbereich des Rom-Vertrages gehörenden – Länder und Gebiete. Infolgedessen konnte gemäß Abs. 2 des Protokolls jeder Mitgliedstaat seine Handelsbeziehungen zur DDR selbst regeln und die dazu notwendigen Vorschriften erlassen. Er war dabei allerdings verpflichtet, die anderen Mitgliedstaaten und die Kommission über die Abkommen zu unterrichten, die den Handel mit der DDR betrafen.

Da in Abs. 2 des Protokolls weiter bestimmt wird, daß jeder Mitgliedstaat darauf zu achten hat, daß die Ausführung seines Handels mit der DDR nicht im Gegensatz zu den Grundsätzen des Gemeinsamen Marktes steht, und daß geeignete Vorkehrungen zu treffen sind, um Schädigungen innerhalb der Volkswirtschaften der übrigen Mitgliedstaaten zu vermeiden, ging man davon aus, daß gegenüber der DDR z. B. die Zollsätze des Gemeinsamen Zolltarifs autonom angewendet wurden.

3 Der Grundlagenvertrag schuf die Basis für eine Neuordnung der Beziehungen zur DDR, indem er einerseits den besonderen Charakter der Beziehungen zwischen der Bundesrepublik Deutschland und der DDR festhielt, und indem er andererseits es den anderen EG-Ländern ermöglichte, die DDR völkerrechtlich anzuerkennen. Mit dieser Anerkennung wurde die DDR für diese EG-Länder zu einem normalen Drittland, mit dem man im Rahmen der EG Außenhandel betreibt.

Nach einem entsprechenden Ratsbeschluß Ende 1974 wurden daher für die anderen EG-Partner die nationalen Kontingentlisten gegenüber der DDR in das Gemeinschaftsverfahren aufgenommen. Seither werden im Handel dieser EG-Länder mit der DDR von der Gemeinschaft Zölle und Abschöpfungen auf die Einfuhren erhoben und für die Ausfuhren von Agrarerzeugnissen Erstattungen gezahlt.[4] Die vertraglichen Handelsbeziehungen werden durch die Gemeinschaft geregelt, die insoweit als Gemeinschaft der zehn Mitgliedstaaten mit Wirkung aber nur für neun Mitgliedstaaten auftritt.

4 Für die Beziehungen zwischen der Bundesrepublik Deutschland und der DDR regelt der Grundlagenvertrag, daß der Handel zwischen beiden – als Teil der besonderen Beziehungen – auf der Grundlage der bestehenden Abkommen entwickelt werden soll. Der Status des innerdeutschen Handels wurde somit nicht verändert. Er entspricht nach wie vor der in Deutschland bestehenden besonderen Lage. Dies ist durch das Urteil des Bundesverfassungsgerichts vom 31. 7. 1973 bestätigt worden, das feststellt, daß der innerdeutsche Handel kein Außenhandel ist.[5] Insoweit gilt daher auch das Protokoll unverändert weiter.

4 Erklärung des Rates vom 9. 12. 1974, Dok. R 3542/d 74.

5 Entscheidungen des Bundesverfassungsgerichts 36, 1–37, zitiert in: Zehn Jahre Deutschlandpolitik (a.a.O., Fn. 3), S. 232 ff.

Der Fortbestand des Protokolls wurde trotzdem nach dem Abschluß des Grundlagenvertrages in der Gemeinschaft in Zweifel gezogen.[6] Nach längeren Verhandlungen haben die Organe der Gemeinschaft und die Mitgliedstaaten die Fortgeltung des Protokolls anerkannt. Dies hat auch der Europäische Gerichtshof in seinen Urteilen vom 1. 10. 1974 und vom 27. 9. 1979 bestätigt.[7] Das Protokoll gilt somit unverändert für den innerdeutschen Handel fort.

5 In Abs. 2 des Protokolls wird weiter bestimmt, daß jeder Mitgliedstaat darauf zu achten hat, daß die Ausführung seines Handels mit der DDR nicht im Gegensatz zu den Grundsätzen des Gemeinsamen Marktes steht und daß geeignete Vorkehrungen zu treffen sind, um Schädigungen innerhalb der Volkswirtschaften der übrigen Mitgliedstaaten zu vermeiden.

Da die Außenhandelsbetriebe der DDR nach den in der DDR geltenden Bestimmungen die zur Lieferung in die Bundesrepublik Deutschland bestimmten Waren ohne Rücksicht auf Produktionskosten zu Preisen anbieten können, die sie mit den Käufern frei aushandeln, können Schädigungen innerhalb der Volkswirtschaften der EG-Staaten eintreten, wenn der angebotene Preis ein bestimmtes Niveau für den betreffenden Artikel unterschreitet. Die Bundesrepublik Deutschland hat durch entsprechende Preisprüfungsrichtlinien für Warenbezüge aus der DDR die notwendigen Vorkehrungen getroffen.

6 In Abs. 3 des Protokolls haben sich die Mitgliedstaaten der EWG das Recht eingeräumt, autonom Maßnahmen treffen zu dürfen, wenn sich für einen aus dem Handel eines anderen mit der DDR Schwierigkeiten ergeben. Eine derartige Maßnahme könnte z. B. darin bestehen, daß die Einfuhr von DDR-Waren über andere Mitgliedstaaten von Fall zu Fall von einer besonderen Genehmigung abhängig gemacht und diese u. a. versagt wird. Dasselbe gilt im Falle von Ausfuhr-/Lieferbeschränkungen für die Lieferung bzw. Ausfuhr von Waren über andere Mitgliedstaaten in die DDR.

7 Die Bundesrepublik Deutschland hat in Übereinstimmung mit den Festlegungen im Protokoll den innerdeutschen Handel wie folgt geregelt:

a) Die vertragliche Grundlage für den innerdeutschen Handel ist das »Abkommen über den Handel zwischen den Währungsgebieten der Deutschen Mark (DM-West) und den Währungsgebieten der Deutschen Mark der Deutschen Notenbank (DM-Ost)« (Berliner Abkommen) vom 20. 9. 1951 in der Fassung der Vereinbarung vom 16. 8. 1960,[8] einschließlich zwischenzeitlicher Änderungs- und Ergänzungsvereinbarungen veröffent-

6 Die Unsicherheit war teilweise die Folge des rechtlichen »Umdenkens« von der sui-generis-These der DDR zur Drittlandsthese. Vgl. dazu *G. Meier*, a.a.O.; »M. Pompidou poserait la question des relations entre la C.E.E. et l'Allemagne de l'Est«, in: Le Monde vom 22. 1. 1973, S. 1; »Innerdeutscher Handel ein Problem«, in: Süddeutsche Zeitung vom 22. 1. 1973, S. 1.

7 EuGH – Norddeutsches Vieh- und Fleischkontor, 14/74 – Slg. 1974, 1147 und Freystadt/HZA Hamburg – Jonas, 23/79 – Slg. 1979, 2789 ff.

8 Beilage zum BAnz. Nr. 32 vom 15. 2. 1961.

licht als Bekanntmachung der für den innerdeutschen Handel geltenden Vereinbarungen vom 19. 1. 1979,[9] zuletzt geändert am 21. 6. 1982.[10]

Das Berliner Abkommen ist ein sogenanntes Genehmigungsabkommen; beide Seiten haben darin zugesagt, die Lieferung und den Bezug von Waren nach den in ihren Gebieten geltenden Bestimmungen zu genehmigen. Zur Regelung des Warenverkehrs sind Warenlisten vereinbart. Für einige Warengebiete sind feste Abkommenswerte pro Kalenderjahr vereinbart (z. B. Erzeugnisse des Bergbaus, Mineralölerzeugnisse, NE-Metalle, Getreide, Vieh und Fleisch). Für die meisten Warengruppen bestehen keine Abkommenswerte mehr. Im Berliner Abkommen wurde ausdrücklich festgelegt, daß gegenseitig, ohne eine besondere Vereinbarung, nur Waren geliefert werden dürfen, die im Bundesgebiet sowie Berlin (West) oder in dem Währungsgebiet der Mark der DDR gewonnen oder hergestellt sind. Lieferungen von Waren ausländischen Ursprungs bedürfen besonderer Vereinbarung. Über die zahlungsmäßige Abwicklung von Dienstleistungen wurde eine Vereinbarung getroffen, die Bestandteil des Berliner Abkommens ist.

Der innerdeutsche Handel wickelt sich auf bilateraler Basis ab. Lieferungen und Gegenlieferungen werden über zentrale Clearingkonten der Deutschen Bundesbank und der Staatsbank der DDR verrechnet. Die Konten werden in »Verrechnungseinheiten« (VE) geführt. Da die Warenlieferungen von beiden Seiten zu den in der Bundesrepublik Deutschland geltenden Marktpreisen (Binnenpreisen) fakturiert werden, ist 1 VE = 1 DM-West. Zur Durchführung des Verrechnungsverkehrs haben sich beide Notenbanken eine Überziehungsmöglichkeit der Verrechnungskonten eingeräumt (Swing). Die Höhe des Swings wurde jährlich festgelegt; sie betrug nach der Vereinbarung vom 8. 12. 1968 jeweils 25 v. H. der im abgelaufenen Jahr auf den Verrechnungskonten eingegangenen Zahlungen für Leistungen (Waren und Dienstleistungen) der DDR einschließlich Ost-Berlin.

Ende 1974 wurde mit der DDR vereinbart, daß der Swing bis zum 31. 12. 1981 auf maximal 850 Mio VE festgelegt wird und bis Mitte des Jahres 1980 – ausgehend von dem erreichten Stand der Handelsbeziehungen – über die weitere Gestaltung und Rückführung des Swings für den Zeitraum nach dem 31. 12. 1981 bis 31. 12. 1985 verhandelt wird. Diese Vereinbarung wurde bis 30. 6. 1982 verlängert. Am 18. 6. 1982 wurde die Höhe des Swings bis Ende 1985 wie folgt festgesetzt:
1. 7. 1982 bis 31. 12.1982 auf 850 Mio VE
1. 1. 1983 bis 31. 12.1983 auf 770 Mio VE
1. 1. 1984 bis 31. 12.1984 auf 690 Mio VE
1. 1. 1985 bis 31. 12.1985 auf 600 Mio VE.
Gleichzeitig wurde vereinbart, daß 1985 über eine weitere Regelung des Swings verhandelt wird.

9 Beilage zum BAnz. Nr. 41 vom 28. 2. 1979.
10 BAnz. Nr. 113 vom 25. 6. 1982.

b) Die Rechtsgrundlage für die Bestimmungen über den innerdeutschen Handel ist das Militärregierungs-Gesetz Nr. 53 – Neufassung – der amerikanischen und der britischen Militärregierung, die Verordnung Nr. 235 des französischen Hohen Kommissars in Deutschland, betreffend Devisenbewirtschaftung und Kontrolle des Güterverkehrs, und das Gesetz Nr. 33 der Alliierten Hohen Kommission vom 2. 8. 1950.[11]

Unter Bezugnahme auf diese Gesetze hat die Bundesregierung die Verordnung über den Warenverkehr mit den Währungsgebieten der DM-Ost – Interzonenhandelsverordnung – vom 18. 7. 1951,[12] zuletzt geändert durch die Verordnung zur Änderung der Interzonenhandelsverordnung vom 22. 5. 1968,[13] erlassen. § 1 dieser Verordnung schreibt vor, daß die Genehmigung zum Verbringen von Waren in das Bundesgebiet durch eine »Bezugsgenehmigung« und zum Verbringen von Waren aus dem Bundesgebiet durch einen »Warengleitschein« zu erteilen ist. Die Genehmigung kann auch in allgemeiner Form erteilt werden. Die Bundesregierung hat in den §§ 3 bis 5 und § 7 den Bundesminister für Wirtschaft ermächtigt, Vorschriften über die Form des Antrags und der Genehmigung, über die Bedingungen für Genehmigungen sowie deren Geltungsdauer, Aufbewahrung und Rückgabe zu erlassen und die auf Grund dieser Vorschriften erforderlichen Verwaltungsmaßnahmen den für die Wirtschaft oder für die Ernährung zuständigen Landesbehörden oder solchen Landesbehörden zu übertragen, die für das gesamte Gebiet eines Landes zuständig sind.

Auf Grund der oben genannten Verordnung der Bundesregierung vom 18. 7. 1951 ist eine Durchführungsverordnung erlassen worden, die die formellen Erfordernisse und die Zuständigkeiten bei der Erteilung von Warenbegleitscheinen (Liefergenehmigungen) und Bezugsgenehmigungen regelt. Es sind ferner vom Bundesminister für Wirtschaft 3 Allgemeine Genehmigungen erteilt worden, durch die der Bezug und die Lieferung des größten Teiles der Waren allgemein genehmigt ist.[14] Für die Waren, deren Lieferung oder Bezug weiterhin einzelgenehmigungspflichtig ist, werden Bekanntmachungen (Ausschreibungen) im Bundesanzeiger veröffentlicht, die die Bedingungen regeln, unter denen die Lieferungen und Bezüge genehmigt werden können.

11 Amerik. ABl. vom 21. 9. 1949, S. 20; Brit. ABl. Nr. 39 S. 14; Französ. ABl. 1949 S. 2155 – deutscher Text: BAnz. Nr. 2 vom 27. 9. 1949.

12 BGBl. I S. 463.

13 BAnz. Nr. 97 vom 25. 5. 1968.

14 Allgemeine Genehmigung Nr. 1
Die AG Nr. 1 regelt das Verbringen von Waren in die DDR und aus der DDR auf Grund kommerzieller und nichtkommerzieller Tatbestände, für die bestimmte Begleitpapiere und eine Zahlung über die Konten des Berliner Abkommens nicht vorgeschrieben sind – ausgenommen bei der Verbringung von Waren bis zu einem vertraglichen Gesamtwert von 200,– DM (§ 2 Abs. 1 Nr. 3), für die im Verrechnungswege zu zahlen ist.
Allgemeine Genehmigung Nr. 2 (L) und 3 (B)
Die AG Nr. 2 (L) und 3 (B) betreffen Lieferungen in die DDR bzw. Bezüge aus der DDR sowie Dreiecksgeschäfte auf der Lieferseite, soweit sie nicht der Einzelgenehmigungspflicht unterworfen bleiben.

8 Entwicklung des Handels zwischen den Mitgliedstaaten der EG und der DDR

Innerdeutscher Handel zwischen der Bundesrepublik Deutschland einschließlich Berlin (West) und dem Währungsgebiet der Mark der DDR

	Lieferungen der Bundesrepublik Deutschland (in Mio VE = DM) (einschl. Dienstleistungen)	Bezüge der Bundesrepublik Deutschland (in Mio VE = DM) (einschl. Dienstleistungen)	Gesamtumsatz
1970	2484	2064	4548
1971	2652	2584	5236
1972	2960	2395	5355
1973	2938	2688	5626
1974	3662	3256	6918
1975	4028	3391	7419
1976	4470	3938	8408
1977	4663	4071	8734
1978	4755	4066	8821
1979	5093	4792	9885
1980	5875	5855	11730
1981	6129	6349	12478

Außenhandel der übrigen EG-Staaten mit der DDR (ohne Dienstleistungen) in Mio US-$

	Frankreich			Niederlande			Belgien-Luxemburg			Italien		
	Exporte	Importe	Gesamtumsatz	Exporte	Importe	Gesamtumsatz	Exporte	Importe	Gesamtumsatz	Exporte	Importe	Gesamtumsatz
1970	60	42	102	39	46	85	16	32	48	27	35	62
1971	94	57	151	47	50	97	15	29	44	25	39	64
1972	138	81	219	82	53	135	26	44	70	30	51	81
1973	82	108	190	122	67	189	47	51	98	48	57	105
1974	95	125	220	150	83	233	58	65	123	83	95	178
1975	180	163	343	128	78	206	75	81	156	87	87	174
1976	213	188	401	133	88	221	76	94	170	82	94	176
1977	121	161	282	127	105	232	82	90	172	80	89	169
1978	167	223	390	153	126	279	70	108	178	136	102	238
1979	362	216	578	207	135	342	96	133	229	160	162	322
1980	319	275	594	204	198	402	128	144	272	140	186	326

	Großbritannien			Dänemark			Irland			Griechenland		
	Exporte	Importe	Gesamtumsatz	Exporte	Importe	Gesamtumsatz	Exporte	Importe	Gesamtumsatz	Exporte	Importe	Gesamtumsatz
1970	40	39	79	17	22	39	0	2	2	12	7	19
1971	42	48	90	21	20	41	0	3	3	13	7	20
1972	37	54	91	25	23	48	0	3	3	15	6	21
1973	34	65	99	32	33	65	2	5	7	18	18	36
1974	91	102	193	28	58	86	2	7	9	25	26	51
1975	72	86	158	25	61	86	1	5	6	24	39	63
1976	80	108	188	34	53	87	1	8	9	28	36	64
1977	95	167	262	30	58	88	3	9	12	36	39	75
1978	89	169	258	62	65	127	4	10	14	38	99	137
1979	119	235	354	70	71	141	3	14	17	45	66	111
1980	216	203	419	98	148	246	9	8	17	51	79	130

PROTOKOLL

ÜBER BESTIMMTE VORSCHRIFTEN BETREFFEND FRANKREICH

DIE HOHEN VERTRAGSPARTEIEN

von dem Wunsch geleitet, gewisse besondere Probleme, die im gegenwärtigen Zeitpunkt bestehen, in Übereinstimmung mit den allgemeinen Zielen dieses Vertrages zu regeln,

SIND über folgende Bestimmungen ÜBEREINGEKOMMEN, die diesem Vertrag als Anhang beigefügt sind:

I. Abgaben und Beihilfen

1. Die Kommission und der Rat nehmen jährlich eine Prüfung des in der Franken-Zone angewandten Systems der Ausfuhrbeihilfe und der besonderen Einfuhrabgaben vor.
Bei dieser Prüfung gibt die französische Regierung die Maßnahmen bekannt, die sie zur Herabsetzung und Rationalisierung der Höhe der Beihilfen und Abgaben treffen will.
Ferner teilt sie dem Rat und der Kommission die Einführung neuer Abgaben, die sie auf Grund weiterer Liberalisierungen plant sowie die Umgestaltung der Beihilfen und Abgaben mit, die sie innerhalb des am 1. Januar 1957 geltenden Abgabenhöchstsatzes in Aussicht nimmt. Diese Maßnahmen können innerhalb dieser Organe erörtert werden.
2. Ist der Rat der Auffassung, daß bestimmte Industriezweige der anderen Mitgliedstaaten durch die fehlende Einheitlichkeit beeinträchtigt werden, so kann er auf Vorschlag der Kommission auf Grund eines mit qualifizierter Mehrheit gefaßten Beschlusses die französische Regierung ersuchen, bestimmte Maßnahmen zur Vereinheitlichung der Abgaben und Beihilfen für jede der drei Gruppen Rohstoffe, Halbwaren und Fertigwaren zu treffen. Trifft die französische Regierung diese Maßnahmen nicht, so ermächtigt der Rat mit qualifizierter Mehrheit die anderen Mitgliedstaaten, Schutzmaßnahmen zu ergreifen, deren Bedingungen und Einzelheiten er festlegt.
3. War die laufende Zahlungsbilanz der Franken-Zone länger als ein Jahr ausgeglichen und haben ihre Währungsreserven einen unter besonderer Berücksichtigung des Außenhandelsvolumens als zufriedenstellend anzusehenden Stand erreicht, so kann der Rat mit qualifizierter Mehrheit auf Vorschlag der Kommission entscheiden, daß die französische Regierung das System der Abgaben und Beihilfen abzuschaffen hat.
Wird zwischen der Kommission und der französischen Regierung über die Frage, ob der Stand der Währungsreserven der Franken-Zone als zufriedenstellend angesehen werden kann, kein Einvernehmen erzielt, so übertragen sie diese Feststellung einer im gegenseitigen Einvernehmen als Schiedsrichter gewählten Persönlichkeit oder Stelle.

Kommt keine Einigung zustande, so ernennt der Präsident des Gerichtshofes den Schiedsrichter.

Lautet die Entscheidung auf Abschaffung, so ist diese derart durchzuführen, daß das Gleichgewicht der Zahlungsbilanz nicht beeinträchtigt wird, insbesondere können die Beihilfen und Abgaben schrittweise abgeschafft werden. Ist die Abschaffung durchgeführt, so sind die Bestimmungen dieses Vertrags uneingeschränkt anzuwenden.

Der Begriff »laufende Zahlungsbilanz« hat die Bedeutung, die ihm bei den internationalen Organisationen und dem Internationalen Währungsfonds beigelegt wird; er umfaßt die Handelsbilanz und die unsichtbaren Transaktionen, die den Charakter von Erträgen oder Dienstleistungen haben.

II. Entgelt für Überstunden

1. Nach Ansicht der Mitgliedstaaten wird die Errichtung des Gemeinsamen Marktes am Ende der ersten Stufe Verhältnisse herbeiführen, unter denen die Grundlage, bei deren Überschreitung Überstunden vergütet werden, sowie die durchschnittliche Höhe dieser Überstundenzuschläge in der Industrie den betreffenden Werten in Frankreich entsprechen werden, und zwar nach dem Durchschnitt des Jahres 1956.
2. Treten diese Verhältnisse am Ende der ersten Stufe nicht ein, so hat die Kommission Frankreich zu ermächtigen, hinsichtlich der durch die Ungleichheit in der Art der Überstundenvergütung in Mitleidenschaft gezogenen Industriezweige Schutzmaßnahmen zu ergreifen, deren Bedingungen und Einzelheiten sie festlegt, es sei denn, daß während dieser Stufe der durchschnittliche Zuwachs des Lohnniveaus in den gleichen Zweigen anderer Mitgliedstaaten die in Frankreich eingetretene Erhöhung im Vergleich zum Durchschnitt des Jahres 1956 um einen Hundertsatz übersteigt, den die Kommission mit Zustimmung des Rates festsetzt, der hierbei mit qualifizierter Mehrheit beschließt.

Geschehen zu Rom, am 25. März 1957

(Unterschriften)

PROTOKOLL BETREFFEND ITALIEN

DIE HOHEN VERTRAGSPARTEIEN,

von dem Wunsch geleitet, gewisse besondere Probleme betreffend Italien zu regeln,

SIND über folgende Bestimmungen ÜBEREINGEKOMMEN, die diesem Vertrag als Anhang beigefügt sind:

DIE MITGLIEDSTAATEN DER GEMEINSCHAFT

nehmen zur Kenntnis, daß sich die italienische Regierung mit der Durchführung eines Zehnjahresplans zur wirtschaftlichen Ausweitung befaßt, durch den die strukturellen Unterschiede der italienischen Volkswirtschaft ausgeglichen werden sollen, und zwar insbesondere durch die Ausrüstung der weniger entwickelten Gebiete Süditaliens und der italienischen Inseln sowie durch die Schaffung neuer Arbeitsplätze zur Beseitigung der Arbeitslosigkeit;

weisen darauf hin, daß die Grundsätze und die Ziele dieses Plans der italienischen Regierung von Organisationen für internationale Zusammenarbeit, deren Mitglieder sie sind, berücksichtigt und gebilligt wurden;

erkennen an, daß die Erreichung der Ziele des italienischen Plans in ihrem gemeinsamen Interesse liegt;

kommen überein, den Organen der Gemeinschaft die Anwendung aller in diesem Vertrag vorgesehenen Mittel und Verfahren zu empfehlen, insbesondere durch eine angemessene Verwendung der Mittel der Europäischen Investitionsbank und des Europäischen Sozialfonds der italienischen Regierung die Erfüllung dieser Aufgabe zu erleichtern;

sind der Auffassung, daß die Organe der Gemeinschaft bei der Anwendung dieses Vertrages berücksichtigen müssen, daß die italienische Volkswirtschaft in den kommenden Jahren erheblichen Belastungen ausgesetzt sein wird, und daß gefährliche Spannungen, namentlich in der Zahlungsbilanz oder im Beschäftigungsstand, durch welche die Anwendung dieses Vertrages in Italien in Frage gestellt werden könnte, zu vermeiden sind;

erkennen insbesondere an, daß im Falle der Anwendung der Artikel 108 und 109 darauf zu achten ist, daß bei den Maßnahmen, um welche die italienische Regierung ersucht wird, die Durchführung ihres Plans zur wirtschaftlichen Ausweitung und zur Hebung des Lebensstandards der Bevölkerung gesichert bleibt.

Geschehen zu Rom am fünfundzwanzigsten März neunzehnhundertsiebenundfünfzig.

(Unterschriften)

PROTOKOLL BETREFFEND DAS GROSSHERZOGTUM LUXEMBURG

DIE HOHEN VERTRAGSPARTEIEN,

von dem Wunsch geleitet, gewisse besondere Probleme betreffend das Großherzogtum Luxemburg zu regeln,

SIND über folgende Bestimmungen ÜBEREINGEKOMMEN, die diesem Vertrag als Anhang beigefügt sind:

Artikel 1

1. Aufgrund der besonderen Lage seiner Landwirtschaft ist das Großherzogtum Luxemburg berechtigt, die mengenmäßigen Beschränkungen für die Einfuhr der Erzeugnisse beizubehalten, die in der Liste im Anhang zu der Entscheidung der Vertragsparteien des Allgemeinen Zoll- und Handelsabkommens vom 3. Dezember 1955 betreffend die luxemburgische Landwirtschaft aufgeführt sind.
Belgien, Luxemburg und die Niederlande wenden das in Artikel 6 Absatz 3 der Konvention über die belgisch-luxemburgische Wirtschaftsunion vom 25. Juli 1921 vorgesehene System an.

2. Das Großherzogtum Luxemburg trifft alle Maßnahmen struktureller, technischer und wirtschaftlicher Art, um die schrittweise Eingliederung der luxemburgischen Landwirtschaft in den Gemeinsamen Markt zu ermöglichen. Die Kommission kann an das Großherzogtum Luxemburg Empfehlungen über die zu treffenden Maßnahmen richten.

Am Ende der Übergangszeit entscheidet der Rat mit qualifizierter Mehrheit auf Vorschlag der Kommission, inwieweit die abweichende Regelung für das Großherzogtum Luxemburg beizubehalten, zu ändern oder aufzuheben ist.
Jeder beteiligte Mitgliedstaat kann gegen diese Entscheidung eine gemäß Artikel 8 Absatz 4 dieses Vertrages bestellte Schiedsstelle anrufen.

Artikel 2

Bei dieser Festlegung der in Artikel 48 Absatz 3 dieses Vertrages betreffend die Freizügigkeit der Arbeitnehmer vorgesehenen Vorschriften trägt die Kommission in bezug auf das Großherzogtum Luxemburg der besonderen demographischen Lage dieses Staates Rechnung.

Geschehen zu Rom am fünfundzwanzigsten März neunzehnhundertsiebenundfünfzig.

(Unterschriften)

PROTOKOLL ÜBER DIE MINERALÖLE UND EINIGE MINERALÖLERZEUGNISSE

DIE HOHEN VERTRAGSPARTEIEN

SIND über folgende Bestimmungen ÜBEREINGEKOMMEN, die diesem Vertrag als Anhang beigefügt sind:

1. Jeder Mitgliedstaat kann gegenüber den anderen Mitgliedstaaten und dritten Ländern für einen Zeitabschnitt von sechs Jahren nach Inkrafttreten dieses Vertrages die Zölle und Abgaben gleicher Wirkung beibehalten, die auf die Erzeugnisse der Positionen 27.09, 27.10, 27.11, 27.12 und ex 27.13 der Brüsseler Nomenklatur (Paraffin, Petrolatum aus Erdöl oder Ölschiefer und paraffinische Rückstände) am 1. Januar 1957 oder, wenn sie bei Inkrafttreten des Vertrages niedriger sind, zu diesem Zeitpunkt angewandt wurden. Der beizubehaltende Zollsatz für Rohöl darf jedoch nicht zur Folge haben, daß der am 1. Januar 1957 bestehende Abstand zwischen den geltenden Zollsätzen für Rohöl und für die oben erwähnten Mineralölerzeugnisse um mehr als 5 v. H. vergrößert wird. Falls ein solcher Abstand nicht besteht, darf ein neu geschaffener Abstand nicht mehr betragen als 5 v. H. des am 1. Januar 1957 auf die Waren der Position 27.09 angewandten Zollsatzes. Werden vor Ablauf dieses Zeitraums von sechs Jahren die Zölle oder Abgaben gleicher Wirkung für die Waren der Position 27.09 herabgesetzt, so müssen die Zölle und Abgaben gleicher Wirkung für die übrigen obengenannten Waren entsprechend herabgesetzt werden.
   Bei Ablauf dieses Zeitabschnitts werden die nach Maßgabe des vorstehenden Unterabsatzes beibehaltenen Zollsätze gegenüber den übrigen Mitgliedstaaten vollständig aufgehoben. Zum gleichen Zeitpunkt wird der Gemeinsame Zolltarif gegenüber dritten Staaten angewandt.

2. Für die Beihilfen zur Herstellung der in der Position 27.09 der Brüsseler Nomenklatur genannten Rohöle gilt Artikel 92 Absatz 3 Buchstabe c dieses Vertrages, soweit diese Beihilfen notwendig erscheinen, um den Rohölpreis dem Preis anzunähern, der auf dem Weltmarkt cif europäischer Hafen eines Mitgliedstaates angewandt wird. Während der beiden ersten Stufen macht die Kommission von den in Artikel 93 vorgesehenen Befugnissen nur insoweit Gebrauch, als dies erforderlich ist, um eine mißbräuchliche Anwendung der genannten Beihilfen zu verhindern.

Geschehen zu Rom, am 25. März 1957

(Unterschriften)

DIE ÜBRIGEN AM 25. MÄRZ 1957 UNTERZEICHNETEN PROTOKOLLE[1]

Protokoll über die Waren aus bestimmten Ursprungs- und Herkunftsländern, für die bei der Einfuhr in einen Mitgliedstaat eine Sonderregelung gilt

Protokoll über die Regelung für die Waren, die unter die Zuständigkeit der Europäischen Gemeinschaft für Kohle und Stahl fallen, hinsichtlich Algeriens und der überseeischen Departements der Französischen Republik

Protokoll über die Anwendung des Vertrages zur Gründung der Europäischen Wirtschaftsgemeinschaft auf die außereuropäischen Teile des Königreichs der Niederlande

Durchführungsabkommen über die Assoziierung der überseeischen Länder und Hoheitsgebiete mit der Gemeinschaft und die dazugehörigen Anlagen[2]

Protokoll über das Zollkontingent für die Einfuhr von Bananen

Protokoll über das Zollkontingent für die Einfuhr von ungebranntem Kaffee

1 Vom Abdruck wurde abgesehen.
2 Vgl. *Becker,* Erläuterungen zu Art. 136.

ABKOMMEN

über gemeinsame Organe für die Europäischen Gemeinschaften

(Bundesgesetzblatt Teil II Nr. 23 vom 19. 8. 1957 S. 1156)

SEINE MAJESTÄT DER KÖNIG DER BELGIER, DER PRÄSIDENT DER BUNDESREPUBLIK DEUTSCHLAND, DER PRÄSIDENT DER FRANZÖSISCHEN REPUBLIK, DER PRÄSIDENT DER ITALIENISCHEN REPUBLIK, IHRE KÖNIGLICHE HOHEIT DIE GROSSHERZOGIN VON LUXEMBURG, IHRE MAJESTÄT DIE KÖNIGIN DER NIEDERLANDE –

IN DEM BESTREBEN, die Zahl der Organe zu beschränken, die im Rahmen der von ihnen geschaffenen Europäischen Gemeinschaften ähnliche Aufgaben zu erfüllen haben –

HABEN BESCHLOSSEN, für diese Gemeinschaften bestimmte gemeinsame Organe zu bilden; sie haben zu diesem Zweck zu ihren Bevollmächtigten ernannt:

SEINE MAJESTÄT DER KÖNIG DER BELGIER:

Herrn Paul-Henri SPAAK, Minister für Auswärtige Angelegenheiten, Baron J. Ch. SNOY et d'OPPUERS, Generalsekretär des Wirtschaftsministeriums, Leiter der belgischen Delegation bei der Regierungskonferenz;

DER PRÄSIDENT DER BUNDESREPUBLIK DEUTSCHLAND:

Herrn Dr. Konrad ADENAUER, Bundeskanzler,

Herrn Professor Dr. Walter HALLSTEIN, Staatssekretär des Auswärtigen Amtes;

DER PRÄSIDENT DER FRANZÖSISCHEN REPUBLIK:

Herrn Christian PINEAU, Minister für Auswärtige Angelegenheiten,

Herrn Maurice FAURE, Staatssekretär für Auswärtige Angelegenheiten;

DER PRÄSIDENT DER ITALIENISCHEN REPUBLIK:

Herrn Antonio SEGNI, Ministerpräsident,

Herrn Professor Gaetano MARTINO, Minister für Auswärtige Angelegenheiten;

IHRE KÖNIGLICHE HOHEIT DIE GROSSHERZOGIN VON LUXEMBURG:

Herrn Joseph BECH, Staatsminister, Minister für Auswärtige Angelegenheiten,

Herrn Lambert SCHAUS, Botschafter, Leiter der luxemburgischen Delegation bei der Regierungskonferenz;

IHRE MAJESTÄT DIE KÖNIGIN DER NIEDERLANDE:

Herrn Joseph LUNS, Minister für Auswärtige Angelegenheiten,

Herrn J. LINTHORST HOMAN, Leiter der niederländischen Delegation bei der Regierungskonferenz;

DIESE SIND nach Austausch ihrer in guter und gehöriger Form befundenen Vollmachten

wie folgt ÜBEREINGEKOMMEN:

ABSCHNITT I

Die Versammlung

Artikel 1

Die Befugnisse und Zuständigkeiten, die der Vertrag zur Gründung der Europäischen Wirtschaftsgemeinschaft und der Vertrag zur Gründung der Europäischen Atomgemeinschaft der Versammlung übertragen, werden unter den in diesen Verträgen vorgesehenen Bedingungen durch eine einzige Versammlung ausgeübt; für die Zusammensetzung dieser Versammlung und die Bestellung ihrer Mitglieder sind Artikel 138 des Vertrages zur Gründung der Europäischen Wirtschaftsgemeinschaft und Artikel 108 des Vertrages zur Gründung der Europäischen Atomgemeinschaft maßgebend.

Artikel 2

(betrifft nur den EGKS-Vertrag)

ABSCHNITT II

Der Gerichtshof

Artikel 3

Die Zuständigkeiten, die der Vertrag zur Gründung der Europäischen Wirtschaftsgemeinschaft und der Vertrag zur Gründung der Europäischen Atomgemeinschaft dem Gerichtshof übertragen, werden unter den in diesen Verträgen vorgesehenen Bedingungen durch einen einzigen Gerichtshof ausgeübt; für die Zusammensetzung dieses Gerichtshofes und die Bestellung seiner Mitglieder sind die Artikel 165 bis 167 des Vertrages zur Gründung der Europäischen Wirtschaftsgemeinschaft und die Artikel 137 bis 139 des Vertrages zur Gründung der Europäischen Atomgemeinschaft maßgebend.

Artikel 4

(betrifft nur den EGKS-Vertrag)

ABSCHNITT III

Der Wirtschafts- und Sozialausschuß

Artikel 5

(1) Die Aufgaben, die der Vertrag zur Gründung der Europäischen Wirtschaftsgemeinschaft und der Vertrag zur Gründung der Europäischen Atomgemeinschaft dem Wirtschafts- und Sozialausschuß übertragen, werden unter den in diesen Verträgen vorgesehenen Bedingungen durch einen einzigen Wirtschafts- und Sozialausschuß ausgeübt; für die Zusammensetzung dieses Ausschusses und die Bestellung seiner Mitglieder sind Artikel 194 des Vertrages zur Gründung der Europäischen Wirtschaftsgemeinschaft und Artikel 166 des Vertrages zur Gründung der Europäischen Atomgemeinschaft maßgebend.

(2) Der in Absatz 1 genannte einzige Wirtschafts- und Sozialausschuß muß eine fachliche Gruppe und kann zuständige Unterausschüsse für die Gebiete oder Fragen umfassen, die dem Vertrag zur Gründung der Europäischen Atomgemeinschaft unterliegen.

(3) Die Artikel 193 und 197 des Vertrages zur Gründung der Europäischen Wirtschaftsgemeinschaft finden auf den in Absatz 1 genannten Wirtschafts- und Sozialausschuß Anwendung.

ABSCHNITT IV

Die Finanzierung dieser Organe

Artikel 6

(Aufgehoben durch Art. 23 des Fusionsvertrages; s. jetzt Art. 20 des Fusionsvertrages[1])

1 Abgedruckt nachstehend in Anhang B.

Schlußbestimmungen

Artikel 7

Dieses Abkommen bedarf der Ratifizierung durch die Hohen Vertragsparteien gemäß ihren verfassungsrechtlichen Vorschriften. Die Ratifikationsurkunden werden bei der Regierung der Italienischen Republik hinterlegt.

Dieses Abkommen tritt gleichzeitig mit dem Vertrag zur Gründung der Europäischen Wirtschaftsgemeinschaft und dem Vertrag zur Gründung der Europäischen Atomgemeinschaft in Kraft.

Artikel 8

Dieses Abkommen ist in einer Urschrift in deutscher, französischer, italienischer und niederländischer Sprache abgefaßt, wobei jeder Wortlaut gleichermaßen verbindlich ist; es wird im Archiv der Regierung der Italienischen Republik hinterlegt; diese übermittelt der Regierung jedes anderen Unterzeichnerstaates eine beglaubigte Abschrift.

ZU URKUND DESSEN haben die unterzeichneten Bevollmächtigten ihre Unterschriften unter dieses Abkommen gesetzt.

Geschehen zu Rom am fündundzwanzigsten März neunzehnhundertsiebenundfünfzig.

(Unterschriften)

SCHLUSSAKTE
mit beigefügten Erklärungen

Die Regierungskonferenz für den Gemeinsamen Markt und EURATOM, die am 29. Mai 1956 von den Außenministern des Königreichs Belgien, der Bundesrepublik Deutschland, der Französischen Republik, der Italienischen Republik, des Großherzogtums Luxemburg und des Königreichs der Niederlande in Venedig eingesetzt wurde, ihre Arbeiten in Brüssel fortgesetzt hat und nach deren Abschluß am 25. März 1957 in Rom zusammengetreten ist, hat folgende Texte festgelegt:

I

1. Vertrag zur Gründung der Europäischen Wirtschaftsgemeinschaft mit den dazugehörigen Anhängen,
2. Protokoll über die Satzung der Europäischen Investitionsbank,
3. Protokoll über den innerdeutschen Handel und die damit zusammenhängenden Fragen,
4. Protokoll über bestimmte Vorschriften betreffend Frankreich,
5. Protokoll betreffend Italien,
6. Protokoll betreffend das Großherzogtum Luxemburg,
7. Protokoll über die Waren aus bestimmten Ursprungs- und Herkunftsländern, für die bei der Einfuhr in einen Mitgliedstaat eine Sonderregelung gilt,
8. Protokoll über die Regelung für die Waren, die unter die Zuständigkeit der Europäischen Gemeinschaft für Kohle und Stahl fallen, hinsichtlich Algeriens und der überseeischen Departements der Französischen Republik,
9. Protokoll über die Mineralöle und einige Mineralölerzeugnisse,
10. Protokoll über die Anwendung des Vertrages zur Gründung der Europäischen Wirtschaftsgemeinschaft auf die außereuropäischen Teile des Königreichs der Niederlande,
11. Durchführungsabkommen über die Assoziierung der überseeischen Länder und Hoheitsgebiete mit der Gemeinschaft und die dazugehörigen Anlagen,
12. Protokoll über das Zollkontingent für die Einfuhr von Bananen,
13. Protokoll über das Zollkontingent für die Einfuhr von ungebranntem Kaffee.

II

1. Vertrag zur Gründung der Europäischen Atomgemeinschaft mit den dazugehörigen Anhängen,
2. Protokoll über die Anwendung des Vertrages zur Gründung der Europäischen Atomgemeinschaft auf die außereuropäischen Teile des Königreichs der Niederlande.

III

Abkommen über gemeinsame Organe für die Europäischen Gemeinschaften.

Bei Unterzeichnung dieser Texte hat die Konferenz die nachstehend aufgeführten und dieser Akte beigefügten Erklärungen angenommen:

1. Gemeinsame Erklärung über die Zusammenarbeit mit den Mitgliedstaaten der internationalen Organisationen,
2. Gemeinsame Erklärung betreffend Berlin,
3. Absichtserklärung im Hinblick auf die Assoziierung der unabhängigen Länder der Franken-Zone mit der Europäischen Wirtschaftsgemeinschaft,
4. Absichtserklärung im Hinblick auf die Assoziierung des Königreichs Libyen mit der Europäischen Wirtschaftsgemeinschaft,
5. Absichtserklärung über das zur Zeit unter der Verwaltung der Italienischen Republik stehende Treuhandgebiet Somaliland,
6. Absichtserklärung im Hinblick auf die Assoziierung Surinams und der Niederländischen Antillen mit der Europäischen Wirtschaftsgemeinschaft.

Die Konferenz nahm ferner die nachstehend aufgeführten und dieser Akte beigefügten Erklärungen zur Kenntnis:

1. Erklärung der Regierung der Bundesrepublik Deutschland über die Bestimmung des Begriffs »Deutscher Staatsangehöriger«,
2. Erklärung der Regierung der Bundesrepublik Deutschland über die Geltung der Verträge für Berlin,
3. Erklärung der Regierung der Französischen Republik über Patentanmeldungen für Kenntnisse, die aus Verteidigungsgründen unter Geheimschutz stehen.

Schließlich hat die Konferenz beschlossen, zu einem späteren Zeitpunkt auszuarbeiten:

1. Das Protokoll über die Satzung des Gerichtshofes der Europäischen Wirtschaftsgemeinschaft,
2. das Protokoll über die Vorrechte und Befreiungen der Europäischen Wirtschaftsgemeinschaft,
3. Das Protokoll über die Satzung des Gerichtshofes der Europäischen Atomgemeinschaft,
4. das Protokoll über die Vorrechte und Befreiungen der Europäischen Atomgemeinschaft.

Die Protokolle unter 1 und 2 werden dem Vertrag zur Gründung der Europäischen Wirtschaftsgemeinschaft und die Protokolle unter 3 und 4 dem Vertrag zur Gründung der Europäischen Atomgemeinschaft als Anhänge beigefügt.

ZU URKUND DESSEN haben die unterzeichneten Bevollmächtigten ihre Unterschriften unter diese Schlußakte gesetzt.

Geschehen zu Rom am fünfundzwanzigsten März neunzehnhundertsiebenundfünfzig.

(Unterschriften)

Gemeinsame Erklärung über die Zusammenarbeit mit den Mitgliedstaaten der internationalen Organisationen

Die Regierungen des Königreichs Belgien, der Bundesrepublik Deutschland, der Französischen Republik, der Italienischen Republik, des Großherzogtums Luxemburg und des Königreichs der Niederlande,

im Augenblick der Unterzeichnung der Verträge, durch die sie untereinander die Europäische Wirtschaftsgemeinschaft und die Europäische Atomgemeinschaft gründen,

in dem Bewußtsein der Verantwortung, die sie für die Zukunft Europas übernehmen, indem sie ihre Märkte vereinigen, ihre Volkswirtschaften einander annähern und auf diesem Gebiet die Grundsätze und Einzelheiten einer gemeinsamen Politik festlegen,

in der Erkenntnis, daß die Schaffung einer Zollunion und eine enge Zusammenarbeit bei der friedlichen Entwicklung der Kernenergie wirksam zum wirtschaftlichen und sozialen Fortschritt und Wohlstand ihrer eigenen sowie der anderen Länder beitragen sollen,

in dem Bemühen, diese Länder an den hierdurch eröffneten Ausweitungsmöglichkeiten teilhaben zu lassen,

erklären sich bereit, alsbald nach Inkrafttreten dieser Verträge mit den anderen Ländern, insbesondere im Rahmen der internationalen Organisationen, denen sie angehören, Abkommen zu schließen, um diese im gemeinsamen Interesse liegenden Ziele zu erreichen und die harmonische Entwicklung des gesamten Handelsverkehrs zu gewährleisten.

Gemeinsame Erklärung betreffend Berlin

Die Regierungen des Königreichs Belgien, der Bundesrepublik Deutschland, der Französischen Republik, der Italienischen Republik, des Großherzogtums Luxemburg und des Königreichs der Niederlande,

im Hinblick auf die besondere Lage Berlins und die Notwendigkeit seiner Unterstützung durch die freie Welt,

in dem Wunsch, ihre Verbundenheit mit der Bevölkerung Berlins zu bekräftigen,

werden in der Gemeinschaft ihre guten Dienste dafür einsetzen, daß alle erforderlichen Maßnahmen getroffen werden, um die wirtschaftliche und soziale Lage Berlins zu erleichtern, seine Entwicklung zu fördern und seine wirtschaftliche Stabilität zu sichern.

Absichtserklärung im Hinblick auf die Assoziierung der unabhängigen Länder der Franken-Zone mit der Europäischen Wirtschaftsgemeinschaft

Die Regierungen des Königreichs Belgien, der Bundesrepublik Deutschland, der Französischen Republik, der Italienischen Republik, des Großherzogtums Luxemburg und des Königreichs der Niederlande,

unter Berücksichtigung der zwischen Frankreich und den anderen unabhängigen Ländern der Franken-Zone geschlossenen Wirtschafts-, Finanz- und Währungsabkommen und -übereinkünfte,

in dem Wunsch, die herkömmlichen Handelsströme zwischen den Mitgliedstaaten der Europäischen Wirtschaftsgemeinschaft und diesen unabhängigen Ländern beizubehalten und auszuweiten und zur wirtschaftlichen und sozialen Entwicklung dieser Länder beizutragen,

erklären sich bereit, alsbald nach Inkrafttreten dieses Vertrages diesen Ländern vorzuschlagen, in Verhandlungen über den Abschluß von Übereinkünften zur wirtschaftlichen Assoziierung mit der Gemeinschaft einzutreten.

Absichtserklärung im Hinblick auf die Assoziierung Surinams und der Niederländischen Antillen mit der Europäischen Wirtschaftsgemeinschaft

Die Regierungen des Königreichs Belgien, der Bundesrepublik Deutschland, der Französischen Republik, der Italienischen Republik, des Großherzogtums Luxemburg und des Königreichs der Niederlande,

unter Berücksichtigung der engen Bande, welche die einzelnen Teile des Königreichs der Niederlande vereinen,

in dem Wunsch, die herkömmlichen Handelsströme zwischen den Mitgliedstaaten der Europäischen Wirtschaftsgemeinschaft einerseits und Surinam und den Niederländischen Antillen andererseits beizubehalten und auszuweiten und zur wirtschaftlichen und sozialen Entwicklung dieser Länder beizutragen,

erklären sich bereit, alsbald nach Inkrafttreten dieses Vertrages auf Antrag des Königreichs der Niederlande Verhandlungen über den Abschluß von Übereinkünften zur wirtschaftlichen Assoziierung Surinams und der Niederländischen Antillen mit der Gemeinschaft einzuleiten.

Erklärung der Regierung der Bundesrepublik Deutschland über die Bestimmung des Begriffs »Deutscher Staatsangehöriger«

Bei der Unterzeichnung der Verträge zur Gründung der Europäischen Wirtschaftsgemeinschaft und der Europäischen Atomgemeinschaft gibt die Regierung der Bundesrepublik Deutschland folgende Erklärung ab:

»Als Staatsangehörige der Bundesrepublik Deutschland gelten alle Deutschen im Sinne des Grundgesetzes für die Bundesrepublik Deutschland.«

Erklärung der Regierung der Bundesrepublik Deutschland über die Geltung der Verträge für Berlin

Die Regierung der Bundesrepublik Deutschland behält sich vor, bei der Hinterlegung ihrer Ratifikationsurkunden zu erklären, daß die Verträge zur Gründung der Europäischen Wirtschaftsgemeinschaft und zur Gründung der Europäischen Atomgemeinschaft auch für das Land Berlin gelten.

Erklärung der Regierung der Französischen Republik über Patentanmeldungen für Kenntnisse, die aus Verteidigungsgründen unter Geheimschutz stehen

Die Regierung der Französischen Republik,

unter Berücksichtigung der Artikel 17 und 25 Absatz 2 des Vertrages zur Gründung der Europäischen Atomgemeinschaft,

erklärt sich bereit, Verwaltungsmaßnahmen zu treffen und dem französischen Parlament die erforderlichen gesetzgeberischen Maßnahmen vorzuschlagen, damit alsbald nach Inkrafttreten dieses Vertrages auf Patentanmeldungen, die geheime Kenntnisse schützen sollen, die Erteilung der Patente gemäß dem normalen Verfahren mit einem zeitweiligen Veröffentlichungsverbot erfolgt.

(Vom Abdruck der »Absichtserklärung im Hinblick auf die Assoziierung des Königreichs Libyen mit der Europäischen Wirtschaftsgemeinschaft« und der »Absichtserklärung über das zur Zeit unter der Verwaltung der Italienischen Republik stehende Treuhandgebiet Somaliland« wurde abgesehen.)

PROTOKOLLE,

die in der Schlußakte vorgesehen sind:

Protokoll über die Satzung des Gerichtshofes der Europäischen Wirtschaftsgemeinschaft

Das Protokoll[1] ist erst nach der Unterzeichnung des Vertrages zur Gründung der Europäischen Wirtschaftsgemeinschaft am 17. 4. 1957 in Brüssel von den dazu bevollmächtigten Leitern der Delegationen des Interimsausschusses für den Gemeinsamen Markt und EURATOM unterzeichnet worden. Es ist entsprechend den in der Schlußakte der Regierungskonferenz für den Gemeinsamen Markt und EURATOM vom 25. 3. 1957 getroffenen Vereinbarungen dem Vertrag als Anhang beigefügt worden. Sein Text ist im Anschluß an die Kommentierung der Vorschriften des EWG-Vertrages über den Gerichtshof (nach Art. 188) auf S. 465 dieses Bandes abgedruckt.

Protokoll über die Vorrechte und Befreiungen der Europäischen Wirtschaftsgemeinschaft

Das am 17. 4. 1957 unterzeichnete und dem EWG-Vertrag als Anhang beigefügte[2] Protokoll ist durch Art. 28 Abs. 2 des Fusionsvertrages vom 8. 4. 1965 aufgehoben und (mit Wirkung ab 1. 7. 1967) durch das diesem Vertrag als Anhang beigefügte Protokoll über die Vorrechte und Befreiungen der Europäischen Gemeinschaften ersetzt worden. Dieses Protokoll ist im Anschluß an die Kommentierung von Art. 218 (S. 955 dieses Bandes) abgedruckt.

1 BGBl. II 1957 S. 1166.
2 Vgl. Schlußakte vom 25. 3. 1957 oben S. 1373.

ANHANG B DES KOMMENTARS

Texte zur Änderung oder Ergänzung des EWG-Vertrages* sowie über den Beitritt neuer Mitgliedstaaten

* Das Abkommen über gemeinsame Organe für die Europäischen Gemeinschaften ist im Anhang A dieses Kommentars, S. 1369, abgedruckt.

VERTRAG

zur Einsetzung eines Gemeinsamen Rates und einer Gemeinsamen Kommission der Europäischen Gemeinschaften*

(67/443/EWG 67/27/Euratom)

(Amtsblatt der Europäischen Gemeinschaften Nr. 152 vom 13. 7. 1967 S. 2; abgedruckt im Bundesgesetzblatt Teil II Nr. 43 vom 27. 10. 1965 S. 1454)

SEINE MAJESTÄT DER KÖNIG DER BELGIER,

DER PRÄSIDENT DER BUNDESREPUBLIK DEUTSCHLAND,

DER PRÄSIDENT DER FRANZÖSISCHEN REPUBLIK,

DER PRÄSIDENT DER ITALIENISCHEN REPUBLIK,

SEINE KÖNIGLICHE HOHEIT DER GROSSHERZOG VON LUXEMBURG,

IHRE MAJESTÄT DIE KÖNIGIN DER NIEDERLANDE,

gestützt auf Artikel 96 des Vertrages über die Gründung der Europäischen Gemeinschaft für Kohle und Stahl,

gestützt auf Artikel 236 des Vertrages zur Gründung der Europäischen Wirtschaftsgemeinschaft,

gestützt auf Artikel 204 des Vertrages zur Gründung der Europäischen Atomgemeinschaft,

GEWILLT, Fortschritte bei der Einigung Europas zu erzielen,

ENTSCHLOSSEN, die drei Gemeinschaften zu vereinheitlichen,

IN DEM BEWUSSTSEIN, daß die Bildung gemeinsamer Organe der Gemeinschaften zu dieser Vereinheitlichung beiträgt,

HABEN BESCHLOSSEN, einen gemeinsamen Rat und eine gemeinsame Kommission der Europäischen Gemeinschaften zu bilden; sie haben zu diesem Zweck zu ihren Bevollmächtigten ernannt:

SEINE MAJESTÄT DER KÖNIG DER BELGIER:
Herrn Paul-Henri SPAAK,
Stellvertretender Ministerpräsident
und Minister für Auswärtige Angelegenheiten;

* Das Abkommen über gemeinsame Organe für die Europäischen Gemeinschaften ist im Anhang A dieses Kommentars, S. 1369 abgedruckt.

DER PRÄSIDENT DER BUNDESREPUBLIK DEUTSCHLAND:
Herrn Kurt SCHMÜCKER,
Bundesminister für Wirtschaft;
DER PRÄSIDENT DER FRANZÖSISCHEN REPUBLIK:
Herrn Maurice COUVE DE MURVILLE,
Minister für Auswärtige Angelegenheiten;
DER PRÄSIDENT DER ITALIENISCHEN REPUBLIK:
Herrn Amintore FANFANI,
Minister für Auswärtige Angelegenheiten;
SEINE KÖNIGLICHE HOHEIT DER GROSSHERZOG VON LUXEMBURG:
Herrn Pierre WERNER,
Ministerpräsident und Minister für Auswärtige Angelegenheiten;
IHRE MAJESTÄT DIE KÖNIGIN DER NIEDERLANDE:
Herrn J. M. A. H. LUNS,
Minister für Auswärtige Angelegenheiten

DIESE SIND nach Austausch ihrer als gut und gehörig befundenen Vollmachten wie folgt ÜBEREINGEKOMMEN:

KAPITEL I

Der Rat der Europäischen Gemeinschaften

Artikel 1

Es wird ein Rat der Europäischen Gemeinschaften, im folgenden der Rat genannt, eingesetzt. Dieser Rat tritt an die Stelle des Besonderen Ministerrats der Europäischen Gemeinschaft für Kohle und Stahl, des Rates der Europäischen Wirtschaftsgemeinschaft und des Rates der Europäischen Atomgemeinschaft.

Er übt die diesen Organen zustehenden Befugnisse und Zuständigkeiten aus nach Maßgabe des Vertrages über die Gründung der Europäischen Gemeinschaft für Kohle und Stahl und der Verträge zur Gründung der Europäischen Wirtschaftsgemeinschaft und der Europäischen Atomgemeinschaft sowie dieses Vertrages.

Artikel 2

Der Rat besteht aus Vertretern der Mitgliedstaaten. Jede Regierung entsendet eines ihrer Mitglieder.

Der Vorsitz wird von den Mitgliedern des Rates nacheinander für je sechs Monate wahrgenommen, und zwar in folgender Reihenfolge der Mitgliedstaaten: Belgien, Dänemark, Deutschland, Griechenland, Frankreich, Irland, Italien, Luxemburg, Niederlande, Vereinigtes Königreich.

Artikel 3

Der Rat wird von seinem Präsidenten aus eigenem Entschluß, auf Antrag eines seiner Mitglieder oder der Kommission einberufen.

Artikel 4

Ein Ausschuß, der sich aus den Ständigen Vertretern der Mitgliedstaaten zusammensetzt, hat die Aufgabe, die Arbeiten des Rates vorzubereiten und die ihm vom Rat übertragenen Aufträge auszuführen.

Artikel 5

Der Rat gibt sich eine Geschäftsordnung.

Artikel 6

Der Rat setzt mit qualifizierter Mehrheit die Gehälter, Vergütungen und Ruhegehälter für den Präsidenten und die Mitglieder der Kommission sowie für den Präsidenten, die Richter, die Generalanwälte und den Kanzler des Gerichtshofes fest. Er setzt mit derselben Mehrheit alle sonstigen als Entgelt gezahlten Vergütungen fest.

Artikel 7

Die Artikel 27, 28 Absatz 1, 29 und 30 des Vertrages über die Gründung der Europäischen Gemeinschaft für Kohle und Stahl, die Artikel 146, 147, 151 und 154 des Vertrages zur Gründung der Europäischen Wirtschaftsgemeinschaft und die Artikel 116, 117, 121 und 123 des Vertrages zur Gründung der Europäischen Atomgemeinschaft werden aufgehoben.

Artikel 8

1. Die Bedingungen für die Ausübung der Zuständigkeiten, die dem Besonderen Ministerrat nach dem Vertrag über die Gründung der Europäischen Gemeinschaft für Kohle und Stahl und nach dem Protokoll über die Satzung des Gerichtshofes im Anhang zu dem genannten Vertrag zustehen, werden nach Maßgabe der Absätze 2 und 3 geändert.

2. Artikel 28 des Vertrages über die Gründung der Europäischen Gemeinschaft für Kohle und Stahl wird wie folgt geändert:

a) Absatz 3 folgenden Wortlauts:

«Ist in diesem Vertrag eine einstimmige Entscheidung oder einstimmige Zustimmung verlangt, so sind hierzu die Stimmen aller Mitglieder des Rates erforderlich.«

wird wie folgt ergänzt:

»Bei der Anwendung der Artikel 21, 32, 32 a, 78 d und 78 f dieses Vertrages und der Artikel 16, 20 Absatz 3, 38 Absatz 5 und 44 des Protokolls über die Satzung des Gerichtshofes steht jedoch die Stimmenthaltung von anwesenden oder vertretenen Mitgliedern dem Zustandekommen von Beschlüssen des Rates, zu denen Einstimmigkeit erforderlich ist, nicht entgegen.«

b) Absatz 4 folgenden Wortlauts:

»Mit Ausnahme der Entscheidungen, die einer qualifizierten Mehrheit oder der Einstimmigkeit bedürfen, werden die Entscheidungen des Rates mit Mehrheit der Mitglieder des Rates getroffen; diese Mehrheit gilt als erreicht, wenn sie die absolute Mehrheit der Vertreter der Mitgliedstaaten, einschließlich der Stimme des Vertreters eines Mitgliedstaats enthält, der mindestens ein Sechstel des Gesamtwerts der Kohle- und Stahlproduktion in der Gemeinschaft umfaßt.«

wird wie folgt ergänzt:

»Die Stimmen der Mitglieder des Rates werden bei Anwendung der Artikel 78, 78 b und 78 d dieses Vertrages, nach denen die qualifizierte Mehrheit erforderlich ist, jedoch wie folgt gewogen: Belgien 2, Deutschland 4, Frankreich 4, Italien 4, Luxemburg 1, Niederlande 2. Beschlüsse kommen zustande, wenn dafür mindestens zwölf Stimmen, welche die Zustimmung von mindestens vier Mitgliedern umfassen, abgegeben werden.«

3. Das Protokoll über die Satzung des Gerichtshofes im Anhang zum Vertrag über die Gründung der Europäischen Gemeinschaft für Kohle und Stahl wird wie folgt geändert:

a) Die Artikel 5 und 15 werden aufgehoben.

b) Artikel 16 wird aufgehoben und durch folgende Bestimmungen ersetzt:

»1. Dem Gerichtshof werden Beamte und sonstige Bedienstete beigegeben, um ihm die Erfüllung seiner Aufgaben zu ermöglichen. Sie unterstehen dem Kanzler unter Aufsicht des Präsidenten.

2. *Der Rat kann durch einstimmigen Beschluß auf Vorschlag des Gerichtshofes die Ernennung von Hilfsberichterstattern vorsehen und ihre Stellung bestimmen. Die Hilfsberichterstatter können nach Maßgabe der Verfahrensordnung berufen werden, an der Bearbeitung der beim Gerichtshof anhängigen Sachen teilzunehmen und mit dem Berichterstatter zusammenzuarbeiten.*

Zu Hilfsberichterstattern sind Persönlichkeiten auszuwählen, die jede Gewähr für Unabhängigkeit bieten und die erforderlichen juristischen Befähigungsnachweise erbringen; sie werden vom Rat ernannt. Sie leisten vor dem Gerichtshof den Eid, ihr Amt unparteiisch und gewissenhaft auszuüben und das Beratungsgeheimnis zu wahren.«

c) Artikel 20 Absatz 3 und Artikel 28 Absatz 5 werden ergänzt, indem am Ende vor den Worten »Zustimmung des Rates« das Wort »einstimmigen« aufgenommen wird.

d) Artikel 44 Satz 1 wird aufgehoben und durch folgende Bestimmungen ersetzt:

»Der Gerichtshof erläßt seine Verfahrensordnung. Sie bedarf der einstimmigen Genehmigung des Rates.«

KAPITEL II

Die Kommission der Europäischen Gemeinschaften

Artikel 9

Es wird eine Kommission der Europäischen Gemeinschaften, im folgenden die Kommission genannt, eingesetzt. Diese Kommission tritt an die Stelle der Hohen Behörde der Europäischen Gemeinschaft für Kohle und Stahl, der Kommission der Europäischen Wirtschaftsgemeinschaft und der Kommission der Europäischen Atomgemeinschaft.

Sie übt die diesen Organen zustehenden Befugnisse und Zuständigkeiten aus nach Maßgabe des Vertrages über die Gründung der Europäischen Gemeinschaft für Kohle und Stahl und der Verträge zur Gründung der Europäischen Wirtschaftsgemeinschaft und der Europäischen Atomgemeinschaft sowie dieses Vertrages.

Artikel 10

1. Die Kommission besteht aus vierzehn Mitgliedern, die aufgrund ihrer allgemeinen Befähigung ausgewählt werden und volle Gewähr für ihre Unabhängigkeit bieten müssen.

Die Zahl der Mitglieder der Kommission kann vom Rat einstimmig geändert werden.

Nur Staatsangehörige der Mitgliedstaaten können Mitglieder der Kommission sein.

Der Kommission muß mindestens ein Staatsangehöriger jedes Mitgliedstaats angehören, jedoch dürfen nicht mehr als zwei Mitglieder der Kommission dieselbe Staatsangehörigkeit besitzen.

2. Die Mitglieder der Kommission üben ihre Tätigkeit in voller Unabhängigkeit zum allgemeinen Wohl der Gemeinschaften aus.

Sie dürfen bei der Erfüllung ihrer Pflichten Anweisungen von einer Regierung oder einer anderen Stelle weder anfordern noch entgegennehmen. Sie haben jede Handlung zu unterlassen, die mit ihren Aufgaben unvereinbar ist. Jeder Mitgliedstaat verpflichtet sich, diesen Grundsatz zu achten und nicht zu versuchen, die Mitglieder der Kommission bei der Erfüllung ihrer Aufgaben zu beeinflussen.

Die Mitglieder der Kommission dürfen während ihrer Amtszeit keine andere entgeltliche oder unentgeltliche Berufstätigkeit ausüben. Bei der Aufnahme ihrer Tätigkeit übernehmen sie die feierliche Verpflichtung, während der Ausübung und nach Ablauf ihrer Amtstätigkeit die sich aus ihrem Amt ergebenden Pflichten zu erfüllen, insbesondere die Pflicht, bei der Annahme gewisser Tätigkeiten oder Vorteile nach Ablauf ihrer Tätigkeit ehrenhaft und zurückhaltend zu sein. Werden diese Pflichten verletzt, so kann der Gerichtshof auf Antrag des Rates oder der Kommission das Mitglied je nach Lage des Falles gemäß Artikel 13 seines Amtes entheben oder ihm seine Ruhegehaltsansprüche oder andere an ihrer Stelle gewährte Vergünstigungen aberkennen.

Artikel 11

Die Mitglieder der Kommission werden von den Regierungen der Mitgliedstaaten im gegenseitigen Einvernehmen ernannt.

Ihre Amtszeit beträgt vier Jahre. Wiederernennung ist zulässig.

Artikel 12

Abgesehen von den regelmäßigen Neubesetzungen und von Todesfällen endet das Amt eines Mitglieds der Kommission durch Rücktritt oder Amtsenthebung.

Für das ausscheidende Mitglied wird für die verbleibende Amtszeit ein Nachfolger ernannt. Der Rat kann einstimmig entscheiden, für diese Zeit einen Nachfolger nicht zu ernennen.

Außer im Falle der in Artikel 13 geregelten Amtsenthebung bleiben die Mitglieder der Kommission bis zur Neubesetzung ihres Sitzes im Amt.

Artikel 13

Jedes Mitglied der Kommission, das die Voraussetzungen für die Ausübung seines Amtes nicht mehr erfüllt oder eine schwere Verfehlung begangen hat, kann auf Antrag des Rates oder der Kommission durch den Gerichtshof seines Amtes enthoben werden.

Artikel 14

Der Präsident und die fünf Vizepräsidenten der Kommission werden aus deren Mitgliedern für zwei Jahre nach dem Verfahren ernannt, das für die Ernennung der Mitglieder der Kommission vorgesehen ist. Wiederernennung ist zulässig.

Außer im Falle einer allgemeinen Neubesetzung erfolgt die Ernennung nach Anhörung der Kommission.

Endet das Amt des Präsidenten und der Vizepräsidenten durch Rücktritt, Amtsenthebung oder Tod, so wird es für die verbleibende Amtszeit gemäß den vorstehend festgelegten Bedingungen neu besetzt.

Artikel 15

Der Rat und die Kommission ziehen einander zu Rate und regeln einvernehmlich die Art und Weise ihrer Zusammenarbeit.

Artikel 16

Die Kommission gibt sich eine Geschäftsordnung, um ihr ordnungsgemäßes Arbeiten und das ihrer Dienststellen nach Maßgabe der Verträge über die Gründung der Europäischen Gemeinschaft für Kohle und Stahl, zur Gründung der Europäischen Wirtschaftsgemeinschaft und zur Gründung der Europäischen Atomgemeinschaft sowie dieses Vertrages zu gewährleisten. Sie sorgt für die Veröffentlichung dieser Geschäftsordnung.

Artikel 17

Die Beschlüsse der Kommission werden mit der Mehrheit der in Artikel 10 bestimmten Anzahl ihrer Mitglieder gefaßt.

Die Kommission kann nur dann wirksam tagen, wenn die in ihrer Geschäftsordnung festgesetzte Anzahl von Mitgliedern anwesend ist.

Artikel 18

Die Kommission veröffentlicht jährlich, und zwar spätestens einen Monat vor Beginn der Sitzungsperiode der Versammlung, einen Gesamtbericht über die Tätigkeit der Gemeinschaften.

Artikel 19

Die Artikel 156 bis 163 des Vertrages zur Gründung der Europäischen Wirtschaftsgemeinschaft, die Artikel 125 bis 133 des Vertrages zur Gründung der Europäischen Atomgemeinschaft und die Artikel 9 bis 13, 16 Absatz 3, 17 und 18 Absatz 6 des Vertrages über die Gründung der Europäischen Gemeinschaft für Kohle und Stahl werden aufgehoben.

KAPITEL III

Finanzvorschriften

Artikel 20

1. Die Verwaltungsausgaben der Europäischen Gemeinschaft für Kohle und Stahl und die betreffenden Einnahmen, die Einnahmen und Ausgaben der Europäischen Wirtschaftsgemeinschaft sowie die Einnahmen und Ausgaben der Europäischen Atomgemeinschaft mit Ausnahme derjenigen der Versorgungsagentur und der gemeinsamen Unternehmen werden nach Maßgabe der jeweiligen Vorschriften der Verträge zur Gründung dieser drei Gemeinschaften in den Haushaltsplan der Europäischen Gemeinschaften eingesetzt. Dieser Haushaltsplan ist in Einnahmen und Ausgaben auszugleichen und tritt an die Stelle des Verwaltungshaushaltsplans der Europäischen Gemeinschaft für Kohle und Stahl, des Haushaltsplans der Europäischen Wirtschaftsgemeinschaft sowie des Verwaltungshaushaltsplans und des Forschungs- und Investitionshaushaltsplans der Europäischen Atomgemeinschaft.

2. Der Teil der Ausgaben, der aus den Umlagen nach Artikel 49 des Vertrages über die Gründung der Europäischen Gemeinschaft für Kohle und Stahl aufgebracht wird, ist auf 18 Millionen Rechnungseinheiten festgesetzt.

Von dem am 1. Januar 1967 beginnenden Haushaltsjahr an legt die Kommission dem Rat alljährlich einen Bericht vor, aufgrund dessen der Rat prüft, ob dieser Betrag der Entwicklung des Haushaltsplans der Gemeinschaften anzupassen ist. Der Rat beschließt mit der in Artikel 28 Absatz 4 Satz 1 des Vertrages über die Gründung der Europäischen Gemeinschaft für Kohle und Stahl vorgesehenen Mehrheit. Diese Anpassung erfolgt aufgrund einer Beurteilung der sich aus der Anwendung des Vertrages über die Gründung der Europäischen Gemeinschaft für Kohle und Stahl ergebenden Entwicklung der Ausgaben.

3. Der zur Deckung der Ausgaben des Haushaltsplans der Gemeinschaften dienende Teil der Umlagen wird von der Kommission für die Ausführung des Haushaltsplans in der Zeitfolge bereitgestellt, in der die Mitgliedstaaten aufgrund der nach Artikel 209 Buchstabe *b* des Vertrages zur Gründung der Europäischen Wirtschaftsgemeinschaft und

Artikel 183 Buchstabe *b* des Vertrages zur Gründung der Europäischen Atomgemeinschaft festgelegten Haushaltsordnungen ihre Beiträge zur Verfügung stellen.

Artikel 21

Artikel 78 des Vertrages über die Gründung der Europäischen Gemeinschaft für Kohle und Stahl wird aufgehoben und durch folgende Bestimmungen ersetzt:

»Artikel 78

1. *Das Haushaltsjahr der Gemeinschaft beginnt am 1. Januar und endet am 31. Dezember.*

2. *Die Verwaltungsausgaben der Gemeinschaft umfassen die Ausgaben der Hohen Behörde einschließlich der Ausgaben für den Beratenden Ausschuß, die Ausgaben des Gerichtshofes, der Versammlung und des Rates.*

3. *Jedes Organ der Gemeinschaft stellt einen Haushaltsvoranschlag seiner Verwaltungsausgaben auf. Die Hohe Behörde faßt diese Voranschläge in einem Vorentwurf für den Verwaltungshaushaltsplan zusammen. Sie fügt eine Stellungnahme bei, die abweichende Voranschläge enthalten kann.*

Die Hohe Behörde legt dem Rat den Vorentwurf spätestens am 30. September des Jahres vor, das dem entsprechenden Haushaltsjahr vorausgeht.

Der Rat setzt sich mit der Hohen Behörde und gegebenenfalls den anderen beteiligten Organen ins Benehmen, wenn er von dem Vorentwurf abweichen will.

4. *Der Rat stellt den Entwurf des Verwaltungshaushaltsplans mit qualifizierter Mehrheit auf und leitet ihn sodann der Versammlung zu.*

Der Entwurf des Verwaltungshaushaltsplans ist der Versammlung spätestens am 31. Oktober des Jahres vorzulegen, das dem entsprechenden Haushaltsjahr vorausgeht.

Die Versammlung ist berechtigt, dem Rat Änderungen des Entwurfs des Verwaltungshaushaltsplans vorzuschlagen.

5. *Hat die Versammlung binnen einem Monat nach Vorlage des Entwurfs des Verwaltungshaushaltsplans ihre Zustimmung erteilt oder dem Rat keine Stellungnahme zugeleitet, so gilt der Entwurf des Verwaltungshaushaltsplans als endgültig festgestellt.*

Hat die Versammlung innerhalb dieser Frist Änderungen vorgeschlagen, so wird der geänderte Entwurf des Verwaltungshaushaltsplans dem Rat zugeleitet. Dieser berät darüber mit der Hohen Behörde und gegebenenfalls mit den anderen beteiligten Organen und stellt den Verwaltungshaushaltsplan mit qualifizierter Mehrheit endgültig fest.

6. *Die endgültige Feststellung des Verwaltungshaushaltsplans bedeutet für die Hohe Behörde Ermächtigung und Verpflichtung, den Betrag der entsprechenden Einnahmen gemäß Artikel 49 zu erheben.*

Artikel 78 a

Der Verwaltungshaushaltsplan wird in der Rechnungseinheit aufgestellt, die in der gemäß Artikel 78f festgelegten Haushaltsordnung bestimmt wird.

Die in den Verwaltungshaushaltsplan eingesetzten Ausgaben werden für ein Haushaltsjahr bewilligt, soweit die gemäß Artikel 78f festgelegte Haushaltsordnung nicht etwas anderes bestimmt.

Nach Maßgabe der aufgrund des Artikels 78f erlassenen Vorschriften dürfen die nicht für Personalausgaben vorgesehenen Mittel, die bis zum Ende des Haushaltsjahrs nicht verbraucht worden sind, lediglich auf das nächste Haushaltsjahr übertragen werden.

Die vorgesehenen Mittel werden nach Kapiteln gegliedert, in denen die Ausgaben nach Art oder Bestimmung zusammengefaßt sind; soweit erforderlich, werden die Kapitel nach der gemäß Artikel 78f festgelegten Haushaltsordnung unterteilt.

Die Ausgaben der Versammlung, des Rates, der Hohen Behörde und des Gerichtshofes werden unbeschadet einer besonderen Regelung für bestimmte gemeinsame Ausgaben in gesonderten Teilen des Verwaltungshaushaltsplans aufgeführt.

Artikel 78 b

1. *Ist zu Beginn eines Haushaltsjahrs der Verwaltungshaushaltsplan noch nicht verabschiedet, so können nach der gemäß Artikel 78f festgelegten Haushaltsordnung für jedes Kapitel oder jede sonstige Untergliederung monatliche Ausgaben bis zur Höhe eines Zwölftels der im abgelaufenen Verwaltungshaushaltsplan bereitgestellten Mittel vorgenommen werden; die Hohe Behörde darf jedoch monatlich höchstens über ein Zwölftel der Mittel verfügen, die in dem in Vorbereitung befindlichen Entwurf des Verwaltungshaushaltsplans vorgesehen sind.*

Die Hohe Behörde ist ermächtigt und verpflichtet, die Umlagen in Höhe der Mittel des abgelaufenen Haushaltsjahrs zu erheben; sie darf jedoch nicht den Betrag überschreiten, der sich bei der Annahme des Entwurfs des Verwaltungshaushaltsplans ergeben hätte.

2. *Der Rat kann mit qualifizierter Mehrheit unter Beachtung der sonstigen Bestimmungen des Absatzes 1 Ausgaben genehmigen, die über dieses Zwölftel hinausgehen. Die Ermächtigung und Verpflichtung zur Erhebung der Umlagen kann entsprechend angepaßt werden.*

Artikel 78 c

Im Rahmen der zugewiesenen Mittel führt die Hohe Behörde den Verwaltungshaushaltsplan nach der gemäß Artikel 78 f festgelegten Haushaltsordnung in eigener Verantwortung aus.

Die Beteiligung der einzelnen Organe bei der Vornahme ihrer Ausgaben wird in der Haushaltsordnung im einzelnen geregelt.

Die Hohe Behörde kann nach der gemäß Artikel 78 f festgelegten Haushaltsordnung Mittel von Kapitel zu Kapitel oder von Untergliederung zu Untergliederung des Verwaltungshaushaltsplans übertragen.

Artikel 78 d

Die Rechnung über alle in Artikel 78 Absatz 2 bezeichneten Verwaltungsausgaben und über die Verwaltungseinnahmen sowie über die Einnahmen aus der Steuer, die zugunsten der Gemeinschaft von den Gehältern, Löhnen und anderen Bezügen ihrer Beamten und sonstigen Bediensteten erhoben wird, wird durch einen Kontrollausschuß geprüft; dieser besteht aus Rechnungsprüfern, die volle Gewähr für ihre Unabhängigkeit bieten müssen; einer der Prüfer führt den Vorsitz. Der Rat legt die Anzahl der Rechnungsprüfer einstimmig fest. Die Rechnungsprüfer und der Vorsitzende des Kontrollausschusses werden vom Rat einstimmig auf fünf Jahre bestellt. Ihre Vergütung wird vom Rat mit qualifizierter Mehrheit festgelegt.

Durch die Prüfung, die anhand der Rechnungsunterlagen und erforderlichenfalls an Ort und Stelle durchgeführt wird, stellt der Kontrollausschuß die Rechtmäßigkeit und Ordnungsmäßigkeit der Einnahmen und Ausgaben fest und überzeugt sich von der Wirtschaftlichkeit der Haushaltsführung. Nach Abschluß eines jeden Haushaltsjahrs erstattet der Kontrollausschuß einen Bericht, den er mit der Mehrheit seiner Mitglieder annimmt.

Die Hohe Behörde legt dem Rat und der Versammlung jährlich die Rechnung des abgelaufenen Haushaltsjahrs für die Rechnungsvorgänge des Verwaltungshaushaltsplans zusammen mit dem Bericht des Kontrollausschusses vor. Sie übermittelt ihnen ferner eine Übersicht über das Vermögen und die Schulden der Gemeinschaft in dem Bereich, auf den sich der Verwaltungshaushaltsplan erstreckt.

Der Rat erteilt der Hohen Behörde mit qualifizierter Mehrheit Entlastung zur Ausführung des Verwaltungshaushaltsplans. Er teilt seine Entscheidung der Versammlung mit.

Artikel 78 e

Der Rat bestellt für die Dauer von drei Jahren einen Rechnungsprüfer, der jährlich einen Bericht über die Ordnungsmäßigkeit der Buchführung und des Finanzgebarens der Hohen Behörde zu erstatten hat; ausgenommen davon sind die Rechnungsvorgänge, die sich auf die in Artikel 78 Absatz 2 bezeichneten Verwaltungsausgaben und die Verwaltungseinnah-

men sowie auf die Einnahmen aus der Steuer, die zugunsten der Gemeinschaft von den Gehältern, Löhnen und anderen Bezügen ihrer Beamten und sonstigen Bediensteten erhoben wird, erstrecken. Er hat diesen Bericht spätestens sechs Monate nach Schluß des Haushaltsjahrs abzufassen, auf das sich der Abschluß bezieht, und ihn der Hohen Behörde und dem Rat zuzuleiten. Die Hohe Behörde übermittelt ihn der Versammlung.

Der Rechnungsprüfer übt seine Tätigkeit völlig unabhängig aus. Das Amt des Rechnungsprüfers ist mit jeder anderen Tätigkeit bei einem Organ oder einer Dienststelle der Gemeinschaften außer der eines Mitglieds des in Artikel 78 d vorgesehenen Kontrollausschusses unvereinbar. Sein Auftrag kann erneuert werden.

Artikel 78 f

Der Rat legt einstimmig auf Vorschlag der Hohen Behörde folgendes fest:

a) *die Haushaltsordnung, in der insbesondere die Aufstellung und Ausführung des Verwaltungshaushaltsplans sowie die Rechnungslegung und Rechnungsprüfung im einzelnen geregelt werden;*

b) *die Vorschriften über die Verantwortung der anweisungsbefugten Personen und der Rechnungsführer sowie die entsprechenden Kontrollmaßnahmen.«*

Artikel 22[1]

1. Die Befugnisse und Zuständigkeiten des durch Artikel 78 e des Vertrages über die Gründung der Europäischen Gemeinschaft für Kohle und Stahl, Artikel 206 des Vertrages zur Gründung der Europäischen Wirtschaftsgemeinschaft und Artikel 180 des Vertrages zur Gründung der Europäischen Atomgemeinschaft eingesetzten Rechnungshofes werden nach Maßgabe der jeweiligen Bestimmungen dieser Verträge von einem gemeinsamen Rechnungshof der Europäischen Gemeinschaften wahrgenommen; seine Errichtung ist in den genannten Artikeln geregelt.

2. Unbeschadet der in Absatz 1 genannten Befugnisse und Zuständigkeiten nimmt der Rechnungshof der Europäischen Gemeinschaften die vor dem Inkrafttreten dieses Vertrages dem Kontrollausschuß der Europäischen Gemeinschaften und dem Rechnungsprüfer der Europäischen Gemeinschaft für Kohle und Stahl erteilten Befugnisse und Zuständigkeiten nach Maßgabe der verschiedenen Texte wahr, die auf den Kontrollausschuß und den Rechnungsprüfer Bezug nehmen. In allen diesen Texten werden die Worte »Kontrollausschuß« und »Rechnungsprüfer« durch das Wort »Rechnungshof« ersetzt.

1 In der Fassung von Art. 27 des Vertrages zur Änderung bestimmter Finanzvorschriften der Verträge zur Gründung der Europäischen Gemeinschaften und des Vertrages zur Einsetzung eines Gemeinsamen Rates und einer Gemeinsamen Kommission der Europäischen Gemeinschaften vom 22. 7. 1975, ABl. 1977 Nr. L 359.

Artikel 23

Artikel 6 des Abkommens über gemeinsame Organe für die Europäischen Gemeinschaften wird aufgehoben.

KAPITEL IV

Beamte und sonstige Bedienstete der Europäischen Gemeinschaften

Artikel 24

1. Die Beamten und sonstigen Bediensteten der Europäischen Gemeinschaft für Kohle und Stahl, der Europäischen Wirtschaftsgemeinschaft und der Europäischen Atomgemeinschaft werden beim Inkrafttreten dieses Vertrages Beamte und sonstige Bedienstete der Europäischen Gemeinschaften und gehören der einzigen Verwaltung dieser Gemeinschaften an.

Der Rat erläßt auf Vorschlag der Kommission und nach Anhörung der anderen beteiligten Organe mit qualifizierter Mehrheit das Statut der Beamten der Europäischen Gemeinschaften und die Beschäftigungsbedingungen für die sonstigen Bediensteten dieser Gemeinschaften.

2. Paragraph 7 Absatz 3 des Abkommens über die Übergangsbestimmungen im Anhang zum Vertrag über die Gründung der Europäischen Gemeinschaft für Kohle und Stahl, Artikel 212 des Vertrages zur Gründung der Europäischen Wirtschaftsgemeinschaft und Artikel 186 des Vertrages zur Gründung der Europäischen Atomgemeinschaft werden aufgehoben.

Artikel 25

Bis zum Inkrafttreten des einheitlichen Statuts und der einheitlichen Beschäftigungsbedingungen nach Artikel 24 sowie der nach Artikel 13 des Protokolls im Anhang zu diesem Vertrag zu treffenden Regelung gelten für die vor Inkrafttreten dieses Vertrages eingestellten Beamten und sonstigen Bediensteten weiterhin die Bestimmungen, die bis dahin auf sie angewandt wurden.

Für die nach Inkrafttreten dieses Vertrages eingestellten Beamten und sonstigen Bediensteten gelten bis zum Vorliegen des einheitlichen Statuts und der einheitlichen Beschäftigungsbedingungen nach Artikel 24 sowie der nach Artikel 13 des Protokolls im Anhang zu diesem Vertrag zu treffenden Regelung die Bestimmungen für die Beamten und sonstigen Bediensteten der Europäischen Wirtschaftsgemeinschaft und der Europäischen Atomgemeinschaft.

Artikel 26

Artikel 40 Absatz 2 des Vertrages über die Gründung der Europäischen Gemeinschaft für Kohle und Stahl wird aufgehoben und durch folgende Bestimmungen ersetzt:

»Der Gerichtshof ist ferner zuständig, eine Entschädigung zu Lasten der Gemeinschaft zuzuerkennen, falls ein Schaden durch persönliches Verschulden eines Bediensteten der Gemeinschaft in Ausübung seiner dienstlichen Obliegenheiten verursacht worden ist. Die persönliche Haftung der Bediensteten gegenüber der Gemeinschaft bestimmt sich nach den Vorschriften ihres Statuts oder der für sie geltenden Beschäftigungsbedingungen.«

KAPITEL V

Allgemeine und Schlußbestimmungen

Artikel 27

1. Artikel 22 Absatz 1 des Vertrages über die Gründung der Europäischen Gemeinschaft für Kohle und Stahl, Artikel 139 Absatz 1 des Vertrages zur Gründung der Europäischen Wirtschaftsgemeinschaft und Artikel 109 Absatz 1 des Vertrages zur Gründung der Europäischen Atomgemeinschaft werden aufgehoben und durch folgende Bestimmungen ersetzt:

»Die Versammlung hält jährlich eine Sitzungsperiode ab. Sie tritt, ohne daß es einer Einberufung bedarf, am zweiten Dienstag des Monats März zusammen.«

2. Artikel 24 Absatz 2 des Vertrages über die Gründung der Europäischen Gemeinschaft für Kohle und Stahl wird aufgehoben und durch folgende Bestimmungen ersetzt:

»Wird wegen der Tätigkeit der Hohen Behörde ein Mißtrauensantrag eingebracht, so darf die Versammlung nicht vor Ablauf von drei Tagen nach seiner Einbringung und nur in offener Abstimmung darüber entscheiden.«

Artikel 28

Die Europäischen Gemeinschaften genießen im Hoheitsgebiet der Mitgliedstaaten die zur Erfüllung ihrer Aufgabe erforderlichen Vorrechte und Befreiungen nach Maßgabe des Protokolls im Anhang zu diesem Vertrag. Das gleiche gilt für die Europäische Investitionsbank.

Artikel 76 des Vertrages über die Gründung der Europäischen Gemeinschaft für Kohle und Stahl, Artikel 218 des Vertrages zur Gründung der Europäischen Wirtschaftsgemeinschaft und Artikel 191 des Vertrages zur Gründung der Europäischen Atomgemeinschaft sowie die Protokolle über die Vorrechte und Befreiungen im Anhang zu diesen drei Verträgen, Artikel 3 Absatz 4 und Artikel 14 Absatz 2 des Protokolls über die Satzung des Gerichtshofes im Anhang zum Vertrag über die Gründung der Europäischen Gemeinschaft für Kohle und Stahl und Artikel 28 Absatz 1 Unterabsatz 2 des Protokolls über die Satzung der Europäischen Investitionsbank im Anhang zum Vertrag zur Gründung der Europäischen Wirtschaftsgemeinschaft werden aufgehoben.

Artikel 29

Der Rat übt die Zuständigkeiten, die er durch die Artikel 5, 6, 10, 12, 13, 24, 34 und 35 dieses Vertrages und durch das Protokoll im Anhang zu diesem Vertrag erhält, nach den Vorschriften der Artikel 148, 149 und 150 des Vertrages zur Gründung der Europäischen Wirtschaftsgemeinschaft und 118, 119 und 120 des Vertrages zur Gründung der Europäischen Atomgemeinschaft aus.

Artikel 30

Die Bestimmungen der Verträge zur Gründung der Europäischen Wirtschaftsgemeinschaft und der Europäischen Atomgemeinschaft über die Zuständigkeit des Gerichtshofes und ihre Ausübung sind auf die Bestimmungen dieses Vertrages und des Protokolls im Anhang zu diesem Vertrag anzuwenden; für die Bestimmungen, die eine Änderung von Artikeln des Vertrages über die Gründung der Europäischen Gemeinschaft für Kohle und Stahl darstellen, gelten jedoch weiterhin die Bestimmungen des Vertrages über die Gründung der Europäischen Gemeinschaft für Kohle und Stahl.

Artikel 31

Der Rat nimmt seine Tätigkeit mit dem Tage des Inkrafttretens dieses Vertrages auf.

Zu diesem Zeitpunkt wird der Vorsitz im Rat von dem Mitglied des Rates wahrgenommen, das gemäß den Vorschriften der Verträge zur Gründung der Europäischen Wirtschaftsgemeinschaft und der Europäischen Atomgemeinschaft den Vorsitz im Rat der Europäischen Wirtschaftsgemeinschaft und der Europäischen Atomgemeinschaft zu führen hätte; dies gilt für seine noch verbleibende Amtszeit. Nach Ablauf dieser Amtszeit wird der Vorsitz in Fortführung der in Artikel 2 dieses Vertrages festgelegten Reihenfolge der Mitgliedstaaten wahrgenommen.

Artikel 32

1. Die Kommission besteht bis zum Inkrafttreten des Vertrages zur Gründung einer einzigen Europäischen Gemeinschaft, längstens aber für einen Zeitraum von drei Jahren nach der Ernennung ihrer Mitglieder, aus vierzehn Mitgliedern.

Während dieses Zeitraums dürfen nicht mehr als drei Mitglieder der Kommission dieselbe Staatsangehörigkeit besitzen.

2. Der Präsident, die Vizepräsidenten und die Mitglieder der Kommission werden unmittelbar nach Inkrafttreten dieses Vertrages ernannt. Die Kommission nimmt ihre Tätigkeit am fünften Tage nach der Ernennung ihrer Mitglieder auf. Gleichzeitig endet das Amt der Mitglieder der Hohen Behörde und der Kommissionen der Europäischen Wirtschaftsgemeinschaft und der Europäischen Atomgemeinschaft.

Artikel 33

Das Amt der Mitglieder der in Artikel 32 vorgesehenen Kommission endet zu dem in Artikel 32 Absatz 1 bestimmten Zeitpunkt. Die Mitglieder der in Artikel 10 vorgesehenen Kommission werden spätestens einen Monat vor diesem Zeitpunkt ernannt.

Soweit alle oder einige Mitglieder nicht rechtzeitig ernannt werden, findet Artikel 12 Absatz 3 auf das Mitglied keine Anwendung, das unter den Angehörigen jedes Mitgliedstaats das niedrigste Dienstalter als Mitglied einer Kommission oder der Hohen Behörde und im Falle des gleichen Dienstalters das niedrigste Lebensalter hat. Artikel 12 Absatz 3 bleibt jedoch auf alle Mitglieder derselben Staatsangehörigkeit anwendbar, wenn vor dem in Artikel 32 Absatz 1 bestimmten Zeitpunkt ein Mitglied dieser Staatsangehörigkeit ohne Nachfolger aus dem Amt ausgeschieden ist.

Artikel 34

Der Rat erläßt einstimmig die Regelung für die Bezüge derjenigen ehemaligen Mitglieder der Hohen Behörde und der Kommissionen der Europäischen Wirtschaftsgemeinschaft und der Europäischen Atomgemeinschaft, die aufgrund von Artikel 32 aus ihrem Amt ausscheiden und nicht zu Mitgliedern der Kommission ernannt werden.

Artikel 35

1. Der erste Haushaltsplan der Gemeinschaften wird für das am 1. Januar nach Inkrafttreten dieses Vertrages beginnende Haushaltsjahr aufgestellt und festgestellt.

2. Tritt dieser Vertrag vor dem 1. Juli 1965 in Kraft, so wird der allgemeine Haushaltsvoranschlag für die Verwaltungsausgaben der Europäischen Gemeinschaft für

Kohle und Stahl, der am 1. Juli abläuft, bis zum 31. Dezember desselben Jahres verlängert; die in diesem Haushaltsvoranschlag bereitgestellten Mittel werden im entsprechenden Verhältnis erhöht, sofern der Rat nicht mit qualifizierter Mehrheit etwas anderes beschließt.

Tritt dieser Vertrag nach dem 30. Juli 1965 in Kraft, so faßt der Rat auf Vorschlag der Kommission einstimmig die erforderlichen Beschlüsse; er trägt hierbei dafür Sorge, daß ein reibungsloses Funktionieren der Gemeinschaften sichergestellt und der erste Haushaltsplan der Gemeinschaften möglichst bald festgestellt wird.

Artikel 36

Der Vorsitzende und die Mitglieder des Kontrollausschusses der Europäischen Wirtschaftsgemeinschaft und der Europäischen Atomgemeinschaft übernehmen mit dem Inkrafttreten dieses Vertrages für die aus ihrem früheren Amt verbleibende Amtszeit das Amt des Vorsitzenden und der Mitglieder des Kontrollausschusses der Europäischen Gemeinschaften.

Der Rechnungsprüfer, der bis zum Inkrafttreten dieses Vertrages gemäß Artikel 78 des Vertrages über die Gründung der Europäischen Gemeinschaft für Kohle und Stahl tätig ist, übt für die aus seinem früheren Amt verbleibende Amtszeit das Amt des in Artikel 78e des letztgenannten Vertrages vorgesehenen Rechnungsprüfers aus.

Artikel 37

Unbeschadet der Anwendung des Artikels 77 des Vertrages über die Gründung der Europäischen Gemeinschaft für Kohle und Stahl, des Artikels 216 des Vertrages zur Gründung der Europäischen Wirtschaftsgemeinschaft, des Artikels 189 des Vertrages zur Gründung der Europäischen Atomgemeinschaft und des Artikels 1 Absatz 2 des Protokolls über die Satzung der Europäischen Investitionsbank erlassen die Vertreter der Regierungen der Mitgliedstaaten im gegenseitigen Einvernehmen die Vorschriften, die zur Regelung einiger besonderer Probleme des Großherzogtums Luxemburg erforderlich sind, welche sich aus der Einsetzung eines gemeinsamen Rates und einer gemeinsamen Kommission der Europäischen Gemeinschaften ergeben.

Der Beschluß der Vertreter der Regierungen der Mitgliedstaaten tritt am gleichen Tage in Kraft wie dieser Vertrag.

Artikel 38

Dieser Vertrag bedarf der Ratifizierung durch die Hohen Vertragsparteien gemäß ihren verfassungsrechtlichen Vorschriften. Die Ratifikationsurkunden werden bei der Regierung der Italienischen Republik hinterlegt.

Dieser Vertrag tritt am ersten Tag des auf die Hinterlegung der letzten Ratifikationsurkunde folgenden Monats in Kraft.

Artikel 39

Dieser Vertrag ist in einer Urschrift in deutscher, französischer, italienischer und niederländischer Sprache abgefaßt, wobei jeder Wortlaut gleichermaßen verbindlich ist; er wird im Archiv der Regierung der Italienischen Republik hinterlegt; diese übermittelt der Regierung jedes anderen Unterzeichnerstaats eine beglaubigte Abschrift.

ZU URKUND DESSEN haben die unterzeichneten Bevollmächtigten ihre Unterschriften unter diesen Vertrag gesetzt.

Geschehen zu Brüssel am achten April neunzehnhundertfünfundsechzig.

(Unterschriften)

SCHLUSSAKTE
vom 8. April 1965
mit Anhängen

DIE BEVOLLMÄCHTIGTEN

Seiner Majestät des Königs der Belgier, des Präsidenten der Bundesrepublik Deutschland, des Präsidenten der Französischen Republik, des Präsidenten der Italienischen Republik, Seiner Königlichen Hoheit des Großherzogs von Luxemburg, Ihrer Majestät der Königin der Niederlande,

die am 8. April 1965 zur Unterzeichnung des Vertrages zur Einsetzung eines gemeinsamen Rates und einer gemeinsamen Kommission der Europäischen Gemeinschaften in Brüssel zusammengetreten sind,

HABEN FOLGENDE TEXTE FESTGELEGT:

Vertrag zur Einsetzung eines gemeinsamen Rates und einer gemeinsamen Kommission der Europäischen Gemeinschaften,

Protokoll über die Vorrechte und Befreiungen der Europäischen Gemeinschaften.

Bei der Unterzeichnung dieser Texte haben die Bevollmächtigten

- der Kommission der Europäischen Gemeinschaften den Auftrag in Anhang I erteilt,
- die Erklärung der Regierung der Bundesrepublik Deutschland in Anhang II zur Kenntnis genommen.

ZU URKUND DESSEN haben die unterzeichneten Bevollmächtigten ihre Unterschriften unter diese Schlußakte gesetzt.

Geschehen zu Brüssel am achten April neunzehnhundertfünfundsechzig.

(Unterschriften)

ANHANG I

Auftrag an die Kommission der Europäischen Gemeinschaften

Die Kommission der Europäischen Gemeinschaften wird beauftragt, im Rahmen ihrer Befugnisse alle erforderlichen Vorkehrungen zu treffen, um die Rationalisierung ihrer Dienststellen innerhalb einer angemessenen und verhältnismäßig kurzen Frist, die ein Jahr nicht überschreiten soll, durchzuführen. Zu diesem Zweck kann die Kommission alle geeigneten Stellungnahmen einholen. Damit der Rat die Durchführung dieser Maßnahmen verfolgen kann, wird die Kommission gebeten, ihm regelmäßig Bericht zu erstatten.

ANHANG II

Erklärung der Regierung der Bundesrepublik Deutschland

über die Geltung des Vertrages zur Einsetzung eines gemeinsamen Rates und einer gemeinsamen Kommission der Europäischen Gemeinschaften sowie des Vertrages über die Gründung der Europäischen Gemeinschaft für Kohle und Stahl für Berlin

Die Regierung der Bundesrepublik Deutschland behält sich vor, bei der Hinterlegung ihrer Ratifizierungsurkunde zu erklären, daß der Vertrag zur Einsetzung eines gemeinsamen Rates und einer gemeinsamen Kommission der Europäischen Gemeinschaften sowie der Vertrag über die Gründung der Europäischen Gemeinschaft für Kohle und Stahl auch für das Land Berlin gelten.

BESCHLUSS

der Vertreter der Regierungen der Mitgliedstaaten über die vorläufige Unterbringung bestimmter Organe und Dienststellen der Gemeinschaften

(67/446/EWG, 67/30/Euratom)
(Amtsblatt der Europäischen Gemeinschaften Nr. 152 vom 13. 7. 1967 S. 18)

DIE VERTRETER DER REGIERUNGEN DER MITGLIEDSTAATEN –

gestützt auf Artikel 37 des Vertrages zur Einsetzung eines gemeinsamen Rates und einer gemeinsamen Kommission der Europäischen Gemeinschaften,

in der Erwägung, daß unbeschadet der Anwendung des Artikels 77 des Vertrages über die Gründung der Europäischen Gemeinschaft für Kohle und Stahl, des Artikels 216 des Vertrages zur Gründung der Europäischen Wirtschaftsgemeinschaft, des Artikels 189 des Vertrages zur Gründung der Europäischen Atomgemeinschaft und des Artikels 1 Absatz 2 des Protokolls über die Satzung der Europäischen Investitionsbank bei der Einsetzung eines gemeinsamen Rates und einer gemeinsamen Kommission der Europäischen Gemeinschaften zur Regelung einiger besonderer Probleme des Großherzogtums Luxemburg als vorläufiger Arbeitsort bestimmter Organe und Dienststellen Luxemburg festzulegen ist –

BESCHLIESSEN:

Artikel 1

Luxemburg, Brüssel und Straßburg bleiben vorläufige Arbeitsorte der Organe der Gemeinschaften.

Artikel 2

Der Rat hält seine Tagungen in den Monaten April, Juni und Oktober in Luxemburg ab.

Artikel 3

Der Gerichtshof bleibt in Luxemburg.

Die Organe mit richterlichen und quasi-richterlichen Aufgaben, einschließlich der für die Durchführung der Wettbewerbsregeln zuständigen Stellen, die auf Grund der Verträge zur Gründung der Europäischen Gemeinschaft für Kohle und Stahl, der Europäischen Wirtschaftsgemeinschaft und der Europäischen Atomgemeinschaft oder auf Grund von

Übereinkünften im Rahmen der Gemeinschaften zwischen Mitgliedstaaten oder mit dritten Ländern bestehen oder noch einzurichten sind, werden ebenfalls in Luxemburg untergebracht.

Artikel 4

Das Generalsekretariat des Europäischen Parlaments und seine Dienststellen bleiben in Luxemburg.

Artikel 5

Die Europäische Investitionsbank wird in Luxemburg untergebracht, wo ihre leitenden Organe zusammentreten und ihre gesamte Tätigkeit ausgeübt wird.

Dies gilt insbesondere für die Entwicklung der derzeitigen, namentlich der in Artikel 130 des Vertrages zur Gründung der Europäischen Wirtschaftsgemeinschaft umschriebenen Tätigkeit, für eine etwaige Ausdehnung dieser Tätigkeit auf andere Gebiete und für neue Aufgaben, die der Bank gegebenenfalls übertragen werden.

In Luxemburg wird eine Verbindungsstelle zwischen der Kommission und der Europäischen Investitionsbank eingerichtet, insbesondere um die Geschäfte des Europäischen Entwicklungsfonds zu erleichtern.

Artikel 6

Der Währungsausschuß tritt in Luxemburg und in Brüssel zusammen.

Artikel 7

Die für finanzielle Interventionen zuständigen Dienststellen der Europäischen Gemeinschaft für Kohle und Stahl werden in Luxemburg untergebracht. Diese Dienststellen umfassen die Generaldirektion Kredit und Investitionen sowie die mit der Erhebung der Umlage betrauten Dienststellen und die dazugehörigen Buchhaltungen.

Artikel 8

Ein Amt für amtliche Veröffentlichungen der Gemeinschaften, dem eine gemeinsame Vertriebsstelle und eine Dienststelle für mittel- und langfristig zu erledigende Übersetzungen angegliedert werden, wird in Luxemburg untergebracht.

Artikel 9

Ferner werden folgende Dienststellen der Kommission in Luxemburg untergebracht:

a) das Statistische Amt und die Dienststelle Rechenzentrum;
b) die Dienststellen der Europäischen Wirtschaftsgemeinschaft und der Europäischen Gemeinschaft für Kohle und Stahl für Gesundheitsschutz und Betriebssicherheit;
c) die Generaldirektion Verbreitung der Kenntnisse, die Direktion Gesundheitsschutz, die Direktion Sicherheitskontrolle der Europäischen Atomgemeinschaft

sowie die erforderlichen Verwaltungs- und technischen Einrichtungen.

Artikel 10

Die Regierungen der Mitgliedstaaten sind bereit, andere Gemeinschaftseinrichtungen und -dienststellen, insbesondere auf dem Gebiet der Finanzen, in Luxemburg unterzubringen oder dorthin zu verlegen, vorausgesetzt, daß ein reibungsloses Funktionieren dieser Einrichtungen und Dienststellen gewährleistet ist.

Zu diesem Zweck fordern sie die Kommission auf, ihnen alljährlich einen Bericht über die Lage hinsichtlich der Unterbringung der Gemeinschaftseinrichtungen und -dienststellen und über die Möglichkeiten für neue Maßnahmen im Sinne dieser Bestimmung unter Berücksichtigung der Notwendigkeit einer reibungslosen Tätigkeit der Gemeinschaften vorzulegen.

Artikel 11

Um eine reibungslose Tätigkeit der Europäischen Gemeinschaft für Kohle und Stahl zu gewährleisten, wird die Kommission aufgefordert, für eine schrittweise und koordinierte Verlegung der Dienststellen zu sorgen und dabei die Dienststellen für die Verwaltung des Kohle- und Stahlmarktes zuletzt zu verlegen.

Artikel 12

Vorbehaltlich der vorstehenden Bestimmungen werden die sich aus früheren Beschlüssen der Regierungen ergebenden vorläufigen Arbeitsorte der Organe und Dienststellen der Europäischen Gemeinschaften sowie die durch die Einsetzung eines gemeinsamen Rates und einer gemeinsamen Kommission bedingte Neugruppierung der Dienststellen von diesem Beschluß nicht berührt.

Artikel 13

Dieser Beschluß tritt am gleichen Tag in Kraft wie der Vertrag zur Einsetzung eines gemeinsamen Rates und einer gemeinsamen Kommission der Europäischen Gemeinschaften.

Geschehen zu Brüssel am achten April neunzehnhundertfünfundsechzig.

(Unterschriften)

DOKUMENTE

betreffend den Beitritt des Königreichs Dänemark, Irlands, des Königreichs Norwegen und des Vereinigten Königreichs Großbritannien und Nordirland zu den Europäischen Gemeinschaften[1]

Die Vorschriften dieser der Schlußakte der Konferenz über die Beitrittsverhandlungen vom 22. 1. 1972 beigefügten Texte sind, soweit sie nicht in den EWGV eingearbeitet wurden oder wegen des Nicht-Beitritts Norwegens unwirksam blieben, mit Ablauf der Übergangsfristen gegenstandslos oder praktisch bedeutungslos geworden.

Art. 100 bis 103 der Akte über die Beitrittsbedingungen enthält eine bis zum 31. 12. 1982 befristete Ausnahmeregelung der Fischereirechte.

Die Beitrittsdokumente vom 22. 1. 1972 sind weitgehend abgedruckt in HER I A 12.

1 ABl. 1972 Nr. L 73.

STELLUNGNAHME DER KOMMISSION

vom 23. Mai 1979

zu dem Antrag der Republik Griechenland auf Beitritt zu den Europäischen Gemeinschaften

(Amtsblatt der Europäischen Gemeinschaften Nr. L 291 vom 19.11.1979 S.3)

DIE KOMMISSION DER EUROPÄISCHEN GEMEINSCHAFTEN –

gestützt auf Artikel 98 des Vertrages über die Gründung der Europäischen Gemeinschaft für Kohle und Stahl, Artikel 237 des Vertrages zur Gründung der Europäischen Wirtschaftsgemeinschaft und Artikel 205 des Vertrages zur Gründung der Europäischen Atomgemeinschaft,

in Erwägung nachstehender Gründe:

Die Republik Griechenland hat beantragt, Mitglied dieser Gemeinschaften zu werden.

In ihrer Stellungnahme vom 29. Januar 1976 hatte die Kommission bereits Gelegenheit, ihre Auffassung zu bestimmten wesentlichen Aspekten der mit diesem Antrag verbundenen Probleme darzulegen.

Die Bedingungen für die Aufnahme der Republik Griechenland und die durch den Beitritt erforderlich werdenden Anpassungen der Verträge über die Gründung der Gemeinschaften wurden im Rahmen einer Konferenz zwischen den Gemeinschaften und dem antragstellenden Staat ausgehandelt. Die einheitliche Vertretung der Gemeinschaften war unter Einhaltung des in den Verträgen geregelten institutionellen Dialogs gewährleistet.

Nach Abschluß dieser Verhandlungen ist zu erkennen, daß die so vereinbarten Bestimmungen billig und angemessen sind; die Erweiterung wird es der Gemeinschaft daher ermöglichen, sich verstärkt an der Entwicklung der internationalen Beziehungen zu beteiligen und doch ihren inneren Zusammenhalt und ihre innere Dynamik zu bewahren.

Mit seiner Mitgliedschaft in den Gemeinschaften akzeptiert der antragstellende Staat vorbehaltlos die Verträge und ihre politischen Zielsetzungen, die seit Inkrafttreten der Verträge gefaßten Beschlüsse jeglicher Art sowie die hinsichtlich des Ausbaus und der Stärkung der Gemeinschaften getroffenen Optionen.

Insbesondere ist die mit den Verträgen zur Gründung der Gemeinschaften geschaffene Rechtsordnung im wesentlichen gekennzeichnet durch die unmittelbare Anwendbarkeit einiger ihrer Bestimmungen und bestimmter von den Organen der Gemeinschaften erlassenen Rechtsakte, durch den Vorrang des Gemeinschaftsrechts gegenüber ihm etwa entgegenstehenden einzelstaatlichen Bestimmungen und durch das Bestehen von Verfahren, die geeignet sind, die einheitliche Auslegung des Gemeinschaftsrechts zu sichern. Der Beitritt zu den Gemeinschaften schließt die Anerkennung des zwingenden Charakters dieser Vorschriften ein, deren Einhaltung unerläßlich ist, um die Wirksamkeit und Einheitlichkeit des Gemeinschaftsrechts zu gewährleisten.

Die Grundsätze der pluralistischen Demokratie und der Beachtung der Menschenrechte gehören zu dem gemeinsamen Erbe der in den Europäischen Gemeinschaften zusammengeschlossenen Völker und sind daher wesentliche Bestandteile der Zugehörigkeit zu diesen Gemeinschaften.

Die Erweiterung der Gemeinschaften durch Aufnahme der Republik Griechenland trägt dazu bei, Frieden und Freiheit in Europa zu wahren und zu festigen –

BEFÜRWORTET

den Beitritt der Republik Griechenland zu den Europäischen Gemeinschaften.

Diese Stellungnahme ist an den Rat gerichtet.

Geschehen zu Brüssel am 23. Mai 1979.

Für die Kommission
(Unterschrift)

BESCHLUSS DES RATES DER EUROPÄISCHEN GEMEINSCHAFTEN

vom 24. Mai 1979

betreffend die Aufnahme der Republik Griechenland in die Europäische Wirtschaftsgemeinschaft und die Europäische Atomgemeinschaft

(Amtsblatt der Europäischen Gemeinschaften Nr. L 291 vom 19. 11. 1979 S. 7)

DER RAT DER EUROPÄISCHEN GEMEINSCHAFTEN –

gestützt auf Artikel 237 des Vertrages zur Gründung der Europäischen Wirtschaftsgemeinschaft und auf Artikel 205 des Vertrages zur Gründung der Europäischen Atomgemeinschaft,

in der Erwägung, daß die Republik Griechenland beantragt hat, Mitglied der Europäischen Wirtschaftsgemeinschaft und der Europäischen Atomgemeinschaft zu werden,

nach Stellungnahme der Kommission –

BESCHLIESST:

diesem Antrag stattzugeben, wobei die Bedingungen für diese Aufnahme sowie die in diesem Falle notwendigen Anpassungen der Verträge Gegenstand eines Abkommens zwischen den Mitgliedstaaten und der Republik Griechenland sein werden.

Geschehen zu Brüssel am 24. Mai 1979

Im Namen des Rates
(Unterschrift)

VERTRAG

über den Beitritt der Republik Griechenland zur Europäischen Wirtschaftsgemeinschaft und zur Europäischen Atomgemeinschaft

(Amtsblatt der Europäischen Gemeinschaften Nr. L 291 vom 19. 11. 1979 S. 7)

SEINE MAJESTÄT DER KÖNIG DER BELGIER,

IHRE MAJESTÄT DIE KÖNIGIN VON DÄNEMARK,

DER PRÄSIDENT DER BUNDESREPUBLIK DEUTSCHLAND,

DER PRÄSIDENT DER REPUBLIK GRIECHENLAND,

DER PRÄSIDENT DER FRANZÖSISCHEN REPUBLIK,

DER PRÄSIDENT IRLANDS,

DER PRÄSIDENT DER ITALIENISCHEN REPUBLIK,

SEINE KÖNIGLICHE HOHEIT DER GROSSHERZOG VON LUXEMBURG,

IHRE MAJESTÄT DIE KÖNIGIN DER NIEDERLANDE,

IHRE MAJESTÄT DIE KÖNIGIN DES VEREINIGTEN KÖNIGREICHS GROSSBRITANNIEN UND NORDIRLAND –

EINIG in dem Willen, die Verwirklichung der Ziele des Vertrages zur Gründung der Europäischen Wirtschaftsgemeinschaft und des Vertrages zur Gründung der Europäischen Atomgemeinschaft fortzuführen,

ENTSCHLOSSEN, im Geiste dieser Verträge auf den bereits geschaffenen Grundlagen einen immer engeren Zusammenschluß der europäischen Völker herbeizuführen,

IN DER ERWÄGUNG, daß Artikel 237 des Vertrages zur Gründung der Europäischen Wirtschaftsgemeinschaft und Artikel 205 des Vertrages zur Gründung der Europäischen Atomgemeinschaft den europäischen Staaten die Möglichkeit eröffnen, Mitglieder dieser Gemeinschaften zu werden,

IN DER ERWÄGUNG, daß die Republik Griechenland beantragt hat, Mitglied dieser Gemeinschaften zu werden,

IN DER ERWÄGUNG, daß sich der Rat der Europäischen Gemeinschaften nach Einholung der Stellungnahme der Kommission für die Aufnahme dieses Staates ausgesprochen hat –

HABEN BESCHLOSSEN, die Aufnahmebedingungen und die erforderlichen Anpassungen der Verträge zur Gründung der Europäischen Wirtschaftsgemeinschaft und der Europäischen Atomgemeinschaft im gegenseitigen Einvernehmen festzulegen; sie haben zu diesem Zweck zu ihren Bevollmächtigten ernannt:

SEINE MAJESTÄT DER KÖNIG DER BELGIER:

Herrn Wilfried MARTENS,
Ministerpräsident,

Herrn Henri SIMONET,
Minister für Auswärtige Angelegenheiten,

Herrn Joseph VAN DER MEULEN,
Botschafter, Ständiger Vertreter bei den Europäischen Gemeinschaften;

IHRE MAJESTÄT DIE KÖNIGIN VON DÄNEMARK:

Herrn Niels Anker KOFOED,
Minister für Landwirtschaft,

Herrn Gunnar RIBERHOLDT,
Botschafter, Ständiger Vertreter bei den Europäischen Gemeinschaften;

DER PRÄSIDENT DER BUNDESREPUBLIK DEUTSCHLAND:

Herrn Hans-Dietrich GENSCHER,
Bundesminister des Auswärtigen,

Herrn Helmut SIGRIST,
Botschafter, Ständiger Vertreter bei den Europäischen Gemeinschaften;

DER PRÄSIDENT DER REPUBLIK GRIECHENLAND:

Herrn Konstantinos KARAMANLIS,
Ministerpräsident,

Herrn Georgios RALLIS,
Minister für Auswärtige Angelegenheiten,

Herrn Georgios KONTOGEORGIS,
Minister ohne Geschäftsbereich, beauftragt mit den Beziehungen zu den Europäischen Gemeinschaften;

DER PRÄSIDENT DER FRANZÖSISCHEN REPUBLIK:

Herrn Jean FRANÇOIS-PONCET, Minister für Auswärtige Angelegenheiten,

Herrn Pierre BERNARD-REYMOND,
Staatssekretär im Ministerium für Auswärtige Angelegenheiten,

Herrn Luc de La BARRE de NANTEUIL,
Botschafter, Ständiger Vertreter bei den Europäischen Gemeinschaften;

DER PRÄSIDENT IRLANDS:

Herrn John LYNCH,
Ministerpräsident,

Herrn Michael O'KENNEDY;
Minister für Auswärtige Angelegenheiten,

Herrn Brendan DILLON,
Botschafter, Ständiger Vertreter bei den Europäischen Gemeinschaften;

DER PRÄSIDENT DER ITALIENISCHEN REPUBLIK:

Herrn Giulio ANDREOTTI,
Präsident des Ministerrats,

Herrn Adolfo BATTAGLIA,
Unterstaatssekretär für Auswärtige Angelegenheiten,

Herrn Eugenio PLAJA,
Botschafter, Ständiger Vertreter bei den Europäischen Gemeinschaften;

SEINE KÖNIGLICHE HOHEIT DER GROSSHERZOG VON LUXEMBURG:

Herrn Gaston THORN,
Präsident der Regierung, Minister für Auswärtige Angelegenheiten,

Herrn Jean DONDELINGER,
Botschafter, Ständiger Vertreter bei den Europäischen Gemeinschaften;

IHRE MAJESTÄT DIE KÖNIGIN DER NIEDERLANDE:

Herrn Ch. A. van der KLAAUW,
Minister für Auswärtige Angelegenheiten,

Herrn J. H. LUBBERS,
Botschafter, Ständiger Vertreter bei den Europäischen Gemeinschaften;

IHRE MAJESTÄT DIE KÖNIGIN DES VEREINIGTEN KÖNIGREICHS GROSSBRITANNIEN UND NORDIRLAND:

Lord CARRINGTON,
Staatssekretär für Auswärtige und Commonwealth-Angelegenheiten,

Sir Donald MAITLAND,
Botschafter, Ständiger Vertreter bei den Europäischen Gemeinschaften;

DIESE SIND nach Austausch ihrer als gut und gehörig befundenen Vollmachten wie folgt ÜBEREINGEKOMMEN:

Artikel 1

(1) Die Republik Griechenland wird Mitglied der Europäischen Wirtschaftsgemeinschaft und der Europäischen Atomgemeinschaft und Vertragspartei der Verträge zur Gründung dieser Gemeinschaften mit den dazugehörigen Änderungen oder Ergänzungen.

(2) Die Aufnahmebedingungen und die erforderlichen Anpassungen der Verträge zur Gründung der Europäischen Wirtschaftsgemeinschaft und der Europäischen Atomgemeinschaft sind in der diesem Vertrag beigefügten Akte festgelegt. Die die Europäische Wirtschaftsgemeinschaft und die Europäische Atomgemeinschaft betreffenden Bestimmungen der Akte sind Bestandteil dieses Vertrages.

(3) Die Bestimmungen der in Absatz 1 genannten Verträge über die Rechte und Pflichten der Mitgliedstaaten sowie über die Befugnisse und Zuständigkeiten der Organe der Gemeinschaften gelten auch für diesen Vertrag.

Artikel 2

Dieser Vertrag bedarf der Ratifizierung durch die Hohen Vertragsparteien gemäß ihren verfassungsrechtlichen Vorschriften. Die Ratifikationsurkunden werden spätestens am 31. Dezember 1980 bei der Regierung der Italienischen Republik hinterlegt.

Dieser Vertrag tritt am 1. Januar 1981 in Kraft, sofern alle Ratifikationsurkunden vor diesem Tag hinterlegt worden sind und die Ratifikationsurkunde über den Beitritt der Republik Griechenland zur Europäischen Gemeinschaft für Kohle und Stahl an diesem Tag hinterlegt wird.

Artikel 3

Dieser Vertrag ist in einer Urschrift in dänischer, deutscher, englischer, französischer, griechischer, irischer, italienischer und niederländischer Sprache abgefaßt, wobei der Wortlaut in jeder dieser Sprachen gleichermaßen verbindlich ist; er wird im Archiv der Regierung der Italienischen Republik hinterlegt; dieser übermittelt der Regierung jedes anderen Unterzeichnerstaats eine beglaubigte Abschrift.

Zu Urkund dessen haben die unterzeichneten Bevollmächtigten ihre Unterschriften unter diesen Vertrag gesetzt.

Geschehen zu Athen am achtundzwanzigsten Mai neunzehnhundertneunundsiebzig.

(Unterschriften)

AKTE

über die Bedingungen des Beitritts der Republik Griechenland und die Anpassungen der Verträge

(Amtsblatt der Europäischen Gemeinschaften Nr. L 291 vom 19. 11. 1979 S. 17)
(Auszug)

ERSTER TEIL

Grundsätze

Artikel 1

Im Sinne dieser Akte bezieht sich

- der Ausdruck »ursprüngliche Verträge« auf den Vertrag über die Gründung der Europäischen Gemeinschaft für Kohle und Stahl, den Vertrag zur Gründung der Europäischen Wirtschaftsgemeinschaft und den Vertrag zur Gründung der Europäischen Atomgemeinschaft mit den Änderungen oder Ergänzungen, die durch vor dem Beitritt der Republik Griechenland in Kraft getretene Verträge oder andere Rechtsakte vorgenommen worden sind; der Ausdruck »EGKS-Vertrag«, »EWG-Vertrag« oder »EAG-Vertrag« auf den betreffenden ursprünglichen Vertrag mit den dazugehörigen Änderungen oder Ergänzungen;
- der Ausdruck »derzeitige Mitgliedstaaten« auf das Königreich Belgien, das Königreich Dänemark, die Bundesrepublik Deutschland, die Französische Republik, Irland, die Italienische Republik, das Großherzogtum Luxemburg, das Königreich der Niederlande und das Vereinigte Königreich Großbritannien und Nordirland.

Artikel 2

Vom Zeitpunkt des Beitritts an sind die ursprünglichen Verträge und die Rechtsakte der Organe der Gemeinschaften für die Republik Griechenland verbindlich und gelten in diesem Staat in Übereinstimmung mit den genannten Verträgen und dieser Akte.

Artikel 3

(1) Die Republik Griechenland tritt durch diese Akte den Beschlüssen und Vereinbarungen der im Rat vereinigten Vertreter der Regierungen der Mitgliedstaaten bei. Sie verpflichtet sich, unmittelbar nach dem Beitritt allen sonstigen von den derzeitigen

Mitgliedstaaten für das Funktionieren der Gemeinschaften oder in Verbindung mit deren Tätigkeit geschlossenen Übereinkünften beizutreten.

(2) Die Republik Griechenland verpflichtet sich, den in Artikel 220 des EWG-Vertrags vorgesehenen, von den Mitgliedstaaten der Gemeinschaft in ihrer ursprünglichen oder derzeitigen Zusammensetzung unterzeichneten Übereinkommen und den Protokollen über die Auslegung dieser Übereinkommen durch den Gerichtshof beizutreten und zu diesem Zweck mit den derzeitigen Mitgliedstaaten Verhandlungen im Hinblick auf die erforderlichen Anpassungen aufzunehmen.

(3) Die Republik Griechenland befindet sich hinsichtlich der Erklärungen, Entschließungen und sonstigen Stellungnahmen des Rates sowie hinsichtlich der die Europäischen Gemeinschaften betreffenden Erklärungen, Entschließungen und sonstigen Stellungnahmen, die von den Mitgliedstaaten im gegenseitigen Einvernehmen angenommen wurden, in derselben Lage wie die derzeitigen Mitgliedstaaten; sie wird demgemäß die sich daraus ergebenden Grundsätze und Leitlinien beachten und die gegebenenfalls zu ihrer Durchführung erforderlichen Maßnahmen treffen.

Artikel 4

(1) Die von einer Gemeinschaft mit einem oder mehreren dritten Staaten, mit einer internationalen Organisation oder mit einem Staatsangehörigen eines dritten Staates geschlossenen Abkommen oder Vereinbarungen sind für die Republik Griechenland in Übereinstimmung mit den ursprünglichen Verträgen und dieser Akte verbindlich.

(2) Die Republik Griechenland verpflichtet sich, in Übereinstimmung mit dieser Akte den von den derzeitigen Mitgliedstaaten zusammen mit einer Gemeinschaft geschlossenen Abkommen oder Übereinkommen sowie den von den derzeitigen Mitgliedstaaten geschlossenen Abkommen, die mit diesen Abkommen oder Übereinkommen verbunden sind, beizutreten. Die Gemeinschaft und die derzeitigen Mitgliedstaaten leisten der Republik Griechenland hierbei Hilfe.

(3) Die Republik Griechenland tritt durch diese Akte und unter den darin vorgesehenen Bedingungen den internen Abkommen bei, die die derzeitigen Mitgliedstaaten zur Durchführung der Abkommen oder Übereinkommen im Sinne des Absatzes 2 geschlossen haben.

(4) Die Republik Griechenland ergreift geeignete Maßnahmen, um gegebenenfalls ihre Stellung in bezug auf internationale Organisationen oder internationale Übereinkommen, denen auch andere Mitgliedstaaten oder eine Gemeinschaft als Vertragspartei angehören, den Rechten und Pflichten anzupassen, die sich aus ihrem Beitritt zu den Gemeinschaften ergeben.

Artikel 5

Der Artikel 234 des EWG-Vertrags und die Artikel 105 und 106 des EAG-Vertrags sind für die Republik Griechenland auf die vor ihrem Beitritt geschlossenen Abkommen und Übereinkommen anwendbar.

Artikel 6

Die Bestimmungen dieser Akte können, soweit darin nicht etwas anderes bestimmt ist, nur nach den in den ursprünglichen Verträgen vorgesehenen Verfahren, die eine Revision dieser Verträge ermöglichen, ausgesetzt, geändert oder aufgehoben werden.

Artikel 7

Die von den Organen der Gemeinschaften erlassenen Rechtsakte, auf die sich die in dieser Akte festgelegten Übergangsbestimmungen beziehen, bewahren ihren Rechtscharakter; insbesondere bleiben die Verfahren zur Änderung dieser Rechtsakte auf sie anwendbar.

Artikel 8

Die Bestimmungen dieser Akte, die eine nicht nur vorübergehende Aufhebung oder Änderung von Rechtsakten der Organe der Gemeinschaften zum Gegenstand haben oder bewirken, haben denselben Rechtscharakter wie die durch sie aufgehobenen oder geänderten Bestimmungen und unterliegen denselben Regeln wie diese.

Artikel 9

(1) Für die Anwendung der ursprünglichen Verträge und der Rechtsakte der Organe gelten vorübergehend die in dieser Akte vorgesehenen abweichenden Bestimmungen.

(2) Unbeschadet der besonderen Bestimmungen dieser Akte, die unterschiedliche Zeitpunkte oder kürzere oder längere Fristen vorsehen, endet die Anwendung der Übergangsmaßnahmen mit Ablauf des Jahres 1985.

ZWEITER TEIL

Anpassungen der Verträge

TITEL I

Vorschriften über die Organe

KAPITEL 1

Die Versammlung

Artikel 10 bis *Artikel 19*

(Vom Abdruck dieser Art. ist hier abgesehen. Art. 10 bis 18 enthalten Änderungen für die Zusammensetzung der gemeinsamen Organe und des Wirtschafts- und Sozialausschusses, die beim Abdruck des Vertragstextes berücksichtigt worden sind. Art. 19 betrifft nur den EuratomV.)

TITEL II

Sonstige Anpassungen

Artikel 20

(Vom Abdruck dieses Art. ist hier abgesehen. Er ist beim Abdruck von Art. 227 berücksichtigt.)

DRITTER TEIL

Anpassungen der Rechtsakte der Organe

Artikel 21

Die in der Liste des Anhangs I aufgeführten Rechtsakte sind Gegenstand der in diesem Anhang festgelegten Anpassungen.

Artikel 22

Die infolge des Beitritts erforderlichen Anpassungen der Rechtsakte, die in der Liste des Anhangs II aufgeführt sind, werden im Einklang mit den dort aufgestellten Leitlinien nach dem Verfahren und nach Maßgabe des Artikels 146 festgelegt.

VIERTER TEIL

Übergangsmaßnahmen

TITEL I

Vorschriften über die Organe

Artikel 23

(1) Im Jahre 1981 führt die Republik Griechenland die Wahl der vierundzwanzig Abgeordneten des Volkes von Griechenland in der Versammlung in allgemeiner unmittelbarer Wahl nach Maßgabe des Aktes vom 20. September 1976 zur Einführung allgemeiner unmittelbarer Wahlen der Abgeordneten der Versammlung durch.

Das Mandat dieser Abgeordneten endet zu gleicher Zeit wie das Mandat der in den derzeitigen Mitgliedstaaten gewählten Abgeordneten.

(2) Für die Zeit vom Beitritt bis zu der Wahl nach Absatz 1 werden die vierundzwanzig Abgeordneten des Volkes von Griechenland in der Versammlung durch das griechische Parlament aus seiner Mitte nach dem von der Republik Griechenland festgelegten Verfahren ernannt.

TITEL II

KAPITEL 1

Zollbestimmungen

Artikel 24

(1) Für jede Ware gilt als Ausgangszollsatz, nach dem die in den Artikeln 25 und 64 vorgesehenen aufeinanderfolgenden Herabsetzungen vorgenommen werden, der am 1. Juli 1980 tatsächlich angewandte Zollsatz.

Für jede Ware gilt als Ausgangszollsatz für die in den Artikeln 31, 32 und 64 vorgesehenen Annäherungen an den Gemeinsamen Zolltarif und den vereinheitlichten EGKS-Tarif der von der Republik Griechenland am 1. Juli 1980 tatsächlich angewandte Zollsatz.

(2) Die Gemeinschaft in ihrer derzeitigen Zusammensetzung und die Republik Griechenland teilen einander ihre Ausgangszollsätze mit.

Artikel 25

(1) Die Einfuhrzölle werden zwischen der Gemeinschaft in ihrer derzeitigen Zusammensetzung und der Republik Griechenland schrittweise wie folgt abgeschafft:

- Am 1. Januar 1981 wird jeder Zoll auf 90 v. H. des Ausgangszollsatzes herabgesetzt;
- am 1. Januar 1982 wird jeder Zoll auf 80 v. H. des Ausgangszollsatzes herabgesetzt;
- die vier weiteren Herabsetzungen um jeweils 20 v. H. erfolgen am
  - 1. Januar 1983,
  - 1. Januar 1984,
  - 1. Januar 1985,
  - 1. Januar 1986.

(2) In Abweichung von Absatz 1 wird

a) vom Beitritt an eine Zollbefreiung bei den Einfuhren angewandt, für die die Bestimmungen über Steuerbefreiung im Rahmen des Reiseverkehrs zwischen den Mitgliedstaaten gelten;

b) vom Beitritt an eine Zollbefreiung bei den Einfuhren von Waren in Kleinsendungen ohne kommerzielle Erwägungen angewandt, für die die Bestimmungen über Steuerbefreiung zwischen den Mitgliedstaaten gelten.

Artikel 26

Innerhalb der Gemeinschaft werden in keinem Falle höhere Zollsätze als gegenüber dritten Ländern angewandt, für die die Meistbegünstigung gilt.

Bei einer Änderung oder Aussetzung von Sätzen des Gemeinsamen Zolltarifs oder bei Anwendung des Artikels 34 durch die Republik Griechenland kann der Rat mit qualifizierter Mehrheit auf Vorschlag der Kommission die zur Aufrechterhaltung der Gemeinschaftspräferenz erforderlichen Maßnahmen beschließen.

Artikel 27

Die Republik Griechenland kann die Anwendung ihrer Zollsätze für aus der Gemeinschaft in ihrer derzeitigen Zusammensetzung eingeführte Waren ganz oder teilweise aussetzen. Sie gibt den anderen Mitgliedstaaten und der Kommission davon Kenntnis.

Der Rat kann mit qualifizierter Mehrheit auf Vorschlag der Kommission die Anwendung der Zollsätze für aus Griechenland eingeführte Waren ganz oder teilweise aussetzen.

Artikel 28

Jede ab 1. Januar 1979 im Handel zwischen der Gemeinschaft in ihrer derzeitigen Zusammensetzung und Griechenland eingeführte Abgabe mit gleicher Wirkung wie ein Einfuhrzoll wird am 1. Januar 1981 abgeschafft.

Artikel 29

Die Abgaben mit gleicher Wirkung wie Einfuhrzölle werden zwischen der Gemeinschaft in ihrer derzeitigen Zusammensetzung und Griechenland schrittweise wie folgt abgeschafft:

- Am 1. Januar 1981 wird jede Abgabe auf 90 v. H. des am 31. Dezember 1980 angewandten Satzes herabgesetzt;
- am 1. Januar 1982 wird jede Abgabe auf 80 v. H. des am 31. Dezember 1980 angewandten Satzes herabgesetzt;
- die vier weiteren Herabsetzungen um jeweils 20 v. H. erfolgen am
  - 1. Januar 1983,
  - 1. Januar 1984,
  - 1. Januar 1985,
  - 1. Januar 1986.

Artikel 30

Die Ausfuhrzölle und Abgaben gleicher Wirkung werden zwischen der Gemeinschaft in ihrer derzeitigen Zusammensetzung und Griechenland am 1. Januar 1981 abgeschafft.

Artikel 31

Zur schrittweisen Einführung des Gemeinsamen Zolltarifs ändert die Republik Griechenland ihre gegenüber dritten Ländern geltenden Zollsätze wie folgt:

– Ab 1. Januar 1981 wendet die Republik Griechenland einen Zollsatz an, durch den der Abstand zwischen dem Ausgangszollsatz und dem Satz des Gemeinsamen Zolltarifs um 10 v. H. verringert wird;

– ab 1. Januar 1982

a) werden auf Zollpositionen, bei denen die Ausgangszollsätze um höchstens 15 v. H. von den Sätzen des Gemeinsamen Zolltarifs abweichen, letztere Sätze angewandt;

b) wendet in den anderen Fällen die Republik Griechenland einen Zollsatz an, durch den der Abstand zwischem dem Ausgangszollsatz und dem Satz des Gemeinsamen Zolltarifs um weitere 10 v. H. verringert wird.

Dieser Abstand wird am 1. Januar 1983, 1. Januar 1984 und 1. Januar 1985 erneut um jeweils 20 v. H. verringert.

Die Republik Griechenland wendet den Gemeinsamen Zolltarif ab 1. Januar 1986 in vollem Umfang an.

Artikel 32 bis *34*

(Betrifft EGKS. Vom Abdruck wurde abgesehen.)

KAPITEL 2

Beseitigung der mengenmäßigen Beschränkungen und der Maßnahmen mit gleicher Wirkung

Artikel 35

Die mengenmäßigen Ein- und Ausfuhrbeschränkungen sowie alle Maßnahmen mit gleicher Wirkung zwischen der Gemeinschaft in ihrer derzeitigen Zusammensetzung und Griechenland entfallen beim Beitritt.

Artikel 36

(1) Abweichend von Artikel 35 kann die Republik Griechenland bis zum 31. Dezember 1985 für die in Anhang III aufgeführten Waren mit Herkunft aus den derzeitigen Mitgliedstaaten mengenmäßige Beschränkungen beibehalten.

(2) Die in Absatz 1 genannten Beschränkungen sind Kontingente. Die Kontingente für das Jahr 1981 sind in Anhang III aufgeführt.

(3) Die schrittweise Erhöhung der Kontingente muß bei den in Rechnungseinheiten ausgedrückten Kontingenten zu Beginn eines jeden Jahres mindestens 25 v. H. und bei den in Mengen ausgedrückten Kontingenten zu Beginn eines jeden Jahres mindestens 20 v. H. betragen. Die Erhöhung wird zu jedem Kontingent hinzugezählt und die folgende Erhöhung aufgrund der sich daraus ergebenen Höhe berechnet.

Bezieht sich ein Kontingent gleichzeitig auf die Menge und den Wert, so wird das Mengenkontingent jährlich um mindestens 20 v. H. und das Wertkontingent jährlich um mindestens 25 v. H. erhöht, wobei die nachfolgenden Kontingente jedes Jahr aufgrund des vorangehenden Kontingents zuzüglich der Erhöhung berechnet werden.

Bei Omnibussen, Reisebussen und anderen Fahrzeugen der Tarifstelle ex 87.02 A I des Gemeinsamen Zolltarifs wird jedoch das Mengenkontingent um 15 v. H. jährlich und das Wertkontingent um 20 v. H. jährlich erhöht.

(4) Stellt die Kommission durch Entscheidung fest, daß die Einfuhren einer in Anhang III genannten Ware nach Griechenland während zweier aufeinanderfolgender Jahre weniger als 90 v.H. der Kontingentierung betrugen, so läßt die Republik Griechenland die freie Einfuhr der Ware aus den derzeitigen Mitgliedstaaten zu.

(5) Die für Düngemittel der Nummern 31.02, 31.03 und 31.05 A I, II und IV des Gemeinsamen Zolltarifs eröffneten Kontingente stellen ebenfalls Übergangsmaßnahmen dar, die zur Aufhebung der ausschließlichen Einfuhrrechte erforderlich sind. Diese Kontingente sind jedem Einführer in Griechenland zugänglich, und für die im Rahmen dieser Kontingente eingeführten Waren dürfen in Griechenland keine ausschließlichen Vermarktungsrechte gelten.

Artikel 37

Abweichend von Artikel 35 können die derzeitigen Mitgliedstaaten und die Republik Griechenland im Handel zwischen den derzeitigen Mitgliedstaaten und Griechenland Ausfuhrbeschränkungen für Bearbeitungsabfälle und Schrott, aus Eisen oder Stahl, der Nummer 73.03 des Gemeinsamen Zolltarifs zwei Jahre lang ab 1. Januar 1981 beibehalten, sofern diese Regelung nicht restriktiver ist als die auf die Ausfuhr nach dritten Ländern angewandte Regelung.

Artikel 38

Abweichend von Artikel 35 werden die am 31. Dezember 1980 in Griechenland für die Einfuhren aus den derzeitigen Mitgliedstaaten geltenden Sicherheitsleistungen und Barbeträge während eines Zeitraums von drei Jahren ab 1. Januar 1981 schrittweise beseitigt.

Die Sicherheitsleistungen und die Barbeträge werden wie folgt abgebaut:

- 1. Januar 1981: 25 v. H.,
- 1. Januar 1982: 25 v. H.,
- 1. Januar 1983: 25 v. H.,
- 1. Januar 1984: 25 v. H.

Artikel 39

(1) Abweichend von Artikel 35 wird die in Griechenland für öffentliche Aufträge geltende allgemeine Präferenz von 8 v. H. durch die Republik Griechenland schrittweise in der gleichen Stufenfolge abgeschafft, wie sie in Artikel 25 für die Abschaffung der Einfuhrzölle zwischen Griechenland und der Gemeinschaft in ihrer derzeitigen Zusammensetzung festgelegt ist.

(2) Abweichend von Artikel 35 kann die Republik Griechenland während eines Zeitraums von zwei Jahren ab 1. Januar 1981 den Zugang zu ihren Listen zugelassener Lieferanten für die Lieferanten der Gemeinschaft aussetzen.

Artikel 40

(1) Unbeschadet des Absatzes 2 formt die Republik Griechenland vom 1. Januar 1981 an ihre staatlichen Handelsmonopole im Sinne des Artikels 37 Absatz 1 des EWG-Vertrags schrittweise derart um, daß zum 31. Dezember 1985 jede Diskriminierung in den Versorgungs- und Absatzbedingungen zwischen den Angehörigen der Mitgliedstaaten ausgeschlossen ist.

Die derzeitigen Mitgliedstaaten übernehmen gegenüber der Republik Griechenland gleichwertige Verpflichtungen.

Die Kommission spricht Empfehlungen über die Art und Weise und die Stufenfolge der in Unterabsatz 1 vorgesehenen Anpassung aus, wobei diese Art und Weise und diese Stufenfolge für die Republik Griechenland und für die derzeitigen Mitgliedstaaten gleich sein müssen.

(2) Die Republik Griechenland beseitigt vom 1. Januar 1981 an sämtliche ausschließlichen Ausfuhrrechte. Ebenso beseitigt sie zum selben Zeitpunkt die ausschließlichen Einfuhrrechte für Kupfersulfat der Tarifstelle ex 28.38 A II des Gemeinsamen Zolltarifs, Saccharin der Tarifstelle ex 29.26 A I des Gemeinsamen Zolltarifs und dünnes Papier der Tarifnummer ex 48.18 des Gemeinsamen Zolltarifs.

KAPITEL 3

Sonstige Bestimmungen

Artikel 41[1]

(1) Die Kommission regelt unter gebührender Berücksichtigung der geltenden Vorschriften, insbesondere derjenigen für das gemeinschaftliche Versandverfahren, die Methoden der Zusammenarbeit der Verwaltungen, durch die die Abschaffung der Zölle und der Abgaben gleicher Wirkung sowie der mengenmäßigen Beschränkungen und der Maßnahmen gleicher Wirkung bei den Waren, die die hierfür erforderlichen Voraussetzungen erfüllen, vom 1. Januar 1981 an gewährleistet werden soll.

(2) Die Kommission erläßt Vorschriften, die ab 1. Januar 1981 auf den innergemeinschaftlichen Handel mit Waren anzuwenden sind, die in der Gemeinschaft hergestellt sind unter Verwendung von

- Waren, für welche die in der Gemeinschaft in ihrer derzeitigen Zusammensetzung oder in Griechenland anwendbaren Zölle und Abgaben gleicher Wirkung nicht erhoben oder vollständig oder teilweise rückvergütet worden sind;
- landwirtschaftlichen Erzeugnissen, welche die Voraussetzungen für die Zulassung zum freien Warenverkehr in der Gemeinschaft in ihrer derzeitigen Zusammensetzung oder in Griechenland nicht erfüllen.

Bei Erlaß dieser Vorschriften berücksichtigt die Kommission die Bestimmungen dieser Akte über die Abschaffung der Zölle zwischen der Gemeinschaft in ihrer derzeitigen Zusammensetzung und Griechenland und über die schrittweise Einführung des Gemeinsamen Zolltarifs und der Vorschriften für die gemeinsame Agrarpolitik durch die Republik Griechenland.

Artikel 42

(1) Solange im innergemeinschaftlichen Handel Zölle erhoben werden, finden, soweit in dieser Akte nicht anderes bestimmt ist, die für den Handel mit dritten Ländern geltenden Zollbestimmungen in gleicher Weise auf den innergemeinschaftlichen Handel Anwendung.

Für die Ermittlung des Zollwerts im innergemeinschaftlichen Handel sowie im Handel mit dritten Ländern ist bis zum 1. Januar 1986 als Zollgebiet das Zollgebiet zugrunde zu legen, das in den am 31. Dezember 1980 in der Gemeinschaft und in der Republik Griechenland geltenden Bestimmungen festgelegt ist.

1 In der Fassung der Berichtigung ABl. 1981 Nr. L 346 S. 24.

(2) Die Republik Griechenland wendet ab 1. Januar 1981 im innergemeinschaftlichen Handel das Schema des Gemeinsamen Zolltarifs und des vereinheitlichten EGKS-Tarifs an.

Die Republik Griechenland kann in diese Schemata die im Zeitpunkt des Beitritts bestehenden innerstaatlichen Unterteilungen übernehmen, die für die nach Maßgabe dieser Akte vorzunehmende schrittweise Abschaffung ihrer Zölle innerhalb der Gemeinschaft unerläßlich sind.

Artikel 43

(1) Werden Ausgleichsbeträge im Sinne des Artikels 61 im Handel zwischen der Gemeinschaft in ihrer derzeitigen Zusammensetzung und Griechenland auf einzelne oder mehrere Grunderzeugnisse erhoben, bei denen davon ausgegangen wird, daß sie bei der Herstellung von Waren verwendet wurden, welche unter die Verordnungen (EWG) Nr. 1059/69 zur Festlegung der Handelsregelung für bestimmte, aus landwirtschaftlichen Erzeugnissen hergestellte Waren, Nr. 2730/75 über Glukose und Laktose und Nr. 2783/75 über die gemeinsame Handelsregelung für Eieralbumin und Milchalbumin fallen, so gelten folgende Übergangsmaßnahmen:

- Bei der Einfuhr dieser Waren aus Griechenland in die Gemeinschaft wird ein Ausgleichsbetrag angewandt, der auf der Grundlage der in Artikel 61 genannten Ausgleichsbeträge nach den Regeln berechnet wird, die in der Verordnung (EWG) Nr. 1059/69 für die Berechnung des bei den Waren dieser Verordnung geltenden beweglichen Teilbetrags vorgesehen sind;
- bei der Einfuhr von Waren der Verordnung (EWG) Nr. 1059/69 aus dritten Ländern nach Griechenland erhöht oder verringert sich der durch diese Verordnung festgelegte bewegliche Teilbetrag um den unter dem ersten Gedankenstrich genannten Ausgleichsbetrag;
- bei der Ausfuhr von Waren der Verordnung (EWG) Nr. 2682/72 zur Festlegung der allgemeinen Regeln für die Gewährung von Ausfuhrerstattungen und der Kriterien zur Festsetzung des Erstattungsbetrags für bestimmte landwirtschaftliche Erzeugnisse, die in Form von nicht unter Anhang II des Vertrages fallenden Waren aus der Gemeinschaft nach Griechenland ausgeführt werden, wird, außer für Albumine, ein Ausgleichsbetrag angewandt, der auf der Grundlage der für die Grunderzeugnisse festgesetzten Ausgleichsbeträge nach den Regeln bestimmt wird, die in der Verordnung (EWG) Nr. 2682/72 für die Berechnung der Erstattungen vorgesehen sind;
- bei der Einfuhr von Waren der Verordnungen (EWG) Nr. 2730/75 und Nr. 2783/75 aus dritten Ländern oder aus der Gemeinschaft nach Griechenland und aus Griechenland in die Gemeinschaft wird ein Ausgleichsbetrag angewandt, der auf der Grundlage der in Artikel 61 genannten Ausgleichsbeträge nach den Regeln berechnet

wird, die in diesen Verordnungen für die Berechnung der Einfuhrbelastung vorgesehen sind;

- bei der Ausfuhr von Waren der Verordnungen (EWG) Nr. 2682/72 und Nr. 2730/75 aus Griechenland nach dritten Ländern wird der unter dem dritten oder vierten Gedankenstrich genannte Ausgleichsbetrag angewandt.

(2) Treten während der Anwendung von Ausgleichsbeträgen bei den Waren der Verordnungen (EWG) Nr. 2783/75 und Nr. 2730/75 Verkehrsverlagerungen auf, so kann die Kommission geeignete Gegenmaßnahmen treffen.

(3) Der Wertzoll, der den festen Teilbetrag der Abgabe auf die Einfuhr von Waren der Verordnung (EWG) Nr. 1059/69 aus dritten Ländern nach Griechenland darstellt, wird dadurch bestimmt, daß der unter Berücksichtigung der in Absatz 1 genannten Übergangsmaßnahmen zu schaffende Agrarschutz von dem Gesamtschutz, den die Republik Griechenland im Zeitpunkt des Beitritts anwendet, getrennt wird.

Jeder nach Unterabsatz 1 ermittelte feste Teilbetrag, den die Republik Griechenland bei der Einfuhr aus dritten Ländern anwendet, wird entsprechend der in Artikel 31 festgelegten Stufenfolge dem Gemeinsamen Zolltarif angenähert. Liegt jedoch der feste Teilbetrag, den die Republik Griechenland mit dem Beitritt anzuwenden hat, unter dem festen Teilbetrag des Gemeinsamen Zolltarifs, so kann die Republik Griechenland den letzteren mit dem Beitritt unmittelbar übernehmen. Bei den nach Unterabsatz 1 ermittelten festen Teilbeträgen werden ferner möglichst alle besonderen Schwierigkeiten berücksichtigt, welche die Republik Griechenland für bestimmte Erzeugnisse vorhersieht.

(4) Die Republik Griechenland wendet das Schema des Gemeinsamen Zolltarifs bei den Waren der Verordnungen (EWG) Nr. 1059/69, Nr. 2682/72 und Nr. 2730/75 mit dem Beitritt in vollem Umfang an.

(5)[2] Die Republik Griechenland schafft bei Waren der Verordnung (EWG) Nr. 1059/69 alle Abgaben mit gleicher Wirkung wie Zölle mit Ausnahme der in den Absätzen 1, 2 und 3 vorgesehenen und bei Waren der Verordnungen (EWG) Nr. 2682/72 und Nr. 2730/75 alle Ausfuhrbeihilfen oder Beihilfen gleicher Wirkung mit dem Beitritt ab.

Für Einfuhren aus der Gemeinschaft schafft die Republik Griechenland bei Waren der Verordnungen (EWG) Nr. 1059/69, Nr. 2730/75 und Nr. 2783/75 alle mengenmäßigen Beschränkungen oder Maßnahmen mit gleicher Wirkung wie mengenmäßige Beschränkungen mit dem Beitritt ab.

(6) Der Rat erläßt mit qualifizierter Mehrheit auf Vorschlag der Kommission Durchführungsbestimmungen zu diesem Artikel.

2 Abs. 5 in der Fassung der Berichtigung ABl. 1981 Nr. L 346 S. 24.

TITEL III

Freizügigkeit, freier Dienstleistungs- und Kapitalverkehr

KAPITEL 1

Die Arbeitnehmer

Artikel 44

Artikel 48 des EWG-Vertrags ist für die Freizügigkeit der Arbeitnehmer zwischen den derzeitigen Mitgliedstaaten und Griechenland nur vorbehaltlich der Übergangsbestimmungen der Artikel 45, 46 und 47 dieser Akte anwendbar.

Artikel 45

(1) Die Artikel 1 bis 6 und 13 bis 23 der Verordnung (EWG) Nr. 1612/68 über die Freizügigkeit der Arbeitnehmer innerhalb der Gemeinschaft sind in den derzeitigen Mitgliedstaaten gegenüber griechischen Staatsangehörigen und in Griechenland gegenüber Staatsangehörigen der derzeitigen Mitgliedstaaten erst ab 1. Januar 1988 anwendbar.

Die derzeitigen Mitgliedstaaten und die Republik Griechenland können bis zum 1. Januar 1988 gegenüber griechischen Staatsangehörigen beziehungsweise gegenüber Staatsangehörigen der derzeitigen Mitgliedstaaten die innerstaatlichen Vorschriften beibehalten, welche die Einreise zum Zweck einer Beschäftigung im Lohn- oder Gehaltsverhältnis und/oder den Zugang zu einer solchen Beschäftigung von einer vorherigen Genehmigung abhängig machen.

(2) Artikel 11 der Verordnung (EWG) Nr. 1612/68 ist in den derzeitigen Mitgliedstaaten gegenüber griechischen Staatsangehörigen und in Griechenland gegenüber Staatsangehörigen der derzeitigen Mitgliedstaaten erst ab 1. Januar 1986 anwendbar.

Jedoch haben Familienangehörige des Arbeitnehmers im Sinne des Artikels 10 der genannten Verordnung das Recht, in dem Mitgliedstaat, in dem sie mit dem Arbeitnehmer wohnen, eine Beschäftigung auszuüben, sofern sie sich seit mindestens drei Jahren in dem betreffenden Mitgliedstaat aufhalten. Die Dauer dieses Aufenthalts braucht vom 1. Januar 1984 an nur noch 18 Monate zu betragen.

Die Regelung dieses Absatzes läßt günstigere innerstaatliche Bestimmungen unberührt.

Artikel 46

Soweit Bestimmungen der Richtlinie 68/360/EWG zur Aufhebung der Reise- und Aufenthaltsbeschränkungen für Arbeitnehmer der Mitgliedstaaten und ihre Familienangehörigen innerhalb der Gemeinschaft von denjenigen Bestimmungen der Verordnung (EWG) Nr. 1612/68 nicht zu trennen sind, deren Anwendung durch Artikel 45 aufgeschoben wird, können die derzeitigen Mitgliedstaaten und die Republik Griechenland jeweils von diesen Bestimmungen in dem Umfang abweichen, wie es zur Durchführung der Bestimmungen des Artikels 45 notwendig ist, die eine Abweichung von der genannten Verordnung vorsehen.

Artikel 47

Die derzeitigen Mitgliedstaaten und die Republik Griechenland treffen mit Unterstützung der Kommission die erforderlichen Maßnahmen, damit spätestens vom 1. Januar 1988 an die Entscheidung der Kommission vom 8. Dezember 1972 betreffen das »SEDOC« genannte einheitliche Verfahren gemäß Artikel 15 der Verordnung (EWG) Nr. 1612/68 des Rates und die Entscheidung der Kommission vom 14. Dezember 1972 über das »Gemeinschaftsschema« für die Sammlung und Verbreitung der in Artikel 14 Absatz 3 der Verordnung (EWG) Nr. 1612/68 des Rates vorgesehenen Informationen auch auf Griechenland angewendet werden können.

Artikel 48

Bis zum 31. Dezember 1983 sind Artikel 73 Absätze 1 und 3, Artikel 74 Absatz 1 und Artikel 75 Absatz 1 der Verordnung (EWG) Nr. 1408/71 zu Anwendung der Systeme der sozialen Sicherheit auf Arbeitnehmer und deren Familien, die innerhalb der Gemeinschaft zu- oder abwandern sowie die Artikel 86 und 88 der Verordnung (EWG) Nr. 574/72 über die Durchführung der Verordnung (EWG) Nr. 1408/71 nicht für die in einem anderen Mitgliedstaat als Griechenland beschäftigten griechischen Arbeitnehmer anwendbar, deren Familienangehörige in Griechenland wohnen.

Artikel 73 Absatz 2, Artikel 74 Absatz 2 und Artikel 75 Absatz 2 der Verordnung (EWG) Nr. 1408/71 sowie die Artikel 87, 89 und 98 der Verordnung (EWG) Nr. 574/72 gelten für die genannten Arbeitnehmer entsprechend.

Jedoch bleiben Rechtsvorschriften eines Mitgliedstaats unberührt, nach denen der Arbeitnehmer Familienleistungen ohne Rücksicht darauf erhält, in welchem Land seine Familienangehörigen wohnen.

KAPITEL 2

Kapitalverkehr und unsichtbare Transaktionen

ABSCHNITT I

Der Kapitalverkehr

Artikel 49

(1) Die Republik Griechenland kann die in der ersten Richtlinie des Rates vom 11. Mai 1960 zur Durchführung des Artikels 67 des EWG-Vertrags und in der zweiten Richtlinie des Rates vom 18. Dezember 1962 zur Ergänzung und Änderung der ersten Richtlinie zur Durchführung des Artikels 67 des EWG-Vertrags vorgesehene Liberalisierung des Kapitalverkehrs im Rahmen der in den Artikeln 50 bis 53 genannten Bedingungen und Fristen aufschieben.

(2) Zwischen den griechischen Behörden und der Kommission finden rechtzeitig geeignete Konsultationen über die Einzelheiten der Liberalisierungs- oder Lockerungsmaßnahmen statt, deren Durchführung gemäß den nachstehenden Bestimmungen aufgeschoben werden kann.

Artikel 50

(1) Die Republik Griechenland kann

a) die Liberalisierung von Direktinvestitionen durch Deviseninländer in den derzeitigen Mitgliedstaaten bis zum 31. Dezember 1985 aufschieben;

b) die Liberalisierung des Transfers von Liquidationserlösen aus Direktinvestitionen, die vor dem 12. Juni 1975 von den in der Gemeinschaft ansässigen Personen in Griechenland getätigt wurden, bis zum 31. Dezember 1983 aufschieben. Während der Geltungsdauer dieser befristeten Ausnahmeregelung bleiben die allgemeinen oder besonderen Erleichterungen, die aufgrund griechischer Rechtsvorschriften oder aufgrund von Übereinkünften der Republik Griechenland mit einem derzeitigen Mitgliedstaat für den freien Transfer von Liquidationserlösen aus derartigen Investitionen bestehen, in Kraft und werden nichtdiskriminierend angewendet.

(2) Die Republik Griechenland erkennt an, daß es wünschenswert ist, vom 1. Januar 1981 an eine erhebliche Lockerung der Regeln für die in Absatz 1 Buchstabe a) genannten Geschäfte vorzunehmen; sie wird bestrebt sein, die hierfür erforderlichen Maßnahmen zu treffen.

Artikel 51

(1) Die Republik Griechenland kann bis zum 31. Dezember 1985 folgendes aufschieben:

a) die Liberalisierung des in einem derzeitigen Mitgliedstaat getätigten Immobilienerwerbs durch Deviseninländer, die nicht im Rahmen der Freizügigkeit für Arbeitnehmer und Selbständige auswandern;

b) die Liberalisierung des in einem derzeitigen Mitgliedstaat getätigten Immobilienerwerbs durch Deviseninländer, die Selbständige sind und auswandern, wenn der Immobilienerwerb nicht mit ihrer Niederlassung zusammenhängt.

(2) Die Rückführung des Liquidationserlöses aus Immobilienerwerb in Griechenland, der vor dem Beitritt durch Deviseninländer der derzeitigen Mitgliedstaaten getätigt wurde, wird durch die Einbeziehung der betreffenden Geschäfte in die Regelung des Artikels 52 betreffend die Freigabe in Griechenland bestehender Sperrguthaben schrittweise liberalisiert.

Artikel 52

Sperrguthaben in Griechenland, die Deviseninländern der derzeitigen Mitgliedstaaten gehören, werden vom Beitritt an bis zum 31. Dezember 1985 zu gleichen Jahresraten in sechs Abschnitten, deren erster am 1. Januar 1981 beginnt, freigegeben.

Die am 1. Januar 1981 bestehenden Sperrguthaben sowie die zwischen diesem Zeitpunkt und dem 31. Dezember 1985 auf Sperrkonten eingezahlten Beträge werden zu Beginn der einzelnen Abschnitte nacheinander zu einem Sechstel, einem Fünftel, einem Viertel, einem Drittel und der Hälfte des zu Beginn der einzelnen Abschnitte auf einem Sperrkonto befindlichen Guthabens freigegeben.

Am 1. Januar 1986 werden die Sperrkonten von Deviseninländern der derzeitigen Mitgliedstaaten aufgehoben.

Artikel 53

Die Republik Griechenland kann die Liberalisierung der Geschäfte, die in der Liste B im Anhang zu den in Artikel 49 genannten Richtlinien aufgeführt sind und von Deviseninländern getätigt werden, bis zum 31. Dezember 1985 aufschieben.

Geschäfte von Deviseninländern Griechenlands mit Anleihepapieren, die von den Gemeinschaften und der Europäischen Investitionsbank ausgegeben worden sind, werden jedoch in dieser Zeit schrittweise folgendermaßen liberalisiert:

a) Im Jahre 1981 können diese Geschäfte auf 20 Millionen Europäische Rechnungseinheiten begrenzt werden;

b) dieser Höchstbetrag wird dann jeweils zum Jahresanfang um 20 v. H. gegenüber dem Betrag des Jahres 1981 angehoben.

ABSCHNITT II

Unsichtbare Transaktionen

Artikel 54

(1) Die Republik Griechenland kann Transferbeschränkungen für den Fremdenverkehr bis zum 31. Dezember 1985 nach Maßgabe des Absatzes 2 aufrechterhalten.

(2) Am 1. Januar 1981 beträgt die Devisenzuteilung im Fremdenverkehr je Person mindestens 400 Europäische Rechnungseinheiten im Jahr.

Vom 1. Januar 1982 an wird diese Zuteilung jährlich um mindestens 20 v. H. gegenüber der Zuteilung des Jahres 1981 angehoben.

ABSCHNITT III

Allgemeine Bestimmungen

Artikel 55

Die Republik Griechenland führt, wenn die Umstände es erlauben, die in den Artikeln 50 bis 54 vorgesehene Liberalisierung des Kapitalverkehrs und der unsichtbaren Transaktionen schon vor Ablauf der dort genannten Fristen durch.

Artikel 56

Zur Durchführung der Bestimmungen dieses Kapitels kann die Kommission den Währungsausschuß anhören und dem Rat zweckdienliche Vorschläge unterbreiten.

TITEL IV

Landwirtschaft

Artikel 57 bis *114*

(Vom Abdruck wurde abgesehen.)

TITEL V

Auswärtige Beziehungen

KAPITEL 1

Gemeinsame Handelspolitik

Artikel 115

(1) Die Republik Griechenland kann bis zum 31. Dezember 1985 mengenmäßige Beschränkungen in Form von Globalkontingenten für die in Anhang V aufgeführten Waren und Mengen als vorübergehende Abweichungen von den gemeinsamen Liberalisierungslisten der Verordnungen (EWG) Nr. 109/70[3], Nr. 1439/74[4] und Nr. 2532/78 beibehalten. Diese Waren werden am 1. Januar 1986 vollständig liberalisiert, und die Kontingente werden bis zu diesem Zeitpunkt schrittweise erhöht. Die Erhöhung der Kontingente erfolgt nach Maßgabe des Artikels 36.

Betragen die Einfuhren in zwei aufeinanderfolgenden Jahren weniger als 90 v. H. des eröffneten jährlichen Kontingents, so schafft die Republik Griechenland die geltenden mengenmäßigen Beschränkungen ab, falls die betreffende Ware gegenüber den derzeitigen Mitgliedstaaten liberalisiert ist.

(2) Bis zum 31. Dezember 1985 liberalisiert die Republik Griechenland gegenüber dritten Ländern weder Waren, die gegenüber der Gemeinschaft in ihrer derzeitigen Zusammensetzung noch nicht liberalisiert sind, noch räumt sie dritten Ländern bezüglich der Kontingente für diese Waren einen Vorteil ein, den sie der Gemeinschaft in ihrer derzeitigen Zusammensetzung nicht einräumt. Die Republik Griechenland liberalisiert gegenüber in den Verordnungen (EWG) Nr. 109/70 und Nr. 2532/78 genannten Staatshandelsländern weder Waren, die gegenüber der Gemeinschaft in ihrer derzeitigen Zusammensetzung oder gegenüber unter die Verordnung (EWG) Nr. 1439/74 fallenden Ländern noch nicht liberalisiert sind, noch räumt sie diesen Ländern bezüglich der Kontingente für diese Waren einen Vorteil ein, den sie der Gemeinschaft in ihrer derzeitigen Zusammensetzung oder unter die Verordnung (EWG) Nr. 1439/74 fallenden Ländern nicht einräumt.

(3) Bis zum 31. Dezember 1985 behält die Republik Griechenland mengenmäßige Beschränkungen in Form von Kontingenten gegenüber allen dritten Ländern für die in

3 Es gilt jetzt die Verordnung (EWG) Nr. 925/79 vom 8. 5. 1979, ABl. 1979 Nr. L 131 S. 1.

4 Es gilt jetzt die Verordnung (EWG) Nr. 926/79 vom 8. 5. 1979, ABl. 1979 Nr. L 131 S. 15.

Anhang VI aufgeführten Waren bei, die von der Gemeinschaft in ihrer derzeitigen Zusammensetzung noch nicht liberalisiert wurden und welche die Republik Griechenland gegenüber der Gemeinschaft in ihrer derzeitigen Zusammensetzung noch nicht liberalisiert hat. Die Kontingente für unter die Verordnung (EWG) Nr. 1439/74 fallende Länder, die nicht in Artikel 120 aufgeführt sind, sowie für in den Verordnungen (EWG) Nr. 109/70 und Nr. 2532/78 genannten Staatshandelsländer sind für das Jahr 1981 in Anhang VI festgesetzt.

Diese Kontingente dürfen nur entsprechend den Gemeinschaftsverfahren geändert werden.

Artikel 116

Die Republik Griechenland schafft gegenüber dritten Ländern ihr im Zeitpunkt des Beitritts bestehendes System der Sicherheitsleistung bei der Einfuhr und der Barzahlungspflicht nach dem gleichen Zeitplan und zu den gleichen Bedingungen ab, wie sie in Artikel 38 bezüglich der derzeitigen Mitgliedstaaten festgesetzt sind.

Artikel 117

(1) Mit dem 1. Januar 1981 wendet die Republik Griechenland das allgemeine Präferenzsystem der Gemeinschaft auf alle nicht im Anhang II des EWG-Vertrags aufgeführten Waren an; jedoch führt die Republik Griechenland bei den in Anhang VII aufgeführten Waren bis zum 31. Dezember 1985 eine schrittweise Angleichung an die Sätze des allgemeinen Präferenzsystems durch. Für diese Angleichung gelten der Zeitplan und die Zeitfolge, die in Artikel 31 festgesetzt sind.

(2) Bei den in Anhang II des EWG-Vertrags aufgeführten Waren werden die vorgesehenen oder berechneten präferenziellen Sätze auf Zölle angewendet, welche die Republik Griechenland gemäß Artikel 64 tatsächlich gegenüber dritten Ländern erhebt.

In keinem Fall dürfen auf Einfuhren aus dritten Ländern nach Griechenland günstigere Zollsätze angewendet werden als auf Waren aus der Gemeinschaft in ihrer derzeitigen Zusammensetzung.

KAPITEL 2

Abkommen der Gemeinschaften mit bestimmten dritten Ländern

Artikel 118

(1) Vom 1. Januar 1981 an wendet die Republik Griechenland die Bestimmungen der in Artikel 120 genannten Abkommen an.

Die Übergangsmaßnahmen und Anpassungen sind in Protokollen niedergelegt, die mit den an diesen Abkommen als Vertragsparteien beteiligten Ländern geschlossen und den Abkommen beigefügt werden.

(2) Diese Übergangsmaßnahmen tragen den in der Gemeinschaft geltenden entsprechenden Maßnahmen Rechnung und dürfen deren Geltungsdauer nicht überschreiten; sie sollen sicherstellen, daß in der Gemeinschaft eine einheitliche Regelung ihrer Beziehungen zu den an diesen Abkommen als Vertragsparteien beteiligten dritten Ländern Anwendung findet und daß die Rechte und Pflichten der Mitgliedstaaten gleich sind.

(3) Diese für die in Artikel 120 aufgeführten Länder geltenden Übergansmaßnahmen dürfen auf keinem Gebiet dazu führen, daß die Republik Griechenland diesen Ländern eine günstigere Behandlung einräumt als der Gemeinschaft in ihrer derzeitigen Zusammensetzung.

Insbesondere werden bei allen Waren, für die in bezug auf die mengenmäßigen Beschränkungen Übergangsmaßnahmen gegenüber der Gemeinschaft in ihrer derzeitigen Zusammensetzung gelten, derartige Maßnahmen während eines gleichen Zeitraums gegenüber allen in Artikel 120 aufgeführten Ländern angewendet.

(4) Diese für die in Artikel 120 aufgeführten Länder geltenden Übergangsmaßnahmen dürfen nicht dazu führen, daß die Republik Griechenland diesen Ländern eine weniger günstige Behandlung einräumt als anderen dritten Ländern. Insbesondere dürfen in bezug auf mengenmäßige Beschränkungen keine Übergangsmaßnahmen gegenüber den in Artikel 120 aufgeführten Ländern für Waren in Betracht gezogen werden, für die bei der Einfuhr nach Griechenland aus anderen dritten Ländern keine derartigen Beschränkungen bestehen.

Artikel 119

Werden die in Artikel 118 genannten Protokolle aus Gründen, auf welche die Gemeinschaft oder die Republik Griechenland keinen Einfluß hat, nicht bis zum 1. Januar

1981 geschlossen, so trifft die Gemeinschaft die erforderlichen Maßnahmen, um nach dem Beitritt Abhilfe zu schaffen.

In jedem Fall wird von der Republik Griechenland gegenüber den in Artikel 120 aufgeführten Ländern vom 1. Januar 1981 an die Meistbegünstigung angewandt.

Artikel 120

Die Artikel 118 und 119 gelten für die Abkommen mit Ägypten, Algerien, Finnland, Island, Israel, Jordanien, Libanon, Malta, Marokko, Norwegen, Österreich, Portugal, Schweden, der Schweiz, Spanien, Syrien, der Türkei, Tunesien und Zypern.

Die Artikel 118 und 119 gelten auch für Abkommen, welche die Gemeinschaft mit anderen dritten Ländern des Mittelmeerraums vor Inkrafttreten dieser Akte schließt.

KAPITEL 3

Beziehungen zu den Staaten in Afrika, im karibischen Raum und im Pazifischen Ozean

Artikel 121

Die Regelungen aufgrund des am 28. Februar 1975 unterzeichneten AKP–EWG-Abkommens vom Lome sowie aufgrund des am gleichen Tag unterzeichneten Abkommens über die Waren, die unter die Zuständigkeit der Europäischen Gemeinschaft für Kohle und Stahl fallen, finden mit Ausnahme des Protokolls Nr. 3 betreffend Zucker auf die Beziehungen zwischen der Republik Griechenland und den Staaten in Afrika, im karibischen Raum und im Pazifischen Ozean keine Anwendung.

Artikel 122

Die Artikel 118 und 119 gelten für alle neuen Abkommen, welche die Gemeinschaft vor Inkrafttreten dieser Akte mit den Staaten in Afrika, im karibischen Raum und im Pazifischen Ozean schließt.

KAPITEL 4

Textilien

Artikel 123

(1) Vom 1. Januar 1981 an wendet die Republik Griechenland die Vereinbarung über den internationalen Handel mit Textilien vom 20. Dezember 1973 sowie die von der Gemeinschaft im Rahmen dieser Vereinbarung geschlossenen zweiseitigen Abkommen an. Die Protokolle zur Anpassung dieser Abkommen werden von der Gemeinschaft mit den dritten Ländern, die Vertragsparteien dieser Abkommen sind, ausgehandelt, um eine freiwillige Beschränkung der Ausfuhren nach Griechenland bei Waren aus Ursprungsländern vorzusehen, für die bei der Ausfuhr in die Gemeinschaft Beschränkungen bestehen.

(2) Werden diese Protokolle nicht bis zum 1. Januar 1981 geschlossen, so trifft die Gemeinschaft, um Abhilfe zu schaffen, die erforderlichen Übergangsmaßnahmen, welche die Durchführung der Abkommen durch die Gemeinschaft sicherstellen sollen.

TITEL VI

Finanzvorschriften

Artikel 124

Der Beschluß vom 21. April 1970 über die Ersetzung der Finanzbeiträge der Mitgliedstaaten durch eigene Mittel der Gemeinschaften, im folgenden »Beschluß vom 21. April 1970« genannt, wird gemäß den Artikeln 125, 126 und 127 angewandt.

Artikel 125

Als »Agrarabschöpfungen« bezeichnete Einnahmen im Sinne des Artikels 2 Buchstabe a) des Beschlusses vom 21. April 1970 sind auch die Einnahmen aus allen Ausgleichsbeträgen, die bei der Einfuhr nach den Artikeln 43, 61 und 75 erhoben werden, und die festen Teilbeträge, die im Handel zwischen der Gemeinschaft in ihrer derzeitigen Zusammensetzung und Griechenland sowie im Handel zwischen Griechenland und dritten Ländern nach Artikel 66 angewendet werden.

Artikel 126

Als »Zölle« bezeichnete Einnahmen im Sinne von Artikel 2 Buchstabe b) des Beschlusses vom 21. April 1970 sind bis zum 31. Dezember 1985 auch die Zölle, die sich ergäben, wenn die Republik Griechenland im Handel mit dritten Ländern die Sätze des Gemeinsamen Zolltarifs und die verminderten Sätze aller von der Gemeinschaft angewandten Zollpräferenzen vom Beitritt an anwenden würde.

Die Republik Griechenland berechnet diese Zölle monatlich anhand der Zollerklärungen des betreffenden Monats und stellt sie der Kommission spätestens am 20. Tag des zweiten auf die Erklärungen folgenden Monats zur Verfügung.

Ab 1. Januar 1986 sind alle erhobenen Zölle in voller Höhe zu leisten.

Artikel 127

Die als eigene Mittel festgestellten Abgaben aus der Mehrwertsteuer oder die Finanzbeiträge gemäß dem Bruttosozialprodukt in Anwendung des Artikels 4 Absätze 1 bis 5 des Beschlusses vom 21. April 1970 sind vom 1. Januar 1981 an in voller Höhe zu leisten.

Die Gemeinschaft erstattet der Republik Griechenland jedoch während des auf den Monat, in dem der Kommission die Mittel zur Verfügung gestellt wurden, folgenden Monats einen Teil des Betrages nach Absatz 1 wie folgt:

- 70 v. H. im Jahre 1981,
- 50 v. H. im Jahre 1982,
- 30 v. H. im Jahre 1983,
- 20 v. H. im Jahre 1984,
- 10 v. H. im Jahre 1985.

TITEL VII

Sonstige Bestimmungen

Artikel 128

Die in der Liste des Anhangs VIII aufgeführten Rechtsakte gelten für die Republik Griechenland nach Maßgabe dieses Anhangs.

Artikel 129

(1) Bis zum 31. Dezember 1985 sind die griechischen Eisen- und Stahlunternehmen befugt, das System multipler Paritätspunkte anzuwenden.

(2) Bis zum 31. Dezember 1985 dürfen die von Unternehmen der derzeitigen Mitgliedstaaten für Verkäufe von Eisen- und Stahlerzeugnissen auf dem griechischen Markt angewandten Preise, umgerechnet auf ihr Äquivalent an dem Ort, der für die Aufstellung ihrer Preistafel gewählt wurde, nur dann unter den Preisen ihrer Preistafel für vergleichbare Geschäfte liegen, wenn die Kommission dies im Einvernehmen mit der griechischen Regierung genehmigt hat; Artikel 60 Absatz 2 Buchstabe b) letzter Unterabsatz des EGKS-Vertrags bleibt unberührt. Für die Unternehmen der derzeitigen Mitgliedstaaten besteht weiterhin die Möglichkeit, ihre Preise frei Lieferort in Griechenland an die Preise anzugleichen, die von dritten Ländern für die gleichen Erzeugnisse angewandt werden.

Unterabsatz 1 betrifft nur die Angleichung an die Preistafel der Hersteller der derzeitigen Mitgliedstaaten und Griechenlands für diejenigen Erzeugnisse, die am 1. Januar 1981 tatsächlich in Griechenland hergestellt werden. Die Liste der betreffenden Erzeugnisse wird von der Kommission zu diesem Zeitpunkt veröffentlicht.

Artikel 130

(1) Bis zum 31. Dezember 1985 kann die Republik Griechenland bei Schwierigkeiten, welche einen Wirtschaftszweig erheblich und voraussichtlich anhaltend treffen oder welche die wirtschaftliche Lage eines bestimmten Gebietes beträchtlich verschlechtern können, die Genehmigung zur Anwendung von Schutzmaßnahmen beantragen, um die Lage wieder auszugleichen und den betreffenden Wirtschaftszweig an die Wirtschaft des Gemeinsamen Marktes anzupassen.

Unter den gleichen Bedingungen kann ein derzeitiger Mitgliedstaat die Genehmigung zur Anwendung von Schutzmaßnahmen gegenüber der Republik Griechenland beantragen.

Diese Bestimmung gilt für die Erzeugnisse und Wirtschaftszweige, für die nach dieser Akte vorübergehende abweichende Maßnahmen mit entsprechener Geltungsdauer vorgesehen sind, bis zum 31. Dezember 1987.

(2) Auf Antrag des betreffenden Staates bestimmt die Kommission in einem Dringlichkeitsverfahren die ihres Erachtens erforderlichen Schutzmaßnahmen und legt gleichzeitig die Bedingungen und Einzelheiten ihrer Anwendung fest.

Im Falle erheblicher wirtschaftlicher Schwierigkeiten entscheidet die Kommission binnen fünf Arbeitstagen. Die beschlossenen Maßnahmen sind sofort anwendbar.

Wenn im Agrarbereich auf dem Markt eines Mitgliedstaats aufgrund des Warenverkehrs zwischen der Gemeinschaft in ihrer derzeitigen Zusammensetzung und Griechenland erhebliche Störungen auftreten oder aufzutreten drohen, entscheidet die Kommission über den Antrag eines Mitgliedstaats auf Anwendung geeigneter Maßnahmen binnen vierundzwanzig Stunden nach Eingang des Antrags. Die beschlossenen Maßnahmen sind sofort anwendbar; sie tragen den Interessen aller Beteiligten und insbesondere den Beförderungsproblemen Rechnung.

(3) Die nach Absatz 2 genehmigten Maßnahmen können von den Vorschriften des EWG-Vertrags und dieser Akte abweichen, soweit und solange dies unbedingt erforderlich ist, um die in Absatz 1 genannten Ziele zu erreichen. Es sind mit Vorrang solche Maßnahmen zu wählen, die das Funktionieren des Gemeinsamen Marktes am wenigsten stören.

Artikel 131

(1) Stellt die Kommission bis zum Ablauf der Geltungsdauer der Übergangsmaßnahmen, die nach dieser Akte von Fall zu Fall festgelegt worden sind, auf Antrag eines Mitgliedstaats oder eines anderen Betroffenen Dumping-Praktiken zwischen der Gemeinschaft in ihrer derzeitigen Zusammensetzung und Griechenland fest, so richtet sie Empfehlungen an den oder die Urheber, um diese Praktiken abzustellen.

Werden die Dumping-Praktiken trotzdem fortgesetzt, so ermächtigt die Kommission den geschädigten Mitgliedstaat oder die geschädigten Mitgliedstaaten, Schutzmaßnahmen zu treffen, deren Bedingungen und Einzelheiten sie festlegt.

(2) Zur Anwendung dieses Artikels auf die in Anhang II des EWG-Vertrags aufgeführten Waren prüft die Kommission alle Ursachen, insbesondere die Höhe der Preise, zu denen die Einfuhren anderer Herkunft auf den betreffenden Markt getätigt werden; sie berücksichtigt dabei die Bestimmungen des EWG-Vertrags über die Landwirtschaft, insbesondere Artikel 39.

FÜNFTER TEIL

Bestimmungen über die Durchführung dieser Akte

TITEL I

Einsetzung der Organe

Artikel 132 bis *142*

(Vom Abdruck wurde abgesehen.)

TITEL II

Anwendbarkeit der Rechtsakte der Organe

Artikel 143

Die Richtlinien und Entscheidungen im Sinne des Artikels 189 des EWG-Vertrags und des Artikels 161 des EAG-Vertrags sowie die Empfehlungen und Entscheidungen im Sinne des Artikels 14 des EGKS-Vertrags gelten vom Zeitpunkt des Beitritts an als an die Republik Griechenland gerichtet und dieser notifiziert, soweit diese Richtlinien, Empfehlungen und Entscheidungen allen derzeitigen Mitgliedstaaten notifiziert wurden.

Artikel 144

Die Anwendung der in der Liste des Anhangs XI aufgeführten Rechtsakte wird in Griechenland bis zu den in dieser Liste vorgesehenen Zeitpunkten aufgeschoben.

Artikel 145

Sofern in der Liste des Anhangs XII oder in anderen Bestimmungen dieser Akte nicht eine Frist vorgesehen ist, setzt die Republik Griechenland die erforderlichen Maßnahmen in Kraft, um den Richtlinien und Entscheidungen im Sinne des Artikels 189 des EWG-Vertrags und des Artikels 161 des EAG-Vertrags sowie den Empfehlungen und Entscheidungen im Sinne des Artikels 14 des EGKS-Vertrags vom Beitritt an nachzukommen.

Artikel 146

(1) Die nicht in dieser Akte oder ihren Anhängen enthaltenen Anpassungen der Rechtsakte der Organe der Gemeinschaft, die von den Organen vor dem Beitritt der Republik Griechenland nach dem in Absatz 2 vorgesehenen Verfahren vorgenommen wurden, um die Rechtsakte mit den Bestimmungen dieserAkte, insbesondere im Vierten Teil, in Einklang zu bringen, treten mit dem Beitritt in Kraft.

(2) Der Rat oder die Kommission, je nachdem, welches Organ die ursprünglichen Rechtsakte erlassen hat, legt zu diesem Zweck die erforderlichen Texte fest; der Rat beschließt dabei mit qualifizierter Mehrheit auf Vorschlag der Kommission.

Artikel 147

Die vor dem Beitritt der Republik Griechenland erlassenen Rechtsakte der Organe der Gemeinschaften in den vom Rat oder von der Kommission in griechischer Sprache abgefaßten Wortlauten sind vom Beitritt an unter den gleichen Bedingungen wie die Wortlaute in den sechs derzeitigen Sprachen verbindlich. Sie werden im *Amtsblatt der Europäischen Gemeinschaften* veröffentlicht, soweit die Wortlaute in den derzeitigen Sprachen dort veröffentlicht worden sind.

Artikel 148

Die zum Zeitpunkt des Beitritts der Republik Griechenland bestehenden Vereinbarungen, Beschlüsse und verabredeten Praktiken, die aufgrund des Beitritts in den Anwendungsbereich des Artikels 65 des EGKS-Vertrags fallen, sind der Kommission binnen drei Monaten nach dem Beitritt mitzuteilen. Nur die mitgeteilten Vereinbarungen und Beschlüsse bleiben bis zur Entscheidung der Kommission vorläufig wirksam.

Artikel 149

Die Republik Griechenland teilt der Kommission nach Artikel 33 des EAG-Vertrags binnen drei Monaten nach dem Beitritt die Rechts- und Verwaltungsvorschriften mit, die in ihrem Hoheitsgebiet den Gesundheitsschutz der Bevölkerung und der Arbeitskräfte gegen die Gefahren ionisierender Strahlungen sicherstellen sollen.

TITEL III

Schlußbestimmungen

Artikel 150

Die beigefügten Anhänge I bis XII und die Protokolle Nr. 1 bis 7 sind Bestandteil dieser Akte.

Artikel 151

Die Regierung der Französischen Republik übermittelt der Regierung der Republik Griechenland eine beglaubigte Abschrift des Vertrage über die Gründung der Europäischen Gemeinschaft für Kohle und Stahl und der Verträge, durch die er geändert wurde.

Artikel 152

Die Regierung der Italienischen Republik übermittelt der Regierung der Republik Griechenland eine beglaubigte Abschrift des Vertrages zur Gründung der Europäischen Wirtschaftsgemeinschaft, des Vertrages zur Gründung der Europäischen Atomgemeinschaft und der Verträge, durch die sie geändert oder ergänzt wurden, sowie des Vertrages über den Beitritt des Königreichs Dänemark, Irlands und des Vereinigten Königreichs Großbritannien und Nordirland zur Europäischen Wirtschaftsgemeinschaft und zur Europäischen Atomgemeinschaft in dänischer, deutscher, englischer, französischer, irischer, italienischer und niederländischer Sprache.

Die in griechischer Sprache abgefaßten Texte dieser Verträge sind dieser Akte beigefügt. Diese Texte sind gleichermaßen verbindlich wie die Texte der in Absatz 1 genannten Verträge in den derzeitigen Sprachen.

Artikel 153

Eine beglaubigte Abschrift der im Archiv des Generalsekretariats des Rates der Europäischen Gemeinschaften hinterlegten internationalen Übereinkünfte wird der Regierung der Republik Griechenland vom Generalsekretär übermittelt.

ANHANG I

Liste zu Artikel 21 der Beitrittsakte

ANHANG II

Liste zu Artikel 22 der Beitrittsakte

ANHANG III

Liste zu Artikel 36, Absätze 1 und 2 der Beitrittsakte

ANHANG IV

Liste zu Artikel 114 der Beitrittsakte

ANHANG V

Liste zu Artikel 115 Absatz 1 der Beitrittsakte

ANHANG VI

Liste zu Artikel 115 Absatz 3 der Beitrittsakte

ANHANG VII

Liste zu Artikel 117 Absatz 1 der Beitrittsakte

ANHANG VIII

Liste zu Artikel 128 der Beitrittsakte

ANHANG IX

Liste zu Artikel 142 Absatz 1 der Beitrittsakte

ANHANG X

Liste zu Artikel 142 Absatz 2 der Beitrittsakte

ANHANG XI

Liste zu Artikel 144 der Beitrittsakte

ANHANG XII

Liste zu Artikel 145 der Beitrittsakte

(Vom Abdruck wurde abgesehen.)

PROTOKOLLE

Protokoll Nr. 1

über die Satzung der Europäischen Investitionsbank[5]

(Vom Abdruck wurde abgesehen.)

Protokoll Nr. 2

über die Bestimmung des Ausgangszollsatzes für Zündhölzer der Nummer 36.06 des Gemeinsamen Zolltarifs

Die Republik Griechenland nimmt die in Artikel 25 vorgesehenen aufeinanderfolgenden Herabsetzungen für Zündhölzer der Nummer 36.06 des Gemeinsamen Zolltarifs auf der Grundlage eines Ausgangszollsatzes von 9,6 v. H. vor.

Für die gleichen Waren beträgt der Ausgangszollsatz für die gemäß Artikel 31 vorzunehmenden Annäherungen an den Gemeinsamen Zolltarif 17,2 v. H.

Protokoll Nr. 3

über die Gewährung der Zollbefreiung durch die Republik Griechenland bei der Einfuhr bestimmter Waren

Die Bestimmungen über die Annäherung der Zollsätze des griechischen Zolltarifs an die Zollsätze des Gemeinsamen Zolltarifs hindern die Republik Griechenland nicht daran, die vor dem 1. Januar 1979 in Durchführung

- des Gesetzes Nr. 4171/61 über allgemeine Maßnahmen zur Unterstützung der wirtschaftlichen Entwicklung des Landes,
- der Verordnung Nr. 2687/53 über Investierung und Schutz ausländischen Kapitals,
- des Gesetzes Nr. 289/76 über Anreize zur Förderung der Entwicklung der Grenzgebiete und über alle damit verbundenen Fragen

gewährten Zollbefreiungen bis zum Ablauf der Vereinbarungen beizubehalten, welche die griechische Regierung mit den Nutznießern dieser Maßnahmen schließt.

5 Abgedruckt im Anschluß an die Kommentierung von Art. 130.

Protokoll Nr. 4

über Baumwolle

DIE HOHEN VERTRAGSPARTEIEN –

in der Erkenntnis, daß die Baumwollerzeugung für die griechische Wirtschaft von großer Bedeutung ist,

in der Erkenntnis, daß es sich dabei um eine spezifisch landwirtschaftliche Erzeugung handelt,

in der Erkenntnis, daß wegen der Bedeutung der Baumwolle als Grundstoff die Regelung des Handels mit dritten Ländern nicht beeinträchtigt werden darf,

davon ausgehend, daß zur Vermeidung jeder Diskriminierung zwischen Erzeugern der Gemeinschaft die Regelung aufgrund dieses Protokolls im gesamten Gebiet der Gemeinschaft Anwendung finden muß –

SIND WIE FOLGT ÜBEREINGEKOMMEN:

(1) Dieses Protokoll betrifft Baumwolle, weder gekrempelt noch gekämmt, der Nummer 55.01 des Gemeinsamen Zolltarifs.

(2) In der Gemeinschaft wird eine Regelung eingeführt, die insbesondere folgende Ziele hat:

- Förderung der Baumwollerzeugung in den Gebieten der Gemeinschaft, in denen diese Erzeugung für die Landwirtschaft von Bedeutung ist,
- Ermöglichung eines angemessenen Einkommens für die betreffenden Erzeuger,
- Marktstabilisierung durch Verbesserung der Angebots- und Vermarktungsstruktur.

(3) Die unter Absatz 2 bezeichnete Regelung umfaßt die Gewährung einer Erzeugerbeihilfe.

Zur Erleichterung der Verwaltung und der Kontrolle wird die Erzeugerbeihilfe über die Entkörnungsunternehmen gewährt. Hierbei ist dafür Sorge zu tragen, daß in den folgenden Verarbeitungsstufen keine innergemeinschaftlichen Wettbewerbsverzerrungen auftreten.

Die Höhe dieser Beihilfe wird in regelmäßigen Abständen festgesetzt auf der Grundlage des Unterschieds zwischen

- einem Zielpreis, der für nicht entkörnte Baumwolle nach den Merkmalen des Absatzes 2 festgesetzt wird, und
- dem Weltmarktpreis, der anhand des auf dem Weltmarkt festgestellten Angebots und Kurses ermittelt wird.

Die Erzeugerbeihilfe wird nur für die jährlich für die Gemeinschaft festgesetzte Baumwollmenge gewährt.

Diese Menge liegt in einer Marge zwischen

- der Menge der Gemeinschaftserzeugung in den Jahren 1978 bis 1980 oder der Erzeugung in einem dieser Jahre und
- der gemäß dem ersten Gedankenstrich festgesetzten Menge zuzüglich 25 v. H.

Übersteigt die tatsächliche Erzeugung eines Vermarktungsjahres die für das betreffende Wirtschaftsjahr festgesetzte Menge, so wird auf den Beihilfebetrag ein Koeffizient angewandt, der sich aus der Teilung der festgelegten Menge durch die tatsächlich erzeugte Menge ergibt.

(4) Damit die Baumwollerzeuger das Angebot konzentrieren und die Erzeugung den Marktanforderungen anpassen können, wird eine Regelung zur Förderung der Bildung von Erzeugergemeinschaften und deren Zusammenschlüssen geschaffen.

Diese Regelung sieht die Gewährung von Beihilfen vor, um die Bildung von Erzeugergemeinschaften anzuregen und deren Tätigkeit zu erleichtern.

Diese Regelung kommt nur solchen Gemeinschaften zugute, die

- auf Veranlassung der Erzeuger selbst gebildet wurden,
- hinreichende Sicherheit für Dauer und Wirksamkeit ihrer Tätigkeit bieten und
- von dem betreffenden Mitgliedstaat anerkannt werden.

(5) Die Regelung des Handels der Gemeinschaft mit dritten Ländern darf nicht beeinträchtigt werden. Insbesondere darf keine die Einfuhr beschränkende Maßnahme vorgesehen werden.

(6) Die Mitgliedstaaten und die Kommission übermitteln einander die erforderlichen Angaben zur Anwendung der in diesem Protokoll vorgesehenen Regelung.

(7) Die Ausgaben für die Maßnahmen, die aufgrund dieses Protokolls vorgesehen oder zu beschließen sind, werden von der Gemeinschaft nach Maßgabe des EWG-Vertrags finanziert.

(8) Der Rat legt mit qualifizierter Mehrheit auf Vorschlag der Kommission und nach Anhörung des Europäischen Parlaments alljährlich vor dem 1. August für das im folgenden Jahr beginnende Vermarktungsjahr den in Absatz 3 genannten Zielpreis fest.

(9) Der Rat beschließt mit qualifizierter Mehrheit auf Vorschlag der Kommission die erforderlichen Maßnahmen für die Durchführung der in diesem Protokoll vorgesehenen Bestimmungen, insbesondere

a) Verfahrens- und zweckdienliche Verwaltungsvorschriften für seine Anwendung;

b) allgemeine Vorschriften für die in Absatz 3 genannte Regelung der Erzeugerbeihilfe und die Merkmale für die Ermittlung des in demselben Absatz genannten Weltmarktpreises;

c) allgemeine Vorschriften für die Regelung zur Förderung der Bildung von Erzeugergemeinschaften und deren Zusammenschlüssen;

d) allgemeine Vorschriften für die Finanzierung nach Absatz 7.

Nach dem gleichen Verfahren legt der Rat folgendes fest:

a) alljährlich rechtzeitig vor Beginn jedes Wirtschaftsjahres die in Absatz 3 genannte Menge;

b) die Höhe der in Absatz 4 genannten Beihilfen;

c) die Bedingungen, unter denen die Übergangsmaßnahmen getroffen werden können, die erforderlich sind, um den Übergang von der bisherigen Regelung zu der sich aus der Anwendung dieses Protokolls ergebenden Regelung zu erleichtern, insbesondere wenn sich beim Inkrafttreten der neuen Regelung zum vorgesehenen Zeitpunkt erhebliche Schwierigkeiten ergeben.

(10) Die Kommission ermittelt den Weltmarktpreis und die Höhe der Beihilfe nach Absatz 3.

(11) Spätestens fünf Jahre nach Inkrafttreten der aufgrund dieses Protokolls eingeführten Regelung prüft der Rat anhand eines Berichtes der Kommission das Funktionieren dieser Regelung. Sofern es nach den Ergebnissen der Prüfung erforderlich erscheint, beschließt der Rat mit qualifizierter Mehrheit auf Vorschlag der Kommission und nach Anhörung des Europäischen Parlaments etwa erforderliche Anpassungen der Regelung.

(12) Die aufgrund dieses Protokolls getroffenen Maßnahmen treten spätestens am 1. August 1981 in Kraft und finden erstmals auf 1981 geerntete Erzeugnisse Anwendung.

Bis zum Zeitpunkt dieses Inkrafttretens kann die Republik Griechenland ausnahmsweise die dort vor dem Beitritt geltende Beihilfeeregelung beibehalten.

Protokoll Nr. 5

über die Beteiligung der Republik Griechenland am Vermögen der Europäischen Gemeinschaft für Kohle und Stahl

(Betrifft nur den EGKS-Vertrag.)

Protokoll Nr. 6

über den Austausch von Kenntnissen auf dem Gebiet der Kernenergie mit der Republik Griechenland

(Betrifft nur den Euratom-Vertrag.)

Protokoll Nr. 7

über die wirtschaftliche und industrielle Entwicklung Griechenlands

DIE HOHEN VERTRAGSPARTEIEN –

von dem Wunsch geleitet, einige besondere Probleme betreffend Griechenland zu regeln,

EINIG ÜBER DIE FOLGENDEN BESTIMMUNGEN –

weisen darauf hin, daß die stetige Besserung der Lebens- und Beschäftigungsbedingungen der Völker der Mitgliedstaaten der Europäischen Wirtschaftsgemeinschaft und die harmonische Entwicklung ihrer Volkswirtschaften durch eine Verringerung des Abstands zwischen den einzelnen Gebieten und des Rückstands weniger begünstigter Gebiete zu den grundlegenden Zielen der Gemeinschaft gehören;

nehmen zur Kenntnis, daß die griechische Regierung die Verwirklichung einer Politik der Industrialisierung und der wirtschaftlichen Entwicklung mit dem Ziel verfolgt, den Lebensstandard in Griechenland demjenigen in den übrigen europäischen Nationen auszugleichen, die Unterbeschäftigung zu beseitigen und dabei schrittweise regionale Entwicklungsunterschiede auszugleichen;

erkennen an, daß die Erreichung der Ziele dieser Politik in ihrem gemeinsamen Interesse liegt;

kommen überein, zu diesem Zweck den Organen der Gemeinschaft die Anwendung aller im EWG-Vertrag vorgesehenen Mittel und Verfahren zu empfehlen, insbesondere eine angemessene Verwendung der zur Verwirklichung der oben genannten Ziele der Gemeinschaft zur Verfügung stehenden Gemeinschaftsmittel;

erkennen insbesondere an, daß im Fall der Anwendung der Artikel 92 und 93 des EWG-Vertrags die Ziele der wirtschaftlichen Ausweitung und der Hebung des Lebensstandards der Bevölkerung zu berücksichtigen sind.

SCHLUSSAKTE

Die Bevollmächtigten

SEINER MAJESTÄT DES KÖNIGS DER BELGIER,

IHRER MAJESTÄT DER KÖNIGIN VON DÄNEMARK,

DES PRÄSIDENTEN DER BUNDESREPUBLIK DEUTSCHLAND,

DES PRÄSIDENTEN DER REPUBLIK GRIECHENLAND,

DES PRÄSIDENTEN DER FRANZÖSISCHEN REPUBLIK,

DES PRÄSIDENTEN IRLANDS,

DES PRÄSIDENTEN DER ITALIENISCHEN REPUBLIK,

SEINER KÖNIGLICHEN HOHEIT DES GROSSHERZOGS VON LUXEMBURG,

IHRER MAJESTÄT DER KÖNIGIN DER NIEDERLANDE,

IHRER MAJESTÄT DER KÖNIGIN DES VEREINIGTEN KÖNIGREICHS GROSSBRITANNIEN UND NORDIRLAND

und

DER RAT DER EUROPÄISCHEN GEMEINSCHAFTEN,

vertreten durch seinen Präsidenten,

die am achtundzwanzigsten Mai neunzehnhundertneunundsiebzig in Athen anläßlich der Unterzeichnung des Vertrages über den Beitritt der Republik Griechenland zur Europäischen Wirtschaftsgemeinschaft und zur Europäischen Atomgemeinschaft zusammengetreten sind, haben festgestellt, daß die folgenden Texte im Rahmen der Konferenz der Europäischen Gemeinschaften und der Republik Griechenland abgefaßt und festgelegt worden sind:

I. Vertrag über den Beitritt der Republik Griechenland zur Europäischen Wirtschaftsgemeinschaft und zur Europäischen Atomgemeinschaft;

II. Akte über die Bedingungen des Beitritts der Republik Griechenland und die Anpassungen der Verträge;

III. die nachstehend aufgeführten und der Akte über die Bedingungen des Beitritts der Republik Griechenland und die Anpassungen der Verträge beigefügten Texte:

A. Anhang I: Liste zu Artikel 21 der Beitrittsakte,

Anhang II: Liste zu Artikel 22 der Beitrittsakte,

Anhang III: Liste zu Artikel 36 Absätze 1 und 2 der Beitrittsakte,

Anhang IV: Liste zu Artikel 114 der Beitrittsakte,

Anhang V: Liste zu Artikel 115 Absatz 1 der Beitrittsakte,

Anhang VI: Liste zu Artikel 115 Absatz 3 der Beitrittsakte,

Anhang VII: Liste zu Artikel 117 Absatz 1 der Beitrittsakte,

Anhang VIII: Liste zu Artikel 128 der Beitrittsakte,

Anhang IX: Liste zu Artikel 142 Absatz 1 der Beitrittsakte,

Anhang X: Liste zu Artikel 142 Absatz 2 der Beitrittsakte,

Anhang XI: Liste zu Artikel 144 der Beitrittsakte,

Anhang XII: Liste zu Artikel 145 der Beitrittsakte;

B. Protokoll Nr. 1 über die Satzung der Europäischen Investitionsbank,

Protokoll Nr. 2 über die Bestimmung des Ausgangszollsatzes für Zündhölzer der Nummer 36.06 des Gemeinsamen Zolltarifs,

Protokoll Nr. 3 über die Gewährung der Zollbefreiung durch die Republik Griechenland bei der Einfuhr bestimmter Waren,

Protokoll Nr. 4 über Baumwolle,

Protokoll Nr. 5 über die Beteiligung der Republik Griechenland am Vermögen der Europäischen Gemeinschaft für Kohle und Stahl,

Protokoll Nr. 6 über den Austausch von Kenntnissen auf dem Gebiet der Kernenergie mit der Republik Griechenland,

Protokoll Nr. 7 über die wirtschaftliche und industrielle Entwicklung Griechenlands;

C. Wortlaute des Vertrages zur Gründung der Europäischen Wirtschaftsgemeinschaft und des Vertrages zur Gründung der Europäischen Atomgemeinschaft sowie der Verträge, durch die sie geändert oder ergänzt worden sind, einschließlich des Vertrages über den Beitritt des Königreichs Dänemark, Irlands und des Vereinigten Königreichs Großbritannien und Nordirland zur Europäischen Wirtschaftsgemeinschaft und zur Europäischen Atomgemeinschaft, in griechischer Sprache.

Die Bevollmächtigten haben den Beschluß des Rates der Europäischen Gemeinschaften vom 24. Mai 1979 über den Beitritt der Republik Griechenland zur Europäischen Gemeinschaft für Kohle und Stahl zur Kenntnis genommen.

Die Bevollmächtigten und der Rat haben ferner die nachstehend aufgeführten und dieser Schlußakte beigefügten Erklärungen angenommen:

1. gemeinsame Erklärung betreffend die Freizügigkeit der Arbeitnehmer,
2. gemeinsame Erklärung über besondere Übergangsmaßnahmen, die in den Beziehungen Griechenlands zu Spanien und Portugal nach deren Beitritt erforderlich werden könnten,
3. gemeinsame Erklärung über die nach Artikel 118 zu schließenden Protokolle mit bestimmten dritten Ländern,
4. gemeinsame Erklärung betreffend den Berg Athos,
5. gemeinsame Erklärung betreffend das Verfahren für die gemeinsame Prüfung der innerstaatlichen Beihilfen, welche die Republik Griechenland im Agrarbereich während der Zeit vor dem Beitritt gewährte,
6. gemeinsame Erklärung betreffend das Verfahren für die gemeinsame Prüfung der jährlichen Preisänderungen bei Agrarerzeugnissen in Griechenland während der Zeit vor dem Beitritt,
7. gemeinsame Erklärung über Zucker, Milcherzeugnisse, Olivenöl und Verarbeitungserzeugnisse aus Obst und Gemüse,
8. gemeinsame Erklärung betreffend die erste Richtlinie des Rates vom 12. Dezember 1977 zur Koordinierung der Rechts- und Verwaltungsvorschriften über die Aufnahme und Ausübung der Tätigkeit der Kreditinstitute.

Die Bevollmächtigten und der Rat haben gleichfalls die folgenden dieser Akte beigefügten Erklärungen zur Kenntnis genommen:

1. Erklärung der Regierung der Bundesrepublik Deutschland über die Geltung des Beschlusses über den Beitritt zur Europäischen Gemeinschaft für Kohle und Stahl und des Vertrages über den Beitritt zur Europäischen Wirtschaftsgemeinschaft und zur Europäischen Atomgemeinschaft für Berlin,
2. Erklärung der Regierung der Bundesrepublik Deutschland über die Bestimmung des Begriffes »Staatsangehörige«.

Die Bevollmächtigten und der Rat haben ebenfalls die dieser Schlußakte beigefügte Vereinbarung über das Verfahren zur Annahme bestimmter Beschlüsse und sonstige Maßnahmen in der Zeit vor dem Beitritt zur Kenntnis genommen; diese Vereinbarung ist auf der Konferenz der Europäischen Gemeinschaften und der Republik Griechenland getroffen worden.

Schließlich sind die nachstehend aufgeführten Erklärungen abgegeben und dieser Schlußakte beigefügt worden:

1. Erklärung der Europäischen Wirtschaftsgemeinschaft über den Zugang griechischer Arbeitnehmer zu Tätigkeiten im Lohn- oder Gehaltsverhältnis in den derzeitigen Mitgliedstaaten,
2. Erklärung der Europäischen Wirtschaftsgemeinschaft betreffend den Europäischen Fonds für regionale Entwicklung,
3. Erklärung der Republik Griechenland über Währungsfragen.

Zu Urkund dessen haben die unterzeichneten Bevollmächtigten ihre Unterschriften unter die Schlußakte gesetzt.

Geschehen zu Athen am achtundzwanzigsten Mai neunzehnhundertneunundsiebzig.

(*Unterschriften*)

Gemeinsame Erklärung betreffend die Freizügigkeit der Arbeitnehmer

Die Erweiterung der Gemeinschaft könnte bei Anwendung der Bestimmungen über die Freizügigkeit der Arbeitnehmer in einem oder mehreren Mitgliedstaaten zu sozialen Schwierigkeiten führen.

Die Mitgliedstaaten erklären, daß sie sich vorbehalten, bei Auftreten derartiger Schwierigkeiten die Organe der Gemeinschaft zu ersuchen, dieses Problem in Übereinstimmung mit den Verträgen zur Gründung der Europäischen Gemeinschaften und den in Anwendung dieser Verträge erlassenen Vorschriften zu lösen.

Gemeinsame Erklärung über besondere Übergangsmaßnahmen, die in den Beziehungen Griechenlands zu Spanien und Portugal nach deren Beitritt erforderlich werden könnten

Der Beitritt Spaniens und Portugals zu den Gemeinschaften vor Ablauf der in Artikel 9 der Akte vorgesehenen Übergangsmaßnahmen könnte besondere Übergansmaßnahmen in den Beziehungen zwischen diesen Ländern und Griechenland erforderlich machen.

Diese Übergangsmaßnahmen wären in den Urkunden über den Beitritt Spaniens und Portugals festzulegen.

Gemeinsame Erklärung über die nach Artikel 118 zu schließenden Protokolle mit bestimmten dritten Ländern

Bei der Aushandlung der Protokolle mit den in Artikel 118 bezeichneten dritten Ländern, die an den betreffenden Abkommen beteiligt sind, wird die Kommission von den Bestimmungen ausgehen, die diesbezüglich auf der Konferenz zwischen den Europäischen Gemeinschaften und der Republik Griechenland vereinbart wurden.

Gemeinsame Erklärung betreffend den Berg Athos

Die Gemeinschaft erkennt an, daß die durch Artikel 105 der griechischen Verfassung verbürgte Sonderregelung für den Berg Athos ausschließlich geistlich und religiös begründet ist; sie wird deshalb dafür Sorge tragen, daß diese Sonderregelung bei der Anwendung und späteren Ausarbeitung der Bestimmungen des Gemeinschaftsrechts berücksichtigt wird, insbesondere hinsichtlich der Zoll- und Steuerbefreiungen und des Niederlassungsrechts.

Gemeinsame Erklärung betreffend das Verfahren für die gemeinsame Prüfung der innerstaatlichen Beihilfen, welche die Republik Griechenland im Agrarbereich während der Zeit vor dem Beitritt gewährte

Gemeinsame Erklärung betreffend das Verfahren für die gemeinsame Prüfung der jährlichen Preisänderungen bei Agrarerzeugnissen in Griechenland während der Zeit vor dem Beitritt

(Vom Abdruck wurde abgesehen.)

Gemeinsame Erklärung über Zucker, Milcherzeugnisse, Olivenöl und Verarbeitungserzeugnisse aus Obst und Gemüse

1. Soweit ein Quotensystem bei der Erzeugung wie das gegenwärtig im Rahmen der gemeinsamen Marktorganisation für Zucker vorgesehene oder ein ähnliches System im Zeitpunkt des Beitritts der Republik Griechenland Anwendung findet, wird diese nach denselben Kriterien wie die anderen Mitgliedstaaten behandelt.

   Hierzu wird die Höchstquote für die Zuckererzeugung in Griechenland in einer Höhe festgesetzt, die der Höhe der in Griechenland während eines noch nicht lange zurückliegenden Bezugszeitraums erzeugten Zuckermenge nahekommt; der Bezugszeitraum ist während der Interimszeit festzulegen und darf nicht über das Zuckerwirtschaftsjahr 1978/79 hinausgehen. Innerhalb dieser Höchstquote wird zwischen der Quote A und der Quote B nach den in der Gemeinschaft in ihrer derzeitigen Zusammensetzung für die Bestimmung der Höchstquote geltenden Regeln unterschieden.

2. Soweit die Regelung einer Mitverantwortungsabgabe bei Milch oder Milcherzeugnissen oder eine ähnliche Regelung im Zeitpunkt des Beitritts Anwendung findet, werden die geltenden Gemeinschaftsbestimmungen, die eine Befreiung von dieser Abgabe unter bestimmten Bedingungen vorsehen, auf die Republik Griechenland ebenso angewandt wie für die anderen Mitgliedstaaten.

3. Die Erzeugerbeihilfe für Olivenöl wird in Griechenland für die im Zeitpunkt des Beitritts mit Olivenbäumen bepflanzten Flächen gewährt. Die Republik Griechenland trifft die erforderlichen Maßnahmen, um jede Vergrößerung dieser Flächen in der Zeit bis zum Beitritt zu verhindern, damit die Anzahl der betreffenden Olivenbäume nicht höher ist als Ende 1978.

4. Bei der Anwendung des Artikels 103 der Beitrittsakte ist die im Zeitpunkt der Unterzeichnung des Vertrages geltende Gemeinschaftsregelung für Verarbeitungserzeugnisse aus Obst und Gemüse zugrunde zu legen. Sollte die geltende Gemeinschaftsregelung im Anschluß an die Überprüfung, die der Rat vor dem 1. Oktober 1982 in bezug auf das Funktionieren des gemeinschaftlichen Systems der Erzeugerbeihilfe für bestimmte Erzeugnisse des betreffenden Sektors vornehmen wird, geändert werden, so wird Artikel 103 dementsprechend angepaßt.

Gemeinsame Erklärung betreffend die erste Richtlinie des Rates vom 12. Dezember 1977 zur Koordinierung der Rechts- und Verwaltungsvorschriften über die Aufnahme und Ausübung der Tätigkeit der Kreditinstitute

Anläßlich der Änderung des Artikels 2 Absatz 2 dieser Richtlinie wird festgestellt, daß der Rat beschließen wird, die »Ταχυδρομικό Ταμιευτήριο« (Postsparkasse) von der Aufzählung der unter diese Bestimmung fallenden Institute auszuschließen,

- falls die Satzung der Postsparkasse geändert wird
- oder falls der Anteil dieses Instituts am griechischen Markt hinsichtlich der gesamten Einlagen, hinsichtlich der Kredite oder hinsichtlich der Aktiva gegenüber dem Stand vom 30. November 1978 um mehr als 1,5 v. H. zunimmt.

Erklärung der Regierung der Bundesrepublik Deutschland über die Geltung des Beschlusses über den Beitritt zur Europäischen Gemeinschaft für Kohle und Stahl und des Vertrages über den Beitritt zur Europäischen Wirtschaftsgemeinschaft und zur Europäischen Atomgemeinschaft für Berlin

Die Regierung der Bundesrepublik Deutschland behält sich vor, bei Wirksamwerden des Beitritts der Republik Griechenland zur Europäischen Gemeinschaft für Kohle und Stahl und bei der Hinterlegung ihrer Ratifikationsurkunde zum Vertrag über den Beitritt der Republik Griechenland zur Europäischen Wirtschaftsgemeinschaft und zur Europäischen Atomgemeinschaft zu erklären, daß der Beschluß des Rates vom 24. Mai 1979 über den Beitritt zur Europäischen Gemeinschaft für Kohle und Stahl und der genannte Beitrittsvertrag für das Land Berlin gelten.

Erklärung der Regierung der Bundesrepublik Deutschland über die Bestimmung des Begriffes »Staatsangehörige«

Soweit in der Beitrittsakte und ihren Anhängen von Staatsangehörigen der Mitgliedstaaten die Rede ist, bedeutet dies für die Bundesrepublik Deutschland »Deutsche im Sinne des Grundgesetzes für die Bundesrepublik Deutschland«.

Erklärung der Europäischen Wirtschaftsgemeinschaft über den Zugang griechischer Arbeitnehmer zu Tätigkeiten im Lohn- oder Gehaltsverhältnis in den derzeitigen Mitgliedstaaten

Nehmen die derzeitigen Mitgliedstaaten, um ihren Bedarf an Arbeitskräften zu decken, Arbeitskräfte aus dritten Ländern, die nicht zu ihrem regulären Arbeitsmarkt gehören, in Anspruch, so räumen sie im Rahmen der Übergangsbestimmungen über die Ausübung des Rechts auf Freizügigkeit griechischen Staatsangehörigen den gleichen Vorrang ein wie Angehörigen der anderen Mitgliedstaaten.

Erklärung der Europäischen Wirtschaftsgemeinschaft betreffend den Europäischen Fonds für regionale Entwicklung

Sollte der Rat im Rahmen der Überprüfung nach Artikel 22 der Verordnung (EWG) Nr. 724/75, in der Fassung der Verordnung (EWG) Nr. 214/79, nicht rechtzeitig zu einem Beschluß über die Änderungen gelangen, mit denen die Bedingungen für die Beteiligung der Republik Griechenland an den Mitteln des Fonds vom 1. Januar 1981 an festgelegt werden, so wird Artikel 2 Absatz 3 Buchstabe a) vom Beitritt an nach dem für die Annahme der genannten Verordnung geltenden Verfahren geändert, um die Anwendung dieser Bestimmung zugunsten der Republik Griechenland sicherzustellen.

Erklärung der Republik Griechenland über Währungsfragen

Damit auf den Devisenmärkten die Entwicklung des tatsächlichen Kurses der griechischen Drachme im Verhältnis insbesondere zu den Währungen der derzeitigen Mitgliedstaaten verfolgt werden kann, wird die Republik Griechenland vor ihrem Beitritt zur Gemeinschaft

- einen Devisenmarkt in Athen einrichten;
- die erforderlichen Maßnahmen treffen, damit auf wenigstens einem der Devisenmärkte der Gemeinschaft in ihrer derzeitigen Zusammensetzung eine amtliche Notierung der Drachme, wo eine derartige Notierung besteht, oder eine Notierung ähnlicher Art erfolgt.

Informations- und Konsultationsverfahren für die Annahme bestimmter Beschlüsse

(Dieser Text war nur für die Zeit vor dem Beitritt bedeutsam; vom Abdruck wurde deshalb abgesehen.)

ANHANG C DES KOMMENTARS

Erläuterung der vertraglich nicht näher behandelten Gemeinschaftspolitiken

Grundrechtsschutz

Literaturhinweise

L'adhésion des Communautés européennes à la Convention européenne des droits de l'homme, Brüssel 1981, mit Beiträgen von *Ganshof van der Meersch, Teitgen, Ehlermann, Devost und Sperduti*
Bahlmann, Kai, Der Grundrechtsschutz in der Europäischen Gemeinschaft, in: EuR 1982, S. 1 ff
Bernhardt, Rudolf, Probleme eines Grundrechtskatalogs für die Europäischen Gemeinschaften, in: Der Schutz der Grundrechte in der Europäischen Gemeinschaft, EG-Kommission, BullEG Beilage 5/76, S. 20 ff.
Bieber, Roland, »Besondere Rechte« für die Bürger der Europäischen Gemeinschaften, in: EuGRZ 1978, S. 203 ff.
ders., Bemerkungen zum »Memorandum der Kommission betreffend den Beitritt der EG zur Konvention über den Schutz der Menschenrechte und Grundfreiheiten« vom 10. 4. 1979, in: EuGRZ 1979 S. 338 ff.
Bleckmann, Albert, Die Freiheiten des Gemeinsamen Marktes als Grundrechte, in: Gedächtnisschrift für Sasse, Baden-Baden 1981, S. 665 ff.
ders., Zur Entwicklung Europäischer Grundrechte, in: DVBl. 1978, S. 457 ff.
ders., Die Grundrechte im Europäischen Gemeinschaftsrecht, in: EuGRZ 1981, S. 257 ff.
Capotorti, Francesco, A propos de l'adhésion éventuelle des Communautés à la Convention Européenne des Droits de l'Homme, in: Gedächtnisschrift für Sasse, Baden-Baden 1981, S. 703 ff.
Claudi, Hubertus, Die Bindung der EWG an Grundrechte, München 1976
Dauses, Manfred, Zur neueren Grundrechtsproblematik in der EG, in: JZ 1981, S. 293 ff.
Ehlermann, Claus-Dieter – Noel, Emil, Der Beitritt der Europäischen Gemeinschaft zur Europäischen Menschenrechtskonvention – Schwierigkeiten und Rechtfertigung – in: Gedächtnisschrift für Sasse, Baden-Baden 1981, S. 685 ff.
Ferrari Bravo, L., Problemi tecnici dell' adesione delle Communità europee alla Convenzione europea dei diritti dell' Uomo, in: Rivista di diritto europeo 1979, S. 350 ff.
Folz, Hans-Ernst, Zur Anwendbarkeit grundrechtlicher Gewährleistungen der Menschenrechtskonvention im europäischen Gemeinschaftsrecht, in: Festschrift für Ludwig Fröhler, Berlin 1980, S. 127 ff.
Frowein, Jochen Abr. (Hrsg.) Die Grundrechte in der Europäischen Gemeinschaft, Baden-Baden 1978
ders., Die Europäische Menschenrechtskonvention und das Europäische Gemeinschaftsrecht, in: Frowein, Die Grundrechte . . . S. 47 ff.
ders., Europäische Grundrechtsprobleme, in: Gedächtnisschrift für Sasse, Baden-Baden 1981, S. 727 ff.
ders., Eigentumsschutz im Europarecht, in: Festschrift für Kutscher, Baden-Baden 1981, S. 189 ff.
Glaesner, Hans-Joachim, Einige Überlegungen zum Beitritt der Europäischen Gemeinschaft zur Europäischen Konvention für Menschenrechte, in: EuR 1980, S. 119 ff.
Golsong, H., Nochmals: Grundrechtsschutz in der Europäischen Gemeinschaft, in: EuGRZ 1976, S. 19 f.
ders., Der Schutz der Grundrechte durch die Europäische Menschenrechtskonvention und seine Mängel, in: *Mosler – Bernhardt – Hilf,* Grundrechtsschutz in Europa, S. 7 ff.
ders., Grundrechtsschutz im Rahmen der Europäischen Gemeinschaften, in: EuGRZ 1978, S. 346 ff.
Heinz, K.E., Über den Charakter von »Grundrechten« und »Menschenrechten« – ihr Verhältnis zu den Statusgewährungen in den Europäischen Gemeinschaften, in: DÖV 1978, S. 398 ff.
Hilf, Meinhard, The Protection of Fundamental Rights, in: *F. G. Jacobs* (Editor), European Law and the Individual, Amsterdam/New York/Oxford 1976 S. 145 ff.
ders., Die gemeinsame Grundrechtserklärung des Europäischen Parlaments, des Rates und der Kommission vom 5. April 1977, in: EuGRZ 1977, S. 158 ff.

ders., Der Gerichtshof der Europäischen Gemeinschaften als Integrationsfaktor, dargestellt anhand der Rechtsprechung zu den Grundrechten, in: Frowein, Die Grundrechte, Baden-Baden 1978, S. 23 f.

Klein, Eckhardt, Die materielle Bedeutung der Europäischen Menschenrechtskonvention für das Europäische Gemeinschaftsrecht, in: *Mosler – Bernhardt – Hilf,* Grundrechtsschutz in Europa, Berlin/Heidelberg/Neu York 1977, S. 133 ff.

ders., Das Verhältnis zwischen dem Grundrechtsschutz durch die Organe der Europäischen Menschenrechtskonvention und der Europäischen Gemeinschaften – Überlegungen de lege ferenda –, in: *Mosler – Bernhardt – Hilf,* Grundrechtsschutz in Europa, Berlin/Heidelberg/New York 1977, S. 160 ff.

Kommission der EG, Der Schutz der Grundrechte in der Europäischen Gemeinschaft, Bull. EG, Beilage 5/76

dies., Memorandum der EG-Kommission, betreffend den Beitritt der Europäischen Gemeinschaften zur Konvention über den Schutz der Menschenrechte und Grundfreiheiten vom 10. April 1979, Bull. EG, Beilage 2/79

Kutscher, Hans, Thesen zu den Methoden der Auslegung des Gemeinschaftsrechts aus der Sicht eines Richters, Bericht I in Begegnung von Justiz und Hochschule am 27. und 28. 9. 1976, Luxemburg 1976

ders., Über den Gerichtshof der Europäischen Gemeinschaft, in EuR 1981, S. 392 ff.

Matthies, Heinrich, Die Verfassung des Gemeinsamen Marktes, in: Gedächtnisschrift für Sasse, Baden-Baden 1981, S. 115 ff.

Meesen, Karl Matthias, Europäische Grundrechtspolitik, in: Frowein, Die Grundrechte ..., Baden-Baden 1978, S. 35 ff.

Mosler, Hermann – Bernhardt, Rudolf – Hilf, Meinhard, Grundrechtsschutz in Europa, Europäische Menschenrechtskonvention und Europäische Gemeinschaften, Internationales Kolloquium Heidelberg 1976, Berlin/Heidelberg/New York 1977

Nickel, Dietmar, Zum Grundrechtsdefizit der Europäischen Gemeinschaften, in: ZRP 1980, S. 161 ff.

Nickel, Dietmar – Bieber, Roland, Europäische Grund- und Bürgerrechte, Kolloquium des Europäischen Parlaments »Besondere Rechte und Charta für Bürgerrechte der EG« 26.–28. 10. 1978 in Florenz, in: EuGRZ 1979, S. 21 ff.

Nicolaysen, Gerd, Wirtschaftsfreiheit, in: Gedächtnisschrift für Sasse, Baden-Baden 1981, S. 651 ff.

Pernice, Ingolf, Grundrechtsgehalte im Europäischen Gemeinschaftsrecht, Baden-Baden 1979

Pescatore, Pierre, Der Schutz der Grundrechte in den Europäischen Gemeinschaften und seine Lücken, in: *Mosler – Bernhardt – Hilf,* Grundrechtsschutz in Europa, S. 64 ff.

ders., Bestand und Bedeutung der Grundrechte in den Europäischen Gemeinschaften, in: EuGRZ 1978, S. 441 ff.

ders., Bestand und Bedeutung der Grundrechte im Recht der Europäischen Gemeinschaften, in: EuR 1979, S. 1 ff.

Rengeling, Hans-Werner, Grundrechtsschutz in den Europäischen Gemeinschaften: Beitritt der Gemeinschaften zur Europäischen Menschenrechtskonvention? in: EuR 1979, S. 124 ff.

ders., Der Grundrechtsschutz in der Europäischen Gemeinschaft und die Überprüfung der Gesetzgebung, in: DVBl. 1982, S. 140 ff.

Riegel, Reinhard, Aktuelle Probleme des Europäischen Gemeinschaftsrechts in der Rechtsprechung des EuGH nach dem Beschluß des BVerG vom 25. 5. 1974 (z BvL 57/71), in: AöR 1977, S. 410 ff. (422 ff).

Sasse, Christoph, Der Schutz der Grundrechte in den Europäischen Gemeinschaften und seine Lücken, in: *Mosler – Bernhardt – Hilf,* Grundrechtsschutz in Europa, S. 51 ff.

Scheuner, Ulrich, Die Fortbildung der Grundrechte in Internationalen Konventionen durch die Rechtsprechung, in: Festschrift für Schlochauer, Berlin 1981, S. 899 ff.

Schiffauer, Peter, Überlegungen zur Kodifikation der Grundrechte der Europäischen Gemeinschaften aus der Sicht der Grundrechtstheorie, in: EuGRZ 1981, S. 193 ff.

Sørensen, Max, Berührungspunkte zwischen der Europäischen Menschenrechtskonvention und dem Recht der Europäischen Gemeinschaften, in: EuGRZ 1978, S. 33 ff.

Sperduti, G., Le rattachement des Communautés européennes à la Convention de l'homme sur la sauvegarde des droits de l'homme et des libertés fondamentales, in: RMC 1980, S. 170 ff.
Stadlcr, Rupert, Die Berufsfreiheit in der Europäischen Gemeinschaft, München 1980
Starck, Christian, Ein Grundrechtskatalog für die Europäischen Gemeinschaften, in: EuGRZ 1981, S. 545 ff.
Stein, Torsten, Das Verhältnis zwischen dem Grundrechtsschutz durch die Organe der Europäischen Menschenrechtskonvention und der Europäischen Gemeinschaften – Das geltende Recht –, in: *Mosler – Bernhard – Hilf,* Grundrechtsschutz in Europa, S. 147 ff.
Toth, A.G., Legal protection of the individuals in the European Communities, Amsterdam/New York/Oxford 1978
Zuleeg, Manfred, Die Charta der Rechte des Bürgers der Europäischen Gemeinschaften, in: Festschrift für Schlochauer, Berlin 1981, S. 983 ff.

Inhaltsübersicht

I. Die Bedeutung des Grundrechtsschutzes in der Gemeinschaft

1. Ausgangspunkt und Problematik

1 Die Gemeinschaftsverträge enthalten keine ausdrückliche und damit auch keine umfassende Regelung des Grundrechtsschutzes, wohl aber einzelne Regelungen, die die Position des einzelnen besonders betreffen. Es sind dies im materiellen Bereich die Grundfreiheiten und das allgemeine Diskriminierungsverbot in Art. 7 sowie seine besonderen Ausprägungen,[1] im Bereich des formellen Rechtsschutzes die Klagemöglichkeiten nach Art. 173 Abs. 2 EWGV gegen Entscheidungen und Verordnungen, die ihn individuell und unmittelbar betreffen, vor dem Gerichtshof. Im übrigen kann sich der einzelne Marktbürger vor dem mitgliedstaatlichen Gerichten auf die Verletzung seiner Rechte bei der Anwendung von Gemeinschaftsrecht berufen. Über die Auslegung von Gemeinschaftsrecht durch den Gerichtshof im Rahmen von Art. 177 Abs. 2 und 3 EWGV besteht ein zusätzlicher, wenn auch indirekter gemeinschaftsrechtlicher Rechtsschutz.[2]

2 Dem Fehlen ausdrücklicher vertraglicher Regelungen entspricht es, daß es bis Ende der 60er Jahre in der Gemeinschaft praktisch keine Grundrechtsdiskussion gegeben hat. Seither hat sich die Situation allerdings grundlegend geändert. Der Gerichtshof hat beginnend mit der Entscheidung vom 12. 11. 1969 in dem Verfahren Stauder[3] in einer Reihe von Entscheidungen die Existenz ungeschriebener Grundrechte im Gemeinschaftsrecht bejaht. Parlament, Rat und Kommission haben in ihrer gemeinsamen Erklärung vom 5. 4. 1977[4] diesen Grundrechtsschutz ausdrücklich bestätigt. Darüber hinaus liegt eine Reihe von Vorschlägen zum Ausbau des Grundrechtsschutzes in der Gemeinschaft vor, die insbesondere auch auf die Anregungen der Gipfelkonferenzen 1972 und 1974 zurückgehen.[5] Auch in Wissenschaft und Öffentlichkeit ist die Berechtigung und Notwendigkeit eines Grundrechtsschutzes in der Gemeinschaft unbestritten.[6] Problema-

1 Vgl. dazu *Bleckmann,* Rn. 1 ff. zu Art. 7.
2 Vgl. dazu *Daig,* Rn. 27 zu Art. 177.
3 29/26 – Slg. 1969, 419.
4 ABl. 1977 Nr. C 103 S. 1.
5 Siehe 8. Gesamtbericht S. 337; s. jetzt auch das »Memorandum der EG-Kommission, betreffend den Beitritt der Europäischen Gemeinschaften zur Konvention über den Schutz der Menschenrechte und Grundfreiheiten vom 10. April 1979« BullEG, Beilage 2/79.
6 Dazu *Kommission der EG,* Der Schutz der Grundrechte in der Europäischen Gemeinschaft BullEG, Beilage 5/76 S. 10 f. m.w.N. und *Mosler – Bernhardt – Hilf,* Grundrechtsschutz in Europa, Europäische Menschenrechtskonvention, a.a.O.

tisch sind aber der Umfang, die Voraussetzungen, Formen und Folgen eines solchen Schutzes und seine Verankerung im Gemeinschaftsrechtssystem. Die Vorstellungen dazu reichen von der Ableitung des Grundrechtsschutzes aus der Notwendigkeit der einheitlichen Anwendung des Gemeinschaftsrechts in der Rspr. des Gerichtshofes bis zur Forderung nach dem Schutz von Grundrechten der Gemeinschaftsbürger in und gegenüber den einzelnen Mitgliedstaaten,[7] die an die Nachkriegspläne einer politischen Einigung Europas anknüpfen und in den Vorschlägen einer politischen Union wieder anklingen[8] einerseits, von der Beschränkung auf einen Mindestbestand klassischer Grundrechte bis zur Forderung der Einbeziehung von Teilhabe- und Leistungsrechten andererseits.

3 In der Spannweite dieser Vorstellungen wird deutlich, daß der Grundrechtsschutz in der Gemeinschaft nicht nur und vielleicht nicht einmal in erster Linie die aktuellen Probleme gegenwärtigen Grundrechtsverständnisses, sondern vor allem auch Grundfragen der Gemeinschaftsstruktur berührt. Denn die Annahme, Grundrechte der Gemeinschaft richteten sich gleichermaßen gegen sie selbst *und* gegen die Mitgliedstaaten und deren Rechtsordnungen, geht von einer – wie auch immer zu benennenden – staatsähnlichen Struktur der Gemeinschaft aus. So gesehen ist die Grundrechtsdiskussion Teil einer noch gegenwärtig offenen Entwicklung der Gemeinschaft. Diese prägt die Struktur der Grundrechtsdiskussion, erklärt aber auch die Betonung ihrer Legitimationswirkung für die Gemeinschaft, die an den Forderungen der aktuellen allgemeinen Grundrechtsentwicklung – vor allem in den Mitgliedstaaten –[9] naturgemäß nicht vorbeigehen kann. Konkrete Ergebnisse hat diese Diskussion bisher vor allem in der Rspr. des Gerichtshofs gefunden. Sie bliebe aber ohne die Darstellung der vorangehenden Entwicklung und der Vorschläge zum Ausbau des Grundrechtsschutzes unvollständig.

2. *Begriff und Struktur der Grundrechte*

4 Der gegenwärtige Entwicklungsstand des Grundrechtsschutzes und der Grundrechtsdiskussion bringt es mit sich, daß dabei ein einheitlicher Grundrechtsbegriff nicht zugrundegelegt werden kann. Das liegt zum einen an der unterschiedlichen Bedeutung und Verwendung des Begriffs in den einzelnen Mitgliedstaaten, der es im übrigen auch verbietet, Begriffe und Dogmatik eines einzelnen Mitgliedstaates unbesehen auf die gemeinschaftsrechtliche Grundrechtsdiskussion zu übertragen.[10] Aber auch in der Gemeinschaft selbst ist die Verwendung des Begriffs nicht einheitlich. Das betrifft vor

7 Zuletzt Europäisches Parlament, Entschließung vom 16. 11. 77, ABl. 1977 Nr. C299 S. 27 f.
8 Dazu *Bieber,* Bemerkungen zum »Memorandum der Kommission betreffend den Beitritt der EG zur Konvention über den Schutz der Menschenrechte und Grundfreiheiten vom 10. April 1979«, in: EuGRZ 1979, S. 338 ff.
9 Siehe dazu zuletzt *Starck,* Ein Grundrechtskatalog für die Europäischen Gemeinschaften, in: EuGRZ 1981, S. 545 ff.; s. auch *Bernhardt,* a.a.O., S. 20 ff.
10 Siehe *Streil* in: *Beutler* u.a., a.a.O. (Allg. Literaturverzeichnis), S. 183.

allem die Frage der Adressaten der Grundrechte. Der Gerichtshof hat den Begriff der Grundrechte bisher ausschließlich im Zusammenhang mit der Begründung ungeschriebener Grundrechte im Gemeinschaftsrecht als Maßstab allein gemeinschaftsrechtlicher Rechtsakte verwendet. Demgegenüber wird der Begriff im Schrifttum auch zur Qualifizierung der sog. Grundfreiheiten, die sich auch an die Mitgliedstaaten richten, verwendet. In der Forderung nach »besonderen Rechten« der Gemeinschaftsbürger findet sich der Begriff auch in dem Sinn unmittelbar in den Mitgliedstaaten geltender Grundrechte.[11]

Zur Vermeidung von Unklarheiten über Begriff und Struktur der Grundrechte soll daher im folgenden die Terminologie des Gerichtshofes zugrundegelegt werden. Die Struktur der in der Rspr. des Gerichtshofs entwickelten Grundrechte kann dann zugleich als Maßstab dafür dienen, wie weit es sich bei anderen grundrechtsähnlichen Rechten und Grundrechtsforderungen um Grundrechte im geltenden Gemeinschaftsrecht oder auch um rechtspolitische Forderungen handelt.

II. Die Entwicklung der Grundrechtsdiskussion

1. Die Ausgangslage

5 Für das Fehlen einer ausdrücklichen Grundrechtsregelung in den Gemeinschaftsverträgen lassen sich mehrere Gründe anführen. Ein Grund war die Beschränkung der Gemeinschaftsverträge nach dem Scheitern der Versuche einer weitergehenden politischen Einigung auf die für eine wirtschaftliche Integration für erforderlich gehaltenen Regelungen. Die Ausarbeitung eines gemeinschaftlichen Grundrechtskatalogs hätte diesen Ansatz politisch belastet.[12] Der stattdessen vorgeschlagene Verweis auf die mitgliedstaatlichen Grundrechte[13] hätte andererseits zur Fixierung eines mitgliedstaatlich unterschiedlichen Grundrechtsniveaus geführt. Die Existenz solcher Unterschiede ist denn später auch einer der entscheidenden Gründe für die Entwicklung von Gemeinschaftsgrundrechten gewesen.[13a] So gesehen erscheint es daher folgerichtig, wenn der Gerichtshof 1959,[14] 1961[15] und noch 1965[16] auf den Einwand einer Verletzung von Grundrechten durch Gemeinschaftsrecht nicht eingegangen ist, zunächst mit der Begründung, daß er zur Auslegung nationaler Grundrechte – auf die sich die Kläger berufen hatten – nicht zuständig sei, später damit, daß die Berufung auf die Verletzung

11 Siehe Europäisches Parlament, Entschließung vom 16. 11. 1977 (Fn. 7).
12 Siehe dazu *Pescatore,* Der Schutz der Grundrechte in den Europäischen Gemeinschaften und seine Lücken, in: *Mosler – Bernhardt – Hilf* a.a.O., S. 64.
13 Siehe dazu *Wohlfarth, Ernst,* Europäische und deutsche Rechtsordnung, Beiträge zum Internationalen Wirtschaftsrecht und Atomenergierecht Bd. I, Heft 4 Göttigen 1969, S. 157 ff (168).
13a Siehe Rn. 22.
14 EuGH – Stark/Hohe Behörde, 1/58 – Slg. 1959, 43.
15 EuGH – Ruhrkohlen Verkaufsgesellschaft/Hohe Behörde, 36 bis 40/59 – Slg. 1960, 885.
16 EuGH – Sgarlata/Kommission, 40/64 – Slg. 1965, 295.

von Grundrechten zu keiner Erweiterung der Klagemöglichkeit von Art. 173 Abs. 2 EWGV führen könne.

6 Gleichwohl wäre es verkürzt, die Rechtsprechung des Gerichtshofes in dieser Phase der Rechtsprechung für den Grundrechtsschutz als gänzlich unerheblich anzusehen. Vielmehr wird die Entwicklung der Rspr. in diesem Abschnitt der Konsolidierung der Gemeinschaftsrechtsordnung zu einer »neuen«, d. h. autonomen, unmittelbar geltenden und gegebenenfalls vorrangigen Rechtsordnung im wesentlichen gerade auch mit Bezug auf die Rechtsposition des einzelnen Marktbürgers begründet.[17] Andererseits wurde durch diese Autonomie der Gemeinschaftsrechtsordnung wie durch die zunehmende Regelungsintensität des Gemeinschaftsrechts in diesem Rahmen die Gefährdung der Rechtsposition des Einzelnen durch das Gemeinschaftsrecht selbst erst wahrscheinlicher und insoweit die Grundrechtsfrage durch die Entwicklung der Gemeinschaftsrechtsordnung selbst provoziert.

2. Die mitgliedstaatliche Rechtsprechung

7 Der entscheidende Anstoß zur Erneuerung der Grundrechtsdiskussion kam dann allerdings aus der Mitte der Mitgliedstaaten. Das ist mit darauf zurückzuführen, daß den Gerichten der Mitgliedstaaten bei der Anwendung des Gemeinschaftsrechts eine wesentliche Aufgabe zukommt. Dabei sind sie gleichzeitig auch Adressaten der eigenen nationalen Rechtsordnung.[18] Das mußte bei Mitgliedstaaten mit einer ausgeprägten Grundrechtsempfindlichkeit wie z. B. der Bundesrepublik zur Intensivierung der Grundrechtsdiskussion mit Bezug auf die Gemeinschaftsrechtsordnung führen. Verstärkend wirkt sich dabei die Existenz einer selbständigen Verfassungsgerichtsbarkeit aus.

8 So hat das Bundesverfassungsgericht bereits 1967 trotz der grundsätzlichen Bejahung und Anerkennung der Gemeinschaftsrechtsordnung als »neuer« autonomer Ordnung i.S. der Rechtsprechung des Gerichtshofes sich die Prüfung von Gemeinschaftsrecht am Maßstab der nationalen Grundrechte vorbehalten.[19] Nach dem Beginn der Grundrechtsprechung des Gerichtshofs hat dann auch der italienische Verfassungsgerichtshof 1973 im Zuge der Anerkennung des Vorrangs der Gemeinschaftsrechtsordnung vor nationalem Recht aufgrund von Art. 11 der italienischen Verfassung im Rahmen eines allgemeinen Vorbehalts der Verfassungsmäßigkeitskontrolle auch den Fall der Grundrechtsverletzung eingeschlossen, einen solchen Fall aber nach dem derzeitigen Stand der Gemeinschaftsrechtsentwicklung und des gemeinschaftlichen Rechtsschutzsystems aber nur als hypothetisch angesehen.[20] Trotz der Bekräftigung der Grundrechtsprechung des Gerichtsho-

17 Das gilt sowohl für die grundlegende Entscheidung van Gend/Loos 26/62 – Slg. 1963, 1 als auch Costa/ENEL 6/64 – Slg. 1964, 1251.

18 Dazu *Beutler,* in: *Beutler* u.a., a.a.O., S. 79 ff.

19 BVerfGE 22, S. 293 ff.

20 Urteil vom 27. 12. 1973, Nr. 183, Giurisprudenza Cost. 1973, S. 2406 f; EuR 1974, S. 259 mit Anm. *von Feustel;* CDE 1975, S. 114 ff. mit Anm. von *Caterini;* s. dazu auch *Gori, P.,* The Corte Costituzionale and the relationship between Community law and national law, in: European Law Review 1981, S. 223.

fes durch den Hinweis auf die Bedeutung auch der »internationalen Verträge über den Schutz der Menschenrechte« nach dem Beitritt Frankreichs zur Europäischen Menschenrechtskonvention 1974 in der Entscheidung Nold vom 14. 5. 1974[21] hat das Bundesverfassungsgericht in seiner Entscheidung vom 29. 5. 1974, dem sog. Solange-Beschluß, seinen Prüfungsvorbehalt erneuert.[22] Zwar bilde das Gemeinschaftsrecht eine autonome Rechtsordnung, deren Akte das Bundesverfassungsgericht daher nicht überprüfen könne. Es sei aber unter dem Gesichtspunkt eines umfassenden Grundrechtsschutzes zuständig, die Verfassungsmäßigkeit der Anwendung von Gemeinschaftsrecht durch ein nationales Gericht zu prüfen, wenn dieses Zweifel an der Vereinbarkeit dieser Anwendung mit Verfassungsrecht habe und deshalb das Bundesverfassungsgericht anrufe. Diese Zuständigkeit sei jedenfalls *solange* gegeben, wie nicht ein gemeinschaftlicher Grundrechtskatalog durch ein direkt gewähltes europäisches Parlament verabschiedet sei. Denn Art. 24 GG öffne die nationale Rechtsordnung für die unmittelbare Geltung und Anwendbarkeit eines Rechts aus anderer Quelle innerhalb des staatlichen Herrschaftsbereichs nur soweit, wie dies die Identität der Verfassungsstruktur nicht berühre. Zu dieser Identität gehörten aber die Grundrechte.[23]

3. *Die Aufnahme der Grundrechtsdiskussion in der Gemeinschaft*

Diese mitgliedstaatliche Grundrechtsdiskussion hat – neben der nicht ausgeführten Überlegung, gegen die Bundesrepublik wegen der Rspr. des Bundesverfassungsgerichts ein Vertragsverletzungsverfahren einzuleiten[23a] – zweifellos auch zu einer Intensivierung der Grundrechtsprechung des Gerichtshofs und zum Auftrag der Pariser Gipfelkonferenz 1974 geführt, Vorschläge zur Verbesserung des Grundrechtsschutzes auszuarbeiten.[24] Ein erstes für die Gemeinschaftsrechtsordnung greifbares Ergebnis ist die Gemeinsame Erklärung von Parlament, Rat und Kommission vom 5. 4. 1977 zum Grundrechtsschutz in der Europäischen Gemeinschaft gewesen.[25] Sie wird auf politischer Ebene durch die Erklärung des Europäischen Rates 1978 in Kopenhagen zur Demokratie ergänzt, die im Zusammenhang mit der Erweiterung der Gemeinschaft auf die Demokratie und als deren Bestandteil die Grundrechte als unverzichtbare Voraussetzung der Mitgliedschaft in der Gemeinschaft verweist.[26] Damit wird über den Schutz der Grundrechte in der

21 4/73 – Slg. 1974, 491.

22 BVerfGE 37, S. 271 ff.

23 BVerfGE, a.a.O.

23a In einer Antwort auf die schriftliche Anfrage des Abgeordneten *Cousté* vom 29. 1. 1975 hat die Kommission u.a. erklärt: »Die Kommission hält es derzeit nicht für angebracht, das Vertragsverletzungsverfahren nach Artikel 169 des EWG-Vertrages einzuleiten. Sie hat es jedoch nicht versäumt, der deutschen Regierung ihre starken Bedenken gegen diesen Beschluß des Bundesverfassungsgerichts darzulegen, wobei sie sich die Einleitung des Vertragsverletzungsverfahrens vorbehalten hat«. Abgedruckt in: EuGRZ 1975, S. 316.

24 Schlußerklärung Ziff. 11. 8. Gesamtbericht EG (1974), S. 337 ff. In ihrem Memorandum vom 10. 4. 1979 (s. Fn. 5) nennt die Kommission ausdrücklich den Beschluß des BVerfG als einen Grund für den Beitritt.

25 ABl. 1977 Nr. C 103 S. 1; s. auch Rn. 50 ff.

26 BullEG 5/78, S. 2 ff. Dazu *Pescatore* in: EuR 1979, S. 1 ff.

Gemeinschaft hinaus ein ausreichender Grundrechtsschutz in den Mitgliedstaaten zur Voraussetzung der Mitgliedschaft gemacht.

III. Der Grundrechtsschutz im geltenden Gemeinschaftsrecht

1. Die Rechtsprechung des Gerichtshofs

10 In der Rechtsprechung des Gerichtshofes läßt sich die 1969 beginnende ausdrückliche Grundrechtsprechung zeitlich und sachlich deutlich von seiner schon früher ansetzenden Rechtsprechung zu ungeschriebenen allgemeinen Rechtsstaatsgrundsätzen und Auslegung der Geltung der Grundfreiheiten unterscheiden. Trotz gewisser Überschneidungen in der Argumentation ist dieser Unterschied bis heute aufrechterhalten. Das gilt vor allem für die Beschränkung des ausdrücklichen Grundrechtsschutzes auf Rechtsakte der Gemeinschaft, während die Grundfreiheiten in erster Linie gegen die Mitgliedstaaten gerichtet sind.

a) Die Grundrechtsprechung des Gerichtshofes

aa) Die Grundlegung und Konkretisierung des Grundrechtsschutzes

11 Die ausdrückliche Grundrechtsprechung des Gerichtshofs entwickelt sich in sich überschneidenden Phasen der Grundlegung, Konkretisierung und Dogmatisierung.

12 Maßgeblich für die *Grundlegung* der Grundrechtsprechung des Gerichtshofs sind nach dem eher knappen Hinweise in der Rs *Stauder:*[27] »... Bei dieser Auslegung enthält die streitige Vorschrift nichts, was *die in den allgemeinen Grundsätzen der Gemeinschaftsrechtsordnung, deren Wahrung der Gerichtshof zu sichern hat, enthaltenen Grundrechte* der Person in Frage stellen könnte«,[28] die Entscheidungen vom 17. 12. 1970 im Verfahren *Internationale Handelsgesellschaft*[29] und vom 14. 5. 1974 im Verfahren *Nold/Kommission.*[30]

13 In der Entscheidung 1970 führt der Gerichtshof aus:

»Die einheitliche Geltung des Gemeinschaftsrechts würde beeinträchtigt, wenn bei der Entscheidung über die Gültigkeit von Handlungen der Gemeinschaftsorgane Normen oder Grundsätze des nationalen Rechts herangezogen würden. Die Gültigkeit solcher Handlungen kann nur nach dem Gemeinschaftsrecht beurteilt werden, denn dem vom Vertrag geschaffenen, somit aus einer autonomen Rechtsquelle fließenden Recht können

27 29/69 – Slg. 1969, 419.
28 A.a.O., S. 425.
29 11/70 – Slg. 1970, 1125.
30 4/73 – Slg. 1974, 491.

wegen seiner Eigenständigkeit keine wie auch immer gearteten innerstaatlichen Rechtsvorschriften vorgehen, wenn ihm nicht sein Charakter als Gemeinschaftsrecht aberkannt und wenn nicht die Rechtsgrundlage der Gemeinschaft selbst in Frage gestellt werden soll. Daher kann es die Gültigkeit einer Gemeinschaftshandlung oder deren Geltung in einem Mitgliedstaat nicht berühren, wenn geltend gemacht wird, die Grundrechte in der ihnen von der Verfassung dieses Staates gegebenen Gestalt oder die Strukturprinzipien der nationalen Verfassung seien verletzt.«[31]

Erst nach dieser ausführlichen funktionellen Ableitung wird zur eigentlichen Begründung die knappe Formel aus dem Verfahren *Stauder* 1969 wiederholt.:

»Es ist jedoch zu prüfen, ob nicht eine entsprechende gemeinschaftsrechtliche Garantie verkannt worden ist; denn die Beachtung der Grundrechte gehört zu den allgemeinen Rechtsgrundsätzen, deren Wahrung der Gerichtshof zu sichern hat.«[32]

Der Gerichtshof gibt dann erstmals Hinweis auf den Inhalt der Grundrechte und ihre Verankerung in der Gemeinschaftsrechtsordnung:

»Die Gewährleistung dieser Rechte muß zwar von den gemeinsamen Verfassungsüberlieferungen der Mitgliedstaaten getragen sein, sie muß sich aber auch in die Struktur und Ziele der der Gemeinschaft einfügen.«[33]

14 Dieser Hinweis wird dann 1974, nur wenige Tage nach dem Beitritt Frankreichs als derzeit letztem Mitglied zur Europäischen Menschenrechtskonvention erweitert:

»Der Gerichtshof hat bereits entschieden, daß die Grundrechte zu den allgemeinen Rechtsgrundsätzen gehören, die er zu wahren hat, und daß der bei der Gewährleistung dieser Rechte von den gemeinsamen Verfassungsüberlieferungen der Mitgliedstaaten auszugehen hat. Hiernach kann er keine Maßnahme als Rechtens anerkennen, die unvereinbar sind mit den von den Verfassungen dieser Staaten anerkannten und geschützten Grundrechten. Auch die internationalen Verträge über den Schutz der Menschenrechte, an deren Abschluß die Mitgliedstaaten beteiligt waren oder denen sie beigetreten sind, können Hinweise geben, die im Rahmen des Gemeinschaftsrechts zu berücksichtigen sind«.[34]

15 Im Verfahren *Nold* 1974 führt der Gerichtshof außerdem erstmals auf, welche Grundrechte inhaltlich betroffen sein können: das Eigentum, die Freiheit der Arbeit, des Handels und anderer Berufstätigkeiten.[35] Welche Grundrechte als Prüfungsmaßstab in Frage kommen können, hat er bislang in den folgenden Entscheidungen *konkretisiert:*

31 11/70 – Slg. 1970, 1130.
32 A.a.O.
33 A.a.O.
34 4/73 – Slg. 1974, 507.
35 A.a.O.

16 Urteil vom 27. 10. 1976 – Prais/Rat 130/75[36]
Urteil vom 15. 6.1978 – Defrenne III 149/77[37]
Urteil vom 13. 12. 1979 – Hauer 44/79[38]
Urteil vom 5. 3. 1980 – Pecastaing 98/79[39]
Urteil vom 19. 6. 1980 – Testa, Maggio und Vitale, 41/79; 121/79 u. 796/79[40]
Urteil vom 26. 6. 1980 – National Panasonic 136/79[41]

17 In der Entscheidung Gewerkschaftsbund Europäischer Öffentlicher Dienst ist der Gerichtshof von der Existenz eines Rechts auf Vereinigungsfreiheit ausgegangen,[42] ohne dieses unmittelbar oder mittelbar als Grundrecht zu qualifizieren.[43] Nicht eingegangen trotz einer entsprechenden Frage durch das vorlegende Gericht ist der Gerichtshof in dem Verfahren Kermaschek 40/76 darauf, ob das Grundrecht der Familie im Gemeinschaftsrecht geschützt sei.[44]

18 *Kein* Grund*recht* als Prüfungsmaßstab verwendet die Entscheidung vom 28. 10. 1975 – Rutili 36/75 –,[45] obwohl sie stets als Bestätigung der Grundrechtsprechung zitiert wird.[46] Das liegt daran, daß der Gerichtshof in dieser Entscheidung erstmals auf die Europäische Menschenrechtskonvention als Prüfungsmaßstab zurückgreift und damit als möglichen Anknüpfungspunkt für seine weitere Rechtsprechung einführt. Im konkreten Fall geschieht dies aber im Zusammenhang mit der Auslegung der Einschränkung der Grund*freiheit* der Freizügigkeit, die der Gerichtshof weder ausdrücklich noch mittelbar als Grund*recht* qualifiziert. Die Gleichsetzung von Grundfreiheiten und Grundrechten allein aufgrund dieser Entscheidung ist daher nicht berechtigt.[47]

bb) Die geschützten Grundrechte

19 Welche Grundrechte durch das Gemeinschaftsrecht geschützt werden, hat der Gerichtshof bislang in seiner Rechtsprechung trotz ihrer zunehmenden auch inhaltlichen Konkretisierung noch nicht abschließend entschieden. Als geschützt anzusehen sind nach der bisherigen Rspr. zum einen Grundrechte mit besonderem Bezug zu wirtschaftlichen

36 Slg. 1976, 1589, (1599).
37 Slg. 1978, 1365, (1379).
38 Slg. 1979, 3727, (3744 H).
39 Slg. 1980, 691, (716).
40 Slg. 1980, 1979, (1996/97).
41 Slg. 1980, 2033 (2056ff).
42 175/73 – Slg. 1974, 917 (925) Urteil vom 8. 10. 1974.
43 Siehe auch *Kutscher, Hans,* in: EuR 1981, S. 392ff (404).
44 Slg. 1976, 1669 (1675f) zur Frage des Vorlagebeschlusses s. S. 1675.
45 Slg. 1975, 1219 = EuR 1976, 235 mit Anm. *Torsten Stein* und *C. Tomuschat,* CDE 1976, S. 50ff.
46 Siehe *Pescatore,* in: EuR 1979, S. 1ff.
47 Siehe dazu Rn. 42ff.

Tätigkeiten wie Eigentum, Berufsfreiheit und Arbeit,[48] aber auch weitergehende allgemeine Grundrechte als Folgewirkungen solcher Tätigkeiten wie der Schutz der Privatsphäre[49] und der Anspruch auf ein »faires Verfahren«.[50] Eine Ausweitung auf allgemeine Grundrechte folgt auch aus der Rechtsprechung in Beamtensachen durch die Anerkennung eines Grundrechts der Religionsfreiheit[51] und bei der Auslegung des Rechts der Vereinigungsfreiheit als Grundrecht.[52] Übergreifende grundrechtliche Bedeutung hat schließlich der Gleichheitsgrundsatz.[53]

Eine Einschränkung auf die durch die Europäische Menschenrechtskonvention geschützten Grundrechte kann auch nicht darin gesehen werden, daß der Gerichtshof diese letzthin stets zum Anknüpfungspunkt seiner Grundrechtsprechung gemacht hat. Denn die Konvention ist nur *ein* Anwendungsfall der im Verfahren Nold[54] zitierten »internationalen Verträge zum Schutz der Menschenrechte».

20 Die bisherige Rechtsprechung des Gerichtshofes läßt sich vielmehr dahin verallgemeinern, daß grundsätzlich alle Grundrechte, die durch die Tätigkeiten der Gemeinschaft berührt werden können,[55] gemeinschaftsrechtlich geschützt sein können. Das gilt auch für die Annahme *sozialer* Grundrechte. Die Bedeutung der Europäischen Sozialcharta für die Bestätigung von Grundrechten hat der Gerichtshof in dem Verfahren Defrenne III ausdrücklich anerkannt.[56] Allerdings ist auch in dieser Frage besonders darauf hinzuweisen, daß die bisher vom Gerichtshof angenommenen Grundrechte sich ausschließlich gegen die Gemeinschaft richten. Daß soziale Rechte sich ohne ausdrückliche Regelung im Gemeinschaftsrecht[57] als ungeschriebene Grundrechte auch unmittelbar an die Mitgliedstaaten richten könnten, ist daher abzulehnen.[57a]

48 EuGH – Nold/Kommission, 4/73 – Slg. 1974, 491, 507; Hauer, 44/79 – Slg. 1980, 691. Zum Eigentumsschutz s. zuletzt *Frowein,* Eigentumsschutz im Europarecht, in: Festschrift für Kutscher, Baden-Baden 1981, S. 189.

49 EuGH – National Panasonic, 136/79 – Slg. 1980, 2033 (2056/57).

50 EuGH – Pecastaing 98/79 – Slg. 1980, 691.

51 EuGH – Prais/Rat 130/75 – Slg. 1976, 1589 (1599).

52 EuGH – Gewerkschaftsbund Europäischer Öffentlicher Dienst 175/73 – Slg. 1974, 917, (925). Der Gerichtshof hat sich in der Entscheidung allerdings ausdrücklich nur auf Art. 24 des Beamtenstatuts bezogen.

53 EuGH – Prais/Rat, a.a.O. (Fn. 51) und Defrenne III, 149/77 – Slg. 1978, 1365; Vutera/Kommission, 1322/79 – Slg. 1981, 127 (138).

54 EuGH – Nold/Kommission, 4/73 – Slg. 1974, 491.

55 Siehe dazu auch *Bleckmann,* Die Grundrechte im Europäischen Gemeinschaftsrecht, in: EuGRZ 1981, S. 257 ff.

56 Defrenne III, a.a.O., (Fn. 53).

57 Wie z. B. in Art. 119 EWGV.

57a Siehe Rn. 35 ff. Davon zu unterscheiden ist die Ableitung Sozialer Rechte in den Mitgliedstaaten aus den Grundfreiheiten i.V. mit dem Diskriminierungsverbot und sekundären Gemeinschaftsrecht. Siehe EuGH – Casagrande 9/74 – Slg. 1974, 773.

cc) Die Ableitung des Grundrechtsschutzes

21 Der Gerichtshof begründet die Existenz ungeschriebener Grundrechte im Gemeinschaftsrecht in zwei unterschiedlichen Argumentationsschritten. Zu Beginn seiner Rspr. betont er die Notwendigkeit gemeinschaftlicher Grundrechte, weil durch die Überprüfung von Gemeinschaftsrecht am Maßstab jeweiliger mitgliedstaatlicher Grundrechte die einheitliche Anwendung des Gemeinschaftsrechts gefährdet werde.[58] Parallel dazu und darüber hinaus verweist er auf die *allgemeinen Rechtsgrundsätze* als die eigentliche dogmatische Grundlage ungeschriebener Grundrechte.

22 Die Ableitung der Grundrechte aus der Notwendigkeit der einheitlichen Anwendung des Gemeinschaftsrechts folgt konsequent der Rspr. des Gerichtshofs zur unmittelbaren Geltung und zum Vorrang des Gemeinschaftsrechts.[59] Wie diese zielt sie auf eine Lösung möglicher Konflikte zwischen Gemeinschaftsrecht und nationalem Recht. Sie hat allerdings bislang noch nicht zur unmittelbaren Geltung und zum Vorrang gemeinschaftlicher Grundrechte gegenüber nationalem Recht geführt. Die bisherige Grundrechtsprechung betrifft vielmehr bisher ausschließlich die Kontrolle von Gemeinschaftsrechtsakten.[59a] Auch soweit dieses *funktionelle* Argument den üblichen Methoden rechtsdogmatischer Auslegung nicht entspricht,[60] ist es grundsätzlich als Teil der Gemeinschaftsrechtsdogmatik in Verbindung mit der Rspr. des Gerichtshofs zur unmittelbaren Geltung und zum Vorrang von Gemeinschaftsrecht akzeptiert.[61] Der gegen diese Rspr. im Zusammenhang mit der unmittelbaren Wirkung von Richtlinien gerichtete Einwand, es handele sich bei dieser Rspr., soweit sie innerstaatliche Wirkung habe, nicht mehr um die *Auslegung* von Gemeinschaftsrecht, trifft – unabhängig von der Frage seiner grundsätzlichen Berechtigung[62] – auf die Grundrechtsprechung des Gerichtshofes nicht zu, weil diese sich bisher strikt auf die Auslegung von Gemeinschaftsrecht beschränkt und keine unmittelbare innerstaatliche Wirkung der Gemeinschaftsgrundrechte angenommen hat.[63] Die Kontinuität der insoweit uneingeschränkt akzeptierten funktionellen Begründung auch beim Grundrechtsschutz verstärkt jedenfalls auch dessen Legitimation. Ihre Notwendigkeit entfällt daher in dem Maß, in dem die Grundrechtsrechtsprechung auch ohne diese Begründung hinreichend legitimiert erscheint. Es ist daher vielleicht nicht zufällig, daß diese Begründung bisher letztmalig in der ersten Grundrechtsentscheidung

58 Internationale Handelsgesellschaft, 11/70 – Slg. 1970, 1125 und Hauer, 44/79 – Slg. 1979, 3727.

59 Van Gend/Loos, 26/62 – Slg. 1963, 1 und Costa/ENEL, 6/64 – Slg. 1964, 125.

59a Siehe Rn. 35 ff.

60 Dazu *Rupp*, Nationaler Grundrechtsschutz in den Europäischen Gemeinschaften, in: *Frowein*, Die Grundrechte in der Europäischen Gemeinschaft, Baden-Baden 1978, S. 13.

61 Siehe die Nachweise bei *Beutler*, in: *Beutler* u.a., a.a.O., S. 79 ff.

62 Siehe dazu BFH Beschluß vom 16. 7. 1981, RiW/AWD 1981, S. 691 m. Anm. 1981, S. 62 *Heydt* einerseits und den Beschluß des FG Hamburg vom 4. 9. 1981, RiW/AWD und *Meier*, Unmittelbare Wirkung von EG-Richtlinien im deutschen Umsatzsteuerrecht, in: BB 1981, S. 1883, andererseits.

63 Siehe Rn. 35 ff.

nach der Gemeinsamen Erklärung der Drei Gemeinschaftsorgane vom April 1977,[64] die zu einer zusätzlichen Legitimierung der Grundrechtsrechtsprechung geführt hat, vom Gerichtshof verwandt worden ist.[65]

23 Die eigentliche rechtsdogmatische Grundlage für die Ableitung der Grundrechte in der Rechtsprechung des Gerichtshofes ist von Beginn an in dem Hinweis auf die *allgemeinen Rechtsgrundsätze* zu sehen. Der Gerichtshof greift damit auf eine auch im Völkerrecht bekannte[66] Argumentationsfigur zurück, die er in seiner Rspr. zu allgemeinen rechtsstaatlichen Grundsätzen bereits verwandt hatte.[67] Im Rahmen dieser Rspr. war allerdings nicht eindeutig entschieden worden, wie weit es sich bei den allgemeinen Rechtsgrundsätzen um einen Verweis auf allgemeine Rechtsgrundsätze außerhalb der Gemeinschaftsrechtsordnung oder um gemeinschaftsrechtsspezifische Rechtsgrundsätze und ob es sich im letzteren Fall um Lückenfüllung oder Rechtsetzung handele.[68] Vor allem waren die Maßstäbe für die inhaltliche Konkretisierung der Rechtsgrundsätze unklar geblieben. Auf mitgliedstaatliche Normen zur Konkretisierung im Wege der Rechtsvergleichung hatte der Gerichtshof dabei erst in einem Fall zurückgegriffen.[69]

24 Bei der Begründung der Grundrechte konkretisiert der Gerichtshof die allgemeinen Rechtsgrundsätze als Gemeinschaftsrecht, bei dessen Konkretisierung nunmehr zwar entscheidend auch die mitgliedstaatlichen Normierungen und internationale Verträge herangezogen werden, ohne aber die Selbständigkeit der gemeinschaftsrechtlichen Grundrechte und ihre Einordnung in das Gemeinschaftsrecht in Frage zu stellen. Seit dem Verfahren Nold[70] verwendet der Gerichtshof für die Annahme von Grundrechten im Gemeinschaftsrecht die Formel, daß die Grundrechte »zu den allgemeinen Rechtsgrundsätzen gehören«, die der Gerichtshof »gemäß den gemeinsamen Verfassungsüberlieferungen der Mitgliedstaaten und den internationalen Verträgen, an deren Abschluß die Mitgliedstaaten beteiligt waren oder denen sie beigetreten sind,«[71] zu wahren hat.

25 Die Verankerung dieser Rechtsgrundsätze *im Gemeinschaftsrecht* folgt aus dem jeweiligen Ableitungszusammenhang. Im Verfahren Stauder ist es die Formulierung von »den allgemeinen Grundsätzen der *Gemeinschaftsrechts*ordnung«,[72] in der Rs Internationale Handelsgesellschaft die Forderung, daß der Grundrechtsschutz sich »in die *Struktur und Ziele der Gemeinschaft* einfügen müsse«,[73] in der Rs Nold schließlich ist es der Hinweis,

64 ABl. 1977 Nr. C 103 S. 1.
65 Hauer, 44/79 – Slg. 1979, 3727 = EuR 1980, S. 124 ff m. Anm. *Beutler*. Siehe auch Rn. 53.
66 Dazu *Zieger, Gottfried,* Die Rechtsprechung des Europäischen Gerichtshofs, in: JöR N.F., Bd. 22, S. 299 ff.
67 *Ziegler,* a.a.O.
68 Dazu *Schwarze, Jürgen,* Die Befugnis zur Abstraktion im Europäischen Gemeinschaftsrecht, Baden-Baden 1976; s. auch *Stadler,* a.a.O., S. 133 ff.
69 Algera, 7/56 u.a. – Slg. 1957, 83.
70 4/73 – Slg. 1974, 507.
71 Siehe zuletzt National Panasonic, Urteil vom 26. 6. 1980, 136/79 – Slg. 1980, 2033 (2056).
72 29/69 – Slg. 1969, 425.
73 11/70 – Slg. 1970, 1135.

daß die für den Grundrechtsschutz beachtlichen internationalen Verträge »im Rahmen des *Gemeinschaftsrechts«* zu beachten seien.[74]

26 Mit der Entwicklung ungeschriebener Grundrechte aus dem Gemeinschaftsrecht entspricht der Gerichtshof seiner Aufgabe der *Lückenfüllung,* wie sie auch durch Art. 164 EWGV bestätigt wird.[74a] Art. 164 hat insoweit lediglich klarstellende Funktionen.[75] Der Einwand, es handele sich sachlich bei der Grundrechtsrechtsprechung nicht um Lückenfüllung sondern um Rechtsetzung,[76] ist nicht berechtigt, solange die Grundrechtsrechtsprechung allein die Kontrolle gemeinschaftsrechtlicher Rechtsakte betrifft.[77]

dd) Inhalt und Auslegung der Grundrechte

27 *Inhaltlich* ist die Bezugnahme auf die gemeinsamen Verfassungsüberlieferungen in den Mitgliedstaaten in der Rs. Internationale Handelsgesellschaft[78] teilweise als Mindeststandard i.S. des kleinsten gemeinsamen Minimus,[79] die zusätzliche Bezugnahme auf die von den Mitgliedstaaten anerkannten und geschützten Grundrechte in der Rs Nold[80] als Maximalstandard i.S. des von allen mitgliedstaatlichen Regelungen am weitesten gehenden Grundrechtsschutzes im Gemeinschaftsrecht[81] gedeutet worden. Beide Annahmen sind schon aus sich heraus als Maßstäbe für einen Grundrechtsschutz nicht geeignet, weil der kleinste gemeinsame Nenner zu einem zu geringen Schutz[82] führen würde, während ein gemeinsamer Maximalstandard schon wegen des jeweiligen unterschiedlichen Grundrechtsverständnisses und -dogmatik in den einzelnen Mitgliedstaaten unmöglich wäre.[83] Der Begründung der Grundrechte im Gemeinschaftsrecht wird nur eine Verschmelzung des mitgliedstaatlichen Grundrechtsverständnisses im Rahmen der Gemeinschaftsrechtsordnung gerecht, wie sie der Gerichtshof zunehmend in seiner Auslegung konkretisiert hat.[83a] Die Rechtsprechung entspricht insoweit der Methode einer »wertenden Rechtsvergleichung«, wie sie insbesondere der ehemalige Präsident des Gerichtshofes, Hans Kutscher, formuliert hat.[84] Die Kritik an dieser Methode wegen des Fehlens eindeutiger Maßstäbe für die Bewertung wird in dem Maße entkräftet, in dem der Rspr. die Synthese mitgliedstaatlicher Vorstellungen im Rahmen der Gemeinschafts-

74 4/73 – Slg. 1974, 507.
74a Siehe *Daig* Rn. 4 zu Art. 164.
75 Siehe dazu auch *Stadler* (Fn. 68), S. 141 f.
76 Dazu *Schwarze* (Fn. 68).
77 Siehe Rn. 35 ff.
78 11/70 – Slg. 1970, 1135.
79 Siehe dazu *Bleckmann,* Zur Entwicklung europäischer Grundrechte, in: DVBl. 1978, S. 457 ff, 459 f.
80 4/73 – Slg. 1974, 507.
81 Siehe dazu *Pescatore, P.* in: EuGRZ 1978, S. 445. s. auch *Hilf, M.,* Sekundäres Gemeinschaftsrecht und deutsche Grundrechte, Zum Beschluß des BVerfG vom 29. Mai 1974. Auswirkungen auf die Gemeinschaftsrechtsordnung, in: ZaöRV 1975, 35, S. 56 ff.
82 Siehe die Zusammenfassung bei *Stadler* (Fn. 68) S. 181 f.
83 Dazu *Sasse,* a.a.O., S. 58 und *Stadler,* a.a.O., S. 191 f.
83a Siehe Rn. 16 ff. und 29.
84 *Kutscher, Hans,* Thesen zu den Methoden der Auslegung des Gemeinschaftsrechts, a.a.O.

rechtsordnung gelingt. Durch die Bezugnahme auf die Europäische Menschenrechtskonvention als einen Anknüpfungspunkt und das Abstellen auf das Verhältnismäßigkeitsprinzip bei der Konkretisierung der Auslegung[85] unter Berücksichtigung der Ziele der gemeinschaftsrechtlichen Regelungen sind diese Maßstäbe jedenfalls in einer Weise konkretisiert worden, die mitgliedstaatlicher Verfassungspraxis durchaus vergleichbar ist.[86]

28 Dabei bedeutet die Berufung auf die *Europäische Menschenrechtskonvention* keine eigene Ebene der Synthese mitgliedstaatlicher Verfassungsgemeinsamkeiten außerhalb der Gemeinschaftsrechtsordnung, sondern bekräftigt nur die Berechtigung der Anknüpfung an einen bereits bestehenden und daher im Grundsatz auch außerhalb der Gemeinschaftsrechtsordnung bereits anerkannten gemeinsamen Grundrechtestand der Mitgliedstaaten, ohne die Einordnung und Auslegung im Rahmen der Gemeinschaftsrechtsordnung auszuschließen.

29 Die *Auslegung* der Grundrechte erfolgt im Rahmen der Gemeinschaftsrechtsordnung nach gemeinschaftsrechtlichen Grundsätzen.[87] Auch wenn der Gerichtshof dabei zunehmend auf die Europäische Menschenrechtskonvention und in deren Rahmen auf mitgliedstaatliche Verfassungsnormierungen zurückgreift,[88] bedeutet dies nicht, daß damit deren Auslegung durch die dafür zuständigen Organe verbindlich wäre. Auf der anderen Seite enthält das Gemeinschaftsrecht wegen des Fehlens geschriebener Grundrechte auch keine unmittelbaren Anknüpfungspunkte für die Ausarbeitung einer gemeinschaftsrechtlichen Grundrechtsdogmatik. Die Auslegung der in den Verträgen ausdrücklich normierten Grundfreiheiten ist auf die Grundrechte wegen der jeweils unterschiedlichen Struktur[88a] – ebenso wie andere Bestimmungen der Gemeinschaftsverträge wie z. B. die Schutz- und Notstandsklauseln[89] – allenfalls mittelbar unter Beachtung des besonderen Charakters der gemeinschaftlichen Grundrechte heranzuziehen. Insoweit fehlt es noch an einer ausgearbeiteten gemeinschaftsrechtlichen Grundrechtsdogmatik. Ihr Fehlen dürfte einer der Gründe für die Kritik der Beschränkung des Grundrechtsschutzes allein auf die Rechtsprechung durch den Gerichtshof sein.[89a] Der Gerichtshof hat aber in seiner bisherigen Rechtsprechung durchaus Ansätze zu einer gemeinschaftsrechtsspezifischen Grundrechtsdogmatik gelegt.[90]

85 Siehe zuletzt Hauer – 44/79 Slg. 1979, S. 3727. Siehe auch Rn. 44 f.

86 Dazu *Beutler* (Fn. 65); s. auch *Frowein,* Europäische Grundrechtsprobleme, in Gedächtnisschrift für Sasse, Bd. II, S. 727 ff und *Nicolaysen*, Wirtschaftsfreiheit, a.a.O., S. 651 ff. (653–655).

87 Siehe Rn. 25.

88 Siehe zuletzt Hauer, 44/79 – Slg. 1979, 3727 und dazu *Frowein* (Fn. 83); *Dauses,* a.a.O., S. 293 ff; *Colinet, Christiane,* La protection du droit de proprieté dans la Communauté européenne à travers de l'arrêt »Hauer« de la Cour de Justice des Communautés européennes, du 13-12- 1979, in: Gedächtnisschrift für Sasse, Baden-Baden 1981.

88a Siehe Rn. 42 f.

89 Dazu *Bleckmann,* Die Freiheiten des Gemeinsamen Marktes als Grundrechte, in Gedächtnisschrift Sasse, Bd. II, S. 665 ff.

89a Siehe Rn. 64.

90 Siehe die Nachweise Fn. 88.

ee) Die Einschränkung der Grundrechte

30 Bereits in den grundlegenden Entscheidungen 11/70 und 4/73 hatte der Gerichtshof zusammen mit der Begründung von Grundrechten im Gemeinschaftsrecht ihre Einschränkungen im Rahmen der Gemeinschaftsrechtsordnung formuliert. Während er im Verfahren 11/70 auf die Notwendigkeit hinwies, »daß die Grundrechte sich in die Struktur und Ziele der Gemeinschaft einfügen«,[91] hat er im Verfahren 4/73 mit dem Hinweis, es erscheine berechtigt, für die Grundrechte »bestimmte Begrenzungen vorzubehalten, die durch die dem allgemeinen Wohl dienenden Ziele der Gemeinschaft gerechtfertigt sind, solange die Rechte nicht in ihrem Wesen angetastet werden«,[92] eine seither von ihm immer wieder verwendete Formel eines allgemeinen »Gemeinschaftsvorbehalts« gefunden.

31 Als Abwägungsmaßstab zwischen den Gemeinwohlzielen der Gemeinschaft einerseits und der Wesensgehaltsgarantie der Grundrechte andererseits gewinnt das Verhältnismäßigkeitsprinzip entscheidende Bedeutung.[93] Damit greift der Gerichtshof auf einen im Rahmen seiner Rspr. zu allgemeinen Rechts(staats)grundsätzen entwickelten Begriff zurück. Auch hier wird trotz gewisser Anklänge an die deutsche Verfassungsrechtsprechung[94] sowohl aus dem Verwendungszusammenhang wie der Konkretisierung des Begriffs deutlich, daß er als Maßstab allein nach gemeinschaftsrechtlichen Abwägungsgesichtspunkten dient.[95] Die Verwendung der Begriffe der Geeignetheit und Erforderlichkeit[96] bedeutet nur eine Konkretisierung dieses Grundsatzes.

32 Diese gemeinschaftsrechtsbezogene Einschränkungsdogmatik hat der Gerichtshof auch nicht durch seinen Hinweis auf die Europäische Menschenrechtskonvention als Maßstab für den zulässigen Umfang der Einschränkungen von Grundfreiheiten im Verfahren Rutili[97] verlassen. Ebenso wenig wie die inhaltliche Anknüpfung an die EMRK bedeutet die Bezugnahme auf die nach ihr zulässigen Schranken die Übernahme der Einschränkungsdogmatik der Konvention,[98] sondern lediglich ihre Beachtlichkeit als Grundlage der gemeinschaftsrechtlichen Einschränkungsdogmatik. Dies wird durch die der Entscheidung Rutili nachfolgende Rechtsprechung im Verfahren Hauer[99] bestätigt.

33 Für den *Rang* der Grundrechte folgt aus ihrer funktionellen Ableitung[100] wie aus der Berücksichtigung von Zielen und Struktur der Gemeinschaft bei ihrer Auslegung, daß sie

91 Internationale Handelsgesellschaft Slg. 1970, 1135.
92 Nold/Kommission Slg. – 1974, 508.
93 Siehe Hauer 44/79 – Slg. 1979, 3727; allgemein auch *Pernice, I.*, a.a.O., S. 55 ff. Siehe auch Rn. 45.
94 Dazu *Frowein* (Fn. 83); *ders.*, die Europäische Menschenrechtskonvention, a.a.O., S. 57 f.
95 Vgl. *Beutler* (Fn. 65) S. 133/134.
96 EuGH – Internationale Handelsgesellschaft, 11/70 – Slg. 1970, 1137.
97 36/75 – Slg. 1975, 1219 ff; s. auch Royer 48/75 – Slg. 1976, 497.
98 Siehe aber *Frowein,* Die Europäische Menschenrechtskonvention, a.a.O., S. 47 ff., 57 f.
99 44/79 – Slg. 1979, 3727.
100 Siehe Rn. 22.

nicht über dem primären Gemeinschaftsrecht stehen.[101] Es würde aber auch ihrer Funktion widersprechen, im Rang dem primären Gemeinschaftsrecht nachzugehen. Sie stehen daher im Rang dem primären Gemeinschaftsrecht gleich. Das wird auch dadurch bestätigt, daß sie die in ihm enthaltenen Lücken ausfüllen.[102] Eine Abstimmung zwischen primärem Gemeinschaftrecht und Grundrechten hat daher im Wege »praktischer Konkordanz« zu erfolgen. Dem sekundären Gemeinschaftsrecht, als dessen Maßstäbe sie gerade entwickelt wurden, gehen die Grundrechte naturgemäß vor. Die Notwendigkeit, ihren Rang im Verhältnis zu nationalem Recht zu bestimmen, hat sich wegen ihrer bisherigen auschließlichen Maßstäblichkeit für sekundäres Gemeinschaftsrecht nicht ergeben. Für den Fall der Notwendigkeit einer solchen Bestimmung müßte für sie aber der gleiche Rang wie für primäres Gemeinschaftsrecht gelten. Das folgt auch daraus, daß die Auslegung primären Gemeinschaftsrechts durch den Gerichtshof den gleichen Rang wie dieses hat.[102a]

34 Das Problem der *Grundrechtskonkurrenz* ist trotz der gleichzeitigen Prüfung am Grundrecht des Eigentums und der Berufsfreiheit im Verfahren Hauer[103] vom Gerichtshof bisher nicht entschieden worden.

ff) Grundrechtsträger und -adressaten

35 Ob sich neben dem Marktbürger, d. h. den Staatsangehörigen der Mitgliedstaaten, auch Angehörige von Drittstaaten auf Gemeinschaftsgrundrechte berufen könne, hat der Gerichtshof noch nicht entschieden. Soweit sie in gleicher Weise durch Gemeinschaftsrecht betroffen sind wie Marktbürger, sollte ihnen auch ein gleicher Grundrechtsschutz gewährt werden.[104]

36 *Adressaten* der Grundrechte waren in der bisherigen Spruchpraxis des Gerichtshofes bisher stets die *Gemeinschaften* und zwar entweder unmittelbar, oder mittelbar bei der *Anwendung* von Gemeinschaftsrecht durch Organe der Mitgliedstaaten. Richtigerweise müßte eine Berufung auf Gemeinschaftsgrundrechte auch bei der *Ausführung* von Gemeinschaftsrecht, d. h. seiner Umsetzung durch mitgliedstaatliche Rechtsakte und deren Anwendung möglich sein, soweit Grundrechte gerade durch die Ausführung des Gemeinschaftsrechts berührt werden.[105] Sachlich besteht insoweit jedenfalls kein Unterschied zur Anwendung, die ja ebenfalls durch nationale Organe geschieht.

37 Daß hingegen ohne das Dazwischentreten gemeinschaftlicher Rechtsakte *mitgliedstaatliches* Handeln unmittelbar an Gemeinschaftsgrundrechten gemessen werden kann, wird

101 Zur Rangfrage, insbesondere im Verhältnis zur ERMK s. *Dauses,* a.a.O., S. 297.
102 Siehe Rn. 28.
102a So auch BVerfGE 52, S. 187.
103 44/79 – Slg. 1979, 3727.
104 Vgl. *Hilf,* Der Gerichtshof der Europäischen Gemeinschaften als Integrationsfaktor, a.a.O., S. 23 ff. (31 m.w.N.).
105 Dazu *Capotorti,* a.a.O., Bd. II, S. 703 ff. Fn. 1 mit Hinweis auf den Schlußantrag im Verfahren 149/77, Defrenne III, Slg. 1978, 1365.

im Schrifttum abgelehnt.[106] Systematisch wäre eine solche unmittelbare Grundrechtskontrolle ohnehin nur denkbar, soweit das mitgliedstaatliche Handeln einen Bezug zum Gemeinsamen Markt und/oder einem anderen Gemeinschaftsziel hat. Auch dann hat der Gerichtshof in dem Verfahren Defrenne III die unvermittelte Einwirkung ungeschriebenen Gemeinschaftsgrundrechte in die mitgliedstaatliche Rechtsordnung abgelehnt.[107] Dieses Ergebnis scheint allerdings im Widerspruch zur Rechtsprechung des Gerichtshofes zur möglichen unmittelbaren Wirkung von primärem Gemeinschaftsrecht[108] zu stehen, nach der grundsätzlich auch eine unmittelbare Berufung des Marktbürgers gegenüber mitgliedstaatlichen Rechtsakten möglich sein müßte. Voraussetzung für die unmittelbare Wirkung ist nach dieser Rechtsprechung aber, daß das Gemeinschaftsrecht eine mitgliedstaatliche Verpflichtung enthält, die ohne das Dazwischentreten weiterer Rechtsakte wirksam wird, und ohne deren Wirksamkeit die gleichmäßige Anwendung des Gemeinschaftsrechts und damit der Gemeinsame Markt insgesamt gefährdet wäre. Diese Verbindung zwischen Funktionsweise des Gemeinsamen Marktes und der Rechtsposition des Einzelnen vermitteln im primären Gemeinschaftsrecht aber die Grund*freiheiten*.[109] Das spricht dafür, ihre Regelungen in dieser Funktion als abschließend anzusehen. Grundfreiheiten und ungeschriebene Gemeinschaftsgrundrechte stünden danach de lege lata in einem Ergänzungsverhältnis: Gegenüber den Mitgliedstaaten sichern die Grundfreiheiten die Funktionsfähigkeit des Gemeinsamen Marktes. Gegenüber gemeinschaftsrechtlichen Maßnahmen zur Durchführung und zur Erhaltung des Gemeinsamen Marktes schützen den Gemeinschaftsbürger die ungeschriebenen Gemeinschaftsgrundrechte. Die Vermittlung ihrer Wirkungen auch in die mitgliedstaatlichen Rechtsordnungen bliebe danach auf den Erlaß entsprechender sekundärer Gemeinschaftsrechtsakte im Rahmen der Zuständigkeit der Gemeinschaft angewiesen.[110] Das entspräche auch den Funktionen sowohl von Art. 235 EWG, der die Kontrolle zur Konkretisierung von Gemeinschaftsrecht im Rahmen der Gemeinschaftsziele aber über die unmittelbare Funktionsweise des Gemeinsamen Marktes hinaus dem Ministerrat zuordnet, soweit es sich dabei funktionell um Rechtssetzung handelt,[111] und auch von Art. 4 EWGV[112] sowie der funktionellen Zuständigkeitsverteilung zwischen den Gemeinschaftsorganen. Denn die unmittelbare Einwirkung von Gemeinschaftsgrundrechten gegenüber den Mitgliedstaaten und in deren Rechtsordnung wäre zumindest im gegenwärtigen Entwicklungsstand der Gemeinschaft funktionell eher noch der Rechtsetzung als der Rechtsprechung zuzuordnen. Die Vermittlung von Grundrechten vergleichbaren Rechtspositionen gegenüber den Mitgliedstaaten durch die Rechtsprechung des Gerichtshofes müßte daher an die schon

106 *Capotorti,* a.a.O. und seine Ausführungen als GA im Verfahren Defrenne III 149/77 – Slg. 1978, 1365 (1386). s. auch *Pernice, Ingolf,* Anm. zu EuGH – Rs. 149/77 – in: EuR 1979, S. 410 ff.
107 149/77 – Slg. 1978, 1365.
108 Van Gend/Loos, 26/62 – Slg. 1963, 1 ff.
109 Siehe Rn. 42.
110 Dazu *Pernice* (Fn. 106).
111 Siehe *Schwartz*, Art. 235 Rn. 200 ff.
112 Siehe *Bieber*, Erläuterungen zu Art. 4.

bestehenden Normierungen des sekundären Gemeinschaftsrechts[113] oder an die Grundfreiheiten anknüpfen.[114] Davon zu unterscheiden ist die Ausstrahlung der Rechtsprechung des Gerichtshofs in die mitgliedstaatlichen Rechtsordnungen, vor allem auch als Folge ihrer Anwendung durch die nationalen Gerichte.[115]

38 Unabhängig davon stellt sich die Frage, ob bei der besonders wichtigen Eigentumsordnung nicht gemeinschaftsrechtlich durch Art. 222 EWGV (entsprechen Art. 83 EGKSV) eine Sperre gegen die Einwirkung eines gemeinschaftlichen Eigentumsgrundrechts angeordnet wäre.[116] Soweit diese sich nur auf die Organisation, nicht aber die institutionelle Garantie des Eigentums bezöge[117] wäre auch die Entschädigung bei einer Enteignung an Gemeinschaftsrecht zu messen, sofern in diesem Zusammenhang ein funktioneller Bezug zur Gemeinschaftsrechtsordnung bestünde. Da die EMRK bzw. ihr erstes Zusatzprotokoll diese Frage offen lassen, könnte als Anknüpfungspunkt dafür die Resolution 1803 (XVII) der Generalversammlung der UN vom 14. 12. 1962 in Frage kommen.[118] Danach wäre eine »angemessene« Entschädigung in Übereinstimmung mit dem internen Recht des enteignenden Staates und mit dem internationalen Recht zu zahlen.[119]

39 Ob die ungeschriebenen Gemeinschaftsgrundrechte *Drittwirkung* haben, hat der Gerichtshof bisher nicht entschieden. Bei der Entscheidung ist zu berücksichtigen, ob das in Frage kommende Rechtsverhältnis zwischen den privaten Parteien sich nach nationalem oder nach Gemeinschaftsrecht richtet. Geht man davon aus, daß Grundrechte sich nicht gegen die Mitgliedstaaten richten, kann eine Drittwirkung auch nur im Rahmen des Gemeinschaftsrechts angenommen werden.[120]

b) Grundrechtsähnliche Verbürgungen

40 Grundrechtsähnliche Verbürgungen enthalten nach der Rspr. des Gerichtshofes im geschriebenen Gemeinschaftsrecht das Diskriminierungsverbot in seinen allgemeinen

113 EuGH – Defrenne III, 149/77 – Slg. 1978, 1365.
114 EuGH – Casagrande, 9/74 – Slg. 74, 773.
115 Siehe auch Rn. 57.
116 Siehe *Hochbaum*, Erläuterungen zu Art. 222.
117 So *Pernice*, a.a.O., S. 181 f.
118 Zumindest in entsprechender Anwendung des Gedankens, daß »internationale Verträge zum Schutz der Menschenrechte« »Hinweise« auf den Umfang des Grundrechtsschutzes in der Gemeinschaft geben können (s. EuGH, 4/73 – Slg. 1974, 491, 507). Die Resolution bezieht sich allerdings nicht ausdrücklich auf den Schutz des Eigentums als Menschenrecht, s. den Text bei *Brownlie*, Basic documents in international Law, Oxford, S. 140.
119 Ziff. I 4 der Resolution lautet: »Nationalization, expropriation or requisitioning shall be based on grounds or reasons of public utitlity, security or national interest which are recognized as overriding purely individual or private interests, both domestic and foreign. In such cases the owner shall be paid appropriate compensation, in accordance with the rules in force in the State taking such measures in exercise of its sovereignty and in accordance with international law«; s. *Brownlie*, a.a.O., (Fn. 118) A. 142.
120 Zur grundsätzlichen Möglichkeit der Drittwirkung von Grund*freiheiten* s. *Matthies*, a.a.O., 120 f.

und besonderen Ausprägungen[121] und die Grundfreiheiten[122] sowie im ungeschriebenen Gemeinschaftsrecht allgemeine Rechtsgrundsätze.[123]

aa) Das Diskriminierungsverbot

41 Das allgemeine Diskriminierungsverbot des Art. 7 EWGV gehört vertragssystematisch zu den »Grundlagen« des Gemeinsamen Marktes. Nach der Rechtsprechung des Gerichtshofes begründet Art. 7 nicht nur ein objektives Konstitutionsprinzip, sondern räumt auch dem einzelnen Rechte ein.[124] Gleichwohl bestehen Bedenken, das Diskriminierungsverbot in Art. 7 als Grundrecht einzustufen. Es beschränkt sich grundsätzlich, mit Ausnahme z. B. von Art. 119 und 43 EWGV, inhaltlich auf das Verbot der Diskriminierung aus Gründen der Staatsangehörigkeit. Auch wenn dieser Grundsatz dabei zunehmend nicht nur als Verbot der Diskriminierung von Ausländern im Vergleich zu Inländern, sondern z. T. auch von Inländern im Vergleich zu Ausländern ausgelegt wird,[125] hat das Verbot daher keinen dem allgemeinen Gleichheitsgrundsatz vergleichbaren umfassenden materiellen Regelungsgehalt. Auch der Gerichtshof hat sich in seiner Rechtsprechung zum allgemeinen Diskriminierungsverbot mit Bezug auf gemeinschaftliche Rechtshandlungen zur Begründung auf einen allgemeinen ungeschriebenen Rechtsgrundsatz bezogen.[126] Im Verfahren Defrenne III hat der Gerichtshof das Verbot geschlechtsbezogener Ungleichbehandlung aus dem ungeschriebenen Gemeinschaftsrecht abgeleitet, eine unmittelbare Verbindlichkeit dieses Grundsatzes für die mitgliedstaatliche Rechtsordnung aber ausdrücklich abgelehnt.[127] Andererseits hat er dieses allein gegen die Gemeinschaft gerichtete Verbot als »Grundrecht« bezeichnet.[128] Auch dies spricht dafür, zwischen dem positivrechtlich geregelten Diskriminierungsverbot als nur grundrechtsähnlicher Verbürgung und dem allgemeinen, aus dem ungeschriebenen Gemeinschaftsrecht abgeleiteten und allein gegen die Gemeinschaft gerichteten allgemeinen Gleichheitsgrundsatz als Grundrecht zu unterscheiden.

bb) Die Grundfreiheiten

2 Die Grundfreiheiten werden im Schrifttum teilweise als »Grundrechte« angesehen.[129] Auch im Verfahren Watson/Belman ist die Terminologie bei einzelnen beteiligten

121 *Bleckmann* Rn. 1 ff. zu Art. 7.
122 Z. B. Art. 12, 48 ff.
123 Siehe Rn. 44 f.
124 *Bleckmann* Rn. 20 zu Art. 7.
125 Siehe *Mortelmans,* La discrimination a rebours et le droit communautaire, in: diritto comunitario e degli scambi internazionali 1980, S. 1 ff und *Kon,* Aspects of Reverse Discrimination in Community Law, in: European Law Review 1981, S. 75 ff.
126 EuGH – Vutera/Kommission, 1322/79 – Slg. 1981, 127, 138.
127 149/77 – Slg. 1978, 1365.
128 A.a.O., S. 1381.
129 Dazu *Bleckmann* (Fn. 89); s. auch *Nicolaysen,* Europäisches Gemeinschaftsrecht, Stuttgart 1979, S. 17 ff.

Mitgliedstaaten unklar gewesen.[130] Dazu mag nicht zuletzt die Rechtsprechung des Gerichtshofes in dem Verfahren Rutili[131] beigetragen haben, in dem er sich bei der Auslegung der zulässigen Einschränkungen der Grundfreiheit der Freizügigkeit auf die EMRK bezogen hatte, nachdem er erst kurz zuvor in dem Verfahren Nold[132] auf die Bedeutung internationaler Vereinbarungen für den Inhalt von Grundrechten hingewiesen hatte. Doch ist zu beachten, daß der Gerichtshof weder in dieser Entscheidung noch in den anschließenden Entscheidungen zur Freizügigkeit Royer[133] und Watson/Belman[134] trotz der erneuten Bezugnahme auf die EMRK als Einränkungsmaßstab den Begriff der »Grundrechte« verwendet hat. Daß es sich dabei nicht nur um einen terminologischen, sondern auch um einen sachlichen Unterschied handelt, macht der Hinweis in dem Verfahren Defrenne III darauf deutlich, daß ein Grundrecht sich unmittelbar nur an die Gemeinschaft richtet.[135] Die Grundfreiheiten richten sich demgegenüber zwar auch an die Gemeinschaften, aber doch in erster Linie an die Mitgliedstaaten.[136] Dem entspricht auch eine unterschiedliche Regelungsfunktion[137] und -intensität: Während die Grundfreiheiten gegenüber den Mitgliedstaaten als Grundlagen des Gemeinsamen Marktes uneingeschränkt gelten, bilden sie für die Gemeinschaften zugleich eine Ermächtigungsnorm zur Verwirklichung des Gemeinsamen Marktes, die daher auch Einschränkungen zu dessen Konkretisierung wie z. B. durch die Einführung von Währungsausgleichsbeiträgen im Agrarmarkt zuläßt.[138] Es ist daher folgerichtig, wenn überwiegend im Schrifttum[139] wie auch in der Rspr. des Gerichtshofes Grundrechte nicht aus den Grundfreiheiten abgeleitet werden. So hat der Gerichtshof in dem Verfahren Hauer das Grundrecht der Berufsfreiheit nicht aus Art. 48 EWGV abgeleitet.[140]

43 Hinzu kommt, daß die Grundfreiheiten auch inhaltlich in erster Linie wirtschaftliche Betätigungen betreffen und insoweit einen anderen und zumindest engeren Regelungsgehalt als Grundrechte haben.[141] Es ist daher zwar zutreffend, unter Berufung auf die

130 118/75, Slg. 1976, 1185. Während die britische Regierung erklären ließ: »Es gebe keinen Grund dafür, die in der Konvention niedergelegten Grundsätze – oder einen von ihnen – als integrierenden Bestandteil des Gemeinschaftsrechts in dem Sinne zu betrachten, daß sie unmittelbar in den Mitgliedstaaten gelten, es sei denn, die Rechte, die sie garantieren, seien in die gemeinschaftsrechtlichen Bestimmungen aufgenommen oder aus ihnen abzuleiten« (a.a.O., S. 1191) wies die italienische Regierung darauf hin, daß die Grundrechte der EMRK auch gegenüber den Mitgliedstaaten wirksam seien, soweit sie sich in die »Struktur und Ziele der Gemeinschaft einfügten« (a.a.O., S. 1192). s. dazu auch *Golsong* in: EuGRZ 1978, S. 346 ff.

131 36/75 – Slg. 1975, 1219.

132 4/73 – Slg. 1974, 491.

133 48/75 – Slg. 1976, 497.

134 118/75 – Slg. 1976, 1185.

135 144/79 – Slg. 1978, 1365.

136 Dazu *Matthies,* a.a.O., S. 126 ff.

137 Siehe Rn. 37.

138 Siehe dazu *Matthies,* a.a.O., m.N. aus der Rspr.

139 Siehe zuletzt *Stadler,* a.a.O., S. 42 ff. m.w.N.

140 44/79 – Slg. 1979, 3727.

141 Dazu BVerwG DVBl 1980, S. 1048. Siehe aber auch *Bleckmann* (Fn. 89) S. 675 f.

Zielsetzung der Gemeinschaften die Grundfreiheiten im Funktionszusammenhang des Gemeinsamen Marktes weit auszulegen,[142] nicht aber, aus ihnen einen allgemeinen und umfassenden Grundrechtsschutz gegenüber den Mitgliedstaaten abzuleiten. Eine Ausweitung dürfte lediglich über das Diskriminierungsverbot und/oder in Verbindung mit Regelungen des sekundären Gemeinschaftsrecht zulässig sein.[143]

cc) Rechtsstaatsgrundsätze

44 Der Gerichtshof hat schon früh begonnen, in seiner Judikatur allgemeine Rechtsgrundsätze vor allem rechtsstaatlichen Inhalts, zu entwickeln.[144] Die wichtigsten Rechtsstaatsgrundsätze sind

- der Verhältnismäßigkeitsgrundsatz[145]
- das Gebot des rechtlichen Gehörs[146]
- die Pflicht zur Begründung hoheitlicher Maßnahmen[147]
- das Verbot der Doppelbestrafung[148]
- Rechtssicherheit und Vertrauensschutz[149]

Dabei handelt es sich um Rechtssätze, die nach mitgliedstaatlichem Rechtsverständnis z. T. eher dem allgemeinen Verwaltungsrecht zuzurechnen, z. T. aber auch bei der Auslegung von Grundrechten zu beachten oder selbst als Grundrechte anerkannt sind.[150] Nach der Rechtsprechung des Gerichtshofs sind die allgemeinen Rechtsstaatsgrundsätze auch ohne Bezeichnung als Grundrechte bei der Anwendung von Gemeinschaftsrecht beachtlich und auch schon vor seiner Grundrechtsprechung entwickelt.

45 Im übrigen wird aber auch im Gemeinschaftsrecht eine zunehmende Verbindung zwischen Grundrechtsprechung und den allgemeinen rechtsstaatlichen Grundsätzen deutlich. Das gilt vor allem für die Einführung des Verhältnismäßigkeitsgrundsatzes in die Grundrechtsprechung.[151] Im übrigen richten sich auch die allgemeinen rechtsstaatlichen

142 *Bleckmann,* a.a.O., S. 670 f.

143 Siehe Rn. 37; EuGH – Casagrande 9/74 – Slg. 1974, 773.

144 Siehe *Daig* Rn. 13 bis 16 zu Art. 164; s. auch *Zieger* (Fn. 66) m.w.N. und *Kommission der EG,* Der Schutz der Grundrechte in der Europäischen Gemeinschaft BullEG, Beilage 5/76 S. 8 f.

145 Compagnie des hauts fourneaux de Chasse, 15/75 – Slg. 1958, 159; Schmitz 18/63 – Slg. 194, 175 (204); Bela – Mühle 114/76 – Slg. 1977, 1211 (1221); s. jetzt auch Hauer, 44/79 – Slg. 1979, 3727.

146 Société nouvelle des Usines de Pontlieu 42 und 49/59 – Slg. 1961, 109. s. jetzt auch Pecastaing, 98/79 – Slg. 1980, 2033 (2058).

147 Société anonyme Cimenteries CBR u.a., 8 bis 11/66 – Slg. 1967, 910.

148 Boehringer Mannheim GmbH, 7/72 – Slg. 1972, 1281.

149 Westzucker, 1/73 – Slg. 1973, 723; Racke, 98/78 – Slg. 1979, 69 (86); Decker, 99/78 – Slg. 1979, 101 (111).

150 *Streil,* in: *Beutler* u.a., a.a.O., S. 183.

151 Siehe Rn. 31.

Grundsätze primär gegen die Gemeinschaft. Ob sie sich darüber hinaus auch gegen die Mitgliedstaaten richten, erscheint auch beim Grundsatz der Verhältnismäßigkeit fraglich, soweit es sich dabei nicht um die Auslegung eines anderen gegen die Mitgliedstaaten gerichteten Rechtssatzes handelt.[152] Ähnlich wie die Grundrecht werden die allgemeinen Rechtsstaatsgrundsätze in der Rspr. des Gerichtshofes aus den allgemeinen Rechtsgrundsätzen abgeleitet. Ihre methodische und inhaltliche Ableitung weist allerdings nicht den Konkretisierungsgrad und Konsistenz der Grundrechtsrechtsprechung auf.[153] Im Rang stehen die allgemeinen rechtsstaatlichen Grundsätze über dem sekundären Gemeinschaftsrecht. Ihr Rang im Verhältnis zum primären Gemeinschaftsrecht hängt davon ab, ob es sich um die Konkretisierung von Grundrechten oder um allgemeine Verwaltungsrechtsgrundsätze handelt.[154]

2. *Das Verhältnis zur Europäischen Menschenrechtskonvention*

a) *Der Inhalt der Menschenrechtskonvention*

46 Die (Europäische) Konvention zum Schutze der Menschenrechte und Grundfreiheiten vom 4. 11. 1950 (EMRK),[155] die im Rahmen des Europarats ausgearbeitet wurde, enthält einen Bestand »klassischer« Grund- und Menschenrechte mit besonderer Betonung verfahrensrechtlicher Garantien,[156] der durch Zusatzabkommen u.a. auf das Recht auf Eigentum und Bildung[157] erweitert worden ist. Ihre derzeitige Neuerung lag vor allem darin, dem einzelnen Staatsbürger nach Erschöpfung des innerstaatlichen Rechtsweges (s. Art. 26 EMRK) eine Klagemöglichkeit zur Menschenrechtskommission zu eröffnen. Die Einräumung dieser Klagemöglichkeit wie auch die Erhebung einer Klage gegen den betroffenen Staat vor dem Gerichtshof durch die Kommission oder einen Mitgliedstaat ist allerdings von dem Einverständnis des betroffene Staates abhängig (s. Art. 25 und 46 EMRK). Die Konvention ist außerdem innerstaatlich geltendes Recht in den Mitgliedstaaten geworden. Ihre unmittelbare Anwendbarkeit wie ihr Rang sind allerdings von der jeweiligen mitgliedstaatlichen Rechtsauffassung abhängig. So ist die Konvention z. B. in Großbritannien kein unmittelbar anwendbares Recht.[158]

b) *Die Bedeutung der Konventionsrechte für den Grundrechtsschutz in der Gemeinschaft*

47 Inhaltlich haben bei der Konvention zunächst die verfahrensrechtlichen Garantien im Vordergrund gestanden, doch haben in den letzten Jahren auch die Freiheitsrechte an

152 Siehe dazu beim Grundsatz des Vertrauensschutzes BFH in: AWD/RiW 1980, S. 423.
153 Dazu *Zieger* (Fn. 66).
154 Dazu zuletzt *Kutscher* in: EuR 1981, S. 392 (403).
155 BGBl II 1952 S. 686 ff.
156 Siehe dazu den Überblick bei *Frowein*, Die Europäische Menschenrechtskonvention a.a.O., S. 49 ff.
157 Art. 1 und 2 des Zusatzprotokolls vom 20. 3. 1952 BGBl II 1956 S. 1880 ff.
158 *Frowein* (Fn. 156) S. 48.

Bedeutung gewonnen.[159] Soweit sie Bezug zu gemeinschaftsrechtsbetroffenen Tätigkeiten haben, ist von ihnen angenommen worden, daß sie für den Grundrechtsschutz in der Gemeinschaft Bedeutung haben könnten.[160] Praktische Bedeutung für diesen Grundrechtsschutz hat die Konvention mit dem Beitritt Frankreichs 1974 gewonnen, da damit alle Mitgliedstaaten der Gemeinschaft auch Mitgliedstaaten der Konvention waren. Der EuGH hat im Verfahren Nold nur wenige Tage nach dem Beitritt Frankreichs die Bedeutung »internationaler Vereinbarungen über den Schutz der Menschenrechte, an deren Abschluß die Mitgliedstaaten beteiligt waren oder denen sie beigetreten sind« für die Gemeinschaftsgrundrechte hervorgehoben.[161]

c) Die Möglichkeit einer Sukzession der Gemeinschaft in die Konvention

48 Für das Verhältnis der Konvention zum Gemeinschaftsrecht ist im Schrifttum die Auffassung vertreten worden, mit der Identität der Mitgliedschaft der Mitgliedstaaten sei auch eine Sukzession der Gemeinschaft in die Konvention eingetreten und diese daher für die Gemeinschaft unmittelbar verbindlich.[162] Zwar gibt es keine allgemeine völkerrechtliche Sukzessionsregel, nach der bei Identität der Mitglieder einer internationalen Organisation und einer völkerrechtlichen Vereinbarung automatisch eine Sukzession der Organisation in diese Vereinbarung eintreten würde,[163] doch können sich die Befürworter einer Sukzession auf die Rechtsprechung des Gerichtshofes berufen, die beim GATT eine entsprechende Bindung der Gemeinschaft angenommen hatte.[164] Voraussetzung für die Annahme einer solchen Verbindlichkeit ist nach dieser Rspr. aber weiter, daß sich der Wille zur Rechtsnachfolge im Verhalten der Parteien manifestiert und die Rechtsnachfolge mit der Art der internationalen Vereinbarung vereinbar ist.[165] An beiden Voraussetzungen fehlt es aber im Verhältnis Gemeinschaft/EMRK. Diese ist bisher ausdrücklich und strukturell auf die Mitgliedschaft von *Staaten* beschränkt. Außerdem ist die Gemeinschaft bisher weder an der Anwendung noch an der Fortentwicklung der Konvention beteiligt gewesen und von den Mitgliedstaaten der Konvention daher dabei auch nicht als deren Partner angesehen worden.[166] Schließlich würde die Annahme einer uneingeschränkten Sukzession zu einem Nebeneinander der Rechtsschutzmöglichkeiten im Rahmen der Konvention und der Gemeinschaftsverträge führen.[167] Allerdings wird

159 Siehe *Frowein* (Fn. 156) S. 53 ff.

160 *Ders.,* a.a.O., S. 49 ff.; s. auch *Scheuner,* a. a. O., S. 905 ff. und *Mosler – Bernhardt – Hilf,* a.a.O.

161 4/73 – Slg. 1974, 491, (498). Siehe auch Rn. 14.

162 Siehe insbesondere *Pescatore* in: *Mosler – Bernhardt – Hilf,* a.a.O., S. 70 f.; s. auch *Dauses,* a.a.O., S. 297.

163 Dazu *Rengeling,* Grundrechtsschutz in den Europäischen Gemeinschaften: Beitritt der Gemeinschaften zur Europäischen Menschenrechtskonvention? in: EuR 1979, S. 124 ff.

164 International Fruit Company, 21–24/72, Slg. 1972, S. 1219.

165 Siehe *Rengeling* (Fn. 163) S. 127.

166 *Ders.,* a.a.O.

167 *Ders.,* a.a.O.

von den Befürwortern einer Sukzession lediglich eine solche in die *materiellen* Bestimmungen der Konvention, d. h. eine partielle Sukzession angenommen.[168] Dagegen sprechen aber die gleichen Gründe wie gegen eine umfassende Sukzession. Zudem sind die Voraussetzungen und Folgen einer nur partiellen Sukzession ungeklärt. Zu berücksichtigen ist schließlich auch, daß eine uneingeschränkte materielle Rechtsnachfolge der Gemeinschaft in die Konvention nicht nur zu einer Grundrechtskontrolle von Gemeinschaftsrechtsakten, sondern auch von mitgliedstaatlichen Rechtsakten durch die Gemeinschaft führen könnte.[169] Dies würde die bisherige Struktur des Grundrechtsschutzes in der Gemeinschaft entscheidend verändern. In den Gemeinschaftsverträgen selbst ist außerdem ausdrücklich nur eine lockere Kooperation mit dem Europarat im Rahmen von Art. 230 EWGV vorgesehen.[170]

49 Unberührt von der Ablehnung einer förmlichen Sukzession bleibt die Beachtlichkeit der Konvention für die Grundrechtsprechung des Gerichtshofes, wie sie bisher von ihm angenommen worden ist.[171] Danach dient die Konvention als Anknüpfungspunkt für einen gemeinsamen Standard mitgliedstaatlicher Grundrechte, der für die Konkretisierung ungeschriebener Grundrechte im Rahmen der allgemeinen Rechtsgrundsätze des Gemeinschaftsrechts beachtlich,[172] aber im Rahmen der Gemeinschaftsrechtsordnung auszulegen ist.[173]

3. Die Gemeinsame Erklärung vom 5. April 1977

a) Der Wortlaut

50 Durch eine gemeinsame Erklärung vom 5. April 1977 haben das Parlament, der Rat und die Kommission die Geltung von Grundrechten in der Gemeinschaft bekräftigt. Die Erklärung hat folgenden Wortlaut:[174]

«Das Europäische Parlament, der Rat und die Kommission –

In Erwägung nachstehender Gründe:

Die Verträge zur Gründung der Europäischen Gemeinschaften beruhen auf dem Grundsatz der Achtung des Rechts.

Dieses Recht umfaßt, wie vom Gerichtshof anerkannt wurde, außer den Vorschriften der Verträge und des abgeleiteten Gemeinschaftsrechts die allgemeinen Rechtsgrundsätze und insbesondere die Grundrechte, Prinzipien und Rechte, die die Grundlage des Verfassungsrechts der Mitgliedstaaten bilden.

168 Siehe *Pescatore* in: *Mosler - Bernhardt – Hilf*, a.a.O., S. 71.
169 Siehe Rn. 38.
170 Siehe *Schröder,* Rn. 4 zu Art. 230.
171 Siehe Rn. 14 ff.
172 Siehe Rn. 23 ff.
173 Siehe Rn. 29 und 32.
174 ABl. 1977 Nr. C 103 S. 1.

Insbesondere sind alle Mitgliedstaaten Vertragsparteien der am 4. November 1950 in Rom unterzeichneten Europäischen Konvention zum Schutz der Menschenrechte und Grundfreiheiten –

haben folgende Erklärung verabschiedet:

1. Das Europäische Parlament, der Rat und die Kommission unterstreichen die vorrangige Bedeutung, die sie der Achtung der Grundrechte beimessen, wie sie insbesondere aus den Verfassungen der Mitgliedstaaten sowie aus der Europäischen Konvention zum Schutz der Menschenrechte und Grundfreiheiten hervorgehen.

2. Bei der Ausübung ihrer Befugnisse und bei der Verfolgung der Ziele der Europäischen Gemeinschaften beachten sie diese Rechte und werden dies auch in Zukunft tun.»

b) Der Inhalt

51 Der *Inhalt* der Erklärung[175] bezieht sich im Vorspruch ausdrücklich auf die bisherige Grundrechtsprechung des Gerichtshofes[176] und hat insoweit keine selbständige Bedeutung. Auch die eigentliche Erklärung hat in dieser Perspektive lediglich deklaratorische Bedeutung als Bestätigung der bisherigen Grundrechtsprechung.[177] Ziff. 2 verstärkt allerdings die Möglichkeiten des präventiven Grundrechtsschutzes.[178] Darüber hinaus könnte der Wortlaut der Erklärung aber eine selbständige Bedeutung gewinnen, wenn man sie von der bisherigen Grundrechtsprechung des Gerichtshofes loslöst und ihr ein weiterreichendes Grundrechtsverständnis z. B. auch im Hinblick auf die Kontrolle mitgliedstaatlicher Rechtsakte unterlegt. Der bloße Wortlaut der Erklärung stünde jedenfalls einer solchen weitergehenden Auslegung nicht entgegen.

c) Die rechtliche Bedeutung der Erklärung

52 Geht man davon aus, daß die Erklärung lediglich die bisherige Grundrechtsprechung des Gerichtshofs und damit die Existenz ungeschriebener Gemeinschaftsgrundrechte in deren Sinn bestätigt,[179] kann ihr schon deshalb keine *selbständige* rechtliche Bedeutung, sondern nur deklaratorische Bedeutung zukommen, da die ungeschriebenen Grundrechte sich danach bereits aus dem Gemeinschaftsrecht ergeben.[180] In diesem Sinn ist die Erklärung auch von dem Gerichtshof im Verfahren Hauer zitiert worden.[181] Auch die Anerkennung bereits existierenden Rechts spricht aber nicht dagegen, der Erklärung

175 Siehe dazu *Hilf,* Die gemeinsame Grundrechtserklärung des Europäischen Parlaments, des Rates und der Kommission vom 5. April 1977, EuGRZ 1977, S. 158 ff.

176 Siehe Rn. 10 ff.

177 *Ders.,* a.a.O.

178 Dazu *Pernice* (Fn. 93) S. 236.

179 Siehe Rn. 10 ff.

180 Siehe auch *Hilf,* (Fn. 175) S. 159.

181 44/79 - Slg. 1979, 3727.

rechtliche Verbindlichkeit als gegenseitige Selbstverpflichtung der Organe zuzusprechen. Sie bestätigt insoweit die Möglichkeit einer solchen Selbstbindung, wie sie auch für das sog. Konzertierungsverfahren weiterreichende Bedeutung haben kann.[182] Soweit eine solche Selbstbindung zulässig ist, sind die Gemeinschaftsorgane daher auch ohne förmliche Grundrechtszuständigkeit zum Erlaß einer rechtsverbindlichen Erklärung zuständig. Selbständige rechtliche Verbindlichkeit könnte die Erklärung darüber hinaus dann gewinnen, wenn man den Grundrechtsschutz der Erklärung weiter interpretiert als die bisherige Rechtsprechung des Gerichtshofs.[183] Die Annahme einer selbständigen rechtlichen Verbindlichkeit würde dann allerdings voraussetzen, daß ein solcher extensiver Grundrechtsschutz mit den Gemeinschaftsverträgen vereinbar wäre.[184]

d) Die politische Bedeutung der Erklärung

53 Unabhängig von der Frage ihrer rechtlichen Verbindlichkeit liegt die gegenwärtige Bedeutung der Erklärung aber vor allem in ihrer *Legitimations*wirkung für die Grundrechtsprechung des Gerichtshofs[185] und für die Gemeinschaften insgesamt durch die Bekräftigung der Bedeutung der Grundrechte als Leitlinien für das Handeln der EWG-Organe.

4. Weitergehende Grundrechtsableitungen im Schrifttum

54 Die Auseinandersetzung um den Grundrechtsschutz im Schrifttum insbesonders der Mitgliedstaaten spielt für die Entwicklung der Grundrechtsdiskussion eine wichtige Rolle[186] und spiegelt das besondere Interesse an dieser Frage im jeweiligen Mitgliedstaat.[187] Das Spektrum der Vorschläge ist dabei naturgemäß breiter als die Begründung in der den praktischen Notwendigkeiten der Entscheidungspraxis folgenden Grundrechtsprechung des Gerichtshofes. Durch diese Rspr. sind andererseits frühere Lösungsvorschläge teilweise überholt. Im Rahmen der Auslegung des geltenden Gemeinschaftsrechts kann nur ein Überblick im Hinblick auf die wichtigsten Fragen der Grundrechtsableitungen gegeben werden.

55 Soweit Gemeinschaftsgrundrechte von nationalen Grundrechten abgeleitet werden [188] ist dies weder mit der Eigenständigkeit der Gemeinschaftsrechtsordnung noch mit ihrer

182 Siehe dazu *Pöhle,* Erläuterungen zu Art. 137.

183 Siehe Rn. 51.

184 Siehe *Hilf* (Fn. 175), a.a.O., s. auch *Beutler,* Rechtsfragen des Konzertierungsverfahrens, in: Gedächtnisschrift Sasse, Baden-Baden 1981, S. 311 ff. (320). Die rechtliche Verbindlichkeit der Erklärung wird abgelehnt u.a. von *Starck,* a.a.O., S. 547, *Nicolaysen* (Fn. 129), S. 20 und *Dauses,* a.a.O., S. 296.

185 Siehe Rn. 22.

186 Z. B. *Bernhardt,* a.a.O., S. 20 ff. und *Mosler – Bernhardt – Hilf,* a.a.O., mit den einzelnen Referaten und Beiträgen und w.N.

187 Siehe z. B. *Fuß,* Der Grundrechtsschutz in den Europäischen Gemeinschaften aus deutscher Sicht mit einer Skizze der Grundrechtsprobleme in Frankreich, Großbritannien und der Bundesrepublik Deutschland, Heule/Brüssel/Namur 1975.

188 Dazu zuletzt der Überblick bei *Stadler,* a.a.O., S. 80 ff.; s. auch *Pernice,* a.a.O., S. 212 ff.

gleichmäßigen Anwendung zu vereinbaren.[189] Das gilt sowohl von der Annahme der Beschränkung der Gemeinschaftsgewalt durch die Beschränkung der Übertragung mitgliedstaatlicher Hoheitsgewalt beim Abschluß der Gemeinschaftsverträge entsprechend den jeweiligen mitgliedstaatlichen Verfassungen (sog. Kompetenztheorie) als auch von der Verpflichtung der Gemeinschaft, mitgliedstaatliche Grundrechte zu beachten – unabhängig davon, wie eine solche Verpflichtung gemeinschaftsrechtlich zu begründen wäre.

56 Dem autonomen Charakter der Gemeinschaftsrechtsordnung trägt eine modifizierte Kompetenztheorie auf der Ebene des Gemeinschaft Rechnung. Sie geht davon aus, daß die der Gemeinschaft übertragenen Kompetenzen auf *Gemeinschaftsebene* grundrechtlich beschränkt sind.[190] Dieser Gedanke findet seine Entsprechung in einem institutionellen Grundrechtsverständnis, das in den Grundrechten nicht nur subjektive Rechte, sondern auch objektive Konstitutionselemente der Rechtsordnung, d. h. auch Ermächtigungs (Zuständigkeits)normen sieht.[191] Über die methodische Begründung der Grundrechte aus dem Gemeinschaftsrecht hinaus wäre es allerdings auch bei einem solchen Grundrechtsverständnis erforderlich, Maßstäbe für die Konkretisierung der »Grundrechtskompetenz« zu entwickeln. Die Gleichsetzung mit formellen Gemeinschaftskompetenzen führt zu Problemen, wie sie z. B. an der Ableitung eines Grundrechts auf Wettbewerbsfreiheit deutlich werden.[192] Letztlich führt eine weite Auslegung der Grundrechtskompetenzen der Gemeinschaft zur Interpretation der Gemeinschaftsverträge als »Superverfassung« über den mitgliedstaatlichen Verfassungen.[193] Andererseits hat das Abstellen auf eine Konkretisierung der Grundrechtskompetenz durch *sekundäres* Gemeinschaftsrecht[194] den Vorteil, die Grundrechtskompetenz dort zu lokalisieren, wo sie nach dem gegenwärtigen Entwicklungsstand der Gemeinschaft hingehört, nämlich bei den für die Ausschöpfung der Kompetenzen insbesondere des Art. 235 EWGV zuständigen Organe.[195]

5. Grundrechte und Wirtschaftsverfassung

57 Die Gemeinschaftsverträge nehmen in ihren Regelungen mehrfach auf das marktwirtschaftliche System Bezug. Wie weit sie damit eine bestimmte Wirtschaftsverfassung der Gemeinschaft normieren, ist vom Gerichtshof noch nicht entschieden. Im Verfahren Isoglucose III hat er interventionistischen Maßnahmen bei der Agrarpolitik den Vorrang

189 Siehe Rn. 6 ff. und 21 f.
190 Siehe *Pernice*, a.a.O., S. 224 f.
191 *Ders.*, S. 68 ff.
192 Dafür *Pernice,* a.a.O., S. 97 f. Zu den Problemen im Hinblick auf die mitgliedstaatlichen Wirtschaftsverfassungen s. *Nicolaysen,* (a.a.O., Fn. 83), S. 651 ff.
193 So auch *Pernice,* a.a.O., S. 124.
194 *Pernice,* a.a.O.
195 Siehe Rn. 37.

vor dem freien Wettbewerb eingeräumt.[196] Auf die Berufung auf ein Grundrecht der Wettbewerbsfreiheit ist er dabei nicht eingegangen.[197] Auch die Rspr. zu anderen Grundrechten und zu den Grundfreiheiten geht auf den möglichen Zusammenhang zu einer Wirtschaftsverfassung der Gemeinschaft nicht ein. Ob ein solcher Zusammenhang überhaupt besteht, bleibt danach offen.

58 Praktische Bedeutung gewinnt die Frage nach einem solchen Zusammenhang vor allem dadurch, daß sie trotz der Beschränkung des Gemeinsamen Marktes auf den *zwischenstaatlichen* Bereich die innerstaatliche Wirtschaftsverfassung nicht unberührt lassen kann. Daher dürfen die mitgliedstaatlichen Normierungen nicht unberücksichtigt bleiben. Diese sprechen z. B. in der Bundesrepublik für eine »neutrale« Wirtschaftsverfassung.[198] Bei der Einwirkung einer gemeinschaftlichen Wirtschaftsverfassung auf die mitgliedstaatliche Eigentumsverfassung wäre überdies Art. 222 EWGV zu beachten.[199] Da sich andererseits die ungeschriebene Gemeinschaftsgrundrechte nach der Rspr. des Gerichtshofs bislang ausschließlich gegen die Gemeinschaft richteten,[200] ist es folgerichtig, sich für den Einfluß gemeinschaftsrechtlicher Regelungen auf die mitgliedstaatliche Wirtschaftsverfassung auf die in erster Linie gegen die Mitgliedstaaten gerichteten Grundfreiheiten zu berufen.[201]

6. *Verfahren und Gegenstand des Grundrechtsschutzes*

59 Ein besonderes Rechtsmittel wegen der Verletzung von Grundrechten gibt es vor dem Gerichtshof nicht. Eine solche Verletzung kann unmittelbar im Wege der Klage beim EuGH nur im Rahmen von Art. 173 Abs. 2 EWGV gerügt werden.[202] Eine Berufung auf den gemeinschaftsrechtlichen Grundrechtsschutz ist im übrigen nur im Rahmen von Art. 177 EWGV, d. h. vor Gerichten der Mitgliedstaaten bei der Anwendung von Gemeinschaftsrecht möglich. Ein möglichst effektiver Grundrechtsschutz in diesem Verfahren hängt davon ab, daß nationale Gerichte mögliche Grundrechtsverletzungen dem Gerichtshof auch vorlegen. Ob die Nichtvorlage an den EuGH das Recht auf den gesetzlichen Richter i.S. von Art. 101 GG verletzt, hat das BVerfG bislang offengelassen.[203] Der Grundrechtsschutz könnte insoweit durch die unbeschränkte Beschwerdemöglichkeit gegen eine Nichtvorlage verbessert werden. Umgekehrt ist aus der Sicht des

196 138 und 139/79 – Slg. 1980, 3333, EuR 1981, 49 mit Anm. *Beutler*; dazu *Zuleeg, Manfred,* Demokratie und Wirtschaftsverfassung in der Rechtsprechung des Europäischen Gerichtshofs, in: EuR 1982, S. 21 ff.

197 EuGH a.a.O., S. 3393 (3404/3421).

198 Dazu *Nicolaysen* (a.a.O., Fn. 83), S. 652 ff.

199 Siehe Rn. 38.

200 Siehe Rn. 37 ff.

201 Siehe dazu den Entschließungsantrag im EP zur Verstaatlichung in Frankreich, PE 75 969; s. auch Rn. 42.

202 *Daig,* Rn. 63 zu Art. 173.

203 Zuletzt BVerfG, RiW/AWD 1978, S. 260.

gemeinschaftsrechtlichen Rechtsschutzes die Anwendung der Entscheidung des EuGH notwendig *und* ausreichend.[204]

Gegenstand einer Grundrechtskontrolle können sowohl Rechtsetzungs- als auch Rechtsanwendungsakte der Gemeinschaftsorgane sein. Rechtsakte der Mitgliedstaaten können allenfalls mittelbar bei der Ausführung und Anwendung von Gemeinschaftsrecht im Rahmen eines Verfahrens nach Art. 177 überprüft werden.[205] Die Wirkung einer Entscheidung richtet sich ebenfalls nach allgemeinen Verfahrensgrundsätzen. Danach haben Entscheidungen im Rahmen von Art. 177 grundsätzlich keine allgemeine Bindungswirkung.[206]

IV. Grundrechtsschutz durch Organe außerhalb der Gemeinschaft

1. Problematik

60 Nach der Rechtsprechung des Gerichtshofes ist ein Grundrechtsschutz gegenüber Rechtsakten der Gemeinschaft nur im Rahmen der Auslegung und Anwendung von Gemeinschaftsrecht, gegebenenfalls im Rahmen von Art. 177 EWGV und jedenfalls nicht durch ein mitgliedstaatliches Gericht am Maßstab mitgliedstaatlicher Grundrechte zulässig, da dies die einheitliche Anwendung von Gemeinschaftsrecht gefährden würde.[207] Theoretisch und praktisch ist aber ein Grundrechtsschutz gegenüber Gemeinschaftsrechtsakten durch andere Organe als den EuGH denkbar. Umgekehrt stellt sich auch die Frage, wieweit im Rahmen des mitgliedstaatlichen Grundrechtsschutzes eine Berufung auf gemeinschaftliche Grundrechte oder grundrechtsähnliche Verbürgungen zulässig ist.

2. Der Grundrechtsschutz am Maßstab mitgliedstaatlicher Grundrechte

61 Weder die Rechtsprechung des Gerichtshofes noch die Entwicklung der Grundrechtsdiskussion haben bisher dazu geführt, den Vorbehalt des Bundesverfassungsgerichts in seinem Beschluß vom 29. 5. 1974[208] tatsächlich oder theoretisch gegenstandslos zu machen. Gleichwohl ist eine Tendenz zur Einschränkung dieses Vorbehalts in der Rspr. des Bundesverfassungsgerichts selbst erkennbar. In diesem Zusammenhang ist zunächst auf die Entscheidung vom 22. Mai 1979 zur Verfassungsmäßigkeit der 5 % Klausel des Europawahlgesetzes hinzuweisen,[209] in der das Gericht die Bedeutung des Parlaments

204 Zu den Verbesserungsvorschlägen des formellen Grundrechtsschutzes des lege ferenda s. Rn. 69.
205 Siehe auch Rn. 36 f.
206 *Daig*, Rn. 45 bis 53 zu Art. 177.
207 Siehe Rn. 21.
208 BVerfGE 37, S. 271 ff.; s. auch Rn. 8.
209 BVerfGE 51, S. 222 ff.

insbesondere bei der zukünftigen Entwicklung der Gemeinschaft bemerkenswert positiv beurteilt. Dies könnte auf eine Grundrechtserklärung durch das Parlament nicht ohne Auswirkungen bleiben.

Ferner hat das Gericht in seiner Entscheidung vom 25. 7. 1979[210] seinen Prüfungsvorbehalt dahin präzisiert, daß primäres Gemeinschaftsrecht nicht unmittelbar, sondern nur über die Frage der Verfassungsmäßigkeit des Zustimmungsgesetzes zu den Gemeinschaftsverträgen Prüfungsgegenstand sein könne. Da das Gericht zum primären Gemeinschaftsrecht ausdrücklich auch seine Auslegung durch den Gerichtshof rechnet,[211] müßte auch dessen Grundrechtsprechung, da es sich bei den Grundrechten um primäres Gemeinschaftsrecht handelt,[212] darunterfallen. Allerdings hat das Gericht ausdrücklich offengelassen, ob »im Hinblick auf die zwischenzeitliche politische und rechtliche Entwicklung« sein bisheriger grundrechtlicher Prüfungsvorbehalt gegenüber *sekundärem* Gemeinschaftsrecht gegenstandslos geworden sei.[213] Die erneute Vorlage des Verwaltungsgerichts Neustadt im Verfahren Hauer nach der Entscheidung des EuGH[214] an das Bundesverfassungsgericht macht jedenfalls deutlich, daß die grundrechtlichen Prüfungsvorbehalte in der mitgliedstaatlichen Rspr. tatsächlich noch nicht vollständig beseitigt sind.[215]

3. Die Überprüfung am Maßstab der Europäischen Menschenrechtskonvention

62 Da die EMRK einen *gemeinsamen* mitgliedstaatlichen Grundrechtsstandard enthält, sofern alle Mitgliedstaaten zugleich Mitglieder der Konvention sind, unterfiele eine Grundrechtskontrolle von Gemeinschaftsrechtsakten am Maßstab der Konvention nicht von vornherein dem Einwand, sie müsse zu einer ungleichmäßigen Anwendung des Gemeinschaftsrechts führen und sei *deshalb* unzulässig.

Bei der Anwendung der Konvention durch die *Gerichte* der *Mitgliedstaaten*[216] ist auch bei inhaltlich gleicher Auslegung zu berücksichtigen, daß die Konvention bisher nicht in allen Mitgliedstaaten unmittelbar anwendbar ist.[217] Im übrigen wäre auch hier eine selbständige Grundrechtskontrolle der mitgliedstaatlichen Gerichte nicht mit dem Auslegungsmonopol des EuGH nach Art. 177 vereinbar.

Die Überprüfung von Gemeinschaftsrechtsakten durch *Organe* der *Konvention* scheitert daran, daß die Gemeinschaft bislang der Konvention noch nicht beigetreten ist[218] und

210 BVerfGE 52, S. 187 ff. = EuR 1980, S. 67 mit Anm. *Ipsen.* Siehe dazu *Tomuschat,* BVerfG contra EuGH – Friedensschluß in Sicht, in: NJW 1980, S. 2611 ff.; *Dauses,* a.a.O., S. 296.
211 BVerfGE 52, S. 201.
212 Siehe Rn. 33.
213 BVerfGE, a.a.O., S. 203.
214 VG Neustadt, EuR 1980, S. 361 ff. m. Anm. *Jekewitz.*
215 Zur Problematik s. außerdem *Schweitzer,* Zur neueren Entwicklung des Verhältnisses von EG-Recht und Bundesdeutschen Grundrechten, in: Juristische Arbeitsblätter 1982, S. 174 ff.
216 Siehe dazu Rn. 46.
217 Siehe Rn. 46.
218 Siehe Rn. 66 f.

trotz der Mitgliedschaft aller Mitgliedstaaten auch in der Konvention eine Sukzession der Gemeinschaft in die Konvention nicht vorliegt.[219] Eine Kontrolle von Gemeinschaftsrechtsakten ist daher nur indirekt über die Kontrolle mitgliedstaatlicher Ausführungsakte möglich.[220]

4. Der Schutz von Gemeinschaftsgrundrechten durch Gerichte der Mitgliedstaaten

63 Die unmittelbare Berufung auf Gemeinschaftsgrundrechte vor mitgliedstaatlichen Gerichten scheitert schon daran, daß die ungeschriebenen Grundrechte sich nach der bisherigen Rechtsprechung des Gerichtshofes nicht an die mitgliedstaatlichen Rechtsordnungen richten.[221]

V. Der Ausbau des Grundrechtsschutzes

1. Überblick

64 Trotz der bisherigen Grundrechtsprechung des Gerichtshofes und auch der Gemeinsamen Erklärung der Gemeinschaftsorgane[222] wird auch jetzt noch überwiegend ein weiterer Ausbau des Grundrechtsschutzes in der Gemeinschaft für erforderlich gehalten. Dazu wird auf die größere Rechtssicherheit eines geschriebenen Grundrechtskatalogs[223] und seine stärkere Legitimation bei der Ausarbeitung durch die politischen Gemeinschaftsorgane – vor allem das Parlament – hingewiesen.[224] Die Anstöße der Gipfelkonferenz 1974[225] sind von der Kommission in der doppelten Richtung der Verbesserung eines Grundrechtsschutzes in und gegenüber der Gemeinschaft[226] und der Verbesserung der Rechtsstellung der Marktbürger in den Mitgliedstaaten durch die Einräumung »besonderer Rechte«[227] fortentwickelt worden. Auch der Tindemans-Bericht sieht in der Verbesserung des Grundrechtsschutzes ein wichtiges Element der Europäischen Union.[228] Das bisher einzig greifbare in die Praxis umgesetzte Ergebnis der Kommissions-

219 Siehe Rn. 48.

220 Dazu *Frowein,* Europäische Grundrechtsprobleme, a.a.O., S. 731 f. m.w.N.; s. auch *Dauses,* a.a.O., S. 298; *Fastenraht, Ulrich,* Passivlegitimation der EG und ihre Mitgliedstaaten im Verfahren vor der Europäischen Kommission für Menschenrechte, Anmerkung zur Entscheidung der Europäischen Kommission für Menschenrechte vom 10. 7. 1978, in: EuGRZ 1979, S. 534 ff.

221 Zur Frage, ob die Grundfreiheiten schon jetzt eine durch den nationalen Grundrechtsschutz erfaßte Rechtsposition vermitteln s. *Karpenstein,* Rn. 28 zu Art. 48 m.w.N. Siehe auch Rn. 35 ff.

222 Siehe Rn. 50 bis 53.

223 Dazu *Sasse,* a.a.O., S. 53.

224 *Ders.,* a.a.O., S. 55.

225 Siehe Rn. 2.

226 *Kommission der EG,* Der Schutz der Grundrechte (Fn. 6).

227 Siehe *Kommission der EG,* BullEG, Beilage 5/75, 203.

228 BullEG, Beilage 1/76, Kap. IV.

vorschläge ist die Gemeinsame Erklärung vom April 1977.[229] Besonders nachdrücklich für den Ausbau des Grundrechtsschutzes hat sich das Europäische Parlament eingesetzt. In seiner Entschließung vom 16. 11. 1977 hat es dabei einen umfassenden Ausbau des Grundrechtsschutzes sowohl in und gegenüber der Gemeinschaft als auch in den Mitgliedstaaten gefordert.[230] Ein Ergebnis seiner Initiative war die »Table Ronde« über die besonderen Rechte und die Charta der Rechte des Bürgers der Europäischen Gemeinschaft in Florenz im Oktober 1978.[231] Von den dabei vorgeschlagenen Verfahren wird von der Kommission nunmehr, nachdem sie sich zunächst für die Ausarbeitung der Gemeinsamen Erklärung eingesetzt hatte,[232] der Beitritt zur Europäischen Menschenrechtskonvention befürwortet.[233]

2. *Der Beitritt zur Europäischen Menschenrechtskonvention*

a) *Probleme*

65 Der Beitritt zur EMRK würde den Vorteil der schriftlichen Fixierung eines Grundrechtskatalogs ohne die Notwendigkeit seiner erneuten Ausarbeitung haben, auch wenn einige Grundrechte der Konvention auf die Gemeinschaft nicht anwendbar wären.[234] Problematisch wäre der Beitritt, weil nach dem Wortlaut der Konvention nur Staaten beitreten können und die Konvention bisher auch ihrem sachlichen Gehalt und in der Zusammensetzung ihrer Organe nach auf die Durchsetzung von Grundrechten in Staaten konzipiert ist. Aus der Sicht der Gemeinschaft stellt sich insbesondere die Frage nach der Rechtsgrundlage für einen solchen Beitritt und nach seinen Folgen für den Rechtsschutz in der Gemeinschaft. Für die Mitgliedstaaten stellt sich die Frage, wie sich ein Beitritt und die damit verbundene Rezeption der Konvention als Gemeinschaftsrecht auf die bisherige Anwendung der Konvention gegenüber den Mitgliedstaaten und nach innerstaatlichem Recht auswirken würde.

b) *Das Memorandum der Kommission*

66 In ihrem Memorandum vom 10. 4. 1979[235] befürwortet die Kommission den Beitritt der Gemeinschaft zur Europäischen Menschenrechtskonvention. Der Beitritt werde insbesondere auch die Legitimation der Gemeinschaft stärken.

229 Siehe Rn. 50 bis 53.
230 Siehe Fn. 7.
231 Siehe dazu Europäisches Parlament, Dokumente betreffend die »Table Ronde« über die besonderen Rechte und die Charta der Rechte des Bürgers der Europäischen Gemeinschaft (Florenz, 26. bis 28. 10. 1978), Luxemburg 1979; dazu *Nickel – Bieber*, Europäische Grund- und Bürgerrechte, Kolloquium des Europäischen Parlaments »Besondere Rechte und Charta für Bürgerrechte der EG«, 26. bis 28. 10. 1978 in Florenz, in: EuGRZ 1979, S. 21 ff.
232 BullEG Beilage 5/76 S. 17/18.
233 *Kommission EG* (Fn. 5). Dazu *Bieber*, in: EuGRZ 1979, S. 338.
234 Siehe *Frowein,* Die Europäische Menschenrechtskonvention, a.a.O., S. 4 a ff., *ders.,* Europäische Grundrechtsprobleme, a.a.O., (Fn. 5); zu den Problemen eines Beitritts s. *Capotorti,* a.a.O.; *Frowein,* Europäische Grundrechtsprobleme, a.a.O.; *Glaesner,* a.a.O.
235 *Kommission EG* (Fn. 5).

Voraussetzung sei eine Abänderung der Konvention, die den Beitritt der Gemeinschaft grundsätzlich ermöglichen und ihr wie den anderen Mitgliedstaaten *eine* zusätzliche Stimme in den Konventionsorganen einräumen würde. Allerdings solle das Verfahren vor dem Ministerausschuß keine Anwendung in Verfahren gegen die Gemeinschaft finden, wohl aber die Individualbeschwerde. Zu einer Überwachung der Mitgliedstaaten durch die Gemeinschaft solle der Beitritt nicht führen. Als Rechtsgrundlage für einen Beitritt nennt die Kommission in ihrem Memorandum Art. 235 EWGV.[236]

c) Kritik am Beitritt und am Memorandum

67 Die Einwände gegen einen Beitritt zur EMRK sind eher rechtspolitischer Natur. Durch den Beitritt werde die Konvention in ihrer Struktur zu sehr verändert. Da zumindest die Änderung der Konvention von deren Mitgliedstaaten ratifiziert werden müsse, sei überdies auch nicht mit einem Beitritt innerhalb kürzerer Zeit zu rechnen.[237] Schließlich werde durch eine Beschränkung der Grundrechtsdiskussion auf die Probleme des Beitritts die anderen Möglichkeiten einer Verstärkung des Grundrechtsschutzes vernachlässigt.[238]

Tatsächlich würde durch den Beitritt der Gemeinschaft zur Konvention deren Struktur insoweit entscheidend verändert, als nunmehr eine internationale Organisation Mitglied wäre, unabhängig davon, ob sich der Grundrechtsschutz auf die Kontrolle von Gemeinschaftsrechtsakten beschränken oder auch auf Initiative der Gemeinschaft auf die Kontrolle mitgliedstaatlicher Rechtsakte erweitern würde. Auf der anderen Seite erscheint der Beitritt von allen rechtlich verbindlichen und durchsetzbaren Ergebnissen noch am ehesten erreichbar, da er auf einen bereits kodifizierten Grundrechtskatalog zurückgreifen kann und eine erneute Grundrechtskodifizierung durch alle Mitgliedstaaten erst im Rahmen einer Europäischen Union erreichbar sein dürfte. Der Vorteil eines Beitritts zur EMRK dürfte aus der Perspektive der Gemeinschaft auch darin liegen, daß eine Auswirkung auf den mitgliedstaatlichen Grundrechtsschutz im Sinne einer größeren Homogenität praktisch unausweichlich wäre, wie sie auch vom Europäischen Rat in der Erklärung zur Demokratie 1978[239] im Hinblick auf die Erweiterung gefordert wird. Das gleiche gilt auch für die innerstaatliche Anwendung der Konvention, auch wenn diese weiterhin nur, soweit sie als Gemeinschaftsrecht rezipiert wäre, unmittelbar geboten wäre.[240]

Rechtsdogmatisch wird vor allem die Zulässigkeit eines Beitritts aufgrund von Art. 235 bezweifelt, da die durch den Grundrechtsschutz bewirkte Einschränkung der Tätigkeit der Gemeinschaft gerade nicht zu den »Zielen« der Gemeinschaft i.S. von Art. 235

236 Siehe Memorandum (Fn. 5) XI 2. Zum Beitritt s. jetzt auch *Ehlermann – Noel,* a.a.O.
237 *Capotorti,* a.a.O., S. 704 f.
238 *Bieber,* in: EuGRZ 1979, S. 338 ff.
239 Siehe Rn. 9.
240 *Kommission EG,* Memorandum (Fn. 5) X 2; sowie *Ehlermann – Noel,* a.a.O., S. 699.

gehören könne.[241] Das Parlament hat neben Art. 235 auch Art. 236 EWGV in Erwägung gezogen.[242] Geht man davon aus, daß der Grundrechtsschutz sich allein gegen die Gemeinschaft richtet, würde sich ein Beitritt im Rahmen von Art. 235 halten, da der Grundrechtsschutz insoweit bereits in den Gemeinschaftsverträgen angelegt ist.[243] Anders verhält es sich mit der Möglichkeit einer Grundrechtskontrolle gegenüber den Mitgliedstaaten, die erst aufgrund einer förmlichen Vertragsänderung zulässig sein dürfte. In diesem Sinne wäre es auch nicht widersprüchlich, einen Beitritt zugleich auf Art. 235 und 236 zu stützen.[244]

3. *Die Kodifizierung eines Grundrechtskatalogs*

68 Neben oder anstelle eines Beitritts zur EMRK wird auch die Kodifizierung eines eigenen gemeinschaftsrechtlichen Grundrechtskatalogs gefordert.[245] Die Vorschläge unterscheiden sich vor allem durch die vorgeschlagene Form:

- am weitestgehenden wäre eine Kodifizierung durch Vertragsänderung. Sie wäre erforderlich im Hinblick auf eine Erstreckung des Grundrechtsschutzes auch gegenüber den Mitgliedstaaten.[246]
- Allein gegen die Gemeinschaft würde sich die Formulierung eines Grundrechtskatalogs durch RatsVO aufgrund von Art. 235 richten;[247] die Grundrechte würden dann allerdings durch sekundäres Gemeinschaftsrecht positiviert, so daß ihr Rang gegenüber anderem sekundären Gemeinschaftsrecht gesichert werden müßte.
- Insbesondere von *Sasse* unterstützt wurde der Gedanke einer feierlichen Erklärung des Parlaments, die von den anderen Organen als verbindlich anerkannt würde.[248] Diese Lösung würde die Legitimation des Parlaments und der Grundrechte erhöhen und der Forderung des Bundesverfassungsgerichts an einen gemeinschaftsrechtlichen Grundrechtsschutz[249] nahekommen.

69 Eine förmliche Zuständigkeit zur Grundrechtskodifizierung besäße allerdings nur der Rat im Rahmen von Art. 235 EWGV. Das schließt aber eine Grundrechtserklärung durch das Parlament, die von den anderen Gemeinschaftsorganen als verbindlich anerkannt würde, nicht aus. Sie wäre bei einem entsprechenden rechtlichen Verpflichtungswillen der

241 *Capotorti*, a.a.O., S. 705. Der Einwand fehlender Grundrechtskompetenz auf der Grundlage der Gemeinschaftsverträge müßte sich dann aber auch gegen die Grundrechtsrechtsprechung des EuGH richten.
242 Entschließung vom 16. 11. 1977 (Fn. 7) Ziff. 2.
243 Siehe Rn. 21 ff. und 36 f.
244 Wie bei *Ehlermann – Noel,* a.a.O., S. 698, 699 vorgeschlagen.
245 Zu den möglichen Formen unter Abwägung ihrer Vor- und Nachteile s. zuletzt *Ehlermann – Noel*, a.a.O., S. 689 ff.
246 Siehe Rn. 67.
247 Vorgeschlagen von *Frowein,* Europäische Grundrechtsprobleme, a.a.O., S. 737.
248 *Sasse,* a.a.O., S. 53.
249 Siehe Rn. 8.

anderen Organe auch rechtsverbindlich, soweit sie sich im Rahmen ungeschriebener gemeinschaftsrechtlicher Ermächtigungsgrundlagen hielte, d. h. soweit der Grundrechtsschutz nicht auf die Mitgliedstaaten erweitert wird.[250]

70 Eine Grundrechtskodifizierung würde über den bisherigen Grundrechtsschutz durch die Rspr. des Gerichtshofes hinaus die politische Bedeutung der Grundrechte auch als Leitlinien für das Handeln der Gemeinschaftsorgane verstärken. Sie würde auch zu einem Zuwachs rechtsstaatlicher Legitimität der Gemeinschaft führen. Der Erwartung eines umfassenden und praktisch wirksamen Grundrechtsschutzes der Gemeinschaftsbürger würde allerdings wohl nur seine Erstreckung und einheitliche Geltung in allen Mitgliedstaaten, d. h. auch ihnen gegenüber, entsprechen. Ob das politisch gegenwärtig durchsetzbar ist, erscheint zweifelhaft, obwohl das Europäische Parlament sich bisher mehrfach für eine entsprechende Verstärkung des Grundrechtsschutzes auch in dieser Richtung ausgesprochen hat.[251] Zu beachten ist, daß die rechtliche Unverbindlichkeit einer bloß politischen Grundrechtskodifizierung deren Legitimationswirkung wieder in Frage stellen kann.[252]

4. *Die Verbesserung des formellen Grundrechtsschutzes*

71 Statt der Ausarbeitung eines eigenen materiellen Grundrechtskatalogs wird auch lediglich eine Verbesserung des formellen Grundrechtsschutzes für ausreichend erachtet.[253] Vorgeschlagen dafür wird die Einführung einer Grundrechtsbeschwerde zum Gerichtshof[253] oder die Verpflichtung des EuGH, dem Europäischen Gerichtshof für Menschenrechte Auslegungsfragen vorzulegen.[254]

5. *»Besondere Rechte« für die Gemeinschaftsbürger*

72 Die Kommission hat die Anregung der Gipfelkonferenz 1974[255] zur Ausarbeitung besonderer Rechte für alle Marktbürger in den Mitgliedstaaten durch Vorschläge aufgenommen, den Staatsangehörigen der Mitgliedstaaten in allen Mitgliedstaaten das aktive und passive Wahlrecht sowie den gleichen Zugang zu öffentlichen Ämtern auf kommunaler Ebene einzuräumen.[256] Dieser besondere Status wird aufenthaltsrechtlich

250 Da sich in einem solchen Fall die Grundrechtserklärung im Rahmen der Organisationsgewalt der Gemeinschaft halten würde s. Rn. 52 und Fn. 184 m.w.N. Die Annahme einer Rechtsbindung wird abgelehnt von *Glaesner,* a.a.O., S. 123. Siehe auch Rn. 35 ff.

251 Siehe die Entschließungen vom 4. 4. 1973 ABl. 1973 Nr. C 26 S. 7 ff. und vom 16. 11. 1977 ABl. 1977 Nr. C 299 S. 27 f.

252 Zu den Erfordernissen einer wirksamen Grundrechtskodifizierung s. auch *Schiffauer*, in: EuGRZ 1981, S. 193 ff.

253 Dazu *Capotorti,* a.a.O., S. 725.

254 *Sperduti* in: L'adhésion des Communautés européennes à la Convention européenne des droits de l'homme, Brüssel 1981, S. 47 ff; *ders.,* in: RMC 1980, S. 170. Dagegen *Capotorti,* a.a.O.

255 Siehe Rn. 2 und 9.

256 BullEG, Beilage 7/75.

durch den Vorschlag einer Paßunion ergänzt.[257] Greifbare Ergebnisse sind bisher in keiner Richtung erreicht.[258] Da es sich bei diesen Vorschlägen im Ansatz um eine Ausweitung der Nichtdiskriminierung auf *alle* Staatsangehörigen der Mitgliedstaaten handelt, wäre zunächst als Basis eine Ausweitung des Aufenthaltsrecht über die durch die Grundfreiheiten geschützten Tätigkeiten hinaus auf alle Staatsangehörigen erforderlich. Dieser Notwendigkeit trägt ein Richtlinienvorschlag der Kommission aus dem Jahr 1979 Rechnung.[259] Im übrigen müßte aber auch die Zulässigkeit besonderer Rechte nach innerstaatlichem Recht geprüft werden.[260] Das Europäische Parlament hat den Begriff der »Besonderen Rechte« in seiner Entschließung vom 16. 11. 1977 umfassender auch im Sinne eines möglichst effektiven Grundrechtsschutzes ausgelegt.[261]

VI. Zusammenfassung

73 Die Rechtsprechung des Gerichtshofes bildet im geltenden Gemeinschaftsrecht den Mittelpunkt des Grundrechtsschutzes im System des Gemeinschaftsrechts. Nach einer ersten Phase der Grundlegung ist sie nunmehr in die der Konkretisierung und dogmatischen Ausarbeitung eines gemeinschaftsrechtsspezifischen Grundrechtsschutzes eingetreten. Die rechtspolitische Legitimation des Gerichtshofes dazu ist, wie auch die gemeinsame Erklärung der drei Gemeinschaftsorgane vom April 1977 zeigt, ebenso unbestritten wie die methodische Grundlegung der ungeschriebenen Gemeinschaftsgrundrechte in den allgemeinen Rechtsgrundsätzen *des Gemeinschaftsrechts.* Das Spektrum der durch Gemeinschaftsrecht berührten und geschützten Grundrechte erweist sich zunehmend weiter als ursprünglich angenommen. Eine wichtige Rolle bei der inhaltlichen Konkretisierung spielt die Europäische Menschenrechtskonvention. Sie ist aber nicht unmittelbar verbindlich. Bei ihrer Auslegung entwickelt der Gerichtshof eine eigene gemeinschaftsrechtsbezogene Dogmatik unter Berücksichtigung mitgliedstaatlicher Verfassungsnormierungen.

Ein weitergehender formeller Grundrechtsschutz durch den Beitritt der Gemeinschaft zur Europäischen Menschenrechtskonvention[262] oder die Kodifizierung von Grundrechten auf Gemeinschaftsebene[263] würde die Bedeutung der Grundrechte als Leitlinien des politischen Handelns der Gemeinschaftsorgane zusätzlich verdeutlichen und damit auch die Legitimation der Gemeinschaft verstärken.

257 Siehe Ziff. 10 der Schlußerklärung im 8. Gesamtbericht EG (1974) S. 337 ff.
258 Siehe *Karpenstein,* Rn. 36 zu Art. 48.
259 ABl. 1979 Nr. C 207 S. 214.
260 Dazu zuletzt *Doehring,* Nationales Kommunalwahlrecht für europäische Ausländer, in Festschrift für Kutscher, Baden-Baden 1981, S. 109 ff.
261 Siehe Fn. 7.
262 Siehe Rn. 65 bis 67.
263 Siehe Rn. 68.

Die vom Gerichtshof angenommenen ungeschriebenen Grundrechte richten sich bislang allein gegen Gemeinschaftsrechtsakte. Die Angewiesenheit ihrer Wirkung in den mitgliedstaatlichen Rechtsordnungen auf einen gemeinschaftsrechtlichen Vermittlungsakt steht im Widerspruch zur Rechtsprechung des Gerichtshofes zur unmittelbaren Wirkung von Gemeinschaftsrecht. Die Grundrechte stehen insoweit aber grundsätzlich in einem Ergänzungsverhältnis zu den Grundfreiheiten. Während diese sich als konstitutive Elemente des Gemeinsamen Marktes primär gegen die Mitgliedstaaten richten und ihre Konkretisierung Aufgabe der Gemeinschaft ist, erfüllen die gemeinschaftlichen Grundrechte eine zusätzliche Kontrollfunktion bei dieser Konkretisierung. Der Grundrechtsschutz *in* den Mitgliedstaaten liegt daher nach wie vor grundsätzlich bei den dafür zuständigen nationalen Organen. Die Zusammenfassung von Grundfreiheiten und Grundrechten unter einen Begriff der Grundrechte findet daher bislang in der Rspr. des Gerichtshofs keine Entsprechung und trägt diesen Unterschieden nicht hinreichend Rechnung. Ihn zu verwirklichen bleibt eine rechtspolitische Aufgabe der Gemeinschaftsorgane.

Die Energiepolitik der Europäischen Gemeinschaften

Literaturhinweise

Köhler, K. – Scharrer, H.-H., Die Europäische Gemeinschaft in der Krise, HWWA-Studie, Hamburg 1974
Kommission der EG, Notwendige Fortschritte auf dem Gebiet der gemeinsamen Energiepolitik, Brüssel 1972
dies., Erste Orientierung für eine gemeinschaftliche Energiepolitik, Brüssel 1968
dies., Energiepolitische Ziele der Gemeinschaft für 1990 und Konvergenz der einzelstaatlichen Politik, Brüssel 1979
dies., Report on the International conference on energy programming, Brüssel 1980
dies., Die Zusammenarbeit im Energiebereich mit den Entwicklungsländern und die Rolle der Gemeinschaft, Brüssel 1980
Scholz von, H.-E., Die rationelle Energienutzung in der EG, in: Glückauf 1977, Jg. 113, Nr. 3; S. 138 ff.
ders. Internationale Zusammenarbeit im Bereich Energie in: Ost-Panorama Sonderausgabe 1981, Linz 1981, S. 117 ff.
Simonet, Henri, Europäische Energiepolitik – Vision oder Illusion?, in: Energiemarkt heute und morgen, Manheim 1976, S. 11
Spaak, Fernand, Europäische Energiepolitik – Ziele und Strategie der EG, in: Energiemarkt heute und morgen, Mannheim: 1976, S. 15 ff.

Inhaltsübersicht

I. Einführung

1. Überblick

1 Kaum ein anderer Bereich gemeinschaftlicher Politik kennt derartige Schwierigkeiten und einen so langen Weg beim Ringen um eine Gesamtkonzeption wie der der Energiepolitik. In den nunmehr über 30 Jahren seit der Unterzeichnung des Vertrages über die Gründung der Europäischen Gemeinschaft für Kohle und Stahl (EGKSV), vom 18. 4. 1951 hat die Gemeinschaft nur mit größter Mühe und unter dem Druck einer Energiekrise und der ihr folgenden äußerst starken Preisentwicklung zur Formulierung gemeinschaftlicher Ziele und Strategien gefunden. Maßnahmen zu ihrer Verwirklichung lassen sich nur schrittweise verwirklichen.

2 Eine Darstellung der Energiepolitik der Europäischen Gemeinschaften folgt zweckmäßigerweise diesem langwierigen Entstehungsprozeß, wobei deutlich wird, daß die Entwicklung des Integrationsprozesses in diesem Bereich trotz aller, durch unterschiedliche Ressourcenausstattung und nationale Interessen der Mitgliedstaaten bedingten, Schwierigkeiten, bei weitgehend fehlenden vertraglichen Vorschriften, trotz allem stetig voranschreitet.

Nach den Bestimmungen von Grundbegriffen und Grundlagen der Energiepolitik der Europäischen Gemeinschaften wird die Entwicklung der ersten beiden Jahrzehnte bis zum Jahre 1973 dargestellt. Dieses Jahr bedeutet nicht nur wegen des Beitritts dreier weiterer Staaten in die Europäische Gemeinschaft eine Zäsur, sondern auch wegen des starken Impulses, den die Energieversorgungskrise im Winter 1973/74 auf die Schaffung einer gemeinsamen Energiepolitik ausgeübt hat. Die Ereignisse jenes Winters zeigten deutlich, daß »der nationale Rahmen zur Lösung dieser Fragen unzureichend ist und keine echte Alternative bei einem Problem derart weltumspannenden Charakters ist«[1]. Den in der Folgezeit zu verzeichnenden Formulierungen gemeinschaftlicher Ziele und der Aufstellung von Strategien ist der dritte Teil dieser Ausführungen gewidmet. Im vierten Teil werden die Maßnahmen gemeinschaftlicher Energiepolitik in den einzelnen Bereichen dargestellt. Hierbei wird auf die Energienachfrage einerseits (vor allem das Energiesparen) und das Energieangebot andererseits, in seiner Vielfalt von den festen Brennstoffen über die Kohlenwasserstoffe und Kernenergie bis hin zu den alternativen Energien, eingegangen. Ein letztes Kapitel wird den Außenbeziehungen im Energiebereich gewidmet, die aufgrund der besonders desolaten Energieversorgungslage der meisten Entwicklungsländer und der in den letzten Jahren entwickelten gemeinschaftlichen Aktivität der Zusammenarbeit mit diesen Ländern stetig an Bedeutung zunehmen.

1 *Henri Simonet*, für Energie in dieser Zeit (1972/76) zuständiger Kommissar, Europäische Energiepolitik, a.a.O.

2. Grundbegriffe und Abgrenzungen

3 Die drei *europäischen Gemeinschaften* (EG), in denen die Energiepolitik angesiedelt ist (EGKS, EWG, EAG), werden, wenn nicht anders vermerkt, unter EG zusammengefaßt. Bis zum Jahr 1973 handelt es sich dabei um die 6 Gründerstaaten der Gemeinschaft. Alle Entwicklungen und Daten ab 1. 1. 1973 beziehen sich auf die Gemeinschaft der Neun, die Angaben ab 1981 auf die Zehnergemeinschaft. Unter *Energiepolitik* werden hoheitliche Eingriffe auf das Wirken von Anbietern und Nachfragen im Energiebereich verstanden. Die Organe sind in der Regel Regierungen der Mitgliedstaaten oder, was die EG betrifft, Kommission und Rat sowie der Europäische Gerichtshof und das Parlament.

4 Die Energiepolitik der Gemeinschaft erstreckt sich auf folgende Bereiche der Energiewirtschaft:

Vertikal nach Wirtschaftstätigkeit

- Energiepolitik allgemein und Energieaußenpolitik
- Forschung und Entwicklung
- Prospektion
- Förderung
- Umwandlung
- Transport und Verteilung
- Endverbrauch.
- Energieeinsparen

Horizontal nach Energieträgern

(Primärenergien)

- Feste Brennstoffe (Steinkohle, Braunkohle, Torf)
- Mineralöl
- Erdgas
- Kernbrennstoffe
- Wasserkraft und Erdwärme
- Sonnenenergie

(Sekundärenergien)

- Koks, Briketts, Gas
- Mineralölprodukte
- Elektrizität
- Wärme (Dampf)

5 Als Maßeinheit wird, soweit nicht spezifische Einheiten wie t (Tonne), kWh (Kilo-Wattstunde) oder kcal (Kilo-Kalorien) verwandt werden, der Äquivalenzwert einer Tonne Rohöl (10000 kcal), nämlich 1 t RÖE gebraucht.

3. Rechtliche Grundlagen

6 Der Energiebereich zeichnet sich als Teilbereich der Gemeinschaftspolitik dadurch aus, daß er auf allen drei europäischen Vertragswerken fußt:

- dem Vertrag über die Gründung der Europäischen Gemeinschaft für Kohle und Stahl (EGKSV) vom 18. 4. 1951
- dem Vertrag zur Gründung der Europäischen Wirtschaftsgemeinschaft (EWGV) vom 25. 3. 1957.
- dem Vertrag zur Gründung der Europäischen Atomgemeinschaft (EAGV) vom 25. 3. 1957.

Keines der drei Vertragswerke sieht jedoch eine gesamtpolitische Energiekonzeption vor. Die beiden sich speziell mit Energie beschäftigenden Verträge der EGKS und EAG sind zu einer Zeit abgefaßt worden, als die Probleme der Kohleversorgung und der Versorgung mit Natururan oder angereichertem Uran noch völlig anders lagen. Sie eignen sich daher kaum dazu, den Anforderungen der heutigen Lage gerecht zu werden. Der EWGV enthält überhaupt keine spezifischen Vorschriften für den Energiebereich.

7 Was die einzelnen Energieträger betrifft ergibt sich somit folgende Situation:

Für die *Kohle* existieren eine Reihe von Vorschriften im EGKS-Vertrag, die Finanzbestimmungen, Investitionen und finanzielle Hilfe, Erzeugung, Preise, Kartelle und Zusammenschlüsse, Beeinträchtigungen der Wettbewerbsbedingungen, Löhne und Freizügigkeit der Arbeitnehmer, Frachten und Transporte und die Handelspolitik betreffen. Die Abfassung dieser Texte erfolgte jedoch anfangs der fünfziger Jahre unter der damals herrschenden Kohleknappheit und zu einem Zeitpunkt als die Energiewirtschaft in Europa auf der Kohle beruhte.

8 Für den Bereich der *Kernenergie* regelt der EAGV zwar die Voraussetzungen für die Bildung und Entwicklung von Kernindustrie: Förderung der Forschung, Verbreitung der Kenntnisse, Gesundheitsschutz, Investitionen, Gemeinsame Unternehmen, Versorgung, Überwachung der Sicherheit, Eigentum an spaltbaren Stoffen, Gemeinsamer Markt, Außenbeziehungen. Für die praktische Lösung derzeitiger Probleme mit dem Energieträger Kernenergie ergeben sich jedoch eine Reihe von Schwierigkeiten, so z. B. mit dem Kapitel Brennstoff-Versorgung.

9 Für *Mineralöl* und *Erdgas* sowie für Elektrizität und erneuerbare Energien (Wasser, Sonne, Erdwärme) enthält keines der Vertragswerke Vorschriften. Jede gemeinschaftliche Regelung hat daher in Anwendung allgemeiner Dispositionen des EWGV zu erfolgen. Es bieten sich dafür die Bestimmungen bezüglich Subventionen (Art. 92), und Diskriminierungen (Art. 7) sowie die für den Wettbewerb und den Außenhandel geltenden Abschnitte an. Aus diesen Bestimmungen lassen sich jedoch kaum umfassende, die Gesamtkonzeption für eine Europäische Energiepolitik betreffende Vorschriften ableiten. Einziger Ansatzpunkt ist daher in der Regel der *Art. 235 EWGV*. Er ermöglicht ein Tätigwerden der Gemeinschaft in jedem, der Erreichung der Ziele des Gemeinsamen Marktes dienenden Bereich. Allerdings ist dazu Einstimmigkeit im Rat erforderlich. In der Praxis stützt sich tatsächlich der überwiegende Teil der in den letzten Jahren im Bereich der Energiepolitik erlassenen Vorschriften auf diesen Art. 235 EWGV.

II. Die Entwicklung bis 1973

1. Die erste Phase: Arbeiten im Rahmen des EGKSV und bis zur Fusion von Kommission und Rat

10 Die Europäische Gemeinschaft entwickelte bis zum Jahre 1973 im Energiebereich nur eine geringe Aktivität. Dies ist nicht nur auf die obengenannte unzureichende Ausstattung mit energiepolitischen Instrumenten zurückzuführen. Entscheidend war vor allem die bis dahin ungestörte Entwicklung auf dem Energiemarkt. Tatsächlich schlug die noch zu Beginn der EGKS herrschende Energieknappheit schnell um. Die Mineralöllieferungen aus dem Vorderen Orient und Nordafrika gewannen im Verlaufe der 50er Jahre zunehmend an Bedeutung. Bei Förderkosten für Rohöl von weniger als 7 $/t konnten die Mineralölerzeugnisse zu weit unter den Kohleprodukten liegenden Preisen angeboten werden.

11 Der Versorgungsanteil der Kohle, fast 90 % im Jahre 1952, fiel schon 1960 auf 60 %. Das Rohöl schob sich als zweiter bedeutender Energieträger nach vorne (30 %), während Erdgas und Primärelektrizität (vor allem Wasserkraft) noch eine sehr geringe Rolle spielten. Für den Steinkohlenbergbau der EGKS begann mit dieser Entwicklung in den Endfünfziger Jahren die Krise, die auch heute noch nicht überwunden ist. Die Hohe Behörde, Exekutiv-Organ der EGKS, erarbeitete in den Jahren 1959 und 1960 verschiedene Vorschläge im Hinblick auf eine Koordinierung nationaler Energiepolitiken. Im Jahre 1961 wurden dem Ministerrat eine Reihe erster Maßnahmen im Bereich der Kohleeinfuhren aus Drittländern vorgelegt.

12 Wenn sich somit für die Gesamt-Energieversorgung der Gemeinschaften keine Schwierigkeiten ergaben, wuchs jedoch die Notwendigkeit für gemeinschaftliches Vorgehen

beim Lösen der Probleme des Steinkohlenbergbaus. Des weiteren zeigte sich, daß das fortschreitende Vordringen des Mineralöls auf dem Energiemarkt gemeinschaftliche Maßnahmen erforderlich machte. Die drei Exekutivorgane der Gemeinschaft erarbeiteten daher die ersten Grundzüge einer gemeinsamen Energiepolitik, die sie den Regierungen der Mitgliedstaaten in Form eines Memorandums am 25. 6. 1962 vorlegten. Für das Mineralöl wurden dabei vor allem folgende Ziele angestrebt:

- freier Verkehr für Rohöl und Mineralölerzeugnisse in der Gemeinschaft
- freie Einfuhr von Mineralöl aus Drittländern (jedoch Gemeinschaftskontingente bei Ostblockländern)
- Nullzoll für Rohöl und Niedrigzölle für Erdölerzeugnisse
- einheitliche oder abgestimmte Verbrauchssteuern für Heizöl bzw. Kraftstoffe
- gemeinsame Vorratspolitik
- Bekanntgabe der tatsächlichen Preise für Mineralölerzeugnisse
- ständige Konsultierung zwischen den Regierungen und der Kommission über die Tendenzen des Mineralölmarktes und Investitionsvorhaben in der Mineralölwirtschaft.

13 Es hat ein bis zwei Jahrzehnte gedauert, bis einige dieser Ziele erreicht werden konnten (Preistransparenz, Mitteilung der Investitionsvorhaben, Vorratspolitik). Konkrete Entscheidungen traf die Gemeinschaft im Verlauf dieser ersten Phase lediglich im Kohlebereich:

- eine Entscheidung über ein gemeinschaftliches System von Maßnahmen zugunsten des Steinkohlenbergbaus am 17. 2. 1965,
- eine Entscheidung über Beihilfen für Kokskohle und Koks für die Eisen- und Stahlindustrie der Gemeinschaft am 21. 2. 1967.

Durch diese beiden Entscheidungen konnte der Steinkohlenbergbau direkt in den Genuß nationaler und indirekt in den Genuß gemeinschaftlicher Beihilfen kommen. Der Schrumpfungsprozeß des Steinkohlenbergbaus wurde auf diese Art und Weise verlangsamt. Nichtdestoweniger entfiel im Jahre 1967 auf Stein- und Braunkohle ein Versorgungsanteil von nur noch 35 % während sich das Rohöl einen Anteil von 54 % gesichert hatte. Dieser Entwicklung stand die erste Kommission gegenüber, als sie nach der Fussion der drei Exekutiven im Jahre 1967 ihre Dienstgeschäfte aufnahm.

2. *Die zweite Phase: Ausarbeitung energiepolitischer Orientierungen*

14 Gegen Ende der 60er Jahre und zu Beginn der 70er Jahre verstärkte sich die Tendenz: bei fortschreitendem starken Wachstum des Energieverbrauchs – mit jährlichen Raten von

6 % – stieg der Anteil des Mineralöls am Primärenergiebedarf der Gemeinschaft auf 64 %. Der Anteil der Kohle fiel dementsprechend auf 23 %. Es zeichnete sich damit immer deutlicher eine wachsende Importabhängigkeit der Gemeinschaft ab. Von kaum mehr als 10 % zur Zeit der EGKS-Gründung stieg sie über 39 %. Dabei zeigten die Rohölpreise, nachdem sie über ein Jahrzehnt stabil geblieben waren, erstmalig Tendenz zu steigen.

15 In Teheran und Tripolis erreichten die OPEC-Länder starke Preiserhöhungen. Innerhalb von 2 Jahren stiegen die bis 1970 auf etwa 1 $/Barrel liegenden Rohölpreise um 60 % an (auf 1,6 $/Barrel bzw. etwa 12 $/t FOB). Diese Entwicklung ging Hand in Hand mit einer stärkeren Einflußnahme der OPEC-Länder auf die Besitzverhältnisse der Ölgesellschaften (steigende Beteiligungen, Enteignungen).

16 Die neue Kommission mit ihrem für Energiefragen zuständigen Kommissar *Wilhelm Haferkamp* und ihrem Generaldirektor *Fernand Spaak* hatte somit eine ganze Reihe von Problemen vor sich, die erstmalig den sektoralen Charakter verloren und bald den gesamten Energiebedarf betrafen. So erstreckten sich nunmehr die Maßnahmen nicht nur auf den *Kohlebereich,* wie bezüglich der Verlängerungen der Maßnahmen für den Steinkohlenbergbau und die Kokskohle, sondern auch auf den Bereich der Kohlenwasserstoffe:

- drei Richtlinien bzw. Entscheidungen zur Anlage von Mindestvorräten von Erdöl und Erdölerzeugnissen[2]
- eine Verordnung über die Mitteilung der Einfuhr von Kohlenwasserstoffen an die Kommission[3]
- sowie eine Richtlinie über Maßnahmen zur Abschwächung der Auswirkungen von Schwierigkeiten bei der Versorgung mit Rohöl und Mineralölerzeugnissen.[4]

Gerade die letztgenannte Richtlinie sollte sich wenige Monate nach ihrem Erlaß als äußerst nützlich erweisen: sie ermöglichte in der Zeit der Versorgungskrise (Oktober 73 bis Januar 1974) eine intensive Abstimmung der Politiken auf Gemeinschaftsniveau. Auch die im Dezember 1968 beschlossene Anlage von Mindestvorräten zeigte sich als überaus wichtig. Bei Einbruch der Krise, der schrittweisen Drosselung der Rohöllieferungen in die EG ab November 1973, waren die Vorräte allenthalben auf 60 bis 70 Verbrauchstage aufgefüllt.

17 Darüber hinaus ließ die Kommission keine Möglichkeiten aus, den Rat auf die Dringlichkeit der im Energiebereich zu lösenden Probleme aufmerksam zu machen und ihm entsprechende Vorschläge zu unterbreiten:

- Bezüglich der Mitteilung der Investitionsvorhaben auf dem Mineralöl-, Erdgas- und

2 HER I A 121/30, S. 1, 7, 9.
3 HER I A 121/30, S. 11.
4 HER I A 121/30, S. 31.

Elektrizitätssektor an die Kommission konnte eine erste Verordnung erlassen werden (18. 5. 1972).

- Es wurden Perspektiven für die Entwicklung des Primärenergiebedarfs in der Gemeinschaft bis 1985 aufgestellt und dem Rat mehrere Mitteilungen über notwendige Fortschritte, Orientierungen und vordringliche Maßnahmen auf dem Gebiet der gemeinschaftlichen Energiepolitik gemacht.

In manchen dieser Texte wies die Kommission eindringlich auf die immer schwieriger werdende Entwicklung hin. Konkrete Vorschläge für Maßnahmen im Bereich des Energiesparens, der Mineralölversorgung oder der Kernenergie wurden vom Rat jedoch nicht mehr zur Kenntnis genommen als die allgemeinen Orientierungen für eine gemeinschaftliche Energiepolitik.

Die Lage wurde erschwert durch den am 1. 1. 1973 erfolgten Beitritt drei weiterer Staaten in die Europäischen Gemeinschaften. Kurz darauf brach der »Jom-Kippur-Krieg« vom Oktober 1973 aus mit der unmittelbar darauf folgenden Drosselung der Mineralöllieferungen aus den meisten OPEC-Ländern in die EG.

III. Die Aufstellung gemeinschaftlicher Ziele und Strategien

1. Die energiepolitische Entwicklung seit 1973

18 Der Lieferboykott einer Reihe arabischer Länder wirkte wie ein Schock. Erstmals drang das Thema Energiepolitik in die breite Öffentlichkeit. Die Sonntagsfahrverbote und Aussichten auf Benzingutscheine und drastisches Senken der Raumtemperaturen schafften ein Klima, das Handlungen der Regierungen der Mitgliedstaaten und der Kommission erforderlich und verständlich machte. Ein weiteres bewirkte die 400 % ige Steigerung des Rohölpreises innerhalb von 12 Monaten (von Herbst 1973 auf Herbst 1974 von 12 $ auf 50 $ pro Tonne).

Im Aufwind der Krise und der ihr folgenden Treffen der europäischen Staats- und Regierungschefs (in Kopenhagen)[5] und der Minister (mehrere Energie-Räte) konnten eine Reihe von Vorschlägen gemacht und Maßnahmen beschlossen werden, die für alle Bereiche der Energiepolitik, die Energienachfrage und das Energieangebot von Belang sind.

19 Während die Kommission aufgrund der nunmehr veränderten Lage Ziele für eine gemeinschaftliche Energiepolitik erarbeitete, schaffte sie sich gleichzeitig zwei wirkungsvolle Instrumente:

- Auf Beschluß des Rates vom 30. 1. 1974 wurde ein Ausschuß leitender Staatsbeamten

5 Siehe HER I A 13/5, S. 3.

geschaffen, der die Kommission in allen wichtigen Fragen der Energiepolitik berät. Dieser Energieausschuß dient der Vorabstimmung von Vorschlägen und bietet die Möglichkeit, mittels Hilfe nationaler Sachverständiger an der Ausarbeitung der gemeinschaftlichen Energiepolitik in einem frühen und entscheidenden Stadium mitzuwirken.

- Ebenfalls am 30. 1. 1974 beschloß der Rat die Aufstellung umfassender Energiebilanzen in vierteljährlichen Zeitabständen.[6] Dieses Instrument ermöglicht eine ständige Übersicht über die Energieversorgung, Lagerhaltung und den Energieverbrach.

20 Am 29. 5. 1974 legte die Kommission dem Rat ihre erste umfassende Konzeption im Bereich der Energiepolitik vor: die neue energiepolitische Strategie.[7]

In ihr wurden 4 Probleme der sich neu ergebenden Energielage erörtert

- das geringere Anwachsen des Energiebedarfs als Folge des niedrigeren Wirtschaftswachstums
- die Substitution auf der Nachfrageseite
- die fehlende Flexibilität auf der Angebotsseite
- die Gefährdung von Investitionen durch konjunkturelle Fluktuationen.

Und folgende Ziele für eine Energiebilanz des Jahres 1985 gesetzt:

- Senken der jährlichen Wachstumsrate des Energiebedarfs, so daß der Inlandsverbrauch im Jahre 1985 um wenigstens 10 % geringer als vorhergesehen ausfallen kann
- Senken der Abhängigkeit von Energieeinfuhren von 63 % auf 40 %
- Festlegen einer Reihe von Förderzielen für einheimische Energieträger.

21 Dieser erste Vorstoß der Kommission verpuffte weitgehend in einer langwierigen Diskussion mit den Mitgliedstaaten im Ministerrat. Die Kommission trug dieser Diskussion bei der Erarbeitung ihrer *energiepolitischen Ziele für 1985*[8] Rechnung. Sie übermittelte diese am 29. 11. 1974 dem Ministerrat, der sie in Form einer Entschließung auf seiner Tagung vom 17. 12. 1974 annahm.[9] Fünf Jahre später, am 14. 6. 1979, aktualisierte die Kommission die Objektive mit der Aufstellung der *energiepolitischen*

6 Verordnung (EWG) Nr. 293/74 vom 30. 1. 1974, ABl. 1974 Nr. L 32 S. 1, HER I A 121, S. 27.
7 BullEG, Beilage 4/74.
8 »Gemeinschaftliche Energiepolitik – Ziele für 1985« Mitteilung der Kommission Dok. KOM (74) 1960 endg. vom 29. 11. 1974.
9 ABl. 1975 Nr. C 153 S. 5; HER I A 121, S. 33 ff.

Ziele der Gemeinschaft für 1990,[10] die sich der Rat dann am 13. 5. 1980 zu eigen machte.[11] In jüngster Zeit ergänzte die Kommission ihre Arbeiten globaler energiepolitischer Natur durch die *Entwicklung einer Energiestrategie für die Gemeinschaft*[12] vom 1. 10. 1981, die der Rat am 27. 10. 1981 in Form einer Entschließung verabschiedete.[13]

2. *Die Ziele der gemeinschaftlichen Energiepolitik für 1985 und 1990*

22 Zentrale Ziele der gemeinschaftlichen Energiepolitik sind die

- schrittweise Verringerung des Verhältnisses zwischen Wachstum des Energieverbrauchs und Wirtschaftswachstum auf weniger als 0,7
- Begrenzung der Abhängigkeit von Drittländern bei der Energieeinfuhr auf 50 % und insbesondere Begrenzung der Nettoerdöleinfuhren auf 470 Mio Tonnen.

Das erste Ziel beinhaltet einen gewaltigen Rückgang der Zuwachsraten des Energieverbrauchs. Lag dieser in den vergangenen Jahrzehnten gegenüber dem Wachstum des Bruttosozialprodukts bei 1,0 – d. h. für 1 % Bruttosozialprodukt-Zuwachs benötigte man 1 % mehr an Energie – so bedeutet eine Reduzierung dieses Koeffizienten auf 0,7 ein Einsparen von fast einem Drittel der jährlichen Wachstumsraten des Energiebedarfs; für die Gemeinschaft macht dies zur Zeit etwa 10 Mio Tonnen Rohöl aus (dies entspricht dem Ölverbrauch der Bundesrepublik für 3 Wochen). Zur Erreichung dieses Zieles setzte sich die Gemeinschaft im Jahre 1974 das Ziel für Energieeinsparen für das Jahr 1985 von 15 %. Das wären voraussichtlich rund 150 Mio Tonnen Rohöl oder etwa die Hälfte des gesamten Energiebedarfs der Bundesrepublik im Jahre 1985. Das zweite Ziel, die Begrenzung der Abhängigkeit von Importöl bedeutet nicht mehr und nicht weniger als ein Einfrieren der Importe auf den Stand von 1978, 470 Mio Tonnen, und das für einen Zeitraum von 12 Jahren!

23 Zum Erreichung dieser Ziele werden folgende Maßnahmen als notwendig erachtet.

1. Intensivierung des Energieeinsparens.
2. Wiedererreichen der Steinkohlenförderung von 1973.
3. Merkliche Erhöhung der Kohleeinfuhren.
4. Verstärkter Einsatz fester Brennstoffe in Kraftwerken.
5. Durchführung der Kernkraftwerksprogramme soweit wie möglich.

10 »Energiepolitische Ziele der Gemeinschaft für 1990 und Konvergenz der einzelstaatlichen Politik« Mitteilung der Kommission Dok. KOM (79) 316 endg. vom 14. 6. 1979.

11 ABl. 1980 Nr. C 149 S. 1; HER I A 121, S. 69.

12 »Entwicklung einer Energiestrategie für die Gemeinschaft« Mitteilung der Kommission Dok. KOM (81) endg. vom 1. 10. 1981.

13 Zum Zeitpunkt der Berichterstellung noch nicht veröffentlicht.

6. Erhöhung der Öl- und Gasförderung.
7. Förderung der Erforschung und Nutzung regenerativer Energien.
8. Ausbau des Handels mit Energieerzeugnissen in der EG.
9. Verwirklichung der notwendigen Investititonen.
10. Verfolgung einer Energiepreispolitik hinsichtlich marktgerechter Energiepreise, Verringerung degressiver Tarife, Sicherstellung der Markttransparenz, Harmonisierung der Preispolitik und Verbrauchssteuern.
11. Verstärkte Aufklärung der Öffentlichkeit über die Energieprobleme.

24 Eine Verfolgung dieser Ziele und Maßnahmen soll sicherstellen, daß der Anteil des Erdöls an der Deckung des Gesamtbedarfs an Primärenergie im Jahre 1985 auf 49 % und im Jahre 1990 auf 47 % sinkt (gegenüber 61 % im Jahre 1973). Da trotz allem der Anteil der Kohle im gleichen Zeitraum von 23 % auf 18 % sinken wird, könnte der notwendige Mehrbedarf praktisch nur von der Kernenergie gestellt werden: mit einem Anstieg des Versorgungsanteils von 1 auf 15 %.

	1973	1980	1985	1990
Feste Brennstoffe (Stein-, Braunkohle, Torf)	23	23	17	18
Erdöl	61	52	49	47
Erdgas	12	18	18	17
Wasserkraft, Erdwärme	3	2	3	3
Kernenergie	1	5	13	15
Gesamtbedarf	100	100	100	100

25 Da die Erdölförderung innerhalb der Gemeinschaft bereits auf über 90 Mio t angestiegen ist, wird das Ziel für 1990 (87 bis 147 Mio t) erreicht werden. Aufgrund dieses Produktionsanstiegs und der fortschreitenden Substitution durch Kohle und Kernenergie rückt das Ziel der Verringerung der Netto-Öleinfuhren ebenfalls in erreichbare Nähe (470 Mio t gegenüber 640 Mio t im Jahre 1973). Die Zwischenbilanz für das Jahr 1980 scheint sich den Zielvorstellungen zu nähern, auch wenn sich bei einem Energieträger, der Kernenergie noch eine recht erhebliche Abweichung feststellen läßt: 10 %-Punkte.

Die vereinfachte Energiebilanz für das Jahr 1990 soll laut Zielvorstellung vom 14. 6. 1979 wie folgt aussehen:

	Produktion	Netto-Einfuhren	Gesamtbedarf
Feste Brennstoffe	193	55	248
Öl	87/147	470	557/617
Erdgas	116/131	122	238/253
Kernenergie	208	–	208
Wasser, Sonst.	39	4	43
Insgesamt	643/718	651	1294/1369

3. Entwicklung einer Energiestrategie für die Gemeinschaft

26 Die im Herbst 1981 von der Kommission erarbeitete Energiestrategie geht über den eher quantitativen Ansatz der Ziele der gemeinschaftlichen Energiepolitik hinaus und stellt diese in den Rahmen der Entwicklung der wirtschaftlichen Lage weltweit und für die einzelnen Mitgliedstaaten. Die erheblichen Ölpreissteigerungen der letzten Jahre, verbunden mit dem weiterhin hohen Anteil des Importöls an der Energieversorgung, den Schwierigkeiten für den verstärkten Einsatz heimischer Energien und der Förderung der Kernenergieprogramme, lassen ein gemeinsames Vorgehen in wichtigen energiepolitischen Bereichen noch notwendiger als bisher erscheinen. So soll die Kommission stärker als bisher die Verfolgung der Gemeinschaftsziele durch die Mitgliedstaaten überwachen, durch jährliche Berichte, und sie soll überall dort zusätzliche Aktionen durchführen, wo nationalstaatliches Handeln verstärkt werden muß.

27 Als »Operationelle Prioritäten« werden dabei folgende 5 Bereiche genannt:

– Schaffung passender Investitionsbedingungen für Substitutionsenergien und Energieeinsparen: Tatsächlich stagniert das Investitionsvolumen in der Gemeinschaft im Energiebereich derzeitig bei 1,6 % des BSP (gegenüber 3 % für Japan und 4 % für die USA),

– einheitliche Haltung bezüglich der Preispolitik: Voraussetzung hierfür ist eine verbesserte Preistransparenz und eine Anpassng der Steuerpolitik im Mineralölbereich,

– Annahme von Maßnahmen zur Verhinderung von Markterschütterungen: die starke Abhängigkeit der Gemeinschaft in ihrer Energieversorgung macht sie besonders anfällig für Spannungen am Weltölmarkt,

– Verstärkung gemeinschaftlicher Politiken in den Bereichen Forschung und Entwicklung: eine optimale Nutzung des in der Gemeinschaft vorhandenen Potentials der technologischen Entwicklung und der zur Verfügung stehenden finanziellen Mittel macht ein gemeinschaftliches Vorgehen in diesem Bereich besonders notwendig,

- Ausbau der Verfolgung gemeinschaftlicher Konzeptionen und Initiativen im Bereich der Außenbeziehungen: die Gemeinschaft gibt den Mitgliedstaaten die notwendige Dimension, in den internationalen Beziehungen ihre Interessen nachdrücklich vertreten zu können. Dies gilt sowohl bei Verhandlungen mit den Ölerzeugern, als auch für die Energieversorgung schlechthin (Gas, Kohle, Uranerz). Dies gilt aber auch gegenüber den Entwicklungsländern, mit denen eine enge Zusammenarbeit im Energiebereich anzustreben ist.

Es wird Aufgabe der Kommission sein, ihre Strategie in den nächsten Jahren in enger Zusammenarbeit mit den Mitgliedstaaten Punkt für Punkt zu verwirklichen, trotz aller Widerstände, die sich dabei von innen und außen ergeben werden. Vor allem im Bereich der energiepolitischen Außenbeziehungen ist hierbei ein weiter Weg zurückzulegen. Der Intergrationsprozeß kann auf diese Weise die für den Energiebereich so notwendigen verstärkenden Impulse erhalten.

IV. Maßnahmen der gemeinschaftlichen Energiepolitik

1. Energienachfrage: Rationelle Energienutzung

28 Es gibt grundsätzlich eine ganze Reihe von Maßnahmen durch die sich die Energienachfrage beeinflussen läßt, wie Preis- und Tarifpolitik, Investitionsanreize und -erschwernisse, Rationelle Energienutzung (Energiesparen). Die Gemeinschaft hat bislang lediglich im zuletzt genannten Bereich – und auch dort nur unter erheblichen Schwierigkeiten – ein gemeinschaftliches Instrumentarium erstellt.

Seit der Vorlage und Verabschiedung ihres Aktionsprogramms für rationelle Energienutzung vom 17. 12. 1974 hat sie eine Reihe von Maßnahmen ergriffen, die den breiten Bereich staatlicher Handlungsmöglichkeiten abdecken.

- Aufstellung von Energieeinsparzielen
- Koordinierung einzelstaatlicher Aktionen und Schaffung von Rahmenbedingungen (u. a. um mögliche wettbewerbshemmende Wirkungen nationaler Maßnahmen zu verhindern)
- Finanzierung von Demonstrationsvorhaben und Pilotanlagen.

a) Aufstellung von Energieeinsparzielen

29 In seiner Sitzung vom 17. 12. 1974 beschloß der Rat ein Aktionsprogramm im Bereich der rationellen Energienutzung.[14] Es gipfelt in der Senkung des Wachstums des Energieverbrauchs von 5% auf 3.5%, was auf eine Einsparung für das Jahr 1985 von 15% hinausläuft. Die Entschließung für ein Aktionsprogramm der Gemeinschaft im Bereich der rationellen Energienutzung bildet zugleich Abschluß und Ausgangspunkt langwieriger Arbeit:

- Abschluß einer ersten Phase der Untersuchung des Problems der Energieverluste und der potentiellen Einsparmöglichkeiten, die 1972 – noch lange vor der Krise – begonnen hatte. Die in den Jahren 1972/74 vorgenommenen recht umfangreichen Vorarbeiten ermöglichten es der Kommission Ende 1974 ihr detailliertes Aktionsprogramm vorzulegen, zu einem Zeitpunkt, als in den meisten Hauptstätten Europas kaum konkrete Vorstellungen zu diesem Thema existierten.
- Ausgangspunkt für die Tätigkeit der Gemeinschaft, die in diesem Bereich das folgende Jahrzehnt über bestimmend sein wird.

Das Aktionsprogramm setzte nicht nur Grundlagen und Ziele für ein Gemeinschaftsprogramm für rationelle Energienutzung. Vielmehr zeigte es auch die Durchführungsmöglichkeiten auf und legte eine erste Reihe von 22 erfolgversprechenden Aktionen in den 4 wichtigsten Endverbrauchs-Sektoren fest.

30 Insgesamt sollten auf der Basis eines Inlandsverbrauchs von 1,6 Mrd T RÖE im Jahre 1985 rund 240 Mill t RÖE einzusparen sein, und zwar wie folgt:

- *Haushalts- und Kleinverbrauch:* durch verbesserte Wärmedämmung, geregelte Luftzufuhr, verbesserte Heizungsregelung und -wartung, sowie Verbesserung der Nutzungsgrade bei der Warmwasserbereitung und bei elektrischen Geräten 90 Mill. t RÖE
- *Verbrauch des Verkehrssektors*: durch technische Verbesserungen an den Fahrzeugen, erweiterter Einsatz von Dieselmotoren, Förderung des städtischen Massenverkehrs 35 Mill. t RÖE
- *Verbrauch der Industrie:* durch Verbesserung von Verbrennungsanlagen, Produktionsverfahren, Raumheizung, Kraft- und Lichtnutzung, sowie Wärmerückgewinnung und gekoppelte Kraft-/Wärmeerzeugung 84 Mill. t RÖE
  und weitere 20 Mill. t für nicht energetischen Endverbrauch.
- *Energiewirtschaft:* durch Verbesserung der Nutzungsgrade bei der Energieumwandlung, gekoppelte Kraft-/Wärmeerzeugung, Nutzung der Abwärme 11 Mill. t RÖE

Bei ausreichend breiter und wirkungsvoller Einführung von Maßnahmen in den genannten Bereichen in der gesamten Gemeinschaft sieht das Aktionsprogramm schon ab 1977 Einsparungen in Höhe vom 10 Mill. t RÖE (3% des Verbrauchs) vor. Tätsächlich wurde im Jahre 1977 ein Wert von 4% erreicht. Die Verabschiedung dieses ersten umfangreicheren Teilprogrammes zeigte, wie die Gemeinschaft nicht nur im Bereich

14 ABl. 1975 Nr. C 153 S. 5; HER I A 121/10, S. 3.

allgemeiner Zielformulierungen tätig zu werden denkt, sondern konkret in einzelnen spezifischen Bereichen.

31 Eine ganze Reihe der im Aktionsprogramm beschriebenen Maßnahmen wurde in den folgenden Jahren verwirklicht.[15]. Der Rat beschloß in den Monaten Juni bis Dezember 1975 – noch unter dem Schock der Ölpreiserhöhung stehend – zwei kurzfristige *Einsparziele* für den Mineralöl-[16] und Energieverbrauch.[17] Beide bringen inhaltlich nichts Neues, da sie lediglich die ohnehin zu erwartende Entwicklung des Verbrauchs festschrieben (der aufgrund des Preisanstiegs und des Konjunktureinbruchs stark rückläufig war).

32 Wenn das Aktionsprogramm aus dem Jahre 1974 auch heute noch grundsätzlich eine Richtschnur ist, so hat die Kommission doch im Zusammenhang mit der Formulierung ihrer energiepolitischen Ziele für 1990 auch eine entsprechende Anpassung der Einsparziele vorgenommen. Sie legte dem Rat gemeinsam mit dem »Dritten Bericht über das Programm der Gemeinschaft auf dem Gebiet der Energieeinsparung« und den »Neuen Energieeinsparmaßnahmen der Gemeinschaft« vom 21. 6. 1979 einen Entschließungsentwurf betreffend neue Orientierungen für Maßnahmen der EG auf dem Gebiet der Energieeinsparung vor. Der Rat verabschiedete letztere am 9. 6.1980.[18] Sie beinhaltet vorallem

- die Verminderung des Verhältnisses der Wachstumsraten von Energieverbrauch und BSP auf 0.7 für das Jahr 1990,
- die Notwendigkeit für die Mitgliedstaaten, spätestens bis Ende 1980 Energiesparprogramme aufzustellen (es gab tatsächlich bis zu diesem Zeitpunkt immer noch einige Länder, die nicht über derartige Programme verfügten!),
- eine regelmäßige Information durch die Kommission über den Stand der einzelnen nationalen Sparprogramme.

Die Kommission unterbreitete mit dieser neuen Orientierung Leitlinien für ein Grundlagenprogramm, die von der Energiepreispolitik über verschiedenste Maßnahmen in den Verbrauchssektoren bis hin zur Information, Forschung und Entwicklung und Demonstration reichen.

b) Schaffung von Rahmenbedingungen

33 Entsprechend den Ankündigungen im Aktionsprogramm verabschiedete der Rat in den

15 Vgl. unten Rn. 33.
16 ABl. 1975 Nr. C 153 S. 9; HER I A 121/10, S. 5.
17 ABl. 1975 Nr. C 289 S. 1; HER I A 121/10, S. 7.
18 ABl. 1980 Nr. C 149 S. 3; HER I A 121/10, S. 63.

Jahren 1976 bis 1980 nicht weniger als 13 Empfehlungen und Richtlinien betreffend Maßnahmen für einen rationellen Energieverbrauch durch

- verbesserte Wärmedämmung in Gebäuden[19]
- Regelung von Heizanlagen in bestehenden Gebäuden[20]
- Verbesserung des Fahrverhaltens mit Straßenfahrzeugen[21]
- verbesserten Personennahverkehr[22]
- optimale Nutzung von elektrischen Haushaltsgeräten[23]
- Heizungsregulierung in Neubauten[24]
- Verbesserung der Energienutzung in Industriebetrieben[25]
- Förderung der kombinierten Wärme/Krafterzeugung[26]
- Leistung von Wärmeerzeugern zur Raumheizung und Warmwasserbereitung[27]
- Anbringen von Leistungsdaten an Haushaltsgeräten.[28]

Die meisten dieser Rechtsakte zeigen erst schrittweise ihre Wirkung. Für das Jahr 1981 wird der in der Gemeinschaft aufgrund von Energieeinsparmaßnahmen erzielte Minderverbrauch auf 11 % geschätzt. Das sind rund 100 Mio t Rohöl. Dabei ist der Einfluß der konjunkturellen Entwicklung berücksichtigt, es handelt sich um echte Einsparungen. Die Entwicklung in diesem Bereich ist recht ermutigend. Sie zeigt, daß trotz dem mitunter recht starken wirtschaftlichen Interesse einzelner Mitgliedstaaten für nicht abgestimmte Maßnahmen, die gemeinschaftlichen Maßnahmen zum Durchbruch kommen und zur weiteren Integration der Energiemärkte beitragen.

c) Gemeinschaftliche Förderung von Demonstrationsvorhaben

34 Ein Durchbruch aus den Zielformulierungen und den vielen rechtliche Rahmenbedingungen setzenden Empfehlungen und Richtlinien gelang der Gemeinschaft mit der Schaffung eines Finanzierungsinstrumentes für die Gewährung von Unterstützung für

19 ABl. 1976 Nr. L 140 S. 11.
20 ABl. 1976 Nr. L 140 S. 12.
21 Ebenda S. 14.
22 Ebenda S. 16.
23 Ebenda S. 18.
24 ABl. 1977 Nr. L 295 S. 1; HER I A 121/10, S. 9.
25 Ebenda S. 3 und S. 13.
26 Ebenda S. 5 und S. 19.
27 ABl. 1978 Nr. L 52 S. 32; HER I A 121/10, S. 23.
28 ABl. 1979 Nr. L 145 S. 1; HER I A 121/10, S. 55.

Demonstrationsvorhaben zur Energieeinsparung.[29] Der Rat verabschiedete eine diesbezügliche Verordnung am 12. 6. 1978. Sie sieht für eine ganze Reihe von Vorhabentypen Beihilfen von bis zu 49 % der Projektkosten vor. Nach zwei in den Jahren 1979 und 1980 erfolgten Ausschreibungen, auf die jeweils mehrere Hundert Finanzierungsanträge eingingen, konnte die Kommission den ihr zugebilligten Gesamtbetrag in Höhe von 55 Millionen ERE nahezu ausschöpfen, obwohl die Laufzeit der Verordnung bis 1982 reicht. Die Kommission bemüht sich daher, zusätzliche Mittel in ihren Haushalt eingestellt zu bekommen.

2. Energieangebot: Kohle

35 Die unzureichende vertragliche Regelung für die Kohle sowie ihre unterschiedliche Verfügbarkeit in den Mitgliedstaaten läßt die Gemeinschaft nur schwerlich zu einer gemeinsamen Kohleversorgungspolitik kommen. In wichtigen Bereichen, wie der finanziellen Förderung für den Kohleeinsatz in Kraftwerken oder die Übernahme eines Teils der Kosten für die Aufhaldungen, konnte nach jahrelangem Tauziehen bis heute noch kein gemeinschaftliches Vorgehen gefunden werden. Zu stark sind die Interessengegensätze zwischen den Kohleförderländern – die auf derartige Beihilfen drängen – und den Ländern die sich fast ausschließlich am – billigeren – Weltmarkt mit Importkohle versorgen. So bestehen die Gemeinschaftsmaßnahmen im Bereich Kohle vorallem in

- der Genehmigung finanzieller Maßnahmen der Mitgliedstaaten zugunsten des Steinkohlebergbaus – die ohne Genehmigung aufgrund des Subventionsverbots des EGKSV nicht zulässig sind – in Form von Kommissionsentscheidungen;[30]
- der Gewährung einer geringfügigen Beihilfe für den innergemeinschaftlichen Austausch von Kokskohle und Koks für die Eisen- und Stahlindustrie der Gemeinschaft.[31] So ist aufgrund der letzten Entscheidung aus dem Jahr 1979 der Sonderfonds auf höchstens 47 Mio ERE/Jahr aufgestockt worden, wobei bis zu 15 Mio t Kohle subventioniert werden dürfen.[32]

Hinsichtlich Maßnahmen der Forschung und Entwicklung sowie der Pilotanlegen für Verflüssigung und Vergasung s. Rn. 44 bis 50.

Aufgrund der wachsenden Bedeutung der Kohleeinfuhren für die Gemeinschaft beschlossen die Regierungen der Mitgliedstaaten eine gemeinschaftliche Überwachung derselben.[33] Tatsächlich haben sich die Kohleeinfuhren von rund 30 Mio t zu Beginn der

29 ABl. 1978 Nr. L 158 S. 6; HER I A 121/60, S. 13.
30 ABl. 1976 Nr. L 63 S. 1; HER I A 121/20, S. 1.
31 ABl. 1973 Nr. L 259 S. 76; HER IV A 26, S. 9.
32 ABl. 1979 Nr. L 344 S. 1.
33 ABl. 1977 Nr. L 292 S. 11; HER I A 121/20, S. 29.

70er Jahre auf 74 Mio t im Jahr 1980 gesteigert (wobei im gleichen Jahre 1980 die Bestände von Koks und Steinkohle in der Gemeinschaft bei 50 Mio t lagen!).

Gute Information über die Entwicklung des Kohlemarktes liefert die Kommission in ihren Berichten und Mitteilungen, wie z. B. dem jüngst erschienen »Der Kohlemarkt der Gemeinschaft 1980 – Aussichten 1981«.[34]

3. Energieangebot: Kohlenwasserstoffe

36 Noch schwieriger als im Kohlebereich ist die Erarbeitung eines gemeinschaftlichen energiepolitischen Ansatzes im Bereich von Öl und Gas. In der Gemeinschaft stehen hier – ähnlich wie auf internationaler Ebene am Weltmarkt – Produzenten-/Exportländer den Verbraucher-/Importländern gegenüber: die Niederlande, mit ihren Gasexporten der einzige Netto-Energielieferant der EG und Großbritanien mit einer Ölförderung von 80 Mio t ebenfalls bedeutender Lieferant auf der einen Seite und die Energie-Habenichtse wie Dänemark, Irland und Luxemburg und in etwas geringerem Maße auch Italien andererseits. Die Gemeinschaft hat sich deshalb bislang nur einigen können auf Maßnahmen, wo alle Mitgliedstaaten interessiert sind, wie

– Schaffung einer ausreichenden Informationsbasis über Investitionsvorhaben, Ein- und Ausfuhr von Rohöl und Mineralölprodukten, Ölpreise,[35]

– Aufbau eines Systems, das die gemeinschaftliche Mineralölversorgung im Falle einer Krise weitgehend sicherstellt,

– Einschränkung des Einsatzes von Öl und Gas in Kraftwerken, da diese wertvollen und meist importierten Energieträger über die Hälfte ihres Energiepotentials bei der Verstromung verlieren,[36]

– Förderung von gemeinschaftlichen Vorhaben für die Entwicklung moderner Technologie und für die Öl-prospektion.

34 ABl. 1981 Nr. C 123 S. 1; HER I A 121/20, S. 47.

35 – Mitteilung der Investitionsvorhaben, VO Nr. 1056/72 vom 18.5.72, ABl. 1972 Nr. L 120 S. 7; HER I A 121, S. 11;
– Mitteilung der Einfuhr von Kohlenwasserstoffen, VO Nr. 1055/72 vom 18. 5. 72, ABl. 1972 Nr. L 120 S. 3; HER I A 121/30, S. 11;
– Mitteilung über die Ausfuhr von Kohlenwasserstoffen, VO Nr. 388/75 vom 13. 2. 1975, ABl. 1975 Nr. L 45 S. 1; HER I A 121/30, S. 25;
– Registrierung der Einfuhren von Rohöl und Mineralölerzeugnissen, VO Nr. 1893/79 vom 28. 8. 1979 ABl. 1979 Nr. L 220 S. 1; HER I A 121/30, S. 89;
– Unterrichtung über die Preise für Rohöl und Mineralölerzeugnisse, Richtlinie vom 4. 5. 1976, ABl. 1976 Nr. L 140 S. 4; HER I A 121/30, S. 49.

36 – Richtlinie vom 13. 2. 1975 über die Einschränkung des Einsatzes von Erdgas in Kraftwerken, ABl. 1975 Nr. L 78 S. 24; HER I A 121/30, S. 41.
– Richtlinie vom 14. 4. 1975 über die Einschränkung des Einsatzes von Erdölerzeugnissen in Kraftwerken, ABl. 1975 Nr. L 178 S. 26; HER I A 121/30, S. 45.

Auf die beiden bedeutenden Bereiche des Krisen-Systems und der finanziellen Förderung gemeinschaftlicher Vorhaben sei im folgenden noch kurz gesondert eingegangen.

a) Maßnahmen für den Fall von Versorgungsschwierigkeiten

37 Die Maßnahmen betreffen einerseits die Anlage von Mindestvorräten. Die Gemeinschaft war hier weitsichtig genug – wohl in Anbetracht der in den 60er Jahren immer stärker werdenden Abhängigkeit vom Importöl – schon im Jahr 1968 ein erstes Instrument zu schaffen: die Richtlinie zur Verpflichtung der Mitgliedstaaten, Mindestvorräte an Erdöl in einem Umfang von 65 Verbrauchstagen zu halten.[37] Diese Voraussicht machte es der Gemeinschaft möglich, die vorübergehenden Lieferausfälle zwischen Oktober 1973 und Januar 1974 ohne größere Schwierigkeiten zu überstehen. Ein Jahr davor hatte der Rat in einer weiteren Richtlinie die Bezugszeit von 65 auf 90 Tage erhöht, so daß tatsächlich in einer Reihe von Mitgliedstaaten ein Versorgungspolster von 80 bis 90 Tagen zur Verfügung stand.[38]

Eine weitere, kurz vor der „Krise" erlassene, Richtlinie über Maßnahmen zur Abschwächung von Ölversorgungsschwierigkeiten kam ebenfalls wie gerufen.[39] Die in ihr vorgesehenen Befugnisse bezüglich der Entnahme aus den Sicherheitsvorräten und der Zuteilung an die Verbraucher, der spezifischen Verbrauchseinschränkungen sowie der Preisvorschriften zur Ausschaltung anomaler Preiserhöhungen, machten es der Kommission und den Mitgliedstaaten möglich, während der Periode 1973/74 Vorkehrungen für gemeinsames Handeln als Reaktion auf die Versorgungsschwierigkeiten zu treffen.

38 In den Jahren 1976/77 wurde dann nach langen Verhandlungen im Rat und in Abstimmung mit dem System der Internationalen Energieagentur in Paris ein Instrumentarium geschaffen, das

- die Ausfuhr von Öl von einem in den anderen Mitgliedstaat bei Versorgungsschwierigkeiten regelt; es geht dabei insbesondere um die Aufrechterhaltung des freien Warenverkehrs mit Mineralölprodukten – ein unter Lieferboykott stehendes Land soll nicht einfach seinerseits die Grenzen schließen können;[40]
- einen gemeinsamen Richtwert für die Einschränkung des Primärenergieverbrauchs bei Ölversorgungsschwierigkeiten festsetzt; so kann die Kommission beim Auftreten von Versorgungsschwierigkeiten den Verbrauch bis zu 10 % einschränken.[41]

37 ABl. 1968 Nr. L 308 S. 14; HER I A 121/30, S. 1 i. V. m. Entscheidung 68/416/EWG, ABl. 1968 Nr. L 308 S. 19; HER I A 121/30, S. 7.
38 Richtlinie vom 19. 12. 1972, ABl. 1972 Nr. L 291 S. 154, HER I A 121/30, S. 9.
39 ABl. 1973 Nr. L 228 S. 1; HER I A 121/30, S. 31.
40 Entscheidung des Rates vom 14. 2. 1977, ABl. 1977 Nr. L 61 S. 23; HER I A 121/30, S. 60 a.
41 Entscheidung vom 7. 11. 1977, ABl. 1977 Nr. L 292 S. 9; HER I A 121/30, S. 63.

b) Finanzielle Unterstützung gemeinschaftlicher Vorhaben

39 Die von der Gemeinschaft verfolgte Politik »Weg vom Importöl« und ihr Bestreben, die vorhandenen knappen Ressourcen möglichst optimal zu nutzen sollten natürlicherweise zu gemeinsamen Anstrengungen führen. In kaum einem Teilbereich gemeinschaftlicher Energiepolitik hat es ein so langes – und relativ erfolgloses – Ringen gegeben, wie in diesem. Von den von der Kommission im Jahre 1968 gemachten Vorschlägen zur Förderung der Ölvorkommen in der Gemeinschaft[42] hat erst *eine*, über die »Unterstützung gemeinschaftlicher Vorhaben im Bereich der Kohlenwasserstoffe«, mit erheblichen Abstrichen und im Jahre 1973 in Form einer Verordnung Eingang in die gemeinsame Energiepolitik gefunden.[43] Seit 1974 kann die Kommission Vorhaben, die für die Versorgungssicherheit von Bedeutung sind und sich mit technologischen Entwicklungstätigkeiten für Prospektion, Abbau, Lagerung oder Transport befassen, bis zu 49 % der Projektsumme finanziell unterstützen. Im Falle eines kommerziellen Erfolges ist ein Teil der Mittel zurückzuzahlen. Die Verordnung über die Unterstützung gemeinschaftlicher Vorhaben war lange Zeit der einzige Integrationskitt finanziellen Charakters. Für die Jahre von 1974 bis 1978 beschränkte sich der Einsatz von Gemeinschaftsmitteln für die Energiepolitik im wesentlichen auf diese einzige Position. Jährlich wurden dafür Mittel in Höhe von 20 bis 40 Mio ERE ausgegeben.

40 So sinnvoll eine derartige Technologieförderung mit öffentlichen Mitteln in einem weitgehend lukrativen, privatwirtschaftlichen Bereich auch sein mag, es bleibt dahingestellt, inwieweit durch derartige Aktionen das innergemeinschaftliche Angebot an Öl und Gas vergrößert werden konnte. Möglich wäre dies vorallem durch eine Unterstützung der Exploration, der Lagerstättenerforschung gewesen. Gerade diese aber benötigte eine 11jährige, im Ministerrat sporadisch geführte Diskussion, um endlich – nach dem Bersten des Berges – eine Maus zu gebären: ein auf einen einzigen Fall begrenztes Finanzierungsinstrument, die VO(EWG) Nr. 1038/79 des Rates vom 24. 5. 1979 über die gemeinschaftliche Unterstützung eines Vorhabens zur Exploration von Kohlenwaserstoffen in Grönland.[44] Durch diese VO wird ein Höchstbetrag von 3,5 Mio ERE für die Finanzierung eines Vorhabens in Grönland zur Verfügung gestellt. Übrigens kam auch dieser Beschluß nur aus außenpolitischen Gesichtspunkten zu Stande, da sich Grönland gegenüber Dänemarks und der EG in einer schwierigen Position befindet.

4. Energieangebot: Kernenergie

41 Der Bereich Kernenergie ist ein Bereich, der, abgesehen von der Forschung, wenig Anlaß für gemeinschaftliche Maßnahmen geben kann, zumindest in Hinblick auf seine Rolle bei

42 »Erste Orientierung für eine gemeinsame Energiepolitik« Mitteilung der Kommission vom 18. 12. 1968 Ziff. 29 und 35; HER I A 121, S. 1.
43 ABl. 1973 Nr. L 312 S. 1; HER I A 121/30, S. 35.
44 ABl. 1979 Nr. L 132 S. 1; HER I A 121/30, S. 77.

der Energieversorgung der Gemeinschaft. Die Nutzung der Kernenergie wirft keine Probleme wirtschaftlicher Natur auf, die Frage der Importabhängigkeit stellt sich – aufgrund der Herkunft der Brennstofflieferungen und der guten Vorratshaltung – nicht in der der Kohlenwasserstoffversorgung auch nur annähernd vergleichbaren Schärfe. Das für eine gemeinsame Versorgungspolitik im Kernenergiebereich maßgebliche Kapitel VI des EAGV wird von einem Mitgliedstaat nicht voll akzeptiert; die seit 15 Jahren angestrebte Neuformulierung dieses Kapitels steht noch weit entfernt.

42 Angesichts dieser Grundvoraussetzungen ist es nicht verwunderlich, wenn es nur zu drei Rechtsakten gekommen ist:

- einer VO über die Unterstützung von Uranschürfungsvorhaben innerhalb der EG aus dem Jahre 1976,[45] durch die etwa 5 bis 10 Vorhaben pro Jahr mit – im Jahre 1980 knapp 10 Mio ERE – gefördert werden können;
- dem Beschluß über die Aufnahme von EURATOM-Anleihen für die Finanzierung von Kernkraftanlagen aus dem Jahre 1977,[46] der gemäß eines ersten Durchführungsbeschlusses[47] einen Höchstbetrag von 500 Mio ERE in Form von banküblichen Darlehen zur Finanzierung von Investitionsvorhaben für Erzeugung von Kernenergie und für Anlagen des Brennstoffkreislaufs zur Verfügung stellt. Diese Mittel waren bis Ende 1980 ausgegeben. Über eine Wiederauflage der Anleihe wird verhandelt;
- einer Entschließung über den Informationsaustausch bei der Standortwahl für Kernkraftwerke;[48] die ursprünglich von der Kommission auf eine Einrichtung eines verbindlichen Konsultationsverfahrens konzipierte Richtlinie ist nach langwierigen Verhandlungen im Rat auf eine praktisch bedeutungslose Entschließung für einen unverbindlichen Informationsaustausch reduziert worden.

5. *Energieangebot: Elektrizität*

43 Maßnahmen im Bereich Elektrizität sind an der relativ geringen Notwendigkeit für Gemeinschaftsmaßnahmen zu messen: es geht in diesem Bereich im wesentlichen um die Erzeugung von Sekundärenergie (die Primärenergie Kernkraft ist in Kapitel 4 abgehandelt, die Primärenergie Wasserkraft eignet sich nur in geringem Maße für Gemeinschaftsaktionen). Diese kennt in der Regel keine wirtschaftlichen, anderen Energieträgern vergleichbare Probleme. Der innergemeinschaftliche Austausch hält sich in Grenzen, er ist regional, auch mit Nicht-EG-Ländern organisiert und z. T. älter als die EWG. Es liegt somit auf der Hand, daß sich in diesem Bereich nur wenig gemeinschaftliche Maßnahmen ergeben:

45 ABl. 1976 Nr. L 221 S. 17; HER I A 121/40, S. 1.
46 ABl. 1977 Nr. L 88 S. 9; HER I A 121/40, S. 5.
47 ABl. 1977 Nr. L 88 S. 9; HER I A 121/40, S. 5.
48 ABl. 1978 Nr. C 286 S. 1; HER I A 121/40, S. 67.

- die VO über die Mitteilung von Investitionsvorhaben[49] für Produktion und Transport von Elektrizität zwecks Erstellung von Gesamtübersichten über die Entwicklung der Investitionen in der Gemeinschaft,
- eine Richtlinien aus dem Jahre 1975 zur Verpflichtung der Mitgliedstaaten, Mindestvorräte an fossilen Brennstoffen bei Wärmekraftwerken zu halten; diese Vorräte sollen dem Betrieb von 30 Tagen entsprechen und bis 1. 1. 1978 aufgebaut sein,[50]
- eine Entschließung aus dem Jahre 1978 über den Informationsaustausch beim Bau von Kraftwerken, von ähnlicher Bedeutung wie die oben (Rn. 41) unter Kernenergie angeführte.[51]

6. Energieangebot: Neue Energieträger

44 Die Nutzung neuer Energien (die Bezeichnung »neu« wird hier im Gegensatz zu den herkömmlichen, traditionellen Energieträgern verwandt) setzt eine gewisse technologische Reife voraus. Ihr Einsatz im Rahmen des hier abgehandelten Kapitels der europäischen Energiepolitik bedingt eine Erwartung auf wirtschaftliche Verwendung (wo diese Erwartung nicht gegeben ist und/oder die technologische Entwicklung noch nicht ausgereift ist, gehören die neuen Energien in das Kapitel Forschungs- und Technologiepolitik). In Hinblick auf das derzeitig bei der Kommission laufende Programm in diesem Bereich werden als neue Energieträger die

- Vergasung und Verflüssigung fester Brennstoffe (Kohle)
- Erdwärme
- Sonnenenergie

behandelt.

45 Die vom Rat am 12. 6. 1978 erlassene Verordnung über die Gewährung einer finanziellen Unterstützung für Vorhaben zur Nutzung alternativer Energiequellen[52] gibt der Kommission erstmals die Möglichkeit in diesem noch jungen und langfristig vielversprechenden Bereich aktiv zu werden. Die finanzielle Unterstützung soll Vorhaben zugute kommen, in denen der Einsatz von Techniken ermöglicht wird, die anders – aufgrund gewisser kommerzieller Risiken – unterbleiben würden. Durch – bei einem späteren Erfolg zum Teil rückzahlbare – Beihilfen von bis zu 40 % der Kosten des Vorhabens sollen derartige Demonstrationsvorhaben durch die Gemeinschaft gefördert werden. Für einen Zeitraum von 5 Jahren sind dafür 95 Mio ERE vorgesehen,

49 Vgl. Kap. 3, HER I A 121/30, S. 1.
50 ABl. 1975 Nr. L 153 S. 35; HER I A 121/50, S. 1.
51 ABl. 1978 Nr. C 286 S. 1; HER I A 121, S. 67.
52 Verordnung Nr. 1302/78, ABl. 1978 Nr. L 158 S. 3; HER I A 121/60, S. 7.

- 50 Mio ERE für die Verflüssigung und Vergasung von Kohle
- 22,5 Mio ERE für die Nutzung der Erdwärme
- 22,5 Mio ERE für die Nutzung der Sonnenenergie

die der Kommission aufgrund einer Verordnung vom 9. 4. 1979 zur Verfügung gestellt wurden.[53] In drei weiteren, am gleichen Tage erlassenen, Anwendungs-Verordnungen wurden die Verfahren für die Mittelvergabe für die drei Bereiche Kohle,[54] Erdwärme[55] und Sonnenenergie[56] festgelegt. In den folgenden 2 Jahren gelang es der Gemeinschaft ganz beachtliche Ergebnisse in diesem Bereich vorzuweisen.

a) Vergasung und Verflüssigung fester Brennstoffe

46 Aufgrund von zwei Ausschreibungen wurden 35 Vorhaben mit Kosten von insgesamt 1 Milliarde ERE vorgelegt. Die Kommission hat eine Beteiligung an 12 Vorhaben beschlossen und dafür insgesamt 52 Mio ERE an Unterstützung gewährt.

b) Erdwärme

47 Es wurden drei Ausschreibungen vorgenommen, die 120 Anträge einbrachten. Allein nach den beiden ersten Ausschreibungen, bis April 1980, war der ursprünglich gegebene Ansatz von 22.5 Mio ERE weitgehend aufgebraucht: die Kommission entschied über Mittelbindungen in Höhe von 19 Mio ERE für 30 Vorhaben in den Anwendungsbereichen Raumheizung, Stromerzeugung und Heizung von Gewächshäusern. Es ergibt sich auch in diesem Bereich die Notwendigkeit für eine vorzeitige Mittelaufstockung.

c) Sonnenenergie

48 Auch hier führte die Kommission 3 Ausschreibungen durch. Sie brachten ihr 280 Anträge mit Gesamtkosten von über 200 Mio ERE. Die Kommission wählte, nach Absprache mit einem Expertengremium der Mitgliedstaaten wie auch bei den beiden anderen Bereichen, 84 Vorhaben aus, die sie mit einer Beihilfe von 23 Mio ERE – bei Gesamtkosten in Höhe von 73 Mio ERE – unterstützte. Das Schwergewicht liegt dabei auf der Förderung der thermischen Solartechnik (mit 13 Mio ERE), während auf die Biomasse 9 Mio ERE und die Photovoltaik 0,4 Mio ERE entfielen.

Diese zahlenmäßigen Ergebnisse sprechen für sich. Ganz offensichtlich hat die Gemeinschaft im Bereich Förderung von Demonstrationsvorhaben ein Gebiet beschritten, in dem viel Platz für gemeinschaftliches Handeln ist. Die Kommission hat nunmehr dem Rat

53 ABl. 1979 Nr. L 93 S. 2; HER I A 121/60, S. 21.
54 ABl. 1979 Nr. L 93 S. 5; HER I A 121/60, S. 27.
55 ABl. 1979 Nr. L 93 S. 7; HER I A 121/60, S. 31.
56 ABl. 1979 Nr. L 93 S. 3; HER I A 121/60, S. 23.

vorgeschlagen, die Finanzhilfen im Ansatz zu verdoppeln, um der äußerst regen Nachfrage nachkommen zu können. Tatsächlich bleiben nach Ansicht der Experten zu viele gute Vorhaben wegen Mangel an Mitteln unberücksichtigt.

7. *Forschung und Entwicklung*

49 Forschung und Entwicklung im Energiebereich fördert die Gemeinschaft im wesentlichen im Rahmen ihrer *Forschungs- und Technologiepolitik.*[57] Im Rahmen der Energiepolitik werden lediglich Maßnahmen der technischen und wirtschaftlichen Forschung für die Kohleerzeugung und Betriebssicherheit in der Kohleindustrie gemäß Art. 55 EGKSV finanziert.[58] Auf die drei Programme in den Bereichen Energieeinsparen,[59] Neue Energieträger[60] und Kohlenwasserstofftechnologie,[61] die in gewisser Weise auch im Zusammenhang mit Forschung und Entwicklung dargestellt werden könnten, ist bei der sektoralen Betrachtung bereits hingewiesen worden.

50 So bleibt an dieser Stelle, in Hinblick auf eine Gesamtübersicht zum Thema Forschung und Entwicklung im Energiebereich, nur der Verweis auf die beiden großen Forschungs- und Entwicklungsprogramme, die vom Rat 1972[62] und 1979[63] beschlossen wurden. Durch sie konnte die Kommission einmal 59 Mio ERE (im Zeitraum 1975/79) und im anderen Falle 105 Mio ERE (Zeitraum 1979/83) für die Finanzierung von Vorhaben in den Bereichen

- Energieeinsparung
- Produktion und Verwendung von Wasserstoff
- Sonnenenergie
- Erdwärme
- Energie-Systemanalyse und Strategiestudien

zur Verfügung stellen. Im Unterschied zu den im Rahmen der Energiepolitik geförderten Vorhaben in den gleichen Bereichen Energieeinsparen und Neue Energieträger handelt es sich hierbei um Projekte, die schwerpunktmäßig dem Forschungsbereich zuzurechnen sind, da ihre Ergebnisse nicht unmittelbar für die kommerzielle Energieversorgung einsetzbar sind. Es liegt jedoch auf der Hand, daß die Grenzen zwischen beiden Programmen fließend sind und eine eindeutige Unterteilung nicht in allen Fällen möglich ist. Jedenfalls ist mit dem Teilbereich Forschung und Entwicklung ein weiterer

57 HER I A 150, S. 13.
58 Bekanntmachung der Kommission, ABl. 1974 Nr. C 139 S. 1.
59 Vgl. Rn. 34.
60 Vgl. Rn. 44 bis 48.
61 Vgl. Rn. 36 bis 40.
62 ABl. 1975 Nr. L 231 S. 1; HER I A 150/21, S. 1.
63 ABl. 1979 Nr. L 231 S. 30; HER I A 150/21, S. 1.

komplementärer Bereich für die Europäische Energiepolitik gegeben, der aufgrund der Sachzwänge, die er schafft, und des weitgehenden Interesses der Mitgliedstaaten zur Integration in der Energiepolitik einen entscheidenden Beitrag leistet.

8. Außenbeziehungen: Zusammenarbeit mit Drittländern

51 Der Aspekt der Außenbeziehungen tritt immer stärker in die Energiepolitik der Gemeinschaft und wird zu einem ihrer zentralen Themen. Grundsätzlich erfolgt die Tätigkeit der Gemeinschaft hier nach wie vor im Rahmen ihrer ursprünglich auf der Handelspolitik fußenden Außenbeziehungen. Dies gilt vor allem für die Fragen des Nord-Süd-Dialogs, der internationalen Konferenzen Nord/Süd und Ost/West, dem euro-arabischen Dialog usw.[64] Bei diesen generellen Erörterungen in diesen generellen Rahmen ergeben sich gerade für die Energie-Thematik erhebliche Schwierigkeiten. Es erscheint somit angebracht, gewisse »einfachere« Themen, vor allem mehr technischer Natur, im energiepolitischen Rahmen zu diskutieren und – soweit möglich – zu gemeinsamem Handeln zu finden. Hinzu tritt, daß sich gerade in den Entwicklungsländern die Lage der Energieversorgung dramatisch zuspitzt, so daß hier eine Zusammenarbeit, auch mit Europa, dringend erforderlich ist.

52 Im einzelnen führt die Gemeinschaft hier schon Politiken im Rahmen des Assoziationsabkommens mit den Staaten Afrikas, der Karibik sowie des Pazifiks und der Abkommen mit den Mittelmeerländern durch.[65] Für die nicht assoziierten Länder und für Themen der Energiepolitik, die Industrie- wie Entwicklungsländer gleichermaßen bewegen – wie z. B. Energieprogrammierung, -bilanzen – hat die Gemeinschaft in jüngster Zeit eigene energiepolitische Initiativen entwickelt. Auslösend dafür waren die Forderungen des Europäischen Rates in Bremen[66] im Jahre 1978 und des Bonner Weltwirtschaftsgipfels unmittelbar danach[67] nach einer weltweiten Zusammenarbeit zwischen Industrie- und Entwicklungsländern im Energiebereich. Die Kommission übermittelte dem Rat hierzu die Mitteilung über eine Zusammenarbeit mit den Entwicklungsländern im Energiebereich, in der u. a. auch konkrete finanzielle Beihilfen vorgesehen waren.[68] Der Rat wollte zwar der Kommission nicht so weit folgen, er sprach sich jedoch für einen generellen Ausbau und, als erste Schritte hierzu, für eine verbesserte Information und die Erstellung von Analysen der Energielage der Entwicklungsländer aus.[69]

In einer weiteren Mitteilung untersuchte die Kommission den Fluß der Entwicklungshilfe

64 Vgl. *Ernst*, Vorbemerkung zu den Art. 110 bis 116 Rn. 3ff.
65 Vgl. *Becker* zu Art. 238 Rn. 8 bis 12.
66 BullEG 6-1978, Ziff. 1.5.2.
67 BullEG 7/8-1978, Ziff. 1.1.3.
68 Dok. KOM (78) 380 endg. vom 1. 8. 1978, BullEG 7/8-1978, Ziff. 2.1.113; HER I A 121/80, S. 1.
69 BullEG 10-1978, Ziff. 2.1.112.

im Bereich Energie.[70] Sie kam dabei unter anderem zu dem Schluß, daß eine gemeinschaftliche Aktion im Bereich der Energieprogrammierung in den Entwicklungsländern notwendig sei, um die wenigen international für diese Zusammenarbeit zur Verfügung stehenden finanziellen Mittel möglichst optimal einzusetzen. Im Jahre 1980 wurde zu diesem Zwecke eine Haushaltslinie im Energiekapitel eingerichtet (3270) und mit 350 000 ERE dotiert. Tatsächlich wurden dann im Verlaufe des Jahres Mittel in Höhe von 700 000 ERE eingesetzt (durch Übertragung innerhalb des Kapitels 32). Für das Jahr 1981 sind Mittel von über 2 Mio ERE für die Durchführung des *Gemeinschaftsprogramms für Entwicklungsländer im Bereich der Energieplanung* gebunden. Die Gemeinschaft setzt sie ein für die Finanzierung von Vorhaben der technischen Hilfe durch

- Entsendung von Beratern in nationale Energieinstitute
- Entsendung von Ausbildern in Entwicklungsländern für Energieplanung
- Ausbildung von Energieplanern in Europa
- Durchführung von Bestandsanalysen und Erarbeitung von globalen und regionalen Methodologien und Instrumenten
- Organisation von Seminaren und Konferenzen.

53 Mit diesen Vorhaben leistet die Gemeinschaft einen Beitrag für die Aufstellung von Energiebilanzen, zur Evaluierung von Angebot und Nachfrage und zur Wahl einer den realen Bedürfnissen der Entwicklungsländer angepaßten Versorgungsstrategie. Sie liefert damit in steigendem Maße ihren Beitrag zur internationalen Diskussion der Energieversorgungsprobleme und hilft einem europäischen Ansatz zur Geltung zu kommen.[71] Die Entwicklung in den nächsten Jahren wird zeigen, inwieweit dieser Bereich, gemeinsam mit dem der gemeinschaftlichen Förderung von Vorhaben des Energieeinsparens und der Entwicklung neuer Ressourcen zu tragenden Säulen einer europäischen Energiepolitik werden kann.

70 Dok. KOM (80) 96 endg. vom 7. 3. 1980, HER I A 121/80, S. 3.

71 Vgl. Beitrag durch die Organisation der Internationalen Konferenz über Energieprogrammierung vom 21. bis 23. 10. 1980, Bericht XVII/53/80 EN der KEG.

Gemeinsame Politik im Bereich von Wissenschaft und Technologie

Literaturhinweise

Europäische Gemeinschaft, Aktionsprogramm für die Politik im wissenschaftlich-technologischen Bereich, Brüssel, Luxemburg: EG. Kommission 1973, BullEG, Beilage 14/73
dies., Aufzeichnung der Kommission für den Rat über eine umfassende Gemeinschaftsaktion auf dem Gebiet der wissenschaftlich-technologischen Forschung und Entwicklung, Brüssel, Luxemburg: EG, Kommission 1971, BullEG 1–1971, Anlage Sonderbeilage 1/71
dies., Die öffentlichen Aufwendungen für Forschung und Entwicklung in den Ländern der Gemeinschaft 1974–1975, Brüssel, Luxemburg: EG, Statistisches Amt 1976
dies., Veröffentlichungen im Amtsblatt der Europäischen Gemeinschaften auf dem Gebiet der wissenschaftlichen und technischen Forschung der Gemeinschaft. (Januar 1974 bis März 1978) CREST/19/78
dies., Ziele, Prioritäten und Instrumente einer gemeinsamen Politik auf dem Gebiet der Forschung und Entwicklung. (Mitteilung der Kommission an den Rat vom 3.11.1975). Luxemburg: EG, Kommission 1976, BullEG, Beilage 4/76
dies., Ziele und Mittel einer gemeinsamen Politik auf dem Gebiet der wissenschaftlichen Forschung und der technologischen Entwicklung. (Mitteilung der Kommission an den Rat vom 14.6.1972). Brüssel, Luxemburg: EG, Kommission 1972, BullEG, Beilage 6/72
dies., Ziele und Prioritäten einer gemeinsamen Politik der Forschung und Entwicklung. Studie. Luxemburg. EG, Wirtschafts- und Sozialausschuß 1976
Die Forschungspolitik der Europäischen Gemeinschaft (Europäische Dokumentation, Zeitschrift 5/1980)
Godet, Michel-Ruyssen, Olivier, Europa im Wandel, Luxemburg 1982
Krägenau, Henry, Europäische Forschungs- und Entwicklungspolitik – Mit kleinen Schritten aus der Stagnation, in: Europäische Wirtschaftspolitik. Programm und Realität, Bonn 1974, S. 391–463
Lindner, Roland, Europäische Politik für Forschung und Bildung, Baden-Baden 1977
Lorff, Günther, Die technologische Entwicklung in Europa, Döffingen 1972
Schumacher, Dieter, Perspektiven einer internationalen Forschungspolitik. Problemskizze am Beispiel der Europäischen Gemeinschaften, Göttingen 1975
Schuster, Günter, Die neue gemeinsame Forschungs- und Entwicklungspolitik der Europäischen Gemeinschaft, EG-Kommission, GD Forschung, Wissenschaft und Bildung, Brüssel 1976
ders., Europas Mister »Ein Prozent«: die Gemeinschaftsforschung, in: Wirtschaft und Wissenschaft 1975, Heft 4
ders., Krise der Wissenschaft in der europäischen Gesellschaft?, in: Wirtschaft und Wissenschaft 1977, Heft 3
ders., Wissenschafts- und Technologiepolitik der Europäischen Gemeinschaft, in: Umschau in Wissenschaft und Technik 1977, Nr. 23
Standke, Klaus Heinrich, Europäische Forschungspolitik im Wettbewerb, Baden-Baden 1970

Inhaltsübersicht

I. Einleitung

1 Die Entwicklung der gemeinschaftlichen Politik auf dem Gebiet von Wissenschaft und Technologie wurde nach langjährigen Bemühungen und Initiativen der Kommission vom Ministerrat der EG erst relativ spät beschlossen, nämlich im Jahre 1974. Bis dahin war die Forschungstätigkeit der EG auf drei Sektoren beschränkt: auf die Atomenergie (Euratom), den Kohle- und Stahlbereich (EGKS) und den Bereich der Landwirtschaft (EWG).

2 Euratom ist wohl den meisten Lesern bekannt. Hauptziel der Europäischen Atomgemeinschaft war, zur Beschleunigung und zum Wachstum einer europäischen Kernindustrie beizutragen. Die Arbeiten begannen 1958 schwungvoll, stießen aber rasch auf zunehmende Schwierigkeiten. In der Mitte der 60iger Jahre zeigte es sich, daß die ehrgeizigen Ziele von Euratom unter den gegebenen politischen Umständen (Prävalenz der nationalen Atomprogramme) nicht zu verwirklichen waren. Euratom und die von Euratom geschaffene Gemeinsame Forschungsstelle gerieten in eine mehrjährige Krise. Der Wirkungsgrad der Forschungsarbeiten sank rasch, die Zukunft europäischer Forschung war in Frage gestellt.

3 Die Entschließung vom 14.1.1974,[1] die die gemeinsame Forschungspolitik begründet, stützt sich auf die drei Verträge. Die Erweiterung über die bisherigen sektoriellen Forschungsaktivitäten hinaus, beruht auf dem Beschluß, den Art. 235 des EWG-Vertrages für Forschungsaktivitäten anzuwenden und alle Bereiche – mit Ausnahme der militärischen und industriellen Geheimhaltung – einzubeziehen. Die gemeinschaftliche Politik auf dem Gebiete von Wissenschaft und Technologie hat eine vierfache Funktion:

- Sie soll dazu beitragen, die Ziele der existierenden sektoriellen Gemeinschaftspolitiken besser zu verwirklichen.
- Sie soll die Effizienz europäischer Forschung erhöhen durch die Mobilisierung des gemeinschaftlichen Potentials, durch eine Koordinierung der Bemühungen und Ziele

1 ABl. 1974 Nr. C 7 S. 2; HER I A 150, S. 55.

und so den Humusboden bilden und die Voraussetzungen schaffen, auf die Europa zur Erhaltung seiner Stellung in der Welt von morgen angewiesen ist. Die wachsende wirtschaftliche und politische Verflechtung und gegenseitige Abhängigkeit der Mitgliedstaaten fordern geradezu neue Ansätze für eine gemeinsame Forschungspolitik. In einigen Fällen können die einzelnen Mitgliedstaaten die Probleme – z.B. auf dem Gebiet der Energieforschung – nicht mehr in Angriff nehmen.

- Sie soll für das Ganze der Europäischen Gemeinschaft vorausdenken und Problemfelder identifizieren und analysieren, bei denen in der Zukunft Engpässe oder bedrohliche Entwicklungen für die EG auftreten könnten; sie soll neue Optionen eröffnen und die F + E Programme definieren und einleiten, deren Ergebnisse für die EG morgen notwendig sein werden.

- Sie soll als eine wichtige auf die Zukunft gerichtete Sachbereichspolitik einen Beitrag zum Fortschritt des Einigungswerkes leisten (Zugwirkung der gemeinschaftlichen ausgeführten Projekte und Programme in Richtung auf mehr Zusammenarbeit unter Regierungen, Forschungszentren, Universitäten und Industrie, Abbau von nationaler Isolisierung).

II. Ziele, Instrumente und Kriterien

1. Ziele

4 Die Prioritäten der gemeinschaftlichen Forschungs- und Technologiepolitik orientieren sich an den politischen Zielen der EG und ihren sozio-ökonomischen Bedürfnissen.

Sie sind:

a) Die langfristige Sicherung der Ressourcen: Energie, Rohstoffe, Ernährung;

b) Die Förderung einer gesunden und internationalen wettbewerbsfähigen Industrie;

c) Der Schutz der Umwelt.

2. Instrumente

5 Die beiden wichtigsten Instrumente sind – wie bei jeder nationalen Forschungspolitik – Forschungsaktionen (Programme und Projekte) sowie Forschungskoordinierung. Diese umfaßt die Koordinierung der nationalen Forschungspolitiken hinsichtlich ihrer Inhalte, Zielsetzungen und Prioritäten sowie die Struktur, Organisations- und Finanzierungsfor-

men, aber auch die Koordinierung von Einzelvorhaben in bestimmten Sektoren. Beide Tätigkeiten stehen in enger Verbindung und Wechselwirkung miteinander.

3. Kriterien

6 Die Forschungsaktionen der EG sind vor allem ziel- und aufgabenorientiert (angewandte Forschung). Eine Verbindung der Gemeinschaftsaktivitäten zur Grundlagenforschung besteht durch die Zusammenarbeit mit der Europäischen Wissenschaftsstiftung (ESF). Die ESF ist in der Lage, die von der EG angestrebte Koordinierung auf dem Gebiet der Grundlagenforschung in einer diesem Bereich entsprechenden Weise auszurichten. Die Verbindung zwischen der ESF und der EG ist im Statut der Stiftung vorgesehen.

7 Die EG-Forschungspolitik steht in dem großen Spannungsbogen zwischen den nationalen Forschungsprogrammen und Projekten sowie den Aktivitäten der internationalen Organisationen. Was sind ihre spezifischen Aufgaben, welche Programme soll sie entwickeln? Wie wird Doppelarbeit vermieden? Die Antwort auf diese Fragen geben die sogenannten »Selektionskriterien für die gemeinschaftliche Forschung«. Sie bilden eine Art Doppelfilter, der die Auswahl der Aktionen, die auf Gemeinschaftsebene durchzuführen sind, erlaubt und zugleich die Ausbildung einer kohärenten und konsistenten Forschungspolitik sichern soll.

Filter 1:

Die Aktivitäten der gemeinschaftlichen Forschungspolitik sollen sich auf die Gebiete existierender oder in Entwicklung befindlicher Gemeinschaftspolitiken konzentrieren.

Die EG-Forschungspolitik soll die auf Gemeinschaftsebene existierenden Politiken (wie z.B. Energiepolitik, Umweltpolitik oder Landwirtschaftspolitik) unterstützen, der Verwirklichung ihrer Ziele dienen und neue Wege öffnen oder zur Entwicklung neuer sektorieller Gemeinschaftspolitiken (wie z.B. einer Rohstoffpolitik) beitragen.

Filter 2:

Filter zwei umfaßt mehrere Auswahlkriterien, von denen mindestens eines erfüllt sein sollte.

a) Effizienz: Die Zusammenarbeit auf Gemeinschaftsebene führt zu größerer Wirkung oder/und Rationalisierung (Beispiele: Fusion, bestimmte Projekte im Programm Sonnenenergie).

b) Transnationalität: Die Art der Forschungs- und Technologieprojekte erfordert supranationale Aktionsstrukturen (z.B. Transport, Information und Dokumentation oder Telekommunikation).

c) Großer Markt: Entwicklungskosten und Absatzchancen für bestimmte Projekte erfordern supranationale Märkte (Beispiele: Datenverarbeitung, Luft- und Raumfahrt).

d) Kollektivbedürfnisse: In den Mitgliedstaaten der Gemeinschaft bestehen gemeinsame, alle betreffene Bedürfnisse (wie z.B. bei Umwelt, Stadtplanung, Standardisierung, Strahlenschutz, Lagerung von radioaktiven Abfällen).

Diese Auswahlkriterien sind in der Zukunft sowohl an die bisherigen F + E Programme als auch an die zukünftigen Programme und Projekte anzulegen. Damit kann es gelingen, das Erbe von unzusammenhängenden Einzelprojekten in die integrierte europäische Forschungspolitik einzubringen.

III. Aktionsformen (Modalitäten)

Für die Forschungsaktionen stehen der EG drei Aktionsformen (oder Modalitäten) zur Auswahl:

1. Die eigenständige Gemeinschaftsforschung

8 Sie wird in der gemeinschaftseigenen *Gemeinsamen Forschungsstelle* (GFS) durchgeführt und zu 100 % aus dem Gemeinschaftshaushalt finanziert. Diese Aktionsform heißt *direkte Aktion.* Die GFS besteht aus den Forschungsanstalten Ispra (Italien), Geel (Belgien), Karlsruhe (Deutschland) und Petten (Holland).

Die Eigenforschung erfüllt vier wichtige Funktionen:

a) Die GFS ist ein eigenständiges Forschungs- und Entwicklungspotential der Gemeinschaft. Sie stellt einen Katalysator für Aktionen von Gemeinschaftsinteresse dar. Insbesondere haben die Mitgliedstaaten mit begrenztem Forschungspotential die Möglichkeit, auf ein Forschungs- und Entwicklungspotential zurückzugreifen, das sie selber nicht besitzen. Für die verschiedenen Gemeinschaftsinstitutionen bildet das unabhängige Urteil der GFS eine gewichtige Unterstützung. Eine Interessenverflechtung – etwa mit an den Ergebnissen interessierten Industrien – die auf nationaler Ebene eine nicht unerhebliche Rolle spielt, ist hier nicht gegeben.

b) Die GFS sollte zentrale Teststände zur gemeinschaftlichen Nutzung zur Verfügung stellen und betreiben, die auf nationaler Ebene nicht immer ausgelastet werden können. Beispiel hierfür ist ein geplantes europäisches Helio-Klimatron, wo Sonnenbestrahlung und extremste Wetterbedingungen simuliert werden können, um Entwicklungen auf dem Gebiet der Solarforschung und -entwicklung zu testen.

c) Eine weitere wichtige Funktion ist die Dienstleistung. Eine wichtige Rolle spielt hier seit langem die Unterstützung der Arbeiten des Referenzbüros der Gemeinschaft.

Zunehmend wichtig werden jedoch auch neue Service-Funktionen auf dem Gebiet der Reaktorsicherheit und des Umweltschutzes.

d) Eine neue Schwerpunktfunktion der GFS zielt darauf ab, einen Beitrag zur Zusammenarbeit mit Ländern der Dritten Welt im Rahmen der Entwicklungspolitik zu leisten. Zahlreiche gemeinschaftliche Forschungsprojekte können von Nutzen für die Entwicklungsländer sein. Beispiele sind verschiedene Formen der Sonnenenergieforschung; die Technik der Fernerkundung, die für Landwirtschafts- und Regionalplanung in Entwicklungsländern geeignet ist; oder auch der Aufbau von Informationssystemen, die den besonderen Bedürfnissen einzelner Entwicklungsländer angepaßt werden können.

Das Programm der GFS konzentriert sich auf vier Schwerpunktbereiche. Die Hälfte der finanziellen Mittel geht ungefähr in den Nuklearbereich, die andere Hälfte in den in den letzten Jahren neu aufgebauten nichtnuklearen Bereich (vor allem neue Energiequellen und Umweltforschung).

2. Die Vertragsforschung

9 Ein Teil der gemeinschaftlichen Programme und Projekte wird auf dem Vertragswege von Forschern aus Laboratorien der neun Mitgliedsländer (öffentlichen wie privaten) verwirklicht. Die EG beteiligt sich in der Regel zur Hälfte an den Kosten, die andere Hälfte muß vom jeweiligen (nationalen) Partner getragen werden. Diese Aktionsform heißt *indirekte Aktion.*

Die vom Ministerrat genehmigten indirekten Aktionen werden nach Inhalt und finanziellem Volumen im Amtsblatt der EG öffentlich ausgeschrieben. Jedes qualifizierte öffentliche oder private Unternehmen kann Anträge zur Beteiligung stellen.

Die indirekte Aktion bietet die Möglichkeit, die in den Mitgliedstaaten vorhandene Forschergruppen und Laboratorien zu nutzen und jeweils die besten Gruppen zusammenzubringen. Sie erlaubt die Verwirklichung von Projekten, die auf einzelstaatlicher Ebene nicht ausgeführt werden könnten. Zugleich ist sie ein wichtiges Koordinierungsinstrument.

3. Die Koordinierung auf Gemeinschaftsebene

10 Bei der *konzertierten Aktion* handelt es sich um eine neue Modalität der Gemeinschaftsforschung. Hierbei wird der Programmrahmen auf Gemeinschaftsebene gemeinsam festgelegt. Die einzelnen Bestandteile werden von den Mitgliedsländern eingebracht, voll finanziert und verantwortlich durchgeführt. Die Kommission sorgt für die Koordinierung und den Kenntnisaustausch. Die konzertierte Aktion bietet die Möglichkeit, in geeigneten Fällen mit geringem Einsatz eine wirksame Koordinierung zu sichern.

Für die Auswahl der drei verschiedenen Forschungsmodalitäten gibt es keine starre Regel. Sie können sich wechselseitig befruchten. So können aus den Aktivitäten einer konzertierten Aktion indirekte Aktionen mit stärkerer Beteiligung der Gemeinschaft entstehen. Die konzertierten Aktionen können somit eine wirkungsvolle und kostengünstige Testfunktion zur Erprobung neuartiger Forschungsprogramme übernehmen. Die Koordinierung der drei verschiedenen Forschungsmodalitäten ist notwendig. Hierzu hat sich die Schaffung gemeinsamer Programmausschüsse für direkte und indirekte Aktionen bewährt.

IV. Das Beratungssystem

11 Für die Entwicklung der gemeinschaftlichen Forschungspolitik spielen zwei beratende Ausschüsse eine besondere Rolle:

1. Europäischer Ausschuß für Forschung und Entwicklung, Comité Européen de la Recherche et du Développement (CERD).
2. Ausschuß für wissenschaftliche und technische Forschung, Comité de la Recherche Scientifique et Technique (CREST).

12 Während CERD den direkten Kontakt der Gemeinschaft mit Vertretern von Wissenschaft und Forschung sicherstellt, sorgt CREST für die Verbindung zwischen der Gemeinschaft und den Regierungen der zehn Mitgliedsländer.

CERD wurde 1973 von der Kommission der Europäischen Gemeinschaft gegründet. Hier vollzieht sich der unmittelbare Kontakt zwischen der Kommission und unabhängigen hochqualifizierten Forschern und Technikern aus Wissenschaft und Wirtschaft. Der Ausschuß kann Vorschläge für Forschungsaktivitäten unterbreiten, die für die Gemeinschaft von besonderem Interesse sind, er unterzieht die Programmvorschläge einer kritischen Analyse, er berät die Kommission bei der Langzeitorientierung ihrer Forschung und bildet ein Forum für die Diskussion allgemeinwissenschaftlicher Probleme auf der Ebene der Gemeinschaft. Ein Beispiel dafür ist die Frage nach dem Wandel der Stellung der Wissenschaft in der Gesellschaft und einer eventuell notwendigen Aktion auf Gemeinschaftsebene.

13 CREST ist durch eine Ministerratsentscheidung am 14.1.1974 geschaffen worden. Er ist der Ort des permanenten Kontaktes zwischen der Europäischen Gemeinschaft und den Regierungen der zehn Mitgliedsländer. Seine Mitglieder sind für die Forschungspolitik verantwortliche hohe Beamte der Mitgliedsländer. CREST berät den Ministerrat und die Kommission der Europäischen Gemeinschaften.

Von Bedeutung ist ferner der Ausschuß für wissenschaftlich-technische Zusammenarbeit (Coopération Scientifique et Technique, COST). Hier vollzieht sich der Dialog zwischen der Europäischen Gemeinschaft und neun westeuropäischen Nachbarländern (Finnland, Jugoslawien, Schweiz, Norwegen, Österreich, Portugal, Schweden, Spanien und der Türkei). In COST treffen sich Regierungsvertreter aus neun Ländern sowie den zehn

Ländern der Europäischen Gemeinschaft und der Kommission, um Projekte der Zusammenarbeit zwischen der Gemeinschaft und diesen Ländern zu erörtern, zu definieren und vertragsreif zu machen.

Für die Beratung bei der Durchführung der vom Ministerrat beschlossenen Programme ist für jedes Programm ein beratender Programmausschuß (BPA) eingesetzt.

V. Schwierigkeiten auf dem Weg zu einer gemeinschaftlichen Forschungs- und Technologiepolitik; Bilanz

14 Von dem konzeptionellen Neuansatz bis zu seiner vollen Realisierung ist es ein weiter Weg.

Durch die *unterschiedlichen Entscheidungsverfahren* der drei weiterhin nebeneinander bestehenden europäischen Verträge (EWG-Vertrag, Euratom-Vertrag, EGKS-Vertrag) sind organisatorische Barrieren zwischen den Programmen auf dem Kernenergie- sowie dem Kohle- und Stahlsektor und allen anderen Programmen eingebaut, die die Koordinierung der gemeinschaftlichen Aktivitäten erschweren. Die Koordinierung der nationalen Forschungspolitiken ist angesichts der sehr verschiedenen Organisationsstrukturen der nationalen Politiken in den einzelnen Mitgliedstaaten auf kleine Schritte angewiesen. Die Mitgliedstaaten sind nicht bereit, irgendwelche Verpflichtungen bezüglich koordinierender Maßnahmen seitens der EG einzugehen. Ihr Handeln beruht auf der Basis der Freiwilligkeit.

15 Gemeinsame Bemühungen in wichtigen Bereichen der Technologieplanung lassen sich nur mühsam verwirklichen, wenn die Mitgliedsländer es als ihre wichtigste Aufgabe betrachten, die Wettbewerbsfähigkeit der nationalen Industrie zu stärken. Je interessanter, anwendungsbezogener und für einzelne nationale Industrien wichtiger neue Technologieprojekte sind, desto mehr zögern die Mitgliedsländer, ihre nationalen Interessen zurückzustellen. Neue Programme, die gemeinschaftlichen Bedürfnissen entsprechen und die relativ geringe Mittel erfordern, lassen sich nur schwierig in die Tat umsetzen, wenn einige Mitgliedstaaten die zu ihrer Verwirklichung von der EG gegebenen Mittel ihren eigenen Zuwendungsempfängern gleichzeitig von der entsprechenden nationalen Zuwendung wieder abziehen.

Der Unterschied zwischen dem politischen Mandat und seiner Verwirklichung, zwischen Theorie und Praxis, ist eine der Hypotheken, unter denen die gemeinschaftliche Forschungs- und Technologiepolitik zu leiden hat.

16 Vor dem Hintergrund dieser Schwierigkeiten und Hemmnisse ist die Bilanz der bisherigen gemeinschaftlichen Forschungspolitik dennoch positiv zu bewerten. Der Ministerrat hat 1980 ohne große Schwierigkeiten ein weiteres Vierjahresprogramm für die Gemeinsame Forschungsstelle beschlossen. Die Energieforschungsaktivitäten konnten ausgebaut werden, nicht nur die Kohleforschung, die Kernforschung und die neuen Energien (Sonnenenergie und Erdwärme) wurden weiter entwickelt, sondern auch das Energiesparen wurde zum zentralen Gegenstand von Forschung.

Für den Fortschritt zur Energieerzeugung mit Hilfe der Kernfusion auf dem Wege der magnetischen Einschließung des Plasmas ist der Bau und Betrieb von größeren Fusionsmaschinen nötig. Die in einem EG-Programm koordinierten Fusionslaboratorien aller EG-Länder hatten 1975 gemeinsam einen Entwurf für eine solche Maschine JET (Joint European Torus) abgeschlossen und die Kommission hatte dem Ministerrat den Bau vorgeschlagen. Nach zweieinhalbjährigen, langwierigen und schwierigen Verhandlungen faßte der Ministerrat am 30.5.1978 den Beschluß, den Joint European Torus zu bauen und hierfür ein gemeinsames Unternehmen im Sinne der Art. 45 bis 50 des Euratom-Vertrages zu gründen. Der Bau geht in Culham bei Oxford in England zügig voran. Die Europäische Gemeinschaft liegt mit dieser Maschine an der Spitze der Fusionsforschung. Im Rahmen des Sonnenenergieprogramms konnte im Jahr 1981 das erste Sonnen(turm)kraftwerk (Leistung bis zu 1 MWe) in der Welt in Adrano (Sizilien) in Betrieb genommen werden.

17 Mit Erfolg wurden 1981 alle Forschungsprogramme auf dem Umweltgebiet (einschließlich eines neuen Forschungsprogramms Klimatologie) zu einem Rahmenprogramm zusammengefaßt. Auf dem Gebiet der Industrieforschung sind vor allem die Aktivitäten auf dem Informatiksektor verstärkt worden. Schließlich hat der Ministerrat im Jahre 1978 das Programm Fast (Forecasting und Assessment in Science and Technologie) genehmigt.

Die Arbeiten von Fast konzentrieren sich auf drei Problembereiche:

- Arbeit und Beschäftigung
- Informationsgesellschaft
- Biogesellschaft.

In diesen drei Bereichen sollen langfristige Forschungsprioritäten herausgearbeitet und vorgeschlagen werden, die dazu beitragen, in der Zukunft heraufziehende Probleme, Schwierigkeiten oder Konflikte zu lösen.

18 Die finanziellen Mittel, die der Europäischen Gemeinschaft für ihre Forschung zur Verfügung stehen, sind beschränkt: Sie betragen nur rund 1 % bis 2 % der öffentlichen Mittel, die die einzelnen Mitgliedsländer für die Forschung und Entwicklung pro Jahr ausgeben. Die Gesamtausgaben der öffentlichen Hand aller neun Mitgliedsländer der Gemeinschaft im Sektor Forschung und Entwicklung lagen 1981 bei etwa 22 Mrd. ERE (55 Mrd. DM) pro Jahr, und für die gemeinsame Forschung stehen für 1981 etwa 350 Mio ERE oder 875 Mio DM zur Verfügung (1,6 %).

Mancher Leser wird erstaunt sein zu erfahren, daß die zehn Mitgliedsländer der Europäischen Gemeinschaft auf einem ganz speziellen Sektor, nämlich dem der

Raumfahrt, für die Europäische Raumagentur (ESA), die nicht zur Europäischen Gemeinschaft gehört, jährlich etwa dreinmal so viel Mittel bereitstellten, wie für die gesamte gemeinschaftliche Forschungspolitik.

Ist mit diesen im Vergleich geringen Mitteln überhaupt eine wirkungsvolle gemeinschaftliche Forschungspolitik möglich? Diese Frage wird oft gestellt. Sie muß im Prinzip mit Nein beantwortet werden.

Dennoch ist bereits jetzt ein spürbarer Einfluß der in der Anfangsphase befindlichen gemeinschaftlichen Forschungspolitik festzustellen. Die Gründe liegen in ihren spezifischen Funktionen:

Selektivität

19 Der Prozentanteil der Mittel, die auf einzelne ausgewählte Sektoren fallen ist wesentlich höher. Die Mittel der Europäischen Gemeinschaft für die Energieforschung betragen z.B. 10% der Mittel der öffentlichen Hand auf diesem Gebiet.

Koordinierung

20 Bei der Koordinierung, insbesondere bei der Anwendung der »konzertierten Aktion« stellt die Gemeinschaft nur die Mittel zur Koordinierung von Aktionen zur Verfügung, die national finanziert und durchgeführt werden. Diese liegen in der Größenordnung von 1% der Aktionsmittel. Beispiele sind konzertierte Aktionen auf dem Gebiet von Städtebau und Raumordnung, der Medizin (mit den Schwerpunkten Verhütung, Früherkennung, Rehabilitation) sowie auf dem Gebiet des Umweltschutzes zur Aufbereitung und Durchführung von Reinigungsschlämmen und Industrieabwässern.

Stimulation

21 Durch Workshops, durch Seminare, durch die Organisation von kurzfristiger Zusammenarbeit kann eine große Breitenwirkung erzielt werden. Als Beispiel soll hier die Sonnenenergie erwähnt werden. Als das Gemeinschaftsprogramm verabschiedet wurde, gab es Mitgliedstaaten, die noch kein Programm auf diesem Gebiet hatten. Die Gemeinschaft hat zur Entwicklung von Programmen auf dem Gebiet der Sonnenenergie in diesen Ländern der Gemeinschaft beigetragen.

VI. Ausblick

22 Die EG-Forschungspolitik befindet sich z.Zt. in einer Phase der Neubesinnung. Die erste Phase ist 1980 ausgelaufen. Die Fortentwicklung für die 80er Jahre muß konzipiert werden. Die Kommission der EG wird sich bemühen, eine globale Strategie für das

Zusammenwirken der EG und der nationalen Kräfte zu entwickeln, in der die einzelnen auf EG-Niveau entwickelten Aktivitäten eingebettet sind, und sie wird, da wo notwendig, neue Akzente vorschlagen.

Der politische Hintergrund, auf dem die bisherige Planung zustande gekommen ist, hat sich sehr verschlechtert, gerade im Hinblick auf die Wirtschaftslage und hinsichtlich der Energie und der Rohstoffe. So ist es geradezu geboten, eine verstärkte Anstrengung zu machen, um die europäische Dimension zu nutzen, d.h. das konzertierte Zusammenwirken der Kräfte, um effizienter zu arbeiten.

Die Kommission wird auch versuchen, die Entscheidungsmechanismen zu rationalisieren, vor allem die schwerfälligen Verfahren und die Vielzahl der zu konsultierenden Ausschüsse.

Ferner wird der Anwendung und Fortentwicklung der Erfolgskontrolle die nötige Aufmerksamkeit zu widmen sein.

Gemeinsame Industriepolitik

Literaturhinweise

(beschränkt auf Industriepolitik im engeren Sinne)

Europäisches Parlament, Bericht über die industrielle Zusammenarbeit zwischen den Mitgliedstaaten, Berichterstatter: *Robert Delorozoy,* Dok. EP 1-157/81, 27. 4. 1981, Luxemburg

dass., Entschließung zu der industriellen Zusammenarbeit zwischen den Mitgliedstaaten, ABl. 1981 Nr. C. 144 S. 60–64

Franzmeyer, Fritz, Europäische Industriepolitik im Spannungsfeld zwischen Wettbewerb und Beschäftigungsgarantie, in: das Europa der zweiten Generation, Gedächtnisschrift für Christoph Sasse, Bd. 1, S. 495 ff. Baden-Baden 1981

Kommission der EG, Die Industriepolitik in der Gemeinschaft, Memorandum an den Rat, März 1970, Brüssel

dies., Bericht über die Wettbewerbsfähigkeit der EG, verfaßt von einer von der Kommission eingesetzten Arbeitsgruppe, November 1971, Brüssel

dies., Bericht der Arbeitsgruppe Strukturpolitik in der Gemeinschaft – Staatliche Interventionen und Strukturanpassung, Januar 1981, Brüssel

dies., Berichte der Konferenz »Industrie und Gesellschaft in der Gemeinschaft, Venedig 20. bis 22. 4. 1972, Brüssel 1972

dies., Eine Industriestrategie für Europa, Stichwort Europa, Mai 1981, Brüssel

Inhaltsübersicht

I. Grundlagen der gemeinsamen Industriepolitik in der EWG

1. EWG zunächst nur ein gemeinsamer Warenmarkt

1 Mit dem EWG-Vertrag sollte die im Grundstoffbereich der Kohle und des Stahls Anfang der 50iger Jahre eingeleitete sektorale Teilintegration in einen allgemeinen Gemeinsamen Markt übergeleitet werden. Dem EWG-Vertrag lag im Gegensatz zum EGKS- und dem Euratomvertrag der Gedanke der Universalität zugrunde. Die Kompetenz der EWG in der wirtschaftlichen Sphäre erstreckt sich allerdings nur soweit, wie dies zur Errichtung eines gemeinsamen Marktes und zur schrittweisen Annäherung der Wirtschaftspolitik mit dem Ziel der Schaffung einer harmonischen Entwicklung des Wirtschaftslebens erforderlich ist (Art. 2 EWGV).

Bei der Festlegung der Zuständigkeiten der Gemeinschaften bezogen die Vertragsautoren diejenigen Bereiche ein, die zu diesem Zeitpunkt für das Erreichen des gesteckten Ziels relevant erschienen. Im Vordergrund stand verständlicherweise in den Jahren 1955/56 die Beseitigung aller Hemmnisse des freien Verkehrs von Waren, Dienstleistungen, Personen und Kapitalien und die Herstellung eines Systems, das den innergemeinschaftlichen Wettbewerb vor Verfälschungen schützt.

Die Vertragsautoren konnten in der zweiten Hälfte der 50iger Jahre die Probleme, vor die die Gemeinschaft nach dem Erreichen des Nahziels einer Zollunion gestellt war, noch nicht voraussehen und noch weniger in Paragraphen gießen. Sie haben die meisten der heute unter dem Oberbegriff »Industriepolitik« stehenden Fragen nicht unmittelbar erwähnt, jedoch deren Behandlung für die Zukunft auch keineswegs ausgeschlossen. Mit Art. 3h) über die Angleichung der innerstaatlichen Rechtsvorschriften haben sie sogar eine wichtige Rahmenbestimmung für das Tätigwerden der Gemeinschaftsorgane in industriepolitischen Fragen geschaffen, »soweit dies für das ordnungsgemäße Funktionieren des Gemeinsamen Marktes erforderlich ist«.

2 Die Erfahrung mit dem EWG-Vertrag hat gezeigt, daß eine ganze Reihe im Vertrag nicht ausdrücklich geregelter Fragen für das ordnungsgemäße Funktionieren des Gemeinsamen Marktes der Behandlung auf Gemeinschaftsebene bedürfen. Würden diese Fragen auf Dauer ausgeklammert, so würden nicht nur die Ziele der Hebung des Lebensstandards und der harmonischen Entwicklung des Wirtschaftslebens nicht erreicht, sondern auch das Diskriminierungsverbot aus Gründen der Staatsangehörigkeit (Art. 7 EWGV) würde mißachtet. Dabei kann neben Art. 100 über die Rechtsangleichung auf den *Ermächtigungsartikel* 235 EWGV zurückgegriffen werden, wenn ein Tätigwerden der Gemeinschaft auf industriepolitischem Gebiet erforderlich erscheint und die Befugnisse im Vertrag nicht vorgesehen sind. Allerdings ist im Rahmen von Art. 235, genau wie von Art. 100, Einstimmigkeit im Ministerrat für ein Tätigwerden der Gemeinschaft erforderlich. Die drängenden industriepolitischen Aufgaben müssen auf Gemeinschaftsebene zunächst mit dem gegebenen bescheidenen vertraglichen Instrumentarium angegangen werden. Dies schließt die Forderung nach einer Anpassung des Vertrages an die neuen Forschungs- und industriepolitischen Aufgaben auf lange Sicht nicht grundsätzlich aus.

Die industriepolitischen Aufgaben sind erst nach der Erfüllung des Vertragsnahziels, d. h. der Herstellung der Zollunion am 1. 6. 1968 stärker in den Vordergrund getreten. Zwar hatte der EG-Ausschuß für mittelfristige Wirtschaftspolitik bereits vorher auf einen Komplex von Maßnahmen aufmerksam gemacht, die den Unternehmen Gelegenheit geben, den größeren Markt wirksam zu nutzen. In den ersten 10 Jahren waren die Gemeinschaftsorgane jedoch zu stark mit der Abwicklung der vertraglich niedergelegten Kalenderstufen des Zollabbaus und mit der parallelen Herstellung des Gemeinsamen Agrarmarktes befaßt. Außerdem lähmte seit 1963 der Streit um die damals nicht verwirklichte Erweiterung der EG und 1965/66 die große institutionelle EG-Krise allzu kühne Initiativen der Europäischen Kommission.

2. Noch kein gemeinsamer Produktionsmarkt

3 Im Jahre 1968 wurde deutlich, daß in den ersten 10 EWG-Jahren zwar ein gemeinsamer Markt für die produzierten Waren durch *Zollabbau* und Errichtung eines gemeinsamen *Außenschutzes* hergestellt worden war. Für die Unternehmen als Träger der Produktion waren dagegen noch keine echten binnenmarktähnlichen Verhältnisse geschaffen worden. Das Bewußtsein für das Fehlen eines echten gemeinsamen Marktes auf der Vorstufe der Produktion und nicht erst der Stufe des Warenabsatzes wurde in erster Linie durch den wachsenden Einfluß amerikanischer Investoren in Europa geschärft. Der gemeinsame Außentarif, der durch zwei internationale Zollrunden, die *Dillon-Runde* (1960 bis 1962) und die *Kennedy-Runde* (1964 bis 1967) gesenkt worden war, bot zwar den in der Gemeinschaft erzeugten Waren noch einen gewissen präferentiellen Schutz. Aber die amerikanischen Unternehmen hatten die Zollmauer dadurch übersprungen, daß sie sich innerhalb der EWG selbst niederließen und dort unter Ausnutzung der niedergelegten innergemeinschaftlichen Zollgrenzen produzierten. Die größere Investitionsdynamik dieser Unternehmen und ihre zentralgesteuerte Betätigung in Europa wurden als Herausforderung empfunden und erzeugten innerhalb der Gemeinschaft ein Gefühl der industriellen Unterlegenheit.

Die Europäische Kommission und die Sachverständigengruppen, die 1967/68 mit ihr die vorbereitenden Arbeiten für eine europäische Industriepolitik aufnahmen, waren stark von dem Gedanken der *amerikanischen Herausforderung,* hinter der sich bereits die japanische abzeichnete, beeindruckt. Allerdings ließen sie sich von diesem Bewußtsein der Herausforderung nicht in eine protektionistische oder dirigistische Abwehrstellung drängen.

3. Colonna-Memorandum

4 Am 18. 3. 1970 legte die Europäische Kommission, auf mehrjährigen Vorarbeiten aufbauend, ihr grundlegendes Memorandum an den Rat über »die *Industriepolitik* der Gemeinschaft«[1] vor. Für das Memorandum war in der Europäischen Kommission das

1 EG-Kommission: Die Industriepolitik der Gemeinschaft, S. 15 ff.

liberal ausgerichtete italienische Mitglied *Guido Colonna di Paliano* verantwortlich; nach ihm wurde das 380 Seiten starke Dokument auch Colonna-Memorandum genannt.

Schon in seiner Einleitung bekennt sich das Memorandum zur *Eigeninitiative* und zum Wettbewerbsgedanken als »elementare, unersetzbare Faktoren der Expansion«. Die Industriepolitik müsse mehr darauf abzielen, »die industrielle Dynamik von den noch bestehenden Hemmnissen zu befreien, als sie neuen Auflagen auszusetzen«. Das Memorandum verwahrt sich auch gegen jeden übertriebenen *Zentralismus* und unterstreicht, »daß viele Probleme auch weiterhin in nationaler oder selbst regionaler Zuständigkeit bleiben müssen«, wobei die Gemeinschaft dafür zu sorgen habe, daß das »Handeln besser aufeinander abgestimmt wird und damit an Wirksamkeit gewinnt«. Schließlich hebt es hervor, daß jede Industriepolitik, die sich den *Strukturwandel* und nicht die *Strukturkonservierung* zum Ziel gesetzt hat, ihrem Wesen nach horizontal sei. Aber auch sie müsse vertikal auf zwei Arten von Industrien besonders achten: Die Anpassung von Industrien, die in Schwierigkeiten geraten sind, und die *Spitzenindustrien,* denen ein besonderer Entwicklungsrahmen geboten werden müsse. Das Memorandum stellte die Industriepolitik in den Gesamtrahmen einer Politik der Verbesserung der *Lebensqualität.* Die Würde der Arbeit, eine aktivere Beteiligung der Arbeiter an der Gestaltung, die *Bildungspolitik,* die Erhaltung der natürlichen Umwelt und eine harmonischere Verteilung der Reichtümer werden bereits im Colonna-Memorandum als Voraussetzungen für eine zielstrebige industrielle Entwicklung hervorgehoben. Die Industriepolitik wird niemals als Selbstzweck ohne Bezug auf übergeordnete Lebenswerte gesehen. Von diesem Grundgedanken ausgehend verfolgt das Colonna-Memorandum fünf Ziele:

- Vollendung des Gemeinsamen Marktes
- Schaffung einer einheitlichen Rechts-, Steuer- und Finanzordnung
- Die *Umstrukturierung* der Unternehmen
- Die Steuerung der Veränderungen und Anpassungsvorgänge
- Die Erweiterung der Gemeinschaftssolidarität in den Wirtschaftsbeziehungen zu Drittländern.

4. *Nationale Konzeptionsunterschiede*

5 Die Reaktion auf dieses Grundlagenpapier zeigte bereits die in der damaligen Sechsergemeinschaft vorherrschenden nationalen Konzeptionsunterschiede auf. Frankreich forderte die Erarbeitung einer gemeinsamen Position gegenüber *Auslandsinvestitionen* und die Einsetzung eines Ausschusses von Regierungssachverständigen, der zu allen bedeutenden ausländischen Investitionsvorhaben gehört werden müsse. Ein gemeinschaftliches Garantiesystem solle europäischen Unternehmen das Investieren in Drittländern erleichtern. Ferner drang Frankreich auf eine abgestimmte gemeinsame Politik im Bereich der *Informatik.*

6 Gegenüber diesen sehr sektoren- und schwerpunktmäßig ausgerichteten französischen Vorstellungen setzte sich die Bundesregierung dafür ein, lediglich einen allgemeinen Rahmen für die Industriepolitik abzustecken. In einer Aufzeichnung trat sie für eine Konzeption ein, bei der der wirksame Wettbewerb der Unternehmen vorrangiges Instrument der Industriepolitik im Innen- und Außenverhältnis sein müsse. Sie legte das Schwergewicht ferner auf die Beseitigung der *technischen Handelshemmnisse,* die Öffnung der Kapitalmärkte, die Harmonisierung der Rechts-, Steuer- und Finanzordnungen sowie die Beseitigung aller Hindernisse, die die gebotenen Strukturveränderungen verfälschen oder aufschieben können. Die Initiative zur Unternehmenskonzentration und zur Herausbildung der optimalen Unternehmensstrukturen solle in den Händen der Unternehmen selbst bleiben. Eine Öffnung der öffentlichen Beschaffungsmärkte wird in der deutschen Aufzeichnung gefordert, jedoch wird eine Abstimmung der *öffentlichen Auftragsvergabe* nicht für ein geeignetes Mittel einer künftigen EG-Politik gehalten. Auch eine Vorzugsbehandlung von EG-Erzeugnissen bei der öffentlichen Auftragsvergabe wird abgelehnt.

Die italienische Regierung legte dagegen das Schwergewicht auf eine aktive Industriepolitik zur Beseitigung der starken regionalen Ungleichgewichte. Sie setzte sich außerdem für die Berücksichtigung der besonderen Aufgaben der öffentlichen Unternehmen in der Industrie- und Regionalpolitik ein. Belgien und die Niederlande verwahrten sich ihrerseits gegenüber jeder restriktiven mit Kontrollen arbeitenden Politik gegenüber Drittlandsinvestitionen.

7 Die Sechsergemeinschaft kam über die Erarbeitung eines Kataloges vorrangiger Themen der Industriepolitik durch den Ausschuß der *Ständigen Vertreter* nicht hinaus. Auch die Bildung eines *Ausschusses für Industriepolitik* scheiterte an der ungelösten Frage, ob er als ein Ausschuß der EG-Kommission, wie die im wirtschaftspolitischen Bereich bestehenden Ausschüsse oder als Ausschuß im Rahmen des Ministerrats gegründet werden solle.

8 Eine von Professor *Altiero Spinelli,* dem Nachfolger *Guido Colonnas* als Kommissionsmitglied für Industriepolitik einberufene Konferenz über »Industrie- und Gesellschaft« versuchte vom 20. bis 22. 4. 1972 in Venedig zwar Wege aufzuzeichnen, wie Industrie und Gesellschaft versöhnt und die Industrie besser in den Dienst der Hebung der Lebensqualität gestellt werden kann. Es gelang allerdings nicht, die Konferenz von Venedig – nach dem Vorbild der für die gemeinsame Agrarpolitik richtungsweisenden Stresa-Konferenz von 1958 – zu einer programmatischen Konferenz zu machen, die der Kommission und dem Ministerrat eine Richtschnur für zukünftige industriepolitische Entscheidungen gab. Wirtschaft und Gewerkschaften hatten ihre Teilnahme an der Konferenz von Anfang an davon abhängig gemacht, daß nur die jeweiligen Ansichten dargelegt werden, diese jedoch nicht in gemeinsamen Entschließungen aufeinander abgestimmt werden sollten.

Eine gewisse Standortbestimmung der EWG-Industrie sollte eine von der Europäischen Kommission 1968 in Auftrag gegebene Untersuchung über »die Wettbewerbsfähigkeit der Europäischen Gemeinschaft« geben, die am 4. 5. 1972 veröffentlicht wurde.[2] Die vier Berichterstatter Professor *Pierre Uri, Franco Bobba, J.W. de Pous* und Dr. *Wolfram Langer* kamen zu der einmütigen Empfehlung, daß die EG-Länder allmählich die Produktionszweige aufgeben müssen, in denen die Produktivität vergleichsweise besonders niedrig ist. Sie empfahlen die Industriepolitik so auszurichten, daß sie die erforderlichen Umstellungen reibungslos bewältigt.

II. Industriestrukturpolitik in der erweiterten Gemeinschaft

1. Pariser Gipfelkonferenz

9 Anstoß zur Aktivierung der Industriepolitik gab die erste Erweiterung der Gemeinschaft um Großbritannien, Irland und Dänemark. Der ursprüngliche Beitrittskandidat Norwegen hatte sich nach einer Volksbefragung nicht zum Beitritt entschließen können. Zu einer am 19./20. 10. 1972 von Präsident *Georges Pompidou* nach Paris einberufenen Gipfelkonferenz wurden erstmals auch die Beitrittsanwärter hinzugezogen, obwohl ihr Beitritt erst am 1. 1. 1973 vollzogen wurde. In der Schlußerklärung der Gipfelkonferenz[3] beauftragten die Staats- und Regierungschefs der neun Mitgliedstaaten der erweiterten Gemeinschaft die Gemeinschaftsorgane mit der Erarbeitung von Aktionsprogrammen im Bereich der Industrie-, Wissenschafts- und Technologiepolitik bis zum 1. 1. 1974.

Als Ziel der Industriepolitik nannten sie »eine gleiche industrielle Grundlage für die gesamte Gemeinschaft anzustreben«. Sie verstanden darunter die Beseitigung technischer Handelshemmnisse und der vor allem steuerlichen und rechtlichen Hindernisse für die *Zusammenschlüsse von* EWG-*Unternehmen,* die zügige Verabschiedung des Statuts der *Europäischen Aktiengesellschaft,* die schrittweise Öffnung der öffentlichen Märkte, die Förderung konkurrierender europäischer Unternehmen im Bereich der fortgeschrittenen Technologie und die Umstrukturierung von in Krise befindlichen Industriezweigen.

Wichtig für die Industriepolitik war, daß die Regierungen sich in Punkt 16 ihrer Pariser Schlußerklärung »in der Auffassung einig waren, daß es insbesondere zur Verwirklichung der in den einzelnen Aktionsprogrammen festgelegten Aufgaben angezeigt ist, alle Bestimmungen der Verträge, einschließlich des Art. 235 des EWG-Vertrages, weitestgehend auszuschöpfen.« Damit haben die Regierungen ausdrücklich den *Ermächtigungsartikel* 235 als mögliche Rechtsgrundlage zur Verwirklichung von Zielen auch im Bereich der Industriepolitik und der *Umweltpolitik* anerkannt, für die im EWG-Vertrag die erforderlichen Befugnisse nicht ausdrücklich vorgesehen sind.

2 EG-Kommission: Bericht über die Wettbewerbsfähigkeit der EG, veröffentlicht am 4. 5. 1972.
3 Presse- und Informationsamt der Bundesregierung: Bulletin Nr. 148 vom 24. 10. 1972, S. 1767.

2. Aktionsprogramm für die Gemeinschaft

10 Das erste Jahr nach der Erweiterung der Gemeinschaft durch Dänemark, Großbritannien und Irland am 1. 1. 1973 war im industriepolitischen Bereich durch die Annahme eines ersten Aktionsprogramms gekennzeichnet. Die vom Rat am 17. 12. 1973 verabschiedete Entschließung über die Industriepolitik stützte sich auf eine Mitteilung der EG-Kommission vom 3. 5. 1973. Mit ihr und einer Erklärung der Vertreter der Regierungen der Mitgliedstaaten über die Beseitigung der Rechtsschranken, die einer Annäherung der Unternehmen entgegenstehen,[4] wurden Prioritäten und ein Zeitplan für die Verwirklichung eines ersten Abschnitts der industriepolitischen Zielsetzungen der Pariser Gipfelkonferenz in folgenden Bereichen festgelegt:

a) Die Beseitigung *technischer Handelshemmnisse* nach einem vorher festgelegten Zeitplan bis Ende 1977

b) Liberalisierung und Koordinierung der *öffentlichen Lieferaufträge*

c) Angleichung der gesellschaftsrechtlichen Bestimmungen

d) Förderung auf europäischer Ebene von Unternehmen mit fortschrittlicher Technologie bei zeitlichem Vorrang für die *Luftfahrzeugbauindustrie* und die *Informatik*

e) Arbeitsprogramme zur Sanierung von in Schwierigkeiten befindlichen Sektoren mit Vorrang für die *Werften* und den *Papiersektor*.

In den drei ersten Bereichen erwies sich das Fortschreiten oft als mühsamer als erwartet. Die Angleichung technischer Normen und Usancen und gesellschaftlicher Gepflogenheiten sowie gesellschaftsrechtlicher Bestimmungen erwies sich mit der Erweiterung auf neun Mitgliedstaaten 1973 und auf zehn im Jahre 1981 durch den Beitritt *Griechenlands* als noch schwieriger. Vor allem die Unterschiede zwischen der romanischen und der angelsächsischen Rechtskonzeption und, im technischen Bereich, die verschiedenen Meßeinheiten erschwerten rasche Fortschritte.

3. Die Aktionsbereiche der Industriepolitik

a) Technische Handelshemmnisse

11 Über 150 Richtlinien des Rates und eine Reihe Ergänzungsrichtlinien der Kommission wurden seit Bestehen der Gemeinschaft zur Beseitigung *technischer Handelshemmnisse* erlassen. Unterschiedliche *Normenvorschriften* für ein Produkt in verschiedenen Mitgliedstaaten führen dazu, daß entweder nur kleine Serien für jeden nationalen Markt hergestellt werden können oder der Handel ganz unterbleibt. Normen oder technische Bestimmungen, die national auf die eigenen Produzenten zugeschnitten sind, stellen eine gern gebrauchte Form des versteckten Protektionismus dar.

4 Entschließung und Erklärung ABl. 1974 Nr. C 117 S. 1 und 15.

Die Kommission und der Rat waren zwar zeitweise, vor allem in Großbritannien, Angriffen ausgesetzt, daß sie sich mit angeblichen Belanglosigkeiten, wie der Bauartzulassung für Meßgeräte, der Innenausstattung des Führersitzes von Zugmaschinen, den Sicherheitsbestimmungen für Spielzeug oder dem Rückspiegel von Kraftfahrzeugen befaßten. In Wirklichkeit zeigte sich jedoch, daß diese technische Kleinarbeit unentbehrlich ist, wenn der freie Warenverkehr und die Produktion in größeren Serien nicht durch technische Bestimmungen behindert werden sollen, die in Wirklichkeit der Aufrechterhaltung nationaler Reservate dienen. Einige Bereiche, wie vor allem die *Pharmazeutik,* erwiesen sich als besonders schwierig, weil über die nationalen Regelungen für das Inverkehrbringen von Medikamenten gleichzeitig die nationale Industrie geschützt und die Verwendung von im eigenen Land hergestellten oder zumindest konditionierten und verpackten Medikamenten gesichert wird. Die Kommission kämpft seit Jahren für die Durchsetzung eines Zulassungsverfahrens, das auf der gegenseitigen Anerkennung der Genehmigungen beruht.

Nachdem die Gemeinschaft über eine Reihe gemeinsamer Normen und Sicherheitsbestimmungen verfügt, muß sie dafür sorgen, daß diese ständig der Entwicklung der neuesten Technik angepaßt werden. Hierüber wacht die EG-Kommission, die in Zusammenarbeit mit Regierungssachverständigen in einem vereinfachten Verfahren für die Anpassung der Richtlinien Sorge trägt.

b) Öffentliche Auftragsvergabe

12 Gleiche Wettbewerbsbedingungen für die Industrie setzen voraus, daß die Unternehmen überall in der Gemeinschaft zu *öffentlichen Ausschreibungen* von wirtschaftlicher Bedeutung zugelassen werden. Am 26. 7. 1971 verabschiedete der Ministerrat eine Richtlinie[5] über die Aufhebung der Beschränkungen des freien Dienstleistungsverkehrs auf dem Gebiet der *öffentlichen Bauaufträge* in der Gemeinschaft und über die Koordinierung des diesbezüglichen Vergabeverfahren. Am 20. 12. 1976 folgte die Richtlinie[6] über die Koordinierung der Vergabe *öffentlicher Lieferaufträge.* Mit beiden Richtlinien werden die Lokal-, Regional- und Zentralbehörden der Mitgliedstaaten verpflichtet, öffentliche Bau- und Lieferaufträge, deren Wert gewisse Mindestgrenzen überschreiten, im Amtsblatt der Gemeinschaften öffentlich auszuschreiben und diese damit auch Unternehmen aus anderen Mitgliedstaaten ohne Diskriminierung zugänglich zu machen. Ein beratender Ausschuß für öffentliche Aufträge befaßt sich mit allen Fragen des *öffentlichen Auftragswesens* in beiden Bereichen, insbesondere aber mit den Beschwerden, die von Unternehmen gegen Behörden wegen Nichteinhaltens der Richtlinien oder wegen Unregelmäßigkeiten eingereicht werden. Die EG-Kommission mußte bereits die Durchsetzung der ersten Richtlinie über Bauaufträge durch eine Klage beim EuGH durchsetzen.[7]

5 ABl. 1971 Nr. L 185 S. 1, 5 und 16; HER I A 47/12, S. 19.
6 ABl. 1977 Nr. L 13 S. 1 und 15; HER I A 43/2, S. 19.
7 EuGH – Kommission/Italien, 10/76 – Slg. 1976, 1351.

13 Von der Richtlinie über Lieferaufträge bleiben militärische Lieferungen an Verteidigungseinrichtungen, das Fernmeldewesen und die Versorgungsbetriebe für Wasser, Gas und Strom ausgenommen. Für das *Fernmeldewesen* sollte allerdings binnen zwei Jahren ein Zeitplan für die Einführung echter Wettbewerbsbedingungen erarbeitet werden. Die Kommission legte nach langen schwierigen Vorarbeiten mit Vertretern der Fernmeldeverwaltungen und der Regierungen am 13. 10. 1980 drei Empfehlungen[8] an den Rat über das Fernmeldewesen vor. Sie sehen die Harmonisierung des Fernmeldenetzes, die Errichtung eines gemeinschaftlichen Marktes für Telematik-Endgeräte und eine erste Phase der Öffnung des öffentlichen Fernmeldemarktes vor. Dieser dritte Vorschlag wurde allerdings im Europäischen Parlament[9] als zu zaghaft bezeichnet. Er erstreckte sich nur auf 10% der Fernmeldeausrüstungen, obwohl die Kommission zum rechtlichen Eingreifen befugt sei und der Rückstand Europas in der Telematik zum Teil auf die Abschottung der Fernmeldemärkte zurückzuführen sei.

c) Gesellschaftsrecht und gewerbliche Rechte

14 Für alle grenzüberschreitend tätigen Unternehmen ist es wichtig, im Gemeinsamen Markt möglichst die gleiche Rechtssicherheit wie im eigenen Land zu genießen. Für Unternehmen, die nicht nur in andere Länder der Gemeinschaft exportieren, sondern sich auch dort mit Tochtergesellschaften niederlassen wollen, stellen die Unterschiede in den gesellschaftsrechtlichen Vorschriften der Mitgliedstaaten ein Hindernis dar. Die Bestrebungen zur Vereinheitlichung des internationalen Privatrechts und des *Gesellschaftsrechts* kommen deshalb der grenzüberschreitenden Tätigkeit der Industrie direkt zugute. Zur Erhöhung der Rechtssicherheit wurden bereits Konventionen, z. B. über die gegenseitige Anerkennung zivil- und handelsgerichtlicher Entscheidungen, über das *Konkursrecht* und über das auf *vertragliche Schuldverhältnisse* anzuwendende Recht geschlossen oder erarbeitet.

Zur Harmonisierung des Gesellschaftsrechts[10] hat die EG-Kommission eine Serie von Richtlinienvorschlägen vorgelegt, die die Rechte der Anteileigner, der Gläubiger, der Arbeitnehmer und Dritter sichern sollen. Der Rat hat mehrere Richtlinien, die die Gründung und Kapitalausstattung sowie den Jahresabschluß der Kapitalgesellschaften betreffen, verabschiedet. Gleiches gilt für die Richtlinie über den Prospekt von börsennotierten Wertpapieren,[11] während über den Prospekt, der bei öffentlichen Zeichnungs- und Verkaufsangeboten von nicht börsennotierten Wertpapieren[12] zu veröffentlichen ist, noch beraten wird.

8 EG-Kommission: Dok. KOM (80) 422 endg. vom 13. 10. 1980.

9 EP-Sitzungsdokumente 1981–82: Dok. EP 1-138/81 vom 27. 4. 1981 von Fernand Herman betr. das Fernmeldewesen.

10 Vgl. *Troberg,* Art. 54 Rn. 11 (zu Art. 54 Abs. 3 Buchst. g EWGV).

11 ABl. 1980 Nr. L 100 S. 1.

12 ABl. 1980 Nr. C 355 S. 39.

15 Trotz sich über Jahre hinziehender Beratungen konnten stärker sozialpolitisch umstrittene Richtlinien, wie diejenige über die Struktur der Aktiengesellschaften und die Beteiligung der Arbeitnehmer,[13] noch nicht verabschiedet werden. Mit dieser Richtlinie wurde nämlich die Frage einer Vereinheitlichung der Mitbestimmungsregeln aufgeworfen. Aus dem gleichen Grunde wurden bisher im Rat keine Fortschritte bei der Behandlung eines nach zehnjähriger Vorarbeit 1974 von der EG-Kommission vorgelegten umfassenden Entwurfs für das Statut der Europäischen Aktiengesellschaft (Societas Europea)[14] erzielt. Das Fehlen eines solchen Statuts erschwert die grenzüberschreitende Zusammenarbeit in plurinationalen Unternehmen ebenso wie die mangelnde Harmonisierung der direkten Unternehmensbesteuerung.

Die Kommission hat dem Rat bereits am 21. 12. 1973 einen Verordnungsentwurf über eine europäische *Kooperationsvereinigung* unterbreitet. Mit ihm soll die Zusammenarbeit von rechtlich unabhängigen selbstständigen Unternehmen an einzelnen Vorhaben in zeitlich begrenzter Weise ermöglicht werden. Obwohl die Kommission ihren Entwurf am 12. 4. 1978 überarbeitet und geändert hat,[15] wurde er bisher nicht vom Rat verabschiedet. Dies ist bedauerlich, da mit ihm ein elastisches Instrument der Zusammenarbeit von Unternehmen geschaffen werden sollte, die Dritten gegenüber gesamtschuldnerisch haften.

16 Der Fortschritt in der Angleichung des Gesellschaftsrechtes in der EG hinkt noch so stark hinter dem industriellen Bedarf her, daß eine Reihe grenzüberschreitender europäischer *Unternehmenszusammenschlüsse,* die in den Jahren 1969 bis 1971 zustande gekommen waren, wieder ganz oder teilweise gelöst wurden. Beispiele sind derjenige zwischen VFW Bremen und Fokker Amsterdam in der Flugzeugbauindustrie, zwischen Dunlop und Pirelli in der Reifenindustrie und zwischen Hoesch und Hoogovens in der Stahlindustrie. Andere Zusammenschlüsse zwischen Unternehmen mehrerer Mitgliedstaaten konnten nicht zur vollen Integration der Werke unter einheitlicher Leitung führen.

17 Größere Fortschritte wurden dagegen bei der Vereinheitlichung des Schutzes gewerblicher Rechte erzielt. Nach fünfzehnjähriger Vorarbeit konnte am 7. 10. 1977 das Übereinkommen über das *Europäische Patent*[16] in Kraft treten. Das am 1. 11. 1977 in München errichtete *Europäische Patentamt* nimmt seit Juni 1978 Anträge auf Erteilung eines europäischen Patents entgegen. Damit besteht die Möglichkeit, durch *einen* Antrag und über *einen* Akt Schutzrechte für Patente in der gesamten Gemeinschaft zu erwerben.

18 Am 25. 11. 1980 hat die Kommission dem Rat zwei Vorschläge im Bereich des *Markenrechts* vorgelegt.[17] Der erste will anhand einer Richtlinie auf der Grundlage von

13 ABl. 1972 Nr. C 131 S. 49.
14 EG-Kommission: BullEG, Beilage 4/75; vgl. auch HER I A 101 und *Gleichmann,* die Europäische Aktiengesellschaft, in diesem Band S. 1565.
15 ABl. 1978 Nr. C 103 S. 4.
16 ABl. 1976 Nr. L 17 S. 1; HER I A 115, S. 1.
17 ABl. 1980 Nr. C 351 S. 1; EG-Kommission: BullEG, Beilage 5/80.

Art. 100 EWG das Markenrecht der Mitgliedstaaten einander angleichen, während der zweite, gestützt auf Art. 235 EWG, die Schaffung einer Gemeinschaftsmarke und eines EWG-Markenamtes zum Ziele hat. Beide Vorschläge zielen darauf ab, den Umfang des Markenschutzes, die Verwendung der Marken, den gütlichen Vergleich und die Verweigerung der Eintragung oder Aufrechterhaltung der Marke einander anzugleichen und darüber hinaus eine Gemeinschaftsmarke zu schaffen, die nach und nach zwanglos an die Stelle der nationalen Marken treten soll. Während das Europäische Patentamt auf der Grundlage eines Regierungsübereinkommens geschaffen wurde, versucht die Kommission im Markenrecht mit Hilfe der Art. 100 und 235 originäres europäisches Recht zu schaffen.

d) Produktenhaftung

19 Von großer Bedeutung für die EG-Industrie und die Verbraucher ist der von der EG-Kommission im Juli 1976 vorgelegte Richtlinienvorschlag über die *Haftung für fehlerhafte Produkte,*[18] der aufgrund der Stellungnahme des EP und des WSA von der Kommission im Herbst 1979 geändert wurde.[19] Der Vorschlag sieht vor, daß der Hersteller einer beweglichen Sache für den Schaden haftet, der durch einen Fehler dieser Sache verursacht wird, ungeachtet dessen, ob er den Fehler kannte oder hätte kennen können. Dauer und Höhe dieser Haftung sollen allerdings im Gegensatz zur einschlägigen amerikanischen Gesetzgebung beschränkt werden. Die Industrie soll die Möglichkeit haben, sich gegen Schadensrisiken zu versichern.

e) Büro für Unternehmenskooperation

20 Den besonderen Bedürfnissen der mittleren und kleineren Unternehmen der EG versucht ein durch Ratsbeschluß vom 16. 4. 1973 eingerichtetes *»Büro für Unternehmenskooperation«* der EG Kommission[20] entgegenzukommen. Das sogenannte »Heiratsbüro« der EG, das in Wirklichkeit weniger Zusammenschlüsse als die sinnvolle Zusammenarbeit der Industrie organisieren will und dazu über ein hohes Maß von Eigenständigkeit verfügt, hat folgende Aufgaben:

aa) Lieferung allgemeiner Informationen an anfragende Unternehmen,

bb) Vermittlung von Kontakten zwischen Unternehmen, die an einer Zusammenarbeit oder Annäherung interessiert sind,

cc) Information der Gemeinschaftsorgane über die einer Zusammenarbeit entgegenstehenden Hemmnisse.

18 EG-Kommission: BullEG, Beilage 11/76.
19 ABl. 1979 Nr. C 271 S. 3.
20 EG-Kommission: 7. Gesamtbericht 1973 Ziffer 330, S. 294.

Das Büro, das ein Netz von Korrespondenten in den Mitgliedstaaten über Handelskammern und Verbände aufgebaut hat, stieß von Anfang an auf reges Interesse der Unternehmen, die sich auf der Suche nach Kooperationspartnern befanden. In erster Linie mittlere Unternehmen mit 50 bis 400 Beschäftigten konnten dank der Vermittlung des Büros Koorporationspartner finden. Das Büro bemüht sich auch im Hinblick auf die *Erweiterung* die Zusammenarbeit mit Unternehmen aus den iberischen Ländern zu fördern. Mehrere Drittländer, wie die *EFTA-Länder, Kanada, Israel* und die *ASEAN-Länder* kooperieren mit dem Büro.

f) Multinationale Unternehmen

21 Seit Beginn der sechziger Jahre sah sich die EG-Kommission mit der Frage konfrontiert, ob Gesellschaften, die von außerhalb der Gemeinschaften kontrolliert werden und über ein weltweites Operationsnetz verfügen, den gemeinsamen Markt gewissermaßen von innen unterwandern und sich besondere Wettbewerbsvorteile verschaffen können.

Von der dänischen Regierung in einer Denkschrift vom 24. 7. 1973 aufgefordert, legte die Kommission dem Rat am 8. 11. 1973 eine Mitteilung über »die *multinationalen Unternehmen* im Rahmen der Gemeinschaftsvorschriften«[21] vor. In dieser Mitteilung sprach sich die Kommission eindeutig gegen eine Behinderung des Phänomens multinationalen Wirtschaftens aus, forderte dagegen eine Politik, die es der Gemeinschaft gestattet, sich durch angemessene Rechtsinstrumente vor eventuellen nachteiligen Folgen zu schützen. Ein solches Instrumentarium dürfe »keine diskriminierenden Aspekte enthalten« und müsse »einheitlich für natürliche und juristische Personen nationaler, internationaler, gemeinschaftlicher oder außergemeinschaftlicher Herkunft gelten.« Eindeutig sprach sich die Kommission gegen einen spektakulären *Kodex des Wohlverhaltens* für multinationale Unternehmen aus, regte dagegen eine Reihe von Aktionen zum Schutze des Gemeinwohls und der Arbeitnehmerinteressen, zur Erhaltung des Wettbewerbs und zum Schutze der Entwicklungsländer an. Außerdem unterbreitete sie Vorschläge für das Vorgehen beim Aufkauf von Gemeinschaftsunternehmen durch Drittlandsunternehmen, für die Gleichheit der Aufnahmebedingungen und für die Verbesserung der Information über multinationale Unternehmen.

Mit ihrer Mitteilung hat die Kommission das Multinationalenproblem bewußt in den Gesamtrahmen der Gemeinschaftsvorschriften gestellt und deutlich gemacht, daß sie sich eine bessere Kontrolle der erwünschten grenzüberschreitenden Aktivität der multinationalen Unternehmen im Gemeinschaftsrahmen in erster Linie von der Angleichung des *Gesellschaftsrechts* und des *Steuerrechts* erwartet. Sie machte deutlich, daß sie die Multinationalen nicht als eine eigene Spezies betrachtet und keine Sonderaktionen gegen die rechtlich gar nicht definierbare Gruppe der Multinationalen einzuleiten gedenkt.

21 Vgl. auch HER VI A 24, S. 01.

22 Allerdings legte die EG-Kommission dem Rat am 24. 10. 1980 einen Richtlinienvorschlag über die Unterrichtung und Anhörung der *Arbeitnehmer* von Unternehmen mit komplexer, insbesondere transnationaler Struktur vor.[22] Ziel dieses Vorschlages ist es, die *Unterrichtung der Arbeitnehmer* über die Geschäftslage des Unternehmens zu sichern und die dezentralisierte Anhörung, z. B. bei Stillegungs- und Umstrukturierungsmaßnahmen auf Ebene der Tochterunternehmen oder der Betriebe mit mindestens 100 Beschäftigten vorzuschreiben, unabhängig davon, ob das Unternehmen ausschließlich auf nationaler oder transnationaler Ebene tätig ist. Dieser Richtlinienentwurf wird von den *Gewerkschaften* als erster Schritt zur besseren Unterrichtung der Arbeitnehmer in multinationalen Unternehmen angesehen, von der *Union der Industrien der Europäischen Gemeinschaft (UNICE)* dagegen als ein Eingriff in innere Angelegenheiten des Unternehmens abgelehnt. Die UNICE befürchtet, daß mit dieser Richtlinie ein erster Schritt zu einer Sonderkontrolle der transnational operierenden Unternehmen auch in der EG getan wird.

23 Im größeren Rahmen der Industrieländer konnte die Kommission, die selbst auf die Erarbeitung eines *Verhaltenskodex* für multinationale Unternehmen verzichtet hatte, an den *OECD*-Arbeiten über freiwillige Verhaltensrichtlinien für multinationale Gesellschaften teilnehmen. Diese Arbeiten führten am 21. 6. 1976 in Paris zur Verabschiedung einer *Erklärung über internationale Investitionen und multinationale Unternehmen.*[23] Dieser Erklärung waren die Verhaltensrichtlinien selbst sowie drei Entscheidungen über ein *Konsultationsverfahren,* über die *nationale Gleichbehandlung* ausländischer Unternehmen und über *Anreize und Hindernisse für internationale Unternehmen* angegliedert. Der OECD-Ausschuß für internationale Investitionen und multinationale Unternehmen wurde beauftragt, periodisch oder auf Anfrage eines Mitgliedstaates Konsultationen über die Einhaltung der Richtlinien abzuhalten. An diesem Ausschuß und an der von ihm eingesetzten Arbeitsgruppe über die internationalen Grundsätze der *Rechnungsprüfung* arbeitet die EG-Kommission mit und vertritt die Haltung der Gemeinschaft.

Im Juni 1979 erfolgte die erste Überprüfung und Straffung der Leitsätze im Lichte der dreijährigen Erfahrung. Die Leitlinie hatte sich im wesentlichen bewährt und auch zur Schlichtung einer Reihe von *Streitfällen* zwischen OECD-Staaten über das Verhalten einzelner multinationaler Gesellschaften beigetragen.

24 An den vom Wirtschafts- und Sozialrat der UN eingeleiteten Arbeiten einer *UN-Kommission für transnationale Gesellschaften,* die auf Vorarbeiten des *UN-Studienzentrums für transnationale Unternehmen* aufbaut, nimmt die EG-Kommission als Beobachter teil. Ziel ist die Erarbeitung eines universellen *UN-Verhaltenskodex für transnationale Unternehmen.* Der Kodex will das allgemeine wirtschaftliche, finanzielle und soziale Wohlverhalten multinationaler Gesellschaften regeln, damit diese sich weitgehend in die

22 ABl. 1980 Nr. C 297 S. 3. Vgl. dazu auch *Pipkorn,* Vorbemerkung zu den Art. 117 bis 122 Rn. 46.

23 Erklärung über internationale Investitionen und multinationale Unternehmen, Paris 21. 6. 1976; HER VI A 24, S. 1 ff.

Volkswirtschaften ihrer *Gastländer* integrieren und zu deren wirtschaftlicher Entwicklung und zum Ausgleich der *Zahlungsbilanz* beitragen. Die Unternehmen sollen ein Mindestmaß an Informationen über ihre Tätigkeit in den einzelnen Gastländern veröffentlichen. Ein weiterer Teil des Kodex will das Verhalten der Regierungen gegenüber den Multinationalen regeln und versucht, so heikle Fragen, wie das Anrecht auf *Entschädigung bei Verstaatlichung,* festzulegen. Schließlich soll ein Verfahren der Zusammenarbeit der Regierungen bei Problemen und *Streitfällen* mit transnationalen Unternehmen vorgesehen werden. Eine Einigung über den freiwilligen Kodex konnte allerdings noch nicht zwischen westlichen Industrieländern, Staatshandelsländern und Entwicklungsländern erzielt werden. Die Kommission war außerdem seit 1974 durch Umfragen und Erhebungen auf freiwilliger Basis um die Durchleuchtung der Multinationalen in der Gemeinschaft bemüht.

III. Die Förderung von Innovation und Spitzenindustrien

1. Orientierung der EG-Politik

25 Eine Förderung von Unternehmen mit fortschrittlicher Technologie setzte sich der Rat in seiner am 17. 12. 1973 verabschiedeten Entschließung über die gemeinsame Industriepolitik[24] zum Ziele. Die Gefahr, daß die EG weit hinter den USA zurückbleibt und gegenüber *Japan* zurückfällt, das sich gerade auf die mit der Mikroelektronik verbundenen *Spitzentechnologien* zu spezialisieren begann, zeichnete sich bereits 1973 ab. Während die USA und Japan einen einheitlichen Markt bilden, entwickelten die nationalen Regierungen in der EG eigene nationale Förderungsprogramme für die Spitzensektoren, die nur der nationalen Industrie zugute kamen. Auch bei der *Auftragsvergabe* wurden überwiegend die eigenen Produzenten berücksichtigt. Die EG-Kommission stellte deshalb den Regierungen schon 1975 die Frage,[25] ob »die Häufung technischer Schwierigkeiten in Wirklichkeit nicht Ausdruck grundsätzlicher Bedenken der Regierungen der Mitgliedstaaten gegenüber der Verwirklichung einer gemeinsamen Industriepolitik ist.« 1976 ergänzte sie, daß die Mitgliedstaaten sich bei der Förderung von Spitzenindustrien weit mehr auf nationale Mechanismen als auf die Konzipierung gemeinschaftlicher Lösungen stützen. »Ohne gemeinschaftliche Zielvorstellungen«, so schrieb die Kommission[26] »werden die Vorhaben und die Realisationen der europäischen Industrie nicht nur relativ bescheiden, sondern häufig wirtschaftlich unrentabel bleiben.«

26 Die EG-Kommission sieht es als Aufgabe der öffentlichen Hand an, die günstigsten Voraussetzungen für die Entwicklung der *Spitzenindustrien* zu schaffen. Dem Europäi-

24 ABl. 1974 Nr. C 117 S. 1.
25 EG-Kommission: 8. Gesamtbericht 1974 Ziffer 297, S. 194.
26 EG-Kommission: 9. Gesamtbericht 1975 Ziffer 294, S. 191.

schen Rat legte sie im Dezember 1980 in Luxemburg ein Arbeitspapier vor, in dem sie unterstrich, daß die industrielle *Innovation* in erster Linie marktorientiert sein und in der Hand der Unternehmen liegen müsse. Die öffentliche Hand habe jedoch beim Setzen der ökonomischen Grundbedingungen eine bedeutende Rolle zu spielen. Sie solle die Innovation unter anderem durch steuerliche Erleichterungen für *Risikokapital* fördern.

Die Kommission will das Schwergewicht der Anstrengungen auf *Innovationen* in den Bereichen der *Energieeinsparung*, der Kontrolle der *Umweltverschmutzung*, des *Gesundheitswesens* und der *Elektronik* gelegt sehen. Der Europäische Rat nahm am 2. 12. 1980 in Luxemburg mit Interesse von der Kommissionsmitteilung Kenntnis. Er vertrat die Ansicht, daß sich die Unternehmen der Gemeinschaft bei der notwendigen Anpassung ihrer Strukturen entschlossen Aktivitäten zuwenden müssen, denen Neuerungsbestrebungen zugrunde liegen. Der Rat hielt eine stärkere Koordinierung der in diesem Sinne von den Mitgliedstaaten unternommenen Anstrengungen für wünschenswert, damit die Wettbewerbsfähigkeit der europäischen Erzeugnisse unter optimaler Nutzung der vom Gemeinsamen Markt gebotenen Dimension verbessert wird. Die zuständigen EG-Organe sollten prüfen, wie die Aufsplitterung der Märkte beseitigt und der Anreiz zur *Innovation* sowie zur *Verbreitung der Kenntnisse* gefördert werden kann.

27 Der französische Staatspräsident *Giscard d'Estaing* hatte angeregt, daß in Zukunft in der EG-Kommission ein Mitglied für das Ressort Innovation zuständig sein und sich mit Fragen der Strukturveränderung der Industrie befassen soll. In der neuen EG-Kommission, die am 5. 1. 1981 unter Präsident *Gaston Thorn* ihr Amt antrat, wurde tatsächlich das deutsche Mitglied Dr. *Karl-Heinz Narjes* mit dem Ressort *»Industrielle Innovation«* betraut, während die Ressorts für gewerbliche Wirtschaft und damit für Industriepolitik sowie für Forschung dem belgischen Vizepräsidenten *Etienne Davignon* unterstehen.

Narjes[27] führt den besorgniserregenden rückläufigen Anteil der europäischen Wirtschaft auf den Weltmärkten für technologische Spitzenprodukte in erster Linie auf das Nachlassen der *Investitionsfähigkeit* und *Investitionsbereitschaft* der Unternehmen zurück. Das wachsende *Behördenrisiko* aufgrund unüberschaubarer gesetzlicher und administrativer Regelungen und deren extrem bürokratische Exekution kompliziere Entscheidungsprozesse oder schrecke von Investitionen ab. Hinzu komme die nicht immer befriedigende Ergiebigkeit europäischer Forschung, die wachsenden gesellschaftspolitischen Vorbehalte gegen den *technischen Fortschritt* und die unzureichende soziale Akzeptanz des technischen Wandels. Nach Narjes müssen Organisation und Qualität der *Forschung* und der Informationsfluß zwischen Grundlagenforschung, angewandter Forschung und Produktion verbessert werden. Ferner gilt es, Reibungsverluste durch innerbetriebliche *Bürokratie* und Lähmung durch staatliche Bürokratie zu bekämpfen.

27 *Karl-Heinz Narjes:* Die Sicherung der Wettbewerbsfähigkeit der europäischen Wirtschaft. Rede vor der Industrie- und Handelskammer zu Bremen, 5. 10. 1981, S. 7.

Ein in diese Richtung weisendes Grundsatzpapier mit Leitlinien für eine Innovationsstrategie hat die EG-Kommission im Oktober 1981 vorgelegt.[28]

2. Datenverarbeitung

28 Im Bereich der *Datenverarbeitung,* der die Kommission immer als Zukunftsindustrie mit unmittelbaren Auswirkungen auf zahlreiche Sektoren ihre besondere Aufmerksamkeit geschenkt hatte, nahm der Rat am 15. 7. 1974 eine programmatische Entschließung[29] an. Mit ihr wurde mittelfristig die Erstellung eines systematischen gemeinschaftlichen Programms zur Förderung der Forschung, der industriellen Entwicklung und der Anwendung der Datenverarbeitung mit einer gemeinschaftlichen Finanzierung vorgesehen, um bis 1980 eine eigenständige europäische Datenverarbeitungsindustrie voll lebens- und wettbewerbsfähig zu machen.
Anfang der achtziger Jahre mußten EG-Kommission und EP allerdings übereinstimmend feststellen, daß Europa gegenüber den USA und Japan in den siebziger Jahren in der elektronischen Datenverarbeitung nicht aufgeholt hat, sondern eher weiter in Rückstand geraten ist. Vom Gesamtumsatz der weltweiten EDV-Industrie von 52 Milliarden ECU (130 Milliarden DM) entfielen 1979 rund 73 % auf die USA, 14,5 % auf die EG, 10 % auf Japan und 2,5 % auf die übrige Welt. Dies obwohl auf die EG 32 % der Weltausgaben im EDV Bereich entfallen, gegenüber 54 % für die USA und 14 % für Japan.[30]

29 Ein von der EG-Kommission bereits am 8. 11. 1976 vorgeschlagenes Mehrjahresprogramm auf dem Gebiet der *Datenverarbeitung* hat der Rat erst am 11. 9. 1979 verabschiedet.[31] Das Programm für 1979 bis 1983 sieht allgemeine Aktionen zur Standardisierung und zur Öffnung der *öffentlichen Auftragsvergabe* sowie spezifische Förderungsmaßnahmen auf dem Gebiet der software und der EDV-Anwendung vor. Die Verordnung Nr. 1996/79 vom 11. 9. 1979[32] regelt die Einzelheiten der Auswahl und die Vergabe der Durchführbarkeitsstudien und der Modellprojekte, die gefördert werden sollen. Ein beratender Ausschuß auf dem Gebiet der *Datenverarbeitung* wurde zur Unterstützung der EG-Kommission eingesetzt.[33] Mit 10 Millionen ECU für allgemeine Aktionen und 15 Millionen ECU für Förderungsmaßnahmen blieben die bereitstehenden Mittel allerdings bescheiden (1 ECU = rd. 2,50 DM bis 1982, danach rd. 2,35 DM). Die EG-Kommission hat bereits eine Verlängerung des Programms bis 1986 und eine Aufstockung der Mittel beantragt.

30 Aufgrund einer Ratsentschließung für eine Gemeinschaftsaktion zur Förderung der Mikroelektronik-Technologie vom 11. 9. 1979 und ihrer eigenen Mitteilung an den

28 EG-Kommission: Politik der industriellen Innovation – Leitlinien für eine Gemeinschaftsstrategie. Dok.KOM (81) 620 endg., Brüssel 20. 10. 1981.
29 ABl. 1974 Nr. C 86 S. 1; HER I A 144, S. 1.
30 EG-Kommission: Antwort auf die schriftl. Anfrage Nr. 2093/80 von *Edgar Pisani,* MdEP, vom 2. 6. 1981, ABl. 1981 Nr. C 195 S. 1.
31 ABl. 1979 Nr. L 231 S. 23; HER I A 144, S. 27.
32 ABl. 1979 Nr. L 231 S. 1; HER I A 144, S. 19.
33 ABl. 1979 Nr. L 231 S. 29; HER I A 144 S. 39.

europäischen Rat vom November 1979 über die europäische Gesellschaft und die neuen Informationstechnologien[34] legte die Kommission ein Jahr später einen diesbezüglichen Verordnungsvorschlag vor.[35] Er setzt sich zum Ziel, durch die Entwicklung neuer Schlüsseltechnologien und Hilfsmittel die europäische Industrie bis 1985 in die Lage zu versetzen, den Wettbewerb mit den fortgeschrittensten Produkten zu bestehen. Die Industrie müßte dann in der Lage sein, Bauelemente im Submikronbereich zu konzipieren, herzustellen und anzuwenden und die gesamte hierzu erforderliche Technologie zu beherrschen. Während die EG-Kommission 50 Millionen ECU beantragt hatte, bewilligte der Rat am 9. 11.1981 zunächst 40 Millionen ECU. Mit ihnen sollen Programme von Unternehmen der Gemeinschaft, ohne Ausschluß evtl. daran interessierter Tochtergesellschaften von ausländischen *Elektronikfirmen,* mit Beihilfen von in der Regel 30% unterstützt werden, die jedoch in Einzelfällen bis zu 50% der Projektkosten gehen können.

31 Der Rat hat zwei Aktionspläne im Bereich der wissenschaftlich technischen Information und Dokumentation für die Jahre 1975 bis 1978 und 1978 bis 1981 gebilligt, die die Fundamente eines europäischen Informations- und Datenübertragungsnetzes *EURONET* und einer Datenbasis Diane legen, die über EURONET zugänglich ist. Dem System sind mehrere Dutzend Terminals angeschlossen und ihm stehen 175 Datenbasen zur Verfügung. Durch ein drittes Programm für 1981 bis 1983[36] soll EURONET in ein öffentliches Netz umgewandelt werden, und es sollen neue Technologien und Methoden erforscht werden.

3. *Luftfahrzeugbauindustrie*

32 Im Bereich der *Luftfahrzeugbauindustrie* nahm der Rat am 4. 3. 1975[37] einen am 19. 6. 1972 vorgelegten Entschließungsentwurf der Kommission an. Er sieht im wesentlichen ständige Verfahren für eine Konsultation und eine Abstimmung zwischen den Regierungen der Mitgliedstaaten über die Fragen der Luftfahrzeugbauindustrie im Rahmen des EG-Ministerrats vor. Vertreter der Flugverkehrsgesellschaften und der *Luftfahrzeugbauindustrie* können nach vom Rat festzulegenden Modalitäten zur Teilnahme eingeladen werden. In Durchführung dieser Entschließung legte die Kommission am 3. 10. 1975 ein Aktionsprogramm[38] für die europäische Luftfahrzeugbauindustrie vor. Es enthält ein globales Konzept einer Politik für diesen Sektor. Nach Auslotung der Marktchancen sollen EG-Flugzeugtypen, vor allem im Mittel- und Langstreckenbereich entwickelt und hergestellt werden, die mit Unterstützung der EG-Organe und aufgrund einer vorher zu erklärenden Abnahmebereitschaft durch die Mitgliedstaaten vermarktet werden. Die nationalen Subventionen für die *Flugzeugindustrie* sollen durch ein

34 ABl. 1979 Nr. C231 S. 1.
35 EG-Kommission: Dok.KOM (80) 421 endg.
36 EG-Kommission: Dok.KOM (80) 552 endg., ABl. 1981 Nr. L220 S. 29.
37 ABl. 1975 Nr. C59 S. 1; HER I A 120, S. 17.
38 ABl. 1975 Nr. C265 S. 2.

gemeinschaftliches Beihifesystem ersetzt werden. Auf der Basis von Rationalisierung und Standardisierung soll eine wettbewerbsfähige EG-Luftfahrzeugbauindustrie entstehen. Der Rat hat auf dieser Grundlage am 14.3.1977 eine Erklärung betreffend die Industriepolitik auf dem Luftfahrzeugsektor[39] verabschiedet. Auf ihr sollen detaillierte Vereinbarungen über die Konzentration der Aktivitäten der EG-Industrie auf Kurz- und Mittelstreckenflugzeuge aufbauen.

Die weiteren Verhandlungen über die Förderung und Zusammenarbeit der EG-Luftfahrzeugbauindustrie fanden allerdings außerhalb des institutionellen Rahmens der Gemeinschaft statt, waren jedoch auf das Ziel eines gemeinsamen Programms für den Bau ziviler *Großraumflugzeuge* unter Beteiligung der wichtigsten europäischen Hersteller ausgerichtet. Da sich ein kommerzieller Erfolg des *Airbus* mit steigenden Auftrags- und Produktionsziffern abzeichnete, konnte sich die Kommission mit bilateralen Kontakten mit den Gesellschaften und Regierungen zur Koordinierung begnügen. Außerdem handelte die Kommission im *GATT*-Rahmen ein Abkommen zur Verstärkung des internationalen Handels und zum Abbau der Zollschranken und Hindernisse aus, das am 1.1.1980 in Kraft trat. Ihm sind neben der EG die USA, Kanada, Japan und die wichtigsten EFTA-Länder beigetreten.

IV. In Schwierigkeit befindliche Sektoren

1. *Orientierung der EG-Politik*

33 Schon im letzten Drittel der siebziger Jahre wurde deutlich, daß die Gemeinschaft den größeren Teil ihrer Kraft und ihrer Finanzmittel nicht zur Förderung der Innovation in den *Spitzentechnologien* freisetzen konnte, sondern ihn für die Sanierung und *Restrukturierung* von in Schwierigkeiten befindlichen Sektoren reservieren mußte. Der Schiffbau, die Textil- und Lederindustrie, die Stahlindustrie und die Automobilindustrie wurden von schweren Krisen heimgesucht. Deren Ursache lag nicht nur in der weniger günstigen konjunkturellen Lage, sondern vor allem in der nachlassenden strukturellen *Wettbewerbsfähigkeit* und dem Unvermögen, die Anlagen in gleicher Geschwindigkeit wie die Wettbewerber in den USA und Japan zu erneuern und neuartige Produkte und Dienstleistungen anzubieten. Hinzu kam vor allem beim Stahl und der Textilindustrie der Wettbewerb von mit niedriger bezahlten Arbeitskräften produzierenden Schwellen- und Entwicklungsländern. 1982 sind auch Zweige der NE-Metallindustrie in Schwierigkeiten geraten.

34 Die Gemeinschaft verfügt im wesentlichen über drei Instrumente zur Erleichterung der Lage von in Schwierigkeiten befindlichen Sektoren. Sie kann mit den Mitteln der *Kreditpolitik* über die *EIB* und über ihre eigenen *Kreditfazilitäten* Investitionen zur Erneuerung des Produktionspotential finanzieren helfen. Sie kann ferner die Schaffung neuer Arbeitsplätze über den *Sozial-* und den *Regionalfonds* begünstigen und die

39 ABl. 1977 Nr. C69 S. 10; HER I A 120, S. 21.

Wiederbeschäftigung entlassener Arbeiter erleichtern. Schließlich wacht sie darüber, daß Beihilfen an in Schwierigkeiten befindliche Industriezweige nicht der Erhaltung unrentabler Kapazitäten dienen und über Wettbewerbsverzerrungen zur Verlagerung der Schwierigkeiten von einem Land ins andere führen.

2. Eisen- und Stahlindustrie

35 Zur Erleichterung der Umstrukturierung der am schwersten betroffenen Stahlindustrie verfügt die EG-Kommission über das Rechtsinstrument des Montanvertrages, das eine weitreichende Steuerung des Prozesses über *Investitionsstellungnahmen,* Preis- und Produktionsempfehlungen und in Krisenperioden im Rahmen von Art. 58 auch über *Produktionsquoten* zur Verringerung der Erzeugung gestattet. Die *Kapazitätsanpassung* kann von der Kommission durch die Verweigerung von Subventionsgenehmigungen erzwungen werden. Die Regierungen versuchten allerdings lange Zeit ihre Stahlindustrie dieser Disziplin zu entziehen. Ein kaum gebremster Subventionswettlauf hat die Sanierung der Stahlindustrie lange verzögert, bis am 7. 8. 1981 eine Entscheidung über das Auslaufen der Erhaltungs*subventionen* bis Ende 1985 angenommen wurde.[40]

Im hier behandelten Geltungsbereich des EWG-Vertrages verfügt die Gemeinschaft über bescheidenere Einfluß- und Eingriffsmöglichkeiten in die Industriestrukturen. Der EWG-Vertrag geht davon aus, daß die Sanierung und Reorganisierung kranker Industrien in erster Linie vom Markt geregelt werden muß.

3. Schiffbau

36 Wichtigstes industriepolitisches Instrument zur Steuerung des Sanierungsprozesses veralteter Industriezweige ist die *Beihilfenpolitik.* Mit ihr kann die Gemeinschaft das Ziel der Erhaltung eines Industriezweiges unter gleichzeitiger Hinorientierung zu hochentwikkelten Technologien zu steuern versuchen. Beispiel einer solchen Politik ist der Schiffbau. Die Gemeinschaft sah sich von *Japan* und anderen südostasiatischen Staaten in die Defensive gedrängt. Ihr Anteil an der im Bau befindlichen Welttonnage ging trotz einer Vergrößerung der europäischen Flotten ständig zurück. Im *OECD*-Rahmen wurden unter Beteiligung der Gemeinschaft Vereinbarungen zum schrittweisen und gleichmäßigen Abbau der Werftüberkapazitäten getroffen.

37 Im Innern der Gemeinschaft hat sich der Rat, auf Vorschlag der Kommission, dafür ausgesprochen, diejenigen Werftkapazitäten zu erhalten, die dank ihrer Rationalisierung und Spezialisierung in der Lage sind, dem weltweiten Wettbewerb langfristig ohne Beihilfen der öffentlichen Hand standzuhalten. Zur Steuerung des Anpassungsprozesses wurden Richtlinien erlassen, die im einzelnen regeln, welche *Beihilfen* in welchem Umfang und für welche Übergangszeit zur Rettung von Unternehmen, zur Behebung sozialer und regionaler Ungleichgewichte, zur Krisenbekämpfung und zur Krediterleich-

40 Nr. 2320/81 EGKS, ABl. 1981 Nr. L 228 S. 14; HER IV A 27 S. 123.

terung noch gewährt werden dürfen. Die 5. dieser Richtlinien wurde am 28. 4. 1981 erlassen.[41] Sie soll möglichst bald durch eine richtungsweisende Richtlinie über die Sanierung des Schiffbaus ersetzt werden. Diese würde an die Stelle der bisher erlassenen Richtlinien über die Duldung von Erhaltungsubventionen treten.

4. Automobilindustrie

38 Die EG-*Automobilindustrie* ist in den achtziger Jahren auf immer schärferen japanischen Wettbewerb am eigenen Markt gestoßen, während sie selbst kaum Zugang zu dem über die großen japanischen Handelsgesellschaften abgeschirmten japanischen Inlandsmarkt findet. *Japans* Hersteller haben sich rascher auf vollautomatisierte komputergesteuerte Produktionsprozesse eingestellt. Sie haben es auch verstanden, auf dem Markt der kleineren benzinsparenden Modelle vorzudringen.

Der EG ist es jedoch in den sechziger und siebziger Jahren nicht gelungen, im Verhältnis zu *Japan* das gegenüber anderen Drittländern verwirklichte einheitliche handelspolitische Auftreten zu erreichen. Die einzelnen EG-Mitgliedstaaten schützten sich bis einschließlich 1982 weiter individuell gegen ihnen abträglich erscheinende Japaneinfuhren. Mitgliedstaaten, die wie Italien und Frankreich die Japaneinfuhr mengenmäßig beschränkt hatten, ließen sich zur Absicherung ihres Außenschutzes aufgrund von *Art. 115 EWG* gegen *indirekte Einfuhren* von Japanautos aus anderen Mitgliedstaaten schützen. Dadurch konnte keine Rede von freiem Warenverkehr in der EG mehr sein.

Die EG-Kommission hat in Gesprächen mit der Industrie der Gemeinschaft deren stärkere Zusammenarbeit im Bereich der Forschung und der elektronischen Bauelemente befürwortet. Sie will eine Steigerung der Produktivität fördern und außerdem erreichen, daß die europäischen Erzeuger stärker auf die Auslandsmärkte für Nutzfahrzeuge vordringen, wo der Sättigungsgrad geringer als im PKW-Bereich ist.

5. Textil- und Bekleidungsindustrie

39 Die *Textil- und Bekleidungsindustrie* der EG befindet sich seit einem Jahrzehnt in einem harten Überlebenskampf. Sie muß ihre Produktion auf hoch- und höchstwertige Erzeugnisse konzentrieren, da die internationale Arbeitsteilung ihr keinen Platz mehr bei den einfachen Textilien läßt. In der *Chemiefaserindustrie* können die US-Wettbewerber auf wesentlich billigere petrochemische Ausgangsstoffe zurückgreifen. Seit 1973 sind in der europäischen Textilindustrie 900 000 Arbeitsplätze verloren gegangen.

Die EG-Kommission versucht den unumgänglichen Anpassungsprozeß zu steuern. Sie hat im April 1979 ein mehrjähriges Forschungsprogramm für den Bekleidungssektor vorgelegt. Der Rat hat am 22. 12. 1979 einen Betrag von 14 Millionen ECU für

41 ABl. 1981 Nr. L 137 S. 39; HER I A 50/12, S. 65.

Umstrukturierungsmaßnahmen zur Kapazitätsverringerung in der Chemiefaserindustrie gebilligt. Die Kommission mußte auch die Überwachung der *Beihilfen* wesentlich verstärken. Einige Mitgliedstaaten, wie Belgien und Italien, versuchen, ihre Industriebetriebe durch hohe Subventionen zu erhalten.

40 Die Einfuhr aus Entwicklungsländern wird seit 1974 über das Genfer *Mehrfaserabkommen (MFA)* geregelt. Im Rahmen des Ende 1981 auslaufenden zweiten MFA schloß die Gemeinschaft zwei Dutzend Einzelabkommen mit *Entwicklungsländern,* die bis Ende 1982 befristet sind. In ihnen wird eine schrittweise Zunahme der Einfuhren geregelt. Der Gemeinschaft lag daran, starke Ausfuhrstöße aus den industriell weiter fortgeschrittenen *Schwellenländern* zu Lasten der ärmeren Entwicklungsländer zu verhindern. Ihre endgültige Zustimmung zu einem dritten MFA hat die EG vom Erfolg bei der Erneuerung der bilateralen Abkommen abhängig gemacht. Die Kommission schuf 1979 zur Beurteilung der Lage in der Textilindustrie einen Rahmen für Konsultationen mit Vertretern des Koordinierungskomitees der Textilindustrien der EWG und des europäischen Verbandes der Bekleidungsindustrien einerseits und des europäischen Gewerkschaftsausschusses der Textilindustrie andererseits.

6. *Papier- und Pappenindustrie*

41 Die EG-*Papier- und Pappenindustrie* ist auf die Einführung des Halbstoffes Zellulose aus Nordamerika und den nordischen Ländern Europas angewiesen, da das *Holzaufkommen* zur Deckung des Rohstoffbedarfes nicht ausreicht. Die EG-Industrie kann so von ihren ausländischen Roh- und Halbstofflieferanten in eine Scherenbewegung genommen werden, wenn diese einerseits die Zellstoffpreise erhöhen und andererseits die Preise für Fertigpapier und Pappe eher niedrig halten, um die EG-Industrie zur Kapazitätsverringerung zu zwingen. Die EG-Kommission bemüht sich deshalb um eine Politik, die eine bessere Ausnutzung der *Forstbestände* der EG und eine stärkere Altpapiererfassung ermöglicht. Sie unterstreicht jedoch auch die Notwendigkeit einer engen Zusammenarbeit mit Drittländern. Mit den nordischen Ländern hat sie im Rahmen der Freihandelsabkommen zwischen der EG und den EFTA-Ländern für den Papiersektor eine Ausnahme ausgehandelt, die der EG-Papierindustrie bis Ende 1983 die Beibehaltung eines degressiven, ermäßigten Zollschutzes gestattet. Die EG-Kommission kann ferner Drittlandzölle wieder anwenden, wenn gewisse *Einfuhrplafonds* überschritten werden und der EG-Papierindustrie dadurch Gefahr droht.

V. Wissenschafts- und Technologiepolitik

42 Im Bereich der *Wissenschafts- und Technologiepolitik* verabschiedete der Rat am 14. 1. 1974 in Form von Entschließungen ein Aktionsprogramm[42] aufgrund eines von der

42 ABl. 1974 Nr. C 7 (4 Entschließungen) S. 2 und 6; HER I A 150 S. 7, 11, 13, 15. Dazu die Erläuterungen von *Schuster,* oben S. 1527.

Kommission im Mai 1973 vorgelegten Arbeitsprogramms. Dieses beruhte seinerseits auf einer Mitteilung der Kommission vom 14. 6. 1972 »über Ziele und Mittel einer gemeinsamen Politik auf dem Gebiet der wissenschaftlichen Forschung und der technischen Entwicklung.[43] Die vom Rat gebilligten Entschließungen für die Wissenschafts- und Technologiepolitik sehen folgende Schwerpunkte vor:

1. Ein *Ausschuß für wissenschaftliche und technische Forschung* wurde mit der Aufgabe geschaffen, alle Aspekte der nationalen Forschungspolitik zu koordinieren, die nicht der militärischen und industriellen Geheimhaltung unterliegen. Ihm gehören Vertreter der Mitgliedstaaten und der Kommission unter Kommissionsvorsitz an.
2. Der Rat befürwortet die Herstellung von Beziehungen zwischen einer in Straßburg zu errichtenden *Europäischen Wissenschaftsstiftung* zur Koordinierung der Grundlagenforschung von 16 europäischen Ländern und der Gemeinschaft; er will Form und Art dieser Beziehungen festlegen.

3. Der Rat verpflichtet sich in Zukunft über Einzelvorschläge, die die EG-Kommission aufgrund des Rahmenprogramms für konkrete Forschungsaktionen vorlegt, jeweils spätestens 9 Monate nach der Vorlage zu beschließen.

4. Der Rat hat eine zukunftsbezogene Prospektivstudie über die Gemeinschaft im Jahre 2000, die den Titel »Europa + 30« trägt,[44] ausarbeiten lassen.

1975 hat die EG-Kommission in einer Mitteilung über »Ziele, Prioritäten und Mittel einer gemeinsamen Forschungspolitik« ein Gesamtkonzept entwickelt.[45] Sie schlug vor, daß sich die Forschungspolitik der EG außerhalb des Kernenergiebereichs bis 1980 auf die Rohstofflieferung, Umweltfragen, industriepolitische Fragen und die Verbesserung der Lebensbedingungen konzentrieren soll.

43 Der Rat bestätigte in seinen Schlußfolgerungen vom 20. 12. 1979 über die Zielvorstellungen für die gemeinsame Politik auf dem Gebiet der Wissenschaft und Technologie,[46] daß namentlich *Energie* und *Rohstoffe, Umweltschutz, Landwirtschaft* sowie *Forschung und Entwicklung* in einzelnen Industriesektoren zu den Prioritäten gehören sollen. Die Kommission hat in einer Mitteilung über Prioritäten und Organisation der gemeinsamen *Forschungspolitik* vom 25. 7. 1980[47] angeregt, 80 % der Forschungs- und Entwicklungsaufwendungen der Gemeinschaft im Zeitraum 1981 bis 1985 auf diese vorrangigen Sektoren zu konzentrieren.

Die Kommission will die Koordinierung dort verbessern, wo nationale Forschung und gemeinschaftliche Forschung nebeneinander bestehen. Die in der *gemeinsamen For-*

43 EG-Kommission: BullEG Nr. 5-1973 Ziff. 2237 ff.
44 EG-Kommission: 8. Gesamtbericht 1974 Ziff. 313.
45 EG-Kommission: BullEG Nr. 10-1975 Ziff. 1401–1406.
46 EG-Kommission: BullEG Nr. 12-1979 Ziff. 2.1.153.
47 EG-Kommission: BullEG Nr. 7/8-1980 Ziff. 2.1.127.

schungsstelle der EG durchgeführten direkten Aktionen und die über Verträge ausgeführten indirekten Aktionen, bei denen sich EG und nationale Forschungsstellen die Kosten teilen, sollen aufeinander abgestimmt werden.

44 Die der Gemeinschaft zur Förderung der Forschung und Entwicklung zur Verfügung stehenden bescheidenen Mittel gestatten nur wenig direkte Aktionen, die auf die *Spitzenindustrien* und auf in besonderen Schwierigkeiten befindliche Industriesektoren gelenkt wurden, wenn man von dem hier nicht behandelten Euratomsektor absieht. Hauptaufgabe der Kommission muß es deshalb sein, die auf nationaler Ebene betriebene Forschung auf im Gemeinschaftsinteresse liegende Prioritäten hinzulenken und Doppelarbeit zu vermeiden, wie sie ohne grenzüberschreitende Koordinierung unvermeidlich wäre.

45 Anfang der siebziger Jahre wurde mit »COST«[48] ein Forum für grenzüberschreitende europäische Forschungszusammenarbeit geschaffen, das über die Zehnergemeinschaft hinausgeht. Dem COST-System gehören alle europäischen OECD-Staaten an. Findet ein konkretes Forschungsvorhaben das Interesse mehrerer COST-Partner, so wird es auf der Grundlage eines gemeinsamen Programms durchgeführt. Da die Ergebnisse unabhängig vom Umfang der Beiträge allen Teilnehmern zugänglich gemacht werden, eignet sich das Verfahren besonders für die Grundlagenforschung.

VI. Perspektiven

46 Die Bemühungen um eine gemeinsame Industrie- und Forschungspolitik haben bisher nicht die erhoffte Wirkung gezeigt. Die EG-Staaten wenden zwar doppelt soviel öffentliche Mittel wie Japan für die Forschung auf, jedoch werden von japanischen Forschern und Unternehmen viermal soviel Patente wie von europäischen angemeldet. Die EG-Kommission fordert deshalb einerseits zur Wiedergewinnung der *Wettbewerbsfähigkeit* konkrete Fortschritte bei der Schaffung eines echten *Binnenmarktes*. Andererseits geht sie in einer neuen Aufzeichnung zur Industriepolitik[49] so weit, ein gemeinschaftliches *Präferenzelement* für diesen Binnenmarkt in den Bereichen der öffentlichen Auftragsvergabe und des Normenwesens zu fordern.

47 Die Kommission weist auf die Schlüsselstellung der öffentlichen Hand als Auftraggeber von Forschungsverträgen und vor allem bei der Einführung neuer *Technologien* hin. Der Gedanke an eine stärkere *Präferenz* für EG-Unternehmen bei der Auftragsvergabe und im Bereich europäischer multinationaler Unternehmen gewinnt in einer Zeit des verschärften internationalen Wettbewerbs und zunehmender Arbeitslosigkeit in einzelnen Mitgliedstaaten immer mehr Anhänger. Bisher hat die Gemeinschaft allerdings

48 COST = Coopération européenne dans le domaine de la recherche scientifique et technique.
49 EG-Kommission: Zur Entwicklung der Industrie in Europa – Eine Strategie der Gemeinschaft. Dok.KOM (81) 639 endg., Brüssel 26. 10. 1981.

protektionistischen Tendenzen in ihrer Industrie- und Forschungspolitik noch weitgehend widerstanden. Die EG-Kommission hat die Fehlentwicklung mit Recht in erster Linie auf die *Ressourcenvergeudung* durch die nationale Aufsplitterung der Normen und der Märkte zurückgeführt, die die Gemeinschaft sich nicht länger leisten könne. Industriepolitik sei bisher auf nationaler Ebene zur Erhaltung bestehener Industriestrukturen betrieben worden. Eine europäische Industriepolitik könne deshalb nicht auf den nationalen Politiken aufbauen, sondern müsse zukunftsorientiert und gleichzeitig weltoffen konzipiert werden.

48 Eine Bilanz der EG-Industriepolitik hat das Europäische Parlament im Mai 1981 anhand eines Berichts des Ausschusses für Wirtschaft und Währung[50] über die *industrielle Zusammenarbeit* zwischen den Mitgliedstaaten gezogen. Der Bericht kam zur Schlußfolgerung, daß die europäische Industriepolitik bislang »eine überwiegend defensive Politik war, deren Schwerpunkt auf dem Schutz der Sektoren mit rückläufiger Entwicklung lag.« Die europäische Wirtschaft müsse zu einer echten industriellen Zusammenarbeit finden, die sich auf die herkömmlichen Sektoren und die *Spitzentechnologien* erstreckt und alle Bereiche der *Marktforschung* erfaßt, um die Wettbewerbsfähigkeit der europäischen Industrie stärken zu können.

49 In einer Entschließung[51] weist das Parlament darauf hin, daß die Gemeinschaft »zwar nicht an die Stelle der Staaten, der Unternehmen oder der Sozialpartner treten soll, im industriellen Bereich aber überall dort gemeinsame Aktionen einleiten muß, wo diese Aktionen eben durch ihren Gemeinschaftscharakter einen stärkeren Zusammenhalt und einen unleugbaren Multiplikatoreffekt hervorrufen.« Das Parlament bedauert, daß aufgrund eines Mangels an politischem Willen die Zuständigkeiten der Gemeinschaft im gewerblichen Bereich zum Nachteil der europäischen Industrie nicht ausreichend genutzt wurden. Das Parlament fordert neben der besseren Koordinierung der bestehenden Finanzierungsinstrumente die Schaffung eines *EG-Innovations- und Entwicklungsfonds* für die Industrie. Der Rat der Industrieminister soll künftig regelmäßig zusammentreten, um über Ziele, Prioritäten, Strategie und Modalitäten einer echten industriellen Zusammenarbeit zwischen den Mitgliedstaaten zu beraten. Er soll durch einen *Ausschuß für Industriepolitik* und durch sektorale Konzertierungsausschüsse unterstützt werden.

Nach der Entschließung kann es keine sinnvolle industrielle Zusammenarbeit geben, solange der *Binnenmarkt* der Gemeinschaft *technische* und administrative *Handelshemmnisse* aufweist, die Benachteiligungen und Wettbewerbsverzerrungen verursachen. Der *Wettbewerb* wird als maßgebender Faktor der Effizienz bezeichnet und die Kommission zur Wachsamkeit gegenüber Beihilfen und Wettbewerbsverzerrungen aufgefordert. Im Bereich der industriellen Zusammenarbeit in der EG seien trotz der gegebenen Zuständigkeiten und des vorhandenen Haushalts- und Verwaltungsinstrumentariums nur

50 EP Sitzungsdokumente 1981 bis 82: Dok.EP 1-157/81 vom 27. 4. 1981 von *Robert Delorozoy* über die industrielle Zusammenarbeit zwischen den Mitgliedstaaten.
51 ABl. 1981 Nr. C 144 S. 60.

wenig Fortschritte seit der im Oktober 1972 angenommenen Entschließung der Pariser Konferenz der Staats- und Regierungschefs über eine einheitliche industrielle Grundlage erzielt worden. Hierfür werden mangelnde Übereinstimmung im Rat und das Fehlen echter Initiativen der Kommission verantwortlich gemacht.

50 Auch eine von der EG-Kommission eingesetzte *Arbeitsgruppe* über *Strukturpolitik* in der Gemeinschaft kam 1981 zur Schlußfolgerung,[52] daß die Gemeinschaft beim Prozeß der positiven Anpassung eine wachsende Rolle spielen müsse und daß ihre Interventionen in der Strukturpolitik sich nicht auf in Schwierigkeit befindliche Sektoren beschränken dürften. Auch allgemeine Aktionen, wie die *Energieeinsparung,* die Entwicklung *neuer Energiequellen, Forschung, Innovation* und *Umweltschutz* müßten einbezogen werden. Die Förderung von Sektoren mit fortschrittlicher Technologie und hoher Wertschöpfung müsse verstärkt werden, wobei auch finanzielle Instrumente eingesetzt werden sollen. Der Anpassungsbedarf werde in den nächsten Jahren noch zunehmen, nicht nur in den schrumpfenden Wirtschaftszweigen, sondern auch in Sektoren, die für das Wachstum der Industrieländer von wesentlicher Bedeutung sind. Auch in den Spitzensektoren werde die rasche technische Entwicklung einen starken Anpassungsdruck bewirken. Hauptkriterien der Anpassung dürfe nicht die kurzfristige Beschäftigung, sondern müssen gesunde Strukturen sein, die längerfristig ein höheres Wachstums und Beschäftigungsniveau sichern.

51 In ihrem im 2. Halbjahr 1981 vorgelegten Entwurf eines fünften *Programms für die mittelfristige Wirtschaftspolitik*[53] beklagt die EG-Kommission den Rückgang der internationalen Wettbewerbsfähigkeit der Gemeinschaft in den siebziger Jahren. Sie fordert ein Umdenken und hält ein Aufholen des Rückstands in den kommenden Jahren angesichts des Potentials der Gemeinschaft für möglich, wenn das Schwergewicht auf die Steigerung der Investitionen und die Anpassung der Strukturen gelegt wird. Allerdings habe sich die strukturelle Position einzelner Länder so verschlechtert, daß für sie eine längere Anpassungszeit notwendig sein dürfte. Die volle Nutzung des Potentials des Gemeinsamen Marktes, die Liberalisierung der staatlichen Auftragsvergabe, der Verzicht auf nationale Normen und die Anpassung der Industriestrukturen seien zur Steigerung des Wachstums und der Beschäftigung unabdingbare Voraussetzung, nachdem sich erwiesen habe, daß sich durch eine einfache Politik der Nachfragesteigerung die Arbeitslosigkeit nicht längerfristig bekämpfen lasse.

52 Die Ziele einer gemeinsamen Industriepolitik, die die EG-Kommission formuliert und in den volkswirtschaftlichen Gesamtrahmen gestellt hat, sind allerdings auch in der Gemeinschaft nicht umumstritten.. Unter dem Titel Industriepolitik werden oft rein defensive Abwehr- und Schutzpolitiken nicht nur auf nationaler, sondern auch auf

52 EG-Kommission: Bericht der Arbeitsgruppe Strukturpolitik in der Gemeinschaft – Staatliche Interventionen und Strukturanpassungen, Brüssel Januar 1981, S. 58ff.

53 EG-Kommission: Europäische Wirtschaft – Fünftes Programm für mittelfristige Wirtschaftspolitik, Nr. 9, Juli 1981, S. 43ff.

europäischer Ebene verborgen. Indem mit ihnen eine *Rückeroberung* des nationalen oder des gemeinsamen Marktes durch eine Abkapselung oder durch *Erhaltungsbeihilfen* angestrebt wird, können sie leicht zu einer *Renationalisierung* des Binnenmarktes der Gemeinschaft und zu einer *Abschottung* der Gemeinschaft nach außen führen. Damit würden sie die Wettbewerbsfähigkeit der europäischen Industrie nicht stärken, sondern deren Wiedergewinnung eher verzögern oder verhindern. Deshalb sind alle unter dem Stichwort Industriepolitik vorgebrachten Vorschläge auf ihre tatsächliche Zielsetzung und ihren wahren Charakter zu prüfen.

Die Europäische Aktiengesellschaft
Eine Beschreibung ihrer Befindlichkeit am Ende des Jahres 1981*)

Materialien

Denkschrift der Kommission der Europäischen Wirtschaftsgemeinschaft über die Schaffung einer Europäischen Handelsgesellschaft in: BullEG 1966, Sonderbeilage 2/10.
Vorentwurf eines Statuts für europäische Aktiengesellschaften von *Pieter Sanders,* Dekan der Juristischen Fakultät Rotterdam, Kommission der Europäischen Gemeinschaften, Studien, Reihe Wettbewerb 1967, Nr. 6.
Vorschlag einer Verordnung des Rates über das Statut für Europäische Aktiengesellschaften vom 30.6.1970, Sonderbeilage zum BullEG 8/1970, ABl. 1970 Nr. C 124.
Stellungnahme des Wirtschafts- und Sozialausschusses vom 25./26.10.1972, ABl. 1972 Nr. C 131
Ergänzungsbericht im Namen des Rechtsausschusses des Europäischen Parlaments über den Vorschlag der Kommission der Europäischen Gemeinschaften an den Rat für eine Verordnung betreffend das Statut einer Europäischen Aktiengesellschaft, Sitzungsdokumente des Europäischen Parlaments Dokument 67/74 vom 26.6.1974
Niederschrift der Verhandlung des Europäischen Parlaments über den vorgenannten Vorschlag am 10./11. Juli 1974, ABl. 1974 Nr. 179 Anhang. Verhandlungen des Europäischen Parlaments.
Entschließung des Europäischen Parlaments vom 11.7.1974 über eine Stellungnahme zu dem genannten Vorschlag der Kommission, ABl. 1974 Nr. C 93
Beitrag zu den Möglichkeiten der Vertretung der Interessen der Arbeitnehmer in der europäischen Aktiengesellschaft. Studie erarbeitet von Professor Gerard Lyon-Cäen. Kommission der Europäischen Gemeinschaften 1970

Literatur

Einen umfassenden Überblick über die zahlreichen Beiträge zur Europäischen Aktiengesellschaft gibt die Bibliographie von *Wolfram Timm* in: *Marcus Lutter* (Hrsg.), Die Europäische Aktiengesellschaft, 2. Aufl., Köln 1978. Die Veröffentlichung von Lutter enthält grundlegende kritische Beiträge von Sachkennern über die einzelnen Kapitel des Statuts aus der Sicht des deutschen Rechts.

Inhaltsübersicht

*) Vorschlag einer Verordnung des Rates über das Statut für Europäische Aktiengesellschaften – gemäß Art. 149 Abs. 2 des EWG-Vertrages dem Rat vorgelegter geänderter Vorschlag (BullEG, Beilage 4/75).

1. Europäische Aktiengesellschaft und Gemeinsamer Markt

1 Die Idee zur Schaffung einer Europäischen Gesellschaft steht im engen Zusammenhang mit der Gründung der Europäischen Wirtschaftsgemeinschaft. Ihre Verwirklichung ist eng verbunden mit der Entwicklung der Währungs- und Wirtschaftsunion. Ziel des Vertrages von Rom ist die Errichtung eines Gemeinsamen Marktes: aus einer Anzahl von nationalen Einzelmärkten, historisch gewachsen, in ihrer wirtschaftlichen Bedeutung aber beschränkt, geographisch eingeengt, durch rechtliche technische und wirtschaftliche Unterschiede voneinander abgeschlossen, sollte ein Wirtschaftsgebiet geschaffen werden, in dem Verhältnisse herrschen wie sie vordem nur auf einem Binnenmarkt anzutreffen waren. Ein gigantisches Unternehmen, wenn man an die Vielzahl von Hindernissen und Unterschiede denkt, die sich – aus Eigenart, aus Tradition, aber auch zum Schutz – über Jahrhunderte gebildet haben. Ende der 50er Jahre aber war der Elan groß, der Regierungen, auch der Unternehmen an dieser Aufgabe aktiv mitzuarbeiten.

2 Im Vordergrund naturgemäß stand die Beseitigung derjenigen Hindernisse, die den Fluß der Waren über die Grenzen behinderten; für sie alle standen die Zölle als Ausdruck der Abschottung. Und so wurde das Augenmerk zunächst auf deren Abschaffung gerichtet; die Errichtung einer Zollunion als erste Etappe der Schaffung des Gemeinsamen Marktes war vordringlich. Sie wurde dann auch in viel kürzerer Zeit erreicht, als sie der Vertrag vorsah.

3 Aber es schien nur natürlich, sich schon damals jene zukünftigen binnenmarktähnlichen Verhältnisse vorzustellen und auch die Mittel, die es Unternehmen dann erleichtern oder gar erst ermöglichen würden, sich in ihren Strukturen den konzipierten und vorstellbaren neuen Gegebenheiten anzupassen. Der wirtschaftlich neuen – anderen Situation sollten rechtliche Entsprechungen für die Organisation der Unternehmen an die Seite gestellt werden. Es lag nahe, neue Organisationsformen zu denken mit universaler und gleicher Anwendung in diesem Wirtschaftsraum wie sie das rechtliche Instrumentarium der einzelnen Mitgliedstaaten in den nationalen Märkten hat. Gedacht war, den Unternehmen ein solches neues Instrumentarium zur Verfügung zu stellen in dem Maße, in dem die nationalen Märkte zu einer größeren wirtschaftlichen Einheit verschmolzen. Es sollte ein Beitrag zur bestmöglichen Ausnutzung der Kräfte und der wirtschaftlichen Ressourcen dieses Wirtschaftsgebiets mit seinen anderen Dimensionen sein. Es schien weder logisch, weder rationell noch praktisch, die Unternehmen bei dieser neuen wirtschaftlichen Konzeption, die sich die Gemeinschaft 1958 anschickte zu verwirklichen, rechtlich weiter

mit den überkommenen nationalen Werkzeugen arbeiten zu lassen, die nicht nur geographisch in ihrer Wirksamkeit und Anwendbarkeit auf jeweils Teile dieses Gebiets beschränkt waren, sondern auch inhaltlich zum Teil beträchtliche Unterschiede aufwiesen.

4 Sicher, ein solches Instrumentarium konnte nur ein Baustein bei der Schaffung dieses Marktes sein. Ein kleiner, und für Praktiker möglicherweise noch nicht einmal ein sehr wichtiger: Steuerliche Fragen etwa nehmen wahrscheinlich in unternehmensstrategischen Überlegungen einen größeren Platz ein. Aber dennoch: diese Idee der Europäischen Gesellschaft hatte von vornherein etwas Symbolträchtiges, sie gab ein Signal, was dieser Gemeinsame Markt sein könnte: eben ein Gebiet mit binnenmarktähnlichen Verhältnissen, in dem sich die Unternehmen überall so bewegen können »wie zuhause«, in einer europäischen Rechtsform.

5 Es ist daher nicht erstaunlich, daß über die langen Jahre hinweg bis heute in der Öffentlichkeit weniger die sehr wichtigen, aber oft mühsamen, ungemein komplexen und in die Einzelheiten gehenden Arbeiten zur Schaffung des Binnenmarktes etwa im Bereich der Rechtsangleichung, der Angleichung der technischen Normen, der Niederlassungsfreiheit besondere Beachtung fanden, sondern die Europäische Gesellschaft, die für diese Entwicklung stand. Sie machte mit ihrer Idee deutlich, wohin der Weg gehen sollte; sie war auch für jene verständlich, die nicht »Spezialisten« waren. Noch heute ist sie daher Schlüsselwort für den werdenden Gemeinsamen Markt. Nicht auszuschließen, hierin den Grund auch dafür zu sehen, ihr ein eigenes Kapitel in diesem Kommentar zu widmen.

6 Gewiß, die Vorstellung einer Europäischen Gesellschaft, einer Gesellschaftsform, die nicht einer bestimmten nationalen Rechtsordnung zugeordnet ist, ist älter. Sie wurde aber nie verwirklicht, wenn man die Konstituierung von Einzelunternehmungen aufgrund von Staatsverträgen ausläßt. In der Tat fehlte es meist an einer rechtlichen Anknüpfung. Aber es fehlte vor allem an einer wirtschaftlichen Grundlegung. Beides aber folgte aus der Gründung des Gemeinsamen Marktes. Inhaltlich war es das Wirtschaftsgebiet mit binnenmarktähnlichen Verhältnissen, rechtlich die eigene Rechtsordnung der Gemeinschaft, und geographisch die Außengrenzen der Gemeinschaft. Dies sind die Koordinaten, in die eine solche Rechtsform eingefügt werden kann, die ihr Grundlage und Rahmen verschaffen und sie über den Wert einer schönen – aber theoretischen – Idee hinausheben und ihr einen Platz in einem konkreten Zusammenhang zuweisen.

2. Die Entwicklung zum Europäischen Statut

7 In Frankreich – 1959 – wurde die Vorstellung zuerst erörtert, von Juristen, Notaren interessanterweise, die dort sehr viel mit der Organisation von Unternehmen zu tun haben. Professor *Pieter Sanders*, ein Wissenschaftler mit breiten wirtschaftlichen Kenntnissen und großer praktischer Erfahrung, griff sie noch im selben Jahr in seiner Antrittsvorlesung in Rotterdam auf. Indessen: die Idee machte nicht schnell ihren Weg, so wie man es hätte erwarten können. Das Echo in der Öffentlichkeit war eher zurückhaltend. Die Idee war zu neu. Die Vorstellung eines Gemeinsamen Marktes noch zu vage. Konkrete Probleme standen im Vordergrund: Abbau der Zollgrenzen, Befreiung des Warenverkehrs von den traditionellen Hindernissen, Auslotung der Märkte von den heimatlichen Basen aus; alles notwendige erste Schritte auf einem unbekannten Gebiet, die jene Idee vielleicht als ein interessantes Zukunftsbild erscheinen ließen, die aber nicht Anlaß zu unmittelbarer Beschäftigung gab. Dies mag erklären, daß sich gerade diejenigen, zu deren Nutzen dies Instrument geschaffen werden sollte, die Unternehmen, in ihrer Erwartungshaltung recht zurückhielten.

8 Die Kommission griff Mitte der 60er Jahre die Idee auf. Die französische Regierung als erste nationale politische Instanz folgte und unterbreitete im Ministerrat ein Memorandum mit noch stark national geprägten Vorstellungen. Die Kommission erläuterte nunmehr ihre eigenen Überlegungen und beauftragte kurz danach eine Gruppe von sachverständigen Professoren[1] unter dem Vorsitz von *Pieter Sanders*, ein Europäisches Statut zu entwerfen.

9 Weniger als ein Jahr später legte diese Gruppe bereits den Entwurf unter der Verantwortung ihres Vorsitzenden vor. Alter europäischer Kultur und Tradition folgend, keine der modernen Sprachen bevorzugend, allen verständlich und daher überall verwendbar, wurde diese Gesellschaft Societas Europaea, abgekürzt SE, genannt. Schon der Name ein Sinnbild für den ganz europäischen Charakter dieser Rechtsform.

10 Die folgenden Jahre brachten wenig sichtbare Fortschritte auf dem Wege zur Verwirklichung der Idee. Politische Schwierigkeiten im Ministerrat, die mit dieser Materie ganz und gar nicht im Zusammenhang standen, behinderten die unmittelbare Aufnahme der Arbeiten.

11 Aber am Ende der 60er Jahre begannen auf der politischen Ebene die Vorbereitungen zur Errichtung der Wirtschafts- und Währungsunion. Der luxemburgische Ministerpräsident *Werner* erarbeitete im Auftrag des Ministerrats einen Plan, der ihre Errichtung in mehreren Stufen vorsah. Die Schaffung eines Statuts für Europäische Gesellschaften und seine Inkraftsetzung ist dort für die erste Stufe als dringlich vorgesehen. Dieser Plan wurde im Ministerrat am 9.6.1970 eingehend diskutiert.

12 Parallel hierzu zeigte sich auch bei den Unternehmen Ende der 60er Jahre zunehmendes Interesse. Die Zollunion war vollendet, die Wirtschaftsunion wurde konzipiert, der Handel allein von der heimatlichen Basis aus schien nicht mehr ausreichend, Strukturen mußten überprüft, Strategien geändert werden. Das Konzept des Binnenmarktes wurde deutlicher und ging in die Überlegungen der Unternehmen ein. Die Nützlichkeit einer neuen Gesellschaft wurde dadurch konkreter, wurde sichtbarer.

1 Mitglieder waren: *Ernst von Caemmerer*, Freiburg/Br., *Léon Dabin*, Lüttich, *Gabriel Marty*, Toulouse, *Gustavo Minervini*, Neapel, *Ernest Arendt*, Luxemburg.

13 Markante Beispiele machten zudem diese Nützlichkeit, wenn nicht gar ihre Notwendigkeit, deutlich: Wirtschaftliche Zwänge erforderten ein Zusammengehen der belgischen Gaevart N.V. und der deutschen Afga AG. Beide Namen verbunden mit ihren Ländern, beide weltweit auch charakterisiert durch ihre Nationalität. Politische, vor allem aber psychologische Hemmnisse erlaubten die Verwendung der nach den nationalen Rechten zur Verfügung stehenden Instrumente nicht in einer Weise wie es wirtschaftlich sinnvoll, wie es notwendig gewesen wäre. Die Societas Europaea hätte damals nach Auffassung der Beteiligten die Lösung sein können. Es gab sie nicht. Aus Elementen nationalen Rechts schließlich wurde in einer bewundernswerten Leistung ein Geflecht juristischer Strukturen gefunden, die – wie die Zukunft zeigte – nicht immer den wirtschaftlichen Bedürfnissen entsprachen und schließlich auch den Belastungen, denen sie ausgesetzt werden mußten, nicht standhielten. Immerhin: das Interesse der Wirtschaft war geweckt. Konkrete weitere Fälle machten die Erforderlichkeit der Societatis Europaeae deutlich: Namen wie Dunlop-Pirelli, Hoesch-Hoogovens, Fokker-DLW stehen dafür.

3. Rechtsgrundlage

14 *Hans von der Groeben,* deutsches Mitglied der Kommission von den Anfängen der Gemeinschaft an, eng verpflichtet ihren Idealen und politischen Zielen, entschied angesichts des Stillstands der Arbeiten im Rat und der Vorbereitungen für eine Wirtschafts- und Währungsunion sowie der sich in der Wirtschaft konkret zeigenden Bedürfnisse der Kommission 1970 den Entwurf einer Verordnung nach Art. 235 des Vertrages über das Statut für Europäische Aktiengesellschaften vorzulegen. Vorherige Beratungen mit den Mitgliedstaaten waren allein aus zeitlichen Gründen nicht möglich. In diesem Zeitpunkt, zu Beginn der Arbeiten einer Errichtung der Wirtschafts- und Währungsunion, war eine schnelle Initiative erforderlich. Der Rat selbst hatte im Werner-Plan eine europäische Gesellschaftsform gefordert. Die Kommission hatte ihr politisches Initiativrecht auszuüben, als Recht und als Pflicht.

15 Als rechtliches Mittel, diese Rechtsform in der Gemeinschaft einzuführen, bot sich aus dem Instrumentarium der Gemeinschaft (vgl. Art. 189) das Mittel der Verordnung an: sie würde ihr innerhalb des Gemeinsamen Marktes allgemeine Geltung verschaffen, in allen Teilen verbindlich sein und unmittelbar in jedem Mitgliedstaate gelten. Das war eine wesentliche Voraussetzung für die Wirksamkeit der Societatis Europaeae; sie sollte auch von nationalen Rechten unabhängig, von nationalen Einflüssen frei sein. Kein anderes Instrument hätte diese Sicherheit gegeben, vor allem nicht ein Abkommen zwischen den Mitgliedstaaten, das zudem nur wirksam werden konnte nach Ratifizierung durch die nationalen Parlamente.[2]

Die Heranziehung des Art. 235 war damals politisch eine mutige Tat und manche sahen darin schon den Keim des Mißerfolges der ganzen Unternehmung. Rechtlich waren nach

2 *Schwartz,* Art. 220 Rn. 68 ff.; vgl. auch die Erläuterungen zu Art. 235.

Auffassung der Kommission die Voraussetzungen dieser Bestimmung gegeben. Dies ist heute weitgehend außer Streit. Auch auf der politischen Ebene haben sich inzwischen die Wogen geglättet. Die Kommission jedenfalls verabschiedete den Vorschlag am 30.6.1970 und legte ihn dem Rat vor. Der lange Weg durch die Institutionen hatte begonnen!

4. Die Tendenz zum Unternehmensrecht

16 Das Statut sollte nicht einfach ein Transskript von einer nationalen zu einer europäischen Gesellschaft sein, verbessert vielleicht durch diese oder jene Bestimmung aus einem anderen nationalen Recht, erweitert in seiner geographischen Anwendung. Wir glaubten uns weitgehend frei von den besonderen Zwängen, denen die Arbeiten zur Angleichung nationalen Rechts – notwendigerweise – unterliegen und die – ebenso notwendigerweise – zu Minimallösungen führen müssen. Wir sahen die Chance »ein neues Haus zu bauen«, wie es der französische Vertreter später im Ministerrat oft so plastisch formulierte. Eben für jene neue Konzeption eines großen Wirtschaftsraums mit binnenmarktähnlichen Verhältnissen auch eine neue Konzeption einer neuen Unternehmensform. Nicht nur ein Statut mit größerem geographischem Anwendungsbereich, sondern auch in einer inhaltlich anderen Gestaltung: einer Hinwendung zum Unternehmensstatut, das, modernen Erkenntnissen folgend, anerkennt, daß die formale juristische Organisation des Unternehmensträgers vom Leben des Unternehmens schwer zu trennen ist, daß hier eine Interrelation besteht. Das Unternehmen als soziale Veranstaltung sollte erfaßt werden, nicht nur seine rechtliche Struktur. Die Kommission wollte aber damals mit diesem Statut auch darauf hinweisen, daß dieser Wirtschaftsgemeinschaft eine soziale Komponente inhärent ist, deren Beachtung im Unternehmen als einer wesentlichen Zelle unserer menschlichen Gemeinschaft besondere Beachtung zukommt. Sie wollte einen Anstoß in Richtung auf die Integrierung der Arbeitnehmer in unsere Gesellschaft geben.

Die Chance, eine solche neuartige Organisationsform zu verwirklichen, schien umso größer, als dieses Statut den Unternehmen nicht auferlegt wird, sondern ihnen zur Verfügung stehen sollte. Sie sollten optieren, völlig frei wählen können, ob sie es anwenden wollten oder nicht. Das Statut selbst hätte seine Proben im Fegefeuer der wirtschaftlichen und sozialen Umwelt bestehen müssen.

17 Auf der anderen Seite baute die Kommission keine Luftschlösser. Sie verwandte als Bausteine bewährte Regeln, prüfte Erfahrungen und verwertete bewährte Praxis. Für Sachprobleme, für die befriedigende Lösungen in nationalen Rechten bestanden, galt es nicht – nach dem Verfahren des l'art pour l'art – unbedingt andere Lösungen zu finden. Bewährtes sollte Eingang in das Statut finden und hat es getan. Auf dieser soliden Grundlage hat die Kommission Ideen entwickelt, wie nach ihrer Vorstellung in einer modernen wirtschaftlichen und sozialen Ordnung – wie die Gemeinschaft sich anschickte zu werden – ein Unternehmen organisiert sein sollte. Das Statut geht daher über den

traditionellen Rahmen der Organisation einer Gesellschaft hinaus und sucht das von ihr betriebene Unternehmen als eine aktive, lebendige, wirtschaftliche und soziale Veranstaltung zu erfassen. Kapital, Unternehmensleitung und die ausführenden Menschen formen eine Einheit, deren Harmonie und effiziente Verbindung zum Erfolg notwendig sind. Ergo hat auch ein solches Statut diese drei Komponenten zu erfassen.

Das Statut ist modern auch in anderer Hinsicht, seine Tendenz zum Unternehmensrecht deutlich: es erkennt an, daß die Mehrzahl der Gesellschaften im wirtschaftlichen Verbund miteinander tätig sind. Diese wirtschaftlichen Gruppierungen sind für unsere Wirtschaft von überragender Bedeutung. Es geht nicht darum, sie zu behindern oder sie gar abzuschaffen, sondern allein darum, ihnen eine angemessene rechtliche Grundlegung zu geben. Denn in diesen Unternehmen hat die einzelne Gesellschaft eine wirtschaftliche Funktion, die verschieden ist von derjenigen, die eine Gesellschaft hat, wenn sie selbst in eigener Verantwortung ein Unternehmen betreibt. Diese tatsächliche Situation hat das Statut zu berücksichtigen. Es konnte dabei aufbauen auf Erfahrungen, die in der Bundesrepublik Deutschland mit dem dort wenige Jahre vorher gesetztem Recht gemacht wurden.
Steuerlich wird diese Europäische Gesellschaft nicht anders als nationale Gesellschaften behandelt. Sie ist den Regeln der nationalen Steuerrechte nach den gleichen Kriterien unterworfen wie diese. Eine Sonderregelung allerdings war notwendig. Ihrer Konzeption nach soll die Societas Europaea ihre Tätigkeit überall im Gebiete der Gemeinschaft ausüben können; sie muß bei der Wahl und beim Wechsel des Zentrums ihrer wirtschaftlichen Tätigkeit flexibel, vor allem aber beweglich sein. Das Statut enthält daher eine im nationalen Recht nicht bekannte Regelung, nach der dieses Zentrum – der Ort der tatsächlichen Geschäftsleitung als Anknüpfungspunkt der Besteuerung – von einem Mitgliedstaat in einen anderen verlegt werden kann, ohne daß dies unmittelbare steuerliche Folgen auslöst (z. B. Auflösung stiller Reserven) (vgl. Art. 277). Besteht Streit zwischen Mitgliedstaaten über den Ort der tatsächlichen Geschäftsleitung, sieht das Statut ein besonderes Verständigungsverfahren zwischen ihnen vor, um die Gesellschaft vor Nachteilen zu bewahren.

Ihrer äußeren Form nach ist die Societas Europaea eine Gesellschaft auf Aktien. Diese Rechtsform ist in allen nationalen Rechtsordnungen bekannt, sie ist von großer Flexibilität, auch von großer Robustheit, wie sie in der Vergangenheit oft bewiesen hat. Ihre Verwendung bei dem Ausbau eines traditionellen Statuts zu einem Unternehmensstatut bot sich daher an.

5. Wirtschaftliche Zielsetzung

18 Die Societas Europaea soll Organisationsformen, die auf nationalem Recht beruhen, nicht verdrängen. Sie ist ein komplementäres, ein zusätzliches Instrument. Sie soll kein Konkurrenzunternehmen zu den nationalen Instrumenten sein, sie dient der Erfüllung spezifischer Bedürfnisse: Sie soll den Unternehmen eine gemeinschaftsweite Struktur ermöglichen. Sie ist daher auch nur begrenzt zugänglich. Nur bereits tätige Unternehmen in bestimmten Rechtsformen und aus verschiedenen Mitgliedstaaten können sich ihrer bedienen. Sie soll die rechtlichen – auch psychologischen und politischen – Hindernisse beseitigen oder mildern, die wirtschaftlich notwendige strukturelle Anpassungen an das größere Wirtschaftsgebiet erschweren könnten. Sie soll den Unternehmen bei ihren strategischen Überlegungen für die bestmögliche Nutzung der vorhandenen Ressourcen innerhalb der Gemeinschaft die Konzentration auf wirtschaftliche Parameter erleichtern. Sie ist daher in gewisser Weise eine Organisationsform für die Unternehmensstrategie in der »zweiten Stufe«. Rechtliche Schwierigkeiten aus der Verschiedenheit der nationalen Rechte werden insbesondere fühlbar für kleinere und mittlere Unternehmen, die sich an gemeinschaftsweiten Initiativen beteiligen wollen; größere Unternehmen haben damit weniger Schwierigkeiten, sind dafür aber eher konfrontiert mit politischen und psychologischen Hemmnissen. Die Societas Europaea sollte ein Beitrag zur Lösung dieser Probleme sein.

6. Verhältnis Europäisches Statut – nationale Rechtsnormen

19 Der Vorschlag des Statuts als Verordnung sichert die allgemeine und gleiche Anwendung überall in der Gemeinschaft. Das Recht der Europäischen Gesellschaft ist dort abschließend geregelt. Der Gerichtshof der Gemeinschaft hat die abschließende Zuständigkeit der Auslegung des Statuts. Er prüft die Vereinbarkeit der Satzungen der einzelnen Gesellschaft anläßlich der Eintragung in dem bei ihm geführten Register. Er ist auch in letzter Instanz zuständig für die Auslegung der Bestimmungen des Statuts. Gewiß, eingefügt in das System der Rechtsordnung der Gemeinschaft, haben nationale Gerichte das Recht, das Statut anzuwenden und dabei gegebenenfalls auch auszulegen. Der Gesetzestext selbst gibt indessen hierfür zwingende Regeln: sein Art. 7 hat zentrale Bedeutung und soll die Einheitlichkeit der Anwendung und Auslegung des Statuts sicherstellen. Er besagt, daß alle dort geregelten Materien aus sich heraus ausgelegt werden müssen. Materie, die im Statut geregelt ist, »ist der Anwendung des Rechts der Mitgliedstaaten entzogen«. Nationale Rechte, nationale Praxis können zur Auslegung nicht herangezogen werden. Ist eine Frage im Statut nicht »ausdrücklich« geregelt, ist sie nach den allgemeinen Grundsätzen zu entscheiden, auf denen das Statut beruht oder, falls diese allgemeinen Grundsätze keine Lösung bieten, nach den gemeinsamen Regeln oder den gemeinsamen allgemeinen Grundsätzen der Rechte der Mitgliedstaaten. Damit wird ein Auseinanderdriften der Auslegung und Anwendung des Statuts verhindert.

20 Anderes gilt für Gegenstände, die nicht im Statut behandelt sind. Für sie ist nationales Recht unbeschränkt anwendbar. Dies gilt insbesondere für Reglementierungen der wirtschaftlichen Tätigkeit, die eine SE ausübt. In der Tat gibt es in den einzelnen Staaten gesetzgeberische oder verwaltungsmäßige Maßnahmen, die hierfür besondere Regelungen mit unterschiedlichen Inhalten vorsehen. Sie haben mit der Unternehmensform unmittelbar nichts zu tun. Das nationale Recht bleibt daher auch auf die europäische Rechtsform anwendbar. Das Statut gewährt keine Sonderstellung für die Ausübung wirtschaftlicher Tätigkeiten. Die Societas Europaea unterliegt auch dem nationalen Steuerrecht, sie hat die Regeln des Wettbewerbs zu beachten, um nur einige zu nennen.

7. Die Beteiligung der Arbeitnehmer am Entscheidungsprozeß – Angelpunkt eines Organisationsstatuts

21 Die wesentliche Neuerung in diesem Statut, auch die mit der höchsten politischen Brisanz, ist die institutionelle Integrierung der Arbeitnehmer in die Organisation des Unternehmens. Auch hier ist die Societas Europaea eine autonome Einheit. Sie regelt diese Fragen abschließend und einheitlich ohne Rücksicht auf den geographischen Bereich, in dem sie tätig ist. Noch *Sanders* hielt dies nicht für zweckmäßig: in seinem Entwurf überließ er die Regelung der Arbeitnehmerbeteiligung am Entscheidungsprozeß im Unternehmen – oft irreführend »Mitbestimmung« genannt – den nationalen Rechten. Welches Recht anwendbar sein sollte, versuchte er bei den unterschiedlichen politischen und sozialen Situationen in den verschiedenen Mitgliedstaaten nach einem Schlüssel zu ermitteln, der auf der Zahl der in dem jeweiligen Gebiet beschäftigten Arbeitnehmer beruhte. Diese Lösung allerdings schien der Kommission weder einfach noch politisch annehmbar.

22 Abgesehen davon, daß sie gegen einen fundamentalen Grundsatz dieses Organisationsstatuts verstoßen würde, nämlich seiner Einheitlichkeit im gesamten Gebiet der Gemeinschaft, hätte sie für die Gesellschaften ein großes Maß an Unsicherheit mit sich gebracht: die anzuwendenden Regeln würden ständigen Änderungen unterliegen, nicht nur dann, wenn ein Wechsel der Zahl der Beschäftigten in einem bestimmten Gebiet eingetreten wäre, sondern naturgemäß auch dann, wenn ein nationaler Gesetzgeber tätig geworden wäre, dort wo die Societas Europaea tätig war. Beides würde im übrigen auch leicht zu mißbräuchlicher Verwendung des Statuts Anlaß geben können. Schließlich und endlich war es notwendig, daß die Kommission – und dann der Ministerrat – die politische Verantwortung für die Lösung dieses Problems übernahm und sie nicht auf die das Statut anwendenden Unternehmen abwälzte.

23 Sachlich und politisch war es daher eine Notwendigkeit, im Statut selbst eine Regelung einzuführen, und zwar eine Regelung, die den Grundsatz der Einheitlichkeit beachtete. Diese Einheitlichkeit brachte es sicher auf der anderen Seite mit sich, daß die Regeln innerhalb der Gemeinschaft einen unterschiedlichen Grad an »Neuheit« in den Mitgliedstaaten hatten und nicht immer mit den traditionellen Gewohnheiten übereinstimmten. Von manchen wurden sie daher von vornherein als unrealistisch bezeichnet. Gewiß, sie weichen nicht nur von tief eingewurzelten Vorstellungen in manchen Köpfen grundlegend ab – auf der Seite der Arbeitnehmer ebenso wie auf der Unternehmerseite – sondern auch von dem Zustand, der nach diesen Vorstellungen geschaffen wurde. Diese Vorstellungen münden in der Tat oft in sog. »naturnotwendige« Konflikte, weniger weil die sich gegenüberstehenden Interessen dies verlangen, sondern mehr, weil dies immer so war. Wie aber kann man sagen, daß aus dieser Situation der Konfrontation im sozialen Bereich – wie sie in manchen Mitgliedstaaten seit langem bestand und heute noch besteht – nie eine Zusammenarbeit werden kann, wenn beide Seiten diese für nützlich halten und letzlich auch anstreben? Es für nützlich halten, nicht aus einer Anwandlung von Altruismus, den anderen zu helfen und seine eigenen Interessen zu opfern, sondern aus purem Eigeninteresse, weil es für jeden mehr Vorteil bringt als die Konfrontation.

a) Und ist es nicht Aufgabe auch – oder sogar vor allem? – des Gesetzgebers, Anstöße für Entwicklungen zu geben, von denen er überzeugt ist, daß sie für das weitere Zusammenleben der Gesellschaft notwendig, daß sie für eine Förderung der Wohlfahrt im Wirtschaftlichen wie im Sozialen erforderlich sind?

b) Es ging natürlich – im weiteren politischen Zusammenhang – um die Integrierung der Arbeiter in unsere Gesellschaft. Es ist in der Tat schwierig, in den Ländern, die der Gemeinschaft angehören, diese Menschen zur politischen Mitwirkung an öffentlichen Aufgaben aufzufordern und sie zu gewinnen, daran mitzuarbeiten, ihnen dort aber, wo sie die meiste Zeit ihres Lebens verbringen, die aktive Mitarbeit an der Gestaltung zu versagen. Diese aktive Mitarbeit ist zudem ein Positivum nicht nur für die betroffenen Menschen, sondern auch für die Unternehmen selbst. In besonderem Maße zahlt sich dies aus, wenn wirtschaftlich schwierige Zeiten Verständnis für eingreifende Entscheidungen fordern und materielle Vorteile als Anreiz nicht mehr gewährt werden können.

c) In dieser politischen Ausrichtung baut das Statut seine Regelung für die im Unternehmen tätigen Arbeitnehmer auf. Es schafft ein System der Unterrichtung über die Umwelt, in der sie tätig sind, und sieht Konsultationen vor bei Entscheidungen, die die Arbeitnehmer unmittelbar betreffen. Solche Entscheidungen – beispielsweise die Umstrukturierung des Unternehmens, die Stillegung von Betriebsteilen usw., haben ihren Grund in wirtschaftlichen Erfordernissen. Sie bleiben daher auch wirtschaftliche Entscheidungen und voll in der Verantwortung der zuständigen Organe, im Falle der Societas Europaea des Vorstands. Aber sie sollen, da sie meist schwerwiegende soziale Konsequenzen haben, getroffen werden in Kenntnis der Auffassungen der davon unmittelbar berührten Personen.

d) Ist diese Art der Beteiligung der Arbeitnehmer noch in den meisten Ländern der Gemeinschaft – mit Abweichungen im einzelnen – bekannt, war die Beteiligung der Arbeitnehmer am Entscheidungsprozeß im Unternehmen durch Mitwirkung in den Organen für die Mehrzahl ein Novum. Die Bundesrepublik kennt ein solches System seit Anfang der 50er Jahre. Es gibt Stimmen, die die wirtschaftlichen Erfolge und vor allem den sozialen Frieden – beides wohl kaum zu trennen – in diesem Land mit darauf zurückführen. Neben Vertretern der Aktionäre nehmen Vertreter der Arbeitnehmer an der Gestaltung der Strategie und an der Ausübung der Kontrolle der Unternehmensleitung teil.

24 Der Vorschlag der Kommission hat lebhafte Reaktionen ausgelöst. Auf der Unternehmerseite, die ihre Leitungsbefugnisse und die Wirksamkeit und Schnelligkeit des Entscheidungsprozesses bedroht sah; auf der Arbeitnehmerseite, weil sie Verantwortung übernehmen sollte, die sie nicht als die ihrige betrachtete und weil die Gewerkschaften Konflikte mit ihren traditionellen Aufgaben der Vertretung der Arbeitnehmer *gegenüber* den Unternehmen befürchteten. Ein Umdenken auf allen Seiten war gefordert.

25 Ein erstes und durchaus positives Ergebnis des Kommissionsvorschlags war der Beginn einer lebhaften Diskussion. War bisher das, was man Mitbestimmung nannte, mehr eine Angelegenheit der Deutschen mit ihren spezifischen Besonderheiten, insbesondere ihrer Disziplin, die vielleicht eine theoretische Betrachtung, aber ansonsten keiner näheren Befassung wert war, lag nunmehr ein formulierter Text vor, der – einmal in Kraft – durchaus realen Wert und Wirklichkeit auch für andere haben könnte. Diese Diskussion war von außerordentlichem Wert, sie war der beste und wirksamste Weg, die Frage der Einfügung der Arbeitnehmer in die Organe der Gesellschaft aus der passiven Kontemplation zu einer konkreten Betrachtung mit Abwägung der Vor- und Nachteile eines solchen Systems zu führen. Dies war um so wichtiger, als die dadurch geforderte grundlegende Änderung der Verhaltens- und Denkschemata auf Seiten der Unternehmensleitungen und der Arbeitnehmer – aber auch der Regierungen – nicht von einem Tag zum andern erfolgen und auch nicht einfach durch eine gesetzgeberische Maßnahme angeordnet werden kann. Sie muß sich in einem allmählichen Prozeß vollziehen, an dem am Ende die Überzeugung der Beteiligten steht, daß ein solches System für alle nützlich ist. Denn nur wenn die Betroffenen aus dieser Überzeugung heraus mitwirken, kann das System wirklich wirksam sein. Wir meinen daher, daß der Anstoß, der damals gegeben wurde, von großer Wichtigkeit war: die Diskussion über diesen Gegenstand hat seither nicht mehr aufgehört und hat die Entwicklung auch in den Mitgliedstaaten maßgeblich beeinflußt.

26 Die Regelung des Statuts zur Integrierung der Arbeitnehmer durfte auf der anderen Seite die Funktionsfähigkeit der Unternehmen als Teilnehmer am Markt nicht nachteilig beeinträchtigen. Im Gegenteil, sie sollte sie effizienter und besser machen. Die Verantwortung für die Leitung der Gesellschaft und die dafür notwendigen Entscheidungen müssen ausschließlich bei dem dafür vorgesehenen Organ verbleiben, das ist in der Societa Europaea der Vorstand. Einflußnahme dagegen auf die mittel- und langfristige Strategie können und sollten gemeinsam von Kapital und Arbeitnehmervertretern ausgeübt werden, ebenso wie naturgemäß die Kontrolle der Geschäftsführung. Aber auch dies bedingt Verantwortung.

27 Wer aber Verantwortung übernehmen soll, muß auch die Möglichkeit haben, Einfluß ausüben zu können. Daher war ein zweiter wesentlicher Punkt der Diskussion – wesentlich für die Arbeitnehmerseite, schwerer zu akzeptieren für die Unternehmerseite – die Gleichgewichtigkeit der Vertretung im Aufsichtsrat.

Die Kommission hat in der Tat in ihrem ursprünglichen Vorschlag für die Besetzung des Aufsichtsrats ein Drittel Arbeitnehmervertreter und zwei Drittel Vertreter des Kapitals vorgesehen. Dies war das Modell, mit dem in Deutschland über Jahre Erfahrungen gemacht worden waren.

Eine solche Aufteilung war aber für die Arbeitnehmerseite derjenigen Länder, die eine solche Mitwirkung bisher nicht kannten – und das waren alle außer der Bundesrepublik – schwer annehmbar; sie wollten nicht von vornherein auf der einen Seite in einer Minderheitsposition sein, auf der anderen Seite aber voll die Verantwortung mittragen müssen. Die Frage der gleichgewichtigen Vertretung spielte also alsbald eine zentrale Rolle; für die Arbeitnehmerseite in manchen Ländern war sie eine Voraussetzung für ihre Mitwirkung.

8. Die Stellungnahme des Europäischen Parlaments vor allem zur Beteiligung der Arbeitnehmer

28 Im politischen Bereich – hier auf der Ebene des Europäischen Parlaments – war die Frage der Beteiligung der Arbeitnehmer am Entscheidungsprozeß zu keinem Zeitpunkt umstritten. Auch die Gleichgewichtigkeit der Vertretung wurde im Grunde nicht in Frage gestellt. Umstritten waren lediglich die Modalitäten. Angesichts der Unterschiedlichkeit der politischen, wirtschaftlichen und sozialen Ausgangslage der einzelnen Abgeordneten aus den verschiedenen Ländern der Gemeinschaft mag diese Feststellung erstaunlich anmuten und ist wohl auch überraschend. Sie zeigte aber Mitte der 70er, Jahre wie weit die Diskussion in diesem Bereich damals fortgeschritten war.

Das Europäische Parlament hat letztlich Empfehlungen für grundlegende Änderungen des Vorschlags der Kommission in diesem Teil gemacht. Anstelle einer 1/3 : 2/3 Aufteilung hat es eine Drittelung der Sitze im Aufsichtsrat vorgeschlagen: je ein Drittel sollten die Kapitaleigner und die Arbeitnehmer wählen. Diese beiden Drittel haben dann das dritte Drittel zu wählen, für das nur vorgeschlagen werden kann, »wer allgemeine Interessen vertritt, die nötige Sachkunde besitzt und nicht in unmittelbarer Abhängigkeit von den Interessen der Aktionäre oder Arbeitnehmer sowie deren beider Organisationen steht«. Vorschlagsberechtigt ist die Hauptversammlung, die Vertretung der Arbeitnehmer und der Vorstand (jetzt Art. 75 a).

Das Parlament hat aber grundlegende Änderungen auch an dem Verfahren für die Wahl sowohl der Arbeitnehmervertreter im Aufsichtsrat und der Vertreter in die Europäischen Betriebsräte empfohlen. Diese Regeln sichern allen Arbeitnehmern die Möglichkeit der Beteiligung an diesen Wahlen, sie enthalten besondere Regelungen zur Sicherung der Rechte von Minderheiten und geben so den gewählten Vertretern eine demokratische Legitimation der im Unternehmen Beschäftigten.

9. Der geänderte Vorschlag der Kommission

29 Nach Abschluß der Konsultationsverfahren im Europäischen Parlament und im Wirtschafts- und Sozialausschuß hat die Kommission ihren Vorschlag überarbeitet. Sie hat die Empfehlungen, die ihr von diesen Institutionen gemacht wurden, weitgehend übernommen. Sie hat auch Nutzen aus den zahlreichen Stellungnahmen und Anregungen aus Kreisen der Wirtschaft, der Gewerkschaften und der Wissenschaft gezogen. Ohne Änderungen hat sie übernommen das vom Parlament vorgeschlagene Wahlverfahren für Arbeitnehmervertreter in den Aufsichtsrat und die Europäischen Betriebsräte sowie die Vorschläge für die Zusammensetzung des Aufsichtsrats mit der gleichgewichtigten Vertretung von Aktionären und Arbeitnehmern. Diese Teile in dem geänderten Vorschlag beruhen daher in ihrer jetzigen Form auf einer eingehenden politischen Debatte und auf dem Votum der überwältigenden Mehrheit des Europäischen Parlaments. Es ist zu hoffen, daß dieser Umstand bei den zu erwartenden Erörterungen nicht ganz außer Acht gelassen wird.

Die Kommission hat 1975 ihren geänderten Vorschlag vorgelegt. Er ist heute Grundlage der Beratungen im Ministerrat.

10. Stand der Beratungen im Ministerrat

30 Der Ministerrat stand mit dem inhaltlich komplexen, politisch kontroversen und volumenmäßig umfänglichen Vorschlag vor einer besonderen Problematik – die zunächst einmal rein technischer, verfahrensmäßiger Natur war. Wie konnte ein solcher Text mit den im Rat üblichen und den dort möglichen Verfahren bewältigt werden? Allein dies ließ Schwierigkeiten erwarten. Vorschläge, etwa eine dieser Aufgabe angemessene besondere Prozedur (beispielsweise eine besondere Arbeitsgruppe unter einer ständigen Präsidentschaft) vorzusehen, scheiterten an institutionellen Bedenken.

So begannen die Beratungen – ungewöhnlich genug – auf der politischen Ebene ohne Vorbereitung durch Sachverständige. Es sollte hier zunächt entschieden werden, welche der Materien unmittelbar der Beratung durch Sachverständige zugänglich sein sollten und welche einer vorherigen politischen Orientierung auf europäischer Ebene bedürften.

Hohe Beamte der Mitgliedstaaten unter dem Vorsitz des jetzigen Generalanwalts beim Europäischen Gerichtshof, *Capotorti,* bereiteten die Entscheidung vor. Und hier bereits zeigte sich, daß nationale Interessen bei den zukünftigen Beratungen wohl ein besonderes Gewicht haben würden. Bei den Diskussionen ging es in der Tat weniger darum zu erkunden, wie man jenes »neue Haus bauen« könne, von dem der französische Vertreter, der Generalanwalt beim Kassations-Gerichtshof in Paris, *Baudoin,* so oft sprach, sondern es ging vor allem darum, möglichst viel »eigenes« aus dem nationalen Bereich, aus der nationalen Sicht, in die Verhandlungen einzubringen.

Es ist natürlich im Ministerrat nichts Ungewöhnliches, man möchte sagen: es ist das übliche Verfahren, nationale Interessen und Bedürfnisse in den europäischen Entscheidungsprozeß einzuführen, um dann einen Interessenausgleich zu erzielen. Hier bei der Europäischen Gesellschaft aber ging es eigentlich um anderes: es ging um die Schaffung von etwas Neuem, von etwas Eigenständigem. Die Interessen der Mitgliedstaaten als solche wurden nicht einschneidend berührt; sie wurden unmittelbar weder rechtlich noch politisch beeinträchtigt. Es ging um die Schaffung eines europäischen Instruments. In das nationale Instrumentarium von Organisationsformen wurde nicht eingegriffen. Das Statut sollte für die Unternehmen ein komplementäres Instrument sein, sie sollten frei sein in der Entscheidung, es zu verwenden oder nicht. Sie sollten die Wahl zwischen ihm und den nationalen Instrumenten haben. Vergleiche wären vielleicht angestellt worden, vielleicht wäre sogar eine Art »Wettbewerb« entstanden. Die Kommission hätte ihn nicht gefürchtet, selbst nicht ein Verdikt am Ende – denn auch dieses wäre aussagekräftig gewesen. Richter wären immer die Unternehmen gewesen.

31 Auf Grund der Empfehlungen der *Gruppe Capotorti* setzte der Ausschuß der Botschafter schließlich eine ad hoc Arbeitsgruppe ein, die alle Fragen des Statuts beraten sollte, ausgenommen diejenigen, die sich mit Fragen der Unterrichtung, der Konsultation und der Mitentscheidung von Arbeitnehmervertretern im Bereich der Betriebsverfassung, der Beteiligung der Arbeitnehmer am Entscheidungsprozeß in den Unternehmensorganen, sowie der Wahlverfahren für ihre Vertreter in beiden Bereichen befassen. Hier sollten zunächst politische Grundsatzentscheidungen herbeigeführt werden.

Dieses Anliegen war bei den sehr unterschiedlichen nationalen Auffassungen sicherlich verständlich. Auf der anderen Seite aber zeigt sich auch hier, wie schwer Leitvorstellungen auf europäischer Ebene – selbst wenn sie optionell gestaltet sind – verwirklicht werden können, wenn nicht zuvor im nationalen Bereich über sie ein weitgehender Konsensus besteht. Hier bei der Europäischen Gesellschaft wäre in der Tat die Möglichkeit gewesen, den Versuch zu machen, den Unternehmen ein solches Statut zur Verfügung zu stellen und zu sehen, wie es von ihnen aufgenommen würde.

Der Ministerrat hat bis heute eine politische Entscheidung über die Arbeitnehmerfragen betreffenden Teile des Status nicht getroffen. Er wird dies wohl auch nicht tun, bevor nicht im Rahmen der Rechtsangleichung eine Einigung darüber erreicht ist, was innerhalb der Mitgliedstaaten als gleichwertige Lösung angesehen werden soll. Folglich haben die Beratungen über diese politisch sensiblen Fragen in der Sache bisher nicht begonnen. Andererseits hat diese Tatsache den Fluß der Verhandlungen auch nicht behindert, wie oft angenommen wird. Die Gruppe hatte bisher ausreichend Stoff für ihre Erörterungen.

Hier waren es andere Schwierigkeiten, die aber durchaus »verwandte« Charakteristika haben. Die ad hoc Gruppe ist zwar organisatorisch von den Arbeitsgruppen, die sich mit der Angleichung des nationalen Gesellschaftsrechts befassen, getrennt, die tiefe Verhaftung aber mancher ihrer Mitglieder im nationalen Recht ist eine echte Schwierigkeit bei dem Bau des neuen Hauses. Nicht nur – um im Bilde zu bleiben, – daß sie die Steine jeweils nur jenen ihres nationalen Gebäudes nachformen wollen; sie sähen insgesamt diese Europäische Gesellschaft lieber als eine schlichte Emanation des eigenen Rechts, höchstens jedoch als das Ergebnis einer besonderen Form der Rechtsangleichung. Hier liegen nun Schwierigkeiten: trotz Rechtsangleichung verbleiben in den nationalen Rechten Unterschiede. Das folgt schlicht aus der Zielsetzung der Harmonisierung, die nicht Vereinheitlichung ist. Die Richtlinien tragen dem dadurch Rechnung, daß sie meist Minimumregelungen enthalten oder daß sie den nationalen Gesetzgebern Optionen für gleichwertige Lösungen offenlassen. Der Gemeinschaftsgesetzgeber im Falle des Statuts, wie der nationale im Falle seiner Gesetzgebung, muß sich aber für eine Lösung entscheiden – mit der notwendigen Folge, daß diese von der in dem einen oder anderen Mitgliedstaat abweicht. Ein Beispiel: die 4. Richtlinie überläßt es den Mitgliedstaaten in ihren Rechnungslegungsvorschriften bei den Bilanzansätzen vom Anschaffungs- oder vom Wiederbeschaffungswert auszugehen, eine Frage, die durch den zwar griffigen, aber nicht tendenzlosen Begriff des »inflation accounting« umrissen wird. Der Rat müßte sich im Statut für die eine oder die andere Lösung entscheiden. Ein anderes Beispiel: in manchen Ländern der Gemeinschaft gibt es ausschließlich Namensaktien, in anderen vorzugsweise Inhaberaktien. Die Richtlinien werden dies nicht ändern. Das Statut kennt beide Arten und überläßt es der Gesellschaft zu wählen.

Abweichungen also von der nationalen Rechtslage sind im Statut möglich; oft unausweichlich: das scheint aber zu – nicht ganz nachvollziehbaren – Vorstellungsschwierigkeiten in manchen nationalen Kreisen zu führen, auch wohl zu der Befürchtung, daß die Zweckmäßigkeit etwa der nationalen Lösung diskutiert wird. Ein weiteres Beispiel: das Kapitel Konzernrecht des Statuts ist bisher nicht erörtert worden. Manche Mitgliedstaaten zögern, die Beratungen über diesen Gegenstand aufzunehmen, solange die Kommission ihre Vorstellungen, wie sie sich die Angleichung des nationalen Rechts auf diesem Gebiet vorstellt, noch nicht entwickelt und in Form eines Richtlinienvorschlags vorgelegt hat. Auch hier ist das Zwingende dieser Verknüpfung nicht sichtbar.

Zu diesen Schwierigkeiten kommen solche institutioneller Art: für manche Mitgliedstaaten ist die Idee, daß Unternehmen in ihrem Lande sich nach Regeln organisieren könnten, die nicht ihren Ursprung in der nationalen Gesetzgebung haben, mit ihrer Vorstellung von Souveränität schwer vereinbar. Es ist nicht auszuschließen, daß für sie ein längerer Verbleib in der Gemeinschaft einen solchen Gedanken vertrauter macht, zunächst aber ist er hinderlich.

Alle diese Schwierigkeiten beruhen nicht auf einer rechtlichen Problematik, die ihren Ursprung in dem Bestand von einer Gemeinschaftsrechtsordnung, dem das Statut angehört, und von nationalen Ordnungen, von denen andere Organisationsformen ausgehen, hat. Diese Problematik ist seit Jahren bekannt, auch ihre Behandlung. Beim Statut tritt ein solcher rechtlicher Konflikt nicht auf. Es verdrängt kein nationales Recht, macht kein solches Recht unanwendbar. Die Problematik hat offenbar einen politischen Hintergrund.

Unter diesen verfahrens- und mentalitätsmäßigen Bedingungen waren – und sind – die Verhandlungen recht langwierig. Nach 5 Jahren – bis Ende des Jahres 1981 – sind zwar 8 der 10 traditionelles Gesellschaftsrecht betreffende Kapitel in erster Lesung behandelt und zum Teil neu redigiert worden (Konzernrecht und Rechnungslegung stehen aus). Das erscheint beachtlich, ist aber deshalb keine so besondere Leistung, weil eine große Anzahl der auftretenden Rechtsfragen früher bereits im Rahmen von Richtlinien besprochen war.

11. Ausblick

32 Gewiß, Arbeiten an einem Unternehmensstatut sind komplex und nehmen notwendigerweise viel Zeit. Zu lange Ausdehnung allerdings kann den Schwung allzuleicht erlahmen lassen und zu einem sanften, letztlich kaum bemerkten Tode führen. Wir sind bei der Societatis Europaeae nicht dort. Tritt aber kein Wandel ein, setzen sich die Verhandlungen auch in der Zukunft so schleppend fort, wird die enge Verbindung und Verknüpfung mit den Regelungen in dem nationalen Recht nicht flexibler gehandhabt, ist ein solches Ergebnis auch nicht auszuschließen. Was erforderlich ist, ist ein politischer Impuls, ein Anstoß aus der politischen Sphäre, zugunsten des Fortgangs, des zügigen Fortgangs der Arbeiten. Ohne ihn sind sie in Gefahr zu versanden.

Notwendig wäre wohl auch, daß die Unternehmen und ihre Verbände intensiveres Interesse zeigen, daß die Gewerkschaften als Vertreter der Arbeitnehmer aktiver werden. Aber beide fürchten wohl die Neuheit der Aufgabe, die sich ihnen mit einem solchen Organisationsstatut stellen könnte.

Einzelne Unternehmen sicher würden Mut zum »Wagnis« haben; sie würden das Statut anwenden. Aber sie sind nicht »repräsentativ« – und haben kein ausreichendes Gewicht. Die repräsentativen Verbände aber geben mehr den Ängsten vor Neuem Ausdruck, als daß sie neue Entwicklungen fördern; ihre Haltung ist mehr konservierend als innovierend.

Das gilt auch für die Gewerkschaften. Die Neuheit der Aufgaben, die dem Arbeitnehmer in diesem Statut übertragen sind, erschreckt viele im traditionellen Denken Verhaftete. Der Entwicklungsprozeß, der hier im Gange ist, wird vielleicht helfen.

Kommen wir zurück an den Anfang des zweiten Jahrzehnts der Entwicklung der Gemeinschaft. Für den Aufbau der Wirtschafts- und Währungsunion war die Societas Europaea nach dem Werner-Plan ein notwendiges Element, notwendig schon für die 1. Stufe. Wir finden die SE erwähnt im Schlußdokument der Gipfelkonferenz von 1972. Wir finden sie – immer als notwendig für den Aufbau der Wirtschafts- und Währungsunion – im Tindemans-Bericht. Ist sie es nach Ablauf von 12 Jahren immer noch? Ist jene 1. Stufe, von der im Werner-Plan die Rede ist, wirklich jemals vollendet worden? Wo steht die

Gemeinschaft im Jahre 1981? Gelten die Vorstellungen am Ende der 60er Jahre über eine Wirtschafts- und Währungsunion noch heute?

Sicher, die Entwicklung der Gemeinschaft folgt nicht einer geraden Linie und hat keinen gleichmäßigen Rhythmus. Auf und ab in großen Amplituden, Krisen und ruckartiges Vorrücken, manchmal auch Rückschritte, charakterisieren diesen Vorgang besser. Rationale Erwägungen müssen zu dem Schluß führen, daß es eine andere Lösung als das Zusammenwirken in der Gemeinschaft nicht gibt. Vernünftig wäre auch, im Bereich der Organisation den Unternehmen ein rechtliches Instrument zur Verfügung zu stellen, das den wirtschaftlichen und sozialen Vorstellungen dieser Gemeinschaft entspricht. Aber nicht immer sind solche Erwägungen im politischen Raum zwingend. Wir kommen zurück zu unserem Ausgangspunkt: das Schicksal der Societatis Europaeae bleibt mit der Entwicklung dieses Gemeinsamen Marktes eng verknüpft. Damit muß dann wohl auch diese Zustandsbeschreibung enden.

Die Regionalpolitik der Europäischen Gemeinschaften

Literaturhinweise

Armstrong, H.W., Community regional policy: a survey and critique, in: Regional Studies, London 1978, Band 12, S. 511–528
Castellano, C., Problemi e limiti del fondo di sviluppo della CEE, in: Informazioni Svimez 1975, Nr. 23/24
Götz, Volkmar, Subventionen im Gemeinsamen Markt: Interventionen aus Gemeinschaftsmitteln, in: KSE, Band 29, hrsg. von *Bodo Börner* und *Martin Bullinger*, Köln, Berlin, Bonn, München 1978
Mathijsen, P.S.R.F., Structurbeleid van de Gemeenschap versus structurbeleid van de lid-staten, in: SEW 1979, Nr. 9, S. 547–569
Panzera, Antonio Filippo, L'attuazione della normativa comunitaria nelle materie di competenza regionale, in: Rivista di diritto Europeo 1977, Nr. 1, S. 75–83
Porro, Giuseppe, I fondamenti della politica regionale nel trattato istituente la CEE, in: Cronache economiche 1975, Nr. 7/8, S. 54–63
Romus, Paul, La création du Fonds européen de développement régional: début de la politique régionale européenne, in: RMC 1975, Nr. 184, S. 149–152
Toledano-Laredo, Armando, Il coordinamento dei mezzi finanziari di intervento comunitario, in: Diritto communitario e degli scambi internazionali 1978, Nr. 3, S. 591–600
Wäldchen, Paul, Subventionen im Gemeinsamen Markt: Einzelbericht zur Subventionspraxis der Europäischen Fonds für regionale Entwicklung, in: KSE, Band 29, S. 345 ff. (vgl. Götz)

Inhaltsübersicht

Einführende Bemerkungen

1 Die Verträge zur Gründung der Europäischen Gemeinschaften enthielten keinen Auftrag für eine Regionalpolitik der Gemeinschaft. Im Vertrag von Rom fanden regionalpolitische Aspekte überwiegend nur als Ausnahme von den für andere Politiken festgesetzten Regeln Eingang.[1]

1 Vgl. hierzu das Kapitel »Regionalpolitische Bemühungen in der Übergangszeit (1958 bis 1969)« in der Vorauflage.

2 Mit dem Ende der Übergangszeit, insbesondere den Bestrebungen der Gemeinschaft um die Verwirklichung einer Wirtschafts- und Währungsunion, rückte die Regionalpolitik zunehmend in den Vordergrund. Es kam im Verlauf der Jahre 1969 bis 1972 zu ersten Vorschlägen der Kommission und zu Grundsatzbeschlüssen des Rates, die jedoch ohne rechtliche Folgen blieben.[2]

3 Den endgültigen Anstoß für die Begründung einer Regionalpolitik der Gemeinschaft gab deren erste Erweiterung, insbesondere der Beitritt des Vereinigten Königreichs und Irlands. Die Kommission legte, aufbauend auf den Leitlinien des Thomson-Berichtes, eine zweite Reihe von Vorschlägen vor, in deren Mittelpunkt die Gründung eines europäischen Fonds für regionale Entwicklung stand.[3]

4 Mit der Annahme der Verordnung (EWG) Nr. 724/75 des Rates vom 18. 3. 1975 über die Errichtung eines Europäischen Fonds für regionale Entwicklung und des Beschlusses des Rates (75/185 EWG) mit gleichem Datum über die Einsetzung eines Ausschusses für Regionalpolitik wurde die Regionalpolitik der Gemeinschaft ins Leben gerufen. In einer ersten Phase, die sich über die Jahre 1975 bis 1979 erstreckte, stand die Ingangsetzung und das reibungslose Funktionieren der neugeschaffenen Gemeinschaftsmechanismen im Vordergrund. Diese werden in dem nachfolgenden ersten Abschnitt behandelt.

5 In einer zweiten Phase ab 1979 ging es darum, die neue Politik über die finanziellen Aspekte des Fonds hinausgehend zu einer globalen Gemeinschaftspolitik zu entwickeln. Die dabei neugeschaffenen Konzepte und Instrumente sowie die in diesem Zusammenhang erfolgenden Anpassungen des Fonds sind Gegenstand eines zweiten Kapitels.

6 Mit der Vorlage des ersten »Periodischen Berichts über die sozio-ökonomische Lage und Entwicklung der Regionen der Gemeinschaft« wurde der Übergang in die dritte Phase der Regionalpolitik der Gemeinschaft eingeleitet. Die von der Kommission auf der Grundlage dieses Berichtes vorgeschlagenen »neuen Leitlinien und Prioritäten« beinhalten weitreichende Veränderungen dieser Politik einschließlich des geographischen Anwendungsbereiches und der Fördermodalitäten des Europäischen Fonds für regionale Entwicklung. Die Darstellung dieser Neuorientierung, die 1982 zu einem Abschluß kommen könnte, ist Gegenstand eines dritten Kapitels.

I. Die erste Phase einer gemeinschaftlichen Regionalpolitik

1. Der Europäische Fonds für regionale Entwicklung (EFRE)

a) Errichtung des Fonds

7 Der Europäische Fonds für regionale Entwicklung (nachstehend »Fonds« genannt) wurde mit Annahme der Verordnung (EWG) 724/75 des Rates vom 18. 3. 1975 (nachfolgend

2 Vgl. hierzu das Kapitel »Erste Schritte zu einer Gemeinschaftspolitik (1969 bis 1972)« in der Vorauflage.

3 Vgl. hierzu Kapitel »Scheitern und neuer Anlauf (1972 bis 1974)« in der Vorauflage.

»Fondsverordnung« genannt) errichtet. Da sich diese Verordnung auf Art. 235 des Vertrages von Rom stützte, hatte der Rat einstimmig zu beschließen. Vorausgegangen war die Anhörung des Europäischen Parlaments und des Wirtschafts- und Sozialausschusses.

8 Gleichzeitig mit der Verordnung über die Errichtung des EFRE erließ der Rat eine Reihe von ergänzenden Rechtsakten, insbesondere:

- die Verordnung (EWG) Nr. 725/75 des Rates über die Zuweisung eines Betrages von 150 Millionen Rechnungseinheiten aus den zurückgestellten Mitteln der Abteilung Ausrichtung des Europäischen Ausrichtungs- und Garantiefonds für die Landwirtschaft an den Europäischen Fonds für regionale Entwicklung,[4]
- den Beschluß (75/186 EWG) über die Anwendung der Fondsverordnung auf die französischen überseeischen Departements,[5]
- die Haushaltsordnung (75/184/Euratom EGKS, EWG) zur Ergänzung der Haushaltsordnung vom 25. 4. 1973 für den Gesamthaushaltsplan der Europäischen Gemeinschaften,[6]
- den Beschluß (75/185 EWG) über die Einsetzung eines Ausschusses für Regionalpolitik.[7]

b) Finanzielle Ausstattung

9 Der Fonds wird aus dem allgemeinen Haushalt der Gemeinschaft finanziert. Zu diesem Zweck wurde im Haushaltsplan ein neues Kapitel eingesetzt.

Die Dotierung des Fonds für die ersten drei Jahre 1975, 1976 und 1977 wurde durch Art. 2 der Fondsverordnung in Form von festen jährlichen Beträgen (300, 500 und 500 Mio RE) festgelegt. Über die Beteiligung des Fonds für den nachfolgenden Zeitraum sollte der Rat auf Vorschlag der Kommission im Rahmen der Überprüfung der Fondsverordnung nach Art. 18 entscheiden.

Die Festlegung jährlicher Beträge in der Fondsverordnung stieß auf den Widerstand des Europäischen Parlaments, das sich in der Ausübung der ihm für nicht zwingende Ausgaben zustehenden Haushaltsbefugnisse gemäß Art. 203 des Vertrages beeinträchtigt sah. Aufgrund einer Übereinkunft zwischen dem Europäischen Parlament und dem Rat wurde für den nach 1977 folgenden Zeitraum die Respektierung der Haushaltsbefugnisse des Parlamentes vereinbart.

4 ABl. 1975 Nr. L 73 S. 8.
5 ABl. 1975 Nr. L 73 S. 49.
6 ABl. 1975 Nr. L 73 S. 45.
7 ABl. 1975 Nr. L 73 S. 47.

c) Das allgemeine Interventionsziel

10 Das allgemeine Ziel des Fonds wurde in Art. 1 der Fondsverordnung dahingehend definiert, die wichtigsten regionalen Ungleichgewichte in der Gemeinschaft zu korrigieren, die insbesondere auf eine vorwiegend landwirtschaftliche Struktur, industrielle Wandlungen und strukturbedingte Unterbeschäftigung zurückzuführen sind.

Eine Präzisierung dieses allgemeinen Zieles erfolgte in Art. 6 der Fondsverordnung, der bestimmte, daß der Fonds sich nur dann beteiligen kann, wenn sich die zu fördernde Investition in ein regionales Entwicklungsprogramm einfügt, dessen Durchführung geeignet ist, zur Verringerung der wichtigsten regionalen Ungleichgewichte in der Gemeinschaft beizutragen, *die die Verwirklichung der Wirtschafts- und Währungsunion* beeinträchtigen können.

In der Praxis des Fonds spielte jedoch die zuletztgenannte Präzisierung der Art der regionalen Ungleichgewichte ebenso wie die Unterteilung nach landwirtschaftlichem, industriellem oder allgemein strukturellem Ursprung keine Rolle bei der Bestimmung der zuwendungsberechtigten Gebiete.

d) Zuwendungsberechtigte Gebiete

11 Als zuwendungsberechtigte Gebiete wurden in Art. 3 der Fondsverordnung diejenigen Gebiete oder Gebietsteile erkannt, die in Anwendung der Beihilferegelungen mit regionaler Zweckbestimmung der Mitgliedstaaten von diesen als Fördergebiete ausgewiesen und in denen diejenigen staatlichen Beihilfen gewährt werden, die bei der Beteiigung des Fonds Berücksichtigung finden. Damit können im Prinzip alle Fördergebiete der nationalen Regionalpolitiken Mittel aus dem Fonds erhalten insoweit die im Fonds vorgesehenen Beihilfen zum Einsatz gelangen. Die Mitgliedstaaten können jedoch freiwillig den Umfang der »Fondsgebiete« beschränken.

Von dieser letzteren Möglichkeit machten Italien und die Niederlande Gebrauch, die die Fondsmittel ausschließlich für Süditalien, bzw. die Gebiete »Norden« und »Südlimburg« einsetzten, obwohl die Fördergebiete der jeweiligen nationalen Regionalpolitiken umfangreicher waren. Hingegen erklärten die übrigen Mitgliedstaaten die gesamten Fördergebiete ihrer nationalen Regionalpolitik zu Fördergebieten des Fonds. Dieser deckte damit ca. 2/3 der Gesamtfläche und ca. 1/3 der Bevölkerung der Gemeinschaft ab.

e) Die Verteilung der Fondsmittel auf Mitgliedstaaten und Regionen

12 Die geographische Verteilung der Fondsmittel ergab sich aus einem zweistufigen System, nämlich einem Quotensystem entsprechend gemeinschaftlichen Prioritäten auf der Ebene der Mitgliedstaaten und einer quantitativ nicht fixierten Verteilung entsprechend nationalen Prioritäten innerhalb der einzelnen Mitgliedstaaten.

13 Art. 2 der Fondsverordnung legte die Verteilung der Mittel zwischen den Mitgliedstaaten in Form von Prozentsätzen fest. Diese waren in den vorangegangenen Ratsverhandlungen auf der Grundlage gemeinschaftlicher Kriterien zur Beurteilung der Schwierigkeit der regionalen Probleme festgelegt worden. Alle Mitgliedstaaten partizipierten am Fonds, wenn auch zum Teil mit geringen Prozentsätzen.

Das Quotensystem bezog sich auf die gesamten Mittel des Fonds und sah nicht – wie im Thomson-Bericht vorgeschlagen – eine frei verfügbare Spitze für Gemeinschaftszwecke vor.

Die Tatsache, daß ca. 3/4 der Mittel auf die drei Mitgliedstaaten mit den schwierigsten Problemen und nur 1/4 auf die übrigen sechs Mitgliedstaaten entfielen, machte den Willen der Gemeinschaft zu einer echten Solidaritätshandlung zugunsten der schwächsten Mitglieder der Gemeinschaft deutlich und war eine deutliche Absage an eine Politik des »juste retour«.

Nach Auffassung der Kommission war die Einführung eines Quotensystems für den Regionalfonds gerechtfertigt. Einerseits bestand die Notwendigkeit, den schwächeren Mitgliedstaaten und Regionen bestimmte Mittelvolumina zu sichern und zu verhindern, daß diese infolge größerer Absorptionsfähigkeit oder administrativer Effizienz in die wirtschaftsstärkeren Räume der Gemeinschaft fließen. Andererseits macht die Bekämpfung regionaler Ungleichgewichte, die langfristiger Natur sind, eine langfristige Programmierung im finanziellen Bereich erforderlich.

14 Die regionale Verteilung der Fondsmittel innerhalb der einzelnen Mitgliedstaaten erfolgt ohne quantitative Festlegung unter den Fördergebieten der nationalen Regionalpolitik entsprechend den von den Mitgliedstaaten gestellten Förderanträgen. Um eine zu weite regionale Streuung der Fördermittel der Gemeinschaft zu verhindern, wurde in Art. 3 der Fondsverordnung die Bestimmung eingefügt, daß der Beitrag des Fonds in erster Linie für Investitionen in Gebietsteilen gewährt wird, die auf einzelstaatlicher Ebene Vorrang genießen.

f) Interventionsbereiche

15 Als Interventionsbereiche des Fonds wurden in Art. 4 der Fondsverordnung bestimmt:

- Investitionen in wirtschaftlich gesunden Industrie-, Handwerks- oder Dienstleistungsbetrieben, die staatliche Beihilfen mit regionaler Zweckbestimmung erhalten, sofern mindestens zehn Arbeitsplätze geschaffen oder Arbeitsplätze erhalten werden;
- Infrastrukturinvestitionen, die in unmittelbarem Zusammenhang mit dem Ausbau der erwähnten gewerblichen Tätigkeiten stehen;
- Infrastrukturinvestitionen nach Art. 3, 2 der Richtlinie des Rates über die Landwirtschaft in Berggebieten und in bestimmten anderen benachteiligten Gebieten, soweit

das benachteiligte Gebiet sich mit einem der in Art. 3 der Fondsverordnung bezeichneten Gebiete oder Gebietsteile deckt oder in einem derselben liegt.

16 Art. 4 der Fondsverordnung brachte in mehrfacher Weise strukturpolitische und wirtschaftliche Prioritäten der Gemeinschaft zum Ausdruck:

Gewerbliche Investitionen können nur insofern gefördert werden, als neue Arbeitsplätze geschaffen werden. Die Förderung der Erhaltung von Arbeitsplätzen wurde nicht grundsätzlich ausgeschlossen, doch bestimmte Art. 4 Abs. 1 daß diese nur insoweit förderungswürdig sind, als die Investitionen im Rahmen eines Umstellungs- oder Restrukturierungsplanes vorgenommen werden, der die Wettbewerbsfähigkeit des Betriebes sicherstellt.

Andererseits bestimmte Art. 4 Abs. 1b) für Infrastrukturinvestitionen, daß diese im engen unmittelbaren Zusammenhang mit dem unter Buchst. a) erwähnten (gewerblichen) Tätigkeiten stehen müssen. Der Rat hatte hierzu in das Protokoll der Ratstagung vom 10. und 11. 2. 1975 folgende interpretierende Erklärung aufgenommen:

Unter Infrastrukturinvestitionen, die in unmittelbarem Zusammenhang stehen mit dem Ausbau der in Art. 4 Abs. 1 Buchst. b erwähnten Tätigkeiten

- sind sowohl Infrastrukturinvestitionen zu verstehen, die kurz vor oder gleichzeitig mit der Durchführung von Investitionsvorhaben in bezug auf diese Tätigkeit erfolgen,
- als auch ausnahmsweise Infrastrukturinvestitionen, welche eine Vorbedingung für den Ausbau dieser Tätigkeiten darstellen, sofern sich dies aufgrund der Programme für Regionalentwicklung und der gemäß Art. 6 Abs. 6 mitgeteilten Information als erforderlich erweist.

g) Interventionsintensität und -form

17 Für gewerbliche Investitionen legte Art. 4 Abs. 2a die Höhe der Beteiligung des Fonds auf 20 % der Investitionskosten, jedoch nicht mehr als 50 % der vom jeweiligen Mitgliedstaat gewährten regionalen Beihilfen fest.

Als staatliche Beihilfen, die bei der Beteiligung des Fonds Berücksichtigung finden (vgl. Art. 3) wurden nur Zuschüsse sowie Zinsvergütungen oder deren Gegenwert angesehen, wenn es sich um zinsvergünstigte Darlehen handelt; ebenso die Herabsetzung oder Befreiung von Mieten für Fabrikgebäude, insofern die Berechnung des Beihilfeäquivalents möglich ist. Beihilfen zur laufenden Produktion wurden nicht berücksichtigt, da sie nach Auffassung der Gemeinschaft konservierenden und nicht strukturverbessernden Charakter haben.

18 Für Infrastrukturinvestitionen legte Art. 4 Abs. 2b die Beteiligung des Fonds wie folgt fest:

- Bei Infrastrukturinvestitionen von weniger als 10 Mio RE auf 30 v.H. der Ausgaben der öffentlichen Hand.

- Bei Investitionen von mindestens 10 Mio RE auf 10 bis höchstens 30 v.H. der öffentlichen Hand.

Nach dem gleichen Artikel konnte die Beteiligung des Fonds ganz oder teilweise in Form einer Zinsvergütung von 3 Punkten für Darlehen erfolgen, die von der Europäischen Investitionsbank nach Art. 103 Buchst. a) und b) des Vertrages gewährt werden. Von dieser Bestimmung wurde jedoch in der Praxis von den Mitgliedstaaten kein Gebrauch gemacht.

h) Antrags-, Prüfungs- und Entscheidungsverfahren

19 Art. 7 legte fest, daß der Fonds nur auf Antrag tätig werden kann und daß nur die Mitgliedstaaten antragsberechtigt sind.

Je nach Größe der Investitionsvorhaben wurden zweierlei Verfahren festgelegt: Die Methode der Globalanträge für kleinere Investitionen (weniger als 10 Mio RE) und die Methode der Einzelanträge für Investitionen über 10 Mio RE.

20 Gemäß Art. 5 war es Aufgabe der Kommission, diese Anträge aufgrund der vorliegenden Angaben (regionale Entwicklungsprogramme) im Lichte der erkennbaren Gesamtentwicklung des Gebietes und im Hinblick auf bestimmte Kriterien zu prüfen. Als solche wurden genannt:

- der Beitrag zur Investition zur wirtschaftlichen Entwicklung des Gebietes;
- die Kohärenz mit den Programmen oder Zielen der Gemeinschaft;
- die Lage des betreffenden Wirtschaftszweiges und die Rentabilität der Investitionen;
- die grenzüberschreitende Beteiligung der Gemeinschaftsorgane oder der Europäischen Investitionsbank.

Die Bedeutung dieser Kriterien und damit verbunden der Ermessensspielraum der Kommission waren in den ersten Jahren der Anwendung des Fonds gering. Es gab nur wenig Programme oder Ziele der Gemeinschaft, die für die Prüfung eine konkrete Bedeutung hatten. Hinsichtlich des Kriteriums »Lage des betreffenden Wirtschaftszweiges« galt es vor allem, Zuschüsse zugunsten solcher Wirtschaftszweige zu vermeiden, die auf Gemeinschaftsebene von Problemen der Überkapazität gekennzeichnet sind. Die Berücksichtigung des Kriteriums »anderweitige Beteiligung« bedeutete vor allem zu verhindern, daß das gleiche Investitionsprojekt gleichzeitig von zwei oder mehreren gemeinschaftlichen Finanzierungseinrichtungen gefördert wird.

21 Die Entscheidung über die Fondsbeteiligung wurde durch Art. 12 geregelt. In diesem Verfahren wurde dem aufgrund von Art. 11 der Fondsverordnung eingesetzten Fondsausschuß eine bedeutende Rolle zuerkannt. Er muß zu den von der Kommission vorbereiteten Entscheidungsentwürfen Stellung nehmen, wobei die Stimmen der Mitgliedstaaten nach Art. 148 Abs. 2 des Vertrages gewogen werden. Weicht seine Stellungnahme von den Entscheidungen der Kommission ab, so setzt diese die in Frage stehenden Entscheidungen für die Dauer von höchstens zwei Monaten aus und teilt sie unverzüglich dem Rat mit. Der Rat kann innerhalb von zwei Monaten mit qualifizierter Mehrheit abweichend entscheiden.

In der Praxis des Fonds kam es nicht zu einer Anrufung des Rates. Dies ist weniger auf einen ständigen Konsens aller Mitgliedstaaten zu den Entscheidungsentwürfen der Kommission zurückzuführen als vielmehr auf die Tatsache, daß die für abweichende Stellungnahmen des Ausschusses nötige Mehrheit von 41 Stimmen bei der im Fondsausschuß gegebenen Interessenlage nicht erreicht wurde.

i) Die regionalen Entwicklungsprogramme

22 Wie oben erwähnt, wurde mit den Bestimmungen des Art. 4, insbesondere dem Begriff »Investitionen« der Fonds auf das System der Projektfinanzierung eingestellt. Angesichts der Vielzahl von Projekten und der Vielfalt der zuwendungsberechtigten Gebiete war es offensichtlich, daß der Entscheidungsträger (Kommission und Fondsausschuß) für die Beurteilung der von den Mitgliedstaaten vorgelegten Projekte einen Bezugsrahmen benötigte, der es ihm ermöglicht, die Projekte im größeren ökonomischen und geographischen Zusammenhang zu sehen. Zu diesem Zweck führte die Fondsverordnung für die Mitgliedstaaten implizit die Verpflichtung ein, für die zuwendungsberechtigten Gebiete nach Art. 3 regionale Entwicklungsprogramme aufzustellen und der Kommission zur Prüfung vorzulegen. Art. 6 bestimmte, daß sich der Fonds nur dann beteiligen kann, wenn sich die Investitionen in ein regionales Entwicklungsprogramm einfügen. Ihre Ausarbeitung hatte so zu erfolgen, daß alle Programme vor Ende 1977 vorlagen. Bis zu diesem Termin konnten »jährliche Angaben« gemäß Art. 6 Abs. 3 als Programme betrachtet werden.

Obwohl die regionalen Entwicklungsprogramme gemäß der Fondsverordnung nur Richtcharakter haben, stellte die Kommission an ihre Ausarbeitung weitgehende Forderungen. Da, von wenigen Ausnahmen abgesehen, die Mitgliedstaaten noch keine Erfahrungen in diesem Bereich hatten, wurde der Ausschuß für Regionalpolitik in Art. 6 Abs. 4 damit beauftragt, die technischen Methoden der Ausarbeitung dieser Programme zu prüfen. Die Kommission legte aufgrund dieser Arbeiten mit Datum vom 24. 3. 1976 ein Schema der Regionalentwicklungsprogramme[8] vor, das die in den Programmen zu liefernden Angaben präzisierte.

j) Die Zusätzlichkeit gemeinschaftlicher Beihilfen

23 Für gewerbliche Investitionen bestimmte Abs. 2 a) des Art. 4, daß die Beteiligung des Fonds nach vorherigem Beschluß des Mitgliedstaates zu der von der öffentlichen Hand

8 ABl. 1976 Nr. C 69 S. 2.

gewährten Beihilfe hinzukommen oder an diese als teilweise Erstattung der Beihilfe gezahlt werden kann.

Dabei ist zu berücksichtigen, daß die Mitgliedstaaten die Beihilfen der Gemeinschaft nicht ohne weiteres zu den eigenen hinzufügen können, denn sie müssen bei der Beteiligung des Fonds die Regeln der Art. 92 bis 94 bis EWG-Vertrag beachten. Dies bedeutete konkret die Respektierung der seit 1971 von der Kommission auf Gemeinschaftsebene für verbindlich erklärten Grundsätze für die Koordinierung der nationalen Beihilfen mit regionaler Zweckbestimmung, die u.a. für die einzelnen Kategorien nationaler Fördergebiete Beihilfehöchstsätze festsetzen.[9]

Angesichts dieser Lage stellt sich die Frage, wie die Mitgliedstaaten dem Gebot der Zusätzlichkeit oder Komplementarität nachkommen können. Dieses Gebot war in den Erwägungsgründen zur Fondsverordnung wie folgt formuliert worden: »Die Beteiligung des Fonds darf die Mitgliedstaaten nicht veranlassen, ihre Anstrengungen auf dem Gebiet der regionalen Entwicklung zu verringern; sie muß die Anstrengungen der Mitgliedstaaten vielmehr ergänzen.« Nach Auffassung der Kommission besteht in dem Fall, in dem die Mitgliedstaaten aus den obengenannten Gründen der Respektierung der Art. 92 ff. nicht kumulieren können oder aus anderen Gründen nicht zu kumulieren wünschen, die Lösung des Problems der Zusätzlichkeit darin, die Mittel der Gemeinschaft zur Finanzierung zusätzlicher Projekte einzusetzen (horizontale statt vertikale Komplementarität).

k) Verwendungsbindung und -kontrolle

24 Nach Art. 8 der Fondsverordnung hatte die Zahlung der Fondszuschüsse an den jeweiligen Mitgliedstaat oder an eine von ihm hierzu bestimmte Institution zu erfolgen und damit nicht notwendigerweise an den Investor selbst. Für den Fall der Beihilfen zu gewerblichen Investitionen bestimmte darüber hinaus Art. 4 Abs. 2 a) espressis verbis, daß die Beteiligung des Fonds nach vorherigem Beschluß des Mitgliedstaates zu den von der öffentlichen Hand für die Investitionen gewährten Beihilfe hinzukommen oder an diese als teilweise Erstattung gezahlt werden. Eine Verwendungsbindung der Mittel schuf deshalb die Fondsverordnung nicht.

Aus dem Vorstehenden ergibt sich auch, daß die Fondsverordnung zwischen dem Träger des Investitionsprojektes, an dem sich der Fonds beteiligt und der Gemeinschaft keine Rechtsbeziehungen schuf. Weiterhin folgt, daß außer dem jeweiligen Mitgliedstaat keine anderen öffentlich-rechtlichen Körperschaften – in förderativ strukturierten Mitgliedstaaten z. B. die Gliedstaaten mit regionalpolitischer Eigenverantwortlichkeit – der Gemein-

9 Gemäß den im Jahre 1975 gültigen Regeln (vgl. Dok. KOM(75)77 endg. vom 26. 2. 1975) waren die nationalen Fördergebiete in der Gemeinschaft in vier Kategorien eingeteilt, in denen die maximal zulässigen Fördersätze zwischen ca. 70 % für die peripheren Gebiete und 20 % für die zentral gelegenen Gebiete variierten.

schaft gegenüber Ansprüche auf bestimmte Fondsleistungen haben. Ihre Ansprüche müssen innerstaatlich geregelt werden.

25 Dies stand nicht der Tatsache entgegen, daß die Kommission in Art. 9 Kontrollbefugnisse im Hinblick auf die effektive Durchführung der Investitionsprojekte entsprechend den der Entscheidung zugrundeliegenden Anträgen eingeräumt bekam. Art. 9 Abs. 3 bestimmte, daß »unbeschadet der Kontrollen, die von den Mitgliedstaaten aufgrund der nationalen Rechts- und Verwaltungsvorschriften vorgenommen werden, ... auf Antrag der Kommission im Einvernehmen mit dem Mitgliedstaat von den zuständigen Stellen des betreffenden Mitgliedstaats Nachprüfungen an Ort und Stelle oder Erhebungen über die vom Fonds finanzierten Maßnahmen durchgeführt werden.« Die Ziele derartiger Nachprüfungen und Erhebungen wurden in Art. 9 Abs. 4 im einzelnen festgelegt.

Für den Fall nicht ordnungsgemäßer Durchführung der Projekte bestimmte Art. 9 Abs. 1, daß der Beitrag des Fonds durch eine Entscheidung, die von der Kommission nach Anhörung des Fondsausschusses getroffen wird, gekürzt oder widerrufen werden kann.

26 Von der administrativen Vollzugskontrolle, wie sie mit Art. 9 begründet wurde, ist die wirtschaftspolitische Erfolgskontrolle zu unterscheiden. Die Fondsverordnung schuf hierfür erste Voraussetzungen. Im Zusammenhang mit den regionalen Entwicklungsprogrammen bestimmte Art. 6 Abs. 6, daß die Mitgliedstaaten der Kommission zu Beginn eines jeden Jahres nicht nur alle zweckdienlichen Angaben über die Entwicklung der Programmgebiete, die beabsichtigten Mittelaufwendungen und die vorgesehenen Maßnahmen, sondern auch eine statistische Gesamtübersicht liefern, »an Hand derer für jedes einzelne Gebiet die im Vorjahr erzielten Ergebnisse der in dem betreffenden Gebiet durchgeführten Maßnahmen festgestellt werden können, wobei die Ergebnisse der unter Beteiligung des Fonds durchgeführten Maßnahmen hervorzuheben sind.« Voraussetzung dafür, daß eine wirtschaftspolitische Erfolgskontrolle effektiv durchgeführt werden kann, ist jedoch die Setzung quantitativer Ziele zu Beginn einer Programmperiode. Dazu war die Mehrzahl der Mitgliedstaaten im Rahmen der bisher vorliegenden regionalen Entwicklungsprogramme noch nicht in der Lage.

2. *Der Ausschuß für Regionalpolitik*

27 Gleichzeitig mit der Schaffung des Fonds faßte der Rat den Beschluß (EWG) 75/185 über die Einsetzung eines Ausschusses für Regionalpolitik, der gemäß Art. 1 zur Koordinierung der Regionalpolitik der Mitgliedstaaten beitragen soll. Anders als der Verwaltungsausschuß für den Fonds wurde dieser »politische Ausschuß« zwischen Rat und Kommission angesiedelt. Die Mitgliedstaaten sind gemäß Art. 3 des Beschlusses mit je zwei Mitgliedern vertreten, die unter den für die Regionalpolitik zuständigen hohen Beamten ausgewählt werden. Sie stellen auch den Vorsitzenden, der gemäß Art. 4 aus der Mitte des Ausschusses gewählt wird. Die Kommission ist in diesem Ausschuß, wie jeder

der Mitgliedstaaten, mit zwei Stimmen vertreten. Sie ist außerdem für die Sekretariatsgeschäfte zuständig. Der Ausschuß gab sich eine Geschäftsordnung.

28 Dem Ausschuß wurde gemäß Art. 2 des Beschlusses die Aufgabe übertragen, auf Ersuchen des Rates oder der Kommission oder von sich aus »Fragen der regionalen Entwicklung und die im Hinblick auf ihre Lösung erzielten oder notwendigen Fortschritte sowie die regionalpolitischen Maßnahmen zu prüfen, die erforderlich sind, um die Verwirklichung der regionalpolitischen Ziele der Gemeinschaft zu fördern.« In den Buchstaben a) bis j) des Art. 2 wurden die Bereiche, die er zu diesem Zweck insbesondere untersucht, einzeln genannt. Über die Ergebnisse dieser Arbeiten erstattet der Ausschuß dem Rat und der Kommission Bericht.

29 Neben den im obigen Beschluß genannten fakultativen Aufgaben erhielt der Ausschuß Pflichtaufgaben im Rahmen der Fondsverordnung übertragen:

- er ist zu Infrastrukturvorhaben mit einem Kostenaufwand von 10 Mio RE oder mehr von der Kommission, bevor diese die Stellungnahme des Fondsausschusses einholt, zu hören;
- er ist ebenso zu den regionalen Entwicklungsprogrammen zu hören.

30 Über die technischen Aufgaben hinaus ist die politische Funktion des Ausschusses zu würdigen. Durch die Regelmäßigkeit seiner Zusammenkünfte, die laut Geschäftsordnung mindestens vier Mal im Jahr erfolgen müssen, sowie durch regelmäßige Besuche in den Problemregionen der einzelnen Mitgliedstaaten wurde unter den für die nationalen Regionalpolitiken zuständigen hohen Beamten das für die Entwicklung einer europäischen Regionalpolitik unerläßliche Verständnis für die Probleme des »Partners« geschaffen. Andererseits wurde der regionalpolitische Ausschuß zum wichtigsten Gesprächspartner der Kommission in allen für die Entwicklung der Konzeption der Regionalpolitik der Gemeinschaft wichtigen Fragen. Durch die ständige Befassung mit praktisch allen Vorschlägen der Kommission kam der Ausschuß allerdings immer weniger dazu, sich von selbst aus mit den in dem Beschluß genannten Aufgabengebieten zu beschäftigen. Es wurde eine Tendenz deutlich, sich von einem Konsultationsorgan zu einem Kontrollorgan zu entwickeln.

II. Die zweite Phase der Regionalpolitik der Gemeinschaft

31 Die regionalpolitischen Bemühungen der Gemeinschaft hatten sich in den ersten Jahren nach Einsetzung des Fonds vor allem auf dessen Ingangsetzen und ordnungsgemäße Funktionieren konzentriert.

In der zweiten Phase stand im Vordergrund das Bestreben, die Regionalpolitik der Gemeinschaft durch Entwickeln neuer Tätigkeitsbereiche zu einer globalen Politik der Gemeinschaft auszugestalten und die Effizienz des Fonds durch eine Diversifizierung desselben zu verstärken.

1. Die Vorschläge der Kommission

32 Nach Art. 18 hatte der Rat die Fondsverordnung vor dem 1. 1. 1978 zu überprüfen. Gemäß Art. 2 war es Aufgabe der Kommission, rechtzeitig geeignete Vorschläge nicht nur für die Beteiligung des Fonds für den folgenden Zeitraum, sondern auch für die Regionalpolitik der Gemeinschaft insgesamt, vorzulegen. Die Notwendigkeit einer Definition der Regionalpolitik war auch vom Europäischen Parlament in dessen Entschließung über bestimmte Aspekte der gemeinschaftlichen künftigen Regionalpolitik[10] sowie vom Wirtschafts- und Sozialausschuß[11] und den Sozialpartnern betont worden. Dementsprechend legte die Kommission mit Datum vom 3. 6. 1977 eine Mitteilung an den Rat[12] mit dem Titel »Orientierungsrahmen für die Regionalpolitik der Gemeinschaft« vor, die von folgenden Vorschlägen begleitet war:

- Vorschlag zur Änderung der Verordnung (EWG) Nr. 724/75 des Rates vom 18. 3. 1975 über die Errichtung eines Europäischen Fonds für regionale Entwicklung[13]
- Änderungsvorschläge für die Entscheidung des Rates 74/120 EWG vom 18. 2. 1974 zur Erreichung eines hohen Grades an Konvergenz der Wirtschaftspolitik der Mitgliedstaaten der Europäischen Wirtschaftsgemeinschaft[14] sowie für den Beschluß des Rates 75/185 EWG vom 18. 3. 1975 über die Einsetzung eines Ausschusses für Regionalpolitik[15]
- Vorschlag für eine Verordnung des Rates über die Einführung eines Systems zur Gewährung von Zinsverbilligungen im Rahmen des Europäischen Fonds für regionale Entwicklung.[16]

Diese Vorschläge wurdem im Verlaufe der Ratsverhandlungen von der Kommission durch den Entwurf für eine »Entschließung des Rates betreffend den Orientierungsrahmen für die Regionalpolitik der Gemeinschaft« ergänzt.

a) Vorschläge für eine umfassendere Definition der Regionalpolitik

33 Um den Erfordernissen einer umfassenderen Definition der Regionalpolitik der Gemeinschaft nachzukommen, schlug die Kommission in ihrer Mitteilung an den Rat folgende Neuorientierung vor:

- die Erstellung eines Gesamtrahmens der Analyse und der Konzeption, der eine ständige Bewertung der Situation und der Entwicklung der regionalen Wirtschaft im

10 ABl. 1977 Nr. C 118 S. 51.
11 BullEG 3/1977, Ziff. 2.3.71.
12 BullEG, Beilage 2/77.
13 ABl. 1975 Nr. C 161 S. 11.
14 ABl. 1977 Nr. C 161 S. 10.
15 ABl. 1977 Nr. C 161 S. 10.
16 ABl. 1977 Nr. C 161 S. 17.

gesamten Gebiet der Gemeinschaft ermöglicht und die regionale Entwicklungspolitik der Gemeinschaft fester als bisher in deren gesamte Wirtschafts- und Sozialpolitik einfügt;

- die kohärente und konvergierende Anwendung der strukturellen und anderen Politiken einschließlich der Finanzinstrumente der Gemeinschaft insoweit ihre Auswirkungen regionale Folgen haben;
- die Koordinierung der einzelstaatlichen Regionalpolitiken untereinander und im Hinblick auf die Ziele der Gemeinschaft

34 Die Überlegungen der Kommission zugunsten einer globalen Analyse und Konzeption der Regionalpolitik mündeten in dem konkreten Vorschlag, in periodischen Zeitabständen dem Rat den Entwurf eines Berichtes über die Lage und die sozio-ökonomische Entwicklung der Gemeinschaft vorzulegen, aufgrund dessen die vordringlichen regionalen Entwicklungsziele sowie die Leitlinien festgelegt werden, die sich für die Regionalpolitik der Gemeinschaft und der Mitgliedstaaten ergeben. Um den Zusammenhang mit der Wirtschaftspolitik der Gemeinschaft zu gewährleisten, sollte sich das Beratungsverfahren in das Verfahren unter Art. 4 der Entscheidung des Rates vom 18. 2. 1974 zur Erreichung eines hohen Grades an Konvergenz der Wirtschaftspolitik der Mitgliedstaaten der Europäischen Wirtschaftsgemeinschaft einfügen. Aus diesem Grunde wurde ein zweieinhalbjähriger Rhythmus für die Erstellung des periodischen Berichtes gewählt und eine Ergänzung der Entscheidung des Rates 74/120 EWG vom 18. 2. 1974[17] vorgeschlagen. Da an der Ausarbeitung des Berichtes der Ausschuß für Regionalpolitik eng beteiligt werden sollte, wurde eine entsprechende Ergänzung des Beschlusses (75/185 EWG) des Rates vom 18. 3. 1975 vorgeschlagen.

35 Zur Frage der kohärenten und konvergierenden Anwendung der Politiken der Gemeinschaft schlug die Kommission vor, geeignete Verfahren zur laufenden Beurteilung der regionalen Auswirkungen der übrigen Gemeinschaftspolitiken einzuführen, um deren räumliche Dimension besser erfassen und berücksichtigen zu können. Ziel ist es zu erreichen, daß die übrigen Politiken der Gemeinschaft von vornherein unter Berücksichtigung ihrer regionalen Auswirkungen formuliert und gegebenenfalls Maßnahmen beschlossen werden können, um die volle Verwirklichung der Ziele dieser Politiken zu ermöglichen oder deren eventuelle negative regionale Auswirkungen zu korrigieren. Zu diesem Zweck soll immer dann, wenn eine Gemeinschaftspolitik neue einschneidende Maßnahmen vorsieht, eine systematische Untersuchung ihrer regionalwirtschaftlichen Auswirkungen durchgeführt werden. Ebenso sollten die Finanzierungsinstrumente der Gemeinschaft mit struktureller Zweckbestimmung stärker auf die regionalen Ziele der Gemeinschaft ausgerichtet werden.

36 Der zu erstellende periodische Bericht und die anschließend definierten Ziele und Leitlinien sollten auch die Grundlage für eine bessere Koordinierung der einzelstaatlichen

17 ABl. 1974 Nr. L 63 S. 16.

Regionalpolitiken liefern. Im Rahmen einer regelmäßigen Gegenüberstellung der regionalen Probleme und der Regionalpolitik der Mitgliedstaaten sollten nicht nur die Beihilfen mit regionaler Zweckbestimmung, sondern alle Strukturmaßnahmen mit regionaler Wirkung in Betracht gezogen werden. Nach Auffassung der Kommission stellen die regionalen Entwicklungsprogramme das am besten geeignete Arbeitsinstrument für die Koordinierung der nationalen Regionalpolitiken dar, da sie für die einzelnen Regionen einerseits die Bedürfnisse, Ziele und Prioritäten, andererseits die für die Realisierung notwendigen und verfügbaren Mittel präzisieren.

b) Vorschläge zur Diversifizierung der Politik des Regionalfonds

37 Bei der Diversifizierung der Politik des Regionalfonds stand im Vordergrund die Schaffung einer neuen, zweiten Fondsabteilung. Die weitaus überwiegende erste Abteilung sollte die bisherige Fondstätigkeit zur Unterstützung der Regionalpolitik der Mitgliedstaaten, so wie sie in dem Quotensystem der Fondsverordnung festgelegt war, fortführen. Die neue zweite Abteilung des Fonds sollte in einem nicht quotierten System mittels sogenannter spezifischer Gemeinschaftsmaßnahmen die räumlichen Auswirkungen anderer Gemeinschaftspolitiken flankieren oder, insoweit sie negativer Art sind, abschwächen.

Ausgangspunkt dieses Vorschlages war die Erkenntnis, daß der Gemeinschaft mit dem Ausbau bestimmter Gemeinschaftspolitiken eine eigene regionalpolitische Verantwortlichkeit erwachsen war, so daß es als nicht länger gerechtfertigt erschien, die Mittel des Fonds ausschließlich auf die Bekämpfung der traditionellen, von den Mitgliedstaaten in die Gemeinschaft eingebrachten regionalen Ungleichgeweichte anzusetzen. Diese Eigenverantwortlichkeit ergibt sich z. B. im Bereich der gemeinsamen Agrarpolitik, der gemeinsamen Außenhandelspolitik oder im Bereich einzelner Industriesektoren (Montainindustrien, Schiffbau), in denen die Maßnahmen der Gemeinschaft bedeutende regionale Auswirkungen haben und zu neuen regionalen Ungleichgewichten führen können. Da diese Auswirkungen weder hinsichtlich ihrer Lokalisierung noch hinsichtlich ihres Umfanges von vornherein bekannt sind, ist eine ex-ante Verteilung von Fondsmitteln nach einem Quotensystem logischerweise ausgeschlossen. Die Sektion des Fonds, die sich mit der Durchführung von spezifischen Gemeinschaftsmaßnahmen befassen sollte, wurde deshalb »nicht-quotierte« Sektion benannt.

Hinsichtlich des Finanzvolumens der nicht-quotierten Abteilung enthielt der Veränderungsvorschlag der Kommission keine Angaben. Gemäß Art. 2 sollte vom Haushaltsjahr 1978 an entsprechend der Forderung des Europäischen Parlaments die Ausstattung des Fonds – und damit auch die der nicht-quotierten Abteilung – jährlich durch den Haushaltsplan der Europäischen Gemeinschaften festgesetzt werden. Die Vorstellungen der Kommission bewegten sich dabei in einer Größenordnung von 13 % der Gesamtmittel des Fonds.

38 Über die Einrichtung einer nicht-quotierten Fondsabteilung hinaus, umfaßten die Vorschläge der Kommission eine Reihe von Änderungen für die quotierte Abteilung mit dem Ziel ihre Effizienz zu erhöhen.

2. *Die Beschlüsse des Rates*

39 Die Verhandlungen im Rat über die Vorschläge der Kommission erstreckten sich vom September 1977 bis März 1979. Zur Überschreitung des in Art. 18 der Verordnung 724/75 gesetzten Termins (1. 1. 1978) trug die Haushaltskrise Ende 1978/79 bei. Mit Datum vom 6. 2. 1979 verabschiedete der Rat die Entschließung betreffend den Orientierungsrahmen für die Regionalpolitik der Gemeinschaft;[18] mit Datum vom 9. 2. 1979 die Änderungen zur Fondsverordnung,[19] den Beschluß zur Ergänzung des Beschlusses des Rates über die Einsetzung eines Ausschusses für Regionalpolitik[20] sowie die Entscheidung zur Änderung der Entscheidung des Rates zur Erreichung eines hohen Grades an Konvergenz der Wirtschaftspolitik der Mitgliedstaaten der Europäischen Wirtschaftsgemeinschaft.[21]

a) Die Entschließung des Rates betreffend den Orientierungsrahmen für die Regionalpolitik der Gemeinschaft

40 Mit dieser Entschließung verpflichtete sich der Rat seinerseits, die von der Kommission im Orientierungsrahmen vorgeschlagenen Initiativen zu einer umfassenderen Definition der gemeinschaftlichen Regionalpolitik zu unterstützen. Die Entschließung enthält demgemäß folgende Elemente:

- Der Rat nimmt die Absicht der Kommission, in regelmäßigen Abständen einen Bericht über die sozio-ökonomische Lage und Entwicklung der Regionen der Gemeinschaft zu erstellen, zur Kenntnis. Er verpflichtete sich, anhand dieses Berichtes eine Aussprache über die von der Kommission vorgeschlagenen vorrangigen Ziele und Leitlinien durchzuführen.
- Hinsichtlich der Beurteilung der regionalen Auswirkungen der Gemeinschaftspolitiken nimmt er ebenso die Absicht der Kommission zur Kenntnis, diesen Auswirkungen sowohl bei der Konzeption als auch bei der Durchführung systematisch Rechnung zu tragen, und erklärt seinerseits die Absicht, diese Auswirkungen bei seinen eigenen diesbezüglichen Entscheidungen zu berücksichtigen.
- Der Rat unterstreicht die Notwendigkeit einer stärkeren Koordinierung der einzelstaatlichen Regionalpolitiken und der Regionalpolitik der Gemeinschaft im Hinblick auf eine ausgewogene Verteilung der Wirtschaftstätigkeit im Gebiet der Gemein-

18 ABl. 1979 Nr. C 36 S.10.
19 Verordnung (EWG) Nr. 214/79, ABl. 1979 Nr. L 35 S. 1.
20 Beschluß 79/137/EWG, ABl. 1979 Nr. L 35 S. 9.
21 Entscheidung (79/136 EWG), ABl. 1979 Nr. L 35 S. 8.

schaft. Die Programme für regionale Entwicklung stellen seiner Auffassung nach den geeigneten Rahmen für die konkrete Durchführung einer gut durchdachten Koordinierung dar.

b) Die Änderung der Fondsverordnung

41 Mit Verabschiedung der Verordnung (EWG) Nr. 214/79 nahm der Rat die Vorschläge der Kommission zur Änderung der Fondsverordnung im wesentlichen an. Er akzeptierte insbesondere die Unterteilung des Fonds in zwei Abteilungen: eine erste, quotierte Abteilung zur Durchführung von Gemeinschaftsmaßnahmen zur Unterstützung der regionalpolitischen Maßnahmen der Mitgliedstaaten und eine zweite, nicht-quotierte Abteilung zur Durchführung von spezifischen Gemeinschaftsmaßnahmen zur regionalen Entwicklung (Art. 2 der revidierten Fondsverordnung). Im einzelnen ergab sich folgendes Bild:

– Nicht-quotierte Abteilung:

42 Die Zielbereiche der nicht-quotierten Abteilung wurden in Art. 13 der revidierten Fondsverordnung auf zwei beschränkt, nämlich auf:

– Maßnahmen in Verbindung mit Gemeinschaftspolitiken, um ihr regionales Ausmaß besser berücksichtigen oder die regionalen Auswirkungen dieser Politiken abschwächen zu können

– oder, in Ausnahmefällen, Maßnahmen, mit denen den strukturellen Auswirkungen besonders schwerwiegender Ereignisse in bestimmten Gebieten oder Gebietsteilen begegnet werden soll.

Die von der Kommission vorgeschlagenen Zielbereiche »Entwicklungsmaßnahmen in Grenzgebieten« und Maßnahmen zugunsten der Berggebiete und benachteiligten Gebiete im Sinne der Richtlinie 75/268/EWG fanden keine Berücksichtigung.

Zu der obengenannten zweiten Kategorie präzisierte eine Eintragung in das Ratsprotokoll, daß sich der Rat bereit erklärt, »auf Vorschlag der Kommission jeden Beihilfeantrag zu prüfen, der zur Lösung des Problems in Grenzgebieten der Gemeinschaft, bei denen beide Seiten der Grenze zur Kategorie der am meisten förderungswürdigen Gebiete gehören, von zwei oder mehreren betroffenen Mitgliedstaaten gemeinsam vorgelegt wird.«

43 Gemäß Art. 13 werden die spezifischen Gemeinschaftsmaßnahmen zur regionalen Entwicklung von der Kommission als Anwendungsverordnungen zur revidierten Fondsverordnung vorgeschlagen. Die Mitgliedstaaten teilen der Kommission die regionalen Probleme mit, die Gegenstand einer spezifischen Maßnahme sein können. Entgegen dem Vorschlag der Kommission (qualifizierte Mehrheit) bestimmte Art. 13, daß der Rat über jede spezifische Maßnahme einstimmig entscheidet. Dabei legt er die Beteiligungsbereiche des Fonds, die zu fördernden Gebiete, die öffentlichen Maßnahmen der Mitgliedstaaten, die Höhe der Beteiligung des Fonds, die Kategorien von Empfängern und die Finanzierungsmodalitäten fest. Die Durchführung der spezifischen Maßnahmen erfolgt in Form von Sonderprogrammen, die von der Kommission nach dem Verfahren des Art. 16 der revidierten Fondsverordnung angenommen werden müssen.

44 Hinsichtlich der Wahl der Gebiete bestimmt Art. 3 der revidierten Fondsverordnung, daß die spezifischen Gemeinschaftsmaßnahmen – abweichend von den Maßnahmen der quotierten Abteilung – auch außerhalb der Fördergebiete der nationalen Regionalpolitik zur Anwendung gelangen können, sofern der betreffende Mitgliedstaat selbst interveniert hat oder gleichzeitig interveniert.

45 Für die Verteilung der Mittel auf die Regionen der Gemeinschaft wurde in Art. 2 Abs. 2 der revidierten Fondsverordnung das Prinzip aufgenommen, daß die zur Finanzierung der spezifischen Maßnahmen bestimmten Fondsmittel »unter Berücksichtigung des Intensitätsgrades der regionalen Ungleichgewichte in der Gemeinschaft« verwendet werden. Hingegen nahm der Rat die von der Kommission zur Präzisierung dieser Ungleichgewichte vorgeschlagenen Kriterien nicht in die Verordnung auf.

46 Der spezifische Charakter der nicht-quotierten Abteilung wurde durch die Bestimmung des Art. 13 unterstrichen, daß sich die Maßnahmen der nicht-quotierten Abteilung ganz oder teilweise von den Maßnahmen der quotierten Abteilung unterscheiden müssen.

Andererseits dürfen die spezifischen Gemeinschaftsmaßnahmen zur regionalen Entwicklung gemäß Art. 13 der revidierten Fondsverordnung keine Vorhaben zur internen Umstrukturierung von Sektoren mit rückläufiger Wirtschaftsentwicklung zum Gegenstand haben. Damit wurden sie als Maßnahmen zur allgemeinen Umstellung von Gebieten deutlich von Maßnahmen der Industriepolitik zugunsten der Restrukturierung von im Rückgang befindlichen Sektoren abgegrenzt.

47 Die Höhe der nicht-quotierten Abteilung wurde in Art. 2 Abs. 3b) der revidierten Fondsverordnung auf 5 % der Fondsmittel begrenzt. Der gleiche Art. bestimmte, daß die Mittel, die nicht rechtzeitig für spezifische Gemeinschaftsmaßnahmen verwendet werden, in die quotierte Abteilung zurückfallen.

– Änderungen innerhalb der quotierten Abteilung:

48 Im Bereiche der gewerblichen Investitionen wurde für den Bereich des Handwerks und des Fremdenverkehrs die Einführung von Sammelanträgen angenommen, die es erlaubt, mehrere miteinander verbundene Investitionsprojekte als ein einziges zu behandeln. Dadurch wirkt die laut Art. 4 Abs. 1 der revidierten Fondsverordnung zu respektierende Mindestgrenze von 10 neu zuschaffenden oder zu erhaltenden Arbeitsplätzen nicht mehr als Schranke für kleine Investitionsvorhaben. Weiterhin wurde für den Dienstleistungssektor – um der geringeren Kapitalintensität dieses Sektors Rechnung zu tragen – die Begrenzung des Fondzuschusses auf 20 % der Investitionskosten aufgehoben und durch einen Höchstbetrag des Fonds pro Arbeitsplatz ersetzt.

49 Im Bereich der Infrastrukturinvestitionen wurde die enge Bindung der förderungsfähigen Vorhaben an den Ausbau der gewerblichen Investitionen aufgehoben und durch eine flexiblere Definition ersetzt. Zuschußfähig sind gemäß Art. 4 Abs. 1 b) der revidierten Fondsverordnung Infrastrukturinvestitionen, die, sofern es nach den Regionalentwicklungsprogrammen gerechtfertigt ist, zur Entwicklung des jeweiligen Gebietes oder Gebietsteiles beitragen.

Diese Ausweitung des Infrastrukturbegriffes fand allerdings nicht unbegrenzte Zustimmung. In das Ratsprotokoll wurde deshalb die Eintragung vorgenommen, daß der Rat »innerhalb der nächsten zwei Jahre auf Vorschlag der Kommission nach Stellungnahme des Ausschusses für Regionalpolitik die Definition der Infrastrukturmaßnahmen festlegt, an denen sich der Europäische Fonds für regionale Entwicklung beteiligen kann. Die Definition wird auf der Grundlage der regionalen Entwicklungsprogramme erarbeitet. Der regionale Bedarf an bestimmten Infrastrukturmaßnahmen läßt sich aus den Entwicklungsprogrammen ableiten.«

Um ein zu starkes Übergewicht der Infrastrukturförderung im Verhältnis zu den gewerblichen Investitionen zu verhindern, wurde in den Art. 4 Abs. 1 b) der revidierten Fondsverordnung die Bestimmung aufgenommen, daß der Anteil der Ausgaben für Infrastrukturinvestitionen am Gesamtumfang der Maßnahmen des Fonds 70 % der Fondsbeihilfen nicht überschreiten darf. Dieser Prozentsatz gilt für die Gesamtheit der Mitgliedstaaten, nicht für jeden einzelnen.

Schließlich wurde der Prozentsatz des Fondsbeitrages im Falle Grönlands, der französischen Überseedepartements, Irlands, Nordirlands und Süditaliens von 30 % auf maximal 40 % erhöht. Die Kommission hatte diese Gebiete im »Orientierungsrahmen« als die am meisten zurückgebliebenen und zusätzlich durch ihre periphere Lage belasteten Regionen der Gemeinschaft ausgewiesen.

50 Um die regionalen Entwicklungsprogramme effizienter zu gestalten, wurden die Verpflichtungen der Mitgliedstaaten in Art. 6 der revidierten Fondsverordnung erweitert. Diese müssen insbesondere ihre Programme jährlich vor dem 31. Januar durch Angaben über die für das laufende Jahr vorgesehenen Finanzmittel, die geplanten Maßnahmen und die beabsichtigte Verwendung von Gemeinschaftsmitteln ergänzen. Für die Aufstellung von regionalen Entwicklungsprogrammen wurde das vom Ausschuß für Regionalpolitik ausgearbeitete gemeinsame Schema für verbindlich erklärt.

51 Um die zuweilen übermäßig langen Zeiträume zwischen Mittelbindungen und Zahlungen zu verringern, wurde in Art. 8 Abs. 3 der revidierten Fondsverordnung ein Verfahren beschleunigter Zahlungen eingeführt, die bis zu 75 % der Gesamtbeteiligung des Fonds betragen können.

52 Das Entscheidungsverfahren wurde vereinfacht. Um die Zahl der Entscheidungen zu verringern – der Fondsausschuß war in den ersten drei Jahren des Fonds mit jährlich ca. 1 500 Vorhaben befaßt – wird dieser bei kleineren Investitionsvorhaben (unter 10 Mio

Europäische Rechnungseinheiten) über die von der Kommission getroffenen Entscheidungen nur noch unterrichtet. Die Stellungnahme des Fondsausschusses bleibt jedoch erforderlich bei Entwürfen für Negativ-Entscheidungen oder soweit der betroffene Mitgliedstaat dies beantragte oder bei allen anderen Entscheidungsentwürfen, zu denen die Kommission die Stellungnahme des Fondsausschusses einzuholen wünscht.

– Änderungen des Verfahrens zur Festsetzung der Mittelausstattung des Fonds:

53 Im Rahmen der ersten Phase des Fonds war dessen Mittelausstattung für die Jahre 1975 bis 1977 im Rahmen der Fondsverordnung festgelegt worden, was auf den Widerstand des Europäischen Parlaments gestoßen war. Parlament und Rat hatten deshalb im Jahre 1975 Einvernehmen darüber erzielt, daß die Ausgaben des Fonds für den Zeitraum nach 1977 nicht-obligatorischen Charakter haben sollten. Dessenungeachtet kamen die Staats- und Regierungschefs anläßlich der Tagung des Europäischen Rates vom 6. 12. 1977 überein, die Fondsausstattung im Rahmen einer dreijährigen Programmierung für die Jahre 1978 bis 1980 auf insgesamt 1850 ERE (580, 620 und 650 ERE) festzulegen. Das Europäische Parlament widersetzte sich dem. Im Rahmen des endgültigen Haushaltsbeschlusses nach Überwindung der Haushaltskrise 1978/79 wurde der Regionalfonds für 1979 mit 900 Mio ERE ausgestattet. Dies stellte eine erhebliche Aufstockung der Fondsmittel dar und spiegelte die Bedeutung wieder, die das Europäische Parlament der Regionalpolitik der Gemeinschaft im Europäischen Integrationsprozeß zuwies. In den folgenden Jahren erfolgte die Ausstattung des Fonds im Rahmen des jährlichen Haushaltsverfahrens ohne Beeinträchtigung der Befugnisse des Europäischen Parlamentes.[22]

– Änderung der Quoten:

54 Die Kommission hatte in ihren Vorschlägen zur Änderung der Fondsverordnung keine Änderung der dort festgelegten Quoten vorgesehen. Dennoch ergaben sich in Art. 2 der revidierten Fondsverordnung abweichende Quoten aus zweierlei Gründen: Einerseits wurde der Fondsbeitrag für Irland in gleicher Weise wie der aller übrigen Staaten ausschließlich in Prozenten festgelegt. Bekanntlich war Irland im Rahmen der Fondsverordnung über seine Quote von 6 % hinaus ein Betrag von 6 Mio ERE zuerkannt worden. In der revidierten Fondsverordnung wurde die Quote Irlands um 0,5 % erhöht und die Quote aller übrigen Staaten – mit Ausnahme Italiens – entsprechend verringert. Andererseits wurde die Quote Frankreichs um 2 % angehoben, um den spezifischen Entwicklungsgebühren der überseeischen Departements Rechnung zu tragen.

3. Die Ingangsetzung der nicht-quotierten Abteilung des Fonds

(Erste Tranche von spezifischen Gemeinschaftsmaßnahmen)

55 Nach ca. einjährigen Verhandlungen über die Vorschläge der Kommission[23] verabschiedete der Rat mit Datum vom 7. 10. 1980 die ersten Verordnungen zur Einrichtung von

22 Für 1980 betrug die Ausstattung des Fonds 1 165 Mio ERE und für 1981 1 540 Mio ERE.
23 ABl. 1979 Nr. C 285 S. 3.

spezifischen Gemeinschaftsmaßnahmen im Rahmen der neugeschaffenen nicht-quotierten Abteilung der Fonds. Es handelte sich im einzelnen um:[24]

- Verordnung (EWG) Nr. 2615/80 zur Einführung einer spezifischen Gemeinschaftsmaßnahme zur regionalen Entwicklung bestimmter französischer und italienischer Gebiete im Zusammenhang mit der Erweiterung der Gemeinschaft;
- Verordnung (EWG) Nr. 2616/80 zur Einführung einer spezifischen Gemeinschaftsmaßnahme zur regionalen Entwicklung im Hinblick auf die Beseitigung von Entwicklungshemmnissen für neue Wirtschaftszweige in bestimmten von der Umstrukturierung der Eisen- und Stahlindustrie betroffenen Gebieten;
- Verordnung (EWG) Nr. 2617/80 zur Einführung einer spezifischen Gemeinschaftsmaßnahme zur regionalen Entwicklung im Hinblick auf die Beseitigung von Entwicklungshemmnissen für neue Wirtschaftszweige in bestimmten von der Umstrukturierung der Schiffbauindustrie betroffenen Gebieten;
- Verordnung (EWG) Nr. 2618/80 zur Einführung einer spezifischen Gemeinschaftsmaßnahme zur regionalen Entwicklung im Hinblick auf die Verbesserung der Sicherheit der Energieversorgung in einigen Gebieten der Gemeinschaft durch eine stärkere Nutzung neuer Technologien im Bereich der Stromgewinnung aus Wasserkraft und den Ausbau alternativer Energiequellen;
- Verordnung (EWG) Nr. 2619/80 zur Einführung einer spezifischen Gemeinschaftsmaßnahme zur regionalen Entwicklung im Hinblick auf die Verbesserung der wirtschaftlichen und sozialen Lage der Grenzgebiete Irlands und Nordirlands.

Mit diesen Verordnungen betrat die gemeinschaftliche Regionalpolitik in vieler Hinsicht Neuland und bereitete den Übergang in eine dritte Phase dieser Politik vor.

56 Ein erster grundlegender Unterschied der neuen, nicht-quotierten Abteilung im Vergleich zur quotierten Abteilung liegt im Bereich der Initative und der jeweils gegebenen Gestaltungsmöglichkeit der gemeinschaftlichen Regionalpolitik. Während im Rahmen der quotierten Abteilung die Initiative für das Tätigwerden des Fonds bei den Mitgliedstaaten liegt, die in einem geographisch und sachlich gleichbleibenden Rahmen Finanzierungsanträge stellen, liegt im Falle der spezifischen Maßnahmen der nicht-quotierten Abteilung die Initiative bei der Kommission, die nicht nur die großen Einsatzbereiche (Themen) sondern auch die begünstigten Gebiete, die einzusetzenden Finanzierungsmittel und die zur Anwendung kommenden Maßnahmen vorschlägt.

57 Die Auswahl der Einsatzbereiche (Themen) der fünf obengenannten spezifischen Maßnahmen erfolgte gemäß den Bestimmungen des Art. 13 Abs. 1 der Fondsverordnung: Die spezifischen Maßnahmen müssen entweder in Beziehung zu Gemeinschaftspolitiken stehen, »um das regionale Ausmaß dieser Politiken besser berücksichtigen oder die

24 ABl. 1980 Nr. L 271 S. 1, 9, 16, 23, 28.

regionalen Auswirkungen dieser Politiken abschwächen zu können«, oder sie können (in Ausnahmefällen) der Bekämpfung besonders schwerwiegender Ereignisse in bestimmten Gebieten dienen. Die obengenannten ersten vier Maßnahmenvorschläge fallen in die erstgenannte Kategorie. Die Kommission hatte in ihren Analysen festgestellt, daß die bevorstehende Erweiterung der Gemeinschaft durch den Beitritt Spaniens und Portugals, die Aktionen der Gemeinschaft im Stahl- und im Schiffbausektor sowie die gemeinschaftlichen Bemühungen im Energiebereich bedeutende regionale Auswirkungen haben, denen die Gemeinschaft Rechnung tragen muß. Die fünfte Maßnahme zugunsten der Grenzgebiete Nordirlands/Irlands fällt hingegen in die zweite Kategorie. Sie entspricht der anläßlich der Annahme der revidierten Fondsverordnung zu Protokoll gegebenen Ratserklärung.[25]

58 Die Auswahl der durch die spezifischen Maßnahmen begünstigten Gebiete erfolgte mit Hilfe von zwei Kategorien von Abgrenzungskriterien: Einerseits aufgrund von Indikatoren zur Erfassung der jeweiligen »sektoralen« Probleme (z. B. Arbeitsplatzverluste im Schiffsbau, in der Eisen- und Stahlindustrie, in der Landwirtschaft) auf der Ebene von Zonen (territoriale Einheiten des Niveaus III der Gemeinschaft); andererseits aufgrund von Indikatoren zur Messung der sozio-ökonomischen Lage der Regionen (territoriale Einheiten des Niveaus II), in der die Zonen jeweils liegen. Nur wenn schwierige sektorale Probleme einer Zone mit einer schwierigen sozio-ökonomischen Lage der Region insgesamt zusammenfielen, wurde die jeweilige Zone berücksichtigt. Auf diese Weise trägt die Gemeinschaft sowohl den Auswirkungen der jeweiligen sektoralen Politik als auch dem Gebot des Art. 2 Abs. 3 b) Rechnung, bei der Finanzierung von Maßnahmen durch die nicht-quotierte Abteilung »den Intensitätsgrad der regionalen Ungleichgewichte in der Gemeinschaft« zu berücksichtigen. Obwohl die revidierte Fondsverordnung in Art. 3 Abs. 2 grundsätzlich die Möglichkeit bietet, im Rahmen der nicht-quotierten Abteilung Zonen auch außerhalb der Fördergebiete der Mitgliedstaaten zu fördern, machte die Gemeinschaft in den genannten fünf spezifischen Maßnahmen davon keinen Gebrauch.

59 Wesentliche Neuerungen ergaben sich auch im Bereich der Unterstützungsmaßnahmen, die sich gemäß Art. 13 Abs. 1 der revidierten Fondsverordnung ganz oder teilweise von denjenigen der quotierten Abteilung des Fonds unterscheiden müssen. In Anwendung dieser Bestimmung wurden im Rahmen der ersten fünf spezifischen Gemeinschaftsmaßnahmen neue Beihilfen zur Förderung der sogenannten intellektuellen Infrastruktur entwickelt: Die Instrumente der klassischen Infrastruktur »in Beton« (Straßenbau, Industriegeländeerschließung etc.) treten an Bedeutung zurück und werden durch Maßnahmen zugunsten der Einrichtung von gemeinsamen Dienstleistungen, Unternehmensberatung, technischer Assistenz, Erschließung neuer Märkte u.a. ergänzt. Diese Maßnahmen kommen vor allem den kleinen und mittleren Unternehmen, dem Handwerk und dem Fremdenverkehr einschließlich dem Agrartourismus zugute, die häufig das

25 Siehe oben Rn. 42.

entwicklungsfähige endogene Potential der Regionen darstellen. Jede der fünf spezifischen Maßnahmen enthält ein den jeweiligen regionalen Problemen angepaßtes Maßnahmebündel. Ein Kumulierungsverbot stellt sicher, daß Maßnahmen nicht gleichzeitig aus der nicht-quotierten und der quotierten Abteilung des Fonds finanziert werden.

60 Gemäß Abs. 2 des Art. 13 der revidierten Fondsverordnung werden die spezifischen Gemeinschaftsmaßnahmen in Form von Sonderprogrammen durchgeführt. Die Mitgliedstaaten müssen die Gesamtheit der in der Verordnung vorgesehenen Maßnahmen in Form von Mehrjahresprogrammen (in der Regel Fünfjahresprogramme) vorlegen, die von der Kommission geprüft und nach dem Verfahren des Art. 16 der revidierten Fondsverordnung, d.h. nach Stellungnahme des Fondsausschusses gebilligt werden. Der Rat folgte hier nicht dem Vorschlag der Kommission, der eine Konsultation des Ausschusses für Regionalpolitik vorsah.

Die Finanzierung der Gemeinschaft erfolgt gemäß Art. 5 Abs. 5 der Durchführungsverordnungen in Form von jährlichen Tranchen entsprechend der Ausführung des Programmes. Das bedeutet, daß die Zuschüsse des Fonds anstatt für einzelne Projekte, wie in der quotierten Abteilung, für einzelne Abschnitte des Programmes gewährt werden (Programm- statt Projektfinanzierung). Die Verpflichtung der Mitgliedstaaten am Ende eines jeden Jahres Bericht über den Stand der Durchführung des Sonderprogrammes zu erstatten, erleichtert nicht nur die Festlegung der jährlichen Tranchen, sondern stellt auch die Grundlage für eine volkswirtschaftliche Erfolgskontrolle dar. Die Kontrollmöglichkeiten nach Art. 9 der revidierten Fondsverordnung bleiben davon unberührt.

61 Für die Finanzierung der ersten fünf spezifischen Gemeinschaftsmaßnahmen sind 220 Mio ERE vorgesehen. Um die Rechte der Haushaltsbehörde, insbesondere des Europäischen Parlaments, nicht zu beschränken, wurden – entgegen dem Vorschlag der Kommission – die für die einzelnen Maßnahmen vorgesehenen Gemeinschaftsmittel in den einzelnen Verordnungen nicht genannt.

Die Aufteilung der Mittel unter den begünstigten Mitgliedstaaten ergab sich entsprechend der Konzeption der nicht-quotierten Abteilung als Folge der behandelten Probleme und nicht aufgrund eines vorgegebenen Schemas. Mit Anteilssätzen von 30 % für Italien, 26 % für das Vereinigte Königreich, 25 % für Frankreich, 7 % für Irland und 3 % für Belgien weicht sie von den Anteilssätzen der quotierten Abteilung erheblich ab.

III. Die dritte Phase der Regionalpolitik der Gemeinschaft

62 Mit der Annahme des »Orientierungsrahmens«[26] war das Verfahren für die Definition der dritten und der folgenden Phasen der Regionalpolitik der Gemeinschaft vorgezeichnet:

26 Siehe oben Rn. 40.

Die Kommission mußte einen »periodischen Bericht über die sozio-ökonomische Lage und Entwicklung der Regionen der Gemeinschaft« erstellen und darauf aufbauend, dem Rat Vorschläge über die vorrangigen Ziele und Leitlinien für die Regionalpolitik der Gemeinschaft und der Mitgliedstaaten unterbreiten. Diese Ziele und Leitlinien mußten die Grundlage für die erneute Revision der Fondsverordnung liefern, die gemäß Art. 22 der revidierten Fondsverordnung vor dem 1. 4. 1981 zu erfolgen hatte. Dieser Termin konnte vor allem aufgrund der Verhandlungen über die Vorschläge der Kommission im Rahmen des ihr am 30. 5. 1980 vom Rat erteilten »Mandates« nicht eingehalten werden.

Obwohl die Definition der dritten Phase der Regionalpolitik der Gemeinschaft inhaltlich noch nicht abgeschlossen ist, läßt sich aufgrund der bisher vorliegenden Elemente erkennen, daß sie zu weitreichenden Veränderungen dieser Politik führen dürfte.

1. Der erste periodische Bericht über die sozio-ökonomische Lage und Entwicklung der Regionen der Gemeinschaft

63 Dieser Bericht,[27] der gemäß der erwähnten Ergänzung des Beschlusses des Rates vom 18. 3. 1975[28] unter enger Mitwirkung des Ausschusses für Regionalpolitik ausgearbeitet wurde, wurde am 12. 12. 1980 von der Kommission an den Rat und das Europäische Parlament weitergeleitet. Er enthält eine systematische Analyse der Regionalprobleme auf Ebene der Gemeinschaft, jedoch nicht, wie ursprünglich im »Orientierungsrahmen« vorgesehen, eine Bewertung der Ergebnisse der Aktionen, die gemeinsam von den Mitgliedstaaten und der Gemeinschaft zwecks Überwindung der Probleme unternommen werden. Die wichtigsten Ergebnisse dieses Berichtes dienten als Grundlage für die in der nachfolgenden »Mitteilung« dargelegten Leitlinien und Prioritäten. Sie lauteten zusammenfassend dahingehend, daß die regionalen Unterschiede innerhalb der Gemeinschaft – gemessen am Bruttoinlandsprodukt pro Kopf – in den siebziger Jahren zugenommen haben und daß sie zu einem wesentlichen Anteil durch Produktivitätsunterschiede erklärt werden. Sie hoben zum anderen hervor, daß über die allgemeine Verschlechterung der Beschäftigungslage in der Gemeinschaft hinaus infolge des natürlichen Bevölkerungswachstums die strukturelle Arbeitslosigkeit besonders stark in den strukturschwächeren Regionen zunehmen wird. Aufgrund des Stillstandes bzw. der Umkehr der Wanderungsbewegungen werden diese nicht mehr über das Ventil der Anwanderungen verfügen. In den Schlußfolgerungen des Berichtes wurde auf der Basis von Schlüsselindikatoren eine Karte erstellt, die die Intensität der Regionalprobleme aller Regionen der Gemeinschaft in einem Index gemessen am Durchschnitt der Gemeinschaft ausdrückte und damit zum ersten Male einen einheitlichen Maßstab für die Beurteilung der regionalen Probleme aus

27 Kommission der EG: Die Regionen Europas; Erster Periodischer Bericht über die sozio-ökonomische Lage und Entwicklung der Regionen der Gemeinschaft, Amt für amtliche Veröffentlichungen der Europäischen Gemeinschaften.

28 Siehe oben Rn. 39.

Gemeinschaftssicht lieferte. Die Kommission brachte ihre Absicht zum Ausdruck, eine derartige Karte als Grundlage für zukünftige politische Maßnahmen sowohl im Bereich des Fonds als auch im Bereich der Koordinierung der Regionalpolitik der Mitgliedstaaten zu benützen.

2. *Die »neuen Leitlinien und Prioritäten der Regionalpolitik«*

64 Mit dieser am 27. 7. 1981 angenommenen Mitteilung an den Rat[29] entsprach die Kommission der in der Entschließung des Rates vom 6. 2. 1979[30] ausgesprochenen Verpflichtung. Ausgehend von den Ergebnissen des ersten Periodischen Berichts, den bei der Verwaltung des Fonds gewonnenen Erfahrungen und den im Bericht zur Durchführung des Mandates enthaltenen Grundsätzen, legte sie in 7 Hauptpunkten die Leitlinien und Prioritäten für die dritte Phase der Regionalpolitik der Gemeinschaft fest. Diese Grundsätze wurden in Anbetracht der durch die veränderte Konjunktur geschaffenen Situation aufgestellt, »die verlangt, daß die Lösung der Regionalprobleme im Rahmen der Anstrengungen zur Verbesserung der Wettbewerbsfähigkeit und der Produktivität der europäischen Wirtschaft insgesamt wird«. Die Regionalpolitik der Gemeinschaft wurde dabei erneut als integraler Bestandteil der Wirtschaftspolitik der Gemeinschaft definiert und ihre Bedeutung für die konvergierende Entwicklung der Wirtschaftspolitik der Mitgliedstaaten hervorgehoben.

65 In den ersten zwei Punkten werden die Erfordernisse einer Aktivierung der regionalpolitischen Bemühungen zugunsten der dringendsten regionalen Beschäftigungsprobleme sowie zugunsten der Steigerung der regionalen Produktivität hervorgehoben und Lösungswege vorgeschlagen. Da in einer Periode verringerten wirtschaftlichen Wachstums der Transfert von exogenen Wachstumskräften (z. B. Neuansiedlung von Betrieben, Gründung von Zweigbetrieben) gering ist, wird in einem dritten Punkt auf die Notwendigkeit einer verstärkten Mobilisierung der endogenen Wachstumskräfte der benachteiligten Regionen (verfügbares »Humankapital«, alternative Energiequellen, Umwelt-Ressourcen, latente Kapazitäten der Unternehmen, insbesondere der kleinen und mittleren Unternehmen, des Handwerks und des Tourismus) hingewiesen. Generell soll Maßnahmen der aktiven Anpassung (positive adjustment) an die veränderten Wirtschaftsbedingungen Vorrang vor solchen der defensiven Konservierung der bestehenden Strukturen gegeben werden.

66 In einem vierten Punkt wird die Notwendigkeit einer stärkeren geographischen Konzentration der Fondsmittel aufgegriffen. Diese Orientierung steht in Übereinstimmung mit den Folgerungen des Mandates[31] und knüpft an die im ersten periodischen Bericht hervorgetretene Tatsache an, daß gleichzeitig mit der Vergrößerung der

29 KOM (182) endg.
30 Siehe oben Rn. 40.
31 Bericht der Kommission der EG an den Rat in Durchführung des Mandates vom 30. 5. 1980, Punkt 36 ff.

regionalen Disparitäten innerhalb der Gemeinschaft in den günstiger entwickelten Mitgliedstaaten keine der benachteiligten Regionen mehr unter oder bedeutend unter dem gemeinschaftlichen Durchschnitt zu liegen kommt. Angesichts der Knappheit der Fondsmittel im Verhältnis zum Umfang der Probleme erscheint es deshalb angebracht, die Mittel des Fonds allein auf die bedürftigsten Regionen auszurichten, wodurch gleichzeitig erreicht wird, daß die Mittel dort eine ins Gewicht fallende Größenordnung annehmen. Diese Lösung würde beinhalten, daß die wohlhabenderen Mitgliedstaaten der Gemeinschaft in Zukunft keine Mittel mehr aus der quotierten Abteilung des Regionalfonds erhalten und dieser insofern zu einem »Nettofonds« wird. Dies bedeutet jedoch nicht, daß die Problemregionen der wohlhabenderen Staaten von den Vorteilen des Regionalfonds völlig ausgeschlossen bleiben. Sie können in den Genuß von Mitteln aus der quotenfreien Abteilung gelangen, deren Anteil am Regionalfonds ausgeweitet und deren Aktionsbereich vergrößert werden soll. Spezifische Maßnahmen sollen nicht mehr nur in Regionen, die von den Auswirkungen bestimmter Gemeinschaftspolitiken sondern auch in solchen, die von aktuellen, schweren Problemen des industriellen Rückgangs betroffen sind, zur Anwendung gelangen.

67 In einem fünften Punkt wird die Erhöhung der Wirksamkeit der Gemeinschaftsmittel durch eine bessere Abstimmung des Einsatzes der verschiedenen gemeinschaftlichen Finanzierungsinstrumente einerseits und der gemeinschaftlichen mit den einzelstaatlichen Mitteln andererseits vorgeschlagen. Während erstere durch engere Beziehungen und gegebenenfalls abgestimmte Interventionen zwischen der quotenfreien Abteilung des Fonds einerseits und anderen spezifischen Politiken der Gemeinschaft (Sozial-Agrarstruktur-, Energie-, Forschungs-, Innovationspolitik) angestrebt werden soll, soll letztere durch die verstärkte Anwendung der Methode der »integrierten Maßnahmen« erfolgen, mittels derer der Einsatz nationaler und gemeinschaftlicher Instrumente in Zonen mit besonders schwerwiegenden Problemen koordiniert wird.

68 In einem sechsten Punkt wird die Notwendigkeit einer verstärkten Kohärenz zwischen der Regionalpolitik und den übrigen Gemeinschaftspolitiken in den Vordergrund gestellt. Diese muß auf drei Ebenen verwirklicht werden: Erstens präventiv bei der Konzeption und Durchführung der wichtigsten Gemeinschaftspolitiken durch Anwendung der Methode der systematischen Beurteilung der regionalen Auswirkungen der Gemeinschaftspolitiken gemäß Punkt 21 ff. des »Orientierungsrahmens«[32] und Punkt 2 der Ratsentschließung vom 6. 2. 1979.[33] Zweitens flankierend durch Maßnahmen, die die Durchführung anderer Politiken erleichtern oder etwaige negative Auswirkungen dieser Politiken auf regionaler Ebene ausgleichen; derartige flankierende Maßnahmen können entweder durch die nicht-quotierte Abteilung des Regionalfonds oder auch durch die jeweilige Gemeinschaftspolitik selbst (z. B. im Falle der Agrarpolitik durch spezielle Maßnahmen der Agrarstrukturpolitik) erfolgen. Drittens konvergierend beim Zusam-

32 Siehe oben Rn. 35.
33 Siehe oben Rn. 40.

menwirken von Maßnahmen aufgrund gemeinsamer Prioritäten (z. B. Entwicklung alternativer Energiequellen in den benachteiligten Regionen).

69 In einem siebten und letzten Punkt werden Vorschläge zu einer verstärkten Koordinierung zwischen gemeinschaftlicher und einzelstaatlicher Regionalpolitik gemacht. Die neuen Vorstellungen beziehen sich einmal auf die Kontrolle der Beihilfen mit regionaler Zweckbestimmung im Rahmen der Art. 92 ff. EWG-Vertrag. Diese soll sich in Zukunft nicht nur auf die Höchstsätze, sondern auch auf das Volumen der Beihilfen beziehen und auch unter diesem Gesichtspunkt eine Proportionalität mit der Intensität der Regionalprobleme aus nationaler und gemeinschaftlicher Sicht herstellen. Sie beziehen sich zum anderen auf die Finanzierungsmechanismen des Fonds: Die Projektfinanzierung soll sukzessive durch eine Programmfinanzierung ersetzt werden. Dies soll durch sogenannte Programmverträge geschehen, mittels derer sich Mitgliedstaaten und Gemeinschaft auf die gemeinsame Finanzierung von Infrastruktur- und Investitionsbeihilfeprogrammen einigen. Durch eine derartige Neuerung sollen nicht nur Kommission und Mitgliedstaaten (im Rahmen des Fondsausschusses) von einer immer drückender empfundenen administrativen Last enthoben werden (Prüfung von rund 2 000 Projekten im Jahr), sondern sie sollen gleichzeitig die Möglichkeit erhalten, sich eingehender mit den wirtschafts- und sozialpolitischen Problemen der einzelnen Regionen zu befassen und Prioritäten zu setzen. Nicht zuletzt soll auf diese Weise der komplementäre Charakter der Gemeinschaftshilfe deutlicher gemacht werden. Nach Auffassung der Kommission wird auf diese Weise in der Regionalpolitik der Gemeinschaft eine Akzentverschiebung eingeleitet: »Statt Aufgaben, die sich hauptsächlich mit der Buchführung und Nachprüfung der Übereinstimmung mit geltenden Vorschriften der EFRE-Verordnung erschöpfen, soll sie Aufgaben der Konzeption, Wirtschaftsförderung, Programmierung, technischen Hilfe übernehmen, d. h. von den Funktionen eines Finanzierungsinstituts auf Funktionen übergehen, die eher denen einer Entwicklungsagentur ähneln.«

Umweltpolitik

Literaturhinweise

Behrens, Fritz, Rechtsgrundlagen der Umweltpolitik der Europäischen Gemeinschaften, Berlin 1976, Beiträge zur Umweltgestaltung Heft A 55
ders., Umweltschutzsubventionen, Verursacherprinzip und Europäisches Gemeinschaftsrecht, in: EuR 1977, 240 ff.
ders., Die Umweltpolitik der Europäischen Gemeinschaften und Artikel 235 EWGV, in: DVBl. 1978, 462 ff.
Béraud, R.C., Fondements juridiques du droit de l'environnement dans le Traité de Rome, in: RMC 1979, no. 223, 35 ff.
Booth, Hartley – Green, Alison, The European Community Environmental programme and the United Kingdom Law, in: ELR 1976, 444 ff. und 535 ff.
Bungarten, Harald, Europäische Umweltpolitik, in: Eur.Arch. 1976, 681 ff.
ders., Die Umweltpolitik der Europäischen Gemeinschaft, Bonn 1976
Cathala, R. – Roche, J.M. – Tregouet, J.A., Le droit européen de l'environnement, Paris 1979
Close, George, Harmonisation of laws: use or abuse of powers under the EEC Treaty, in: ELR 1978, 461 ff.
Ercman, S., European environmental law. Legal and economic appraisal, Bern 1977
Haagsma, A., De milieuheffing in Europees-rechtelijk perspectief, in: SEW 1980, 512 ff.
House of Lords, Select Committee on the European Communities, Approximation of laws under Article 100 of the EEC Treaty, London 1978
dass., Environmental Problems and the Treaty of Rome (Minutes of evidence), London 1979
dass., EEC Environment Policy, London 1980
dass., Environmental Assessment of Projects, London 1981
Kamminga, Menno, Who can clean up the Rhine: The European Community or the international Rhine Commission?, in: Netherlands International Law Review 1978, 63 ff.
Kommission der Europäischen Gemeinschaften, Stand der Umweltschutzarbeiten, Erster Bericht, Brüssel – Luxemburg 1977
dies., Stand der Umweltschutzarbeiten: Zweiter Bericht, Brüssel–Luxemburg 1979
dies., Stand und Beurteilung der in Anwendung des Aktionsprogramms der Europäischen Gemeinschaften für den Umweltschutz durchgeführten Arbeiten, Mitteilung der Kommission an den Rat, Dok. KOM (80) 222 endg. vom 7. 5. 1980
Mastellone, Carlo, The external relations of the EEC in the field of environmental protection, in: The international and comparative Law Quarterly 1981, 104 ff.
v. Moltke, Konrad, Europäische Umweltpolitik, in: Zeitschrift für Umweltpolitik 1979, 77 ff.
Offermann, Christel, Das Abfallrecht der Europäischen Gemeinschaften, in: DVBl. 1981, 1125 ff.
Rehbinder, Eckard – Stewart, Richard, Environmental Law (Veröffentlichung geplant im Rahmen des Forschungsprojekts von M. Cappelletti, Univ. Florenz, »European Legal Integration in Light of the American Federal Experience«)
Scheuer, Hans, Aspects juridiques de la protection de l'environnement dans le Marché Commun, in: RMC 1975, 441 ff.
Toulemon, R., La problématique d'une politique européenne de l'environnement, in: RMC 1974, 229 ff.
Touscoz, J., L'action des Communautés européennes en matière d'environnement, in: RTDE 1973, 42 f.
Weidner, Helmut – Knoepfel, Peter, Implementationschancen der EG-Richtlinie zur SO_2-Luftreinhaltepolitik. Ein kritischer Beitrag zur Internationalisierung von Umweltpolitik, in: Zeitschrift für Umweltpolitik 1981, 27 ff.

Inhaltsübersicht

I. Anfänge einer gemeinschaftlichen Umweltpolitik

1 Der Vertrag enthält keine Vorschriften, die sich auf eine gemeinschaftliche Umweltpolitik beziehen. »Umwelt«, »Umweltschutz« oder »Umweltpolitik« werden im Vertrag nicht erwähnt.

In den sechziger Jahren beschränkte sich die Tätigkeit der Gemeinschaft auf dem Gebiet der Umweltpolitik auf einzelne Maßnahmen im Bereich des EGKS- und des EURATOM-Vertrages. Parlamentarische Anfragen betrafen im wesentlichen Fragen des Gewässerschutzes. Die Kommission erklärte erstmals in einer Note an den Rat vom 9. 9. 1970, es sei notwendig, ein gemeinsames Aktionsprogramm für die Umwelt auszuarbeiten. Im Juli 1971 legte sie dann dem Rat eine »Erste Mitteilung über die Politik der Gemeinschaft auf dem Gebiet des Umweltschutzes« vor.[1] In drei Kapiteln erörterte sie die Probleme des Umweltschutzes in der Gemeinschaft, die Notwendigkeit eines Aktionsprogramms und die sofort – auch ohne ein derartiges Programm – vordringlich in Angriff zu nehmenden Arbeiten. Im Eingangskapitel führte die Kommission zunächst aus, die Erhaltung und Verbesserung der Umwelt sei eine der vordringlichsten Aufgaben der Gemeinschaft und der Mitgliedstaaten. »Die qualitative Verbesserung (der) Lebensbedingungen durch einen wirksamen Umweltschutz und durch Umweltplanung sind zur Zeit ein wesentlicher Aspekt der harmonischen Entwicklung des Wirtschaftslebens innerhalb der Gemeinschaft, die nach Art. 2 des Vertrages eine Aufgabe der

1 Erste Mitteilung der Kommission über die Politik der Gemeinschaft auf dem Gebiet des Umweltschutzes, SEK (71), 2616 endg., vom 22. 7. 1971.

Gemeinschaft ist.«[2] Da Schädigungen der Umwelt nicht an den Grenzen der Mitgliedstaaten haltmachten und da Maßnahmen zu ihrer Verhinderung wirtschafts- und handelspolitische Konsequenzen hätten, seien Maßnahmen insbesondere auf der Ebene der Gemeinschaft zu ergreifen. Unterschiedliche Maßnahmen von Mitgliedstaat zu Mitgliedstaat würden notwendigerweise zu Wettbewerbsverzerrungen und einer uneinheitlichen Investitionspolitik führen, die mit dem einwandfreien Funktionieren des Gemeinsamen Marktes unvereinbar wären. Unterschiedliche Normen für »umweltbelästigende« Produkte schafften ferner technische Handelshemmnisse, die es ebenfalls zu beseitigen gelte. Weiter sei eine rationelle Nutzung des verfügbaren geographischen und wirtschaftlichen Raumes und der natürlichen Versorgungsquellen unumgänglich. Schließlich erforderten die Reinhaltung der Meere (Mittelmeer, Nordsee) und Wasserläufe (Rhein) das Ausarbeiten und Verabschieden gemeinsamer Beschlüsse.

2 Anschließend untersuchte die Kommission die für Umweltmaßnahmen zur Verfügung stehenden rechtlichen und finanziellen Mittel. Zu den Rechtsgrundlagen bemerkte sie abschließend: »Es hat somit den Anschein, daß die Befugnisse der Gemeinschaft nicht ausreichen, um die rechtsetzende Tätigkeit der Mitgliedstaaten mit der Dringlichkeit, wie sie der Schutz der menschlichen Gesundheit und der Umwelt erfordert, zu koordinieren, es sei denn, daß diese Tätigkeiten zu Handelshemmnissen oder Wettbewerbsverzerrungen führen. Zur vollständigen Verwirklichung der obengenannten Ziele sollte die Gemeinschaft die Befugnis haben, in diesen Bereichen Verfügungen[3] zu erlassen, die in den einzelnen Mitgliedstaaten direkt anwendbar sind und die nach ihrer Annahme an die Stelle der bestehenden nationalen Bestimmungen treten oder Lücken in der jeweiligen nationalen Gesetzgebung schließen würden.«[4]

Die Erörterung der finanziellen Möglichkeiten der Gemeinschaft (Art. 130; EAGFL) schließt mit der Feststellung, die Gemeinschaft habe gegenwärtig nicht die Möglichkeit, Aktionen zum Schutz und zur Verbesserung der Umweltbedingungen zu finanzieren.

3 Zusammenfassend hält es die Kommission »für erforderlich, daß der Gemeinschaft aufgrund von Art. 235 eine unmittelbare Aktionsbefugnis auf dem Gebiet der Umweltpolitik und die Befugnis zur Durchführung des allgemeinen Aktionsprogramms ... übertragen werden. Soweit Maßnahmen zu treffen wären, die über den in Art. 235 gegebenen Rahmen hinausgehen, sollte die Kommission auf Art. 236 zurückgreifen.[5]

4 Aus der umfangreichen Diskussion auf Gemeinschaftsebene und in den Mitgliedstaaten über diese »Erste Mitteilung« der Kommission sind zwei Stellungnahmen herauszuheben. Das Europäische Parlament[6] befürwortet entschieden Gemeinschaftsmaßnahmen im Umweltbereich. Es weist auf die vielfältigen Möglichkeiten hin, die einzelne Bestimmun-

2 A.a.O. (Fn. 1), S. 2.
3 So der deutsche Text; gemeint sind Verordnungen.
4 A.a.O. (Fn. 1), S. 4.
5 A.a.O. (Fn. 1), S. 13.
6 In zwei Entschließungen vom 18. 4. 1972, ABl. 1972 Nr. C46 S. 9 und 13.

gen des Vertrages – Art. 2, 36, 43, 75, 92, 93, 100 bis 102, 116 bis 118, 189, 228 bis 231, 235, 236 – sowie der dritte Erwägungsgrund der Präambel für umweltpolitische Maßnahmen öffnen. Es hält neben Art. 100 Art. 235 für eine besonders wichtige Vorschrift, auf die auch ein allgemeines Aktionsprogramm gestützt werden könne; daneben sei auch eine Vertragsergänzung nach Art. 236 ins Auge zu fassen. Weiter weist es ausdrücklich darauf hin, daß eine wirksame Gemeinschaftspolitik zum Schutz der Umwelt »von dem politischen Willen der Mitgliedstaaten abhängt, ... gemeinsam die Probleme zu lösen, die der Kampf gegen die Verschmutzung und die Verteidigung der Umwelt aufwerfen«.[7]

5 Die französische Regierung spricht sich in einem Memorandum vom Januar 1972[8] für eine zwischenstaatliche Abstimmung und Koordinierung der Umweltpolitik aus, die im Rahmen des Rates stattfinden könne.

6 Im März 1972 legte die Kommission dem Rat eine Mitteilung über ein Umweltschutzprogramm der Gemeinschaft vor.[9] Nach einer kurzen Darstellung über die Art und Bedeutung der Umweltprobleme in der modernen Industriegesellschaft wendet sich die Kommission den Gemeinschaftsverträgen zu. Sie erwähnt Art. 2 und legt dar, daß Umweltschutz Gewähr und Voraussetzung für eine harmonische Entwicklung des Wirtschaftslebens innerhalb der Gemeinschaft sei. Von Land zu Land unterschiedliche Vorschriften könnten zu Wettbewerbsverzerrungen, Investitionsverlagerungen oder nichttechnischen Handelshemmnissen führen. Zudem spielten Belange des Umweltschutzes und der Verbesserung des Lebensraumes mehr oder weniger in jede gemeinsame Politik – Handelspolitik, Agrarpolitik, Wettbewerbspolitik, Sozialpolitik, Verkehrspolitik, Energiepolitik, Regionalpolitik, Industriepolitik werden ausdrücklich genannt – hinein. »Der Schutz und die Verbesserung der Umwelt gehören somit bereits zu den Aufgaben der Gemeinschaften. Sie sind ausdrücklich oder stillschweigend in ihre Zielsetzungen einbezogen, berühren die Vorschriften und Grundsätze, auf deren Einhaltung die EWG gegründet ist, und finden zunehmend Eingang in die Politik der EWG ...«[10]

Das anschließende Aktionsprogramm gliedert sich in fünf Kapitel mit einer Vielzahl ins einzelne gehender Maßnahmen.[11]

7 2. Entschließung vom 18. 4. 1972, a.a.O. Nr. 25.

8 »das als offizielle Stellungnahme Frankreichs zu den Maßnahmen in der ersten Mitteilung der Kommission angesehen werden könnte«, Europäisches Parlament, 2. Entschließung vom 18. 4. 1972, a.a.O. Nr. 28; vgl. auch *Toulemon,* Problématique d'une politique européenne de l'environnement, RMC mai–juin 1974, S. 232.

9 Mitteilung der Kommission an den Rat über ein Umweltschutzprogramm der Europäischen Gemeinschaften vor 24. 3. 1972, ABl. 1972 Nr. C 52 S. 1.

10 A.a.O. (Fn. 9), S. 8.

11 1. Verringerung der Umweltbelastungen
2. Unterrichtung der Kommission über eine Harmonisierung von Sofortmaßnahmen in der gesamten Gemeinschaft
3. Gemeinsame Haltung gegenüber Drittländern
4. Verbesserung der Arbeitsumwelt
5. Verbesserung und Verbreitung der Kenntnisse und Informationen über Umweltfragen.

7 Im Oktober 1972 trafen sich erstmals die Staats- und Regierungschefs der Neunergemeinschaft. In ihrem Schlußkommuniqué erklärten sie, besondere Aufmerksamkeit dem Schutz der Umwelt in der Gemeinschaft zumessen zu wollen; sie unterstrichen die »Bedeutung einer gemeinschaftlichen Umweltpolitik« und forderten die Ausarbeitung eines Aktionsprogramms bis zum Juli 1973. Ferner stimmten sie darin überein, daß zur Erfüllung der Aufgaben der verschiedenen, in ihrer Erklärung erwähnten Aktionsprogramme alle Vorschriften der Verträge soweit wie möglich ausgeschöpft werden sollten, »einschließlich Artikel 235 EWG-Vertrag«.[12]

8 Bereits im März 1973 vereinbarten die im Rat vereinigten Vertreter der Regierungen der Mitgliedstaaten, die Kommission über einzelstaatliche Umweltmaßnahmen zu unterrichten, die eine unmittelbare Auswirkung auf das Funktionieren des Gemeinsamen Marktes haben könnten.[13] Dagegen verzögerte sich die Verabschiedung des Umweltprogramms, da insbesondere Frankreich seine Forderung nach einer zwischenstaatlichen Zusammenarbeit statt einer Gemeinschaftspolitik im Bereich der Umwelt weiterverfolgte. Schließlich wurde das Programm durch eine Erklärung des Rates sowie der im Rat vereinigten Vertreter der Regierungen der Mitgliedstaaten vereinbart.[14] In dem Programm war auch nur die Rede von einer Umweltpolitik *in* der Gemeinschaft, nicht einer Umweltpolitik der Gemeinschaft. Mehrere Mitgliedstaaten, insbesondere Frankreich, wollten mit dieser Formulierung verdeutlichen, daß die Gemeinschaft eine allgemeine Zuständigkeit auf dem Gebiet des Umweltschutzes nicht besitzt.[15] Von einer Änderung der Verträge nach Art. 236 ist in dem Programm oder in der Entschließung des Rates dagegen nicht mehr die Rede.

9 Auch die Entschließung vom 17. 5. 1977 »zur Fortschreibung und Durchführung der Umweltpolitik und des Aktionsprogramms der Europäischen Gemeinschaften für den Umweltschutz«[16] ergeht durch den Rat und die im Rat vereinigten Vertreter der Regierungen der Mitgliedstaaten, auch in ihm ist in Titel I von der Umweltpolitik *in* der Gemeinschaft die Rede. Immerhin heißt es unter Nr. 6 der Einleitung, da die Erfüllung der Aufgaben der Gemeinschaft ohne Umweltmaßnahmen künftig nicht mehr denkbar sei, sei es »daher angebracht, eine Umweltpolitik der Gemeinschaft einzuführen«. In dem Vorschlag der Kommission für ein 3. Programm (Aktionsprogramm 1982 bis 1986[17]) heißt es knapp, »seit diesem Zeitpunkt (d. h. offenbar seit Annahme des ersten Programms 1973) verfügt die Gemeinschaft über eine Umweltpolitik«. Der Begriff »gemeinschaftliche Umweltpolitik« wird im folgenden Text des Programms mehrfach verwendet.

12 BullEG, Sonderausgabe Oktober 1972, Nr. 8 und 16.
13 ABl. 1973 Nr. C 9 S. 1; HER I A 130, S. 1; vgl. auch unten Rn. 36.
14 ABl. 1973 Nr. C 112 S. 1.
15 Vgl. *Toulemon*, a.a.O., S. 232. Bereits der erste Satz von Titel II spricht jedoch wieder von Grundsätzen einer Politik *der* Gemeinschaft.
16 ABl. 1977 Nr. C 139 S. 1; HER I A 30, S. 7.
17 ABl. 1981 Nr. C 305 S. 2.

II. Ziele und Grundsätze einer gemeinschaftlichen Umweltpolitik

10 Sämtliche Verlautbarungen der Gemeinschaft zu diesem Thema haben den Begriff »Umwelt« sehr weit definiert und in ihm die Gesamtheit der natürlichen Ressourcen – Raum, natürliche Umwelt, Energie, Rohstoffe – sowie die Qualität des Lebensrahmens und der Lebensbedingungen zusammengefaßt, die von der Art und Weise der Bewirtschaftung dieser natürlichen Ressourcen beeinflußt werden. Demgemäß hat die gemeinschaftliche Umweltpolitik zwei Zielsetzungen: 1. die angemessene Bewirtschaftung der natürlichen Ressourcen; 2. die Berücksichtigung qualitätsbezogener Anliegen bei der Ausgestaltung der wirtschaftlichen und sozialen Umwelt. Damit will die Gemeinschaft erreichen:

- die Verhütung, Verringerung und, soweit wie möglich, die Beseitigung der Umweltverschmutzungen und Umweltbelastungen;
- die Erhaltung eines ausreichenden ökologischen Gleichgewichts und den Schutz der Biosphäre;
- eine angemessene Bewirtschaftung der natürlichen Hilfsquellen und der natürlichen Umwelt;
- eine qualitative Verbesserung der Arbeitsbedingungen und des Lebensrahmens;
- eine verstärkte Berücksichtigung der Umweltaspekte bei der Strukturplanung und Raumordnung;
- die Suche nach gemeinsamen Lösungen mit Drittländern.[18]

11 Der Auffüllung dieser Rahmenziele war es förderlich, daß sich die Umweltminister der Gemeinschaft bereits Ende Oktober 1972 auf die Grundsätze für eine Umweltpolitik der Gemeinschaft einigten, die dann vom Rat in das erste und zweite Umweltprogramm übernommen wurden. Diese Grundsätze betonen unter anderem die Notwendigkeit vorbeugender Maßnahmen, stellen das Verursacherprinzip heraus, unterstreichen die Notwendigkeit, im Nachbarstaat keine Schäden zu verursachen, fordern ein Tätigwerden auf Gemeinschaftsebene dort, wo dies am wirksamsten geschehen kann und verlangen, daß der in einem Mitgliedstaat bereits erreichte oder möglicherweise zu erreichende Fortschritt nicht durch Gemeinschaftsregeln behindert oder zunichte gemacht werden darf.[19]

III. Maßnahmen auf Gemeinschaftsebene

12 Die Gemeinschaftsmaßnahmen im Umweltbereich lassen sich einteilen in Maßnahmen zur Verringerung der Umweltbelastungen, Maßnahmen zum Schutz und zur rationellen

18 Vgl. Mitteilung der Kommission an den Rat über Stand und Beurteilung der in Anwendung des Aktionsprogramms der Europäischen Gemeinschaften für den Umweltschutz durchgeführten Arbeiten, Dok. KOM (80) 222 endg. vom 7. 5. 1980, S. 1; vgl. auch 1. Programm, Teil I, Titel 1; 2. Programm Nr. 11.

19 Vollständige Aufzählung im 1. Programm, Titel 2; die Grundsätze werden im 2. Programm Nr. 13 bis 23 (HER I A 130, S. 17–20) bekräftigt. Der Vorschlag zum 3. Programm greift sie teilweise ausdrücklich, teilweise implizit auf.

Nutzung des Raumes und der natürlichen Ressourcen, und in Maßnahmen allgemeiner Art.

1. Verringerung der Umweltbelastungen

a) Wasserwirtschaft

13 Von Beginn an stellten Maßnahmen im Bereich des Gewässerschutzes einen Schwerpunkt in der Tätigkeit der Institutionen der Gemeinschaft dar. In dem Bemühen, die Verschmutzung des Wassers zu verringern, konzentrierte sich die Gemeinschaft auf fünf Gebiete: gemeinschaftliche Festlegung von Qualitätszielen (aa), Schutz der Gewässer gegen Verschmutzung durch gefährliche Stoffe (bb), Schutz des Meerwassers gegen Verschmutzung durch Kohlenwasserstoffe (cc), Überwachung und Kontrolle der Wasserqualität (dd), Maßnahmen gegenüber bestimmten Industriezweigen (ee).

aa) Gemeinschaftliche Definition von Qualitätszielen

14 Qualitätsziele stellen die Gesamtheit der Anforderungen dar, denen ein Umweltmedium – wie Wasser, Luft o. ä. – insbesondere unter Berücksichtigung seiner Aufgabe und Charakteristik zu einem gegebenen Zeitpunkt genügen soll.[20] Der Rat hat auf diesem Gebiet fünf Richtlinien verabschiedet, die die Qualitätsanforderungen an Oberflächenwasser für die Trinkwassergewinnung[21], an für den Fischbedarf geeignetes Süßwasser[22], an Muschelgewässer[23] sowie die Qualität der Badegewässer[24] und von Wasser für den menschlichen Gebrauch[25] betreffen. Die Richtlinien legen fest, welche Qualität das betreffende Wasser mindestens besitzen muß, ferner die Häufigkeit der die Qualität überprüfenden Probenahmen[26], die Meßmethoden sowie die Bedingungen für die Vergleichbarkeit der Meßergebnisse.[27] Lange Übergangsfristen, weitgezogene Ausnahmeregelungen und erhebliche Ermessensspielräume für die Mitgliedstaaten sorgen für die bei der Vielzahl und dem unterschiedlichen Zustand der Gewässer erforderliche Flexibilität.

20 Vgl. 1. Programm, Teil II, Titel 1, Kap. 3 Abschn. 2; dort, sowie im 2. Programm insbesondere Nr. 48 (HER I A 130, S. 27) auch einige Einzelheiten zu der Ermittlung der Qualitätsziele und den erforderlichen Maßnahmen, diese Qualitätsziele langfristig zu erreichen, einzuhalten und zu verbessern.

21 Richtlinie vom 16. 6. 1975, ABl. 1975 Nr. L 194 S. 34; HER I A 170, S. 175.

22 Richtlinie vom 18. 7. 1978, ABl. 1978 Nr. L 222 S. 1; HER I A 130, S. 285.

23 Richtlinie vom 30. 10. 1979, ABl. 1979 Nr. L 281 S. 7.

24 Richtlinie vom 8. 12. 1975, ABl. 1976 Nr. L 31 S. 1; HER I A 130, S. 127.

25 Richtlinie vom 15. 7. 1980, ABl. 1980 Nr. L 229 S. 11; HER I A 130/1, S. 21.

26 In der Richtlinie über Wasser für den menschlichen Gebrauch legen die Mitgliedstaaten die Häufigkeit der Probenahme fest.

27 Für Oberflächenwasser für die Trinkwassergewinnung in den Mitgliedstaaten ist insoweit eine gesonderte Richtlinie ergangen, die die Meßmethoden, die Häufigkeit der Probenahmen und der Analysen betrifft, Richtlinie vom 9. 10. 1978, ABl. 1979 Nr. L 271 S. 44; HER I A 130/1, S. 1.

bb) Schutz der Gewässer gegen Verschmutzung durch gefährliche Stoffe

15 Grundlegend in diesem Bereich ist eine Rahmenrichtlinie von 1976[28], die zwei Listen von Stoffen aufstellt, die für die Gewässer schädlich sind. Die Verschmutzung durch – die weniger gefährlichen – Stoffe der Liste II ist gemäß den von den Mitgliedstaaten aufzustellenden Programmen zu vermindern. Die Verschmutzung infolge der Ableitung der Stoffe der Liste I soll (vollständig) beseitigt werden. Die Richtlinie sieht hierfür die Ausarbeitung von Grenzwerten vor, die von den Emissionsnormen[29] nicht überschritten werden dürfen. Ausnahmsweise braucht ein Mitgliedstaat die Grenzwerte nicht anzuwenden, falls er nämlich die vom Rat für die Stoffe der Liste I festzulegenden Qualitätsziele ständig einzuhalten imstande ist und dies auch nachweisen kann.

Diese Alternativlösung schreibt einen Kompromiß zwischen Großbritannien, das aus historischen und geographischen Gründen die Festlegung allein von Qualitätszielen befürwortete, und den anderen Mitgliedstaaten fest, die die gemeinschaftsweite allgemeinverbindliche Festsetzung von Grenzwerten forderten.[30]

16 Ende 1981 einigte sich der Rat über die erste Ausführungsrichtlinie in Anwendung der Rahmenrichtlinie, als er die Richtlinie über die Beseitigung der Verschmutzung durch von der Alkalichloridindustrie abgeleitetes Quecksilber annahm.[31] Für bereits bestehende Anlagen wurden erneut Grenzwerte – und damit eine Abwasserklärung mit Hilfe von Filtern – oder Qualitätsziele zugelassen. Bezüglich neuer Anlagen gilt diese Alternative zwar auch; doch müssen sich die neuen Anlagen bei der Abwasserklärung grundsätzlich an die »nach dem höchsten Stand der Technik ausgerichteten Verfahren« halten, was eine erhebliche Begrenzung der Quecksilberableitung, unabhängig von der Qualität des aufnehmenden Wassers, einschließt. Es wird erwartet, daß diese Lösung Wegweiser für zukünftige Ausführungsrichtlinien sein wird.

17 Vorschläge für Aldrin, Dieldrin und Endrin sowie für Kadmium liegen dem Rat vor, zahlreiche andere sind in Vorbereitung. Der Umfang der erforderlichen Arbeiten wird einmal durch die Tatsache erleuchtet, daß die Kommission den Mitgliedstaaten ein Verzeichnis mit etwa 1500 Stoffen zugeleitet hat, die für die Liste I in Frage kommen. Zum anderen werden »die Beseitigung der durch die Stoffe der Liste I verursachten Verschmutzung und die Verringerung der Verschmutzung durch die Stoffe der Liste II . . . erst voll wirksam, wenn die Kommission Maßnahmen vorschlägt, die auch die indirekten und diffusen Abfälle dieser Stoffe betreffen«.[32]

28 Richtlinie vom 4. 5. 1976, ABl. 1976 Nr. L 129 S. 23; HER I A 130, S. 195.
29 Emissionsnormen legen die Grenzwerte von Verunreinigungen fest, welche in der Emission von ortsfesten Anlagen nicht überschritten werden dürfen, vgl. 1. Programm, Anlage 1, 3.2.3.a).
30 Zu Einzelheiten vgl. 1. Umweltbericht, S. 41 ff.
31 Richtlinie vom 22. 3. 1982, ABl. 1982 Nr. L 81 S. 29.
32 Mitteilung (s. Fn. 18) S. 8.

Die erwähnte Kompromißlösung erscheint auch geeignet, den Fortgang der Arbeiten der Internationalen Kommission zum Schutz des Rheins gegen Verunreinigung sowie die Arbeiten an anderen internationalen Übereinkommen zu beeinflussen. Die Gemeinschaft ist dem Übereinkommen zum Schutz des Rheins 1977 beigetreten.[33]

18 Zum Schutz des Grundwassers gegen Verschmutzung erging eine besondere Richtlinie[34], die für Stoffe einer anderen Liste I jedes direkte Ableiten vollständig verbietet, jedes indirekte Ableiten einer Genehmigung unterwirft und das Ableiten von Stoffen einer Liste II durch verschiedene Maßnahmen begrenzt.

cc) Schutz des Meerwassers gegen Verschmutzung durch Kohlenwasserstoffe

19 Der Kampf gegen die Verschmutzung der Meere ist eine den Bereich der Gemeinschaft überschreitende Aufgabe, zu deren Lösung einzelstaatliche, gemeinschaftliche und internationale Maßnahmen ergangen sind. Die Umweltprogramme der Gemeinschaft betonen die Notwendigkeit von Maßnahmen gegen die Ölverschmutzung der Meere. Dementsprechend ist die Gemeinschaft zahlreichen internationalen Übereinkommen beigetreten und arbeitet aktiv an ihrer Durchführung und Fortschreibung mit.[35] Regelmäßig vertritt die Kommission dabei die Gemeinschaft und koordiniert die Auffassungen der Mitgliedstaaten.

20 Nach verschiedenen Katastrophenfällen im Bereich der Gemeinschaft nahm der Rat 1978 ein Aktionsprogramm auf dem Gebiet der Überwachung und Verringerung der Ölverschmutzung des Meeres an[36], das sich jedoch darauf beschränkte, Voruntersuchungen durch die Kommission vorzuschreiben. Im Rahmen dieses Programms errichtete er ein Informationssystem zur Überwachung und Verringerung der Ölverschmutzung des Meeres[37], das ein Bestandsverzeichnis der Mittel zur Bekämpfung der Ölverschmutzung, eine Liste der einzelstaatlichen Einsatzpläne, Daten über Eigenschaften der Kohlenwasserstoffe sowie der Methoden zur Bekämpfung der Ölverschmutzung enthält. Daten über

33 Beschluß des Rates vom 25. 7. 1977 über den Abschluß des Übereinkommens zum Schutz des Rheins gegen chemische Verunreinigung und der Zusatzvereinbarung zu der am 29. 4. 1963 in Bern unterzeichneten Vereinbarung über die Internationale Kommission zum Schutz des Rheins gegen Verunreinigung, ABl. 1977 Nr. L 240 S. 51; HER I A 130, S. 207.

34 Richtlinie vom 17. 12. 1979, ABl. 1980 Nr. L 20 S. 43; HER I A 130/1 S. 5.

35 Beschluß des Rates vom 3. 3. 1975 über den Abschluß des Übereinkommens zur Verhütung der Meeresverschmutzung vom Lande aus, ABl. 1975 Nr. L 194 S. 5; HER I A 130, S. 159; Beschluß des Rates vom selben Tag, ABl. 1975 Nr. L 194 S. 30; Beschluß des Rates vom 25. 7. 1977 über den Abschluß des Übereinkommens zum Schutz des Mittelmeeres vor Verschmutzung (HER I A 130/1, S. 31) sowie des Protokolls zur Verhütung der Verschmutzung des Mittelmeeres durch das Einbringen durch Schiffe und Luftfahrzeuge, ABl. 1977 Nr. L 240 S. 1; Beschluß des Rates vom 19. 5. 1981 über den Abschluß des Protokolls über die Zusammenarbeit bei der Bekämpfung der Verschmutzung des Mittelmeeres durch Öl und andere Schadstoffe in Notfällen, ABl. 1981 Nr. L 162 S. 4.

36 Entschließung vom 26. 6. 1978, ABl. 1978 Nr. C 162 S. 1; HER I A 130 S. 265.

37 Entscheidung des Rates vom 3. 12. 1981, ABl. 1981 Nr. L 355 S. 52.

Tankschiffe sollen gegebenenfalls später gesammelt werden. Der Rat hat den Mitgliedstaaten ferner die Ratifizierung mehrerer internationaler Übereinkommen über die Sicherheit des Schiffsverkehrs und die Verminderung von Meeresverschmutzung empfohlen.

dd) Überwachung und Kontrolle der Wasserqualität

21 Zahlreiche der vorstehend erwähnten Richtlinien und sonstigen Rechtsakte enthalten Verpflichtungen für die Mitgliedstaaten, die Kommission über die Maßnahmen zur Umsetzung und Durchführung der Richtlinien, über einzelstaatliche Programme zur Verringerung der Verschmutzung, über Meßwerte und Meßmethoden sowie über sonstige rechtserhebliche Tatsachen zu unterrichten. Für den Austausch von Informationen über die Qualität von Oberflächenwasser und über die Meeresverschmutzung sind zwei gesonderte Entscheidungen ergangen.[38] Alle diese Informationen sollen eine gleichmäßige Anwendung der Gemeinschaftsbestimmungen sicherstellen, die Überwachung des Zustandes der Gewässer bewirken und ermöglichen, und somit zu einer Verbesserung der Umwelt beitragen. Regelmäßige Berichte über die Qualität der Gewässer (Badegewässer, Grundwasser, Küstenwasser) oder die Ergebnisse der Messungen, die von der Kommission erarbeitet und veröffentlicht werden, fördern diese Ziele ebenfalls.

ee) Maßnahmen gegenüber bestimmten Industriezweigen

22 Aufgrund einer Richtlinie der Gemeinschaft über Abfälle aus der Titandioxid-Produktion[39] haben die Mitgliedstaaten Programme zur schrittweisen Verringerung der Verschmutzung durch diese Abfälle – die von den in der Gemeinschaft produzierenden Betrieben Anfang der siebziger Jahre zu 90 v.H. ins Meer geleitet wurden[40] – aufzustellen. Ein Vorschlag über Einzelheiten der Kontrolle und Überwachung der betroffenen Umweltmedien erwartet die Annahme. Ein Vorschlag der Kommission für eine Richtlinie über die Verringerung der durch Zellstoffabriken verursachten Wasserverschmutzung[41] konnte im Rat nicht verabschiedet werden. Die Kommission hat mitgeteilt, daß sie es infolgedessen nicht für angebracht halte, ihre Arbeiten auf diesem Gebiet fortzusetzen und Vorschläge zur Verringerung der Wasserverschmutzung durch andere Industriezweige vorzulegen.[42]

38 Entscheidung des Rates vom 12.12.1977, ABl. 1977 Nr. L 334 S. 29; HER I A 130, S. 239 (Oberflächenwasser); Entscheidung des Rates vom 3.12.1981 (s. Fn. 37) (Meeresverschmutzung).
39 Richtlinie vom 20.2.1978, ABl. 1978 Nr. L 54 S. 19; HER I A 130, S. 245.
40 Vgl. 1. Umweltbericht, S. 50.
41 Vorschlag vom 20.1.1975, ABl. 1975 Nr. C 99 S. 2.
42 Mitteilung (s. Fn. 18) S. 5.

b) Luftverschmutzung

23 Auf dem Gebiet der Luftverschmutzung konzentrierten sich die Maßnahmen der Gemeinschaft auf die Verschmutzung durch Schwefeldioxid und Schwebestaub sowie auf die Verringerung der Luftverschmutzung durch Abgase von Fahrzeugen.

Eine 1980 verabschiedete Richtlinie[43] über Grenzwerte und Leitwerte der Luftqualität für Schwefeldioxid und Schwebestaub legt erstmals gemeinsame verbindliche politische Ziele der Luftreinhaltung fest. Die Richtlinie setzt Grenzwerte für Schwefeldioxid (SO_2) und Schwebestaub, die spätestens ab 1993 nicht mehr überschritten werden dürfen. Leitwerte, die niedriger als diese Grenzwerte liegen, sollen den Mitgliedstaaten langfristige Orientierungen ihrer Politik – auch unter Berücksichtigung regionaler Besonderheiten – ermöglichen. Ferner ist die Errichtung von Meßstationen und die Unterrichtung der Kommission über die Meßergebnisse vorgesehen. Unterschiedliche Methoden für Analysen und Probenahmen sind zugelassen – hier trägt die Richtlinie einer Meinungsverschiedenheit zwischen der Bundesrepublik Deutschland und den übrigen Mitgliedstaaten Rechnung; doch zielt die Richtlinie auf eine spätere Vereinheitlichung der Methoden ab. Bei Gefahr grenzüberschreitender Luftverunreinigungen konsultieren sich die Mitgliedstaaten untereinander, mit der Möglichkeit für die Kommission, an diesen Konsultationen teilzunehmen.

24 Eine Entscheidung des Rates von 1975[44] führte ein Verfahren für einen Informationsaustausch zwischen den Überwachungs- und Kontrollnetzen betreffend die Daten über die Luftverschmutzung durch SO_2 und Schwebstoffe ein. Die Auswahl der Meßstationen obliegt den Mitgliedstaaten. Die Meßdaten werden von der Kommission gesammelt und veröffentlicht.

Der Verringerung der Luftverschmutzung durch Schwefelverbindungen diente auch die Festsetzung eines maximalen Höchstgehaltes an Schwefel von Gasöl.[45]

25 Gemeinschaftsrichtlinien zielen ferner auf eine Verringerung der Luftverschmutzung durch Abgase von mit Benzin oder Dieselkraftstoff betriebenen Kraftfahrzeugen und landwirtschaftlichen Zugmaschinen[46], sowie über den Bleigehalt von Benzin. Diese Richtlinie legt den Höchstgehalt an Blei auf 0,40 g pro Liter Benzin fest, gestattet es den Mitgliedstaaten jedoch, diesen Wert auf 0,15 g zu senken.[47]

43 Richtlinie vom 15. 7. 1980, ABl. 1980 Nr. L 229 S. 30.
44 Entscheidung des Rates vom 24. 6. 1975, ABl. 1975 Nr. L 194 S. 40.
45 Richtlinie vom 24. 11. 1975, ABl. 1975 Nr. L 307 S. 22; HER I A 130, S. 189.
46 Richtlinie vom 20. 3. 1970, ABl. 1970 Nr. L 76 S. 1; HER I A 130/2, S. 01; Änderungen vom 28. 5. 1974, ABl. 1974 Nr. L 159 S. 61; vom 30. 11. 1976, ABl. 1977 Nr. L 32 S. 32 und vom 14. 7. 1978, ABl. 1978 Nr. L 223 S. 48; HER I A 130, S. 281 (Kraftfahrzeuge); Richtlinie vom 2. 8. 1972, ABl. 1972 Nr. L 190 S. 4 (Dieselmotoren Kraftfahrzeuge); Richtlinie vom 28. 6. 1977, ABl. 1977 Nr. L 220 S. 88 (Dieselmotoren landw. Zugmaschinen).
47 Richtlinie vom 29. 6. 1978, ABl. 1978 Nr. L 197 S. 19; HER I A 130, S. 238a.

Schließlich trat die Gemeinschaft dem internationalen Übereinkommen über die weiträumige grenzüberschreitende Luftverschmutzung bei.[47a]

c) Lärmbekämpfung

26 Das im zweiten Umweltprogramm angekündigte allgemeine Programm zur Festlegung eines Rahmens für die Bekämpfung des Lärms ist bisher nicht ergangen. Nach dem Wortlaut des Vorschlags zum dritten Programm (Nr. 23) ist ein solches Rahmenprogramm – in absehbarer Zeit – nicht mehr zu erwarten.

27 Der Rat hat sechs Richtlinien verabschiedet, die den zulässigen Geräuschpegel und das gemeinschaftliche Meßverfahren für Kraftfahrzeuge, Krafträder, landwirtschaftliche Zugmaschinen, Baustellenmaschinen und Unterschall-Luftfahrzeuge festlegen.[48] Erstes Ziel dieser Richtlinien ist die Beseitigung oder das Verhindern des Entstehens technischer Handelshemmnisse, die durch die Unterschiede zwischen den Vorschriften für bestimmte Produkte und lärmerzeugende Geräte in der Regel entstehen. Mehrere Vorschläge, insbesondere über Lärmwerte von Baumaschinen, werden im Rat noch diskutiert. Die bisher vereinbarten Werte stützen sich wesentlich auf die Arbeiten internationaler Normungsorganisationen.

d) Chemische Erzeugnisse

28 Die Gemeinschaft hat den durch chemische Erzeugnisse aufgeworfenen Umweltproblemen besondere Aufmerksamkeit zugewandt. Für bestimmte Produkte hat sie Richtlinien verabschiedet, insbesondere über die biologische Abbaubarkeit von Detergentien[49] sowie über die Einstufung, Verpackung und Kennzeichnung von Schädlingsbekämpfungsmitteln.[50] Das Inverkehrbringen oder die Verwendung einiger gefährlicher Stoffe und Zubereitungen ist gemeinschaftsweit beschränkt worden für polychlorierte Biphenyle (PCB) und Terphenyle (PCT), Vinylchlorid und Tri-Phosphat (Tris);[51] diese Richtlinie ist so ausgestaltet, daß sie jederzeit das Verbot oder die Einschränkung der Verwendung weiterer Stoffe oder Zubereitungen gestattet. Pflanzenschutzmittel, die bestimmte Wirkstoffe enthalten, dürfen nicht in den Verkehr gebracht werden.[52]

47a Beschluß des Rates vom 11. 6. 1981 über den Abschluß des Übereinkommens über weiträumige grenzüberschreitende Luftverunreinigung, ABl. 1981 Nr. L 171 S. 11.

48 Richtlinie vom 6. 2. 1970, ABl. 1970 Nr. L 42 S. 1; HER I A 130/4, S. 1; Änderungen vom 8. 3. 1977, ABl. 1977 Nr. L 66 S 33 (Kraftfahrzeuge); Richtlinie vom 4. 3. 1974, ABl. 1974 Nr. L 84 S. 1 und Richtlinie vom 29. 3. 1977, ABl. 1977 Nr. L 105 S. 1 (landw. Zugmaschinen); Richtlinie vom 23. 11. 1978, ABl. 1978 Nr. L 349 S. 1 (Krafträder); Richtlinie vom 19. 12. 1978, ABl. 1979 Nr. L 33 S. 16 (Baustellenmaschinen); Richtlinie vom 20. 12. 1979, ABl. 1980 Nr. L 18 S. 26 (Unterschall-Luftfahrzeuge); HER I A 49/90 S. 5.

49 Richtlinie vom 22. 11. 1973 ABl. 1973 Nr. L 347 S. 53.

50 Richtlinie vom 26. 7. 1978, ABl. 1978 Nr. L 206 S. 13; HER I A 130/6 S. 1.

51 Richtlinie vom 27. 7. 1976, ABl. 1976 Nr. L 262 S. 201, geändert am 24. 7. 1979, ABl. 1979 Nr. L 197 S. 37.

52 Richtlinie vom 21. 12. 1978, ABl. 1979 Nr. L 33 S. 36; HER I A 130, S. 295.

29 Aufgrund internationaler Entwicklungen befaßte sich die Gemeinschaft mehrfach mit den Auswirkungen der Fluorkohlenwasserstoffe auf die stratosphärische Ozonschicht und das Klima. Die Gemeinschaft einigte sich darauf, die Produktionskapazität bestimmter Fluorkohlenwasserstoffe nicht zu erhöhen; die Verwendung dieser Stoffe in Aerosolen wurde um etwa ein Drittel herabgesetzt.[53] Weitere Maßnahmen werden erwogen.

30 Die Richtlinie zur 6. Änderung der Richtlinie von 1967 über die Einstufung, Verpackung und Kennzeichnung gefährlicher Stoffe sieht eine systematische Erfassung aller neuen chemischen Stoffe vor deren Inverkehrbringen vor.[54] Bei der Beurteilung eines neuen chemischen Stoffes ist nunmehr auch seine Verträglichkeit für Mensch und Umwelt mit zu beurteilen und abzuwägen. Die Durchführung der Richtlinie erfordert das Aufstellen einer gemeinschaftlichen Liste aller vorhandenen chemischen Stoffe, das Festlegen gemeinsamer Methoden zur Ermittlung der Eigenschaften der Stoffe sowie das Aushandeln internationaler Vereinbarungen über die gegenseitige Anerkennung von Prüfdaten und Verwaltungsverfahren, insbesondere im Verhältnis zu den USA.

31 Aufgrund mehrerer schwerer Industrieunfälle in der Gemeinschaft verabschiedete der Rat eine Richtlinie über die Gefahren schwerer Unfälle bei bestimmten Industrietätigkeiten.[55] Die Richtlinie sieht eine Unterrichtung der Verwaltung über Produktion und Produktionsanlagen sowie Unfallsituationen, das Ausarbeiten von Katastrophenplänen, das Überprüfen der Industrietätigkeiten durch die zuständige Verwaltung und bestimmte Informationsverpflichtungen gegenüber der Gemeinschaft bei potentiellen oder tatsächlich eingetretenen Unfällen vor, die Auswirkungen auf andere Mitgliedstaaten haben oder haben können.

2. Maßnahmen zum Schutz und zur rationellen Nutzung des Raumes und der natürlichen Ressourcen

32 Maßnahmen in diesem Bereich gehören zum vorbeugenden Teil der Umweltpolitik. Im Sektor »Schutz und rationelle Nutzung des Landschaftsraumes« hat die Gemeinschaft verschiedene Aktionen begonnen, die auf eine angemessene Berücksichtigung von Umweltgesichtspunkten bei der Raumordnung innerhalb der Gemeinschaft abzielen. Die in Angriff genommene »ökologische Kartierung« bezweckt eine Bestandsaufnahme ökologischer Gegebenheiten, die dann bei der Raumordnung berücksichtigt werden können. Angestrebt wird ferner, Umweltgesichtspunkte bei Maßnahmen im Bereich der Land- und Forstwirtschaft, der Stadtplanung, der Tätigkeiten in Küsten- und Berggebieten sowie in Schutzzonen zu berücksichtigen. Im wesentlichen wird – jedenfalls in einem ersten Stadium – das Erfassen oder Erheben von Daten, ein Austausch von Informationen, das Durchführen von Modelluntersuchungen und das Koordinieren einzelstaatlicher Maßnahmen geplant.

53 Entscheidung des Rates vom 26. 3. 1980, ABl. 1980 Nr. L 90 S. 45.
54 Richtlinie vom 18. 9. 1979, ABl. 1979 Nr. L 259 S. 10.
55 Richtlinie vom 27. 6. 1982, ABl. 1982 Nr. L 230 S. 1, die sog. Seveso-Richtlinie.

33 Im Rahmen der Maßnahmen zum Schutz von Tieren und Pflanzen verabschiedete der Rat eine Richtlinie über die Erhaltung wildlebender Vogelarten, die die Zahl der jagdbaren und der handelbaren Vogelarten sowie die Jagdmethoden beschränkt und andere Methoden zur Erhaltung der wildlebenden Vogelarten und ihres Habitats vorsieht.[56] Die Gemeinschaft nimmt ferner an den Arbeiten im Rahmen internationaler Übereinkommen zum Schutz von Tier- und Pflanzenarten aktiv teil.[56a] Um zur Erhaltung der Walarten beizutragen, verbietet eine Verordnung die gewerbliche Einfuhr bestimmter Walerzeugnisse in die Gemeinschaft ab 1982.[57]

34 Im Bereich »Schutz und Bewirtschaftung natürlicher Ressourcen« hat die Gemeinschaft zahlreiche Untersuchungen zur Bestandsaufnahme der Wasserressourcen in der Gemeinschaft durchgeführt. Sie hat ferner mit Untersuchungen zur Förderung sauberer und umweltfreundlicher Technologien begonnen, ohne daß diese Arbeiten bisher zu konkreten Ergebnissen geführt hätten.

35 Mit den Maßnahmen im Bereich der Abfallwirtschaft verfolgt die Gemeinschaft einerseits den Schutz gegen Verunreinigungen, andererseits aber auch eine vernünftige Ressourcenbewirtschaftung und eine sparsame Bewirtschaftung der natürlichen Rohstoffquellen. Eine Rahmenrichtlinie definiert den Begriff »Abfall«, verpflichtet zur Beseitigung von Abfall ohne Gefahren für die Umwelt, schreibt Grundregeln für die Verwaltungsstruktur und Planung der Abfallbewirtschaftung in den Mitgliedstaaten vor und sieht bestimmte Informationspflichten vor.[58] Die besonderen Probleme gefährlicher oder giftiger Abfälle wurden in einer zweiten Rahmenrichtlinie erfaßt, die diese Abfälle definiert und ihre Beseitigung durch konzessionierte Unternehmen vorschreibt.[59] Die Kosten der Beseitigung werden den Verursachern des Abfalls auferlegt. Die Richtlinie über Altölbeseitigung bezweckt insbesondere die Förderung der Wiederverwendung und die gefahrlose Beseitigung von Altöl.[60] Sie verbietet das Einleiten von Altöl in das Grund- oder Oberflächenwasser und fordert das Einsammeln des gebrauchten Öls. Die Richtlinie über die Beseitigung polychlorierter Biphenyle und Terphenyle verpflichtet zur gefahrlosen Beseitigung der genannten Stoffe, zur Einführung eines Genehmigungssystems für die mit der Beseitigung beauftragten Unternehmen und verbietet ein unkontrolliertes Deponieren, Beseitigen oder Herumliegenlassen dieser Stoffe.[61] In diesen Zusammenhang gehört

56 Richtlinie vom 2. 4. 1979, ABl. 1979 Nr. L 103 S. 1; HER I A 130/5, S. 1.

56a Sie ist zwei internationalen Übereinkommen als Vertragspartei beigetreten, nämlich dem Übereinkommen zur Erhaltung der europäischen freilebenden Tiere und wildwachsenden Pflanzen und ihrer natürlichen Lebensräume sowie dem Übereinkommen über die Erhaltung der lebenden Meeresschätze der Antarktis (HER I A 130/5, S. 29); Beschlüsse des Rates vom 3. 12. 1981, ABl. 1982 Nr. L 38 S. 3 und vom 4. 9. 1981, ABl. 1981 Nr. L 252 S. 26.

57 Verordnung vom 20. 1. 1981, ABl. 1981 Nr. L 39 S. 1; HER I A 130/5, S. 15.

58 Richtlinie vom 15. 7. 1975, ABl. 1975 Nr. L 194 S. 47; HER I A 130, S. 183.

59 Richtlinie vom 20. 3. 1978, ABl. 1978 Nr. L 84 S. 43; HER I A 130, S. 253.

60 Richtlinie vom 16. 6. 1975, ABl. 1975 Nr. L 194 S. 23; HER I A 130/3, S. 1.

61 Richtlinie vom 6. 4. 1976, ABl. 1976 Nr. L 108 S. 41.

auch die Richtlinie über die Abfälle aus der Titandioxid-Produktion, die bereits erwähnt wurde.[62]

3. Allgemeine Maßnahmen

36 Bereits 1973, vor Annahme des ersten Umweltprogramms, vereinbarten die im Rat vereinigten Vertreter der Regierungen der Mitgliedstaaten, die Kommission »so bald wie möglich« über jeden Entwurf von Rechts- oder Verwaltungsvorschriften sowie über jede internationale Initiative auf dem Gebiet der Umweltpolitik zu unterrichten;[63] in einer Fußnote zu dieser Vereinbarung heißt es: »Die im Rat vereinigten Vertreter ... stellen fest, daß diese Vereinbarung ein Gentleman's Agreement darstellt.« Die Kommission kann, sofern sie von einer geplanten Vorschrift erfährt, dem Mitgliedstaat ihre Absicht mitteilen, dem Rat Vorschläge für Gemeinschaftsmaßnahmen vorzulegen. Die Vereinbarung sieht insoweit bestimmte Stillhaltefristen für den Mitgliedstaat vor. Von 1973 bis 1981 gingen der Kommission[63a] 227 Mitteilungen über gesetzgeberische Vorhaben in den Mitgliedstaaten zu. In 24 Fällen, also etwa in zehn v. H. aller Mitteilungen, teilte die Kommission dem in Frage stehenden Mitgliedstaat mit, sie plane einen Vorschlag für eine gemeinschaftliche Regelung auszuarbeiten.

In den letzten Jahren nahm die Zahl der Mitteilungen an die Kommission erheblich ab, obwohl sich die legislative Tätigkeit der Mitgliedstaaten im Bereich der Umweltpolitik gegenüber den vergangenen Jahren kaum vermindert hatte. Die Kommission sucht daher nach Wegen, das Stillhalteabkommen und Mitteilungsverfahren wirksamer zu gestalten.[64]

37 Zur Förderung einer rationallen Bewirtschaftung der Umwelt überprüft der Rat zur Zeit die Einführung einer Umweltverträglichkeitsprüfung, zunächst für Maßnahmen im Bereich der Industrie, der Infrastruktur und der Landwirtschaft.[65]

Die Kommission hat Untersuchungen über die wirtschaftlichen Auswirkungen des Umweltschutzes aufgenommen[66], insbesondere Kosten-Nutzen-Überlegungen und Überlegungen zur Entwicklung umweltpolitischer Instrumente wirtschaftlicher Art, etwa der Verwendung von Gemeinschaftsmitteln und die Einführung von Umweltverschmutzungsabgaben. Rechtsverbindliche Entscheidungen sind bisher nicht vorgeschlagen worden.

38 Für staatliche Umweltschutzbeihilfen erging bereits 1974 eine Mitteilung der Kommission an die Mitgliedstaaten, nach der Beihilfen nur für eine begrenzte Zeit – bis 1980 – und auf

62 Vgl. Rn. 22 und Fn. 39.
63 ABl. 1973 Nr. C 9 S. 1; HER I A 130, S. 1.
63a Ausweislich der Jahresberichte der Kommission von 1973 bis 1981.
64 Vgl. 15. Jahresbericht der Kommission, S. 167.
65 Vorschlag der Kommission vom 16. 6. 1980, ABl. 1980 Nr. C 169 S. 14.
66 Gestützt insbesondere auf die Empfehlung des Rates vom 19. 12. 1978 betreffend Verfahren zur Berechnung der Umweltschutzkosten der Industrie, ABl. 1979 Nr. L 5 S. 28; HER I A 130, S. 158 a.

degressiver Grundlage gewährt werden dürften.[67] Um mit Art. 92 des Vertrages vereinbar zu sein, müßten die Beihilfen darüber hinaus zur Finanzierung von Investitionen bestimmt sein, die für die Anpassung an Umweltverpflichtungen erforderlich würden. Unter dem Druck der Mitgliedstaaten und angesichts der Verzögerung in der Durchführung der gemeinschaftlichen Programme sowie der einzelstaatlichen Maßnahmen im Umweltbereich wurde die Periode mit Schreiben vom 7. 7. 1980 bis 1986 verlängert; die Zulässigkeit der Beihilfen wurde jedoch auf 15 v. H. der geplanten Investition beschränkt. Außerdem wurden den Mitgliedstaaten Informationspflichten gegenüber der Kommission auferlegt.[67a]

39 Die Gemeinschaft bemüht sich um die Verbreitung von Kenntnissen über einzelstaatliche und gemeinschaftliche Umweltdaten (Informationsquellen, Rechtsvorschriften, neue Technologien usw.), fördert Information und Erziehung auf dem Gebiet des Umweltschutzes, etwa durch regelmäßige Berichte über den Zustand der Umwelt in der Gemeinschaft, die ideelle und materielle Unterstützung bestimmter Lehrtätigkeiten und die Errichtung eines Modellvorhabens über die Aufnahme umweltpolitischer Themen in den Unterricht von Primärschulen.

IV. Bewertung der Umweltpolitik der Gemeinschaft

40 Seit Verabschiedung des ersten Umweltprogramms hat der Rat rund 80[68] Rechtsakte im Bereich der Umweltpolitik – Verordnungen, Richtlinien, Empfehlungen, Beschlüsse, Entscheidungen – erlassen, darunter einige von ganz erheblicher Bedeutung für die gesamte Gemeinschaft, wie etwa die 6. Änderung der Richtlinie über gefährliche Stoffe, die Rahmenrichtlinie für den Gewässerschutz, die Seveso-Richtlinie, die Richtlinie über Luftverschmutzung durch Schwefeldioxid. Zahlreiche weitere Entscheidungsvorschläge werden diskutiert, für fast alle umweltrelevanten Bereiche sind Grundlagenarbeiten in Angriff genommen und zum Teil sehr umfangreiche Forschungsarbeiten durchgeführt worden.

41 Eine allgemeine Darstellung der Methoden der gemeinschaftlichen Rechtsetzung würde den Rahmen dieses Abschnitts sprengen. Gegenüber der allgemeinen rechtsetzenden Tätigkeit sind indessen insbesondere folgende, für den Bereich der Umweltpolitik kennzeichnende Umstände hervorzuheben:

– Die Umwelt-Richtlinien stützen sich häufig sowohl auf Art. 100 als auch auf Art. 235 des Vertrages. Auch die Entscheidung über das Informationssystem betreffend die

67 Mitteilung vom 7. 11. 1974, veröffentlicht im Wettbewerbsbericht der Kommission 1974, Nr. 180–185.

67a Zu Einzelheiten vgl. Wettbewerbsbericht 1980, Nr. 222–226.

68 Die genaue Zahl schwankt naturgemäß wegen der Überschneidungen mit Maßnahmen im Rahmen der Agrar-, Industrie-, Energie- und Sozialpolitik.

Verschmutzung der Meere durch Öl[69] ist auf zwei Vorschriften, nämlich Art. 213 und Art. 235 gegründet.

- Zahlreiche Richtlinien sehen ausdrücklich vor, daß die Mitgliedstaaten strengere Vorschriften zum Schutz der Umwelt einführen oder beibehalten können.

Taschner[69a] ist der Auffassung, daß derartige Mindestrichtlinien dem Wesen der Rechtsangleichung widersprechen. Fraglich ist, ob er damit den Wert der Rechtsangleichung nicht zu stark verabsolutiert. Ziel der Richtlinien im Bereich des Umweltschutzes ist die Verminderung vorhandener und das Vermeiden künftiger Umweltverschmutzungen. Hat ein Staat bestimmte Umweltverschmutzungen eindämmen können, so widerspräche es dem Ziel des Umweltschutzes geradezu, wollte man von ihm verlangen, aufgrund einer gemeinschaftlichen Regelung seine strengen Umweltschutzvorschriften wieder abzumildern. Taschners Auffassung läßt unberücksichtigt, daß etwa der Gewässerschutz oder Maßnahmen zur Reinhaltung der Luft häufig primär örtlich durchzuführende Aktionen verlangen. Selbst beim grenzüberschreitenden Warenverkehr sind ferner im Einzelfall Abwägungen vorzunehmen, ob der freie Warenverkehr das – wegen der nach Art. 100 erforderlichen Einstimmigkeit unausweichlichen – Herabsenken einzelstaatlicher Umweltschutznormen erfordert, oder ob umgekehrt das Interesse an einer wirksamen Bekämpfung der Umweltverschmutzung das Weiterbestehen unterschiedlich strenger einzelstaatlicher Regeln und damit eine Einschränkung des freien Warenverkehrs verlangt. Das Beispiel der Benzin-Blei-Richtlinie[69b] zeigt jedenfalls eindeutig, daß Mindestrichtlinien im Umweltbereich alles andere als nur ein »bequemer Ausweg« sind: Der Bleigehalt des Benzins schwankte zu Beginn der siebziger Jahre zwischen 0,4 und 0,84 g pro Liter in den Mitgliedstaaten. Für alle Länder außer der Bundesrepublik bedeutete die Verringerung des Bleigehaltes auf 0,4 g/l also einen erheblichen Schritt zur Verminderung der Umweltbelastungen durch Blei. Sollte unter diesen Umständen der Bundesrepublik die willens und in der Lage war, den Bleigehalt auf 0,15 g pro Liter Benzin zu senken, ein derartiges Vorgehen unter Berufung auf eine gemeinschaftliche Regelung untersagt werden? Die Frage stellen heißt sie verneinen, zumal nicht ersichtlich ist, auf welche Weise die Zustimmung der Bundesrepublik zu der 0,40 g-Grenze hätte erzwungen werden können.

Auch im Bereich der Sozialpolitik, Verbraucherpolitik und der gesundheitspolitischen Aspekte der Agrarpolitik werden zwischenzeitlich Mindestrichtlinien erarbeitet; dies spiegelt die allgemeine Tendenz, soziale Errungenschaften (im weitesten Sinn), die in den Mitgliedstaaten erreicht wurden, nicht im Namen der Rechtsangleichung wieder zu beseitigen.[69c]

69 Vgl. oben Fn. 37.
69a Vgl. Rn. 34 zu Art. 100.
69b Vgl. Fn. 47; vgl. hierzu auch 1. Umweltbericht der Kommission, S. 92 ff.
69c Man stelle sich vor, im Rahmen der Angleichung des Gesellschaftsrechts sollte die deutsche Regelung über die Arbeitnehmer-Mitbestimmung durch EG-Regelung beseitigt werden.

- Mehrere Richtlinien, insbesondere die Rahmenrichtlinie für den Gewässerschutz[70] und die Richtlinie über die Luftverschmutzung durch Schwefeldioxid[71], enthalten Alternativlösungen für das Vorgehen der Mitgliedstaaten, offenbar deswegen, weil die Meinungsverschiedenheiten über den einzuschlagenden Weg nicht zu beseitigen waren.
- Maßnahmen zur Verbesserung der Umwelt sind an Ort und Stelle zu treffen. Die Zuständigkeiten der Kommission reichen in der Regel jedoch lediglich bis zur Umsetzung einer Richtlinie in einzelstaatliches Recht, nicht bis zum tatsächlichen Vollzug sowie zur Kontrolle und Überwachung der gemeinschaftlich festgelegten Werte.
- Die Gemeinschaft ist einer Anzahl internationaler Abkommen zum Schutz der Umwelt als Vertragspartei beigetreten, darunter auch einigen Übereinkommen, die nur für einzelne Mitgliedstaaten von Belang sind. Es handelt sich um folgende Übereinkommen:
  1. Übereinkommen zur Verhütung der Meeresverschmutzung vom Land aus (Übereinkommen von Paris 1974)[71a];
  2. Übereinkommen zum Schutz des Mittelmeeres vor Verschmutzung sowie Protokoll zur Verhütung der Verschmutzung des Mittelmeeres durch das Einbringen durch Schiffe und Luftfahrzeuge (Übereinkommen und Protokoll von Barcelona 1976)[71a];
  3. Übereinkommen zum Schutz des Rheins gegen chemische Verunreinigungen und Zusatzvereinbarung zu der am 29. 4. 1963 in Bern unterzeichneten Vereinbarung über die Internationale Kommission zum Schutz des Rheins gegen Verunreinigung (Übereinkommen von Bern 1963)[71b];
  4. Übereinkommen über weiträumige grenzüberschreitende Luftverunreinigung (Übereinkommen von Genf 1979)[71c];
  5. Protokoll über die Zusammenarbeit bei der Bekämpfung der Verschmutzung des Mittelmeeres durch Öl und andere Schadstoffe in Notfällen (Zusatzprotokoll Barcelona)[71a];
  6. Übereinkommen über die Erhaltung der lebenden Meeresschätze der Antarktis (Übereinkommen von Canberra 1980)[71d];
  7. Übereinkommen zur Erhaltung der europäischen freilebenden Tiere und wildwachsenden Pflanzen und ihrer natürlichen Lebensräume (Übereinkommen von Bern 1979).[71d]

42 Die *Wirkung* der Umweltpolitik der Gemeinschaft kann aus mehreren Gründen kaum im einzelnen abgeschätzt werden. Zum einen ist die gemeinschaftliche Tätigkeit untrennbar

70 Vgl. oben Fn. 28.
71 Vgl. oben Fn. 43.
71a Vgl. Fn. 35.
71b Vgl. Fn. 33.
71c Vgl. Fn. 47a.
71d Vgl. Fn. 56a.

verknüpft mit der Tätigkeit der Mitgliedstaaten im Bereich des Umweltschutzes, wird bedingt durch einzelstaatliche gesetzgeberische Tätigkeit, durch Umweltkatastrophen oder andere Ereignisse in einem Mitgliedstaat und bewirkt ihrerseits ein Tätigwerden der Mitgliedstaaten. Zum anderen ist die Durchführung gemeinschaftlicher Entscheidungen, die Überwachung und Kontrolle des Zustandes der Umwelt in den Mitgliedstaaten eine Frage der Zuständigkeit der Mitgliedstaaten. Abgesehen von einem generell festzustellenden Durchführungs- und Vollzugsdefizit werden ferner gemeinschaftliche Vorschriften erst zu einem zukünftigen Zeitpunkt wirksam: so ist etwa die Richtlinie über die Luftverschmutzung durch SO_2[71] bis zum Jahre 1993 zu erfüllen; die Gewässerschutz-Rahmenrichtlinie[70] bedarf für Stoffe der Liste I der Ausfüllung durch Einzelrichtlinien. Für Stoffe der Liste II haben die Mitgliedstaaten einen Zeitraum von zehn Jahren zur Verfügung, um Programme in Erfüllung der Richtlinie aufzustellen. Auch den Vorschriften über die Qualität von Badegewässern[72] ist innerhalb eines Zeitraums von zehn Jahren nachzukommen.

43 Zusätzlich zu der Bilanz der rechtsetzenden und forschenden Tätigkeit der Gemeinschaft sind einige andere, für die Beurteilung der Umweltpolitik erheblichen Umstände hervorzuheben:

- Die Umweltpolitik der Gemeinschaft trägt dazu bei, auch in den Mitgliedstaaten für Umweltkonzeptionen und -politiken zu sorgen, die an gleichen Grundsätzen ausgerichtet sind und fortentwickelt werden; sie vermeidet damit ein Auseinanderdriften der Mitgliedstaaten im Umweltbereich.
- Für bestimmte Maßnahmen schafft die gemeinschaftliche Umweltpolitik den angemessenen räumlichen und politischen Rahmen. Dies gilt etwa für die Verringerung grenzüberschreitender Umweltbelastungen, die Koordinierung einzelstaatlicher und internationaler Forschung oder die Sammlung, Auswertung und Verbreitung umwelterheblicher Daten.
- Die Gemeinschaft tritt in internationalen Verhandlungen über Umweltfragen sowie gegenüber internationalen Organisationen als Einheit auf, koordiniert ihre Auffassung mit denen der Mitgliedstaaten und vermag auf diese Weise bei der Ausarbeitung und Durchführung internationaler Übereinkommen ihr wirtschaftliches und politisches Gewicht angemessen einzusetzen.

44 Insgesamt gesehen ist die bisherige Umweltpolitik der Gemeinschaft sowohl quantitativ als auch qualitativ als erfolgreich anzusehen. Die Gründe für diesen Erfolg liegen im wesentlichen in folgenden Umständen:

- Unter den Regierungen[73], der anbietenden Wirtschaft und der interessierten Öffentlichkeit besteht ein Grundkonsens, daß ein Tätigwerden zum Schutz der Umwelt auf Gemeinschaftsebene notwendig und nützlich ist und, langfristig gesehen,

72 Vgl. oben Fn. 24.

73 Ausgehend von der Konferenz der Umweltminister im Oktober 1972 in Bonn und seither auf regelmäßigen Treffen in Brüssel.

im Interesse aller Beteiligten liegt. Die wirtschaftlichen Vorteile – Vermeiden von Wettbewerbsverzerrungen, Handelshemmnissen, unterschiedlich verlaufende einzelstaatliche Umweltpolitiken – überwiegen die Nachteile des gemeinschaftlichen Tätigwerdens. Ein Tätigwerden auf Gemeinschaftsebene vermag auch innerstaatliche Widerstände zu überwinden, die bei einem Vorgehen des Mitgliedstaates möglicherweise nicht beseitigt werden könnten.

- Jedenfalls die bisherigen Regelungen der Gemeinschaft betrafen weitestgehend technische oder technisch-administrative Rechtsregeln. Einzelstaatliche Rechtsstrukturen waren hier kaum vorhanden oder jedenfalls nicht sehr verfestigt, ließen sich daher leichter beeinflussen oder verändern. In Fällen, in denen das Beibehalten hergebrachter Vorgehensweisen als wesentlich angesehen wurde, hielt sich die gemeinschaftliche Regelung vor Eingriffen zurück.
- Die Gemeinschaft knüpfte ihr Tätigwerden an konkret aufgetretene Probleme – eingetretene oder drohende Handelshemmnisse infolge einzelstaatlichen Vorgehens, Unfälle oder Katastrophen in einzelnen Mitgliedstaaten usw. Das Instrument der Richtlinie wurde außerordentlich geschmeidig gehandhabt, Alternativlösungen oder strengere einzelstaatliche Vorschriften blieben gestattet, nicht selten wurde nur ein Rahmen gesetzt, dessen Ausfüllung den Mitgliedstaaten obliegt. Dieses schrittweise, flexible, und trotz der Vielzahl der Texte behutsame Vorgehen vermeidet oder vermindert Widerstände, die gegen die Gemeinschaft als Ganzes bestehen oder die gegen eine gemeinschaftliche, aus einem Guß konzipierte Umweltpolitik hervorgerufen oder verstärkt würden.

45 Der relative Erfolg der gemeinschaftlichen Umweltpolitik ist ohne eine ausdrückliche vertragliche Rechtsgrundlage zustandegekommen. Der offenbar anfangs bestehende Gedanke an eine Ergänzung des Vertrages ist nach der Erklärung der Staats- und Regierungschefs vom Oktober 1972 wieder aufgegeben worden. Die einzelnen Maßnahmen stützen sich meist auf Art. 100 und/oder Art. 235 des Vertrages, obwohl auch andere Bestimmungen des Vertrages herangezogen werden. Die Erörterungen über die anzuwendende Rechtsgrundlage spielen nur selten eine nennenswerte Rolle.

Die getroffenen Maßnahmen spiegeln den vorhandenen politischen Willen und den unter den Mitgliedstaaten bestehenden Grundkonsens über Tragweite und Inhalt gemeinschaftlicher Umweltentscheidungen. Infolgedessen ist kaum anzunehmen, daß eine ausdrückliche Erwähnung der Umweltpolitik im Vertrag oder eine nachträgliche Ergänzung des Vertrages über Art. 236 zu wesentlich anderen Ergebnissen im Bereich der Umweltpolitik geführt hätte.

46 Die einstimmig ergehenden Entscheidungen des Rates, die also mehr in einem Konsensual- als einem echten demokratischen Entscheidungsverfahren ergehen, bergen allerdings gleichzeitig auch Schwierigkeiten für die gemeinschaftliche Umweltpolitik in sich, die in den bisherigen Maßnahmen bereits deutlich erkennbar geworden sind:

- Die wirtschaftlichen Aspekte an Gemeinschaftslösungen – Vermeidung von Wettbewerbsverzerrungen und Handelshemmnissen – überwiegen bei den getroffenen

Maßnahmen erheblich. Der Kampf gegen die *eingetretene* Umweltverschmutzung – Gewässerschutz, Luft – hat zu zahlreichen gemeinschaftlichen Rechtsakten geführt.

Die *vorbeugende* Umweltpolitik steht dagegen noch am Anfang; nur sehr wenige gemeinschaftliche Maßnahmen lassen sich unter diese Überschrift stellen. Die seit 1975/76 verschlechterte Wirtschaftslage, gekennzeichnet durch gestiegene Energiekosten, fortdauernde Inflation, steigende Arbeitslosigkeit und eine defizitäre Zahlungsbilanz, erschwert nicht nur weitergehende Maßnahmen im Kampf gegen die Umweltverschmutzung, sondern auch langfristig notwendige, kurzfristig oft als kostspielig angesehene vorbeugende Umweltschutzmaßnahmen.

47 – Sicher trifft es zu, daß die Aufgabe des Art. 2 des Vertrages, eine harmonisierte Entwicklung des Wirtschaftslebens innerhalb der Gemeinschaft sowie eine beständige und ausgewogene Wirtschaftsausweitung zu fördern »ohne wirksame Bekämpfung der Umweltverschmutzung und der Umweltbelastungen, ohne die Verbesserung der Lebensqualität und ohne den Umweltschutz nicht mehr denkbar ist«.[74] Hieraus folgt indessen, daß alle Maßnahmen der Gemeinschaft zur »Entwicklung des Wirtschaftslebens« und zur »Wirtschaftsausweitung« auch unter umweltpolitischen Gesichtspunkten geprüft und getroffen werden. Folgerichtig verlangt der Vorschlag zum 3. Umweltprogramm in Nr. 8 eine Berücksichtigung der Umweltdimension bei Maßnahmen im Agrar-, Energie-, Industrie-, Verkehrs-, Fremdenverkehrs- und Regionalsektor. Diese Forderung hatte bereits das erste Umweltprogramm erhoben.

Da jedoch in den erwähnten Bereichen die Mitgliedstaaten erhebliche, wenn nicht sämtliche Zuständigkeiten für Planung und Durchführung der Politiken besitzen, müßten auch einzelstaatliche Maßnahmen die (gemeinschaftliche) Umweltdimension berücksichtigen. Es bedarf aber keiner näheren Darlegung, daß gegenwärtig weder die Gemeinschaftsmaßnahmen noch die Maßnahmen der Mitgliedstaaten die Umweltdimension in den genannten Sektoren angemessen berücksichtigen.

48 – Bezüglich der Qualität der gemeinschaftlichen Vorschriften ist auf ein Problem hinzuweisen, das die Kommission für die Luftverschmutzung wie folgt beschreibt[75], das indessen auch für andere Bereiche als gültig angesehen werden muß: »Im allgemeinen muß auf die Probleme hingewiesen werden, die durch die Unterschiede zwischen den Politiken der Mitgliedstaaten aufgeworfen werden. Diese müssen nämlich den spezifischen Situationen Rechnung tragen, beispielsweise den vom Verursacher zu tragenden Kosten, den Auswirkungen auf Wettbewerb, Beschäftigung, Regionalentwicklung, und eine notwendig stärkere Nutzung einheimischer Quellen. Die von der Kommission vorgeschlagenen Kompromisse mußten häufig auf der Basis des kleinsten gemeinsamen Nenners ausgehandelt werden.«

74 2. Programm, 3. Erwägungsgrund der Entschließung des Rates (HER I A 130, S. 13); Vorschlag 3. Programm, 4. Erwägungsgrund, der jedoch von den Erfordernissen der nachhaltigen, rationalen Nutzung der Umweltressourcen und dem Schutz des natürlichen Lebensraumes spricht.

75 Mitteilung (s. Fn. 18) S. 11.

Angesichts der gegenwärtigen Lage der Gemeinschaft würde auch eine umfassende, allgemeinverbindliche Strategie für die Umweltpolitik der Gemeinschaft und in der Gemeinschaft, oder eine Änderung des Vertrages, die eine Umweltpolitik vorschreibt, an diesem Befund kaum etwas ändern. Erst die zukünftigen Maßnahmen insbesondere der vorbeugenden Umweltpolitik werden zeigen, ob es der gemeinschaftlichen Umweltpolitik gelingt, Maßregeln zu erarbeiten und durchzusetzen, die den kleinsten gemeinsamen Nenner wesentlich überschreiten.

49 – Die im Vordergrund der umweltpolitischen Überlegungen stehenden wirtschaftlichen Erwägungen, der Rückgriff auf Art. 100 und 235 und das Fehlen einer Umweltstrategie tragen gemeinsam mit anderen Faktoren dazu bei, daß gemeinschaftliche Maßnahmen meist ergangene oder in Vorbereitung befindliche einzelstaatliche Regeln auf den gemeinschaftlichen Rahmen übertragen, aber nicht selbst innovativ in die Mitgliedstaaten hineinwirken. Die Entscheidungsprozesse auf gemeinschaftlicher Ebene erhalten dadurch häufig konsultative oder kooperative Züge. Dieser Umstand wiederum verstärkt das Suchen und Erarbeiten von Gemeinschaftslösungen auf überkommenen Bahnen.

– Ausführung, Vollzug und Kontrolle der gemeinschaftlichen Regeln bleiben im wesentlichen den Mitgliedstaaten überlassen. Unterschiede im Verwaltungs- und Behördenaufbau, in der Staatsform, im Vorhandensein und der Beurteilung wissenschaftlicher Information wirken sich daher neben den allgemeinen Faktoren wie Sachverstand und personelle und sachliche Ausstattung des Verwaltungsapparates, Stärke und Einfluß organisierter Interessen usw. auf Art und Intensität des Vollzugs gemeinschaftlicher Rechtsakte aus; diese Unterschiede wirken ihrerseits wieder auf die Gemeinschaftsebene zurück und beeinflussen die Haltung des betroffenen Mitgliedstaates zu den verschiedenen Vorschlägen auf Gemeinschaftsebene.

50 Erst die kommenden Jahre werden zeigen, ob Gemeinschaftsregeln im Bereich etwa der grenzüberschreitenden Umweltverschmutzung oder der vorbeugenden Umweltpolitik angenommen werden können oder ob sich bilaterale Vereinbarungen und Kooperationsregeln in den Vordergrund schieben werden. Für beide Richtungen gibt es in den bisherigen Maßnahmen Anhaltspunkte. Maßgeblich wird insofern weniger diese oder jene Rechtsvorschrift des Vertrages als vielmehr der politische Wille der Mitgliedstaaten sein, eine integrierende gemeinschaftliche Umweltpolitik auszubauen und zu vertiefen und die Gemeinschaftsinstitutionen personell und sachlich so auszustatten, daß sie zur Planung und Durchführung einer wirksamen gemeinschaftlichen Umweltpolitik auch imstande sind.

Verbraucherpolitik

Literaturhinweise

Bourgoignie, Th., Sources of Consumer Legislation within the Member States of the European Community, Centre de droit de la consommation (Université Catholique de Louvain, IUE DOC. 277/1981 Col. 64/A)
ders., Towards consumer legislation at European Community level? Potential scope and limits (Workshop on »Prospects for integration of consumer law and policy in the E.C.«, Louvain-la-Neuve, 14–15 May 1981)
Close, Georges, Harmonisation of laws: use or abuse of the powers under the EEC Treaty?, in: European Law Review 1978, 461 ff.
Dahl, Borge, Det europaeiske økonomische Faellesskabs forbrugerpolitik, in: Karnovs EF – Samling 1978
Europäische Gemeinschaften (Kommission), Dokumentationsbulletin B 10 (15.1.1978) Promotion des intérêts des consommateurs Tome I: Sélection d'ouvrages, Tome II: Législation et publications communautaires. Articles sélectionnés
European Consumer Law Group, Legal Aspects of Package Holidays, in: ZVP 1979, S. 314 bis 328
Ficker – Girsberger – Stark, Wer haftet für Produkteschäden?, Zürich 1978
Hippel, Eike von, Verbraucherschutz in Europa, in: RabelsZ 1981, Nr. 1 und 2, S. 353 bis 376
ders., Verbraucherschutz, 2. Aufl. Tübingen 1979
House of Lords – Select Committee on the European Communities, Approximation of Laws under Article 100 of the EEC Treaty – 22nd Report – London 1978
Joergens, Christian, Zielsetzungen und Instrumentarien der europäischen Verbraucherrechtspolitik, in: ZVP 1979 und 1980, S. 213 bis 227
Klein, Léon, Protection du Consommateur dans le Marché Commun, in: Dictionnaire du Marché Commun, Paris 1981
Klein, Léon et Martin – Chave, Roland, Le consommateur de la CEE, in: Revue de droit prospectif (Spécial Europe) 1977, Nr. 3 und 4
Krämer, Ludwig, Gemeinschaftsaktionen zu Gunsten der Verbraucher, Brüssel 1978
ders., Zielsetzungen und Instrumentarien der europäischen Verbraucherpolitik, in: ZVP 1979, S. 228 bis 231
Maday, D.C., Consumer Protection in the realm of Common Market trade mark law, in: Revue Suisse du droit internaitonal de la Concurrence, Genève 11.1.1981, S. 7 bis 16
Ocde, La politique des consommateurs dans les pays membres, in: OCDE Paris 75775 – Cedex 16, 1977, (Jahresberichte ab 1972)
Rambow, Gerhard, Möglichkeiten und Grenzen der Verbraucherpolitik im Gemeinsamen Markt, in: EuR 1981, S. 240 ff.
Reich, N. – Micklitz, H., Verbraucherschutzrecht in den EG-Staaten, Eine vergleichende Analyse, Wokingham 1981 (im Auftrag der EG Kommission)
Simitis, Konstantin, Verbraucherschutz – Schlagwort oder Rechtsprinzip, Baden-Baden 1976
Verminnen, G. – Krämer, Ludwig, La responsabilité du fait des produits en Europe, in: Agence Européenne d'informations 1977, 3415

Inhaltsübersicht

I. Einführende Bemerkungen

1 Verbraucherrecht in den Europäischen Gemeinschaften wie auch in den Mitgliedstaaten kann nur in ganz seltenen Fällen – so auf dem Gebiet der Preisauszeichnung z.B. – als ein eigenständiges Recht betrachtet werden. Die primäre Zielsetzung der meisten von den Europäischen Gemeinschaften getroffenen Maßnahmen, die für die Verbraucher von Interesse sind, ist die Freizügigkeit der Waren innerhalb des gemeinsamen Marktes. Der freie Warenverkehr wird namentlich mittels der Beseitigung der technischen Handelshemmnisse im Warenverkehr oder der Angleichung der nationalen Rechtsvorschriften gefördert.[1]

Wichtig für den Verbraucher ist es, daß bei dieser Angleichung seine Belange angemessen berücksichtigt werden, daß man sich also nicht auf den sogenannten »kleinsten gemeinsamen Nenner« einigt, sondern vielmehr den Verbraucherschutzaspekt in einschlägigen Richtlinien nach oben zieht. Das Europäische Parlament das dazu berufen ist, den Europäischen Bürger, aber auch Verbraucher zu schützen, spielt hier eine bedeutende Rolle.

2 Verbraucherpolitik als eigenständige Aktivität der Europäischen Gemeinschaften, die bezweckt, den Interessen der Verbraucher im Rahmen eines Gesamtkonzeptes Rechnung zu tragen, ist von der Kommission erst seit 1968 entwickelt worden, während in den meisten Migliedstaaten solch eine Entwicklung schon in den fünfziger und sechziger Jahren begann.

3 Die auf diesem Gebiet in der EG erzielten Fortschritte sind zusammen mit dem progressiven Aufbau und Ausbau der institutionellen Voraussetzungen zu sehen. Wenn auch kein notwendiger Zusammenhang zwischen dem Umfang der eingesetzten Mittel einerseits und der geleisteten Arbeit und/oder der erzielten Fortschritte andererseits besteht, so ist doch die Entwicklung der Strukturen und der Personalausstattung zumindest ein Zeichen für den Platz, den die Kommission gewillt ist, solch einer neuen, weitgehend horizontalen Politik im Rahmen ihrer Gesamtaktivitäten einzuräumen.

1 Vgl. *Wägenbaur,* Vorbemerkung zu den Art. 30 bis 36, Rn. 68 bis 73.

Der seit 1968 wachsenden Zusammenarbeit der Kommission mit den europäischen Verbraucherorganisationen kommt in dieser Hinsicht auch eine große Bedeutung zu.

Des weiteren sind die Gemeinschaftsaktionen zu Gunsten der Verbraucher an den Marksteinen der zwei Verbraucherprogramme zu messen, auch wenn Programme allein noch keine Verbraucherpolitik und noch weniger Verbraucherrecht darstellen. Schließlich scheint es angebracht, da die Verbraucherinteressen von einem großen Teil der Aktivitäten der EG berührt werden, wenigstens die wesentlichsten Richtlinien die für den Verbraucher von Bedeutung sind im Anhang anzugeben.

II. Grundlagen und Anfänge einer gemeinschaftlichen Verbraucherpolitik

1. Die Grundlagen

4 Die Rechtsgrundlage für das Interesse der Europäischen Gemeinschaften an den Verbrauchern ist der Vertrag von Rom. Die Gründer des Gemeinsamen Marktes streben darin eine »stetige Verbesserung der Lebens- und Beschäftigungsbedingungen ihrer Völker« (Präambel), und »eine beschleunigte Hebung der Lebenshaltung« (Art. 2) an, erklärten als ein Hauptziel der Gemeinsamen Agrarpolitik die »Belieferung der Verbraucher zu angemessenen Preisen« (Art. 39 Buchst. e), sahen »eine angemessene Beteiligung der Verbraucher an dem entstehenden Gewinn« als eine der Voraussetzungen für die Genehmigung bestimmter Vereinbarungen zwischen Unternehmen vor (Art. 85 Abs. 3) und untersagten den Unternehmen Verhaltensweisen »zur Einschränkung des Absatzes oder der technischen Entwicklung zum Schaden der Verbraucher« (Art. 86 Buchst. b).

5 Diese Bestimmungen geben nur eine verhältnismäßig kleine Grundlage für eine Verbraucherpolitik ab. Die Unterzeichner des Vertrages von Rom konnten jedoch den vollen Umfang eines Phänomens, das sich im wesentlichen erst nach 1958 auf das Leben und die Struktur der Mitgliedstaaten sowie der gesamten EWG auszuwirken begann, noch nicht ermessen. Nach ihrer Meinung lag der Hauptvorteil eines Gemeinsamen Marktes für die Verbraucher in einer Öffnung der Grenzen, einer Aufhebung der Zollschranken, einem verstärkten Wettbewerb der Unternehmen und den damit verbundenen Preissenkungen für eine größere Anzahl von Waren. Tatsächlich hat sich die Kaufkraft der Verbraucher allein zwischen 1958 und 1970 – real und im Durchschnitt – mehr als verdoppelt.

6 Es lag daher auf der Hand, daß die Kommission den von ihr 1968 eingerichteten Sonderdienst für Verbraucherfragen in den größeren Rahmen der Generaldirektion Wettbewerb stellte.

Die Ausrichtung auf eine Verbraucherpolitik gewann nach und nach in zweierlei Weise Gestalt:

- Die strukturellen und institutionellen Grundlagen waren die Einrichtung und der weitere Ausbau des Sonderdienstes für Verbraucherfragen sowie die Aufnahme eines Dialogs mit den Verbraucherverbänden. Die Kommission schuf damit die materiellen und personellen Voraussetzungen für ihre künftige Tätigkeit.
- Diese Tätigkeit wiederum führte rasch zu greifbaren Ergebnissen, von denen das wichtigste wohl das »erste Programm« und die im Anschluß daran durchgeführten Maßnahmen waren.

2. Die Anlaufperiode

7 Schon seit etwa 20 Jahren und besonders seit 1973 hat sich die Kommission um die Mitarbeit der europäischen Verbraucherorganisationen bemüht. Seit 1968 andererseits werden Verbraucherfragen von einer besonderen Verwaltungseinheit bearbeitet.

Anfang 1969 wurden Prioritäten für bestimmte Aktionen festgelegt und zwar: Etikettierung, Aufmachung der Produkte, Abzahlungsgeschäfte, Schutz der Gesundheit und der Sicherheit der Verbraucher und Verbraucheraufklärung. Mit den europäischen Verbraucherverbänden, die sich Ende 1961 in einem Kontaktausschuß der Verbraucher innerhalb der Europäischen Gemeinschaft (CCCE) zusammengeschlossen hatten, wurde ein erfolgreicher Dialog aufgenommen. Dem Kontaktausschuß gehörten die Vertreter der auf europäischer Ebene zusammengeschlossenen eigentlichen Verbraucherverbände, Familienverbände, Genossenschaften und Gewerkschaften an.

Die Kommission beschloß am 28.6.1972, insbesondere ihren Dialog mit den Verbrauchern zu intensivieren, um ihm mehr Gewicht zu verleihen. Der Dienst für Verbraucherfragen hielt daraufhin wöchentlich Informations- und Arbeitssitzungen mit den Verbrauchervertretern ab, während andere neue Verbände die Szene der Gemeinschaft betraten (Verbindungsausschuß CGT-CCIL). Mit diesen Organisationen, die auf der Ebene der Gemeinschaft auch als Vertreter der Verbraucher anerkannt wurden, tauschte er Informationen und Erfahrungen über alle die Verbraucher betreffenden Fragen aus.

Der Grundstein für eine erfolgreiche Zusammenarbeit mit den zuständigen Regierungsstellen wurde im wesentlichen bei den drei Tagungen festgelegt, auf denen das Problem der Abzahlungsgeschäfte behandelt wurde. 1970 und 1971 hat die Kommission im Verlauf dieser Tagungen einen Entwurf ausgearbeitet und »Bereich und Bedeutung dieser Frage für die Verbraucher weitgehend abgegrenzt und geklärt«.[2] Diese Arbeiten wurden inzwischen wieder aufgenommen und unter der Bezeichnung »Verbraucherkredite« und »außerhalb von Verkaufsstellen ausgehandelte Verträge« weitergeführt.[3]

Bei der Angleichung der Rechtsvorschriften im Rahmen des allgemeinen Programms zur Beseitigung der technischen Handelshemmnisse vom 28.5.1969[4] wurde besondere

2 Erster Wettbewerbsbericht (1971) (4. Teil Ziffer 251).
3 Siehe unten und 10. Gesamtbericht (1976) Kapitel III, Abschnitt 9.
4 ABl. 1969 Nr. L 76 S. 1.

Aufmerksamkeit darauf verwendet, die Verbraucherinteressen auf dem Gebiet der Gesundheit und der Sicherheit der Verbraucher zu wahren. Wir verweisen speziell auf die Vorschläge, die die Abfüllung bestimmter Flüssigkeiten in Fertigpackungen, kosmetische Mittel und die Einführung von Sicherheitsscheiben aus Verbundglas für Kraftfahrzeuge[5] betreffen. Die beiden ersten Richtlinienvorschläge sind inzwischen vom Rat verabschiedet worden.[6]

Darüberhinaus hat die Kommission seit 1968 aktiv an den Arbeiten der OECD und des Europarates teilgenommen.[7] Auch auf dem Gebiet der allgemeinen Aufklärung der Verbraucher über diese Fragen wurde Wesentliches geleistet. Dies war damals besonders wichtig, um die gesamte Verbraucherpolitik voranzutreiben. 1971 und 1972 hat die Kommission fünf Tagungen mit den Verbrauchervertretern und den Leitern der Fernsehsendungen über Verbraucherfragen der Mitgliedstaaten veranstaltet.[8] Man war ferner bemüht, gemeinsam mit dem Statistischen Amt der Gemeinschaften Preisunterschiede aufzudecken und nach Möglichkeit die in den verschiedenen Ländern der Gemeinschaft bei vergleichbaren Erzeugnissen noch bestehenden Preisunterschiede zu erklären.[9]

8 Diese Aktionen erhielten 1972 durch die Pariser Gipfelkonferenz[10] einen entscheidenden Impuls, als die Staats- und Regierungschefs erklärten, »die Wirtschaftsexpansion, die kein Selbstzweck ist... muß ihren Niederschlag in einer Verbesserung der Lebensqualität und des Lebensstandards finden« und die Gemeinschaften dazu aufriefen, ihre Maßnahmen zum Schutze der Verbraucher zu verstärken und zu koordinieren.

Auf diese Weise wurde eine neue Gemeinschaftspolitik eindeutig politisch abgesichert. Ihre Aufgabe ist es, sich selbständig weiterzuentwickeln und die gemeinsame Politik in den anderen Bereichen dahingehend zu beeinflussen, daß die Lage der Verbraucher ganz allgemein verbessert wird, unabhängig von dem jeweils berührten Sektor in Produktion, Handel und im Dienstleistungsgewerbe.

Dieser politische Impuls führte auch dazu, daß bei der Kommission im Januar 1973 eine selbständige Direktion geschaffen wurde, nämlich die Dienststelle »Umwelt und Verbraucherschutz«. Die Kommission erstellte sehr schnell ein Arbeitsprogramm und nahm die enge Zusammenarbeit mit den Regierungssachverständigen und den Verbraucherorganisationen wieder auf.

5 Zweiter Wettbewerbsbericht (1972) (4. Teil Ziffer 197).
6 Abfüllung in Fertigpackungen vom 20.1.1976, ABl. 1976 Nr. L 46 S. 1; HER I A 52/10, S. 18 a und ABl. 1975 Nr. L 42 S. 1. Kosmetika vom 27.7.1976, ABl. 1976 Nr. L 262 S. 169.
7 Erster Wettbewerbsbericht (1971) (4. Teil Ziffer 249) und 1972 (Ziffer 196).
8 Erster Wettbewerbsbericht (1971) (4. Teil Ziffer 248) und 1972 (Ziffer 195).
9 Erster Wettbewerbsbericht (1971) (4. Teil Ziffer 244 bis 248), Zweiter Wettbewerbsbericht (1972) (4. Teil Ziffer 188 bis 194) und 5. Gesamtbericht der EG Ziffer 182 und 183.
10 Vom 20.10.1972, vgl. HER I A 13/4, S. 2.

9 Bereits am 25.9.1973 berief die Kommission[11] einen Beratenden Verbraucherausschuß und übernahm das Sekretariat dieses Ausschusses. Das war die Antwort der Dienststelle Umwelt und Verbraucherschutz auf die Auflösung des Kontaktausschusses der Verbraucher innerhalb der Gemeinschaft. Der Beratende Verbraucherausschuß wird ausschließlich aus Haushaltsmitteln der Gemeinschaft finanziert. Er sieht sich vor einer doppelten Aufgabe, einerseits muß er die Verbraucherinteressen bei der Kommission vertreten und andererseits – auf Wunsch der Kommission oder von sich aus – Stellungnahmen zu Fragen des Verbraucherschutzes und der Verbraucheraufklärung der Kommission abgeben. Am Anfang wurde er besonders in bezug auf seine Zusammensetzung (ihm gehören Genossenschaften und Gewerkschaften an) und seine relative Abhängigkeit von der Dienststelle Umwelt und Verbraucherschutz stark kritisiert.

Auf der Pariser Gipfelkonferenz von 1972 waren die Organe ferner aufgefordert worden, vor dem 1.1.1974 ein Aktionsprogramm für diesen Bereich vorzulegen.[12]

III. Erstes Programm für eine Politik zum Schutz und zur Unterrichtung der Verbraucher: Die Grundzüge

Dieses Programm wurde von der Kommission am 5.12.1973 und vom Ministerrat unter Berücksichtigung der Bemerkungen des Europäischen Parlaments und des Wirtschafts- und Sozialausschusses der EG am 14.4.1975 in einer leicht geänderten Fassung verabschiedet. Sein Ziel ist es, die Lage der Verbraucher auf vielen Gebieten zu verbessern.

10 Ein erstes – klassisches – Programmziel ist der Schutz der Gesundheit und Sicherheit der Verbraucher. Vorrangig werden von der Kommission in diesem Bereich Maßnahmen eingeleitet oder fortgesetzt, die Nahrungsmittelerzeugnisse (Schokoladeerzeugnisse, Obstsäfte, Marmeladen, Backwaren usw.), Industrieerzeugnisse (Haushaltsgeräte, Kraftfahrzeuge, Textilien, Spielwaren usw.) sowie bestimmte besonders gefährliche Erzeugnisse (Stoffe, die mit Nahrungsmitteln in Berührung kommen, Konservierungsmittel,[13] Zusätze, speziell Farbstoffe,[14] kosmetische Mittel, usw.) betreffen. Diese Maßnahmen gehören ebenfalls in den größeren Rahmen der Beseitigung der technischen Handelshemmnisse (allgemeines Programm vom 28.5.1969).

11 Aus dem Programm ergibt sich die Notwendigkeit, Regeln für die Unterrichtung und Bildung der Verbraucher, für Klagen, Beratung und Schadensersatz festzulegen. Bezüglich der Klagen ist darauf hinzuweisen, daß auf einem Kolloquium in Montpellier vom 10. bis 12.12.1975 mit dem Thema »gerichtliche oder ähnliche Maßnahmen zum

11 Beschluß der Kommission vom 25.9.1973, ABl. 1973 Nr. L 283 S. 18; HER I A 131, S. 1.
12 Gesamtbericht der EG 1972, S. 7; HER I A 13/4, S. 4 a.
13 Vgl. die Übersicht HER I A 52/10, S. 2.
14 Vgl. die Übersicht HER I A 52/10, S. 1.

Schutz der Verbraucher« eine globale Problemstellung unternommen wurde. Nach den mittlerweile hierüber veröffentlichten Unterlagen waren die 150 Teilnehmer dieses Kolloquiums einhellig der Meinung, daß der herkömmliche Rechtsweg (über Zivilgerichte, Straf- oder Verwaltungsgerichte) den Nachteil habe, zu teuer und zu formalistisch zu sein, und daß außerdem die Rechtssprache für Nichteingeweihte unverständlich sei. Da dieser Rechtsweg auf einen Schadensersatz in Einzelfällen ausgerichtet ist, kollektive Maßnahmen – die ihrerseits allerdings auch nicht alle Probleme lösen könnten – aber außer Acht läßt, reifte in vielen Mitgliedstaaten der Gedanke, für kleine Streitfälle einfache und mit geringen Kosten verbundene Verfahren innerhalb oder außerhalb der Rechtsordnung vorzusehen (kostenlose oder kostengünstige Rechtsberatung; Pressionen von Verbraucherschutzverbänden und/oder öffentlichen oder halböffentlichen Organen; Schlichtung und gütliche Beilegung von Streitigkeiten durch vorrangig hierfür zuständige Organe). Die Kommission ist dabei, anhand der Beiträge, Aussprachen und Ergebnisse des Kolloquiums in etwa die Punkte festzulegen, deren Verwirklichung sie auf europäischer Ebene in Zusammenarbeit mit den Regierungen und den Verbänden ins Auge fassen könnte.

12 Weit sichtbarer sind die Arbeiten zur Durchführung des Programms im Bereich des Schutzes der rechtlichen und wirtschaftlichen Interessen der Verbraucher.

Der genannte Schutz reicht nach Meinung der Kommission von der Ausschaltung des Machtmißbrauchs eines Verkäufers bei der Abfassung von Verträgen, der Verbreitung von werbewirksamen Mitteilungen, der Festlegung von Kreditbedingungen, dem Vertragsabschluß außerhalb der Verkaufsstellen bis zur Aufmachung der Waren, die unverpackt, stückweise oder in Fertigpackungen angeboten werden. Der Verbraucher muß auch vor fehlerhaften Waren, unzureichenden Dienstleistungen, mißbräuchlichen Fernunterrichtspraktiken usw. geschützt werden.

13 1. Seit 1974 wird ein Vorschlag vorbereitet, der 1979 dem Rat vorgelegt wurde, durch den alle Arten von Verbraucherkrediten geregelt werden sollen. Er betrifft unter anderem Abzahlungsgeschäfte (die Arbeiten hieran begannen bereits 1970), Mietkäufe, sämtliche Geschäftsabschlüsse, die mit einer Kreditaufnahme des Verbrauchers bei einem Kreditgeber (Bank, Sparkasse, Kreditinstitut, Geld- oder Pfandleihe usw.) verbunden sind, sowie alle sonstigen Arten finanzieller Erleichterungen (Speziell Kreditkarten). Der Schutz des Verbrauchers sollte bereits einsetzen, wenn dieser durch Werbung oder Aufmachung (entsprechende Information) beeinflußt werden soll; im eigentlichen Vertrag sollte er sich dann auf die Kosten, die Vertragsdauer und die Bedingungen für die Erfüllung der beiderseitigen Verpflichtungen erstrecken.

14 2. Ein weiterer Vorschlag für eine Richtlinie wurde bereits 1970/71 in Angriff genommen. Er wurde von der Kommission genehmigt und dem Rat im Januar 1977 zugeleitet. Er betrifft Geschäfte außerhalb der Verkaufsstellen (Haustürgeschäfte). Im Unterschied zu den Verträgen, die in den Geschäftsräumen des Verkäufers abgeschlossen werden, hat der Verbraucher bei Haustürgeschäften im allgemeinen weder Zeit noch

Gelegenheit, die Eigenschaften des angebotenen Erzeugnisses zu prüfen oder andere Angebote zum Vergleich heranzuziehen, so daß er möglicherweise später den Kauf bereut. Darauf beruht der Gedanke, Schutzmaßnahmen wie die Einführung einer Überlegungsfrist (Widerrufsrecht des Verbrauchers innerhalb einer Frist von sieben Tagen durch Rücksendung eines mit dem Vertrag überreichten entsprechenden Formulars) vorzusehen, verbunden mit der Auflage, dem Verbraucher im Vertrag ein bestimmtes Minimum an für ihn besonders wichtigen Angaben mitzuteilen (Name und Anschrift der Vertragschließenden, Bezeichnung der Ware bzw. Dienstleistung, Preis und Zahlungsbedingungen usw.).

15 3. Ein dritter Vorschlag, der im Anschluß an einen Bericht des Europäischen Parlaments in Angriff genommen wurde, betrifft den Fernunterricht. Angestrebt wurde lediglich der Schutz der Teilnehmer vor Mißbräuchen bestimmter Fernlehrinstitute (Lockwerbung oder irreführende Werbung, Kundenwerbung an der Haustür, widerrechtliche Vertragsbedingungen, Mindestinhalt von Verträgen), jedoch noch keine pädagogische Kontrolle der Fernlehrinstitute und der von ihnen erteilten Diplome. Der Vorschlag[15] von 1977 wurde inzwischen zurückgezogen.

16 4. Zwei weitere Richtlinienvorschläge über Produkthaftung und über irreführende Werbung die schon seit geraumer Zeit in Bearbeitung waren, wurden resp. 1976 und 1978 dem Rat vorgelegt.

17 5. Für alle diese Vorschläge wurde Art. 100 EWGV als Rechtsgrundlage herangezogen.

IV. Die Ergebnisse[16/17]

18 Während der Zeitspanne des 1. Verbraucherprogramms (1975 bis 1981 – von der Kommission am 5.12.1973 und vom Ministerrat am 14.4.1975 verabschiedet) sind einige für den Verbraucher bedeutsame Ergebnisse erzielt worden.[16] Die wesentlichsten Resultate sind auf jenen Gebieten erreicht worden, wo es meist darum ging, für einzelne Erzeugnisse technische Handelshemmnisse auszuräumen und somit den freien Warenverkehr zu fördern und zu gleicher Zeit den Schutz der Verbraucher zu verstärken.

1. Schutz der Verbraucher gegen Gefährdung ihrer Gesundheit und Sicherheit

Eine große Anzahl dieser Harmonisierungsmaßnahmen sind manchmal schon vor dem Inkrafttreten des 1. Verbraucherprogramms in die Wege geleitet worden.

15 ABl. 1977 Nr. C 208 S. 12 und Abänderung ABl. 1978 Nr. C 200 S. 6.
16 Vgl. Anhang (nach Rn. 42).
17 Vgl. Zweiter und dritter Verbraucherbericht der Kommission 1978 und 1980: (Amt für sämtliche Veröffentlichen der EG L 2985 Luxemburg – ISBN 92-825-1171-5 Katalog Nr.: CB-24-78-386-DE-C, – ISBN 92-825-2424-8 Katalog Nr.: CB-31-80-392-DE-C)

19 a) Was die Lebensmittel anbetrifft, so sind namentlich die Arbeiten betreffend die Zusatzstoffe fortgeschritten.

aa) Eine Reihe von Richtlinien über *Farbstoffe, Konservierungsstoffe, Antioxydantien und Emulgatoren* sind seit 1962 erlassen und mehrmals abgeändert und auf den neuesten wissenschaftlichen Stand gebracht worden. Diese Richtlinien sind auf dem sogenannten Prinzip der Positivliste aufgebaut, d.h. daß in der Regel nur solche Stoffe in und gegebenenfalls auf den Lebensmitteln verwendet werden dürfen, die ausdrücklich genehmigt worden sind. Es handelt sich hier um eine stete Forderung der Verbraucherverbände, die mit Recht der Meinung sind, daß Negativlisten – die nur die verbotenen Stoffe ausdrücklich erwähnen – auf diesem Gebiet nicht genügend Garantie bieten.

Natürliche Farbstoffe wie z.B. Safran oder Paprika sind von dieser Reglementierung ausgenommen.

Neben den abschließend aufgezählten Stoffen enthalten diese Richtlinien Reinheitskriterien für diese Stoffe. Sofern die Bedingungen und Grenzen, unter denen die Stoffe bei den einzelnen Lebensmitteln verwendet werden dürfen, noch nicht gemeinschaftlich geregelt sind, gelten insoweit die Vorschriften der Mitgliedstaaten.

Die Richtlinie des Rates vom 18.12.1978[18] über die Kennzeichnung von Lebensmitteln betrifft unter anderem die Etikettierung dieser Stoffe.

20 bb) Eine Richtlinie des Rates vom 23.11.1976[19] legt den *Höchstgehalt an Rückständen von Schädlingsbekämpfungsmitteln auf und in Obst und Gemüse* fest und berücksichtigt dabei »ein ausgewogenes Verhältnis zwischen den Bedürfnissen der Pflanzenerzeugung und den Erfordernissen des Schutzes der Gesundheit von Mensch und Tier«. Ein ständiger Ausschuß für Pflanzenschutz wird eingeschaltet für die Anwendung dieser Richtlinie (Ausnahmemaßnahmen, Änderungen usw.). Für den Verbraucher kommt es allerdings nicht so sehr auf den jeweiligen Höchstrückstand an, als auf die Gesamtaufnahme des jeweiligen Schadstoffes durch den Menschen, unter Berücksichtigung sämtlicher Möglichkeiten der Aufnahme.

21 cc) Eine Richtlinie des Rates vom 20. 7. 1976 setzt Höchstgehalte an *Erukasäure* in Speiseölen und -fetten sowie in Lebensmitteln mit Öl- und Fettzusätzen fest.[20]

Der Gehalt an Erukasäure darf für diese Lebensmittel ab 1.1.1977 10 % und ab 1.7.1979 5 % nicht übersteigen. Stellt ein Mitgliedstaat fest, daß dieser Gehalt immer noch eine Gefahr für die menschliche Gesundheit darstellt, so kann er, bis eine Gemeinschaftslösung gefunden worden ist, Schutzmaßnahmen ergreifen, indem er die Höchstgrenzen senkt oder die Verwendung von Erukasäure ganz verbietet.

18 ABl. 1979 Nr. L 33 S. 1.
19 ABl. 1976 Nr. L 340 S. 26.
20 ABl. 1976 Nr. L 202 S. 35.

Ausgelöst wurde die Richtlinie durch die Feststellung, die sich im ersten Erwägungsgrund findet: »Es ist festgestellt worden, daß die Verabreichung gewisser Mengen Rapsöl bei Versuchstieren zu unerwünschten Nebenwirkungen geführt hat; allerdings ist es nicht erwiesen, daß die Nebenwirkungen beim Menschen auftreten können.«

Schon einige Jahre vor der Richtlinie hatte dieses Problem Aufsehen in Verbraucherkreisen erregt. Hier können nämlich gewisse Agrarinteressen mit dem Verbraucherschutz kollidieren.

22 dd) Auf Richtlinien für einzelne spezifische Lebensmittel – wie über die Konfitüre (Zusammensetzung, Zutaten) wird hier nicht eingegangen.

Erwähnt sei jedoch die Richtlinie des Rates vom 21.12.1976 über *diätetische Lebensmittel.*[21] Allgemeine Lebensmittel dürfen das Wort »diätetisch« oder einen sonstigen verwechslungsfähigen Hinweis nicht enthalten. Auf diätetischen Lebensmitteln ist der nutritive Wert, ausgedrückt in kcal oder kj, anzugeben. Kennzeichnung, Aufmachung und Werbung dürfen keinen Hinweis auf Vorbeugung, Behandlung oder Heilung menschlicher Krankheiten enthalten.

23 b) Was industrielle Erzeugnisse angeht, so sind ebenfalls eine gewisse Anzahl von Richtlinien vom Rat angenommen worden.

24 aa) Betreffend die *gefährlichen chemischen Stoffe und Zubereitungen* sind folgende fünf Richtlinien zu erwähnen:

- die *Richtlinie des Rates vom 27.6.1967*[21a] *über die Einstufung, Verpackung und Kennzeichnung gefährlicher Stoffe.*
  Es geht hier um die Stoffe, die explosionsgefährlich, brandfördernd, entzündlich, giftig, gesundheitsschädlich, ätzend oder reizend sein können. Verpackungen müssen hinreichend widerstandsfähig sein; ihr Werkstoff darf vom Inhalt nicht angegriffen werden können. Auf der Verpackung sind Name und Herkunft des Stoffes, gegebenenfalls das vorgeschriebene Gefahrensymbol, ferner Angaben über besondere von dem Stoff ausgehende Gefahren und Sicherheitsratschläge anzugeben.
  Bemerkenswert nicht nur für den Verbraucherschutz, sondern auch für die Umweltpolitik ist die *6. Änderung dieser Richtlinie vom 18.9.1979.*[22] Ziel dieser Richtlinie ist es, die Auswirkungen auf Mensch und Umwelt des Inverkehrbringens neuer chemischer Substanzen kennenzulernen. Diese Änderung ist viel detaillierter als die vorhergehenden. Sie betrifft hauptsächlich die Anmeldung und die präzise Einstufung dieser Stoffe.
  Vor Anmeldung eines neuen Stoffes sind Untersuchungen über die Gefährlichkeit des Stoffes für Mensch und Umwelt anzustellen und die Einzelheiten der Ergebnisse der

21 ABl. 1977 Nr. L 26 S. 55.
21a ABl. 1967 Nr. L 196 S. 1
22 ABl. 1979 Nr. L 259 S. 10.

Anmeldung beizufügen. Die neuen chemischen Stoffe sind bei der zuständigen Behörde des Produktions- oder Importmitgliedstaates mindestens 45 Tage vor dem Inverkehrbringen anzumelden. Die zuständige Behörde kann gegebenenfalls zusätzliche Erkundigungen oder Tests verlangen. Die Kommission macht eine Bestandsaufnahme der am 18.9.1981 bestehenden Stoffe. Die Richtlinie sieht des weiteren die Veröffentlichung eines Registers der neue Stoffe vor.
Die von der 6. Änderung vorgesehene Einführung eines Anmeldeverfahrens stellt für den Verbraucher eine erhöhte Sicherheitsmaßnahme dar. Das Verfahren und die damit in Umlauf zu setzenden Informationen sind geeignet, die Kenntnisse über neue Stoffe zu vermehren und damit vorbeugende Maßnahmen zu ermöglichen, sowie – bei Gefahreneintritt – schnelle und wirksame Abhilfe zu schaffen.

- Eine Richtlinie des Rates vom 4.6.1973[23] betrifft das gleiche Problem, aber nur für *Löse*mittel. Die vorgesehenen Lösungen gehen in die gleiche Richtung wie diejenigen der Richtlinie vom 27.6.1967 (s.oben). Die Änderung vom 22.7.1980[24] hat den Anwendungsbereich der Richtlinie auf Mischungen von Lösemitteln mit anderen nicht gefährlichen Stoffen ausgedehnt.

- Eine Richtlinie des Rates vom 26.6.1978[25] betrifft die Einstufung, Verpackung und Kennzeichnung von *Schädlingsbekämpfungsmitteln* (Pestizide). Es legt fest, welche Mittel als giftig oder gesundheitsschädlich einzustufen sind. Die Verpackung muß bestimmten Mindestanforderungen genügen und darf nicht durchlässig sein. Die Kennzeichnung muß eine Anzahl von Angaben enthalten, wie z.B. den Namen der gesundheitsschädlichen Stoffe, die Symbole und Gefahrenbezeichnungen der Zubereitungen z.B. »sehr giftig« sowie Sicherheitsratschläge. Die Richtlinie gilt sowohl dem Schutz der Umwelt als auch der Gesundheit von Personen, die in ihrer Arbeit oder ggfalls im Haushalt mit Pestiziden zu tun haben.

- Eine Richtlinie des Rates vom 7.11.1977[26] betrifft die Einstufung, Verpackung und Kennzeichnung von Zubereitungen, die als *Anstrichmittel, Lacke, Druckfarben, Klebstoffe* und dergleichen verwendet werden. Problem und Lösungen sind ähnlich wie für die anderen gefährlichen chemischen Stoffe.
  Für Verpackungen unter 125 ml gelten besondere, weniger strenge Kennzeichnungsvorschriften.
  Besondere Hinweise gelten für bleihaltige Farben; diese sind für den Verbraucher erfreulich; allerdings sollte eine allgemeine Gebrauchsanweisung für alle Zubereitungen vorgesehen werden.

23 ABl. 1973 Nr. L 189 S. 7.
24 ABl. 1980 Nr. L 229 S. 57.
25 ABl. 1978 Nr. L 206 S. 13.
26 ABl. 1977 Nr. L 303 S. 23.

– Die Richtlinie des Rates vom 27.7.1976[27] betreffend die *Beschränkung des Inverkehrbringens und der Verwendung gewisser gefährlicher Stoffe und Zubereitungen* sieht ein Verbot des Inverkehrbringens und der Verwendung gewisser dieser Stoffe vor. Dies gilt hauptsächlich für PCB (polychlorierte Biphenyle) und für PCT (polychlorierte Terphenyle). Mit der Beschränkung der Verwendung soll insbesondere die Aufnahme von PCB in den menschlichen Körper und die daraus entstehenden gesundheitlichen Schäden verhütet werden.

25 bb) Betreffend kosmetische und pharmazeutische Produkte:

– Die Richtlinie des Rates vom 27.7.1976[28] über *kosmetische Mittel* ist für den Schutz der Gesundheit des Verbrauchers von großer Bedeutung. Nicht umsonst haben die Verbraucherorganisationen im Laufe der Ausarbeitung der Richtlinie ständig die Aufstellung von Positivlisten gefordert – wenn auch ohne Erfolg. Derartige Listen finden insbesondere im Lebensmittelbereich Anwendung.
Die Aufstellung von Positivlisten ist mit einem beträchtlichen Arbeitsaufwand verbunden. Art. 11 erkennt jedoch die Berechtigung dieser Forderung an. Nach und nach werden solche Positivlisten aufgestellt vorrangig für Farbstoffe, Konservierungsstoffe, Antioxydantien, Ultraviolettfilter und Treibmittel für Aerosole.
Nach der Richtlinie dürfen die in der Gemeinschaft in den Verkehr gebrachten kosmetischen Mittel bei normaler Anwendung nicht geeignet sein, der menschlichen Gesundheit zu schaden. Dieser Grundsatz wird in den Anhängen konkretisiert. Anhang II enthält eine Liste von 361 Stoffen, die in kosmetischen Erzeugnisse nicht vorhanden sein dürfen. Anhang III enthält eine Liste der Stoffe, die kosmetische Mittel unter Einhaltung gewisser Beschränkungen und Bedingungen enthalten dürfen, sowie eine Liste zugelassener Farbstoffe. Anhang IV enthält Listen vorläufig zugelassener Stoffe und Farbstoffe, Anhang V eine Liste von neun vom Anwendungsbereich ausgenommenen Stoffen.
Nach Art. 6 müssen auf Etiketten oder Verpackungen gewisse Angaben gemacht werden: Name des Herstellers, Nenninhalt, Verfalldatum, Vorsichtsmaßnahmen. Des weiteren dürfen bei der Werbung und dem Inverkehrbringen keine Merkmale vorgetäuscht werden, die die kosmetischen Mittel nicht besitzen.
Diese Angaben brauchen nicht in der Sprache des Landes des Verbrauchers verfaßt zu werden. Auch insofern ist einem steten Verbraucherwunsch nicht stattgegeben worden.

– Die Richtlinie der Kommission vom 22.12.1980[29] über die Analysemethoden für Kosmetik hat die Richtlinie von 1976 auf einem wichtigen Gebiet vervollständigt.

27 ABl. 1976 Nr. L 262, S. 201, geändert und ergänzt durch die Richtlinie des Rates vom 24.7.1979, ABl. 1979 Nr. L 197, S. 37.
28 ABl. 1976 Nr. L 262 S. 169.
29 ABl. 1980 Nr. L 383 S. 27.

26 cc) Die Arbeiten der Gemeinschaft auf dem Sektor der *Arzneimittel* die dem Schutz der öffentlichen Gesundheit dienen sind wichtig für den Verbraucher. Einige Richtlinien über Arzneispezialitäten sind erlassen worden.[30] Andere sind in Vorbereitung.
Arzneispezialitäten sind alle Arzneimittel die im voraus hergestellt und unter einer besonderen Bezeichnung und in einer besonderen Aufmachung in den Verkehr gebracht werden (Art. 1). Sie können nur mit Erlaubnis der zuständigen Behörden des Mitgliedstaates in den Verkehr gebracht werden (Art. 3). Dem Antrag auf Inverkehrbringen müssen bestimmte Unterlagen beigefügt werden (Art. 4). Die Erteilung der Genehmigung befreit nicht von der zivil- und strafrechtlichen Verantwortlichkeit (Art. 9). Erteilungs-, Widerrufs- und Versagungsgründe sind abschließend aufgezählt. Auch die Vorschriften für Angaben auf Etiketten oder Verpackung sind abschließend aufgezählt soweit sie den öffentlichen Gesundheitsschutz betreffen (Art. 13 und ff.).
Die Angaben müssen in der oder den Sprachen des Landes verfaßt sein in denen das Produkt in den Verkehr gebracht wird (Art. 18). Anzugeben sind u.a. die Zusammensetzung des Produktes, der Name und Wohnsitz desjenigen der das Produkt in den Verkehr bringt, das Verfalldatum bei einer Haltbarkeit von weniger als drei Jahren.
Die zweite Richtlinie legt bestimmte Qualifikationen für die Sachverständigen fest, die die gemäß der ersten Richtlinie einzureichenden Unterlagen und Angaben erstellen. Sie setzt einen Ausschuß ein, der gutachtlich zu den Anträgen Stellung nimmt, die an andere Mitgliedstaaten gerichtet sind, ohne allerdings hierdurch einen Mitgliedstaat zu einer Erteilung oder Versagung der Erlaubnis der Arzneispezialitäten verpflichten zu können. Der Ausschuß kann auch in Streitfällen angerufen werden. Diese Richtlinie führt also ebenfalls kein gemeinschaftliches System für das Inverkehrbringen oder die gegenseitige Anerkennung der Genehmigungen ein. Sie regelt jedoch eine Anzahl von Fragen des Genehmigungsverfahren, der Voraussetzung für die Berufszulassung und der Packungsbeilagen für die Arzneispezialitäten.
Die dritte Richtlinie hat für den Verbraucher keine besondere Bedeutung. Sie legt fest wie die Angaben und Unterlagen bei einem Antrag auf Genehmigung zu erarbeiten und einzureichen sind. Hierzu werden Vorschriften für die notwendigen Versuche und Prüfungen festgelegt.
Abschließend sei noch die Richtlinie des Rates vom 12.12.1977 erwähnt über Stoffe, die Arzneimitteln zum Zwecke der Färbung hinzugefügt werden dürfen.[31] Sie ist insofern interessant als sie die Farbstoffe zuläßt, die in der Richtlinie des Rates vom 23.10.1962 über Farbstoffe in Lebensmitteln[32] zugelassen sind und nicht die viel zahlreicheren – was bei den Verbrauchern erheblich kritisiert wurde – die die Kosmetikrichtlinie enthält.[33]

30 Richtlinie des Rates vom 26.1.1965 (ABl. 1965 S. 369; Änderung ABl. 1966 S. 2658); Richtlinie des Rates vom 20.5.1975 (ABl. 1975 Nr. L 147 S. 1; Änderung ABl. 1978 Nr. L 123 S. 26; Richtlinie des Rates vom 20.5.1975 über die analytischen, toxikologisch-pharmakologischen und ärztlichen oder klinischen Vorschriften und Nachweise über Versuche mit Arzneispezialitäten (ABl. 1975 Nr. L 147 S. 13).

31 ABl. 1978 Nr. L 11 S. 18.

32 ABl. 1962 S. 2645.

33 Siehe *Krämer*, Gemeinschaftsaktionen zu Gunsten der Verbraucher, S. 43.

c) *Betreffend elektrisches Material (Verweisung auf Normen)*

27 Einige der auf diesem Gebiet erlassenen Richtlinie bezwecken die durch verschiedene elektrische Geräte oder Maschinen hervorgerufenen Funkstörungen zu vermindern oder zu vermeiden. Es soll hier nur kurz wegen ihrer besonderen Problematik auf die *Richtlinie des Rates vom 19.2.1973 über elektrische Betriebsmittel zur Verwendung innerhalb bestimmter Spannungsgrenzen*[34] eingegangen werden.

Die Richtlinie betrifft elektrisches Betriebsmaterial zwischen 50 und 1000 Volt (Wechselstrom) sowie 75 und 1500 Volt (Gleichstrom) (Art. 1). Das Betriebsmaterial darf nur in Verkehr gebracht werden, wenn es bei einer ordnungsmäßigen Installation und einer bestimmungsmäßigen Verwendung die Sicherheit von Personen nicht gefährdet (Art. 2). Als diesem Sicherheitsgrundsatz entsprechend wird Betriebsmaterial angesehen, das »harmonisierten Normen« entspricht, d.h. die von hierzu ermächtigten Normenorganisationen gemeinsam aufgestellt und veröffentlicht wurden (Art. 5). Gibt es keine harmonisierten Normen, so darf Material, das gewissen internationalen Sicherheitsanforderungen entspricht, in Verkehr gebracht werden (Art. 6). Fehlen auch solche Vorschriften, so ist den Normen des Herstellerlandes zu entsprechen, soweit diese ebenso streng sind wie die Normen im Empfängerland (Art. 7). Fehlen auch diese, so ist grundsätzlich der Hersteller frei, seine Erzeugnisse in den Verkehr zu bringen, soweit die dem Sicherheitsgrundsatz des Art. 2 entsprechen. Verbietet ein Mitgliedstaat ein Material mit begründeter Entscheidung, so wird ein Konsultationsverfahren eingeleitet (Art. 9).

Für die Verbraucher scheint solch eine weitgefaßte Regelung, wo es um die Sicherheit von Personen geht, wenig zufriedenstellend. Die Richtlinie spricht zwar von Sicherheitsgrundsätzen, verweist jedoch auf Normen, die in der Richtlinie selbst nicht enthalten sind.

28 Eine ähnliche Problematik findet man in dem Vorschlag der Kommission vom 26.6.1980 über die *Sicherheit von Spielzeug*.[35] Es handelt sich hier um ein für den Verbraucherschutz wichtiges Gebiet. Das europäische Parlament hat die Notwendigkeit einer Regelung betreffend Spielzeug hervorgehoben, hat aber die Kommission aufgefordert, einen neuen Entwurf (Rahmenrichtlinie und Einzelrichtlinien) zu erstellen, mit dem Wunsch, daß die Hersteller und die Verbraucher sich möglichst rasch im Rahmen des CEN und des CENELEC über konstruktionsbezogene Anforderungen einigen, die an Spielzeuge zu stellen sind. Allerdings geht es hier nicht wie im Falle der Richtlinien über Spannungsgrenzen um eine Verweisung auf Normen. Nur ist das Parlament der Meinung, daß es nicht die Aufgabe der Kommission sein kann, im einzelnen Normen auszuarbeiten. Deswegen sollen die zuständigen Normenorganisationen ihre schon bestehenden Normen (über physikalische und mechanischen Eigenschaften und Entflammbarkeit) im Sinne eines besseren Verbraucherschutzes anpassen und für die noch offenen Gebiete

34 ABl. 1973 Nr. L 77 S. 29.
35 ABl. 1980 Nr. C 228 S. 10.

(chemische und toxikologische Eigenschaften, elektrische Eigenschaften, Wasserspielzeug) im gleichen Sinne und möglichst rasch Normen aufstellen. Diese könnten dann von der Kommission, mit den nötigen Korrekturen, in Einzelrichtlinien übernommen werden.

29 d) Betreffend die *Kraftfahrzeuge* sind zur Zeit mehr als 40 Richtlinien von der Gemeinschaft hinsichtlich der Fertigung und Ausstattung und der Zulassung zum Verkehr angenommen worden. Diese Maßnahmen sind im Rahmen des Programms des Rates vom 28.5.1969 und vom 17.12.1973 zur Beseitigung technischer Hemmnisse im Warenverkehr erlassen worden.[36] Ziel der Maßnahmen ist es insbesondere eine EWG-Betriebserlaubnis zu erreichen.

Das Problem der Preise wie auch die Frage der Umweltbelastung (Lärm und Abgase) werden von diesen Richtlinien nicht berührt. Die Maßnahmen in diesem Bereich dienen in erster Linie der Öffnung der Märkte, wenn sie auch ein bestimmtes Maß an Sicherheitsvorschriften enthalten. Zwei dieser Richtlinien haben für den Verbraucher besondere Bedeutung.

- *Richtlinie des Rates vom 28.6.1977 über Sicherheitsgurte und Haltesysteme für Kraftfahrzeuge*[37]
  Nach Art. 1 erteilt jeder Mitgliedstaat die EWG-Bauartgenehmigung für jeden Typ von Dreipunkt-Sicherheitsgurten oder Becken-Sicherheitsgurten und von Haltesystemen, der den Bau und Prüfvorschriften der Richtlinie entspricht. Der Hersteller erhält für jede Bauart ein unterscheidungsfähiges EWG-Genehmigungszeichen (Art. 2). Diese Gurten können dann frei in der Gemeinschaft vertrieben werden.
  Die Mitgliedstaaten kontrollieren, daß die gefertigte Gurte mit dem genehmigten Typ übereinstimmen. Sie unterrichten unverzüglich die übrigen Mitgliedstaaten und die Kommission über Erteilung und Entzug der Bauartgenehmigungen (Art. 3). 14 Anhänge legen die technischen Einzelheiten fest (Prüfungsmethoden, EWG-Genehmigungszeichen, Übereinstimmung der Produktion mit der genehmigten Bauart, Anzahl der Stichproben durch die Behörden).
  Die Richtlinie schreibt nicht vor, daß jedes Fahrzeug mit Sicherheitsgurten, die der Richtlinie entsprechen, ausgerüstet sein muß. Sie sagt nichts über das obligatorische Tragen von Gurten, was allerdings ihr Ziel nicht ist. Sie befaßt sich aber auch nicht mit indirekten Zwängen, die Gurte anzulegen (z.B. Geräuschton bei Nichtanlegen), was durchaus möglich gewesen wäre.[38]

36 ABl. 1969 Nr. C 76 S. 1 und ABl. 1973 Nr. C 117 S. 1.
37 ABl. 1977 Nr. L 220 S. 95.
38 Siehe *Krämer*, a.a.O., S. 71.

- *Richtlinie des Rates vom 16.10.1978 über Kopfstützen für Sitze von Kraftfahrzeugen*[39]
  Die Richtlinie ist ähnlich wie die über Sicherheitsgurten aufgebaut. Eine Verpflichtung zur Ausrüstung der Fahrzeuge mit Kopfstützen besteht nicht. Für die Prüfung der Kopfstützen ist ein statischer Test vorgeschrieben.
  Die Verbraucher fordern den obligatorischen Einbau von Kopfstützen, wie das schon in einigen Ländern, wie z.B. in den USA, der Fall ist. Die gleiche Forderung ist z.B. auch vom deutschen Automobilclub schon 1973 an die Bundesregierung gerichtet worden. Für den Verbraucher wäre es auch wichtig, daß, wie in den USA, ein dynamischer Test für die Prüfung der Kopfstützen vorgeschrieben würde, weil er eine bessere Überprüfung der Wirksamkeit der Kopfstützen erlaubt.[40]

e) *Betreffend die Gegenstände in Kontakt mit Lebensmitteln*

30 Mit der Richtlinie des Rates vom 23.11.1976[41] über *Materialien und Gegenstände, die dazu bestimmt sind, mit Lebensmitteln in Berührung zu kommen,* geht es nicht mehr darum, die Produkte zu reglementieren hinsichtlich ihrer Zusammensetzung und ihres Inverkehrbringens. Die Gesundheit des Verbrauchers kann auch von den Verpackungen und Materialien abhängen, mit denen Lebensmittel in Berührung kommen.

Art. 2 stellt den Grundsatz auf, daß Bedarfsgegenstände bei normaler Verwendung an Lebensmittel keine Bestandteile in einer Menge abgeben dürfen, die geeignet ist, eine Gefahr für die menschliche Gesundheit darzustellen oder die Zusammensetzung oder die Eigenschaften der Lebensmittel in Geruch, Geschmack oder Aussehen nachteilig zu verändern.

Zweitens geht es darum, den Verbraucher zu informieren mit einer klaren Angabe wie z.B. »für Lebensmittel«, daß ein Material oder ein Gegenstand ohne Gefahr verwendet werden kann oder mit einem besonderen Hinweis auf den Verwendungszweck des Bedarfsgegenstandes.

Diese Richtlinie kann nur durch Auffüllung durch Einzelrichtlinien ihre tatsächliche Tragweite erreichen. Richtlinienvorschläge über Keramikgegenstände (Begrenzung der Blei- und Kadmiumlässigkeit) und Plastikmaterialien und Gegenstände liegen dem Rat vor.[42] Andere, wie z.B. für Zellulosefasern, sind in Vorbereitung.

Für eines der wesentlichsten Materialien für den Schutz des Verbrauchers – die *Vinylchloridmonomere* (VC) – ist eine Richtlinie des Rates am 30.1.1978[43] angenommen worden.

39 ABl. 1978 Nr. L 325 S. 1.
40 *Krämer*, a.a.O., S. 68.
41 ABl. 1976 Nr. L 340 S. 19.
42 ABl. 1975 Nr. C 46 S. 1 und 1978 Nr. C 141 S. 4.
43 ABl. 1978 Nr. L 44 S. 15.

Sie betrifft einmal das Vorhandensein von VC in Bedarfsgegenständen, zum anderen die Abgabe von VC durch diese Gegenstände an Lebensmittel. Bedarfsgegenstände dürfen nur bis zu 1 mg/kg Fertigerzeugnisse enthalten. An Lebensmittel darf kein VC abgegeben werden. VC sind nämlich krebserzeugend.

Leider sieht die Richtlinie keine Methoden zur Kontrolle der Einhaltung der festgelegten Höchstwerte vor.

Eine Richtlinie der Kommission vom 9.6.1980[44] legt fest, daß ein *Symbol* die Angaben oder Hinweise hinsichtlich der Materialien, Gegenstände oder Verwendungszwecke ab 1.1.1981 ersetzen kann.

31 f) Mit der Entscheidung des Rates vom 23.7.1981[45] zur *Durchführung eines Modellversuchs betreffend ein gemeinschaftliches System zur Information über Unfälle bei Verwendung bestimmter Erzeugnisse außerhalb beruflicher Tätigkeit und des Straßenverkehrs* ist eine neue interessante Richtung des Verbraucherschutzes eingeschlagen worden.

Nach dem ersten Programm müssen die den Verbrauchern zur Verfügung gestellten Erzeugnisse so beschaffen sein, daß sie keine Gefahren für Gesundheit und Sicherheit der Verbraucher darstellen. Maßnahmen zur Unterrichtung des Verbrauchers über die Risiken und die Verwendungsbedingungen der Erzeugnisse müssen folglich getroffen oder die Erzeugnisse aus dem Verkehr gezogen werden. Unfälle in Haushalten und in ihrer Umgebung (Gärten, Höfen, Garagen) haben in der Tat in der Gemeinschaft ein besorgniserregendes Ausmaß erreicht.

Die Durchführung eines Systems zur Erfassung solcher Informationen, vorerst auf der Basis eines Modellversuchs, soll namentlich an den folgenden Merkmalen orientiert sein:

- Die Datenerfassung erfolgt bei Krankenhäusern, Giftnotrufzentren;
- die erfaßten Daten sollen möglichst allgemeingültig und repräsentativ für die Lage in dem betreffenden Land sein;
- sie enthalten u.a. folgende Auskünfte: Unfallort, verwendete Erzeugnisse, Art des Unfalls und der Verletzung;
- damit die Stichprobe repräsentativ ist, müßte sie etwa 320 000 Fälle pro Jahr umfassen.

Der Modellversuch soll 30 Monate dauern und beginnt am 1.1.1982. Die Arbeitsmethode ist in der Entscheidung festgelegt. Ein Beratender Ausschuß wird eingesetzt. Die Entscheidung ist auf Art. 213 und 235 des Vertrages gestützt. Das Informationssystem

44 ABl. 1980 Nr. L 151 S. 21.
45 ABl. 1981 Nr. L 229 S. 1.

sollte die Kommission in die Lage versetzen, dem Rat Vorschläge zur Verhütung von Unfällen bei Verwendung bestimmter Erzeugnisse vorzulegen.

2. Schutz der wirtschaftlichen Interessen der Verbraucher

Dieser Schutz ist durch legislative Maßnahmen sicherzustellen, die entweder auf Gemeinschaftsebene harmonisiert oder unmittelbar auf dieser Ebene getroffen werden.

32 a) Während der Laufzeit des 1. Programms sind dem Rat einige Richtlinienentwürfe zugeleitet worden; bei einigen sind Fortschritte erzielt worden. Bemerkenswert ist aber, daß keiner vom Rat verabschiedet worden ist.

Es handelt sich um folgende Vorlagen:[46]

- Irreführende und unlautere Werbung[47]
- Verbraucherkredit[48]
- Produkthaftung (Haftung für Fehlerhafte Produkte)[49]
- Haustürgeschäfte (Außerhalb von Geschäftsräumen abgeschlossene Verträge)[50]

b) Zwei dieser Entwürfe, die Anlaß zu regen Debatten gegeben haben, sollen hier etwas näher erörtert werden.

33 aa) *Produkthaftung* ist seit Jahren eines der meist umstrittenen und aktuellsten Probleme des Schadenrechts. Die Originalität des Vorschlags der Kommission von 1976 ist in der vom Verschulden unabhängigen außervertraglichen Haftung der Herstellers für Schäden zu sehen, die durch einen Fehler seines Produkts verursacht worden sind (Konstruktions-, Fabrikations-, Instruktionsfehler und die sog. Entwicklungsrisiken).

Der Vorschlag wurde von der Industrie kritisiert und von den Verbrauchern grundsätzlich begrüßt. Sie beanstanden u.a. jedoch, daß die Haftung in der Regel auf den Hersteller beschränkt und nicht auch auf den Händler ausgedehnt worden ist, daß die Haftung der Höhe nach begrenzt worden ist (25 Millionen ERE für Körperschäden; 15 000 ERE für Schäden an beweglichen Sachen; 50 000 ERE für Schäden an unbeweglichen Sachen), daß die Haftung des Herstellers zeitlich (10 Jahre) befristet worden ist.

Nach den Beratungen im Wirtschafts- und Sozialausschuß und im Europäischen Parlament hat die Kommission 1979 ihren Vorschlag abgeändert und vervollständigt. So

46 Siehe Rn. 10 bis 12.
47 ABl. 1978 Nr. C 70 S. 4.
48 ABl. 1979 Nr. C 80 S. 4.
48 ABl. 1979 Nr. C 80 S. 4.
49 ABl. 1976 Nr. C 241 S. 9 und Änderung ABl. 1979 Nr. C 271 S. 3.
50 ABl. 1977 Nr. C 22 S. 6 und Änderung ABl. 1978 Nr. C 127 S. 6.

sind z.B. die landwirtschaftlichen Urprodukte, die handwerklich gefertigten Produkte und die künstlerischen Produkte von der Haftung ausgenommen worden. Die Kommission ist allerdings dem Antrag des Europäischen Parlaments, die sog. Entwicklungsrisiken – die auf Grund des Standes von Wissenschaft und Technologie beim Inverkehrbringen der fehlerhaften Sache von niemanden entdeckt werden konnten – auszuschließen, nicht gefolgt: »Ein Ausschluß der Haftung für Schäden, die durch diese im übrigen außerordentlich seltenen Risiken verursacht werden, würde den Verbraucher in der Tat das Risiko unbekannter Gefahren tragen lassen«. Nach dem »Comité Européen des Assureurs« soll die Einbeziehung dieser Risiken nicht zu wesentlich höheren Versicherungskosten führen als diejenigen, die sich von der vom Verschulden unabhängigen Haftung ergeben.

Der Vorschlag der Kommission geht über die bisher in den Mitgliedstaaten geltenden Regelungen hinaus. Viele Autoren[51] sind jedoch der Meinung, daß nur ein umfassendes zwingendes System von Sicherheitsvorkehrungen zusammen mit einer Zulassungspflicht für bestimmte Produkte – so z.B. Arzneimittel – dem Verbraucher den notwendigen Schutz bieten könnten. Auch das Erste Verbraucherprogramm der EG befürwortet eine solche Zulassungspflicht für gewisse Erzeugnisse.

34 bb) *Unlautere Werbung* ist ein weiterer auf europäischer Ebene wie auch weltweit aktueller und umstrittener Problemkreis. Bemerkenswert ist es, daß in dem Vorschlag der Kommission von 1978 der Verbraucher von dem Rang eines Rechtsobjektes der Geschäftsbeziehungen zwischen Produktion und Handel, oder jeder dieser Kreise unter sich, zu einem Rechtssubjekt – d.h. das von der Rechtsnorm direkt angesprochen ist – aufgerückt ist: »Die Richtlinie bezweckt den Schutz der Verbraucher, der Personen, die einen Handel oder ein Gewerbe betreiben ...« (Art. 1). 1979 hat die Kommission einen abgeänderten und verbesserten Vorschlag vorgelegt.

Der Vorschlag definiert und verbietet »irreführende« und »unlautere« Werbung. Als irreführend wird insbesondere jede Werbung angesehen, die ganz oder zum Teil falsch ist oder die wesentliche Angaben nicht enthält und dadurch einen falschen Eindruck erweckt (Art. 2 und 3) oder wenn sie ... »nicht ohne weiteres als Werbung kenntlich ist ...« (Art. 13 neuer Text). Auch die Begriffe »Werbung« und »unlautere« sind präzisiert worden; so bedeutet Werbung im neuen Vorschlag »eine Äußerung in welcher Form auch immer ...« um zu verdeutlichen, daß Werbung mündlich, schriftlich oder durch Zeichen erfolgen kann. Vergleichende Werbung ist zulässig, sofern sie wesentliche und nachprüfbare Umstände vergleicht (Art. 4). Für die Richtigkeit der Tatsachenbehauptungen hat der Werbende die Beweislast, aber nach dem neuen Text nur »in Zivil- und Verwaltungsstreitverfahren« (Art. 7). Gegen irreführende und unlautere Werbung dürfen sowohl betroffene Einzelpersonen als auch Verbände gerichtlich vorgehen (Art. 5), und zwar auch dann, wenn Selbstkontrolleinrichtungen der Werbewirtschaft bestehen (Art. 6). Die Gerichte können in einem beschleunigten Verfahren über

51 *Reich-Micklitz,* a.a.O., S. 124 und *von Hippel,* a.a.O., in: RabelsZ, S. 361.

irreführende Werbung entscheiden und die Veröffentlichung einer berichtigenden Erklärung anordnen.

Gegenüber der bisherigen Rechtslage bedeutet die vorgesehene Regelung für die Mitgliedstaaten eine Verbesserung des Verbraucherschutzes. Der Vorschlag wird von der Werbewirtschaft kritisiert, insbesondere weil sie der Meinung ist, daß der Selbstkontrolle der Vorrang eingeräumt werden sollte. Aber die Verbraucher beanstanden auch einige Lücken in dem Richtlinienentwurf: so z.B. enthält der Vorschlag keine speziellen Vorschriften für Arzneimittel-, Tabak- und Alkoholwerbung. Des weiteren hätte man im Falle unlauterer Werbung ein Recht auf Vertragslösung und Schadensersatz vorsehen können.

3. *Unterrichtung der Verbraucher*

35 Laut dem ersten Verbraucherprogramm soll der Erwerber von Gütern oder Dienstleistungen ausreichend informiert sein, damit er:

- die wesentlichen Merkmale der angebotenen Güter und Dienstleistungen erkennen kann (Art, Qualität, Menge und Preise);
- eine sachgerechte Wahl treffen kann;
- die Waren und Dienstleistungen sicher und zufriedenstellend nutzen kann;
- Ersatz für etwaige Schäden verlangen kann.

Neben Warentests, Preisvergleichen, Informationen allgemeiner Art, sind auch eine Anzahl von Richtlinien auf diesem Gebiet von Bedeutung.

a) Was die Lebensmittel anbetrifft, so ist die Richtlinie des Rates vom

36 aa) 18.12.1978[52] über die *Etikettierung und Aufmachung von für den Endverbraucher bestimmten Lebensmittel sowie die Werbung hierfür* zu verzeichnen. Sie ist wesentlich für den Verbraucher. Sie gilt nämlich für die Etikettierung, Aufmachung und Werbung von Lebensmitteln, die ohne weitere Verarbeitung an den Endverbraucher abgegeben werden. Sie enthält Angaben über verschiedene Merkmale der Lebensmittel (Verkehrsbezeichnung, Verzeichnis der Zutaten, Nettofüllmenge, Mindesthaltbarkeitsdatum, Name und Anschrift des Herstellers ggfalls Ursprung – oder Herkunftsort und Gebrauchsanleitung). Bei Zutaten genügt die Angabe des Namens der Gruppe (z.B. Konservierungsstoff), gefolgt von der EWG-Nummer. In ihrer jetzigen Form sieht die Richtlinie einige Ausnahmen vor (z.B. was die Angabe des Haltbarkeitsdatums oder das Verzeichnis der Zutaten angeht) und stellt die Einführung von Vorschriften über einige Etikettierungselemente (wie z.B. die Angabe der Bestandteile und des Alkoholgehalts einiger alkoholischer Getränke) zurück.

52 ABl. 1979 Nr. L 33 S. 1.

Die Verbraucherorganisationen haben die Richtlinie einhellig positiv aufgenommen. Es wurde jedoch kritisiert, daß die Vorlage und die Verabschiedung der Richtlinie so lange Zeit in Anspruch genommen haben und daß weder die Verwendung der Landessprache des Empfängerlandes noch die Angabe des Datums der Herstellung gefordert werden.

Ein Vorschlag für eine Richtlinie des Rates zur Angleichung der Rechtsvorschriften der Mitgliedstaaten über *Werbebehauptungen* in der Etikettierung und Aufmachung von für den Endverbraucher bestimmten Lebensmitteln sowie in der Werbung hierfür ist von der Kommission dem Rat am 13.4.1981 vorgelegt worden.[53] Dieser Vorschlag stellt eine Ergänzung und Straffung der Richtlinie von 1979 dar.

37 bb) Die Richtlinie des Rates vom 19.6.1979[54] über den Schutz des Verbrauchers betreffend die *Preisauszeichnung für Lebensmittel* sowie die Entschließung des Rates vom 19.6.1979[55] über die *Angabe des Preises bei Lebensmitteln und anderen Erzeugnissen* des kurzfristigen Verbrauchs in Fertigpackungen mit im voraus festgelegten Füllmengen beziehen sich auf ein anderes für das tägliche Leben des Verbrauchers wichtiges Gebiet.

Diese Texte bezwecken, Preisvergleiche zum Zeitpunkt des Verkaufs zwischen konkurrierenden Lebensmittelerzeugnissen anstellen zu können, die nach Gewicht oder Größe verkauft werden. Die Richtlinie sieht vor, daß sowohl der Verkaufspreis als auch der Einheitspreis (per kg oder liter) anzugeben sind. Dies gilt für Lebensmittel in losem Zustand, wie auch für Lebensmittel in Fertigpackungen mit unterschiedlicher Füllmenge oder mit im voraus festgelegter Füllmenge. Für diese letzte Kategorie entscheidet der Rat spätestens am 31.12.1983 über die Bedingungen für die Anwendung der Verpflichtung zur Angabe des Preises je Maßeinheit.

Die Mitgliedstaaten können darüber hinaus für Kleinläden oder auch für stückweise vermarktete Lebensmittel Ausnahmen hinsichtlich der Preisauszeichnung gewähren.

38 cc) Die Richtlinie des Rates vom 15.1.1980[56] über die *zulässigen Skalen von Nennfüllmengen bestimmter Erzeugnisse in Fertigpackungen* stellt den nächsten wichtigen Schritt für ein vollständigeres System der Preisauszeichnung dar.

Wie schon in der Entschließung des Rates vom 19.6.1979 festgestellt, kann möglicherweise von einer Preisauszeichnung – zusätzlich des sowieso anzugebenden Verkaufspreises – bei einfachen Standardreihen von Nennfüllmengen, bei Fertigpackungen abgesehen werden.

Die Richtlinie erfaßt eine bestimmte Anzahl von Fertigpackungen die in drei Gruppen aufgeteilt sind.

53 ABl. 1981 Nr. C 198 S. 4.
54 ABl. 1979 Nr. L 158 S. 19.
55 ABl. 1979 Nr. C 163 S. 1.
56 ABl. 1980 Nr. L 51 S. 1.

- die 1. Gruppe erfaßt Fertigpackungen, die nach Gewicht oder Volumen zum Verkauf angeboten werden. Für jedes dieser Erzeugnisse werden Nennfüllmengen festgelegt. Insgesamt sind 10 Lebensmittelgruppen, 6 Kosmetikgruppen, 6 Waschmittelgruppen und 5 andere Produktgruppen erfaßt.
- Gruppe 2 betrifft nach Gewicht oder Volumen verkaufte Erzeugnisse, die in genormten Behältnissen verpackt sind. Hierfür werden das zulässige Fassungsvermögen der Behältnisse (Metalldosen, Glasbehälter, Kartons) sowie Skalen (Gewürze, Kräuter, Klebstoffe und Leime) festgelegt.
- Die 3. Gruppe bezieht sich auf Erzeugnisse, die als Aerosole verkauft werden und sich in genormten Metallbehältnissen befinden. Die Kapazität der Behältnisse ist festgelegt sowie die Menge in ml des Erzeugnisses, das in dem Behältnis vorhanden sein muß.
  Die Fertigpackungen sind mit der Nennfüllmenge des Erzeugnisses nach Gewicht oder Volumen zu kennzeichnen. Der Leerraum ist auf das Mindestmaß zu beschränken.
  Allgemein ist festzustellen, daß angesichts des Umfangs des grenzüberschreitenden Warenverkehrs in der EG die Angleichung der zugelassenen Mengen das Marktangebot übersichtlicher macht.

Allerdings kann man noch nicht von einer simplen Standardreihe, die nur etwa 10 gleiche Größenwerte enthalten würde, reden. Darüber hinaus ist das Problem der sog. »Mogelpackungen« – Behälter, die größer sind als das Volumen der in den Packungen enthaltenen Erzeugnisse – nicht gelöst.

39 Diese Richtlinie stützt sich auf zwei maßgebende Richtlinien, die sie vervollständigt und präzisiert: nämlich die Richtlinie des Rates vom 19.2.1974[57] über die Abfüllung bestimmter Flüssigkeiten nach Volumen in Fertigpackungen und die Richtlinie des Rates vom 20.1.1976[58] über die Abfüllung bestimmter Erzeugnisse nach Gewicht oder Volumen in Fertigpackungen.

Die Richtlinie von 1974 betrifft die Abfüllung von Lebensmitteln in Fertigpackungen zwischen 0,05 l und 5 Litern für alle wesentlichen flüssigen Lebensmittel (Wein, Essig, usw.).

Die zweite Richtlinie erfaßt praktisch alle Fertigpackungen – mit Ausnahme derjenigen, die von der Richtlinie von 1974 erfaßt werden – zwischen 5 g oder ml und 10 kg oder 10 l (feste Lebensmittel, Toilettenartikel usw.).

b) Auf dem Sektor der *industriellen Erzeugnisse* sind mehrere vielseitige Richtlinien zu nennen.

57 ABl. 1975 Nr. L 42 S. 1.
58 ABl. 1976 Nr. L 46 S. 1.

40 aa) Weit zurück schon liegt die für die Information des Verbrauchers interessante Richtlinie des Rates vom 26.7.1971[59] für die *Bezeichnung von Textilerzeugnissen.*

Diese Richtlinie betrifft sowohl den Schutz wie auch die Information des Verbrauchers in seinem täglichen Leben. Bedeutsam ist sie auch deshalb, weil es hier zum ersten Mal um eine Reglementierung geht, die nicht in erster Linie die Gesundheit und die Sicherheit des Verbrauchers zum Ziel hat. Interessant ist sie auch insofern, als sie das Ergebnis einer engen Zusammenarbeit des damaligen Verbraucherkontaktausschusses und der Kommission darstellt.

In der Vergangenheit sind z.B. Bezeichnungen wie »Seide« oder »Wolle« auf Kleider oft mißbraucht worden. Die Richtlinie legt die verschiedenen Bezeichnungen für Textilfasern fest, die allein in der Gemeinschaft verwendet werden dürfen. Für Textilien, die aus verschiedenen Fasern bestehen, werden ins einzelne gehende Kennzeichnungsvorschriften festgelegt, die im allgemeinen die Angabe des jeweiligen Anteils an Textilfasern vorsehen und Toleranzen festlegen. Der Gebrauch bestimmter Bezeichnungen – »Seide«, »100 %«, »rein«, »Schurwolle« – die bei den Benutzern und Verbrauchern besonderes Ansehen genießen, ist nur unter besonderen Bedingungen zulässig. Alle Angaben sind beim Angebot zum Verkauf ebenso auch in Prospekten, Etiketten und Markierungen deutlich und lesbar anzugeben.

Anhang III enthält eine Anzahl von kleinen Textilerzeugnissen – z.B. Kaffeewärmer – für die keine Kennzeichnung vorgenommen werden braucht. Anhang IV gilt für andere Erzeugnisse – z.B. Taschentücher, die mit einer Globalkennzeichnung versehen werden können.

Für den Verbraucher vereinheitlicht die Richtlinie die verschiedenen Faserbezeichnungen und andere Bezeichnungen und verbessert dadurch die Übersichtlichkeit.

Die Verbraucherorganisationen bemängeln jedoch, daß die Richtlinie keine Vorschriften für die Pflegekennzeichnung, die eine sachgerechte Behandlung der Textilerzeugnisse ermöglichen, beinhaltet. Dies war nämlich eine Zeitlang während der Vorarbeiten vorgesehen.

Die Richtlinien des Rates betreffend die *Methoden der quantitativen Analysen* von binären und von ternären Textilfasergemischen, respektiv vom 17.7.1972 und vom 26.2.1973,[60] stellen eine nützliche Ergänzung namentlich hinsichtlich der Kontrolle der Zusammensetzung der Textilien dar.

bb) Umweltbewußtsein in der öffentlichen Meinung, namentlich hinsichtlich der Ressourcen- und Energie-Knappheit hat die Kommission dazu veranlaßt, auf einem anderen für den Verbraucher interessanten Gebiet aktiv zu werden.

59 ABl. 1971 Nr. L 185 S. 16.
60 ABl. 1972 Nr. L 173 S. 1 und 1973 Nr. L 83 s. 1.

41 Die Richtlinie des Rates vom 14.5.1979[60a] betreffend die *Information über den Energieverbrauch von Haushaltsgeräten durch Etikettierung* entspricht dieser neuen Zielrichtung.

Gemäß dem 6. Erwägungsgrund sollte in der Tat »Die Öffentlichkeit in möglichst verständlicher und einheitlicher Weise über den spezifischen Verbrauch von Haushaltsgeräten unterrichtet werden. Eine genaue, sachdienliche und vergleichbare Unterrichtung kann ihre Wahl auf Geräte lenken, die weniger Energie verbrauchen.«

Die Richtlinie betrifft die Harmonisierung der einzelnen staatlichen Regelungen zur Veröffentlichung von Angaben über den Energieverbrauch sowie zusätzlicher Angaben, insbesondere durch die Anbringung von Etiketten (Art. 1). Sie gilt für folgende Haushaltsgeräte: Warmwasserbereiter, Backöfen, Kühl- und Gefriergeräte, Waschmaschinen, Fernsehgeräte, Geschirrspüler, Wäschetrockner, Bügelmaschinen.

Es besteht kein Zwang für die Mitgliedstaaten, von den Herstellern dieser Geräte das Anbringen eines Etiketts zu verlangen. Werden aber solche Angaben gemacht, so müssen die Etiketten dieser Richtlinie und den Anwendungsrichtlinien entsprechen. Der Handel bringt die ihm von den Herstellern oder den Importeuren zu liefernden Etiketten an der vorgeschriebenen, oder auf jeden Fall an gut sichtbarer Stelle auf den ausgestellten Geräten an (Art. 3).

Es wird ein Ausschuß für die Anpassung der Richtlinie an den technischen Fortschritt eingesetzt (Art. 6)

Jeder Mitgliedstaat, einschließlich der Staaten, die die Etikettierung nicht zwingend vorschreiben, trifft die zweckdienlichen Maßnahmen, damit jedes potentiellen Käufern zugängliche Etikett den Anforderungen dieser Richtlinie und der einschlägigen Durchführungsrichtlinie entspricht.

Anhang I regelt die allgemeinen Merkmale des Etikettes. Dieses ist von dem Hersteller in der Landessprache des Verbrauchers zu liefern.

Anhang II regelt die Form und die Abmessungen des Etikettes. Anhang III bildet das Buchstabenzeichen »E« ab das in der oberen linken Ecke anzubringen ist.

42 Eine erste Anwendungsrichtlinie und zwar für *elektrische Backöfen*[61] wurde vom Rat auch am 14.5.1979 verabschiedet.

Anhang I enthält die für das Etikett von Elektrobacköfen zusätzlichen spezifischen Bestimmungen. Die Hersteller oder Importeure übernehmen die Messung des Energieverbrauchs nach einem von CENELEC aufgebautem Meßverfahren. Eine Abweichung von mehr als 15 % von der Angabe auf dem Etikett eines willkürlich gewählten Gerätes des gleichen Typs sind nicht zulässig, sonst muß eine neue Stichprobe an drei Geräten

60a ABl. 1979 Nr. L 145 S. 1.
61 Nr. 79/531/EWG, ABl. 1979 Nr. L 145 S. 17.

durchgeführt werden. Ergibt sich aus dem Mittel dieser Meßwerte eine Abweichung um mehr als 10 %, so muß das Etikett entsprechend abgeändert werden.

Das Etikett in Anhang II übernimmt die in Anhang I vorgesehenen einschlägigen Angaben, namentlich den Energieverbrauch für Aufheizen auf 200°C und für einstündige Temperaturhaltung auf 200°C.

Die Kommission hat dem Rat am 8.6.1980 zusätzliche Anwendungsrichtlinien, und zwar für elektrische Waschmaschinen, elektrische Geschirrspülmaschinen und elektrische Kühlgefrier.- und Tiefkühllager-Geräte vorgelegt.[62]

Anhang I der allgemeinen Richtlinie[61a] vom 14.5.1979 sieht vor, daß »Die Merkmale des Etiketts durch die Hinzufügung von Angaben, Meßergebnissen oder Zulassungszeichen ergänzt und geändert werden können, die z.B. den Wasserverbrauch oder den Geräuschpegel betreffen und unter andere Richtlinien fallen.«

Die Kommission hat dem Rat einen Richtlinienentwurf betreffend der Geräuschpegel von Haushaltsgeräten am Anfang des Jahres 1982 vorgelegt. Der Erfolg dieser Richtlinien baut weitgehend auf ein verbraucherbewußtes Verhalten der Käufer auf.

4. Sonstige Ergebnisse

Neben der Harmonisierung der Rechtsvorschriften, sind während der Laufzeit des 1. Programms namentlich noch die Tätigkeiten betreffend die Aufklärung der Verbraucher zu nennen.

43 a) In den Abschnitten 43 und 44 des Programms heißt es, daß auf dem Gebiet der Verbrauchererziehung an den Schulen eine Aktion in bezug auf die im Unterricht anzuwendenden Lehrmethoden und Lehrmittel und in bezug auf die Ausbildung der mit der Verbrauchererziehung beauftragten Lehrkräften durchgeführt werden muß.

So wurden hinsichtlich *Bildung* der Verbraucher, auf Gemeinschaftsebene Maßnahmen getroffen, die sich auf die Ergebnisse eines in London im Dezember 1977 abgehaltenen Kolloquiums stützen.

Ein Netz von rund 20 Modellschulen wurde geschaffen: die besondere Aufgabe des Lehrers in jeder Modellschule ist es, Verbraucherunterricht entweder als Sonderfach oder als Teil eines anderen Fachs fortzusetzen oder einzuführen. Bei diesem Unterricht werden die Lehrer in der Lage sein, die in ihren Ländern verwendeten bzw. von ihnen selbstausgearbeiteten Lehrmethoden und -mittel auszuprobieren. Die Modellversuche sollen so weit wie möglich schon für Schüler von 10 bis 12 Jahre bestimmt sein und über mehrere Jahre fortgesetzt werden.

61a Nr. 79/530/EWG, ABl. 1979 Nr. L 145 S. 1.
62 ABl. 1980 Nr. C 149 S. 7.

Außerdem wurde eine Arbeitsgruppe über den Inhalt der Verbraucheraufklärung und der Aufklärung des Lehrpersonals eingesetzt.

44 b) Erwähnt sei auch, daß die den Verbraucherorganisationen von der Kommission gewährten finanziellen Zuschüsse von 140 000 Rechnungseinheiten in 1973 auf 345 000 RE für 1981 und 360 000 RE für 1982 angestiegen sind.

45 c) Der Beratende Verbraucherausschuß (BVA) hat seine Arbeiten während der Laufzeit des 1. Programms fortgesetzt: namentlich Ausarbeitung von Stellungnahmen über Richtlinienentwürfe, über Agrar- und sonstige Gemeinschaftspolitiken, Teilnahme an beratenden Ausschüssen innerhalb des Rahmens der Gemeinschaft.[63]

Nach wie vor werden die Stellungnahmen und Entschließungen des Beratenden Verbraucherausschusses von der Kommission nicht veröffentlicht, und zwar mit der Begründung, der BVA sei ein Ausschuß der Kommission und keine Interessengruppe.

46 d) Die persönlichen Mittel in diesem Sektor wurden 1977 erweitert durch die Schaffung einer Direktion »Stärkung der Verbraucherinteressen« mit drei Verwaltungseinheiten, nämlich der zum Schutz der körperlichen Unversehrtheit der Verbraucher, der zur Stärkung der wirtschaftlichen und rechtlichen Verbraucherinteressen und der zur Unterrichtung und Aufklärung der Verbraucher. 1980 wurden im Rahmen der neuen Generaldirektion Umwelt und Verbraucherschutz die zwei letztgenannten Einheiten zusammengelegt.

47 Des weiteren wurden neben dem schon bestehenden Wissenschaftlichen Ausschuß für menschliche Ernährung[64] und dem Beratenden Lebensmittelausschuß[65] durch Beschluß der Kommission 1977 ein Wissenschaftlicher Ausschuß für Kosmetologie,[66] 1978 ein Wissenschaftlicher Ausschuß für Schädlingsbekämpfungsmittel[67] und den Beratenden Wissenschaftlichen Ausschuß für die Prüfung der Toxizität und Ökotoxizität chemischer Verbindungen[68] eingesetzt.

V. Zweites Programm für eine Politik zum Schutz und zur Unterrichtung der Verbraucher[69]

48 1. Das zweite Programm ist weitgehend als eine Fortschreibung des ersten Verbraucherprogramms anzusehen. Von den schon im 1. Programm genannten Grundrechten und

63 Siehe Zweiter Verbraucherbericht, S. 25 ff. und Dritter Verbraucherbericht, S. 39 f.
64 ABl. 1974 Nr. L 136 S. 1.
65 ABl. 1975 Nr. L 182 S. 35 und Änderung ABl. 1978 Nr. L 251 S. 18 sowie ABl. 1980 Nr. L 318 S. 28.
66 ABl. 1978 Nr. L 13 S. 24.
67 ABl. 1978 Nr. L 124 S. 16.
68 ABl. 1978 Nr. L 198 S. 17.
69 ABl. 1981 Nr. C 133 S. 1.

Grundsätzen ausgehend, wird für jedes dieser 5 Rechte und Ziele (Gesundheit und Sicherheit, wirtschaftliche Interessen, rechtliche Stellung, Bildung und Unterrichtung, Vertretung) eine Bestandsaufnahme gemacht und weitere zu entwickelnde Aktionen angegeben. So wird z.B. bei der Harmonisierung der Rechtsvorschriften für einzelne Erzeugnisse zum Schutz der Gesundheit des Verbrauchers angegeben hinsichtlich der Arzneimittel, daß die Kommission dem Rat einen Richtlinienvorschlag betreffend die Werbung für Arzneimittel unterbreiten wird. Des weiteren will die Kommission z.B. hinsichtlich des Schutzes der wirtschaftlichen Interessen des Verbrauchers in der wichtigen Frage der mißbräuchlichen Vertragsklauseln nach umfassenden Konsultationen »... allerdings nur gegebenenfalls, geeignete Vorschläge vorlegen.« Auf dem Gebiet der Unterrichtung des Verbrauchers will die Kommission z.B. ihr Augenmerk auf die Preise richten. Das Programm stellt einführend mit Recht fest, daß die gegenwärtige schwierige Wirtschaftslage die Verbraucher mehr und mehr dazu zwingt, ihr Einkommen bewußter zu verwenden.

Dies wäre umsomehr zu begrüßen als seit 1970/1971 keine systematischen jährlichen Preisvergleiche mit dem Statistischen Amt auf Gemeinschaftsebene mehr durchgeführt werden.

49 2. Ein zweites Kennzeichen dieses Programms ist der Nachdruck mit dem die Bemühungen der Kommission unterstrichen werden, weiterhin bei der Ausarbeitung aller verbraucherrelevanten Politiken, insbesondere im Rahmen der Landwirtschafts-, der Wettbewerbs- und der Industriepolitik, den Verbraucherinteressen Rechnung zu tragen.

50 3. Ein drittes wesentliches Merkmal dieses Programms liegt in der Betonung der Bedeutung des Dialogs zwischen Verbrauchervertreter einerseits und Hersteller, Händler und Dienstleistungserbringer andererseits, und zwar in völliger gegenseitiger Anerkennung ihrer Funktionen als Partner auf dem Markt. Als Ergänzung dieser Anerkennung der Rolle des Verbrauchers liegt allerdings dem Programm die Förderung der Verbraucherinteressen, und nicht nur mehr deren Schutz, zugrunde. Dieser Dialog kann durch die Ausarbeitung besonderer Vereinbarungen zwischen den verschiedenen Beteiligten konkretisiert werden, die den Vorteil hätten, »daß der Verbraucher zusätzliche Garantien für loyale Handelspraktiken erhielte«. Die Kommission wird sich bemühen, »versuchsweise in einigen Bereichen des Kundendienstes und bei bestimmten berufsethischen Fragen die Ausarbeitung und den Beschluß derartiger Vereinbarungen zu erleichtern.«[70]

51 Die Förderung dieses Dialogs ist positiv zu bewerten. Jedoch scheint die damit verknüpfte Gegenseite bedenklich. So heißt es z.B. im Vorwort zum 3. Verbraucherbericht[63] »Der Erlaß von Rechtsvorschriften ist jedoch keinesfalls das einzige wichtige Anzeichen für Fortschritte bei der Förderung des Wohlergehens der Verbraucher ...« So weit, so gut.

70 Punkt 6, S. 3 des Programms.

Und etwas weiter »Rechtsvorschriften sind bestenfalls ein schwacher Schutz des unvorsichtigen, schlecht informierten bzw. unorganisierten Verbrauchers auf allen Ebenen«. Wenn man weiß, daß das geltende Handelsrecht in allen Mitgliedstaaten weitgehend noch als ein Verkäuferrecht bezeichnet werden kann, so scheint es wohl angebracht sowohl auf der Ebene der Unterrichtung, Aufklärung und Vertretung der Verbraucher als auch auf dem Gebiet des weiteren Ausbaus eines Verbraucherrechts Fortschritte zu erzielen.

Dies wird auch, bis zu einem gewissen Punkt, im Programm anerkannt: »Obwohl es auf nationaler wie auf gemeinschaftlicher Ebene in vielen Fällen noch legislativer Maßnahmen bedarf, um den Verbrauchern die Ausübung der genannten fundamentalen Rechte sowie das reibungslose Funktionieren des Marktes zu garantieren . . .«[70] Gerade in der heutigen schwierigen Wirtschaftslage können sich nämlich solche Vorschriften als wichtig erweisen.

52 In Mitgliedstaaten wird meist auch weiterhin in beiden Richtungen hin gearbeitet. So will man in Frankreich z.B. sowohl Vereinbarungen zwischen den Wirtschaftssektoren und den Verbrauchern entwickeln, verallgemeinern und verbindlich gestalten als auch gesetzgeberisch vorgehen. Es wurde ein Ausschuß unter dem Vorsitz von Herrn Calais-Auloy, Professor in Montpellier, der schon für das von der Kommission 1975 in Montpellier organisierte Kolloquium mitverantwortlich war, eingesetzt mit dem Ziel innerhalb von zwei jahren Vorschläge zur Umarbeitung und Ergänzung des Verbraucherrechts zu erarbeiten.[71]

Schlußbemerkungen

53 Abschließend ist noch einmal festzustellen, daß Verbraucherpolitik nicht notwendigerweise mit einem zufriedenstellenden Verbraucherschutz und noch viel weniger mit Verbraucherrecht gleichbedeutend ist. Immer dann, wenn für den Verbraucher wichtige Maßnahmen auf Gemeinschaftsebene getroffen werden, entsprechen sie primär einer anderen Zielrichtung, und zwar namentlich der Beseitigung der technischen Handelshemmnisse im Warenverkehr. Das bedeutet aber, daß dem Verbraucherschutz bei diesen Maßnahmen nicht immer angemessen Rechnung getragen werden kann. Des weiteren ist zu bemerken, daß viele Richtlinien, die für die Verbraucher von Interesse sind, einen »optionellen« Charakter haben, d.h. daß neben den Produkten, die von der Richtlinie erfaßt sind und die innerhalb des Gemeinsamen Marktes frei zirkulieren können, andere Produkte der gleichen Art weiter im innerstaatlichen Verkehr bestehen können. Das ist z.B. der Fall für die Richtlinie des Rates vom 19.12.1974[72] über die Abfüllung bestimmter

71 Le Monde, 5. 12. 1981 (Journées du Droit de la Consommation – 3 décembre – Paris, Institut National de la Consommation).

72 ABl. 1975 Nr. L 42 S. 1, geändert am 23.11.1979, ABl. 1979 Nr. L 308 S. 25.

Flüssigkeiten nach Volumen, wo neben den Skalen von zugelassenen Behältergrößen andere innerhalb der Mitgliedstaaten weiter gebraucht werden können. Dies erschwert beträchtlich die Marktübersicht für den Verbraucher. Für den Verbraucher ist also generell eine »totale« Harmonisierung vorzuziehen. Darüber hinaus sind gerade die Bemühungen um eine Rechtsvereinheitlichung, die den Kern eines europäischen Verbraucherrechts darstellen können, – Produkthaftung, irreführende Werbung, allgemeine Geschäftsbedingungen, Konsumentenkredit und Haustürgeschäfte – bis jetzt ohne Erfolg geblieben.

54 In seinem Urteil vom 20.2.1979 in der Rechtssache 120/78[73] »Cassis de Dijon« betreffend die Anwendung der Vertragsvorschriften über den freien Warenverkehr, insbesondere der Art. 30 bis 36 EWG-Vertrag (Mengenmäßige Einfuhrbeschränkungen und Maßnahmen gleicher Wirkung), hat der Europäische Gerichtshof anerkannt, daß u.a. auch der Verbraucherschutz ein »zwingendes Erfordernis« darstellen kann, um ein Hemmnis des freien Warenverkehrs zuzulassen. In ihrer Mitteilung vom 20. 2. 1979[74] über die Auswirkungen dieses Urteils hat die Kommission ihrerseits die Notwendigkeit des Erhaltens des freien Warenverkehrs als Grundprinzip des Vertrages unterstrichen und ihre »globale Strategie« betreffend die Auslegung und die Anwendung dieses Urteils präzisiert. Künftighin soll der Anwendung der Art. 30 ff. gegenüber derjenigen des Art. 100 einen größeren Platz eingeräumt werden. Eine große Anzahl von Handelshemmnissen wird also nicht mehr mittels Harmonisierungsrichtlinien beseitigt werden, sondern, im Einzelfall, durch Anwendung von Art. 30. Die Kommission zitiert in diesem Zusammenhang mit Recht eine der ehemaligen, oft etwas unglücklichen Harmonisierungsversuche wie z.B. das »Eurobrot«.

Zwar ist aus der Sicht des Verbraucherinteresses eine durchgreifendere Anwendung von Art. 30 zu begrüßen, weil sie einen stärkeren Wettbewerb und somit einen günstigen Einfluß auf die Preise mit sich bringen kann. Doch wird der Verbraucher künftig möglicherweise nicht nur auf verbraucherfreundliche Regelungen in seinem Land verzichten müssen, es sei denn, der integrierende Effekt einer vernünftigen verbraucherschützenden Harmonisierung auf europäischer Ebene wird weiterverfolgt.

55 Will man den Versuch machen, sich über die bisherige und künftige Entwicklung des Verbraucherschutzes in der Gemeinschaft eine Meinung zu bilden, so kann man folgendes bemerken. Die Gemeinschaft hat eine Verbraucherpolitik in die Wege geleitet. Diese Politik hat in zwei Verbraucherprogrammen ihren Ausdruck gefunden, wenngleich das zweite Programm, wie schon angedeutet, eine zum Teil fragliche Ausrichtung hat. Die Strukturen und die personellen Mittel sind ausgebaut worden, auch wenn sie noch verstärkt werden sollten, damit die Kommission ihre Aufgaben auf diesem Gebiet besser wahrnehmen kann.

73 EuGH – Rewe-ZentralAG/Bundesmonopolverwaltung für Branntwein, 120/78 – Slg. 1979, 649.
74 ABl. 1980 Nr. C 256 S. 2.

56 Das Rechtsinstrumentarium ist vorhanden, auch wenn im Vertrag wenig von Verbrauchern die Rede ist. Art. 100 gilt nicht nur für die Beseitigung von technischen Handelshemmnissen, sondern auch für die eigentliche Rechtsangleichung auf dem Gebiet des Verbraucherschutzes. So hat Close[75] z.B. mit Recht ausgeführt, daß unterschiedliche nationale Gesetzgebungen hinsichtlich der Produkthaftung wie auch der irreführenden und unlauteren Werbung sich unmittelbar auf das Funktionieren des Gemeinsamen Marktes auswirken können. In beiden Fällen können sich diese von Land zu Land mehr oder minder strengen Vorschriften in erheblichen Kostenunterschieden und somit Wettbewerbsverzerrungen niederschlagen. Der Autor führt weiter aus, daß die Schaffung des Gemeinsamen Marktes nicht nur rein wirtschaftlicher Natur ist. Art. 235 kann ebenfalls herangezogen werden, um auf diesem Gebiet vorzugehen, wenn dies nach Art. 100 nicht ausreichend möglich ist. Die Annahme von Umweltschutz- und Verbraucherschutzprogrammen hat der Gemeinschaft eine Ausrichtung gegeben, die nicht nur wirtschaftlicher Natur ist, sondern auch anderen gesellschaftspolitischen Belangen Rechnung trägt. Art. 100 und 235 sind Grundlagen zum Ausbau dieser neuen Dimension.

Allerdings verlangt die Anwendung beider Artikel Einstimmigkeit im Rat. Es hängt also weitgehend vom politischen Willen der Gemeinschaftsorgane – und besonders des Ministerrats – ab, ob und inwieweit Verbraucherschutz vorangetrieben wird oder nicht. Aber gerade in schwierigen Wirtschaftslagen herrscht, wohl zu Unrecht, die Meinung vor, daß Verbraucherschutz ein Luxus ist, den man sich für bessere Zeiten aufbewahren sollte. Gerade unter diesen Umständen kommt der Verstärkung der Verbraucherorganisationen und der Entwicklung des Verbraucherbewußtsein in der Gemeinschaft eine große Bedeutung zu. Der Beratende Verbraucherausschuß hat zwar eine erhebliche Arbeit geleistet. Es ist aber den europäischen Verbraucherorganisationen nicht immer gelungen, teils wegen unterschiedlichen Interessenlagen, ihre politische Rolle voll wahrzunehmen. Von ihnen und, wie schon in der Vergangenheit, vom Europäischen Parlament wird es weitgehend abhängen, ob die Verbraucherpolitik in der Gemeinschaft sich weiterentwickeln – oder steckenbleiben wird.

Anhang

Die vom Ministerrat angenommenen wesentlichsten Maßnahmen auf dem Gebiet der Verbraucherpolitik

1. Richtlinie des Rates vom 23.10.1962 für färbende Stoffe, die in Lebensmitteln verwendet werden dürfen.
   ABl. 1962 Nr. 115 S. 2645 (Lebensmittel, Zusatzstoffe)
   1. Änderung ABl. 1965 Nr. 178 S. 65
   7. Änderung ABl. 1981 Nr. L 43 S. 11

75 A.a.O., S. 473.

2. Richtlinie des Rates vom 5.11.1963 für konservierende Stoffe, die in Lebensmitteln verwendet werden dürfen (Lebensmittel, Zusatzstoffe)
   ABl. 1964 Nr. 12 S. 161
   1. Änderung ABl. 1965 Nr. 222 S. 3263
   15. Änderung ABl. 1981 Nr. L 101 S. 10
3. Richtlinie des Rates vom 26.1.1965 zur Festlegung spezifischer Reinheitskriterien für konservierende Stoffe, die in Lebensmitteln verwendet werden dürfen (Lebensmittel, Zusatzstoffe)
   ABl. 1965 Nr. 22 S. 373
   1. Änderung ABl. 1967 Nr. 148 S. 10
   2. Änderung ABl. 1976 Nr. L 126 S. 33
4. Richtlinie des Rates vom 26.1.1965 über Arzneispezialitäten (Industrielle Erzeugnisse, Arzneimittel)
   ABl. 1965 S. 369
   und Änderung ABl. 1966 S. 2658
5. Richtlinie des Rates vom 27.6.1967 betreffend die Einstufung, Verpackung und Kennzeichnung gefährlicher Stoffe (Industrielle Erzeugnisse, Gefährliche Stoffe)
   ABl. 1967 Nr. L 196 S. 1
   1. Änderung ABl. 1969 Nr. L 68 S. 1
   7. Änderung ABl. 1979 Nr. L 259 S. 10
   Richtlinie der Kommission vom 14.7.1976 und vom 30.1.1979 zur Anpassung der Richtlinie an den technischen Fortschritt
   ABl. 1976 Nr. L 360 S. 1
   ABl. 1979 Nr. L 88 S. 1
6. Entscheidung des Rates betreffend die Schaffung eines Lebensmittelausschusses
   ABl. 1969 Nr. L 291 S. 9 (Lebensmittel)
7. Richtlinie des Rates vom 13.7.1970 für Stoffe mit antioxydierender Wirkung, die in Lebensmitteln verwendet werden dürfen (Lebensmittel, Zusatzstoffe)
   ABl. 1970 Nr. L 157 S. 31
   1. Änderung ABl. 1974 Nr. L 221 S. 18
   2. Änderung ABl. 1978 Nr. L 44 S. 18
8. Richtlinie des Rates vom 26.7.1971 für die Bezeichnung von Textilerzeugnissen (Industrielle Erzeugnisse – Textilien, Information)
   ABl. 1971 Nr. L 185 s. 16
   1. Änderung ABl. 1975 Nr. L 14 S. 15
9. Richtlinien des Rates betreffend die Methoden der quantitativen Analysen von binären und von ternären Textilfasergemischen, respektiv vom 17.7.1972 und vom 26.2.1973 (Industrielle Erzeugnisse, Textilien)
   ABl. 1972 Nr. L 173 S. 1
   ABl. 1973 Nr. L 83 S. 1
   Anpassung ABl. 1979 Nr. L 17 S. 17 (Richtlinie der Kommission) vom 21.12.1978
   Änderung ABl. 1981 Nr. L 57 S. 23
10. Richtlinie des Rates vom 19.2.1973 über elektrische Betriebsmittel zur Verwendung innerhalb bestimmter Spannungsgrenzen (Industrielle Erzeugnisse, Elektrische Mittel)
   ABl. 1973 Nr. L 77 S. 29
11. Richtlinie des Rates vom 4.6.1973 über die Einstufung, Verpackung und Kennzeichnung von Zubereitungen gefährlicher Stoffe (Lösemittel) (Industrielle Erzeugnisse, Gefährliche Stoffe)
   ABl. 1973 Nr. L 189 S. 7
   1. Änderung ABl. 1980 Nr. L 229 S. 57
   2. Änderung ABl. 1980 Nr. L 375 S. 70

12. Richtlinie des Rates vom 18.6.1974 für Emulgatoren, Stabilisatoren, Verdickungs- und Geliermittel, die in Lebensmitteln verwendet werden dürfen (Lebensmittel, Zusatzstoffe)
ABl. 1974 Nr. L 189 S. 1
1. Änderung ABl. 1978 Nr. L 197 S. 22
2. Änderung ABl. 1980 Nr. L 155 S. 23
13. Richtlinie des Rates vom 19.12.1974 über die Abfüllung bestimmter Flüssigkeiten nach Volumen in Fertigpackungen (Industrielle Erzeugnisse, Fertigpackungen)
ABl. 1975 Nr. L 42 S. 1
1. Änderung ABl. 1978 Nr. L 311 S. 21
2. Änderung ABl. 1979 Nr. L 308 S. 25
14. Entschließung des Rates vom 14.4.1975 betreffend ein erstes Programm der Europäischen Wirtschaftsgemeinschaft für eine Politik zum Schutz und zur Unterrichtung der Verbraucher
ABl. 1975 Nr. C 92 S. 1
15. Richtlinie des Rates vom 20.5.1975 über Arzneispezialitäten (Industrielle Erzeugnisse, Arzneimittel)
ABl. 1975 Nr. L 147 S. 1 und Änderung ABl. 1978 Nr. L 123 S. 26
16. Richtlinie des Rates vom 20.5.1975 über die analytischen, toxikologisch-pharmakologischen und ärztlichen oder klinischen Vorschriften und Nachweise über Versuche mit Arzneispezialitäten (Industrielle Erzueugnisse, Arzneimittel)
ABl. 1975 Nr. L 147 S. 13
17. Richtlinie des Rates vom 20.1.1976 über die Abfüllung bestimmter Erzeugnisse nach Gewicht oder Volumen in Fertigpackungen (Industrielle Erzeugnisse, Fertigpackungen)
ABl. 1976 Nr. L 46 S. 1
1. Änderung ABl. 1978 Nr. L 311 s. 21
18. Richtlinie des Rates vom 20.7.1976 zur Festsetzung des Höchstgehaltes an Erukasäure in Speiseölen und -fetten sowie in Lebensmitteln mit Öl- und Fettzusätzen (Lebensmittel, Zusatzstoffe)
ABl. 1976 Nr. L 202 S. 35
19. Richtlinie des Rates vom 27.7.1976 betreffend die Beschränkung des Inverkehrbringens und der Verwendung gewisser gefährlicher Stoffe und Zubereitungen (Industrielle Erzeugnisse, Gefährliche Stoffe)
ABl. 1976 Nr. L 262 S. 201
1. Änderung ABl. 1979 Nr. L 197 S. 37
20. Richtlinie des Rates vom 27.7.1976 über kosmetische Mittel (Industrielle Erzeugnisse, Kosmetika)
ABl. 1976 Nr. L 267 S. 169
1. Änderung ABl. 1979 Nr. L 192 S. 35
21. Richtlinie des Rates vom 23.11.1976 über Materialien und Gegenstände, die dazu bestimmt sind, mit Lebensmitteln in Berührung zu kommen (Industrielle Erzeugnisse, Gegenstände in Kontakt mit Lebensmitteln)
ABl. 1976 Nr. L 340 S. 19
4. Änderung ABl. 1980 Nr. L 375 S. 77
22. Richtlinie des Rates vom 28.6.1977 über Sicherheitsgurte und Haltesysteme für Kraftfahrzeuge (Industrielle Erzeugnisse, Fahrzeuge)
ABl. 1977 Nr. L 220 S. 95
23 Richtlinie des Rates vom 7.11.1977 über die Einstufung, Verpackung und Kennzeichnung von Farben, Anstrichmitteln, Klebstoffen und dergleichen (Industrielle Erzeugnisse, Farben)
ABl. 1977 Nr. L 303 S. 23
24. Richtlinie des Rates vom 23.11.1976 über die Festsetzung von Höchstgehalten an Rückständen von Schädlingsbekämpfungsmitteln auf und in Obst und Gemüse (Lebensmittel, Zusatzstoffe)
ABl. 1976 Nr. L 340 S. 26
1. Änderung ABl. 1981 Nr. L 46 S. 33

25. Richtlinie des Rates vom 21.12.1976 über Lebensmittel, die für eine besondere Ernährung bestimmt sind (Lebensmittel, Diätetik)
ABl. 1977 Nr. L 26 S. 55
26. Richtlinie des Rates vom 30.1.1978 über Materialien und Gegenstände, die Vinylchloridmonomere enthalten und bestimmt sind, mit Lebensmitteln in Berührung zu kommen (Industrielle Erzeugnisse, Gegenstände in Kontakt mit Lebensmitteln)
ABl. 1978 Nr. L 44 S. 15
27. Richtlinie des Rates vom 26.6.1978 über die Einstufung, Verpackung und Kennzeichnung von gefährlichen Zubereitungen (Pestizide) (Industrielle Erzeugnisse, Gefährliche Stoffe)
ABl. 1978 Nr. L 206 S. 13
28. Richtlinie des Rates vom 25.7.1978 betreffend die Festsetzung von spezifischen Reinheitskriterien für Emulgatoren, Stabilisatoren, Verdickungs- und Geliermittel, die in Lebensmitteln verwendet werden dürfen (Lebensmittel, Zusatzstoffe)
ABl. 1978 Nr. L 223 S. 7
29. Richtlinie des Rates vom 16.10.1978 über Kopfstützen für Sitze von Kraftfahrzeugen (Industrielle Erzeugnisse, Fahrzeuge)
ABl. 1978 Nr. L 325 S. 1
30. Richtlinie des Rates vom 18.12.1978 über die Etikettierung und Aufmachung von für den Endverbraucher bestimmten Lebensmitteln sowie die Werbung hierfür (Kennzeichnung von Lebensmitteln, Information)
ABl. 1979 Nr. L 33 S. 1
31. Richtlinie Nr. 79/530/EWG des Rates vom 14.5.1979 betreffend die Information über den Energieverbrauch von Haushaltsgeräten durch Etikettierung (Information, Industrielle Erzeugnisse)
ABl. 1979 Nr. L 145 S. 1
32. Richtlinie des Rates vom 14.5.1979 betreffend die Anwendung auf elektrische Backöfen der Richtlinie Nr. 79/530/EWG (Information, Industrielle Erzeugnisse)
ABl. 1979 Nr. L 145 S. 7
33. Richtlinie des Rates vom 19.6.1979 über den Schutz des Verbrauchers betreffend die Preisauszeichnung für Lebensmittel (Information, Preise)
ABl. 1979 Nr. L 158 S. 19
34. Richtlinie des Rates vom 15.1.1980 über die zulässigen Skalen von Nennfüllmengen bestimmter Erzeugnisse in Fertigpackungen (Information, Fertigpackungen)
ABl. 1980 Nr. L 51 S. 1 und 1980 Nr. L 81 S. 36 sowie 1980 Nr. L 99 S. 22
35. Entschließung des Rates vom 19.5.1981 betreffend ein zweites Programm der Europäischen Wirtschaftsgemeinschaft für eine Politik zum Schutz und zur Unterrichtung der Verbraucher
ABl. 1981 Nr. C 133 S. 1
36. Entscheidung des Rates vom 23.7.1981 zur Durchführung eines Modellversuchs betreffend ein gemeinschaftliches System zur Information über Unfälle bei Verwendung bestimmter Erzeugnisse außerhalb beruflicher Tätigkeiten und des Straßenverkehrs (Industrielle Erzeugnisse, Information)
ABl. 1981 Nr. L 229 S. 1

Verzeichnis wichtiger Entscheidungen des Gerichtshofes der Europäischen Gemeinschaften (EuGH)

Namen	Aktenzeichen	Sammlung
ACAMPORA/AMMINISTRAZIONE DELLE FINANZE DELLO STATO	827/79	1980, 3731
ACCIAIERIE E FERRIERE LUCCHINI/KOMMISSION DER EG	1252/79	1980, 3753
ACNA/KOMMISSION DER EG	57/69	1972, 0933
ACTON/KOMMISSION DER EG	44/74	1975, 0383
ADLERBLUM/CAISSE NATIONALE D' ASSURANCE VIEILLESSE	93/75	1975, 2147
ADVOKATRADET/MINISTERIET VOR SKATTER OG AFGIFTER	161/78	1979, 2221
AGENCE EUROPEENNE D' INTERIMS/KOMMISSION DER EG	56/77	1978, 2215
AIMER/EINFUHR- UND VORRATSSTELLE	27/72	1972, 1091
AIROLA/KOMMISSION DER EG	21/74	1975, 0221
ALA/KOMMISSION DER EG	220/78	1979, 1693
ALAIMO/PREFET DU RHONE	68/74	1975, 109
ALBATROS/SOCIETE DES PETROLES	20/64	1965, Heft 3
ALCAN ALUMINIUM/KOMMISSION DER EG	69/69	1970, 0385
ALE/PROCUREUR DU ROI	52/79	1980, 0833
ALGERA/GEMEINSAME VERSAMMLUNG DER EGKS	7/56	1957, 0085
ALPHASTEEL/KOMMISSION DER EG	14/81	03/03/1982
AMERICAN HOME PRODUCTS CORPORATION/CENTRAFARM BV	3/78	1978, 1823
AM & S/KOMMISSION DER EG	155/79	18/05/1982
AMSTERDAM BULB/PRODUKTSCHAP VOOR SIERGEWASSEN	50/76	1977, 0137
AMYLUM/RAT DER EG	116/77	1979, 3497
AN BORD BAINNE/MINISTER FOR AGRICULTURE	92/77	1978, 0497
ANDRE & CIE/OFFICE NATIONAL INTERPROFESSIONNEL DES CEREALES	34/70	1970, 1233
ANDRES/ITALIEN	788/79	1980, 2071
ANDRESEN/HAUPTZOLLAMT	4/81	1981, 2835
ANGLO-IRISH MEAT COMPANY/MINISTER FOR AGRICULTURE	196/80	1981, 2263
ARBELAIZ-EMAZABEL/ADMINISTRATEUR DES AFFAIRES MARITIMES	181/80	1981, 2961
ARIETE/AMMINISTRAZIONE DELLE FINANZE DELLO STATO	811/79	1980, 2545
ARNAUD/PROCUREUR GENERAL PRES LA COUR D' APPEL DE BORDEAUX	89/74	1975, 1023
ATAB/GB-INNO-BM	13/77	1977, 2115
ATALANTA AMSTERDAM/PRODUKTSCHAP VOOR VEE EN VLEES	240/78	1979, 2137
AUER/MINISTERE PUBLIC	136/78	1979, 0437
AUGUSTIJN/STAATSSECRETARIS VAN VERKEER EN WATERSTAAT	145/78	1979, 1025

Stichwortverzeichnis

Die fetten Zahlen verweisen auf die einzelnen Vertragsartikel oder auf Vorbemerkungen (Vorb.), die mageren auf die Randnummern der Erläuterungen oder Vorbemerkungen. Auf die im Anhang dieses Kommentars abgedruckten Erläuterungen der vertraglich nicht näher behandelten Gemeinschaftspolitiken wird mit folgenden Abkürzungen (ergänzt durch die jeweils einschlägige Randnummer) Bezug genommen:

Energiepolitik	E
Europäische Aktiengesellschaft	Eur. AG
Gemeinsame Industriepolitik	I
Gemeinsame Politik im Bereich von Wissenschaft und Technologie	WT
Grundrechtschutz	GR
Protokoll über die Europäische Investitionsbank	Prot. E.I.B.
Protokoll über den innerdeutschen Handel	IH
Protokoll über die Satzung des Europäischen Gerichtshofs	Prot. Satz. EuGH
Regionalpolitik	R
Umweltpolitik	U
Verbraucherpolitik	V

A

B

C

D

E

F

G

H

I

L

M

N

O

P

Q

R

S

T

U

V

Y

Z

Autorenverzeichnis

Prof. Dr. Norbert Andel	Universität Saarbrücken
Dr. Christof von Arnim	Ministerialrat im Bundesministerium für Wirtschaft, Bonn
Christoph Bail LL.M.	Juristischer Dienst der Kommission der Europäischen Gemeinschaften, Brüssel
Dr. Jürgen Becker	Wissenschaftlicher Mitarbeiter am Institut für öffentliches Recht, Freiburg
Dr. Manfred Beschel	Juristischer Dienst der Kommission der Europäischen Gemeinschaften, Brüssel
Dr. Hans-Friedrich Beseler	Direktor in der Generaldirektion Auswärtige Beziehungen bei der Kommission der Europäischen Gemeinschaften, Brüssel
Dr. Bengt Beutler	Richter, Bremen
Dr. Roland Bieber	Rechtsberater des Präsidenten des Europäischen Parlaments, Luxemburg
Prof. Dr. Dr. Albert Bleckmann	Universität Münster
Dr. Hans-Wolfram Daig	Direktor a. D. beim Gerichtshof der Europäischen Gemeinschaften, Luxemburg
Dr. Claus-Dieter Ehlermann	Generaldirektor des Juristischen Dienstes der Kommission der Europäischen Gemeinschaften, Brüssel
Dr. Jürgen Erdmenger	Direktor in der Generaldirektion Verkehr der Kommission der Europäischen Gemeinschaften, Brüssel
Wolfgang Ernst	Generaldirektor a. D. bei der Kommission der Europäischen Gemeinschaften, Brüssel
Dr. John Forman	Juristischer Dienst der Kommission der Europäischen Gemeinschaften, Brüssel
Dr. Peter Gilsdorf	Rechtsberater bei der Kommission der Europäischen Gemeinschaften, Brüssel
Dr. Karl Gleichmann	Abteilungsleiter in der Generaldirektion Binnenmarkt und gewerbliche Wirtschaft der Kommission der Europäischen Gemeinschaften, Brüssel
Dr. Erwin Gottsmann	Regierungsdirektor im Bundesministerium für Ernährung, Landwirtschaft und Forsten, Bonn
Dr. h.c. Hans von der Groeben	ehem. Mitglied der Kommission der Europäischen Gemeinschaften, Rheinberg

Jürgen Grunwald M.C.L	Juristischer Dienst der Kommission der Europäischen Gemeinschaften, Brüssel
Dr. Otto Harnier	Hauptverwaltungsrat in der Generaldirektion Innerer Markt des Rates der Europäischen Gemeinschaften, Brüssel
Dr. Winfried Heck	Ministerialdirigent, Bundesministerium für Finanzen, Bonn
Dr. Rainer Hellmann	Leiter der Europaredaktion der Vereinigten Wirtschaftsdienste (VWD), Brüssel
Prof. Dr. Meinhard Hilf	Universität Bielefeld, früher Mitglied des Juristischen Dienstes der Kommission der Europäischen Gemeinschaften, Brüssel
Ingfried F. Hochbaum	Hauptverwaltungsrat in der Generaldirektion Wettbewerb der Kommission der Europäischen Gemeinschaften, Brüssel
Dr. Peter Karpenstein	Rechtsberater bei der Kommission der Europäischen Gemeinschaften, Brüssel
Wolfgang Kiemel	Direktor bei der Deutschen Bundesbank, Frankfurt
Léon Klein	Stellvertretender Abteilungsleiter in der Generaldirektion Umwelt, Verbraucherschutz und nukleare Sicherheit der Kommission der Europäischen Gemeinschaften, Brüssel
Ludwig Krämer	Stellvertretender Abteilungsleiter in der Generaldirektion Umwelt, Verbraucherschutz und nukleare Sicherheit der Kommission der Europäischen Gemeinschaften, Brüssel
Dr. Hansjörg Kretschmer	Hauptverwaltungsrat in der Generaldirektion Auswärtige Beziehungen der Kommission der Europäischen Gemeinschaften, Brüssel
Prof. Dr. Heinrich Matthies	Generaldirektor e. h., früher Hauptberater im Juristischen Dienst der Kommission der Europäischen Gemeinschaften, Brüssel
Dr. Werner Meng	Wissenschaftlicher Referent am Max-Planck-Institut für ausländisches öffentliches Recht und Völkerrecht, Heidelberg
Dr. Bernhard Molitor	Ministerialdirektor im Bundesministerium für Wirtschaft, Bonn
Joachim Müller-Borle	Abteilungsleiter, Direktion für Volkswirtschaft, Europäische Investitionsbank, Luxemburg
Dr. Ernst-Ulrich Petersmann	Sekretariat des General Agreement on Tarif and Trade (GATT), Genf

Dr. Jörn Pipkorn	Juristischer Dienst der Kommission der Europäischen Gemeinschaften, Brüssel
Klaus Pöhle	Direktor in der Generaldirektion Wissenschaft und Dokumentation des Europäischen Parlaments, Luxemburg
Dr. Franz Rösch	Ministerialrat im Bundesministerium für Wirtschaft, Bonn
Dr. Dieter Rogalla	Mitglied des Europäischen Parlaments, ehemals Abteilungsleiter in der Generaldirektion Personal und Verwaltung der Kommission der Europäischen Gemeinschaften, Brüssel, Nordwalde
Dr. Helmut Schmitt von Sydow	Hauptverwaltungsrat in der Generaldirektion Binnenmarkt und gewerbliche Wirtschaft der Kommission der Europäischen Gemeinschaften, Brüssel
Dr. Hans-Eike von Scholz	Hauptverwaltungsrat der Generaldirektion Energie der Kommission der Europäischen Gemeinschaften, Brüssel
Prof. Dr. Meinhard Schröder	Universität Trier
Dr. Helmuth Schröter	Hauptverwaltungsrat in der Generaldirektion Wettbewerb bei der Kommission der Europäischen Gemeinschaften, Brüssel
Dr. Günter Schuster	Generaldirektor a. D. bei der Kommission der Europäischen Gemeinschaften, Brüssel
Dr. Ivo E. Schwartz, LL.M.	Direktor in der Generaldirektion Binnenmarkt und gewerbliche Wirtschaft der Kommission der Europäischen Gemeinschaften, Brüssel
Prof. Dr. Jürgen Schwarze	Universität Hamburg
Dr. Wolfgang Stabenow	Direktor in der Generaldirektion Beschäftigung, Soziale Angelegenheiten und Bildung der Kommission der Europäischen Gemeinschaften, Brüssel
Jochen Streil	Direktion Wissenschaftlicher Dienst, Dokumentation und Bibliothek des Gerichtshofes der Europäischen Gemeinschaften, Luxemburg
Dr. Hans Claudius Taschner	Leiter eines Sonderdienstes in der Generaldirektion Binnenmarkt und gewerbliche Wirtschaft der Kommission der Europäischen Gemeinschaften, Brüssel
Jochen Thiesing	Generaldirektor e. h., früher Hauptberater im Juristischen Dienst der Kommission der Europäischen Gemeinschaften, Brüssel
Dr. Peter Troberg	Hauptverwaltungsrat in der Generaldirektion Fi-

	nanzinstitute und Steuerfragen der Kommission der Europäischen Gemeinschaften, Brüssel
Prof. Dr. Rolf Wägenbaur	Rechtsberater bei der Kommission der Europäischen Gemeinschaften, Brüssel
Dr. Paul Wäldchen	Abteilungsleiter in der Generaldirektion Regionalpolitik der Kommission der Europäischen Gemeinschaften, Brüssel
Prof. Dr. Albrecht Weber	Universität Osnabrück
Prof. Dr. Manfred Zuleeg	Universität Frankfurt